राजनीतिक समाजशास्त्र की रूपरेखा

(Introduction to Political Sociology)

द्वितीय संस्करण

प्रोफेसर (डॉ॰) शशि शर्मा
यूनिवर्सिटी प्रोफेसर एवं विभागाध्यक्षा
स्नातकोत्तर राजनीति विज्ञान विभाग
पटना विश्वविद्यालय, पटना

PHI Learning Private Limited
Delhi-110092
2021

₹ 895.00

राजनीतिक समाजशास्त्र की रूपरेखा, द्वितीय संस्करण
(INTRODUCTION TO POLITICAL SOCIOLOGY, Second Edition)

शशि शर्मा

ISBN-978-81-203-5122-6 (Print Book)
ISBN-978-93-5443-843-1 (e-Book)

Published by Asoke K. Ghosh, PHI Learning Private Limited, Rimjhim House, 111, Patparganj Industrial Estate, Delhi-110092 and Printed by Rajkamal Electric Press, Plot No. 2, Phase IV, HSIDC, Kundli-131028, Sonepat, Haryana.

विषय सूची

15. राजनीतिक विकास 515–570

16. राजनीतिक आधुनिकीकरण 571–606

17. राजनीतिक भर्ती 607–630

प्रस्तावना

'राजनीतिक समाजशास्त्र की रूपरेखा' पुस्तक का नवीन संस्करण आपके सम्मुख है। वर्ष 2014 में सोलहवीं लोकसभा का चुनाव संपन्न होने के बाद विषय की मांग के अनुरूप अध्याय 19, 20 एवं 21 में चुनाव परिणाम से संबंधित आंकड़ों की अद्यतन प्रस्तुति की गई है। साथ ही इस संशोधित संस्करण में वर्ष 2013 में सर्वोच्च न्यायालय द्वारा चुनाव सुधार से संबंधित लिए गए सभी युगान्तरकारी निर्णयों (Land-mark Judgements) का विवरण दिया गया है जो अपने आप में एक उपयोगी एवं ज्ञानवर्द्धक सामग्री है, और सभी वर्गों के पाठकों के लिए बहुत लाभप्रद है। वस्तुतः उत्तर व्यवहारवाद के आगमन के साथ ही आधुनिक राजनीति विज्ञान के अनुभवमूलक अध्ययन का दौर आरंभ हो गया, इस आलोक में एक स्वतंत्र अनुशासन के रूप में राजनीतिक समाजशास्त्र का मूल ध्येय राजनीति का आनुभविक समाजशास्त्रीय मूल्यांकन करना है। यह एक वर्णसंकर अनुशासन है जिसके शोध का केंद्र सामाजिक–राजनीतिक घटनाओं का तथ्यगत व यथार्थगत विश्लेषण करना है। इस दृष्टि से राजनीतिक व्यवस्था में अस्तित्व रखने वाली सभी प्रकार की दृश्यशक्ति (Phenomenal Power) इसके अध्ययन का प्रतिपाद्य विषय (Theme Subject) है।

राजनीतिक समाजशास्त्र एक विकासोन्मुख, गत्यात्मक अनुशासन (Dynamic Discipline) है, जिसके अध्ययन का बुनियादी विषय राजनीतिक–सामाजिक व्यवहार, राजनीतिक–सामाजिक पर्यावरण, परिवर्त्य (Variables), मानव अभिवृत्ति एवं अभिविन्यास (Attitudes and Orientation) आदि हैं। एक स्वतंत्र व स्वायत्त अनुशासन के रूप में राजनीति के समस्त आयामों का सामाजिक पृष्ठभूमि के परिप्रेक्ष्य में तत्त्वतः अध्ययन–विश्लेषण करके इस विषय द्वारा सामाजिक–राजनीतिक मुद्दों तथा समस्याओं से संदर्भित अनुसंधान के क्षेत्र में विशिष्ट लोकप्रियता अर्जित की गई है। राजनीतिक समाजशास्त्र का जन्म राजनीतिशास्त्र पर समाजशास्त्र के बढ़ते हुए प्रभाव की वजह से हुआ है। इसकी प्रकृति स्वयं शोधात्मक (Heuristic) एवं अंतरानुशासनिक (Interdisciplinary) है, जिसमें राजनीतिशास्त्र और समाजशास्त्र दोनों विषयों का योग है। एक नए विषय के रूप में राजनीतिक समाजशास्त्र राजनीति और समाज के मध्य विद्यमान संबंधों की घनिष्ठता का तात्त्विक अध्ययन करता है।

द्वितीय विश्वयुद्ध के उपरांत एशिया, अफ्रीका तथा लैटिन अमेरिका के महाद्वीपों में बड़ी संख्या में प्रभुत्व संपन्न नए राज्यों का उदय हुआ। इन नवोदित राज्यों की राजनीतिक व्यवस्था, राजनीतिक प्रक्रियाएं, सामाजिक–राजनीतिक पर्यावरण, सामाजिक–राजनीतिक–आर्थिक–प्रशासनिक समस्याएं, राजनीतिक अभिजनों का स्वरूप एवं प्रकृति, राजनीतिक नेतृत्व की प्रभावशीलता, व्यवस्था में निवेश को निर्गत में रूपान्तरित करने की क्षमता तथा व्यवस्थागत राजनीति के प्रति जनसाधारण की अभिवृत्ति, आस्था व अभिविन्यास आदि कतिपय प्रमुख तत्त्व ये मांग कर रहे थे कि इन नवोदित राजनीतिक व्यवस्थाओं–प्रक्रियाओं के आलोक में वहां की जनता के राजनीतिक व्यवहार का वृहत् स्तर पर परिस्थितिजन्य, अनुभवाश्रित (Empirical) अध्ययन–विश्लेषण किया जाए। इन नवोदित देशों में मौजूद राजनीतिक संस्कृति, राजनीतिक मूल्य–परंपराएं, राजनीतिक समाजीकरण का स्तर, राजनीतिक सहभागिता का

प्रतिशत आदि प्रसंगों का तात्त्विक अन्वेषण–विश्लेषण किए बिना इन व्यवस्थाओं की राजनीतिक वास्तविकताओं का तात्त्विक अध्ययन करना संभव नहीं था। नवोदित व्यवस्थाओं के उपर्युक्त वर्णित परम तत्त्वों के अनुभवजन्य विश्लेषित (Analysed) अध्ययन के लिए वहां की राजनीति, राजनीतिक दल, हित–समूह, जनसंपर्क के साधन (Media of Mass Communication), अधिकारीतंत्र (Bureaucracy), चुनाव–प्रक्रिया (Electoral Process), मतदान व्यवहार (Voting Behaviour) एवं राजनीतिक–सामाजिक–आर्थिक परिवर्त्यों (Variables) की अन्तःक्रियात्मकता (Interactions), अन्योन्याश्रितता (Interdependence) का तथ्यपरक एवं व्यवहारपरक तुलनात्मक अध्ययन अपरिहार्य था, जिसके माध्यम से उनकी व्यवस्थागत राजनीति, राजनीतिक अस्थिरता–समस्याएं एवं इससे संबद्ध खास तत्वों की जानकारी तथा उनके समाधान के उपायों की खोज संभव हो सके। तुलनात्मक राजनीति के विश्लेषणात्मक अध्ययन हेतु प्रयुक्त वैज्ञानिक व्यवहारवादी दृष्टिकोण (Scientific Behavioural Approach) के विश्लेषण में मूल्यों की जगह तथ्यों को प्रधानता देना तथा आनुभविक–विश्लेषणात्मक दृष्टिकोण (Empirical-Analytical Approach) में तथ्यों की अपेक्षा मूल्यों को महत्त्व देना ही वस्तुतः राजनीतिक समाजशास्त्र के उद्भव एवं विकास के बुनियादी कारक हैं।

राजनीतिशास्त्र एवं समाजशास्त्र के अन्तर्निषेचन (Cross-fertilisation) की उपज राजनीतिक समाजशास्त्र के आनुभविक अध्ययन–विश्लेषण हेतु अनेक नवीन संकल्पनाओं, उपागमों, अभिवृत्तियों का परीक्षण एवं प्रयोग किया गया है, जिसके माध्यम से विकसित एवं विकासशील देशों की राजनीतिक वास्तविकताओं का तत्त्वबोधक एवं यथार्थबोधक अध्ययन–अनुसंधान संभव हो सका है। विषय के अध्ययन के लिए प्रयुक्त प्रमुख नवीन उपागमों और प्रतिमानों की विस्तृत विवेचना इस पुस्तक में उपलब्ध है। पुस्तक का दूसरा अध्याय विशेष रूप से राजनीतिक समाजशास्त्र के उद्भव एवं विकास से संगति रखने वाले प्रमुख समाजशास्त्रियों, मनोवैज्ञानिकों एवं अर्थशास्त्रियों के उल्लेखनीय योगदान की विस्तृत चर्चा से संबद्ध है। अन्य अध्यायों में राजनीतिक व्यवस्था में मौजूद राजनीतिक व्यवहार के विभिन्न स्वरूपों, आयामों एवं राजनीतिक पर्यावरण की समस्त गत्यात्मक शक्तियों (Dynamical Forces) की विस्तृत विवेचना का प्रयास किया गया है।

इस पुस्तक लेखन की प्रेरणा स्रोत मेरी छात्राएं हैं। राजनीति विज्ञान ऑनर्स एवं स्नातकोत्तर पाठ्यक्रम के अन्तर्गत यह सर्वाधिक प्रासंगिक विषय है, क्योंकि इसका उद्देश्य राजनीतिक व्यवस्था, राजनीतिक सत्ता एवं अवाम के बीच मौजूद संबंधों की घनिष्ठता, पारदर्शिता, प्रतिबद्धता, आस्था, जवाबदेही जैसी अभिवृत्तियों एवं अभिविन्यासों के समायोजन (Integration) एवं परिमाणन (Quantification) का स्पष्टीकरण करना है। लोकतांत्रिक व्यवस्था में जनभागीदारी से सीधा संवाद रखने वाले विषय से संबंधित इस पुस्तक में राजनीति विज्ञान के विद्यार्थियों को राजनीतिक व्यवस्था एवं राजनीतिक व्यवहार के पूर्वग्रहों से सरल ढंग से परिचित कराने हेतु राजनीतिक–सामाजिक समस्याओं एवं जनसरोकार से संबद्ध विषयों की प्रासंगिक प्रस्तुति का प्रयास किया गया है। व्यवस्थागत राजनीति एवं राजनीतिक व्यवहार के विभिन्न आयामों के तत्त्वबोध की मीमांसा करने वाला यह विषय लोकतांत्रिक व्यवस्था में जनभागीदारी के महत्त्व एवं यथार्थता का विश्लेषित विवरण प्रस्तुत करता है, जो राजनीति विज्ञान के विद्यार्थियों के लिए सर्वथा ज्ञानोपयोगी है।

राजनीति विज्ञान का अध्यापन करते हुए मैं लंबे समय से इस विषय पर एक व्यवस्थित पुस्तक के लिए प्रतीक्षारत थी, लेकिन दुर्भाग्यवश मेरी प्रतीक्षा पूरी नहीं हुई और अंततः यह कार्य मुझे स्वयं करना पड़ा। मैं अपने काम में कितनी सफल हुई, इसका निर्णय पाठक स्वयं करें। इस संदर्भ में मैं किसी विशिष्ट उपलब्धि का दावा नहीं करती। इतना अवश्य है कि अगर मैं अपने छात्रों एवं छात्राओं में इस पुस्तक के माध्यम से राजनीतिक समाजशास्त्र की थोड़ी भी समझ विकसित कर सकी तो अपना प्रयास सार्थक समझूंगी। उम्मीद करती हूं कि पुस्तक का यह नवीन संस्करण राजनीति विज्ञान एवं समाजशास्त्र से संबंधित बी.ए. तथा एम.ए. के शिक्षार्थी शोधार्थी और विभिन्न प्रतियोगी परीक्षाओं के अभ्यर्थियों को समान रूप से लाभान्वित करेगा।

आपके बहुमूल्य सुझावों का हृदय से स्वागत है।

शशि शर्मा

शशि शर्मा

अध्याय 1

राजनीतिक समाजशास्त्र : अर्थ, प्रकृति, क्षेत्र एवं महत्त्व
Political Sociology : Meaning, Nature, Scope and Importance

राजनीतिक समाजशास्त्र : विषय प्रवेश
(Political Sociology : An Introduction)

राजनीति एक अतिगतिशील एवं अतिपरिवर्तनशील क्रियात्मक प्रसंग है। यह समाज में व्यष्टि एवं समष्टि (Individual and Collectivity) चेतना की सर्वाधिक तर्कसंगत सक्रिय एवं संगठित अभिव्यक्ति है। राजनीति एक ऐसी विशिष्ट गतिविधि है जिसके माध्यम से व्यवस्था संचालित होती है। किसी भी राजनीतिक व्यवस्था द्वारा अपने लक्ष्यों के चयन और गन्तव्यरूपी परिणाम तक पहुंचने के लिए जिन प्रक्रियाओं, माध्यमों या गतिविधियों को प्रयोग में लाया जाता है, वही राजनीति है। राजनीति एक सर्वव्यापी मौलिक क्रिया है जिसका बुनियादी आधारतत्त्व सामाजिक पर्यावरण है। बेहिसाब मानवीय आवश्यकताएं ही राजनीति के जन्म एवं विस्तार का आधार–आधेय (The Relationship of the Cotainer and the Contained) हैं। सामाजिक–राजनीतिक परिपेक्ष्य में राजनीति व्यवस्था में सत्ता–प्राप्ति के लिए सतत रूप में चलते रहने वाला संघर्ष है जिसके माध्यम से व्यवस्था के किसी भी तबके में निवास करने वाला व्यक्ति या समूह समाज पर अपना प्रभुत्व स्थापित करने का प्रयास करता है।

राजनीति जो राजनीतिक व्यवस्था में संघर्ष की जननी है तथा संघर्ष के निदान का माध्यम भी है अपने शुरूआती दौर से समाजवैज्ञानिकों के अध्ययन एवं शोध–प्रसंगों का तत्त्वमीमांसीय विषय रहा है। समाजशास्त्र के विकास के आरंभिक दौर से ही तत्त्वदर्शी एवं तत्त्वविद् समाजशास्त्री राजनीतिक सत्ता–शक्ति की प्राप्ति, प्रयोग, संचय, प्रदर्शन एवं राजनीतिक व्यवस्था की संरचनाओं के अध्ययन में गहरी रुचि रखते रहे हैं। लेकिन 19वीं शताब्दी तक यह विषय मूलरूप से राजनीतिशास्त्र की विषय–सूची में शामिल था। उन्नीसवीं सदी के उत्तरार्ध से ही राज्य एवं समाज के अन्योन्याश्रय संबंधों की यथार्थता पर गंभीर विचार–विमर्श, अध्ययन–विश्लेषण एवं अनुसंधान का दौर आरंभ हो गया जो 20वीं शताब्दी में द्वितीय विश्वयुद्ध के उपरान्त विशेष रूप से परवान चढ़ा। इसका श्रेय समाजविज्ञानों की

अध्ययन–प्रवृत्ति में आई नई क्रांति 'व्यवहारवादी अवधारणा' को दिया जाता है। सामाजिक विज्ञानों में आए व्यवहारवादी आन्दोलन के प्रादुर्भाव से राजनीतिशास्त्र भी अछूता नहीं रहा। विषय के परम्परागत अध्ययन से संबद्ध राजनीति के अध्ययन का आयाम जो सिर्फ संवैधानिक इकाइयों, यथा–राज्य, सरकार, राजनीतिक संस्थाओं के दायरे तक सिमटा था उसे व्यवहारवादी तत्त्ववेत्ताओं ने आदर्शात्मक आयामों से मुक्त करके सामाजिक गतिविधि का स्वरूप दिया। तत्त्वज्ञों ने इस तथ्य का स्पष्टीकरण किया कि राजनीति की मूल जड़ें सामाजिक पृष्ठभूमि में गड़ी हैं, इसलिए इस क्रियात्मक प्रसंग का आनुभविक अध्ययन सामाजिक वातावरण एवं सामाजिक व्यवहार के परिप्रेक्ष्य में करना समय की मांग है।

राजनीति के प्रसंगाधीन (Contextual) प्रधानांगों (Chief organs) का तत्त्वमीमांसीय अध्ययन करने की प्रवृत्ति की वजह से राजनीतिशास्त्र की परम्परागत अवधारणाओं, यथा–राज्य, सरकार, संविधान, सत्ता, शक्ति, औचित्यपूर्णता, राजनीतिक दल आदि के अध्ययन की जगह सामाजिक–राजनीतिक पृष्ठभूमि से प्रासंगिक नई संकल्पनाएं, यथा–राजनीतिक व्यवस्था, राजनीतिक प्रक्रिया, राजनीतिक संरचना, राजनीतिक समाजीकरण, राजनीतिक संस्कृति, राजनीतिक सहभागिता, राजनीतिक विकास–आधुनिकीकरण–विश्लेषण, राजनीतिक संचार, आदि प्रसंग विषयगत अध्ययन की विषय–सूची में बुनियादी विषय के रूप में शामिल हो गये। इन नयी अवधारणाओं में राजनीतिक व्यवस्था एवं प्रक्रिया को अपरिहार्य रूप से मौलिक अवधारणा के रूप में स्वीकारा गया जिसका वास्तविक आनुभविक अध्ययन सामाजिक व्यवस्था एवं पर्यावरण से पृथक् होकर करना संभव नहीं था। राजनीतिशास्त्र के परम्परागत उपागम राजनीतिक व्यवस्था–प्रक्रियाओं की जटिलताओं से संदर्भित यथार्थवादिता (Reality) को समझने–समझाने में असमर्थ दिखाई देने लगे जिसके परिणामस्वरूप विषय के नये अध्ययनतत्त्वों की मीमांसा हेतु नये उपागमों एवं प्रविधियों (Techniques) की खोज आरंभ हुई। द्वितीय विश्वयुद्धोपरान्त समाज विज्ञान के अध्ययन में विभिन्नीकरण एवं विशिष्टीकरण (Differentiation and Specification) के बढ़ते प्रभाव तथा राजनीति विज्ञान में आदर्शात्मक–दार्शनिक (Normative–Philosophical) दृष्टिकोण की जगह आनुभविक विश्लेषणात्मक (Empirical Analytic) दृष्टिकोण के बढ़ते प्रयोग की वजह से विषय के अध्ययन हेतु अंतर–अनुशासनात्मक उपागम (Interdisciplinary Approach) के प्रयोग का प्रचलन जोर पकड़ने लगा। समाज विज्ञान के अध्ययन–क्षेत्र में आई व्यवहारवादी क्रांति (Behavioural Revolution) के परिणामस्वरूप पाश्चात्य राजनीतिशास्त्रवेत्ताओं द्वारा राजनीति विज्ञान के समाजोन्मुख अध्ययन–विश्लेषण की नई प्रवृत्ति की शुरूआत हुई। इस प्रवृत्ति का संबंध अध्ययन की ऐसी नई तकनीकों, उपागमों से था जिसका प्रयोग बड़े पैमाने पर समाजवैज्ञानिक एवं मनोवैज्ञानिक अपने शोध–प्रसंगों के अध्ययन–विश्लेषण के लिए कर रहे थे। राजनीतिशास्त्र के तत्त्वविदों द्वारा इन्हीं तकनीकों का प्रयोग सामाजिक पर्यावरण के परिप्रेक्ष्य में राजनीतिक प्रसंगों की वास्तविकता की खोज के लिए किया जाने लगा। राजनीति के मौलिक प्रसंगों, तत्त्वों, परिवर्त्यों का समाजशास्त्रीय संकल्पनाओं पर आधारित सत्यापन (Verification) व्यवस्थापन (Systematisation) एवं परिमाणीकरण (Quantification) न तो पूर्णतः समाजशास्त्रीय था और न ही पूर्णतः राजनीतिक। तात्त्विक स्तर पर अध्ययन की इस नई प्रवृत्ति को राजनीतिक समाजशास्त्र की संज्ञा दी गयी।

राजनीतिक समाजशास्त्र एक नया अनुशासन है। जैसाकि नाम से ही स्पष्ट होता है यह विषय राजनीतिशास्त्र एवं समाजशास्त्र दोनों के मिश्रण का परिणाम है। राजनीतिक समाजशास्त्र राजनीति का समाजशास्त्रीय मूल्यांकन करता है। विषय तत्त्वज्ञों की अभिव्यक्तियों के अनुसार, वास्तविक धरातल पर राजनीति गैर–राजनीतिक और सामाजिक हो जाती है। यह नया विषय सभी प्रकार के मानवीय संबंधों को तात्त्विक आधार पर राजनीतिक मानता है। राजनीतिक समाजशास्त्र एक अंतःशास्त्रीय (Intradisciplinary) विषय है जिसे वर्णसंकर अनुशासन (Hybrid Discipline) का नाम दिया गया है। चूँकि यह राजनीतिशास्त्र एवं समाजशास्त्र के पर–निषेचन (Cross-fertilisation) से उत्पन्न हुआ है, इसलिए इसमें राजनीतिशास्त्र एवं समाजशास्त्र से प्रासंगिक उन मौलिक तथ्यों का अध्ययन किया जाता है जो प्रत्यक्ष या परोक्ष रूप से राजनीति से संबद्ध हैं या राजनीति को प्रभावित करते हैं।

राजनीतिक समाजशास्त्रियों की मौलिक अवधारणा में व्यक्ति को एक राजनीतिक–सामाजिक प्राणी के रूप में स्वीकारा गया है। इनकी दृष्टि में सभी मानवीय संबंधों का स्वरूप अन्ततः राजनीतिक होता है। इसलिए राजनीतिक व्यवस्था के संदर्भ में व्यक्ति का मौलिक अस्तित्व एक राजनीतिक–सामाजिक प्राणी का है। एक सामाजिक प्राणी की जिम्मेदारियों को निभाने के क्रम में व्यक्ति जिन गैर राजनीतिक कार्यों का संपादन करता है उसका प्रत्यक्ष या परोक्ष

प्रभाव उसकी राजनीतिक गतिविधियों पर पड़ता है। इस वजह से व्यक्ति की सामाजिक–राजनीतिक गतिविधियों के बीच सीधा संवाद स्थापित हो जाता है, इसलिए राजनीतिक समाजशास्त्री राजनीति और समाज के मध्य चलनेवाली अन्योन्यक्रियाओं के पारस्परिक संबंधों का गहन अध्ययन करते हैं। राजनीतिक समाजशास्त्र के अन्तर्गत राजनीतिक परिवर्त्यों, जैसे–सत्ता, शक्ति, औचित्यपूर्णता, प्रभाव, संप्रभुता, स्वतंत्रता, समानता, जनमत, मताधिकार, प्रतिनिधित्व, सामाजिक न्याय, राजनीतिक आन्दोलनों आदि का अध्ययन–विश्लेषण सामाजिक परिवर्त्यों, जैसे–वर्ग, जाति, धर्म, संप्रदाय, संस्कृति, समाजीकरण, भाषा, रहन–सहन, क्षेत्रीयता, सजातीयता, प्रजाति आदि से पारस्परिक संबंधों के आधार पर किया जाता है।

राजनीतिक, समाजशास्त्रियों की दृष्टि में प्रत्येक राजनीतिक व्यवस्था सामाजिक व्यवस्था का प्रतिरूप होती है। अपने आनुभविक अध्ययनक्रम में ये राजनीति को राज्य की सीमा से परे समाज में सर्वव्यापी स्वरूप में देखते हैं। यह नया विषय राजनीतिक घटनाओं, समस्याओं का अध्ययन समाजशास्त्रीय दृष्टिकोण से सामाजिक पृष्ठभूमि के परिप्रेक्ष्य में करता है।

राजनीतिक समाजशास्त्र : अर्थ एवं परिभाषा
(Political Sociology : Meaning and Definition)

राजनीतिक समाजशास्त्र की उत्पत्ति एवं विकास समाज एवं राज्य की प्राथमिकता, अनिवार्यता, अन्योन्याश्रितता तथा महत्त्व से संदर्भित वैचारिक मंथनों एवं विवादों का समाधान खोजने के प्रयासों के फलस्वरूप हुआ है। वर्तमान समय में राजनीतिक समाजशास्त्र की गणना अभिनव समाजविज्ञानों की कोटि में होती है। एक नूतन विषय होने के बावजूद राजनीति की सक्रियता एवं सामाजिक पर्यावरण की यथार्थता का गहन अध्ययन करने की वजह से अपनी उपयोगिता एवं महत्त्व के आधार पर यह विषय आज विश्व के अधिकांश देशों में राजनीतिशास्त्र के पाठ्यक्रम में अपनी प्रधान स्थिति दर्ज कराके समाजविज्ञान के क्षेत्र में उल्लेखनीय स्थान बना चुका है। शुरुआती दौर से ही विभिन्न सामाजिक विज्ञानों के बीच किसी–न–किसी प्रकार के अन्तर्संबंधों को स्वीकारने वाले विद्वज्जनों की लम्बी सूची रही है। हालांकि 19वीं शताब्दी के अन्तिम दशकों में एवं 20वीं शताब्दी में विभिन्न समाजविज्ञानों की सुपरिभाषित अध्ययन क्षेत्र की सीमा भी निधारित हुई। लेकिन, समकालीन सामाजिक विज्ञानों की सीमा पृथक्ता के बावजूद राजनीतिशास्त्र एवं समाजशास्त्र तथा अर्थशास्त्र, मनोविज्ञान, दर्शनशास्त्र एवं इतिहास के बीच सामान्यतः संबंध कायम ही रहा। विशेषकर राजनीतिशास्त्र एवं समाजशास्त्र के बीच द्वंद्वात्मक संबध (Dilectic Relation) सदैव पाया जाता रहा है। तभी तो राजनीतिशास्त्र और समाजशास्त्र के अन्तर्संबंधों को सचेतन या अचेतन मन से ऐसे विद्वज्जनों द्वारा भी स्वीकारा गया है जिनके द्वारा सामाजिक विज्ञानों की पृथक्ता–प्रसंग पर विशेष बल दिया गया है।

राजनीतिक समाजशास्त्र का जन्म राजनीतिक–सामाजिक परिवर्त्यों की अन्तर्क्रियाओं का परिणाम है। दोनों विषयों के विद्वानों के बीच राजनीतिशास्त्र एवं समाजशास्त्र का आपसी संबंध हमेशा ही गंभीर विमर्श का प्रसंग रहा है, विशेष रूप से इस संदर्भ में कि दोनों में कौन किसको ज्यादा प्रभावित करता है। इस विषय पर विद्वानों की राय कालावधि तथा परिस्थिति के अनुरूप परिवर्तित होती रही है। यूनानी दार्शनिक प्लेटो एवं अरस्तू ने राजनीतिक–सामाजिक तत्त्वों की अन्योन्याश्रितता पर विशेष बल दिया है, इसलिए उनके चिन्तन में राजनीतिक–सामाजिक परिवर्त्यों के समान महत्त्व दिये जाने की स्थिति का दर्शन होता है। लेकिन, राजनीतिक परिवर्त्यों को सामाजिक परिवर्त्यों की अपेक्षा ज्यादा प्रधानता देने वाले विद्वानों में सर्वाधिक महत्त्वपूर्ण नाम मैकियावेली (Machiavelli) का है, जिन्होंने अपने अध्ययन–विश्लेषण में राजनीतिक परिवर्त्यों को ज्यादा महत्त्वपूर्ण बताया है। वहीं सामाजिक परिवर्त्यों को सर्वाधिक प्रधानता देने वाले विचारकों में कार्ल मार्क्स (Karl Marks) अग्रणी एवं सर्वोच्च हैं, जिन्होंने राजनीति को समाज के शोषण का साधन माना है और वास्तविक अर्थ में राजनीति को राजनीतिक मिथ्या (Political lie) की संज्ञा दी है। मार्क्स जैसे महान् समाजशास्त्री के बाद उनके अनुयायियों की लम्बी कतार है जो सामाजिक घटनाओं का मूल्यांकन करते समय राजनीतिक परिवर्त्यों का प्रयोग तो करते हैं लेकिन घटना के विश्लेषणक्रम में राजनीतिक परिवर्त्यों की अपेक्षा सामाजिक परिवर्त्यों के महत्त्व को प्रधानता देते हैं।

उपर्युक्त दोनों विचारधाओं से पृथक् आधुनिक विद्वज्जनों में कुछ ऐसे समाजशास्त्री एवं राजनीतिशास्त्री भी हैं जिन्होंने अपने विश्लेषणपरक अध्ययनक्रम में दोनों विषयों के परिवर्त्यों को समान महत्त्व दिया है, साथ ही राजनीतिक–सामाजिक घटनाओं, समस्याओं के विश्लेषण एवं मूल्यांकन क्रम में राजनीतिक–सामाजिक परिवर्त्यों की अन्तर्लिप्तता एवं अन्तर्क्रियात्मकता के संदर्भ में राजनीतिक घटनाओं, समस्याओं तथा राजनीतिक–सामाजिक संरचनाओं के बीच पाये जानेवाले व्यवहारों के महत्त्व का विश्लेषणपरक मूल्यांकन किया है। ऐसे विद्वानों के गंभीर प्रयासों की वजह से ही एक पृथक् अनुशासन के रूप में राजनीतिक समाजशास्त्र के जन्म की पुख्ता बुनियाद पड़ी और तब से अब तक इसकी विकास–यात्रा निरन्तर जारी है।

राजनीतिक समाजशास्त्र के अस्तित्व–निर्माण में समाजशास्त्र का महत्त्वपूर्ण योगदान रहा है। आधुनिक राजनीति विज्ञान की प्रकृति, रूपरेखा, अर्थ, परिभाषा एवं अध्ययन–क्षेत्र के सीमांकन पर समाजशास्त्र का व्यापक प्रभाव पड़ा है। राजनीतिक समाजशास्त्र को राजनीति विज्ञान एवं समाजशास्त्र दोनों के पाठ्यक्रम में शामिल किया गया है, जिसकी वजह से इसकी पृथक्ता को सीमांकित करना एक कठिन प्रयास है। राजनीतिशास्त्रवेत्ता इसके अध्ययन–विश्लेषण में राजनीतिक तत्त्वों की प्रधानता पर बल देते हुए इसे राजनीति विज्ञान का वह अभिन्न हिस्सा स्वीकारते हैं जिसका संबंध संपूर्ण सामाजिक व्यवस्था के बजाय राजनीतिक व्यवस्था को प्रभावित करने वाले राजनीति और समाज के अन्तर्संबंधों से है। इस दृष्टि से राजनीति के तत्त्वमीमांसकों के विश्लेषण का आयाम राजनीतिक तथ्यों की व्याख्या करने वाले सामाजिक परिवर्त्यों तक सीमित रहती है, जबकि समाजशास्त्रवेत्ताओं की पैनी नजर समस्त सामाजिक संदर्भों पर होती है। इसलिए समाजशास्त्र के तत्त्वविद् सामाजिक परिवर्त्यों को प्राथमिकता की कोटि में रखते हुए इस विषय को समाजशास्त्र का अभिन्न हिस्सा मानते हैं। इस तरह समाजशास्त्र के तत्त्वदर्शी समाज के अन्दर मौजूद उन सभी प्रकार की निर्दिष्ट शक्तियों के कारकों एवं परिणामों को अपने विश्लेषण के दायरे में शामिल करते हैं जो सामाजिक–राजनीतिक द्वन्द्वों की उपज होती हैं, तथा सत्ता–शक्ति में परिवर्तन का बुनियादी माध्यम बनती हैं। अर्थात् ये तत्त्वविद् राजनीतिक समाजशास्त्र के अध्ययन के अन्तर्गत सामाजिक जीवन को प्रभावित करने वाले राजनीतिक पक्षों एवं राजनीतिक जीवन को प्रभावित करने वाले सामाजिक पक्षों से प्रासंगिक आधारतत्त्वों एवं आधार माध्यमों के बीच चलने वाली अन्तर्क्रियाओं एवं दोनों पक्षों से प्रासंगिक कारकों के पारस्परिक संबंधों का अध्ययन–विश्लेषण व अनुसंधान करने पर विशेष जोर देते हैं। इन दो विरोधाभासी मन्तव्यों के आलोक में राजनीतिक समाजशास्त्र जैसे वर्णसंकर अनुशासन को सही रूप में जानने–समझने के लिए यहां दोनों दृष्टिकोणों की व्याख्या अपरिहार्य है।

राजनीतिक तत्त्वमीमांसकों का दृष्टिकोण (Viewpoint of Political Metaphysicians)

विषयगत प्राथमिकता के आधार पर प्रथम कोटि में उन विद्वज्जनों की अभिव्यक्ति की विवेचना की जा रही है जो राजनीतिक समाजशास्त्र को राजनीति विज्ञान का अभिन्न अंग मानते हैं। यह नया अनुशासन स्वायत्त होने के बावजूद अभी विकासोन्मुख स्थिति में है, इसलिए इसकी यथातथ्य या सुव्यवस्थित परिभाषा देना राजनीति के तत्त्वविज्ञों के लिए कठिन प्रयास है, लेकिन अपनी कृतियों और शोध प्रसंगों के अन्तर्गत विभिन्न विद्वानों द्वारा समय–समय पर अध्ययन–विश्लेषण के प्रसंग में जो प्रधान अभिव्यक्तियाँ की गयी हैं, उन ख़ास विचारों में से कुछ प्रमुख मन्तव्यों का संकलन निम्नांकित है :

मोरिस डुवर्जर (Mourice Duverger) के शब्दों में "राजनीतिशास्त्र तथा राजनीतिक समाजशास्त्र को सामान्य अर्थों में दो समानार्थी शब्द स्वीकारा गया है।" रूसीमैन ने भी डुवर्जर की अभिव्यक्ति से सहमति जतायी है।

क्रिक (Crick) के शब्दों में, "राजनीति स्थायी व्यवस्था पर आश्रित है। यह राज्यों में एक प्रकार से समस्या–समाधान की प्रक्रिया है, इसलिए राजनीतिक समाजशास्त्री का कार्य राज्य की संस्थाओं का विश्लेषण करना है।"

सारटोरी (Sartori) के शब्दों में, "राजनीतिक समाजशास्त्र दो स्वायत्त अनुशासनों के संयोग से उत्पन्न एक वर्णसंकर अनुशासन है जो सामाजिक–राजनीतिक व्याख्यात्मक परिवर्त्यों अर्थात् दोनों के चल तत्त्वों को परस्पर मिश्रित करने का प्रयास करता है, यानी कि राजनीतिक एवं सामाजिक तत्त्वविज्ञों द्वारा प्रस्तावित निवेशों को जोड़ने का प्रयास करता है।"

जेनोविट्स के शब्दों में ''व्यापकतर अर्थ में राजनीतिक समाजशास्त्र समाज के समस्त संस्थागत पहलुओं की शक्ति के सामाजिक आधार से संबंधित है।'' इस परम्परा के तहत राजनीतिक समाजशास्त्र सामाजिक स्तरीकरण के प्रतिमानों तथा संगठित राजनीति में इसके परिणामों का अध्ययन करता है।

लिप्सेट (Lipset) के शब्दों में, ''राजनीतिक समाजशास्त्र समाज और राज्य तथा सामाजिक संरचनाओं एवं राजनीतिक संरचनाओं के मध्य पारस्परिक अन्तर्संबंधों की वास्तविकता का अध्ययन है।''

सामाजिक तत्त्वमीमांसकों का दृष्टिकोण (Viewpoint of Social Metaphysicians)

यहाँ उन विद्वज्जनों की अभिव्यक्तियों को रेखांकित किया जा रहा है जिनके द्वारा प्रतिपादित विश्लेषणों में सामाजिक तत्त्वों की मीमांसा का पुट विशेष रूप से दृष्टिगोचर होता है। इनके विचार में राजनीति की समस्याओं के समाधान के लिए राजनीतिक समाजशास्त्रियों को संप्रत्यात्मक उपकरण (Conceptual Apparatus) समाजशास्त्रियों से लेना चाहिए। इनके मतानुसार, राजनीतिक समाजशास्त्रियों के अध्ययन की प्राथमिकता सामाजिक व्यवस्था एवं राजनीतिक अनुपालन (Political Obedience) की समस्या में निहित है और राजनीतिक व्यवस्था इनके अध्ययन का प्रधान विषय है, इसलिए राजनीतिक समाजशास्त्रियों के लिए राजनीतिक व्यवहार के अध्ययन हेतु समाजशास्त्रीय दृष्टिकोण का प्रयोग करना ज्यादा समीचीन होगा। तभी तो डाउसे एवं ह्यूज (Dowse and Hughes) की अभिव्यक्ति है कि ''राजनीतिक समाजशास्त्र, समाजशास्त्र की ही एक शाखा है जिसका ध्येय मूलरूप से राजनीति और समाज के मध्य पाई जाने वाली अन्तर्क्रियाओं का विश्लेषण करना है।''

लेविस कोजर (Lewis A. Cozer) के शब्दों, में ''राजनीतिक समाजशास्त्र समाज की वह शाखा है जिसका संबंध सामाजिक कारकों तथा तात्कालिक समाज में शक्ति के वितरण के कारकों एवं परिणामों से है। शक्ति–परिवर्तन के सूचक सामाजिक–राजनीतिक, संघर्षों से भी इसका सीधा संबंध है जो शक्तियों के आवंटन में परिवर्तन का नेतृत्व करते हैं।''

टॉम बोटोमोर के शब्दों में, ''राजनीतिक समाजशास्त्र का संबंध सामाजिक संदर्भ में शक्ति से है। यहां विषय का सरोकार सामाजिक प्रसंग में सत्ता से है। सत्ता का अर्थ एक व्यक्ति या सामाजिक समूह द्वारा कार्यवाही करने, निर्णय लेने व उन्हें कार्यान्वित करने और मोटे तौर पर निर्णय लेने की प्रक्रिया को निर्धारित करने की क्षमता से है जिसे यदि आवश्यक हो तो अन्य व्यक्तियों और समूहों के हितों और विरोधों के लिए भी प्रयोग किया जा सकता है।''

डेविड पोपीनो (David Popenoe) के शब्दों, में 'राजनीतिक समाजशास्त्र के अन्तर्गत वृहत् सामाजिक संरचना तथा समाज की राजनीतिक इकाइयों के पारस्परिक संबंधों का अध्ययन किया जाता है।'

राजनीतिक समाजशास्त्र से संदर्भित उपर्युक्त परिभाषाओं से इस आशय का स्पष्टीकरण होता है कि तत्त्वमीमांसकों का समुदाय विषयगत मीमांसा एवं मीमांसित विश्लेषण हेतु दो अवधारणाओं को साथ लेकर चल रहा है। प्रथम अवधारणा के समर्थक इस नये अनुशासन को राजनीति विज्ञान से संबद्ध विषय के रूप में देखते हैं और राजनीतिक व्यवस्था, प्रक्रियाओं, सत्ता, शक्ति, प्रभाव, औचित्यपूर्णता, नेतृत्व का विश्लेषणपरक अध्ययन सामाजिक पृष्ठभूमि के परिप्रेक्ष्य में करने की बात करते हैं। यानी कि इनकी दृष्टि में राजनीतिक समाजशास्त्र के अध्ययन का तात्त्विक आधारतत्त्व औपचारिक तथा अनौपचारिक रूप से राजनीतिक संरचनाओं, राजनीतिक दलों के संगठन एवं उनकी क्रियात्मकता, सरकारी अधिकारीतंत्र, वैधानिक व्यवस्था, दबाव समूहों, हित समूहों, मतदान व्यवहार, मताधिकार एवं प्रतिनिधित्व की पद्धतियाँ, राजनीतिक व्यवहार आदि का आनुभविक अध्ययन–विश्लेषण है जिसका अध्ययन उन पर पड़ने वाले तात्कालिक तथा दीर्घकालिक सामाजिक प्रभावों एवं दबावों के आलोक में किया जाना विवेकसंगत है। यहाँ यह तथ्य ध्यान देने योग्य है कि लिप्सेट ने अपनी परिभाषा में राज्य की अपेक्षा समाज को अधिक प्राथमिकता नहीं दी है और राजनीतिक समाजशास्त्र को केवल राजनीतिक व्यवस्था को प्रभावित करने वाले सामाजिक तत्त्वों के अध्ययन तक सीमित नहीं किया है। वस्तुतः, उनका तर्क है कि राजनीतिक इकाइयां स्वयं में सामाजिक संरचनाएँ हैं जो गैर–राजनीतिक संरचनाओं को भी प्रभावित करती हैं। यहां बेंडिक्स (Bendix) की अभिव्यक्ति भी प्रासंगिक है। इनके मतानुसार, ''राजनीतिक समाजशास्त्र का अध्ययन समाज से आरंभ होता है और राज्य को प्रभावित करने वाले सामाजिक तत्त्वों की छानबीन करता है।''

दूसरी अवधारणा के प्रस्तोता समाजशास्त्र के प्रभाव में ज्यादा दिखाई देते हैं। इस अवधारणा के प्रतिपादक राजनीतिक समाजशास्त्र को सामाजिक संरचनाओं, तत्त्वों, कारकों एवं राजनीतिक इकाइयों के आपसी संबंधों का विश्लेषणपरक अध्ययन करने वाला विषय मानते हैं। ये परिभाषाएँ इस तथ्य का स्पष्ट संकेत करती हैं कि इस नूतन स्वायत्त अनुशासन के व्यवस्थित सुस्पष्ट अस्तित्व के संबंध में विद्वज्जनों के बीच मतैक्यता का अभाव है। इस प्रसंग में विचारगत विरोधाभास को विषय के नामकरण–प्रसंग में भी स्पष्ट रूप से देखा जा सकता है। तभी तो सारटोरी ने भी एक जगह कहा है कि राजनीतिक समाजशास्त्र एक गलत नामकरण (Misnomer) है क्योंकि इसके द्वारा जिस पदसंज्ञा (Designation) का प्रयोग किया जाता है, वह केवल राजनीति का समाजशास्त्रीय रूपान्तरण (Sociological Reduction of Politics) है। यह उपागम यद्यपि अन्य उपागम की भाँति वैध है तथापि इसका नामकरण 'राजनीति का समाजशास्त्र' होना चाहिए। परिभाषाओं के विश्लेषणात्मक स्तर पर यह विवाद ज्यादा स्पष्ट रूप से दिखाई देता है, मसलन–दोनों सामाजिक विज्ञानों की मान्यताओं एवं सिद्धान्तों का प्रयोगमूलक संदर्भ कैसा होना चाहिए, किस प्रकार का होना चाहिए और दोनों सामाजिक विज्ञानों के परिवर्त्यों में किसका महत्त्व ज्यादा है? इत्यादि।

लिप्सेट को छोड़ अधिकतर समाजशास्त्रियों द्वारा राजनीतिक समाजशास्त्र के अध्ययन–विश्लेषण के प्रसंग में समाजमूलक परिवर्त्यों, मसलन–सामाजिक संरचना, समुदाय, समूह, वर्ग संस्कृति, मूल्य, परम्पराओं, प्रस्थिति आदि को प्रधानता दी गयी है। इसके विपरीत आधुनिक राजनीति वैज्ञानिकों द्वारा व्यवहारवादी अनुभवात्मक विश्लेषणपरक अध्ययन में राजनीतिक परिवर्त्यों, मसलन–राज्य, सरकार, सरकारी संस्थाओं, कानून, राजनीतिक दलों, दबाव समूहों, हित समूहों, मतदान व्यवहार जैसे प्रसंगों को प्रधानता दी गयी है। यद्यपि जेनाविट्स, फ्रेंज न्यूमा, सिडण्ड न्यूमा, सी. राइट मिल्स, रोज, मैकेन्जी, ग्रियर और आरलियन्स, मैक्सवेबर, रॉबर्ट मिशेल्स, मोस्का पैरेटो, सिगफ्रिड, टालकॉट पारसन्स, लिप्सेट आदि विद्वानों की कृतियों में राजनीतिक समाजशास्त्र को एक पृथक् एवं विशिष्ट अनुशासन के रूप में विकसित–पोषित करने तथा लोकप्रिय समाजिक विज्ञान का दर्जा दिलाने हेतु प्रभावशाली भूमिका निभायी गयी है, तथापि राजनीतिक समाजशास्त्र के अध्ययन–क्षेत्र में किन–किन विषयों का समावेश हो और आनुभविक अध्ययन हेतु किन–किन प्रविधियों का प्रयोग हो इस प्रसंग पर विद्वज्जनों के बीच गंभीर मतवैभिन्नताएँ हैं। इस मतभेद का सीधा प्रभाव इसके नामकरण पर देखा जा सकता है। कुछ विद्वानों द्वारा विषय को 'राजनीतिक समाजशास्त्र' (Political Sociology) और कुछ विद्वानों द्वारा इसे ''राजनीति का समाजशास्त्र' (Sociology of Politics) की संज्ञा दी गयी है। राजनीति वैज्ञानिक व्याख्यात्मक परिवर्त्यों के रूप में राजनीतिक चरों (Variables) के अध्ययन के प्रबल समर्थक हैं, जबकि राजनीतिक समाजशास्त्री व्याख्यात्मक परिवर्त्यों के रूप में सामाजिक चरों के अध्ययन के ठोस पक्षधर हैं।''

उपर्युक्त विवेचित प्रसंगों के आधार पर राजनीतिक समाजशास्त्र की मुख्यतः दो विशेषताएँ परिलक्षित होती है ; **प्रथम**–राजनीतिक समाजशास्त्र वस्तुतः राजनीतिशास्त्र एवं समाजशास्त्र के मध्य विद्यमान् संबंधों की घनिष्ठता का सूचक है, और **द्वितीय**–राजनीति के यथार्थ को हम तब तक नहीं समझ सकते हैं, जब तक कि राजनीतिक परिवर्त्यों का अध्ययन सामाजिक परिवर्त्यों की पृष्ठभूमि में न किया जाए। तभी तो आइजेन्सटाड ने राजनीतिक समाजशास्त्र को 'राजनीतिक प्रक्रियाओं और व्यवस्थाओं का समाजशास्त्रीय अध्ययन' (Sociological study of political systems and political process) कहकर पुकारा है।

विशेषताएं (Characteristics)

व्यवहारवादी अध्येताओं की दृष्टि में राजनीति एक महत्त्वपूर्ण सामाजिक क्रिया है जो सभी प्रकार के सामाजिक संबंधों एवं सामंजस्यों में मौजूद होती है। इस दृष्टि से राजनीतिक समाजशास्त्र राजनीतिक व्यवस्था में सामाजिक पर्यावरण से उपजे तनावों, संघर्षों, प्रतिस्पर्धाओं, द्वन्द्वों का अध्ययन करता है, यानी कि राजनीति के यथार्थ का चेहरा पढ़कर व्यवस्थागत राजनीतिक–सामाजिक बुनावट में मौजूद सभी रंगों की भाषा को जमीनी स्तर पर समझने–समझाने का सकारात्मक प्रयास करता है। राजनीतिशास्त्र की तरह राजनीतिक समाजशास्त्र भी समाज में शक्ति–विभाजन, शक्ति–वितरण और शक्ति–संबंधों के अध्ययन का कठिन अभ्यास है। संदर्भित परिभाषाओं के विश्लेषणात्मक अध्ययन से राजनीतिक समाजशास्त्र की कुछ विशेषताएँ स्पष्ट रूप से दृष्टिगोचर होती हैं जो अग्रांकित हैं :

1. राजनीतिक समाजशास्त्र में राजनीतिशास्त्र एवं समाजशास्त्र दोनों विषयों का मिश्रण है।
2. यह परम्परागत राजनीतिशास्त्र की 'राज्य एवं सरकार' संबंधी औपचारिक संरचनाओं के अध्ययन से बहुत आगे राजनीति के व्यावहारिक पक्ष का अध्ययन है।
3. इसे मात्र समाजशास्त्र की संज्ञा नहीं दी जा सकती है क्योंकि यह अनुशासन केवल सामाजिक संरचनाओं का अध्ययन नहीं करता है और न ही केवल राजनीतिक संरचनाओं का अध्ययन करता है, अपितु यह सामाजिक–राजनीतिक इकाइयों, सामाजिक–राजनीतिक पर्यावरण के अन्तर्संबंधों के निष्कर्ष पर सामाजिक–राजनीतिक व्यवहार के तात्त्विक अध्ययन के लिए सतत प्रयासरत है।
4. यह राजनीतिक व्यवहार का अध्ययन सामाजिक पर्यावरण एवं परिस्थितियों के परिप्रेक्ष्य में करता है।
5. यह राजनीति और समाज के मध्य सतत रूप से चलने वाली अन्योन्यक्रियाओं का आनुभविक अध्ययन करता है।
6. इस विषय के अन्तर्गत राजनीतिक सवालों, मुद्दों, समस्याओं का समाधान सामाजिक परिस्थितियों के परिप्रेक्ष्य में किया जाता है।
7. इसकी विषयवस्तु में समाज और राज्य के पारस्परिक संबंधों, आपसी अन्तर्लिप्तता, अन्योन्याश्रितता तथा एक–दूसरे पर पड़ने वाले प्रभावों का अध्ययन शामिल है।
8. इस अनुशासन में राजनीतिक एवं सामाजिक दोनों परिवर्त्यों के बीच घनिष्ठता स्थापित करते हुए दोनों को बराबर महत्त्व देने का प्रयास किया गया है।
9. यह अनुशासन वस्तुतः राजनीतिशास्त्र और समाजशास्त्र के मध्य विद्यमान संबंधों की घनिष्ठता का सूचक है।
10. राजनीतिक समाजशास्त्र की पाठ्य–सामग्री राजनीतिशास्त्र एवं समाजशास्त्र दोनों के प्रसंगाधीन तत्त्वों का प्रतिनिधित्व करती है, इसके बावजूद सामाजिक–राजनीतिक यथार्थताओं की विविधताओं से प्रासंगिक तत्त्वों को अपने अध्ययन दायरे में समावेशित करते हुए एक स्वायत्त अनुशासित विषय के रूप में अपनी पहचान कायम करने में यह विषय काफी हद तक सफल रहा है।

विषयगत विशेषताओं के संबंध में प्रो. अमल कुमार मुखोपाध्याय के विचार ज्यादा प्रासंगिक है। इनके शब्दों में "राजनीतिक समाजशास्त्र को समाजशास्त्र और राजनीतिशास्त्र के अन्तर्निषेचन (Cross-fertilisation) की उपज माना जा सकता है जो राजनीति का सामाजिक रूप में पर्यवलोकन करते हुए राजनीति पर समाज के प्रभाव एवं समाज पर राजनीति के प्रभाव का अध्ययन करता है। यद्यपि यह राजनीति के सारतत्त्वों को सामाजिक संरचना के संदर्भ में देखता है।"

निष्कर्ष (Conclusion)

सामाजिक–राजनीतिक दोनों परिवर्त्यों को अपने अध्ययन–अनुसंधान में समान महत्त्व देते हुए दोनों समाजविज्ञानों (राजनीतिशास्त्र–समाजशास्त्र) से भिन्न यह एक नया विषय है जो राजनीति और समाज के यथार्थपरक संबंधों का अध्ययन करता है। इसका मौलिक अध्ययन तत्त्व है–राजनीतिक, सामाजिक, आर्थिक पर्यावरण से उत्पन्न सामाजिक तनाव, संघर्ष, प्रतिस्पर्धा, द्वन्द्व आदि से उत्पन्न राजनीतिक परिस्थितियाँ हैं जो सीधे तौर पर व्यवस्थागत राजनीति को प्रभावित एवं उद्वेलित करती हैं। यह नया अनुशासन समाज में शक्ति के स्रोतों, शक्ति आवंटन, शक्ति–विभाजन, शक्ति संचय, शक्ति–प्रयोग, शक्ति प्रदर्शन, आदि का व्यवहारपरक अध्ययन सामाजिक पृष्ठभूमि के परिप्रेक्ष्य में करता है।

इस नये अनुशासन के संदर्भ में प्रो. आर.टी. जनगम का कहना है कि "राजनीतिक समाजशास्त्र को राजनीतिशास्त्र एवं समाजशास्त्र की अन्तःउर्वरक की उपज कहा जा सकता है जो राजनीति का सामाजिक रूप में प्रेक्षण करते हुए राजनीति पर समाज के प्रभाव तथा समाज पर राजनीति के प्रभाव का अध्ययन करता है।" ग्रीयर एवं आरलियन्स के

शब्दों में "राजनीतिक समाजशास्त्र की प्रमुख सैद्धान्तिक समस्या—राज्य नामक अनुपम सामाजिक संरचना का वर्णन, विश्लेषण करना तथा उसकी समाजशास्त्रीय व्याख्या करना है।" इस प्रसंग को और अधिक स्पष्ट करते हुए लिप्सेट कहते हैं 'यदि सामाजिक व्यवस्था का स्थायित्व समाजशास्त्र की केन्द्रीय समस्या है तो राजनीतिक व्यवस्था का स्थायित्व एवं लोकतंत्र की सामाजिक परिस्थितियां राजनीतिक समाजशास्त्र के चिन्तन का मुख्य विषय है। राजनीतिक समाजशास्त्र सामाजिक प्रक्रिया और राजनीतिक प्रक्रिया में तादात्म्य पाता है, इस दृष्टिकोण से यह विषय राजनीति की एक नई परिभाषा प्रस्तुत करता है। इन समस्त विवेचित अभिव्यक्तियों के निचोड़ के रूप में प्रो. अमल कुमार मुखोपाध्याय की अभिव्यक्ति है कि "राजनीतिक समाजशास्त्र एक ऐसा समाजविज्ञान है जो राजनीतिक घटनाओं (Political Phenomenon) को आवश्यक रूप से सामाजिक निर्धारक तत्त्वों (Social Determinants) से संबंधित करते हुए उसे समझाने का प्रयास करता है।"

संक्षेप में, यह विषय इस तथ्य की प्रस्तुति करता है कि प्रत्येक राजनीतिक मनुष्य की एक सामाजिक पृष्ठभूमि होती है, जहाँ सामाजिक जीवन के अनुभवों के आधार पर उसका राजनीतिक व्यवहार निर्धारित व निरूपित होता है जिसमें परिवार, शिक्षा, धर्म, व्यवसाय, विवाह, परम्पराएँ, मान्यताएँ, संस्कृति, वर्ग, लिंग, आयु आदि से प्रासंगिक तत्त्व प्रधान कारक की भूमिका निभाते हैं। यानी कि, तात्त्विक स्तर पर एक राजनीतिक मनुष्य या समूहों की सामाजिक स्थिति की पृष्ठभूमि को जाने–समझे बिना उसकी राजनीतिक गतिविधियों, क्रियाकलापों, व्यवहारों, विचारधाराओं, दृष्टिकोणों, भूमिकाओं या उसके राजनीतिक जीवन से संदर्भित सभी आयामों को यथातथ्य समझना तथा उसके राजनीतिक व्यवहार का आनुभविक विश्लेषण करना संभव नहीं है। व्यवस्था के सदस्यों के राजनीतिक जीवन से प्रासंगिक यही वे बुनियादी कारक हैं जिन पर राजनीतिक व्यवस्था एवं प्रक्रियाओं की सफलता–असफलता, स्थायित्व–अस्थायित्व का दारोमदार होता है। यानी कि राजनीतिक समाजशास्त्र का प्रतिपाद्य विषय राजनीतिक व्यवहार पूरी तरह सामाजिक–सांस्कृतिक आर्थिक पर्यावरण एवं परिस्थितियों के प्रभाव में होता है और राजनीतिक सामाजशास्त्र राजनीति का परिस्थितिजन्य एवं अनुभवजन्य अध्ययन–विश्लेषण व्यवस्थागत सामाजिक–सांस्कृतिक एवं आर्थिक पृष्ठभूमि के परिप्रेक्ष्य में करके व्यवस्थागत क्रियात्मक राजनीति की वास्तविक रूपरेखा स्पष्ट करता है। अतः कथासार के रूप में यही कहा जा सकता है कि राजनीतिक समाजशास्त्र को मात्र समाजशास्त्र की एक शाखा का नाम देना विषय की प्रासंगिता, व्यापकता, वास्तविकता एवं लोकप्रियता के साथ अन्याय होगा। वस्तुतः, इस विषय की मौलिकता एवं महत्ता आधुनिक राजनीति के परिवर्त्यों का सामाजिक परिवेश, मूल्यों, परम्पराओं, संस्कृति के परिप्रेक्ष्य अनुभवजन्य विश्लेषण करना है। यहाँ बेन्डिक्स की उक्ति प्रासंगिक है, जिन्होंने कहा "राजनीति विज्ञान का अध्ययन राज्य से आरंभ होता है और इस तथ्य की जाँच करता है कि राज्य समाज को कैसे प्रभावित करता है वहीं राजनीतिक समाजशास्त्र का अध्ययन समाज से आरम्भ होकर इस तथ्य की जाँच करता है कि वह राज्य को कैसे प्रभावित करता है।"

राजनीतिक समाजशास्त्र : प्रकृति (Political Sociology : Nature)

राजनीतिक समाजशास्त्र का जन्म एवं विकास राजनीतिशास्त्र पर समाजशास्त्र के बढ़ते हुए प्रभाव की वजह से हुआ है। इसमें दोनों विषयों का संयोजन है, इसलिए यह अनुशासन दोनों विषयों के द्विपक्षीय संबंधों को महत्त्व देता है।

उपर्युक्त विवेचित राजनीतिक समाजशास्त्र की परिभाषाओं एवं अर्थ के विश्लेषणात्मक अध्ययन–प्रसंग में ही विषय की प्रकृति का स्वरूप दृष्टिगोचर होता है। राजनीतिक समाजशास्त्र राजनीतिशास्त्र नहीं है क्योंकि इसके अध्ययन का प्रतिपाद्य विषय सिर्फ राज्य या सरकार नहीं है, अपितु राजनीति का सामाजिक परिप्रेक्ष्य है, तभी तो इस विषय की अभिव्यक्ति के अनुसार राजनीति, राज्य और सरकार की सीमाओं से प्रतिबंधित नहीं हैं। यह राजनीति का समाजशास्त्र भी नहीं है क्योंकि इसके अध्ययन में सिर्फ सामाजिक कारकों की प्रधानता नहीं होती है, बल्कि यह नया विषय राजनीति के अध्ययन में सामाजिक एवं राजनीतिक दोनों कारकों को समान महत्त्व देते हुए दोनों विषयों के परिवर्त्यों को स्वाधीन दर्जा प्रदान करता है। नतीजतन, राजनीतिक समाजशास्त्र के प्रेक्षकों की दृष्टि में इस विषय की ऐतिहासिकता एवं

महत्ता इस तथ्य में है कि यह नूतन विषय राजनीति का व्यवहारपरक अध्ययन समाज के आग्रह को प्रधानता देते हुए उसके पर्यावरण से प्रतिबिम्बित होने वाले कारकों के आलोक में करता है।

राजनीतिक समाजशास्त्र एक विज्ञान है (Political Sociology is a Science)

एक ऐसा उभरता हुआ सामाजिक विज्ञान जो स्वतंत्र अनुशासन का रूप ले चुका है। इस अनुशासन की प्रकृति से संदर्भित तथ्यों, तत्त्वों एवं अध्ययन हेतु प्रयुक्त उपागमों से इस तथ्य का स्पष्टीकरण होता है कि अन्य सामाजिक विज्ञानों की तरह यह नया विषय भी एक सामाजिक विज्ञान है। वैज्ञानिक अध्ययन–पद्धति के सारतत्त्वों के समकक्ष यदि राजनीतिक समाजशास्त्र की विषयवस्तु एवं अध्ययन प्रविधियों को रखा जाय तो अध्ययनतत्त्व एवं प्रयुक्त प्रविधियों के आधार पर विषय को सामाजिक विज्ञान का दर्जा दिया जायेगा। किसी भी विषय को विज्ञान कहलाने के लिए अपने विषयगत अध्ययन में जिन माध्यमों को शामिल करने की अपरिहार्यता होती है, ये हैं : 1. वैज्ञानिक पद्धति (Scientific Method), 2. तथ्यात्मकता (Factualness), 3. सार्वभौमिकता (Universal), 4. प्रामाणिकता (Verification), 5. कार्य–करण संबंधी खोज (Discovery of Course Effect Relationship), 6. भविष्यवाणी (Prediction), 7. परिमाणीकरण (Quantification), 8. क्रमबद्धीकरण (Systematisation), 9. एकीकरण (Integration)।

इस प्रसंग के आलोक में यह कहा जा सकता है कि राजनीतिक समाजशास्त्र के अध्ययन के लिए प्रयुक्त प्रविधियाँ वैज्ञानिक हैं। इस विषय के अध्ययन, विश्लेषण व मूल्यांकन के लिए–अनुसूची (Schedule), व्यावहारिक नमूने का प्रतिनिधित्व (Representation of Practical Sampling), साक्षात्कार (Interview), प्रश्नावली (Questionnaire), जीवन वृत्त (Life History), आँकड़ा संग्रह (Data Collection), वर्गीकरण (Classification), सामान्यीकरण (Generalisation), परीक्षण (Verification), प्रेक्षण (Observation), मापन–प्रविधियां (Techniques of Measurement) आदि वैज्ञानिक तकनीकों का तथ्य संग्रह, विश्लेषण, अवलोकन, परीक्षण, मूल्यांकन आदि कार्यों में प्रयोग करना विषय की वैज्ञानिकता को प्रमाणित करता है।

अध्ययन–तकनीक के प्रयोग की दृष्टि से राजनीतिक समाजशास्त्र द्वारा वैज्ञानिक अध्ययन की सभी विधाओं को अंगीकार किया गया है। मूलरूप से यह तथ्यात्मक–कारणात्मक प्रवृत्ति के रूप में पहचान बनाने वाला विषय है। इसका सिद्धान्त सार्वभौम है, प्रामाणिक है, यह राजनीति और समाज के संबंधमूलक कारकों की तथ्यपरक एवं यथार्थपरक व्याख्या करता है तथा भविष्य को अनुमानित करके राजनीतिक संबंधों, घटनाओं, समस्याओं, मुद्दों, व्यवहारों एवं प्रक्रियाओं के संबंध में भविष्यकथन कर सकता है। एक विज्ञान के रूप में राजनीतिक समाजशास्त्र पर्यावरण के मद्देनजर सामाजिक संदर्भों के यथार्थ को समझने के लिए वैज्ञानिक तकनीकों का प्रयोग करके आनुभविक रूप से भविष्यवाणियां करता है, लेकिन वे कथन शत–प्रतिशत सत्य होंगे इस बात का दावा नहीं कर सकता है। क्योंकि, इसके अध्ययन का प्रतिपाद्य विषय व्यक्ति एवं समूह है जिसकी अभिवृत्तियों, व्यवहारों, विश्वासों, आस्थाओं, प्रतिबद्धताओं एवं अभिविन्यासों के संबंध में संभावनाएँ तो इंगित की जा सकती हैं लेकिन अनिश्चितता की संभावना सर्वथा अपेक्षित रहती है। राजनीतिक–सामाजिक तथ्यों में साम्यता एवं मतैक्यता नहीं होने की वजह से कई समालोचक विषय को विज्ञान मानने से इंकार करते हैं, लेकिन इस संबंध में समालोचकों का यह भी कहना है कि तथ्यों में मतवैभिन्नता की स्थिति का आधार मनुष्य की परिवर्तनशील प्रवृत्ति है, न कि विषय के अध्ययन के लिए प्रयुक्त प्रविधियों में वैज्ञानिक तत्त्वों की कमी या पूर्ण अभाव।

राजनीतिक समाजशास्त्र एक कला है (Political Sociology is an Art)

जहाँ अपने अध्ययन की प्रवृत्ति–प्रकृति के अनुरूप राजनीतिक समाजशास्त्र एक सामाजिक विज्ञान है वहीं यह विषय एक कला भी है। कला के रूप में यह अनुशासन विषयगत सतर्कता, तथ्यों का सम्यक् विभाजन एवं तथ्यों के पारस्परिक संबंधों का संयोजन करता है। यानी कि, अध्येताओं एवं शोधकर्ताओं द्वारा तथ्य–संग्रह के संबंध में सतर्कता, तथ्यों के

व्यवहारपरक विश्लेषण के लिए उनकी प्रामाणिकता, सामान्यीकरण, एकीकरण, परीक्षण, प्रेक्षण, सत्यापन, निश्चितता, भविष्यकथन करने की क्षमता (Predictability) आदि अवस्थाओं का यथोचित चयन, संचालन, निर्धारण, निरूपण, मूल्यांकन आदि कला प्रासंगिक तकनीकें ही तो हैं जिनकी वजह से इस नूतन स्वायत्त अनुशासन को सामाजिक विज्ञान का दर्जा मिला है। सही स्थितियों–प्रसंगों का चयन एवं प्रयोगगत प्रविधियों की सार्थकता ही विषय के समीचीन व सटीक वैज्ञानिक अध्ययन हेतु नए उपागमों की खोज, प्रतिमानों का प्रतिपादन, सिद्धान्तों के निर्माण एवं क्रियान्वयन में आधार–आधेय की भूमिका निभाती रही हैं। विषय के आनुभविक अध्ययन हेतु वैज्ञानिक तकनीकों का व्यवस्थित प्रयोग इस अनुशासन की अध्ययन–प्रकृति का कलात्मक पक्ष है जिसके अभाव में विषय के विश्लेषण हेतु प्रयोगमूलक वैज्ञानिक पक्ष महत्त्वहीन हो जायेगा। अपनी प्रकृति निरूपण के प्रसंग में राजनीतिक समाजशास्त्र विज्ञान भी है और कला भी।

'राजनीतिक समाजशास्त्र' एवं 'राजनीति का समाजशास्त्र' अपनी प्रकृति निर्धारण–निरूपण के संदर्भ में केवल शब्दों का हेरफेर नहीं है, अपितु दोनों के बीच प्रतिपाद्य विषयवस्तु से संदर्भित अवधारणाओं, दृष्टिकोणों, प्रविधियों, उपागमों के प्रयोग का भी मतभेद है। सामाजिक पर्यावरण में आया बदलाव एवं इस बदलाव से प्रासंगिक राजनीतिक, सामाजिक, आर्थिक, सांस्कृतिक प्रसंग एवं इनके प्रसंगाधीन ज्वलन्त मुद्दे इस नूतन अनुशासन की प्रकृति की ख़ास धरोहर हैं। समाज की बदलती परिस्थितियों के अनुरूप सामाजिक बुनावट की समस्त गाँठों की प्रासंगिकता को समान महत्त्व देते हुए बुनावट में प्रयुक्त समाज के विभिन्न वर्गों–सम्प्रदायों के प्रतिनिधि रूपी धागे के सभी रंगों की स्वाभाविकता एवं अस्तित्व की सहजता–महत्ता की वास्तविकता के आलोक में यह नया अनुशासन व्यवस्थागत मुद्दों, समस्याओं का आनुभविक अध्ययन–विश्लेषण करता है। यह विषय सामाजिक व्यवस्था के पर्यावरण में परिस्थितिगत वातावरण के अनुरूप राजनीति के बदलते स्वरूप के समस्त आयामों का तथ्यगत व यथार्थगत अध्ययन करता है। इस नये विषय की मान्यता है कि वर्तमान परिप्रेक्ष्य में राजनीति समाज की समस्त उलझनों, समस्याओं, मुद्दों की गाँठ खोलने एवं जनसरोकारगत परिप्रेक्ष्य में उन्हें सुलझाने व समाधान करने का सबसे सशक्त माध्यम है। प्रत्येक लोकतांत्रिक व्यवस्था में मौजूद राजनीतिक दल अपने जनाधार की मजबूती के लिए कई तरह के हथकंडों का इस्तेमाल करते हैं और सत्ता–प्राप्ति की लालसा में सोची–समझी नीति के तहत राजनीति की बिसात पर सत्ता का खेल खेलने के क्रम में समाज के विभिन्न वर्गों, धर्मों, जातियों, सम्प्रदायों के बीच विग्रह, विद्वेष, तनाव, टकराव, संघर्ष, भ्रम का अनपेक्षित वातावरण तैयार कर सामाजिक उलझनों, समस्याओं को बढ़ाने में उल्लेखनीय भूमिका निभाते हैं। लेकिन, इसके साथ ही समाज में परिस्थितिगत उत्पन्न विवादों के समाधान एवं मजबूत समाज के निर्माण के निहितार्थ सहज ढंग से सक्रिय होकर व्यवस्थागत, राजनीति जनसरोकारगत शक्ल अख्तियार करके समस्या समाधान के माध्यम की भूमिका में भी अनवरत लगी रहती है और ये समस्त प्रसंग राजनीतिक समाजशास्त्र की पाठ्य–सामग्री का ख़ास हिस्सा है। राजनीतिक समाजशास्त्र की प्रकृति यह अभिव्यक्त करती है कि जहां राजनीति का एक पक्ष सामाजिक समस्याओं के समाधान में अग्रेसर की भूमिका निभाता है, वहीं दूसरा पक्ष सामाजिक समस्याओं को अपने फ़ायदे के लिए हवा देकर सामाजिक–राजनीतिक व्यवस्था के पर्यावरण को उद्वेलित करता है।

राजनीतिक समाजशास्त्र की प्रकृति यह स्पष्ट संकेत देती है कि राजनीति के समस्त आयामों के अध्ययन में उसकी गहन रुचि है। परम्परावादी राजनीतिशास्त्रियों से पृथक् राजनीतिक समाजशास्त्री राजनीति के विभिन्न आयामों के संदर्भ में व्यापक दृष्टिकोण रखते हैं। राजनीतिक समाजशास्त्र की प्रकृति इस तथ्यपरक अध्ययन–विश्लेषण में विश्वास करता है कि राजनीतिक एवं सामाजिक क्रियाओं–प्रतिक्रियाओं की आकृति एवं आकार–प्रकार तथा स्वभाव के मध्य समरूपता पायी जाती है। यह विषय राजनीतिक–सामाजिक क्रियाकलापों तथा व्यवहारों के बीच की अन्योन्याश्रितता तथा अन्तःक्रियात्मकता का गहराई से अध्ययन करता है एवं दोनों पक्षों की प्रक्रियाओं का एक दूसरे पर पड़ने वाले प्रभावों की प्रासंगिकता के आलोक दोनों के मध्य पाये जाने वाले सटीक सूत्रों का अन्वेषण एवं अनुसंधान करता है। यहाँ विषय राजनीतिक परिस्थितियों और आवश्यकतानुरूप करवट बदलते सामाजिक व्यवहार के मद्देनजर राजनीतिक व्यवहार एवं राजनीतिक व्यवहार की दिशा–दशा का निर्माण करने वाले कारकों में होने वाले बदलाव का अनुसंधान करता है, तथा राजनीतिक समाजीकरण, राजनीतिक संस्कृति, राजनीतिक सहभागिता, राजनीतिक संघर्ष, क्रान्ति, परिवर्तन आदि गत्यात्मक राजनीतिक प्रसंगों के व्यवहारपरक अध्ययन हेतु सामग्री उपलब्ध कराता है। इस

क्रियात्मक राजनीतिक प्रसंगों से सीधे तौर पर प्रभावित चुनावी प्रक्रिया, मतदान व्यवहार जैसे गंभीर राजनीतिक विषयों का राजनीतिक समाजशास्त्र की प्रकृति के निर्माण, निर्धारण एवं निरूपण में उल्लेखनीय योगदान है।

राजनीतिक–सामाजिक आचरण के मध्य विद्यमान पारस्परिक संबंधों की अन्योन्याश्रितता–अन्तःक्रियात्मकता का आनुभविक अध्ययन करना राजनीतिक समाजशास्त्र की मौलिक प्रकृति है। राजनीतिक समाजशास्त्र द्वारा राजनीति के व्यापक अध्ययन हेतु सामाजिक, सांस्कृतिक, आर्थिक, धार्मिक क्षेत्रों में इसके अध्ययन का विस्तार किया गया जो इस विषय की प्रकृति की मौलिकता है और जिसकी वजह से राजनीति को व्यापक अर्थबोध का स्वरूप मिला। इस अर्थबोध को गहराई से जानने समझने में आधुनिक राजनीति वैज्ञानिकों एवं राजनीतिक समाजशास्त्रियों को आशाजनक सफलता हासिल हुई है।

यह नया अनुशासन राजनीति और समाज की घनिष्ठता का सूचक है। यह विषय राजनीतिशास्त्र एवं समाजशास्त्र दोनों विषयों के परिवर्त्यों को समान मान्यता प्रदान करता है। इस विषय की मान्यता है कि राजनीतिक व्यवस्था एवं प्रक्रियाओं की समरूपता कहीं न कहीं सामाजिक व्यवस्था एवं प्रक्रियाओं से होती है। राजनीतिक समाजशास्त्र की प्रकृति की विश्लेषणात्मक इकाइयाँ हैं–सामाजिक संरचनाएँ एवं राजनीति का सामाजिक उद्‌भव स्त्रोत। कैटलीन, चार्ल्स मेरियम, लासवेल, मार्क्स, ट्रीटस्के, ओपेनहाइमर जैसे राजनीतिक समाजशास्त्रियों ने अपनी रचनाओं में राजनीति की विशद् विवेचना प्रस्तुत करते हुए यह स्वीकार किया है कि समाज की छोटी–बड़ी सभी संरचनाओं एवं उनके संबंधों में राजनीति का अस्तित्व विद्यमान् होता है। लेकिन ग्रियर तथा ओरलियन्स (Greer and Orleans) के विचार में राजनीतिक समाजशास्त्र की प्रकृति राज्य के समाजशास्त्रीय विवरण, विश्लेषण एवं व्याख्या से सम्बद्ध है।

राजनीतिक समाजशास्त्र की प्रकृति को विस्तारित रूप देने वालों की यह मान्यता है कि प्रत्येक मानवीय संबंध राजनीतिक होता है इसलिए सभी प्रकार के संबंधों में राजनीति सदैव मौजूद होती है। इनकी दृष्टि में राजनीति का स्वरूप सर्वव्यापी है इसलिए सम्पूर्ण समाज में इसका अस्तित्व विद्यमान है। सामाजिक संरचना के प्रत्येक स्तर, वर्गों, समूहों, समुदायों, जातियों, धर्मों, संघों, यहाँ तक कि गैर–संगठित समुदायों एवं परिवारों में भी राजनीति का अस्तित्व मौजूद होता है। इसलिए सामाजिक व्यवस्था का समस्त आयाम, सभी प्रसंग राजनीतिक समाजशास्त्र की प्रकृति को विस्तारित, परिभाषित एवं निरूपित करने में अहम् भूमिका निभाता है।

राजनीतिक समाजशास्त्र की प्रकृति की यह विशेषता है कि इसने विषयगत अध्ययनतत्त्वों के यथार्थपरक अध्ययन के लिए राज्य विहीन राजनीति के अध्ययन का संकल्प लिया। विषय की इस प्रकृति की वजह से राजनीति को आदर्शात्मक आयामों (Normative Dimensions) की श्रृंखलाओं से मुक्त करके नये अनुभवात्मक तरीके से परिभाषित करने का प्रयास किया गया है, जिसके परिणामस्वरूप समकालीन राजनीति की विषयवस्तु में सिर्फ राज्य और सरकार की नहीं अपितु समाज में शक्ति उद्‌भव के वास्तविक स्रोतों एवं सत्ता–शक्ति–प्रभाव के प्रयोगात्मक आयामों का अनुभवजन्य अध्ययन शामिल हो गया है। इस दृष्टिकोण से राजनीतिक समाजशास्त्र की प्रकृति की विशेषता राजनीति की सामाजिक गत्यात्मकता का अध्ययन है। यह नया विषय राजनीतिक प्रक्रिया–सामाजिक प्रक्रिया तथा राजनीतिक व्यवहार–सामाजिक व्यवहार के मध्य यथार्थात्मक संबंधों की खोज करता है, उनके बीच सहलग्नता (Linkage) के तत्त्वों को उजागर करता है एवं संबंधों का श्रृंखलाबद्ध (Linking) करता है नतीजतन राज्य एवं समाज के मध्य स्वाभाविक तादात्म्य स्थापित हो जाता है।

राजनीतिशास्त्र और समाजशास्त्र की जुगलबंदी के परिणामस्वरूप उत्पन्न यह नया अनुशासन व्यवस्था में शक्ति उद्‌गम का वास्तविक स्त्रोत राज्य की जगह समाज को मानता है। सामाजिक पृष्ठभूमि में अस्तित्व रखने वाली शक्ति की दृश्य सत्ता इसके अध्ययन–विश्लेषण का प्रतिपाद्य विषय है। इसकी प्रकृति की यह ख़ासियत है कि यह समाज में दृश्य शक्ति (Phenomenal Power) को अध्ययन का मौलिक विषय मानते हुए शक्ति उद्‌भव, शक्ति–प्राप्ति, शक्ति–संचय, शक्ति–प्रयोग, शक्ति–प्रदर्शन यानी कि शक्ति संदर्भित विभिन्न आयामों पर राज्य के एकाधिकार को अस्वीकार करता है। इसके विद्वज्जनों की मान्यता है कि शक्ति अपने प्रत्येक रूप में समाज की सभी संरचनाओं में सभी स्तरों पर सतत रूप से क्रियाशील रहती है, इसलिए राजनीतिक समाजशास्त्रवेत्ता सिर्फ शक्ति के सामाजिक स्वरूप की अनिवार्यता की पुष्टि नहीं करते हैं, अपितु वे सामाजिक संरचना में मौजूद शक्तिधारक एवं शक्ति–प्रेषक दोनों की प्रस्थिति (Status) को समान महत्त्व देते हुए दोनों के सामाजिक संदर्भ को अध्ययनतत्त्व में शामिल करने

की अनिवार्यता पर विशेष बल देते हैं। शक्ति के सामाजिक संदर्भ के समस्त आयामों को ये संबंधात्मक–परिमाणात्मक स्वरूप में मापनीय बताते हैं। राजनीतिक समाजशास्त्री औचित्यपूर्ण वैधानिक सत्ता की सर्वोच्च स्थिति को स्वीकारते हैं, साथ ही यह विचार भी व्यक्त करते हैं कि वैधानिक सत्ता हमेशा स्वीकृत कठोर नियमों के दायरे में बंधी होती है एवं ठोस विचारों के आधार पर निर्मित होती है। इसीलिए, इस संदर्भ में विषय की प्रकृति वैधानिक राजनीतिक शक्तिधारकों के लिए सिर्फ औचित्यपूर्ण शक्ति के प्रयोग की ही वकालत करती है। इस विषय की प्रकृति वैधानिक सत्ता द्वारा अपना प्रभुत्व स्थापित करने हेतु दमनात्मक शक्तियों के प्रयोग का प्रतिरोधी है। इसकी दृष्टि में राजनीतिक व्यवस्था के स्थायित्व, सातत्य को कायम रखने के लिए तथा उसे लोकप्रिय एवं जनोन्मुख बनाने के लिए शक्ति धारक एवं शक्ति प्रेषक की औचित्यपूर्णता दोनों समान रूप से महत्त्वपूर्ण हैं। क्योंकि, प्रेषित शक्ति का स्वरूप ही सामाजिक पर्यावरण के निर्माण, अभिविन्यास एवं निरूपण का आधार–आधेय होता है, जिसके परिणामस्वरूप व्यवस्था में नये सिरे से राजनीति की प्रकृति–प्रवृत्ति आकार लेती है, राजनीति के प्रति जनसाधारण की अभिवृत्तियों में बदलाव आता है तथा व्यवस्था में नई मांगें जन्म लेती हैं जिनके समर्थन का प्रतिशत शासकों द्वारा निर्गत व्यवहार यानी कि नीतियों–निर्णयों के आलोक में घटता–बढ़ता रहता है। राजनीतिक पर्यावरण में आने वाला बदलाव ही राजनीतिक अभिजनों के परिसंचरण (Circulation of Political Elites) का मौलिक माध्यम है। राजनीतिक समाजशास्त्रवेत्ता लोकतांत्रिक राजनीतिक व्यवस्थाओं में जनादेश के माध्यम से लोकप्रिय सत्ता के निर्माण एवं वैध शक्ति के प्रयोग के पक्षधर हैं और औचित्यपूर्ण शक्ति–प्रयोग की पृष्ठभूमि में वे व्यवस्थागत राजनीतिक, सामाजिक, आर्थिक, धार्मिक समस्याओं, मुद्दों, प्रासंगिक सवालों, द्वन्द्वों, संघर्षों के समाधान की वकालत करते हैं।

राजनीतिक समाजशास्त्र की प्रकृति की एक अन्य विशेषता नौकरशाही के अध्ययन से संदर्भित है। यह नया विषय नौकरशाही का अध्ययन व्यापक सामाजिक संदर्भ में करता है जिसका ध्येय व्यवस्थागत समस्याओं, मुद्दों, सवालों का व्यवहार्य (Workable) स्तर पर उपयोगी समाधान तलाशना है। व्यवस्था–संचालन एवं व्यवस्थागत समस्याओं के समाधान की प्रक्रिया में नौकरशाही की व्यापक भूमिका को प्रत्यक्ष रूप से अनुभव करते हुए राजनीतिक समाजशास्त्रवेत्ता विषयगत अध्ययन–विश्लेषण में नौकरशाही को सिर्फ राज्य की नीतियों–निर्णयों के निर्माण में सहायक, योजना निर्माणकर्ता या नीतियों का कार्यान्वयनकर्ता के रूप में एक उपकरण मात्र नहीं मानते हैं। व्यापक अर्थ में यह विषय नौकरशाही का अनुभवजन्य अध्ययन सिर्फ सरकारी नीतियों को क्रियान्वित एवं निष्पादित करने वाले निकाय के रूप में नहीं करता है बल्कि एक ऐसे प्रभावशाली आधिकारिक समूह के रूप में करता है जिसका दायित्व एवं कार्य आधुनिक सामाजिक व्यवस्था की बढ़ती हुई जटिलताओं का समाधान करना है। विद्वज्जनों का मानना है कि इनके ही कंधों पर राजनीतिक व्यवस्था के विकास एवं आधुनिकीकरण का उत्तरदायित्व होता है इस दृष्टि से इनकी अभिवृत्ति सकारात्मक, जनसरोकारगत एवं समाजोन्मुख होनी चाहिए। इसीलिए, यह नया विषय राजनीतिक–प्रशासनिक संदर्भ के साथ–साथ व्यापक सामाजिक संदर्भ में नौकरशाही की भूमिका एवं दायित्व का विश्लेषण करता है।

राजनीतिक समाजशास्त्र की प्रकृति से प्रासंगिक उपर्युक्त विश्लेषण का तथ्यपरक कथासार यह है कि यह नया अनुशासन व्यवस्थागत राजनीति के वैधानिक, प्रशासनिक एवं गैर–वैधानिक (सामाजिक सांस्कृतिक) स्वरूपों के समस्त आयामों की गत्यात्मकता का अध्ययन–विश्लेषण व मूल्यांकन समसामयिक सामाजिक पृष्ठभूमि एवं उसमें होने वाले अभिविन्यासों के आलोक में करता है। यानी कि इसके विश्लेषकों की यह मान्यता है कि राजनीति का जन्म समाज में होता है इसलिए राजनीति के अस्तित्व की सक्रियता, सचेतता, सर्वव्यापकता, अविरलता, अनंतता, अनिश्चितता, परिवर्तनशीलता आदि गुणों का बुनियादी स्रोत भी सामाजिक व्यवस्था ही है। इसलिए, इनका मानना है कि राजनीति समाज का दर्पण है, जैसी समाज की अभिवृत्ति होगी वैसी ही राजनीति की प्रकृति भी होगी।

राजनीतिक समाजशास्त्र की प्रकृति का मूल–संदर्भ सामाजिक संरचनाओं में शक्ति की खोज से संबद्ध है। शक्ति–उद्भव, संचय, प्रदर्शन आदि आधुनिक राजनीति की प्रकृति का चरम उद्देश्य है जिसकी रूपरेखा का निर्धारण एवं वास्तविक चित्रण सामाजिक परिप्रेक्ष्य में करना राजनीतिक समाजशास्त्रवेत्ताओं का मूल गन्तव्य है। इनकी दृष्टि में राजनीतिक शक्ति का मूल आधारतत्त्व, सामाजिक संघर्ष, मतभेद, उग्रता, स्वार्थ, प्रतिस्पर्धा, दलबंदी, गुटबंदी एवं अनेकानेक प्रकार का विवाद है जिसकी वजह से पर्यावरण में मौजूद सामाजिक–आर्थिक, सांस्कृतिक पेचीदगियां उत्पन्न होती हैं। व्यवस्था में संसाधनों की सीमित उपलब्धता, राजनीतिक दलों की उलझनें एवं उनके द्वारा उठाये जाने वाले

विवादित मुद्दे, राजनेताओं की लफ्फाजियां, राजनीतिक उठापटक, राजनीतिक मुहिम की आक्रामकता और समाज की बदलती जीवनशैली आदि सबके अनेकानेक सवालों और शंकाओं के समाधान के लिए आवश्यक राजनीतिक संरक्षण और ठोस राजनीतिक निर्णयों की जरूरतों के अनुरूप बदलती राजनीति की प्रकृति एवं शैली राजनीतिक समाजशास्त्र की प्रकृति के निर्माण एवं अभिविन्यास का आधार माध्यम है। राजनीतिक व्यवस्था के प्रसंग में राजनीति की गुणवत्ता, लोकप्रियता, औचित्यपूर्णता, स्थायित्व–अस्थायित्व आदि का निर्धारक व निरूपक सामाजिक परिस्थितियां हैं। राजनीति के प्रति समाज का आग्रह एवं समाज के सदस्यों की मनोवृत्ति के संचालन का दायित्व भी राजनीति पर ही है। इस रूप में राजनीति व्यवस्था के संचालन का माध्यम है तथा सामाजिक समस्याओं, मुद्दों की संवाहक है। इस प्रसंग का सबसे बड़ा सच यह है कि सभी व्यवस्थाओं में क्रियात्मक राजनीति के कुछ मौलिक सवाल होते हैं जो यथावत रहते हैं, सिर्फ सामाजिक परिस्थितियों और समाज के आग्रह के अनुरूप उनका समाधान बदलता रहता है। इस संदर्भ में इस नये अनुशासन की प्रकृति की यह मान्यता है कि राजनीति सामाजिक संघर्ष की जननी है और सामाजिक–राजनीतिक संघर्ष के समाधान का माध्यम भी है। सामाजिक पृष्ठभूमि में मौजूद मतभेद, संघर्ष, उग्रता, समझौता एवं शान्ति बहाली की प्रक्रिया राजनीति की सक्रियता व गत्यात्मकता के विविध आयाम हैं जिनके प्रयोग द्वारा सभी व्यवस्थाओं के मौलिक सवालों का जवाब ढूँढा जाता है। विषय–विशेषज्ञों का मानना है कि प्रत्येक व्यवस्था की राजनीति हमेशा सामाजिक पृष्ठभूमि के नक्शेकदम पर चलकर ही सत्ता प्राप्ति की दिशा में कदम बढ़ाती है इसीलिए सामाजिक सौहार्द–सद्भाव की परिस्थितियाँ राजनीतिक समाजशास्त्र की प्रकृति–निर्माण के लिए सतत रूप से कार्यरत रहती हैं।

राजनीतिक समाजशास्त्र की प्रकृति एवं अर्थ का सारतत्त्व
(Main Elements of the Meaning and Nature of Political Sociology)

- राजनीतिक समाजशास्त्र एक अन्तःशास्त्रीय अनुशासन है जिसके स्वरूप में ही विषय की प्रकृति की व्यापकता का बोध होता है। इस विषय की प्रकृति का स्वरूप वैसा ही अन्तःशास्त्रीय है जैसा कि समाज मनोविज्ञान, शिक्षा मनोविज्ञान या कृषि अर्थशास्त्र आदि का है।
- राजनीतिक समाजशास्त्र एक ऐसा नया अनुशासन है जिसकी प्रकृति अभी पूर्णरूप से विकसित नहीं हुई है। यह अभी शैशवकाल में है जो विकास की अवस्था से गुजर रहा है जिसगें विषय के व्यापक विस्तार की अपार संभावनाएँ दिखाई दे रही हैं।
- यह एक वर्णसंकर अनुशासन है, जिसकी उत्पत्ति राजनीतिशास्त्र एवं समाजशास्त्र के पर–उर्वरण (Cross fertilisation) से हुई है।
- राजनीतिशास्त्र एवं समाजशास्त्र दोनों के गुणों को अपने अस्तित्व में समाविष्ट करते हुए यह विषय दोनों का मिश्रित तथा और अधिक विकसित रूप का प्रतिनिधित्व करता है।
- राजनीतिक समाजशास्त्र की प्रकृति स्वतंत्र है इसलिए इसे राजनीतिशास्त्र या समाजशास्त्र की उपशाखा कहना न्यायसंगत नहीं है। इसमें दोनों विषयों से संबंधित प्रासंगिक तथ्यों एवं व्यवहारों का अनुभवपरक विश्लेषण किया जाता है।
- राजनीतिक समाजशास्त्र की प्रकृति वस्तुतः दोनों विषयों के मध्य विद्यमान् वास्तविक संबंधों की सूत्रात्मकता एवं घनिष्ठता का सूचक है।
- राजनीतिक समाजशास्त्र की प्रकृति मूलरूप से राज्य एवं समाज की अनुक्रियात्मकता का अध्ययन करता है। सामाजिक व्यवस्था एवं राजनीतिक व्यवस्था के बीच निरन्तर चलने वाली अन्तर्क्रियाओं का विश्लेषण एवं मूल्यांकन करना इसकी प्राकृतिक विशेषता है।
- राजनीतिक समाजशास्त्र की प्रकृति की ठोस पहचान सामाजिक–राजनीतिक परिवर्त्यों को समान रूप से स्वायत्तता प्रदान करना है। इस प्रसंग में यह विषय राजनीतिक–सामाजिक कारकों के पारस्परिक संबंधों, एक

दूसरे पर अन्योन्याश्रितता तथा एक दूसरे पर पड़ने वाले प्रभावों एवं प्रतिच्छेदनों (Intersections) के विभिन्नीकरण व विशिष्टीकरण का आनुभविक अध्ययन–विश्लेषण व अनुसंधान करता है।

- राजनीतिक समाजशास्त्रियों की यह धारणा है कि व्यवस्थागत राजनीति की क्रियाएं–प्रतिक्रियाएं पर्यावरण में मौजूद उलझनों–समस्याओं को सुलझाने तथा व्यक्ति एवं समूहों को बेहतर जीवन मुहैया कराने के लिए सामाजिक वातावरण में जन्म लेती है, संचालित एवं प्रभावित होती है और बहुत हद तक नियंत्रित व मार्यादित भी होती है। अर्थात् इस नये अनुशासन की प्रकृति की ख़ासियत समस्त राजनीतिक गतिविधियों का आनुभविक अध्ययन सामाजिक गतिविधियों के आलोक में करना है।
- राजनीतिक समाजशास्त्र की प्रकृति की मूल गुणवत्ता शक्ति के समाजशास्त्रीय अध्ययन करने की प्रवृत्ति है। इस प्रसंग में विद्वज्जनों का प्रयास शक्ति उद्गम के सामाजिक स्रोतों का अन्वेषण व अनुसंधान करना है तथा सामाजिक संरचनाओं की यथार्थता के परिप्रेक्ष्य में शक्ति–संबंधों के विभाजन एवं वितरण की वास्तविकता का आनुभविक अध्ययन करना है। विषयगत अध्ययन में शक्ति धारक एवं शक्ति प्रेषक दोनों को समान महत्त्व दिया जाता है।
- यह विषय औचित्यपूर्ण वैधानिक सत्ता के अस्तित्व एवं उसके द्वारा वैध शक्ति के प्रयोग की सर्वोच्चता को स्वीकार करता है।
- राजनीतिक समाजशास्त्र की प्रकृति दृश्य शक्ति को अपने अध्ययन के मौलिक विषय के रूप में स्वीकारता है।
- राजनीतिक समाजशास्त्र की प्रकृति सामाजिक–राजनीतिक प्रक्रियाओं के बीच आकृति की समरूपता, सूत्रात्मकता एवं सघनता के विवरणात्मक अध्ययन की वकालत करता है।
- राजनीतिक व्यवहार अपने आप में एक जटिल विषय है। राजनीतिक समाजशास्त्र की प्रकृति के विश्लेषक राजनीतिक व्यवहार जैसी व्यापक, विस्तृत, विरोधाभासी एवं जटिल विषय के यथोचित अध्ययन को इसकी बुनियादी अवधारणा में शामिल करते हैं। इस विषय का ध्येय राजनीतिक व्यवहार के सम्पूर्ण आयामों का परिस्थितिजन्य तथा अनुभवजन्य अध्ययन–विश्लेषण करना है एवं इससे प्रासंगिक विषयों पर निरंतर शोधकार्य करते रहना है। अपने इस सकारात्मक प्रयास के लिए यह विषय राजनीतिक व्यवहार से संबद्ध बहुआयामी एवं बहुदिशायी अध्ययन हेतु राजनीतिक–सामाजिक पर्यावरण, राजनीतिक सत्ता की कार्यशैली एवं व्यवस्थागत राजनीतिक संस्कृति के परम्परागत व आधुनिक मूल्यों–विश्वासों को गहराई से अध्ययन करता है और इसमें पाई जाने वाली जटिलताओं में निरन्तरता के पुट के लिए सामाजिक–सांस्कृतिक संदर्भ को जवाबदेह मानता है।
- राजनीतिक समाजशास्त्री राजनीति से संबद्ध सवालों, मुद्दों, समस्याओं का हल सामाजिक पृष्ठभूमि की यथार्थताओं के आलोक में करने की बात मजबूत ढंग से प्रस्तुत करते हैं।

निष्कर्ष (Conclusion)

राजनीतिक समाजशास्त्र की प्रकृति व्यवहारवादी आन्दोलन की मान्यताओं पर आधारित है जो सामाजिक प्रसंगों के परिप्रेक्ष्य में राजनीतिक भूमिकाओं, गतिविधियों के तथ्यपरक–अनुभवपरक अध्ययन की बात करता है। इसका मौलिक संबंध समाज में विद्यमान् शक्ति–उद्भव के कारणों एवं परिणामों से संबद्ध है। इसके अध्ययन–विश्लेषण एवं अन्वेषण–अनुसंधान का ध्येय एवं गन्तव्य (Destination) उन सामाजिक–राजनीतिक संघर्षों, मतभेदों, तनावों, द्वन्द्वों के कारणों की खोज करना तथा उनके समाधान के उपायों को व्यवस्था के सामने लाना है जो सत्ता के रूपान्तरण का आधार माध्यम बनता है तथा व्यवस्था में आवश्यक निवेश एवं संतुलित निर्गत प्रक्रिया के संचालन हेतु पर्यावरण को व्यवस्था के अनुरूप ढालने के लिए सतत् प्रयत्नशील रहता है।

संक्षेप में, राजनीतिक समाजशास्त्र की प्रकृति का आधार व्यवहारवाद एवं अनुभववाद है। यह विषय एक अन्तर्विषयक मिश्रण है जो सामाजिक राजनीतिक–सांस्कृतिक परिवर्त्यों को मिश्रित कर मानवीय व्यवहारों,

अभिवृत्तियों, मनोवृत्तियों, मान्यताओं, परम्पराओं, संस्थाओं एवं घटनाओं का अनुभवपरक विशद् विश्लेषण व मूल्यांकन करता है।

राजनीतिक समाजशास्त्र : विषय–क्षेत्र (Political Sociology : Scope)

राजनीतिशास्त्र एवं समाजशास्त्र के सम्मिलित प्रयास से उत्पन्न राजनीतिक समाजशास्त्र की अध्ययन–सामग्री का मूलतत्त्व राजनीति की गत्यात्मक गतिविधियाँ हैं। राजनीति शक्ति के लिए संघर्ष है और इस रूप में एक सर्वव्यापी, सक्रिय एवं परिवर्तनशील क्रिया है, इस दृष्टि से इस नये विषय के अध्ययन–क्षेत्र का सीमांकन करना निश्चित रूप से एक कठिन प्रयास है। बीसवीं शताब्दी की बहुचर्चित अध्ययन–प्रविधि 'आनुभविक विश्लेषणात्मक' या 'वैज्ञानिक व्यवहारवादी' दृष्टिकोण के आगमन का सबसे ज्यादा प्रभाव सामाजशास्त्र एवं राजनीतिशास्त्र पर पड़ा जिसके परिणामस्वरूप राजनीतिक समाजशास्त्र के अध्ययन की बुनियाद पड़ी।

व्यवहारवादी अध्ययन का मूल प्रसंग व्यक्ति एवं उसके व्यवहार का अध्ययन है। इस प्रसंग में व्यवहारवादियों का यह तर्क है कि व्यवस्था में निवास करने वाले सदस्यों के बहुआयामी–बहुदिशाई व्यवहार का अध्ययन करके ही किसी भी राजनीतिक व्यवस्था की समस्याओं का वास्तविक स्तर पर समाधान निकाला जा सकता है। राजनीतिक समाजशास्त्र के अध्ययन का प्रतिपाद्य विषय व्यक्ति एवं उसका राजनीतिक व्यवहार है। अपने अस्तित्व निर्माण के पश्चात् विकास की कई रोधी–प्रतिरोधी अवस्थाओं, मत–मतांतरों से गुजर कर यह नूतन विषय आज एक स्वायत्त सामाजिक विज्ञान का अस्तित्व पाने में सफल हो गया है, इसलिए विश्व के विभिन्न विश्वविद्यालयों में राजनीतिक समाजशास्त्र का अध्ययन एक स्वतंत्र सामाजिक विज्ञान के रूप में किया जा रहा है। लेकिन, अपनी विषयवस्तु की प्रकृति, विषय–सामग्री की व्यापकता नवीनता एवं स्वयं शोधात्मक प्रवृत्ति (Heuristic Nature) की वजह से इसका अध्ययन क्षेत्र अभी भी अनिश्चित व अस्थायी स्थिति (Fluid Situation) में है। इस विषय के नाम पर अभी भी मतैक्यता नहीं है, तभी तो अधिकांश विश्वविद्यालयों में 'यथार्थ राजनीतिक समाजशास्त्र' (Political Sociology Proper) के नाम से अनुभववादी राजनीति की पढ़ाई होती है।

अनुभववादी राजनीति के नाम से ही विषय के अध्ययन–क्षेत्र की व्यापकता का अंदाजा लगाया जा सकता है। अनुभववादी राजनीति के अध्येताओं ने यथार्थ राजनीतिक समाजशास्त्र एवं राजनीतिक समाजशास्त्र की विषयवस्तु में राजनीति की गुणवत्ता और गत्यात्मक में कोई मौलिक अन्तर नहीं किया, जिसके प्रतिफल स्वरूप विषय का अध्ययन–क्षेत्र काफी व्यापक हो गया। विकास की विभिन्न अवस्थाओं से गुजर कर जिस गति से राजनीतिक समाजशास्त्र एक स्वायत्त विषय का दर्जा प्राप्त करता गया, उसी विस्तार के अनुरूप इस विषय के अध्ययन क्षेत्र में राजनीतिशास्त्रीय एवं समाजशास्त्रीय परिवर्त्यों से प्रासंगिक क्रियाओं–प्रतिक्रियाओं एवं अन्तर्संबंधों के यथार्थपरक अध्ययन का क्षेत्र विस्तृत होता गया। विषयवस्तु के चयन, परिवर्त्यों की प्राथमिकता या नामकरण एवं प्राकृतिक भिन्नताओं के बावजूद विषय के क्षेत्र–विस्तार के प्रसंग में 'राजनीतिक समाजशास्त्र', 'राजनीतिक का समाजशास्त्र' एवं 'यथार्थ राजनीतिक समाजशास्त्र' तीनों समानार्थक हैं। विषय की अध्ययन–सामग्री, आधार–सामग्री एवं अध्ययन–पद्धति की दृष्टि से 'यथार्थ राजनीतिक समाजशास्त्र' एवं 'राजनीतिक समाजशास्त्र' लगभग समान हैं। इन तीनों के अध्ययन क्षेत्र में समानता की मूल वजह इनके अध्ययनगत प्रतिपाद्य विषय की समानता है। तीनों के अध्ययन का आधारतत्त्व एक सामाजिक राजनीतिक व्यक्ति है एवं सामाजिक पृष्ठभूमि में व्यक्ति द्वारा निरूपित राजनीतिक व्यवहार है। इनकी प्राकृतिक भिन्नता का संबंध अध्ययन से प्रासंगिक, परिवर्त्यों की वरीयताक्रम से है। 'राजनीति का समाजशास्त्र' मनुष्य को एक सामाजिक प्राणी मानता है, इसलिए विषय की प्रकृति एवं अध्ययन–क्षेत्र के निर्धारण में सामाजिक परिवर्त्यों के अध्ययन को स्वाधीन मानते हुए प्रधानता देता है और राजनीतिक परिवर्त्यों को सामाजिक परिवर्त्यों की अपेक्षा गौण स्थान देता है। राजनीतिक समाजशास्त्र सामाजिक मनुष्य का अध्ययन एक राजनीतिक मनुष्य के रूप में करता है, इसलिए राजनीतिक परिवर्त्यों को स्वाधीन एवं प्रधान मानता है। लेकिन, तत्त्वतः एक राजनीतिक मनुष्य की पृष्ठभूमि सामाजिक मनुष्य की है, इसलिए तथ्यपरक एवं यथार्थपरक अध्ययन की दृष्टि से सामाजिक परिवर्त्यों को भी राजनीतिक परिवर्त्यों की बराबरी में समानता–स्वायत्तता का दर्जा देकर राजनीति प्रासंगिक अध्ययन–विश्लेषण को

तात्त्विक स्तर पर ज्यादा–से–ज्यादा जमीनी सच्चाई से जोड़ने का प्रयास करता है। 'यथार्थ राजनीतिक समाजशास्त्र' लगभग सभी संदर्भों में राजनीतिक समाजशास्त्र का समानार्थी है।

राजनीतिक–सामाजिक प्रसंगों से संदर्भित तीनों विषय–प्रसंगों के समस्त आयाम बौद्धिक स्रोतों की देन हैं जिसे प्राकृतिक विभिन्नता के आधार पर उपर्युक्त वर्णित तीन शीर्षकों के दायरे में बाँटने का काम तथा इनके अध्ययन–क्षेत्र का विस्तार एवं सीमांकन का कार्य इनके समर्थक एवं प्रवर्त्तक विद्वज्जनों द्वारा किया गया है। राजनीतिक–सामाजिक व्यवस्था, इसकी संरचनाओं, प्रक्रियाओं एवं व्यवहारों के मध्य पारस्परिक संबंधों का अध्ययन राजनीतिक समाजशास्त्र का प्रतिपाद्य विषय है, इसलिए इसके अध्ययन का केन्द्रीय तत्त्व व्यक्ति एवं उसका व्यवहार है जिसका व्यवहारपरक आनुभविक अध्ययन राजनीतिक संस्थाओं, समुदायों, समितियों के क्रिया–कलापों के प्रसंग में एवं इनका मानव जीवन पर पड़ने वाले प्रभावों के प्रसंग में किया जाता है। यह नया विषय अपनी अध्ययन–सामग्री राजनीतिशास्त्र एवं समाजशास्त्र दोनों से प्राप्त करता है, इसलिए एक स्वायत्त अनुशासन के रूप में अपनी पहचान दर्ज कराने के बावजूद आज भी इसके अध्ययन–क्षेत्र का निर्धारण, विस्तार एवं सीमांकन राजनीतिक समाजशास्त्र के विद्वज्जनों के लिए चुनौती का विषय बना हुआ है।

यद्यपि राजनीतिक समाजशास्त्र का अध्ययन–क्षेत्र काफी विस्तृत हो चुका है तथापि इस विषय का अध्ययन–क्षेत्र अभी भी अनिश्चितता की स्थिति में है, जिसकी मुख्य वजह विषय की नवीनता एवं स्वयं शोधात्मक प्रवृत्ति है, जो इसके अध्ययन–क्षेत्र के बहिर्मुखी विकास का आधारतत्त्व व मौलिक माध्यम है। राजनीतिक समाजशास्त्र के अध्ययन क्षेत्र का निरूपण बहुत हद तक अन्तर्राष्ट्रीय समाजशास्त्रीय अधिवेशनों द्वारा भी किया गया है। इसके बहुआयामी एवं बहुदिशाई विकास व विस्तार में राजनीतिक समाजशास्त्र के नामचीन विद्वानों की भूमिका अमूल्य रही है। तुलनात्मक राजनीति की भाँति राजनीतिक समाजशास्त्र के अध्ययन–क्षेत्र का सीमांकन करना एक कठिन प्रयास है, फिर भी राजनीतिक समाजशास्त्रियों द्वारा विषयगत क्षेत्र के निरूपण का प्रयास गंभीरतापूर्वक किया गया है।

अन्तर्राष्ट्रीय स्तर पर चतुर्थ विश्व समाजशास्त्र कांग्रेस, 1960 (Fourth World Congress of Sociology, 1960) के तत्त्वावधान में एक राजनीतिक समाजशास्त्र समिति (Committee of Political Sociology) की स्थापना की गयी जिसके द्वारा इस नवीन विषय के अध्ययन–क्षेत्र को नया आयाम दिया गया। इस समिति ने विश्व समाजशास्त्र कांग्रेस तथा विश्व राजनीतिशास्त्र कांग्रेस के तत्त्वावधान में अलग–अलग समयों पर राजनीतिक समाजशास्त्र के अध्ययन–क्षेत्र को निरूपित करने का महान् कार्य किया है जिसकी तालिकाबद्ध चर्चा आगे की गयी है। विभिन्न अन्तर्राष्ट्रीय अधिवेशनों में पढ़े जाने वाले शोधपत्रों के मुख्य प्रसंगों पर यदि गौर करें तो विषय–स्थिति साफ होती दिखाई देती है। इस नूतन स्वायत्त अनुशासन की अपनी कोई पृथक् अध्ययन–सामग्री नहीं है, बल्कि यह विषय उन्हीं प्रसंगों, तत्त्वों, परिवर्त्यों का अध्ययन करता है जो राजनीति के समाजशास्त्र एवं अनुभववादी राजनीति विज्ञान के क्षेत्रान्तर्गत आते हैं। राजनीतिक समाजशास्त्रियों द्वारा विषयगत अध्ययन–क्षेत्र के संबंध में दी गयी परिभाषाओं में भी तत्त्वतः इसी यथार्थ का दर्शन होता है। राजनीतिक समाजशास्त्रवेत्ताओं द्वारा समय–समय पर व्यक्त की गयी परिभाषाओं से इस वर्णसंकर विषय को एक स्वायत्त सामाजिक विज्ञान के रूप में प्रतिष्ठित होने में एवं अध्ययन–क्षेत्र के निर्धारण व सीमांकन में काफी सहायता मिली है।

राजनीतिक समाजशास्त्र के अध्ययन–क्षेत्र का विश्लेषण दो दृष्टिकोणों के संदर्भ में किया गया है–संकुचित एवं व्यापक दृष्टिकोण। संकुचित दृष्टिकोण के प्रतिपादकों द्वारा इस स्वयं शोधात्मक नवीन विषय के अध्ययन–क्षेत्र में उन सामाजिक संरचनाओं एवं सामाजिक परिवर्तनों को शामिल किया गया है जिनका संबंध मुख्यतया राजनीतिक समूहों के संगठनात्मक पहलुओं तथा राजनीतिक नेतृत्व से प्रासंगिक विषयों से है।

व्यापक दृष्टिकोण के प्रतिपादकों द्वारा राजनीतिक समाजशास्त्र के अध्ययन–क्षेत्र में सत्ता के सामाजिक आधारों को अध्ययन के केन्द्रीय तत्त्व के रूप में मान्यता दी गयी है और 'सामाजिक स्तर विन्यास'(Social Stratification) एवं संगठित राजनीतिक समूहों तथा उसकी समस्त क्रियाओं–प्रतिक्रियाओं को विषयगत अध्ययन–क्षेत्र में शामिल किया गया है। इस दृष्टिकोण के आधार पर व्यापक अध्ययन–क्षेत्र के प्रसंगाधीन विषयों में–राजनीतिक विचारधाराओं का

सामाजिक आधार, राजनीतिक व्यवहारों पर सामाजिक व्यवस्था का पड़ने वाला प्रभाव, सामाजिक संरचनाओं के मध्य पारस्परिक संबंध, व्यवस्था में राजनीतिक शक्ति, प्रभाव व संसाधनों का वितरण, राजनीतिक समूहों का अस्तित्व एवं उनका सामाजिक आधार, राजनीतिक–सामाजिक परिवर्तनों के बीच संबंध, राजनीतिक नेतृत्व, नेतृत्व की प्रभाविता, राजनीतिक अभिजनों की भूमिका, शक्ति के उद्‌गम स्रोतों का सामाजिक परिप्रेक्ष्य जैसे महत्त्वपूर्ण प्रसंगों को शामिल किया गया है जो एक सामाजिक व्यक्ति को आदर्श राजनीतिक व्यक्ति बनाने में प्रधान भूमिका निभाते हैं। वैसी समस्त सामाजिक परिस्थितियाँ पर्यावरण एवं व्यवहार जो राजनीतिक पर्यावरण एवं व्यवहार को प्रभावित करता है तथा वैसी समस्त राजनीतिक नीतियां–निर्णय एवं क्रियाकलाप जो सामाजिक परिस्थितियाँ, पर्यावरण एवं व्यवहार को प्रभावित करती हैं राजनीतिक समाजशास्त्र के अध्ययन तत्त्व के दायरे में शामिल है। व्यवस्था में राजनीतिक सामाजिक परिवर्तन से संदर्भित वैसे समस्त आधार तत्त्व व आधार माध्यम जो व्यवस्था–संचालन क्रम में निवेश एवं निर्गत तत्त्वों की उग्रता, तीव्रता या उदासीनता की मात्रा को घटाने–बढ़ाने के कारक के रूप में अपनी पहचान बनाते हैं, जो राजनीतिक सक्रियता एवं सहभागिता के प्रतिशत को घटाते बढ़ाते हैं, व्यवस्थागत पर्यावरण के अनुरूप मांगों की प्रकृति एवं समर्थन–विरोध से प्रासंगिक तत्त्वों के आकार–प्रकार का निर्धारण करते हैं एवं राजनीतिक समाजीकरण, राजनीतिक संस्कृति, राजनीतिक भर्ती, राजनीतिक संचार, राजनीतिक उग्रता, राजनीतिक आन्दोलन एवं परिवर्तन, क्रान्ति आदि के लिए निर्णायक व नियामक आधारतत्त्व मुहैया कराते हैं, राजनीतिक समाजशास्त्र के व्यापक दृष्टिकोण के अध्ययन क्षेत्रान्तर्गत शामिल हैं।

राजनीतिक समाजशास्त्र के विषय–क्षेत्र संबंधी व्यापक दृष्टिकोण के प्रतिपादक आल्मण्ड के मतानुसार राजनीतिक व्यवस्था की अवधारणा का स्वरूप आज व्यापक हो गया है क्योंकि इसके विषय–क्षेत्रान्तर्गत समाज में घटित होने वाली व संचालित होने वाली समस्त राजनीतिक गतिविधियाँ शामिल हो गयी हैं। आल्मण्ड ने अपनी इस व्यापक धारणा के परिप्रेक्ष्य में सामाजिक पर्यावरण के साथ राजनीतिक व्यवस्था के पारस्परिक संबंधों के अनुरूप ही व्यवस्था के यथोचित अध्ययन हेतु सिद्धान्तों का निर्माण किया है। इस प्रसंग में आल्मंड की यह उक्ति है कि ''राजनीतिक व्यवस्था ही एक ऐसी व्यवस्था है जो सामाजिक एकीकरण की प्रक्रिया को न सिर्फ संभव बनाती है, वरन् उसे जीवित भी रखती है।'' आल्मण्ड के शब्दों में ''सामाजिक एकीकरण की प्रक्रिया को संभव बनाने वाली शक्ति को ही औचित्यपूर्ण शक्ति (Legitimate Power) की संज्ञा दी जाती है।'' एक प्रक्रियाविद् होने की वजह से इस प्रसंग में आल्मण्ड द्वारा व्यवस्था के चार मुख्य आगत प्रकार्यों का उल्लेख किया गया है–राजनीतिक समाजीकरण एवं भर्ती, हित स्पष्टीकरण, हित समूहीकरण व राजनीतिक संप्रेषण तथा इसके सचालन व निरूपण में राजनीतिक संस्कृति की विशिष्ट भूमिका को रेखांकित किया गया है। आल्मण्ड द्वारा प्रतिपादित ये समस्त विषय–प्रसंग राजनीतिक समाजशास्त्र के अध्ययन–क्षेत्र के बुनियादी तत्त्व हैं। (The concept of political system has acquired wide currency because it directs attention to the entire scope or political activities within a society, regardless of wherein the society such activities may be located—Almond and Powell, Comparative Politics.)

राजनीतिक समाजशास्त्र के अध्ययन–क्षेत्र पर प्रकाश डालते हुए लिप्सेट ने कहा है कि 'यदि समाज का स्थायित्व समाजशास्त्र के अध्ययन का केन्द्रीय बिम्ब है, तो किसी भी राजनीतिक व्यवस्था की विशिष्ट सांस्थानिक संरचना का स्थायित्व अर्थात् लोकतंत्र की सामाजिक परिस्थितियाँ राजनीतिक समाजशास्त्र के अध्ययन का मुख्य केन्द्र हैं। लिप्सेट एवं बैनडिक्स (Lipset and Bendix) ने The Field of Political Sociology, 1966' में राजनीतिक समाजशास्त्र के अध्ययन–क्षेत्र का निरूपण एवं सीमांकन करते हुए इस विषय की पाठ्य–सामग्री में जिन प्रसंगों को शामिल किया है, वे हैं : 1. राज्य एवं समुदायों में मतदान व्यवहार (दृष्टिकोण एवं मतशोध)। 2. आर्थिक एवं निर्णय निर्माणकारी शक्तियों का केन्द्रीकरण (दस्तावेजी साक्ष्य, एवं गणितात्मक प्रमाण)। 3. दबाव समूहों एवं राजनीतिक आन्दोलनों की विचारधाराएं (दस्तावेजी सक्ष्य निहितार्थ एवं विश्लेषण)। 4. राजनीतिक दल एवं स्वैच्छिक संघ समुदाय। 5. राजनीतिक व्यवहार से संबंधित अल्पतंत्रीय एवं मनोवैज्ञानिक सह–संबंधों की समस्याएँ (दस्तावेजी साक्ष्य, दृष्टिकोण, मतदान व्यवहार संबंधी शोध तथा मनोवैज्ञानिक परीक्षण)। 6. सरकार तथा नौकरशाही की समस्याएँ (दस्तावेजी साक्ष्य, दृष्टिकोण एवं मतदान शोध)।

एफरात (Effrat) ने राजनीतिक समाजशास्त्र के क्षेत्र को व्यापक संदर्भ में परिभाषित करते हुए कहा है कि "सभी सामाजिक व्यवस्थाओं में शक्ति एवं प्राधिकार के वितरण एवं प्रक्रियाओं के कारणों, प्रतिमानों एवं परिणामों का अध्ययन ही राजनीतिक समाजशास्त्र की विषयवस्तु है।"

ग्रियर एवं ओरलियन्स (Greer and Orleans) के मतानुसार, राजनीतिक समाजशास्त्र के अध्ययन का संबंध मुख्य रूप से उस विशिष्ट सामाजिक संरचना से है जिसे राज्य कहा जाता है। इन दोनों विद्वानों द्वारा विषय की पाठ्य–सामग्री से संदर्भित जिन प्रसंगों, प्रासंगिक तत्त्वों को अध्ययन–क्षेत्र में प्रमुखता से शामिल करने की बात की गयी है, वे हैं : 1. राज्य की संरचना। 2. राजनीतिक औचित्यपूर्णता की प्रकृति एवं परिस्थितियाँ। 3. राजनीतिक शक्ति पर एकाधिकार एवं राज्य द्वारा उसके प्रयोग के आयाम। 4. उप इकाइयों–राजनीतिक दलों, दबाव समूहों, स्वैच्छिक संघों तथा अन्य सभी प्रकार के समूहों, समुदायों की प्रकृति तथा राज्य के साथ इन सभी संघों–समुदायों का संबंध।

कुछ समय पश्चात् इन दोनों विद्वानों द्वारा उपर्युक्त उल्लेखित प्रसंगों को तीन शीर्षकों के अन्तर्गत बाँटकर राजनीतिक समाजशास्त्र के अध्ययन क्षेत्र को निरूपित करने का कार्य किया गया, ये तीनों प्रसंग हैं : (i) सहमति एवं वैधता (Consensus and Legitimacy), (ii) प्रतिनिधित्व एवं सहभागिता (Representation and Participation) तथा (iii) राजनीतिक परिवर्तन एवं आर्थिक प्रगति के मध्य संबंध (Relationship between Political Change and Economic Development)।

इन दोनों विद्वानों द्वारा निरूपित अध्ययन–क्षेत्र के प्रासंगिक विवरण का समर्थन करते हुए मिशेल्स ने इस बात पर बल दिया है कि "राजनीतिक समाजशास्त्र के अध्ययन–क्षेत्र के संबंध में इनके द्वारा प्रस्तुत किया गया विवरण एवं सर्वेक्षण पूर्ण एवं पर्याप्त है, इसलिए इन्हें अध्ययन–क्षेत्र के प्राधिकारिक विवरण के रूप में स्वीकारा जा सकता है।"

बी. एस. बाविस्कर (Baviskar) द्वारा राजनीतिक समाजशास्त्र के अध्ययन क्षेत्रान्तर्गत जिन महत्त्वपूर्ण प्रसंगों को शामिल करने की वकालत की गयी है वे हैं : 1. राजनीति एवं समाज–राजनीति में सामाजिक संरचनाओं (जाति, धर्म, संस्कृति, परिवार) की भूमिका। 2. राजनीतिक समुदाय तथा राजनीतिक संरचनाएँ–(पंचायतें, विधानमंडल, अभिजन वर्ग, नेतृत्व, नौकरशाही, राजनीतिक दल, दबावसमूह, हित समूह आदि)। 3. राजनीतिक प्रक्रियाएं–राजनीतिक समाजीकरण, राजनीतिक भर्ती, राजनीतिक सहभागिता, राजनीतिक विकास एवं आधुनिकीकरण, राजनीतिक परिवर्तन आदि। 4. राजनीतिक इतिहास का समाजशास्त्रीय विश्लेषण।

मिशेल्स द्वारा इस विषय–क्षेत्र के अन्तर्गत जिन प्रसंगों को शामिल करने की अनुशंसा की है उनमें–संवैधानिक एवं अनौपचारिक राजनीतिक संस्थाएँ, राजनीतिक अभिजन, संघर्ष का अविर्भाव, नियमन, मतदान व्यवहार, हित समूह एवं औपचारिक दबाव समूह तथा राजनीतिक दल जैसे विविध प्रसंग शामिल हैं।

ब्रूम एवं सेल्जनिक (Broom and Selznick) की अभिव्यक्ति अनुसार "राजनीतिक समाजशास्त्र का अध्ययन मुख्यतः सरकार एवं राजनीति को प्रभावित करने वाली आधारभूत दशाओं से संबंधित है।" इनके विचारानुसार राजनीतिक समाजशास्त्र के विषयान्तर्गत आने वाले प्रसंगों को तीन प्रमुख क्षेत्रों के आधार पर विश्लेषित किया जा सकता है :

प्रथम–राजनीतिक व्यवस्था का सामाजिक आधार–यह आधारतत्त्व मुख्यतः राजनीतिक व्यवस्थापन के सामाजिक आधारों से संबद्ध है जिसका प्रधान पक्ष सामाजिक संगठनों एवं सांस्कृतिक मूल्यों पर निर्भरता से प्रासंगिक है। किसी भी राजनीतिक व्यवस्था की सबसे अहम् समस्या व्यवस्था में निरन्तर चलते रहने वाले शक्ति के लिए संघर्ष का नियमन करना है। इस प्रसंग में राजनीतिक समाजशास्त्र शक्ति–संघर्ष को नियमित करने पर गंभीर चिन्तन करता है तथा आधारभूत संवैधानिक प्रश्नों पर गंभीर विमर्श करता है। यानी कि राजनीतिक समाजशास्त्री सरकार तथा कानून

से संबद्ध औपचारिक पक्षों तथा इन्हें संपादित करने वाली औपचारिक इकाइयों के अध्ययन से कम सरोकार रखते हुए समाज में शक्ति उद्भव के बुनियादी स्रोतों एवं उसे नियमित करने वाले समाधानों के प्रसंग पर गहन चिन्तन करता है।

द्वितीय–राजनीतिक व्यवहार का सामाजिक आधार–पाठ्य–सामग्री का यह तत्त्व व्यवस्था के सदस्यों की राजनीति में सहभागिता या उदासीनता से प्रासंगिक है। मतदान व्यवहार से संबद्ध समस्त पक्षों का अध्ययन–अनुसंधान मूलरूप से इसकी पाठ्य–सामग्री में समावेशित है; मसलन–इसके अध्ययन तत्त्व से संबद्ध शोध प्रसंगों की दिशा विषय संदर्भित कुछ मौलिक प्रश्नों से जुड़ी होती है, जैसे–व्यक्ति मतदान क्यों करता है, कैसे करता है, राजनीतिक मतों की अभिव्यक्ति कैसे होती है, व्यक्ति विभिन्न राजनीतिक समितियों से अपने आपको कैसे जोड़ता है, क्यों जोड़ता है, अपनी राजनीतिक व्यवस्था का समर्थन क्यों और कैसे करता है ?

तृतीय–राजनीतिक प्रक्रिया का सामाजिक पक्ष–इस प्रसंग की पाठ्य–सामग्री में मूलतः राजनीति में संगठित समूहों के प्रकारों तथा उनके मध्य निरन्तर चलने वाली अन्तर्क्रियाओं के प्रतिमानों का अध्ययन–विश्लेषण सम्मिलित है। अध्ययन के इस प्रसंग का केन्द्रीय तत्त्व राजनीतिक प्रक्रियाओं का सामाजिक पहलू है। यानी कि इस अध्ययन–प्रसंग का मुख्य उद्देश्य इस तथ्य की खोज है कि राजनीतिक दल, दबाव समूह, हित समूह तथा जन आन्दोलन किस प्रकार राजनीतिक व्यवस्था में परिवर्तन का माध्यम बनते हैं या ये कारक किस प्रकार व्यवस्था में स्थायित्व कायम रखने में उल्लेखनीय योगदान देते हैं।

डाउस एवं ह्यूज के अनुसार ''राजनीतिक समाजशास्त्र के तात्त्विक अध्ययन का क्षेत्र है–सामाजिक व्यवस्था की समस्या और राजनीतिक आज्ञाकारिता।''

कैसल्स (Castiles) ने 'पॉलिटिक्स एण्ड सोशल इनसाइट, 1971' में कहा है कि 'राजनीतिक समाजशास्त्र को उन क्षेत्रों के अध्ययन के रूप में परिसीमित किया जा सकता है जो औपचारिक सरकारी संरचनाओं को वृहत् पर्यावरण से, जिसमें वे कार्यरत हैं संबद्ध करते हैं।

रिचर्ड जी. ब्रोगार्ट के विचारानुसार, ''राजनीतिक समाजशास्त्र गत्यात्मक संघों, राजनीति के सामाजिक स्रोतों, राजनीति की संरचना, राजनीतिक प्रक्रियाएँ तथा प्रतिवेशी समाज (Neighbour Society) और संस्कृति पर राजनीति के प्रभावों आदि को अपनी अध्ययन–सामग्री में शामिल करता है।''

राजनीतिक समाजशास्त्र के अध्यन क्षेत्र से संबद्ध उपर्युक्त प्रतिपादित परिभाषाएँ एवं अभिव्यक्तियाँ विषय के क्षेत्र की व्यापकता का बोध कराती हैं। विषयवस्तु के संबंध में विभिन्न विद्वज्जनों द्वारा व्यक्त विचारों से उन पहलुओं की व्यापकता का स्पष्टीकरण होता है जिस पर यह नवीन विषय अध्ययन–विश्लेषण व अनुसंधान के लिए व्यवस्थागत नये तथ्यों की खोज करता है, उन तथ्यों से सम्बद्ध तत्त्वों, परिवर्त्यों के आपसी संबंधों की गहन छानबीन करता है और समस्याओं के समाधान हेतु विकल्प प्रस्तुत करता है। लेकिन, इस प्रसंग में लिप्सेट एवं बैनडिक्स की अभिव्यक्ति है कि 'उस समय के शोधकर्ता राजनीतिक समाजशास्त्र संदर्भित राजनीति के आनुभविक अध्ययन के लिए आँकड़ा–संग्रह, शोध निर्देश एवं उसे तार्किक रूपरेखा प्रदान करने के संबंध में अवधारणात्मक संधारों (Conceptual framework) का प्रयोग नहीं करते थे, इसलिए स्थायी समाधान के लिए सामान्य सिद्धान्तों के निर्माण के मार्ग में कठिनाइयाँ आ रही थीं। इसके बावजूद उत्कृष्ट अनुभववादी शोधों के माध्यम से स्थायी निष्कर्ष लिए गये।' लेकिन, कालान्तर में विद्वज्जनों द्वारा दी गयी उपर्युक्त परिभाषाओं को आधार बनाकर राजनीतिक समाजशास्त्रवेत्ताओं ने अवधारणात्मक संधारों पर काफी ध्यान दिया और इनकी सहायता से राजनीतिक व्यवस्था एवं राजनीतिक प्रक्रियाओं के यथार्थपरक अध्ययन के लिए कई अवधारणात्मक उपागमों, विशिष्ट प्रतिमानों व उत्कृष्ट सिद्धान्तों का निर्माण किया जिसमें डेविड ईस्टन (David Eastan), आल्मंड एवं पॉवेल (Almond & Powell), एडवर्ड शिल्स (Edward Shils), लुसियन पाई (Lucian Pye), सिडनी वर्बा (Sydney Verba), आदि आधुनिक अनुभववादी विशारदों का उल्लेखनीय योगदान है। इनके विशिष्ट सकारात्मक योगदान से इन अवधारणात्मक प्रतिमानों की संस्थापना का सर्वाधिक प्रासंगिक प्रभाव यह पड़ा कि राजनीतिक समाजशास्त्र का ध्यान पुनः राज्य एवं राजनीतिक इकाइयों की

संरचनात्मक महत्ता की ओर गया और सामाजिक समस्याओं के निदान हेतु इन संरचनाओं से प्रासंगिक पक्षों पर विशेष ध्यान देने की वजह से शोधकर्ताओं को अपने शोध–प्रसंगों को सार्थक निष्कर्ष पर पहुँचाने में जमीनी मदद मिली।

राजनीतिक समाजशास्त्र के अध्ययन–क्षेत्र से संबद्ध उपर्युक्त विवेचित प्रसंगों के सिंहावलोकन (Synopsis) के रूप में यह कहा जा सकता है कि इसकी पाठ्य–सामग्री में विभिन्न प्रकार की राजनीतिक व्यवस्थाओं, राजनीतिक समुदायों, संघों, समितियों, राजनीतिक व्यवहार, राजनीतिक प्रभाव, सत्ता, शक्ति, वैधता की प्रकृति एवं दशाएँ, राजनीतिक आन्दोलनों, अभिजनवर्ग, राजनीतिक संघर्ष–परिवर्तन, राष्ट्र–निर्माण, सभी प्रकार की राजनीतिक प्रक्रियाएं तथा अन्तर्राष्ट्रीय राजनीति का प्रासंगिक परिप्रेक्ष्य एवं व्यवस्थागत राजनीति के विविध पहलुओं को शामिल किया जा सकता है। यहाँ ध्यान देने योग्य तथ्य यह है कि राजनीतिक समाजशास्त्र अपनी पाठ्य–सामग्री में सम्मिलित सभी अध्ययन–प्रसंगों का आनुभविक तथ्यपरक अध्ययन उस सामाजिक पर्यावरण के संदर्भ में करता है जिसमें शोधगत पहलू क्रियाशील हैं। हालांकि राजनीतिक समाजशास्त्र के विषय–क्षेत्र का निर्धारण व सीमांकन कठिन कार्य है, लेकिन इस संदर्भ में निश्चित रूप से यह कहा जा सकता है कि यह अन्य सामाजिक विज्ञानों की भाँति एक अनुभवपरक सामाजिक विज्ञान है जो स्वायत्त एवं निश्चयात्मक होने के साथ–साथ विशुद्ध, तार्किक एवं आनुभविक भी है और जो पृथक् स्वतंत्र अस्तित्व के साथ अनुसंधान हेतु व्यापक अध्ययन–सामग्री, विस्तारित विषय क्षेत्र एवं वैज्ञानिक अध्ययन पद्धति का प्रयोग करता है।

अन्तर्राष्ट्रीय स्तर पर राजनीतिक समाजशास्त्र के अध्ययन–क्षेत्र का निरूपण (Characterisation of Scope of Political Sociology at International Level)

अन्तर्राष्ट्रीय स्तर पर विभिन्न अधिवेशनों के माध्यम से 1960 के दशक में राजनीतिक समाजशास्त्र के अध्ययन–क्षेत्र को बड़े पैमाने पर निरूपित करने का प्रयास नामचीन विद्वज्जनों द्वारा किया गया। नये अनुशासन के रूप में राजनीतिक समाजशास्त्र के अध्ययन–क्षेत्र के निर्धारण के लिए 1960 में 'चतुर्थ विश्व समाजशास्त्र कांग्रेस'(Fourth World Congress of Sociology) के तत्त्वावधान में एक 'राजनीतिक समाजशास्त्र समिति'(Committee of Political Sociology) की स्थापना की गयी। इस समिति ने 'विश्व कांग्रेस राजनीतिक समाजशास्त्र'(World Congress of Political Sociology) के तत्त्वावधान में समय–समय पर आयोजित होने वाले अधिवेशनों में राजनीतिक समाजशास्त्र के अध्ययन–क्षेत्र से संदर्भित विषय–सामग्री का जो स्पष्टीकरण किया, उससे राजनीतिक समाजशास्त्र के अध्ययन–क्षेत्र के निरूपण एवं विस्तार को नया आयाम मिला। इस नूतन स्वायत्त अनुशासन के अध्ययन क्षेत्र को विस्तारित व स्पष्ट करने में इन अधिवेशनों का बहुमूल्य योगदान है, जिसका विस्तृत तालिकाबद्ध विवरण निम्नवत् है :

तालिका 1.1

अधिवेशन	*विवेचित विषयों का शीर्षक*	*शीर्षक के अधीनस्थ विषय*
तुलनात्मक राजनीतिक समाज–शास्त्र से संबद्ध प्रथम अन्तर्राष्ट्रीय अधिवेशन : 1963	1. व्यवस्थागत आर्थिक प्रगति की प्रक्रिया में राजनीतिक दलों एवं राजनीतिक दलीय पद्धतियों की भूमिका	(a) राजनीतिक दलों के विकास की आरंभिक व्यवस्था (b) आर्थिक दृष्टि से उन्नत एवं अविकसित राजनीतिक व्यवस्थाओं के बीच विभिन्नताएं (c) निर्णय–निर्माण प्रक्रिया में राजनीतिक दल बनाम दबाव समूह की भूमिका (d) राष्ट्रीय विभेदों की संरचना एवं अधिराष्ट्रीय संगठनों के प्रयासों का प्रभाव

तालिका 1.2

अधिवेशन	*विवेचित विषयों का शीर्षक*	*शीर्षक के अधीनस्थ विषय*
अन्तर्राष्ट्रीय समाजशास्त्र समितिः 1964	1. राजनीति में नये समूहों का प्रवेश	(a) निम्नवर्ग में राजनीतिक नागरिकता का विस्तार–एक तुलनात्मक दृष्टिकोण (b) अनुदारवाद, अनुदारवादी श्रमिकवर्ग एवं उद्योगवाद (c) सोवियत रूस में जनतंत्रीकरण की प्रक्रिया
	2. विकासशील देशों में आधुनिकीकरण की समस्या	(a) राजनीतिक आधुनिकीकरण की प्रक्रिया (b) क्रान्ति तथा आधुनिकीकरण–मैक्सिको बनाम क्यूबा
	3. विकास की आरंभिक अवस्था में एकस्ववादी (Patentee) और प्रतियोगिता– वादी राजनीति	(a) तुलनात्मक राजनीति की दलीय पद्धति में एकस्ववादी राजनीतिक विचारधारा–लैटिन अमेरिका का उदाहरण (b) नये राष्ट्रों के राजनीतिक विकास में सेना की भूमिका–एक तुलनात्मक विश्लेषण (c) मैक्सिको की राजनीतिक संस्कृति
	4. राजनीतिक विभेदों के राजनीतिक–सांस्कृतिक आधार	(a) आंग्ल–अमेरिकी राजनीतिक व्यवस्थाओं में वर्गीय मतदान (b) राजनीतिक उग्रवाद की शक्ति में परिवर्तन लाने वाले कारक (c) एकदलीय राजनीतिक व्यवस्थाओं में निर्वाचन पद्धति तथा बहुलवाद के तत्त्व–पोलैण्ड

तालिका 1.3

अधिवेशन	*विवेचित विषयों का शीर्षक*	*शीर्षक के अधीनस्थ विषय*
राजनीतिक समाजशास्त्र का अन्तर्राष्ट्रीय अधिवेशन : 1965	1. चिरप्रतिष्ठित (Classic) विद्वज्जनों की कृतियां	(a) निम्नांकित विद्वज्जनों पर शोधपत्र : ओस्ट्रो गोर्स्को, राबर्ट मिशेल्स, दुर्खीम, न्येगन तथा मोरिस डुवर्जर
	2. जनसामूहिक राजनीतिक दलों का उत्थान–पतन	(a) ब्रिटेन एवं नार्वे में राजनीतिक दलों के विकास की आरंभिक अवस्था (b) राजनीतिक दलों में अल्पतंत्रीय एवं बहुलवादी तत्त्व (c) जनसामूहिक सहभागिता की तकनीक में परिवर्तन

तालिका 1.4

अधिवेशन	विवेचित विषयों का शीर्षक	शीर्षक के अधीनस्थ विषय
छठे अन्तर्राष्ट्रीय समाजशास्त्र कांग्रेस में राजनीतिक समाज शास्त्र : 1966	1. तुलनात्मक राजनीति के प्रति विभिन्न दृष्टिकोण	(a) विभिन्न विद्वानों के शोधपत्र
	2. राजनीतिक व्यवस्थान्तर्गत दलीय पद्धतियों के विभिन्न आयाम	(b) विषय प्रासंगिक विभिन्न विद्वानों के शोधपत्र
	3. राजनीतिक व्यवस्थान्तर्गत दलीय पद्धति एवं मतदाताओं का संगठन	(c) विषय संदर्भित विभिन्न विद्वानों के शोधपत्र
	4. अभिजन वर्गों से संदर्भित तुलनात्मक अध्ययन	(d) विषय प्रासंगिक विभिन्न विद्वानों के शोधपत्र
	5. विकासशील देशों में जन–आन्दोलन एवं राजनीतिक दलों की भूमिका	(e) विषय संदर्भित विभिन्न विद्वानों के शोधपत्र

तालिका 1.5

अधिवेशन	विवेचित विषयों का शीर्षक	शीर्षक के अधीनस्थ विषय
अन्तर्राष्ट्रीय समाजशास्त्र का तीसरा अधिवेशन : 1968	1. जनसामूहिक राजनीतिक दलों का समाजशास्त्र	(a) इस विषय की महत्ता से प्रासंगिक विभिन्न विद्वज्जनों के शोधपत्र
	2. छात्र राजनीति	(b) विषय संदर्भित विभिन्न विद्वानों के शोधपत्र
	3. सामाजिक संरचना एवं राजनीतिक दलीय व्यवस्था	(c) विषय प्रासंगिक विभिन्न विद्वानों के शोधपत्र

उपर्युक्त वर्णित तालिकाबद्ध विषयों के क्रमवार विवेचन से इस तथ्य का स्पष्टीकरण होता है कि साठ के दशक के अन्तिम वर्षों में भी राजनीतिक समाजशास्त्र का अध्ययन–क्षेत्र पूर्णरूप से स्पष्ट नहीं हो पाया था। लेकिन, इन अन्तर्राष्ट्रीय अधिवेशनों में विभिन्न राजनीतिक व्यवस्थाओं एवं उनकी राजनीतिक प्रक्रियाओं से सम्बद्ध राजनीतिक, सामाजिक, आर्थिक, सांस्कृतिक कारकों, तत्त्वों एवं विविध पक्षों पर प्रस्तुत शोधपत्रों के माध्यम से एवं शोधकर्ताओं के शोध–पत्रों में उल्लिखित प्रसंगाधीन ज्वलन्त विषयों की प्रासंगिकता आधारित विशद् विवेचना से, राजनीतिक समाजशास्त्र के अध्ययन–क्षेत्र के निर्धारण एवं निरूपण तथा विस्तार में काफी सहायता मिली है। या यूं कहा जाए तो अतिशयोक्ति नहीं होगी कि इन अन्तर्राष्ट्रीय अधिवेशनों में शोधपत्रों पर की गयी विशद् चर्चाओं ने इस नूतन विषय के अध्ययन–क्षेत्र–निर्माण में आधार माध्यम की भूमिका निभायी है।

उपर्युक्त विवेचित परिभाषाओं एवं विभिन्न तालिकाओं में उल्लिखित संदर्भों के आधार पर राजनीतिक समाजशास्त्र के विकसित व्यापक विषय–क्षेत्र में जिन प्रसंगों को शामिल किया जा सकता है, उन आधार–तत्त्वों की विस्तृत विवेचना अग्रांकित है :

प्रथम–राजनीतिक संरचनाएं–राजनीतिक व्यवस्था के समाजशास्त्रीय आधारों का अध्ययन (प्रकृति, प्रकार एवं स्थायित्व)

- राजनीतिक सत्ता–प्रकृति, सामाजिक–सांस्कृतिक आधार एवं औचित्यपूर्णता की परिस्थितियां, कार्यशैली तथा उसका सामाजिक–राजनीतिक परिणाम।
- अभिजन वर्ग–प्रकृति एवं प्रकार।
- राजनीतिक इकाइयों पर आर्थिक, सांस्कृतिक, नैतिक, धार्मिक समूहों, सामाजिक वर्गों, जाति व्यवस्था, भाषा, क्षेत्रीयता आदि का प्रभाव।
- राजनीतिक दल–प्रकृति, प्रकार एवं सामाजिक–सांस्कृतिक आधार।
- दबाव समूहों, हित समूहों एवं विभिन्न सत्ता समूहों का राजनीतिक प्रभाव, प्रकृति एवं क्षेत्र, सामाजिक–राजनीतिक आधार।

द्वितीय–प्रशासनिक संरचनाएं–सरकार–प्रकृति, संरचना, प्रकार एवं क्रियाकलाप/नौकरशाही–प्रकृति, संरचना, प्रकार, सिद्धान्त–व्यवहार।

तृतीय–राजनीतिक प्रकार्य–राजनीतिक व्यवहार, राजनीतिक समाजीकरण, राजनीतिक सहभागिता, राजनीतिक संस्कृति, राजनीतिक भर्ती, हित समूहीकरण, एकीकरण, अभिनव परिवर्तन, राजनीति और समाज के बीच की अन्तःक्रियाएं, राजनीतिक गतिविधियों का सामाजिक परिवेश से संबंध, राजनीतिक–सामाजिक परिवर्त्यों का आपसी संबंध, परस्पर निर्भरता एवं एक दूसरे पर पड़ने वाला प्रभाव।

चतुर्थ–राजनीतिक गत्यात्मकता–चुनावी प्रक्रिया, मतदान व्यवहार, राजनीतिक संचारण, राजनीतिक–सामाजिक संघर्ष, राजनीतिक प्रभाव, राजनीतिक परिवर्तन, राजनीतिक आन्दोलन, राजनीतिक–सामाजिक पर्यावरण, राजनीतिक बाध्यता, राजनीतिक उग्रवाद, राजनीतिक क्रान्ति–हिंसा आदि।

पंचम–राजनीतिक नेतृत्व–प्रकृति, प्रकार, लक्षण एवं गतिशीलता। राजनीतिक शक्ति एवं सत्ता–संरचना, प्रकृति, प्रकार एवं उद्‌गम स्रोत, राजनीतिक शक्ति एवं सत्ता के सामाजिक आधार।

षष्टम–राजनीतिक विकास–राजनीतिक विकास की अवधारणा, सामाजिक परिवर्तन, आधुनिकीकरण और समाजीकरण के साथ इसका संबंध, राजनीतिक आधुनिकीकरण, राजनीतिक संचार।

राजनीतिक समाशास्त्र के अध्ययन–क्षेत्र से प्रासंगिक विभिन्न विद्वज्जनों द्वारा उपर्युक्त व्यक्त विचारों के विभिन्न पहलुओं पर गंभीर दृष्टि डालने पर कथासार के रूप में इस तथ्य का आकलन किया जा सकता है कि वर्णसंकर अनुशासन (hybrid discipline) के रूप में अपनी स्वायत्त पहचान स्थापित करने वाले इस नये अनुशासन की विषय–सामग्री व अध्ययन–क्षेत्र काफी विस्तारित है और अभी इसमें विकास की अपार संभावनाएं हैं ; क्योंकि विद्वज्जनों के मतानुसार अभी भी यह विषय अपनी शैशवावस्था में है। नामचीन राजनीतिक समाजशास्त्रियों ने अवधारणात्मक संधारों पर काफी ध्यान दिया है और राजनीतिक प्रक्रियाओं से संबंधित अनेक मूल्यवान प्रतिमानों (Models) को आकार दिया है जिसके माध्यम से इस अर्थबोधक विषय के प्रसंगाधीन पाठ्य–तत्त्वों का तथ्यपरक एवं व्यवहारपरक अध्ययन करना काफी सरल हो गया है। संक्षेप में, इस नूतन विषय की पाठ्य–सामग्री व अध्ययन क्षेत्र के अन्तर्गत विभिन्न राजनीतिक व्यवस्थाओं की राजनीतिक प्रक्रियाओं से संदर्भित व्यवस्थागत वैसे समस्त आयाम समावेशित हैं जो किसी–न–किसी रूप में राजनीतिक व्यवस्था–प्रक्रियाओं, राजनीतिक गतिविधियों व राजनीतिक कर्ता की भूमिकाओं को प्रभावित करते हैं। इस दृष्टि से राजनीतिक समाजशास्त्र का अध्ययन–क्षेत्र काफी विस्तृत एवं व्यापक है।

राजनीतिक समाजशास्त्र का विषय–क्षेत्र : प्रमुख सीमाचिन्ह
(Scope of Political Sociology : Major Landmarks)

राजनीतिक समाजशास्त्र के विषय–क्षेत्र से संदर्भित उपर्युक्त विवेचन का तथ्यगत सारतत्त्व, इसके अध्ययन की पाठ्य–सामग्री में सामाजिक पृष्ठभूमि की ऐसी सभी संरचनाओं, मान्यताओं, परम्पराओं, परिस्थितियों, व्यवहारों आदि

का शामिल होना तथा उसके यथार्थ का तात्त्विक स्तर पर गहराई से अध्ययन करना है जो किसी भी रूप में, किसी भी परिस्थिति में व्यक्ति के व्यवहार को प्रभावित एवं निर्देशित करता है। यानी कि व्यवस्थागत राजनीतिक समाजीकरण, राजनीतिक संस्कृति, राजनीतिक सहभागिता, राजनीतिक संचारण, मतदान व्यवहार, राजनीतिक परिवर्तन, संघर्ष आदि के संचालन में जो सामाजिक इकाइयां अर्थपूर्ण भूमिका निभातीं हैं, उन इकाइयों के समस्त सामाजिक, राजनीतिक, सांस्कृतिक, आर्थिक आयाम राजनीतिक समाजशास्त्र की पाठ्य–सामग्री में समावेशित है। इन सभी प्रसंगों की अन्तर्क्रियात्मकता एवं अन्योन्याश्रितता में राजनीतिक संचार विचारों के आदान–प्रदान एवं इसका संवाहक भी भूमिका निभाता है। किसी भी राजनीतिक व्यवस्था में जनतंत्र की लोकप्रियता, जनमत का निर्माण, नेतृत्व की प्रभाविता व लोकप्रियता तथा व्यवस्था का सातत्य एवं स्थायित्व जैसे गंभीर राजनीतिक विषय की क्रियात्मकता राजनीतिक संचार की सकारात्मक भूमिका का मोहताज होता है।

राजनीतिक समाजशास्त्र का प्रतिपाद्य विषय व्यक्ति एवं परिस्थिति के अनुरूप बदलना उसका व्यवहार है, इस दृष्टि से विषयगत अध्ययन के बुनियादी तत्त्व की प्रकृति एवं प्रवृत्ति दोनों परिवर्तनशील हैं। विषय के अध्ययन का केन्द्रीय तत्त्व राजनीति की प्रकृति की ख़ासियत है उसकी सक्रियता, परिवर्तनशीलता, अविरलता, अनन्तता और अस्थायित्वता का आधार–आधेय हैं–संघर्ष, मतभेद, प्रतिस्पर्धा तनाव, द्वन्द्व, स्वार्थ, दलबंदी आदि। इसलिए प्रकृतिवश परिवर्तनशीलता को अंगीकार करने की वजह से इस नूतन विषय के अध्ययन क्षेत्र में निरन्तर उत्तरोत्तर विकास व विस्तार हो रहा है और राजनीतिक गत्यात्मकता से प्रासंगिक नये आयाम इसकी पाठ्य–सामग्री में अपने लिए खास जगह बनाते जा रहे हैं। विषय विशेष के बिन्दुवार अध्ययन सुविधा की दृष्टि से उपयुर्क्त विवेचन के आधार पर विषय–क्षेत्र से संदर्भित सारतत्त्व के रूप में कुछ प्रमुख सीमाचिन्हों का विवरण निम्नांकित है :

1. राजनीति और समाज के मध्य चलने वाली ऐसी अन्योन्यक्रियाएं जो व्यवस्थागत राजनीति को प्रभावित, उद्वेलित, संचालित, नियमित या निरूपित करती है विषय के अध्ययन दायरे में शामिल है।
2. राजनीतिक व्यवस्था एवं सामाजिक व्यवस्था के मध्य संचालित होने वाली ऐसी पारस्परिक क्रियाएं या प्रभाव जो राजनीतिक व्यवहार की दिशा एवं दशा के निर्धारण व निरूपण में बुनियादी एवं महती भूमिका अदा करते हैं, इसके अध्ययन क्षेत्र में शामिल हैं।
3. ऐसी समस्त राजनीतिक–सामाजिक गतिविधियों एवं क्रियाकलापों को अध्ययन दायरे में समेटा गया है जो राजनीतिक–सामाजिक पर्यावरण से प्रभावित होता है या उसे प्रभावित करता है।
4. राजनीतिक–सामाजिक परिवर्त्यों के मध्य पारस्परिक संबंध, अन्तनिर्भरता एवं एक दूसरे को प्रभावित करने वाले पक्षों को शामिल किया गया है।
5. विभिन्न राजनीतिक संगठनों, समुदायों, समूहों का स्वरूप, प्रकृति, कार्यशैली उनका सामाजिक आधार एवं सामाजिक संगठनों, समूहों से उनके पारस्परिक संबंधों को शामिल किया गया है।
6. राजनीतिक व्यवहार की प्रकृति, इसमें होने वाले परिवर्तन के विविध आयाम, सामाजिक व्यवहार, मान्यताओं परम्पराओं, नैतिकताओं से राजनीतिक व्यवहार का संबंध एवं उस पर पड़ने वाले प्रभावों को शामिल किया गया है।
7. राजनीतिक संरचनाओं का सामाजिक आधार एवं सामाजिक संरचनाओं से उनका संबंध तथा पारस्परिक निर्भरता को अध्ययन परिधि मे समावेशित किया गया है।
8. राजनीतिक समाजीकरण, राजनीतिक संस्कृति, राजनीतिक सहभागिता, राजनीतिक संचारण आदि गत्यात्मक राजनीतिक प्रसंगों की सामाजिक पृष्ठभूमि एवं सामाजिक पर्यावरण का इन प्रकार्यों पर पड़ने वाला प्रभाव समावेशित है।
9. राजनीतिक नेतृत्व–इसकी प्रभाविता, लोकप्रियता, प्रकृति, स्वरूप एवं इसके निर्माणकारी सामाजिक तत्त्व समावेशित हैं।

10. राजनीतिक आन्दोलन–क्रान्ति एवं उग्रता–स्वरूप, प्रकृति, आन्दोलन के लिए उत्तरदायी सामाजिक कारक तथा सामाजिक दबाव व प्रभाव समावेशित।
11. राजनीतिक परिवर्तन–परिस्थिति, गत्यात्मकता के विभिन्न आयाम तथा इस परिस्थिति के लिए उत्तरदायी सामाजिक इकाइयां एवं सामाजिक पर्यावरण की भूमिका समावेशित है।
12. राजनीतिक संघर्ष–स्वरूप ढाँचा (Structure) गतिरोध की स्थिति, समाधान एवं इस स्थिति से प्रासंगिक समस्त सामाजिक संदर्भ इसमें शामिल है।
13. राजनीतिक सत्ता शक्ति एवं प्रभाव–प्रकार, प्रकृति, स्वरूप उद्भव के स्रोत एवं वैधता की परिस्थितियों की सामाजिक पृष्ठभूमि शामिल है।
14. राजनीतिक प्रभाव के वितरण का सामाजिक आधार शामिल है।
15. विश्व में अवस्थित विभिन्न राजनीतिक व्यवस्थाओं एवं प्रक्रियाओं का स्वरूप, प्रकृति एवं उनके तुलनात्मक अध्ययन के लिए प्रयोग किये गये उपागमों तथा प्रतिमानों का अध्ययन शामिल है।
16. चुनावी राजनीति–मतदान व्यवहार, मताधिकार एवं प्रतिनिधित्व की पद्धतियां तथा उन्हें प्रभावित करने वाले सामाजिक–सांस्कृतिक एवं आर्थिक संदर्भ शामिल है।
17. राजनीतिक अभिजन–स्वरूप, प्रकृति, कार्यशैली एवं संपादित गतिविधियों, भूमिकाओं का सामाजिक परिप्रेक्ष्य अध्ययन में शामिल है।
18. विकासशील देशों में मौजूद राजनीतिक अस्थायित्व के कारण, राजनीतिक दलों की भूमिका, राजनीतिक–सामाजिक आन्दोलनों का यथार्थ, इनकी उग्रता–तीव्रता से संदर्भित सामाजिक पक्ष अध्ययन में शामिल हैं।
19. विभिन्न राजनीतिक व्यवस्थाओं की प्रकृति में पाये जाने वाले विभेदों का सामाजिक–सांस्कृतिक आधार अध्ययन में शामिल है।
20. विकासशील देशों के राजनीतिक विकास एवं आधुनिकीकरण की गति का सामाजिक पृष्ठभूमि के संदर्भ में तत्त्वतः अध्ययन इसके क्षेत्र में शामिल है।
21. विश्व में मौजूद विभिन्न राजनीतिक दलीय पद्धति, मतदाताओं का मौजूदा पद्धति पर विश्वास या अविश्वास, वहां मतदान को प्रभावित करने वाले कारक, दबाव गुटों एवं हित समूहों की भूमिका एवं व्यवस्था में विद्यमान सामाजिक दशाओं का तुलनात्मक अध्ययन इसके क्षेत्र में शामिल है।
22. राजनीतिक व्यवस्थाओं में चलने वाली आर्थिक प्रगति–प्रक्रिया के विविध आयाम, गति एवं उन्हें संचालित करने वाला नेतृत्व वर्ग तथा इस संदर्भ में राजनीतिक दलों की भूमिका इसके अध्ययन क्षेत्र में शामिल हैं।
23. विकासशील व्यवस्थाओं में पिछड़े वर्गों के बीच राजनीतिक जागरूकता, नागरिकता, सहभागिता एवं मताधिकार के विस्तार का सामाजिक यथार्थ एवं सामाजिक परिस्थितियों के परिप्रेक्ष्य में इनका तुलनात्मक अध्ययन इसके क्षेत्र में शामिल है।
24. राजनीतिक भर्ती–स्वरूप, प्रकार एवं भर्ती को प्रभावित करने वाले सामाजिक संदर्भ का अध्ययन इसमें शामिल है।
25. राजनीतिक संचार–स्वरूप, प्रकृति, प्रकार, राजनीतिक व्यवस्था एवं प्रक्रिया–संचालन में संचार माध्यमों की भूमिका तथा सामाजिक समुन्नति में राजनीतिक संप्रेषण की भूमिका एवं महत्त्व इसके अध्ययन क्षेत्र का महती विषय है।

वस्तुतः, राजनीतिक समाजशास्त्र का विषय–क्षेत्र उतना ही व्यापक एवं विस्तारित है जितना कि किसी भी समाज के राजनीतिक संदर्भ का विस्तारित आयाम। राजनीति संदर्भित समस्त समस्याओं, मुद्दों, प्रश्नों की पौध समाज की मिट्टी

में ही जन्म लेती, पोषित व विस्तीर्ण (Spread Out) होती है, इसलिए राजनीति प्रासंगिक समस्याओं, मुद्दों, सवालों का समाधान भी सामाजिक परिवेश एवं समाज की मांग व समर्थन की मात्रा के अनुरूप करना व्यवस्था–संचालन एवं हितवर्धन की दृष्टि से ज्यादा यथोचित होता है। सामाजिक प्राणी के रूप में एक व्यक्ति सामाजिक दायित्वों का निर्वहन करता है और वही व्यक्ति राजनीतिक प्राणी के रूप में अपने राजनीतिक दायित्वों को पूरा करता है तथा अपने राजनीतिक व्यवहार का निर्माण एवं निरूपण करता है। इस दृष्टि से वह जिस सामाजिक परिवेश में पलता–बढ़ता है उससे अपने आपको कभी पृथक् नहीं कर पाता है। सामाजिक संरचनाएं तो यथावत् रहती हैं, लेकिन व्यक्ति की अनन्त आवश्यकताओं एवं इच्छाओं के अनुरूप परिस्थितिवश व्यवस्थागत पर्यावरण में निरन्तर नई मांगों का जन्म होता रहता है जिसे अपने अस्तित्व की अपरिहार्यता के आधार पर समर्थन के आकार का विस्तार एवं तीव्रता की मात्रा का निर्धारण व नियमन की जरूरत होती है और इन समस्त प्रकायों के संचालन–सूत्र की बागडोर राजनीति के हाथों में होती है। राजनीति की परिवर्तनशील प्रकृति एवं प्रवृत्ति का आधार–आधेय व्यवस्थागत पर्यावरण की बदलती परिस्थितियां हैं और यही तत्त्व मौलिक रूप से राजनीतिक समाजशास्त्र के अध्ययन क्षेत्र की गत्यात्मकता व विस्तार का प्राणाधार तत्त्व है। यही तत्त्व राजनीतिक समाजशास्त्र के व्यापक एवं विस्तारित अध्ययन–क्षेत्र का द्योतक है और यही इसकी विषयवस्तु में अभिनव परिवर्तन एवं सकारात्मक विकास की संभावनाओं का भविष्यवक्ता भी है।

राजनीतिक समाजशास्त्र का अध्ययन–क्षेत्र : एक दृष्टि
(Scope of Political Sociology : At Glance)

1. सामाजिक संरचना एवं राजनीति। 2. राजनीतिक व्यवस्था का सामाजिक पक्ष–लोकतंत्र की सफलता की सामाजिक परिस्थितियां, शक्ति का उद्‌भव एवं सामाजिक संघर्ष। 3. राजनीतिक प्रक्रिया का सामाजिक पक्ष–राजनीतिक दल दबाव समूह एवं हित समूह। 4. राजनीतिक पर्यावरण का सामाजिक पक्ष–जनमत का अस्तित्व, दशाएं एवं निर्माण के साधन। 5. राजनीतिक व्यवहार का सामाजिक आयाम, चुनावी राजनीति, मतदान व्यवहार, मताधिकार एवं प्रतिनिधित्व, राजनीतिक सहभागिता। 6. राजनीतिक समाजीकरण का सामाजिक आयाम। 7. राजनीतिक संस्कृति का सामाजिक आयाम। 8. राजनीतिक सत्ता की संरचना, प्रकृति एवं व्यवहार–सत्ताशैली एवं प्रकार्य निष्पादन का सामाजिक, सांस्कृतिक, धार्मिक, आर्थिक पक्षों पर पड़ने वाला प्रभाव। 9. सामाजिक–धार्मिक समूहों का राजनीति पर पड़ने वाला प्रभाव–धार्मिक संगठन, जाति व्यवस्था, वर्ग व्यवस्था, वर्गों का प्रतिनिधित्व एवं सामाजिक स्तरीकरण। 10. मतदान व्यवहार एवं चुनावी प्रक्रिया के संचालन में मत–प्रबंधन का सामाजिक–सांस्कृतिक–आर्थिक आयाम। 11. विभिन्न राजनीतिक व्यवस्थाएं एवं प्रक्रियाएं–सिद्धांत एवं व्यवहार तथा व्यवस्थागत पर्यावरण के सामाजिक, आर्थिक, सांस्कृतिक, भौतिक पक्षों के साथ इनका तात्त्विक संबंध। 12. राजनीतिक प्रभाव एवं प्रभाविता, सत्ता, शक्ति, औचित्यपूर्णता। 13. राजनीतिक व्यवस्था का अस्तित्व, स्थायित्व एवं सातत्य की दृष्टि से औचित्वपूर्णता का महत्त्व। 14. राजनीतिक विकास, आधुनिकीकरण, परियोजन (Mobilisation) जनसंचार एवं राजनीति (Mass Communication and Politics) राजनीतिक भर्ती, राजनीतिक अभिजन, राजनीतिक आन्दोलन, राजनीतिक परिवर्तन, राजनीतिक संघर्ष, क्रान्ति एवं हिंसा, राष्ट्रीय निर्माण। 15. राजनीतिक नेतृत्व–प्रकृति, प्रकार, लक्ष्य, उद्‌भव के स्त्रोत, प्रभाव, गतिशीलता एवं परिवर्तनशीलता के कारक। 16. मतदान व्यवहार को प्रभावित करने वाले कारक–सामाजिक, आर्थिक सांस्कृतिक, धार्मिक, साम्प्रदायिक, क्षेत्रीय एवं राष्ट्रीय। 17. राजनीतिक औचित्य–प्रकृति, प्रकार, लक्षण एवं दशाएं। 18. राजनीतिक परिवर्तन एवं आर्थिक विकास के बीच संबंध। 19. राजनीतिक संचार–साधन, महत्त्व एवं दशाएं। 20. राजनीतिक आन्दोलन की प्रेरक विचारधाराएं–दस्तावेजी साक्ष्य, आंकड़ा एवं विश्लेषण। 21. व्यवस्था में मौजूद, राजनीतिक संघर्ष, तनाव एवं समाधान के लिए अपनाये जाने वाले उपायों का व्यावहारिक यथार्थ–विषयगत शोध कार्य हेतु अपनायी जाने वाली तकनीक; मसलन–आंकड़ा संग्रह, निरीक्षण, दस्तावेजीय शोध (Documentary Research) सांख्यिकीय परिचालन (Statistical operation) अनुरूपण तकनीक

(Simulation) विषयवस्तु विश्लेषण (Content analysis) प्रतिदर्श सर्वेक्षण (Sample survey) गहन साक्षात्कार (Depth interview) आदि। 22. नौकरशाही–प्रकृति, लक्षण, प्रकार एवं कार्यशैली–राजनीतिक–सामाजिक संदर्भ। 23. राजनीतिक संस्थाओं, प्रक्रियाओं एवं राजनीतिक व्यवहार को प्रभावित करने वाले राजनीतिक–सामाजिक–आर्थिक परिवर्त्यों के मध्य अन्तर्क्रियात्मकता एवं अन्योन्याश्रितता।

राजनीतिक समाजशास्त्र *बनाम* राजनीति का समाजशास्त्र (Political Sociology *vs* Sociology of Politics)

इस नये अनुशासन के नामकरण के प्रसंग पर उत्पन्न मतवैभिन्नताओं के कारण उपजे विवादों के निराकरण के लिए 'राजनीतिक समाजशास्त्र' एवं 'राजनीति का समाजशास्त्र' में अन्तर स्पष्ट करना विषय के स्पष्टीकरण से संबंधित अनिवार्य प्रसंग है। इस नामकरण विवाद से संबद्ध कुछ मुख्य सवाल समाने आये; मसलन क्या दोनों नाम सामानार्थी हैं, क्या दोनों एक दूसरे के विरोधी है ? इत्यादि।

'राजनीति का समाजशास्त्र' नाम से सही अर्थ में विषय को समाजशास्त्र की एक शाखा के रूप में पहचान मिलती है। यथोचित रूप में विषय का यह नाम समाजशास्त्र के एक उपखण्ड (Subfield) का बोधक है। 'राजनीति का समाजशास्त्र' और 'राजनीतिक समाजशास्त्र' दोनों समानार्थी नहीं हैं। राजनीति का समाजशास्त्र नाम से समाजशास्त्र की एक उपशाखा होने के संकेत के साथ इस तथ्य का भी स्पष्टीकरण होता है कि इसके विषय–क्षेत्र का निर्धारण, आधार ढाँचे की गवेषणा एवं विश्लेषणात्मक अध्ययन हेतु उपागम व पद्धति भी समाजशास्त्रीय होनी चाहिए, साथ ही विद्वानों का यह भी तर्क है कि इस नामकरण के अन्तर्गत विषय का अध्ययन उन्हीं समाजशास्त्रीय दृष्टिकोणों पर आधारित होना चाहिए जैसा कि समाजशास्त्र के अन्य उपखंडों का अध्ययन किया जाता है।

इससे अलग राजनीतिक समाजशास्त्र एक नया विषय है जो परिभाषा, अध्ययन–विस्तार व सीमांकन की दृष्टि से अभी पूर्णतः विकसित नहीं हो पाया है। यह विषय अभी शैशवावस्था में है जिसमें विकास की अपार संभावनाएं हैं। वस्तुतः, राजनीतिक समाजशास्त्र की पाठ्य–सामग्री का दायरा काफी विस्तृत है, इसलिए इस विषय का स्पष्ट सीमांकन करना एक कठिन प्रयास है। विषयगत अध्ययन–तत्त्वों के सीमांकन की गंभीर समस्या को देखते हुए मोरिस डुवरजर को इस निष्कर्ष पर पहुंचने के लिए बाध्य होना पड़ा कि 'राजनीति का समाजशास्त्र एवं राजनीतिक समाजशास्त्र समानार्थी हैं।' 'राजनीति का समाजशास्त्र' एवं 'राजनीतिक समाजशास्त्र के बीच तथ्यगत व तत्त्वगत अन्तर को स्पष्ट करने के लिए समाजशास्त्र एवं राजनीतिशास्त्र की सीमा–रेखा का स्पष्ट विभाजन अपरिहार्य है। इस समस्या के समाधान हेतु एन.जे. स्मेलसर (N.J. Smelser) ने कहा है 'सामाजिक विज्ञानों के बिम्ब को स्पष्ट करने के लिए हमें उन स्वाधीन तथा पराधीन परिवर्त्यों को पृथक्–पृथक् सूचीबद्ध करना होगा जो अनुसंधानकर्ताओं के ध्यान को आकर्षित करता है। स्मेलसर के इस कथन के आधार पर समाजशास्त्र वह सामाजिक विज्ञान है जो सामाजिक संरचनात्मक परिस्थितियों (Social Structural Conditions) को व्याख्यात्मक परिवर्त्यों (Explainatary Variables) के रूप में स्वीकारता है, जबकि राजनीतिक समाजशास्त्र वह सामाजिक विज्ञान है जो राजनीतिक संरचनात्मक परिस्थितियों (Political Structural Conditions) को अपने शोध–प्रसंगों की व्याख्यात्मक परिवर्त्यों के रूप में मान्यता देता है।

इस प्रसंग में निसबेत (Nisbet) का नाम महत्त्वपूर्ण है जिन्होंने सामाजिक संरचनात्मक परिवर्त्यों को व्याख्यात्मक परिवर्त्यों के रूप में विश्लेषित किया है और समाजशास्त्र के अध्ययन एवं अनुसंधान में जिन सामाजिक संरचनात्मक परिवर्त्यों को प्रतिपाद्य विषय के रूप में स्वीकारा है, वे हैं–समुदाय (Community), वर्ग (Class), स्थिति (Status), सामाजिक स्तरीकरण (Social Stratification), सामाजिक विलगाव (Social Alienation) तथा सत्ता (Authority)। इसके विपरीत राजनीतिक संरचनात्मक परिस्थितियों की व्याख्यात्मक परिवर्त्यों के रूप में व्याख्या करते हुए जिन विषयों को प्रमुखता दी गयी है, उनमें राज्य, सरकार, राजनीतिक दल, दबाव समूह, कानून इत्यादि शामिल हैं।

स्मेलसर एवं निसबेत द्वारा अभिव्यक्त उपर्युक्त विवेचित प्रतिपाद्य विषयों की पहचान के पश्चात् इससे प्रासंगिक यह तथ्य ज्यादा महत्त्वपूर्ण है कि दोनों विषयों के परिवर्त्य एक दूसरे को किस हद तक प्रभावित करते हैं। एक दूसरे को प्रभावित करने संबंधी प्रसंग का विवरण यूनानी दार्शनिकों से लेकर समकालीन विद्वज्जनों के अध्ययन–विश्लेषण में मिलता है। राजनीतिशास्त्र एवं समाजशास्त्र के जिन विद्वानों द्वारा दोनों विषयों से संबद्ध परिवर्त्यों के बीच पारस्परिक संबंधों को स्वीकारा गया है उनमें से अधिकांश समाजशास्त्रियों ने विषय को 'राजनीति का समाजशास्त्र' की संज्ञा दी है। लेकिन, इन्हीं विद्वज्जनों के बीच ऐसे राजनीतिशास्त्री एवं समाजशास्त्री भी है जिन्होंने 'राजनीतिक समाजशास्त्र' के नाम से इस नये विषय की नींव रखी है। साथ ही इस नये अनुशासन को आधुनिक राजनीति विज्ञान की एक महत्त्वपूर्ण शाखा के रूप में विकसित करने में अमूल्य योगदान देते हुए विषयगत अध्ययन–विश्लेषण व अनुसंधान को अनवरत जारी रखा।

'राजनीति का समाजशास्त्र' के अध्ययन का ध्येय राजनीतिक घटनाओं एवं समस्याओं के निदान हेतु किये जाने वाले शोधप्रसंगों के लिए समाजशास्त्रीय दृष्टिकोण का प्रयोग करना है। यह विषय अपने व्यवहारपरक अध्ययन के अन्तर्गत राजनीतिक घटनाओं का समाजशास्त्रीय रूपान्तरण (**Sociological Reduction**) करता है। यह विषय मूलतः मनुष्य को एक सामाजिक प्राणी स्वीकारता है जो राज्य प्रासंगिक गतिविधियों में भागीदारी करने पर एक राजनीतिक प्राणी का स्वरूप ग्रहण कर लेता है। इस विषय के विद्वानों की राय में एक सामाजिक प्राणी होने की वजह से व्यक्ति को व्यवस्था में समय और परिस्थिति के अनुरूप अनेकानेक और राजनीतिक–सामाजिक कार्य करना पड़ता है जिसका प्रत्यक्ष या परोक्ष प्रभाव उसके राजनीतिक क्रियाकलापों पर भी पड़ता है। इस परिप्रेक्ष्य में इसके समर्थकों की राय में व्यक्ति द्वारा संपादित राजनीतिक क्रियाकलापों के व्यावहारिक अध्ययन हेतु उसके द्वारा संपादित सामाजिक क्रियाकलापों तथा उन भूमिकाओं का राजनीतिक गतिविधियों पर पड़ने वाले प्रभावों का अध्ययन अपरिहार्य है। इनकी दृष्टि में यदि राजनीतिक गतिविधियों पर सामाजिक गतिविधियों के प्रत्यक्ष या परोक्ष प्रभावों का अध्ययन किया जाय तो उसे सिर्फ सतही अध्ययन की संज्ञा दी जायेगी। इनकी मान्यता है कि एक राजनीतिक मनुष्य सामाजिक परिस्थितियों और अनुभवों की देन होता है और सामाजिक अनुभव का आधार वह मूल्य है जिसमें व्यक्ति जीवन बसर करता है। इनका यह भी कहना है कि मानव जीवन की जरूरतों के अनुरूप सामाजिक मूल्यों में बदलाव आता रहता है इसीलिए विभिन्न समाज के मूल्यों में भिन्नताएं पायी जाती हैं।

'राजनीति का समाजशास्त्र' में विषयगत अध्ययन तत्त्वों के आनुभविक विश्लेषण में राजनीतिक परिस्थितियों की अपेक्षा सामाजिक परिस्थितियों को एवं राजनीतिक परिवर्त्यों की जगह सामाजिक परिवर्त्यों को प्राथमिकता दी जाती है। इस नामकरण से राजनीति के समाजशास्त्रीय मूल्यांकन का बोध होता है। यह नाम विषयगत पाठ्य–सामग्री की रूपरेखा, अध्ययन–प्रकृति, प्रवृत्ति, विषय–क्षेत्र, अध्ययन–प्रविधि, ढाँचा, दृष्टिकोण, अन्वेषण, अनुसंधान आदि के स्वरूप का स्पष्टीकरण करता है जो मूलतः समाजशास्त्रीय है। 'राजनीति का समाजशास्त्र' राजनीति के व्यापक अर्थबोध के प्रसंग में राजनीति प्रासंगिक सामाजिक–सांस्कृतिक तत्त्वों, कारकों व परिप्रेक्ष्यों को अध्ययन–विश्लेषण एवं अन्वेषण–अनुसंधान में प्रधानता देकर राजनीति के अस्तित्व को समाजशास्त्र की एक शाखा के रूप में पहचान देने की कोशिश करता है। यह विषय राजनीति जैसे सर्वव्यापी प्रसंग का सिर्फ समाजशास्त्रीय मूल्यांकन करने का पक्षधर है। इसके समर्थक एवं प्रवर्तक विद्वज्जनों ने राजनीतिक पर्यावरण पर सामाजिक पर्यावरण की प्रधानता स्थापित करते हुए व्यक्ति के राजनीतिक व्यवहार के निर्माण, निर्धारण, निरूपण आदि प्रसंगों पर राजनीतिक परिवर्त्यों की अपेक्षा सामाजिक परिवर्त्यों, यथा–पारिवारिक पृष्ठभूमि, संबंधियों, मित्रों, शिक्षा, शिक्षण संस्थान, व्यवसाय, धर्म वर्ग, जाति, समुदाय आदि के प्रभाव को केन्द्रीय स्थान दिया है और इन्हीं सामाजिक परिवर्त्यों से प्रासंगिक केन्द्रीय तत्त्वों के आलोक में राजनीतिक व्यवहार के यथोचित अध्ययन की वकालत की है। 'राजनीति का समाजशास्त्र' अपने अध्ययन का केन्द्रीय विषय समाज को मानता है न कि राज्य को इसलिए विषयगत अध्ययन–विश्लेषण व अनुसंधान में सामाजिक पर्यावरण, सामाजिक परिवर्त्य, सामाजिक व्यवहार, सामाजिक इकाइयां आदि को राज्य एवं राजनीतिक पर्यावरण की अपेक्षा प्रधानता देता है। यह विषय राजनीतिशास्त्र पर समाजशास्त्र एवं राजनीति पर समाज की सर्वोच्चता स्थापित करने का प्रयास करता है।

'राजनीति का समाजशास्त्र' के प्रतिपादक समाजशास्त्रियों द्वारा एक सामाजिक व्यक्ति के राजनीतिक क्रियाकलापों पर प्रभाव डालने वाले कुछ प्रमुख सामाजिक परिवर्त्यों की पहचान करके अध्ययन की दृष्टि से उसे तीन स्तरों में विभाजित किया गया है यथा–परिमाणात्मक (Quantitative) संरचनात्मक (Structural) एवं सांस्कृतिक (Cultural)। पहला स्तर एक सामाजिक मनुष्य के राजनीतिक व्यवहार पर सामाजिक परिस्थितियों, कारकों, परिवर्त्यों, गतिविधियों के पड़ने वाले प्रभावों एवं दबावों की मात्रा के मापन व आकलन से संबद्ध है। दूसरा स्तर उन सामाजिक तथ्यों के अन्वेषण एवं अनुसंधान से संबद्ध है जो सामाजिक संरचनाओं से प्रासंगिक है। इस स्तर के माध्यम से इस तथ्य की गवेषणा की जाती है कि सामाजिक संरचनाएं किस प्रकार एक सामाजिक मनुष्य के राजनीतिक आचरण एवं राजनीतिक गतिविधियों को अपने प्रभाव में आकार प्रदान करता है। तीसरे स्तर द्वारा सामाजिक–सांस्कृतिक परिवेश, मूल्यों, परम्पराओं, आस्थाओं, प्रतिबद्धताओं से प्रासंगिक उन तथ्यबोधक मूल्यों पर प्रकाश डाला जाता है जो एक सामाजिक मनुष्य की राजनीतिक गतिविधियों व आचरण को प्रभावित करता है। इसके अन्तर्गत उन तथ्यों एवं व्यवहारों की गवेषणा की जाती है जिनसे यह पता चलता है कि सामाजिक–सांस्कृतिक पृष्ठभूमि के मूल्य कैसे और किस हद तक राजनीतिक व्यवहार को अपने प्रभावशाली नियंत्रण के दायरे में बांधता है। यानी कि 'राजनीति का समाजशास्त्र' राजनीति की प्रस्तुति समाज पर आश्रित क्रिया के स्वरूप में करता है, इसलिए इस पद से राजनीतिशास्त्र एवं समाजशास्त्र के द्विपक्षीय संबंधों की ऐसी व्यापक एवं विस्तृत प्रस्तुति नहीं होती है जैसा अर्थबोध 'राजनीतिक समाजशास्त्र' पद से होता है।

राजनीति का समाजशास्त्र के प्रतिपादकों द्वारा अपनी परिभाषाओं के माध्यम से राजनीति को समाजशास्त्र की एक शाखा के रूप में चित्रित किया गया है। मसलन–लेविस कोजर ने इस प्रसंग के समर्थन में मत अभिव्यक्त करते हुए कहा है "राजनीतिक समाजशास्त्र समाजशास्त्र की वह शाखा है जो किसी समाज या विभिन्न समाजों में शक्ति वितरण के सामाजिक कारणों एवं परिणामों के साथ–साथ उन सामाजिक–राजनीतिक संघर्षों का अध्ययन करता है जिनकी वजह से शक्ति–वितरण की प्रकृति में परिवर्तन होता है।" इस संदर्भ में ग्रीयर एवं ओरलियन्स की मताभिव्यक्ति भी प्रमुख है, जिनके विचार में "राजनीतिक समाजशास्त्र राजनीति का समाजशास्त्रीय मूल्यांकन है।" अपनी आरंभिक रचनाओं में लिप्सेट ने भी इस विषय के संदर्भ में कुछ ऐसी ही धारणा व्यक्त की थी, क्योंकि तब उसने कहा था कि राजनीतिक समाजशास्त्र समाज से अपना अध्ययन आरंभ कर यह पता लगाने की कोशिश करता है कि वह (समाज) राज्य को किस प्रकार प्रभावित करता है। लेकिन, बाद की कृतियों में लिप्सेट को इस तथ्य का वास्तविक अनुभव हुआ कि विषयगत अध्ययन एवं शोधकार्यों से संबद्ध समस्त समस्या राज्य एवं समाज दोनों को दो स्वतंत्र सत्ता के रूप में स्वीकारने की वजह से है। इसीलिए, इस मूल प्रसंग पर लिप्सेट का विचार परिवर्तित हुआ जिसके परिणामस्वरूप अपनी नई रचनाओं में उनके द्वारा राजनीतिक समाजशास्त्र की प्रस्तुति एक ऐसे अन्तर्विषयक मिश्रित विषय के रूप में की गयी है जिसके अध्ययनतत्त्वों में राजनीतिक–सामाजिक कारकों, परिवर्त्यों को मिश्रित कर दोनों से संबद्ध संस्थाओं, समस्याओं, घटनाओं के आलोक में व्यक्ति की प्रवृत्तियों, मनोवृत्तियों, मान्यताओं, मूल्यों, आस्थाओं का एवं इनके परिप्रेक्ष्य में मानव व्यवहार का अध्ययन विश्लेषण करने की बात स्वीकारी गयी है।

'राजनीतिक समाजशास्त्र' पद राजनीति की स्वतंत्र सत्ता व अस्तित्व को कायम रखते हुए सामाजिक पर्यावरण के आलोक में राजनीति के व्यापक अर्थबोध की प्रस्तुति करता है। यह विषय दोनों शास्त्रों के बीच गहन अन्तर्संबंधों की बात स्वीकारते हुए दोनों विषयों की अन्योन्याश्रितता की पुष्टि करता है। राजनीतिक समाजशास्त्र की उत्त्पति समाजशास्त्र एवं राजनीतिशास्त्र के बीच विभाजक सीमा रेखा की समाप्ति एवं दोनों विषयों के प्रगाढ़ संबंधों की वजह से ही संभव हुआ है। यह विषय राजनीति का अध्ययन व्यापक सामाजिक परिप्रेक्ष्य में करते हुए दोनों शास्त्रों के बीच मजबूत दोहरे संबंधों की संस्थापना करता है। इस दृष्टि से एक नये अनुशासन के रूप में राजनीतिक समाजशास्त्र राजनीतिशास्त्र एवं समाजशास्त्र के मध्य एक जीवन्त एवं सक्रिय सेतु का निर्माण करता है।

एक नये स्वायत्त अनुशासन के रूप में राजनीतिक समाजशास्त्र का जन्म एवं विकास समाजशास्त्र पर राजनीतिशास्त्र के बढ़ते हुए प्रभाव की वजह से हुआ है। यह नया विषय समाजशास्त्र एवं राजनीतिशास्त्र का मिश्रित रूप है, इसलिए इसे 'अन्तःशास्त्रीय वर्णसंकर अनुशासन' (Interdisciplinary Hybrid Discipline) की संज्ञा दी गयी

है। राजनीतिक समाजशास्त्र नाम से ही विषय की व्यापकता का बोध होता है। यह नया विषय दोनों शास्त्रों के मध्य ऐसे संबंधों का बोधक है जिसमें दोनों विषय समान स्तर पर एक दूसरे के सहभागी बनकर व्यक्ति या समूह की क्रियाओं–प्रतिक्रियाओं, गतिविधियों, व्यवहारों, अभिवृत्तियों, मनोवृत्तियों, नैतिकताओं, मूल्यों, परम्पराओं आदि का तात्त्विक स्तर पर अध्ययन करने का गंभीर प्रयास करता है। राजनीतिक समाजशास्त्री मनुष्य को एक राजनीतिक–सामाजिक प्राणी मानते हुए उसकी गतिविधियों, भूमिकाओं एवं व्यवहारों का अनुभवपरक अध्ययन करते हैं। इस विषय के विद्वज्जनों की मान्यता है कि मनुष्य का समस्त संबंध एवं उसके द्वारा संपादित की गयी सभी क्रियाएं किसी–न–किस रूप में राजनीतिक होती हैं। इस विषय के प्रतिपादकों के विचार में व्यक्ति का राजनीतिक जीवन तथा राजनीतिक व्यवहार व्यवस्था में मौजूद किसी एक कारक की उपज नहीं होती है अपितु वह जिस सामाजिक परिवेश में जीवन व्यतीत करता है, उस वातावरण में मौजूद समस्त कारकों का परिणाम होता है।

'राजनीतिक समाजशास्त्र' राजनीति एवं समाज–दोनों इकाइयों से संबद्ध कारकों, तत्त्वों, परिवर्त्यों के संश्लेषित (Synthesised) स्वरूप की प्रस्तुति है। यह अनुशासन राजनीतिशास्त्र नहीं है क्योंकि राजनीति विज्ञान की तरह इसके अध्ययन का केन्द्रीयतत्त्व राज्य एवं सरकार नहीं है। वहीं यह समाजशास्त्र भी नहीं है क्योंकि इसके अध्ययन–अनुसंधान का केन्द्रीय विषय सम्पूर्ण समाज या सम्पूर्ण सामाजिक गतिविधियां नहीं है, अपितु तात्त्विक स्तर पर यह नया अनुशासन उस सामाजिक पृष्ठभूमि का अध्ययन करता है जिसमें राजनीति जन्म लेती है, पल्लवित–पोषित होती है और व्यवस्थागत सत्ता के समर्थन, विरोध या परिवर्तन की परिस्थितियों का नेतृत्व करती है एवं उन गतिविधियों का संचालन करती है जिसकी वजह से सैद्धान्तिक एवं व्यावहारिक स्तर पर शासन–व्यवस्था का संचालन संभव हो पाता है। इस नये अनुशासन की अध्ययन–सामग्री एवं आधार माध्यम वे सामाजिक परिस्थितियां हैं जिनमें राजनीति का उद्‌भव एवं विकास होता है और राजनीति का नया स्वरूप आकार लेता है। राजनीति पर्यावरण में उत्पन्न तनाव, द्वन्द्व, संघर्ष के जन्म एवं संचालन का माध्यम बनती है, नेतृत्व के निर्माण एवं रूपान्तरण में महती भूमिका निभाती है तथा व्यवस्था–परिवर्तन या सत्ता रूपान्तरण का माध्यम बनकर समाज के नवनिर्माण एवं विकास में केन्द्रीय योगदान देती है। इस प्रसंग में होरोविट्‌ज (Horowitz) का कहना है कि "यह संबंध विवाह एवं प्रेम से अधिक सुविधा के परिणामस्वरूप हुआ है" क्योंकि दोनों विषयों में राज्य एवं समाज के अन्तर तथा इनके पारस्परिक अन्तर्संबंधों को समझने में जो कठिनाई थी उसे इस नये विषय ने काफी हद तक दूर कर दिया है। आज हम पहले की अपेक्षा अधिक सरलता से समझ सकते हैं कि सामाजिक वर्ग कैसे राजनीतिक वास्तविकताओं से संघर्ष करते हुए अपने विशिष्ट हितों को समाज तथा राज्य के मूल्यों में परिवर्तित करता है।

राजनीतिक समाजशास्त्र एक अन्तर्विषयक मिश्रण है जो राजनीतिक एवं सामाजिक परिवर्त्यों को समान धरातल पर मिलाकर व्यक्ति एवं समूह के आचरण, गतिविधियों व प्रकृतियों के अनुरूप इकाइयों–संरचनाओं से संबद्ध घटनाओं, मुद्दों, समस्याओं का विशद् अध्ययन–विश्लेषण, अन्वेषण–अनुसंधान करके व्यवस्थागत समस्याओं के निराकरण हेतु समाधान के उपायों की खोज करता है। राजनीतिशास्त्र एवं समाजशास्त्र के मिलन बिन्दु से उत्पन्न विकसित एवं पोषित होने वाले इस स्वायत्त अनुशासन के प्रतिस्थापन एवं समर्थन के परिप्रेक्ष्य में विषय को परिभाषित करते हुए लिप्सेट ने कहा है कि "राजनीतिक समाजशास्त्र की परिभाषा एक ऐसे समाजिक विज्ञान के रूप में की जा सकती है जो सामाजिक–राजनीतिक व्यवस्था तथा सामाजिक संरचना एवं राजनीतिक संस्थाओं के अन्तर्संबंधों का अध्ययन करता है।" लिप्सेट ने अपनी सभी रचनाओं में राजनीतिक समाजशास्त्र की इस परिभाषा को दुहराते हुए यह भी कहा है कि यह परिभाषा समाज को राजव्यवस्था का कारक या निर्धारक तत्त्व नहीं मानता है। लिप्सेट की दृष्टि में राजनीतिक समाजशास्त्र सिर्फ सामाजिक कारकों, तत्त्वों या परिवर्त्यों का अध्ययन नहीं है। राजनीतिक संस्थाएं सामाजिक इकाइयों का ही प्रतिरूप होती हैं। इस संदर्भ में वे राजनीतिक कारकों को ऐसे स्वायत्त कारक की कोटि में रखते हैं जो गैर–राजनीतिक–सामाजिक संरचनाओं को प्रभावित करता है। आगे लिप्सेट द्वारा स्पष्ट किया गया है कि "राजनीतिक समाजशास्त्र एक अन्तर्विषयक वर्णसंकर अनुशासन है जो सामाजिक एवं राजनीतिक परिवर्त्यों की अपने–अपने क्षेत्रों में स्वायत्तता स्वीकारते हुए उनके मध्य विद्यमान घनिष्ठ अन्तर्संबंधों के आधार पर उन्हें मिलाने एवं संबंधित करने का प्रयास करता है, ताकि सामाजिक–राजनीतिक घटनाओं की व्याख्या यथार्थता की पृष्ठभमि में की जा सके।"

लिप्सेट द्वारा प्रस्तुत उपर्युक्त अभिव्यक्ति इस तात्त्विकता का स्पष्टीकरण है कि राजनीतिक समाजशास्त्र राजनीतिक–सामाजिक कारकों को अपने अध्ययन में समान महत्त्व देता है। यह नया अनुशासन अपनी पाठ्य–सामग्री में मूलतः सिर्फ उन्हीं सामाजिक कारकों–तत्त्वों को शामिल नहीं करता है जो राजनीतिक व्यवस्था के स्वरूप निर्धारण एवं संचालन में मुख्य भूमिका निभाते हैं, अपितु उन कारकों को भी समान महत्त्व देता है जो राजनीतिक व्यवस्था एवं प्रक्रियाओं द्वारा लिए गये निर्णयों की वजह से सामाजिक संरचनाओं, क्रियाओं–प्रतिक्रियाओं एवं व्यवहारों को प्रभावित करते हैं। 'राजनीतिक समाजशास्त्र के प्रसंग में लिप्सेट इस तथ्य के प्रतिपादक हैं कि 'राजनीतिक संरचनाएं अपने आप में सामाजिक संरचनाएं ही हैं, इसलिए स्वतंत्र कारकों के रूप में वे राजनीतिक क्रियाएं गैर–राजनीतिक–सामाजिक संरचनाओं को भी प्रभावित करती हैं। सामाजिक संरचनाओं के मुख्य तत्त्व के रूप में व्यवस्था के छोटे–बड़े समूह या समुदाय अपने दैनिक जीवन में भी राजनीतिक संस्थाओं एवं प्रक्रियाओं से तादात्म्यता स्थापित करते हैं या व्यक्त करते हैं तभी तो आधुनिक राजनीतिशास्त्रवेत्ताओं की यह स्पष्टोक्ति है कि ''औपचारिक राजनीतिक संस्थाएं सामाजिक संरचनाओं को पूरी तरह प्रभावित करती है।''

संक्षेप में, यह कहा जा सकता है कि मोरिस डुवर्जर एवं रूसीमैन (Ruciman) जैसे विद्वानों का मत है कि दोनों विषय समानपदी हैं, जबकि ऐसे विद्वज्जनों की लम्बी फेहरिस्त है जिनकी दृष्टि में 'राजनीति का समाजशास्त्र' राजनीतिक घटनाओं व समस्याओं का समाजशास्त्रीय रूपान्तरण है।

तुलनात्मक स्वरूप (Comparative Form)

वस्तुतः, 'राजनीति का समाजशास्त्र' एवं 'राजनीतिक समाजशास्त्र' दोनों अवधारणाएं राजनीतिशास्त्र एवं समाजशास्त्र के बीच संबंध सेतु निर्माण करने एवं संस्थापित करने के प्रयासों का परिणाम है; लेकिन तात्त्विक स्तर पर वस्तुस्थिति के दृष्टिकोण से भिन्नताएं विद्यमान् होने की वजह से सारटोरी जैसे विद्वान दोनों विषयों को समानार्थी नहीं मानते हैं। सारटोरी के शब्दों में ''राजनीतिक समाजशास्त्र' राजनीति का समाजशास्त्र के अतिरिक्त कुछ और का भी बोध कराता है।'' सारटोरी राजनीतिक कारकों–परिवर्त्यों की स्वायत्तता के प्रबल समर्थक हैं, इसलिए वे राजनीतिक समाजशास्त्र को समाजशास्त्र की एक शाखा बताने वाले विद्वज्जनों की अभिव्यक्ति के प्रबल विरोधी है। इस संदर्भ में सारटोरी की यह धारणा है कि राजनीतिक समाजशास्त्र को अन्तर अनुशासनात्मक होना चाहिए जिसमें राजनीति के अध्ययन को प्राथमिकता व प्रमुखता मिलनी चाहिए। इसी आधार पर सारटोरी राजनीतिक समाजशास्त्र को समाजशास्त्र का उपक्षेत्र मानने से इंकार करते हैं। ये अपने अध्ययन–विश्लेषण प्रसंग में राजनीति के उन पहलुओं को प्राथमिकता देते हैं जो सामाजिक–आर्थिक संरचना यानी कि धर्म, जाति, प्रस्थिति आदि की वजह से राजनीतिक व्यवहार को प्रभावित करता है।

सारटोरी 'राजनीति का समाजशास्त्र' एवं 'राजनीतिक समाजशास्त्र' के बीच अन्तर स्थापित करते हुए कहते हैं कि ''राजनीतिक समाजशास्त्र निश्चित रूप से अपने अध्ययन में समाजशास्त्रीय राजनीति को समावेशित करता है फिर भी वह समाजशास्त्रीय राजनीति से भिन्न है।'' इनकी दृष्टि में राजनीति का समाजशास्त्र पद राजनीतिशास्त्र पर समाजशास्त्र के प्रभुत्व के संस्थापन का बोधक है। सारटोरी के विचार में राजनीतिक समाजशास्त्र के अध्ययन का विषय राजनीतिक व्यवस्था एवं प्रक्रियाओं द्वारा लिया गया वह सरकारी निर्णय भी है जो सामाजिक संरचनाओं एवं प्रक्रियाओं को प्रभावित करता है। इस प्रसंग में दृष्टांतस्वरूप इनकी उक्ति है कि यदि ऐसा नहीं होता तो किसी भी राजनीतिक व्यवस्था के अन्तर्गत विद्यमान सामाजिक व्यवस्था का अध्ययन राजनीतिक परिप्रेक्ष्य में करना विषय की अपरिहार्यता नहीं होती। इनके मतानुसार यदि किसी राजनीतिक व्यवस्था के अन्तर्गत संचालित निर्वाचन–पद्धति का अध्ययन करें, तो इस तथ्य का स्पष्टीकरण होता है कि निर्वाचन–पद्धति सामाजिक बुनावट के दायरे में आने वाले सभी समूहों की पहचान का प्रतिनिधित्व करती है और उस पर पड़ने वाले प्रभावों को भी दर्शाती है। इनका मानना है कि इसी से प्रभावित होकर राजनीतिक व्यवस्था में राजनीतिक दलों की संख्या घटती बढ़ती रहती है। यानी कि व्यवस्था में नये दलों का निर्माण या पुराने दलों के बीच आपसी तालमेल या विलयन (Mergence) की

परिस्थितियों के निर्माण एवं परिवर्तन में, सामाजिक संरचना में विभिन्न स्तरों पर मौजूद के समूह ही दलों की पहचान को प्रभावित करता है एवं उन्हें आकार देता है।

निष्कर्ष (Conclusion)

उपर्युक्त विश्लेषित प्रसंगों के आधार पर यह निष्कर्ष निकलता है कि जहां 'राजनीति का समाजशास्त्र' समाजशास्त्रीय परिवर्त्यों को स्वायत्तता का दर्जा प्रदान करते हुए उन्हें अपनी पाठ्य–सामग्री में शामिल करता है, वहीं यह राजनीतिक परिवर्त्यों को सामाजिक परिवर्त्यों के अधीनस्थ की स्थिति प्रदान करता है। लेकिन, राजनीतिक समाजशास्त्री दोनों शास्त्रों को समान महत्त्व देते हुए दोनों विषयों के परिवर्त्यों को स्वायत्तता की समान स्थिति प्रदान करता है। अर्थात् राजनीति का समाजशास्त्र' एवं राजनीतिक समाजशास्त्र दोनों की विषयवस्तु की प्राथमिकताएं, आधार–सामग्री के संकलन, अन्वेषण–अनुसंधान एवं अध्ययन–विश्लेषण के दृष्टिकोण में सैद्धान्तिक–व्यावहारिक स्तर पर सूक्ष्म अन्तर होते हुए भी भिन्नताएं विद्यमान हैं। तत्त्वतः इस तथ्य के प्रबल समर्थक सारटोरी हैं जिनकी अभिव्यक्तिनुसार 'राजनीतिक समाजशास्त्र का जन्म तब होता है जब राजनीतिक एवं समाजशास्त्रीय उपागम कटाव–बिन्दु पर एक दूसरे से मिलते हैं। यदि 'राजनीति का समाजशास्त्र' राजनीतिक व्यक्ति के आचरण या क्रियाकलापों के पीछे जवाबदेह गैर–राजनीतिक कारकों का अध्ययन करता है तो राजनीतिक समाजशास्त्र व्यक्ति के व्यवहार एवं गतिविधियों के लिए उत्तरदायी राजनीतिक कारकों को भी अध्ययन में समान महत्त्व देता है।

वस्तुतः, राज्य एवं समाज की अन्तर्लिप्तता एवं अन्योन्याश्रितता की वजह से यह कहना अप्रासंगिक है कि राज्य अधिक महत्त्वपूर्ण है या समाज, तभी तो राजनीतिक समाजशास्त्रवेत्ता इस निष्कर्ष पर एकमत हुए हैं कि राजनीति की जमीनी वास्तविकता को तब तक नहीं समझा जा सकता है जब तक कि उसे सामाजिक परिवेश से सम्बद्ध न किया जाय। यानी कि राजनीति और समाज एक–दूसरे के पूरक के रूप में एक–दूसरे को समझने में सहयोग करते हैं। एक विषय के महत्त्व को गौण मानने पर दूसरे की तात्त्विकता को जानना–समझना संभव नहीं है।

संक्षेप में, 'राजनीति का समाजशास्त्र बनाम राजनीतिक समाजशास्त्र' के कथासार के रूप में यह कहा जा सकता है कि मानवीय व्यवहारों को निर्मित, निर्धारित, नियंत्रित, संचालित व परिवर्तित करने वाली सामाजिक–राजनीतिक संस्थाओं, संस्थाओं से सम्बद्ध घटनाओं, समस्याओं, व्यवहारों आदि का विश्लेषण, निर्धारण व निरूपण करने के आलोक में जब राजनीतिक समाजशास्त्र का अध्ययन किया जाता है, तो इस तथ्य का सतत स्पष्टीकरण होता है कि एक नये स्वायत्त अनुशासन के रूप में यह अन्तर्विषयक शास्त्र राजनीतिक एवं सामाजिक कारकों, परिस्थितियों, परिवर्त्यों, तथ्यों के मध्य सकारात्मक सार्थक संबंध–स्थापित करते हुए एक राजनीतिक व्यक्ति के राजनीतिक व्यवहार का अध्ययन–विश्लेषण करता है। इस अध्ययन–प्रसंग के सिलसिले में ध्यान देने योग्य कुछ अपरिहार्य तथ्य हैं, जिन पर चर्चा निम्नांकित है :

प्रथम–राजनीतिक सामाजशास्त्र के उद्‌भव के बुनियादी कारणों में राजनीतिशास्त्र एवं समाजशास्त्र के अध्येताओं के अध्ययन–विश्लेषण का प्रतिच्छेदन बिन्दु (Point of Intersection) पर पहुंचना एवं दोनों दृष्टिकोणों के सम्मिलित मिश्रण का प्रयास है। इस संदर्भ में यूनानी दार्शनिकों के चिन्तन–मनन में दर्शाए गये सामाजिक–राजनीतिक प्रसंग की प्रस्तुति एक तरह से इस नये अनुशासन की बुनियाद का आधार–आधेय है। आधुनिक राजनीतिक समाजशास्त्रियों में मैक्सवेबर, लिप्सेट, डुवर्जर, डब्लू. जी. रूसीमैन आदि की पहचान आधुनिक राजनीति विज्ञान के जन्मदाता के रूप में की जाती है और इन्हें ही राजनीतिक समाजशास्त्र के अग्रेसर होने का ख़िताब भी दिया जाता है। लेकिन, मूलतः इन विद्वज्जनों की कृतियां राजनीतिक समाजशास्त्र की अपेक्षा 'राजनीति के समाजशास्त्र' के ज्यादा करीब है।

द्वितीय–राजनीतिक समाजशास्त्र की अध्ययन–सामग्री के लिए आंकड़ा–संकलन (Data Collection) में व्यावहारिक नमूने का प्रतिनिधित्व (Representation of Practical Sampling) मापन–प्रविधियों (Techniques of Measurement), तथ्यों का पर्यवेक्षण, वर्गीकरण एवं मापन में परिशुद्ध प्रविधियों का प्रयोग (Use of Precise Techniques in the

Observation, Classification and Measurement of Facts), आदि का जिस तरह से समाजशास्त्रियों द्वारा राजनीतिक घटनाओं को समझने के लिए प्रयोग किया जाता है उससे वस्तुतः 'राजनीति के समाजशास्त्र' का बोध होता है, क्योंकि उनके शोध कार्यों के परिणाम से यह साबित होता है कि वे अपने अध्ययनतत्त्व एवं अध्ययन–प्रविधियों में समाजशास्त्रीय परिवर्त्यों को प्रधानता देकर राजनीतिक घटनाओं व समस्याओं का सामाजिक रूपान्तरण करना चाहते हैं, इसीलिए उनका अध्ययन–विश्लेषण राजनीति के समाजशास्त्रीय मूल्यांकन से ज्यादा संदर्भित है।

तृतीय–राजनीतिक व्यवहारों की अर्थपूर्ण सकारात्मक व्याख्या करने के संदर्भ में इस तथ्य का स्पष्टीकरण होता है कि राजनीतिक व सामाजिक परिवर्त्यों को समानता की स्थिति प्रदान करने के संबंध में दोनों शास्त्रों के मध्य सतत मतभेद है। जहां राजनीतिक समाजशास्त्र राजनीतिक–सामाजिक परिवर्त्यों को समान रूप से स्वायत्तता की स्थिति प्रदान करते हुए राजनीतिक व्यवहारों या घटनाओं, समस्याओं के आनुभविक अध्ययन में दोनों को समान महत्त्व देता है, वहीं राजनीति का समाजशास्त्र यथोचित गैर–राजनीतिक कारकों को विषयगत अध्ययन–विश्लेषण में ज्यादा महत्त्व देता है। इसलिए, इस प्रसंग को राजनीति का समाजशास्त्र कहना अधिक युक्तिसंगत है।

चतुर्थ–राजनीति का समाजशास्त्र के प्रतिपादकों द्वारा विषय के परिष्कृत अध्ययन के लिए जिन वैज्ञानिक–प्रविधियों का प्रयोग किया गया है एवं सामाजिक–राजनीतिक घटनाओं–समस्याओं के समाधान हेतु अपने अध्ययन तत्त्वों में जिस प्रकार तथ्यों एवं आंकड़ों का अन्वेषण, सत्यापन, परिमाणीकरण, क्रमबद्धीकरण, एकीकरण, साक्षात्कार, प्रश्नावली एवं मापन–प्रविधियों का प्रयोग किया गया है उससे वस्तुतः राजनीतिक समाजशास्त्र के विकास को ठोस समर्थन मिला है। समाजशास्त्रियों द्वारा प्रयुक्त प्रविधियां एक तरह से व्यक्ति के राजनीतिक व्यवहार के नियमन–निरूपण, सामान्यीकरण में एवं राजनीतिक घटनाओं के विश्लेषण में आधार माध्यम की भूमिका निभाती है। इस वजह से राजनीतिक समाजशास्त्र के विकास को मजबूत आधार मिला है।

पंचम–राजनीतिक समाजशास्त्र के उद्‌भव का मूल कारक व्यवहारवादी एवं अनुभववादी दृष्टिकोण का जन्म एवं विकास है। जोसेफ डनर का ऐसा मानना है कि "व्यवहारवाद सामाजिक घटनाओं का पूर्वाभिमुखीकरण है जो मुख्य रूप से अनुभववाद, तार्किक प्रत्यक्षवाद तथा अनुशासनिक स्वार्थों से संबद्ध रहता है।" (Behaviourism is Orientation to the Study of the Social Pnenomenon Characterised Mainly by Empiricism, Logical Positivism and Disciplinary Interests – Joseph Dunner)। व्यवहारवादियों की दो प्रमुख मांगें हैं – प्रासंगिकता (Relevance) एवं कियानिष्ठता (Action)। लेकिन, यथोचित रूप में राजनीति का समाजशास्त्र एवं राजनीतिक समाजशास्त्र के बीच अध्ययन तत्त्वों की प्राथमिकता एवं प्रयोगगत अध्ययन प्रविधियों व दृष्टिकोणों के संबंध में मतवैभिन्नताओं की वजह से आधुनिक राजनीतिक व्यवहारवादियों को राजनीतिक समाजशास्त्र की विकास यात्रा में कई विरोधाभासों का सामना करना पड़ा है जिन्हें अध्ययन की दृष्टि से दो कोटियों में बांटा गया है–प्रथम, यथार्थवादी अन्धविश्वास (Objectivist Superstition) और द्वितीय निम्नस्तरीय अनियमित अनुमान (Lower-Level Casual Inference)। इन दोनों बाधाओं का संबंध अध्ययन–प्रविधियों से है। इस संदर्भ में समाजशास्त्रियों को यह ध्यान देना होगा कि राजनीतिक समस्याओं–घटनाओं से संबद्ध मानव व्यवहार को समझने के लिए तथा गहराई से व्यवहार का अध्ययन–विश्लेषण करने एवं निष्कर्ष तक पहुंचने कि लिए मात्र अपरिष्कृत विस्तार तकनीकों (Crude Projective Techniques) को माध्यम बनाकर सामाजिक व्यवस्था–प्रक्रियाओं तथा राजनीतिक व्यवस्था–प्रक्रियाओं से प्रासंगिक समस्त तत्त्वों, कारकों, परिवर्त्यों, परिस्थितियों, मूल्यों, विश्वासों से संबद्ध तथ्यों–व्यवहारों का यथातथ्य (Precise) रूप से विश्लेषण करना संभव नहीं है, अपितु उन्हें अपने विश्लेषणपरक अध्ययन को ज्यादा यथार्थपरक बनाने एवं उसे लक्ष्य की सफलता तक पहुंचाने के लिए सामाजिक व्यवस्था–प्रक्रियाओं का राजनीतिक व्यवस्था–प्रक्रियाओं पर पड़ने वाले प्रभावों के अध्ययन को तथा दोनों व्यवस्थाओं की अन्योन्याश्रितता, अन्तर्लिप्तता, अन्तर्क्रियात्मकता को अपने अध्ययन का प्रतिपाद्य विषय बनाना होगा।

षष्ठम–जहां समाजशास्त्रियों के लिए अध्ययनतत्त्वों एवं अध्ययन–प्रविधियों में गहराई एवं विस्तार की प्रकृति को अपनाने की जरूरत को ऊपर के प्रसंग में इंगित किया गया है, वहीं आधुनिक राजनीति के मर्मज्ञों के लिए भी इस नये अनुशासन का आग्रह है कि वे राजनीति के समाजशास्त्र की बजाय राजनीतिक समाजशास्त्र के प्रसंग में राजनीति

को व्यापक संदर्भ में समझने एवं अनुभवजन्य व्याख्या करने के लिए समाजशास्त्रीय तत्त्वों एवं अध्ययन–प्रविधियों को बुनियादी स्तर पर विश्लेषण का आधार माध्यम बनाये। यद्यपि व्यवहारवाद द्वारा अपने विकास की विभिन्न अवस्थाओं में राजनीति के अध्ययन को विस्तारित करने एवं उसे सर्वव्यापी बनाने में उल्लेखनीय योगदान दिया गया है, तथापि आधुनिक राजनीतिक व्यवहारवादियों से यह अपेक्षा की जाती है कि वे राजनीतिक घटनाओं, समस्याओं, मुद्दों, तनावों, द्वन्द्वों तथा इनसे प्रासंगिक राजनीतिक व्यवहार का परिथितिजन्य व अनुभवजन्य विश्लेषण–अनुसंधान करने के लिए सिर्फ राजनीतिक व्यवहारवादी उपागमों पर निर्भर न रहें क्योंकि यह उपागम अकेले राजनीतिक व्यवहार के अनुभवपरक विश्लेषण के लिए पर्याप्त नहीं है। समग्र रूप में राजनीतिक व्यवस्था–प्रक्रियाओं की तात्त्विकता को जानने–समझने के लिए एवं शोध–प्रसंग को परिष्कृत लक्ष्य तक पहुंचाने के लिए राजनीतिक समाजशास्त्रियों से यह नया विषय अपेक्षा करता है कि वे अपरिहार्य रूप से अध्ययन–विश्लेषण हेतु राजनीतिक उपागमों के साथ समाजशास्त्रीय उपागमों एवं अनुभवों का उपयोग कर राजनीति के व्यापक अर्थबोध की गहराई का विश्लेषण करें।

सप्तम–राजनीतिक समाजशास्त्र किसी राजनीतिक घटना या समस्या का गहन अध्ययन करने के क्रम में व्यक्ति व समूह के राजनीतिक व्यवहार के साथ–साथ राजनीतिक संस्थाओं के क्रियाकलापों व व्यवहारों की व्याख्या करने के लिए राजनीतिक–सामाजिक परिवर्त्यों की खोज करता है और विषयगत अन्वेषण व अनुसंधान द्वारा समस्या–समाधान का मार्ग तलाशता है। यानी कि अन्धविश्वासी तथ्यों की जगह जमीनी तत्त्वों के यथार्थ की गवेषणा करता है। दृष्टान्तस्वरूप यदि राजनीतिक समाजशास्त्री किसी राजनीतिक व्यवस्था के राजनीतिक स्थायित्व या अस्थायित्व प्रसंग पर शोध करता है तो राजनीतिक समस्या के निदान हेतु सामाजिक पृष्ठभूमि, पर्यावरण व व्यवहार के आलोक में व्यवस्थागत मौजूद सभी राजनीतिक दलों के आकार–प्रकार, प्रकृति, मनोवृत्ति, जनाधार की स्थिति, नेतृत्व की प्रभावशीलता आदि का वास्तविक आकलन करता है। यानी कि अपने राजनीतिक अध्ययन को आनुभविक बनाने के लिए सामाजिक जमीन पर शोध विषय को खड़ा करके राजनीतिक समाजशास्त्रवेत्ता सामाजिक पृष्ठभूमि व पर्यावरणगत सामाजिक व्यवहार के परिप्रेक्ष्य में मतदान व्यवहार, निर्वाचन पद्धति, मताधिकार एवं प्रतिनिधित्व तथा राजनीतिक सहभागिता जैसे राजनीतिक प्रसंगों का आनुभविक अध्ययन उसे प्रभावित करने वाले सामाजिक कारकों–परिवर्त्यों के परिप्रेक्ष्य करते हैं। अर्थात् राजनीतिक समाजशास्त्र दोनों विषयों के परिवर्त्यों–कारकों के आपसी संबधों एवं प्रभावों के आलोक में राजनीतिक संदर्भों की तथ्यपरक गहराई का अध्ययन करके राजनीतिक समस्याओं का समाधान तलाशता है, जबकि राजनीति का समाजशास्त्र सिर्फ सामाजिक–आर्थिक पृष्ठभूमि का गहन अध्ययन करके राजनीतिक घटनाओं से जुड़े तथ्यों का समाजशास्त्रीय विश्लेषण करने का प्रयास करता है। 'राजनीति का समाजशास्त्र' पद को मान्यता देने वाले विद्वज्जनों के इस प्रयास द्वारा राजनीतिक घटनाओं या समस्याओं से संबद्ध तथ्यों का आंशिक रूप ही सामने आ पाता है। वस्तुतः, यथोचित रूप में राजनीतिक व्यवस्था एवं प्रक्रियाओं से जुडे राजनीतिक व्यवहार की संपूर्णता के सत्य की जानकारी के लिए विषय को राजनीतिक–सामाजिक पृष्ठभूमि एवं राजनीतिक–सामाजिक पर्यावरण की जमीन पर समान रूप से साथ खड़ा करना अपरिहार्य है।

अष्टम–भारतीय राजनीतिक व्यवस्था के संदर्भ में यदि मतदान व्यवहार के विश्लेषण का दारोमदार दोनों शास्त्रों को सौंपा जाए तो ऐसी परिस्थिति में 'राजनीति का समाजशास्त्र' भारतीय चुनावी राजनीति के विश्लेषण क्रम में समाज के जातिगत, धर्मगत, वर्गगत परिस्थितियों के परिप्रेक्ष्य में अपने शोधप्रसंग से प्रासंगिक अन्वेषण–अनुसंधान कार्य संचालित करके निष्कर्ष तक पहुंचने का प्रयास करेगा। जबकि, राजनीतिक समाजशास्त्र अपने शोध कार्य एवं आनुभविक विश्लेषण क्रम में सामाजिक तथ्यों, कारकों, परिवर्त्यों का प्रयोग करने के साथ–साथ व्यवस्था में मौजूद इन तथ्यों की जड़ों को तलाशने का प्रयास करेगा साथ यह भी खोजने का प्रयास करेगा कि वे कौन–सी परिस्थितियां हैं जिनसे प्रेरित होकर भारतीय चुनावी राजनीति के परिप्रेक्ष्य में जाति, धर्म, वर्ग, सम्प्रदाय, लिंग, आयु, प्रस्थिति, सामाजिक स्तरीकरण, क्षेत्रीयता भाषा, खान–पान, रहन–सहन, अपराध जैसे सामाजिक संदर्भों का राजनीतिकरण हो गया। विषय–विश्लेषक उन जड़ों को तलाशेंगें जिसकी वजह से समसामयिक भारतीय राजनीति जातिवाद, धर्मवाद, क्षेत्रवाद, परिवारवाद, राजनीति का अपराधीकरण, अपराध का राजनीतिकरण, नक्सलवाद, आतंकवाद एवं गंभीर

भ्रष्टाचार की संकीर्ण अवधारणा के दायरे में सिमट कर अस्थायित्व के दौर से गुजर रही है जिसके परिणामस्वरूप गठबंधन की राजनीति के अलावा दूसरा कोई विकल्प सामने नजर नहीं आ रहा है।

संक्षेप में, यह कहा जा सकता है कि राजनीतिक समाजशास्त्री सामाजिक–राजनीतिक क्रियाओं प्रतिक्रियाओं में अनुरूपता की बात खुले मन से स्वीकारते हैं और राज्य एवं समाज में सर्वोच्च कौन है, इस विवादग्रस्त प्रश्न के समाधान की दिशा में पहल करते हुए दोनों को समानपदी मानते है; इसलिए राजनीतिक एवं समाजीय दोनों परिवर्त्यों को स्वायत्तता की समान स्थिति प्रदान करते हुए दोनों को अध्ययन–प्रसंग में समान महत्त्व देते हैं।

राजनीतिक समाजशास्त्र : महत्त्व (Political Sociology : Importance)

राजनीतिक समाजशास्त्र की पाठ्य–सामग्री का व्यापक अर्थबोध ही इस विषय के महत्त्व की व्यापक पृष्ठभूमि प्रस्तुत करता है। राजनीतिक समाजशास्त्र के विद्वज्जनों में मैक्सवेबर, विलफ्रेडो पैरेटो, जी. मोस्का, कार्ल मार्क्स, सारटोरी, टॉलकाट पारसन्स, राबर्ट मिशेल्स, लिप्सेट, जेनोविट्स बेंडिक्स, पोपीनो, लेविस कोजर, टॉम बाटोमोर आदि ने समय–समय पर अपनी कृतियों में राजनीति और समाज के पारस्परिक संबंधों एवं राजनीतिक–सामाजिक परिवर्त्यों के मध्य गहन अन्तर्लिप्तता, अन्योन्याश्रितता एवं अन्योन्यक्रिया की विस्तृत विवेचना प्रस्तुत करके विषय के महत्त्व के लिए सारगर्भित (Substantial) पृष्ठभूमि तथा अर्थपूर्ण वातावरण तैयार किया। इसकी महत्ता के परिप्रेक्ष्य में प्रासंगिक तथ्य यह है कि यह नूतन स्वायत्त अनुशासन सामाजिक–राजनीतिक व्यवस्था में सामाजिक, आर्थिक, धार्मिक, सांस्कृतिक, भौतिक पर्यावरण से उत्पन्न तनावों, द्वन्द्वों, संघर्षों, प्रतिस्पर्धाओं, परस्पर विरोधी मांगों (Conflicting Demands) का तथ्यपरक एवं व्यवहारपरक आनुभविक अध्ययन–विश्लेषण एवं अनुसंधान सामाजिक–राजनीतिक पृष्ठभूमि के परिप्रेक्ष्य में करता है। यह विषय सामाजिक संरचना के विभिन्न अंगों के मध्य निरन्तर चलते रहने वाले सत्ता–शक्ति, संघर्ष–प्रतिस्पर्धाओं की वास्तविक परिस्थितियों की गहन छान–बीन करते हुए व्यवस्थागत समस्याओं, मुद्दों के सामाधान हेतु शोधकार्यों में वैज्ञानिक पद्धति का प्रयोग करके समस्याओं के समाधन हेतु ठोस निष्कर्ष प्रस्तुत करने का गंभीर प्रयास करता है। इस दृष्टि से व्यावहारिक धरातल पर राजनीतिशास्त्र की भांति राजनीतिक समाजशास्त्र भी सत्ता एवं शक्ति संबंधों के उद्भव, विकास, वितरण व विभाजन का आनुभविक अध्ययन करने वाला विषय है। लेकिन, इस प्रसंग में ध्यान देने योग्य तथ्य यह है कि आधुनिक राजनीति विज्ञान के अध्ययन की मौलिक विषयवस्तु राज्य एवं इसकी गतिविधियां हैं, जबकि राजनीतिक समाजशास्त्र की विषयवस्तु में राज्य एवं समाज दोनों शामिल है। जहां राजनीति विज्ञान अपना अध्ययन राज्य से आरंभ करके, सामाजिक तथ्यों, व्यवहारों की गहन जानकारी प्राप्त करने का प्रयास करके सत्ता–शक्ति, औचित्यता, प्रभाव, स्थायित्व, सातत्य जैसे गंभीर राजनीतिक प्रसंगों का आनुभविक अध्ययन–विश्लेषण करता है वहीं राजनीतिक समाजशास्त्र का अध्ययन–विश्लेषण समाज से आरंभ होकर उन तथ्यों–व्यवहारों की खोज पर विशेष बल देता है जो राजनीतिक व्यवस्था एवं प्रक्रियाओं को तथा राजनीतिक पर्यावरण, जनमत, मतदान व्यवहार आदि को प्रभावित करते हैं।

सामाजिक विज्ञानों के जन्म के आरंभिक दौर में राज्य एवं समाज को अलग शास्त्रों के अध्ययन की विषयवस्तु के रूप में मान्यता दी गयी। कालान्तर में विद्वज्जनों द्वारा राज्य और समाज, राजनीति और समाजनीति की पारस्परिक निर्भरता व अन्योयाश्रितता पर ध्यान दिया जाने लगा। इस प्रसंग का यत्र–तत्र आंशिक विवरण उन्नीसवीं, शताब्दी के राजनीतिशास्त्रियों एवं समाजशास्त्रियों की रचनाओं में दिखाई देता है। उन्नीसवीं शताब्दी के पूर्वार्द्ध में विशेषरूप से अन्तिम दो दशकों में सामाजिक परिप्रेक्ष्य में राजनीति के अध्ययन का प्रसंग धीरे–धीरे जोर पकड़ने लगा। बीसवीं शताब्दी के आरंभिक दशकों में इस अध्ययन प्रवृत्ति में काफी तेजी आई जिसके परिणामस्वरूप व्यवहारवादी क्रान्ति का प्रादुर्भाव हुआ। राजनीति के परम्परागत अध्ययन के प्रति गंभीर असंतोष के संदर्भ में व्यवहारवादी अवधारणा को एक विरोध आन्दोलन के रूप में देखा जा सकता है। इस नयी प्रविधि में विषयगत अध्ययन–विश्लेषण व अनुसंधान हेतु अन्तर–अनुशासनिक उपागम (Interdisciplinary Approach) के अधिकाधिक प्रयोग का परिणाम है, राजनीतिक समाजशास्त्र का जन्म, जिसकी वैचारिक इमारत की नींव के निर्धारण, निरूपण एवं विकास में राजनीतिशास्त्रियों एवं समाजशास्त्रियों का सम्मिलित उल्लेखनीय योगदान है।

राजनीतिशास्त्र एवं समाजशास्त्र दोनों के अध्येताओं एवं शोधकर्ताओं द्वारा राजनीति और समाज से प्रासंगिक आनुभविक पारिस्थितिकीय विश्लेषणों को सम्मिलित रूप से व्यवस्थित आकार में संकलित करके राजनीतिक समाजशास्त्र के रूप में सामाजिक विज्ञानों की सूची में एक नूतन आनुभविक स्वायत्त अनुशासन को शामिल किया गया है जिससे राजनीति एवं समाज के परस्पर संबंधों के तथ्यात्मक–व्यवहारात्मक अध्ययन की परम्परा का सूत्रपात हुआ है। राजनीतिक व्यवस्था एवं प्रक्रियाओं से संदर्भित राजनीति के ठोस मुद्दों, सवालों, समस्याओं, घटनाओं का अध्ययन–विश्लेषण सामाजिक पर्यावरण की पृष्ठभूमि में करके निश्चित रूप से एक स्वायत्त अनुशासन के रूप में राजनीतिक समाजशास्त्र ने सामाजिक विज्ञानों की शृंखला में अपनी महत्ता एवं उपलब्धियों का नया कीर्तिमान स्थापित किया है।

एक सामाजिक व्यक्ति के जीवन में राज्य का स्थान सर्वोपरि होता है, क्योंकि आधुनिक लोककल्याणकारी राज्य का प्रधान उद्देश्य एवं लक्ष्य व्यक्ति के जीवन का सर्वांगीण विकास करना है एवं व्यक्ति की अधिक–से–अधिक आवश्यकताओं की पूर्ति करना है। इस दृष्टि से जहां व्यवस्था में लोगों को ज्यादा–से–ज्यादा मूल्यवान संसाधनों को उपलब्ध करना एवं समाज में सदस्यों के जान–माल की सुरक्षा के लिए हर संभव प्रयास करते रहना आज राज्य का प्राथमिक और प्रधान दायित्व है। वहीं समाज व्यक्ति के जीवन की प्राथमिक अपरिहार्यता है, एक वास्तविकता है, इसीलिए जहां जीवन है, वहां समाज भी है। व्यक्ति और समाज का संबंध अन्योन्याश्रितता पर आधारित है। तत्त्वतः अन्योन्याश्रितता ही समाज की उत्पत्ति एवं विकास का आधारभूत तत्त्व है। वस्तुतः, समाज ही मानव जीवन में सभ्यता, संस्कृति की समुन्नति का आधार–आधेय है, इसीलिए एक के अभाव में दूसरी की कल्पना तक नहीं की जा सकती है। यानी कि एक व्यक्ति के जीवन में सर्वांगीण विकास के लिए राज्य एवं समाज दोनों की सर्वोच्चता समान रूप से अपरिहार्य है। चूंकि, यह नया विषय व्यक्ति एवं समूहों के जीवन की समुन्नति एवं विकास की दृष्टि से राज्य एवं समाज दोनों सर्वोपरि व्यवस्थाओं को समान महत्त्व देते हुए समस्याओं के समाधान हेतु तथ्यपरक एवं यथार्थपरक आनुभविक अध्ययन–विश्लेषण व अनुसंधान की पृष्ठभूमि प्रस्तुत करता है, इसलिए अपने स्वयंशोधात्मक प्रवृत्ति (Heuristic Nature) के कारण एक स्वायत्त अनुशासन के रूप में यह नया विषय आज सभी सामाजिक विज्ञानों के लिए अत्यधिक प्रासंगिक बन गया है। इस विषय की महत्ता का तात्त्विक परिप्रेक्ष्य यह है कि जहां यह अपने विश्लेषणपरक अध्ययन एवं शोधप्रसंगों में राजनीतिक एवं समाजशास्त्रीय दोनों परिवर्त्यों की स्वाधीनता को स्वीकारते हुए दोनों के बीच सापेक्ष अन्योन्याश्रितता की वास्तविकता पर विशेष बल देता है, वहीं इसके द्वारा राजनीति का व्यापक अर्थबोध प्रस्तुत करते हुए राजनीतिक एवं सामाजिक' शब्दों को समानार्थक बना दिया गया है।

एक नये स्वायत्त अनुशासन के रूप में राजनीतिक समाजशास्त्र राजनीतिक एवं समाजशास्त्रीय परिवर्त्यों के बीच अन्योन्याश्रयी संबंध स्थापित करते हुए व्यवस्था के सदस्यों के राजनीतिक व्यवहारों, घटनाओं, समस्याओं, मुद्दों, सवालों या अन्य सभी प्रकार की राजनीतिक प्रक्रियाओं व राजनीतिक इकाइयों का अनुभवपरक अध्ययन–विश्लेषण सामाजिक संरचनात्मक परिवर्त्यों, यथा–समुदाय, सामाजिक–सत्ता, प्रस्थिति, वर्ग, जाति व्यवस्था, सामाजिक स्तरीकरण (Social Stratification) सामाजिक विलगाव (Social Alienation) एवं सामाजिक पर्यावरण आदि के परिप्रेक्ष्य में करता है। राजनीति एवं समाज के सापेक्ष संबंधों का आनुभविक विश्लेषणात्मक अध्ययन करने वाले तत्त्वदर्शी राजनीतिक समाजशास्त्रवेत्ताओं को तत्त्वतः यह जानकारी हो चुकी है कि राजनीतिक सत्ता, शक्ति, प्रभाव, औचित्यता, मतदान व्यवहार, जनमत–निर्माण की दशाएं जैसे महत्त्वपूर्ण राजनीतिक प्रसंगों का तथ्यगत आनुभविक अध्ययन सामाजिक पर्यावरण व पृष्ठभूमि के परिप्रेक्ष्य में ही किया जा सकता है। विषय के विद्वज्जनों का यह मत है व्यवस्थागत राजनीति को लोकप्रियता सातत्य एवं स्थायित्व की सीढ़ियां चढ़ने के लिए इस महती प्रश्न के प्रति सदैव सजग रहना होगा कि उसे समाज से क्या चाहिए और जिस समाज में राजनीति क्रियाशील है उसके सदस्यों को राजनीति से क्या अपेक्षाएं हैं ? क्योंकि, किसी भी राजनीतिक व्यवस्था की राजनीति वहां की सामाजिक बुनावट के आलोक में सामाजिक संवेदनाओं, मनोवेगों, मनोवृत्तियों, मूल्यों, परम्पराओं व्यवहारों एवं इनसें संदर्भित अभिविन्यासों के बल पर अपनी गत्यात्मकता, सक्रियता, परिवर्तनशीलता, लोकप्रियता, सातत्य जैसे तत्त्वों की प्रभावोत्पादकता एवं कार्यशैली के कौशल को कायम रखने में सफल होती है।

विख्यात राजनीतिक समाजशास्त्री हेराल्ड लॉसवेल की अभिव्यक्ति है कि 'राजनीतिक समाजशास्त्र के अध्ययनकर्ता के लिए उसके अध्ययन संबंधी प्रसंगों का सर्वाधिक एकीकृत संधार, प्रभाव तथा प्रभावशाली एवं शक्ति तथा शक्तिशाली जैसे परिवर्त्य हैं', क्योंकि लॉसवेल की दृष्टि में 'समाजशास्त्रीय परम्परा के अनुकूल राजनीतिक समाजशास्त्र जिस शक्ति, सत्ता व प्रभाव का आनुभविक अध्ययन सामाजिक नियंत्रण की प्रक्रियाओं के आलोक में करता है उस पर किसी विशेष समाज का एकाधिकार नहीं है।' एक आनुभविक विषय के रूप में राजनीतिक समाजशास्त्र की महत्त्वपूर्ण स्थिति से प्रासंगिक पहलुओं का बिन्दुवार विवेचन निम्नांकित है :

- इस विषय के महत्त्व का सर्वाधिक महत्त्वपूर्ण प्रसंग यह है कि इसने राजनीति के अध्ययन–विश्लेषण को समाज सापेक्ष स्वरूप प्रदान किया है तथा व्यवस्थागत राजनीतिक–सामाजिक समस्याओं मुद्दों के तथ्यपरक एवं व्यवहारपरक आनुभविक अध्ययन के परम्परा की ठोस शुरूआत की है।
- राजनीतिक समाजशास्त्र के अध्येताओं द्वारा राजनीतिक व्यवस्था एवं प्रक्रिया के संदर्भ में विषय को राजनीति के व्यापक अर्थबोध से परिचित कराया गया है।
- राजनीतिक समाजशास्त्रियों द्वारा जहां एक ओर राजनीतिक व्यवस्थाओं एवं प्रक्रियाओं के अनुभवात्मक विश्लेषणपरक अध्ययन व अनुसंधान के लिए नवीन उपागमों, प्रतिमानों, सिद्धान्तों का प्रतिपादन एवं प्रयोग करके विषय को गत्यात्मक आयाम देते हुए ठोस वैज्ञानिक आधार प्रदान करने का गंभीर प्रयास किया गया है, वहीं दूसरी ओर इसके विषय तत्त्व एवं अध्ययन क्षेत्र की व्यापकता का बोध कराते हुए इसके अध्ययन प्रसंग को ज्यादा–से–ज्यादा तथ्यगत, यथार्थगत, व्यवहारगत एवं अर्थपूर्ण स्वरूप प्रदान करने में उल्लेखनीय योगदान दिया गया है।
- इस विषय की महत्ता का एक महत्त्वपूर्ण आयाम राजनीति के व्यापक अर्थबोध की प्रस्तुति भी है जिसकी वजह से व्यक्ति एवं समूहों के सामाजिक जीवन से संबद्ध उन सभी पक्षों, परिवेशों, परिस्थितियों का व्यवहारपरक अध्ययन–विश्लेषण संभव हो पाया है जो किसी–न–किसी रूप में व्यवस्थागत, समाजगत या अन्तर्राष्ट्रीय परिप्रेक्ष्य में राजनीति की प्रकृति, प्रवृत्ति, आकार–प्रकार सफलता–असफलता, सहभागिता–उदासीनता आदि को प्रभावित करता है।
- इस विषय के अध्ययन विश्लेषण से प्रयोगगत नवीन उपागमों, प्रतिमानों, सिद्धान्तों, अध्ययन प्रविधियों के परिणामस्वरूप राजनीति की जटिलताओं, प्रतिस्पर्धाओं, संघर्षों, मतभेदों, तनावों, द्वन्द्वों, राजनीतिक वातावरण आदि की जमीनी यथार्थताओं की गहराई को जानने–समझने का यथोचित अवसर प्राप्त हुआ है।
- राजनीतिक समाजशास्त्र के महत्त्व से संदर्भित एक अन्य प्रसंग इसकी पाठ्य–सामग्री में शामिल गत्यात्मक विषयों से संबद्ध है। यह विषय राजनीतिक व्यवहार, राजनीतिक समाजीकरण, राजनीतिक सहभागिता, राजनीतिक संस्कृति, राजनीतिक समाजीकरण, चुनावी प्रक्रिया, मतदान व्यवहार आदि का आनुभविक विश्लेषणात्मक अध्ययन प्रस्तुत करता है, साथ ही यह अनुशासन राजनीतिक व्यवस्था एवं प्रक्रियाओं के स्वरूप प्रकृति, स्थायित्व, सातत्य, लोकप्रियता, विकास, आधुनिकीकरण आदि के लिए यथोचित परिस्थितियों के निर्माणकारी तत्त्वों से जुड़े संवेदनात्मक–तथ्यात्मक प्रसंगों पर गहन प्रकाश डालता है।
- यह विषय राजनीति का समाजशास्त्रीय मूल्यांकन करता है। इस दृष्टि से सामाजिक मनुष्य को राजनीतिक प्राणी मानकर उसकी गतिविधियों–क्रियाकलापों एवं व्यवहारों का अनुभवजन्य अध्ययन विश्लेषण करता है। यह विषय स्वीकारता है कि सभी मानवीय संबंध राजनीतिक होता है।
- राजनीतिक समाजशास्त्रवेत्ताओं द्वारा अपनी–अपनी कृतियों में राजनीतिक व्यवस्था एवं सामाजिक व्यवस्था, राजनीतिक व्यवहार एवं सामाजिक व्यवहार, राजनीतिक पर्यावरण एवं सामाजिक पर्यावरण के बीच परस्पर संबंधों, पारस्परिक निर्भरता एवं अन्योन्यश्रितता की बात ठोस रूप से स्वीकारी गयी है और पूरी ईमानदारी व मजबूती से इस मौलिक तथ्य की स्वीकारोक्ति की गयी है कि राज्य एवं समाज के मध्य सभी स्तरों पर

पारस्परिक अन्तर्निर्भरता मौजूद होती है। दोनों के बीच निरन्तर अन्योन्यक्रियाएं चलती रहती हैं, क्योंकि दोनों एक दूसरे का प्रतिरूप हैं। राजनीति कहीं बाहर से नहीं आती है। वह समाज में जन्म लेती है, पल्लवित–पोषित होती है और व्यवस्थागत परिस्थिति के अनुरूप अभिविन्यासित होती रहती है। इसीलिए, राजनीति को समाज का दर्पण कहा जाता है। इसे समाज को संचालित करने का माध्यम भी कहा गया है। इस दृष्टि से यह नया विषय राजनीति एवं समाज के तात्त्विक संबंधों पर गहन प्रकाश डालते हुए व्यवस्था–संचालन में राजनीति की महत्ता को उजागर करता है।

- राजनीतिक समाजशास्त्रियों द्वारा अपनी प्रसिद्ध रचनाओं में राजनीतिक आन्दोलन, क्रान्ति, हिंसा, उग्रता, परिवर्तन जैसी गंभीर राजनीतिक गतिविधियों पर प्रकाश डालते हुए इस परिप्रेक्ष्य में विकासशील राजनीतिक व्यवस्थाओं की शासन प्रणालियों में विद्यमान सामाजिक–राजनीतिक पर्यावरण तथा राजनीतिक अस्थायित्व की मौजूदा परिस्थितियों का तुलनात्मक अध्ययन प्रस्तुत करके राजनीति के शोधकर्ताओं के लिए परिस्थितिजन्य आनुभविक अनुसंधान करने का मार्ग काफी हद तक सरल किया गया है। एक ओर जहां इस तुलनात्मक प्रसंग से विकासशील देशों की राजनीतिक–सामाजिक पृष्ठभूमि एवं व्यवस्थागत राजनीतिक, आर्थिक, सामाजिक, सांस्कृतिक वातावरण की गुणवत्ता एवं दुर्बलता उजागर होती है, वहीं इसकी वजह से राजनीतिक व्यवस्था में मूल्यवान् संसाधनों की अपर्याप्तता की सही जानकारी होती है; साथ ही व्यवस्था की क्षमता की असमर्थता एवं राजनीति के प्रति सदस्यों की अभिरुचि का भी ठोस बोध होता है। इस दृष्टि से इस नये विषय द्वारा विकासशील देशों की राजनीतिक व्यवस्थाओं एवं प्रक्रियाओं का परिस्थितिजन्य तुलनात्मक विश्लेषणपरक अध्ययन प्रस्तुत करके राजनीति के व्यवहारपरक अध्ययन को एक नया आयाम दिया गया है जो आनुभविक अध्ययन की दृष्टि से काफी महत्त्वपूर्ण है। इस अध्ययन–प्रवृत्ति की वजह से शोधकर्ताओं के लिए उन व्यवस्थाओं में राजनीतिक सहभागिता, संस्कृति, विकास, आधुनिकीकरण आदि के विस्तार की गति का एवं मौजूदा परिस्थिति का आकलन करना, शोधप्रसंगों के लिए विषय संदर्भित आंकड़ा संग्रह करना एवं वैज्ञानिक प्रविधियों के प्रयोग द्वारा विश्लेषणात्मक अध्ययन व अनुसंधान को अंजाम देना तथा सही निष्कर्ष तक पहुंचकर सही समाधान के ठोस उपाय प्रस्तुत करना काफी हद तक सरल हो गया है।
- राजनीतिक समाजशास्त्र की महत्ता राजनीतिक सत्ता, शक्ति, प्रभाव, औचित्यता के अध्ययन, प्रसंग की दृष्टि से काफी महत्त्वपूर्ण है। राजनीतिक समाजशास्त्री शक्ति–उद्भव, प्राप्ति, संचय, प्रयोग प्रदर्शन आदि पर राज्य के एकाधिकार को अस्वीकार करते हुए इसका बुनियादी उद्‌गम स्रोत समाज को मानते हैं। इनके मतानुसार शक्ति किसी–न–किसी रूप में समाज के सभी स्तरों में निवास करती है और सदैव क्रियाशील रहती है। इन विद्वज्जनों द्वारा सत्ता, शक्ति, प्रभाव, नेतृत्व, लोकप्रियता जैसे गुणात्मक प्रसंगों का विश्लेषण सामाजिक संरचनाओं एवं मौजूद परिस्थितियों की पृष्ठभूमि में करके इन विषयों की गत्यात्मकता के समस्त महत्त्वपूर्ण जमीनी सच्चाइयों से व्यवस्थाओं को अवगत कराया गया है; साथ ही विषयगत आनुभविक अध्ययन को एक नया आयाम दिया गया है।
- राजनीतिक समाजशास्त्रियों की दृष्टि में राजनीतिक संचार राजनीतिक व्यवस्था का ऐसा प्राणदायक तत्त्व है जिसके अभाव में राजनीतिक व्यवस्था की शासन–प्रणाली कार्य नहीं कर सकती है। इनके द्वारा संचार का विश्लेषण राजनीतिक–सामाजिक व्यवस्था को जोड़ने वाली कड़ी के रूप में किया गया है जो व्यवस्था में सभी प्रकार के परिवर्तन, विकास एवं आधुनिकीकरण संदर्भित बदलाव का माध्यम है। अपने मन्तव्य को सटीक स्तर पर प्रमाणित करने के लिए कार्ल डायच, लुसियन पाई जैसे विद्वानों द्वारा राजनीतिक संचार उपागम का प्रतिपादन किया गया जो राजनीतिक समाजशास्त्र की महान् देन है।
- इस विषय के विद्वज्जनों द्वारा अपनी कृतियों एवं शोधपत्रों के माध्यम से इस तथ्य का स्पष्टीकरण किया गया है कि राजनीतिक व्यवस्था–प्रक्रियाओं की सफलता–असफलता में, स्वस्थ जनमत के निर्माण में, राजनीतिक नेतृत्व की लोकप्रियता एवं प्रभाव में तथा राजनीतिक सत्ता के स्वरूप एवं प्रकृति निर्धारण में, राजनीतिक–सामाजिक परिवर्त्यों की समान भागीदारी होती है। इसलिए इसके अध्येताओं द्वारा दोनों विषयों के परिवर्त्यों को स्वायत्तता

का दर्जा देते हुए अपने अध्ययन में इन तत्त्वों को आनुभविक स्तर पर विश्लेषित किया गया है। इस विश्लेषित प्रसंग का सबसे बड़ा लाभ यह हुआ कि जहां एक ओर विषयगत अध्ययन तत्त्व की वजह से 'राज्य एवं समाज' दोनों में किसे सर्वोच्च स्वीकारा जाय, इस विवाद का समाधान हो गया, वहीं दूसरी ओर राज्य एवं समाज दोनों एक दूसरे के अस्तित्व की प्रधानता एवं महत्त्व को समझते हुए एक–दूसरे के रचनात्मक एवं विकासात्मक कार्यों में पूरा सकारात्मक सहयोग देने लगे।

- राजनीतिक समाजशास्त्रियों ने अपने विश्लेषण में राजनीतिक आन्दोलन, संघर्ष, राजनीतिक परिवर्तन जैसे गतिशील विषयों की व्याख्या हेतु नई संकल्पनाओं का प्रयोग करके राज्य एवं समाज को राजनीति की प्रकृति सक्रियता एवं महत्त्व की गहराई से अवगत कराया है।
- राजनीतिक समाजशास्त्र नौकरशाही का अध्ययन व्यापक सामाजिक परिप्रेक्ष्य में कराता है, जिसका प्रधान उद्देश्य राजनीतिक व्यवस्था की जटिलताओं के समस्त आयामों का अध्ययन करना तथा सभी प्रकार की समस्याओं का समाधान करना है। इसका सबसे बड़ा फायदा यह हुआ है कि नौकरशाही समाज के प्रति ज्यादा जवाबदेह हुई है, प्रशासन एवं जनसाधारण की बीच की दूरी भी काफी कम हुई है और प्रशासन एवं राजनीति दोनों को मानवीय चेहरा मिला है।

विषयगत महत्त्व से संदर्भित उपर्युक्त विवेचित प्रसंग यह स्पष्ट करता है कि एक आनुभविक विषय के रूप में राजनीतिक समाजशास्त्र की उपयोगिता बहुआयामी है। जैसे–जैसे यह विषय अपने विकास की ऊँचाइयों की ओर अग्रसर हो रहा है, उसी अनुपात में इसके अध्ययन–विश्लेषण में परिपक्वता आती जा रही है। अपनी प्रकृति के अनुरूप राजनीतिक–सामाजिक व्यवस्था की समस्याओं, मुद्दों, सवालों एवं इसके निदान के लिए किये जाने वाले प्रयासों की वजह से इसकी भूमिका का महत्त्व बढ़ता जा रहा है। जहां विकसित देशों की शासन–प्रणालियों के अध्ययन–संदर्भ में इस विषय की महत्ता पूरी तरह स्थापित हो चुकी है, वहीं विकासशील देशों की शासन–प्रणालियों के स्वरूपों को जानने–समझने एवं वहां के राजनीतिक यथार्थों से परिचित कराने में इस विषय के अध्येताओं व शोधकर्ताओं की भूमिका काफी महत्त्वपूर्ण रही है।

मूल्यांकन (Evaluation)

एक स्वायत्त अनुशासन के महत्त्व की दृष्टि से राजनीतिक समाजशास्त्र का सबसे बड़ा योगदान यह है कि यह विषय राजनीतिक व्यवस्थान्तर्गत विद्यमान् सभी तरह की संरचनाओं, इकाइयों, समूहों, राजनीतिक दलों, समूहों, आदि से संबंधित तत्त्वों के तथ्यगत अन्वेषण एवं व्यवहारगत परीक्षण में अत्यन्त कारगर है और शोध प्रसंगों के परिस्थितिजन्य पुख्ता परिणाम प्रस्तुत करने की दृष्टि से काफी प्रासंगिक है। राजनीतिक समाजशास्त्रियों की दृष्टि में राजनीति सिर्फ राजनीतिक नहीं होती है अपितु वास्तविक स्तर पर वह 'गैर–राजनीतिक'–सामाजिक हो जाती है। यह विषय राजनीति को राज्य से बाहर समाज में सर्वव्यापी रूप प्रदान करता है। इसके द्वारा राजनीति एवं शक्ति के वास्तविक उद्भव स्रोतों के संबंध में व्यापक दृष्टिकोण प्रस्तुत करते हुए विषयगत अध्ययन–विश्लेषण को विस्तारित आनुभविक आयाम दिया गया है। इस विषय के आनुभविक अध्ययन हेतु प्रतिपादित प्रतिमानों, उपागमों, सिद्धान्तों संकल्पनाओं एवं वैज्ञानिक प्रविधियों के प्रयोग की वजह से राजनीतिक प्रक्रियाओं एवं राजनीतिक व्यवहार के समस्त आयामों का परिस्थितिजन्य तथ्यपरक यथोचित विश्लेषण संभव हो पाया है। राजनीति की वास्तविकता, शक्ति–उद्भव एवं राजनीतिक व्यवहार जैसे गतिशील विषयों के सामाजिक स्रोतों का अन्वेषण–अनुसंधान–विश्लेषण करने के बावजूद मानवीय क्रियाओं के कुछ खास पहलुओं की प्रकृति का सटीक विश्लेषण करने में इस विषय को अभी पूरी सफलता नहीं मिल पायी है, जैसे–मनुष्य की विचारधाराएं, हिंसात्मक प्रवृत्तियां, हिंसात्मक क्रान्तियां, राजनीतिक हत्याएं, अपराधी प्रवृतियां, राजनीतिक संसाधनों की प्राप्ति एवं वितरण का सटीक मापदण्ड, राजनीतिक प्रभाव के वितरण का यथार्थ, आदि। लेकिन, इन विषयों की गत्यात्मकता पर भी तथ्यजन्य व अनुभवजन्य शोधकार्य तथा विश्लेषणात्मक अध्ययन निरन्तर जारी है।

विकसित राजनीतिक व्यवस्थाओं, प्रक्रियाओं एवं व्यवहारों के आनुभविक विश्लेषणपरक अध्ययन में इस विषय को आशाजनक सफलता मिली है। यहां विषयगत आशाबंध (Expectation) को उपार्जित (Achieve) करने हेतु प्रयोग किये गये उपागम, प्रतिमान एवं सिद्धान्त काफी उपयोगी साबित हुए हैं। लेकिन, विकासशील देशों में जहां राजनीति की सेहत कमजोर है, वहां राजनीतिक अस्थायित्व, राजनीतिक उग्रता, राजनीतिक हिंसा, राजनीतिक उग्रवाद–आतंकवाद, राजनीतिक भ्रष्टाचार, राजनीतिक मतभेदों या अपने फ़ायदे के लिए विरोधियों की हत्या, सत्ता–प्राप्ति के लिए सांस्कृतिक, धार्मिक उन्माद को बढ़ावा देना, जातीय विद्वेष की भावना फैलाना, राजनीतिक परिवर्तन, राजनीतिक जागरूकता की कमी, राजनीतिक व्यवस्था–प्रक्रियाओं एवं राजनीतिक नेतृत्व के प्रति अविश्वास, राजनेताओं का स्वार्थी चरित्र, समाज में राजनेताओं का घटता प्रभाव, मिश्रित दलीय पद्धति, नौकरशाही का राजनीतिकरण, आदि अनेकानेक विरोधाभासी विषम परिस्थितियां हैं जो स्वस्थ जनमत के निर्माण एवं आदर्श जनतांत्रिक व्यवस्था के प्रतिकूल वातावरण तैयार करती हैं, जिसके परिणामस्वरूप जनादेश, राजनीतिक सहभागिता, राजनीतिक संस्कृति, मतदान व्यवहार आदि का विखंडित रूप आकार लेता है। इन व्यवस्थाओं में मतदान व्यवहार की प्रकृति एवं स्वरूप पर जाति, धर्म, क्षेत्रीयता, साम्प्रदायिकता आदि अनेक प्रसंगों एवं इनके प्रसंगाधीन तत्त्वों का गंभीर प्रभाव पड़ता है। इससे व्यवस्थागत राजनीति का विखंडित स्वरूप सामने आता है, जिसके परिणामस्वरूप इन व्यवस्थाओं में गठबंधन की राजनीति, गठबंधन आधारित चुनावी राजनीति और गठबंधन आधारित राजनीतिक सत्ता का अस्तित्व मजबूती से आकार लेने लगा है।

इन समस्त जमीनी सच्चाइयों के पीछे मूल वजह वहां मौजूद अशिक्षा, गरीबी, बेरोजगारी, राजनीतिक उदासीनता आदि की परिस्थितियां हैं, जिनकी वजह से इन देशों में राजनीतिक अस्थिरता, अनिश्चितता का वातावरण बना रहता है जो त्रिशंकु संसद् एवं कमजोर कार्यपालिका के निर्माण लिए जवाबदेह कारक है। राजनीतिक समाजशास्त्रियों द्वारा इन गंभीर विषयों पर व्यवस्थित आनुभविक अनुसंधान–विश्लेषण का कठिन प्रयास जारी है जो इस विषय को महत्त्व की नई ऊँचाइयों पर पहुंचाने का आधार माध्यम बनेगा।

स्मरणीय संकेत (Points to Remember)

- राजनीतिक समाजशास्त्र का जन्म एवं विकास राजनीति पर समाज के बढ़ते हुए प्रभाव की वजह से हुआ है।
- इस विषय में राजनीतिशास्त्र एवं समाजशास्त्र दोनों की पाठ्य–सामग्री का मिश्रण है, इसलिए यह नया अनुशासन दोनों विषयों के द्विपक्षीय संबंधों को महत्त्व देता है।
- यह राजनीतिशास्त्र नहीं है, क्योंकि सिर्फ राज्य या सरकार का अध्ययन नहीं करता है, वहीं यह समाजशास्त्र भी नहीं है, क्योंकि यह सिर्फ सामाजिक व्यवस्था या प्रक्रिया का अध्ययन मात्र नहीं है। अपितु यह एक वर्णसंकर अनुशासन है, जिसकी उत्पत्ति राजनीतिशास्त्र और समाजशास्त्र के पर–निषेचन (Cross-fertilisation) से हुई है।
- इस विषय के अध्ययन–क्षेत्रान्तर्गत राजनीतिक–सामाजिक तथ्यों, दृश्यों, परिस्थितियों एवं परिवर्तनों तथा सामाजिक यथार्थताओं एवं उन्हें निर्धारित–प्रेषित करने वाले कारकों को शामिल किया गया है।
- यह अनुशासन राजनीतिक व्यवहार एवं राजनीतिक गतिविधियों के समस्त आयामों का अनुभवजन्य अध्ययन–विश्लेषण करता है।
- यह सामाजिक संरचना पर राजनीति के प्रभाव एवं राजनीतिक व्यवस्था पर समाजिक व्यवस्था के प्रभाव का अध्ययन है।
- राजनीतिक समाजशास्त्र राजनीतिशास्त्रियों की तरह मनुष्य को सिर्फ एक राजनीतिक प्राणी नहीं मानता है, अपितु राजनीतिक सामाजिक प्राणी मानता है जो अपनी गैर–राजनीतिक, सामाजिक, आर्थिक, धार्मिक

गतिविधियों, परम्पराओं, नैतिक मूल्यों एवं सामाजिक अनुभवों की बदौलत एक कुशल राजनीतिक प्राणी की भूमिका निभाता है।

- इस विषय के विश्लेषकों का मानना है, कि व्यक्ति की सामाजिक, आर्थिक, सांस्कृतिक अपेक्षाओं, मूल्यों, विश्वासों, प्रतिबद्धताओं में अभिविन्यास की वजह से व्यवस्था के राजनीतिक पर्यावरण में बदलाव होता है और यही व्यवस्था–परिवर्तन या सत्ता–रूपान्तरण का मौलिक आधार है।
- यह राजनीति का समाजशास्त्रीय मूल्यांकन करने वाला विषय है जो राजनीतिक परिवर्त्यों और सामाजिक परिवर्त्यों की पारस्परिक निर्भरता एवं अन्योन्याश्रितता तथा इनके मध्य अनवरत रूप से चलने वाली अन्योन्यक्रियाओं का व्यवहारपरक अध्ययन करता है।
- राजनीतिशास्त्र का अध्ययन राज्य से आरंभ होकर राजनीतिक व्यवस्था एवं प्रक्रियाओं को प्रभावित करने वाले तथ्यों एवं संदर्भों के अन्वेषण तथा अनुसंधान से संदर्भित होता है, जबकि राजनीतिक समाजशास्त्र अपना अध्ययन समाज से आरंभ करके उन तथ्यों, संदर्भों की खोज करता है जो सामाजिक व्यवस्था, प्रक्रियाओं एवं सामाजिक मनुष्य की गतिविधियों, मनोवृत्तियों को प्रभावित करते हैं तथा इनमें बदलाव लाने की वजह बनते हैं।
- राजनीतिक समाजशास्त्र सामाजिक व्यवस्था में विद्यमान जाति, धर्म, भाषा, वर्ग, साम्प्रदायिकता क्षेत्रीयता आदि प्रसंगों का राजनीतिकरण का गहन अध्ययन सामाजिक पृष्ठभूमि के परिप्रेक्ष्य में करता है और उन वास्तविक कारकों की खोज करता है जिसकी वजह से ये संदर्भ राजनीतिक मनुष्य के राजनीतिक व्यवहार के निर्धारण व निरूपण को अपने प्रभाव में रखता है।
- राजनीतिक समाजशास्त्री राजनीति को राज्य की सीमा से परे समाज में सर्वव्यापी अस्तित्व प्रदान करते हैं। इनकी दृष्टि में राजनीति वास्तविक स्तर पर गैर–राजनीतिक–सामाजिक हो जाती है।
- राजनीतिक समाजशास्त्रियों का मानना है कि सभी मानवीय संबंध वास्तविक स्तर पर राजनीतिक होता है।
- यह विषय राजनीतिक प्रक्रिया एवं सामाजिक प्रक्रिया के बीच सीधा संबंध स्थापित करता है, क्योंकि इसके विश्लेषक राजनीतिक व्यवस्था को सामाजिक व्यवस्था का प्रतिरूप मानते हैं।
- यह विषय दृश्य शक्ति को अपनी पाठ्य–सामग्री का बुनियादी विषय मानता है और शक्ति के विभिन्न आयामों से प्रासंगिक समस्त स्रोतों का गहन अध्ययन–विश्लेषण करता है तथा शक्ति प्रासंगिक विविध आयामों पर राज्य के एकाधिकार को अस्वीकार करता है।
- इस विषय के विद्वज्जनों की मान्यता है कि शक्ति अपने हर रूप में सामाजिक व्यवस्था की सभी संरचनाओं में सभी स्तरों पर सदैव क्रियाशील रहती है।
- यह विषय शक्ति के सामाजिक संदर्भ को प्रधानता देते हुए बुनियादी स्तर पर शक्ति के सामाजिक स्वरूप की अनिवार्यता की जोरदार ढंग से पुष्टि करता है तथा सामाजिक पृष्ठभूमि के अन्तर्गत शक्ति–धारक एवं शक्ति प्रेषक दोनों को अध्ययन–प्रसंग में समान महत्त्व देता है। यह अनुशासन वैधानिक सत्ता की वैधता एवं सर्वोच्चता को स्वीकारते हुए इस तथ्य की पुष्टि करता है कि कानूनी सत्ता सदैव स्वीकृत कठोर नियमों से बंधी होती है।
- राजनीतिक समाजशास्त्री समाज में असीमित शक्ति के प्रयोग की संभावना से सहमति नहीं रखते हैं।
- राजनीतिक समाजशास्त्रवेत्ताओं का यह मानना है कि सामाजिक व्यवस्था में सत्ता विशिष्ट वर्ग के हाथों में सिमटी होती है, जिसे इन्होंने राजनीतिक अभिजन की संज्ञा दी है।
- राजनीतिक समाजशास्त्रियों की यह धारणा है कि प्रत्येक समाज में मूल्यवान संसाधनों और राजनीतिक प्रभाव का असमान वितरण होता है। इनकी दृष्टि में राजनीतिक संसाधनों एवं राजनीतिक प्रभाव की असमानता का मौजूद होना सभी व्यवस्थाओं का मौलिक गुण है।

- इस विषय के विद्वज्जनों के विचारानुसार, सभी लोकतांत्रिक व्यवस्थाओं में राजनीतिक सत्ता को जनमतैक्यता (Consensus) एवं जनस्वीकृति के माध्यम से स्पष्ट जनादेश प्राप्त करके औचित्यपूर्णता की स्थिति प्राप्त करनी पड़ती है।
- जनादेश के माध्यम से सत्तारूढ़ वैधानिक औचित्यपूर्ण सत्ता एवं शक्ति के समस्त सामाजिक स्रोतों के मध्य पाये जाने वाले संबंधों की पृष्ठभूमि में राजनीतिक समाजशास्त्र सामाजिक प्रसंगों, प्रासंगिक प्रश्नों, संदर्भित समस्याओं एवं समाधान की संभावनाओं पर गहन अध्ययन–विश्लेषण करता है।
- राजनीतिक समाजशास्त्र निर्वाचन पद्धति, मतदान व्यवहार, राजनीतिक सहभागिता जैसे गंभीर राजनीतिक विषयों का अध्ययन सामाजिक व्यवस्था एवं प्रक्रिया के आलोक में करता है और राजनीतिक दलों, दबाव समूहों, हित समूहों के जन्म, विकास, अस्तित्व, लोकप्रियता आदि से प्रासंगिक गत्यात्मक विषयों का निर्धारक एवं नियामक आधार सामाजिक पर्यावरण को मानता है जो व्यवस्था में निवेश–निर्गत प्रक्रियाओं के संचालन का आधार–आधेय है।
- यह विषय राजनीतिक पर्यावरण एवं पर्यावरण के अन्तर्गत घटित घटनाओं व संबद्ध तथ्यों के अनुभवजन्य अध्ययन–विश्लेषण के लिए सामाजिक तथ्यों के परिमाणात्मक मापन एवं मूल्यांकन की अपरिहार्यता पर विशेष जोर देता है।
- राजनीतिक समाजशास्त्री की दृष्टि में एक राजनीतिक व्यक्ति अपने सामाजिक परिवेश एवं सांस्कृतिक मूल्यों के प्रभाव में ही अपने व्यक्तित्व का सर्वांगीण विकास कर राजनीतिक रूप से अनुभवी बनता है। इस दृष्टि से यह विषय राजनीतिक घटनाओं, समस्याओं, मुद्दों, विवादों आदि से संदर्भित तथ्यों का अन्वेषण, संकलन, सामान्यीकरण, विशिष्टीकरण, परिमाणात्मक मापन, मूल्यांकन आदि सामाजिक संदर्भों के परिप्रेक्ष्य में करने की वकालत करता है, क्योंकि सामाजिक परिवर्त्यों के प्रभाव में सामाजिक पर्यावरण का निर्माण होता है और व्यवस्थागत पर्यावरण के आलोक में एक मतदाता अपने राजनीतिक व्यवहार का निरूपण करके राजनीतिक भूमिकाओं का निष्पादन करता है।
- यह अनुशासन अपने अनुभवपरक अध्ययन में राजनीतिक एवं सामाजिक परिवर्त्यों को समान महत्त्व देता है और राजनीतिक–सामाजिक प्रक्रिया में तादात्म्य स्थापित करने का प्रयास करता है।
- यह विषय नौकरशाही का अध्ययन मात्र सरकारी नीतियों को क्रियान्वित एवं निष्पादित करने वाले प्रशासनिक निकाय के रूप में नहीं करता है, अपितु व्यापक सामाजिक संदर्भ में करता है जिसका मुख्य उद्देश्य व्यवस्था की बढ़ती हुई समस्याओं–जटिलताओं का समाधान करना है।
- यह नया अनुशासन अतीतमुखी न होकर भविष्योन्मुखी है जो व्यवस्था के वर्तमान से अध्ययन–सामग्री ग्रहण करके विषयतत्त्वों का परिस्थितिजन्य अनुभवपरक अध्ययन–विश्लेषण करता है और महत्वपूर्ण विषयों पर निरन्तर शोध कार्यों के माध्यम से व्यवस्था की समुन्नति विकास और आधुनिकीकरण के लिए निरन्तर प्रयासरत रहता है।
- संक्षेप में, राजनीतिक समाजशास्त्र राजनीतिक व्यवस्थाओं एवं प्रक्रियाओं का समाजशास्त्रीय अध्ययन करता है। वस्तुतः, यह नया अनुशासन राजनीतिशास्त्र एवं समाजशास्त्र के मध्य विद्यमान् परस्पर संबंधों की घनिष्ठता एवं अन्तर्लिप्तता का सूचक है।

प्रश्न (Questions)

1. राजनीतिक समाजशास्त्र से आप क्या समझते हैं ? एक स्वायत्त विषय के रूप में इसके अभ्युदय के कारणों की विवेचना कीजिए।

   What do you understand by Political Sociology? Discuss the causes responsible for its growth as an independent descipline.

2. राजनीतिक समाजशास्त्र की परिभाषा दीजिए और इसके क्षेत्र की विवेचना कीजिए।
   Define Political Sociology and discuss its scope.
3. राजनीतिक समाजशास्त्र का अर्थ, प्रकृति एवं क्षेत्र की विवेचना कीजिए।
   Discuss the meaning, nature and scope of Political Sociology.
4. एक स्वायत्त अनुशासन के रूप में राजनीतिक समाजशास्त्र के महत्त्व की विवेचना कीजिए।
   Discuss the importance of Political Sociology as an independent discipline.

अध्याय 2

राजनीतिक समाजशास्त्र : विकास के विभिन्न आयाम
Political Sociology : Different Dimensions of Development

राजनीतिक समाजशास्त्र का उद्‌भव (Origin of Political Sociology)

एक अनुशासित विषय के रूप में राजनीतिक समाजशास्त्र का इतिहास नया है, जिसके स्वायत्त अध्ययन–विश्लेषण का प्रचालन प्रथम विश्वयुद्ध के बाद की परिस्थितियां हैं। लिप्सेट तथा रूसीमैन जैसे राजनीतिक विद्वानों ने राजनीतिक समाजशास्त्र का उद्‌भव काल 19वीं सदी के मध्य को माना है। किन्तु, बाविस्कर के विचार में राजनीतिक समाजशास्त्र का उद्‌भव काल 1930–1940 के दशक का आरंभिक चरण है, जबकि मिशेल्स के मतानुसार, यह द्वितीय विश्वयुद्ध के बाद की उपलब्धि है। कुछ विद्वानों के विचार में 18वीं सदी के अन्तिम चरण तथा 19वीं सदी में भी समय–समय पर राजनीतिक विद्वज्जनों द्वारा विषय की प्रासंगिक चर्चा अपनी–अपनी कृतियों में की जाती रही है।

राजनीतिक समाजशास्त्र संबंधित क्रमवार अध्ययन के रूप में 'अरस्तू इस सिलसिले की पहली कड़ी है।' मिशेल्स (Michels) के शब्दों में, 'अरस्तू की रचना 'पॉलिटिक्स' को निश्चित रूप से राजनीतिक समाजशास्त्र से संबद्ध प्रथम पुस्तक का स्थान दिया जा सकता है।' विकास क्रम के अगले पायदान पर मैक्स वेबर, गेटानो मोस्का, विल्फ्रेडो पैरेटो आदि विद्वज्जन खड़े हैं जिनकी अध्ययन–पद्धति में राजनीति के समाजशास्त्रीय विश्लेषण का पुख्ता प्रमाण मिलता है। इटली के गेटानो मोस्का तथा इंगलैण्ड के ग्राहम वालास ने राजनीतिक अभिजनों के बीच राजनीतिक प्रसंगों के संबंध में मतैक्यता एवं मतवैभिन्नताओं की प्रक्रियाओं के अध्ययन के लिए समाजशास्त्रीय उपागमों के प्रतिपादन की पहल करके राजनीतिक समाजशास्त्र के रूप में प्रतिपादित इस नये विषय की बौद्धिक नींव रखी। कार्ल मार्क्स द्वारा सामाजिक–आर्थिक कारकों के परिप्रेक्ष्य में राजनीति जैसे व्यापक विषय के गहन अध्ययन–विश्लेषण करने की प्रवृत्ति ने भी राजनीतिक समाजशास्त्र की नींव को मजबूती प्रदान करने में महती भूमिका निभायी।

राजनीतिक समाजशास्त्र के अध्ययन को विश्लेषणात्मक सैद्धान्तिक आधार प्रदान करने में मैक्स वेबर, जी मोस्का, राबर्ट मिशेल्स, पैरेटो, दुर्खीम जैसे समाजशास्त्रियों का उल्लेखनीय योगदान है। इनके गंभीर प्रयासों से द्वितीय विश्वयुद्ध के उपरान्त एक स्वायत्त विषय के रूप में अपनी पहचान स्थापित करने में इस विषय को काफी सहायता मिली। इस दौर में अन्तर्राष्ट्रीय राजनीतिक परिदृश्य में बड़े पैमाने पर बदलाव की स्थितियां उत्पन्न हुईं जिसके परिणामस्वरूप कुछ महत्त्वपूर्ण राजनीतिक व्यवस्थाओं की राजनीतिक–आर्थिक प्रक्रियाओं में विशेष परिर्वतन आया। औद्योगिक क्रान्ति के फलस्वरूप यूरोप की परम्परागत सामाजिक व्यवस्था में आधुनिकता का समावेश हुआ और इस परिर्वतन की स्पष्ट छाप वहां की राजनीति पर भी दिखाई देने लगी। अमेरिकी राजनीतिक व्यवस्था के विरोध में उठने वाली बुलंद आवाजों में वहां की राजनीतिक समाजीकरण की प्रक्रिया और उसके परिणामों के प्रति गंभीर असंतोष सुनाई देने लगा। इस राजनीतिक स्थिति के अध्ययन में वहां के राजनीतिक चिन्तकों ने विशेष रुचि दिखाई। द्वितीय विश्व युद्धोपरान्त उपनिवेशवाद के पतन के परिणामस्वरूप अन्तर्राष्ट्रीय राजनीति के पटल पर तीसरी दुनिया के देशों के रूप में स्वंतत्र नवोदित राष्ट्रों का उदय वहां की राजनीतिक व्यवस्था, राजनीतिक प्रक्रियाएं, राजनीतिक समाज, नागरिकों की शासक से अपेक्षाएं, एक मतदाता एवं सत्ताधारी शासक के रूप में राजनीतिक भूमिकाओं का दायित्व निभाने वाले व्यक्तियों एवं समूहों का राजनीतिक शक्ति एवं सता के प्रति लगाव तथा इन सभी प्रसगों से प्रभावित वहां का सामाजिक–राजनीतिक पर्यावरण (Socio-political Environment) के गहन अध्ययन–विश्लेषण की मांग ने इस विषय के उद्‍भव एवं विकास में महत्त्वपूर्ण योगदान दिया।

अपने नाम के अनुरूप राजनीतिक समाजशास्त्र के अध्ययन में राजनीति एवं समाज दोनों का समागम है। राजनीतिक समाजशास्त्र की पृष्ठभूमि में मानव जीवन के सामजिक–राजनीतिक गतिविधियों से संबधित अन्तःक्रियाओं का अध्ययन–विश्लेषण किया जाता है। अपनी प्रवृत्ति एवं प्रकृति के अनुरूप राजनीतिक समाजशास्त्र एक अन्तःशास्त्रीय (Interdisciplinary) विषय है जो अभी विकास की अवस्था से गुजर रहा है। इसके उद्‍भव के संबध में राजनीतिवैज्ञानिकों एवं समाजवैज्ञानिकों के बीच कई तथ्यों, मानकों एवं व्यवहारों पर मतांतर होने के बावजूद इस विषय पर उनमें मतैक्यता है कि लोकतांत्रिक राजनीतिक व्यवस्थाओं की राजनीतिक इकाइयां व राजनीतिक प्रक्रियाएं अपने अस्तित्व की लोकप्रियता, स्थायित्व एवं सातत्य के लिए निरन्तर गतिशील रहती है। क्योंकि, व्यवस्था में घटित राजनीतिक घटनाओं तथा उससे संदर्भित स्थितियों न गत्यात्मक तत्त्वों का प्रभाव उसकी कार्यशैली पर पड़ता है, खारा कर ऐसी घटनाओं का भी जो राजनीति की परिधि से बाहर के विषय हैं। राजनीतिक यथार्थ के प्रसंग में इस तथ्य की उपेक्षा नहीं की जा सकती है कि राजनीतिक व्यवस्था एवं प्रक्रियाओं की कार्यशैली का समाज के विभिन्न आयामों एवं सामाजिक पर्यावरण पर प्रत्यक्ष या परोक्ष रूप से गहरा प्रभाव पड़ता है, इसलिए सामाजिक पर्यावरण की उपेक्षा करके राजनीतिक व्यवस्था एवं उसके क्रियाकलापों का जमीनी अध्ययन कदापि संभव नहीं है।

व्यवहारवादी क्रान्ति के परिणामस्वरूप राजनीतिशास्त्र परम्परागत वैधानिक संरचनाओं के अध्ययन के दायरे से निकल कर समाजशास्त्र के गत्यात्मक तत्त्वों के अध्ययन से संबद्ध हुआ। अपनी शोध–प्रविधियों में अन्तःअनुशासनात्मक पद्धति के प्रयोग द्वारा राजनीतिशास्त्रियों ने भी परिस्थितिजन्य इस तथ्य को स्वीकार किया कि क्रियात्मक राजनीति के तत्त्व जमीनी स्तर पर प्रत्यक्ष या परोक्ष रूप से सामाजिक परिवर्त्यों से संबद्ध होते हैं। राजनीतिशास्त्र का मनोविज्ञान, मानवशास्त्र, अर्थशास्त्र आदि विषयों से बढ़ती घनिष्ठता ही इस विषय के उद्‍भव का आधार माध्यम बना।

उद्‍भव के कारक (Causes of Origin)

राजनीतिक समाजशास्त्र एक प्रगतिशील अनुशासन (Radical Discipline) है, जिसका उद्‍भव एवं विकास सामाजिक विज्ञान के क्षेत्र में कोई आकस्मिक घटना नहीं है। राजनीतिक व्यवस्थाओं एवं प्रक्रियाओं पर सामाजिक व्यवस्था एवं सामाजिक गतिविधियों के पड़ने वाले गंभीर प्रभावों की वजह से विद्वज्जनों के लिए यह अनिवार्यता

हो गयी कि वे लोकतांत्रिक राजनीतिक व्यवस्थाओं की राजनीतिक संरचनाओं, राजनीतिक पर्यावरण, राजनीतिक घटनाओं, सत्ता, शक्ति, प्रभाव, वैधता, सहभागिता, संस्कृति जैसे प्रासंगिक गत्यात्मक प्रसंगों का तथ्यपरक एवं यथार्थपरक अध्ययन–विश्लेषण सामाजिक पर्यावरण के परिप्रेक्ष्य में करें। सामाजिक गतिविधियां, घटनाएं व परिस्थितियां ही व्यवस्थागत राजनीति के स्वरूप निर्धारण में आधारतत्त्व की भूमिका निभाती हैं। परिवर्तित सामाजिक परिस्थितियों के प्रतिक्रिया स्वरूप राजनीतिक पर्यावरण में होने वाला बदलाव ही दरअसल राजनीतिक व्यवस्था में जनसहभागिता एवं राजनीतिक भर्ती के प्रसंगाधीन विविध आयामों की मात्रा की तीव्रता या उदासीनता के निर्धारण का आधार माध्यम है। राजनीतिक समाजशास्त्र के उद्‌भव एवं विकास में राजनीतिक–सामाजिक परिवर्त्यों का समान योगदान है, इसलिए दोनों विषयों से प्रासंगिक तत्त्वों के यथार्थ का चित्रण विषय की मांग है। जाहिर है कि इस विषय के उद्‌भव एवं विकास के अपने राजनीतिक–सामाजिक कारण हैं। इस नये अनुशासन के उद्‌भव एवं विकास की जमीनी सच्चाई से संबद्ध तथ्यपरक एवं व्यवहारपरक कारकों का विस्तृत जायज़ा यहां प्रस्तुत है :

1. **परम्परागत राजनीतिशास्त्र की अध्ययन–पद्धतियों के प्रति गहन असंतोष**–परम्परागत राजनीतिशास्त्र की अध्ययन प्रविधियां आदर्शात्मक आयामों (Normative Dimensions) की श्रृंखलाओं से युक्त थीं जिनके तहत अध्ययन हेतु पर्यवेक्षणात्मक (Observational), ऐतिहासिक (Historical), दार्शनिक (Philosophical), वैधिक (Juridical), सादृश्य (Analogical) आदि पद्धतियों का प्रयोग होता था। इस अध्ययन–पद्धति की मानसिकता आदर्शात्मक एवं संस्थागत प्रवृत्ति से प्रेरित थी, जिसके माध्यम से राजनीति राजनीतिक सत्ता, राजनीतिक क्रियाओं, प्रतिक्रियाओं, राजनीतिक शक्ति का सृजन–संचय, राजनीतिक प्रभाव, लोकतंत्र, जनमत, मतदान व्यवहार, राजनीतिक वैधता जैसे समस्त गत्यात्मक प्रसंगों का तात्त्विक अध्ययन संभव नहीं था। वस्तुस्थिति यह थी कि आगमनात्मक (Inductive) एवं निगमनात्मक (Deductive) पद्धतियों के रूप में जितने भी उपागमों को राजनीति के अध्ययन के लिए परम्परावादी राजनीतिशास्त्रवेत्ताओं द्वारा अपनाया जा रहा था वे अपूर्ण और अव्यावहारिक थे, इसलिए उनके प्रयोग के बावजूद राजनीति की तात्त्विकता एवं वस्तुनिष्ठता की खोज के मार्ग में कई प्रकार की अड़चनें आ रही थीं। राजनीतिशास्त्र की सामाजिक सत्ता–संरचना की यथार्थता से दूरी और सिर्फ वैधानिक राजनीतिक सत्ता के सभी आयामों से करीबी रखने वाली अध्ययन प्रवृत्ति से उत्पन्न गंभीर असंतोष के वातावरण ने विषयगत अध्ययन–अनुसंधान के लिए व्यवहारवादी वैज्ञानिक प्रविधियों के प्रवेश का द्वार खोला। व्यवहारवाद सामाजिक घटनाओं का पूर्वाभिमुखीकरण है इसलिए व्यवहारवादी मुख्यतः राजनीतिक तथ्यों की व्याख्या करने लगे। उनके द्वारा राजनीतिक व्यक्ति के राजनीतिक व्यवहार एवं राजनीतिक गतिविधियों के अनुभवात्मक और क्रियात्मक अध्ययन को अपने शोध में प्रमुखता दी गयी।

   समकालीन विद्वज्जनों में चार्ल्स मेरियम, डेविड ईस्टन, आल्मण्ड एवं पॉवेल, राबर्ट डॉल, लासवेल, जैसे यथार्थवादियों की लम्बी सूची है जिन्होंने व्यवहारवादी तकनीकों का प्रयोग एवं समर्थन करके राजनीति की यथार्थता एवं वस्तुनिष्ठता के अध्ययन–अनुसंधान को सरल बनाया। व्यवहारवादी तकनीकों के माध्यम से आधुनिक राजनीति वैज्ञानिकों ने राजनीति की सफलता–विफलता, लोकप्रियता, विकास, स्थायित्व से प्रासंगिक परिवर्त्यों का अध्ययन मानव व्यवहार, गतिविधियों, अभिवृत्तियों, दृष्टिकोणों, विश्वासों, मूल्यों जैसे गत्यात्मक तत्त्वों के परिप्रेक्ष्य में करना आरंभ किया और अध्ययन हेतु समाजशास्त्रीय प्रविधियों का प्रयोग शुरू किया। इस प्रकार, एक सामाजिक व्यक्ति राजनीतिक प्राणी के रूप में आधुनिक राजनीतिशास्त्र के अध्ययन का प्रतिपाद्य विषय बन गया। अध्ययन की यह प्रवृत्ति न तो पूर्णतः राजनीतिशास्त्रीय थी और न ही पूरी तरह समाजशास्त्रीय। इसमें दोनों विषयों का समागम था। समाज एवं राज्य के मध्य चलने वाली अन्तःक्रियाओं एवं व्यक्ति की सामाजिक–राजनीतिक गतिविधियों, व्यवहारों के बीच समानता स्थापित करने वाले अध्ययन के इस नये दृष्टिकोण के जन्म का प्रतिफल है एक नये अनुशासन के रूप में राजनीतिक समाजशास्त्र का उद्‌भव एवं विकास।

2. **राज्य एवं समाज के बीच अन्तर**–परम्परागत राजनीतिशास्त्र एवं समाजशास्त्र सदियों तक राज्य एवं समाज के बीच अन्तर की अवधारणा का बोझ ढोते हुए अपनी विकास यात्रा तय करते रहे, साथ ही इस मतांतर से भी ग्रस्त रहे कि दोनों में से प्राथमिकता किसे दी जाए। इनकी ऐतिहासिक यात्रा में दोनों विषयों के विशारदों ने विषय–संदर्भित विचार अभिव्यक्ति में अनेकानेक संकल्पों–विकल्पों द्वारा अपनी–अपनी विद्वता के आधार पर राज्य या समाज को बड़ा साबित करने के लिए अपनी वैचारिकी (Ideology) के कई प्रतिमान स्थापित किये। जिन राजनीतिशास्त्रवेत्ताओं द्वारा जन्म, संगठन, उद्देश्य, संप्रभुता, क्षेत्रीयता, नीति–निर्माण एवं निर्णय–प्रक्रिया के आधार पर राज्य एवं समाज में अन्तर्भेद किया गया है, उनमें यूनानी दार्शनिक प्लेटो, अरस्तू जैसे आदर्शवादी दार्शनिकों के अतिरिक्त हीगेल, टी.एच. ग्रीन, काण्ट, बार्कर, मैकिवर, शॉल्टाऊ जैसे परम्परावादियों के नाम उल्लेखनीय हैं। जहां हॉब्स, लॉक, रूसो जैसे विद्वानों ने राज्य एवं समाज के बीच अन्तर की समस्या को अपने अध्ययन में सीमित करने का प्रयास किया है वहीं सेन्ट साइमन, प्रोधो, कार्ल मार्क्स ऐंजिल्स आदि ने अपने अध्ययन–प्रसंगों में समाज को प्राथमिकता देने का मानदण्ड स्थापित किया है।

सत्रहवीं शताब्दी में पूरी तरह निरंकुश राजतंत्र की स्थापना तथा निरंकुश शासकों की शासनशैली के विरुद्ध मध्यवर्ग में जो असंतोष पनपने–पलने लगा था उससे समाज एवं राज्य के बीच चलने वाले अन्तर्भेदों को नया आयाम मिला, जो समय के साथ परवान चढ़ता गया। उन्नीसवीं सदी में जब राजनीतिक समाजशास्त्र के उद्भव की नींव पड़ रही थी तब भी दोनों विषयों के विद्वज्जनों द्वारा अपने–अपने शोध–अध्ययनों में राज्य या समाज के अध्ययन की प्राथमिकता पर जोर देकर विषय की गंभीरता को नये सिरे से हवा दी गयी। इस अवधि में एक ओर सेण्टसाइमन, प्रोधो, मार्क्स, ऐंजिल्स आदि ने अपनी अवधारणाओं में सामाजिक संरचना को मजबूत बनाने की जोरदार वकालत करते हुए समाज की महत्ता के अध्ययन को प्राथमिकता दी, यहां तक कि राज्य के अस्तित्व को पूरी तरह नकारने, इसे समाप्त करने, एवं समाज द्वारा राज्य को नियंत्रित किये जाने का तर्कसंगत आधार भी प्रस्तुत किया। वहीं, दूसरी ओर हीगेल बोसांके, हॉबहाउस जैसे उग्र आदर्शवादियों द्वारा राज्य को पृथ्वी पर परमात्मा का अवतार व सर्वशक्तिमान स्वरूप मानते हुए यह तर्क दिया है कि राज्य कभी कोई त्रुटि नहीं करता है और अपने शक्तिमान अस्तित्व की वजह से वह समाज से बड़ा बलिदान प्राप्त करने का भी अधिकारी है। हीगेल के अनुयायी लौरेन्ज वॉन स्टीन (Lorenz Von Stein) ने भी स्वायत्त राज्य द्वारा सामाजिक तत्त्वों को नियंत्रित करने के पक्ष में तर्क दिया है। बोडिन (Bodin) द्वारा ने सर्वप्रथम अन्य संस्थाओं की अपेक्षा राज्य की स्वायत्तता का विचार प्रतिपादित किया गया। लेकिन, लिप्सेट की अभिव्यक्तिनुसार राज्य एवं समाज की प्राथमिकता–स्थापना का ये अन्तर्भेद राज्य की सता के लिए संकट का कारण एवं परिणाम दोनों हो सकता है, क्योंकि उस समय तक विद्वानों द्वारा राज्य की संप्रभु सत्ता को चुनौती देने का जोरदार सिलसिला आरंभ हो चुका था। लिप्सेट ने यह भी कहा कि राज्य एवं समाज दोनों को पृथक् स्वतंत्र सत्ताएं मानना और दोनों में कौन ज्यादा महत्त्वपूर्ण है या दोनों में किसके अध्ययन को प्राथमिकता दी जाए यह मुद्दा उठाना ही गलत है। इस दृष्टिकोण के आधार पर लिप्सेट, मैकी, डाउसे, ह्यूज आदि अनेक विद्वान हैं जो इस तथ्य की पुष्टि करते हैं कि राज्य एवं समाज के बीच किसे प्राथमिकता दी जाए। इस उलझे सवाल पर चलने वाले लम्बे वाद–विवाद ने राजनीतिक समाजशास्त्र के उद्भव एवं विकास में नीव के पत्थर की भूमिका निभायी है।

3. **अन्तर–अनुशासनात्मक दृष्टिकोण की उत्पत्ति**–समाजविज्ञानों के अध्ययन के लिए अन्तःशास्त्रीय दृष्टिकोण का विकास क्रमबद्व ढंग से 19वीं शताब्दी के मध्य से आरंभ हुआ है। उन्नीसवीं सदी में कार्ल मार्क्स ने अपनी अवधारणाओं में सामाजिक समस्याओं व घटनाओं से जुड़े तथ्यों के विश्लेषण को प्राथमिकता दी और यह कहा कि समाज की जटिलताओं को ध्यान में रखते हुए किसी एक समाजविज्ञान द्वारा समाज से जुड़े तमाम तथ्यों का अध्ययन–विश्लेषण व शोध संभव नहीं है। मार्क्स ने अपने इस कथन द्वारा सभी

समाजविज्ञानों में एकता का भाव दर्शाया। तत्पश्चात् सामाजिक यथार्थ के क्रमबद्ध अध्ययन की सुविधा के लिए समाजविज्ञान के विभिन्न विभाग किये गये। द्वितीय विश्वयुद्धोपरान्त समाजविज्ञानों के तथ्यगत अध्ययन में एक नई मानसिकता का समावेश हुआ, जिसके तहत सामाजिक पर्यावरण का यथार्थपरक अध्ययन–विश्लेषण करने व शोध–तकनीकों को अपनाने के लिए अध्येताओं द्वारा दूसरे समाज विज्ञानों से तालमेल बनाने की परम्परा की शुरूआत हुई। बीसवीं सदी के तीसरे–चौथे दशक में उपस्थिति दर्ज कराने वाली व्यवहारवादी क्रान्ति ने इस तथ्य की स्वीकारोक्ति की कि सभी समाजविज्ञानों में कहीं–न–कहीं समानता के तत्त्व विद्यमान् हैं, इसलिए विषयों के तथ्यगत व सटीक अध्ययन हेतु अन्तःअनुशासनात्मक दृष्टिकोण का प्रयोग होना चाहिए। मानव व्यवहार के अध्ययन में अन्तःशास्त्रीय दृष्टिकोण के प्रयोग से राजनीतिक–सामाजिक समस्याओं को अधिक गहराई से जानने–समझने की प्रक्रिया आरंभ हुई। अन्तःअनुशासनात्मक पद्धति द्वारा एक सामाजिक प्रक्रिया के रूप में राजनीति के तथ्यपरक व व्यवहारपरक अध्ययन–विश्लेषण हेतु पर्याप्त सामग्री प्राप्त होने लगी। इस अध्ययन क्रम में राजनीतिक समस्याओं, घटनाओं एवं इससे प्रासंगिक मानव व्यवहार को समझने के लिए विभिन्न समाजविज्ञानों की तकनीकों, अनुसंधानों, सिद्धान्तों, प्रतिमानों का बड़े पैमाने पर प्रयोग आरंभ हुआ। विभिन्न समाजविज्ञानों के आँकड़ों सिद्धांन्तों व अध्ययन–प्रविधियों की सहायता से राजनीति विज्ञान के सिद्धांतों और शोध–प्रसंगों का सत्यापन करना एवं अन्य समाजशास्त्रों के अध्ययन–क्षेत्र में अनुदान करने के उद्देश्य से व्यक्ति के राजनीतिक–सामाजिक व्यवहार में समानता–संबद्धता दिखाकर राजनीतिक–सामजिक जीवन के प्रति वृहत्तर अध्ययन दृष्टिकोण का विकास करना इस अध्ययन पद्धति की विशेषता है। आधुनिक समाजविज्ञान यह स्वीकारता है कि मनुष्य का राजनीतिक व्यवहार सिर्फ व्यवस्थागत राजनीतिक पर्यावरण से उत्प्रेरित नहीं होता है अपितु उसकी उत्प्रेरणा के पीछे सामाजिक, आर्थिक, धार्मिक, सांस्कृतिक, मनोवैज्ञानिक कारकों एवं इन कारकों से प्रासंगिक परिवर्त्यों की भूमिका अहम् होती है। इस परिप्रेक्ष्य में दोनों विषयों के अध्येताओं व शोधकर्ताओं द्वारा इस वास्तविकता की अपरिहार्यता को महसूस किया गया कि एक राजनीतिक–सामाजिक मनुष्य के राजनीतिक व्यवहार के अनुभवपरक अध्ययन हेतु उन्हें सामाजिक परिस्थितियों की सच्चाइयों से साक्षात्कार करना होगा। अध्ययन–प्रसंग की समकालीन जरूरतों ने राजनीतिशास्त्र एवं समाजशास्त्र की अध्ययन प्रविधियों को अन्तःशास्त्रीय प्रवृत्ति अपनाने के लिए अभिप्रेरित किया, जिसकी परिणति राजनीतिक समाजशास्त्र के उद्‌भव के रूप में सामने आयी तथा व्यक्ति के राजनीतिक जीवन को सामाजिक संदर्भ में विश्लेषित करने की प्रवृत्ति से इस नूतन विषय के विकास की धारा को नया प्रवाह मिला।

4. **व्यवहारवादी उपागमों का बढ़ता प्रचलन**–यह स्वीकारते हुए कि व्यवहारवादी अध्ययन–पद्धति ने अपने विकास की विभिन्न अवस्थाओं में राजनीति एवं राजनीतिक व्यवहार के तथ्यात्मक, कारणात्मक व व्यवहारात्मक अध्ययन में अपना महत्त्वपूर्ण योग दिया है, राजनीति मर्मज्ञ जोसेफ डनर ने कहा है कि "व्यवहारवाद सामाजिक घटनाओं का पूर्वाभिमुखीकरण है जो मुख्य रूप से अनुभववाद, तार्किक प्रत्यक्षवाद और अनुशासित स्वार्थों से संबद्ध रहता है।" व्यवहारवादी उपागम ज्ञान के खोज की एक विशिष्ट प्रक्रिया है। इस परिप्रेक्ष्य में आधुनिक समाज वैज्ञानिकों की दृष्टि में यह उपागग एक विशिष्ट मानसिकता का बोधक है जो व्यापक अर्थ में अनुभववाद का समानार्थक है और अन्तर्वैषयिक संदर्भ में शोधप्रसंग को विज्ञान का दर्जा प्रदान करते हुए शोधगत प्रसंगों के तथ्यजन्य, परिस्थितिजन्य व अनुभवजन्य अध्ययन–विश्लेषण के लिए विशिष्टीकरण, विभिन्नीकरण, परिमाणीकरण की तकनीकों के प्रयोग तथा सांख्यिकीय–विश्लेषण को अपरिहार्य मानता है। यह उपागम मानव व्यवहार के अध्ययन के लिए मनोवैज्ञानिक दृष्टिकोण एवं अन्तःअनुशासनात्मक पद्धति को अपनाने पर जोर देते हुए अपनी अध्ययन प्रणाली में परिमाणात्मक पद्धति का सहारा लेकर राजनीतिक, सामाजिक, आर्थिक प्रश्नों–समस्याओं का समाधान गुणात्मक संदर्भ में करने का सप्रयास करता है। व्यवहारवादी अध्ययन मानव जीवन के सभी

पहलुओं के अन्दर गहराई तक उतर कर वस्तुपरकता की खोज करता है। यह मात्र एक उपागम नहीं हैं, अपितु इसके माध्यम से अध्ययन–प्रवृत्ति को अनुभवात्मकता एवं वैज्ञानिकता का आधार–माध्यम मिला है। रॉबर्ट डॉल के मतानुसार, 'व्यवहारवादी उपागम राजनीति प्रासंगिक अध्ययनों को आधुनिक मनोविज्ञान, समाजविज्ञान, मानवशास्त्र और अर्थशास्त्र के सिद्धान्तों, उपलब्धियों, तकनीकों और दृष्टिकोणों के निकट संपर्क में लाने में काफी हद तक सफल हुआ है।' इस उपागम की प्रविधियों एवं संकल्पनाओं के परिणामस्वरूप राजनीति–विज्ञान का अध्ययन बिन्दु मानव–व्यवहारों पर केन्द्रित हुआ है जिस पर राजनीतिक व्यवस्थाओं की सफलता, लोकप्रियता, स्थायित्व एवं सातत्य का दारोमदार होता है। इस उपागम के प्रयोग से लोकतंत्रीय व्यवस्था के गत्यात्मक आयामों, यथा–मतदान व्यवहार, राजनीतिक अभिजन, राजनीतिक सत्ता, शक्ति, प्रभाव, वैधता, राजनीतिक दल, दबाव समूह, नीति–निर्माण, निर्णय–प्रक्रिया, राजनीतिक संस्कृति, राजनीतिक सहभागिता, राजनीतिक समाजीकरण, राजनीतिक विकास व आधुनिकीकरण, मताधिकार एवं प्रतिनिधित्व जैसे विषयों का अनुभवजन्य तथ्यात्मक अध्ययन संभव हो पाया है। ये सभी आयाम समसामयिक व्यवहारवादी राजनीति की बुनियादी–वस्तुपरक संकल्पनाएं हैं, जो व्यवस्थागत राजनीति की सफलता से जुड़े यक्ष प्रश्न के संवाहक भी हैं, जिनका उत्तर–प्रतिउत्तर समाजशास्त्र की पृष्ठभूमि में ही ढूंढा जा सकता है। व्यवहारवादी उपागम द्वारा तथ्यों का सामान्यीकरण एवं प्रतिमानों का निर्माण वैज्ञानिक परिशुद्धता के आधार पर करके राजनीतिक क्रिया–कलापों की व्याख्या सामाजिक परिप्रेक्ष्य में करने का महान् कार्य आंरभ किया गया, जिसके फलस्वरूप राजनीतिक समाजशास्त्र जैसे आनुभविक विषय का उद्‌भव एवं विकास संभव हो सका। संक्षेप में, व्यवहारवादी उपागम द्वारा राजनीतिक क्रियाओं–व्यवहारों की यथार्थता की विराट पृष्ठभूमि का राजनीतिक विवरण, राजनीतिक अनुभव की सहायता से प्रस्तुत किया गया और यही वो आधार–माध्यम बना जिससे इस विषय को नये अनुशासन का स्वायत्त दर्जा प्राप्त हो सका।

5. **समाज विज्ञानों में विभिन्नीकरण एवं विशेषीकरण के प्रयोग की बढ़ती प्रवृत्ति**–परिर्वतन मानव जीवन का मूल स्वभाव रहा है। मानव–प्रवृत्ति में एक निरन्तरता, समानता, या अनुकूलीकरण की मनोवृत्ति पायी जाती है, इसीलिए सातत्य को व्यवस्था के प्रधान लक्ष्य के रूप में मान्यता दी गयी है। प्रत्येक राजनीतिक व्यवस्था और उसमें मौजूद पर्यावरण के बीच अनवरत विनिमय (Exchange) चलता रहता है और व्यवस्था निरन्तर रूपान्तर प्रक्रिया (Conversion Process) में लगी रहती है। व्यवस्था–चक्र संचालन–क्रम में आगतों (Inputs) का जन्म एवं निर्गतों (Outputs) की सृष्टि द्वारा पर्यावरण को संतुलित व परिवर्तित करने का प्रयत्न भी निरन्तर जारी रहता है। राजनीतिक व्यवहार का अध्ययन अपने आप में एक जटिल प्रसंग है जिसका अधिकांश हिस्सा समाज की प्रमुख समस्याओं से संबद्ध होता है और व्यक्ति के मस्तिष्क की गहराइयों के नीचे छिपा होता है। इसके तथ्यपरक व विषयपरक अध्ययन के लिए विभिन्न विज्ञानों में विभिन्नीकरण एवं विशिष्टीकरण के प्रयोग का प्रचलन बढने लगा। आधुनिक राजनीति के व्यवहारपरक अध्ययन से संबंधित तीन मूल तत्त्व हैं–तथ्यात्मक (Factual), कारणात्मक (Casual) और मूल्यात्मक (Valuational)। इन तीनों तत्त्वों के तात्त्विक राजनीतिक विश्लेषण एवं गुणात्मक निर्णयों पर पहुंचने के लिए शोध–प्रसंगों को सामाजिक गत्यात्मकता के दायरे से गुजरना पड़ता है, जिसके सफल संचालन हेतु विभिन्नीकरण एवं विशेषीकरण के प्रयोग की प्रवृत्ति बढ़ने लगी। लोकतंत्र के निर्माणकारी तत्त्वों में राजनीतिक गत्यात्मकता, राजनीतिक एकीकरण, राजनीतिक प्रतिनिधित्व, राजनीतिक सहभागिता, राजनीतिक लामबन्दी आदि मूलतः राजनीतिक प्रक्रियाएं हैं, जिसकी विषयपरकता का सारतत्त्व सामाजिक, आर्थिक पृष्ठभूमि में पल रहा है; अतः इसके तात्त्विक अध्ययन के लिए विभिन्नीकरण–विशेषीकरण का प्रयोग जरूरी हो गया। उपर्युक्त राजनीतिक प्रक्रियाओं के सफल संचालन एवं उन्हें लाभकारी परिणाम तक पहुंचाने हेतु शोधकर्ताओं के लिए अपने विश्लेषणपरक अध्ययन में विभिन्नीकरण तथा विशिष्टीकरण का प्रयोग करने की अपरिहार्यता बढ़ने लगी। जब रॉबर्ट ए. डॉल, डेविड ईस्टन, आल्मण्ड एण्ड पॉवेल, डेविड ट्रूमैन, ए.डी. ग्राजिया, हेराल्ड लासवेल, कार्ल डायश आदि व्यवहारवादी विचारकों द्वारा राजनीतिक

व्यवहार की जटिलताओं का आनुभविक प्रविधियों के माध्यम से सामाजिक परिप्रेक्ष्य में अध्ययन–अनुसंधान करने का प्रयास आरंभ किया गया तो विषयगत अनुसंधान संबंधी संस्थागत विभिन्नीकरण तथा उसकी भूमिकाओं के विशिष्टीकरण का यथोचित परिणाम सामने आने लगा। राजनीतिक व्यवहार की इस प्रक्रियात्मक अध्ययन प्रवृत्ति में विभिन्न सामाजिक विज्ञानों के आधारतत्त्वों एवं आधार–माध्यमों का महत्त्वपूर्ण योगदान स्पष्ट रूप से दृष्टिगोचर होने लगा। अध्ययन–विश्लेषण से प्रासंगिक यह परिवर्त्य न तो पूर्णरूप से समाजशास्त्रीय था और न ही पूर्णतः राजनीतिशास्त्रीय। इन परिवर्त्यों के क्रमवार अध्ययन के समय इन्हें एक नये अनुशासन की विषय–सूची के अन्तर्गत शामिल किया गया जिसे राजनीतिक समाजशास्त्र की संज्ञा दी गयी। डाउसे एवं ह्यूज सामाजिक विज्ञानों के वैज्ञानिक विकास के लिए विभिन्नीकरण को उत्तरदायी ठहराते हैं। अध्ययन–प्रवृत्ति में विभिन्नीकरण एवं विशिष्टीकरण के परिणामस्वरूप सामाजशास्त्र एवं राजनीतिशास्त्र के गर्भ से न सिर्फ राजनीतिक सामाजशास्त्र का उद्‌भव हुआ अपितु समाजशास्त्र और अर्थशास्त्र के समागम से आर्थिक समाजशास्त्र जैसे नये विषय का उद्‌भव भी इसी अध्ययन–प्रविधि का परिणाम है।

6. **राजनीतिक सत्ता का प्रभाव एवं सामाजिक सरोकार का बढ़ता दायरा**–बीसवीं शताब्दी में लोककल्याणकारी राज्यों की स्थापना एवं इसकी बढ़ती लोकप्रियता, सरकार की विकासोन्मुख–जनोन्मुख नीतियां, सामाजिक–आर्थिक विकास का लक्ष्य, गरीबी उन्मूलन, उदारवाद, समाजवाद, औद्योगीकरण, उदारीकरण, वैश्वीकरण की आयी आंधी में लोकतंत्रशाही (Democratism) के नाम पर राजनीतिक सत्ताधीशों का प्रभाव सामाजिक व्यवस्था पर काफी बढ़ गया, क्योंकि सामाजिक संरचनाओं के लोकतंत्रीकरण के मद्देनजर राजनीतिक अभिजनों पर समाज को संचालित, निर्देशित व नियंत्रित करने का उत्तरदायित्व पहले की अपेक्षा काफी बढ़ गया। मताधिकार, प्रतिनिधित्व, जनआधुनिकीकरण (Mass Modernisation), जनसहभगिता (Mass Participation) जैसी राजनीतिक क्रियाओं के व्यापक विस्तार से राजनीति और समाज के बीच की दूरी धीरे–धीरे समाप्त होती गयी और दोनों के बीच अन्तःक्रियात्मकता एवं अन्योन्याश्रितता का संबंध मजबूत होता गया। धर्म, जाति, संस्कृति आदि सामाजिक सरोकारों का राजनीतिकरण होने की वजह से सामाजिक–राजनीतिक समस्याओं को समकक्ष मानकर अध्ययन करने की प्रवृत्ति में बड़े पैमाने पर वृद्धि हुई। धीरे–धीरे इस प्रश्न पर मतैक्यता उभरने लगी, या यूँ कहें कि ये मानसिकता आकार लेने लगी कि किसी व्यवस्था में घटित राजनीतिक घटनाओं, समस्याओं मुद्दों की हकीकत को यदि तत्त्वतः विश्लेषित करना है तो उस व्यवस्था के व्यवस्थागत सामाजिक पर्यावरण की तात्त्विक जानकारी शोधकर्ता के लिए अपरिहार्य है जहां शोधकार्य से संबद्ध व्यक्ति या समूह निवास कर रहा है। समकालीन राजनीतिक प्रश्नों से संदर्भित अभिसूचकों का समाधान वहां के सामाजिक, आर्थिक, धार्मिक, सांस्कृतिक परिवेश में ही निहित है।

राजनीति की प्रमुख क्रियाएं यथा–संघर्ष, तनाव, सहयोग, मतभेद, प्रतिस्पर्धा, शक्ति, प्रभाव, नेतृत्व, निर्णय लेना सभी सामाजिक पर्यावरण के अभिन्न अंग हैं। राजनीति की पौध समाज में ही उगती है और उसकी फसल का विस्तार भी समाज में ही होता है। समाज से पृथक् राजनीति का कोई अरितत्व नहीं है। राजनीतिक संघर्ष एवं प्रतिस्पर्धा समाज में शक्ति के उद्‌भव एवं प्रभाव के विस्तार का मूलमंत्र है, जिसका स्वरूप समाज में निवास करने वाले मनुष्यों और समूहों के आपसी संबंधों पर निर्भर करता है। आधुनिक राजनीति वैज्ञानिक राजनीति को समाज के संचालन के माध्यम के रूप में देखते हैं। जबसे यथार्थवादियों द्वारा वास्तविक राजनीतिक व्यक्ति को अध्ययन का केन्द्रीय विषय बनाया गया है तभी से राजनीति का प्रत्यक्ष संबंध शक्ति, सत्ता, प्रभाव, संघर्ष जैसे गत्यात्मक विषयों के साथ स्थापित हो गया है। इन सभी कारकों का उद्‌गम स्थल समाज है। मनुष्य की सभी सामाजिक–राजनीतिक जरूरतों को पूरा करने का राजनीतिक दायित्व सत्तारूढ़ अभिजन वर्ग का है लेकिन उसकी पूर्ति का माध्ययम राजनीति है। सत्ताधीशों द्वारा लिये गये निर्णयों–नीतियों, व्यवहारों, मूल्यों का सीधा सरोकार समाज से स्थापित हो गया है। राजनीतिक अभिजनों के अधिकारपूर्ण निर्णयों (Authoritative Decisions)

का परिणाम समाज के लिए बहुत महत्त्व रखता है। व्यवहारवादियों द्वारा इन परिणामों को निर्गत क्रिया (Output Process) की संज्ञा दी गयी है।

राजनीति और समाज के बीच घटती दूरी की वजह से सामाजिक–व्यवस्था के संचालन में राजनीतिक सत्ता का हस्तक्षेप धीरे–धीरे बढ़ता गया। जैसे–जैसे राजनीति का अध्ययन क्षेत्र विस्तारित होता गया सामाजिक सरोकारों में राजनीतिक सत्ता की दखलअंदाजी भी बढ़ती गयी। धीर–धीरे सामाजिक, आर्थिक, सांस्कृतिक विविधताओं और राजनीतिक क्रियाओं के मध्य निरन्तर बढ़ती अन्योन्याश्रितता काफी गहरी होती गयी जिसके परिणामस्वरूप स्थानीय, क्षेत्रीय, राष्ट्रीय, अन्तर्राष्ट्रीय स्तर पर व्यवस्था में तनाव, संघर्ष प्रतिस्पर्धाएं भी बढ़ती गयीं और ज्यादा से ज्यादा शक्ति–सृजन व संचय की होड़ में सभी व्यवस्थाएं शामिल होती गयीं। राजनीतिक शक्ति के उद्भव, संचय, प्रदर्शन एवं विस्तार की मानसिकता का सीधा असर सामाजिक बुनावट पर पड़ा। राजनीतिक दलों व दबाव समूहों के नेतृत्व द्वारा शक्ति अर्जित करने की प्रक्रिया क्रम में जाति, धर्म, संप्रदाय, संस्कृति आदि का इस्तेमाल अपने राजनीतिक शक्तिवर्धन की दृष्टि से किया जाने लगा। इसकी वजह से जमीनी स्तर पर सामाजिक बुनावट की गांठ ढीली पड़ने लगी, जिसका सबसे ज्यादा प्रभाव विकासशील राजनीतिक व्यवस्थाओं पर पड़ता दिखाई देने लगा। इन व्यवस्थाओं में राजनीतिक दलों के बीच सत्ताप्राप्ति के लिए मची होड़ ने यहां की सामाजिक संरचनाओं को न सिर्फ झकझोरा बल्कि निरन्तर सामाजिक तनाव को बढ़ाने में उल्लेखनीय भूमिका भी निभायी। इस वजह से सामाजिक समस्याओं में काफी बढ़ोतरी हुई और व्यवस्था में राजनीतिक अस्थिरता का वातावरण बना। इस राजनीतिक वातावरण को संभालने और सही संचालन करने के नाम पर शासकों द्वारा किया जाने वाला नीतिगत हस्तक्षेप निरन्तर बढ़ता ही गया। कानून–व्यवस्था, विकास औद्योगीकरण, उदारीकरण, वैश्वीकरण के नाम पर सत्ताधीशों की जवाबदेही समाज के प्रति निरन्तर बढ़ती गयी। सामाजिक–राजनीतिक जरूरतों और संदर्भित परिवर्तनों के अनुरूप सरकारीतंत्र का समाज में बढ़ता प्रवेश एवं इससे उत्पन्न अन्तर्क्रियात्मकता की स्थितियां भी इस नवीन अनुशासन के उद्भव एवं विकास अहम् कारक हैं। इस नये विषय के अन्तर्गत राजनीतिक अभिजनों की गतिविधियां, लोकप्रियता, प्रभाव, स्थायित्व आदि प्रसंगों का अध्ययन–विश्लेषण सामाजिक–आर्थिक गतिविधियों एवं समस्याओं के समाधान के लिए उनके द्वारा उठाये गये सरकारी कदमों के आलोक में तात्त्विक स्तर पर गहन रूप से करना संभव हो पाया है।

निष्कर्ष (Conclusion)

बीसवीं शताब्दी में आयी औद्योगिक क्रान्ति के परिणामस्वरूप सभी राजनीतिक व्यवस्थाओं की प्रक्रियाओं का रवैया काफी हद तक सुधारात्मक हो गया, क्योंकि सत्ता एवं शाक्ति के परम्परागत स्त्रोतों की जगह समाज को शक्ति का वास्तविक उद्गम स्त्रोत माना जाने लगा है। यथार्थतः, सामाजिक बुनावट की पृष्ठभूमि में समाज के विभिन्न समूहों के बीच सत्ता, शक्ति, प्रभाव, नेतृत्व का विभाजन, नेताओं में अपनी सामाजिक–राजनीतिक औकात बढ़ाने की प्रवृत्ति एवं व्यवस्था पर अपना वर्चस्व स्थापित करने की होड़ ने सामाजिक संघर्ष एवं तनाव को हवा देने में निरन्तर महती भूमिका निभायी है। इस तथ्य के आलोक में सामाजिक एकीकरण को बनाये रखने, समाज का विकास करने, सामाजिक–आर्थिक समस्याओं का निराकरण करने एवं समाज के सभी वर्गों की सत्ता में शत्–प्रतिशत भागीदारी सुनिश्चित करने में औचित्यपूर्ण राजसत्ता की बढ़ती प्रभाविता की वजह से राजनीतिक समाजशास्त्र जैसे नये विषय को राजनीतिविज्ञान व समाजविज्ञान के क्षेत्र में एक महत्त्वपूर्ण विषय का दर्जा प्राप्त हुआ। राजनीतिक, सामाजिक, आर्थिक समीकरणों को बनाये रखने में एवं इससे संदर्भित गत्यात्मक–तथ्यात्मक पहलुओं का गहन अध्ययन करने में इस नूतन विषय का महत्त्वपूर्ण योगदान है।

इसके उद्भव एवं विकास यात्रा पर प्रकाश डालते हुए बैनडिक्स एवं लिप्सेट ने कहा है कि 'राजनीतिक समाजशास्त्र का सैद्धान्तिक ढाँचा अभी तक पूरी तरह विकसित नहीं हो पाया है, अपितु अन्वेषण के सामान्य क्षेत्रों के संबंध में जिसमें सामाजिक व्यवस्था, वैधता तथा मतैक्यता भी शामिल है, केवल निहित समझौते का समुच्चय ही विकसित हो पाया है।' इस परिप्रेक्ष्य में राजनीतिक समाजशास्त्र के उद्भव एवं विकास को राज्य या समाज

में किसके अध्ययन को प्राथमिकता एवं महत्ता दी जाय इस विषय पर दशकों तक चलते रहने वाले मतांतरों का समाधान खोजने के सप्रयासों का नतीजा माना जाता है। व्यवहारवादी उपागम के आगमन व स्थापन ने सामाजिक विज्ञानों के बीच चलने वाले इस विवाद को निरर्थक बता कर राजनीति के यथार्थगत अध्ययन के लिए अन्तःअनुशासनात्मक उपागम का प्रयोग करने पर बल दिया। इससे आधुनिक राजनीतिविज्ञान को व्यवहारवादी आनुभविक अध्ययन के लिए अन्य सामाजिकविज्ञानों से परस्पर संबंध स्थापित करने का अवसर मिला जो इन मतवैभिन्यताओं को नकारने का पुख्ता प्रमाण है, और यही राजनीतिक समाजशास्त्र जैसे स्वायत्त अनुशासन के उद्भव की मूल वजह है। राजनीतिक समाजशास्त्र के विषयगत शोध–प्रसंगों को निष्कर्ष तक पहुंचाने के लिए राजनीतिविज्ञान एवं समाजविज्ञान के बीच की बढ़ती घनिष्ठता ने समाजशास्त्र को आधुनिक राजनीतिशास्त्र का मुख्य हिस्सा बना दिया।

दोनों विषयों के बीच विवाद विश्लेषणात्मक स्तर पर नये रूप में अवतरित हुआ है जो दोनों सामाजिकविज्ञानों के अध्ययन में प्रयोग होने वाली मान्यताओं एवं सिद्धान्तों से संदर्भित है। इनके बीच मतांतर का विषय यह है कि राजनीतिशास्त्र एवं समाजशास्त्र दोनों में किस विषय के परिवर्त्यों को अध्ययन में ज्यादा तरजीह दी जाए। जहां राजनीतिक समाजशास्त्री राजनीतिक परिवर्त्यों, यथा–राज्य, सरकार, सरकारी संरचनाएं, विधान, सत्ता शक्ति, प्रभाव, नेतृत्व, मतदान व्यवहार, मताधिकार, प्रतिनिधित्व आदि प्रसंगों के अध्ययन को बुनियादी व महत्त्वपूर्ण मानते हैं, वहीं अधिकांश समाजशास्त्री राजनीतिक समाजशास्त्र के अध्ययन में समाजशास्त्रीय परिवर्त्यों, यथा–सामाजिक संरचना समुदाय, वर्ग समूह, संस्कृति आदि को ज्यादा महत्त्व देते हैं। विवाद के इस परिवर्तित स्वरूप की वजह से एक पक्ष ने विषय को 'राजनीतिक समाजशास्त्र' तो दूसरे ने 'राजनीति का समाजशास्त्र' की संज्ञा दी है। दोनों नामों के बीच यथोचित अन्तर से संदर्भित की आवश्यक चर्चा प्रथम अध्याय में की जा चुकी है।

एक स्वायत्त विषय के रूप में राजनीतिक समाजशास्त्र : उद्भव एवं विकास (Political Sociology as an Autonomous Subject : Origin and Development)

बी.एस. बाविस्कर (B.S. Baviskar) के मतानुसार राजनीतिक समाजशास्त्र शब्द का प्रचलन 1930–1940 के आरंभिक वर्षों में हुआ है, जबकि मिशेल्स के विचार में इस विषय की शुरूआत 1945 के बाद की है। एक स्वायत्त अनुशासित संस्थागत एवं औपचारिक विषय के रूप में राजनीतिक समाजशास्त्र एक आधुनिक विज्ञान है जो व्यवहारवादी क्रान्ति की देन है। इसके उद्भव की जड़ों पर गहरी दृष्टि डालने के क्रम में यह पता चलता है कि इसकी उत्पत्ति की कोई निश्चित अवधि बताना एक कठिन प्रयास है, फिर भी एक अनुशासित विषय के रूप में इस शब्द के प्रयोग का प्रचलन द्वितीय विश्वयुद्ध के बाद का है। राजनीति विज्ञान के अध्ययन क्षेत्र को बौद्धिक आधार प्रदान करने वाले विद्वानों द्वारा आरंभ से ही राजनीतिक स्थितियों के व्यवस्थित अध्ययन के लिए सामाजिक संरचनाओं, उनकी संस्कृतियों तथा प्रभावों के अध्ययन पर जोर डालने की परंपरा का प्रमाण मिलता रहा है। राजनीतिक पर्यावरण के यथार्थ एवं उसमें संभावित अभिविन्यासों (Orientations) को जानने–समझने के लिए सामाजिक व्यवहारों का अध्ययन अपरिहार्य है ऐसा मत कमोबेश लगभग सभी आधुनिक राजनीतिवैज्ञानिक एवं समाजशास्त्रीय विद्वानों का रहा है।

राजनीति समाजशास्त्र के उद्भव एवं विकास–यात्रा में राजनीतिशास्त्र एवं समाजशास्त्र दोनों का उल्लेखनीय योगदान है। दोनों सामाजिक विज्ञानों का आपसी संबंध 19वीं सदी के पूर्वार्ध के दशकों में ही स्थापित हो गया था। राजनीतिक समाजशास्त्र के अभ्युदय एवं विकास को चरणबद्ध करना एवं तिथिवार इसके सीमाचिन्हों को क्रमिक रूप में निश्चित करना निःसंदेह एक कठिन कार्य है। आंशिक रूप में ही सही लेकिन इस अनुशासन की ऐतिहासिक विकास यात्रा के बुनियादी चरण का दर्शन यूनानी दार्शनिक प्लेटो एवं अरस्तू की राजनीतिक अवधारणाओं में मिलता है, जिन्होंने अपने अध्ययन में सचेतन–अचेतन रूप में इस विषय पर चर्चा की है, जिसे रोमकालीन राजनीति के विचार–प्रवाह ने पूरी तरह समाप्त कर दिया। मध्ययुगीन राजनीति में जब पोप एवं सामन्तों के बीच राजनीतिक सत्ता एवं संस्थाओं की महत्ता को लेकर नई जंग छिड़ी तब तत्कालीन विद्वानों का

ध्यान पुनः इस विषय की तरफ गया, लेकिन तब विषय संदर्भित चिंतन–मनन की दिशा में कोई सार्थक पहल का इतिहास नहीं मिलता है। कालांतर में राजनीति की विकास यात्रा के मध्ययुगीन पड़ाव में जब राजनीतिक सत्ता पर राजाओं के अधिपत्य का युग आया तो निरंकुश राजतंत्र के संदर्भ में राज्यकला (State Craft) राजनीति के अध्ययन का केंद्र बन गया। असीमित राजतंत्र के युग में जब राजनीति का अध्ययन 'राज्यकला' के इर्दगिर्द सिमट गया तब विद्वानों ने राजनीति–संचालन में अर्थव्यवस्था के महत्त्व को महसूस किया जिसके परिणामस्वरूप राजनीतिक अर्थव्यवस्था के अध्ययन की अवधारणा विकसित हुई।

दरअसल राजनीति और अर्थव्यवस्था के बीच सामंजस्य स्थापित करने एवं राजनीति के अध्ययन में समाज के महत्त्व को प्राथमिकता देने का पहला श्रेय ब्रिटिश विद्वान आदम स्मिथ (Adam Smith) एवं फ्रेंच विद्वान फिजियोक्रेट्स (Physiocrates) को जाता है, जिन्होंने अपनी अवधारणाओं में समाज के राजनीतिक–आर्थिक कार्यों के पृथक्करण पर बल दिया और आर्थिक सत्ता को राजनीतिक सत्ता से मुक्त कराने के लिए गंभीर प्रयास किए। इनके सार्थक प्रयासों की वजह से ही निरंकुश राजतंत्र के खिलाफ औद्योगिक क्रान्ति हुई जिनके परिणामस्वरूप राजतंत्र का स्वरूप सीमित हुआ और व्यक्तिवादी राज्य की अवधारणा का विकास हुआ। इस दौर में अर्थव्यवस्था को राजनीतिक सत्ता के नियंत्रण से मुक्त कराने की जोरदार मुहिम चलायी गयी, विशेषकर मध्यमवर्गीय आर्थिक रूप से संपन्न पूंजीपतियों को सरकार के नियंत्रण से मुक्त कराने का सच्चा प्रयास जारी रहा। राजनीति को अपने तत्कालीन सफर में असीमित पूंजीवाद के विकास एवं व्यक्तिवादी राज्य के स्वरूप के खिलाफ तीखी प्रतिक्रियाएं झेलनी पड़ीं और गंभीर सामाजिक आंदोलनों का भी सामना करना पड़ा। विकास यात्रा के इस दौर में राजनीतिक–सामाजिक व्यवस्था में राजनीति एवं अर्थनीति के मध्य निरंतर जारी संघर्षों एवं दोनों के गुणों–दोषों के संदर्भ में गहन चर्चाएं हुईं। राजनीतिक सत्ता को आर्थिक सत्ता से आजाद कराने एवं राजनीतिक स्तर पर असीमित पूंजीवाद के विकास तथा व्यक्तिवादी राज्य की अवधारणा के विरोध में बड़े पैमाने पर सामाजिक आंदोलनों की शुरूआत हुई जिसके अग्रेसर कार्ल मार्क्स (Karl Marx) थे, जो अपनी अवधारणा एवं विचार–प्रवाह की वजह से नये समाजशास्त्र के जनक एवं विकास के प्रतीक माने जाते हैं। मार्क्स के पश्चात् विद्वानों की लम्बी कतार है जिन्होंने राजनीतिक सत्ता द्वारा संचालित राजनीति, अर्थनीति एवं समाज पर उसके पड़ने वाले प्रभावों, परिणामों, दुष्परिणामों पर गहन चिंतन–मनन किया है। लेकिन उन्होंने मार्क्सवाद की तर्ज पर राजनीतिक संस्थाओं एवं समाज की आर्थिक संस्थाओं के पृथक् अध्ययन की प्रकिया को गलत ठहराया। विद्वानों की इस कतार में फ्रेंच विद्वान अगस्त काम्टे (August Comte) का नाम अग्रणी है जिन्हें आधुनिक समाजशास्त्र का पिता (Father of Modern Sociology) कहा जाता है।

वस्तुतः, अगस्त काम्टे एवं उनके समकालीन अनेक विद्वानों ने समाज के आर्थिक एवं राजनीतिक परिवर्त्यों (Variables) की अन्तर्लिप्तता पर बल देते हुए राजनीतिशास्त्र एवं अर्थशास्त्र के बीच की कड़ियां जोड़ने का सप्रयास किया जिसके परिणाम की सफलता व प्रगति ही वास्तव में आधुनिक समाजशास्त्र की विकास गाथा का आधार है। कॉम्टे एवं उसके समकालीन विद्वानों में हरबर्ट स्पेन्सर, दुर्खीम, मैक्स वेबर, मैकाइवर आदि के नाम प्रमुख हैं जिन्होंने सामाजिक–राजनीतिक व्यवस्था के विस्तृत एवं व्यवस्थित अध्ययन के लिए समाज के आर्थिक एवं राजनीतिक चरों (Variables) के बीच घनिष्ठ संबंधों पर जोर देते हुए समाजशास्त्र, राजनीतिशास्त्र एवं अर्थशास्त्र के बीच अंतर्संबंधों की महत्त्वपूर्ण कड़ियों को जोड़ने की पहल की। इनके द्वारा की गयी पहल को समाज विज्ञानों के अध्ययन–विश्लेषण में अन्तःअनुशासनात्मक दृष्टिकोण (Interdisciplinary Approach) के प्रयोग का प्राथमिक प्रयास भी कहा जा सकता है। इस सप्रयास की सार्थकता व सफलता ही आधुनिक समाजशास्त्र, आधुनिक राजनीतिशास्त्र या यदि ये कहा जाए तो अतिशयोक्ति नहीं होगी कि राजनीतिक समाजशास्त्र के उद्भव का बुनियादी आधार है। समकालीन समाजशास्त्री सामाजिक व्यवस्था के अध्ययन में रक्त संबंधों पर आधारित सामाजिक संस्थाओं, समुदायों, जातियों, धर्मों, वर्गों, समूहों आदि के विस्तृत अध्ययन के लिए व्यवस्था की राजनीतिक–आर्थिक क्रियाओं, प्रतिक्रियाओं, व्यवहारों, गतिविधियों की भूमिका, महत्त्व एवं पर्यावरण पर इनके पड़ने वाले प्रभावों पर गहरी नजर रखने लगे थे। सामाजिक विज्ञानों में प्रत्यक्ष एवं परोक्ष संबंध स्थापित करने वाले यूरोपीय विद्वानों का प्रतिनिधित्व मैक्स वेबर (Max Weber), राबर्ट मिचेल्स (Robert Michels), मोस्का

(Mosca), पैरेटो (Pareto), सिगफ्रिड (Sigfried) आदि द्वारा प्रतिपादित सिद्धांत कर रहा था। मैक्स वेबर ने अपने सामाजिक विश्लेषण में मनुष्य को एक ऐसा आत्म–चिंतन (Self-conscious) प्राणी माना है जिसमें सभी प्रकार के सामाजिक क्रियाएं करने की क्षमता है। वेबर ने व्यक्ति के राजनीतिक आचरण के अध्ययन के लिए परम्परागत पद्धति की जगह नई समाजशास्त्रीय पद्धति ईजाद की।

उन्नीसवीं सदी के आरंभ में ही राजनीतिक विशारदों द्वारा किये गये चिंतन में राजनीतिक समाजशास्त्र के अस्तित्व के बीज पूरी तरह मौजूद थे। इस सदी के उत्तरार्ध तक लगभग सभी समाजशास्त्री राजनीतिशास्त्र एवं समाजशास्त्र के घनिष्ठ संबंधों की संभावनाओं पर जोर देने लगे थे। इसीलिए इस सदी के अंतिम दशक के आते–आते अधिकांश समाज वैज्ञानिक समाजशास्त्रीय राजनीतिशास्त्री कहलाने लगे। इस दौर के समाजशास्त्री एवं राजनीतिशास्त्रियों के बीच घनिष्ठता का प्रत्यक्ष प्रमाण था अमेरिकी समाजशास्त्रीय संघ के प्रथम अध्यक्ष लेस्टर वार्ड (Lester Ward) द्वारा रचित रचनाएं जो ज्यादातर राजनीति से प्रेरित थीं। कोलम्बिया विश्वविद्यालय के समाजशास्त्र विभागाध्यक्ष फ्रैंकलिन गिडिंग्स (Franklin Giddings) हों या अमेरिकी समाजशास्त्र के जनक एडवर्ड रोस (Edward Ross) हों दोनों मूलतः राजनीतिशास्त्र से संबद्ध थे। ऐसे अनेक उदाहरण हैं और इतिहास गवाह है कि आधुनिक राजनीति विज्ञान की जड़ों को सींचने, पोषित–पल्लवित करने में एवं राजनीतिक विशारदों की अवधारणाओं के अध्ययन–विश्लेषण को नई दिशा और मजबूती प्रदान करने में समाजशास्त्रियों की भूमिकाएं विशिष्ट रही हैं। मैक्स वेबर, परेटो, मोस्का, मैकाइवर काम्टे, मार्क्स आदि के उल्लेखनीय योगदान से आधुनिक राजनीतिक विज्ञान कभी मुक्ति नहीं पा सकता है। राजनीतिशास्त्र के अध्ययन में समूह के महत्त्व को स्वीकारने वाले एवं राजनीतिक बहुलवाद के सिद्धान्त को विकसित करने वाले अर्थर एफ. वेन्टल (Arthar F. Bentley) समाजशास्त्र विभाग से संबद्ध थे। लिप्सेट (Lipset) ने लोकतंत्र की जड़ों को मजबूत करने के लिए सामाजिक आधारों की मजबूती और इसके महत्त्व की बात कही है। अपनी अवधारणा को ठोस व कारगर बनाने के लिए संघर्ष और सहमति (Conflict and Consent) के आधारों की बात की है ताकि लोकतंत्र की तरलता, सफलता और लोकप्रियता के लिए सामाजिक परिस्थितियां अनुकूल बनी रहें।

सन् 1958 में प्रकाशित हेराल्ड लासवेल (Harold Lasswell) की रचना 'पॉलिटिक्स : हू गेट्स, व्हाट, व्हेन, हाउ (Politics: Who Gets, What, When, How)? व्यवस्था से प्रश्न हैं। लासवेल संभवतः पहले राजनीतिशास्त्री हैं जिन्होंने विषय को विज्ञान का दर्जा दिलाने के लिए तार्किक अनुभववाद को स्वीकार किया और मैक्स वेबर की भांति मूल्य की प्रासंगिकता के महत्त्व को स्वीकारा। लासवेल के राजनीतिक विश्लेषण का उद्देश्य ही मूल्य की खोज है। लासवेल के राजनीतिक विश्लेषण में राजनीतिक व्यवस्था एवं सामाजिक संरचना से संदर्भित शक्ति एवं प्रभाव (Power and Influence) संबंधी अवधारणा की विस्तृत व्याख्या की गयी है और शक्ति एवं प्रभाव को राजनीतिक समाजशास्त्र का केन्द्रीय पदार्थ (Central Stuff) बताया गया है। लासवेल राजनीति को मनुष्य की प्रत्येक क्रियाओं में समाहित मानते हुए राजनीति को 'प्रभाव और प्रभावशालियों का अध्ययन' मानते हैं। लासवेल के शब्दों में–"राजनीति शक्ति को निरूपित करने तथा शक्ति का बंटवारा करने का अध्ययन है एवं राजनीतिक क्रियाशक्ति की पृष्ठभूमि में दिया गया कार्य है।"

राजनीति और समाज की अंतःक्रियाओं के पारस्परिक सम्बन्धों के व्यवहारपरक अध्ययन के लिए डेविड ईस्टन द्वारा प्रतिपादित 'राजनीतिक व्यवस्था उपागम' (Political System Approach), गेब्रियल आल्मण्ड द्वारा प्रतिपादित 'संरचनात्मक–प्रकार्यात्मक उपागम' (Structural-Functional Approach), लूसियन, पाई, आल्मण्ड, कोलमैन, रिग्स, माइनर वीनर, ऐप्टर, और्गेन्सकी, डैकबर्ट, डेनियल लर्नर, सेमुअल पी. हर्टिंग्टन, एल्फ्रेड डायमेण्ट, डोड आदि के सघन प्रयासों के परिणामस्वरूप 'राजनीतिक विकास उपागम' (Political Development Approach), क्लाड वेल्व, रॉबर्ट ई. वार्ड, कोलमैन, एडवर्ड शिल्स आदि के सप्रयासों से 'राजनीतिक आधुनिकीकरण उपागम' (Political Modernisation Approach), लूसियन पाई, सिडनी बर्बा, आल्मंड एंड पावेल, बाल ऐलेन हींज युलाअ, आदि के गहन प्रयासों के परिणामस्वरूप 'राजनीतिक सांस्कृतिक उपागम' (Political Culture Approach), मार्क्स एवं लेनिन द्वारा प्रतिपादित 'मार्क्सवादी–लेनिनवादी उपागम' (Marxist–Leninist Approach), कार्ल डायश का 'राजनीतिक संचार सिद्धांत' (Political Communication Theory), विल्फ्रेड परेटो, गेटानो, मोस्का, हेरोल्ड लासवेल,

सी. राईट मिल्स, रॉबर्ट मिशेल्स, जेम्स बर्नहम आदि के गंभीर प्रयासों से राजनीतिक अभिजन सिद्धान्त (Political Elite Theory) तथा जेनोविट्ज, लीजर फिल्ड द्वारा 'मतदान व्यवहार' (Voting Behaviour) का विश्लेषण प्रस्तुत किया गया जिसने राजनीतिक समाजशास्त्र के स्वतंत्र अनुशासन के रूप में विकसित कराने में उल्लेखनीय भूमिका निभायी।

राजनीतिक समाजशास्त्र के अध्ययन–विश्लेषण संदर्भित उपयुक्त उपागम का मूलसार राजनीतिक व्यवहार के सभी आयामों का सामाजिक, आर्थिक, मनोवैज्ञानिक विश्लेषण करना है। यानी कि सामाजिक–राजनीतिक–आर्थिक संस्थाओं से जुड़े मनुष्य के व्यक्तित्व के विकास से सभी आयामों, सभी साधनों, सभी संभावनाओं पर पैनी नजर रखते हुए राजनीतिक समाजशास्त्र का समृद्ध विचार–प्रवाह दशकों से अहर्निश जारी है। अभी भी यह अनुशासन अपनी शैशवावस्था में है जिसमें विकास की भरपूर संभावनाएं हैं। अनेक संभावनाओं संकल्पों–विकल्पों खंडन–मंडन को साथ लिए इसकी अबाध विकास यात्रा राजनीति और समाज, राजनीतिक व्यवहार, सामाजिक व्यवहार एवं राजनीतिक–सामाजिक सामाजिक–पर्यावरण के मध्य पाए जाने वाले संबंधों की अंतर्लिप्तता की तलाश में भविष्य में भी जारी रहेगी। राजनीतिक समाजशास्त्र के अध्ययन का मूल है राजनीति के सभी आयामों का सामाजिक–मनोवैज्ञानिक विश्लेषण एवं सामाजिक पर्यावरण के अनुकूल राजनीतिक पर्यावरण में यथासंभव परिवर्तन। राजनीतिक समाजशास्त्र राजनीतिशास्त्रीय एवं समाजशास्त्रीय परिवर्त्यों (Variables) की अन्तःक्रियाओं का परिणाम है। एक स्वतंत्र विषय के रूप में राजनीतिक समाजशास्त्र में दोनों विषयों की अन्तर्लिप्तता एवं अन्तर्संबंधों की निरंतरता में एक द्वन्द्वात्मकता (Dialectics) का दर्शन होता है। दोनों विषयों के संबंधों को उन विद्वानों ने भी सचेतन या अचेतन ढंग से स्वीकार है जो सामाजिक विज्ञान की पृथक्ता को जरूरी मानते हैं।

राजनीतिशास्त्र एवं समाजशास्त्र के संबंधों को लेकर एक मौलिक प्रश्न बराबर उठता रहा है कि राजनीतिशास्त्र एवं समाजशास्त्र दोनों में कौन किसको ज्यादा प्रभावित करता रहा है ? इस प्रश्न का उत्तर देने के सप्रयास में दोनों विषयों के विद्वानों का एक बड़ा समुदाय लगा है, जो अपने–अपने संकल्पों–विकल्पों, संभावनाओं, रिश्तों की अन्तर्लिप्तता आधारित उत्तर–प्रत्युत्तर देता रहा है। आधुनिक विशारदों के बड़े समुदाय द्वारा राजनीति के व्यवस्थित अध्ययन के लिए राजनीतिक–सामाजिक तत्त्वों की अन्योन्याश्रितता का पुरजोर समर्थन किया गया है। विद्वानों का जो वर्ग विषय–अध्ययन के लिए राजनीतिक परिवर्त्यों को ज्यादा महत्त्व देता है उनका प्रतिनिधित्व मैकियावेली द्वारा किया गया है और जो राजनीति के व्यवस्थित अध्ययन के लिए समाजशास्त्रीय परिवर्त्यों को ज्यादा महत्त्व देते हैं ऐसे विचारकों में मार्क्स का नाम सर्वोपरि है। मार्क्स के बाद उनके सिद्धान्तों एवं अध्ययन प्रविधियों का समर्थन एवं विरोध जताने वाले विद्वानों की लम्बी कतार है जिसके द्वारा राजनीतिक घटनाओं, परिस्थितियों एवं समस्याओं का विश्लेषण करने के क्रम में सामाजिक परिवर्त्यों की प्रधानता को स्वीकारते हुए राजनीतिक व्यवस्था, राजनीतिक पर्यावरण, राजनीतिक समस्याओं का गंभीर अध्ययन किया गया है। वहीं ऐसे समाजशास्त्रियों की भी लम्बी कतार है जिन्होंने सामाजिक व्यवस्था, सामाजिक समस्या, सामाजिक पर्यावरण के अध्ययन–विश्लेषण में राजनीतिक परिवर्त्यों के महत्त्व को स्वीकारते हुए सामाजिक परिवेशों, घटनाओं, समस्याओं का अध्ययन किया है। ऐसे प्रवर्तकों के गंभीर प्रयासों का क्रमशः आधुनिक राजनीतिविज्ञान एवं आधुनिक समाजविज्ञान के प्रतिपादन में उल्लेखनीय योगदान रहा है।

उपर्युक्त दोनों समुदायों से पृथक् आधुनिक विद्वानों का यह समुदाय है जिसने राजनीतिक एवं सामाजिक परिवर्त्यों के मध्य होने वाली अन्तर्क्रियाओं के परिणामस्वरूप उत्पन्न राजनीतिक समस्याओं, घटनाओं, प्रभावों एवं उससे प्रभावित मानव–व्यवहार का अध्ययन तथा सामाजिक पर्यावरण का राजनीतिक व्यवस्था पर पड़ने वाले प्रभावों एवं महत्त्व का अध्ययन–विश्लेषण सामाजिक व्यवस्था के आलोक में किया है। राजनीति एवं समाज के बीच पाये जाने वाले संबंधों की अन्तर्लिप्तता संदर्भित अध्ययन के गंभीर प्रयासों का परिणाम है राजनीतिक समाजशास्त्र का उद्भव एवं विकास। मानव–जीवन की बुनियादी आवश्यकताओं के मद्देनजर राजनीति और समाज की अन्योन्याश्रितता संदर्भित अध्ययन–विश्लेषण के अथक प्रयासों के परिणामस्वरूप इस विषय ने एक स्वतंत्र अनुशासन का स्वरूप प्राप्त किया और राजनीतिक समाजशास्त्र एक नूतन गत्यात्मक, अन्तःअनुशासनात्मक एवं गुणचयनवादी विषय के रूप में अपनी पहचान बनाने में सफल हुआ।

एक स्वायत्त विषय के रूप में क्रमबद्ध अध्ययन की दृष्टि से राजनीतिक समाजशास्त्र के उद्भव एवं विकास को निम्नांकित स्तरों (Stages) एवं स्त्रोतों (Sources) के क्रम में देखा जा सकता है।

परम्परागत स्रोत : विषय–विस्तार का प्रथम स्तर (Traditional Source : First Stage of Subject Expansion)

ऐतिहासिक दृष्टिकोण से राजनीतिक समाजशास्त्र का बौद्धिक आधार ग्रीक दार्शनिकों के चिंतन में मिलता है। यूनानी विद्वानों में प्लेटो, अरस्तू तथा रोमन विद्वानों के चिंतन में सरकार संबंधी वर्गीकरण की जो चर्चा की गयी है उसमें सामाजिक संस्तरण (Social Stratification) तथा राजनीतिक पद्धति पर उनके प्रकारों एवं प्रभावों की स्पष्ट झलक दिखायी देती है। इन दार्शनिकों के चिंतन में शासन प्रणालियों के वर्गीकरण का आधार राजनीतिक के साथ सामाजिक भी है। मध्ययुग में पोप एवं सामन्तों के मध्य धर्म, राजनीतिक सत्ता एवं संस्थाओं की महत्ता की वजह से छिड़ने वाले संघर्षों के बीच समकालीन रोमन विद्वानों का ध्यान राज्य और समाज के संबंधों की ओर गया। कालान्तर में जब शासन पर राजाओं का आधिपत्य स्थापित हुआ तो बेहतर शासन के उपायों की खोज की जाने लगी।

राजनीतिक विकास के संबंध में प्राचीन ग्रीक एवं रोमनकालीन सिद्धान्त एक ऐसा समाजीय–मनोवैज्ञानिक (Socio-psychological) सिद्धान्त हैं जो शुद्ध शासन–प्रणालियों (Pure Political System)—राजतंत्र, कुलीनतंत्र, जनतंत्र को प्रकृतितः इसलिए राजनीतिक अस्थायित्व से ग्रस्त मानता हैं क्योंकि सामाजिक एवं मनोवैज्ञानिक प्रक्रियाओं से उपजा भ्रष्टाचार उन्हें आसानी से अपनी गिरफ्त में ले लेता है और भ्रष्टाचार का शिकार होते ही इनके स्थायित्व पर प्रश्न चिन्ह लग जाता है। प्लेटो एवं अरस्तू के राजनीति–दर्शन में विभिन्न प्रकार की राजनीतिक पद्धतियों के स्थायित्व–अस्थायित्व की संभावनाओं, परिणामों से जुड़े परिवर्तनचक्र पर गहन एवं व्यापक अध्ययन प्रस्तुत किया गया है, मसलन–जहां प्लेटो के दर्शन का मूल उद्देश्य एक ऐसे आदर्श शासक वर्ग खोज करना है जो राजनीतिक शक्ति का प्रयोग करके एक आदर्श राज्य की स्थापना कर सके। वहीं प्लेटो अपने चिंतन में इस सत्य की चर्चा के प्रति भी सचेत दिखता है कि परिवार की संरचना एवं शिक्षा के स्वरूप के कारण राजनीतिक क्रियाएं किस प्रकार और किस हद तक प्रभावित होती हैं। अरस्तू के दर्शन की यह मान्यता है कि विशेष राजनीतिक व्यवस्था उसी समाज का प्रतिफल होता है जिसमें वह अवस्थित होती है। इसीलिए अपने दर्शन में अरस्तू ने राज्य और समाज के बीच संतुलन बनाये रखने के लिए समाज में होने वाले संपत्ति के वितरण, सामाजिक जीवन में लोगों के जीवन स्तर में पाये जाने वाली विभिन्नताएं एवं राजनीतिक पद्धति के प्रकारों एवं प्रक्रियाओं के बीच पाये जाने वाले वास्तविक संबंधों की खोज की है। अपने अध्ययन को ज्यादा व्यवहारपरक बनाने के लिए अरस्तू ने तुलनात्मक राजनीति के अध्ययन पर बल दिया और तत्कालीन यूनानी राज्यों का तुलनात्मक अध्ययन करके यह स्पष्ट करने का प्रयास भी किया है कि संविधानों की प्रकृति में पायी जाने वाली भिन्नताएं ही राजनीतिक पद्धतियों को स्वभावतः एक दूसरे से अलग करती हैं।

जहां सामाजिक परिस्थितियों का राजनीति पर पड़ने वाले प्रभावों को समझाते हुए प्लेटो का 'रिपब्लिक' इस अवधारणा का प्रतिपादन करता है कि एक आदर्श राजा को सामाजिक परिस्थितियों के प्रभाव से अपने को अलग रखकर एकान्त ग्रहण करना चाहिए तभी वह आदर्श राज्य की स्थापना कर सकेगा। वहीं अरस्तू अपनी रचना 'पालिटिक्स' में राज्यों के संविधानों का तुलनात्मक अध्ययन करते हुए इस निष्कर्ष पर पहुंचता है कि संविधानों के पतन को रोकने में समाज का मध्यमवर्ग मुख्य भूमिका निभाता है। अरस्तू ने एक व्यक्ति के सामान्य कोटि के शासन को राजतंत्र (Monarchy) की संज्ञा दी है। अरस्तू ने सामान्य स्थिति में राजतंत्र को उत्तम शासन कहा है, लेकिन साथ ही साथ यह भी कहा कि राजा की शक्ति पर किसी प्रकार का नियंत्रण नहीं होने की वजह से यह धीरे–धीरे भ्रष्ट होकर नृशंसतंत्र (Tyranny) में बदल जाता है। अरस्तू के विचार में ऐसे शासन के अस्तित्व में आने पर राज्य में विद्रोह पनपता है। ऐसी स्थिति में समाज के कुछ गिने–चुने लोग विशेषकर धनवान लोग नृशंस शासक को हटाकर अभिजाततंत्र (Aristocracy) की स्थापना करते हैं। यह समाज के कुछ गिने–चुने लोगों का सामान्य कोटि का शासन है। अरस्तू ने सामान्य स्थिति में अभिजाततंत्र को उत्तम कहा है लेकिन इस तंत्र में भी शासकों पर कोई अंकुश न होने की वजह से शासक वर्ग धीरे–धीरे स्वार्थी होते जाते हैं जिससे गुटतंत्र (Oligarchy) अस्तित्व में आता है। गुटतंत्र अभिजाततंत्र का भ्रष्ट रूप होता है। इसके विरुद्ध भी जनसाधारण

में विद्रोह पनपता है जिसके परिणामस्वरूप गुटतंत्र की जगह बहुतंत्र (Polity) स्थापित हो जाता है। अरस्तू के बहुतंत्र का अभिप्राय है बहुत सारे लोगों का विशेषकर निर्धन लोगों का सामान्य कोटि का शासन। लेकिन अरस्तू के दर्शन में सत्ता का परिवर्तनचक्र यहां भी नहीं थमता है। उनके अनुसार आगे चलकर सामान्य लोगों के मन में भी स्वार्थ की भावना घर कर जाती है। जनसाधारण में विवेक की कमी की वजह से बहुतंत्र भी भ्रष्टतंत्र में परिवर्तित हो जाता है जिसे अरस्तू ने लोकतंत्र (Democracy) का नाम दिया है। अरस्तू के लोकतंत्र की धारणा आधुनिक लोकतंत्र की अवधारणा से भिन्न है। अरस्तू का कहना है कि शासन के परिवर्तन का सिलसिला यहां भी नहीं थमता है और कोई समझदार सुलझा हुआ विवेकी (Rational) राजनीतिज्ञ भ्रष्ट लोकतंत्र को हटाकर पुनः राजतंत्र स्थापित कर देता है। अरस्तू के राजनीतिक दर्शन का सार यही है कि कोई भी शासन–प्रणाली स्थिर नहीं रहती है क्योंकि सामाजिक परिस्थितियों में निरंतर आने वाला बदलाव उसे स्थिर रहने ही नहीं देता है।

राजनीतिक समाजशास्त्र की एक मुख्य अवधारणा अभिजन सिद्धान्त (Elite Theory) जिसमें विलफ्रेड परेटो (Vilfredo Pareto) एवं 'गेटानो मोस्का' (Gaetano Mosca) जैसे अभिजनवादियों ने 'अभिजनों का परिसंचरण' (Circulation of Elite) को अवश्यमभावी माना है, कहीं न कहीं इस अवधारणा की बुनियाद अरस्तू द्वारा प्रतिपादित शासन–प्रणालियों का परिवर्तन चक्र है। अरस्तू द्वारा प्रतिपादित शासन–प्रणालियों के परिवर्तनचक्र को निम्नांकित रेखाचित्र के प्रसंग में समझा जा सकता है।

अरस्तू द्वारा प्रतिपादित शासन–प्रणालियों का परिवर्तनचक्र
(Aristotle's Cycle of Change of Government)

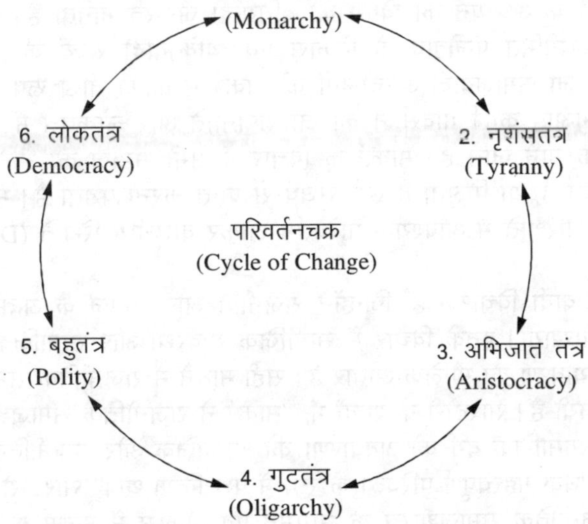

राजनीतिक समाजशास्त्र के स्वायत्त अस्तित्व निर्माण को बुनियादी आधार प्रदान करने में इतालवी राजनीतिक दार्शनिक मैकियावेली (Machiavelli) के दर्शन का योगदान भी उल्लेखनीय है, जिन्हें आधुनिक राजनीतिक अवधारणा के जनक (Father of Modern Political Thought) की संज्ञा दी गयी है। मैकियावेली ने अपने दर्शन में सैद्धान्तिक राजनीति की जगह व्यावहारिक राजनीति को तरजीह (Preference) दिया और अपने चिन्तन में राजनीति का वास्तविक चेहरा दर्शाया। राजनीति संदर्भित अपने प्रतिपादित सिद्धान्तों की वजह से उनकी कटु आलोचनाएं हुईं। मैकाले ने अपनी आलोचना में 'मैकियावेलीवाद' को आधुनिक राजनीति में व्याप्त महत्त्वाकांक्षा,

प्रतिशोध, धूर्तता, धोखाधड़ी भ्रष्टाचार आदि का आविष्कारक और प्रचारक कहा और उन्हें लोकमत को दूषित करने वाला एवं राजनीतिक वातावरण को विषैला बनाने वाला बताया। वहीं मैक्सी ने व्यवहारवादी राजनीति के अध्ययन में मैकियावेली के महत्त्व एवं योगदान पर प्रकाश डालते हुए लिखा है, ''उसने राजनीति की नैतिकता को भ्रष्ट नहीं किया, ऐसा तो शताब्दियों पूर्व हो चुका था। उसने तो सिर्फ बहुत प्रशंसनीय और निर्मम स्पष्टवादिता के साथ उन षडयंत्रों का पर्दाफाश किया है जो ऊँचे–ऊँचे पदों पर आसीन लोगों द्वारा रचे जाते थे। उसने ऐसा करके राजनीति दर्शन को मध्ययुग के 'पांडित्यपूर्ण अस्पष्टवाद' से बचाने में बहुत योगदान दिया, इसलिए उसे आधुनिक युग के महान् राजनीतिक चिन्तकों में सर्वश्रेष्ठ नहीं, तो प्रथम चिन्तक अवश्य माना जाना चाहिए।'' मैकियावेली ने 'शासन की कला' (Art of Government) पर अपने विचार प्रस्तुत करते हुए यह सुझाव दिया कि किसी भी देश के लिए उपयुक्त शासन–प्रणाली का निर्णय करते समय वहां के लोगों के चरित्र (Character) को ध्यान में रखना आवश्यक है। इनके विचार में जिस देश के लोग सच्चरित्र हों वहां के लिए गणतंत्र (Republic) उपयुक्त होगा जो सर्वोत्तम शासन प्रणाली है, लेकिन जहां के लोग बेहद स्वार्थी और लालची प्रवृत्ति के हों उन्हें नियंत्रण में रखने के लिए राजतंत्र ही ठीक रहेगा। मैकियावेली के शब्दों में, ''लोग अपने पिता की मृत्यु को जितनी जल्दी भूल जाते हैं पैतृक संपत्ति की हानि को उतनी जल्दी नहीं भूल पाते हैं। ऐसे लोगों के साथ व्यवहार करते समय राजा को केवल सच्चरित्रता का ढोंग करना चाहिए और समय आने पर उस ढोंग से स्वयं को मुक्त कर लेना चाहिए।'' मैकियावेली के शब्दों में, ''राजा को शेर की तरह बहादुर और लोमड़ी की तरह चतुर होना चाहिए।''

राजनीतिक समाजशास्त्र के जन्म का बुनियादी आधार है राज्य की राजनीति और समाज के बीच का अन्योन्याश्रय संबंध, राजनीतिक पर्यावरण और सामाजिक पर्यावरण के मध्य पायी जाने वाली अन्तर्लिप्तता जिसकी जड़ें मैकियावेली दर्शन से जुड़ी हैं। मैकियावेलीवाद शासन–प्रणाली के प्रकार और उसकी सफलता को जनता के चरित्र और स्वभाव से जोड़कर देखने की वकालत करता है और आधुनिक राजनीति विज्ञान एवं राजनीतिक समाजशास्त्र मानव–व्यवहार के अध्ययन को विषय की बुनियादी जरूरत मानता है।

राजनैतिक स्तर पर असीमित पूंजीवाद के विकास एवं व्यक्तिवादी राज्य की अवधारणा के विरुद्ध तीव्र प्रतिक्रियाएं व्यक्त की गयीं जो समाजवादी आन्दोलनों की शक्ल में काफी तीखे रूप में सामने आयीं। राजनीति की इस नई प्रवृत्ति की अगुआई कार्ल मार्क्स ने की जो राजनीति और लोकतंत्र में समाजवादी अवधारणा की जन्म एवं विकास के प्रतीक माने जाते हैं। मार्क्स के विचार में सभी समाज का अन्तिम लक्ष्य विकास होता है जो कहीं ऊपर से नहीं आता है, या मिलता है उसे संघर्ष से प्राप्त करना पड़ता है। मार्क्स के विचार में विकास का सही अर्थ है वर्तमान परिस्थिति में आवश्यक परिवर्तन लाकर वांछनीय स्थिति (Desirable Situation) प्राप्त करना।

कार्ल मार्क्स वो समाजवादी विचारक हैं, जिन्होंने राजनीति और समाज के आंतरिक संबंधों का वास्तविक चेहरा राजनीतिशास्त्र को दिखाया। इनके विचार में सामाजिक व्यवस्था और सामाजिक पर्यावरण ही राजनीतिक व्यवस्था और राजनीतिक पर्यावरण का मौलिक आधार है। सही मायने में राजनीतिक समाजशास्त्र के जन्म के लिए मार्क्सवादी दर्शन ही उत्तरदायी है। सारटोरी के शब्दों में, ''मार्क्स ने राजनीतिक समाजशास्त्र की आधारशिला तभी रख दी थी, जबकि उसने सामाजिक वर्ग की अवधारणा को सामाजिक और राजनीतिक यथार्थताओं की व्याख्या और विश्लेषण के लिए सर्वाधिक महत्त्वपूर्ण परिवर्त्य के रूप में पेश किया था।'' सारटोरी के इन शब्दों से इस तथ्य को बल मिलता है कि राजनीतिक समाजशास्त्र के आगमन एवं विकास में मार्क्स का योगदान उल्लेखनीय है। मार्क्स एवं अन्य समाजवादी विचारकों ने समाज के राजनीतिक एवं आर्थिक दोनों संस्थाओं के पृथक्–अध्ययन करने की मांग को गलत ठहराया है।

फ्रेंच विचारक मॉण्टेस्क्यू का राजनीतिक दर्शन भी राजनीतिक समाजशास्त्र के उद्‌भव एवं विकास में उल्लेखनीय महत्त्व रखता है जिन्होंने राजनीति का वास्तविक अध्ययन उसी व्यापक सामाजिक परिवेश और सांस्कृतिक संदर्भ में करने की वकालत की है जिसमें वह क्रियाशील होती है। मॉण्टेस्क्यू के विचार में सामाजिक

परिवेश और सांस्कृतिक संदर्भ के अंतर्गत समाज के रीति–रिवाज, आचार–विचार, आदर्श–नैतिकता, परम्पराएं, रूढ़ियां, आस्थाएं आदि आती हैं जिनका राजनीतिक संस्थाओं, सत्ता एवं कानूनों पर गहरा प्रभाव पड़ता है। इन्होंने अपने दर्शन में राजनीति पर भौतिक एवं सामाजिक परिस्थितियों के पड़ने वाले प्रभाव का सटीक चित्रण किया है जो राजनीतिक समाजशास्त्र के जन्म के लिए प्रेरणा स्रोत हैं।

फ्रेंच विद्वान अगस्त कॉम्टे को आधुनिक समाजशास्त्र का पिता (Father of Modern Sociology) का स्थान दिया गया है। काम्टे दर्शन इस बात पर जोर देता है कि समस्त सामाजिक घटनाएं एक दूसरे से सम्बद्ध हैं इसलिए किसी एक घटना का अध्ययन करने से संपूर्ण समाज का अध्ययन नहीं हो सकता है। कॉम्टे का उद्देश्य था–समाज के वास्तविक अध्ययन के लिए अनुभवात्मक वैज्ञानिक पद्धति का विकास एवं प्रयोग करना। सामाजिक घटनाओं की सत्यता को जानने–परखने के लिए कॉम्टे तथा उसके समकालीन विद्वानों ने राजनीतिक एवं आर्थिक परिवर्त्यों की अन्तर्लिप्तता पर जोर दिया जिससे राजनीतिशास्त्र एवं अर्थशास्त्र के बीच पाये जाने वाले संबंधों को भी एक नई दिशा मिली। कॉम्टे और उनके समकालीन समाजशास्त्रियों के इसी सप्रयास की सफलता का परिणाम हैं–आधुनिक समाजशास्त्र एवं राजनीतिक समाजशास्त्र का जन्म और उसकी प्रगति। आधुनिक समाजशास्त्र समाज की राजनीतिक, आर्थिक, सांस्कृतिक, सभी संस्थाओं की सभी क्रियाओं, प्रतिक्रियाओं, व्यवहारों को समस्त समाज की क्रियाओं एवं व्यवहारों के रूप में अध्ययन करता है और इन संस्थाओं की सभी क्रियाओं एवं व्यवहारों के अध्ययन–विश्लेषण के लिए उन सभी सामाजिक उपकरणों का प्रयोग करता है जिनका प्रयोग समाजशास्त्री रक्त–संबंध से जुड़ी संस्थाओं, समुदायों, समूहों, जातियों, वर्गों के अध्ययन के लिए करते हैं। अर्थात् समाजशास्त्र अपने उद्‌भव के समय से ही समाज के अध्ययन के साथ राजनीतिक संस्थाओं एवं उनकी प्रक्रियाओं का अध्ययन कर रहा है। आधुनिक राजनीतिशास्त्रियों का यह मानना है कि राजनीतिक प्रक्रियाओं के यथार्थ के अध्ययन के लिए मनोवैज्ञानिक एवं समाजशास्त्रीय पद्धति का प्रयोग करना चाहिए। अनेक राजनीतिक विद्वानों द्वारा राजनीति की वास्तविकता को जानने–समझने के लिए उन समाजशास्त्रीय सिद्धान्तों की प्रविधियों का प्रयोग किया गया है जो राजनीतिक परिवर्त्यों, राजनीतिक व्यवहारों, राजनीतिक घटनाओं के अध्ययन से संबद्ध होता है। विद्वानों के इसी प्रयास की वजह से राजनीतिक समाजशास्त्र एक स्वायत विषय के रूप में अपनी पहचान बना चुका है। यह अनुशासन दोनों सामाजिक विज्ञानों के अन्योन्याश्रय संबंध का परिणाम है। वस्तुतः, राजनीतिक समाजशास्त्र का उद्‌भव एवं विकास राज्य, राजनीतिक सत्ता, समाज की प्राथमिकताएं, व्यवहार, महत्त्व, घनिष्ठता एवं इनके बीच अन्योन्याश्रितता को लेकर निरंतर चलने वाले विवाद, वैचारिक बहस, मत–मतांतर, खण्डन–मण्डन का समाधान खोजने के गंभीर प्रयासों के फलस्वरूप हुआ है। लेकिन, अन्ततः दोनों शास्त्रों के विद्वानों द्वारा इस विवाद को नकारा गया, तभी तो राजनीतिशास्त्र के अनुभववादी, व्यवहारवादी अध्ययन की परम्परा शुरू हुई और अन्तःअनुशासनात्मक पद्धति का प्रयोग करते हुए राजनीतिशास्त्र के विद्वानों ने अन्य सामाजिक विज्ञानों की व्यवहारवादी, अनुभववादी प्रविधियों (Behavioural–Empirical Techniques) का प्रयोग अपने अध्ययन–विश्लेषण के लिए प्रयोग करना शुरू किया। लेकिन, विवादों के समाधान के प्रयासों के बावजूद अध्ययन तकनीक के प्रयोग एवं विश्लेषण के स्तर पर दोनों सामाजिक विज्ञानों के महत्त्व की प्राथमिकताओं को लेकर विद्वानों के एक बड़े समुदाय में निरंतर गहरा असंतोष बना रहा। समाजशास्त्रियों द्वारा सामाजिक परिवर्त्यों को प्राथमिकता देने पर जोर दिया जाता रहा तो राजनीतिशास्त्रियों द्वारा राजनीतिक परिवर्त्यों को अध्ययन में प्रधानता देने की ठोस पहल की गयी।

राजनीतिक समाजशास्त्र के जन्म के आरंभिक काल में अधिकांश समाजशास्त्रियों ने विषय के अध्ययन–विश्लेषण में सामाजिक परिवर्त्यों मसलन–सामाजिक वर्ग, समूह, समुदाय–जाति, धर्म आदि को प्रधानता दी, तो व्यवहारवादी राजनीतिशास्त्रियों ने राजनीतिक समाजशास्त्र के अध्ययन में समाजशास्त्रीय परिवर्त्यों की जगह राजनीतिक परिवर्त्यों मसलन–राज्य, राजनीतिक सत्ता, शक्ति, प्रभाव, राजनीतिक संस्थाओं, कानून आदि को प्राथमिकता दी। अध्ययन में समाजशास्त्रीय परिवर्त्यों को प्रमुखता देने वालों पैरोकारों ने विषय को 'राजनीति का समाजशास्त्र' (Sociology of Politics) नाम दिया और राजनीतिक परिवर्त्यों को प्रधानता देने वाले पैरोकारों ने इसे राजनीतिक समाजशास्त्र (Political Sociology) की संज्ञा दी। जहां राजनीतिक समाजशास्त्र का अध्ययन राजनीतिक

घटनाओं, समस्याओं, व्यवहारों, परिस्थितियों का समाजशास्त्रीय अध्ययन है, वहीं राजनीतिक समाजशास्त्र एक वर्णसंकर अनुशासन (Hybrid discipline) है, एक अन्तर्विषयक (Inter-disciplinary) मिश्रण है जो राजनीतिक एवं सामाजिक चरों को समान महत्त्व देता है। और समाज के सामाजिक, आर्थिक, सांस्कृतिक, धार्मिक पर्यावरण से उत्पन्न तनावों, संघर्षों, विवादों, समस्याओं, प्रभावों का राजनीतिक परिप्रेक्ष्य में अध्ययन करता है। यह राज्य एवं समाज की अन्तःक्रियात्मकता (Interaction) का अध्ययन करने वाला ऐसा अनुशासन है जो राजनीतिक एवं सामाजिक व्याख्यात्मक चरों (Variables) को मिश्रित कर मानवीय व्यवहार, अभिवृत्तियों, मान्यताओं, परम्पराओं, मूल्यों, विश्वासों, घटनाओं, समस्याओं एवं संस्थाओं का विशद् विवरण प्रस्तुत करते हुए अध्ययन–विश्लेषण करके प्रतिमानों का ज्ञान कराता है।

परिभाषा एवं विस्तार का द्वितीय स्तर
(Second Stage of Extention and Definition)

राजनीतिक का समाजशास्त्र *बनाम* राजनीतिक समाजशास्त्र
(Sociology of Politics *vs.* Political Sociology)

राजनीतिक समाजशास्त्र के उद्‌भव की स्थिति तब बनी जब राजनीतिशास्त्र एवं समाजशास्त्र के प्रतिच्छेदन बिंदु (Point of Intersection) पर राजनीतिशास्त्रीय एवं समाजशास्त्रीय दृष्टिकोण का मिलान हुआ। प्रारंभिक दौर में प्लेटो एवं अरस्तू और बाद में मैक्स वेबर एवं वर्तमान काल में लिप्सेट तथा उनके समकालीन विद्वानों को राजनीतिक समाजशास्त्र के जन्म का श्रेय जाता है। 'राजनीति का समाजशास्त्र एवं राजनीतिक समाजशास्त्र' के बीच अंतर की विभाजक–रेखा के स्पष्टीकरण की समस्या एवं समाधान पर 'एन.आई. स्मेलसर (N.I. Smelser), निसबेत (Nisbet), ग्रियर तथा ओरलियन्स, लेविस कोजर, लिप्सेट आदि द्वारा व्यक्त विचारों की चर्चा पूर्व में की जा चुकी है।

राजनीति का समाजशास्त्र एवं राजनीतिक समाजशास्त्र इन दोनों पदों के संबंध में विद्वानों का मत–मतांतर एवं स्वायत्त विषय के रूप में राजनीतिक समाजशास्त्र के विकास का दूसरा स्तर है। दोनों पद समानार्थी (Synonymous) हैं या एक दूसरे से पृथक् (Separate), ये विद्वानों के बीच विवाद का विषय रहा है। मॉरिस डुवर्जर (Mourice Duverger) तथा रूसीमेन (W.G. Runciman) उन विद्वानों में हैं जो दोनों पदों को समानार्थी मानते हैं, जिन्हें राजनीति के समाजशास्त्र की अगुआई करने का श्रेय दिया जाता है। राजनीति का समाजशास्त्र राजनीतिक व्यवहारों की व्याख्या गैर–राजनीतिक कारकों के आलोक में करता है। लेकिन सारटोरी राजनीतिक समाजशास्त्र को समाजशास्त्र की शाखा बताने वाले पैरोकारों के विरोधी और राजनीति की स्वायत्तता के समर्थक हैं। इन्होंने 'राजनीति का समाजशास्त्र एवं राजनीतिक समाजशास्त्र में अंतर स्थापित किया है।'

लिप्सेट (Lipset) समाजशास्त्रियों में शायद अपवाद हैं। इनका छोड़कर अधिकांश समाजशास्त्रियों ने राजनीतिक समाजशास्त्र के अध्ययन में समाजशास्त्रीय परिवर्त्यों को ज्यादा महत्त्व दिया है। राजनीतिक समाजशास्त्र को परिभाषित करते हुए लिप्सेट कहते हैं, "राजनीतिक समाजशास्त्र की परिभाषा एक ऐसे सामाजिक विज्ञान के रूप में की जा सकती है जो समाज एवं राज्य व्यवस्था, सामाजिक संरचना एवं राजनीतिक संस्थाओं की अन्तर्क्रियात्मकता का अध्ययन करता है।" लिप्सेट द्वारा रचित सभी पुस्तकों में राजनीतिक समाजशास्त्र की इसी परिभाषा का जिक्र है। राजनीतिशास्त्र एवं समाजशास्त्र के संयोग से विकसित एक स्वायत्त अन्तःशास्त्रीय विषय के रूप में राजनीतिक समाजशास्त्र को प्रतिस्थापित करते हुए लिप्सेट ने लिखा है, "राजनीतिक समाजशास्त्र को समाज और राजव्यवस्था तथा सामाजिक संरचनाओं एवं राजनीतिक संस्थाओं के अंतर्संबंधों के अध्ययन के रूप में परिभाषित किया जा सकता है।" आगे उसने लिखा है कि "राजनीतिक समाजशास्त्र एक अन्तर्विषयक वर्णसंकर है जो सामाजिक एवं राजनीतिक परिवर्त्यों को अपने–अपने क्षेत्रों में स्वायत्त मानते हुए उनमें

पाये जाने वाले घनिष्ठ अंतर्संबंधों के आधार पर उन्हें मिलाने की तथा संबंधित करने की कोशिश करता है ताकि सामाजिक एवं राजनीतिक घटनाओं की व्याख्या की जा सके।''

उपर्युक्त परिभाषाएं इस तथ्य का स्पष्टीकरण करती हैं कि एक स्वायत्त अनुशासन के रूप में राजनीतिक समाजशास्त्र के विश्लेषण में सामाजिक एवं राजनीतिक दोनों परिवर्त्यों को एक समान महत्त्व दिया जाता है। राजनीतिक समाजशास्त्र के अध्ययन का प्रतिपाद्य विषय केवल वे ही सामाजिक कारक नहीं हैं जो राजनीतिक व्यवस्था के निर्धारण के लिए महत्त्वपूर्ण हैं, बल्कि यह विषय अपने अध्ययन–विश्लेषण में राजनीतिक संरचनाओं, संस्थाओं द्वारा सामाजिक क्रियाओं, प्रतिक्रियाओं एवं व्यवहारों पर पड़ने वाले प्रभावों को भी बराबर का महत्त्व देता है। राजनीतिक समाजशास्त्र राजनीतिक एवं समाजशास्त्रीय परिवर्त्यों के बीच अर्थपूर्ण संबंध स्थापित करते हुए राजनीतिक संस्थाओं, घटनाओं, समस्याओं, व्यवहारों का तथ्यात्मक, धारणात्मक–विवरणात्मक अध्ययन–विश्लेषण करता है।

विषय–विस्तार का तीसरा स्तर : राजनीति का व्यापक अर्थबोध (Third Stage of Subject Expansion : Extensive Meaning of Politics)

राजनीतिशास्त्र एवं राजनीतिक समाजशास्त्र पर तार्किक अनुभववाद का जो व्यापक असर 20वीं सदी में दिखाई देता है उसकी शुरूआत 1920 ई. के बाद मौरिज श्लीक (Moritz Schlick) के नेतृत्व में वियना स्कूल (Vienna School) से हुई थी। अरस्तू ने अपने चिंतन में राजनीति को सर्वोच्च विज्ञान (Master Science) की संज्ञा दी है। राजनीतिक समाजशास्त्र के उद्‌भव एवं विकास का प्रथम स्तर विश्लेषण का स्तर (Analytical Level) था, जिसमें मुख्यतः इस विषय पर विवाद रहा कि दोनों सामाजिक विज्ञानों के सिद्धान्तों, मान्यताओं का विश्लेषण में प्रयोग होना चाहिए या नहीं। वस्तुतः, इस विषय पर भी गहरा विवाद रहा कि दोनों में से किस विषय के परिवर्त्यों को अध्ययन में ज्यादा महत्त्व दिया जाए।

विस्तार का दूसरा स्तर विषय के नामकरण से संबंधित विवादों में उलझा दिखाई देता है। कुछ समाजशास्त्रियों द्वारा इसे राजनीति के समाजशास्त्र की संज्ञा दी गयी तो अधिकांश द्वारा इसे राजनीतिक समाजशास्त्र का नाम दिया गया और दोनों विषयों से संदर्भित परिवर्त्यों के अध्ययन में समान महत्त्व देने को स्वीकार किया गया। यथार्थतः एक विषय के रूप में राजनीतिक समाजशास्त्र के स्वायत्त पहचान का इतिहास राजनीति की समाजशास्त्रीय अवधारणा का विस्तार है। विषय–विस्तार के इस स्तर में अनुभववादी राजनीतिशास्त्रियों का बोलबाला रहा। व्यवहारवादी राजनीतिशास्त्री एवं आधुनिक समाजशास्त्री दोनों का अध्ययन–दृष्टिकोण उदार था। दोनों के विचारकों ने दोनों विषयों के परिवर्त्यों की प्रधानता को अपने अध्ययन–विश्लेषण में समान महत्त्व दिया और प्रमाण के रूप में राजनीति के अर्थक्षेत्र को व्यापक बनाया जिसमें राजनीति के साथ गैर–राजनीतिक (सामाजिक) संदर्भ के अध्ययन को भी बराबर का महत्त्व दिया।

दोनों विषयों के अनुभववादी विचारकों द्वारा अध्ययन–विश्लेषण में नयी तकनीकों, मान्यताओं, प्रविधियों का प्रयोग करके राजनीति के व्यापक अर्थ को स्वीकारा गया। राजनीति के व्यापक अर्थबोध की वजह से राजनीति और समाज के बीच तथ्यात्मक अन्योन्याश्रय संबंधों में व्यवाहारिकता की बातें होने लगीं। राजनीतिक और सामाजिक दोनों शब्द समानार्थक बन गए। राजनीति सामाजिक जीवन की बुनियादी क्रिया (Activity) बन गयी। व्यापक अर्थबोध के रूप में यह कहा गया कि राजनीति समाज को जोड़ने वाला कारक (Politics is the Integrative Dimension of Society) है। राजनीति वह उपव्यवस्था (Subsystem) है जिसके माध्यम से मानव क्रियाओं का संबंध दर्शाया जाता है। राजनीति में वही सब तत्त्व पाये जाते हैं जो मनुष्य के व्यक्तित्व में विद्यमान होते हैं। मसलन–अभिलाषा (Ambition), इच्छा (Will), उत्तेजना (Passion), घृणा (Hatred), प्रेम (Love), प्रतिस्पर्धा (Rivaley), सीखना (Learning), ज्ञान (Knowledge), तर्क (Logic), निष्कर्ष (Inference) आदि। विद्वानों का मत है कि राजनीति में विवेकयुक्त तत्त्वों (Rational Elements) के साथ–साथ अविवेकी तत्त्व (Irrational Element) भी

समान रूप से पाए जाते हैं। लेकिन, इससे राजनीति की प्रक्रिया बाधित नहीं होती है। इसका बहाव हमेशा बना रहता है। अपने व्यापक अर्थ में राजनीति समाज का मूल्यांकन है, समाज के संचालन का माध्यम है, सामाजिक प्रसंगों, प्रासंगिक प्रश्नों, समस्याओं, घटनाओं एवं सामाजिक पर्यावरण को प्रभावित करने वाले सभी मुद्दों का गंभीर चिंतन है। तभी तो राजनीति को विवेकयुक्त विश्लेषणात्मक विज्ञान (Rational Analytical Science) कहा गया है। इसके सामाजिक संदर्भ पर प्रकाश डालते हुए बर्नाड क्रिक ने कहा है, ''राजनीति एक ऐसा विज्ञान या सामाजिक क्रिया है जो अन्य विज्ञानों व क्रियाओं की रक्षा करती है, बिना किसी को नुकसान पहुंचाए, सबका पोषण करती है और मनुष्य को सभ्य बनाती है।'' आगे क्रिक का यह भी कहना है, ''राजनीति विभाजित समाजों में बिना आवश्यक हिंसा के शासन करने का एक तरीका है।''

राजनीतिक समाजशास्त्र के विस्तार संदर्भित इस स्तर में राजनीति को व्यापक अर्थबोध प्रदान करने वाले आधुनिक विचारकों में हेराल्ड लासवेल रॉबर्ट डॉल, हरबर्ट साइमन, मैक्स वेबर आदि का नाम उल्लेखनीय हैं, जिन्होंने राजनीति का अध्ययन 'शक्ति विज्ञान' के रूप में किया है। इनके राजनीति संदर्भित–विश्लेषण का बुनियादी विषय दृश्य शक्ति (Phenomenal Power) का अध्ययन है जो तथ्यविषयक होता है। लासवेल से पूर्व मैक्स वेबर ने शक्ति को परिभाषित करते हुए कहा है, कि ''शक्ति से उन अवसरों का बोध होता है जिनके बल पर कोई व्यक्ति या व्यक्तिजन दूसरों के विरोध के बावजूद सामुदायिक कार्यवाहियों में अपनी इच्छा को क्रियान्वित करा लेता है, चाहे विरोध करने वाले लोग स्वयं भी उन कार्यवाहियों में भाग क्यों न लें।'' अनुभववादी राजनीतिशास्त्र एवं राजनीतिक समाजशास्त्र के क्षेत्र विस्तार एवं अध्ययन प्रविधियों पर जिन तीन विद्वानों का गहरा प्रभाव पड़ा उनके नाम है–हरबर्ट साईमन, हेराल्ड लासवेल एवं रॉबर्ट डॉल। ये तीनों व्यवहारवादी तार्किक अनुभववाद के प्रतिनिधि–विश्लेषक के रूप में जाने जाते हैं, लेकिन तीनों ने तार्किक अनुभववाद का प्रतिनिधित्व तीन रूपों में किया है। हरबर्ट साईमन का तार्किक अनुभववाद अतिवादी है, जबकि वामपंथ के समर्थक हेराल्ड लासवेल का तार्किक अनुभववाद मध्यममार्गी है एवं रॉबर्ट डॉल का तार्किक अनुभववाद दक्षिणपंथी है। अनुभववादी व्यवहारवादियों में संभवतः लासवेल वह नाम है जिन्होंने राजनीतिशास्त्र को 'विज्ञान' का दर्जा दिलाने के लिए अपनी शोध–प्रविधियों में सबसे पहले तार्किक अनुभववाद के महत्त्व को स्वीकारा। लासवेल के राजनीतिक विश्लेषण का उद्देश्य 'समाज के मूल्यों की खोज' है। इन्होंने तार्किक अनुभववाद का प्रयोग करके राजनीतिशास्त्र के अध्ययन क्षेत्र का विस्तार किया और राजनीति को सीधे तौर पर समाज से जोड़ा। राजनीति को 'प्रभाव और प्रभावशालियों' (Influence and Influential) का अध्ययन मानते हुए वे इसे मनुष्य की सभी क्रियाओं में समाहित मानते हैं। लेकिन लासवेल राजनीति संदर्भित 'प्रभाव और प्रभावशालियों' के अध्ययन–विश्लेषण को सिर्फ राजनीतिक संस्थाओं तक सीमित नहीं मानते हैं, बल्कि हर प्रकार के मानवीय संगठन के प्रत्येक स्तर पर और प्रत्येक क्रियाओं में इसके अस्तित्व भाव (Existence) की तथ्यात्मकता को भी स्वीकारते हैं। मनुष्य के वैयक्तिक एवं सामूहिक क्रियाओं के सभी आयामों को राजनीति के अध्ययन–विश्लेषण में शामिल करके एकतरफ जहां इन्होंने राजनीति को सर्वव्यापी (Comprehensive) अर्थ दिया वहीं समाज के मूल्यों की खोज को अपने राजनीतिक विश्लेषण का बुनियादी आधार बनाकर राजनीतिक समाजशास्त्र, को एक स्वायत्त अनुशासन के रूप में विस्तारित होने के लिए तथ्यात्मक आधार प्रदान किया। इस संदर्भ में लासवेल का कथन है, ''राजनीति समाज के मूल्य प्रतिमानों के स्वरूप और गठन में होने वाले परिवर्तनों का अध्ययन है।'' इनकी विश्लेषणात्मक खोज के आधार पर बुनियादी रूप से सामाजिक मूल्य तीन हैं–सुरक्षा (Safety), संपत्ति (Income) और सम्मान (Respect)। लासवेल के विचार में सामाजिक व्यवस्था में थोड़े से लोग इन मूल्यों के अधिकांश हिस्से का सुख भोगते हैं जो अभिजन (Elite) हैं और शेष यानी कि जनसाधारण (Mass) बुनियादी जरूरतों से भी वंचित रहते हैं जिसकी वजह से सामाजिक परिवर्त्य राजनीतिक परिवर्त्यों पर गहरा प्रभाव डालता है।

रॉबर्ट डॉल ने तार्किक अनुभववाद की रूढ़िवादिता (Conservatism) की जगह पारम्परिक समाजीय–राजनीतिक चिन्तन (Traditional Socio-political Thinking) को अपने तार्किक अनुभववादी विश्लेषण का आधार बनाया है। इसीलिए रॉबर्ट डॉल का समाजीय–राजनीतिक विश्लेषण (Socio-political Analysis) राजनीतिक समाजशास्त्र के विस्तार का वह सीमाचिन्ह है जहां सामाजिक–राजनीतिक घटनाओं एवं समस्याओं के निदान के लिए

अनुसंधानों–अन्वेषणों का समूहीकरण हुआ है। राजनीति को व्यापक अर्थबोध प्रदान करते हुए राजनीतिक समाजशास्त्र के विस्तार में रॉबर्ट डॉल का सबसे अहम् योगदान यह रहा है कि इन्होंने पारम्परिक राजनीतिक सिद्धान्त एवं तथ्यात्मक अनुभववादजन्य तकनीकों, आंकड़ों, तथ्यों के बीच सेतु बनाते हुए राजनीतिक समाजशास्त्र के अध्ययन–विस्तार के सभी आयामों को नई दिशा दी है। रॉबर्ट डॉल के शब्दों में, ''राजनीतिक पद्धति के मानवीय व्यवहारों से वैसी किसी भी स्थायी प्रतिमान (Pattern) का बोध होता है जो एक विशिष्ट सीमा तक शक्ति, शासन तथा सत्ता से संबंधित है।''

अनुभववादी विद्वानों की उपयुक्त परिभाषाओं का सार यह है कि विस्तार के इस क्रम में राजनीतिक समाजशास्त्र का अस्तित्व एक स्वायत्त विषय के रूप में पूरी तरह विकसित हुआ। लेकिन यह विषय अभी भी अपनी बाल्यावस्था में ही है जिसमें अभी विकास की असीम संभावनाएं हैं। हालांकि कुछ विद्वानों ने राजनीति के व्यापक अर्थबोध के विरुद्ध आपत्ति जताते हुए यह तर्क दिया कि उपर्युक्त अवधारणा की वजह से राजनीति के अध्ययन–विश्लेषण में राज्य एवं राजनीतिक संस्थाओं का महत्त्व गौण हो जाता है। इस अवधारणा का विरोध करने वालों में बेनडिक्स (Bendix) का नाम उल्लेखनीय है। बेनडिक्स के शब्दों में, ''यदि हम राजनीति को सामाजिक रूप से परिभाषित संस्थाओं को ध्यान में रखे बिना परिभाषित करते हैं तो हमारी तुलना का आधार इतना व्यापक हो जाएगा कि इसके अंतर्गत सभी कुछ शामिल हो जाएगा और हम लोगों को बिना किसी विश्लेषणात्मक उपकरण की मदद के अपना अध्ययन जारी रखना पड़ेगा।''

उपर्युक्त परिभाषाओं से यह स्पष्ट होता है कि राजनीति के व्यापक अर्थबोध के विरोध के बावजूद विश्लेषणात्मक स्तर पर अन्वेषणकर्ताओं के लिए राजनीतिक–सामाजिक पर्यावरण, समस्याओं, एवं घटनाओं के मध्य अन्तर्संबंधों की क्रियाओं–प्रतिक्रियाओं को समझने एवं उनका समाधान निकालने के लिए तथा उनके तथ्यात्मक अध्ययन के लिए राजनीतिक–सामाजिक दोनों परिवर्त्यों की स्वाधीनता, अन्तर्लिप्तता, अन्योन्याश्रितता को अपने अनुसंधान का केंद्र बनाना आवश्यक है तभी राजनीतिक–सामाजिक क्रियाओं–प्रतिक्रियाओं के अन्तर्संबंधों की यथार्थता का सही आकलन संभव है और इस संभावना के यथार्थ का रास्ता राजनीति के व्यापक अर्थ से होकर ही गुजरता है।

संक्षेप में, 'राजनीतिक समाजशास्त्र' एक वर्णसंकर अनुशासन है जो राजनीति एवं समाज की अन्तर्क्रियाओं के वास्तविक पारस्परिक संबंधों का अध्ययन करता है। बेनडिक्स एवं लिप्सेट का कहना है, ''राजनीतिक समाजशास्त्र का अध्ययन समाज से आरंभ होता है तथा इस विषय का अध्ययन करता है कि समाज राज्य को किस तरह प्रभावित करता है।'' विषय के अध्ययन विस्तार के संबंध में डाउसे एवं ह्यूज (Dowse and Hughes) का यह कहना है, ''राजनीतिक समाजशास्त्र की सीमा को सीमित नहीं किया जाना चाहिए लेकिन इस विषय को अपने अध्ययन का केंद्रबिंदु राजनीतिक एवं सामाजिक घटनाओं की अन्तर्क्रियाओं को बनाना होगा तथा सामाजिक शक्ति एवं सत्ता की हिस्सेदारी में राज्य को महत्त्वपूर्ण स्थान देना होगा।''

विषय–विस्तार पर मनोविज्ञान एवं अर्थशास्त्र का प्रभाव (Impact of Psychology and Economics on Subject Expansion)

मनोविज्ञान का प्रभाव (Impact of Psychology)

राजनीतिक समाजशास्त्र को एक स्वायत्त अनुशासन का दर्जा प्रदान कराने में समाजशास्त्र के बाद जिन सामाजिक विज्ञानों का सर्वाधिक योगदान रहा है उनमें मनोविज्ञान एवं अर्थशास्त्र हैं। ये दोनों विषय सीधे तौर पर प्रभावित न करके समाजशास्त्र के माध्यम से राजनीतिक समाजशास्त्र को प्रभावित करते हैं। समाजशास्त्र के अध्ययन के दायरे में समस्त सामाजिक प्रक्रियाएं, समस्त सामाजिक व्यवहार, समस्याएं, घटनाएं आदि शामिल होती हैं। अतः सामाजिक क्रियाओं एवं व्यवहार के मनोवैज्ञानिक एवं आर्थिक आयामों का विश्लेषण भी इसी सीमा में शामिल है। लेकिन, चूंकि राजनीतिक समाजशास्त्र के अध्ययन का बुनियादी विषय व्यक्ति है और लासवेल जैसे

विद्वान की यह मान्यता है कि मनुष्य की सभी क्रियाओं में राजनीति का अस्तित्त्व है तथा संपूर्ण मानव–व्यवहार राजनीतिक समाजशास्त्र के अध्ययन के दायरे में आता है, इसलिए मनोवैज्ञानिक एवं आर्थिक कारकों का अध्ययन इस विषय के विस्तार का महत्त्वपूर्ण आयाम है। तभी तो विषय की अध्ययन तकनीकों एवं अन्वेषण में मनोवैज्ञानिक एवं आर्थिक सिद्धान्तों व अध्ययन–प्रविधियों का प्रयोग राजनीतिक समाजशास्त्र के विस्तार में योगदान देने वाले विशारदों द्वारा बड़े पैमाने पर किया जा रहा है, जिसका प्रमाण है राजनीतिक समाजशास्त्र, अनुभवात्मक आधुनिक राजनीति विज्ञान, तुलनात्मक राजनीतिक विश्लेषण एवं अन्तर्राष्ट्रीय राजनीति का विस्तारित अध्ययन क्षेत्र। इन विषयों की अनुभववादी शोध–प्रविधियों एवं अध्ययन–संदर्भित विषयों का यदि हम विश्लेषण करें तो राजनीतिक समाजशास्त्र के विस्तार क्रम पर मनोविज्ञान एवं अर्थशास्त्र का पड़ने वाला प्रभाव स्पष्ट दिखाई पड़ता है। लार्डब्राइस के मतानुसार, ''मनोविज्ञान ही राजनीति के अध्ययन का आधार है।'' ग्राहम, वॉलास, टाड, लिवा, वाल्डविन, मैकडूगल आदि राजनीतिक विद्वानों ने भी राजनीतिक समस्याओं के समाधान के लिए मनोवैज्ञानिक तकनीकों के प्रयोग पर बल दिया है। वुडवर्थ के मतानुसार, ''मनोविज्ञान व्यक्ति की परिस्थितियों से संबंधित क्रियाओं का विज्ञान है।'' मनोविज्ञान के अध्ययन का बुनियादी विषय है–मनुष्य की बुद्धि, विवेक, मनोवेग, प्रवृत्ति, प्रकृति, भावना, आस्था, आदि और राजनीतिक समाजशास्त्र के अध्ययन का बुनियादी विषय है–संपूर्ण मानव–व्यवहार, एवं मानव की समस्त क्रियाएं–प्रतिक्रियाएं। इसके विषयान्तर्गत राजनीतिक मनुष्य का अपनी राजनीतिक व्यवस्था में विद्यमान राजनीति के प्रति व्यक्तिगत एवं सामूहिक मनोवृत्तियों, विश्वासों, भावनाओं, मूल्यों, व्यवहारों एवं पर्यावरणजन्य–परिस्थिति आधारित अभिविन्यासों (Orientations) का यथार्थगत एवं तथ्यपरक अध्ययन किया जाता है। यानी कि किसी भी राजनीतिक व्यवस्था में पायी जाने वाली राजनीति के प्रति समाज की व्यक्तिगत एवं सामूहिक अभिव्यक्ति का विश्लेषण राजनीतिक समाजशास्त्र के विस्तार का आधार है जिसका सार्थक परिणाम मनोवैज्ञानिक तकनीकों के प्रयोग से संभव है।

यद्यपि अनुभववादी आधुनिक राजनीति विज्ञान एवं राजनीतिक समाजशास्त्र के अध्ययन क्षेत्र में मनोविज्ञान का प्रवेश समाजशास्त्र के माध्यम से ही हुआ है लेकिन आधुनिक राजनीतिक व्यवस्था में राजनीतिक पर्यावरण, राजनीतिक घटनाओं, राजनीतिक समस्याओं, लोकतंत्र का स्थायित्व एवं मतदान व्यवहार जैसे प्रासंगिक विषयों के अध्ययन–विश्लेषण में मनोविज्ञान के परिवर्त्यों, सिद्धान्तों, तकनीकों के प्रयोग द्वारा मनोविश्लेषण (Psychoanalysis) करके आधुनिक राजनीतिक विज्ञान एवं राजनीतिक समाजशास्त्र के विश्लेषणात्मक स्तर में काफी हद तक तथ्यात्मकता एवं सटीकता आयी है, जिससे विषय–विस्तार को एक नई गति मिली है। विश्लेषण संदर्भित शोध एवं अनुसंधान की तकनीकों में शोधकर्ताओं द्वारा व्यक्ति के अन्तःमानसिक परिवर्त्यों (Intrapsychic Variables) का व्यापक अध्ययन किया गया है जिससे विषय–विस्तार का क्रम काफी हद तक लाभान्वित हुआ है। समाजशास्त्र एवं मनोविज्ञान की तर्ज पर राजनीतिक समाजशास्त्र में भी राजनीतिक व्यक्ति के व्यक्तित्व–अन्वेषण से संदर्भित विश्लेषण में मनोवैज्ञानिक तकनीकों, सिद्धान्तों, प्रतिमानों, मान्यताओं का विशेष प्रयोग हुआ है ताकि राजनीति को आदर्शात्मक आयामों (Normative Dimensions) की श्रृंखलाओं से मुक्त करके राजनीतिक वास्तविकता (Political Reality) को तथ्यात्मक तौर पर जाना जाए। सामाजिक–राजनीतिक मनुष्य के राजनीतिक–व्यवहार से जुड़े तथ्यों के विश्लेषणात्मक आनुभविक खोज (Analytical Empirical Investigation) के लिए अर्थात् राजनीतिक व्यवहार की सम्पूर्णता (Totality of Political Behaviour) के अध्ययन के लिए जिस सटीक अवधारणीकरण (Precise Conceptualisation) की जरूरत राजनीतिक समाजशास्त्र को है उन व्यवहारगत–प्रणालियों की भूमिकाओं एवं मान्यताओं का बोध विषय को मनोविज्ञान कराता है। यह आंकड़े प्राप्त करने, आंकड़ों का निर्धारण करने एवं आंकड़ों की तीव्रता को मापने का साधन है। राजनीतिक मनुष्य के वैयक्तिक एवं सामूहिक व्यवहार के अध्ययन के लिए प्रयुक्त प्रणालियों, मसलन–दस्तावेजीय शोध (Documentary Research), सांख्यिकीय परिचालन (Statistical Operation), प्रतिदर्श सर्वेक्षण (Sample Survey), अनुरूपण तकनीक (Simulation), विषयवस्तु विश्लेषण (Content Analysis), गहन साक्षात्कार (Depth Interview) आदि की पृष्ठभूमि से संदर्भित परिवर्त्यों को तथ्यात्मक, धारणात्मक, प्रामाणिकता एवं सटीकता प्रदान करने में मनोविज्ञान की भूमिका

बड़ी महत्त्वपूर्ण है। राजनीतिक व्यवहार के विश्लेषण क्रम में इन परिवर्त्यों की समस्या सबसे जटिल है, क्योंकि राजनीति हर क्षण और हर स्तर पर मानवीय परिवर्त्यों के प्रभाव में होती है, इसलिए शोधकर्ता के लिए राजनीतिक व्यवहार की वास्तविकता को जानने–समझने हेतु एवं इनके तथ्यपरक–यथार्थगत विश्लेषण के लिए मानवीय परिवर्त्यों की पृष्ठभूमि की जानकारी के साथ–साथ इनकी पहचान एवं इनमें होने वाले परिस्थितिजन्य अभिविन्यासों की जानकारी भी अपरिहार्य है। उदाहरणार्थ–मतदान–व्यवहार के अध्ययन–विश्लेषण क्रम में एक मतदाता के राजनीतिक व्यवहार का अध्ययन करते समय चुनाव में मत देने वाले की जाति, धर्म, भाषा, क्षेत्र, शिक्षा, व्यक्तित्व जैसे अनेक परिवर्त्यों में किससे वह कितना प्रभावित हुआ यह बताना मुश्किल है क्योंकि ये सभी अधीनस्थ परिवर्त्य (Dependent Variables) हैं जो एक दूसरे पर निर्भर होते हैं। इनका सटीक एवं तथ्यपरक विश्लेषण का आधार बहुत हद तक मनोवैज्ञानिक कारकों से प्रासंगिक होता है।

राजनीतिक समाजशास्त्र के अन्तर्गत राजनीतिक मनुष्य के व्यक्तित्व संबंधी विश्लेषण को अध्ययन की दृष्टि से तीन आयामों में विभाजित किया जा सकता है :

1. **प्रथम–**एक राजनीतिक व्यक्ति का मनोवैज्ञानिक व्यक्तिवृत्त (Psychological Case History)।
2. **द्वितीय–**विभिन्न प्रकार के राजनीतिक कार्यकर्ताओं का मनोवैज्ञानिक अध्ययन।
3. **तृतीय–**विभिन्न प्रकार के राजनीतिक कार्यकर्ताओं के प्रकारों एवं कार्यों का राजनीतिक संस्थाओं के कार्यों पर पड़ने वाले प्रभावों का अध्ययन। इसके अतिरिक्त कुछ विद्वानों ने जनसाधारण (Mass) की मनःस्थिति की गहराई के अध्ययन की भी बात की है तथा कुछ ने राजनीतिक नेतृत्व एवं उसके प्रभाव के मनोवैज्ञानिक अध्ययन की भी बात की है।

मनोवैज्ञानिक तत्त्वों के आधार पर वर्गीकृत करके मतदाता के व्यक्तित्व का अध्ययन भी आधुनिक राजनीतिक विद्वानों ने किया है और विश्लेषण के निष्कर्ष के तौर पर मोटे रूप में उन्हें जिन श्रेणियों में बांटा है उनमें सत्तावादी (Authoritarian), सिद्धान्तवादी (Dogmatic), आन्दोलनकर्त्ता–प्रशासक–सिद्धान्तवादी (Agitator–Administrator–Theorist), मैकियावेलियन (Machivellian), मानवद्वेषी (Misanthropic), दर्शक–प्रचारक, उदासीन कानून निर्माता (Spectator Propagator-Reluctant Law Maker) तथा परम्परादवादी अन्तर्मुखी (Traditional Introvert) प्रमुख हैं। इसके अतिरिक्त राजनीतिक आवेग–संवेग, तनाव–द्वन्द्व, संघर्ष–प्रतिस्पर्धा को व्यक्त करने वाले सामान्य नागरिकों का राजनीतिक चरित्र, मनोवृत्ति, मनोदशा, आस्था, विश्वास, मूल्य, व्यवहार का भी अध्ययन राजनीतिक विद्वानों ने किया है और राजनीतिक व्यवस्था, राजनीतिक पर्यावरण, राजनीतिक घटनाओं, समस्याओं, समाधानों पर इनके पड़ने वाले प्रभावों के विश्लेषण के लिए अन्तर–अनुशासनात्मक पद्धति के तहत मनोविज्ञान की प्रविधियों एवं संसाधनों का प्रयोग करके सही परिणाम तक पहुंचने का गंभीर प्रयास किया है।

अर्थशास्त्र का प्रभाव (Impact of Economics)

मार्क्स के शब्दों में, ''राजनीति अर्थनीति का निचोड़ मात्र है।'' राजनीतिक समाजशास्त्र पर अर्थशास्त्र के पड़ने वाले प्रभाव का रास्ता भी समाजशास्त्र से होकर गुजरता है। आधुनिक राजनीति विज्ञान एवं प्रकारांतर में राजनीतिक समाजशास्त्र यह मानता है कि किसी भी राजनीतिक व्यवस्था का राजनीतिक–व्यवहार उत्पादन एवं वितरण के संसाधनों के प्रभाव में होता है। राजनीतिक मनुष्य से संदर्भित राजनीतिक पर्यावरण, राजनीतिक घटनाएं, राजनीतिक समस्याएं सभी व्यवस्था के आर्थिक कारकों के प्रभाव में होती है। राजनीति तथा राजनीतिक समाजशास्त्र के विकास एवं विस्तार संबंधी शोध तथा अन्वेषणों पर आर्थिक पर्यावरण के प्रभाव का सबसे सटीक और तथ्यपरक व्यापक अध्ययन का श्रेय कार्ल मार्क्स को जाता है। मार्क्स के राजनीतिक विश्लेषण का बुनियादी विषय है समाज की आर्थिक असमानता। तभी तो मार्क्स के विचार में व्यवस्था में 'राजनीति शोषण का साधन है एवं शोषण की प्रक्रिया का एक अंग है।' मार्क्स के विचार में आर्थिक रूप से संपन्न लोग राजनीति का प्रयोग अपने हितों की रक्षा के लिए तथा अपने स्वार्थों की पूर्ति के लिए करते हैं और अपना लक्ष्य प्राप्त करते हैं। मार्क्स ने

अपने राजनीतिक विश्लेषण के माध्यम से यह बताया है कि सामाजिक–राजनीतिक पर्यावरण, राजनीतिक व्यवहार, राजनीतिक घटनाओं, राजनीतिक समस्याओं की उत्पत्ति, निर्धारण एवं समाधान का आधार तत्त्व हमेशा आर्थिक होता है। राजनीतिक व्यवस्था में पूंजीपति वर्ग का उत्पादन के साधनों पर पूर्ण नियंत्रण होता है। साथ ही साथ समाज के मानसिक उत्पादन (Mental Production) यानी कि बुद्धिजीवी वर्ग पर भी इनका नियंत्रण होता है और दूसरा वर्ग जिसे सर्वहारा (Proletariat) कहा है इसके पास बेचने के लिए अपने श्रम के अतिरिक्त और कुछ नहीं होता है। पूंजीवादी अर्थव्यवस्था में सर्वहारा वर्ग के साथ निरंतर होने वाले आर्थिक शोषणों की वजह से राजनीतिक पर्यावरण में हमेशा तनाव, द्वन्द्व, प्रतिस्पर्धा, आन्दोलन, क्रान्ति जैसे प्रासंगिक राजनीतिक विषयों का अस्तित्व बना होता है जो राजनीतिक परिवर्तन की मांग करता है और जिसकी वजह से राजनीतिक अस्थिरता हमेशा बनी रहती है। मार्क्स के राजनीतिक विश्लेषण की अवधारणा का मूल है व्यवस्था के वर्तमान परिस्थिति में परिवर्तन लाकर वांछनीय–स्थिति प्राप्त करना है। मार्क्स ने आर्थिक सिद्धान्त के रूप में द्वन्द्वात्मक भौतिकवाद (Dialectical Materialism) के सिद्धान्त द्वारा भौतिकवाद की मान्यताओं को द्वन्द्वात्मक पद्धति (Dialectical Method) के साथ मिलाकर सामाजिक परिवर्तन की व्याख्या देने का प्रयत्न किया है। मार्क्स का साम्यवादी सिद्धान्त, मार्क्सवादी–लेनिनवादी उपागम एवं उनकी अध्ययन–विश्लेषण की प्रविधियों का प्रयोग राजनीतिक समाजशास्त्र के अध्ययन विस्तार के लिए एवं एक स्वायत्त विषय के रूप में इसके अध्ययन क्षेत्र को परिपक्व (Mature) बनाने के लिए बड़े पैमाने पर किया गया।

अर्थशास्त्रियों द्वारा प्रतिपादित अनुभववादी अवधारणात्मक प्रतिमानों, सिद्धान्तों, मानकों, व्यवहारों, एवं अध्ययन–प्रविधियों से राजनीतिक समाजशास्त्र के विस्तार को व्यावहारिक आयाम मिला है। अर्थशास्त्रियों द्वारा प्रतिपादित क्रीड़ा सिद्धान्त, राजनीतिक बाजार सिद्धान्त, विनिमय एवं मापतौल सिद्धान्त जैसे प्रतिमानों के आधार पर राजनीतिक–समाजीय संस्थाओं, घटनाओं, समस्याओं का अर्थशास्त्रीय विश्लेषण करके राजनीति एवं समाज की अन्योन्याश्रितता को नयी पहचान मिली है। अनुभववादी आधुनिक विद्वानों का एक बड़े समुदाय द्वारा अन्तर–अनुशासनात्मक मान्यताओं के आधार पर राजनीति विज्ञान एवं राजनीतिक समाजशास्त्र के अध्ययन में अर्थशास्त्रीय उपागमों के प्रयोग की वकालत की गयी है। इनमें विलियम सी. मिशेल (William C. Mitchell) का नाम प्रमुख है जो मूलतः एक राजनीतिशास्त्री हैं लेकिन राजनीतिक समाजशास्त्र के विश्लेषण में इन्होंने समाजशास्त्रीय परिवर्त्यों को ज्यादा महत्त्व दिया और प्रकारांतर में इन्होंने राजनीतिक समाजशास्त्र के विश्लेषण में अर्थशास्त्रीय परिवर्त्यों के प्रयोग एवं महत्त्व की जोरदार हिमायत (Advocacy) की है। ये बुकनान एवं तुलक द्वारा प्रतिपादित विनिमय सिद्धान्त को सामाजिक–आर्थिक राजनीतिक समस्याओं के विश्लेषण के लिए महत्त्वपूर्ण मानते हैं। इनके विचार में राजनीतिक संस्थाओं, समस्याओं, घटनाओं के तथ्यपरक अध्ययन–विश्लेषण में सामाजिक परिवर्त्यों से ज्यादा महत्त्वपूर्ण आर्थिक परिवर्त्य हैं। राजनीतिक समाजशास्त्र के विश्लेषण संबंधी शोधों में अर्थशास्त्रीय परिवर्त्यों एवं सिद्धान्तों का बहुत प्रयोग हो रहा है। राजनीति के यथार्थगत अध्ययन में आर्थिक तत्त्वों की प्रधानता राजनीतिक समाजशास्त्र के विस्तार का उल्लेखनीय माध्यम बना है।

संक्षेप में, एक वर्णसंकर स्वायत्त अनुशासन के रूप में राजनीतिक समाजशास्त्र के विस्तार में मनोविज्ञान एवं अर्थशास्त्र की भूमिकाएं काफी प्रभावशाली रही हैं। तभी तो राजनीति के अध्ययन पर मनोविज्ञान के प्रभाव का स्पष्टीकरण करते हुए ग्राहम वॉलास ने कहा है, "राजनीति बहुत कम अंश में सचेत बुद्धिमत्ता का परिणाम है। अधिकांश में यह आदत और मूल प्रवृत्तियों तथा सुझाव और नकल जैसी अर्द्धचेतन प्रक्रियाओं की उपज है।" वहीं राजनीति के अध्ययन के लिए अर्थशास्त्र के महत्त्व पर प्रकाश डालते हुए वेड एवं करी (Wade and Curry) का कहना है कि "अगर आधुनिक अनुभववादी राजनीतिक शोधों में केवल समाजीय–मनोवैज्ञानिक सहसंबंधों पर ही बल न देकर अर्थशास्त्रीय अवधारणाओं का भी प्रयोग करें तो मानवीय एवं सामूहिक क्रियाओं के अन्तर्संबंधों को उनके वास्तविक अर्थों में समझा जा सकता है।"

राजनीतिक समाजशास्त्र के ऐतिहासिक विकास में समाजशास्त्रियों का योगदान (Contribution of Sociologists in Historical Development of Political Sociology)

पूर्व में राजनीतिक समाजशास्त्र के उद्भव एवं विकास की विस्तृत चर्चा से यह स्पष्ट हो जाता है कि एक स्वायत्त अनुशासन के रूप में यह विषय राजनीतिक घटनाओं, समस्याओं एवं व्यवहारों का विश्लेषणात्मक अध्ययन राजनीतिक एवं समाजशास्त्रीय परिवर्त्यों की अन्तःक्रियाओं (Interactions) के आलोक में करता है। इसकी स्वायत्तता के समर्थक एवं प्रवर्तक राजनीतिक एवं सामाजिक दोनों परिवर्त्यों को स्वाधीन मानते हैं। लेकिन, इनकी मान्यता है कि सामाजिक–राजनीतिक घटनाओं, समस्याओं एवं व्यवहारों की जमीनी वास्तविकता को जानने–समझने के लिए दोनों परिवर्त्यों को एक–दूसरे का निर्धारक तत्त्व मानकर अध्ययन किया जाना चाहिए। राजनीतिक समाजशास्त्र राजनीतिक–सामाजिक दोनों कारकों की अन्तर्लिप्तता पर विहंगम दृष्टि डालते हुए जहां एक ओर यह देखता है कि सामाजिक प्रक्रियाएं एवं संस्थाएं, मसलन–समुदाय, वर्ग, जाति, धर्म, संस्कृति जैसे–सामाजिक परिवर्त्य राजनीति, राजनीतिक संस्थाओं, प्रक्रियाओं एवं पर्यावरण को किस हद तक प्रभावित करता है, वहीं इस विषय का भी गहराई से अध्ययन करता है कि राजनीति, राजनीतिक संस्थाएं एवं प्रक्रियाएं यथा–राज्य, संविधान, कार्यपालिका, विधायिका, न्यायपालिका, नौकरशाही, सेना, आदि अपनी नीतियों एवं भूमिकाओं से समाज, सामाजिक संस्थाओं, एवं पर्यावरण को कैसे और कितना प्रभावित करता है ? राजनीतिक समाजशास्त्र सामाजिक–बनावट, सामाजिक–पर्यावरण एवं सामाजिक–गतिविधियों के सभी आयामों के आलोक में ही राजनीति के महती प्रसंगों; जैसे–राजनीतिक स्थायित्व एवं अस्थायित्व, जनमत, मतदान–व्यवहार, राजनीतिक दल, हित समूह, निर्वाचन–प्रक्रिया, सत्ता, शक्ति, प्रभाव, नेतृत्व एवं राजनीतिक व्यवस्था की प्रगति, उद्देश्य, लक्ष्य जैसे प्रासंगिक विषयों का तथ्यपरक–यथार्थपरक विश्लेषण करता है।

राजनीतिक समाजशास्त्र के उद्भव एवं विकास की ऐतिहासिकता को समृद्ध करने में राजनीतिक विश्लेषकों के साथ–साथ जिन समाजशास्त्रीय विश्लेषकों ने बुनियादी तौर पर महती भूमिका निभायी है, उनमें से कुछ प्रमुख विद्वानों के राजनीतिक समाजशास्त्रीय विचारों का अध्ययन हम इस अध्याय में करेंगे, जिन्होंने अपने चिंतन एवं विश्लेषण में राजनीति एवं समाज के अन्तर्संबंधों की वास्तविकता के विश्लेषण के लिए मूलतः राजनीतिक–सामाजिक घटनाओं एवं समस्याओं के अन्योन्याश्रित अध्ययन पर जोर दिया है। इस प्रसंग में यहां उन अनुभवी चिंतकों के योगदान को शामिल किया जा रहा है, जिन्होंने विषय की नींव रखी तथा अपने बौद्धिक प्रयासों द्वारा सामाजिक परिप्रेक्ष्य में राजनीतिक व्यवहारों का अध्ययन करके इसे एक स्वायत्त अनुशासन के रूप में पहचान दिलाने में महती एवं प्रभावशाली भूमिका अदा की।

राजनीतिक समाजशास्त्र के दो मुख्य स्तंभ हैं–मार्क्स एवं मैक्सवेबर। यदि राजनीतिक समाजशास्त्र के वर्तमान स्वरूप की बुनियाद मार्क्सवादी अवधारणा है, तो मार्क्स से पहले माण्टेरक्यू रूसो, सन्त साइमन की कृतियां भी विषय के जन्म एवं विकास में खास महत्त्व रखती हैं। ग्रीक विद्वान, प्लेटो, अरस्तू तथा रोमन विद्वज्जनों के दर्शन में वर्णित सरकार संदर्भित वर्गीकरण में सामाजिक संस्तरण (Social Stratification) एवं राजनीतिक पद्धति पर इस संस्तरण के प्रभावों की स्पष्ट तस्वीर दिखाई देती है। ग्रीक एवं रोमनकालीन राजनीतिक विकास का सिद्धान्त समाजीय–मनोविज्ञान (Socio-psychology) की रूपरेखा है जो शासन–पद्धतियों को सामाजिक–मनोवैज्ञानिक प्रक्रियाओं (Socio-psychological process) के आधार पर भ्रष्ट एवं अस्थायी मानता है।

कालांतर में जब समाजविज्ञान की विभिन्न शाखाओं का उदय हुआ तो विषय से संबद्ध विद्वानों ने ग्रीक एवं रोमनकालीन दर्शन के आधार पर राज्य एवं समाज के बीच वास्तविक संबंधों की खोज की दिशा में अपना अध्ययन निरंतर जारी रखा। हॉब्स (Hobbes), लॉक (Locke), रूसो (Rousseau), हेगेल (Hegel), माण्टेस्क्यू (Montesquieu) जैसे विद्वानों की रचनाओं में वर्णित राजनीति एवं समाज से संदर्भित विचारों ने इसके विकास के पन्नों को समृद्ध किया है। राजनीतिक संस्थाओं एवं सामाजिक संस्थाओं से जुड़ी घटनाओं, प्रक्रियाओं का अध्ययन निरन्तर जारी रहा है जिसमें विशेष भूमिका समाजशास्त्रियों की रही है।

माण्टेस्क्यू (Montesquieu : 1689–1755)

अठारहवीं शताब्दी के प्रसिद्ध फ्रांसीसी विचारक माण्टेस्क्यू का सामाजिक एवं राजनीतिक सिद्धान्तों के क्षेत्र में मौलिक योगदान है। इनकी गिनती उन आरंभिक विचारकों में होती है जिन्होंने अपने दर्शन में समाजविज्ञान का ऐतिहासिक अनुसंधान करते हुए तुलनात्मक राजनीतिक सिद्धान्त एवं कानून के विकास की भूमिका तैयार की है। यहां तक कि इन्हें राजनीतिक समाजशास्त्र के अग्रदूत की संज्ञा दी गयी है। माण्टेस्क्यू राज्य एवं समाज दोनों को प्राकृतिक संस्था मानता है। उसके विचार में मनुष्य समाज में जन्म लेता है जो राज्य के रूप में संगठित होता है। इस प्रसंग में फ्रांसीसी विद्वान माण्टेस्क्यू संभवतः पहले राजनीतिक समाजशास्त्री थे जिन्होंने अपने अध्ययन–विश्लेषण में प्रथम बार इस तथ्य की चर्चा की है कि समाज एवं सामाजिक संस्थाएं राजनीतिक पद्धति को सीधे तौर पर प्रभावित करती है। इनका यह कथन था कि शासन की सभी पद्धतियां, यथा–राजतंत्र, कुलीनतंत्र, अधिनायकतंत्र, जनतंत्र राज्य की सामाजिक संस्थाओं से सम्बद्ध परिस्थितियों की उपज होती है। राजनीतिक समाजशास्त्री के रूप में माण्टेस्क्यू का नाम, काफी प्रभावशाली है, क्योंकि इन्होंने अपनी अवधारणा में राजनीति पर पड़ने वाली भौतिक परिस्थितियों एवं सामाजिक पर्यावरण के प्रभावों का बड़ा सटीक वर्णन किया है। माण्टेस्क्यू ने राजनीति की क्रियाशीलता के यथार्थ का अध्ययन वृहत्तर सामाजिक सांस्कृतिक संदर्भ में करने की हिमायत करते हुए अपने अध्ययन के लिए अनुभवात्मक समाजशास्त्रीय पद्धति भी अपनायी। वस्तुतः, यदि माण्टेस्क्यू को राजनीतिक समाजशास्त्र का ''गॉड फादर'' कहा जाए तो कोई अतिशयोक्ति नहीं होगी, क्योंकि वे पहले राजनीतिक चिन्तक थे जिन्होंने राजनीतिक समस्याओं के विश्लेषण एवं निराकरण के लिए समाजशास्त्रीय प्रविधियों को अपनाने पर जोर दिया। माण्टेस्क्यू के विचार में जिन संस्थाओं से मिलकर समाज बनता है, उनके संबंधों में अन्योन्याश्रितता पायी जाती है। ये सामाजिक संस्थाएं वास्तविक परिदृश्य से तब तक अदृश्य रहती हैं, जब तक कि किसी भी शासन पद्धति का सतही अध्ययन किया जाता है, लेकिन ज्यों ही हम अनुभववादी विभिन्नताओं के संदर्भ में अन्तर्निहित परिस्थितियों का अध्ययन करते हैं, सैद्धान्तिक तौर पर कथित वास्तविकताओं से पर्दा उठने लगता है और राजनीति एवं समाज के संबंधों की यथार्थता सामने आने लगती है। इस प्रकार, विषय–प्रवर्तक की भूमिका में माण्टेस्क्यू ने राजनीतिक एवं सामाजिक संस्थाओं, प्रक्रियाओं एवं व्यवहारों से संबद्ध अन्तर्क्रियाओं एवं अन्तर्संबंधों का सही चित्रण करते हुए सामाजिक वातावरण के परिप्रेक्ष्य में राजनीति के अध्ययन–विश्लेषण का सूत्रपात किया।

माण्टेस्क्यू ने पहली बार राज्य में कानून तथा शासन के अध्ययन के लिए ऐसी विचारधारा का प्रयोग किया जिसका उद्देश्य राजनीतिक प्रशासनिक संगठनों एवं उसके कार्य–संचालन को सही ढंग से जानने–समझने के लिए उन भौगोलिक, सामाजिक, सांस्कृतिक, आर्थिक परिस्थितियों पर निर्भरता को भी बराबर का महत्त्व देना है, जिसके सीमाक्षेत्र में जनसमूह का निवास होता है। माण्टेस्क्यू के विचार में सभी परिस्थितिजन्य तत्त्व आपस में मिलकर ही मानव–जीवन के बेहतर सर्वांगीण विकास के लिए आवश्यक बुनियादी नियमों का निर्माण करती हैं जो राष्ट्रीय चरित्र के निर्माण में सहायक होता है। इस संदर्भ में माण्टेस्क्यू का विचार है कि सामाजिक परिवेश के दायरे में आने वाले रीति–रिवाज, परम्पराएं, रूढ़ियां, व्यवहार, नैतिकताएं, मान्यताएं, विश्वास, आस्था, आचार–विचार जैसे–सामाजिक मूल्यों के योग से ही सामाजिक परिवेश का निर्माण व संचालन होता है। यही सामाजिक–सांस्कृतिक परिवेश राज्य की राजनीतिक संस्थाओं, संगठनों, कानूनों एवं शासकों की नेतृत्व–क्षमता पर गहरा प्रभाव डालता है। इनकी मान्यता है कि किसी भी राज्य का कानून एवं उस भू–भाग के सामाजिक परिवेश के बीच अन्योन्याश्रय संबंध होता है। इस प्रसंग में माण्टेस्क्यू–दर्शन का यह कहना है कि यदि कोई राजसत्ता जनसाधारण या जनपरम्पराओं एवं मान्यताओं की अवहेलना कर, कानून का निर्माण कर उसे जनता पर जबरन थोपती है; तो जनता उन कानूनों का न तो सम्मान करती है और न ही उनका स्वेच्छा से पालन करती है, जिसके परिणामस्वरूप सरकार अस्थायित्वता का शिकार हो सकती है। इसलिए, माण्टेस्क्यू का राजनीतिक–सामाजिक दर्शन राजनीतिक समस्याओं के समाधान के लिए कानून निर्माताओं को कानून निर्माण के पूर्व सामाजिक परिस्थितियों का अध्ययन करने की सलाह देता है। इनके विचार में सामाजिक परिवेश के

आलोक में निर्मित कानून ही राजनीतिक समस्याओं के निराकरण के लिए उपयोगी है, क्योंकि इन परिस्थितियों के आलोक में ही किसी भी शासनतंत्र और शासनशैली की जमीनी सच्चाइयों का तात्त्विक ज्ञान संभव है।

वस्तुतः, माण्टेस्क्यू पहले राजनीतिक चिन्तक थे जिन्होंने राजनीतिक समस्याओं के समाधान के लिए सामाजिक परिवेश को जानने–समझने की बात की है। इन्होंने राजनीति के तथ्यगत अध्ययन के लिए आनुभविक समाजशास्त्रीय पद्धति अपनाकर विषय को एक नई दिशा, एक नया मोड़ दिया तथा राजनीतिक समस्याओं के अध्ययन विश्लेषण में समाजशास्त्रीय पद्धति का प्रयोग करके राजनीतिक संस्थाओं एवं सामाजिक संस्थाओं के व्यवहारों एवं प्रक्रियाओं के अन्तर्संबंधों का सटीक विवरण प्रस्तुत किया जो आगे चलकर राजनीतिशास्त्र एवं समाजशास्त्र की अन्योन्याश्रितता के लिए मील का पत्थर साबित हुआ और राजनीतिक समाजशास्त्र के जन्म का बुनियादी आधार बना। इन प्रसंग में जोन्स ने लिखा है, ''माण्टेस्क्यू का विशेष महत्त्व राजनीतिक सिद्धान्तों में नई देन के कारण उतना नहीं है, जितना कि राजनीति और समाज के अध्ययन हेतु पद्धतिशास्त्र का विकास करने के लिए है।''

जे.जे. रूसो (J.J. Rousseau : 1712–1778)

रूसो स्वतंत्रता का महान उपासक था। उसने माण्टेस्क्यू की अध्ययन परम्परा को आगे बढ़ाया और अपने अध्ययन में मनुष्य की प्राकृतिक एवं सामाजिक अवस्थाओं की असमानता पर बल दिया, और दोनों अवस्थाओं में मेल बैठाने का भी प्रयास किया है। रूसो अपने चिंतन में शासन–संचालन की संपूर्ण शक्ति जनता को प्रदान करते हुए सामान्य इच्छा को सर्वोपरि मानता है। राजनीतिक विचारों के इतिहास में रूसो के योगदान को यदि संकेत–चिन्ह के रूप में व्यक्त करना हो, तो इसके लिए 'सामान्य इच्छा' का सिद्धान्त पर्याप्त होगा। राजनीतिक चिंतक होते हुए भी राजनीतिक समाजशास्त्री के रूप में चिन्हित किए जाने की वजह उनकी प्रसिद्ध कृति ''डिस्कोर्स ऑन द ओरिजिन एण्ड फाउन्डेशन ऑफ इनिक्वैलिटी' (Discourse on the Origin and Foundation of Inequality) थी। राजनीतिक और सामाजिक समस्याएं रूसो के समस्त चिंतन का विषय बनीं जिसकी सर्वोत्तम परिणति 1762 में उनकी दो प्रसिद्ध कृतियों–'एमील़' (Emile) तथा 'सोशल कांट्रेक्ट' (Social Contract) के रूप में हुई। 'सोशल कांट्रेक्ट' के अंतर्गत रूसो द्वारा सामाजिक समस्या पर विचार किया गया है कि मनुष्य की प्राकृतिक दशा कैसी थी और किस तरह की प्राकृतिक दशा से निकल कर मनुष्य ने सभ्य समाज का निर्माण किया। रूसो का यह कथन है कि ''मनुष्य जन्म से स्वतंत्र है, परंतु सर्वत्र जंजीरों में जकड़ा है'' से यह प्रकट होता है कि मनुष्य को प्राकृतिक दशा में जो स्वतंत्रता प्राप्त थी, सभ्य समाज में वह उससे वंचित हो जाता है। रूसो का विचार है कि सभ्यता के उदय के साथ सामाजिक विषमता (Inequality) का जन्म होता है। रूसो ने समसामयिक समाज का अध्ययन करके यह जाना कि कला, विज्ञान, निजी सम्पत्ति की संस्था, श्रम विभाजन, आदि के उदय से सभ्य समाज की स्थापना तो होती है, लेकिन उसमें मनुष्य की नैसर्गिक समानता और स्वतंत्रता लुप्त हो जाती है।

अपने राजनीति दर्शन में रूसो ने प्राकृतिक मनुष्य की जिस अवस्था का वर्णन किया है, वह इस बात का द्योतक है कि उसे समाज की स्थिति, संस्कृति एवं वातावरण की सटीक जानकारी थी। इस प्रसंग के आलोक में उसे प्रथम राजनीतिक समाजशास्त्री के रूप में देखा जा सकता है जिसने अपने चिंतन में सामाजिक असमानताओं के विभिन्न प्रकारों, प्रवृत्तियों एवं परिणामों के उत्पन्न होने की कल्पना करते हुए कहा है कि सामाजिक विषमताओं से वर्ग संघर्ष, प्रतिस्पर्धा, युद्ध, विद्रोह जैसी अमानवीय परिस्थितियां पैदा होती हैं। रूसो ने यह तर्क भी दिया है प्रतिस्पर्धा, संघर्ष और शोषण पर आधारित भौतिक प्रगति (Material Progress) समाज को अमानवीयकरण (Dehumanization) की ओर ले जाता है। पूंजीवाद पर आधारित नागरिक समाज की इन त्रुटियों की ओर संकेत करके रूसो से 'तरुण मार्क्स' (Young Marks) के विचारों का पूर्व संकेत दिया है। रूसो की 'सामान्य इच्छा' समुदाय के सभी सदस्यों की वास्तविक इच्छा (Real will) का सामान्य आधार है, जो सामान्य हित की सर्वनिष्ठ चेतना है। रूसो के शब्दों में, ''सामान्य इच्छा सच्चे अर्थों में तभी सामान्य हो सकती है, जब उसका उद्देश्य एवं सारतत्त्व सामान्य हो।'' रूसो के इस कथन से राजनीति एवं समाज के संबंधों की वह

अन्योन्याश्रितता स्पष्ट होती है, जिसने आगे चलकर राजनीति को सामाजिक परिप्रेक्ष्य में अध्ययन करने के लिए प्रेरित किया और राजनीतिक समाजशास्त्र के उद्भव के लिए जमीन बनाई।

एक राजनीतिक समाजशास्त्री के रूप में रूसो ने सामाजिक विषमताओं के परिणामस्वरूप सामाजिक राजनीतिक परिवर्तन की बात की थी। रूसो ने राज्य और समाज के संबंधों का स्पष्टीकरण करते हुए कहा, ''प्रत्येक मनुष्य अपनी स्वतंत्रता, अधिकार और शक्ति समाज को अर्पित कर दे; क्योंकि समाज व्यक्ति की समष्टि है और समाज का निर्माण व्यक्ति की सहमति से हुआ है।''

अगस्त कॉम्टे (August Comte : 1798–1857)

अगस्त कॉम्टे उन्नीसवीं शताब्दी का प्रसिद्ध फ्रांसीसी दार्शनिक एवं समाज वैज्ञानिक था। 'समाज विज्ञान' शब्द के अविष्कार का श्रेय कॉम्टे को है। इसलिए उसे आधुनिक 'समाज विज्ञान का जनक' (Father of Modern Sociology) माना जाता है। कॉर्ल मार्क्स के अतिरिक्त जिन अन्य विद्वानों ने समाज के सम्पूर्ण अध्ययन पर बल दिया और राजनीतिक–आर्थिक संस्थाओं से पृथक् समाज के अध्ययन को गलत ठहराया उनमें अगस्त कॉम्टे का नाम सर्वोच्च है। वस्तुतः, कॉम्टे द्वारा समाज के आर्थिक एवं राजनीतिक परिवर्त्यों की घनिष्ठता पर जोर देते हुए राजनीतिशास्त्र, समाजशास्त्र एवं अर्थशास्त्र के बीच अन्योन्याश्रय संबंध की कड़ियां जोड़ने का प्रथम प्रयास किया गया, जिसका परिणाम ही आधुनिक समाजशास्त्र एवं राजनीतिक समाजशास्त्र के उद्भव एवं विकास का आधार–स्तंभ है। कॉम्टे–दर्शन में इस तथ्य पर विशेष बल दिया गया है कि सभी सामाजिक घटनाएं मूलरूप से परस्पर संबद्ध होती है। इस आलोक में इनका कहना है कि समाज की राजनीतिक–आर्थिक क्रियाओं, प्रतिक्रियाओं, व्यवहारों, मान्यताओं का एक–दूसरे पर गहरा प्रभाव पड़ता है, इसलिए किसी मुद्दा, समस्या या घटना के समग्र अध्ययन के लिए सिर्फ सामाजिक संदर्भों का अध्ययन करने से सम्पूर्ण समाज का अध्ययन अधूरा रहेगा। कॉम्टे ने समाज के आनुभविक शोध के लिए वैज्ञानिक पद्धति के प्रयोग पर बल दिया है और समाज के सभी पहलुओं के अन्तर्संबंधों का जोरदार समर्थन करते हुए समस्त सामाजिक विज्ञानों को एक ही सर्वव्यापक विज्ञान 'समाज विज्ञान' के दायरे में रखा। कॉम्टे की रचनाओं में राज्य एवं उससे सम्बद्ध अनेक राजनीतिक संस्थाओं के स्वरूप एवं प्रकृति पर समाज के बदलते हुए स्वरूप एवं परिवेश की प्रतिक्रियाओं, व्यवहारों एवं प्रभावों का विस्तृत विवेचन मिलता है।

कार्ल मार्क्स (Karl Marx : 1818–1883)

प्रसिद्ध जर्मन दार्शनिक कार्ल मार्क्स की गिनती आधुनिक युग के सबसे प्रभावशाली सामाजिक–राजनीतिक विचारकों में होती है। सारटोरी के शब्दों में मार्क्स ने 'राजनीतिक समाजशास्त्र' की आधारशिला तभी रख दी थी जब उसने अपने दर्शन में 'सामाजिक वर्ग–विन्यास' की अवधारणा को सामाजिक–राजनीतिक यथार्थताओं की व्याख्या एवं विश्लेषण में सर्वाधिक महत्त्वपूर्ण परिवर्त्य के रूप में पेश किया था। अपने अध्ययन की विषयवस्तु में सामाजिक वर्ग को सर्वाधिक महत्त्वपूर्ण परिवर्त्य के रूप में प्रस्तुत करके मार्क्स ने 'राजनीतिक समाजशास्त्र' के आगमन की प्रक्रिया को मजबूती प्रदान की और मार्क्स द्वारा प्रतिपादित 'वर्ग संघर्ष' की अवधारणा राजनीतिक समाजशास्त्र के उद्भव एवं विकास के लिए आधारस्तंभ साबित हुई।

मार्क्सवाद एक प्रगतिवादी दर्शन है जो अपने विश्लेषण में सामाजिक तथ्यों की गहरी खोज करते हुए इस निष्कर्ष पर पहुंचता है कि सामाजिक अन्याय की जड़ें सामाजिक व्यवस्था के अन्तर्गत ढूंढनी चाहिए और वहीं उसका प्रतिकार भी करना चाहिए। मार्क्सवाद के अन्तर्गत विचारधारा के विश्लेषण (Analysis of Ideology) के संबंध में यह कहा जा गया है कि विचारधारा एक ऐसा तत्त्व है जो प्रभुत्वशाली वर्ग (Dominant Class) के लिए अपने शासन हेतु वैधता प्राप्त करने का माध्यम है। मार्क्स के शब्दों में, विचारधारा 'मिथ्या चेतना' (False Consciousness) की अभिव्यक्ति है। विचारधारा को मार्क्स ने उन विचारों का समुच्चय कहा है जिसमें कोई समूह

आस्था एवं विश्वास रखता है और इन्हीं विचारों पर आधारित कानून राजनीतिक ढांचे को मान्यता प्रदान करता है। इस प्रसंग में मार्क्स का कथन है कि किसी भी समाज में प्रचलित विचारधारा उस समाज के प्रभुत्वशाली वर्ग के हितों से जुड़े हुए नियमों को उचित ठहराने का साधन मात्र है। मार्क्स ने क्रान्ति को सामाजिक परिवर्तन का अपरिहार्य माध्यम बताया है। उनके विचार में समाज में उत्पन्न वर्ग संघर्ष ही चरम सीमा पर 'क्रान्ति' को जन्म देता है। ऐसी स्थिति में पुरानी सामाजिक व्यवस्था में जब वर्ग चेतना (Class-Consciousness) का उदय होता है, तो सर्वहारा वर्ग संगठित होकर क्रान्ति के माध्यम से पुराने प्रभुत्वशाली वर्ग (Dominant Class) को सत्ता से बेदखल कर देता है।

मार्क्स द्वारा प्रतिपादित द्वन्द्वात्मक भौतिकवाद (Dialectical Materialism) का सिद्धान्त भौतिकवाद की मान्यताओं को द्वन्द्वात्मक पद्धति के साथ मिलाकर सामाजिक परिवर्तन की व्याख्या करने का प्रयास करता है। मार्क्स ने सामाजिक परिवर्तन की प्रक्रिया में वर्ग–संघर्ष की भूमिका पर विशेष जोर दिया है। मार्क्स के कथनानुसार वर्ग–संघर्ष समाज में तब तक जारी रहेगा, जब तक राजनीति का प्रयोग पूंजीपतियों द्वारा निजी स्वार्थ के लिए किया जाता रहेगा और यह तभी समाप्त होगा जब मजदूर वर्ग समाज एवं सत्ता की बागडोर संभाल लेंगे। समाज में उत्पादन के प्रमुख साधनों पर जब सामाजिक स्वामित्व (Social Ownership) स्थापित हो जाएगा, तब समाज शोषण, उत्पीड़न, वर्ग भेद, वर्ग संघर्ष, तनाव, द्वन्द्व के अभिशापों से मुक्त हो जाएगा। मार्क्स द्वारा प्रतिपादित 'अतिरिक्त मूल्य का सिद्धांत' (Theory of Surplus Value) वर्ग संघर्ष सिद्धान्त के तार्किक आधार का संकेत है। जहां भौतिकवादी सिद्धान्त मार्क्सवाद के समाजवैज्ञानिक आधार की प्रस्तुति है, वहीं अतिरिक्त मूल्य का सिद्धान्त मार्क्सवाद का आर्थिक आधार प्रस्तुत करता है।

जहां तक 'राजनीतिक समाजशास्त्र' के लिए बुनियादी जमीन तैयार करने की बात है, तो मार्क्सवाद एक प्रगतिवादी दर्शन है जो राजनीतिक अध्ययन की विषयवस्तु को सर्वव्यापी (Comprehensive) बनाते हुए मुख्य रूप से यह संदेश देता है कि सामाजिक अन्याय की जड़े सामाजिक व्यवस्था के अन्दर ही ढूंढनी चाहिए और वहीं उसका समाधान भी करना चाहिए। जब तक समाज में निजी सम्पत्ति के स्वामित्व के आधार पर वर्ग–भेद यथावत् बना रहेगा तब तक कोई राजनीतिक स्वतंत्रता अधूरी है और समाज की उन्नति एवं विकास का स्वप्न एक धोखा है। मार्क्स के विचार में सामाजिक परिवर्तन एक अनोखी नहीं, वरन् एक स्वाभाविक घटना है।

कार्ल मार्क्स को समाजवादी आन्दोलन का प्रभावशाली अग्रेरार एवं साम्यवाद (Communism) के प्रवर्तक की संज्ञा दी गयी है। राजनीतिक, सामाजिक एवं आर्थिक संदर्भ में मार्क्स के विचार क्रान्तिकारी–प्रगतिवादी हैं। मार्क्स के विचार में प्रत्येक समाज का अन्तिम लक्ष्य विकास होता है। इनके शब्दों में, "विकास से अभिप्राय है वर्तमान स्थिति में परिवर्तन लाकर वांछनीय अवस्था को प्राप्त किया जाए और विकास की प्रक्रिया का आधार है वर्ग संघर्ष। इनके विचार में समाज में मुख्य रूप से दो ही वर्ग होते हैं–पहला पूंजीपति वर्ग या बुर्जुवा (Bourgeois) और दूसरा श्रमजीवी या सर्वहारा (Proletariat)। सामाजिक व्यवस्था में भूमि, पूंजी तथा उत्पादन के साधनों पर बुर्जुआ का आधिपत्य होता है और सर्वहारा वर्ग के पास अपना श्रम (Labour) बेचने के अतिरिक्त और कुछ नहीं होता है। मार्क्स का यहां तक कहना है कि जो वर्ग भौतिक साधनों पर अपना स्वामित्व रखता है, वही समाज के मानसिक उत्पादन (Mental Production) (बुद्धिजीवियों) को भी अपने नियंत्रण में रखता है। यही वजह है कि समाज के हित के लिए प्रतिपादित सभी सिद्धान्त, मान्यताएं, नैतिकताएं, विचारधाराएं आर्थिक रूप से सम्पन्न वर्ग के हितों की रक्षा के लिए होती हैं। मार्क्स का विचार है कि इस रूप में राजनीति वह साधन है, जिसके द्वारा बुर्जुआ वर्ग अपना लक्ष्य प्राप्त करते हैं।

मार्क्स ने राजनीति के इस स्वरूप को शोषण का साधन एवं शोषण की प्रक्रिया का एक अंग कहा है। तभी तो व्यवस्था में राजनीति के इस रूप को मार्क्स ने 'बुर्जुआ' राजनीति एवं अराजनीति (Antipolitics) का नाम दिया है। मार्क्स ने राज्य को भी एक वर्ग संस्था (Class Institution) कहा है जिसका उपयोग बुर्जुआ सर्वहारा वर्ग के शोषण के लिए करता है। राज्य की मदद से शासक वर्ग अवाम पर अपनी इच्छाएं जबरन थोपता है और सामाजिक परिवर्तन की मांग को कुचलने के लिए हर संभव प्रयास करता है। मार्क्स ने इस व्यवस्था में व्यापक परिवर्तन की जरूरत बतायी है जिसका उत्तरदायित्व संगठित श्रमजीवियों पर दिया है जो इसे स्वयं द्वारा संचालित

संगठित क्रान्ति से ही संभव बना सकते हैं। इस सामाजिक परिवर्तन को सफल बनाने के लिए मार्क्स ने समाज में सामाजिक चेतना (Social Consciousness) तथा सामाजिक अस्तित्व (Social Existence) जैसी भावनाओं को जागृत होना अत्यावश्यक बताया है। मार्क्स ने इस संदर्भ में सामाजिक परिवर्तन के संचालन का दायित्व भी राजनीति पर डालते हुए कहा है कि सामाजिक परिवर्तन इस परिप्रेक्ष्य में राजनीतिक चेतना जगाने का काम करती है। श्रमजीवी वर्ग सामाजिक परिवर्तन लाने के लिए राजनीति का सहभागी बनता है। राजनीति इस वर्ग में चेतना जगाती है, यही चेतना वर्ग–संघर्ष के जन्म एवं विकास का आधार है। धीरे–धीरे वर्ग संघर्ष राजनीति का तीव्र रूप (Intensified Form) धारण कर लेता है। मार्क्स ने राजनीति के इस स्वरूप को सामाजिक परिवर्तन एवं सामाजिक पुनःस्थापना (Social Regeneration) का साधन कहा है। मार्क्स के विचार में राजनीति का वास्तविक उद्देश्य सामाजिक व्यवस्था में परिवर्तन लाना है। राजनीति सिर्फ एक विचारवाद या सामाजिक स्थिति की व्याख्या मात्र नहीं है, बल्कि सामाजिक परिवर्तन जैसे महान् उद्देश्य की पूर्ति का एक साधन है। यदि राजनीति अपने इस उद्देश्य से भटक जाती है, तो वह अराजनीति (Antipolitics) हो जाती है।

मार्क्स के मौजूदा दर्शन में राजनीति सामाजिक प्रसंग के हिसाब से अलग–अलग अर्थ रखती है, जहां शासक वर्ग एवं पूजीपतियों के लिए यह शोषण का साधन है, वहीं सर्वहारा वर्ग के लिए परिवर्तन का माध्यम है। मार्क्स के विचारानुसार, राजनीति की कोई भी गतिविधि तभी वास्तविक राजनीति हो सकती है, जब वह वर्गहीन समाज की स्थापना की उद्देश्य की पूर्ति में सहायक होगी।

सामाजिक क्रान्ति के पूर्व मार्क्स की राजनीति चेतना जगाने एवं परिवर्तन लाने का माध्यम है, लेकिन जब क्रान्ति के बाद वर्गहीन समाज स्थापित हो जाएगा तब राजनीति का स्वरूप उद्देश्य एवं उसकी भूमिका समाज तथा शासक वर्ग के लिए क्या होगी ? इसका उत्तर मार्क्सवादी दर्शन में नहीं मिलता है। लेकिन, मार्क्स के बाद के साम्यवादी विचारकों में स्टालिन एवं माओ–त्से–तुंग ने राजनीति के इस स्वरूप की व्याख्या करते हुए कहा है कि सामाजिक क्रान्ति के पूर्व की स्थिति और बाद की स्थिति में राजनीति का स्वरूप एवं उसकी गतिविधि अलग–अलग होगी। इन साम्यवादी दार्शनिकों के विचार में क्रान्ति के पूर्व की अवस्था की व्याख्या तो मार्क्स ने स्वयं की है और इसे व्यवस्था परिवर्तन के साधन के रूप देखा है और वर्गहीन समाज की स्थापना के पश्चात् राजनीति विद्यमान् सामाजिक व्यवस्था में व्यक्तियों की राजनीतिक चेतना जगाने एवं उन्हें विवेकपूर्ण ज्ञान बोध कराने का महान् कार्य करेगी।

मार्क्सवादी चिन्तन राजनीति के समाजीय अध्ययन–विश्लेषण का विस्तृत तात्त्विक विवरण प्रस्तुत करता है। राजनीतिक समाजशास्त्र के विचारकों ने मार्क्सवादी चिन्तन के राजनीतिक, सामाजिक, आर्थिक पक्ष के जिन पहलुओं को अपने विश्लेषण का आधार बनाया, उसे निम्नांकित संदर्भों में देखा जा सकता है।

इतिहास की भौतिकवादी व्याख्या (Materialistic Interpretation of History)

मार्क्स के विचार में समाज के भौतिक जीवन की अवस्थाएं अन्तिम रूप से समाज की संरचना, विचार एवं राजनीतिक संस्थाओं को निर्धारित करती हैं। मार्क्स ने इस सिद्धान्त के माध्यम से इतिहास की आर्थिक व्याख्या करते हुए यह स्पष्ट किया कि सामाजिक परिवर्तन एक स्वाभाविक प्रक्रिया है जो राजनीतिक संस्थाओं एवं राजनीति दोनों को प्रभावित एवं निर्धारित करता है। मार्क्स के इस सिद्धान्त पर अपना मत प्रकट करते हुए शुम्पीटर (Schumpeter) ने इसे 'समाजशास्त्र की सर्वाधिक महत्त्वपूर्ण उपलब्धि कहा है।' इस सिद्धान्त का मूलसार यह है कि इतिहास में परिवर्तन लाने वाले कारकों में आर्थिक तत्त्वों का प्रभाव सबसे गहरा होता है। साथ ही, मार्क्स ने यह भी स्पष्ट किया है कि आर्थिक कारकों के व्यापक योगदान के अतिरिक्त इस पर धर्म, कला, नैतिक विचारधाराओं का प्रभाव एवं आधिभौतिकशास्त्र (Metaphysics) का भी प्रभाव पड़ता है। मार्क्स के इस सिद्धान्त की दो आधारभूत मान्यताएं हैं :

प्रथम–उत्पादन के प्रकार एवं परिस्थितियां ही वो मूलभूत निर्धारक तत्त्व होते हैं जो सामाजिक संरचनाओं का निर्धारण करते हैं। ये सामाजिक संरचनाएं ही व्यक्ति के दृष्टिकोणों, गतिविधियों, क्रियाओं, प्रतिक्रियाओं एवं सम्पूर्ण मानवीय सभ्यता का निर्धारण करती हैं।

द्वितीय–इस सिद्धान्त का दूसरा आधार यह है कि उत्पादन के प्रकार में ही परिवर्तन का तत्त्व अन्तर्निहित होता है जो आवश्यकताओं की वजह से अपने आप परिवर्तित हो जाता है। वे अपने ही कार्यों द्वारा अपने उत्तराधिकारी के प्रकारों को उत्पन्न करते हैं। अर्थात् अपनी जरूरतों की वजह से उत्पादन के प्रकारों में परिवर्तन होता है और पुराने ढांचे की जगह नए ढांचे का विकास हो जाता है। इसी सिद्धान्त के माध्यम से मार्क्स ने सामाजिक संरचना के सत्यांश का यथेष्ट विस्तृत विवरण प्रस्तुत करके राजनीतिक समाजशास्त्रियों को राजनीति और समाज के परस्पर संबंधों के अध्ययन के लिए मजबूत आधार दिया है।

सामाजिक वर्ग और वर्ग–संघर्ष की अवधारणा (Concept of Social Class and Class Struggle)

मार्क्स द्वारा प्रतिपादित सामाजिक वर्ग विश्लेषण एवं वर्ग संघर्ष की अवधारणा इतिहास की भौतिकवादी व्याख्या का पूरक है। मार्क्स के सामाजिक वर्ग सिद्धान्त की अवधारणा का वर्णन उनकी कृति 'कम्युनिस्ट मैनिफेस्टो' (Communist Manifesto) में की गयी है जिसमें इन्होंने कहा है कि "अभी तक स्थापित समाज का इतिहास वर्ग संघर्ष का इतिहास है।" आगे इन्होंने लिखा है कि "समाज में अभी तक दो ही वर्गों का अस्तित्व रहा है–शासक और शासित, शोषक और शोषित।" मार्क्स के विचार में किसी व्यक्ति की आय और व्यवसाय ही उसके वर्ग एवं स्थिति का निर्णायक तत्त्व नहीं होता है। दो व्यक्ति एक ही व्यवसाय में होते हुए भी अलग–अलग सामाजिक वर्ग का प्रतिनिधित्व करते हैं। मार्क्स के विचारानुसार उत्पादन–प्रक्रिया एवं प्रकार ही व्यक्ति की स्थिति (Position) एवं उसके जीवन–दिशा का निर्धारण करता है। इन तत्त्वों से ही व्यक्ति के अन्दर विचार, दृष्टिकोण, विश्वास, मूल्य आदि का निर्माण होता है।

श्रमिक वर्ग में अलगाव का बोध (Feeling of Alienation in Labour Class)

इस सिद्धान्त की विस्तृत आर्थिक–सामाजिक–राजनीतिक व्याख्या करते हुए मार्क्स ने राजनीति का वर्णन सामाजिक–परिवर्तन के साधन के रूप में किया है जिसमें सर्वहारा वर्ग के लिए वर्ग–सचेतनता (Class-Consciousness) की चेतना पैदा करने के साथ–साथ उनमें मनोवैज्ञानिक अपहरण (Psychological Deprivation) पनपने की भी चर्चा की है जो मौजूदा आर्थिक संरचना के प्रति श्रमिकों में अलगाव (Alienation) की भावना पैदा करता है। श्रमिक वर्ग की असंबद्धता के विश्लेषण के संदर्भ में मार्क्स दर्शन जहां एक ओर सामाजिक वर्ग के अस्तित्व पर प्रकाश डालता है, वहीं दूसरी ओर इस सामाजिक तथ्य का चित्रण करता है कि समाज में निरन्तर बुर्जुआ (Bourgeois) एवं सर्वहारा (Proletariat) यानी कि शोषक और शोषित का अस्तित्व कायम होता है जो वर्ग संघर्ष (Class War) का मूल कारक है। सामाजिक वर्ग एवं श्रमिकों की असंबद्धता जैसे सिद्धान्तों का निरूपण करके मार्क्स ने सामाजिक–राजनीतिक क्रान्ति एवं विकास से संबद्ध आर्थिक तत्त्वों को उजागर किया है। मार्क्स का 'सामाजिक वर्ग सिद्धान्त' मौजूद सामाजिक स्थिति (Social Status) का स्पष्ट चित्रण करते हुए उस पर राजनीति के पड़ने वाले प्रभावों की भी चर्चा करता है जो आगे चलकर राजनीतिक समाजशास्त्रियों के अध्ययन की विषयवस्तु के लिए आधार तत्त्व बना है।

मार्क्सवादी दर्शन में विद्यमान (Existing) पूंजीवादी समाज का स्पष्ट चित्रण किया गया है। मार्क्स सामाजिक व्यवस्था को आर्थिक व्यवस्था यानी कि उत्पादन के साधन एवं उत्पादन–स्वामित्व का प्रतिफल मानता है और इसे ही सामाजिक–राजनीतिक परिवर्तन का बुनियादी आधार मानता है। उसके विचार में उत्पादन की प्रक्रिया के प्रभाव से ही समाज, सामाजिक संस्थाओं, विचारधाराओं, दृष्टिकोणों, मान्यताओं, सामाजिक–वर्गों एवं सरकार की स्थिति में बदलाव आता है। मार्क्स ने समाज के अन्तर्गत विद्यमान् सभी मानवीय–संगठनों (सामाजिक वर्ग एवं सरकार) की क्रियाओं, प्रतिक्रियाओं, विचारधाराओं, दृष्टिकोणों, मान्यताओं, मूल्यों में आपसी संबद्धता की बात कही है; साथ ही यह भी तर्क दिया है कि सभी का व्यवस्थाकारी तत्त्व (Regulative Factor) है आर्थिक तत्त्व। मार्क्स द्वारा प्रतिपादित इस सामाजिक–आर्थिक–राजनीतिक संरचना की अवधारणा में हमें आल्मण्ड द्वारा प्रस्तुत

आधुनिक संरचनात्मक–प्रकार्यात्मक उपागम (Structural-Functional Approach) के आधारगत विषय वस्तु का स्पष्टीकरण दिखता है।

मार्क्स द्वारा प्रस्तुत उपर्युक्त संरचनात्मक–प्रकार्यात्मक प्रतिमान सामाजिक संघर्ष एवं व्यवस्था परिवर्तन के कारकों का बोध कराता है। इनके द्वारा इस प्रतिमान का निर्धारण व प्रस्तुतीकरण जिस रूप में किया गया है उससे यह प्रतिमान मौजूदा (Existing) समाज के परिस्थितिजन्य तत्त्वों, सामाजिक वर्ग संघर्ष, नैतिकता, श्रमिकों की असंबद्धता, सामाजिक रूपांतरण एवं सामाजिक परिवर्तन का विस्तृत एवं सटीक विवरण प्रस्तुत करता है जो कालांतर में राजनीतिक समाजशास्त्रियों के अध्ययन–विश्लेषण की विषयवस्तु एवं अध्ययन–प्रविधियों का मौलिक आधार स्तंभ बना तथा उसने विषय को एक स्वायत्त अनुशासन के पथ पर अग्रसर कराने में दिशा निर्देशक की उल्लेखनीय भूमिका निभायी।

मैक्स वेबर (Max Weber : 1864–1920)

मैक्स वेबर जर्मन समाजशास्त्री था जिसने 'राजनीतिक सामाजिक सिद्धान्त' (Political Social Theory), विधि समाजविज्ञान (Sociology of Law), सामाजिक विज्ञान दर्शन एवं पद्धति (Philosophy and Methodology of the Social Sciences), तुलनात्मक धर्म (Comparative Religion), सत्ता की अवधारणा (Concept of Authority), औचित्यपूर्णता की अवधारणा (Concept of Legitimacy), नौकरशाही की अवधारणा (Concept of Bureaucracy), सामाजिक स्तरीकरण (Social Stratification), आदि की वृहत्तर व्याख्या प्रस्तुत करते हुए राजनीति एवं समाज के अध्ययन में उल्लेखनीय योगदान दिया है। सामाजिक घटनाओं के विश्लेषण के लिए वेबर का अध्ययन दृष्टिकोण मूल्य–निरपेक्ष (Value-Free) था, लेकिन इस प्रसंग में अतिवादिता से बचने के लिए उसने सामाजिक घटनाओं के विश्लेषण के लिए मूल्य प्रासंगिकता (Value Relevance) को भी बराबर का महत्त्व दिया है। समाज एवं सामाजिक घटनाओं के प्रति वेबर का दृष्टिकोण उस समय तक के सभी विद्वानों से बहुत हद तक अलग था। उसने समाजशास्त्र को सामाजिक क्रियाओं का अर्थपूर्ण बोध कराया और समाज का अध्ययन इन्हीं सामाजिक अन्तःक्रियाओं की अर्थपूर्ण अभिव्यक्ति के रूप में किया। जहां मार्क्स के अध्ययन–विश्लेषण की विषयवस्तु मनुष्य की सामाजिक स्थिति है वहीं मैक्स वेबर ने मनुष्य की आन्तरिक स्थिति का विश्लेषण किया है। राजनीतिक समाजशास्त्र के जिन विषयों पर वेबर ने विस्तृत अध्ययन किया है उनमें–शक्ति, सत्ता, प्रभुत्व, नौकरशाही, पूंजीवाद आदि प्रमुख हैं।

वेबर का विश्लेषण मूलतः कानूनी, राजनीतिक और सांस्कृतिक बनावट (Legal, Political and Cultural Formation) एवं मानव की आर्थिक क्रियाओं के मध्य पाए जाने वाले आपसी संबंधों की खोज करता है। इस दृष्टि से वेबर ने मार्क्स के दर्शन से विपरीत पूंजीवाद तथा नौकरशाही के अध्ययन–विश्लेषण में मूल्य तटस्थ (Value Neutral) दृष्टिकोण का प्रयोग करते हुए इसका विवरण विवेकीकरण (Rationalisation) की एक अवस्थिति (Aspect) के रूप में किया है तथा लोक प्रशासकों एवं राजनीतिज्ञों में भी अंतर किया है, जबकि मार्क्स–दर्शन में नौकरशाही का विश्लेषण करते समय पूंजीवादी सामाजिक व्यवस्था में श्रमिकों के मन में उपजे व्यवस्था के प्रति अलगाव की भावना की अभिव्यक्ति है। वेबर ने आधुनिक पूंजीवाद और उससे उपजी संस्थाओं को मूलतः विवेकीकरण की प्रक्रिया (Process of Rationalisation) का परिणाम माना है।

समाज विज्ञान के स्वरूप पर वेबर का दृष्टिकोण (Concept of Weber on Nature of Social Science)

हीगेल, मार्क्स जैसे इतिहासकारों एवं सामाजिक विकास के प्रतिमानकारों के विचारों से मतभेद रखते हुए वेबर ने सामाजिक विज्ञान के विश्लेषण के लिए व्यक्तिगत कार्यवाही (Individual Action) को सही मानते हुए पद्धति वैज्ञानिक पवित्रवाद (Methodological Holism) की जगह पद्धति वैज्ञानिक व्यक्तिवाद (Methodological

Individualism) का समर्थन किया है। वेबर के जीवन में ही 'सीमांत उपयोगिता सिद्धान्त' (Marginal Utility Theory) की व्याख्या करने वालों के द्वारा इस सिद्धान्त का विस्तृत निरूपण आरंभ हो गया था, लेकिन अपने अनुभववादी पद्धति विज्ञान को आधार बनाकर वेबर ने इस सिद्धान्त का प्रतिकार किया। वेबर का यह तर्क था कि अनुभववादी दृष्टिकोण से आर्थिक व्यवहार का आखिरी आधार सिर्फ व्यक्ति का निजी स्वार्थ नहीं है, वरन् यह आधार मूल्य निर्णय से भी जुड़ा होता है। प्राकृतिक विज्ञान की अध्ययन सामग्री जड़ होती है; इसलिए सभी व्यवहार और परिणाम एक जैसे होते हैं, लेकिन सामाजिक विज्ञानों की अध्ययन सामग्री व्यक्ति एवं उसका व्यवहार है जो अपनी मूल्यपरक अभिरुचि (Value Preference) की दृष्टि से अपना व्यवहार चयन करता है। इसलिए उसके व्यवहार में असमानता (Diversity) होती है। वेबर का विचार है कि सामाजिक व्यवहार एवं सामाजिक पर्यावरण के विश्लेषण के लिए व्यक्ति संदर्भित मूल्य–निर्णयों (Value Judgement) को ध्यान में रखकर ही अध्ययन किया जाना चाहिए। वेबर के कथनानुसार 'समाजशास्त्र वह विज्ञान है जो सामाजिक क्रियाओं का निर्वाचनात्मक बोध कराने का प्रयास करता है जिससे कि सामाजिक क्रियाओं की गतिविधियों एवं परिणामों की कारण सहित व्याख्या प्रस्तुत की जा सके।" वेबर की दृष्टि में सामाजिक क्रिया का किसी भी घटना या परिस्थिति के संदर्भ में उसके अर्थपूर्ण बोध के दो पहलू हैं :

प्रथम–औसत वर्ग–इसमें सामान्यतया समाज की आबादी का अधिकांश प्रतिशत प्रभावी व सहभागी होता है।

द्वितीय–यथार्थ अर्थ–यह अर्थबोध का वह स्तर है, जहां मनुष्य परिस्थिति की पूरी जानकारी लेने के बाद किसी तर्कसंगत आधार पर पहुंचता है।

वेबर का पद्धतिशास्त्र एवं मूल्य–निर्णय (Weber's Methodology and Value-Judgement)

वेबर के विचार में सामाजिक घटनाएं सामाजिक जीवन में व्यक्तियों की अन्तःक्रियाओं का परिणाम होती है, इसलिए इन परिस्थतियों के विश्लेषण के समय समाजशास्त्र को घटनाओं के उद्देश्य एवं अर्थ दोनों पर अपना ध्यान केंद्रित करना चाहिए। वेबर की समाजशास्त्रीय पद्धति घटनाओं की कारण सहित व्याख्या तथा उसके अर्थपूर्ण बोध के मध्य संतुलन स्थापित करने में काफी सफल रही है। पद्धतिशास्त्र का प्रमुख उद्देश्य है–सामाजिक घटनाओं से जुड़े तथ्यों के कारणों की खोज करना और उसका समाधान ढूंढना। इनके विचार में ऐसा करके ही हमें सामाजिक क्रियाओं से जुड़े तथ्यों का अर्थपूर्ण बोध होगा, क्योंकि सामाजिक क्रियाएं कोई प्राकृतिक घटनाएं नहीं हैं; ये व्यक्तियों की क्रियाओं एवं व्यवहारों द्वारा प्रभावित व निर्धारित होती हैं। अतः, इन प्रभावित एवं निर्धारित सामाजिक क्रियाओं एवं व्यवहारों की अर्थपूर्ण जानकारी लेना और इसी बोध के आधार पर उनसे सम्बद्ध कारणों एवं तत्त्वों की खोज करना वेबर की समाजशास्त्रीय पद्धति का मुख्य लक्ष्य है। वेबर के इस उल्लेखनीय योगदान पर बोगार्ड्स ने कहा है–"पद्धतिशास्त्र को मैक्स वेबर की देन यह थी कि उन्होंने सामाजिक घटनाओं के अध्ययन में वैज्ञानिक पद्धति तथा मूल्यांकनात्मक निर्णय पद्धति में अन्तर किया था। उन्होंने इस बात पर विशेष बल दिया कि मानवीय संबंधों का अध्ययन करते समय इन दोनों पद्धतियों को कदापि मिलने नहीं देना चाहिए। उन्होंने अपने तरीके से समाजशास्त्र को एक विज्ञान के रूप में विकसित करने की नींव डाली। राजनीतिक समाजशास्त्र के उद्भव एवं विकास की दृष्टि से वेबर द्वारा प्रस्तुत इस पद्धतिशास्त्र का उल्लेखनीय योगदान है जिससे किसी भी राजनीतिक–परिस्थिति में मानव–व्यवहार को समझा और विश्लेषित किया जा सकता है।"

वेबर की इस पद्धति का मूल है कि तथ्यगत अध्ययन के लिए व्यक्ति को सामाजिक व्यवहार की एक इकाई के रूप में देखा जाए। वेबर ने अपने पद्धतिशास्त्र को मूल्यांकनात्मक निर्णयों से हमेशा दूर रखने का प्रयास किया है। इस संदर्भ में उनका कहना था कि समाजवैज्ञानिकों को सामाजिक क्रियाओं, प्रतिक्रियाओं, व्यवहारों, घटनाओं का अध्ययन विश्लेषण करने में मूल्यांकनात्मक निर्णयों के आलोक में नहीं, अपितु सामाजिक घटनाओं की परिवर्तनीय अवस्थाओं एवं तत्त्व विशिष्ट तथ्यों के आधार पर सत्य आधारित वैज्ञानिक विश्लेषण प्रस्तुत करना चाहिए। वेबर सामाजिक घटनाओं के विश्लेषण के लिए मूल्यों की प्रासंगिकता को स्वीकारते हैं।

इसीलिए, मार्क्स की तरह वेबर ने इतिहास में होने वाले परिवर्तन एवं विकास का अध्ययन एक निश्चित प्रक्रिया के रूप में किया है जो धर्मनिरपेक्षीकरण, औपचारीकरण एवं नौकरशाहीकरण जैसी अवधारणाओं के विभिन्न आयामों से गुजरता है।

मैक्स वेबर की सत्ता, शक्ति एवं औचित्यपूर्णता की अवधारणा (Max Weber's Concept of Authority, Power and Legitimacy)

राजनीतिक सिद्धान्तों के क्षेत्र में मैक्स वेबर का सत्ता संबंधी विश्लेषण राजनीतिक समाजशास्त्रियों के लिए राज्य एवं समाज के संबंधों की अन्योन्याश्रितता एवं अन्तर्लिप्तता को तथ्यगत एवं यथार्थगत नजरिये से देखने का आधार बना। वेबर की राज्य संबंधी अवधारणा मूलतः समाजशास्त्रीय है और अन्य राजनीतिक समाजशास्त्रियों की तरह वेबर ने भी सत्ता प्रयोग का मूल केंद्र राज्य को ही माना है। एक समाजशास्त्री के रूप में वेबर ने राज्य का विश्लेषण करते हुए कहा है, ''राज्य वह मानवीय समुदाय है जो किसी निश्चित भू–भाग के अन्दर भौतिक शक्ति के औचित्यपूर्ण प्रयोग के एकाधिकार का सफल दावा करता है।'' इसी संदर्भ में वेबर ने राजनीति को परिभाषित करते हुए कहा है, ''राजनीति वह माध्यम है जिसके द्वारा राज्यों के बीच एवं राज्य के अन्तर्गत विभिन्न समूहों के बीच, शक्ति के प्रयोग में सहभागिता करने या शक्ति के वितरण को प्रभावित करने के प्रयासों का निर्धारण किया जाता है।''

मैक्स वेबर के सार्वजनिक अधिकारियों को दो भागों–प्रशासकीय अधिकारी एवं राजनीतिक अधिकारी में बांटते हुए प्रशासकीय अधिकारियों को राजनीति में भाग नहीं लेने एवं अपने वरिष्ठ राजनीतिक अधिकारियों के आदेशों का पालन करने की सलाह दी है। जबकि राजनीतिक अधिकारियों यानी कि राजनेताओं का उत्तरदायित्व वैयक्तिक बताया है और उन्हें दिन–प्रतिदिन के सामाजिक विषयों, मुद्दों पर बराबर नजर रखने एवं उसके संपर्क में रहने की सलाह दी है। राज्य एवं राजनीति का विश्लेषण करने के पश्चात् शक्ति को परिभाषित करते हुए वेबर का कहना है कि ''शक्ति से किसी भी व्यक्ति या व्यक्तियों के उस अवसर का बोध होता है जिसके माध्यम से वह दूसरों के विरोध के बावजूद सामुदायिक कार्यों में अपनी इच्छा को लागू करता है, चाहे इसकी इच्छा का विरोध करने वाले लोग उस सामुदायिक कार्यों के संपादन में खुद भी भाग क्यों नहीं ले रहे होते हैं।'' वेबर के विचार में राज्य की इस शक्ति का प्रयोग करने वाला राजनीतिक सत्ताधारी है। राजनीतिक सत्ता शक्ति–प्रयोगकर्ता पर निर्भर करती है, लेकिन साथ ही वेबर का यह भी कहना है कि राजनीतिक स्थायित्व के लिए सत्ता द्वारा प्रयोग की जाने वाली शक्ति को औचित्यपूर्ण (Legitimate) होना चाहिए। वेबर के विचार से पारम्परिक सत्ता की औचित्यता सत्ता प्रयोग करने वाले व्यक्ति के प्रति एक निश्चित परम्परा के तहत जनता का सतत् विश्वास है। वैध सत्ता किसी सचेत व्यवस्था की वैधता के प्रति जनता द्वारा व्यक्त किया जाने वाला विश्वास है। इससे अलग करिश्मा प्रधान सत्ता व्यक्ति के व्यक्तित्व की विलक्षण सामूहिकता के प्रति जनता द्वारा व्यक्त किया जाने वाला विश्वास है। वेबर के विचार में शासन एवं करिश्मा प्रधान सत्ताधारक के मध्य औचित्यता का आधार ''करिश्मा की नित्यक्रमिता'' (Routinisation of Charisma) होती है।

पूर्व के राजनीतिक दार्शनिकों की तरह वेबर भौतिक मूल्य आधारित सत्ता की औचित्यपूर्णता को स्वीकार नहीं करता है, बल्कि वह सत्ता की औचित्यपूर्णता के लिए वैधानिक मानदंडों के साथ शासितों की आस्था एवं विश्वास को भी इस आधार में शामिल करता है। इस प्रसंग में वेबर ने कहा है, ''कोई भी राजनीतिक व्यवस्था उसी सीमा तक औचित्यपूर्ण है जिस सीमा तक उसमें निवास करने वाले लोग उसको औचित्य प्रदान करते है।'' वेबर का कहना है कि राजनीतिक व्यवस्था एवं उसके सत्ताधारियों को जनता अपनी मनोवृत्तियों एवं मूल्यों के आधार पर अपने व्यवहार, अपनी सहभागिता के द्वारा औचित्यता प्रदान करती है। इसीलिए वेबर राजनीतिक समुदाय के लोगों को निरंतर समाज के प्रति जागरूक रहने की, सामाजिक मान्यताओं, नैतिक मूल्यों, परम्पराओं को अपनाने की तथा अपने नैतिक आचरण द्वारा जनता की आस्था एवं विश्वास को बनाये रखने की सलाह देता है। वेबर के विचार से जनता सामान्यतया तीन आधारों से प्रभावित होकर औचित्यता प्रदान करती है, ये रूप

हैं–पारम्परिक, वैध–बौद्धिक एवं करिश्मा प्रधान, जिन्हें वेबर ने औचित्यपूर्णता सिद्धान्त (Legitimating Principles) की संज्ञा दी है।

वेबर के विचार में सत्ता एक स्वतंत्र परिवर्त्य है जिसका शक्ति एवं प्रभाव से परस्पर घनिष्ठ संबंध होता है। राजनीतिक सत्ता का मूल आधार औचित्यपूर्णता है क्योंकि सत्ता के आदेशों का पालन सत्ताधारी और अधीनस्थ के बीच मूल्यों की समानता के आधार पर किया जाता है। इसलिए वेबर ने सत्ता एवं औचित्यपूर्णता के संबंधों की परस्पर अन्तर्लिप्तता को देखते हुए औचित्यपूर्णता के आधार पर सत्ता के स्त्रोतों एवं प्रकारों को तीन भागों में बांटा है :

1. परम्परागत सत्ता (Traditional Authority)
2. कानूनी–तर्कसंगत सत्ता (Legal–Rational Authority)
3. करिश्माती सत्ता (Charismatic Authority)

वेबर द्वारा प्रतिपादित सत्ता के तीनों स्वरूप 'सत्ता के आदर्श प्रकार' (Ideal Type of Authority) के प्रतीक हैं।

वेबर का कहना है कि उपर्युक्त वर्णित सत्ता संदर्भित संबंध तीन स्तरों के बीच पाया जाता है :

(i) सर्वोच्च शासक (Supreme Ruler)
(ii) प्रशासनिक निकाय (Administrative Body)
(iii) नागरिक या प्रजाजन (Citizens or Subjects)

यहां वेबर ने कहा है कि औचित्यपूर्णता से राजनीतिक सत्ता की शक्ति मानवीय व्यवहार को प्रभावित करने के संदर्भ में बहुत बढ़ जाती है। शक्ति, प्रभाव और सत्ता औचित्यता की स्थिति प्राप्त करके ही प्रभावशाली बनती है और दूसरों के व्यवहार को प्रभावित करने में सफल होती है। इसीलिए वेबर ने औचित्यपूर्णता को भी सत्ता आधारित तीन स्त्रोतों में बांटा है। यथा–परम्परागत औचित्यपूर्णता (Traditional Legitimacy), कानूनी–तर्कसंगत औचित्यपूर्णता (Legal–Rational Legitimacy) एवं करिश्माई औचित्यपूर्णता (Charismatic Legitimacy)।

सत्ता एवं औचित्यता संबंधी अवधारणा का विश्लेषण करके मैक्स वेबर ने यह स्पष्ट किया है कि सभी प्रकार की राजनीतिक व्यवस्था को स्थायित्व एवं लोकप्रियता की जरूरत होती है जो औचित्यता से मिलती है। इसे प्रदान करने का अधिकार सिर्फ जनता को है और इसका आधार सामाजिक पर्यावरण, विश्वास, आस्था, नैतिक मूल्य, मान्यताएं, परम्पराएं एवं समस्त सामाजिक व्यवहार हैं जो राजनीतिक व्यवहार का नियामक तत्त्व है। एक स्वायत्त अनुशासन के रूप में राजनीतिक समाजशास्त्र के विश्लेषण की मूल विषयवस्तु यही सामाजिक–राजनीतिक व्यवहार है जिसका विस्तृत विवरण मैक्स वेबर की अवधारणों में मिलता है।

वेबर की शक्ति अवधारणा (Weber's Concept of Power)

शक्ति को परिभाषित करते हुए वेबर ने लिखा है कि "शक्ति वह संभावना है जिससे शक्तिधारक व्यक्ति ऐसे सामाजिक संबंध में बंधा होता है कि वह प्रतिरोध के बावजूद अपनी इच्छा मनवा लेता है, चाहे इस संभावना का आधार कुछ भी हो।" अपने कथन का स्पष्टीकरण करते हुए वेबर का कहना है कि "इस रूप में शक्ति समस्त सामाजिक संबंधों का यदि नहीं, तो समाज के अधिकांश संबंधों का महत्त्वपूर्ण पहलू है।" लेकिन, वेबर ने सिर्फ औचित्यपूर्ण शक्ति का ही अध्ययन किया है जिसे उसने औचित्यपूर्ण सत्ता की संज्ञा दी है। वेबर के विचार में ऐसी शक्ति को अधीनस्थों द्वारा अधिकारपूर्वक स्वीकार किया जाता है और जो शक्ति औचित्यपूर्ण अर्थात् वैध नहीं है, उसे वेबर ने 'दमनात्मक शक्ति' (Coercive Power) कहा है, जिसके प्रयोग की इजाजत लोकतंत्र में नहीं है। वेबर ने औचित्यपूर्ण शक्ति को भी तीन प्रकारों में विभाजित किया है जिन्हें क्रमशः कानूनी, परम्परागत एवं करिश्मावादी

कहा है। वेबर शक्ति के इन तीनों प्रकारों का स्पष्टीकरण करते हुए कहते हैं कि जब औचित्यता प्राप्त शक्तिवान व्यक्तियों द्वारा बनाये कानूनों, आदेशों, निर्देशों एवं डिक्रियों (Decrees) का पालन अधीनस्थ वैधानिकता के आधार पर करते हैं, तो शक्ति का यह रूप कानूनी है। जब शक्ति प्रयोगकर्ता के आदेशों–निर्देशों का पालन परम्परागत आस्था–विश्वास पर आधारित होता है, तो शक्ति के इस रूप को परम्परागत कहा जाएगा और जब शक्तिधारक के व्यक्तित्व से प्रभावित होकर लोग प्रयोगकर्ता द्वारा प्रेषित शक्ति का पालन करते हैं, तो शक्ति का यह रूप करिश्मावादी है। शक्ति का यह विशेष रूप विशेषतः राजनेताओं के व्यक्तित्व की प्रभाविता से संबद्ध होता है।

वेबर की प्रभुत्व संबंधी अवधारणा (Weber's Concept of Domination)

वेबर द्वारा प्रभुत्व शब्द का प्रयोग सीमित अर्थों में किया जा गया है। प्रभुत्व को परिभाषित करते हुए वेबर ने कहा है कि "यह शासक या शासितों की व्यक्त इच्छा–आदेश है जो एक या एक से अधिक व्यक्तियों (शासितों) के आचरण को प्रभावित करने के लिए है और उसे वस्तुतः इस प्रकार प्रभावित करती है कि उनका आचरण सामाजिक संदर्भ के क्षेत्र में इस प्रकार का होता है जैसे शासितों द्वारा उस आदेश के अर्थ को अपने आचरण की एक नीति के रूप में स्वीकार किया गया हो।" अर्थात् वेबर ने प्रभुत्व को 'आदेश की सत्तात्मक शक्ति' के रूप में परिभाषित किया है एवं इसे समाज में शासक एवं शासितों के बीच पाये जाने वाले संबंधों के प्रसंग में स्पष्ट किया है। वेबर के विचार में वैध शक्ति (Legitimate Power) के पास आदेश देने की शक्ति होती है और उन आदेशों के पालन कराने की भी शक्ति होती है। व्यवस्था में इसी वैध सत्ता एवं शक्ति की वजह से शासित उन आदेशों का पालन करता है। इस संदर्भ में वेबर का यह कहना है कि वैध शक्ति का प्रभुत्व ही उनके आदेशों का पालन कराता है जो कर्मचारी वर्ग के सहयोग से पूरा होता है। इसीलिए वेबर की यह मान्यता है कि सभी प्रकार के प्रशासन में आदेश देने एवं उन आदेशों का पालन कराने हेतु प्रभुत्व का होना जरूरी है, जिसका माध्यम है वैध शक्ति एवं सत्ता।

मैक्स वेबर का विश्लेषण : नौकरशाही एवं पूंजीवाद
(Max Weber's Analysis of Bureaucracy and Capitalism)

मैक्स वेबर के विचार में प्रशासन का कार्य एक पूर्णकालिक व्यवसार (Full time Occupation) है। मार्क्स एवं मैक्स वेबर दोनों समवेत स्वर में इस विषय पर एकमत है कि आधुनिक समाज में नौकरशाही की भूमिका अतिविशिष्ट है। हालांकि, आधुनिक राजनीतिक विश्लेषकों के लिए वेबर की नौकरशाही–अवधारणा काफी विवाद का विषय रही, लेकिन वेबर वे पहले समाजशास्त्री हैं, जिन्होंने नौकरशाही का व्यवस्थित अध्ययन करके उसे प्रशासन की तर्कपूर्ण व्यवस्था (Rational System) माना है। वेबर के मतानुसार, संस्थागत मानव–व्यवहार में तर्कपूर्णता लाने का सबसे उपयुक्त माध्यम है–नौकरशाही। वेबर के विचार में सत्ता एवं औचित्यता के तीन प्रकारों में कानूनी तर्कसंगत सत्ता एवं औचित्यता के संगम का सर्वोत्तम उदाहरण है नौकरशाही। मार्क्स से अलग वेबर के विचार में पूंजीवाद (Capitalism) और समाजवाद (Socialism) दो तरह की परस्पर विरोधी प्रणालियां नहीं हैं, वरन् ये दो प्रकार की नौकरशाही संगठन प्रणालियां हैं। तभी तो, मार्क्स के विचारों का खंडन करते हुए वेबर–दर्शन यह कहता है कि व्यवस्था की राजनीति में मुख्य भूमिका वर्गों (Classes) की नहीं, नौकरशाही की होती है। वेबर मार्क्स की इस अवधारणा का भी खंडन करता है कि सामाजिक व्यवस्था में सत्ता का मुख्य केंद्र उत्पादन प्रणाली है। वेबर के कथनानुसार व्यवसाय की मुख्य धुरी प्रभुत्व प्रणालियां (Models of Domination) हैं, जिन पर नौकरशाह विराजमान है। मार्क्स ने नौकरशाही को पूंजीवाद का पर्याय मानते हुए उसे पूंजीवाद के विकास एवं पतन से जोड़ कर पूंजीवाद की तरह ही अस्थायी माना है। जबकि, वेबर ने पूंजीवाद एवं नौकरशाही का अध्ययन विवेकीकरण के एक पक्ष के रूप में किया है। नौकरशाही संबंधी अवधारणा का विश्लेषण करते हुए वेबर ने लिखा है, "समाज

के सभी स्तरों पर मनुष्य संगठनात्मक मशीन की सेवा करने के लिए बाध्य है, लेकिन इसके लिए उसे अपने स्व–बोध को भुलाना पड़ता है।'' वेबर समाजवादी उम्मीदों (Socialist Aspiration) के प्रति बहुत आकांक्षी नहीं था, क्योंकि उसके विश्वासानुसार, समाजवाद के विवेकीकरण की प्रक्रिया का अभिन्न अंग होने की वजह से पूंजीवादी नौकरशाही के ढांचे को स्वीकारना होगा।

मैक्स वेबर ने नौकरशाही की भूमिका को मार्क्स की अपेक्षा व्यापक संदर्भ में देखा है। वे इसकी भूमिका के लिए लोकप्रशासन तक सीमित नहीं मानते हैं, बल्कि लोक एवं व्यक्तिगत दोनों प्रशासन के साथ–साथ सभी प्रकार के मानवीय संगठनों में इसके अस्तित्व को स्वीकारते हैं। इस प्रसंग में वेबर का यह तर्क है कि सामाजिक व्यवस्था में समाज (पूंजीवादी समाज) की यह मांग है कि व्यापक प्रशासनिक उद्देश्यों की पूर्ति के लिए वृहत् सामाजिक संगठन स्थापित किये जायें। इसी मांग के अनुरूप नौकरशाही का संदर्भ सामाजिक–जीवन के हर क्षेत्र से जुड़ गया है। नौकरशाही अवधारणा के विश्लेषण के लिए वेबर ने अपनी विशेष पद्धति 'आदर्श प्रारूप' (Ideal Type) का प्रयोग किया है। इस पद्धति के अन्तर्गत वैचारिक स्पष्टता (Conceptual Clarity) के उद्देश्य से निरन्तर किये जा रहे अनुभवमूलक निरीक्षण (Empirical Observation) के परिणामों को मिलाकर प्रस्तुत विषय का व्यापक विवरण तैयार किया जाता है।

वेबर के आदर्श प्रारूप की तीन विशेषताएं हैं :

प्रथम–आदर्श प्रारूप का निर्माण कर्त्ता द्वारा संपादित क्रियाओं के इच्छित अर्थ के अनुरूप होता है।

द्वितीय–आदर्श प्रारूप वर्णन या विश्लेषण नहीं है, यह किसी सामाजिक घटना या क्रिया के अतिमहत्त्वपूर्ण पक्षों का निरूपण है।

तृतीय–आदर्श प्रारूप का प्रयोग सामाजिक समस्याओं के विश्लेषण हेतु साधन या उपकरण के रूप में होना चाहिए।

मैक्स वेबर ने नौकरशाही की जो संकल्पना प्रस्तुत की है उसके अनुरूप कानून के शासन (Rule of Law) के संदर्भ में आदर्श प्रारूप की बात करते हुए वेबर का कहना है कि यह प्रारूप वैधानिक रूप से स्थापित उच्चाधिकारियों (Bureaucrates) एवं उसके अधीनस्थ (Subordinate) कर्मचारियों के मध्य संबंधों का निरूपण करेगा। इसके आलोक में उच्चाधिकारियों एवं अधीनस्थ के अधिकार, कार्यों एवं कर्त्तव्यों को लिखित नियमों एवं विनियमन (Rules and Regulations) द्वारा निर्देशित किया जायेगा। सभी पदों पर कार्यरत सत्ताधारियों के बीच व्यवस्थित सत्तामूलक संबंध स्थापित करेगा एवं विभिन्न पदों पर नियुक्ति और पदोन्नति अनुबंधमूलक अनुबंध पत्र (Contractual Agreements) पर आधारित होगी और उसी आधार पर नियमित (Regularize) भी होगी। सभी पदों पर नियुक्ति की शर्त होगी तकनीकी योग्यता, प्रशिक्षण एवं अनुभव। नियुक्त पदाधिकारियों को नियमित वेतन मिलेगा। आदर्श प्रारूप के आलोक में पदाधिकारी अपने पद का मनचाहा उपयोग नहीं करेंगे, यानी कि 'प्रशासन के साधनों का दुरुपयोग (Misuse) नहीं करेंगे।' वेबर की ये धारणा है कि एक पूर्णकालिक व्यवसाय के रूप में प्रशासन एवं नौकरशाही का स्वरूप जैसे–जैसे वृहत्तर होता जाएगा वैसे–वैसे अधिकारियों एवं सामान्य नागरिकों के बीच अलगाव की दीवार ऊँची होती जाएगी। वेबर के नौकरशाही की इस संकल्पना को उसके आलोचक भी नहीं नकार पाये। वेबर ने मार्क्स की समाजवादी बाजार–व्यवस्था की जगह सामाजिक नियोजन (Planning) के माध्यम से सामाजिक व्यवस्था में समानता को बढ़ावा देने के लिए नौकरशाही की शक्तियों में भारी विस्तार करने की जरूरत बतायी है। लेकिन, साथ ही वेबर ने यह भी कहा कि इससे मनुष्य की आजादी खतरे में पड़ जाएगी। व्यक्ति की स्वतंत्रता को बनाये रखने के लिए वेबर ने बहुसंख्यक सामाजिक शक्तियों के बीच प्रतियोगिता को बढ़ाने के लिए सामाजिक व्यवस्था में बाजार व्यवस्था और निजी संपत्ति दोनों के अस्तित्व को कायम रखने की वकालत की है ताकि लोगों की सामाजिक स्वतंत्रता सुरक्षित रह सके।

उपर्युक्त वर्णित विभिन्न सामाजिक–राजनीतिक अवधारणाओं का अवलोकन करके यह स्पष्ट होता है कि वेबर द्वारा प्रतिपादित उपर्युक्त सिद्धान्त एवं संकल्पना का राजनीतिक समाजशास्त्र के विकास में उल्लेखनीय योगदान है। वेबर की अध्ययन प्रविधियां, संकल्पनाओं एवं मान्यताओं का सत्यांश यह है कि सामाजिक विज्ञान में

परीक्षणीय सामान्यीकरण किया जा सकता है एवं परिणामों में मूल्य प्रासंगिकता के महत्त्व को स्वीकार करके परिस्थिति की प्रकृति का सही चित्रण प्रस्तुत किया जा सकता है। वेबर का यह विश्वास है कि सामाजिक क्रियाओं, घटनाओं, समस्याओं, व्यवहारों के अध्ययन–विश्लेषण के लिए किसी भी प्रकार की स्थिर सिद्धान्त–प्रणाली संभव नहीं है। चूँकि, सामाजिक समस्याएं परिस्थितियों के अनुसार भिन्न–भिन्न होती हैं और उन समस्याओं का प्रारूप अनुसंधानकर्ता के विशिष्ट दृष्टिकोण से संबंधित होता है। इसलिए अवधारणाओं, संकल्पनाओं यानी कि आदर्श प्रारूपों को अन्तिम मान लेना सही नहीं है। परिवर्तित सामाजिक परिवेश एवं व्यवहार के अनुरूप परिस्थितिजन्य अवधारणाओं का भी समयानुसार विकास होता रहेगा। वेबर के शब्दों में, आदर्श प्रारूप की प्राक्कल्पनात्मक मूर्त स्थितियों में व्यक्ति, सामाजिक दशा, परिवर्तन, क्रान्ति, वर्ग आदि शामिल हैं। इसका निर्माण सामाजिक यथार्थ के आधार पर किया गया है और इनका निश्चित उपयोग तुलनात्मक है।

वेबर की पूंजीवाद अवधारणा (Weber's Concept of Capitalism)

वेबर के शब्दों में, ''पूंजीवाद वस्तुतः तब उत्पन्न होता है, जब मुद्रा की अर्थव्यवस्था का आरंभ होता है'' वेबर ने अपनी पुस्तक 'The Present Ethics and the Spirit of Capitalism–1905' में प्रोटेस्टेण्ट धर्म द्वारा पूंजीवाद के निर्माण एवं विकास में किये गये उल्लेखनीय योगदान की चर्चा की है। वेबर का यह मत है कि प्रोटेस्टेण्ट धर्म के शुद्ध आचारवादी विचारों की वजह से आर्थिक क्षेत्र में पूँजीवाद का जन्म हुआ। अपने इस मंतव्य की पुष्टि के लिए उदाहरण के तौर पर वेबर ने बताया है कि जिन–जिन देशों में प्रोटेस्टेण्ट धर्म का ज्यादा प्रभाव रहा उन देशों की पहचान पूंजीवादी व्यवस्था के रूप में हुई है, जैसे–इंग्लैण्ड, हॉलैण्ड, अमेरिका आदि। यहां तक कि वेबर ने यह भी कहा है कि जर्मनी में पूंजीवादी वर्ग का अधिकतर हिस्सा प्रोटेस्टेण्ट का अनुचर (Follower) है और जो कैथोलिक धर्मावलम्बी हैं उनकी आर्थिक स्थिति प्रोटेस्टेण्ट वालों की अपेक्षा कमजोर है। वेबर का कहना है कि पूँजीवाद का अर्थ है–कम–से–कम काम और अधिकतम आराम करते हुए अधिक से अधिक धन प्राप्त करने की इच्छा रखना।

वेबर द्वारा अध्ययन की दृष्टि से पूंजीवाद को तीन श्रेणियों में बांटा गया है :

1. आधुनिक औद्योगिक पूँजीवाद (Modern Industrial Capitalism)
2. राजनीतिक पूँजीवाद (Political Capitalism)
3. अछूत पूँजीवाद (Pariah Capitalism)

वेबर ने आधुनिक औद्योगिक पूंजीवाद को उद्योग–धंधों से जोड़कर देखा है, जहां बड़े पैमाने पर उत्पादन होता है और उनके मालिक प्रतिस्पर्धा के माध्यम से ज्यादा से ज्यादा धन संचय में लगे रहते हैं। वहीं राजनीतिक पूंजीवाद को राजनीतिक सत्ता से जोड़ा है तथा अछूत पूंजीवाद को ऐसी व्यवस्था माना है जहां आर्थिक तंत्र कुछ निजी लोगों के हाथों में सिमटा होता है।

वेबर के विचार में पूंजीवाद एक उद्यमशीलता है जिसका लक्ष्य असीमित मुनाफा संचय करना है। संगठित उद्यम, उत्पादन में वृद्धि के लिए तकनीकी विकास, प्रतियोगिता एवं प्रतिस्पर्धा की भावना का विकास, विभिन्न वर्गों के बीच संबंध, धनसंचय की प्रवृत्ति, आदि इसके प्रमुख लक्षण या आधारगत विशेषताएं हैं जो नौकरशाही एवं विवेकीकरण की कार्यपद्धति पर निर्भर है। वेबर के विचार में हर स्थिति में धनार्जन का आधार विवेकीकरण है और आधुनिक पूंजीवाद में धन–संचय का माध्यम भी पूंजीपतियों का विवेकीकरण ही है। वेबर ने पूंजीवादी व्यवस्था के जन्म एवं विकास से लेकर विस्तार तक सभी आयामों की जिम्मेदारी विवेकीकरण (Rationalisation) को ही दी है। इनका यह भी कहना है कि पूंजीवाद में धन–संचय की प्रवृत्ति बुरी नहीं है, सिर्फ सभी प्रक्रियाएं एक निश्चित कानून और अनुशासन के दायरे में संपन्न होनी चाहिए। वेबर ने इसे पूंजीवाद की आत्मा (Spirit of Capitalism) का नाम दिया है। इस प्रसंग में मार्क्स एवं वेबर के विचारों का तुलनात्मक अध्ययन करने से यह निष्कर्ष निकलता है कि जहां मार्क्स ने पूंजीवाद को नोकरशाही के विकास एवं पतन से जोड़कर दोनों को

अस्थायी कहा है, वहीं वेबर द्वारा पूंजीवाद एवं नौकरशाही का अध्ययन विवेकीकरण के एक आयाम के रूप में किया गया है।

समीक्षा

मैक्स वेबर की गिनती समाजशास्त्र के संस्थापक–जनक (Founder) में की जाती है। वेबर ने एक विज्ञान के रूप में समाजशास्त्र के विकास की नींव डाली। इसने समाजशास्त्रीय अवधारणाओं की व्याख्या वैज्ञानिक संदर्भ में की और समाजशास्त्र को सामाजिक क्रियाओं का अध्ययन करने वाला विज्ञान माना, जिसका उद्देश्य सामाजिक–क्रियाओं, सामाजिक–व्यवहारों को समझना और उनकी व्याख्या करना है। वेबर ने सामाजिक क्रियाओं को चार भागों में बांटा है जो क्रमशः तथ्य–मूलक क्रिया (Rational Action), मूल्य–मूलक क्रिया (Value-Oriented Action), भावात्मक क्रिया (Affective Action) एवं परम्परागत क्रिया (Traditional Action) है। इसके साथ ही वेबर ने सामाजिक क्रियाओं के निर्देशित होने के तीन सूत्रों की भी चर्चा की है, जिन्हें–**प्रथम**–परम्परागत प्रयोग (Traditional Usage), **द्वितीय**–हित (Interest), **तृतीय**–न्यायसंगत व्यवस्था (Legitimate Order) कहा है। एक व्यवहारवादी समाजशास्त्री होने की वजह से राजनीतिक समाजशास्त्र के उद्‌भव एवं विकास में वेबर का महत्त्वपूर्ण योगदान है। चूंकि, राजनीतिक समाजशास्त्र में राजनीतिशास्त्र और समाजशास्त्र का समागम है इसलिए यह विषय राजनीति और समाज दोनों को एक दूसरे का प्रतिरूप मानते हुए राजनीति और समाज की अन्तःक्रियाओं के पारस्परिक संबंधों का अध्ययन करता है, और राजनीति एवं समाज के बीच द्विपक्षीय संबंधों को स्वीकारता है। इस आलोक में राजनीतिक समाजशास्त्र के उद्‌भव एवं विकास में मैक्स वेबर का योगदान उल्लेखनीय है। वेबर ने सामाजिक क्रियाओं–व्यवहारों के अध्ययन–विश्लेषण पर जोर देते हुए मानव व्यवहार को समझने के लिए एक ऐसी समाजशास्त्रीय पद्धति प्रदान की है जिसके द्वारा किसी भी राजनीतिक परिस्थिति में मानव–व्यवहार का अध्ययन किया जा सकता है। वेबर की प्रसिद्ध पुस्तक 'The Methodology of Social Sciences' में सामाजिक व्यवहार के अध्ययन के लिए जो पद्धतिशास्त्र की व्याख्या की गयी है उससे राजनीतिक–सामाजिक व्यवहार के अध्ययन को एक नयी दिशा मिली है। ई.एस. बोगाड्‌र्स (E.S. Bogardus) ने अपनी पुस्तक 'The Development of Social Thought' में सामाजिक व्यवहार के अध्ययन के लिए वेबर की पद्धतिशास्त्रीय देन पर अपने विचार व्यक्त करते हुए कहा है कि ''पद्धतिशास्त्र के रूप में मैक्स वेबर की सबसे बड़ी देन यह है कि उसने आधार–सामग्री के रूप में सामाजिक–आंकड़ों (Social Data) के अध्ययन के लिए वैज्ञानिक उपागम एवं मूल्य निर्णय उपागम (Value Judgement Approach) के बीच अन्तर किया है।'' वेबर का इस बात पर जोर है कि मानवीय संबंधों का अध्ययन करते समय इन दोनों पद्धतियों को कदापि मिलने नहीं देना चाहिए।

वेबर के पद्धतिशास्त्र में वर्णित आदर्शप्रारूप (Ideal Type) का राजनीतिक समाजशास्त्र के लिए विशेष महत्त्व है। समाजशास्त्र एवं राजनीतिक समाजशास्त्र को मैक्स वेबर द्वारा दिए गए योगदान के संदर्भ में अमेरिका और जर्मनी की समाजशास्त्रीय परिषदों ने 1964 में यह स्वीकार किया कि अनेक जटिलताओं के बावजूद वेबर की कृतियां विषय के बौद्धिक उद्दीपन की अभी भी स्त्रोत बनी हुई हैं।

विलफ्रेडो पैरेटो (Vilfredo Pareto : 1843–1923)

इटालियन सामाजिक विचारक पैरेटो ने सामाजिक क्रियाओं, घटनाओं एवं समस्याओं के अध्ययन–विश्लेषण के लिए जिस वैज्ञानिक पद्धति का प्रयोग किया है उसे 'तार्किक प्रयोगात्मक विज्ञान' का नाम दिया है। पैरेटो ने इस वैज्ञानिक पद्धति के तीन प्रमुख आधारों की चर्चा की–**प्रथम**–निरीक्षण, **द्वितीय**–तथ्ययुक्त अनुभव और **तृतीय**–निरीक्षण एवं तथ्ययुक्त अनुभव आधारित तर्कसम्मत निष्कर्ष। पैरेटो को वैज्ञानिक पद्धति सामाजिक घटनाओं का अध्ययन अनुभव के आधार पर करता है। उसे निरीक्षण एवं प्रयोग की सही कसौटी पर परखता है। इन स्तरों से गुजरने

के पश्चात् शोध के क्रम में विभिन्न घटनाओं, क्रियाओं–प्रतिक्रियाओं में जो तत्त्व समान रूप से पाये जाते हैं, उनकी खोज करके उन्हीं तत्त्वों की समानता के आलोक में समाजशास्त्रीय सिद्धान्तों का प्रतिपादन करता है, ताकि सामाजिक समस्याओं का तथ्यपरक व यथार्थपरक समाधान किया जा सके। पैरेटो की अवधारणा में विषय संदर्भित शोध तकनीकों के लिए अनुभव एवं निरीक्षण को प्रधानता दी गयी है और उसे मार्गदर्शक के रूप में स्वीकारा गया है। पैरेटो ने अपने इस महत्त्वपूर्ण योगदान द्वारा राजनीति एवं समाज के संबंधों की अन्योन्याश्रितता को देखने–समझने का एक नया नज़रिया दिया है जिसका राजनीतिक समाजशास्त्र के स्वतंत्र अस्तित्व को विकसित करने में तथ्यात्मक सहयोग रहा है। इस संदर्भ में पैरेटो का यह कहना है कि सामाजिक घटनाएं एवं सामाजिक तथ्य स्वयं ही गतिशील हैं, परिवर्तनशील हैं, इसलिए उसके द्वारा प्रतिपादित तार्किक प्रयोगात्मक पद्धति में अपरिहार्यता, अन्तिम सत्य या अन्तिम निर्णयवाद, आदि के लिए कोई स्थान नहीं है।

पैरेटो ने समाज में पायी जाने वाली मानवीय क्रियाओं को दो भागों में बांटा है–तर्कसंगत क्रियाएं एवं अतर्कसंगत क्रियाएं। पैरेटो का सामाजिक परिवर्तन का चक्रीय सिद्धान्त (Cyclical Theory of Social Change) राजनीतिक समाजशास्त्रियों के लिए काफी महत्त्वपूर्ण है, क्योंकि इससे उन्हें अपने अध्ययन–विश्लेषण के लिए आंकड़ा–संकलन, विषयवस्तु विश्लेषण, दस्तावेजीय शोध, प्रतिदर्श सर्वेक्षण, आदि के लिए मजबूत आधार मिला है। पैरेटो ने एक सामाजिक मनुष्य के व्यवहार के अध्ययन के लिए बहुत हद तक मनोवैज्ञानिक कारकों का सहारा लिया है।

पैरेटो की यह मान्यता है कि सामाजिक मनुष्य के व्यवहार के मुख्यतः दो पहलू होते हैं–एक पक्ष अपेक्षाकृत स्थिर होता है और दूसरा पक्ष परिवर्तनशील। मानव–व्यवहार का गहराई से अध्ययन करने के क्रम में पैरेटो ने व्यवहार के स्थिर पक्ष को विशिष्ट चालक (Residues) कहा है और परिवर्तनशील पक्ष को भ्रान्ततर्क (Derivations) कहा है। पैरेटो के विचार में विशिष्ट चालक मानव–व्यवहार का स्थिर तत्त्व है जो व्यवहार के निर्धारण एवं प्रेरणा का आधार है। जबकि, भ्रान्ततर्क मनुष्य के सामाजिक व्यवहार का वह व्यापक क्षेत्र है जहां व्यक्ति को अपने व्यवहार की औचित्यता का विश्वास स्वयं अपने आपको एवं अपने साथीजनों को दिलाना पड़ता है। पैरेटो द्वारा प्रतिपादित मानव–व्यवहार का विश्लेषण संदर्भित यह सिद्धान्त आगे चलकर राजनीतिक समाजशास्त्र की मूल विषयवस्तु राजनीतिक–सामाजिक व्यवहार, राजनीतिक–सामाजिक पर्यावरण, राजनीतिक–सामाजिक संस्कृति की अन्तर्लिप्तता के अध्ययन–विश्लेषण के लिए प्रेरक आधार बना।

पैरेटो ने अपने चक्रीय सिद्धान्त द्वारा सामाजिक परिवर्तन के तीन मुख्य पक्षों को स्पष्ट किया है–राजनीतिक, आर्थिक एवं आदर्शात्मक। राजनीतिक क्षेत्र में जब यह सिद्धान्त गतिशील होता है, तब शासन की बागडोर उनके हाथों में आ जाती है जिनके व्यवहार में स्थिर तत्त्व यानी कि 'विशिष्ट चालक अधिक प्रधान होता है।' पैरेटो ने आर्थिक गतिशीलता का संबंध समाज के दो आर्थिक वर्गों–अनिश्चित आय वाले एवं निश्चित आय वाले वर्ग से जोड़ा है और आदर्शात्मक क्षेत्र सामाजिक मान्यताओं के प्रति विश्वास–अविश्वास से संबद्ध किया है।

विख्यात इतालवी विद्वान् पैरेटो अर्थशास्त्रवेत्ता और राजनीति समाजवैज्ञानिक था। अर्थशास्त्री के रूप में उसका मुख्य योगदान साम्यावस्था सिद्धान्त (Equilibrium Theory) और सामाजिक चयन सिद्धान्त (Social Choice Theory) है। इस संबंध में पैरेटो ने यह तर्क दिया कि अर्थव्यवस्था को साम्यावस्था में रखने के लिए स्वतंत्र बाजार व्यवस्था अपरिहार्य है, जहां अधिकतम (Optimum) स्तर पर मानवीय आवश्यकताओं की 'पूर्ति' संभव है। समाज की अर्थशास्त्रीय विवेचना में 'पैरेटो इष्टतम' (Pareto Optimum) की अवधारणा एक चर्चित विषय है जो अर्थव्यवस्था की ऐसी सैद्धान्तिक स्थिति का संकेतक है जिसमें एक व्यक्ति की आर्थिक स्थिति तब तक नहीं सुधर सकती, जब तक कि किसी अन्य व्यक्ति की खुशहाली (Wefare) में कटौती न की जाए।

पैरेटो द्वारा प्रतिपादित विशिष्ट वर्गवाद सिद्धान्त (Pareto's Theory of Elitism) की वजह से एक राजनीतिक समाजशास्त्रवेत्ता के रूप में उसकी विशेष उपलब्धि 'विशिष्टवर्गवाद' के सिद्धान्तकार के रूप में है। पैरेटो ने अपनी चर्चित पुस्तक 'द माइंड एण्ड सोसायटी', 1916 में मानव–व्यवहार के दो आयामों की पहचान करते हुए उसका विस्तृत विश्लेषण किया है। उनके विचार से पहला आयाम है तर्कसंगत व्यवहार (Logical Conduct) जिसमें साध्य

(Ends) एवं साधनों (Means) में वस्तुपरक (Objective) संबंध पाया जाता है। व्यवहार का दूसरा आयाम अतर्कसंगत व्यवहार (Non-logical Conduct) है, जहां साध्य एवं साधन के बीच वस्तुपरक संबंध नहीं पाया जाता है। इस प्रसंग में पैरेटो का यह मत है कि विज्ञान एवं आर्थिक क्रियाओं से संबद्ध मानव–व्यवहार ज्यादातर तर्कसंगत होते हैं, जबकि अधिकांश सामाजिक क्रियाएं अतर्कसंगत व्यवहार की अभिव्यक्ति हैं। इस व्यवहार का अधिकांश हिस्सा भावनाओं (Emotions), मनोवेगों (Human Passions), मनोवृत्तियों (Attitudes) में होते रहने वाले अभिविन्यासों (Orientations) का परिणाम होती हैं। सामान्य बोलचाल की भाषा में सभी मानवीय क्रियाओं को लोग तर्कसंगत व्यवहार की श्रेणी में रखते हैं, लेकिन, वस्तुतः समाज में गिने चुने लोगों की ही सभी आर्थिक–सामाजिक क्रियाएं तर्कसंगत के निर्धारित मानदंडों के दायरे में आती है। पैरेटो का कहना है कि समाज में जिन लोगों की समस्त क्रियाएं तर्कसंगत व्यवहार की क्षमता पर खरी उतरती है, उनका स्थान समाज में विशिष्ट होता है। वे अपने व्यवहार एवं व्यक्तित्व की प्रवीणता की वजह से समाज में, विशिष्ट स्थान प्राप्त करते हैं। पैरेटो का मत है कि तर्क एवं अतर्कसंगत व्यवहारों द्वारा प्राप्त योग्यता समाज को दो वर्गों में बांटती है–विशिष्ट वर्ग (Elites) एवं जनसाधारण (Mass)। विशिष्ट वर्ग समाज का नेतृत्व करते हैं और जनसाधारण उसके अनुयायी (Follower) होते हैं।

पैरेटो की विशिष्ट वर्गीय अवधारणा का आधार है समाज में प्रभाव, नेतृत्व, शासन संदर्भित उसकी मान्यता। पैरेटो का यह विश्वास था कि प्रत्येक समाज का शासन एक ऐसे अल्पसंख्यक वर्ग के हाथों में होता है जिसके पास संपूर्ण सामाजिक और राजनीतिक सत्ता पर अधिकार कर लेने के लिए कुछ विशेष गुण होता है। जो लोग समाज और राज्य के उच्चतम शिखरों पर पहुंच पाते हैं, वास्तव में वही हमेशा समाज के सर्वश्रेष्ठ व्यक्ति होते हैं। उन्हें निपुणता के आधार पर अभिजन कहा जाता है। अभिजन वर्ग में उन सभी सफल व्यक्तियों की गणना की जा सकती है जो मानव गतिविधियों के प्रत्येक क्षेत्र में सर्वोच्च अंक प्राप्त करके अपनी विशिष्टता स्थापित करते हैं। पैरेटो ने सभी क्षेत्र के लिए अपने–अपने अभिजन होने की बात स्वीकारी है।

एक समाजशास्त्री एवं मनोविज्ञानशास्त्री की दृष्टि से सामाजिक व्यवस्था के आलोक में पैरेटो ने अभिजनवर्गीय सिद्धान्त का प्रतिपादन किया साथ में अभिजनवर्ग में परिसंचरण (Circulation) होते रहने की संकल्पना का भी विकास किया। पैरेटो की रचनाओं में विशिष्ट वर्ग में होने वाले विभिन्न प्रकार के परिवर्तनों–प्रत्यावर्तनों की स्पष्ट चर्चा की गयी है। पैरेटो की संकल्पना में परिसंचरण की यह प्रक्रिया कभी शासक वर्ग के विभिन्न समूहों के बीच होती है; कभी अभिजनवर्ग एवं गैर–अभिजनवर्ग के बीच भी होती है। पैरेटो का मत है कि जब शासक वर्ग की अवनति की वजह से सामाजिक संतुलन बिगड़ जाता है, तब समाज में नया अभिजनवर्ग तैयार हो जाता है। इस संबंध में पैरेटो ने लिखा है, ''अभिजनवर्ग के मनोविज्ञान में समय–समय पर परिवर्तन होता रहता है।'' अपने इस मत की स्पष्टता के लिए पैरेटो ने अवशेषों (Residues) की अवधारणा का विकास किया है जिसका बुनियादी आधार है–सामाजिक जीवन में मनुष्य द्वारा संपादित क्रियाएं, जिसे पैरेटो ने तार्किक एवं तर्कशून्य दो श्रेणियों में रखा है। पैरेटो के विचार से तार्किक कार्य हमेशा उद्देश्य संदर्भित होता है, इसलिए इसमें प्रयोग किया जाने वाला साधन भी उद्देश्ययुक्त होता है। तर्कशून्य कार्य बिना किसी उद्देश्य के किया जाता है, अतः इन्हें प्राप्त करने का साधन भी उद्देश्यहीन होता है। 'अवशेषों' से पैरेटो का तात्पर्य उन गुणों से है जो व्यक्ति को सामाजिक जीवन में ऊंचा उठाने का माध्यम है। पैरेटो के विचार में विशिष्टवर्ग समाज का अल्पसंख्यक समुदाय है जिसकी योग्यता एवं प्रतिभा का अनुसरण बहुसंख्यक समुदाय करता है।

राजनीतिक समाजशास्त्र के विकास के क्षेत्र में पैरेटो का योगदान वास्तव में अमूल्य है। एक राजनीतिक समाजशास्त्री की दृष्टि से पैरेटो द्वारा प्रतिपादित विशिष्टवर्गीय सिद्धान्त निश्चित रूप से विषय के लिए उल्लेखनीय योगदान है। इसके अतिरिक्त, पैरेटो ने मनुष्य की राजनीतिक, सामाजिक, आर्थिक क्रियाओं–व्यवहारों का जो तथ्यगत एवं तर्कपूर्ण वैज्ञानिक अध्ययन किया, वही आगे चलकर राजनीतिक समाजशास्त्रियों द्वारा किये जाने वाले राजनीतिक–सामाजिक क्रियाओं–व्यवहारों के अन्योन्याश्रित अध्ययन–विश्लेषण का प्रेरक सिद्धान्त बना। यह सत्य है कि पैरेटो की राजनीति संदर्भित अवधारणाएं लोकतंत्र की त्रुटियों पर अतिशय बल देती दिखाई

पड़ती हैं, क्योंकि इनकी अवधारणा राजनीतिक सामाजिक प्रभुत्व को अल्पतंत्र में समेटते हुए इसके प्रयोग पर विशिष्ट वर्ग के एकाधिकार का विस्तृत विवेचन प्रस्तुत करती हैं, लेकिन लोकतंत्र के प्रति इनका असंतोष इस मायने में स्वाभाविक दिखता है कि इनके द्वारा राजनीतिक–सामाजिक पर्यावरण से जुड़ी समस्याओं के विश्लेषण के लिए वैज्ञानिक प्रविधियों के प्रयोग का दावा किया गया है, और आदर्श एवं यथार्थ के द्वन्द्व में उलझी राजनीति को आंशिक रूप से ही सही यथार्थवादी चेहरा दिया गया है जो आगे चलकर व्यवहारवादी विश्लेषणों के लिए प्रेरणास्रोत बना।

हरबर्ट स्पेंसर (Herbert Spencer : 1820–1903)

उन्नीसवीं शताब्दी का ब्रिटिश मनोवैज्ञानिक, दार्शनिक हरबर्ट स्पेंसर सामाजिक एवं राजनीतिक सिद्धान्तकार था, जिसने सामाजिक विकासवादी सिद्धान्त में अपना महत्त्वपूर्ण योग दिया। स्पेंसर चिंतन को मुख्यतः 'सामाजिक डार्विनवाद' (Social Darwinism) की अभिव्यक्ति कहा गया है। स्पेंसर की यह मान्यता थी कि सामाजिक विकास की प्रक्रिया बहुत हद तक प्राकृतिक विकास की प्रक्रिया से मिलती–जुलती है। उसके सामाजिक विकासवादी दर्शन का आधार मुख्यतः जीवविज्ञान (Biology) है। अपनी महत्त्वपूर्ण कृति 'सोशल स्टेटिक्स' में स्पेंसर ने जीवविज्ञान आधारित तथ्यों की बुनियाद पर समाज के लिए नैतिक नियमों के निर्माण का प्रयत्न किया है। उसने 'समान स्वतंत्रता के नियम' (Law of Equal Freedom) के आधार पर प्राकृतिक अधिकारों का सिद्धान्त प्रतिपादित किया। इस संदर्भ में मनुष्यों के व्यवहार का अध्ययन किया और यह मत प्रकट किया कि लगभग सभी व्यक्तियों के व्यवहार में अनुकूलन क्षमताएं (Adaptation Capabilities) पायी जाती है और यही अधिकांश सामाजिक समस्याओं का मूल कारण है।

स्पेंसर की सर्वाधिक ख्याति उसके द्वारा प्रतिपादित समाज का सावयवी अवधारणा (Organism Concept of Society) की वजह से है, जिसमें उसने आंगिक सादृश्य (Organic Analogy) आधारित सामाजिक संरचनाओं एवं सामाजिक क्रियाओं के विकास का वर्णन किया है। तुलनात्मक तर्क प्रस्तुत करते हुए उसने कहा है कि जैसे जीववैज्ञानिक विकास का निर्धारण 'विभेदीकरण और संयोजन के नियम' (Law of differentiation and Integration) द्वारा होता है, वैसे ही सामाजिक व्यवस्था भी असंगत समरूपता (Incoherent Homogeneity) से सुसंगत विषमरूपता (Coherent Heterogeneity) की दिशा में विकसित होती है। अपनी इस अवधारणा के स्पष्टीकरण में स्पेंसर ने कहा है कि जिस तरह शरीर के विभिन्न भागों में आपसी निर्भरता होती है उसी प्रकार जीवधारी समाज के सभी हिस्से एक–दूसरे पर निर्भर है। जिस प्रकार शरीर के एक अंग की बीमारी दूसरे को भी अपने प्रभाव में ले लेती है, उसी तरह समाज में निवास करने वाले सभी मनुष्य सर्वश्रेष्ठ जीवन की प्राप्ति के लिए अभिन्न एवं अन्योन्याश्रित रूप से एक–दूसरे से संबद्ध होते हैं। इस संदर्भ में स्पेंसर का यह मत है कि समाज का एक अंग दूसरे पर ठीक वैसे ही निर्भर होता है, जैसे मानव शरीर का एक अंग दूसरे पर, इसलिए समाज के एक अंग की बीमारी, समस्या या व्यवहार का दूसरे पर सीधा प्रभाव पड़ता है। स्पेंसर द्वारा प्रस्तुत सामाजिक प्रगति की अवधारणा के आलोक में 'असंगत समरूपता' से 'सुसंगत विषमरूपता' की ओर अग्रसर होने का तर्क देने के पीछे उसके कथन की मंशा यह है कि आरंभिक स्तर पर सामाजिक व्यवस्था के विभिन्न अंग पूरी तरह स्पष्ट नहीं होते हैं, लेकिन बाद में उनकी स्पष्टता होने लगती है और वे एक ही लक्ष्य की पूर्ति के लिए अलग–अलग कार्य संपन्न करने लगते हैं।

स्पेंसर ने राज्य को भी जीवधारी माना है और राज्य–शरीर एवं प्राणी–शरीर के विकासक्रम में दोनों के बीच समानताओं की भी चर्चा की है। सावयव सिद्धान्त शायद उतना ही पुराना है, जितनी पुरानी राजनीति की विचारधारा है। प्लेटो, अरस्तू, सिसरों, हॉब्स, रूसो आदि की अवधारणाओं में इसका प्रस्तुतीकरण हुआ है, लेकिन इस सिद्धान्त का सबसे विशद् विवेचन स्पेंसर ने किया है, इसलिए स्पेंसर का नाम इस सिद्धान्त के साथ विशेष रूप से जुड़ा है। इसने समाज की तरह राज्य को भी शरीर का स्वरूप माना है। स्पेंसर ने राज्य और जीवधारी शरीर के बीच जो समानताएं बतायी हैं, वो हैं–जन्म, रचना, संगठन, परस्पर निर्भरता, विकास एवं विनाशक्रम और

असमानताओं में पारस्परिक निर्भरता की सीमा में भेद एवं चेतनाशक्ति में भेद। स्पेंसर का कहना है कि जिस तरह मानव शरीर में तीन प्रणालियां हैं–जीवित रहने की प्रणाली, नियामक प्रणाली एवं विभेदीकरण प्रणाली, उसी तर्ज पर राज्य रूपी शरीर की भी तीन प्रणालियां हैं–उत्पादन प्रणाली, प्रबंध प्रणाली एवं विभेदीकरण प्रणाली। स्पेंसर ने तर्क देते हुए कहा है कि जिस प्रकार नियामक प्रणाली एक यंत्र की तरह मानव शरीर को नियमित करती है, उसी तरह राज्य रूपी शरीर का नियमन सरकार द्वारा नियमों–कानूनों के आधार पर होता है।

स्पेंसर ने सामाजिक व्यवस्था में परिवर्तन की प्रक्रिया एवं महत्त्व का भी अध्ययन किया है और व्यवस्था को 'सैनिक समाज' से 'औद्योगिक समाज' की ओर अग्रसर होने की बात कही है, साथ ही यह भी कहा है कि सैनिक समाज में नियंत्रण का संचालन सिर्फ केंद्र द्वारा होता है, जबकि औद्योगिक सामाजिक व्यवस्था व्यक्तियों के स्वाभाविक सहयोग का परिणाम होती है। स्पेंसर ने प्राकृतिक विज्ञान आधारित नैतिकता के नियमों के निर्माण की कोशिश की, लेकिन उसका परिणाम अनैतिक और अमानवीय साबित हुआ, क्योंकि समाज की प्रगति की प्रक्रिया के संदर्भ में इस नियम की मांग थी कि समाज के निकम्मे और अयोग्य व्यक्तियों को सामाजिक प्रगति का हिस्सा नहीं बनाना चाहिए। यदि अयोग्य लोगों को इसका लाभ मिला तो सामाजिक प्रगति की शक्ति कुंठित हो जाएगी, जिससे समाज के स्वाभाविक विकास के रास्ते में अड़चनें आएंगी।

हरबर्ट स्पेंसर द्वारा प्रतिपादित उपर्युक्त सिद्धान्त यद्यपि प्रतिपादन के बाद से ही गंभीर आलोचनाओं का शिकार रहा, फिर भी सामाजिक–राजनीतिक चिन्तन एवं विश्लेषण के लिए इनका महत्त्व तब भी था और आज भी है। समकालीन समाजविज्ञान, राजनीति विज्ञान एवं राजनीतिक समाजशास्त्र को हरबर्ट स्पेंसर की सबसे महत्त्वपूर्ण देन है उनके द्वारा प्रतिपादित प्रतिमान (Model) है जो आधुनिक राजनीतिविज्ञान एवं राजनीतिक समाजशास्त्र के अध्ययन के लिए संरचनात्मक–प्रकार्यात्मक उपागम (Structural–Functional Approach) के निर्माण का आधार बना। स्पेंसर के सिद्धान्तों की बड़े पैमाने पर हुई आलोचनाओं के बावजूद समाजशास्त्र, राजनीति विज्ञान एवं राजनीतिक समाजशास्त्र उनकी अवधारणों से काफी लाभान्वित रहा है।

इमील दुर्खीम (Emile Durkheim : 1858–1917)

फ्रेंच दार्शनिक एवं समाजवादी विचारक दुर्खीम की गिनती समाजशास्त्र के संस्थापकों में होती है। समाज संदर्भित इनके अध्ययन–विश्लेषण का राजनीतिक समाजशास्त्र के कई आयामों पर गंभीर प्रभाव पड़ा है। फ्रांस के सामाजिक विचारकों में दुर्खीम को कॉम्टे का उत्तराधिकारी माना जाता है, क्योंकि कॉम्टे ने प्रत्यक्षवाद और समूहवाद में समन्वय स्थापित करने का प्रयास किया है, तो दुर्खीम ने इस समन्वय को मजबूती से स्थापित किया। दुर्खीम ने सामाजिक अन्तर्क्रियाओं का गहराई से अध्ययन–विवेचन करते हुए यह स्पष्ट किया कि सामाजिक घटनाओं का मूल कारक स्वयं समाज ही है। दुर्खीम समूहवादी विचारक थे, इसलिए उनके विश्लेषणात्मक निष्कर्षों में भी सामूहिकता का बोध है। वे व्यक्तिवादी सिद्धान्तों से सहमत नहीं थे। दुर्खीम विज्ञानवाद एवं प्रत्यक्षवाद (Positivism) में विश्वास करते थे। इसलिए उसने सामाजिक घटनाओं के अध्ययन, अवलोकन, वर्गीकरण, परीक्षण एवं परिणामों के लिए भौतिक विज्ञान की अध्ययन–पद्धति अपनाने पर जोर दिया है। समूहवाद का समर्थक होने की वजह से वे प्रत्येक सामाजिक घटना एवं व्यवहार के लिए व्यक्तिसमूह की संस्कृति, समाज में उनकी प्रस्थिति, सामाजिक मूल्यों–परम्पराओं एवं उनमें होने वाले परिवर्तनों को उत्तरदायी मानते हैं। प्रत्यक्षवादी होने की वजह से दुर्खीम द्वारा सामाजिक घटनाओं एवं सामाजिक तथ्यों के यथार्थगत अध्ययन–विश्लेषण के लिए निरीक्षण, परीक्षण, प्रयोग और वर्गीकरण का प्रयोग किया गया है, जो विज्ञान की अध्ययन प्रविधियां हैं।

दुर्खीम ने अपने 'मूल्यों के सिद्धान्त' (Theory of Values) में यह कहा है कि ''समाज के सभी मूल्य सामाजिक समूहों की अभिव्यक्ति होते हैं जो सामाजिक रुचि, परिवेश और पर्यावरण को प्रभावित करते हैं।'' इस संदर्भ में इनका यह भी कहना है कि सामाजिक मूल्यों का स्रोत स्वयं समाज है जो मूल्यों में परिवर्तन का कारक और मूल्यों का निर्धारक भी होता है।

दुर्खीम द्वारा प्रतिपादित 'सामाजिक तथ्य की अवधारणा' (Concept of Social Fact) समाजशास्त्रीय अवधारणाओं में प्रमुख है। दुर्खीम ने सभी मानवीय व्यवहारों को सामाजिक तथ्य माना है और राजनीतिक समाजशास्त्र इन्हीं मानवीय व्यवहारों का अध्ययन राजनीति व्यवहार के परिप्रेक्ष्य में करता है। अपने विश्लेषण में दुर्खीम ने सामाजिक तथ्यों के अस्तित्व को प्रमुखता दी है और आधुनिक राजनीति विज्ञान में व्यवहारवादी क्रान्ति के पश्चात् विषय के अध्ययन–विश्लेषण में सामाजिक तथ्यों के अस्तित्व की इसी प्रमुखता ने राजनीतिक समाजशास्त्र को एक स्वायत्त अनुशासन बनाने में उल्लेखनीय भूमिका निभायी। इस प्रसंग में दुर्खीम का यह कहना था कि सामाजिक तथ्य सामूहिक चेतना की ही उपज होते हैं। सामाजिक घटनाओं एवं समस्याओं के अध्ययन–विश्लेषण तथा परिणाम एवं समाधान के लिए इन तथ्यों का संकलन एवं गहराई से अध्ययन अपरिहार्य है। दुर्खीम द्वारा प्रस्तुत पद्धतिशास्त्र, श्रमविभाजन का सिद्धान्त तथा मूल्य–सिद्धान्त, सामाजिक तथ्यों के आलोक में मानव–व्यवहार का यथार्थपरक अध्ययन करता है। यह सिद्धान्त राजनीतिक समाजशास्त्र के उद्भव एवं विकास के लिए काफी फलदायी स्रोत बना। रूसो के द्वारा प्रतिपादित 'सामाजिक समझौता सिद्धान्त' एवं मॉंटेस्क्यू की कानून एवं राज्य संबंधी अवधारणाओं का उनके विचारों पर गहरा प्रभाव दिखाई देता है। दुर्खीम का कहना था कि सभी विज्ञान परस्पर संबंधित होते हें, क्योंकि उनकी विषयवस्तु में अन्तःक्रियात्मकता, अन्तर्लिप्तता व अन्तःनिर्भरता पायी जाती है।

लोकतंत्र (Democracy) के संबंध में दुर्खीम का विश्लेषण समाजशास्त्र के अन्य संस्थापकों से अलग है। इस प्रसंग में मैक्स वेबर का मत था कि "लोकतंत्र एक ऐसी शासन–प्रणाली है जिसमें राजनीतिक नेता तर्कशून्य जनसमूह का समर्थन प्राप्त करने के लिए आपस में निरन्तर प्रतिस्पर्धा एवं संघर्ष की स्थिति में रहते हैं।" इसके विपरीत दुर्खीम ने अपने तात्त्विक लोकतंत्र की संकल्पना (Concept of Substansive Democracy) के माध्यम से यह उम्मीद जतायी है कि तात्त्विक लोकतंत्र के अन्तर्गत राजनीतिक नेता जनसाधारण को ऐसा नेतृत्व प्रदान करेंगे जिससे उनके अन्दर तर्कबुद्धि और आलोचनात्मक दृष्टि का विकास होगा। दुर्खीम द्वारा प्रतिपादित तात्त्विक लोकतंत्र का सिद्धान्त उनके नैतिक व्यक्तिवाद की मान्यता के अनुरूप है। उन्होंने अपने नैतिक व्यक्तिवाद (Moral Individualism) की अवधारणा में व्यक्तिवाद की अहंवादी (Egoistic) और उपयोगितावादी (Utilitarian) अवधारणा की व्याख्या का खंडन करते हुए कहा है कि 'नैतिक व्यक्तिवाद' के अन्तर्गत प्रत्येक व्यक्ति प्रत्येक व्यक्ति के हित के लिए समर्पित होगा। अपने नैतिक व्यक्तिवाद की मान्यता के अनुरूप तात्त्विक लोकतंत्र का सिद्धान्त विकसित करते हुए उन्होंने इसकी सफलता के लिए समाज में व्याप्त पूँजीवादी व्यवस्था में आमूल परिवर्तन लाने की जरूरत की बात कही है। दुर्खीम के विचार में उस समय की वर्तमान पूँजीवादी व्यवस्था समाज में लोगों के अदम्य तृष्णा को शान्त करने के नाम पर उनमें कभी खत्म नहीं होने वाली प्रतिस्पर्धा और संघर्ष को बढ़ावा दे रही थी, जिससे सामाजिक एकता की जगह सामाजिक विषमता को बढ़ावा मिल रहा था। समाज में 'अनुबंध की स्वतंत्रता' (Freedom of Contract) का अर्थ है–समाज के ताकतवर लोगों को कमजोर लोगों का शोषण करने की छूट देना। दुर्खीम के कथनानुसार इस परिस्थिति में बदलाव के लिए राज्य को अपनी नीति में बदलाव लाकर एक ऐसी व्यवस्था बनानी होगी जिसमें जनसाधारण (Mass) अपनी योग्यता एवं क्षमता को विकसित कर सके। इस प्रसंग में दुर्खीम ने यह सुझाव दिया कि इस बदलाव के लिए राज्य को 'सम्पत्ति के उत्तराधिकार' (Inheritance of Wealth) में कटौती करके आम लोगों के लिए 'अवसर की समानता' (Equality of Opportunity) की स्थिति पैदा करनी होगी ताकि सामाजिक विषमता को समाप्त किया जा सके।

दुर्खीम ने राजनीतिक स्वतंत्रताओं को अपने आपमें साध्य (End in Themselves) कहा है और इसके प्रयोग पर सुझाव देते हुए उनका कहना है कि राजनीतिक स्वतंत्रताओं का इस्तेमाल आर्थिक एवं सामाजिक न्याय (Economic and Social Justice) को बढ़ावा देने के लिए होना चाहिए। इससे बाजारवाद के कठोर नियमों को मानवीय स्वरूप मिल सकेगा और आम व्यक्ति अपनी मेहनत, क्षमता और योग्यता के अनुरूप न्यायसंगत प्रतिफल प्राप्त कर सकेगा। दुर्खीम द्वारा उस समय की वर्तमान व्यवस्था में सुधार के लिए व्यक्ति और राज्य के बीच व्यवहार एवं क्रियाओं–प्रतिक्रियाओं के आदान–प्रदान के लिए मध्यस्थ संस्थाओं (Intermediary Institutions) को विकसित करने का भी सुझाव दिया गया। उनके विचार से ये संस्थाएं एक ओर जहां व्यक्ति

की बुनियादी आवश्यकताओं एवं उनके विचारों को राज्य तक पहुंचायेंगी और वहीं राज्य के नेतृत्व को भी समाज के बुनियादी स्तर तक पहुंचायेगी। इससे जहां एक ओर राज्य की शक्ति संतुलित होगी, वहीं राज्य एवं समाज के बीच संबंधों में पारदर्शिता आयेगी एवं अन्तर्लिप्तता मजबूत होगी।

दुर्खीम की समाज एवं राज्य संबंधी अवधारणाओं में लोकतंत्र और समाजवाद का समन्वय दिखाई पड़ता है, क्योंकि उन्होंने औद्योगीकरण के परिणामस्वरूप संस्कृति की लुप्त होती क्षेत्रीय भिन्नताओं को बनाने के लिए चुनाव–व्यवस्था में सुधार कर क्षेत्रीय निर्वाचन क्षेत्रों को समाप्त करके व्यावसायिक संस्थाओं (Occupational Association) को आर्थिक एवं नैतिक दोनों कार्य एक साथ निभाने की बात कही है।

कुछ त्रुटियों एवं आलोचनाओं के बावजूद दुर्खीम द्वारा प्रतिपादित अवधारणाओं का योगदान समाजशास्त्र के लिए एवं राजनीतिक समाजशास्त्र के लिए उल्लेखनीय है। हालांकि वे मैक्स वेबर की भांति सामाजिक व्यवस्था में राज्य की शक्ति की भूमिका पर विस्तृत प्रकाश नहीं डाल पाये, लेकिन अध्ययन–विश्लेषण के लिए उनके द्वारा प्रयोग किये गये सामाजिक–तथ्य आधारित वैज्ञानिक प्रविधियों का आधुनिक राजनीतिशास्त्रियों एवं राजनीतिक समाजशास्त्रियों ने अपने विश्लेषण में काफी लाभ उठाया। औद्योगीकरण की वजह से लुप्त होती क्षेत्रीय संस्कृति के परिरक्षण (Preservation) के लिए राजनीति के अध्ययन हेतु जिस सांस्कृतिक उपागम (Cultural Approach) को उनके द्वारा अपनाया गया, वह विभिन्न समुदायों को राष्ट्रीय समुदाय के रूप में संगठित करने की दिशा में एक ठोस कदम था जिससे राष्ट्रीय राजनीति को मजबूती मिलेगी। राज्य एवं समाज के बीच मध्यस्थ संस्थाओं को सूचनाओं के आदान–प्रदान के लिए विकसित करने की जो दुर्खीम ने वकालत की है, उससे डेविड ईस्टन के 'अदा–प्रदा प्रतिमान' (Input–Output Model), आल्मण्ड का 'संरचनात्मक–प्रकार्यात्मक उपागम', डायश का 'राजनीतिक संचार उपागम' जैसे प्रतिमानों के प्रतिपादन को प्रेरक बुनियादी जमीन मिली है।

गेटानो मोस्का (Gaetano Mosca : 1858–1941)

प्रसिद्ध इतालवी समाजवैज्ञानिक गेटानो मोस्का की एक राजनीतिवैज्ञानिक के रूप में विशेष पहचान विशिष्टवर्गवाद के सिद्धान्तकार के रूप है। मोस्का ने अपनी प्रसिद्ध रचना 'द रूलिंग क्लास' में समाज को दो भागों में बांटा है–शासक वर्ग (The Ruling Class) और शासित वर्ग (The Ruled)। इस पुस्तक में मोस्का ने स्पष्ट किया है कि शासक वर्ग हमेशा अल्पसंख्यक होता है, जबकि शासित वर्ग में जनसाधारण (Mass) हैं जो समाज का बहुसंख्यक हैं। मोस्का के विचार में समाज का शासक वर्ग शासित पर एकाधिकार (Monopoly) रखता है और सामाजिक संसाधनों (Social Resources) का लाभ उठाता है। समाज में जनसाधारण पर अपना प्रभुत्व बनाये रखने के लिए यह वर्ग कानूनी एवं गैर–कानूनी सभी तरह के हथकंडे इस्तेमाल करता है। मोस्का मार्क्स की भांति सिर्फ उत्पादन के संसाधनों पर स्वामित्व को समाज में प्रभुत्व को आधार नहीं मानता है, बल्कि यह शक्ति एवं प्रभुत्व की बहुआयामी (Multidimensional) व्याख्या करते हुए सैन्य शक्ति (Military Power), धार्मिक प्रतिष्ठा (Priestly Status) एवं प्रशासनिक कुशलता (Administrative Efficiency) को राजनीतिक प्रभुत्व का आधार मानता है।

मोस्का के विचार में शासक एवं शासित के बीच समाज का विभाजन सभी प्रकार की राजनीतिक प्रणाली में निश्चित रूप से विद्यमान होता है। उसका तर्क है कि शासन–प्रणाली में बदलाव होने पर भी सामाजिक बुनावट नहीं बदलती है। लोकतंत्र में भी समाज और शासन के स्वरूप का बुनियादी आधार यही होता है। बहुमत का शासन (Majority Rule) सिर्फ सिद्धान्त में होता है, व्यवहार में उसका अस्तित्व नहीं होता है, क्योंकि व्यवहार में तो 'अल्मपत का शासन' (Minority Rule) होता है और यह अल्पमत ही समाज का विशिष्टवर्ग है। मोस्का लोकतंत्र में चुनावी व्यवस्था को मिथ्या अवधारणा (False Concept) मानता है। इसमें राजनीतिक दल एवं उसके नेता चुनाव जीतने के लिए विचारधारा और विचारवाद के नाम पर झूठ, धोखा और जोड़–तोड़ (Manipulation) का सहारा लेते हैं। अपने प्रभुत्व को कायम रखने के लिए अपने हित से संबद्ध मूल्यों, मान्यताओं, परम्पराओं के

प्रति लोगों में विश्वास जगाने का हर संभव प्रयास करते हैं। अवाम का ध्यान अपनी ओर आकर्षित करने के लिए यदि आवश्यक हुआ तो धार्मिक एवं राष्ट्रीयता जैसे भावनात्मक साधनों का भी प्रयोग करते हैं। मोस्का की पूरी अवधारणा का सार है लोकतंत्र की ख़ामियों पर अतिशय बल देना और यह स्पष्ट करना कि लोकतंत्र के नाम पर हमेशा अल्पतंत्र का शासन होता है, जिसमें एक ऐसे वर्ग का शासन पर प्रभुत्व होता है जो बौद्धिक, आर्थिक, सामाजिक, शक्तियों से सम्पन्न होता है, यह अभिजनवर्ग है जो आधुनिक राजनीतिविज्ञान एवं राजनीतिक समाजशास्त्र के अंतर्गत सर्वाधिक प्रचलित और राजनीति के व्यावहारिक पक्ष से संदर्भित शब्द है। मोस्का द्वारा प्रतिपादित राजनीतिक अवधारणा में लोकतंत्र के यथार्थवादी चेहरे की अभिव्यक्ति राजनीतिक–सामाजिक घटनाओं के विश्लेषण में वैज्ञानिकता का प्रयोग एवं आंशिक रूप से ही सही यथार्थता का दर्शन निश्चित रूप से तत्कालीन राजनीतिक–सामाजिक विद्वानों की श्रेणी में उन्हें विशिष्ट स्थान प्रदान करता है। राजनीतिक समाजशास्त्री के रूप में मोस्का द्वारा अभिव्यक्त 'विशिष्टवर्गीय सिद्धान्त' आधुनिक राजनीतिक समाजशास्त्रियों के लिए स्थायी व विशिष्ट राजनीतिक विरासत छोड़ता है, जिसे विशिष्टवर्गवाद का सिद्धान्त (Theory of Elitism) की संज्ञा दी गयी है। इससे विषय को राजनीतिक–सामाजिक प्रसंग की यथार्थगत राजनीतिक स्थिति का ज्ञान होता है। इन्होंने अपने अध्ययन का ध्यान पूरी तरह राजनीतिक वास्तविकताओं के विश्लेषण में लगाया है। इस सिद्धान्त की महत्ता आज इस तथ्य में है कि लोकतंत्र की लोकप्रियता और उपयोगिता को महिमा मंडित करने वाले विशारदों को भी आज अपने परम्परागत दृष्टिकोण को संशोधित कर यह सच्चाई स्वीकार करने के लिए बाध्य होना पड़ रहा है कि लोकतांत्रिक शासन में सिद्धान्ततः बहुमत का शासन होने के बावजूद भी वास्तव में राजनीतिक शक्ति, प्रभाव, प्रभुत्व और संसाधन व्यवस्था में कुछ लोगों के हाथों में केन्द्रित होते हैं।

पैरेटो तथा मोस्का दोनों समान रूप से इस तथ्य पर एकमत है कि लोकतंत्र का अस्तित्व आदर्श रूप में संभव ही नहीं है। इसीलिए इन्होंने लोकतंत्र के 'जनता द्वारा शासन' की मान्यता को ही राजनीतिक यथार्थ के विरुद्ध बताया है। मोस्का का इस प्रसंग में कहना है कि "जितने भी राजनीतिक–सामाजिक संगठन हैं, वहां नीति–निर्धारण एवं निर्णय लेने की अन्तिम शक्ति कुछ लोगों के हाथों में सीमित होती है।" इसे मोस्का ने 'शासकवर्ग' की संज्ञा दी है। पैरेटो एवं मोस्का के लोकतंत्र संबंधी अभिव्यक्ति के स्पष्ट विरोध के बावजूद इस सच्चाई से इन्कार नहीं किया जा सकता कि इन्होंने राजनीतिक समाजशास्त्र को राजनीति की वास्तविकता के प्रसंग में सामाजिक चेहरों को पढ़ने एवं समझने के लिए एक संधार (Framework) दिया है। अपनी विशेष अभिव्यक्ति द्वारा इन्होंने इस सच को बताने की गंभीर कोशिश की है कि 'अल्पतंत्र' एक निश्चित प्रक्रिया है जिसका स्थायी अस्तित्व हर प्रकार की शासन पद्धति में है। मोस्का द्वारा अभिव्यक्त 'सामाजिक परिवर्तन की संभावना' (Prospects of Social Change) में प्रसिद्ध समाजशास्त्री मोस्का ने लोकतंत्र की ख़ामियों और विशिष्टवर्ग की अवधारणा प्रतिपादित करने के साथ–साथ सामाजिक परिवर्तन की संभावनाओं पर भी विशेष चर्चा की है। इस संदर्भ में मोस्का का कथन है कि "बदलते समय के साथ मनुष्यों की आवश्यकताएं, अपेक्षाएं भी बढ़ती हैं जो समाज में नई मांगों को जन्म देती है। मांगों का जन्म सामाजिक व्यवस्था में होता है। मांगें समाज में रहने वाले लोगों के मतों की अभिव्यक्ति होती हैं जो समाज में परिवर्तन की अभियाचना (Demand) करती हैं। शासक वर्ग द्वारा इस सामाजिक परिवर्तन संदर्भित मांगों को रोकने का हर संभव प्रयास किया जाता है, लेकिन इन्हें हमेशा के लिए रोकना किसी नेतृत्व के लिए संभव नहीं है। अतः, इनकी पूर्ति के लिए नेतृत्व के नये स्वरूप की जरूरत होती है। समाज में सत्ता पर नये सिरे से दावेदारी के लिए निरंतर नेतृत्व का संघर्ष चलता रहता है। यदि शासकवर्ग में राजनीतिक, सामाजिक, मानसिक गिरावट के लक्षण दृष्टिगोचर होने लगे और सत्तारुढ़ वर्ग नई नीतियों, नये विचारों, नई संस्कृति, नये मूल्यों, व नई संभावनाओं के अनुरूप अपने को नहीं ढाल पाता है, तो ऐसी परिस्थिति में समाज में नेतृत्व के लिए प्रतिस्पर्धा एवं संघर्ष का गंभीर दौर आरंभ हो जाता है, जिसकी वजह से सत्ता का परिसंचरण (Circulation) होता है। नई प्रौद्योगिकी (Technology), नई नीतियों, नई प्रतिभाओं के नाम पर एक नया विशिष्टवर्ग सत्तारुढ़ होता है जो औचित्यता के आधार पर सत्तात्मक प्रभुत्व के प्रयोग का उत्तराधिकारी बन जाता है। दूसरे शब्दों में, हम कह सकते हैं कि सत्तारूढ़ विशिष्टवर्ग की गतिहीन, शासनहीन, एवं आत्म–केन्द्रित

स्वार्थपरक गतिविधियां समाज में राजनीतिक–सामाजिक परिवर्तन की संभावनाओं एवं अपेक्षाओं को रोक नहीं पाती है। परिवर्तन के इस प्रवाह में पुराने विशिष्टवर्ग की जगह नया विशिष्टवर्ग सत्ता संभालने के लिए अस्तित्व में आ जाता है, लेकिन यह परिवर्तनचक्र भी समाज में शासक और शासितवर्ग के भेद को नहीं मिटा पाता। निर्णय–निर्माण, नीति–निर्धारण और प्रभुत्व का प्रयोग शासकवर्ग के हाथों में ही सुरक्षित होता है। कोई भी परिवर्तन शासितवर्ग के हाथों में सत्ता की बागडोर नहीं देता। यही पैरेटो एवं मोस्का के विशिष्टवर्गवाद सिद्धान्त का यथार्थ है। इस प्रकार, एक स्वायत्त विषय के रूप में राजनीतिक समाजशास्त्र के उद्भव एवं विकास में मोस्का का योगदान अतुल्य है।

टालकॉट पारसन्स (Talcott Parsons : 1902–1978)

प्रख्यात अमेरिकी समाजवैज्ञानिक पारसन्स की सभी कृतियों में सामाजिक क्रिया और मानव व्यवहार के अध्ययन में सम्पूर्ण सामाजिक परिवेश को समेटने का जो गंभीर प्रयास किया गया है, वह कम ही विद्वानों के विश्लेषण में दिखाई देता है। आधुनिक समाज की विलक्षणताओं की सच्चाइयों को जानने के लिए पारसन्स ने सामाजिक जटिलताओं की क्रियाशीलता के संबंध में एक समन्वित ज्ञानबोध कराया है जिसमें इनके द्वारा सामाजिक बुनावट की वास्तविकता एवं उससे संदर्भित समस्याओं को पूरी तरह समेट कर यथार्थ रूप में परोसा गया है। अपने अध्ययन–विश्लेषण में पारसन्स ने बहुत ही ठोस तरीके से आधुनिक समाज में पायी जाने वाली सत्ता एवं शक्ति की संरचना के आन्तरिक महत्त्व को उजागर किया है। नौकरशाही तथा धर्मनिरपेक्षतावाद का महत्त्व एवं उसके सामाजिक संदर्भों का सूत्रीकरण पारसन्स के अध्ययन की ख़ासियत है। सत्ता एवं शासन–प्रणाली संबंधित इनका विश्लेषण आधुनिक राजनीतिशास्त्र के अध्ययन में विशेष महत्त्व रखता है। इन्होंने सामाजिक विश्लेषण के लिए आवश्यक उपकरणों का ऐसा भंडार दिया है जिससे राजनीति और समाज के तथ्यपरक, यथार्थपरक संबंधों के अवलोकन को एक मजबूत तथा नई दिशा मिली है।

राजनीतिक समाजशास्त्र का बुनियादी विषय है–सामाजिक एवं राजनीतिक व्यवहार, सामाजिक एवं राजनीतिक पर्यावरण, सामाजिक एवं राजनीतिक क्रियाओं, प्रतिक्रियाओं की अन्तर्लिप्तता एवं अन्योन्याश्रितता का तथ्यपरक अध्ययन–विश्लेषण। पारसन्स का मत है कि सामाजिक क्रिया सामाजिक–व्यवहार का मुख्य आधार है। इनकी मान्यता है कि समाज के दायरे में मात्र मानव–समूह ही नहीं आता है, वरन् समाज सामाजिक संबंधों से बनता है और सामाजिक क्रियाओं की वजह से पनपता व फलता–फूलता है। इस प्रसंग में पारसन्स के विचार पर पैरेटो, दुर्खीम, वेबर, फ्रायड आदि के विचारों का स्पष्ट प्रभाव दिखाई पड़ता है। पैरेटो के विचार में मानवीय–क्रियाओं के दो संदर्भ हैं–**प्रथम**–तार्किक (Logical), **द्वितीय**–अतार्किक (Non-logical)। तार्किक क्रियाओं का आधार वस्तुनिष्ठ (Objective) होता है, जबकि अतार्किक क्रियाओं का आधार व्यक्तिनिष्ठ (Subjective) होता है और प्रत्येक क्रिया के दो पक्ष होते हैं–लक्ष्य एवं साधन। वहीं दुर्खीम ने सामाजिक तथ्यों को सामाजिक क्रियाओं का जनक माना है। इनके विचार में क्रियाओं में बाध्यता और अपरिहार्यता का गुण होता है जो सामूहिक चेतना से संबंधित होता है, इसीलिए सामाजिक तथ्य व्यक्ति को प्रभावित एवं नियंत्रित करता है। वेबर ने सामाजिक क्रिया में व्यक्तिनिष्ठ (Subjective) संदर्भ को प्रधानता दी है, जिन पर अन्य व्यक्तियों का प्रभाव पड़ता है। पारसन्स द्वारा प्रस्तुत सामाजिक क्रिया की अवधारणा उपयुक्त सभी विद्वानों के विचारों का नवीन समन्तित रूप है। पारसन्स ने सामाजिक क्रियाओं के पांच आयामों का उल्लेख किया है–कर्ता (Actor), उद्देश्य (Objects), साधन (Means), परिस्थिति (Situation) एवं क्रियाओं का आदर्शात्मक अभिविन्यास (Normative Orientation)। पारसन्स ने सामाजिक क्रियाओं में प्रेरणात्मक सार्थकता (Motivational Significance) को बहुत महत्त्व दिया है, जिसका निर्धारण सामाजिक मूल्यों के दायरे में होता है।

राजनीतिक समाजशास्त्र का दूसरा महत्त्वपूर्ण पक्ष राजनीतिक यथार्थ का बहुआयामी (Multidimensional) अध्ययन है, जिसे सामाजिक व्यवस्था एवं राजनीतिक व्यवस्था की अन्तर्क्रियात्मकता की प्रासंगिकता के संदर्भ में ही विश्लेषित किया जा सकता है। सामाजिक व्यवस्था का सुचारू रूप से अध्ययन करने वाले विद्वान पारसन्स

के विचार में "सामाजिक व्यवस्था अनिवार्य रूप से अन्तःक्रियात्मक संबंधों का जाल है। अर्थात् सामाजिक व्यवस्था की उत्पत्ति एवं विकास मानवीय अन्तःक्रियाओं का परिणाम है। पारसन्स ने सामाजिक व्यवस्था के चार प्रकार्यात्मक पक्षों का उल्लेख किया है जो निम्नलिखित हैं : 1. अनुकूलन (Adaptation), 2. लक्ष्य–प्राप्ति (Goal Attainment), 3. एकीकरण (Integration), 4. प्रतिमानात्मक स्थायित्व तथा तनाव नियंत्रण (Pattern Maintenance and Tension Management)।

पारसन्स ने सामाजिक स्तरीकरण (Social Stratification) के सामाजिक संदर्भों की विवेचना में प्रकार्यात्मक महत्त्व को प्रधानता दी है। पारसन्स का कहना है कि सामाजिक व्यवस्था के किसी एक अंग को सम्पूर्ण व्यवस्था से अलग करके नहीं समझा जा सकता है, क्योंकि व्यवस्था के सभी अंगों एवं तत्त्वों के बीच प्रकार्यात्मक संबंध पाया जाता है, इसलिए सम्पूर्ण व्यवस्था के संदर्भ में ही सामाजिक विषयों का वास्तविक अध्ययन होना चाहिए। सामाजिक क्रिया के विश्लेषण के लिए पारसन्स ने 'संदर्भ संरचना' (Frame of reference) की अवधारणा प्रतिपादित की है, जो एक ऐसा अवधारणात्मक ढांचा (Conceptual Framework) है जिसके अन्तर्गत सामाजिक क्रिया से संबद्ध सभी परिवर्तन और प्रक्रियाएं शामिल हैं। पारसन्स द्वारा प्रस्तुत 'क्रियासंदर्भ संरचना' के आधार पर सामाजिक क्रियाओं एवं प्रतिक्रियाओं का परिस्थितिजन्य, अनुभवजन्य विश्लेषणात्मक अध्ययन करना उनके समकालीन विशारदों के लिए काफी हद तक सरल हो गया। इस अवधारणा के विकास से सामाजिक एवं राजनीतिक व्यवहारों की अन्तर्लिप्तता के अध्ययन को एक नई दृष्टि मिली, नया आयाम मिला।

सामाजिक व्यवस्था एवं सामाजिक क्रिया पर पारसन्स द्वारा प्रतिपादित विचारों, संकल्पनाओं एवं विश्लेषणात्मक अध्ययनों के लिए प्रयोगगत अनुभवात्मक प्रविधियों के प्रयोग से आधुनिक राजनीतिविज्ञान एवं राजनीतिक समाजशास्त्र के विचारकों को राजनीतिक–सामाजिक व्यवहारों के विश्लेषणात्मक अध्ययन के लिए 'संदर्भ संरचना' का आधार मिला। राजनीतिक समाजशास्त्र, राजनीतिक रूप से प्रासंगिक (Relevant) उन मानवीय व्यवहारों का अध्ययन करता है जो सामाजिक परिवर्त्यों एवं मनोवैज्ञानिक कारकों द्वारा निर्धारित एवं निर्देशित होता है। इन्हीं परिवर्त्यों के योग से सामाजिक–पर्यावरण तैयार होता है जो राजनीतिक–पर्यावरण के निर्माण का आधार है। समाज के विभिन्न मानवीय संगठन, समूह, जाति, वर्ग, आदि इस पर्यावरण के निर्माण हेतु कार्यरत रहते हैं। इन समस्त व्यवहारों एवं पर्यावरण का सामाजिक संदर्भ, राज्य एवं राजनीति को सीधे तौर पर प्रभावित करता है। ऐसे अधिकांश कार्य हैं जिनका सम्पादन पहले सामाजिक पद्धतियां करती थीं, आज राज्य कर रहा है। राज्य एवं समाज की घटती दूरी और बढ़ती अन्तर्लिप्तता एवं अन्योन्याश्रितता ही अनुभववादी राजनीति वैज्ञानिकों एवं राजनीतिक समाजशास्त्रियों के विश्लेषण में राजनीतिक पद्धति एवं सामाजिक पद्धति के संबंधों की प्रकृति विस्तार एवं मानदंड निर्धारण का प्रेरक–आधार बना। अनुभववादियों ने राजनीतिक एवं सामाजिक परिवर्त्यों के परस्पर प्रभाव के संदर्भ में राजनीतिक संस्थाओं, संरचनाओं एवं राजनीतिक व्यवहारों की भूमिकाओं के विश्लेषण में अनुभवजन्य यथार्थवादिता (Experimental Reality) के पुट के लिए राजनीतिक पद्धति का अध्ययन एवं विश्लेषण सामाजिक पद्धति के आलोक में करने की परम्परा बनायी।

सामाजिक पद्धति को परिभाषित करते हुए पारसन्स लिखते हैं, "यह समाज के विभिन्न कर्ताओं की अन्तःक्रियाओं की प्रतिकृतियों (Patterns of Interactions) की पद्धति एवं इकाई है।" पारसन्स के विचार में उन्हीं अन्तर्संबंधों से सामाजिक संरचनाओं की उत्पत्ति होती है जो कर्ताओं की गतिविधियों का निर्धारण करती है। पारसन्स ने राजनीतिक पद्धति को सामाजिक पद्धति की एक उपपद्धति (Subsystem) माना है, साथ ही यह भी कहा है कि सभी उपपद्धतियों में राजनीतिक पद्धति की विशिष्टता इसलिए है, क्योंकि सामाजिक पद्धति के अधीनस्थ होने के बावजूद यह सामाजिक पद्धति की विभिन्न इकाइयों, प्रक्रियाओं, व्यवहारों को प्रभावित करता है और सम्पूर्ण सामाजिक पद्धति पर अपने औचित्यपूर्ण प्रभुत्व (Legitimate Domination) का प्रयोग करता है। इस प्रसंग में पारसन्स का कथन है कि यह 'उद्देश्यपूर्ण कार्यों' (Functions of Goal Attainment) का संपादन करता है।

इस प्रकार, सामाजिक व्यवस्था एवं क्रियाओं का विश्लेषणात्मक अध्ययन करके पारसन्स ने राजनीतिक अनुभववादियों के अध्ययन की राह काफी आसान कर दी है। पारसन्स ने अपने अध्ययन के आरंभिक दौर में

सामाजिक क्रिया की इकाई का विश्लेषण किया। तत्पश्चात् व्यापक स्तर पर अध्ययन के लिए संरचनात्मक–प्रकार्यात्मकवादी विश्लेषण पद्धति अपनाई। इस अध्ययन एवं विश्लेषण के मूल में उनका उद्देश्य 'मानवीय क्रियाओं के अध्ययन के लिए एक ऐसे सर्वमान्य सिद्धान्त की खोज करनी थी, जिसके माध्यम से एक व्यक्ति की विशिष्ट क्रियाओं से लेकर व्यापक स्तरीय सामूहिक क्रियाओं एवं उसकी गति के स्वरूप की व्याख्या की जा सके। पारसन्स का यह मानना था कि वास्तविक सामाजिक विश्लेषण के लिए व्यक्ति द्वारा संपादित अन्योन्याश्रित एवं अन्तर्संबंधित सभी क्रियाओं एवं प्रक्रियाओं को शामिल करना आवश्यक है। पारसन्स व्यवस्था विश्लेषण के आंगिक प्रतिमान (Organic Model) से प्रभावित है। इसलिए उसे प्रकार्यात्मकवादी कहा गया है। इनके सिद्धान्त की एक विशेषता यह है कि उन्होंने इस तथ्य को स्वीकारा है कि सामाजिक व्यवस्था एवं सामाजिक व्यवहार प्रत्येक स्तर पर व्यक्तिनिष्ठ आदर्शात्मक (Normative) तत्त्वों से प्रभावित होता है, इसलिए सामाजिक व्यवस्था एवं सामाजिक व्यवहार के सही विश्लेषण के लिए सामाजिक व्यवस्था में स्थित संस्कृति का प्रतिमान एवं व्यवस्था में रहने वाले लोगों की संस्कृति का गहन अध्ययन जरूरी है। राजनीतिक समाजशास्त्र के लिए पारसन्स का यह विचार काफी यथार्थपरक है, क्योंकि इस विषय का उद्देश्य सामाजिक एवं राजनीतिक व्यवहारों की अन्योन्याश्रितता एवं अन्तर्लिप्तता का अध्ययन करना है एवं इसी आलोक में राजनीतिक व्यवस्था एवं प्रक्रिया का सही विश्लेषण करना है। इस प्रसंग में पारसन्स का मत है कि आन्तरिक एवं बाह्य परिस्थितियों के मूल्यांकन में व्यक्ति की आस्था, विश्वास, मूल्य, मानक, मनोवृत्ति एवं उसमें होने वाले अभिविन्यासों की भूमिका उसके सामाजिक एवं राजनीतिक व्यवहार को पूरी तरह अपने प्रभाव में रखता है। सामाजिक व्यवहार के विश्लेषण से संबद्ध पारसन्स की अभिव्यक्ति राजनीतिक समाजशास्त्रियों द्वारा किये गए सामाजिक एवं राजनीतिक व्यवहारों के वास्तविक विश्लेषणात्मक अध्ययन के लिए काफी सकारात्मक एवं सुसंगत है।

सी. राइट मिल्स (C. Wright Mills : 1916–1962)

अमेरिकी समाजवैज्ञानिक चार्ल्स राइट मिल्स को 'आमूल मानववाद' (Radical Humanism) का प्रबल समर्थक माना जाता है। मिल्स ने अपने विश्लेषणात्मक अध्ययन में तर्क बुद्धि (Reason) एवं नैतिक प्रतिबद्धता (Moral Commitment) पर जोर दिया है; साथ ही राजनीतिक गतिविधियों के लिए बुद्धिजीवियों का आह्वान किया है, जिसके परिणामस्वरूप 1960 के दशक में मिल्स ने नववामपंथ (New Left) के अनुचरों (Followers) के बीच ख़ास लोकप्रियता अर्जित की। मिल्स ने जहां एक ओर समाजविज्ञान को मानववादी आधार प्रदान करने में उल्लेखनीय योगदान दिया है, वहीं 'शक्ति' का सामाजिक विश्लेषणात्मक अध्ययन प्रस्तुत करके राजनीति के परिस्थितिजन्य अनुभवात्मक अध्ययन को एक नई दिशा दी है। मिल्स ने समाजविज्ञान में प्रचलित दो दृष्टिकोणों यथा–विशद् सिद्धान्तकार (Grand Theorists) एवं शुद्ध अनुभववादी (Abstracted Empiricists) का खंडन करके एक तीसरे विकल्प के रूप में अपने अध्ययन एवं विश्लेषण को समाज के बुनियादी प्रश्नों (Fundamental Questions) से जोड़ कर इस तथ्य के अन्वेषण पर जोर दिया है कि समाजविज्ञान का अध्ययन सम्पूर्ण समाज के लिए एवं समाज में रहने वाले विभिन्न स्त्री–पुरुषों के लिए क्या अर्थ रखता है और मानवीय प्रवृत्तियों (Attitudes) के संदर्भ में भूत, वर्तमान एवं भावी दिशाओं के निर्धारण एवं निर्देशन में उसकी क्या प्रासंगिकता है ? मिल्स की दृष्टि में पहले दृष्टिकोण के प्रतिपादक व्यापक नियमों की खोज में लगे थे, जहां अनुभवमूलक निरीक्षण (Empirical Observation) के लिए कोई जगह नहीं थी और दूसरा दृष्टिकोण शुद्ध अनुभववादी था जो समाज का अध्ययन केवल वस्तुपरक घटना (Objective Phenomenon) के रूप में करता था, और इसके उद्देश्यों से कोई सरोकार नहीं रखता था। मिल्स इन दोनों दृष्टिकोणों से सहमत नहीं था, इसलिए वह वैज्ञानिक प्रणाली मिथ्याभिमानों (Scientific Methodological Pretensions) के महत्त्वाकांक्षी आत्मप्रदर्शनों की जगह अपने विश्लेषण की प्रामाणिकता (Reliableness) पर विशेष बल देते हुए उसे प्रासंगिक रूप से (Relevantly) समाज के बुनियादी प्रश्नों एवं समस्याओं से जोड़ा है। मिल्स की अवधारणाओं में वैज्ञानिक प्रविधियों के आडंबरों की जगह मानववादी सरोकारों

एवं सामाजिक उत्तरदायित्व की भावना का यथार्थपरक स्पष्टीकरण किया गया है। मिल्स से शब्दों में, रूढ़िवादी मनोवृत्ति (Conservatism Attitude) संकीर्णता एवं जड़ता का पोषण करती है और उदारवादी मनोवृत्ति (Liberalism Attitude) सत्ताधारियों का समर्थक एवं सहयोगी बनकर अपना प्रभाव खो चुकी है। ऐसी परिस्थिति में समाज के वैज्ञानिक अन्वेषण के लिए मार्क्सवाद (Marxism) मनोवृत्ति का प्रयोग ही एक मात्र विकल्प है, क्योंकि वैज्ञानिक दृष्टिकोण से पूर्णतः युक्तिसंगत न होते हुए भी सामाजिक एवं राजनीतिक परिप्रेक्ष्य में इसका विशेष महत्त्व है। मिल्स ने समाजविज्ञान के अध्ययन–क्षेत्र में इस विचार को बढ़ावा दिया कि अनुभवात्मक स्तर पर यदि विश्लेषक या शोधकर्ता यह देखे कि सामाजिक विकृतियां, रूढ़ियां, विडंबनाएं बनकर सामाजिक पर्यावरण को उद्वेलित कर रही हैं तो अन्वेषणकर्ता को तटस्थता का दृष्टिकोण छोड़कर सामाजिक आलोचक की भूमिका निभानी चाहिए और समाज को परिवर्तन की नई रोशनी से अवगत कराना चाहिए। इन्होंने सामाजिक विकृतियों के प्रति अध्ययनकर्ता को निरन्तर सजग रहने का दायित्व सौंपा है।

मिल्स द्वारा प्रस्तुत 'शक्ति–संकल्पना' का केंद्र सामाजिक व्यवस्था की जटिलताएं हैं। साथ ही उसने यह भी स्पष्ट संकेत दिया है कि समय के परिवर्तन चक्र के प्रभाव में भले ही अलग–अलग समाजों में शक्ति का स्वरूप समय की मान्यताओं के हिसाब से बदलता रहता है, लेकिन किसी भी रूप में सामाजिक जीवन की धुरी हमेशा शक्ति ही रही है। राजनीतिक समाजशास्त्र शक्ति का अध्ययन एक संयोजनकारी अवधारणा के रूप में करता है और शक्ति की भूमिका के वास्तविक एवं व्यवहारवादी मूल्यांकन के लिए सामाजिक संदर्भ में इसके विश्लेषणात्मक अध्ययन को अपरिहार्य मानता है। अधिकांश विद्वानों की तरह मिल्स भी विश्लेषणात्मक आधार पर शक्ति को एक संबंधसूचक अवधारणा के रूप में स्वीकार किया है जिसका सत्यार्थ यह है कि व्यवहार में शक्ति विभिन्न कर्त्ताओं के संबंधों का निर्धारक है। मिल्स का यह कहना कि समाज का विशिष्ट वर्ग (Elite Class) हो या सर्वहारा वर्ग (Proletariate Class), प्रवर वर्ग (Superior Class) हो या अवर वर्ग (Subordinate Class), परिवार का हो या बाहर का, सारे संबंध शक्ति की उत्पत्ति एवं प्रयोग के विभिन्न स्वरूप हैं जो किसी–न–किसी रूप में शक्ति का परिचय देते हैं। इस प्रसंग में मिल्स के कथनानुसार सामाजिक व्यवस्था में शक्ति के उपार्जन एवं प्रयोग में समाज का कौन–सा वर्ग आगे रहता है एवं किस वर्ग का कितना योगदान है–यह समाजविज्ञान के अध्ययन का विषय है। अपनी प्रसिद्ध कृति 'द पावर इलीट' (The Power Elite : 1956) में मिल्स ने यद्धोत्तर अमेरिका की राजनीतिक, सैनिक, आर्थिक शक्तियों की वास्तविक स्थिति की विवेचना करने के संदर्भ में वहां की लोकतांत्रिक प्रक्रिया (Democratic Process) एवं जनसंपर्क के साधनों (Mass Media) पर जो विचार अभिव्यक्त किया है, वह एक सामाजिक अनुसंधानकर्त्ता (Social Researcher) से ज्यादा एक सामाजिक आलोचक (Social Critic) की अभिव्यक्ति है। इनके विचार में सामाजिक संरचना के अंतर्गत सामरिक आधिपत्य (Strategic Command) के पदों पर इस वर्ग का एकाधिकार होता है। विशिष्टवर्गीय व्यवस्था का ये आत्म–चेतन वर्ग (Self-conscious Class) है।

मिल्स के कथनानुसार, राजनीतिक, सामाजिक एवं आर्थिक शक्ति और विशिष्ट वर्ग दोनों घनिष्ठ रूप से संबद्ध होते हैं, जिसे मिल्स ने 'शक्ति–विशिष्ट वर्ग की संज्ञा दी है। इनके विचार में वे सिर्फ इसीलिए शक्तिशाली नहीं होते हैं, क्योंकि वे समय की मांग पर खरे उतरते हैं, बल्कि वे इसीलिए शक्तिशाली होते हें, क्योंकि वे अपने निर्णयों द्वारा जनसाधारण (Mass) के जीवन को बदलने की क्षमता रखते हैं। आत्मचेतन वर्ग होने की वजह से इसके सदस्य परस्पर सद्भावना एवं सहयोग की मानसिकता के आधार पर एक–दूसरे को शक्तिशाली बनाने के लिए निरंतर प्रयासरत रहते हैं। समाज का यह वर्ग धन–संपदा, चरित्र, पद–प्रतिष्ठा, छवि, योग्यता एवं कार्य कुशलता हर दृष्टिकोण से अपने आपको जनसाधारण से श्रेष्ठ समझता है। अपनी शक्ति की वजह से यह वर्ग सामाजिक मान्यताओं, मूल्यों, परम्पराओं, उचित–अनुचित, नैतिक–अनैतिक आदि प्रसंग से परे होता है। इनकी अपनी जीवन शैली है। इनकी कोई विचारधारा नहीं है और अपनी शक्ति के कारण इन्हें किसी विचारधारा के सांचे में ढलने की जरूरत भी नहीं पड़ती है। मिल्स का ऐसा मानना है कि इस वर्ग के सदस्य सिर्फ जोड़–तोड़ के आधार पर अपनी शक्ति एवं प्रतिष्ठा को बनाये रखते हैं और इस प्रयास में न तो वे जनसाधारण की इच्छाओं का ध्यान रखते हैं और न ही उचित–अनुचित का ख्याल करते हैं। इससे सामाजिक व्यवस्था में संवेदनशून्यता और

अनैतिकता की स्थिति पनपती है। इस प्रकार, मिल्स ने समाज एवं राज्य के आलोक में सामाजिक–राजनीतिक शक्ति के स्वरूप का तथ्यपरक एवं यथार्थपरक विश्लेषणात्मक अध्ययन प्रस्तुत करके राजनीतिक समाजशास्त्रियों के अध्ययन का मार्ग सरल बनाने में उल्लेखनीय योग दिया है।

रॉबर्ट मिशेल्स (Robert Michels : 1876–1936)

बीसवीं शताब्दी के आरंभिक दौर के जर्मन समाजवैज्ञानिक मिशेल्स को राजनीतिक समाजशास्त्र के अग्रदूत की संज्ञा दी गयी है। समाजशास्त्रियों की कतार में पैरेटो, मोस्का एवं वेबर के बाद मिशेल्स का नाम विशिष्ट वर्ग के प्रवर्त्तकों में शामिल है, जिसने राजनीति एवं समाज के परस्पर संबंधों की यथार्थता का गहराई से अध्ययन करते हुए पैरेटो एवं मोस्का की भांति सामाजिक वर्गव्यवस्था की गहन विवेचना की है, जिसके परिणामस्वरूप विशिष्ट वर्गवाद संदर्भित 'गुटतंत्र के लौह नियम' (Iron Law of Oligarchy) का प्रतिपादन हुआ। मिशेल्स द्वारा प्रतिपादित 'गुटतंत्र के लौह नियम' लोकतंत्रीय सिद्धान्त की एक नई व्याख्या है जिसमें राजनीतिक दलों, दबाव समूहों, हित समूहों, संघों एवं समाज के अन्य मुख्य संगठनों के अस्तित्व का परिस्थितिजन्य अनुभवमूलक अन्वेषण किया गया है, साथ ही राजनीतिक नेतृत्व तथा जनसाधारण की शक्ति के संदर्भ में 'विशिष्टवर्गवाद' की प्रवृत्तियों एवं प्रभावों पर गंभीर विश्लेषण प्रस्तुत किया गया है। मिशेल्स ने अपने विश्लेषण में तर्क के आधार पर यह स्पष्ट किया है कि सामाजिक व्यवस्था में किसी भी तरह के प्रभावशाली हस्तक्षेप या कार्रवाई के लिए संगठन का होना अपरिहार्य है और संगठन का अस्तित्व कायम रहे, इसके लिए नेतृत्व का चयन अतिआवश्यक है। जनसाधारण की मनोवैज्ञानिक आवश्यकता एवं सोच का परिणाम है नेतृत्व की अपरिहार्यता। नेतृत्व द्वारा संगठन का संचालन बेहतर हो सके इसके लिए तकनीकी निपुणता एवं विशेषज्ञता की जरूरत होती है। इस जरूरत के मद्देनजर संगठन में विशेष गतिविधियों के संचालन एवं पर्यवेक्षण हेतु विशेषज्ञ की एक टीम तैयार होती है, जिसके परिणामस्वरूप प्रत्येक संगठन में अधिकारीतंत्र (Bureaucracy) अस्तित्व में आ जाता है और इसमें श्रेणीतंत्र (Hierarchy) के आधार पर संगठन की शक्ति कुछ गिने–चुने लोगों के हाथ में केन्द्रित हो जाती है। संगठन का प्रभाव भी इन्हीं कार्यकारी पदों के दायरे में सिमट जाता है। संगठन संबंधी समस्त सूचनाएं, आन्तरिक संवाद–प्रणाली, प्रचार के समस्त साधन एवं संगठन की निधि (Fund) आदि पर इस वर्ग का प्रभुत्व एवं नियंत्रण होता है। ये वर्ग अपनी कुर्सी एवं अपने महत्त्व को बनाये रखने का कोई भी अवसर जाने नहीं देते। जनसाधारण को मनोवैज्ञानिक रूप से नेतृत्व की छत्रछाया की अपरिहार्य आवश्यकता है, क्योंकि वे सामूहिक कार्यवाही के लिए स्वयं को अक्षम और कमजोर मानते हैं। अतः, अवाम की इन्हीं मनोवैज्ञानिक जरूरतों की पूर्ति हेतु प्रतिस्पर्धा की दौड़ में कुशल एवं स्थायी नेतृत्व की चाह के लिए सभी दलों के नेता दल के अन्दर अपनी स्थिति मजबूत बनाने के लिए निरन्तर प्रयासरत रहते हैं।

कार्यकारी पदों के चुनाव की प्रतिस्पर्धा एवं स्थायी नेतृत्व की चाह में संगठन के नेतागण अपनी स्वार्थसिद्धि के लिए साधारण सदस्यों की इच्छाओं की अनदेखी कर उसे अपनी जरूरतों के अनुरूप ढालने की दिशा में निरन्तर लगे रहते हैं। इसमें उन्हें सफलता भी मिलती है और परिणाम उनके अनुकूल निकलता है, क्योंकि संगठन संबंधित सारी सूचनाएं, आंतरिक संवाद–प्रणाली (Internal Communication System) एवं वित्त (Fund) पर उनका प्रभावशाली नियंत्रण होता है, इसलिए संगठन की शक्ति इनके हाथों में केन्द्रित होती है। ऐसी परिस्थिति में यथार्थतः ये संगठन में सेवक से स्वामी बन जाते हैं और संगठनात्मक प्रशासकीय श्रेणीतंत्र (Organisational Administrative Hierarchy) में शिखर पर रहने वाले नेता कार्यकारी पदों के चुनाव पर लगातार अपनी पकड़ बनाये रखते हैं। निर्वाचकों एवं निर्वाचितों, आदेशकर्ताओं एवं आदेशपालकों पर इनका प्रभुत्व निरन्तर बना रहता है इसलिए संगठन में शक्ति प्रदान करने वाले वर्ग पर शक्ति को प्राप्त और नियंत्रित करने वाले वर्ग का प्रभुत्व स्थापित हो जाता है।

इस प्रसंग पर विशेष रूप से प्रकाश डालते हुए मिशेल्स ने कहा है कि साधारण सदस्यों द्वारा चुने जाने वाले जिन नेताओं को संवैधानिक दृष्टि से उनके प्रति उत्तरदायी होना चाहिए था, वही उत्तरदायित्व को तोड़–मरोड़

कर अनेदखी करके मनमानी करने लगते हैं, जिससे संगठन में गुटतंत्र का अस्तित्व मजबूत होता है। मिशेल्स का यह भी कहना है कि नेतृत्व परिवर्तन से सिर्फ नये चेहरों का प्रवेश होता है। गुटतंत्र के अभेद्यदुर्ग पर कोई फर्क नहीं पड़ता है। मिशेल्स का यह भी कहना है कि किसी भी राजनीतिक प्रणाली में पूर्णरूप से लोकतंत्रीय सिद्धान्त को साकार करना व्यावहारिक स्तर पर संभव नहीं है, इसलिए परिस्थितिजन्य तत्त्वों के प्रभाव की वजह से व्यावहारिक स्तर पर राजनीतिक दलों के आन्तरिक संगठन में गुटतंत्र का मजबूत अस्तित्व अपरिहार्य है।

लोकतंत्र की संभावनाओं, राजनीतिक नेतृत्व, दलीय गुटतंत्र एवं गुटतंत्रीय नेतृत्व संदर्भित मिशेल्स की विश्लेषणात्मक अभिव्यक्ति पर समकालीन समाजशास्त्रियों एवं अनुभववादी राजनीतिशास्त्रियों ने अनेक सवाल खड़े किये। बड़े पैमाने पर विचारों के खंडन–मंडन का दौर चला, लेकिन उनके विचारों का समर्थक एवं आलोचक दोनों वर्ग इस तथ्य से सहमत दिखते हैं कि समकालीन सामाजिक–राजनीतिक परिस्थितियों में मिशेल्स द्वारा प्रतिपादित 'गुटतंत्र के लौह नियम' की वजह से लोकतंत्र की संभावनाओं एवं यथार्थपरक तथ्यों पर राजनीतिक दलों के सिद्धान्त एवं व्यवहार पर तथा विभिन्न संघों, समुदायों, दबाव समूहों, हित समूहों सं संदर्भित तथ्यों पर आधारित यथार्थपरक अनुभवमूलक अन्वेषणों (Quests) एवं अनुसंधानों (Research) को निश्चित रूप से विश्लेषण की एक नई दिशा मिली है, जिसने अनुसंधानकर्ताओं को काफी हद तक प्रभावित एवं प्रोत्साहित किया है। मिशेल्स की इस अभिव्यक्ति से लोकतंत्रीय सिद्धान्त की नई व्याख्या को अनुभवमूलक आधार मिला, जिसकी वजह से लोकतंत्रीय सिद्धान्त में आमूल परिवर्तन की मांग करने वाले समर्थकों 'Radical Democrats' के विचारों को नई शक्ति एवं मजबूती मिली। इनके द्वारा प्रस्तुत 'विशिष्ट वर्गवाद' की प्रवृत्तियों की वजह से जनप्रतिनिधियों एवं जनसाधारण के बीच खड़ी पद–प्रतिष्ठा और स्तर (Status) की दीवार को गिरा कर वास्तविक शक्ति जनसाधारण के हाथों में देने की जोरदार वकालत की गयी। इस प्रकार, मिशेल्स ने समकालीन लोकतंत्र की समस्याओं एवं राजनीतिक नेतृत्व की सत्तागत स्थिति पर प्रकाश डालकर राजनीति एवं समाज, राजनीतिक सत्ता एवं सामाजिक सत्ता तथा राजनीतिक शक्ति एवं सामाजिक शक्ति के वास्तविक संबंधों को उजागर किया है, साथ ही लोकतंत्र में 'जनसाधारण की शक्ति' (Power to the People) वापस करने की बात करके लोकतंत्र को जनसाधारण की सही शक्ति के महत्त्व से अवगत कराया है जो राजनीतिक समाजशास्त्र की विषय वस्तु का प्राणाधार तत्त्व (Vital Element) है।

रेमोंद आरों (Raymond Aron : 1905–1983)

फ्रांसीसी समाजवैज्ञानिक, दार्शनिक एवं राजनीतिक विचारक आरों की विशेष प्रसिद्धि एक समाजवैज्ञानिक के रूप में है, साथ ही राजनीतिक समाजशास्त्र के क्षेत्र में भी इनका योगदान उल्लेखनीय है। सामाजिक विज्ञान के अध्ययन एवं विश्लेषण में अन्तरानुशासनात्मक उपागम (Interdisciplinary Approach) का उत्कृष्ट प्रयोग आरों के विश्लेषण की सबसे बड़ी विशेषता है। आरों के चिन्तन–मनन पर कई विख्यात समाजवैज्ञानिकों के चिन्तन का गंभीर प्रभाव पड़ा है, जिनमें प्रमुख हैं–मांटेस्क्यू, कॉम्टे, वेबर, ताकवील, मार्क्स आदि जिसे आरों की प्रसिद्ध कृति 'मेन करेंट्स इन सोश्योलॉजिकल थॉट' (दो खंडों में 1965–67) के अन्तर्गत देखा जा सकता है।

आगस्त कॉम्टे, मैक्स वेबर आदि के अनुरूप आरों के विश्लेषणात्मक अध्ययन का केंद्र भी राजनीति और समाज ही रहा है। आरों ने राजनीति की विवेचना समाज की उपप्रणाली (Subsystems) के रूप में की है। इनके विचार में सामाजिक–व्यवस्था में राजनीति अस्तित्व में तब आती है, जब व्यवस्था के अंगों में विभेदीकरण (Differentiation) का विकास होता है। अर्थात् राजनीति के सर्वव्यापी स्वरूप के लिए तथा व्यवस्था में अलग–अलग विशेषताओं की अभिव्यक्ति के लिए अलग–अलग अंगों के अस्तित्व विकसित होते हैं। इसी प्रक्रिया में विभिन्न प्रकार के कार्यों को संपन्न करने हेतु स्वयं राजनीति में भी विभेदीकरण का अस्तित्व प्रकट होता है। इस संदर्भ में राजनीति के व्यापक अस्तित्व पर प्रकाश डालते हुए आरों का यह कहना है कि, जैसे कार्य–स्तर पर राजनीति–सामाजिक व्यवस्था की एक उपप्रणाली है, वैसे ही विषय–स्तर पर राजनीतिविज्ञान समाज विज्ञान

की एक उपप्रणाली है। लेकिन, आरों ने यह संकेत दिया है कि काम्टे, दुर्खीम, मार्क्स के शास्त्रीय समाजविज्ञान (Classical Sociology) के अंतर्गत समस्त औद्योगिक समाज को नियतिवादी विकास (Deterministic Evolution) के स्वरूप में ढाल कर राजनीति के चिरस्थायी (Perpetual) यथार्थ की अनदेखी की गयी है।

कॉम्टे एवं वेबर की भांति आरों के चिन्तन का मुख्य केंद्र औद्योगिक समाज का विश्लेषणात्मक अध्ययन है। इस प्रसंग में सबसे महत्त्वपूर्ण तत्त्व यह है कि बीसवीं सदी में जब शीतयुद्ध का दौर चरम पर था और सामाजिक एवं राजनीतिक विश्लेषकों द्वारा पूंजीवादी एवं समाजवादी व्यवस्था में मौजूद औद्योगिक समाजों की मौलिक भिन्नताओं के आधार पर उनका तुलनात्मक अध्ययन किया जा रहा था। उन्हीं वर्षों में आरों ने अपने चिन्तन के माध्यम से दोनों समाजों की कुछ समान विशेषताओं की ओर विश्व का ध्यान आकर्षित कराया। आरों के शब्दों में, ''समाजवादी, साम्यवादी एवं पूंजीवादी सभी प्रकार के औद्योगिक समाजों में कुछ ख़ास विशेषताएं पायी जाती हैं जो एक जैसी ही होती है; मसलन–उन्नत प्रौद्योगिकी (Advance Technology) अभिनव परिवर्तन (Innovation) की अभिवृत्तियां (Attitudes), प्रगति (Progress) की प्रबल इच्छा तथा शासन प्रणाली एवं अर्थव्यवस्था के अन्तर्गत तर्कसंगत अधिकारीतंत्रीय संगठन (Rational Bureaucratic Organisation)।'' लेकिन, इस संदर्भ में महत्त्वपूर्ण तथ्य यह है कि आरों 'अभिसरण' (Convergence) के सिद्धान्त से असहमत था, क्योंकि वह नियतिवादी (Determinist) नहीं था। नियतिवादियों के मतानुसार, मानवीय क्रियाएं स्वतंत्र इच्छा के प्रयोग से नियमित व निर्धारित नहीं होती है, बल्कि किसी पूर्ववर्ती (Antecedent) कारणों से नियंत्रित होती हैं, जबकि आरों के विचार में व्यवस्था के इतिहास–निर्माण में राजनीति व्यक्तिगत एवं समूहगत कार्रवाई में प्रधान की भूमिका निभाती है। इनके चिंतन में इतिहास निर्माण में राजनीति की स्वायत्तता पर विशेष जोर दिया गया है, जिसके नियंत्रण का सूत्र इन्होंने व्यक्ति एवं व्यक्तिसमूह के हाथों में सौंपा है, न कि प्रौद्योगिकी के हाथों में। आरों का चिंतन इस तथ्य का संकेतक है कि कॉम्टे, दुर्खीम, मार्क्स आदि के विश्लेषणात्मक अध्ययन में संपूर्ण औद्योगिक समाज की राजनीति को ही नियतिवादी विकास (Deterministic Evolution) के संधार (Framework) के रूप में प्रस्तुत किया गया है, जिसमें राजनीति के यथार्थगत स्वरूप की उपेक्षा की गयी है, यह उचित नहीं हैं। अर्थात् आरों चिन्तन इस तथ्य की ओर स्पष्ट संकेत देता है कि वह राजनीति की स्वायत्तता (Autonomy) का समर्थक था। इसलिए राजनीति को सामाजिक व्यवस्था की उपप्रणाली मानने के बावजूद वह राजनीति को व्यवस्था का अधीनस्थ या मातहत (Subordinate) परिवर्त्य नहीं मानता है। तभी तो आरों के चिन्तन में राजनीतिक एवं आर्थिक समस्याओं का वियोजन (Separation) किया गया है। इनके मतानुसार, औद्योगिक समाजों के आंतरिक संबंधों (Internal Relations) की समस्या समाज में स्थित वर्गों के मध्य आर्थिक संघर्ष के स्वरूप को प्रकट करती है, जबकि राजनीति के आंतरिक संबंधों की समस्या व्यवस्था में अल्पसंख्यक शासक वर्ग (Minority Ruling Class) एवं बहुसंख्यक शासित वर्ग यानी कि जनसमूह (Ruled Class or Mass) के बीच चलने वाले राजनीतिक संघर्षों को प्रकट करता है। आरों द्वारा मार्क्स के राजनीतिक चिन्तन की आलोचना का आधार भी यही है। इनका आक्षेप है कि मार्क्स ने अपने चिन्तन में 'उत्पादन की शक्तियों' (Forces of Production) एवं उत्पादन–प्रणाली (Mode of Production) का विश्लेषण करते समय उत्पादन के साधनों (Means of Production) एवं उत्पादन–संबंधों (Relation of Production) के तकनीकी स्वरूप का पूरी तरह से स्पष्टीकरण नहीं किया है और उत्पादन की शक्तियों के विकास को परिस्थितियों के हवाले छोड़कर व्यवस्था में आर्थिक एवं राजनीतिक संघर्षों के मध्य पाये जाने वाले मौलिक तत्त्वों के परिस्थितिजन्य विश्लेषण की अनदेखी की है जो राजनीति के स्वायत्त अस्तित्व (Autonomous Existence) की दृष्टि से तथ्यपरक एवं यथार्थपरक नहीं है।

आरों की प्रसिद्ध रचना 'Social Structure and the Ruling Class : 1950' लोकतंत्रीय (Democratic) एवं गैर–लोकतंत्रीय (Non-democratic) शासन प्रणालियों के अन्तर्गत शासक एवं शासित वर्गों के बीच पायी जाने वाली मौलिक समस्याओं एवं भिन्नताओं पर तर्कसंगत प्रकाश डालता है। आरों की यह कृति लोकतंत्रीय शासन प्रणाली को सबसे बेहतर मानती है जिसमें राजनीतिक समस्याओं एवं संघर्षों का उचित समाधान संभव है। ये सामाजिक–राजनीतिक व्यवस्था के विश्लेषणात्मक अध्ययन के लिए परिस्थितिजन्य अनुभवात्मक तथ्यों की प्रधानता की अपरिहार्यता को स्वीकार करता है। तभी तो, इनके चिन्तन में रूस के साम्यवादी लोकतंत्र

(Communist Democracy) एवं उदारवादी लोकतंत्र (Liberal Democracy) के अन्तर्गत व्यवस्था में स्थित विशिष्ट वर्ग के अस्तित्व एवं परिसंचरण (Circulation) की भिन्नताओं का स्पष्टीकरण साम्यवादी व्यवस्था एवं उदारवादी शासन–प्रणाली की व्यवस्थाओं के आलोक में किया गया है। इनके विचार में सोवियत रूस की शासन–प्रणाली में विशिष्ट वर्ग पर साम्यवादी दल का एकाधिकार (Monopoly) होता है ऐसी परिस्थिति में व्यवहारतः सत्ता एवं शक्ति के लिए संघर्ष एवं प्रतिस्पर्धा दल का आन्तरिक विषय है। जनसाधारण को सत्ता में भागीदारी का अवसर या विचार अभिव्यक्ति का अवसर नहीं मिलता है, जबकि उदारवादी लोकतंत्र में विशिष्ट वर्ग के अस्तित्व एवं परिसंचरण (Existence and Circulation) में बहुलता (Plurality) पायी जाती है, इसलिए सत्तागत प्रतिस्पर्धा का मार्ग जनसाधारण से विशिष्ट वर्ग की ओर जाने के लिए सदैव खुला होता है, सिर्फ जनसाधारण में विशिष्ट वर्गीय योग्यताओं को अपने अन्दर विकसित करने की क्षमता सदैव होनी चाहिए। आरों के विचार में उदारवादी शासन–प्रणाली जनमत के प्रति संवेदनशील एवं जनसाधारण के प्रति उत्तरदायी होती है जिसमें नियंत्रण एवं संतुलन की व्यापक संभावनाएं होती हैं जो शक्ति केन्द्रीकरण को रोकती है, क्योंकि इसमें जनता को अपने प्रतिनिधियों के चयन का अवसर मिलता है, इसलिए प्रतिनिधि निरन्तर जनता का विश्वास बनाये रखना चाहते हैं, अन्यथा परिसंचरण द्वारा नव–उत्पन्न विशिष्ट वर्ग सत्ता संभाल लेता है।

विभिन्न शासन प्रणालियों की वैधता के संबंध में आरों का यह तर्क है कि कोई भी राज्य विविध शासन प्रणालियों के आधार पर अपनी वैधता स्थापित कर सकता है। आरों उपनिवेशवाद का विरोधी था। उसके चिन्तन में अफ्रीकी लोगों के प्रति गहरी सहानुभूति प्रकट होती है। सामाजिक जीवन से जुड़ी समस्याओं पर आरों ने काफी गंभीर चिन्तन किया है। उसके विचार में किसी भी आधुनिक व्यवस्था का सबसे अहम मुद्दा राष्ट्रीय–हित है। आरों का यह तर्क है कि योजनाबद्ध विकास एवं मुक्त बाजार व्यवस्था की वजह से किसी व्यवस्था को परस्पर विरोधी प्रणाली मानना उचित नहीं है। इनके विचार में आधुनिक स्वतंत्र समाज अपने अस्तित्व की रक्षा के लिए मूलतः नागरिक समुदाय के आत्मानुशासन एवं आत्मनिर्णय पर निर्भर होता है जिसके निर्माण में देशभक्ति, धर्म, दलीय निष्ठा, आदि कई तरीके अपनाये जा सकते हैं, लेकिन इन तरीकों में पायी जाने वाली स्वतंत्रता और उन्नति का स्तर ही उनकी वैधता के विविध आधारों के मूल्यांकन की सही कसौटी साबित होगा। समाज, राजनीति एवं वैधता जैसे गंभीर विषयों पर तथ्यपरक गहन अध्ययन करके रेमोंद आरों ने एक समाजवैज्ञानिक के रूप में तो विशेष ख्याति अर्जित की है, राजनीतिक समाजशास्त्र के अध्ययन क्षेत्र में भी इनके चिन्तन का योगदान उल्लेखनीय है जो राजनीतिक समाजशास्त्र के विकास में 'मील का पत्थर' (Milestone) साबित हुआ है।

सीमोर मार्टिन लिप्सेट (Seymour Mortin Lipset : 1922)

अमेरिकी समाजवैज्ञानिक एवं राजनीतिक वैज्ञानिक सीमोर मार्टिन लिप्सेट की प्रसिद्धि लोकतंत्र के सिद्धान्तकार के रूप में है। आधुनिक अनुभववादी समाजशास्त्री के रूप में लिप्सेट की यह धारणा है कि लोकतंत्र को व्यावहारिकता, औचित्यपूर्णता एवं स्थायित्व प्रदान करने के लिए यह स्वीकारना होगा कि वस्तुतः इस शासन–प्रणाली में शासन जनता की जगह जनप्रतिनिधि करते हैं, जिन्हें अभिजन कहा जाता है। इस संदर्भ में लिप्सेट द्वारा 'जनतांत्रिक अभिजनवाद संधार' (Framework) के माध्यम से आधुनिक लोकतंत्र से संबंधित औचित्यपूर्णता एवं उसके स्थायित्व की समस्याओं का विशद् विश्लेषण किया गया है। अपने विश्लेषणात्मक अध्ययन में लिप्सेट ने अरस्तू की भांति व्यापक दृष्टिकोण अपनाते हुए उसी पद्धति का प्रयोग किया है जो वस्तुतः अरस्तू द्वारा उनकी पुस्तक 'पालिटिक्स' के चौथे एवं छठे अध्याय में किया गया है। आधुनिक राजनीतिक समाजशास्त्र को यथार्थपरक स्वरूप प्रदान करते हुए लिप्सेट ने कहा है, "यदि समाज का स्थायित्व समाजशास्त्र के अध्ययन का मुख्य बिम्ब है तो किसी विशिष्ट राजनीतिक पद्धति एवं उसकी संगठनात्मक संरचना अर्थात् लोकतंत्र की सामाजिक परिस्थितियों का अध्ययन करना राजनीतिक समाजशास्त्र के अध्ययन क्षेत्र का मुख्य बिंब है।" लिप्सेट ने अपनी

प्रसिद्ध रचना 'Political Man : The Social Bases of Politics : 1960' में कहा है कि "लोकतंत्र का अर्थ मात्र उसकी विशेष राजनीतिक संस्थाएं एवं प्रक्रियाएं नहीं हैं, अपितु इसके व्यापक अर्थ के दायरे में सामाजिक प्रणाली भी आती हैं, जिसमें पाये जाने वाले मतभेदों (Cleavage) एवं मतैक्यों (Consensus) में संतुलन या असंतुलन की स्थिति शामिल है और इसका आधार है लोकतंत्र की व्यावहारिकता, औचित्यपूर्णता एवं स्थायित्व।" अपनी पुस्तक 'सामाजिक मानव : राजनीति के सामाजिक आधार–तत्त्व' में लिप्सेट ने इस तथ्य की विस्तृत विवेचना की है कि सामाजिक व्यवस्था के अन्तर्गत सदैव संघर्ष एवं प्रतिस्पर्धा की संभावनाएं न पैदा हो इसकी वजह से यह आवश्यक हो जाता है कि समाज–संदर्भित संघर्षों व समस्याओं को सुलझाने के लिए व्यापक सहमति की स्थिति बने। जहां तक हो सके सामाजिक मूल्यों एवं लक्ष्यों के संबंध में पूरे समाज में एक राय होनी चाहिए, ताकि मतभेदों को तीव्र होने का मौका नहीं मिले। इनकी राय में तीव्र सामाजिक मतभेद सामाजिक समस्याओं के समाधान हेतु हिंसा या संबंध विच्छेद (Secession) का रास्ता अपनाने की प्रेरणा देता है, जिससे सामाजिक व्यवस्था में गतिरोध पैदा होता है। लिप्सेट ने लोकतांत्रिक सामाजिक व्यवस्था की मजबूती के लिए मतभेदों के अस्तित्व की अपरिहार्यता पर भी प्रकाश डाला है। लिप्सेट ने मतभेदों को स्वस्थ राजनीतिक प्रतिस्पर्धा व संघर्ष की प्रक्रिया का संरचनात्मक आधार कहा है। ये मतैक्य एवं मतभेद को सामाजिक–राजनीतिक संतुलन का स्वस्थ आधार मानते हैं। यही वजह है कि इन्होंने लोकतंत्र को उत्तम शासन प्रणाली कहा है, जिसमें मतैक्य एवं मतभेद की प्रतिस्पर्धी शक्तियां सत्ता को संतुलित रखती हैं तथा व्यवस्था को परिवर्तनशील एवं स्थिर रखती हैं। इसमें अवाम को राजनीतिक सहभागिता का पूरा–पूरा अवसर मिलता है। व्यवस्था में निरंतर चलती रहने वाली राजनीतिक प्रतिस्पर्धा से समाज के भिन्न–भिन्न अंगों को योग्यता, प्रभाविता एवं लोकप्रियता के आधार पर सत्ता संभालने का अवसर मिलता है। सत्ता का परिसंचरण विशिष्ट वर्ग से गैर–विशिष्ट वर्ग के बीच होता रहता है और सत्ता में सीधी भागीदारी की वजह से गैर–विशिष्ट वर्ग भी नीति–निर्माण एवं निर्णय–प्रक्रियाओं पर गहरा प्रभाव डालते हैं। इन्होंने लोकतंत्र को स्वयं में उत्तम समाज (Good Society) का साकार तथा सक्रिय स्वरूप बताया है।

आधुनिक राजनीति विज्ञान की अनुभवात्मक विशेषताओं के अनुरूप लिप्सेट ने सामाजिक परिस्थितियों के विश्लेषणात्मक अध्ययन हेतु सटीक आंकड़ों एवं सामान्यीकरण जैसी मान्यताओं का प्रयोग किया है। राजनीतिक समाजशास्त्र के विभिन्न आयामों पर इनकी अनुभववादी मान्यताओं एवं निष्कर्षों की गहरी छाप दिखाई देती है। लिप्सेट ने अपनी राजनीतिक–सामाजिक विषयवस्तु विश्लेषण में सिर्फ आंकड़ा प्राप्त करने का साधन, उसका निर्धारण करने या माप करने का 'सटीक अवधारणीकरण' (Precise Conceptualisation) ही नहीं किया है, अपितु उनके मध्य तार्किक संबंध स्थापित करने की सफलता भी अर्जित की है। लिप्सेट का चिन्तन इस यथार्थ को स्वीकारता है कि लोकतंत्रीय शासन प्रणाली के स्थायित्व के लिए समाज के मध्यम वर्ग का अस्तित्व एवं समर्थन एक मजबूत सहायक तत्त्व है। लेकिन इनके हिसाब से सिर्फ यही पर्याप्त नहीं है, बल्कि शासन में स्थायित्व के लिए प्रभावशीलता एवं औचित्यपूर्ण भी अति आवश्यक है। प्रभावशीलता से लिप्सेट का तात्पर्य है कि सरकार समाज के उन वर्गों एवं समूहों पर अपनी प्रभाविता बनाये रखे एवं उन्हें संतुष्ट करे, जिनके बल पर वह टिकी हुई है या जिनके असंतुष्ट होने से सरकार की सेहत पर बुरा असर पड़ सकता है। औचित्यपूर्णता के संबंध में लिप्सेट का यह कहना है कि "सरकार बहुसंख्यकों में यह विश्वास जगाने में सफल हो कि वर्तमान राजनीतिक पद्धति ही कुशल एवं न्यायसंगत है।" अरस्तू की भांति लिप्सेट भी यह मानता है कि व्यवस्था में औचित्यपूर्णता का संकट ही सामाजिक बदलाव की क्रिया का बोधक होता है।

इस प्रसंग में लिप्सेट का उल्लेखनीय योगदान इसलिए है, क्योंकि इन्होंने सामाजिक परिवर्तन से संबंधित परिस्थितियों के व्यवस्थित अध्ययन–विश्लेषण के लिए राजनीतिक सिद्धान्त दिया है। प्रतिपादित सिद्धान्त के आलोक में लिप्सेट की यह मान्यता है कि राजनीतिक व्यवस्था की सामाजिक संरचना में रूपान्तरण की स्थिति पैदा होने पर औचित्यपूर्णता का संकट तब पैदा होता है जब:

1. संरचनात्मक परिवर्तन प्रक्रिया में परम्परागत संस्थाओं की स्थिति में बदलाव की परिस्थितियां बनती हैं;
2. रूपान्तरण प्रक्रिया में समाज के सभी महत्त्वपूर्ण वर्गों एवं समूहों की सहभागिता नहीं हो पाती है। उनकी राजनीतिक मांगें रूपान्तरण के लिए व्यवस्था तक नहीं पहुंच पाती हैं। यानी कि व्यवस्था की अदा (Input) एवं प्रदा (Output) प्रक्रिया में जनसाधारण की उपेक्षा होती है;
3. परम्परागत सामाजिक व्यवस्था की जगह अस्तित्व में आयी नई सामाजिक संरचना भी समाज में अवस्थित समूहों, वर्गों की अपेक्षाओं पर खरी नहीं उतरती है और जनसाधारण की मांगों एवं आशाओं की पूर्ति लम्बे समय तक नहीं कर पाती है।

लिप्सेट ने अपने प्रतिपादित सिद्धान्त को सटीकता की कसौटी पर परखने के उद्देश्य से फ्रांस, इटली, जर्मनी की राजनीतिक व्यवस्थाओं का उदाहरण पेश करते हुए यह तर्क दिया कि हालांकि इन देशों में विशाल मध्यमवर्ग का अस्तित्व है, फिर भी इन देशों की सामाजिक व्यवस्था उन परिवर्तनशील समाजों का प्रतिनिधित्व करती है, जहां नई सामाजिक संरचना के अस्तित्व में आने के बावजूद लोकतांत्रिक राजनीतिक पद्धतियों को स्थायित्व प्राप्त नहीं हो सका, क्योंकि नई संरचना अवाम में औचित्यपूर्णता की भावना विकसित करने में सफल नहीं हो पायी। उनका कहना है कि वहीं ब्रिटेन जैसे देश भी हैं, जहां के परम्परागत शासकीय अभिजनों ने समाज में उभरे नये समूहों के बीच अपनी पैठ बनायी, अपने प्रभाव का दायरा विस्तारित किया और राजनीतिक पद्धति के परम्परागत मूल्यों को बचाये रखकर लोकतांत्रिक शासन पद्धति का आदर्श प्रस्तुत किया। यहां राजतंत्र को सुरक्षित रखने के प्रयासों में शासक वर्ग को परम्परावादी कुलीनतंत्रीय शासकों का एवं धार्मिक समूहों का विश्वास अहर्निश मिलता रहा है, तभी वहां लोकप्रिय लोकतांत्रिक शासन पद्धति उत्तरोत्तर विकसित हो रही है।

लिप्सेट ने सामाजिक परिस्थितियों के विश्लेषणात्मक अध्ययन कम में प्रभावशीलता एवं औचित्यपूर्णता के आपसी संबंधों पर तथ्यगत प्रकाश डाले हुए आगे यह स्पष्ट किया है कि इन दोनों परिवर्त्यों की सफलता परिस्थितिजन्य एवं अनुभवजन्य साक्ष्यों पर निर्भर करती है। इनके मतानुसार यदि राजनीतिक व्यवस्था जनता की आशाओं के अनुरूप भौतिक साधनों की सुविधा जनसाधारण को उपलब्ध करा पाती है, फिर भी समाज में अवस्थित परम्परावादी समूह को अपना स्वरूप बचाने का संकट उत्पन्न हो जाये और रूपान्तरण प्रक्रिया के आधार पर व्यवस्था में उत्पन्न नये समूहों को व्यवस्था तक अपनी बात पहुंचाने में मुश्किल आये तो ऐसे परिस्थितिजन्य प्रभाव से व्यवस्था में औचित्यपूर्णता का संकट पैदा होगा और यह परिस्थिति राजनीतिक पद्धति की अवपीड़क (Coercive) बना सकती है। वहीं यदि सत्तावर्ग की प्रभावशीलता समाप्त हो जाये या कम हो जाये तो यह परिस्थिति भी राजनीतिक पद्धति के लिए विपरीत परिणामदायी हो सकती है। लेकिन, लिप्सेट का यह भी कहना है कि उपर्युक्त दोनों परिस्थितियों के बावजूद यदि राजनीतिक प्रणाली की औचित्यपूर्णता–प्रभावशीलता लंबे समय तक कायम रहे तो उससे भी राजनीतिक व्यवस्था को नई परेशानियों का सामना करना पड़ सकता है। यहां सिद्धान्त प्रतिपादक का यह मानना है कि सामाजिक परिस्थितियां ही व्यवस्था में उपजी औचित्यपूर्णता के संकट के लिए जिम्मेदार होती हैं और यह परिस्थितियां ही व्यवस्था में प्रभावशीलता एवं औचित्यपूर्णता की जरूरतों के बीच परस्पर–विरोधी प्रतियोगिता की स्थितियां पैदा करा सकती हैं।

लिप्सेट द्वारा प्रस्तुत उपर्युक्त धारणाओं के अध्ययन से यह स्पष्ट होता है कि अनुभववादी विश्लेषक के रूप में वह लोकतांत्रिक राजनीतिक व्यवस्था एवं प्रक्रिया की लोकप्रियता, प्रभावशीलता, औचित्यपूर्णता, सफलता एवं स्थायित्व को सीधे तौर पर सामाजिक परिस्थितियों से जोड़ता है और सामाजिक परिस्थितियों को ही इनके अस्तित्व का बुनियादी आधार मानता है।

एशिया तथा अफ्रीका की राजनीतिक व्यवस्था के स्थायित्व पर गंभीर विश्लेषण करने के क्रम में कभी वह कहता है कि इन देशों के राजनीतिक लोकतंत्र का भविष्य अंधकारमय है, तो कभी वह अपने परिस्थितिजन्य अनुभवों के आधार पर इस निष्कर्ष पर पहुंचता है कि अनेक प्रकार की परिस्थितियों में भी लोकतंत्र का अस्तित्व कायम रहता है। लोकतांत्रिक स्थायित्व एवं राजनीतिक औचित्य से संदर्भित उसकी धारणाएं यह मानती हैं कि

लोकतंत्रीय शासन पद्धति सिर्फ इच्छाशक्ति से कायम नहीं रहती है, बल्कि इच्छा शक्ति को कार्यरूप में परिणत करके ऐसी संस्थाओं में वैसे मुद्दों को विकसित करना पड़ता है जो उन परिस्थितियों की पैदाइश को रोक सके जो लोकतंत्र के अस्तित्व के विकास में बाधक है।

लिप्सेट ने अपनी राजनीतिक विश्लेषणात्मक अभिव्यक्ति में 'लोकतंत्रीय राजनीतिक व्यवस्था' को 'सामाजिक यंत्रविन्यास' (Social Mechanism) के आलोक में देखने का गंभीर प्रयास किया है। लिप्सेट के इस सकारात्मक यथार्थगत अभिव्यक्ति पर टिप्पणी करते हुए शुमपीटर का यह कहना है, "इनकी दृष्टि में लोकतंत्र वह राजनीतिक पद्धति है जो लोकतांत्रिक अभिजनों के परिसंचरण हेतु जनसाधारण को नियमित संवैधानिक अवसर प्रदान करती है। यह एक ऐसा सामाजिक यंत्रविन्यास है, जिसमें राजनीतिक प्रतियोगिता के आधार पर राजनीतिक पदों पर निर्वाचित करने का अवसर बहुसंख्यकों के हाथों में सौंपने से उन्हें राजनीतिक व्यवस्था एवं प्रक्रिया से संदर्भित महत्त्वपूर्ण नीतियों एवं निर्णयों को प्रभावित करने का अवसर मिलता है।" एक राजनीतिक समाजशास्त्री के रूप में लिप्सेट ने इस नये स्वायत्त अनुशासन के लिए एक स्थायी राजनीतिक विरासत छोड़ी है। लिप्सेट की राजनीतिक–सामाजिक परिस्थितियों की परस्पर निर्भरता से संबंधित उपर्युक्त अभिव्यक्तियां इस तथ्य को स्पष्ट करती हैं कि इनके द्वारा प्रतिपादित राजनीति के अनुभवजन्य सामाजिक विश्लेषण ने राजनीतिक समाजशास्त्र के विकास–आधार को काफी पुख्ता किया है और एक स्वायत्त अनुशासन के रूप में इसकी पहचान को प्रासंगिक बनाने हेतु सामाजिक पर्यावरण का ठोस आधार दिया है। साथ–ही इन्होंने समाज के बाह्य एवं आन्तरिक समस्याओं के विश्लेषण एवं निष्पादन हेतु प्रभावशीलता एवं औचित्यपूर्णता के महत्त्व पर गहरी नजर डालने के क्रम में सत्ता द्वारा सामाजिक समूहों के संतुष्टीकरण के महत्त्व पर अतिशय बल देने के जोरदार वकालत करके व्यवस्था की राजनीति को एक मानवीय चेहरा दिया है; या यूं कहें कि सत्ता को लोकप्रियता एवं स्थायित्व के लिए सीधे तौर पर बहुसंख्यक समाज के प्रति उत्तरदायी बने रहने की सीख दी है जो राजनीतिक समाजशास्त्र के अध्ययन का केंद्रबिंदु है। लिप्सेट के अध्ययन–विश्लेषण की अनुभवात्मक यथार्थवादिता से राजनीतिक समाजशास्त्र को राजनीतिक घटनाओं, समस्याओं एवं व्यवहारों का विश्लेषण राजनीतिक एवं समाजशास्त्रीय परिवर्त्यों की अन्तक्रियाओं के आलोक में करने में काफी सहायता मिली है।

मूल्यांकन (Assessment)

राजनीतिक समाजशास्त्र के विकास में समाजशास्त्रियों के योगदान से संबंधित उपर्युक्त विस्तृत विवेचन से यह स्पष्ट हो जाता है कि सामाजिक एवं राजनीतिक पर्यावरण को समझने के लिए दोनों विषयों से संबंधित परिवर्त्यों को एक–दूसरे का निर्धारक माना जाना चाहिए। उपर्युक्त विवेचना का मूल संदर्भ यह है कि राजनीतिक समाजशास्त्र जहां एक ओर सामाजिक संरचनाओं एवं प्रक्रियाओं जैसे–समुदाय, वर्ग, धर्म, जाति, संस्कृति, परम्परा, मूल्यों, आदि का प्रभाव राजनीतिक व्यवस्था एवं प्रक्रियाओं पर किस प्रकार और कितना किस हद तक पड़ता है, उस पर गंभीर विश्लेषणात्मक अध्ययन करता है; वहीं समाज, सामाजिक संस्थाएं एवं प्रक्रियाएं, राजनीतिक परिवर्त्यों, प्रक्रियाओं एवं संस्थाओं, जैसे–राज्य, सरकार, संसद, न्यायपालिका, कानून, सेवा, नौकरशाही आदि से कितना और किस हद तक प्रभावित एवं निर्धारित होती है, और ये संस्थाएं सामाजिक बदलाव के लिए किस हद तक जिम्मेदार होती है इस विषय पर अनुभवात्मक यथार्थवादिता के आलोक में गहन चिन्तन–मनन करता है। सामाजिक पर्यावरण के आलोक में राजनीतिक पर्यावरण के अनुभवजन्य विश्लेषणात्मक अध्ययन का उल्लेखनीय श्रेय आधुनिक समाजशास्त्रियों को जाता है। राजनीतिक समाजशास्त्र द्वारा राजनीतिक स्थायित्व, राजनीतिक प्रभावशीलता, औचित्यपूर्णता, राजनीतिक सहभागिता, मतदान–व्यवहार, आर्थिक प्रगति, राजनीतिक आधुनिकीकरण, राजनीतिक संस्कृति जैसे प्रासंगिक विषयों का विश्लेषण सामाजिक व्यवस्था, पर्यावरण, संस्कृति एवं सामाजिक व्यवहार के आलोक में किया गया है और कार्य में समाजशास्त्रियों द्वारा दिये गये उल्लेखनीय योगदान के प्रति राजनीतिक समाजशास्त्र सदैव ऋणी रहेगा।

राजनीतिक समाजशास्त्र के विकास में अर्थशास्त्रियों एवं मनोवैज्ञानिकों का योगदान (Contribution of Economists and Psychologists in Evolution of Political Sociology)

वेड एवं करी (Wade and Curry) का यह दावा है कि राजनीतिक समाजशास्त्र के अध्ययन एवं विश्लेषण में अर्थशास्त्रीय दृष्टिकोण का औचित्य इस विश्वास से पैदा हुआ है कि यदि आधुनिक अनुभववादी राजनीतिक शोधों में केवल सामाजिक–मनोवैज्ञानिक सहसंबंधों पर ही जोर न देकर, अर्थशास्त्रीय धारणाओं का भी प्रयोग किया जाए, तो मानवीय एवं सामूहिक क्रियाओं के अन्तर्संबंधों को उनके वास्तविक अर्थों में समझा जा सकता है। इसके अतिरिक्त उन्होंने यह भी दावा किया है कि अनुभववादी राजनीतिशास्त्र एवं राजनीतिक समाजशास्त्र के अध्ययन में अर्थशास्त्रीय प्रतिमानों के प्रयोग से विषय संदर्भित शोधों में अधिक वास्तविकता और संरक्षणशीलता आयेगी।

राजनीतिक समाजशास्त्र को जिन बौद्धिक स्रोतों से विकसित होने की प्रेरणा मिली है, उनमें अर्थशास्त्रियों एवं मनोवैज्ञानिकों का योगदान भी उल्लेखनीय है। एक स्वायत्त विषय के रूप में राजनीतिक समाजशास्त्र के अन्वेषण, अनुसंधान, निर्धारण एवं विस्तार पर अर्थशास्त्र एवं मनोविज्ञान का व्यापक प्रभाव पड़ा है। हां, यह सही है कि यह प्रभाव सीधे तौर पर कम और समाजशास्त्र के माध्यम से ज्यादा पड़ा है। समाजशास्त्र के अध्ययन का दायरा काफी विस्तारित है, जिसमें सम्पूर्ण सामाजिक व्यवस्था, इसकी विभिन्न संस्थाएं, प्रक्रियाएं, घटनाएं, समस्याएं, सभी प्रकार के व्यवहार एवं समस्त सामाजिक प्रसंग शामिल हैं, जिनका जुड़ाव मानव जीवन एवं व्यवस्था से है। इन सामाजिक संदर्भों के विश्लेषणात्मक अध्ययन के लिए अपरिहार्य रूप से विषय को आर्थिक एवं मनोवैज्ञानिक तत्त्वों का गहन अध्ययन करना पड़ता है। राजनीतिशास्त्र एवं समाजशास्त्र के पर–संसेचन (Cross-Fertilisation) से उपजा विषय राजनीतिक समाजशास्त्र का मूल ध्येय राज्य एवं समाज की अन्तःक्रियात्मकता (Interaction) का अध्ययन करना है। इस प्रक्रिया में समाजशास्त्र के उल्लेखनीय योगदान के माध्यम से यह नया विषय आर्थिक एवं मनोवैज्ञानिक कारकों के प्रभाव एवं प्रयोग द्वारा अपने उद्देश्य एवं समुन्नति के पथ पर निरन्तर अग्रसर हो रहा है। राजनीतिक एवं सामाजिक चरों (Variables) की पारस्परिक निर्भरता के समर्थकों को राजनीतिक समाजशास्त्र के अध्ययन–विश्लेषण को परिणाम तक पहुंचने के लिए व्यापक रूप से आर्थिक एवं मनोविज्ञान चरों पर निर्भर होना पड़ता है। राजनीतिक समाजशास्त्र के यथार्थपरक एवं तथ्यपरक अध्ययन की यह प्रविधि ही इस वास्तविकता का द्योतक है कि अर्थशास्त्र एवं मनोविज्ञान से इस स्वायत्त अनुशासन का बड़ा गहरा रिश्ता है। विषय के अन्वेषण, अनुसंधान एवं अध्ययन–क्षेत्र के विस्तार हेतु अर्थशास्त्र एवं मनोविज्ञान के सिद्धान्तों, प्रतिमानों, उपागमों एवं अध्ययन प्रविधियों का प्रयोग बड़े पैमाने पर हो रहा है। अनुभववादी राजनीतिविज्ञान एवं राजनीतिक समाजशास्त्र से संबद्ध शोधकार्यों, शोधप्रविधियों एवं शोधकर्ताओं पर अर्थशास्त्रियों एवं मनोवैज्ञानिकों के अध्ययन का प्रभाव सहज ही दिखाई पड़ता है।

अर्थशास्त्रियों का प्रभाव (Influence of Economists)

समाजशास्त्र के माध्यम से राजनीतिक समाजशास्त्र के समग्र अध्ययन विश्लेषण पर आर्थिक चरों के प्रभाव का सबसे सटीक उदाहरण विख्यात अर्थशास्त्री मार्क्स जैसे विद्वान के सिद्धान्तों की प्रस्तुति में मिलता है। इनके विचार में समाज में स्थित सभी प्रकार की समस्याओं एवं विषमताओं की मूल वजह सामाजिक असमानता है। मार्क्स ने उन्नीसवीं शताब्दी के यूरोप में पूंजीवाद (Capitalism) से जुड़े उदारवादी चिन्तन (Liberal Thought) को गंभीर चुनौती देकर नये सामाजिक, आर्थिक राजनीतिक विचारों को बढ़ावा दिया और यहीं से मार्क्सवादी–चिन्तन (Marxist Thought) की परम्परा आरंभ हुई। मार्क्सवादी चिन्तन को मूलतः दो धाराओं के रूप में पहचान मिली। पहली धारा में मार्क्स के उन विचारों का समुच्चय है, जिन्हें 'चिरसम्मत मार्क्सवाद' (Classical Marxism) के रूप में पहचान मिली और दूसरी धारा को मार्क्स के मानववादी चिन्तन (Humanist Thought) की संज्ञा दी गयी है जिसे 'तरुण मार्क्स' (Young Marx) के विचारों के रूप में पहचान मिली है। चिरसम्मत मार्क्सवाद मार्क्स के वैज्ञानिक चिन्तन की प्रस्तुति है, जिसकी मुख्य मान्यताएं हैं :

1. द्वन्द्वात्मक भौतिकवाद
2. ऐतिहासिक भौतिकवाद
3. वर्ग–संघर्ष का सिद्धान्त
4. अतिरिक्त मूल्य का सिद्धान्त

द्वन्द्वात्मक भौतिकवाद के सिद्धान्त में मार्क्स द्वारा भौतिकवाद की मान्यताओं को द्वन्द्वात्मक पद्धति के साथ मिलाकर सामाजिक परिवर्तन की व्याख्या देने का प्रयास किया गया है। ऐतिहासिक भौतिकवाद मार्क्स के सिद्धान्त का अनुभवमूलक समाजवैज्ञानिक आधार (Empirical Sociological Basis) प्रस्तुत करता है। यह सिद्धान्त इस मान्यता से शुरू होता है कि इतिहास के प्रत्येग युग में समाज का आर्थिक संबंध समाज की प्रगति का रास्ता तैयार करता है और वह सामाजिक, राजनीतिक, बौद्धिक, नैतिक, कानूनी संबंधों का स्वरूप निर्धारित करने में सबसे ज्यादा प्रभाव डालता है। समाज के आर्थिक संबंधों से मार्क्स का तात्पर्य ऐसे संबंधों से है जिसके संबंध दायरे में व्यक्ति (स्त्री–पुरुष) अपने लिए जीवन–निर्वाह का साधन जुटाता है। यानी कि अपनी भौतिक आवश्यकताओं की पूर्ति के लिए अपेक्षित वस्तुओं के उत्पादन (Production) विनिमय (Exchange) एवं वितरण (Distribution) की व्यवस्था करता है। मार्क्स ने किसी भी राष्ट्र या समाज के विकास की प्रक्रिया में आर्थिक प्रणाली की भूमिका को सबसे महत्त्वपूर्ण माना है, क्योंकि मार्क्स के विचार में भौतिक जीवन से संबद्ध उत्पादन–प्रणाली, उत्पादन की शक्तियां, उत्पादन के साधनों, उत्पादन–संबंध एवं उत्पादन के साधनों का स्वामित्व समाज में किस वर्ग के हाथ में है, इन प्रधान आर्थिक तत्त्वों का संयोग ही मानव–जीवन के सामाजिक, राजनीतिक, आर्थिक स्वरूप एवं व्यवहार को निर्धारित करता है। मार्क्स ने क्रान्ति को सामाजिक परिवर्तन का अनिवार्य माध्यम कहा है और इस परिवर्तन की प्रक्रिया में वर्ग संघर्ष की भूमिका पर विशेष बल दिया है। मार्क्स के विचार में वर्गचेतना की संकल्पना (Concept of Class Consciousness) वर्गसंघर्ष के सिद्धान्त के साथ निकटता से जुड़ा है। मार्क्स ने आर्थिक तत्त्वों को सामाजिक एवं अन्ततः राजनीतिक क्रान्ति से जोड़ा है। उनके विचार में, उत्पादन की शक्तियों के विकास से सामाजिक व्यवस्था एवं सामाजिक संबंधों में दबाव बढ़ने पर वर्गचेतना का उदय होता है और यही चेतना संगठित होकर पुराने प्रभुत्वशाली वर्ग (Dominant Class) को सत्ता से हटा कर नये वर्ग के हाथों में सत्ता सौंपता है। इन्होंने वर्ग संघर्ष को ही क्रान्ति का जन्मदाता कहा है। मार्क्सवाद की यह धारणा है कि व्यवस्था में विचारधारा एक ऐसा तत्त्व है जो प्रभुत्वशाली वर्ग को अपने शासन के लिए वैधता (Legitimacy) प्राप्त कराने में सहायक होता है।

मार्क्स ने राजनीति एवं समाज के वास्तविक मूल्यों के लिए आर्थिक तत्त्वों को कितनी प्रधानता दी है, यह उनके शब्दों से स्पष्ट होता है–''मनुष्य की चेतना उसके अस्तित्व को निर्धारित नहीं करती है, बल्कि उसका सामाजिक अस्तित्व उसकी चेतना को निर्धारित करता है।'' मार्क्स ने समाज की 'आर्थिक संरचना' (Economic Structure) को ही सामाजिक व्यवस्था के निर्माण का आधार कहा है जो सामाजिक चेतना के निश्चित स्वरूपों के साथ जुड़ी रहती हैं, अर्थात् मनुष्य की आर्थिक स्थिति ही उसके सामाजिक एवं राजनीतिक जीवन का निर्धारक तत्त्व है। मार्क्स ने अतिरिक्त 'मूल्य का सिद्धान्त' (Theory of Surplus Value) का प्रतिपादन करके अपने वर्गसंघर्ष के सिद्धान्त को तार्किक आधार दिया है। यह सिद्धान्त मार्क्सवाद के आर्थिक आधारों का प्रस्तुतीकरण है। इस सिद्धान्त का मौलिक तथ्य यह है कि मार्क्स के विचार में समाज के आर्थिक संदर्भ का सामाजिक–सारतत्व 'केवल श्रम' (Labour) है। पारम्परिक अर्थशास्त्र के अन्तर्गत उत्पादन के चार तत्त्वों में–भूमि (Land), पूंजी (Capital), संगठन (Organisation) एवं श्रम (Labour) है। लेकिन, इस संदर्भ में मार्क्स का यह तर्क है कि भूमि, पूंजी और संगठन वास्तविक उत्पादन की क्षमता नहीं रखते हैं, क्योंकि इनमें जो लगाया जाता है ये उसी का पुनरुत्पादन (Reproduction) करते हैं। इसलिए इन तत्त्वों में मूल्य पैदा करने की क्षमता नहीं है। अतः, केवल श्रम ही एक ऐसा तत्त्व है जो समाज एवं सामाजिक जीवन के लिए आवश्यक मूल्यों का सृजन करता है। मार्क्स के विचार में, ये सामाजिक मूल्य ही सामाजिक एवं राजनीतिक व्यवस्था के निर्धारक तत्त्व हैं। व्यवस्था में किसी भी वस्तु का मूल्य इसीलिए होता है, क्योंकि वह सामाजिक श्रम का परिणाम होता है।

मार्क्सवाद मूलतः मानव–स्वतंत्रता की अवधारणा का अनुभवमूलक व्यावहारिक दर्शन है, जिसका सारतत्त्व है–सामाजिक–राजनीतिक प्रभुत्व' (Socio-political Dominance) एवं जनसाधारण की पराधीनता (Subjection of Mass)। मार्क्स ने आत्मप्रेरित व्यवहार की संकल्पना प्रस्तुत करके राजनीतिशास्त्र एवं समाजशास्त्र दोनों को बुनियादी तौर पर अर्थशास्त्र से जोड़ा है, इसीलिए आधुनिक विद्वानों के एक बड़े वर्ग ने उन्हें 'राजनीतिक समाजशास्त्र के प्रवर्तक' (Founder) की संज्ञा दी है। अर्थशास्त्र संदर्भित प्रभाव के प्रसंग में राजनीतिक समाजशास्त्र को मार्क्सवाद की सबसे बड़ी देन यह कि उन्होंने समाज का आर्थिक आधारगत अनुभवमूलक विश्लेषण प्रस्तुत करके सामाजिक व्यवस्था में निहित स्वार्थों के लिए शोषण और दमन का चक्र चलाने वाले प्रभुत्वशाली वर्ग की मान्यताओं पर बड़ा प्रश्नचिह्न लगा दिया है। यानी कि, सामाजिक न्याय की अवधारण को व्यावहारिक स्वरूप दिया जो आधुनिक लोककल्याणकारी राज्यों का मूलमंत्र है। इस दृष्टिकोण से यह एक ऐसा प्रगतिवादी दर्शन है जिसने आधुनिक राजनीतिशास्त्रियों एवं राजनीतिक समाजशास्त्रियों को यह संदेश दिया है कि यदि राजनीतिक पर्यावरण को स्वस्थ और समृद्ध बनाना है, तो व्यावहारिक स्तर पर सामाजिक पर्यावरण को स्वस्थ बनाना अपरिहार्य है। इसकी स्वस्थता के लिए जनसाधारण के जीवन स्तर को उन्नत बनाना होगा। शासकों एवं शासितों के बीच की खाई पाटनी होगी, जिसकी जड़ें बुनियादी रूप से समाज के आर्थिक तत्त्वों से जुड़ी हैं, और उसके लिए यह अत्यावश्यक है कि सामाजिक अन्याय की जड़ें सामाजिक व्यवस्था के अन्तर्गत ढूंढे जायें और वहीं उसका समाधान भी किया जाये।

इस प्रकार, मार्क्स वो सबसे पहले अर्थशास्त्री हैं जिन्होंने समाजशास्त्री एवं राजनीतिशास्त्री के रूप में इस तथ्य का प्रस्तुतीकरण किया कि सामाजिक–राजनीतिक मान्यताओं, व्यवहारों, समस्याओं, घटनाओं का निर्धारक एवं प्रेरक तत्त्व, आर्थिक कारक, आर्थिक शोषण एवं पूंजीवादी अर्थव्यवस्था है। यद्यपि मार्क्स का साम्यवादी दर्शन पश्चिमी देशों के उदारवादी लोकतंत्र में पूर्णतः लागू नहीं हो पाया, लेकिन मार्क्सवादी दर्शन की अध्ययन प्रणाली को लगभग सभी देशों के उन समस्त राजनीतिशास्त्रियों एवं समाजशास्त्रियों ने अपनाया है जिन्हें प्रकारांतर में राजनीतिक समाजशास्त्र के विषय–विस्तार एवं अध्ययन–क्षेत्र को समृद्ध करने का श्रेय दिया गया है। अनुभववादी राजनीतिशास्त्र, जिसे मोटे तौर पर राजनीतिक समाजशास्त्र का समकक्ष माना जाता है, के विश्लेषणात्मक अध्ययन में मार्क्स के सिद्धान्तों, अवधारणाओं एवं प्रविधियों का भरपूर प्रयोग किया गया है।

राजनीतिक समाजशास्त्र के अध्ययन–विश्लेषण पर मार्क्स के अतिरिक्त जिन अन्य अर्थशास्त्रियों की अवधारणाओं एवं विचारों का व्यापक प्रभाव पड़ा है–उनमें टामस शेलिंग (Thomas Scheling), जेरोम रोथेनबर्ग (Jeerome Rothemberg), जेम्स बुकनान (James Buchnan), कैनेच एशे (Kenech Ashew), डनन ब्लैक (Dunan Black), अलबर्ट हर्समैन (Albert Hirschman), चार्ल्स लिण्डब्लोम (Charles Lindblom), गोर्डन तुलक (Gordon Tullock)], जोसेफ शुंपीटर (Joseph Schumpeter), गुनार मिर्डल (Gunar Myrdal)], आदि के नाम उल्लेखनीय है। विषय के अनुभवजन्य विश्लेषणात्मक अध्ययन में इन अर्थशास्त्रियों द्वारा प्रयोग किये गये अर्थशास्त्रीय सिद्धान्तों, प्रतिमानों एवं अध्ययन प्रविधियों का राजनीति का उपखण्ड (Subsection), तुलनात्मक राजनीति एवं प्रकारान्तर में राजनीतिक समाजशास्त्र के अनुभवजन्य विश्लेषणात्मक अध्ययन में सार्थक प्रयोग किया गया है जिससे सामाजिक–राजनीतिक पर्यावरण, घटनाओं, व्यवहारों तथा सामाजिक–राजनीतिक संस्थाओं के मध्य अन्योन्याश्रितताओं को समझने में बुनियादी स्तर पर काफी हद तक सहायता मिली है।

उपर्युक्त अर्थशास्त्रियों द्वारा प्रतिपादित अवधारणात्मक प्रतिमानों (Conceptual Models) का राजनीतिक समाजशास्त्र के अध्ययन विस्तार पर व्यापक प्रभाव पड़ा है। इन प्रतिमानों में विनिमय एवं मापतौल सिद्धान्त, क्रीड़ा सिद्धान्त, राजनीतिक बाजार सिद्धान्त आदि प्रमुख हैं, जिनके माध्यम से सामाजिक–राजनीतिक संस्थाओं, क्रियाओं एवं घटनाओं के अध्ययन एवं विश्लेषण में काफी सहायता मिली है। राजनीतिक समाजशास्त्र के अध्ययन के विस्तार प्रसंग में जोसेफ शुंपीटर का नाम विशेष रूप से उल्लेखनीय है। अमेरिकी अर्थशास्त्रवेत्ता जोसेफ शुंपीटर का राजनीतिक चिन्तन के अन्तर्गत मुख्य योगदान पूंजीवाद और लोकतंत्र का सिद्धान्त है। अपनी विख्यात कृति 'Capitalism, Socialism and Democracy : 1942' में शुंपीटर ने मार्क्सवादी दर्शन की इस

धारणा का खंडन किया है कि पूंजीवाद के अन्तर्विरोधों (Contradictions of Capitalism) की वजह से युद्ध एवं साम्राज्यवाद की स्थिति बनती है एवं समाज में जनसाधारण की दुर्दशा होती है। शुंपीटर ने पूंजीवाद के प्रसंग में तीन बातों का उल्लेख किया है–**प्रथम**–यह मानवीय ऊर्जा को आर्थिक कार्यों पर केन्द्रित कर देता है। **द्वितीय**–यह ऐसे तर्कसंगत दृष्टिकोण (Rational Attitude) को बढ़ावा देता है जो राज्य के प्रौद्योगिक विकास (Technological Development) के अनुकूल होता है। **तृतीय**–यह मानव–समाज की स्थिति (Status) को उत्तरोत्तर उन्नत करता जाता है।

शुंपीटर ने आगे यह स्वीकारा है कि कालान्तर में पूंजीवाद की समाप्ति के पश्चात् समाजवाद स्थापित हो जायेगा, लेकिन यह स्थिति पूंजीवाद की कमजोरियों की वजह से नहीं, अपितु पूंजीवाद के कार्यसम्पादन की सफलता का परिणाम होगा। शुम्पीटर ने पूंजीवाद को लोकतंत्रीय आधार प्रदान करते हुए यह तर्क दिया है कि अपने वर्तमान स्वरूप में भी पूंजीवाद लोकतंत्रीय प्रणाली का सक्रिय उदाहरण प्रस्तुत करता है। इनका ऐसा मानना है कि पूंजीवाद की वजह से व्यवस्था में जो बाजार प्रणाली स्थापित होती है, वही लोकतंत्र की अवधारणा एवं सिद्धान्त को सकारात्मक स्वरूप प्रदान करता है। शुंपीटर ने समकालीन पूंजीवादी अवधारणा की 'सार्थकता' के समर्थन में अपनी तरफ से अनेक तर्क प्रस्तुत किये हैं। इनका यह विचार है कि किसी देश की शासन–प्रणाली की पहचान उसकी संस्थाओं की स्थिति, कार्यप्रणाली एवं विशेष रूप से वहां के नीति–निर्धारकों एवं कानून–निर्माताओं के चयन एवं निष्कासन (Removal) की प्रक्रियाओं से होती है। पूंजीवादी लोकतंत्रीय व्यवस्था में विभिन्न पार्टियों के राजनेता जनसाधारण का ज्यादा–से–ज्यादा मत प्राप्त करने के लिए राजनीतिक बाजार में ठीक वैसे ही खुला संघर्ष, खुली प्रतिस्पर्धा चलाते हैं, जैसे कि आर्थिक बाजार में अधिक–से–अधिक मुनाफे की दृष्टि से विक्रेताओं के बीच ग्राहकों को आकर्षित करने के लिए खुली प्रतिस्पर्धाएं चलती रहती हैं। शुम्पीटर ने पूंजीवादी लोकतंत्र को राजनीतिक बाजार–सिद्धान्त के आलोक में देखते हुए यह तथ्यपरक तर्क प्रस्तुत किया है कि भारी जनमत बटोरने के उद्देश्य से जहां ज्यादा–से–ज्यादा मतदाताओं को आकर्षित करने के लिए राजनेता विभिन्न प्रकार की जनहित एवं जनसमर्थक नीतियां, कार्यक्रमों, घोषणाओं की प्रस्तुति करके मतदाताओं को लुभाने का हर संभव प्रयत्न करते हैं, वहीं जनसाधारण के सामने भी विभिन्न प्रकार की नीतियों, कार्यक्रमों, एवं लुभाने वाली घोषणाओं के ढेरों विकल्प मौजूद होते हैं, जिससे उन्हें अपनी पसंद का विकल्प चुनने का अवसर मिलता है। शुंपीटर ने इसे 'लोकतत्रीय विशिष्ट वर्गवाद' (Democratic Elitism) का नाम दिया है, जिसमें सत्तासूत्र तो व्यवस्था में कुछ गिने–चुने लोगों के हाथों में रहता है जो अपनी योग्यता एवं नेतृत्व–क्षमता की वजह से व्यवस्था में विशिष्ट वर्ग के रूप में अपनी पहचान बनाते हैं; लेकिन इस लोकतंत्रीय प्रक्रिया का सकारात्मक पक्ष यह है कि इसमें जनता को अपनी पसंद की पार्टी और नेता चुनने का अवसर मिलता है जो 'लोकतंत्रीय विशिष्ट वर्गवाद' का सार्थक स्वरूप है।

प्रसिद्ध अर्थशास्त्रवेत्ता शुंपीटर ने प्रचलित लोकतंत्र की ख़ामियों का विश्लेषण करते हुए लोकतंत्र के अन्तर्गत विशिष्ट वर्ग के अस्तित्व को स्वाभाविक बताया है। साथ ही तार्किक आधार पर यह प्रमाणित करने का प्रयास भी किया है कि विशिष्ट वर्ग के अस्तित्व के बावजूद लोकतंत्र अपने मूलभूत सिद्धान्तों के अनुरूप ही संचालित होता है। शुंपीटर की इन मान्यताओं के प्रतिफल के रूप में अमेरिका एवं अन्य पश्चिमी उदारवादी लोकतांत्रिक देशों में 'जनतांत्रिक अभिजनवाद' (Democratic Elitism) सिद्धान्त काफी लोकप्रिय हुआ। जनतांत्रिक अभिजनवाद नामक इस सिद्धान्त का राजनीतिक समाजशास्त्र के अध्ययन विस्तार पर व्यापक प्रभाव पड़ा है। शुंपीटर ने अपनी पुस्तक 'Capitalism, Socialism and Democracy' में अल्पसंख्यक अभिजन शासन प्रणाली के मद्देनजर जनता की स्वतंत्रता एवं उसके अधिकारों की रक्षा से संबद्ध समस्याओं का न सिर्फ समाधान खोजने का प्रयत्न किया है, अपितु पैरेटो, मोस्का एवं मिशेल्स के पश्चात् 'पश्चिमी लोकतंत्रीय अवधारणा' (Westernised Concept of Democracy) संबंधी उसके विश्लेषण को सर्वाधिक तथ्यपूर्ण स्वीकारा गया है। इनके शब्दों में, लोकतंत्र वह शासन पद्धति है जिसमें राजनीतिज्ञों का शासन होता है। राजनीतिक विषयों एवं मुद्दों का निर्धारण निर्वाचकों के बजाय राजनेताओं (सत्ताधारियों या विरोधियों) द्वारा होता है जो निर्वाचकों का समर्थन प्राप्त करने के लिए निर्वाचन

प्रक्रिया के माध्यम से आपस में प्रतियोगिता करते हैं। विख्यात अर्थशास्त्रवेत्ता की इस मान्यता के दो निहितार्थ हैं–**पहला** तो यह कि जो शासन प्रणाली लोकतंत्र के अस्तित्व का बोध कराती है, वह आधुनिक औद्योगिक समाज के लिए फलदायी हो भी सकती है और नहीं भी हो सकती है, और **दूसरा** यह कि वर्तमान लोकतंत्र ही अपने परिवर्तित रूप में आधुनिक औद्योगिक समाज की आवश्यकताओं की पूर्ति कर सकता है। वस्तुतः, इस विश्लेषण का यदि मूल्य तटस्थ दृष्टिकोण से अवलोकन किया जाये तो यह स्पष्ट होता है कि आधुनिक परिप्रेक्ष्य में लोकतंत्र एवं नागरिक स्वतंत्रता की वास्तविक समस्याओं को शुंपीटर ने ज्यादा सटीकता से विश्लेषित करने का प्रयास किया है। वैसे भी, उदारवादी लोकतंत्रीय परम्परा की बुनियादी मान्यता का मूलाधार यही है कि राजनीतिक दलों के माध्यम से शासक वर्ग को खुली एवं स्वतंत्र प्रतियोगिता में शामिल होना चाहिए। इनकी पुस्तक में इस तथ्य का भी सटीक विश्लेषण किया गया है कि राज्य सत्ता एवं नागरिक स्वतंत्रता के बीच किस प्रकार बेहतर सामंजस्य बैठाया जा सकता है और अच्छे परिणाम प्राप्त किये जा सकते हैं। इन्होंने लोकतंत्र में विशिष्टवर्ग के अस्तित्व को इसकी विशेषताओं के साथ अवश्यंभावी माना है। अतः, इस संदर्भ में दो मौलिक प्रश्न उभरते हैं–**प्रथम**–यह विशिष्टवर्ग अपनी विशेषताओं के साथ समाज के सभी वर्गों का सही प्रतिनिधित्व किस प्रकार करेगा? और **द्वितीय** शासक वर्ग का चयन निर्वाचकों द्वारा होना चाहिए ? शासन प्रणाली से जुड़े इन दोनों प्रश्नों का राजनीतिक समाजशास्त्र के अन्तर्गत काफी विस्तारित एवं व्यापक अध्ययन किया गया है।

उपर्युक्त विषय–संदर्भ इस तथ्य पर प्रकाश डालता है कि अर्थशास्त्री होते हुए भी शुंपीटर ने अपने राजनीतिक–आर्थिक सिद्धान्तों द्वारा राजनीतिक समाजशास्त्र के विषय–विश्लेषण के विस्तार को तार्किक आधार दिया है।

इस प्रसंग में स्वीडिश अर्थशास्त्रवेत्ता और समाजवैज्ञानिक गुनार मिर्डल का योगदान भी काफी महत्त्वपूर्ण है। मिर्डल ने अपनी आरंभिक कृति 'The Political Element in the Development of Economic Theory : 1929' में विकासशील देशों की समस्याओं का समाजशास्त्रीय अध्ययन करके राजनीतिक समाजशास्त्र के अध्ययन विस्तार में अमूल्य योग दिया है। मिर्डल की दूसरी कृति 'Objectivity in Social Research : 1969' में इनके द्वारा यह मांग की गयी है कि सामाजिक अन्वेषण एवं अनुसंधान यथार्थपरक और प्रासंगिक होना चाहिए, जिसका दर्शन इनके द्वारा अमेरिका के अश्वेत लोगों की स्थिति एवं विकासशील देशों की समस्याओं के लिए किये गये शोध अध्ययन में होता है जिसमें इन्होंने अमेरिकी अश्वेतों की सामाजिक–आर्थिक राजनीतिक स्थिति को सुधारने एवं उन्हें उन्नत बनाने की जोरदार वकालत की है तथा इनके मतदान अधिकार को सरल बनाने का भी सुझाव दिया है।

मिर्डल ने अपनी विख्यात कृति 'Asian Drama : An Enquiry into the Poverty of Nations : 1968' में दक्षिण एशिया और दक्षिण–पूर्व एशिया के विकासशील देशों की सामाजिक, आर्थिक, राजनीतिक समस्याओं के अध्ययन पर अपना ध्यान केन्द्रित किया है। इस संदर्भ में मिर्डल ने आर्थिक विकास के अन्योन्याश्रित परिवर्त्यों (Interdepended Variables) मसलन–राजनीति, प्रशासन, जनसंख्या, शिक्षा, स्वास्थ्य, श्रम–शक्ति के सही उपयोग की क्षमता एवं जीवन संदर्भित महत्त्वपूर्ण कार्यों के प्रति लोगों के दृष्टिकोण पर गहन विचार प्रस्तुत किया है। मिर्डल ने इन नवोदित राज्यों को 'मृदुल राज्य' (Soft States) कहा है जो अपनी सामाजिक नीतियों को क्रियान्वित करने में भी ढील दिखाता है, भले ही इसकी वजह से अपनी शक्ति–संरचना की दृष्टि से वह कमजोर हो रहा हो। विकासशील राष्ट्रों को मिर्डल ने मृदुल राज्य (Soft States) की संज्ञा देते हुए यह खुलासा किया है कि नई–नई आजादी मिलने के बाद भी इन राज्यों में न तो पर्याप्त रूप से सामाजिक–अनुशासन, सामाजिक–सद्भाव स्थापित हो पाया और न ही अवाम में अपनी व्यवस्था एवं उद्देश्य के लिए वह अखंड निष्ठा (Integrated Loyalty) का विकास हो पाया जो राजनीतिक लोकतंत्र के स्थायित्व एवं लोकप्रियता की प्राथमिकताएं हैं। अर्थात् मिर्डल के मतानुसार, जिन सामाजिक–राजनीतिक उद्देश्यों के लिए इनके द्वारा गंभीर स्वतंत्रता आंदोलन चलाया गया, जिसके परिणामस्वरूप इन्हें आजादी मिली, बाद में अपनी राजनीतिक व्यवस्था एवं प्रक्रिया के प्रति इनके द्वारा उस विश्वास की अभिव्यक्ति नहीं दिखाई जो आस्था जनसाधारण की ओर से

दिखनी चाहिए थी। उदाहरणस्वरूप–उनके द्वारा श्रीलंका, बर्मा, इंडोनेशिया, पाकिस्तान, बंगलादेश, भारत, आदि के पर्यावरण की परिस्थिति से संबद्ध समस्याओं की विस्तृत विवेचना की गयी है। अपने चिंतन में मिर्डल ने विकासशील देशों के लिए कल्याणकारी राज्य की स्थापना का सुझाव दिया है तथा सामाजिक संसाधनों की उन्नति हेतु शिक्षा पर विशेष ध्यान देने पर जोर दिया है। विकासशील देशों की आर्थिक व्यवस्था को लेकर मिर्डल का विचार काफी प्रगतिशील है। इसी प्रसंग में अन्य अर्थशास्त्रियों से पृथक् मिर्डल की यह मान्यता है कि समाज में समानता को यदि बढ़ावा दिया जाये, तो त्वरित समृद्धि प्राप्त की जा सकती है। उनकी यह धारणा है कि समाज में अवस्थित आर्थिक विषमता की वजह से आर्थिक समृद्धि की गति काफी धीमी होती है। सामाजिक विषमताओं की वजह से निर्धन वर्ग अपनी प्रतिभा का सही उपयोग नहीं कर पाता है। यहां यदि निर्धनों की प्रतिभा का निवेश आर्थिक समृद्धि बढ़ाने के लिए किया जाए, तो आर्थिक समृद्धि की गति तीव्र हो जायेगी।

मिर्डल ने अपनी अवधारणाओं में विकासशील देशों की सामाजिक, आर्थिक राजनीतिक समस्याओं के समाधान के लिए ऐसी 'विकेन्द्रित निर्णय प्रक्रिया' (Decentralized Decision-making Process) अपनाने का सुझाव दिया है जिसमें नियोजन (Planning) और नागरिक स्वतंत्रता दोनों समाहित हों। इसके लिए इनका यह सुझाव है कि राजनीतिक दृष्टि से व्यावहारिक नीतियों को विकसित करके ही इस लक्ष्य को प्राप्त किया जा सकता है। मिर्डल ने विकासशील देशों को भ्रष्टाचार जैसी समस्याओं पर भी विशेष ध्यान देने की बात की है। मिर्डल ने अपनी चर्चित कृति 'एन अमेरिकन डायलम्मा : 1949' के अंतर्गत अमरीका में अश्वेतों के प्रति किए जा रहे भेदभाव का सजीव चित्रण प्रस्तुत करते हुए तर्क दिया है कि अमेरिका अपने अश्वेतों को समुचित शिक्षा, प्रशिक्षण, रोजगार, स्वास्थ्य, आवास, आदि बुनियादी आवश्यकताओं से वंचित करके स्वयं अपनी ही अर्थव्यवस्था को क्षति पहुंचा रहा है, क्योंकि औद्योगिक दृष्टि से यह भेदभाव किसी भी उन्नतशील समाज के मानदंडों के अनुरूप नहीं है। इस भेदभाव की वजह से वह अपनी जनसंख्या के एक हिस्से की क्षमताओं के समुचित उपयोग से वंचित है। मिर्डल ने यह सुझाव दिया है कि अमेरिका अश्वेतों के प्रति भेदभाव का नजरिया बदल कर उनकी भी सामाजिक–आर्थिक–राजनीतिक स्थिति सुधार ले, तो अपनी आर्थिक उन्नति को और ज्यादा मजबूत बना सकता है।

मिर्डल द्वारा प्रतिपादित विचारों में विकासशील देशों की समस्याओं एवं समाधान के लिए जो सुझाव पेश किया गया है वह राजनीतिक समाजशास्त्र के अध्ययन विस्तार के लिए काफी सार्थक और उपयोगी है। राजनीतिक समाजशास्त्र के आनुभविक विश्लेषणात्मक अध्ययन का आधार है–विकासशील देशों के राजनीतिक व्यवहार के सभी आयामों का तथ्यपरक एवं यथार्थपरक अध्ययन। इस आलोक में गुनार मिर्डल द्वारा विकासशील देशों के ऊपर किया गया विश्लेषणात्मक अन्वेषण, अनुसंधान एवं समाधान के सुझाव की प्रस्तुति निश्चित रूप से राजनीतिक समाजशास्त्रियों के अध्ययन के लिए 'मील का पत्थर' है।

राजनीतिक समाजशास्त्र के विषय–विस्तार से संदर्भित विश्लेषणों के लिए किये जा रहे अन्वेषण एवं अनुसंधानों में शोधकर्ताओं द्वारा अर्थशास्त्रीय परिवर्त्यों, प्रतिमानों, सिद्धान्तों का प्रयोग बड़े पैमाने पर हो रहा है। एक राजनीतिशास्त्री होने के बावजूद विलियम सी. मिशेल (William C. Mitechell) द्वारा राजनीतिक समाजशास्त्र के अध्ययन में समाजशास्त्रीय परिवर्त्यों के महत्त्व पर भी अतिशय जोर दिया गया है।

मिशेल ने अपनी रचनाओं में बुकनान एवं तुलक (Buchnan and Tullock) द्वारा प्रतिपादित 'विनियम सिद्धान्त' को गैर–लोकतंत्रीय राजनीतिक पद्धतियों के अध्ययन के लिए उपयोगी बताया है। अर्थशास्त्रीय प्रतिमानों को सर्वव्यापी मानते हुए मिशेल ने यह कहा है कि ''राजनीतिक संस्थाओं, घटनाओं एवं व्यवहारों के अध्ययन में सामाजिक से ज्यादा आर्थिक परिवर्त्यों का महत्त्व है। राजनीतिक समाजशास्त्र के अध्ययन में आर्थिक परिवर्त्यों का प्रयोग ज्यादातर समाजशास्त्र के माध्यम से अधीनस्थ परिवर्त्यों (Dependent Variable) के रूप में होता रहा है और राजनीतिक समाजशास्त्र के यथार्थगत विषय–विस्तार में अहम् भूमिका निभाता रहा है।''

इस संदर्भ में मिशेल का दावा अतिशयोक्तिपूर्ण है। इसने अपनी कृति 'The Shape of Political Theory' में राजनीतिक व्यवस्थाओं के अध्ययन के लिए अर्थशास्त्रीय प्रतिमानों को सर्वव्यापक माना है, जिसके माध्यम से राजनीतिक अर्थशास्त्र की परिकल्पना (Hypothesis) की बात की है। मिशेल के मतानुसार, राजनीतिक व्यवहारों समस्याओं, घटनाओं एवं संस्थाओं के अनुभवपरक अध्ययन में आर्थिक परिवर्त्यों का महत्त्व समाजशास्त्रीय परिवर्त्यों की अपेक्षा अधिक है। मिशेल के विचार में 'विनियम प्रतिमान' के व्यापक प्रयोग द्वारा राजनीतिक अर्थशास्त्री व्यवस्था में उत्पन्न मांग, समर्थन, लाभ–हानि, संसाधन आदि के जटिल एवं वृत्ताकार प्रवाह (Circular Flow) का ज्यादा यथोचित रूप में अध्ययन करके सार्वजनिक नीतियों के निर्माण एवं सेवाओं की प्रकृति के विस्तार में यथेष्ट सहयोग दे सकता है। इस प्रकार राजनीतिक समाजशास्त्र के उद्‌भव एवं विकास में मिशेल्स का योगदान काफी महत्त्वपूर्ण है।

मनोवैज्ञानिकों का प्रभाव (Influence of Psychologists)

राजनीति के विश्लेषण में मनोवैज्ञानिक तत्त्वों का प्रभाव ग्रीक विद्वान प्लेटो के चिन्तन में ही दृष्टिगोचर होता है। क्योंकि उसने सत, रज एवं तम जैसे मानव गुणों के आधार पर स्वर्ण–प्रधान (Man of Gold), रजत–प्रधान (Man of Silver) एवं लौह–प्रधान (Man of Iron) के रूप में बांटकर राज्य में शासक, सैनिक एवं शासितों की कोटियां बांटी हैं।

मनोविज्ञान का प्रभाव–आधुनिक राजनीति विज्ञान एवं 'राजनीतिक समाजशास्त्र' पर मनोविज्ञान का निरन्तर बढ़ता प्रभाव अन्तःशास्त्रीय उपागमों की समुन्नति की दिशा में इस विषय के उत्तरोत्तर बढ़ते मजबूत कदमों का परिचायक है। राजनीतिशास्त्र की विषयवस्तु में मनुष्य के राजनीतिक व्यवहार को समझने एवं उस पर गंभीर अध्ययन करने की बढ़ती प्रवृत्ति की मांग ने राजनीतिशास्त्र एवं मनोविज्ञान को एक–दूसरे के काफी करीब किया है। 1908 में प्रकाशित ग्राहम वालॉस की पुस्तक ''ह्यूमन नेचर इन पॉलिटिक्स'' (Human Nature in Politics) में राजनीतिक व्यवहार की वास्तविकता को समझने के लिए मनोवैज्ञानिक आधारों पर बहुत बल दिया गया है। लॉवेल ने भी (1913) राजनीतिक व्यवहार को समझने के लिए आधुनिक मनोविज्ञान की जानकारी पर बल दिया। व्यवहारवादी राजनीतिविज्ञान के बौद्धिक जनक चार्ल्स ई. मेरीयम और बार्न्स के शब्दों में, ''राजनीतिक घटनाओं की व्याख्या उनके आकार और गठन के संदर्भ में करने की अपेक्षा उन मनोवैज्ञानिक शक्तियों के अध्ययन के आधार पर करनी चाहिए जो उन घटनाओं को प्रभावित करती है।'' ऐतिहासिक प्रगतिवाद से मनोवैज्ञानिक व्यवहारवाद की ओर बढ़ने की मेरीयम की प्रवृत्ति इस संकेत का परिचायक था कि आधुनिक राजनीतिविज्ञान मनुष्य के राजनीतिक व्यवहार के वास्तविक अध्ययन के लिए अपना कदम तेजी से मनोविज्ञान की ओर बढ़ रहा था, तभी तो राजनीतिविज्ञान राष्ट्रीय महासभा के जो तीन अधिवेशन 1923, 1924 एवं 1925 में हुए, जिसका नेतृत्व चार्ल्स मेरीयम और लियोनार्ड व्हाइट ने किया था, उसमें सहभागी अधिकांश विद्वान् मनोविज्ञानशास्त्री थे। शिकागो के मनोविज्ञानशास्त्री एल.ए. थर्सटोन ने राजनीतिक व्यवहार को समझने के लिए आनुभविक मनोभिति (Experimental Psychometry) की प्रविधि दी, साथ ही यह सुझाव दिया कि राजनीतिविज्ञान, राजनीतिक व्यवहार के यथार्थ को समझने के लिए अभिवृत्तियों (Attitudes) को मूल इकाई मानकर अध्ययन करें। अभिवृत्ति की व्याख्या करते हुए थर्सटोन ने कहा कि यह किसी विशिष्ट वस्तु के प्रति मनुष्य की मनोवृत्ति, भावनाओं, राग–द्वेषों, अभिवृत्तियों, पूर्वनिश्चित कल्पनाओं, विचारों, आशंकाओं, आस्थाओं और धमकियों का समाकलन है। थर्सटोन की पद्धति प्रश्नावलियों के प्रत्युत्तरों के परिमापन–विश्लेषण में असमर्थ थी लेकिन राजनीति विज्ञान के अध्ययन विश्लेषण में मनोवैज्ञानिक परिवर्त्यों का प्रयोग धीरे–धीरे बढ़ता ही गया। जब राजनीति विज्ञान समाजशास्त्र के प्रभाव में आया और प्रकारान्तर में राजनीतिक समाजशास्त्र के उद्‌भव एवं विकास की बुनियादी जमीन तैयार हुई, तो कुछ प्रमुख समाजशास्त्रियों–अलेक्सीद ताकवील,

गेटानो मोस्का, मैक्स वेबर, टालकॉर्ट पार्सन्स, रॉबर्ट मर्टन, बैरिंगटन भूर, आदि ने राजनीति के समाजशास्त्रीय अध्ययन में मनोवैज्ञानिक परिवर्त्यों का बड़े पैमाने पर प्रयोग किया और राजनीतिक समाजशास्त्र के विकास में अमूल्य योग दिया। राजनीतिक व्यवहार से संबद्ध परिस्थितियों के तथ्यात्मक (Factual), कारणात्मक (Casual) एवं मूल्यात्मक (Valuational) स्पष्टीकरण की ठोस जरूरतों की मांग की वजह से राजनीतिक समाजशास्त्र एवं मनोविज्ञान के बीच आपसी निर्भरता का काफी मजबूत रिश्ता बनता गया। व्यवहारवादी राजनीतिशास्त्री जॉर्ज. एच. सेनाइन ने भी 'राजनीतिक सिद्धान्तों की तार्किक संरचना' (Logical Structure) को सही ढंग से समझने के लिए उसके मनोवैज्ञानिक घटकों (Psychological Components) का अध्ययन अति आवश्यक बताया है। विख्यात राजनीतिशास्त्री जॉर्ज, ई.जी. कैटलीन ने समाजशास्त्रीय दृष्टिकोण अपनाते हुए राजनीति के अर्थ को व्यापक बनाया और इसके अर्थक्षेत्र में उन सभी क्रियाओं को सम्मिलित करने की बात की जो समाज के तत्त्वावधान में घटित होती है और इसके व्यवहारपरक अध्ययन के लिए मनोवैज्ञानिक परिवर्त्यों के महत्त्व को स्वीकारा। तभी तो ग्राहम वालास, जेम्स ब्राइस, कैटलीन आदि राजनीतिशास्त्रियों को अपने–आपको मनोवैज्ञानिक मानने में कोई झिझक नहीं है।

राजनीतिक समाजशास्त्र के अध्ययन का आधार एवं तकनीक 'आनुभविक विश्लेषणात्मक' (Empirical Analytical) है, और उद्देश्य मनुष्य की अभिवृत्तियों (Attitudes) तथा उसमें परिस्थितिजन्य होने वाले अभिविन्यासों (Orientations) का व्यवहारपरक अध्ययन एवं तथ्यपरक–यथार्थपरक विश्लेषण है। इसके लिए इस नये विषय के अध्ययन में समाजशास्त्र, सामाजिक मनोविज्ञान तथा मनोविज्ञान में विकसित होने वाली अवधारणाओं, प्रविधियों, प्रतिमानों का बड़े पैमाने पर प्रयोग करके यह बताने का गंभीर प्रयास किया गया है कि नीति–निर्णय एवं निर्माण के प्रति निर्माताओं का दृष्टिकोण क्या है ? उनकी अभिप्रेरणाओं, अनुभवों एवं अवाम के साथ उनके संबंध कैसे हैं ? अवाम की व्यवस्था के कार्यों में सहभागिता कितनी है ? तथा शासक–शासितों के बीच निरन्तर चलती रहने वाली अन्तर्कियाएं किस प्रकार आन्तरिक एवं बाह्य–पर्यावरण को प्रभावित करती हैं? अवाम को पर्यावरण का बोध कराने वाले तत्त्वों को उनके लिए कितना अर्थ है? उसकी रूपरेखा कैसी है और कैसी होनी चाहिए ? तथा सामाजिक संगठनों का इसमें क्या भूमिकाएं हैं और उनका कितना महत्त्व है ? समाज में अवस्थित प्रेरणाओं एवं राजनेताओं के प्रभावों से जुड़े तत्त्वों की कितनी सार्थकता है तथा ऐसे प्रासंगिक विषयों का व्यवहारपरक अध्ययन कैसे किया जाए, ताकि जनता की जागरूकता का स्तर बढ़े और राजनीतिक व्यवस्था के प्रति उनकी आस्था मजबूत हो ?

राजनीतिक समाजशास्त्र के अन्तर्गत राजनीतिक समस्याओं, व्यवहारों एवं घटनाओं के विश्लेषण में मनोवैज्ञानिक परिवर्त्यों का व्यापक प्रयोग हो रहा है। लेकिन, इस प्रसंग में यह ध्यान देने योग्य तथ्य हैं कि राजनीतिक समाजशास्त्र के अध्ययन–क्षेत्र में मनोविज्ञान के प्रवेश का माध्यम भी समाजशास्त्र है। समाजशास्त्रीय अन्वेषणों एवं अनुसंधानों से संबद्ध मान्यताएं ही राजनीतिक समाजशास्त्र एवं मनोविज्ञान के परस्पर संबंधों का आधार–माध्यम हैं। यहां इस बात पर चर्चा करना भी आवश्यक है कि उद्देश्य के दृष्टिकोण से मनोविज्ञान एवं समाजशास्त्र एक–दूसरे के विपरीत हैं। जहां समाजशास्त्र का उद्देश्य सामाजिक पद्धति (Social System) का अध्ययन–विश्लेषण है, वहीं मनोविज्ञान का उद्देश्य वैयक्तिक पद्धति से संबद्ध हैं। लेकिन, अपने विषय के व्यवहारपरक अध्ययन के लिए अपने शोधकार्यों से जुड़े अन्वेषणों के प्रसंग में दोनों ने एक–दूसरे के परिवर्त्यों एवं प्रविधियों का व्यापक प्रयोग एवं अध्ययन किया है और राजनीतिक समाजशास्त्रियों को इन दोनों के संयुक्त अध्ययन से विषय–विस्तार में काफी लाभ मिला है।

समाजशास्त्र की तर्ज पर राजनीतिक समाजशास्त्र को भी मनुष्य के राजनीतिक व्यवहार के अनुभवात्मक अध्ययन के लिए व्यक्ति के व्यक्तित्व को जानने–समझने की जरूरत पड़ी, जिसमें मनोविज्ञान के सिद्धान्तों,

प्रतिमानों, मान्यताओं, अन्वेषणों, प्रविधियों का प्रयोग विशेष तौर पर किया गया। एक राजनीतिक व्यक्ति या मतदाता के रूप में व्यक्ति के व्यक्तित्व के अध्ययन को तीन कोटियों (Categories) में बांटा गया–

प्रथम–राजनीतिक कर्ता के रूप में एक नागरिक का मनोवैज्ञानिक व्यक्तिवृत (Psychological Case History)।

द्वितीय–प्रारूप वर्गीकरण (Typology) के आधार पर राजनीतिक कर्ताओं का मनोवैज्ञानिक अध्ययन।

तृतीय–राजनीतिक कर्ताओं के विभिन्न प्रकारों का राजनीतिक संस्थाओं के कार्यों पर पड़ने वाले प्रभावों एवं राजनीतिक संस्थाओं के कार्यों का राजनीतिक कर्ताओं पर पड़ने वाले प्रभावों का सामूहिक मनोवैज्ञानिक अध्ययन।

इसके अतिरिक्त, कुछ विद्वानों ने जनसाधारण (Mass) के व्यवहार का भी मनोवैज्ञानिक अध्ययन किया है और कुछ विद्वानों ने राजनीतिक दलों के नेताओं के जीवन–वृत्त का भी मनोवैज्ञानिक अध्ययन किया है। मनोविज्ञान से प्रेरणा लेकर राजनीतिक समाजशास्त्रियों द्वारा मानव व्यक्तित्व का व्यवहारपरक अध्ययन करके निष्कर्ष पर पहुंचने की आशा की गयी है। अर्थात् मनोवैज्ञानिक प्रविधियों एवं सिद्धान्तों के प्रयोग का लाभ उठाकर राजनीतिक समाजशास्त्रियों ने राजनीतिक व्यवस्था एवं प्रक्रिया के अलोक में सामाजिक–राजनीतिक मनुष्य के राजनीतिक व्यवहार के सभी आयामों का गहन अध्ययन किया तथा राजनीतिक घटनाओं से जुड़ी, सच्चाइयों का जानने–समझने एवं उसके समाधान के उपायों को खोजने के लिए एवं राजनीतिक घटनाओं से प्रभावित जनसमुदाय की समस्याओं को सुलझाने के लिए अपने विश्लेषणात्मक अध्ययन में विभिन्न प्रकार के मनोवैज्ञानिक साधनों का सहारा लिया, ताकि सामाजिक पर्यावरण से प्रभावित व्यक्ति की व्यक्तिगत एवं सामूहिक अभिवृत्तियों (Attitudes) एवं अभिविन्यासों (Orientations) का आनुभविक अध्ययन किया जा सके।

मूल्यांकन (Assessment)

इस प्रकार समाजशास्त्र के उल्लेखनीय योगदान के माध्यम से राजनीतिक समाजशास्त्र पर अर्थशास्त्रीय एवं मनोवैज्ञानिक कारकों का व्यापक प्रभाव पड़ा है, क्योंकि किसी भी राजनीतिक व्यवस्था के सदस्यों के राजनीतिक व्यवहार का वास्तविक अध्ययन करने के लिए उनके व्यवहार का मनोविश्लेषिक (Psycho-analytic) अध्ययन जरूरी है, जिससे सदस्यों के जीवन के सभी पक्षों यानी कि समाजीकरण आर्थिकीकरण, सांस्कृतिकरण, राजनीतिकरण, आदि समस्त आयामों का समान रूप से अध्ययन किया जा सके। यह नया विषय राजनीतिक व्यवहार के मनोविश्लेषण (Psycho-analysis) में विश्वास रखता है।

राजनीतिक समाजशास्त्र के विश्लेषकों द्वारा राजनीतिक घटनाओं के विश्लेषण के लिए एवं राजनीतिक व्यवहार के अध्ययन के लिए मनोवैज्ञानिक परिवर्त्यों का व्यापक प्रयोग किया जा रहा है, जिसकी वजह से अनुभववादी राजनीति एवं राजनीतिक समाजशास्त्र के विश्लेषणपरक अध्ययन में जहां एक ओर काफी प्रौढ़ता आई है, वहीं दूसरी ओर विषय का अध्ययन–विस्तार भी बड़े पैमाने पर हुआ है। इस प्रसंग में ध्यान देने योग्य तथ्य यह है कि अर्थशास्त्रीय परिवर्त्यों एवं प्रतिमानों की भांति मनोवैज्ञानिक परिवर्त्यों एवं प्रतिमानों का राजनीतिक समाजशास्त्र के अध्ययन में प्रवेश भी समाजशास्त्र के मार्ग से ही हुआ है। राजनीतिक समाजशास्त्र समाजशास्त्रीय अन्वेषणों, अनुसंधानों, प्रतिमानों, मान्यताओं के माध्यम से ही मनोविज्ञान से संबद्ध हुआ है। यहा ध्यातव्य है कि उद्देश्य की दृष्टि से समाजशास्त्र एवं मनोविज्ञान प्रतिकूल मान्यताएं रखते हैं। समाजशास्त्र का संबंध सामाजिक पद्धति से है और मनोविज्ञान का वैयक्तिक पद्धति से। इन उद्देश्यगत औपचारिक भिन्नताओं के बावजूद व्यावहारिक स्तर पर अन्वेषणों–अनुसंधानों में समाजशास्त्रियों द्वारा सामाजिक व्यवहार के अध्ययन के लिए अन्तःमानसिक (Intra-psychic) परिवर्त्यों का व्यापक प्रयोग किया गया है और इसी तर्ज पर राजनीतिक समाजशास्त्रियों द्वारा इन दोनों समाज विज्ञानों

के सहसम्मिलित प्रयास (Combined Endeavour) का लाभ उठाया गया है। समाजशास्त्र के अनुरूप राजनीतिक समाजशास्त्र के अन्तर्गत भी 'व्यक्तित्व' संदर्भित अध्ययन हेतु मनोविज्ञान के प्रतिमानों, मान्यताओं, शोधों एवं परिवर्त्यों का विशेष प्रयोग किया गया है।

वस्तुतः, राजनीतिक समाजशास्त्रियों द्वारा मनोविज्ञान के अध्ययन–साधनों एवं प्रविधियों का प्रयोग करके 'व्यक्तित्व' अध्ययन के माध्यम से व्यवस्था के नागरिकों के व्यक्तिगत एवं सामूहिक व्यवहार का अध्ययन करते हुए राजनीतिक घटनाओं, समस्याओं, मुद्दों एवं पर्यावरण पर इनके पड़ने वाले प्रभावों का गहन अनुभवपरक एवं विश्लेषणपरक अध्ययन करने का गंभीर प्रयास जारी है।

स्मरणीय संकेत (Points to Remember)

राजनीतिक समाजशास्त्र के उद्भव के कारक

- एक अनुशासित विषय के रूप में राजनीतिक समाजशास्त्र का उद्भव द्वितीय विश्वयुद्ध के बाद की उपलब्धि है।
- व्यवहारवादी क्रान्ति के आविर्भाव एवं राष्ट्रीय–अन्तर्राष्ट्रीय राजनीतिक परिदृश्य के परिणामस्वरूप एक स्वायत्त विषय के रूप में इसके अनुशासित अस्तित्व की उत्पत्ति की अपरिहार्य स्थितियां उत्पन्न हुईं।

उद्भव के कारक

- परम्परागत राजनीतिशास्त्र की अध्ययन–पद्धतियों के प्रति गहन असंतोष।
- राज्य एवं समाज के बीच अन्तर का विवाद।
- अध्ययन के लिए अन्तर–अनुशासनात्मक दृष्टिकोण का प्रयोग।
- व्यवहारवादी उपागमों का बढ़ता प्रचलन एवं बढ़ती लोकप्रियता।
- समाजविज्ञानों के अध्ययन में विभिन्नीकरण एवं विशेषीकरण की बढ़ती प्रवृत्ति।
- राजनीतिक सत्ता की प्रभावशीलता एवं सामाजिक सरोकार का बढ़ता दायरा।

एक स्वायत्त विषय के रूप में उद्भव एवं विकास

- राजनीतिक समाजशास्त्र के उद्भव एवं विकास में राजनीतिशास्त्र एवं समाजशास्त्र दोनों का उल्लेखनीय योगदान है।
- एक अनुशासित विषय के रूप में इस शब्द के प्रयोग का प्रचलन द्वितीय विश्वयुद्ध के बाद का है।
- सामाजिक आन्दोलनों के अग्रेसर कार्ल मार्क्स अपनी अवधारणाओं में व्यक्त विचार–प्रवाह की वजह से राजनीतिक समाजशास्त्र के आधारक माने जाते हैं।
- एक स्वायत्त अनुशासन के रूप में इसके विकास में आधुनिक समाजशास्त्र के जनक ऑगस्ट कॉम्टे का नाम उल्लेखनीय है।
- हेराल्ड लासवेल, डेविड ईस्टन, ग्रेब्रियल आल्मण्ड, लूसियन पाई, कोलमैन, वीनर, ऐप्टर, औरगेन्सकी, हंटिंगटन, सिडनी बर्वा, एडवर्ड शिल्स, विल्फ्रेडो पैरेटो, गेतानो मोस्का, सी. राइट मिल्स, रॉबर्ट मिशेल्स, बर्नहम, इमील दुर्खीम, कार्ल डायश, आदि नामचीन विद्वज्जनों के गहन अनुसंधान, अध्ययन–विश्लेषण ने इस नये अनुशासन के उद्भव एवं विकास में अमूल्य योगदान दिया है।
- राजनीतिक समाजशास्त्र के उद्भव एवं विकास को राजनीतिक विशारदों द्वारा तीन स्तरों पर रेखांकित किया गया है–

1. परम्परागत स्रोत,
2. राजनीतिक समाजशास्त्र बनाम राजनीति का समाजशास्त्र, एवं
3. राजनीति का व्यापक अर्थबोध।

- राजनीतिक समाजशास्त्र को एक वर्णसंकर स्वायत्त अनुशासन का दर्जा प्रदान कराने में समाजशास्त्र के बाद सर्वाधिक योगदान मनोविज्ञान एवं अर्थशास्त्र का है।

राजनीतिक समाजशास्त्र के विकास में समाजशास्त्रियों, अर्थशास्त्रियों एवं मनोवैज्ञानिकों का योगदान

- राजनीतिक समाजशास्त्र के उद्‌भव एवं विकास के दो मुख्य स्तंभ हैं—मार्क्स एवं मैक्सवेबर।
- अठारहवीं शताब्दी के प्रसिद्ध फ्रांसीसी विचारक माण्टेस्क्यू को राजनीतिक समाजशास्त्र के अग्रदूत की संज्ञा दी गयी है।
- एक राजनीतिक चिन्तक होने के बावजूद जे.जे. रूसो की पहचान राजनीतिक समाजशास्त्री के रूप में हुई इसकी मूल वजह उनकी प्रसिद्ध रचना 'डिस्कोर्स ऑन दि ओरिजिन एण्ड फाउन्डेशन ऑफ इनइक्वालिटी' थी।
- उन्नीसवीं सदी के प्रसिद्ध फ्रांसीसी दार्शनिक ऑगस्त कॉम्टे द्वारा समाज के अध्ययन में सामाजिक, आर्थिक, राजनीतिक परिवर्त्यों की घनिष्ठता पर बल देकर राजनीतिशास्त्र, समाजशास्त्र एवं अर्थशास्त्र को परस्पर संबद्ध करने का प्रयास किया गया जिसकी वजह से एक स्वायत्त विषय के रूप में राजनीतिक समाजशास्त्र के उद्‌भव एवं विकास को मौलिक आधारतत्त्व प्राप्त हुआ।
- प्रसिद्ध जर्मन दार्शनिक कार्ल मार्क्स के राजनीतिक दर्शन का इस नूतन विषय के उद्‌भव एवं विकास में अतुलनीय योगदान है। मार्क्स द्वारा प्रतिपादित चिरसम्मत मार्क्सवाद की मान्यताएं हैं—द्वन्द्वात्मक भौतिकवाद, ऐतिहासिक भौतिकवाद, पूँजीवादी समाज का विश्लेषण, वर्ग संघर्ष का सिद्धान्त, वर्ग चेतना की अवधारणा, एशियाई उत्पादन प्रणाली, अतिरिक्त मूल्य का सिद्धान्त, मानववादी चिन्तन, विचारधारा का विश्लेषण, अलगाव की संकल्पना, आत्मप्रेरित व्यवहार की संकल्पना, स्वतन्त्रता की संकल्पना। इस वैचारिकी से राजनीतिक समाजशास्त्र की उत्पत्ति को मौलिक आधारतत्त्व मिला है।
- जर्मन समाजशास्त्री मैक्स वेबर द्वारा प्रस्तुत समाज एवं सामाजिक घटनाओं के विश्लेषण के दृष्टिकोण ने समाजशास्त्र को सामाजिक क्रियाओं का अर्थपूर्ण बोध कराया। इनके द्वारा प्रस्तुत सामाजिक क्रियाओं की अर्थपूर्ण अभिव्यक्ति से एक स्वायत्त विषय के रूप में राजनीतिक समाजशास्त्र के उद्‌भव एवं विकास को मौलिक आधारतत्त्व की प्राप्ति हुई।
- इटालियन समाजवैज्ञानिक विल्फ्रेडो पैरेटो द्वारा सामाजिक क्रियाओं घटनाओं, समस्याओं के आनुभविक अध्ययन—विश्लेषण व अनुसंधान हेतु जिस वैज्ञानिका पद्धति का प्रयोग किया गया उससे मानवीय क्रियाओं की अध्ययन तकनीक को एक नई दिशा मिली और विषयगत अनुसंधान को एक नया आयाम मिला। इसने राजनीतिक समाजशास्त्र के उद्‌भव एवं विकास में तथा विषयगत सामाजिक समस्याओं के तथ्यपरक आनुभविक समाधान में आधार माध्यम की भूमिका निभायी।
- उन्नीसवीं सदी के सामाजिक—राजनीतिक सिद्धान्तकार हरबर्ट स्पेंसर द्वारा राजनीतिक समाजशास्त्र को सबसे महत्त्वपूर्ण देन है उनके द्वारा प्रतिपादित सावयवी प्रतिमान, जो आधुनिक राजनीतिविज्ञान एवं राजनीतिक समाजशास्त्र के आनुभविक अध्ययन के लिए प्रयुक्त संरचनात्मक—प्रकार्यात्मक उपागम के निर्माण का आधार माध्यम बना।
- फ्रेंच दार्शनिक एवं समाजवादी विचारक इमील दुर्खीम द्वारा प्रतिपादित संकल्पनाओं का राजनीतिक समाजशास्त्र के ऐतिहासिक विकास में उल्लेखनीय योगदान है।

- प्रसिद्ध इतावली समाजवैज्ञानिक गेतानो मोस्का द्वारा प्रतिपादित विशिष्ट वर्गवाद के सिद्धान्त का राजनीतिक समाजशास्त्र की विषयवस्तु के निर्माण में महती योगदान है।
- प्रख्यात अमेरिकी समाजवैज्ञानिक टालकॉट पारसन्स द्वारा समाजिक व्यवस्था एवं सामाजिक प्रक्रिया पर प्रतिपादित विचारों, अवधारणाओं एवं विश्लेषणात्मक अध्ययन के लिए प्रयुक्त आनुभविक प्रविधियों के प्रयोग से राजनीतिक समाजशास्त्रियों को राजनीतिक–सामाजिक व्यवहारों के अनुभववादी विश्लेषणपरक अध्ययन के लिए संदर्भ संरचना का आधार माध्यम प्राप्त हुआ, इससे राजनीतिक अनुभववादियों के विषयगत आनुभविक अध्ययन की राह काफी हद तक आसान हुई।
- अमेरिकी समाजवैज्ञानिक चार्ल्स राइट मिल्स द्वारा समाज एवं राज्य के आलोक में सामाजिक–राजनीतिक शक्ति के स्वरूप का तथ्यपरक–यथार्थपरक विश्लेषणात्मक अध्ययन की प्रस्तुति की गयी जिससे राजनीतिक समाजशास्त्रियों के विषय अनुसंधान व विश्लेषण का मार्ग काफी सरल हुआ, साथ ही विषय को विकास के लिए पर्याप्त अध्ययन–सामग्री भी प्राप्त हुई।
- बीसवीं सदी के आरंभिक दौर के जर्मन समाज वैज्ञानिक रॉबर्ट मिशेल्स को राजनीतिक समाजशास्त्र का अग्रदूत कहा गया है, क्योंकि इनके द्वारा राजनीतिक शक्ति एवं सामाजिक शक्ति के वास्तविक संबंधों को उजागर करके लोकतंत्र में जनसाधारण की शक्ति को वापस करने की बात कही गयी है जो राजनीतिक समाजशास्त्र की विषय सामग्री का प्राणाधार तत्त्व है।
- फ्रांसीसी समाज वैज्ञानिक एवं राजनीतिक विचारक रेभोंद आरो ने समाज, राजनीति एवं वैधता जैसे गत्यातमक विषयों पर गहन तथ्यपरक अध्ययन प्रस्तुत करके राजनीतिक समाजशास्त्र जैसे नूतन विषय की विकास के लिए पर्याप्त अध्ययन सामग्री प्रदान की है।
- अमेरिकी समाजवैज्ञानिक एवं राजनीतिवैज्ञानिक सीभोर मार्टिन लिप्सेट ने सामाजिक परिर्वतन से संबंधित परिस्थितियों के व्यवस्थित अध्ययन विश्लेषण के लिए सिद्धान्त का प्रतिपादन करके राजनीतिक समाजशास्त्र के अध्ययन–विस्तार में उल्लेखनीय योगदान दिया है, साथ ही अपने विश्लेषण में अनुभवात्मक यथार्थवादिता का प्रयोग किया है। इससे राजनीतिक समाजशास्त्रियों के लिए राजनीतिक घटनाओं, समस्याओं एवं व्यवहारों के विश्लेषण हेतु राजनीतिक–सामाजिक परिवर्त्यों के प्रयोग एवं उनके मध्य अन्तर्क्रियाओं के संबंधों को जानना काफी सरल हो गया है।
- राजनीतिक समाजशास्त्र के विकास में जिन अर्थशास्त्रियों का महती योगदान है उनमें मार्क्स, जोसेफ शुम्पीटर, शेलिंग, रोथेनबर्ग, चार्ल्स लिण्डब्लोम, गुनार मिर्डल आदि के नाम प्रमुख हैं।
- एक अर्थशास्त्रवेत्ता होते हुए भी शुम्पीटर ने अपने राजनीतिक–आर्थिक सिद्धान्तों द्वारा राजनीतिक समाजशास्त्र के विषय–विश्लेषण एवं विस्तार को तार्किक आधार दिया है।
- गुनार मिर्डल द्वारा प्रतिपादित विचारों में विकासशील देशों की समस्याओं एवं समाधान के लिए जो सुझाव प्रस्तुत किया गया है वह राजनीतिक समाजशास्त्र की विषय–सामग्री एवं अध्ययन–विस्तार की दृष्टि से काफी सार्थक एवं उपयोगी है।
- राजनीतिक समाजशास्त्र के विकास में मनोवैज्ञानिकों की भूमिका उल्लेखनीय रही है। राजनीतिक व्यवहार से संबद्ध परिस्थितियों के तथ्यात्मक, कारणात्मक एवं मूल्यात्मक स्पष्टीकरण की अपरिहार्यता की मांग की वजह से राजनीतिक समाजशास्त्र एवं मनोविज्ञान के बीच परस्पर निर्भरता का काफी मजबूत संबंध कायम हो चुका है।
- राजनीतिक विश्लेषकों द्वारा राजनीतिक घटनाओं एवं व्यवहारों के अध्ययन–विश्लेषण व अनुसंधान के लिए मनोवैज्ञानिक परिवर्त्यों एवं प्रविधियों का व्यापक प्रयोग किया जा रहा है।

प्रश्न (Questions)

1. राजनीतिक समाजशास्त्र से आप क्या समझते हैं ? एक स्वायत्त विषय के रूप में इसके अभ्युदय के कारणों की विवेचना कीजिए।
   What do you understand by Political Sociology ? Discuss the causes responsible for its growth as an independent discipline.
2. राजनीतिक समाजशास्त्र के स्वायत्त विषय के रूप में ऐतिहासिक विकास की विवेचना कीजिए।
   Discuss the historical evolution of Political Sociology as an autonomous discipline.

अध्याय 3

व्यवहारवादी उपागम
Behavioural Approach

परिचय (Introduction)

राजनीतिक अध्ययन का तथ्यपरक एवं व्यवहारपरक आनुभविक अध्ययन करने वाली संकल्पना के रूप में व्यवहारवाद बीसवीं शताब्दी का सबसे बहुचर्चित प्रसंग है। व्यवहारवाद का मूल आशय व्यक्ति के राजनीतिक व्यवहार का अध्ययन है। एक प्रयोगमूलक उपागम के रूप में व्यवहारवादी उपागम द्वारा ऐसे सिद्धान्तों, प्रतिमानों, मान्यताओं का प्रतिपादन किया गया है जिनके प्रयोग से राजनीतिक घटनाओं, समस्याओं, मुद्दों और इससे संदर्भित व्यक्ति के व्यवहार की क्रियाओं–प्रतिक्रियाओं का अनुभवमूलक शोध व अध्ययन–विश्लेषण संभव हो पाया है।

व्यवहारवादी उपागम वस्तुतः संस्थानात्मक राजनीतिक विश्लेषण की त्रुटियों के प्रति गंभीर असंतोष का परिणाम है। डेविड ऐप्टर (David Apter) के विचार में, "व्यक्ति का राजनीतिक व्यवहार व्यवहारवादियों के लिए सबसे महत्त्वपूर्ण आनुभविक तथ्य है जो उनके अध्ययन–विश्लेषण का केन्द्रीय प्रसंग है। व्यवहारवादी अपने अध्ययन संबंधी विषयों के चुनाव में स्वतंत्र हैं। वे न सिर्फ वैयक्तिक व्यवहार वरन् सामाजिक व्यवहार, सामूहिक व्यवहार किसी छोटे–बड़े संगठन, समूह या विशिष्ट वर्ग से संबंधित व्यवहार, जन–आन्दोलन, जन–हिंसा आदि किसी भी प्रकार के व्यवहार को अपने शोध का विषय बना सकते हैं। 'व्यवहारवादी उपागम विषय से प्रासंगिक घटनाओं, संरचनाओं, प्रक्रियाओं, गतिविधियों, भूमिकाओं आदि को अपने विश्लेषण का विषय बनाता है। राजनीतिक घटनाओं व समस्याओं से सम्बद्ध प्रश्नों को सुलझाने की दिशा में प्रासंगिक पहल करता है। राजनीति से सम्बद्ध जितने भी जन–सरोकार के विषय हैं उसके आलोक में मानव व्यवहारों का विश्लेषण करना व्यवहारवादी उपागम की ख़ास पहचान है।

व्यवहारवादी उपागम विश्लेषणपरक विवेचना के लिए विशेष रूप से आगमनात्मक पद्धति (Inductive Method) तथा आनुभविक पद्धति (Empirical Method) का प्रयोग करता है। वैज्ञानिक प्रविधियों के प्रयोग के

क्रम में गणित एवं सांख्यिकी की विधाओं (Techniques) में साक्षात्कार (Interview), सर्वेक्षण (Observation) को शामिल किया जाता है, जिसमें संकेतकों (Indicators) की मदद से व्यवहार की नियमितताओं (Regularization of Behaviour) का ज्ञान प्राप्त किया जाता है। इसके माध्यम से व्यवहार से सम्बद्ध स्थायी–अस्थायी कारकों, तत्त्वों तथा उसके विभाजन एवं वितरण की जानकारी प्राप्त की जाती है। व्यवहारवादी उपागम की विश्लेषण पद्धति में कारक विश्लेषण (Factor Analysis) प्रतिगमन विश्लेषण (Regression Analysis), गटमैन परिमापन (Guttman Scaling), संकेतक विश्लेषण (Indicator Analysis) जैसे सांख्यिकीय मापकों का बहुत महत्त्व है।

व्यवहारवादी शोध–प्रसंग से संदर्भित आंकड़ों, तथ्यों के संकलन तथा उसके विश्लेषणात्मक अध्ययन के विभिन्न स्तरों से गुजरते हुए मूल्यांकन एवं निष्कर्ष तक पहुंचने के लिए जिन प्रविधियों का प्रयोग करते हैं उनमें व्यावहारिक नमूने का प्रतिनिधित्व (Representation of Practical Sampling), साक्षात्कार (Interview), प्रश्नावली (Questionnaire) विभिन्न मापन प्रविधियों (Different Techniques of Measurement) एवं मापदण्ड के आधार मनोवृत्तियों का अध्ययन (Study of Attitudes through the Use of Scale) आदि प्रमुख हैं। व्यवहारवादी उपागम के अध्ययन का विषय है राजनीतिक व्यवहार की संपूर्णता (Totality of Political Behaviour) तथा इस उपागम का उद्देश्य एवं लक्ष्य अन्तःविषयक तकनीकों का प्रयोग करके राजनीति की वास्तविकता (Political Reality) की उस गहराई को मापना है जिसके अन्तर्गत राजनीतिक व्यवहार का समस्त क्षेत्र समावेशित है।

व्यवहारवादी उपागम का सर्वाधिक योगदान राजनीतिशास्त्र के अध्ययन को आदर्शात्मक आयामों (Normative Dimensions) की मान्यताओं से मुक्त कराके विषय को अनुभवाश्रित (Empirical) संदर्भ में विश्लेषित करने में है। इस उपागम के प्रयोग के फलस्वरूप राजनीति केवल राज्य या सरकार की नहीं अपितु सत्ता, शक्ति एवं प्रभाव के व्यावहारिक प्रयोग का अध्ययन हो गयी। आज राजनीति के अध्ययन का विषय राजनीतिक संस्थाएं एवं मानव व्यवहार के मध्य अन्तर्संबंधों की पारम्परिक निर्भरता, अन्योन्याश्रितता, नियमितता, समानता, विभिन्नता आदि है। व्यवहारवादी विश्लेषक इस उपागम के प्रयोग द्वारा राजनीति प्रासंगिक सवालों, मुद्दों, समस्याओं आदि का समाधान ढूँढने हेतु सकारात्मक पहल कर रहे हैं और व्यवस्थागत राजनीतिक–सामाजिक पर्यावरण को सहज बनाये रखने के लिए महत्त्वपूर्ण प्रश्नों के व्यवहारगत उत्तर तलाशने के लिए निरन्तर शोधरत हैं। इस संकल्पना के माध्यम से सामाजिक विन्यास के विभिन्न स्तरों में जीवन व्यतीत करने वाले लोगों के राजनीतिक व्यवहार की विभिन्नताएं, व्यवस्थागत राजनीति के स्थायित्व–अस्थायित्व, राजनीतिक सहभागिता के प्रति लोगों की रुचि–अरुचि जैसे जटिल सवालों का तथ्यगत तथा व्यवहारगत उत्तर ढूँढ़ना काफी सहज हो गया है।

व्यवहारवादी विश्लेषक राजनीतिक व्यवहार में पाई जाने वाली निरन्तरता–सान्तरता से संबद्ध कारकों की खोज, तथ्यों व व्यवहारों का स्पष्टीकरण–प्रस्तुतीकरण तथा मौजूद जटिलताओं के समाधान के लिए वैज्ञानिक प्रविधियों के प्रयोग के प्रबल पक्षधर हैं। व्यवहारवादी उपागम के आगमन के पश्चात् से ही इसके विश्लेषक एवं शोधकर्ता राजनीतिक व्यवहार से संबंधित अध्ययन को शुद्ध विज्ञान का स्वरूप प्रदान करने के लिए निरन्तर प्रयत्नशील हैं। इनकी अभिव्यक्ति के अनुसार राजनीति विज्ञान को शुद्ध विज्ञान की कोटि में शुमार करने के लिए जिन सटीक नियमों के प्रतिपादन की जरूरत है उसके लिए प्रचुर मात्रा में अध्ययन सामग्री राजनीतिक प्रक्रियाओं की अनेकता एवं परस्पर प्रतिकूल विविधताओं वाले राजनीतिक आचरण से ही उपलब्ध होना संभव है। राजनीति के सामाजिक सरोकारगत अध्ययन के संदर्भ में राजनीतिक व्यवहार के अध्ययन–विश्लेषण तथा शोधकार्य हेतु व्यवहारवादी उपागम एक मान्य प्रणाली के रूप में स्थापित हो चुका है जो सटीक अवधारणीकरण (Precise Conceptualization) की संकल्पना पर आधारित है। इसके अध्ययन के लिए व्यवहृत्त पद्धति से इसकी चार प्रधान भूमिकाओं का बोध होता है। 1. यह तथ्य आधारित आंकड़ा प्राप्त करने एवं उन्हें संकलित करने का साधन है। 2. आंकड़ा–संकलन के पश्चात् तथ्य के आधार पर आंकड़ों की महत्ता के अनुरूप उसका क्रमबद्धीकरण एवं परिमाणीकरण करता है तथा शोध–प्रसंग का स्वरूप निर्धारित करता है। 3. इसके माध्यम से तथ्य प्रासंगिक संकलित आंकड़ों की तीव्रता–उग्रता का मापन किया जाता है। 4. विभिन्न स्तरों पर वस्तुस्थिति का तथ्यगत–यथार्थगत अनुभवजन्य विश्लेषणात्मक अध्ययन के पश्चात् मूल्यांकन करके व्यवहारवादी किसी ठोस निष्कर्ण पर पहुंचते हैं।

व्यवहारवादी उपागम को इन समस्त विश्लेषणात्मक प्रक्रियाओं से गुजरने के लिए कई पद्धतियों का प्रयोग करना पड़ता है, यथा–दस्तावेजीय शोध (Documentary Research), सांख्यिकीय परिचालन (Statistical Operation) अनुरूप तकनीक (Simulation), विषय–वस्तु विश्लेषण (Content Analysis), गहन साक्षात्कार (Depth interview), प्रतिदर्श सर्वेक्षण (Sample Survey), निरीक्षण (Supervision), सत्यापन (Verification), क्रमबद्धीकरण (Systematization), परिमाणन (Quantification), एकत्रीकरण (Integration) आदि। राजनीतिक व्यवहार से संबंधित परिवर्त्यों (Variables) की संख्या इतनी ज्यादा होती है, तथा इन परिवर्त्यों से प्रासंगिक समस्याएं इतनी जटिल हैं कि प्रत्येक स्तर और प्रत्येक क्षण राजनीतिक व्यवहार इनकी जटिलता से प्रभावित होता रहता है। व्यवस्थागत राजनीतिक व्यवहार की जटिलताओं और वास्तविकताओं की गहराई में उतर कर विषयगत समस्याओं का अध्ययन करने के लिए अध्येताओं एवं शोधकर्ताओं को सामाजिक पृष्ठभूमि में उतर कर न सिर्फ इन परिवर्त्यों से संदर्भित समस्त जानकारियां प्राप्त करनी पड़ती हैं व तथ्यों की छानबीन करनी पड़ती है अपितु इनकी पहचान का ज्ञान होना भी अध्येताओं के लिए अपरिहार्य हैं।

व्यवहारवादी उपागम द्वारा व्यक्ति के सिर्फ बाह्य क्रिया–कलापों का अध्ययन नहीं किया जाता है वरन उसके राजनीतिक विश्वास, आस्था मूल्यों, परम्पराओं, उद्देश्यों, लक्ष्यों, अभिवृत्तियों, मनोवृत्तियों, राजनीतिक बाध्यताओं–प्रतिबद्धताओं आदि का परिस्थितिजन्य एवं अनुभवजन्य अध्ययन–विश्लेषण भी संभव हो पाता है। मानव व्यवहार की प्रवृत्तियों–मनोवृत्तियों में एक निरन्तरता–समानता पायी जाती है जिसके आधार पर व्यवहारवादी उपागम का प्रयोग करके अध्ययनकर्ता इस निष्कर्ष पर पहुंचते हैं कि व्यक्ति द्वारा संपादित की गयी क्रियाओं–प्रतिक्रियाओं के पीछे मूल वजह क्या है ? निभायी गयी भूमिकाओं का उद्देश्य क्या है ? उसकी अभिवृत्तियों–मनोदशाओं में समानता–असमानता उत्साह उदासीनता, स्थायित्व–अस्थायित्व जैसी स्थितियां क्यों हैं ? मानव व्यवहार में परिवर्तन का वास्तविक आधार क्या है ? व्यवस्थागत राजनीति, राजनीतिक नेतृत्त्व, राजनीतिक पर्यावरण, राजनीतिक आस्था आदि से संबंधित अभिवृत्तियों में सदैव अभिविन्यासित होते रहने की प्रवृत्ति क्यों पायी जाती है ? वैसे परिवर्तनशीलता का गुण सदैव मानव व्यवहार का आधारतत्त्व रहा है, लेकिन इस प्रसंग में व्यवहारवादी उपागम की सबसे बड़ी देन यह है कि इसने विषय को विज्ञान का दर्जा दिया है तथा अनुभवपरक अध्ययन हेतु वैज्ञानिक विधाओं एवं अन्तरानुशासनिक दृष्टिकोण (Interdisciplinary Approach) का प्रयोग करके राजनीतिविज्ञान एवं अन्य सामाजिक विज्ञानों के समस्त ज्ञान–विकासक्रम को एक नई तकनीक व नई दिशा दी है। राजनीतिशास्त्रवेत्ताओं एवं समाजशास्त्रवेत्ताओं द्वारा अध्ययन प्रणाली हेतु व्यवहारवादी उपागम के अन्तर्गत परिमाणात्मक पद्धति (Quantitative Method) का प्रयोग करके राजनीति एवं समाज के वास्तविक संबंध से प्रासंगिक सवालों का गुणात्मक अर्थ (Qualitative Term) में जवाब देने का सार्थक प्रयास किया गया है।

उपर्युक्त प्रस्तुत तथ्यों एवं मान्यताओं से यह स्पष्ट होता है कि व्यवहारवादी उपागम राजनीति एवं राजनीतिक व्यवहार संदर्भित यथार्थताओं के व्यवहारपरक विश्लेषण का आनुभविक तरीका है। व्यवहारवाद की प्रकृति मुख्यतया आनुभविक एवं क्रियात्मक दोनों है, जिसमें व्यक्तिनिष्ठ मूल्यों, कल्पनाओं, आदर्शों के लिए जगह नहीं है। इसके अध्ययन का केन्द्रीय तत्त्व मनुष्य की राजनीतिक गतिविधियां एवं व्यवहार हैं जिसका तात्त्विक अध्ययन वैज्ञानिक प्रविधियों के माध्यम से ही संभव है। व्यवहारवादी उपागम का यह आग्रह है कि राजनीतिक व्यवस्था उसकी संरचनाओं एवं प्रक्रियाओं का प्रयोगाश्रित (Empirical) अध्ययन–विश्लेषण वैज्ञानिक तकनीक द्वारा करने से ही व्यवस्था की समस्याओं का सही समाधान व मूल्यांकन संभव है। व्यवहारवादी अध्ययनकर्ता अपने शोधकार्य को ज्यादा–से–ज्यादा सटीक, कठोर एवं व्यवस्थित बनाने के लिए विषय के वैज्ञानीकरण पर विशेष बल देते हैं। अपने इस उद्देश्य की प्राप्ति के लिए व्यवहारवादी वैज्ञानिक प्राक्कल्पनाओं का प्रयोगमूलक परीक्षण करते हैं और विषयगत शोध–प्रसंग हेतु एकत्रित आधार–सामग्री के सत्यापन, परिमाणीकरण, क्रमबद्धीकरण, एकत्रीकरण आदि के अध्ययन के लिए वैज्ञानिक तकनीकों का प्रयोग करते हैं। तब निष्कर्ष के रूप में सिद्धान्तों का निर्माण करते हैं जिनके प्रयोग द्वारा व्यक्ति एवं समूहों के राजनीतिक व्यवहार में पायी जाने वाली नियमितताओं, एकरूपताओं के कारणों की खोज की जाती है। इन्हीं सिद्धान्तों के आलोक में सामाजिक–राजनीतिक पर्यावरण के परिप्रेक्ष्य में

व्यक्ति एवं समूहों के राजनीतिक व्यवहार तथा गतिविधियों का तथ्यात्मक, कारणात्मक, निरीक्षणात्मक परिस्थितिजन्य अध्ययन–अन्वेषण किया जाता है। वस्तुतः, व्यवहारवादी उपागम का प्रयोजन प्राकृतिक विज्ञानों में प्रचलित व स्थापित तकनीकों का इस्तेमाल करके ऐसे राजनीतिक उपागमों, प्रतिमानों, सिद्धान्तों का निर्माण–निरूपण करना है जिन्हें सत्यापित किया जा सकता है या जिनका सत्यापन हो चुका होता है।

व्यवहारवादी उपागम का सार प्रसंग यह है कि वैचारिक पृष्ठभूमि में इस उपगम के अध्ययनतत्त्वों एवं अध्ययन के लिए प्रयोगगत तकनीकों की वजह से सभी सामाजिक विज्ञानों को परस्पर संबद्ध होने का ठोस धरातल मिला और सभी सामाजिक विज्ञान अध्ययन परिवर्त्यों के आदान–प्रदान के लिए एक दूसरे से अन्योन्याश्रित रुप से जुड़ गये एवं एक दूसरे के साथ अयोन्यकियाएं करने लगे। 20वीं सदी के पूर्वार्द्ध में प्रतिपादित इस संकल्पना को अध्ययन की दृष्टि से दो कोटियों में बांटा जा सकता है; **प्रथम**–विधिवादी ऐतिहासिक अथवा आदर्शात्मक दार्शनिक (Legalist Historical or Normative Philosophical), **द्वितीय**–आनुभविक विश्लेषणात्मक अथवा वैज्ञानिक व्यवहारवादी (Empirical Analytic or Scientific Behavioural)। प्रथम दृष्टिकोण के प्रस्तोता (Producer) इस उपागम के अध्ययन में तथ्यों की अपेक्षा मूल्यों को ज्यादा महत्त्व देते हैं और दूसरे वर्ग के विशारद् अपने अध्ययन में मूल्यों की जगह तथ्यों को प्रधानता देते हैं। रॉबर्ट डॉल ने इन्हें क्रमशः आनुभविक सिद्धान्तवादी (Empirical Theorists) एंव परा–आनुभविक सिद्धान्तवादी (Trans-empirical Theorists) की संज्ञा दी है। परा–आनुभविक सिद्धान्तवादियों ने राजनीति के अध्ययन को शुद्ध विज्ञान का दर्जा देने का विरोध किया गया है। जबकि आनुभविक सिद्धान्तवादियों के विचार में तथ्य आधारित अध्ययन द्वारा राजनीति विज्ञान का विकास एक आनुभविक विज्ञान के रूप में किया जा सकता है।

इस विवाद प्रसंग से मुख्यतः दो सवाल जुड़े हैं–**प्रथम**–क्या विषय संदर्भित राजनीतिक विश्लेषण का पूर्णरूप से मूल्य निरपेक्ष होना संभव है ? **द्वितीय**–क्या राजनीतिक विश्लेषण का पूरी तरह मूल्यनिरपेक्ष होना सही है ? पहले सवाल के प्रसंग में आनुभविक सिद्धान्तवादियों का यह कहना है कि मूल्यों का शुद्ध व्यक्तिपरक होना संभव नहीं है क्योंकि एक ही मूल्य के सम्बन्ध में कई प्रकार क़े मत हो सकते हैं, परन्तु तथ्य स्पष्ट होता है जिसकी सत्यता की जाँच आनुभविक परीक्षणों की कसौटी पर करना संभव है। इससे अलग पराआनुभविक सिद्धान्तवादियों का मत है कि प्राकृतिक विज्ञानों में अध्ययन की स्थिति एवं तकनीक चाहे जो हो, जहां तक राजनीतिक व्यवहार के अध्ययन का प्रश्न है विषयगत तथ्य एवं मूल्य एक दूसरे से इस कदर परस्पर संबंधित होते हैं कि उन्हें अलग करना मुश्किल है, और यदि उन्हें शोधकार्य हेतु अलग किया जाय तो वे महत्त्वहीन हो जायेंगे। तथ्यात्मक अध्ययन की आनुभविक प्रामाणिकता के पक्षधर विद्वज्जनों के वक्तव्यों पर पराअनुभववादियों का यह कहना है कि राजनीतिक प्रसंगों के मूल्यांकन के लिए पूर्णरूप से वस्तुनिष्ठ सिद्धान्त का प्रयोग कभी राजनीतिक घटनाओं एवं प्रक्रियाओं की सत्यता को सही ढंग से प्रमाणित नहीं कर सकता है।

इन दोनों विचारगत मान्यताओं के मध्य विद्यमान् मतभेदों पर रॉबर्ट डॉल का यह कहना है कि ये मतभेद इतने गंभीर नहीं हैं, बल्कि दोनों अवधारणाओं के बीच सहमति का एक व्यापक क्षेत्र मौजूद, है। इनका यह भी मानना है कि विषय से संदर्भित आनुभविक अध्ययन–विश्लेषण में मूल्यों के अस्तित्व को पूरी तरह नकारा नहीं जा सकता है जो स्वयं में एक तथ्य है। इस विषय पर दोनों संवर्गों की सहमति दिखाई देती है, जिसका अवलोकन निम्नांकित प्रसंगों के संदर्भ में किया जा सकता है।

1. सामाजिक विज्ञान एवं प्राकृतिक विज्ञान दोनों में शोधकर्ता का मूल्यों के प्रति अभिरुचि एवं मूल्यों के प्रति जागरूकता का प्रभाव निश्चित रूप से शोध के लिए चयन किये गये विषयों पर पड़ता है।
2. शोधगत विषय प्रयोजनशील एवं महत्त्वपूर्ण हैं या नहीं इसका निर्धारण पूर्णरूप से शोधकर्ता के आनुभविक बोध का विषय है।
3. राजनीति के वस्तुनिष्ठ विश्लेषण के लिए सत्य के महत्त्व को स्वीकारना अपरिहार्य है और सत्य के प्रति विश्वास भी अपने आप में मूल्य का ही प्रतिरूप है।

4. राजनीतिक प्रसंगों का आनुभविक शोध आरंभ करने के पूर्व शोध प्रसंग से संदर्भित कुछ खास तत्त्वों को आधारभूत रूप में स्वीकार करना अति आवश्यक है और इसकी सत्यता का मान्यकरण (Validation) करने के लिए किसी प्रकार के साक्ष्य का प्रस्तुतीकरण आवश्यक नहीं होता है।
5. प्राकृतिक विज्ञान से प्रासंगिक शोधकार्य एवं शोध–परिणाम मनुष्य की किसी भी प्रकार की प्रकृति एवं विकृति से मुक्त होता है, जबकि सामाजिक विज्ञान के शोधकर्ता के लिए विषयगत शोधकार्य एवं परिणाम को मानवीय रागद्वेषों से अलग रख पाना अत्यन्त कठिन प्रयास है।

ऊपर विवेचित तथ्य–मूल्य प्रासंगिक अनुसमर्थनों की तर्कसंगति पर रॉबर्ट डॉल की अभिव्यक्ति है कि "'जो हैं', और 'जो होना चाहिए' इन तार्किक प्रश्नों के संबंध में कुछ अपवादों को छोड़कर दोनों विचारधाराओं के बीच कई मुद्दों पर सहमति बनती दिखाई देती है।"

पराअनुभववादियों एवं अनुभववादियों के मध्य वाद–विवाद, मत–मतांतर का सबसे अहम प्रश्न है–क्या मूल्यनिरपेक्षता वांछनीय है और यदि है तो कहां तक होनी चाहिए ? इस प्रासंगिक सवाल पर पराअनुभववादियों का कहना है कि राजनीति का अध्ययन हमेशा उद्देश्यगत होता है और इसका सही मूल्यांकन तभी संभव है जब शोधकर्ता को शोधगत विषयवस्तु की तात्त्विक जानकारी हो। इनके मतानुसार सही राजनीतिक स्थिति के ज़ायज़ा लेने की प्रक्रिया में विषयगत तथ्यों की गवेषणा एवं उनका मूल्यांकन दोनों एक दूसरे से इस प्रकार परस्पर संबद्ध होते हैं कि उन्हें पृथक् करना संभव नहीं है। इस प्रसंग पर डॉल की यह उक्ति है कि "शोधगत अध्ययन–विश्लेषण के समय शोधकर्ता अपने तथ्यात्मक ज्ञान को डिब्बे के एक खाने में रखे और मूल्यों को दूसरे खाने में तो विषयगत अनुसंधानकार्य का वास्तविकता से कोई सरोकार नहीं रह जायेगा।" इनके शब्दों में यह एक निरर्थक प्रयास है।

पराअनुभववादियों द्वारा अनुभववादियों की अवधारणा पर लगाये गये आरोपों को रॉबर्ट डॉल द्वारा अध्ययन की दृष्टि से चार संदर्भों में बांटा गया है :

(i) आनुभविक सिद्धान्तवादी अपना अधिकांश समय उन महत्त्वहीन अन्वेषणों के पीछे जाया करते हैं जिसका राजनीति विज्ञान के मूल सैद्धान्तिक सवालों से कोई सरोकार नहीं होता है क्योंकि उनके पास अपनी गवेषणाओं के परीक्षण के लिए कोई कसौटी उपलब्ध नहीं है।
(ii) आनुभविक सिद्धान्तवादी तथ्यपरक अध्ययन हेतु मूल्यनिरपेक्षता एवं वस्तुनिष्ठता की खोज में पाखंडयुक्त शब्दों के प्रयोगमूलक स्थितियों में उलझ जाते हैं जो काफी हद तक दिखावटी और कभी–कभी हास्यास्पद भी हो जाता है।
(iii) आनुभविक सिद्धान्तवादियों के मूल्य–मुक्त अध्ययन करने की कोशिश के परिणामस्वरूप शोधगत मूल्यांकन हेतु मूल्य के सभी आधारों को पूरी तरह अस्वीकार कर दिया गया है, लेकिन कहीं–कहीं वे यह स्वीकार करते हुए भी दिखाई देते हैं जैसे कि उनकी दृष्टि में सभी मूल्य बराबर हैं।
(iv) परा–अनुभववादियों का यह आरोप है कि आनुभविक सिद्धान्तवादी राजनीति के तथ्यपरक अध्ययन के लिए मूल्यनिरपेक्षता की दुहाई देते हैं, लेकिन उनमें अधिकांश पश्चिमी देश के उदारवादी लोकतंत्र के सच्चे समर्थक दिखाई देते हैं।

आनुभविक सिद्धान्तकारों के विरुद्ध परा–अनुभववादियों का सबसे जोरदार विरोध यह है कि "मूल्य मुक्त रहने की कोशिश में अनुभववादियों ने तथ्यों के अध्ययन के लिए सही मूल्यों को बराबर मानकर मूल्यांकन के सभी आधारों को बेमानी कर दिया है। इनके मुख्य आलोचकों में स्ट्रॉस और बोगेलिन का नाम उल्लेखनीय है। स्ट्रॉस का इस प्रसंग में यह तर्क है कि राजनीतिक घटनाओं के मूल्यनिरपेक्ष विश्लेषित अध्ययनक्रम में अनुभववादी अपने सिद्धान्तों में तथ्यों के साथ मूल्यों का समावेश कर देते हैं।" स्ट्रॉस का यह मानना है कि ये मूल्य अधिकांशतः उदारवादी लोकतंत्र के एक विशेष स्वरूप जिसे स्ट्रॉस ने लोकतंत्रशाही (Democratism) की संज्ञा दी है, के प्रति पूरी आस्था रखते हैं।

इनके बीच बढ़ते आरोपों–प्रत्यारोपों के सिलसिलेवार क्रम में जौनडिवी, फैलिक्स, कौफमान जैसे परा–अनुभववादियों का अपनी अभिव्यक्ति के समर्थन में यह कहना है कि अध्ययन के सही परिणाम हेतु वैज्ञानिक पद्धति के प्रयोग के लिए यह आवश्यक है कि अध्ययन–अनुसंधान में तथ्यों एवं मूल्यों के बीच संतोषजनक संतुलन बनाये रखा जाये तभी शोधकार्यों का परिणाम बेहतर मिलना संभव हो पायेगा। पराअनुभववादियों द्वारा अपने पक्ष में यह भी तर्क दिया गया है कि यथार्थपरक अध्ययन के लिए विज्ञान की संकल्पना को इतना व्यापक बना देना चाहिए जिसमें तथ्यात्मक निर्णय के साथ मूल्यात्मक निर्णय को भी समावेशित किया जा सके।

आधुनिक राजनीतिविज्ञान की मूल सैद्धान्तिक मान्यताओं के परिप्रेक्ष्य में विषय संदर्भित उपर्युक्त आरोपों–प्रत्यारोपों का व्यावहारिक स्तर पर भी काफी महत्त्व है। यह उपागम अन्य सामाजिक विज्ञानों में विकसित की गयी शोध–प्रविधियों एवं सिद्धान्तों के साथ काफी नजदीकी संबंध स्थापित करता है। यह संकल्पना राजनीति के प्रासंगिक पक्षों को समझने के लिए विषय–संबद्ध उन तथ्यों के स्पष्टीकरण की खोज करता है जिसकी सत्यता की पूरी जाँच की जा सकती है और जिसकी अध्ययन प्रविधियों पर आपत्तियां उठाना आसान नहीं होता है। यह ऐसे तथ्यों की खोज करता है जिसकी पृष्ठभूमि में घटनाओं–समस्याओं की गहराई को जाना जा सके। डॉल का मानना है कि यह उपागम व्यवस्थागत राजनीति चिरन्तन समस्याओं को समझने की क्षमता रखता है और निदान के लिए बेहतर उपायों की प्रस्तुति करता है।

व्यवहारवादी उपागम की उत्पत्ति के कारक
(Causes of the Origin of Behavioural Approach)

द्वितीय विश्वयुद्ध के उपरान्त विश्व के राजनीतिक परिदृश्य में आये बदलाव से राजनीतिशास्त्र के अध्ययन के नए लक्ष्यों को पहचान मिली। युद्धोपरान्त पाश्चात्य राजनीतिक परिवर्तन के रूप में तीन मुख्य बदलाव सामने आये, जो निम्नलिखित हैं–

1. **स्वतंत्र राष्ट्रों की संख्या में भारी वृद्धि**–उपनिवेशवाद के पतन के परिणामस्वरूप मध्यपूर्व एशिया और अफ्रीका में एकाएक बहुत सारे नये राष्ट्रों का उदय हुआ जिनकी सामाजिक संरचना, संस्कृति, आर्थिक समस्याएं एवं राजनीतिक पर्यावरण में काफी विविधताएं विद्यमान् थीं तथा इन नवोदित राष्ट्रों मे लोकतंत्र की सफलता के लिए बुनियादी जरूरतों का प्रतिशत भी अल्यतम (Minimal) था।
2. **राजनीतिक प्रभुत्व का विस्तार**–अन्तर्राष्ट्रीय राजनीति में पहली बार एटलांटिक समुदाय के हाथों में केन्द्रित शक्ति, प्रभाव, प्रभुत्व का विकेन्दीकरण भूतपूर्व औपनिवेशिक तथा अर्द्ध–औपनिवेशिक राष्ट्रों के बीच हुआ।
3. **सामाजवाद का उदय**–राष्ट्रीय एवं अन्तर्राष्ट्रीय राजनीति में पाश्चात्य लोकतंत्र की पूंजीवादी विचारधारा को गंभीर चुनौती देने एवं शक्तिशाली प्रतिद्वन्द्वी की भूमिका निभाने के लिए नई विचारधारा के रूप में साम्यवादी लोकतंत्र का अस्तित्व सामने आया।

समकालीन अन्तर्राष्ट्रीय राजनीतिक परिदृश्य से उत्पन्न राजनीतिक पर्यावरण एवं प्रासंगिक अभिविन्यासों के अध्ययन के लिए चार नये तत्त्वों के आगमन का स्पष्ट संकेत मिला, अर्थात् अध्येताओं एवं शोधकर्ताओं के लिए विषय प्रासंगिक अध्ययन के चार लक्ष्य भी प्रकाश में आये :

(i) **व्यापक अध्ययन–क्षेत्र की खोज**–समकालीन राजनीतिक परिस्थितियों (राष्ट्रीय–अन्तर्राष्ट्रीय) को देखते हुए विषय की बेहद जरूरतें थीं कि राजनीति के तथ्यपरक अध्ययन के लिए ऐसे व्यापक विस्तार–क्षेत्र की खोज की जाये, जिसके विषयान्तर्गत पश्चिमी, गैर–पश्चिमी, उदारवादी–साम्यवादी दोनों व्यवस्थाओं एवं उनकी विचारधाराओं का एक साथ तुलनात्मक अध्ययन संभव हो सके।

(ii) **यथार्थवाद् की खोज**–राजनीति की वास्तविक परिस्थितियों के अध्ययन के लिए विषयगत पाठ्यसामग्री को राज्य, राजनीतिक संरचनाओं, सरकार, कानून, संविधान, विचारधारा आदि के अध्ययन से आगे ले जाकर नीति–निर्माण, निर्णय–प्रक्रिया से सम्बद्ध समस्याओं एवं प्रक्रियाओं के गहन छानबीन, अन्वेषण–अनुसंधान करने की बेहद जरूरत थी जिसके मार्गदर्शन में राजनीति के बहुआयामी–बहुदिशाई यथार्थपरक संबंधों के विस्तृत आयामों की गवेषणा संभव हो सके।

(iii) **सुस्पष्टता की खोज**–राजनीति की यथार्थवादी अध्ययन प्रवृत्ति को यथोचित रूप में सहजता सें विकास मार्ग पर कदम बढ़ाने के लिए विषयगत अध्ययन–क्षेत्र के विस्तार को एक सुस्पष्ट (Precision) स्वरूप प्रदान करने की अति आवश्यकता थी, ताकि नई अध्ययन–प्रवृत्ति की रूपरेखा स्पष्ट हो सके। उदाहरणार्थ–लोकतंत्र की तात्त्विकता के अध्ययन के लिए मतदान व्यवहार के आंकड़ों, के आधार पर चुनाव–प्रणाली का अध्ययन करना एवं सर्वेक्षण के आधार पर मतदाताओं की पसंद–नापसंद को प्रभावित करने वाले तत्त्वों की खानातलाशी करना तभी संभव हो सकेगा जब अध्ययन के लिए प्रयोगगत सिद्धान्तों, उपागमों, प्रतिमानों में सुस्पष्टता का पुट शामिल हो।

(iv) **बौद्धिक शक्ति को सुव्यवस्थित करने की खोज**–राजनीति के अध्ययन विस्तार के लिए, पाठ्य–सामग्री में तथ्यपरक व यथार्थपरक तत्त्वों को समावेशित करने एवं इनके तात्त्विक अध्ययन–विश्लेषण व अनुसंधान हेतु नए उपागमों, प्रतिमानों, सिद्धान्तों तथा नई संकल्पनाओं की अभिव्यक्ति के लिए नई शब्दावली के आविष्कार की जरूरत थी, क्योंकि राजनीति विज्ञान के समकालीन विद्वानों द्वारा यह अनुभव किया गया कि वैधानिक संस्थाओं का अध्ययन करने के लिए प्रचलित परम्परागत संकल्पनाएं गैर–वैधानिक विषयों, यथा–राजनीतिक दल, दवाब समूह, हित समूह, जनमत, मतदान व्यवहार, जनसंपर्क के साधनों की भूमिका आदि की अनुभवजन्य व परिस्थिजन्य तथ्यपरक विश्लेषण करने के लिए अपर्याप्त है। विषयगत अध्ययन तत्त्वों को तथ्गगत–यथार्थगत अभिव्यक्ति देने के लिए इनकी गतिविधियों की गहराई में उतरकर उनका अन्वेषण–अनुसंधान करने व उन्हें विश्लेषित करने की मांग अपरिहार्य रूप से दस्तक दे रही थी, जिसके परिणामस्वरूप राजनीतिक प्रसंगों के अध्ययन–अनुसंधान हेतु कई उपागमों, प्रतिमानों, संकल्पनाओ का अस्तित्व–निर्मित हुआ और राजनीतिक समाजीकरण, राजनीतिक संस्कृति, राजनीतिक सहभागिता, राजनीतिक लामबन्दी, राजनीतिक उदासीनता संचारण जैसी शब्दावली के व्यवहार की शुरूआत हुई।

सारांशतः व्यवहारवादी उपागम के उद्‌भव के निम्नलिखित उत्तरदायी कारक हैं–

1. राजनीति की परम्परागत अध्ययन–विधाओं के प्रति गंभीर असंतोष।
2. द्वितीय विश्वयुद्धोपरान्त उत्पन्न समसामयिक अन्तर्राष्ट्रीय परिस्थितियां, यथा–उपनिवेशवाद का पतन, अन्तर्राष्ट्रीय शक्ति का नवोदित राष्ट्रों के मध्य विकेन्द्रीकरण, महाशक्तियों का उदय, नवोदित लोकतांत्रिक राजनीतिक व्यवस्थाओं की सामाजिक–आर्थिक–सांस्कृतिक विविधताएं, विषमताएं, एवं राजनीतिक उथल–पुथल का यथार्थ आदि।
3. एशिया एवं अफ्रीका के महाद्वीपों में अनेक नये राष्ट्रों का उदय, इनकी शासन–प्रणालियों के निर्धारण का प्रश्न, इन नये राष्ट्रों में लोकतंत्र की सफलता के लिए अपरिहार्य तत्त्वों के प्रतिकूल वातावरण, लोकतांत्रिक व्यवस्था की सफलता एवं राजनीतिक स्थायित्व के लिए अति आवश्यक शर्तों का अभाव, सांस्कृतिक विविधता की वजह से राजनीति का विखंडित स्वरूप, कमजोर जनमत एवं आर्थिक–सामाजिक पिछड़ापन आदि के तत्त्वतः अध्ययन की गंभीर जरूरत।
4. अन्तर्राष्ट्रीय राजनीतिक मंच पर महाशक्तियों का उदय, अन्तर्राष्ट्रीय राजनीति पर उनका वर्चस्व, उनके बीच पूंजीवादी एवं समाजवादी राजनीति के प्रचार–प्रसार की टकराहट।

5. फासीवाद का उदय एवं नवोदित राष्ट्रों की लोकतांत्रिक शासन–प्रणालियां विकसित राष्ट्रों के अनुरूप होने की वजह से विकासशील राष्ट्रों की आन्तरिक एवं बाह्य राजनीति की बढ़ती चुनौतियां, वहां मौजूद राजनीतिक अस्थायित्व का संकट, गरीबी, बेरोजगारी, अशिक्षा, जनसंख्या विस्फोट, साम्प्रदायिकता, उग्रवाद, आतंकवाद, धार्मिक–सामाजिक उन्माद, सजातीय तनाव, राजनीत में सेना का हरतक्षेप तथा ऐसी समस्याओं के निदान के रास्ते में रुकावटें पैदा करती इन नवोदित व्यवस्थाओं की राजनीति का सामाजिक–आर्थिक आयाम, राष्ट्र–निर्माण में सरकारों की परिस्थितिजन्य बदलती भूमिकाएं, विज्ञान एवं प्रौद्योगिकी के क्षेत्र में आयी तकनीकी क्रान्ति एवं जनसम्पर्क के साधनों की भूमिका आदि से प्रासंगिक परिस्थितियां एवं समकालीन राजनीतिक–सामाजिक पर्यावरण पर उनका पड़ता प्रभाव व दवाब मूल रुप से व्यवहारवादी उपागम के उद्‌भव एवं अहर्निश विकास तथा अध्ययन–विश्लेषण में इस उपागम की बढ़ती महत्ता–प्रासंगिता का आधार–आधेय है।

महत्त्व (Importance)

राजनीतिक व्यवस्था एवं प्रक्रियाओं से संदर्भित समस्त आयामों तथा राजनीतिक व्यवस्था के अन्तर्गत निवास करने वाले सदस्यों के राजनीतिक व्यवहार को वास्तविक स्तर पर जानने–समझने में इस उपागम का प्रयोग काफी कारगर साबित हुआ है। इस उपागम का प्रयोजन है विभिन्न समाजों में रहने वाले लोगों के राजनीतिक व्यवहार का यथोचित अध्ययन करना। यह उपागम व्यक्ति या समूहों के राजनीतिक व्यवहार में पायी जाने वाली निरन्तरता की खोज करता है, विषयगत जटिलता की छानबीन करता है तथा सम्बद्ध तत्त्वो, कारकों, परिवर्त्यो का स्पष्टीकरण करता है। इस उपागम के उल्लेखनीय योगदान की वजह से राजनीतिक व्यवहार का अध्ययन वैज्ञानिक तकनीकों के माध्यम से करना संभव हो पाया हैं। इसके प्रयोग द्वारा राजनीतिक–सामाजिक घटनाओं से जुड़े राजनीतिक तथ्यों–आंकड़ों के आधार पर व्यक्ति की राजनीतिक गतिविधियों का अनुभवजन्य व तथ्यजन्य अध्ययन–विश्लेषण करना काफी सरल हो गया। यह उपागम राजनीति विज्ञान के विद्वज्जनों द्वारा विषय को विज्ञान की कोटि में शुमार करने के लिए चलायी गयी जोरदार मुहिम की आधुनिकतम व अनुभवजन्य अभिव्यक्ति है।

व्यवहारवादी उपागम का विशेष योगदान आनुभविक सिद्धान्तों तथा प्रतिमानों के निर्माण तथा निरूपण के क्षेत्र में है। इस उपागम की सहायता से सिर्फ नये सिद्धान्तों का प्रतिपादन ही संभव नहीं हुआ है अपितु प्रचलित राजनीतिक सिद्धान्तों–प्रतिमानों को पुनः प्रामाणिकता प्रदान करने में भी इस उपागम का योगदान उल्लेखनीय है, अर्थात् अतीत में स्थापित सिद्धान्तों का वर्तमान परिस्थितियों के अनुरूप पूर्वाभिमुखीकरण (Orientation) करते रहना, विविध तथ्यों व नवीन उपकरणों के माध्यम से शोधकार्य हेतु आंकड़ा संग्रहण में मदद करना, विविध तथ्यों को उपलब्ध कराना तथा नवीन उपकरणों का प्रयोग करके सिद्धान्तों की प्रमाणिकता का पुनः परीक्षण करते रहना इसके मूल प्रयोजनों में शामिल है। इस उपागम के प्रयोग द्वारा सरकार एवं राजनीति के क्षेत्र से जुड़ी संभावित घटनाओं तथा घटित हो चुकी घटनाओं का गहन अध्ययन व प्रासंगिक तथ्यों का निरूपण वैज्ञानिक–आनुभविक प्रविधियों द्वारा किया जा सकता है। इस उपागम के माध्यम से शासन पद्धति, व्यवस्था की राजनीतिक कार्यशैली, सत्ताशैली, राजनीति में प्रचलित विचारधाराएं, मान्यताएं, मूल्य एवं व्यवस्था में निवास करने वाले लोगों का इन राजनीतिक प्रसंगों के प्रति मौजूद अभिवृत्तियां, मनोवृत्तियां आदि का तात्त्विक अध्ययन करना तथा किसी ठोस निष्कर्ष पर पहुंचना काफी हद तक सरल हो गया है।

वर्तमान चरण में व्यवहारवादी उपागम को समृद्ध करने वाले राजनीतिक विशारदों में डेविड ईस्टन, ऑल्मंड एवं पॉवेल, हेराल्ड लासवेल, डेविड ऐप्टर, कोलमैन, रॉबर्ट डॉल, कार्ल डायच लुसियन पाई, एडवर्ड शिल्स, जैग्वाराइब, हंटिगटन आदि का नाम उल्लेखनीय है जिन्होंने अपनी वैधीकृत (Validated) एवं अभिपुष्ट (Ratified) संकल्पनाओं–सिद्धान्तों–उपागमों के प्रतिपादन द्वारा समय–समय पर राजनीति विज्ञान के अध्ययन–क्षेत्र के विस्तार को समृद्ध करने में अमूल्य योगदान दिया है तथा राजनीति एवं राजनीतिक व्यवहार के आनुभविक अध्ययन–विश्लेषण व गवेषणा करने की प्रवृत्ति का अनुसमर्थन करके राजनीतिक समाजशास्त्र के उद्‌भव एवं विकास को ठोस जमीन प्रदान की है।

व्यवहारवादी उपागम की विशेषताएं (Characteristics of Behavioural Approach)

राजनीतिशास्त्र की परम्परागत अवधारणाओं एवं अध्ययन–प्रविधियों, के खिलाफ व्यवहारवादी उपागम एक विरोध आन्दोलन है। इस वैचारिक आन्दोलन के आगमन से राजनीतिशास्त्र के अध्ययन की दिशा–दशा दोनों में व्यापक बदलाव आया और इस विषय का बहुआयामी–बहुदिशाई अध्ययन–विस्तार संभव हो पाया है। राजनीतिशास्त्र को विज्ञान का दर्जा मिला तथा अध्ययन–प्रवृत्ति एवं प्रविधि में आये परिवर्तन के परिणामस्वरूप 'राजनीतिक समाजशास्त्र' जैसी व्यावहारिक राजनीति (Applied Politics) से प्रासंगिक नये अनुशासन का उद्भव एवं उत्तरोतर विकास हुआ। यह उपागम अपने प्रतिपादन के साथ ही गंभीर आरोपों–प्रत्यारोपों मत–मतांतरों, समर्थन–विरोध जैसे विरोधाभासी विवादों से घिर गया। एक ओर जहां उपागम के अध्ययन का प्रतिपाद्य विषय इसे अनिश्चित, परिवर्तनशील एवं विवादग्रस्त स्वरूप प्रदान करता है, वहीं राजनीतिक व्यवहार संबंधी राजनीति की वास्तविकता का वैज्ञानिक विधाओं द्वारा अध्ययन–विश्लेषण विषय को सुधारात्मक आन्दोलन का स्वरूप प्रदान करता है। इस उपागम का मूल प्रयोजन प्राकृतिक विज्ञानों में प्रचलित अध्ययन–पद्धतियों का प्रयोग करके ऐसे राजनीतिक सिद्धान्तों का प्रतिपादन करना है जो सत्यापित किया जा चुका है या जिसे सत्यापित किया जा सकता है। व्यवहारवादी उपागम का आग्रह है राजनीति, राजनीतिक संरचनाओं, प्रक्रियाओं एवं व्यवस्था में निवास करने वाले सदस्यों के राजनीतिक व्यवहार का वैज्ञानिक प्रविधियों के माध्यम से अध्ययन करना और अध्ययन के लिए प्रयुक्त आधार–सामग्री का मापन–परिमाणीकरण करके नये सिद्धान्तों, का निर्माण करते समय राजनीतिक व्यवहार में पायी जाने वाली एकरूपताओं–नियमितताओं की खोज करने का गंभीर प्रयास करना।

आधुनिक राजनीति विज्ञान के कई विद्वज्जनों द्वारा अपनी प्रतिपादित अवधारणाओं में व्यवहारवादी उपागम की विशेषताओं की विवेचना की गयी है। ई.एम. किर्कपैट्रिक (E.M. Kirkpatrick) ने अपनी संकल्पना में इस उपागम की निम्नांकित चार विशेषताओं का उल्लेख किया है–

1. इस उपागम के प्रतिपादक व्यवहारवादियों द्वारा राजनीतिक इकाइयों की जगह व्यक्ति एवं समूहों को राजनीतिक विश्लेषण की इकाई के रूप में स्वीकारा गया है।
2. इस उपागम में व्यवहारवादियों द्वारा अध्ययन–विश्लेषण के लिए तथ्यों के पर्यवेक्षण, वर्गीकरण एवं मापन के लिए अधिक परिशुद्ध विधाओं के प्रयोग पर विशेष रूप से जोर दिया गया है।
3. व्यवहारवादी उपागम राजनीति विज्ञान का अन्य सामाजिक विज्ञानों के साथ मेल–मिलाप रखने में विश्वास व्यक्त करता है, अर्थात् यह उपागम विषय के अध्ययन हेतु अन्तर–अनुशासनिक दृष्टिकोण के प्रयोग का समर्थक है।
4. व्यवहारवादी उपागम का लक्ष्य राजनीति विज्ञान को एक व्यवस्थित आनुभविक विज्ञान के रूप में परिभाषित करना है।

हींजमूलाउ, सैम्युअल, एल्डेर्वल्ड एवं जेनोंविट्स ने अपनी कृतियों में व्यवहारवादी उपागम की निम्नांकित चार विशेषताओं को इंगित किया है–

(i) व्यवहारवादी सैद्धान्तिक एवं आनुभविक शोधप्रसंग में राजनीतिक इकाइयों, संरचनाओं, विचारधाराओं या घटनाओं को शोध–विषय के लक्ष्य–निर्धारण एवं विश्लेषणक्रम में प्रधानता नहीं देते हैं, वे सिर्फ व्यक्ति एवं समूहों के आचरण को शोधगत ध्येय–निर्धारण व विश्लेषण का प्रतिपाद्य विषय मानते हैं।

(ii) व्यवहारवादियों द्वारा राजनीतिक व्यवहार एवं राजनीतिक इकाइयों से सम्बद्ध समस्याओं के विश्लेषणपरक अध्ययन के लिए सुनिश्चित प्रविधियों का प्रयोग किया जाता है एवं इन्हें ही आधार–माध्यम बना कर एक मजबूत शोध–परियोजना तैयार की जाती है।

(iii) व्यवहारवादी शोधकार्य एवं सिद्धान्त–निर्माण दोनों को अन्योन्याश्रित प्रसंग मानते हैं। राजनीति, राजनीतिक व्यवहार एवं राजनीतिक इकाइयों से सम्बद्ध राजनीतिक सवालों को यह उपागम आनुभविक शोध के

लिए क्रियात्मक शब्दों में प्रस्तुत करता है और आनुभविक अन्वेषणों–अनुसंधानों के आधार पर राजनीतिक सिद्धान्तों का निर्माण–निरूपण एवं विकास का पक्षधर है। इसका आशय यह है कि व्यवहारवादी अपने शोधकार्य में व्यवहारवादी तथ्यों को सिद्धान्ताभिमुख और सिद्धान्तों को तथ्याभिमुख बनाने पर अतिशय बल देते हैं।

(iv) व्यवहारवादी राजनीति विज्ञान के व्यवहारपरक अध्ययन को भी उसी संदर्भ–योजना के अन्तर्गत रखते हैं जिसमें सामाजिक मनोविज्ञान, सामाजिक विज्ञान, मानवशास्त्र आदि के अध्ययन को इन विषयों को विश्लेषित करने वाले विद्वज्जनों द्वारा रखा जाता है। इसी मानसिकता के तहत इन विषयों में प्रयुक्त अध्ययन–प्रविधियों का बड़े पैमाने पर प्रयोग करके शोधकार्य संदर्भित अन्वेषणों–अनुसंधानों एवं सिद्धान्तों का विकास किया गया है।

डेविड ट्रूमैन द्वारा व्यवहारवादी उपागम के संबंध में दो प्रमुख मांगों की चर्चा की गयी है :

प्रथम–अनुसंधान को पूरी तरह व्यवस्थित होना चाहिए।

द्वितीय–इसके अध्ययन के लिए मुख्यतः आनुभविक तकनीकों के प्रयोग को प्रधानता देनी चाहिए।

इस प्रसंग में ट्रूमैन का अभिप्राय संकल्पनाओं को परिशुद्ध प्रस्तावना प्रदान करना एवं प्रमाणों को यथातथ्य व्यवस्थित करना है। आनुभविक तकनीकों के प्रयोगमूलक महत्त्व के संदर्भ में ट्रूमैन की अभिव्यक्ति है कि अशोधित अनुभववाद (Crude Empiricism) अथवा ऐसी संकल्पना जिसका आनुभविक परीक्षण संभव न हो, ऐसी विधाओं का अध्ययन में प्रयोग नहीं होना चाहिए। यानी कि ट्रूमैन शोधित अनुभववाद एवं आनुभविक विधियों के प्रयोग के समर्थक हैं।

उपागम के लक्षण (Features of Approach)

उपर्युक्त विवेचन के आधार पर व्यवहारवादी उपागम के जिन मुख्य लक्षणों को रेखांकित किया गया है वे निम्नांकित है :

1. व्यवहारवादी उपागम के माध्यम से अध्ययन–अनुसंधान करने वाला शोधकर्ता राजनीति से सम्बद्ध ऐसी समस्त घटनाओं एवं समस्याओं का अध्ययन करने का प्रयास करता है जो व्यक्ति के प्रेक्षित (Observed) या प्रेक्षणीय (Witnessed) व्यवहार से सबद्ध हैं।
2. यह उपागम राजनीतिक घटनाओं को सत्यापित करने के लिए वैज्ञानिक प्रविधियों का प्रयोग करके शोध–प्रसंग की व्याख्या एवं परीक्षण करता है।
3. यह उपागम विषय के परिमाणीकरण तथा क्रियात्मकता से संबंधित परिभाषाओं पर विशेष बल देता है।
4. इस उपागम की प्रवृत्ति अन्तरशास्त्रीय है इसलिए अन्य समाजविज्ञानों के सिद्धान्तों, प्रत्ययों एवं उपागमों के साथ इसका सीधा संबंध है।
5. इस उपागम में शोधगत प्रसंगों के तुलनात्मक अध्ययन–अनुसंधान पर अधिक जोर दिया जाता है।
6. व्यवहारवादी उपागम अपने विश्लेषण की बुनियादी इकाई व्यक्ति व समूहों को मानता है राजनीतिक संस्थाओं–संरचनाओं को नहीं।
7. व्यवहारवादी उपागम विश्लेषण के लिए अध्ययन–सामग्री के संकलन, संग्रहण निरीक्षण–परीक्षण, वर्गीकरण, परिमापन आदि के लिए वैज्ञानिक विधाओं का प्रयोग करता है।
8. व्यवहारवादी उपागम राजनीति विज्ञान का अन्य सामाजिक विज्ञानों के साथ अन्तर्विषयक संबंध की अति आवश्यकता पर अत्यधिक जोर देता है।

9. व्यवहारवादी उपागम विषय–विश्लेषण हेतु एवं आनुभविक सिद्धान्तों के प्रतिपादन के लिए प्रतिबद्धता की बात करता है।
10. व्यवहारवादी उपागम राजनीतिक घटनाओं से संदर्भित तत्त्वों–कारकों तथा विषय संदर्भित उन राजनीतिक व्यवहारों के अध्ययन, प्रेक्षण एवं परीक्षण की जरूरत पर बल देता है जो व्यवस्थागत राजनीति की दिशा–दशा का निर्धारक होता है।
11. व्यवहारवादी उपागम राजनीतिक घटनाओं, परिघटनाओं के तथ्यपरक सत्यापन एवं परीक्षण के लिए वैज्ञानिक तकनीकों के प्रयोग एवं अनुभवजन्य व परिस्थितिजन्य परीक्षण विश्लेषण की वकालत करता है।
12. व्यवहारवादी उपागम विषयगत विश्लेषण के लिए प्रयुक्त अध्ययन–सामग्री की लेखबद्धता, सुनिश्चितता एवं सुस्पष्टता के लिए परिमापन व परिमाणन (Quantification) के प्रयोग पर अत्यधिक जोर देता है।
13. व्यवहारवादी उपागम का आधारतत्त्व मूल्यनिरपेक्षता एवं मूल्यतटस्थता है। यह उपागम अपने विश्लेषण की संदर्भ–योजना में तथ्यात्मक तथ्यों एवं मूल्यात्मक तथ्यों के पृथक्करण की वकालत करता है साथ ही इस आलोक में शोधकर्ताओं को यह निर्देश देता है कि वे शोधगत विषय–तत्त्व के अन्वेषण–अनुसंधान को व्यक्तिसापेक्ष (Subjective) मूल्यों के प्रभाव से अलग रखे।
14. व्यवहारवादी उपागम की विश्लेषित प्रकृति अन्तरानुशासनिक है इसलिए शोध–प्रविधियों के इस्तेमाल एवं प्रतिमानों–सिद्धान्तों के निरूपण में अन्य सामाजिक विज्ञानों, यथा–मानवशास्त्र, मनोविज्ञान, समाजशास्त्र, अर्थशास्त्र आदि में प्रस्तुत होने वाले प्रत्ययों, उपागमों, सिद्धान्तों को शोधकार्य के आधार–आधेय व आधारतत्त्व के रूप में प्रयोग करने पर अतिशय बल देता है।
15. व्यवहारवादी उपागम के माध्यम से किये गये आनुभविक राजनीतिक विश्लेषण की वजह से विश्व में ऐसी प्रभावशाली लोकतांत्रिक राजनीतिक व्यवस्थाओं का अस्तित्व निर्माण हुआ है जहां व्यवस्था के मूल ध्येय के रूप में जनकल्याण, सामाजिक न्याय, कानून के समक्ष समानता, अभिव्यक्ति की आजादी जैसे जनसरोकारगत विषयों को प्राथमिता दी गयी और अवाम के जीवन का सर्वांगीण विकास लगभग सभी लोकतांत्रिक व्यवस्थाओं का राजनीतिक लक्ष्य बना, साथ ही, वहां व्यवस्था में विद्यमान सामाजिक–आर्थिक एवं राजनीतिक कमजोरियों में सुधार वैज्ञानिक शोधनिष्कर्षों के आधार पर किया जाना संभव हो सका है।
16. व्यवहारवादी उपागम की एक अन्य महत्त्वपूर्ण देन यह है कि इसके प्रयोग द्वारा विश्व की मौजूदा राजनीतिक व्यवस्थाओं का उनकी सामाजिक–सांस्कृतिक व आर्थिक विविधताओं के बावजूद उनकी शासन प्रणालियों के बीच पाये जाने वाले तथ्यपरक अन्तरों के साथ तात्त्विक स्तर पर उनका तुलनात्मक अध्ययन कर पाना संभव हुआ है।
17. व्यवहारवादी उपागम का मौलिक उद्देश्य आधुनिक राजनीतिक विज्ञान के अध्ययन–विश्लेषण हेतु व्यवस्थित व सुस्पष्ट वैज्ञानिक सिद्धान्तों का निर्माण करना है।

व्यवहारवादी उपागम के उद्देश्य (Objectives of Behavioural Approach)

व्यवहारवादी उपागम के जन्म एवं विकास का मूल प्रयोजन सामाजिक परिप्रेक्ष्य में राजनीति की क्रियात्मकता का व्यवहारपरक अध्ययन करना है। राजनीति की परम्परागत अध्ययन–प्रवृत्ति के प्रतिरोध में यह एक गंभीर वैचारिक आन्दोलन है जिसका मौलिक अध्ययन तत्त्व है व्यक्तिगत एवं सामूहिक राजनीतिक व्यवहार का अध्ययन सामाजिक सरोकारगत पृष्ठभूमि के आलोक में करना। व्यवहारवादी उपागम राजनीतिक इकाइयों का अध्ययन तो करता है लेकिन, व्यक्ति के राजनीतिक व्यवहार की अपेक्षा उसे अध्ययन में गौण स्थान प्रदान करता है। जैसा कि राबर्ट सी. बोन ने इस प्रसंग के समर्थन में कहा है "बात यह नहीं कि व्यवहारवादी उपागम राजनीतिक इकाइयों के अध्ययन–विश्लेषण की अनदेखी करता है बल्कि सच्चाई यह है कि राजनीतिक प्रसंगों के अध्ययन से संबंधित

समस्त अध्ययन सामग्री में इकाइयों के अध्ययन को महत्त्व नहीं देता हैं, अपितु उसे सिर्फ अध्ययन का एक हिस्सा मानता है।''

विख्यात व्यवहारवादी हींजयूलाउ ने भी अपनी पुस्तक 'The Behavioural Persuation in Politics' में इस प्रसंग पर लिखा है कि ''आधुनिक राजनीति विज्ञान में प्रत्येक स्तर पर व्याख्या व एक तरह से सीमांकन के लिए संस्थात्मक बिम्ब निरन्तर बना रहता है और मेरी समझ में यह आधारभूत बात है।'' व्यवहारवादी उपागम के विश्लेषण में औपचारिक राजनीतिक संस्थाओं की महत्ता के संबंध में ध्यान देने योग्य बात यह है कि व्यवहारवादी संस्थाओं के अध्ययन–प्रसंग को उतना ही महत्त्व देते हैं जितना कि राजनीतिक व्यवहार संदर्भित अध्ययन के लिए जरूरी होता है।

व्यवहारवादी उपागम के उद्देश्य का मुख्यांश निम्नांकित है :

1. व्यवहारवादी उपागम का मूल उद्देश्य राजनीति के व्यापक अर्थबोध की प्रस्तुति करना एवं सामाजिक पर्यावरण की पृष्ठभूमि में राजनीतिक प्रसंगों के यथार्थ का तथ्यपरक अध्ययन करना है। इसके अध्ययन का बुनियादी प्रयोजन राजनीति के गत्यात्मक परिवर्तनशील प्रकृति का विश्लेषण करना है।
2. व्यवहारवादी उपागम का उद्देश्य राजनीतिक घटनाओं व समस्याओं के अध्ययन–क्षेत्र का निर्धारण व निरूपण को यथासंभव सुस्पष्ट, सुसंगत व सुनिश्चित बनाना है एवं उसे भविष्यवाणी करने की क्षमता से युक्त करना है।
3. व्यवहारवादी उपागम का उद्देश्य प्राकृतिक विज्ञानों की तर्ज पर राजनीति विज्ञान के विश्लेषण के लिए ऐसी विधाओं, उपागमों, सिद्धान्तों का विकास करना है जो विश्व में विद्यमान राजनीतिक व्यवस्थाओं एवं प्रक्रियाओं का अनुभवजन्य–अध्ययन करने में क्षमतावान हो सके।
4. व्यवहारवादी उपागम का उद्देश्य राज्य एवं सरकार से परे सामाजिक–आर्थिक पृष्ठभूमि में राजनीतिक प्रसंगों का व्यवहारपरक अध्ययन करना है।
5. व्यवहारवादी उपागम का उद्देश्य राजनीतिविज्ञान के अध्ययन–क्षेत्र का विस्तार करना है।
6. व्यवहारवादी उपागम का उद्देश्य अध्ययनतत्त्व की बुनियादी इकाई के रूप में व्यक्ति–समूहों की अभिवृत्तियों–अभिविन्यासों एवं व्यक्ति–समूहों के राजनीतिक व्यवहार को उच्च स्थान देना है।
7. व्यवहारवादी उपागम का उद्देश्य राजनीतिक व्यवहार के अध्ययन को सामाजिक सरोकार के प्रसंग में अधिकाधिक तथ्यगत–यथार्थगत बनाना है। इस संदर्भ में राजनीतिक व्यवहार के अध्ययन के अन्तर्गत राजनीतिक अभिप्रेरणाओं–उद्देश्यों की प्राप्ति के लिए सामाजिक, आर्थिक, सांस्कृतिक गतिविधियों के आलोक में राजनीतिक गतिविधियों व भूमिकाओं का तात्त्विक अध्ययन करना है।
8. व्यवहारवादी उपागम के अन्तर्गत किये गये गंभीर प्रयासों से ही राजनीतिक व्यवहार के व्यवहारपरक अध्ययन विश्लेषण के लिए सर्वेक्षण तकनीक (Survey Technique), अभिप्रेरणा मापन (Attitude Measurement), सत्यापन तकनीक (Verification Technique) साक्षात्कार तकनीक (Interview Technique) आदि का अधिक से अधिक प्रयोग करके तथ्यों का संग्रहण (Collection of Facts) एवं विषय–वस्तु का विश्लेषण (Content Analysis) किया जाता है ताकि राजनीतिविज्ञान के अध्ययन में अप्रत्याशित रूप से व्यावहारिक तत्त्वों को समावेशित किया जा सके एवं राजनीति की क्रियात्मकता पर समाज के विभिन्न वर्गों की सहमति एवं अभिमतों का अध्ययन सहज–सुलभ हो सके।
9. व्यवहारवादी उपागम का उद्देश्य मानव व्यवहार के अध्ययन के प्रसंग में व्यक्ति की मनोवृत्तियों (Attitudes) अभिप्रेरणाओं (Motivations) एवं उसके अवबोधन (Perception) के अध्ययन–अनुसंधान को ज्यादा से ज्यादा अनुभवजन्य बनाना है।
10. व्यवहारवादी उपागम का उद्देश्य सत्ता, शक्ति एवं प्रभाव को आधुनिक राजनीतिविज्ञान के अध्ययन–प्रसंग का केन्द्रीय तत्त्व बनाना है। प्रमुख व्यवहारवादियों में कैटलीन, लासवेल, मार्गेन्थाऊ आदि ने इस उपागम

के माध्यम से सत्ता, शक्ति–प्रभाव के सामाजिक स्रोतों का अध्ययन प्रस्तुत किया है। इस प्रसंग में इस उपागम का उद्देश्य इस तथ्य को उजागर करना है कि शक्ति का उद्गम स्त्रोत राज्य या राजनीतिक इकाइयों की जगह समाज एवं सामाजिक व्यवस्थाएं हैं।

11. व्यवहारवादी उपागम का उद्देश्य आधुनिक राजनीति विज्ञान की अध्ययन प्रकृति को अन्तरानुशासनिक बनाना है और इस हेतु सामाजिक विज्ञानों एवं यथासंभव प्राकृतिक विज्ञानों की अध्ययन–प्रविधियों का ज्यादा से ज्यादा प्रयोग करना है।

12. व्यवहारवादी उपागम का उद्देश्य आधुनिक राजनीतिक विज्ञान के अध्ययन को वैज्ञानिक बनाना है इसलिए व्यवहारवादियों की नजर में शोधकार्य करने के क्रम में सटीक निष्कर्ष पर पहुंचने के लिए शोधगत तत्त्वों की जाँच–पड़ताल मूल्यनिरपेक्षता के आधार पर किया जाना अति आवश्यक है।

व्यवहारवादी उपागम के प्रतिपादन का उद्देश्य वैधीकृत व अभिपुष्ट–सापेक्ष (Subject to Confirmation) सिद्धान्त–निर्माण की दिशा में महत्त्वपूर्ण पहल करना है। इस प्रसंग के बिन्दुओं पर प्रकाश डालते हुए डेविड ईस्टन ने इस विचारबंध को चलनी (Sieve) का रूप कहा है जो पर्यवेक्षित तथ्यों के चयन या विशिष्टीकरण के लिए बहुत उपयोगी है। यह दिक्सूचक की तरह दिशा संकेत देता है तथा एक मापक के समान विशिष्ट समय में विषय के विकास की अवस्था की सूचना देता है। वस्तुतः, व्यवहारवादी उपागम की प्रासंगिकता की वजह से ही विषय के अध्ययन–विश्लेषण हेतु व्यवस्था सिद्धान्त (System Theory) संरचनात्मक–प्रकार्यात्मक सिद्धान्त (Structural-functional Theory) समूह विश्लेषण (Group Analysis) जैसे प्रतिमानों का सुसंगत अस्तित्व आकार ले पाया है।

व्यवहारवादी उपागम की उपयोगिता (Utility of Behavioural Approach)

डॉल के शब्दों में, "व्यवहारवाद राजनीतिक अध्ययनों को मनोविज्ञान, समाजशास्त्र, मानवशास्त्र, अर्थशास्त्र के सिद्धान्तों, उपलब्धियों और दृष्टिकोणों के निकट संपर्क में लाने में सफल हुआ है।" व्यवहारवाद को गंभीर चुनौतियों, आलोचनाओं, समालोचनाओं के दौर से गुजरना पड़ा, यहां तक कि इस उपागम के मुख्य प्रतिपादक डेविड ईस्टन जैसे व्यवहारवादी भी इसके आलोचक हो गये, लेकिन इन तमाम दलीलों के बावजूद इस सत्य को नकारा नहीं जा सकता है कि आधुनिक राजनीति विज्ञान के स्वरूप–निर्धारण व निरूपण के प्रसंग में व्यवहारवादी उपागम की उपलब्धियां एवं उपयोगिता दोनों काफी महत्त्वपूर्ण हैं। जहां तक राजनीतिक समाजशास्त्र के उद्भव एवं विकास का प्रसंग है इस नये अनुशासन के अस्तित्व–निर्माण को आधारतत्त्व प्रदान करने वाला एवं विषयगत अध्ययन–विश्लेषण को अनुभूतिमूलक माध्यम प्रदान करने वाला आधार–आधेय यही उपागम है। जहां इसने राजनीतिशास्त्र को राजनीतिविज्ञान की कोटि में पहुंचाने के लिए नये मूल्य, नई पाठ्य–सामग्री, नई विधाएं, नई दिशाएं दी हैं वही उसका सबसे अधिक उल्लेखनीय पक्ष है विषय को अनुभवसिद्ध वैज्ञानिक अस्तित्व प्रदान करना। उपागम की उपयोगिता के प्रसंग पर ई.डी. सेला पूल (E.D. Pool) की अभिव्यक्ति है, "अब हमारा अनुशासन एक नये सामंजस्य, एक सुखद एकता और आत्मविश्वास पूर्ण अभिज्ञान का अनुभव करता है जो कि स्वास्थ्य और शीघ्रवर्द्धन के अनुकूल है।" व्यवहारवादी उपागम की उपयोगिता पर प्रकाश डालते हुए डेविड ईस्टन ने कहा है, "व्यवहारवाद संपूर्ण मानव विज्ञान में विश्लेषणात्मक एवं व्याख्यात्मक सिद्धान्त के आरंभ का सूचक है। समाज के विभिन्न परिवर्तनशील अवरोधक उपागमों की एक लम्बी पंक्ति में यह एक नूतन विकास है।"

आधुनिक राजनीति विज्ञान में व्यवहारवादी उपागम की देन या उपयोगिता का प्रसंग परम्परावादियों एवं व्यवहारवादियों के बीच निरन्तर गर्मागर्म विमर्श का विषय रहा है। व्यवहारवादी उपागम द्वारा राजनीति को व्यवस्थागत सामाजिक–आर्थिक प्रसंग में एक प्रक्रिया के रूप में व्यापक अर्थबोधक अस्तित्व प्रदान किया गया है, जिसकी वजह से समकालीन राजनीति के अध्ययन का सीधा सरोकार व्यक्ति एवं समूहों के सामाजिक–राजनीतिक व्यवहार से जुड़ गया है। इस उपागम के आगमन की वजह से राजनीतिक व्यवहार एवं राजनीतिक संस्थाओं के

मध्य मौजूद अन्तर्क्रियात्मकताओं–अन्योन्याश्रितताओं में पायी जाने वाली नियमितताओं, समानताओं, विभिन्नताओं, अभिविन्यासों तथा सत्ता–परिवर्तन से प्रासंगिक मौलिक कारकों, तत्त्वों, परिवर्त्यों का गुणात्मक, कारणात्मक एवं तथ्यात्मक प्रयोगाश्रित (Empirical) अध्ययन करना संभव हो पाया है। इस उपागम के अनुभवसिद्ध प्रयोग द्वारा विषय की गुणवत्ता में नये आयामों का समावेश हुआ है।

व्यवहारवादी उपागम के अत्यधिक व्यापक संकल्पनात्मक विश्लेषण हेतु प्रतिपादकों द्वारा ऐसी नई विधाओं, संकल्पनाओं, दृष्टिकोणों का प्रयोग किया गया है जिसके माध्यम से राजनीतिक प्रसंगों का अनुभवसिद्ध अध्ययन–अनुसंधान किया जा सकता है। इस उपागम द्वारा राजनीतिक व्यवहारों के मध्य पायी जाने वाली समानताओं, विभिन्नताओं, नियमितताओं आदि से प्रासंगिक कारकों की खोज, जांच–पड़ताल एवं स्पष्टीकरण करके राजनीतिक व्यवहार की जटिलताओं को बहुत हद तक सुलझाने व समझने में सफलता अर्जित की गयी है। इसके माध्यम से अनुभवाश्रित तकनीकों द्वारा राजनीतिक व्यवहार से संबद्ध वास्तविक तथ्यों का संग्रहण कर उन तथ्यों के आलोक में मौजूदा सामाजिक पृष्ठभूमि का तत्वतः गहन अध्ययन–अन्वेषण करके ही सिद्धान्तों का निर्माण किया गया है। यह उपागम न सिर्फ सिद्धान्तों का निर्माण–निरूपण करता है अपितु प्रचलित राजनीतिक सिद्धान्त, वर्तमान परिवर्तित परिस्थितियों में भी मान्य एवं उपयोगी हैं या नहीं इसके मान्यीकरण के परीक्षण के लिए सदैव नवीन उपकरणों एवं नवीनतायुक्त प्रासंगिक–तथ्यों को उपलब्ध कराता रहता है, ताकि राजनीति के अध्ययन के लिए प्रयुक्त सिद्धान्तों की प्रामाणिकता हमेशा परिवर्तित समसामयिक पर्यावरण एवं यथोचित सामाजिक–राजनीतिक आर्थिक सरोकारों की मांग के अनुरूप बनी रहे।

व्यवहारवादी उपागम की उपयोगिता राजनीति विज्ञान के अध्ययन–क्षेत्र विस्तार करने एवं राजनीति को सर्वव्यापी स्वरूप प्रदान करने में भी है। व्यवहारवादियों ने राजनीति को सामाजिक प्रक्रिया के व्यवस्थित संचालन का सशक्त माध्यम बताया है और राजनीति की प्रकृति, परिवेश, मूल्य विचारधाराएं, संस्कृति, विकास, आधुनिकीकरण परिवर्तन आदि से सम्बद्ध सभी समाजार्थिक सवालों, मुद्दों, समस्याओं का सांगोपांग अध्ययन–विश्लेषण सामाजिक व्यवस्था एवं प्रक्रियाओं की पृष्ठभूमि में करने की वकालत करते हुए इस अध्ययन–प्रवृत्ति को राजनीतिक व्यवस्था एवं प्रक्रियाओं की सुचारुता, सफलता स्थायित्व व सातत्य के विश्लेषणपरक अध्ययन के लिए अपरिहार्य बताया है।

यह व्यवहारवादी उपागम की देन है कि आधुनिक राजनीति विज्ञान के अध्ययन क्षेत्र में वैधानिक इकाइयों के साथ गैर–वैधानिक या अनौपचारिक संस्थाओं एवं उनका राजनीति पर पड़ने वाले प्रभावों का अध्ययन शामिल हुआ जिसकी वजह से विषयगत अध्ययन को अनुभूतिमूलक आधार मिला।

इस उपागम की एक बड़ी उपयोगिता विभिन्न राजनीतिक व्यवस्थाओं–प्रक्रियाओं के तुलनात्मक अध्ययन के लिए भी है। इस संदर्भ में यह उपागम विभिन्न व्यवस्थाओं की शासन प्रणालियों के सिद्धान्त एवं व्यवहार का प्रयोगाश्रित अध्ययन–अनुसंधान करता है और वहां की राजनीति की कार्यशैली, सत्ताशैली से संबद्ध कारकों, समस्याओं की खोज करके अनुसंधानात्मक स्तर पर उन समस्याओं के निदान हेतु कारगर उपायों का सुझाव प्रस्तुत करता है।

व्यवहारवादी उपागम की उपयोगिता के संदर्भ का एक अहम पक्ष यह भी है कि इसकी वजह से राजनीति विज्ञान की मौलिक विषय–वस्तु के रूप में मानव व्यवहार, गतिविधियां, मनोवृत्तियां, आस्था, विश्वास, परम्पराएं, मूल्य, नैतिकता तथा व्यवहार को अभिविन्यासित करने वाली परिस्थितियां आदि को पहचान मिली है और शक्ति को अध्ययन का केन्द्रीय तत्त्व मानकर उसके उद्भव का स्रोत राजनीतिक व्यवस्था के बजाय सामाजिक व्यवस्था को बताया गया है। इसके प्रतिपादकों की दृष्टि में सत्ता एवं नेतृत्व की प्राप्ति के लिए, प्रभाववर्द्धन के लिये तथा समाज पर प्रभुत्व स्थापित करने के लिए व्यवस्था में सतत् रूप से चलते रहने वाला राजनीतिक संघर्ष ही व्यवस्था में शक्ति और प्रभाव के जन्म का मूल आधारतत्त्व है।

उपर्युक्त वर्णित तथ्यों से यह स्पष्ट होता है कि व्यवहारवादी उपागम आधुनिक राजनीति विज्ञान के अध्ययन की विभिन्न विधाओं में एक प्रमुख विधा है जो व्यवहारवाद की अन्य विधाओं का आधारक है। यह सिर्फ एक अवधारणा नहीं है अपितु इसने विषयगत अध्ययन को नयी तकनीकों से अलंकृत करके उसे अनुभूतिमूलक सामाजिक विज्ञान का अस्तित्व प्रदान किया है। राजनीतिक व्यवस्था–प्रक्रिया, व्यवहार–गतिविधियों, भूमिकाओं के

अध्ययन हेतु नई तकनीकों, सिद्धान्तों का निर्माण, प्रयोग एवं समयानुसार परिवर्तित परिस्थितियों में उनकी प्रामाणिकता का परीक्षण करते रहना निश्चित रूप से इस उपागम के प्रतिपादकों की गंभीर प्रयत्नशीलता का परिचायक है। इसके प्रतिपादकों द्वारा राजनीति के संचालन में शक्ति–प्रभाव की महत्त्वपूर्ण भूमिका की यथार्थता को रेखांकित करते हुए इसी परिप्रेक्ष्य में व्यवस्थागत संघर्ष, प्रतिस्पर्धा, नेतृत्व, पर्यावरण, परिवर्तन आदि से प्रासंगिक कारकों की भूमिका पर गहन प्रकाश डाला गया है। विषय के अध्ययन–विश्लेषण से संबद्ध महत्त्वपूर्ण नियम, प्रविधियां, संकल्पनाएं, प्रयास आदि इसके अध्ययन का साधनसूत्र है जो राजनीति के अनुभवसिद्ध अध्ययन हेतु विज्ञान आधारित विषयगत विश्लेषण–अनुसंधान के लिए व्यवहारवादियों द्वारा प्रयुक्त तर्कपूर्ण उद्देश्यों एवं लक्ष्यों की व्यवहारिकता के प्रति विद्वज्जनों की अंधी आस्था का प्रतीक है। उपागम में विश्लेषण के लिए प्रयोगगत तथ्यों, तकनीकों, सूत्रों, नियमों, निर्देशों का आधार–आधेय अध्ययन–प्रविधियों का वैज्ञानिक स्वरूप है। व्यवहारवादी उपागम अपने जिन अन्वेषणों–अनुसंधानों एवं परिणामों के प्रचार–प्रसार की वजह से आधुनिक राजनीति विज्ञान की पाठ्यसामग्री के कोने–कोने को प्रकाशित कर रहा है उन्हीं तकनीकों अन्वेषणों के बल पर यह उपागम राजनीति की गत्यात्मकता के समस्त आयामों का गहन तात्त्विक अध्ययन करने की गंभीर कोशिश करने की दौड़ में शामिल है। वैज्ञानिक विधाओं, संभावनाओं, सूत्रों के प्रयोग द्वारा यह उपागम राजनीति के तत्त्वतः बहुआयामी–बहुदिशाई अध्ययन–विश्लेषण को निष्कर्ष तक पहुंचाने की कवायद में अर्जित अपनी खास पहचान से आधुनिक राजनीति विज्ञान के साथ–साथ अन्य सामाजिक विज्ञानों को भी पूर्णरूप से लाभान्वित कर रहा है।

संक्षेप में, व्यवहारवादी उपागम की सबसे बड़ी उपयोगिता यह है कि इसने राजनीति विज्ञान के अन्वेषण–अनुसंधान, अध्ययन–विश्लेषण को मानव जीवन से संबद्ध सामाजिक आर्थिक–सांस्कृतिक सरोकारों की तरफ सीधे तौर पर मोड़ दिया है और राजनीतिक–सामाजिक व्यवस्था एवं राजनीतिक–सामाजिक व्यवहार के मध्य सीधा संवाद स्थापित कराने का गंभीर प्रयास किया है।

व्यवहारवादी उपागम की आलोचनाएं (Criticisms of Behavioural Approach)

जहां व्यवहारवादी उपागम के विभिन्न आयाम उसकी उपलब्धियां, महत्त्व एवं उपयोगिताओं का बखान करता है वहीं यह उपागम अपने दामन में उपलब्धियों के साथ–साथ अनुपलब्धियों की लम्बी फेहरिस्त भी साथ लेकर चल रहा है जो इसे अपने आलोचकों द्वारा प्राप्त हुआ है। इस उपागम के लगभग सभी आयामों को सभी स्तरों पर गंभीर चुनौतियां मिली हैं जिन्हें अलग–अलग विद्वज्जनों द्वारा अभिव्यक्त विचारों के रूप में बिन्दुवार क्रम में देखा जा सकता है।

हास एवं बेकर के शब्दों में, ''व्यवहारवादी अपनी नई शोध–प्रविधियों द्वारा उन अभीप्सित (Cherished) उद्देश्यों की प्राप्ति में सर्वथा असफल रहे हैं जिनके माध्यम से एक ऐसे सुस्पष्ट परीक्षित सिद्धान्त का निरूपण किया जाये जो नीति–निर्माण के कार्य में सहायक हो।'' उपागम की त्रुटियों पर प्रकाश डालने के क्रम में परम्परावादियों की यह मताभिव्यक्ति भी काफी प्रासंगिक है, ''राजनीति को समझने के लिए व्यवहारवादी अध्ययन में प्रयुक्त तकनीकों वक्तव्यों से कुछ अधिक की जरूरत है। राजनीति एक महत्त्वपूर्ण परिवर्तनशील गतिविधि है जिसे समझने एवं उसकी यथार्थपरक व्याख्या के लिए वैज्ञानिक तकनीकों के अतिरिक्त अन्य माध्यमों की भी जरूरत होगी जिस पर व्यवहारवादी अध्ययन–प्रसंग में कोई चर्चा नहीं की गयी है।'' इनकी दृष्टि में व्यवहारवादी उपागम की सबसे बड़ी कमजोरी उसके अध्ययन का मूल्यनिरपेक्ष दृष्टिकोण है जिसकी वजह से यह उपागम नीति–निर्माण, निर्णय–प्रक्रिया, एवं राजनीतिक समस्याओं, घटनाओं की वास्तविकता संदर्भित विश्लेषण से पूरी तरह अलग–थलग पड़ गया है, अर्थात् समस्याओं के समाधान का हिस्सा बनने के बजाय स्वयं ही समस्या बन गया है।

इस उपागम की त्रुटियों को इंगित करते हुए डॉल ने अपनी रचना में यह भविष्यवाणी की कि इस अवधारणा को एक विरोध (Protest) एक मनःस्थिति (Mood) का नाम दिया जा सकता है जो धीरे–धीरे राजनीति विज्ञान के अध्ययन में समाहित होकर अपनी स्वाभाविक मृत्यु को प्राप्त कर लेगा।

यद्यपि व्यवहारवादी उपागम का अपने विकास की विभिन्न अवस्थाओं में राजनीति एवं राजनीतिक व्यवहार के अध्ययन में उल्लेखनीय योगदान है तथापि आलोचकों का यह तर्क है कि व्यवहारवादी उपागम राजनीति, राजनीतिक घटनाओं, समस्याओं एवं राजनीतिक व्यवहार की तात्त्विक गहराई को जानने–समझने तथा विश्लेषित करने की दृष्टि से अपने–आप में पर्याप्त नहीं है। इस प्रसंग पर राजनीति के मर्मज्ञ मलफोर्ड सिबली (Mulford Sibly) ने कहा है, ''राजनीति को समझने–परखने के लिए कलाकार की विशिष्ट अन्तर्दृष्टि का होना उतना ही आवश्यक है जितना कि वैज्ञानिक सुनिश्चितता का। अध्ययनतत्त्व के अंगों के विश्लेषण के अतिरिक्त संपूर्णता के साथ उन अंगों के अन्तर्संबंधों को जानना भी आवश्यक है।'' व्यवहारवादी उपागम के मूल्यनिरपेक्ष दृष्टिकोण पर आगे सिबली ने कहा है, ''व्यवहारवाद का प्रयोग अनिवार्यतः मूल्य संबंधी नीतियों के संदर्भ में ही किया जा सकेगा जिसका समर्थन केवल व्यवहारवादी तकनीकों द्वारा संभव नहीं है।''

व्यवहारवादी उपागम द्वारा राजनीति के अध्ययन क्षेत्र का विस्तार हेतु एवं समाजशास्त्र, मनोविज्ञान, मनोरोगशास्त्र आदि के अध्ययन हेतु विकसित की गयी संकल्पनाओं का राजनीति के अध्ययन के लिए किये जाने वाले प्रयोगों के संबंध में सिबली का यह कहना है कि ''राजनीति के अध्ययन के लिए स्पष्ट और मूल्ययुक्त संकल्पनाओं को साथ लिए बिना आगे बढ़ने का परिणाम यह हुआ है कि व्यवहारवाद के इस युग में राजनीति विज्ञान के शोध कार्यों का नेतृत्व समाजशास्त्र, मनोविज्ञान और मनोरोग विद्वानों के हाथों में चला गया है। सच्चाई तो यह है कि राजनीति की व्यवहारात्मक व्याख्या संभव ही नहीं है उसे सिर्फ अन्तर्दृष्टि से देखा जा सकता है।''

व्यवहारवादी उपागम की कमजोरियों पर सिबली आगे कहते हैं, ''व्यवहारवादी अध्ययन को हम चाहे कितना भी मूल्यवान क्यों न मानें'–यहां हम वैज्ञानिक सिद्धान्त और सत्यापन की प्रक्रिया को ले सकते हैं–उन विचारों को ले सकते हैं जिनसे हम वैज्ञानिक अनुसंधान आरंभ करते हैं या उन संकल्पनाओं का जो हमें उस दिशा में ले जाती हैं लेकिन अन्ततः अन्तर्दृष्टि ही महत्त्वपूर्ण होती है।''

व्यवहारवादी उपागम के एक मुख्य आलोचक लियो स्ट्रॉल ने लिखा है, ''कुछ वस्तुएं ऐसी हैं जिन्हें माइक्रोस्कोप या टेलीस्कोप के माध्यम से ही देखा जा सकता है, लेकिन बहुत सी ऐसी वस्तुएं भी होती हैं जिन्हें केवल आखों द्वारा देखना ही ठीक होता है।''

व्यवहारवादी उपागम द्वारा भविष्यवाणी करने की प्रविधि पर प्रहार करते हुए एक अन्य आलोचक कार्लपॉपर ने कहा है, ''व्यवहारवाद की यह क्षमता छलनी में पानी ले जाने की भांति है।''

आलोचकों ने व्यवहारवादी उपागम के लक्ष्य निर्धारित अध्ययन को चुनौती देते हुए कहा है, ''विश्व में किये गये समस्त व्यवहारवादी शोध चाहे कितने भी वैज्ञानिक तकनीकों से परिष्कृत हो जायें किन्तु यह बताने में असमर्थ हैं कि किस लक्ष्य की प्राप्ति के लिए मनुष्य को कितना प्रयत्न करना वांछनीय है।'' इसके प्रतिपादकों द्वारा राजनीतिक व्यवहार जैसे व्यक्तिपरक विषय के वैज्ञानिकीकरण एवं मूल्यनिरपेक्ष अध्ययन के दावे पर आलोचकों की अभिव्यक्ति है कि यह एक नितांत व्यक्तिगत एवं व्यक्ति सापेक्ष प्रसंग है जिसका पूर्ण वैज्ञानिकीकरण संभव नहीं हो सकता है। आलोचकों का यह दावा है कि समस्त प्रयत्नों के बावजूद शोधकर्ता अपने अन्वेषण–अनुसंधान व विश्लेषण से मूल्य संबंधी अधिमान्यताओं को पूरी तरह अलग नहीं कर सकता है।

विषय के वैज्ञानिकीकरण पर शब्द प्रहार करते हुए सिबली ने भी कहा है कि ''यदि व्यवहारवादी विज्ञान हमें राजनीतिक यथार्थता के विराट विश्व से बहुत दूर शुद्ध वैज्ञानिक परिकल्पनाओं की दिशा में ले जाता है, तो इस बात से इंकार नहीं किया जा सकता है कि जिस नये जगत् में प्रवेश का निमंत्रण व्यवहारवादी विज्ञान हमे देता है वह एक महत्त्वपूर्ण जगत् है, परन्तु राजनीति का अध्ययन यदि केवल इसी आधार पर नहीं करना है कि व्यक्ति का व्यवहार निर्दिष्ट परिस्थितियों में क्या हो सकता है, अपितु इस आधार पर भी करना है कि वह आज क्या है, कल क्या था, भविष्य में क्या होगा और कैसा होना चाहिए, तो हमारा काम केवल व्यवहारवादी उपागम से नहीं चलेगा, हमें राजनीतिक चिन्तन का इतिहास, नीति दर्शन, सांस्कृतिक इतिहास, शास्त्रीय परम्परा का परिकल्पनाशील राजनीतिक दर्शन, राजनीतिक विवरण और प्रत्यक्ष राजनीतिक अनुभव सभी से सहायता लेनी होगी।''

व्यवहारवादियों द्वारा राजनीति एवं राजनीतिक व्यवहार के मूल्य निरपेक्ष अध्ययन–लक्ष्य पर कटाक्ष करते हुए आर्नेल्ड ब्रेस्त ने अपनी प्रसिद्ध कृति **'The Political Theory'** के अन्तर्गत उल्लेखित 'वैज्ञानिक मूल्यसापेक्षवाद

उपागम' में साफ शब्दों में लिखा है कि "कोई भी वस्तु मूल्यवान है अथवा नहीं इस प्रश्न का वैज्ञानिक उत्तर केवल उसके लक्ष्य या उद्देश्य के संदर्भ में दिया जा सकता है जिसे प्राप्त करने के नजरिये से वह उपयोगी (मूल्यवान) अथवा अनुपयोगी (मूल्यहीन) सिद्ध होती है, लेकिन केवल उस व्यक्ति अथवा समूह के संदर्भ में जिसके लिए वह मूल्यवान है या मूल्यहीन है इसका वैज्ञानिक दृष्टि से परीक्षण करना संभव नहीं है। कौन सा लक्ष्य या उद्देश्य मूल्यवान है और कौन नहीं है इसका परीक्षण तब तक संभव नहीं है जब तक हम जान न लें कि दूसरे लक्ष्यों अथवा उद्देश्यों को प्राप्त करने की दृष्टि से उसका मूल्य क्या है अथवा अन्तिम लक्ष्यों या उद्देश्यों के संबंध में संदर्भित व्यक्ति या समूह का अपना विचार क्या है।" इस प्रसंग में किर्क पैट्रिक, डॉल, कार्ल डायस, हींजयूलाउ आदि की भी अभिव्यक्ति है, "व्यवहारवादी उपागम मानव व्यवहार के अध्ययन का कोई पृथक् विज्ञान विकसित नहीं कर पाया है।"

नीति–निर्माण संबंधी दृष्टिकोण के नैतिक, आनुभविक एवं विधि संबंधी पक्षों की अपर्याप्तता को उजागर करते हुए आलोचकों द्वारा इस प्रसंग पर भी प्रहार किया गया है। इनकी अभिव्यक्ति के अनुसार, "व्यवहारवादियों का दृढ़ मत है कि नीति–संबंधी मूल्यांकन आनुभविक विश्लेषण से बिल्कुल भिन्न हैं, जो विवेकसंगत धारणा नहीं है। वस्तुतः नैतिक दृष्टि से मूल्य निर्धारण की क्रमबद्धता या चयन प्रक्रिया में यह उपागम कोई योगदान नहीं देता है। अध्ययन की विस्तारित प्रकृति के कारण अनुभूतिमूलक क्षेत्र की मांग को भी यह उपागम पूरा नहीं कर पाता है, यहां तक कि व्यावहारिक विज्ञान की नींव पर आधारित होने की वजह से विधि निर्माण के क्षेत्र में भी इस उपागम का प्रयोग सफल नहीं हो पाया है। आलोचकों का कहना है कि "व्यवहारवादी अपनी नई शोध–प्रविधियों द्वारा निर्धारित उद्देश्यों को प्राप्त करने में भी सर्वथा असफल रहे हैं, क्योंकि वे निरन्तर विषयगत अध्ययन हेतु समकालीन शोध सिद्धान्तों के विकास, तलाश, परिमापन, सत्यापन आदि आयामों में उलझे रह गये इसलिए तथ्यात्मक–व्यवहारात्मक अध्ययन का तमाम दावा करने के बावजूद वे राजनीति एवं राजनीतिक व्यवहार के अनुभवसिद्ध अध्ययन की गहराई गें नहीं उतर पाये। क्योंकि, राजनीति एक मानवीय क्रिया हैं जो नैतिक मूल्यों, मान्यताओं, आदर्शों, परम्पराओं, परिस्थितियों आदि द्वारा प्रभावित, निर्देशित एवं निरूपित होती है, ऐसी स्थिति में व्यवहारवादी उपागम की वैज्ञानिक प्रविधियों द्वारा प्रतिपादित सिद्धान्तों से राजनीति एवं राजनीतिक व्यवहार की गहराई को तत्त्वतः मापना संभव नहीं है।" मूल्यनिरपेक्षता के प्रसंग पर इनका कहना है, "मूल्यों से बचने के प्रयास में व्यवहारवादी अध्ययन–विश्लेषण में मूल्यहीनता को खुला नियंत्रण देते हैं। उपागम की इस कमजोरी पर प्रहार करते हुए आर्नेल्ड ब्रेश्त ने इसे 'बीसवीं सदी की दुखान्त घटना' की संज्ञा दी है वहीं लियोस्ट्रॉस (Leostrauss) के विचार में "मूल्यनिरपेक्षता का परिणाम गटर की विजय हो सकती है और यही हुआ है।"

आलोचकों का यह भी कहना है कि राजनीति विज्ञान के अध्ययन तत्त्व का यथार्थ एवं प्राकृतिक विज्ञानों की अध्ययन–सामग्री का यथार्थ दोनों के बीच मौलिक अन्तर है। राजनीति विज्ञान के तत्त्वों का यथार्थ प्राकृतिक विज्ञान के तथ्यों की अपेक्षा ज्यादा गतिशील, परिवर्तनशील तथा जटिल है। इनका कहना है कि व्यवहारवादी अध्ययन तथ्य पारखी हैं, जबकि राजनीति तथा राजनीतिक व्यवहार के तात्त्विकता की गहराई को जानने–समझने के लिए विषय–विश्लेषकों का कला पारखी होना जरूरी है।

आलोचना का एक ठोस प्रहार इस उपागम की विषयवस्तु पर भी हैं। इस प्रसंग पर व्यवहारवादियों के ऊपर आरोप है कि उनका उपागम राजनीति एवं राजनीतिक व्यवहार की जमीनी सच्चाई के अध्ययन का दावा करने के फेरे में राजनीति विज्ञान को अपनी मौलिक पाठ्यसामग्री से दूर करता जा रहा है। राजनीति विज्ञान के अध्ययन का केन्द्रीय तत्त्व राज्य एवं सरकार है, जबकि व्यवहारवादी उपागम इसे अपनी मूल विषयवस्तु से पृथक् कराके राजनीतिक व्यवहार के अध्ययन को प्रधानतत्त्व के रूप में मान्यता देता है और राज्य एवं सरकार के अध्ययन को गौण स्थान प्रदान करते हुए राजनीति एवं राजनीतिक व्यवहार से प्रसंगोचित नये विषयों यथा–राजनीतिक समाजीकरण, राजनीतिक संस्कृति, राजनीतिक सहभागिता राजनीतिक भर्ती, राजनीतिक विकास आधुनिकीकरण आदि के अध्ययन पर अपना सारा ध्यान केन्द्रित करता है जिसकी वजह से मूल वैधानिक इकाइयों के अध्ययन की उपेक्षा होती है, इस वजह से विषय अपनी मौलिक पहचान खो रहा है।

व्यवहारवादी उपागम के आलोचनात्मक विवरण से संबद्ध उपर्युक्त विवेचन विषय प्रासंगिक मत–मतांतरों के कई आयामों के प्रकटीकरण व प्रस्तुतीकरण की स्पष्ट तस्वीर पेश करता है। उपर्युक्त विवेचन इस वस्तुस्थिति की प्रस्तुति है कि यह उपागम जितनी जल्दी ऊंचाई की बुलन्दियों पर चढ़ा, उसी रफ्तार में इसके विरोध में असंतोष का वातावरण भी तैयार होने लगा, जिसका स्पष्टीकरण अनेक विद्वानों की अभिव्यक्तियों से होता है। इस उपागम के विरोध में प्रस्तुत मत–मतांतरों, वैचारिक असंतोषों को निम्नांकित मुख्यांशों के रूप में देखा जा सकता है :

1. व्यवहारवादी उपागम में प्रयुक्त विधाओं, दृष्टिकोणों मान्यताओं की वजह से असंतोष इतना गहराया कि इस उपागम के प्रतिपादक भी कुछ बिन्दुओं पर उपागम के कटु आलोचक हो गये।
2. राजनीति एवं राजनीतिक व्यवहार की तात्त्विकता की खोज में यह उपागम अपने लक्ष्य से भटक गया है।
3. राजनीतिक व्यवहार एक जटिल मानवीय क्रिया है अतः इसमें पायी जाने वाली समानता, नियमितता, निरन्तरता का मापन सिर्फ वैज्ञानिक प्रविधियों द्वारा करना न्यायसंगत नहीं है।
4. सामाजिक–राजनीतिक घटनाओं–समस्याओं का अध्ययन प्रयोगशाला में बैठकर नहीं किया जा सकता है।
5. राजनीति एवं राजनीतिक व्यवहार का मूल्यनिरपेक्ष अध्ययन विवेकसंगत नहीं है, क्योंकि इसकी गत्यात्मकता–क्रियात्मकता का संचालन व्यक्ति द्वारा होता है और व्यक्ति का व्यक्तित्व कभी मूल्यनिरपेक्ष नहीं हो सकता है।
6. राजनीति का वैज्ञानिक अध्ययन अनुभवजन्य तकनीकों के माध्यम से करने की वजह से व्यवहारवादी विषय के नैतिक पहलुओं से पूरी तरह कट जाते हैं।
7. व्यवहारवादियों द्वारा राजनीतिशास्त्र के वैज्ञानिकीकरण के लिए इसे भौतिक विज्ञान के समकक्ष का दर्जा दिये जाने के समय यह भूल जाया गया है कि भौतिक विज्ञान का विषयतत्त्व जड़ है जबकि राजनीति विज्ञान का अध्ययन तत्व चेतनशील व्यक्ति है।
8. नैतिकता एवं मूल्यों की उपेक्षा करने की वजह से व्यवहारवादी उपागम विधि निर्माण के सफल मानदण्डों पर खरा नहीं उतर पाया है।
9. व्यवहारवादी उपागम राजनीति विज्ञान को राज्य एवं सरकार जैसी बुनियादी विषयवस्तु से दूर करता है।
10. व्यवहारवादी उपागम आधुनिक राजनीति विज्ञान का वैज्ञानिकीकरण करने की होड़ में विषय को राजनीतिक तथ्यों व यथार्थों से दूर वैज्ञानिक कल्पनालोक में पहुंचाता है।

संक्षेप में, व्यवहारवादी उपागम को अपने अध्ययन की विषय–वस्तु के चयन, वैज्ञानिक तकनीकों द्वारा अध्ययनतत्त्वों की वास्तविकता के मापन का दावा करने एवं वैज्ञानिक प्रविधियों द्वारा विषय–वस्तु की गहराई में छिपे यथार्थगत तथ्यों का पता लगाने तथा वैज्ञानिक शोध के विभिन्न आयामों के प्रयोग द्वारा निष्कर्ष पर पहुंचने की आतुरता के कारण ही गंभीर चुनौतियों एवं कड़ी आलोचनाओं के दौर से गुजरना पड़ा है।

व्यवहारवादी उपागम की सीमाएं (Limitations of Behavioural Approach)

हींज यूलाउ (Heinz Eulau) एवं मूलफोर्ड सिबली की रचनाओं में विवेचित व्यवहारवादी उपागम से संदर्भित आलोचनाओं के विविध आयामों में ही इस उपागम की सीमाओं का अस्तित्व उजागर होता है। अपनी कृति में सिबली की यह अभिव्यक्ति है कि ''व्यवहारवादी विज्ञान के विशुद्ध दृष्टिकोण को प्राथमिक मूल्यों एवं इतिहास के विज्ञानेत्तर निर्णयों द्वारा संशोधित किया जाना चाहिए।'' यह उक्ति इस उपागम के अस्तित्व की सीमाओं का बोधक है। सिबली द्वारा उपागम संबंधित विचारों की प्रस्तुति से इसकी सीमाओं का जो अस्तित्व आकार लेता है उसे अग्रांकित संदर्भों में देखा जा सकता है।

1. राजनीति के यथार्थपरक विश्लेषण के लिए सिर्फ व्यवहारवादी उपागम ही पर्याप्त नहीं है। वैज्ञानिक विधाओं के साथ व्यावहारिक अनुभव की एकाग्रता भी अपरिहार्य है, जैसा कि लियो स्ट्रॉस ने भी कहा है।
2. राजनीति संदर्भित मानव व्यवहार का अध्ययन–विश्लेषण एवं उसकी व्याख्या नियंत्रित एवं सामान्य परिस्थितियों में विशिष्ट मान्यताओं के दायरे में ही की जा सकती है।
3. चूंकि राजनीतिक व्यवहार एक गतिशील मानवीय क्रिया है इसलिए व्यक्ति या समूहों के आचरण से संबंधित भविष्यवाणी के लिए भी परिस्थितियों का सामान्य होना आवश्यक है। अर्थात्, मानव व्यवहार में इतने वैविध्य हैं जिनके संबंध में पूर्वानुमान लगाना काफी मुश्किल है।
4. मूलनिरपेक्षता व्यवहारवादी अध्ययन–प्रवृत्ति की एक ख़ास पहचान है, लेकिन सच्चाई यह है कि शोधकर्ता का व्यक्तिगत मूल्य उसकी दृष्टिकोण पर अपना गंभीर प्रभाव रखता है जो तथ्यों के चयन से लेकर निष्कर्ष तक पहुंचने के क्रम में उसके द्वारा किये जानेवाले शोधकार्य के सभी स्तरों को प्रभावित करता है।
5. शोधकर्ता का व्यक्तिगत मूल्य अध्ययन में सिर्फ क्या और कैसे को ही नहीं अपितु लक्ष्य–निर्धारण को भी अपने प्रभाव में रखता है।
6. नीति–निर्माण के क्षेत्र मे भी इस उपागम के योगदान का दायरा सीमित है। मूल्यनिरपेक्ष अध्ययन–प्रवृत्ति की वजह से नीति–निर्माण की उपादेयता पर व्यवहारवादियों के हाथ बंधे हैं।
7. किसी भी घटना के अनुभूतिमूलक अध्ययन का दावा करने के बावजूद प्रयोगाश्रित प्रसंग में इस उपागम का दायरा सीमित हो जाता है क्योंकि यह सिर्फ वैज्ञानिक तकनीकों के प्रयोग पर आश्रित है, जबकि कुछ तथ्यों को सिर्फ आंखों से देखा और अनुभव किया जा सकता है। वस्तुतः, व्यवहारवादी उपागम के लिए उन सामान्य तकनीकों को प्राप्त करना कठिन है जो पर्यवेक्षण एवं पर्यवेक्षित दोनों स्तरों के लिए समान रूप से अर्थपूर्ण होगा।
8. व्यवहारवादी अध्येता सिर्फ यह जानने का प्रयास करते हैं कि वर्तमान में क्या हो रहा है और भविष्य में क्या होगा जबकि राजनीति के अध्येताओं को तथ्यगत–यथार्थगत विश्लेषणात्मक निष्कर्ष तक पहुंचने के लिए यह जानना अति आवश्यक है कि व्यवस्था की संस्कृति से संदर्भित जो कालखण्ड बीत गया है उसके पन्नों में राजनीति की कौन–कौन सी सच्चाइयां छिपी हैं, क्योंकि अतीत के कालखण्डों के महत्त्वपूर्ण अध्यायों में दर्ज परम्पराओं–मान्यताओं पर ही सामाजिक–राजनीतिक संस्कृति का महल खड़ा होता है, जो समसामयिक राजनीति व राजनीतिक व्यवहार का आधारक होता है और वस्तुतः वही राजनीतिक व्यवस्था–प्रक्रियाओं एवं नेतृत्त्व की लोकप्रियता–प्रभाविता का प्रेरक तत्त्व भी होता है।

व्यवहारवादी उपागम की इन सीमाओं की प्रकृति को परिभाषित करते हुए जोसेफ आर. रॉयस ने लिखा है, ''राजनीतिक जीवन के अंशों के अध्ययनों को अन्तिम रूप से समायोजित करने और निष्कर्षों तक पहुंचने का कार्य हमेशा व्यक्तिनिष्ठ और वैयक्तिक ही रहेगा जिसे पूरी तरह विज्ञानीकृत नहीं किया जा सकता है।'' व्यवहारवादी उपागम की सीमाओं को शब्दों में बांधते हुए मीहान (Meehan) ने लिखा है, ''हम समस्त साधनों द्वारा अनुभववादी ज्ञान को दुहें किन्तु उसे पूज्य न बना दें।''

निष्कर्ष (Conclusion)

व्यवहारवादी उपागम का उद्देश्य आधुनिक राजनीति विज्ञान के अध्ययन को अनुभवाश्रित पद्धतियों (Empirical Methods) से युक्त बनाना है, जिसके लिए वैज्ञानिक विधाओं का प्रयोग तथ्य–संग्रह, सवेक्षण, सत्यापन, परिमाणन एवं निष्कर्ष तक पहुंचने के लिए किया जाता है। इससे वृहत् सामान्यीकरण, गणितीय परिमाणन (Mathematical Quantification) तथा आंकड़ों एवं निष्कर्षों की प्रामाणिकता (Validity) की जांच–पड़ताल करके विषयगत अध्ययन को यथार्थपरक बनाया जाता है। इस उपागम का उद्देश्य राजनीति विज्ञान की अध्ययन प्रकृति को

अन्तर–अनुशासनिक बनाना है और अन्य सामाजिक विज्ञानों के अध्ययन तत्त्व, सिद्धान्त एवं प्रविधियों का प्रयोग करके उपागम के लक्ष्य को प्राप्त करना है। इस उपागम का एक महत्त्वपूर्ण उद्देश्य व्यवहारवाद एवं अनुभववाद के माध्यम से राजनीति को व्यापक अर्थबोध प्रदान करना है।

सारांशतः, व्यवहारवादी उपागम का प्रसंगोचित उद्देश्य 'आधुनिक राजनीति विज्ञान' को 'राजनीति का विज्ञान' (Science of Politics) की स्थिति प्रदान करने का गंभीर प्रयास करना है। इस दृष्टि से राजनीतिशास्त्र को 'राजनीति विज्ञान' की संज्ञा देकर इस उपागम ने विषय के पुनर्निर्माण की भूमिका निभायी है। इसका सर्वाधिक उल्लेखनीय योगदान राजनीति विज्ञान को अनुभवसिद्ध विज्ञान का स्वरूप प्रदान करना है।

स्मरणीय संकेत (Points to Remember)

- व्यवहारवादी उपागम का मूल आशय व्यक्ति के राजनीतिक व्यवहार का तथ्यपरक व यथार्थपरक आनुभविक अध्ययन–विश्लेषण एवं अनुसंधान करना है।
- व्यवहारवादी उपागम विषयगत विश्लेषण हेतु विशेष रूप से आगमनात्मक पद्धति तथा अनुभवात्मक पद्धति का प्रयोग करता है।
- व्यवहारवादी उपागम राजनीति प्रासंगिक यथार्थताओं के व्यवहारपरक विश्लेषण का आनुभविक तरीका है।
- व्यवहारवादी उपागम का प्रयोजन प्राकृतिक विज्ञानों में प्रचलित व स्थापित तकनीकों का प्रयोग करके ऐसे राजनीतिक उपागमों, प्रतिमानों एवं सिद्धान्तों का निरूपण करना है जिन्हें सत्यापित किया जा सकता है या जिनका सत्यापन हो चुका होता है।
- अध्ययन की दृष्टि से व्यवहारवादी उपागम के प्रणेताओं को दो श्रेणियों में बांटा गया है : **प्रथम**–विधिवादी ऐतिहासिक या आदर्शात्मक दार्शनिक, **द्वितीय**–आनुभविक विश्लेषणात्मक या वैज्ञानिक व्यवहारवादी।
- रॉबर्ट डॉल ने इन दोनों को क्रमशः आनुभविक सिद्धान्तवादी एवं परा–आनुभविक सिद्धान्तवादी की संज्ञा दी है।
- आनुभविक सिद्धान्तवादी तथ्य आधारित अध्ययन–विश्लेषण द्वारा राजनीति विज्ञान का विकास एक आनुभविक विज्ञान के रूप में करने की वकालत करते हैं, जबकि परा–आनुभविक सिद्धान्तवादियों द्वारा राजनीति के अध्ययन को शुद्ध विज्ञान का दर्जा प्रदान करने का विरोध किया गया है।
- व्यवहारवादी उपागम की उत्पत्ति के प्रमुख कारकों में परम्परागत अध्ययन पद्धति के प्रति गंभीर असंतोष, द्वितीय विश्वयुद्धोपरान्त परिवर्तित अन्तर्राष्ट्रीय राजनीतिक परिस्थितियां, उपनिवेशवाद के पतनोपरान्त नवोदित राजनीतिक व्यवस्थाओं के मध्य अन्तर्राष्ट्रीय शक्ति एवं प्रभुत्व का विकेन्द्रीकरण, महाशक्तियों का उदय, नवोदित व्यवस्थाओं की आन्तरिक एवं बाह्य राजनीतिक, सामाजिक, आर्थिक चुनौतियां, नवोदित राष्ट्रों में राजनीतिक अस्थायित्व का संकट आदि शामिल है।
- यह उपागम राजनीतिशास्त्र के वैज्ञानिकता की खोज की आधुनिकतम अनुभवजन्य अभिव्यक्ति है।
- व्यवहारवादी उपागम राजनीति प्रासंगिक ऐसी समस्त घटनाओं एवं समस्याओं के अध्ययन का प्रयास करता है जो व्यक्ति के प्रेक्षित या प्रेक्षणीय व्यवहार से संबद्ध होता है।
- इस उपागम के माध्यम से वैज्ञानिक प्रविधियों का प्रयोग करके राजनीतिक–सामाजिक घटनाओं व समस्याओं की व्याख्या तथा उनका सत्यापन एवं परीक्षण किया जा सकता है।
- यह उपागम शोध–प्रसंग के परिमाणीकरण तथा क्रियात्मकता की व्याख्या पर विशेष बल देता है।
- इस उपागम की प्रकृति अन्तरशास्त्रीय है, इसलिए सभी समाज विज्ञानों से उपागम का सीधा संवाद व सरोकार है।
- यह उपागम तुलनात्मक अध्ययन एवं विषयगत अनुसंधान पर विशेष बल देता है।

प्रश्न (Questions)

1. व्यवहारवादी उपागम से आप क्या समझते हैं ? राजनीतिक समाजशास्त्र के अध्ययन में व्यवहारवादी उपागम की आलोचनात्मक व्याख्या प्रस्तुत करें।

   What do you mean by behavioural approach? Present a critical explanation of the behavioural approach in the study of political sociology.

2. व्यवहारवादी उपागम की त्रुटियों एवं सीमाओं का उल्लेख करें।

   Describe the limitations and demerits of the behavioural approach.

3. व्यवहारवादी उपागम की विशेषताएं, उद्देश्य एवं उपयोगिता का समीक्षात्मक विश्लेषण प्रस्तुत कीजिए।

   Examine the characteristics, objectives and utility of the behavioural approach.

अध्याय 4

राजनीतिक व्यवस्था विश्लेषण उपागम
Political System Analysis Approach

परिचय (Introduction)

'व्यवस्था विश्लेषण सिद्धान्त' तुलनात्मक राजनीति की अध्ययन–पद्धति की बौद्धिकता वैज्ञानिकता एवं व्यापकता का प्रतीक है। तुलनात्मक राजनीति के अध्ययन हेतु व्यवस्था सिद्धान्त की सार्थकता इस तथ्य में है कि विभिन्न राजनीतिक व्यवस्थाओं एवं प्रक्रियाओं से संदर्भित राजनीतिक व्यवहार की वास्तविकता का गहराई से अध्ययन के लिए परम्परागत उपागम रूढ़िवादी एवं अपर्याप्त हैं। इसलिए तुलनात्मक राजनीति के अध्ययन के लिए ऐसी नई तकनीकों और उपागमों का प्रयोग होना चाहिए जिसमें राजनीतिक वास्तविकता के अध्ययन–विश्लेषण के अन्तर्गत राजनीति का समस्त क्षेत्र आ जाए। इस अर्थ में व्यवस्था विश्लेषण सिद्धान्त का प्रयोग आधुनिक राजनीतिशास्त्र के परिवर्तित एवं व्यापक अध्ययन क्षेत्र का परिचायक है। राजनीतिशास्त्र के अध्ययन हेतु प्रचलित दकियानूसी परम्परागत अवधारणाएं राजनीति के गत्यात्मक तत्त्वों की गहराई में झांकने के लिए संकीर्ण थे, इसीलिए समकालीन राजनीतिक विद्वानों द्वारा राजनीति के यथार्थगत अध्ययन हेतु नयी अवधारणाओं का प्रयोग किया जाने लगा, जिसमें राजनीतिक व्यवस्था को बुनियादी अवधारणा का दर्जा दिया गया। राजनीतिक व्यवस्था एवं प्रक्रियाओं के विभिन्न स्तरों से संबद्ध तुलनात्मक अध्ययन के आधार पर राजनीतिक व्यवहार संबंधी सिद्धान्त निर्माण करना एवं इसी आलोक में राजनीतिक व्यवहार का विश्लेषणात्मक अध्ययन करना ही तुलनात्मक राजनीति का ध्येय है।

व्यवस्था सिद्धान्त एवं व्यवस्था विश्लेषण में अन्तर (Difference between System Theory and System Analysis)

'व्यवस्था सिद्धान्त एवं व्यवस्था विश्लेषण' में आंशिक लेकिन निश्चित अन्तर है। व्यवस्था सिद्धान्त राजनीतिक व्यवस्था के अदा (Input), प्रदा (Output) एवं पर्यावरण (Environment) जैसे प्रत्ययों (Convictions) से मिलकर पूरा होता है। लेकिन जब व्यवस्था सिद्धान्त का प्रयोग किसी विशेष परिस्थिति या समस्याओं के अध्ययन के लिए किया जाता है तो उसका स्वरूप व्यवस्था विश्लेषण का होता है। इस दृष्टिकोण से व्यवस्था विश्लेषण किसी विशेष परिस्थिति में किसी राजनीतिक व्यवस्था के अध्ययन के लिए प्रयुक्त व्यवस्था सिद्धान्त का क्रियात्मक रूप है। जहां तक डेविड ईस्टन के 'राजनीतिक व्यवस्था विश्लेषण' का संदर्भ है ईस्टन द्वारा सिद्धान्त की जगह 'विश्लेषण' शब्द का प्रयोग किया गया है, लेकिन वस्तुतः, वह व्यवस्था सिद्धान्त की ही बात करते हैं, क्योंकि ईस्टन द्वारा प्रतिपादित राजनीतिक व्यवस्था विश्लेषण 'व्यवस्था की किसी विशेष परिस्थिति का अध्ययन नहीं है' यह विश्लेषण हर परिस्थिति में राजनीतिक व्यवस्था के समग्र स्वरूप का विश्लेषणात्मक अध्ययन है। व्यवस्था विश्लेषण राजनीतिक व्यवस्था को एक स्वतंत्र व्यवस्था मानता है और शेष समाज को राजनीतिक व्यवस्था का पर्यावरण मानता है। व्यवस्था विश्लेषण एक उपागम (Approach) है जो राजनीति को ऐसी परस्पर क्रियाओं का समुच्चय (Aggregation) मानता है जो किसी भी पर्यावरण में घटित होती है, लेकिन विश्लेषणात्मक दृष्टि से व्यवस्था एवं पर्यावरण से पृथक् होती है। यह राजनीतिक व्यवहार के वर्णनात्मक अध्ययन एवं विश्लेषण की एक पद्धति है जिसकी अध्ययन प्रविधियों के लिए व्यवस्था, उपव्यवस्था, निवेश, निर्गत, रूपान्तरण प्रक्रिया, पुनर्निवेशन, पर्यावरण जैसे अनेक प्रत्यय विकसित किए गए हैं।

राजनीतिक व्यवस्था सिद्धान्त से अभिप्राय (Meaning of Political System Theory)

आधुनिक राजनीति विज्ञान के अध्ययन के लिए व्यवस्था सिद्धान्त की प्रेरणा 1920 में प्रसिद्ध जीव वैज्ञानिक लुडविग वान वर्टलनफी (Ludwig Von Bertallanfy) के सामान्य व्यवस्था सिद्धान्त (General System Theory) से मिली है। सामान्य व्यवस्था सिद्धान्त के प्रतिपादन में लुडविग ने समस्त प्राकृतिक विज्ञानों के समायोजन पर बल दिया है। द्वितीय विश्वयुद्ध के पश्चात् समाजविज्ञान के अध्ययन हेतु इस अवधारणा का व्यापक प्रयोग आरंभ हुआ, जो मानवशास्त्र, मनोविज्ञान एवं समाजशास्त्र से चलकर राजनीतिशास्त्र तक पहुंचा। अमेरिकी राजनीतिशास्त्रियों में डेविड ईस्टन, गैब्रियल आल्मंड, मार्टन काप्लान, रॉबर्ट डॉल आदि ने व्यवस्था विश्लेषण सिद्धांत को निरूपित करने में अहम् भूमिका निभायी, लेकिन सामान्य व्यवस्था सिद्धान्त पर आधारित राजनीतिक व्यवस्था विश्लेषण को व्यवस्थित स्वरूप देने का प्राथमिक श्रेय डेविड ईस्टन को जाता है। डेविड ईस्टन द्वारा प्रतिपादित पुस्तक 'Political System An Enquiry into the State of Political Science : 1953' में ईस्टन ने एक ऐसे सिद्धान्त के निर्माण की धारणा अभिव्यक्त की है जिसमें समस्त सामाजिक विज्ञानों का समायोजन हो और सम्पूर्ण राजनीतिक व्यवस्था एवं प्रक्रियाएं उसके अध्ययन का बुनियादी विषय हो। रॉबर्ट मार्टन एवं टालकॉट पारसन्स द्वारा व्यवस्था सिद्धान्त का प्रयोग सामाजिक राजनीतिक परिप्रेक्ष्य अध्ययन के लिए किया गया और इसके लिए संरचनात्मक – प्रकार्यात्मक दृष्टिकोण अपनाया गया। व्यवस्था सिद्धान्त के समर्थकों की दृष्टि में राजनीतिशास्त्र को राजनीति विज्ञान बनाने की दिशा में यह विचारबंध (Framework) एक महत्त्वपूर्ण कदम है।

राजनीतिक व्यवस्था विश्लेषण (Political System Analysis)

व्यवस्था सिद्धान्त के आधार पर सामाजिक व्यवस्था की राजनीतिक गतिविधियों, तथा संस्थाओं के परस्पर संबंधों एवं अन्तःक्रियाओं की वास्तविकता का अध्ययन करने हेतु राजनीतिक व्यवस्था अवधारणा का विकास किया गया।

मूलतः राजनीतिक व्यवस्था अवधारणा से व्यक्ति एवं समूह के राजनीतिक एवं गैर–राजनीतिक अन्तःक्रियाओं एवं अन्तःसंबंधों के उस प्रतिमान (Pattern) का बोध होता है, जो व्यक्ति के आपसी संबंधों के अतिरिक्त विभिन्न संस्थाओं एवं समूहों से उसके अन्तर्संबंधों की अन्योन्याश्रितता को भी व्यक्त करती है।

अध्ययन की दृष्टि से व्यवस्था सिद्धान्त का प्राथमिक प्रयोग जीव वैज्ञानिक लुडविग बर्टलनफी द्वारा जीव विज्ञान में किया गया। तत्पश्चात् सामाजिक नृजातीय शास्त्र (Social Anthropology) एवं समाजशास्त्र में और बाद में आधुनिक राजनीतिक विशारदों द्वारा अपने विश्लेषणपरक अध्ययन में इस अवधारणा की उपलब्धियों का भरपूर प्रयोग किया गया। समाजशास्त्र में इस सिद्धान्त को व्यावहारिक बनाने का श्रेय टालकॉट पारसन्स को जाता है जिसने सम्पूर्ण समाज को एक व्यवस्था के रूप में देखा और इसकी विभिन्न उपव्यवस्थाओं, यथा–राज्य व्यवस्था, अर्थव्यवस्था, सांस्कृतिक व्यवस्था, नियम व्यवस्था आदि के बीच निरन्तर चलने वाली अन्तर्क्रियाओं एवं अन्तर्संबंधों को व्यवस्था सिद्धान्त के दायरे में शामिल करके सम्पूर्ण सामाजिक व्यवस्था का विश्लेषणात्मक अध्ययन किया। बाद में अधिकांश समाज वैज्ञानिकों ने इसे स्वीकार किया और समाजशास्त्र एवं आधुनिक राजनीति विज्ञान के अध्ययन में इसका व्यापक प्रयोग होने लगा।

राजनीति विज्ञान के व्यवहारवादी अध्ययन में व्यवस्था सिद्धान्त को सर्वमान्य एवं लोकप्रिय बनाने में जिन विशारदों का नाम उल्लेखनीय है उनमें डेविड ईस्टन, आल्मंड, रॉबर्ट ए. डॉल, लिप्सेट विलियम मिशेल्स आदि के नाम प्रमुख हैं। इन विद्वानों द्वारा व्यावहारिक अध्ययन के आधार पर राजनीतिक व्यवस्था विश्लेषण के विभिन्न प्रतिमानों का प्रतिपादन किया गया है जिनकी प्रस्तुति के आलोक में लगभग सभी राजनीतिक व्यवस्थाओं के संगठनात्मक एवं कार्यात्मक पक्ष का तथ्यगत तथा यथार्थगत अध्ययन काफी हद तक सरल हो गया है। मोटे तौर पर सभी आधुनिक राजनीति विश्लेषक इस बात पर सममत हैं कि सभी राजनीतिक व्यवस्थाओं की बनावट एवं कार्यप्रणाली में व्यापकता (Comprehensiveness), अन्योन्याश्रितता (Interdependence) एवं सीमाओं का अस्तित्व (Existence of Boundaries) का पाया जाना अवश्यंभावी है। सभी विशारदों ने यह स्वीकारा है कि राजनीतिक व्यवस्था सिद्धान्त सामाजिक व्यवस्था में अवस्थित सामाजिक–राजनीतिक व्यवहारों की संबद्धता (Coherence) एवं अन्योन्याश्रितता (Interdependence) का प्रतिमान है, तभी तो राजनीतिक व्यवस्था की इस सामान्य रूपरेखा को ठोस अस्तित्व प्रदान करने के लिए इस सिद्धान्त का प्रस्तुतीकरण एक आनुभविक विश्लेषणात्मक अवधारणा के रूप में किया गया है।

राजनीतिक व्यवस्था पर विचार प्रस्तुत करते हुए आल्मंड एवं पॉवेल ने लिखा है, ''राजनीतिक व्यवस्था प्रत्येक स्वतंत्र समाज में कार्यों की वह व्यवस्था है जो कम या अधिक, उचित जोर–जबरदस्ती के उपयोग या उपयोग के डर के माध्यम से समाज को (आन्तरिक एवं बाह्य मामलों में) संयुक्त तथा सहनशील बनाने का कार्य करती है।'' आगे ऑल्मंड का कहना है, ''राजनीतिक व्यवस्था समाज में कानून व्यवस्था बनाये रखने या समाज को बदलने वाली उचित व्यवस्था है।'' आल्मंड के शब्दों में, ''राज्य, सरकार एवं राष्ट्र जैसे शब्द वैधानिक तथा संस्थात्मक शब्दों तक सीमित हैं। ये शब्द हमारा ध्यान उन विशेष संस्थाओं की ओर आकर्षित करते हैं जो सामान्यतया आधुनिक पाश्चात्य समाजों में पाये जाते हैं, पर यदि सभी प्रकार के समाजों गें उपलब्ध राजनीतिक विषय–सामग्री का विवेचन करने की दृष्टि से राजनीतिक विज्ञान को वास्तव में प्रभावशाली बनाना है तो विश्लेषण से अधिक व्यापक ढांचे की आवश्यकता है, वह ढांचा व्यवस्था विश्लेषण (System Analysis) का है।''

राजनीतिक व्यवस्था सिद्धान्त की अवधारणा किसी भी व्यवस्था के समाज में निवास करने वाले व्यक्ति एवं व्यक्ति समूहों के राजनीतिक व्यवहारों के अन्तर्संबंधों की व्यापकता, अन्योन्याश्रितता, घनिष्ठता आदि का सूचक है और इस आलोक में राजनीतिक पर्यावरण से उसके बनते–बिगड़ते संबंधों के अध्ययन का प्रेरक आधार भी है। व्यवस्था अवधारणा संबंधी मान्यताएं इस आशय को व्यक्त करती हैं कि राजनीतिक व्यवस्था एवं पर्यावरण के बीच अन्तर्कियाएं एवं अन्तर्संबंध निरन्तर चलती रहती हैं जो राजनीतिक, व्यवहारों के क्रमबद्ध अध्ययन का आधारतत्त्व है। कापलान के शब्दों में, ''व्यवस्था विश्लेषण के लक्ष्यों के सामान्य विवरण में जो प्रमुख तत्त्व शामिल हैं उनमें व्यवस्था के विभिन्न अन्तर्संबंधित तत्त्वों के कुलकों (Series) का अध्ययन, उस कुलक के पर्यावरण के साथ भिन्नता

का अध्ययन तथा इस बात का अध्ययन कि वह इकाई पर्यावरणजनित तनावों के बावजूद किस प्रकार अपने अस्तित्व को कायम रखती है।''

आधुनिक राजनीतिक विज्ञान एवं राजनीतिक समाजशास्त्र के प्रसंग में व्यवस्था विश्लेषण वह उपागम या प्रतिमान है जो किसी भी राजनीतिक व्यवस्था में अवस्थित राजनीति की अन्तर्क्रियाओं को राजनीतिक पर्यावरण की उस इकाई के रूप में देखता है जो सामाजिक व्यवस्था के पर्यावरण दायरे में संचालित होती है लेकिन राजनीति के विश्लेषणात्मक अध्ययन के दृष्टिकोण से संबद्ध एवं अन्योन्याश्रित होते हुए भी सामाजिक पर्यावरण से पृथक् अस्तित्व रखती है।

डेविड ईस्टन का राजनीतिक व्यवस्था विश्लेषण (Easton's Political System Analysis)

ईस्टन की अभिव्यक्ति के अनुसार, राजनीतिक व्यवस्था मानवीय संबंधों के सतत प्रतिमान (Persistent Pattern) का नाम है। डेविड ईस्टन ने राजनीति के वैज्ञानिक एवं आनुभविक विश्लेषण के लिए 'राज्य' शब्द को संकीर्ण तथा अपर्याप्त माना और राजनीति के तथ्यगत एवं यथार्थगत अध्ययन के लिए सामाजिक व्यवस्था जैसे एक विस्तृत शब्द के प्रयोग का सुझाव दिया। ईस्टन का कहना है कि राजनीतिक व्यवस्था एक ऐसी व्यवस्था है जो पूरी सामाजिक व्यवस्था का एक हिस्सा है जिसे विश्लेषण एवं अनुसंधान के लिए अस्थाई तौर पर उससे अलग किया गया है। इस प्रसंग में आगे ईस्टन ने कहा है कि ''राजनीतिक व्यवस्था समाज के लिए सत्तात्मक मूल्यों का आवंटन करती है।''

इस अर्थ के आलोक में ईस्टन द्वारा आवंटन के संदर्भ में राजनीतिक व्यवस्था के तीन मुख्य तत्त्वों की चर्चा की गयी है–नीति (Policy), सत्ता (Authority) एवं समाज (Society)।

नीति (Policy)

नीति के संदर्भ में ईस्टन की अभिव्यक्ति है कि सभी राजनीतिक व्यवस्थाओं में नीतियां (Policies) ही मूल्यों का आवंटन (Allocation of Values) करती है। इनका मानना है कि नीतियां चाहे समाज, समुदाय या राजनीतिक संस्थाओं की हों उनका मूल उद्देश्य है व्यवस्था में मूल्यों का बंटवारा करना अर्थात् समाज में किसको क्या मिलेगा इसका सत्तात्मक निर्णय करना। ईस्टन ने नीतियों के अध्ययन प्रसंग में नीति निर्माण (Policy Making), नीति क्रियान्वयन (Policy Application) एवं नीति अधिनिर्णय (Policy adjudication) तीनों प्रक्रियाओं से संबद्ध विषय तत्त्वों को शामिल किया है।

सत्ता (Authority)

सत्ता व्यवस्था का दूसरा महत्त्वपूर्ण आयाम है जो नीतियों के क्रियान्वयन एवं उसके पालन कराने का वैधानिक माध्यम है। सत्ता से ईस्टन का अभिप्राय उस प्रभुत्व (Dominance) से है जिसके दबाव में जनसाधारण (Mass) नीतियों का पालन करता है। इस प्रसंग में ईस्टन की अभिव्यक्ति का आशय यह है कि सिर्फ सत्ता द्वारा निर्मित नीतियां ही राजनीतिक व्यवस्था के दायरे में शामिल हैं साथ ही उसने यह भी कहा है कि नीतियों का निर्माण किसी एक समूह के लिए नहीं पूरे समाज के लिए होना चाहिए।

समाज (Society)

ईस्टन के व्यवस्था संबंधी मंतव्य का तीसरा महत्त्वपूर्ण आयाम समाज है। इस प्रसंग पर इनकी अभिव्यक्ति समाज के व्यापक अस्तित्व के परिपेक्ष्य में है। इनका कहना है कि जो नीतियां सम्पूर्ण समाज के हित के लिए

बनायी जाती है। राजनीतिक व्यवस्था के अध्ययन–क्षेत्र में सिर्फ उन्हें ही शामिल किया जाता है। इसका अभिप्राय यह हुआ कि किसी समूह विशेष या परिवार की नीतियां व्यवस्था के अध्ययन का हिस्सा नहीं हैं। इनके विचार में सत्तात्मक नीतियां पूरे समाज को समानरूप से प्रभावित करती हैं और राजनीतिक व्यवस्थाओं का अध्ययन इसीलिए आवश्यक है क्योंकि उनके अधिकारपूर्ण निर्णयों (Authoritative Decisions) का समाज पर सीधा प्रभाव पड़ता है। उपर्युक्त आलोक में ईस्टन के विचारानुसार, ''राजनीतिक व्यवस्था का अर्थ है समाज के लिए सत्ता द्वारा बनायी गयी नीतियों का अध्ययन।'' इस रूप में राजनीति सिर्फ राजनीतिक संस्थाओं का अध्ययन न होकर सामाजिक प्रक्रिया का अध्ययन बन जाती है। इस परिप्रेक्ष्य में राज्य की अपेक्षा राजनीतिक व्यवस्था एक वृहद् अवधारणा है और राज्य उस राजनीतिक व्यवस्था रूपी ढांचे की वैधानिक पहचान है।

ईस्टन द्वारा प्रस्तुत व्यवस्था विश्लेषण निश्चित रूप से एक व्यापक उपागम है। व्यवस्था विश्लेषण की उपर्युक्त मान्यताओं के अनुरूप डेविड ईस्टन ने 1953 में अपनी प्रसिद्ध कृति 'पॉलिटिकल सिस्टम एन इक्वायरी इंटू द स्टेट ऑफ पॉलिटिकल साइंस' में राजनीतिक व्यवस्था एवं राजनीति विज्ञान की दशा के अन्वेषण में राजनीति एवं समाज के संबंधों की व्यापकता, घनिष्ठता, परस्पर निर्भरता एवं अन्योन्याश्रितता के विस्तृत अध्ययन हेतु राजनीतिक व्यवस्था विश्लेषण' संदर्भित एक प्रतिमान (Model) प्रस्तुत किया जो राजनीतिक व्यवहारों एवं राजनीतिक पर्यावरण के आलोक में राजनीतिक व्यवस्था एवं प्रक्रियाओं के व्यवस्थित अध्ययन क्षेत्र की दिशा में प्राथमिक पहल थी। अपनी इस अवधारणा में ईस्टन ने राजनीतिक जीवन को एक ऐसे व्यवहार की व्यवस्था (System of Behaviour) के रूप में देखा है जो सामाजिक पर्यावरण (Environment) में अवस्थित होते हुए भी उससे पृथक् अस्तित्व रखती है। ईस्टन व्यवस्था की संरचनाओं एवं प्रक्रियाओं में अभिविन्यास (Orientation) आधारित परिवर्तन के लिए व्यवस्था में उत्पन्न उन तनावों (Tensions) को उत्तरदायी मानते हैं जो परिस्थितिजन्य उत्पन्न होता है। ईस्टन ने व्यवस्था की संरचनाओं एवं प्रक्रियाओं में पुनर्निवेश के अस्तित्व को स्वीकारा है। ईस्टन की नजर में पुनर्निवेश का अभिप्राय व्यवस्था की उस प्रक्रिया से है जिसके सहयोग से राजनीतिक व्यवस्था की स्थायी कार्यपालिका व्यवस्था के निर्गत तत्त्वों का पर्यावरण पर पड़ने वाले प्रभावों की जानकारी प्राप्त करती हैं और राजनीतिक कार्यपालिका को उन सूचनाओं से अवगत कराती हैं ताकि व्यवस्था में राजनीतिक सत्ता एवं अवाम के बीच संबंधों का संतुलन बना रहे।

ईस्टन द्वारा प्रतिपादित राजनीतिक व्यवस्था सिद्धान्त के निम्नलिखित प्रत्यय हैं :

आगत या निवेश कार्य (Input Functions)

आगत (निवेश) का तात्पर्य पर्यावरण संदर्भित मांग एवं समर्थन से है। प्रत्येक राजनीतिक व्यवस्था के समक्ष पर्यावरण द्वारा कुछ मांगें रखी जाती हैं जिनके पीछे व्यवस्था के सदस्यों का समर्थन होता है। समर्थन ही नीति–निर्धारकों का ध्यान मांगों की तरफ आकर्षित कराता है। जनसमर्थन और सहमति पर ही राजनीतिक व्यवस्था का अस्तित्व कायम रहता है। समर्थन से व्यवस्था की क्षमता एवं कार्यकुशलता में वृद्धि होती है। साथ ही समर्थन औचित्यपूर्ण राजनीतिक सत्ता को विभिन्न प्रकार की मांगों को निर्गत में परिवर्तित करने की शक्ति भी देता है। राजनीतिक व्यवस्था की सक्रियता का सीधा संबंध मांगों के जन्म, निवेश, रूपान्तरण एवं निर्गत प्रक्रिया से है। निवेश का तात्पर्य जनसहभागिता से है जो व्यवस्था को निर्गत उत्पन्न कराने का समर्थन देता है। मांगों का समुचित समाधान, सरकार द्वारा आधिकारिक मांगों का सम्पादन, सार्वजनिक नीतियों के क्रियान्वयन में प्रभावशीलता एवं मांगों के प्रति प्रशासन का विवेकपूर्ण तथा धर्मनिरपेक्ष दृष्टिकोण व्यवस्था में बेहतर निवेश तत्त्व के निर्माण का महत्त्वपूर्ण माध्यम है। राजनीतिक व्यवस्था की क्षमता एवं विकास का केंद्रीय आधार है निवेश। निवेश तत्त्वों का जन्म सामाजिक पर्यावरण में होता है और जनसमर्थन ही व्यवस्था की वैधता, क्षमता, लोकप्रियता, प्रभाव एवं स्थायित्व की ख़ास पहचान होती है।

मांग (Demands)

ईस्टन के मतानुसार मांगें व्यवस्था के शासकों के समक्ष जनसाधारण द्वारा प्रस्तुत एवं अभिविन्यासित आकांक्षाएं, अपेक्षाएं, आवश्यकताएं हैं जिसका अस्तित्व प्रत्येक राजनीतिक व्यवस्था में परिस्थितिजन्य पर्यावरण के अनुरूप विद्यमान रहता है। मांगें अवाम के मतों की अभिव्यक्ति हैं जो सामाजिक संसाधनों के आधिकारिक आवंटन (Allocation) के लिए उत्तरदायी कारक हैं। सामान्यतः मांगों के तीन प्रकारों की चर्चा की गयी है – सामान्य, विशिष्ट एवं संकीर्ण। मांगों का स्वरूप जनहित एवं स्वार्थहित दोनों प्रकार का हो सकता है। मांगें स्पष्ट एवं अस्पष्ट दोनों रूपों में जन्म ले सकती हैं, लेकिन उनकी दिशा और उनका बहाव सदैव सत्ता की ओर होता है। मांगें सत्ता पर दबाव बनाने का काम करती हैं। यह राजनीतिक सत्ताधारियों को जनसमुदाय के प्रति अनुकूल या प्रतिकूल निर्णय लेने के लिए आधार तत्त्व प्रदान करती है।

समर्थन (Support)

समर्थन मांगों की औचित्यता एवं अपरिहार्यता की पहचान है। कोई भी राजनीतिक व्यवस्था अपने अस्तित्व के सातत्य एवं अनुरक्षण के लिए सिर्फ नियंत्रण करने वाले उपकरणों पर निर्भर नहीं रहती है, उसे अपनी कार्यक्षमता भी बढ़ानी पड़ती है। व्यवस्था की कार्यक्षमता बढ़ाने वाले साधन के रूप में ईस्टन ने समर्थन की अवधारणा प्रस्तुत की है और निवेश के रूप में मांगों के साथ–साथ समर्थनकारी तत्त्वों की प्रमुखता पर विशेष बल दिया है। ईस्टन के विचार में पर्यावरण से मिलने वाला समर्थन ही व्यवस्था के अस्तित्व को लंबे समय तक कायम रखता है।

समर्थन का स्वरूप जितना व्यापक होगा व्यवस्था को उतनी ही मजबूती मिलेगी। व्यवस्था के राजनीतिक समर्थन में कमी तब ही आती है जब वह समाज की मूल आवश्यकताओं की पूर्ति करने में असमर्थ हो जाता है। समर्थन वह महत्त्वपूर्ण निवेश है जो मांगों के स्वरूप–निर्धारण एवं रूपान्तरण के लिए जमीन तैयार करता है। समर्थन सत्ताधारियों एवं शासन व्यवस्था के प्रति जनसमुदाय की नकारात्मक या सकारात्मक प्रतिक्रियाओं की अभिव्यक्ति है। समर्थन सत्ता, व्यवस्था एवं समाज के मूल्यों के प्रति अवाम की अनुकूल या प्रतिकूल प्रतिक्रियाएं हैं। मांगों की तरह समर्थन का भी स्वरूप होता है जो नकारात्मक या साकारात्मक, प्रकट या अप्रकट, निरुद्देश्य या उद्देश्यपूर्ण आदि प्रकारों का होता है। व्यवस्था की क्षमता, सक्रियता प्रभाव एवं औचित्यपूर्णता को मजबूती प्रदान करने में समर्थन की भूमिका सबसे अहम् होती है। समर्थन ही राजनीतिक व्यवस्था और पर्यावरण के बीच एक मात्र मजबूत कड़ी है जो अधिकारियों का ध्यान मांगों की जरूरत एवं उनकी अनिवार्यता की ओर आकृष्ट करता है। समर्थन ही मांगों को विधेयक के रूप में निर्गत कराने का सशक्त माध्यम है और व्यवस्था की सक्रियता का आधारतत्त्व है। ईस्टन के शब्दों में, ''राजनीतिक स्थिति को उन्नत या अवरुद्ध करने वाली क्रियाएं या अनुस्थापन के रूप में प्रस्तुत ऊर्जा को समर्थन कहते हैं।'' समर्थन पर ही निर्गत का परिणाम निर्भर करता है।

निर्गत कार्य (Output Functions)

ईस्टन के शब्दों में, ''अधिकारियों के निर्णय और आदेश राजनीतिक व्यवस्था के निर्गत हैं जो व्यवस्था के सदस्यों के व्यवहार से उत्पन्न परिणामों को पर्यावरण निर्माण की दृष्टि से संगठित स्वरूप प्रदान करता है। निर्गत प्रक्रिया राजनीतिक व्यवस्था की क्षमता एवं कार्यों की पहचान है। यह व्यवस्था का महत्त्वपूर्ण संघटक है। जब जनसमुदाय द्वारा सत्ताधारियों को संबोधित मांगें रूपान्तरित होकर नीतियां, निर्णय, कार्यक्रमों, योजनाओं या सरकारी घोषणाओं के रूप में जनकल्याण हेतु पर्यावरण के सामने आती हैं तो उन्हें ईस्टन ने निर्गत की संज्ञा दी है। निर्गत जनसमुदाय समर्थित मांगों पर व्यवस्था का निर्णय है। यह पर्यावरण से उत्पन्न दबावों पर शासकों की प्रतिक्रिया है। निर्गत का परिणाम ही पर्यावरण में नये निवेशों के लिए जमीन तैयार करता है। निर्गत के महत्त्व पर प्रकाश डालते हुए ईस्टन ने लिखा है, ''निर्गत न केवल उस व्यापक समाज की घटनाओं को प्रभावित करता है जो राजनीतिक व्यवस्था का एक अंग है, अपितु यह प्रक्रिया उन सभी निवेशों को भी प्रभावित करती है जो एक के बाद एक राजनीतिक व्यवस्था में प्रवेश करता है।''

पुनर्निवेशन (Feedback)

राजनीतिक व्यवस्था को सक्रिय बनाये रखने वाली प्रक्रिया पुनर्निवेशन है। ईस्टन द्वारा प्रतिपादित व्यवस्था विश्लेषण की यह केंद्रीय प्रत्यय है जिसमें पुनर्निवेशन क्रिया पर अतिशय बल दिया गया है और यह कहा है कि इसके अभाव में व्यवस्था की कार्यव्यवस्था का चक्र अधूरा रह जाएगा। राजनीतिक व्यवस्था की सक्रियता एवं क्षमता निर्गतों के प्रभाव से घटती–बढ़ती है इसलिए प्रत्येक व्यवस्था अपने निर्गतों के प्रभाव की जानकारी रखना चाहती है। जहां निर्गत का उद्देश्य व्यवस्था के सदस्यों की आवश्यकताओं की पूर्ति करना है वही व्यवस्था संचालकों की यह जरूरत है कि वह अपने द्वारा निर्धारित नीतियों, योजनाओं, कार्यक्रमों पर जनता की प्रतिक्रियाएं जानने की व्यवस्था द्वारा किये गये निर्गत से सदस्य खुश हैं या नाखुश हैं, निर्गत के समर्थन में है या विरोध में है। सही स्थिति की जानकारी के लिए ऐसी सूचनाएं व्यवस्था के पास अधिकारीगणों के माध्यम से पहुंचती हैं और इन्हीं के माध्यम से व्यवस्था की सूचनाएं अवाम तक पहुंचती हैं जो पर्यावरण में निवेश के लिए नयी मांगों के जन्म को या पुरानी मांगों के अस्तित्व को कायम रखने का आधारक बनती है। राजनीतिक व्यवस्था द्वारा संपादित कार्य प्रक्रिया का सर्वाधिक महत्त्वपूर्ण आयाम पुनर्निवेशन चक्र है। यह व्यवस्था की राजनीतिक प्रक्रियाओं का मूलाधार चक्र है जिसकी वजह से राजनीतिक व्यवस्था एवं पर्यावरण के बीच अनवरत गतिशील चक्रीय संबंध बना रहता है और व्यवस्था के राजनीतिक कार्यों का चक्र नियम–कानून के दायरे में अहर्निश संचालित होता रहता है। राजनीतिक व्यवस्था का मूल लक्ष्य है ज्यादा से ज्यादा जनसमर्थन एवं जनसहभागिता को अपने पक्ष में बनाये रखना जिसका सशक्त माध्यम है पुनर्निवेशन क्रिया। इस संपूर्ण राजनीतिक क्रिया को पुनर्निवेशनचक्र (Feedback Loop) का नाम दिया जाता है। यह किसी भी राजनीतिक व्यवस्था में मांग एवं समर्थन पर पड़ने वाले दबावों एवं उससे उत्पन्न तनावों की प्रतिक्रिया का महत्त्वपूर्ण हिस्सा है। निर्गत पुनर्निवेशन चक्र से गुजरते हुए जब निवेशों के रूप में व्यवस्था में प्रवेश करता है तो इन सारे प्रसंगों में उसकी प्रासंगिकता समर्थन को ज्यादा से ज्यादा मजबूत शक्ल देने की होती है। इस दृष्टिकोण से पुनर्निवेशन राजनीतिक व्यवस्था की सबसे गतिशील प्रक्रिया है जिसके माध्यम से व्यवस्था अपने कार्यों के संबंध में पर्यावरण की अभिवृत्तियों (Attitudes) की जानकारी लेता है और पर्यावरण के व्यवहार में होने वाले अभिविन्यासों के अनुरूप अपनी नीतियां एवं निर्णयों को बदलने में सक्षम होता है। इस चक्रीय क्रिया को राजनीतिक व्यवस्था का 'प्रवाह–प्रतिमान' (Flow Model) भी कहा गया है, क्योंकि यह क्रिया राजनीतिक व्यवस्था, राजनीतिक पर्यावरण एवं राजनीतिक व्यवहार के मध्य संबंधों की अन्तःक्रियात्मकता (Interaction) में अनवरत निरन्तरता (Continuity) एवं अन्तरआश्रितता (Interdependence) का प्रवाह कायम रखता है।

पर्यावरण (Environment)

ईस्टन के राजनीतिक व्यवस्था विश्लेषण में समस्त आगत एवं निर्गत तत्त्वों की क्रियाओं का आधार है पर्यावरण। सभी राजनीतिक, सामाजिक, आर्थिक एवं भौतिक क्रियाओं का व्यवस्थागत पर्यावरण एवं व्यवस्था पर गहरा प्रभाव पड़ता है। दरअसल किसी व्यवस्था के पर्यावरण का प्रतिनिधि (Representative) होता है, वहां के सदस्यों का राजनीतिक व्यवहार एवं समाज की राजनीति का स्वरूप। राजनीतिक व्यवस्था के पर्यावरण से सामाजिक, आर्थिक, सांस्कृतिक, धार्मिक, भौतिक आदि सभी परिस्थितियों का अंशबोध होता है जिन्हें व्यवस्था का आन्तरिक–सामाजिक पर्यावरण (Intra-societal Environment) का नाम दिया गया है। इसके दायरे में समाज की सभी स्थितियां, परिस्थितियां, दशाएं एवं प्रभाव से संबद्ध परिवर्त्यों का समावेश होता है जो समाज के सदस्यों के व्यवहार का प्रतिरूप होता है और व्यवस्था पर अपने प्रभाव का दबाव बनाये रखता है। राजनीतिक व्यवस्थागत पर्यावरण वह परिवृत्त (Circumscribed Circle) है जो व्यवस्था को चारों ओर से घेरे रहती है और व्यवस्था के राजनीतिक जीवन एवं उसकी क्रियाओं पर निरन्तर प्रभाव डालती रहती है। इस परिवृत्त में व्यवस्था के तथ्य, संसाधन, मूल्य, दशाएं मानक एवं व्यवहार आदि सम्मिलित है जिसकी क्रियाएं–प्रतिक्रियाएं, व्यवस्था एवं उसके सदस्यों के जीवन एवं विकास पर व्यापक असर डालती रहती है। कोई भी राजनीतिक व्यवस्था निवेश एवं निर्गत

जैसी प्रक्रियाओं द्वारा ही पर्यावरण से जुड़ती है। राजनीतिक व्यवस्था के पर्यावरण के अध्ययन के लिए उसे दो हिस्सों में बांटा गया है। अन्तःसमाजीय एवं बाह्यसमाजीय। अन्तःसमाजीय पर्यावरण में व्यक्ति का आर्थिक जीवन, संस्कृति, सामाजिक संरचना एवं स्वयं व्यक्ति शामिल होता है। बाह्यसमाजीय पर्यावरण का अस्तित्व समाज के बाहर होता है जिसके क्षेत्र में अन्तर्राष्ट्रीय समाज का आर्थिक–सांस्कृतिक परिवेश शामिल होता है। पर्यावरण से ही व्यवस्था अपनी क्रियात्मक गति के लिए ऊर्जा प्राप्त करती है उसके संबंध में सूचना एवं जानकारी भी व्यवस्था पर्यावरण से ही प्राप्त करती है।

ईस्टन के विचार मे राजनीतिक व्यवस्था का अर्थ है समाज के लिए सत्ता द्वारा निर्मित नीतियों का अध्ययन। इसने राजनीतिक व्यवस्था की प्रस्तुति एक 'विस्तृत विश्लेषणात्मक रचना' (Comprehensive Analytical Construct) के रूप में की है जिसके तहत राजनीति का अध्ययन एक सामाजिक प्रक्रिया के रूप में किया है।

ईस्टन की दृष्टि में राजनीतिक व्यवस्था (Political System in Eastan's View)

डेविड ईस्टन के शब्दों में, ''राजनीतिक व्यवस्था संस्थाओं एवं प्रक्रियाओं का एक जटिल समूह है जो समाज के अन्दर अधिकाधिक मूल्यों का विनियोजन करता है।'' ईस्टन के विचार में प्रत्येक समाज व्यक्तियों एवं सामाजिक संगठनों के मध्य पाये जाने वाली अन्तर्क्रियाओं से भरा पड़ा है, लेकिन राजनीतिक क्रियाओं एवं सामाजिक क्रियाओं में मूल अन्तर यह है कि राजनीतिक अर्न्तक्रियाओं के परिणामस्वरूप जिन राजनीतिक नीतियों एवं निर्णयों का निर्धारण होता है समाज के सदस्यों के लिए उनके पालन की बाध्यता है और इसके पालन के पीछे व्यवस्था की सम्प्रभु सत्ता एवं दण्ड शक्ति कार्य करती है। इसी प्रसंग के आलोक में ईस्टन ने राजनीतिक व्यवस्था के कार्य की व्याख्या समाज के 'मूल्यवान संसाधनों' (Valuable Resources) के आधिकारिक विनियोजन (Authoritative Allocation) के रूप में की है।

ईस्टन के अनुसार, ''राजनीतिक व्यवस्था किसी समाज के अन्दर अन्तर्क्रियाओं की उस व्यवस्था को कहते हैं जिसके माध्यम से अनिवार्य या आधिकारिक आवंटन (Binding or Authoritative Allocation) किया जाता है। इस प्रसंग में ईस्टन का कहना है राजनीतिक व्यवस्थाओं का अध्ययन इसीलिए किया जाता है क्योंकि उनके अधिकारपूर्ण निर्णयों (Authoritative Decisions) के परिणामों की प्रासंगिकता सीधे तौर पर समाज से संबद्ध होती है। इस प्रकार की राजनीतिक नीतियां एवं निर्णय सामाजिक व्यवस्था के यथोचित (Proper) संचालन हेतु अपरिहार्य होती हैं क्योंकि ये सामाजिक मूल्यों, मानकों, परम्पराओं, आस्थाओं, संस्कृति एवं अर्थव्यवस्था को प्रभावित एवं निदेशित करता है। यथातथ्य यह है कि समाज ही राजनीतिक व्यवस्था का पर्यावरण है। इसी यथार्थ की दृष्टि से ईस्टन ने कहा है कि ''राजनीतिक व्यवस्था व्यवहारों की वह व्यवस्था है जो सामाजिक पर्यावरण में अन्तःस्थापित है, जो उसी के प्रभाव से वह प्रभावित होती है और उसी के प्रभाव से प्रतिक्रियाशील भी होती है।''

ईस्टन द्वारा प्रतिपादित इस अवधारणा में राजनीतिक व्यवस्था का वहां अवस्थित पर्यावरण के साथ अन्योन्याश्रय संबंध प्रस्तुत किया गया है। ईस्टन द्वारा प्रतिपादित व्यवस्थान्तर्गत पर्यावरण संबंधी व्याख्या के दायरे में समस्त विश्व की समाजीय–सांस्कृतिक पद्धतियों को शामिल करने के उद्देश्य से व्यवस्थागत पर्यावरण को अध्ययन की दृष्टि से दो भागों में बांटा है – आन्तरिक–समाजीय पर्यावरण (Intra-societal Environment) एवं बाह्य–सामाजीय पर्यावरण (Extra-societal Environment)। आन्तरिक सामाजीय पर्यावरण में वहां की अर्थव्यवस्था, पारिस्थितिकीय (Ecological) संस्कृति, लोगों का जीवन स्तर सांस्कृतिक मूल्यों, सामाजिक संस्थाओं एवं लोगों के प्रभावशाली व्यक्तित्व के प्रेरणादायक प्रभाव आदि को शामिल करने की बात की है जिसका सामूहिक प्रतिमान है समाज। ईस्टन के विचार में राजनीतिक व्यवस्था इस अन्तर्सामाजिक पर्यावरण का प्रतिरूप है। पर्यावरण ही व्यवस्था में उन परिस्थितियों का निर्धारण करती है जो राजनीतिक व्यवस्था के संरचनात्मक एवं प्रकार्यात्मक अस्तित्व के लिए अपरिहार्य है। किसी राजनीतिक व्यवस्था के पर्यावरण का अध्ययन करके वहां के राजनीतिक व्यवहार, संस्कृति, सामाजिक सांस्कृतिक मूल्यों एवं सामाजिक व्यवस्था आदि के संबंध में तथ्यपरक एवं व्यवहारपरक जानकारी प्राप्त की जा सकती है।

बाह्य–समाजीय पर्यावरण के अन्तर्गत वे समस्त व्यवस्थाएं शामिल हैं जो समाज के बाहर अवस्थित हैं, जिनमें मुख्यतः सामाजिक, सांस्कृतिक, आर्थिक व्यवस्था का संदर्भ शामिल हैं। राजनीतिक व्यवस्थान्तर्गत पर्यावरण के आन्तरिक एवं बाह्य समाज के स्वरूपों एवं प्रासंगिक तत्त्वबोध के यथार्थपरक अध्ययन–विश्लेषण के लिए ईस्टन द्वारा आगत (Input), निर्गत (Output) प्रतिमान प्रस्तुत किया गया है। ईस्टन द्वारा प्रतिपादित सामान्य व्यवस्था सिद्धान्त के पूर्व ऐसा कोई सिद्धान्त नहीं था जिसके माध्यम से विकसित, अर्द्धविकसित, विकासोन्मुख तथा साम्यवादी राजनीतिक व्यवस्थाओं के स्थानीय, राष्ट्रीय, अन्तर्राष्ट्रीय समस्याओं का विश्लेषणात्मक अध्ययन किया जा सकता था। तुलनात्मक राजनीति के अध्ययन–विश्लेषण में 'व्यवस्था अवधारणा' का प्रयोग सबसे पहले डेविड ईस्टन ने ही किया। सन् 1953 में प्रकाशित पुस्तक 'The Political System' में ईस्टन ने एक सामान्य सिद्धान्त के प्रतिपादन का विचार प्रस्तुत किया। अपनी दूसरी पुस्तक 'A Framework for Political Analysis', 1965 में ईस्टन द्वारा उन प्रमुख वर्गों की स्थापना का विचार प्रस्तुत किया गया जो सामान्य सिद्धान्त के निर्माण के आधारक हो सकते थे और सन् 1965 में ही प्रकाशित तीसरी पुस्तक 'A System Analysis of Political Life' में इनके द्वारा सिद्धान्त–निर्माण संबंधी अवधारणात्मक संरचना का व्यवहार में प्रयोग करके राजनीति और समाज की अन्तर्क्रियात्मकता (Interactions) के आनुभविक विश्लेषणात्मक अध्ययन को व्यावहारिक रूपरेखा प्रदान करने का गंभीर रूप से प्रयास किया गया।

ईस्टन के विचार में राजनीतिक जीवन एवं व्यवहार व्यवस्था में निरन्तर चलती रहने वाली एक ऐसी प्रक्रिया है जो राजनीतिक व्यवस्था के अन्तर्गत अवस्थित एवं अभिविन्यासित पर्यावरण से निरन्तर प्रभावित होती रहती है और पर्यावरण एवं उसमें होने वाले अभिविन्यासों को निरन्तर प्रभावित भी करती रहती है। इस प्रसंग में ईस्टन का कहना है कि – 'राजनीतिक व्यवस्था किसी भी समाज में अन्तःक्रियाओं की ऐसी व्यवस्था है जिसके माध्यम से बाध्यकारी अथवा आधिकारिक निर्णय लिये जाते हैं।

ईस्टन द्वारा प्रतिपादित राजनीतिक व्यवस्था विश्लेषण की दो प्रमुख मान्यताएं हैं : 1. ईस्टन की यह धारणा है कि स्थानीय, राष्ट्रीय, अन्तर्राष्ट्रीय राजनीतिक समस्याओं का विश्लेषणात्मक अध्ययन एक ही सिद्धान्त द्वारा किया जा सकता है। 2. राजनीति विज्ञान का मुख्य कार्य उन सामान्य समस्याओं का विश्लेषणात्मक अध्ययन करना है जो सभी राजनीतिक व्यवस्थाओं में समान रूप से अस्तित्व रखती हैं। ईस्टन ने अपना सम्पूर्ण विश्लेषण राजनीतिक व्यवस्थाओं पर केन्द्रित किया है जिसका संबंध केवल राजनीतिक जीवन से है। ईस्टन की यह मान्यता है कि प्रत्येक राजनीतिक व्यवस्था एक खुली व्यवस्था होती है जिसमें अनुकूलनशीलता पायी जाती है। यही वजह है कि ईस्टन द्वारा अपने अध्ययन का केंद्र प्रक्रियाओं के विनिमय को बनाया गया है जो राजनीतिक व्यवस्था एवं उसके पर्यावरण के मध्य निरन्तर चलती हैं। राजनीतिक व्यवस्था के खुली होने का तात्पर्य यह है कि राजनीतिक व्यवस्था में बाहर से लगातार घटनाओं, समस्याओं के प्रभाव का प्रवेश जारी रहता है जो परिस्थितिजन्य पर्यावरण का निर्माण करते हैं, जिसमें ही राजनीतिक व्यवस्था को अपने कार्यों का संपादन करना पड़ता है। अनुकूलनशीलता से राजनीतिक व्यवस्था के उस कुशल सामर्थ्य का बोध होता है जो उसे बाहर से प्रवेश करने वाली परिस्थितियों एवं प्रभावों से अपने को सुरक्षित रखने की मजबूती देता है तथा परिस्थितिजन्य संकटों का सामना करने के लिए पर्यावरणगत परिस्थितियों के अनुरूप अपने आप को ढालने की क्षमता देता है। यह क्षमता ही राजनीतिक व्यवस्था को अपने राजनीतिक व्यवहार को नियंत्रित, निर्देशित करने, अपने मूल उद्देश्यों को परिवर्तित करने एवं अपनी आंतरिक संरचना में परिवर्तन करने की योग्यता एवं सामर्थ्यता प्रदान करता है। ईस्टन ने अपने विश्लेषण में राजनीतिक व्यवस्था के लिए अपने को परिस्थितियों के अनुकूल ढाल लेने की प्रक्रिया यानी कि अनुकूलन क्षमता के महत्त्व पर विशेष बल दिया है। इनके विचार में अनुकूलन क्षमता एक ऐसा महत्त्वपूर्ण तत्त्व है जो राजनीतिक व्यवस्था को सजीवता, सक्रियता, गतिशीलता एवं लोकप्रियता प्रदान करता है।

ईस्टन के शब्दों में राजनीतिक व्यवस्था उसके सदस्यों का समूह न होकर उसकी क्रियाओं का समुच्चय है। इनके विचार में राजनीतिक जीवन व्यवहार की एक ऐसी प्रक्रिया है जो राजनीतिक व्यवस्था के अन्दर सतत् चलती रहती है। व्यवहार की यह प्रक्रिया पर्यावरण से प्रभावित होती है एवं प्रभावित करती भी है। राजनीतिक व्यवस्था को खुला एवं अनुकूलनशील मानने पर अपने विश्लेषण का ध्यान केन्द्रित करते हुए ईस्टन के विश्लेषण

का केन्द्र मुख्यरूप से वे अन्तःक्रियाएं हैं जो राजनीतिक व्यवस्था एवं पर्यावरण के बीच निरन्तर चलती रहती हैं। इस प्रसंग में ईस्टन का कहना है कि विश्लेषणकर्ताओं को अपना सारा ध्यान उन प्रक्रियाओं एवं उन पर पड़ने वाले प्रभावों के अध्ययन पर देना चाहिए जो पर्यावरण के माध्यम से राजनीतिक व्यवस्था को प्रभावित करता है, परिवर्तन की परिस्थितियां बनाता है तथा उन प्रभावों के प्रति होने वाली प्रतिक्रियाओं से व्यवस्था को अवगत कराता है। ईस्टन ने पूरे संदर्भ को 'राजनीतिक व्यवस्थाओं की जीवन प्रक्रिया' की संज्ञा दी है। राजनीतिक जीवन की इन गतिविधियों के संबंध में इनका कहना है कि 'राजनीतिक जीवन का यह व्यवहार वे बुनियादी क्रियाएं हैं जिनके अभाव में व्यवस्था का अस्तित्व कायम नहीं रह सकता है। ये प्रतिक्रियाएं वे स्वरूप हैं जिनके माध्यम से राजनीतिक व्यवस्थाएं अपना अस्तित्व बनाये रखने में सफल होती हैं। ईस्टन के विचार में, ''राजनीतिक व्यवस्था अवधारणा का प्रधान विषय एवं केन्द्रीय समस्या ये प्रक्रियाएं तथा इन प्रक्रियाओं की प्रकृति एवं स्थितियों का विश्लेषण है।''

ईस्टन का निवेश–निर्गत विश्लेषण (Easton's Input–Output Analysis)

डेविड ईस्टन ने व्यवस्था विश्लेषण में व्यवस्थात्मक सातत्य (Persistence) को प्रधान स्थान दिया है। अपनी राजनीतिक व्यवस्था विश्लेषण को व्यावहारिक स्तर पर ज्यादा स्पष्ट रूप से प्रस्तुत करने के लिए ईस्टन ने आगत–निर्गत प्रतिमान (Input-Output Model) का प्रस्तुतीकरण किया है। आगत से तात्पर्य व्यवस्था की उन मांगों एवं समर्थनों से है जिनके माध्यम से पर्यावरण में चलने वाली गतिविधियों को क्रमबद्ध करके व्यवस्था के सामने रखा जाता है जो राजनीतिक जीवन को प्रभावित करती हैं। निर्गत सत्ता के समक्ष प्रस्तुत की गयी मांगों एवं समर्थन पर राजनीतिक व्यवस्था का निर्णय है। ईस्टन के मतानुसार राजनीतिक व्यवस्था को सामाजिक जीवन से आगत रूप में मांगें एवं समर्थन (Demand and Support) प्राप्त होता है जिन्हें व्यवस्था नीतियों एवं निर्णय (Policies and Decisions) के रूप में परिवर्तित करके निर्गत के रूप में पर्यावरण की दिशा में प्रवाहित करता है। इस प्रसंग में ईस्टन का कहना है कि कार्यपालिका, विधायिका एवं न्यायपालिका द्वारा लिये गये निर्णय 'राजनीतिक निर्गत' की श्रेणी गें आते हैं क्योंकि ये औचित्यपूर्ण राजनीतिक सत्ताधारियों द्वारा लिये जाते हैं। व्यवस्था–संचालन के लिए आगतों एवं निर्गतों के बीच पुनर्निवेशन चक्र (Feedback loop) होता है जिसकी शिनाख्त (Identification) से व्यवस्था के निर्गतों एवं पर्यावरण में चलने वाली गतिविधियों की व्याख्या की जाती है और व्यवस्था को परिस्थितिजन्य तनावों की स्थिति से निपटने का सामर्थ्य प्राप्त होता है।

ईस्टन ने आगत तत्त्वों के रूप में मांग एवं समर्थन दोनों की विस्तृत चर्चा प्रस्तुत की है। व्यवस्था को ये दोनों तत्त्व समाज से मिलते हैं। समाज में उत्पन्न मांगों की व्याख्या करते हुए ईस्टन ने कहा है कि मांग जनमत की इस संबंध में अभिव्यक्ति है कि जिन लोगों के पास निर्णय लेने का अधिकार है उन्हें, किसी विषय विशेष के संबंध में आधिकारिक आवंटन करना चाहिए या नहीं। ईस्टन की यह मान्यता है कि अभिव्यक्ति के पूर्व मांगों को विकास की चार प्रक्रियाओं से गुजरना पड़ता है जो निम्नांकित हैं :

1. आरंभिक स्तर पर बहुत सी मांगों को सिर्फ अनुभव किया जाता है, आकलन किया जाता है लेकिन स्पष्ट रूप में उनका प्रकटीकरण नहीं होता है।
2. इस स्तर पर उत्कृष्ट (Classic) मांगें अभिव्यक्ति का रूप लेने लगती हैं।
3. अन्त में, मांगों का व्यवस्थित स्वरूप बाध्यकारी निर्णय के रूप में निर्गत स्थिति तक पहुंचता है।

इस प्रसंग में ईस्टन ने यह चिन्ता व्यक्त की है कि मांगों की संख्या ज्यादा होने से व्यवस्था पर दबाव बढ़ता है और तब व्यवस्था के सामने अतिभार (Overloading) की समस्या विकट हो जाती है जिससे पर्यावरण में तनाव बढ़ता है। इस पूरी प्रक्रिया में समय–प्रबंधन एक महत्त्वपूर्ण कारक है जो व्यवस्थागत तनाव एवं दबाव को कम करता है और व्यवस्था को अभिजात (Aristocrat) मांगों से निपटने की शक्ति देता है।

सभी राजनीतिक व्यवस्थाओं के पास अपने नियंत्रणकारी साधन (Device) होते हैं जिनकी सहायता से वे मांगों से उत्पन्न चुनौतियों का सामना करती हैं तथा मांगों की आधार भूमि, प्रकृति, उग्रता एवं जनसक्रियता की

मात्रा का विनियमन (Regulation) करके उनके बीच एवं सामंजस्य (Adjustment) स्थापित करती है। ईस्टन ने व्यवस्थागत मांगों की नियमन–प्रविधियों को चार कोटियों में बांटा है :

1. मांगों के व्यवस्था में प्रवेश पर नियंत्रण लगाने एवं मांगों के प्रवाह को व्यवस्थित रूप देने के लिए राजनीतिक व्यवस्था की सीमा पर कुछ एहतियाती (Precautionary) उपाय किये जाते हैं जिन्हें द्वाररक्षण (Gatekeeping) की संज्ञा दी गयी है। इस स्तर पर राजनीतिक व्यवस्था के अस्तित्व रक्षण के नाम पर उद्देश्यहीन मांगों को टाला जा सकता है या उन्हें रूपान्तरित करने का उत्तरदायित्व राजनीतिक व्यवस्था पर डाला जा सकता है।
2. सभी सामाजिक व्यवस्थाओं की कुछ सामाजिक, सांस्कृतिक परम्पराएं, आदर्श, मूल्य, विश्वास, प्रतिबद्धताएं होती हैं जो राजनीतिक मांगों के लिए प्रभावकारी आधारभूमि का निर्माण करती हैं। नियंत्रण प्रविधि के प्रसंग में इसका आशय यह हुआ कि बहुत सी मांगों को सामाजिक–सांस्कृतिक मूल्यों व आदर्शों के नाम पर व्यवस्था सीमा में प्रवेश पर रोक लगाया जा सकता है।
3. सभी राजनीतिक व्यवस्थाएं ऐसे अनेकानेक संचार माध्यमों का निर्माण कर सकती हैं जिनके प्रयोग द्वारा दबाव बनाकर मांगों को कमजोर किया जा सकता है और उनकी व्यवस्था में प्रवेश की स्थितियां टाली जा सकती हैं।
4. राजनीतिक व्यवस्थाओं की कुछ ऐसी प्रक्रियाएं होती हैं जिन्हें ईस्टन ने 'रिडक्शन प्रोसेसेज' (Reduction Processes) की संज्ञा दी है। ईस्टन के मतानुसार इन प्रक्रियाओं के माध्यम से रूपान्तरण प्रक्रिया में सरलता के नाम पर मांगों को किन्हीं विशेष मुद्दों या समस्याओं के रूप में परिवर्तित किया जा सकता है। ईस्टन की अभिव्यक्ति के अनुसार "राजनीतिक व्यवस्था केवल समाज के सदस्यों की सामूहिक व्यवस्था न होकर एक विश्लेषणात्मक व्यवस्था है जिसमें उत्पन्न वैसी शक्तिशाली मांगें जो व्यवस्था को बर्बाद करने की क्षमता रखती हैं, से निपटने के लिए अद्भुत गुणों से युक्त है।"

ईस्टन ने राजनीतिक व्यवस्था की निरन्तरता एवं अनुरक्षण के लिए सिर्फ व्यवस्थाकारी व नियंत्रणकारी प्रविधियों की रूपरेखा प्रस्तुत नहीं की है अपितु व्यवस्था की क्षमता–वृद्धि वाले माध्यम के रूप में समर्थन–अवधारणा की भी प्रस्तुति की है। आगत तत्त्वों के रूप में मांगों के साथ समर्थनकारी तत्त्वों का भी व्यवस्था–सीमा में प्रवेश होता है। राजनीतिक व्यवस्था को सामर्थ्यवान् बनाने एवं उसके औचित्यपूर्ण अस्तित्व के लिए समर्थन प्राणधार तत्त्व (Vital Element) है। पर्यावरण से मिलने वाले समर्थन का स्वरूप प्रकट (Manifest) या अप्रकट (Latent) दोनों हो सकता है। प्रकट का आशय स्पष्ट खुले समर्थन से है जबकि अप्रकट का अभिप्राय समर्थनकारी अस्पष्ट तत्त्वों से है जो भावनाओं की शक्ल में सामने आते हैं। ईस्टन ने व्यवस्थागत पर्यावरण से मिलने वाले समर्थन के लिए दोनों मार्ग खुले छोड़े है। यानी कि समर्थन किसी विशेष राजनीतिक उद्देश्य से प्रेरित भी हो सकता है या सम्पूर्ण समर्थन के रूप में राजनीतिक व्यवस्था की क्षमता में वृद्धि का साधन भी बन सकता है। ईस्टन ने सम्पूर्ण समर्थन की भी तीन कोटियां प्रस्तुत की हैं :

(i) सम्पूर्ण राजनीतिक समुदाय के प्रति समर्थन की अभिव्यक्ति हो सकती है। ऐसी स्थिति में व्यवस्था के समस्त राजनीतिक समुदाय को एक समूह के रूप में देखा जा सकता है जो राजनीतिक रूप में शक्ति विभाजन एवं विकेन्द्रीकरण के आधार पर एक दूसरे से जुड़े होते हैं।

(ii) शासन व्यवस्था के बुनियादी मूल्यों, परम्पराओं, राजनीतिक इकाइयों के आदर्शों के प्रति भी पूर्ण समर्थन की स्थिति बन सकती है।

(iii) किसी निश्चित समय पर सत्तागत शक्ति का प्रयोग करने वाले अधिकारियों के प्रति भी पर्यावरण में पूर्ण समर्थन की स्थितियां बन सकती हैं। राजनीतिक व्यवस्था की मजबूती और सामर्थ्य वृद्धि के लिए उसे व्यापक समर्थन की अति आवश्यकता होती है।

समर्थन संदर्भित इन तीनों प्रसंगों के संबंध में ईस्टन का कहना है कि "व्यवस्था–अनुरक्षण हेतु इन तीनों प्रकार के मान्यता प्राप्त (Recognized) समर्थन–स्वरूप के अनुरूप सभी राजनीतिक व्यवस्थाओं के लिए कम से कम न्यूनतम स्तर के समर्थन–निवेश की अति आवश्यकता है। यदि, समर्थन–निवेश न्यूनतम–स्तर से नीचे गिरता है तो किसी भी राजनीतिक व्यवस्था के अस्तित्व के लिए खतरा पैदा हो सकता है।"

ईस्टन ने व्यवस्था के समर्थन–निवेश में कमी आने के कारणों की भी चर्चा की है। उनके विचार में समर्थन कमी की पहली स्थिति तब बनती है जब व्यवस्था की क्षमता में कमी आने लगती है और वह जनसाधारण की आवश्यकताओं एवं मांगों को पूरा करने में सक्षम नहीं रह पाती है। दूसरी स्थिति तब पैदा होती है जब राजनीति में तीव्र आपसी मतभेद की वजह से व्यवस्थागत पर्यावरण में संघर्ष, तनाव, प्रतिस्पर्धा की गंभीर समस्याएं सामने आती हैं। इन दोनों परिस्थितियों में अवाम आंशिक या पूर्ण समर्थन वापस लेने की धमकी देकर व्यवस्था को गंभीर चुनौती दे सकता है। वहीं जब कोई राजनीतिक व्यवस्था सामर्थ्यवान् हो तो वह किसी क्षेत्र विशेष में आये समर्थन की कमी को किसी दूसरे क्षेत्र से पूरा करके व्यवस्था को स्वस्थ बनाये रख सकती है। ईस्टन ने यहां स्पष्ट किया है कि कोई भी राजनीतिक व्यवस्था अपने समर्थन–निवेश पर दबाव की परिस्थिति का सामना करने के लिए यदि चाहे तो संविधान में परिवर्तन कर सकती है, दल व्यवस्था को नया स्वरूप प्रदान कर सकती है या संरचनात्मक तत्त्वों में परिवर्तन करके प्रतिनिधित्व प्रणाली (Representation System) में बदलाव ला सकती है या यदि व्यवस्था में स्पष्ट समर्थन की कमी दिखाई दे तो वह औचित्यपूर्ण ढंग से व्यापक समर्थन प्राप्त कर सकती है।

मांग एवं समर्थन संबंधी उपर्युक्त विवेचन से यह तथ्य स्पष्ट होता है कि सभी राजनीतिक व्यवस्थाएं अपने अस्तित्व को मजबूत बनाये रखने के लिए नियंत्रणवादी उपायों के माध्यम से समर्थन–निवेश की जुगत में लगी रहती हैं, लेकिन प्रभावशाली समर्थन को बनाये रखने के लिए यह आवश्यक है कि व्यवस्थाएं सामाजिक जीवन की आवश्यकताओं एवं मांगों को ज्यादा से ज्यादा पूरा करने के लिए प्रयासरत रहें और इसी प्रासंगिक तत्त्व के आलोक में ईस्टन ने निर्गत संकल्पना (Output Concept) की प्रस्तुति की है। निर्गत तत्त्व को स्पष्ट करते हुए ईस्टन ने कहा है, "राजनीतिक व्यवस्था का निर्गत है अधिकारियों का निर्णय एवं आदेश जो व्यवस्था के सदस्यों के व्यवहार के परिणामों का उत्पन्न पर्यावरण को एक संगठिन रूप देने का कार्य करता है।" आगे ईस्टन ने कहा है कि निर्गत केवल व्यापक समाज की घटनाओं को प्रभावित नहीं करता है अपितु यह राजनीतिक व्यवस्था का एक अंग है। अपने प्रक्रिया–क्रम में निर्गत उन सभी निवेशों को भी प्रभावित करता है जो क्रमवार राजनीतिक व्यवस्था में प्रवेश करते हैं। इस पूरी प्रक्रिया को ईस्टन ने पुनर्निवेशन चक्र (Feedback Loop) की संज्ञा दी है। ईस्टन की दृष्टि में यह एक गतिशील प्रक्रिया है जिसके माध्यम से व्यवस्था अपने प्रधान लक्ष्य सातत्य को कायम रखने में सफल होती है।

राजनीतिक व्यवस्था के निर्गत कार्यों (Output Functions) का व्यवस्था के पर्यावरण पर सीधा प्रभाव पड़ता है। निर्गत कार्य से व्यवस्था के उन बाध्यकारी निर्णयों, क्रियाओं या मूल्यों का बोध होता है जिन्हें सामाजिक व्यवस्था–संचालन हेतु विनियोजित किया जाता है। लेकिन इस प्रसंग में ध्यान देने योग्य तथ्य यह है कि व्यवस्थागत पर्यावरण को प्रभावित करने वाले सभी राजनीतिक निर्गतों को आधिकारिक निर्णय की कोटि में नहीं रखा जा सकता है। मसलन–आंदोलन, हड़ताल आदि राजनीतिक व्यवस्था पर गहरा प्रभाव डालता है लेकिन इन्हें राजनीतिक निर्गत के रूप में मान्यता नहीं दी जा सकती है, क्योंकि ये राजनीतिक व्यवहार प्रदर्शन का विशिष्ट पक्ष है। सफल व्यवस्था–संचालन की दृष्टि से सर्वाधिक महत्त्वपूर्ण कार्य पुनर्निवेशन प्रक्रिया का है जिसके माध्यम से राजनीतिक प्रक्रियाओं का चक्र संचालित होता है। इस प्रसंग में व्यवस्था–संचालन की दृष्टि से अधिकारियों का मुख्य कार्य निवेश एवं निर्गत के बीच सामंजस्य स्थापित करना है। इस महान् कार्य के संपादन हेतु अधिकारियों के लिए यह अपरिहार्यता है कि वे पर्यावरण की वास्तविकता से पूरी तरह अवगत हों और व्यावहारिक ज्ञान के आधार पर संभावित परिणामों का आकलन करके ही जनसरोकार से प्रासंगिक संतुलित नीतियां निर्धारित करें। ईस्टन के विचार में पुनर्निवेशन प्रक्रिया राजनीतिक व्यवस्था में समर्थन पर पड़ने वाले दबावों की प्रतिक्रिया का एक महत्त्वपूर्ण हिस्सा है। राजनीतिक प्रक्रियाओं के संपादन चक्र में व्यवस्था का निर्गत पुनर्निवेशन पाश से गुजर कर ही निवेशों के रूप में पुनः व्यवस्था में प्रवेश पाते हैं। इस क्रिया का प्रधान संदर्भ व्यवस्था में

समर्थन–निवेश को मजबूती प्रदान करना है। यह चक्रीय प्रक्रिया राजनीतिक व्यवस्था की गतिशीलता का प्रतिमान है इसीलिए इसे व्यवस्था के प्रवाह प्रतिरूपेण (Flow Model) की संज्ञा दी गयी है। इस नाम का आशय यह है कि इस गतिशील प्रक्रिया के माध्यम से सत्ताधारी महत्त्वपूर्ण सूचनाएं प्राप्त करते हैं, जनसंवाद स्थापित करते हैं, सभी क्षेत्रों में अपनी क्षमताओं को मजबूत बनाते हैं तथा पर्यावरण के अनुरूप व्यवहार में बदलाव ला सकते हैं। डेविड ईस्टन के शब्दों में यह सीखने की प्रक्रिया (Learning Process) है। पुनर्निवेशन पाश से गुजरते हुए राजनीतिक प्रक्रियाएं व्यवहार के अन्तर्संबंधित प्रवाह के रूप में निरन्तर अपना सफर जारी रखती हैं। राजनीतिक सत्ता एवं अधिकारीगण निर्णय लेते हैं, नीतियां बनाते हैं, नीतियों का कार्यान्वयन करते हैं। इन नीतियों–निर्णयों पर समाज के सदस्य प्रतिक्रियाएं व्यक्त करते हैं। समर्थन अथवा विरोध से संदर्भित इन प्रतिक्रियाओं की सूचनाएं सत्ताधारियों तक पहुंचती हैं जिसके आलोक में सत्तागत निर्णय एवं व्यवहार में परिस्थिति वांछित बदलाव लाकर फिर निर्णय लिया जाता है। इस प्रसंग में ईस्टन ने यह स्पष्ट किया है कि निर्गत प्रक्रिया के साथ यह क्रिया समाप्त नहीं होती है बल्कि पुनर्निवेशन द्वारा पुनः व्यवस्था में प्रवेश करके नये सिरे से अनुगामी (Ensuing) व्यवहार को प्रभावित करती है। राजनीतिक प्रक्रियाओं के प्रसंग में निर्गत और उसके परिणामों को पर्यावरण के प्रेरक तत्त्वों (Stimulative Factors) के रूप में देखा जाता है। इन प्रेरक तत्त्वों की प्रतिक्रियाएं पुनर्निवेशन में प्रभावी भूमिका निभाती है। मूलरूप से ये प्रतिक्रिया अधिकारीगण के पास सूचनाएं प्रेषित करने का कार्य करती हैं जिसके आलोक में वे उत्तरवर्ती कार्यों (Subsequent Actions) का संपादन करती है।

ईस्टन के विचार में किसी भी राजनीतिक व्यवस्था को सजीव और क्रियाशील रहने के लिए यह अति आवश्यक है कि उसमें पर्यावरण से निरन्तर निवेश (Input) एवं निर्गत (Output) होता रहे, क्योंकि निवेश के अभाव में व्यवस्था कार्य नहीं कर सकती है और निर्गत के अभाव में व्यवस्था के कार्यों की पहचान नहीं हो सकती है।

ईस्टन द्वारा प्रतिपादित निवेश–निर्गत विश्लेषण को निम्नांकित रेखाचित्र द्वारा स्पष्ट किया जा सकता है :

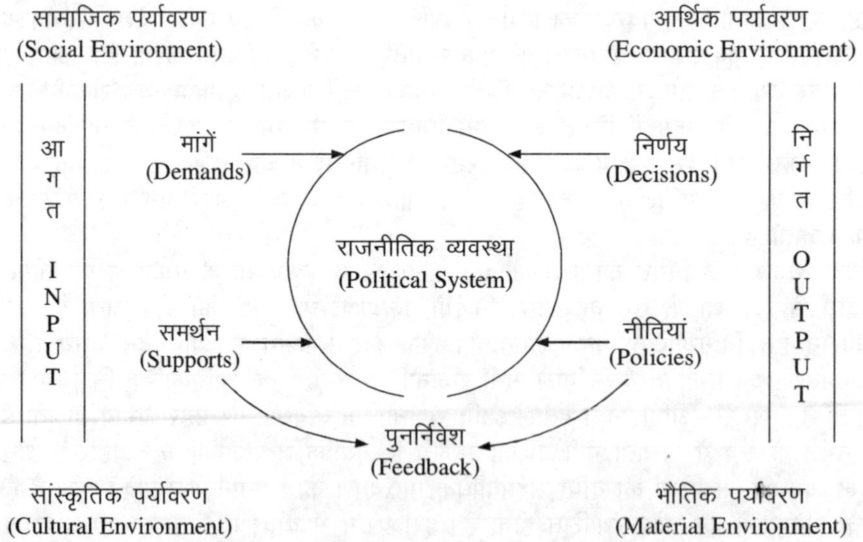

प्रस्तुत रेखाचित्र में राजनीतिक व्यवस्था सामाजिक, सांस्कृतिक, आर्थिक एवं भौतिक पर्यावरण से घिरी है और इस पर्यावरण के दायरे में ही राजनीतिक व्यवस्था अपनी क्रियाएं सम्पादित करती है। राजनीतिक व्यवस्था एवं पर्यावरण के बीच घनिष्ठ चक्रीय संबंध होता है। राजनीतिक व्यवस्था में निवेश मांग एवं समर्थन के रूप में पर्यावरण से आता है और रूपान्तरण प्रक्रिया द्वारा नीतियों एवं निर्णयों के रूप में पर्यावरण में शामिल हो जाता है। पर्यावरण में बहुत सी मांगें जन्म लेती हैं, लेकिन सभी निर्गत में परिवर्तित नहीं हो पाती हैं। व्यवस्था अपनी

क्षमता एवं मांगों के समर्थन के अनुरूप ही उन्हें निर्गतों के रूप में निष्पादित कर पाती हैं। विभिन्न प्रकार की मांगों के दबाव से व्यवस्था में उत्पन्न तनाव एवं विवादों के समाधान हेतु राजनीतिक दल दबावसमूह, हितसमूह, लौकिकीकरण, धार्मिक तंत्र, सांस्कृतिक तंत्र, संचारतंत्र जैसे नियामक तंत्र (Regulatory Machinery) कार्यरत रहते हैं जो व्यवस्था को मांगों के अतिभार (Overloading) से निपटाने में सहायक की भूमिका निभाते हैं। ये मांगों का स्वरूप निर्धारित करते हैं, उनकी प्राथमिकता तय करते हैं एवं उन्हें नियंत्रित करते हैं। एक तरह से ये व्यवस्थागत पर्यावरण में उत्पन्न मांगों एवं रूपान्तरण प्रक्रिया के बीच द्वारपाल की भूमिका निभाती है। राजनीतिक व्यवस्था की इस बहु–दिशायी एवं बहु–आयामी (Multi-directional and Multi-dimensional) प्रयास के परिणामस्वरूप ही व्यवस्था में समाज के मूल्यवान संसाधनों (Valuable Resources) यथा वस्तुओं (Goods), अवसरों (Opportunities), सेवाओं (Services), लाभों (Benefits) आदि का आधिकारिक आवंटन संभव हो पाता है जो नीतियां–निर्णयों की शक्ल में पर्यावरण में शामिल होकर मांगों एवं समर्थन तत्त्वों के साथ क्रियाएं करती हैं जिससे नये आगत तत्त्वों का अस्तित्व व्यवस्था में उत्पन्न होता रहता है। जो पर्यावरण में पल कर आगत पुनर्निवेशन के रूप में व्यवस्था में प्रवेश करता है। इस प्रकार राजनीतिक व्यवस्था की संस्थाओं एवं प्रक्रियाओं का जटिल चक्र पूरा होता है।

राजनीतिक व्यवस्था को निरन्तर समाज से चुनौतियां भी मिलती रहती हैं और समर्थन भी। ऐसी स्थिति में व्यवस्था से यह उम्मीद की जाती है कि वह किसी भी प्रकार से (जोड़–तोड़ से) अपने पक्ष में समर्थन को मजबूत करे और चुनौतियों का सामना करते हुए अपने अस्तित्व की मजबूती को बनाये रखे। राजनीतिक व्यवस्था में पर्यावरण से निवेशों के रूप में आने वाली मांगें समर्थनों के आधार पर रूपान्तरण प्रक्रिया से गुजरते हुए निर्गतों का रूप लेती हैं। इसके बाद की स्थिति को पुनर्निवेशन चक्र (Feedback Loop) कहा गया है जिसके माध्यम से निर्गतों का प्रभाव एवं परिणाम निवेश के रूप में फिर से राजनीतिक व्यवस्था में प्रवेश करता है।

इस प्रकार, डेविड ईस्टन की दृष्टि में राजनीतिक व्यवस्था एवं प्रक्रियाओं का कार्य सिर्फ निवेश को निर्गत में परिवर्तित करना नहीं है। बल्कि यह एक निरन्तर गतिशील जटिल चक्रीय प्रक्रिया है जिसका उद्देश्य ज्यादा से ज्यादा समाज की आवश्यकताओं की पूर्ति करना है। पर्यावरण में अवस्थित तनावों, विवादों एवं परस्पर विरोधी मांगों के साथ इसकी मात्रा अहर्निश जारी है। समाज और राजनीतिक व्यवस्था के बीच अन्तर्संबंधों का प्रवाह अनवरत जारी रहता है। सत्ताधारियों द्वारा समाज के हित में निर्णय लिए जाते हैं नीतियां निर्धारित की जाती हैं, इन नीतियों एवं निर्णयों पर समाज के सदस्य अपनी प्रतिक्रियाएं अभिव्यक्त करते हैं, प्रतिक्रिया संबंधित सूचनाएं अधिकारियों तक पहुंचती है और उनसे व्यवस्था तक पहुंचती है। इन प्रतिक्रियाओं के आलोक में सत्ताधारी पुनः निर्णय लेते हैं। परिसंचरण (Circulation) द्वारा राजनीतिक अभिजनों (Political Elite) के चेहरे बदल जाते हैं लेकिन व्यवस्था–संचालन का ये चक्र अनवरत चलता रहता है। इस प्रसंग में ईस्टन ने स्पष्ट रूप से कहा है, ''निर्गतों के साथ राजनीतिक प्रक्रिया समाप्त नहीं होती है बल्कि पुनर्निवेश द्वारा वह फिर व्यवस्था में प्रवेश करती है और उसका आगामी व्यवहार पर्यावरण को पुनः प्रभावित करता है।''

ईस्टन के निवेश–निर्गत विश्लेषण का मूल्यांकन : आलोचना एवं महत्त्व
(Evaluation of Easton's Output-Input Analysis: Criticism and Importance)

ईस्टन का यह मानना है कि एक ओर राजनीतिक व्यवस्था समाज और सत्ता के बीच कार्य–सम्पादनों के आदान–प्रदान की प्रक्रिया है वहीं दूसरी ओर यह आन्तरिक और बाह्य दबावों, उत्पातों, समस्याओं, मुद्दों एवं प्रासंगिक राजनीतिक–सामाजिक प्रश्नों के समुचित समाधान की व्यवस्था है। ईस्टन की यह मान्यता है कि गड़बड़ी–युक्त समस्याएं हमेशा पर्यावरण से आती हें जो पर्यावरण में तनाव एवं व्यवस्था पर दबाव बनाती हैं। ईस्टन राजनीतिक व्यवस्था को कार्य–निषादन की ऐसी व्यवस्था मानता है जो पर्यावरण द्वारा प्रेषित अतिवादी गतिविधियों से उत्पन्न तनावों, दबावों एवं विवादों को नियंत्रित करने की क्षमता रखता है।

इस विश्लेषण के माध्यम से ईस्टन का आधुनिक राजनीतिक वैज्ञानिकों से यह आग्रह कि वे राजनीतिक व्यवस्था विश्लेषण को प्रधानतः उन अन्तःक्रियाओं पर केन्द्रित करें जिसका विनिमय अनवरत व्यवस्था एवं पर्यावरण

के बीच चलता रहता है। व्यवस्था हमेशा रूपान्तरण प्रक्रिया में लगी रहती है जिसमें निर्गतों का निर्माण होता है और पर्यावरण बदलने का प्रयास जारी रहता है। इनके द्वारा अपने विश्लेषणात्मक अध्ययन का बुनियादी तत्त्व उन प्रक्रियाओं को बनाया गया है जो पर्यावरण से राजनीतिक व्यवस्था में प्रवेश करती है तथा व्यवस्था पर गहरा प्रभाव डालती हैं, नीति निर्धारकों का ध्यान आकर्षित करती हैं तथा व्यवस्था में परिवर्तन का आधारक बनती हैं और इन सभी क्रियाओं के संदर्भ में व्यवस्था एवं जनसमुदाय की प्रतिक्रियापूर्ण व्यवहार के लिए उत्तरदायी होती हैं। ईस्टन ने इन्हें व्यवस्था की 'राजनीतिक जीवनक्रिया' की संज्ञा दी है। ईस्टन ने व्यवस्था की इन समस्त गतिविधियों को व्यवस्था के बुनियादी कार्य का नाम दिया है जो व्यवस्था की पहचान एवं उसके अस्तित्व को कायम रखने के लिए अपरिहार्य है।

आलोचनाएं (Criticism)

ईस्टन द्वारा प्रतिपादित व्यवस्था सिद्धान्त की ठोस और गंभीर आलोचनाएं हुईं जो इसके अनुसंधान, उद्देश्य एवं सिद्धान्त के लक्ष्यों से संबद्ध है। पॉल क्रेश के मतानुसार, ''ईस्टन द्वारा प्रतिपादित व्यवस्था–विश्लेषण प्रतिमान राजनीति का सारहीन दर्शन है।'' क्रेश के शब्दों में, ''यह अजीब लगता है कि एक सिद्धान्त जो तथ्य के प्रति इतना आदरपूर्ण है सार की दृष्टि से इतना खोखला है।'' क्रेश ने ईस्टन के सिद्धान्त को व्यवस्था की राजनीति के प्रति खोखली दृष्टि के रूप में आलोचना की है। लिप्सन ने ईस्टन के 'व्यवस्था सिद्धान्त' की आलोचना करते हुए उसे एक 'यांत्रिक व्याख्या' की संज्ञा दी है। विभिन्न विद्वानों द्वारा ईस्टन के 'व्यवस्था सिद्धान्त' पर की गयी टिप्पणियों के मुख्य बिन्दु निम्नांकित हैं।

1. आलोचकों द्वारा ईस्टन के व्यवस्था सिद्धान्त की आलोचना करते हुए उसे अमूर्त यथास्थितिवाद को समर्पित होने का आरोप लगाया है जो व्यवस्था में होने वाले परिवर्तनों एवं क्रान्तियों को अपने अध्ययन–विश्लेषण में ज्यादा महत्त्व नहीं देता है।
2. ईस्टन के 'व्यवस्था सिद्धान्त' में प्रक्रियाओं एवं अन्तःक्रियाओं पर अध्ययन को केन्द्रित किया गया है और मानव तत्त्वों की उपेक्षा की गयी है। ईस्टन ने अपने विश्लेषण में व्यवस्था पर पर्यावरण के पड़ने वाले प्रभावों की विस्तृत चर्चा की है लेकिन जो व्यक्ति व्यवस्था का निर्माण करते हैं उन पर व्यवस्था का क्या प्रभाव पड़ता है इस प्रसंग से जुड़े तथ्यों की व्याख्या करने में यह सिद्धान्त असमर्थ है।
3. ईस्टन का 'व्यवस्था सिद्धान्त' व्यवस्था–अनुरक्षण के आधारभूत तत्त्वों एवं लक्ष्यों की चर्चा करता है परन्तु व्यवस्था का न्यायोचित विवेचन प्रस्तुत नहीं करता है।
4. ईस्टन ने व्यवस्था से जुड़े उन प्रश्नों के प्रस्तुतीकरण की बात की है जो उन साधनों को स्पष्ट करता है जिनके माध्यम से व्यवस्था के राजनीतिक जीवन की प्रक्रियाओं के मुख्य कार्यों की रक्षा की जा सकती है लेकिन यह स्पष्ट नहीं किया है कि वे प्रश्न क्या हैं।
5. सामाजिक मूल्यों के आवंटन के संबंध में व्यवस्था–क्षमता की जो परिभाषा ईस्टन ने दी है वह इन मूल्यों की स्वीकृति के संबंध में दी गयी है। ईस्टन ने राजनीति की व्याख्या 'समाज के लिए मूल्यों के आधिकारिक आवंटन के संदर्भ में की है। व्यवस्था के सातत्य के संबंध में इनका कहना है, ''सदस्यों के लिए बाध्यकारी निर्णय लेने और उन्हें क्रियान्वित करने के लिए व्यवस्था की क्षमता का बने रहना आवश्यक है और व्यवस्था पर पर्यावरणगत दबावों के संबंध में इनके शब्द हैं, ''ये वे गतिविधियां हैं जो इस प्रकार के बाध्यकारी निर्णयों को क्रियान्वित करने की क्षमता को चुनौती देती है।'' ईस्टन द्वारा दी गयी इन परिभाषाओं पर आलोचनात्मक टिप्पणी करते हुए युजिन जे. मीहान (Eugene J. Meehan) का कहना है, ''पारसन्स की भांति ईस्टन ने भी अपने सिद्धान्त की प्रस्तुति स्पष्टीकरण के संदर्भ में नहीं, अपितु संकल्पनात्मक संरचनाओं के निर्माण के संदर्भ में की गयी है। इसके परिणामस्वरूप जो अत्यधिक सूक्ष्म संरचना हमारे सामने उपस्थित होती है वह तार्किक दृष्टि से संदिग्ध है, वैचारिक दृष्टि से उलझी

हुई है और आनुभविक शोध की दृष्टि से लगभग निरर्थक है। ईस्टन द्वारा प्रस्तुत 'राजनीतिक व्यवस्था सिद्धान्त' एक वायवी वस्तु है जिसे आनुभविक राजनीति से किसी प्रकार से संबंधित नहीं किया जा सकता है। एक उच्च आनुभविक संबद्धता लिए हुए संकल्पनात्मक संरचना देने का जो वादा उन्होंने किया था उसे पूरा नहीं कर पाये हैं।

6. ईस्टन के व्यवस्था सिद्धान्त की गंभीर आलोचना इस आधार पर भी की गयी है कि इस सिद्धान्त का प्रतिपादन करने के क्रम में ईस्टन को व्यक्ति के व्यवहार में तब तक कोई अभिरुचि नहीं है जब तक कि उसका व्यवहार दूसरे व्यक्तियों के व्यवहार की अन्तःक्रिया का हिस्सा न बने। राजनीतिक व्यवस्था सिद्धान्त में व्यक्ति की जगह उसकी उस भूमिका पर ईस्टन की नजर है जो एक सदस्य के रूप में उसके द्वारा राजनीतिक व्यवस्था के अनुरक्षण (Maintenance) एवं सातत्य (Persistence) या विघटन (Disintegration) एवं विनाश (Destruction) के लिए निभाई जाती है। पॉल एफ. क्रेश ने व्यवस्था सिद्धान्त के इस दृष्टिकोण को आलोचना करते हुए इसे 'अधिकांश आधुनिक सामाजिक सिद्धान्त की दुविधा और उसके विरोधाभास' की संज्ञा दी है। क्रेश के मतानुसार, "ईस्टन का सिद्धान्त तथ्यों (आधार सामग्री) की कद्र करता है लेकिन उसके अर्थ एवं महत्त्व की तलाश कहीं और करता है, अध्ययन के दौरान अनुभव में उसे कोई ऐसी वस्तु दिखाई नहीं देती है जिसमें वह उसे प्राप्त कर सके।"
7. ईस्टन का व्यवस्था विश्लेषण अपने अध्ययन के सामर्थ्य एवं सीमा की दृष्टि से बहुत मुलायम है इसलिए विकासशील देशों की राजनीतिक व्यवस्थाओं की समस्याओं की पेचीदगियों (Complications) को समझने और सुलझाने में बहुत कारगर नहीं हो पाया।
8. ईस्टन के व्यवस्था सिद्धान्त की इस आधार पर भी आलोचना की गयी है कि व्यवस्था में विकास करने वाले सदस्यों पर व्यवस्था के अंगों की क्रियाओं का क्या प्रभाव पड़ा है इस तथ्य के स्पष्टीकरण में ईस्टन की कोई रुचि नहीं दिखती है। इनके अध्ययन का मुख्य केंद्र वे अन्तःक्रियाएं हैं जो व्यवस्था एवं व्यवस्था के सदस्यों के बीच निरंतर चलती रहती है। ईस्टन के राजनीतिक व्यवस्था विश्लेषण का केंद्र अन्तःक्रियाएं हैं व्यक्ति एवं उसका व्यवहार नहीं।
9. ईस्टन द्वारा प्रतिपादित निवेश–निर्गत प्रतिमान को भी कटु आलोचनाओं का सामना करना पड़ा है। इस प्रसंग में आलोचकों का कहना है कि ईस्टन का यह प्रतिमान निवेश–निर्गत एवं पुनर्निवेशन की विवेचना में ही उलझकर रह गया है। इसीलिए यह प्रतिमान मांगों के रूपान्तरण–प्रक्रिया की जटिलताओं के प्रभावपूर्ण प्रस्तुतीकरण में खरा नहीं उतर पाया है।
10. ईस्टन अपने व्यवस्था सिद्धान्त में न तो राजनीति को स्पष्ट रूप से परिभाषित कर सका है और न ही यह बता पाया कि सामाजिक एवं राजनीतिक अन्तःक्रियाओं में क्या अन्तर है ?

ईस्टन द्वारा प्रतिपादित राजनीतिक व्यवस्था सिद्धान्त संबंधी उपर्युक्त विवेचनाएं सिद्धान्त की अनेक त्रुटियों की ओर संकेत करती हैं। इस सिद्धान्त पर यह आरोप भी है कि यह सिद्धान्त 'राजनीतिक शक्ति (Political Power), सामूहिक राजनीतिक व्यवहार (Collective Political Behaviour) एवं मतदान व्यवहार (Voting Behaviour) जैसी संकल्पनाओं के विश्लेषण के लिए कारगर नहीं है।

ईस्टन के राजनीतिक व्यवस्था सिद्धान्त का सामान्य मूल्यांकन (General Evaluation of Easton's Political System Theory)

डेविड ईस्टन के राजनीतिक व्यवस्था सिद्धान्त के संबंध में मतवैभिन्नताओं एवं समालोचनाओं के बावजूद सिद्धान्त की इस व्यावहारिक प्रासंगिकता से विमुख (Indifferent) नहीं हुआ जा सकता है कि डेविड ईस्टन वो व्यवहारवादी हैं जिन्होंने 'राजनीतिक व्यवस्था विश्लेषण' के रूप में राजनीतिक–सामाजिक जीवन से संबद्ध समग्र घटनाओं एवं समस्याओं तथा पर्यावरण में उत्पन्न तनावों एवं दबावों के व्यवस्थित अध्ययन के लिए यह सिद्धान्त प्रस्तुत किया।

ईस्टन के व्यवस्था सिद्धान्त में पायी जाने वाली नम्यता की वजह से इस सिद्धान्त के माध्यम से अध्ययनकर्ता राजनीतिक जीवन के विभिन्न पहलुओं की व्याख्या प्रस्तुत कर सकता है। सिद्धान्त की व्यापकता एवं समग्रता ने ही इसे नम्यता (Flexibility) दी है। औरेन आर. यंग (Oran R. Young) के शब्दों में, ''यह सिद्धान्त राजनीतिशास्त्रियों द्वारा राजनीति के विश्लेषण के लिए विकसित सभी क्रमबद्ध सिद्धान्तों में सर्वाधिक अन्वेषित (Explored) सिद्धान्त है।'' वहीं रॉबर्ट सी. बोन (Robert C. Bone) ने 'राजनीतिक व्यवस्था विश्लेषण' की उपयोगिता एवं महत्त्व पर प्रकाश डालते हुए लिखा है, ''यह तुलनात्मक विश्लेषण की श्रेष्ठतम प्रविधि है, क्योंकि इसके अवलोकन का केंद्र सम्पूर्ण राजनीतिक व्यवस्था है साथ ही इसका अन्वेषित प्रत्यय (Concept) एवं प्रवर्ग (Category) तुलनात्मक अध्ययन के लिए सुविधाजनक है।''

ईस्टन द्वारा प्रस्तुत 'व्यवस्था विश्लेषण के समर्थकों ने इसे सभी राजनीतिक व्यवस्थाओं के तुलनात्मक अध्ययन के लिए उपयोगी बताया है। इनकी दृष्टि में इस सिद्धान्त के माध्यम से राजनीतिक व्यवस्थाओं की गतिशीलता एवं उसके पर्यावरण में होने वाले परिवर्तनों के अध्ययन में काफी सहायता मिली है। यह सिद्धान्त निवेश–निर्गत एवं पुनर्निवेश प्रत्यय के द्वारा व्यवस्था एवं उसके पर्यावरण के बीच निरंतर चलने वाली अन्योन्यक्रियाओं (Interactions) में यथार्थवादी संबंध स्थापित कर राजनीतिक व्यवहार का तथ्यपरक विश्लेषण करने का गंभीर प्रयास प्रस्तुत करता है। इस प्रसंग में ईस्टन का व्यवस्था सिद्धान्त एक ऐसा संचार है जो इस तथ्य का स्पष्टीकरण करता है कि राजनीतिक व्यवस्था का अस्तित्व क्यों कायम रहता है साथ ही इस तथ्य की भी पुष्टि करता है कि पर्यावरण से उत्पन्न प्रभावों एवं जरूरतों के अनुरूप राजनीतिक व्यवस्था अपनी संरचनाओं एवं प्रक्रियाओं में पर्यावरण अभिविन्यासित परिवर्तन लाकर अपने अस्तित्व को समंजित (Adjust) भी करती हैं।

व्यवस्था सिद्धान्त की उपयोगिताओं एवं महत्त्व के संबंध में यह चर्चा करना आवश्यक है कि ईस्टन ने अपनी राजनीति संबंधी अवधारणा की व्याख्या में राजनीति को व्यवस्था में मूल्यों के आधिकारिक विनियोजन की राजनीतिक क्रिया कहा है। यहां उनके राजनीतिक क्रिया शब्द का तात्पर्य सामाजिक मूल्यों के आधिकारिक वितरण से संबद्ध है। अर्थात् वे इस तथ्य को स्वीकार करते हैं कि जिन पर मूल्यों के वितरण का दायित्व है वे निर्धारित नीतियों, निर्णयों एवं सत्तागत कार्यक्रमों की सीमा में ही संसाधनों को विनियोजित करेंगे। इस संदर्भ का सबसे व्यवहारपरक पक्ष यह है कि ईस्टन ने इस राजनीतिक क्रिया के प्रतिपादन के रूप में नीतिनिर्धारकों के लिए 'राजनीतिक बाध्यता' (Political Obligation) की मनोवैज्ञानिक व्याख्या का प्रस्तुतीकरण एवं स्पष्टीकरण किया है।

ईस्टन द्वारा व्यवस्था विश्लेषण उपागम में अर्थशास्त्रियों की तर्ज पर मूल्य शब्द का बोध व्यवस्था के सदस्यों की जरूरतों की पूर्ति करने वाली क्रिया के रूप में की गयी है जिसके माध्यम से जनसमुदाय की आवश्यकताओं एवं मांगों को पूरा किया जाता है। इस संदर्भ में प्रस्तुत व्यवस्था सिद्धान्त आधुनिक राजनीति विज्ञान के वृहत् अध्ययन के लिए बहुत उपयोगी है।

ईस्टन के व्यवस्था सिद्धान्त की एक अन्य ठोस उपयोगिता यह भी है कि यह उपागम व्यक्ति के सामूहिक व्यवहार की प्रकृति एवं प्रवृत्ति की रूपरेखा प्रस्तुत करता है जिससे विषयगत शोधकर्ताओं को राजनीतिक व्यवहार के व्यवहारपरक अध्ययन में बड़ी सहायता मिलती है। यह उपागम व्यक्ति के राजनीतिक व्यवहार का विश्लेषण करने के साथ–साथ राजनीतिक संरचनाओं, संस्थाओं एवं इनकी प्रक्रियाओं तथा सम्पूर्ण व्यवस्था के संदर्भ में व्यक्ति के व्यवहारों की व्याख्या करता है, साथ ही व्यवहारों को निर्धारित करने वाले सामाजिक पर्यावरण के प्रभावों का विश्लेषण करने में भी इस उपागम की प्रस्तुति महत्त्वपूर्ण है।

ईस्टन ने व्यवस्था सिद्धान्त में 'निवेश–निर्गत' प्रतिमान के माध्यम से राजनीतिक जीवन की गतिविधियों एवं क्रियाओं की विस्तृत व्याख्या प्रस्तुत की है जिसके आलोक में राजनीतिक व्यवस्था की संरचनाओं तथा प्रक्रियाओं से संबद्ध राजनीतिक जीवन की विभिन्न घटनाओं, समस्याओं एवं पर्यावरण में उत्पन्न तनावों तथा दबावों का विश्लेषणपरक (Analytical) अध्ययन काफी सरल हो गया है। पर्यावरण संदर्भित आगत तत्त्वों में मांग एवं समर्थन तथा निर्गत तत्त्वों में नीतियों–निर्णयों एवं व्यवस्था के सही संचालन हेतु व्यवस्था के मूलाधार के रूप में पुनर्निवेशन चक्र का विवेचनीय प्रस्तुतीकरण उपस्थित करके ईस्टन ने नीतियों एवं निर्णय–निर्माताओं तथा सामाजिक समूहों

के व्यवहार एवं प्रतिक्रियाओं के बीच अन्योन्याश्रयी (Interdependent) संबंधों का स्पष्ट चित्रण प्रस्तुत किया है जो राजनीतिक व्यवस्था, प्रक्रिया एवं राजनीतिक व्यवहार के विवेचनीय (Evaluating) अध्ययन की दृष्टि से काफी महत्त्व रखता है।

ईस्टन द्वारा प्रतिपादित व्यवस्था सिद्धान्त में प्रक्रियाओं के वर्गीकरण की स्पष्टता दिखायी देती है। इस उपागम द्वारा राजनीतिक जीवन की गतिविधियों की विभिन्नताओं को समग्र संदर्भ में विश्लेषित (Analysed) अध्ययन किया जा सकता है। यह सिद्धान्त सामाजिक व्यवस्था एवं राजनीतिक व्यवस्था के अन्दर राजनीतिक सत्ता की कई इकाइयों के अस्तित्व को स्वीकारता है जो राजनीतिक व्यवस्था की सीमा में अवस्थित अन्य उपव्यवस्थाओं को नियंत्रित करने एवं उनके लिए नीतियां निर्धारित करने, निर्णय लेने की औचित्यपूर्ण क्षमता रखता है और राजनीतिक सत्ता की यही इकाइयां राजनीतिक क्रियाओं के सम्पादन द्वारा व्यवस्था के सदस्यों से निर्गत का यानी कि निर्णयों, नीतियों, कानूनों, आज्ञाओं, आदेशों के अनुपालन कराने का वैधानिक अधिकार देता है।

सारांशतः यह कहा जा सकता है कि ईस्टन ने अपने 'राजनीतिक व्यवस्था सिद्धान्त' में राजनीतिक जीवन की सभी पहलुओं की विस्तृत व्याख्या के लिए अनुभववादी वैज्ञानिक प्रविधियों का प्रयोग करके राजनीति विज्ञान के अध्ययनकर्ताओं एवं शोधकर्ताओं के लिए विषय के विश्लेषणात्मक अध्ययन का मार्ग काफी सरल कर दिया है। तुलनात्मक राजनीति के अध्ययन के लिए इस व्यवस्था विश्लेषण का आधारभूत महत्त्व है। वस्तुतः, इस सिद्धान्त का सबसे बड़ा योगदान यह है कि इसने तुलनात्मक राजनीति के अध्ययन को आदर्शात्मक आयामों (Normative Dimensions) की श्रृंखलाओं से मुक्ति दिला कर आनुभविक अध्ययन प्रविधियों से उसका परिचय कराया है जिसके परिणामस्वरूप 'राजनीति' शब्द का व्यापक अर्थबोध प्रकट हुआ और राजनीतिक एवं सामाजिक व्यवहार के प्रसंगों की अन्तःक्रियात्मकता एवं संबंधों की अन्तनिर्भरता का स्पष्ट चित्रण संभव हो पाया है।

स्मरणीय संकेत (Points to Remember)

- ईस्टन द्वारा प्रतिपादित राजनीतिक व्यवस्था विश्लेषण की बड़ी विशेषता यह है कि विश्लेषण की यह पद्धति संतुलन की अवधारणा से आगे व्यवस्था में प्रासंगिक परिवर्तन और उसकी गतिशीलता पर गंभीर दृष्टि डालती है।
- इस व्यवस्था विश्लेषण में पर्यावरण के दबावों, तनावों, रुकावटों जैसी प्रक्रियाओं की गतिशीलता का विश्लेषण किया गया है।
- ईस्टन के व्यवस्था विश्लेषण में 'व्यवस्थात्मक सातत्य' को केन्द्रीय स्थान दिया गया है और उसे व्यवस्था का प्रमुख उद्देश्य माना गया है।
- इस विश्लेषण का मुख्य ध्येय व्यवस्था के सातत्य को कायम रखने के लिए पर्यावरण में उत्पन्न तनाव के स्रोतों एवं तनाव–नियंत्रण की प्रविधियों या प्रक्रियाओं से संदर्भित मूलतत्त्वों की विस्तृत चर्चा करना है ताकि व्यवस्था का अस्तित्व मजबूती से कायम रह सके।
- ईस्टन द्वारा प्रतिपादित व्यवस्था विश्लेषण के प्रत्ययों में प्रमुख है–आगत तत्त्व (मांग एवं समर्थन), निर्गत तत्त्व (निर्णय नीतियां), पुनर्निवेशन चक्र, पर्यावरण के तनाव एवं दबाव।
- ईस्टन ने राजनीतिक व्यवस्था के जिन तीन प्रमुख अवयवों (Components) की चर्चा की है वे हैं–नीतियां, सत्ता एवं समाज।
- ईस्टन ने व्यवस्था के सातत्य एवं अनुरक्षण के लिए उसकी क्षमता में वृद्धि करने वाले साधन के रूप में समर्थन की संकल्पना प्रस्तुत की है।
- ईस्टन का दावा है कि राजनीतिक व्यवस्था और उसके पर्यावरण के मध्य क्रियाओं–प्रतिक्रियाओं का विनिमय निरन्तर चलता रहता है। व्यवस्था हमेशा रूपान्तरण–प्रक्रिया में लगी रहती है जिससे निर्गतों की सृष्टि होती है और उसके अनुरूप पर्यावरण में बदलाव आता रहता है।

- तुलनात्मक राजनीति के विश्लेषण के लिए ईस्टन द्वारा प्रस्तुत व्यवस्था विश्लेषण सिद्धान्त काफी लाभदायक है।
- ईस्टन द्वारा प्रस्तुत विश्लेषण में राजनीति की व्याख्या 'समाज के लिए मूल्यों के आधिकारिक आवंटन के रूप में की है।
- ईस्टन के शब्दों में सातत्य की परिभाषा है, "सदस्यों के लिए बाध्यकारी निर्णय लेने और उन्हें क्रियान्वित करने की क्षमता का कायम रहना।"
- ईस्टन के शब्दों में दबाव का अर्थ है, "वे गतिविधियां जो बाध्यकारी निर्णयों के क्रियान्वयन में व्यवस्था की क्षमता को चुनौती देती है।"
- ईस्टन द्वारा प्रस्तुत विश्लेषण में आगत कार्य का तात्पर्य व्यवस्था में प्रवेश करने वाले निवेश तत्त्वों (मांग–समर्थन) से है।
- ईस्टन द्वारा प्रस्तुत निर्गत संकल्पना का अभिप्राय है, "अधिकारीगण द्वारा लिया गया वह निर्णय एवं आदेश जो व्यवस्था के सदस्यों के व्यवहार से उत्पन्न परिणामों को पर्यावरण के लिए एक संगठित रूप देने का कार्य करती है।"
- ईस्टन द्वारा प्रस्तुत पुनर्निवेशनचक्र एक गतिशील प्रक्रिया है जिसके माध्यम से राजनीतिक व्यवस्था के आगत, निर्गत एवं रूपान्तरण प्रक्रिया का प्रवाह–चक्र अनवरत चलता रहता है।
- ईस्टन के राजनीतिक व्यवस्था सिद्धान्त की केन्द्रीय समस्या है उसकी क्रियाओं–प्रतिक्रियाओं की प्रकृति, प्रवृत्ति एवं वास्तविक स्थितियों का विश्लेषण।
- अन्ततः यह कहा जा सकता है कि व्यवस्था विश्लेषण उपागम तुलनात्मक राजनीति के अध्ययन की वैज्ञानिकता एवं व्यापकता का प्रतीक है।

प्रश्न (Questions)

1. व्यवस्था विश्लेषण उपागम से आप क्या समझते हैं ? राजनीतिक व्यवस्थाओं के अध्ययन में डेविड ईस्टन के निवेश–निर्गत विश्लेषण की व्याख्या कीजिए।

   What do you mean by system analysis approach ? Discuss David Easton's input–output analysis for the study of political systems.

2. राजनीतिक समाजशास्त्र के अध्ययन में व्यवस्था विश्लेषण उपागम के महत्त्व की आलोचनात्मक व्याख्या प्रस्तुत करें।

   Present a critical explanation of the importance of system analysis approach for the study of political sociology.

3. व्यवस्था विश्लेषण उपागम की त्रुटियों एवं सीमाओं का उल्लेख करें।

   Describe the limitations and demerits of system analysis approach.

अध्याय 5

संरचनात्मक–प्रकार्यात्मक उपागम
Structural-Functional Approach

परिचय (Introduction)

संरचनात्मक – प्रकार्यात्मक उपागम की गहन जानकारी प्राप्त करने के पूर्व यहां 'प्रकार्य एवं संरचना' (Function and Structure) से आपका परिचय कराया जा रहा है। होल्ट (Holt) के शब्दों में, "प्रकार्य का अर्थ संरचनाओं द्वारा किया गया वह प्रयास है जो व्यवस्था के लिए प्रासंगिक है। (Functions are system relevant efforts of structure)।" होल्ट द्वारा दी गयी इस परिभाषा के आधार पर यह स्पष्ट हो जाता है कि प्रकार्य का अर्थ कार्य नहीं, अपितु कार्य का वह प्रभाव है जिससे दूसरी संरचनाएं या पूरी व्यवस्था प्रभावित होती है। इसका तात्पर्य यह हुआ कि किसी भी सामाजिक – राजनीतिक व्यवस्था की संरचनाएं अपना कार्य इस प्रकार संपादित करती हैं कि उनका प्रभाव एक–दूसरे के सातत्य को कायम रखने में सहायक बनता है, साथ ही एक–दूसरे के विनाश का कारण भी बनता है। इस प्रसंग के दृष्टान्तस्वरूप रॉबर्ट मर्टन (Robert-Merton) के विचारों को रख सकते हैं जिनके द्वारा इन प्रकार्यों को दो कोटियों में बांटा गया है–सुक्रियात्मक प्रकार्य एवं दुष्क्रियात्मक प्रकार्य। मर्टन के विचार में सुक्रियात्मक प्रकार्य वह दृष्टिगोचर परिणाम (Observable Consequence) है जो व्यवस्था को अनुकूलित या समन्वित करने में सहायक की भूमिका अदा करता है। दुष्क्रियात्मक प्रकार्य वह दृश्य परिणाम है जो व्यवस्था के अनुकूलन एवं समन्वय–क्षमता में कमी लाता है।

प्रकार्य–संदर्भित यह कोटिकरण वस्तुतः, विषयगत अध्ययन के मूल्यनिरपेक्ष एवं मूल्यसापेक्ष प्रकृति पर आधारित है जिसमें संपादित क्रियाओं के प्रतिमान (Pattern of Actions) के आधार पर उनका वर्गीकरण सुक्रिया या दुष्क्रिया के रूप में किया गया है। प्रकार्य से प्रासंगिक उपर्युक्त कोटिकरण के अतिरिक्त मेरियन लेवी ने भी इसे प्रकट (Manifest) एवं अप्रकट (Latent) दो रूपों में बांटा है। लेवी की अभिव्यक्ति के अनुसार, प्रकट प्रकार्य क्रियाओं के ऐसे प्रतिमान से सम्बद्ध है जिसमें कर्ता (Actor) परिणाम के संबंध में सचेत होता है। ऐसी स्थिति में

कर्ता प्रकार्य से प्रासंगिक परिणामों की अपेक्षा रखता है। इसके ठीक विपरीत अप्रकट प्रकार्य क्रियाओं के ऐसे प्रतिमान से प्रासंगिक है जिसमें कर्ता परिणाम की संभावनाओं के प्रति न तो सचेत होता है और न ही वह किसी परिणाम की अपेक्षा रखता है। इस प्रसंग में मर्टन का मत है कि आनुभविक दृष्टिकोण के आधार पर सामाजिक व्यवस्था में अप्रकट प्रकार्यों की मात्रा बेहिसाब होती है, इसलिए सामाजिक – राजनीतिक क्रियाओं के अधिकांश प्रतिमान ऐसे होते हैं जिनका परिणाम अज्ञानकृत (Unintentional) होता है। इस संदर्भ में मर्टन का यह सुझाव है कि प्रकार्यात्मवादियों को व्यवस्था के आनुभविक विश्लेषणक्रम में अप्रकट प्रकार्यों यानी कि परिणामों के विश्लेषण को प्रधानता देनी चाहिए। लेवी ने प्रकट एवं अप्रकट प्रकार्यों के कोटिकरण के प्रयोग की वकालत करते हुए विभिन्न व्यवस्थागत कार्यों के विश्लेषण में इसके प्रयोग के साथ–साथ विभिन्न संरचनाओं के विश्लेषण में भी इस वर्गीकरण के प्रयोग की जोरदार वकालत की है।

तात्त्विक स्तर पर प्रकार्यवाद का सही व सार्थक प्रयोग आल्मंड ने अपने 'संरचनात्मक–प्रकार्यात्मक उपागम' के अध्ययन–विश्लेषण में किया है। इस उपागम के माध्यम से व्यवस्था विश्लेषण में जहां एक ओर प्रकार्यों का संबंध क्रियाओं के प्रतिमानों के परिणामों से है, वहीं दूसरी ओर संरचनाओं का संबंध क्रियाओं के प्रतिमानों के अतिरिक्त उन इकाइयों से भी है जो उन क्रियाओं के प्रतिमानों पर आधारित है। प्रकार्यात्मवाद विषय–अन्वेषण के क्षेत्र को व्यापक बनाता है। इसी मान्यता के आलोक में आल्मंड द्वारा प्रस्तुत संरचनात्मक–प्रकार्यात्मक उपागम के विस्तृत विश्लेषण की प्रस्तुति यहां की जा रही है।

राजनीतिशास्त्र के अध्ययन के परम्परागत उपागमों की कमियों को दूर करने के प्रयासों के परिणामस्वरूप राजनीतिक व्यवहार का आनुभविक अध्ययन करने हेतु कई व्यवहारवादी उपगामों का प्रतिपादन राजनीतिक विद्वानों द्वारा किया गया जिसमें 'संरचनात्मक–प्रकार्यात्मक उपागम' का विशेष महत्त्व है। इस उपागम से संबंधित प्राथमिक विचार प्रस्तुत करने का श्रेय हर्बट स्पेन्सर को जाता है। समाज विज्ञान में इस उपागम के बड़े पैमाने पर प्रयोग का श्रेय इमील दुर्खीम, टालकॉट पारसन्स, रॉबर्ट के मर्टन, मेरियन जे. लेवी जैसे नामचीन विद्वज्जनों को प्राप्त है। आधुनिक राजनीति विज्ञान एवं राजनीतिक समाजशास्त्र के अनुभवजन्य अध्ययन–विश्लेषण हेतु इस उपागम के प्रयोग का श्रेय गेब्रियल आल्मंड, विलियम सी मिशेल्स तथा डेविड ऐप्टर को है। इस उपागम द्वारा राजनीतिक व्यवस्था की इकाइयों का विश्लेषण उसकी संरचना एवं प्रकार्यों के आधार पर किया जाता है।

संरचनात्मक–प्रकार्यात्मक उपागम राजनीतिक व्यवस्था को एक संतुलित व्यवस्था के रुप में स्वीकारता है जिसकी सभी इकाइयां एवं उनसे जुड़े तत्त्वों के बीच अन्तर्संबंध, अन्तर्निभरता एवं अन्तर्क्रियात्मकता पायी जाती है। इस उपागम द्वारा व्यवस्था विश्लेषणक्रम में व्यवस्था के सातत्य को प्रधानता दी गयी है, जिसके अन्तर्गत व्यवस्था का प्रत्येक अंग अपनी संरचनाओं के माध्यम से अपनी भूमिकाएं निभाते हुए व्यवस्था के अस्तित्व को कायम रखने में महत्त्वपूर्ण योगदान देता है। इस उपागम के माध्यम से व्यवस्था की विभिन्न इकाइयों एवं उससे सम्बद्ध तत्त्वों परिवर्त्यों (Variables) के आलोक में दोनों के मध्य परस्पर संबंधों की अन्योन्याश्रितता तथा उनके द्वारा संपादित प्रकार्यों का आनुभविक विश्लेषण संभव हो पाया है।

संरचनात्मक–प्रकार्यात्मक उपागम वस्तुतः डेविड ईस्टन द्वारा प्रस्तुत निवेश–निर्गत उपागम की खामियों को दूर करने एवं प्रक्रियाओं को प्रधानता देते हुए राजनीतिक व्यवस्था एवं प्रक्रियाओं का अनुभवजन्य अध्ययन करने का सार्थक प्रयास है। इसमें मुख्यतया 'संरचना' एवं 'प्रकार्य' दो शब्दों का योग है। राजनीतिक व्यवस्था में प्रकार्यों का निष्पादन जिन इकाइयों द्वारा किया जाता है, उसे ही संरचना की संज्ञा दी जाती है। रॉबर्ट सी. बोन के शब्दों में, "प्रकार्य राजनीतिक व्यवस्था के सातत्य को बनाये रखने तथा उसे विकसित की जाने वाली वैसी क्रियाएं हैं जो अविच्छिन्न रूप से निरन्तर चलती रहती हैं।" बोन ने प्रकार्य अवधारणा से संबद्ध तीन मौलिक प्रश्नों की भी चर्चा की है :

1. व्यवस्था के मौलिक कार्यों की पहचान क्या है ?
2. ये मौलिक कार्य किन उपकरणों के माध्यम से सम्पन्न किये जाते हैं ?
3. किन परिस्थितियों में इन प्रकार्यों का निष्पादन किया जाता है ?

ओ. आर. यंग ने प्रकार्यों को परिभाषित करते हुए कहा है कि "अन्तःप्रक्रियाओं का संबंध विषयपरक परिणामों से है, लेकिन उन्हें विभिन्न प्रयोजनों के लिए उद्देश्य, प्रक्रियाएं अथवा परिणाम समझा जा सकता है।" मर्टन ने प्रकार्य को परिभाषित करते हुए कहा है, "प्रकार्य वे प्रेक्षित परिणाम हैं जो किसी व्यवस्था के अनुकूलन या समायोजन की व्याख्या करते हैं और उन प्रेक्षित परिणामों की अपक्रिया करते हैं जो किसी व्यवस्था के अनुकूलन या समायोजन में कमी लाता है।"

संरचनात्मक–प्रकार्यात्मक उपागम की व्याख्या करते हुए डेविस एवं लेविस ने कहा है, "यह उपागम राजनीतिक व्यवस्था विश्लेषण का केन्द्र औपचारिक संस्थात्मक राजनीतिक संरचनाओं की जगह उस क्षेत्र को बनाने का प्रयास करता है, जहां पर व्यवस्थाओं की प्रकार्यात्मक आवश्यकताओं के वास्तविक संपादक अवस्थित हों।" यह उपागम उन प्रक्रियाओं से जुड़े अन्वेषणों पर बल देता है जो व्यवस्था को स्थिर बनाये रखने में अहम भूमिका निभाते हैं। राजनीतिक विश्लेषण की एक प्रविधि के रूप में इस उपागम की महत्ता पर प्रकाश डालते हुए डेहरन्डोर्फ ने इसकी चार विशेषताओं की पहचान की है :

(i) प्रत्येक समाज अपने तत्त्वों की अपेक्षाकृत ज्यादा स्थायी एवं सतत संरचना है।
(ii) प्रत्येक समाज विविध तत्त्वों की सुव्यवस्थित एवं समाकलित (Intrgrated) संरचना है।
(iii) समाज के प्रत्येक तत्त्वों द्वारा कोई–न–कोई प्रकार्य सम्पन्न किया जाता है जो इसे एक व्यवस्था के रूप में कायम रखने में उल्लेखनीय योगदान देता है।
(iv) प्रत्येक प्रकार्यात्मक सामाजिक संरचना अपने सदस्यों की अभिवृत्ति में मूल्यों के प्रति पायी जाने वाली सहमति (Consent) पर आधारित होती है।

विषयगत अध्ययन की आनुभविक तकनीक का प्रयोग करने के क्रम में यह उपागम इस तथ्य का स्पष्टीकरण करता है कि सभी राजनीतिक व्यवस्थाओं की अपनी राजनीतिक संरचनाएं होती हैं जो मूल रूप से सहयोगशील (Cooperative), समन्वयी (Coordinative) होती है तथा परस्पर संबधों (Correlation) के आधार पर एक–दूसरे के साथ मिलकर व्यवस्थागत प्रकार्यों का संपादन करती है। अपने वैधानिक अस्तित्व एवं कृत्यों के संपादन की वजह से ही राजनीतिक संरचनाएं सामाजिक व्यवस्था की अन्य संरचनाओं से पृथक् एवं महत्त्वपूर्ण स्थान रखती हैं। दरअसल, इस उपागम द्वारा राजनीतिक व्यवस्था को अपने पर्यावरण से मिलने वाली चुनौतियां एवं उनके समाधान के उपायों का विश्लेषणपरक आनुभविक अध्ययन करना काफी सरल हो गया है।

संरचनात्मक–प्रकार्यात्मक उपागम की विशेषताएं
(Characteristics of Structural–Functional Approach)

राजनीतिक व्यवस्था के परिस्थितिजन्य विश्लेषण हेतु संरचनात्मक–प्रकार्यात्मक उपागम की उपयोगिता एवं महत्त्व को देखते हुए इस उपागम की कतिपय विशेषताओं की ओर भी राजनीतिक विद्वज्जनों द्वारा ध्यान दिया गया जो निम्नांकित हैं :

1. संरचनात्मक–प्रकार्यात्मक उपागम विश्लेषण की इकाई के रूप में सम्पूर्ण राजनीतिक व्यवस्था के अध्ययन की बात करता है। ईस्टन एवं आल्मंड द्वारा प्रतिपादित प्रतिमान राजनीतिक व्यवस्था संदर्भित अध्ययन की प्रकृति को व्यापक आधार प्रदान करता है।
2. ओ.आर. यंग के मतानुसार, इस उपागम की सबसे मुख्य विशेषता यह है कि इस उपागम में राजनीतिक व्यवस्था की संरचनात्मक प्रतिस्थापन्नता को मान्यता (Recognition of Structural Substitution) प्रदान की गयी।
3. संरचनात्मक–प्रकार्यात्मक उपागम इस तथ्य पर बल देता है कि राजनीतिक व्यवस्था के सातत्य को कायम रखने के लिए व्यवस्था की संरचनाओं द्वारा विशेष प्रकार के कार्यों का संपादन किया जाना अति आवश्यक है।

4. संरचनात्मक–प्रकार्यात्मक उपागम की एक महत्वपूर्ण विशेषता यह भी है कि यह राजनीतिक व्यवस्था में विद्यमान संरचनाओं की परस्पर निर्भरता के प्रकार्यात्मक आधार की विस्तृत विवेचना करता है।
5. राजनीतिक व्यवस्था की संरचनाएं प्रकार्यों के साथ–साथ विकार्यों (Dysfunctions) का भी संपादन करती हैं। प्रकार्य का अभिप्राय उन क्रियाओं से है जो किसी भी राजनीतिक व्यवस्था के अस्तित्व को कायम रखने के मुख्य आधारतत्व हैं और विकार्य से तात्पर्य उन क्रियाओं से है जिसकी वजह से व्यवस्था का अस्तित्त्व खतरे मे पड़ सकता है। इस संदर्भ में इस उपागम की सबसे बड़ी विशेषता यह है कि इसके माध्यम से संरचनाओं द्वारा संपादित सुकार्यात्मक एवं विकार्यात्मक तत्त्वों की पहचान की जा सकती है।

आल्मंड का संरचनात्मक–प्रकार्यात्मक उपागम (Almond's Structural–Functional Approach)

राजनीतिक व्यवस्था विश्लेषण हेतु संरचनात्मक–प्रकार्यात्मक उपागम के सफल प्रयोग का श्रेय आल्मंड को है। आल्मंड की अभिव्यक्ति के अनुसार, राजनीतिक व्यवस्था किसी राज्य का पर्यायवाची न होकर एक ऐसी व्यवस्था है जो सामाजिक एकीकरण की प्रक्रिया को न केवल संभव बनाती है बल्कि उसे जीवित भी रखती हैं। आल्मंड के विचार में सामाजिक एकीकरण को संभव बनाने वाली शक्ति औचित्यपूर्ण शक्ति (Legitimade Power) है। यही शक्ति सामाजिक एकीकरण प्रक्रिया का संचालन करते हुए राजनीतिक व्यवस्था के सातत्य को कायम रखती है। आल्मंड की दृष्टि में वैध शक्ति ही वह आधार माध्यम है जो व्यवस्था में निवेश, निर्गत, रूपान्तरण एवं पुनर्निवेश जैसी प्रक्रियाओं का संचालन एवं निष्पादन करती है।

एक प्रक्रियाविद् होने की वजह से आल्मंड की अभिरुचि व्यवस्था के संरचना–विश्लेषण की अपेक्षा प्रक्रिया–विश्लेषण में है। राजनीतिक व्यवस्था विश्लेषण हेतु संरचनात्मक–प्रकार्यात्मक उपागम के प्रयोग के मूल में ऑल्मंड के दो उद्देश्य निहित हैं :

1. ऑल्मंड एक ऐसे तथ्यपरक व यथार्थपरक सिद्धान्त का निर्माण करना चाहते हैं जिसके माध्यम से राजनीतिक व्यवस्थाओं में होने वाले परिवर्तनों की आनुभविक व्याख्या प्रस्तुत की जा सके।
2. इस उपागम के माध्यम से व्यवस्थागत प्रकृति में पायी जाने वाली विभिन्नताओं के आधार पर राजनीतिक व्यवस्थाओं का वर्गीकरण करना संभव हो सके।

आल्मंड ने राजनीतिक व्यवस्था के विश्लेषण के संदर्भ में उसकी चार प्रमुख विशेषताओं की चर्चा उसकी संरचनाओं की अन्तःक्रियाओं की औचित्पूर्ण प्रकृति के आलोक में की है :

1. राजनीतिक व्यवस्था की संरचनाएं कुछ विशेष प्रकार की होती हैं जो अन्य संरचनाओं की तुलना में विशेष प्रकार के प्रकार्यों का निष्पादन करती हैं।
2. राजनीतिक व्यवस्थाओं के संरचनाओं की प्रकृति में भले ही अन्तर हो लेकिन सभी व्यवस्थाओं की संरचनाएं लगभग एक ही प्रकार की राजनीतिक भूमिकाओं का निष्पादन करती हैं।
3. सभी राजनीतिक व्यवस्थाओं की कई संरचनाएं बहु–प्रकार्यात्मक भूमिकाएं निभाती हैं।
4. सभी राजनीतिक व्यवस्थाओं की अपनी राजनीतिक संस्कृति होती है जो परम्परागत एवं आधुनिक दोनों मूल–तत्त्वों के योग से बनी होती है। इसलिए, सभी व्यवस्थाएं अन्य व्यवस्थाओं की संस्कृतियों से हमेशा प्रभावित होती रहती हैं।

राजनीतिक व्यवस्थाओं द्वारा संपादित प्रकार्यों के आलोक में आल्मंड का यह कहना है कि सभी व्यवस्थाएं अपने अस्तित्व को बनाये रखने के लिए एवं सातत्य में संतुलन बनाये रखने के लिए कुछ विशेष प्रकार के कार्यों का निष्पादन करती हैं जिन्हें राजनीतिक व्यवस्था के प्रकार्य की संज्ञा दी जाती है। आल्मंड ने विभिन्न राजनीतिक व्यवस्थाओं का तुलनात्मक अध्ययन उनके द्वारा निष्पादित प्रकायों के आधार पर करने वकालत की है।

आल्मंड द्वारा प्रस्तुत 'संरचनात्मक–प्रकार्यात्मक विश्लेषण' का आधुनिक राजनीति विज्ञान के अध्ययन क्षेत्र में प्रवेश एवं बड़े पैमाने पर प्रयोग भी 'व्यवस्था–विश्लेषण' की भांति समाजशास्त्र के माध्यम से हुआ है। वस्तुतः, यह व्यवस्था विश्लेषण का ही विकसित और परिष्कृत रूप है। तुलनात्मक राजनीति एक वृहत् विषय है जिसके अध्ययन–विश्लेषण की मूल विषयसामग्री व्यवस्था के सदस्यों का राजनीतिक व्यवहार है। यह राजनीतिक व्यवहार के समस्त आयामों का अध्ययन करता है। इसके व्यापक विवादास्पद अध्ययन–क्षेत्र के आनुभविक विश्लेषणात्मक अध्ययन के लिए संरचनात्मक–प्रकार्यात्मक उपागम के प्रयोग की प्रेरणा रेडक्लिफ ब्राउन एवं वी. मैलीनोस्की जैसे मानव वैज्ञानिकों की रचनाओं से मिली है। मानव विज्ञान के अनुसंधानकर्ताओं द्वारा अनेक जनजातीय समुदायों के अध्ययन हेतु प्रकार्यात्मक उपागम का प्रयोग किया गया है। इनके द्वारा आदिम जातियों (Primitive Communities) की तात्त्विक स्थिति के अध्ययन के लिए अनुकूल सिद्धान्तों का ढांचा तैयार किया गया, लेकिन सभ्य सामाजिक व्यवस्था के अध्ययन के लिए सैद्धान्तिक ढांचा तैयार करने का श्रेय ख्यातिलब्ध समाज वैज्ञानिक टालकॉट पारसन्स को है। संरचनात्मक–प्रकार्यात्मक विश्लेषण का अनुभूतिमूलक प्रयोग पहले समाज विज्ञान में पारसन्स द्वारा किया गया। समाज विज्ञान के विश्लेषणात्मक अध्ययन में इस उपागम के प्रयोग का उद्देश्य एवं लक्ष्य सामाजिक व्यवस्था के सातत्य (Continuity) को कायम रखने वाली दृढ़ भूमिकाओं (Perseverant Role) की खोज करनी थी। आपेक्षिक अन्वेषणों (Relative Research) के परिणामस्वरूप समाज के सातत्य को कायम रखने वाली दृढ़ भूमिकाओं के मद्देनजर प्रसिद्ध समाज वैज्ञानिक टालकॉट पारसन्स द्वारा प्रकार्यात्मक ध्येय के रूप में चार निर्दिष्ट जरूरतों का विषयीकरण (Objectification) किया गया और सामाजिक व्यवस्था की भूमिकाओं के आलोक में सामाजिक संरचनात्मक व्यवस्था के चार बुनियादी कार्यों की पहचान की गयी, यथा :

1. **लक्ष्य–सिद्धि (Goal Attainment):** यह किसी भी सामाजिक–राजनीतिक व्यवस्था का मौलिक कार्य है। यह कार्य व्यवस्था की लोकप्रियता एवं स्थायित्व जैसे प्रसंगों की तत्त्वमीमांसा का आधार–आधेय है, जो व्यवस्थान्तर्गत तत्त्वों की भूमिका संबंधी निर्णय, संचालन एवं निरूपण का आधारक है।
2. **अनुकूलन (Adaptation):** इस कार्य द्वारा व्यवस्था के अभिनिवेशों को कायम रखने के लिए समाज में अपेक्षित (Requisite) मूल्यवान संसाधनों को जुटाया जाता है। मसलन–वस्तुओं (Goods), सेवाओं (Services), अवसरों (Opportunities), लाभों (Benefits), आदि को समाज में सदस्यों के बीच वितरण के लिए मुहैया कराया जाता है ताकि सभी सदस्यों को अपने व्यक्तित्व के सर्वांगीण विकास के लिए एवं बेहतर जीवन के लिए यथोचित अवसर प्राप्त हो सके।
3. **एकीकरण (Integration):** इसका मूल ध्येय व्यवस्था को एक सूत्र में बांधे रखना और अक्षुण्ण रखना है। यानी कि इस कार्य का लक्ष्य व्यवस्था के सातत्य को मजबूती प्रदान करते हुए उसे टूटने से बचाये रखना है।
4. **प्रतिमान संरक्षण (Pattern Maintenance):** इस कार्य का मूल उद्देश्य सामाजिक मूल्यों, परम्पराओं, विश्वासों को एक पीढ़ी से दूसरी पीढ़ी में संप्रेषित (Transmit) करना है तथा व्यवस्था में मांगों के अतिभार (Overloading) की रोकथाम के लिए तनाव–प्रबंधन (Tension Management) करना है, ताकि सामाजिक व्यवस्था के अन्तर्गत अविच्छिन्न रूप से चलने वाली अन्तःक्रियाओं की वजह से पर्यावरण में कोई खिंचाव पैदा न हो और सामाजिक मूल्यों के प्रति समाज के आधिकारिक सदस्यों की आस्था बनी रहे।

सामाजिक व्यवस्था के विस्तृत अध्ययन के लिए समाजवैज्ञानिकों द्वारा प्रयुक्त उपर्युक्त संरचनात्मक प्रकार्यात्मक ढांचे (Structural–Functional Framwork) के आलोक में मिशेल्स एवं आल्मंड ने राजनीतिक व्यवस्था–विश्लेषण के लिए संरचनात्मक–प्रकार्यात्मक उपागम की नींव रखी और पहली बार संरचनात्मक–प्रकार्यात्मक विश्लेषण का प्रयोग राजनीतिक व्यवस्था की संरचनाओं एवं कार्यों के गहन अध्ययन के लिए किया गया। डेविड ईस्टन द्वारा प्रस्तुत 'व्यवस्था विश्लेषण' जिसे 'आगत–निर्गत विश्लेषण' भी कहा जाता है को अधूरा बताते हुए

'The Politics of the Developing Areas—1960' में गेब्रियल आल्मंड तथा जेम्स एस. कोलमैन ने पश्चिमेत्तर राजनीतिक व्यवस्थाओं का अध्ययन करके कहा है कि 'ईस्टन द्वारा प्रस्तुत विश्लेषण में विवेचित आगत–निर्गत तत्त्व राजनीतिक व्यवस्था के कार्य हैं। इनके अनुसार ईस्टन व्यवस्था का विस्तारित विवेचन करने में पूरी तरह सक्षम नहीं हो पाये हैं।' छह वर्ष पश्चात् प्रकाशित आल्मंड एवं पॉवेल की संयुक्त कृति 'Comparative Politics – A Development Approach' में भी राजनीतिक व्यवस्थाओं के परिवर्तन पर व्यापक चर्चा की गयी है।

आधुनिक राजनीतिविज्ञान के अध्ययन क्षेत्रान्तर्गत आल्मंड द्वारा प्रतिपादित व प्रयुक्त संरचनात्मक–प्रकार्यात्मक संकल्पना एक नवीन उपागम है जिसे व्यवस्था सिद्धान्त का पूरक माना जाता है। आल्मंड की दृष्टि में सामाजिक व्यवस्था–संचालन के आलोक में प्रकार्यात्मवाद की मूल मान्यता व्यवस्था के सातत्य से संबद्ध है। इनके विचार में सामाजिक–राजनीतिक व्यवस्था के अस्तित्व में मौजूद सातत्यतत्त्व की वजह से व्यवस्था के अन्दर सम्पन्न होने वाली कतिपय बुनियादी क्रियाएं ही प्रकार्य (Functions) हैं। समाज में सदस्यों की कुछ बुनियादी, व्यक्तिगत व सामूहिक जरूरतें होती हैं, मसलन – भोजन, वस्त्र, आवास, भौतिक एवं सांस्कृतिक सुविधाएं, आदि जिनकी पूर्ति का दायित्व व्यवस्था का है। प्रकार्यात्मवादियों के मतानुसार, ये बुनियादी जरूरतें ही सामाजिक व्यवस्थान्तर्गत प्रकार्यों के संपादन के लिए मानकों (Norms) एवं व्यावहारिक प्रतिमानों (Behavioural Patterns) का अस्तित्व कायम कराती हैं। इनके लिए कुछ प्रथाएं (Practices) भी अपनायी जाती हैं जिनके द्वारा सामाजिक मूल्यों को संरक्षण दिया जाता है, ताकि समाज के सदस्यों के बीच सामाजिक संसाधनों के वितरण के मद्देनजर उठने वाली परस्पर विरोधी मांगों के समाधान के उपाय ढूंढे जायें और सदस्यों का अपनी व्यवस्था के प्रति विश्वास एवं आस्था बरकरार रहे। इनकी दृष्टि में सामाजिक–राजनीतिक व्यवस्था के अन्दर निवेश कार्य की निरन्तरता को बनाये रखने के लिए उपर्युक्त विवेचित कार्यों के संपादन की प्रक्रिया ही प्रकार्यात्मक आवश्यकताओं (Functional Requisites) की पूर्ति का माध्यम है।

यहां प्रकार्य का अर्थ कार्य नहीं है, अपितु किसी भी कार्य का वह प्रभाव है जिससे दूसरी संरचना या पूरी व्यवस्था प्रभावित होती हैं। होल्ट के विचार में 'प्रकार्य व्यवस्था के अस्तित्व के लिए काफी प्रासंगिक है।' जहां प्रकार्य का संबंध क्रियाओं के अनुरूप परिणामों से है, वहीं संरचनाओं का संबंध क्रियाओं के प्रभाव के अतिरिक्त उन संस्थाओं से भी है जो समस्त क्रियाओं की प्रतिकृतियों (Facsimiles) पर ही आधारित होती हैं। वस्तुतः, व्यवस्थान्तर्गत समस्त कार्यों के संपादन की जवाबदेही व्यवस्था में अवस्थित विभिन्न संस्थाओं की संरचनाओं की है। इस प्रसंग में एक अहम् ध्यातव्य तथ्य यह है कि प्रकार्यात्मवादियों की मान्यतानुसार, ''व्यवस्था में प्रकार्यों का संपादन विशिष्ट संस्थाएं–कार्यपालिका, व्यवस्थापिका द्वारा किया जाता है, लेकिन इस कार्य को अनेक अतिविशिष्ट इकाइयां या संरचनाएं भी संपन्न कर सकती हैं।'' यह मान्यता प्रकार्यवाद के अनुसंधान क्षेत्र को अति व्यापक स्वरूप प्रदान करता है। आल्मंड ने संरचनात्मक–प्रकार्यात्मक प्रतिमान' के आलोक में राजनीतिक व्यवस्था को परिभाषित करते हुए उसे ''सभी स्वतंत्र समाजों में अन्तःक्रियाओं को व्यक्त करने वाली वह व्यवस्था कहा है, जो न्यूनाधिक मात्रा में वैध भौतिक दण्ड पर आधारित बल–प्रयोग द्वारा या फिर बल–प्रयोग की धमकी के आधार पर समाज को एकीकृत एवं अनुकूलित करने जैसी कार्यों का संपादन करती है। राजनीतिक व्यवस्था सामाजिक व्यवस्था के अन्तर्गत वह औचित्यपूर्ण व्यवस्था है जो शासन व्यवस्था को कायम रखती है तथा उसे रूपान्तरित भी करती है।'' राजनीतिक व्यवस्था की इस परिभाषा के साथ आल्मंड ने इसकी संरचनाओं एवं उन संरचनाओं द्वारा संपादित प्रकार्यों की प्रकृति की भी विवेचना की है। इस संदर्भ में आल्मंड की अभिव्यक्ति है कि संरचनाओं की प्रकार्यात्मक अन्योन्याश्रितता (Functional Interdependence) की वजह से ही किसी भी सामाजिक व्यवस्था में विद्यमान् राजनीतिक व्यवस्था एक औचित्यपूर्ण व्यवस्था के रूप में अपनी पहचान बनाने में सक्षम हो पाती है।

जहां तक संरचनाओं का प्रसंग है, इस संदर्भ में आल्मंड का कहना है कि सभी राजनीतिक व्यवस्थाओं में मुख्यरूप से चार संरचनाओं का अस्तित्व मौजूद होता है जिन्हें 'अन्तर्क्रियाओं के औचित्यपूर्ण प्रतिरूप (Legitimate Pattern of Interactions) के रूप में विवेचित किया जा सकता है। आल्मंड के कथनानुसार, मुख्य चार संरचनाओं में प्रथम कोटि में कुछ विशिष्ट संरचनाएं हैं जो व्यवस्था के विशिष्ट कार्यों को संपादित करती हैं। दूसरी काटि में वे संरचनाएं अपनी उपस्थिति दर्ज कराती हैं जो कुछ संरचनात्मक वैशिष्ट्य (Difference) के बावजूद सभी

व्यवस्थाओं में समान प्रकार्यों का संपादन करती है। तीसरी कोटि में व्यवस्था की वे राजनीतिक संरचनाएं शामिल हैं जो एक साथ विविध कार्यों का संपादन करती हैं, इसलिए इनका स्वरूप बहुप्रकार्यात्मक (Multifunctional) होता है। अन्त में, व्यवस्था की उन संरचनाओं का अस्तित्व शामिल है जो सामाजिक संस्कृतियों, परम्पराओं से प्रभावित होती हैं। संरचना के इस स्वरूप का निर्माण विभिन्न समाजों की आधुनिक एवं परम्परागत सांस्कृतिक तत्त्वों की विविध मात्राओं व आयामों द्वारा होता है। क्योंकि, सभी राजनीतिक व्यवस्थाएं विविध प्रकार के समाजों में अवस्थित हैं, इसलिए वह अपने सामाजिक, सांस्कृतिक मूल्यों, परम्पराओं, विश्वासों के प्रभाव में परम्परागत या आधुनिक हो सकती हैं। आल्मंड द्वारा प्रस्तुत संरचनात्मक ढांचे का ये वर्गीकरण ही उनके द्वारा प्रस्तुत राजनीतिक संस्कृति संकल्पना का मूलाधार है। इनके द्वारा प्रस्तुत राजनीतिक व्यवस्था वर्गीकरण अवधारणा का आधारतत्त्व भी संरचनाओं से प्रासंगिक इनका विशिष्ट विचारसूत्र ही है। इस प्रसंग में आल्मंड ने यह भी कहा कि व्यवस्था में इन संरचनाओं के अतिरिक्त कुछ अन्य संरचनाओं का भी अस्तित्व होता है जो व्यवस्था के स्थायित्व के लिए क्रियाएं संपादित करती हैं।

राजनीतिक व्यवस्था की संरचना एवं प्रक्रिया प्रसंग पर विचार अभिव्यक्त करते हुए आल्मंड ने कहा है कि इन संरचनात्मक व सामाजिक–सांस्कृतिक विविधताओं के बावजूद विश्व की सभी राजनीतिक व्यवस्थाएं अपने अस्तित्व निर्माण के लिए एवं कर्मकुशल होने के लिए तथा सातत्य–सामर्थ्य को बरकरार रखने एवं बहुआयामी–बहुदिशाई विकास के मार्ग पर निरन्तर आगे बढ़ते रहने के लिए कतिपय अनिवार्य भूमिकाओं का संपादन करती रहती हैं, जिन्हें आल्मंड ने प्रकार्यात्मक अनिवार्यताओं की संज्ञा दी है। इनका कहना है कि राजनीतिक व्यवस्थाओं का तुलनात्मक अध्ययन उनके द्वारा संपादित प्रकार्यों के तरीके के आधार पर ही ज्यादा तथ्यात्मक व व्यवहारपरक रूप में किया जा सकता है। इस प्रसंग पर इनकी स्पष्टोक्ति है कि सभी व्यवस्थाएं दो ही प्रकार के कार्यों का संपादन करती हैं – आगत एवं निर्गत। आल्मंड की यह मान्यता है कि कोई भी राजनीतिक व्यवस्था अपनी विभिन्न संरचनाओं की भूमिकाओं तथा व्यवस्था में विद्यमान उन उपव्यवस्थाओं द्वारा संपादित भूमिकाओं से मिलकर बनती है जिनकी अन्योन्याश्रितता तथा अन्तर्क्रियात्मकता वहां के सदस्यों की मनोभावनाओं, अभिवृत्तियों (Attitudes) एवं उपयुक्तताओं (Aptitudes) को प्रभावित करती हैं या प्रभावित होती हैं जो उन्हें संचालित करने एवं उनमें नई ऊर्जा शक्ति से ओत–प्रोत करने का महान् कार्य करता है। यानी कि राजनीतिक व्यवस्थाओं को ऊर्जित (Energize) होते रहने के लिए उनकी संरचनाओं द्वारा प्रकार्यों का संपादन होते रहना अपरिहार्य है। व्यवस्था की मूल सरचनाओं एवं उपव्यवस्थाओं की भूमिकाओं के संबंध में उनके बीच की अन्योन्याश्रितता तथा अन्तर्क्रियात्मकता के व्यक्तिकरण एवं समूहीकरण को आल्मंड ने राजनीतिक प्रक्रिया (Political Process) के स्वरूप की संज्ञा दी है और राजनीतिक प्रक्रिया के स्पष्टीकरण एवं स्वरूपीकरण का सीधा संवाद व्यवस्थागत पर्यावरण से बताया है, जिसमें व्यवस्थागत संरचनाओं द्वारा निष्पादित व संपादित प्रकार्यों की अन्तर्क्रियात्मकता एवं अन्योन्याश्रितता के समस्त आयाम समावेशित होते हैं। यह प्रक्रिया किसी भी राजनीतिक व्यवस्था के पर्यावरण में उत्पन्न व पलने वाले निवेश तत्त्वों का आधारक एवं बोधक है।

ईस्टन द्वारा प्रस्तुत मान्यताओं की तर्ज पर आल्मंड ने भी कहा है कि पर्यावरण से प्राप्त होने वाले निवेश तत्त्वों का उद्देश्य वातावरण में उत्पन्न परिस्थितिजन्य आन्तरिक एवं बाह्य मांगों तथा उसके साथ खड़े समर्थन की संख्या से उत्पन्न तनावों–खिंचावों का अनुभवजन्य स्पष्टीकरण करना है। राजनीतिक व्यवस्था विश्लेषणक्रम में आल्मंड ने पुनर्निवेशन क्रिया की चर्चा राजनीतिक व्यवस्था की क्रियाओं एवं प्रकृति में होने वाले परिवर्तनों एवं इस प्रक्रिया के दौरान उत्पन्न नई मांगों, समर्थनों की मात्रा में वृद्धि तथा इन परिस्थितियों से उत्पन्न तनावों की संभावनाओं के प्रसंग में की है। तुलनात्मक राजनीति का ज्यादा व्यवहारपरक विश्लेषित अध्ययन करने के लिए राजनीतिक व्यवस्था प्रतिमान के समग्र विश्लेषण संदर्भ में उन्होंने यह कहा है कि "जब हम विभिन्न संस्थाओं या संरचनाओं के कार्यों की प्रक्रिया तथा उसकी संपादन–तकनीक को देखते हैं, तभी हमें विभिन्न संरचनाओं की विशेषताओं की सही जानकारी होती है। वस्तुतः, जब हम यह कहने में समर्थ होते हैं कि कोई विशिष्ट संस्था किसी विशिष्ट कार्य का संपादन विशिष्ट परिणाम के साथ करती है, तभी विभिन्न राजनीतिक व्यवस्थाओं के तुलनात्मक विश्लेषित अध्ययन का अभिप्राय स्पष्ट होता है।" यहां इन्होंने कहा है कि राजनीतिक

व्यवस्था द्वारा संपादित प्रकार्यों में सार्वजनिक नीतियों के निर्माण, निरूपण एवं कार्यान्वयन को निर्गत कार्य कहा जाता है। यह कार्य व्यवस्था के सामाजिक, सांस्कृतिक, आर्थिक, धार्मिक, भौगोलिक सभी आयामों, सभी पक्षों को सीधे तौर पर प्रभावित करता है। इनका मानना है कि निर्गत कार्य यानी कि नीतियों–निर्णयों के निर्माण, निरूपण एवं कार्यान्वयन का प्रभाव पर्यावरण पर पड़ता है और इस प्रभाव से व्यवस्थागत पर्यावरण के समक्ष प्रस्तुत मांगों का भविष्य भी प्रभावित होता है। यही वो प्रकार्यात्मक तत्त्व है जिसके परिणामस्वरूप व्यवस्था के सदस्यों के मानस पटल पर मौजूदा राजनीतिक अभिजन व अन्य राजनीतिक नेतृत्व के प्रति राजनीतिक आस्था–विश्वास में बदलाव की परिस्थितियां बनाती हैं जो भविष्य में सत्ता रूपान्तरण–प्रक्रिया का आधार–आधेय साबित होता है।

संरचनात्मक–प्रकार्यात्मक उपागम के विश्लेषण प्रसंग में आल्मंड ने राजनीतिक व्यवस्था के संबंध में कहा है कि "इस शब्द से उसका आशय समाज में कुछ विशेष प्रकार की अन्तःक्रियाओं के संपादन से है जो कुछ विशेष प्रकार के गुणों से युक्त है।" इन्हीं मीमांसित तथ्यों के आधार पर आल्मंड ने राजनीतिक व्यवस्था की तीन विशेषताओं की प्रस्तुति की है–प्रथम–व्यापकता, द्वितीय–अन्तनिर्भरता, तृतीय–सीमाओं का अस्तित्व। व्यापकता की दृष्टि से व्यवस्था में निवेश एवं निर्गत सहित वे सभी क्रियाएं शामिल हैं जो सभी संरचनाओं में चाहे वे रक्त–संबंध या वंश परम्परागत हो अथवा दंगे–फसाद और प्रदर्शनों जैसी अनियमित घटनाओं का प्रतिरूप हो अथवा वे संरचनाएं जो संसद्, कार्यपालिका एवं लोकसेवा जैसी विधिवत् इकाइयों का प्रतिरूप हों अथवा राजनीतिक दल, दबावसमूह, हितसमूह और संचार साधनों जैसी अनौपचारिक दृष्टि से संगठित संरचनाएं हों, सभी राजनीतिक व्यवस्था के विश्लेषण दायरे के अन्तर्गत हैं। अन्तनिर्भरता का आशय है व्यवस्था के सभी उपसमुच्चय (Subaggregates) एक–दूसरे के साथ इस तरह परस्पर संबद्ध हों कि एक उपव्यवस्था में परिवर्तन का प्रभाव दूसरी उपव्यवस्थाओं के समुच्चय पर पड़े। सीमा के अस्तित्व का अभिप्राय उस भौगोलिक रेखा या बिन्दु से है, जहां से एक राजनीतिक व्यवस्था की समाप्ति और दूसरी व्यवस्था का आरंभ होता है।

आल्मंड द्वारा प्रतिपादित संरचनात्मक–प्रकार्यात्मक उपागम का अभिप्राय यह स्पष्ट करना है कि राजनीतिक व्यवस्थाएं किस प्रकार और किस परिस्थिति में अपने परम्परागत स्वरूप को छोड़कर आधुनिक स्वरूप में प्रवेश करती हैं और इस परिप्रेक्ष्य में किस प्रकार वह अपने प्रकार्यात्मक संदर्भ में परम्परागत एवं आधुनिक बदलाव के दोनों स्वरूपों को समावेशित करते हुए बदली परिस्थितियों में भी अपनी बुनियादी एवं यथोचित भूमिकाओं का संपादन करती हैं। आल्मंड ने राजनीतिक परिवर्तन को विकास के संदर्भ में देखा है। अपने विश्लेषण में आल्मंड ने व्यवस्था विकास की प्रक्रिया की प्रस्तुति एक तार्किक प्रक्रिया के रूप में की है। इनके शब्दों में, "पर्यावरण से प्रवेश करने वाले विभिन्न प्रकार के दबावों की प्रतिक्रिया के रूप में राजनीतिक व्यवस्था के वर्तमान या भविष्य में होने वाले परिवर्तनों का विश्लेषणपरक अध्ययन किया जा सकता है, यहां तक कि इससे संबंधित भविष्यवाणी भी की जा सकती है।" आल्मंड अपने द्वारा प्रस्तुत विश्लेषण में यह विश्वास व्यक्त करते हुए दिखाई देते हैं कि तात्त्विक स्तर पर उनके द्वारा एक ऐसे सिद्धान्त का प्रतिपादन किया गया है जिसके आधार पर राजनीतिक व्यवस्थाओं का अन्ततः सांख्यिकीय और संभवतः गणितीय निरूपण सफल हो सकेगा। इनका यह तर्क है कि विभिन्न राजनीतिक व्यवस्थाएं परम्परागत स्वरूप से निकल कर आधुनिक स्वरूप में प्रवेश करने की प्रक्रिया में संक्रमण की जिस स्थिति से गुजरती हैं उसके आधार पर भी राजनीतिक व्यवस्थाओं को वर्गीकृत किया जा सकता है।

आल्मंड द्वारा मीमांसित राजनीतिक व्यवस्था विश्लेषण से तीन तथ्यों का स्पष्टीकरण होता है। स्वयं ऑल्मंड के शब्दों में, प्रथम–राजनीतिक व्यवस्था एक विषय (स्थूल) घटक है जो पर्यावरण को प्रभावित करता है और स्वयं भी पर्यावरण से प्रभावित होता है। विधिसम्मत् बल–प्रयोग का प्रावधान ही उसके सातत्य को कायम रखने का बुनियादी आधारतत्त्व है। द्वितीय–अन्तःक्रियाओं का संपादन व्यक्तियों के मध्य नहीं; अपितु उनके द्वारा संपादित भूमिकाओं के बीच होता है। तृतीय–राजनीतिक व्यवस्था एक ऐसी खुली व्यवस्था है जो अपनी सीमाओं के बाहर स्थित घटकों और व्यवस्थाओं के साथ एक अविच्छिन्न संचारण संबंध के माध्यम से जुड़ी रहती है।

आल्मंड द्वारा प्रस्तुत इस विश्लेषण से इस तथ्य का खुलासा होता है कि प्राकृतिक रूप से भिन्नता रखते हुए भी सभी राजनीतिक व्यवस्थाओं में कुछ सामान्य विशेषताएं पायी जाती हैं जिसकी पहचान मुख्यतः चार संदर्भों में की जा सकती है : **प्रथम**–सभी राजनीतिक व्यवस्थाएं एक संघटित राजनीतिक संरचनाओं वाली व्यवस्था होती हैं। इस गुण के अभाव में राजनीतिक व्यवस्था की कल्पना असंभव है। **द्वितीय**–सभी राजनीतिक व्यवस्थाएं कुछ सामान्य क्रियाओं का संपादन करती हैं, भले ही उन कार्यों के संपादन का तरीका अलग–अलग हो। **तृतीय**–राजनीतिक व्यवस्थाओं के अन्तर्गत विद्यमान् सभी संरचनाओं का कार्य बहुक्रियात्मक होता है। अर्थात् वे एक से अधिक प्रकार के कार्यों का संपादन करती हैं। **चतुर्थ**–सभी राजनीतिक व्यवस्थाएं चाहे वे परम्परागत हों या आधुनिक, उनका स्वरूप मिश्रित होता है। अर्थात् वे परम्परागत–आधुनिक दोनों तत्त्वों को अंगीकार करते हुए दोनों स्वरूपों की बोधक होती है। किस व्यवस्था में कौन से तत्त्व की तत्त्वतः मात्रा कितनी है या होगी, यह व्यवस्था की परिस्थिति एवं प्रकृति–प्रवृत्ति पर निर्भर करता है।

आल्मंड द्वारा प्रतिपादित संरचनात्मक–प्रकार्यात्मक विश्लेषण में न केवल व्यवस्था के कार्यों को वर्गीकृत करके उनकी मीमांसित प्रस्तुति की गयी है, अपितु इनके द्वारा इन प्रकार्यों को संपादित करने वाली संरचनाओं की पहचान करके उसकी विवेचनीय (Evaluating) प्रस्तुति भी की गयी है। आल्मंड ने अपने इस उपागम में विस्तारित रूप से राजनीतिक व्यवस्था के चार मुख्य आगत कार्यों एवं तीन मुख्य निर्गत कार्यों का प्रस्तुतीकरण किया है। इसके साथ–साथ इन्हें संपादित करने वाली ख़ास संरचनाओं की भी पहचान दर्ज करायी है। इस प्रसंग में इनकी यह मान्यता है कि सभी व्यवस्थाओं में एक संरचना कई प्रकार के कार्यों को संपादित करती है और कभी–कभी किसी एक कार्य को कई संरचनाएं मिलकर भी पूरा करती हैं।

आल्मंड द्वारा प्रकार्यात्मक संवर्गों की सूची में जिन चार निवेशों या निवेश कृत्यों का उल्लेख किया है उनमें (1) राजनीतिक समाजीकरण एवं भर्ती, (2) हित स्पष्टीकरण, (3) हित समूहन, (4) राजनीतिक संप्रेषण है; और जिन तीन निर्गत कृत्यों का उल्लेख किया है वे (1) नियम–निर्माण, (2) नियम–प्रयुक्ति एवं (3) नियम–अधिनिर्णय हैं। उन्होंने अपने विश्लेषण में निर्गत कार्यों की अपेक्षा निवेश कृत्यों को ज्यादा महत्त्व दिया है। अन्य व्यवस्था–विश्लेषकों की भांति आल्मंड ने भी राजनीतिक व्यवस्था को खुली व्यवस्था कहा है जिस पर उन समस्त सामाजिक, आर्थिक, सांस्कृतिक, धार्मिक, भौगोलिक पर्यावरण का गहरा प्रभाव पड़ता है, जिसमें वे अवस्थित होती हैं। राजनीतिक विश्लेषण के संबंध में व्यापक दृष्टिकोण रखते हुए आल्मंड ने जिन निवेश कृत्यों की वर्गीकृत प्रस्तुति की है, उस पर विशेष चर्चा निम्नांकित है :

1. **राजनीतिक समाजीकरण एवं भर्ती (Political Socialisation and Recruitment):** निवेश कृत्यों में वर्णित यह प्रकार्य आल्मंड के व्यवस्था–विश्लेषण का मनोवैज्ञानिक आयाम है। यहां राजनीतिक समाजीकरण से विश्लेषक का आशय उस अनुभवजन्य प्रक्रिया से है जो व्यवस्था के सदस्यों को मानसिक रूप से व्यवस्थागत राजनीतिक संस्कृति से जोड़ती है तथा राजनीतिक मूल्यों, विश्वासों, आस्थाओं, परम्पराओं का प्रशिक्षण देती है। अनुभवात्मक यथार्थवादिता के स्तर पर इस प्रक्रिया के क्रियान्वयन, संचालन एवं निरूपण में सामाजिक तत्त्वों का योग होता है। इसका संचालन विभिन्न रूपों में किया जाता है जिसका सीधा संवाद व सरोकार व्यवस्था की क्रियाशील राजनीति से होता है। इस प्रक्रिया के माध्यम से व्यक्ति अपनी राजनीतिक व्यवस्था के तात्त्विक अस्तित्व, स्थिति एवं प्रकृति के प्रति सजग रुख अपनाता है और अपनी व्यवस्थागत राजनीति, राजनीतिक नेतृत्व, राजनीतिक शैली, सत्ताशैली के संबंध में पूर्णरूप से संज्ञान (Cognizance) लेता है जो उसकी राजनीतिक सहभागिता एवं राजनीतिक व्यवहार–प्रदर्शन का निरूपक होता है। इस प्रक्रिया का इस संदर्भ में भी काफी महत्त्व है कि एक नागरिक इसके माध्यम से अपने व्यक्तित्व को सचेत बनाता है, साथ–ही–साथ यह सीखता है कि उसे अपने हितवर्धन के लिए एवं जीवन–संरक्षण के लिए सामूहिक एवं व्यक्तिगत स्तर पर किन–किन लक्ष्यों का निर्धारण करना चाहिए तथा उन लक्ष्यों की प्राप्ति हेतु व्यवस्था का कितना सहारा लेना चाहिए। यहां आल्मंड का यह मंतव्य है कि निवेशित तत्त्वों यानी कि मांग एवं समर्थन का आकार–प्रकार एवं प्रतिशत

का मौलिक निर्णायक राजनीतिक संस्कृति, विशेषकर राजनीतिक समाजीकरण एवं भर्ती है जो निवेश कृत्यों की आधार भूमि तैयार करता है। इनका मानना है कि मांग एवं समर्थन के मुद्दे पर सदस्यों की सक्रिय भूमिका की मात्रा का नियामक तत्त्व राजनीतिक समाजीकरण एवं भर्ती है।

आल्मंड राजनीतिक समाजीकरण को स्वयं में निवेश तत्त्व न मानते हुए उसे निवेश तत्त्वों का स्वरूप निर्धारक एवं उदासीनता या उग्रता की मात्रा का नियामक तत्त्व मानते हैं। सभी व्यवस्थाओं में राजनीतिक समाजीकरण के स्तर के अनुरूप ही व्यवस्थागत राजनीति में सक्रियता घटती–बढ़ती रहती है और उसी जोड़–घटाव के अनुरूप मांग की प्रकृति एवं समर्थन की मात्रा में भी परिवर्तन आता–जाता रहता है। राजनीतिक समाजीकरण की प्रक्रिया ही समाज के राजनीतिक मूल्यों, परम्पराओं, मान्यताओं, आदर्शों एवं व्यवहारों से नई पीढ़ी को अवगत कराती रहती है। आल्मंड ने अपने विश्लेषित उपागम में इन कृत्यों को सम्पादित करने वाली संरचनाओं की भी पहचान की है जिसमें–परिवार (Family), मित्रमंडली (Peer Groups), शिक्षण संस्थाएं (Educational Institutions), धार्मिक संगठनों (Religious Organisations) एवं जनसंपर्क के साधनों (Mass Media) को शामिल किया है जो इस प्रक्रिया–संचालन में अपना बहुमूल्य योग देते हैं। आल्मंड के विचार में आरंभिक स्थितियों में समाजीकरण की प्रक्रिया बिखरी हुई (Diffused), विशिष्टतापरक (Perticularistic), आरोपित (Ascriptive) एवं भावात्मक (Affective) होती है, लेकिन समाज के विकास के साथ–साथ ये विशिष्ट (Specfic), सर्वव्यापी (Universal) एवं साधनात्मक (Instrumental) हो जाती हैं।

राजनीतिक भर्ती का तात्पर्य उस प्रक्रिया से है जिसके द्वारा विभिन्न राजनीतिक समूह अपने गुट में नये सदस्यों को शामिल करता है, यानी नये मतदाताओं का समर्थन प्राप्त करता है। उस प्रकिया द्वारा राजनीतिक समूह अपने जनसमर्थन का विस्तार करता है तथा अपना जनाधार मजबूत करता है ताकि उसे स्पष्ट जनादेश (Mandate) प्राप्त हो सके। राजनीतिक सत्ता के विभिन्न पदों पर होने वाली भर्ती एवं नौकरशाही के विभिन्न पदों पर की जाने वाली नियुक्तियां भी इसी प्रक्रिया की अंग हैं। इस कृत्य के संपादन में उपर्युक्त विवेचित संरचनाओं के अतिरिक्त वे संरचनाएं एवं इकाइयां भी शामिल होती हैं जो इनमें से किसी भी प्रकार की भर्ती–प्रक्रिया का हिस्सा बनती हैं व्यावहारिक स्तर पर राजनीतिक भर्ती वह प्रक्रिया है जिसके माध्यम से व्यवस्था के सदस्य राजनीतिक क्रियाओं एवं प्रसंगों की आनुभविक शिक्षा ग्रहण करते हैं।

2. **हित स्पष्टीकरण (Interest Articulation):** आल्मंड द्वारा विश्लेषित निवेश कृत्य का यह दूसरा महत्त्वपूर्ण प्रसंग है। यह वह प्रकार्य है जिसमें व्यक्ति एवं समूह अपनी इच्छाओं एवं अपेक्षाओं को मांग एवं समर्थन का रूप देकर राजनीतिक सत्ताधारियों के ध्यान–योग्य बनाता है, ताकि मांगों का रूपान्तरण संभव हो सके। इस प्रक्रिया द्वारा सदस्यों की मनोवृत्तियों, मान्यताओं, मूल्यों, विचारों को मांगों में परिणत किया जाता है। इस कृत्य का संपादक–सूत्र व्यवस्थागत हित समूह होता है। इस क्रिया को आल्मंड ने हित स्पष्टीकरण की संज्ञा दी है। आल्मंड ने अपने विश्लेषणक्रम में व्यवस्थागत हित समूहों को चार संवर्गों में बांटा है : 1. संस्थात्मक (राजनीतिक), 2. गैर–संस्थात्मक (जाति एवं धर्म आधारित), 3. अनियमित (जिनका अस्तित्व अचानक उत्पन्न होता है), 4. संस्थात्मक (गैर–राजनीतिक एवं व्यापारिक)। अपने कार्यों के स्तर एवं स्थिति के अनुरूप हित समूहों का स्वरूप निर्दिष्ट (Directive), विकीर्ण (Scattered), सामान्य (General), विशिष्ट (Specialized), भावात्मक (Emotional) एवं आरोपित (Imposed) हो सकता है। निवेश प्रकार्य के इस स्तर का सीधा संबंध राजनीतिक व्यक्ति से होता है, इसलिए इस स्तर पर संचार एवं संप्रेषण की सभी शैलियां इस प्रकार्य की अभिव्यक्ति, समुन्नति एवं विचारों के समूहीकरण में अपना महत्त्वपूर्ण योगदान देती हैं। आल्मंड ने हित स्पष्टीकरण यानी कि हित अभिव्यक्ति को मांगों के प्रतिपादन या सूत्रीकरण की संज्ञा दी है जो राजनीति में रूपान्तरण प्रक्रिया के ध्यानाकर्षण पहलू का प्राथमिक स्तर है। सामान्यतः हित अभिव्यक्ति की अवस्था में ही हित समूहन

आकार ले लेता है। उनका का यह मानना है कि संप्रेषण शैलियों के बीच पाये जाने वाले अन्तर का प्रभाव सीधे मांगों पर पड़ता है और यही समर्थन के मजबूतीकरण का आधार बनता है, इसीलिए विकासशील एवं विकसित राजनीतिक व्यवस्थाओं में मांगों की अभिव्यक्त शैली में अन्तर को स्पष्ट रूप से देखा जा सकता है।

3. **हित समूहीकरण (Interest Aggregation):** इस निवेश प्रकार्य के संबंध में आल्मंड का कहना है कि हित समूहन सही अर्थो में रूपान्तरण प्रकिया के लिए मांगों का एकत्रीकरण है जो राजनीतिक सत्ता द्वारा लिये जाने वाले निर्णयों का आधारतत्त्व है। हित समूहीकरण की वजह से ही राजनीतिक व्यवस्था के समक्ष रूपान्तरण प्रक्रिया के लिए कई विकल्पों की प्रस्तुति होती है जिससे निर्णयकर्ताओं को सही निष्कर्ष पर पहुंचने में सहायता मिलती है। इनका कहना है कि निवेश प्रकार्य की इस अवस्था में निर्णय के लिए मौजूद विकल्पों की अनेकता ही राजनीतिक व्यवस्था के खुले अस्तित्व की पहचान है। यह प्रकार्य ही व्यवस्था में मांगों के समुच्चय का माध्यम है जिसकी बदौलत मांगों को नीति निर्धारकों के समक्ष अधिक प्रभावशाली ढंग से प्रस्तुत किया जाता है। यह निवेश की वह अवस्था है जिसमें अवाम की जनहित संबंधी मांगें मुद्दों के रूप में परिणत होकर राजनीतिक व्यवस्था के पर्यावरण को उद्वेलित करती है। मतों की अभिव्यक्ति का बहाव सदैव सत्ता की ओर होता है जो समर्थन की मात्रा, आकार–प्रकार एवं अपनी प्रकृति की उग्रता–शिथिलता के अनुरूप अपने पर्यावरण से जुड़ती है और पर्यावरण पर प्रभाव डालती है। यानी कि समर्थन के अभाव में मांगों का कोई औचित्य नहीं होता है और समर्थन जुटाने का मूल माध्यम हित समूहीकरण की प्रक्रिया है।

यहां आल्मंड ने यह स्पष्ट किया है कि हित समूहीकरण की गतिविधि ज्यादा प्रासंगिक है जिसे राजनीतिक दलों द्वारा संपादित किया जाता है। राजनीतिक दल मांगों को सूत्रबद्ध करके उन्हें मुद्दों की शक्ल में व्यवस्था के सामने निर्णय हेतु प्रस्तुत करते हैं। इस दृष्टि से हित समूहीकरण एक महत्त्वपूर्ण निवेश कृत्य है, जिसकी क्रियात्मकता के फलस्वरूप सत्ताधारियों द्वारा अधिकारपूर्ण निर्णय लिए जाते हैं। इन आधिकारिक निर्णयों (Authoritative Decisions) का परिणाम जहां एक ओर समाज के लिए बहुत महत्त्वपूर्ण होता है वहीं यह कृत्य व्यवस्था की वैधता, क्षमता, लोकप्रियता एवं स्थायित्व को जीवन शक्ति देता है अर्थात् प्राणसंचार (Animation) का तत्त्व प्रदान करता है। हित समूहीकरण का मुख्य माध्यम राजनीतिक दल है जो व्यवस्थागत पर्यावरण में उत्पन्न तनाव–विवाद एवं परस्पर विरोधी मांगों (Conflicting Demands) से उत्पन्न तनाव के अतिभार (Overloading) को कम करने के लिए व्यवस्था में द्वारपाल (Gatekeeper) की भूमिका निभाता है और जनसाधारण एवं पर्यावरण के मध्य नियामक तंत्र (Regulatory machinaries) का कार्य करता है।

आल्मंड ने हित समूहीकरण के स्वरूप पर चर्चा करते हुए कहा है कि (1) इसके द्वारा कुछ सामान्य नीतियां निर्धारित करके सदस्यों के हितों को आपस में संबद्ध किया जाता है। (2) राजनीतिक दल हित अभिव्यक्ति के आधार पर कुछ ऐसे सक्रिय सदस्यों का एकत्रीकरण करते हैं जो एक विशेष प्रकार के समाज–निर्माण के प्रति आस्था रखते हैं। इस संदर्भ में आल्मंड ने राजनीतिक व्यवस्थाओं को संगठन एवं शैली दो आधारों पर वर्गीकृत किया है। शासन–व्यवस्था के स्वरूप का प्रतिनिधित्व संगठन करता है, जिसके आधार पर व्यवस्थाएं एकदलीय, द्विदलीय या बहुदलीय होती हैं और शैली का संबंध धर्मनिरपेक्षता, धर्मसापेक्षता, मूल्यनिरपेक्षता या मूल्यसापेक्षता से है जो व्यवस्थाओं को परम्परागत, आदर्शवादी एवं विशिष्टवादी कोटि प्रदान करता है। इनका ये मानना है कि सभी प्रकार की राजनीतिक व्यवस्थाओं में राजनीतिक दल हित समूहन में मुख्य अभिकरण की भूमिका निभाते हैं और अपनी सक्रियता द्वारा मांगों का समूहन करके मजबूत मुद्दों की शक्ल में राजनीतिक विचार–विमर्श हेतु तथा रूपान्तरण प्रक्रिया हेतु राजनीतिक सत्ता के समक्ष आधिकारिक निर्णय लिये जाने के लिए प्रस्तुत करते हैं। यानी कि इस प्रकार्य द्वारा पर्यावरण को निरन्तर सजीवता प्राप्त होती रहती है।

4. **राजनीतिक संप्रेषण (Political Communication):** यह निवेश प्रकार्य व्यवस्था में संपर्क–सूत्र की भूमिका निभाता है, क्योंकि यही वो माध्यम है जो राजनीतिक व्यवस्था, सामाजिक व्यवस्था, राजनीतिक–सामाजिक पर्यावरण एवं निवेश–निर्गत कृत्यों के मध्य संपर्क सेतु की रचना करता है। आल्मंड ने राजनीतिक संप्रेषण की तुलना मानव शरीर में होने वाले रक्त–प्रवाह से की है और इसका विश्लेषणपरक अध्ययन करते हुए यह वर्णन किया है कि यह प्रकार्य ऐसा माध्यम है जो किसी भी राजनीतिक व्यवस्था के समस्त कार्यों को सम्पन्न करने का आधार माध्यम है। राजनीतिक व्यवस्था के स्वरूप–निर्धारण में भी संप्रेषण कृत्य का योगदान महत्त्वपूर्ण होता है। राजनीतिक–सामाजिक व्यवस्था के मध्य सूचनाओं के आदान–प्रदान का माध्यम तथा सूचना–प्रवाह की गति का निर्धारक अभिकरण राजनीतिक संप्रेषण है। इस निवेश प्रकार्य द्वारा समाज में विभिन्न समूहों के मांग–समर्थन, विरोध–प्रदर्शन आदि को सत्ताधारियों तक एवं सम्पूर्ण व्यवस्था तक पहुंचाया जाता है। जनसाधारण के कल्याण हेतु जरूरी आवश्यकताओं की जानकारी व्यवस्थागत राजनीतिक सत्ता को संप्रेषित किया जाता है और सरकार की ओर से आवश्यक सूचनाएं, घोषणाएं, कार्यक्रम, नीतियां, निर्णयों को जनसाधारण तक पहुंचाया जाता है। अर्थात् यह प्रकार्य सदस्यों की आवश्यकताएं एवं प्रतिक्रियाएं सरकार तक और सरकार की सक्रियताओं को जनसामान्य तक पहुंचाने का महत्त्वपूर्ण कार्य संपादित करके राजनीतिक व्यवस्था संचालन–प्रक्रिया के चक्र को सजीवता प्रदान करता है और व्यवस्था निर्माण, विकास व आधुनिकीकरण प्रक्रिया को गति प्रदान करने में अनुप्रेरण (Infusion) की भूमिका निभाता है। इस प्रसंग में आल्मंड ने यह कहा है कि "राजनीतिक व्यवस्था में विकास एवं आधुनिकीकरण की अवस्थाओं व शैलियों के अनुरूप राजनीतिक संप्रेषण के स्वरूप एवं गति में बदलाव होता रहता है।"

राजनीतिक व्यवस्था विश्लेषण हेतु संरचनात्मक–प्रकार्यात्मक उपागम के प्रयोग के संदर्भ में आल्मंड की मौलिक इच्छा निवेश कृत्यों के विस्तृत विश्लेषित अध्ययन करने की दिखाई देती है। इस मानसिकता के पीछे विश्लेषक का मूल सरोकार तात्त्विक रूप से व्यवस्था की औपचारिक–अनौपचारिक संरचनाओं के सहयोग से व्यावहारिक राजनीति की क्रियात्मकता का विश्लेषण करना है। इस विषय पर परम्परागत राजनीतिशास्त्र एवं तुलनात्मक राजनीति के अध्ययन में विशेष ध्यान नहीं दिया गया है। आल्मंड का कहना है कि जिस प्रकार निवेश कृत्यों का संपादन गैर सरकारी, उपव्यवस्थाओं (Non-governmental Subsystems) द्वारा होता है, वैसे ही व्यवस्था के निर्गत कृत्यों के संपादन के लिए भी यथानियम (Formal) इकाइयां हैं जो विधिसम्मत् उपव्यवस्थाओं के सहयोग से निर्गत कृत्यों का निष्पादन करती हैं। इनके द्वारा राजनीतिक व्यवस्था के तीन निर्गत–कृत्यों की विवेचना की है : 1. नियम–निर्माण (Rule-making), 2. नियम–प्रयुक्ति (Rule Application), 3. नियम–अधिनिर्णय (Rule Adjudication)। व्यवथागत राजनीतिक सत्ता के ये परम्परागत कार्य है, जिन्हें राजनीतिक व्यवस्था की परम्परागत वैधिक संरचनाएं, यथा–विधायिका (Legislature), कार्यपालिका (Executive) एवं न्यायपालिका (Judiciary) संपादित करती है।

आल्मंड ने इन सरकारी प्रकार्यों को निर्गत कृत्य की जगह सत्तात्मक रूपान्तरण के रूप में देखा है, जिसका परिणाम है नियम–निर्माण, नियम–प्रयुक्ति एवं नियम–अधिनिर्णय। आधुनिक लोककल्याणकारी राजनीतिक व्यवस्थाओं की जटिलताओं की वजह से शासकीय रूपान्तरण के परम्परागत स्वरूप में काफी बदलाव आया है, इसलिए इनके कार्यों की व्यापकता के मद्देनजर आधुनिक राजनीति वैज्ञानिक द्वारा आधुनिक स्वरूप में इन इकाइयों को नियम–निर्माण, नियम–प्रयुक्ति एवं नियम–अधिनिर्णय की संज्ञा दी गयी है। व्यवस्थापिका की जगह नियम–निर्माण इकाई व्यापकतर कार्यक्षेत्र का बोधक है, जिसकी कार्य परिधि में विधि निर्माण के साथ प्रदत्त व्यवस्थापन, अध्यादेश, न्यायिक पुनरावलोकन द्वारा नियम–निर्माण यानी कि व्यवस्थापन से संदर्भित सभी कार्य शामिल हैं। कार्यपालिका के नियम–प्रयुक्ति कृत्य में राजनीतिक सत्ताधारियों के साथ नौकरशाही की व्यापक भूमिका भी शामिल है। इसी प्रकार केवल न्यायपालिका ही नियम–अधिनिर्णय का कार्य निष्पादित नहीं करती है, अपितु अन्य संस्थाएं भी अपने विधिवत् दायरे में वैधानिक अधिकारों को संपादित करती है।

गेब्रियल आल्मंड द्वारा प्रस्तुत उपर्युक्त विवेचित संरचनात्मक–प्रकार्यात्मक विश्लेषण को निम्नांकित रेखाचित्र द्वारा अधिक स्पष्ट रूप में समझा जा सकता है :

पर्यावरण (Environment) | संरचनात्मक प्रकार्यात्मक विश्लेषण (Structural Functional Analysis) | पर्यावरण (Environment)

निवेश INPUTS	प्रकार्य (Functions)	संरचनाएं (Structures)	राजनीतिक व्यवस्था POLITICAL SYSTEM	प्रकार्य (Functions)	संरचनाएं (Structures)	निर्गत OUTPUT
	1. राजनीतिक समाजीकरण एवं भर्ती (Political Socialization and Recruitment)	परिवार, मित्रमंडली, शैक्षिक व धार्मिक संगठन (Family, Peer Group, Educational and Religious Institution)		1. नियम–निर्माण (Rule Making)	विधायिका (Legislature)	
	2. हित स्पष्टीकरण (Interest Articulation)	हित समूह (Interest Groups)		2. नियम प्रयुक्ति (Rule Application)	कार्यपालिका (Executive)	
	3. हित समूहीकरण (Interest Aggregation)	राजनीतिक दल (Political Parties)		3. नियम अधिनिर्णय (Rule Adjudication)	न्यायपालिका (Judiciary)	
	4. राजनीतिक संप्रेषण (Political Communication)	जनसंपर्क के साधन (Mass Media)				

पर्यावरण (Environment) | पर्यावरण (Environment)

आल्मंड द्वारा प्रस्तुत उपर्युक्त विश्लेषण राजनीतिक व्यवस्था की सरकारी एवं गैर सरकारी संरचनाओं एवं उनके द्वारा संपादित प्रमुख प्रकार्यों की स्पष्ट विवेचना करता है। ऊपर विवेचित कृत्यों को किसी भी राजनीतिक व्यवस्था को जीवित रखने के लिए अनिवार्य, प्रकार्य माना गया है। निवेश तत्त्वों के अभाव में कोई व्यवस्था कार्य नहीं कर सकती है और निर्गत प्रकार्य के बिना उसकी पहचान मुश्किल है। आल्मंड द्वारा प्रस्तुत संरचनात्मक–प्रकार्यात्मक प्रतिमान (Model) विकसित राजनीतिक व्यवस्थाओं के अध्ययन के ज्यादा करीब हैं, जिसे आधार मानकर विकासशील राजनीतिक व्यवस्थाओं के राजनीतिक विकास के स्तर का मापन किया जा सकता है और व्यवस्था के आधुनिकीकरण की गति की पहचान की जा सकती है।

ईस्टन के प्रभाव की वजह से आल्मंड ने भी अपनी रचनाओं में व्यवस्था विश्लेषण के विकसित क्षेत्र की नई प्रवृत्तियों पर विशेष ध्यान दिया है, साथ ही व्यवस्था के अनुकूलीकरण एवं परिवर्तन की प्रक्रिया पर विशेष विस्तारित विश्लेषण प्रस्तुत किया है। अपनी बाद की कृतियों में आल्मंड द्वारा व्यवस्था की क्षमता अवधारणा पर विशेष जोर दिया गया है। क्योंकि, इनकी दृष्टि में व्यवस्था की क्षमता से इस तथ्य का पता चलता है कि वह पर्यावरण से प्राप्त निवेशों का समाधान किस सीमा तक कर सकती है। मांगें किसी भी व्यवस्था के लिए गंभीर चुनौती होती हैं, जिससे निपटने के लिए व्यवस्था के पास आवश्यक साधनों का होना अपरिहार्य है। किसी भी

राजनीतिक व्यवस्था को मुख्य रूप से चुनौतियां तीन माध्यमों से मिलती हैं : 1. व्यवस्था के अभिजन वर्ग से, 2. पर्यावरणगत सामाजिक समूहों से और 3. अन्य राजनीतिक व्यवस्थाओं से। इन तीनों माध्यमों से प्रवेश करने वाली चुनौतियों का सामना करने के लिए व्यवस्था को तीन क्षमताओं की जरूरत होती है : (i) चुनौतियों से निपटने के लिए साधन जुटाने की, (ii) व्यक्ति एवं समूहों पर नियंत्रण रखने की, एवं (iii) समाज के बहुमूल्य संसाधनों के आधिकारिक आवंटन (Authoritative Allocations) की।

आल्मंड ने राजनीतिक व्यवस्था की क्षमताओं के आनुभविक विश्लेषणक्रम में यह स्पष्ट किया है कि राजनीतिक व्यवस्था की क्षमता का आकलन इस बात होता है कि वह निवेश संबंधी कृत्यों का सामना कैसे करती है। इन्होंने अपने विश्लेषण में निवेश प्रकार्यों को निर्गत प्रकार्यों में परिवर्तित करने के तरीकों पर विस्तृत चर्चा करते हुए इसे रूपान्तरण प्रक्रिया (Conversion Process) का नाम दिया है।

आल्मंड के संरचनात्मक–प्रकार्यात्मक उपागम की उपयोगिता, महत्त्व एवं सीमाएं (Utility, Importance and Limitations of Almond's Structural Functional Approach)

आल्मंड द्वारा प्रस्तुत संरचनात्मक–प्रकार्यात्मक विश्लेषण तुलनात्मक राजनीति, राजनीतिक व्यवस्था का तुलनात्मक अध्ययन एवं राजनीतिक व्यवहार के परिस्थितिजन्य व अनुभवजन्य अध्ययन के लिए काफी उपयोगी साबित हुआ है। इसकी उपयोगिता, महत्त्व एवं सीमाओं को निम्नलिखित प्रसंगों के आलोक में देखा जा सकता है :

उपयोगिताएं (Utility)

1. आल्मंड के संरचनात्मक–प्रकार्यात्मक विश्लेषण की सबसे बड़ी उपयोगिता यह है कि इसने राजनीति विज्ञान के व्यवहारवादी अध्ययन को आनुभविक दृष्टिकोण दिया है।
2. इस विश्लेषण द्वारा राजनीतिक व्यवस्था के समस्त आयामों का आनुभविक अध्ययन करने के साथ इस बात का भी स्पष्टीकरण किया जा सकता है कि सभी राजनीतिक व्यवस्थाएं अपने पर्यावरण से प्रभावित होती हैं और पर्यावरण को भी प्रभावित करती हैं।
3. आल्मंड द्वारा प्रस्तुत विश्लेषण यह संदेश देता है कि किसी भी राजनीतिक घटना या समस्या के गहन अध्ययन के लिए राजनीति के व्यापक परिवेश का संदर्भ शामिल करना अपरिहार्य है।
4. राजनीतिक समाजशास्त्र के विश्लेषणपरक अध्ययन हेतु आल्मंड द्वारा प्रस्तुत संरचनात्मक–प्रकार्यात्मक विश्लेषण का सबसे अधिक महत्त्व इस बात के लिए भी है कि इस उपागम ने राजनीतिक व्यवस्था की क्षमता, संरचनाओं के विभिन्नीकरण, विशेषीकरण, उपव्यवस्थाओं की स्वायत्तता तथा निवेश–निर्गत, एवं रूपान्तरण प्रक्रिया जैसे प्रकार्यों का प्रस्तुतीकरण करके राजनीति के तुलनात्मक विश्लेषण के लिए व्यापक संदर्भ दिया है।
5. आल्मंड ने कहा है कि "प्रत्येक राजनीतिक व्यवस्था राजनीतिक कार्यों के एक विशिष्ट ढांचे से बंधी होती है। अर्थात् प्रत्येक क्रियाशील राजनीतिक व्यवस्था में राजनीति का एक व्यवस्थित 'आत्मगत क्षेत्र' (Subjective Area) होता है, यही क्षेत्र राजनीतिक व्यवस्था को सामर्थ्य देता है, संस्थाओं को अनुशासन देता है और व्यक्ति के व्यक्तिगत एवं सामूहिक कार्यों को सामाजिक–सांस्कृतिक संगति प्रदान करता है।" आल्मंड द्वारा कही गयी इस उक्ति के व्यहारपरक अध्ययन–विश्लेषण के लिए संरचनात्मक–प्रकार्यात्मक उपागम की उपयोगिता एवं महत्ता को किसी भी अनुभववादी राजनीति वैज्ञानिक द्वारा नकारा नहीं जा सकता है।

महत्त्व (Importance)

एक अनुभववादी होने की वजह से आल्मंड द्वारा विवेचित उपागम में संरचनाओं की अपेक्षा प्रक्रियाओं के विश्लेषण को ज्यादा महत्त्व दिया गया है। इनके द्वारा राजनीतिक व्यवस्था के विश्लेषण हेतु संरचनात्मक–प्रकार्यात्मक उपागम का प्रयोग एवं विश्लेषित (Analysed) विवेचनीय प्रस्तुतीकरण एक ऐसे समग्रवादी सिद्धान्त के प्रतिपादन का प्रयास है कि जिसके माध्यम से राजनीतिक व्यवस्था के समस्त आयामों, का परिस्थितिजन्य व अनुभवजन्य अध्ययन विश्लेषण करना काफी हद तक सरल हो गया है। यह उपागम विभिन्न राजनीतिक व्यवस्थाओं के अनुभवपरक अध्ययन हेतु नये सामान्य सिद्धान्तों के निर्माण की संभावनाएं प्रस्तुत करता है। यह अवधारणा इस तथ्य का स्पष्टीकरण करता है कि अन्य राजनीतिक व्यवस्था एवं उपव्यवस्थाएं संदर्भित व्यवस्था के पर्यावरण को प्रभावित करती हैं व संवेदनशील बनाती हैं। राजनीतिक व्यवस्थाओं की कार्यशैली, राजनीतिक सत्ता की प्रकृति–प्रवृत्ति, व्यवस्था का सातत्य, सक्रियता व सजीवता को विश्लेषित करने की दृष्टि से भी इस उपागम का काफी महत्त्व है। व्यवस्था विश्लेषणक्रम में इस उपागम के प्रयोग द्वारा आल्मंड ने इस तथ्य को तत्त्वतः सामने रखने का गंभीर प्रयास किया है कि लोकतांत्रिक व्यवस्थाओं में सत्ता–निर्माण, सत्ता–संचालन व सत्ता–परिसंचरण में अवाम की भूमिका सर्वाधिक महत्त्वपूर्ण होती है और प्रकार्य के रूप में राजनीतिक समाजीकरण व भर्ती, हित स्पष्टीकरण तथा हित समूहीकरण द्वारा व्यवस्था के सदस्यों को राजनीति के प्रति जागरूक बनाया जा सकता है। इस प्रकार्य द्वारा किसी सामाजिक–राजनीतिक सवाल या मुद्दे पर लोगों को एकजुट करने में कामयाबी मिलती है और व्यवस्था की राजनीतिक जड़ता में या जंग लगे ढांचे में नई जान फूंकी जा सकती है। क्योंकि, लोकतांत्रिक प्रक्रिया के अनुरूप राजनीतिक दलों को चुनाव जीतने के लिए सरकार की ठोस उपलब्धियों की जितनी जरूरत होती है, उतनी ही इस बात की आवश्यकता होती है कि सरकार जनसाधारण के सामने अपनी कार्यशैली का कोई स्पष्ट नजरिया पेश करे। इस राजनीतिक प्रक्रिया के संचालन का पूरा दारोमदार उपागम में वर्णित निवेश एवं निर्गत कृत्यों का होता है। राजनीतिक व्यवस्था–अनुरक्षण स्वरूप की प्रस्तुति के रूप में आल्मंड ने सम्पूर्ण सामाजिक व्यवस्था के परिवेश को राजनीतिक व्यवस्था विश्लेषण के दायरे में समेटने का सार्थक प्रयास किया है। आल्मंड द्वारा प्रस्तुत यह विश्लेषण तुलनात्मक राजनीति के विश्लेषणात्मक अध्ययन के लिए एक अनुभवजन्य वैचारिकी (Empirical Ideology) प्रस्तुत करता है।

सीमाएं (Limitations)

संरचनात्मक–प्रकार्यात्मक उपागम की उपयोगिता एवं महत्त्व के साथ इसके प्रयोग की वे सीमाएं भी स्पष्ट रूप से दिखाई पड़ती हैं जिन आधारों या बिन्दुओं पर इसे आलोचकों,–समालोचकों की गंभीर चुनौतियों तथा गहन आक्षेपों का सामना करना पड़ा है। आलोचकों की दृष्टि में जिन बिन्दुओं पर यह उपागम कमजोर साबित हुआ है उसकी चर्चा निम्नांकित है :

1. यह उपागम राजनीतिक व्यवस्था के विश्लेषण में सिर्फ समाकलन (Integration) एवं संतुलन (Balance) पक्ष पर विशेष बल देता है और व्यवस्था के पर्यावरण को मिलने वाली एवं पर्यावरण से व्यवस्था को मिलने वाली चुनौतियों से उत्पन्न तनावों, विवादों, संघर्ष व राजनीतिक परिवर्तन जैसे गत्यात्मक विषयों के अध्ययन–विश्लेषण हेतु विशेष तकनीकों के प्रयोग पर कोई ख़ास चर्चा नहीं करता है, जिसकी वजह से यह उपागम राजनीतिक व्यवस्था में उत्पन्न एवं मौजूद संघर्षों की प्रकृति, कारण एवं उनके सकारात्मक समाधान के लिए कोई ठोस उपाय की प्रस्तुति करने में सक्षम नहीं हो पाया है।
2. सभी राजनीतिक व्यवस्थाओं के राजनीतिक जीवन का सर्वाधिक महत्त्वपूर्ण पहलू है राजनीतिक सत्ता, शक्ति प्रभाव का स्वरूप एवं कार्यशैली जो व्यवस्था की लोकप्रियता, स्थायित्व, अनुरक्षण एवं सातत्य का आधारतत्त्व है, लेकिन इस विश्लेषण में आल्मंड द्वारा इस महत्त्वपूर्ण आयाम पर तथा इनकी प्रकार्यात्मक भूमिकाओं पर विशेष प्रकाश नहीं डाला गया है, सिर्फ निवेश कृत्यों पर गहन चर्चा की गयी है।

3. इस उपागम में प्रकार्यात्मक दृष्टिकोण से उन संरचनाओं का अध्ययन किया गया है जो संरचनाएं महत्त्वपूर्ण कार्यों का निष्पादन करती हैं, लेकिन व्यवस्थागत अन्य संरचनाओं के विश्लेषणात्मक अध्ययन में इससे कोई विशेष मदद नहीं मिलती है।
4. आलोचकों की दृष्टि में यह एक पेचीदा (Complicated) उपागम है जिसकी उपयोगिता राजनीतिक व्यवस्था में उत्पन्न एवं अवस्थित सभी प्रकार की परिस्थितियों के आनुभविक अध्ययन के लिए उपयुक्त नहीं है।
5. यह उपागम इस तथ्य का तो स्पष्टीकरण करता है कि संरचनाओं में होने वाले परिवर्तनों के प्रभाव से सम्पूर्ण राजनीतिक व्यवस्था प्रभावित होती है, लेकिन उन परिवर्तनों के प्रभावों की मात्रा, गति एवं आकार–प्रकार की सही जानकारी उपलब्ध कराने के लिए किसी विशेष तकनीक या माध्यम के प्रयोग का सुझाव प्रस्तुत करने में यह मजबूती से खड़ा दिखाई नहीं देता है।
6. यह उपागम व्यवस्था–विश्लेषण में सिर्फ राजनीतिक व्यवस्था को ही विश्लेषण की इकाई स्वीकारता है और सामाजिक व्यवस्था को अपने विश्लेषण में महत्त्व नहीं देता है, जबकि यथार्थ में राजनीतिक व्यवस्था की संरचनाओं एवं उसके द्वारा निष्पादित प्रकार्यों का वास्तविक आकलन सामाजिक वातावरण के परिप्रेक्ष्य में ही संभव है।
7. इस उपागम के विश्लेषणक्रम में आल्मंड ने संरचनाओं एवं प्रकार्यों के पृथक्त्व (Separateness) की तस्वीर प्रस्तुत की है जबकि तत्त्वतः संरचनाओं एवं प्रकार्यों को पूरी तरह पृथक् करना कठिन है, क्योंकि पर्यावरण से मिलने वाले संवेगों (Momentums) एवं आवेगशील प्रेरणाओं (Impulsive Stimulus) का निहितार्थ (Implication) उन्हें कभी पूरी तरह पृथक् नहीं होने देता है।
8. आल्मंड द्वारा प्रस्तुत संरचनात्मक–प्रकार्यात्मक विश्लेषण की सबसे ज्यादा आलोचना विकासशील एवं साम्यवादी देशों की राजनीतिक व्यवस्थाओं के विश्लेषण प्रसंग में की गयी है। आलोचकों का यह तर्क है कि अपने आनुभविक विश्लेषण की सीमाओं की वजह से यह उपागम सिर्फ विकसित पाश्चात्य लोकतांत्रिक राजनीतिक व्यवस्थाओं की आनुभविक व्याख्या कर पाता है। आलोचकों की दृष्टि में इस उपागम में अध्ययन के लिए प्रयुक्त तकनीकों की वजह से उपागम तीसरी दुनिया के देशों एवं साम्यवादी देशों की राजनीतिक व्यवस्थाओं का आनुभविक विश्लेषण करने में समर्थ नहीं है, क्योंकि इन राजनीतिक व्यवस्थाओं में निवेश तत्त्वों की प्रेरकशक्ति, (Impetus), व्यवस्था में मौजूद राजनीतिक उलझनों, समस्याओं, मुद्दों की उग्रता की गति–मात्रा, निर्गत तत्त्वों की अभिपूर्ति (Implementation) का प्रभाव एवं इससे संबद्ध अनुक्रियाएं–प्रतिक्रियाएं (Responses–Reactions), राजनीतिक संस्कृति का स्वरूप, नौकरशाही का स्वरूप एवं सक्रियता (Activeness) आदि अनेकानेक तत्त्व एवं परिस्थितियां विकसित राजनीतिक व्यवस्थाओं की अपेक्षाकृत काफी भिन्न होती है। कई आलोचकों ने इस उपागम पर अमेरिकी पूंजीवादी व्यवस्था का समर्थक होने का भी आरोप लगाया है।

मेकेंजी की यह स्वीकारोक्ति है कि आल्मंड का प्रतिमान अभी तक तुलनात्मक राजनीति के अध्ययन के लिए प्रतिपादित प्रतिमानों में सर्वश्रेष्ठ है जिसका कोई विकल्प अभी तक सामने नहीं आया है। संरचनात्मक–प्रकार्यात्मक विश्लेषण पर टिप्पणी करते हुए मीहान ने कहा है कि "आल्मंड ने हमें इस उपागम के माध्यम से जो भी दिया है, वह एक वर्गीकृत योजना है या शायद एक प्रतिमान है, लेकिन यह एक बहुत ही अपूर्ण और शिथिल (Loose) प्रतिमान है जिसका उपयोग राजनीतिक तथ्यों को सुव्यवस्थित (Systematic) रूप देने हेतु किया जा सकता है और शायद राजनीतिक घटनाओं से संबद्ध पर्यवेक्षणों (Supervisions) एवं प्रमाणीकरण (Verification) के लिए उपयोगी हो सकता है।" आगे मीहान ने कहा है कि "इसमें जिन प्रकार्यात्मक पक्षों के विश्लेषण को महत्त्व दिया गया है, वे राजनीति के अध्ययन के लिए अत्यधिक महत्त्वपूर्ण होते हुए भी अपनी व्यापकता की वजह से उतने उपयोगी नहीं हैं, जितने कि होने चाहिए थे। इसके परिणामस्वरूप आल्मंड का प्रकार्यवाद केवल नाम का

प्रकार्यवाद बनकर रह गया है।'' मीहान का कहना है कि आल्मंड राजनीतिक व्यवस्था के आनुभविक अध्ययन के लिए इस विश्लेषण के रूप में एक सिद्धान्त प्रतिपादन की दृष्टि से तो असफल रहे ही हैं, व्यवस्था के सुनिश्चित वर्गीकरण की एक ठोस योजना देने में भी असमर्थ रहे हैं।

राजनीतिक समाजशास्त्र की दृष्टि से जीन ब्लोण्डेल (Jean Blondel) द्वारा इस उपागम की तीन मुख्य कमजोरियों पर ध्यान आकृष्ट कराया गया है। इस उपागम पर टालकॉट पारसन्स का गहरा प्रभाव बताया जाता है, लेकिन जहां पारसन्स जैसे प्रकार्यात्मवादी की संकल्पना में सामाजिक संरचनाओं की भूमिका के साथ–साथ सामाजिक कर्ताओं की भूमिकाओं पर भी ध्यान दिया गया है तथा समाज में प्रचलित मानकों (Norms) एवं मूल्यों (Values) पर भी गहन दृष्टि डाली गयी है, वहीं आल्मंड के इस प्रतिमान में मानकों के महत्त्व को गौण स्थान दिया गया है, क्योंकि आल्मंड के विचार में व्यवहारवादी प्रतिमानों (Behavioural Patterns) का निजी अस्तित्व नहीं होता है वे संरचनाओं के माध्यम से प्रतिबिम्बित (Reflected) होती हैं। इसका आशय यह है कि वे संरचनाओं को ही व्यवहारों की तालिका (Index) मानते हैं। ब्लोण्डेल के विचार में आल्मंड की इन्हीं मान्यताओं की वजह से इस उपागम में तीन त्रुटियां विद्यमान हैं :

(i) प्रतिमान में व्यवस्था के मानकों को उचित स्थान नहीं देने की वजह से आल्मंड पर यह आरोप है कि व्यवस्थागत मानकों के प्रचलन के संबंध में वह सभी व्यवस्थाओं को समान स्थान देते हैं जो व्यावहारिक दृष्टि से सही नहीं है। इनके आरोपानुसार मानकों का विश्लेषणपरक विवरण प्रस्तुत नही करने की वजह से एक प्रकार्यात्मवादी होने के बावजूद आल्मंड संवैधानिक उदारवादी लोकतंत्रीय व्यवस्थाओं (Constitutional Liberal Democratic Systems) तथा सर्वाधिकारवादी व्यवस्थाओं (Totalitarian Systems) का पृथक् विश्लेषण केवल संरचनात्मक–प्रकार्यात्मक स्तर पर ही कर पाये हैं, व्यवस्था में प्रचलित मानकों के आधार पर नहीं।

(ii) मानकों को विश्लेषण में अप्रधान (Secondary) स्थान देने की वजह से विभिन्न समाजों में मानकों से संरचनाओं की संबद्धता के स्पष्टीकरण में आल्मंड असफल दिखाई देते हैं। इस उपागम में एक तरह की संरचनाओं की विभिन्न तरह की भूमिकाओं का विश्लेषण किया गया है। लेकिन, विश्लेषण के प्रसंग में ये भूमिकाएं सिर्फ प्राकृतिक मानकों से प्रारांगिक है। उदाहरणस्वरूप उगागम के आलोक में संरचनात्मक आधार पर राजनीतिक दल किसी भी समाज में व्यवहारवादी प्रतिमान के स्थायी होने का प्रतीक है, लेकिन इस आधार पर इस प्रतिमान, में वैसे राजनीतिक दलों को कोई स्थान नहीं दिया गया है जो तात्कालिक इच्छाओं के अनुरूप सृजित किये जाते हैं। यही स्थिति समाज के विभिन्न समूहों एवं संरचनाओं पर भी लागू होता है।

(iii) ब्लोण्डेल का मानना है कि इन त्रुटियों के परिणामस्वरूप आल्मंड द्वारा प्रतिपादित संरचनात्मक–प्रकार्यात्मक विश्लेषण कतिपय समाजों में प्रचलित व्यवहारवादी प्रतिमानों के प्रसंग में सीमित उपयोगिता रखता है, क्योंकि जिस सीमा तक यह स्वीकार किया जाता है कि संरचनाएं व्यवहारों का ठोस प्रतिमान हैं, सिर्फ उसी सीमा तक संरचनाओं को व्यवहारों की सूचिकाओं के रूप में स्वीकार किया जा सकता है। लेकिन, जिन समाजों में मानकों की वजह से संरचनाएं थोप दी जाती हैं, उन समाजों के प्रसंग में संरचनाओं से संदर्भित ये विश्लेषण कई तरह की भ्रांतियां पैदा करेगा। इस संदर्भ में ब्लोण्डेल की यह स्वीकृति है कि उपागम में व्यावहारिक स्तर की ये कमजोरी उसके उपयोग को सैद्धान्तिक आधार पर सीमित करती है।

कार्ल फ्रायडरिक (Carl Friedrich) की अभिव्यक्ति के अनुसार 'बिनोग्राडोफ (Vinogradoff), जैलीनेक आदि विद्वज्जनों द्वारा राज्य की अवधारणा में जो सर्वव्यापकता, अन्योन्याश्रितता एवं सीमा का अस्तित्व जैसी विशेषताओं पर बल दिया गया है, उसे आल्मंड के प्रतिमान में राजनीतिक व्यवस्था की विशेषता के रूप में पेश किया गया है, इसलिए आल्मंड के प्रतिमान में नवीनता का अभाव है, इसमें पुरानी अवधारणा को ही नई शब्दावली के रूप में प्रतिपादित किया गया है।'

समीक्षा (Review)

आल्मंड द्वारा प्रस्तुत संरचनात्मक–प्रकार्यात्मक प्रतिमान की सीमाओं के संबंध में उपर्युक्त वर्णित विवेचनाएं एकपक्षीय हैं। ऐसा आरोप इस प्रतिमान के समर्थक विद्वज्जनों का है। इनके विचार से जीन ब्लोण्डेल, फ्रायडरिक जैसे विद्वानों द्वारा उपागम के सिर्फ संरचनात्मक पक्ष पर ध्यान दिया गया है और सीमाओं एवं त्रुटियों पर तीखे शब्दों का प्रहार सिर्फ संरचनात्मक कमजोरियों के अध्ययन प्रसंग पर किया गया है। इनकी आलोचनात्मक अभिव्यक्ति में प्रकार्यात्मक प्रसंग शामिल नहीं है। समर्थकों की राय में आल्मंड की प्रकार्यात्मक अवधारणा एक व्यापक संकल्पना है जो अपनी संरचनाओं को विशेष अर्थ प्रदान करते हुए राजनीतिक व्यवस्था अवधारणा को राज्य की अपेक्षा अत्यधिक व्यापक, विस्तृत, सार्थक, जनसमर्थक एवं जनोपयोगी बनाती है। वस्तुतः, संरचनात्मक–प्रकार्यात्मक उपागम एक मापदण्ड है जिसके आधार पर विभिन्न राजनीतिक व्यवस्थाओं द्वारा संपादित कृत्यों का तुलनात्मक आनुभविक अध्ययन–विश्लेषण संभव हो पाया है। यह प्रतिमान तुलनात्मक अध्ययन के लिए व्यापक आधार प्रस्तुत करता है। राजनीतिक व्यवस्था के अनुभवजन्य व परिस्थितिजन्य अध्ययन हेतु संभावित सिद्धान्त–निर्माण की दृष्टि से भी यह उपागम काफी प्रासंगिक व अर्थपूर्ण है। इस उपागम की प्रकृति में काफी लचीलापन (Flexibility) है। समर्थकों की राय में प्रतिमान संदर्भित जीन ब्लोण्डेल द्वारा प्रस्तुत त्रिस्तरीय ख़ामियों के बावजूद आल्मंड का संरचनात्मक–प्रकार्यात्मक उपागम राजनीतिक व्यवस्थाओं के व्यवहापरक अध्ययन–विश्लेषण की दृष्टि से एक महान् प्रयास है जो निश्चित रूप से विषयगत आनुभविक शोध–प्रसंगों को निष्कर्ष तक पहुंचाने के लिए एक अर्थपूर्ण माध्यम व सार्थक दिशा निर्देशक है। इसलिए, अनेक त्रुटियों के बावजूद यह उपागम आधुनिक राजनीति विज्ञान, तुलनात्मक राजनीति एवं राजनीतिक सामाजशास्त्र के अध्ययन की दृष्टि से अत्यधिक प्रासंगिक है।

आल्मंड : एक समालोचना (Almond : A Critical Appreciation)

इसमें दो राय नहीं है कि आल्मंड द्वारा प्रतिपादित संरचनात्मक–प्रकार्यात्मक विश्लेषण राजनीतिक समाजशास्त्र के अध्ययन–विश्लेषण एवं विषय विस्तार के लिए 'मील का पत्थर' (Milestone) है, जो राजनीतिक व्यवस्थाओं के विश्लेषणात्मक अध्ययन हेतु काफी व्यवहारपरक व सार्थक सिद्ध हुआ है। लेकिन, साथ ही यह भी सत्य है कि इस उपागम का प्रयोग अधिकांशतः पश्चिमी राजनीतिक व्यवस्थाओं को जानने–समझने के लिए किया गया है। अतः, विश्वस्तरीय समस्त राजनीतिक व्यवस्थाओं के परिप्रेक्ष्य में आल्मंड के विश्लेषाणत्मक विचारों की विवेचनीय समालोचना (Evaluating Appreciation) निम्नांकित संदर्भों में प्रस्तुत की गयी है :

प्रथम–आल्मंड द्वारा प्रस्तुत इस उपागम के मार्ग में भी वही समस्याएं हैं जो किसी भी नई अध्ययन–प्रविधि के समक्ष पैदा होती है। एक विषय के अध्ययन में प्रयोग की गयी प्रविधि को जब दूसरे विषय के अध्ययन के लिए उन्हीं मान्यताओं के आधार पर प्रयोग में लाया जाता है तो ऐसी आरोपित अवधारणाओं में त्रुटियों का पाया जाना अवश्यंभावी है और आल्मंड द्वारा प्रतिपादित विश्लेषण के साथ भी यही हुआ है। इनके द्वारा इस विश्लेषण में प्रयोग की गयी अधिकांश शब्दावली को टालकॉट पारसन्स द्वारा प्रयुक्त विश्लेषण से लिया गया है, लेकिन विषयान्तर होने की वजह से आल्मंड उन शब्दों का प्रयोग पारसन्स द्वारा प्रयुक्त शब्दों के अनुरूप नहीं कर पाये हैं।

द्वितीय–पारसन्स एवं अन्य सामाजिक वैज्ञानिकों के विश्लेषण में सामाजिक व्यवस्था, उसकी परिस्थितियों एवं उसके परिवर्त्यों को प्रधानता दी गयी है, जबकि राजनीतिक व्यवस्था के कार्यों की सार्थकता व व्यापकता का विश्लेषणपरक अध्ययन प्रस्तुत करते हुए आल्मंड सामाजिक परिस्थितियों की उपेक्षा करते नजर आते हैं, जो विश्लेषणगत आनुभविक अध्ययन के दावे को खोखला साबित करता है। इस प्रसंग पर समालोचकों का कहना है कि आल्मंड ने राजनीतिक व्यवस्था को अन्तःक्रियाओं का समुच्चय (Assemblage) कहा है, लेकिन अपने सम्पूर्ण विश्लेषण में वे व्यवस्था का वास्तविक अर्थ बताने एवं अन्तःक्रियाओं का आशय समझाने में असमर्थ रहे हैं।

तृतीय–समालोचकों की दृष्टि में आल्मंड की राजनीतिक व्यवस्था संबंधी अवधारणा भी भ्रामक है, क्योंकि उनके विचार में राजनीतिक व्यवस्था सभी स्वतंत्र समाजों में पायी जाने वाली अन्तःक्रियाओं की एक ऐसी व्यवस्था है जो ज्यादा या कम विधिसम्मत् शारीरिक बाध्यताओं के प्रयोग या प्रयोग की धमकी द्वारा समायोजन (Supply) एवं अनुकूलन (Adaptation) के कृत्यों को सम्पन्न करती है, लेकिन समालोचकों की दृष्टि में आल्मंड स्वतंत्र समाजों का तात्पर्य, उनका परस्पर संबंध एवं प्रादेशिकता की भूमिका जैसे प्रासंगिक विषयों का अभिप्राय स्पष्ट करने में अक्षम दिखे हैं। साथ ही, व्यवस्था की परिभाषा, उसकी व्यापकता, अन्योन्याश्रितता, सीमांकन एवं ऐसी सभी समस्याएं जो व्यवस्था के अस्तित्व से संबद्ध है उसे आल्मंड ने अस्पष्ट ही छोड़ दिया है।

चतुर्थ–आल्मंड द्वारा विवेचित राजनीतिक व्यवस्था की विशेषताओं में पाश्चात्य विशेषकर अमेरिकी राजनीतिक व्यवस्था एवं पाश्चात्य समाजों में पाई जाने वाली राजनीतिक चेतना, गतिविधियां, परिस्थितियां आदि का वर्णन किया गया है। अतः, इस प्रतिमान के आधार पर विकासशील देशों की लोकतांत्रिक राजनीतिक व्यवस्थाओं एवं प्रक्रियाओं की अनुभवजन्य विश्लेषित व्याख्या प्रस्तुत करना न्यासंगत नहीं होगा, क्योंकि इस कोटि में आने वाले अधिकतर देशों में लोकतंत्र की सफलता के लिए निर्धारित मानदण्डों का भारी अभाव पाया जाता है।

पंचम–समालोचकों की नजर में आल्मंड द्वारा अपने विश्लेषण में प्रयोगगत प्रकार्यों के वर्गीकरण में भी कई ख़ामियां हैं। हित स्पष्टीकरण के मुख्य उपकरण के रूप में आल्मंड ने हित समूहों की चर्चा की है, लेकिन राजनीतिक एवं गैर–राजनीतिक हित समूहों के बीच कोई सीमा रेखा नहीं खींची है, जिसकी वजह से हित समूहों की भूमिका काफी अस्पष्ट नजर आती है। आल्मंड ने हित समूहीकरण का मुख्य दायित्व राजनीतिक दलों को दिया है लेकिन यह स्पष्ट नहीं किया है कि यह काम कोई अन्य संगठन क्यों नहीं कर सकता हे। साथ ही समालोचकों का यह भी आरोप है कि राज्य एवं समाज के मध्य राजनीतिक संप्रेषण की सही तस्वीर क्या होनी चाहिए, इस मुद्दे पर भी ऑल्मंड स्पष्टोक्ति में असमर्थ दिखाई देते हैं।

षष्ठम–समालोचकों के विचार में आल्मंड द्वारा प्रस्तुत संरचनात्मक–प्रकार्यात्मक विश्लेषण में निर्गत कृत्यों को ज्यादा महत्त्व नहीं देना भी न्यायोचित नहीं है। इनका मंतव्य है कि राजनीतिक व्यवस्था के अस्तित्व अनुरक्षण (Maintenance) एवं मार्गरक्षण (Escort) के लिए पर्यावरण से मिलने वाली चुनौतियों का गंभीरता का सामना करने एवं उनके समाधान ढूँढने के उपायों में, रूपान्तरण प्रक्रिया तथा पुनर्निवेशन प्रक्रिया के निष्पादन में व्यवस्थागत संरचनाओं की भूमिका अहम होती है, क्योंकि ऐसे समस्त प्रासंगिक प्रकार्यों का सीधा संबंध संरचनात्मक क्षमताओं से है। ऐसे में निर्गत कार्यों को महत्त्व नहीं देना न्यायसंगत नहीं है। साथ ही, इनका यह भी आरोप है कि अपने व्यवस्था उपागम में डेविड ईस्टन ने पुनर्निवेश प्रक्रिया (Feedback Process) के विश्लेषण को सर्वाधिक महत्त्व दिया है, लेकिन ऑल्मंड अपने इस उपागम में व्यवस्था–संचालन के मद्देनजर इस प्रक्रिया की महत्ता को भी पूरी तरह स्पष्ट नहीं कर पाये हैं।

सप्तम–समालोचकों का यह भी कहना है कि इस उपागम का उद्देश्य यथास्थितिवाद का समर्थन करना है। यह जन सहमति (Consensus) की बात करता है, लेकिन विकासशील देशों में मतैक्यता का काफी अभाव पाया जाता है।

आल्मंड द्वारा प्रतिपादित उपागम की उपर्युक्त समालोचनाओं के बावजूद इस उपागम का सबसे बड़ा योगदान यह है कि इसके द्वारा एक सैद्धान्तिक विचारबंध प्रस्तुत करने में एवं राजनीतिक विश्लेषण को वैज्ञानिक, यथार्थवादी तथा तथ्यपरक बनाने हेतु नई प्रविधियों की खोज करने में सकारात्मक भूमिका निभायी गयी है। अपनी प्रसिद्ध कृति 'पॉलिटिक्स ऑफ डेवलपिंग एरियाज–1960' एवं 'कम्परेटिव पॉलिटिक्स ए डेवलपमेंट एप्रोच–1966' में आल्मंड ने राजनीतिक व्यवस्था विश्लेषण के लिए जो प्रतिमान प्रस्तुत किया है, वह आधुनिक राजनीति विज्ञान के आनुभविक अध्ययन के लिए कई मायने में ख़ास अस्तित्व रखते हुए राजनीतिक व्यवहार के तथ्यपरक एवं व्यवहारपरक अध्ययन के लिए आधार माध्यम की भूमिका निभाता है।

संरचनात्मक–प्रकार्यात्मक उपागम : एक मूल्यांकन (Structural-Functional Approach : An Evaluation)

ऑल्मंड द्वारा व्यवस्था–विश्लेषण हेतु संरचनात्मक–प्रकार्यात्मक उपागम का प्रयोग व्यवस्थागत राजनीतिक विकास के अध्ययन के लिए सामान्य सिद्धान्त प्रतिपादित करने की दृष्टि से किया गया है। राजनीतिक विकास के समस्त स्तरों का निर्धारण भी इनके द्वारा राजनीतिक व्यवस्था में संरचनात्मक–प्रकार्यात्मक परिवर्तनों के आधार पर किया गया है। इस उपागम में संरचनात्मक विभेदीकरण (Structural Differentation) जो व्यवस्था की संरचनात्मक व्याख्या से संदर्भित है, भूमिका विभेदीकरण (Role Differentation) जो संरचनात्मक सामर्थ्य से संदर्भित है तथा उपव्यवस्थाओं की स्वायत्तता (Autonomy) और संस्कृति का लौकिकीकरण (Secularization) जो नागरिक स्वतंत्रता, समानता और राजनीतिक व्यवहार से व्यवस्था के सीधे संबंधों का परिचायक है, का विस्तृत विवरण प्रस्तुत करके आल्मंड ने राजनीतिक व्यवस्था की भूमिका के विश्लेषण को नया आयाम दिया है। संरचनात्मक–प्रकार्यात्मक अवस्थाओं से संबद्ध परिवर्त्यों का तत्त्वमीमांसित अध्ययन करके आल्मंड ने व्यवस्थागत राजनीति एवं राजनीतिक व्यवहार के मध्य मौजूद संबंधों को एक नये रूप में परिभाषित करने का अर्थपूर्ण प्रयास किया है। इस उपागम से प्रासंगिक राजनीतिक विकास सिद्धान्त की प्रस्तुति द्वारा आल्मंड संरचनात्मक–प्रकार्यात्मक प्रवर्गों (Categories) के आधार पर विभिन्न राजनीतिक व्यवस्थाओं के विकास की गति एवं स्तर के तुलनात्मक विश्लेषण में काफी हद तक सफल दिखाई देते हैं।

आल्मंड की यह मान्यता है कि संरचनात्मक पक्षों की भांति प्रत्येक राजनीतिक व्यवस्था का प्रकार्यात्मक पक्ष भी होता है, जिसका सीधा संबंध व्यवस्था के कार्यों से है। इस उपागम के माध्यम से आल्मंड ने व्यवस्था–विश्लेषण में संरचनाओं की अपेक्षा प्रकार्यों को प्रधान महत्त्व देकर सीमाओं के अस्तित्व को इन्हीं प्रकार्यों के आलोक में परिभाषित करने की वकालत की है। इनके द्वारा किसी भी राजनीतिक व्यवस्था के चार प्रकार्यात्मक पक्षों की पहचान की गयी है, जिसे क्रमशः व्यवस्था का सामर्थ्य (Capacity) रूपान्तरण प्रक्रिया (Conversion Process), अनुरक्षण (Maintenance), अनुकूलन (Adaptation) का नाम दिया गया है। आल्मंड का दृष्टि में ये ऐसे प्रकार्यात्मक प्रवर्ग हैं जो सभी राजनीतिक व्यवस्थाओं में मौजूद होते हैं और यही प्रकार्य राजनीतिक व्यवस्था एवं वहां के राजनीतिक व्यवहार के तुलनात्मक अध्ययन को सुनिश्चित वैज्ञानिक आधार प्रदान करता है। इनका यह मानना है कि राजनीतिक व्यवस्थाओं की संरचनाओं को प्रकार्य–आधारित परिभाषाओं के संदर्भ में ही समझा जा सकता है। अपने मंतव्य के तर्क में दृष्टान्त प्रस्तुत करते हुए ये कहते हैं कि व्यवस्थापिका का तात्पर्य केवल निर्वाचित सदस्यों के समूह से नहीं है, अपितु उसके व्यवस्थापन प्रकार्य–संपादन पर ही उसकी पहचान एवं लोकप्रियता टिकी होती है। यदि इस विधिवत् समूह से इसके प्रकार्य को पृथक् कर दिया जाय तो यह मात्र एक औपचारिक निर्वाचित समूह का प्रतीक बनकर रह जायेगा। इनका तर्क है कि किसी भी राजनीतिक व्यवस्था की वास्तविकता की गहराइयों से अवगत होने के लिए संरचनात्मक संदर्भ की अपेक्षा प्रकार्यात्मक संदर्भ के तात्त्विक गहन अध्ययन की जरूरत है।

इस उपागम की सबसे बड़ी ख़ासियत यह है कि यह एक ऐसा सैद्धान्तिक विचारबंध प्रस्तुत करता है जिसने राजनीति, राजनीतिक व्यवस्था–प्रक्रिया एवं राजनीतिक व्यवहार के तुलनात्मक अध्ययन को अपने मजबूत आयामों से काफी समृद्ध किया है। लम्बे समीक्षात्मक दौर से गुजरने के बावजूद यह उपागम विषय–विश्लेषण की दृष्टि से तथ्यसंगत व विवेकसंगत है और अनुभवात्मक दृष्टि से यथोचित् रूप में प्रासंगिक एवं उपयोगी है, क्योंकि इसकी व्यवस्था–विश्लेषण की क्षमता आधुनिक उपागमों के विकास मार्ग में मील का पत्थर है।

स्मरणीय संकेत (Points to Remember)

- संरचनात्मक–प्रकार्यात्मक उपागम राजनीतिक व्यवस्था विश्लेषण की एक नई प्रविधि है जिसने तुलनात्मक राजनीति एवं राजनीति विज्ञान के अध्ययन को परम्परागत बंधनों से मुक्त किया है साथ ही व्यवस्थागत

औपचारिक एवं अनौपचारिक इकाइयों द्वारा संपादित प्रकार्यों का विश्लेषणपरक आनुभविक अध्ययन करके व्यवस्था–विश्लेषण के लिए गत्यात्मक आयाम का सूत्रपात किया है।

- यह उपागम एक समग्रवादी संकल्पना प्रस्तुत करता है जो राजनीतिक व्यवस्था की संरचनाओं एवं प्रकार्यों से सम्बद्ध समस्त पक्षों, विशिष्टताओं एवं संभावित विकास की दशाओं का वास्तविक स्पष्टीकरण करने में सहायक बन सकता है।
- यह उपागम इस बात से सहमत है कि राजनीतिक व्यवस्था अन्य व्यवस्थाओं, उप–व्यवस्थाओं एवं पर्यावरण से प्रभावित होती है, साथ ही दूसरों को प्रभावित भी करती है।
- यह उपागम राजनीतिक व्यवस्थाओं की सरंचनाओं की अन्योन्याश्रितता, अन्तःनिर्भरता एवं अन्तःक्रियात्मकता की पेचीदगियों को समझने की दिशा में एक कारगर प्रयास है।
- राजनीतिक व्यवस्था एवं प्रक्रियाओं से प्रासंगिक परिवर्त्यों की पहचान, उनकी पारस्परिक निर्भरता एवं परस्पर संबंधों की गहराई को जानने के लिए इस उपागम की सार्थकता काफी हद तक प्रमाणित हो चुकी है, जिसकी वजह से राजनीतिक व्यवहार की जटिलताओं की गहराई में उतर कर उनका तात्त्विक आनुभविक विश्लेषण करना काफी हद तक संभव हो गया है।
- संरचनात्मक–प्रकार्यात्मक विश्लेषण में आल्मंड ने राजनीतिक व्यवस्था को सामाजिक व्यवस्था के अन्तर्गत रखकर राजनीतिक घटनाओं, समस्याओं, मुद्दों के विवेचनीय अध्ययन का प्रयास किया है और यह स्वीकारा है कि राजनीतिक व्यवस्था में घटित घटनाक्रमों के उत्तरदायी कारकों की पहचान वृहत्तर सामाजिक परिवेश में ही संभव है।
- संरचनात्मक–प्रकार्यात्मक विश्लेषण में आल्मंड ने राजनीतिक संरचनाओं के अध्ययन को अनुषंगी (Secondary) और प्रकार्यों के अध्ययन को प्राथमिकता देकर राजनीतिक व्यवस्थाओं की प्रक्रियाओं, कार्यशैली एवं सक्रियताओं की तात्त्विकता से अवगत कराया है।
- यह उपागम राजनीतिक व्यवस्था के अध्ययन के लिए सामान्य सिद्धान्त–निर्माण की संभावनाएं प्रस्तुत करता है और राजनीतिक विश्लेषण के लिए आनुभविक प्रविधियों का प्रयोग करके राजनीतिक समाजशास्त्र के अध्ययन क्षेत्र मे यथार्थ विश्लेषण का नवीन पुट शामिल करता है।
- इस उपागम में राजनीतिक विश्लेषण के सटीक विचारबंध के रूप में राजनीतिक व्यवस्थाओं के सामर्थ्यों एवं संरचनाओं के विभिन्नीकरण, विशेषीकरण, उप–व्यवस्थाओं की स्वायत्तता, मांग एवं समर्थन से प्रासंगिक निवेश–निर्गत कृत्य, रूपान्तरण–प्रक्रिया, लौकिकीकरण, जैसे–प्रत्ययों की प्रस्तुति करके आधुनिक राजनीति विज्ञान, तुलनात्मक राजनीति एवं राजनीतिक समाजशास्त्र के आनुभविक अध्ययन हेतु मानदण्डों के नये आयामों को प्रस्तुत किया गया है।
- आल्मंड द्वारा प्रतिपादित संरचनात्मक–प्रकार्यात्मक विश्लेषण आनुभविक अध्ययन की एक स्पष्ट विधा है जो तुलनात्मक राजनीति की समस्याओं के विश्लेषण की दृष्टि से बहुत महत्त्वपूर्ण है। इस उपागम के विश्लेषण का बुनियादी विषय राजनीतिक व्यवस्था को जीवन देने वाले परिवर्त्य (Sustainable Variables) हैं। इसके आनुभविक विश्लेषण का मूल विषय है, ''कोई भी राजनीतिक व्यवस्था जिन तत्त्वों की बुनियाद पर जीवित रहेगी उसकी खोज करना।''
- अपनी कुछ दुर्बलताओं एवं त्रुटियों के बावजूद इस उपागम के प्रतिपादन में ऑल्मंड ने नवीन प्रत्यात्मक (Conceptual) उपकरणों का प्रयोग किया है। इस उपागम के प्रयास से राजनीति की क्रियाशीलता एवं व्यवस्थागत राजनीति की वास्तविकताओं के अध्ययन को नई दिशा मिली है, साथ ही इसने अध्ययन–सामग्री की दृष्टि से राजनीतिक समाजशास्त्र को अनुभवजन्य विषयतत्त्व एवं नई अध्ययन–प्रविधियों से समृद्ध किया है।

प्रश्न (Questions)

1. तुलनात्मक राजनीतिक विश्लेषण के संदर्भ में आल्मंड के संरचनात्मक–प्रकार्यात्मक प्रारूप की व्याख्या कीजिए।

   Explain Almond's model of structural – functional approach.

2. संरचनात्मक–प्रकार्यात्मक उपागम से आप क्या समझते हैं ? राजनीतिक व्यवस्थाओं के अध्ययन में आल्मंड के संरचनात्मक–प्रकार्यात्मक विश्लेषण के महत्त्व की व्याख्या कीजिए।

   What do you mean by structural – functional approach? Discuss the importance of Almond's structural – functional analysis for the study of political system.

3. राजनीतिक समाजशास्त्र के अध्ययन में संरचनात्मक–प्रकार्यात्मक उपागम का समीक्षात्मक विश्लेषण प्रस्तुत कीजिए।

   Present a critical analysis of structural – functional approach for the study of Political Sociology.

4. संरचनात्मक--प्रकार्यात्मक उपागम की विशेषताओं एवं कमजोरियों का उल्लेख करें।

   Describe the characteristics and demerits of structural – functional approach.

5. आल्मंड के संरचनात्मक–प्रकार्यात्मक उपागम की आलोचनात्मक समीक्षा प्रस्तुत करें।

   Present a critical review of Almond's structural – functional approach.

अध्याय 6

राजनीति विज्ञान में वैज्ञानिक अध्ययन पद्धति : तथ्य एवं मूल्य विवाद के परिप्रेक्ष्य में

Scientific Method in Political Science : In Context of Fact and Value Dichotomy

वैज्ञानिक पद्धति से अभिप्राय (Meaning of Scientific Method)

किसी भी विषय को विज्ञान का स्वरूप प्रदान करने के लिए उसकी विषयवस्तु से ज्यादा महत्त्व वैज्ञानिक पद्धति का है। लुण्डवर्ग के शब्दों में, "विज्ञान की पहचान पद्धति से है, विषयवस्तु से नहीं।" समाजविज्ञान की अध्ययन–पद्धतियों में वैज्ञानिक पद्धति आधुनिक युग का आविष्कार है। वैज्ञानिक पद्धति का अभिप्राय एक सुस्पष्ट व्यवस्था एवं ज्ञान की प्राप्ति है। विषय के अध्ययन हेतु जब अन्वेषण पद्धति का प्रयोग किया जाता है तो उसे ही वैज्ञानिक पद्धति की संज्ञा दी जाती है। व्यापक संदर्भ में जब अन्वेषण की किसी विधि द्वारा विज्ञान के निर्माण का प्रयास किया जा रहा हो या विज्ञान के विकास का प्रयास किया जा रहा हो तो उसे वैज्ञानिक पद्धति का नाम दिया जाता है। व्यापक अर्थ में वैज्ञानिक पृच्छा पद्धति (Scientific Interrogation Method) के दो विशेष प्रकारों की चर्चा की गई है :

1. गवेषणाधीन घटनाओं को परिचालित (Operate) करने एवं उन्हें मापने के लिए यह एक तकनीकी पद्धति है, विशेष परिस्थितियों में जिसका प्रेक्षण (Observation) किया जा सकता है। शोध–प्रक्रिया के प्रारंभ में परिचालन एवं मापन विधियों की वजह से ही इसे वैज्ञानिक पद्धति की संज्ञा दी गयी है। सामान्यतः, ये तकनीकी पद्धति अलग–अलग विज्ञानों में अलग तरीके से प्रयोग में लायी जाती है और ऐसी मान्यता है कि बहुत कम वैज्ञानिक ऐसे हैं जो विज्ञान से संबद्ध तकनीकी पद्धतियों को अपने शोधकार्य में पूरी योग्यता से अपना सकें।

2. तर्कशास्त्र आधारित तार्किक पद्धति जो शोध की संकलित आधार–सामग्री के अनुरूप होती है। तार्किक पद्धतियां अपनी तकनीकी पद्धतियों से घनिष्ट रूप से संबंधित होती हैं। वास्तव में तकनीकी पद्धतियां विज्ञान की तार्किक पद्धतियों की मुख्य सहायक होती हैं, क्योंकि वैज्ञानिक अन्वेषणों में इसका बहुत महत्त्व होता है।

उपर्युक्त प्रसंग का अभिप्राय यह है कि विशुद्ध वैज्ञानिक शोध के लिए तकनीकी पद्धतियां स्वयं में साध्य नहीं है, बल्कि ये प्रेक्षण के लिए सहायक साधन हैं। कई बार तकनीकी पद्धतियां ऐसी घटनाओं से सम्बद्ध प्रेक्षण एवं मापन को संभव बना देती हैं, जिनका प्रेक्षण या मापन या तो अंसभव होता है या यदि संभव भी होता है तो परिणाम बेहतर नहीं होता है। इसी भांति कई बार तकनीकी पद्धतियां अन्वेषक को इस योग्य बना देती हैं कि वह स्वयं अपने ज्ञान के आधार पर उन घटना घटित होने की परिस्थितियों का निर्धारण कर सकें जिसके वे अन्वेषक हैं। अन्वेषक घटना की वस्तुस्थिति पर सिर्फ चिंतन ही नहीं करता है, बल्कि सुनिश्चित और विश्वसनीय तरीके से उस प्रसंग पर तर्क भी प्रस्तुत कर सकता है।

वैज्ञानिक पद्धति द्वारा प्राप्त निष्कर्षों में वस्तुनिष्ठता, सुनिश्चितता, विश्वसनीयता, सामान्यता, पूर्वकथनीयता, सत्यापनीयता जैसे विशिष्ट लक्षण पाये जाते हैं। सही अर्थों में वैज्ञानिक पद्धति विषय के वैज्ञानिक अनुसंधान एवं विश्लेषण में प्रयोगगत कमजोरियों एवं पूर्वाग्रहों को समाप्त करने वाली प्रक्रियाओं की प्रविधियों का नाम है। इस संदर्भ में वैज्ञानिक पद्धति एक ऐसी प्रक्रिया है, जिसमें किसी परिघटना को ठीक उसी रूप में देखा या जाना जाता है, जैसा वह वास्तव में है। वैज्ञानिक पद्धति सिद्धांत निर्माण की ऐसी विधि है, जिसका माध्यम एवं लक्ष्य प्रासंगिक विषय के शोध हेतु आंकड़ा–संग्रह, उसका स्तरीय सामान्यीकरण एवं शुद्ध प्रविधियों के प्रयोग द्वारा निष्कर्ष तक पहुंचना है। थाउसेल के शब्दों में, "वैज्ञानिक पद्धति सामान्य नियमों की खोज के लक्ष्य की प्राप्ति के लिए प्रयुक्त प्रविधियों का व्यवस्थाबद्ध वह स्वरूप है जो विभिन्न विज्ञानों में अलग–अलग स्वरूपों में प्रयोग होने के बावजूद एक सामान्य चरित्र कायम रखता है।"

दो विशिष्ट अर्थों में प्रयुक्त होने वाली वैज्ञानिक पद्धति को व्यापक स्वरूप में एक मनोवृत्ति या अभिवृत्ति कहा गया है। इसे व्यवस्थित सत्यापनीय ज्ञान के अन्वेषण का सही माध्यम माना गया है। इस अर्थ में वैज्ञानिक पद्धति विज्ञान की समस्त शाखाओं में एक समान चरित्र बनाये रखती है। इस पद्धति का उद्देश्य पर्यवेक्षण द्वारा तथ्यों की छानबीन करना, तथ्य संकलन करना, उन्हें वर्गीकृत करना एवं सम्बद्ध परिवर्त्यों तथा संकलित आंकड़ों के बीच विद्यमान अन्योन्याश्रय संबंधों की खोज करके एक उच्य स्तरीय सामान्यीकरण स्थापित करने का प्रायस करना है।

समाज विज्ञान के अध्ययन पर प्राकृतिक विज्ञान के बढ़ते हुए प्रभाव की वजह से एवं राजनीति विज्ञान को विज्ञान का स्वरूप प्रदान करने की होड़ की वजह से राजनीति विज्ञान के विशारदों द्वारा भी बड़े पैमाने पर अध्ययन–विश्लेषण में वैज्ञानिक पद्धति का प्रयोग किया गया है। हॉब्स, स्पेन्सर, मिल, काम्टे, ग्राहम वलास, बेण्टले, चार्ल्स मेरियम, आदि ने अपने विश्लेषण को वैज्ञानिक स्वरूप प्रदान करने के लिए वैज्ञानिक पद्धति के विकास एवं प्रयोग पर काफी बल दिया है। आधुनिक राजनीति विज्ञान को वैज्ञानिक स्वरूप प्रदान करने में डेविड ईस्टन, रॉबर्ट ए० डॉल, आल्मंड, कार्ल डायश, हैरॉल्ड, लासवेल जैसे राजनीतिशास्त्रियों ने महती योगदान दिया है।

वैज्ञानिक पद्धति की कुछ प्रमुख धारणाएं हैं जो निम्नांकित हैं :

1. परिघटनाएं समरूपताओं (Resemblances) में घटित होती हैं ये निश्चित करना विज्ञान का काम है कि वे समरूपताओं क्या हैं ?
2. वैज्ञानिकों की यह मान्यता है कि प्रेक्षण योग्य विषय ही उसकी वास्तविक दुनिया है।
3. किसी परिघटना के अन्वेषण एवं मापन की तकनीक सार्वजनिक होनी चाहिए, जिसका अन्वेषण अलग–अलग व्यक्ति स्वतंत्र रूप से करके एक सामान्य निष्कर्ष पर पहुंच सकें। अन्तरानुशासनिक दृष्टि से इसे सम्प्रेषण योग्य होना चाहिए।

वैज्ञानिक पद्धति का सही आशय स्पष्ट करने के लिए कहा जा सकता है कि यह एक दृष्टिकोण है, अध्ययन का एक व्यवस्थित तरीका है, जिसमें सुस्पष्टता (Precision) एवं यथार्थता का पालन कठोरता से किया जाता है। जिसमें समस्त शोध प्रक्रिया व्यवस्थाबद्ध तरीके से आगे बढ़ती है, जिसमें अन्वेषक या शोधकर्ता की पूरी सचेतनता एवं निष्ठा निहित होती है। विशिष्ट अर्थों में वैज्ञानिक पद्धति एक निश्चित एवं सुसंगत तकनीक की ओर इंगित करती है जिसे अपनी कार्यविधि के संचालन हेतु कुछ ख़ास वैज्ञानिक प्रक्रियाओं की प्रविधियों एवं चरणों से गुजरना पड़ता है।

वैज्ञानिक पद्धति के मुख्य चरण (Main Stages of Scientific Method)

अनुप्रयोग की स्थिति में वैज्ञानिक पद्धति को कुछ प्रमुख अवस्थाओं से गुजरना पड़ता है। लुण्डवर्ग ने वैज्ञानिक पद्धति की चार प्रमुख अवस्थाओं की चर्चा की है, जो निम्नलिखित हैं :

1. व्यवहार्य यानी कि काम करने योग्य (Serviceable) संकल्पनाएं।
2. तथ्य निरीक्षण (Supervision) एवं आलेखन (Writing)।
3. संकलित तथ्यों का वर्गीकरण (Classification) एवं व्यवस्थापन (Process of Organizing)।
4. सामान्यीकरण (Generalization)।

रोनाल्ड यंग ने भी वैज्ञानिक पद्धति की कार्यविधि के प्रसंग में पांच अवस्थाओं की चर्चा की है, जो निम्नलिखित हैं :

1. कार्यकारी, परिकल्पना (अनुमान) (Workable Hypothesis) का निर्माण करना।
2. तथ्यों का संकलन (Compilation), पर्यवेक्षण (Observation) एवं आलेखन (Writing)।
3. संकलित आंकड़ों का अनुक्रम (Sequence) या श्रेणियों (Categories) में वर्गीकरण (Division)।
4. वैज्ञानिक सामान्यीकरण (Scientific Generalization)।
5. विधियों का प्रतिपादन (Exposition of Methods)।

राजनीति विज्ञान के अध्ययन को राजनीतिक दृष्टि से वैज्ञानिक बनाने हेतु अरनॉल्ड ब्रेश्त द्वारा वैज्ञानिक विधा के कई उपकरणों एवं तकनीकों का इस्तेमाल विषय–विश्लेषण के लिए किया गया है। उनकी यह मान्यता है कि वैज्ञानिक पद्धति के माध्यम से राजनीतिक तथ्यों का यथार्थगत अध्ययन बहुत हद तक संभव है। इसलिए राजनीति विज्ञान के विद्वानों को राजनीति के वैज्ञानिक विश्लेषण के लिए शास्त्रीय आधार प्रस्तुत करने की कोशिश करनी चाहिए। ब्रेश्त द्वारा प्रस्तुत वैज्ञानिक पद्धति के विभिन्न चरण निम्नांकित हैं :

1. **प्रेक्षण (Observation)**–परिघटनाओं से प्रासंगिक तथ्यों का पर्यवेक्षण किया जा सकता है और उसे यथेष्ट (Sufficient) रूप में संभाव्य रूप से स्वीकार या अस्वीकार किया जा सकता है। शोध–संदर्भित नये तथ्यों के प्रकटीकरण की स्थिति में वैज्ञानिकों के विचार या अनुभव उस बदलाव के अनुरूप बदलने के लिए तैयार रहना चाहिए।
2. **वर्णन (Description)**–परिघटनाओं से संदर्भित, संकलित एवं पर्यवेक्षित तथ्यों का वर्णन किया जाता है। इस स्तर पर भी विषय को सही मानकर संभाव्य रूप से स्वीकार या अस्वीकार किया जा सकता है या नये साक्ष्यों के सामने आने पर संकलित तथ्यों में परिवर्तन भी किया जाता है। शोध प्रविधियों में विवरणात्मक (Descriptive) चरण का बहुत महत्त्व है क्योंकि यह शोध पक्रिया के प्रकटीकरण (Manifestation) का चरण है।
3. **मापन (Measurement)**–घटना से संबंधित तथ्य या साक्ष्य यदि मापनीय हैं, तो उनका परिमापन होता है। शोध अध्ययन के प्रसंग में मापन विधि का विशिष्ट महत्त्व है।

4. **स्वीकृति या अस्वीकृति (Acceptance or non-acceptance)**—यह वह अवस्था है जहां घटना के प्रसंग से संबंधित तथ्यों व साक्ष्यों को वास्तविकता के आधार पर प्रेक्षण व मापन के परिणामों के अनुरूप अध्ययन–सामग्री के रूप में संभाव्य तौर पर स्वीकार या अस्वीकार किया जाता है।
5. **आगमनात्मक सामान्यीकरण (Inductive generatization)**—इस स्तर पर यथार्थ आधारित परिकल्पनाओं के रूप में स्वीकार किये गए तथ्यों का संभव रूप में आगमनात्मक सामान्यीकरण किया जाता है।
6. **व्याख्या (Explaination)**—इस स्तर पर आगमनात्मक तरीके से प्राप्त किये गये स्वीकृत तथ्यों से संबद्ध सामान्यीकरण एवं विशेषताओं को प्रस्तुत सैद्धांतिक परिकल्पनाओं से संबंध के आधार पर कारणों का स्पष्टीकरण किया जाता है। अध्ययन–प्रविधि के संदर्भ में व्याख्या का आशय है संदर्भित घटनाक्रम को वर्गीकृत एवं व्यवस्थित रूप में परिभाषित करना। इस स्तर पर घटनाक्रम को तार्किक आधार पर अन्य तथ्यों से प्रासंगिक साक्ष्यों एवं परिघटनाओं के आलोक में स्पष्ट व्याख्यात्मक स्वरूप प्रदान किया जाता है।
7. **तार्किक निगमनात्मक विवेचना (Logical deductive reasoning)**—तार्किक निगमनात्मक विवेचना के स्तर पर शोध प्रसंग से संदर्भित ज्ञान का विश्लेषण प्रस्तुत किया जाता है। इस स्तर पर आगमनात्मक तरीके से प्राप्त सामान्यीकृत तथ्यों या व्यवस्थित परिकल्पनात्मक व्याख्याओं की निगमनात्मक मीमांसा की जाती है और पूर्व स्वीकृत तथ्यों, तथ्य–संबंधी सामान्यीकरणों एवं परिकल्पनात्मक व्याख्याओं का निहितार्थ स्पष्ट किया जाता है।
8. **परीक्षण (Examination or testing)**—शोध प्रक्रिया के क्रम में इस चरण में संकलित तथ्यों का मापन तथा प्रेक्षण एवं विवरणों का तथ्य आधारित परीक्षण किया जाता है। इस स्तर पर उपलब्ध परिणामों, निष्कर्षों का घटनाक्रम से जुड़े नये तथ्यों के आलोक में तार्किक परीक्षण किया जाता है।
9. **शोधन (Correction)**—इस चरण में संकलित प्रेक्षित एवं स्वीकृत तथ्यों तथा आगमनात्मक सामान्यीकरणों एवं परिकल्पनात्मक व्याख्याओं के परिणामों का शोधन किया जाता है। इस विधि का पालन करने के क्रम में यदि सामान्यीकरण या स्पष्टीकरण असंगत प्रतीत हो, तो स्वीकृत परिमाणों में आवश्यक संशोधन किया जाता है।
10. **भविष्यकथन (Prediction)**—तत्त्वतः यह चरण वैज्ञानिक प्रविधि की प्रयोगमूलक भूमिका के लिए आधार प्रस्तुत करता है। इस स्तर पर घटनाओं से प्रासंगिक शोध प्रसंग के भूत, वर्तमान या भविष्य की घटनाओं, परिस्थितियों या समस्याओं के परिणामों के आलोक में भविष्य में प्रत्याशित घटनाओं की परिस्थितियों के संबंध में पूर्वानुमान लगाया जाता है।
11. **अस्वीकृति (Non acceptance)**—तत्त्वतः यदि उपर्युक्त वर्णित शोध प्रविधि से संदर्भित सभी तथ्यगत वक्तव्यों का पुष्टिकरण नहीं हुआ है और विवरणात्मक कथनों पर सहमति नहीं हो तो उसे अस्वीकृत भी किया जा सकता है।

आरनॉल्ड ब्रेश्त द्वारा प्रस्तुत वैज्ञानिक पद्धति के उपर्युक्त वर्णित चरणों के अवलोकन से यह स्पष्ट होता है कि वैज्ञानिक पद्धति के विभिन्न चरणों से संबद्ध सभी इकाइयां अपने आप में काफी महत्त्वपूर्ण हैं, क्योंकि, शोध प्रसंग से संदर्भित प्रत्येक स्तर पर काम करने योग्य परिकल्पना (Workable Hypothesis) अनुमानित की जाती है। प्रत्येक इकाई से संबद्ध तथ्यों साक्ष्यों से आंकड़े एकत्रित किये जाते हैं। परिकल्पनाओं के आधार पर आंकड़ागत तथ्यों का वर्गीकरण एवं सामान्यीकरण करके उपलब्ध विधियों के आधार पर व्यवस्थित विश्लेषण के माध्यम से सिद्धांत निर्माण का प्रयास किया जाता है। अन्य सामाजिक विज्ञानों की तर्ज पर विषय की अध्ययन प्रविधियों में वैज्ञानिक पद्धति का प्रयोग राजनीति विज्ञान में भी बड़े पैमाने पर हो रहा है और केस पद्धति (Case Method), सर्वेक्षण पद्धति (Survey Method), साक्षात्कार पद्धति (Interview Method), प्रश्नावली पद्धति (Questionnaire Method), सांख्यिकीय पद्धति (Statistical Method), सोशियोमैट्री (Sociometry), जनमत मतदान (Public Opinion Poll) जैसी तकनीकें प्रयोग में लायी जा रही हैं।

वैज्ञानिक पद्धति के प्रसंग में डेविड ईस्टन का कहना है कि "राजनीतिक गवेषणा में वैज्ञानिक पद्धति की कल्पना का प्रयोग जहां एक ओर राजनीतिक व्यवस्था के संबंध में नई सूचनाएं एकत्रित करता है वहीं दूसरी ओर तुरंत उन एकत्रित तथ्यों को यह दिखाने के लिए स्वीकार करता है कि राजनीतिक संरचना के कुछ हिस्सों को नया स्वरूप प्रदान करने के लिए कैसे इनका प्रयोग किया जा सकता है। यदि कोई निर्णय लिया जाना है तो ऐसा लगेगा कि लोग अपने जिस ज्ञान को तुरंत इस्तेमाल में लाना चाहते हैं। वह आज राजनीतिक अनुसंधान में प्रभावशाली है।"

वैज्ञानिक पद्धति का उद्देश्य अमूर्त तर्क का परित्याग करना है और कार्यात्मक स्वरूप वाली कार्यकारी परिकल्पनाओं (Workable Hypothesis) का समर्थन करना है। वैज्ञानिक पद्धति का निहितार्थ है :

1. यह राजनीतिक व्यवहार के अध्ययन हेतु सामान्यीकरण के विकास पर बल देता है। अर्थात्, इस पद्धति का अभिप्राय है राजनीतिक व्यवहारों से सम्बद्ध कार्यकारी परिकल्पनाएं प्रस्तुत करना, व्यवहारों के मध्य समानताओं–नियमितताओं की तलाश करना, इसके बीच उच्च सामान्यीकरण का स्तर स्थापित करना एवं सिद्धांत–निर्माण का प्रयास करना।
2. यह पद्धति इस आग्रह (Insistence) का संकेतक है कि राजनीतिक व्यवहारों से सम्बद्ध संकलित तथ्यों के सामान्यीकरण का परीक्षण किया जाए या परीक्षण करने योग्य हो तथा स्पष्ट विवरण एवं मानकात्मक दृष्टिकोण के आधार पर विवरणात्मक कथन की प्रस्तुति की जा सके।
3. यह पद्धति इस बात का भी द्योतक (Indicator) है कि सामान्यीकरण की जांच के लिए जिस व्यवहारवाद की आवश्यकता है, उसके लिए शोध कार्य अमूर्त तथ्यों की बजाय मूर्त तथ्यों के प्रेक्षण पर आधारित होना चाहिए, साथ ही कार्यकारी कल्पनाओं की परिभाषाओं में यथार्थता (Precision) की अपेक्षा की गयी है।
4. वैज्ञानिक पद्धति एक व्यवस्थाबद्ध अध्ययन का संकेतक है। इसका लक्ष्य है तथ्यगत एवं यथार्थगत अध्ययन हेतु सत्यापित (Verified) सामान्यीकरण का विकास करना और अध्ययन–विश्लेषण हेतु एक सुनिश्चित, सुत्यवस्थित सिद्धांत का निर्माण करना।
5. वैज्ञानिक पद्धति में व्यवहारपरकवाद का अभिप्राय व्यावहारिक अर्थों में पद्धति की औचित्यता की खोज है। इसकी अध्ययन–विधियों में प्रेक्षण, सत्यापन एवं प्रयोगमूलक तत्त्वों पर विशेष बल दिया जाता है और प्रसंग से संदर्भित नये साक्ष्यों, प्रेक्षणों, प्रयोगों, व्याख्याओं, विवरणों, प्रत्यक्ष ज्ञानों के आलोक में संशोधन की गुंजाइश रखी जाती है। व्यवहारपरक विश्लेषण का प्रयोजन है अध्येताओं द्वारा व्यवस्थाबद्ध संकलन, प्रेक्षण, वर्गीकरण, मापन के माध्यम से अध्ययन के लिए प्रयोगगत सामग्री का सामान्यीकरण एवं सिद्धांत परीक्षण करना। इन सभी शोध प्रविधि क्रमों से गुजर कर राजनीतिक विश्लेषण के व्यवहारपरक दृष्टिकोण को वैज्ञानिक अध्ययन पद्धति की पहचान मिलती है। वस्तुतः वैज्ञानिक शोध तकनीकों के प्रयोग द्वारा जिस हद तक व्यवहारपरक दृष्टिकोण अपना कर सामान्यीकरण के आधार पर परीक्षित सूत्र पर्याप्त मात्रा में उपलब्ध करा पाती है, उसी अनुपात में राजनीतिक विश्लेषण के परिणामों को वैज्ञानिक होने की संज्ञा दी जाती है।

राजनीतिक सिद्धांतों में व्यवहारपरकवाद एवं वैज्ञानिक पद्धति
(Behaviouralism and Scientific Method in Political Theories)

प्लेटो, अरस्तू से लेकर लास्की और मार्क्स जैसे साम्यवादी चिंतकों के दर्शन पर उनके व्यक्तिगत मूल्यों का प्रभाव पड़ा है। प्राचीन राजनीतिक सिद्धांत में व्यवहारपरकवाद के निरूपण का श्रेय अरस्तू को है। अरस्तू की रचनाओं में मानपरकवाद एवं व्यवहारपरकवाद का विशेष संयोजन देखा जा सकता है। अरस्तू द्वारा प्रस्तुत राजनीतिक विश्लेषण में निगमनात्मक तर्क की जगह आनुभविक विश्लेषण का प्रयोग किया गया है। आधुनिक युग के विचारकों में यह श्रेय प्राप्त करने वाले प्रथम विद्वान फ्रांसिस बेकन हैं जिन्होंने सभी प्रकार की पूर्वकल्पित विचारों,

पक्षपातों या पूर्वाग्रहों, उत्तेजनाओं, स्वार्थों से ऊपर उठकर विषय–विश्लेषण के क्रम के तथ्यों की वास्तविकता के आधार पर प्रेक्षण, वर्गीकरण पर विशेष ध्यान देकर धीरे–धीरे निष्कर्ष पर पहुंचने की एवं सिद्धान्त–निरूपण की वकालत की है। व्यवहारपरक विश्लेषण विद्या के प्रबल समर्थकों में जॉन लॉक का नाम भी उल्लेखनीय है। लॉक की यह मान्यता है कि जन्म के समय मानव मस्तिक कोरे कागज की भांति होता है जो सारा ज्ञान और तर्क सामग्री यहां अनुभव से प्राप्त करता है। मनुष्य के मस्तिक में ज्ञान एवं विचारों का स्रोत संवेदना और चिंतन है। ये संवेदनाएं मस्तिष्क द्वारा इस प्रकार आरोपित की जाती हैं मानों वह विशुद्ध रूप से मस्तिष्क की ही उपज है, लेकिन वस्तुतः इसका श्रेय प्रकृति को है। व्यवहारपरकवाद का उल्लेख पुनः डेविड ह्यूम की कृतियों में दिखाई देता है, जिसमें विद्वान् द्वारा संशोधन प्रस्तुत करते हुए उसे संदेहवाद का स्वरूप दिया गया है। ह्यूम ने लॉक द्वारा प्रस्तुत व्यवहारपरक ज्ञान को आगे बढ़ाते हुए यह प्रदर्शित किया है कि व्यवहारपरक सिद्धान्त निश्चित रूप से एक ऐसी दिशा की ओर संकेत करता है जहां विद्वानों को प्रेक्षण एवं अनुभव पर आधारित अपने निष्कर्षों पर संदेह हो सकता है। ह्यूम के विचार में केवल व्यवहारपरक विचारों पर आश्रित रहकर किसी घटना का कारण एवं प्रभाव के संबंध में समस्त जानकारी प्राप्त नहीं की जा सकती है। अपने इस दृष्टिकोण के रूप से ह्यूम ने लॉक द्वारा बताए गये अनुभवाश्रित मार्ग को शिथिल किया है। जॉन स्टुअर्ट मिल द्वारा प्रस्तुत नैतिक विज्ञानों के तर्क में भी व्यवहारपरकवाद का अस्तित्व है। एक व्यवहारपरकवादी के रूप में मिल का यह विश्वास है कि सभी अनुभवों को संवेदनाओं में परिवर्तित किया जा सकता है, यदि उसे सहयोग के नियमों से जोड़ दिया जाए तो हमारे ज्ञान का निर्माण होता है। मिल के विचारानुसार समस्त ज्ञान का स्रोत अन्ततः अनुभव द्वारा आगमन पर निर्भर है। यथार्थ को ही संवेदना की संभावनाओं का रूप दे दिया जाता है। वस्तुतः, मिल के विचारानुसार, इन संभावनाओं के दायरे में केवल बाह्य यथार्थ ही समाविष्ट नहीं होता है, बल्कि वैसी ही स्थिति संवेदी विषयों की भी होती है। इनका मानना है कि बहुत सारी ऐसी संभावनाएं जिनका अस्तित्व ही समाप्त हो गया हो, यानी कि जिनका अधिकतर भाग चाहे अतीत में हो या भविष्य में, उन्हे वर्तमान के यथार्थगत विश्वास के साथ नियमित किया जा सकता है।

बाधाएं (Hinderances)

अन्य समाज विज्ञानों की भांति राजनीति विज्ञान के अध्ययन में भी वैज्ञानिक पद्धति का प्रयोग अनेक व्यवहारवादियों एवं अनुभववादियों द्वारा किया जा रहा है, लेकिन इस पद्धति के प्रयोग की हद क्या होनी चाहिए, इस विषय पर राजनीतिक व्यवहारपरकवादियों के बीच मतवैभिन्नताएँ है। विशारदों का यह मानना है कि राजनीतिक–सामाजिक व्यवस्था के विषय भौतिक विश्व की अपेक्षा बहुत अधिक जटिल होते है जैसा कि डेविड ईस्टन ने राजनैतिक व्यवस्था को संरचनाओं एवं प्रक्रियाओं का जटिल समूह कहा है जो समाज के अंतर्गत आधिकारिक मूल्यों का विनियोजन करता है। सम्भवतः इसी प्रसंग को ध्यान में रखते हुए एल्बर्ट आइन्सटीन का यह मत है कि "वस्तुतः राजनीति प्राकृतिक विज्ञानों की तुलना में एक कठिन विषय है इसलिए भौतिकी (Physics) की तुलना में समाजविज्ञानों द्वारा अन्वेषित नियमों की उपलब्धियां थोड़ी हैं और जो विधियां उपलब्ध हैं भी, उनकी सत्यता का प्रेक्षण एवं परिमाणीकरण परिस्थितियों पर निर्भर है।" वस्तुतः, राजनीति जैसे जटिल विषय के विश्लेषण हेतु वैज्ञानिक उपलब्धियों के प्रयोग की दिशा में विषय संदर्भित परिवर्त्यों की प्रकृति की वजह से कोई विशेष उन्नति की परिस्थितियां नहीं बन पायी है, क्योंकि राजनीति विज्ञान से प्रासंगिक शोध प्रसंगों में वैज्ञानिक पद्धति के पूर्ण रूप से प्रयोग के मार्ग में कई बाधाएं है, जिनकी चर्चा निम्नांकित है :

1. **सामाजिक व्यवस्था की जटिलताएं एवं विविधताएं (Diversities and complexities of social system)**–सामाजिक जीवन की जटिलताओं एवं विविधताओं का प्रसंग मानव व्यवहार के अध्ययन हेतु वैज्ञानिक पद्धति के प्रयोग के मार्ग में कई बाधाएं उत्पन्न करता है। सामाजिक जीवन की बुनियादी गतिविधियां और मानव जीवन की बेहिसाब आवश्यकताएं एवं समाज में सीमित मूल्यवान् संसाधनों (Valuable Resources), यथा–वस्तुओं (Goods), सेवाओं (Services), अवसरों (Opportunities), लाभों

(Benefits) के आधिकारिक वितरण (Authoritative Distribution) के लिए उठने वाली परस्पर विरोधी मांगों (Conflicting Demands) की वजह से सामाजिक–राजनीतिक पर्यावरण में जो तनाव, द्वन्द्व, प्रतिस्पर्धा या संघर्ष की स्थितियां बनती बिगड़ती रहती हैं। वे तथ्य संकलन से लेकर प्रेक्षण, मापन, वर्णन आदि के मार्ग में कई प्रकार की बाधाएं उत्पन्न करती हैं।

2. **मापन की समस्या (Problem of Measurement)**–वैज्ञानिक पद्धति के प्रयोग की सफलता के मार्ग में संकलित तथ्यों के सही मापन की समस्या भी एक अति महत्त्वपूर्ण कठिनाई है। भौतिक विज्ञान में शोधकार्य से प्रासंगिक विषयों के लिए सटीक मापदंड विद्यमान है, लेकिन जहां तक समाज विज्ञान का संदर्भ है, यहां वैसी मापन प्रणाली का नितांत अभाव है। राजनीति विज्ञान के अध्ययन के मूल तत्त्वों में राज्य सरकार, सत्ता, शक्ति, प्रभाव, वैधता, स्वतंत्रता, समानता, सामाजिक न्याय, समाज कल्याण जैसे विषय शामिल हैं, जिससे सम्बद्ध परिवर्त्यों (Variables) की प्रकृति परिवर्तनीय (Changeable) होती है, जिसका सही मापन संभव नहीं है। सामाजिक–राजनीतिक घटनाएं एवं उनसे सम्बद्ध राजनीतिक व्यवहार इन्हीं तत्त्वों एवं परिवर्त्यों के प्रभाव में होते है एवं उन्हें प्रभावित भी करते हैं, जो व्यक्तियों के विचारों, भावनाओं, मनोवृत्तियों, आस्थाओं, अभिरुचियों, विश्वासों, क्षमताओं, आवेशों का परिणाम होता है, जिनका सटीक मापन असंभव है।

3. **प्रयोग में असमर्थता (Inability in Experiment)**–शोधार्थियों द्वारा भौतिक विज्ञान से संदर्भित शोधकार्य प्रयोगशालाओं में बैठकर यंत्रों के माध्यम से संपन्न किये जाते हैं, लेकिन राजनीति विज्ञान के शोधकर्ता शोधकार्य के लिए इन प्रक्रियाओं पर निर्भर नहीं हो सकते। भौतिक विज्ञान की विषय–वस्तु जड़ है, जबकि राजनीति विज्ञान का विषय चेतनशील मनुष्य है, जिसके व्यवहार के अध्ययन के लिए वैज्ञानिक पद्धति के वस्तुपरक (Objective) दृष्टिकोण को पूरी तरह अपनाना सम्भव नहीं है।

   किसी भी घटना से संबद्ध मानव व्यवहार के अध्ययन–विश्लेषण के लिए वस्तुपरक और तटस्थ दृष्टिकोण अपनाना अत्यंत कठिन है। मनुष्य की गतिविधियां एवं व्यवहार एक परिवर्तनशील विषय है जिसके अध्ययन हेतु भौतिक विज्ञान में प्रयोगगत परीक्षण (Experiment) एवं प्रविधियां अक्षम साबित होती हैं। इस प्रसंग में ब्राइस का कहना है कि "भौतिक विज्ञान में निष्कर्ष तक पहुंचने के लिए एक ही प्रयोग कई बार किया जा सकता है लेकिन, राजनीतिक व्यवहार के अध्ययन के लिए वही प्रयोग बार–बार दोहराना संभव नहीं है, क्योंकि दोबारा एक जैसी परिस्थिति पैदा करना शोधकर्ता के वश में नहीं है।"

4. **सही भविष्यवाणी की क्षमता का अभाव (Lack of efficiency in accurate prediction)**–भौतिक विज्ञान के परिशुद्ध नियमों की वजह से शोध प्रसंग के संबंध में भविष्यवाणी करना सरल होता है, लेकिन राजनीति विज्ञान के शोधार्थी यह बताने में असमर्थ होते हैं कि किसी भी निश्चित कार्यक्रम या घोषण का व्यक्ति या समूह पर कितना और कैसा प्रभाव पड़ेगा तथा उनकी क्या प्रतिकियाएँ होंगी। राजनीति विज्ञान के शोध प्रसंगों से संदर्भित कुछ भविष्यवाणियां तो अपनी प्रचार शक्ति (Propagandize power) की वजह से सही साबित हो जाती हैं, लेकिन कुछ भविष्यवाणियां चेतावनी (Warning) के रूप में होती हैं जो असत्य साबित होती हैं। मानव व्यवहार के संबंध में की गई कोई भविष्यवाणी सत्य साबित होगी या नहीं यह बता पाना शोधकर्ता के लिए काफी कठिन है, क्योंकि मनुष्य का व्यवहार एक अस्थिर विषय है जो व्यवस्था एवं पर्यावरण से हर क्षण प्रभावित होता रहता है।

उपर्युक्त विवरण से यह स्पष्ट होता है कि यद्यपि राजनीति विज्ञान के अध्ययन हेतु वैज्ञानिक पद्धति के प्रयोग एवं सफलता के मार्ग में अनेक बाधाएं हैं, लेकिन बावजूद इसके राजनीतिक विशारदों द्वारा इस प्रविधि का प्रयोग बड़े पैमाने पर किया जा रहा है। आधुनिक राजनीति विज्ञान के अध्ययन के लिए निर्मित अनेक प्रतिमानों (Models), सिद्धांतों (Theories), उपागमों (Approaches) में इस अध्ययन–प्रविधि का प्रयोग हुआ है, मसलन–व्यवस्था सिद्धांत, संरचनात्मक–प्रकार्यात्मक सिद्धांत, निर्णय–निर्माण सिद्धात आदि। वस्तुतः, आधुनिक राजनीति विज्ञान के

अध्ययन–सिद्धांतों, उपागमों, प्रतिमानों में वैज्ञानिक पद्धति का प्रयोग अभी आरम्भिक अवस्था में है, जिसे पूरी सुसंगतता से अपनाने के लिए राजनीतिक विद्वानों को गंभीर प्रयास करना होगा।

राजनीति विज्ञान में वैज्ञानिक अध्ययन पद्धति : तथ्य एवं मूल्य विवाद के परिप्रेक्ष्य में (Scientific Method in Political Science : The Context of Fact and Value Dichotomy)

वैज्ञानिक अध्ययन की पद्धति के अंतर्गत वैज्ञानिक पृच्छा के दायरे में मूलरूप से चार अवस्थाएं शामिल हैं, यथा–वर्णन, वर्गीकरण, स्पष्टीकरण, और पुष्टिकरण। वर्गीकरण संदर्भ के तहत तथ्यों का संकलन एवं वर्णन किया जाता है। तथ्यों के मध्य समानता एवं पृथकता की खोज की जाती है और राजनीतिक गतिविधियों के बीच पाये जाने वाले अन्तःसंबंधों के लिए अनुमानित परिकल्पनाएं की जाती हैं तथा कठोर आनुभविक प्रेक्षणों द्वारा परिकल्पनाओं की प्रस्तुति की जाती है। इस प्रकार, स्पष्टीकरण एवं पुष्टिकरण द्वारा योग्य निष्कर्ष का प्रस्तुतीकरण संभव हो पाता है।

आधुनिक राजनीति विज्ञान का व्यवहारवादी राजनीतिक विश्लेषण परम्परागत विश्लेषण से चार रूपों में भिन्न है जो–प्रकृति, लक्ष्य, प्रविधियां एवं संकल्पनात्मक संरचनाओं से संबद्ध है। इस दृष्टि से व्यवहारवादी राजनीतिक विश्लेषण में अन्वेषण हेतु आनुभविक प्रविधियों का ही अधिकतम प्रयोग किया जाता रहा है। व्यवहारवादी राजनीतिक विश्लेषण का आग्रह वैज्ञानिक प्रविधियों के प्रयोग, व्यवस्थित शोध, स्पष्ट व्याख्या, सही भविष्यवाणी, शोधकर्ता का वस्तुपरकता पर अत्यधिक जोर एवं व्यापक निष्कर्ष से है, जो किसी व्यापक या मध्यस्तरीय सिद्धांत प्रतिपादन का आधार तत्त्व है।

भौतिकशास्त्र, रसायनशास्त्र जैसे प्राकृतिक विज्ञान अपने शोधकार्य के लिए लम्बे अरसे से वैज्ञानिक प्रविधियों का प्रयोग कर रहे थे। समाजशास्त्र–मनोविज्ञान आदि समाज विज्ञानों ने भी प्राकृतिक विज्ञानों का अनुकरण करके इस पद्धति को अपनाया। इसी मानसिकता के अनुरूप राजनीति विज्ञान के अध्ययन में भी वैज्ञानिक पद्धति का प्रयोग करके शोधकार्य हेतु आवश्यक सामग्री प्राप्त की जाने लगी। इस प्रविधि के प्रयोग द्वारा राजनीतिक घटनाओं व समस्याओं को सही रूप में समझना, कारकों की खोज करना, अन्वेषित कारकों के मध्य अंतःसंबंधों की खोज करना, शोध विषय से सम्बद्ध आधार–सामग्री संकलित करना, परीक्षण करना एवं निष्कर्ष तक पहुंचना काफी हद तक आसान हो गया है। इस पद्धति के प्रयोगक्रम में शोधकर्ता द्वारा सबसे ज्यादा बल आनुभविक यथार्थ एवं प्रेक्षण पर दिया जाता है, तथा आधार–सामग्री संकलन के समय भी आनुभविक तथ्यों एवं प्रेक्षणों पर शोधकर्ता की गंभीर दृष्टि होती है। आनुभविक प्रविधियों की मदद से प्रेक्षणीय घटनाओं के वस्तुनिष्ठ अध्ययन के आधार पर अवधारणाएं बनायी जाती हैं और इन्हीं प्रविधियों के माध्यम से शोधकार्य का प्रमाणीकरण (Certification) होता है। वैज्ञानिक प्रविधियों का प्रयोग करके ही शोधकर्ता राजनीतिक घटनाओं, समस्याओं की प्रकृति में नियमितता की खोज करता है, जो सिद्धांत–निर्माण का आधार बनता है।

व्यवहारवाद का लक्ष्य राजनीतिक घटनाओं के यथार्थ की गहराई को सही अर्थों में जानना–समझना है तथा उसी रूप में उसका वर्णन करना है और भविष्य में उन घटनाओं की पुनरावृत्ति (Repetition) न हो, उसके लिए भविष्यवाणी भी करनी है। इन समस्त प्रक्रियाओं की व्याख्या के लिए वे वैज्ञानिक प्रविधियों का प्रयोग करते हैं। व्यवहारवादियों द्वारा अध्ययन में वैज्ञानिक पद्धति के प्रयोग का उद्देश्य 'ज्ञान के लिए ज्ञान की प्राप्ति' और 'सिद्धांत–निर्माण' करना है। उनके सिद्धांत–निर्माण का लक्ष्य प्रेक्षण द्वारा संकलित तथ्यों के मध्य संबंधों की खोज एवं उनका वर्णन करना है। विद्वानों द्वारा सिद्धांत–निर्माण के प्रयास का सकारात्मक पक्ष यह है कि उस सिद्धांत के आलोक में राजनीतिक घटनाओं का विश्लेषण करना सरल होता हैं और भविष्य कथन द्वारा भविष्य में घटित होने वाली किसी घटना की आशंका को रोका भी जा सकता है।

वैज्ञानिक पद्धति का प्रयोग करके व्यवहारवादी शोधकर्ता शोध–प्रसंग से सम्बद्ध आधार–सामग्री का संकलन, अन्वेषण, विश्लेषण, विवरण एवं प्रस्तुतीकरण का कार्य काफी व्यवस्थित ढंग से कर पाते हैं; जिसके लिए दस्तावेजीय विश्लेषण, साक्षात्कार, प्रेक्षण, प्रयोग, अनुरक्षण, संशोधन, व्याख्या आदि प्रविधियों का इस्तेमाल किया जाता है और अत्यधिक सूझ–बूझ और वस्तुनिष्ठता के आधार पर निष्कर्ष तक पहुंचा जाता है। ईस्टन के शब्दों में, ''आधुनिक राजनीति विज्ञान का अंतिम लक्ष्य एक व्यवस्थित सिद्धांत का निर्माण करना है।'' व्यवहारवाद की दो मुख्य मांगें (Demands) हैं : प्रासंगिकता (Relevance) एवं क्रियानिष्ठता (Action), जो राजनीतिक तथ्यों के मध्य संबंधों के सही प्रकटीकरण के आधारक हैं और जिनका संबंध घटनाओं के सातत्य (Continuity) से होता है। आधुनिक राजनीति विज्ञान के अध्ययन–विश्लेषण के लिए कई प्रकार की अवधारणाओं का विकास किया गया है, जिनकी सहायता से अनेक प्रतिमानों (Models) का निरूपण संभव हो पाया है। विषय संदर्भित अवधारणात्मक संदर्भ संरचना के दो प्रकार हैं :

1. राजनीतिक इकाइयों पर केंद्रित, और
2. राजनीतिक प्रक्रियाओं पर केंद्रित।

पहले के अध्ययन की इकाइयां–व्यक्ति, समूह एवं समाज हैं जिनके व्यवहारों एवं विशेषताओं पर अध्ययन–विश्लेषण को केंद्रित किया जाता है। दूसरे के अध्ययन की इकाई प्रक्रिया केंद्रित अवधारणात्मक संरचना है, जिसका मूल विषय राजनीतिक घटनाओं के सांतत्य की खोज एवं उसके विश्लेषण का प्रयास है।

राजनीतिक विश्लेषण और मूल्य निरपेक्षता (Political Analysis and Value Freeness)

राजनीति विज्ञान की अध्ययन–प्रविधियों से संबंधित अवधारणाओं को बीसवीं शताब्दी के पूर्वार्द्ध में प्रचलित दृष्टिकोणों के आधार पर दो श्रेणियों में बाँटा गया है : (i) विधिवादी ऐतिहासिक (Legalist Historical) अथवा आदर्शात्मक दार्शनिक (Normative Philosophical) दृष्टिकोण, (ii) आनुभविक विश्लेषणात्मक (Empirical Analytical) अथवा वैज्ञानिक व्यवहारवाद (Scientific Behavioural) दृष्टिकोण। इन दोनों दृष्टिकोणों में मूल अंतर यह है कि पहले के अध्ययन में तथ्यों की अपेक्षा मूल्यों पर अधिक बल दिया जाता है और दूसरों में मूल्यों की अपेक्षा तथ्यों पर रॉबर्ट डॉल द्वारा इन्हें आनुभविक सिद्धांतवादी (Empirical Theorist) एवं पराआनुभविक सिद्धांतवादी (Trans-empirical Theorist) की संज्ञा दी गई है। दोनों के बीच मौलिक अंतर यह है कि आनुभविक सिद्धांतवादी विषय को शुद्ध विज्ञान मानकर केवल तथ्य–आधारित वैज्ञानिक अध्ययन पद्धति के पक्षधर हैं, जबकि परा–आनुभविक सिद्धांतवादी का यह कथन है कि राजनीति विज्ञान को शुद्ध विज्ञान का रूप देना न तो संभव है और न ही देना उचित है। विद्वानों के मतांतर से उभरा प्रसंग राजनीति विज्ञान के अध्ययन को दो मुख्य विवादों की कोटि में खड़ा करता है : 1. क्या मूल्य–निरपेक्ष (Value-free) राजनीतिक विश्लेषण संभव है ? 2. क्या राजनीतिक विश्लेषण का मूल्य–निरपेक्ष होना वांछनीय (Desirable) है ?

तथ्य एवं मूल्य (Facts and Value)

जहां तक तथ्यों (Facts) एवं मूल्यों (Values) का प्रसंग है मूल्य वस्तुतः व्यक्ति के जीवन के समस्त पहलुओं के अनुभव से अनुबंधित भावात्मक अनुक्रिया (Contracted Emotional Response) का नाम है जो व्यक्ति की आत्मपरक (Subjective) भावात्मक अभिव्यक्ति है। अभिकथन (Affirmation) यदि तथ्यगत है और उस तथ्य का सत्यापन (Verification) किया जा सकता है, तो अभिकथन को तथ्य की संज्ञा दी जायेगी। मूल्यात्मक अभिकथन अनुभवात्मक एवं भाव प्रधान होता है, इसलिए वस्तुनिष्ठता की वास्तविकता से उसका सरोकार नहीं होता है वही मूल्य हमेशा व्यक्ति की अंतःप्रेरणा, श्रद्धा, आस्था, विश्वास आदि के प्रभाव में होता है, क्योंकि वही उन मूल्यों का

स्रोत भी है। लेकिन यहां ध्यातव्य है कि तथ्यों का संबंध वास्तविकता से होता है इसलिए उसका मापन व प्रेक्षण किया जा सकता है। वस्तुतः मूल्य का अध्ययन एवं विश्लेषण एक सामाजिक तथ्य के रूप में किया जा सकता है। वैज्ञानिक पद्धति द्वारा व्यक्ति एवं समूह के मूल्य संबंधी धारणाओं को तथ्य के रूप में प्रेक्षित किया जा सकता है। किसी व्यक्ति या समूह के किसी मूल्य विशेष में आस्था रखने से सामाजिक व्यवस्था–प्रक्रिया एवं पर्यावरण पर क्या प्रभाव पड़ता है, इसका विश्लेषणपरक अध्ययन भी वैज्ञानिक पद्धति के आधार पर किया जा सकता है, क्योंकि यह एक तथ्यात्मक घटना है जिसका प्रेक्षण संभव है। वैज्ञानिक पद्धति के माध्यम से प्रेक्षण द्वारा व्यक्ति एवं समूह के मूल्य संबंधी विश्वासों की जानकारी प्राप्त की जा सकती है तथा उस मूल्य विशेष के प्रति आस्था के निहितार्थों का एवं समाज पर पड़ने वाले उसके परिणामों का पता लगाया जा सकता है। इस प्रकार, वैज्ञानिक अध्ययन की दृष्टि से तथ्य एवं मूल्य में कोई अंतर नहीं है। तार्किक दृष्टि से तथ्य एवं मूल्य का द्विभाजन (Dichotomy) कठिन कार्य नहीं है, लेकिन व्यवहार में ऐसी कोई उक्ति या अभिकथन की वास्तविकता संभव नहीं है, जो पूरी तरह तथ्यात्मक या मूल्यात्मक हो। अधिकांश विद्वानों ने नैतिक मूल्यों को व्यक्ति एवं समूह के व्यक्तित्व का अभिन्न अंग माना है। डेविड ईस्टन के कथनानुसार यह संभव नहीं है कि कोई भी तथ्यपूर्ण अभिकथन किसी न किसी नैतिक मूल्यों के बोध (Notion) से प्रासंगिक न हों।

जहां तक राजनीतिक विश्लेषण में मूल्य निरपेक्षता से संदर्भित उठाये गये ऊपर वर्णित दोनों विवादों का सवाल है पराआनुभविक सिद्धान्तवादियों का कहना है कि आनुभविक दृष्टि से 'सत्य' क्या है इस पर सही निर्णय लेना अलग बात है और सत्य क्या होना चाहिए यह निर्णय लेना अलग बात है। मूल्यों की अभिव्यक्ति एवं उसे स्वीकारने के संबंध में मतवैभिन्नताएं हो सकती हैं। इसलिए मूल्यों का सटीक परीक्षण संभव नहीं है, जबकि तथ्य आनुभविक परीक्षण की कसौटी पर खरा उतरता है। प्राकृतिक विज्ञान की अध्ययन प्रविधियों में चाहे जो परिस्थितियां हों, अनुभववादियों का यह दृढ़ विश्वास है कि राजनीतिक विश्लेषण के प्रसंग में तथ्य और मूल्य के मध्य अन्योन्याश्रय संबंध है, अतः कुछ महत्त्वहीन अपवादों को छोड़ कर इन्हें अलग करना संभव नहीं है। इनके विचार में व्यवहारवादी चाहे जितना भी तथ्यात्मक निर्णय लेने का दावा करें लेकिन वे सदैव मूल्यात्मक निर्णय लेने के लिए प्रयासरत रहते हैं। लेकिन रॉबर्ट डॉल के विचार में दोनों विवादों के बीच सहमति का व्यापक क्षेत्र दिखाई देता है।

यदि अनुभववादियों के इस तर्क को मान लिया जाए कि आनुभविक शोध प्रक्रिया से मूल्यों को पूरी तरह नहीं निकाला जा सकता है, तो यह तर्क ही अपने आप में ऐसा तथ्य है जो वैज्ञानिक अध्ययन में तथ्य एवं मूल्य विवाद के बीच सहमति सेतु का निर्माण करता है। जैसे :

1. शोधकर्ता की अभिरुचि एवं मूल्य विशेष में आस्था का शोधप्रसंग के चयन पर गहरा प्रभाव पड़ता है।
2. शोध प्रसंग के महत्त्वपूर्ण एवं प्रयोजनशील होने का निर्धारण सिर्फ आनुभविक ज्ञान के आधार पर संभव नहीं है इसके निर्माण में कुछ अधिमान्यताएं (Preferences) मुख्य भूमिका निभाती हैं जो मूल्य मुक्त नहीं हो सकती हैं।
3. राजनीतिक प्रसंगों के वस्तुनिष्ठ विश्लेषण हेतु तथ्य के महत्त्व को स्वीकार करना अपरिहार्य है, लेकिन तथ्य के प्रति दृढ़ता (Pertinacity) भी तो अन्ततः मूल्य ही है।
4. प्राकृतिक विज्ञानों के शोध परिणामों को किसी भी विकृति (Deformation) से बचाव के लिए अन्तर्निहित व्यवस्थाएं हैं, लेकिन सामाजिक विज्ञान के शोधकर्ता के लिए अपने शोध विषय को ईर्ष्या, द्वेष, वाद–विवाद, द्वंद्व–तनाव, आदि से मुक्त रख पाना एक कठिन प्रयास है, इसलिए तथ्य एवं मूल्य की परस्पर निर्भरता से राजनीति विज्ञान के वैज्ञानिक अध्ययन को कभी पूरी तरह पृथक् नहीं किया जा सकता है।

वैज्ञानिक अध्ययन के प्रसंग में अनुभववादियों एवं पराअनुभववादियों के बीच मत–मतांतर का मुख्य विषय यह है कि क्या राजनीति विज्ञान के अध्ययन के लिए मूल्य निरपेक्ष होना वांछनीय है ? इस प्रसंग पर दोनों पक्षों के

विवाद पर अपना विचार व्यक्त करते हुए यह रॉबर्ट डॉल ने माना है कि राजनीतिक विश्लेषण में तथ्य एवं मूल्य को पृथक् करना एक निरर्थक प्रयास होगा। स्वयं डॉल के शब्दों में, ''शोधकर्ता अपने तथ्यात्मक ज्ञान को एक मुहरबंद डिब्बे के एक खाने में रखे और मूल्य को दूसरे खाने में जहां यथार्थता से उनका कोई संबंध न रहे यह बेकार का प्रयास है।'' इस संदर्भ में लियोस्ट्रास का मानना है कि आधुनिक राजनीतिक विज्ञान राजनीतिक व्यवहार में नियमितताओं की खोज के लिए ऐसे प्रेक्षणों को अधिक महत्त्व देता है जो अधिक बार दोहराया जा सके, क्योंकि इसका संबंध समाज के निम्नतम भाग से होता है। स्ट्रॉस के विचार में, ऐसे प्रेक्षणों के माध्यम से राजनीतिक व्यवहार का वैज्ञानिक निष्कर्ष निकालना संभव होता है। स्ट्रॉस का मानना है कि राजनीतिक व्यवहार में इस प्रकार की नियमितता ज्यादातर बौद्धिक दृष्टि से पिछड़े समाजों के निम्न वर्ग के लोगों में पायी जाती है। राजनीतिक व्यवस्था एवं प्रक्रिया में सम्बद्ध विभिन्न पक्ष अर्थात् राजनीतिक स्थायित्व, परिवर्तन, क्रांति, समानता, स्वतंत्रता, न्याय–लोकतंत्र, आदि से प्रासंगिक शोधकार्यों में वैज्ञानिक पद्धति के प्रयोग से काफी तथ्ययुक्त परिणाम निकलने की स्थितियां बनती हैं।

मूल्य निरपेक्षता एवं वैज्ञानिक पद्धति (Value Freeness and Scientific Method)

आधुनिक राजनीति विज्ञान में मूल्य निरपेक्ष अध्ययन की प्रवृत्ति का परंपरागत स्रोत वियना क्षेत्र के तार्किक स्वीकारवादी हैं; जिनमें–मॉरिजशिल्क एवं रुडोल्फ कार्नेप का नाम उल्लेखनीय है। इनकी अभिव्यक्ति के अनुसार, नैतिक मूल्य, आदर्श, विश्वास, आस्थाएं आदि व्यक्तिगत अभिरुचियां (Preferences) हैं जिनका श्रेष्ठ या निम्न स्तर की वैज्ञानिकता से कोई सरोकार नहीं है। इनकी दृष्टि में सभी राजनीति वैज्ञानिकों को वैज्ञानिक अनुसंधान के क्रम में मूल्य निरपेक्ष या तटस्थ रहना अति आवश्यक है। दरअसल, राजनीति विज्ञान के वैज्ञानिक अनुसंधान में प्रयुक्त मूल्य निरपेक्ष दृष्टिकोण वास्तव में विषय के विद्वानों में विशुद्ध मानव व्यवहार के अध्ययन की बढ़ती प्रवृत्ति के प्रभाव का परिणाम था, जिसका तात्त्विक अर्थ यह था कि राजनीति वैज्ञानिक नैतिक मूल्यों, मान्यताओं, आदर्शों, भावनाओं, विश्वासों को दरकिनार कर शोध विषयों का वैज्ञानिक अनुसंधान करें। राजनीतिक व्यवहार के अध्ययन की इस प्रवृत्ति को ब्रेश्त ने बीसवीं शताब्दी की एक बड़ी दुखद घटना (Tragedy) की संज्ञा दी है, क्योंकि अपनी मूल्य तटस्थ (Value-neutral) अध्ययन–प्रवृत्ति की वजह से इसके प्रवर्तकों द्वारा फासिस्टवाद (Fascism), नाजीवाद (Nazism) जैसी सर्वाधिकारवादी (Totalitarian) तानाशाही राजनीतिक व्यवस्थाओं (Dictatorial Political Systems) का यर्थाथगत समीक्षात्मक अध्ययन संभव नहीं हो पाया। वस्तुतः, राजनीति विज्ञान के किसी भी विस्तृत सिद्धांत में केवल तथ्य संदर्भित अनुभववादी मूल्यांकन समाहित नहीं होता है, अपितु सिद्धांत राजनीतिक घटनाओं, समस्याओं, मुद्दों, प्रक्रियाओं, व्यवहारों, पर्यावरण आदि से प्रासंगिक नैतिक मूल्यों को भी अपने अंतर्गत समाहित करता है। तभी तो हॉब्स, लॉक, कॉम्टे, स्पेन्सर, मिल, आदि के साथ कार्ल मार्क्स एवं कार्ल मैन्हम जैसे विद्वानों ने अपनी कृतियों में व्यक्ति के दृष्टिकोणों पर सामाजिक पृष्ठभूमि के पड़ने वाले प्रभावों का स्पष्ट चित्रण किया है। जहां मान्टेस्क्यू ने राजनीतिक शक्ति के विश्लेषण में सामाजिक पर्यावरण की स्थितियां एवं सत्ता के दुरुपयोग की बात कही है, वहीं लिप्सेट ने लैटिन, अमेरिकी, एशियाई और यूरोपीय राजनीतिक व्यवस्थाओं में विद्यमान् लोकतंत्र का विश्लेषण करके इस पूर्वानुमान को प्रभाणित किया कि आर्थिक दृष्टि से सम्पन्न व्यवस्थाओं में लोकतंत्र आर्थिक दृष्टि से कमजोर व्यवस्थाओं की अपेक्षा ज्यादा बेहतर स्थिति में होता है। अर्थात्, लिप्सेट के व्यवस्था विश्लेषण की प्रस्तुति में यह स्वीकारा गया है कि आर्थिक विकास एवं समृद्धि सभी लोकतात्रिक व्यवस्थाओं की अपरिहार्यता है।

मैन्हम की यह स्पष्ट अभिव्यक्ति है कि शोध प्रसंग हेतु समस्या–चयन, समस्या–निर्धारण तथा चयन विशेषकर व्याख्या करना, यानी कि वैज्ञानिक पद्धति की प्रक्रिया का प्रत्येक स्तर शोधकर्ता के मूल्य अभिविन्यासित व्यक्तित्त्व (Value-oriented Personality) से अपरिहार्यतः प्रभावित होता है। डेविड ईस्टन ने भी अमेरिका में होने वाले राजनीतिक अनुसंधानों का हवाला देते हुए कहा है कि ''पिछले सौ वर्षों में वहां के अधिकांश शोध प्रसंगों में समाहित मूल्यों की स्पष्ट झलक मिलती है।'' स्वयं ईस्टन के शब्दों में, ''शोधकर्ता का व्यक्तित्त्व कभी नैतिक

मूल्यों से पूर्णरूपेण मुक्त नहीं हो सकता है।'' ये उक्तियां इस तथ्य की द्योतक हैं कि शोधकर्ता द्वारा किये जाने वाले वैज्ञानिक अनुसंधान एवं उसकी मूल्यपरक अधिमान्यताओं के मध्य सकारात्मक संबंध है। इसीलिए तथ्य–संकलन, प्रेक्षण, सामान्यीकरण एवं व्याख्या के समय न चाहते हुए भी शोधकर्ताओं के व्यक्तिगत, नैतिक मूल्यों, आस्थाओं आदर्शों का शोधकार्य पर गहरा प्रभाव पड़ता है। यदि कोई शोधकर्ता, अनुसंधान प्रक्रिया के क्रम में नैतिक मूल्यों की अवहेलना करके अपने विश्लेषण को तटस्थ और वस्तुनिष्ठ बताने का प्रयास करता है, तो ऐसी स्थिति में विद्वानों की राय है कि शोधकर्ता अपने व्यक्तित्व की चेतनाशीलता से स्वयं ही अनजान होता है, तभी उसे अपने व्यक्तित्त्व से सम्बद्ध मूल्यों की पहचान नहीं है। मार्क्स का यह मानना है कि ''व्यक्ति के अंदर का समस्त विचार बाह्य सामाजिक यथार्थ का प्रतिबिम्ब होता है।''

इस प्रसंग में ईस्टन का तो यहां तक कहना है कि ''कोई भी तथ्यात्मक अभिपुष्टि ऐसी नहीं हो सकती है जो किसी मूल्यमुक्त पूर्वधारणा से प्रासंगिक नहीं हो।'' ईस्टन ने राजनीति विज्ञान के मूल्यनिरपेक्ष अनुसंधान के लक्ष्य को एक कपोल कल्पना की संज्ञा दी है। वस्तुतः, वैज्ञानिक अध्ययन पद्धति सिद्धांत–निर्माण की ऐसी प्रक्रिया है, जिसका लक्ष्य शुद्ध प्रविधियों के आधार पर आंकड़ा संग्रह करके उच्चस्तरीय सामान्यीकरण द्वारा तथ्यपरक एवं मूल्यपरक निष्कर्षों पर पहुंचना है। इस पद्धति द्वारा प्राप्त निष्कर्ष निश्चयात्मकता, सत्यापनीयता, वस्तुनिष्ठता, सामान्यता पूर्वकथनीयता जैसे लक्षणों का प्रतीक है।

वस्तुतः, राजनीति के तटस्थ और वस्तुनिष्ठ अध्ययन हेतु मूल्य निरपेक्ष मानसिकता संबंधी विवाद उत्तर व्यवहारवाद के आगमन के पश्चात् समाप्त हो गया है। इसे उत्तर व्यवहारवाद की एक विशेष उपलब्धि के रूप में देखा जा सकता है। आधुनिक अनुभववादियों में अधिकाधिक विद्वान ब्रेश्त के वैज्ञानिक मूल्य सापेक्षवाद (Scientific Value-Relativism) के सिद्धांत से पूरी तरह सहमत हैं, जिसमें उन्होंने कहा है कि मूल्य विज्ञान से परे है, लेकिन बुद्धिमत्तापूर्ण नैतिक निर्णय लेने के लिए किसी–न–किसी रूप में आनुभविक ज्ञान का होना अपरिहार्य है, जिसे वैज्ञानिक पद्धति के माध्यम से ही प्राप्त किया जा सकता है।

लियो स्ट्रॉस के कथनानुसार, ''राजनीतिक विज्ञान के अध्ययन का मूल्य निरपेक्ष होना असंभव है। राजनीति में मूल्य निर्धारण की प्रक्रिया वास्तव में मूल्यपरकता एवं तथ्यपरकता के सतत् रूप से आपस में गूंथने (Interweaving) की क्रिया है। राजनीतिक विश्लेषण के प्रसंग में तथ्य एवं मूल्य एक दूसरे से अन्योन्याश्रित (Interdependent) रूप से संबद्ध हैं जिन्हें पृथक् करना कुछ अपवादों को छोड़कर संभव नहीं है।''

वैज्ञानिक मूल्य सापेक्षवाद (Scientific Value-Relativism)

सामाजिक–राजनीतिक मूल्यों के वैज्ञानिक विश्लेषण की संकल्पना (Concept) को वैज्ञानिक मूल्य सापेक्षवाद (Scientific Value-Relativism) का नाम दिया गया है। ब्रेश्त द्वारा प्रस्तुत इस सिद्धांत की अभिव्यक्ति का सार यह है कि शोधकर्ता अपने शोधकार्य के दौरान अपने व्यक्तित्त्व से जुड़े मूल्यों को पृथक नहीं कर सकता है, इसलिए यद्यपि नैतिक मूल्यों को वैज्ञानिकता की कसौटी पर पूरी तरह कस कर सटीक विश्लेषण करना एक कठिन प्रयास है, तथापि शोधगत मूल्यों का वैज्ञानिक विश्लेषण संभव हो सकता है। आर्नाल्ड ब्रेश्त ने मूल्यों के वैज्ञानिक विश्लेषण के लिए जिन प्रमुख धारणाओं की अभिव्यक्ति की है, उनकी चर्चा यहां की जा रही है :

1. व्यक्ति विशेष या समूह से संबंधित परम मूल्यों (Outstanding Values) के प्रयोजनीय (Applicable) प्रसंगों का शोधगत स्पष्टीकरण करने एवं वैज्ञानिक पद्धति में उन मूल्यों की प्रकृति, स्थिति एवं महत्त्व को मूल्यों के प्रसंग में रेखांकित करने के प्रयास की वजह से 'सापेक्षवाद' शब्द इस सिद्धान्त के लिए प्रयुक्त हुआ और ब्रेश्त की इस संपूर्ण संकल्पना को वैज्ञानिक मूल्य सापेक्षवाद की संज्ञा दी गई है।
2. यदि शोध प्रसंग के लक्ष्य का उद्देश्य तैयार कर लिया जाए, तो संदर्भित प्रयोजन के आलोक में लक्ष्यगत मूल्यों की पहचान करके उनका वैज्ञानिक विश्लेषण किया जा सकता है।

3. शोध–प्रसंग से सम्बद्ध व्यक्तियों या समूहों की सोच या विचारशीलता (Thoughtfullness) की तत्त्वतः जानकारी हो, तो विषय के वैज्ञानिक विश्लेषण के माध्यम से यह व्यक्त किया जा सकता है कि उस घटनाक्रम से सम्बद्ध मूल्य क्या है और उन मूल्यों के आलोक में तथ्यों का परीक्षण करना सार्थक होगा या नही।
4. उत्कृष्ट राजनीतिक मूल्यों (Eminent Political Values), मसलन–स्वतंत्रता, समानता, सामाजिक न्याय, धर्म, आदि से प्रासंगिक तत्त्वों की प्रामाणिकता की व्याख्या के संबंध में वैज्ञानिक पद्धति द्वारा संबद्ध सहायक मूल्यों की स्थिति के अनुरूप ही किसी निष्कर्ष पर पहुंचा जा सकता है।
5. मूल्यों का अंतिम स्रोत व्यक्तिसापेक्ष (Subjective) होता है जो स्वविवेक का क्षेत्र है। इस दायरे में व्यक्ति की आत्मपरकता, मानसिक स्तर, मनोवृत्ति, प्रतिबद्धता, योग्यता, विश्वास, संकल्प, धर्म, ईश्वर में आस्था, आदि आत्म–निर्णय (Self-determination) से संबद्ध विषय आते हैं। यह वैज्ञानिक पद्धति की सीमा है जहां व्यक्तिपरक मूल्यों की प्रामाणिकता के संबंध में वैज्ञानिक अनुसंधान द्वारा उन परम मूल्यों की जानकारी के पश्चात् ही शोधकर्त्ता शोध प्रसंगों का वर्णन या विश्लेषण करने में कारगर साबित हो सकता है।
6. इस सिद्धांत की मान्यता है कि यदि शोध विषय से प्रासंगिक मूल्यों की जानकारी न हो और व्यक्ति या समूह के विचारतत्त्वों के संबंध में शोधकर्ता को पता न हो, तो वैज्ञानिक पद्धति के माध्यम से यह स्पष्ट करना संभव नहीं है कि किसी परिघटना से सम्बद्ध कौन–कौन से मूल्य या क्रियाएं–प्रतिक्रियाएं शोध प्रसंग को परिणाम तक पहुंचाने हेतु लाभकारी हैं।
7. सिद्धांत से प्रासंगिक उपर्युक्त विवरण यह स्पष्ट करता है कि यदि शोधकर्ता को विषय–संदर्भित मूल्यों का सही ज्ञान हो, तो मानव प्रकृति (Human Nature) से संदर्भित वस्तुओं की प्रकृति का एवं मानव व्यवहार से संबद्ध मूल्यों की वरीयताओं (Preferences) का वैज्ञानिक विश्लेषण किया जा सकता है। अर्नाल्ड ब्रेश्त ने उत्कृष्ट मूल्यों को मनुष्य की 'सर्वाधिक वांछित वरीयताओं' (Most Desired Preferences) की संज्ञा दी है जिन्हें सिर्फ आनुभविक एवं वस्तुनिष्ठ प्रविधियों द्वारा प्राप्त किया जा सकता है। इसके आलोक में यह कहा जा सकता है कि राजनीतिक व्यवहार के आनुभविक राजनीतिक विश्लेषण में वैज्ञानिक पद्धति के प्रयोग द्वारा आनुभविक वैज्ञानिक अनुसंधान की दिशा में आधुनिक राजनीति विज्ञानियों को काफी हद तक सफलता मिलती है। इस पद्धति के प्रयोग द्वारा तथ्य एवं मूल्य आधारित विश्लेषणों के माध्यम से व्यक्ति एवं समूह के व्यवहार को रेखांकित करना तथा उसका प्रेक्षण, मापन, सामान्यीकरण, संशोधन, परीक्षण, पूर्वानुमान, वर्णन एवं व्याख्या प्रस्तुत करना काफी हद तक सरल हुआ है। वैज्ञानिक शोध–प्रविधियों के माध्यम से व्यक्ति या समूह की मनोवृत्तियों, भावनाओं आदर्शों, क्षमताओं विचारतत्त्वों, विश्वासों, आदि से सम्बद्ध परिवर्तनीय तत्त्वों परिवर्त्यों (Variables) एवं तथ्यों का अन्वेषण किया जा सकता है और व्यक्ति सापेक्ष या समूह–सापेक्ष मूल्यों की वरीयता के आधार पर सातत्य तत्त्वों (Continuous Substances) की प्रधानता को ध्यान में रखकर शोध–प्रक्रिया के निष्कर्ष तक पहुंचा जा सकता है।

वस्तुतः, उत्तर व्यवहारवादी संकल्पना के परिणामस्वरूप राजनीतिक विश्लेषण हेतु वैज्ञानिक पद्धति के प्रयोग में तथ्य एवं मूल्य द्विभागीकरण (Dichotomy) का विवाद समाप्त हो चुका है और इस धारणा की अभिपुष्टि हो चुकी है कि वैज्ञानिक मूल्य सापेक्षवाद सिद्धांत के प्रयोग द्वारा मूल्यों एवं मानकों (Norms) का वैज्ञानिक परीक्षण एवं विश्लेषण संभव है। यानी कि इस सिद्धांत के माध्यम से मूल्यपरक व्यक्ति सापेक्ष विषयों का भी वैज्ञानिक अनुसंधान एवं विश्लेषण संभव हो सकता है। वैज्ञानिक प्रविधियों के प्रयोग द्वारा राजनीति विज्ञानी मानव कल्याण से प्रासंगिक विषयों को चिन्हित करके व्यवस्था संचालकों का ध्यान उस ओर आकृष्ट करा सकते हैं और जनहित के पक्ष में लिए जाने वाले निर्णयों के बेहतर परिणामों से राजनीतिक सत्ता को अवगत करा सकते हैं। इस परिप्रेक्ष्य में जनकल्याण की दृष्टि से इसे एक सार्थक प्रयास कहा जा सकता है।

पद्धति का विस्तार (Elaboration of Method)

- राजनीतिक–सामाजिक व्यवस्था एवं पर्यावरण के आलोक में मानव व्यवहार का पूर्वानुमान आधारित अध्ययन करने की परंपरा के चलन की वजह से इस पद्धति के अध्ययन का दायरा काफी विस्तारित हुआ है। कुछ हद तक पूर्वानुमानों में मात्राओं की विभिन्नता पायी जाती हैं, फिर भी शोध प्रसंग की अधिकतर परिस्थितियों में अभिव्यक्त पूर्वानुमान सही साबित होता है और तथ्यों के सामान्यीकरण की परिस्थितियाँ बनती हैं।
- मानव व्यवहार के अध्ययन के विशेष प्रयोजन के लिए विकसित मानक तकनीक की सहायता से सामाजिक विज्ञानों द्वारा व्यवहार–प्रेक्षण एवं परीक्षण में बहुत हद तक मदद मिली है।
- सामाजिक विज्ञानों में अध्ययन से प्रासंगिक ऐसी पृच्छा, जिसके माध्यम से किसी विशेष वर्ग के व्यवहार का अध्ययन किया जा सकता है, को दायरे तक सीमित करके शोध संबंधी प्रेक्षण व प्रयोग के मार्ग में आने वाली बाधाओं को काफी हद तक कम किया जा सकता है। विश्लेषण का विषय यदि समान परिस्थितियों से सम्बद्ध होता है, तो शोध प्रसंग की परिस्थितियां, पर्यावरण, आदि व्यापक रूप में यथार्थपरक–व्यवहारपरक हो सकते हैं, और सफल भी हो सकते हैं।
- परिघटनाओं से संदर्भित जटिल परिस्थितियों की मौजूदगी में भी वैज्ञानिक पद्धति की उपयोगिता समाप्त नहीं होती है, बल्कि जटिल परिस्थितियों का सामना करने के बावजूद अध्येताओं द्वारा इस पद्धति के प्रयोग से राजनीतिक यथार्थताओं का अध्ययन बहुत हद तक संभव है।
- प्राकृतिक विज्ञान एवं सामाजिक यथार्थताओं में एकरूपता का अभाव होने के बावजूद एक संभव सीमा तक इस पद्धति को सामाजिक घटनाओं तथा मानव व्यवहार के अध्ययन–विश्लेषण एवं इससे संबंधित पूर्वानुमानों की अभिव्यक्ति के लिए प्रयोग किया जा सकता है।

पद्धति की सीमाएं (Boundaries of Method)

- इस पद्धति का स्वरूप अमूर्त है, पर सामाजिक विज्ञानों की पूर्ण व्याख्या की घरातल पर वैज्ञानिक पद्धति पूरी तरह खरी नहीं उतरती है, क्योंकि इस पद्धति से प्रासंगिक कुछ मौलिक सिद्धांत हैं, जिनकी व्याख्या सामाजिक विज्ञानों के अध्ययन क्षेत्र में संभव नहीं है।
- इस पद्धति के परिणाम के रूप में निकाले गये निष्कर्ष कभी पूरी तरह तथ्यसंगत नहीं होते, क्योंकि वे तथ्य प्रेक्षित घटनाओं, अन्वेषित तथ्यों और विकसित तर्क प्रक्रिया से संबद्ध होते हैं।
- जब घटना से सम्बद्ध परिस्थितियां तुरंत कार्यवाही की मांग करती हैं, तो शीघ्र निर्णय लेने के प्रसंग में कई बार वैज्ञानिक दृष्टि से निर्णय लेना सिर्फ कठिन ही नहीं, असंभव भी प्रतीत होता है।
- जिस समाज में सत्य की जगह बौद्धिक शंका (Intellectual Doubt) व्यक्त करने की आजादी न हो, वैज्ञानिक पद्धति के विकास में निश्चित रूप से बाधाएं आती हैं, क्योंकि इस परिस्थिति में पद्धति के यथोचित् विकास के लिए अध्ययन हेतु अपेक्षित समय एवं अभिव्यक्ति के लिए अपेक्षित सामग्री का प्रायः अभाव पाया जाता है।
- सामाजिक व्यवस्था में वैज्ञानिक अनुसंधान की जिम्मेवारी अधिकतर उन हाथों में होती है जो सामाजिक वर्जनाओं (Inhibitions) एवं संस्थापित मतों (Establised Opinion) के विरोध की क्षमता नहीं रखते हैं।
- वैज्ञानिक पद्धति के प्रयोग के सीमांकन (Demarcation) का सबसे बड़ा यथार्थ यह है कि यह पद्धति शोध प्रसंग से संदर्भित लक्ष्य को प्राप्त करने की सुनिश्चितता की कोई जमानत (Guarantee) नहीं देता है और न ही यह पद्धति मनुष्य को कोई संकटपूर्ण (Dangerous) कार्य करने से रोक सकता है।

- यह सिर्फ एक अध्ययन–विधा है, जिसका प्रयोग अध्येताओं (Scholars) द्वारा विषय के व्यवहारपरक अध्ययन हेतु किया जाता है।

अवरोधन (Obstructions)

- मानव जीवन की जटिलताओं (Complexities) और विविधताओं (Diversities) की वजह से शोध–प्रसंग हेतु मानव व्यवहार को वगीकृत (Classified) करना एक कठिन प्रयास है।
- जब अध्येताओं द्वारा मानव व्यवहार का विश्लेषणपरक अध्ययन किया जाता है, तो कई बार अध्ययनक्रम में शोधकर्ताओं की व्यक्तिगत विशेषताएं, अपेक्षाएं भी आड़े आती हैं, जो विश्लेषणात्मक तथ्यों एवं साक्ष्यों के स्वरूप को विरूपित (Deformed) कर देती है।
- मानव व्यवहार के समस्त पहलुओं का मनोविश्लेषण (Psycho-analysis) हो तो सकता है, लेकिन उसी विश्लेषण के अनुरूप प्रदर्शित व्यवहार का मापन एक कठिन प्रयास है जो, बहुत ही कम शोध प्रसंगों में सटीकता स्तर (Accuracy Level) तक पहुंच पाता है।
- मानव व्यवहारों के लिए समरूपता (Uniformity) आधारित पूर्वानुमान (Hypothesis) की अभिव्यक्ति व्यावहारिक रूप से यथोचित् नहीं है, क्योंकि व्यक्ति समान परिस्थितियों में भी समान व्यवहार प्रदर्शित नहीं करता है।
- मानव व्यवहार से संदर्भित वैसे निर्णय या विकल्प, जो शोध प्रविधि में व्यवहार प्रेक्षण हेतु जरूरी है, उसका निर्धारण बहुत कठिन है।
- शोध–प्रसंग हेतु मानव व्यवहार से प्रासंगिक विश्वसनीय वैज्ञानिक अध्ययन–सामग्री संकलित करना एवं उसका सामान्यीकरण करना काफी मुश्किल कार्य है।
- सारांशतः, यह कहा जा सकता है कि अनेकानेक कठिनाइयों, अपेक्षाओं व सीमाओं के बावजूद वैज्ञानिक पद्धति विषयगत तथ्य एवं यथार्थ की खोज है जो तर्कसंगत विचारों के माध्यम से निरूपित होती है। आधुनिक राजनीति विज्ञान के परिप्रेक्ष्य में मानव व्यवहार के यथार्थपरक एवं व्यवहारपरक विश्लेषण के लिए यह अनुभवजन्य तकनीक (Experimental Technique) है। इसलिए आधुनिक राजनीतिक विद्वानों द्वारा मानव व्यवहार के विश्लेषणपरक अध्ययन हेतु बड़े पैमाने पर इस वैज्ञानिक प्रविधि का प्रयोग किया जा रहा है।

स्मरणीय संकेत (Points to Remember)

- वैज्ञानिक पद्धति का आशय उस पद्धति से है, जिसमें समर्थन या विरोध में दिये गये साक्ष्यों का परीक्षण करने के आधार पर मतों, धारणाओं या अनुमानों का परीक्षण किया जा सकता है। यह पद्धति विषय तथ्य से संदर्भित सत्य की खोज का गंभीर प्रयास है जो तर्कसंगत विचारों से निरूपित होता है।
- पद्धति की अपेक्षाएं (Expectations of Method) वैज्ञानिक पृच्छा से है जिसका उद्देश्य तथ्यों की खोज करना है तथा यह निर्धारित करना है कि पद्धति की कौन सी व्याख्या तथ्यों से अधिकाधिक प्रासंगिक है। इस प्रक्रिया को ऐसी अवधारणाओं के माध्यम से पूरा किया जाता है, जिसे परिकल्पित (Hypothetical) या वास्तविक तथ्य (Real Facts) के बीच संभव परिस्थितियों के सुझाव के रूप में स्वीकार किया जा सके।
- इस पद्धति की विशेषता है विषय का व्यवस्थाबद्ध तरीके से अध्ययन करना। इस क्रम में जब नये और अधिक संभव तथ्यों से प्रासंगिक साक्ष्यों का प्रकटीकरण (Manifestation) होता है, तो पुराने तथ्यों की जगह नये तथ्यों का समावेश हो जाता है।

- इस पद्धतिगत अध्ययन का उद्देश्य प्रासंगिक तथ्यों के मध्य व्यवस्थाबद्ध अन्तर्संबंध कायम करना है। ऐसे प्रस्तावों के लिए यह पद्धति उच्च स्तरीय संभावनाओं के निर्माण के लिए उत्तरदायी है।
- इस पद्धति की अध्ययन–प्रकृति व प्रवृत्ति आत्म–संशोधक (Self-purifier) है, तभी तो इसमें अध्ययन के दौरान छानबीन और जांच की प्रक्रिया निरंतर चलती रहती है। संदिग्ध साक्ष्यों एवं तथ्यों की गवेषणा की जाती है और अध्ययन में यथार्थता लाने हेतु संदिग्ध तथ्यों का परित्याग करके यथार्थ प्रासंगिक नये तथ्यों का समावेश किया जाता है।
- वैज्ञानिक पद्धति के अंतर्गत प्रयोगगत विवरण, व्याख्या, परीक्षण, आदि ऐसे सिद्धांतों की बुनियाद पर स्थापित होते हैं, जो किसी घटनाक्रम की विशेष विश्लेषणपरक व्याख्या से संबद्ध होते हैं।

प्रश्न (Questions)

1. राजनीतिक समाजशास्त्र के अध्ययन में वैज्ञानिक पद्धति की उपयोगिता एवं सीमाओं का उल्लेख करें।
   Explain the utility and limitations of scientific method in the study of political sociology.
2. मूल्य–निरपेक्षता एवं वैज्ञानिक पद्धति के संबंध में संक्षिप्त टिप्पणी लिखें।
   Write a short note on the value-freeness and scientific method.
3. वैज्ञानिक मूल्य सापेक्षवाद पर एक टिप्पणी लिखें।
   Write a note on scientific value-relativism.

अध्याय 7

राजनीतिक समाजशास्त्र का अन्य समाज विज्ञानों से संबंध
Relationship of Political Sociology with Other Social Sciences

परिचय (Introduction)

राजनीतिक समाजशास्त्र के प्रसंगाधीन समस्त विषय तत्त्वों के सभी आयामों को तात्त्विक परिप्रेक्ष्य में जानने–समझने के लिए अन्य शास्त्रों के साथ इसके संबंधों का विश्लेषण विषय की अनिवार्यता है। राजनीतिक समाजशास्त्र के उद्‌भव एवं विकास का आधार माध्यम है इसकी अन्तःशास्त्रीय अध्ययन–प्रवृत्ति जो इसे वर्णसंकर अनुशासन का दर्जा देती है। इस नवीन विषय पर अन्य सामाजिक शास्त्रों का व्यापक प्रभाव पड़ा है। सभी विद्वज्जनों द्वारा यह स्वीकारा गया है कि राजनीतिक समाजशास्त्र में राजनीतिक–सामाजिक व्यवहारों राजनीतिक–सामाजिक परिवर्त्यों की अन्तःक्रियात्मकता का अध्ययन किया जाता है। इस प्रसंग के अध्ययन हेतु अन्य समाजशास्त्रों की अध्ययन–पद्धतियों, मान्यताओं तकनीकों, निष्कर्षों का प्रयोग बड़े पैमाने पर किया गया है। इस दृष्टि से राजनीतिक सामाजशास्त्र पर राजनीति विज्ञान, समाजविज्ञान, मनोविज्ञान, मानवविज्ञान, अर्थशास्त्र, इतिहास दर्शनशास्त्र, भूगोल, सांख्यिकी आदि का गंभीर प्रभाव पड़ा है। इस विषय की अन्तरानुशासनिक अध्ययन–प्रवृत्ति के आलोक में यहां उन मुख्य शास्त्रों के साथ राजनीतिक समाजशास्त्र के व्यवहारपरक संबंधों का विश्लेषण प्रस्तुत किया जा रहा है जिनके सहयोग से एक स्वायत्त अनुशासन के रूप में इस विषय की पहचान बनी है।

राजनीतिक समाजशास्त्र और राजनीति विज्ञान
(Political Sociology and Political Science)

जनसरोकारगत तत्त्वबोध से संगति रखने वाला और विषय तत्त्व आधारित राजनीति की मीमांसा करने वाला विषय राजनीतिक समाजशास्त्र व्यवस्था में जनभागीदारी व जनसंवाद के महत्त्व एवं उसकी सही स्थिति का सूचक है।

राजनीतिक सत्ता एवं अवाम के मध्य संबंधों की यथार्थता, पारदर्शिता एवं अन्तर्लिप्तता को नापने का पैमाना है यह नया अनुशासन जिसके उद्‌भव का मूल स्रोत राजनीति विज्ञान है। आधुनिक राजनीति विज्ञान ही राजनीतिक समाजशास्त्र की जननी है। राजनीतिक समाजशास्त्र राजनीति और समाज के द्विपक्षीय संबंधों को स्वीकारता है। यह राज्य और समाज की अन्तःक्रियात्मकता का अध्ययन करने वाला विषय है जो सामाजिक–राजनीतिक संबंधों के विश्लेषण के नये मार्ग का द्योतक है। इस नये विषय का जन्म राजनीतिशास्त्र पर समाजशास्त्र के बढ़ते हुए प्रभाव की वजह से हुआ है।

राजनीतिक समाजशास्त्र एक नया विषय है जिसने मूल रूप से राजनीति विज्ञान से अध्ययन–सामग्री ग्रहण किया है। राजनीति विज्ञान का अध्ययन राज्य से आरंभ होकर समाज तक जाता है, जबकि राजनीतिक समाजशास्त्र का अध्ययन समाज से अपनी यात्रा आरंभ करके राज्य तक पहुंचता है। जहाँ राजनीति विज्ञानी अपने अध्ययन–प्रसंग को राज्य, सरकार, सत्ता, शक्ति, औचित्यपूर्णता पर केन्द्रित करते हुए इस तथ्य की खोज करते हैं कि राजनीतिक व्यवस्था एवं प्रक्रियाएं सामाजिक व्यवस्था एवं प्रक्रियाओं को कितना प्रभावित करती हैं और जनमत–निर्माण में कितनी कारगर भूमिका निभाती हैं, वहीं, राजनीतिक समाजशास्त्री अपना अध्ययन समाज से आरंभ करके इस तथ्य की खोज करते हैं कि सामाजिक व्यवस्था एवं प्रक्रियाएं राजनीतिक व्यवस्था एवं प्रक्रियाओं को कैसे और कितना प्रभावित करती हैं और जनमत–निर्माण एवं सत्ता–रूपान्तरण में इनकी भूमिका कितनी अहम् है। आधुनिक राजनीति विज्ञान के अध्ययन का मूल प्रसंग औचित्यपूर्ण शक्ति के विभिन्न आयामों का अध्ययन करना है। राजनीतिक समाजशास्त्र भी शक्ति को अपने अध्ययन के केन्द्र में रखता है, लेकिन यह दृश्य शक्ति (Phenomenal Power) को अपने अध्ययन का प्रतिपाद्य विषय मानते हुए शक्ति–उद्‌भव, शक्ति–प्राप्ति, शक्ति–संचय, शक्ति–प्रयोग, शक्ति–प्रदर्शन जैसे शक्ति से प्रासंगिक समस्त आयामों का गहन अध्ययन–विश्लेषण करते हुए उस पर राज्य के एकाधिकार को अस्वीकार करता है। इसकी मान्यता है कि शक्ति सिर्फ वैधानिक पक्षों में सीमित नहीं है अपितु यह समाज की सभी संरचनाओं में सभी स्तरों पर सदैव क्रियाशील रहती है। राजनीति विज्ञान की विशिष्ट अध्ययन शैली, गंभीर चिन्तन का संस्कार, अनवरत अनुसंधान की परम्परा और समाजिक चेतना बोध के परिणाम से निकला यह नूतन विषय बुनियादी स्तर पर सिर्फ शक्ति की ही बात नहीं करता है, अपितु यह विषय सामाजिक संरचनाओं में अस्तित्त्व रखने वाले शक्तिधारक एवं शक्ति प्रेषक दोनों को अपने अध्ययन में समान महत्त्व देता है। राजनीति विज्ञान की भांति राजनीतिक समाजशास्त्र संवैधानिक सत्ता की वैधता एवं सर्वोच्चता को व्यापक रूप में स्वीकार करता है साथ ही इस तथ्य को भी स्वीकारता है कि कानूनी सत्ता सदैव स्वीकृत कठोर नियमों से बंधी होती है।

आधुनिक राजनीति विज्ञान के अध्ययन का बुनियादी प्रसंग मानव का राजनीतिक व्यवहार और यह नया विषय उन मतदाताओं की राजनीतिक अभिवृत्ति का तथ्यपरक मीमांसित अध्ययन करता है, जिस पर लोकतांत्रिक राजनीतिक व्यवस्थाओं की सफलता का दारोमदार है। राजनीतिक व्यवहार ही किसी भी व्यवस्था में स्वस्थ जनमत–निर्माण, स्पष्ट जनादेश की प्राप्ति, राजनीतिक सत्ता का स्थायित्व, वैधता, लोकप्रियता, मतदान व्यवहार, निर्वाचन–पद्धति जैसी राजनीतिक प्रक्रियाओं का आधारक होता है और राजनीतिक समाजशास्त्र इन समस्त राजनीतिक विषय तत्त्वों एवं प्रक्रियाओं का तथ्यपरक, व्यवहारपरक आनुभविक अध्ययन–विश्लेषण सामाजिक व्यवस्था, प्रक्रिया एवं पर्यावरण के आलोक में करता है। साथ ही अपने अनुभवमूलक अध्ययन में राजनीतिक दल, दबाव समूह, हित समूह जैसी गैर वैधानिक इकाइयों को राजनीतिक–सामाजिक पर्यावरण की गत्यात्मकता का संचालक शक्ति एवं नियामक तत्त्व का दर्जा देता है। राजनीति विज्ञान मनुष्य का अध्ययन एक राजनीतिक प्राणी के रूप में करता है तो राजनीतिक समाजशास्त्र इससे एक क़दम आगे मनुष्य अध्ययन राजनीतिक–सामाजिक प्राणी के रूप में करता है, जो अपनी गैर राजनीतिक, सामाजिक, सांस्कृतिक, धार्मिक, आर्थिक गतिविधियों, परम्पराओं, मूल्यों एवं सामाजिक अनुभवों की बदौलत एक कुशल राजनीतिक प्राणी बनकर योग्य मतदाता के रूप में आदर्श नागरिक की भूमिका अदा करता है।

राजनीतिक विज्ञान सभी राजनीतिक व्यवस्थाओं की राजनीति का वैधानिक गणित है और इससे एक कदम आगे राजनीतिक समाजशास्त्र सभी राजनीतिक व्यवस्थाओं की राजनीति का समाजीय गणित है जिसका विषय

तत्त्व व्यवस्था के सामाजिक व्यवधानों पर ठहरे बिना राजनीति के नैतिक मूल्यों के आलोक में अवाम के व्यक्तित्त्व के सर्वांगीण विकास से संगति रखने वाले विविध आयामों का तथ्यपरक आनुभविक अनुसंधान करता है। राजनीतिविज्ञान के गर्भ से जन्मा यह अनुशासन राजनीतिक व्यवस्था एवं सत्ता को प्रभावशाली तथा लोकप्रिय बनाने वाले, औचित्यता प्रदान करने वाले, व्यवस्था के स्थायित्व को मजबूती प्रदान करने वाले एवं इसके सातत्य को कायम रखने वाले कारकों की खोज करता है और लोकतंत्र के मजबूतीकरण के लिए राजनीतिक सहभागिता, संस्कृति, समाजीकरण, संचार जैसे आयामों की महत्ता पर विशेष रूप से प्रकाश डालता है। व्यक्ति की राजनीतिक गतिविधियों से सुसंगत रखने वाले ऐसे समस्त आयाम राजनीतिक व्यवहार के आनुभविक विश्लेषण से प्रासंगिक तथ्यों एवं तत्त्वों का प्रतिनिधित्व करते हैं और सामाजिक चेतना के विविध रूपों का प्रदर्शन राजनीतिक व्यवहार की विशिष्ट शैलियों के माध्यम से करते रहते हैं। आधुनिक राजनीति विज्ञान के अध्ययन की बहुचर्चित विधा व्यवहारवाद का मूल प्रसंग व्यक्ति के व्यवहार का अध्ययन है और राजनीतिक समाजशास्त्र लोकतंत्रीय सरकारों की लोकप्रियता, प्रभाविता एवं स्थायित्व के आलोक में व्यक्ति के राजनीतिक व्यवहार के समस्त गत्यात्मक आयामों का गहन अध्ययन–विश्लेषण सामाजिक व्यवहार एवं सामाजिक पर्यावरण की पृष्ठभूमि में करने की वकालत करता है। आधुनिक राजनीति विज्ञान की मौलिक अध्ययन सामग्री राजनीतिक व्यवहार के अध्ययन को ज्यादा यथार्थपरक एवं व्यवहारपरक बनाने हेतु यह नवीन अनुशासन अपनी राजनीतिक व्यवस्था के प्रति अवाम की मनोवृत्ति, निष्ठा, प्रतिबद्धता, विश्वास जैसे विषयों का गहन अध्ययन करके उसकी सामाजिक–राजनीतिक सक्रियता के परिप्रेक्ष्य में व्यवस्था के प्रति उसकी मानसिक जागरूकता के स्तर की तात्त्विक जानकारी प्राप्त करना चाहता है तथा जागरूकता के स्तर में सुधार के उपायों पर भी गहन चिंतन करता है। यानी कि जहां प्राचीन काल का राजनीतिशास्त्र एवं व्यवहारवादी युग का राजनीति विज्ञान राज्य, सरकार, सत्ता, शक्ति, प्रभुत्व, संविधान, शासन व्यवस्था के विभिन्न स्वरूप जैसे गंभीर राजनीति प्रासंगिक विषयों पर चिन्तन–मनन करता रहा है, वहीं राजनीतिक समाजशास्त्र इन विषयों की गंभीरता का व्यवहारपरक अध्ययन व्यवस्था की समुन्नति, समाज कल्याण एवं व्यक्ति के सर्वांगीण विकास की दृष्टि से करता है।

राजनीति विज्ञान के अधिकांश विद्वज्जन आज राजनीतिक समाजशास्त्र को राजनीतिशास्त्र की शाखा मानते है। **डुवर्जर, रूसीमा** आदि का तो यह मत है कि दोनों एक ही विषय हैं। इनके जैसे विद्वानों के मतानुसार, राजनीतिक समाजशास्त्र राजनीति विज्ञान के सामाजिक सरोकारगत विषयों का विशेष क्षेत्रीय अध्ययन है। यद्यपि राजनीतिक समाजशास्त्र एक पृथक् स्वायत्त अनुशासन के रूप में अपनी पहचान बनाने में काफी हद तक सफल रहा है फिर भी राजनीतिक विद्वज्जनों के लिए दोनों विषयों के बीच निश्चित एवं सुस्पष्ट विभाजक रेखा खींचना एक कठिन प्रयास है, क्योंकि, दोनों विषयों की अध्ययन–सामग्री में काफी हद तक साम्यताएं हैं। आधुनिक राजनीति विज्ञानी समुदाय में से ही, अनुभववादी विश्लेषकों के बड़े वर्ग द्वारा किये गये अनुसंधान एवं व्यवहारपरक विश्लेषण तकनीक का परिणाम है यह नवीन अनुशासन जो दोनों ही विषयों के अध्ययन तत्त्व एवं राजनीति के विभिन्न आयामों से प्रासंगिक है और दोनों ही विषय व्यवस्था के संचालन एवं व्यवस्था अनुरक्षण तथा संतुलन बनाये रखने के लिए व्यक्ति के राजनीतिक व्यवहार के तथ्यपरक अध्ययन को प्राथमिकता देता है। दोनो ही विषयों के विद्वान राजनीति का अध्ययन शक्ति के लिए निरन्तर चलने वाले संघर्ष के आलोक में करते हैं और शक्ति संघर्ष को राजनीति का शाश्वत प्रसंग मानते हैं। लेकिन कुछ विद्वानों द्वारा राजनीति विज्ञान एवं राजनीतिक समाजशास्त्र के मध्य अन्तर के कुछ बिन्दुओं पर रोशनी डाली गयी है जिसका बिन्दुवार उल्लेख यहां प्रस्तुत किया जा रहा है :

1. राजनीति विज्ञान का इतिहास राजनीतिक समाजशास्त्र की तुलना में काफी समृद्ध एवं व्यापक है जो प्राचीन विज्ञान होने के साथ विभिन्न समाजविज्ञानों में स्वतंत्र व विशिष्ट स्थान रखता है, जबकि राजनीतिक समाजशास्त्र एक अन्तःशास्त्रीय नवीन विषय है जो अभी पूर्णरूप से विकसित नहीं हुआ है अपितु यह अभी बाल्यावस्था में है जिसमें विकास की अपार संभावना है।
2. राजनीति विज्ञान एक ऐसा स्वतंत्र व विशिष्ट अनुशासन है जिसके पास प्राचीन यूनानी दार्शनिकों से लेकर आधुनिक विद्वानों तक का एक विशाल समूह है, जिसने विषय प्रासंगिक तथ्यों पर गंभीर

चिन्तन–मनन करके मानकीकृत सिद्धान्तों का निरूपण किया है। प्राचीन काल से लेकर आधुनिक युग तक इस विषय के विद्वानों द्वारा विषय वस्तु पर गंभीर चिन्तन–मनन एवं शोधकार्य हेतु विविध प्रकार की शैलियां अपनाई गयीं और कई प्रकार के दृष्टिकोणों का विकास किया गया। विषयगत शोधकार्य हेतु विविध प्रकार की अध्ययन–प्रविधियों का प्रयोग किया गया जिसमें ऐतिहासिक, विवरणात्मक, आदर्शात्मक, निर्देशात्मक, प्रयोगात्मक, तुलनात्मक, पर्यवेक्षणात्मक, सादृश्यात्मक, परिमाणात्मक, मनोवैज्ञानिक व्यवहारवादी एवं आनुभविक विधियां प्रमुख हैं। जब कि 20वीं शताब्दी में द्वितीय विश्वयुद्धोपरान्त सामाजिक विज्ञानों के अध्ययन क्षेत्र में विभिन्नीकरण एवं विशिष्टीकरण की बढ़ती प्रवृत्ति, राजनीतिशास्त्र के अध्ययन क्षेत्र में आई व्यवहारवादी क्रान्ति तथा अन्तःअनुशासनात्मक उपागमों के बढ़ते प्रयोग के परिणामस्वरूप अमरीकी राजनीति विज्ञानियों में समाजोन्मुख अध्ययन की नई प्रवृत्ति की शुरुआत हुई। इस नई अध्ययन–प्रवृत्ति का परिणाम यह हुआ कि राजनीतिक समस्याओं का अनुसंधान समाजशास्त्रीय परिप्रेक्ष्य में करने की परम्परा आंरभ हुई। राजनीतिक समस्याओं के प्रसंगाधीन ये अनुसंधान न तो पूरी तरह राजनीति शास्त्रीय थे और न ही पूर्ण रूप से समाजशास्त्रीय। इस नई अध्ययन–प्रवृत्ति को राजनीतिक समाजशास्त्र की संज्ञा दी गयी और ऐसे व्यवस्थित व्यावहारिक अनुसंधानों को नवीन विषय के रूप में राजनीतिक समाजशास्त्र के अध्ययन के क्षेत्रान्तर्गत रखा गया।

3. राजनीति विज्ञान राज्य एवं सरकार तथा सभी वैधानिक इकाइयों की प्रवृत्ति, स्वरूप, अधिकार तथा कार्यक्षेत्र की विवेचना करता है लेकिन राजनीतिक समाजशास्त्र राजनीतिक घटनाओं, समस्याओं, मुद्दों, राजनीतिक प्रक्रियाओं एवं राजनीतिक व्यवहारों पर सामाजिक व्यवस्था एवं सामाजिक पर्यावरण द्वारा पड़ने वाले प्रभावों का अध्ययन करता है।
4. राजनीतिशास्त्री विषयगत सिद्धान्तों का निरूपण पूर्वमान्यताओं के आधार पर करते हैं जबकि राजनीतिक समाजशास्त्रियों के सिद्धान्त–निरूपण का आधार आनुभविक विश्लेषण है।
5. राजनीति विज्ञान के अध्ययन–विश्लेषण में सिर्फ राजनीतिक परिवर्त्यों के अध्ययन को महत्त्व दिया जाता है लेकिन राजनीतिक समाजशास्त्र के अध्ययन में सामाजिक, राजनीतिक, आर्थिक, सांस्कृतिक सभी परिवर्त्यों को परिस्थितिजन्य महत्त्व दिया जाता है।
6. राजनीति विज्ञान सरकार की रूपरेखा, अधिकार एवं कार्यों का गहन अध्ययन करता है, लेकिन राजनीतिक समाजशास्त्र का सम्बन्ध मुद्दों से प्रासंगिक कारणों की खोज करना है। यह विषय सरकार की प्रभावशीलता, लोकप्रियता तथा रूपान्तरण एवं पतन के लिए उत्तरदायी कारकों की खोज करता है और उसके समाधान के कारगर उपायों पर रोशनी डालता है।
7. राजनीति विज्ञान के अध्ययन क्षेत्र में व्यवहारवादी क्रान्ति के आगमन के पश्चात् भी राजनीति विज्ञानियों की अध्ययन–प्रकृति पूरी तरह मूल्य निरपेक्ष नहीं हो पायी। विद्वानों के बीच सदैव तथ्यों, मूल्यों का विवाद चलता रहा, लेकिन राजनीतिक समाजशास्त्री राजनीति को एक बहुआयामी–बहुदिशायी सामाजिक प्रक्रिया के रूप में विश्लेषित करने के क्रम में अनुभवजन्य विश्लेषण करने हेतु यदि जरूरत हुई तो मूल्य सापेक्ष या राजनीति से मूल्यों को पृथक् करके भी आनुभविक विश्लेषण करते हैं।
8. राजनीति विज्ञान राजनीतिक व्यवहार से प्रासंगिक कई अवयवों, मसलन–राजनीतिक समाजीकरण, राजनीतिक सहभागिता, राजनीतिक संस्कृति, राजनीतिक भर्ती, राजनीतिक संचार विशिष्टि वर्गवाद, राजनीतिक प्रभाव, सामाजिक स्तरीकरण जैसे व्यवहारपरक विषयों को अपनी अध्ययन परिधि में शामिल नहीं करता है, इसके विपरीत राजनीति विश्लेषण से सुसंगत रखने वाले ये समस्त विषय राजनीतिक समाजशास्त्र की अध्ययन सामग्री के प्रधान अवयव हैं।

संक्षेप में, यह कहा जा सकता है कि राजनीतिक समाजशास्त्र समाज के सामाजिक, आर्थिक, सांस्कृतिक पर्यावरण के परिणामस्वरूप उत्पन्न तनावों, द्वन्द्वों संघर्षों का अनुभवजन्य अध्ययन करने वाला विषय है। यह

समाज में शक्ति के उद्‌भव स्रोत, संचय, प्रदर्शन एवं वितरण का अध्ययन करने वाला विषय है, इस दृष्टि से कतिपय विद्वज्जन इसे राजनीति विज्ञान के उपविषय की संज्ञा देते हैं। इस आधार पर राजनीतिक समाजशास्त्र राजनीति विज्ञान नहीं है, क्योंकि यह सिर्फ राज्य और सरकार जैसी वैधानिक इकाइयों का अध्ययन नहीं करता है, वहीं इसे समाजशास्त्र का नाम भी नहीं दिया जा सकता है क्योंकि इसकी अध्ययन–सामग्री में मूलरूप से सामाजिक इकाइयां शामिल नहीं हैं। इसके विषयान्तर्गत राजनीतिक समस्याओं, मुद्दों, व्यवहारों एवं राजनीतिक पर्यावरण का अध्ययन आर्थिक–सामाजिक पृष्ठभूमि में किया जाता है।

उपर्युक्त विवेचित संदर्भों से यह स्पष्ट हो जाता है कि एक नवीन अनुशासन के रूप में राजनीतिक समाजशास्त्र भी आधुनिक राजनीति विज्ञान की भांति ही अन्तरानुशासनिक अध्ययन–प्रवृत्ति को अपनाते हुए अपनी मूल अध्ययन–सामग्री राजनीति विज्ञान से प्राप्त करता है, साथ ही विभिन्न सामाजिक एवं प्राकृतिक विज्ञानों से उपयोगी सामग्री, उपागम, प्रविधियां, पद्धतियां सिद्धान्त आदि ग्रहण कर रहा है। राजनीति विज्ञान का मौलिक गुण अपने अन्दर समाविष्ट करते हुए यह अनुशासन आधुनिक राजनीति विज्ञान के विकसित, व्यापक एवं समाजोन्मुख रूप का प्रतिनिधित्व करता है।

राजनीतिक समाजशास्त्र और समाजशास्त्र (Political Sociology and Sociology)

लोकतांत्रिक व्यवस्थाओं की वैधता प्राप्ति का आधारीय साधन है मतप्रबंधन, जिसके सभी अवयव सामाजिक तत्त्वों के प्रभाव में होते हैं, इसलिए राजनीति और समाज के बीच अन्योन्याश्रय संबंध होता है। तभी तो राजनीतिक समाजशास्त्र के उद्‌भव एवं विकास से समाजशास्त्र का योगदान उल्लेखनीय है। राजनीतिक समाजशास्त्र ने अपने आनुभविक विश्लेषणपरक अध्ययन हेतु सर्वाधिक विषय सामग्री समाजशास्त्र से ग्रहण की है। इस तथ्य की मूल वजह यह है कि राजनीति और राजनीतिक संस्थाएं दोनों समाज के अवयव हैं इसलिए समाज से पृथक् राजनीति का कोई अस्तित्व नहीं है। राजनीतिक व्यवस्था की सीमा में निवास करने वाले व्यक्ति एवं समूहों पर सामाजिक तत्त्वों, यथा–जाति, धर्म, संस्कृति, भाषा, परम्पराएं, मूल्य, वर्ग विन्यास, प्रस्थिति आदि का गहरा प्रभाव पड़ता है। ये गत्यात्मक सामाजिक तत्व ही व्यवस्थागत राजनीति के स्वरूप निर्धारक होते हैं जो किसी भी व्यवस्था में स्वस्थ जनमत के निर्माण एवं किसी राजनीतिक दल के समर्थन में स्पष्ट जनादेश की अभिव्यक्ति हेतु मत समूहीकरण तथा मत प्रबंधन कार्य में आधार तत्त्व की भूमिका निभाते हैं। समाजशास्त्र सामाजिक चेतना से प्रासंगिक इन गत्यात्मक विषय–तत्त्वों का वैज्ञानिक प्रविधियों से विश्लेषणपरक अध्ययन करते हुए सामाजिक जीवन की उन्नति एवं विकास की दृष्टि से इनके महत्त्व की मीमांसा करता है और राजनीतिक समाजशास्त्र राजनीतिक सामाजिक जीवन के सर्वांगीण विकास में एवं राजनीतिक व्यवस्था के अनुरक्षण, अनुकूलन तथा सातत्य को बनाये रखने मे इनकी अहम् भूमिका के आलोक में इन तत्त्वों की राजनीतिक–सामाजिक परिप्रेक्ष्य में मीमांसा करता है।

राजनीति को एक मौलिक मानवीय क्रिया के रूप में स्वीकारा गया है जो समाज में विभिन्न मानव समूहों तथा मानवों के पारस्परिक संबंधों का परिणाम है। राजनीति का अध्ययन सामाजिक संघर्ष के निवारण के साधन के रूप में किया जाता है। इस दृष्टि से राजनीतिक समाजशास्त्र तथा समाजशास्त्र के बीच घनिष्ट संबंध है। डाउसे तथा हयूज तो राजनीतिक समाजशास्त्र को समाजशास्त्र की एक शाखा मानते हैं जिसका संबंध मुख्य रूप से राजनीति और समाज के बीच अन्तःक्रियात्मकता का विश्लेषण करना है। टी.एम. बोटोमोर का भी कहना है कि राजनीतिक समाजशास्त्र एक ऐसी अन्तःअनुशासकीय वर्गसंकर सन्तान है जो समाजशास्त्र और राजनीतिविज्ञान के परिणय–सूत्र का परिणाम है। राजनीतिक समाजशास्त्र के अध्ययन विस्तार की सूची में लिप्सेट, बेंडिक्स, जेनोविट्स, सारटोरी, पोपीनों, सी० राइट मिल्स, लेविस कोजर, ग्रीयर आरलियन्स, आदि कई विद्वानों द्वारा इस बात पर सहमति जतायी गयी है कि दोनों विषयों के बीच संबंधों की घनिष्ठता, अन्तर्लिप्तता एवं अन्योन्याश्रितता है क्योंकि इसके उद्‌भव एवं विकास का मौलिक आधार ही राजनीतिशास्त्र पर समाजशास्त्र का बढ़ता हुआ प्रभाव है। इसमें राजनीति और समाज दोनों विषयों का मिश्रण है इसलिए यह दोनों विषयों के द्विपक्षीय संबंधों को महत्त्व देता है।

राजनीतिक समाजशास्त्र के क्षेत्रान्तर्गत राजनीतिक समस्याओं, मुद्दों, तथ्यों, दृश्यों, घटनाओं, परिस्थितियों, अशान्त (Turmoil) परिवर्तनों एवं कायान्तरण प्रक्रिया (Transformation Process) का आनुभविक अध्ययन–विश्लेषण सामाजिक यथार्थताओं एवं उन्हें निर्धारित तथा प्रेरित करने वाले तथ्यों के आलोक में किया जाता है। एक स्वायत्त अनुशासन के रूप में राजनीतिक समाजशास्त्र राजनीति का समाजशास्त्रीय मूल्यांकन है जो राजनीतिक एवं सामाजिक परिवर्त्यों की पारस्परिक निर्भरता का अध्ययन सामाजिक पर्यावरण तथा पृष्ठभूमि के परिप्रेक्ष्य में करता है। राजनीतिक समाजशास्त्र एवं समाजशास्त्र के नजदीकी संबंधों की वजह से राजनीतिक समाजशास्त्र जाति, धर्म, वर्ग, भाषा, क्षेत्रीयता, संस्कृति, परम्परा, समाजीकरण आदि विषयों के राजनीतिकरण का अध्ययन सामाजिक व्यवस्था प्रक्रिया, व्यवहार व पर्यावरण के परिप्रेक्ष्य में करते हुए इस यथार्थता की खोज करता है कि ये सामाजिक संदर्भ मनुष्य के राजनीतिक व्यवहार को किस प्रकार और किस हद तक प्रभावित करते हैं और इन सामाजिक प्रसंगों का राजनीतिकरण कब, कैसे और क्यों हुआ ? राजनीतिक समाजशास्त्र पर समाजशास्त्र का व्यापक प्रभाव होने की वजह से ही राजनीतिक समाजशास्त्रियों की यह मान्यता है कि सभी मानवीय संबंध राजनीतिक होता है। दृश्य शक्ति का सामाजिक पृष्ठभूमि के आलोक में अध्ययन करके राजनीतिक समाजशास्त्री इस निष्कर्ष पर पहुंचते हैं कि हर रूप में शक्ति समाज की सभी संरचनाओं में सभी स्तरों पर सदैव क्रियाशील रहती है। शक्ति के सामाजिक स्वरूप की अनिवार्यता की स्वीकारोक्ति राजनीतिक विद्वानों द्वारा राजनीति पर सामाजिक कारकों के गंभीर प्रभाव की वजह से की गयी है। समाजशास्त्र से परस्पर संबंधों के आलोक में राजनीतिक समाजशास्त्र मतदान व्यवहार, निर्वाचन पद्धति, राजनीतिक सहभागिता, राजनीतिक विकास, आधुनिकीकरण, राजनीतिक दल, दबाव समूह, हित समूह, नेतृत्व की प्रभाविता, लोकप्रियता आदि प्रसंगों का अध्ययन–अनुसंधान–विश्लेषण सामाजिक पृष्ठभूमि के प्रसंगाधीन परिस्थितियों के परिप्रेक्ष्य में करता है। राजनीतिक समाजशास्त्रियों की दृष्टि में राजनीतिक मनुष्य अपने सामाजिक परिवेश तथा सांस्कृतिक मूल्यों के प्रभाव में अपने व्यक्तित्व के सभी आयामों का विकास करके राजनीतिक रूप से एक अनुभवी योग्य मतदाता के रूप में राजनीतिक समाजिक व्यवस्था की उन्नति के लिए प्रतिबद्ध होता है। इसीलिए विद्वज्जनों की राय में व्यक्ति के राजनीतिक व्यवहार का अन्वेषण, सामान्यीकरण, विशिष्टीकरण, परिमाणात्मक मापन, मूल्यांकन आदि अपरिहार्य रूप से सामाजिक संरचनाओं, सामाजिक बनावट, सामाजिक संस्कृति के परिप्रेक्ष्य में करना चाहिए क्योंकि सामाजिक संरचनाओं और उससे प्रासंगिक परिवर्त्यों के प्रभाव में ही उस सामाजिक पर्यावरण का निर्माण होता है जिसमें एक मतदाता अपने राजनीतिक व्यवहार के स्वरूप को आकार देता है और एक राजनीतिक मनुष्य की भूमिका अदा करता है।

स्नाइडर का यह मानना है कि राजनीति विज्ञान और समाजविज्ञान दोनों पृथक् हैं, लेकिन एक बिन्दु पर आकर दोनों विषय मिल जाते हैं और वह बिन्दु है राजनीतिक समाजशास्त्र। उपर्युक्त विवेचित प्रसंग इस तथ्य का स्पष्टीकरण करते हैं कि दोनों विषयों के बीच घनिष्ठ संबंध है। जहां राजनीतिक समाजशास्त्र राजनीति पर समाज के प्रभावों के अध्ययन के लिए तथ्य, सामग्री, तकनीक, उपागम, सिद्धान्त आदि समाजशास्त्र से लेता है। वहीं समाजशास्त्र भी समाज पर राजनीति के पड़ने वाले प्रभावों के अध्ययन के लिए राजनीतिक समाजशास्त्र के आनुभविक विश्लेषणों, उपागमों तथा सिद्धान्तों का लाभ उठाता है। दोनों विषय सामाजिक समस्याओं, तथ्यों, घटनाओं, परिवर्तनों के अध्ययन के लिए समान तकनीक व उपागमों का प्रयोग करते हैं।

राजनीतिक समाजशास्त्र अपने उद्‌भव एवं विकास के मामले में हमेशा समाजशास्त्र का ऋणी रहेगा, लेकिन इसका कदापि यह अर्थ नहीं लगाना चाहिए कि दोनों विषय एक ही हैं या राजीतिक समाजशास्त्र समाजशास्त्र की एक उपशाखा है। समाजशास्त्र से विषय सामग्री, विश्लेषण–प्रविधि, अध्ययन–तकनीक, उपागम, सिद्धान्त, आदि ग्रहण करने के बावजूद दोनों विषयों के बीच कुछ मौलिक पृथक्ता है, मसलन–राजनीतिक समाजशास्त्र सिर्फ उन्हीं सामाजिक तत्त्वों के अध्ययन से सरोकार रखता है जो राजनीति, राजनीतिक व्यवहार, राजनीतिक व्यवस्था एवं राजनीतिक प्रक्रियाओं को प्रभावित करते हैं और समाज में परिवार, विवाह, परम्पराएं, रीतियां, सभ्यता, संस्कृति जैसे कई प्रसंग हैं जिनसे राजनीतिक समाजशास्त्र के अध्ययन का सरोकार नहीं रहता है। गिलक्राइस्ट के मतानुसार दोनों विज्ञानों की यथार्थ सीमाएं दृढ़ता से स्थापित नहीं की जा सकती हैं। वे कभी–कभी एक दूसरे

की सीमा का अतिक्रमण करते हैं लेकिन उनमें एक स्पष्ट सामान्य भेद है। दोनों विषयों के बीच घनिष्ठ संबंधों के बावजूद विषय–वस्तु, क्षेत्र, उद्देश्य आदि के मामले में पाया जाने वाला अन्तर निम्नांकित है :

1. राजनीतिक समाजशास्त्र एक नवीन अनुशासन है, जबकि समाजशास्त्र प्राचीन विषय है।
2. समाजशास्त्र का अध्ययन क्षेत्र काफी विस्तृत है, इसकी अपेक्षाकृत राजनीतिक समाजशास्त्र का अध्ययन–क्षेत्र सीमित है।
3. राजनीतिक समाजशास्त्र सिर्फ राजनीतिक संबंधों का अध्ययन सामाजिक यथार्थताओं के आलोक में करता है, जबकि समाजशास्त्र सामाजिक संबंधों के अध्ययन में परम्पराओं, मूल्यों, नैतिकता, शिष्टाचार आदि पहलुओं पर गंभीर दृष्टि डालता है।
4. राजनीतिक समाजशास्त्र के अध्ययन का केन्द्र राजनीतिक व्यवस्था, प्रक्रिया, राजसत्ता एवं व्यक्ति का राजनीतिक व्यवहार है, जबकि समाजशास्त्र के अध्ययन का केन्द्र व्यक्ति, समाज, सामाजिक इकाइयां एवं व्यक्ति का सामाजिक व्यवहार है।
5. राजनीतिक समाजशास्त्र हमेशा संगठित समुदाय को राजनीतिक व्यवहार, मतदान व्यवहार, जनमत–निर्माण की परिस्थितियां एवं कारकों का अध्ययन करता है, जबकि समाजशास्त्र संगठित, असंगठित, अर्द्धसंगठित सभी प्रकार के व्यक्ति समूहों के परस्पर संबंधों एवं व्यवहारों का अध्ययन करता है।
6. राजनीतिक समाजशास्त्र सामाजिक व्यक्ति का अध्ययन एक मतदाता की दृष्टि से करता है, जबकि समाजशास्त्र एक सामाजिक प्राणी के रूप में व्यक्ति का अध्ययन करता है।
7. राजनीतिक समाजशास्त्र व्यवस्था के इतिहास और वर्तमान का अध्ययन करके भविष्य में सरकार को व्यवस्था की उन्नति के लिए क्या करना चाहिए उस योजना की रूपरेखा प्रस्तुत करता है, जबकि समाजशास्त्र के अध्ययन का संबंध 'क्या है' से है 'क्या होगा' और 'क्या होना चाहिए' इससे नहीं हैं।

सारांशतः, यह कहा जा सकता है राजनीति समाजशास्त्र तथा समाजशास्त्र के बीच उपर्युक्त विवेचित कुछ मौलिक असमानताओं के बावजूद दोनों के बीच परस्पर अन्तर्लिप्तता एवं अन्योन्याश्रितता का संबंध है। राजनीति विज्ञानी इस नये अनुशासन को राजनीति विज्ञान की उपशाखा बताते हैं और समाजशास्त्री इसे समाजशास्त्र की उपशाखा मानते हैं। राजनीतिक समाजशास्त्र पद से विषय की व्यापकता का बोध होता है, जो यह इंगित करता है कि मनुष्य एक राजनीतिक सामाजिक प्राणी है, जिसकी गैर राजनीतिक सामाजिक गतिविधियों, सामाजिक अनुभवों सांस्कृतिक मूल्यों के प्रभाव में ही उसका राजनीतिक व्यक्तित्त्व संवरता है और वह अपने राजनीतिक भूमिकाओं का प्रदर्शन करता है। एक राजनीतिक–सामाजिक व्यक्ति की राजनीतिक गतिविधियों का निष्पादन या प्रस्तुतीकरण का प्रकरण ही दरअसल राजनीतिक समाजशास्त्र और समाजशास्त्र के संबंधों की घनिष्ठता का सूचक है, क्योंकि एक राजनीतिक–सामाजिक व्यक्ति के व्यवहार का यथार्थपरक आनुभविक विश्लेषण सिर्फ सामाजिक पृष्ठभूमि में ही संभव है जिसके लिए राजनीतिक समाजशास्त्रियों का समाजशास्त्र की शरण में जाना अपरिहार्य है।

राजनीतिक समाजशास्त्र और अर्थशास्त्र (Political Sociology and Economics)

किसी भी देश की अर्थव्यवस्था का राजनीतिक प्रबंधन ही वहां की राजनीतिक सत्ता के लिए सबसे बड़ी चुनौती है और सत्ता की लोकप्रियता के विस्तार का आधार–माध्यम भी है। इस दृष्टि से राजनीतिक समाजशास्त्र अर्थशास्त्र का संबंध काफी गहरा है। प्रसिद्ध अर्थशास्त्री मार्क्स एवं उनके अनुयायियों की यह अभिव्यक्ति है कि प्रत्येक युग में किसी भी राज्य और वहां की राजनीति का अपनी अर्थव्यवस्था के साथ गहरा संबंध होता है। मार्क्स दर्शन के समस्त आयाम इस तथ्य पर जोर देते हैं कि सामाजिक व्यवस्था के भौतिक जीवन से संबद्ध उत्पादन

प्रणाली ही मानव जीवन की सामाजिक–राजनीतिक प्रक्रियाओं के सामान्य स्वरूप का निर्धारण करती है। तुलनात्मक राजनीति के प्रसंग में राजनीतिक अर्थव्यवस्था के दो स्वरूपों की पहचान की गयी है–चिरसम्मत राजनीतिक अर्थव्यवस्था एवं आधुनिक राजनीतिक अर्थव्यवस्था। चिरसम्मत राजनीतिक अर्थव्यवस्था के उन्नायकों में एडम स्मिथ ने वाणिज्य (Commerce) और स्वतंत्रता (Liberty) के नजदीकी संबंधों पर विशेष बल देते हुए यह कहा है कि वाणिज्य में वृद्धि से स्वतंत्रता में वृद्धि होती है और स्वतंत्रता में वृद्धि होने से वाणिज्य की वृद्धि होती है। आधुनिक राजनीतिक अर्थशास्त्र से प्रासंगिक उदारवादी विश्लेषण के अन्तर्गत राजनीति की तुलना वर्तमान बाजार अर्थव्यवस्था से करते हुए राजनीतिक–आर्थिक गतिविधियों के मध्य शृंखलाबद्ध संबंधों की खोज की गयी है। जैसा कि चार्ल्स लिंडब्लोम ने 'Politics and Markets' में लिखा भी है कि ''विश्व की सभी राजनीतिक व्यवस्थाओं में अधिकांश राजनीति अपने आप में अर्थशास्त्र है और अधिकांश अर्थशास्त्र राजनीति भी है।'' चिरसम्मत राजनीतिक अर्थव्यवस्था उपागम की यह अभिव्यक्ति भी है कि विभिन्न राजनीतिक व्यवस्थाओं का तुलनात्मक अध्ययन करते समय यह अवश्य ध्यान देना चाहिए उक्त प्रणाली किस हद तक वहां की बाजार अर्थव्यवस्था के अनुरूप है।

मार्क्स द्वारा प्रस्तुत ऐतिहासिक भौतिकवाद की भी यह मान्यता है कि इतिहास के प्रत्येक युग में समाज का आर्थिक संबंध समाज की उन्नति व प्रगति का रास्ता तैयार करता है जो राजनीतिक संबंधों के स्वरूप निर्धारण में सबसे बढ़कर प्रभाव डालता है। इतिहास की आर्थिक व्याख्या द्वारा मार्क्स ने राजनीतिक घटनाओं, समस्याओं, परिस्थितियों के विश्लेषण का प्रयास किया है। राजनीतिक समाजशास्त्र की बुनियाद रखने में मार्क्स का योगदान अतुलनीय है।

उपर्युक्त प्रंसग के आलोकानुसार यह तो स्पष्ट होता है कि राजनीतिक समाजशास्त्र एवं अर्थशास्त्र के बीच परस्पर निर्भरता का काफी नजदीकी संबंध है। प्रत्येक राजनीतिक व्यवस्था में सामाजिक न्याय, सामाजिक सौहार्द, नैतिकता आदि का स्वरूप निर्धारण आर्थिक दशाओं पर निर्भर करता है। राजनीतिक समाजशास्त्र राजनीतिक व्यवस्था एवं प्रक्रिया का अध्ययन सामाजिक पर्यावरण के प्रसंग में करता है। इस अध्ययन का मूल प्रसंग सत्ता एवं शक्ति के प्रसंगाधीन विभिन्न अवयवों, इकाइयों, तत्त्वों तथा उसे प्रभावित करने वाले समस्त कारकों के अध्ययन से है। किसी भी राजनीतिक व्यवस्था की सत्ता एवं शक्ति से प्रभावित प्रसंगों का व्यवहारपरक अध्ययन राजनीतिक समाजशास्त्र वहां की अर्थनीति के परिप्रेक्ष्य में करता है। विषयानुसार अर्थशास्त्र आर्थिक संस्थाओं एवं प्रक्रियाओं का अध्ययन करने वाला शास्त्र है, जबकि राजनीतिक समाजशास्त्र राजनीतिक इकाइयों एवं प्रक्रियाओं का अध्ययन करने वाला विषय है। लेकिन, राजनीतिक समाजशास्त्रियों के लिए राजनीतिक इकाइयों एवं प्रक्रियाओं के तथ्यपरक आनुभविक अध्ययन करने के लिए व्यवस्था की राष्ट्रीय आय–व्यय, उत्पाद के साधन, संबंध एवं स्वरूप तथा वितरण प्रणाली के स्वरूपों का अध्ययन करना अपिहार्य है। राजनीतिक समाजशास्त्र की विषय सूची में शामिल राजनीतिक विकास, राजनीतिक आधुनिकीकरण जैसे प्रसंगों का विश्लेषणात्मक अध्ययन आर्थिक तत्त्वों की प्रासंगिकता की उपेक्षा करके नहीं की जा सकती है, क्योंकि व्यवस्था की आर्थिक परिस्थितियां और इससे सुसंगत कारकों का राजनीतिक गतिविधियों पर गहरा प्रभाव पड़ता है।

दोनों ही विकसित विज्ञान हैं, इस अर्थ में जिस प्रकार राजनीतिक समाजशास्त्र पर अर्थशास्त्रीय कारकों का गहरा प्रभाव पड़ता है उसी प्रकार अर्थशास्त्र पर भी राजनीति से प्रासंगिक तत्त्वों, कारकों, प्रक्रियाओं का व्यापक प्रभाव पड़ता है। इसलिए अर्थशास्त्री आर्थिक परिस्थितियों के अध्ययन के लिए राजनीतिक समाजशास्त्र की सहायता लेते हैं। मसलन–किसी जाति वर्ग या क्षेत्र विशेष के सदस्यों के आर्थिक पिछड़ेपन से संबंधित अन्वेषण एवं अनुसंधान हेतु अर्थशास्त्री राजनीतिक समाजशास्त्र की मदद लेते हैं। इस प्रकार अनेकानेक विषय या मुद्दे हैं जिनके आनुभविक अध्ययन के लिए अर्थशास्त्रियों को राजनीतिक समाजशास्त्र की प्रविधियों एवं उपागमों का सहारा लेना पड़ता है। इसका अभिप्राय यह हुआ कि व्यक्ति के सामाजिक जीवन से प्रासंगिक अनेक विषयों के अध्ययन पर दोनों शास्त्र एक–दूसरे से परस्पर संबंधित हैं। दोनों शास्त्रों की अध्ययन तकनीक वैज्ञानिक, अनुभवात्मक एवं तथ्यपरक है और दोनों ही विषयों के विशारद सिद्धान्त निरूपण में वैज्ञानिक तकनीक का प्रयोग करते हैं तथा अनुभवपरक विश्लेषणात्मक अध्ययन एवं शोध हेतु संग्रहीत तथ्यों एवं आधार–सामग्री के सामान्यीकरण

पर बल देते हैं। लेकिन राजनीतिक समाजशास्त्र एवं अर्थशास्त्र के मध्य संबंधों की घनिष्ठता तथा परस्पर निर्भरता के बावजूद कुछ मौलिक अन्तर हैं जो निम्नांकित हैं :

1. राजनीतिक समाजशास्त्र के अध्ययन का दायरा अर्थशास्त्र की तुलना में व्यापक है।
2. राजनीतिक समाजशास्त्र सत्ता, शक्ति, प्रभाव, औचित्यपूर्णता राजनीतिक व्यवहार आदि का व्यवहारपक विश्लेषण करते समय प्रसंगाधीन राजनीतिक, सामाजिक, सांस्कृतिक, धार्मिक, आर्थिक आदि समस्त पक्षों को अपने अध्ययन दायरे में शामिल करता है, लेकिन अर्थशास्त्र मानव समाज के सिर्फ आर्थिक पक्षों के अध्ययन पर अपना ध्यान केन्द्रित करता है।
3. अर्थशास्त्र के अध्ययन का संबंध मनुष्य के आर्थिक जीवन की यथार्थताओं एवं दशाओं से है, जबकि राजनीतिक समाजशास्त्रियों के अध्ययन का केन्द्र मनुष्य का राजनीतिक जीवन है जिसके दायरे में उसकी सामाजिक, आर्थिक दोनों गतिविधियां शामिल हैं।
4. राजनीतिक समाजशास्त्र के अध्ययन का मूल प्रसंग मनुष्य का राजनीतिक जीवन यानी कि व्यवस्था की राजनीति के प्रति उसकी मनोवृत्ति, मूल्य, आस्था, व्यवहार एवं परिस्थिति के अनुसार संदर्भित अभिविन्यास आदि है, जबकि अर्थशास्त्र के अध्ययन का मूल प्रसंग मनुष्य का भौतिक जीवन, आर्थिक दशाएं, उत्पादन के साधन, उत्पादन–व्यवस्था, उत्पादन–प्रक्रिया, उत्पादन–संबंध बाजार में मुद्रा की स्थिति, वस्तुओं की कीमत आदि हैं।
5. राजनीतिक समाजशास्त्र एक अनुभवमूलक विज्ञान है जिसका सीधा सरोकार समाजिक जीवन से प्रासंगिक मानवीय मूल्यों, सामाजिक सौहार्द, सद्भावना, नैतिकता, शान्ति, कानून–व्यवस्था आदि के अध्ययन से है जबकि अर्थशास्त्र वस्तु–निर्माण में लगने वाले मानवीय श्रम के मूल्य की अपेक्षा निर्मित वस्तु के मूल्य के अध्ययन पर अधिक जोर देता है।
6. राजनीतिक समाजशास्त्र के अध्ययन का केन्द्र राजनीतिक–सामाजिक व्यक्ति एवं उसका राजनीतिक व्यवहार है जो सदैव परिवर्तनशील है क्योंकि व्यवस्थागत पर्यावरण से वह निरन्तर प्रभावित होता रहता है, इसलिए इस शास्त्र के नियमों का स्वरूप भी परिवर्तनशील होता है और सभी जगहों पर सभी लोगों पर सामान्य रूप से लागू नहीं होता है। इसकी तुलना में अर्थशास्त्र का नियम अधिक स्थायी और विश्वजनीन होता है, क्योंकि इसका स्वरूप विशिष्ट एवं सुस्पष्ट होता है जिसका प्रयोग व्यवस्था की आर्थिक दशाओं, आर्थिक पर्यावरण एवं आर्थिक संबंधों के विश्लेषण हेतु किया जाता है।

राजनीतिक समाजशास्त्र तथा अर्थशास्त्र के मध्य असमानता से प्रासंगिक उपर्युक्त तमाम बिन्दुओं के विश्लेषण के बावजूद यह सत्य है कि वर्तमान परिप्रेक्ष्य में लोककल्याणकारी राज्यों के स्वरूप की वजह से राजनीतिक समाजशास्त्री एवं अर्थशास्त्री व्यवस्था की उन्नति विकास एवं आधुनिकीकरण की दृष्टि से मानव जीवन के राजनीतिक–आर्थिक संबंधों तथा परिस्थितियों के अनुभवमूलक, प्रायोगिक विश्लेषण के लिए एक दूसरे पर बहुत हद तक निर्भर होने लगे हैं और एक दूसरे की अध्ययन प्रविधियों का बड़े पैमाने पर प्रयोग भी करने लगे हैं। तभी तो, आधुनिक अर्थशास्त्री केवल व्यवस्था के उत्पादन से प्रंसगाधीन तथ्यों एवं तत्त्वों का ही अध्ययन नहीं करते हैं अपितु व्यवस्था में इसके न्यायपूर्ण वितरण को भी अपने अध्ययन प्रसंग का हिस्सा मानने लगे हैं। कुछ बुनियादी असमानताओं के बावजूद अनुभवजन्य अध्ययन हेतु अन्तरानुशासनिक पद्धति के प्रयोग की वजह से दोनों शास्त्रों के बीच संबंधों में काफी घनिष्ठता आयी है।

राजनीतिक समाजशास्त्र और मनोविज्ञान (Political Sociology and Psychology)

राजनीति एवं मनोविज्ञान के संबंधों की घनिष्ठता का प्रसंग प्राचीन है जो व्यवहारवादी क्रान्ति के आगमन के पश्चात् आनुभविक अध्ययन की दृष्टि से दोनों के प्रगाढ़ संबंधों में आपसी निर्भरता का प्रतीक है। राजनीतिक

समाजशास्त्र के उद्भव एवं विकास में मनोविज्ञान की भूमिका अहम् रही है। राजनीति विज्ञानियों तथा राजनीतिक समाजशास्त्रियों द्वारा व्यक्ति एवं समूह के राजनीतिक व्यवहार का अनुभवजन्य अध्ययन करने हेतु मनोविज्ञान की अध्ययन–प्रविधियों, उपागमों, सिद्धान्तों का बड़े पैमाने पर प्रयोग किया गया है। राजनीतिक व्यवहार से प्रासंगिक मनोवृत्तियां, विश्वास, आस्था, मूल्य, प्रतिबद्धता, इच्छा, प्रेरणा, नैतिकता एवं अभिविन्यास जैसी तत्त्व बोधक प्रवृत्तियों, मनोदशाओं के प्रसंगमूलक एवं अनुभवमूलक विश्लेषण के लिए मनोविज्ञान का प्रयोग तथा सहयोग बहुत सकारात्मक रहा है। राजनीतिक समाजशास्त्र मानव व्यवहार, उसकी गतिविधियों तथा मनोदशाओं का अध्ययन–विश्लेषण, उसकी समाजीकरण की प्रक्रिया, परिस्थितियां एवं सांस्कृतिक मूल्यों परम्पराओं के आलोक में करता है। ऐन्जिल के शब्दों में मनोविज्ञान चेतना का विज्ञान है, इस दृष्टि से मानव–चेतना का सकारात्मक अनुभवमूलक अध्ययन करने हेतु राजनीतिक समाजशास्त्रियों के लिए मनोविज्ञान का ख़ास महत्त्व है। राजनीतिक समाजशास्त्र मनोविज्ञान की सहायता से व्यक्ति की भावनाओं, अभिवृत्तियों, मनोवेगों, वृत्तियों (Instincts) आदि का व्यवहारपरक अध्ययन करता है।

प्रसिद्ध राजनीतिशास्त्री जेम्स ब्राइस की रचनाओं में विषय–विश्लेषण के लिए मनोविज्ञान के महत्त्व को रेखांकित किया गया है। 'माडर्न डेमाक्रेसीज' में ब्राइस ने मनोविज्ञान को शासन का आधार कहा है। इनके शब्दों में, ''राजनीति की जड़ें मनोविज्ञान में हैं, जो मानव समाज की मानसिक क्रियाओं और व्यावसायिक प्रवृत्तियों का अध्ययन है।'' ग्राहम वॉलास की रचना 'ह्यूमन नेचर इन पॉलिटिक्स' तथा 'ग्रेट सोसाइटी' में राजनीति के व्यवहारपरक अध्ययन हेतु मनोविज्ञान के महत्त्व पर प्रकाश डाला गया है। आधुनिक राजनीति विज्ञानी एवं प्रसिद्ध राजनीतिक समाजशास्त्री हेरॉल्ड लासवेल ने अपनी रचनाओं में राजनीति के अनुभवमूलक अध्ययन–विश्लेषण के लिए मनोवैज्ञानिक तत्त्वों, तकनीकों, सिद्धान्तों, उपागमों के प्रयोग पर विशेष बल दिया है। लासवेल ने इसे राजनीति मनोविज्ञान की संज्ञा दी है। इन्होंने राजनीतिक गतिविधियों, आन्दोलनों, समस्याओं, मुद्दों, घटनाओं तथा राजनीतिक विकृतियों, मसलन–हिंसा, अपराध, दंगा–फसाद, तोड़–फोड़, अराजकता, क्रान्ति, युद्ध, तानाशाही आदि परिस्थितियों का अध्ययन मनोवैज्ञानिक आधारों पर करने की आवश्यकता पर जोर दिया है।

राजनीतिक समाजशास्त्र एवं मनोविज्ञान का सम्बन्ध काफी गहरा है। मनोविज्ञान को मानव मन के विज्ञान की संज्ञा दी जाती है और राजनीतिक समाजशास्त्र व्यक्ति की मनोदशा, अभिवृत्ति, प्रवृत्ति तथा अभिविन्यासों का अध्ययन करने वाला विषय है। मानव व्यवहार का अनुभवमूलक अध्ययन विश्लेषण करना राजनीतिक समाजशास्त्र की मूल अध्ययन प्रवृति है जिसमें तत्त्व बोधक एवं तत्त्व प्रासंगिक अन्वेषण–अनुसंधान हेतु राजनीतिक समाजशास्त्र को मनोविज्ञान की शरण में जाना पड़ता है। मनोविज्ञान की अध्ययन तकनीक, सिद्धान्तों, उपागमों की मदद से ही राजनीतिक समाजशास्त्री अपने शोधकार्यों में यथार्थता की पराकाष्ठा (Climax) एवं पूर्णता (Perfection) की स्थिति प्राप्त करने में सफल होते हैं। राजनीतिक समाजशास्त्रियों द्वारा राजनीतिक समाजीकरण, राजनीतिक संस्कृति, राजनीतिक सहभागिता, संचरण (Mobilisation) मतदान व्यवहार, राजनीतिक अभिजन, राजनीतिक क्रान्ति, परिवर्तन, संघर्ष, भर्ती, नेतृत्व, जैसे विषयों के तथ्यपरक एवं व्यवहारपरक अध्ययन–विश्लेषण के लिए मनोविज्ञान की पूरी मदद ली गयी है। ये सभी विषय मानव व्यवहार के विभिन्न आयामों से प्रासंगिक विशेष संदर्भ हैं, जिनका अनुभवजन्य विश्लेषणपरक अध्ययन मनोविज्ञान की सहायता के बिना संभव नहीं है।

अन्तरानुशासनिक पद्धति के प्रयोग द्वारा जिस प्रकार राजनीतिक समाजशास्त्र मानव मनोदशाओं, अभिवृत्तियों, भावनाओं आदि के अध्ययन हेतु मनोविज्ञान की सहायता लेता है उसी प्रकार मनोविज्ञान भी राजनीतिक समाजशास्त्र के अन्वेषणों व अनुसंधानों का फ़ायदा उठाता है। व्यक्ति के राजनीतिक व्यवहार का अध्ययन मनोविज्ञान के शोध का एक महत्त्वपूर्ण हिस्सा है। राजनीतिज्ञों की मनोवृत्ति एवं मनोदशा का गहन अध्ययन करना मनोवैज्ञानिकों के अध्ययन का एक महत्त्वपूर्ण प्रसंग है। राजनीतिक समाजशास्त्र एवं मनोविज्ञान के अन्योन्याश्रय संबंधों को निम्नांकित बिन्दुओं के संदर्भ में देखा जा सकता है :

1. राजनीतिक समाजशास्त्र अपने विषय तत्त्वों का अध्ययन करने के लिए आंकड़ा–संग्रह, सत्यापन परिमाणीकरण, सामान्यीकरण, क्रमबद्धीकरण आदि प्रविधियों के प्रयोग में मनोविज्ञान में उपलब्ध आंकड़ों तथा परिणामों की सहायता लेता है।

2. दोनों समाजविज्ञान विषयगत शोधकार्यों के लिए वैज्ञानिक पद्धति की तकनीकों का प्रयोग करते हैं।
3. दोनों समाजविज्ञानों के अध्ययन के लिए अपनाई जाने वाली प्रविधियों व उपागमों में काफी समानताएं पायी जाती है, मसलन–दोनों विषयों के विशारद मानव व्यवहार के अध्ययन हेतु आगमन पद्धति, सादृश्य पद्धति तथा प्रेक्षण, प्रयोग, साक्षात्कार आदि तकनीकों का इस्तेमाल करते हैं।

राजनीतिक समाजशास्त्र एवं मनोविज्ञान के बीच उपर्युक्त वर्णित पारस्परिक निर्माता एवं घनिष्ठता–सूचक संबंधों के बावजूद दोनों समाजविज्ञानों के अध्ययन में कुछ मौलिक असमानताएं भी हैं, जिसे निम्नलिखित संदर्भों में देखा जा सकता है :

1. राजनीतिक समाजशास्त्र का अध्ययन क्षेत्र मनोविज्ञान की अपेक्षा व्यापक है।
2. राजनीतिक समाजशास्त्र का अध्ययन दृष्टिकोण राजनीतिक–सामाजिक है, जबकि मनोविज्ञान का दृष्टिकोण वैयक्तिक है।
3. राजनीतिक समाजशास्त्र का अध्ययन नैतिक मूल्यों, आदर्शों आदि से प्रासंगिक होता है और विद्वज्जन मानव के राजनीतिक व्यवहार का अध्ययन करते समय इन मानवीय तत्त्वों पर गंभीर दृष्टि रखते हैं, जबकि मनोविज्ञान सिर्फ यह स्पष्ट करता है कि मानव व्यवहार क्या है ?
4. मनोविज्ञान का अध्ययन केन्द्र मुख्य रूप से मनुष्य की मानसिक अवस्था एवं मानसिक क्रियाएं हैं जबकि राजनीतिक समाजशास्त्र का अध्ययन परिप्रेक्ष्य राजनीति एवं समाज का संबंध, सामाजिक–राजनीतिक मनुष्य का व्यवहार, सामाजिक–राजनीतिक पर्यावरण, राजनीतिक व्यवस्था एवं प्रक्रियाएं आदि हैं, जिसके प्रासंगाधीन तत्त्वों के आलोक में मनुष्य के राजनीतिक व्यवहार से सम्बद्ध अभिवृत्तियों, मनोदशाओं, भावनाओं के समस्त आयामों का अध्ययन राजनीतिक समाजशास्त्री मनोविज्ञान के अध्ययन–विश्लेषण के लिए प्रयुक्त तकनीकों–विधाओं की मदद से करते हैं।

दोनों समाजविज्ञानों की उपर्युक्त चर्चित असमानताओं के बावजूद यह सत्य है कि मनोविज्ञान के सहयोग के बिना राजनीतिक समाजशास्त्र का ज्ञान, अन्वेषण एवं अनुसंधान अधूरा है। मनोविज्ञान में प्रयुक्त अध्ययन–प्रविधियां राजनीतिक समाजशास्त्र को एक स्वायत्त अनुशासन के रूप विकसित करने में काफी मददगार रही हैं। मनोविज्ञान ने इस नवीन अनुशासन को समृद्ध बनाने में अहम् भूमिका निभायी है। लोकतांत्रिक राजनीतिक व्यवस्थाओं में जनमत–निर्माण की स्थितियां और मतदान व्यवहार को प्रभावित करने वाले कारकों के तथ्यपरक अध्ययन की दृष्टि से दोनों विषयों की परस्पर निर्भरता काफी प्रासंगिक दिखाई देती है।

राजनीतिक समाजशास्त्र और मानवशास्त्र (Political Sociology and Anthropology)

राजनीतिक समाजशास्त्र का मानवशास्त्र के साथ भी काफी करीबी संबंध है। राजनीतिक समाजशास्त्री जब व्यवस्थागत राजनीति से प्रासंगिक मानव व्यवहारों का अध्ययन करते हैं, तो अपने शोध को ज्यादा व्यवहारपरक बनाने के लिए समाज की उत्पत्ति और विकास से सम्बद्ध कारकों के अध्ययन के साथ सामाजिक परम्पराओं, मान्यताओं, मूल्यों आदि के संबंध में भी गहन अध्ययन करते हैं। मानवशास्त्र मानवसमाज के उद्भव और विकास की व्याख्या के साथ मानव समूह की सामाजिक स्थिति, सामाजिक अवस्था के प्रसंग में रहन–सहन के स्तर, उसकी विशेषताओं आदि पर गंभीर दृष्टि डालता है और राजनीतिक समाजशास्त्र राजनीतिक व्यवस्था एवं प्रक्रियाओं का अध्ययन करते समय सामाजिक पृष्ठभूमि पर गहन दृष्टि रखते हुए सामाजिक परिवेश के आलोक में राजनीतिक गतिविधियों का अध्ययन करता है। राजनीतिक समाजशास्त्र के विषय संदर्भों में राजनीतिक समाजीकरण, राजनीतिक संस्कृति, राजनीतिक विकास, राजनीतिक आधुनिकीकरण आदि प्रसंगों के अनुभवपरक अध्ययन में मानवशास्त्र से काफी मदद मिलती है। मानवशास्त्र सामाजिक संस्कृति से प्रासंगिक विविध तत्त्वों की

विश्लेषणात्मक व्याख्या करके राजनीतिक समाजशास्त्र को तथ्यपरक सामग्री प्रदान करता है, जिसके आलोक में व्यवस्था की राजनीतिक संस्कृति एवं राजनीतिक समाजीकरण प्रक्रिया की स्थिति की तथ्यगत जानकारी प्राप्त होती है और यही स्थिति व्यवस्था के विकास एवं आधुनिकीकरण का द्योतक है। वर्तमान परिप्रेक्ष्य में संस्कृति से प्रांसगिक तत्त्वों का व्यापक संदर्भ में विश्लेषण करते हुए इसमें मानव जीवन की मान्यताओं, परम्पराओं, मूल्यों, आदर्शों, प्रवृत्तियों के साथ व्यक्ति के जीवन से सम्बद्ध समस्त महत्त्वपूर्ण हिस्सों को शामिल किया जाता है। सामाजिक संस्कृति के इस व्यापक स्वरूप की व्याख्या में सामाजिक मानवशास्त्र का योगदान काफी महत्त्वपूर्ण है, जिसके माध्यम से राजनीतिक समाजशास्त्र को राजनीतिक व्यवहार के अध्ययन के लिए बड़े पैमाने पर तथ्यपरक सामग्रियां प्राप्त होती हैं। मानवशास्त्र द्वारा उपलब्ध अध्ययन सामग्री राजनीतिक सामजशास्त्र के अनुभवमूलक विश्लेषण के लिए काफी फ़ायदेमंद साबित हुआ है।

जहां राजनीतिक समाजशास्त्र मानवशास्त्र से ढेर सारी तथ्यपरक सामग्रियां प्राप्त करता है, वहीं राजनीतिक समाजशास्त्र के अध्ययन के लिए प्रयुक्त वैज्ञानिक प्रविधियों, उपागमों, सिद्धान्तों एवं शोध उपलब्धियों से मानवशास्त्र भी बहुत लाभान्वित हुआ है। राजनीतिक समाजशास्त्र ने मानवशास्त्र के अध्ययन को वैज्ञानिक आधार प्रदान करने में महत्त्वपूर्ण भूमिका निभायी है। इस प्रकार दोनों विषयों के बीच काफी नजदीकी संबंध है।

राजनीतिक समाजशास्त्र और इतिहास (Political Sociology and History)

राजनीतिक समाजशास्त्र एवं इतिहास का संबंध काफी पुराना न होते हुए भी काफी घनिष्ठ है। इतिहास मानव समाज, सभ्यता, संस्कृति, राजनीतिक व्यवस्था, प्रक्रिया आदि के उत्थान–पतन के वैज्ञानिक अध्ययन की प्रयोगशाला है। इतिहास की विभिन्न अवस्थाओं के गहन अध्ययन के बिना किसी भी विषय का अध्ययन अधूरा है। राजनीतिक व्यवस्था एवं उसमें विद्यमान समाज के विभिन्न पक्षों के राजनीति प्रासंगिक अनुभवपरक अध्ययन करने के क्रम में यह विषय ऐतिहासिक विकास की विभिन्न अवस्थाओं के सामाजिक परिवेश का अध्ययन करते समय में उस कालावधि से सुसंगत इतिहास का गहन अध्ययन करता है। राजनीतिक समाजशास्त्र की विभिन्न अवधारणाओं एवं विषय प्रसंगों यथा–अभिजन वर्ग, सत्ता, शक्ति, प्रभाव, मतदान व्यवहार, चुनावी राजनीतिक, मतप्रबंधन, सहभागिता, संघर्ष, परिवर्तन, क्रान्ति आदि के आधारगत अन्वेषण–अनुसंधान एवं निष्कर्ष तक पहुंचने की प्रक्रिया का आधार माध्यम इतिहास है। राजनीतिक समाजशास्त्र के अनुभवपरक अध्ययन हेतु प्रतिपादित उपागमों, सिद्धान्तों, प्रतिमानों के अस्तित्व की बुनियाद भी ऐतिहासिक घटनाक्रम तथा इतिहास की विविध अवस्थाओं की परिस्थितियां एवं पर्यावरण है। लोकतांत्रिक राजनीतिक व्यवस्थाओं के तुलनात्मक अध्ययन–प्रसंग में भी इतिहास, ऐतिहासिक उपागम, प्रविधियां, सिद्धान्त आदि विषयगत शोध में बुनियाद निर्माण की भूमिका निभाते हैं। प्रत्येक राजनीतिक व्यवस्था एवं सत्ता ऐतिहासिक परिप्रेक्ष्य में ही अपनी गलतियों में सुधार करती है और ऐतिहासिक दृष्टान्तों के आलोक में पहले से बेहतर शासन देने का प्रयास करता है। राजनीतिक समाजशास्त्र के वर्तमान को अतीत से और अतीत को वर्तमान से जोड़ने वाली कड़ी इतिहास ही है।

जैसा कि ऊपर चर्चित प्रसंगों से यह स्पष्ट होता है कि राजनीतिक समाजशास्त्र की प्रयोगशाला है इतिहास, किसी भी राजनीतिक व्यवस्था के उद्‌भव, विकास एवं उसके समाजीकरण, संस्कृति आदि से संदर्भित परिवर्तनों को ऐतिहासिक पृष्ठभूमि में ही सही ढंग से जाना जा सकता है। यानी कि राजनीतिक समाजशास्त्र को अपनी संकल्पनाओं, सिद्धान्तों, उपागमों के स्वरूप निर्धारण हेतु किये गये आनुभविक अन्वेषण, अनुसंधान, प्रयोग को निष्कर्ष तक पहुंचाने के लिए आधार–माध्यम के रूप में इतिहास की मदद लेनी पड़ती है। इतिहास रूपी प्रयोगशाला से अन्वेषित तथ्यों परम्पराओं एवं व्यवहारों के आलोक में सिद्धान्तों का मानकीकरण करने से ही वह सिद्धान्त सामाजिक–राजनीतिक व्यक्ति या समूह के व्यवहार के आनुभविक अध्ययन के लिए सार्थक, यथोचित तथा लाभप्रद होता है।

जिस प्रकार राजनीतिक समाजशास्त्र अपने आनुभविक अध्ययन के लिए इतिहास से सामग्री ग्रहण करता है उसी भांति इतिहास के निर्माण में भी राजनीतिक समाजशास्त्र की भूमिका महत्त्वपूर्ण है। किसी भी राजनीतिक

व्यवस्था के इतिहास निर्माण में वहां, अस्तित्व रखने वाली राजनीतिक विचारधाराओं, आन्दोलनों, क्रान्ति, समस्याओं, मुद्दों, घटनाक्रम आदि का योगदान बहुमूल्य होता है। यदि व्यवस्था के बीते कालखंड से राजनीतिक घटनाक्रम को निकाल दिया जाये तो इतिहास तथ्यहीन हो जायेगा। दृष्टान्तस्वरूप भारत के स्वाधीनता संघर्ष से प्रासंगिक इतिहास में से यदि राजनीतिक घटनाक्रम को अलग कर दिया जाए तो स्वाधीनता आन्दोलन का इतिहास महत्त्वहीन हो जायेगा। राजनीतिक घटनाओं के अभाव में इतिहास तथ्यहीन, सारहीन कहानी बनकर रह जायेगा। वस्तुतः, यदि इतिहास राजनीतिक समाजशास्त्र की प्रयोगशाला है तो राजनीतिक समाजशास्त्र भी इतिहस को तथ्यगत, यथार्थगत आधार–सामग्री प्रदान करके इतिहास के दामन को सनसनीखेज (Sensational) विषय वस्तु से सजाने वाला शास्त्र है। राजनीतिक समाजशास्त्र का जन्मदाता और अभिन्न हिस्सा राजनीति विज्ञान और इतिहास के परस्पर संबंधों का विवेचन सीले, लार्ड ब्राइस, लार्ड एक्टन, बर्गेस फ्रीमैन जैसे कई विशारदों ने अपने–अपने ढंग से किया है। सीले का तो यह कहना है कि "इतिहास के बिना राजनीति विज्ञान जड़–रहित हो जायेगा और राजनीति के बिना इतिहास फल–रहित हो जायेगा।" वहीं लार्ड ब्राइस की अभिव्यक्ति है कि "राजनीति विज्ञान इतिहास और राजनीति के बीच की कड़ी है जो अतीत को वर्तमान से जोड़ती है।" यह विषय इतिहास से अपनी अध्ययन–सामग्री प्राप्त करता है और राजनीति में उस सामग्री का प्रयोग करता है। लार्ड ब्राइस ने दोनों विषयों के संबंध में जिस राजनीति को प्रमुखता से रेखांकित किया है, उसी राजनीति को राजनीतिक समाजशास्त्र समाज–संचालन का माध्यम मानकर एक सामाजिक प्रक्रिया के रूप में उसका आनुभविक अध्ययन विश्लेषण करता है।

उपर्युक्त विवेचित प्रसंगों के आधार पर निम्नांकित तथ्य उभरते हैं :

1. इतिहास राजनीतिक समाजशास्त्र के अध्ययन का आधार माध्यम है जो इसे अध्ययन–सामग्री प्रदान करता है।
2. राजनीतिक समाजशास्त्र के सिद्धान्तों एवं प्रतिमानों के निरूपण में इतिहास महत्त्वपूर्ण भूमिका निभाता है।
3. राजनीतिक समाजशास्त्र राजनीतिक व्यवस्था, प्रक्रिया, राजनीतिक व्यवहार एवं व्यवस्थागत राजनीति के अध्ययन के लिए इतिहास का सहारा लेता है।
4. राजनीतिक समाजशास्त्र के वैज्ञानिक दृष्टिकोण को इतिहास व्यापक स्वरूप प्रदान करता है।
5. इतिहास भी अपने अध्यायों में अंकित करने के लिए विषय–तत्त्व एवं प्रासंगिक आधार–सामग्री राजनीति के प्रसंगाधीन तत्त्वों से ही प्राप्त करता है।
6. राजनीतिक घटनाक्रम इतिहास को विषय तत्त्व प्रदान करता है।

जैसा कि उपर्युक्त विवेच्य संदर्भों से यह पता चलता है कि दोनों विषय एक दूसरे के पूरक और आधार–माध्यम हैं, लेकिन इस यथार्थ के बावजूद दोनों विषयों के बीच कुछ बुनियादी असमानताएं भी हैं, जो निम्नलिखित हैं :

1. एक विषय के रूप में इतिहास का अध्ययन दायरा राजनीतिक समाजशास्त्र की अपेक्षा व्यापक है जिसमें राजनीतिक प्रसंगों के साथ सामाजिक, धार्मिक, आर्थिक, सांस्कृतिक, कलात्मक तत्त्वों से प्रासंगिक तथ्यों का समावेश होता है।
2. इतिहास का संबंध हमेशा अतीत से होता है जबकि राजनीतिक समाजशास्त्र का संबंध वर्तमान और भविष्य से होता है, जिसकी कड़ियां अतीत से जुड़ी होती हैं।
3. राजनीतिक समाजशास्त्र एक नया अनुशासन है, जबकि इतिहास एक प्राचीन विषय है।
4. इतिहास की अध्ययन–पद्धति वर्णनात्मक है, जबकि राजनीतिक समाजशास्त्र की अध्ययन पद्धति आनुभविक, विश्लेषणात्मक, तुलनात्मक तथा विचारात्मक है। यह एक वस्तुपरक विज्ञान है।

5. इतिहास के अध्ययन में दार्शनिकता का पुट बहुत कम होता है क्योंकि उसका संबंध ठोस तथ्यों एवं तात्त्विक घटनाओं से होता है, जबकि राजनीतिक समाजशास्त्र का प्रधान अध्ययन तत्त्व चेतनशील व्यक्ति है जिसकी मनोवृत्तियों, भावनाओं, मनोदशाओं पर सामाजिक परम्पराओं, मूल्यों, नैतिकताओं, आदर्शों आदि का गहरा प्रभाव पड़ता है और इन्हीं परिस्थितियों के अनुरूप व्यक्ति की अभिवृत्तियां अभिविन्यासित होती रहती हैं। इस प्रकार राजनीतिक समाजशास्त्र का संबंध ठोस तथ्यों के साथ साथ नैतिकता एवं आदर्श एवं परिकल्पनाओं से भी होता है।
6. प्राथमिकता की दृष्टि से राजनीतिक समाजशास्त्र के आनुभविक शोध–प्रसंगों का उद्देश्य विषयगत तत्त्वों का विश्लेषणात्मक अध्ययन करते हुए यथार्थपरक सिद्धान्त निरूपण करना है जिसके आलोक में व्यवस्थागत राजनीति एवं राजनीतिक व्यक्ति के व्यवहार का अनुभवमूलक का अध्ययन करना संभव हो पाता है, जबकि इतिहास में सिद्धान्त–निर्माण को प्राथमिकता नहीं दी जाती है।

उपर्युक्त असमानताओं के बाद भी सारांशतः यह कहा जा सकता है कि दोनों विषय एक–दूसरे के पूरक और ऋणी हैं। तभी तो लीकॉक ने कहा है कि "बिना इतिहास के राजनीति विज्ञान का अस्तित्त्व ही नहीं होता, क्योंकि राजनीति विज्ञान को अपने भवन निर्माण के लिए इतिहास ही सामग्री प्रदान करता है।" इस प्रकार, राजनीतिक समाजशास्त्र एवं इतिहास के बीच परस्पर घनिष्ठ संबंध है।

राजनीतिक समाजशास्त्र और दर्शनशास्त्र (Political Sociology and Philosophy)

राजनीतिक समाजशास्त्र एक वस्तुपरक विज्ञान है जो ठोस तथ्यों में विश्वास करता है और शोधकार्यों के लिए आंकड़ा संग्रह करते समय तथ्य प्रासंगिक तत्त्वों से संबंधित जानकारियां संग्रहीत करता है। इस विषय की अध्ययन–प्रविधि एवं प्रवृत्ति के आलोक में जब दर्शनशास्त्र से इसके संबंधों की विवेचना की जाती है तो प्रथमदृष्ट्या परिप्रेक्ष्य में दर्शनशास्त्र से इसके संबंधों की कोई पृष्ठभूमि नहीं दिखाई देती है, क्योंकि, दर्शनशास्त्र एक आदर्शमूलक विज्ञान है और राजनीतिक समाजशास्त्र अनुभवमूलक विज्ञान है। दर्शनशास्त्र के सिद्धान्तों या अवधारणाओं को सत्यता की कसौटी पर नहीं परखा जाता है क्योंकि यह आध्यात्मिक विधा से संबद्ध है, जिसके माध्यम से सम्पूर्ण विश्व को समझने और उसकी व्याख्या करने का प्रयास किया जाता है।

जहां तक राजनीतिशास्त्र और दर्शनशास्त्र के संबंध का प्रसंग है दोनों का संबंध अन्योन्याश्रय है। गिलक्राइस्ट का कहना है कि "राजनीति दर्शन का जन्म राजनीतिशास्त्र से बहुत पहले हुआ है, क्योंकि राजनीति दर्शन की मूल बातों पर ही राजनीतिशास्त्र आधृत है।" राजनीतिशास्त्र का प्रतिपाद्य विषय राज्य का उद्‌भव, विकास, उद्देश्य आदि प्रसंग दर्शनशास्त्र से संबंधित हैं। प्लेटो, अरस्तू, हॉब्स, लॉक, रूसो, हीगेल, ग्रीन, मार्क्स आदि कई राजनीतिक विद्वानों द्वारा प्रतिपादित राजनीतिक अवधारणाओं का आधार दर्शन रहा है। दर्शनशास्त्र से राजनीतिशास्त्र के घनिष्ठ संबंधों का प्रभाव राजनीतिक समाजशास्त्र एवं दर्शनशास्त्र के संबंधों पर भी दिखाई देता है। यह सही है कि दर्शनशास्त्र का संबंध सिर्फ सैद्धान्तिक विषयों से है और राजनीतिक समाजशास्त्र का संबंध सैद्धान्तिक एवं व्यावहारिक दोनों विषयों से है। राजनीतिक समाजशास्त्र को अपने सिद्धान्त–निर्माण के लिए काफी हद तक प्रेरणातत्त्व और आधारतत्त्व दर्शनशास्त्र से मिले हैं। दर्शनशास्त्र मूल्य प्रासंगिक विषय है और उत्तर व्यवहारवाद के आगमन के पश्चात् राजनीति विज्ञान के अध्ययन में वैज्ञानिक प्रविधियों के प्रयोग के साथ मूल्यों के महत्त्व को स्वीकारा गया है तथा दर्शनशास्त्र की प्रेरणा से मूल्य सापेक्ष अध्ययन की मानसिकता बनी। इस आलोक में राजनीतिक समाजशास्त्र को दर्शनशास्त्र से कई महत्त्वपूर्ण आदर्श, नैतिक मान्यताएं, मूल्य निर्णय एवं व्यवहार–संचालक उदाहरण प्राप्त हुए जिनको मानदण्ड बनाकर राजनीतिक समाजशास्त्रियों ने विषय के अनुभवजन्य अध्ययन हेतु उपागमों, प्रतिमानों, सिद्धान्तों का प्रतिपादन किया है।

आधुनिक समाज विज्ञानों द्वारा अध्ययन–प्रविधियों में अपनायी जाने वाली वैज्ञानिक पद्धति को दर्शनशास्त्र द्वारा भी पूरी तरह नकारा नहीं गया है यही वजह है कि आधुनिक युग के कई दर्शनशास्त्रियों द्वारा दर्शनविज्ञान

के कई आधारों की प्रस्तुति की गयी है। इसका अभिप्राय यह हुआ कि वस्तुतः दर्शनशास्त्र को अब पूरी तरह आदर्शमूलक शास्त्र मानकर अनुभवमूलक अध्ययन करने वाले राजनीतिक समाजशास्त्र का विरोधी नहीं बताया जा सकता है। परस्पर संबंधों के परिप्रेक्ष्य में दोनों विषयों को एक–दूसरे का पूरक तो नहीं कहा जा सकता है, लेकिन कई संदर्भों के प्रसंग में दोनों विषय एक दूसरे से संबद्ध हैं। दर्शनशास्त्र की अपेक्षा राजनीतिक समाजशास्त्र दर्शनशास्त्र से ज्यादा लाभान्वित रहा है। मानवपरक मूल्य सापेक्ष सिद्धान्तों के निर्माण में दर्शनशास्त्र द्वारा इस विषय को आदर्श आधार भूमि की पृष्ठभूमि प्रदान की गयी है और विषयगत साहित्य को काफी मजबूती मिली है। दर्शनशास्त्र के आदर्शवादी दृष्टिकोण की वजह से सामाजिक पर्यावरण में व्याप्त तनाव, हिंसा, हत्या, संघर्ष, प्रतिस्पर्द्धा, सत्तालोलुपता, अनैतिकता, शक्ति के लिए निरन्तर चलने वाले संघर्ष, युद्ध जैसी परिस्थितियों से निपटने एवं सामाजिक सौहार्द, सामाजिक न्याय, शान्ति, सद्भाव आदि की स्थापना हेतु कारगर नियमों, सिद्धान्तों के निर्माण के लिए राजनीति विज्ञान एवं राजनीतिक समाजशास्त्र आदर्शमूलक नैतिक आधार मिला है इसका सबसे लाभप्रद पक्ष यह है कि राजनीति समाजशास्त्रियों ने राजनीतिक व्यवस्था, प्रक्रिया एवं मानव व्यवहार के व्यवहारपरक अध्ययन हेतु जिन सिद्धान्तों या प्रतिमानों की प्रस्तुति की है, उसमें अनुभवमूलक तथ्यों के साथ–साथ आदर्शमूलक प्रसंगों का भी पुट शामिल है। यानी कि एक ओर जहां आधुनिक उपागम या सिद्धान्त मानव व्यवहार का तथ्यपरक अध्ययन विश्लेषण करता है, वहीं सामाजिक समस्याओं के निदान हेतु अपने उठाये गये कदमों को मानवीय मूल्यों के संरक्षण की दृष्टि से मजबूती प्रदान करता है। सामाजिक शोषण की समाप्ति हेतु मार्क्स द्वारा प्रस्तुत दर्शन का आधार भी इसी शास्त्र से प्ररित है।

उपर्युक्त विवेचित तथ्यों के आलोक में यह कहा जा सकता है कि जहां राजनीतिक समाजशास्त्र को अपने सिद्धान्त–निर्माण में दर्शनशास्त्र से मानवीय आदर्श, नैतिकता, मूल्यों की पृष्ठभूमि का आधार मिला है, वहीं राजनीतिक समाजशास्त्र द्वारा भी आधुनिक दर्शनशास्त्र को वैज्ञानिक आधार प्रदान करने में ठोस सकारात्मक सहायता प्रदान की गयी है। राजनीतिक समाजशास्त्र द्वारा भी दर्शनशास्त्र के कई सिद्धान्तों को यथार्थवादिता एवं वैज्ञानिकता की कसौटी पर परख कर आधुनिक स्वरूप प्रदान करने में मदद की गयी है। दोनों विषयों की अध्ययन–प्रवृत्ति में मौलिक अन्तर होने के बाद भी दोनों विषय कहीं–न–कहीं एक–दूसरे को लाभान्वित करते रहे हैं और एक–दूसरे की अध्ययन–शैली को मजबूती प्रदान करने में सकारात्मक सहयोग देते रहे हैं।

राजनीतिक समाजशास्त्र और नीतिशास्त्र (Political Sociology and Ethics)

आइबर ब्राउन ने कहा है कि "राजनीति नैतिकता का विकसित रूप है बिना राजनीतिक सिद्धान्त के नैतिक सिद्धान्त अपूर्ण हैं, क्योंकि मनुष्य सामाजिक प्राणी है वह समाज से अलग नहीं रह सकता है और बिना नैतिक सिद्धान्त के राजनीतिक सिद्धान्त निरर्थक हैं, क्योंकि उसका अध्ययन और परिणाम हमारी नैतिक व्यवस्था अर्थात् उचित–अनुचित की धारणा पर आधरित नहीं है। नीतिशास्त्र का अध्ययन–प्रसंग मानव आचरण से सम्बद्ध है, इसी वजह से इसे आचारशास्त्र की संज्ञा दी गयी है। यह विषय व्यक्ति की नैतिकता से प्रासंगिक तत्त्वों का अध्ययन करता है और मानवीय आचरण की औचित्यता या अनौचित्यता के प्रसंगों से सम्बद्ध नियमों का निर्धारण एवं निरूपण करता है। अपनी अध्ययन–सामग्री की दृष्टि से नीतिशास्त्र का राजनीतिक समाजशास्त्र से काफी नजदीकी संबंध है। राजनीतिक समाजशास्त्र व्यक्ति एवं समूह के राजनीतिक व्यवहार, राजनीतिक गतिविधियों, राजनीतिक जीवन का यथार्थपरक, अनुभवपरक, अध्ययन–विश्लेषण करने वाला विषय है। व्यक्ति का राजनीतिक जीवन उसकी गतिविधियां, आचरण आदि का सामाजिक मूल्यों, परम्पराओं आदर्शों, नैतिकता आदि से सीधा सरोकार होता है, क्योंकि इन संस्कारों द्वारा अपने व्यक्तित्त्व को समृद्ध करके ही व्यक्ति अपने राजनीतिक उत्तरदायित्वों का सफल निर्वहन कर पाता है।

इस प्रकार, एक मतदाता या एक राजनीतिक कार्यकर्ता के राजनीतिक जीवन पर सामाजिक, सांस्कृतिक, धार्मिक, आर्थिक पहलुओं का गंभीर प्रभाव पड़ता है। इस दृष्टि से एक राजनीतिक–सामाजिक व्यक्ति के राजनीतिक जीवन, राजनीतिक गतिविधियों, राजनीतिक आचरण का यथोचित ज्ञान प्राप्त करने के लिए नैतिक

मूल्यों की पृष्ठभूमि में उसके सही आकलन की बेहद जरूरत है। राजनीति पर नैतिकता के गंभीर प्रभाव और दोनों के बीच गहन संबंधों की वजह से प्रसिद्ध यूनानी दार्शनिक प्लेटो एवं अरस्तू राजनीतिशास्त्र तथा नीतिशास्त्र में कोई मौलिक भेद नहीं मानते थे।

राजनीति विज्ञान के मौलिक विषय प्रसंगों यानी कि राज्य का स्वरूप, अधिकार कर्त्तव्य, जन कल्याण हेतु राज्य का व्यापक दृष्टिकोण आदि के मानकीकरण एवं मूल्य निर्धारण में नीतिशास्त्र की भूमिका काफी प्रासंगिक रही है। इसीलिए, लोकतांत्रिक राजनीतिक व्यवस्थाओं के स्थानीय, क्षेत्रीय, राष्ट्रीय एवं अन्तर्राष्ट्रीय कानूनों का अधिकांश हिस्सा नैतिक मूल्यों की पृष्ठभूमि पर खड़ा होता है। यहां तक कि लोकतंत्रीय व्यवस्थाओं के संविधान एवं इसकी विविध धाराओं का निर्माण भी नीतिशास्त्र की नींव पर होता है। दृष्टान्तस्वरूप भारत तथा आयरलैण्ड के संविधान में राज्य के नीति–निर्देशक तत्त्वों का अस्तित्व राज–नैतिकता के सिद्धान्त का परिचायक है। तभी तो लार्ड ऐक्टन की अभिव्यक्ति है कि ''नीतिशास्त्र के अध्ययन के अभाव में राजनीति का अध्ययन व्यर्थ है'' और फॉय के मतानुसार, ''जो विषय नैतिक दृष्टि से गलत हैं वे राजनीतिक दृष्टि से कभी सही नहीं हो सकते।''

राजनीतिक विज्ञान और नीतिशास्त्र के उपर्युक्त विवेचित प्रगाढ़ संबंधों के आलोक में राजनीतिक समाजशास्त्र एवं नीतिशास्त्र के संबंधों को भी सत्यता की कसौटी पर परखा जा सकता है। सामाजिक जीवन के व्यवधान–रहित शान्तिपूर्ण सफल संचालन हेतु व्यवस्था में आगत तत्त्वों का राजनीतिक अभिजनों द्वारा नीतियों एवं निर्णयों के रूप में रूपान्तरण करने की प्रवृत्ति नीति–निर्धारकों की नैतिकता स्तर से प्रासंगिक होती है। यानी कि सामाजिक जीवन में सद्‌भावना सौहार्द को बनाये रखने के लिए नैतिक आदर्शों को मानदंड बनाकर ही कानूनों का निर्माण एवं कार्यान्वयन किया जाता है। व्यवस्था के सफल संचालन हेतु प्रयुक्त अधिकार, कर्त्तव्य, कानून, न्याय, दंड–प्रावधान आदि का मूल स्रोत नीतिशास्त्र है। लेकिन, सामाजिक जीवन की उन्नति, व्यवस्था–संचालन एवं व्यक्ति के व्यवहार नियमन हेतु राजनीति के क्षेत्र में इन सिद्धान्तों को नैतिक सिद्धान्त के रूप में स्वीकारा जाता है और इन्हें वैधानिक मान्यता प्रदान की जाती है। मनुष्य के प्राकृतिक अधिकारों के रूप में चिन्हित बहुचर्चित मानवाधिकार का प्रसंग भी मूलरूप से नीतिशास्त्र से प्रासंगिक नैतिकता के मानदण्डों से प्रेरित व समर्थित है।

नैतिकता के मानदण्डों की अवहेलना करके व्यवस्था में व्यक्ति या समूह की राजनीतिक गतिविधियों या व्यवहारों का यथोचित तथ्यपरक–अनुभवमूलक अध्ययन करना संभव नही हैं। राजनीतिक समाजशास्त्र के सभी महत्त्वपूर्ण प्रसंग, यथा–राजनीतिक समाजीकरण, राजनीतिक संस्कृति, राजनीतिक सहभागिता, राजनीतिक भर्ती आदि नैतिकता के संदर्भों से प्रभावित होता है। यद्यपि चौदहवीं शताब्दी में मैकियावेली ने राजनीति को नीतिशास्त्र से पूर्णरूप से अलग करके परिभाषित करने का प्रयास किया था। लेकिन जब उत्तर व्यवहारवाद के आगमन से तथ्य मूल्य विवाद का पटाक्षेप हो गया और मूल्य निरपेक्ष की जगह मूल्य सापेक्ष अध्ययन दृष्टिकोण के प्रबल समर्थकों की संख्या बढ़ी, तो फिर से राजनीति का नैतिक मूल्यों, आदर्शों के साथ अटूट संबंध स्थापित हो गया। दोनों विषयों के बीच अभिन्न संबंध होने के बाद भी इनके बीच कुछ मौलिक अन्तर है जो दोनों के पृथक् अस्तित्व का परिचालक है :

1. राजनीतिक समाजशास्त्र राजनीतिक व्यवस्था, प्रक्रिया, राजनीतिक सत्ता, शक्ति, प्रभाव एवं मानव व्यवहार का अध्ययन करने वाला विषय है, जबकि नीतिशास्त्र मानव आचरण का अध्ययन करने वाला विषय है।
2. राजनीतिक समाजशास्त्र व्यक्ति के बाहरी आचरण व गतिविधियों का अध्ययन करने वाला विषय है, जबकि नीतिशास्त्र मानव आचरण के आन्तरिक पक्ष का अध्ययन करना है।
3. राजनीतिक समाजशास्त्र एक वर्णनात्मक एवं अनुभवजन्य–व्यवहारपरक विश्लेषणात्मक अध्ययन करने वाला विषय है, जबकि नीतिशास्त्र आदर्शात्मक दृष्टिकोण वाला एक सैद्धान्तिक विषय है।
4. मानव आचरण के अध्ययन–प्रसंग में राजनीतिक समाजशास्त्र का दायरा नीतिशास्त्र की अपेक्षा संकुचित है। राजनीतिक समाजशास्त्र सामाजिक पृष्ठभूमि के आलोक में व्यक्ति या समूह के सिर्फ राजनीतिक व्यवहार का अध्ययन करता है, जबकि नीतिशास्त्र व्यक्ति के सामाजिक, राजनीतिक, धार्मिक, सांस्कृतिक, आर्थिक सभी प्रकार के आचरण की औचित्यता या अनौचित्यता का गहन अध्ययन विश्लेषण करता है।

उपर्युक्त विवेचित मौलिक असाम्यताओं के बावजूद राजनीतिक समाजशास्त्र एवं नीतिशास्त्र के मध्य संबंधों की प्रगाढ़ता के विविध आयामों को व्यवस्था के दैनिक कार्यों के परिप्रेक्ष्य में एवं राजनीति प्रासंगिक तत्त्वों के परिप्रेक्ष्य में सहज रूप से देखा जा सकता है। जैसे–जैसे जनकल्याणकारी राज्यों के स्वरूप की लोकप्रियता बढ़ती जा रही है, वैसे–वैसे सामाजिक जीवन में राज्य के प्रवेश का दायरा भी बढ़ता जा रहा है। आज विकासशील राजनीतिक व्यवस्थाओं के विकास एवं आधुनिकीकरण का पैमाना सामाजिक जीवन में राज्य का अधिकाधिक प्रवेश से है। अतः केन्द्र (राजनीतिक व्यवस्था) एवं परिधि (समाज) की बढ़ती हुई अन्तःक्रियात्मकता की दृष्टि से समसामयिक परिवेश में व्यवस्थागत राजनीति का नैतिकता उन्मुख होना आज समय की मांग है और नैतिकता आधारित नीतियों का निर्माण एवं क्रियान्वयन किसी भी लोकतंत्रीय राजनीतिक व्यवस्था के सफलीमूत होने का यथातथ्य प्रमाण है।

राजनीतिक समाजशास्त्र और सांख्यिकी (Political Sociology and Statistics)

राजनीति से सांख्यिकी का संबंध शताब्दियों पुराना है। प्राचीन ग्रीक विद्वान प्लेटो ने अपनी प्रसिद्ध रचना 'Republic' में आदर्श राज्य की अवधारणा प्रतिपादित करते समय आदर्श एवं निरंकुश शासकों के गुणों की चर्चा करते हुए प्रासंगिक मात्रा का उल्लेख किया है। प्लेटो के बाद के राजनीतिक विद्वानों द्वारा राजनीति के विश्लेषण एवं राजनीतिक सिद्धान्तों के प्रतिपादन में सांख्यिकी का प्रयोग नहीं के बराबर किया गया।

राजनीतिक घटनाओं के परिमाणात्मक मापन का उद्भव एवं प्रयोग वस्तुतः बीसवीं सदी की देन है। समाज विज्ञान के अध्ययन क्षेत्र में सांख्यिकी प्रविधियों के आरम्भिक प्रयोग का श्रेय प्रसिद्ध बेल्जियन विद्वान अदोल्फ क्वेतिले को दिया जाता है, जिन्होंने सामाजिक अध्ययन क्षेत्र में परिमाणात्मक मापन की नींव रखी। वस्तुतः, सांख्यिकी के प्रयोग के मामले में राजनीति विज्ञान सभी सामाजिक विज्ञानों का प्रवर्तक है। राजनीतिक व्यवस्थाओं में जनसंख्या आकलन, करारोपण, निर्वाचन प्रक्रिया, शासकीय क्रियाकलापों, आय–व्यय का लेखा–जोखा, चुनावी राजनीति के विश्लेषण एवं अधिकांश राजनीतिक, आर्थिक सामाजिक प्रक्रियाओं के स्वरूप–निर्धारण तथा कार्यान्वयन में परिमाणात्मक मापन की ओर उन्मुख अभिरुचि से राजनीति प्रासंगिक तत्त्वों के अध्ययन–विश्लेषण में बड़े पैमाने पर सांख्यिकी के प्रयोग के प्रचलन की प्रवृत्ति बढ़ती गयी।

व्यवहारवादी क्रान्ति के आगमन के पश्चात् राजनीति प्रासंगिक शोधकार्यों में यथोचित् शुद्धता लाने के लिए सांख्यिकी का प्रयोग निरन्तर बढ़ता गया। अनुभवमूलक शोधप्रक्रिया में वैज्ञानिक प्रविधियों के प्रयोग, प्रासंगिक आंकड़ों, तथ्यों के परिमापन, पर्यवेक्षण में सांख्यिकी का व्यापक प्रयोग करके आधुनिक राजविद्वानों द्वारा राजनीतिक समाजशास्त्र एवं सांख्यिकी के संबंधों को नया अस्तित्त्व प्रदान किया गया है। राजनीतिक समस्याओं, घटनाओं के समाधान हेतु प्रासंगिक शोधकार्यों में प्रयुक्त परिमाणात्मक मापन तकनीक के प्रयोग से सिद्धान्त–निर्माण प्रक्रिया में गणितीय सुनिश्चितता आयी है। सारांशतः, यह कहा जा सकता है कि राजनीतिक समाजशास्त्र के अनुभवपरक अध्ययन–विश्लेषण में व्यापक स्तर पर सांख्यिकी के प्रयोग से शोधकार्यों में अनुभवपरकता के साथ–साथ काफी सुनिश्चितता आयी है।

राजनीतिक समाजशास्त्र और भूगोल (Political Sociology and Geography)

राज्य के निर्माणक चार तत्त्वों में भूखंड एक महत्त्वपूर्ण तत्त्व है, जिसका प्रसंग राजनीतिक व्यवस्था की भौगोलिक सीमाओं से प्रासंगिक है। सभी स्तर के राजनीतिक वैज्ञानिकों द्वारा राज्य या राजनीतिक व्यवस्था के लिए एक निर्धारित भूखंड एवं भौगोलिक सीमाओं की अनिवार्यता को स्वीकारा गया है।

वस्तुतः, सभी राजविज्ञानियों की यह स्वीकारोक्ति है कि किसी भी सामाजिक व्यवस्था की राजनीतिक समस्याओं, मुद्दों एवं जीवन से प्रासंगिक समस्त आयामों के व्यवहारमूलक अध्ययन के लिए उस राजनीतिक व्यवस्था के भूगोल से जान–पहचान जरूरी है जिसमें वह समाज अवस्थित है। किसी भी राजनीतिक व्यवस्था एवं

प्रक्रियाओं पर वहां की भौगोलिक परिस्थितियों का गहरा प्रभाव होता है जिसके आलोक में वहां की राजनीतिक संस्कृति, राजनीतिक समाजीकरण, राजनीतिक सहभागिता, राजनीतिक भर्ती, राजनीतिक विकास, आधुनिकीकरण आदि विषयों का स्तरोन्नयन होता रहता है। ये समस्त विषय राजनीतिक समाजशास्त्र के अध्ययन के विभिन्न गत्यात्मक आयाम हैं, जिनका सीधा सरोकार राजनीतिक व्यवस्था की वैधता, लोकप्रियता, सातत्य जैसे प्रसंगों से है। राजनीतिक व्यवस्था एवं राजनीतिक सत्ता के प्रति आस्था, निष्ठा, विश्वास जैसे विषयों को जीवन्त बनाने में राजनीतिक व्यवस्था के भूगोल की भूमिका अहम् होती है। यही वो तत्त्व है, जिससे प्रभावित होकर नागरिक अपनी व्यवस्था के प्रति राष्ट्रीय अभिज्ञान (National Identity) लेता है। इस तत्त्व का आशय अपनी व्यवस्था के प्रति अवाम के विश्वास से जुड़ा है। भौगोलिक सीमा के दायरे में ही आम आदमी अपने को राजनीतिक व्यवस्था का हिस्सा मानता है। व्यवस्था के प्रति अपनापन का यह अनुभव व्यवस्थागत राजनीतिक संस्कृति को सजीव बनाता है। जनसाधारण को राजनीतिक रूप से सक्रिय बनाता है एवं उनके राजनीतिक व्यवहार को नियमित करता है। भौगोलिक दशाएं व्यवस्थागत समाज की जाति, धर्म, भाषा, संस्कृति सभी तत्त्वों को अपने प्रभाव में रखती हैं साथ ही राजनेताओं की लोकप्रियता एवं समाज में उनका प्रभाव भी भौगोलिक तत्त्वों से प्रभावित होता है।

राजनीतिक व्यवस्था एवं प्रक्रियाओं पर भौगोलिक परिस्थितियों के पड़ते प्रभाव को देखते हुए यह कहा जा सकता है कि राजनीतिक समाजशास्त्र तथा भूगोल का परस्पर संबंध अतिघनिष्ठ है। किसी भी व्यवस्था को राजनीतिक व्यवस्था का दर्जा प्राप्त करने के लिए भौगोलिक सीमाओं की आवश्यकता को अपरिहार्य माना गया है। दोनों विषयों में कुछ मौलिक अन्तर भी हैं जो निम्नांकित हैं :

1. राजनीतिक समाजशास्त्र राजनीतिक व्यवस्था प्रक्रिया एवं राजनीतिक व्यवहार का अध्ययन करने वाला समाज विज्ञान है और भूगोल का संबंध भूमि, जलवायु, वर्षा, समुद्र, नदी, पहाड़, कृषि, खनिज पदार्थ आदि से है। भूगोल इन प्रसंगों के परिप्रेक्ष्य में प्राकृतिक दशाओं का वर्णन करने वाला विज्ञान है जिसका मनुष्य के जीवन, मनोवृत्तियों, भावनाओं अभिविन्यासों पर विशेष प्रभाव पड़ता है।
2. राजनीतिक समाजशास्त्र के अध्ययन में पर्यावरण संदर्भित ठोस तथ्यों के साथ नैतिक मूल्यों आदर्शों का भी ध्यान रखा जाता है, जबकि भूगोल का अध्ययन सिर्फ ठोस तथ्यों से सम्बद्ध होता है।
3. राजनीतिक समाजशास्त्र राजनीतिक व्यवस्था की गतिविधियों के साथ मानव के राजनीतिक व्यवहार का भी अध्ययन करता है जो एक परिवर्तनशील विषय है। इसमें निश्चितता का अभाव पाया जाता है जबकि भूगोल एक निश्चित विज्ञान है जिसमें नियमों एवं भौगोलिक सीमाओं की निश्चितता पायी जाती है।

असमानता–संदर्भित उपर्युक्त तथ्यों के बाद भी यह सत्य है कि राजनीतिक व्यवस्था के पर्यावरण पर भौगोलिक दशाओं का पूरा प्रभाव होता है। स्विट्जरलैण्ड में प्रत्यक्ष प्रजातंत्र की सफलता की मूल वजह वहां की भौगोलिक स्थिति है। अमेरिका और भूतपूर्व सोवियत संघ को महाशक्ति के रूप में स्थापित होने की वजह भी वहां का भूगोल ही है। एशिया महादेश में मजबूत लोकतांत्रिक राजनीतिक शक्ति के रूप में भारत के उभरने की वजह भी यहां की भौगोलिक स्थिति है और नेपाल तथा भूटान के राजनीतिक पिछड़ेपन की वजह भी वहां के प्राकृतिक संसाधनों की असम्पन्नता है जो भौगोलिक तत्त्वों से प्रासंगिक है। इस प्रकार, राजनीति और भूगोल के बीच परस्पर घनिष्ठ संबंध है।

निष्कर्ष (Conclusion)

उपर्युक्त वर्णित तथ्यों से यह स्पष्ट होता है कि समाज विज्ञान का प्रत्येक अनुशासन मानव के सामाजिक जीवन के अलग–अलग पहलुओं से प्रासंगिक होता है और जिस विषय विशेष से वह स्वायत्त अनुशासन सम्बद्ध होता है उसका बारीक विश्लेषण करने के साथ–साथ समाजविज्ञान के अन्य अनुशासनों से भी वह प्रत्यक्ष या परोक्ष रूप से जुड़ा होता है और उस विषय के उद्‌भव एवं उत्थान में सहयोगात्मक–सकारात्मक भूमिका निभाता है। व्यवहारवादी अध्ययन–प्रवृत्ति की प्रकृति अन्तरानुशासनिक (Interdisciplinary) होने की वजह से सभी सामाजिक

विज्ञानों का एक–दूसरे पर गंभीर प्रभाव पड़ा है जो राजनीतिक समाजशास्त्र का अन्य समाजशास्त्रों से संबंध के रूप में विवेचित इस अध्याय में स्पष्ट दिखाई देता है।

स्मरणीय संकेत (Points to Remember)

- अन्तःशास्त्रीय अध्ययन–प्रवृत्ति की वजह से राजनीतिक समाजशास्त्र पर राजनीति विज्ञान, मनोविज्ञान, मानव विज्ञान, अर्थशास्त्र, इतिहास, दर्शनशास्त्र, भूगोल, सांख्यिकी का गंभीर प्रभाव पड़ा है।
- एक नये अनुशासन के रूप में राजनीतिक समाजशास्त्र ने मूलरूप से अपनी अध्ययन–सामग्री एवं अध्ययन–प्रविधियां राजनीति विज्ञान से ग्रहण की हैं।
- राजनीति विज्ञान के अध्ययन में सिर्फ राजनीतिक परिवर्त्यों के अध्ययन को महत्त्व दिया जाता है, लेकिन राजनीतिक समाजशास्त्र में सामाजिक, राजनीतिक, आर्थिक, सांस्कृतिक, धार्मिक, क्षेत्रीय सभी परिवर्त्यों के अध्ययन में परिस्थितिजन्य एवं जरूरतों के अनुरूप महत्त्व दिया जाता है।
- एक स्वायत अनुशासन के रूप में विकसित एवं स्थापित होने के लिए राजनीतिक समाजशास्त्र ने आनुभविक विश्लेषणपरक अध्ययन हेतु विभिन्न समाज विज्ञानों से सर्वाधिक विषय तत्त्व ग्रहण किया है और अपने शोधकार्य में इनकी अध्ययन तकनीकों का प्रयोग भी बड़े पैमाने पर किया है।
- राजनीतिक समाजशास्त्र सिर्फ राजनीतिक संबंधों, व्यवहारों का अध्ययन सामाजिक, आर्थिक, राजनीतिक यथार्थताओं के आलोक में करता है, जबकि समाजशास्त्र सिर्फ सामाजिक संबंधों व्यवहारों के अध्ययन पर बल देता है।
- राजनीतिक समाजशास्त्र एवं अर्थशास्त्र के बीच काफी नज़दीकी परस्पर निर्भरता है, क्योंकि अर्थशास्त्र का अध्ययन प्रसंग मूलतः व्यक्ति के आर्थिक जीवन की दशाओं यथार्थताओं व समुन्नति से संबंधित है और मनुष्य के आर्थिक जीवन की वास्तविकता ही उसके राजनीतिक व्यवहार का नियामक, संचालक एवं निरूपक है।
- राजनीतिक समाजशास्त्र एवं मनोविज्ञान का परस्पर गहरा संबंध है क्योंकि मनोविज्ञान के अध्ययन का केन्द्र मनुष्य की मानसिक अवस्था एवं मानसिक क्रियाएं हैं जो व्यक्ति के नैतिक मूल्यों, आदर्शों की संवाहक होती हैं और राजनीतिक समाजशास्त्र मानव के राजनीतिक व्यवहार का अध्ययन करते समय इन्हीं मानवीय तत्त्वों की स्थिति एवं इनके क्रियान्वयन पर अपना अध्ययन केन्द्रित करता है।
- राजनीतिक समाजशास्त्र का मानवशास्त्र से भी काफी नजदीक का संबंध है क्योंकि राजनीतिक समाजशास्त्री मानव व्यवहार संबंधी शोध–प्रसंगों को ज्यादा व्यवहारपरक बनाने के लिए समाज के उत्तरोतर विकास से संबद्ध कारकों के साथ–साथ सामाजिक परम्पराओं, यथार्थताओं, मूल्यों आदि का भी गहन अध्ययन करते हैं।
- राजनीतिक समाजशास्त्र एवं इतिहास का संबंध परम्परागत व प्राचीन है। जहां एक ओर राजनीतिक समाजशास्त्र अपने आनुभविक अध्ययन–विश्लेषण हेतु इतिहास से तत्त्व ग्रहण करता है, वहीं इतिहास–निर्माण में भी अहम भूमिका भी निभाता है।
- राजनीतिक समाजशास्त्र एवं दर्शनशास्त्र के मध्य प्रथमदृष्ट्या के आधार पर संबंधों की कोई पृष्ठभूमि नहीं दिखाती है, क्योंकि दर्शनशास्त्र एक आदर्शमूलक विज्ञान है और राजनीतिक समाजशास्त्र अनुभवमूलक विज्ञान है; लेकिन फिर भी दोनों विज्ञानों के बीच गहरा संबंध है क्योंकि राजनीतिक समाजशास्त्र को अपने सिद्धान्त–निर्माण के लिए काफी हद तक प्रेरणा तत्त्व और नैतिक आधार तत्त्व दर्शनशास्त्र से ही मिला है।
- राजनीतिक समाजशास्त्र एवं नीतिशास्त्र के बीच परस्पर गहरा संबंध है, क्योंकि नीतिशास्त्र व्यक्ति के नैतिकता व आदर्श से प्रासंगिक तत्त्वों का अध्ययन करता है और मानव व्यवहार के विवेकसंगत एवं अविवेकी प्रसंगों से संबद्ध नियमों का निर्धारण एवं निरूपण करता है। इस प्रसंग में व्यक्ति के राजनीतिक

आचरण व शख्सियत का अध्ययन करने की दृष्टि से राजनीतिक समाजशास्त्र के लिए नीतिशास्त्र से संबंधों का ख़ास महत्त्व है।

- राजनीतिक समाजशास्त्र एवं सांख्यिकी का संबंध भी काफी प्राचीन है। नये परिप्रेक्ष्य में व्यवहारवादी उपागमों के आगमन के पश्चात् राजनीतिक समाजशास्त्र के अनुभवपरक अध्ययन–विश्लेषण में व्यापक स्तर पर सांख्यिकी के प्रयोग से शोधकार्यों में अनुभवपरकता के साथ सुनिश्चितता एवं सुस्पष्टता आयी है।
- राजनीतिक समाजशास्त्र एवं भूगोल के बीच भी गहरा संबंध है, क्योंकि राजनीतिक व्यवस्था–प्रक्रिया, तथा राजनीति एवं राजनीतिक व्यवहार पर भौगोलिक तत्त्वों, परिस्थितियों एवं भौगोलिक सीमाओं का गंभीर प्रभाव पड़ता है।

प्रश्न (Questions)

1. राजनीतिक समाजशास्त्र का राजनीति विज्ञान तथा अर्थशास्त्र के साथ संबंधों की विवेचना करें।
   Discuss the relationship of political sociology with political science and economics.
2. इतिहास, समाजशास्त्र, मनोविज्ञान, मानव विज्ञान, दर्शनशास्त्र, नीतिशास्त्र, भूगोल, सांख्यिकी से राजनीतिक समाजशास्त्र के संबंधों की विवेचना करें।
   Discuss the relationship of political sociology with history, sociology, psychology, anthropology, philosophy, ethics, geography and statistics.

अध्याय 8

राजनीतिक व्यवस्था एवं समाज के बीच अन्तर्संबंध
Interrelationship between Political System and Society

परिचय (Introduction)

राजनीतिक व्यवस्था एवं समाज के मध्य अन्तःसंबंधों के विश्लेषण से पूर्व राजनीति, राजनीतिक व्यवस्था एवं समाज के संबंधों की पृष्ठभूमि को जान लेना अति आवश्यक है। सभी राजनीतिक व्यवस्थाएं अपने मौजूदा समाज में ही अवस्थित होती हैं, अर्थात् राजनीतिक व्यवस्था सामाजिक व्यवस्था का ही एक हिस्सा है। समाज से पृथक् राजनीतिक व्यवस्था के अस्तित्व की कल्पना ही नहीं की जा सकती है। समाज एक व्यापक व्यवस्था है इसलिए समाज शब्द का प्रयोग अत्यधिक व्यापक संदर्भ में किया जाता है। मैकाइवर एवं पेज ने अपनी रचना 'Society' में कहा है कि ''समाज रीतियों एवं कार्यविधियों के अधिकारों एवं पास्परिक सहायता के अनेक समूहों तथा विभागों की एवं मानव व्यवहार पर नियत्रंणों तथा स्वतंत्रताओं की व्यवस्था है। इस सदैव परिवर्तनशील जटिल व्यवस्था को ही हम समाज कहते हैं। यह सामाजिक संबंधों का जाल (Web of Social Relationships) है जो सदैव गतिशील एवं परिवर्तनशील रहता है।''

टालकॉट पारसन्स (Talcott Parsons) ने 'Encyclopedia of Social Sciences' में कहा है कि ''समाज को उन मानवीय संबंधों की पूर्ण जटिलता के रूप में परिभाषित किया जा सकता है जो साधन और साध्य के संबंध द्वारा क्रिया करने से उत्पन्न हुआ हो चाहे ये संबंध यथार्थ हों या प्रतीकात्मक हो।'' पारसन्स ने सामाजिक व्यवस्था में तीन विशेषताओं का पाया जाना अति आवश्यक बताया है :

1. दो या दो से अधिक व्यक्तियों का परस्पर क्रिया (Interact) करना।
2. व्यक्तियों द्वारा क्रिया करते समय ध्यान रखना कि अन्य व्यक्तियों की क्रिया पर इसका क्या प्रभाव पड़ेगा।
3. कभी–कभी व्यक्तियों द्वारा एक सामूहिक लक्ष्य (Common goal) को प्राप्त करने का प्रयास करना।

कैटलिन ने अपनी कृति में स्पष्ट रूप से राजनीति को संगठित समाज का अध्ययन कहा है। समाज और राज्य हमेशा से एक–दूसरे के सहयोगी रहे हैं। समाजशास्त्र अपनी उत्पत्ति के आरंभिक दिनों से राजनीतिक संस्थाओं एवं प्रक्रियाओं का अध्ययन करता आ रहा है। राजनीति दार्शनिक प्लेटो एवं अरस्तू ने अपने अध्ययन में 'राज्य एवं समाज' पद का प्रयोग समान अर्थों में किया है। कालान्तर में राज्य एवं समाज की अलग–अलग सीमा रेखाओं की अभिव्यक्ति दोनों विषयों के विद्वानों द्वारा की जाने लगी। समाज को व्यक्ति के लिए एक स्वाभाविक संगठित इकाई माना गया है, जबकि राज्य या राजनीतिक व्यवस्था का संबंध सत्ता शक्ति, औचित्यपूर्णता, प्रभाव, दबाव आदि से है। हीगल दर्शन में समाज की मजबूती के लिए पर्यावरण में व्याप्त संधर्षों, प्रतिस्पर्द्धाओं, तनावों को नियंत्रित करने के लिए शक्तिशाली राज्य की संकल्पना प्रस्तुत की गयी है।

आधुनिक राजनीति विद्वानों द्वारा राजनीतिक व्यवस्था–प्रक्रिया एवं राजनीतिक व्यवहार की यथार्थता को जानने–समझने तथा व्यवहारपरक गहन अध्ययन–विश्लेषण करने के लिए समाजशास्त्रीय उपागमों, प्रतिमानों, सिद्धान्तों, प्रविधियों का बड़े पैमाने पर प्रयोग किया गया है। अन्तरानुशासनिक पद्धति के प्रयोग की वजह से राजनीतिक व्यवस्था एवं समाज के मध्य निरन्तर चलते रहने वाली अन्तःक्रियाओं, अन्तःनिर्भरता एवं अन्योन्याश्रितता का तथ्यपरक एवं यथार्थपरक अध्ययन सामाजिक पृष्ठभूमि, सामाजिक पर्यावरण, सामाजिक संस्कृति, सामाजिक अभिवृत्तियों, मूल्यों, विश्वासों, परम्पराओं, आस्थाओं तथा प्रासंगिक अभिविन्यासों के परिप्रेक्ष्य में किया जाने लगा। क्योंकि, इनका मानना था कि किसी भी राजनीतिक व्यवस्था का अस्तित्व सामाजिक व्यवस्था से पृथक् नहीं हो सकता है तथा राजनीति एवं राजनीतिक व्यवस्था से संदर्भित प्रसंगों की वास्तविकता का अध्ययन–विश्लेषण व्यापक सामाजिक संदर्भ में ही किया जा सकता है। इनके विचार में एक ओर जहां सामाजिक प्रवृत्तियां राजनीतिक व्यवहारों पर गहरा प्रभाव डालती हैं, वहीं दूसरी ओर राजनीतिक व्यवस्थाएं सामाजिक व्यवहारों को मोड़ने में भी सक्षम होती हैं। राजनीतिक व्यवस्था की क्रियात्मकता का क्षेत्र समाज है, जिसमें राजनीति क्रियाशील रहती है। सामाजिक व्यवस्था की विभिन्न इकाइयां, उनके विचार, मूल्य आदि राजनीतिक व्यवस्था को औचित्यता की सामग्री प्रदान करता है जिसके आधार पर राजनीतिक व्यवस्थाएं अपनी शक्तियों का निर्धारण, क्रियान्वयन एवं सत्ता–संचालन करती हैं। किसी भी व्यवस्था में गैर राजनीतिक (सामाजिक एवं पारिस्थितिकीय) तत्त्व, राजनीतिक व्यवस्था एवं उसमें क्रियाशील राजनीति को किस सीमा तक प्रभावित करती है और उस राजनीतिक व्यवस्था की इकाइयां एवं राजनीति इन सामाजिक तत्त्वों को किस प्रकार अपने कार्य के अनुकूल बना पाती हैं, यह राजनीतिक व्यवस्था में विद्यमान समाज, सामाजिक परिस्थितियों, समानताओं, असमानताओं एवं सामाजिक व्यवहार की प्रकृति पर निर्भर करता है। जिस राजनीतिक व्यवस्था के सामाजिक पर्यावरण में पारिस्थितिकीय विभिन्नताएं जितनी ज्यादा मात्रा में पायी जाती हैं, वह राजनीतिक व्यवस्था उसी अनुपात में कमजोर, अस्थिर एवं समस्याग्रस्त होती है।

पारसन्स ने अपेक्षित अनुसंधान के पश्चात् समाज के सातत्य को कायम रखने वाली चार मुख्य क्रियाओं की पहचान की है :

1. **लक्ष्य सिद्धि (Good attainment)**—यह समाज एवं राजनीतिक व्यवस्था दोनों का प्रधान कार्य है।
2. **अनुकूलन (Adaptation)**—इस कृत्य के अन्तर्गत सामाजिक व्यवस्था के सातत्य को कायम रखने के लिए अपेक्षित संसाधनों का इन्तजाम किया जाता है।
3. **एकीकरण (Integration)**—इस कार्य का उद्देश्य समाज को टूटने से बचाना है यानी कि अटूट रखने का इन्तजाम करना है।
4. **प्रतिमान अनुरक्षण (Pattern maintenance)**—इस कार्य का उद्देश्य समाज में मूल्यों का संप्रेषण और तनाव प्रबंधन करना है ताकि सामाजिक मूल्यों के प्रति समाज के ज्यादा–से–ज्यादा सदस्यों की आस्था बनी रहे।

अन्तर्संबंध से प्रासंगिक मुख्य घटक (Main Factors Related to Interrelationship)

प्रत्येक सामाजिक व्यवस्था में क्रियाशील विभिन्न सामाजिक परिस्थितिगत कारकों (Factors) द्वारा राजनीतिक व्यवस्था की गतिविधियों पर गहरा प्रभाव डाला जाता है। किसी भी राजनीतिक व्यवस्था एवं उसकी समाज के मध्य पाये जाने वाले अंतर्संबंधों को निम्नांकित मुख्य कारकों के परिप्रेक्ष्य में देखा जा सकता है :

सामाजिक कारक (Social Factor)

प्रत्येक राजनीतिक व्यवस्था में लोकतंत्र की जमीन के मजबूतीकरण में राजनीतिक समाजीकरण एवं राजनीतिक संस्कृति की भूमिका सर्वाधिक महत्त्वपूर्ण होती है। इस राजनीतिक नींव को पुख्ता करने में सामाजिक कारकों की भूमिका सबसे अहम् होती है। सामाजिक मूल्य, परम्पराएं, विश्वास एवं अभिवृत्तियों का प्रतिमान ही किसी भी राजनीतिक व्यवस्था के लिए वैधता प्राप्ति का बुनियादी आधार है। व्यक्ति के जीवन में राज्य एवं समाज दोनों का स्थान महत्त्वपूर्ण है और उसके व्यक्तित्व के सर्वांगीण विकास हेतु दोनों के अस्तित्व की अनिवार्यता है। समाज को राजनीतिक व्यवस्था से यह अपेक्षा होती है कि व्यवस्था में उपलब्ध मूल्यवान संसाधनों (Valuable Resources) का आधिकारिक विनियोजन (Athoritative Allocation) किया जाये, संसाधन वितरण से संबद्ध परस्पर विरोधी मांगों के समाधान के उपाय ढूंढा जाये तथा समाज में सदस्यों के अधिकारों (Rights), कर्तव्यों (Duties), दायित्वों (Obligations) का निर्धारण किया जाए, ताकि सार्वजनिक जीवन को व्यवस्थित और उन्नत बनाया जा सके। इस दृष्टि से समाज के सदस्यों के व्यवहार को नियमित एवं नियंत्रित करने के लिए राजनीतिक सत्ता का अस्तित्व अपरिहार्य होता है जो समाज–संचालन के लिए निर्णय ले सकें, और नीतियां निर्धारित कर सकें। डेविड ईस्टन ने कहा है कि राजनीतिक व्यवस्थाओं का अध्ययन इसीलिए किया जाता है, क्योंकि उनके अधिकारपूर्ण निर्णयों के परिणामों का समाज के लिए अत्यधिक महत्त्व है। डेविड ईस्टन ने समाज और राजनीतिक व्यवस्था के अन्तर्संबंधों को निवेश–निर्गत प्रतिमान (Input–Output Model) के रूप में प्रस्तुत किया है, जिसमें समाज एवं राजनीतिक व्यवस्था के अन्तर्संबंधों के विश्लेषण में राजनीतिक–सामाजिक मनुष्य की आवश्यकताओं को व्यवस्था में उत्पन्न मांगों (Damands) एवं समर्थनों (Supports) के रूप में पेश किया गया है। ईस्टन की दृष्टि में मांग सामाजिक मतों की अभिव्यक्ति है जिनका संबंध आधिकारिक आवंटन से होता है। इसका बहाव हमेशा सत्ता की ओर होता है और समर्थन वो कड़ी है जो समाज को राजनीतिक व्यवस्था से प्रत्यक्ष रूप से जोड़ती है। वहीं, दूसरी ओर राजनीतिक व्यवस्था को अपनी वैधता, क्षमता, प्रभावशीलता, लोकप्रियता जैसे तत्त्वों की प्राप्ति के लिए समाज पर निर्भर रहना पड़ता है। इस हेतु सामाजिक पर्यावरण में उत्पन्न मागों के समुचित समाधान, सरकार द्वारा कुशलतापूर्वक कार्यों का निष्पादन, सार्वजनिक नीतियों का सही कार्यान्वयन तथा प्रशासन–संचालन में विवेकसंगत एवं धर्मनिरपेक्ष दृष्टिकोण को अपनाने की अपेक्षा राज्य से की जाती है। राजनीतिक व्यवस्था समाज की इन अपेक्षाओं को निर्गत कार्यों (Output Functions) के द्वारा पूरा करती है। निर्गत तत्त्व राजनीतिक व्यवस्था द्वारा उत्पादित वह वस्तु है जो समाज के सदस्यों द्वारा रखी गयी मागों पर रूपान्तरण प्रक्रिया द्वारा लिये गये निर्णय से प्राप्त होता है। राजनीतिक व्यवस्था में सामाजिक कारकों पर गंभीर दृष्टि डालते हुए ईस्टन ने यह कहा है कि सामाजिक निवेश के बिना कोई व्यवस्था कार्य नहीं कर सकती है और समाज हेतु निर्गत के बिना उसके कार्यों को पहचाना नहीं जा सकता है। इस प्रकार राजनीतिक व्यवस्था एवं समाज के अन्तर्संबंधों की अन्योन्याश्रितता में सामाजिक कारक सबसे मजबूत कड़ी है।

आर्थिक कारक (Economic Factor)

राजनीतिक व्यवस्था और समाज के मध्य अन्तर्संबंधों की दूसरी मजबूत कड़ी आर्थिक पक्ष से प्रासंगिक हैं। राजनीतिक व्यवस्था का सर्वाधिक महत्त्वपूर्ण कार्य समाज में बहुमूल्य भौतिक संसाधनों के वितरण से सम्बद्ध है।

भौतिक संसाधनों की प्राप्ति हेतु विभिन्न सामाजिक समूहों में निरन्तर चलते रहने वाले संघर्ष, प्रतिस्पर्धा एवं परस्पर विरोधी मांगों के समाधान के लिए किये गये सरकारी प्रयास इस दायरे में शामिल होते हैं। किसी भी देश की राजनीति के निर्माण में वहां का आर्थिक कारक प्रभावशाली भूमिका निभाता है। प्रत्येक राजनीतिक व्यवस्था में विद्यमान शहरी एवं औद्योगिक समाज अत्यधिक जटिल होता है, जिसमें जनसंचार के साधन काफी उन्नत स्थिति में होते है। ऐसे समाज के सदस्यों में शिक्षा, स्वास्थ्य, सामाजिक स्तरीकरण (Social Stratification) काफी उच्च स्तर का होता है। सभी समाजों में स्तरीकरण की वजह से सदस्य उच्च, मध्य एवं निम्न वर्गों में विभाजित होकर सामाजिक जीवन को व्यवस्थित करने का प्रयास करते हैं, जिसका मौलिक आधार सामाजिक जीवन से प्रासंगिक आर्थिक कारक है। जिन समाजों में आर्थिक संरचना का स्तर जितना समृद्ध होता है, वहां राजनीतिक व्यवस्था एवं समाज के बीच अन्तर्संबंधों में उतनी ही ज्यादा समृद्ध अन्योन्याश्रितता होती है। जहां प्रत्येक समाज को उन्नत सामाजिक जीवन यापन हेतु अपनी राजनीतिक व्यवस्था से विभिन्न क्षेत्रों में विकास के लिए पूंजी निवेश, उद्योग–धन्धों का विस्तार, जन–उपयोगी संसाधनों की प्रचुर मात्रा में उपलब्धता, यातायात के साधनों का ज्यादा–से–ज्यादा विकास, रोजगार के नये–नये अवसर, शिक्षण संस्थानों, अस्पताल, आवास, स्वच्छता एवं मनोरंजन की सुविधाएं जैसी जीवन की बुनियादी जरूरतों की पूर्ति चाहिए, वहीं प्रत्येक राजनीतिक व्यवस्था को अपने सामर्थ्य प्रदर्शन, संरचनात्मक विभेदीकरण (Structural Differentiation), भूमिका विभेदीकरण (Role Differentiation), राजनीतिक विकास, राजनीतिक आधुनिकीकरण, लोकतंत्र के निर्माण, स्थायित्व, लोकप्रियता, शक्ति–संचालन, जनलामबंदी (Mass Mobilisation) जनसहभागिता का स्तर बढ़ाने, सामाजिक परिवर्तन की बहुआयामी प्रक्रिया के व्यवस्थित संचालन तथा सामाजिक पर्यावरण की स्वस्थता के लिए सामाजिक परिस्थितियों से प्रासंगिक आर्थिक कारकों को ज्यादा–से–ज्यादा उन्नतशील बनाने की जरूरत होती है, ताकि राजनीतिक व्यवस्था विकास एवं आधुनिकीकरण की ऊंचाइयों को प्राप्त कर सके। जो राजनीतिक व्यवस्था सामाजिक जीवन में जितना ज्यादा प्रवेश करता है उस व्यवस्था के सामाजिक–आर्थिक अन्तर्संबंधों में उतनी ही ज्यादा उच्च कोटि की अन्तःक्रियात्मकता एवं अन्योन्याश्रितता पायी जाती है।

मनोवैज्ञानिक कारक (Psychological Factor)

राजनीतिक व्यवस्था एवं समाज के बीच अन्तर्संबंधों के निर्धारण में तीसरा महत्त्वपूर्ण आयाम मनोवैज्ञानिक कारकों का है। आधुनिक राजनीति विज्ञान के अध्ययन का प्रतिपाद्य विषय है सामाजिक मनुष्य के राजनीतिक व्यवहार का तथ्यपरक एवं यथार्थपरक अध्ययन–विश्लेषण, जिसका मूल प्रसंग मनोवैज्ञानिक कारकों के प्रभाव में होता है। व्यवस्था में राजनीतिक सहभागिता, राजनीतिक उदासीनता तथा राजनीतिक जागरूकता आदि से प्रासंगिक परिस्थितियों के पीछे मनोवैज्ञानिक कारक ही सबसे प्रबल होते हैं जो समाज के सदस्यों को सीधे तौर पर राजनीतिक व्यवस्था से जोड़ते हैं। जनसाधारण में राजनीतिक उद्देश्यों के प्रति जागरूकता लाने एवं उनसे सामाजिक–राजनीतिक घटनाओं, समस्याओं, मुद्दों के प्रति संज्ञानात्मक अभिमुखीकरण, भावात्मक अभिमुखीकरण एवं मूल्यांकनात्मक अभिमुखीकरण की प्रवृत्ति विकसित कराने के लिए मनोवैज्ञानिक कारक ही जवाबदेह होता है। समाज में राजनीतिक व्यवहार को नियमित करने, अवाम को अपनी राजनीतिक व्यवस्था से जोड़ने, अवाम के व्यवहार में अपनी राजनीतिक व्यवस्था के मूल्यों एवं राजनीतिक सत्ता के प्रति आस्था, विश्वास, प्रतिबद्धता जैसी अभिवृत्तियां उत्पन्न कराने, विकसित कराने एवं अभिविन्यासित कराते रहने में सामाजिक–मनोवैज्ञानिक कारकों की भूमिका अहम् होती है। राजनीतिक व्यवस्था की औचित्यता, संप्रभुता, अखंडता, राष्ट्रत्व, सामाजिक न्याय, राजनीतिक विचारधारा जैसी अवधारणाओं के व्यवहारपरक विश्लेषण के लिए सामाजिक–राजनीतिक मनुष्य के राजनीतिक व्यवहार की मनोवैज्ञानिक व्याख्या एवं उसके सूक्ष्म तथा वृहद् विश्लेषण की जरूरत होती है। इस हेतु राजनीतिक व्यवस्था एवं मनोवैज्ञानिक कारकों के अन्तर्संबंधों का विश्लेषणपरक अध्ययन एक ऐसा गंभीर प्रयोग है जो राजनीतिक समाजशास्त्र को मनोविज्ञान से इस उद्देश्य से जोड़ता है ताकि राजनीतिक व्यवस्था की क्रियात्मकता के आलोक में आधुनिक समाजों की गतिविधियों का राजनीतिक–सामाजिक विश्लेषण करके

राजनीतिक व्यवस्था में विद्यमान समाज के परिप्रेक्ष्य में राजनीतिक भर्ती, मतदान–व्यवहार, राजनीतिक सहभागिता, राजनीतिक लामबन्दी (Mobilisation), राजनीतिक संघर्ष, परिवर्तन एवं व्यवस्था में अभिजन वर्ग की भूमिका जैसे प्रासंगिक पक्षों का मनोवैज्ञानिक आधार पर विश्लेषण संभव हो सके। इससे यह पता चलता है कि राजनीतिक व्यवस्था के प्रति समाज की धारणा कैसी है और किस हद तक सदस्य महसूस करते हैं कि वे निर्णय–प्रक्रिया में भाग लेकर उसे प्रभावित कर सकते हैं। यहां तक कि राष्ट्रीय अभिज्ञान (National Identity), साथी नागरिकों के साथ अभिज्ञान, राजनीतिक मूल्यों, विश्वास, राजनीतिक सत्ता के प्रति आस्था, शासन निर्गतों (Outputs) के संबंध में विश्वास, निर्णयकारिता के प्रति आस्था, आदि स्थितियां, जो किसी भी राजनीतिक व्यवस्था में राजनीतिक सत्ता की वैधता एवं लोकप्रियता के कायम रहने की बुनियादी जरूरतें हैं, राजनीतिक व्यवहार के मनोवैज्ञानिक आयाम का परिचायक है। समाज के सदस्यों की ऐसी सभी राजनीतिक गतिविधियां जो उनके अनुभवात्मक विश्वास (Empirical Beliefs), मूल्य अभिरुचियां (Value Preferences) एवं प्रभावी अनुक्रियाएं (Effective Responses) तथा संज्ञानात्मक, भावात्मक एवं मूल्यांकनात्मक अभिमुखीकरण (Cognitive Affective, and Evaluative Orientation) से संबद्व होता है वह समाज को प्रत्यक्ष रूप से राजनीतिक व्यवस्था से जोड़ता है। यानी कि, मनोवैज्ञानिक कारण राजनीतिक व्यवहार को नियमित करने का एक मुख्य माध्यम है।

ऐतिहासिक कारक (Historical Factor)

किसी भी राजनीतिक व्यवस्था का उसके समाज से अन्तर्संबंधों के विश्लेषण में ऐतिहासिक कारकों की भूमिका काफी महत्त्वपूर्ण होती है। ऐतिहासिक पृष्ठभूमि से प्रासंगिक तथ्य ही राजनीतिक व्यवस्था एवं समाज के अन्तर्संबंधों की जमीन को बुनियादी आधार पर मजबूती प्रदान करता है। व्यवस्था एवं समाज के संबंधों को नई दिशा व गति प्रदान करने में समाज में पायी जाने वाली राजनीतिक संस्कृति के स्वरूप की भूमिका प्रबल होती है जिसके आयामों के निर्माण में ऐतिहासिक कारकों का पक्ष काफी मजबूत होता है। प्रत्येक राजनीतिक व्यवस्था का वहां की ऐतिहासिक घटनाओं, समस्याओं, मुद्दों, परम्पराओं, मूल्यों, विश्वासों आदि के साथ गहरा संबंध होता है। राजनीतिक व्यवस्था और समाज के संबंध–निर्धारण में ऐतिहासिक कारक नींव की भूमिका निभाते हैं। व्यवस्थागत राजनीतिक व्यवहार के अध्ययन–विश्लेषण में भी ऐतिहासिक तथ्य अपनी प्रधानता दर्ज कराते हैं। विभिन्न समाजों के परिप्रेक्ष्य में ऐतिहासिक प्रसंगों के आधार पर राजनीतिक व्यवहार का तुलनात्मक अध्ययन करने से इतिहास की विभिन्न अवस्थाओं में विभिन्न समाजों में निवास करने वाले लोगों के राजनीतिक व्यवहार में पायी जाने वाली नियमितताओं व भिन्नताओं की वास्तविक जानकारी प्राप्त होती है। ऐतिहासिक परिप्रेक्ष्य में राजनीतिक व्यवहार का समुचित अध्ययन करने से इन तथ्यपरक प्रश्नों का उत्तर ढूंढने में सुविधा होती है कि क्यों एक ही प्रकार की राजनीतिक व्यवस्था का स्वरूप एक समाज में सफल और दूसरे से असफल होता है ? क्यों सोवियत संघ में मार्क्सवादी लोकतंत्र की अवधारणा अपनायी गयी ? क्यों सोवियत संघ में मार्क्सवादी व्यवस्था का विघटन हुआ ? क्यों ब्रिटेन की भांति फ्रांस में संसदीय प्रणाली सफल नहीं हो पायी ? क्यों भारतीय समाज लम्बे समय तक उपनिवेशवाद की गिरफ्त में रहा ? क्यों भारत में लम्बे समय तक एक ही दल का सत्ता में प्रभुत्व बना रहा ? आदि। इस जैसे अनेक प्रासंगिक राजनीतिक प्रश्न हैं जो किसी भी राजनीतिक व्यवस्था एवं उसके समाज के अस्तित्व–विकास की विभिन्न अवस्थाओं से सुसंगत है जिन्हें जानने–समझने एवं जिनका गहन विश्लेषण करने के लिए व्यवस्थागत ऐतिहासिक प्रसंगों से जुड़े तथ्यों के समस्त आयामों को जानना जरूरी है तभी समाज में राजनीतिक व्यवहार की निन्तरता या विभिन्नता से प्रासंगिक तथ्यों पर वास्तविक रूप से प्रकाश डाला जा सकता है।

सांस्कृतिक कारक (Cultural Factor)

राजनीतिक व्यवस्था एवं समाज के अन्तर्संबंधों के प्रसंग में इस कारक का अभिप्राय व्यवस्था के आधारभूत सांस्कृतिक मूल्यों (Basic Cultural Values), विश्वासों, परम्पराओं तथा समाज के सदस्यों की राजनीतिक

व्यवस्था एवं क्रियाओं के प्रति अभिरुचिओं व दृष्टिकोणों से प्रासंगिक है। प्रत्येक समाज एवं राजनीतिक व्यवस्था के कुछ सांस्कृतिक मूल्य होते हैं जो लोकतंत्र की नींव को पुख्ता करने के साथ–साथ नागरिकों में उन मूल्यों के प्रति चेतना जगाने का काम भी करते हैं। इस रूप में यह चेतनीय कारक है जो राजनीतिक व्यवहार में चेतना प्रवाह को बनाये रखता है। यह वह कारक है जिसके माध्यम से राजनीतिक व्यवस्था के मूल्यों के संबंध में संज्ञानात्मक तथा भावात्मक पक्षों की जानकारी प्राप्त की जाती है और अनुभवात्मक तथ्यों के आधार पर इन मूल्यों को एक पीढ़ी से दूसरी पीढ़ी को हस्तांतरित किया जाता है। लोकंतत्रीय राजनीतिक व्यवस्था में नागरिकों को इसके माध्यम से राज्य के कार्यों में भागीदारी के लिए प्रोत्साहित किया जाता है। इस दृष्टि से व्यवस्थागत सामाजिक–सांस्कृतिक मूल्यों, परम्पराओं, विचारों, अभिरुचियों का राजनीतिक व्यवस्था के लिए ख़ास महत्त्व होता है और राजनीतिक व्यवस्थान्तर्गत मौजूद सांस्कृतिक कारक राजनीति के समाज विरोधी साधनों एवं साध्यों पर प्रतिबंध लगाने का भी कार्य करता है।

राजनीतिक कारक (Political Factor)

राजनीति मनुष्य के सामाजिक जीवन की बुनियादी गतिविधि है। इसलिए राजनीतिक कारक राजनीतिक व्यवस्था और समाज के बीच अन्तःक्रियात्मकता एवं सातत्य बनाये रखने का सबसे महत्वपूर्ण क्रियाशील माध्यम है। राजनीति के व्यापक अर्थबोध के संदर्भ में इसे समाज–संचालन के माध्यम के रूप में भी विश्लेषित किया गया है। आधुनिक विद्वानों ने राजनीति को बहुआयामी और बहुदिशायी सामाजिक प्रक्रिया के परिप्रेक्ष्य में देखा है। राजनीतिक सामाजिक परिवर्त्यों, राजनीतिक–सामाजिक गतिविधियों, राजनीतिक–समाजिक पर्यावरण तथा राजनीतिक–सामाजिक व्यवस्था के बीच राजनीति सजीव कड़ी की भूमिका निभाती है। राजनीति राजनीतिक नेतृत्व को शक्ति, प्रभाव, औचित्यपूर्णता प्रदान करने वाले सामाजिक तत्त्वों परिस्थितियों एवं मुद्दों की खोज करता है। यह सामाजिक विषयों, प्रश्नों, मुद्दों, आन्दोलनों व परिवर्तनों की मांग से प्रासंगिक तथ्यगत सामाजिक प्रसगों का अनुभवात्मक अनुसंधान करके उन विषयों पर समाज में उठने वाली मागों–समर्थनों की मात्रा की गहन छान–बीन करता है तथा उन विषयों का समाजिक जीवन पर पड़ने वाले प्रभावों की कड़ियां खोज कर उन्हें व्यवस्थित करता है। राजनीति के इस प्रयास से व्यवस्था में राजनीतिक अभिजन के संचरण (Circulation) के लिए परिस्थितियां बनती हैं। सामाजिक संघर्ष, सामाजिक संस्कृति, सामाजिक आन्दोलन व क्रान्ति को राजनीतिक व्यवस्था से जोड़ने का माध्यम भी राजनीति ही है। यह समाज में शक्ति की उत्पत्ति, विस्तार, प्रदर्शन, प्रभाव, संचयन एवं वितरण के सामाजिक आधारों की खोज करके राजनीतिक व्यवस्था को इन तात्त्विक आधारों से परिचित कराता है। दरअसल राजनीतिक कारकों के अभाव में राजनीतिक व्यवस्था एवं समाज के अन्तर्संबंधों की कल्पना भी नहीं की जा सकती है क्योंकि व्यवस्थागत राजनीति का वहां समाजिक, राजनीतिक, आर्थिक सभी शक्तियों के साथ घनिष्ठ संबंध होता है। राजनीति के माध्यम से समाज के विभिन्न समूह अपने हित–साधन के लिए अधिक से अधिक लाभ व सुविधाएं अर्जित करने का प्रयास करते हैं और राजनीति की छत्र–छाया में ही सत्ता प्राप्ति के लिए संघर्ष स्थानीय से राष्ट्रीय व अन्तर्राष्ट्रीय स्तर तक निरन्तर चलता रहता है। तभी तो प्रो० वाइजमैन एवं प्रो० रफेल ने राजनीति को व्यवस्था में सीमित साधनों का बंटवारा करने की प्रक्रिया के रूप में प्रस्तुत किया है, वहीं डेविड ईस्टन ने राजनीति को समाज में मूल्यों के आधिकारिक विनियोजन का माध्यम बताया है। राजनीति का लक्ष्य है सामाजिक हित, संघर्ष इसकी प्रकृति है तथा शक्ति इसका साधन है जिसके द्वारा राजनीति समाज संचालन के दायित्व का निर्वहन करती है। तभी तो आल्मंड ने कहा है कि राजनीतिक व्यवस्था ही ऐसी व्यवस्था है जो सामाजिक एकीकरण की प्रक्रिया को न केवल संभव बनाती है बल्कि जीवित भी रखती हैं जिसके संचालन का दायित्व राजनीति पर है। इस प्रकार राजनीतिक कारक राजनीतिक व्यवस्था और समाज के मध्य निरन्तर चलने वाली अन्तःक्रियात्मकता का संचालक माध्यम है। तभी तो लासवेल ने मनुष्य की वैयक्तिक एवं सामूहिक क्रियाओं के समस्त आयामों को राजनीति के अध्ययन क्षेत्र में शामिल किया है।

राजनीतिक व्यवस्था एवं समाज के बीच अन्तर्संबंधों के परिप्रेक्ष्य में राजनीतिक कारकों के संबंध में यह कहा जाता है कि राजनीति समाज को जोड़ने वाला कारक है जिसके माध्यम से मानव–क्रियाओं का संबंध दर्शाया जाता है।

भौगोलिक कारक (Geographical Factor)

प्रत्येक राजनीतिक व्यवस्था और उसकी भौगोलिक सीमान्तर्गत अवस्थित समाज के अन्तर्संबंधों में भौगोलिक कारकों का सर्वाधिक महत्वपूर्ण स्थान होता है। इन्हें व्यवस्थागत राजनीति का नियामक कारक माना जाता है। बुनियादी स्तर पर किसी राजनीतिक व्यवस्था के भूगोल के दायरे में उस व्यवस्था की अवस्थिति, स्थलाकृति (Topography) क्षेत्रफल, जलवायु आदि तत्त्व शामिल होते हैं। प्रत्येक राजनीतिक व्यवस्था की भौगोलिक स्थिति एवं भौगोलिक कारकों का वहां की राजनीतिक प्रक्रिया पर गहरा प्रभाव होता है जो व्यवस्था और समाज के अन्तर्संबंधों से सीधा संवाद स्थापित करता है। व्यवस्था के भौगोलिक प्रसंग को महत्ता प्रदान करने वाले राजनीति विज्ञानियों का यह मानना है कि देश की राजनीतिक सत्ता एवं शक्ति का मुख्य अवयव (Component) भूगोल ही है, क्योंकि किसी भी राजनीतिक व्यवस्था की उन्नति और समृद्धि की जड़ें उसकी भौगोलिक सीमाओं के दायरे में फलती–फूलती हैं। देश की राजनीतिक संस्कृति के विभिन्न आयामों का प्रसंग सीधे तौर पर भौगोलिक कारकों से प्रासंगिक होता है। भौगोलिक कारक एक आम नागरिक को अपनी राजनीतिक इकाई से जोड़ता है जो व्यक्ति के राजनीतिक व्यवहार को निर्मित एवं नियमित करता है। यह कारक राजनीतिक संस्कृति को सजीव बनाता है और राष्ट्रीय अभिज्ञान (National Identity) जैसे आयामों को मौलिक आधार प्रदान करता है। मनुष्य की राजनीतिक आस्था, प्रतिबद्धता, विश्वास जैसी अभिवृत्तियों पर भौगोलिक कारकों का सीधा प्रभाव पड़ता है। राजनीतिक व्यवस्था की एकता, अखंडता, सुरक्षा आदि से प्रासंगिक आगत–निर्गत तत्त्व देश के भौगोलिक कारकों से संबद्ध होता है, जो अवाम की राजनीतिक गतिविधियों में अपनी राजनीतिक व्यवस्था एवं प्रक्रियाओं के प्रति विश्वास की स्थितियां पैदा कराते हैं। यदि अविश्वास की स्थितियां उत्पन्न होती हैं तो यही कारक राजनीतिक व्यवस्था में विद्रोह, हिंसा, आन्दोलन, दंगा–फसाद जैसी स्थितियों के उद्भव का आधारक कारक भी बनता है। सभी पराधीन देशों में स्वाधीनता सग्राम के जन्म, पोषण, संचालन व सफलता के पीछे का इतिहास मूल रूप से अपने देश की भौगोलिक सीमाओं–क्षेत्रफल आदि के प्रति पूरी आस्था व विश्वास जैसे तत्त्वों से संबद्ध रहा है एवं समसामयिक शासक वर्ग के ख़िलाफ विद्रोह की मानसिकता से ओतप्रोत रहा है। स्वतंत्रता–प्राप्ति के पश्चात् अपनी विशेष भौगोलिक स्थिति की वजह से भारत को अपनी विदेश नीति में गुटनिरपेक्षता के तत्त्वों को प्रधानता देनी पड़ी। भारत की सीमा पर स्थित असम, त्रिपुरा, मणिपुर, नागालैण्ड़, पंजाब, तमिलनाडु, जम्मू–कश्मीर जैसे राज्यों में समय–समय पर उत्पन्न पृथक्तावादी प्रवृत्तियों के उदय की मूल वजह वहां की भौगोलिक स्थितियां ही हैं।

सारांशतः, यह कहा जा सकता है कि राजनीतिक व्यवस्था एवं समाज के बीच अन्तर्संबंधों के निर्धारण तथा नियमन में राजनीतिक व्यवस्था एवं समाजिक व्यवस्था के सभी तत्त्वों की प्रासंगिकता अपनी अहम् भूमिकाएं निभाता है। सामाजिक–राजनीतिक व्यवहारों, घटनाओं, समस्याओं आदि की वास्तविकता को समझाने के लिए राजनीतिक व्यवस्था एवं प्रक्रियाओं का अध्ययन–अनुसंधान सामाजिक पृष्ठभूमि, सामाजिक मूल्यों एवं सामाजिक संबंधों के प्रसंग में करना अति आवश्यक है। राजनीति से प्रासंगिक समस्त प्रक्रियाओं का आनुभविक विश्लेषण सामाजिक संदर्भ में ही संभव है और ये समस्त प्रक्रियाएं राजनीतिक व्यवस्था एवं समाज के अन्तर्संबंधों को निरन्तर नया अर्थ प्रदान करती रहती हैं।

स्मरणीय संकेत (Points to Remember)

- राजनीतिक व्यवस्था सामाजिक व्यवस्था का ही एक हिस्सा है। समाज से पृथक् राजनीतिक व्यवस्था के अस्तित्व की कल्पना बेकार है।

- समाज और राज्य हमेशा एक–दूसरे के सहयोगी रहे हैं, इसलिए आधुनिक राजनीतिक विद्वानों द्वारा राजनीतिक व्यवस्था–प्रक्रियाओं एवं राजनीतिक व्यवहार के तथ्यपरक व व्यवहारपरक अध्ययन के लिए समाजशास्त्रीय उपागमों, प्रतिमानों, सिद्धान्तों का भरपूर प्रयोग किया गया है।
- राजनीतिक व्यवस्था से प्रासंगिक समस्त आयामों, मुद्दों, समस्याओं का वास्तविक स्तर पर विश्लेषण सिर्फ सामाजिक संदर्भ में ही संभव है।
- किसी भी राजनीतिक व्यवस्था एवं उसकी सामाजिक व्यवस्था के मध्य पाये जाने वाले अन्तर्संबंधों को कुछ मुख्य कारकों के परिप्रेक्ष्य में देखा जा सकता है; यथा–सामाजिक कारक, आर्थिक कारक, मनोवैज्ञानिक कारक, ऐतिहासिक कारक, सांस्कृतिक कारक, राजनीतिक कारक, भौगोलिक कारक।
- राजनीतिक व्यवस्था तथा समाज के बीच अन्तर्संबंधों के निर्धारण–नियमन एवं निरूपण में समाज के सभी तत्त्वों की प्रासंगिकता का महत्त्व लगभग समान है।

प्रश्न (Question)

1. राजनीतिक व्यवस्था एवं समाज के मध्य पाये जाने अन्तर्संबंधों की आलोचनात्मक समीक्षा कीजिए।
   Critically examine the interrelationship between political system and society.

अध्याय 9

राजनीतिक व्यवस्था एवं प्रक्रिया : संप्रत्यय, वर्गीकरण एवं क्रियात्मकता

Political System and Process : Concept, Classification and Activity

सामान्य व्यवस्था सिद्धान्त से परिचय (An Introduction to General System Theory)

सामान्य व्यवस्था सिद्धान्त अवधारणा का अस्तित्व प्राथमिक स्तर पर 1920 के दशक में लुगविग यौन बर्टलनफी नामक प्रसिद्ध जीववैज्ञानिक की रचनाओं में मिलता है। द्वितीय विश्वयुद्ध के उपरान्त जब विभिन्न विज्ञानों के एकीकरण की आवश्यकता पर जोर दिये जाने की मानसिकता का सूत्रपात हुआ तब इसी मानसिकता के परिणामस्वरूप विभिन्न विज्ञानों ने अध्ययन सामग्री एवं अध्ययन प्रविधियों का आदान–प्रदान करना शुरू किया। वस्तुतः, सामान्य व्यवस्था के उद्‌भव एवं विकास की जड़ में यही अवधारणा प्रबल रही है। इस संदर्भ में सबसे अहम् प्रश्न है व्यवस्था के मूल स्वरूप पर चर्चा करना और इससे प्रासंगिक सवाल यह है कि व्यवस्था किसे कहते हैं ?

परिभाषा के रूप में व्यवस्था का अर्थ है, ''बहुत सारे तत्त्वों का एक साथ पाया जाना जिनका एक–दूसरे के साथ क्रिया–प्रतिक्रिया का संबंध हो।'' या ''एक ऐसी संपूर्ण इकाई जो अनेक हिस्सों से मिलकर बनती है और जिसमें अनेक गुणों का मिश्रण है। इसका अभिप्राय यह है कि व्यवस्था वस्तुओं या तत्त्वों का ऐसा समुच्चय है जो विशेष प्रकार के संरचनात्मक संबंधों के आधार पर एक–दूसरे से संबद्ध होता है और विशेष प्रक्रियाओं के माध्यम से एक दूसरे को प्रभावित करता है।''

इस व्यापक संकल्पना के मूल आधारक लुडविग बर्टलनफी के शब्दों में, ''प्रत्येक जीवन एक व्यवस्था है जिससे हमारा तात्पर्य पारस्परिक रूप से अन्तःक्रियाओं में लगे रहने वाले तत्त्वों के एक जटिल संगठन से है। सभी जीवों का प्रत्येक अंग तथा उससे संबद्ध प्रत्येक घटना न केवल अपने अन्तर्निहित परिस्थितियों पर भी निर्भर करती

है बल्कि न्यूनाधिक मात्रा में संपूर्ण शरीर की परिस्थिति पर निर्भर करती है।'' लुडविग द्वारा प्रस्तुत मानव शरीर की व्यवस्था से संबद्ध यह संकल्पना ही वस्तुतः व्यवस्था अवधारणा का मूलाधार है। इस प्रसंग में व्यवस्था जटिल वस्तुओं या तत्त्वों का समग्र–समूह है, एक संगठित निकाय है जो संगठनात्मक एवं कार्यात्मक वर्गीकरण के निर्धारित सिद्धान्त का बोधक है, अर्थात् व्यवस्था एक संगठित संगठन है जिसकी प्रत्येक इकाई आपस में अन्तःक्रियात्मक संबंधों (Interactive Relationship) में आबद्ध है।

इस प्रसंग के आलोक में जहां तक व्यवस्था अवधारणा के उद्गम एवं आरंभिक विकास का विषय है, सामान्य व्यवस्था सिद्धान्त की सैद्धान्तिक शुरूआत प्राकृतिक विज्ञानों (Natural Science) विशेष रूप से जीवविज्ञान (Biology) में हुआ। लेकिन सामाजिक विज्ञानों में इसके व्यवहार को प्रथम श्रेय मानव विज्ञान को जाता है। इसके उपरान्त समाजशास्त्र, मनोविज्ञान और काफी समय बाद राजनीतिशास्त्र में इस संकल्पना का प्रयोग हुआ। हालांकि डेविड ईस्टन का यह कहना है कि व्यवस्था उपागम की सीधी प्रेरणा उन्होंने विज्ञान के समस्त क्षेत्रों में एकीकरण के विकास के लिए चलाये जा रहे आन्दोलन से ली है। लेकिन ऐतिहासिक तथ्यों के आलोक में समाजशास्त्र से पूर्व इसका प्रयोग सामाजिक मानव विज्ञान में इमील दुर्खीम की कृतियों में अन्तर्निहित रूप से तथा ए.आर. रेडक्लिफ ब्राउन एवं ब्रोनिसलॉ मालीनाओस्की की कृतियों में स्पष्ट रूप से हुआ हुआ है। सामाजिक मानव विज्ञानियों के रूप में इन दोनों ने जो सैद्धान्तिक आविष्कार किया उसका प्रभाव राजनीतिशास्त्र पर दो समाजशास्त्रवेत्ताओं–रॉबर्ट के. मार्टन एवं टालकॉट पार्सन्स के माध्यम से सीधे तौर पर पड़ा जिसमें विषय पर मार्टन की अपेक्षा पार्सन्स का प्रभाव ही अधिक दिखाई देता है।

सन् 1922 में जब ब्रोनिसला मालीनाओस्की तथा रेडक्लिफ ब्राउन की रचनाएं 'एग्रो नॉट्स ऑफ द वैस्टर्न पैसिफिक' और 'अण्डमान आईलैण्ड्र्स' एक साथ प्रकाशित हुई जिसने सामाजिक विज्ञानों में व्यवस्था सिद्धान्त पर पहला बड़ा प्रभाव डाला। दोनों विद्वानों द्वारा समान रूप से इस बात पर बल दिया गया कि राजनीतिक विश्लेषण में व्यवस्था सिद्धान्त का प्रयोग एक सूत्र में होना चाहिए, साथ ही सामाजिक–राजनीतिक व्यवस्था के अध्ययन–प्रसंग में मानव व्यवहार के किसी प्रतिमान का आरंभ कब और कैसे हुआ इस तथ्य का पता लगाने से ज्यादा जरूरी इस बात की तह में पहुंचना है कि उस व्यवहार का व्यवस्था अनुरक्षण में क्या योगदान है। इसके परिणामस्वरूप मानवविज्ञान के मूल अध्ययन दृष्टिकोण में परिवर्तन आया और व्यवस्था की विभिन्न स्थितियों एवं इकाइयों का परिचालनात्मक (Operational) अध्ययन किया जाने लगा जिसके मूल में व्यवस्था अनुरक्षण में उपव्यवस्थाओं का योगदान संदर्भित अध्ययन शामिल था। दोनों मानव विज्ञानवेत्ताओं के दृष्टिकोण में कई असमानताएं होते हुए भी उनकी रचनाओं में जो एक बड़ी स्पष्ट समानता दिखाई देती है वह है व्यवस्था–अनुरक्षण से प्रासंगिक दृष्टिकोण। मालीनाओस्की ने लिखा है, ''सभी सभ्यताओं में प्रत्येक रिवाज, पार्थिव वस्तु, विचार अथवा विश्वास किसी न किसी मूल आवश्यकता को पूरा करता है और एक निश्चित उद्देश्य को लेकर चलता है इसी वजह से वह व्यवहार–सक्रिय व्यवस्था का एक अपरिहार्य हिस्सा बन जाता है।'' व्यवहारपरक राजनीति विज्ञान पर व्यवस्था अनुरक्षण के इस प्रसंग का व्यापक प्रभाव पड़ा। रेडक्लिफ ब्राउन ने भी लिखा है कि ''प्रत्येक ऐसी गतिविधियां जो निरंतर दुहराई जाती रहती हैं, चाहे वह अपराध के लिए सजा देना हो अथवा दाह संस्कार हो इसकी उपयोगिता इसी में है कि वह सामाजिक जीवन की समग्रता से प्रासंगिक है और इसी वजह से उसके संरचनात्मक प्रवाह के अनुरक्षण में महत्त्वपूर्ण योगदान देती है। राजनीतिक व्यवस्था सिद्धान्त की जड़ों में इसी सामाजिक, विश्वास आस्था, मूल्य, परम्पराओं से प्रासंगिक विचार आरोपित हैं।''

राजनीतिक व्यवस्था–विश्लेषण हेतु व्यवहारपरक दृष्टिकोण के विकास की दिशा में जिन विशेष तथ्यों का महत्त्वपूर्ण प्रभाव पड़ा उनमें तार्किक प्रत्यक्षवाद (Logical Positivism) और भाषा वैज्ञानिक दर्शन (Linguistic Philosophy) प्रमुख है। तार्किक प्रत्यक्षवाद उस आन्दोलन का नाम है जो 1920 के दशक में वियना केन्द्र (Vienna Centre) के नाम से जाने गये दार्शनिकों, गणितज्ञों एवं वैज्ञानिकों के एक समूह द्वारा चलाया गया। इनके द्वारा उन सभी वस्तुओं को चुनौती दी गयी जो अनुभव से परे था। तार्किक प्रत्यक्षवाद का समकालीन राजनीतिक विज्ञानियों विशेषकर हरबर्ट साइमन एवं हेराल्ड लासवेल की कृतियों पर गहरा प्रभाव पड़ा। राजनीति विज्ञान के व्यवहारपरक दृष्टिकोण के विकास में प्रभावशाली सहायक के रूप में जिस दूसरी विचारधारा की भूमिका प्रमुख

रही वह है भाषा वैज्ञानिक दर्शन की। इसके प्रतिपादकों का यह मानना था कि "सभी तत्त्वमीमांसा संबंधी वक्तव्यों को विज्ञान क्षेत्र से बहिष्कृत माना जाना चाहिए।" इसके अधिकांश प्रतिपादक स्पष्टतः अनुदारवादी विचारों के समर्थक व पोषक थे। इनके द्वारा दर्शनशास्त्र के शोध को 'द्वितीय श्रेणी का अध्ययन' कहा गया जिसका संबंध सिर्फ अवधारणात्मक खोज से या किसी मौलिक अनुसंधान से नहीं था।

सन् 1960 के दशक के मध्य तक यह दृष्टिकोण राजनीतिक विज्ञान के अनुसंधान एवं विश्लेषण की मुख्य प्रविधि बन गया और बहुत सारे प्रभावशाली राजनीति विज्ञानियों द्वारा यह स्वीकार किया गया कि विषयगत सैद्धान्तिक विकास की दृष्टि से यह सर्वाधिक उपयोगी दृष्टिकोण है। राजनीति विज्ञान के क्षेत्र में इस अवधारणा के विकास में जिन राजनीतिशास्त्रवेत्ताओं की भूमिका सर्वाधिक महत्त्वपूर्ण रही उनमें राष्ट्रीय राजनीति के अध्ययन–विश्लेषण में डेविड ईस्टन तथा ग्रेबियल आल्मंड और अन्तर्राष्ट्रीय राजनीति के अध्ययन विश्लेषण में मॉर्टन कॉपलान का नाम उल्लेखनीय है। समाजशास्त्रियों की दृष्टि से राजनीति–विश्लेषण में व्यवस्था सिद्धान्त के उपयोग पर सर्वाधिक प्रभाव रॉबर्ट के. मार्टन और टॉलकाट पार्सन्स का पड़ा है। मार्टन तथा पार्सन्स दोनों इस सिद्धान्त के प्रसंग में पृथक दृष्टिकोण का प्रतिनिधित्व करते हैं। जहां मार्टन की अभिरुचि व्यवस्था की विशेष घटनाओं तथा वास्तविक जीवन से संबंध रखने वाले तथ्यों के सीमित स्पष्टीकरण की हैं, वहीं पार्सन्स का ध्येय एक ऐसे 'सामान्य सिद्धान्त' का विकास करना है जिसमें संवर्गों (Categories) के ऐसे समुच्चय (Assemblage) का विकास करना है जिसके आधार पर घटनाओं के किसी भी समुच्चय को वास्तविक रूप में समझा जा सकता है। मार्टन द्वारा उन समस्त प्रक्रियाओं का गहन अध्ययन किया गया है जो सम्पूर्ण समाज को प्रभावित करता है। मार्टन की गिनती स्पष्टवादी विचारक की कोटि में की जाती है। 'Social Theory and Society Structure' में इनके द्वारा अभिव्यक्त दृष्टिकोण में काफी स्पष्टता है। मार्टन एवं पार्सन्स के विचारों में एक ख़ास अन्तर है जो उनकी अवधारणाओं में भी स्पष्ट दिखाई पड़ता है। मार्टन कृत्यवाद (Functionalism) का प्रयोग विश्लेषण की अत्यधिक स्पष्टता हेतु एवं शोध–सामग्री से निष्कर्ष तत्त्व को निकालने के साधन के रूप में करता है, वहीं पार्सन्स की अभिरुचि ऐसे संवर्गों और संबंधों के विकास के प्रयास में दिखाई पड़ता है जिसके आधार पर शोधकार्य से प्रासंगिक तथ्यों का वर्गीकरण एवं व्यवस्थापन किया जा सकता है। समाजशास्त्रियों का राजनीतिशास्त्र पर पड़ने वाले प्रभावों के आधार पर यदि दोनों विचारकों के संकल्पनाओं की प्रभावनीय भूमिका की बात की जाये तो निश्चित रूप से विषय पर पार्सन्स का प्रभाव मार्टन की अपेक्षा अधिक प्रबल है और यही प्रभाव राजनीतिक व्यवस्था अवधारणा पर भी स्पष्ट रूप से दिखाई पड़ता है।

सामान्य व्यवस्था सिद्धान्त : मूल अवधारणा
(General System Theory : Basic Concept)

सामान्य व्यवस्था सिद्धान्त का अभिप्राय विभिन्न विज्ञानों के बीच एकता स्थापित करने वाली अवधारणाओं के अन्वेषण से संबद्ध है। राजनीतिक व्यवस्था शब्दावली को समझने के लिए 'व्यवस्था' (System) शब्द की व्यापकता एवं गहराई को समझना अतिआवश्यक है। 'व्यवस्था' शब्द मूलतः विज्ञान की शब्दावली है। समाज विज्ञानों के अध्ययन में प्रयोग किया जाने वाला यह शब्द दरअसल 'भौतिक विज्ञान' से आया है, जहां व्यवस्था का अर्थ है, 'सुपरिभाषित अन्तर्क्रियाओं का ऐसा समूह जिसके' अध्ययन की सीमाएं निश्चित की जा सके। व्यवस्था शब्द अन्तःक्रियाओं के समूह का द्योतक है। Oxford शब्दकोश के आलोक में "व्यवस्था एक मिश्रित संकलन है, संबद्ध वस्तुओं अथवा अंशों का समूह है, भौतिक या अभौतिक वस्तुओं का संगठित समूह है।" (A system is a complex whole, a set of, connected things, or parts, organized body of material or immaterial things)" इसलिए व्यवस्था में संबद्धता (Coherence), संयुक्तता (Connection) तथा उसके अंगों में अन्योन्याश्रितता (Interdependence of Parts) का अस्तित्व होना अपरिहार्य है। शाब्दिक रूप में व्यवस्था के तीन संदर्भ हैं–संगठन, संगठित एवं संबंधित। इस अर्थ में व्यवस्था के लिए यह अनिवार्यता है कि वह एक संगठित संगठन हो तथा उसका प्रत्येक अंग एक दूसरे से संबद्ध हो। इस प्रसंग में व्यवस्था के तीन लक्षणों की पहचान की

गयी है : 1. व्यापकता, 2. संपर्क एवं अन्योन्याश्रितता, तथा 3. सीमाएं एवं स्वयं को बनाये रखना। जिस पर विशेष चर्चा निम्नांकित है :

1. **व्यापकता (Comprehensiveness)**—विषय के संदर्भ में व्यापकता का अर्थ अस्तित्व की गहराई एवं अध्ययन–क्षेत्र के विस्तृत प्रसंग से जुड़ा है जिसके दायरे में समस्त राजनीतिक सामाजिक, आर्थिक, धार्मिक, सांस्कृतिक संरचनाएं, क्रियाएं, प्रतिक्रियाएं, व्यवहार एवं पर्यावरण समायोजित है।
2. **संपर्क एवं अन्योन्याश्रितता (Interaction and Interdependence)**—संपर्क का अर्थ है व्यवस्था के सदस्यों एवं इकाइयों के बीच गहन आपसी संपर्क, अर्थात् व्यवस्था की इकाइयां एवं व्यक्तियों के मध्य प्रत्यक्ष या अप्रत्यक्ष संपर्क निरन्तर होते रहना अपरिहार्य है। यही संपर्क व्यवस्था में अन्योन्याश्रितता को जन्म देता है। अन्योन्याश्रितता का अर्थ है व्यवस्था के सदस्यों एवं उसके प्रत्येक अंगों के बीच परस्पर निर्भरता। इस संदर्भ में अन्तरआश्रितता का अर्थ यह है कि व्यवस्था के किसी एक अंग या सदस्य की क्रियाओं का प्रभाव अन्य अंगों या सदस्यों पर पड़ता है। यह अर्थ इस मानसिकता का द्योतक है कि किसी भी इकाई के स्वरूप या व्यवहार में आने वाले परिवर्तन का प्रभाव दूसरी इकाइयों पर पड़ना निश्चित है और यही व्यवस्था की पहचान भी है।
3. **सीमाएं एवं स्वयं को बनाए रखना (Boundaries and Self Maintenance)**—सीमाओं का तात्पर्य व्यवस्था की परिसीमा से है जो क्षेत्रफल के निर्धारित दायरे में बंधी होती है। इस सीमाक्षेत्र के अन्तर्गत ही किसी भी व्यवस्था का सांगोपांग अध्ययन किया जाता है। सेल्फ मनेटेनेन्स का अर्थ व्यवस्था की उन क्रियाओं या व्यवहारों से है जिनका विकास करके ही व्यवस्था के लिए अपने अस्तित्व को बनाये रखना संभव हो पाता है। क्योंकि व्यवस्था की परम्पराएं, मूल्य एवं व्यवहार ही वह आदर्श हैं जिनको बचाये रखने के लिए व्यवस्था की इकाइयां एवं सभी सदस्य निरन्तर प्रयत्नशील रहते हैं।

व्यवस्था के उपर्युक्त तीन लक्षणों को यदि राजनीतिक व्यवस्था के लक्षणों के आलोक में देखा जाए तो सामान्य शब्दों में यह कहा जा सकता है कि प्रत्येक मानव समूह राजनीतिक व्यवस्था नहीं हो सकती है। शैक्षणिक, सांस्कृतिक, सामाजिक, आर्थिक संस्थाओं में भी राजनीति के सर्वव्यापी स्वरूप को देखा जा सकता है जिसमें राजनीति के तत्त्वों, यथा–शक्ति, प्रभाव, नेतृत्व, संघर्ष, नीति–निर्धारण, निर्णय–लेना आदि प्रक्रियाओं का अस्तित्व होता है। इन सभी संस्थाओं में राजनीति निहित है और ये अपनी गतिविधियों एवं व्यवहारों द्वारा निरन्तर वैधानिक राजनीतिक सत्ता को प्रभावित करने का प्रयास करते रहते हैं। लेकिन, फिर भी सिर्फ राजनीति का अस्तित्व होने की वजह से कोई भी व्यवस्था 'राजनीतिक व्यवस्था' नहीं हो सकती। अब अहम् सवाल यह है कि कोई व्यवस्था 'राजनीतिक व्यवस्था' कैसे कही जायेगी ?

समाज विज्ञानों के अध्ययन से संदर्भित 'व्यवस्था' शब्द का तात्पर्य है–'मानवीय संबंधों का स्वरूप।' किसी व्यवस्था को राजनीतिक व्यवस्था के रूप में चिन्हित करने के संबंध में राजनीतिक विज्ञान के विचारकों का कहना है कि "कोई भी मानव–संबंधों की संरचना राजनीतिक व्यवस्था का स्वरूप तब लेती है जब उसके अन्तर्गत सत्ता, शक्ति, नियम, निर्णय एवं औचित्यपूर्णता के तत्त्व प्रमुख हो जाते हैं। किसी भी व्यवस्था के कार्यों एवं मूल्यों का संबंध जब प्रत्यक्ष या अप्रत्यक्ष रूप से राज्य एवं सरकार के संगठन, क्रियाओं, मूल्यों, व्यवहारों, नीति–निर्माण निर्णय–प्रक्रिया आदि से होता है तो व्यवस्था का स्वरूप राजनीतिक हो जाता है और वही व्यवस्था राजनीतिक व्यवस्था कहलाती है।"

समाज एक वृहत् व्यवस्था है, जिसमें राजनीतिक संस्थाओं के अतिरिक्त आर्थिक, धार्मिक, सांस्कृतिक, शैक्षणिक आदि कई संरचनाओं का अस्तित्व होता है। सभी संरचनाओं की क्रियाएं, प्रतिक्रियाएं, व्यवहार एक–दूसरे को प्रभावित करते हैं, लेकिन सामाजिक व्यवस्था में अन्य संरचनाओं की अपेक्षा राजनीतिक संरचनाएं प्रधान अस्तित्व रखती हैं, क्योंकि इनकी बुनियाद हैं–वैधानिक सत्ता, शक्ति, प्रभाव एवं औचित्यपूर्णता। सामाजिक व्यवस्था के व्यवस्थित संचालन हेतु नीति–निर्माण एवं निर्णय–प्रक्रिया के निर्माण एवं संचालन का वैधानिक दायित्व इनके ऊपर होने की वजह से राजनीतिक संरचनाएं समाज के सदस्यों के सामाजिक–राजनीतिक आचरण, मूल्यों, परम्पराओं, आस्थाओं एवं पर्यावरण को प्रभावित, निदेशित एवं नियंत्रित करने का औचित्यपूर्ण अधिकार रखती हैं।

सामान्य व्यवस्था सिद्धान्त की व्यापक अवधारणा को अध्ययन की दृष्टि से तीन भागों में बांटा जा सकता है। इसके प्रथम भाग के दायरे में वे अवधारणाएं शामिल हैं जिनके आधार पर एक राजनीतिक व्यवस्था का दूसरी व्यवस्था से अन्तर स्पष्ट किया जाता है, मसलन–खुली व्यवस्थाएं (Open Systems) और बन्द व्यवस्थाएं (Closed Systems), जैविक (Organismic) तथा अजैविक (Inorganismic) व्यवस्थाएं आदि। इस भाग के आधार पर व्यवस्थाओं का श्रेणीबद्ध वर्गीकरण भी किया जा सकता है, मसलन–उपव्यवस्थाओं के मध्य अन्तःक्रियाओं के क्रमिक संबंध तथा अनुमाप प्रभावों (Scale Effects) के आधार पर। इस संकल्पना के आधार पर व्यवस्था के आन्तरिक संगठन की प्रक्रियाओं यानी उनके बीच की समानता, विभिन्नता, अन्तःक्रियात्मकता, अन्तनिर्भरता, केन्द्रीयकरण या विकेन्द्रीकरण की मात्रा का पता लगाया जा सकता है। व्यवस्थागत पर्यावरण के साथ अन्तःक्रियाओं के संबंध के दायरे में आगत एवं निर्गत प्रक्रियाओं की अवधारणाएं भी आ जाती हैं। इसके अतिरिक्त विभिन्न व्यवस्थाओं के विकास की दिशा, गति और प्रकृति से संदर्भित प्रतिमानों एवं तत्त्वों के योग के आधार पर भी व्यवस्थाओं का वर्गीकरण किया जा सकता है।

दूसरे भाग से संबद्ध अवधारणा की सहायता से विभिन्न व्यवस्थाओं के नियंत्रण एवं अनुरक्षण के लिए उपयोगी तत्त्वों का पता लगाने का प्रयास किया जाता है। संकल्पना के इस स्तर पर व्यवस्था की स्थिरता (Stability), अस्थिरता (Unstability), संतुलन (Equilibrium) समस्थिति आदि से संबद्ध अवधारणाओं की जानकारी प्राप्त की जाती है। इस स्तर पर व्यवस्थाओं के नियंत्रण एवं अनुरक्षण से संबंधित कई अवधारणाएं सामने आती हैं जो प्रक्रियात्मक परिवर्तनों (Functional Changes) से संबद्ध होती हैं, यथा पुनर्निवेशन (Feedback) और इसके विभिन्न स्वरूपों एवं पुनर्निर्माण आदि से प्रासंगिक विचार।

तीसरे भाग की अवधारणाओं का संबंध व्यवस्था की गत्यात्मकता एवं परिवर्तन से है। व्यवस्था–संदर्भित परिवर्तन दोनों प्रकार का हो सकता है। एक वह जो व्यवस्था पर आघात करता है, वह विनाशकारी भी हो सकता है जो व्यवस्था के विनाश, विघटन, टूट–फूट के लिए जिम्मेदार हो सकता है और विध्वंस का कारण बन सकता है और दूसरा वह जो व्यवस्था को हानि न पहुंचाते हुए परिवर्तित पर्यावरण की स्थितियों की प्रतिक्रियाओं के रूप में सामने आता है। व्यवस्था को आघात न पहुंचाने वाले परिवर्तन का भी दो प्रकार हो सकता है–एक वह जिसमें परिवर्तन किया जा सकता है और दूसरा वह जिसमें परिवर्तन नहीं किया जा सकता है। इस स्तर पर अनुकूलन (Adaptation), जानकारी (Learning) एवं विकास (Growth) जैसी अवधारणाओं से व्यवस्था का संपर्क होता है। इन सभी के अलावा व्यवस्था से संबद्ध विभिन्न संकटों, तनावों, दबावों, ह्रास (Decline), अतिभार (Overloading) जैसी प्रक्रियात्मक अवधारणाओं की जानकारी एवं प्रयोग भी व्यवस्था के व्यवहारपरक अध्ययन करने हेतु आवश्यक है।

उपर्युक्त विवेचन के आलोक में यह निष्कर्ष निकलता है कि व्यवस्था तत्त्वों के उस समूह को कहते हैं, जो : **प्रथम**–एक–दूसरे से संबद्ध हों, **द्वितीय**–एक–दूसरे पर आश्रित हों, एवं **तृतीय**–एक–दूसरे की क्रियाएं करता हो। इस क्रिया को ही परस्पर क्रिया या अन्तःक्रिया (Interaction) कहा जाता है। इन क्रियाओं के माध्यम से व्यवस्था संचालन हेतु नीतियां एवं निर्णयों का निर्धारण किया जाता है एवं सत्तागत प्रभुत्व के आधार पर आदेशों–निर्देशों को निर्गत किया जाता है जिसके आलोक में समाज के मूल्यवान संसाधनों–वस्तुओं (Goods), सेवाओं (Services), अवसरों (Opportunities), लाभों (Benefits) आदि के आधिकारिक वितरण के लिए पर्यावरण में उठने वाली परस्पर विरोधी मांगों (Conflicting Demands) के समाधान का उपाय किया जाता है और संसाधनों (Resources) को समाज के सभी स्तरों के सदस्यों एवं समूहों के उपयोग के लिए निश्चित किया जाता है। इस प्रसंग में सामाजिक जीवन की उन्नति हेतु समाज के सदस्यों के लिए राजनीतिक व्यवस्था के नियमों एवं आदेशों का पालन करना अनिवार्य है। सामाजिक व्यवस्था और राजनीतिक व्यवस्था के मध्य मानव जीवन की बुनियादी आवश्यकताओं से प्रासंगिक उपर्युक्त विवेचित संदर्भों की वजह से राजनीतिक–सामाजिक व्यवस्था की अन्तःक्रियात्मकता व अन्योन्याश्रितता का व्यवस्थित अध्ययन करना समय की मांग थी। यही वजह है कि डेविड ईस्टन एवं ग्रेबियल आल्मंड जैसे व्यवहारवादियों द्वारा राजनीतिक व्यवस्था का तथ्यपरक एवं व्यवहारपरक व्यवस्थित अध्ययन किया गया।

राजनीतिक व्यवस्था : अर्थ एवं परिभाषाएं
(Political System : Meaning and Definitions)

'राजनीतिक व्यवस्था' की संज्ञा में दो शब्दों का योग है–राजनीतिक एवं व्यवस्था। राजनीतिक शब्द सत्ता, शक्ति, प्रभाव, नेतृत्व का सूचक है, जो औचित्यपूर्णता के माध्यम से वैधानिक स्थिति प्राप्त करता है। औचित्यपूर्णता का आधार सहमति है जो लोकतंत्रीय राजनीतिक व्यवस्था के लिए प्राणाधार (Vital) तत्त्व है। यह राजनीतिक शक्ति को सत्ता में परिवर्तित करने का साधन है। इस प्रसंग में महत्त्वपूर्ण तथ्य यह है कि कोई भी संघ, समुदाय या संस्था तभी राजनीतिक कहलाती है जब वह सम्प्रभु राज्य हों या सम्प्रभु राज्य का अंग हो और उसके आज्ञा देने एवं पालन कराने का आधार सम्प्रभुता की शक्ति हो।

'व्यवस्था' शब्द अन्तर्क्रियाओं (Interactions) के समूह का सूचक है। व्यवस्था में संगठित संगठन, व्यापकता, संबद्धता, नियमितता, संयुक्तता (Connection) अन्योन्याश्रितता जैसे–तत्त्वों का अस्तित्व प्रमुख होता है जिसके व्यवस्थित संचालन का उत्तरदायित्व औचित्यपूर्ण राजनीतिक सत्ता के हाथों में होता है। 'व्यवस्था एक मिश्रित संकल्पना है, संबद्ध वस्तुओं या अंशों का समूह है, भौतिक या अभौतिक वस्तुओं का संगठित समूह है।' प्रसिद्ध जीवशास्त्री बर्टलनफी के मतानुसार, ''व्यवस्था अन्तःक्रियाशील तत्त्वों का समूह है।'' हॉल एवं फेगेन के शब्दों में, ''व्यवस्था वस्तुओं में परस्पर एवं वस्तुओं और उसके लक्षणों के बीच संबंधों सहित वस्तुओं का समूह है।'' वहीं कॉलिन वेरी के विचार में, ''व्यवस्था एक संपूर्ण संगठन है जो संघटक लक्षणों वाले विभिन्न निर्माणक भागों से सम्मिश्रित रहता है।'' व्यवस्था–संदर्भित ये परिभाषाएं एवं विचार इस तथ्य को स्पष्ट करते हैं कि व्यवस्था विशिष्ट रूप से एक संगठित संगठन का नाम है जिसमें संरचनात्मक एवं प्रकार्यात्मक संबंध पूर्ण रूप से एक–दूसरे से परस्पर संबद्ध होते हैं, एक–दूसरे के प्रभाव में होते हैं तथा एक–दूसरों को प्रभावित भी करते हैं।

आधुनिक राजनीति विज्ञान के अध्ययन–क्षेत्र के अन्तर्गत 'व्यवस्था' शब्द के प्रयोग का अभिप्राय 'राजनीतिक व्यवस्था' से होता है। 'राजनीतिक व्यवस्था' शब्द व्यवहारवादी उपागम, तुलनात्मक राजनीति एवं राजनीति के तुलनात्मक विश्लेषण की देन है। तुलनात्मक राजनीति एक विस्तृत विषय है जिसके अध्ययन का केंद्रीय प्रसंग है विभिन्न राजनीतिक व्यवस्थाएं, प्रक्रियाएं एवं राजनीतिक व्यवहार के सभी आयामों का तथ्यगत एवं यथार्थगत अध्ययन। राजनीतिशास्त्र की अध्ययन प्रविधियों में अनुभवात्मक संकल्पनाओं के आगमन एवं प्रयोग के पश्चात् 'राज्य' एवं 'सरकार' जैसी वैधानिक इकाइयों के परिवर्तित स्वरूप की व्याख्य के लिए विषयगत अध्ययन क्षेत्र के पुनःव्याख्या की आवश्यकता पड़ी। अनुभववादी दृष्टिकोण की वजह से आधुनिक राजनीति विज्ञान के अध्ययन–क्षेत्र एवं अध्ययन प्रविधियों में आये क्रान्तिकारी, परिवर्तन के परिणामस्वरूप 'राज्य शासन एवं राष्ट्र जैसे परम्परागत वैधानिक' शब्दों की जगह नाम 'राजनीतिक व्यवस्था' शब्द का प्रयोग होने लगा। इस नवीन शब्दावली से नामकरण के भेद के साथ ही इसके अस्तित्व एवं अध्ययन क्षेत्र की व्यापकता का भी बोध होता है।

परम्परागत वैधानिक शब्द राज्य, सरकार, कानून, सत्ता आदि के अध्ययन का दायरा राज्य एवं सरकार के संवैधानिक अस्तित्व एवं क्रियाओं तक सीमित था, इसलिए राजनीतिक व्यवहार की सम्पूर्णता (Totality of Political Behaviour) के अध्ययन की दृष्टि से ये अवधारणाएं संकीर्ण थीं जो राजनीतिक घटनाओं एवं समस्याओं की व्याख्या एवं विश्लेषणात्मक अध्ययन के लिए अपर्याप्त थीं।

राजनीतिक व्यवस्था एक व्यापक अवधारणा है जिसके अन्तर्गत राज्य एवं सरकार जैसी वैधानिक इकाइयों की राजनीति के साथ गैर राज्यीय राजनीति, कबीले, समुदायों, वैयक्तिक संघों आदि की राजनीति को भी अध्ययन की विषयवस्तु में सम्मिलित किया जाता है। राजनीतिक व्यवस्था के अन्तर्गत शासन की इकाइयों–संरचनाओं, शासन पद्धति के अनुभवों, व्यवहारों एवं प्रक्रियाओं, पर्यावरण तथा व्यवस्था के सदस्यों की समस्त राजनीतिक गतिविधियों एवं राजनीतिक व्यवहारों का विस्तारपूर्ण अध्ययन सामाजिक–आर्थिक पृष्ठभूमि में किया जाता है। राजनीतिक व्यवस्था के अध्येताओं का विषयगत अध्ययन–विश्लेषण केवल व्यवस्था की संरचनाएं–प्रक्रियाएं, यथा–कानून–निर्माण, कानून–प्रयोग, राजनीतिक व्यवहार, सामाजिक व्यवहार, राजनीतिक पर्यावरण, सामाजिक पर्यावरण के अध्ययन तक ही सीमित नहीं रहा है वरन् इन विषयों के अध्ययन के लिए अन्तरानुशासनात्मक पद्धति

के आधार पर उन विशिष्ट वैज्ञानिक अनुभवात्मक प्रविधियों का प्रयोग भी शामिल हो गया जो समाजशास्त्र अर्थशास्त्र, मानवशास्त्र, मनोविज्ञान आदि के अध्ययन के लिए प्रयोग में प्रचलित है।

किसी भी राजनीतिक व्यवस्था की मौलिकता एवं उसकी विशेषताओं का घनिष्ठ संबंध वहां की राजनीति के स्वरूप एवं प्रकृति से होता है। व्यवस्था की राजनीति की वास्तविकताओं को समझने के लिए उसकी पृष्ठभूमि में अवस्थित सामाजिक, राजनीतिक, आर्थिक, मनोवैज्ञानिक तत्त्वों की गतिविधियों का अध्ययन करना अति आवश्यक है, क्योंकि राजनीति व्यवस्था की संचालक है और व्यवस्था से पृथक् राजनीति का कोई अस्तित्व नहीं है।

राजनीतिक व्यवस्था एवं सामाजिक व्यवस्था (Political System and Social System)

राजनीतिक व्यवस्था की अवधारणा एवं प्रकृति को व्यापक संदर्भ में समझने के लिए सामाजिक व्यवस्था में निरंतर उत्पन्न होने वाली समस्याओं के समाधान में राजनीतिक व्यवस्था की भूमिका के वास्तविक स्वरूप को सामाजिक पृष्ठभूमि में समझना होगा। सीमित अर्थों में सामाजिक व्यवस्था का तात्पर्य व्यक्ति के सामाजिक व्यवहार के एक विशिष्ट पहलू से है लेकिन व्यापक संदर्भ में सामाजिक व्यवस्था से संपूर्ण समाज के सामूहिक सामाजिक व्यवहारों एवं सामाजिक भूमिकाओं का बोध होता है जो तत्त्वतः राजनीतिक व्यवहार से प्रत्यक्ष संवाद स्थापित करता है। सामाजिक व्यवस्था एक आत्मनिर्भर विस्तृत व्यवस्था है जो अपने सदस्यों की जरूरतों को पूरा करने के साथ–साथ अन्य सामाजिक व्यवस्थाओं के साथ स्थापित होने वाली विनिमय–क्रियाओं के परिणामस्वरूप, उत्पन्न आवश्यकताओं को भी संभवतः पूरा करने का प्रयास करती है। इस रूप में सामाजिक व्यवस्था व्यक्ति एवं समूहों के अन्तःसंबंधों (Interrelations), अन्तःक्रियाओं (Interactions) एवं अन्योन्याश्रित (Interdependent) संबंधों का समुच्चय (Aggregation) है। सामाजिक व्यवस्था के दायरे में व्यक्ति एवं समूहों द्वारा विभिन्न प्रकार की भूमिकाएं निभायी जाती हैं जिसका अपना अस्तित्व होता है। इन निभायी जाने वाली भूमिकाओं के अस्तित्व पर उनके आपसी संबंधों एवं सामाजिक पर्यावरण का प्रभाव पड़ता है तथा इन भूमिकाओं का अस्तित्व पर्यावरण को प्रभावित भी करता है।

सामाजिक व्यवस्था के अन्तर्गत कोई व्यक्ति या समूह एक साथ कई प्रकार की भूमिकाएं अदा कर सकता है या कई प्रकार के संस्थानीकृत व्यवहार (Institutionalised Behaviour) में हिस्सा ले सकता है। व्यक्ति एवं समूहों द्वारा निभाये जाने वाले इन व्यवहारों के बीच आपसी अपेक्षाएं निहित होती हैं जिनका संबंध व्यवस्था के अन्तर्गत अवस्थित किसी स्थिति विशेष से भी हो सकता है या सामान्य से भी। इन सामाजिक व्यवहारों का कतिपय मानकों (Norms) के रूप में आकलन किया जाता है, क्योंकि इन्हीं में सामाजिक दायित्व का बोध भी अन्तर्निहित होता है जो सामाजिक व्यवस्था–संचालन की बुनियादी व्यावहारिक शक्ति है। सामाजिक व्यवस्था के अन्तर्गत ही अनेक उपव्यवस्थाओं का अस्तित्व बोध उनकी भूमिकाओं, अपेक्षाओं, मानकों एवं व्यवहारों (Norms and Behaviours) द्वारा होता रहता है। ये उपव्यवस्थाएं अपने प्रसंग स्वरूप, प्रकृति, प्रवृत्ति एवं भूमिकाओं के आधार पर राजनीतिक, धार्मिक, आर्थिक, सांस्कृतिक, शैक्षणिक रूपों में अपनी दमदार पहचान उपस्थित कराती रहती है।

सभी सामाजिक व्यवस्थाओं को अपने पर्यावरण में उत्पन्न समस्याओं, मुद्दों के निदान के लिए समाधान का कारगर उपाय ढूंढना पड़ता है ताकि व्यक्ति एवं समूहों का कार्यात्मक व्यवहार सामाजिक मर्यादाओं की सीमा में रहे। सामान्यतः सभी सामाजिक व्यवस्थाएं मुख्य रूप से चार प्रकार की समस्याओं के समाधान हेतु प्रयासरत रहती हैं :

1. पहली समस्या प्रतिरूप–पोषण तथा तनाव–प्रबंधन (Pattern Maintenance and Tension Management) की है। इस समस्या का प्रसंग समाज के सदस्यों के उन कतिपय कार्यात्मक व्यवहारों के प्रतिरूपों की स्वीकृति से है जिन्हें समाज स्वीकार करता है। प्रत्येक सामाजिक व्यवस्था को अपने सदस्यों की अन्तःक्रियाओं, अन्तःसंबंधों को नियमित करते रहने की जरूरत होती है। इसके लिए, प्रक्रियात्मक सहमति (Procedural Consensus) की स्थापना की आवश्यकता है तथा इसके अस्तित्व को कायम रखने के लिए

नियम–निर्माण, नीति–निर्णय के स्वीकृत माध्यमों को तलाशना पड़ता है, साथ ही सत्ता का स्वरूप निर्धारित करना पड़ता है ताकि स्थापित सामाजिक व्यवहारों का उल्लंघन करने वालों को दण्डित किया जा सके। इन सामाजिक समस्याओं के समाधान हेतु सामाजिक व्यवस्था में कई प्रकार की क्रियात्मक उपपद्धतियां कार्यरत रहती हैं जिनकी प्रवृत्ति बहुकार्यात्मक (Multifunctional) होती है। समाज के प्रतिरूप पोषण संबंधी कार्यों का दायित्व मूलतः परिवार एवं विभिन्न प्रकार के समूहों का होता है जिनमें धार्मिक समूह प्रधान भूमिका निभाता है। लेकिन, इस व्यवहार के क्रियात्मक पक्ष के परिणामस्वरूप उत्पन्न तनावों के प्रबंधन एवं समाधान में राजनीतिक व्यवस्था की भूमिका अहम् होती है। अनुकूलन कार्य का दायित्व आर्थिक व्यवस्था का है लेकिन इस दायित्व के निर्वहन में मूल योग राजनीतिक व्यवस्था का होता है। समाज के संयोगात्मक कार्यों (Integrative Functions) के संपादन में सभी उपपद्धतियां प्रयासरत रहती हैं लेकिन कार्यपालिका, विधायिका, न्यायपालिका संविधान आदि का इसमें मूल योगदान होता है। सामाजिक व्यवस्था–समस्याएं एवं व्यवहार से प्रासंगिक विविध पक्षों से संदर्भित उपर्युक्त विवेचन से इस तथ्य का स्पष्टीकरण होता है कि उन व्यवहारों को स्वीकृत सामाजिक प्रतिरूपों के अनुरूप समाजीकृत (Socialised) होने की स्थिति में ही सामाजिक तनाव में कमी की गुंजाइश है। यदि उन कार्यात्मक व्यवहारों से प्रासंगिक व्यावहारिक प्रतिरूपों के अनुरक्षण (Maintenance) से सामाजिक पर्यावरण में तनाव की स्थितियां बनती हैं और निरन्तर कायम रहने की प्रवृत्ति अपनाती है, तो इनके निदान–माध्यमों की खोज अपरिहार्य है, नहीं तो सामाजिक व्यवस्था में विकृति (Deformity) आने की संभावना पैदा होती है। इससे सामाजिक व्यवस्था का स्वरूप तबाही (Devastation) के रास्ते पर क़दम बढ़ाता है। इस समस्या के समाधान हेतु कुछ मूल्यों, परम्पराओं, मानकों की स्थापना करनी पड़ती है, नीतियां तय करनी पड़ती हैं ताकि सामाजिक व्यवस्था सामान्य रूप में चलती रहे।

2. इस प्रसंग में प्रत्येक समाज के लिए दूसरी समस्या भौतिक एवं सामाजिक पर्यावरण के अनुरूप अपने अनुकूलन (Conditioning) की है। इस कार्य के लिए सभी समाजों को अपने पर्यावरणगत अस्तित्व के साधनों की खोज करना एवं उनका सदुपयोग करना पड़ता है।
3. इस समस्यान्तर्गत प्रत्येक समाज के लिए अपने उद्देश्य एवं लक्ष्य को परिभाषित करना तथा उनकी प्राप्ति के साधनों का खोज करना शामिल है।
4. यह समस्या सामाजिक एकता से प्रासंगिक है। इस स्तर पर प्रत्येक समाज द्वारा किये जाने वाले प्रयासों में एकता बनाये रखने के माध्यमों की तलाश, एकता प्राप्ति का लक्ष्य एवं उसे निरन्तर कायम रखने का प्रयत्न शामिल है। इस गंतव्य (Destination) की प्राप्ति हेतु सामाजिक व्यवस्था के सभी कार्यों के संचालन व समस्याओं का समाधान करने में मूल भूमिका राजनीतिक व्यवस्था की होती है। मूलरूप से सामाजिक व्यवस्था के सहयोगात्मक उद्देश्य–प्राप्ति (Goal-attainment) संबंधी समस्त कार्यों का महत्त्वपूर्ण केन्द्र राजनीतिक व्यवस्था है। राजनीतिक व्यवस्था और उसका संचालक सर्वप्रभुत्व संपन्न सरकार अपनी वैध शक्ति का प्रयोग करके सामाजिक व्यवस्था में उत्पन्न मांगों, संघर्षों, तनावों को नियमित करती है, समाज के सामूहिक उद्देश्य–प्राप्ति की भूमिका को नेतृत्व प्रदान करती है, सामाजिक व्यवस्था–संचालन हेतु नीतियां निर्धारित करती है, इनका क्रियान्वयन करती हैं एवं नियम अधिनियम द्वारा संपूर्ण व्यवस्था की देख–रेख करती है। राजनीतिक व्यवस्थाओं में पर्यावरण द्वारा उत्पन्न तनावों से लड़ने की क्षमता होती है। रॉबर्ट के. मार्टन के शब्दों में, "व्यवस्था के कार्य वे प्रेक्षित परिणाम हैं जो किसी भी व्यवस्था के अनुकूलन (Adaptation) या समायोजन (Adjustment) में सहायक होते हैं।" प्रत्येक राजनीतिक व्यवस्था अपने पर्यावरण (सामाजिक व्यवस्था) से प्राप्त आगत (Input) तत्त्वों यानी कि सामाजिक जीवन से आगत रूप में प्राप्त मांगें और समर्थन को रूपान्तरण प्रक्रिया द्वारा नीतियों और निर्णय में परिवर्तित कर निर्गत (Output) के रूप में पर्यावरण की ओर प्रवाहित करती है, जिसके परिणामस्वरूप सामाजिक व्यवस्था का चक्र सुचारू रूप से निरन्तर चलता रहता है। राजनीतिक व्यवस्थाएं अपने वैधतापूर्ण अस्तित्व एवं वैध

शक्तियों के प्रयोग द्वारा सामाजिक व्यवस्था के अन्तर्गत व्यवस्थागत प्रक्रियाओं एवं समस्याओं, यथा–तनाव–प्रबंधन प्रतिरूप–पोषण, अनुकूलन तथा एकता–संदर्भित कार्यों का वैध संचालन करके वैधानिक उत्तरदायित्व का निर्वहन करती है।

ईस्टन के विचार में राजनीतिक व्यवस्था किसी भी समाज में अन्तःक्रियाओं की एक ऐसी व्यवस्था है जिसके द्वारा आधिकारिक निर्णय लिए जाते हैं। राजनीतिक व्यवस्था द्वारा संपादित भूमिकाओं के आधार पर इसकी प्रक्रियाओं या अन्तःक्रियाओं को चार कोटियों में बांटा गया है :

(i) राजनीतिक व्यवस्था अपने सातत्य एवं अनुरक्षण के लिए ऐसी क्रियाओं–प्रतिक्रियाओं या अन्तःक्रियाओं का प्रतिनिधित्व करती है जिसके माध्यम से व्यवस्था के मूल्य प्रधान संसाधनों का समाज में आधिकारिक विनियोजन होता है। इस विनियोजन का आधार समाज में मांगों की यानी मतों की अभिव्यक्ति है। ईस्टन ने इन्हें आगत की संज्ञा दी है जो सभी प्रकार की सामाजिक समस्याओं, मुद्दों के नियमन, निर्धारण एवं निष्पादन का मूलाधार है।

(ii) सभी राजनीतिक व्यवस्थाएं अन्तःक्रियाओं के ऐसे समुच्चय का बोध कराती हैं जो समाज की मांगों को आधिकारिक निर्णयों में परिवर्तित करने का मूल स्रोत है।

(iii) सभी राजनीतिक व्यवस्थाओं के अस्तित्व में ऐसी सभी क्रियाएं समाहित होती हैं जिनके माध्यम से सामाजिक विवादों, तनावों का समाधान किया जा सकता है।

(iv) सभी राजनीतिक व्यवस्थाएं उन माध्यमों की व्यवस्था करती हैं जिनके द्वारा सामाजिक संसाधनों एवं शक्तियों को नियोजित करके समाज के सामूहिक उद्देश्य की प्राप्ति के लिए उनका प्रयोग किया जा सकता है।

राजनीतिक व्यवस्था एवं राष्ट्र (Political System and Nation)

सामान्य रूप से 'राजनीतिक व्यवस्था' शब्द के प्रयोग को राष्ट्र का समानार्थक समझा जाता है या किसी राष्ट्र विशेष से संदर्भित समझा जाता है। लेकिन राजनीतिक व्यवस्था एवं राजनीतिक सीमाओं का एक निश्चित परस्पर संबंध हो यह जरूरी नहीं है। यह संबंध हो भी सकता है और नहीं भी। दोनों के बीच संबंध होने या नहीं होने की मूल वजह दो हैं :

1. राजनीतिक व्यवस्था एवं राष्ट्र दोनों स्वरूप एवं अस्तित्व की दृष्टि से एक–दूसरे से पृथक् हैं। राजनीतिक व्यवस्था एक व्यापक अवधारणा है, एक 'विश्लेषणात्मक रचना' (Analytical Construct) है जिसके अस्तित्व की उपज विद्वानों के विचारों से हुई है। विद्वानों के विचारों में अस्तित्व रखने वाली व्यवस्था की तुलना में राष्ट्र एक वैधानिक वास्तविकता है, जिसके क्षेत्रफल की निश्चित सीमाएं हैं। राष्ट्रों का अपना संविधान, अपना कानून, अपनी संप्रभुता एवं वैधानिक मान्यता भी है जो उनके राजनीतिक अस्तित्व का बोध कराता है। अर्थात् राजनीतिक व्यवस्था एक वैधानिक यथार्थ नहीं अपितु विचारों में अस्तित्व रखने वाली व्यापक अवधारणा है जबकि राष्ट्र एक संप्रभु वैधानिक यथार्थता का बोधक है।
2. राजनीतिक व्यवस्था एवं राजनीतिक सीमाओं के मध्य अन्तर का दूसरा कारण राष्ट्र के अपरिहार्य तत्त्वों से संबद्ध है। राष्ट्र के लिए भौगोलिक सीमाएं, सत्ता, संप्रभुता, स्वायत्तता (Autonomy) आदि का होना अनिवार्य है। ताकि सभी राष्ट्रों की भौगोलिक सीमाओं की जानकारी आसानी से हो जाये, जबकि राजनीतिक व्यवस्था के लिए व्यापकता, अन्योन्याश्रितता संपर्क एवं एक विशेष प्रकार के मानवीय व्यवहार का होना जरूरी है। इसे भौगोलिक सीमाओं के दायरे में नहीं बांधा जा सकता है।

सारांशतः, यह कहा जा सकता है कि सामान्य रूप से जब राजनीतिक व्यवस्था शब्द का प्रयोग किसी राष्ट्र विशेष के संदर्भ में किया जाता है, जैसे अमेरिकी राजनीतिक व्यवस्था, भारतीय राजनीतिक व्यवस्था, तब

राजनीतिक व्यवस्था का प्रसंग उस राष्ट्र विशेष के संदर्भ से प्रासंगिक होता है और वहां की शासन–प्रणाली, राजनीति, राजनीतिक–सामाजिक व्यवहार, संस्कृति, मूल्य, आस्था–विश्वास, अवाम की अभिवृत्ति एवं अभिविन्यास आदि प्रसंग का परिचायक होता है। लेकिन, इसका अर्थ यह नहीं है कि राजनीतिक व्यवस्था एवं राष्ट्र की सीमाओं के मध्य कोई अनिवार्य संबंध है। क्योंकि, जब राजनीतिक व्यवस्था की संज्ञा वृहत रूप में प्रयोग में लाई जाती है, जैसे–पाश्चात्य राजनीतिक व्यवस्थाएं, साम्यवादी राजनीतिक व्यवस्थाएं, विकासशील राजनीतिक व्यवस्थाएं आदि, तो ऐसी स्थिति में राजनीतिक व्यवस्था से किसी राष्ट्र विशेष का बोध नहीं होता है वरन् वैचारिकी (Ideology) के आधार पर कुछ राष्ट्रों के समूह के लिए इस शब्द का प्रयोग होता है जिसमें उस राष्ट्र समूह की राजनीति से प्रासंगिक सिद्धान्त एवं व्यवहार दोनों का अध्ययन शामिल होता है। इस परिप्रेक्ष्य में राजनीतिक व्यवस्था रूपी शब्द बोध उस विशेष वैचारिकी का प्रतिनिधित्व करती है।

राजनीतिक व्यवस्था एवं सरकार (Political System and Government)

सिद्धान्त एवं व्यवहार दोनों दृष्टियों से राजनीतिक व्यवस्था एवं सरकार के बीच गहन संबंध होता है, लेकिन इसका कदापि यह अर्थ नहीं है कि राजनीतिक व्यवस्था एवं सरकार दोनों समानार्थी (Synonymous) है। सरकार राजनीतिक व्यवस्था का कार्यात्मक पक्ष है। राजनीतिक व्यवस्था एक वृहद् अवधारणा है जिसमें सरकार भी शामिल है। इस दृष्टि से सरकार राजनीतिक व्यवस्था का वैधानिक क्रियाशील (Legal Functional) हिस्सा है जिसके माध्यम से समस्त कार्यपालिका, व्यवस्थापिका एवं न्यायपालिका संबंधी कार्य संपन्न किये जाते हैं। यानी सरकार राजनीतिक व्यवस्था का एक भाग है और व्यवस्था पूरा आकार है। रॉबर्ट ई. मर्फी के शब्दों में, ''सरकार वह ढांचा है जिसमें किसी भी व्यवस्था की कार्यपालिका, न्यायपालिका एवं प्रशासकीय कार्रवाई शामिल है।'' (Government is a framework in which the executive, judicial, legislative and administrative business of a system is carried out)। प्राचीनकाल में राजनीति के अध्ययन को सरकार के साथ संबद्ध किया जाता था, लेकिन आधुनिक राजनीति विज्ञान का अध्ययन क्षेत्र राजनीति के व्यापक अर्थबोध का परिचायक है। ऐसी स्थिति में सैद्धान्तिक एवं व्यावहारिक स्तर पर राजनीति के कई ऐसे महत्त्वपूर्ण प्रसंग व कारक हैं जो सरकार के वैधानिक ढांचे से बाहर समाज में कार्यरत हैं। व्यवस्था के कई ऐसे तत्त्व हैं, दृष्टान्तस्वरूप राजनीतिक दल, दबाव समूह, हित समूह आदि जिनकी नीतियां, गतिविधियां सरकार के दायरे से परे सामाजिक व्यवस्था की पृष्ठभूमि में संपन्न होती हैं। राजनीति राजनीतिक व्यवस्था का बुनियादी विषय है जिसका एक पक्ष सरकार है जिस पर संपूर्ण व्यवस्था के संचालन का औचित्यपूर्ण उत्तरदायित्व है। सारांशतः, यह कहा जा सकता है कि सरकार का संगठन, इसके अनुभव, इसकी क्रियाएं एवं नीतियां राजनीति के अध्ययन के मुख्य विषय हैं जो सामाजिक पर्यावरण एवं सामाजिक व्यवहार को प्रभावित निर्देशित व नियंत्रित करती हैं, वहीं दूसरी ओर सरकार भी सामाजिक कारकों द्वारा प्रभावित और संयत होती है। इसी भांति राजनीतिक व्यवस्था एक वृहत् विश्लेषणात्मक विचार है और सरकार उसका एक मूर्त वैधानिक हिस्सा है, समूची राजनीतिक व्यवस्था नहीं।

राजनीतिक व्यवस्था की अवधारणा : राज्य एवं सरकार की तुलना में व्यापक एवं गतिशील है (Concept of Political System : Comprehensive and Dynamic Compared to State and Government)

इस प्रसंग में आल्मंड एवं पॉवेल का कहना है कि राज्य, सरकार, राष्ट्र जैसे प्राचीन शब्द वैधानिक एवं संस्थागत दायरे में सीमित हैं जो मानव व्यवहार के यथार्थगत अध्ययन की दृष्टि से निश्चित रूप से अपूर्ण हैं। समाजवादी देशों एवं विकासशील देशों की राजनीतिक संस्थाएं पाश्चात्य देशों की राजनीतिक संस्थाओं से आधारभूत रूप से भिन्न हैं। इनकी सामाजिक, राजनीतिक, आर्थिक, सांस्कृतिक, धार्मिक पृष्ठभूमि भिन्न है, ऐसी स्थिति में यदि सभी प्रकार के समाजों में उपलब्ध राजनीति के विषय–सामग्री का संकलन एवं यथार्थगत विश्लेषणात्मक अध्ययन

करना है तो इसके लिए राज्य, सरकार एवं राष्ट्र से अधिक व्यापक राजनीतिक संकल्पना की जरूरत है। विषय की मांग के अनुरूप यह व्यापक अवधारणा 'व्यवस्था विश्लेषण' है। राजनीतिक व्यवस्था वह वृहद् विश्लेषणात्मक विचार (Comprehensive Analytical Construct) है जिसका अस्तित्व व्यवहारवादी राजनीतिक विद्वानों के विचारों की उपज है। यह राज्य एवं सरकार की तुलना में राजनीति एवं राजनीतिक गतिविधियों का व्यापक व्यवहारपरक अध्ययन है। यह राज्य एवं सरकार की तुलना में सिर्फ वृहद् ही नहीं गतिशील अवधारणा (Dynamic Concept) भी है। राजनीतिक व्यवस्था राजनीतिक गतिविधियों, व्यवहारों एवं पर्यावरण में परिवर्तन लाने वाले परिवर्त्यों (Variables), परिवर्तन की गति एवं दिशा का अध्ययन करती है जिसमें राजनीतिक एवं गैर राजनीतिक दोनों तत्त्वों का अध्ययन समाविष्ट है।

अन्ततः, इस प्रसंग में यही कहा जा सकता है कि जहां राज्य या राष्ट्र के लिए भौगोलिक सीमाएं, प्रभुसत्ता, स्वायत्तता तथा सत्ता आदि का होना अनिवार्य है वहां राजनीतिक व्यवस्था को भौगोलिक सीमाओं में नहीं बांधा जा सकता है। राजनीतिक व्यवस्था एक वृहद् विचार है जिसमें राज्य एवं सरकार दोनों सम्मिलित हैं। सरकार राजनीतिक व्यवस्था का एक अंग है और व्यवस्था समूची निकाय (Body) है।

राजनीतिक व्यवस्था की परिभाषाएं (Definitions of Political System)

राजनीतिक व्यवस्था के अध्ययन का दायरा काफी विस्तृत है जिसमें सामाजिक जीवन की गतिविधियां, व्यवहार एवं पर्यावरण–संदर्भित तत्त्व भी शामिल हैं। राजनीतिक व्यवस्था, राज्य एवं सरकार की तुलना में राजनीतिक गतिविधियों का व्यापक स्तर पर वास्तविक अध्ययन करती है। यह राज्य एवं समाज के अन्योन्याश्रित संबंधों का प्रतिमान है। राजनीतिक व्यवस्था एक गतिशील अवधारणा है जिसमें राजनीति राज्य एवं समाज के बीच की अन्तर्क्रियाओं की निरन्तरता अन्योन्याश्रितता अन्तर्संबंध एवं व्यवस्था के सातत्य का तथ्यपरक तथा व्यवहारपरक अध्ययन शामिल है। आल्मंड के मतानुसार, "राजनीतिक व्यवस्था एक ऐसी व्यवस्था है जो सामाजिक एकीकरण (Social Aggregation) की प्रक्रिया को न केवल संभव बनाती है बल्कि जीवित भी रखती है जिसके संचालन का दायित्व राजनीति पर है। राजनीतिक व्यवस्था के अध्ययन विश्लेषण के प्रसंग में महत्त्वपूर्ण तथ्य यह है कि जहां अर्थशास्त्री एवं समाजशास्त्री राजनीति को स्वतंत्र चर (Independent Variable) मानते हैं वहीं राजनीतिशास्त्री व्यवस्था–संदर्भित तत्त्वनिष्ठ अध्ययन के लिए राजनीति को आश्रित चर (Dependent Variable) के रूप में स्वीकार करते हैं। व्यवहारवादियों द्वारा 'राजनीतिक व्यवस्था' अध्ययन के प्रसंग में 'समाज को जोड़ने वाले आयाम' (The Integrating Dimension of Society) के रूप में राजनीति की पहचान की गयी है।"

1. रॉबर्ट ए. डॉल ने राजनीति एवं राजनीतिक व्यवस्था में कोई विशेष अन्तर स्थापित न करते हुए राजनीतिक व्यवस्था के संबंध में कहा है कि "यह मानवीय संबंधों का वह स्थाई प्रतिमान है जिसमें शक्ति, शासन एवं सत्ता अर्थगर्भित (Significant) रूप में विद्यमान हो।"

   "A political system is any persistent pattern of human relationships that involves to a significant extent power, rule or authority."

2. डेविड ईस्टन के शब्दों में, "राजनीतिक व्यवस्था किसी समाज में अन्तर्क्रियाओं (Interactions) की यह व्यवस्था है जिसके माध्यम से बाध्यकारी का सत्तात्मक आवंटन निर्मित एवं कार्यान्वित होता है।"

   "Political system is that system of interactions in any society through which binding or authoritative allocations are made and implemented."

3. आल्मंड तथा पावेल के शब्दों में, "जब हम राजनीतिक प्रणाली की बात करते हैं तो हम उन समस्त अन्तर्क्रियाओं को शामिल कर लेते हैं जो वैध बल प्रयोग को प्रभावित करती हैं।"

   "When we speak about political system we includes all interactions which affect the use or threat the use of legitimate coercion."

आल्मंड एवं पावेल ने व्यवस्था को परिभाषित करते हुए यह कहा है कि ''व्यवस्था का अर्थ है अंगों की अन्त निर्भरता तथा उसके और पर्यावरण के बीच कुछ परिसीमा।''

"The real meaning of system is interdependence of organs and some boundary between system and their environment."

आल्मंड एवं पावेल ने अन्तर्निभरता की व्याख्या करते हुए आगे कहा कि, ''अन्तर्निभरता से हमारा तात्पर्य यह है कि जब व्यवस्था के किसी भी एक इकाई के लक्षण या गुण में किसी भी तरह का बतलाव आता है तो उसका प्रभाव संपूर्ण व्यवस्था पर पड़ता है।''

"The concept of interdependence means whenever there is any change in the feature or quality of any unit of system it may affect the whole system."

4. राजनीतिक व्यवस्था की वृहत् अवधारणा के विस्तारित अध्ययन क्षेत्र को स्पष्ट करते हुए आगे आल्मंड एवं पॉवेल का कहना है कि, ''राजनीतिक व्यवस्था के अन्तर्गत न केवल सरकारी संस्थाएं जैसे–विधानमंडल, न्यायालय तथा प्रशासनिक अभिकरण सम्मिलित हैं, बल्कि सभी संरचनाओं के राजनीतिक रूप शामिल हैं। इनके अन्तर्गत परम्परागत संरचनाएं जैसे–रक्त संबंध, जातिसमूह और उद्दण्ड घटनाएं जैसे–हत्याएं, दंगे और प्रदर्शन एवं इसके साथ ही औपचारिक संगठन जैसे–दल, हितसमूह एवं संचार के माध्यम भी सम्मिलित हैं।''

"The political system includes not only governmental institutions such as legislature, courts and administrative agencies, but all structures in their political aspect. Among them are traditional structures such as kinshipties and cast groupings and anomic phenomena such as assassinations, rights and demostrations as well as formal organisation like parties, interest groups and media of communication."

5. औरन यंग के शब्दों में, ''राजनीतिक व्यवस्था एक परिवर्तन प्रक्रिया है, जो कार्य करती है, निर्गत उत्पन्न करती है और पर्यावरण को परिवर्तित करती है, जिसमें राजनीतिक व्यवस्था और उसके पर्यावरण में गतिशील प्रक्रिया के प्रचलन के आधार पर निरन्तर आदान–प्रदान होता रहता है।''

"The political system is a conversion process performing work, producing outputs and altering its environment, with a continuous exchange between a political system and its environment based on the operation of dynamic process."

6. बीयर एवं उल्म के शब्दों में, ''राजनीतिक व्यवस्था एक संरचना है, जो समाज के लिए एक निश्चित कार्य करती है, कतिपय शब्दों में वह कार्य वैध नीति–निर्णयों का निर्माण करता है।''

"The political system is a structure that performs a certain function for a society. In the fewest possible words, that function is to make legitimate policy decisions."

7. कॉप्लान के शब्दों में, ''व्यवस्था विश्लेषण के उद्देश्यों का विवरण संक्षिप्त एवं गैर–तकनीकी शब्दों में इस प्रकार किया जा सकता है कि यह अन्तर्संबंधित परिवर्त्यों के समूह का अध्ययन है, जो पर्यावरण से भिन्न और विच्छिन्न है। यह उन पद्धतियों का अध्ययन है जिसकी वजह से पर्यावरण के उतार–चढ़ाव के बीच भी यह अपने आपको संरक्षित रखता है।''

"In brief description and non-technical term the aim of system-analysis has been described in this manner that it is study of group of interrelated variables which is different and isolated from environment. This is study of the system by virtue of which it keeps itself maintained irrespective of ups and downs of environment."

8. ड्यूश के शब्दों में, ''राजनीतिक व्यवस्था अधिकांशतः समन्वित आकांक्षाओं के ढांचे पर आधारित है।''
"The political system depends to a large extent on the fabric of coordinated expections."

उपर्युक्त परिभाषाएं यह स्पष्ट करती हैं कि सामाजिक व्यवस्था के अन्तर्गत राजनीतिक व्यवस्था एक ऐसी उपव्यवस्था है जिसकी सभी इकाइयों के सभी भागों में एक ऐसी तारतम्यता, अन्तर्क्रियात्मकता एवं संबंध सूत्रता पायी जाती है कि किसी एक हिस्से में हुआ कोई भी परिवर्तन संपूर्ण राजनीतिक व्यवस्था को उद्वेलित करता है और उसके पर्यावरण में अनुकूल परिवर्तन लाता है। औचित्यपूर्ण शक्ति से युक्त यह एक ऐसी व्यवस्था है जिसके द्वारा निरन्तर समाज की समुन्नति के लिए आधिकारिक निर्णय लिये जाते हैं और समाज के मूल्यवान संसाधनों (Valuable Resources) के सामान्य वितरण के लिए समाधान के उपाय ढूंढे जाते हैं।

डेविड ईस्टन की राजनीतिक व्यवस्था अवधारण (David Easton's Concept of Political System)

राजनीतिक व्यवस्था का तात्पर्य व्यक्त करते हुए ईस्टन ने उसे राजनीतिक जीवन के एक ऐसे व्यवहार की पद्धति (System of Behaviour) के रूप में विश्लेषित किया है जो अपने उस पर्यावरण से अलग है जिसमें वह स्थापित है। लेकिन इस पृथक्ता के बावजूद वह अपने पर्यावरण के प्रभाव में होता है। ईस्टन द्वारा प्रस्तुत व्यवस्था अवधारण में संरचना एवं प्रक्रिया–संदर्भित बदलाव के लिए पर्यावरण से उत्पन्न तनाव को जिम्मेदार माना गया है।

डेविड ईस्टन द्वारा राजनीति और समाज के वास्तविक संबंधों को स्पष्ट करने के लिए राजनीतिक व्यवस्था प्रतिमान की प्रस्तुति की गयी। ईस्टन के शब्दानुसार, "प्रत्येक समाज व्यक्तियों एवं सामाजिक संगठनों के बीच पाई जाने वाली अन्तःक्रियाओं से भरा पड़ा है। इन अन्तःक्रियाओं में एक विशेष प्रकार की अन्तःक्रियाओं के समूह को राजनीतिक व्यवस्था कहते हैं। राजनीतिक अन्तःक्रियाओं का परिणाम ऐसी नीतियों या निर्णयों का सृजन है जिसका पालन करना अवाम के लिए अनिवार्य है। इन निर्णयों में बाध्यता होती है और इसके पालन के पीछे समाज की दण्डकारी शक्ति कार्य करती है।" राजनीतिक व्यवस्था का पर्यावरण है उसका समाज। इस प्रसंग में राजनीतिक व्यवस्था को परिभाषित करते हुए ईस्टन ने कहा है, "राजनीतिक व्यवस्था व्यवहारों की वह व्यवस्था है जो किसी पर्यावरण में अन्तःस्थापित है उसी के प्रभाव से यह प्रभावित होती है और उसी के प्रभाव से प्रतिक्रियाशील भी होती है।" अर्थात् समाज एवं सामाजिक व्यवस्था में विद्यमान आर्थिक, सांस्कृतिक, धार्मिक, भौतिक, शैक्षणिक आदि व्यवस्थाएं राजनीतिक व्यवस्था के लिए पर्यावरण निर्माण का कार्य करती हैं। प्रत्येक राजनीतिक व्यवस्था अपने पर्यावरण के साथ (अर्थात् अन्य सभी सामाजिक व्यवस्थाओं के साथ) निरन्तर अन्तःक्रियाओं, अन्तर्संबंधों एवं अन्योन्याश्रितता के संपर्क–सूत्र में बंधी होती है, लेकिन संपूर्ण समाज के लिए मूल्यों के आधिकारिक विनियोजन जैसे विशिष्ट कार्य की वजह से इसकी स्थिति अन्य सामाजिक व्यवस्थाओं से पृथक् एवं विशिष्ट है। सभी राजनीतिक व्यवस्थाएं अपने पर्यावरण की प्रक्रियाओं से अभिन्न रूप से संबद्ध होती हैं। ईस्टन ने व्यवस्था की प्रक्रियाओं में निवेश–निर्गत, रूपांतरण एवं पुनर्निवेश का प्रतिमान प्रस्तुत किया है (इसकी विस्तृत जानकारी के लिए ईस्टन द्वारा प्रस्तुत राजनीतिक व्यवस्था विश्लेषण उपागम अध्याय देखें)।

ईस्टन की यह मान्यता है कि राजनीतिक जीवन को एक व्यवस्था के रूप में देखा जा सकता है। अपनी इस मान्यता को यथार्थ स्वरूप प्रदान करने हेतु इनके द्वारा राजनीतिक व्यवस्था विश्लेषण प्रतिमान की प्रस्तुति की गयी। इनका व्यवस्था सिद्धान्त एक ऐसा संधार (Framework) है जो सिर्फ व्यवस्था के सातत्य को कायम रखने वाले तत्त्वों की ही चर्चा नहीं करता है, अपितु यह भी चर्चा करता है कि कोई व्यवस्था अपने पर्यावरण में उत्पन्न आवश्यकताओं, समस्याओं के अनुरूप अपनी संरचना एवं प्रक्रिया में वांछित परिवर्तन द्वारा अपने आपको अनुरक्षित एवं समायोजित (Accommodate) भी करती है। ईस्टन ने इसे राजनीतिक व्यवस्था की 'जीवन–प्रक्रिया' (Life Process) की संज्ञा दी है। इसीलिए ईस्टन का यह मानना है कि व्यवस्थागत संरचनाओं में आमूल परिवर्तन होने के बावजूद यदि उसकी जीवन प्रक्रिया यानी प्रभाव एवं क्षमता कायम रहे तो व्यवस्था का सातत्य कायम रहता है। यही वजह है कि ईस्टन ने राजनीतिक व्यवस्था को एक खुली व्यवस्था कहा है जो अपने पर्यावरण के प्रभावों के अनुरूप अपने अस्तित्व में बदलाव लाकर अपने मौलिक विशेषताओं की वजह से अपनी निरन्तरता कायम रखती है। अपनी पर्यावरण संकल्पना के आधार पर विश्लेषणात्मक स्तर पर ईस्टन ने राजनीतिक व्यवस्था को सामाजिक व्यवस्था से पृथक् एवं विशेष स्थिति प्रदान करने में काफी हद तक सफलता प्राप्त की है।

राजनीतिक व्यवस्था सिद्धान्त से प्रासंगिक अपनी राजनीति संबंधी अवधारणा (जो मूल्यों के आधिकारिक विनियोजन को एक राजनीतिक क्रिया का रूप देती है) में ईस्टन ने राजनीतिक बाध्यता (Political Obligation) की मनोवैज्ञानिक व्याख्या प्रस्तुत की है। इस प्रसंग में इनकी व्याख्या मूल्य उम्मीद, आवश्यकता, आकांक्षा, इच्छारूपी मांग का बोध कराता है। यहां ईस्टन द्वारा मूल्य शब्द का प्रयोग जनसाधारण की आवश्यकताओं की पूर्ति करने वाली क्रिया के लिए किया गया है। ईस्टन के व्यवस्था विश्लेषण का मूल संदर्भ यह है कि राजनीतिक व्यवस्था अपने सदस्यों की आवश्यकताओं को पूरा करने के लिए उनके द्वारा उठायी गयी विभिन्न प्रकार की मांगों के अनुरूप निर्णय व नीतियां निर्धारित करती है जिनके क्रियान्वयन के लिए आधिकारिक निर्णय लेती है, और उनके सत्ता–प्रभुत्व की वजह से व्यवस्था के सदस्य उन नीतियों का पालन करने के लिए बाध्य हैं।

इस संपूर्ण प्रसंग से तत्त्वतः यह स्पष्ट होता है कि राजनीतिक व्यवस्था विश्लेषण सिद्धान्त के रूप में ईस्टन द्वारा आधुनिक राजनीति विज्ञान के तथ्यपरक एवं व्यवहारपरक आनुभविक अध्ययन के लिए एक वृहत् अवधारणा की प्रस्तुति की गयी है जिसके आलोक में आधुनिक राजनीति विज्ञान राजनीतिक व्यवस्था को संचालित करने वाले वैध सत्ताधारियों द्वारा व्यवस्था में मूल्यों के वितरण–क्रिया की व्यावहारिकता का तत्त्वनिष्ठ अध्ययन कर सकता है। यह व्यवस्था सिद्धान्त एक ऐसे ढांचे की प्रस्तुति है जिसमें सामाजिक जीवन की विविधताओं को राजनीतिक क्रियाओं एवं प्रभावों के संदर्भ में तथा राजनीतिक जीवन की विविधताओं को सामाजिक परिस्थितियों एवं प्रभावों के संदर्भ में वास्तविक आधार पर समझा जा सकता है। यह संकल्पना जहां एक ओर राजनीतिक संस्थाओं के व्यवहारों एवं प्रक्रियाओं पर सामाजिक व्यवस्था, संस्कृति एवं अर्थव्यवस्था के माध्यम से पड़ने वाले प्रभावों का गहन अध्ययन करती है वहीं दूसरी ओर यह भी स्पष्ट करती है कि राजनीतिक इकाइयों के व्यवहार एवं उनकी क्रियाएं–प्रतिक्रियाएं समाज, संस्कृति, अर्थव्यवस्था आदि से प्रासंगिक मूल्यों, मानदंडों को किस प्रकार और किस हद तक अपने प्रभाव में रखती है।

उपर्युक्त विवेचित प्रसंगों के आधार पर यह सिद्धान्त राजनीतिक समाजशास्त्र के विषयान्तर्गत सभी पक्षों के आनुभविक विश्लेषण के लिए बेहद कारगर साबित हुआ है। ईस्टन द्वारा प्रतिपादित राजनीतिक जीवन (Political Life) संबंधित विश्लेषण और इसी अवधारणा पर आधारित प्रतिमान एक संहिताबद्ध सिद्धान्त (Codified Theory) है, जिसके आलोक में राजनीतिक–सामाजिक जीवन की अन्योन्याश्रितता से प्रासंगिक विभिन्न पहलुओं का व्यवहारपरक अध्ययन संभव हो गया है। इस प्रतिमान का प्रत्येक पक्ष राजनीतिक–सामाजिक परिवर्त्यों की अन्तर्लिप्तता एवं अन्तनिर्भरता का गहन अध्ययन करने एवं सिद्धान्त निर्माण करने में सक्षम है। इस प्रसंग में यह संकल्पना राजनीतिक समाजीकरण, राजनीतिक संस्कृति, राजनीतिक विकास आधुनिकीकरण, राजनीतिक बाध्यता–औचित्यता–प्रभुत्व जैसी राजनीतिक–समाजशास्त्रीय अवधारणाओं तथा इन प्रसंगों से संबद्ध तत्त्वों एवं सिद्धान्तों के निर्माण की दिशा को एक तथ्यपरक आधार प्रदान करती है।

सामान्यतः, मूल्यांकन के तौर पर यह कहा जा सकता है कि अनेकानेक गंभीर समालोचनाओं के बावजूद ईस्टन द्वारा प्रतिपादित व्यवस्था सिद्धान्त राजनीतिक–सामाजिक जीवन की समस्त घटनाओं, परिस्थितियों, समस्याओं के व्यवस्थित अध्ययन को वास्तविक आधार प्रदान करने वाला पहला वृहत् सिद्धान्त है। सैद्धान्तिक नम्यता (Flexibility) की वजह से राजनीतिक–सामाजिक जीवन के विभिन्न पक्षों की व्याख्या प्रस्तुत करने हेतु यह सिद्धान्त काफी कारगर माध्यम है। अपनी व्यापकता की वजह से इसने राजनीति के अध्ययन को व्यवहारपरक आधार प्रदान किया है।

वस्तुतः, इस अवधारणा के तहत् आधुनिक राजनीतिक विद्वानों द्वारा राजनीतिक व्यवस्था के यथार्थ एवं व्यवहार के अध्ययन के लिए राजनीतिक व्यवस्था एवं सामाजिक व्यवस्था के मध्य निरन्तर चलने वाली परस्पर क्रियाओं (Interactions) को यथोचित महत्त्व दिया गया है। क्योंकि, वे राजनीतिक व्यवस्था का अध्ययन–विश्लेषण खुली व्यवस्था (Open System) के रूप में करते हैं, जो अपने पर्यावरण (Environment) से आगत (Input) तत्त्व प्राप्त करता है और क्षमतानुरूप उसे निर्गत (Output) करके पर्यावरण को प्रेषित करता है, जो पुनर्निवेश (Feedback) द्वारा वापस व्यवस्था में जाकर पर्यावरण को प्रभावित करता है। सरल शब्दों में, राजनीतिक व्यवस्था का स्वरूप और कार्यविधि सामाजिक व्यवस्था एवं पर्यावरण के आधारतत्त्वों के अनुरूप ही निर्धारित होती है। राजनीतिक व्यवस्था समाज की उपव्यवस्थाओं में विलक्षण अस्तित्व रखती है, क्योंकि यह अन्य उपव्यवस्थाओं एवं

समस्त सामाजिक व्यवस्था को आदेश देने की बाध्यकारी शक्ति रखती है। रॉबर्ट डॉल का यह मानना है कि स्वरूपीय असमानताओं के बावजूद राजनीतिक व्यवस्थाओं में काफी साम्यताएं पायी जाती हैं, जो सिर्फ राज्य या सरकार तक ही नहीं गैर राज्यीय स्तर पर भी देखी जा सकती है।

राजनीतिक व्यवस्था : विशेषताएं (Political System : Characteristics)

आल्मंड का यह मत है कि सामाजिक व्यवस्था की भांति राजनीतिक व्यवस्था के सभी अंगों के बीच अन्तर्क्रियाएं होती रहती हैं, एक–दूसरे पर उन क्रियाओं का प्रभाव पड़ता है, तथा स्वतः पारस्परिकता एवं एक–दूसरे पर निर्भरता की वजह से उनके मध्य संबंधों में एक नियमितता पायी जाती है। आल्मंड एवं पावेल का मानना है कि एक व्यवस्था कहीं से शुरू होती है और कहीं न कहीं अवश्य खत्म होती है, इसका आशय यह है कि प्रत्येक राजनीतिक व्यवस्था की एक निश्चित सीमा होती है। इसी सीमा के दायरे में राजनीतिक व्यवस्था एवं उसके पर्यावरण के बीच निरन्तर अन्तर्क्रियाओं के लेन–देन का चक्र चलता रहता है।

आल्मंड ने विभिन्न व्यवस्थाओं में पायी जाने वाली समानता के आधार पर राजनीतिक व्यवस्था की पांच विशेषताएं प्रतिपादित की हैं :

1. **राजनीतिक व्यवस्थाओं की सार्वभौमिकता**–इस प्रसंग में सभी राजनीतिक व्यवस्थाएं चाहे वे विकसित हों या विकासशील, पाश्चात्य हों या गैर पाश्चात्य, प्राचीन हों या आधुनिक औचित्यपूर्ण संप्रभु शक्तियों का प्रतिमान होती हैं। अपने संप्रभु अस्तित्व के माध्यम से वे व्यवस्था की आंतरिक एवं बाह्य गतिविधियों का वैधानिक संचालन करती है और व्यवस्था के सदस्यों के सर्वांगीण विकास हेतु सदैव प्रयत्नशील रहती हैं। व्यवस्था के सभी अंगों में परस्पर निर्भरता होती है इसीलिए जब व्यवस्था के किसी एक अंग के लक्षणों में परिवर्तन आता है तो व्यवस्था के सभी अंग एवं संपूर्ण व्यवस्था प्रभावित होती है।
2. **व्यवस्था की राजनीतिक संरचनाओं में समानता**–सभी राजनीतिक व्यवस्थाएं चाहे वे पाश्चात्य हों या साम्यवादी, जटिल हों या सरल, विशुद्ध हों या मिश्रित उनकी संरचनाओं में समानता पायी जाती हैं। सभी व्यवस्थाओं की राजनीतिक संरचनाएं शासन संचालन हेतु नियम–निर्माण (Rule-making), नियम–प्रयुक्ति (Rule-application), नियम–अधिनिर्णय (Rule-adjudication), कार्य तथा स्पष्टीकरण (Articulation), समूहीकरण (Aggregation), संचार (Communication) आदि कार्यों को संपन्न करती हैं। यह संभव है कि व्यवस्थाओं के स्वरूप में अंतर की वजह से इनके कार्यों के स्वरूप एवं सीमाओं में विभिन्नताएं हों लेकिन उनकी संरचनाओं द्वारा किसी न किसी रूप में इन कार्यों का संपादन अवश्य होता है।
3. **राजनीतिक कार्यों की सर्वव्यापकता**–विशेषता का यह प्रसंग संरचनाओं की राजनीतिक भूमिकाओं से संबद्ध है। सभी व्यवस्थाओं के कार्यों में सर्वव्यापकता पायी जाती है। अर्थात्, राजनीतिक व्यवस्था की अन्तर्संबंधित क्रियाओं की अन्तनिर्भरता एवं अन्तर्लिप्तता ही उसके कार्यों को सर्वव्यापी स्वरूप प्रदान करती है। इसमें व्यवस्था का कार्य सिर्फ कार्यपालिका, विधायी एवं न्यायिक क्षेत्रों तक ही सीमित नहीं रहता है बल्कि सभी गैर राज्यीय संगठन–दबाव समूह, हित समूह एवं व्यवस्था में अवस्थित सभी प्रकार के सामाजिक, आर्थिक, सांस्कृतिक संगठनों एवं उसकी गतिविधियां इसके कार्यक्षेत्र के दायरे में शामिल हैं।
4. **राजनीतिक संरचनाओं के कार्यों में विविधता**–सभी राजनीतिक व्यवस्था की संरचनाएं विविध कार्यों को संपन्न करती हैं। इसका तात्पर्य यह है कि वैधानिक संरचनाएं जैसे कार्यपालिका, विधायिका एवं न्यायपालिका सिर्फ एक ही प्रकार का कार्य नहीं करती है। उदाहरणस्वरूप विधायिका का काम कानून निर्माण है लेकिन यह प्रशासकीय एवं न्यायिक कार्य भी करती है। कार्यपालिका का वैधानिक दायित्व विधायिका द्वारा बनाये गये कानूनों को लागू करना है, लेकिन संसदीय कार्यपालिकाएं कानून–निर्माण के क्षेत्र में मुख्य भूमिका निभाती हैं। इसी प्रकार न्यायपालिका का कार्य कानूनों की व्याख्या करना है, लेकिन न्यायपालिका अपने इस वैधानिक दायित्व के माध्यम से कानून–निर्माण एवं प्रशासन में गंभीर रूप से

हस्तक्षेप करती है। इस प्रकार सैद्धान्तिक स्तर पर कार्यों के बँटवारे के बावजूद सभी राजनीतिक व्यवस्थाओं की संरचनाएं व्यवहार में एक–दूसरे के कार्यों को संपन्न करती है। कार्य–विविधता के श्रेष्ठ उदाहरण के रूप में अमेरिका का संविधान है जहां सिद्धान्त में 'शक्ति पृथक्करण' का अस्तित्व होने के बावजूद व्यवहार में 'अवरोध एवं संतुलन सिद्धान्त' के तहत राजनीतिक संरचनाएं कार्य–विविधता का सर्वोत्तम उदाहरण प्रस्तुत करती है।

5. **राजनीतिक व्यवस्था का मिश्रित स्वरूप**–सभी राजनीतिक व्यवस्थाओं का स्वरूप मिश्रित होता है। कोई भी राजनीतिक व्यवस्था न तो पूर्णरूपेण आधुनिक होती है न ही पूरे तौर पर परम्परागत, न तो पूरी तरह अध्यक्षात्मक होती है, न ही पूरी तरह संसदीय, न ही पूरी तरह संघात्मक, न ही पूरी तरह एकात्मक, वे सभी आधुनिक एवं परम्परागत स्वरूपों का मिश्रित रूप होती हैं। इनकी राजनीतिक संस्कृति का स्वरूप भी विशुद्ध नहीं होता है। आल्मंड में समस्त विश्व की राजनीतिक व्यवस्था को चार श्रेणियों में बांटा है, जो क्रमशः–आंग्ल अमेरिकी राजनीतिक व्यवस्था, महाद्वीपीय यूरोपीय राजनीतिक व्यवस्था, गैर–पाश्चात्य राजनीतिक व्यवस्था एवं सर्वाधिकारवादी राजनीतिक व्यवस्था। इस प्रसंग में आल्मंड का कहना है कि सभी व्यवस्थाओं की राजनीतिक संस्कृतियों में विविधता (Diversity) पायी जाती है और वे बहुमूल्यों (Multivalued) वाली राजनीतिक अस्तित्व लिए होती हैं। क्योंकि, सभी राजनीतिक व्यवस्थाएं एवं इसका समाज संस्कृति की विविधताओं में विश्वास करता है इसी तरह शासन–पद्धतियों का स्वरूप भी मिश्रित होता है तभी तो राजनीतिक संरचनाओं के कार्यों का स्वरूप भी मिश्रित होता है।

रॉबर्ट ए. डॉल ने भी राजनीतिक व्यवस्थाओं की कुछ नियमित एवं सामान्य विशेषताओं की पहचान की है जो अधिकांश व्यवस्थाओं में पायी जाती हैं, वे निम्नांकित हैं :

(i) **राजनीतिक साधनों का असमान वितरण**–सभी राजनीतिक व्यवस्था में राजनीतिक साधनों पर स्वामित्व के मामले में असमानता पायी जाती है जिसके मूल में सामाजिक स्तरीकरण (Social Stratification) का यथार्थ है। विश्व में शायद ही किसी ऐसे समाज का अस्तित्व होगा जो विभिन्न सामाजिक वर्गों या स्तरों में न बंटा हो। समाज में स्तरीकरण के फलस्वरूप अवाम उच्च, मध्य, निम्न एवं अति निम्न वर्गों में बंट जाते हैं और इसी आधार पर अपनी प्रस्थिति (Status), पद एवं स्थिति (Position) का दबदबा दिखाकर व्यवस्था में राजनीतिक साधनों का लाभ उठाते हैं। राजनीतिक साधनों के अन्तर्गत–सामाजिक स्तर, रोजगार, मतदान का अधिकार, सत्ता में भागीदारी, विधि–निर्माण का अधिकार, सूचनाएं, धन, बल प्रयोग आदि शामिल हैं। भारत जैसे विकासशील देश की राजनीतिक व्यवस्था में जाति, धर्म, परिवार, जैसे कुछ विशेष सामाजिक कारक भी व्यवस्था में स्तरीकरण की भूमिका में महत्त्वपूर्ण हैसियत रखते हैं।

रॉबर्ट ए. डॉल के विचार में, व्यवस्था में राजनीतिक साधनों के असमान वितरण की मूल वजह चार हैं :

(क) **विशिष्टीकरण**–व्यवस्था में विशेष रूप से कार्यों के विशिष्टीकरण की वजह से लोग अपने पद और प्रतिष्ठा का हवाला देकर राजनीतिक साधनों का ज्यादा फायदा उठाते हैं, क्योंकि कार्यों का विशिष्टीकरण उनकी राजनीतिक–सामाजिक स्थिति को आम लोगों की अपेक्षा श्रेष्ठ दर्जा देता है।

(ख) **अनुभव**–पद के हिसाब से लोगों में कार्य करने का अनुभव एवं योग्यता उसे आम नागरिक से ज्यादा राजनीतिक साधनों के प्रयोग एवं स्वामित्व का राजनीतिक–सामाजिक अधिकार देता है।

(ग) **उत्तराधिकार**–व्यवस्था की राजनीति में समाज में ऊंची पहुंच के लोग जो आरंभ से उच्च राजनीतिक साधनों का प्रयोग करके श्रेष्ठ जीवन जीने के आदि होते हैं, उनकी आने वाली पीढ़ियां भी उत्तराधिकारी होने की वजह से राजनीतिक साधनों के स्वामित्व पर अपना नियंत्रण रखती हैं या रखने का दावा करती हैं।

(घ) **प्रेरणा एवं उद्देश्य**–उद्देश्यों का अन्तर भी राजनीतिक साधनों के असमान वितरण के लिए उत्तरदायी होता है। समाज में कुछ लोगों का लक्ष्य सक्रिय राजनीति में शामिल होना होता है।

समाज में जो लोग नेता बनना चाहते हैं या राजनेताओं के परिवार से जुड़े होते हैं राजनीतिक साधनों पर उनका स्वामित्व जनसाधारण की अपेक्षा ज्यादा होता है।

(ii) **राजनीतिक प्रभाव की तलाश (Quest)**–रॉबर्ट ए. डॉल का कहना है कि राजनीतिक प्रभाव प्रभावकर्ताओं के बीच का वह संबंध है जिसमें एक कर्ता द्वारा अन्य कर्ता को एक विशिष्ट प्रकार के कार्य के लिए प्रेरित किया जाता है। प्रत्येक राजनीतिक व्यवस्था में संगठन, दल, दबाव समूह, हित समूह जैसे गैर राज्यीय संगठन से जुड़े कुछ लोग एवं कुछ असाधारण व्यक्तित्व वाले लोग सरकार की नीतियों, कार्यक्रमों, कानूनों, निर्णयों को प्रभावित करने के लिए कुछ न कुछ नया करते रहते हें या करने की चाह रखते हैं। किसी भी माध्यम से सरकारी नीतियों एवं निर्णयों को प्रभावित करने की क्षमता ही राजनीतिक प्रभाव के स्रोतों की खोज है। राजनीतिक प्रभाव की तलाश ऐसे महत्त्वाकांक्षी लोगों के उद्देश्य प्राप्ति का सबसे बेहतर उपाय है।

(iii) **राजनीतिक प्रभाव का असमान वितरण**–जिस प्रकार राजनीतिक साधनों के असमान वितरण की स्थिति लगभग सभी राजनीतिक व्यवस्थाओं में विद्यमान होती है उसी भांति राजनीतिक प्रभाव के असमान वितरण की स्थितियां भी प्रत्येक व्यवस्था (प्राचीन एवं आधुनिक) में अवश्यंभावी हैं। व्यवस्था में कुछ लोग अपने पद, स्थिति, प्रतिष्ठा, प्रस्थिति आदि की वजह से सरकारी कार्यों पर ज्यादा सरल ढंग से प्रभाव डालने में सफल हो जाते हैं। इसका प्रयोग वे राजनीतिक–सामाजिक दृष्टिकोण में परिवर्तन लाने के लिए करते हैं, लेकिन ज्यादातर इसका संबंध राजनीतिक पक्ष से ही होता है। व्यवस्था में राजनीतिक प्रभाव के असमान वितरण के लिए कई कारक उत्तरदायी है जैसे–व्यक्ति का लक्ष्य, योग्यता, लक्ष्य–प्राप्ति का मार्ग, सामाजिक स्तरीकरण, प्रस्थिति, आयु, लिंग, जाति, धर्म, शिक्षा, संपत्ति इत्यादि।

(iv) **परस्पर विरोधी उद्देश्यों का निराकरण**–प्रत्येक राजनीतिक व्यवस्था में लोगों के परस्पर विरोधी उद्देश्यों में टकराव से संघर्षपूर्ण स्थिति उत्पन्न होती है, जिसके निराकरण के प्रयास में व्यवस्था निरन्तर प्रत्यनशील रहती है। सदस्यों के बीच किसी विषय पर मतैक्यता एवं मतवैभिन्नता व्यवस्था की ख़ास पहचान है। अवाम के उद्देश्यों पर सरकार विचार करती है और किसी भी प्रकार के शक्ति प्रयोग के पहले वार्तालाप करके विषय संबंधित असहमति को दूर करने की दिशा में ठोस क़दम उठाती है।

(v) **औचित्यपूर्णता का अर्जन (Acquisition)**–औचित्यपूर्णता शक्ति को सत्ता में परिवर्तन करने का माध्यम है इसलिए सभी राजनीतिक व्यवस्थाओं में राजनीतिक सत्ता का यह हरसंभव प्रयास होता है कि सरकारी नीतियों–निर्णयों, कानूनों का पालन जनसाधारण स्वेच्छा से करें न कि भय से करें। इसी प्रकार उनका यह भी प्रयास होता है परस्पर विरोधी संघर्षों के समाधान हेतु सरकारी साधनों के प्रयोग का आधार नैतिक एवं औचित्यपूर्ण हो न कि हिंसा, दंड या बल प्रयोग आधारित हो। राजनीतिक व्यवस्था के प्रसंग में औचित्यपूर्णता को परिभाषित करते हुए रॉबर्ट ए. डॉल ने कहा है, "किसी न किसी समय और स्थान पर लगभग प्रत्येक राजनीतिक व्यवस्था–सामन्तवाद, राजतंत्र, अल्पतंत्र, वंशागत, कुलीनतंत्र, धनिकतंत्र, प्रतिनिधित्व सरकार, प्रत्यक्ष लोकतंत्र इतनी औचित्यपूर्णता प्राप्त कर चुके हैं कि लोग उनकी रक्षा के लिए अपना जीवन अर्पित करने के लिए तैयार रहते हैं।" इसी संदर्भ की निरंतरता में आगे डॉल ने कहा है कि–"प्रत्येक राजनीतिक व्यवस्था में नेतागण यह प्रयत्न करते हैं कि जब सरकारी उपायों द्वारा किसी संघर्ष का हल निकालने के लिए दबाने का प्रयास किया जाए या जो नीतियां एवं निर्णय लिए जायें, उन्हें व्यापक आधार पर अवाम द्वारा स्वीकृत होना चाहिए, जो केवल हिंसा, दंड या बल प्रयोग के भय से नहीं वरन् इस विश्वास से भी स्वीकार किया जाना चाहिए कि वर्तमान राजनीतिक व्यवस्था एवं प्रक्रिया ही समाज के हित के लिए सर्वाधिक समुचित हैं। अर्थात, औचित्यपूर्णता के अर्जन का तात्पर्य व्यवस्था की उस योग्यता से है जिसके द्वारा राजनीतिक व्यवस्था हेतु जनसाधारण का विश्वास अर्जित किया जाता है।

(vi) **विचारधारा का विकास**–सभी लोकतांत्रिक राजनीतिक व्यवस्थाओं में राजनीतिक दल एवं उनके नेतागण अपनी राजनीतिक शक्ति एवं प्रभाव को सत्ता में परिवर्तित करने के लिए व्यापक सामाजिक सहमति

प्राप्त करने हेतु निरन्तर प्रयासरत रहते हैं जिसका एक सशक्त साधन है विचारधारा का विकास। अपने कार्यक्रमों, उद्देश्यों को जनसाधारण तक पहुंचने के लिए राजनेता अपनी मानसिकता के अनुरूप विचारधारा विकसित करते हैं। राजनीतिक नेतृत्व उन्हीं विचारधाराओं के आधार पर अपने नेतृत्व की कुशलता, क्षमता एवं प्रभाव का विस्तार करते हैं और ज्यादा से ज्यादा जनमत को अपनी तरफ मोड़ते हें। अर्थात्, विचारधारा राजनीतिक नेतृत्व का वह आधार तत्त्व है जिसके माध्यम से वह सीधे अवाम से जुड़ता है, बिखरे मतों का समूहीकरण कराता है और सत्ता के गन्तव्य तक पहुंचने का ठोस रास्ता बनाता है ताकि नेतृत्व सरलता से वैधता का अर्जन कर सके।

(vii) **विभिन्न राजनीतिक व्यवस्थाओं का प्रभाव**–कोई भी राजनीतिक व्यवस्था पूर्णरूप से एक–दूसरे से पृथक् नहीं होती है। प्रत्येक राजनीतिक व्यवस्था पर अन्य व्यवस्थाओं का कम या ज्यादा प्रभाव रहता ही है। राजनीतिक व्यवस्था सामाजिक व्यवस्था का ही प्रतिरूप है। सामाजिक गतिविधियों, व्यवहारों, परम्पराओं, मूल्यों, विश्वासों आदि का राजनीतिक व्यवस्था पर सीधा प्रभाव पड़ता है। राजनीतिक वैधता की सामाजिक स्वीकृति का आधार भी सामाजिक मूल्य ही है। सभी राजनीतिक व्यवस्थाओं का स्वरूप मिश्रित होता है और उनके कार्यों में विविधताएं पायी जाती हैं, क्योंकि अन्य राजनीतिक व्यवस्थाओं के स्वरूप प्रकृति, संविधान नीतियों, निर्णय, प्रक्रिया व्यवहार विशेषकर राजनीतिक, आर्थिक एवं विकास संबंधी नीतियों से वे काफी प्रभावित होती हैं। इसलिए, प्रत्येक देश की अन्तर्राष्ट्रीय नीतियां, संधियां–समझौते आदि दूसरे देशों के व्यवस्था–संचालन एवं निर्धारण में अहम् भूमिका निभाते हैं। तभी तो समकालीन राजनीतिक पृष्ठभूमि में कोई भी राजनीतिक व्यवस्था अपने अस्तित्व के स्वरूप एवं व्यवहार को दूसरे से पूर्णतया पृथक् नहीं रख पाता है।

(viii) **परिवर्तन का प्रभाव**–सभी राजनीतिक व्यवस्थाओं में समयानुकूल परिवर्तन अवश्यंभावी है। कोई भी राजनीतिक व्यवस्था परिवर्तन चक्र से बच नहीं सकती है। उदाहरणार्थ–राजतंत्र, कुलीनतंत्र, अधिनायकतंत्र, धनिकतंत्र, प्रजातंत्र आदि शासन–पद्धतियां समय की मांग के अनुरूप परिवर्तित होती रही हैं। इसी प्रकार, राजनीतिक सत्ता का परिसंचरण (Circulation) भी सभी राजनीतिक व्यवस्था की ख़ास विशेषता है।

उपर्युक्त विवेचना से यह स्पष्ट होता है कि राजनीतिक व्यवस्था की कुछ ख़ास विशेषताएं होती हैं जो लगभग सभी राजनीतिक व्यवस्थाओं में सामान्य रूप से पायी जाती हैं। इन विवेचनाओं के परिणामस्वरूप यह निष्कर्ष निकलता है कि सभी राजनीतिक व्यवस्थाएं निर्णय लेने, नीतियां निर्धारित करने, कानून बनाने, लागू कराने एवं सामाजिक पर्यावरण की सुरक्षा और स्वस्थता की दृष्टि से आदेश देने की वैध बाध्यकारी शक्ति रखती है। उपर्युक्त विशेषताओं के आधार पर राजनीतिक व्यवस्था के कुछ आधारभूत लक्षणों की चर्चा भी राजनीतिक व्यवस्था विश्लेषकों ने की है, इनमें आल्मंड एवं पॉवेल तथा डेविड ईस्टन की प्रस्तुति प्रमुख है। व्यवस्था विश्लेषकों के विचारानुसार जिन लक्षणों की पहचान की गयी है वे निम्नलिखित हैं :

राजनीतिक व्यवस्था के लक्षण (Characteristics of Political System)

1. **व्यवस्था के विभिन्न अंगों की अन्तर्निर्भरता या अन्योन्याश्रितता**–इस प्रसंग में आल्मंड का कहना है कि प्रत्येक व्यवस्था की भांति राजनीतिक व्यवस्था के सभी अंगों की गतिविधियां एक–दूसरे से संबद्ध हैं, एक–दूसरे पर निर्भर हैं और यही निर्भरता उनके मध्य अन्योन्याश्रय संबंध बनाती है। अर्थात् आल्मंड के कहने का आशय यह है कि यहां अन्योन्याश्रितता का अभिप्राय है व्यवस्था के एक अंग में होने वाले परिवर्तन का प्रभाव अन्य संघटकों पर स्वतः ही पड़ता है। इसका तात्पर्य यह हुआ कि राजनीतिक व्यवस्था के सभी अंग संरचनात्मक एवं प्रकार्यात्मक स्तर पर एक–दूसरे से संबद्ध होते हैं। हर अंग की एक निश्चित और निर्धारित भूमिका होती है जिसका प्रभावशाली क्रियान्वयन उन्हें एक–दूसरे से परस्पर संबद्ध करता है। इसीलिए एक अंग की गतिविधियां दूसरे अंग की गतिविधियों को प्रभावित करती हैं, लेकिन अन्तःसंबंधित होते हुए भी अपनी भूमिकाओं के निष्पादन के लिए वे स्वतंत्र रहती हैं।

2. **राजनीतिक व्यवस्था की सीमा**–इस प्रसंग का आशय यह है कि सभी राजनीतिक व्यवस्थाओं का एक स्पष्ट सीमांकन होता है। यहां राजनीतिक व्यवस्था की सीमा का आशय राज्य की सीमाओं से नहीं है जो जनसंख्या, विभिन्न संस्थाओं या भू–भाग के क्षेत्रफल से संबंधित है। यहां सीमा शब्द का उल्लेख राजनीतिक व्यवस्था के अन्तर्गत अहर्निश चलने वाली अन्तःक्रियात्मक (Interactive) राजनीतिक भूमिकाओं के लिए किया गया है, जिसकी प्रभावशालिता राजनीतिक व्यवस्था की वैचारिक विश्लेषणात्मक अवधारणा को महत्त्वपूर्ण बनाती है। उदाहरणस्वरूप एक व्यक्ति या व्यक्ति समूह जब अपनी निजी या व्यावसायिक दृष्टि से व्यवस्था में कोई कार्य संपादित करता है तो उसका कार्य राजनीतिक व्यवस्था की सीमा अध्ययन के अन्तर्गत नहीं आता है। लेकिन वही व्यक्ति जब अपने मतदान व्यवहार के प्रयोग के प्रसंग में राजनीतिक–विषयों पर विचार–विमर्श करता है तो वह राजनीतिक व्यवस्था के विश्लेषणात्मक अध्ययन सीमा के विषयान्तर्गत शामिल हो जाता है। अर्थात् यहां राजनीतिक व्यवस्था की सीमा से अभिप्राय व्यक्ति, व्यक्ति–समूहों एवं व्यवस्था के विभिन्न अंगों की राजनीतिक गतिविधियों एवं व्यवहारों से है।
3. **राजनीतिक व्यवस्था का पर्यावरण**–राजनीतिक व्यवस्थान्तर्गत राजनीतिक भूमिकाओं की परस्पर प्रभावशीलता या अन्योन्यक्रिया (Interactions) का राजनीतिक व्यवस्था के पर्यावरण से गहरा संबंध होता है। ईस्टन का ऐसा मानना है कि राजनीतिक व्यवस्था का पर्यावरण कभी स्वतंत्र नहीं होता है। वह कई प्रकार की परिस्थितियों से घिरा होता है और उन परिस्थितियों द्वारा प्रस्तुत परिवेश के अन्तर्गत ही पर्यावरण निरन्तर क्रियाशील रहता है। ईस्टन द्वारा व्यवस्था–विश्लेषण के प्रतिपादन में पारिस्थितिकीय–सामाजिक, आर्थिक, सांस्कृतिक एवं राष्ट्र के व्यक्तित्व संदर्भित जन सांख्यिकीय पर्यावरणों का विशेष उल्लेख किया गया है। किसी भी राजनीतिक व्यवस्था के पर्यावरणान्तर्गत जो महत्त्वपूर्ण पक्ष सक्रिय रहते हैं वे इस रूप में विवेचित किये जा सकते हैं–राजनीतिक व्यवस्था विभिन्न प्रकार की परिस्थितियों से घिरी रहती है, राजनीतिक व्यवस्था का पर्यावरण उन्हीं परिरिथितियों में क्रियाशील रहता है, राजनीतिक व्यवस्था अपने पर्यावरण से पूरी तरह प्रभावित होती है, तथा राजनीतिक व्यवस्था अपने विभिन्न अंगों की अन्तःक्रियात्मकता एवं अन्योन्याश्रितता से पर्यावरण को प्रभावित करती है।

   इसका अभिप्राय यह है कि राजनीतिक व्यवस्था एवं उसमें सक्रिय पर्यावरण के मध्य परस्पर प्रभावशील गतिविधियों का आगत एवं निर्गत निरन्तर चलता रहता है। राजनीतिक व्यवस्था के अन्तर्गत जनसरोकागत विषयों, मुद्‌दों, समस्याओं, प्रश्नों के आगत का माध्यम पर्यावरण ही है और पर्यावरण का दबाव ही व्यवस्था को इन विषयों पर नीतियां एवं निर्णय संदर्भित रूपान्तरण के लिए बाध्य करता है जो निर्गत तत्त्वों के रूप में पुनर्निवेशन चक्र द्वारा पर्यावरण में पहुंचा दिया जाता है। अर्थात् राजनीतिक व्यवस्था संदर्भित पर्यावरण के संचालन हेतु आगत तत्त्वों एवं निर्गत तत्त्वों के माध्यम से आगत क्रियाओं एवं निर्गत क्रियाओं के मध्य पुनर्निवेशन चक्र (Feedback loop) संचालित होता रहता है, ताकि राजनीतिक व्यवस्था की क्रियाशीलता के लिए पर्यावरण से मांगों का निवेश होता रहे और निर्णयों के रूप में मांगें रूपान्तरित होकर निर्गत स्वरूप में पर्यावरण की अन्तःक्रियात्मकता को निरन्तर क्रियाशील रखे। इस प्रकार, निर्गत तत्त्व पर्यावरण में जाकर पर्यावरणगत तत्त्वों के साथ क्रियाएं करते हैं जिसके परिणामस्वरूप नये आगत तत्त्व अस्तित्व में आते हैं और ये आगत तत्त्व पुनर्निवेश के माध्यम से राजनीतिक व्यवस्था में पुनः वापस चले जाते हैं।
4. **औचित्यपूर्ण बाध्यकारी शक्ति**–राजनीतिक व्यवस्था अपने वैध बाध्यकारी शक्ति की वजह से व्यवस्थान्तर्गत अन्य अंगों को संप्रभु आदेश देने की क्षमता रखती है। अपनी इस औचित्यपूर्णता की स्थिति की वजह से ही राजनीतिक व्यवस्था अन्य व्यवस्थाओं से सर्वोच्च एवं संप्रभु है। राजनीतिक व्यवस्था की सत्ता एक ऐसी औचित्ययुक्त शक्ति का संप्रभु स्वामी है जो व्यवस्था–संचालन हेतु अपनी इस वैध शक्ति का प्रयोग नियम–निर्माण, नियम–प्रयुक्ति तथा नियम–अधिनिर्णय से संबद्ध कार्यों के लिए करती है। इसी सर्वोच्च शक्ति की वजह से डॉल ने राजनीतिक व्यवस्था का विश्लेषण, 'सत्ता, कानून और अधिकार' से जोड़ कर किया है। लासवेल और कॉपलान ने उन्हीं लक्षणों के आधार पर राजनीतिक व्यवस्था को 'सटीक वंचनों'

(Severe Deprevations) का नाम दिया है। आल्मंड एवं पॉवेल ने भी मैक्स वेबर के सत्ता–संबंधी विचारों से सहमति व्यक्त करते हुए राजनीतिक व्यवस्था के इन लक्षणों पर टिप्पणी करते हुए कहा है "वैध शक्ति वह सामान्य धारा या धागा है जो राजनीतिक व्यवस्था के कार्यों में प्रवाहित या पिरोया रहता है, यही इसका विशिष्ट लक्षण है और यही इसे महत्त्व देता है तथा एक व्यवस्था के रूप में संगति या समायोज्य स्वरूप प्रदान करता है।"

राजनीतिक व्यवस्था के विशेष लक्षण से संदर्भित उपर्युक्त विवेचन व्यवस्था के पर्यावरण, उसके संप्रभु अस्तित्व, उसकी निर्णय क्षमता, राजनीतिक सत्ता द्वारा सामान्य स्वीकृतियुक्त शक्ति–प्रयोग एवं आधारगत राजनीतिक बाध्यता के अधिकारों का स्पष्टीकरण करता है। इस प्रसंग में राजनीतिक व्यवस्था का तात्पर्य उन समस्त अन्तःक्रियाओं से है जिनकी अन्योन्याश्रितता राजनीतिक संरचनाओं की वैधता को बाध्यकारी शक्ति के प्रयोग करने की वैधानिक स्वीकृति देता है और जिनका संगठित स्वरूप ही राजनीतिक व्यवस्था को स्वायत्तता, सर्वोपरिता एवं औचित्यपूर्ण संप्रभु अस्तित्व प्रदान करता है। राजनीतिक व्यवस्था की अन्तःक्रियाओं के दायरे में केवल कार्यपालिका विधायिका एवं न्यायपालिका तथा अन्य प्रशासकीय अभिकरणों की भूमिकाओं को ही शामिल नहीं किया जाता है वरन् उन सभी संरचनाओं एवं उनकी प्रक्रियाओं को भी शामिल किया जाता है जिनका जनसाधारण की राजनीतिक गतिविधियों से सरोकार होता है।

राजनीतिक व्यवस्था का वर्गीकरण (Classification of Political System)

राजनीतिक व्यवस्था–संदर्भित पूर्व विवेचन के आधार पर हम इस निष्कर्ष पर पहुंचते हैं कि राजनीतिक व्यवस्था सामाजिक व्यवस्था के अन्तर्गत सर्वाधिक महत्त्वपूर्ण उपव्यवस्था है जिसका योगदान सामाजिक व्यवस्था के सभी कार्यों में किसी न किसी रूप में अवश्य होता है। समाज के व्यक्तिगत एवं सामूहिक सहयोगात्मक उद्देश्यों को परिभाषित करने, गन्तव्य तक पहुंचाने एवं हासिल करने का प्रधान केंद्र है राजनीतिक व्यवस्था इसीलिए राजनीतिक व्यवस्था को समाज के उद्देश्य–प्राप्ति (Goal-attainment) के आकर्षण–केन्द्र (Centre of Gravity) की संज्ञा दी गयी है। यह अपनी वैध शक्तियों के दायरे में वैधानिक शक्ति का प्रयोग करके व्यवस्था में उत्पन्न विरोधी एवं प्रतियोगी मांगों की प्रतिस्पर्द्धाओं से जन्मे संघर्षों का नियमन करती है, उन्हें व्यवस्थित करती है एवं उनके समाधान के यथोचित उपाय करती है। सामाजिक व्यवस्था के सही संचालन हेतु निर्णय लेती है नीतियां निर्धारित करती और व्यवस्था को नेतृत्व प्रदान करती है। राजनीतिक व्यवस्था ऐसी प्रक्रियाओं एवं अन्तःक्रियाओं का प्रतिनिधित्व करती है जिसके माध्यम से व्यवस्था की मूल्यप्रधान वस्तुओं का समाज में आधिकारिक रूप से विनियोजन होता है, जिसका आधार सामाजिक पर्यावरण में अभिव्यक्त की गयी मांगें हैं। मांगों के पीछे समर्थन की मात्रा के आधार पर यह विभिन्न मुद्दों, समस्याओं, प्रश्नों के समाधान के लिए नीतियां निर्धारित करती है। राजनीतिक व्यवस्था माध्यम है समाज में उत्पन्न विवादों के निपटारे का। यह अन्तःक्रियाओं के ऐसे समुच्चय का बोध कराती है जिसके द्वारा समाज की मांगों को आधिकारिक निर्णयों में बदला जाता है। साथ ही राजनीतिक व्यवस्था उन माध्यमों का व्यवस्थापक है जिनका प्रयोग करके समाज के बहुमूल्य संसाधनों एवं शक्तियों को नियोजित कर सामूहिक उद्देश्यों की प्राप्ति हेतु लगाया जाता है।

राजनीतिक व्यवस्था द्वारा संपादित इन जटिल प्रक्रियाओं के आलोक में कई राजनीतिक विश्लेषकों द्वारा अध्ययन की दृष्टि से इनका वर्गीकरण प्रस्तुत किया गया है। वर्गीकरण का तात्पर्य किसी भी विषय को समान अर्थ, गुणों एवं विशेषताओं के आधार पर विभिन्न श्रेणियों या वर्गों में बांटना। वर्गीकरण का उद्देश्य विषय के अध्ययन को आसान बनाना है। परम्परागत राजनीतिक विज्ञानों से लेकर आधुनिक राजनीतिक विश्लेषकों द्वारा राजनीतिक व्यवस्थाओं के वर्गीकरण के विविध प्रकारों की प्रस्तुति की गयी है। लेकिन, व्यवहारात्मक स्तर पर राजनीतिक व्यवस्थाओं में आन्तरिक पर्यावरण के स्तर पर इतनी असाम्यताएं विद्यमान हैं कि वर्गीकरण का कोई भी सिद्धान्त या आधार इनके वास्तविक अध्ययन की कसौटी पर खरा नहीं उतरता है। फिर भी, राजनीतिक व्यवस्था के वर्गीकरण का मुख्य उद्देश्य विभिन्न व्यवस्थाओं की साम्यताएं एवं असाम्यताओं को प्रकाश में लाना है।

कतिपय प्रमुख प्राचीन एवं आधुनिक राजनीतिक विद्वानों द्वारा प्रतिपादित व्यवस्था वर्गीकरण की विवेचना निम्नांकित है :

अरस्तू के अनुसार शासन–व्यवस्था का वर्गीकरण (Aristotle's Classification of Government)

विभिन्न प्रकार की राजनीतिक व्यवस्थाओं को वर्गीकृत करने का आरंभिक श्रेय प्रसिद्ध यूनानी राजनीतिक दार्शनिक अरस्तू को जाता है। यह अरस्तू द्वारा किया गया एक सकारात्मक प्रयास है जो उनके बाद के राजनीतिक विद्वानों द्वारा प्रस्तुत वर्गीकरण का बुनियादी आधार बना। अरस्तू ने राजनीतिशास्त्र के अध्ययन के लिए अनुभवमूलक पद्धति (Empirical Method) को बढ़ावा दिया और साथ में तुलनात्मक पद्धति (Comparative Method) का भी प्रयोग किया। अरस्तू के समक्ष तत्कालीन शासन–प्रणालियों की अस्थिरता सबसे चिन्तनीय समस्या थी। अस्थिर राजनीति की स्थिति के विश्लेषण के लिए उसने 158 नगरों–राज्यों की शासन व्यवस्था का इतिवृत्त (Case Histories) तैयार कराया। इसमें शासक वर्ग की संख्या, प्रकृति, प्रवृत्ति एवं लक्ष्य को ध्यान में रखकर शासन–प्रणालियों का वर्गीकरण प्रस्तुत किया और इस तथ्य की छानबीन की कि प्रचलित शासन–प्रणालियां अस्थिर क्यों हैं ? अरस्तू द्वारा प्रस्तुत वर्गीकरण की रूपरेखा के मुख्य आधार दो थे :

1. क्या शासन का संचालन एक व्यक्ति के हाथों में होता है या बहुत सारे व्यक्ति मिलकर शासन व्यवस्था संचालित करते हैं ?
2. क्या शासन सामान्य कोटि का है, या भ्रष्ट कोटि का है ? क्या शासक द्वारा सत्ता–संचालन के समय राज्यहित को महत्त्व दिया जाता है या वे अपनी स्वार्थ सिद्धि के लिए सत्ता का प्रयोग करते हैं ? अरस्तू ने शासन–व्यवस्थाओं की स्थिरता एवं अस्थिरता के आधार पर वर्गीकृत शासन की जो रूपरेखा प्रस्तुत की है उसे निम्नांकित तालिका के अन्तर्गत देखा जा सकता है :

शासन–व्यवस्था का वर्गीकरण
(Classification Government)

शासन का स्वरूप (Form of Government)	**शासन की प्रकृति (Nature of Government)**
1. राजतंत्र (Monarchy)	1. सामान्य रूप–एक व्यक्ति का शासन (Normal form—Rule of one)
2. नृशंसतंत्र या निरंकुशतंत्र (Tyranny or Despostism)	2. भ्रष्ट रूप–एक व्यक्ति का शासन (Corrupt form—Rule of one)
3. अभिजाततंत्र (Aristocracy)	3. सामान्य रूप–गिने–चुने लोगों का शासन (Normal form—Rule of the few)
4. गुटतंत्र (Oligarchy)	4. भ्रष्ट रूप–गिने–चुने लोगों का शासन (Corrupt form—Rule of the few)
5. बहुतंत्र (Polity)	5. सामान्य रूप–बहुत सारे लोगों का शासन (Normal form—Rule of the many)
6. लोकतंत्र (Democracy)	6. भ्रष्ट रूप–बहुत सारे लोगों का शासन (Corrupt form—Rule of the many)

अरस्तू द्वारा वर्गीकृत उपर्युक्त विवेचन में राजनीतिक व्यवस्था के संवैधानिक एवं व्यावहारिक दोनों स्वरूपों की स्थितियों की विस्तृत व्याख्या प्रस्तुत की गयी है।

मैकियावेली के अनुसार शासन–व्यवस्था का वर्गीकरण (Machiavelli's Classification of Government)

मैकियावेली द्वारा प्रस्तुत व्यवस्था वर्गीकरण का तुलनात्मक राजनीति के अध्ययन में विशेष महत्त्व है। इस प्रसंग में मैकियावेली दर्शन के दो प्रमुख आयाम हैं :

1. एक राजनीतिशास्त्री के रूप में ये शायद प्रथम विचारक हैं जिन्होंने शासन–व्यवस्था और वहां के लोगों के चरित्र के बीच सहसंबंध (Corelation) स्थापित करने का प्रयास किया है।
2. एक शासन के रूप में राजतंत्र के प्रबंध को ज्यादा मुश्किल मानते हुए इसकी समस्याओं पर गहन अध्ययन किया है तथा इनके समाधान के लिए कई प्रकार की नीतियों एवं युक्तियों का लागत–लाभ विश्लेषण (Cost–benefit Analysis) का प्रस्तुतीकरण भी किया है। इन्होंने कुशल नृपति के लिए आवश्यक गुणों की भी विस्तृत चर्चा करते हुए यह कहा है कि नृपति के अन्दर शेर (Lion) और लोमड़ी (Fox) दोनों का गुण विद्यमान होना चाहिए। उसे राजनीति के दांव–पेंच के फंदे से बाहर निकलने के लिए लोमड़ी की तरह चतुर होना चाहिए और मुसीबतों का सामना करने के लिए शेर की तरह बहादुर होना चाहिए। मैकियावेली की शासन–व्यवस्था वर्गीकरण को निम्नांकित तालिका द्वारा समझा जा सकता है :

शासन–प्रणाली
(Government)

गणतंत्र (Republic)	राजतंत्र (Monarchy)
शासन का आदर्श रूप (Ideal Form of Government)	शासन का व्यावहारिक रूप (Practical Form of Government)
सच्चरित्र लोगों के लिए उपयुक्त (Useful for Virtuous People)	दुश्चरित्र लोगों के लिए उपयुक्त (Useful for Misconduct People)

मांतेस्क्यू के अनुसार शासन–व्यवस्था का वर्गीकरण (Montesquieu's Classification of Government)

मैकियावेली के पश्चात् शासन–व्यवस्थाओं के वर्गीकरण एवं विश्लेषण के क्षेत्र में सबसे अहम् योगदान फ्रांसिसी दार्शनिक चार्ली लुई द मांतेस्क्यू का है। मांतेस्क्यू द्वारा प्रतिपादित वर्गीकरण के समय तक कई प्रकार की नई शासन–व्यवस्थाओं का स्वरूप अस्तित्व में आ चुका था। यूनानी नगर राज्यों की जगह नए राष्ट्र–राज्यों (Nation-states) का जन्म हो गया था। इन परिवर्तित राजनीतिक–सामाजिक परिस्थितियों के परिप्रेक्ष्य में मांतेस्क्यू ने अपना शासन–व्यवस्था संदर्भित वर्गीकरण प्रस्तुत किया। अपनी कृति 'द स्पिरिट ऑफ लॉज' में इन्होंने तीन प्रकार की शासन–व्यवस्थाओं का वर्गीकरण पेश किया है, जिसके दो प्रमुख आधार हैं :

1. शासन की प्रकृति (Nature of Government)।
2. शासन का सिद्धान्त (Principles of Government)।

प्रथम आधार का संदर्भ संप्रभुता धारक–सूत्र से संबद्ध है और दूसरा संदर्भ शासन को मजबूत और उत्कृष्ट बनाने के लिए शासक की मनोदशा से संबद्ध है। इनके द्वारा प्रस्तुत वर्गीकरण के तीन रूप हैं :

(i) गणतंत्र (Republic)
(ii) राजतंत्र (Monarchy)
(iii) निरंकुश तंत्र (Despotism)।

मांतेस्क्यू के विचार में पहली एवं दूसरी शासन–व्यवस्थाएं उत्कृष्ट हैं और तीसरी निकृष्ट है। इनके विचार में गणतंत्र में संप्रभुता पूरे जनसमुदाय के हाथों में होती है। इस व्यवस्था का मूल सिद्धान्त सद्‌गुण (Virtue) है। मांतेस्क्यू ने इसकी दो उपश्रेणियों की भी प्रस्तुति की है, जिन्हें लोकतंत्र (Democracy), एवं अभिजाततंत्र (Aristocracy) की संज्ञा दी है। मांतेस्क्यू द्वारा प्रस्तुत शासन–व्यवस्था के वर्गीकरण को निम्नलिखित तालिका के संदर्भ में समझा जा सकता है :

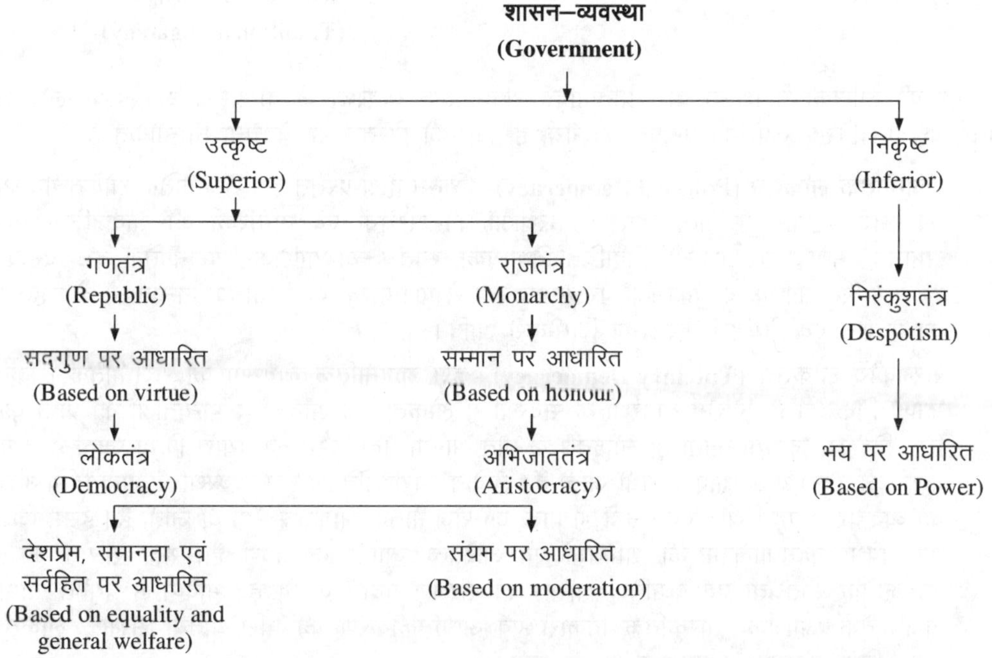

एडवर्ड शिल्स के अनुसार राजनीतिक व्यवस्था का वर्गीकरण
(Edward Shils's Classification of Political System)

एडवर्ड शिल्स ने अपनी प्रमुख कृति 'पॉलिटिकल पावर इन न्यू स्टेट्स' में विकसित देशों की राजनीतिक व्यवस्थाओं को प्रतिमान मानकर एशिया, अफ्रीका तथा लैटिन अमेरिका के नवोदित राष्ट्रों का वर्गीकरण विकास एवं आधुनिकीकरण की मात्रा के आधार पर किया है। पश्चिमी राजनीतिक व्यवस्थाओं के साथ उसने पांच प्रकार की राजनीतिक व्यवस्थाओं का वर्गीकरण प्रस्तुत किया है जिसे निम्नांकित तालिका के प्रसंग में देखा जा सकता है :

राजनीतिक व्यवस्था
(Political System)

लोकतंत्र
(Democracy)

1. राजनीतिक लोकतंत्र
(Political democracy)
2. संरक्षकीय लोकतंत्र
(Tutelary democracy)

अल्पतंत्र
(Oligarchy)

1. आधुनिकता–प्रवृत्त अल्पतंत्र
(Modernising oligarchy)
2. सर्वाधिकारी अल्पतंत्र
(Totalitarian oligarchy)
3. पारम्परिक अल्पतंत्र
(Traditional oligarchy)

ऊपर की तालिका में शिल्स द्वारा प्रतिपादित राजनीतिक व्यवस्था के दो प्रमुख रूप, यथा–लोकतंत्र एवं अल्पतंत्र के तीन विशेष रूपों की प्रस्तुति की गयी है, जिसकी विस्तार से विवेचना निम्नांकित है :

1. **राजनीतिक लोकतंत्र (Political Democracy)**—शिल्स द्वारा प्रस्तुत इस राजनीतिक लोकतंत्रीय व्यवस्था की ख़ास पहचान है–प्रतिनिध्यात्मक संस्थाओं की संरचना एवं नागरिकों की सार्वजनिक स्वतंत्रता, समानता, मताधिकार प्रणाली, निर्वाचित विधायिका, स्वतंत्र न्यायपालिका, राजनीतिक दल, दबाव समूह एवं सभी राजनीतिक कार्यकर्ताओं पर समान रूप से पारम्परिक एवं वैधानिक मान्यताओं के तहत समाज का प्रदर्शन एवं नियंत्रण करने की जिम्मेवारी आदि।
2. **संरक्षकीय लोकतंत्र (Tutelary Democracy)**—इस राजनीतिक व्यवस्था की राजनीतिक लोकतंत्र से काफी निकटता है, जिसमें व्यवस्था के सदस्यों में लोकतांत्रिक आदर्शों व मान्यताओं को प्राप्त करने के लिए विश्वास जगाया जाता है, लोकतंत्र के प्रति आस्था पैदा करने का प्रयास किया जाता है तथा प्राप्त करने की इच्छा व अपेक्षाएं जतायी जाती हैं। लेकिन, परिस्थितिवश इस व्यवस्था में लोकतंत्रीय अवधारणा को व्यवहार में वह स्थिति प्राप्त नहीं हो पाती जो राजनीतिक लोकतंत्र में पायी जाती है। इसमें विधायिका की अपेक्षा कार्यपालिका की शक्तियां एवं अस्तित्व ज्यादा महत्त्वपूर्ण हैं। यहां शासन का उद्देश्य सार्वजनिक स्वतंत्रता एवं वैधानिक शासन को संरक्षण प्रदान करना है। भविष्य में पर्याप्त सामाजिक, राजनीतिक, आर्थिक, सांस्कृतिक विकास एवं आधुनिकीकरण की परिस्थितियां संरक्षक लोकतंत्र को राजनीतिक लोकतंत्र में रूपान्तरित कर देती है।
3. **आधुनिकता प्रवृत्त अल्पतंत्र (Modernising Oligarchy)**—शिल्स के विचार में राजनीतिक व्यवस्था के इस स्वरूप की उत्पत्ति सैनिक शासन से होती है। इसमें विधायिका (संसद) का अस्तित्व केवल नाममात्र के लिए होता है जो बुनियादी तौर पर अल्पतंत्रीय व्यवस्था के शासकीय निर्णयों को समर्थन एवं स्वीकृति प्रदान करने का कार्य करती है। सेना एवं पुलिस अधिकारियों का प्रभुत्व, कुशल नौकरशाही (Bureaucracy), संगठित शक्तिशाली अभिजन (Integrated Powerful Elite), विरोधी दलों का अभाव, नागरिक स्वतंत्रता, समानता की स्थितियों में कमी आदि इस राजनीतिक व्यवस्था के मुख्य तत्त्व हैं।
4. **सर्वाधिकारी अल्पतंत्र (Totalitarian Oligarchy)**—राजनीतिक व्यवस्था का यह स्वरूप साधारणतः साम्यवाद एवं फासिस्टवाद जैसी विचारधाराओं पर आधारित होता है। इस व्यवस्था में शासन को सर्वाधिक महत्त्व दिया जाता है। यहां के अभिजन सुविज्ञ (Knowledgeable) होते हैं और व्यवस्था की विचारधारा के प्रति उनमें पूर्ण आस्था पायी जाती है। व्यवस्था में कठोर अनुशासन का अस्तित्व मौजूद

होता है और विधायिका की स्थिति आधुनिकता प्रवृत्त अल्पतंत्र की तरह ही सिर्फ दिखावे की होती है जिसका मुख्य कार्य शासकों के निर्णयों की पुष्टि करना है क्योंकि प्रमुख विधायी कार्यों का संपादन शासकीय इकाइयों द्वारा होता है।

5. **पारम्परिक अल्पतंत्र (Traditional Oligarchy)**—शिल्स द्वारा वर्गीकृत इस कोटि की राजनीतिक व्यवस्थाओं में वंशानुगत एवं धर्म तत्त्वों का प्रभुत्व मुख्यरूप से अस्तित्व रखता है। ये व्यवस्थाएं परम्परागत मूल्यों, मान्यताओं की पोषक होती हैं, जिसमें विकास एवं आधुनिकीकरण की क्षमताएं अल्पमत होती हैं, साथ ही आधुनिक नौकरशाही एवं शक्तिशाली केन्द्रीय सरकार के अस्तित्व का अभाव होता है।

एडवर्ड शिल्स ने अपने राजनीतिक व्यवस्था वर्गीकरण को राजनीतिक–सामाजिक आधार प्रदान करने का सप्रयास किया है। इनके द्वारा प्रस्तुत उपर्युक्त वर्गीकरण विभिन्न राजनीतिक व्यवस्थाओं के आनुभविक तुलनात्मक अध्ययन के लिए काफी उपयुक्त है।

रॉबर्ट डॉल के अनुसार राजनीतिक व्यवस्था का वर्गीकरण (Robert Dhal's Classification of Political System)

रॉबर्ट डॉल का यह मानना है कि राजनीतिक व्यवस्थाओं का वर्गीकरण हमेशा उद्देश्य आधारित होता है। इनका मानना है कि वर्गीकरण की दृष्टि से आर्थिक आधारों के आलोक में राजनीतिक व्यवस्थाएं पूंजीवादी एवं समाजवादी कोटि में बांटी जाती है और राजनीतिक स्थिति के अनुसार राजनीतिक व्यवस्थाएं लोकतंत्रीय एवं अधिनायकतंत्रीय होती है। यानी, इन दोनों मूल आधारों के अनुरूप सैद्धान्तिक स्तर पर राजनीतिक व्यवस्थाओं की चार श्रेणियों का अस्तित्व आकार लेता है–पूंजीवादी लोकतंत्र, समाजवादी लोकतंत्र, पूंजीवादी अधिनायकतंत्र, समाजवादी अधिनायकतंत्र। इनकी अभिव्यक्ति के अनुसार तार्किक दृष्टि से इन सभी व्यवस्थाओं का अस्तित्व संभव है, लेकिन वस्तुतः कोई व्यवस्था पूरी तरह अस्तित्व में है या नहीं इसकी सही जानकारी वहां की राजनीतिक वास्तविकता तथा आर्थिक व्यवस्था के आनुभविक छानबीन से ही मिल सकती है।

राजनीतिक व्यवस्था संबंधी अपने इन्हीं विचारों के आलोक में डॉल ने आधुनिक राजनीतिक व्यवस्थाओं का एक मौलिक वर्गीकरण प्रस्तुत किया है जिसके चार आधारों की चर्चा की है :

प्रथम–सरकार के निर्णयों पर अन्तिम नियंत्रण कौन रखता है ? एक व्यक्ति, थोड़े से व्यक्ति, बहुत से लोग या इनका मिश्रित रूप। इस आधार पर राजनीतिक व्यवस्थाएं–एकतंत्रीय, अल्पतंत्रीय, लोकतंत्रीय या मिश्रित रूप में हो सकती है।

द्वितीय–राजनीतिक सत्ता यानी सरकार की वैधता मजबूत है या कमजोर ? मजबूत वैधीकरण–आधारित राजनीतिक व्यवस्था औचित्यपूर्ण व्यवस्था की कोटि में शामिल है और कमजोर वैधता–आधारित राजनीतिक व्यवस्था के स्वरूप को निरंकुश की संज्ञा दी जाती है।

तृतीय–व्यवस्थान्तर्गत समुदायों, समूहों के कार्य की दृष्टि से उपव्यवस्थाओं में स्वायत्तता की कमी या अधिकता ? उपव्यवस्थाओं की स्वायत्तता की स्थिति के अनुरूप राजनीतिक व्यवस्थाओं को एकात्मक एवं बहुलात्मक श्रेणी में बांटा जाता है।

चतुर्थ–राजनीतिक व्यवस्था के अन्तर्गत राजनीतिक संस्थाओं तथा प्रभावों के वितरण का आधार क्या है ? इस आधार पर राजनीतिक व्यवस्थाओं को लोकतंत्रीय या विशिष्टवर्गीय स्वरूप प्रदान किया जाता है।

रॉबर्ट डॉल ने अपने व्यवस्था वर्गीकरण में आर्थिक आधारों की अनदेखी की है जो आज राजनीतिक व्यवस्थाओं के वर्गीकरण का सर्वाधिक महत्त्वपूर्ण आधार है और जो व्यवस्थाओं को पूंजीवादी तथा समाजवादी कोटि में बांटता है। इसके अतिरिक्त अर्द्धविकसित, अल्पविकसित एवं विकसित व्यवस्थाओं के वर्गीकरण का महत्त्वपूर्ण आधार भी व्यवस्थाओं की आर्थिक स्थिति ही होती है। इस प्रकार डॉल ने व्यवस्था, वर्गीकरण में आर्थिक आधारों की अवहेलना करके व्यवस्था का अत्यन्त सीमित एवं संकुचित अर्थ प्रस्तुत किया है।

आल्मंड के अनुसार राजनीतिक व्यवस्था का वर्गीकरण (Almond's Classification of Political System)

आल्मंड ने भी शिल्स की भांति पश्चिमी देशों की राजनीतिक व्यवस्थाओं को प्रतिमान मानकर व्यवस्थाओं में अवस्थित एवं अभिविन्यासित राजनीतिक संस्कृति की मात्रा की भिन्नता के आधार पर विभिन्न राजनीतिक संस्कृतियों के तुलनात्मक अध्ययन के लिए राजनीतिक व्यवस्थाओं का वर्गीकरण प्रस्तुत करने का सार्थक प्रयास किया है। आल्मंड के शब्दों में, ''व्यवस्था की राजनीतिक संस्कृति किसी भी राजनीतिक व्यवस्था के सदस्यों में वहां की राजनीति के प्रति व्यक्तिगत अभिवृत्तियों और अभिविन्यासों का प्रतिरूप है।'' आल्मंड ने राजनीतिक व्यवस्था के प्रति वहां के अवाम की अभिवृत्ति के आधार पर समस्त विश्व की राजनीतिक व्यवस्थाओं को चार श्रेणियों में वर्गीकृत किया है जिसे निम्नलिखित तालिका के संदर्भ में देखा जा सकता है :

राजनीतिक व्यवस्था
(Political System)

1. आंग्ल–अमेरिकी राजनीतिक व्यवस्था (Anglo-American political system)
2. महाद्वीपीय यूरोपीय राजनीतिक व्यवस्था (Continental-European political system)
3. गैर पश्चिमी, पूर्व औद्योगिक या आंशिक–औद्योगिक राजनीतिक व्यवस्था (Non-western, pre-industrialised or partially-industriali-sed political system)
4. सर्वाधिकारवादी राजनीतिक व्यवस्था (Totalitarian political system)

आल्मंड द्वारा प्रस्तुत उपर्युक्त तालिका में चार प्रकार के राजनीतिक व्यवस्थाओं का वर्गीकरण दर्शाया गया है, जिनका विस्तृत विवेचन यहां प्रस्तुत किया जा रहा है :

1. **आंग्ल–अमेरिकी राजनीतिक व्यवस्था (Anglo-American Political System)**—आल्मंड द्वारा किये गये अनुसंधान के अनुसार राजनीतिक व्यवस्था का यह स्वरूप सभी दृष्टिकोणों से विकसित व्यवस्था का प्रतिरूप है। यहां की आबादी का अधिकांश प्रतिशत स्वतंत्रता, समानता, सुरक्षा, सार्वजनिक कल्याण, संस्कृति के मूल्य, परम्पराओं, मान्यताओं के प्रति सच्ची और अटूट आस्था रखता है। इन व्यवस्थाओं की राजनीतिक संस्कृति बहुमूल्यात्मक (Multivalued) होती है, जिसकी विशेषता राजनीतिक सजातीयता, राजनीतिक स्थायित्व, राजनीतिक स्वतंत्रता व समानता, आदि हैं। इन राजनीतिक व्यवस्थाओं में विभेदीकरण (Differentiation), लौकिकीकरण (Secularisation), भूमिका विभेदीकरण (Role Differentiation), उपव्यवस्थाओं की स्वायत्तता (Autonomy of Subsystem), संरचनात्मक विभेदीकरण (Structural Differentiation), राजनीतिक एकीकरण (Political Integration), राजनीतिक संचालन (Political Mobilisation), राजनीतिक प्रतिनिधित्व (Political Representation), विवेकपूर्ण अभिविन्यास (Rational Orientation) आदि की क्षमता (Capacity) प्रचुर मात्रा में पायी जाती है। यानी कि यहां राजनीतिक जागरूकता (Political Wakefulness) काफी उच्च स्तर का होता है, इसलिए यहां शासन एवं अवाम के बीच समन्वयी (Coordinative) संबंध होता है। अमेरिका, स्विट्जरलैंड, ब्रिटेन एवं स्कैण्डेनिवियन की उन्नत एवं विकसित राजनीतिक व्यवस्थाएं इसका प्रतिरूप है।

2. **महाद्वीपीय यूरोपीय राजनीतिक व्यवस्था (Continental-European Political System)**—इन व्यवस्थाओं की राजनीतिक संस्कृति सामंजस्यकारी होने की जगह अपेक्षाकृत खण्डित (Fragmented) होती है, क्योंकि वहां समाज के विभिन्न वर्गों द्वारा सांस्कृतिक विकास के अलग–अलग नमूने स्थापित किये गये हैं। यहां कई प्रकार की राजनीतिक उपसंस्कृतियां अपना अस्तित्व कायम करती हैं, इसलिए राजनीतिक विकास के प्रतिमानों में भिन्नताएं पायी जाती हैं। यहां की उपसंस्कृतियों के मध्य निरन्तर चलने वाले विवाद, संघर्ष एवं प्रतिस्पर्द्धाओं की वजह से व्यवस्था की शांति एवं सुरक्षा पर खतरा बना रहता है, और हिंसा की संभावनाएं बनी रहती है। यहां समाज के लगभग प्रत्येक उपवर्गों में व्यवस्था एवं वहां की राजनीतिक संस्कृति के प्रति विरोधाभासी दृष्टिकोण पाया जाता है, इस वजह से संघर्ष का वातावरण समय–समय पर उत्पन्न हो जाता है। उपसंस्कृतियों की भूमिकाओं के फलस्वरूप इस श्रेणी के अन्तर्गत आने वाली राजनीतिक व्यवस्थाएं परिस्थितिवश यदा–कदा राजनीतिक अस्थिरता का दर्द झेलती रहती है। फ्रांस, जर्मनी, इटली, स्वीडन, नार्वे आदि देशों की राजनीतिक व्यवस्था इस कोटि का उदाहरण है।
3. **गैर–पश्चिमी पूर्व–औद्योगिक या आंशिक–औद्योगिक राजनीतिक व्यवस्था (Non-Western, Pre-industrialised or Partially-industrialised Political System)**—व्यवस्था वर्गीकरण की इस श्रेणी में ऐसी राजनीतिक व्यवस्थाएं आती हैं जिन्हें लम्बे संघर्ष व आन्दोलनों के पश्चात् गुलामी से मुक्ति मिली है और स्वतंत्र राष्ट्र का दर्जा प्राप्त हुआ है। इन नवोदित राष्ट्रों की राजनीतिक संस्कृति मिश्रित और विखण्डित होती हैं। यहां राजनीतिक संस्कृति का कोई निश्चित प्रतिमान विकसित नहीं हो पाया है। इसलिए अपनी राजनीतिक व्यवस्था के प्रति आस्था एवं विश्वास में विकसित देशों की अपेक्षा यहां काफी अभाव पाया जाता है। इन व्यवस्थाओं में वहां की राजनीति के प्रति अवाम की अभिवृत्तियों एवं अभिविन्यासों का भी सुनिश्चित मानदंड स्थापित नहीं हो पाया है। इन व्यवस्थाओं में सत्ता के परम्परागत स्रोत अभी भी कायम है, इसलिए राजनीति संदर्भित उपसंस्कृतियां जनमत के एकीकरण एवं विखंडन में मुख्य भूमिका अदा करती है। यहां के अवाम पर अपनी परम्परागत राजनीतिक संस्कृति, उपनिवेशवादी (Colonial) संस्कृति एवं पाश्चात्य देशों की संस्कृतियों का मिला जुला प्रभाव है, जिसकी वजह से एकीकृत जनमत के निर्माण का अभाव पाया जाता है। इसका परिणाम खण्डित जनादेश (Fragmentary Mandate) के रूप में सामने आता है, इससे राजनीतिक अस्थिरता की स्थिति पैदा होती है। मिश्रित राजनीतिक संस्कृति की वजह से इन देशों में राजनीतिक जागरूकता एवं प्रभावशाली राजनीतिक नेतृत्व की कमी रहती है जो राजनीतिक विकास एवं राजनीतिक आधुनिकीकरण की गति को विकसित व्यवस्थाओं की अपेक्षाकृत काफी धीमा कर देता है। कमजोर कार्यपालिका एवं विधायिका देश की प्रगति के लिए अनुकूल वातावरण तैयार करने में असमर्थ होता है। सामाजिक पर्यावरण में उत्पन्न मांगों के रूपान्तरण की क्षमता पर व्यवस्था पूरी तरह खरी नहीं उतरती है। इससे सामाजिक–राजनीतिक पर्यावरण में तनाव, विवाद, संघर्ष की परिस्थितियां निरन्तर कायम रहती हैं। लोकतंत्र की सफलता के लिए अपरिहार्य शर्तों के अभाव की वजह से अवाम में व्यवस्था की राजनीति के प्रति उदासीनता (Apathy) का भाव उत्पन्न होता है। राजनीतिक विरसन सीधी तौर पर राजनीतिक सहभागिता एवं जागरूकता को प्रभावित करता है, जिससे व्यवस्था में विकास की गति काफी धीमी हो जाती है। भारत एवं एशिया–अफ्रीका के नवोदित राष्ट्रों (तीसरी दुनिया के देशों) को आल्मंड ने इसी कोटि में रखा है।
4. **सर्वाधिकारवादी राजनीतिक व्यवस्था (Totalitarian Political System)**—इस राजनीतिक व्यवस्था का आधारक, पोषक एवं संचालक एक ही विचारधारा से प्रेरित राजनीतिक दल होता है और सत्ता संचालन का केन्द्र भी उसी राजनीतिक दल के शीर्षस्थ नेतृत्व के हाथों में होता है। इन राजनीतिक व्यवस्थाओं में सत्ता का स्वरूप केन्द्रीकृत होता है जहां ऐच्छिक संघों, समुदायों या संस्थाओं के जन्म एवं विकास पर राजनीतिक प्रभुत्व की बंदिशें होती हैं। यहां की संस्कृति राजनीतिक सजातीयता का प्रतीक होता है। शासन में राजनीतिक दल के प्रभुत्व का ख़ास महत्त्व होता है। संचार के समस्त साधनों एवं अभिकरणों पर पूर्णरूप से सरकार का नियंत्रण होता है। सत्ता–संचालन में नौकरशाही पुलिस एवं सेना की भूमिका

अहम् होती है। दलीय अनुशासन कठोर होता है और विरोधी दलों का अस्तित्व पनप नहीं पाता है। सत्ता–संचालन में बल प्रयोग ऐसी व्यवस्थाओं की ख़ास पहचान है। पूरी व्यवस्था पर सत्ता का एकाधिकार होता है। इसलिए सत्ता द्वारा जो राजनीतिक संस्कृति अवाम पर थोपी जाती है चाहे–अनचाहे जनता को उसे मानना पड़ता है। इन तत्त्वों के मौजूदगी की वजह से अवाम पर जबरन थोपी हुई राजनीतिक संस्कृति का स्वरूप ऊपर से तो समन्वयकारी दिखता है, लेकिन व्यावहारिक स्तर पर वह बनावटी है। यहां कार्यपालिका एवं विधायिका पर राजनीतिक दल का वर्चस्व होता है और न्यायपालिका स्वतंत्र अस्तित्व के अभाव में सरकार का समर्थन करने वाली अंग के रूप में कार्य करती है, जो वहां के शासन–प्रबंध एवं शासकों के विरुद्ध कोई निर्णय नहीं ले सकती है। शासकों की दमनकारी भूमिकाओं की वजह से विद्रोह एवं क्रान्ति की संभावनाएं भी बनती हैं जिसका उदाहरण भूतपूर्व सोवियत संघ के समापन (Abolition) के रूप में सामने आया है। भूतपूर्व सोवियत संघ एवं चीन की व्यवस्था सर्वाधिकारवादी राजनीतिक व्यवस्था का उत्कृष्ट उदाहरण प्रस्तुत करता है।

इसके अतिरिक्त आल्मंड एवं पॉवेल द्वारा राजनीतिक व्यवस्थाओं के संरचनात्मक विभेदीकरण (Structural Differentiation) एवं सांस्कृतिक लौकिकीकरण (Cultural Secularization) को आधार बनाकर भी व्यवस्था को तीन श्रेणियों में बांटा गया है : (i) आदिम व्यवस्थाएं (Primitive System), (ii) पारम्परिक व्यवस्थाएं (Traditional System), एवं (iii) आधुनिक व्यवस्थाएं (Modern System)।

(i) **आदिम व्यवस्थाएं**–आल्मंड एवं पॉवेल के मतानुसार आदिम व्यवस्थाओं में राजनीतिक संरचनाओं का स्वरूप आवर्तक (Intermittent) होता है जिसमें संरचनात्मक विभेदीकरण का स्तर न्यूनतम सहगामी (Concomitant) एवं विसरित (Diffuse) होता है तथा यहां संकुचित (Parochial) संस्कृति पायी जाती है।

(ii) **पारम्परिक व्यवस्थाओं**–इसके संबंध में आल्मंड एवं पॉवेल की धारणा है कि इसमें राजनीतिक संस्कृति का स्वरूप प्रजाभावी (Subject) होता है जिसमें अवाम राजनीति में अभिरुचि लेते हैं और व्यवस्था के निर्णयों का समर्थन तथा विरोध करते हैं। इसकी राजनीतिक संरचनाएं विभेदीकृत होती हैं।

(iii) **आधुनिक व्यवस्थाएं**–आल्मंड एवं पॉवेल का कहना है कि इस श्रेणी की व्यवस्थाओं में आधार–संरचनाएं (Infra-Structures) विभेदीकृत होती है तथा राजनीतिक संस्कृति का स्वरूप सहगामी होता है। राजनीतिक व्यवस्था के इस स्वरूप को राजनीतिक विकास एवं आधुनिकीकरण के लक्षणों की गति के आधार पर तीन प्रमुख मान्यताओं, यथा–संरचनात्मक विभेदीकरण उपव्यवस्थाओं की स्वायत्तता एवं लौकिकीकरण की मात्रा के अनुरूप स्तरीकरण किया गया है।

उपर्युक्त वर्णित आल्मंड एवं पॉवेल द्वारा प्रस्तुत राजनीतिक व्यवस्था वर्गीकरण व्यवस्था के विकास, आधुनिकीकरण एवं परिवर्तन की गति तथा समस्या से जुड़ा है। आल्मंड द्वारा प्रस्तुत राजनीतिक संस्कृति आधारित राजनीतिक व्यवस्था वर्गीकरण को आलोचकों की गंभीर आलोचनाओं के दौर से गुजरना पड़ा। आलोचकों की नजर में राजनीतिक संस्कृति आधारित राजनीतिक व्यवस्था का वर्गीकरण करना उचित नहीं है। इनके विचार मे राजनीतिक संस्कृति का स्वतंत्र अस्तित्व है जिसकी प्रकृति परिवर्तनशील है, इसलिए इसे राजनीतिक व्यवस्था का साहचरी मानना यथोचित नहीं है। इस वर्गीकरण का प्रासंगिक पक्ष यह है कि आल्मंड ने राजनीतिक संस्कृति को व्यवस्था से संदर्भित करके व्यवस्था की राजनीतिक संस्कृति को एक ठोस एवं निश्चित रूप अवश्य प्रदान किया है।

इसके अतिरिक्त वियतनाम के एक विद्वान का विचार है कि विश्व में अलग–अलग अस्तित्व रखने वाली राजनीतिक व्यवस्थाओं को निम्नांकित छः कोटियों में विभाजित किया जा सकता है :

(क) **विकसित पूँजीवादी व्यवस्थाएं**–अमेरिका, ब्रिटेन, फ्रांस, पश्चिमी जर्मनी, जापान आदि की व्यवस्थाएं इस कोटि में आती हैं।

(ख) **अर्द्धविकसित पूँजीवादी व्यवस्थाएं**–भारत, ब्राजील, मिश्र, अर्जेंटिना, स्पेन, मैक्सिको आदि देश इस कोटि में शामिल हैं।

(ग) **अल्पविकसित पूंजीवादी व्यवस्थाएं**–एशिया, अफ्रीका, लैटिन अमेरिका की अधिकतर पिछड़ी व्यवस्थाएं जो नव उपनिवेशवाद की शिकार है और पूँजीवादी व्यवस्था का अभिन्न हिस्सा है, इस कोटि में शामिल है। यहां आर्थिक विकास की कोई संभावना दिखाई नहीं देती है।

(घ) **विकसित समाजवादी व्यवस्थाएं**–भूतपूर्व सोवियत संघ, पौलैंड, पूर्वी जर्मनी, चेकोस्लोवाकिया आदि की राजनीतिक व्यवस्था इस कोटि का उदाहरण हैं।

(ङ) **अर्द्धविकसित समाजवादी व्यवस्थाएं**–जनवादी चीन, यूगोस्लाविया, रूमानिया आदि इस कोटि के अन्तर्गत आते हैं।

(च) **अल्पविकसित समाजवादी व्यवस्थाएं**–मंगोलिया, वियतनाम, अल्बानिया, कम्बोडिया, लाओस आदि की व्यवस्थाएं इस कोटि का उदाहरण है।

ऊपर वर्णित राजनीतिक विश्लेषकों द्वारा प्रस्तुत व्यवस्था वर्गीकरण संदर्भित विचारों के आधार पर सामान्य रूप से अध्ययन की सुविधा के लिए विश्वव्यापी राजनीतिक व्यवस्थाओं को तीन श्रेणियों में बांटा गया है :

- उदारवादी लोकतंत्रीय राजनीतिक व्यवस्थाएं,
- सर्वाधिकारवादी राजनीतिक व्यवस्थाएं,
- स्वेच्छाचारी राजनीतिक व्यवस्थाएं।

उदारवादी लोकतंत्रीय राजनीतिक व्यवस्थाएं (Liberal Democratic Political Systems)

लोकतंत्र की उदारवादी अवधारणा 20वीं शताब्दी की सर्वाधिक प्रभावशाली लोकप्रिय और प्रगतिशील चिंतन प्रक्रिया है। पश्चिमी उदारवादी लोकतंत्रीय राजनीतिक व्यवस्थाओं की व्याख्या के लिए रॉबर्ट डॉल द्वारा बहुवादी प्रतिमान (Pluralistic Model) प्रस्तुत किया गया जिसे बड़े पैमाने पर मान्यता भी मिली। अमेरिकी राजनीतिक व्यवस्था के अनुभवों के आधार पर डॉल ने बहुलवादी व्यवस्था के चार गुणों पर प्रकाश डाला है :

1. इस प्रकार की व्यवस्था में एक से अधिक राजनीतिक दलों का अस्तित्व होता है।
2. राजनीतिक दलों द्वारा हित समूहों को प्रतिनिधित्व दिया जाता है।
3. हित समूहों के बीच खुली प्रतियोगिता होती है।
4. यहां वैयक्तिक और सामुदायिक स्वतंत्रताओं को महत्त्व दिया जाता है।

हालांकि आगे चलकर अपनी कृति 'पोल्यार्की' में रॉबर्ट डॉल द्वारा ये स्वीकार किया गया है कि उनके द्वारा प्रस्तुत बहुलात्मक प्रतिमान में दोष यह था कि उन्होंने हितसमूहों की शक्ति और प्रभाव को लगभग राजनीतिक दलों के समान समझा, जबकि यथार्थ में स्थिति यह नहीं है। वहीं अमेरिका के शासन व्यवस्था के संबंध में आरंड लिजफार्ट एवं सी. राईट मिल्स के विचारों का भी यहां उल्लेख करना आवश्यक है। रॉबर्ट डॉल से अलग लिजफार्ट पश्चिमी उदारवादी लोकतांत्रिक व्यवस्था को विशिष्ट वर्गीय राजनीतिक प्रणाली का प्रतिमान मानते हैं जहां शासन का संचालन विशिष्ट वर्ग द्वारा किया जाता है। सी. राइट मिल्स ने भी अमेरिकी राजनीतिक व्यवस्था को सशक्त विशिष्ट वर्ग द्वारा परिचालित व्यवस्था कहा है। इनके विचार में यहां विशिष्ट वर्ग के दायरे में एकाधिकारी पूंजीपति के रूप में विशिष्ट पदों को धारण करते हैं। राजनीतिक दलों के उच्च स्तर के नेता एवं उच्चस्तरीय सैनिक पदाधिकारी हैं जो एक संगठित एवं शक्तिशाली गुट के रूप में राजसत्ता का संचालन करते हैं एवं प्रभुत्व का भरपूर प्रयोग करते हैं।

उदारवादी राजनीतिक व्यवस्थाओं में लोकतंत्र अर्थात् जनता का शासन होता है। शासन का संचालन जनता द्वारा निर्वाचित प्रतिनिधियों के हाथों में होता है। राजनीतिक सत्ता अपनी नीतियों निर्णय, कार्यक्रमों घोषणाओं एवं विकास संदर्भित सभी पक्षों के लिए जनता के प्रति उत्तरदायी होती है। यहां वास्तविक संप्रभुता जनता में निवास करती है। इस व्यवस्था का मूलतत्त्व राजनीतिक स्वतंत्रता और समानता है, जिसके तहत अवाम को विचार अभिव्यक्ति की स्वतंत्रता प्राप्त होती है। सार्वजनिक वयस्क मताधिकार एवं निश्चित अवधि पर संपन्न होने वाले चुनाव इस व्यवस्था की औचित्यपूर्णता का सूचक है। इस राजनीतिक व्यवस्था को बहुलवादी व्यवस्था की भी संज्ञा दी गयी है, क्योंकि इसमें व्यवस्था संबंधी सभी विचार–विमर्श, नीतियां, निर्णय, कार्यक्रम घोषणाएं जनता द्वारा निर्वाचित प्रतिनिधियों द्वारा परिचालित किया जाता है।

उदारवादी लोकतंत्रीय व्यवस्था का मूल प्रयोजन है सार्वजनिक कल्याण, इस दृष्टि से सुरक्षा, न्याय, कल्याण, स्वतंत्रता, समानता, सामाजिक न्याय, सामाजिक हित जैसे प्रासंगिक विषयों को यहां सर्वाधिक महत्त्व दिया जाता है। राजनीतिक–सामाजिक समानता इसका मुख्य लक्ष्य है जिसके परिणामस्वरूप सामाजिक समानता, आर्थिक समानता, राजनीतिक समानता वयस्क मताधिकार की समानता, अवसर की समानता और सभी सदस्यों को स्वविकास का समान अवसर उपलब्ध कराना इसका मुख्य उद्देश्य है।

उपर्युक्त विवेचन के आधार पर उदारवादी लोकतंत्रीय राजनीतिक व्यवस्था के कुछ विशेष लक्षणों की चर्चा निम्नांकित है :

1. व्यवस्था में एक से अधिक राजनीतिक दलों का अस्तित्व होता है जो राजनीतिक सत्ता–प्राप्त करने की प्रतियोगिता में खुलकर हिस्सा लेते हैं और एक दूसरे का विरोध करते हैं।
2. सत्ता–हासिल करने के लिए राजनीतिक दलों के बीच खुली प्रतियोगिता स्वीकृत वैधानिक प्रक्रिया के आधार पर होती है।
3. संविधान द्वारा निर्धारित समय पर वयस्क मताधिकार का प्रयोग करके नागरिक अपने प्रतिनिधियों को चुनकर सदन में भेजते हैं।
4. राजनीतिक सत्ता से जुड़े पदों पर अधिकांशतः निर्वाचित प्रतिनिधि ही आसीन होते हैं तथा नियुक्तियां भी अपेक्षाकृत खुले रूप में होती हैं।
5. सरकारी नीतियों–निर्णयों को प्रभावित करने में दबाव समूह महत्त्वपूर्ण भूमिका निभाते हैं।
6. जनसंपर्क के साधनों यथा–टेलीविजन, रेडियो, अखबार आदि को भी विचार अभिव्यक्ति की आजादी होती। उन पर सरकार का तानाशाही नियंत्रण नहीं होता है। ये स्वतंत्र होते हैं और नैतिक सीमाओं के दायरे में सरकार की आलोचना भी करते हैं।
7. इस राजनीतिक व्यवस्था की मान्यताओं के अनुरूप व्यक्ति साध्य है और राज्य साधन। अर्थात्, उदारवाद का केन्द्र व्यक्ति है इसलिए उन्हें विचार अभिव्यक्ति की आजादी के साथ, किसी धर्म को मानने की स्वतंत्रता है एवं उन्हें वैधानिक मौलिक अधिकार तथा कर्त्तव्य राज्य द्वारा प्रदान किया जाता है।
8. उदारवादी लोकतंत्र व्यक्ति के प्राकृतिक अधिकारों में आस्था रखता है और इस दृष्टिकोण के तहत संपत्ति एवं स्वतंत्रता के अधिकार को प्राकृतिक अधिकार मानता है।
9. उदारवादी लोकतंत्रीय व्यवस्था की एक अन्य विशेषता 'कानून के समक्ष समानता' एवं 'कानून का समान संरक्षण' है जो ब्रिटेन एवं अमेरिका की उदारवादी लोकतंत्रीय अवधारणा की देन है।
10. उदारवादी लोकतंत्र में संप्रभुता जनता में निवास करती है और जनता अपने इस अधिकार के प्रयोग द्वारा अपने पसंदीदा प्रतिनिधियों को चुन कर राजनीतिक सत्ता को आकार देती है।

एलेन बाल द्वारा उदारवादी लोकतंत्रीय राजनीतिक व्यवस्था की कुछ ऐसी ही विशेषताओं की प्रस्तुति की गयी है जैसे :

(i) व्यवस्था में एक से अधिक राजनीतिक दलों का अस्तित्व होता है एवं सत्ता प्राप्ति के लिए प्रतियोगिता बिना किसी छिपाव–दुराव के स्थापित एवं स्वीकृत प्रक्रिया के आधार पर खुलकर होती है।

(ii) राजनीतिक सत्ता से संबद्ध पक्षों पर चुनाव या नियुक्तियां ज्यादा खुले रूप में होती हैं।

(iii) व्यापक मताधिकार पर आधारित चुनाव–प्रक्रिया निर्धारित समय पर संपन्न होती रहती हैं।

(iv) सरकारी निर्णयों को प्रभावित करने के लिए प्रभावक गुट को कार्य करने का अवसर मिलता है। मत–प्रबंधन की दृष्टि से व्यवस्था में ट्रेड यूनियन तथा अन्य स्वयंसेवी संघों की भूमिका महत्त्वपूर्ण होती है।

(v) अभिव्यक्ति तथा धर्म की स्वतंत्रता और स्वेच्छाचारितापूर्वक या मनमाने ढंग से किसी को भी बंदी न बनाये जा सकने जैसी नागरिक स्वतंत्रताएं सरकार द्वारा मान्य होती हैं और इसे सरकार का संरक्षण भी प्राप्त होता है।

(vi) न्यायपालिका का अस्तित्व स्वतंत्र होता है।

(vii) टेलीविजन, रेडियो, अखबार जैसे जनसम्पर्क के साधनों पर सरकार का एकाधिकार नहीं होता है। इन्हें कुछ सीमाओं के दायरे में रहकर सरकार की आलोचना करने की स्वतंत्रता प्राप्त होती है।

उदारवादी लोकतंत्रीय व्यवस्था से संदर्भित उपर्युक्त विवरण लोकतंत्र का आदर्श रूप प्रस्तुत करता है। लेकिन इस प्रसंग में एक यथार्थ यह भी है कि देश की परिस्थिति एवं वहां के सदस्यों की आवश्यकताओं, अभिवृत्तियों मनःस्थितियों, आस्थाओं, विश्वासों एवं उसमें होने वाले अभिविन्यासों के अनुरूप उदारवादी लोकतंत्र के अस्तित्व के बावजूद विभिन्न राजनीतिक व्यवस्थाओं के उदारवादी स्वरूप की प्रकृति एवं प्रवृत्ति में भिन्नताएं पायी जाती हैं। इस प्रसंग में इन राजनीतिक व्यवस्थाओं से जुड़ा एक अहम् प्रश्न यह भी है कि चुनावी प्रतियोगिता में खुलापन एवं एक से अधिक राजनीतिक दलों की उपस्थिति से क्या वास्तविक रूप से राजनीतिक सत्ता में भागीदारी का दायरा विस्तारित होता या व्यवहार में चुनाव–प्रक्रिया के दौरान एक से अधिक दलों की उपस्थिति इस तथ्य का सूचक है कि इन राजनीतिक व्यवस्थाओं में सत्ता संघर्ष दो से अधिक अभिजन वर्ग (Elite Class) के बीच चलता है। यही प्रश्न न्यायपालिका के स्वावलंबी एवं स्वतंत्र अस्तित्व की यथार्थता से भी जुड़ा है। उदारवादी व्यवस्थाओं की न्यायपालिकाएं कितना और किस हद तक स्वतंत्र है ये व्यवस्था की संविधानगत एवं व्यवहारगत परिस्थितियों पर निर्भर है। एक अन्य अहम् प्रश्न जनसंपर्क के माध्यमों की विचार अभिव्यक्ति की आजादी से संबद्ध है। किसी भी व्यवस्था की राजनीतिक सत्ता जनसंपर्क के साधनों को अपने प्रभुत्व के नियंत्रण से कितना स्वतंत्र रखती है यह व्यवस्थागत पर्यावरण की परिस्थितियों पर निर्भर है। उदारवादी लोकतंत्र से जुड़े इन अहम् सवालों के परिप्रेक्ष्य में जीन ब्लोण्डेल का कहना है कि उदारवादी लोकतंत्र को परिभाषित करना कठिन कार्य है, क्योंकि इसके मुख्य तत्त्व, मसलन–स्वतंत्र चुनाव, विरोधी दल का अस्तित्व आदि का सही क्रियान्वयन अत्यधिक कठिन प्रसंग है। लेकिन ब्लोण्डेल के इस कथन के बावजूद विश्व में उदारवादी लोकतांत्रिक व्यवस्थाओं की संख्या सबसे अधिक है। उदाहरणस्वरूप अमेरिका, ब्रिटेन, फ्रांस, स्वीडन, जापान, जर्मनी, भारत आदि देशों की राजनीतिक व्यवस्थाएं लोकतंत्र की इसी अवधारणा का प्रतिरूप है।

सर्वाधिकारवादी राजनीतिक व्यवस्थाएं (Totalitarian Political Systems)

इस व्यवस्था में किसी अन्य राजनीतिक सिद्धान्त या आदर्श के परपने की कोई गुंजाइश नहीं होती है। यह राजनीतिक व्यवस्था अपने को आर्थिक तौर से स्वावलंबी बनाने की कोशिश करता है। उदारवादी लोकतांत्रिक व्यवस्था से विपरीत सर्वाधिकारवादी राजनीतिक व्यवस्था मनुष्य के सम्पूर्ण जीवन पर अधिकार रखने का दावा करती है। इस शासन व्यवस्था की वैचारिकी मनुष्य के जीवन के किसी भी हिस्से को राज्य के सूक्ष्म निरीक्षण और

नियंत्रण से बाहर जाने की इजाजत नहीं देता है। सर्वाधिकारवाद के अनुसार राज्य सर्वशक्तिमान है और मानव जीवन राज्य की धरोहर है जिसका उपयोग राज्य के हित में होना चाहिए।

सर्वाधिकारवादी राजनीतिक व्यवस्था में राज्य का अधिकार असीमित होता है। यह आचार–विचार, धर्म, शिक्षा जैसे विषयों को भी राज्य के अधीन मानता है। सर्वाधिकारवाद का लक्ष्य राज्य एवं समाज के बीच मौलिक अन्तर समाप्त करके राज्य को सर्वशक्तिमान बनाना है। इतिहास साक्षी है कि राजनीतिक व्यवस्था का यह स्वरूप अलग–अलग देशों में अलग रूप धारण करके इतिहास में अपने अस्तित्व की उपस्थिति दर्ज कराता रहा है, जैसे इसने इटली में फासिस्टवाद और जर्मनी में नाजीवाद के रूप में अपनी पहचान बनायी। कुछ विद्वज्जनों का मानना है कि आंग्ल सेक्शन के राज्यों में जहां वैयक्तिक स्वतंत्रता के प्रति राज्य प्रतिबद्ध है वहां राज्य का कार्यक्षेत्र विस्तारित होता जा रहा है। वहां राज्य का सामाजिक जीवन में ज्यादा से ज्याद प्रवेश व्यवस्था के विकास और आधुनिकीकरण के स्तर का परिचायक है। इसके परिणामस्वरूप, एक नये प्रकार के सर्वाधिकारवाद का अस्तित्व आकार ले सकता है जिसे 'लोकतंत्रीय सर्वाधिकारवादी' की संज्ञा दी जा सकती है।

सर्वाधिकारवादी राजनीतिक व्यवस्था का स्वरूप तानाशाही (Dictatorial) होता है। सर्वाधिकारवादी राजनीतिक व्यवस्थाओं के विकास में देश से संबद्ध वास्तविक परिस्थितियां एवं समसामयिक आन्दोलन आधार तत्त्व की भूमिका निभाते हैं। इनका बुनियादी स्वरूप तानाशाही होता है जो उदारवादी अवधारणा एवं संसदीय शासन व्यवस्था का विरोधी है। यह एक व्यक्ति या एक ही राजनीतिक दल के हाथों में सर्वोच्च सत्ता सौंपता है। दृष्टान्तस्वरूप जहां रूस की तानाशाही वामपंथी (Leftist) के हाथों में थी वहीं जर्मनी और इटली की तानाशाही दक्षिणपंथी (Rightist) के हाथों में थी। रूस में एक ही राजनीतिक दल 'साम्यवादी दल' की तानाशाही थी तो इटली और जर्मनी में एक ही व्यक्ति की तानाशाही थी। इस व्यवस्था की यह ख़ासियत है कि यहां एक ही व्यक्ति या एक ही पार्टी के नेतृत्व को बिना किसी तर्क–वितर्क के या मत–मतांतर के स्वीकार किया जाता है।

यहां शासकों की स्वाभाविक प्रवृत्तियों (Instincts) तथा अन्तःप्रेरणाओं (Impulses) को बहुत महत्त्व दिया जाता है। लेकिन सर्वाधिकारवाद को शुद्ध स्वेच्छाचारी (Pure Autocratic) नहीं कहा जा सकता है। दरअसल सर्वाधिकारवाद में अभिजाततंत्र (Aristocracy) की मूल मान्यताओं पर अमल किया जाता है और अभिजाततंत्र की मौलिकता है कि व्यवस्था में सत्ता की बागडोर कुछ ख़ास लोगों के हाथों में होनी चाहिए। इस मान्यता के साथ लोकतंत्र के सिद्धान्त को मिला दिया गया और भूतपूर्व सोवियत संघ में शासक वर्ग का चुनाव प्रत्यक्ष एवं विस्तृत आधार पर कराया जाने लगा। यहां वैयक्तिक स्वतंत्रता की बात बेमानी है। साम्यवाद इसे मध्यवर्गीय विचार मानता है। इन राजनीतिक व्यवस्थाओं में अपने राजनीतिक विरोधियों को कुचलना एवं सेनानायकों का हटाया जाना इसी बात का प्रमाण है। इसमें राजनीतिक विरोध एवं आलोचनाओं की छूट नहीं होती है और समाचार पत्र, पुस्तक प्रकाशन, रेडियो, सिनेमा, थियेटर, संगीत, कला, भाषण देने, लिखने आदि की आजादी पर सत्ता का नियंत्रण होता है। सभा करने, संघ बनाने या हड़ताल करने पर पाबंदी होती है। यह मानवतावाद में विश्वास नहीं रखता है। इस प्रकार उदारवादी लोकतंत्रीय राजनीतिक व्यवस्थाओं के प्रतिकूल सर्वाधिकारवादी राजनीतिक व्यवस्थाओं में राजनीतिक सत्ता की प्रकृति तानाशाही होती है। नागरिकों के जीवन का समस्त पक्ष यानीकि शिक्षा, रोजगार, विवाह, प्रेम, धर्म जैसे व्यक्तिगत विषय भी सरकार के अधिकार क्षेत्र के अन्तर्गत आता है। नागरिकों की समस्त गतिविधियों पर सर्वाधिकारवादी शासक का नियंत्रण होता है। उदारवादी लोकतंत्र की मान्यताओं एवं सिद्धान्तों के विपरीत सर्वाधिकारवादी व्यवस्थाओं के भी कुछ विशेष लक्षण होते हैं। सर्वाधिकारवादी राजनीतिक व्यवस्था की खास पहचान पर गहरी दृष्टि डालते हुए एलेन बाल का कहना है :

1. इस व्यवस्था में सिद्धान्ततः सदस्यों के व्यक्तिगत एवं सामाजिक गतिविधियों का समस्त पहलू राजनीतिक रूप से सरकार से संबद्ध होता है।
2. एक ही राजनीतिक दल विविध रूपों में प्रभावी रहता है। समस्त राजनीतिक प्रक्रियाएं इसी के माध्यम से संपन्न होती हैं। सभी प्रतियोगिताएं, नियुक्तियां तथा विरोध के लिए राजनीतिक दल ही एकमात्र आधार प्रस्तुत करता है।

3. व्यवस्था में सैद्धान्तिक रूप से एक ही सुस्पष्ट विचारधारा होती है जो उस व्यवस्था के अन्तर्गत समस्त राजनीतिक सक्रियता का संचालन करती है।
4. जनसंपर्क के साधनों एवं न्यायपालिका पर राजनीतिक सत्ता का कठोर नियंत्रण होता है। उदारवादी लोकतंत्र में परिभाषित नागरिक स्वतंत्रताओं के लिए यहां जगह नहीं होती है।
5. सर्वाधिकारवादी शासन को लोकतंत्रीय आधार प्रदान करने के उद्देश्य से शासन के लिए व्यापक जनसमर्थन प्राप्त करने हेतु शासकों द्वारा जनसक्रियता के कार्यक्रमों पर जोर दिया जाता है। क्योंकि यहां शासक जनता की भागीदारी तथा जनस्वीकृति का दिखावा करके शासन के वैधीकरण का आधार तलाशते हैं।

एलेनबाल द्वारा प्रस्तुत उपर्युक्त विशेषताओं के आधार पर सर्वाधिकारवादी राजनीतिक व्यवस्था का जो स्वरूप सामने आता है उसके मुद्देनज़र विश्लेषण की दृष्टि से अभी विश्व में संपूर्ण सर्वाधिकारवादी राजनीतिक व्यवस्था का कोई सटीक उदाहरण नहीं है। स्टालिन का रूस, हिटलर का जर्मनी दोनों इस व्यवस्था के अप्रतिम उदाहरण हैं। मुसोलिनी के इटली को भी इसकी श्रेणी में रखा जा सकता है। इन तीनों राजनीतिक व्यवस्थाओं में एक लक्षण समान था, वह था एक ही व्यक्ति के तानाशाही नेतृत्व पर जोर। द्वितीय विश्व युद्ध के पश्चात् यानी सन् 1945 के बाद सर्वाधिकारवादी राजनीतिक व्यवस्था का मुख्य उदाहरण पूर्वी यूरोप के कम्युनिस्ट राज्य, भूतपूर्व सोवियत संघ एवं वर्तमान चीन की व्यवस्था है।

स्वेच्छाचारी राजनीतिक व्यवस्थाएं (Autocratic Political Systems)

राजनीतिक व्यवस्थाओं की कोटि में तीसरा स्थान स्वेच्छाचारी व्यवस्था का है जो उदारवादी लोकतंत्रीय अवधारणा की अपेक्षा सर्वाधिकारवादी व्यवस्था के अधिक करीब है। इस व्यवस्था में सत्ता तथा शक्ति कुछ लोगों के हाथों केन्द्रित होती है और इनके द्वारा लिए गये निर्णय को अवाम बिना किसी विरोध के स्वीकार करती है। इस कोटि की व्यवस्थाओं में परम्परागत शासक वर्ग वाले राज्यों को सम्मिलित किया जाता है। मसलन–सऊदी अरब, इथोपिया, सैनिक सरकार वाले आधुनिकीकृत राज्यों में नाईजीरिया और असैनिक सरकार वाले राज्यों में अल्जीरिया, मिश्र आदि इसमें शामिल है। इसमें सत्ता एवं शक्ति कुछ लोगों के हाथों में केन्द्रित होती है जिनके निर्णय को जनता बिना विरोध के स्वीकार करती है।

उदारवादी एवं सर्वाधिकारवादी राजनीतिक व्यवस्थाओं की तरह ही एलेन बाल ने स्वेच्छाचारी राजनीतिक व्यवस्थाओं के मुख्य लक्षणों की भी विवेचना की है, जो निम्नांकित है :

1. इस अवधारणा के तहत व्यवस्था में खुली राजनीतिक प्रतियोगिता अर्थात् राजनीतिक दल और चुनावी प्रक्रिया पर महत्त्वपूर्ण पाबंदियां होती हैं।
2. इस व्यवस्था में साम्यवाद या फासिस्टवाद जैसी प्रभावी राजनीतिक विचारधारा का अभाव पाया जाता है। यद्यपि, नस्लीय शुद्ध या राष्ट्रवाद का सामान्यतः राजनीतिक एकरूपता के आधार पर प्रयोग किया जाता है।
3. इस राजनीतिक व्यवस्था में 'राजनीतिक' शब्द से संबोधित किये जाने वाले विषयों का क्षेत्र सर्वाधिकारवादी व्यवस्थाओं की अपेक्षा अत्यधिक सीमित होता है। इसके पीछे मूल वजह यह है कि स्वेच्छाचारी शासन–प्रणालियां आधुनिक प्रशासकीय तथा प्रौद्योगिकी विधियों के अभाव में सभी विषयों को राजनीतिक स्वरूप नहीं दे पाती है।
4. राजनीतिक सत्ताधारियों द्वारा राजनीतिक अनुरूपता तथा आज्ञाकारिता प्राप्त करने के लिए सामान्यतः जोर–जबरदस्ती तथा बल–प्रयोग पर अत्यधिक जोर दिया जाता है।
5. उदारवादी लोकतंत्रीय व्यवस्था के विपरीत इन व्यवस्थाओं में नागरिक स्वतंत्रताओं की इजाजत बहुत कम होती है। और जनसंपर्क के साधनों तथा न्यायपालिक पर सरकार का प्रत्यक्ष नियंत्रण होता है।

6. शासन के आधार के संबंध में यह मान्यता है कि शासक या तो परम्परागत दृष्टि से राजनीतिक अभिजन हों या आधुनिक दृष्टि से नये अभिजन हों। इन व्यवस्थाओं में अक्सर सेना ही आकस्मिक सत्ता–परिवर्तन का माध्यम होती है या स्वतंत्रता के औपनिवेशक युद्ध के फलस्वरूप बल प्रयोग द्वारा सत्ता हथिया लेती है।
7. उदारवादी लोकतंत्रीय व्यवस्था की बहुलवादी अवधारणा के विपरीत अधिकतर ऐसा देखा जाता है कि स्वेच्छाचारी व्यवस्थाओं में राजनीति पर एक गुट का एकाधिकार नियंत्रण होता है।

ऊपर वर्णित मुख्य तीन प्रकारों के अध्ययन के पश्चात् यह तो स्पष्ट हो गया है कि किसी राजनीतिक व्यवस्था के सिद्धान्त एवं व्यवहार को समझने के लिए व्यवस्था के उस सामाजिक ढांचे को समझना अति आवश्यक है जिसमें व्यवस्था क्रियाशील रहती है। क्योंकि, व्यवस्था के स्वरूप निर्धारण का आधार तत्त्व है समाज में शक्ति, अधिकारों और भौतिक संसाधनों के बंटवारे की प्रक्रिया का यथार्थ। यही सामाजिक वर्ग विन्यास एवं स्तरीकरण का मूल स्रोत भी है और राजनीतिक व्यवस्थान्तर्गत समाज में संघर्ष, तनाव, द्वन्द्व, प्रतिस्पर्द्धा, अन्तर्विरोध आदि परिस्थितियों की उत्पत्ति का बुनियादी आधारक भी है। इस आशय के आलोक में यहां राजनीतिक व्यवस्था के अन्य दो स्वरूपों की चर्चा करना अनिवार्य है : **प्रथम**–समाजवादी राजनीतिक व्यवस्थाएं (Socialist Political System)। **द्वितीय**–विकासशील देशों की राजनीतिक व्यवस्थाएं (Political Systems of Developing Countries)।

समाजवादी राजनीतिक व्यवस्थाएं (Socialist Political Systems)

पाश्चात्य जगत् के राजनीतिक विद्वानों द्वारा समाजवादी राजनीतिक व्यवस्थाओं के संबंध में तीन प्रकार की व्याख्या प्रस्तुत की गयी है। द्वितीय विश्वयुद्ध के तत्काल बाद हन्ना आरंट एवं कार्ल फ्रेडरिक द्वारा सर्वाधिकारवादी प्रतिमानों के आधार पर समाजवादी व्यवस्थाओं का फासिस्टवादी एवं नाजीवादी व्यवस्थाओं से समानता एवं एकरूपता के आलोक में तुलनात्मक विश्लेषण प्रस्तुत किया गया। तत्कालीन शीतयुद्ध की मानसिकता के आलोक में कुछ पश्चिमी विद्वज्जनों ने इस व्यवस्था को फासिस्टवादी स्वरूप से कहीं अधिक निरंकुश एवं स्वतंत्रता विरोधी बताया। सन् 1960 के दशक के उपरान्त जब अमेरिका और सोवियत संघ के कूटनीतिक संबंधों में थोड़ा सुधार हुआ तो सोवियत संघ के लिए विकसित औद्योगिक व्यवस्था का प्रतिमान प्रस्तावित किया गया और अमेरिकी एवं सोवियत व्यवस्था की बढ़ती निकटता के सादृश्य पर बल दिया जाने लगा। जहां एक ओर डेनियल बेल का मन्तव्य है कि औद्योगिक रूप से विकसित व्यवस्थाएं विचारधारापरक राजनीति से ऊपर उठ जाती हैं वहीं जॉन काट्सकी की यह अभिव्यक्ति थी कि साम्यवाद औद्योगिक रूप से पिछड़े राष्ट्रों में ही पनपता है जो सामाजिक क्रान्ति तथा केन्द्रीयकरण आधारित आर्थिक योजनाओं की सहायता से अपनी व्यवस्था को तीव्र औद्योगीकरण के मार्ग पर ले जाना चाहते हैं। इसे उन्होंने साम्यवादी राष्ट्र के सिद्धान्त की संज्ञा दी। कुछ विद्वानों द्वारा समाजवादी व्यवस्था के विश्लेषण–प्रसंग में साम्यवादी देशों एवं विचारधारात्मक निरपेक्षता के प्रतिमानों के बीच समन्वय स्थापित करने का प्रयास किया गया है तो कुछ ने समाजवादी व्यवस्थाओं के विश्लेषण हेतु डेविड ईस्टन द्वारा प्रतिपादित व्यवस्था विश्लेषण का प्रयोग किया है। इस मानसिकता से विपरीत अन्य विद्वज्जनों द्वारा समाजवादी व्यवस्था की व्याख्या के प्रसंग में मार्क्सवादी–लेनिनवादी प्रतिमानों का प्रयोग करके वहां के राजनीतिक विकास स्तर का मापन किया गया है।

विकासशील राजनीतिक व्यवस्थाएं (Developing Political Systems)

पश्चिमी जगत् के विद्वज्जनों द्वारा विकासशील देशों की राजनीतिक व्यवस्थाओं का विश्लेषण प्रस्तुत करने के क्रम में चीन, वियतनाम, क्यूबा आदि देशों को साम्यवादी व्यवस्था की कोटि में रखकर तुलनात्मक विश्लेषण से अलग कर दिया जाता है। रॉबर्ट डॉल द्वारा प्रस्तुत बहुलात्मक प्रतिमान एवं आल्मंड–पॉवेल, लुसियन पाई, कोलमैन,

ऐप्टर आदि द्वारा प्रस्तुत राजनीतिक विकास प्रतिमान की मदद से पश्चिमी विकसित व्यवस्थाओं की राजनीतिक, सामाजिक, आर्थिक, सांस्कृतिक मानदण्डों की यथार्थता के आलोक में विकासशील देशों के पिछड़ेपन एवं विकास की सही अवस्था तथा स्तर की तात्त्विक जानकारी प्राप्त की जाती है। विकासशील देशों की ऐतिहासिक पृष्ठभूमि में साम्राज्यवादी शासकों की दमनात्मक कार्रवाई, उपनिवेशवाद के विरुद्ध गंभीर संघर्ष, जनसाधारण का आर्थिक शोषण, महाशक्तियों की कूटनीति तथा सैनिक हस्तक्षेप जैसे राजनीतिक–सामाजिक तथ्यों की वजह से राजनीतिक समाजीकरण, संस्कृति, सहभागिता, जागरूकता, जनादेश आदि का विखण्डित स्वरूप इन पिछड़े देशों के विकास एवं आधुनिकीकरण के मार्ग में सबसे बड़ा बाधक है। आल्मंड, पॉवेल, कोलमैन, फाइनर, शिल्स जैसे राजनीति विज्ञानियों ने यथार्थपरक विश्लेषणक्रम में विकासशील देशों की लोकतांत्रिक राजनीतिक व्यवस्थाओं को उनकी राजनीतिक, सामाजिक, आर्थिक परिस्थितियों एवं पर्यावरण के आधार पर बनावटी लोकतंत्र, नियंत्रित लोकतंत्र, आरंभिक कुलीनतंत्र, आधुनिकतापरक अल्पतंत्र, लोकतंत्रीय सर्वाधिकारवाद, सर्वाधिकारवादी अधिनायकतंत्र जैसे नामों से विभूषित करके शासन की कोटियों में विभाजित किया है। इनके व्यवस्था वर्गीकरण का मूल आधार विकासशील देशों की राजनीतिक संस्कृति का स्वरूप है। इनकी दृष्टि में विकासशील देशों की राजनीतिक संस्कृति का स्वरूप संकीर्ण, पराधीन एवं खण्डित होता है। जहां तक भारत की राजनीतिक व्यवस्था की बात है यहां संकीर्ण, पराधीन तथा सहभागी संस्कृतियों का असंतुलित मिश्रित स्वरूप पाया जाता है।

मूलतः इन राजनीतिक व्यवस्थाओं के वर्गीकरण में जो तथ्य ज्यादा प्रासंगिक कारकों के रूप में अपनी पहचान बनाते हैं उनमें–राजनीतिक सत्ता का स्वरूप, उनके अधिकार, विशेषाधिकार, शक्ति के स्रोत, शक्ति का केन्द्रीयकरण, विकेन्द्रीयकरण एवं वितरण, व्यवस्था के आर्थिक संसाधन एवं औद्योगीकरण की स्थिति, मताधिकार का विस्तार एवं प्रयोग, मत–प्रबंधन की स्थिति, राजनीतिक सहभागिता की स्थिति, राजनीतिक समाजीकरण का स्तर, नीति–निर्माण तथा निर्णय–प्रक्रिया में जनभागीदारी का प्रतिशत अवाम के प्रति सरकार का उत्तरदायित्व, सामाजिक जीवन के उत्थान के लिए सरकार की प्रतिबद्धता, राजनीतिक दलों की भूमिका, राजनेताओं के प्रभाव, नौकरशाही का विस्तार आदि शामिल हैं।

विकासशील देशों की राजनीतिक–सामाजिक, आर्थिक एवं सांस्कृतिक समस्याएं, मुद्दे, सवाल, विकल्प तथा परिवर्तन आदि का स्वरूप विकसित देशों की तुलना में सर्वथा पृथक् होता है।

अतः व्यवस्था–विश्लेषणक्रम में विकासशील राजनीतिक व्यवस्थाओं की परिस्थितियों एवं पर्यावरण की वास्तविकताओं का गहन आनुभविक विश्लेषण करना अति आवश्यक है।

ऊपर वर्णित राजनीतिक व्यवस्था संदर्भित तीन मुख्य स्वरूपों की विस्तृत विवेचना के आधार पर विभिन्न प्रकार की राजनीतिक व्यवस्थाओं को निम्नलिखित तालिका के संदर्भ में समझा जा सकता है :

राजनीतिक व्यवस्था के प्रकार (Kinds of Political System)

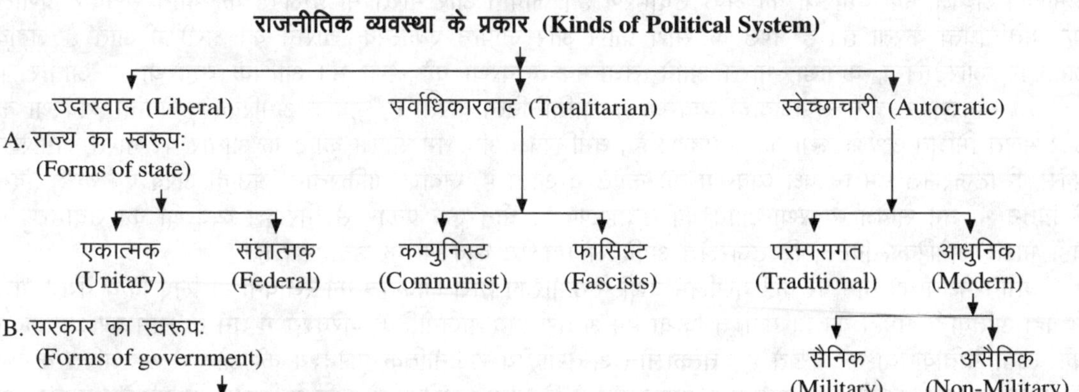

वर्तमान अन्तर्राष्ट्रीय परिदृश्य में स्वतंत्र राष्ट्रों में तेजी से वृद्धि हुई है। इन नवोदित राष्ट्रों में राजनीतिक सत्ता एवं शासन व्यवस्था का स्वरूप उनकी आन्तरिक राजनीतिक, सामाजिक, आर्थिक, सांस्कृतिक, धर्मनिरपेक्षता तथा धर्मसापेक्षता के आधार पर एक दूसरे से आंशिक रूप से भिन्न तथा मिश्रित प्रकृति की है। उनकी शासन व्यवस्था के स्वरूपों का सटीक वर्गीकरण करना संभव नहीं है फिर भी समान स्तर पर आधुनिक विश्व की राजनीतिक व्यवस्थाओं का स्तरीकरण करने का कठिन प्रयास कई आधुनिक राजनीतिक विश्लेषकों द्वारा किया जाता रहा है। उनके किये गये प्रयासों को आधार बनाकर आधुनिक विश्व की राजनीतिक व्यवस्थाओं को लोकतंत्र के स्वरूप के आधार पर, राज्य एवं सरकार के स्वरूप के आधार पर तथा आर्थिक स्वरूप के आधार पर निम्नलिखित तालिका द्वारा प्रस्तुत करने का प्रयास किया जा रहा है जिसमें धर्म एवं राजनीति के संबंधों को प्रमुखता से दर्शाया जा रहा है :

आधुनिक राजनीतिक व्यवस्थाएं (Modern Political System)

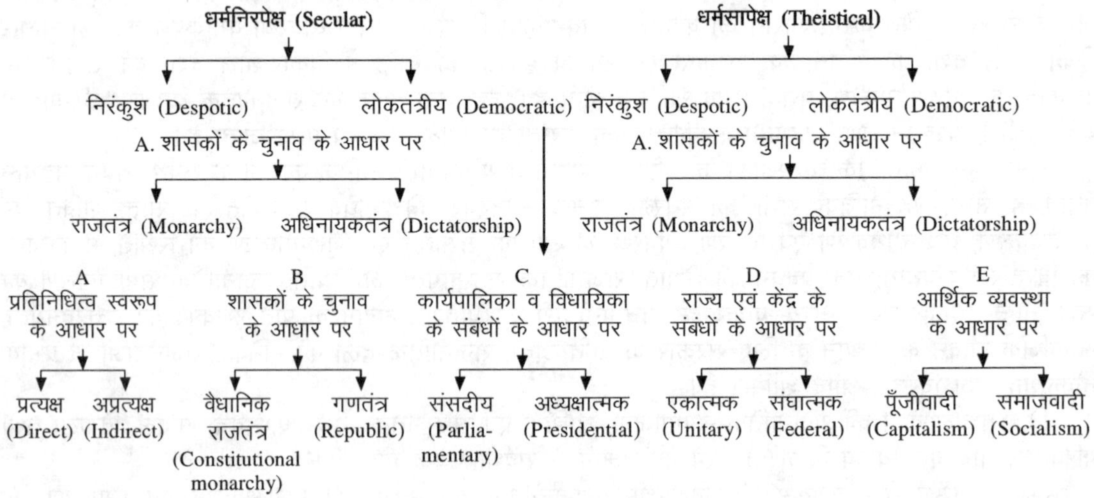

उपर्युक्त विवेचित तालिका के आधार पर प्रत्यक्ष लोकतंत्र का उदाहरण स्विट्जरलैण्ड है, जबकि अन्य शासन–प्रणालियों ने अप्रत्यक्ष लोकतंत्र अपनाया है। इंग्लैण्ड और जापान में वैधानिक राजतंत्र है वहीं भारत, अमेरिका एवं फ्रांस की शासन–व्यवस्था गणतंत्रीय है। ब्रिटेन संसदीय लोकतंत्र का सर्वोत्तम उदाहरण है, जबकि अमेरिका अध्यक्षात्मक व्यवस्था का श्रेष्ठ उदाहरण है। जापान और भारत भी इंग्लैण्ड की भांति संसदीय प्रणाली का प्रतिनिधित्व करता है। इंग्लैण्ड के साथ फ्रांस और जापान एकात्मक शासन की श्रेणी में आते हैं जबकि अमेरिका, ऑस्ट्रेलिया, कनाडा, भारत आदि संघात्मक व्यवस्था की श्रेणी में। आर्थिक व्यवस्था के आधार पर वर्गीकृत व्यवस्था में चीन समाजवादी व्यवस्था का प्रतिनिधित्व करता है, जबकि अमेरिका पूंजीवादी व्यवस्था का और भारत मिश्रित अर्थव्यवस्था का उदाहरण है। धर्मनिरपेक्ष और धर्म सापेक्ष कोटि के आधार पर भारत, अमेरिका, फ्रांस, स्विट्जरलैंड धर्म निरपेक्ष व्यवस्था की कोटि में आता है, जबकि पाकिस्तान, सऊदी अरब एवं कुछ संदर्भों में ब्रिटेन भी धर्म सापेक्ष व्यवस्था आदि का उदाहरण है। चीन एक प्रकार से निरंकुश व्यवस्था का उदाहरण है, वहीं भारत, अमेरिका, ब्रिटेन, स्विट्जरलैंड आदि लोकतंत्रीय व्यवस्था के उदाहरण हैं।

धर्मनिरपेक्षता के नाम पर कई मुसलिम देशों में अमेरिका द्वारा लोकतंत्र की स्थापना के लिए किये गये प्रयासों ने वहां अतिवादी समूहों को ही मजबूत किया है। अन्तर्राष्ट्रीय राजनीतिक परिदृश्य में धर्म के नाम पर आतंकवाद की बढ़ती गतिविधियों को देखते हुए तत्कालीन अन्तर्राष्ट्रीय राजनीतिक परिदृश्य की ओर से महाशक्ति के रूप में अवस्थित अमेरिका से एक अहम् गर्म सवाल यह है कि क्या अमेरिका के पास धर्मसापेक्ष राजनीतिक व्यवस्थाओं के कट्टरपंथ का इलाज है ? विश्व की विकासशील लोकतांत्रिक राजनीतिक व्यवस्थाओं पर धार्मिक आतंकवाद का संकट गहराता जा रहा है इसकी पहचान लोकतंत्र के लिए शर्मिंदगी का सबब बन गयी है, जिसका हल शायद धर्मनिरपेक्ष लोकतांत्रिक राजनीतिक व्यवस्था के स्वरूप को अपनाने में है। अन्तर्राष्ट्रीय परिदृश्य में एकल महाशक्ति

के रूप में अमेरिका द्वारा जारी सैनिक हस्तक्षेप से संदर्भित रिपोर्ट में सुझाव देते हुए कहा गया कि सैद्धान्तिक रूप से मुक्त चुनाव लोकतंत्र का तकाजा है लेकिन यह तरीका सभी परिस्थितियों में कारगर नहीं हो सकता है। इससे मुसलिम राज्यों की जटिल समस्याओं का हल हासिल नहीं किया जा सकता है, साथ ही इसमें अमेरिकी अधिकारियों को उनकी मुख्य समस्याओं को पहचानने में नाकाम रहने का भी दोषी बताया गया है।

राजनीतिक व्यवस्था की क्रियात्मकता : राजनीतिक प्रक्रियाएं (Activity of Political System : Political Process)

विषय परिचय (Introduction)

राजनीतिक व्यवस्थागत राजनीतिक प्रक्रिया विश्लेषण की संकल्पना प्रस्तुति में डेविड ईस्टन एवं आल्मंड का नाम अग्रणी है। इनके द्वारा प्रस्तुत विश्लेषणपरक संकल्पना के आलोक में राजनीतिक व्यवस्था की क्रियात्मकता का तात्पर्य व्यवस्था द्वारा कार्य संपादित करने की प्रविधियों से है, अर्थात् राजनीतिक प्रक्रिया से है। राजनीतिक व्यवस्था की क्रियात्मकता का अध्ययन इसीलिए किया जाता है क्योंकि उसके अधिकारपूर्ण निर्णयों (Authoritative decisions) का परिणाम समाज के लिए बहुत महत्त्व रखता है। किसी भी राजनीतिक व्यवस्था को जीवित रहने के लिए यह आवश्यक है कि उसमें निवेश (Input), निर्गत (Output) एवं रूपान्तरण प्रक्रिया (Conversion process) का चक्र निरन्तर संचालित होता रहे। राजनीतिक व्यवस्था के अन्दर संपादित होने वाले सभी कार्यों में सर्वाधिक महत्त्वपूर्ण कार्य पुनर्निवेशन चक्र का है जिसके द्वारा संपादित कार्यों की प्रक्रिया से ही राजनीतिक व्यवस्था की क्रियात्मकता का चक्र संचालित और पूर्ण होता है। निवेश के अभाव में कोई भी व्यवस्था कार्य नहीं कर सकती और निर्गत के बिना व्यवस्था के कार्यों को पहचान नहीं मिल सकती है। राजनीतिक व्यवस्था की क्रियात्मकता का आधार रूपान्तरण प्रक्रिया है।

डेविड ईस्टन द्वारा प्रस्तुत राजनीतिक प्रक्रिया विश्लेषण (David Easton's Political Process Analysis)

डेविड ईस्टन द्वारा प्रतिपादित राजनीतिक व्यवस्था एवं प्रक्रिया विश्लेषण की व्यापक संकल्पना के आधार पर प्रत्येक राजनीतिक व्यवस्था की क्रियात्मकता को अर्थात् राजनीतिक प्रक्रिया को तीन स्तरों से गुजरना पड़ता है :

1. प्रबोधक प्रक्रिया स्तर (Illuminative Process Level)
2. रूपान्तरण प्रक्रिया स्तर (Conversion Process Level)
3. पुनर्निवेशन प्रक्रिया स्तर (Feedback Process Level)

1. प्रबोधक प्रक्रिया स्वयं राजनीतिक व्यवस्था को अपने पर्यावरण से जो तत्त्व प्राप्त होता है, वही प्रबोधक प्रक्रिया स्तर का आधारतत्त्व है। प्रत्येक राजनीतिक व्यवस्था की सक्रियता के लिए व्यवस्था को कुछ प्रबोधक तत्त्वों की जरूरत होती है। राजनीतिक व्यवस्था खुली व्यवस्था (Open System) है, इसलिए प्रबोधक तत्त्व पर्यावरण के माध्यम से राजनीतिक व्यवस्था में प्रवेश करते हैं जिन्हें निवेश (Input) कहा जाता है। पर्यावरण के माध्यम से व्यवस्था में प्रवेश करके ये तत्त्व रूपान्तरण प्रक्रिया के तत्त्वों के साथ मिलकर क्रियाएं करते हैं। निवेश का अभिप्राय मांग (Demand) तथा समर्थन (Support) से है। मांग एवं समर्थन राजनीतिक व्यवस्था को क्रियाशील बनाने एवं बनाए रखने का मौलिक माध्यम है। इनका मूलकार्य राजनीतिक व्यवस्था को सक्रियता प्रदान करना है। प्रबोधक प्रक्रिया स्तर व्यवस्था–संचालन की वह कड़ी है जो राजनीतिक व्यवस्था को सीधे पर्यावरण से जोड़ती है। यह प्रक्रिया व्यवस्था एवं पर्यावरण के अन्तर्संबंध, अन्तर्क्रियात्मकता एवं अन्योन्याश्रितता जैसे तत्त्वों का बोध कराती है। मांगों का बहाव हमेशा सत्ता की ओर होता है। मांगें व्यवस्था में मतों की अभिव्यक्ति है जिसका जन्म सामाजिक पर्यावरण

में होता है। मांगों के मजबूतीकरण के लिए समर्थन प्रधान निवेश है जिसके अभाव में मांगों का कोई औचित्य नहीं रहता है। समर्थन मांगों की प्रवृत्ति, उग्रता, मात्रा, आकार–प्रकार आदि की नियामक है। साथ ही समर्थन व्यवस्था के निर्णयकर्ताओं का ध्यान मांगों की ओर आकृष्ट करता है। समर्थन प्रबोधक प्रक्रिया का वह प्रेरक तत्त्व है जो राजनीतिक व्यवस्था को विविध प्रकार की मांगों से निपटाने की शक्ति प्रदान करता है। समर्थन राजनीतिक व्यवस्था की वैधता, क्षमता एवं स्थायित्व के लिए उत्प्रेरक ऊर्जा है। प्रबोधक प्रक्रिया स्तर राजनीतिक व्यवस्था को ऊर्जित (Energize) करती है, नई शक्ति का संचार करती है और विविध प्रकार की समस्याओं से निपटने की वैध शक्ति प्रदान करती है। राजनीतिक प्रक्रिया का यह स्तर राजनीतिक व्यवस्था का वैध उद्दीपक (Legitimate Stimulator) है। पर्यावरण द्वारा राजनीतिक व्यवस्था में बहुत सी मांगें भेजी जाती हैं। लेकिन सभी मांगें, नीतियां या निर्णय आकार नहीं लेती हैं। समर्थन के अभाव में ज्यादातर मांगें रास्ते में ही गुम हो जाती हैं। मांगों के बोझ से राजनीतिक व्यवस्था पर दबाव (Pressure) या तनाव (Tension) न बढ़े इसके लिए राजनीतिक दल और दबाव समूह जैसे नियामक तंत्र (Regulatory Mechineries) कार्यरत रहते हैं जो व्यवस्था में मांगों के अतिभार (Overloading) को रोक कर प्रबोधक प्रक्रिया स्तर पर ही निवेश को नियंत्रित करते हैं। इन्हें राजनीतिक व्यवस्था के 'द्वारपाल' (Gatekeeper) की संज्ञा दी गयी है। इस प्रकार समर्थन के स्वरूप एवं उग्रता की मात्रा के अनुरूप छंटनी करके निवेश (माग) को व्यवस्था के नीति–निर्माताओं के सम्मुख रखने के पश्चात् राजनीतिक व्यवस्था की क्रियात्मकता का यह स्तर पूरा होता है।

2. प्रबोधक प्रक्रिया स्तर का संबंध व्यवस्था के रूपान्तरण (Transformation) प्रक्रिया स्तर से जुड़ा है जिसका साधन (Medium) है राजनीतिक दल दबाव समूह एवं संचार के अन्य साधन हैं। यह राजनीतिक व्यवस्था की क्रियात्मकता का दूसरा स्तर रूपांतरण प्रक्रिया है जिसके तत्त्व प्रबोधक प्रक्रिया द्वारा भेजे गये तत्त्वों के साथ मिलकर नीतियां एवं निर्णय (Policies and Decisions) निर्माण के लिए व्यवस्था में क्रियाएं करते हैं। रूपान्तरण प्रक्रिया स्तर किसी भी राजनीतिक व्यवस्था का अत्यावश्यक प्राणधार (Necessary to the Continuance of Life) स्तर है जिस पर राजनीतिक व्यवस्था की ओजस्विता (Vitality), स्थायित्व (Durability) एवं लोकप्रियता (Popularity) निर्भर करती है। क्रियात्मकता का यह स्तर अवाम के व्यक्तिपरक हित (Subjective Interest) से जुड़ा होता है जो उनके राजनीतिक विश्वास (Political Belief) एवं राजनीतिक सहभागिता (Political Participation) जैसे सजीव विषयों (Vital Subject) का व्यवस्थाकारी तत्त्व (Regulative Factor) है। इसके संचालन का माध्यम राजनीतिक सत्ता (Political Authority) एवं प्रशासकीय सत्ता (Administrative Authority) है। पर्यावरण से प्राप्त होने वाले सभी निवेश रूपान्तरण प्रक्रिया से नहीं गुजरते हैं, सिर्फ राजनीतिक दृष्टिकोण से उद्देश्यपूर्ण मांग ही रूपान्तरण स्तर पर व्यवस्था के समक्ष रखे जाते हैं और निर्गत में परिणत हो पाते हैं। राजनीतिक प्रक्रिया के इस स्तर पर राजनीतिक व्यवस्था में मांग करने वाले समर्थकों की संख्या, उग्रता की मात्रा, साधन–क्षमता तथा अपने रूपान्तरण–सामर्थ्य के अनुरूप मांगों को रूपान्तरित करती है। यानी इस स्तर पर मांगों को अस्वीकार, स्वीकार या संशोधित करके उसे नीतियों एवं निर्णय के रूप में बदला जाता है। रूपान्तरण प्रक्रिया द्वारा होने वाले निर्गत तथ्यात्मक (Factual) एवं प्रतीकात्मक (Symbolical) दोनों हो सकते हैं। ये निर्गत समाज के मूल्यवान संसाधनों (Valuable Resources) के आधिकारिक आवंटन (Authoritative Allocations) के द्योतक भी हो सकते हैं और किसी राजनीतिक कार्यक्रमों की घोषणा (Declaration of Political Agenda) के रूप में भी हो सकते हैं। मांगों को नीतियां, निर्णय, घोषणा एवं कानूनों के रूप में निर्गत करके राजनीतिक व्यवस्था की क्रियात्मकता का दूसरा स्तर पूरा होता है। राजनीतिक व्यवस्था के लोकप्रचार (Popularisation) में व्यवस्था की सक्रियता यानी राजनीतिक प्रक्रिया के इस स्तर का योगदान सर्वाधिक महत्त्वपूर्ण है।

3. राजनीतिक व्यवस्था की क्रियाशीलता का तीसरा स्तर पुनर्निवेशन प्रक्रिया स्तर का है जिसके माध्यम से रूपान्तरण प्रक्रिया द्वारा निर्गत तत्त्व पर्यावरण में शामिल होकर पर्यावरणगत तत्त्वों के साथ मिलकर

क्रियाएं करते हैं। इसके परिणामस्वरूप नये निवेश–तत्त्व अस्तित्व में आते हैं और ये निवेश पुनर्निवेशन के माध्यम से राजनीतिक व्यवस्था में वापस जाने का मार्ग बनाते हैं। इस प्रकार, पुनर्निवेशन प्रक्रिया के द्वारा व्यवस्था–संचालन का जटिल चक्र पूरा होता है। राजनीतिक व्यवस्था का यह स्तर सामूहिक राजनीतिक व्यवहार (Collective Political Behaviour) के विनियामक (Regulator) की भूमिका अदा करता है। राजनीतिक प्रक्रिया का यह स्तर राजनीतिक व्यवस्था एवं अवाम दोनों को संतुष्ट करने का काम करता है। निर्गत का उद्देश्य ही है व्यवस्था के सदस्यों की आवश्यकताओं की पूर्ति करना। रूपान्तरण प्रक्रिया के परिणामस्वरूप अस्तित्व पाने वाले निर्गत अवाम की आवश्यकताओं को पूरा कर रहे हैं या नहीं, निर्गतों पर अवाम की क्या प्रतिक्रियाएं हैं, इसके संबंध में सूचनाएं प्राप्त करना एवं सही रूप में उन्हें व्यवस्था तक पहुंचाने की प्रक्रिया को ही पुनर्निवेशन की संज्ञा दी गयी है। यह राजनीतिक प्रक्रिया निवेश को ज्यादा शक्तिशाली बनाती है और व्यवस्था को ज्यादा से ज्यादा सामर्थ्यवान् (Capable) बनाती है। राजनीतिक व्यवस्था की क्रियात्मकता का एक अन्य महत्त्वपूर्ण स्तर प्रति–संभरण प्रक्रिया है जिनके द्वारा संपादित क्रियाओं की सार्थक भूमिकाओं के माध्यम से ही राजनीतिक व्यवस्थाओं की रूपान्तरण प्रक्रियाओं से संदर्भित राजनीतिक कार्यों का जटिल चक्र संचालित होता है और व्यवस्था अपने उद्देश्यों एवं लक्ष्यों को पूरा करते हुए सार्वजनिक कल्याण हेतु निश्चयात्मक गन्तव्य (Determinative Destination) के मार्ग पर निरन्तर अग्रसर रहती है। राजनीतिक व्यवस्था की क्रियात्मकता का यह स्तर अवाम द्वारा अभिव्यक्त सार्थक या अर्थपूर्ण सहयोग एवं समर्थन के साथ–साथ अर्थपूर्ण विरोध का भी सूचक है।

उपर्युक्त विवेचन से यह स्पष्ट होता है कि डेविड ईस्टन ने राजनीतिक व्यवस्था एवं प्रक्रियाओं की जो व्यापक संकल्पना प्रस्तुत की है उसके मूल में उनके द्वारा अभिव्यक्त वह सारगर्भित दृष्टिकोण है जो राजनीतिक व्यवस्था को सामाजिक मूल्यों के आधिकारिक आवंटन का केंद्र मानता है। ईस्टन ने राजनीतिक व्यवस्था एवं प्रक्रियाओं की व्याख्या की दृष्टि से राजनीतिक व्यवस्था को तीन भागों में बांटा है : (i) समाज (Society), (ii) सत्ता (Authority), (iii) नीति (Policy)। समाज के लिए मूल्यों के सत्तात्मक आबंटन के उत्तरदायित्व की दृष्टि से डेविड ईस्टन द्वारा व्यवस्थागत राजनीतिक प्रक्रियाओं का विस्तृत वर्णन किया गया है जिसकी विवेचना ऊपर की गयी है उसे सरल रूप में निम्नांकित रेखाचित्र द्वारा समझा जा सकता है :

ईस्टन का राजनीतिक व्यवस्था एवं प्रक्रिया विश्लेषण
(Easton's Political System and Process Analysis)

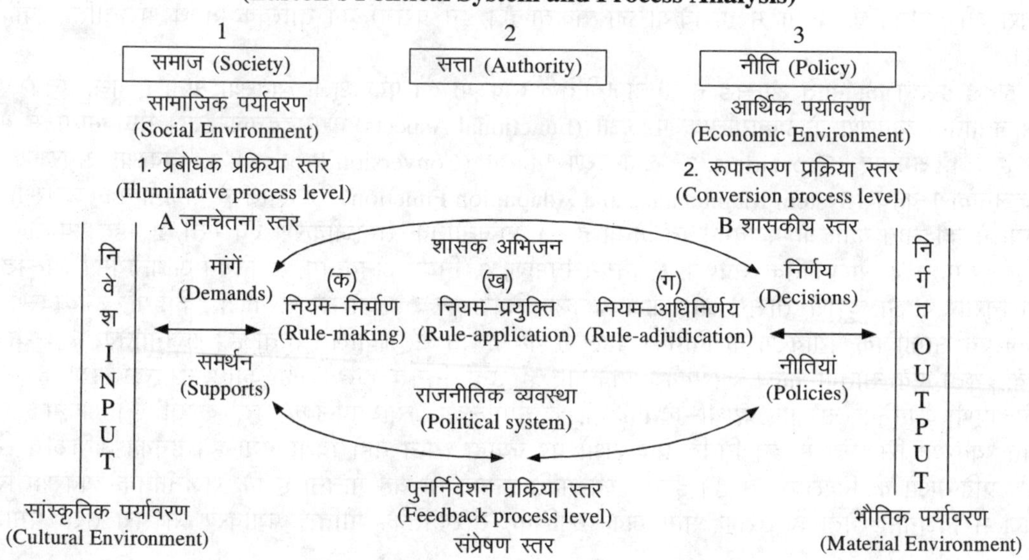

उपर्युक्त रेखाचित्र में राजनीतिक व्यवस्था की क्रियात्मकता यानी राजनीतिक प्रक्रिया के विभिन्न स्तरों को सरल ढंग से रेखांकित किया गया है। प्रबोधक प्रक्रिया स्तर का संचालन (Conduction) प्रभावशाली ढंग से व्यवस्थागत पर्यावरण के निरीक्षण एवं नियंत्रण में होता है जो व्यवस्था में जनचेतना के विकास का स्तर है। राजनीतिक व्यवस्था के प्रबोधक प्रक्रिया स्तर में सामाजिक आर्थिक, सांस्कृतिक एवं भौतिक पर्यावरण से समाज के सदस्यों की मांगों के रूप में आधारतत्त्व व्यवस्था में निवेश होता है, अर्थात् ये निवेश सामाजिक व्यवस्था के विभिन्न पक्षों के द्योतक होते हैं जो समाज के विभिन्न आयामों का प्रतिनिधित्व करते हैं। रूपान्तरण प्रक्रिया के माध्यम से व्यवस्था इन परस्पर विरोधी मांगों के समाधान का उपाय करती है। रेखाचित्र में संकेतक एक, दो, एवं तीन अंक राजनीतिक व्यवस्था की सक्रियता या प्रक्रियात्मकता के विभिन्न स्तरों का द्योतक है। रूपान्तरण प्रक्रिया स्तर का 'क', 'ख' एवं 'ग' प्रबोधक प्रक्रियाओं द्वारा पर्यावरण से प्राप्त होने वाले निवेश तत्त्वों को निर्गत में परिणत करने वाली वैधानिक राजनीतिक संस्थाओं का संकेतक है जो पर्यावरण से आने वाले निवेश तत्त्वों को अपनी क्षमतानुसार नीतियां एवं निर्णय के रूप में निर्गत करती है। यह राजनीतिक प्रक्रिया का शासकीय स्तर है जो व्यवस्था के क्षमता प्रदर्शन का आधार–माध्यम है। सांकेतक तीन पुनर्निवेशन प्रक्रिया का सूचक है। यह संप्रेषण स्तर है जो राजनीतिक व्यवस्था एवं उसकी जनता के बीच सूचनालय (Information Bureau) का सर्वाधिक महत्त्वपूर्ण कार्य संपादित करता है।

आल्मंड द्वारा प्रस्तुत राजनीतिक प्रक्रिया विश्लेषण (Almond's Political Process Analysis)

राजनीतिक व्यवस्था विश्लेषण के क्षेत्र में आल्मंड की पहचान एक प्रक्रियावाद (Functionalist) के रूप में बनी है। ईस्टन एवं पार्सन्स की भांति आल्मंड के व्यवस्था विश्लेषण का मुख्य ध्येय भी राजनीति के व्यावहारिक अध्ययन के लिए एक कृत्यात्मक सिद्धान्त (Functional Theory) तलाश करना है। राजनीतिक प्रक्रिया विश्लेषण के प्रसंग में आल्मंड ने राजनीतिक परिवर्तन को विकास के परिप्रेक्ष्य में देखा है। आल्मंड की दृष्टि में व्यवस्था को स्थिर बनाये रखने के लिए संरचनाओं की अपेक्षा प्रक्रियाएं मुख्यतः उत्तरदायी है। यही वजह है कि इन्होंने राजनीतिक व्यवस्था–विश्लेषण में प्रक्रिया–विश्लेषण को ज्यादा महत्त्व दिया है। आल्मंड ने राजनीतिक व्यवस्था के अन्दर की संरचनाओं को उनकी क्रियात्मकता के माध्यम से समझाने का गंभीर प्रयास किया है। इनके विचार में प्रत्येक राजनीतिक व्यवस्था कुछ निश्चित प्रक्रियाओं का संपादन करती है। आल्मंड का ऐसा मानना है कि तात्त्विक रूप से किसी राजनीतिक व्यवस्था का आकलन उसकी स्थिति, क्षमता एवं विकास की प्रक्रिया के प्रसंग में ही किया जा सकता है। इन प्रसंगों का तात्त्विक संबंध राजनीतिक प्रक्रिया से है।

डेविड ईस्टन की भांति आल्मंड ने भी राजनीतिक व्यवस्था को एक खुली व्यवस्था माना है तथा इनके द्वारा भी राजनीतिक व्यवस्था के प्रकार्यात्मक पहलुओं (Functional Aspects) के मद्देनजर उसे तीन भागों में बांटा गया है : 1. क्षमताएं (Capacities), 2. रूपान्तरण प्रक्रिया (Conversion Process), 3. व्यवस्था अनुरक्षण एवं अनुकूलनकारी कार्य (System Maintenance and Adaptation Function)। आल्मंड ने राजनीतिक व्यवस्था की प्रक्रियाओं को सात कोटियों में विभाजित किया है : 1. राजनीतिक समाजीकरण एवं भर्ती, 2. हित स्पष्टीकरण, 3. हित–समूहन, 4. राजनीतिक संप्रेषण, 5. नियम निर्माण, 6. नियम अनुप्रयोग, 7. नियम अधिनियम। आल्मंड के विचारानुसार पहली, दूसरी, तीसरी और चौथी प्रक्रिया निवेश कृत्य है जो गैर सरकारी इकाइयों, उपव्यवस्थाओं, समाज एवं सामाजिक पर्यावरण के विभिन्न पहलुओं के माध्यम से संचालित होती है। राजनीतिक व्यवस्था का पांचवां, छठा एवं सातवां कृत्य शासकीय प्रक्रियाएं हैं इन्हें निर्गत कृत्यों की कोटि में रखा गया है जिन्हें औचित्यपूर्ण वैधानिक संस्थाएं, यथा–विधायिका, कार्यपालिका, न्यायपालिका पूरा करती है। आल्मंड द्वारा प्रस्तुत व्यवस्था सिद्धान्त में इन निर्गत प्रक्रियाओं पर ज्यादा ध्यान नहीं दिया गया है। इनकी अभिरुचि सिर्फ निवेश प्रक्रियाओं के विश्लेषण में है। ईस्टन की भांति इनका भी यह मानना है कि राजनीतिक व्यवस्था जिस समाज में विद्यमान् होती है उसके सामाजिक, आर्थिक, सांस्कृतिक, भौतिक पर्यावरण से पूरी तरह प्रभावित

होती है। यानी, राजनीतिक प्रक्रियाएं अपने व्यवस्थागत पर्यावरण के प्रभाव में होती हैं। निवेश तत्त्वों के प्रति व्यापक दृष्टिकोण अपनाते हुए आल्मंड ने राजनीतिक समाजीकरण के दायरे में व्यवस्था की राजनीतिक संस्कृति, मूल्य, परम्पराएं, आस्था, विश्वास जैसे समस्त मनोवैज्ञानिक आयामों को शामिल किया है। इसी प्रकार निवेश क्रिया के रूप में हितस्पष्टीकरण के संचालन का दायित्व हित समूहों पर, हितसमूहन का दायित्व राजनीतिक दलों पर एवं राजनीतिक संप्रेषण का उत्तरदायित्व संचार के विभिन्न साधनों को दिया है। ये विशेषीकृत गैर–सरकारी इकाइयां व्यवस्था में निवेश कृत्यों के स्पष्टीकरण, समूहन, संचालन एवं रूपान्तरणकारी प्रक्रिया के लिए आधारतत्त्वों को व्यवस्था में प्रवेश देकर उन्हें निर्गत तत्त्वों में परिणत करने में प्रधान भूमिकाएं निभाती है। ईस्टन की संकल्पना से प्रभावित होने की वजह से अपनी बाद की प्रकाशित कृतियों में आल्मंड ने व्यवस्था विश्लेषण के क्षेत्र में विकसित होने वाली नई प्रवृत्तियों को शामिल किया और प्रक्रियात्मक विश्लेषण में अनुकूलन और परिवर्तन की प्रक्रियाओं पर गंभीर दृष्टि डालते हुए प्रक्रिया विश्लेषण में क्षमता संकल्पना (Concept of Capacity) पर अत्यधिक बल दिया है। आल्मंड ने भी ईस्टन की तर्ज पर मांगों को व्यवस्था के लिए चुनौती के रूप में देखा है। प्रक्रिया–विश्लेषण के प्रसंग में व्यवस्था के लिए अपने आप को बनाये रखना अपरिहार्य बताया है और मांगों से सफलतापूर्वक निपटने के लिए क्षमताओं के विकास पर जोर दिया जिसका मूलाधार है राजनीतिक प्रक्रियाओं का सही दिशा में संपादन। आल्मंड द्वारा प्रस्तुत राजनीतिक व्यवस्था के अन्दर संपादित होने वाली प्रक्रियाओं को निम्नांकित तालिका द्वारा समझा जा सकता है :

आल्मंड का राजनीतिक व्यवस्था–प्रक्रिया विश्लेषण
(Almond's Political System Process Analysis)

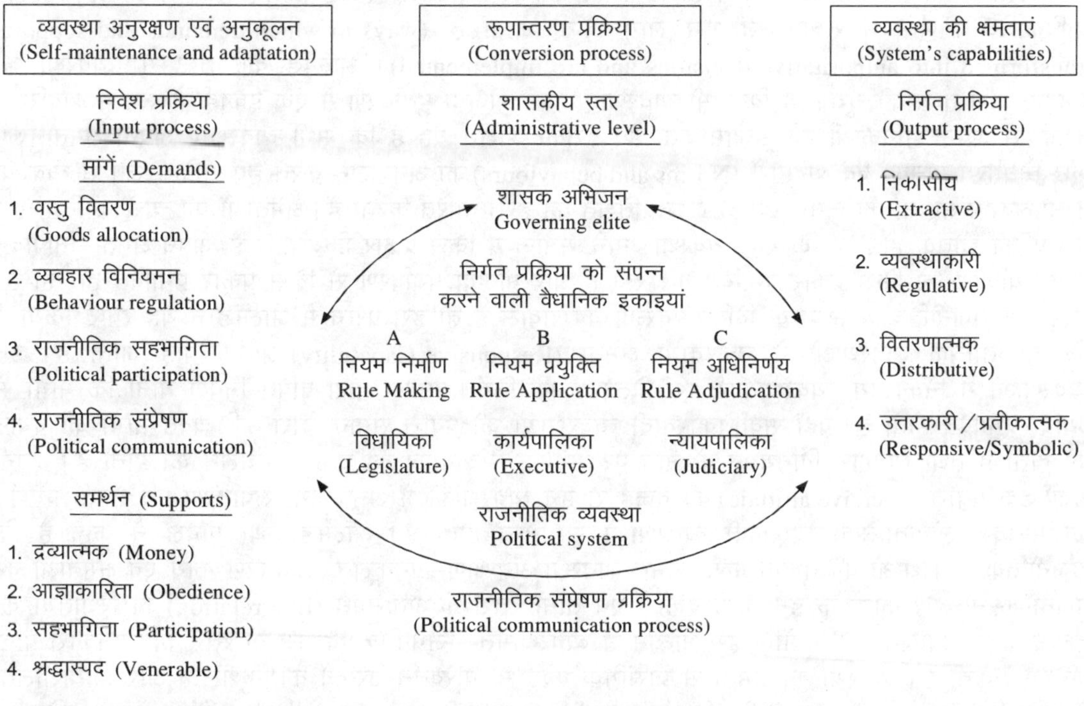

ऊपर अंकित तालिका से आल्मंड द्वारा प्रस्तुत राजनीतिक व्यवस्था की प्रक्रियात्मक संकल्पना की व्यापकता का सही स्पष्टीकरण होता है। जैसा कि तालिका से स्पष्ट होता है कि इनके द्वारा प्रक्रिया–विश्लेषण में निवेश तत्त्वों एवं प्रकार्यों को प्रधानता दी गयी है। राजनीतिक संप्रेषण कार्य को निर्गत प्रक्रिया के आधार माध्यम के रूप में प्रस्तुत किया गया है। सूचना संप्रेषण की इस प्रक्रिया का माध्यम जनसंपर्क के विभिन्न साधन हैं। यह प्रक्रिया

व्यवस्था में निरंतर चलते रहने वाली निवेश–निर्गत प्रकार्यों के मध्य संपर्क–सूत्र की भूमिका निभाती है। निवेश प्रक्रियाओं के अतिरिक्त आल्मंड ने निर्गत प्रकार्यों को अंजाम देने वाली अर्थात् रूपान्तरण प्रक्रिया को संपन्न करने वाली तीन वैधानिक प्रक्रियाओं की चर्चा की है, यथा–नियम निर्माण, नियम प्रयुक्ति एवं नियम अधिनिर्णय जिन्हें शासन की परंपरागत वैधानिक इकाइयां–विधायिका, कार्यपालिका एवं न्यायपालिका द्वारा निष्पादित किया जाता है। आल्मंड के प्रक्रिया–विश्लेषण में वैधानिक सत्ता के इन परम्परागत प्रकार्यों को बहुत महत्त्व नहीं दिया गया है। व्यवस्था की क्षमताओं यानी कि निर्गत तत्त्वों के रूप में चार कोटि की क्षमताओं की प्रस्तुति की गयी है। पहली कोटि में निकासीय को रखा है जिसका संबंध कर वसूली, व्यक्तिगत सेवाएं–सहयोग तथा योगदान से है। दूसरी कोटि का संबंध मानक व्यवहार को नियमित और नियंत्रित करने से है। वितरणात्मक निर्गतों की कोटि में वस्तुओं, सेवाओं, लाभों, अवसरों आदि का आवंटन शामिल है और उत्तरकारी या प्रतीकात्मक कोटि में प्रतीकात्मक–उत्तरकारी मूल्यों की पुष्टि, नीति–निर्णयों एवं उद्देश्यों की घोषणा तथा राजनीतिक प्रतीकों का प्रदर्शन आदि को शामिल किया गया है।

इस प्रकार आल्मंड ने अपने राजनीतिक व्यवस्था प्रक्रिया विश्लेषण को तीन स्तरों में बांटा है। पहला स्तर व्यवस्था अनुरक्षण एवं अनुकूलन कार्य का सूचक है। यह समाज का स्तर है जहां मांगों एवं समर्थनों के माध्यम से व्यवस्था में निवेश तत्त्वों को प्रवेश कराया जाता है। व्यवस्था में विभिन्न प्रकार की भूमिकाओं को निभाने वाले सदस्य राजनीतिक समाजीकरण और भर्ती की प्रक्रिया के माध्यम से राजनीति में दक्षता प्राप्त करके व्यवस्था की आंतरिक कुशलता को प्रभावित करते हैं। इस तरह से राजनीतिक रूप से कार्यकुशल सदस्य व्यवस्था–संचालन में सहायक होते हैं। आल्मंड की दृष्टि में रूपान्तरण प्रक्रिया द्वारा सभी व्यवस्थाएं निवेश तत्त्वों को निर्गतों में रूपान्तरित करती है। इस दायरे में वे इकाइयां एवं उपकरण शामिल होते हैं जिनके द्वारा मांगों, समर्थनों को आधिकारिक निर्णयों में रूपान्तरित और लागू किया जाता है, (ways in which demands and supports transformed into authoritative decisions and are implemented)। आल्मंड की दृष्टि में 'व्यवस्था की क्षमताएं' इस तथ्य की सूचक हैं कि सभी व्यवस्थाएं अपने मौजूदा पर्यावरण में एक इकाई के रूप में व्यवस्थित तरीके से अपनी भूमिकाओं को अंजाम देती है। इसका आशय यह है कि सभी व्यवस्थाएं अपनी क्षमतानुरूप कुछ निर्धारित मानकों एवं व्यवहारों (Norms and behaviours) का अनुपालन करते हुए सक्रिय रूप से व्यवस्था में उपलब्ध संसाधनों को जनसंख्या के कुछ प्रतिशत को हस्तान्तरित करती हैं। क्षमताओं की चारों कोटियां इस यथार्थ की द्योतक होती हैं कि एक व्यवस्था अपने समाज में किस प्रकार क्रियाशील है, अपने क्षमता–निष्पादन द्वारा पर्यावरण को किस प्रकार प्रभावित कर रही है और मौजूदा पर्यावरण से किस प्रकार प्रभावित हो रही है। जहां तक राजनीतिक व्यवस्था के विविध स्वरूपों का सवाल है तो इस प्रसंग में आल्मंड ने यह स्पष्ट किया है कि लोकतांत्रिक व्यवस्थाओं में उत्तरदायी क्षमता (Responsive Capability) अधिक पाई जाती है। इन व्यवस्थाओं में निकासीय, व्यवस्थाकारी एवं वितरणात्मक निर्गत समाज द्वारा प्रेषित निवेश यानी कि मांगों से ज्यादा प्रभावित होता है। वहीं सर्वाधिकारवादी व्यवस्थाओं की प्रवृत्ति समाज द्वारा अभिव्यक्त मांगों को दबाने की होती है तथा व्यवहार–विनियमन के नाम पर समाज के व्यवहार को दबाने–कुचलने की होती है। अपनी अवपीड़क प्रवृत्ति (coercive attitude) की वजह से इन व्यवस्थाओं में अनुकूलन, रूपातंरण एवं क्षमता प्रदर्शन का मानदंड लोकतांत्रिक उदारवादी व्यवस्थाओं से भिन्न होता है। आल्मंड तथा पॉवेल ने कहा है कि राजनीतिक व्यवस्थाओं की तुलना करते समय व्यवस्था अनुरक्षण–अनुकूलन, रूपांतरण कार्य एवं क्षमताओं की तुलना करना और कार्यों के इन तीनों प्रकारों एवं तीनों स्तरों के अंतःसंबंध (Interrelation) की स्थितियों की तुलना करना आवश्यक है, क्योंकि इस माध्यम से व्यवस्थागत राजनीतिक विकास के स्तर की जानकारी प्राप्त की जा सकती है। व्यवस्था की क्षमता से प्रासंगिक कोई भी परिवर्तन उसकी कार्यकुशलता और क्रियाशीलता में परिवर्तन लाता है और ऐसे सभी परिवर्तन राजनीतिक समाजीकरण और भर्ती की प्रक्रिया में हुए परिवर्तनों से संबद्ध होता है।

डेविड ईस्टन एवं आल्मंड द्वारा प्रस्तुत राजनीतिक व्यवस्था की उपर्युक्त वर्णित क्रियात्मकता को व्यावहारिक रूप से कार्यात्मक स्तर पर एक अन्य सामान्य रेखाचित्र द्वारा भी सरलतापूर्वक समझा जा सकता है :

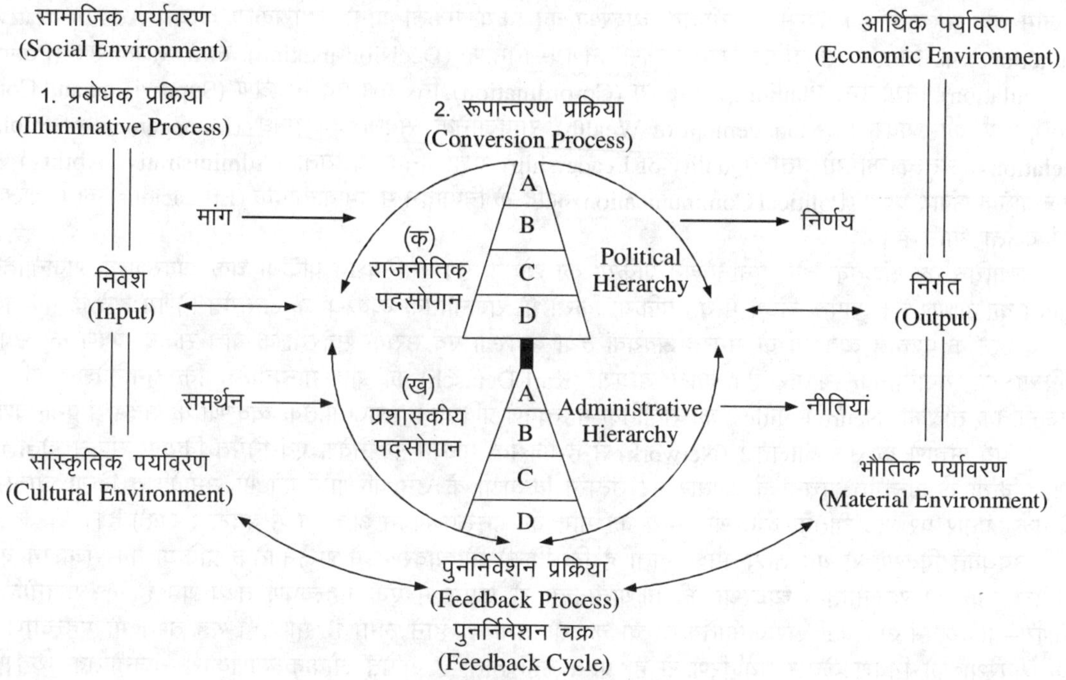

उपर्युक्त रेखाचित्र में राजनीतिक व्यवस्था की क्रियात्मकता को व्यवस्थान्तर्गत राजनीतिक इकाइयों की संरचनाओं एवं प्रशासनिक इकाइयों की संरचनाओं में अवस्थित 'श्रेणीबद्ध प्रक्रिया' (Hierarchical Process) के रूप में दर्शाया गया है। इसमें संकेतक 1. एक प्रबोधक प्रक्रिया का सूचक है जिसकी चर्चा ऊपर वर्णित रेखाचित्र के अन्तर्गत की जा चुकी है। संकेतक 2. रूपान्तरण प्रक्रिया से संदर्भित है जिसके अन्तर्गत 'क' राजनीतिक निर्णय एवं नीतियां निर्धारित करने वाली श्रेणीबद्ध राजनीतिक इकाइयों का द्योतक है जिसमें राजनीतिक पदों की सर्वोच्चता के अनुरूप 'A' केन्द्र में प्रधानमंत्री या राज्य में मुख्यमंत्री के पद का सूचक है 'B', 'C' एवं 'D' मंत्री पद (Cabinet Rank) के विभिन्न स्तरों से संबद्ध है और अपने सभी कार्यों के लिए 'A' यानी मुख्य राजनीतिक सत्ताधारी के प्रति उत्तरदायी है। इसी क्रम में स्तर 2 का 'ख' श्रेणीबद्ध प्रशासनिक संगठन के आधार पर प्रशासनिक पदों की वरिष्ठता (Seniority) के अनुरूप 'A' मुख्य प्रशासक (Chief Executive) तथा 'B', 'C' एवं 'D' उसके अधीनस्थ प्रशासकों की स्थिति का द्योतक है जो पदसोपान पद्धति के आधार पर 'A' का वर्तमानकालिक अधीनस्थ (Immediate Subordinate) पदाधिकारी है और पदसोपान व्यवस्था (Hierarchy System) के अन्तर्गत मुख्य प्रशासक के प्रति उत्तरदायी है। राजनीतिक व्यवस्था की क्रियात्मकता में राजनीतिक एवं प्रशासनिक दोनों स्तरों पर पदसोपान व्यवस्था (Hierarchy System) का सबसे बड़ा महत्त्व यह है कि इसमें नियंत्रण एवं आदेश की शक्ति श्रेणीबद्ध रूप में ऊपर से नीचे उतरती है और कार्य के प्रति उत्तरदायित्व की भावना श्रेणीबद्ध रूप में नीचे से ऊपर की ओर चढ़ती है जिसकी वजह से आगत तत्त्वों को रूपान्तरण प्रक्रिया के माध्यम से निर्गत रूप से परिणत करने में काफी सहायता मिलती है। राजनीतिक पदसोपान राजनीतिक अभिजनों के पदक्रम का सूचक है और प्रशासकीय पदसोपान प्रशासकीय अभिजनों के पदक्रम का राजनीतिक कार्यों के निष्पादन में प्रशासकीय अभिजन राजनीतिक अभिजनों के लिए साधन (Means) की भूमिका निभाते हैं।

निर्गत तत्त्व व्यवस्था द्वारा उत्पादित वो परिणाम (Result) है जो निवेश के रूपान्तरण के परिणामस्वरूप प्राप्त होता है। निवेश तत्त्वों को समर्थन की मात्रा के आधार पर सूत्रबद्ध करके व्यवस्था के समक्ष निर्णय के लिए रखा जाता है और निर्गत तत्त्व अवाम द्वारा पेश की गयी मांगों पर राजनीतिक व्यवस्था का निर्णय है, जिसे राजनीतिक सत्ता की पदसोपान संरचना, प्रशासनिक पदसोपान संरचना के तथ्यपरक आनुभविक, सहयोग एवं समर्थन से

अंजाम तक पहुंचाती है। इससे राजनीतिक व्यवस्था की क्रियात्मकता यानी प्रशासकीय कृत्यों (Administrative Functions) के निर्वहन से संबद्ध प्रसंगों जैसे निर्णय–निर्माण (Decision-making), नीति सूत्रीकरण (Policy Formulation), नियोजन (Planning), समन्वय (Co-ordination), निरीक्षण एवं नियंत्रण (Supervision and Control), अर्थ की व्यवस्था (Management of Wealth), सार्वजनिक संबंधों का प्रबंध (Management of Public Relations), नेतृत्व की योग्यता (Quality of Leadership), प्रशासनिक योग्यता (Administrative Ability) एवं राजनीतिक संवाद प्रेषण (Political Communication) आदि के निष्पादन में प्रभावोत्पादक (Efficacious) कार्यकुशलता एवं दक्षता आती है।

रेखाचित्र का संकेतक तीन पुनर्निवेशन प्रक्रिया का द्योतक है। पुनर्निवेशन प्रक्रिया चक्र व्यवस्था के राजनीतिक जीवन का आधार है। व्यापक संदर्भ में यह प्रक्रिया किसी भी राजनीतिक व्यवस्था के अन्तर्गत निर्णय लेने के पूर्व तथा निर्णय लेने के पश्चात् व्यवस्था के समस्त अवयवों तथा व्यवस्था एवं उसके सदस्यों के बीच संवाद–प्रेषण की संपूर्ण प्रक्रिया का राजनीतिक आधार है। कार्ल डायश (Karl Deutsch) की यह मान्यता है कि पुनर्निवेशन प्रक्रिया राजनीतिक तंत्रिका (Neuro Politics) की सर्वाधिक महत्त्वपूर्ण प्रक्रिया है। राजनीतिक व्यवस्था के संदर्भ में पुनर्निवेशन का तात्पर्य संचारों के उस जालतंत्र (Network) से है जिसके माध्यम से निवेश एवं निर्गत क्रियाएं संपन्न होती हैं। इस प्रक्रिया के अन्तर्गत सूचना के आधार पर उत्पन्न क्रियाओं के उन परिणामों को भी समावेशित किया जाता है जिनके आधार पर राजनीतिक व्यवस्था समय की मांग के अनुरूप अपने आचरण में बदलाव लाती है।

उपर्युक्त विवरण से यह तथ्य स्पष्ट होता है कि किसी भी व्यवस्था में राजनीतिक प्रक्रिया का संचालन एक जटिल चक्र है। राजनीतिक व्यवस्था की क्रियात्मकता के प्रसंग में एक महत्त्वपूर्ण तथ्य यह है कि राजनीतिक निर्णय–प्रक्रिया में अब कई अराजनीतिक तत्त्वों का भी समावेश होने लगा है साथ ही यह तथ्य भी महत्त्वपूर्ण है कि व्यवस्था को निवेश केवल पर्यावरण से ही प्राप्त नहीं होता है अपितु लोककल्याणकारी राजनीतिक व्यवस्था में रूपान्तरण प्रक्रिया के लिए अधिकांश निवेश सत्तागत राजनीतिक संरचना के अन्दर ही जन्म लेता है। इसी भांति पुनर्निवेशन प्रक्रिया का यह चक्र सिर्फ निवेश एवं निर्गतों के मध्य ही संचालित नहीं होता है अपितु प्रबोधक प्रक्रिया एवं रूपान्तरण प्रक्रिया के मध्य भी यह चक्र निरन्तर कार्यरत रहता है।

राजनीतिक व्यवस्थाओं का विश्लेषणपरक तुलनात्मक अध्ययन के लिए आधुनिक राजनीति विज्ञान में दो प्रतिमान प्रचलित हैं : **प्रथम**–डेविड ईस्टन द्वारा प्रतिपादित निवेश–निर्गत विश्लेषण (Input–Output Analysis)। **द्वितीय**–आल्मंड द्वारा प्रतिपादित संरचनात्मक–प्रकार्यात्मक विश्लेषण (Structural–Functional Analysis)। दोनों विश्लेषणों की अपनी–अपनी आनुभविक विशेषताएं हैं जिनका प्रयोग विभिन्न राजनीतिक व्यवस्थाओं के तथ्यपूर्ण विश्लेषणपरक आनुभविक तुलनात्मक अध्ययन के लिए किया जाता है। राजनीतिक व्यवस्थाओं का तुलनात्मक अध्ययन जिन आधारभूत तत्त्वों के प्रसंग में किया जाता है वे हैं :

1. राजनीतिक व्यवस्थाओं की क्षमता (Efficiency) के आधार पर
2. प्रबोधक प्रक्रिया के कार्यान्वयन के आधार पर
3. रूपान्तरण प्रक्रिया की सामर्थ्यता (Capacity) के आधार पर
4. राजनीतिक व्यवस्था की अनुरक्षण (Maintenance) प्रक्रिया के आधार पर
5. राजनीतिक व्यवस्था की अनुकूलन (Adaptation) प्रक्रिया के आधार पर
6. राजनीतिक व्यवस्था में होने वाले विकास (Growth) के आधार पर
7. राजनीतिक व्यवस्थाओं की समस्याओं एवं चुनौनियों के आधार पर
8. राजनीतिक व्यवस्थाओं के पर्यावरणान्तर्गत दबावों एवं तनावों (Stress and Strain) की स्थिति के आधार पर।

उपर्युक्त विवेचन से यह निष्कर्ष निकलता है कि राजनीतिक प्रक्रिया के व्यवस्थित अध्ययन हेतु राजनीतिक व्यवस्था उपागम के प्रयोग का अभिप्राय व्यवस्था की समस्याओं एवं चुनौतियों की खोज एवं समाधान करके व्यवस्था को विकास के मार्ग पर अग्रसर कराना है। इस उपागम के माध्यम से राजनीतिक व्यवस्थाएं, मांगों, चुनौतियों, दबावों, तनावों आदि का मुकाबला करने में सक्षम होती है।

राजनीतिक व्यवस्था अवधारणा की उपयोगिता
(Utility of Political System Concept)

राजनीतिक विज्ञान के अध्ययन–क्षेत्र में तुलनात्मक विश्लेषण की परम्परा उतनी ही पुरानी है जितना कि अरस्तू का चिन्तन, यदि इसमें कुछ नयापन है तो वह है राज्य के स्थान पर राजनीतिक व्यवस्था जैसी व्यापक अवधारणा के प्रसंग में आधुनिक राजनीतिक विज्ञान के समस्त राजनीतिक एवं गैर राजनीतिक विषयों का आनुभविक तुलनात्मक विश्लेषण। रॉबर्ट सी. बोन का कहना है कि राजनीतिक व्यवस्था उपागम विभिन्न व्यवस्थाओं के तुलनात्मक अध्ययन का सबसे बेहतर माध्यम है। इस अवधारणा की उपयोगिता पर प्रकाश डालते हुए बोन ने कहा है कि "यह तुलनात्मक विश्लेषण की श्रेष्ठतम प्रविधि है क्योंकि यह संपूर्ण राजनीतिक व्यवस्था के अवलोकन पर केन्द्रित है और इसके अन्तर्वेशी प्रत्यय और प्रवर्ग तुलना में सहूलियत ला देते हैं।" बोन की दृष्टि में अवधारणा की दूसरी उपयोगिता 'प्रतिमान अनुरक्षण की समस्याओं के प्रति गत्यात्मक दृष्टिकोण रखना' है। इस अवधारणा द्वारा विभिन्न राजनीतिक व्यवस्थाओं की प्रवृत्ति श्रेष्ठता, विकास की दर, समस्याएं, घटनाएं, चुनौतियां, स्थायित्व जैसे प्रसंग का तथ्यपूर्ण, अर्थपूर्ण तुलनात्मक विश्लेषण संभव हो पाया है।

सारांशतः राजनीतिक व्यवस्था अवधारणा की निम्नलिखित उपयोगिताएं हैं :

1. यह अवधारणा राजनीतिक व्यवस्थाओं के गत्यात्मक विश्लेषण का आधार है जो इस बात पर बल देती है कि राजनीतिक व्यवस्था एक खुली व्यवस्था है इसीलिए यह परिवर्तित परिस्थितियों के साथ सामंजस्य स्थापित करती है।
2. यह अवधारणा राजनीतिक व्यवस्था के किसी एक भाग या उपभाग पर नहीं अपितु संपूर्ण व्यवस्था के कारकों का विश्लेषणपरक अध्ययन करती है।
3. इस अवधारणा से तुलनात्मक राजनीति के अध्ययन को एक व्यवस्थित आधार मिला है एवं नई दिशा मिली है।
4. इस अवधारणा की उपयोगिता सभी प्रकार की विचारधाराओं का प्रतिनिधित्व करने वाली राजनीतिक व्यवस्थाओं के अध्ययन के लिए है।
5. इस अवधारणा के माध्यम से राजनीतिक व्यवस्थाओं की प्रबोधक क्षमता, रूपान्तरण क्षमता एवं पुनर्निवेशन क्षमता का आनुभविक, तुलनात्मक विश्लेषणपरक अध्ययन संभव हो गया है।
6. इस अवधारणा के परिणामस्वरूप आधुनिक राजनीतिक विज्ञान के आनुभविक अध्ययन के लिए कई सिद्धान्त एवं प्रतिमान अस्तित्व में आये, मसलन–राजनीतिक व्यवस्था विश्लेषण, संरचनात्मक–प्रकार्यात्मक विश्लेषण, राजनीतिक विकास उपागम, राजनीतिक आधुनिकीकरण उपागम, राजनीतिक सांस्कृतिक उपागम आदि।
7. राजनीतिक व्यवस्था अवधारणा द्वारा राजनीतिक व्यवस्थाओं के राजनीतिक–सामाजिक जीवन की गत्यात्मकता का अध्ययन काफी सरल हो गया है।
8. इस अवधारणा द्वारा राजनीतिक व्यवस्था के पर्यावरण एवं पर्यावरणान्तर्गत उत्पन्न स्थितियों, यथा–दबावों, तनावों, समस्याओं, चुनौतियों, समर्थनों, विरोधों, राजनीतिक स्थायित्व एवं अस्थायित्व जैसे–गंभीर प्रसंगों का आनुभविक तथ्यपरक–व्यवहारपरक तुलनात्मक अध्ययन–विश्लेषण करना काफी सरल हो गया है।
9. इस अवधारणा के माध्यम से राजनीतिक व्यवस्थाओं में होने वाले सभी प्रकार के परिवर्तनों, सत्ता–परिसंचरण (Circulation of Power) की परिस्थितियों संबद्ध कारकों, नेतृत्व की लोकप्रियता, प्रभाविता, राजनीतिक संघर्ष, क्रान्ति, सामाजिक–आर्थिक आयामों, जैसे गंभीर प्रासंगिक विषयों का तथ्यपरक–व्यवहारपरक तुलनात्मक अध्ययन करना एवं किसी भी राजनीतिक व्यवस्था की राजनीति की वास्तविकताओं का आनुभविक अध्ययन करके किसी निष्कर्ष पर पहुंचना काफी सरल हुआ है।

10. इस अवधारणा के माध्यम से राजनीतिक वैधानिक संस्थाओं के साथ–साथ उन गैर राजनीतिक संस्थाओं का तुलनात्मक अध्ययन करना सरल हो गया जो गैर राजनीतिक होते हुए भी राजनीतिक वैधानिक संस्थाओं की प्रभाविता, लोकप्रियता एवं स्थायित्व का मूलाधार तत्त्व है।
11. इस अवधारणा की उपयोगिता ने व्यवस्था की राजनीति के अध्ययन को आदर्शात्मक आयामों की श्रृंखलाओं से मुक्त करके उसे आनुभविक अध्ययन का माध्यम दिया है। इसके परिणामस्वरूप राजनीति के अध्ययन का बुनियादी विषय अब सिर्फ राज्य एवं सरकार नहीं रहा अपितु सत्ता, शक्ति, प्रभाव, औचित्यपूर्णता, दृश्य शक्ति (Phenomenal Power) तथा अवाम का राजनीतिक व्यवहार एवं व्यवस्था के अंतर्गत राजनीति के प्रति अवाम की अभिवृत्तियां (Attitudes) विश्वास, भावनाओं, मूल्यों एवं उसमें परिस्थितिगत होने वाले अभिविन्यासों (Orientations) जैसे प्रासंगिक विषय राजनीति के अध्ययन के मौलिक विषय बन गये।
12. इस अवधारणा के प्रतिपादन से विभिन्न राजनीतिक व्यवस्थाओं के राजनीतिक व्यवहार का तुलनात्मक विश्लेषण संभव हो गया है।

उपर्युक्त विवेचन से यह स्पष्ट होता है कि राजनीतिक व्यवस्था अवधारणा के प्रतिपादन से व्यवस्था के राजनीतिक, सामाजिक, आर्थिक, सांस्कृतिक जीवन के तुलनात्मक अध्ययन क्षेत्र में क्रान्तिकारी परिवर्तन हुआ है। वस्तुतः, राजनीति के अध्ययन–विश्लेषण को परम्परागत दायरे से निकाल कर तथ्यगत–यथार्थगत एवं व्यवहारपरक बनाने में राजनीतिक व्यवस्था अवधारणा का योगदान बहुमूल्य है। इसके माध्यम से राजनीति की वास्तविकताओं की गहराइयों में उतरना काफी हद तक संभव हो गया है। इस अवधारणा के प्रयोग द्वारा राजनीतिक क्रियाओं की वास्तविकताओं को जानना आसान हो गया है। इस अवधारणा की बदौलत नयी राजनीतिक अवधारणाएं, यथा–राजनीतिक पर्यावरण राजनीतिक सहभागिता एवं संचरण राजनीतिक संस्कृति, राजनीतिक समाजीकरण, राजनीतिक आधुनिकीकरण, राजनीतिक विकास, राजनीतिक संचार, राजनीतिक संघर्ष, क्रान्ति एवं परिवर्तन, जातीय तनाव एवं राजनीतिक प्रक्रियाएं जैसे प्रासंगिक प्रसंगों की पहचान आधुनिक राजनीति विज्ञान की अध्ययन–सामग्री के केन्द्रीय विषय के रूप में की गयी।

इस प्रकार, 'राजनीतिक व्यवस्था अवधारणा' के प्रतिपादन से आधुनिक राजनीति विज्ञान एवं तुलनात्मक राजनीति के अध्ययन को एक नयी विधा मिली, नया आयाम मिला जिसकी वजह से आधुनिक राजनीति विज्ञान एवं तुलनात्मक राजनीति के अध्ययन–क्षेत्र में क्रान्तिकारी परिवर्तन आया। इसके अध्ययन क्षेत्र के अन्तर्गत राजनीतिक दलों, दबाव समूहों, हित समूहों, प्रशासकीय व्यवहार, विधायी व्यवहार, मतदान व्यवहार, निर्वाचन प्रक्रिया, लोकप्रशासन, नौकरशाही, राजनीतिक परिवेश, राजनीतिक मूल्य, राजनीतिक विचारधाराएं, अर्थव्यवस्था, संस्कृति, धर्म, शिक्षा, मानवीय चरित्र मानवोचित गुण आदि विषयों का समावेश हुआ। ऐसे सभी व्यावहारिक विषयों का सांगोपांग आनुभविक विश्लेषण संभव हो पाने का असली श्रेय राजनीतिक व्यवस्था अवधारणा' के व्यापक दृष्टिकोण को जाता है।

उपर्युक्त विवेचन इस तथ्य का स्पष्टीकरण है कि 'राजनीतिक व्यवस्था अवधारणा' व्यापक दृष्टिकोण का प्रतिनिधित्व करती है। यह अवधारणा विश्वव्यापी राजनीतिक व्यवस्थाओं के विभिन्न अवयवों की समानता–असमानता, स्थायित्व–अस्थायित्व, पिछड़ापन एवं विकास के तुलनात्मक अध्ययन के लिए एक व्यवस्थित प्रतिमान का प्रतिपादन करता है।

राजनीतिक व्यवस्था अवधारणा की आलोचना
(Criticism of Political System Concept)

राजनीतिक व्यवस्था अवधारणा की आलोचनाएं सामान्यतया जिन आधारों पर की जाती है उनमें दो प्रसंग महत्त्वपूर्ण हैं :

प्रथम–व्यवस्था एवं राजनीतिक व्यवस्था के संबंध में सर्वमान्य अर्थ पर अभी तक सभी राजनीतिक विद्वान एक मत नहीं हो पाये हैं। अर्थ भेद से संबंधित मतवैभिन्नताओं की वजह से राजनीतिक व्यवस्थाओं के तुलनात्मक विश्लेषण की दृष्टि से यह अवधारणा सार्थक रूप से उपयोगी नहीं हो पायी है।

द्वितीय–आलोचना का दूसरा आधार इस अवधारणा के अत्यधिक परिशोधन (Rectification) से संबद्ध है। इस विषय पर आलोचकों का कहना है कि इस अवधारणा के प्रतिपादकों ने स्वयं इसमें समय–समय पर इतना संशोधन एवं शुद्धिकरण (Purification) किया है कि इसका मौलिक स्वरूप ही बदल चुका है। इस अवधारणा के प्रस्तुतकर्ता (Propounder) डेविड ईस्टन ने स्वयं ही अपनी पहली पुस्तक 'The Political System' में इस अवधारणा के संबंध में जो विचार प्रस्तुत किया। अपनी दूसरी दो पुस्तकों में उसके मौलिक स्वरूप को पूरी तरह संशोधित कर दिया। आल्मंड एवं पॉवेल ने भी इस अवधारणा की संरचनात्मक–प्रकार्यात्मक व्याख्या प्रस्तुत करके इसे और ज्यादा जटिल बना दिया है। आलोचकों का यह भी कहना है कि तुलनात्मक राजनीति, राजनीतिक सहभागिता, राजनीतिक संस्कृति, राजनीतिक विकास जैसे प्रासंगिक विषयों के यथार्थगत अध्ययन–विश्लेषण की कसौटी पर भी यह सिद्धान्त पूरी तरह खरा नहीं उतरता है। इसलिए यह अवधारणा विभिन्न राजनीतिक व्यवस्थाओं के आनुभविक तुलनात्मक अध्ययन के लिए बहुत उपयोगी नहीं है। इस अवधारणा की मुख्य आलोचनाओं का सार निम्नांकित है :

1. राजनीतिक व्यवस्था को अत्यधिक स्वायत्तता प्रदान करना इस अवधारणा को पर्यावरण की परिस्थितियों, तथ्यों एवं वास्तविकताओं से दूर करता है, क्योंकि आलोचकों का यह कहना है कि राजनीतिक व्यवस्था समाज की अन्य उपव्यवस्था में से एक है। इस दृष्टि से व्यवस्थावादियों द्वारा राजनीतिक व्यवस्था को स्वायत्त व्यवस्था के रूप में प्रस्तुत करने से समाज की अन्य उपव्यवस्थाओं की उपेक्षा होती है जिसकी वजह से उनके साथ इसके अन्तर्संबंधों, अन्तर्क्रियात्मकता एवं अन्योन्याश्रितता जैसे कारकों के तथ्यगत व्यवहारपरक अध्ययन में वास्तविकता के पुट का अभाव पाया जाना स्वाभाविक है।
2. आलोचकों का कहना है कि राजनीतिक व्यवस्था अवधारणा की महत्त्वपूर्ण विशेषता इसके कार्य निष्पादन यानी निवेश, निर्गत एवं रूपान्तरण प्रक्रिया में है, लेकिन ईस्टन ने व्यवस्था के कार्य निष्पादन को मूल्यों के साथ जोड़कर इस अवधारणा की वास्तविक उपयोगिता समाप्त कर दी है।
3. ईस्टन ने राजनीतिक व्यवस्था अवधारणा में व्यवस्थात्मक सातत्य (Persistence) को अपने विश्लेषण में केन्द्रीय स्थान दिया है और कहा है कि यह मूल तत्त्व है जिनके अभाव में कोई व्यवस्था अपना अस्तित्व कायम नहीं रख सकती है, जबकि आलोचकों का कहना है कि व्यवस्था के सातत्य से कहीं अधिक महत्त्वपूर्ण उसमें होने वाले परिवर्तन, उथल–पुथल एवं तनाव के स्रोत तथा नियंत्रण की समस्याएं हैं जिस पर व्यवस्थावादियों की दृष्टि स्पष्ट नहीं है।
4. आलोचकों का यह भी आरोप है कि राजनीतिक व्यवस्था अवधारणा आधुनिक राजनीति विज्ञान के अध्ययन–क्षेत्र में क्रान्तिकारी परिवर्तन का दावा तो करता है लेकिन इसके पूर्ण स्पष्टीकरण की क्षमता नहीं रखता है।
5. व्यवस्था अवधारणा की एक और ठोस और गंभीर आलोचना यह भी कि गयी है कि राजनीतिक व्यवस्था अवधारणा का निवेश–निर्गत विश्लेषण केवल राजनीतिक दृष्टि से सक्रिय विषयों के अध्ययन की तरफ अभिमुख है। इसका संबंध व्यवस्था के अभिजन वर्ग के क्रियाकलापों का विश्लेषण करना है। इस दृष्टि से यह अवधारणा जनसाधारण के राजनीतिक व्यवहार का यथार्थगत अध्ययन करने में असफल है। आलोचकों का इस प्रसंग में गंभीर आरोप यह है कि 'निवेश–निर्गत विश्लेषण' का स्वरूप जरूरत से ज्यादा सैद्धान्तिक है इसलिए व्यावहारिक स्तर पर यह प्रयोजनहीन साबित हुआ है।
6. आलोचकों की दृष्टि में इस अवधारणा का सबसे बड़ा दोष यह है कि यह विश्लेषण अमूर्त है और आनुभविक यथार्थ से बहुत दूर है।
7. लगभग सभी विकासशील देश आर्थिक, सामाजिक, राजनीतिक परिवर्तन के दौर से गुजर रहे हैं। आलोचक इस अवधारणा को तृतीय विश्व की व्यवस्थाओं के विश्लेषण के लिए अनुपयुक्त मानते हैं,

क्योंकि उनकी दृष्टि में यह अवधारणा इन राजनीतिक व्यवस्थाओं में होने वाले परिवर्तन की मात्रा प्रवृत्ति एवं गति को मापने तथा उसकी व्याख्या करने में असमर्थ साबित हुआ है।

उपर्युक्त आलोचनाओं के बावजूद इसमें अतिशयोक्ति नहीं है कि राजनीतिक व्यवस्था अवधारणा पर आधारित व्यवस्था का विश्लेषणपरक अध्ययन राजनीतिशास्त्र को विज्ञान का दर्जा दिलाने की दिशा में एक महत्त्वपूर्ण सकारात्मक प्रयास है। इसकी सबसे बड़ी उपलब्धि यह है कि इसने राजनीति को आदर्शात्मक आयामों से मुक्त कराके उसे व्यावहारिक स्वरूप दिया है, जिसकी वजह से राजनीति का अध्ययन बहुआयामी एवं बहुदिशायी (Multidimensional and Multidirectional) सामाजिक प्रक्रिया के रूप में किया जा रहा है।

राजनीतिक व्यवस्था अवधारणा : एक मूल्यांकन
(Political System Concept : An Evaluation)

राजनीतिक व्यवस्था की क्रियाशीलता–उपयोगिता एवं आलोचनाओं से संदर्भित उपर्युक्त विवेचन से यह स्पष्ट होता है कि यद्यपि इस अवधारणा में कई त्रुटियां हैं, इसके विश्लेषण की कुछ सीमाएं हैं, इसके बावजूद परम्परावादी एवं व्यवहारवादी दोनों इस तथ्य को नकार नहीं सकते हैं कि राजनीतिक व्यवस्था के व्यवहारपरक अध्ययन से प्रासंगिक यह अवधारणा विभिन्न राजनीतिक–सामाजिक संस्थाओं एवं उनसे संबद्ध चरों के व्यवस्थित अध्ययन का प्रथम महत्त्वपूर्ण प्रयास है। इस अवधारणा द्वारा ईस्टन ने राजनीति विज्ञान के अध्ययन को संस्थागत दृष्टिकोण के दायरे से निकाल कर व्यवहारवादी दृष्टिकोण की ओर ले जाने का सप्रयास किया है। औरेन यंग के शब्दों में "राजनीतिक व्यवस्था अवधारणा निःसंदेह किसी राजनीतिशास्त्री द्वारा राजनीति–विश्लेषण के लिए अभी तक प्रतिपादित उपागमों में से अधिक अन्तर्वेशित व्यवस्थित उपागम है।" वहीं पॉलक्रिज का कहना है कि हमें इस संभावना के प्रति सचेत रहना है कि समय आने पर राजनीतिक व्यवस्था अवधारणा राजनीति का तुलनात्मक अध्ययन करने में संतोषप्रद तरीके से सक्षम हो।

संक्षेप में, अपनी अच्छाइयों और त्रुटियों को साथ लिए राजनीतिक व्यवस्था सिद्धान्त अपने संरचनात्मक–कृत्यात्मक प्रयोगों द्वारा राजनीतिक व्यवस्थाओं के तुलनात्मक अध्ययन के लिए उपयोगी सिद्ध हुआ है। इसके समर्थकों का कहना है कि सामान्य व्यवस्था सिद्धान्त द्वारा प्रस्तुत की गयी केवल विवरणात्मक संकल्पनाओं (Descriptive Concepts) द्वारा ही किसी भी राजनीतिक व्यवस्था के कार्यों का गहराई से विश्लेषण किया जा सकता है।

स्मरणीय संकेत (Points to Remember)

- राजनीतिक व्यवस्था एक व्यापक अवधारणा है जिसमें दो शब्दों का योग है–राजनीतिक एवं व्यवस्था। राजनीतिक शब्द सत्ता, शक्ति, प्रभाव, नेतृत्व का सूचक है जिसका वैधानिक आधार औचित्यपूर्णता है और व्यवस्था शब्द अन्योन्यक्रिया अन्योन्याश्रितता तथा अनुरक्षण–अनुकूलन का द्योतक है।
- राजनीतिक व्यवस्था शब्दावली व्यवहारवादी उपागम एवं राजनीति के तुलनात्मक विश्लेषण की देन है।
- डेविड ईस्टन की दृष्टि में राजनीतिक व्यवस्था अवधारणा राज्य एवं सरकार की तुलना में व्यापक एवं गतिशील है। उन्होंने उसे राजनीतिक जीवन को व्यवहारों की पद्धति के रूप में विश्लेषित किया है।
- आल्मंड द्वारा प्रस्तुत राजनीतिक व्यवस्था की विशेषताओं में–सार्वभौमिकता, संरचनाओं में समानता, राजनीतिक कार्यों की सर्वव्यापकता, संरचनाओं के कार्यों में विविधता एवं राजनीतिक व्यवस्था का मिश्रित स्वरूप प्रमुख है।
- रॉबर्ट डॉल द्वारा प्रस्तुत राजनीतिक व्यवस्था की विशेषताओं में राजनीतिक संसाधनों का असमान वितरण, परस्पर–विरोधी उद्देश्यों का निराकरण, औचित्यपूर्णता का अर्जन, विचारधारा का विकास, विभिन्न राजनीतिक व्यवस्थाओं का प्रभाव आदि प्रमुख हैं।

- राजनीतिक व्यवस्था के लक्षणों में—व्यवस्था के विभिन्न अंगों की अन्योन्याश्रितता, राजनीतिक व्यवस्था की सीमा, राजनीतिक व्यवस्था का पर्यावरण, औचित्यपूर्ण बाध्यकारी शक्ति प्रमुख है।
- राजनीतिक व्यवस्था का वर्गीकरण—अरस्तू का वर्गीकरण, मैकियावेली का वर्गीकरण, मांतेस्क्यू का वर्गीकरण, एडवर्ड शिल्स का वर्गीकरण आल्मंड का वर्गीकरण।
- आल्मंड का व्यवस्था वर्गीकरण—आंग्ल—अमेरिकी राजनीतिक व्यवस्था, महाद्वीपीय राजनीतिक व्यवस्था, गैर पश्चिमी, पूर्व—औद्योगिक या आंशिक—औद्योगिक राजनीतिक व्यवस्था, सर्वाधिकारवादी राजनीतिक व्यवस्था।
- उदारवादी लोकतंत्रीय राजनीतिक व्यवस्था की विशेषताओं में एक से अधिक राजनीतिक दलों का अस्तित्व, राजनीतिक दलों के बीच खुली प्रतियोगिता राजनीतिक दलों का प्रतिनिधित्व, हित समूहों के बीच खुली प्रतियोगिता, वैयक्तिक एवं सामूहिक स्वतंत्रता का महत्त्व।
- सर्वाधिकारवादी राजनीतिक व्यवस्था की मुख्य पहचान एक—दलीय राजनीतिक व्यवस्था, सैद्धान्तिक रूप से सुनिश्चित विचारधारा, जनसंपर्क के साधनों एवं न्यायपालिका पर राजनीतिक सत्ता का कठोर नियंत्रण, नागरिकों की व्यक्तिगत एवं सामाजिक गतिविधियों पर सरकार की पैनी नजर, शासन को लोकतांत्रिक चेहरा प्रदान करने हेतु सत्ता द्वारा जनसक्रियतावाद पर जोर।
- स्वेच्छाचारी राजनीतिक व्यवस्था की मुख्य पहचान है—खुली राजनीतिक प्रतियोगिता पर पाबंदी, सुनिश्चित विचारधारा का अभाव, विषयों के राजनीतिकरण का अभाव, सत्ताधारियों द्वारा बल प्रयोग पर अत्यधिक जोर, जनसंपर्क के साधनों तथा न्यायपालिका पर सरकार का सीधा नियंत्रण, सत्ता—परिवर्तन का माध्यम सेना लेना, सेना का सत्ता पर नियंत्रण, राजनीति पर एक गुट का नियंत्रण।
- समाजवादी राजनीतिक व्यवस्था के संबंध में कुछ पश्चिमी विद्वानों का मत है व्यवस्था का यह स्वरूप फासिस्टवादी स्वरूप से भी अधिक निरंकुश एवं स्वतंत्रता विरोधी है।
- विकासशील राजनीतिक व्यवस्था की राजनीतिक, सामाजिक, आर्थिक, सांस्कृतिक, धार्मिक समस्याएं, मुद्दे, सवाल विकल्प तथा बहुआयामी परिवर्तन का स्वरूप विकसित देशों की तुलना में सर्वथा पृथक् होता है।
- राजनीतिक व्यवस्था की क्रियात्मकता के विश्लेषण में डेविड ईस्टन का नाम अग्रणी है। इनकी दृष्टि गें क्रियात्मकता का अभिप्राय व्यवस्था द्वारा संपादित कार्यों की प्रविधियां हैं।
- ईस्टन के अनुसार प्रत्येक राजनीतिक व्यवस्था की राजनीतिक प्रक्रिया तीन स्तरों से गुजरती है। यथा—प्रबोधक प्रक्रिया स्तर, रूपान्तरण प्रक्रिया स्तर एवं पुनर्निवेशन प्रक्रिया स्तर।
- ईस्टन ने राजनीतिक प्रक्रियाओं के अध्ययन की दृष्टि से राजनीतिक व्यवस्था के अध्ययनक्रम में उसे तीन खण्डों में बांटा है, यथा—समाज, सत्ता एवं नीति।
- एक प्रक्रियाविद के रूप में आल्मंड ने भी प्रकार्यात्मक पक्ष के अध्ययन हेतु व्यवस्था को तीन भागों में बांटा है, यथा—क्षमताएं, रूपान्तरण प्रक्रिया एवं व्यवस्था अनुरक्षण—अनुकूलनकारी कार्य।
- आल्मंड द्वारा व्यवस्था की प्रक्रियाओं को सात कोटियों में बांटा गया है।
- प्रत्येक राजनीतिक व्यवस्था की क्रियात्मकता का समस्त आयाम एक जटिलचक्र है जिसमें राजनीतिक तत्त्वों के साथ—साथ कई अराजनीतिक तत्त्वों का भी समावेश होता है।
- सभी राजनीतिक व्यवस्थाओं की क्रियात्मकता के अध्ययन—विश्लेषण हेतु आधुनिक राजनीति विज्ञान में दो प्रतिमान प्रचलित हैं : **प्रथम**—डेविड ईस्टन का निवेश—निर्गत विश्लेषण, **द्वितीय**—आल्मंड का संरचनात्मक—प्रकार्यात्मक विश्लेषण।
- राजनीतिक प्रक्रिया के प्रसंग में रेखांकित करने योग्य तथ्य यह है कि कोई भी राजनीतिक व्यवस्था अपने पर्यावरण से जो तत्त्व प्राप्त करती है उसे आगत (Input) कहा जाता है और जिन तत्त्वों (नीतियों—निर्णयों) का उत्पादन या निर्माण करती है उन्हें निर्गत (Output) कहा जाता है। अधिकारीगण द्वारा निर्गत तत्त्वों के परिणामों का व्यवस्थागत पर्यावरण से तालमेल बैठाने के क्रम में जनप्रतिक्रिया संदर्भित जिन सूचनाओं का

आदान–प्रदान सत्ता एवं समाज के मध्य संप्रेषित किया जाता है उसे पुनर्निवेशन (Feedback) कहते हैं। पुनर्निवेशन चक्र (Feedback loop) वह प्रक्रिया है जिसके माध्यम से राजनीतिक प्रक्रिया–संचालन का चक्र पूरा होता है।

- राजनीतिक व्यवस्था अवधारणा की उपयोगिता–यह अवधारणा व्यवस्था के गत्यात्मक विश्लेषण का आधार है, व्यवस्था के कारकों का विश्लेषण करती है एवं तुलनात्मक राजनीति के अध्ययन को व्यवस्थित आधार देती है तथा व्यवस्था की क्षमता का आनुभविक अध्ययन करता है। यह अवधारणा कई राजनीतिक सिद्धान्तों के निर्माण का आधार है, यह सामाजिक जीवन का गत्यात्मकता, व्यवस्थागत पर्यावरण एवं व्यवस्था में होने वाले परिवर्तनों का अध्ययन करती है, व्यवस्थागत वैधानिक एवं गैर वैधानिक संस्थाओं का तुलनात्मक अध्ययन करती है एवं विभिन्न व्यवस्थाओं के राजनीतिक व्यवहार का तुलनात्मक अध्ययन करती है।
- आलोचना–राजनीतिक व्यवस्था अवधारणा को गंभीर चुनौतियों का सामना करना पड़ा है। लेकिन, त्रुटियों के बावजूद आलोचक यह मानते हैं कि विभिन्न राजनीतिक व्यवस्थाओं एवं प्रक्रियाओं के तुलनात्मक अध्ययन के लिए यह उपयोगी है।

प्रश्न (Questions)

1. राजनीतिक व्यवस्था अवधारणा से आप क्या समझते हैं ? तुलनात्मक राजनीति के अध्ययन में इसकी उपयोगिता एवं सीमाओं का वर्णन करें।

   What do you mean by political system concept? Discuss its utility and limitations for the study of comparative politics.

2. राजनीतिक व्यवस्था एवं प्रक्रियाओं के अध्ययन में डेविड ईस्टन के निवेश–निर्गत विश्लेषण की उपयोगिता की व्याख्या कीजिए।

   Discuss the utility of Easton's input–output analysis for the study of political system and process.

3. राजनीतिक व्यवस्थाओं एवं प्रक्रियाओं के अध्ययन में आल्मंड के संरचनात्मक–प्रकार्यात्मक विश्लेषण की उपयोगिता की समीक्षा कीजिए।

   Examine the utility of Almond's structural–functional analysis for the study of political system and process.

4. राजनीतिक व्यवस्था अवधारणा का वर्गीकरण प्रस्तुत करें तथा उसके प्रमुख आधारों का उल्लेख करें।
   Classify political system and describe its main bases.

अध्याय **10**

जनतांत्रिक एवं सर्वाधिकारवादी व्यवस्थाएं : सामाजिक–आर्थिक स्थितियां, उनका आविर्भाव एवं स्थायित्व के संवाहक

Democratic and Totalitarian Systems : Socio-Economic Conditions, Conductive for their Emergence and Stability

परिचय (Introduction)

जनतांत्रिक व्यवस्था निश्चित रूप से बीसवीं सदी की सर्वाधिक लोकप्रिय राजनीतिक अवधारणा है। यह जनस्वतंत्रता, जनकल्याण एवं जनसुरक्षा जैसे मूल्यों में विश्वास करती है तथा इन मूल्यों के मध्य परस्पर समन्वय स्थापित करने की दिशा में प्रयासरत रहती है। इस व्यवस्था की लोकप्रियता इतने चर्मोत्कर्ष पर है कि आज कोई भी देश चाहे वहां लोकतंत्र का स्वरूप जैसा भी हो, लेकिन अपने को लोकतांत्रिक ही कहलाना पंसद करता है। लोकतंत्रीय व्यवस्था में शासन या सत्ता–संचालन का अन्तिम सूत्र जनसामान्य के हाथों में होता है, यानी कि संप्रभुता अन्तिम स्तर पर जनसाधारण में निवास करती है। जनकल्याण हेतु सार्वजनिक नीतियाँ जनता की इच्छानुरूप निर्धारित और निरूपित की जाती है और समस्त प्रशासनिक कार्यों का संपादन एवं क्रियान्वयन जनहित के उद्देश्य से किया जाता है। बीसवीं सदी में लोकतंत्र की विविध अवधारणाएं अस्तित्व में आयीं, यथा–लोकतंत्र की शास्त्रीय या उदारवादी अवधारणा, लोकतंत्र की बहुलवादी अवधारणा, लोकतंत्र की विशिष्टवर्गीय अवधारणा एव लोकतंत्र की मार्क्सवादी अवधारणा। इन विविध लोकतंत्रीय अवधारणाओं में शास्त्रीय या उदारवादी अवधारणा ही सर्वाधिक लोकप्रिय अवधारणा के रूप में बड़े पैमाने पर प्रचारित–प्रसारित हुई। सामान्य अर्थ में लोकतंत्र शब्द का अभिप्राय शास्त्रीय या उदारवादी जनतांत्रिक व्यवस्था का परिचायक है।

लोकतांत्रिक व्यवस्था की संकल्पना (Concept of Democratic System)

प्राचीन यूनानी राजनीति दार्शनिक प्लेटो, अरस्तू से लेकर आज तक के राजनीति वैज्ञानिकों के अध्ययन–विश्लेषण में लोकतंत्र का वास्तविक स्वरूप आलोचनात्मक चर्चा का प्रमुख प्रसंग रहा है। जनतंत्र के अंग्रेजी पर्याय 'डेमोक्रेसी' शब्द की व्युत्पत्ति ग्रीक मूल के शब्द 'डेमोस' से हुई, जिसका अर्थ जनसाधारण है। इसमें 'क्रेसी' शब्द का योग है, जिसका अर्थ है–शासन या सरकार। शाब्दिक आशय के अनुरूप लोकतंत्र शब्द का मूल अर्थ है–जनता का शासन। इस प्रसंग में अब्राहम लिंकन द्वारा दी गयी परिभाषा इस शब्दार्थ के काफी करीब है। इनके शब्दों में, "लोकतंत्र जनता का, जनता के लिए और जनता के द्वारा चलाया जाने वाला शासन है। (Democracy is a government of the people for the people and by the people)।

लोकतंत्र का व्यापक अर्थ (Democracy in its Broader Sense)

व्यापक अर्थबोध में लोकतंत्र एक विशेष राजनीतिक स्थिति (A Special Political Status), एक विशेष सामाजिक परिस्थिति (A Special Social Condition) है एक नैतिक धारणा (An Ethical Concept) है, जो सामाजिक मूल्यों की समुन्नति, सामाजिक जीवन के स्तरोन्नयन एवं समाज में मनुष्य के व्यक्तित्व के सर्वांगीण विकास का लक्ष्य लेकर व्यवस्था के उन्नयन की दिशा में निरन्तर ठोस कदम उठाने के लिए तत्पर रहता है। इस राजनीतिक व्यवस्था की नीतियां एवं निर्णय–प्रक्रिया हमेशा समाज–सापेक्ष और जनहित से प्रासंगिक होती है।

जनतांत्रिक व्यवस्था का अभिप्राय है–सामान्य व्यक्ति के प्रति निष्ठा और उनके व्यक्तित्व निर्माण के लिए प्रतिबद्धता। जनतांत्रिक व्यवस्था अवधारणा के संबंध में मैक्सी (Maxey) ने "Modern Democracies" में लिखा है कि "यह एक ऐसी जीवन पद्धति की खोज है जिसमें न्यूनतम बल प्रयोग या दबाव से व्यक्ति की स्वतःप्रेरित स्वतंत्र बुद्धि और उसके कार्यकलाप का मेल बैठाया जा सकता है और यह विश्वास है कि ऐसी पद्धति समूची मानव जाति के लिए आदर्श पद्धति होगी जो मनुष्य की प्रकृति और विश्व की प्रकृति के साथ अधिकतम सामंजस्य कायम करेगी।" (It (democracy) is a search for a way of life in which the voluntary free intelligence and activity of man can be harmonized and coordinated with the least possible coersion and it is the belief that such a way of life is the best way for all mankind, the way most in keeping with the nature of man and the nature of the universe.) इस अभिव्यक्ति के आलोक में यह कहा जा सकता है कि मैक्सी जनतांत्रिक व्यवस्थाओं को मात्र एक शासन पद्धति, एक सामाजिक व्यवस्था या राजनीतिक अवधारणा नहीं मानते हैं, बल्कि ये इस व्यवस्था को मानव जीवन पद्धति की खोज मानते हैं। इस अवधारणा के प्रसंग में कांट का चर्चित सूत्र (Formula) है–ऐसा व्यवहार करो, जिसमें तुम्हारे अपने या किसी अन्य व्यक्ति के मनुष्यत्व का उपयोग हर हालत में एक उद्देश्य के रूप में हो सके और इसका उपयोग एक साधन के रूप में कदापि न हो (So act as to treat humanity whether in your person or in that of any other, in every case as an end and never merely as a means)।

जनतांत्रिक व्यवस्थाओं की लोकप्रियता एवं महत्त्व का सार सूत्र है–मनुष्य के व्यक्तित्व के सर्वांगीण विकास से प्रासंगिक दृष्टिकोण। जनतांत्रिक व्यवस्थाओं की सामाजिक–आर्थिक स्थिति, आविर्भाव एवं स्थायित्व का मूल संवाहक तत्त्व है–इसकी बुनियादी अवधारणा, जो सामाजिक–राजनीतिक समानता, कानून के समक्ष समानता एवं सामाजिक न्याय, जैसे व्यापक अर्थबोध के संदर्भों को साथ लेकर चलती है। इस व्यवस्था में समानता के सिद्धान्त के आलोक में तथा समानता की भावना के परिप्रेक्ष्य में प्राकृतिक असमानता के साथ सामंजस्य स्थापित करने का निरन्तर प्रयास जारी रहता है। जनतांत्रिक व्यवस्थाओं की गतिविधियाँ हमेशा जनसरोकारगत दिशा में क्रियाशील रहती हैं। इसमें सत्ता–सूत्रों के माध्यम से निरन्तर प्रयास किया जाता है कि एक ऐसी सामाजिक व्यवस्था कायम की जा सके, जिसमें व्यक्ति के अपने व्यक्तित्व विकास और विचार अभिव्यक्ति के लिए अनुकूल अवसर मिल सके। (A social machinery which would make for the enrichment and expression of personality)। इस व्यवस्था

के संदर्भ में समानता अवधारणा पर विचार व्यक्त करते हुए सी.डी. बर्न्स (C.D. Burns) लिखते हैं कि "व्यवहार में जनतंत्र यह मानता है कि सभी व्यक्ति समान हैं और इनका उपयोग सबसे अच्छे व्यक्तियों की खोज के लिए किया जाता है।" (Democracy in practice is the hypothesis that all men are equal which is used in order to discover who are the best.)

उदारवादी जनतांत्रिक व्यवस्थाएं : सामाजिक–आर्थिक स्थिति
(Liberal Democratic Systems : Socio-economic Conditions)

शासन शैली एवं जनतांत्रिक सरकार की दृष्टि से व एक लोकप्रिय पद्धति के रूप में लोकतंत्रीय व्यवस्था अवधारणा के मुख्य स्वरूप को उदारवादी लोकतंत्र के रूप में पहचान मिली है। बीसवीं शताब्दी के उत्तरार्द्ध से जनतंत्र की सामान्य धारा का उदारवाद के साथ ऐसा अन्योन्याश्रित संबंध स्थापित हो गया है कि जब तक लोकतंत्र के साथ कोई अन्य विशेषण न लगाया जाय, तो इस शब्द का अभिप्राय उदारवादी लोकतंत्र से ही लगाया जाता है।

उदारवाद राजनीति की वह लोकप्रिय अवधारणा है, जिसके अन्तर्गत मनुष्य को विवेकशील प्राणी स्वीकारते हुए समस्त सामाजिक संस्थाओं को सभी व्यक्तियों के सामूहिक प्रयास का परिणाम माना जाता है। इसमें राजनीतिक अधिकारों के साथ मुक्त बाजार अर्थव्यवस्था एवं सार्वजनिक वयस्क मताधिकार को अपनाया गया जिसके परिणामस्वरूप उदारवादी जनतंत्र का आविर्भाव हुआ। यह व्यक्ति की स्वतंत्रता को सर्वोच्च प्राथमिकता देता है। इसी मानसिकता के अनुरूप उदारवादी व्यवस्थाओं में व्यक्ति की राजनीतिक स्वतंत्रता और समानता को सबसे ऊंचा स्थान दिया जाता है। जनतांत्रिक व्यवस्थाओं का आधार माध्यम जनस्वतंत्रता, समानता एवं भ्रातृत्व की महान धारणा है जिसमें सर्वसाधारण की राजनीतिक सहभागिता से वैधानिक प्रावधानों के आधार पर निश्चित समय के लिए जन निर्वाचित शासक वर्ग सत्तारूढ़ होता है। ये राजनीतिक व्यवस्थाएं लोक संप्रभुता (Popular Sovereignty) में विश्वास करती हैं। नागरिक समानता इन व्यवस्थाओं का मूलाधार है। इस दृष्टि से यहाँ सभी नागरिकों को समान राजनीतिक शक्ति प्राप्त होती है, जो समानता आधारित वयस्क मताधिकार की प्राप्ति का मौलिक साधन है और यही समानता का सिद्धान्त यहां सभी नागरिकों को कानून के समक्ष समानता की स्थिति भी प्रदान करता है। वर्तमान परिप्रेक्ष्य में लोक कल्याणकारी राज्य की अवधारणा (Concept of Welfare State) को अपनाये जाने की वजह से इन व्यवस्थाओं द्वारा राजनीतिक और नागरिक समानता से एक कदम आगे जाकर सामाजिक–आर्थिक समानता को भी जनतंत्र का मूल लक्ष्य बनाया जाने लगा है। आज अधिकांश जनतांत्रिक व्यवस्थाओं में समस्त सामाजिक प्रसंगों का राजनीतिकरण हो चुका है। इस आलोक में धर्म, संस्कृति परम्पराएं, मूल्य, जाति, वर्ग, लिंग, सामाजिक स्थिति, सामाजिक समानता, सामाजिक न्याय, सामाजिक सद्भाव, सौहार्द, आदि समस्त सामाजिक प्रसंग राजनीतिक समाजशास्त्र की अध्ययन सूची में शामिल हो गये हैं। इसी प्रकार, सामाजिक जीवन की खुशहाली के लिए बहुत हद तक आर्थिक समानता की संकल्पना को भी कमोबेश सभी जनतांत्रिक व्यवस्थाओं द्वारा अपना बुनियादी लक्ष्य माना जाने लगा है। इस परिप्रेक्ष्य में व्यक्ति के आर्थिक जीवन की उन्नति हेतु राजनीतिक सत्ता सदैव प्रयासरत रहती है। तभी तो डेविड ईस्टन का कहना है कि "राजनीतिक व्यवस्था संरचनाओं एवं प्रक्रियाओं का एक जटिल समूह है जो समाज के अन्दर मूल्यों का आधिकारिक आबंटन करता है।"

जनतांत्रिक राजनीतिक व्यवस्थाएं नियतकालिक चुनाव (Periodical Election) में विश्वास रखती हैं जिसमें राजनीतिक अभिजन का संवैधानिक प्रावधानों के अनुरूप एक निश्चित समय के लिए वयस्क जनसामान्य द्वारा प्रत्यक्ष निर्वाचन होता है। राजनीतिक–सामाजिक व लैंगिक समानता और स्वतंत्रता के आधार पर संविधान और कानून द्वारा निर्धारित योग्यता रखने वाले राजनीतिक व्यक्तित्वों को जनप्रतिनिधि के रूप में निर्वाचित होने का अधिकार प्राप्त होता है। इसी भांति, राजनीतिक, सामाजिक व लैंगिक समानता और स्वतंत्रता के आधार पर संवैधानिक एवं कानूनी रूप से योग्य सभी वयस्क नागरिकों को मतदान का अधिकार व्यवस्था द्वारा प्रदान किया जाता है। इस व्यवस्था में नियंत्रण द्विपक्षीय होता है। जहां जनता राजनीतिक अभिजनों को राजनीतिक संप्रभुता

एवं विचार अभिव्यक्ति की स्वतंत्रता के माध्यम से नियंत्रित करके सत्ता को जनउत्तरदायी होने के लिए बाध्य करती है, वहीं राजनीतिक अभिजन भी वैधानिक प्रावधानों के दायरे में निरन्तर प्रत्यक्ष या परोक्ष रूप से जनसामान्य पर नियंत्रण की वैधानिक स्थिति प्राप्त करते हैं।

इन व्यवस्थाओं में राजनेताओं का सामाजिक व्यक्ति एवं सम्पूर्ण समाज पर ज्यादा से ज्यादा प्रभाव ही उनके राजनीतिक लक्ष्यों की प्राप्ति का साधन है। राजनीतिज्ञों के राजनीतिक–सामाजिक प्रभाव का उद्देश्य प्रभावक और प्रभावित दोनों के हितों में वृद्धि करना होता है। राजनीतिक–सामाजिक प्रभाव ही राजनीतिक व्यवस्था के सातत्य, अनुरक्षण एवं अनुकूलन का मूलाधार है और यही राजनीतिक सत्ता की सक्रियता का भी प्राणाधार है। सामाजिक प्रभाव के माध्यम से राजनीतिक व्यक्तित्व में जीवन्तता कायम रहती है और इसी प्रभाव का प्रयोग प्रभावक नीतियों के निर्माण एवं क्रियान्वयन हेतु करता है। विकासशील जनतांत्रिक व्यवस्थाओं में नागरिकों के राजनीतिक समाजीकरण, राजनीतिक संस्कृति, राजनीतिक जागरूकता, जनसामान्य के राजनीतिक विचारों, मूल्यों, जीवनस्तर एवं सामाजिक स्तरीकरण आदि के स्तरोन्नयन हेतु राजनीतिक प्रभाव का प्रयोग राजनीतिक–सामाजिक व्यवस्था की उन्नति के लिए किया जाता है। जनतांत्रिक व्यवस्थाओं का अपने समाज पर प्रभाव ही राजनीति और समाज के बीच तथा राजनीतिक व्यवस्था और सामाजिक व्यवस्था के बीच अन्तर्क्रियात्मकता एवं अन्योन्याश्रितता का मूल आधार है। राजनीति और समाज के बीच का यह परस्पर संबंध ही राजनीतिक सत्ता को जनउत्तरदायी बनाता है और समाज में धर्म, जाति, वर्ग, लिंग या प्रस्थिति (Status) के आधार पर किसी भी प्रकार के भेदभाव की असमानता होने पर भी आर्थिक समानता एवं सुरक्षा के सिद्धान्तों के अनुरूप धन–संपदा के बल पर एक व्यक्ति या समुदाय को आर्थिक रूप से कमजोर दूसरे व्यक्ति के शोषण का अधिकार नहीं देता है और यदि कोई व्यक्ति इस मामले में दोषी पाया जाये, तो उसके लिए कानूनी कार्रवाई और कठोर दण्ड का भी वैधानिक प्रावधान मौजूद होता है, जिसे विविध जनतांत्रिक व्यवस्थाओं के परिप्रेक्ष्य में न्यायसम्मत सक्रियतावाद (Judicial Activisim) के अनेकानेक दृष्टान्तों के आलोक में प्रत्यक्ष रूप से देखा जा सकता है। इसी तर्ज पर इन व्यवस्थाओं में सामाजिक–आर्थिक असमानता या पिछड़ेपन के बावजूद सामाजिक मूल्यों के आधिकारिक विनियोजन में प्रशासनिक स्तर पर कोई भेद–भाव नहीं पाया जाता है और सभी को व्यक्तित्व के विकास का समान अवसर उपलब्ध कराया जाता है। सामाजिक–आर्थिक असमानता के बावजूद निर्धारित योग्यता की आवश्यक शर्तों को पूरा करने वाले व्यक्ति को बिना किसी विभेद या पक्षपात के उस अवसर या पद को प्राप्त करने के लिए योग्य माना जाता है। ऐसा इसलिए है, क्योंकि जनतांत्रिक व्यवस्थाएं मानव मात्र की आधारभूत समानता में विश्वास करती है। इस प्रसंग में गेटेल (Gettell) की उक्ति है, ''क्योंकि जनतंत्र समानता के सामान्य सिद्धान्त पर आधारित है, अतः इससे न्याय की वृद्धि होना संभव है जो राज्य के अस्तित्व के प्रधान लक्ष्यों में से एक है।'' (Since it is based on the general principle of equality it is likely to promote justice one of the main purposes for which the state exists)।

जनतांत्रिक व्यवस्थाएं मानवीय विवेक में विश्वास करती हैं। इसीलिए राजनीतिक, सामाजिक, आर्थिक क्षेत्र से प्रासंगिक गतिविधियों को उचित निर्णय तक पहुँचाने में, विचारों के आदान–प्रदान में किसी विषय पर विवाद, तीव्र मतभेद या संघर्ष की स्थिति उत्पन्न होने पर सही समाधान ढूंढने के प्रयासों में व्यवस्था एक सामाजिक व्यक्ति के विवेकसंगत व्यवहार में पूरी आस्था रखती है। वहीं जनसाधारण शासन की खुली आलोचना करने के अधिकार सहित सभी प्रकार की राजनीतिक–सामाजिक–आर्थिक–सांस्कृतिक अधिकारों एवं स्वतंत्रता–समानता का लाभ व्यवस्था के संचालन सूत्र द्वारा निर्धारित वैधानिक प्रावधानों के दायरे में उठाता है। विचार अभिव्यक्ति की आजादी के साथ–साथ अधिकांश जनतांत्रिक व्यवस्थाएं धर्मनिपेक्षता एवं पंथनिरपेक्षता अवधारणा का अनुसरण करते हुए अपने नागरिकों को किसी भी धर्म को मानने की आजादी देता है। यहां खुली राजनीतिक भर्ती का प्रावधान होता है जिसके तहत सत्ता प्रतियोगिता खुली होती है जो संस्थापित व स्वीकृत प्रक्रियाओं के दायरे में बंधी होती है। एक से अधिक राजनीतिक दलों का अस्तित्व होता है तथा राजनीतिक दलों, दबाव समूहों, हित समूहों के आविर्भाव पर व्यवस्था की पाबंदी नहीं होती है। नागरिकों को अपनी इच्छानुरूप किसी भी राजनीतिक दल, दबाव समूह, हित समूह के निर्माण एवं सदस्यता ग्रहण करने की आजादी वैधानिक प्रावधानों के आलोक में व्यवस्थागत सत्ता

द्वारा मान्य होती है। आम चुनाव के समय किसी भी राजनीतिक दल का उम्मीदवार बनने, चुनाव लड़ने या किसी भी दल के प्रत्याशी को अपना मत प्रदान करने की आजादी संविधान द्वारा नागरिकों को प्राप्त होती है। विचार अभिव्यक्ति और धर्म की स्वतंत्रता के साथ–साथ स्वेच्छाचारी ढंग से बन्दी नहीं बनाये जाने का तथा जब तक जुर्म साबित न हो जाय तब तक दोषी करार नहीं किये जाने का अधिकार नागरिकों को मौलिक अधिकार के अन्तर्गत प्रदान किया जाता है, जिनकी रक्षा का दायित्व सरकार के नियम–अधिनिर्णय (Rule-adjudication) इकाई यानी कि न्यायपालिका को संवैधानिक प्रावधानों के तहत दिया जाता है।

सामाजिक–आर्थिक गतिशीलता ही जनतांत्रिक व्यवस्थाओं की लोकप्रियता एवं स्थायित्व का सही मापदण्ड है। उदारवादी जनतांत्रिक व्यवस्थाएं व्यक्ति की आर्थिक गतिविधियों को व्यवस्था में उपलब्ध बाजार व्यवस्था के सहारे छोड़ देने की समर्थक होती हैं और इसमें राज्य के हस्तक्षेप का खंडन करती हैं। व्यावहारिक स्तर पर इन व्यवस्थाओं का ये आर्थिक सिद्धान्त राजनीतिक व्यवस्था के आर्थिक जीवन में पूँजीवाद को बढ़ावा देता है। पूँजीवादी अवधारणा का समर्थक होने की वजह से उदारवादी व्यवस्थाओं में औद्योगीकरण (Industrialisation) तथा शहरीकरण (Urbanisation) को व्यवस्था के राजनीतिक विकास तथा राजनीतिक आधुनिकीकरण की दृष्टि से महत्त्व दिया जाता है और व्यवस्था के स्तर मापन में व्यवस्थागत आर्थिक तत्त्वों से प्रासंगिक सभी आयामों को प्रधानता दी जाती है। लुसियन पाई की राजनीतिक विकास संबंधी व्याख्या में व्यवस्थागत आर्थिक विकास को राजनीतिक विकास की पूर्वशर्त (Prerequisite) के रूप में प्रस्तुत करने का प्रयास किया गया है। इस प्रसंग में अर्थशास्त्रियों का भी यह मानना है कि व्यवस्थागत राजनीतिक–सामाजिक परिस्थितियां ही व्यवस्था में आर्थिक विकास की प्रक्रिया को गति प्रदान करती है या इसका मार्ग अवरुद्ध करती हैं। नॉरमैन बुकानैन (Norman Buchanan), हॉवर्ड एलिस (Howard Ellis) अलबर्ट हर्शमैन (Albert Hirschman), बेंजामिन हिगीन्स (Benjamin Higgins), बारबरा वार्ड (Barbara Ward) जैसे नामचीन अर्थशास्त्रियों द्वारा भी आर्थिक विकास को राजनीतिक विकास की पूर्वशर्त के रूप में विश्लेषित किया गया है। जिन जनतांत्रिक व्यवस्थाओं में आर्थिक पिछड़ापन आज भी कायम है और राज्य की अधिकांश प्रतिशत जनता गरीबी रेखा से नीचे जीवन बसर कर रही है, वहां आर्थिक विकास की गति धीमी होती है, जिसके परिणामस्वरूप राजनीतिक–सामाजिक विकास का स्तर भी काफी धीमा होता है। इन व्यवस्थाओं में राजनीतिक संस्कृति का संकीर्ण (Parochial) स्वरूप विद्यमान् होता है जो जनसहभागिता जनजागरूकता, आदि के स्तर को काफी प्रभावित करता है। साथ ही इन व्यवस्थाओं में राजनीति के प्रति व्यक्तियों की अभिवृत्तियों (Attitudes) में संज्ञानात्मक (Cognitive), भावात्मक (Affective) एवं मूल्यांकनात्मक अभिमुखीकरण (Evaluative Orientation) काफी निम्न–स्तर का होता है। यहां राजनीतिक आधुनिकीकरण के स्तर मापन में जनसहभागिता के विस्तार को प्रधानता दी जाती है जिसके आधार माध्यमों में आर्थिक तत्त्वों की महत्ता को खुले रूप में स्वीकारा जाता है।

चूँकि व्यावहारिक स्तर पर जनतांत्रिक व्यवस्था अवधारणा पूँजीवादी व्यवस्था की समर्थक होती है, इसलिए इसमें उत्पादन के प्रमुख साधनों पर समाज में कुछ इने गिने पूँजीपतियों का स्वामित्व स्थापित हो जाता है और उनके द्वारा निजी लाभ अर्जित करने हेतु इनका इस्तेमाल किया जाता है। इतिहास साक्षी है कि प्रत्येक शताब्दी अपने कुशल नेतृत्व के लिए विश्व के कुछ राष्ट्रों से गंभीर अपेक्षाएँ रखता है। बीसवीं शताब्दी की उदारवादी जनतांत्रिक व्यवस्थाओं की कोटि में जिन राष्ट्रों ने विश्व स्तर पर विकसित रूप में अपनी विशेष पहचान बनायी, उनमें इंग्लैण्ड, संयुक्त राज्य अमेरिका, फ्रांस, जर्मनी आदि प्रमुख हैं तथा साम्यवादी व्यवस्था की विशेष पहचान के रूप में सोवियत संघ का स्थान प्रमुख है। उन्नीसवीं शताब्दी में औद्योगिक, व्यापारिक एवं साम्राज्यवादी क्षेत्र विस्तार में विश्वजनीन स्तर पर इंग्लैण्ड का स्थान सर्वोपरि रहा। लेकिन, बीसवीं शताब्दी में यह नेतृत्व ब्रिटेन के हाथों से निकल संयुक्त राज्य अमेरिका एवं सोवियत संघ (U.S.S.R.) के हाथों में आ गया। ये दोनों राष्ट्र अलग–अलग लोकतांत्रिक अवधारणाओं का प्रतिनिधित्व करते हुए अन्तर्राष्ट्रीय राजनीतिक परिदृश्य में सर्वोच्च शक्ति (Superpower) के रूप में अपनी ख़ास पहचान बनाने में सफल हुए। उन्नीसवीं शताब्दी में इंग्लैण्ड, अमेरिका जैसे उदारवादी जनतांत्रिक व्यवस्थाओं के आदर्श प्रतिमान के रूप में इन व्यवस्थाओं के आर्थिक जीवन पर जिन आधारभूत कारकों का ख़ास प्रभाव पड़ा, उनमें–(1) वैयक्तिक स्वतंत्रता पर सभी प्रकार के प्रतिबन्धों का

अन्त (Abolition of all restrictions on personal freedom)। (2) वाष्प शक्ति द्वारा चलने वाले यन्त्रों का आविष्कार (Invention of steam power machineries)। (3) नयी राष्ट्रीय आर्थिक नीतियों का विकास (Emergence of the new national economic policy)। (4) यन्त्रीकृत परिवहन का विकास (Development of mechanised transport)। (5) उपनिवेश विस्तार की होड़ (Competition for colonial expansion), आदि शामिल हैं।

मोटे तौर पर इस सदी को मूल रूप से महान् आर्थिक परिवर्तनों के युग की संज्ञा दी जा सकती है। बड़े औद्योगिक राष्ट्रों को अपने औद्योगीकरण के विस्तार एवं संचालन के लिए कच्चे पदार्थों तथा निर्मित वस्तुओं के लिए बड़े बाजार की अति आवश्यकता पड़ी, जिसके परिणामस्वरूप यूरोप के सभी प्रमुख राष्ट्र एशिया, अफ्रीका एवं अमेरिका में नये उपनिवेशों की खोज एवं विस्तार में जुट गये और धीरे–धीरे समस्त विश्व पर यूरोप का प्रभाव छा गया। वस्तुतः, यह सदी ब्रिटेन के लिए राजनीतिक, सामाजिक एवं आर्थिक दृष्टि से विशेष महत्त्व रखती है, इस परिप्रेक्ष्य में, नौपरिवहन का विकास (Develoment of Shipping), नये व्यापारिक क्षेत्रों का आविर्भाव (Emergence of New Commercial Centres), व्यापारिक संगठनों में परिवर्तन (Change in Business Organisations), स्थानीय तथा राष्ट्रीय अर्थव्यवस्था का अन्तर्राष्ट्रीय अर्थव्यवस्था में रूपान्तरण (Conversion), व्यावसायिक एकीकरण (Commercial Integration), विक्रय पद्धति में परिवर्तन (Change in Marketing System) आदि प्रमुख हैं। वहीं, इस क्रान्ति के सामाजिक परिणामों में मुख्य रूप से–व्यवस्था में व्यक्ति की गतिशीलता में वृद्धि, जीवन स्तर में सुधार, जनसंख्या में वृद्धि, संयुत्त परिवार का अन्त, श्रमिकों के एक नये वर्ग का उदय तथा सामाजिक व्यवस्था में राज्य नियंत्रण एवं हस्तक्षेप में वृद्धि, आदि प्रमुख हैं। सामाजिक सुरक्षा की अवधारणा का आविर्भाव लोककल्याणकारी राज्य की धारणा के साथ ही हुआ है। वस्तुतः, समाज के समस्त नागरिकों के लिए भौतिक कल्याण हेतु एक न्यूनतम स्तर की व्यवस्था उपलब्ध करना लोककल्याणकारी राज्य का परम दायित्व माना जाता है और ग्रेट ब्रिटेन की सरकार द्वारा बड़े विस्तृत पैमाने पर सामाजिक सुरक्षा की योजना का निर्माण एवं क्रियान्वयन किया गया।

ब्रिटिश व्यवस्था के इस कार्य को अध्ययन की दृष्टि से तीन वर्गों में बांटा जा सकता है : (1) प्राचीन व्यवस्था में निर्धन सहायता कानून (The Poor Laws)। (2) बेवरीज योजना के पूर्व सामाजिक सुरक्षा का स्वरूप। यह नया स्वरूप ही उसके साम्राज्य विस्तार का प्रतिष्ठित अध्याय है और सामाजिक–आर्थिक दृष्टि से यह समय उसके औद्योगिक व्यावसायिक उन्नति का प्रतीक है, जिसने ब्रिटेन की राजनीतिक सत्ता को सर्वोच्च ऊँचाई दी। इस शताब्दी में ब्रिटेन का व्यापार औद्योगिक उत्पादन, जहाजरानी, आन्तरिक शासन व्यवस्था, साम्राज्य विस्तार सभी उन्नति के चरम शिखर पर पहुँचा। व्यक्तिगत स्वतंत्रता आर्थिक विकास की आवश्यक शर्त है, जिस पर ब्रिटिश जनतांत्रिक व्यवस्था पूरी खरी उतरती है। इस सदी को औद्योगिक क्रान्ति (Industrial Revolution) का युग कहा जाता है, जिसकी एक प्रमुख विशेषता है–विश्व के सभी प्रमुख राष्ट्रों का औद्योगीकरण, लेकिन इस प्रसंग में ब्रिटेन का सर्वाधिक महत्त्व इसलिए है, क्योंकि उद्योग–धंधों के क्षेत्र में क्रान्तिकारी परिवर्तन लाने का सर्वप्रथम श्रेय इसे ही है। इसी सदी में औद्योगिक क्रान्ति चरमोत्कर्ष पर पहुँची और प्रमुख राष्ट्रों की आर्थिक व्यवस्था में आये इस आमूल परिवर्तन का गंभीर प्रभाव सामाजिक–राजनीतिक व्यवस्था पर भी पडा। इसी अवधि में आये वाणिज्यिक क्रान्ति (Commercial Revolution) का भी वहां के सामाजिक–आर्थिक जीवन पर व्यापक प्रभाव पडा। ब्रिटिश व्यवस्था पर इस क्रान्ति के प्रधान आर्थिक प्रभावों में–रेलवे, यातायात का तेजी से विकास, जहाजरानी का विकास, बैवरिज योजना के पूर्व सामाजिक सुरक्षा का मानदण्ड (Social Security Measures before the Beveridge Plan), आदि प्रमुख हैं। (3) सामाजिक सुरक्षा की वर्तमान व्यवस्था (Present System of Social Security Schemes)।

पहली अवस्था, प्राचीन समय से संदर्भित है जिसमें वृद्धों, अनाथों एवं विधवाओं का गिरजाघरों (Churches) द्वारा आर्थिक सहायता की व्यवस्था की जाती थी। द्वितीय अवस्था, बेवरीज योजना की प्रस्तुति के पूर्व की है, जिसके प्रमुख संदर्भ हैं–श्रमिक क्षतिपूर्ति अधिनियम (Workmen's Compensation Act), वृद्धावस्था पेंशन योजना (Old Age Pension Scheme), स्वास्थ्य बीमा योजना (Health Insurance Scheme), बेरोजगारी बीमा (Unemployment Insurance)। ये सभी द्वितीय विश्वयुद्ध तक जारी रहे। युद्धोपरान्त ब्रिटिश नागरिकों को दी जाने वाली सामाजिक सुरक्षा का दायरा विस्तृत करने के उद्देश्य से 1941 ई० में Sir William Beveridge की अध्यक्षता में

एक समिति नियुक्त की गयी और लार्ड बेवरीज इस समिति के अकेले सदस्य थे जिनके द्वारा 1942 ई. में इस विषय पर रिपोर्ट प्रस्तुत की गयी। लार्ड बेवरीज की सामाजिक सुरक्षा योजना एक विस्तृत योजना है जिसमें समकालीन प्रचलित सामाजिक सुरक्षा संबंधी समस्त प्रसंगों व व्यवस्थाओं के बीच सामंजस्य स्थापित करने का भरपूर प्रयास किया गया और व्यवस्था द्वारा सामाजिक सुरक्षा प्रदान करने के क्षेत्र में व्यापक संदर्भों की चर्चा की गयी है। बेवरीज रिपोर्ट में ब्रिटिश सामाजिक सुरक्षा से प्रासंगिक मुख्य छः सिद्धान्तों का उल्लेख किया गया है जो क्रमशः इस प्रकार हैं : (i) सम्पूर्णतया (Comprehensiveness); (ii) प्रशासन संबंधी उत्तरदायित्व का समाजिक सुरक्षा के साथ एकीकरण (Unification of Administrative Responsibilites); (iii) विभाजन या वर्गीकरण (Classification); (iv) लाभ की पर्याप्तता (Adequate Benefit); (v) अंशदान की समान दर (Flat Rate of Contribution) तथा, (vi) लाभप्राप्ति की दर में समानता (Flat Rate of Benefit)। इसे पंचसूत्री सहायक योजना (Five Point Assistance Plan) भी कहा जाता जाता है। इस पंच सहायता कार्य में आवश्यकता (Want), रोग (Disease), गन्दगी (Ignorance), अज्ञान (Squalor) तथा आलस्य (Idleness) को शामिल किया गया है, जिससे सुरक्षा प्रदान करना सरकार की जवाबदेही है। यह जनसरोकारगत योजना मानव जीवन को जन्म से मृत्यु तक सभी प्रकार की सुरक्षा प्रदान करने से संदर्भित है जिसने ब्रिटिश जनतांत्रिक व्यवस्था को सामाजिक–आर्थिक मजबूती प्रदान करने में अहम् भूमिका निभायी है। ब्रिटिश जनतांत्रिक व्यवस्थान्तर्गत वर्तमान सामाजिक सुरक्षा व्यवस्था से प्रासंगिक योजनाओं में ये सेवाएं शामिल हैं : (a) पारिवारिक भत्ता योजना (Family Allowance Plan), (b) राष्ट्रीय बीमा योजना (National Insurance Plan), (c) औद्योगिक क्षति बीमा योजना (Industrial Injuries Insurance Plan), (d) पूरक लाभ योजना (Supplementary Benefits Scheme), (e) युद्ध पेंशन योजना (War Pension Plan), (f) सामाजिक कल्याण संबंधी सेवाएं (Social Welfare Services)।

पश्चिमी यूरोप, संयुक्त राज्य अमेरिका, जापान, कनाडा आस्ट्रेलिया, दक्षिण कोरिया, स्वीडन, स्विटजरलैण्ड, इटली, फ्रांस, आदि जनतांत्रिक व्यवस्थाओं को विकसित देशों की श्रेणी में रखा जाता है। इन देशों की उन्नत अर्थव्यवस्था के परिणामस्वरूप इनका राष्ट्रीय उत्पादन सामर्थ्य उच्चस्तर पर पहुंच चुका है, जिसके फलस्वरूप राष्ट्रीय आय में संवृद्धि के साथ–साथ जनसामान्य की बचत क्षमता में भी काफी वृद्धि हुई है। आर्थिक–संवृद्धि की गतिशीलता के विभिन्न आयामों की वजह से नये उद्योगों की स्थापना हुई और इनसे अर्जित लाभांश से इन व्यवस्थाओं में विनियोजन के प्रतिशत एवं पूँजी–निर्माण के प्रतिशत में अत्यधिक वृद्धि हुई, जो सामाजिक–आर्थिक गत्यात्मकता के विस्तार का आधार माध्यम बना। इन व्यवस्थाओं में विविध प्रकार के नये उद्योगों की स्थापना से जनसामान्य को विविध क्षेत्रों में रोजगार का अवसर प्राप्त हुआ। व्यवस्था में रोजगार के कई विकल्पों की उपस्थिति से जनता को अपनी इच्छानुसार रोजगार चयन करने का अवसर मिला। इन जनतांत्रिक व्यवस्थाओं में आर्थिक विकास की परिस्थितयां समाज की समुन्नति एवं विकास का मौलिक माध्यम बनी। व्यवस्थाओं में कृषि पर जनता की निर्भरता धीरे–धीरे कम होती गयी। मनचाहा रोजगार मिलने की वजह से सामाजिक–आर्थिक खुशहाली में अत्यधिक वृद्धि हुई जिससे राजनीतिक व्यवस्थाओं की राजनीति का मजबूत स्वरूप सामने आया। इसके आलोक में इन जनतांत्रिक व्यवस्थाओं में राजनीतिक जागरूकता, राजनीतिक समाजीकरण, राजनीतिक संस्कृति, राजनीतिक विकास, राजनीतिक आधुनिकीकरण राजनीतिक सहभागिता का स्तर उत्थापित (Raised) हुआ। दृष्टान्तस्वरूप, जहां भारत में जनसंख्या का 68% कृषि व्यवसाय पर निर्भर है, वहीं ब्रिटेन में 2%, अमेरिका में 3%, कनाडा में 4%, जनसंख्या कृषि व्यवसाय में संलग्न है। यही अन्तर विकसित एवं विकासशील जनतांत्रिक व्यवस्थाओं की प्रति व्यक्ति आय में भी स्पष्ट दिखता है। मसलन–विकास सूचक के अनुसार भारत की प्रति व्यक्ति समग्र राष्ट्रीय आय 620 डॉलर प्रतिवर्ष है, वहीं विकसित देशों में अमेरिका की प्रतिव्यक्ति समग्र राष्ट्रीय आय 41400 डॉलर, जापान की 37180 डॉलर, जर्मनी की 30120 डॉलर, ब्रिटेन की 33940 डॉलर, कनाडा की 28390 डॉलर तथा चीन की 1290 डॉलर है।

इन व्यवस्थाओं से संदर्भित सामाजिक–आर्थिक विकास सूचक इस तथ्य का स्पष्टीकरण करता है कि यहां औद्योगिक एवं आर्थिक विकास की तीव्र गति से सामाजिक व्यवस्था में साक्षरता स्वास्थ्य, संस्कृति, मूल्य एवं मनोरंजन आदि से प्रासंगिक सामाजिक प्रसंगों में अत्यधिक संवृद्धि की स्थितियां बनी। चहुंदिस विकास की वजह

से इन व्यवस्थाओं में लोकतंत्र की स्थिति में काफी परिपक्वता आयी और इस परिपक्वावस्था (The State of Being Fully Developed) के मूल में वहां की सामाजिक–आर्थिक स्थितियां, उनका आविर्भाव (Emergence) एवं स्थायित्व ही उनके स्वस्थ लोकतंत्र का सवांहक तत्त्व (Conductive Substance) बना है। आर्थिक विकास के माध्यम से इन व्यवस्थाओं में सामाजिक व्यवस्था की समुन्नति एवं विकास हेतु तथा व्यवस्था को सुचारू रूप से चलाने हेतु प्रचुर मात्रा में साधन उपलब्ध कराये गये जिससे एक ओर वहां के लोकतंत्र और राजनीतिक व्यवस्था एवं राजनीतिक नेतृत्व के प्रति अवाम में अटूट राजनीतिक निष्ठा, प्रतिबद्धता एवं विश्वास पैदा किया, वहीं दूसरी ओर समाज में बेरोजगारी, निर्धनता, निरक्षरता, अपराध, हिंसा जैसी सामाजिक समस्याओं को जड़ से उन्मूलित (Abolished) करने में अहम् भूमिका निभाई। विकसित जनतांत्रिक व्यवस्थाओं में राजनीतिक विकास एवं आधुनिकीकरण की सक्रियता की गति काफी तेज होती है, क्योंकि व्यवस्थागत अति उन्नत सामाजिक–आर्थिक स्थितियां अवाम के व्यवहार में राजनीति के प्रति गहन रुझान पैदा करती हैं। उनकी अभिवृत्तियों (Attitudes), मनोवेगों (Emotions), विश्वासों, मूल्यों, आदि का अभिविन्यास व्यवस्थागत राजनीति एवं राजनीतिक नेतृत्व के प्रति काफी सकारात्मक होता है, जो जनतांत्रिक व्यवस्थाओं में लोकतंत्रीय अवधारणा की शत–प्रतिशत सफलता एवं लोकप्रियता का बुनियादी कारक हैं। लोकतांत्रिक परम्पराओं, मूल्यों, प्रतिमानों के प्रति अवाम की गहरी निष्ठा होने की वजह से राजनीतिक सहभागिता का स्तर काफी विस्तारित होता है और अवाम राजनीतिक प्रक्रियाओं में सक्रिय भूमिका निभाती है। यहां जनसामान्य की सोच इतनी परिपक्व होती है कि व्यवस्थागत आर्थिक समस्याओं, मुद्दों, विवादों को विवेकसंगत आधार पर सुलझा लिया जाता है। इन विकसित जनतांत्रिक व्यवस्थाओं में समाज रूढ़िगत (Conventional) प्रवृत्तियों को छोड़ उन्नत सोच के साथ निरन्तर व्यवस्था के विकास हेतु राजनीतिक सत्ता के साथ कदमताल करके चलता है, जिसका सुखद परिणाम लोकतंत्र की मजबूती के रूप में सामने आता है।

ब्रिटिश जनतांत्रिक व्यवस्था का सामाजिक–आर्थिक आयाम (Socio-economic Dimensions of British Democratic System)

विकसित जनतांत्रिक व्यवस्थाओं के प्रतिमान के रूप में ब्रिटिश एवं अमेरिकी व्यवस्थाओं को दृष्टान्त के रूप में ले सकते हैं। बिटिश शासन व्यवस्था एकात्मक है, अर्थात् एक ही केन्द्र सरकार पूरे देश का शासन चलाती है। हालांकि आदर्श लोकतांत्रिक व्यवस्था के अनुरूप वहां प्रशासन के विकेन्द्रीकरण के रूप में आयरलैण्ड, स्काटलैण्ड और वेल्स के लिए पृथक् विधानसभाओं की व्यवस्था की गयी है। एकात्मक शासन के सफलीभूत होने के लिए यह अति आवश्यक है कि वहां की जनसंख्या जातीय, धार्मिक, सांस्कृतिक भाषाई या क्षेत्रीयता जैसे विषयों या समूहों में बंटी हुई न हो। जहां तक बिटिश आबादी की बात है मूलतः वह एकसार तो नहीं है लेकिन राजतंत्र से जनतंत्र की दूरी तय करने के दौरान निश्चित रूप से ऐसी स्थितियां बनीं, जिसकी वजह से वहां के मूल निवासियों के बीच कोई बहुत गहरा मतभेद नहीं रह पाया। जहां तक धर्म का सवाल है, बिटिश जनता ईसाई धर्म के कई राम्प्रदायों में बंटी है, लेकिन लगभग पिछली आधी सदी से उनके बीच का धार्मिक मत–मतांतर राजनीतिक मतभेदों का आधार नहीं बना है।

ब्रिटिश जनतांत्रिक व्यवस्था की सामाजिक–आर्थिक स्थितियों पर गहन चर्चा करने के पूर्व वहां व्यवस्था की समकालीन प्रवृत्तियों (Contemporary Trends) पर एक गंभीर दृष्टि डालना अपरिहार्य है। विश्वस्तर पर ब्रिटेन की पहचान एक ऐसे जनकल्याणकारी राज्य के रूप में बनी है, जिसने अपने नागरिकों की बुनियादी आवश्यकताएं विशेषरूप से शिक्षा, स्वास्थ्य, आवास, रोजगार या नियमित आय के साधनों की पूर्ति का दायित्व–निर्वहन समाज–सापेक्ष दृष्टिकोण के आधार पर पूरी प्रतिबद्धता से निभाया है। 20वीं और 21वीं सदी के जनतांत्रिक ब्रिटिश व्यवस्था की बुनियाद का आधारतत्त्व 19वीं शताब्दी के प्रसंगाधीन ऐतिहासिक तथ्यों से प्रासंगिक है। विलियम बैवरिज की प्रसिद्ध रचना 'द पिलर्स ऑफ सिक्यूरिटी, 1943' के अन्तर्गत कल्याणकारी व्यवस्था से प्रासंगिक विचारों की व्याख्या प्रस्तुत करते हुए प्रस्तोता (Producer) की अभिव्यक्ति है कि किसी भी राज्य का आधारभूत उद्देश्य पाँच बड़ी बुराइयों का अन्त करना है, यथा–अभाव, दरिद्रता, अज्ञान, रोग एवं बेकारी। अर्थात्, समाज की

राज्य से यह अपेक्षा थी कि व्यवस्था के सदस्यों को बीमारी, बेरोजगारी, निर्धनता, बुढ़ापे में यदि शारीरिक अक्षमता का सामना करना पड़े तो राज्य अर्थव्यवस्था संचालन में हस्तक्षेप करके इन व्यक्तिगत सामाजिक समस्याओं के यथोचित निदान का मार्ग प्रशस्त करे। कल्याणकारी राज्य का लक्ष्य होता है–व्यवस्था के सदस्यों को बिना किसी पक्षपात के जीवन की बुनियादी जरूरतों एवं उत्तम जीवन जीने के लिए टिकाऊ संसाधनों की पूर्ति मुहैया कराना तथा समाज को सर्वश्रेष्ठ सेवा उपलब्ध कराने का उद्देश्य लेकर आगे कदम बढ़ाते रहना।

बीसवीं शताब्दी के पहले दशक में ब्रिटेन में सबसे पहले लिबरल पार्टी के प्रधानमंत्री हरबर्ट हेनरी एस्क्विथ (1852–1928) के शासन काल में कल्याणकारी राज्य को संस्थापित करने की दिशा में ठोस पहल की गयी। द्वितीय विश्व युद्धोपरान्त 1945 में जब लेबर पार्टी सत्ता में आयी, तो इसने कल्याणकारी राज्य को संस्थापित करने के प्रयासों को मजबूत आधार प्रदान करने हेतु इस प्रसंग से सुसंगत रखने वाले दो महत्त्वपूर्ण दस्तावेजों के कार्यान्वयन पर विशेष जोर दिया जिसमें **प्रथम**–राष्ट्रीय स्वास्थ्य सेवा योजना और **द्वितीय**–बैबरिज रिर्पोट, जिसे विलियम वैबरिज द्वारा 1942 में प्रस्तुत किया गया था। ब्रिटेन में इस राज्य की स्थापना हेतु जिन तीन प्रसंगों पर विशेष जोर दिया गया, उनमें **प्रथम**–सार्वजनिक सेवाओं की व्यापक स्तर पर व्यवस्था, **द्वितीय**–आरोही कर प्रणाली (Progressive Taxation) जिसके अन्तर्गत व्यक्ति के आय–व्यय शक्ति में वृद्धि के अनुरूप आयकर में वृद्धि होना और तृतीय अर्थव्यवस्था से सम्बद्ध कुछ मौलिक क्षेत्रों का राष्ट्रीयकरण, ताकि सामान्य नागरिकों को जीवन की कुछ बुनियादी वस्तुएं और सेवाएं सरकार की पहल से उचित दर पर उपलब्ध करायी जा सकें। कई दशकों तक लगातार कल्याणकारी राज्य के सिद्धान्तों के क्रियान्वयन का भार ब्रिटिश अर्थव्यवस्था को झेलना पड़ा। लेकिन, 1979 में जब वहां कंजरवेटिव पार्टी की नयी सरकार का नेतृत्व मिसेज मार्गरेट थैचर के हाथों में आया, तो कल्याणकारी राज्य के सिद्धान्तों के क्रियान्वयन में कमी करके उदारीकरण की नीति अपनायी गयी, जिसके अन्तर्गत निजीकरण (Privatisation), निर्विनियमन (Deregulation) और प्रोत्साहन (Incentives) जैसे आर्थिक सुधारों को प्राथमिकता दी गयी। 1990 के बाद इसी पार्टी के प्रधानमंत्री के रूप में जब जान मेजर द्वारा सत्ता संभाली गयी या फिर 1997 के आम चुनाव में लेबर पार्टी के टोनी ब्लेयर प्रधानमंत्री के रूप में सत्तारूढ़ हुए तब ये संभावना व्यक्त की गयी कि शायद कल्याणकारी राज्य के सिद्धान्तों का क्रियान्वयन फिर से प्रारंभ होगा। लेकिन उदारीकरण निजीकरण, भूमंडलीकरण (Globalisation) के इस दौर में ब्रिटेन में कल्याणकारी राज्य के क्रियान्वयन में पुनः वृद्धि का आसार सामने नजर नहीं आ रहा है।

ब्रिटिश राजनीति की समकालीन प्रवृत्तियों में दूसरा महत्त्वपूर्ण स्थान वहां की पूँजीवादी व्यवस्था का है। वहां की अर्थव्यवस्था की आधारशिला है–पूंजीवाद का सिद्धान्त, जिसमें समाजवाद के कुछ ख़ास तत्त्वों को समावेशित करके उसे कल्याणकारी राज्य का स्वरूप देने का प्रयास किया गया है। सिद्धान्त के रूप में पूंजीवाद एक ऐसी आर्थिक व्यवस्था है, जिसमें उत्पादन, विनिमय और वितरण के साधनों पर निजी स्वामित्व होता है और इनका इस्तेमाल भी निजी लाभ कमाने के लिए किया जाता है, जबकि समाजवादी सिद्धान्त के क्रियान्वयन में उत्पादन, विनिमय, वितरण के साधनों पर समाज का स्वाभित्व होता है और इनके प्रयोग का उद्देश्य सार्वजनिक कल्याण होता है। 19वीं सदी के अन्त तक ब्रिटिश लोकतांत्रिक व्यवस्था की आर्थिक व्यवस्था पूंजीवादी सिद्धान्तों के अनुरूप एक बड़ी औद्योगिक शक्ति के रूप में विश्व स्तर पर अपनी पहचान बना चुकी थी। 20वीं सदी के पूर्वार्द्ध में राज्य में कामगार वर्ग के बढ़ते प्रभाव की वजह से पूंजीवादी अवधारणा की जगह राज्य की कल्याणकारी अवधारणा को बढ़ावा एवं उसे मजबूती मिली, लेकिन व्यावहारिक स्तर पर अर्थव्यवस्था का पूँजीवादी स्वरूप न तो पूरी तरह समाप्त हुआ और न ही पूरी तरह समाजवादी व्यवस्था का स्वरूप धारण कर पाया। समाजवादी अर्थव्यवस्था के कार्यान्वयन एवं सफलीभूत होने के लिए बीसवीं शताब्दी के छठे–सातवें दशक में सत्तारूढ़ पार्टी द्वारा जो प्रयास किये गये, वह अर्थव्यवस्था के नियंत्रण का सामाजिक साधन नहीं बन पाया।

समकालीन ब्रिटिश अर्थव्यवस्थान्तर्गत पूँजीवाद एक ऐसी विचारधारा है जिसके दायरे में वहां के बड़े व्यवसाय एवं श्रम शक्ति दोनों संगठित हैं। ब्रिटिश जनतांत्रिक अर्थव्यवस्था में बड़े व्यवसाय का सबसे बड़ा संगठन 'ब्रिटिश उद्योग परिसंघ' (Confederation of British Industry) है और कामगार वर्ग का सबसे बड़ा संगठन मजदूर संघ कांग्रेस (Trade Union Congress) है। व्यावसायिक संगठन ब्रिटिश जनमत पर अपना प्रभाव डालने के लिए

व्यवस्था की समाजवादी नीतियों के विरुद्ध प्रचार पर बड़ी राशि खर्च करता है, वहीं दूसरी ओर कामगार वर्ग जनसम्पर्क के विविध माध्यमों द्वारा समाजवादी नीतियों के समर्थन में व्यापक प्रचार करके जनमत को अपने प्रभाव मे रखने के लिए निरन्तर प्रयासरत रहता है। ब्रिटिश व्यवस्था में अस्तित्व रखने वाले दोनों राजनीतिक दल राष्ट्रहित को सर्वोपरि मानते हैं और इन दोनों विचारधाराओं का प्रतिनिधित्व करने वाले संगठनों के समर्थक की भूमिका में दिखाई देते हैं। जहाँ कंजर्वेटिव पार्टी ब्रिटिश उद्योग परिसंघ का हिमायती (Supporter) है, वहीं लेबर पार्टी कामगार वर्ग संगठन के प्रवक्ता की भूमिका में दिखाई देता है। ब्रिटिश कामगार वर्ग का बहुत बड़ा भाग निजी क्षेत्र में कार्यरत है इसलिए ब्रिटिश सरकार को व्यवस्था हेतु आर्थिक–नीतियाँ निर्धारित करते समय निजी क्षेत्रों के साथ निरन्तर सम्पर्क में रहना पड़ता है। इस प्रकार, ब्रिटिश सत्ता व्यवसायी वर्ग एवं कामगार वर्ग के साथ तालमेल बैठाकर एक आदर्श जनतांत्रिक व्यवस्था के दायित्वों का निर्वहन करती है।

ब्रिटिश जनतांत्रिक व्यवस्था की सामाजिक–आर्थिक स्थितियों एवं उसके आविर्भाव तथा स्थायित्व के संवाहक कारकों पर विहंगम दृष्टि डालने के लिए वहां की सामाजिक–आर्थिक स्थितियों पर अलग से प्रकाश डालने की अति आवश्यकता है।

सामाजिक आयाम (Social Dimension)

किसी भी समाज की संस्कृति से प्रासंगिक तत्त्व ही राजनीतिक व्यवस्था की राजनीति को स्थायित्व प्रदान करता है। एक सफल जनतांत्रिक व्यवस्था के रूप में ब्रिटिश राजनीति के सामाजिक आधार का सर्वाधिक प्रासंगिक तत्त्व उनकी राजनीतिक संस्कृति है जो मतैक्यता पर आधारित है। प्रत्येक समाज की संस्कृति का वह तत्त्व जो समाज के मूल्यों, मान्यताओं, परम्पराओं, विश्वास, मनोवृत्ति आदि के माध्यम से राजनीति को प्रभावित करता है, राजनीतिक संस्कृति कहलाता है। तत्त्वतः किसी भी राजनीतिक व्यवस्था की राजनीतिक संस्कृति ही वह मूल आधारतत्त्व है जो व्यवस्था में शासक वर्ग, शासन प्रणाली और शासन प्रक्रिया को औचित्यपूर्णता प्रदान करता है। यह व्यवस्था की राजनीति के प्रति अवाम की सोच, अभिवृत्ति एवं अभिविन्यास का समुच्चय है जो व्यवस्था संचालन–चक्र के प्राणाधार तत्त्व की भूमिका में सतत क्रियाशील रहता है। ब्रिटेन की राजनीतिक संस्कृति के मतैक्य स्वरूप की वजह से ही वहां राजतंत्र का लोकतंत्रीकरण (Democratisation of Monarchy) संभव हुआ और राजपद लोकतंत्र के प्रतीक के रूप में उभर कर राष्ट्रीय एवं अन्तर्राष्ट्रीय स्तर पर अपनी पहचान बनाने में पूरी तरह सफल रहा है। ऐसा नहीं है कि ब्रिटिश जनता में व्यवस्थागत राजनीति के स्वरूप, राजनीतिक नेतृत्व, राजनीतिक दलों की गतिविधियों एवं शासन प्रक्रियाओं को लेकर कोई मतभेद नहीं है। महत्त्वपूर्ण बात ये है कि राजनीतिक मतभेदों के समाधान में वे सहमति (Consent) को प्राथमिकता देते हैं। अर्थात् उनकी राजनीतिक–सामाजिक गतिशीलता मतैक्यता पर आधारित (Based on Consensus) होती है। इसीलिए शासन–संचालन या नीति–निर्माण एवं क्रियान्वयन के प्रसंगों पर ब्रिटिशवासियों के विवाद कभी इतने गहरे नहीं हुए, जिसकी वजह से उनके द्वारा अपनी सत्ता संरचना, शासन–प्रक्रिया, संविधान या संवैधानिक अभिसमयों (Constitutional Conventions) को बदलने की बात उठाने की आवश्यकता पड़े। ब्रिटिशवासी लोकतंत्र को एक ऐसी प्रक्रिया के रूप में स्वीकारते हैं, जिसमें अवाम के परस्पर विरोधी दावों को सुलझाया जा सके। ब्रिटिश सामाजिक व्यवस्था में राजनीति के प्रति मतैक्यता के विकास का आधारतत्त्व इतिहास के कुछ महत्त्वपूर्ण कालखण्डों से प्रासंगिक है। जिनमें प्रमुख है–1688 की गौरवपूर्ण क्रान्ति (Glorious Revolution), जिसके फलस्वरूप संविधान की मौलिक रूपरेखा एवं संसदीय संप्रभुता के सिद्धान्त (Theory of Parliamentary Sovereignty) की संस्थापना, जिसे ब्रिटिश व्यवस्था में सम्राट् एवं जमींदार कुलीनवर्ग (Landed Aristocracy) की विस्तारित शक्तियों को सीमित करके संसदीय सर्वोच्चता को संस्थापित करने का श्रेय है। ये राजनीतिक परिस्थितियां ही ब्रिटेन में औद्योगिक क्रान्ति के विस्तार का मूल आधार बनीं, जिसके फलस्वरूप ब्रिटिश व्यवस्था के सामाजिक–आर्थिक जीवन में युगान्तकारी परिवर्तनों (Revolutionary Changes) का दौर आरंभ हुआ। इस प्रसंग का सबसे महत्त्वपूर्ण तथ्य यह है कि ब्रिटेन की ये औद्योगिक क्रान्ति राजनीतिक क्रान्ति में तब्दील नहीं हुई। राजनीतिक संस्कृति के संबंध में मतैक्यता का दूसरा

आधार वहां के कुलीनवर्गीय समाज द्वारा परिवर्तित परिस्थितियों के अनुरूप अपने को ढालना था। इनके द्वारा बदली हुई परिस्थितियों में समझौते का सहज मार्ग अपनाया गया और ये समयानुकूल समाज के मध्यम वर्ग एवं कामगार वर्ग को यथोचित राहत एवं सहूलियत देने के लिए राजी हो गये, जबकि यूरोप की अन्य व्यवस्थाओं में कुलीनवर्ग के द्वारा वहां के समाज के प्रति ऐसी उदार मानसिकता नहीं देखी गयी। राजनीतिक संस्कृति के प्रति मतैक्यता का सबसे अहम् पक्ष वहां यह रहा कि परिवर्तित परिस्थति के अनुसार कुलीनवर्गीय समाज के बदले हुए व्यवहार की वजह से यह प्रबल संभावना दिखने लगी कि वहां का नया उभरता हुआ सामाजिक–आर्थिक वर्ग एवं कामगार वर्ग उस समकालीन सामाजिक–आर्थिक व्यवस्था के अन्तर्गत ही अपनी समस्याओं का समाधान करने में सफल हो जायेगा और अपनी विविध प्रकार की मांगों की संतुष्टि का माध्यम राजनीतिक व्यवस्था के वर्तमान पर्यावरण में ही ढूँढ़ लेगा।

ब्रिटिश राजनीतिक संस्कृति से प्रासंगिक मतैक्य प्रसंग के साथ कुछ अन्य महत्त्वपूर्ण तत्त्व भी हैं, जिनकी वजह से ब्रिटेन एक मजबूत विकसित जनतांत्रिक व्यवस्था के रूप में अपनी पहचान स्थापित कर पाया है। राजनीतिक संस्कृति के प्रसंगाधीन अन्य विशेष तत्त्वों में जिसकी प्रमुखता है उनमें–ब्रिटिशवासियों का समयानुकूल व्यवस्था के सामाजिक, राजनीतिक, आर्थिक, सांस्कृतिक आयामों में होने वाले समयानुकूल धीमे क्रमिक परिवर्तनों में विश्वास एवं राजनीतिक प्रक्रियाओं के प्रति पूरी आस्था, सत्ता के परिवर्तित स्वरूप के प्रति पूरा सम्मान, संस्थापित संसदीय लोकतंत्र, संसदीय सर्वोच्चता, मंत्रिमण्डल के स्वरूप, आदि के प्रति राजनीतिक विश्वास तथा राजमुकुट की शक्तियों को एक औपचारिक वैधानिक प्रधान के रूप में मान्यता देना। ब्रिटिश राजनीतिक संस्कृति का यह एक अप्रतिम उदाहरण है कि राजपद के लोकतांत्रीकरण के बावजूद ब्रिटिशवासी अपनी सरकार को महारानी की सरकार और अपने आपको महारानी की प्रजा कहते हैं। ब्रिटिशवासी अपने राजमुकुट, संसद, मंत्रिमण्डल, कानून, परम्पराओं, राजनीतिज्ञों, राजनीतिक–सामाजिक–आर्थिक मूल्यों तथा उच्च पदाधिकारियों के प्रति पूरा सम्मान प्रदर्शित करते हैं और एक आदर्श विकसित जनतांत्रिक व्यवस्था की स्वस्थ राजनीतिक संस्कृति के आलोक में अपने द्वारा निर्वाचित राजनीतिक नेतृत्व के प्रति पूरी आस्था रखते हैं तथा उन्हें व्यवस्था हित के लिए निर्णय–निर्माण एवं नीति निर्धारण में पूरा सहयोग देते हैं। व्यक्तिवाद में ब्रिटिशवासियों की गहरी आस्था है और उनकी यह मान्यता है कि राजनीतिक सत्ता को व्यक्ति के मौलिक अधिकारों का अतिक्रमण (Violation) नहीं करना चाहिए। जनतंत्रीय शासन प्रणाली में उनकी पूरी निष्ठा है, इसलिए वे शासक वर्ग के नियतकालिक (Periodical) निर्वाचन में विश्वास करते हैं। लोकतंत्र के मूल सिद्धान्तों के अनुरूप व्यक्ति के मौलिक अधिकारों का समर्थन करने के साथ–साथ वे विचार अभिव्यक्ति की आजादी तथा इच्छानुरूप संगठन बनाने व सभाएँ करने की आजादी के पक्षधर हैं। जनसम्पर्क के विविध साधनों के प्रति ब्रिटिशवासियों की पूरी आस्था है, इस वजह से वहां के क्षेत्रीय, धार्मिक एवं जातीय मतभेदों के समाधान में वहां जनसम्पर्क के विकसित साधनों, यथा समाचार पत्रों, पत्रिकाओं, रेडियो, टेलीविजन आदि का महत्त्वपूर्ण योगदान रहा है।

आर्थिक आयाम (Economic Dimension)

ब्रिटिश जनतांत्रिक राजनीतिक व्यवस्था का सामाजिक आधार के साथ–साथ आर्थिक आधार भी काफी मजबूत रहा है। व्यवस्था के शहरीकरण की दृष्टि से ब्रिटेन विश्व का अग्रणी देश है, जिसकी पूरी आबादी की 40 प्रतिशत जनसंख्या बड़े शहरों में बसी हुई है। यूरोपीय औद्योगिक क्रान्ति (1760–1840) का अग्रेसर भी ब्रिटेन ही रहा है और उन्नीसवीं शताब्दी में ब्रिटिश उपनिवेशवाद के व्यापक विस्तार की वजह से ब्रिटिश सरकार द्वारा अपने उपनिवेशों के औद्योगिक विकास एवं हस्तशिल्प कला के विकास का मार्ग अवरुद्ध करके उन्हीं के कच्चे माल और मानवीय श्रम का इस्तेमाल करके अपने उद्योग–धंधों का बड़े पैमाने पर विस्तार किया गया। व्यवस्था में आर्थिक विकास की गतिशीलता के विविधतामय आयामों की वजह से उसके नागरिक आधुनिक सुविधाओं से युक्त जीवन जीने लगे जिसके फलस्वरूप धीरे–धीरे ब्रिटिशवासियों की सामाजिक मनोवृत्तियों एवं समस्याओं में एकरूपता आती गयी। हालाँकि औद्योगीकरण के गंभीर प्रभाव की वजह से वहां व्यवस्थागत आर्थिक विषमता की स्थितियाँ

भी उत्पन्न हुईं, लेकिन ब्रिटिश सरकार द्वारा अपने समाज के सुखी सम्पन्न वर्ग पर अतिरिक्त कर लगाकर मध्य वर्ग के लिए बेहतर सामाजिक सेवाओं की व्यवस्था की गयी। सरकार के इस समाज सापेक्ष दृष्टिकोण का सबसे लाभकारी पक्ष यह रहा कि ब्रिटिश जनतांत्रिक व्यवस्था एक लोक कल्याणकारी राज्य के रूप में सम्पूर्ण यूरोप एवं विश्व में अपनी अग्रणी पहचान बनाने में सफलीभूत हुई।

ब्रिटिश व्यवस्था की इस जनसरोकारगत आर्थिक सक्रियता से वहां की सामाजिक व्यवस्था में मौजूद वर्ग विन्यास के आलोक में पूँजीपति एवं निर्धन वर्ग के मध्य सामाजिक आर्थिक संघर्ष पूर्वाग्रह (Bias) से ग्रसित होकर बहुत मर्मभेदी (Bitter) रूप धारण नहीं कर पाया जिसके परिणामस्वरूप वहां समाजवाद के क्रान्तिकारी स्वरूप की जगह समाजवाद के विकासात्मक एवं लोकतांत्रिक (Evolutionary and Democratic) स्वरूप को प्रभावकारी आकार मिला। ब्रिटिश जनतांत्रिक व्यस्था की गतिशील आर्थिक स्थितियों का एक अन्य महत्त्वपूर्ण पहलू यह है कि वहां कारखाना में काम करने वाले कामगार वर्ग का एक बड़ा हिस्सा दफ्तर जाने वाले कर्मचारियों में तब्दील हो गया, जिसका नतीजा यह हुआ कि कृषि व्यवसाय, उद्योग, धंधों एवं सभी क्षेत्रों में मजदूरों की संख्या में लगातार भारी गिरावट देखी गयी, वहीं दफ्तर सेवा क्षेत्र में काम करने वाले कर्मचारियों के प्रतिशत में भारी इजाफा हुआ। इस सामाजिक–आर्थिक आयामों में भारी बदलाव का सकारात्मक नतीजा यह हुआ कि सामाजिक व्यवस्था में मध्यम वर्ग का आकार काफी विस्तृत हुआ जिससे व्यवस्था में पूंजीपति और सर्वहारा वर्ग के बीच की दूरी में काफी कमी आई। लेकिन, साथ ही साथ सफेदपोश वेतनभोगी कर्मचारियों द्वारा सभी सेवा क्षेत्रों के लिए अपने–अपने कामगार संघों का निर्माण हुआ, जिनके द्वारा अपनी मांगों की पूर्ति के लिए मजदूरों के तरीके अपनाये जाने लगे। मध्यवर्ग के आकार में व्यापक विस्तार के परिणामस्वरूप ब्रिटेन की व्यवस्थागत आर्थिक विषमता में भारी कमी आयी, क्योंकि, एक ओर जहां वेतनभोगी वर्ग में व्यापक विस्तार देश की राष्ट्रीय आय में बेतहाशा वृद्धि का कारण बना, वहीं प्रशिक्षित एवं दक्ष कर्मचारियों की बढती मांग से कर्मचारियों को सेवा में उन्नति का विशेष अवसर मिला।

अंततः यह कहा जा सकता है कि ब्रिटिश जनतांत्रिक व्यवस्था के अन्तर्गत आर्थिक सक्रियता से प्रासंगिक उपर्युक्त आयामों के प्रभाव से वहां की सामाजिक गतिशीलता को आर्थिक मजबूती प्राप्त हुई, जिसे नवसमाज निर्माण के आधारक एवं पोषक तत्त्व के रूप में सार्वभौम पहचान मिली। ब्रिटिश जनतांत्रिक व्यवस्था की सामाजिक–आर्थिक स्थितियों से प्रासंगिक उपर्युक्त वर्णित विविध आयामों के संदर्भ में यही कहा जा सकता है कि विश्वजनीन स्तर पर वहां की सामाजिक–आर्थिक स्थितियां ही उदारवादी विकसित लोकतांत्रिक व्यवस्था के रूप में ब्रिटेन को संस्थापित करने में मुख्य कारक बनी। व्यवस्था की गतिशीलता से प्रासंगिक इन दोनों पक्षों द्वारा व्यवस्था में मौजूदा राजनीति के लिए ऐसी मजबूत आधारभूमि तैयार की गयी, जिससे अवाम की राजनीतिक सोच में काफी परिपक्वता आयी। उनके राजनीतिक मुद्दे, समस्याएं और समाधान के तौर तरीके स्पष्ट होते गये। इसी परिपक्व राजनीति के आलोक में व्यवस्था की पहल से लोगों के सामाजिक, आर्थिक, राजनीतिक, धार्मिक मतभेदों को अनुकूलता के परिप्रेक्ष्य में समाधान का उपाय राजनीतिक सत्ता द्वारा विकसित कर लिया गया। ऐसा नहीं है कि ब्रिटिश लोकतंत्र में किसी मतभेद का अस्तित्व ही नहीं है। हां, यह सही है कि वहां फ्रांस, रूस जैसी क्रान्ति नहीं हुई, अमेरिका जैसी गृहयुद्ध की स्थिति नहीं बनी, लेकिन उत्तरी आयरलैण्ड एवं वेल्स में जिन पृथकतावादी आन्दोलनों का अस्तित्व आकार ले रहा है एवं अश्वेत लोगों के साथ किये जा रहे भेदभाव की वजह से जो गंभीर असंतोष का वातावरण उत्पन्न हो रहा है, वह ब्रिटिश जनतांत्रिक व्यवस्था की राजनीति के लिए नये तनाव का विषय है और दूसरी जनतांत्रिक व्यवस्थाओं के समक्ष उसकी राजनीति का नया दुखद पक्ष भी है।

निष्कर्ष (Conclusion)

ब्रिटिश जनतांत्रिक व्यवस्था के प्रसंग में विवेचित उपर्युक्त सामाजिक राजनीतिक स्थितियों का गहन अध्ययन करके इस निष्कर्ष पर पहुंचा जा सकता है कि वहां की व्यवस्थागत सामाजिक–आर्थिक गतिशीलता का विविधतामय आयाम ही वहां विकसित राजनीतिक व्यवस्था के आविर्भाव एवं मजबूत लोकतंत्र की संस्थापना तथा स्थायित्व का आधार संवाहक है। यही ब्रिटिश जनतांत्रिक व्यवस्था के विकसित एवं मजबूत स्वरूप की आधाररेखा

है और यही व्यवस्था में लोकतंत्र के मजबूतीकरण के लिए आधार सामग्री भी मुहैया कराता है, जिसकी वजह से एक आदर्श विकसित व्यवस्था के रूप में उसकी सार्वभौम पहचान बनी है। ब्रिटिश जनतांत्रिक व्यवस्था की लोकप्रियता, एवं टिकाऊपन की मूल वजह वहां का सामाजिक–आर्थिक पर्यावरण है जो राजनीतिक पर्यावरण में राजनीतिक संस्कृति के मतैक्य स्वरूप का निर्माणक है। ब्रिटेन की सामाजिक–आर्थिक संस्कृति सत्ता का सम्मान करती है, व्यक्तिवाद एवं लोकतंत्र में अटूट विश्वास करती है और व्यवस्था के उत्तरोत्तर परिवर्तन एवं क्रमिक उन्नति के प्रति पूरी निष्ठा रखती है। इतिहास साक्षी है कि ब्रिटिशवासी फ्रांस या जर्मनी के लोगों की तरह अमूर्त सिद्धान्तों (Abstract Principles) या विचारों के पीछे भागकर समय नष्ट नहीं करते हैं, अपितु अपने ठोस हितों की पहचान करके उसकी प्राप्ति के लिए वाद–विवाद, सुलह, समझौते या सौदेबाजी करके लक्ष्यसिद्धि के लिए नई संभावनाओं के रास्ते पर कदम बढ़ाते रहते हैं। व्यक्तिवाद और लोकतंत्र में विश्वास, व्यक्ति के मौलिक अधिकारों की सुरक्षा, जनसम्पर्क के उन्नत साधन, कल्याणकारी राज्य का स्वरूप, सामाजिक–आर्थिक व्यवस्था के विविध आयाम, वहां की राजनीतिक संस्कृति का स्वरूप, राजनीतिक सहभागिता का प्रतिशत, आदि वे तत्त्व हैं जो ब्रिटिश लोकतंत्र के आविर्भाव एवं स्थायित्व के संवाहक कारक हैं और यही कारक ब्रिटिश व्यवस्था को विश्वस्तर पर विकसित जनतांत्रिक व्यवस्था के रूप में संस्थापित कराने में भी आधारभूत तत्त्व की भूमिका निभाते हैं।

अमेरिकी जनतांत्रिक व्यवस्था के सामाजिक–आर्थिक आयाम (Socio-economic Dimension of American Democratic System)

अमेरिका समृद्ध अर्थव्यवस्था वाला उदारवादी, लोकप्रिय, जनतांत्रिक राजनीतिक व्यवस्था है। अमेरिकी राजनीतिक व्यवस्था में लोकतंत्र के इस स्वरूप को बनाने व कायम रखने में वहां की सामाजिक–आर्थिक स्थितियों का मौलिक योगदान है। यहां के लोकतंत्र का आधारतत्व है अमेरिकी राजनीतिक व्यवस्था की वे विशेषताएं जो वहां उदारवादी जनतांत्रिक गणराज्य को कायम रखने में मूल भूमिका निभा रही है। इस आधारतत्त्व की भूमि तैयार करने में वहां के मौजूद संवैधानिक ढांचे के साथ–साथ व्यवहारगत सामाजिक–आर्थिक परिस्थितियों की समानता, मजबूत कृषि व्यवस्था तथा अमेरिकी अवाम की लोकतंत्र के प्रति मानसिकता, परम्पराएं, मान्यताएं, मूल्य, आदि का विशेष योगदान है। एक सफल जनतांत्रिक व्यवस्था के रूप में अमेरिका की पहचान स्थापित कराने में वहां की सामाजिक–आर्थिक व्यवस्था की भूमिका विशेष महत्त्व रखती है।

फ्रांसीसी विद्वान अलेक्सी ताकवीले की प्रसिद्ध रचना 'Democracy in America–1835' में अमेरिकी राजनीतिक व्यवस्था की उन विशेषताओं का वर्णन किया गया है जो वहां की लोकतंत्रीय अवधारणा पर व्यापक प्रभाव डालता है। एक समय अमेरिका एक कृषि प्रधान देश था और आज अत्यन्त विकसित औद्योगिक व्यवस्था का रूप लेकर अन्तर्राष्ट्रीय राजनीति में सुपर पावर की भूमिका निभा रहा है। सोवियत संघ के विघटन के पश्चात् दो ध्रुवीय (Bipolar) अन्तर्राष्ट्रीय राजनीति एक ध्रुवीय (Unipolar) व्यवस्था में परिणत हो गयी, जिसके परिणामस्वरूप आज अमेरिकी जनतांत्रिक व्यवस्था के सामर्थ्य का प्रभाव कमोबेश सम्पूर्ण विश्व पर दिखाई देता है। अमेरिकी व्यवस्था के इस विस्तृत राजनीतिक स्वरूप का आधारभूत तत्त्व है वहां की परिवर्तित सामाजिक–आर्थिक परिस्थितियां, जिसने वहां के जनतंत्र को लोकप्रिय, प्रभावशाली एवं मजबूत आकार प्रदान किया है। ब्रिटेन की भांति अमेरिकी जनता की भी वैयक्तिक स्वतंत्रता में विशेष आस्था है। अमेरिकी समाज का एक बड़ा हिस्सा वैयक्तिक स्वतंत्रता की अवधारणा का स्वच्छन्दता के रूप में उपयोग करके अपने आपसी विवाद के समाधान हेतु हिंसा का सहारा लेने से भी परहेज नहीं करता है। अमेरिकी व्यवस्था में व्यक्तिवादी प्रवृत्ति का बोलवाला है, जिसने स्वतंत्रता के आदर्श रूप को विकृत करके नैतिकता जैसे अहम् तत्त्व को सामाजिक जीवन से बिल्कुल अलग–थलग कर दिया है।

अमेरिकी व्यवस्था की वैयक्तिक स्वतंत्रता के प्रति गहरी आस्था का लोकतांत्रिक पक्ष यह है कि वहां जनसम्पर्क के समस्त साधन यानी कि समाचार पत्र, रेडियो, टेलीविजन आदि सामाजिक–राजनीतिक व्यवस्था के

मध्य सूचनाओं के आदान–प्रदान हेतु मजबूत व स्वतंत्र माध्यम के रूप में विश्वस्तर पर अपनी पहचान बना चुके हैं। इतिहास साक्षी है कि चाहे वियतनाम युद्ध का मसला हो या खाड़ी युद्ध का अथवा वाटरगेट कांड जैसा भ्रष्टाचार का मामला हो, हर मौके पर वहाँ जनसम्पर्क के माध्यमों द्वारा पूरी मुस्तैदी से तथ्यों का खुलासा किया जाता रहा है। मीडिया की सशक्त भूमिका की वजह से ही निक्सन को अपना पद छोड़ने के लिए बाध्य होना पड़ा।

अठारहवीं शताब्दी के अन्तिम दशक में अमेरिकी धरती पर तेरह ब्रिटिश उपनिवेशों द्वारा सन् 1776 में अपनी स्वाधीनता की घोषणा करके संयुक्त राज्य अमेरिका की बुनियाद रखी गयी, जिसमें वैयक्तिक स्वतंत्रता एवं मानव के अधिकारों की सुरक्षा एवं उपयोग को प्राथमिकता दी गयी। हालांकि व्यावहारिक धरातल पर मानव मात्र की स्वतंत्रता, नागरिकता एवं अधिकारों का प्रसंग वहां सिर्फ श्वेत जातियों के विशेषाधिकार के रूप में अपनी ठोस पहचान बना चुका है। इस प्रसंग में ध्यान देने योग्य तथ्य यह है कि जहां अमेरिका में अलग–अलग प्रजातियों के लोग बाहर से आकर घुल–मिल कर बस गये हैं वहीं श्वेत तथा अश्वेतों के बीच अभी भी जातियों का मतभेद कायम है। यहां तक कि अश्वेतों को वहां पूर्ण नागरिकता की स्थिति प्राप्त करने के लिए लम्बे संघर्ष का सामना करना पड़ा है। उन्नीसवीं शताब्दी में अमेरिका के क्षेत्रफल में भारी विस्तार हुआ, क्योंकि कई नये राज्यों को इस संघ में शामिल किया गया, जिसके परिणामस्वरूप अमेरिकी अर्थव्यवस्था को क्षेत्रीय असंतुलन की गंभीर समस्या का सामना करना पड़ा।

अमेरिकी राजनीतिक व्यवस्था की समकालीन प्रवृत्तियां (Contemporary Trends of American Political System)

अमेरिकी पूँजीवाद (American Capitalism)

पूंजीवाद अर्थव्यवस्था से प्रासंगिक एक आधुनिक विचारधारा है जो औद्योगिक क्रान्ति के पश्चात् अस्तित्व में आयी। विश्व की पूंजीवादी व्यवस्थाओं में अमेरिका एक ख़ास नाम है जिसकी अर्थव्यवस्थान्तर्गत उत्पादन, वितरण एवं विनिमय के प्रमुख साधन निजी स्वामित्व के अधीन होते हैं, जिनके प्रयोग का उद्देश्य मूलरूप से निजी लाभ अर्जित करना होता है। अमेरिकी समाज की समुन्नति का आधारतत्त्व है–वहाँ की पूँजीवादी अर्थव्यवस्था। व्यवस्था में पूँजीवादी अवधारणा निजी सम्पत्ति के अधिकार को विशेष संरक्षण देता है, इसलिए उदारवादी लोकतंत्र का पूँजीवादी अर्थव्यवस्था के साथ बेहतर तालमेल है। ज्यादा–से–ज्यादा निजी लाभ अर्जित करने की मानसिकता रखने की वजह से यह अवधारणा खुली बाजार व्यवस्था का प्रबल समर्थक है। आर्थिक शक्तियों को केन्द्रीकृत करना पूँजीवाद की विशेष पहचान है और यही इस व्यवस्था का मुख्य उद्देश्य तथा लक्ष्य भी है। संयुक्त राज्य अमेरिका उदारवादी लोकतंत्र एवं पूँजीवादी अर्थव्यवस्था के सभी मानदण्डों को पूरा करता है। खुली बाजार प्रतिस्पर्द्धा का सामना करने हेतु अमेरिकी अर्थव्यवस्था में व्यवसायी वर्ग द्वारा अधिक–से–अधिक पूँजीनिवेश किया गया है अत्यधिक अच्छी मशीनों का इस्तेमाल किया गया है तथा अत्यधिक कुशल कारीगरों को काम पर लगाकर बड़े पैमाने पर उत्पादन, वितरण एवं विनिमय की व्यवस्था नागरिकों को उपलब्ध करायी गयी है। अमेरिकी व्यवस्था के अन्तर्गत वहां के अमेरिकी पूँजीपति वर्ग द्वारा अपनी व्यावसायिक कुशलता, उद्यमशीलता तथा विवेकसंगतता का प्रयोग करके अमेरिकी अर्थव्यवस्था की समुन्नति में महती योगदान दिया गया है।

औद्योगीकरण की दृष्टि से अमेरिका विश्व का अत्यधिक उन्नत देश है और अंतर्राष्ट्रीय राजनीति में सुपर पावर के रूप में अपना अस्तित्व बनाये रखने की वजह से भी उसकी आर्थिक व्यवस्था काफी मजबूत है। अमेरिका में प्राकृतिक परिस्थितियों की वजह से आर्थिक विकास को काफी प्रोत्साहन मिला है वहीं अमेरिका की अर्थव्यवस्था को यूरोप के अनुभवों से भी काफी लाभ मिला है। वहां के नागरिकों में उपभोग करने की उच्च प्रवृत्ति से व्यवस्था में बड़े पैमाने पर उत्पादन तथा विक्रय संगठनों को बढ़ावा मिला। वस्तुतः, अमेरिका की तकनीकी प्रगति ही उसकी आर्थिक उन्नति का कारण एवं परिणाम दोनों है। वहां की अर्थव्यवस्था की प्रवृत्ति में आरंभ से ही अभूतपूर्व

लचीलापन एवं अनुकूलनशीलता की स्थितियां विद्यमान् है जिसके परिणामस्वरूप प्रासंगिक संस्थाओं तथा प्रतिक्रियाओं को पर्यावरण के अनुरूप परिवर्तित एवं समायोजित होने में काफी सुविधा हुई। अमेरिकी पूँजीवादी व्यवस्था की कुछ संस्थागत विशेषताएँ जैसे–स्वंतत्र उद्यम तथा अधिकतम लाभ अर्जित करने के प्रयोजन से वहां एक दृढ़ व मजबूत साहसी वर्ग का उदय हुआ जिसने व्यवस्था में आर्थिक स्वामित्व के निर्माण व उसके अस्तित्व के कायम रखने में मुख्य भूमिका निभायी। अमेरिका के आर्थिक विकास में संघीय सरकार की भूमिका भी काफी उल्लेखनीय रही है, जिसके द्वारा उपलब्ध करायी जाने वाली आर्थिक सहायता ही वहां के औद्योगिक विकास का तथ्यगत आधारतत्त्व है।

उन्नीसवीं शताब्दी के अन्त तक विश्व के औद्योगिक क्षेत्र में अमेरिका का नेतृत्व संस्थापित हो चुका था। समसामयिक मांग के अनुरूप प्रासंगिक विषयों के महत्त्व को देखते हुए बीसवीं सदी में अमेरिकी सरकार की औद्योगिक नीति में राष्ट्रीय एवं अन्तर्राष्ट्रीय स्तर पर कई जरूरी व प्रभावशाली परिवर्तन किये गए। उद्योग–धंधों को नये सिरे से प्रोत्साहित करने के लिए सरकार द्वारा संरक्षण की नीति अपनायी गयी। वहां की जनतांत्रिक व्यवस्था के औद्योगिक विकास पर इसका बहुत अनुकूल प्रभाव पड़ा जिसने बड़े पैमाने पर कई क्षेत्रों में नये आविष्कारों को जन्म दिया–जिसमें विस्तृत बाजार व्यवस्था (Wide Market) यातायात एवं परिवहन के साधनों का विकास, बैंकिंग पद्धति का विकास (Development of Banking System), उद्योगों का यथोचित स्थानीयकरण (Proper Localisation of Industries), शक्ति के साधनों की प्रचुरता (Abundance of Means Power), औद्योगिक प्रशिक्षण (Industrial Training) साहसी एवं योग्य संघटक (Able Entrepreneurs), वित्तीय पूँजीवाद का उदय (Growth of Finance Capitalism), आदि प्रमुख हैं।

संभवतः, अमेरिकी व्यवस्था में औद्योगिक विकास का सर्वाधिक महत्त्वपूर्ण कारक वित्तीय पूंजीवाद का उदय है, जिसकी वजह से वहां उद्योगों के विकास हेतु व्यापक स्तर पर औद्योगिक पूंजी उपलब्ध हुई। अमेरिकी जनतांत्रिक व्यवस्था में पूँजीवाद के उदय के लिए जिम्मेवार कारकों में एक प्रधान कारक वहां के संविधान का 14वां संशोधन भी है, जिसकी वजह से वहां वित्तीय पूँजीवाद के अभ्युदय को सर्वाधिक प्रोत्साहन मिला। इस संवैधानिक रांशोधन में इस प्रसंग की व्यवस्था की गयी है कि कोई भी राज्य ऐसे किसी भी कानून का निर्माण या क्रियान्वयन नहीं करेगा जो अमेरिकी नागरिकों के विशेषाधिकारों एवं उन्मुक्तियों (Privileges and Immunities) में कमी लायेगा न ही कोई राज्य बिना किसी उचित कानूनी प्रक्रिया के उन्हें जीवन स्वातंत्र्य या सम्पत्ति के अधिकार से वंचित करेगा और न ही कोई राज्य अपने क्षेत्राधिकार के अन्तर्गत किसी नागरिक को कानून के समक्ष समान संरक्षण (Equal Protection before Law) प्रदान करने से अस्वीकार करेगा। वस्तुतः, इस संवैधानिक संशोधन का उद्देश्य मुख्यरूप से व्यवस्था के अन्तर्गत निवास करने वाले नीग्रो जाति एवं निम्न वर्ग को संरक्षण देना था, लेकिन यथार्थ में यह संशोधन मुख्यतः अमेरिकी लोकतांत्रिक व्यवस्था में धनी वर्ग के लिए लाभदायक साबित हुआ। इस संशोधन के परिणामस्वरूप व्यवस्था में व्यावहारिक स्तर पर पूंजीपतियों को सुरक्षा एवं संरक्षण मिला, जिसने व्यवस्था में वित्तीय पूंजीवाद के आविर्भाव एवं समुन्नति का मार्ग प्रशस्त किया। इस संशोधन का व्यावहारिक परिणाम यह हुआ कि राजनीतिक, सामाजिक, आर्थिक, व्यवस्था में पूंजीपतियों के महत्त्व में अत्यधिक वृद्धि हुई। पूंजीपतियों द्वारा बड़े पैमाने पर अमेरिका में रेल निर्माण में पूंजी लगायी गयी। व्यवस्था में भूमि एवं वित्तीय साधनों पर धनी वर्ग का नियंत्रण स्थापित हो गया। सत्ताधारी राजनीतिक दलों की नीतियाँ पूंजीपतियों का समर्थन करने लगीं, जिसने वित्तीय पूंजीवाद के विकास में महती योगदान दिया।

व्यावसायिक कुशाग्रता (Acumen), उद्यमशीलता (Entreprenuership) तथा वित्तीय पूँजीवाद के विकास एवं उन्नति की वजह से अमेरिका उद्योग एवं व्यवसाय की दृष्टि से आज विश्व का सर्वाधिक समुन्नत राष्ट्र है। सम्पत्ति के स्वाभित्व का बँटवारा अमेरिकी व्यवस्था में पूँजीवाद का उत्कृष्ट उदाहरण प्रस्तुत करता है। अमेरिकी जनतांत्रिक व्यवस्था के आधुनिक विकसित रूप के प्रधान कारकों में प्रमुख हैं–प्रचुरता की अर्थव्यवस्था (Economy of Abundance), अत्यधिक विकसित एवं उत्तरोत्तर बढ़ती हुई तकनीकी प्रगति, बेरोजगारी में भारी कमी, बड़े–बड़े सरकारी बजट तथा घाटे के बजट की व्यवस्था आदि। इस परिप्रेक्ष्य में अमेरिकी जनतांत्रिक व्यवस्था की अर्थव्यवस्था विश्व की सर्वाधिक समृद्धशाली एवं प्रगतिशील व्यवस्था के रूप में अपनी ख़ास पहचान संस्थापित कर

चुका है। अमेरिकी लोकतांत्रिक व्यवस्था की मजबूती व समृद्धि का आधारतत्त्व है–वहां की पूंजीवादी आर्थिक व्यवस्था जो वहां की राजनीतिक उदारवादी लोकतंत्र के साथ बेहतर तालमेल स्थापित करके राजनीतिक आर्थिक शक्ति के प्रतीकस्वरूप सुपर पावर के रूप में अन्तर्राष्ट्रीय राजनीति के संचालन में अग्रेसर की भूमिका निभा रहा है। औद्योगीकरण की दृष्टि से अमेरिका सर्वाधिक उन्नत राष्ट्र है, लेकिन प्रतिव्यक्ति वार्षिक आय की दृष्टि से वहां की जनसंख्या दो वर्गों में बँटी है। एक वर्ग अत्यन्त धनवान और दूसरा वर्ग अत्यन्त निर्धन। हालांकि वहां का निर्धन वर्ग भारत के निर्धन वर्ग की तुलना में काफी सम्पन्न होता है। अमेरिकी अर्थव्यवस्था बाजार की मुक्त स्पर्द्धा (Free Market Competition) को प्रोत्साहित करती है, जिसके फलस्वरूप व्यवस्था में कुछ लोग बेहद धनवान और कुछ अत्यन्त निर्धन रह जाते हैं। वस्तुस्थिति के अनुरूप यह प्रसंग अमेरिकी सामाजिक व्यवस्था में भारी आर्थिक विषमताओं के अस्तित्व का आकार लेने की परिस्थितियां पैदा करता है। विख्यात अमेरिकी अर्थशास्त्री जे.के. गैल्ब्रेथ ने अपनी प्रसिद्ध रचना 'द एफ्लुएन्ट सोसायटी' (The Affluent Society) में यह दावा किया है कि अमेरिकी अर्थव्यवस्था की उत्पादन क्षमता में असीम वृद्धि तथा आम आदमी का जीवन स्तर अत्यधिक ऊंचा हो जाने के कारण उसके मन में धनिक वर्ग के प्रति द्वेष की भावना नहीं रह गयी है और व्यवस्था में सामाजिक–आर्थिक विषमता का प्रश्न बहुत प्रासंगिक नहीं रह गया है। लेकिन यथार्थ में वस्तुस्थिति के अनुरूप अमेरिकी व्यवस्था में निर्धन एवं अश्वेतों द्वारा अपने प्रति होने वाले भेदभाव से मुक्ति के लिए चलाये जाने वाले आन्दोलन–प्रदर्शन से यह स्पष्ट हो जाता है कि अमेरिकी व्यवस्था में सामाजिक–आर्थिक विषमता का सवाल एक ज्वलन्त प्रश्न बनकर व्यवस्था को परेशान कर रहा है। अतः, इस प्रसंग के आलोक मे गैल्ब्रेथ का व्यवस्था प्रासंगिक उपर्युक्त दावा यथोचित नहीं दिखता है।

अमेरिकी सामाजिक व्यवस्था में जाति, धर्म व संस्कृति के आधार पर विभाजन स्पष्ट दिखाई देता है। वहां प्रजातीय भेदभाव (Racial Discrimination) से प्रासंगिक विसंगतियों को अमेरिकी सर्वोच्च न्यायालय के समय–समय पर दिये जाने वाले निर्णयों के प्रसंग में देखा जा सकता है। दृष्टान्तस्वरूप 1857 में 'ड्रैड स्कॉट बनाम सैनफोर्ड मामले में', 1896 में 'प्लैसी बनाम फर्गुसन' मामले में 1954 में 'ब्राउन बनाम टोपेका' मामले में सर्वोच्च न्यायालय द्वारा दिये गये निर्णयों के आलोक में वहां व्यवस्था में विद्यमान प्रजातीय भेदभाव की स्पष्टता उजागर होती है। हालांकि अमेरिका के 44वें राष्ट्रपति के रूप में पहले अश्वेत राष्ट्रपति बराक हुसैन ओबामा के राष्ट्रपति पद पर आसीन होने से प्रजातीय भेदभाव के मनोभाव से अमेरिका मुक्त हो जायेगा ऐसा अनुमान लगाया जा रहा है। उपर्युक्त सामाजिक–राजनीतिक यथार्थों के बावजूद अमेरिकी जनतांत्रिक व्यवस्था की सामाजिक–आर्थिक स्थिति की प्रासंगिकताएं ही वहां उदारवादी लोकतंत्र के मजबूतीकरण के आविर्भाव एवं स्थायित्व की संवाहक हैं। व्यवस्था में स्त्रियों एवं अश्वेतों के कल्याण हेतु की जाने वाली सकारात्मक कार्रवाई (Affirmative Action), अमेरिकी राजनीति का व्यक्तिवादी विचार, वैयक्तिक स्वतंत्रता के प्रति असीम लगाव, पूंजीवादी आर्थिक व्यवस्था, उत्पादन, वितरण और विनियम के प्रमुख साधनों पर निजी स्वामित्व, आदि राजनीतिक–आर्थिक सामाजिक परिस्थितियां ही समर्थ अमेरिकी लोकतंत्र की बुनियाद का आधारतत्त्व है जो वहां की उदारवादी जनतांत्रिक व्यवस्था के आविर्भाव एवं स्थायित्व के संवाहक की भूमिका निभाता है।

विकासशील राजनीतिक व्यवस्थाएं : राजनीति का सामाजिक–आर्थिक आयाम (Developing Political Systems : Socio-economic Dimension of Politics)

तीसरी दुनिया के देशों यानी कि विकासशील देशों की राजनीतिक इकाइयों में पायी जाने वाली विविधताओं की वजह से वहां की मौजूदा राजनीति के तत्त्वतः विश्लेषण के लिए उदारवादी या समाजवादी–साम्यवादी व्यवस्थाओं के विश्लेषण हेतु इस्तेमाल में लाये जाने वाले ढाँचों की अपेक्षा राज्य और नागरिक समाज के परस्पर संबंधों के विश्लेषण का ढाँचा अधिक यथोचित होगा जो इस मान्यता पर आधारित है कि राज्य एक शक्तिशाली संगठन है जो समाज पर अपना नियंत्रण स्थापित करता है और समाज उन संस्थाओं, संघों, समुदायों का समुच्चय है जो

राज्य की शक्ति को औचित्यपूर्णता के दायरे में सीमित रखने के लिए सदैव प्रयासरत रहता है। विकासशील व्यवस्थाओं की मुख्य पहचान उनका सामाजिक–आर्थिक पिछड़ापन है। स्वाधीनता से पूर्व अपनी समुन्नति के लिए उपनिवेशवादी शक्तियों द्वारा इनके मानवीय एवं प्राकृतिक संसाधनों का भरपूर दोहन किया गया, जिसके परिणामस्वरूप अत्यन्त पिछड़ी अर्थव्यवस्था एवं धर्म तथा जाति आधारित बँटा हुआ समाज उन्हें उपनिवेशवादी संस्कृति की वजह से विरासत मिली है। विकास की अदम्य इच्छा से प्रेरित होकर स्वाधीनता के बाद इनके द्वारा विकास मार्ग पर कदम बढ़ाया गया, तब इन्हें विकासशील राष्ट्र की संज्ञा दी गयी। जहां तक विकासशील जनतांत्रिक व्यवस्थाओं का प्रश्न है, उपनिवेशवाद के पतन के पूर्व ये यूरोपीय देशों के उपनिवेश (Colonies) रहे हैं। इनकी आजादी से पूर्व उपनिवेशवादी शक्तियों द्वारा अपने उन्नयन हेतु इनके प्राकृतिक एवं मानवीय संसाधनों का भरपूर दोहन किया गया है। इन देशों के पिछड़ेपन एवं अल्पविकास के लिए उनकी समसामयिक सामाजिक–राजनीतिक–आर्थिक व्यवस्था जिम्मेवार है।

उदारवादी दृष्टिकोण (Liberal View)

सामान्यतः जनतांत्रिक व्यवस्थाओं का उदारवादी दृष्टिकोण लोकतांत्रिक व्यवस्था में विकास की जिन शर्तों का विवरण प्रस्तुत करता है और जिन्हें जनतंत्र के सफल संचालन हेतु आवश्यक मानता है उनमें से अधिकांश शर्तों को विकासशील देश एवं अल्पविकसित देश अपनी सामाजिक–आर्थिक कमजोरियों की वजह से पूरा नहीं कर पाते हैं। इनकी विविधतामय समस्याओं के मूल में इनका आर्थिक पिछड़ापन है। मोटे तौर पर निम्न उत्पादकता (Low Productivity) और निर्धनता (Poverty) विकासशील एवं अल्पविकसित व्यवस्थाओं की मुख्य पहचान है। इन परिस्थितियों को बदलने या इनमें सुधार लाने तथा उन्नति की दिशा में कदम बढ़ाने की कवायद को ही आर्थिक विकास प्रक्रिया की संज्ञा दी जाती है। इसे प्रकिया की आवश्यक शर्त हैं आर्थिक वर्द्धन (Economic Growth)। हालांकि इस प्रक्रिया को सुचार रूप से चलाने हेतु इनके पास पर्याप्त संसाधन नहीं होता है। मूलतः इन जनतांत्रिक व्यवस्थाओं की सामाजिक–आर्थिक स्थितियों एवं प्रासंगिक विकास से संदर्भित दो स्तरों को चिन्हित किया गया है। सामाजिक–आर्थिक विकास के प्रथम स्तर में मानव जीवन की बुनियादी जरूरतों (Basic Needs) की पूर्ति को शामिल किया गया है जिसमें पोषण (Nutrition), स्वास्थ्य (Health), आवास (Shelter), प्रमुख हैं। विकास के द्वितीय स्तर में उत्तम जीवन के लिए जरूरी साधनों की पूर्ति को शामिल किया गया है, जिसमें सर्वशिक्षा (Universal Education), रोजगार (Employment), नागरिक स्वतंत्रताएं (Civil Liberties) एवं राजनीतिक सहभागिता (Political Participation) आदि प्रमुख हैं। इन जनतांत्रिक व्यवस्थाओं से संदर्भित विकास का तात्कालिक उद्देश्य इन पिछड़ी हुई परम्परागत व्यवस्थाओं को विकसित आधुनिक व्यवस्थाओं के साथ कदमताल के लायक बनाना है, ताकि ये देश भी आधुनिक जनतांत्रिक व्यवस्थाओं की भांति लोकतंत्र की सफलता, लोकप्रियता एवं जागरूकता का लाभ उठा सकें, अपने राज्य की सामाजिक–आर्थिक समस्याओं को सुलझा सकें और अपनी अभिव्यक्ति की आजादी एवं लोक संप्रभुता का भरपूर इस्तेमाल कर सकें।

संयुक्त राज्य अमेरिका, ब्रिटेन आदि पश्चिमी देशों की उदारवादी जनतांत्रिक व्यवस्थाओं को विकसित लोकतांत्रिक राजनीतिक व्यवस्था का प्रतिरूप (Model) माना गया है और इसे मानदंड के रूप में स्वीकारते हुए नवोदित जनतांत्रिक देशों की राजनीतिक व्यवस्थाओं का इनके साथ तुलनात्मक अध्ययन करके इनकी सामाजिक–आर्थिक स्थितियों, उन स्थितियों का आविर्भाव तथा इसके स्थायित्व के संवाहकों पर गहन अध्ययन–विश्लेषण किया गया है। इन जनतांत्रिक व्यवस्थाओं के आनुभविक अध्ययन में जब डेविड ईस्टन का राजनीतिक व्यवस्था–विश्लेषण उपागम तथा आल्मंड का 'संरचनात्मक–प्रकार्यात्मक उपागम' कारगर साबित नही हो पाया तो इनकी सामाजिक–आर्थिक स्थितियों के तथ्यपरक एवं व्यवहारपरक अध्ययन हेतु राजनीतिक संचार उपागम, राजनीतिक विकास उपागम, राजनीजिक आधुनिकीकरण उपागम, मार्क्सवादी–लेनिनवादी उपागम आदि का अस्तित्व व्यवहार में आया। इन नवोदित जनतांत्रिक व्यवस्थाओं का राजनीतिक व्यवहार, इनकी राजनीतिक संस्कृति, राजनीतिक समाजीकरण, राजनीतिक सहभागिता, राजनीतिक भर्ती, राजनीतिक अभिजन की प्रवृत्ति–प्रकृति

एवं निर्वाचन के तरीके, औचित्यपूर्णता का स्रोत, आधार एवं प्राप्ति के साधन, आदि के अनुभवजन्य अध्ययन–विश्लेषण में इन उपागमों का प्रयोग बड़े पैमाने पर किया जाने लगा। विकसित एवं विकासशील या अल्पविकसित जनतांत्रिक व्यवस्थाओं की सामाजिक–आर्थिक स्थितियों के तथ्यपरक अन्वेषण एवं अनुसंधान से इस तथ्य का स्पष्टीकरण हुआ कि जनतंत्र के सफलीभूत होने के लिए जिन सामाजिक–आर्थिक तत्त्वों की अपरिहार्यता की पहचान की गयी है, यहां परिस्थितिवश उनका अभाव है, जिसकी वजह से इन जनतांत्रिक व्यवस्थाओं की सामाजिक–आर्थिक परिस्थितियाँ राजनीतिक पर्यावरण को अशान्त व अस्थिर रखती है। इसके परिणामस्वरूप विकासशील जनतांत्रिक व्यवस्थाएं गंभीर राजनीतिक अस्थिरता के दौर से गुजर रही है। राजनीतिक समाजीकरण एवं राजनीतिक संस्कृति का विकास स्तर अपेक्षित न होने की वजह से राजनीतिक सहभागिता का प्रतिशत काफी कम है जो सीधे तौर पर राजनीतिक भर्ती को प्रभावित करता है और इन सभी परिस्थितियों के मूल में सामाजिक–आर्थिक गतिशीलता में कमी है। यहां राजनीतिक समाजीकरण एवं संस्कृति का स्वरूप सामंजस्यकारी होने की बजाय विखंडित होता है क्योंकि सत्ता के परम्परागत स्रोतों का अस्तित्व अभी भी कायम है। इसलिए, सामाजिक व्यवस्था, जाति, वर्ग, धर्म, भाषा, क्षेत्रीयता, सामाजिक स्तरीकरण प्रस्थिति (Status) जैसे संकीर्ण विषयों के दायरे में बंटी होती है और राजनीति व्यवस्था में इन्ही विषयों का प्रतिनिधित्व करके खण्डित रूप में व्यवस्था संचालन का दायित्व निभाती है। विकास का सही अभिप्राय सर्वांगीण सामाजिक उत्थान से है। यहां जब किसी विशेष धर्म, जाति व संप्रदाय के लोगों को सरकारी स्तर पर विशेष सुविधाएं सुनिश्चित करायी जाती है तो सरकार द्वारा उठाया गया ये कदम सामाजिक समरसता को कमजोर करता है जिसके परिणामस्वरूप जातीय हिंसा, साम्प्रदायिक हिंसा, वर्ग संघर्ष, युवा असंतोष आन्दोलन, अपराध, उग्रवाद, आतंकवाद, भ्रष्टाचार जैसी सामाजिक–आर्थिक समस्याएं व्यवस्था में राजनीतिक अस्थिरता की परिस्थितियां बनाती हैं।

उपर्युक्त पूरे प्रसंग के आलोक में आधुनिक राजनीतिवैज्ञानिकों, अर्थशास्त्रवेत्ताओं एवं समाजशास्त्रियों का यह तर्क है कि विकासशील व्यवस्थाओं की सामाजिक–आर्थिक परिस्थितियां ही उनकी राजनीतिक अस्थिरता की मूल वजह है और इन समस्याओं के आविर्भाव एवं स्थायित्व का संवाहक भी है। उदारवादी लोकतंत्र के समर्थक आर्थिक उन्नति को विकास की अनिवार्य शर्त मानते हुए यह व्यक्त करते हैं कि प्रत्येक जनतांत्रिक व्यवस्था को प्रचुरता (Abundance) की स्थिति प्राप्त करने के लिए आर्थिक समृद्धि से प्रासंगिक निश्चित अवस्थाओं को पार करना अति आवश्यक है। इस प्रसंग में यहां डब्ल्यू. डब्ल्यू. रोस्टो की चर्चित रचना 'Stages of Economic Growth, 1960' की चर्चा अनिवार्य है, जिसमें इनके द्वारा व्यवस्थागत आर्थिक वृद्धि की पाँच अवस्थाओं को चिन्हित किया गया है:

1. **परम्परागत समाज (Traditianal Society)**—यह समाज व्यवस्था की उस अवस्था का प्रतिनिधित्व करता है, जिसमें श्रम प्रधान कृषि ही व्यक्ति के उत्पादन का मुख्य स्रोत होता है। इस अवस्था में प्रौद्योगिकी (Technology) तथा उत्पादकता (Productivity) का स्तर बहुत निम्नतर (Lower) होता है।
2. **सांक्रान्तिक अवस्था (Transitional Stage)**—ये समाज की परवर्ती अवस्था है जो प्रासंगिक परिवर्तन की पूर्व शर्तों को पूरा करती है।
3. **उत्कृष्ट अवस्था (Take-off Stage)**—इस अवस्था में व्यवस्थागत औद्योगीकरण के रास्ते की संरचनात्मक विवशताएं (Constraints) समाप्त हो जाती हैं, जिसके परिणामस्वरूप उद्यमी वर्ग का उदय हो जाता है जिस पर व्यवस्था के उत्थान की जिम्मेदारी होती है।
4. **प्रेरणा एवं पूर्णता की अवस्था (Stage of Inspiration and Maturity)**—यह विकास की वह अवस्था है जब व्यवस्था में औद्योगीकरण के आरंभ होने से प्रौद्योगिकी और उत्पादकता का स्तर उन्नत हो जाता है।
5. **जनसाधारण के उपयोग की अवस्था (Stage of Mass Consumption)**—यह आर्थिक संवृद्धि की प्रचुरता की उच्च अवस्था है, जिसमें समाज का बड़ा तबका जीवन की बुनियादी आवश्यकताओं की पूर्ति की चिन्ता से ऊपर उठकर उत्तम जीवन के लिए आवश्यक एवं टिकाऊ संसाधनों का भरपूर उपयोग करने लगता है।

रोस्टो द्वारा प्रस्तुत जनतांत्रिक व्यवस्थाओं की लिए सामाजिक–आर्थिक संवृद्धि से प्रासंगिक उपर्युक्त पाँच अवस्थाओं के आलोक में ए.एफ.के. ऑर्गेस्की ने भी अपनी प्रसिद्ध रचना The Stages of Political Development, 1965' में आर्थिक संवृद्धि को राजनीतिक विकास का मुख्य अवयव स्वीकारते हुए जनतांत्रिक व्यवस्थाओं के लिए राजनीतिक विकास की चार अवस्थाओं की पहचान की है : (i) आदिम एकीकरण (Primitive Unification) की अवस्था, (ii) औद्योगीकरण (Industrialisation) की अवस्था, (iii) राष्ट्रीय कल्याण (National Welfare) की अवस्था, (iv) प्रचुरता (Abundance) की अवस्था।

ऑर्गेस्की द्वारा प्रतिपादित राजनीतिक विकास की उपर्युक्त वर्णित अवस्था से यह स्पष्ट होता है कि विकासशील जनतांत्रिक व्यवस्थाएं विकसित व्यवस्थाओं के पद चिह्नों पर चलकर आर्थिक विकास की विविध अवस्थाओं को पार करके ही सही मायने में सच्चा लोकतंत्र संस्थापित कर सकती हैं। गेब्रियल आल्मंड, जेम्स एस. कोलमैन द्वारा संपादित रचना 'The Politics of Developing Areas–1960' में जेम्स एस. कोलमैन ने राजनीतिक आधुनिकीकरण एवं राजनीतिक विकास को एक मानते हुए जनतांत्रिक व्यवस्थाओं की समुन्नति के लिए आधुनिक व्यवस्था के कुछ ख़ास लक्षणों की पहचान की है जिनमें प्रमुख हैं–शहरीकरण (Urbanisation) का उन्नत स्तर, प्रति व्यक्ति आय का उच्च स्तर, साक्षरता का विस्तार, अर्थव्यवस्था में वाणिज्य, व्यापार तथा औद्योगीकरण का उन्नत स्तर, जनसम्पर्क के साधनों का विस्तार, भौगोलिक सामाजिक गतिशीलता (Mobility) तथा आधुनिक सामाजिक एवं आर्थिक प्रक्रियाओं में व्यवस्था के सदस्यों की व्यापक सहभागिता। कोलमैन द्वारा वर्णित उपर्युक्त लक्षण विकसित जनतांत्रिक व्यवस्थाओं से प्रासंगिक है, जिसका अनुसरण करते हुए नवोदित जनतांत्रिक व्यवस्थाओं के राजनीतिक विकास एवं आधुनिकीकरण के स्तरण (Grading) के लिए उनके पश्चिमीकरण होने को अति आवश्यक माना गया है। नवोदित जनतांत्रिक व्यवस्थाओं के स्तरीय राजनीतिक विकास हेतु पश्चिमी देशों के अनुरूप संरचनाएं विकसित करनी होंगी, नहीं तो ये देश आर्थिक–राजनीतिक विकास की दौड में पिछड़ जायेंगे। इनकी दृष्टि में राजनीतिक विकास प्रक्रिया को सामाजिक–आर्थिक–प्रशासनिक प्रक्रियाओं से पृथक् करके नहीं देखा जा सकता है। इसलिए विकासशील जनतांत्रिक व्यवस्थाओं के लिए यह अपरिहार्य है कि वे अपनी सामाजिक आर्थिक स्थितियों की विसंगतियों (Irrelevancy), उसके आविर्भाव और स्थायित्व के कारकों का निराकरण करके पश्चिमी जनतांत्रिक व्यवस्थाओं की तर्ज पर अपनी सामाजिक आर्थिक संवृद्धि एवं विकास की दिशा में मजबूत पहल करे। पश्चिमीकरण का अनुसरण करते हुए इन देशों को भी अपनी अर्थव्यवस्था को मुक्त व्यापार (Free Trade) एवं अन्तर्राष्ट्रीय प्रतिस्पर्द्धाओं (Internatianal Competitions) के लिए खुली छोड़नी चाहिए। इन राजनीतिक व्यवस्थाओं में बाजार अर्थव्यवस्था को बढ़ावा देने का भी सुझाव राजनीतिशास्त्रवेत्ताओं एवं अर्थशास्त्रवेत्ताओं द्वारा दिया गया है।

प्रसिद्ध राजनीतिशास्त्री एवं समाजशास्त्री सीमोर लिप्सेट का भी ऐसा मानना है कि जनतांत्रिक व्यवस्थाओं के आविर्भाव एवं स्थायित्व के संवर्धन (Promotion) में तत्त्वतः संवाही (Conductor) कारक व्यवस्था की सामाजिक–आर्थिक स्थितियां ही होती हैं। लिप्सेट की चर्चित रचना 'Political Man : The Social Bases of Politics–1960' में जनतांत्रिक व्यवस्थाओं को आदर्श व्यवस्था मानते हुए यह अभिव्यक्ति की गयी है कि 'जिस राजनीतिक व्यवस्था में ज्यादा–से–ज्यादा लोग सुखी सम्पन्न होंगे, वहां लोकतंत्र के स्थायित्व एवं लोकप्रियता की संभावनाएं भी उतनी ही उज्ज्वल और प्रबल होंगी। लिप्सेट की अभिव्यक्ति है कि अर्थव्यवस्था की उच्च स्थिति समाज में साक्षरता के प्रति जागरूकता पैदा करती है, शिक्षा का विस्तार करती है और व्यवस्थागत जनसम्पर्क के साधनों से अवाम का परिचय कराती है। इनका मानना है कि जनतंत्र को बढ़ावा और मजबूती प्रदान करने में आर्थिक संवृद्धि से प्रासंगिक तत्त्वों की भूमिका ख़ास होती है। इनके विचार में जनतांत्रिक व्यवस्थाओं की समृद्ध अर्थव्यवस्था से राजनीतिक तनावों (Tensions) में काफी कमी आती है। यह स्थिति राजनीतिक–आर्थिक अवसरों के नये द्वार खोलती है, लेकिन साथ ही लिप्सेट ने यह भी कहा है कि ऐसी उन्नत अर्थव्यवस्थाओं को सर्वसत्तावादी शैली (Authoritarian Technique) से चलाना संभव नहीं है। जनतांत्रिक राजनीतिक व्यवस्थाओं की सामाजिक आर्थिक संवृद्धि यह मांग करती है कि व्यवस्था के समस्त कायदे कानूनों पर समाज के उस वर्ग की सहमति (Consent) हो, जिन्हें वे कानून प्रभावित करते हैं। इनकी मान्यता है कि समृद्ध अर्थव्यवस्था राज्य में मूल्यों,

संसाधनों एवं आय के समतामूलक वितरण (Equal Distribution) को बढ़ावा देती हैं जो राजनीतिक व्यवस्थाओं में लोकतंत्र की मजबूती व लोकप्रियता के लिए यथोचित आधार प्रस्तुत करता है।

हालांकि तीसरी दुनिया की जनतांत्रिक व्यवस्था के प्रसंग में लिप्सेट द्वारा प्रस्तुत इन तथ्यों को प्रसंगाधीन आधारगत वास्तविकताओं के रूप में प्रमाणित करना कठिन प्रयास है, क्योंकि 1995 में विश्व बैंक द्वारा प्रकाशित एवं रिपोर्ट के अनुसार, संयुक्त अरब अमीरात, सिंगापुर व कुवैत में प्रतिव्यक्ति सम्पूर्ण राष्ट्रीय उत्पाद (Gross National Product (GNP) Per Capita) 19,300 अमेरिकी डालर के ऊपर था, लेकिन इस आर्थिक संवृद्धि के बावजूद इन देशों में लोकतंत्र स्थापित नहीं हो पाया, जबकि भारत में प्रति व्यक्ति सम्पूर्ण राष्ट्रीय उत्पादन केवल 300 अमेरिकी डालर है, इसके बावजूद गठबंधन सरकार (Coalition Governments) के दौर में भी यहां की जनतांत्रिक व्यवस्था सुचारू रूप में कार्य कर रही है और इसे विश्व के विशालतम लोकतंत्र की संज्ञा दी गयी है।

विकासशील राजनीतिक व्यवस्थाओं के संदर्भ में सैमुअल हंटिंगटन द्वारा भी 'पॉलिटिकल क्वार्टली–1984' में प्रकाशित लेख के अन्तर्गत ऐसे चार आधार तत्त्वों का विवरण प्रस्तुत किया गया है, जो इन राष्ट्रों में लोकतंत्र की संभावना के संकेतक हैं :

1. **राजनीतिक अभिजन वर्ग (Political Elites) की प्रकृति एवं प्रवृत्ति**–इस प्रसंग में हंटिंगटन का कहना है कि किसी भी राजनीतिक व्यवस्था के आर्थिक विकास के साथ–साथ परम्परागत गैर लोकतांत्रिक राजनीतिक संस्थाओं के अस्तित्व को कायम रहने में काफी मुश्किलें आती हैं। ऐसी परिस्थिति में उनके सामने लोकतांत्रिक एवं गैर लोकतांत्रिक दोनों विकल्प खुले होते हैं और सही विकल्प के चयन की जिम्मेदारी वहां के राजनीतिक अभिजनवर्ग के हाथों में होती है। यानी कि, किसी भी व्यवस्था में लोकतंत्र के अस्तित्व की संभावनाओं को आकार प्रदान करने की जवाबदेही वहां के राजनीतिक अभिजनों की है।
2. **सुसंगठित मध्यवर्ग (Well organised Middle-class) के आविर्भाव की स्थिति**–हंटिगंटन की अभिव्यक्ति के अनुसार व्यवस्था में लोकतंत्र की संस्थापना के उज्ज्वल भविष्य के लिए देश में सुसंगठित मध्यवर्ग का पर्याप्त विकास जरूरी है। यानी कि, वहां अलग–अलग पहचान रखने वाले तथा अपने दृष्टिकोण को प्रभावशाली ढंग से प्रस्तुत करने वाले स्वायत्त समूहों (Autonomous Groups) का पर्याप्त विकास होना आवश्यक है। उनका मंतव्य है कि ऐसे स्वायत्त समूह लोकतंत्र की बुनियादी जड़ों को मजबूती देते हैं, क्योंकि जहां ये सरकार की शक्ति पर अंकुश रखते हैं, वहीं राजनीतिक रूप से सजग ऐसा स्वायत्त मध्यवर्ग लोकतांत्रिक अभिवृत्ति को बढ़ावा देने एवं लोकतंत्र की जड़ों को मजबूत करने में अहम् भूमिका निभाते हैं।
3. **देश में लोकतंत्र की स्थापना हेतु बाहरी देशों द्वारा दिये जाने वाली दबाव की मात्रा**–इस प्रसंग में हंटिंगटन का मत है कि किसी भी व्यवस्था को लोकतांत्रिक स्वरूप अपनाने की प्रेरणा प्रदान करने में ब्रिटिश एवं अमेरिकी जनतांत्रिक व्यवस्था प्रभावनीय भूमिका निभाता है। उन्होंने इस प्रभाव से प्रासंगिक अनेक स्रोतों की संभावनाएं व्यक्त की हैं–मसलन उपनिवेशवादी सत्ता की विरासत, युद्ध में पराजय की स्थिति या किसी दूसरे कारण से लोकतंत्रीय राजनीतिक प्रबंध को लागू करने की कार्रवाई, इत्यादि।
4. **संदर्भित देश की संस्कृति में लोकतंत्र के प्रति रूझान के प्रतिशत की मात्रा**–हंटिंगटन द्वारा प्रस्तुत लोकतंत्रीय संभावना का यह प्रसंग धर्म से संदर्भित है। इनका दावा है कि हिन्दू धर्म से प्रभावित संस्कृति की अपेक्षा ईसाई धर्म वाले देशों में लोकतंत्र के प्रति ज्यादा रुझान पाया जाता है। हालांकि, इनका यह मानना है कि हिन्दू संस्कृति वाले देश प्रायः लोकतंत्र के प्रति उदासीन होते हैं, लेकिन वे इसके विरूद्ध नहीं होते हैं, जबकि इस्लामी कन्फ्यूशसवादी तथा बौद्ध संस्कृति को मानने वाले देश निस्संदेह लोकतांत्रिक मनोवृत्ति के विरुद्ध होते हैं।

हंटिंगटन द्वारा प्रस्तुत विकासशील राजनीतिक व्यवस्थाओं में लोकतंत्रीय संभावना से प्रासंगिक उपर्युक्त चारों तत्त्वों का विश्लेषण निश्चित रूप से विकासशील व्यवस्थाओं के लिए बेहद प्रासंगिक है, लेकिन वह सर्वथा

विवेकसंगत नहीं जान पड़ता है। किसी भी राजनीतिक व्यवस्था में प्रचलित धार्मिक संस्कृति को आधार बनाकर या संस्कृति को मुख्य सूचक मानकर लोकतंत्र की संभावनाओं का आकलन करना या इस संबंध में कोई भी निर्णय देना सही नहीं है। किसी भी राजनीतिक व्यवस्था पर वहां की राजनीतिक संस्कृति का गहरा प्रभाव होता है। लोकतंत्र के भविष्य–निर्धारण में इसकी भूमिका अहम् होती है, लेकिन धर्म के अतिरिक्त भी राजनीतिक संस्कृति की प्रकृति व अभिवृत्ति से प्रासंगिक कई पक्ष हैं जो विषयपरक मानदण्डों के निर्धारण में प्रभावी होते हैं। इसलिए, सिर्फ धर्मगत तत्त्वों को आधार बनाकर लोकतंत्र की संभावनाओं का आकलन करना यथोचित नहीं है। विश्व में कई राष्ट्र ऐसे हैं जो अलग–अलग धार्मिक संस्कृति का प्रतिनिधित्व करने के बावजूद सक्रिय लोकतंत्र (Functional Democracy) का दृष्टान्त प्रस्तुत कर रहे हैं। उदाहरणस्वरूप, मलेशिया, जॉर्डन, मिश्र, लेबनान, आदि धार्मिक संस्कृति की दृष्टि से मुख्यतः मुस्लिम देश हैं, श्रीलंका व थाईलैण्ड मूलतः बौद्ध धर्मावलंबी है, ताइवान कनफ्यूशियस अनुयायी है तथा भारत मुख्यतः हिन्दू, मुस्लिम, सिख, ईसाई, पारसी आदि अनेक बहुधर्मावलंबी अनुयायियों का प्रतिनिधिक राष्ट्र है, लेकिन फिर भी ये सभी व्यवस्थाएं सक्रिय लोकतंत्र का बेहतर उदाहरण प्रस्तुत कर रही हैं।

विकासशील जनतांत्रिक व्यवस्थाओं के सामाजिक–आर्थिक आयामों पर मार्क्सवादी दृष्टिकोण (Marxist View on Socio-economic Dimensions of Developing Democratic Countries)

पाल बरन की प्रसिद्ध कृति 'The Political Economy of Growth–1957' में पिछड़ेपन (Backwardness) की व्याख्या प्रस्तुत करते हुए यह लिखा गया है कि वर्तमान औपनिवेशिक और पराश्रित देश प्राथमिक पूंजी संचय (Primary Accumulation of Capital) के ऐसे स्रोतों का सहारा नहीं ले सकते हैं जैसा आज विकसित पूँजीवादी देशों को उपलब्ध है। वरन् ने यह दावा किया है कि समसामयिक विश्व में विकसित एवं विकासशील देशों के पूंजीपतियों के हितों में इतना गतिरोध व विरोध पैदा हो गया है कि विकासशील देशों के पूंजीपति उत्पादन शक्तियों को विकसित करने में समर्थ नहीं दिखते हैं। ऐसी स्थिति में इन व्यवस्थाओं द्वारा पूँजीवादी व्यवस्था को अपनाने से इनके विकास को गति मिलने के बजाय इन्हें रुकावटों का सामना करना पड़ेगा। विकासशील व्यवस्थाओं के सामाजिक आर्थिक विकास के प्रसंग पर मार्क्सवादी एवं नवमार्क्सवादी चिन्तन की अभिव्यक्ति अनुसार, विकासशील या अल्पविकसित देशों की वर्तमान सामाजिक–आर्थिक दशा पूंजीवादी व्यवस्थाओं द्वारा संचालित गतिविधियों का नतीजा है। इन देशों की दशा व दिशा का यथार्थपरक अध्ययन विश्लेषण करने के क्रम में मार्क्सवादी एवं नवमार्क्सवादी चिन्तन इनकी सामाजिक आर्थिक वास्तविकताओं के समस्त पहलुओं का गहन विश्लेषणात्मक अनुभवपरक अध्ययन करते हुए निष्कर्ष के रूप में यह अभिव्यक्ति प्रकट करता है कि इन व्यवस्थाओं की वर्तमान दशा की पूरी जवाबदेही पूंजीवादी व्यवस्था की है। नवमार्क्सवादियों द्वारा प्रस्तुत 'पराश्रितता सिद्धान्त' (Dependentcy Theory) के माध्यम से यह स्पष्ट किया गया है कि इन देशों का सामाजिक–आर्थिक विकास बाहरी शक्तियों द्वारा नियंत्रित किया जा रहा है। पराश्रितता सिद्धान्त नवमार्क्सवादियों का एक प्रयास है जिसके माध्यम से समकालीन विश्व के विकसित देशों तथा विकासशील देशों के मध्य परस्पर संबंधों का विश्लेषण प्रस्तुत किया गया है। इस सिद्धान्त के मुख्य प्रस्तोता अफ्रीका और लैटिन अमेरिका के बुद्धिजीवी हैं जिसमें आन्द्रे जी. फ्रैंक और समीन अमीन के नाम विशेष रूप से उल्लेखनीय हैं। इस सिद्धान्त के माध्यम से इनका यह स्पष्ट संकेत है कि समकालीन विश्व की अन्तर्राष्ट्रीय अर्थव्यवस्था तीसरी दुनिया के देशों की आर्थिक विकास प्रक्रिया को भारी नुकसान पहुंचा रही है। इनका मन्तव्य है कि अन्तर्राष्ट्रीय व्यापार के प्रसंग में विनियम स्तर पर शक्तिशाली विकसित राष्ट्रों का प्रभुत्व बना होता है और यही प्रभुत्व तीसरी दुनिया के देशों में अल्पविकास की मूल वजह है। इस सिद्धान्त के प्रर्वतकों का मत है कि उदारवादी सिद्धान्त इन्हें निर्धनता से मुक्ति का जो स्वप्न दिखाता है, वह कोरा भ्रमजाल है। यदि उनके दिखाये मार्ग पर चल कर विकासशील देश अपनी देशीय अर्थव्यवस्था को मुक्त व्यापार और अन्तर्राष्ट्रीय प्रतिस्पर्द्धाओं के लिए खुला छोड़ देंगे, तो इसका

परिणाम यह होगा कि पूंजीपति और निर्धन देशों के बीच की खाई और ज्यादा चौड़ी होती जायेगी। इनके संकेतानुसार समसामयिक अन्तर्राष्ट्रीय अर्थव्यवस्था तीसरी दुनिया के देशों को आर्थिक विकास के स्तर पर भारी नुकसान पहुंचा रहा है।

पराश्रितता सिद्धान्तकारों की अभिव्यक्ति के अनुसार, औपचारिक उपनिवेशवाद (Formal Colonialism) की तो समाप्ति हो चुकी है, लेकिन आर्थिक या नव उपनिवेशवाद (Economic or New Colonialism) की स्थिति आज भी कायम है, जिसके माध्यम से विकसित देश विकासशील देशों में पूँजी निवेश करके उन देशों को कच्चे माल के पूर्तिकर्ता और तैयार माल के बाजार के रूप में अपने फ़ायदे के लिए इस्तेमाल करते हैं। इस प्रकार में पुरानी उपनिवेशवादी शक्तियां अपनी उपनिवेशवादी मानसिकता के अनुरूप विकासशील देशों से आर्थिक लाभ तो पहले की तरह ही प्राप्त कर रही है, जबकि उन्हें इसका राजनीतिक खर्च भी नही उठाना पड़ता है।

सारांशतः, इस सिद्धान्त का मंतव्य है कि जब तक विकासशील देश आर्थिक और राजनीतिक दृष्टि से विकसित देशों के साथ जुड़े रहेंगे, तब तक उन्हें निर्धनता और शोषण की परिस्थितियों से मुक्ति नहीं मिलेगी। वहां वास्तविक रूप में लोकतंत्र तभी संस्थापित हो सकेगा, जब आर्थिक एवं राजनीतिक दृष्टि से उन्हें स्वायत्तता प्राप्त होगी। इनके विचारानुसार, नव उपनिवेशवाद पश्चिमी विकसित पूँजीवादी व्यवस्थाओं की वह राजनीति है, जिसके माध्यम से वे राजनीतिक आधिपत्य की जगह विकासशील देशों पर आर्थिक अधिपत्य स्थापित करते हैं। अन्तर्राष्ट्रीय व्यापार के बहाने वे मूलरूप से इन देशों का इस्तेमाल सस्ता कच्चा माल, सस्ता श्रम प्राप्त करने के लिए करते हैं और अपनी उत्पादित वस्तुओं की खपत के लिए बहुत बड़े बाजार के रूप में करते हैं। इस रूप में विकसित जनतांत्रिक व्यवस्थाओं द्वारा विकासशील व्यवस्थाओं में प्रशासन के रख–रखाव पर बिना कोई खर्च किये वे उपनिवेशवाद जैसा लाभ उठा रहे हैं।

इस सिद्धान्त के आलोचकों की नजर में इस धारणा से प्रासंगिक यथार्थ आनुभविक स्तर पर सही नहीं लगता है, क्योंकि यदि आर्थिक स्वायत्तता ही लोकतंत्र की संस्थापना की कसौटी है, तो चीन, उत्तरी कोरिया, अल्बानिया, म्यांमार जैसे देश जो राजनीतिक एवं आर्थिक आधार पर स्वायत्तता प्राप्त कर चुके हैं, अपनी व्यवस्था में लोकतंत्र स्थापित करने में सफल क्यों नहीं हो पाये ? वहीं दूसरी ओर लैटिन अमेरिका और पूर्वी एशिया के देश जैसे ताइवान और दक्षिणी कोरिया में लोकतंत्र स्थापित हुआ तो अपने निर्यात का भारी विस्तार करके उन्होंने अन्तर्राष्ट्रीय आर्थिक व्यवस्था के साथ अपने को जोड़े रखा। व्यवस्थागत पर्यावरण के अनुभवों के आधार पर व्याख्याकारों द्वारा पराश्रितता सिद्धान्त की मान्यताओं का विस्तार करते हुए यह विचार व्यक्त किया गया कि विकासशील देशों को लोकतंत्र के ढाँचे और प्रक्रियाओं पर संतोष न करके यथार्थ में लोकतंत्र की स्थापना पर ध्यान देना चाहिए और लोकतंत्र का यथार्थ यह मांग करता है कि इन व्यवस्थाओं में जो शक्ति अल्पसंख्यक राजनीतिक या सैनिक विशिष्टवर्ग के हाथों में सिमटी है, विस्तारित होकर इसका बड़ा हिस्सा जनसामान्य के हाथों में पहुंच जाय।

इस प्रसंग में एम.ए. गैरेटन द्वारा प्रकाशित रचना 'The Rethinking Third World Politics, 1991' में वास्तविक लोकतंत्र की स्थापना हेतु आवश्यक तीन शर्तों के पूरे होने की जरूरत बतायी गयी है जिनमें–प्रथम–सशस्त्र सेनाओं पर नागरिक प्रशासन का मजबूत नियंत्रण होना चाहिए। द्वितीय–सरकार को मानव अधिकारों (Human Rights), विधि का शासन (Rule of Law) सामाजिक न्याय (Social Justice) जैसे विषयों के प्रति जनसरोकारगत दृष्टिकोण रखना चाहिए। तृतीय–अल्पसंख्यक जातियों, स्त्रियों, युवावर्ग एवं निर्धन वर्ग में राजनीतिक सहभागिता (Political Participation) को ज्यादा–से–ज्यादा विस्तारित करने को प्राथमिकता देनी चाहिए।

इस सिद्धान्त का विशेष संदर्भ विकासशील देशों में सच्चे लोकतंत्र की स्थापना का प्रयास करना एवं उनकी आर्थिक समस्याओं का समाधान करना है। इसीलिए, सिद्धान्तकारों का यह तर्क है कि राजनीतिक–सामाजिक और आर्थिक स्तर पर केवल विकसित जनतांत्रिक व्यवस्थाओं का अनुकरण करने से वास्तविक स्तर पर इन्हें बहुत फ़ायदा नहीं है। विकासशील व्यवस्थाओं को अपनी सांस्कृतिक विरासत को कायम रखते हुए विकसित व्यवस्थाओं में प्रचलित सफल प्रौद्योगिकी (Technology) या प्रक्रियाओं (Procedures) को अपनाने में कोई विशेष नुकसान नहीं है, लेकिन यदि ये व्यवस्थाएं अपनी सांस्कृतिक विरासत का त्याग करके विकसित देशों की संस्कृति में अपने

को ढालने का प्रयास करती हैं, तो यह उनके राजनीतिक सामाजिक, आर्थिक पर्यावरण के विकास की दृष्टि से नुकसानदेह साबित हो सकता है। यह इनके राजनीतिक संस्कृति, राजनीतिक समाजीकरण, राजनीतिक विकास, राजनीतिक आधुनिकीकरण, राजनीतिक सहभागिता, राजनीतिक भर्ती जैसे यथार्थपरक लोकतांत्रिक संदर्भों पर गंभीर प्रभाव डाल सकता है।

विकासशील जनतांत्रिक व्यवस्थाओं की समस्याएं एवं चुनौतियां
(Problems and Challenges of Developing Democratic Systems)

विकासशील जनतांत्रिक राजनीतिक व्यवस्थाएं राजनीतिक, सामाजिक, आर्थिक, परिप्रेक्ष्य में मूल रूप से कई प्रकार की समान समस्याओं एवं चुनौतियों का सामना कर रही हैं। इनकी प्रमुख मौलिक पहचान ये है कि इनका अतीत साधारणतः यूरोपीय देशों के उपनिवेश का हिस्सा रहा है। स्वाधीनता–प्राप्ति से पूर्व उपनिवेशीय प्रभुत्व (Colonial Dominance) द्वारा अपनी समुन्नति के लिए इनके प्राकृतिक व मानवीय संसाधनों का भरपूर सामाजिक–आर्थिक दोहन किया जाता रहा है। इन्हें विखंडित समाज, खंडित संस्कृति और अत्यन्त पिछड़ी अर्थव्यवस्था विरासत में मिली। इन्हें तीसरी दुनिया के देशों की संज्ञा दी गयी है। आज आधुनिकीकरण औद्योगीकरण, विज्ञान एवं प्रौद्योगिकी के पूर्ण विकसित युग में भी ये अल्पविकसित अस्तित्व के साथ विकास की विभिन्न अवस्थाओं में कई प्रकार की संरचनात्मक–कार्यात्मक कठिनाइयों के बावजूद अपना सफर तय कर रहे हैं और जनतंत्र की सफलता की आवश्यक शर्तों (Conditions) के अभाव में भी लोकतंत्रीय अवधारणा को कायम रखने के प्रति कृतसंकल्पित दिखाई दे रहे हैं, जबकि, इनके समक्ष अनेकानेक समस्याएं एवं चुनौतियां हैं। अपने विकास की आकांक्षा से प्रेरित होकर ही इनके द्वारा गंभीर स्वाधीनता आन्दोलन चलाया गया, जिसके परिणामस्वरूप इन्हें भी जनतांत्रिक शासन पद्धति अपनाने का सौभाग्य मिला। उपनिवेशवाद के पतन और स्वाधीनता की प्राप्ति के पश्चात् जब इनके द्वारा विकास संदर्भित समस्त पक्षों पर कदम बढ़ाया गया, तो इन्हें विकासशील देश की कोटि प्रदान की गयी।

सामान्यतः, ये व्यवस्थाएं ऐतिहासिक परम्परागत सत्ता की उपज हैं जहां सत्ता–संचालन व्यवस्था में थोड़े से विशिष्ट व्यक्तियों के हाथों में केन्द्रित होता है। इनकी सत्तागत संरचना का स्वरूप, प्रकृति एवं प्रवृत्ति में आज भी औपनिवेशिक शासन शैली का प्रभाव दृष्टिगोचर होता रहता है। इनके बीच एक महत्त्वपूर्ण समानता यह भी है कि सभी अपने उपनिवेशिक अतीत से मुक्ति पाकर एक आदर्श जनतांत्रिक व्यवस्था तथा जनतांत्रिक पर्यावरण के निर्माण के प्रति बेहद उत्सुक, जागरूक और बेचैन दिखाई देते हैं। सभी अपने आर्थिक पिछड़ेपन से मुक्ति पाकर आर्थिक रूप से संवृद्ध अस्तित्व प्राप्त करने के लिए लालायित हैं और जहां तक इनके भविष्य का प्रश्न है अधिकांश व्यवस्थाएं विकासोन्मुख व जनोन्मुख होने की उत्सुकता प्रकट करते हैं तथा इस हेतु अपनी राजनीतिक व्यवस्था के विकास मार्ग को किसी–न–किसी रूप में पश्चिमी विकसित जनतांत्रिक व्यवस्थाओं के समरूप ले जाने की अदम्य इच्छा रखते दिखाई देते हैं। इनके पिछड़ेपन (Backwardness) या अल्प–विकास (Underdevelopment) के कारणों के साथ इन्हें अपने समुचित विकास हेतु कौन सा मार्ग अपनाना चाहिए इस विषय पर उदारवादी (Liberal) मार्क्सवादी एवं नवमार्क्सवादी (Marxist and Newmarxist) विचारकों द्वारा अभिव्यक्त विचारों की विस्तृत चर्चा ऊपर की जा चुकी है।

विकासशील व्यवस्थाओं में अधिकांश राजनीतिक अस्थायित्व से ग्रस्त हैं जिसके मूल में सामाजिक सांस्कृतिक खण्डीकरण (Segmentation) तथा आर्थिक पिछड़ापन है। यहां राजनीति संचालन के बुनियादी नियमों पर मतैक्यता का अभाव, राजनीतिक दलों की अनेकता, राजनीतिक दलों का ढीला–ढाला संगठन, राजनेताओं का स्वार्थी चरित्र, भ्रष्ट नौकरशाही आदि परिस्थितियां राजनीतिक अस्थिरता के संवाहक की भूमिका निभाती हैं। अधिकतर नवोदित व्यवस्थाओं में बहुल समाज का अस्तित्व है, जिसकी वजह से सामाजिक, सांस्कृतिक, धार्मिक विविधताएं इनकी मौलिक पहचान है। विभिन्न जातियों, संस्कृति व धर्म का परस्पर विरोधी दबाव व्यवस्थागत पर्यावरण एवं राजनीतिक व्यवस्था पर सदैव बना रहता है, जिससे व्यवस्था एवं पर्यावरण में निरन्तर तनाव की नई परिस्थितियां उत्पन्न होती रहती हैं। इसका नतीजा यह हो रहा है कि राज्य सरकारों के लिए बाहय सुरक्षा के

बजाय आन्तरिक सुरक्षा का मसला ज्यादा प्रासंगिक बनता जा रहा है। आन्तरिक अशान्ति बाह्य खतरों के आगमन का मार्ग प्रशस्त करती रहती है। ज्यादातर व्यवस्थाओं में निष्पक्ष और नियतकालिक (Periodical) चुनाव हो नहीं पाते हैं और यदि संभवतः सम्पन्न हो भी जाते हैं तो पराजित पक्ष हार के परिणामों को सहजता से स्वीकार नहीं कर पाता है, इसलिए राजनीति में अपराध, हिंसा, हत्या जैसी घटनाएं आये दिन घटती रहती हैं। व्यवस्थागत ये तानवपूर्ण परिस्थितियां राजनीतिक सत्ता को तो कमजोर करती ही हैं, इससे सामाजिक–सांस्कृतिक मूल्यों का भी क्षय होता है, जिसका असर आर्थिक–विकास प्रक्रिया पर पड़ता है। सामाजिक–राजनीतिक व्यवस्था में हिंसा, हत्या, अपराध छल योजना, पड्यंत्र, दंगा–फसाद आदि पर नियंत्रण के लिए पुलिस एवं सेना का हस्तक्षेप यहां आम बात है। अधिकांश विकासशील व्यवस्थाएं संक्रमणकाल के दौर से गुजर रही हैं। सामाजिक तनाव, प्रशासनिक अव्यवस्था, आर्थिक मंदी, राजनीतिक अस्थायित्व जैसी समस्याएं इन व्यवस्थाओं के लिए आम स्थितियां हैं। परम्परागतता से आधुनिकीकरण की ओर तेजी से कदम बढ़ाने हेतु ये व्यवस्थाएं कृषि स्तर से औद्योगिक स्तर में तीव्र गति से प्रवेश कर रही हैं।

एशिया, अफ्रीका तथा लैटिन अमेरिका की नवोदत विकासशील जनतांत्रिक व्यवस्थाओं की कतिपय ज्वलन्त समस्याएं एवं चुनौतियां हैं, जिनमें–आधुनिकीकरण (Modernization), भूमंडलीकरण (Globalization), उदारीकरण (Liberalization) के प्रयास से उपजी निराशा, राजनीतिक अस्थिरता, व्यवस्था में अवस्थित भाषायी, धार्मिक, जातीय, सांस्कृतिक संघर्षों व तनावों की परिस्थितियां तथा प्रसंगाधीन निरन्तर नयी परिस्थितियों का उदय, राजनीति और प्रशासन संचालन में सेना एवं पुलिस की प्रभावी भूमिका, राजनीतिक संस्कृति का विखंडित स्वरूप, समाजीकरण व सहभागिता का कमजोर स्तर, प्रशासनिक व्यवहार में लालफीताशाही (Redtapism) जनसम्पर्क के साधनों की कमजोर भूमिका, चुनाव–प्रक्रिया, नवउपनिवेशवाद की समस्या, सांस्कृतिक प्रभुत्व (Cultural Dominatian), सैनिक हस्तक्षेप (Military Intervention), प्रतिभा–प्रवास (Brain-Drain) निर्धनता, बेरोजगारी, जनसंख्या विस्फोट (Population Explosion), साम्प्रदायिकता एवं साम्प्रदायिक हिंसा, निरक्षरता (Illiteracy) अपराध एवं अपराधी, भ्रष्टाचार, उग्रवाद, आतंकवाद, युवाअन्तोष (Youthunrest) इत्यादि प्रमुख हैं। विकासशील व्यवस्था से संबद्ध इन प्रासंगिक समस्याओं एवं चुनौतियों पर संक्षिप्त चर्चा निम्नांकित है :

आधुनिकीकरण, भूमंडलीकरण एवं उदारीकरण की नीति
(Policy of Modernisation, Globalisation and Liberalisation)

आधुनिकीकरण व्यवस्था की वह प्रक्रिया है जिसमें सामाजिक गतिशीलता निहित है। इस प्रक्रिया के अन्तर्गत आर्थिक, सामाजिक, राजनीतिक तीनों प्रकार के परिवर्तन समावेशित हैं। यह वह प्रक्रिया है जिसके माध्यम से प्राचीन सामाजिक, आर्थिक, मनोवैज्ञानिक प्रतिबद्धताएं समाप्त हो जाती हैं और व्यक्ति के व्यवहार व समाजीकरण के नये प्रतिमान तैयार होते जाते हैं। भूमंडलीकरण की नीति उदारीकरण और निजीकरण के तार्किक परिणाम की अभिव्यक्ति है। इसके अन्तर्गत व्यवस्था की आर्थिक गतिविधियों की कार्यकुशलता में वृद्धि के लिए व्यवस्थागत अर्थव्यवस्था को विश्व की किसी भी राजनीतिक व्यवस्था की आर्थिक गतिविधि के साथ जोड़ने की छूट दी जाती है। भूमंडलीकरण के अन्तर्गत कोई व्यवस्था अपने उत्पादन (Production), खरीद–फरोख्त (Marketing) तथा सेवाओं का जाल (Network of Services) विश्व के किसी भी ऐसे हिस्से के साथ जोड़ सकती है जहां सबसे कम लागत (Cost) पर गुणवत्ता (Quality) उन्नत की जा सके और उससे अधिकतम लाभ (Profit) प्राप्त किया जा सके। आर्थिक क्षेत्र में भूमंडलीकरण की नीति बहुराष्ट्रीय निगमों (Multinational Corporations) के विस्तार को बढ़ावा देती है, जिसके परिणामस्वरूप विकासशील व्यवस्थाओं का सामाजिक, आर्थिक, सांस्कृतिक जीवन, विश्वव्यापी सामाजिक, आर्थिक, सांस्कृतिक प्रभाव के दायरे में आ जाता है। उदारीकरण वह नीति या प्रक्रिया है, जिसके अन्तर्गत व्यवस्था की आर्थिक गतिविधियों का कौशल–सामर्थ्य बढ़ाने एवं उससे मिलने वाले लाभ के प्रतिशत में अधिकतम वृद्धि करने के लिए उस पर से सरकारी प्रतिबंध और नियंत्रण (Restrictions and Control) समाप्त कर दिया जाता है या उनमें रियायत (Relaxation) दे दी जाती है, ताकि बाजार शक्तियों (Market Forces) को बेरोकटोक काम करने का मौका मिल सके और व्यवस्था की अर्थव्यवस्था को सुदृढ़ बनाने हेतु ये

शक्तियां स्वतंत्र होकर आर्थिक गतिविधियों का संचालन समर्थ रूप से कर सकें। इस नीति के अन्तर्गत समाज एवं व्यक्तियों के कल्याण हेतु राज्य की जवाबदेही को कम करने की कोशिश की जाती है जो इस विश्वास के साथ सम्बद्ध होता है कि यह नीति व्यवस्था में सेवाओं एवं वस्तुओं की मांग (Demand), पूर्ति (Supply) तथा मुक्त प्रतिस्पर्द्धा (Free Competition) के नियम व्यापारियों के लिए निजी लाभ (Private Profit) और कामगारों (Workers) के लिए विभिन्न प्रकार के प्रोत्साहनों (Incentives) का आकर्षण उपलब्ध कराता है जो आर्थिक गतिविधियों को कार्यक्षम (Efficient) बनाने का सर्वोत्कृष्ट साधन है। आलोचकों के तर्क में ये तीनों परिस्थितियां विकासशील व्यवस्थाओं में अनेक प्रकार के सामाजिक, राजनीतिक, आर्थिक एवं सांस्कृतिक समस्याओं के प्रवेश का मार्ग प्रशस्त करती हैं। यह नव उपनिवेशवादी मानसिकता को बढ़ावा देती है जिसके माध्यम से विकसित देश संदर्भित व्यवस्था को उन्नति का प्रलोभन देकर मुख्यतः अन्तर्राष्ट्रीय व्यापार व औद्योगीकरण के बहाने उन देशों का सस्ता कच्चा माल और सस्ते श्रम का इस्तेमाल अपनी उन्नति के लिए करता है तथा अपनी उत्पादित वस्तुओं की बिक्री के लिए बड़े बाजार के रूप में इन व्यवस्थाओं का प्रयोग करता है।

राजनीतिक अस्थिरता (Political Instability)

राजनीतिक अस्थायित्व विकासशील देशों की आम समस्या है। यहां राजनीतिक खेल के बुनियादी नियमों में सदैव मतवैभिन्नताएं पायी जाती हैं। राजनीतिक दलों की अनेकता, इनका ढीलाढाला संगठन, तथा राजनेताओं में नैतिक गुणों का अभाव पाया जाता है। इन व्यवस्थाओं में साधारणतः दलीय प्रणाली काफी कमजोर स्थिति में दिखाई देती है। यही कारण है कि सऊदी अरब, जॉर्डन, बहरीन, कुवैत, भूटान जैसी व्यवस्थाओं में दलीय प्रणाली के अभाव में लोकतंत्र स्थापित ही नहीं हो पाया है और राजनीति पर शासक परिवारों का प्रभुत्व अभी भी कायम है। जहां सैनिक शासन (Military Rule) स्थापित होने का इतिहास है, जैसे पाकिस्तान, बंगलादेश में वहां प्रचलित राजनीतिक दलों पर कानूनी प्रतिबंध लगा दिया जाता है और जब असैनिक शासन (Civilian Rule) की मांग जन आन्दोलन का रूप लेने लगती है, तो राजनीतिक दलों का अस्तित्व फिर से उभर कर सामने आ जाता है। कुछ देशों में स्वाधीनता संघर्ष के दिनों में अरितत्व में आगे राजनीतिक दलों द्वारा स्वाधीनता–प्राप्ति के उपरान्त मुख्य शासक दल के रूप में अपना अस्तित्व बनाये रखा गया है। कुछ देशों में स्वाधीनता आन्दोलन के दौरान जिन दलों की प्रभावशाली भूमिका रही, वे स्वाधीन देश के पर्यावरण के साथ समर्थ रूप से खड़े नहीं रह पाये, क्योंकि दोनों युगों की पर्यावरणगत विभिन्नताओं की वजह से पुरानी पार्टी की संस्कृति का नई संस्कृति के साथ मजबूत तालमेल नहीं बैठ पाया। इन दोनों स्थितियों के उदाहरण में भारतीय राष्ट्रीय कांग्रेस पूरी तरह फिट बैठती है। कुछ देशों में एक दल प्रधान प्रणाली (One Party Dominant System) के अस्तगमन (Decline) के बाद बहुदलीय प्रणाली (Multiparty System) का व्यवस्था में मौजूद परिस्थितियों के आधार पर आविर्भाव हुआ और राजनीतिक स्वार्थ–सिद्धि हेतु समसामयिक राजनीतिक गठबंधन (Coalition) के माध्यम से सुविधाजनक गठबंधन सरकारों (Convenient Coalition Governments) का अस्तित्व आकार लेने लगा, जिसमें किसी प्रकार की विचारात्मक एकता (Ideological Solidarity) का पुट न होते हुए भी सिर्फ सत्ता हथियाने के ध्येय से सरकारें आकार लेने लगीं। इसका बेहतर उदाहरण भारतीय जनतांत्रिक व्यवस्था में मिलता है। कुछ देशों में एकदलीय प्रणाली को बढ़ावा दिया गया, क्योंकि राष्ट्रीय नेताओं के लिए यह यथेष्ट समर्थन जुटाने का माध्यम बना। दृष्टान्तस्वरूप बंगलादेश में जरनल इरशाद की जातीय पार्टी (People's Party), जाईर में राष्ट्रपति मोबूतू की 'रिवोल्यूशनरी पॉपुलर मूवमेंट पार्टी', लाइबेरिया में राष्ट्रपति दोह की 'नेशनल डेमोक्रेटिक पार्टी' आदि को इस कोटि में रखा जा सकता है। वहीं इक्कीसवीं शताब्दी के आरंभ में लैटिन अमेरिका के कई देशों में राजनीतिक दलों की प्रतिस्पर्द्धा सत्तारूढ़ विशिष्ट वर्ग के अन्दर ही उदारवादी एवं अनुदारवादी (Liberal and Conservative) गुटों के मध्य चलने का स्पष्ट संकेत मिलता रहा है और जनसामान्य को इस प्रतिस्पर्द्धा से अलग–थलग रखा जा रहा है। इस प्रकार, विकासशील जनतांत्रिक व्यवस्थाओं में राजनीतिक संस्कृति का विखंडित स्वरूप, राजनीतिक दलों की भूमिका, उनके नेताओं में करिश्मावादी व्यक्तित्व का अभाव जनसामान्य पर उनका घटता प्रभाव, क्षेत्रीय दलों का केन्द्र की

राजनीति में बढ़ता प्रभाव, राजनीतिक अनबन, दल–बदल (Discord and Defection) की स्थितियां, कई राज्यों एवं केन्द्र में मिली–जुली सरकारों (Coalition Governments) का प्रयोग तथा राज्य एवं समाज के बीच स्वस्थ अन्तर्क्रियात्मकता, अन्योन्याश्रितता का अभाव ही मूलतः यहां राजनीतिक अस्थायित्व के बुनियादी कारक हैं।

संजातीय तनाव और संघर्ष (Ethnic Tension and Conflict)

विकासशील जनतांत्रिक व्यवस्थाओं में सामाजिक–राजनीतिक व सांस्कृतिक अस्थिरता का एक बड़ा बुनियादी कारक संजातीय तनाव व संघर्ष हैं। सामान्यतः सभी विकासशील व्यवस्थाओं में विविध प्रकार की जातियों, धर्मों, भाषाओं, संस्कृतियों का अस्तित्व विद्यमान् होता है। सामाजिक–राजनीतिक व्यवस्था में विभिन्न सामाजिक समूह अपनी जाति, धर्म, भाषा, संस्कृति, वेशभूषा, नस्ल या शारीरिक विशेषताओं के माध्यम से अपनी अलग पहचान स्थापित करते हैं। व्यवस्थान्तर्गत जब कोई सामाजिक समूह यह महसूस करे कि अन्य समूहों की अपेक्षा उसे लाभ या सम्मान का अवसर कम प्राप्त हो रहा है तो उसके मन में अन्य समूहों के प्रति ईर्ष्या व द्वेष का भाव उत्पन्न हो जाता है और यही मनोवृत्ति सामाजिक व्यवस्था में समूहों के बीच आपसी वैमनस्य और विभाजक प्रवृत्तियों (Divisive Tendencies) के जन्म एवं वृद्धि का मूल कारक होता है। ये विघटनकारी प्रवृत्तियां सामाजिक–राजनीतिक व्यवस्था के राजनीतिक पर्यावरण में तनाव एवं संघर्ष के अस्तित्व को आकार देती है तथा राजनीतिक–आर्थिक विकास एवं आधुनिकीकरण को बाधित करती है। संजातीय समूह के सदस्य समाज में एक ही जाति एवं संस्कृति से जुड़े होने की वजह से आपसी एकता अनुभव करते हैं। यही संजातीय एकता व्यवस्था में संजातीय पूर्वाग्रहों (Ethnic Prejudice) के जन्म का मूल कारक है, जिसके प्रसंगाधीन तत्त्व विकासशील व्यवस्थाओं की लोकतंत्रीय प्रणाली में विखंडित राजनीतिक संस्कृति तथा विखंडित जनादेश (Segmented Mandate) की परिस्थितियां उत्पन्न करते हैं और राजनीतिक–सामाजिक पर्यावरण में सदैव नये तनाव व संघर्ष के आविर्भाव एवं निर्माण की आधारभूमि मजबूत करके विकासशील जनतांत्रिक व्यवस्थाओं को राजनीतिक अस्थायित्व से ग्रस्त रखते हैं। इसका सीधा प्रभाव राजनीतिक व्यवस्था की अर्थव्यवस्था तथा आर्थिक विकास प्रक्रिया पर पड़ता है। इन संजातीय तनावों या संघर्षों के पीछे मूलतः संजातीय मुद्दे (Ethnic Issues) क्रियाशील रहते हैं, जिसकी वजह से सजातीय, धार्मिक या वर्गीय आधार पर सामाजिक–राजनीतिक आन्दोलन चलाये जाते हैं जो राष्ट–निर्माण की प्रक्रिया को बाधित करता है। विकासशील व्यवस्थाओं के लिए राष्ट–निर्माण का अर्थ है–समस्त राष्ट्र के लोगों के लिए आस्था का एक ही केन्द्र विकसित करना, जिससे नागरिक अपनी आस्था या निष्ठा को संकीर्ण संजातीय समूह में सीमित न रखकर समस्त राष्ट्र को अपनी आस्था का केन्द्र माने। राजनीतिक यथार्थ यह है कि स्वाधीनता आन्दोलन (Freedom Movement) के दौरान इन राष्ट्रों में राष्ट्र–निर्माण के प्रति यथेष्ट अभिवृत्ति एवं वातावरण तैयार हुआ था लेकिन स्वंतत्रता–प्राप्ति के पश्चात् सामाजिक संजातीय तनावों व संघर्षों की वजह से राजनीति में विघटनकारी तत्त्वों का मजबूत अस्तित्व आकार लेने लगा जिससे इन व्यवस्थाओं में राष्ट्र–निर्माण की गंभीर समस्या उत्पन्न होने लगी। दूसरी ओर इन व्यवस्थाओं में राज्य–निर्माण की समस्या भी काफी गंभीर है। राज्य निर्माण का संदर्भ है राज्य में शक्ति का ऐसा केन्द्र विकसित करना जो व्यवस्था में कानूनों का समुचित क्रियान्वयन कर सके, राज्य की जनकल्याणकारी नीतियों–निर्णयों को जन–जन तक पहुंचा सके, समाज को पूर्ण सुरक्षा प्रदान कर सके और सम्पूर्ण व्यवस्था में शान्ति कायम रख सके। लेकिन, परिवहन एवं संचार के अपर्याप्त संसाधनों, भौगोलिक दूरियां तथा विघटनकारी सामाजिक शक्तियों की वजह से यहां राज्य–निर्माण प्रक्रिया को भी काफी मुश्किलों का सामना कर रहा है। भारत जैसे देशों में जाति प्रथा का कठोर ढाँचा भी व्यवस्था में विखंडित राजनीतिक संस्कृति एवं विखंडित जनादेश की परिस्थितियों की मौजूदगी का एक प्रधान तत्त्व है।

नौकरशाही की अभिवृत्ति (Attitude and Bureaucracy)

विकासशील जनतांत्रिक व्यवस्थाओं की प्रशासनिक व्यवस्था (Administrative System) उन्हें उपनिवेशवादी संस्कृति से विरासत के रूप में मिली हैं, जिनके द्वारा वहां राजनीतिक अस्थायित्व के दौर में संरक्षक अधिकारीतंत्र

(Guardian Bureaucracy) की भूमिका निभायी जाती है। संरक्षक अधिकारीतंत्र अपने को राज्य की अखण्डता और स्थिरता को कायम रखने का मुख्य संरक्षक मानता है। राजनीतिक उथल–पुथल एवं चुनावी राजनीति के परिणामस्वरूप जब स्थिर सरकार बनने के मार्ग में अड़चनें आती हैं और सरकार परिस्थिति के अनुरूप बदलती रहती है तो ऐसी परिस्थिति में संरक्षक अधिकारीतंत्र शासन का उत्तरदायित्व अपने हाथ में ले लेता है। नौकरशाही की यह मजबूत स्थिति कई विकासशील व्यवस्थाओं में स्पष्ट रूप से देखी जा सकती है। कई बार पाकिस्तान में राजनीतिक अस्थिरता के माहौल में अधिकारीतंत्र द्वारा सरकार का उत्तरदायित्व संभाला गया है। भारतीय प्रशासनिक सेवा (Indian Administative Service) जो पर्याप्त मजबूत संरचनात्मक इकाई है, के द्वारा भी कई बार संरक्षक अधिकारीतंत्र की सशक्त भूमिका निभायी गयी है। भारतीय अधिकारीतंत्र सामान्यतः राजनीतिक दृष्टि से तटस्थ दृष्टिकोण अपनाता रहा है और कई बार हुए राजनीतिक परिवर्तन या उथल–पुथल के बावजूद राजनीतिक–सामाजिक नीतियों के क्रियान्वयन में इनके द्वारा जनसरोकारगत दृष्टिकोण अपना कर अपनी खास पहचान कायम रखी गयी है। लेकिन, इस प्रसंग का महत्त्वपूर्ण प्रासंगिक तथ्य यह है कि इन व्यवस्थाओं में सरकारी अधिकारियों द्वारा अपनी सत्ता, पद व प्रतिष्ठा का दुरुपयोग करते हुए अपने परिवारों, संबंधियों नजदीकी मित्रों व मनपंसद राजनीतिज्ञों एवं राजनीतिक दलों को हर संभव फ़ायदा पहुंचाया गया है जिसके परिणामस्वरूप लगभग सभी व्यवस्थाओं में भाई–भतीजावाद व प्रशासनिक भ्रष्टाचार का बोलबाला है। यहां तक कि इन व्यवस्थाओं में प्रशासनिक अधिकारियों को अपने क्षेत्र, जाति, धर्म, संस्कृति, भाषा आदि का भी स्वाभाविक प्रतिनिधि मान लिया जाता है और अधिकारियों के संबंध में यह मानसिकता बन जाती है कि उनका प्राथमिक उद्देश्य अपने समूह की सहायता करना तथा उन्हें यथासंभव लाभ पहुँचाना है। नौकरशाहों का अपने सामाजिक समूहों के प्रति इस दृष्टिकोण से व्यवस्था में प्रतिनिधि अधिकारीतंत्र (Representative Bureaucracy) की धारणा को बल मिलता है। प्रतिनिधि अधिकारीतंत्र वह अभिवृत्ति है जिसके तहत विकासशील व्यवस्थाओं के दफ्तरशाही के सदस्यगण अपने क्षेत्र, धर्म, जाति, भाषा, संस्कृति के लोगों का समाज में प्रतिनिधित्व करते हैं और उनकी जरूरतों एवं उम्मीदों को पूरा करना अपना परम कर्तव्य मानते हैं। विकासशील देशों की विशाल जनसंख्या अलग–अलग सामाजिक समूहों के रूप में पहचान लिए समूहगत आधार पर बँटी होती है और दफ्तरशाह भावप्रधान रूप से उन समूहों से जुड़े नजर आते हैं। इन व्यवस्थाओं में जहा एक ओर मूल्यवान सामाजिक संसाधनों, वस्तुओं, सेवाओं, (Services) अवसरों (Opportunities), लाभों (Benefits) आदि का नितान्त अभाव होता है, वहीं दूसरी ओर व्यवस्था में अधिकारीवर्ग के सदस्यों की अपने संबद्ध संजातीय समूहों के प्रति ऐसी पक्षपाती अभिवृत्ति (Partial Attitudes) जनसाधारण के हित की दृष्टि से निश्चित रूप से गंभीर चिन्ता का विषय है। एक ओर इन व्यवस्थाओं में जनसंख्या विस्फोट, व्यापक निर्धनता, निरक्षरता, बेरोजगारी तथा गंभीर बीमारियों से जनता पेरशान है और सरकारी क्षेत्र में रोजगार बढ़ाने की मांगें गंभीर रूप से लगातार उठायी जा रही हैं, वहीं प्रशासनिक व्यवहार में लालफीताशाही (Redtapism) के बढ़ते प्रभाव की वजह से नौकरशाही विवेकसंगत प्रशासनिक प्रक्रिया से बहुत दूर होती जा रही है। लालफीताशाही की प्रवृत्ति की वजह से बहुत से सरकारी कामकाजों में औपचारिकताओं तथा कायदे कानून का व्यापक प्रयोग करके अधिकारीगण अपने उत्तरदायित्व से बचने के रास्ते ढूँढ़ते रहते हैं। यह प्रवृत्ति सरकारी फाइलों को धीरे–धीरे आगे बढ़ाती है, जिसके परिणामस्वरूप व्यवस्था में अपेक्षित सामाजिक–आर्थिक विकास बाधित होता है और लोक प्रशासन अपने उस लक्ष्य को पूरा नहीं कर पाता है जो विकासशील व्यवस्थाओं के विकास हेतु प्रशासन से अपेक्षित है।

जनसंपर्क के साधनों की भूमिका (Role of the Mass Media)

जनसंपर्क के साधनों को लोकतंत्र का चौथा स्तंभ कहा जाता है लेकिन विकासशील जनतांत्रिक व्यवस्थाओं में जनसम्पर्क के साधनों का ऐसा विकसित और स्वतंत्र स्वरूप दिखाई नहीं पड़ता है, जैसा कि विकसित व्यवस्थाओं में होता है। जनसम्पर्क के विविध साधनों में रेडियो, टेलीविजन, समाचारपत्र–पत्रिकाएं तथा मीडिया के समस्त आधुनिक उपकरण शामिल हैं जो व्यवस्थागत लोकतंत्रीय अवधारणा को सिद्धान्त एवं व्यवहार में मजबूती प्रदान

करने में अहम् भूमिका निभाते हैं। लेकिन, वस्तुस्थिति यह है कि जनसम्पर्क के इन साधनों का केन्द्र मुख्यतः शहरी क्षेत्रों तक सिमटा रहता है। समाचार पत्र समाज में विशिष्ट वर्ग एवं उच्च मध्यवर्ग के उपयोग की वस्तु है जिसमें समाचारों का दायरा भी ज्यादातर शहरी खबरों तक ही सिमटा होता है। इस प्रसंग में अन्य विकासशील देशों की तुलना में भारत की स्थिति काफी बेहतर है। यहां गांवों में घटित होने वाली छोटी मोटी घटनाओं, दुर्घटनाओं, बीमारियों, भ्रष्टाचार, अपराध, अपराधियों की खबरें व प्राकृतिक आपदाओं के समाचारों को जनसम्पर्क के समस्त साधनों में यथेष्ट स्थान दिया जाता है। जनसम्पर्क के विभिन्न साधन सूचना के प्रचार–प्रसार को बढ़ावा देते हैं, साथ ही सूचना के भूमंडलीकरण को भी बढ़ावा देते हैं। अब विकासशील व्यवस्थाओं के नागरिकों में भी टेलीविजन की मांग बढ़ने लगी है, जिससे मनोरंजन के साथ बेहतर जीवनशैली के प्रति यहां लोगों का रुझान बढ़ा है। इसने अपनी भूमिका के माध्यम से कुछ हद तक पश्चिम के सांस्कृतिक साम्राज्यवाद (Cultural Imperialism) को भी बढ़ावा दिया है।

सांस्कृतिक साम्राज्यवाद वह स्थिति है, जिसमें विकसित शक्तिशाली देश अपनी जीवन शैली, विचारों, मान्यताओं, मूल्यों, साहित्य, कलाकृतियों, संस्कृति आदि को टेलीविजन के माध्यम से दूसरे देशों में पहुंचा कर दूसरे देश के लोगों पर अपनी शक्ति एवं संस्कृति का प्रभुत्व स्थापित करता है। टेलीविजन के कार्यक्रमों एवं समाचार पत्रों के माध्यम से विकसित देशों द्वारा विकासशील देशों के जनमानस पर अपने सांस्कृतिक वर्चस्व की छाप छोड़ने का भरपूर प्रयास जारी है। जनसम्पर्क के साधनों द्वारा जनसाधारण में सदैव सजगता (Awareness) लाने का प्रयास किया गया है, लेकिन वस्तुस्थिति यह है कि अधिकांश विकासशील व्यवस्थाओं में स्वतंत्र व निर्भीक जनसम्पर्क के साधनों का अभी तक विकास ही नहीं हो पाया है, इसलिए विकासशील व्यवस्थाओं में लोकतंत्र का वह मजबूत एवं सजग स्वरूप दिखाई नहीं पड़ता है जो विकसित व्यवस्थाओं में पाया जाता है।

चुनाव प्रक्रिया (Election Process)

विकासशील जनतांत्रिक व्यवस्थाओं की चुनावी प्रक्रिया की प्रवृत्ति को समझने के लिए वहां की राजनीतिक संरचना, राजनीतिक व्यवहार, राजनीतिक पर्यावरण, राजनीतिक समाजीकरण, राजनीतिक संस्कृति, राजनीतिक सहभागिता, राजनीतिक दल व हित समूहों का स्वरूप, जनसम्पर्क के साधनों की भूमिका, अधिकारीतंत्र की भूमिका जैसे प्रसंगों पर ध्यान केन्द्रित करना होगा। वैसे तो समस्त चुनावी प्रक्रिया का व्यावहारिक संदर्भ व्यवस्थागत राजनीतिक संस्कृति से प्रासंगिक होता है जो मुख्यतः व्यवस्थान्तर्गत राजनीतिक व्यवहार से संदर्भित मूल्यों मान्यताओं मानकों आदि का प्रतिनिधित्व करती है और यही तत्त्व शासक वर्ग, शासन प्रणाली एवं प्रशासनिक प्रक्रिया को वैधता (Legitimacy) प्रदान करने का आधारतत्त्व है। विकासशील व्यवस्थाओं में केवल भारत में ही लोकतंत्र की संस्थापना के पश्चात् लगातार नियतकालिक चुनाव सम्पन्न होते रहे हैं। यहां निष्पक्ष चुनाव कराने हेतु संवैधानिक सत्ता के रूप में संविधान के अनुच्छेद 324(2) के अन्तर्गत निर्वाचन आयोग की व्यवस्था की गयी है, जिसकी देखरेख में निष्पक्ष चुनावी प्रक्रिया का संचालन किया जाता है। अन्य व्यवस्थाओं में अधिकतर चुनाव सत्तावादी शासन (Authoritarion Rule) को वैधता प्रदान करने हेतु कराये जाते हैं। दृष्टान्तस्वरूप, पाकिस्तान में 1984 का चुनाव जनरल जिया उल हक के अधिनायकवादी शासन की पुष्टि हेतु कराया गया था और 2002 में राष्ट्रपति पद के लिए जनरल परवेज मुशर्रफ की सत्ता को वैधता प्रदान करने के लिए कराया गया था। म्यांमार (बर्मा) में 1990 के आम चुनाव में 'नेशनल लीग फॉर डेमोक्रेसी' को भारी बहुत मत से विजय प्राप्त हुई, लेकिन सैनिक शासन द्वारा उसे सत्ता नहीं सौंपी गयी। मैक्सिको और केन्या में एक ही दल के शासन को कायम रखने के लिए चुनाव कराये गये और पैसा एवं बल प्रयोग का सहारा लिया गया। 1980–1990 के दशकों में लैटिन अमेरिका और अफ्रीका के कुछ देशों में प्रतिस्पर्धात्मक चुनाव कराये गये जिसका उद्देश्य कुछ विशेष लोगों संजातीय समूहों, समुदायों को फायदा पंहुचाना रहा है। नियतकालिक निष्पक्ष व स्वतंत्र चुनाव प्रक्रिया का संचालन नहीं होने की वजह से इन व्यवस्थाओं का सामाजिक–आर्थिक–राजनीतिक विकास एवं आधुनिकीकरण की प्रक्रिया काफी पिछड़ रही है और सामाजिक–आर्थिक गतिशीलता भी गंभीर रूप से प्रभावित रही है।

नव उपनिवेशवाद की समस्या (Problems of Newcolonialism)

नव उपनिवेशवाद शब्द के अविष्कार का श्रेय घाना के भूतपूर्व राष्ट्रपति क्वामे नक्रूमा को है, जिन्होंने अपनी चर्चित कृति 'New Colonialism : The Highest Stage of Imperialism—1974' के अन्तर्गत नव उपनिवेशवाद की परिभाषा देते हुए कहा कि 'नव उपनिवेशवाद का सारतत्त्व यह है कि "जो राष्ट्र उसके अधीन होता है वह सिद्धान्ततः तो स्वतंत्र होता है, उसमें अन्तर्राष्ट्रीय संप्रभुता के समस्त बाहरी लक्षण पाये जाते हैं लेकिन, यथार्थ रूप में उसकी आर्थिक नीति और इससे सम्बद्ध राजनीतिक नीति भी बाहर से निर्देशित होती है।" विकासशील व्यवस्थाओं के शोषण के लिए नव उपनिवेशवाद विकसित व्यवस्थाओं द्वारा प्रस्तुत वह राजनीति है, जिसमें उपनिवेशवादी राष्ट्र विकासशील व्यवस्थाओं पर अपना सीधा राजनीतिक प्रभुत्व तो कायम नहीं रखते हैं, लेकिन उन्हें विकास के नाम पर वित्तीय, आर्थिक, प्रौद्योगिक सहायता प्रदान करने के बहाने लगातार दबाव बनाये रखकर उनका शोषण करते रहते हैं। इनके पास अपने औद्योगिक विकास के लिए पर्याप्त पूँजी तथा प्रौद्योगिकी एवं तकनीकी विशेषज्ञों की कमी होने की वजह से ये अपने विकास हेतु सदैव उन्नत देशों की ओर मुख़ातिब रहते हैं और विकसित देश उन्हें सहायता देने के नाम पर उनका कई प्रकार से शोषण करते हैं। मसलन, ब्राजील, चिली, पनामा तथा दूसरी कई स्वतंत्र लैटिन अमरीकी व्यवस्थाएं स्वतंत्र होते हुए भी अमेरिकी उद्योगों की समुन्नति के लिए सस्ता कच्चा माल एवं सस्ता श्रम उपलब्ध कराने का स्रोत बनी हुई हैं। इसी भांति फिलिपीन, मलेशिया, ताइवान जैसी व्यवस्थाएं जापान तथा अन्य विकसित राष्ट्रों एवं बहुराष्ट्रीय नियमों के उद्योग–धंधों को सस्ता कच्चा माल एवं सस्ता श्रम मुहैया कराने का स्त्रोत बना हुआ है। इस संदर्भ में नव उपनिवेशवाद विकसित व्यवस्थाओं द्वारा विकासशील व्यवस्थाओं पर अप्रत्यक्ष प्रभुत्व स्थापित करने की नई तकनीक है, शोषण की नई शैली है, जिसके तहत विकासशील व्यवस्थाओं पर प्रत्यक्ष राजनीतिक नियंत्रण न रखकर, अप्रत्यक्ष आर्थिक प्रभुत्व स्थापित किया जा रहा है। नव उपनिवेशवादी रणनीति के क्रियान्वयन में जिन तकनीकों का प्रयोग किया जाता है उनमें विदेशी सहायता (Foreign Aid), विदेशी हितों के संरक्षण की व्यवस्था (Provision for the Protection of Foreign Interests), बहुराष्ट्रीय निगम (Multinational Corporations), सैनिक हस्तक्षेप (Military Intervention), सांस्कृतिक प्रभुत्व (Cultural Domination), प्रतिभा–प्रवास (Brain-Drain) प्रदूषण का स्थानान्तरण (Transfer of Pollution) आदि प्रमुख हैं। पराश्रितता सिद्धान्त (Dependency Theory) के प्रस्तुतकर्ताओं का यह मानना है कि नव उपनिवेशवाद के माध्यम से विकासशील व्यवस्थाओं के सामाजिक–आर्थिक विकास पर बाहय शक्तियों का नियंत्रण स्थापित होता है। अन्तर्राष्ट्रीय व्यापार में विनिमय स्तर पर विकसित राष्ट्रों का प्रभुत्व कायम रहता है, जो विकासशील राष्ट्रों के अल्पविकसित होने की मूल वजह है। यानी कि अन्तर्राष्ट्रीय अर्थव्यवस्था तीसरी दुनिया के देशों को सभी मायने में भारी नुकसान पहुंचा रही है। प्रतिभा प्रवास प्रक्रिया की वजह से विकासशील व्यवस्थाओं के योग्य प्रशिक्षित लोग व्यक्तिगत उन्नति की तलाश में विकसित देशों की शरण में चले जाते हैं। इस प्रकार प्रतिभा–पलायन भी इन व्यवस्थाओं के समुचित विकास में एक बड़ी बाधा है।

निर्धनता (Poverty)

विकासशील व्यवस्थाओं की एक प्रमुख समस्या है–निर्धनता। निर्धनता और निर्धन व्यक्तियों की स्थितियां इन व्यवस्थाओं की राजनीतिक सत्ता के लिए गंभीर चिन्ता का विषय बनी हुई है। हेनरी बर्सटीन (Henry Berstein) ने निर्धनता प्रासंगिक चार आयामों को रेखांकित किया है : (1) जीविका रणनीतियों का अभाव, (2) संसाधनों (धन, भूमि) की अनुपगम्यता (Inaccessibility), (3) असुरक्षा की भावना, (4) संसाधनों के अभाव की वजह से समाज में अन्य व्यक्तियों के साथ सामाजिक संबंध बनाने और विकसित करने की अक्षमता।

बर्सटीन द्वारा व्यक्त आयामों के मद्देनजर यह स्पष्ट होता है कि समाज में जीवन जीने के लिए और जीवित रहने के लिए जिस निम्नतम जीवन निर्वाह–स्तर (Subsistence Level) और प्रचलित जीवन स्तर (Living Standard) की आवश्यकता होती है वह निर्धन वर्ग के सदस्यों को उपलब्ध नहीं है। जीवित रहने के लिए न्यूनतम

आय के संदर्भ में निर्धनता वह समाजिक–आर्थिक स्थिति है जो शारीरिक आवश्यकताओं की पूर्ति करने में अक्षम है, यानी कि सुरक्षित और निश्चित जीवन जीने की परिस्थितियां उपलब्ध नहीं करा पाता है जिसके परिणामस्वरूप जीवन की न्यूनतम बुनियादी आवश्यकताएं भी उन्हें उपलब्ध नहीं हो पाती है। निर्धनता की वजह से इस वर्ग के सदस्यों का स्वास्थ्य शिक्षा, कार्यकुशलता, बच्चों का पालन–पोषण, सामाजिक सहभागिता तथा आत्मसम्मान की सुरक्षा आदि काफी न्यूनतम स्तर का होता है। इस प्रकार, निर्धनता प्रत्येक समाज के अनुरूप न्यूनतम जीवन स्तर से भी नीचे होने की स्थिति है जिसमें शारीरिक आवश्यकताओं यथा–भुखमरी पोषणहीनता, बीमारी, कपड़े, आवास व स्वास्थ्य सुविधाओं का घोर आभाव होता है। विकासशील व्यवस्थाओं में निर्धनता के प्रमुख कारकों में निर्धन व्यक्तियों की संस्कृति, सामाजिक संरचना, तथा उनके जीवन से संबद्ध आर्थिक, सामाजिक एवं जनांकिकीय (Demographic) तत्त्व प्रधानता रखते हैं। इन व्यवस्थाओं में मुद्रास्फीति के दबावों से निर्धनता का प्रतिशत ज्यादा बढ़ा है। मानव पूँजी की अपूर्णताएँ (Human Capital Deficiencies) यानी कि कामगरों में कार्यकुशलता या पर्याप्त क्षमताओं का अभाव उनके बेहतर रोजगार–प्राप्ति में बाधक होता है, जिससे इस वर्ग की आय न्यूनतम सीमा से नीचे रह जाती है और यह स्थिति उनके रहन–सहन के स्तर में गिरावट लाती है। जनसंख्या में बेतहाशा वृद्धि निर्धनता का अत्यधिक महत्त्वपूर्ण कारक है, जिससे लगभग सभी विकासशील देश पीड़ित हैं। न्यूनतम जीवन स्तर होने की वजह से इन्हें सामाजिक भेदभाव पूर्वाग्रह जातिवाद, क्षेत्रवाद साम्प्रदायिकता, प्रादेशिकता जैसे सामाजिक कारकों का सामना करना पड़ता है। ये तत्त्व इनके रोजगार अवसरों को तो प्रभावित करते ही हैं; आय के स्तर में भी गिरावट लाते हैं। इन व्यवस्थाओं को विरासत में मिला उपनिवेशीय उत्तरदान (Colonial Legaey) भी निर्धनता के उत्तरदायी कारकों में प्रधान स्थान रखता है।

जहां तक भारत में निर्धनता के प्रतिशत का सवाल है, सन् 1993–94 में न्यूनतम जीवन निर्वाह स्तर से नीचे का जीवन, यानी कि गरीबी रेखा से नीचे जीवन–यापन कर रहे व्यक्तियों की संख्या 32.03 करोड़ अथवा पूरी जनसंख्या का 37.2% आंकी गयी थी। हिन्दुस्तान टाइम्स मई 18,2000 के अखबारी आंकड़े ये बताते हैं कि 1990 के दशक के अन्तिम वर्षों में ग्रामीण निर्धनता का प्रतिशत बढ़ा है। एन.एस.एस. के आँकड़ों के अनुसार, 1998 में यह 42% था। (फ्रन्टलाइन मार्च 17,2000) ग्रामीण निर्धनता में वृद्धि का प्रतिशत जिन तत्त्वों से प्रभावित हुआ है उनमें मुख्य हैं खाद्य की बढ़ती हुई कीमतें, गाँवों में रोजगार के अवसर एवं संभावनाओं में कमी तथा गाँवों में गैर कृषि आय के प्रतिशत में भारी कमी। बी.एन. गांगुली द्वारा भारत में निर्धनता की स्थिति के लिए जवाबदेह कारकों में जिन प्रसंगों को प्रमुखता दी गयी है उनमें–विदेशी शासन का इतिहास, वर्ग समाज का शोषण (Exploitation of Class Society), जनसंख्या विस्फोट, उच्च निरक्षरता, पूँजी का अभाव, महत्त्वाकांक्षा एवं प्रेरणा का अभाव, गर्म जलवायु में कमजोर स्वास्थ्य, सहनशक्ति का अभाव, परम्परागत सामाजिक व्यवस्था, सामाजिक–आर्थिक गतिशीलता का अभाव, ईमानदार एवं प्रतिबद्ध प्रशासकों का अभाव, कृषकों को पूर्णरूप से गतिहीन स्थिति में रखने वाली शोषक भूमि व्यवस्था तथा गर्म जलवायु, आदि शामिल हैं, निर्धनता के मूल तत्व हैं जो कामगार निर्धन वर्ग की परिश्रम क्षमता को घटाने में अहम् भूमिका निभाते हैं। तीसरी दुनिया के देशों में भारत द्वारा विज्ञान एवं प्रौद्योगिकी क्षेत्र में काफी सफलता अर्जित की गयी है। यह देश प्रतिवर्ष अपनी सुरक्षा व्यय में इजाफा कर रहा हैं और अनेक प्रकार के लड़ाकू विमानों, युद्धपोतों, बख्तरबन्द गाड़ियों, प्रक्षेपास्त्रों (Missiles) का निर्माण सफलतापूर्वक कर रहा है, लेकिन जब तक भारत निर्धनता जैसे अभिशाप से अपनी व्यवस्था को मुक्त नहीं करा लेता है, तब तक विकसित देशों की कतार में खड़े होकर कदम से कदम नहीं मिला सकता है। वैसे भी विश्व में विशाल जनतांत्रिक राजनीतिक व्यवस्था का अस्तित्व रखने वाले देश से यह उम्मीद तो की जाती है कि वह गरीबी रेखा से नीचे गुजर–बसर करने वाले अपने नागरिकों के लिए कम से कम उनके जीवन की बुनियादी आवश्यकताओं (Basic Needs) की पूर्ति करे यानी कि पोषण (Nutrition), स्वास्थ्य (Health) और आवास (Shelter) की व्यवस्था करे और उत्तम जीवन प्रदान करने हेतु अपने नागरिकों के लिए सार्वजनीन शिक्षा (Universal Education), रोजगार (Employment), नागरिक स्वतंत्रताएं (Civil Liberties) और राजनीतिक सहभागिता (Political Participation) की व्यवस्था मुहैया कराये तभी एक पिछड़ी हुई (Backward) और परम्परागत (Traditional) भारतीय व्यवस्था पूरी तरह आधुनिक (Modern) व्यवस्था में परिणत हो पायेगी।

बेरोजगारी (Unemployment)

विकासशील राजनीतिक व्यवस्थाओं के सामाजिक–आर्थिक कारकों में बेरोजगारी एक प्रमुख समस्या है, जिससे कमोवेश तीसरी दुनिया के सभी देश पीड़ित हैं। डी० मैलो के शब्दों में, "बेरोजगारी वह परिस्थिति है जिसमें एक व्यक्ति इच्छा के बावजूद वैतनिक व्यवसाय की स्थिति में नहीं है।" अर्थशास्त्रियों ने बेरोजगारी की व्याख्या पूँजी का अभाव, निवेश का अभाव और आर्थिक उत्पादकता के संदर्भ में की है। कुछ अर्थशास्त्रियों का मानना है कि बेरोजगारी का मूल प्रसंग औद्योगिक समृद्धि के पश्चात् व्यापार चक्र में आई मंदी से प्रासंगिक है। कुछ विद्वानों की यह मान्यता है कि इन व्यवस्थाओं में बेरोजगारी में वृद्धि के लिए केवल आर्थिक कारक ही उत्तरदायी नहीं है, सामाजिक और वैयक्तिक कारक भी इसकी वृद्धि में बराबर का सहायक होता है। समाजशास्त्रीय दृष्टि से विकासशील व्यवस्थाओं में बेरोजगारी में वृद्धि के लिए अनेक सामाजिक कारक जवाबदेह हैं, मसलन–अपमानजनक सामाजिक प्रस्थिति (Degrading Social Stratification), जनसंख्या दर में तेजी से विकास, दोषपूर्ण शैक्षिक प्रणाली, भौगोलिक गतिहीनता और वैयक्तिक कारक जैसे निरक्षरता, अनुभवहीनता, व्यावसायिक अयोग्यता, बीमारी, असमर्थता आदि का मिला–जुला प्रभाव इसके लिए उत्तरदायी स्थितियां उत्पन्न करता है। बेरोजगारी मूल रूप से परिवार और समाज को तो प्रभावित करता है साथ में न्यूनतम जीवन यापन की वजह से व्यवस्था को योग्य नागरिक प्राप्त करने के में भी बाधक बनता है। इसके परिणामस्वरूप वैयक्तिक विघटन, पारिवारिक विघटन, सामाजिक विघटन की परिस्थितियाँ पैदा होती हैं जो जनतांत्रिक व्यवस्थाओं में विखंडित राजनीतिक संस्कृति राजनीतिक समाजीकरण व राजनीतिक सहभागिता के निर्माण में लिए आधारतत्त्व उपलब्ध कराता है। विकासशील व्यवस्थाओं की नियतकालिक चुनावों में यह प्रसंग खंडित जनादेश की स्थितियां पैदा करता है, जिससे मिली–जुली सरकार का अस्तित्व आकार लेता है। यह विकासशील राजनीतिक व्यवस्थाओं के समीचीन (Proper) विकास की दृष्टि से सही नहीं है। बेरोजगारी की स्थिति नागरिकों की दक्षता में गिरावट लाती है, जिससे व्यवस्था को भारी नुकसान पहुंचता है। जहां तक भारतीय जनतांत्रिक व्यवस्था का प्रसंग है, स्वतंत्रता प्राप्ति के पश्चात् देश में बेरोजगारी के प्रतिशत में निरन्तर चौकाने वाली वृद्धि हुई है, हां इनकी सही संख्या का आंकलन अभी तक नहीं किया जा सका है, क्योंकि योजना आयोग या राष्ट्रीय प्रतिदर्श संगठन (National Sample Survey) या केन्द्रीय सांख्यिकीय संगठन (Central Statistical Organisation) या भारतीय सांख्यिकीय संस्थान (Indian Statistical Institute) द्वारा इसका सर्वेक्षण नहीं कराया गया है, इसलिए जो आंकड़े उपलब्ध हैं, वो अनुमान हैं। फिर भी अनुमानित आँकड़े यह बताते हैं कि बेरोजगारी की संख्या में भारी वृद्धि होना जनतंत्र के स्वास्थ्य की दृष्टि से चिन्तनीय विषय हैं, जिसका यथाशीघ्र निदान ढूँढना सरकार के लिए अति आवश्यक है।

जनसंख्या विस्फोट (Population Explosion)

बीसवीं शताब्दी के अन्तिम दो दशकों में राजनीतिक अस्थिरता एवं साम्प्रदायिक उन्माद (Communal Fury) दो बड़ी समस्याओं से लगभग सभी विकासशील देश जूझता रहा है, लेकिन इन दोनों के साथ जनसंख्या विस्फोट की समस्या से सभी विकासशील व्यवस्थाएं परेशान हैं। जनसंख्या में बेतहाशा वृद्धि की समस्या अपने साथ कई प्रसंगाधीन प्रधान तत्त्वों को भी अंगीकार करता है जो, विकासशील राजनीतिक व्यवस्थाओं के सामाजिक–आर्थिक–सांस्कृतिक आयामों को गहन रूप से उद्वेलित कर रहा है, जिसके परिणामस्वरूप व्यवस्था की राजनीति में उथल–पुथल की स्थितियां पैदा हो रही हैं। जनसंख्या में अत्यधिक वृद्धि के मुख्य कारकों में मृत्युदर की अपेक्षा जन्मदर में बेतहाशा वृद्धि, कम आयु में विवाह, घोर निरक्षरता (High Illiteracy), परिवार नियोजन के प्रति धार्मिक मनोवृत्ति (Religious Attitude towards Family Planning), अपर्याप्त प्रेरणा (Inadequate Motivation) आदि शामिल है। जन्म एवं मृत्यु की दरों में बढ़ती हुई दरार, सामाजिक जीवन के रहन–सहन को गंभीर रूप से प्रभावित कर रहा है। इसके अतिरिक्त, जनसंख्या विस्फोट के लिए जवाबदेह कारकों में कुछ अन्य भी प्रमुखता रखते हैं जैसे–संयुक्त परिवार व्यवस्था, मनोरंजन के साधनों का अभाव, नसबंदी और लूप के दुष्प्रभावों

की भ्रान्तियां आदि। जनसंख्या विस्फोट के परिणामस्वरूप इन व्यवस्थाओं में जीवन के गुणवत्ता स्तर में काफी गिरावट आती है। जनसंख्या वृद्धि के प्रभाव के संबंध में 'घरेलू वेदना सूची' (Household Misery Index HMI) के अन्तर्गत लोगों की वंचनाओं और मूलगत आवश्यकताओं के संदर्भ में किया जा रहा परीक्षण यह खुलासा करता है कि यह स्थिति रहन–सहन के स्तर के साथ साक्षरता, स्वास्थ्य आदि पर भी गंभीर प्रभाव डाल रहा है। किसी भी व्यवस्था में सिर्फ आर्थिक संवृद्धि द्वारा जनन–क्षमता दर (Fertility Rate) को कम नहीं किया जा सकता है, जिसका उदाहरण केन्या और ब्राजील की व्यवस्थाएं हैं। यदि इस प्रसंग का आंकलन भारतीय जनतांत्रिक व्यवस्था के संदर्भ में करें, तो यहां की व्यवस्था भी जनसंख्या विस्फोट की वजह से विकास के सभी आयामों में पिछड़ रही है। भारत पहला देश है जहां सन् 1950 के दशक में सरकार के सहारे चलाया जाने वाला परिवार नियोजन कार्यक्रम तैयार किया गया, जबकि तीसरी दुनिया की अन्य व्यवस्थाएं उस समय इस समस्या से अपरिचित थीं। भारत में जन्मदर मृत्युदर की अपेक्षा बहुत अधिक है। आँकड़े बताते हैं कि भारत की जनसंख्या (2000 में) विश्व की जनसंख्या का 16% थी। चीन के बाद भारत विश्व का दूसरी बड़ी आबादी वाला देश है जो आर्थिक विकास की दौड़ में विशेष रूप सें इसीलिए पिछड़ रहा है, क्योंकि सरकारी स्तर पर जनसंख्या की वृद्धि दर को नियंत्रित करने की दिशा में कोई विशेष उपलब्धि हासिल नहीं की गयी है। भारत में जनसंख्या की पृष्ठभूमि का महत्त्वपूर्ण प्रसंग जनगणना आबादी का घनत्व, स्त्री–पुरुष अनुपात एवं साक्षरता का प्रतिशत है। जनगणना 2001 के लिए गणना कार्य 9 से 28 फरवरी 2001 के दौरान किया गया तथा 1 से 5 मार्च 2001 तक इसका संशोधनात्मक दौरा चला। एक मार्च 2001 को भारत की जनसंख्या एक अरब 2 करोड़ 80 लाख (532,1 करोड़ पुरुष और 496.4 करोड़ स्त्रियाँ) थीं। भारत के पास 1357.90 लाख वर्ग कि.मी. भू–भाग है जो विश्व के कुल भू–भाग का मात्र 2.4 प्रतिशत है, लेकिन विश्व की 16.7 प्रतिशत आबादी का भार उसे वहन करना पड़ रहा है। जनसंख्या विस्फोट का ये महत्वपूर्ण पक्ष आबादी का घनत्व है। सन् 1991 से 2001 के बीच राज्यों और कई केन्द्र शासित प्रदेशों में जनसंख्या के घनत्व में काफी वृद्धि हुई है। ताजे सर्वेक्षण के आधार पर पश्चिम बंगाल अभी सबसे सघन आबादी वाला राज्य है, बिहार दूसरे नम्बर पर है और घनत्व के हिसाब से केरल का तीसरा स्थान है। सन् 2001 में किये गये सर्वेक्षण के आधार पर देश में आबादी का घनत्व 324 व्यक्ति प्रतिवर्ग कि.मी. था। देश में स्त्री–पुरुष अनुपात हमेशा स्त्रियों के प्रतिकूल रहा है। ताजा सर्वेक्षण दर्शाते हैं 2001 की जनगणना के आधार पर 1000 पुरुषों के अनुपात में स्त्रियों की संख्या 933 है। भारत जैसे विकासशील देश को विकसित देश की कतार में शामिल होने के लिए जनसंख्या नियंत्रण को अपना मूल लक्ष्य बनाना होगा और इसके लिए आपसी राजनीतिक मतभेदों को भूलकर सभी राजनीतिक दलों को एकजुट होकर तीव्र गति से जनजागरूकता अभियान चलाना होगा तथा कुछ कठोर सरकारी नीतियों का निर्धारण एवं सख्ती से उनका क्रियान्वयन कराना होगा। परिवार नियोजन कार्यक्रम जनसंख्या विस्फोट को नियंत्रित करने में महत्त्वपूर्ण भूमिका निभाता है, इस दृष्टि से इसके कार्यक्रमों को प्रोत्साहित करना होगा और नये गर्भ निरोधकों की तलाश करनी होगी, कम आयु में विवाह पर नियंत्रण लगाना होगा और जनसंख्या विस्फोट की स्थिति से मुक्ति हेतु सभी प्रकार की अल्पकालीन व दीर्घकालीन योजनाएं निर्धारित करनी होंगी, तभी देश विकासशील से विकसित देश की श्रेणी में खड़ा हो सकेगा।

साम्प्रदायिकता एवं साम्प्रदायिक हिंसा (Communalism and Communal Violence)

बीसवीं सदी के अन्तिम दो तीन दशकों एवं इक्कीसवीं सदी के आरभ से ही व्यवस्था में बढ़ती साम्प्रदायिकता की प्रवृत्ति और उसके साथ जुड़ी हिंसा के कारण अल्पसंख्यक धार्मिक समूहों और नृजातीय समूहों (Ethnic Groups) में असुरक्षा का भय काफी बढ़ा है। अल्पसंख्यकों के मन में असुरक्षा का भय कमोवेश सभी विकासशील व्यवस्थाओं की चिन्ता का विषय है। अध्ययन–विश्लेषण की दृष्टि से साम्प्रदायिकता एक विचारधारा है जो यह दर्शाती है कि विकासशील व्यवस्थाओं का समाज विविध धार्मिक समुदायों में बँटा है, जिनके आपसी स्वार्थ, एवं भावात्मक अभिवृत्तियां एक–दूसरे से अलग हैं। कभी–कभी उनके स्वार्थ आपस में टकराते हैं, तो पारस्परिक विरोध, तथा मतवैभिन्नताओं की वजह से हिंसा की परिस्थितियां पैदा होती हैं। जब एक धार्मिक समुदाय के सदस्य दूसरे

समुदाय के सदस्यों या उनके धर्म के विरुद्ध प्रतिरोध व्यक्त करते हैं तब उन्हें साम्प्रदायिक की संज्ञा दी जाती है। इस प्रतिरोध के रूप में किसी समुदाय विशेष पर झूठे आरोप लगाना, अनर्गल (Adsurd) बयानबाजी करना, जानबूझ कर अपमानित करना, धर्मस्थलों को क्षति पहुंचाना आदि शामिल हैं। यही विरोध जब ज्यादा उग्र हो जाता है, तो धार्मिक दंगा–फसाद (Communal Riot) व उन्माद (Insanity) फैलाना, उनके घरो एवं बस्तियों को नुकसान पहुंचाना, लूटना, आग लगाना, असहाय, निर्बल लोगों को हर संभव क्षति पहुंचाना, उनके दुकानों, उद्योग–धंधों को बरबाद करना, उनकी स्त्रियों को अपमानित करना, आदमी–औरत व बच्चों–बूढ़ों को जान से मारने–काटने जैसा जघन्य कुकृत्य करना आदि वीभत्स परिस्थितियां आकार लेती हैं जो साम्प्रदायिकता एवं साम्प्रदायिक हिंसा का ख़ास अवयव है। साम्प्रदायिक हिंसा, सामूहिक हिंसा धर्म से अधिक राजनीति से प्रेरित होती हैं, जिसे रोकने में पुलिस की भूमिका बहुत अहम् होती है। इस प्रसंग का महत्त्वपूर्ण पक्ष यह है कि राजनीतिक व्यवस्थाओं में साम्प्रदायिक व्यक्ति वह कहलाता है जो राजनीति का संचालन धर्म के माध्यम से करता है। राजनीतिक पार्टियों में वो धार्मिक नेता साम्प्रदायिक है जो धार्मिक समुदायों का इस्तेमाल व्यापारिक उद्यम के रूप में करता है। सस्ती लोकप्रियता अर्जित करने के लिए धार्मिक नारे लगवाता है और स्वयं को संबद्ध धर्म की सुरक्षा के ठेकेदार के रूप में व्यवस्था में प्रस्तुत करता है। वह राजनीति को धर्म से जोड़कर राजनीति में शह–मात का खेल खेलता है और व्यवस्था में हमेशा तनाव एवं दबाव का वातावरण बनाये रखने में अहम् भूमिका निभाता है। हिन्दू–मुस्लिम, हिन्दू–सिख तनावों या झगड़ों के अलावा विभिन्न नृजातियों के बीच भी संघर्ष की स्थितियां हमेशा दिखाई पड़ती रहती हैं, जैसे सिन्हलियों और तमिलों को बीच या असमियों और गैर असमियों के बीच। फीजी में भारतीयों और फीजियों के बीच कई बार गंभीर लम्बे संघर्ष का इतिहास सामने है। भारत, पाकिस्तान, बांग्लादेश, नेपाल आदि सभी व्यवस्थाओं का जनतंत्र इस गंभीर समस्या से पीड़ित है। भारत के अनेकवादी (Pluralistic) समाज में केवल धार्मिक समुदाय ही बँटे हुए नहीं है, अपितु उन धार्मिक समुदायों के अन्दर भी कई कोटियों का अस्तित्व अपनी उपस्थिति दर्ज कराते हुए व्यवस्था को समय–समय पर उद्वेलित करता रहा है। यहां धार्मिक समुदायों में मूलतः हिन्दू, मुसलमान, ईसाई, सिख, बौद्ध, जैन आदि हैं। हिन्दू एवं मुसलमान भी कई संप्रदायों में बँटे हैं जैसे हिन्दुओं में आर्यसमाजी, सनातनी, शैव, वैष्णव और मुसलमानों में शिया और सुन्नी। भारतीय व्यवस्था में हिन्दू–मुस्लिम विद्वेष (Antagonims) समय–समय पर कई प्रकार की पेचीदा परिस्थितियाँ उत्पन्न करके शासन व्यवस्था के लिए परेशानियाँ पैदा करता रहता है, जिसकी वजह से सामाजिक–आर्थिक विकास के मार्ग में कई प्रकार की अड़चनें आती रहती हैं। यहां तक कि भारत सरकार एवं राज्य सरकारों को धार्मिक स्थलों की सुरक्षा हेतु प्रति वर्ष अपनी आय का एक बड़ा हिस्सा खर्च करना पड़ता है और बड़ी संख्या में पुलिस बल को धार्मिक स्थलों की सुरक्षा में सदैव तैनात रखना पड़ता है, जिसकी वजह से व्यवस्था पर अनावश्यक खर्च बढ़ता है और आर्थिक विकास की प्रक्रिया बाधित होती है।

निरक्षरता (Illiteracy)

यह विकासशील व्यवस्थाओं की एक अहम् समस्या है, जो कई अन्य समस्याओं की जननी है। निरक्षरता को पूरी तरह समाप्त किये बिना कोई भी विकासशील देश विकसित देश की श्रेणी में अपनी गिनती दर्ज नहीं करा सकता है। महिला निरक्षरता का जनसंख्या वृद्धि दर के साथ सीधा संबंध है। निरक्षरता उन्मूलन हेतु सभी विकासशील जनतांत्रिक व्यवस्थाओं द्वारा गंभीर प्रयास जारी है। भारत सरकार द्वारा निरक्षरता उन्मूलन के लिए अनौपचारिक शिक्षा के अलावा तीन अन्य महत्वपूर्ण उपाय किये गये हैं जिनमें राष्ट्रीय प्रौढ़ शिक्षा कार्यक्रम, ग्रामीण प्रकार्यवादी साक्षरता कार्यक्रम और राष्ट्रीय साक्षरता मिशन।

भारत में केन्द्र सरकार की अगुवाई में शैक्षिक नीतियों एवं कार्यक्रमों की योजनाएं बनाने तथा उनके क्रियान्वयन पर गंभीर दृष्टि रखने का कार्य निरन्तर जारी है। इस परिप्रेक्ष्य में 1986 की राष्ट्रीय शिक्षा नीति (एन.पी.आई.) तथा कार्यवाही कार्यक्रम (पी.ओ.ए.) शामिल है जिसका 1992 में अद्यतन किया गया। संशोधित नीति में साक्षरता दर बढ़ाने हेतु एक ऐसी राष्ट्रीय शिक्षा प्रणाली नियोजित करने का प्रावधान है, जिसके तहत शिक्षा

में एकरूपता लाने, सभी के लिए शिक्षा को सहज–सुलभ कराने, प्राथमिक शिक्षा स्तर की गुणवत्ता बनाये रखने, बालिका शिक्षा पर विशेष बल देने, देश के सभी जिलों में नवोदय विद्यालय की स्थापना करने, माध्यमिक शिक्षा को व्यवसायपरक शिक्षा बनाने, उच्च शिक्षा के क्षेत्र में विविध प्रकार की सुविधाएं मुहैया कराने राज्यों में नये मुक्त विश्वविद्यालयों की स्थापना करने, अखिल भारतीय प्रौद्योगिक शिक्षा परिषद् को मजबूत करने, प्रौढ़ शिक्षा कार्यक्रम को जनांदोलन का रूप प्रदान करने, खेलकूद, शारीरिक शिक्षा योग को बढ़ावा देने तथा सक्षम मूल्यांकन प्रक्रिया को अपनाने का प्रयास शामिल है। इसके साथ ही शिक्षा परियोजना में अधिकाधिक लोगों की भागीदारी सुनिश्चित कराने के लिए एक विकेन्द्रीकृत प्रबन्धक व्यवस्था का भी सुझाव दिया गया है। शिक्षा के बहुमुखी विकास हेतु इन कार्यक्रमों के कार्यान्वयन में लगी एजेन्सियों के लिए विभिन्न नीतिगत मानकों को तैयार करने हेतु एक विस्तृत राणनीति का भी पी.ओ.ए. में प्रावधान किया गया है।

इस परिप्रेक्ष्य में सन् 2001 की जनगणना के परिणामों से यह पता चलता है कि भारत की साक्षरता दर में वृद्धि हुई है। इस वर्ष के सर्वेक्षण के आधार पर देश में साक्षरता दर 64.84 प्रतिशत है, जिसमें पुरुषों की साक्षरता दर 75.26 प्रतिशत है तथा महिलाओं की साक्षरता दर 53.67 प्रतिशत है। साक्षरता की दृष्टि से केरल का स्थान सबसे ऊपर है, जहां साक्षरता दर 90.86 प्रतिशत है। मिजोरम में 88.80 प्रतिशत है, यह दूसरे स्थान पर है और लक्षद्वीप तीसरे स्थान पर है जहां साक्षरता दर 88.66 प्रतिशत है। बिहार में सबसे कम 47 प्रतिशत है और झारखंड में इससे अधिक 53.56 प्रतिशत है। केरल पुरुष और स्त्रियों की अलग–अलग साक्षरता दर में भी सबसे ऊपर है। यहां 94.24 प्रतिशत पुरुष और 87.72 प्रतिशत महिलाएं साक्षर हैं। इसके ठीक विपरीत बिहार में 59.68 प्रतिशत पुरुष और 33.12 प्रतिशत महिलाएं साक्षर हैं।

ऊपर विवेचित आँकड़ों के मद्देनजर यह कहा जा सकता है कि शिक्षा प्रसार हेतु भारत सरकार द्वारा उठाये गये महत्त्वपूर्ण कदमों में निःशुल्क एवं अनिवार्य शिक्षा विधेयक तथा बुनियादी (प्राथमिक) शिक्षा से जुड़े अन्य मामले, बालिका शिक्षा तथा एक समान स्कूल प्रणाली, समरूप माध्यमिक शिक्षा, उच्च शिक्षा संस्थानों को स्वायत्तता देना, स्कूली पाठ्यक्रम में सांस्कृतिक शिक्षा का एकीकरण, सरकार संचालित प्रणाली के बाहर चल रहे स्कूलों के लिए पाठ्य पुस्तकों एवं समानांतर पाठ्य–पुस्तकों के लिए नियामक व्यवस्था तथा उच्च एवं तकनीकी शिक्षा को वित्तीय सहायता देना आदि प्रमुख हैं।

साक्षरता दर बढ़ाने हेतु भारत सरकार द्वारा नियोजित किये गये उपर्युक्त संदर्भों को जमीन पर उतारने हेतु समितियों का गठन सितम्बर 2004 में किया गया। इनके द्वारा मिले प्रतिवेदनों के आधार पर 14–15 जुलाई, 2005 को नई दिल्ली में हुई केन्द्रीय शिक्षा परामर्शदाता बोर्ड (सी.ए.बी.ई.) की 53वीं बैठक में गहन विमर्श किया गया और प्राप्त सभी प्रतिवेदनों के आधार पर उभरे कार्य बिन्दुओं की पहचान करके इस दिशा में मजबूती से कदम बढ़ाने हेतु एक निश्चित एवं सुस्पष्ट कार्यविधि पर अमल करने के लिए कार्य–योजना तैयार करने का आवश्यक प्रयास जारी है। शिक्षा क्षेत्र से जुड़ी विभिन्न परियोजनाओं, कार्यक्रमों के नियोजन निरूपण एवं कार्यान्वयन हेतु भारत सरकार एवं राज्य सरकारें दृढ़ संकल्पित रूप में समुन्नति की ओर मजबूत कदम बढ़ा रही हैं। विकासशील व्यवस्थाओं की सरकार को जब निरक्षरता उन्मूलन के प्रयासों में पूरी सफलता मिल जायेगी तो बेरोजगारी निर्धनता जनसंख्या विस्फोट जैसी समस्याओं से भी मुक्ति मिल जायेगी। निरक्षरता जैसी विशाल समस्या का समाधान अकेले सरकार के प्रयास से नहीं सुलझ सकती है। इसके पूर्णरूपेण उन्मूलन हेतु स्वयंसेवी संगठनों (Voluntary Organisation) को भी गंभीर प्रयास करना होगा। भारतीय व्यवस्था के संदर्भ में निःसंदेह निरक्षरता एक गंभीर समस्या है जिसका उन्मूलन सरकार के प्राथमिक लक्ष्यों में शामिल है। सरकार द्वारा इस विषय पर पूरा ध्यान दिया जाता है। कई ऐजेंसियां एवं संस्था इस क्षेत्र के लिए योजनाएं बनाती हैं, योजनाओं का क्रियान्वयन करती हैं, वित्तीय संसाधन मुहैया कराती हैं तथा अन्य सभी प्रकार के उत्प्रेरक कारकों के रूप में कार्य करती हैं, लेकिन सरकार का अथक प्रयास भी स्वयं साक्षरता को बढ़ावा नहीं दे सकता, जब तक कि व्यवस्था के सदस्यों में साक्षर होने की उत्प्रेरणा पैदा नहीं होगी। जागरूकता ही इस समस्या से व्यवस्था को मुक्त करा सकती है जिसके बेहतर परिणाम के रूप में राजनीतिक सहभागिता के प्रतिशत में बड़ी वृद्धि होगी।

अपराध एवं अपराधी (Crime and Criminals)

विकासशील व्यवस्थाओं के पिछड़ेपन का एक अन्य प्रधान कारक व्यवस्था में अपराध एवं अपराधियों का बढ़ता ग्राफ है। कमोबेश सभी विकासशील जनतांत्रिक व्यवस्थाएं इस गंभीर समस्या से पीड़ित हैं। अपराध एक प्रकार का अविवेकी व्यवहार (Irrational Behaviour) है, जिसे असामाजिक कार्य (Anti Social Act) की संज्ञा दी गयी है। अपराधी व्यक्ति सामाजिक व्यवस्था के निर्विघ्न संचालन में सदैव बाधा उपस्थित करते हैं और आमजीवन को दहशत में रखते हैं। विश्व स्तर के आपराधिक आँकड़ों पर यदि ध्यान दिया जाये, तो व्यवस्था विकास में अपराध की स्थिति से उत्पन्न समस्याओं का सहज ही अन्दाजा लगाया जा सकता है। सभी व्यवस्थाओं में संज्ञेय अपराध एवं अपराधियों की संख्या में बेहिसाब वृद्धि हुई है। भारत में अपराध की दर निम्नतम सामाजिक आर्थिक समूहों में सबसे अधिक है। अपराध की दर महिलाओं की अपेक्षा पुरुषों में बहुत ज्यादा है और ग्रामीण अपराधियों का अनुपात शहरी अपराधियों की तुलना में बहुत ज्यादा है। भारतीय आपराधिक दृश्य के परिप्रेक्षण में प्राप्त आँकड़े ये बताते हैं कि यहाँ संगठित अपराध के प्रतिशत में काफी वृद्धि हुई है। इसमें मूलरूप से अवैध वस्तुओं या सेवाओं पर नियंत्रण और वितरण को ज्यादा–से–ज्यादा संगठित रूप दिया गया है, मसलन–मादक दवाइयों (नारकोटिक्स) की चोरबाजारी, भारत और दूसरे देशों में वेश्यावृत्ति के लिए लड़कियां भेजना, नौकरी, का प्रलोभन देकर दूसरे देश में श्रमिकों को भेजने का अवैध धंधा करना, संगठित रूप से जालसाजी का धंधा करना, सोना की तस्करी करना आदि। इन प्रसंगों के संचालन में देश–विदेश स्तर पर कई माफिया गिरोह सक्रिय हैं। संज्ञेय अपराध एवं अपराधियों का जाल पूरे विश्व में फैला है। विश्व के सभी प्रमुख देशों की पुलिस इनके मजबूत नेटवर्क को ध्वस्त करने में लगी है। अपराध की समस्या के मूल में बेरोजगारी, भुखमरी, निर्धनता व निरक्षरता है, जिसका समाधान करके ही इस गंभीर बीमारी से छुटकारा पाया जा सकता है और व्यवस्था में लोकतंत्रीय गतिविधियों एवं विकास प्रक्रिया को अबाध गति से चलाया जा सकता है।

उग्रवाद एवं आतंकवाद (Extremism and Terrorism)

नक्सलवाद प्रदेश के उग्रवादियों द्वारा पनपायी व पोषित की गयी उग्रवादी विचारधारा है। विकासशील व्यवस्थाओं के लिए उग्रवाद यानी कि नक्सलवाद और आतंकवाद एक गंभीर चुनौती है। उग्रवाद एवं आतंकवाद की समस्या राजनीतिक व्यवस्थाओं के सामाजिक, आर्थिक, सांस्कृतिक एवं राजनीतिक विकास के मार्ग में सबसे बड़ा बाधक है। विभिन्न विकासशील व्यवस्थाओं में अलग–अलग नाम के संगठनों के माध्यम से तथा भारत में भी कई नक्सली संगठनों के नाम से उग्रवादी गतिविधियां बड़ी तेजी से फैल रही हैं। भारतीय व्यवस्था के कई नये हिस्सों में नक्सली गतिविधिओं का विस्तार हो रहा है। नक्सलियों द्वारा पुलिस थानों पर हमला करना, हथियारों को लूटना, पुलिस पिकेट उड़ाना, पुलिस जवानों और ऑफिसरों को लैण्डस् माइन बिछा कर मारना आदि घटनाओं को आये दिन अंजाम दिया जाता है। जैसा कि 6 अप्रैल 2007 को नक्सलियों द्वारा बेरमो के केन्द्रीय औद्योगिक सुरक्षा बल (C.I.S.F) के कैंप पर हमला किया गया–ऐसी घटनाएं आयेदिन घटित होती हैं। नक्सली दहशतगर्दी फैलाकर आम जनजीवन को परेशान कर रहे हैं। बड़े–बड़े नरसंहारों को अंजाम देना, पुलिस थानों को लूटना, बैंक लूटना, रेल पुल उड़ाना–जैसे जनयातायात के साधनों को क्षति पहुँचा कर, विविध प्रकार की आपराधिक गतिविधियों का सक्रिय संचालन करना, इनकी दिनचर्या का अभिन्न हिस्सा है। इन व्यवस्थाओं में अभी लोग भी गरीबी से पीड़ित है, भुखमरी और बेरोजगारी के अतिरिक्त कई इलाकों में सड़क एवं यातायात की आधारभूत संरचना का भी अभाव है। नक्सली नेता लोगों की इन्हीं जायज पेरशानियों को अत्यधिक उभार कर अपने नक्सल आन्दोलन में तेजी लाते रहने के प्रयास में लगे रहते हैं। व्यवस्था में इनका आश्रय स्थल, जंगली क्षेत्र व सुनसान पहाड़ी इलाकों में होता है, जहां पुलिस नहीं पहुँच सकती है। इसी का फ़ायदा उठाकर उग्रवादी नेता सदैव अपने संगठन को मजबूत बनाने की नई–नई योजनाओं पर अमल करते रहते हैं और रिहायशी इलाकों पर हमला करते हैं। नक्सली समस्या का समाधान करना सरकार की जवाबदेही है। सरकार की चुनौतियां इस लिए बढ़ गयी हैं, क्योंकि दहशतगर्दों

के हाथ न्यूक्लियर मैटेरियल अत्यधिक आधुनिक घातक हथियार आदि आ जाने की वजह से नक्सलियों की क्षमता काफी बढ़ी है। उग्रवाद का आतंकवाद से भी गहरा रिश्ता होता है।

नेपाल के रास्ते बिहार में नक्सली माओवादियों का आंतक धीरे–धीरे बढ़ता जा रहा है और अपनी हिंसात्मक गतिविधियों को अंजाम देकर वे उत्तरी बिहार में अपनी जड़ें मजबूत कर रहे हैं। बिहार का दक्षिणी इलाका तो पहले ही कई दशकों से नक्सलवाद के संगीन साये में सांसें ले रहा है। नक्सलवादियों द्वारा अपनी समानान्तर सरकार चलाने का लम्बा इतिहास रहा है, लेकिन नेपाल में माओवादियों द्वारा पिछले साल पहली बार अपनी विचारधारा का दरवाजा लोकतंत्र के आंगन में खोला गया है। सत्ता को बन्दूक की नली से हासिल करने का सपना बुनने वाले न सिर्फ हंसी–खुशी संसदीय राजनीति में हिस्सेदारी करने वालों के साथ आकर खड़े हुए, बल्कि बिना किसी नखरे और दबाव के अपने हथियार सरकार के पास जमा कराने को भी राजी हो गये। उनका यह प्रयास किसी छुटभैये आतकवादी संगठन के सत्ता का सुख हासिल करने की कवायद नहीं थी, वरन् एक ऐसा संगठनात्मक कदम था, जिसकी तूती लगभग पूरे नेपाल के ग्रामीण इलाकों में बोलने लगी थी और जिसके डर से शाही सेना काठमांडू और कुछ बैरकों तक सीमित होकर रह गयी थी। जब से माओवादी गिरजा प्रसाद कोइराला के मंत्रिमण्डल में शामिल हुए हैं, तब से नेपाल के इस अनूठे लाँग मार्च की वजह से वर्तमान विकासशील लोकतांत्रिक व्यवस्थाओं की लोकतंत्रीय अवधारणा में एक नया अध्याय जुड़ गया है, जो कम–से–कम यह तो बताता ही है कि जनादेश की राह पर पड़े उनके कदम किसी तात्कालिक राजनीति या विचारधारात्मक कदमताल का नतीजा नहीं है, वरन् लोकतंत्र में एक नई शुरुआत का हिस्सा है। माओवादी नेता पुष्प कमल दहल उर्फ प्रंचड ने शपथग्रहण के समय यह स्वीकारा है कि हम पुरानी व्यवस्था की ओर नहीं लौट रहे हैं, अपितु यह बिल्कुल नयी व्यवस्था की शुरूआत है। परम्परागत माओवादी सोच यह कहती है कि सत्ता को पहले बंदूक से हासिल करो, फिर समाज बदलने के लिए उसका इस्तेमाल करो। इसी तर्ज पर माओवादियों ने अपना प्रभाव क्षेत्र काफी विस्तारित कर लिया और संगठन को भी काफी मजबूती प्रदान की है और शायद इन्हीं स्थितियों ने उन्हें इतना आत्मविश्वासी बनाया है कि वे अब बिना हथियार के जनमत के सहारे सत्ता हासिल कर सकते हैं। यह माओवादियों के आत्मविश्वास की अग्निपरीक्षा का विषय है जो नेपाल के नवजात लोकतंत्र के कंधों पर बंदूक रखकर राजनीतिक व्यवस्था के ताने–बाने में अपनी दमदार उपस्थिति दर्ज कराने हेतु प्रयासरत है। नेपाल में राजशाही को सत्ता से बेदखल करने की जो लड़ाई राज्य सत्ता के स्तर पर थी, माओवाधियों ने अपनी कोशिशों से उसे व्यापक जनाधार दिया, इसलिए वहां कोई भी व्यवस्था तब तक अधूरी ही मानी जाती जब तक माओवादी उसका हिस्सा नहीं बनते। अब जब वे लोकतंत्र का सक्रिय हिस्सा बन गये हैं, तो एक नई उम्मीद है कि संसदीय व्यवस्था में उनकी तात्कालिक नहीं स्थायी राजनैतिक आस्था बने। यदि ऐसा सभंव हुआ तो एक तरफ माओवादी मुख्य धारा की राजनीति को जनता की जरूरत के वास्तविक मसलों से भटकने से रोकेंगे, वहीं दूसरी ओर भारत समेत दुनियाभर के माओवादियों को एक नई दिशा देंगे और भारत के सभी नक्सली संगठनों को राजनीति की मुख्य धारा में लाने का प्रयास करके देश को उग्रवादी नक्सली समस्या से मुक्त कराने में शायद सरकार सफल हो पायेगी। ऐसी स्थिति आने पर ही विकासशील जनतांत्रिक व्यवस्थाओं का सामाजिक, आर्थिक, राजनीतिक विकास पूरी तरह संभव हो सकेगा।

आतंकवाद एक ऐसी समस्या है जिसका सामना विकासशील देश काफी लम्बे समय से कर रहे हैं। यह एक ऐसी गंभीर समस्या है जो न सिर्फ राष्ट्रीय, अपितु अंतर्राष्ट्रीय राजनीति में भी उथल–पुथल मचा रहा है। आतंकवाद रुग्ण समाज की उपज है जिसका नेटवर्क काफी विशाल है। इसे कुछ देशों में संगठित व्यक्तियों द्वारा वांछित लक्ष्यों तथा उद्देश्यों को प्राप्त करने के लिए एक साधन के रूप में अपनाया गया है। यह एक हिंसोन्मत्त ध्वंसात्मक विचारधारा है जिसमें आतंकवादियों की पूंजी है–उद्देश्य की शुद्धता (Purity), में कृत–संकल्प, दृढ़ विश्वास, कट्टरता (Fanatical) प्रतिबद्धता, आत्म–बलिदान की इच्छा, तानाशाही की भावना तथा विदेशों से वित्तीय एवं भौतिक मदद लेने की उत्कट इच्छा। एक सामान्य धारणा के अनुसार आतंकवाद हिंसा या हिंसा की धमकी के उपयोग द्वारा लक्ष्य–प्राप्ति का एक अविवेकी संघर्ष है। ध्वंसात्मक लड़ाई की यह एक सोची–समझी रणनीति है, जिसका नेता अपने नक्शेकदम पर अपने अनुयायियों को साथ लेकर संगठित रूप में अपनी हिंसोन्मत

गतिविधियाँ संचालित करता है, जिसका मुख्य उद्देश्य साक्ष्यांक शिकार (Targeted Victim) में ज्यादा–से–ज्यादा भय पैदा करना है। यह एक क्रूर व्यवहार (Rutheless Behaviour) है जो मानवीय आदर्शों का पालन नहीं करता है। अपने शिकार को आंतकित करना तथा अपनी क्रूरता का प्रचार–प्रसार करना, इनकी रणनीति का अति आवश्यक तत्त्व है। आतंकवादी की मानसिकता हमेशा राज्य एवं समाज के विरुद्ध होती है। इसका राजनीतिक उद्देश्य हमेशा गैरकानूनी होता है जो जनसाधारण में बेवसी और भय की भावना पैदा करता है। आज लगभग सभी विकासशील व्यवस्थाएं विशेष रूप से भारत आतंकवादी गतिविधियों से गंभीर रूप से पीड़ित है। आतंकवादियों द्वारा की जाने वाली हिंसा में बेहिसाब मनमानी होती है, क्योंकि इसमें पीड़ितों (Victims) का चयन एवं उन पर किया जाने वाला अत्याचार (Victimization) बेतरतीव और अन्धाधुन्ध होता है। आतंकवाद का उद्देश्य व्यवस्थागत राजनीतिक सत्ता के सामने हिंसा–प्रदर्शन द्वारा अपनी प्रतिक्रिया व्यक्त करना है और जनसाधारण को नुकसान पहुंचाने का भय दिखाकर अपनी मांगें सरकार द्वारा स्वीकृत कराना है। इसके लिए वे संगठित हिंसा–हत्या व बड़े नरसंहार की कार्रवाई को अंजाम देते हैं। दहशत फैलाने के लिए क्रमिक हत्या (Serial Killing) जैसी दहशतनाक घटनाओं को अंजाम देकर आतंकवादी समाज के दहशतजदा वर्ग को ज्यादा–से–ज्यादा भयभीत कराने के प्रयास में लगे रहते हैं।

आतंकवाद का स्वरूप राजनीतिक, धार्मिक सांस्कृतिक कई प्रकार का होता है। राजनीतिक आतंकवाद का प्रयोग सत्ता के उपकरण (Instrument of Power) के रूप में किया जाने लगा है। विकासशील देशों में आतंकवाद की उत्पत्ति और विकास के लिए जिन महत्त्वपूर्ण कारकों की पहचान की गयी है, वे इस प्रकार हैं। (1) यातायात के विकसित साधन, परिवहन केन्द्र एवं विकसित संचार सुविधाओं की वजह से आतंकवाद का अन्तर्राष्ट्रीय जाल कुछ हद तक एक केन्द्रीकृत संगठनात्मक संरचना के आधार पर विकसित हुआ है। समान राजनीतिक स्वार्थों वाले समूहों के बीच सैद्धान्तिक एवं व्यावहारिक रूप से ऐसा सहयोगात्मक संबंध बना है, जिसकी वजह से आतंकवादियों को वित्तीय सहायता, प्रशिक्षण, सैन्य सामग्रियों की आपूर्ति, संगठनात्मक सहायता और संयुक्त आक्रमण की प्रेरणा व दिशा निर्देश मिलता रहता है। आतंकवादी मानसिकता की मित्रता के इस रूप से अन्तर्राष्ट्रीय स्तर पर हिंसा के क्षेत्रों का अनिवार्य रूप से व्यापक विस्तार हो रहा है। (2) आतंकवादी अत्यधिक परिष्कृत हथियारों, जैसे प्रक्षेपास्त्रों (Missiles) सुदूर नियंत्रण शस्त्रों का प्रयोग करके आधुनिक युद्ध क्षमताओं के साथ मजबूत रूप से संगठित और इतने ज्यादा शक्तिशाली हो गये हैं कि वे राजनीतिक व्यवस्थाओं के अन्दर अपना राज्य बनाने, अपनी सत्ता स्थापित करने का सपना देख रहे हैं और उसे साकार करने के लिए जनमत द्वारा चुनी गई वैध सरकारों को कमजोर करने के लिए नित्य नये हथकंडे अपनाते रहते हैं। व्यक्ति के आतंकवाद से बहुत खतरनाक है–राष्ट्र का आतंकवाद। आज आतंकवाद एक सुसंगठित और समुचित रूप से वित्त पोषित संगठन के रूप में अपनी खास पहचान बना चुका है, जो अपनी हिंसक और ध्वंसात्मक गतिविधियों द्वारा विकासशील व्यवस्थाओं के सम्पूर्ण जनमानस को आतंकित कर रहा है। इनकी आतंकवादी गतिविधियां 'अरब रिवोल्यूशनरी ब्रिगेड' और इस्लामिक जेहाद जैसी आतंकी संगठनों की छत्रछाया में सम्पन्न की जाती है और आतंकवादी घटनाओं की जिम्मेवारी किसी–न–किसी समूह या गुट द्वारा ली जाती है। विश्वस्तर पर कार्यरत आतंकवादी संगठनों की चर्चा निम्नांकित हैं।

- डाइरेक्ट एक्शन ग्रुप (फ्रांस) एंग्री ब्रिगेड (ग्रेट ब्रिटेन) अल फतह (फिलिस्तीनी संगठन)
- आबू निदाल संगठन (फिलिस्तीनी संगठन)
- 15 मई अरब संगठन (फिलिस्तीनी संगठन)
- ब्लैक जून (फिलिस्तीनी संगठन)
- फिलिस्तीनी मुक्ति संगठन (फिलिस्तीनी संगठन)
- अर्मीनियाई सीक्रेट आर्मी फार दि लिबरेशन ऑफ अर्मीनिया
- बादर मीनहॉफ ग्रुप (जर्मनी)

- जर्मन एक्शन ग्रुप (जर्मनी)
- जापानी लाल सेना (जापान)
- ईलम रिवोल्युशनरी आर्गेनाइजेशन (श्रीलंका) लिट्टे (श्रीलंका)
- जनता विमुक्ति पेरूमन (श्रीलंका), हिरावलकतार (इटली)
- आयरिश रिपब्लिकन आर्मी (आयरलैण्ड)

इन संगठनों के अतिरिक्त विश्व के कुछ अन्य देशों में भी सक्रिय आंतकवादी गुट अपनी खास पहचान कायम करके अपनी हिंसात्मक गतिविधियों से लोकतांत्रिक व्यवस्थाओं की आर्थिक सामाजिक गतिविधियों के सफल संचालन में बाधाएं उपस्थित कर रहे हैं। विभिन्न देशों से प्रासंगिक ख़ास अस्तित्व रखने वाले आतंकी संगठनों की देशवार चर्चा निम्नांकित है।

पाकिस्तान

- बलूच पिपुल्स लिबरेशन फ्रंट
- बलूच स्टूडेन्ट्स ऑर्गेनाइजेशन आवामी
- हरकत–उल–अंसार
- जमात उल फारुक
- मुहाजिर कौमी मूवमेण्ट, हकीकी फैक्शन
- मुताहिदा कौमी मूवमेण्ट अल्ताफ फैक्शन

ईरान

- अल हरकत अल इस्लामिया
- अंसार एहिजबुल्लाह
- बबाक खोराम्दीन ऑर्गेनाइजेशन
- बैनर ऑफ कावेह
- डेमोक्रेटिक आर्मी ऑफ ईरानिया कुरदिस्तान नेशनल लिबरेशन आर्मी ऑफ ईरान

इजराइल

- डेमोकेटिक फ्रंट फॉर दि लिबरेशन ऑफ पेलेस्टिन
- अबू निडाल ऑर्गेनाइजेशन
- हमस फतेह उपरिसिंग
- ऑर्गेनाइजेशन ऑफ द आर्म्ड अरब स्ट्रगल
- पेलिस्टिन लिबरेशन फ्रंट अबू अब्बास फैक्शन
- पॉपुलर फ्रंट फॉर दि लिबरेशन ऑफ पेलेस्टिन

अफगानिस्तान

- जमात–ए–इस्लाम
- नेशनल इस्लामिक मूवमेण्ट
- हरकत ई इस्लामी
- नॉर्थन एलियन्स

- तालिबान मिलिशिया
- यूनाइटेड इस्लामिक फ्रंट फॉर दि सेलवेशन ऑफ अफगानिस्तान

सऊदी अरेबिया

- इस्लामिक जिहाद इन हेजाज
- हिजबुल्लाह गल्फ
- जमात अल–अदाला अल–अलामिया
- लोगिओन ऑफ दि मार्टिर अब्दुल्लाह अल हुजाइफी
- टाइगर्स ऑफ दि गल्फ
- मूवमेण्ट फॉर इस्लामिक चेंज

आतंकवाद का एक अन्य रूप राज्य प्रायोजित (State Sponsored) आंतकवाद का भी है, जो विश्व के कुछ देशों में प्रत्यक्ष या परोक्ष रूप से इस हिंसात्मक संगठन को प्रश्रय दे रहा हैं। 'Patterns of Global Terrorism, 1989' नामक रिपोर्ट में यह माना गया है कि क्यूबा, इराक, ईरान, उत्तरी कोरिया, दक्षिणी यमन, लीबिया, सीरिया और इस सूची में पाकिस्तान का नाम भी शामिल है, जिसकी पहचान राज्य प्रायोजित आंतकवादी देश के रूप में की गयी है।

आतंकवाद का एक अन्य मुख्य रूप इस्लामिक आतंकवाद का है। इस्लामिक आतंकवाद का अभिप्राय है–इस्लामी राष्ट्रों में इस्लाम धर्म के प्रति कट्टरवादी मानसिकता पैदा करके इस्लाम के अनुयायियों को अपने साथ लेकर चलना और विश्व में इस्लामिक राज्य का दायरा विस्तारित करना। अनेक इस्लामिक देशों में आतंकवाद एक सुसंगठित स्वतत्र विचारधारा के रूप में पोषित (Nourished), पल्लवित (Expanded) हो रहा है। यहां तक कि नयी आतंकवादी तकनीकों पर शोध कार्य भी आरंभ हो गया है और आतंकवादी विश्वविद्यालय खोलकर एक विषय की तरह इसकी पढाई आरंभ हो गयी है।

जहां तक भारत का प्रश्न है, यहां आतंकवाद को बढ़ावा देने में पाकिस्तान की भूमिका जग जाहिर है। पाकिस्तान की खुफिया एजेन्सी आई.एस.आई. पिछले कई वर्षों से आतंकवादी गतिविधियों का विस्तार कर रही है और सामूहिक ध्वंसात्मक घटनाओं को अंजाम देकर आर्थिक विकास की प्रक्रिया को बाधित कर रही हैं। इसी क्रम में पहले पंजाब में फिर जम्मू कश्मीर में विदेशी व भाड़े के आतंकवादियों की मदद से हिंसात्मक घटनाओं को अंजाम दे रहा है तथा देश के मुंबई, गुजरात आदि कई प्रान्तों में बम विस्फोट करके शृंखलाबद्ध सामूहिक हत्याओं को अंजाम देकर सरकार के लिए नित्य नई परेशानियां पैदा कर रही है।

मार्च 3 एवं 4, 2007 को भारत में सम्पन्न हुए चौदहवें विश्व सम्मेलन सार्क (दक्षेस) में आतंकवाद को जड़ से समाप्त करने के खिलाफ सभी सदस्य देश लामबंद दिखाई दिये। तालिबान, लिट्टे और कश्मीरी आतंकवादियों की विनाशलीला का समाना कर रहे दक्षिण एशियाई क्षेत्रीय सहयोग संघ (दक्षेस) देश के शीर्ष नेताओं द्वारा आतंकवाद को विकासशील व्यवस्थाओं के विकास के लिए विश्वव्यापी खतरा बताते हुए इसके समूल उन्मूलन के लिए प्रभावी कार्रवाई करने का आह्वान किया गया। चौदहवें सार्क शिखर सम्मेलन का मूल संदेश है–आतंकवाद से त्रस्त सार्क देशों को अपरिहार्य रूप में एक मजबूत सूत्र में बंधने की जरूरत पर जोर देना। अफगानिस्तान के राष्ट्रपति हमीद करजई ने सबसे नये सदस्य के तौर पर अपने संबोधन में आतंकवाद के मसले को जोर–शोर से उठाया और कहा कि आतंकवाद से मुक्ति के लिए उसे कुछ राष्ट्रों द्वारा दिये जाने वाले राजनीतिक प्रोत्साहन और वित्तीय मदद को रोकना होगा। उन्होंने व्यवस्था के आर्थिक विकास हेतु आतंकवाद पर नियंत्रण को अपरिहार्य बताया और यह भी कहा कि यदि हम इसमें विफल होते हैं तो पूरे इलाके में विकास कार्य रुक जायेगा और हमें सुरक्षा की गंभीर समस्या का सामना करना पड़ेगा। पाकिस्तान समेत दक्षेस के सदस्य देशों द्वारा समूचे दक्षिण एशियाई क्षेत्र के लिए खतरा बने आतंकियों पर लगाम कसने की प्रतिबद्धता व्यक्त की गयी और सम्मेलन के समापन पर आठ पृष्ठों का एक संयुक्त घोषणापत्र भी जारी किया गया जिसमें कई महत्त्वपूर्ण मुद्दों को शामिल

किया गया, लेकिन आतंकवाद से निपटने को इस घोषणापत्र में प्राथमिकता दी गयी। सभी सदस्य देशों के नेताओं द्वारा अपने–अपने देश का उदाहरण देते हुए यह बताया गया कि आतंकवाद के रहते विकासशील जनतांत्रिक व्यवस्थाओं की समृद्धि व विकास का सपना कभी पूरा नहीं हो सकता है। आठ सदस्यीय इस संगठन के शिखर सम्मेलन में अमेरिका जापान दक्षिण कोरिया और चीन पर्यवेक्षक के रूप में शामिल हुए और ईरान को भी पर्यवेक्षक का दर्जा दिया गया।

सार्क सम्मेलन में आतंकवाद के ख़िलाफ उठी इस सामूहिक आवाज पर पाकिस्तान द्वारा कश्मीर का मुद्दा नहीं उठाया गया। करजई ने सम्मेलन में आतंकवाद से लड़ने में सभी देशों के सहयोग पर बल दिया। अफगानिस्तान से सुर मिलाते हुए श्रीलंका, बांग्लादेश और भूटान ने भारत से ज्यादा मुखर होकर आतंकवाद के ख़िलाफ सार्क देशों की एकजुटता पर विशेष जोर दिया। इसकी साफ वजह यह है कि भारत के साथ अफगानिस्तान श्रीलंका, भूटान, बांगलादेश सभी आतंकवाद से बहुत परेशान हैं और यह इन व्यवस्थाओं की विकास–प्रक्रिया का मुख्य अवरोधक भी है। भारत के परिप्रेक्ष्य में आतंकी गतिविधियों की वजह से व्यवस्था को गंभीर चुनौतियों का सामना करना पड़ रहा है। दहशतगर्दों के हाथ न्यूक्लियर मेटेरियल, घातक हथियार आदि लग जाने की वजह से उनकी क्षमता काफी बढ़ गयी है। इन परिस्थितियों को देखते हुए यह समय की मांग है कि यहां की खुफिया तंत्र और पुलिस व्यवस्था में आमूलचूल परिर्वतन लाया जाये, ताकि आतंकी और अपराधिक गतिविधियों पर अंकुश लगाया जा सके।

युवा असंतोष और आन्दोलन (Youth Unrest and Agitations)

युवा असंतोष का सामान्य अर्थ है, अशान्त स्थिति। सामान्यतः विकासशील जनतांत्रिक व्यवस्थाओं की मुख्य सामाजिक–राजनीतिक समस्या है–युवा अंसतोष एवं आन्दोलन। युवाओं द्वारा व्यक्त सामाजिक असंतोष युवा वर्ग द्वारा व्यवस्था के प्रति सामूहिक कुण्ठा की अभिव्यक्ति है। व्यवस्था में विभिन्न वर्ग के युवाओं में व्याप्त असंतोष और आन्दोलन के रूप में उसकी अभिव्यक्ति राजनीतिक व्यवस्था एवं राजनीतिक सत्ता के लिए हमेशा नई मुश्किलें पैदा करता है। इन व्यवस्थाओं में युवा असंतोष के कुछ ख़ास लक्षण हैं जो विभिन्न आन्दोलनों को सक्रिय आकार प्रदान करते हैं, मसलन–सामूहिक असंतोष, दुष्कार्यात्मक स्थितियां, सार्वजनिक चिन्ता तथा व्यवस्था में विद्यमान प्रतिमानों में परिवर्तन की जरूरत। इसके अतिरिक्त, समाज में अन्याय की भावना पर आधारित कार्यों के प्रति विरोध युवाओं में इस सामान्यीकृत विश्वास का विकास करता है कि वर्तमान व्यवस्था–संचालन हेतु प्रयुक्त नीतियां सामान्यजन के हित में नहीं हैं। इस मानसिकता के तहत राजनीतिक अभिजनों के प्रति विश्वास में कमी आने पर युवावर्ग विषयगत समस्याओं के प्रति सामूहिक उत्तेजना या सामूहिक प्रतिक्रिया व्यक्त करता है। राजनीतिक व्यवस्था या सत्ता के प्रति युवाओं के विरोध एवं उत्तेजनापूर्ण आन्दोलन से व्यवस्था को अनेक प्रकार की समस्याओं का सामना करना पड़ता है। भारत के संदर्भ में युवा असंतोष और उत्तेजनापूर्ण आन्दोलन के कई प्रसंग देश के इतिहास में अपनी महत्त्वपूर्ण उपस्थिति दर्ज करा चुके हैं। दृष्टान्तस्वरूप सन् 1974 में बिहार का जे.पी. आन्दोलन, 1981 में गुजरात में आरक्षण विरोधी जातीय दंगे, 1985 में गुजरात का आरक्षण विरोधी उत्तेजनापूर्ण आन्दोलन, 1984 में असम का अखिल असम विद्यार्थी संघ आन्दोलन, 1990 में उत्तरी भारत में राज्यों में भड़का उग्र मंडल विरोधी आन्दोलन, बिहार में झारखंड आन्दोलन तथा 3 जनवरी 2007 को राष्ट्रपति की स्वीकृति के पश्चात् अस्तित्व में आया आरक्षण संबंधी वह कानून, जिसके प्रभाव से 49.5 प्रतिशत जगह शिक्षण सस्थाओं में पिछड़े वर्गों के लिए आरक्षित होने वाली है, के विरोध मे उत्पन्न आरक्षण विरोधी आन्दोलन नये सिरे से व्यवस्था में युवा असंतोष की प्रस्तुति कर रहा है, जिस पर फिलवक्त सर्वोच्च न्यायालय द्वारा रोक लगा दी गई है। इस प्रकार, युवा असंतोषपूर्ण आन्दोलन से जहां व्यवस्थागत राजनीति में उबाल आता है, वहीं यह असंतोष आर्थिक–सामाजिक सांस्कृतिक पर्यावरण एवं विकास के प्रसंगों को भी गंभीर रूप से प्रभावित करता है।

उपर्युक्त प्रसंगों एवं तथ्यों के आलोक में यह कहा जा सकता है कि विकासशील जनतांत्रिक व्यवस्थाओं से प्रासंगिक ऐसे अनेकानेक विषय हैं जो वहां की सामाजिक–आर्थिक परिस्थितियों के मद्देनजर समस्याओं एवं चुनौतियों का निर्माण करते हैं तथा उन विषयों के आविर्भाव एवं स्थायित्व के संवाहक की भूमिका निभाते हैं।

चौदहवें दक्षेस शिखर सम्मेलन में भी इन व्यवस्थाओं से प्रासंगिक आर्थिक मुद्दे ही ज्यादातर छाये रहे और आर्थिक विकास हेतु भविष्य में एक आर्थिक संघ बनाने का लक्ष्य रखा गया। इसका अभिप्राय यह हुआ कि इन जनतांत्रिक व्यवस्थाओं के विकास में आर्थिक समस्याओं का निराकरण एवं आर्थिक प्रगति के प्रतिशत में बढ़ोत्तरी का स्थान सर्वाधिक महत्त्वपूर्ण है। यह व्यवस्था को सामाजिक एवं राजनीतिक दृष्टिकोण से समृद्ध बना सकती है और एक प्रगतिशील व जागरूक लोकतांत्रिक व्यवस्था में परिणत कर सकती है।

सर्वाधिकारवादी व्यवस्थाएं : सामाजिक–आर्थिक स्थितियां, उनका आविर्भाव एवं स्थायित्व के संवाहक (Totalitarian Systems : Socio-economic Conditions Conductive for their Emergence and Stability)

सर्वाधिकारवादी अवधारणा राज्य को एक शक्ति व्यवस्था (Power System) के रूप में देखता है। सर्वाधिकारवादी व्यवस्थाओं में राज्य के सर्वशक्तिमान स्वरूप को स्वीकार किया जाता है। मुसोलिनी के शब्दों में, "राज्य सम्पूर्ण है, राज्य से परे कुछ भी नहीं और राज्य के विरुद्ध कुछ भी नहीं" (All within the state none outside the state none against the state)। सर्वाधिकारवादी राज्य का स्वरूप तानाशाही होता है जो मौलिक रूप से उदारवाद और संसदीय शासन का विरोधी है। संसदीय लोकतंत्र सर्वाधिकारवादी राज्य के लिए अभिशाप है। सर्वाधिकारवादी राज्य का अधिकार असीमित होता है। धर्म, आचार, विचार, शिक्षा, जीवन की सम्पन्नता, विविधता आदि सभी विषय राज्य के अधीन होते हैं। इटली में तो खेलकूद, मनोरंजन की संस्थाएं, शिक्षा से प्रासंगिक समस्त विषय फासिस्टों के हाथों में केन्द्रित था।

सर्वाधिकारवादी राज्य के स्वरूप में देशगत परिस्थिति के अनुरूप विविधता पायी जाती है। दृष्टान्तस्वरूप में इटली में इसका स्वरूप फासिस्टवादी था और जर्मनी में नाजीवादी। राजनीति वैज्ञानिकों की ऐसी धारणा है कि आंग्ल सेक्शन देशों में जहां वैयक्तिक स्वतंत्रता के प्रति गहरी आस्था है, वहां भी विकास और आधुनिकीकरण के नाम पर राज्य के कार्यक्षेत्र का व्यापक विस्तार हो रहा है वहां भी समृद्धि एवं विकास के नाम पर सामाजिक जीवन में राज्य का ज्यादा से ज्यादा प्रवेश हो रहा है, जिसके परिणामस्वरूप एक नये प्रकार के सर्वाधिकारवाद का अस्तित्व आकार ले रहा है, जिसे लोकतंत्रीय सर्वाधिकारवाद (Democratic Totalitarianism) की संज्ञा दी जा सकती है। इनके मतानुसार यह संभव है कि उदारवादी लोकतांत्रिक व्यवस्था अमेरिका में राज्य एवं समाज के बीच घटती दूरी की वजह से संवैधानिक तानाशाही (Constitutional Dictatorship) का उदय हो जाए।

सर्वाधिकारवादी राजनीतिक व्यवस्थाओं के आविर्भाव, विकास एवं स्थायित्व में संदर्भित राज्यों द्वारा समय–समय पर चलाये गये आन्दोलनों तथा व्यवस्थागत जीवन की वास्तविक परिस्थितियों का सर्वाधिक योगदान रहा है। बीसवीं सदी में आधुनिक प्रौद्योगिकी तथा संचार के साधनों का विकास ही मूलरूप से सर्वाधिकारवादी राजनीतिक व्यवस्थाओं के आविर्भाव एवं अस्तित्व का संवाहक बना है। विश्व की अधिकांश सर्वाधिकारवादी व्यवस्थाएं शासन व्यवस्था में सुधार लाने एवं व्यवस्था के आधुनिकीकरण हेतु प्रतिबद्ध शासन के रूप में अपनी पहचान कायम करने के लिए संकल्पबद्ध दिखाई देती हैं। लेकिन राजनीतिक विश्लेषण की दृष्टि से सही सर्वाधिकारवादी राजनीतिक व्यवस्था का कोई विशिष्ट उदाहरण अभी समसामयिक विश्व की राजनीति में उपलब्ध नहीं है। यथोचित रूप से इस राजनीतिक व्यवस्था की कोटि के दो ही अन्यतम उदाहरण है। स्टालिन का रूस और हिटलर का जर्मनी। इस कोटि में मुसोलिनी के इटली को भी एक तीसरे उदाहरण के रूप में रखा जा सकता है। इन तीनों व्यवस्थाओं के बीच एक बुनियादी समानता यह है कि तीनों एक ही व्यक्ति के नेतृत्व का प्रबल समर्थक है। द्वितीय विश्व युद्ध के पश्चात् यानी कि 1945 के बाद सर्वाधिकारवादी राजनीतिक व्यवस्थाओं के उदाहरण की श्रेणी में मुख्य रूप से पूर्वी यूरोप के कम्युनिस्ट राज्य ही शामिल हैं, जो सर्वाधिकारवादी सत्ता के मौलिक स्वरूप के विपरीत सामूहिक नेतृत्व का उदाहरण प्रस्तुत करती हैं।

सर्वाधिकारवादी व्यवस्थाओं की राजनीति के सामाजिक–आर्थिक आयाम
(Socio-economic Dimensions of Politics of the Totalitarian Political Systems)

जहां तक सर्वाधिकारवादी राजनीतिक व्यवस्थाओं के सामाजिक–आर्थिक आयामों तथा उसके आविर्भाव एवं स्थायित्व का विषय है, यह स्वाभाविक रूप से उदारवादी व्यवस्थाओं के विपरीत स्वरूप का परिचायक है। इन व्यवस्थाओं की यह विशेषता है कि यहां सिद्धान्ततः एवं व्यवहारतः व्यक्तिगत तथा सामाजिक गतिविधियों के समस्त पक्षों पर राजनीतिक रूप से सरकार का नियंत्रण होता है। जिसे निम्नाकिंत संदभों मे देखी जा सकता है : (1) राजनीतिक व्यवस्था का यह स्वरूप एक ही राजनीतिक दल के आविर्भाव एवं अस्तित्व को मान्यता प्रदान करता है। व्यवस्था की समस्त राजनीतिक सक्रियता इसी दल के माध्यम से संचालित होती है और चुनावी प्रतियोगिता, विरोध तथा नियुक्तियों का जो संस्थागत आधार प्रस्तुत करती है, उसका दृष्टान्त उदारवादी व्यवस्थाओं में नहीं मिलता है। (2) सर्वाधिकारवादी व्यवस्थाएं लोकतंत्रीय पहचान कायम करने के उद्देश्य से शासन व्यवस्था तथा राजनीतिक सत्ता के लोकतंत्रीकरण हेतु जनसक्रियता पर विशेष बल देती है। राजनीतिक व्यवस्था के पक्ष में व्यापक जनसमर्थन प्राप्त करना इनका मूल उद्देश्य होता है। क्योंकि, लोकतंत्रीय व्यवस्था के अस्तित्व की पहचान का आधार जनसहभागिता एवं जनस्वीकृति है जो राजनीतिक व्यवस्था की वैधता का मूलाधार है। (3) सर्वाधिकारवादी व्यवस्थाओं के अस्तित्व की एक अन्य विशेष पहचान वहां सुस्पष्ट राजनीतिक विचारधारा का आविर्भाव एवं उसका मजबूत अस्तित्व है जो व्यवस्थान्तगर्त समस्त राजनीतिक, सामाजिक, आर्थिक एवं सांस्कृतिक सक्रियताओं का विनियमन करती है। (4) सर्वाधिकारवादी व्यवस्था का मौलिक स्वरूप तानाशाही (Dictatorial) का होता है जो विचारधारा के आधार पर उदारवादी संसदीय लोकतत्र का विरोधी है। व्यवस्था के विकास एवं समुन्नति के लिए यह शासन एक ही व्यक्ति या एक ही पार्टी के हाथों में सर्वोच्च सत्ता सौंपने का प्रबल पक्षधर है। इस आधार पर रूस की तानाशाही का स्वरूप वामपन्थी (Leftist) था, जबकि इटली और जर्मनी की तानाशाही का स्वरूप दक्षिणपन्थी (Rightist) था। सत्ता प्रकृति की दृष्टि से रूस की तानाशाही साम्यवादी पार्टी की तानाशाही थी, जबकि इटली और जर्मनी की तानाशाही एक व्यक्ति की तानाशाही का श्रेष्ठ उदाहरण है। फासिस्ट इटली और नाजी जर्मनी दोनों सर्वाधिकारवादी व्यवस्थाओं में बिना किसी तर्क–वितर्क के एक व्यक्ति की सर्वोच्च सत्ता को स्वीकार किया गया। (5) सर्वाधिकारवादी व्यवस्था वैयक्तिक स्वतंत्रता का विरोधी होता है, क्योंकि समाजवादी विचारधारा वैयक्तिक स्वतंत्रता को मध्यमवर्गीय विचार मानता है। इन व्यवस्थाओं के इतिहास पर दृष्टि डालें तो यह पता चलता है कि यहां समयानुसार और परिस्थितिवश अपने राजनीतिक विरोधियों या सेनाध्यक्षों को समय–समय पर हटाया गया है जो इनकी तानाशाही सत्ताशैली का प्रमाण है। फासिस्टवाद और नाजीवाद वैयक्तिक स्वतंत्रता को अविवेकी विचार मानता है, इसलिए जनसाधारण में विश्वास नहीं रखता है। (6) सर्वाधिकारवादी व्यवस्था में सत्ता के विरुद्ध राजनीतिक विरोध प्रदर्शन के लिए कोई जगह नहीं है। यहां एक दलीय शासन होता है, जिसकी सार्वजनिक आलोचना का अधिकार जनता के पास नहीं होता है। पार्टी के अन्दर आलोचना करने की इजाजत होती है, लेकिन आलोचना का विषय शासन में सुधार से प्रासंगिक होना चाहिए, शासन विरोधी नहीं। (7) यहां न्यायपालिका भी सत्ता–संचालन का एक हिस्सा होती है। न्यायपालिका की सक्रियता का संदर्भ राजनीतिक सत्ता संचालकों की सहायता से संबद्ध होता है जो राजनीतिक व्यवस्था या सत्ता का विरोध करने वालों को देशद्रोही (Judas) करार देकर उसे दंडित करने में सरकार की मदद करता है। यहां न्यायपालिका पर सरकार का कठोर नियंत्रण होता है। सर्वाधिकारवादी व्यवस्थाओं में जनसम्पर्क के साधनों पर सरकार का कठोर नियंत्रण होता है। यहां समाचारपत्र–पत्रिकाओं, पुस्तकों, रेडियो टेलीविजन, सिनेमा, थियेटर, संगीत, कला आदि पर राजनीतिक सत्ता द्वारा कठोर नियंत्रण रखा जाता है। नागरिकों या जनसम्पर्क के साधनों को विचार अभिव्यक्ति की आजादी नहीं होती है। भाषण देने, सभा करने, संघ बनाने या लिखने, या विरोध प्रदर्शन करने पर व्यवस्था की तरफ से मनाही होती है। यानी कि इस व्यवस्था में नागरिक पूरी तरह अपनी राजनीतिक सत्ता के अधीन होता है। यह

राजनीतिक विचारधारा राष्ट्र को बहुत ज्यादा प्रतिष्ठा प्रदान करता है। राज्य को शक्ति व्यवस्था के रूप में देखता है जिसमें किसी अन्य राजनीतिक सिद्धान्त या आदर्श के लिए कोई जगह नहीं होती है। (8) सर्वाधिकारवादी व्यवस्थाएं आमतौर पर धर्म विरोधी होती हैं। जहां साम्यवाद में आंरभ से ही धर्म पर प्रतिबंध लगाया गया है, वही फासिस्टवादी एवं नाजीवादियों द्वारा सर्वाधिकारवादी व्यवस्था के लक्ष्य को पूरा करने में धर्म को साधन के रूप में इस्तेमाल किया गया। इस प्रसंग में जे.ए. स्पेंडर ने कहा है कि 'रूस में धर्म को समाप्त करने की कोशिश की गयी है, मुसोलिनी ने इसे निष्क्रय और निष्प्राण बनाने का प्रयास किया और हिटलर ने इसे अधीन बनाने का प्रयत्न किया। (Russia has tried to extirpate religion Mussolini to sterilize it and Hitler to annex it)। (9) जहां तक सर्वाधिकारवादी राजनीतिक व्यवस्थाओं के जनतांत्रीकरण का प्रश्न है इस प्रसंग में विचारणीय तथ्य यह है कि तानाशाही राज्यों में सर्वाधिकारवाद के अस्तित्व को जन आन्दोलन का रूप दिया गया है, लेकिन स्वतंत्र मतदान प्रक्रिया के अभाव में ये व्यवस्थाएं किस रूप में जनतांत्रिक स्वरूप प्राप्त कर पायी है और किस हद तक जनता का समर्थन प्राप्त कर पायी है, इसका सही आंकलन करना एक कठिन कार्य है। सर्वाधिकारवाद की नीतियों–सिद्धान्तों एवं क्रियाकलापों की उदारवादियों द्वारा चाहे जितनी भी आलोचनाएं की जाए लेकिन इस तथ्य को अस्वीकार नहीं किया जा सकता है कि फासिस्टवादी एवं नाजीवादी विचारधारा द्वारा अपने देश के नागरिकों में व्यवस्था के लक्ष्यों व उद्देश्यों के प्रति इतनी ज्यादा आस्था और प्रतिबद्धता उत्पन्न करायी गयी कि उन लक्ष्यों की प्राप्ति ही वहां के अवाम के जीवन का एक मात्र उद्देश्य बन गया, जिसकी प्राप्ति के लिए वे सब कुछ न्योछावर करने को तैयार थे। इस व्यवस्था का सबसे महत्त्वपूर्ण सामाजिक–राजनीतिक परिप्रेक्ष्य यह है कि इन व्यवस्थाओं में सम्पूर्ण जनता को एक सूत्र में बांधने एवं उनमें राष्ट्र तथा सत्ता के प्रति गहरी निष्ठा व एकता पैदा कराने में महत्त्वपूर्ण भूमिका निभायी है। (10) सर्वाधिकारवादी व्यवस्था के आविर्भाव एवं स्थायित्व के संवाहक परिप्रेक्ष्यों में एक महत्त्वपूर्ण आयाम उसका आर्थिक परिप्रेक्ष्य भी है। यह व्यवस्था अपने राज्य को आर्थिक रूप से स्वावलम्बी बनाने की भरपूर कोशिश करता है। इटली और जर्मनी दोनों राज्यों की आर्थिक नीति इस प्रसंग का बेहतर उदाहरण है। अपने सामान की बिक्री बढ़ाने के लिए दोनों राष्ट्रों ने विदेशी वाणिज्य और व्यापार के क्षेत्र में प्रवेश किया। साम्यवादी राष्ट्रों में भूतपूर्व सोवियत संघ और जनवादी चीन द्वारा भी अपनी व्यवस्था के विकास एवं आर्थिक समृद्धि हेतु कई महत्त्वपूर्ण कारगर कदम उठाये गये जिसकी वजह से अन्तर्राष्ट्रीय राजनीतिक परिदृश्य में सोवियत संघ को अपने आपको सुपर पावर के रूप में स्थापित करने में सफलता हासिल हुई तथा रूस एवं चीन ने विज्ञान एवं प्रौद्योगिकी के क्षेत्र में भरपूर तरक्की करके परमाणु सम्पन्न राष्ट्रों के रूप में अपनी ख़ास पहचान स्थापित की।

सोवियत संघ या सोवियत समाजवादी गणराज्य संघ (Union of Sovoiet Socialist Republic (USSR)) की राजनीतिक व्यवस्था अब इतिहास के अध्याय में सिमट चुकी है, लेकिन उदारवादी एवं साम्यवादी–समाजवादी व्यवस्थाओं के तुलनात्मक विश्लेषण की दृष्टि से भूतपूर्व सोवियत संघ का समाजवादी लोकतंत्र एवं समाजवादी व्यवस्था का अस्तित्व आज भी काफी प्रासंगिक है। इस शासन प्रणाली का अनुकरण करके विश्व के कई देशों में समाजवादी लोकतंत्र की स्थापना की गयी। विशेष रूप से पूर्वी यूरोपीय देशों में हंगरी, पूर्वी जर्मनी, पोलैण्ड, चेकोस्लोवाकिया, यूगोस्लाविया, बुल्गेरिया, रूमानिया की चर्चा यहां अपरिहार्य है सोवियत संघ के पतन के दौर (1989–91) में ही ये शासन व्यवस्थाएं भी धराशायी हो गयीं। वहीं विश्व की कुछ राजनीतिक व्यवस्थाओं, यथा–जनवादी चीन गणराज्य, उत्तरी कोरिया, वियतनाम, लाओस और क्यूबा में आज भी अपनी व्यवस्थागत परिस्थितियों के अनुरूप समाजवादी लोकतंत्र का अस्तित्व कायम है। इन देशों के अलावा कुछ अरब और अफ्रीकी देशों ने भूतपूर्व सोवियत संध द्वारा प्रस्तुत समाजवादी व्यवस्था को यथोचित रूप में तो नही अपनाया है लेकिन अपनी राष्ट्रीय एकता को मजबूत करने और उपनिवेशवादी तथा नव उपनिवेशवादी शोषण (Colonial and New Colonial Exploitation) को समर्थ चुनौती देने के लिए समाजवादी विचाराधारा को प्रेरणा स्वरूप अपनाया है और राष्ट्र–निर्माण एवं राष्ट्र–मजबूतीकरण की प्रक्रिया में वे आज भी लोकतांत्रिक समाजवादी व्यवस्था एवं लोकतांत्रिक समाजवादी अवधारणा से उत्प्रेरणा (Inspiration) प्राप्त करते रहते हैं। उनके द्वारा अपनायी जाने वाली इस मनोवृत्ति (Attitude) एवं प्रासंगिक अभिविन्यास (Orientation) की प्रवृत्ति को देखते हुए पतन के

बावजूद भूतपूर्व सोवियत संघ की लोकतांत्रिक समाजवादी राजनीतिक व्यवस्था का यथार्थपरक विश्लेषण आज भी प्रासंगिक है।

सर्वाधिकारवादी राजनीतिक व्यवस्था के दृष्टान्तस्वरूप सोवियत राजनीतिक व्यवस्थान्तर्गत साम्यवादी दल की भूमिका अत्यन्त महत्त्वपूर्ण थी। इसीलिए उसे सोवियत संघ का साम्यवादी दल (Communist Party of the Soviet Union (CPSU)) कहा जाता था। 1945 के बाद जो राजनीतिक व्यवस्थाएं साम्यवादी दल के सर्वाधिकारवादी प्रवृत्ति की वजह से सर्वाधिकारवादी राज्य के प्रतिनिधि के रूप में चिन्हित की गयी, उनमें सोवियत संघ अग्रेसर की भूमिका में था। सोवियत समाजवादी व्यवस्था में राज्य संगठन पर दल संगठन का वर्चस्व रहा और राज्य का समस्त निर्णय दलीय निर्णय से निर्देशित होता था। समाजवादी लोकतांत्रिक व्यवस्था कामगार वर्ग के हितों की रक्षा के लिए सदैव प्रयासरत रहता था और सर्वहारा वर्ग के हितों की रक्षा के लिए सर्वाधिकारवादी राज्य की तर्ज पर सत्ता–संचालन में एक व्यक्ति के वर्चस्व की जगह एक दलीय शासन, अर्थात् सत्ता पर साम्यवादी दल के एकाधिकार को संवैधानिक स्वीकृति प्रदान की जाती थी। जैसा कि सोवियत संविधान 1977 का अनुच्छेद 6 यह व्यक्त करता था कि सोवियत समाज की सर्वप्रमुख और मार्गदर्शक शक्ति तथा इसकी राजनीतिक प्रणाली समस्त राज्य संगठनों और सार्वजनिक संगठनों का मुख्य केन्द्र सोवियत संघ का साम्यवादी दल है। मैकफर्सन ने अपनी कृति में सोवियत व्यवस्था का सही चित्रण प्रस्तुत करने का प्रयास किया है। सी.बी. मैकफर्सन की संक्षिप्त लेकिन महत्त्वपूर्ण रचना में सोवियत व्यवस्था को 'लोकतंत्र का साम्यवादी संस्करण' (The Real World of Democracy) की संज्ञा दी है। सोवियत साम्यवादी दल के एकाधिकार को व्यवस्था में मान्यता प्राप्त थी और उसे सत्ता प्राप्त करने के लिए चुनाव में किसी अन्य दल की प्रतियोगिता या प्रतिस्पर्धी विरोधी गतिविधियों को नहीं झेलना पड़ता था। लेकिन, सत्ता की एकाधिकार मनोवृत्ति को वैधता प्रदान करने के उद्देश्य से तथा निरन्तर जनसमर्थन प्राप्त करते रहने के उद्देश्य से सत्तारूढ़ साम्यवादी दल सरकारी नीतियों व कार्यक्रमों की व्याख्या की प्रस्तुति जनता के समक्ष समय–समय पर करते रहते थे, और उन नीतियों की जनऔचित्यता से जनसामान्य को अवगत कराते रहते थे। सोवियत साम्यवादी दल व्यवस्थागत समाज के सभी स्तरों पर व्यापक तालमेल और नियंत्रण स्थापित करता था जो उदारवादी लोकतांत्रिक व्यवस्था में कभी संभव नहीं हो पाता है। भूतपूर्व सोवियत संघ के साम्यवादी दल को वहां के समानांतर अधिकारीतंत्र (Parallel Bureaucracy) का नाम दिया गया था जो वहां सरकार की पूरक भूमिका निभाता था।

सोवियत शासन व्यवस्था में साम्यवादी दल के अखंड वर्चस्व एवं प्रभुत्व को लक्ष्य करके ही इस व्यवस्था के समालोचकों द्वारा व्यवस्था को एकदलीय सर्वाधिकारवाद (One Party Totalitarianism) की संज्ञा दी गयी है। यह सही है कि संविधानवाद की समाजवादी अवधारणा आधुनिक व्यवस्था में शोषित वर्ग के लिए वास्तविक स्वतंत्रता और सुरक्षा का पुख्ता संदेश देती है, लेकिन व्यवहार के धरातल पर यह लोकतांत्रिक व्यवस्था अनेक त्रुटियों के साथ व्यवस्था में लोकतंत्रीय परिस्थितियों से पृथक् एक दलीय सर्वाधिकारवाद का सटीक स्वरूप प्रस्तुत करती है। सत्ता पर एक ही राजनीतिक दल का प्रभुत्व, शासन के अंगों पर सत्तारूढ़ दल द्वारा मनोनयन, मतदान के समय मतदाता के समक्ष विकल्प का अभाव, राज्य की समस्त संरचना पर साम्यवादी दल के उच्चाधिकारियों का नियंत्रण, सत्तारूढ़ दल द्वारा सार्वजनिक नीतियों से प्रासंगिक निर्णय का लिया जाना और शासन के अंगों यथा–सर्वोच्च सोवियत, मंत्रिमंडल द्वारा उसे अनुमोदित करने की भूमिका निभाना आदि वो यथार्थताएं हैं जो इस लोकतांत्रिक अवधारणा को जनतंत्र की मूल धारणा से पृथक् स्वरूप प्रदान करता है।

लेनिन और स्टालिन का शासन रूस में समाजवाद की स्थापना का आरंभिक दौर था। इस अवधि में समाजवाद की जड़ों को सुदृढ़ करने के लिए सत्ता विरोधी मतों को व्यवस्था–संचालकों द्वारा दमन करना समाजवाद के मजबूतीकरण का अपरिहार्य हिस्सा माना गया। स्टालिन के पश्चात् ख्रुश्चेव के शासन काल में साम्यवादी दल के क्रियाकलापों की समीक्षा करके दल द्वारा सत्ता–संचालन संबंधी कठोर अनुशासन में थोड़ी रियायत दी गयी। बाद के वर्षों में व्यावहारिक अनुभवों के आधार पर सोवियत व्यवस्था में राजनीतिक सत्ता द्वारा नागरिक स्वतंत्रताओं एवं मानववादी भावनाओं का विस्तार किया गया, जिसके परिणामस्वरूप अन्तर्राष्ट्रीय राजनीतिक परिदृश्य में सोवियत संघ का आविर्भाव एवं संस्थापन विश्व की दूसरी सर्वोच्च शक्ति (Super Power)

के रूप में हुई। इस अवधि में सोवियत व्यवस्था की प्राथमिकताओं में विज्ञान एवं प्रौद्योगिकी के क्षेत्र में तकनीकी प्रगति हासिल करके उत्पादन वृद्धि पर सारा ध्यान केन्द्रित करना रहा। हालांकि साम्यवादी नेताओं की इस परिवर्तित मानसिकता से समाजवाद की समुन्नति एवं विकास यात्रा के मार्ग में बाधाएं आईं लेकिन वहीं अन्तर्राष्ट्रीय राजनीति में सोवियत राजनीतिक व्यवस्था एक उन्नतशील सामाजिक आर्थिक व्यवस्था के रूप में अपनी पहचान संस्थापित करने में काफी हद तक सफल रहा। लेकिन, सच्ची बात यह है कि सोवियत साम्यवादी सामाजवादी व्यवस्था के मूल्यांकन की ये मानसिकता एक पक्षीय है। हां, यह सही है सोवियत रूस अपने नागरिकों को कुछ ऐसे सामाजिक–आर्थिक अधिकार प्रदान करता था जो उदारवादी व्यवस्थाओं के अन्तर्गत नागरिकों को प्राप्त नहीं थे, तथापि यह वस्तुस्थिति का अधूरा चित्र है। स्थिति के संतुलित मूल्यांकन हेतु परस्पर विरोधी दावों–प्रतिदावों के अन्वेषण–अनुसंधान के पश्चात् यह तथ्य उभरता है कि सोवियत संविधान नागरिक स्वतंत्रताओं की व्यापक सूची प्रस्तुत करता है। लेकिन, व्यवहार की जमीन पर साम्यवादी दल के पूर्ण एकाधिकार व कठोर अनुशासन की वजह से वास्तविक स्तर पर नागरिकों को अपनी पसंद के प्रतिनिधि को चुनने की व विचार अभिव्यक्ति की वह स्वतंत्रता प्राप्त नहीं थी जो उदारवादी व्यवस्थाओं में प्राप्त होती है। सोवियत व्यवस्था में आधिकारिक विचारधारा (Official Ideology) के विरोध में बोलने या लिखने की आजादी नागरिकों के पास नहीं होती है। सोवियत रूस का इतिहास इस तथ्य का साक्षी है कि मार्क्स के द्वारा सामाजिक यथार्थ की खोज के लिए द्वन्द्वात्मक पद्धति (Dialectical Method) के प्रयोग को बढ़ावा दिया गया, लेकिन उसके अनुयायियों द्वारा मार्क्सदर्शन को धर्म सिद्धान्त (Dogma) का रूप देकर उनके विचारों से असहमति रखने वालों के साथ तानाशाहों सा व्यवहार किया गया। लेनिन और स्टालिन ने अपनी अधिनायकीय शक्तियों का इस्तेमाल व्यवस्था में न केवल पूँजीवादी एवं प्रतिक्रियावादी तत्त्वों के दमन के लिए किया अपितु उन्होंने उन समाजवादियों को भी घोर यातनाएं दीं जो लेनिन या स्टालिन द्वारा व्याख्यायित (Interpreted) समाजवादी सिद्धान्त एवं व्यवहार से सहमत नहीं थे। साथ–ही–साथ उनके द्वारा समाजवादी विचारधारा से प्रासंगिक क्रान्ति की प्रेरणा तथा नीति निर्माण में मार्गदर्शन पर जनसाधारण की मानसिकता को जानने समझने की जगह उन्हें संदेह की दृष्टि से देखा जाने लगा और उनके स्वतंत्र विचरण पर सरकार द्वारा पाबंदियां लगायी गई। जनसामान्य को कठोर अनुशासन के दायरे में बाँध दिया गया और मार्क्सदर्शन से प्रेरित समाजवादी लोकतंत्र के नाम पर सत्ता पर साम्यवादी दल के एकाधिकार प्रभुत्व की स्थापना की गयी। संवैधानिक एवं व्यावहारिक दोनों परिप्रेक्ष्य में संविधानवाद के नाम पर कम्युनिस्ट पार्टी के आतंक राज्य की स्थापना की गयी जो मार्क्सदर्शन में प्रस्तावित लोकतंत्रीय अवधारणा की कसौटी पर खरा नहीं उतर पाया।

चूँकि, समाजवादी व्यवस्था केवल समाजवादी विचारों को मान्यता देता है, इसलिए विचार अभिव्यक्ति की आजादी सीमित कर दी जाती है। समाजवादी नीतियों कार्यक्रमों को परिभाषित व कार्यान्वित करने का एकाधिकार साम्यवादी सत्ताधारी विशिष्ट वर्ग के हाथों में होता है और सत्ताधारी अपने प्रभुत्व का प्रयोग समाजवादी नीतियों–कार्यक्रमों को अपने हित की दृष्टि से परिभाषित करने तथा समाजवादी नीतियों–सिद्धान्तों का विरोध करने वाले लोगों पर दमनात्मक कार्रवाई करने के लिए करता है। यथार्थ के धरातल पर वहां साम्यवादी दल की ऐसी सर्वाधिकारवादी मानसिकता थी कि वे अपनी नीतियों से मतवैभिन्नता प्रदर्शित करने वाले ऐसे सभी समाजवादियों को जो सत्ताधारियों के विचारों से सहमत नहीं होते या उनके अधिकारों को चुनौती देते, उन्हें बंदीगृहों एवं यातना शिविरों में बंदी बनाकर हर प्रकार की यातनाएं देते और यदि आवश्यक हुआ, तो गोली मार देते या देश निकाला का आदेश जारी करते थे। दृष्टान्तस्वरूप स्टालिन शासन के अंतिम दशक में सत्ता के विरोधियों पर कई तरह के अत्याचार किये गये, जिसकी वजह से रूस के बुद्धिजीवियों को देश से पलायन करना पड़ा। विश्व के कई अन्य साम्यवादी व्यवस्थाओं में भी मत विरोधियों पर दमनात्मक कार्रवाई का इतिहास रहा है, यथा–साम्यवादी चीन की भारी राजनीतिक उथल–पुथल की वजह से 1965 से 1969 की अवधि में आई सांस्कृतिक क्रान्ति के दौरान सत्ता विरोधियों को ढूँढ कर मारा गया। हंगरी में 1956 में लोकतंत्रीय विरोध को कुचलने के लिए क्रूर उपायों (Coercive Measures) का प्रयोग किया गया। 1981–85 की अवधि में पोलैण्ड की साम्यवादी सत्ता द्वारा मजदूरों के स्वतंत्र संगठन 'सॉलिडैरिटी' पर दमनात्मक शक्तियों का प्रयोग किया गया।

1989 में चीन में लोकतंत्र की स्थापना की मांग करने वाले छात्रों को राजधानी पेइचिंग में त्यानमान चौक पर गोलियों से छलनी किया गया।

उपर्युक्त वर्णित प्रसंग इस तथ्य की पुष्टि करते हैं कि विश्व की साम्यवादी व्यवस्थाएं जहां एक ओर लोकतंत्र के नाम अपने नागरिकों को पर्याप्त सामाजिक आर्थिक सुरक्षा प्रदान करके नागरिकों के लिए सामाजिक–आर्थिक सुरक्षा मुहैया कराने का दावा करते हुए एक भव्य आर्थिक संरचना संस्थापित करती हैं वहीं दूसरी ओर विचार अभिव्यक्ति की आजादी पर रोक लगाते हुए नागरिकों की महत्त्वपूर्ण गतिविधियों तथा नागरिक स्वतंत्रताओं पर साम्यवादी सत्ता का कठोर नियंत्रण स्थापित करके एक नये प्रकार के लोकतांत्रिक सर्वाधिकारवादी व्यवस्था का स्वरूप उपस्थित करती हैं।

इसी भाँति 1949 की साम्यवादी क्रान्ति के पश्चात् जनवादी चीन गणराज्य (People's Republic of China) की स्थापना हुई। चीन का 1954 का संविधान वहां के साम्यवादी क्रान्तिकारियों की आकांक्षाओं की अभिव्यक्ति है, जिसमें जनवादी लोकतंत्र (People's Democracy), जनवादी अधिनायकतंत्र (People's Dictatorship) तथा अर्थव्यवस्था के समाजीकरण (Socialization of the Economy) का विशेष रूप का उल्लेख किया गया है और सोवियत संघ की तर्ज पर सामाजिक व्यवस्था एवं शासन के समस्त अंगों पर साम्यवादी दल का प्रभुत्व संस्थापित किया गया है। चीन के संविधान के जनवादी अधिनायकतंत्र का आधारतत्व मार्क्स दर्शन में प्रस्तुत सर्वहारा के अधिनायकतंत्र से प्रेरित है जो मजदूरों और किसानों के अटूट संबंधों की जोरदार वकालत करता है। 1982 से पूर्व के संविधानों में मार्क्सवादी–लेनिनवादी विचारधारा के आधार पर चीन राज्य को सर्वहारा अधिनायकतंत्र (Dictatorship of the Proletariat) घोषित किया गया था, लेकिन 1982 के संविधान में इसे जनवादी लोकतंत्रीय अधिनायकतंत्र (People's Democratic Dictatorship) घोषित किया गया है। वर्तमान संविधान के अनुच्छेद 2 में जनवादी चीन गणराज्य की समस्त शक्ति या सत्ता जनसाधारण के हाथों में निहित की गयी है। यह संवैधानिक प्रावधान वहां के जनसामान्य को केवल राज्य कार्यों में ही सहभागी नहीं बनाता है, अपितु व्यवस्था की आर्थिक, सामाजिक, सांस्कृतिक गतिधियों पर भी उनका नियंत्रण स्थापित करता है। समाजवादी अवधारणा के अनुरूप जनवादी चीन में भी उत्पादन के मुख्य साधनों पर राज्य का स्वामित्व है। एक समाजवादी व्यवस्था की तर्ज पर चीन भी अपने नागरिकों को व्यापक सामाजिक–आर्थिक अधिकार प्रदान करता है। मसलन–काम का अधिकार (Right to Work), शिक्षा का अधिकार (Right of Education), विश्राम का अधिकार (Right to Rest), बीमारी, बुढ़ापा, या अपाहिज होने पर राज्य की ओर से आर्थिक सहायता (Economic Assistance) का अधिकार तथा सीमित मात्रा में उन्हें सम्पत्ति रखने का भी अधिकार है। आर्थिक अधिकारों के अतिरिक्त चीन अपने नागरिकों को साहित्य, कला, विज्ञान एवं संस्कृति के क्षेत्र में अनुसंधान और सृजन का अधिकार देता है तथा राजनीतिक क्षेत्र में नागरिकों के लिए सार्वजनिक मताधिकार (Universal Franchise) की व्यवस्था करता है। चीन में काम के अधिकार को नागरिक कर्त्तव्य की कोटि में रखा गया है। वहाँ नागरिकों का मुख्य कर्त्तव्य संविधान और कानून का पालन करना, कानून के अनुसार कर चुकाना, देश की सुरक्षा हेतु राष्ट्र–जातियों में एकता बनाये रखना और बाह्य आक्रमण के समय देश की अनिवार्य सैनिक सेवा के लिए हमेशा तैयार रहना। चीन में राज्य एवं साम्यवादी दल में संगठनात्मक स्तर पर लोकतंत्रीय केन्द्रवाद (Democratic Centralism) के सिद्धान्त का अनुकरण एवं पालन किया गया है। वर्तमान संविधान की वस्तुस्थिति के अनुरूप चीन की कम्युनिस्ट पार्टी ही वहां की समस्त राजनीतिक शक्ति की धुरी है। चीन में पार्टी सदस्य संख्या विशाल है और बिना पार्टी की सदस्यता ग्रहण किये राजनीतिक गतिविधियों में सक्रिय होने वाला नागरिक राजनीति की दृष्टि से कभी प्रभावशाली नहीं हो सकता है। पार्टी की संगठनात्मक संरचना सर्वव्यापी है, जिसका प्रवेश सामाजिक जीवन के प्रत्येक स्तर में हो चुका है। नये संविधान के प्रभाव में आने के बाद यह आशा की जाती है कि व्यवस्था के आर्थिक, प्रशासनिक व शैक्षिक प्रसंगों पर राजनीतिक हस्तक्षेप में थोड़ी कमी लायी जाय लेकिन वस्तुस्थिति यह है कि यथार्थ की जमीन पर बड़ा या छोटा किसी भी स्तर का पदाधिकारी साम्यवादी पार्टी सचिव की सहमति के बिना कोई महत्त्वपूर्ण निर्णय नहीं ले सकता है।

निष्कर्ष (Conclusion)

इस प्रकार, सारांशतः यह कहा जा सकता है कि सर्वाधिकारवादी लोकतांत्रिक व्यवस्थाओं की सामाजिक–आर्थिक स्थितियां, इनका आविर्भाव एवं स्थायित्व के संवाहक कारकों में राजनीतिक व्यवस्था की सामाजिक, आर्थिक, सांस्कृतिक, राजनीतिक तत्त्वों की प्रधान भूमिका होती है। इन व्यवस्थाओं में उत्पादन के प्रमुख साधनों पर राज्य का स्वामित्व होता है। एकदलीय व्यवस्था में नागरिक की समस्त सामाजिक, आर्थिक, राजनीतिक गतिविधियों पर साम्यवादी दल का प्रभुत्व स्थापित होता है और पार्टी में सर्वोच्च नेतृत्व के स्तर पर करिश्माई सत्ता का विशेष महत्त्व होता है। उदाहरणस्वरूप, सोवियत नेता निकिता खुश्चेव, लियोनिड ब्रेझनेव, अलेक्सी कोसिगिन, मिखाइल गोर्वाचेव तथा चीन के नेता माओ–त्से–तुंग आदि अपना करिश्माई व्यक्तित्व के बल पर अपने कार्यकाल में अपने राष्ट्र के भाग्यविधाता बने। आलोचक इन व्यवस्थाओं में साम्यवादी दल के अखंड प्रभुत्व पर विशेष दृष्टि रखते हुए इन व्यवस्थाओं को एकदलीय सर्वाधिकारवादी व्यवस्था (One Party Totalitarian System) की संज्ञा देते हैं। इसमें संदेह नहीं है कि सैद्धान्तिक स्तर पर ये व्यवस्थाएं संविधानवाद की समाजवादी संकल्पना प्रस्तुत करते हुए समाज के शोषित वर्ग के लिए सच्ची स्वतंत्रता एवं सुरक्षा का संदेश देती है, लेकिन व्यावहारिक स्तर पर ये व्यवस्थाएं एकदलीय सर्वाधिकारवादी (One Party Totalitarianism) व्यवस्था का स्वरूप प्रस्तुत करती हैं, जिसके सामाजिक–आर्थिक आयामों का आविर्भाव एवं स्थायित्व के संवाहक तत्त्व उदारवादी लोकतांत्रिक व्यवस्थाओं से कतिपय भिन्न स्वरूप लिए होते हैं।

मैकफर्सन के विचार से सोवियत व्यवस्था के अन्तर्गत लोकतंत्रीय व्यवस्था की आवश्यक शर्त पूरी करने के लिए प्रतिस्पर्धी दलों (Competitor Parties) का अस्तित्व जरूरी नहीं है, बशर्ते कि साम्यवादी दल तीन आवश्यक शर्तों को पूरा करें। **प्रथम**–दल के अन्दर पूर्ण लोकतंत्र (Full Intraparty Democracy) की स्थितियां स्थापित हों। **द्वितीय**–दल की सदस्यता प्राप्ति के लिए प्रवेश द्वार जनसाधारण के लिए खुला होना चाहिए। **तृतीय**–दल में सहभागिता के लिए सक्रिय राजनीति से जुड़े रहने की अनिवार्यता समाप्त होनी चाहिए। मैकफर्सन का ये मानना है कि यदि सक्रिय राजनीति से दूर रहने वाले लोगों को भी दल में सहभागिता का अवसर मिलेगा तो वे अपनी सोच को अवाम और पार्टी के शीर्षस्थ नेताओं तक पहुंचा सकेंगे। इससे लोकतंत्र की भावना को मजबूती मिलेगी साथ ही पार्टी का जनाधार भी विस्तारित होगा एवं पार्टी की लोकप्रियता, प्रभावकता एवं स्वीकार्यता बढ़ेगी। सोवियत संघ के विघटन के पश्चात् विश्व की अन्य सर्वाधिकारवादी समाजवादी व्यवस्थाओं के लिए मैकफर्सन द्वारा प्रस्तुत सुझाव काफी उपयोगी है।

स्मरणीय संकेत (Points to Remember)

- जनतांत्रिक राजनीतिक व्यवस्था बीसवीं शताब्दी की सर्वाधिक लोकप्रिय अवधारणा है जो जनस्वतंत्रता, जनकल्याण, जनअभिव्यक्ति की आजादी, जनसुरक्षा जैसे सामाजिक राजनीतिक मूल्यों में अटूट आस्था व्यक्त करता है और राजनीतिक व्यवस्था एवं राजनीतिक सत्ता को पूरी तरह जनसाधारण के प्रति जवाबदेह बनाये रखता है।
- जनतांत्रिक व्यवस्थाओं की लोकप्रियता का सार सूत्र है–जनप्रतिबद्धता, जिसका भावार्थ (Gist) है सामाजिक–राजनीतिक व्यक्ति के सर्वांगीण विकास के प्रति वचनबद्धता।
- जनतांत्रिक व्यवस्था अवधारणा के मुख्य स्वरूप को उदारवादी लोकतंत्र के रूप में पहचान मिली है। उदारवाद और लोकतंत्र दोनों के बीच अन्योन्याश्रित संबंध है।
- उदारवादी जनतांत्रिक व्यवस्थाओं में व्यक्ति की राजनीतिक स्वतंत्रता और समानता को सर्वोच्च प्राथमिकता दी जाती है। इस राजनीतिक व्यवस्था का आधारतत्त्व है जनस्वतंत्रता, समानता एवं भ्रातृत्व की महान् अवधारणा जिसमें जनसाधारण की राजनीतिक सहभागिता के माध्यम से वैधानिक प्रावधानों के आधार पर

निश्चित समय के लिए जननिर्वाचित शासक वर्ग सत्तारूढ़ होता है और अपने कार्यकाल के दौरान समानता के आधार पर सामाजिक राजनीतिक व्यक्ति एवं व्यवस्था के सर्वांगीण विकास के प्रति जवाबदेह होता है।

- जनतांत्रिक व्यवस्थाएं लोकसंप्रभुता में विश्वास रखती है, इसलिए राजनीतिक एवं सामाजिक व्यवस्था के मध्य सदैव अन्तर्क्रियात्मकता तथा अन्योन्याश्रितता का संबंध होता है।
- राजनीतिक दलों के नेताओं का समाज पर ज्यादा से ज्यादा प्रभाव ही उनके राजनीतिक लक्ष्यों की प्राप्ति का मूल साधन होता है।
- जनतांत्रिक व्यवस्थाएं मानवीय विवेक में विश्वास करती हैं इसलिए जनसामान्य को शासन की खुली आलोचना करने के अधिकार सहित वैधानिक दायरे में सभी प्रकार की राजनीतिक सामाजिक, आर्थिक, सांस्कृतिक स्वतंत्रता, समानता का अवसर व्यवस्था द्वारा प्रदान किया जाता है, जिसके संरक्षण का दायित्व न्यायपालिका निभाती है।
- ब्रिटिश एवं अमेरिकी व्यवस्था उदारवादी जनतांत्रिक व्यवस्था का सर्वोत्कृष्ट प्रतिमान है। व्यवस्थागत समकालीन राजनीतिक प्रकृति–प्रवृत्ति के साथ विश्वस्तर पर इन दोनों राजनीतिक व्यवस्थाओं की ख़ास पहचान जनकल्याणकारी व्यवस्था के रूप में बनी है, जिसने नागरिकों की बुनियादी आवश्यकताओं विशेष रूप से शिक्षा, स्वास्थ्य, आवास, रोजगार या नियमित आय के साधनों की पूर्ति का दायित्व निर्वहन समाज सापेक्ष दृष्टिकोण के आधार पर पूरी प्रतिबद्धता से निभाया है।
- ब्रिटेन एवं अमेरिका की समुन्नत सामाजिक–आर्थिक स्थिति उसका आविर्भाव एवं विकास के समस्त क्षेत्रों में निरन्तर उन्नति व समृद्धि की ओर बढ़ते कदम ही उनके सामाजिक–राजनीतिक व आर्थिक उत्कर्ष का प्रतीक है और यही आधारतत्त्व इन व्यवस्थाओं में लोकप्रिय जनतंत्र के स्थायित्व के संवाहक की भूमिका निभाता है।
- विकासशील जनतांत्रिक राजनीतिक व्यवस्थाओं के सामाजिक–आर्थिक पिछड़ेपन की मूल वजह उनका अतीत है, जिसमें सामान्य रूप से वे यूरोपीय देशों के उपनिवेश रहे हैं और स्वतंत्रता–प्राप्ति के पूर्व उपनिवेशवादी शक्तियों द्वारा अपनी उन्नति के लिए इनके प्राकृतिक और मानवीय संसाधनों का भरपूर दोहन किया गया है।
- विकासशील जनतांत्रिक व्यवस्थाओं में लोकतंत्र की सफलता के लिए अपरिहार्य परिस्थितियों का घोर अभाव पाया जाता है। स्वाधीनता के समय इन्हें अत्यन्त पिछड़ी हुई अर्थव्यवस्था, बिखरी हुई सामाजिक व्यवस्था, विखंडित संस्कृति और इन्हीं परिस्थितियों के अनुरूप विखंडित राजनीतिक संस्कृति विरासत में मिली जिसके परिणामस्वरूप विकास से संदर्भित सभी आयामों के मामले में हाशियाग्रस्त ये राजनीतिक व्यवस्थाएं राजनीतिक अस्थायित्व उग्रवाद, आतंकवाद, निर्धनता, निरक्षरता, बेरोजगारी, साम्प्रदायिकता, हिंसा, अपराध, भ्रष्टाचार जनसंख्या विस्फोट, आन्दोलन, युवा असंतोष, एड्स जैसी समस्याओं से ग्रस्त हो गई हैं जो यहाँ मजबूत लोकतंत्र की स्थापना का मार्ग अवरुद्ध कर रहा है।
- अल्पविकसित राजनीतिक व्यवस्थाओं में लोकतंत्र की मजबूती से प्रासंगिक नयी समस्या के रूप में नव उपनिवेशवाद की पहचान की गई है। नव उपनिवेशवाद एक ऐसी रणनीति है जिसके तहत उपनिवेशवादी राष्ट्र अल्पविकसित या विकासशील राष्ट्रों पर अपना राजनीतिक आधिपत्य तो कायम नहीं रखते हैं, लेकिन उनके विकास हेतु विदेशी सहायता के नाम पर दबाव बनाकर उन राष्ट्रों को वित्तीय आर्थिक एवं प्रौद्योगिकी की दृष्टि से अपना आश्रित बनाकर उनका शोषण करते रहते हैं।
- नव उपनिवेशवाद की रणनीति के तहत विकसित व्यवस्थाएं बहुराष्ट्रीय निगम (Multinational Corporation) या पर राष्ट्रीय निगम (Transnational Corporations) के माध्यम से आर्थिक सहायता के रूप में विकासशील देशों पर अपना धन लगाती है, जिनका उद्देश्य अपने उद्योगों के लिए कच्चे माल की निरन्तर प्राप्ति, तैयार माल बेचने के लिए बाजार की उपलब्धता तथा सस्ता श्रम प्राप्ति का लाभ उठाना है। इन जरूरतमंद राष्ट्रों

पर पश्चिमी व्यवस्थाओं का आर्थिक प्रभुत्व के साथ सांस्कृतिक प्रभुत्व भी स्थापित होता है। इतिहास साक्षी है कि इनमें से कई राष्ट्र सैनिक हस्तक्षेप के भी शिकार रहे है। रोजगार के अच्छे अवसरों की कमी की वजह से व्यक्तिगत, समुन्नति हेतु अवसरों की तलाश में अपना देश छोड़कर विकसित देशों की ओर कदम बढ़ाना यानी कि प्रतिभा प्रवास की प्रक्रिया भी इन राष्ट्रों के मजबूत व लोकप्रिय जनतंत्रीकरण के मार्ग की एक अहम् समस्या है।

- सर्वाधिकारवादी राजनीतिक व्यवस्थाओं की एक सुस्पष्ट विचारधारा होती है जो व्यवस्था के अन्तर्गत समस्त राजनीतिक–आर्थिक सक्रियता का नियमन करती है।
- सर्वाधिकारवादी राजनीतिक व्यवस्थाओं का सर्वोत्तम उदाहरण भूतपूर्व सोवियत संघ था जो समाजवादी लोकतंत्र तथा साम्यवादी व्यवस्था का सर्वश्रेष्ठ प्रतिरूप था।
- यहां न्यायपालिका और जनसम्पर्क के साधनों पर सरकार का कठोर नियंत्रण होता है।
- इस व्यवस्था का अनुकरण करके पूर्वी यूरोपीय देशों, यथा–पोलैंड हंगरी, पूर्वी जर्मनी, यूगोस्लाविया, चैकोस्लोवाकिया, बल्गेरिया, रूमानिया आदि में समाजवादी प्रणाली की स्थापना हुई, लेकिन सोवियत संघ के पतन के दौर में ही ये व्यवस्थाएं भी धराशायी हो गयीं।
- सन् 1945 के बाद की सर्वाधिकारवादी राजनीतिक व्यवस्थाएं, विशेष रूप से पूर्वी यूरोप के कम्युनिस्ट राज्यों द्वारा, सामूहिक नेतृत्व का उदाहरण प्रस्तुत किया गया है।
- जनवादी चीन, वियतनाम, उत्तरी कोरिया, क्यूबा, लाओस में अपनी व्यवस्थागत परिस्थितियों की मांग के अनुरूप समाजवादी व्यवस्था का स्वरूप आज भी कायम है।
- यहां एकदलीय शासन होता है और समस्त राजनीतिक सक्रियता एक ही दल के माध्यम से गुजरता है।
- इन राजनीतिक व्यवस्थाओं में साम्यवादी दल को संवैधानिक रूप से सम्पूर्ण राजनीतिक व्यवस्था का मुख्य केन्द्र माना जाता है। दल के वर्चस्व को व्यवस्था के प्रत्येक स्तर पर स्वीकार किया जाता है। चुनाव में प्रतिस्पर्धी राजनीतिक दल का अभाव होता है और जनता के सामने कोई विकल्प नहीं होता है। नियतकालिक चुनाव में मतदाता केवल साम्यवादी पार्टी द्वारा मनोनीत उम्मीद के लिए मतदान करते हैं और लोकतांत्रिक प्रक्रिया के माध्यम से सत्तारूढ़ दल या सत्ताधारियों को हटाने का कोई प्रावधान नहीं होता है।
- स्वतंत्र विचार अभिव्यक्ति की आजादी पर रोक होती है। व्यक्ति की गतिविधियों पर शासन का कड़ा नियंत्रण होता है जिससे नागरिक स्वतंत्रताओं का दमन होता है। इच्छित सभा करने, संघ बनाने, जैसे अधिकारों पर सत्ता की ओर से बंदिश होती है और इनके निर्माण या प्रयोग की इजाज़त केवल समाजवादी व्यवस्था को सुदृढ़ एवं विकसित करने के उद्देश्य से किया जाता है।

प्रश्न (Questions)

1. उदारवादी लोकतांत्रिक राज्य एवं सर्वाधिकारवादी राज्य के बीच का अन्तर बताएँ।
   Distinguish between liberal democratic state and totalitarian state.
2. लोकतांत्रिक राजनीतिक व्यवस्था के अर्थ एवं विशेषताओं का उल्लेख करें।
   Discuss the meaning and features of democratic political system.
3. सर्वाधिकारवादी राजनीतिक व्यवस्था किसे कहते हैं ? इसकी सामान्य विशेषताओं का वर्णन करें।
   What is meant by totalitarian state? Describe its general features.
4. लोक कल्याणकारी राज्य किसे कहते हैं ? व्यवहार में इसका क्या महत्त्व है ?
   What is welfare state? What is its nature in practice?

अध्याय 11

राजनीतिक अभिजन
(Political Elite)

विषय प्रवेश (Introduction)

प्रत्येक राजनीतिक व्यवस्था के अन्तर्गत सर्वाधिक महत्त्वपूर्ण स्थिति प्राप्त करने वाले वर्ग को राजनीतिक अभिजन की संज्ञा दी जाती है। सामाजिक जीवन के किसी एक क्षेत्र या पूरे समाज को नेतृत्व देने वाला छोटा समूह अभिजन कहलाता है। अभिजन सिद्धान्त का विकास 1950 के दशक में अमेरिकी समाज वैज्ञानिकों द्वारा किया गया जिसमें अर्थशास्त्री शुम्पीटर, राजनीतिशास्त्री लासवेल एवं समाजशास्त्री सी. राइट मिल्स की भूमिका उल्लेखनीय रही है। इनके द्वारा अपने तरीके से इस संकल्पना का विश्लेषण एवं विस्तार किया गया। इस सिद्धान्त का आरंभिक सूत्र फासीवाद के पूर्व अनेक यूरोपीय विचारकों की रचनाओं में मिलता है जिसमें इटली निवासी, विल्फ्रेडो पैरेटो, गेटानो मोस्का, स्विस–जर्मन रॉबर्ट मिशेल्स आदि का नाम प्रमुख है। इस विषय के मूल सिद्धान्तकार पैरेटो का यह मानना है कि प्रत्येक समाज की सत्ता एक अल्पसंख्यक वर्ग के हाथों में केन्द्रित होती है जिसके पास समाज पर अपना प्रभुत्व स्थापित कर लेने का गुण होता है।

राजनीतिक अभिजन संकल्पना का उद्‌भव एवं विकास राजनीतिक समाजशास्त्र के विकास का आधार–स्तंभ है। किसी भी राजनीतिक व्यवस्था की राजनीतिक प्रक्रियाओं, परिस्थितियों एवं पर्यावरण को सही रूप में जानने–समझने के लिए वहाँ के राजनीतिक अभिजन के स्वरूप एवं प्रकृति का अध्ययन–विश्लेषण शोधकर्ताओं के लिए अपरिहार्य है, क्योंकि राजनीतिक व्यवस्थान्तर्गत यही वह वर्ग है जिसके द्वारा औचित्यपूर्ण शक्तियों का प्रयोग करके राजनीतिक क्रियाएँ संपादित की जाती हैं।

राजनीतिक अभिजन संकल्पना के अध्ययन का शुरूआती दौर समाजवाद और लोक कल्याणकारी राज्य की अवधारणा की भांति उन्नीसवीं शताब्दी के दूसरे दशक का है। उन्नीसवीं शताब्दी के अन्त तक ब्रिटेन में राज्य की व्यक्तिवादी मान्यताओं का दौर समाप्ति पर था। फेबियन समाजवाद, श्रेणी समाजवाद, श्रमिक संघवाद तथा

मार्क्सवाद से संबद्ध आन्दोलनों के आविर्भाव एवं प्रेरणा के फलस्वरूप व्यक्तिवादी मान्यताओं के विपरीत राज्य के कार्यों में बेतहाशा वृद्धि हुई। औद्योगीकरण एवं आधुनिकीकरण की स्थिति की वजह से बीसवीं सदी के दूसरे दशक तक राज्य के कार्यों में अत्यधिक वृद्धि हो चुकी थी और वह निरन्तर वृद्धि की ओर ही अग्रसर था। राज्य के कार्यों में आने वाले बदलाव ने व्यवस्था में कार्यपालिका एवं नौकरशाही को महत्त्वपूर्ण स्थिति प्रदान की। बदली हुई राजनीतिक परिस्थितियों में कार्यपालिका तथा नौकरशाही राजनीतिक व्यवस्था की 'समुच्चय बोधक शक्तियों' (Cumulative Powers) का प्रतिनिधित्व और प्रयोग करने लगी। लोकतांत्रिक व्यवस्था में इस वर्ग के हाथों में शक्तियों का समुच्चय तथा लोकतांत्रिक प्रक्रिया–संचालन के संदर्भ में इन शक्तियों के औचित्यपूर्ण प्रयोग की स्थितियों ने राजनीतिक अभिजन अवधारणा की अध्ययन–प्रवृत्ति को बल दिया, साथ ही सार्थक सफलता भी दी।

राजनीतिक अभिजन किसे कहते हैं ? (What is Political Elite ?)

फ्रांसिस कोकर (Francis W. Coker) की अभिव्यक्तिनुसार, ''सामान्य बहुमत हमेशा ही कुछ प्रभावशाली लोगों के अधीन होता है और ये प्रभावशाली लोग अपनी महिमा को बढ़ाने या अपने वर्ग या समूह के उद्देश्यों या हितों की रक्षा करने के निमित्त काम करते हैं।'' (The multitude is always subject to a few dominating spirits, acting in promotion of their own individual glory or in safe guarding the interests or promoting the ideas of the group to which they belong)।

सभ्य मानव समाज के निर्माण के आरंभ से ही व्यवस्था में सत्ता एवं शक्ति प्रत्यक्ष रूप से कुछ लोगों के हाथों में केन्द्रित रही है या परोक्ष रूप से इसी वर्ग के संकेतों पर संचालित होती रही है। प्रत्येक राजनीतिक समाज में राजनीतिक शक्तियां इसी ख़ास वर्ग के हाथों में सिमटी होती है। शासन का स्वरूप चाहे लोकतांत्रिक हो या सर्वाधिकारवादी, शक्तियों के विकेन्द्रीकरण के बावजूद राजनीतिक शक्तियों का प्रयोगकर्ता व संचालनकर्ता यही वर्ग होता है जो शक्ति–प्रयोग की दृष्टि से मजबूत अस्तित्व की अपरिहार्यता के अनुरूप व्यवस्था में अल्पसंख्यक तथा संगठित समुदाय के रूप में अपनी विशेष पहचान बनाता है और इसी संगठित स्वरूप के आधार पर हमेशा समाज में जनसाधारण (Mass) से अपनी पृथक् एवं विशेष पहचान बनाये रखता है। आधुनिक राजनीति विज्ञान एवं राजनीतिक समाजशास्त्र की शब्दावली में राजनीतिक सत्ता, शक्ति एवं प्रभाव से युक्त लोगों के ऐसे समूह को 'निर्णयकर्ता', 'नीतिनिर्धारक', 'शासक वर्ग' या राजनीतिक अभिजन की संज्ञा दी गयी है।

राजनीतिक अभिजन समाज का वह संगठित अल्पसंख्यक वर्ग है जो राजनीतिक व्यवस्था के संचालन, नीति निर्माण और निर्णय प्रक्रिया को प्रत्यक्ष या परोक्ष रूप से निर्धारित एवं निरूपित करता है। लोकतंत्र के समालोचकों के साथ इस शासन व्यवस्था के समर्थकों ने भी इस वास्तविकता को स्वीकार किया है कि प्रत्येक राजनीतिक व्यवस्था की राजनीतिक–आर्थिक शक्तियां व्यवस्था में कुछ लोगों के हाथों में केन्द्रीकृत होती हैं। जनतांत्रिक राजनीतिक व्यवस्था में बहुमत का शासन सिर्फ औपचारिकता मात्र है। व्यवहार में शासन–संचालन में जनसाधारण की कोई भूमिका नहीं है। उनकी अभिरुचि शासन–संचालन में नहीं होती है और न ही उनके पास इस कार्य को अंजाम देने की क्षमता होती है। यही वजह है कि असंगठित और अकुशल जनसाधारण पर व्यवस्था का संगठित, दक्ष एवं कृतसंकल्पित अल्पसंख्यक शासक वर्ग शासन करता है और निरन्तर अवाम को अपने प्रभाव में रखता है। इस प्रसंग में लोकतांत्रिक व्यवस्था की इस कमजोरी पर प्रकाश डालते हुए फ्रांसिस कोकर ने कहा है कि ''सामान्य बहुमत हमेशा ही कुछ प्रभावशाली लोगों के अधीन होता है और ये प्रभावशाली लोग अपनी महिमा को बढ़ाने तथा अपने वर्ग या समूह के उद्देश्यों या हितों की रक्षा करने के निमित्त काम करते हैं।'' इस अवधारणा के एक मुख्य अध्ययन–विश्लेषणकर्ता हैरॉल्ड डी. लासवेल द्वारा इस विषय की महत्ता पर प्रकाश डालते हुए यह कहा गया है कि ''वर्तमान परिप्रेक्ष्य में इस विचार को सर्वत्र मान्यता प्राप्त हो गयी है कि राजनीतिक प्रक्रियाओं से संबद्ध समस्त गंभीर अनुसंधानों में 'शक्ति अभिजन' का व्यापक अध्ययन अवश्यम्भावी है। यदि हम परिवर्तन की गति को समझने के लिए भूतकाल का अध्ययन करते हैं तो अभिजन से संबंधित सामग्री की अवहेलना संभव नहीं है, यदि

हमारा मुख्य ध्येय शक्ति संघर्ष के प्रासंगिक तत्त्वों को सामने रखना है तो अभिजन के अध्ययन को टाला नहीं जा सकता है और यदि कोई शोधकर्ता राजनीतिक टकराव (Confrontation) के स्थान और गति का मूल्यांकन करने के लिए भविष्य की ओर देखता है, तो उसे अभिजन से सम्बद्ध अध्ययन–सामग्री के महत्त्व को समझना ही होगा।''

सभी राजनीतिक व्यवस्थाओं में शक्तियां केवल सत्तागत अल्पसंख्यक समूह के हाथों में केन्द्रित क्यों होती है? इस राजनीतिक परिप्रेक्ष्य का सामाजिक, आर्थिक व सांस्कृतिक आधार क्या है ? शक्तिधारक कार्यकुशल और सामर्थ्यवान् अल्पसंख्यक समूह असंगठित अक्षम व असमर्थ जनसाधारण पर किस प्रकार शासन करता है और कैसे अपना प्रभाव और प्रभुत्व कायम रखने में सफल होता है ? सत्ता एवं शक्ति से प्रासंगिक इन तथ्यपरक, यथार्थपरक एवं अनुभूतिमूलक आधारभूत सवालों के जवाब ढूंढने के गंभीर प्रयासों का परिणाम है–राजनीतिक समाजशास्त्र के अध्ययन–प्रसंग में राजनीतिक अभिजन सिद्धान्त का विकास। अभिजन सिद्धान्त का आधारतत्त्व इस तथ्य पर आधारित है कि प्रत्येक सामाजिक व्यवस्था में सामान्यतः दो प्रकार के वर्गों का अस्तित्व विद्यमान होता है: (1) कार्यकुशल, सामर्थ्यवान व संगठित अल्पसंख्यक वर्ग जो अपने सामर्थ्य के आधार पर समाज पर शासन करता है और समाज को सर्वोच्च नेतृत्व प्रदान करता है। इस वर्ग को राजनीतिक अभिजन कहा जाता है। (2) जनसाधारण (Mass), जिनके ऊपर शासन किया जाता है। पहले राजनीतिक अभिजन की अवधारणा में सिर्फ शासक वर्ग एवं व्यवस्था के शक्तिशाली अभिजनों का अध्ययन शामिल था, लेकिन राजनीतिक समाजशास्त्र के उद्‌भव एवं विकास की वजह से राजनीतिक अभिजन अवधारणा का व्यापक विस्तार हुआ। आज अभिजन वर्ग के अध्ययन के दायरे में शासक वर्ग के अतिरिक्त व्यवस्था के शक्तिशाली अभिजन वर्ग, पूंजीपति वर्ग, बुद्धिजीवी वर्ग, नौकरशाह, प्रबंधकों एवं सैनिक अभिजनों आदि को शामिल किया जाता है। आज राजनीतिक व्यवस्था के परिप्रेक्ष्य में राजनीतिक अभिजन अवधारणा को राजनीति विज्ञान, राजनीतिक समाजशास्त्र एवं समाजशास्त्र तीनों विषयों के गहन अध्ययन–विश्लेषण के लिए मौलिक अवधारणा के रूप में स्वीकार किया गया है। इस अवधारणा के माध्यम से व्यवस्था में शक्ति एवं प्रभाव के असमान वितरण, राजनीतिक सामाजिक संसाधनों का असमान वितरण, सामाजिक स्तरीकरण जैसे प्रसंगों से सम्बद्ध सामाजिक–राजनीतिक यथार्थों की गहराई को जानने–समझने एवं अनुभवजन्य अध्ययन करने में काफी सहायता मिली है।

अभिजन अवधारणा का विकास (Evolution of the Concept of Elite)

अभिजन सिद्धान्त के अस्तित्व की जड़ें यूनानी राजनीति दर्शन में विद्यमान हैं। प्लेटो अपनी आदर्श राज्य अवधारणा में अभिजन वर्ग के शासन का जबर्दस्त हिमायती दिखा है। मार्क्स द्वारा भी अभिजन वर्ग की बात की गयी है। प्रत्येक युग में एक ऐसे वर्ग के अस्तित्व को स्वीकारा गया है जिसका स्वामित्व उत्पादन के साधनों पर रहा है। सोलहवीं शताब्दी में सर्वप्रथम अभिजन शब्द का प्रयोग सर्वोत्कृष्ट वस्तुओं का वर्णन प्रस्तुत करने के उद्देश्य से किया गया था। उस समय इस शब्द का प्रयोग वज्र क्रैक सैनिक दस्तों या सामन्त वर्ग (Nobility) से संबद्ध श्रेष्ठतर व्यक्तियों के लिए किया जाता था। सर्वप्रथम 1823 में 'ऑक्सफोर्ड अंग्रेजी शब्दकोश' में इस शब्द को सम्मिलित करने का इतिहास है जिसका शब्दार्थ सामाजिक समूह के रूप में परिभाषित किया गया। उन्नीसवीं सदी के अंतिम दशक तक इस शब्द का प्रचलन सामाजिक–राजनीतिक निबन्धों में सीमित स्तर पर कहीं–कहीं दिखाई पड़ता है। बीसवीं शताब्दी में द्वितीय विश्व युद्ध के उपरान्त ब्रिटेन व अमेरिका में अभिजन वर्ग अवधारणा एवं इससे प्रासंगिक सिद्धान्तों को काफी लोकप्रियता मिली और सामाजिक विज्ञानों में इस अवधारणा का प्रयोग बड़े पैमाने पर किया जाने लगा। इसी अवधि में विल्फ्रेडो पैरेटो द्वारा प्रतिपादित समस्त समाजशास्त्रीय सिद्धान्तों में राजनीतिक अभिजन सिद्धान्त को विशेष पहचान मिली और बड़े स्तर पर इस अवधारणा का प्रचार–प्रसार हुआ। पैरेटो के बाद मोस्का, मिशेल्स, सी. राइट मिल्स, शिल्स, फाइनर, लासवेल, डेनियल लरनर, बोटोमोर, कार्ल मैनहम, शुम्पीटर आदि विद्वानों द्वारा इस अवधारणा पर प्रासंगिक विचारों की अभिव्यक्ति की गयी।

राजनीतिक अभिजन : अर्थ, व्याख्या एवं परिभाषाएं
(Political Elite : Meaning, Explanation and Definitions)

राजनीतिक अभिजन सामाजिक–राजनीतिक व्यवस्था का वह श्रेष्ठ वर्ग है जिसके नियंत्रण में सामाजिक मूल्य होता है। यह वह समूह है, जिसके सदस्य प्रत्येक, स्तर पर समाज को नेतृत्व प्रदान करने और प्रभाव डालने की स्थिति में होते हैं। व्यवस्था में इस वर्ग को सामाजिक प्रतिष्ठा एवं मान्यता दोनों प्राप्त होती हैं। लासवेल के विचार में विशिष्ट वर्ग समाज का वह समूल (Well Founded) है, जिसके पास प्रतिष्ठा (Deference), आय (Income), और सुरक्षा (Safety), जैसे सामाजिक मूल्य होते हैं। प्रत्येक सामाजिक–राजनीतिक व्यवस्था में श्रेणीबद्ध (Hierarchy) सत्ता का अस्तित्व विद्यमान होता है जिसके तहत सत्ता व शक्ति का केन्द्रीकृत स्वरूप पदसोपान ढाँचे के अनुरूप कार्य करता है। जो व्यक्ति या समूह सत्ता के सर्वोच्च शिखर पर होता है, वह सर्वोच्च शक्तिशाली होता है, इसलिए वह अपने अधीनस्थों को आदेश देता है तथा नियंत्रित करता है। पदसोपान के शिखर पर विराजमान व्यक्ति की स्थिति व्यवस्था में श्रेष्ठ होती है। प्रत्येक समाज में प्रभाव और प्रतिष्ठा प्राप्त करने के लिए निरन्तर संघर्ष चलता रहता है। जहां संघर्ष होता है, वहीं राजनीति होती है और जहां राजनीति होती है, वहीं मूल्यों को प्राप्त करने के लिए निरन्तर प्रयत्न भी जारी रहता है। राजनीति में कौन, कब, क्या और कैसे सत्ता पाता है, इस प्रश्न का विश्लेषण व्यवस्था के तथ्यात्मक अध्ययन के लिए अति आवश्यक है।

व्युत्पत्ति की दृष्टि से अभिजन (Elite) का आशय 'श्रेष्ठता के आधार पर चयन' (Selection by Choice) है। राजनीतिक विशारदों की दृष्टि में अभिजन वर्ग अपनी प्रकृति, विचार, सामाजिक–आर्थिक पृष्ठभूमि आदि के परिप्रेक्ष्य में एक ऐसा छोटा वर्ग है जिसके हाथों में शासन–शक्ति के समस्त सूत्र केन्द्रित होते हैं। अभिजन वर्ग के प्रारंभिक प्रतिपादक कार्लायल और नीत्शे लोकतांत्रिक अवधारणा के विरोधी थे। यहाँ तक कि मोस्का भी आरंभ में लोकतंत्र का प्रबल समर्थक नहीं था, लेकिन बाद में इस शासन व्यवस्था के संबंध में मोस्का की विचारधारा में परिवर्तन हुआ। पैरेटो के समस्त अध्ययन–विश्लेषण का केन्द्र शासक अभिजन है, जिसे कार्यशैली के आधार पर पैरेटो ने लोमड़ी एवं शेर (Fox and Lion) दो नाम दिये हैं, जो शासन व्यवहार में धूर्तता और पाशविक बल का प्रयोग जैसे आचरण का प्रतिनिधित्व करता है। लोकतांत्रिक व्यवस्था में शासक वर्ग और शेष समाज के बीच निरन्तर क्रियाएं–प्रतिक्रियाएं चलती रहती हैं।

मोस्का की रचना 'The Ruling Class' सी. राइट मिल्स की 'The Power Elite', टी.वी. बोटोमोर की 'Elite and Society' रॉबर्ट मिशेल्स की 'The Iron law of oligarchy' आदि में लोकतांत्रिक व्यवस्था में अभिजन वर्ग की अवधारणा और वास्तविकता को सत्यता के आधार पर प्रतिपादित करने का गंभीर प्रयास किया गया है। रॉबर्ट मिशेल्स ने अभिजन वर्ग की स्थिति और शक्ति पर प्रकाश डालते हुए इसे 'Iron law of oligarchy' की संज्ञा दी है जिसमें व्यवस्था का छोटा वर्ग समूची शासन व्यवस्था को अपने शिकंजे में कस कर रखता है। मिशेल्स का यह मानना है कि ऐसी स्थिति की उत्पन्न होने के पीछे का तथ्य यह है कि लोकतांत्रिक व्यवस्थाओं में राजनीतिक दलों में सत्ता, शक्ति और प्रभाव का केन्द्रीयकरण तो हो गया है लेकिन स्वयं इन दलों की नीतियों के निर्धारण एवं निरूपण में साधारण सदस्यों की कोई भूमिका नहीं होती है। 'शक्ति–सूत्र', 'दलों के दादाओं' (Party oligarchy), 'आकाओं' या 'शीर्ष नेताओं' (High Command) के हाथों में निहित होता है। इस संदर्भ में मिशेल्स का यह कहना है कि हर देश में पेशेवर राजनीतिज्ञों का एक वर्ग खड़ा होता है जो अपने–आपको कहता तो जनसेवक है, लेकिन वस्तुतः वह जनस्वामी बन बैठा है। लासवेल ने अभिजन वर्ग को 'राजनीतिक शक्ति अभिजन' (Politial Power Elite) कहा है, जिसमें न सिर्फ नेतागण सम्मिलित हैं बल्कि सामाजिक संरचना के निर्माण की वह स्थिति भी शामिल है जिनसे नेतागण आते हैं और वह जनसाधारण वर्ग (Mass) भी आता है जिनके प्रति ये नेतागण एक निश्चित समय तक उत्तरदायी होते हैं। अभिजन वर्ग की भूमिका पर लासवेल का कहना है कि 'प्रत्येक समाज में एक ऐसा राजनीतिक वर्ग पाया जाता है जो न केवल शासन शक्ति का संचालन करता है वरन् धन–संपदा पर भी उसी का अधिकार होता है, सभी विवादों का समाधानकर्ता एवं सभी नीतियों का निर्णयकर्ता भी वही होता है।

डगलस वी. वर्नी (Douglas V. Verney) ने अपनी प्रसिद्ध रचना 'An Analysis of Political System' में लोकतांत्रिक व्यवस्था में संप्रभुता का जनसमुदाय में निवास करने की अवधारणा' को नकारते हुए कहा है कि कोई भी राजव्यवस्था, अपने आपको लोकतांत्रिक बताने की चाहे कितनी ही चेष्टा क्यों न करे उसके संगठनात्मक ढाँचे में वर्गवादी तत्त्व विद्यमान होता है। व्यक्ति सोच सकते हैं कि वे राजनीतिक प्रक्रिया में भाग ले रहे हैं, लेकिन वस्तुतः उनका प्रभाव चुनाव तक ही सीमित रहता है। सत्ता के केन्द्र में एक सामाजिक विशिष्ट वर्ग होता है जो नीति निर्माण और समस्त निर्णय प्रक्रिया में महत्त्वपूर्ण प्रभाव रखता है और सक्रिय भूमिका निभाता है। लोकतांत्रिक राजनीतिक व्यवस्था का 'विशिष्ट वर्गीय सिद्धान्त' इस मत का प्रतिपादन करता है कि सैद्धान्तिक रूप से भले ही लोकतंत्र समानता, स्वतंत्रता एवं सामाजिक न्याय जैसी बड़ी–बड़ी बातों पर आधारित होता है, लेकिन व्यवहार में लोकतांत्रिक राजनीतिक व्यवस्था में अनिवार्य रूप से एक विशिष्ट वर्ग का अस्तित्व होता है, जिसे एक निश्चित समय में सत्ता पर एकाधिकार की स्थिति प्राप्त होती है। शुम्पीटर, कार्ल मैनहम (Karl Manneheim) ने भी यह स्वीकारा है कि 'The actual shaping of policy is in the hands of elites, but this does not mean that the society is not democratic'. यानी कि सही तौर पर लोकतंत्र और अभिजन अवधारणा के बीच जो वैचारिक विरोध दिखाई देता है, वस्तुतः पारस्परिक विरोध की स्थिति उतनी प्रबल नहीं है। व्यावहारिक स्तर पर राजनीतिक लोकतंत्र का महत्त्व केवल इस तथ्य में होता है कि समाज के अन्तर्गत सत्ता, शक्ति प्रभाव और नेतृत्व की स्थिति प्राप्त करने का स्थान सैद्धान्तिक रूप से सभी के लिए खुला होता है, शक्ति प्राप्ति के लिए खुली प्रतियोगिता होती है और शक्तिधारक एवं प्रेषक निर्वाचकों के प्रति उत्तरदायी होते हैं। परिवर्तन सभी शासन व्यवस्थाओं में होता है, लेकिन लोकतंत्र में परिवर्तन प्रक्रिया का संवैधानिक मार्ग चुनाव है, जबकि अन्य शासन व्यवस्थाओं में क्रान्ति, हिंसा, आन्दोलन या बल–प्रयोग द्वारा अभिजन वर्ग में परिसंचरण (Circulation) होता है। दृष्टान्तस्वरूप 1977 में अमेरिका तथा भारत में चुनाव द्वारा सत्ता परिवर्तित हुआ, जबकि 1978–79 में ईरान में परिवर्तन के लिए क्रान्ति एवं बल–प्रयोग का रास्ता अपनाया गया। लोकतंत्र में सत्ता–शक्ति परिसंचरण के मद्देनजर ब्राइस ने कहा है कि "संभवतः किसी भी शासन को महान् नेताओं की इतनी अधिक आवश्यकता नहीं पड़ती जितनी कि लोकतांत्रिक व्यवस्था को।" लोकतंत्र और शासन की कार्यकुशलता दोनों के बीच समन्वय स्थापित करने का कार्य अभिजन वर्ग ही करता है। 1971 के जून में जब ब्रिटिश चांसलर लॉर्ड हेल्शाम भारत आये थे, तो लोकतांत्रिक व्यवस्था में राजनीतिक अभिजन वर्ग के महत्त्व पर प्रकाश डालते हुए उन्होंने कहा था कि "अभिजन की अवहेलना लोकतंत्र के लिए एक वास्तविक संकट है।"

अभिजन वर्ग का आधुनिक विचार राजनीतिक व्यवस्थाओं में विद्यमान राजनीतिक वास्तविकताओं की उपज है। अध्ययन की दृष्टि से इस अवधारणा के प्रतिपादकों को दो वर्गों में रखा जा सकता है : (1) शासकीय समुदाय (Classical School), (2) आधुनिक या बहुलवादी समुदाय (Pluralist School)।

1. **शासकीय समुदाय (Classical School)**–इसमें पैरेटो, मोस्का, बर्नहम, मिशेल्स, सी. राइट मिल्स आदि का नाम शामिल है जिनके विचार में समाज में अभिजन का एक ख़ास वर्ग होता है जिसमें कुछ सामान्य विशेषताएं पायी जाती हैं, यथा–निर्णय लेने की योग्यता, बहुमत को नियंत्रित करने की योग्यता, संगठित होना, शासन की कार्यकुशलता, शक्ति, सत्ता, प्रभाव, नेतृत्व जैसे गुणों से युक्त होना, संगठन का लघु होना एवं व्यवस्था पर विशिष्ट प्रभाव बनाये रखना।
2. **आधुनिक या बहुलवादी सम्प्रदाय (Pluralist School)**–बेण्टले, डेविड ट्रूमैन, डॉल, लासवेल, प्रेस्थस आदि इस अवधारणा के मुख्य प्रतिपादक हैं। अभिजन संबंधी बहुलवादी–विचारधारा शास्त्रीय विचारधारा के बिल्कुल विपरीत है। इसकी मान्यता है कि शक्ति का स्वरूप सिर्फ अभिजन वर्ग के हाथों में केन्द्रित या हस्तांतरित नहीं होता है, बल्कि इसका स्वरूप बहुलात्मक (Plural) है, अर्थात् इसे विभिन्न अभिजन वर्गों के हाथों में हस्तांतरित होते हुए संचालित होना चाहिए। इनकी मान्यता है–(i) शक्ति किसी एक वर्ग के हाथों में सीमित होने की जगह मुक्त (Open Ended) होनी चाहिए। (ii) शक्ति का स्वरूप सामुदायिक है, इसलिए इसका नियंत्रण किसी एक वर्ग या व्यक्ति के हाथों में सीमित नहीं हो सकता है। (iii) शक्ति

का स्वरूप बहुल है, यह कई स्रोतों से निकलती है। इसका स्वरूप अनेक स्तरीय है, परिवर्तनशील है, गतिशील है और अनेक केन्द्रों में अवस्थित है। (iv) शक्ति की खोज निर्णय प्रक्रिया में की जानी चाहिए। डॉल ने अपनी रचना 'Who Governs' में यह विश्लेषण प्रस्तुत किया है कि निर्णय–निर्माण प्रक्रिया द्वारा ही यह पता लगाया जा सकता है कि व्यवस्था में कौन कितना प्रभाव रखता है। (v) सामुदायिक शक्ति समस्याओं और विवादों के बदलते हुए स्वरूपों के साथ समयानुसार अलग–अलग हाथों में गतिमान रहती है। परिवर्तनशीलता इसका मौलिक गुण है। इसे किसी एक सामाजिक संरचना का स्थायी रूप नहीं माना जा सकता है। (vi) शक्ति विश्लेषण का आधार व्यक्ति की भूमिकाएँ हैं।

लोकतांत्रिक व्यवस्था में अभिजन वर्ग का अर्थ, स्थिति एवं व्याख्या से प्रासंगिक उपर्युक्त विवेचन इस तथ्य का स्पष्टीकरण करता है कि राजनीतिक अभिजन सामाजिक–राजनीतिक व्यवस्था का वह वर्ग है जो व्यवस्था–संचालन व निर्णयकारिता को प्रत्यक्ष या परोक्ष रूप से प्रभावित एवं नियंत्रित करता है। इस अर्थ में कई विद्वानों द्वारा राजनीतिक अभिजनों को व्यवस्था के निर्णयकर्ता की संज्ञा दी गयी है। इस रूप में राजनीतिक अभिजन का अर्थ है व्यवस्था का शासक वर्ग या नीति निर्माण व निर्णय लेने वाले प्रभावशाली लोगों का संगठित अल्पसंख्यक समूह। व्यवस्थागत अभिजन वर्ग के आधारतत्त्वों में सम्पति, शिक्षा, प्रस्थिति, सामाजिक स्तरीकरण जैसे कारक प्रभावशाली भूमिका निभाते हैं।

राजनीतिक विद्वानों एवं राजनीतिक समाजशास्त्रियों की दृष्टि में समाज का जो अल्पसंख्यक वर्ग सामाजिक जीवन की उन्नति के हित में बड़े–छोटे निर्णय लेता है एवं बहुसंख्यकों पर शासन करता है, वही राजनीतिक अभिजन है। राजनीतिक अभिजन अवधारणा को परिभाषित करने में अनेक राजनीतिक विद्वानों का अमूल्य योगदान रहा है। प्रसिद्ध इतालवी अर्थशास्त्रवेत्ता और राजनीति–समाजवैज्ञानिक विल्फ्रेडो पैरेटो की राजनीतिक समाजशास्त्र के क्षेत्र में विशेष पहचान विशिष्टवर्गवाद के सिद्धान्तकार के रूप में है। इनके द्वारा प्रस्तुत कृति 'The Mind and Society' में अभिजन सिद्धान्त का आधार–माध्यम समाज में व्यक्ति की कार्यकुशलता एवं सामाजिक–आर्थिक असमानता को बताया गया है। पैरेटो के शब्दो में ''वे व्यक्ति जो अपने कार्यक्षेत्र के अन्तर्गत सबसे उच्च स्तर पर हैं, अभिजन कहलाते हैं।'' इनके मतानुसार, समस्त विशिष्ट मानवीय क्रियाओं (यथा–न्यायालय व्यापार, कला, राजनीति आदि) में यदि संबद्ध व्यक्तियों की गतिविधियों (धन्धे) के क्षेत्र के सूचकों को अंक दें, तो जो व्यक्ति अपने कार्यक्षेत्र में सर्वोच्च अंक प्राप्त करता है, उसे ही अभिजन कहा जाता है। इसका अभिप्राय यह हुआ कि पैरेटो की दृष्टि में इस वर्ग में समाज के उन सभी सफल व्यक्तियों को शामिल किया जाता है जो प्रत्येक गतिविधि में तथा समाज के प्रत्येक स्तर पर सर्वोच्च होते हैं। पैरेटो चूँकि एक कट्टर अभिजनवादी था, इसलिए सामाजिक संतुलन को कायम रखने हेतु वह इस वर्ग के अस्तित्व की अनिवार्यता को स्पष्ट रूप से स्वीकारता है। सर्वप्रथम प्राकृतिक मानवीय असमानताओं को आधार बनाकर पैरेटो ने समाज को दो कोटियों में बांटा है, यथा–अभिजन एवं अभिजनेतर ! तत्पश्चात् इन्होंने अभिजनों को भी दो कोटियों में बांटा है–शासक अभिजन (Governing Elite) एवं अशासक अभिजन (Non-governing Elite)।

प्रसिद्ध इतालवी समाज वैज्ञानिक व राजनीति वैज्ञानिक गैटानो मोस्का ने अपनी प्रसिद्ध रचना 'The Ruling Class' में कहा है कि सभी समाजों में (उन समाजों से लेकर जिनका अभी तक बहुत कम विकास हुआ है और जो अभी तक सभ्यता की पहली किरणों का संस्पर्श भी ठीक से नहीं कर पाये हैं से उन समाजों तक जो सबसे ज्यादा विकसित एवं शक्तिशाली है।) केवल दो ही प्रकार के लोगों की कोटियां अस्तित्व रखती हैं–एक उस वर्ग के लोग जो शासन करते हैं और दूसरे वे लोग जिन पर शासन किया जाता है। प्रथम कोटि से संबद्ध लोग अल्पसंख्यक होते हुए भी सभी प्रकार की राजनीतिक प्रक्रियाओं व कार्यों का नियंत्रण अपने हाथों में रखते हैं, सम्पूर्ण सत्ता उनके हाथों में केन्द्रित होती है तथा सत्ता सुख का लाभ भी उन्हें ही मिलता है, जबकि दूसरा वर्ग बहुसंख्यक होते हुए भी प्रथम वर्ग द्वारा कभी वैध तरीकों से और कभी अधिक या कम मात्रा में स्वेच्छाचारी एवं हिंसक तरीकों से निर्देशित व नियंत्रित किया जाता है। इनके कहने का तात्पर्य यह है कि सभी प्रकार की शासन व्यवस्थाओं में समाज का नियंत्रण सूत्र हमेशा अभिजन वर्ग के हाथों में होता है, साथ–ही अपने विशेष गुणों के कारण ही यह शासक वर्ग समाज में अपना सम्मान एवं प्रभाव कायम रखता है।

तार्किक अनुभववादी हेरॉल्ड डी. लासवैल के शब्दों में, ''राजनीतिक अभिजन में राजनीतिक निकाय के सत्ताधारियों का समावेश होता है। सत्ताधारियों में वह नेतृत्व तथा सामाजिक रचना भी शामिल है, जिसमें नेताओं का उद्भव होता है तथा जिसके प्रति किसी निश्चित अवधि तक वे उत्तरदायी होते हैं।'' (The political elite comprises the power holders of a body palitic. The power holders include the leadership and the social formations from which leaders typically come and to which accountability is maintained during a given period—Lasswell)।

टी.वी. बोटेमोर ने 'Elite and Society' में कहा है कि आज अभिजन शब्द का प्रयोग आमतौर पर वस्तुतः उन प्रकार्यात्मक, मुख्यतः व्यावसायिक समूहों के लिए किया जाने लगा है जिनको समाज में (किसी भी कारणवश) उच्च स्थान प्राप्त है।

लासवेल की भांति रेमण्ड एरॉन ने भी 'Social Structure and the Ruling Class' में अभिजन वर्ग को मुख्य शासक वर्ग माना है जिनकी संख्या समाज में अल्प होती है। उनके द्वारा अभिजन वर्ग एवं अन्य सामाजिक वर्गों के मध्य संबंध स्थापित करने का प्रयास किया गया है तथा बुद्धिजीवी अभिजनों के सामाजिक प्रभाव की विवेचना भी प्रस्तुत की गयी है, जो सीधे तौर पर राजनीतिक सत्ता व्यवस्था का अंग नहीं होते हैं। इस प्रसंग में बाटमोर का कहना है कि रेमण्ड एरॉन ही एक ऐसे विद्वान हैं, जिनके द्वारा अभिजन वर्ग एवं सामाजिक वर्ग के मध्य परस्पर संबंध का अध्ययन किया गया है तथा यह बताने का प्रयास किया गया है कि वर्गों के उन्मूलन (उत्पादन के साधनों के निजी स्वामित्व को समाप्त करने के अर्थ में) से सामाजिक स्तरीकरण, अभिजन वर्ग का निर्माण एवं राजनीतिक सत्ता से संबद्ध विषमताओं की समस्या का समाधान संभव नहीं है। इसका आशय यह हुआ कि अभिजन वर्ग का अस्तित्व सभी प्रकार की सामाजिक राजनीतिक व्यवस्था में कायम रहेगा।

सी. राइट मिल्स ने शासक वर्ग की जगह शक्ति अभिजन (Power Elite) शब्द का प्रयोग किया है। इनके शब्दों में, ''हम शक्ति की व्याख्या शक्ति के साधन के रूप में कर सकते है। शक्ति अभिजन वे हैं जो आदेश देने वाले पदों को धारण करते हैं।''

बर्नहम के अभिजनवादी सिद्धांत का आधार आर्थिक दृष्टिकोण है। इन्होंने अपनी पुस्तक, 'The Managerial Revolution' में यह बताया है कि पूँजीवाद ह्रास की ओर है और भविष्य में समाज आर्थिक व राजनीतिक दृष्टि से प्रबंधकीय विशिष्ट या अभिजन वर्ग द्वारा संचालित होगा। बर्नहम ने मार्क्सवाद एवं अभिजनवाद के मध्य सामंजस्य स्थापित करने की कोशिश की है। अभिजन अवधारणा संबंधी इनकी यथोचित कृति 'दि मैकियावेलियन्स' (The Machiavellians) है जिसमें अन्य अभिजनवादियों की तरह इन्होंने ने भी इस तथ्य में विश्वास प्रकट किया है कि राजनीति वस्तुतः विभिन्न शक्ति एवं स्थिति संपन्न समूहों में संघर्ष का बोध कराती है तथा सभी समाजों में निर्णय प्रक्रिया पर एक अल्पसंख्यक समूह का नियंत्रण रहता है जिसे अभिजन समूह की संज्ञा दी जा सकती है। इनके मतानुसार, ''इस समूह–संरचना में होने वाले बदलाव से सामाजिक परिवर्तन भी होता है, क्योंकि पुराने अभिजनों की जगह नये अभिजन वर्ग का अस्तित्व आकार लेता है।''

उपर्युक्त विवेचित व्याख्याओं एवं परिभाषाओं से राजनीतिक अभिजन के आकार, प्रकृति स्थिति एवं राजनीतिक व्याख्या में इनकी प्रभावशाली भूमिकाओं का स्पष्टीकरण होता है। अपनी व्यवस्थागत प्रस्थिति की वजह से ही ये बहुसंख्यकों पर शासन करते हैं और अपने सामर्थ्य द्वारा समाज को प्रभावित करते हैं।

राजनीतिक अभिजन अवधारणा की विशेषताएं

(Characteristics of the Concept of Political Elite)

1. राजनीतिक अभिजन समाज का वह अल्पसंख्यक उच्च वर्ग है जो संगठित एवं जागरूक होता है, इसलिए बहुसंख्यकों पर शासन करता है।
2. अपने विशेष गुणों, सामर्थ्य, प्रस्थिति व सामाजिक स्तरीकरण से प्रासंगिक तथ्यों की वजह से इन्हें व्यवस्था में श्रेष्ठता प्राप्त होती है।

3. अपनी दक्षता और श्रेष्ठता की वजह से अभिजन वर्ग व्यवस्था में बहुसंख्यकों पर शासन करते हैं तथा अपने निर्णयों द्वारा जनमत को प्रभावित करते हैं।
4. अभिजन वर्ग द्वारा लिया गया निर्णय समाज को मान्य होता है।
5. अभिजन वर्ग ही व्यवस्था की राजनीतिक दिशा–दशा निश्चित करता है और यह निर्णय लेता है कि कौन से उपायों को अपनाकर निर्धारित लक्ष्यों को प्राप्त किया जा सकता है।
6. अभिजन वर्ग का जीवन के प्रति एक विशिष्ट दृष्टिकोण होता है वे सामान्यतया अपने व्यक्तिगत हित या अपने वर्ग हित की रक्षा हेतु प्रयासरत रहते हैं।
7. अभिजन वर्ग समाज में अपना प्रभुत्व एवं प्रभाव कायम रखने के लिए अपने निर्णयों, नीतियों के क्रियान्वयन हेतु बाध्यकारी तरीकों का इस्तेमाल करते हैं।
8. अभिजन वर्ग व्यवस्था में अपना व्यापक प्रभाव बनाये रखने के लिए शासन संचालन की कला में दक्षता हासिल करने हेतु निरन्तर प्रयासरत रहते हैं।
9. समाज पर अभिजन वर्ग का प्रभुत्व बना रहे इस दृष्टि से इनमें संगठनात्मक एकता होती है।
10. सामाजिक संतुलन को बनाये रखने के लिए अभिजन वर्ग में परिसंचरण को अवश्यमभावी माना गया है।
11. शासन–व्यवस्था का स्वरूप लोकतांत्रिक हो या सर्वाधिकारवादी, व्यवस्थागत सत्ता अभिजन वर्ग में केन्द्रित होती है और समस्त शासन संचालन–सूत्र इसी वर्ग के हाथों में निहित होता है।
12. सभी राजनीतिक व्यवस्थाओं का अभिजन वर्ग समाज की उन्नति और विकास का संवाहक होता है।

अभिजन वर्ग के सिद्धान्त (Theories of Elite)

राजनीतिक अभिजन अवधारणा के प्रसंग में इस वर्ग की प्रकृति, स्वरूप, स्थिति, भूमिकाओं पर विभिन्न विद्वानों द्वारा समय–समय पर विषय प्रारांगिक विचारों की अभिव्यक्ति की जाती रही है। इनमें से कई विशारदों ने राजनीतिक समाजशास्त्र की महती अवधारणा से संदर्भित सिद्धान्तों का प्रतिपादन करके विषय की महत्ता का स्पष्टीकरण व प्रस्तुतीकरण किया है। इस विषय से संबद्ध सिद्धान्त के प्रतिपादकों में विल्फ्रेडो पैरेटो, गेटानो मोस्का, रॉबर्ट मिशेल्स, सी. राइट मिल्स, एडवर्ड शिल्स, हेराल्ड लासवेल, जेम्स बर्नहम, बेण्टले आदि के नाम विशेष रूप से उल्लेखनीय हैं। कुछ प्रमुख अभिजनवादी सिद्धान्तकारों के सिद्धान्तों एवं प्रासंगिक विचारों की विस्तृत चर्चा निम्नांकित है :

विल्फ्रेडो पैरेटो का अभिजन सिद्धान्त (Elite Theory of Vilfredo Parato)

राजनीतिक समाजशास्त्र के अध्ययन क्षेत्र में प्रसिद्ध इतालवी अर्थशास्त्रवेत्ता एवं राजनीति समाजवैज्ञानिक विलफ्रेडो पैरेटो की विशेष ख्याति अभिजनवाद के सिद्धान्तकार के रूप में है। संभवतः पैरेटो का सिद्धान्त अभिजनवाद का सर्वाधिक मजबूत सैद्धान्तिक आधार है, क्योंकि यह सिद्धान्त जनतंत्रवादी सार्वजनिक संप्रभुता तथा मार्क्सवादी सर्वहारा वर्ग की तानाशाही के ख़िलाफ एक ठोस सैद्धान्तिक विरोध का प्रतिनिधित्व करता है। पैरेटो की अभिजनवादी अवधारणा मोस्का और मिशेल्स की अवधारणाओं से ज्यादा व्यापक है और सशक्त मनोवैज्ञानिक आधारों पर खड़ी है। यह सिद्धान्त पैरेटो के समाजशास्त्रीय विश्लेषण का वह पक्ष है जिसमें इन्होंने व्यक्ति की सामाजिक क्रियाओं के विश्लेषण का मौलिक आधार मनोवैज्ञानिक तत्त्वों को माना है। इस प्रसंग में मनोवैज्ञानिक कारकों को प्रधानता देते हुए पैरेटो ने अभिजन वर्ग की स्थिति व अस्तित्व पर प्रकाश डालते हुए यह कहा है कि समाज में अभिजन केवल आर्थिक शक्तियों एवं संगठनात्मक तत्त्वों की उपज नहीं होते हैं, बल्कि वे उन मानवीय विशेषताओं की उपज होते हैं जो अपने गुणों के आधार पर समाज में अपनी पहचान कायम करने में सक्षम होते हैं। पैरेटो की अभिजन अवधारणा के दो प्रमुख आयाम हैं :

समाज में वर्ग विभाजन (Class Division in Society)

पैरेटो ने राजनीतिक अभिजन के विश्लेषण के लिए मनोवैज्ञानिक आधार को महत्त्व दिया। सर्वप्रथम पैरेटो ने अभिजन वर्ग के तथ्यगत एवं यथार्थपरक अध्ययन के लिए समाज को दो हिस्सों में बांटा है। जो सामाजिक स्तर (Stratum of Society) पर आधारित है, यथा–प्रथम–उच्चतर स्तर (Higher Stratum), द्वितीय–निम्नतर स्तर (Lower Stratum) तत्पश्चात् उच्चतर स्तर को भी पैरेटो ने दो भागों में विभाजित किया है–शासक अभिजन (Governing Elite) एवं गैर शासक अभिजन (Non-governing Elite)। शासक अभिजन से तात्पर्य अभिजनों के उस छोटे समूह से है जो व्यवस्था–संचालन की सक्रियता में अग्रणी होते हैं। राजनीतिक प्रक्रिया संचालन के कर्ता धर्ता होते हैं और व्यवस्था का निर्देशन–नियंत्रण करते हैं। पैरेटो के शासक अभिजन के अन्तर्गत समाज के ऐसे लोग आते हैं जो प्रत्यक्ष या अप्रत्यक्ष रूप से निर्णय–निर्धारण, नीति–निर्माण एवं शासन–संचालन की बागडोर अपने हाथों में रखते हैं। गैर शासक अभिजन की कोटि में समाज के वे व्यक्ति शामिल हैं जो शासन–संचालन में सीधी भागीदारी नहीं करते हैं, लेकिन अपने कार्यक्षेत्र में सर्वोच्च स्थान पर रहते हैं और समाज के अन्य लोगों पर अपने व्यक्तित्व का प्रभाव बनाये रखते हैं। प्रत्येक व्यवस्था के बड़े उद्योगपति, उच्च सैनिक पदाधिकारी, धार्मिक नेता आदि इसका प्रतिनिधित्व करते हैं। पैरेटो के विचारों को प्रवाह चित्र द्वारा सही ढंग से समझा जा सकता है।

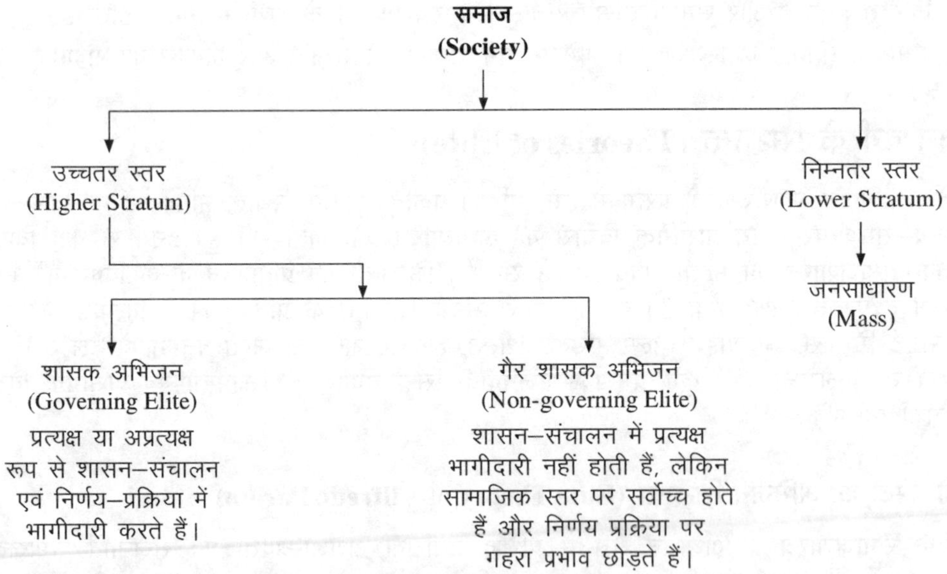

अभिजनों का परिसंचरण (Circulation of Elites)

परिसंचरण एक प्रक्रिया है जिसमें अभिजन वर्ग और गैर अभिजन वर्ग के बीच सत्ता की अदला–बदली चलती रहती है। पैरेटो ने अपने सिद्धान्त में अभिजन वर्ग के परिसंचरण की बात की है। इनकी अभिव्यक्ति के अनुसार, समाज में ये परिसंचरण दो स्तरों पर होता है। पहला–विभिन्न वर्गों के अभिजनों के मध्य सत्ता संचरण और दूसरा शासक अभिजन और जनसाधारण के मध्य सत्ता–संचरण। पैरेटो द्वारा प्रस्तुत अभिजन संचरण (Circulation of Elites) की अवधारणा को प्रवाहचित्र द्वारा में समझा जा सकता है।

पैरेटो का कहना है कि शासक अभिजनों में उच्च गुणों का अभाव होने से शासक एवं गैर शासक अभिजनों के मध्य संचरण–प्रक्रिया निरन्तर चलती रहती है। समाज के निम्नतर स्तर से आने वाले व्यक्ति भी संख्यात्मक

दृष्टि से तो नहीं लेकिन गुणात्मक दृष्टि से शासक अभिजन वर्ग में प्रवेश पाने में सफल हो जाते हैं। शासक अभिजन का स्वरूप अस्थायी होता है। जब एक शासक वर्ग भ्रष्ट, निष्क्रिय और स्वार्थी हो जाता है, तो परिसंचरण प्रक्रिया के माध्यम से उनकी जगह नया शासक अभिजन वर्ग अस्तित्व में आता है। पैरेटो के शब्दों में, ''प्रत्येक समाज में अभिजन वर्ग एवं उसके सदस्यगण अनवरत रूप से ऊँचे स्तर से नीचे स्तर की ओर और नीचे स्तर से ऊँचे स्तर की ओर आते–जाते रहते हैं। शासक वर्ग में पतन कारक तत्त्वों की संख्या घटती–बढ़ती रहती है, वहीं दूसरी ओर शासित वर्गों में ऊँचे गुणों से सम्पन्न तत्त्व उभरते रहते हैं। इस प्रक्रिया के माध्यम से समाज में मौजूदा अभिजन वर्ग की जगह दूसरे शासक वर्ग का उदय होता है इस तरह शासक वर्ग में नये सदस्यों का प्रवेश होता रहता है।'' पैरेटो द्वारा व्यक्त अभिजन परिसंचरण सिद्धान्त का मूल संदर्भ यही है। पैरेटो द्वारा प्रस्तुत अभिजन परिसंचरण अवधारणा को निम्नांकित रेखाचित्र के माध्यम से समझा जा सकता है।

पैरेटो के अनुसार अभिजनों का संचरण
(Pareto's View on circulation of Elites)

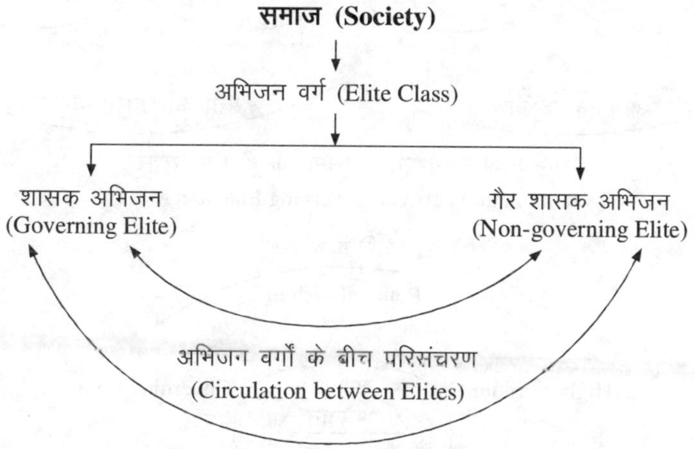

पैरेटो की शिष्या मेरी कोलाबिन्सका द्वारा भी अभिजन परिसंचरण के विभिन्न प्रकारों की प्रस्तुति की गयी है, जिसे व्यक्तिगत स्तर पर पैरेटो ने काफी महत्त्व दिया है। मेरी कोलाबिन्सका द्वारा अभिजन वर्ग में परिसंचरण के तीन स्वरूपों की चर्चा की गयी है :

1. शासक अभिजन वर्ग के लोगो के बीच सत्ता की परस्पर बदलने वाली स्थितियां।
2. शासक अभिजनों की विभिन्न श्रेणियों के बीच होने वाला परिसंचरण।
3. अभिजन वर्ग और शेष जनसमूह के बीच होने वाला परिसंचरण।

इनकी दृष्टि में यह परिसंचरण दो तरीकों से होता है :

(i) जब समाज में निम्न स्तर से संबद्ध व्यक्ति अपने अन्दर शासक अभिजनों के समान नेतृत्व का गुण व योग्यता विकसित कर लेता है, तब वह शासक अभिजन वर्ग में प्रवेश पाने में सफल हो सकता है।

(ii) जब समाज में निम्न स्तर के लोग आपस में मिलकर एक नये अभिजन वर्ग का निर्माण कर लेते हैं जो वर्तमान शासक अभिजन से सत्ता प्राप्ति के लिए निरन्तर संघर्षरत रहता है और राजनीतिक–सामाजिक व्यवस्था में अपने लिए समर्थन का नया पर्यावरण तैयार करके संवैधानिक मार्ग द्वारा परिवर्तन लाकर सत्ता पर अधिकार कर लेता है। कोलाबिन्सका की रचना में अंतिम दो तरीकों पर ज्यादा जोर दिया गया है।

मेरी कोलाबिन्सका की प्रस्तुति को प्रवाह चित्र द्वारा स्पष्ट रूप से समझा जा सकता है :

शासक अभिजन एवं विभिन्न अभिजन वर्गों के बीच परिसंचरण
(Circulation between Governing Elite and other Elite Classes)

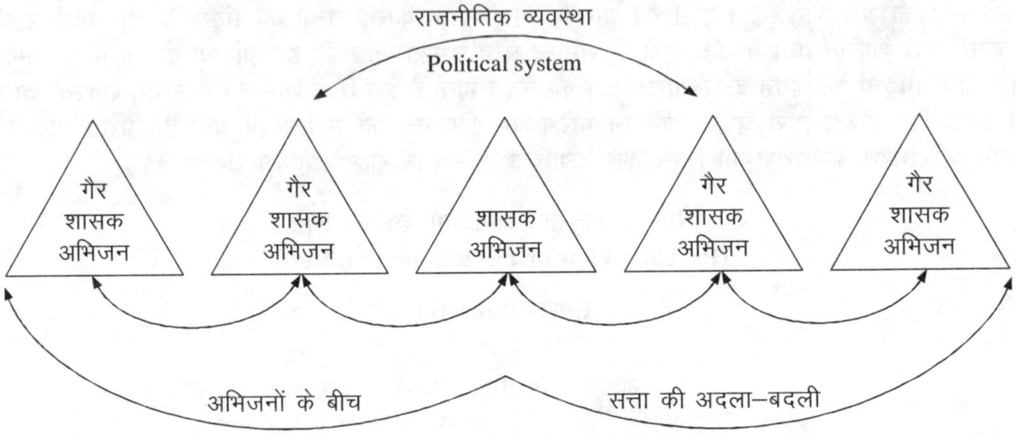

शासक अभिजन एवं जनसमूह के बीच परिसंचरण
(Circulation between governing Elite and Mass)

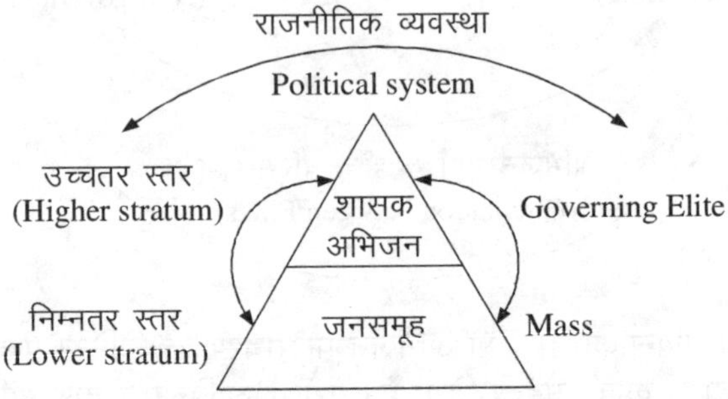

परिसंचरण के सबंध में पैरेटो की यह धारणा है कि अभिजन संचरण की मूल वजह इस वर्ग के सदस्यों की योग्यताओं, गुणों या मनःस्थिति में आने वाली गिरावट है, जिसका परिणाम व्यवस्था में सत्ता परिवर्तन के रूप में सामने आता है।

पैरेटो की दृष्टि में अभिजनों के परिसंचरण या उनकी योग्यता में गिरावट उनकी मानसिक स्थिति में परिवर्तन का प्रतीक है। अपने इस विचार की तथ्यगत व्याख्या के लिए पैरेटो द्वारा अध्ययन में मनोवैज्ञानिक तत्त्वों को प्रधानता देकर व्यक्ति की सही मनःस्थिति की व्याख्या हेतु अवशेषों (Residues) की संकल्पना को माध्यम बनाया गया है। यहाँ 'अवशेष' शब्द का अभिप्राय व्यक्ति के उन वास्तविक गुणों से है जिनके माध्यम से व्यक्ति समाज में उच्चतर स्थान प्राप्त करता है। यह प्रसंग मनोवैज्ञानिक लक्षणों से प्रासंगिक है जिसका आधार सामाजिक जीवन में व्यक्ति की गतिविधियाँ है। अपनी चर्चित कृति 'The Mind and Society' के अन्तर्गत पैरेटो ने मानव व्यवहार का विश्लेषण प्रस्तुत करते हुए उसके दो मौलिक स्वरूपों की पहचान की है – (क) तर्कसंगत व्यवहार (Logical Conduct), इसमें साधनों (Means) एवं साध्यों (Ends) में वस्तुपरक संबंध पाया जाता है और (ख) अतर्कसंगत व्यवहार (Non-Logical Conduct), इसमें साधनों (Means) एवं साध्यों (Ends) के मध्य वस्तुपरक संबंध नहीं पाया जाता है। इनका मानना है कि अधिकांश सामाजिक क्रियाएं अतर्कसंगत व्यवहार की अभिव्यक्ति होती है, क्योंकि

ये क्रियाएं कर्ता की अभिवृत्तियों, भावनाओं व मनोवेगों से प्रेरित होती हैं और सामने वाला अपने हित के अनुरूप उन्हें तर्कसंगत या अतर्कसंगत ठहराने की कोशिश करता है। इस प्रसंग में पैरेटो का यह मानना है कि तर्कसंगत व्यवहार प्रदर्शित करने की क्षमता व्यवस्था में गिने–चुने लोगों में होती है और वे इसी आधार पर समाज में विशिष्ट स्थान प्राप्त करके अभिजन की श्रेणी में शामिल होकर समाज को नेतृत्व प्रदान करते हैं। जनसाधारण ऐसे अभिजनों का अनुसरण करते हैं और इनके नेतृत्व–संरक्षण में स्वयं को सुरक्षित महसूस करते हैं।

पैरेटो द्वारा प्रस्तुत अवशेषों (Residues) की अवधारणा का आधार व्यक्ति के 'विवेक संगत' (Rational) या 'अविवेकी' (Irrational) कार्यों से है। यहां पैरेटो द्वारा कार्यों के इस विभाजन को 'अवशेष–संकल्पना' के साथ संबद्ध करने का प्रयास करके यह बताने की कोशिश की गयी है कि अवशेष वो गुण या विशेषताएं हैं जो व्यक्ति के जीवन का सर्वांगीण विकास करके उसे उच्चस्तर पर पहुँचाती हैं। इस प्रसंग में पैरेटो द्वारा 'अवशेष–संकल्पना' के साथ व्युत्पत्ति संकल्पना (Derivation Concept) के उन प्रसंगों की भी चर्चा की गयी है जिनके माध्यम से अवशेष विवेक संगत या तार्किक कार्यों के रूप में व्यवस्था के सामने आता है। पैरेटो द्वारा इन अवशेषों को छः कोटियों में विभाजित किया गया है, ये हैं – मिश्रित तत्त्व (Combinations), समुच्चय–सातत्य (Persistence of Aggregates), सामाजिकता (Sociability), सक्रियता (Activity), व्यक्ति की सम्पूर्णता या सत्यनिष्ठा (Integrity of Individual) और लिंग (Sex)। पैरेटो ने उपर्युक्त विवेचित अवशेषों में शासक वर्ग को सत्ता में बने रहने के लिए मिश्रित तत्त्व और समुच्चय–सातत्य को प्रधानता दी है। इनकी दृष्टि में 'मिश्रित तत्त्व' व्यक्ति की उस प्रवृत्ति का प्रतिनिधित्व करता है, जिसके द्वारा शासक वर्ग के विचारों और व्यवस्था में साम्यता स्थापित की जाती है, यानी कि ये राजनीतिक संस्थाओं और विचारों को मिश्रित करने का आधारतत्त्व हैं। समुच्चय–सातत्य सत्ता की स्थिति को बरकारार रखने की प्रवृत्ति का आधार माध्यम है। यानी कि ये प्रतीक हैं उस प्रवृत्ति का जिसकी वजह से शासक वर्ग सत्तारूढ़ रहते हैं। पैरेटो के विचार में एक शासक को शासन संचालन के लिए दो परस्पर विरोधी गुणों की आवश्यकता होती है–प्रथम उनमें नम्यता (Flexibility) और धूर्तता (Cunning) की क्षमता होनी चाहिए जो लोमड़ी (Fox) का गुण है, दूसरी, उनमें हिंसा (Violence) और दमन (Suppression) की क्षमता होनी चाहिए ये शेर (Lion) का गुण है। पैरेटो ने शासक वर्ग के लिए इन दो परस्पर–विरोधी गुणों के संयोग की बात की है। हालांकि एक शासक में इन दोनों गुणों का संयोग दुर्लभ है। किसी में एक गुण की प्रधानता होती है, तो दूसरे में दूसरे गुण की, ऐसी स्थिति में पैरेटो ने क्रमशः अध्ययन हेतु इन्हें लोमड़ी अभिजन वर्ग (Fox Elite Class) शेर अभिजन वर्ग (Lion Elite Class) की कोटियों में रखा है। 'अवशेष–संकल्पना' के प्रसंग में पैरेटो द्वारा प्रस्तुत 'मिश्रित तत्त्व' का तात्पर्य धूर्तता से है और समुच्चय सातत्य का आशय बल प्रयोग से है। यहाँ भी पैरेटो ने शासक अभिजनों को दो केटियों में रखा है। एक वो जिनके शासन–संचालन का आधार 'धूर्तता' है, दूसरे के जो बल–प्रयोग द्वारा सत्तारूढ़ रहते हैं। धूर्तता की सत्ता–संचालन का आधार माध्यम बनाने वाले अभिजनों को पैरेटो ने 'सटोरिया (Speculator) तथा बल–प्रयोग को आधार तत्त्व बनाने वाले अभिजनों को *'किराया जीवियों'* (Rentiers) की संज्ञा दी है। मैकियावेली की तर्ज पर इनका भी मानना है कि सटोरिया यानी कि लोमड़ी अभिजन धूर्तता को शासन का आधार तत्त्व बनाकर चालाकी से सत्ता में बने रहने की जुगत में लगा रहता है, जबकि किरायाजीवी अर्थात् शेर अभिजन वर्ग पूर्णरूप से परम्परावादी व रूढ़िवादी होता है। इसलिए सत्ता–संचालन में धूर्तता की जगह बल–प्रयोग को न्यायोचित व विवेकसम्मत मानते हुए सत्ता–संचालन में बल प्रयोग को प्राथमिकता देता है। पैरेटो का यह मानना है कि सामाजिक संतुलन को कायम रखने के लिए समय–समय पर अभिजन वर्गों की अदला–बदली अति आवश्यक है। इनकी दृष्टि में व्यवस्था में क्रान्ति की परिस्थितियां तभी बनती हैं, जब परिवर्तन प्रक्रिया धीमी पड़ जाती है या शासक अभिजनों में उन अपेक्षित अवशेषों में गिरावट आती है जो उनके सत्तारूढ़ रहने के लिए अपरिहार्य हैं।

पैरेटो ने अनुभव के आधार पर यह अभिव्यक्ति की है कि शासक अभिजन में शेर और लोमड़ी दोनों गुणों का एक साथ मिलना मुश्किल है, लेकिन अलग–अलग परिस्थितियों में दोनों प्रकार के शासक अभिजन कुशल सत्ता संचालन में सक्षम हो सकते हैं। मसलन, लोमड़ी अभिजन वर्ग राजनीतिक जोड़–तोड़ के बल पर सहमति बनाने में माहिर साबित होता है, लेकिन जरूरत पड़ने पर हिंसा और दमनात्मक कार्रवाईयों के संचालन में विफल हो

जाता है, वहीं दूसरी और शेर अभिजन बल प्रयोग के माध्यम से सत्ता–संचालन में अनुशासन स्थापित करने में तो सफल हो जाते हैं, लेकिन छलयोजना (Manipulation) के अभाव में व्यवस्था में सहमति का वातावरण तैयार करने में विफल हो जाता है। अभिजन–परिसंचरण के संबंध में पैरेटो का मानना है कि जब अवशेषों में गिरावट की वजह से शासक अभिजन की स्थिति व्यवस्था में कमजोर हो जाती है, तब सत्ता संभालने की ताक में लगे गैर शासक अभिजन एवं जनसमूह में वैसे व्यक्ति जिन्होंने अपने अन्दर शासक अभिजन के लिए अपेक्षित गुणों का विकास कर लिया है गद्दीनशीन शासक अभिजनों को गद्दी से उतार कर शासन–संचालन सूत्र पर अपना आधिपत्य स्थापित कर लेते हैं। इस प्रसंग पर पैरेटो की मताभिव्यक्ति है कि जब किसी राजनीतिक व्यवस्था की अर्थव्यवस्था में उद्यमी वर्ग (Entrepreneural Class) का अस्तित्व प्रधान होता है तो व्यवस्था में लोमड़ी शासक अभिजन की भूमिका प्रभावशाली होती है। लेकिन, जब व्यवस्था में अति उपभोग (Over Consumption) की स्थिति उत्पन्न होती है तब व्यवस्था में आर्थिक–राजनीतिक नियंत्रण स्थापित करने के लिए शेर अभिजन वर्ग के सत्तारूढ़ होने की परिस्थितियां पैदा हो जाती हैं। इस प्रकार, राजनीतिक व्यवस्थान्तर्गत परिस्थितियों के अनुरूप सत्ता हस्तांतरण प्रक्रिया शासक अभिजन वर्ग से गैर शासक अभिजन वर्ग या शासक अभिजन वर्ग से जनसमूह के बीच चलती रहती है।

आलोचकों की दृष्टि में अभिजनों के परिसंचरण के लिए केवल मनोवैज्ञानिक तत्त्वों को आधार के रूप में प्रस्तुत करके पैरेटो ने अव्यावहारिक सिद्धांत की प्रस्तुति की है। इनके सिद्धांत को कठोर और लोकतंत्र–विरोधी भी कहा जाता है। इन्होंने शासक अभिजनों को सत्ता में बने रहने के लिए सिर्फ धूर्तता और बल प्रयोग पर जोर दिया है, सामाजिक, नैतिक या वैधानिक आधारों की चर्चा नहीं की है।

गेटानो मोस्का की अवधारणा (Concept of Gaetano Mosca)

प्रसिद्ध इतालवी समाजवैज्ञानिक एवं राजनीतिवैज्ञानिक गेटानो मोस्का को विशेष पहचान अभिजन वर्गवाद के सिद्धान्तकार के रूप में मिली है। मोस्का ने अपनी ख्याति प्राप्त रचना 'The Ruling Class' के अन्तर्गत समाज को दो वर्गों में बांटा है–शासक वर्ग (The Ruling Class) तथा शासित वर्ग (The Ruled)। पैरेटो की भांति मोस्का ने भी शासक वर्ग को अल्पसंख्यक माना है जबकि शासित वर्ग में विशाल जनसमूह को रखा है। मोस्का ने अरस्तू द्वारा प्रस्तुत शासन–व्यवस्था वर्गीकरण के सिद्धान्त का खंडन किया है और संगठनात्मक दृष्टिकोण को आधार बनाकर अभिजन वर्ग की व्याख्या प्रस्तुत करते हुए यह तर्क दिया है कि राजनीतिक व्यवस्था चाहे विकसित हो या अर्द्धविकसित अथवा विकासशील सभी समाजों में इन्हीं दो वर्गों का अस्तित्व विद्यमान होता है। पैरेटो द्वारा प्रतिपादित 'सामाजिक–मनौवैज्ञानिक' अभिजन सिद्धान्त राजनीति विज्ञान की दृष्टि से अधिक विस्तारित, विकसित एवं स्पष्ट रूप से परिभाषित अवधारणा है। मोस्का द्वारा शासक अभिजन वर्ग एवं जनसमूह में विधिवत् भेद प्रस्तुत किया गया है जिससे राजनीतिक यथार्थता को देखने का एक नया नजरिया मिला है और राजनीति विज्ञान को अध्ययन–विश्लेषण के लिए एक तथ्यपरक व यथार्थपरक सामाजिक आधार मिला है। मोस्का की दृष्टि में अभिजन वर्ग जिसे वह शासक वर्ग मानता है तथा जनसमूह में तीन मुख्य भेद इस प्रकार हैं : (1) शासक वर्ग के लोगों की संख्या कम है, अर्थात् ये अल्पसंख्यक होते हैं, जबकि शासित वर्ग बहुसंख्यक है। (2) सभी राजनीतिक कार्यों के निष्पादन का दायित्व शासक वर्ग का है, न कि शासित वर्ग का। (3) सत्ता का समस्त सूत्र शासक वर्ग के हाथों में केन्दित होता है और यही वर्ग सत्ता के लाभों का रसास्वादन करता है, जबकि शासित वर्ग शासक वर्ग द्वारा नियंत्रित एवं निर्देशित होता है।

मोस्का द्वारा समाज का वर्गीकरण प्रस्तुत करते समय जिस वर्ग को शासक वर्ग की संज्ञा दी गयी है, राजनीतिक विज्ञान, समाज विज्ञान एवं राजनीतिक समाजशास्त्र की शब्दावली में उसे ही विशिष्ट वर्ग या अभिजन वर्ग के नाम से जाना जाता है। मोस्का की मान्यता है कि व्यवस्था में शासक वर्ग सिर्फ शक्ति–सूत्रों का नियंत्रण अपने हाथों में केन्द्रित नहीं करता है, अपितु सत्ता पर एकाधिकार (Monopoly) स्थापित करने के साथ–साथ अपना प्रभुत्व (Dominance) बनाये रखने के लिए वैधानिक एवं गैर वैधानिक दोनों उपायों का प्रयोग करता रहता है और सत्ता से संबंधित सारे सुखों का भी लाभ उठाता है। इनका मानना है कि इतिहास गवाह है कि विश्व की

तमाम व्यवस्थाओं में अपनी कालावधि (Period) में शासन करने वाले शासक वर्गों में यह प्रकृति–प्रवृत्ति देखी गयी है। मोस्का की अभिव्यक्ति के अनुसार शासक वर्ग समाज पर अपना प्रभुत्व बनाये रखने हेतु राजनीतिक दाव–पेंच (Political Tricks), जोड–तोड़ (Manipulation) के अतिरिक्त विचारधारा की भी सहायता लेते हैं अर्थात्, मोस्का ने शासक वर्ग के लिए जिस राजनीतिक फार्मूले के प्रयोग की चर्चा की है, उसमें राजनीतिक छल–बल, छल–योजना, बल–प्रयोग के साथ नैतिक और कानूनी आधारों को भी शामिल किया है। यानी कि मोस्का का शासक वर्ग अपने हित से प्रासंगिक मूल्यों और मान्यताओं को जनहित के अनुरूप साबित करके अवाम के मन में अपने हित मूल्यों के प्रति आस्था जागृत करने का जुगाड़ भी करता है। मोस्का की नजर में यह जरूरी नहीं है कि शासक वर्ग का राजनीतिक फार्मूला पूर्णरूप से सत्य पर ही आधारित हो। ऐसा देखा गया है कि अधिकांश परिस्थितियों में गद्दीनशीन बने रहने हेतु शासक वर्ग उन मिथकों (Myths) का प्रयोग करते हैं, जिस पर अवाम विश्वास करता है। इस रूप में शासक वर्ग अपने हित प्रासंगिक मूल्यों को सर्वमान्य मूल्यों–मान्यताओं के रूप में स्थापित कराने में सफल हो जाता है। इस तरह शासक वर्ग अपनी स्वार्थपूर्ति के लिए जनसाधारण को गुमराह करने का कोई भी अवसर हाथ से नहीं जाने देता है और समाज में एकता बनाये रखने के नाम पर राष्ट्रीय व धार्मिक भावनाओं का भ्रमजाल फैलाने की निरन्तर कोशिश करता रहता है, ताकि समाज पर उसकी सत्ता का प्रभुत्व कायम रहे। मोस्का शासक वर्ग के इस कृत्य को विशुद्ध रूप से बेईमानी या धोखेबाजी भी नहीं मानता है, क्योंकि इनकी दृष्टि में केवल बल प्रयोग या दमनात्मक शक्तियों का प्रयोग करके शासक वर्ग समाज का विश्वास नहीं जीत सकता है, इसलिए उन्हें सत्ता में बने रहने के लिए कुछ राजनीतिक दाव–पेंच तथा नैतिक व वैधानिक मान्यताओं से मुक्त आधारों की आवश्यकता पड़ती है। ये मान्यताएं व आधारतत्त्व ही शासक एवं शासित वर्ग के बीच सहज व बेहतर संबंध स्थापित करता है। मोस्का द्वारा प्रस्तुत इस प्रसंग के आलोक में यह कहा जा सकता है कि इन्होंने राजनीतिक सिद्धान्तों को व्यवहार्यता व व्यापकता प्रदान करने हेतु वैधानिक एवं नैतिक आधारों को महत्त्व देने की ओर विषय का ध्यान आकृष्ट कराया है।

मोस्का ने शासक एवं शासित वर्गों के सामाजिक विभाजन को सभी राजनीतिक व्यवस्थाओं की बुनियादी प्रकृति के रूप में मान्यता प्रदान की है। इस संदर्भ में इनका कहना है कि प्रत्येक समाज के शासक वर्ग में कुछ ऐसे गुण होते हैं और वह कुछ ऐसे संसाधनों (Resources) से सम्पन्न होता है जो उसे समाज में आमजनों से विशेष व प्रभावशाली रुतबा प्रदान करता है। अपनी इसी विशेषता व प्रभावशालिता को बरकरार रखने के लिए तथा अपनी शक्ति व प्रभुत्व के अधिकतम प्रयोग के लिए यह वर्ग अपनी इन्हीं विशेषताओं और गुणों का भरपूर इस्तेमाल करता है। इनकी दृष्टि में यह गुण 'उत्पादन के साधनों पर स्वामित्व' स्थापित करने से भी संबद्ध हो सकता है, जैसा कि मार्क्स ने अपनी सभी संकल्पनाओं में कहा है, कि प्रशासनिक दक्षता (Administrative Efficiency), सैन्यशक्ति (Military Power) व धार्मिक प्रतिष्ठा (Priestly Status) भी इनके राजनीतिक प्रभुत्व का आधार माध्यम हो सकता है। इनकी दृष्टि में शासक वर्ग हर हालत में अपने प्रभुत्व को स्थायित्व प्रदान करने के लिए प्रयत्नशील रहता है।

मोस्का ने अपनी प्रस्तुति में शासक वर्ग एवं शासित वर्ग में भेद करने के अतिरिक्त यह भी बताने का प्रयास किया है कि शासक वर्ग की शक्ति का स्रोत क्या है और वह शासित वर्ग पर कैसे शासन करता है। मोस्का के शब्दों में, अल्पसंख्यक शासक वर्ग के सदस्यों में कोई–न–कोई ऐसा गुण अवश्य होता है जो उन्हें समाज में प्रतिष्ठा दिलाता है, प्रभावशाली बनाता है, भले ही वह गुण यथार्थ हो या केवल दिखावा मात्र।

मोस्का के अभिजन सिद्धान्त की एक खास विशेषता यह है कि इसने शासन एवं शासित वर्ग के बीच समाज में विशेष अस्तित्व रखने वाले प्रबंधकों, सफेदपोश कर्मचारियों, वैज्ञानिकों, इंजीनियरों, डॉक्टरों, विद्वानों तथा बुद्धिजीवियों की पहचान मध्य या उपश्रेष्ठ वर्ग के रूप में की है। इनकी अभिव्यक्ति के अनुसार, यह नवीन मध्यम वर्ग शासक अभिजन वर्ग एवं शासित वर्ग के बीच कड़ी का कार्य करता है। इनकी दृष्टि में किसी भी राजनीतिक व्यवस्था के स्थायित्व में मध्य वर्ग के नैतिक, बौद्धिक एवं क्रियात्मक स्तर का उल्लेखनीय योगदान होता है।

पैरेटो की भांति मोस्का ने भी अपने सिद्धान्त में अभिजन–परिसंचरण संकल्पना को मान्यता दी है। इनके विचार से जब शासक अभिजन के आदेश देने एवं नियंत्रण करने की क्षमता में गिरावट आती है तो शासक वर्ग

से बाहर के सक्षम लोगों में इन गुणों का तेजी से विकास होता है और समाज में पुराने शासक वर्ग की जगह नया शासक वर्ग सतारूढ़ होता है। यानी कि लम्बी अवधि तक शासन करने के बाद जब शासक अभिजन अत्यन्त आत्मकेन्द्रित और निष्क्रिय हो जाता है, इनकी विचारधारा गतिहीन हो जाती है और समाज पर इनकी पकड़ ढीली हो जाती है, तब शासक वर्ग सामाजिक राजनीतिक परिवर्तन के प्रवाह को रोकने में असमर्थ हो जाता है। हालाँकि यह वर्ग अपनी स्वार्थ पूर्ति के लिए परिवर्तन के प्रवाह को रोकने का भरपूर प्रयास करता है, लेकिन समसामयिक पर्यावरण की मांग व जबर्दस्त विरोध या समर्थन की मात्रा की वजह से प्रवाह को रोकना इनके लिए संभव नहीं हो पाता है। वैसे भी सामाजिक–राजनीतिक व्यवस्था में सत्ता के नये दावेदार हमेशा सक्रिय रहते हैं जो सामाजिक–राजनीतिक परिवर्तन संदर्भित मांग व समर्थन की लहर को अपने राजनीतिक फ़ायदे के लिए इस्तेमाल करने के लिए सदैव तत्पर रहते हैं। इस परिस्थिति में नयी प्रतिभाओं के प्रवेश से आकार लेने वाला नया अभिजन वर्ग या प्रतिस्पर्द्धी अभिजन वर्ग सत्तारूढ़ शासक वर्ग को सत्ताच्युत कर स्वयं सत्ता की बागडोर संभाल लेता है।

मोस्का का अभिजन सिद्धान्त सत्ता–परिसंचरण के लिए मनोवैज्ञानिक कारकों की अपेक्षा सामाजिक कारकों को ज्यादा महत्त्व देता है, क्योंकि इनका मानना है कि समय के बदलाव की वजह से समाज की जटिलताएं बढ़ती जाती हैं। मनुष्य की अनन्त आवश्यकताएँ और नई प्रौद्योगिकी का आविष्कार समाज में नई–नई मांगों को जन्म देता है, जिन्हें पूरा करने का दायित्व सत्तारूढ़ नेतृत्व का है। यदि सत्तारूढ़ वर्ग समाज में उत्पन्न नई मांगों व परिस्थितियों के अनुरूप अपनी नीतियों, कार्यक्रमों एवं विचारों को नहीं ढाल पाता है और जनता की अपेक्षाओं पर खरा नहीं उतर पाता है तो नतीजे के रूप में परिसंचरण–प्रक्रिया की गति में तीव्रता समाज की जरूरत बन जाती है। अभिजनों के परिसंचरण से सामाजिक संरचना में कोई परिवर्तन नहीं आता है। सामाजिक–राजनीतिक संरचना का स्वरूप यथावत् रह जाता है, सिर्फ शासक वर्गों के सदस्यों की अदला–बदली हो जाती है।

शासक वर्ग के शक्ति स्रोतों व जनसमूह पर शासन करने की विधा से प्रासंगिक विशेषताओं की दृष्टि से मोस्का ने इस वर्ग के कुछ ख़ास लक्षणों की पहचान की है जो इस प्रकार हैं : (1) शासक वर्ग अल्पसंख्यक होता है। (2) शासक वर्ग संगठित होता है। (3) शासक वर्ग की शक्ति का प्रमुख स्रोत उसका संगठित होना है तथा सामर्थ्य की दृष्टि से आमजनों से श्रेष्ठ होना है। (4) व्यवस्था के समस्त राजनीतिक कार्यों का निष्पादन शासक वर्ग द्वारा किया जाता है। (5) शासक वर्ग शासनकला में दक्ष होता है। (6) शासक वर्ग सत्ता–शक्ति से प्रासंगिक लाभों का सुख भोगता है और शासित वर्ग सदैव इस सुख से वंचित रहता है। (7) शासक वर्ग सत्ता पर अपना एकाधिकार रखता है। (8) शासक वर्ग बहुसंख्यक वर्ग को नियंत्रित करता है। (9) शासित वर्ग को नियंत्रित करने की प्रक्रिया–वैधानिक होती है, लेकिन कभी–कभी स्वेच्छाचारी और हिंसक भी होती है। (10) शासक वर्ग सत्ता में बने रहने के लिए राजनीतिक फार्मूले का इस्तेमाल करता है। (11) शासक वर्ग समाज के प्रभावशाली समूहों के हितों का प्रतिनिधित्व करता है। (12) शासक वर्ग नवोदित मध्य वर्ग द्वारा समाज से घनिष्ठ रूप से जुड़ा होता है।

मोस्का का यह मानना है कि सभी समाजों में शासक वर्ग ही हमेशा शासन की सारी शक्तियों का प्रयोग करता आया है। इस दृष्टि से सभी शासन व्यवस्थाएं अल्पतंत्रीय (Oligarchy) होती है। साथ ही इनका यह भी कहना है कि जब विद्रोह द्वारा जनता शासक वर्ग को उखाड़ देती है, लेकिन तब नया शासक वर्ग अस्तित्व में आता है, तब भी सत्ता का स्वरूप अल्पतंत्रीय ही होता है।

सतही तौर पर अभिजन वर्ग अवधारणा के संबंध में मोस्का के विचार मार्क्स के विचारों के काफी करीब दिखाई देता है, लेकिन दोनों विद्वानों की वैचारिकी में मूल अन्तर यह है कि जहां मार्क्स द्वारा इतिहास की व्याख्या हेतु केवल आर्थिक आधारों की बात की गयी है, वहीं मोस्का सामाजिक परिवर्तन में नैतिक व धार्मिक तत्त्वों के पड़ने वाले प्रभावों पर बल देता है। बोटेमोर की दृष्टि में मोस्का का अभिजन सिद्धान्त पैरेटो के सिद्धान्त की अपेक्षा ज्यादा तर्कसंगत है, लेकिन मोस्का के सिद्धान्त से भी अभिजन वर्ग के उत्थान और पतन में पाये जाने वाले संबंधों की जानकारी नहीं मिलती है।

पैरेटो और मोस्का के विचारों की तुलना (Comparison between Pareto's and Mosca's View)

शासक अभिजन संबंधी पैरेटो एवं मोस्का के विचारों में कुछ मौलिक समानताएँ एवं असमानताएँ पायी जाती हैं, जिनका उल्लेख निम्नांकित है :

समानताएँ (Similarities)—मोस्का एवं पैरेटो के अभिजन सिद्धान्त में पायी जाने वाली समानताओं में :

1. दोनों विद्वानों द्वारा अभिजन सिद्धान्त की प्रस्तुति क्रम में समाज को दो श्रेणियों में विभाजित किया गया है—शासक वर्ग (अभिजन वर्ग) और शासित वर्ग (जनसमूह)।
2. दोनों विद्वानों द्वारा अभिजन वर्ग की व्याख्या शासक समूह के रूप में की गयी है।
3. दोनों ने अभिजन वर्ग को समाज का अल्पसंख्यक वर्ग कहा है।
4. दोनों ने यह स्वीकारा है कि सभी समाजों में बहुसंख्यक वर्ग अल्पसंख्यक द्वारा नियंत्रित–निर्देशित किया जाता है।
5. दोनों की यह स्वीकारोक्ति है कि राजनीतिक सत्ता अभिजन वर्ग में निवास करती है जो बहुसंख्यक समाज पर अपना प्रभुत्व कायम रखने के लिए एवं जनमत को अपने पक्ष में रखने के लिए जोड़–तोड़, दांव–पेंच से प्रासंगिक राजनीतिक हथकंडों का इस्तेमाल करते हैं।
6. दोनों की अभिव्यक्ति के अनुसार अभिजन वर्ग अपने गुणों, योग्यता एवं दक्षता की वजह से सामान्यजन से श्रेष्ठ होता है और अपनी श्रेष्ठता के आधार पर ही वह बहुसंख्यक पर शासन करता है।
7. दोनों विद्वानों द्वारा शासक अभिजन वर्ग की प्रस्तुति परिवर्तनशील इकाई के रूप में की गयी है और इस प्रक्रिया के आधार माध्यम के रूप में परिसंचरण संकल्पना को वैधानिक मान्यता प्रदान की गयी है।
8. दोनों ने यह स्वीकारा है कि सामाजिक–राजनीतिक संतुलन को बनाये रखने हेतु परिस्थिति की माँग के अनुरूप परिवर्तन–प्रत्यावर्तन स्वाभाविक और अति आवश्यक हैं।

असमानताएँ (Differences)—पैरेटो और मोस्का के अभिजन सिद्धान्तों में उपर्युक्त विवेचित समानताओं के बावजूद कुछ मौलिक असमानताएँ भी हैं, जो दोनों अवधारणाओं को उनकी विशेषताओं के आधार पर पृथक् पहचान दिलाती हैं, ये असमानताएँ निम्नांकित हैं :

1. पैरेटो की अपेक्षा मोस्का ने शासकवर्ग के निर्माणकारी विभिन्न समूहों की विस्तृत व्याख्या प्रस्तुत की है।
2. मोस्का द्वारा प्रस्तुत सिद्धान्त में अभिजन वर्ग एवं जनसमूह के बीच पाये जाने वाले मुख्य अन्तरों की व्यवस्थित चर्चा की गयी है, लेकिन पैरेटो द्वारा प्रस्तुत सिद्धान्त में इस प्रसंग का अभाव है।
3. पैरेटो के सिद्धान्त में अभिजन वर्ग को सत्ता में बने रहने के लिए बल–प्रयोग एवं धूर्तता दोनों क्रियाओं को अपनाने की वकालत की गयी है, जबकि मोस्का ने शासक वर्ग को सत्ता में बने रहने के लिए नैतिक और वैधानिक आधारों को अपनाने पर जोर दिया है।
4. पैरेटो का अभिजन सिद्धान्त समाज में शासक एवं शासित वर्ग के बीच सीधे सम्पर्क की बात करता है जबकि मोस्का के अभिजन संकल्पना में शासक एवं शासित वर्ग के बीच नवीन मध्यवर्ग या उपश्रेष्ठ वर्ग के अस्तित्व की बात की गयी है जो शासक एवं शासित वर्ग के बीच सम्पर्क–सूत्र की भूमिका निभाता है।
5. पैरेटो के सिद्धान्त में अभिजन–परिसंचरण हेतु अवशेषों और व्युत्पत्ति संप्रत्यय की चर्चा की गयी है, लेकिन मोस्का के सिद्धान्त में इस संप्रत्यय का कोई उल्लेख नहीं है।
6. पैरेटो द्वारा अभिजन वर्ग के परिसंचरण हेतु मनोवैज्ञानिक तत्त्वों की प्रस्तुति आधार माध्यम के रूप में की गयी है, जबकि मोस्का द्वारा परिसंचरण प्रक्रिया में सामाजिक तत्त्वों की भूमिका को ज्यादा महत्त्वपूर्ण माना गया है।

7. पैरेटो के अभिजन अवधारणा का स्वरूप संकीर्ण, कठोर और लोकतंत्र विरोधी है, जबकि मोस्का द्वारा प्रस्तुत संकल्पना लोकतंत्र विरोधी नहीं है। मोस्का लोकतंत्रीय व्यवस्था के समर्थन में सहमति व्यक्त करते हुए शासक वर्ग को जनहित विषयों पर ध्यान देने व सतर्क रहने की सलाह देता है।
8. पैरेटो ने शासक अभिजन क्षमता की व्याख्या प्रस्तुत करते हुए उसके सामर्थ्य में धूर्तता और बल–प्रयोग को महत्त्व दिया है, जबकि मोस्का द्वारा शासक वर्ग की क्षमता की व्याख्या संगठित प्रभावशाली समूह के प्रतिनिधि के रूप में की गयी है जो उच्च बौद्धिक एवं नैतिक स्तर पर संगठित प्रभावशाली समूह का प्रतिनिधित्व करता है।

सी. राइट मिल्स की अवधारणा (Concept of C. Wright Mills)

चार्ल्स राइट मिल्स आधुनिक अमेरिकी समाजवैज्ञानिक था जिसने समाजविज्ञान के अध्ययन को मानववादी आधार दिया और अपनी प्रसिद्ध कृति 'The Power Elite' के अन्तर्गत मानववादी तत्त्वों को आधार बनाकर, शक्ति का विश्लेषण प्रस्तुत करते हुए राजनीति के अध्ययन को नयी दिशा दी। मिल्स ने राजनीति के विशुद्ध सिद्धान्तकारों (Grand Theorists) तथा शुद्ध अनुभववादियों (Abstracted Empirilists) की जगह तीसरे विकल्प का समर्थन करते हुए अभिजन वर्ग के अध्ययन–विश्लेषण में मानववादी बुनियादी प्रश्नों को उठाने की कोशिश की है। मिल्स की यह धारणा है कि उदारवाद सत्ताधारियों का कृपा पात्र बनकर अपना प्रभाव खो बैठा है।

मिल्स ने विषयों के समाज वैज्ञानिक अन्वेषण के लिए मार्क्सवाद का प्रयोग आवश्यक बताया है। इनके विचार में अभिजन की स्थिति तथा स्वरूप का विश्लेषण उनकी बौद्धिक क्षमताओं या मनोवैज्ञानिक विशेषताओं के आधार पर यथोचित रूप में नहीं किया जा सकता है, अपितु इसके सही विश्लेषण हेतु समाज के सामाजिक–आर्थिक तत्त्वों को आधार माध्यम बनाना होगा। शक्ति–प्राप्ति का आधारतत्त्व महान व्यक्तित्व नहीं है, बल्कि वास्तविक रूप में शक्ति को समाज में अवस्थित संरचनाओं पर नियंत्रण स्थापित करके प्राप्त किया जाता है। मिल्स द्वारा मानववादी तत्त्वों के आधार पर समाज का जटिल चित्र प्रस्तुत करते हुए जो सामाजिक विश्लेषण का गंभीर प्रयास किया गया है, उसका आधारतत्त्व शक्ति है। अपने विश्लेषण में इन्होंने स्पष्ट संकेत दिया है कि इतिहास के सभी युगों में अलग–अलग समाजों में शक्ति का स्वरूप भले ही बदलता रहा है, लेकिन शक्ति का प्रसंग सदैव सामाजिक जीवन में आकर्षण का केन्द्र रहा है। मिल्स द्वारा प्रतिपादित अभिजन सिद्धांत की व्याख्या का केन्द्र बिन्दु शक्ति संकल्पना है। इनके द्वारा शासक वर्ग संज्ञा की जगह शक्ति अभिजन (Power Elite) शब्द का प्रयोग किया गया है। मिल्स ने अपनी शक्ति संकल्पना में सामाजिक, आर्थिक, राजनीतिक तथा सैनिक शक्ति से प्रासंगिक तत्त्वों का समायोजन करके 'शक्ति अभिजन' शब्द का निर्माण किया है। शक्ति अभिजन को परिभाषित करते हुए मिल्स ने कहा है कि 'शक्ति अभिजन वह है, जो आदेशात्मक पदों को धारण करता है।' मिल्स द्वारा प्रतिपादित 'शक्ति अभिजन' अवधारणा का आधार अमेरिका का अभिजन वर्ग है जिसके अन्तर्गत बड़े उद्योगपति, सेना का उच्च पदाधिकारी, बैंकों एवं वितीय संस्थानों के व्यवस्थापक तथा प्रशासकीय उच्च पदाधिकारी शामिल हैं।

मिल्स का यह मानना है कि 'शक्ति अभिजन' सिर्फ इसीलिए शक्तिशाली नहीं बनते हैं कि वे समय की मांग को पूरा करते हैं, अपितु वे स्वयं ऐसी मांगों को पैदा करके जनसामान्य के जीवन को बदलने का सामर्थ्य रखते हैं। इनकी दृष्टि में 'शक्ति अभिजन' समाज का ऐसा आत्मचेतन वर्ग है जो अपने वर्ग के सदस्यों के लिए परस्पर–सहयोग, सद्भावना की मानसिकता रखते हैं और इसी आधार पर एक–दूसरे को मजबूत बनाने में सहयोगी बनते हैं। मिल्स के शब्दों में, "शक्ति अभिजन वर्ग की संरचना उन व्यक्तियों द्वारा होती है जो अपने पदों की वजह से सामान्य पुरुषों एवं स्त्रियों के स्तर से ऊपर उठ जाते हैं तथा वे ऐसे पदों पर आसीन होते हैं जो प्रमुख परिणामों से संबंधित निर्णय ले सकते हैं।" इस प्रसंग में मिल्स का कहना है कि व्यवस्था में इस वर्ग के सदस्य अपनी ऐसी उच्च छवि बनाते हैं कि जनसाधारण की नजर में ये सिर्फ धन–संपदा और पद–प्रतिष्ठा की दृष्टि से ही नहीं, चरित्र और विचार की दृष्टि से भी काफी श्रेष्ठ साबित होते हैं। लेकिन मिल्स की दृष्टि में यह

इस वर्ग का सिर्फ दिखावा मात्र है। वास्तव में न तो इनकी अपनी कोई विचारधारा होती है और न ही इन्हें किसी विचारधारा की जरूरत महसूस होती है। विषय के उचित–अनुचित की प्रासंगिकता से इनका कोई सरोकार नहीं होता है। ये सिर्फ जोड़–तोड़ और छल–बल में कुशल होते हैं और इसी महारथ के बल पर सामाजिक संरचना में सर्वाधिक महत्त्वपूर्ण और प्रभावशाली अस्तित्व रखते हैं। मिल्स ने अपनी प्रसिद्ध रचना 'The Power Elite' के अन्तर्गत अमेरिकी शक्ति अभिजन की कार्य प्रणाली पर प्रकाश डालते हुए इस तथ्य पर बल दिया है कि युद्धोत्तर अमेरिका में राजनीतिक, सैनिक और व्यापारी वर्ग के गुटतंत्र का शासन है। राष्ट्रीय स्तर के सभी महत्त्वपूर्ण निर्णयों पर इनका अप्रत्यक्ष एकाधिकार (Hidden Monopoly) है तथा लोकतंत्रीय प्रक्रियाओं पर इनका गुप्त नियंत्रण हावी रहता है। मिल्स शक्ति को किसी एक वर्ग में समाहित नहीं मानते हैं अपितु इसे संस्थाओं में समाहित मानते है। इनके विचार से शक्ति अभिजनों में वे लोग शामिल हैं जिनके पास वृहत् स्तरीय नीतियों के निर्माण की क्षमता एवं कार्यान्वयन की शक्ति होती है।

मिल्स ने शक्ति अभिजन के वर्णन में वास्तविक शक्तियों के प्रयोग–संदर्भ की जगह विशाल शक्तियों के स्वामित्व की संभावना–संदर्भ को आधार बनाया है जिसके मूल में वर्तमान अमेरिकी शक्ति अभिजन के हाथों में केन्द्रित शक्ति–संदर्भ है।

मिल्स के शक्ति अभिजन विश्लेषण का दृष्टिकोण सांस्थानिक है। इनकी शक्ति अभिजन अवधारणा में अमेरिकी समाज के तीन वर्गों के अभिजनों का उल्लेख किया गया है : (1) कम्पनी अध्यक्ष, (2) राजनीतिक नेता, (3) सेनापति।

इनकी दृष्टि में शक्ति अभिजन के अस्तित्व तथा उसके शक्तिवर्द्धन में समाज की तीन संस्थाएँ अहम् भूमिका निभाती हैं, यथा–**प्रथम**–आर्थिक संस्थाएं, **द्वितीय**–राजनीतिक संस्थाएं एवं **तृतीय**–सैनिक संस्थाएं। ये तीनों संस्थाएँ ही व्यवस्था में शक्ति के आविर्भाव एवं अस्तित्व को तथा घटित होने वाली घटनाओं को परस्पर संबद्ध करती हैं। इन सस्थाओं पर नियंत्रण स्थापित करने का अर्थ है व्यक्ति एवं घटनाओं के संबंध को नियंत्रित करना। यहाँ मिल्स का कहना है कि जब अभिजन वर्ग का इन संस्थाओं पर अधिकार हो जाता है तो वे सामाजिक घटनाओं एवं गतिविधियों के संबंध में आवश्यक निर्णय लेने के लिए अधिकृत हो जाते हैं। इस प्रसंग की व्याख्या करते हुए मिल्स ने कहा है कि "शक्ति अभिजन का अभिप्राय उन राजनीतिक, आर्थिक, सैनिक समूहों से है जो राष्ट्रीय महत्त्व के निर्णयों में भागीदार होते हैं।" वर्त्तमान अमेरिकी व्यवस्था में अभिजनों की भूमिका के संदर्भ को देखते हुए मिल्स की ये स्वीकारोक्ति है कि शक्ति अभिजन वास्तविक स्तर पर निर्णयकर्ता होते हैं या नहीं यह सवाल उतना महत्त्वपूर्ण नहीं है जितना कि व्यवस्थागत संस्थाओं के अन्तर्गत उच्च एवं आदेशात्मक पदों पर उनका पदस्थापित होना है।

मिल्स की 'शक्ति अभिजन' संकल्पना का आधारतत्त्व अमेरिकी अभिजनों द्वारा समय–समय पर लिया गया महत्त्वपूर्ण प्रभावकारी निर्णय है जिसने अन्तर्राष्ट्रीय राजनीतिक परिदृश्य में अमेरिका को 'सर्वोच्च शक्ति (Superpower) के रूप में संस्थापित किया है। दृष्टान्तस्वरूप हिरोशिमा एवं नागासाकी पर अणु बम गिराने का निर्णय, पाकिस्तान को सैनिक सहायता देने का निर्णय, भूतपूर्व सोवियत संघ के साथ शस्त्रों की होड़ में शामिल होने का निर्णय आदि ऐसे निर्णय प्रसंग हैं जिन्होंने विश्व स्तर पर अमेरिका की पहचान एक शक्तिशाली देश के रूप में बनाने में मुख्य भूमिका निभायी है और ऐसे महत्त्वपूर्ण निर्णय संदर्भों में वहाँ के नौकरशाही के उच्च पदाधिकारियों, उच्च सैनिक पदाधिकारियों एवं प्रशासकीय कार्यपालिका के सदस्यों की भूमिका सर्वाधिक महत्त्वपूर्ण रही है। मिल्स की दृष्टि में शक्ति अभिजन की सबसे बड़ी विशेषता है तीनों वर्गों के अभिजनों के मध्य पर्याप्त मात्रा में परस्पर तालमेल का होना। क्योंकि, यही तालमेल उनके अस्तित्व को मजबूती प्रदान करता है। लेकिन, साथ ही मिल्स ने इस सच्चाई को भी स्वीकारा है कि 'शक्ति अभिजन' महत्त्वपूर्ण निर्णय लेने का अधिकार तो रखते हैं, लेकिन उन्हें इतिहास निर्माता की संज्ञा नहीं दी जा सकती है। इनके शब्दों में "शक्ति अभिजन अपने निर्णयों के लिए जनता के समक्ष उत्तरदायी न होने की वजह से तथा संपत्ति–संग्रहण को मुख्य मूल्य मान लेने की वजह से भ्रष्ट हो जाते हैं। शक्ति अभिजन का सिद्धान्त इतिहास–निर्माण का सिद्धान्त नहीं है क्योंकि राष्ट्रीय महत्त्व एवं दूरगामी परिणामों वाले मामलों के संबंध में निर्णय लेने के बावजूद शक्ति अभिजन इतिहास के निर्माता नहीं है।" मिल्स का यह मानना है कि कई कारणों से अमेरिका में सही अभिजन वर्ग का उदय नहीं हो पाया है।

संक्षेप में, मिल्स के विचार में शक्तियां व्यक्तियों में नहीं संस्थाओं में निहित है, क्योंकि राजनीतिक शक्तियों का संस्थाकरण हो गया है। लगभग प्रत्येक व्यवस्था में जनता संस्थाकृत राजनीतिक सत्ता के आदेशों का पालन करती है।

आलोचनाएं (Criticisms)

मिल्स की शक्ति अभिजन संकल्पना से प्रासंगिक विचारों की कई बिन्दुओं पर आलोचना की गयी है। बोटेमोर के कथनानुसार मिल्स की शक्ति अभिजन संकल्पना की परिभाषा का आधार संतोषजनक नहीं है और उनके द्वारा इस प्रश्न पर भी गंभीरतापूर्वक चिन्तन नहीं किया गया है कि तीनों प्रकार के अभिजन मिलकर किस प्रकार एक शक्तिशाली अभिजन वर्ग का निर्माण करते हैं। अनेक विद्वानों द्वारा मिल्स के शक्ति अभिजन सिद्धान्त की जो आलोचनाएं की गयी हैं, उनके आधार हैं–(1) मिल्स के शक्ति अभिजन की व्याख्या का आधारतत्त्व ही अस्पष्ट है। उन्होंने यह तो कहा है कि शक्ति अभिजन में बड़े उद्योगपति, उच्च सैनिक पदाधिकारी एवं उच्च प्रशासकीय पदाधिकारी शामिल है लेकिन ये सभी मिल कर किस प्रकार शक्ति अभिजन का अस्तित्व धारण करेंगे, इसकी व्याख्या संतोषजनक नहीं है। (2) मिल्स द्वारा सांस्थानिक दृष्टिकोण के आधार पर शक्ति अभिजन की प्रस्तुत व्याख्या पर डेनियल बेल का कहना है कि संस्थाओं को शक्ति का स्रोत मानना सही नहीं है, क्योंकि शक्ति का वास्तविक स्रोत तो समाज के विभिन्न समूह हैं। इसलिए शक्ति के स्रोतों का अध्ययन करने के लिए उन समूहों का अध्ययन आवश्यक है। (3) मिल्स द्वारा प्रत्येक संघर्ष को शक्ति–प्राप्ति के लिए किया जाने वाला संघर्ष माना गया है जिसका साधन हिंसा है। आलोचकों की नजर में समस्त राजनीतिक गतिविधियों का उद्देश्य शक्ति–प्राप्ति नहीं होता है : ऐसे में यदि मिल्स के इस विचार को स्वीकार कर लिया जाय तो उन राजनीतिक क्रियाओं का विश्लेषण करना कठिन हो जायेगा, जिनका उद्देश्य शक्ति–प्राप्ति नहीं है। (4) मिल्स द्वारा राष्ट्रीय महत्त्व के निर्णयों में शक्ति अभिजन की भूमिका को रेखांकित किया गया है, लेकिन वे यह बताने में असफल रहे हैं कि वास्तव में राष्ट्रीय महत्त्व के ऐसे कौन–कौन से निर्णय हैं जो केवल शक्ति अभिजनों द्वारा लिये जाते हैं। (5) मिल्स ने अपने सिद्धान्त में शक्ति अभिजन की विधि का प्रसंग उठाया है लेकिन इस प्रसंग का स्पष्टीकरण नहीं किया है कि शक्ति अभिजन के विरुद्ध संघर्ष या विरोध प्रदर्शित करने वाला वर्ग कौन–सा होगा ? (6) मिल्स द्वारा शक्ति अभिजन संकल्पना में नौकरशाही, सैनिक पदाधिकारी एवं बड़े उद्योगपतियों के बीच परस्पर तालमेल की बात की गयी है लेकिन तीनों वर्गों के बीच तीव्र मतभेद के कई उदाहरण अमेरिकी व्यवस्था के इतिहास में दर्ज हैं। (7) आलोचकों की दृष्टि में मिल्स के सिद्धान्त में कई प्रकार का विरोधाभास दिखाई पड़ता है। एक तरफ तो इनके द्वारा शक्ति का समाजवैज्ञानिक विश्लेषण करते हुए 'शक्ति अभिजन' संकल्पना की प्रस्तुति की गयी है, वहीं दूसरी ओर स्वयं इनके द्वारा शक्ति अभिजन के अस्तित्व को नकारा गया है, ये कहकर कि अमेरिका में अभिजन वर्ग के यथोचित स्वरूप का उदय नहीं हो पाया है।

उपर्युक्त आलोचनाओं के बावजूद मानववादी तत्त्वों को आधार बनाकर सांस्थानिक दृष्टिकोण के आधार पर सामाजिक–आर्थिक संदर्भ में शक्ति अभिजन का विश्लेषण प्रस्तुत करके मिल्स ने विषय के अध्ययन–विश्लेषण को नयी दिशा प्रदान की है। शक्ति विश्लेषण में नैतिक प्रतिबद्धता और तर्कबौद्धिकता जैसे मानववादी तत्त्वों पर बल देकर इन्होने राजनीतिक समाजशास्त्र के अध्ययन विस्तार में महत्त्वपूर्ण योगदान दिया है।

एडवर्ड शिल्स की अवधारणा (Concept of Edward Shils)

एडवर्ड शिल्स बीसवीं शताब्दी के विद्वानों में चर्चित नाम है जिनके द्वारा एशिया एवं अफ्रीका के नवोदित राष्ट्रों के संदर्भ में अभिजन वर्ग की भूमिका पर विस्तृत विश्लेषण प्रस्तुत किया गया है। शिल्स की दो प्रसिद्ध रचनाओं 'पॉलिटिकल पॉवर इन न्यू स्टेटस्' तथा 'इन्टेलेक्चुअल इन ट्रेडीशन एण्ड मॉडर्निटी' में अभिजन वर्ग संकल्पना की विस्तृत विवेचना की गयी है। विकासशील देशों में अभिजन वर्ग का आविर्भाव एवं विकास वहाँ के सामाजिक परिवर्तन का महत्त्वपूर्ण पक्ष है। आजादी के पश्चात् सामाजिक, आर्थिक, राजनीतिक परिवर्तन की वजह से इन

देशों में ऐसे प्रभावशाली राजनीतिक नेतृत्व तथा अभिजन वर्ग की आवश्यकता महसूस की जाने लगी जो आधुनिकता की दौड़ में शामिल हो रहे समाजों को सही राह दिखा सकें एवं व्यवस्थागत तीव्र परिवर्तन की गति को नियंत्रित कर सकें।

शिल्स का ऐसा मानना है कि बीसवीं शताब्दी में द्रुतगामी सामाजिक आर्थिक राजनीतिक परिवर्तनों में जिन सामाजिक समूहों की व्यवस्था में विशेष पहचान स्थापित हुई उसमें अभिजन वर्ग की तीन कोटियां मुख्य हैं प्रथम–बुद्धिजीवी, द्वितीय–उद्योग प्रबंधक एवं तृतीय–नौकरशाह। विकासशील देशों के समाज को नया स्वरूप प्रदान करने में इन तीनों वर्गों के अभिजनों की भूमिका सर्वाधिक महत्त्वपूर्ण रही है। शिल्स के शब्दों में, "नवोदित राज्यों में अभिजन वर्ग एक नई व्यवस्था के निर्माण का कार्य पहले की अपेक्षा कहीं अधिक तेजी से कर रहे हैं। इनकी आकांक्षाएँ 1789 के पश्चात् विकसित यूरोप के क्रान्तिकारियों से कहीं अधिक तीक्ष्ण एवं व्यापक हैं।" इनके विचारानुसार, सामाजिक जीवन के सभी क्षेत्रों के अभिजन व्यवस्था में सत्ता–शक्ति के केन्द्र की भूमिका निभाते हैं। सत्ता–शक्ति के मध्य संबंधों को आधार बनाकर शिल्स ने नवोदित राज्यों के शक्तिशाली समूहों की व्याख्या प्रस्तुत की है। इनके द्वारा प्रस्तुत अभिजन संकल्पना में समाज के बुद्धिजीवी वर्ग पर विशेष रूप से प्रकाश डाला गया है। इनका मानना है कि इस वर्ग के अभिजनों का विकसित एवं विकासशील दोनों व्यवस्थाओं की समुन्नति में विशेष योगदान एवं महत्त्व रहा है। शिल्स के अभिजन संकल्पना के विश्लेषण का आधारतत्त्व समाज का बुद्धिजीवी वर्ग है। बुद्धिजीवी शब्द को परिभाषित करना कठिन कार्य है, क्योंकि इनके विकास में समाज के विविध समूहों का योगदान होता है और इनके सामाजिक प्रभाव को निर्धारित करना अत्यन्त कठिन है। व्यापक अर्थ में बुद्धिजीवी वर्ग में वे लोग आते हैं जो समाज के विविध पक्षों से संबद्ध समस्याओं पर अपनी राय व्यक्त करते हैं तथा अपने नये विचारों से समाज को नई दिशा प्रदान करते हैं। बुद्धिजीवियों में गलत विचारों का खण्डन करने एवं सरकार की आलोचना करने की क्षमता होती है। शिल्स की अभिव्यक्ति के अनुसार बुद्धिजीवी शब्द का प्रयोग ऐसे सभी लोगों के लिए किया जाता है, जिन्होंने उच्च आधुनिक शिक्षा पायी है तथा जो विषय से संबद्ध बौद्धिक रुचियों एवं दक्षताओं से युक्त है। बुद्धिजीवी सभी समाजों में पाये जाते हैं। शिल्स के विचार में बुद्धिजीवी वर्ग के अन्तर्गत समाज के दार्शनिकों, वैज्ञानिकों, नौकरशाहों, कवियों, नाटककारों, धार्मिक चिन्तकों आदि को शामिल किया जा सकता है। जिनका छोटा समूह विशिष्ट उद्देश्यों को लेकर विशाल राजनीतिक–सांस्कृतिक संगठनों के साथ संबंध स्थापित करके सामाजिक परिवर्तन में अहम् भूमिका निभाता है। सिर्फ विश्वविद्यालय की ऊँची उपाधियाँ प्राप्त करना काफी नहीं है, बल्कि आधुनिक संस्कृति से प्रभावित होना भी उनके लिए जरूरी है।

शिल्स की मताभिव्यक्ति के अनुसार, पूर्वी देशों की राजनीतिक विकास में बुद्धिजीवी की भूमिका सर्वाधिक महत्त्वपूर्ण रही है, क्योंकि इन समाजों में बुद्धिजीवी वर्ग ही था जिसने उपनिवेशवादी शासन के दौरान पश्चिमी शिक्षा ग्रहण करने की वजह से समकालीन राजनीति एवं स्वतंत्रता आन्दोलनों में सक्रिय भागीदारी निभायी। एशिया एवं अफ्रीका के नवोदित राष्ट्रों में बुद्धिजीवी वर्ग ही मुख्य रूप से सरकारी नौकरियों, अध्यापन, पत्रकारिता क्षेत्रों में सक्रिय रहा। पूर्वी देशों की राजनीति एवं राजनीतिक दृष्टिकोणों पर बुद्धिजीवियों के सामाजिक आविर्भाव का गहरा प्रभाव पड़ा है। वास्तव में, एशिया एवं अफ्रीका के नये राजनीतिक जीवन के निर्माण में एवं उन्हें प्रभावशाली नेतृत्व प्रदान करने में बुद्धिजीवियों का योगदान महत्त्वपूर्ण हैं।

शिल्स ने 'Political Power in New States' में विकासशील देशों के अभिजन वर्ग की व्याख्या प्रस्तुत करने के क्रम में इस वर्ग को अल्पसंख्यक माना है। नवोदित विकासशील देशों के अभिजन वर्ग की विशेषताओं के संबंध में शिल्स का कहना है कि उनके व्यक्तित्व में ऐसी बौद्धिक क्षमता एवं सांस्कृतिक प्रभाविता होनी चाहिए ताकि वे अपने नेतृत्व, विचारधारा एवं बौद्धिक सामर्थ्य के आधार पर व्यवस्था में होने वाले तीव्र सामाजिक परिवर्तन का सही मार्गदर्शन कर सकें तथा सामाजिक–राजनीतिक परिस्थितियों के अनुरूप अपने–आपको ढाल सके। शिल्स द्वारा विकासशील समाजों के विस्तृत अध्ययन क्रम में अभिजनवर्ग के कुछ विशेष लक्षणों का उल्लेख किया गया है यथा–(1) आधुनिक युग की मांग के अनुकूल अभिजनों की सबसे महत्त्वपूर्ण विशेषताएँ उनके व्यक्तित्व की गत्यात्मकता है। शिल्स के शब्दों में, नवोदित राज्यों के संदर्भ में गतिशीलता अभिजन के विशेष गुणों में से एक है। अभिजन अपनी गत्यात्मकता पर गर्व करते हैं और वे दावा करते हैं कि जनसाधारण उनसे इसकी अपेक्षा करते

हैं। (2) शिल्स के मतानुसार, अभिजन समाज की समुन्नति, विकास एवं परिवर्तन से प्रासंगिक संदर्भों में संवाहक की भूमिका अदा करते हैं। गतिशील व परिवर्तनशील सामाजिक व्यवस्था में उत्पन्न विविध प्रकार की समस्याओं, जनसाधारण की आवश्यकताओं, इच्छाओं और सीमित संसाधनों के बीच समन्वय स्थापित कर व्यवस्था के पर्यावरण में संतुलन बनाये रखने में तथा व्यवस्था को विकास के मार्ग पर निरंतर सक्रिय रखने में अभिजनों की भूमिका अति महत्त्वपूर्ण होती है। (3) किसी भी राजनीतिक व्यवस्था के सामाजिक–राजनीतिक विकास, आधुनिकीकरण का आधार माध्यम है उस व्यवस्था की आर्थिक प्रगति व समृद्धि के प्रतिशत की सही मात्रा क्योंकि आर्थिक समृद्धि के अभाव में आज कोई भी देश विकसित देश की श्रेणी में नहीं खड़ा हो सकता है। व्यवस्था की उन्नति व समृद्धि हेतु आर्थिक तत्त्वों की प्रासंगिकता की दृष्टि से आधुनिक अभिजनों की एक ख़ास विशेषता व्यवस्थागत आर्थिक गतिविधियों के प्रति इनकी जागरूकता एवं व्यवस्था की समुन्नति से संबद्ध आर्थिक कार्यक्रमों में उनकी गहरी अभिरुचि एवं सक्रिय भागीदारी है। (4) शिल्स का यह मानना है कि व्यवस्था को विकास एवं आधुनिकीकरण के मार्ग पर ले जाने के लिए तथा संबद्ध गतिविधियों की सक्रियता व सफलता के लिए आधुनिक अभिजनों के व्यापक दृष्टिकोण की अपरिहार्यता आज समय की माँग है। आज विकासशील व्यवस्थाएँ जिस तेजी से सामाजिक, आर्थिक, औद्योगिक, तकनीकी विकास एवं परिवर्तन के मार्ग पर अग्रसर हैं, इसमें राजनीतिक आर्थिक सिद्धांतों, कार्यक्रमों परिवर्त्यों के बीच सामंजस्य स्थापित करके समाज में संतुलन बनाये रखना और सामाजिक जीवन के सर्वांगीण विकास हेतु आवश्यक संसाधन मुहैया कराना अभिजनों का मुख्य दायित्व है। यानी कि राजनीतिक, सामाजिक, आर्थिक व्यवस्था के सभी आयामों के मध्य उचित तालमेल बैठाते हुए सभी क्षेत्रों में सभी स्तरों पर विकास प्रक्रिया के सही संचालन के लिए अभिजन का समाज के प्रति व्यापक दृष्टिकोण अति आवश्यक है, क्योंकि संकीर्ण दृष्टिकोण वाला अभिजन सामाजिक–राजनीतिक व्यवस्था की उन्नति के प्रति कभी सकारात्मक दृष्टि नहीं रखेगा। इसकी वजह से विकासशील व्यवस्थाओं को विकसित देशों के साथ कदमताल करने में कई बाधाएं आयेंगी और काफी कठिनाइयों का सामना करना पड़ेगा।

विकासशील देशों के अभिजनों से सम्बद्ध उपर्युक्त विशेषताओं के अतिरिक्त कुछ अन्य विशेषताएँ भी मुख्य हैं जो अभिजन वर्ग के सदस्यों के लिए खास हैं, यथा–राजनीतिक सम्बद्धता, विभिन्न प्रकार के राजनीतिक दृष्टिकोण तथा विरोध और सहिष्णुता (Tolerance)। शिल्स की ये मान्यता है कि विकासशील देशों में अभिजन वर्गों का पूर्ण राजनीतिकरण हो जाता है। इनके विचार में इन व्यवस्थाओं में अभिजनों के गहन राजनीतिकरण की कुछ ख़ास वजह हैं जैसे स्वतंत्रता आन्दोलनों के राजनीतिक संघर्ष में समाज के बौद्धिक वर्ग की सक्रिय भागीदारी, बौद्धिक वर्ग का समकालीन राजनीति के प्रति तीव्र अभिमुखीकरण, उपनिवेशवाद का पतन, राजघरानों एवं जमींदारी व्यवस्था का पतन, व्यवस्था की राजनीतिक, सामाजिक, आर्थिक, सांस्कृतिक, धार्मिक परिस्थितियां, राजनीतिक–सामाजिक व्यवस्था का पिछड़ापन आदि। शिल्स की अभिव्यक्ति के अनुसार, विकासशील देशों की राजनीति में बौद्धिक वर्ग की सक्रिय सहभागिता का सर्वाधिक मौलिक वजह यह रहा कि समाज में अन्य कोई भी वर्ग राजनीति में यथोचित रूप से सक्रिय भागीदारी नहीं कर पाया, जिसका परिणाम यह हुआ कि उस दौर में राजनीतिक नेतृत्व एवं सत्ता की बागडोर हमेशा समाज के बुद्धिजीवियों के हाथों में रही। शिल्स के मतानुसार, 'यदि औपनिवेशिक शासन के अन्तर्गत अविकसित देशों में किसी भी रूप में राजनीति को जीवित रहना था, तो वह बौद्धिक वर्ग की ही राजनीति हो सकती थी। वस्तुतः, अविकसित, अर्द्धविकसित एवं विकासशील देशों में राजनीति को जीवित रखने, विकसित करने एवं नेतृत्व को सकारात्मक स्वास्थ्य प्रदान करने का श्रेय इन व्यवस्थाओं में विद्यमान् समाजों के बुद्धिजीवियों का है।''

शिल्स का अभिजन सिद्धान्त विकासशील देशों में अभिजन वर्ग की भूमिका का विस्तृत विवेचन है। इस आधार पर कई विद्वानों ने शिल्स के सिद्धान्त की आलोचना यह कह कर की है कि इन्होंने सिर्फ विकासशील देशों के अभिजनों का अध्ययन किया है और अपने सिद्धांत में उन्हीं की भूमिका का विश्लेषण प्रस्तुत किया है। इस दृष्टि से शिल्स द्वारा प्रतिपादित सिद्धान्त को अभिजन सिद्धान्त की कोटि में नहीं रखा जा सकता है, क्योंकि इनके द्वारा विषय प्रासंगिक अध्ययन–विश्लेषण एवं सिद्धान्त प्रतिपादन क्रम में अभिजन वर्ग के जिन लक्षणों की ओर इंगित किया गया है, जिन ख़ास विशेषताओं की चर्चा की गयी, वो सभी राजनीतिक व्यवस्थाओं के अभिजन वर्गों पर लागू नहीं होता है।

इन आलोचनाओं के बावजूद शिल्स की अभिजन व्याख्या का राजनीतिक समाजशास्त्र के अध्ययन के लिए ख़ास महत्त्व है, क्योंकि मूलतः यह विकासशील राजनीतिक व्यवस्थाओं की राजनीति एवं अभिजन वर्ग की भूमिका से प्रासंगिक है।

रॉबर्ट मिशेल्स की अवधारणा (Concept of Robert Michels)

बीसवीं शताब्दी के आरंभिक दौर के जर्मन समाज वैज्ञानिक रॉबर्ट मिशेल्स को राजनीतिक समाजशास्त्र के अग्रदूत की संज्ञा दी गयी है। विल्फ्रेडो पैरेटो, गेटानो मोस्का, और मैक्स वेबर की भांति मिशेल्स को भी राजनीतिक समाजशास्त्र के अभिजन वर्गवाद सिद्धान्त का प्रवर्त्तक कहा जाता है। मिशेल्स द्वारा भी मोस्का की तर्ज पर राजनीतिक अभिजन वर्ग की व्याख्या संगठनात्मक दृष्टिकोण के आधार पर की गयी है। मोस्का के शब्दों में, ''राजनीतिक संस्थाओं में अवस्थित कई तथ्यों तथा प्रवृत्ति में से एक इतना स्पष्ट है कि कोई भी इसका अनुमान लगा सकता है। सभी समाजों में लोगों के दो वर्ग हैं–एक शासकों का और दूसरा शासितों का। **प्रथम वर्ग** जो मूलतः अल्पसंख्यक है, सभी राजनीतिक कार्यों का संपादन करता है, शक्तियों पर एकाधिकार कायम रखता है तथा उस एकाधिकार की वजह से प्राप्त लाभों का फ़ायदा उठाता है। जबकि **दूसरा वर्ग** जो बहुसंख्यक है, प्रथम वर्ग द्वारा इस प्रकार निर्देशित एवं उन माध्यमों द्वारा नियंत्रित होता है जो न्यूनाधिक मात्रा में वैध है, न्यूनाधिक मात्रा में स्वेच्छाचारी एवं हिंसा प्रधान है तथा जो प्रथम वर्ग को जीवन के उन साधनों एवं उपादानों को प्रदान करता है जो राजनीतिक निकाय की उपयोगिता के लिए अपरिहार्य है।''

मोस्का द्वारा अभिव्यक्त अभिजन वर्ग की उपर्युक्त सामाजिक स्थिति एवं राजनीतिक शक्ति का मूल आधार संगठनात्मक है। मिशेल्स द्वारा मोस्का की मौलिक मान्यताओं को विकसित किया गया है। मिशेल्स ने सामाजिक संगठनों के संदर्भ में एक परिकल्पनात्मक नियम (Hipothetical law) की स्थापना की है जिसे 'गुटतंत्र का लौह नियम' (Iron Law of Oligarchy) का नाम दिया है। इनके द्वारा जर्मन एवं इतालवी समाजवादी दलों का गहन अध्ययन किया गया जिसमें जर्मन सोशल डेमोक्रेटिक पार्टी की राजनीतिक सक्रियता के अध्ययन को विशेष रूप से केन्द्रित किया गया है जिसकी विशद् व्याख्या इनकी प्रसिद्ध रचना 'Political Parties' के अन्तर्गत प्रस्तुत की गयी। मिशेल्स के 'गुटतंत्र' के लौह नियम की प्रस्तुति का आधारतत्त्व जर्मन समाजवादी दलों का संगठनात्मक विश्लेषण है। व्यवस्था में इन दलों को लोकतांत्रिक मूल्यों के पोषणकर्ता के रूप में प्रसिद्धि मिली, लेकिन इस सिद्धान्त के माध्यम से मिशेल्स ने यह साबित करने की चेष्टा की है कि लोकतंत्र के पोषण का दावा करने वाले राजनीतिक दलों के अन्तर्गत 'अल्पतंत्र का लौह नियम' कार्य करता है। मिशेल्स की यह मान्यता है कि सभी प्रकार का संगठित समूह चाहे वह राज्य हो, राजनीतिक दल हो या मजदूर संगठन या कोई और संगठन हो, क्रियाकलापों के प्रसंग में यथार्थ की जमीन पर वहां गुटतंत्र का अस्तित्व आकार लेता है। यानी कि उस संगठन का औपचारिक संविधान (Formal Constitution) का स्वरूप चाहे जैसा भी हो, सत्ता का स्वरूप चाहे जितना भी विकेन्द्रित हो व्यावहारिक धरातल पर शक्ति–सूत्र संगठन के कुछ गिने–चुने लोगों के पास केन्द्रित होता है। दृष्टान्तस्वरूप जर्मन सोशल डेमोक्रेटिक पार्टी के प्रसंग में मिशेल्स ने यह स्पष्टोक्ति की है कि इस राजनीतिक दल का संविधान लोकतांत्रिक है, इसका लक्ष्य क्रान्तिकारी है, लेकिन दल का व्यावहारिक रूप अधिकारीतंत्रीय (Bureaucratic) है और इसके नेताओं की सोच रूढ़िवादी है। मिशेल्स का यह मानना है कि जब हम संगठन शब्द का प्रयोग करते हैं, तो इसका आशय गुटतंत्र ही होता है।

मिशेल्स का यह कहना है कि समाज में किसी भी प्रकार प्रभावशाली क्रियात्मकता के लिए संगठन के अस्तित्व की अपरिहार्यता है। प्रत्येक संगठन के अस्तित्व के सातत्य एवं मजबूती को कायम रखने हेतु नेतृत्व के चयन की आवश्यकता होती है जो संगठन में तकनीकी दक्षता और विशेषता का विकास कर सके। चूँकि जनसाधारण इन विशेष कार्यों के लिए सक्षम नहीं समझे जाते हैं और न ही वे विशेषज्ञों की गतिविधियों को सही ढंग से समझ सकते हैं, इन्हीं परिस्थितियों की वजह से सभी संगठनों में एक अधिकारीतंत्र का अस्तित्व आकार लेता है, जो पदसोपान पद्धति के आधार पर अपनी खास जगह बनाकर संगठनात्मक कार्यों का निष्पादन करता है। व्यावहारिक स्तर पर संगठनात्मक पदसोपान (Hierarchy) में शिखर पर पदस्थापित कुछ गिने–चुने लोगों के

हाथों में सत्ता केन्द्रित होती है। मिशेल्स द्वारा संगठन में अल्पतंत्र के अस्तित्व को सिद्ध करने का भरपूर प्रयास किया गया है। इनका मानना है कि प्रत्येक संगठन में नेतृत्व की जरूरत की दो वजह हैं–प्रथम–संगठनात्क और द्वितीय–मनोवैज्ञानिक।

संगठनात्मक स्तर पर नेतृत्व की आवश्यकता के संबंध में इनका कहना है कि संगठन का स्वरूप जितना व्यापक होगा उसके संचालन हेतु उसी अनुपात में कुशल नेतृत्व की जरूरत होती है। मिशेल्स के कथनानुसार, जनसाधारण शासन संबंधी कार्यों के प्रति उदासीन और अक्षम होता है इसलिए सार्वजनिक मामलों से संबद्ध नीति–निर्णयों में उनकी कोई अभिरुचि नहीं होती है। इस वर्ग के सदस्यों को हमेशा सक्षम नेतृत्व के संरक्षण एवं निर्देशन की जरूरत महसूस होती है। अभिजन वर्ग इनकी इसी मानसिकता का लाभ उठाकर जनसामान्य पर शासन करने में सफल होता है। शासक वर्ग में अपना स्थान बनाये रखने हेतु अभिजनों द्वारा जनभावनाओं को अपने पक्ष में बनाये रखने के लिए हर संभव उपाय किया जाता है, जिसका आधार उचित एवं अनुचित दोनों होता है। सत्ता प्राप्त करने एवं सत्तारूढ़ रहने के लिए शासक वर्ग कई प्रकार की राजनीतिक–आर्थिक गतिविधियों में संलग्न रहता है, जैसे–पार्टी चलाने के लिए धन एकत्रित करना, जनलुभावन नीतियों व कार्यक्रमों की घोषणाएं करना, अपने दल की गतिविधियों से जनसमूह को परिचित करना, जगह–जगह पार्टी के कार्यक्रमों का आयोजन करके पार्टी नेतृत्व एवं अवाम के बीच सीधा संवाद स्थापित करना, मतदाताओं को प्रेरित करना, अपनी पार्टी के लिए मजबूत राजनीतिक ज़मीन तैयार करना, दल की वित्तीय एवं वैधानिक जरूरतों का ख़्याल करना आदि। इन कार्यक्रमों–घोषणाओं आदि से प्रासंगिक गतिविधियों का खाका तैयार करने एवं व्यवहार में उनका कियान्वयन कराने के लिए सभी दलों को जानकार विशेषज्ञों की जरूरत पड़ती है। यानी कि पार्टी की कार्य प्रणाली के निर्धारण, सृजन एवं क्रियान्वयन की सफलता की दृष्टि से स्वयं पार्टियों के अन्दर भी दो वर्गों का अस्तित्व होता है। एक वह जो नीतियों, कार्यक्रमों, योजनाओं के निर्धारण एवं क्रियान्वयन के सूत्रधार, प्राणाधार एवं संचालक की भूमिका में होते हैं और दूसरा सामान्य सदस्य के रूप में पार्टी के कार्यक्रमों व गतिविधियों के प्रति समर्पित कार्यकर्ता की भूमिका अदा करते हैं। मिशेल्स की दृष्टि में पहले स्तर के नीति–निर्धारक एवं कार्यक्रम–आयोजक–संचालक पार्टी संगठन में अल्पसंख्यक अधिकारी वर्ग है, जो पार्टीगत नीति निर्णय–प्रक्रिया की सूत्रधार होता है, जिनके हाथों में शक्तियाँ केन्द्रित होती हैं और दूसरा वर्ग बहुसंख्यक है, जो उनके द्वारा निर्धारित नीतियों कार्यक्रमों का पालन एवं समर्थन अनुशासित अनुयायियों की भांति करता है।

मिशेल्स द्वारा विवेचित अभिजन वर्ग विश्लेषण में नेतृत्व तत्त्व को प्रधानता दी गयी है और इसके महत्त्व पर गंभीर रूप से प्रकाश डाला गया है। इनका मानना है कि एक बार सत्तारूढ़ होने के पश्चात् अभिजनों को अपदस्थ करना आसान नहीं है। इनके प्रभुत्व नियंत्रण के लिए बनाये गये नियम धीरे–धीरे कमजोर पड़ जाते हैं, लेकिन इनके प्रभुत्व का प्रभाव बना होता है। मिशेल्स यह मानते हैं कि व्यवस्था में उत्पन्न क्रान्ति की संभावना या परिस्थितियां नेतृत्व परिवर्तन का माध्यम बनती है। वस्तुतः, अधिकतर तो शासकों द्वारा क्रान्तियों को दबाने का प्रयास किया जाता है लेकिन यदि कहीं क्रान्ति सत्ता–परिवर्तन कराने में सफल होती है तो सिर्फ अभिजन वर्ग के सदस्यों की अदला–बदली होती है, अभिजन वर्ग का अस्तित्व और इसका प्रभुत्व समाप्त नहीं होता है। क्रान्ति द्वारा पुराने अभिजनों की जगह नये अभिजन वर्ग का अस्तित्व सत्ता संभालने और जनसमूह पर शासन करने के लिए उपस्थित हो जाता है। इस प्रसंग में मिशेल्स का यह कहना है कि समाज में किसी भी प्रकार के संगठन, आन्दोलन या अभिजन–विरोधी गतिविधियों के संचालन के लिए नेतृत्व की अति आवश्यकता होती है। यहां तक कि क्रान्ति का सफल संचालन भी कुशल नेतृत्व के बिना असंभव है। इनका मानना है कि नेतृत्व क्षमता में संगठनात्मक एवं मनोवैज्ञानिक दोनों तत्त्वों की प्रधानता होती है और क्रान्ति की सफलता का अर्थ है–कुशल नेतृत्व के संरक्षण में अभिजन–परिसंचरण। इन्होंने लिखा है कि, ''इतिहास की लोकतांत्रिक प्रवृत्तियाँ समुद्र में उठने वाली लहरों के समान है जो हमेशा छिछले किनारों से टकराकर टूट जाती है, बिखर जाती हैं।''

मिशेल्स की अभिव्यक्ति के अनुसार, सभी राजनीतिक दलों को अपने नेतृत्व की निरन्तरता को कायम रखने के लिए अपने विचारों की शुद्धता से ज्यादा मतदाताओं का रुझान अपनी तरफ कराने एवं ज्यादा–से–ज्यादा उनका मत प्राप्त करने के उपायों की जुगत में लगे रहना पड़ता है। इनका कहना है कि इन्हीं कारकों की वजह

से दल में विशेषज्ञों या दलीय नौकरशाहों की स्थिति को बल मिलता है। ये पार्टी विशेषज्ञ पार्टी–सिद्धान्त के प्रचार–प्रसार से ज्यादा अपनी स्थिति को यथावत् बनाये रखने में समय खर्च करते हैं। वस्तुतः, यह स्थिति ही पार्टियों में शक्ति शृंखला (Hierarchy) के संस्थापन की मूल वजह है जिसका स्वरूप राजनीतिक व्यवस्था में स्थापित शक्ति–शृंखला के अनुरूप होता है। यहाँ मिशेल्स ने यह कहा है कि यह धारणा गलत है कि सत्ता परिसंचरण द्वारा राजनीतिक शक्ति पर नियंत्रण हो जाने से जनता का सत्ता पर नियंत्रण बढ़ता है। दरअसल ये नये अल्पतंत्र की जीत है जिसमें नेतृत्व का तत्त्व स्थायी और अपरित्याग्य है। क्रान्ति की सफलता द्वारा तत्कालीन अभिजन वर्ग की जगह सर्वहारा अभिजन सत्तारूढ़ होता है। यहाँ भी नेतृत्व का बुर्जुआकरण (Bourgeoisation) हो जाता है और दलीय शक्ति शृंखला उच्च सामाजिक परस्थिति एवं आय का साधन बन जाती है। राजनीतिक दलों में संगठनात्मक व संरचनात्मक तत्त्वों के माध्यम से गुटतंत्र की स्थापना के प्रयासों को मनोवैज्ञानिक कारकों के सहयोग से मजबूती प्रदान की जाती है।

आलोचकों की दृष्टि में मिशेल्स द्वारा प्रतिपादित गुटतंत्रीय सिद्धान्त दलीय अल्पतंत्र का जितना सजीव विश्लेषण प्रस्तुत करता है, उसमें वैसी यथोचित स्पष्टता का अभाव है। विश्लेषणक्रम में तकनीकी विशेषज्ञता और राजनीतिक नेतृत्व के बीच उनकी स्थिति, कार्यप्रणाली और महत्त्व का स्पष्ट अन्तर प्रस्तुत कर पाने में मिशेल्स पूरी तरह सफल नहीं रहे हैं। राजनीतिक दलों के आन्तरिक और बाह्य दबावों तथा संगठन के अन्दर चलने वाली नेतृत्व की प्रतिस्पर्धाओं के विश्लेषण में मिशेल्स ने कोई विशेष रुचि नहीं दिखाई है। जहाँ समाजवादी विश्लेषकों के चिन्तन में राजनीतिक उद्देश्यों के प्रति जनसामान्य की अभिरुचि का पुट दर्शाया गया है, वहीं मिशेल्स ने अपने सिद्धान्त में जनसाधारण को सार्वजनिक हितों के प्रति उदासीन बताया है। लोकतंत्र की संभावनाओं पर भी इनका निराशावादी विचार बहुत युक्तिपूर्ण नहीं है। इस प्रसंग पर मिशेल्स ने यह विश्वास व्यक्त किया है कि राजनीतिक दलों के अन्दर संगठनात्मक स्तर पर सामान्य सदस्यों और गैर सदस्यों की दलीय राजनीति के प्रति उदासीनता की मूल वजह राजनीतिक मामलों में उनकी तकनीकी अनभिज्ञता है। साथ ही इनकी यह भी धारणा है कि सर्वहारा वर्ग द्वारा चलाये गये तथाकथित क्रान्तिकारी आन्दोलनों में सर्वहारा वर्ग के हाथों में आन्दोलन–सूत्र के नाम पर नेताओं के अल्पसंख्यक समूह द्वारा आन्दोलनों का संचालन किया जाता है और इसमें प्रासंगिक समस्त गतिविधियों की योजनाओं का निर्धारण एवं क्रियान्वयन किया जाता है।

वस्तुतः, मोटे तौर पर यह कहा जा सकता है कि मिशेल्स ने अभिजन के संबंध में प्रतिपादित अपनी संकल्पना में बहुसंख्यकों के शासन को एक कल्पना मात्र माना है और व्यापक मतदान व्यवहार एवं मतदान व्यवस्था को एक मिथक (Myth) कहा है। लोकतांत्रिक प्रणाली में बहुसंख्यक का शासन किसी व्यवस्था में असंभव है। लोकतांत्रिक व्यवस्थाओं में भी नीतियों का निर्माण, निर्णय–प्रक्रिया एवं नीतियों का क्रियान्वयन सशक्त अल्पसंख्यक अभिजन समूह द्वारा किया जाता है। सभी राजनीतिक दलों में नेतृत्व अल्पसंख्यक समूह के हाथों में होता है। लोकतांत्रिक व्यवस्था की प्रवृत्ति अल्पतंत्रीय अभिजन वर्ग को मतदान के प्रयोग द्वारा नियंत्रित तो करती है लेकिन इस वर्ग का अस्तित्व पूरी तरह मिटा नहीं सकती है। हालांकि इनके द्वारा यह स्पष्टोक्ति जरूर की गयी है कि लोकतंत्रीय व्यवस्था में प्रतिस्पर्द्धी दलों और संगठनों का अस्तित्व सदैव बना रहता है। यह कह कर मिशेल्स ने राजनीतिक बहुलवाद को एवं उनके विरोधियों द्वारा प्रस्तुत लोकतांत्रिक अभिजनवाद (Democratic Elitism) को सैद्धान्तिक आधार प्रदान किया गया है, इसलिए अनेक आलोचनाओं के बावजूद मिशेल्स द्वारा गुटतंत्र के लौह नियम की प्रस्तुति से राजनीतिक दलों, दबाव समूहों, हित समूहों या अन्य सभी प्रकार के मुख्य संगठनों–समुदायों के अनुभवमूलक विश्लेषण को काफी हद तक प्रेरक आधार मिला है। मिशेल्स के इस प्रतिपादन से लोकतंत्रीय व्यवस्था की यथार्थता को भी एक नई व्याख्या मिली है।

फाइनर की अवधारणा (Concept of Finer)

एस.ई. फाइनर ने अपनी रचना 'Comparative Government' में अभिजन वर्ग के स्वरूप पर प्रकाश डालते हुए राजनीतिक अभिजन वर्ग की दो श्रेणियां बतायी हैं–प्रथम–शासक अभिजन (Governing Elite), द्वितीय–विरोधी या विपक्षी अभिजन (Counter Elite)। फाइनर द्वारा शासक अभिजन को व्यवस्था का श्रेष्ठजन कहा गया है जो

एक विशेष समय में सत्तारूढ़ होते हैं और अपनी नेतृत्व क्षमता द्वारा राजनीतिक भूमिकाओं का निष्पादन करते हैं प्रतिपक्षी या विरोधी अभिजन वो हैं जो व्यवस्था में हमेशा शासक अभिजन की गलतियों को जनता के सामने उजागर करके शासक अभिजन को सत्ताच्युत कर स्वयं गद्दीनशीन होने की ताक में लगे रहते हैं। फाइनर का यह मानना है कि साधारणतया राजनीतक अभिजनों के बीच ही सत्ता की अदला–बदली होती रहती है, इसलिए दोनों अभिजन वर्गों के मध्य निरन्तर सत्ता–प्रतियोगिताएं एवं सत्ता–संघर्ष चलता रहता है।

फाइनर द्वारा व्यक्त अभिजन–संचरण की धारणा संकीर्ण दिखाई देती है, क्योंकि इन्होंने अभिजन वर्ग में परिवर्तन को राजनीतिक अभिजनों के दायरे में समेटने का प्रयास किया है। फाइनर के द्वारा व्यक्त परिसंचरण अवधारणा को निम्नांकित रेखाचित्र द्वारा स्पष्ट रूप से समझा जा सकता है। फाइनर ने अपनी अभिजन संकल्पना को संतरे की बनावट का उदाहरण देकर स्पष्ट रूप से समझाने का सफल प्रयास किया है जो निम्नांकित है।

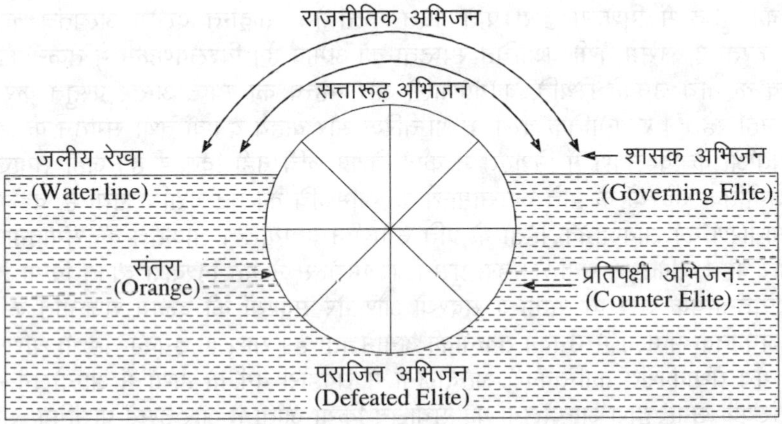

उपर्युक्त रेखाचित्र में संतरा जल में तैर रहा है। संतरे की ऊपरी सतह (छिलका) समाज है। संतरे की ऊपरी सतह का जो हिस्सा जलीय रेखा के ऊपर है, वे व्यवस्था के शासक अभिजन हैं जो समाज के विभिन्न समुदायों का प्रतिनिधत्व करते हैं और राजनीतिक प्रतियोगिता में सफल होकर समाज को नेतृत्व प्रदान कर रहे हैं। जलीय रेखा से ऊपर दिखाये गये वो शासक अभिजन हैं जो नेतृत्व प्रतियोगिता में सफल होकर सरकारी पदों पर सतारूढ़ हुए हैं। जलीय रेखा के अन्दर नारंगी की फांकों का जो हिस्सा है, वह समाज में उन समुदायों का प्रतिनिधित्व कर रहा है, जो राजनीतिक नेतृत्व प्रतियोगिता में पराजित हुए हैं। पराजित वर्ग की नीतियों की जगह व्यवस्था में विजयी शासक वर्ग की नीतियों का क्रियान्वयन हुआ है जो पराजित अभिजनों को शासक अभिजन की लोकतांत्रिक आलोचना का अधिकार प्रदान करता है। नारंगी के छिलके का वह हिस्सा, जो इसकी फांकों को ढके हुए है, लेकिन जलीय रेखा के अन्दर है प्रतिपक्षी या विरोधी अभिजन वर्ग है, जो शासक अभिजन का एवं उनके द्वारा निर्धारित, निरूपित व क्रियान्वित नीतियों का विरोधी होता है। यह शासक अभिजन की पदच्युति या परिसंचरण से प्रासंगिक हर मुद्दे या परिस्थिति पर गहरी नजर रखता है और शासक अभिजन के विरोध से जुड़े किसी भी मामले या मौके को हाथ से जाने नहीं देता है।

एस.ई. फाइनर द्वारा प्रस्तुत उपर्युक्त रेखाचित्र में राजनीतिक सामाजिक व्यवस्था में अभिजन वर्ग के परिसंचरण का भाव निहित है। जल नारंगीरूपी समाज का पर्यावरण है। जिस प्रकार तेज हवाओं या अन्य वजहों से जलपात्र में हलचल होने से नारंगी अपनी जगह स्थिर नहीं रह पाती है, उसी प्रकार सामाजिक, आर्थिक सांस्कृतिक, धार्मिक पर्यावरण व्यवस्था को उद्वेलित करती हैं, नई राजनीतिक परिस्थितियां, नई मांगों को जन्म देती हैं, जिसका परिणाम व्यवस्था में अभिजन वर्ग में परिसंचरण के रूप में सामने आता है। इस प्रकार, एस.ई. फाइनर ने जलपात्र में नारंगी स्थापित कर अभिजन–परिसंचरण का यथोचित दृष्टान्त प्रस्तुत किया है जिससे अभिजन वर्ग में परिवर्तन के स्वरूप को व्यावहारिक स्तर पर समझने के लिए नई दिशा मिली है।

हेरॉल्ड लासवेल की अवधारणा (Concept of Harold Lasswell)

हेरॉल्ड लासवेल संभवतः वह प्रथम अनुभववादी राजनीति वैज्ञानिक हैं जिन्होंने राजनीतिशास्त्र को विज्ञान का दर्जा दिलाने के लिए तार्किक अनुभववाद का प्रयोग किया। लासवेल की दृष्टि में शक्ति का तात्पर्य निर्णय–प्रक्रिया में भाग लेने की क्षमता है। नीतियाँ उन कार्यक्रमों की बोधक हैं, जिनके क्रियान्वयन द्वारा राजनीतिक अभिजन सामाजिक उद्देश्यों की प्राप्ति से प्रासंगिक मूल्यों एवं व्यवहारों से सीधा संबंध स्थापित करते हैं तथा निर्णय उस प्रक्रिया का बोधक है, जिसके माध्यम से अनुल्लंघनीय आदेश संस्थापित किये जाते हैं। एक व्यवहारपरक समाजशास्त्री के रूप में लासवेल की राजनीतिक अधिमान्यताएं (Political Preferences) समाज के मूल्य प्रतिमान का स्वरूप और उसके गठन में होने वाले परिवर्तनों का अध्ययन–विश्लेषण है। इनकी यह मान्यता है कि सामाजिक परिवर्तन तब तक संभव नहीं है, जब तक कि हमें यह ज्ञान न हो कि समाज क्या है और समाज को समझने के लिए परिमाणीकरण (Quantification) पर आधारित विश्लेषण की अत्यधिक परिष्कृत (Purified) प्रविधियों का सम्पादन अति आवश्यक है। एक अनुभवपरक राजनीतिक समाजशास्त्री होने के साथ लासवेल पर मनोविश्लेषकों का गंभीर असर है, इसलिए अभिजनवर्ग की व्याख्या प्रस्तुति में भी इनकी अभिव्यक्ति पर मनोवैज्ञानिक दृष्टिकोण का गहरा प्रभाव है। लासवेल की दृष्टि में किसी भी राजनीतिक–सामाजिक व्यवस्था का लोकतांत्रिक होना अभिजन के अस्तित्व पर निर्भर नहीं है, अपितु व्यवस्था के लोकतंत्रीकरण की पहचान इस तथ्य पर आधारित है कि वहां सामान्यजन एवं अभिजन वर्ग के बीच संबंध कैसा है, अभिजन वर्ग के चयन का आधार क्या एवं उनकी चयन–प्रक्रिया कैसी है उनकी शक्ति–प्राप्ति का आधार क्या है, तथा वे अपनी शक्ति का प्रयोग कैसे करते हैं ?

पैरेटो की भांति लासेवल ने भी यह स्वीकारा है कि समाज में शासक एवं शासित दो वर्गों का अस्तित्व होता है और प्रत्येक समाज का जनसामान्य अभिजन वर्ग द्वारा शासित होता है। लासवेल ने अपने राजनीतिक विश्लेषण–प्रसंग की शुरुआत में ही व्यवस्था से प्रश्न किया है। उनकी प्रसिद्ध पुस्तक 'कौन, क्या, कब और कैसे पाता है' (Who Gets What, When, How) में अभिजन वर्ग के स्वरूप, स्थिति और उसकी गतिविधियों के अध्ययन–विश्लेषण में शक्ति की प्रस्तुति केन्द्रीय तत्त्व के रूप में की गयी है। इसने अभिजन वर्ग को राजनीतिक शक्ति वर्ग (Political Power Elite) की संज्ञा दी है। लासवेल के मतानुसार, "अभिजन वर्ग समाज का वह वर्ग है जिसके पास प्रतिष्ठा (Deference), आय (Income) और सुरक्षा (Sefety) जैसे मूल्य होते हैं। यह मूल्य समाज में सामान्य जन को प्राप्त नहीं होता है। सामाजिक व्यवस्था में जो थोड़े से लोग इन मूल्यों के अधिकांश हिस्से का सुख भोगते हैं, वे राजनीतिक अभिजन हैं और शेष जनसाधारण (Mass) हैं। लासवेल ने भी ये स्वीकारा है कि सभी समाजों में श्रेणीबद्ध संरचना (Hierarchical Structure) होती है जिसके अन्तर्गत सत्ता–शक्ति का केन्द्रीकृत रूप पाया जाता है। सत्ता के सर्वोच्च शिखर पर सबसे शक्तिशाली अभिजन होता है जो अपने अधीनस्थों को आदेश देता है जिसे मानने के लिए लोग बाध्य होते हैं। पदसोपान ढाँचे में शिखर पर बैठे अभिजन की स्थिति सबसे श्रेष्ठ होती है। यह स्थिति सभी समाजों में सभी जगह पायी जाती है। प्रत्येक समाज में सम्मान व प्रभाव आदि प्राप्त करने के लिए संघर्ष चलता रहता है और संघर्ष की राजनीति के माध्यम से मूल्यों को प्राप्त करने की कोशिश जारी रहती है। लासवेल की दृष्टि में राजनीति में कौन पाता है–क्या, कब और कैसे ? इन महत्त्वपूर्ण सवालों का विश्लेषण बहुत प्रासंगिक है।

लासवेल ने समाज के आधारभूत मूल्यों के प्रयोग के आधार पर अभिजन वर्ग का वर्गीकरण किया है। इनके अभिजन यानी कि राजनीतिक शक्ति वर्ग में केवल नेतागण सम्मिलित नहीं हैं, अपितु वह सामाजिक संगठन भी शामिल है, जिससे नेतागण आते हैं और जिसके प्रति वे एक निश्चित समय तक उत्तरदायी रहते हैं एवं उस समाज के प्रति संवेदनशील होते हैं। यही सामाजिक संगठन शक्ति के उद्भव, संचय, प्रदर्शन एवं सहभागिता का आधार माध्यम है। अभिजन वर्ग के विश्लेषणक्रम में लासवेल ने शक्तिधारकों के समस्त शक्ति संबंधों को शक्ति समुच्चय की संज्ञा दी है और व्यवस्था में शक्ति धारकों को शक्ति समूह तथा जिस वर्ग पर शक्तियों का प्रयोग किया जाता है उन्हें जनसमूह या प्रजासमूह का नाम दिया है। व्यवस्था का शक्ति समूह ही लासवेल का अभिजन वर्ग है। अभिजन वर्ग विश्लेषण में इनके द्वारा कुछ ऐसे उपसमूहों की भी विवेचना की गयी है जो व्यवस्था में शक्ति समूह

से कम शक्तियां रखते हैं उन्हें लासवेल ने अर्द्ध–अभिजन का नाम दिया है और शेष जिनके पास बिल्कुल शक्ति नहीं है, उन्हें जनसाधारण कहा है।

लासवेल का अभिजन वर्ग प्रतीकों की जोड़–तोड़, रसद पर नियंत्रण और हिंसा के प्रयोग द्वारा समाज पर अपना प्रभुत्व बनाये रखता है। इसीलिए लासवेल ने राजनीति को 'प्रभाव और प्रभावशालियों का अध्ययन' कहा है। प्रभावशाली अभिजन वर्ग में वे लोग आते हैं जो जनसाधारण से अधिक प्रभावशाली होते हैं। जनसाधारण पर अभिजन वर्ग का प्रभुत्व आंशिक रूप से इस बात पर निर्भर करता है कि वह 'प्रतीकों', वस्तुओं और 'व्यवहारों' द्वारा अपने पर्यावरण की जोड़–तोड़ में कितनी सफलता प्राप्त कर पाता है। लासवेल द्वारा अभिव्यक्त शक्ति समूह राजनीतिक व्यवस्था में उच्च प्रस्थिति प्राप्त आधारभूत मूल्यों पर आधारित व्यावसायिक एवं कार्यात्मक समूह है जो ज्यादा से ज्यादा सामाजिक मूल्यों का उपभोग करता है।

व्यवस्था–विश्लेषण क्रम में लासवेल द्वारा राजनीतिक अभिजन एवं राजनीतिक वर्ग के बीच अन्तर स्पष्ट किया गया है। इनका राजनीतिक वर्ग राजनीतिक अभिजन की अपेक्षा कहीं ज्यादा व्यापक और विस्तारित है, जिसमें राजनीतिक अभिजन, प्रतिअभिजन, व्यापार समूहों के प्रतिनिधि तथा राजनीति में सक्रिय भागीदारी करने वाले बुद्धिजीवी आदि को शामिल किया गया है। पुनः, लासवेल द्वारा राजनीतिक वर्ग एवं राजनीतिक समूह के बीच का अन्तर साफ करते हुए यह कहा गया है कि राजनीतिक अभिजन वह शक्ति समूह है जो एक निश्चित समय में अपनी वास्तविक शक्ति का प्रयोग व्यवस्था–संचालन के लिए करता है। इस वर्ग के अन्तर्गत मूलतः उच्च प्रशासकीय पदाधिकारी, सैन्य पदाधिकारी, प्रभावशाली नेतागण, बड़े उद्योगपति तथा कुलीन परिवारों के सदस्यों को सम्मिलित किया गया है।

वस्तुतः, लासवेल द्वारा प्रस्तुत अभिजन सिद्धान्त 'शक्ति संकल्पना' के इर्द–गिर्द चक्कर काटता दिखाई देता है। शक्ति संकल्पना की दृष्टि से समाज में तीन वर्गों का अस्तित्व होता है–प्रथम स्तर पर सर्वाधिक शक्तिशाली राजनीतिक अभिजन वर्ग, जो समस्त निर्णय लेता है, नीतियां निर्धारित व निरूपित करता है तथा उन्हें लागू कराने के लिए कभी–कभी बल प्रयोग या हिंसा का भी सहारा लेता है। दूसरे वर्ग के पास थोड़ी शक्तियां होती हैं। यह वर्ग समाज की मध्यम श्रेणी के लोगों का प्रतिनिधित्व करता है। यह वर्ग राजनीतिक अभिजन वर्ग के निर्णयों का पालन कराने, नीतियों को लागू कराने तथा जन समर्थन जुटाने का साधन बनता है या कभी समर्थन जुटाने के मार्ग में बाधक बनता है और तीसरे वर्ग में अतिअल्प शक्ति वाले जनसाधारण आते हैं जिन पर शासन किया जाता है, जिन्हें आदेश दिया जाता है एवं नियंत्रित किया जाता है।

आलोचकों की दृष्टि में लासवेल के अभिजन सिद्धान्त के गहन अध्ययन से यह स्पष्ट होता है कि इनकी रुचि अभिजन वर्ग विश्लेषण से ज्यादा इस बात में है कि एक भिन्न प्रकार के समाज के निर्माण में इस वर्ग का उपयोग किस प्रकार किया जा सकता है। इन आलोचनाओं के बावजूद लासवेल द्वारा प्रतिपादित इस सिद्धान्त की मुख्य देन राजनीतिक अभिजन द्वारा लिए गए निर्णयों में जनस्वीकृति व जनसमर्थन की धारणा का स्पष्टीकरण है। इनकी अभिव्यक्ति के अनुसार, शक्ति प्रयोग का भय या निर्णयों के महत्त्व से कहीं ज्यादा प्रासंगिक पक्ष है, उन नीतियों या निर्णयों के समर्थन में डर की जगह जनस्वीकृति की भावना। उनका मानना है कि जनस्वीकृति ही वह निर्णायक तत्त्व है, जो राजनीतिक अभिजन को सत्तारूढ़ रखता है और यदि शासक वर्ग जनसमर्थन खो देते हैं, तो उसकी जगह नया राजनीतिक अभिजन वर्ग सत्ता संभाल लेता है। इस प्रकार, राजनीतिक अभिजन के परिसंचरण हेतु लासवेल द्वारा नये तथ्यों का समावेश किया गया है। उन्होंने अभिजन सिद्धान्त को ज्यादा यथोचित और व्यवहारपरक बनाने हेतु उसे राजनीतिक परिस्थितियों के अनुरूप ढालने की वकालत करके विषय को मानवीय चेहरा देने की कोशिश की है।

अन्य विचारकों का दृष्टिकोण (Views of Other Thinkers)

उपर्युक्त वर्णित सिद्धान्तों के अतिरिक्त कुछ अन्य विश्लेषक भी हैं, जिन्होंने अभिजन वर्ग अवधारणा पर अपने बहुमूल्य विचारों की अभिव्यक्ति की है। ऐसे विद्वानों में टी.वी. बोटेमोर, बर्नहम, लिप्सेट, मैक्सवेबर, डेनियल बेल, रेमण्ड एरॉन, नेल्सन पाल्सवी, ग्रेस जोन्स, मिलोवान डिजिलास के नाम उल्लेखनीय हैं।

टी.वी. बोटोमोर की अभिव्यक्ति के अनुसार, 'अभिजन' शब्द का प्रयोग विद्वानों द्वारा लोकतंत्र के प्रति विरोध प्रदर्शित करने के लिए किया गया है। इनके शब्दों में, "अभिजन शब्द आमतौर पर उन प्रकार्यात्मक और व्यावसायिक समूहों के लिए प्रयुक्त किया जाने लगा है, जिनकी समाज में उच्च प्रस्थिति है।" बोटोमोर द्वारा अभिजन वर्ग की तीन कोटियों की चर्चा की गयी है। यथा (1) बुद्धिजीवी (Intellectual), (2) प्रबंधक (Executive), (3) नौकरशाह (Bureaucrat), इसके अतिरिक्त इन्होंने सेना को भी अभिजन वर्ग के सदस्य की मान्यता दी है।

बर्नहम ने अभिजन की व्याख्या आर्थिक दृष्टिकोण के आधार पर की है और अपने विश्लेषणक्रम में इन्होंने मार्क्सवाद एवं अभिजनवाद के बीच सामंजस्य स्थापित करने की भरपूर कोशिश की है। जबकि वस्तुस्थिति यह है कि दोनों सिद्धान्तों के बीच यथातथ्य मतभेद का प्रसंग यह है कि एक सिद्धान्त के रूप में जहां अभिजनवाद मार्क्सवाद के शासकवर्गीय सिद्धान्त को तार्किक आधार पर गलत साबित करता है, वहीं मार्क्सवाद अभिजनवाद को बुर्जुआ विचारधारा की संज्ञा देकर उसकी कटु आलोचनाएं करता है। लेकिन, बर्नहम का यह मानना है कि दोनों सिद्धान्त एक–दूसरे के पूरक हैं, इसलिए इनको संयोजित किया जा सकता है। बर्नहम ने अपनी पुस्तक 'The Managerial Revolution' में कहा है कि पूंजीवाद पतन की ओर है और भविष्य में आर्थिक एवं राजनीतिक दृष्टि से समाज प्रबन्धकीय विशिष्ट या अभिजन वर्ग द्वारा संचालित होगा। बर्नहम वर्गहीन समानतावादी समाज की स्थापना के विचार से सहमत नहीं है। इनके विचार में भावी सामाजिक व्यवस्था में शासन–संचालन, नियंत्रण एवं निर्णय–निर्माण एक सीमित वर्ग के हाथों में रहेगा। यही वर्ग शासन–संचालन संबंधी प्रबन्ध के साधनों पर अपना नियंत्रण स्थापित करेगा और सबसे ज्यादा फ़ायदे में रहेगा। इनकी अभिव्यक्ति के अनुसार, प्रशासन के क्षेत्र में इस वर्ग का प्रतिरूप नौकरशाही होगा। हालांकि अभिजन सिद्धान्त पर बर्नहम की वास्तविक रचना 'मैकियावेलियन्स' है। अन्य अभिजनवादियों की भांति बर्नहम का भी इस यथार्थता में विश्वास है कि वस्तुतः राजनीति विभिन्न शक्ति एवं स्थिति सम्पन्न समूहों में संघर्ष का बोध कराती है तथा सभी समाजों में निर्णय–निर्माण प्रक्रिया पर समाज के अल्पसंख्यक समूह का नियंत्रण होता है, जिसे अभिजन वर्ग की संज्ञा दी जाती है। इस वर्ग के स्वरूप में होने वाला परिवर्तन सामाजिक परिवर्तन का सूचक है, क्योंकि व्यवस्था में पुराने अभिजन समूह को नये अभिजन समूह द्वारा पदमुक्त किया जाता है।

अभिजन वर्ग के शक्ति आधारक तत्त्व के संबंध में बर्नहम द्वारा मार्क्सदर्शन से सहमति व्यक्त की गई है। बर्नहम ने माना है कि आर्थिक उत्पादन के साधनों पर नियंत्रण से ही राजनीतिक शक्ति पर नियंत्रण संभव है। इनके द्वारा इस नियंत्रण के दो पहलुओं पर प्रकाश डाला गया है। इनका मानना है कि जब समाज का एक समूह उत्पादन के साधनों पर नियंत्रण स्थापित कर लेता है, तो वह अन्य समूहों को इस पर नियंत्रण करने से रोकता है। इस क्रिया के परिणामस्वरूप प्राथमिकता के आधार पर नियंत्रण प्राप्तकर्ता समूह को उत्पादन के साधनों पर स्वामित्व का लाभ मिलने लगता है जो मुद्रा या वस्तु किसी भी रूप में मिल सकता है। अभिजनों को प्राथमिकता नहीं मिलने की स्थिति में व्यवस्था में तनाव का वातावरण आकार लेता है। बर्नहम का यह मानना है कि किसी भी व्यवस्था में अभिजन वर्ग की पहचान उसकी आय के साधन एवं आय प्रतिशत की मात्रा के आधार पर आसानी से किया जा सकता है। यहां मार्क्सवाद एवं अन्य अभिजनवादियों की तरह बर्नहम ने भी शक्ति की प्रकृति को समुच्चयबोधक (Cumulative) माना है, अर्थात् आर्थिक संसाधनों पर नियंत्रण ही राजनीतिकरण का तात्त्विक आधार है। बर्नहम ने यह तर्क प्रस्तुत किया है कि अभिजन वर्ग का शक्ति पर स्वामित्व एवं उसे यथावत् बनाये रखने की स्थितियों की सफलता या असफलता का मूलाधार ही व्यवस्था में आर्थिक साधनों पर अभिजन वर्ग के नियंत्रण एवं प्रभुत्व का यथार्थ है।

बर्नहम का यह मानना है कि पूँजीवादी व्यवस्था में अभिजन वर्ग की स्थिति मार्क्सवादी व्यवस्था के अभिजनों की अपेक्षा कमजोर होती है, क्योंकि पूँजीवादी व्यवस्था में व्यवस्थागत उद्योगों पर नियंत्रण का दायित्व प्रबन्धकों या तकनीकी विशेषज्ञों पर होता है और अभिजन वर्ग केवल नीति–निर्माण, निर्णय प्रक्रिया एवं वित्त पर अपना ध्यान केन्द्रित करते हैं, जबकि मार्क्सवादी व्यवस्था में दोनों पक्षों पर अभिजन वर्ग का ही प्रभुत्व कायम रहता है, इसलिए वे आर्थिक एवं राजनीतिक दोनों दृष्टियों से व्यवस्था का सर्वाधिक शक्तिशाली वर्ग है। इस प्रसंग में बर्नहम का कहना है कि पूँजीवादी समाज का अस्तित्व समाप्त होने पर वर्गहीन समाज की स्थापना संभव नहीं है, अपितु

यथार्थतः तकनीकी दृष्टिकोण से व्यवस्था–संचालन के लिए अति आवश्यक 'प्रबन्धक अभिजन वर्ग' (Managerial Elite Class) का शासन स्थापित होगा। यह प्रबन्धक अभिजन वर्ग तकनीकी ज्ञान को आधार बनाकर आर्थिक संसाधनों पर नियंत्रण स्थापित करके शासन व्यवस्था पर हावी हो जायेगा और नौकरशाह अभिजनों के साथ मिलकर पूरी कार्यपालिका पर अपना प्रभुत्व स्थापित करेंगे। इस वर्ग में प्रबन्धक अभिजन एवं नौकरशाह अभिजन दोनों सम्मिलित होकर प्रशासकीय कार्यों पर अपना प्रभुत्व स्थापित कर लेंगे, जिसकी वजह से लोकतंत्र में विधायिका धीरे–धीरे महत्त्वहीन हो जायेगी और व्यवस्था–संचालन में निर्वाचित प्रतिनिधियों की स्थिति धीरे–धीरे कमजोर और महत्त्वहीन होती जायेगी। इस प्रकार, राजनीतिक व्यवस्था के 'यन्त्र विन्यास' (Mechanism) पर प्रबन्धक वर्ग का नियंत्रण होने के पश्चात् मूलतः एक नये अभिजन वर्ग का आविर्भाव होगा जिसे 'नौकरशाही अभिजन वर्ग' (Bureaucracy Elite Class) की संज्ञा दी जायेगी।

आधुनिक विद्वानों का एक वर्ग मैक्सवेबर के विचारों को अभिजनवाद का मुख्य स्रोत मानता है। इनके द्वारा प्रतिपादित शक्ति संकल्पना के अन्तर्गत नौकरशाही की भूमिका संबंधी विश्लेषण से मिशेल्स जैसे राजनीतिक समाजशास्त्रियों को अभिजन वर्ग जैसे महत्त्वपूर्ण सिद्धान्त के निर्माण में काफी मदद मिली है। राजनीतिक समाजशास्त्र के कुछ प्रभावशाली विद्वानों, यथा–सोरेल, पैरेटो, मोस्का, मिशेल्स, शुम्पीटर आदि वे महत्त्वपूर्ण नाम हैं, जिन्हेंने मैक्सवेबर तथा मार्क्स द्वारा प्रस्तुत मान्यताओं को सिर्फ विकसित ही नहीं किया, अपितु इसके प्रभाव में मौलिक सिद्धान्तों की रचना करके विषय को काफी समृद्ध भी किया है। इनके द्वारा आधुनिक लोकतंत्र की त्रुटियों पर गंभीर प्रकाश डालते हुए इस तथ्य को सिद्ध करने का प्रयास किया गया है कि लोकतंत्र के नाम पर यहां अल्पतंत्र का शासन कायम रहता है, साथ ही इस अल्पतंत्र में हमेशा एक ऐसे वर्ग का प्रभुत्व रहता है जो बौद्धिक, आर्थिक, सामाजिक तथा शारीरिक शक्तियों के मामले में दूसरे वर्गों से समृद्ध है। पैरेटो, मोस्का, मिशेल्स तीनों समान रूप से इस तथ्य पर सहमति व्यक्त करते हैं कि लोकतंत्र का आदर्श रूप कहीं भी संभव नहीं है। इन विद्वानों ने माना है कि लोकतंत्र में भी अन्य राजनीतिक पद्धतियों की भांति राजनीतिक शक्ति कुछ लोगों के हाथों में केन्द्रित होती हैं। इनके सामने विषय–विश्लेषण का सबसे अहम् प्रश्न यह है कि लोकतंत्रीय व्यवस्था की अल्पतंत्रीय प्रवृत्ति से जनसाधारण की स्वतंत्रता एवं अधिकारों को कैसे सुरक्षित रखा जाये ? मारिस डूवर्जर द्वारा जनतंत्र की अल्पतंत्रीय प्रवृत्ति पर टिप्पणी करते हुए यह कहा गया है कि जनतंत्र जनता का शासन है यह वाक्य बदलकर यह कहना चाहिए कि ''जनतंत्र जनता के बीच से अभिजनों द्वारा संचालित जनता का शासन है।'' शुम्पीटर ने अपनी प्रसिद्ध कृति 'Capitalism, Socialism and Democracy' में न सिर्फ व्यवस्था के अल्पतंत्रीय अभिजन शासन से अवाम की स्वतंत्रता और अधिकारों की सुरक्षा संबंधी उपायों की खोज की है बल्कि इसी वजह से पैरेटो, मोस्का, मिशेल्स के बाद शुम्पीटर द्वारा प्रस्तुत पश्चिमी लोकतंत्र संबंधी विश्लेषण को सर्वाधिक प्रासंगिक तथा तथ्यपूर्ण भी स्वीकारा गया है। वस्तुतः, शुम्पीटर की इस प्रस्तुति का निहितार्थ यह है कि राजसत्ता एवं नागरिक स्वतंत्रता के बीच किस प्रकार तालमेल बढ़ाया जा सकता है। इनके द्वारा भी यह स्वीकारा गया है कि राजनीतिक व्यवस्था के अन्तर्गत शासक अभिजन वर्ग सामुदायिक शक्ति का प्रयोग करने वाले विभिन्न अभिजनवर्गों में मात्र एक है जो जनता के विभिन्न वर्गों (जो दबाव गुटों एवं हित गुटों में बंटे हैं) की बातों को मानने एवं उनके हितों की रक्षा करने के लिए बाध्य हैं।

मिलोवान डिजिलास (Milovan Dijilas) ने अपनी रचना 'The New Class' में कहा है कि सोवियत रूस में बोल्सेविक क्रान्ति के पश्चात् एक नये वर्ग का जन्म हुआ जो उसके पूर्व के इतिहास में नहीं था। इस नये वर्ग का राजनीतिक नौकरशाही के साथ पहचान स्थापित करते हुए डिजिलास ने यह व्यक्त किया है कि इसमें पूर्व के अभिजन वर्ग की सभी विशेषताओं के साथ कुछ नयी विशेषताएं भी शामिल हुई हैं। इनके द्वारा कम्युनिस्ट पार्टी एवं नये वर्ग को अलग रखा गया है। डिजिलास ने इस नये वर्ग के उद्भव का स्त्रोत सर्वहारा वर्ग को बताया है। इनका यह अभिजन वर्ग असीमित शक्तियों का प्रयोगकर्ता है। यह नया अभिजन वर्ग सामूहिक स्वामित्व की अवधारणा से प्रासंगिक सभी अधिकारों, सुविधाओं और सिद्धान्तों को अपनाता है। इस नये अभिजन वर्ग को डिजिलास ने अपने तरीके का विशिष्ट अभिजन वर्ग कहा है जिसके अधिकार व्यापक व असीमित हैं, उपलब्धियां प्रशंसनीय हैं लेकिन इनके द्वारा प्रयोग में लायी गयी पद्धतियां खेद और शर्मिन्दगी के विषय हैं।

राजनीतिक अभिजन सिद्धान्त समाजवादी एवं मार्क्सवादी अवधारणा
(Political Elite Theory : Socialist and Marxist Concept)

लोकतंत्रीय अभिजन वर्ग अवधारणा से संबद्ध पैरेटो, मोस्का, सी. राइट मिल्स, एडवर्ड शिल्स, मिशेल्स, फाइनर, लासवेल एवं अन्य जितने भी राजनीतिक समाजशस्त्रियों द्वारा प्रतिपादित आवधारणाओं–सिद्धान्तों की विस्तृत विवेचना ऊपर प्रस्तुत की गयी है, वे सभी लोकतंत्र की उदारवादी विचारधारा एवं लोकतांत्रिक प्रक्रिया से थोड़े बहुत मतभेदों के बावजूद सामान्यतया इस शासन–व्यवस्था के कई जनस्वीकृत एवं जनसुलभ आयामों पर अपनी सहमति भी रखते हैं, लेकिन मार्क्स द्वारा प्रतिपादित समाजवादी या साम्यवादी लोकतंत्रीय अवधारणा के अधिकांश बिन्दुओं पर इनके द्वारा गंभीर असहमतियां व्यक्त की गयी हैं। अभिजन सिद्धान्त के उपर्युक्त प्रतिपादकों का मुख्य उद्देश्य यथार्थवादी, अनुभववादी, अनुशासन के रूप में राजनीतिक समाजशास्त्र को प्रस्तुत करना है तथा मार्क्सवादी–समाजवादी विचारधारा का खण्डन करना है।

मार्क्स के मतानुसार, समाज में अभिजन वर्ग का अस्तित्व पूँजीवादी शासन व्यवस्था की देन है। पूँजीवादी व्यवस्था का शासक वर्ग ही दरअसल आर्थिक अभिजन वर्ग या शोषक वर्ग है जो समस्त राजनीतिक, आर्थिक शक्तियों का केन्द्र एवं स्रोत है। इनकी दृष्टि में पूंजीवादी व्यवस्था की मुख्य पहचान शासक एवं शासित वर्ग के मध्य निरंतर चलने वाला संघर्ष है। यही संघर्ष शासक वर्ग के परिवर्तन का आधार है। मार्क्स द्वारा आर्थिक अभिजन वर्ग की अवधारणा प्रस्तुत की गयी है जिसे वह समाज का शोषक वर्ग कहता है। अपनी इस अवधारणा के संबंध में मार्क्स की यह भी स्पष्टोक्ति है कि एक निश्चित समय के बाद आर्थिक अभिजन वर्ग का अस्तित्व समाप्त होगा और अभिजन वर्ग की शक्ति व स्थान दोनों शोषित वर्ग को हस्तांन्तरित हो जायेगा। मार्क्स का शोषक वर्ग ही शासक वर्ग है। व्यवस्था में आर्थिक उत्पादन के साधनों पर एकाधिकार रखने की वजह से राजनीतिक प्रभुत्व का प्रयोगकर्ता भी यही वर्ग होता है। मार्क्सवाद में ऐतिहासिक परिवर्तन की प्रक्रिया में वर्ग संघर्ष की भूमिका पर विशेष जोर दिया गया है। मार्क्स और एंगेल्स दोनों का यह मानना है कि सभी व्यवस्थाओं में पूजीगति एवं निर्धन वर्ग के बीच का संघर्ष समाज के अध्ययन का मौलिक विषय रहा है। इतिहास गवाह है कि जब–जब उत्पादन प्रणाली में परिवर्तन हुआ है, तब–तब इन सामाजिक वर्गों के आपसी संबंधों में भी परिवर्तन होता रहा है।

अभिजन संबंधी मार्क्सवादी अवधारणा समाज में आर्थिक तत्त्वों को प्रधानता देता है। मार्क्स के विचारानुसार प्रत्येक समाज में निश्चित रूप से शासक एवं शोषित दो वर्गों का अस्तित्व विद्यमान होता है। शासक वर्ग के पास व्यवस्थागत उत्पादन के साधनों को नियंत्रित करने की शक्ति होती है। उत्पादन–प्रणाली उत्पादन की शक्तियां एवं उत्पादन–संबंधों पर इसी वर्ग का नियंत्रण होता है, इसलिए शासक वर्ग समाज का प्रभुत्वशाली वर्ग है। आर्थिक उत्पादन के साधनों को नियंत्रित करने की वजह से इन्होंने शासक वर्ग को 'आर्थिक अभिजन' का नाम दिया है। मार्क्स ने यह तर्क प्रस्तुत किया है कि समाज में शासक एवं शासित वर्ग यानी कि बुर्जुआ एवं सर्वहारा वर्ग के बीच निरन्तर चलने वाला संघर्ष जब सीधे संघर्ष में परिणत हो जायेगा तब सर्वहारा वर्ग की विशाल जनसंख्या अपने मजबूत संगठन के बल पर मुट्ठी भर पूँजीपतियों को धराशायी करने में सफल होगी, तब व्यवस्था में सर्वहारा वर्ग की विजय के उपरान्त उत्पादन के साधनों पर बुर्जुआ स्वामित्व की जगह सामाजिक स्वामित्व की स्थापना हो जायेगी, लेकिन साथ–ही मार्क्स ने यह भी कहा है कि इतिहास साक्षी है कि अभी तक जिस वर्ग ने शोषणकर्ताओं से सत्ता हासिल की है, कालांतर में सत्तारूढ़ होने के पश्चात् वे स्वयं शोषणकर्ता साबित हुए है। इसका अर्थ यह हुआ कि मार्क्सवाद शासक वर्ग को हमेशा शोषणकर्ता के रूप में ही प्रस्तुत करता है।

मार्क्सवाद में शोषणमुक्त समाज के उदय की संभावना व्यक्त की गयी है और कहा गया है कि पूँजीपति एवं सर्वहारा वर्ग के मध्य संघर्ष से जो क्रान्ति का अस्तित्व आकार लेगा वह पिछली सभी क्रान्तियों से अलग होगा, क्योंकि इसके परिणामस्वरूप समाज से शोषकवर्ग का अस्तित्व समाप्त हो जायेगा और वर्गहीन समाज की स्थापना का मार्ग प्रशस्त होगा। मार्क्सवाद में वर्गहीन समाज को ही 'समाजवादी समाज' की संज्ञा दी गयी है। मार्क्स की अभिव्यक्ति के अनुसार वर्गहीन समाज की स्थापना के पश्चात् व्यवस्था से शोषक वर्ग या अभिजन वर्ग

का अस्तित्व अपने आप मिट जायेगा। चूँकि, मार्क्सवादी अवधारणा राज्य को उत्पीड़न का साधन मानता है, इसलिए साम्यवादी क्रान्ति के पश्चात् वह राज्य के अस्तित्व समाप्ति की कल्पना प्रस्तुत करता है। मार्क्सदर्शन साम्यवादी समाज की स्थापना को व्यवस्था में एक ऐसे परिवर्तन का सूचक मानता है, जिसमें शोषण मुक्त समाज के उदय के फलस्वरूप मनुष्य का जीवन विवशतालोक (Kingdom of Nessessity) से निकल कर स्वतंत्रतालोक (Kingdom of Freedom) में प्रवेश करेगा। समाजवाद के संबंध में मार्क्स का कहना है कि यह साम्यवाद की स्थापना से पहले की अवस्था है जिसमें उत्पादन के साधनों पर सामाजिक स्वामित्व की स्थापना करके पूँजीवाद के अंतिम अवशेषों को हटाने की प्रक्रिया सम्पन्न की जायेगी और जिसकी विशेषता होगी सर्वहारा वर्ग का अधिनायकतंत्र (Dictatorship of Proletariat)। इसके संबंध में मार्क्स ने यह कहा है कि इस अवस्था में समाजवादी राज्य का स्वरूप भी अपने पूर्ववर्ती स्वरूपों की भांति उत्पीड़नकारी होगा लेकिन इसमें उत्पीड़न पुराने शोषक वर्ग या अभिजन वर्ग अर्थात् पूँजीपति वर्ग का होगा, निर्धन वर्ग का नहीं। मार्क्स ने अपनी संकल्पना के संबंध में स्पष्टोक्ति करते हुए कहा है कि यह साम्राज्यवाद बुर्जुआ संसदीय लोकतंत्र की तुलना में अधिक सच्चा लोकतंत्र साबित होगा, क्योंकि पूंजीवादी व्यवस्था की तरह इसमें समाज अभिजन वर्ग एवं शासित वर्ग जैसे विरोधी अस्तित्त्व वाले दो वर्गों में विभाजित नहीं होगा और शासित वर्ग का शोषण समाप्त हो जायेगा। मार्क्स ने यह स्वीकारा है कि समाजवाद की छत्रछाया में ही सही साम्यवाद का उदय संभव है।

आलोचकों की दृष्टि में मार्क्स द्वारा प्रस्तुत आर्थिक अभिजन अवधारणा कई सीमाओं से बंधी है और अनेक खामियों से ग्रस्त है। मार्क्स का आर्थिक अभिजन सिद्धान्त उसके द्वारा प्रस्तुत द्वन्द्वात्मक पद्धति पर आधारित है। मार्क्स की अभिव्यक्ति के अनुसार पूंजीपति और सर्वहारा वर्गों के आपसी संघर्ष से उत्पन्न क्रान्ति से वर्गहीन समाज की स्थापना का रास्ता साफ होगा और वर्गहीन समाज की स्थापना द्वन्द्वात्मक पद्धति के अस्तित्व को ही समाप्त कर देगी। मार्क्स द्वारा प्रस्तुत यह मान्यता कि समाज के शोषित वर्ग द्वारा आर्थिक अभिजन वर्ग की शक्ति व उसका स्थान ग्रहण कर लेना एक अनिवार्य आर्थिक नियम है, कई त्रुटियों से ग्रस्त है। मार्क्स की इस प्रस्तुति से प्रासंगिक आधार रेखा साम्यवाद की स्थापना से पूर्व एक अन्तरिम अवस्था की स्थापना करता है, जिसे समाजवाद की संज्ञा दी गयी है और जिसका उद्देश्य उत्पादन के साधनों पर सामाजिक स्वामित्व स्थापित करके पूँजीवाद के अंतिम अवशेषों को हटाना है। यानी कि, संक्रमणकाल में शोषित वर्ग द्वारा अभिजन वर्ग की शक्तियां ग्रहण करने का उद्देश्य बुर्जुआ वर्ग के बचे–खुचे लोगों की समाप्ति है, लेकिन, लेनिन की अभिव्यक्ति के अनुसार, समाज का शोषित वर्ग असंगठित है इसलिए अभिजन वर्ग के विरुद्ध संघर्ष करने की दृष्टि से अक्षम एवं असमर्थ है। लेनिन ने शोषक वर्ग को संरक्षण प्रदान करने के लिए एक संगठित व प्रशिक्षित वर्ग की बात की है जिसका अभिप्राय साम्यवादी पार्टी के सदस्यों से है।

अभिजन सिद्धान्त के प्रतिपादकों द्वारा मार्क्सवादी अवधारणा में विवेचित आर्थिक अभिजन के तीन मूल आधार तत्त्वों पर तीखा प्रहार किया गया है : **प्रथम**–इनके कथनानुसार मार्क्स द्वारा प्रस्तुत शासक वर्ग की अवधारणा त्रुटिपूर्ण है। उनके द्वारा शासक वर्ग के जिस स्वरूप की प्रस्तुति की गयी है, उनकी समाप्ति का या सत्ता–परिवर्तन का माध्यम मार्क्सवाद सिर्फ क्रान्ति को मानता है। मार्क्स के शब्दों में, क्रान्ति सामाजिक परिवर्तन का अनिवार्य माध्यम है। अभिजन वर्ग के रूप में शासक वर्ग व्यवस्था की एक अतिविशिष्ट इकाई है, जिसमें व्यवस्थागत परिस्थिति एवं पर्यावरण के अनुरूप परिसंचरण प्रक्रिया (Circulation Process) चलती रहती है। अभिजनवादियों की दृष्टि में लोकतांत्रिक व्यवस्था में स्थायी या बन्द शासक वर्ग जैसी किसी इकाई के अस्तित्व के लिए कोई जगह नहीं होती है। एक निश्चित वैधानिक कालावधि के लिए शासक अभिजन वर्ग का अस्तित्व जनभावना एवं जनस्वीकृति के अनुरूप मतदान प्रक्रिया द्वारा आकार लेता है और जनआकांक्षाओं को पूरा नहीं कर पाने की स्थिति में अभिजन परिसंचरण प्रक्रिया द्वारा नये शासक अभिजन वर्ग के सत्तारूढ़ होने का मार्ग सदैव खुला रहता है। **द्वितीय**–अभिजनवादियों का दूसरा प्रहार मार्क्स के वर्गहीन समाज की स्थापना की संकल्पना पर है। आलोचकों के कथनानुसार, वर्गहीन समाज के अस्तित्व का आविर्भाव असंभव है क्योंकि समाज में वर्गों का अस्तित्व न तो कभी समाप्त हुआ है और न ही कभी होगा। **तृतीय**–पूँजीवाद की समाप्ति और साम्यवाद की स्थापना के मध्य मार्क्स ने एक अन्तरिम अवस्था की विवेचना की है जिसे समाजवाद की संज्ञा देते हुए इस अवस्था

में सर्वहारा वर्ग यानी कि कामगार वर्ग (मजदूर वर्ग) के अधिनायकवाद की स्थापना की बात कही है और इसी बहुसंख्यक वर्ग की छत्रछाया में साम्यवाद के उदय की संभावना व्यक्त की है, जबकि, तत्त्वतः इतिहास साक्षी है कि ऐतिहासिक कालखण्डों में विद्यमान् सभी समाजों का स्वरूप चाहे कैसा भी रहा हो, लेकिन सत्ता हमेशा उस समाज में मौजूदा अल्पसंख्यक वर्ग के हाथो में रही है और अल्पसंख्यक यानी कि अभिजन वर्ग द्वारा बहुसंख्यक शासित एवं नियंत्रित किये जाते रहे हैं। अभिजनवादियों द्वारा मार्क्स के प्रसिद्ध–वर्ग संघर्ष की उस वैचारिकी का भी खण्डन किया गया है कि जिसमें मार्क्स ने दावा किया है कि समाज में सिर्फ दो ही वर्गों का अस्तित्व होता है जिसके बीच सदैव संघर्ष चलता रहता है। अभिजनवादियों विशेष रूप से मोस्का की अवधारणा यह स्पष्ट करती है कि समाज में पूंजीपति एवं कमजोर वर्ग के बीच मध्यम वर्ग का अस्तित्व होता है जो दोनों वर्गों के बीच का आधार माध्यम है। मोस्का तथा अन्य कई अभिजनवादियों की ये धारणा मार्क्स द्वारा प्रस्तुत द्विवर्गीय संकल्पना का खण्डन करने के लिए काफी है।

अभिजनवाद के प्रतिपादकों द्वारा मार्क्सवादी–समाजवादी अभिजन सिद्धान्त की आलोचना किये जाने का एक अन्य महत्वपूर्ण कारक इस संकल्पना में वर्णित आधारतत्त्व से प्रासंगिक है। मार्क्स द्वारा प्रस्तुत अभिजन वर्ग अवधारणा के विश्लेषण में सिर्फ आर्थिक तत्त्वों को प्रधानता दी गयी है, जबकि इनकी दृष्टि में अभिजन वर्ग के निर्धारण–निरूपण में आर्थिक तत्त्वों के अतिरिक्त सामाजिक, सांस्कृतिक, धार्मिक, सैनिक व शक्ति से प्रासंगिक कई प्राणाधार तत्त्व शामिल होते हैं जो अहम् भूमिकाएं निभाते हैं। मार्क्सवाद में इन तत्त्वों के प्रासंगिकता की अवहेलना की गयी है, जबकि ये तत्त्व व्यवस्थान्तर्गत श्रेष्ठता–निर्धारण में आधारक की भूमिका निभाते हैं। मैक्सवेबर तथा मिलोवान डिजिलास ने समाजवादी दल की तानाशाही की आलोचना प्रस्तुत की है और थॉर्सटाइन वेबलेन एवं जेम्स बर्नहम ने प्रबंधकीय क्रान्ति की आलोचना की है। कई आलोचकों द्वारा मार्क्स के आर्थिक अभिजन वर्ग संकल्पना को एकाकी सिद्धान्त का नाम दिया है जिसमें ऐतिहासिक परिवर्तनों की जटिलता को स्पष्ट करने की क्षमता नहीं है। पैरेटो, मोस्का, मिशेल्स द्वारा मार्क्स के इस कथन पर भी आपत्ति व्यक्त की गयी है कि राजनीतिक संरचनाएं केवल सामाजिक–आर्थिक संबंधों की प्रतिबिम्ब हैं। इनकी दृष्टि में समाज की शक्ति–संरचना के निर्धारण में यद्यपि आर्थिक तत्त्वों की भूमिका महत्त्वपूर्ण है, लेकिन, वस्तुतः आर्थिक तत्त्व ही शक्ति का एकमात्र स्रोत नहीं है। राजनीतिक अभिजन वर्ग की शक्तियों के कई स्रोत हैं जो समाज के विविध आयामों से संबद्ध होते हैं। शुम्पीटर तथा मैक्सवेबर ने मार्क्सवाद की इस संकल्पना का भी खण्डन किया है कि "सामाजिक परिवर्तन का मूल स्रोत सिर्फ आर्थिक तत्त्व हैं।" इस प्रसंग में वेबर की उक्ति है कि "सामाजिक संरचनाएं व्यवस्थागत उत्पादन तथा तकनीक को प्रभावित करती हैं लेकिन ये उन सिक्कों की तरह है जो आसानी से नहीं पिघलते हैं।"

आलोचकों के मतानुसार पूँजीवादी व्यवस्था मध्यकालीन समाज की अपेक्षा ज्यादा खुली और सक्रिय है। राजनीतिक व्यवस्थाओं में नागरिकों को प्रदत्त सार्वजनिक वयस्क मताधिकार की वजह से व्यवस्था में राजनीतिक–आर्थिक शक्तियां अलग–अलग स्वरूपों में सक्रिय व प्रभावी हैं। इनकी दृष्टि में वर्तमान पूँजीवादी व्यवस्था का बुर्जुआ वर्ग मध्यकालीन सामन्त वर्ग के स्वरूप से कतिपय भिन्न है। वर्तमान बुर्जुआ वर्ग में राजनीतिक आर्थिक व सैनिक शक्तियों का संयोग नहीं है अपितु व्यवस्था में इनका पृथक् अस्तित्व है। स्वयं मार्क्स ने भी सार्वजनिक वयस्क मताधिकार को एक क्रान्तिकारी कदम कहा है जो मजदूर वर्ग के हाथों में राजनीतिक शक्ति हस्तांतरण का माध्यम बन सकता है।

अभिजन वर्ग संबंधित मार्क्स की समाजवादी अवधारणा से प्रासंगिक उपर्युक्त विवेचना तथा उन विश्लेषणों के प्रसंग पर व्यक्त की जाने वाली आलोचनाओं की तात्त्विकता के आधार पर यह स्पष्ट होता है कि लोकतंत्रीय अभिजन वर्ग सिद्धान्त एवं मार्क्सवादी तथा समाजवादी अभिजन सिद्धान्त पूरी तरह एक दूसरे के विरोधी हैं, लेकिन तत्त्वमीमांसीय दृष्टि से देखा जाय तो यह साफ तौर पर पता चलता है कि वर्तमान तथाकथित साम्यवादी व्यवस्थाओं में भी अभिजन वर्ग का अस्तित्व विद्यमान है और अभिजन वर्ग अवधारणा वहां पूरी तरह लागू है। सर्वहारा वर्ग का अधिनायकत्व एवं वर्गहीन समाज की स्थापना मार्क्सवाद के ये दोनों मूल विचार काल्पनिक और अस्तित्वहीन बनकर रह गये हैं। यथार्थतः, साम्यवादी व्यवस्थाओं में अल्पसंख्यक अभिजन वर्ग द्वारा शासन–संचालन किया जाता है। साम्यवादी व्यवस्थाओं में अल्पसंख्यक अभिजन शासक वर्ग द्वारा प्रयुक्त अधिकारों के संबंध में

एरॉन की यह उक्ति है कि 'लोकतांत्रिक व्यवस्था के राजनीतिक सत्ताधारियों की तुलना में साम्यवादी व्यवस्थाओं का अल्पसंख्यक शासक अभिजन वर्ग कहीं अधिक शक्तियों का स्वामी व प्रयोगकर्ता है, क्योंकि उसके हाथों में राजनीतिक–आर्थिक दोनों शक्तियां केन्द्रित हैं। यहां राजनेता, श्रमिक संघों के नेता, प्रशासकीय अधिकारी, सेनाध्यक्ष, व्यवस्थापक आदि सभी एक ही राजनीतिक दल के सदस्य होते हैं और सभी एक ही सर्वाधिकारवादी संगठन के अंग हैं। इस संगठित अभिजन वर्ग के हाथों में सम्पूर्ण और असीमित शक्तियां केन्द्रित होती हैं। और यहां की सभी संस्थाएं सभी व्यक्ति समूह विशेष रूप से व्यावसायिक समूह अभिजन वर्ग के इन सदस्यों द्वारा जिन्हें आप चाहें तो राज्य के प्रतिनिधि की संज्ञा दे सकते हैं, नियंत्रित किये जाते हैं। वेबलेन एवं बर्नहम द्वारा प्रबन्धकीय क्रान्ति की आलोचना करते हुए कहा गया है कि इसके परिणामस्वरूप साम्यवादी व्यवस्थाओं में सम्पूर्ण वास्तविक शक्ति एक ही अभिजन वर्ग के हाथों में सिमट गयी है।

अभिजन सिद्धान्तवादियों की दृष्टि में अभिजन वर्ग में परिसंचरण की धारणा ही इस सिद्धान्त का सर्वाधिक महत्त्वपूर्ण तत्त्व है जो इसे कुलीनतंत्रीय या वर्गतंत्रीय व्यवस्थाओं से सर्वथा पृथक् स्वरूप प्रदान करता है तथा इस सिद्धान्त को लोकतांत्रिक व्यवस्था के अनुकूल बनाता है यानी कि इस अवधारणा का सबसे प्रासंगिक पक्ष अभिजन वर्ग में परिवर्तन का प्रसंग है। दरअसल अभिजनों का संचरण एक प्रक्रिया है जिसके अन्तर्गत व्यवस्था के सदस्यों का अभिजन वर्ग एवं गैर अभिजन वर्ग के बीच अदला–बदली चलती रहती है। जनता की अपेक्षाओं पर ख़रा नहीं उतरने की परिस्थिति में लोकतांत्रिक प्रक्रिया के माध्यम से एक अभिजन वर्ग की जगह दूसरा अभिजन वर्ग सत्तारूढ़ होता रहता है।

अभिजन अवधारणा और लोकतंत्र (Concept of Elite and Democracy)

अभिजन अवधारणा और लोकतंत्र के आपसी संबंधों पर दो विचारधाराएं व दो मान्यताएं प्रचलित हैं। एक दृष्टिकोण या मान्यता लोकतंत्र और अभिजन धारणा को परस्पर विरोधी मानता है और दूसरा दृष्टिकोण दोनों में परस्पर विरोध की धारणा को अस्वीकार करता है। प्रथम दृष्टिकोण की यह मान्यता है कि दोनों अवधारणाएं परस्पर विरोधी हैं। इस मान्यता के स्पष्टीकरण व समर्थन के लिए विद्वान् द्वारा दो तर्क प्रस्तुत किए गए हैं : (1) लोकतंत्रीय व्यवस्था का मूलतत्त्व सामाजिक समानता की धारणा है, जिसका आधारतत्त्व सामाजिक सद्भावना, सहिष्णुता, सामाजिक न्याय व जन–कल्याण जैसे उच्च विचार हैं, जबकि अभिजन वर्ग अवधारणा समाज में व्यक्तियों के असमान अधिकार, स्थिति, प्रस्थिति एवं स्तरीकरण का सूचक और पुष्टिकारक है। (2) लोकतंत्र को बहुमत आधारित शासन कहा जाता है, जबकि अभिजन वर्ग अवधारणा समाज के अल्पसंख्यक वर्ग द्वारा संचालित शासन व्यवस्था की पुष्टि करता है। बोटोमोर सामाजिक समानता के सिद्धान्त का प्रबल समर्थक था, इसलिए वह अभिजनवर्गीय अवधारणा को लोकतंत्र के विरुद्ध मानता है।

दोनों अवधारणाओं को परस्पर विरोधी मानने वालों का यह तर्क है कि लोकतंत्र जनसहभागिता, जनजागरूकता तथा जनलामबन्दी जैसी मान्यताओं पर आधारित शासन है जबकि अभिजन सिद्धान्त व्यवस्था में विशिष्टवर्ग की सत्तावादी प्रवृत्ति आधारित शासन है जो अभिजन की भागीदारी की जगह व्यवस्था के अल्पसंख्यक समूह की भागीदारी का सिद्धान्त प्रतिपादित करता है जिसमें सत्ता–संचालन हेतु बहुसंख्यकों के मत की अवहेलना की जाती है। लोकतंत्र और अभिजन वर्ग अवधारणा से संबद्ध असमानता के तथ्यों पर प्रकाश डालते हुए बोटोमोर ने कहा है कि "स्वीकृत अर्थ में लोकतंत्र की यह मान्यता है कि मनुष्यों में दोनों अर्थों में समानता होनी चाहिए। प्रथम अर्थ में यह कि व्यवस्था के सभी वयस्कों का सामाजिक जीवन के महत्त्वपूर्ण पक्षों को प्रभावित करने वाले निर्णयों पर समान रूप से प्रभाव होना चाहिए, और दूसरे अर्थ में यह कि मनुष्यों के बीच धन, सामाजिक पद, शिक्षा या ज्ञानोपार्जन के अवसरों में असमानता न हो जिससे कि सामाजिक जीवन के किसी क्षेत्र में व्यक्ति के कुछ समूहों का दूसरे के प्रति अधीनता स्थापित न हो जाए।" (Democracy in one of its established meanings, implies that there should be a substantial degree of equality among men, both in the sense that all the adult members of a society ought to have, as far as possible, an equal influence upon those decisions which affect important aspects of the life of the society and in the sense, that inequality of wealth of social rank or of education and access to knowledge, should not be as considerable as to result in the permanent subordination of some groups of men to others in any of the various spheres of social life. —*Botto More*").

उपर्युक्त कथन इस तथ्य का संकेतक है कि लोकतंत्र और अभिजन सिद्धान्त दोनों परस्पर विरोधी हैं। अभिजन वर्ग का सिद्धान्त लोकतंत्र अवधारणा की सभी मान्यताओं के विपरीत है तथा उन विशेषताओं से कोसों दूर है जिनकी वजह से लोकतंत्र को सर्वाधिक लोकप्रिय शासन की संज्ञा दी जाती है। अभिजन सिद्धान्त सभी समाजों में वर्ग विभाजन के अस्तित्व को स्वीकारता है, लेकिन लोकतंत्र सैद्धान्तिक स्तर पर वर्ग भेद को मान्यता नहीं देता है। लोकतंत्र में शासन–संचालन पर प्रत्यक्ष या परोक्ष नियंत्रण जनता का होता है। नागरिकों को विचार अभिव्यक्ति की पूरी आजादी होती है। राजनीतिक सत्ता और शासन दोनों की आलोचना करने का अधिकार जनता के पास होता है। शासन–प्रक्रिया पर समाज के सामूहिक निर्णयों का असर होता है इसलिए शासक और शासित के बीच वैसा कोई भेद नहीं होता है जैसी अभिव्यक्ति अभिजन अवधारणा की है।

लोकतंत्र और अभिजन अवधारणा से प्रासंगिक दूसरी विचारधारा, लोकतंत्र एवं अभिजन सिद्धान्त दोनों को परस्पर विरोधी नहीं मानता है। शुम्पीटर, कार्ल मैनहाइम, मिशेल्स आदि विद्वानों को दोनों अवधारणाओं में परस्पर विरोधी तत्त्व दिखाई नहीं पड़ता है। कार्ल मैनहाइम के शब्दों में, ''वास्तविक नीति का निर्धारण अभिजनों के हाथों में होता है, लेकिन इसका अर्थ यह नहीं है कि समाज लोकतांत्रिक नहीं है।'' (The actual shaping of Policy is in the hands of elites, but this does not mean that the society is not democratic—*Karl Manneheim*)

शुम्पीटर और कार्ल मैनहाइम दोनों की यह मान्यता है कि लोकतंत्र और अभिजन वर्ग अवधारणा के बीच कोई परस्पर विरोध नहीं है। इनकी दृष्टि में सतही स्तर पर दोनों के बीच जितना विरोध दिखाई देता है तत्त्वतः दोनों के मध्य वैसा विरोध नहीं है। राजनीतिक लोकतंत्र को सैद्धान्तिक स्तर पर भले ही 'बहुमत का शासन' कहा जाता है लेकिन व्यावहारिक स्तर पर बहुमत द्वारा प्रभावशाली शासन का चलाया जाना संभव नहीं है। लेकिन राजनीतिक लोकतंत्र अन्य शासन व्यवस्थाओं से पृथक् और लोकप्रिय अस्तित्व इसलिए रखती है, क्योंकि इस व्यवस्था में राजनीतिक सत्ता–प्राप्ति के लिए खुली प्रतियोगिता होती है और प्रभावशाली व लोकप्रिय व्यक्तित्व का स्वामी व्यक्ति अभिजन वर्ग में अपने गुणों के आधार पर प्रवेश पाता रहता है। शक्तिप्राप्ति के लिए व्यवस्था में खुली प्रतिस्पर्द्धाएं चलती रहती हैं। शक्तिधारक जनता के प्रति उतरदायी होते हैं, क्योंकि इस शासन व्यवस्था का आधारतत्त्व जनमत या जनादेश है और चुनाव में जीत उसकी होती है जिसके साथ जनता होती है यानी कि जिसके साथ बहुमत होता है।

रॉबर्ट मिशेल्स की दृष्टि में भी राजनीतिक अभिजन और लोकतंत्र की अवधारणा परस्पर विरोधी नहीं है। इनके कथनानुसार लोकतंत्र तथा सर्वाधिकारवाद में अन्तर सिर्फ बहुमत का शासन एवं अल्पसंख्यक वर्ग के शासन के स्वरूप का नहीं है। इनके बीच मूल अन्तर यह है कि सर्वाधिकारवादी व्यवस्था में अल्पसंख्यक वर्ग की शासन शैली निरंकुश होती है जिसमें बहुमत की पूरी तरह उपेक्षा की जाती है, जबकि लोकतंत्र में राजनीतिक अभिजन वर्ग को सत्तारूढ़ करने एवं सत्ताच्युत करने का अधिकार बहुमत को होता है इसलिए, बहुमत के हित में निर्णय लेने के लिए शासक अभिजन को बाध्य किया जा सकता है। इस शासन व्यवस्था में शासक अभिजन वर्ग में प्रवेश के लिए खुली प्रतियोगिता होने व खुली प्रतिस्पर्द्धाएं चलने की वजह से राजनीतिक शासक अभिजन एवं लोकतंत्र के बीच बेहतर तालमेल स्थापित होता है। लोकतंत्र की मूल धारणा समानता का सिद्धान्त है जो सामाजिक समानता, अवसर की समानता, सामाजिक न्याय जैसे विषयों में निहित है तथा निर्णय–निर्माण प्रक्रिया के आधारतत्त्व के रूप में शासक अभिजनों के सामने आता है। शासक वर्ग नीतियां निर्धारित करते समय समानता अवधारणा को हमेशा प्राथमिकता देते हैं। इस दृष्टिकोण के समर्थकों का कहना है कि बोटोमोर द्वारा समानतावादी विचारधारा के आधार पर राजनीतिक अभिजन की अवधारणा के प्रति जो विरोध प्रकट किया गया है, वह सिर्फ एक बौद्धिक धारणा है व्यावहारिक नहीं है। वस्तुतः, राजनीतिक अभिजन लोकतंत्र के संवाही की भूमिका निभाते हैं।

उपर्युक्त दोनों दृष्टिकोणों के विवेचन से इस तथ्य का स्पष्टीकरण हो जाता है कि राजनीतिक अभिजन अवधारणा और लोकतंत्र दोनों परस्पर विरोधी नहीं है। लोकतंत्र बहुमत का शासन है, जिसका आधार समानता का सिद्धान्त है और इस सिद्धान्त के आधार पर लोकतंत्र के सफल संचालन में राजनीतिक अभिजन वर्ग यानी कि जनमत द्वारा निर्वाचित शासक वर्ग की भूमिका अत्यन्त महत्त्वपूर्ण होती है। लोकतंत्र में राजनीतिक अभिजन वर्ग एक निश्चित समय के लिए बहुमत द्वारा निर्वाचित होता है और जनता के प्रति उतरदायी होता है, इसलिए उसके द्वारा निर्धारित नीतियों एवं निर्णयों पर परोक्ष रूप से जनता का नियंत्रण सदैव बना होता है। विचार अभिव्यक्ति की आजादी होने की वजह से जनता शासक अभिजन द्वारा लिए गए फैसले के खिलाफ विरोध प्रदर्शित कर सकती है और यदि शासक अभिजन जनता के प्रति अपने उतरदायित्व का निर्वहन सही ढंग से न कर पाये तो चुनाव में जनता मताधिकार के प्रयोग द्वारा नये अभिजन वर्ग को जनादेश देकर सत्तारूढ़ कर सकती है।

लोकतंत्र में अभिजनों की भूमिका (Role of Elites in Democracy)

लोकतांत्रिक व्यवस्था में राजनीतिक अभिजन संवैधानिक मान्यताओं–प्रक्रियाओं के माध्यम से राजनीतिक सत्ता प्राप्त करते हैं। इसमें राजनीतिक सत्ता का आधार औचित्यपूर्णता है। राजनीतिक अभिजन वर्ग यानी कि शासक वर्ग की ये राजनीतिक बाध्यता होती है कि वे राजनीतिक व्यवस्था के सातत्य को कायम रखने के लिए औचित्यता की सीमाओं के दायरे में प्रशासनिक दायित्वों का निर्वहन करे और सिर्फ औचित्यपूर्ण शक्तियों का प्रयोग करते हुए व्यवस्था की राजनीतिक व सांस्कृतिक परिप्रेक्ष्य के अनुकूल गतिशील लक्ष्यों, उद्देश्यों एवं मूल्यों का निर्धारण जनसहमति को प्राथमिकता देते हुए करें। लोकतंत्र में राजनीतिक अभिजनों की भूमिका का आधारतत्त्व जनसहमति, जनस्वीकृति, उत्तरदायित्वपूर्ण प्रतिनिधित्व, जनसुरक्षा, सार्वजनिक कल्याण, न्यायपालिका की स्वतंत्रता निष्पक्षता आदि है जो व्यवस्था संचालन का आधार माध्यम होता है। लोकतंत्र में औचित्यपूर्णता ही शक्ति को राजनीतिक सत्ता यानी कि शासक अभिजन में परिवर्तित कराने का माध्यम है जिसका आधार माध्यम्, सामाजिक स्वीकृति है। इस व्यवस्था में राजनीतिक अभिजनों की अदला–बदली का साधन औचित्यपूर्णता की गतिशील अवधारणा है जो राजनीतिक व्यवस्था के सामाजिक–राजनीतिक पर्यावरण को समाज में उत्पन्न मांग व समर्थन यानी कि परिस्थिति के अनुरूप परिवर्तित करता रहता है।

जहां तक लोकतंत्र में राजनीतिक अभिजनों की स्थिति एवं भूमिका का सवाल है वह अन्य शासन व्यवस्थाओं की अपेक्षा यहां पृथक् पहचान रखता है क्योंकि यहां राजनीतिक अभिजनों के बीच परिसंचरण या सत्ता हस्तांतरण का आधार सामाजिक स्वीकृति है जिसे राजनीतिक शब्दावली में जनादेश (Mandate) कहा जाता है। जनादेश का आधारतत्त्व जनसहमति है और चुनावी राजनीति में प्राप्त बहुमत या जनादेश ही राजनीतिक अभिजन वर्ग की सत्ता एवं शक्ति के प्रयोग को एक निश्चित कालावधि के लिए औचित्यपूर्णता प्रदान करता है। ये तथ्य इस बात का स्पष्टीकरण करते हैं कि लोकतंत्र में राजनीतिक अभिजनों की शक्ति का स्रोत सामाजिक व्यक्ति है, तभी तो आधुनिक व्यवहारवादी तथा अनुभववादियों द्वारा मुनष्य की समस्त क्रियाओं को राजनीति के अध्ययन प्रसंग में शामिल किया गया है। लोक कल्याणकारी राज्यों के उदय के पश्चात् राज्य एवं समाज के बीच अन्तर्क्रियात्मकता एवं अन्योन्याश्रितता की निरन्तरता में अत्यधिक वृद्धि हुई है इस दृष्टि से लोकतंत्र में राजनीतिक अभिजनों की भूमिका काफी महत्त्वपूर्ण व प्रभावशाली हो गयी है। इस वर्ग को लोकतंत्र का संवाहक माना जाता है लेकिन उपनिवेशवाद के पतन के बाद तीसरी दुनिया के देशों की कुछ नवोदित लोकतांत्रिक राजनीतिक व्यवस्थाओं में राजनीतिक अभिजन वर्ग द्वारा संपादित की जाने वाली सर्वाधिकारवादी भूमिकाओं की वजह से लोकतंत्र में राजनीतिक अभिजनों के अस्तित्व एवं कार्य प्रणाली पर कई सवाल खड़े किए गए हैं।

वस्तुतः, उदारवादी लोकतांत्रिक व्यवस्थाओं में भी अभिजन वर्ग की भूमिकाओं में तात्त्विक स्तर पर यह दिखाई देता है कि लोकतंत्र के मूल्यों की रक्षा का दायित्व अभिजन वर्ग पर है न कि जनता पर। डाई एवं जीगलर को अपनी रचना 'The Irony of Democrecy' में कहा है कि 'यह लोकतंत्र की विडम्बना है कि यहां आम लोगों का शासन होते हुए भी उसको बनाये रखने का दायित्व अभिजन वर्ग के कंधों पर है न कि जनसाधारण के कंधों पर।

इस प्रसंग के संदर्भ में रॉबर्ट सी. बोन की अभिव्यक्ति है कि लोकतंत्रीय शासन व्यवस्था की यह अद्भुत बात है कि यहां लोकतांत्रिक समाज के परम्परागत मूल्यों की रक्षा के लिए प्रतिबद्धता जनसाधारण की न होकर अभिजन वर्ग की है। 'लोकतांत्रिक व्यवस्था में राजनीतिक अभिजनों की भूमिकाओं पर गहन चिन्तन करते हुए पेटर बाचार्च (Peter Bacharch) ने अपनी रचना 'The Theory of Democratic Elitism' में यह निष्कर्ष निकाला है कि लोकतांत्रिक खेल के नियमों को बनाये रखने का उत्तरदायित्व जनसाधारण के कंधों पर न होकर अभिजन वर्ग के ऊपर होता है, विषयगत आनुभविक अध्ययन के आधार पर इन विद्वानों द्वारा प्रस्तुत मान्यताएं यह स्पष्ट करती हैं कि समाज में सभी प्रकार के मूल्यों के निर्धारण–निरूपण व संरक्षण का दायित्व राजनीतिक अभिजन वर्ग का है। एशिया और अफ्रीका की कुछ नवोदित व्यवस्थाओं में ऐसे कई दृष्टान्त मौजूद हैं जब व्यवस्था में राजनीतिक अभिजनों के विरोध में जनलामबन्दी (Mass-Mobilization) होने की परिस्थिति में अभिजन वर्ग द्वारा येन–केन–प्रकारेण (Catch as Catch Can) सत्ता में बने रहने के लिए लोकतांत्रिक प्रक्रियाओं को तिलांजलि देकर गद्दीनशीन रहा जाता है और परिस्थिति का फायदा उठाकर जन निर्वाचित प्रतिनिधियों से जबरन सत्ता छीनी जाती है। लोकतंत्र में वास्तविक स्तरों पर जनराजनीति की स्थिति एवं राजनीतिक अभिजनों की भूमिका पर प्रकाश डालते हुए विलियम कोर्नहोजर ने अपनी रचना 'Politics of Mass Society' में यह कहा है कि "लोकतंत्र की सुरक्षा के लिए यह आवश्यक है कि निर्णय–प्रक्रिया से जनसाधारण अलग रहे। साथ ही इन्होंने यह भी कहा है कि यह लोकतंत्र की दुविधा ही है कि एक तरफ शासन व्यवस्था को लोकतांत्रिक बनाये रखने के लिए जनसहभागिता जितनी ज्यादा–से–ज्यादा होगी, उतनी ही व्यवस्था मजबूत होगी, वहीं दूसरी ओर जनराजनीति (Mass Politics) लोकतंत्र के अस्तित्व के लिए खतरे की घंटी है क्योंकि जनराजनीति अभिजनों की सत्ता के लिए चुनौती ही नहीं बनती है बल्कि जनराजनीति लोकतांत्रिक व्यवस्था के संचालन हेतु नियत प्रक्रियाओं और नियमों के दायरे के बाहर ही संभव हो सकती है और इसे सत्ता छीनने की साजिश मानकर राजनीतिक अभिजन अपनी स्थिति मजबूत करने में जुट जाते हैं।" जब किसी राजनीतिक व्यवस्था में लाखों–करोड़ों लोग अभिजनों की कार्यशैली के विरुद्ध प्रदर्शन करने के लिए सड़कों पर उतर जाते हैं तो इसे अभिजनों के लिए अवाम द्वारा दी जाने वाली गंभीर चेतावनी के रूप में देखा जाता है, जिसका सामना करने के लिए राजनीतिक अभिजन वर्ग द्वारा लोकतांत्रिक मूल्यों की रक्षा की दुहाई देकर सख्त अलोकतांत्रिक कदम उठाया जाता है और अन्ततः यदि अभिजन के सत्ताहित के लिए आवश्यक हो तो कानून व्यवस्था के नाम पर संविधान को स्थगित कर लोकतंत्र को समाप्त कर दिया जाता है। इतिहास साक्षी है कि जब कभी क्रान्ति के माध्यम से संस्थापित लोकतंत्र को उखाड़ने की कोशिश की गयी तब आन्दोलनकर्ताओं के आन्दोलन को कुचलने के लिए सत्तारूढ़ अभिजन वर्ग द्वारा सैनिक राज्य की स्थापना की ओर कदम बढ़ाया जाने लगता है। इसको उदाहरणस्वरूप पाकिस्तान, बांग्लादेश जैसे देशों के अभिजन वर्ग की भूमिका को रखा जा सकता है जिनके द्वारा अपनी सत्ता को बचाये जाने या जबरन दूसरों से छीनने के लिए लोकतांत्रिक प्रक्रियाओं का अलोकतांत्रिक तरीके से दमन करके सैनिक शासन स्थापित किये जाने का इतिहास रहा है।

इन लोकतांत्रिक व्यवस्थाओं में लोकतंत्र को बचाने के नाम पर व्यवस्था में असहमति के लिए कोई जगह नहीं होती है। समाचारपत्रों पर सरकार की पाबन्दी होती है, अभिव्यक्ति की आजादी यानी कि भाषण की स्वतंत्रता समाप्त कर दी जाती है। संभावित प्रति अभिजनों को जेल में डाल दिया जाता है तथा पुलिस और सुरक्षा सेवाओं को अत्यधिक मजबूत बना दिया जाता है और अन्ततः कोई विकल्प नहीं होने की स्थिति में लोकतांत्रिक मूल्यों को बचाने की दुहाई देकर संविधान को स्थगित कर दिया जाता है। लोकतांत्रिक व्यवस्था की इस स्थिति को नियंत्रित लोकतंत्र (Controlled Democracy) की संज्ञा दी गयी है। राजनीतिक अभिजनों द्वारा ये कदम राष्ट्रीय सुरक्षा एवं कानून व्यवस्था को बनाये रखने के नाम पर किया जाता है। राजनीतिक अभिजनों द्वारा निष्पादित इन समस्त प्रक्रियाओं पर टिप्पणी करते हुए डाई व जीगलर की अभिव्यक्ति है कि, "विडम्बना वस्तुतः यही है कि इन व्यवस्थाओं में राजनीतिक लोकतंत्र को बचाने के नाम पर अभिजन लोकतंत्र की ही बलि दे देते है।"

उपर्युक्त विवेचित प्रसंग विकासशील लोकतांत्रिक व्यवस्थाओं में राजनीतिक अभिजन वर्ग की विवादास्पद भूमिकाओं को रेखांकित करता है। लोकतांत्रिक मूल्यों को बचाये रखने के लिए राजनीतिक दायित्व अपने हाथों

में लेकर ये अभिजन अपनी गद्दी को सुरक्षित रखने के लिए लोकतंत्र के रक्षक की जगह भक्षक की भूमिकाएं निभाने लगते हैं। लोकतांत्रिक मूल्यों के प्रति प्रतिबद्धता की जगह इनकी प्रतिबद्धता अपने राजनीतिक अस्तित्व को जीवित रखने की होती है। अधिकांशतर विकासशील व्यवस्थाएं अर्द्धविकसित व्यवस्थाएं या सर्वाधिकारवादी व्यवस्थाएं ही राजनीतिक अभिजनों की ऐसी भूमिकाओं का शिकार होती हैं और परिस्थितिवश जब शासक वर्ग को जनविद्रोह का सामना करना पड़ता है, तब अपनी सत्ता को अक्षुण्ण रखने के प्रयास में इनके हाथों लोकतांत्रिक प्रक्रियाओं के नाम पर सामाजिक–राजनीतिक मूल्यों की बलि दी जाती है। इन व्यवस्थाओं में अभिजन वर्ग की भूमिकाओं का आनुभविक अध्ययन–विश्लेषण करने से यह तथ्य उभरता है कि सामान्यतया लोकतांत्रिक व्यवस्थाओं में अभिजन वर्ग की जनमुखातिब सकारात्मक भूमिकाओं के लिए यह आवश्यक है कि व्यवस्था में अभिजनों की सत्ता को कोई आधारभूत चुनौती न मिले, सामाजिक राजनीतिक उथल–पुथल की वजह से जनआन्दोलन या जनविद्रोह की परिस्थितियां पैदा न हों तथा अभिजन वर्ग की मानसिकता इतनी उदार हो और इस वर्ग में प्रवेश की प्रक्रिया इतनी खुली हो कि जनसाधारण में से भी योग्य व्यक्तित्व वाले सदस्य इसमें प्रवेश पा सकें। वस्तुतः, जिन राजनीतिक व्यवस्थाओं में ये परिस्थितियां उत्पन्न या विद्यमान होती है वहां राजनीतिक अभिजन लोकतंत्र की सुरक्षा के लिए सदैव तत्पर दिखते हैं और जिन लोकतांत्रिक व्यवस्थाओं (उदारवादी–साम्यवादी) में व्यवस्थागत राजनीतिक सामाजिक पर्यावरण अभिजनों की राजनीतिक सत्ता के विपरीत होता है वहां लोकतंत्र को राजनीतिक अभिजनों की नकारात्मक भूमिकाएं भी झेलनी पड़ती हैं।

राजनीतिक अभिजन : प्रकृति, प्रकार, लक्ष्य एवं कार्य
(Political Elite : Nature, Kinds, Objective and Functions)

प्रकृति (Nature)

राजनीतिक अभिजन लोकतांत्रिक व्यवस्था एवं सर्वाधिकारवादी प्रकृति वाली साम्यवादी–समाजवादी व्यवस्थाओं का वह विशिष्ट शासक वर्ग है जिस पर व्यवस्थागत राजनीतिक, सामाजिक, आर्थिक, सांस्कृतिक सभी प्रकार के आयामों की समुन्नति एवं विकास की जवाबदेही होती है तथा जो सभी क्षेत्रों में समाज को नेतृत्व प्रदान करता है। मोस्का की रचना 'The Ruling Class' पैरेटो की कृति 'The Mind and Society' सी. राइट मिल्स की कृति 'The Power Elite' टी.बी. बोटोमोर की रचना 'Elite and Society' एरॉन रेमण्ड की रचना 'Social Structure and the Ruling Class' आदि में राजनीतिक अभिजन या शासक वर्ग से प्रासंगिक विविध आयामों की विशद् विवेचना प्रस्तुत की गयी है। इन विशारदों तथा अन्य विद्वानों की कृतियों में विवेचित विषय–प्रसंग के संबंध में जिन तथ्यों का खुलास किया गया है उसके आधार पर यह कहा जा सकता है कि राजनीतिक अभिजनों की प्रकृति राजनीतिक व्यवस्था में विद्यमान् प्रकृति के साथ संबद्ध होती है, इसलिए राजनीतिक व्यवस्थाओं की विशेषता लक्ष्य या कार्यों में समानता होने के बावजूद उनकी प्रकृति में बुनियादी अन्तर पाया जाता है। दृष्टान्तस्वरूप विकसित उदारवादी लोकतांत्रिक व्यवस्था, विकासशील लोकतांत्रिक व्यवस्था, साम्यवादी या सर्वाधिकारवादी व्यवस्था सभी में विद्यमान् राजनीतिक अभिजन वर्ग की प्रकृति राजनीतिक व्यवस्था की प्रकृति के अनुरूप आकार लेता है और अपनी ख़ास विशेषताओं के साथ राजनीतिक समाजशास्त्र के अध्ययन में अपनी विशेष पहचान बनाता है। व्यवस्थागत राजनीति की प्रकृति ही राजनीतिक अभिजनों की प्रकृति का नियामक होता है और व्यवस्थाओं से संदर्भित रूपान्तरण प्रक्रिया राजनीतिक अभिजन की प्रकृति को भी रूपान्तरित कर देता है।

वस्तुतः, राजनीतिक अभिजनों की प्रकृति के तत्त्व की खासियत गतिशीलता व परिवर्तनशीलता का गुण है जो राजनीतिक पर्यावरण, सामाजिक पर्यावरण, आर्थिक पर्यावरण, सांस्कृतिक पर्यावरण सभी से प्रभावित एवं निरूपित होता है और ये सभी पक्ष अभिजन वर्ग की प्रकृति के नियामक की भूमिका निभाते हैं। राजनीतिक व्यवस्था के आर्थिक कारकों को राजनीतिक अभिजनों की प्रकृति का बुनियादी निर्धारक कहा गया है। व्यवस्थागत सांस्कृतिक मूल्य आस्था, विश्वास, मान्यताएं, परम्पराएं, अभिवृत्तियां आदि राजनीतिक व्यवस्था की राजनीतिक संस्कृति का

निर्माण करती है। इस दृष्टि से व्यवस्थागत संस्कृति का तत्त्वज्ञान राजनीतिक अभिजनों की प्रकृति को व्यवस्था की राजनीतिक संस्कृति के अनुरूप ढालता है। यानी कि ये तत्त्व शासक और शासित वर्ग की राजनीतिक संस्कृति में एकरूपता स्थापित करते हैं, जिसकी वजह से राजनीतिक अभिजन एवं जनसमूह के बीच परस्पर अन्तर्क्रियात्मकता व अन्योन्याश्रितता का संबंध कायम रहता है और राजनीतिक व्यवस्था में जनआन्दोलन, जनविद्रोह या क्रान्ति की परिस्थितियों के आविर्भाव की गुंजाइश नहीं होती है।

ऊपर वर्णित प्रसंगों के आधार पर राजनीतिक अभिजन की प्रकृति से प्रासंगिक जो तथ्य उभरकर सामने आते है वे हैं : (1) प्रत्येक राजनीतिक व्यवस्था में अभिजन वर्ग का अस्तित्व विद्यमान् होता है। (2) राजनीतिक अभिजन समाज का अल्पसंख्यक वर्ग है, जिसकी प्रकृति अपने व्यक्तित्व एवं सामर्थ्य के बल पर समाज के बहुसंख्यक पर शासन करने की एवं उन्हें अपने नियंत्रण में रखने की होती है। (3) राजनीतिक अभिजन की प्रकृति में क्षमता, प्रभाव और प्रभुत्व का संयोग होता है। (4) राजनीतिक अभिजन सभी दृष्टि से जनसाधारण से श्रेष्ठ होते हैं और समाज को नेतृत्व प्रदान करने की क्षमता से ओतप्रोत होते हैं। (5) सत्तारूढ़ होने के पश्चात् अभिजन वर्ग अपनी सत्ता बचाये रखने के लिए हर संभव जुगत भिड़ाते हैं और इस हेतु वे लोकतांत्रिक प्रक्रियाओं को रौंदने से भी बाज नहीं आते हैं।

प्रकार (Kinds)

अभिजन के प्रकार के संबंध में कई विद्वानों द्वारा अलग–अलग वर्गीकरण प्रस्तुत किया गया है। विल्फ्रेडो पैरेटो ने समाज को अभिजन एवं अभिजनेतर में बांटते हुए इसके दो प्रकारों की चर्चा की है; यथा–शासक अभिजन तथा अशासक अभिजनेतर। सी. राइट मिल्स ने अमेरिका में तीन प्रकार के अभिजन वर्ग का उल्लेख किया है, यथा–राजनीतिक नेता, सैनिक प्रमुख (Military Chiefs) तथा निगमों के प्रधान (The Corporation Heads)। मिल्स के कथनानुसार ये तीनों इकाइयां मिलकर अभिजन वर्ग का निर्माण करती है क्योंकि यहां तीनों ही समाज के उच्च वर्ग हैं।

टी.बी. बोटोमोर ने अपनी रचना में अभिजन के तीन प्रकारों की चर्चा की है, यथा–बुद्धिजीवी, प्रबंधक, और नौकरशाह। मेरी कोलाबिन्सका ने फ्रांस में अभिजन वर्ग का अध्ययन करके इसके चार प्रकार की विवेचना की है; यथा–सामन्त वर्ग, धनी लोग, सशस्त्र कुलीन वर्ग तथा धर्मोपदेशक। अन्तर्राष्ट्रीय ज्ञानकोश–1968 में ऐतिहासिक आधार पर अभिजन को वर्गीकृत किया गया है, यथा (1) शासक प्रजाति (Ruling Caste) इसका आधार जन्म एवं धार्मिक परम्पराएं है। (2) कुलीन तंत्र (Aristocracy), यह रक्त संबंध, आर्थिक स्थिति एवं विशेष प्रकार की जीवन शैली की समानता के आधार पर सभी उच्च सामाजिक पदों पर एकाधिकार स्थापित करता है। अधिकांशतः इनकी आय का साधन भू–स्वामित्व होता है। (3) शासक अभिजन (Ruling Class) समान संस्कृति तथा अन्तर्क्रिया के आधार पर इनकी भर्ती एक विशिष्ट सामाजिक स्तर में होती है जिसका आधार व्यक्तिगत गुण योग्यता एवं सम्पत्ति है। (4) व्यूह अभिजन (Strategic Elites) इनके पास व्यापक शक्तियां होती हैं। ये अल्पसंख्यक होते हैं, लेकिन अपनी क्षमता और योग्यता के बल पर ये व्यवस्था में विशेषीकृत एवं विभिन्नीकृत कार्यों को सम्पन्न करते हैं।

उपर्युक्त विवेचित वर्गीकरण के आधार पर यह स्पष्ट होता है कि अभिजन वर्ग के प्रकार में राजनेताओं के अतिरिक्त नौकरशाह, प्रमुख उद्योगपति, उद्योग प्रबंधक, बुद्धिजीवी तथा उच्च सैनिक अधिकारी आदि शामिल हैं। लेकिन प्रत्येक राजनीतिक व्यवस्था में शासन–संचालन, नीति–निर्माण एवं निर्णयकर्ता की दृष्टि से मोटे रूप में अभिजन वर्ग के उन दो मुख्य प्रकारों की चर्चा करना यहां अति आवश्यक है जो सत्तारूढ़ होकर राजनीतिक दायित्वों का निर्वहन करते हैं, और राजनीतिक व्यवस्था की सक्रिय राजनीति के सूत्रधार, प्राणाधार एवं कर्ताधर्ता कहे जाते हैं। सभी राजनीतिक व्यवस्थाओं में मोटे तौर पर राजनीतिक अभिजनों की दो कोटियां पायी जाती हैं : **प्रथम**–शासकीय या शक्ति अभिजन (Governing or Power Elite), **द्वितीय**–प्रति अभिजन (Counter Elite)।

प्रत्येक राजनीतिक व्यवस्था की सत्ता–संरचना के शिखर पर बैठे लोग राजनीतिक अभिजन कहलाते हैं जो राजनीतिक व्यवस्था के निर्णयकर्ता एवं नीति निर्माणकर्ता की अहम् भूमिका निभाते हैं। जहां तक लोकतांत्रिक शासन व्यवस्था का सवाल है, राजनीतिक अभिजन अवधारणा को व्यापक एवं विस्तारित स्वरूप दिया गया है और

राजनीतिक अभिजन की व्यापक धारणा के अन्तर्गत सत्तारूढ़ शासक अभिजन के साथ विपक्ष में बैठे प्रतिअभिजनों को भी सम्मिलित किया गया है। अभिजन परिसंचरण प्रक्रिया के माध्यम से व्यवस्थागत पर्यावरण के अनुरूप राजनीतिक सत्ता शासक अभिजन से प्रतिअभिजन के बीच हस्तांतरित होती रहती है। इस आधार पर प्रत्येक लोकतांत्रिक व्यवस्था में राजनीतिक अभिजन के दो प्रकार विद्यमान है:

1. **शासकीय या शक्ति अभिजन**—यह राजनीतिक अभिजन का वह वर्ग है जो सत्ता संरचना में शिखर पदों पर विराजमान् होकर औचित्यपूर्ण शक्ति का प्रयोगकर्ता एवं वास्तविक निर्णयकर्ता होता है। शासक अभिजन वैधानिक मान्यताओं पर आधारित औचित्यपूर्ण राजनीतिक सत्ता है जो वैधतापूर्ण शक्तियों से युक्त होकर राजनीतिक दायित्वों का निर्वहन करता है। लोकतांत्रिक व्यवस्था में शासक अभिजनों से यह अपेक्षा की जाती है कि वे औचित्य की सीमाओं के अन्तर्गत रहकर कार्य करें और व्यवस्था में उपलब्ध संसाधनों के आलोक में समाज के हित के लिए उन सभी आशाओं तथा प्रत्याशाओं को पूरा करें जिनकी वजह से जनता एवं अधीनस्थ उनके अस्तित्व को आमजनों से श्रेष्ठ मानते हैं अर्थात् शासक या शक्ति अभिजन का तात्पर्य अभिजनों के अन्दर ऐसे छोटे समूह से है जिनके कंधों पर राजनीतिक व्यवस्था के संचालन का दायित्व होता है। राजनीतिक सक्रियता का समस्त सूत्र इनके नियंत्रण में होता है। ये आदेश देने वाले पदधारक होते हैं और ये स्थायी नहीं होते, समयानुसार एवं आवश्यकतानुसार इनमें परिवर्तन होता रहता है।
2. **प्रति अभिजन**—यह राजनीतिक अभिजन की वह कोटि है जो वर्तमान शासक या शक्ति अभिजन का विरोधी होता है और निरन्तर शासक अभिजन की पदच्युति के लिए प्रयासरत रहता है। प्रति अभिजन वर्ग में दो प्रकार के अभिजनों का समावेश होता है। एक वो जो पहले सत्तारूढ़ थे लेकिन व्यवस्थागत सामाजिक–राजनीतिक पर्यावरण की मांग के अनुरूप जिन्हें वर्तमान शासक अभिजन के हाथों पराजित होना पड़ा। चुनावी प्रतियोगिता में पराजित होने के पश्चात् इनकी नीतियों, निर्णयों कार्यक्रमों, घोषणाओं की जगह विजेता शासक वर्ग की नीतियां लागू किये जाने की वजह से यह पराजित प्रति–अभिजन वर्ग सदैव सत्ता छीनने के मौके की तलाश में होता है। इसलिए, ये निरन्तर सभी मुद्दों पर शासक अभिजन की नीतियों, कार्यक्रमों की कटु आलोचनाएं करके व्यवस्था में शासक अभिजन के विरुद्ध और अपने हित में राजनीतिक वातावरण बनाने के लिए सदैव प्रयत्नशील रहते हैं। इनका मूल उद्देश्य शासक अभिजन की ख़ामियों को जनता के सामने उजागर करना है। लेकिन, कभी–कभी सामाजिक–राजनीतिक व्यवस्था में समस्त सत्ताधारी अभिजनों के विरुद्ध वातावरण तैयार होता है और परिस्थितियां जनआन्दोलन, जनविद्रोह का रूप अख्तियार कर लेती हैं तो जनसमूह में से कुछ लोगों में अभिजन वर्ग के गुणों का विकास हो जाता है और इनके द्वारा जनआन्दोलन या क्रान्ति को कुशल नेतृत्व प्रदान किया जाता है। इस प्रकार व्यवस्था में प्रति अभिजन के एक नये वर्ग का अस्तित्व आकार लेता है जिसमें जनसाधारण की व्यापक सहभागिता होती है। जनराजनीति से उत्पन्न और जनशक्ति से ओत–प्रोत यह नवीन प्रति अभिजन वर्ग वर्तमान शासक अभिजन के लिए गंभीर चुनौती कारक बनता है। एस.ई. फाइनर ने अपने अभिजन सिद्धान्त में प्रति अभिजन वर्ग की विस्तृत विवेचना की है। परिस्थिति अनुकूल होने पर सत्ता संभालने को तत्पर प्रति अभिजन वर्ग वास्तविक रूप में नीति निर्धारक या निर्णयकर्ता तो नहीं होते है, लेकिन ये अपनी राजनीतिक भूमिकाओं द्वारा निर्णय प्रक्रिया एवं नीतिनिर्धारण को गंभीर रूप से प्रभावित करते हैं। सदैव विकल्प के रूप में अपने को प्रस्तुत करते रहना इनकी राजनीतिक सक्रियताओं की प्राथमिकता है। इनका ये गंभीर प्रयास शासक अभिजन को हमेशा औचित्यता एवं मर्यादा की सीमाओं के अन्तर्गत रहने को बाध्य करता है। संभावित सत्ताधारक की भूमिका में होने की वजह से शासकीय अभिजनों की भांति इनकी भी सामाजिक प्रतिष्ठा होती है। लोकतांत्रिक व्यवस्था में शासक वर्ग के आलोचक के रूप में इनकी भूमिका का सबसे अहम् सरोकार है—व्यवस्था में राजनीतिक जागरूकता पैदा करना एवं शासक वर्ग को समाज के प्रति उत्तरदायी बनाये रखना है।

लक्ष्य (Objective)

सभी देशों के राजनीतिक अभिजनों का मुख्य उद्देश्य समाज में ज्यादा से ज्यादा पारितोषिक तथा लाभों को अर्जित करना एवं उन्हें कायम रखना है। ये पारितोषिक और लाभ ही अभिजन वर्ग को जनसमूह की अपेक्षा श्रेष्ठता प्रदान करने का आधारतत्त्व है। अभिजनों द्वारा यह पारितोषिक या लाभ भौतिक एवं अभौतिक दोनों रूपों में अर्जित किया जाता है। भौतिक रूप में इसकी प्राप्ति भूमि, मकान, धन एवं सभी प्रकार के भौतिक सुख साधन से संबंधित वस्तुएं हैं और अभौतिक रूप में यह सामाजिक, प्रतिष्ठा, सम्मान, शक्ति, प्रभाव आदि के रूप में अर्जित किया जाता है। अभिजन वर्ग द्वारा अर्जित किए गए ये भौतिक एवं अभौतिक पुरस्कार या लाभ से प्रासंगिक स्थिति राजनीतिक–सामाजिक व्यवस्था में इनकी प्रस्थिति एवं प्रभाव का सूचक होता है। अपने इस लक्ष्य को प्राप्त करने के लिए राजनीतिक अभिजनों द्वारा शासकीय नीतियां निर्धारित की जाती हैं तथा नीतियों का क्रियान्वयन किया जाता है। अपने हितवर्द्धन और प्रभाववर्द्धन के लक्ष्य को ध्यान में रखकर ही निर्णय लिए जाते हैं और अपने सामाजिक–राजनीतिक प्रभाव में अपरिमेय वृद्धि हेतु हर संभव प्रयास किया जाता है। प्रभाववृद्धि के प्रयास में जनसंपर्क के साधनों की भूमिका बहुत अहम होती है और प्रभाववर्द्धन में आर्थिक तत्त्व आधार माध्यम की भूमिका निभाते हैं। अभिजनों द्वारा शक्ति एवं प्रभाव अर्जित करने के माध्यमों को राजनीतिक साधन का नाम दिया जाता है।

अध्ययन की सुविधा हेतु अभिजन वर्ग के उद्देश्यों को तीन कोटियों में बांटा जा सकता है : **प्रथम**–स्वहित की साधना, **द्वितीय**–सामूहिक हित की प्राप्ति, **तृतीय**–जनचेतनात्मक अभिप्रेरणाएं। प्रथम कोटि का लक्ष्य प्रसंग अभिजनों द्वारा भौतिक व अभौतिक दोनों ही रूपों में स्वयं को मजबूत बनाना तथा अपने राजनीतिक–सामाजिक प्रभाव का विस्तार करना है। दूसरी कोटि का लक्ष्य सामूहिक हितवर्द्धन से प्रासंगिक है। शासक वर्ग के मजबूत अस्तित्व एवं विस्तारित प्रभाव की दृष्टि से सामूहिक हित की प्राप्ति का उद्देश्य बहुत अर्थपूर्ण है। तीसरी कोटि का लक्ष्य प्रसंग जनचेतना की अभिप्रेरणा (Motivations) से प्रासंगिक है जो अभिजन वर्ग की शक्तिवर्द्धन एवं प्रभाववर्द्धन का आधार माध्यम तथा आधारतत्त्व दोनों है। शक्ति अपने आप में एक मूल्य है या लक्ष्य है और मूल्यों एवं लक्ष्यों की प्राप्ति का साधन भी है।

वस्तुतः अभिजन वर्ग का लक्ष्य क्या है ? इस प्रसंग पर राजनीतिक समाजशास्त्र में अभी बहुत कम अध्ययन–विश्लेषण या अनुसंधान हुआ है। समय की मांग के अनुरूप तात्त्विक स्तर पर यह गहन आनुभविक शोध का प्रसंग है।

कार्य (Functions)

राजनीतिक अभिजन वर्ग का कार्य उसके लक्ष्य व उद्देश्य से संबद्ध होता है जो स्वहित सामूहिक हित के साथ जनसाधारण से भी सीधा सरोकार रखता है। कार्ल मैनहाइम द्वारा अभिजन के दो कार्यों का उल्लेख किया गया है–संगठन संबंधी एवं निर्देशन संबंधी। पारसन्स ने इसके चार कार्यों की चर्चा की है यथा : लक्ष्य प्राप्ति, अनुकूलन संबंधी, एकीकरण संबंधी एवं प्रतिमान संरक्षण तथा तनाव प्रबंधात्मक कार्य।

1. **लक्ष्य प्राप्ति कार्य**–यह शासक अभिजनों द्वारा नीति निर्माण एवं निर्णय निर्धारण के रूप में सम्पन्न किया जाता है।
2. **अनुकूल संबंधी कार्य**–इस कार्य का निष्पादन वाणिज्य सैनिक, राजनीतिक तथा वैज्ञानिक समूहों के अभिजनों द्वारा सम्पन्न किया जाता है।
3. **एकीकरण संबंधी कार्य**–यह कार्य धर्माधिकारियों, दर्शनिकों, शिक्षाविदों तथा उच्च प्रस्थिति वाले परिवारों द्वारा सम्पन्न किया जाता है।
4. **प्रतिमान संरक्षण तथा प्रबंधात्मक कार्य**–यह कार्य उच्च कोटि के कलाकारों, लेखकों, फिल्म अभिनेताओं द्वारा सम्पन्न किया जाता है।

इन कार्यों के संपादन के पीछे मूल उद्देश्य यह होता है कि सामाजिक, राजनीतिक व्यवस्था पर अभिजन वर्ग की प्रधानता एवं प्रभाव हमेशा कायम रहे।

राजनीतिक अभिजन सिद्धान्त का मूल्यांकन (Evaluation of Political Elite Theory)

कार्ल जे. फ्रेडरिक द्वारा अभिजन को एक वर्ग के रूप में प्रस्तुत करने के विचार की तीखी आलोचना की गयी है। इनकी अभिव्यक्ति के अनुसार अभिजन वर्ग संबंधी सभी धारणाओं (पैरेटो, मोस्का आदि) की एक सामान्य समस्या यह है कि उन्होंने इस मान्यता को अपना लिया है कि शक्ति धारण करने वाले व्यक्ति एक संसक्तिशील समुदाय (Cohesive Group) का निर्माण करते हैं। वस्तुस्थिति यह है कि ये वर्ग एक–दूसरे का विरोध करते हैं और एक–दूसरे को संतुलित भी करते हैं। एन्थोनी सेम्पसन ने भी कहा है कि "अभिजन कोई एक प्रतिष्ठान नहीं, अपितु अनेक प्रतिष्ठानों के रूप में होते हैं जिनके मध्य बहुत पतला सम्बन्ध होता है। अभिजन की इन विभिन्न इकाइयों के बीच विरोध और संतुलन ही लोकतंत्र की रक्षा का उत्तम साधन है।" (They are not a single establishment but a ring of establishments slender connection. The frictions and balances between the different circles are supreme safeguards of democracy. No one man stand in the centre for there is no centre—*Anthony Sampson.*)

अभिजनों से प्रासंगिक उपर्युक्त परिभाषाओं से यह निष्कर्ष निकलता है कि यथार्थतः व्यवस्था में अभिजन की कई इकाइयां हैं जिनमें सत्ता–शक्ति एवं सर्वाधिक प्रभावपूर्ण स्थिति की प्राप्ति के लिए खुली प्रतियोगिताएं, प्रतिस्पर्द्धाएं निरंतर चलती रहती है। लगभग सभी अभिजन वर्गों का हित एवं लक्ष्य समान होता है। सभी वर्ग व्यवस्था के सातत्य को कायम रखना चाहते हैं, व्यवस्था को स्थायित्व एवं मजबूती प्रदान करना चाहते हैं, सभी वर्गों का लक्ष्य व्यवस्था में शक्ति की प्राप्ति, शक्ति–संचय एवं शक्ति–प्रदर्शन है। सभी का उद्देश्य सत्ता हासिल करना एवं व्यवस्था में अपने प्रभावपूर्ण स्थिति का व्यापक विस्तार करना होता है। जिस हद तक अभिजन वर्गों के हित आपस में टकराते नहीं हैं, उस सीमा तक ये परस्पर सहयोग करते हैं, इसलिए इन्हें संसक्तिशील समुदाय कहा जाता है, लेकिन जब आपस में इनका हित टकराता है तब ये अपने परस्पर संबंधों को संघर्ष, प्रतिस्पर्द्धा की स्थिति में ले जाते हैं।

अभिजन सिद्धान्त को गंभीर आलोचनाओं का सामना करना पड़ा है। आलोचकों ने इसे समानता विरोधी, उदारवादी लोकतंत्र का विरोधी, लोकतंत्र और समाजवाद का विरोधी आदि विशेष नामों से अलंकृत किया है। लेकिन वस्तुस्थिति यह है अनेक ख़ामियों, कमज़ोरियों के बावजूद इस सिद्धान्त की उपेक्षा नहीं की जा सकती और इसके महत्त्व को कम करके नहीं आंका जा सकता है। सभी राजनीतिक व्यवस्थाओं में कुशल शासन–संचालन की दृष्टि से शासक अभिजन, प्रति अभिजन एवं व्यापक स्तर पर समस्त अभिजन वर्ग की भूमिका अत्यधिक महत्त्वपूर्ण है। राजनीतिक व्यवस्था के विकास एवं सामाजिक जीवन की समुन्नति की दृष्टि से राजनीतिक अभिजन व्यवस्था के शासन संचालन का केन्द्र सूत्र है। शासन–संचालन की क्षमता, नीति निर्धारण की योग्यता, प्रभावकारी निर्णयकारिता, सामाजिक प्रस्थिति, प्रतिष्ठा एवं राजनीतिक सूझबूझ की वजह से समाज में इनका स्थान सम्मानपूर्ण होता है और जनसाधारण इनके नेतृत्व की छत्रछाया में अपने को सुरक्षित समझता है।

विकासशील लोकतांत्रिक व्यवस्थाएं एवं राजनीतिक अभिजन (Developing Democratic Systems and Political Elite)

तीसरी दुनिया के रूप में चिन्हित विकासशील व्यवस्थाओं की राजनीतिक संस्थाओं, उनकी स्थिति एवं राजनीतिक अभिजनों की भूमिकाओं में काफी विविधताएं पाई जाती हैं जिनके विश्लेषण के लिए सिर्फ उन ढाँचों का प्रयोग पर्याप्त नहीं होगा जिसे उदारवादी या समाजवादी व्यवस्थाओं के विश्लेषण हेतु प्रयोग में लाया जाता है, अपितु

इन व्यवस्थाओं की राजनीति के आनुभविक विश्लेषण हेतु राज्य, राजनीतिक अभिजन एवं नागरिक समाज के परस्पर संबंधों के विश्लेषण का संधार (Framework) अधिक सटीक साबित होगा। यह संधार मूलतः इस मान्यता पर आधारित है कि राज्य बुनियादी रूप में एक शक्ति संगठन है जो अपनी राजनीतिक सत्ता (शासक अभिजन) के माध्यम से नागरिक समाज पर अपना पूर्ण नियंत्रण संस्थापित करता है और नागरिक समाज उन संस्थाओं का समुच्चय है जिसका आविर्भाव समाज से होता है। यह समाज राज्य की शक्तियों को औचित्यपूर्णता के दायरे में बाँधे रखता है। इन व्यवस्थाओं में मजदूर संघ (Trade Unions), छात्र संगठन (Students Organisation), धार्मिक संगठन (Religious Organisations), जातीय संगठन (Caste Organisation), व्यावसायिक साहचर्य (Professional Association) आदि नागरिक समाज का प्रतिनिधित्व करते हैं। ये नागरिक संस्थाएं पूरी क्षमता से अपने कार्य को अंजाम देने के साथ–साथ राज्य यानी कि राजनीतिक अभिजन की शक्तियों को नियंत्रित रखते हुए उनमें सत्तावादी (Authoritarian) प्रवृत्ति के उभाड़ (Emergence) की परिस्थितियों को नियंत्रित रखती हैं। यदि राजनीतिक अभिजन की स्थिति कमजोर हो और नागरिक समाज अत्यधिक शक्तिशाली होकर जनसमूह पर मनमानी करने लगे, तो व्यवस्था में अराजकता (Anarchy) की स्थिति के आविर्भाव की परिस्थितियां उत्पन्न हो जाती हैं, जिसके नियंत्रण हेतु अधिनायकवाद (Dictatorship) यानी कि सैनिक शासन (Military Rule) अस्तित्व में आता है।

अफ्रीकी देशों की अवाम धर्म एवं जातिगत आधार पर कई टुकड़ों में बँटी है। अफ्रीकी देशों एवं मध्यपूर्व (Middle East) में नागरिक समाज काफी निर्बल है और राज्य की शक्तियों का मुकाबला करने में पूरी तरह सक्षम नहीं है, जिसकी वजह से अफ्रीकी देशों में आर्थिक विकास का प्रतिशत बहुत निम्न स्तर का है। लैटिन अमेरिकी देशों में उपनिवेशवाद युगीन राजनीतिक संस्थाएं स्वाधीनता के बाद भी कायम रही, लेकिन कैरीबियन (Caribbean) देशों में लोकतंत्र की प्राचीन परम्परा की वजह से सशक्त नागरिक समाज विकसित हुआ। उपनिवेशवादी शासन की कालावधि में इन देशों में जो राजनीतिक संरचनाएं संस्थापित हुईं स्वाधीनता के बाद भी यहां उन संरचनाओं का अस्तित्व कायम रहा। लैटिन अमेरिकी एवं कैरीबियन देशों में स्वाधीनता के पश्चात् जिस आर्थिक विशिष्ट वर्ग का अस्तित्व उभरा है, वह मूलतः एक ही जाति के यूरोपीय गोरे थे, जिनका प्रभुत्व वहां उपनिवेशवादी शासन के दौरान भी था।

उन्नीसवीं शताब्दी के आरंभिक दौर में लैटिन अमेरिका में स्पेनी शासकों के विरुद्ध चलाये जाने वाले स्वाधीनता संग्राम के पश्चात् ऐसी व्यवस्था का आविर्भाव हुआ, जिसमें शासन–संचालन का सूत्र समूह के प्रधान के हाथों में केन्द्रित रहा। ये समूह प्रधान आमतौर से वे गोरे थे जिनकी पैदाइश तो यहीं हुई थी, लेकिन उनके पूर्वज यूरोप से आये थे। वस्तुतः, लैटिन अमेरिका का राजनीतिक और आर्थिक अभिजन वर्ग उन लोगों का वंशज है जो धार्मिक शुद्धता, सांस्कृतिक सादृश्य (Affinity) तथा त्वचा के रंग के आधार पर वहां के मूल निवासी अश्वेतों से पूरी तरह अलग पहचान रखते हैं। 1930 की आर्थिक मंदी और दो विश्वयुद्धों के उपरान्त, 1945 के पश्चात् लैटिन अमेरिका में काफी महत्त्वपूर्ण राजनीतिक परिवर्तन आया। युद्धोपरान्त एशिया और अफ्रीकी देशों में साम्राज्यवादी शक्तियों का पतन हुआ, राष्ट्रवाद की भावना प्रबल हुई, और पहले से स्वाधीन लैटिन अमेरिकी देशों में लोकतांत्रीकरण की जोरदार मांग उठायी गयी। सन् 1950 के दशक में यहां औद्योगीकरण–शहरीकरण का विस्तार एवं जनसंख्या में अत्यधिक वृद्धि की वजह से व्यवस्था में राजनीतिक सहभागिता का अवसर प्रदान करने की मांग उठी, जिसे शासक वर्ग द्वारा दबाया गया। इन परिस्थितियों में लैटिन अमेरिका में नए सत्तावाद (New Authoritarianism) युग का दौर शुरू हुआ। सन् 1964–1976 के बीच ब्राजील, पेरू, चिली, अर्जेंटीना जैसे देशों में सैनिक विप्लव (Military Coups) हुए, जिसने लोकतंत्रीय शासन को धराशायी कर दिया। इसके परिणामस्वरूप, लैटिन अमेरिका में जो सैनिक तथा अन्य गैर–लोकतांत्रिक सरकारें स्थापित हुईं, उसके अन्तर्गत व्यवस्था में एक छोटे समूह ने अपना राजनीतिक–आर्थिक प्रभुत्व स्थापित कर लिया। यहाँ शासन–संचालन के लिए इनके द्वारा जिस अधिकारीतंत्र (Bureaucracy) की स्थापना की गयी, राष्ट्र के प्रति निष्ठा की जगह, उसकी आस्था का केन्द्र यही समूह था। इस गुटतंत्र में चुनाव–प्रक्रिया को प्रतिबंधित कर जनता को निर्णय प्रक्रिया से परे कर दिया गया। इन राजनीतिक व्यवस्थाओं के राजनीतिक शासक अभिजन द्वारा राज्य के संसाधनों का उपयोग अधिकारीतंत्र और

सेना के संगठन को मजबूत बनाने के लिए किया जाने लगा और विदेशी पूंजी को आकर्षित करने के लिए बुनियादी संरचनाओं का निर्माण किया जाने लगा। सन् 1960–70 के दशको में लैटिन अमेरिकी देशों के शासक अभिजनों का सर्वाधिक ध्यान औद्योगीकरण के विस्तार एवं पूंजी के सर्वोत्तम उपयोग पर केन्द्रित रहा। लेकिन सन् 1970–80 के दशकों में बढ़ते हुए विदेशी कर्ज की वजह से लैटिन अमेरिकी देशों की आर्थिक संवृद्धि का पतन हुआ। बदली परिस्थितियों में वहाँ राजनीतिक–आर्थिक संकटों का सिलसिला आरंभ हो गया, जिससे अभिजन वर्ग के लिए गंभीर खतरा पैदा हो गया। निचले स्तर पर लोकतंत्रीय आन्दोलनों की शुरूआत हुई और व्यवस्था में उत्पन्न हालात के चलते शासक वर्ग को स्वतंत्र चुनाव कराने के लिए विवश होना पड़ा।

उपनिवेशवादी शासन से स्वाधीनता प्राप्ति के बाद अधिकांश नवोदित राष्ट्र, जिसमें लैटिन अमेरिका के विकासशील राष्ट्र भी शामिल हैं, में पश्चिमी उदारवादी व्यवस्था अपनायी गयी, लेकिन तात्त्विक स्तर पर इन राष्ट्रों में लागू संविधान का प्रकट रूप और व्यावहारिक राजनीति में काफी अन्तर पाया जाता है। सिद्धान्त और व्यवहार में पाये जाने वाले अन्तरों की वजह से इन वर्षों में विकासशील देशों की संवैधानिक स्थिति पर गहन अध्ययन किया गया। कार्ल लोएंस्टाइन ने 1972 में इन देशों के संविधान के सैद्धान्तिक व व्यावहारिक स्थिति का निरूपण करने के लिए मानक संविधान (Normative Constitution) तथा सांकेतिक संविधान (Normal Constitution) में अन्तर प्रस्तुत किया। लोएंस्टाइन की दृष्टि में राजनीतिक दृष्टि से प्रबुद्ध और उन्नत पश्चिमी राष्ट्रों का संविधान मानक हैं, जो यह स्पष्ट संकेत देता है कि जब राष्ट्र संवैधानिक व्यवस्था को विधिवत् स्वीकार करता है, तो वह कानूनी दृष्टि से वैध होने के साथ–साथ व्यावहारिक धरातल पर भी सार्थक अस्तित्व रखता है, वहीं सांकेतिक संविधान केवल संवैधानिक लक्ष्य एवं रूपरेखा की घोषणा मात्र होता है जो कभी भविष्य में परिस्थिति अनुकूल होने पर यथार्थ के धरातल पर सार्थक हो सकता है। एशिया, अफ्रीका के अलावा लैटिन अमरीका के भी अनेक देश, विशेष रूप से अर्जेंटीना, चिली, कोलम्बिया, उरुग्वे, क्यूबा, आदि देशों का संविधान भी मानक संविधान की श्रेणी में शामिल नहीं है। उपनिवेशवादी शासन के दौर में इनमें से अधिकांश देश पश्चिमी शासकों की शासन शैली व राजनीतिक संस्थाओं, परम्पराओं मूल्यों से पूरी तरह परिचित हो चुके थे तथा उपनिवेशवादी शासकों द्वारा शासन–संचालन हेतु खड़ा किया गया प्रशासनिक ढाँचा भी इन्हें विरासत में मिला। साथ ही, इन देशों के राजनीतिक अभिजनों को प्रशासनिक ढाँचे की कार्य–पद्धति का व्यावहारिक अनुभव भी प्राप्त था। स्वतंत्रता प्राप्ति के समय तत्कालीन शासक अभिजन वर्ग की सोच थी कि पश्चिमी ढाँचे के अनुरूप संविधान बना लेने से इन देशों को पुनः अराजकता का शिकार नहीं होना पड़ेगा और किसी भी राजनीतिक दल या किसी करिश्माती नेता या सैनिक शासन के अधिनायकतंत्र से देश को बचाया जा सकेगा। लेकिन, इतिहास साक्षी है कि जब–जब विकासशील देशों में संवैधानिकतंत्र विफल हुआ है तब–तब वहां किसी न किसी रूप में अधिनायकतंत्र का अस्तित्व स्थापित हुआ है, चाहे वह पाकिस्तान या बांग्लादेश में लम्बे समय तक चलने वाला सैनिक अधिनायकतंत्र (Military Dictatorship) हो या फिर ईरान का धर्मतंत्रात्मक अधिनायकतंत्र (Theocratic Dictatorship)।

स्वतंत्रता प्राप्ति के पश्चात् समसामयिक परिस्थितियों के मद्देनजर पश्चिमी देशों के अनुरूप संविधान के संस्थात्मक ढाँचे को अपनाने से विकासशील देशों की सामाजिक व्यवस्था में उच्च प्रस्थिति प्राप्त विशिष्ट वर्ग के लोगों के लिए राजनीतिक अभिजन वर्ग की कोटियों में जगह पाना तथा सत्तारूढ़ होने के लिए वैधता प्राप्त करना काफी सरल हो गया। एक ओर जहां लैटिन अमेरिकी देशों में उन्नीसवीं शताब्दी में ही अमेरिका के अनुरूप लिखित संविधान अपनाने के बावजूद परिस्थितिवश शासन–संचालन हेतु एक के बाद एक सैनिक अधिनायकतंत्र का अस्तित्व आकार लेता रहा, वहीं पाकिस्तान, इण्डोनेशिया की शासन व्यवस्था को 'निर्देशित लोकतंत्र' (Guided Democracy) का नाम दिया गया। विकासशील व्यवस्थाओं में राजनीतिक अस्थिरता की वजह से राजनीति में सेना का हस्तक्षेप या सैनिक अधिनायकतंत्र की स्थापना एक सामान्य बात हो गयी। इन देशों में सेना का राजनीतिक महत्त्व व्यवस्था में विद्यमान् तीव्र सामाजिक संघर्ष की वजह से ज्यादा है। दृष्टान्तस्वरूप बांग्लादेश एवं पाकिस्तान में सैनिक सत्ता का मंसूबा रहा है–लोकतंत्र को कुचलना। लोकतांत्रिक सरकार की बर्खास्तगी और जन विद्रोह की गूंज को दबाने के लिए दमनात्मक उपायों का सहारा लेना वहां के सैनिक शासक अभिजनों की फितरत रही है। यदि पाकिस्तान के राजनीतिक परिप्रेक्ष्य की बात की जाए, तो सैन्य शासक के रूप में मुशर्रफ

ने यह कभी नहीं चाहा कि वहां सही मायने में लोकतंत्र संस्थापित हो। यदि पाकिस्तान में सच्चा लोकतंत्र बहाल हो गया तो सत्ता पर मुशर्रफ की पकड़ ढीली हो जाती। वैसे भी विकासशील व्यवस्थाओं की राजनीति की यह विडंबना है कि वहां समाज में निचले स्तर पर नेतृत्व का आविर्भाव बहुत कम होता है या नहीं के बराबर होता है। इस परिस्थिति का लाभ उठाकर समाज में विभिन्न समूहों का विशिष्ट वर्ग निम्न वर्ग के जन समर्थन का इस्तेमाल अपनी–अपनी राजनीतिक महत्त्वाकांक्षा की पूर्ति के लिए करता है।

वस्तुतः, विकासशील व्यवस्थाओं का राजनीतिक अभिजन वर्ग निम्न वर्गों का विशाल समर्थन प्राप्त करने हेतु सामाजिक वैविध्य, यथा–जाति, धर्म, क्षेत्रीयता, भाषा, संस्कृति, परम्परा, मूल्य, आबादी का प्रतिशत, आदि का हवाला देकर उनकी कमजोरी का पूरा लाभ उठाते हैं। विकासशील देशों का राजनीतिक अभिजन वर्ग व्यवस्थागत राजनीतिक बाजार में कभी चोरी–छिपे या कभी खुलेआम महत्त्वपूर्ण राजनीतिक पदों या किन्हीं अन्य विशेषाधिकारों की प्राप्ति के लिए आपस में सौदेबाजी करते हैं। मसलन–प्रशासनिक पदों, क्वोटा, परमिट, लाइसेंस, सब्सिडी, कान्ट्रैक्ट, सार्वजनिक, कीमती एवं दुर्लभ वस्तुओं की एजेंसियाँ आदि प्राप्त करने के लिए ये अपनी सामाजिक प्रस्थिति और ऊँची पहुंच का भरपूर लाभ उठाते हैं। दुर्भाग्यवश इन देशों के विशिष्ट वर्ग द्वारा संवैधानिक साधनों का इस्तेमाल निहित स्वार्थ–सिद्धि के लिए किया जाता है। जब विकासशील व्यवस्थाओं की जनता जागरूक होकर सांकेतिक संविधान को मानक संविधान में बदलने का प्रयास तेज करती है और राजनीतिक अभिजन वर्ग के प्रभुत्व प्रयोग के मार्ग में रुकावटें पैदा करती है, तब वहां का प्रभुत्वशाली अभिजन वर्ग संविधानवाद को धराशायी करके सैनिक सत्ता स्थापित कर लेता है। राजनीतिक व्यवस्था में ये परिस्थितियाँ वस्तुतः शासन–संचालन में सेना के अधिकाधिक हस्तक्षेप एवं महत्त्व की वजह से उत्पन्न होती है। व्यवस्था–संचालन में गंभीर खतरा उत्पन्न होने का हवाला देकर सबसे पहले वहां स्वतंत्र अभिव्यक्ति की विधाओं को निशाना बनाया जाता है। जबकि किसी भी लोकतांत्रिक समाज की उदारता का पैमाना वहां के अवाम की अभिव्यक्ति की आजादी की स्थिति से ही लगाया जा सकता है। सता–परिवर्तन की इस स्थिति को 'बलात् राज्य–परिवर्तन' (Coup-d'état) की संज्ञा दी जाती है। 'बलात् राज्य–परिवर्तन' वह राजनीतिक कार्यवाही है, जिसके तहत किसी राज्य के शासक को यानी कि सरकार को गैर–संवैधानिक तरीके से सैन्यबल का प्रयोग करके अकस्मात् पदच्युत किया जाता है। इस परिवर्तन का अग्रेसर नेता देश पर अपना पूर्ण नियंत्रण स्थापित करने के उद्देश्य से सबसे पहले सरकारी दफ्तरों, सरकारी भवनों, रेडियो, टेलीविजन केन्द्रों, बिजली घरों, रेल मार्गों जल–संयंत्रों, आदि पर अपना अधिकार संस्थापित कर लेता है। बलात् राज्य परिवर्तन और क्रान्ति में एक मौलिक अन्तर यह है कि जहां क्रान्तिकारियों को जनसमूह का विशाल जनसमर्थन प्राप्त होता है, क्योंकि क्रान्ति का बुनियादी उद्देश्य सत्ता संभालते ही जनसाधारण की आकांक्षाओं की पूर्ति करना है, वहीं बलात् राज्य परिवर्तन का आधारभूत उद्देश्य सत्ता–लोलुप व्यक्ति या समूह के निहित स्वार्थों (Vested Interests) की सिद्धि है। दूसरे शब्दों में यह भी कहा जा सकता है कि सामान्यतः विकासशील राजनीतिक व्यवस्थाओं का राजनीतिक अभिजन वर्ग सामाजिक व्यवस्था में पूँजीपतियों एवं जमींदारों के गठबंधन का प्रतिनिधित्व करता है, जो आर्थिक शक्तियों के साथ राजनीतिक शक्ति पर भी अपना प्रभुत्व कायम रखता है। लेकिन, विकासशील समाजों का एक अहम् तात्त्विक पक्ष यह है कि इस गठबंधनगत राजनीतिक सत्ता को व्यवस्था संचालन में मध्य वर्ग, निम्न मध्य वर्ग, तथा मजदूर वर्ग, की ओर से निरन्तर गंभीर चुनौतियों का सामना करना पड़ता है। जब परिस्थिति नियंत्रण से बाहर हो जाती है और जन आन्दोलन का स्वरूप अत्यधिक उग्र हो जाता है, तब आर्थिक शक्ति पर अपनी पकड़ बनाये रखने के लिए व्यवस्था के शासक अभिजन वर्ग द्वारा राजनीतिक शक्ति सर्वोच्च सैनिक पद पर विराजमान सैनिक अधिनायक को सौंप दिया जाता है। इस प्रकार, सामाजिक विशिष्ट वर्ग से सैनिक विशिष्ट वर्ग के हाथों में राजनीतिक सत्ता–शक्ति हस्तांतरित हो जाती है।

सारांशतः, यह कहा जा सकता है कि विकासशील देशों के लोकतंत्र को अपने व्यवस्थागत के अभिजन समाज से ज्यादा ख़तरा है। सन् 1950 के दशक में कई विकासशील देशों में सैनिक विप्लव द्वारा सत्तारूढ़ शासकों को हटाया गया और तीसरी दुनिया के देशों में सत्तावादी शासन (Authoritarian Government) का दौर शुरू हुआ। 1960–70 के दशक में कुछ और देशों में विशेषतः अफ्रीका और लैटिन अमेरिका के देशों में सैनिक अभिजन वर्ग

द्वारा राजनीतिक सत्ता संभाली गयी। इस तरह अलोकतांत्रिक प्रणालियों की शुरूआत का सिलसिला आरंभ हुआ। लेकिन, बीसवीं शताब्दी के अंतिम दशक में इन देशों में राजनीतिक अभिजनों की सत्तावादी प्रवृत्ति का अस्तगमन (Decline) आरंभ हुआ, जिसकी चर्चा सैमुअल हंटिंगटन ने अपनी प्रसिद्ध रचना 'The Third Wave : Democratisation in the Late Twentieth Century 1991' के अन्तर्गत की है और इसे महत्त्वपूर्ण राजनीतिक परिवर्तन की तीसरी लहर कहा है। दरअसल, इस तीसरी लहर की शुरूआत सन् 1970 के दशक के मध्य में यूरोप में हुई, जब वहां यूनान, स्पेन, पुर्तगाल में अधिनायक शासक अभिजनों की जगह लोकतंत्रीय राजनीतिक शासक अभिजन का अस्तित्व स्थापित हुआ। इसके बाद यानी कि सन् 1980 के दशक के मध्य में लैटिन अमरीकी व्यवस्थाओं में अधिनायकतंत्रीय अभिजनों के हाथ से सत्ता लोकतांत्रिक राजनीतिक अभिजनों के हाथों में पहुंची। इसी दशक के अन्तिम दौर में जब पूर्वी यूरोप के देशों में साम्यवादी व्यवस्था का पतन हुआ, तब सर्वसत्तावादी या एकदलवादी (Totalitarian) शासक अभिजन वर्ग के हाथों से सत्ता लोकतांत्रिक राजनीतिक अभिजन वर्ग के हाथों में पहुंची। इस सत्ता परिवर्तन से जहां सम्पूर्ण विश्व में लोकतांत्रिक राजनीतिक अभिजनों की लोकप्रियता बढ़ी, वहीं एकदलीय व्यवस्था की सामाजिक–राजनीतिक स्थिरता और आर्थिक नियोजन के माध्यम से समस्याओं के समाधान का तार्किक आधार समाप्त हो गया।

वर्तमान समय में विश्व में लोकतांत्रिक राजनीतिक व्यवस्थाओं की संख्या में काफी वृद्धि हुई है। सन् 1990 के दशक में दर्जनभर से ज्यादा विकासशील व्यवस्थाओं में लोकतांत्रिक चुनाव कराये गये और लोकतांत्रिक राजनीतिक शासक अभिजनों ने सत्ता संभाली। सन् 1974 में जहां लोकतांत्रिक राज्यों की संख्या मात्र 44 थी वहीं सन् 1994 में यह संख्या 107 हो गयी अर्थात् करीब अब 192 राज्यों में से 56 प्रतिशत राज्यों में लोकतांत्रिक राजनीतिक अभिजनों द्वारा सत्ता संभाली गयी। सन् 1995 तक सारे 23 लैटिन अमेरिकी देशों में लोकतांत्रिक राजनीतिक अभिजन सत्तारूढ़ हुए, साथ ही एशिया के सात अलोकतांत्रिक देश पाकिस्तान, बांग्लादेश, नेपाल, ताइवान, फिलीपीन्स, दक्षिण कोरिया एवं मंगोलिया में लोकतांत्रिक राजनीतिक अभिजनों द्वारा सत्ता संभाली गयी। इसी बीच सन् 1980 के दशक में लोकतंत्रीकरण की अवधारणा के विस्तार को मजबूती मिली और इस दशक से सन् 1990 के दशक के मध्य तक अफ्रीका के करीब 50 में से आधे से ज्यादा देशों में लोकतांत्रिक चुनाव कराके राजनीतिक अभिजनों के हाथों में सत्ता सौंपी गयी। मध्यपूर्व के देशों में लोकतांत्रिक सत्ता बहाल होने की प्रक्रिया की गति काफी धीमी रही। हालांकि लेबनान में बीस वर्षों तक जारी गृह युद्ध के पश्चात् लोकतांत्रिक अभिजन का अस्तित्व बहाल हुआ, जॉर्डन में लोकतंत्र की जड़ें मजबूत हुईं, नाइजीरिया में सैनिक शासन के लम्बे दौर के उपरान्त सन् 1999 में सत्ता लोकतांत्रिक राजनीतिक अभिजनों के हाथों में पहुंची। लेकिन इसी वर्ष पाकिस्तान में लोकतंत्रीय राजनीतिक सत्ता का दमन करके सैनिक अभिजन द्वारा सत्ता संभाली गयी और सन् 2002 में लोकतंत्रीय चुनाव सम्पन्न कराके पाकिस्तान की सैनिक सत्ता को लोकतांत्रिक राजनीतिक अभिजन में रूपान्तरित किया गया। इसके अतिरिक्त कुछ ऐसे भी देश हैं, जहां विप्लव द्वारा लोकतंत्र को धराशायी किया गया है। दृष्टान्तस्वरूप, सन् 2000 में फीजी के जनजातीय नेताओं का विप्लव, सन् 2000 में ही इक्वाडोर में सैनिक विप्लव तथा म्यांमार (वर्मा) के सैन्य शासक द्वारा जनता के निर्वाचित राजनीतिक अभिजनों को सत्ता सौंपने में टालमटोल करना आदि शामिल हैं।

वस्तुतः, विकासशील लोकतांत्रिक राजनीतिक व्यवस्थाओं में जनसंख्या विस्फोट, निर्धनता, अशिक्षा, बेरोजगारी आदि स्थितियों की वजह से राजनीतिक सहभागिता का प्रभावशाली विस्तार अभी तक संभव नहीं हो पाया है। यहां की जनता राजनीतिक अभिजनों को अपने सुरक्षाकर्ता या आश्रयदाता के रूप में देखती है, अपनी बुनियादी जरूरतों के पूर्तिकर्ता या अभिकर्ता के रूप में नहीं, जिसका मूल कार्य उनकी समस्याओं का समाधान करना है। यहां के अधिकांश राजनीतिज्ञ समाज के बड़े जमींदार, उद्योगपति अपनी–अपनी जातियों के संरक्षक या अपने–अपने धर्म के ठेकेदार होते हैं जो जनता के साथ उनके मतों को नियंत्रित करने हेतु अपनी आम सभाओं, जुलूसों, रैलियों आदि में उन्हें शामिल होने का निर्देश देते रहते हैं। उदाहरणस्वरूप, भारत में शहरों एवं गावों की जनता का राजनीतिक सभाओं, जुलूसों, रैलियों में इस्तेमाल हमेशा जात–पात के आधार पर शक्ति प्रदर्शन के लिए या वोट बैंक में विस्तार के लिए किया जाता रहा है। यहां के राजनीतिक अभिजन जहां एक ओर समाज के

बड़े–बड़े मुद्दों से सरोकार न रखकर सदैव वोट बटोरने के लिए तरह–तरह की विधाओं का प्रयोग–प्रदर्शन करके अपने ध्येय में कामयाब होने की जुगत में लगे रहते हैं, वहीं निर्धनता, अशिक्षा और बुनियादी वस्तुओं के अभावों से ग्रस्त जनता थोड़ी सी सुविधा और सुरक्षा पाने के लालच में अपने तथाकथित नेताओं को जातिगत या धर्मगत आधार पर अपने सारे वोट देने को तैयार हो जाती है। इस प्रकार, व्यवस्था में राजनीतिक अभिजन वर्ग का अस्तित्व हमेशा तैयार होता रहता है और सभी राजनीतिक व्यवस्थाओं में राजनीतिक अभिजन या शासक वर्ग एवं शासित वर्ग की अस्तित्व का सातत्य कायम रहता है। परिसंचरण–प्रक्रिया द्वारा व्यवस्थागत परिस्थिति के अनुरूप नये राजनीतिक अभिजन वर्ग का अस्तित्व आकार लेता रहता है या राजनीतिक अभिजन वर्ग में नये लोगों का प्रवेश होता रहता है।

विकासशील देशों में अभिजन की भूमिका (Role of Elite in Developing Countries)

भारत, इण्डोनेशिया, श्रीलंका, मिस्र, घाना आदि एशियाई–अफ्रीकी देशों में स्वतंत्रता आन्दोलन का इतिहास वहाँ के तात्कालिक अभिजन वर्ग की भूमिका का इतिहास है।

विकासशील राजनीतिक व्यवस्थाओं में अभिजन वर्ग की भूमिका काफी महत्त्वपूर्ण होती है। एशिया व अफ्रीका के नवोदित विकासशील देशों में यूरोपीयन साम्राज्यवाद का अन्त करने एवं स्वाधीनता प्राप्ति में वहां के अभिजन वर्ग के कुशल नेतृत्व की अहम् भूमिका रही है। स्वतंत्रता आन्दोलन की कालावधि में समाज के अभिजन की मुख्य रूप से चार कोटियां थीं, जिनके नेतृत्व सामर्थ्य की वजह से उपनिवेशवाद का अन्त और लोकतंत्र की संस्थापना हुई। उस समय चार वर्गों में विभाजित अभिजनों को वंशानुगत बुद्धिजीवी, मध्यवर्गीय बुद्धिजीवी, क्रान्तिकारी बुद्धिजीवी और राष्ट्रवादी नेता कहा गया। इन सभी अभिजनों द्वारा अपनी योग्यता, क्षमता व्यक्तित्व आदि के आधार पर स्वतंत्रता संघर्ष–संचालन में अपना योग दिया गया। इनके द्वारा परम्परागत रूप से संस्कृति निर्माण, समाज सुधार, धार्मिक पुनरुत्थान एवं आर्थिक उद्यम के कार्यों द्वारा समाज में राजनीतिक जागरूकता लाने का जी–तोड़ प्रयास किया गया। वंशानुगत बुद्धिजीवियों द्वारा आर्थिक एवं शैक्षणिक विकास में योग देकर स्वतंत्रता संघर्ष का मूलाधार तैयार किया गया। हालांकि इस वर्ग के बुद्धिजीवियों का कार्यक्षेत्र बहुत विस्तारित नहीं रहा, क्योंकि इनके द्वारा राष्ट्रीय चेतना जगाने की जगह अपने हित संवर्द्धन पर विशेष ध्यान दिया गया। राष्ट्रीय चेतना जागृत करने की दृष्टि से मध्यवर्गीय व क्रान्तिकारी बुद्धिजीवी एवं राष्ट्रीय नेताओं की भूमिकाएं काफी अहम् रहीं। इनके द्वारा राजनीतिक नेतृत्व, लेखन, पत्रकारिता, अध्यापन, कानून, समाज सेवा एवं सार्वजनिक जीवन के विविध क्षेत्रों में प्रवेश करके बड़े पैमाने पर राष्ट्रीय चेतना जगाने का कार्य गंभीर स्तर पर किया गया, जिसके परिमाणस्वरूप तीव्र स्वतंत्रता आन्दोलन तथा संघर्ष के माध्यम से लक्ष्य की प्राप्ति हुई। वस्तुतः, इनके द्वारा सभी विकासशील राजनीतिक व्यवस्थाओं में प्रबोधक (Preceptor) की भूमिका निभायी गयी है।

शिल्स द्वारा राष्ट्रीय आन्दोलन के मद्देनज़र इतिहास की तीन अवस्थाओं की चर्चा की गयी है, यथाः संवैधानिक उदारवाद, राष्ट्रवाद एवं पुनरुत्थानवाद तथा स्वतंत्र संप्रभु राष्ट्र में इनकी भूमिकाएं।

विकासशील व्यवस्थाओं में अभिजन वर्ग से सकारात्मक भूमिका की अपेक्षा हमेशा से रही है। यूरोपीय साम्राज्यवाद का अन्त करके इन्होंने राजनीतिक स्वतंत्रता तो प्राप्त कर ली, लेकिन इनके समक्ष राजनीतिक, सामाजिक, आर्थिक पुनरुत्थान की समस्या सर्वाधिक महत्त्वपूर्ण रही है। यहां राजनीतिक मतैक्यता का अभाव, विखंडित राजनीतिक संस्कृति की मौजूदगी, समाजिक–आर्थिक पिछड़ापन, राष्ट्रीय एकीकरण की समस्या, राष्ट्रीय सुरक्षा की समस्या, आर्थिक संसाधनों का अभाव, आधुनिकीकरण की समस्या, औद्योगीकरण की समस्या, गरीबी, बेरोजगारी, बीमारी, जनसंख्या विस्फोट, कृषि के विकास की समस्या आदि अनेक गंभीर विषमताएं व समस्याएं हैं जिनके समुचित समाधान का राजनीतिक दायित्व व्यवस्था के अभिजन वर्ग पर है। जिस प्रकार उन्नीसवीं शताब्दी में पश्चिमी यूरोप और अमेरिका के औद्योगीकरण और आधुनिकीकरण में वहां के पूंजीपतियों की भूमिका सर्वाधिक महत्त्वपूर्ण रही। ऐसी ही अपेक्षा विकासशील देशों के अभिजन वर्ग से विकासशील समाजों को भी है। स्वतंत्रता आन्दोलन से लेकर वर्तमान दौर तक विकासशील व्यवस्थाओं में राजनीतिक परिवर्तन लाने, लोकतंत्र को मजबूती

प्रदान करने, औद्योगीकरण, आधुनिकीकारण के रूप में आर्थिक प्रगति लाने में तथा बहुआयामी विकास के मार्ग पर व्यवस्था को ले जाने में अभिजन वर्ग की भूमिका की सक्रियता एवं महत्त्व को स्पष्ट रूप में देखा जा सकता है।

प्रायः सभी विकासशील देशों में अभिजन वर्ग को तीन कोटियों में बांटा जा सकता है। प्राथमिक स्तर पर उच्च स्तरीय बुद्धिजीवी अभिजन हैं जो अपने अभिनव विचारों के सृजन एवं नये आर्थिक, वैज्ञानिक, प्राविधिक (Technical) तकनीकों का प्रयोग कर व्यवस्था की उन्नति एवं आधुनिकीकरण में मुख्य भूमिका निभाते हैं। व्यवस्था के इस अभिजन वर्ग में वैज्ञानिकों, कलाकारों, लेखकों, दार्शनिकों, धार्मिक नेताओं एवं राजनीतिक टीकाकारों आदि को शामिल किया जाता है। दूसरा मध्य स्तरीय बुद्धिजीवी अभिजन वर्ग है जिसमें पत्रकार, अध्यापक, प्रकाशक, उद्योग–धन्धों के प्रबन्धक आदि शामिल होते हैं। तीसरे स्तर के अभिजन छोटे शहरों या गाँवों में रहकर अपना कार्य करते हैं। संक्षेप में, विकासशील देशों की समुन्नति में अभिजन वर्ग की भूमिका निश्चित रूप से महत्त्वपूर्ण है। यहां अभिजन वर्ग से यह अपेक्षा की जाती है कि वे व्यक्तिगत हितों को अलग रखते हुए व्यापक सामाजिक हितों को ध्यान में रखकर समाज की समुन्नति में सकारात्मक योगदान दें तथा सामाजिक, राजनीतिक, आर्थिक समस्याओं का यथासंभव निदान करने का गंभीर प्रयास करें ताकि राजनीतिक व्यवस्था में आर्थिक संवृद्धि व खुशहाली लायी जा सके।

भारत में अभिजन वर्ग (Political Elite in India)

बेशक, भारत विश्व का सबसे बड़ा लोकतंत्र है। गत् 60 वर्षों से देश में लोकतांत्रिक प्रणाली का टिका होना भी हमारी एक बड़ी उपलब्धि है, लेकिन सबसे बड़ा होना हमारे सबसे बेहतर या आदर्श लोकतंत्र होने का प्रमाण नहीं है। संयोगवश, भारत में अभिजन वर्ग के विकास का श्रेय अंग्रेजी हुकूमत एवं पश्चिमी शिक्षा को है, जिसकी वजह से बुद्धिजीवी अभिजन वर्ग तथा मध्यम वर्ग का आविर्भाव हुआ। भारत में आधुनिकीकरण का आरंभ अंग्रेजी प्रभुत्व के उपनिवेशवादी शासकों की गतिविधियों का नतीजा है जिनके द्वारा समस्त देश पर एक प्रभावशाली राजनीतिक आधिपत्य, प्रशासनिक प्रभावशीलता तथा संवैधानिक व्यवस्था स्थापित करके उच्च शिक्षा, वाणिज्य उद्योग–धन्धों एवं बैंकों के विकास को बढ़ावा दिया गया। अंग्रेजी हुकूमत की भूमिका उतनी देश में औद्योगीकरण संस्थापित करने में नहीं है, जितनी कि मध्य वर्ग की स्थापना करने में। बोटोमोर के शब्दों में, "पश्चिमी देशों की तरह भारत में पूँजीपति वर्ग का विकास नहीं हुआ। भारत में ऐसे बहुत कम व्यापारी तथा उद्योगपति थे जो आर्थिक रूप से सम्पन्न होने के साथ–साथ सामाजिक एवं राजनीतिक नेतृत्व की भी आकांक्षा रखते थे। यद्यपि राष्ट्रीय स्वतंत्रता संग्राम में उनके द्वारा हर संभव सहायता प्रदान की गयी, लेकिन उनके द्वारा संगठन पर प्रभुत्व जमाने का कोई प्रयास नही किया गया। स्वतंत्रता के पश्चात् भारत में मध्य वर्गों का विकास बड़ी तेजी से हुआ जिसका कारण अंग्रेजी शासनकाल की तरह शिक्षा पाने तथा व्यावसायिक पदों पर आसीन होने की इच्छा रही।"

भारत में बुद्धिजीवी वर्ग के विकास में आधुनिक शिक्षा की भूमिका काफी महत्त्वपूर्ण रही है। समकालीन भारत के औद्योगीकरण, आधुनिकीकरण एवं तकनीकी विकास में उच्च अधिकारी (नौकरशाह) तथा राष्ट्रीय एवं क्षेत्रीय नेताओं की भूमिका व्यवस्था में सर्वाधिक प्रभावशाली रही है। उच्च पदों पर कार्यरत नौकरशाह देश के राजनीतिक नेताओं तथा शैक्षणिक एवं बौद्धिक जगत् से जुड़े लोगों से बराबर संबंध बनाये रखते हैं, इसलिए समाज की सामाजिक–राजनीतिक आर्थिक समस्याओं के प्रति इनका दृष्टिकोण जनसरोकारगत रहता है और इनकी मनोवृत्तियां अत्यधिक समाज सापेक्ष होती है। वस्तुतः, भारतीय व्यवस्था को आधुनिक औद्योगिक एवं तकनीकी विकास के मार्ग पर ले जाने में अभिजन वर्ग का कार्य सराहनीय रहा है।

यहां अभिजन वर्ग के उदय एवं संस्थापन में जातिवाद के प्रति गोलबंदी, धर्मवाद, सम्प्रदायवाद जैसे प्रसंगों का लोकतांत्रिक ध्रुवीकरण, सामाजिक सम्मान प्राप्त करने की उत्कट इच्छा, लोगों की आर्थिक स्थिति में बढ़ोतरी एवं सामाजिक–राजनीतिक आयाम की गतिशीलता आदि ने आधारतत्त्व का कार्य किया है। वर्तमान भारतीय व्यवस्था में विभिन्न पार्टियों के राजनेता तथा उच्च सरकारी पदाधिकारी ही राजनीतिक अभिजन के रूप में सर्वाधिक प्रभावशाली अस्तित्व रखते हैं। यहां शासन–संचालन तथा राजनीतिक गतिविधियों में बुद्धिजीवियों की

भूमिका नगण्य ही रही हैं। पिछले कुछ दशकों से भारत की राजनीति में शासक राजनीतिक अभिजन वर्ग के विस्तार का मुख्य स्रोत परिवारवाद भी रहा है। पिछले लगभग दो–तीन दशकों से राजनीतिक अभिजन वर्ग में विस्तार का एक अन्य मुख्य स्रोत अपराध तथा अपराधी भी हो रहे हैं जो धन एवं बाहुबल के आधार पर विभिन्न दलों के राजनीतिक नेतृत्व में अपना नाम शुमार कराते जा रहे हैं और आज देश की कोई भी पार्टी इस मानसिकता से अछूती नहीं है। गठबंधन की राजनीति की विवशताओं की वजह से गलत राह पर चलने वाले लोग भी अभिजन वर्ग में प्रवेश पा रहे हैं। देश में कई ऐसे राजनीतिक परिवार हैं जिसमें नेतृत्व विरासत से तय होता है। इनमें नेहरू–गाँधी परिवार के साथ–साथ, बाल ठाकरे, करुणानिधि, प्रकाश सिंह बादल, लालू प्रसाद, मुलायम सिंह, अजीत सिंह, एच.डी. देवेगौड़ा, आदि अनेक ऐसे परिवार हैं जिनके नेता हैं जो अपने–अपने दलों के सर्वेसर्वा हैं। इसके अलावा भी कई दल हैं जो व्यक्ति–केन्द्रित हैं, जिसमें बने रहने के लिए तथा प्रवेश के लिए सबसे बड़ी शर्त नेता के प्रति वफादारी है। बेशक, किसी नेता की संतान को राजनीति में आने पर एवं शासक अभिजन वर्ग या प्रति अभिजन वर्ग में शामिल होने पर कोई पाबंदी नहीं लगायी जा सकती है, लेकिन लोकतंत्र की पौध को उचित खाद पानी मिले तथा लोकतंत्र की स्थिति पर देशवासी गर्व कर सकें इसके लिए किसी भी माध्यम से शासक अभिजन वर्ग में प्रवेश करने वाले अभिजनों की योग्यता, लोकप्रियता एवं सामर्थ्य का ख़ास महत्त्व है।

स्मरणीय संकेत (Points to Remember)

- राजनीतिक अभिजन वर्ग समाज का संगठित अल्पसंख्यक वर्ग है जो बहुसंख्यकों पर शासन करता है।
- अभिजन वर्ग का परिसंचरण अपरिहार्य है। इस राजनीतिक प्रक्रिया का अस्तित्व सभी राजनीतिक व्यवस्थाओं में पाया जाता है।
- राजनीतिक अभिजन वर्ग व्यवस्था संचालन, नीति–निर्माण, निर्णय–प्रक्रिया आदि को प्रत्यक्ष या परोक्ष रूप से निर्धारित व निरूपित करता है।
- राजनीतिक अभिजन व्यवस्था का वह शीर्ष समूह है जिसके सदस्य समाज को प्रत्येक स्तर पर नेतृत्व प्रदान करने और प्रभाव डालने की स्थिति में होते हैं।
- अभिजन वर्ग द्वारा लिया गया निर्णय समाज को मान्य होता है।
- विल्फ्रेडो पैरेटो ने अभिजन सिद्धान्त के प्रस्तुतिक्रम में समाज को उच्चतर एवं निम्नतर स्तर में बांटा है तथा उच्चतर स्तर को शासक अभिजन और गैर शासक अभिजन में बांटा है।
- गेटानो मोस्का ने समाज को शासक एवं शासित दो वर्गों में बांटा है। मोस्का का शासक वर्ग सिर्फ शक्ति–सूत्रों को नियंत्रित नहीं करता है, अपितु सत्ता पर एकाधिकार स्थापित करने के साथ–साथ अपना प्रभुत्व बनाये रखने के लिए वैधानिक एवं गैर वैधानिक दोनों उपायों का प्रयोग करता रहता है।
- सी. राइट मिल्स ने राजनीतिक अभिजन को शक्ति अभिजन कहा है जो विशाल शक्ति का स्वामी है। इसके मूल में वर्तमान अमेरिकी शक्ति अभिजन के हाथों में केन्द्रित शक्ति संदर्भ है।
- एडवर्ड शिल्स की अभिजन संकल्पना–विश्लेषण का आधारतत्त्व समाज का बुद्धिजीवी वर्ग है। इन्होंने व्यवस्था का सामाजिक–राजनीतिक विकास आधुनिकीकरण तथा आर्थिक संवृद्धि का आधार माध्यम अभिजन वर्ग को बताया है।
- रॉबर्ट मिशेल्स ने अभिजन वर्ग की व्याख्या संगठनात्मक दृष्टिकोण के आधार पर की है तथा संगठन में नेतृत्व के महत्त्व पर विशेष प्रकाश डाला है।
- एस.ई. फाइनर ने अपने अभिजन सिद्धान्त में शासक अभिजन एवं प्रति अभिजन की व्याख्या प्रस्तुत की है।
- हेरॉल्ड लासवेल ने अभिजन सिद्धान्त की व्याख्या मनोवैज्ञानिक आधार पर प्रस्तुत की है। जिसका आधार शक्ति–संकल्पना है।

- जिन अन्य विद्वानों ने अभिजन अवधारणा पर विचार व्यक्त किये है उनमें बोटोमोर, बर्नहम, लिप्सेट, मैक्स वेबर, डेनियम बेल, रेमण्ड एरॉन, नेल्सन पाल्सवी, ग्रेस जोन्स तथा मिलोवान डिजिलास मुख्य हैं।
- मार्क्सवाद एवं समाजवादी अवधारणा के मतानुसार समाज में अभिजन वर्ग का अस्तित्व पूंजीवादी व्याख्या की देन है।
- मार्क्सवाद द्वारा आर्थिक अभिजन अवधारणा की प्रस्तुति की गयी है जो कई सीमाओं से बंधी है।
- अभिजन अवधारणा और लोकतंत्र के परस्पर संबंधों पर दो दृष्टिकोण प्रचलित हैं। एक विचारधारा दोनों को परस्पर विरोधी मानता है। दूसरा परस्पर विरोध की अवधारणा को अस्वीकार करते हुए दोनों के आपसी संबंधों को स्वीकारता है।
- लोकतंत्र के मजबूतीकरण में एवं लोकतांत्रिक प्रक्रियाओं के संचालन में अभिजनों की भूमिका सर्वाधिक महत्त्वपूर्ण होती है।
- राजनीतिक अभिजन की प्रकृति का प्रधान तत्त्व परिवर्तनशीलता एवं गतिशीलता है।
- राजनीतिक अभिजन के प्रकारों का वर्गीकरण कई विद्वानों द्वारा प्रस्तुत किया गया है, लेकिन जहां तक शासक अभिजन का प्रश्न है इसकी दो कोटियां हैं–शासक अभिजन और प्रति अभिजन।
- सभी समाजों में अभिजन वर्ग का लक्ष्य व्यवस्था में ज्यादा–से–ज्यादा पारितोषिक एवं लाभ अर्जित करना है।
- राजनीतिक अभिजन का कार्य उसके लक्ष्य व उद्देश्य से संबंधित होता है जिसमें स्वहित, सामूहिक हित के साथ जनसरोकारगत हित भी सर्वाधिक प्रमुख होता है।
- मूल्यांकन रूप में अभिजन वर्ग का अस्तित्व सामाजिक संतुलन को बनाये रखने के लिए अपरिहार्य है और यही लोकतंत्र की रक्षा का उत्तम साधन है।
- विकासशील व्यवस्थाओं की बहुआयामी समुन्नति एवं विकास की दृष्टि से अभिजनों की भूमिका बहुत महत्त्वपूर्ण होती है।
- सभी विकासशील व्यवस्थाओं में अभिजन वर्ग के आविर्भाव एवं विकास में उपनिवेशवादी शासन की अहम् भूमिका रही है। इस व्यवस्था को अभिजन वर्ग से सकारात्मक भूमिका की अपेक्षा है।
- भारतीय व्यवस्था को आधुनिकीकरण, औद्योगीकरण व तकनीकी विकास के मार्ग पर अग्रसर कराने में यहां के अभिजन वर्ग द्वारा सराहनीय कार्य किया गया है।
- भारत के अभिजन वर्ग में मूलतः सभी पार्टियों के राष्ट्रीय व क्षेत्रीय राजनेता तथा उच्च सरकारी पदाधिकारी (नौकरशाह) शामिल हैं। व्यवस्था–विकास में बुद्धिजीवियों की भागीदारी का प्रतिशत बहुत बड़ा नहीं रहा है।

राजनीतिक अभिजन के लक्षण (Characteristics of Political Elite)

राजनीतिक अभिजन अन्य समूहों की तरह एक शासक समूह है। इसकी स्थिति प्रभुत्व सम्पन्न होती है जो Mass Mobilisation एवं Mass Politics के दिशा–निर्देशक की भूमिका निभाते हैं।

- राजनीतिक अभिजन लोकतंत्र में सामान्यतया वैध शक्ति (Legitimate Power) से युक्त होते हैं।
- इस वर्ग में प्रवेश के लिए खुली (Open) भर्ती प्रक्रिया अपनायी जाती है।
- राजनीतिक अभिजन समाज में बहुसंख्यक वर्ग से पृथकता रखते हैं।
- राजनीतिक अभिजन जब तक सत्ता में होते है, जनसमर्थन से युक्त होते हैं।
- राजनीतिक शासक अभिजन वर्ग के निर्माण का आधार जनादेश (Mandate) है।
- राजनीतिक अभिजन की प्रकृति में परिवर्तनशीलता विद्यमान होती है।

राजनीतिक व्यवस्था एवं राजनीतिक अभिजन (Political System and Political Elite)

- लोकतांत्रिक राजनीतिक अभिजन और अभिजाततंत्रीय (Aristocratic) राजनीतिक अभिजन की प्रकृति में भिन्नता पायी जाती है, क्योंकि राजनीतिक अभिजन की प्रकृति राजनीतिक व्यवस्था की प्रकृति से प्रासंगिक होती है।
- राजनीतिक व्यवस्था राजनीतिक अभिजन की प्रकृति का नियामक तत्त्व (Regulatory Fector) होता है।
- राजनीतिक व्यवस्था का कायान्तरण (Transformation) राजनीतिक अभिजन की प्रकृति को भी रूपान्तरित कर देता है।
- राजनीतिक अभिजन, राजनीतिक व्यवस्था के कायान्तरण प्रक्रिया के अगुआ होते हैं, लेकिन इस परिवर्तन में उन्हें स्वयं भी बदलना पड़ता है।

सामाजिक व्यवस्था एवं राजनीतिक अभिजन (Social System and Political Elite)

- राजनीतिक व्यवस्था सामाजिक व्यवस्था की उपव्यवस्था है। इस दृष्टि से राजनीतिक पर्यावरण का स्वरूप समाज के अनुरूप और समाज के लिए होता है, अतः समाज की प्रकृति भी राजनीतिक अभिजन की प्रकृति का नियामक होता है।
- प्रगतिशील समाज एवं रूढ़िवादी समाज दोनों में राजनीतिक अभिजन को ऊपर की ओर जाने की परिस्थितियां एवं प्रक्रियाएं अलग–अलग होती हैं, अतः सामाजिक व्यवस्था राजनीतिक अभिजन की परिवर्तनशीलता का आधारतत्त्व है।

आर्थिक व्यवस्था एवं राजनीतिक अभिजन (Economic System and Political Elite)

- किसी भी राजनीतिक व्यवस्था का आर्थिक पक्ष राजनीतिक अभिजन की प्रकृति का तात्त्विक नियामककर्ता एवं परिवर्तनकर्ता होता है। बर्नहम ने राजनीतिक अभिजन की व्याख्या आर्थिक प्रसंग के आधार पर की है और कहा है कि आर्थिक रूप से समृद्ध व्यक्तित्व ही राजनीतिक अभिजन वर्ग में प्रवेश पाता है।
- मार्क्स ने भी अपनी सभी अवधारणाओं में राजनीतिक शक्ति को आर्थिक शक्ति के अधीन माना है।

व्यवस्थागत सांस्कृतिक तत्त्व एवं राजनीतिक अभिजन (Organised Cultural Element and Political Elite)

- राजनीतिक अभिजन की प्रकृति के नियमन में सांस्कृतिक तत्त्व सर्वाधिक महत्त्वपूर्ण भूमिका निभाते हैं। संस्कृति व्यक्ति के मूल्यों, अभिवृत्तियों, विश्वासों एवं मान्यताओं का नाम है। राजनीतिक संस्कृति व्यवस्थागत सामान्य संस्कृति से निर्मित, प्रेरित एवं निरूपित होती है, जो पर्यावरण में मांग व समर्थन की उग्रता और तीव्रता की मात्रा का निर्धारण करती है और राजनीतिक व्यवस्था की गतिविधियों को संचालित करती है। सांस्कृतिक तत्त्व से प्रासंगिक समस्त प्रसंग राजनीतिक अभिजन के परिसंचरण एवं स्वरूप निर्धारण तथा प्रकृति में गतिशीलता व परिवर्तनशीलता लाने में आधारतत्त्व के साथ–साथ आधार–साधन की भूमिका भी निभाता है।

प्रश्न (Questions)

1. राजनीतिक अभिजन अवधारणा की विवेचना कीजिए। पैरेटो एवं मोस्का के सिद्धान्त का आलोचनात्मक मूल्यांकन कीजिए।

   Discuss the concept of political elite. Give critical evaluation of Pareto's and Mosca's theories.

2. सी. राइट मिल्स के अभिजन सिद्धान्त का आलोचनात्मक मूल्यांकन कीजिए।
Give critical evaluation of C. Wright Mill's elite theory.
3. राजनीतिक अभिजन वर्ग सिद्धान्त की आलोचनात्मक व्याख्या कीजिए।
Write an critical explanation on the concept of political elite.
4. लोकतंत्र में राजनीतिक अभिजन की भूमिका की विवेचना कीजिए।
Discuss the role of political elite in democracy.
5. विकासशील देशों में राजनीतिक अभिजन की भूमिका एवं महत्त्व की विवेचना कीजिए।
Discuss the role and importance of political elite in developing countries.
6. लोकतंत्र में राजनीतिक अभिजन की प्रकृति, प्रकार, लक्ष्य एवं कार्यों का आलोचनात्मक मूल्यांकन करें।
Critically evaluate the nature, kinds, object and functions of political elite in democracy.
7. अभिजन सिद्धान्त की मूल मान्यताओं की समीक्षा करें।
Examine the basic assumptions of elitist theory.

अध्याय **12**

राजनीतिक संस्कृति
(Political Culture)

सामान्य संस्कृति से परिचय (Political Culture)

संस्कृति एक व्यापक संकल्पना है जो सामाजिक जीवन के शाश्वत मूल्यों को नित्य नए रूप में एकता के सूत्र में पिरोती है। किसी भी समाज की संस्कृति के जड़ जीवनमूल्यों एवं विश्वासों पर ही मानव समाज का सांस्कृतिक आत्मविश्वास पोषित–पल्लवित होता है। इसके दायरे में किसी भी समाज में प्रचलित मूल्यों एवं मान्यताओं के अतिरिक्त कला विधाएं, प्रतीक चिन्ह, जीवन शैली, खान–पान, आदि का तरीका शामिल होता है। बदलाव की मानसिकता संस्कृति की प्रकृति की ख़ास विशेषता है। जाति और धर्म के आधार पर बँटे समाज में सांस्कृतिक विकास की गुंजाइश बहुत नहीं हाती है। सामाजिक विषमताएं उदार लोकतांत्रिक संस्कृति के निर्माण में सबसे बड़ी बाधा है। आधुनिकता की आँधी में संस्कृति का बदला लहजा, बदली संवेदनाएं, बदले संस्कार, आदि समाज के सांस्कृतिक मूल्यों को नयी शक्ल में ढाल रहा है। समाज में जड़ मूल्यों के स्थान पर नए जीवन मूल्यों की स्थापना हो रही है। और सभ्यता में आये बदलाव से नई सांस्कृतिक चेतना का संचार हो रहा है।

समाजशास्त्रीय अर्थ में सामान्य संस्कृति समाज की धरोहर या सामाजिक विरासत है। समाज द्वारा निर्मित भौतिक एवं अभौतिक दोनों पहलुओं को संस्कृति में सम्मिलित करते हुए रॉबर्ट बीरस्टीड ने 'The Social Order' में लिखा है, "संस्कृति वह संपूर्ण जटिलता है जिसमें वे सभी वस्तुएं सम्मिलित हैं जिन पर हम विचार करते हैं, कार्य करते हैं और समाज के सदस्य होने के नाते अपने पास रखते हैं" (Culture is the complex whole that consists of everything we think and do have as members of society—Robert Biersted)। पारसन्स ने अपनी कृति 'The Social System' में संस्कृति की परिभाषा एक ऐसे पर्यावरण के रूप में दी है जो मानव क्रियाओं के निर्माण में मौलिक तत्त्व की भूमिका निभाता है। इसका आशय यह हुआ कि संस्कृति बुनियादी रूप में मानव के व्यक्तित्व एवं क्रियाओं का निर्धारण करती है। मैकाइवर एवं पेज ने 'Society' में सभ्यता एवं संस्कृति के बीच का भेद स्पष्ट करते हुए कहा है कि सांस्कृतिक मूल्यों, शैलियों, भावात्मक अभियानों का संसार है। इसलिए

संस्कृति सभ्यता का प्रतिवाद (Antithesis) है। संस्कृति हमारे रहने और सोचने के तरीकों, क्रियाकलापों, कला, साहित्य, धर्म, मनोरंजन एवं आनन्द में हमारी प्रकृति की अभिव्यक्ति है। एच.पी. फेयरचाइल्ड (H.P. Fairchild) ने 'Dictionary of Sociology' में कहा है कि "प्रतीकों द्वारा सामाजिक रूप से प्राप्त और संचारित व्यवहार प्रतिमानों का सामूहिक स्वरूप संस्कृति है।"

ये परिभाषाएं इस तथ्य का स्पष्टीकरण करती हैं कि संस्कृति एक विस्तृत और जटिल प्रसंग है जिसे शब्दों के दायरे में बांधना कठिन प्रयास है। इस प्रसंग के दायरे में व्यक्ति के सभी प्रकार के विचार, व्यवहार, हाव–भाव शामिल हैं जो संरचनात्मक अंतःक्रियाओं द्वारा व्यक्ति को प्राप्त होते हैं। अपनी आवश्यकताओं की पूर्ति हेतु मनुष्य जो भी क्रियाएं, विचार, व्यवहार या हाव–भाव प्रदर्शित करता है, वही संस्कृति के निर्माण का आधारतत्त्व हैं। समाजविज्ञान के अध्ययन की दृष्टि से वस्तुतः एक समाज विशेष के संपूर्ण व्यवहार प्रतिमानों अथवा समग्र जीवन विधि को ही संस्कृति की संज्ञा दी जा सकती है। प्रत्येक समाज अपनी संस्कृति की विरासत को एक ऐसी धरोहर के रूप में देखता है जिसके माध्यम से उस समाज की ख़ास पहचान बनती है।

राजनीतिक संस्कृति : अर्थ एवं परिभाषाएं
(Political Culture : Meaning and Definitions)

राजनीतिक संस्कृति सामान्य संस्कृति का ही एक अहम् हिस्सा है। यह सामाजिक संस्कृति का वह तत्त्व है जो व्यवस्था की राजनीति को आकार देता है और राजनीतिक क्रियाओं–प्रतिक्रियाओं को निर्धारित, नियमित, निरूपित व प्रभावित करता है। राजनीतिक संस्कृति के अवयवों में व्यवस्था के वे मूल्य, मान्यताएं और मानक (Values, Beliefs and Norms) शामिल होते हैं, जो इस यथार्थ का संकेत देते हैं कि एक सामाजिक व्यक्ति व्यवस्थागत राजनीति में किसी प्रकार की भूमिका निभाने के लिए कितना सजग है। राजनीतिक संस्कृति और सामाजिक संस्कृति के बीच अन्योन्याश्रय संबंध है और दोनों के मध्य अन्योन्यक्रियाएं निरन्तर चलती रहती हैं। तात्त्विक स्तर पर किसी भी व्यवस्था की राजनीतिक संस्कृति वहां के शासक वर्ग, शासन व्यवस्था और शासन प्रक्रिया को वैधता (Legitimacy) प्रदान करने का मौलिक माध्यम है और इस संदर्भ में वह व्यक्ति एवं समूह की मनःस्थिति का निर्धारक भी है। वस्तुतः राजनीतिक संस्कृति का अर्थ यह है कि व्यक्ति जिस राजनीतिक व्यवस्था के अन्तर्गत रहता है, उसके संबंध में वह क्या सोचता है, यानी कि व्यवस्था में निवास करने वाले सदस्यगण के विचार से व्यवस्था उनकी मांगों और आवश्यकताओं को पूरा करने में कितना सामर्थ्यवान् और तत्पर है, तथा व्यक्ति स्वयं इस प्रसंग में किस प्रकार की भूमिकाएं निभाता है या निभा सकता है।

व्यवहारवादी एवं उत्तर व्यवहारवादी क्रान्ति के आगमन से राजनीति विज्ञान के अध्ययन क्षेत्र में कई नई संकल्पनाएं अस्तित्व में आईं, जिसमें राजनीतिक संस्कृति संकल्पना का ख़ास महत्त्व है। यह संकल्पना किसी भी सामाजिक–राजनीतिक व्यवस्था की राजनीति और संस्कृति के परस्पर–संबंधों को आधार बनाकर उस व्यवस्था के यथार्थगत व तत्त्वगत अध्ययन के लिए तथ्यपरक तत्त्व प्रदान करती है। यह संकल्पना व्यवस्थागत राजनीति का अध्ययन वहां की संस्कृति के परिप्रेक्ष्य में करती है। इस संकल्पना का उद्देश्य राजनीति के अनुभवपरक विश्लेषण के लिए व्यवस्था की संस्कृति को माध्यम बनाना है क्योंकि इसके प्रतिपादकों का मानना है कि किसी भी व्यवस्था के सांस्कृतिक तत्त्वों की सही जानकारी के अभाव में वहां के राजनीतिक यथार्थ को समझना एक कठिन प्रयास है। राजनीति विज्ञान के अध्ययन क्षेत्र में राजनीतिक संस्कृति–संकल्पना को व्यवहारवादी क्रान्ति की देन माना जाता है। राजनीतिक समाजशास्त्र के अध्ययन के अन्तर्गत राजनीतिक व्यवस्था के सदस्यों में मौजूदा राजनीति के प्रति पायी जाने वाली मनोवृत्तियों, व्यवहारों, मूल्यों, मान्यताओं, परम्पराओं एवं विश्वासों को राजनीतिक संस्कृति की संज्ञा दी जाती है। बीसवीं शताब्दी के पूर्वार्द्ध के सुविख्यात जर्मन समाजवैज्ञानिक मैक्स वेबर ने अपनी अवधारणाओं में यह बताने का प्रयास किया है कि राजनीतिक व्यवस्थाओं के अन्तर्गत वैधता की संकल्पना क्या महत्त्व रखती है और कैसी भूमिकाएं निभाती है। अमेरिकी समाजवैज्ञानिक टालकॉट पार्सन्स द्वारा

वेबर के दृष्टिकोण को विकसित करते हुए इस धारणा की प्रस्तुति की गयी है कि मानव व्यवहार की तब तक सही व्याख्या नहीं की जा सकती है जब तक यह स्पष्ट न हो जाये कि परस्पर क्रिया (Interaction) करने वाला व्यक्ति स्वयं उन क्रियाओं का क्या अर्थ लगाता है। पार्सन्स ने अपनी इस अभिव्यक्ति के संबंध में यह तर्क दिया कि किसी भी सामाजिक व्यवस्था का सदस्य एक सामान्य संस्कृति का भागीदार होता है और इसी आधार पर वह अपनी परिस्थितिगत प्रदर्शित व्यवहार का एक निश्चित अर्थ लगाता है। पार्सन्स द्वारा सामाजिक व्यवस्था के अन्तर्गत कई उपव्यवस्थाओं का विवरण प्रस्तुत किया गया है जिसमें राजनीतिक उपव्यवस्था भी शामिल है। इसी संकल्पना को आधार–माध्यम बनाकर अमेरिकी राजनीति वैज्ञानिक गेब्रियल ऑल्मंड ने राजनीतिक संस्कृति अवधारणा के अन्तर्गत उपसंस्कृति की खोज की है जिसका तार सीधे रूप से राजनीतिक उपव्यवस्था से जुड़ा है। उन्होंने 'Journal of Politics, 1956' में प्रकाशित अपने लेख 'Comparative Political System' के अन्तर्गत राजनीतिक उपव्यवस्था और उससे संबद्ध उपसंस्कृति को स्वतंत्र अध्ययन–विश्लेषण का विषय बनाया, जिन्हें क्रमशः राजनीतिक व्यवस्था संकल्पना एवं राजनीतिक संस्कृति संकल्पना की संज्ञा दी। नई अवधारणा के रूप में राजनीतिक संस्कृति संकल्पना के आविष्कार का श्रेय आल्मंड को दिया जाता है। एक अवधारणा के रूप में राजनीतिक संस्कृति उन प्रतीकों की व्यवस्थित प्रणाली के अध्ययन–विश्लेषण का साधन है जो सामाजिक मनुष्य की क्रियाओं एवं परस्पर क्रियाओं को सार्थक बनाने में सर्वाधिक महत्त्वपूर्ण भूमिका निभाता है। किसी व्यवस्था की राजनीतिक संस्कृति ही समाज के सदस्यों को अपनी राजनीतिक व्यवस्था एवं प्रक्रियाओं की ओर आसक्त (Attached) करती है, सदस्यों की गतिविधियों को एक विशेष दिशा–दशा प्रदान करती है तथा सदस्यों के अन्तर्मन में उस ज्ञानतत्त्व का विकास करती है जिसके माध्यम से उन्हें सामाजिक परिवेश में अपनी मनःस्थिति, अधिकार, कार्यों एवं कर्त्तव्यों का बोध होता है।

राजनीतिक संस्कृति का सीधा संबंध व्यक्ति के विचारों, भावनाओं, मनोदशाओं, अभिवृत्तियों से है, इसलिए किसी भी व्यवस्था की संस्कृति व्यवस्थागत राजनीति के स्वरूप–निर्धारण में प्रधानांग (Essential Organ) की भूमिका निभाती है। यही मूल वजह है कि जिन राजनीतिक व्यवस्थाओं में सार्वजनिक उद्देश्यों, आदर्शों, सार्वजनिक कल्याण व व्यवस्थागत विकास, आदि मुद्दों पर मतैक्यता (Consensus) पायी जाती है, वहां व्यवस्थागत संघर्षों, मतभेदों, विवादों, द्वन्द्वों, तनावों के समाधान में विशेष कठिनाई नहीं होती है, क्योंकि समाज का अधिकांश वर्ग प्रस्तुत समस्या के समाधान के उपायों पर अपनी सहमति व्यक्त करता है। यानी कि व्यवस्था की राजनीतिक संस्कृति आम मुद्दों पर सहमति का वातावरण तैयार करती है। ठीक इसके विपरीत जहां सामान्य संस्कृति और इससे निरूपित राजनीतिक संस्कृति का स्वरूप विखंडित होता है एवं इसमें अविश्वास तथा मतभेद के तत्त्वों का बोलबाला होता है, वहां आम मुद्दों पर भी व्यवस्था में सहमति का नितांत अभाव पाया जाता है, जिससे राजनीतिक सत्ता को शासन–संचालन में कई प्रकार की कठिनाइयों का सामना करना पड़ता है और व्यवस्था में राजनीतिक अस्थिरता का वातावरण सदैव बना रहता है।

राजनीतिक संस्कृति अवधारणा का सर्वाधिक सटीक विवरण गेब्रियल आल्मंड एवं सिडनी बर्बा की रचना 'The Civic Culture : Political Attitudes and Democracy in Five Nations, 1963' के अन्तर्गत प्रस्तुत किया गया है। इस पुस्तक में ब्रिटेन, जर्मनी, इटली, अमेरिका और मैक्सिको में लोकतंत्र की स्थिरता एवं अस्थिरता से प्रासंगिक तत्त्वों पर राजनीतिक संस्कृति के प्रभाव की समीक्षा की गयी है, जिसमें विशेष रूप से इंग्लैंड तथा अमेरिका एवं इटली तथा जर्मनी की राजनीतिक संस्कृति के बीच तुलनात्मक अन्तर का प्रस्तुतीकरण किया गया है। आल्मंड एवं बर्बा की दृष्टि में राजनीतिक संस्कृति का आशय है–व्यवस्थागत राजनीतिक विषयों के प्रति अभिविन्यासों का प्रतिमान (Pattern of Orientation)। यहां राजनीतिक विषयों का तात्पर्य संविधान, विधायिका, कार्यपालिका, न्यायपालिका, राजनीतिक दल, राज्य का इतिहास आदि है। व्यवस्था के सदस्यगण इन संस्थाओं, इनके द्वारा संपादित प्रक्रियाओं एवं राजनीतिक पर्यावरण के संदर्भ में क्या अभिमत (Opinion) रखते हैं और इस प्रसंग से स्वयं को किस प्रकार संबद्ध पाते हैं, अर्थात् व्यक्ति अपनी व्यवस्था एवं सरकार के संबंध में क्या राय रखता है और इस प्रक्रिया में स्वयं अपनी भूमिका का क्या मूल्यांकन करता है, इस वस्तुस्थिति की सही जानकारी ही दरअसल राजनीतिक संस्कृति संकल्पना का मूल अध्ययन तत्त्व है।

राजनीतिक संस्कृति अवधारणा को विभिन्न विद्वानों द्वारा अलग–अलग ढंग से संबोधित किया गया है। गेब्रियल आल्मंड ने इसे 'कार्य के प्रति अभिमुखीकरण' (Orientation to Action) कहा है। डेविड ईस्टन ने उसे 'पर्यावरण' (Environment), बियर ने 'राजनीतिक संस्कृति' (Political Culture), स्पाइरो ने 'राजनीतिक शैली' (Political Style) का नाम दिया है। वस्तुतः राजनीतिक संस्कृति एक समाजशास्त्रीय शब्दावली है जिसमें राजनीतिक विचारवाद, राष्ट्रवाद मनोविज्ञान, राष्ट्रीय लोकाचार (Ethos) भावना, आस्था, विश्वास, प्रतिबद्धता, जागरूकता तथा अवाम के जीवन से संबद्ध आधारभूत नैतिक मूल्य परम्पराएं आदि सम्मिलित हैं। यह राजनीतिक व्यवस्था एवं व्यवस्थागत राजनीति के प्रति समाज के सदस्यों के विश्वासों, मनोवृत्तियों, मूल्यों एवं व्यवहारों का योग है। यह व्यवस्थागत राजनीति के प्रति समाज का आग्रह है। दूसरे शब्दों में, अपनी राजनीतिक व्यवस्था एवं राजनीति से संबंधित अवाम के दृष्टिकोण, विचार, भावनाओं एवं विश्वासों के मिश्रित रूप को राजनीतिक संस्कृति का नाम दिया जाता है। किसी भी राजनीतिक व्यवस्था का सातत्य एवं स्थायित्व काफी हद तक वहां की राजनीतिक संस्कृति पर निर्भर करता है।

राजनीतिक संस्कृति अवधारणा को आनुभविक दृष्टि से परिभाषित करने में कई विद्वानों का उल्लेखनीय योगदान है, लेकिन इस प्रसंग में आल्मंड का नाम सर्वाधिक प्रमुख है। आल्मंड के शब्दों में, ''प्रत्येक राजनीतिक व्यवस्था राजनीतिक क्रियाओं के प्रति व्यक्त की जाने वाली प्रतिक्रियाओं के ढांचों में अन्तःसंबंध स्थापित करती है, इन्हीं प्रतिक्रियाओं को राजनीतिक संस्कृति कहा जाता है।'' आल्मंड एवं वर्बा के विचार में, ''राजनीतिक संस्कृति से तात्पर्य राजनीतिक व्यवस्था एवं इसके घटकों के प्रति विशिष्ट राजनीतिक अभिविन्यासों तथा व्यवस्था में स्व की भूमिका के प्रति मनोवृत्तियों से है।''

आल्मंड एवं पॉवेल के विचार में, ''राजनीतिक संस्कृति किसी राजनीतिक व्यवस्था के सदस्यों में राजनीति के प्रति पायी जाने वाली व्यक्तिगत अभिवृत्तियों और अभिविन्यासों का प्रतिमान है।''

सिडनी वर्बा द्वारा राजनीतिक संस्कृति के विभिन्न पहलुओं को व्यापक परिप्रेक्ष्य में देखा गया है। इनके शब्दों में, ''राजनीतिक संस्कृति में आनुभविक विश्वासों, अभिव्यक्तात्मक प्रतीकों और मूल्यों की वह व्यवस्था निहित है जो उस परिस्थिति या दशा को परिभाषित करती है जिसमें राजनीतिक क्रियाएं संपन्न होती हैं।''

लुसियन पाई ने **'Aspects of Political Development'** में कहा है कि ''राजनीतिक संस्कृति मनोवृत्तियों, विश्वासों एवं मनोभावों का कुलक (Series) है, जो राजनीतिक क्रियाओं को अर्थ एवं सुव्यवस्था प्रदान करता है तथा राजनीतिक व्यवस्था में व्यवहार को नियंत्रित करने वाली अन्तर्निहित पूर्वधारणाओं एवं नियमों को बताता है। इसमें राजनीतिक व्यवस्था का राजनीतिक आदर्श तथा सक्रियशील मान्यताएं दोनों सम्मिलित हैं। अतः, राजनीतिक संस्कृति राजनीति के मनोवैज्ञानिक एवं व्यक्तिपरक पहलुओं का समुचित प्रकारों में आविर्भाव है।''

एलेन बाल के शब्दों में, ''राजनीतिक संस्कृति उन अभिवृत्तियों, विश्वासों, भावनाओं एवं मूल्यों से मिलकर बनता है, जिनका संबंध राजनीतिक व्यवस्था तथा राजनीतिक मुद्दों से होता है।''

हींज यूलाऊ के शब्दों में, ''राजनीतिक संस्कृति हमारा ध्यान उन रूपों की ओर आकृष्ट करता है जिनका पूर्वानुमान समूहों के राजनीतिक व्यवहार से तथा एक समूह के सदस्यों के सामान्य विश्वासों, नियामक सिद्धान्तों, उद्देश्यों एवं मूल्यों से लगाया जा सकता है चाहे उस समूह का आकार कुछ भी क्यों न हो।''

उपर्युक्त परिभाषाएं इस तथ्य को स्पष्ट करती हैं कि किसी भी राजनीतिक व्यवस्था की राजनीतिक संस्कृति में उस व्यवस्था के अन्तर्गत विद्यमान समाज की वे अभिवृत्तियां, विश्वास, भावनाएं और मूल्य समाहित होते हैं जिनका सीधा संबंध राजनीतिक व्यवस्था तथा राजनीतिक मुद्दों से होता है। सभी समाजों के सदस्यों में भावात्मक प्रेरणाएं, बौद्धिक क्षमताएं तथा नैतिक मूल्यों के परिप्रेक्ष्य में समान प्रकृति पाई जाती है। यह समान मानव प्रकृति ही मूल्यों, विश्वासों तथा भावात्मक अभिवृत्तियों के रूप में अभिव्यक्त की जाती है जो थोड़े–बहुत संशोधन के साथ वर्तमान पीढ़ी से अगली पीढ़ी को संप्रेषित की जाती है। सामाजिक संस्कृति की रचना की यह प्रक्रिया ही राजनीतिक संस्कृति के निर्माण एवं संप्रेषण का आधारतत्त्व है। वस्तुतः, राजनीतिक संस्कृति व्यवस्था की उन अभिवृत्तियों, विश्वासों और मूल्यों का समुच्चय है, जो व्यवस्था की राजनीतिक प्रक्रिया को

व्यवस्थित अर्थ प्रदान करता है और उन अन्तर्निहित परिकल्पनाओं एवं नियमों की व्यवस्था करता है जो राजनीतिक व्यवस्था में राजनीतिक व्यवहार का संचालन करते हैं। इस प्रसंग में राजनीतिक संस्कृति को राजनीतिक उद्देश्यों के प्रति नागरिकों के अभिविन्यास के सामूहिक वितरण के रूप में देखा जा सकता है। आर.सी. मैक्रीडिस ने राजनीतिक संस्कृति को ''सामान्य रूप से बंटे हुए लक्ष्यों और समरूप में स्वीकृत नियमों की संज्ञा दी है।''

उपर्युक्त तथ्यों से यह जाहिर होता है कि राजनीतिक संस्कृति संकल्पना राजनीति के आत्मपरक क्षेत्र का हिस्सा है। लुसियन पाई ने अपने अध्ययन में तीसरी दुनिया के नवोदित व्यवस्थाओं के राजनीतिक विकास की सही स्थिति जानने के प्रसंग में राजनीतिक संस्कृति के आशय का गहन अध्ययन करते हुए इससे प्रासंगिक तीन तत्त्वों की चर्चा की है : (1) राजनीति का विस्तार : राजनीतिक कार्यों में साध्य और साधन के मध्य संबंध; (2) राजनीतिक कार्यों के मूल्यांकन से संबद्ध मानक; (3) राजनीतिक कार्यों से संबद्ध प्रमुख मूल्य।

इन मूल्यात्मक तत्त्वों के आधार पर 'राजनीतिक संस्कृति वह भावात्मक और दृष्टिकोणात्मक पर्यावरण है जिसके अन्तर्गत राजनीतिक व्यवस्था कार्य करती है।' इसके कई ऐसे घटक हैं जो समाजशास्त्र की दुनिया से संबद्ध हैं, मसलन–मूल्य संवेदनात्मक अभिवृत्तियां, विश्वास, परम्पराएं आदि जो नागरिक अपनी राजनीतिक व्यवस्था के प्रति व्यक्त करता है।

राजनीतिक संस्कृति के परिवर्त्य एवं संघटक
(Components and Variables of Political Culture)

राजनीतिक संस्कृति एक अमूर्त नैतिक धारणा, मूल्य या विश्वास है जो समाज के व्यक्तिगत एवं सामूहिक दोनों सोचों से संबद्ध तथ्यों का निचोड़ होता है। यह एक गतिशील विषय है जिसकी पहचान परिवर्तनशीलता है। यह राजनीति के प्रति समाज का आग्रह है जिसके निर्माण में प्रासंगिक परिवर्त्यों की भूमिका अहम् होती है।

आल्मंड एवं पॉवेल के विचार में राजनीतिक संस्कृति के नियामकों के प्रभाव की मात्रा को घटाने बढ़ाने के लिए कई तत्त्व जवाबदेह होते हैं जिन्हें राजनीतिक संस्कृति का परिवर्त्य कहा जाता है। आल्मंड की दृष्टि में राजनीतिक संस्कृति राजनीतिक व्यवस्था की राजनीति के प्रति उसके सदस्यों द्वारा व्यक्त की जाने वाली अभिवृत्ति एवं अभिविन्यास है। आल्मंड ने राजनीतिक संस्कृति को 'कार्य के प्रति अभिमुखीकरण' (Orientation to Action) के रूप में देखा है। इनके मतानुसार व्यवस्थागत राजनीतिक संस्कृति के प्रति व्यक्ति या समूह का दृष्टिकोण कुछ तत्त्वों पर निर्भर करता है, जिसे इन्होंने व्यक्ति के संदर्भ में राजनीतिक संस्कृति के परिवर्त्य (Variables of Political Culture) का नाम दिया है।

आल्मंड एवं पॉवेल के मतानुसार राजनीतिक संस्कृति के प्रति व्यक्तिगत या सामूहिक अभिविन्यास (Individual or Collective Orientation) में तीन संघटकों (Components) का अस्तित्व प्रभावी होता है :

1. **संज्ञानात्मक अभिविन्यास (Cognitive Orientation)**—यह प्रसंग राजनीतिक व्यवस्था की राजनीति से संबंधित तात्त्विक ज्ञान से संबद्ध होता है जिसके माध्यम से व्यक्ति राजनीतिक घटनाओं एवं राजनीतिक प्रक्रियाओं की जानकारी लेता है। इसका आशय राजनीतिक विषयों के ज्ञान और उसके अस्तित्व के प्रति सजगता से जुड़ा होता है। इस अवस्था में व्यक्ति को राजनीतिक विषयों का ज्ञान सही एवं गलत दोनों रूपों में प्राप्त हो सकता है, लेकिन दोनों ही स्थितियों में लिया गया संज्ञान व्यक्ति के राजनीतिक व्यवहार को प्रभावित करता है।
2. **भावात्मक अभिविन्यास (Affective Orientation)**—इसका अभिप्राय राजनीतिक विषयों, मुद्दों पर व्यक्ति की अभिरुचि, सहमति–असहमति, विश्वास, आस्था एवं सहयोग आदि भावनाओं से प्रासंगिक है, अर्थात् इसका आशय राजनीतिक व्यवस्था प्रक्रिया एवं राजनीतिक विषयों के प्रति व्यक्ति के मन में उत्पन्न होने वाले व आकार लेने वाले भाववेगों, अभिवृत्तियों तथा अनुभूतियों, आदि से संबद्ध है। यह संघटक किसी

राजनीतिक घटना, समस्या व प्रक्रिया से व्यक्ति की अरुचि, अभिरुचि, लगाव, अलगाव, संबद्धता और विमुखता को अभिव्यक्त करता है।

3. **मूल्यांकनात्मक अभिविन्यास (Evaluative Orientation)**—इसका अभिप्राय राजनीतिक प्रक्रियाओं, विषयों, मुद्दों पर व्यक्ति के मत या निर्णय की अभिव्यक्ति है, अर्थात् यह व्यवस्थागत राजनीति, राजनीतिक प्रक्रियाओं व राजनीतिक विषयों पर व्यक्ति का मूल्य निर्णय (Value Judgement) है, उचित–अनुचित का मूल्यांकन है। इस संघटक के माध्यम से व्यक्ति राजनीतिक क्रियाओं के प्रसंग में अपने मूल्य–बोध का चयन कर बेहतर निष्कर्ष पर पहुँचता है, यानी कि इस स्तर पर व्यक्ति राजनीतिक घटनाओं, समस्याओं, मुद्दों पर व्यक्तिगत और सामूहिक निर्णय की स्थिति में होता है।

राजनीतिक संस्कृति से प्रासंगिक उपर्युक्त विवेचित अभिविन्यास सामाजिक तत्वों व परिस्थितियों से प्रभावित, निर्धारित एवं निरूपित होता है। समाज की प्रचलित परम्पराएं, मान्यताएं, मूल्य ऐतिहासिक विरासत, स्मृतियां, प्रेरणाएं, प्रतीकों, भावावेगों के आधार पर व्यक्ति अपनी राजनीतिक व्यवस्था–प्रक्रिया एवं राजनेताओं के संबंध में उचित–अनुचित निर्णय लेता है, जिसकी वजह से व्यवस्था की राजनीति के अस्तित्व का आकार स्पष्ट होता है। आल्मंड एवं पॉवेल की अभिव्यक्ति के अनुसार उपर्युक्त वर्णित तीन आधारभूत परिवर्त्यों के माध्यम से व्यक्ति या समूह अपने व्यक्तिगत या सामूहिक हितों, मूल्यों के प्रति अभिमुखीकरण के आधार पर राजनीतिक सहभागिता द्वारा निर्णय की स्थिति में पहुंचता है।

कार्य के प्रति अभिमुखीकरण के रूप में जिस प्रकार व्यवस्थागत राजनीतिक संस्कृति के प्रति व्यक्तिगत अभिविन्यास के तीन संघटकों की विवेचना आल्मंड द्वारा प्रस्तुत की गयी है उसी प्रकार आल्मंड ने राजनीतिक व्यवस्था के प्रति भी व्यक्तिगत एवं सामूहिक अभिविन्यास के चार संघटकों (Component) की चर्चा की है, यथा : (1) संपूर्ण राजनीतिक व्यवस्था का संदर्भ (Total Aspect of Political System), (2) आगत प्रक्रिया (Input Process), (3) निर्गत प्रक्रिया (Output Process), (4) मूल्यांकन प्रक्रिया (Evaluation Process)।

संपूर्ण राजनीतिक व्यवस्था के संदर्भ का संबंध व्यवस्था के ऐतिहासिक, भौगोलिक, संरचनात्मक, विचारात्मक तथा सामाजिक–आर्थिक एवं राजनीतिक पक्षों से जुड़ा होता है। इस परिप्रेक्ष्य में यह देखा जाता है कि राजनीतिक व्यवस्था के विभिन्न भावात्मक आयामों के प्रति जनता की राजनीतिक प्रकृति में किस प्रकार का अभिमुखीकरण हो रहा है। यदि जनसाधारण में अपनी राजनीतिक व्यवस्था के प्रति अभिवृत्तात्मक एवं व्यावहारिक परिवर्तन का संकेत मिले तो यह राजनीतिक संस्कृति की स्वस्थ होने की पहचान है। या यूं कहा जा सकता है कि व्यवस्था के प्रति सकारात्मक अभिविन्यास ही दरअसल राजनीतिक व्यवस्था के विकास का मानदंड–निर्धारक होता है। इसी प्रकार, राजनीतिक संस्कृति को आकार प्रदान करने में राजनीतिक व्यवस्था की आगत–निर्गत प्रक्रिया की भूमिका सर्वाधिक महत्त्वपूर्ण होती है। ये दोनों प्रक्रियाएं राजनीतिक व्यवस्था की क्षमता–निर्धारक होती हैं। सामान्यतया सभी राजनीतिक व्यवस्थाओं की क्षमता–निर्धारण के तीन मानदंड होते हैं, यथा–राजनीतिक मामलों का उचित निपटारा, राजनीतिक विवादों पर नियंत्रण तथा जनता द्वारा की जाने वाली मांगों की ज्यादा से ज्यादा पूर्ति। व्यवस्था की आगत–निर्गत प्रक्रिया से प्रासंगिक इन तीनों मानदंडों के आधार पर राजनीतिक व्यवस्था के प्रति अवाम की अभिवृत्ति का अभिविन्यास सकारात्मक या नकारात्मक दोनों रूपों में आकार लेता है। अंतिम अवयव मूल्यांकन प्रक्रिया है। ये व्यवस्था के प्रति अभिमुखीकरण से संदर्भित वह परिवर्त्य है जो राजनीतिक व्यवस्था को सातत्य प्रदान करता है और व्यवस्थागत राजनीति को अर्थ प्रदान करता है। राजनीतिक अभिजनों द्वारा व्यवस्था में उत्पन्न राजनीतिक प्रश्नों, समस्याओं, मुद्दों, मांगों के निपटारे की क्षमता के आधार पर वहां जनता का अपनी राजनीतिक व्यवस्था के प्रति मूल्यांकनात्मक अभिविन्यास होता रहता है।

राजनीतिक व्यवस्था के प्रति जनसाधारण की अभिवृत्तियों, विश्वासों, आस्थाओं प्रतिबद्धताओं से प्रासंगिक तथ्यों से संबद्ध राजनीतिक संस्कृति का स्वरूप सजातीय (Homogeneous) या विजातीय (Heterogeneous) दोनों होता है। यह स्थिति व्यवस्था में कई अन्तर्संबंधित कारकों, यथा–ऐतिहासिक, सामाजिक आर्थिक, भौगोलिक तत्त्वों की उपज होती है। इस प्रसंग में एक महत्त्वपूर्ण तथ्य यह है कि यह अभिविन्यास स्थैतिक की जगह गत्यात्मक

होता है जो राजनीतिक व्यवस्था के अन्दर उत्पन्न या बाहर से आरोपित समस्याओं, आवश्यकताओं मुद्दों के प्रति अनुक्रियाएं करता है। इस प्रसंग में परिणामवादी अभिविन्यास (Pragmatic Orientation) को राजनीतिक संस्कृति के लौकिकीकरण (Secularisation) का नाम दिया जाता है।

उपर्युक्त विवेचन से यह स्पष्ट होता है कि राजनीतिक संस्कृति व्यवस्थागत राजनीति के प्रति व्यक्ति के मनोवैज्ञानिक आयामों की सामूहिक या व्यक्तिगत अभिव्यक्ति है। आल्मंड और पॉवेल द्वारा अभिव्यक्त कार्य के प्रति अभिविन्यास (Orientation to Action) को निम्नांकित तालिका द्वारा स्पष्ट रूप से समझा जा सकता है :

कार्य के प्रति अभिविन्यास
(Orientation to Action)

राजनीतिक संस्कृति के प्रति व्यक्तिगत एवं सामूहिक अभिविन्यास (Individual and Collective Orientation towards Political Culture)	राजनीतिक व्यवस्था के प्रति व्यक्तिगत एवं सामूहिक अभिविन्यास (Individual and Collective Orientation towards Political System)
तीन संघटक (Three Components)	**चार संघटक (Four Components)**
1. संज्ञानात्मक अभिविन्यास (Cognitive Orientation)	1. संपूर्ण राजनीतिक व्यवस्था का संदर्भ (Total Aspect of Political System)
2. भावात्मक अभिविन्यास (Affective Orientation)	2. आगत प्रक्रिया (Input Process)
3. मूल्यांकनात्मक अभिविन्यास (Evaluative Orientation)	3. निर्गत प्रक्रिया (Output Process)
	4. मूल्यांकन प्रक्रिया (Evaluation Process)

आल्मंड एवं पॉवेल द्वारा प्रस्तुत उपर्युक्त राजनीतिक संस्कृति संकल्पना से प्रासंगिक व्यक्तिगत अभिविन्यास के तीन मूल संघटकों के अतिरिक्त कुछ अन्य सामाजिक–आर्थिक संघटक भी हैं जो राजनीतिक संस्कृति के निर्माण एवं मजबूतीकरण की प्रक्रिया में आधारभूत परिवर्त्य के रूप में सदैव सक्रिय रहते हैं। सामाजिक परम्पराएं, मूल्य, विश्वास, आस्था, सामाजिक पर्यावरण सरकार द्वारा बुनियादी आवश्यकताओं की पूर्ति, उत्तम जीवन के लिए आवश्यक साधनों की व्यवस्था, रोजगार के अवसर, सार्वजनीन शिक्षा की व्यवस्था, नागरिक स्वतंत्रताओं की रक्षा, साक्षरता का विस्तार, प्रतिव्यक्ति आय का उच्च स्तर, सामाजिक गतिशीलता, अर्थव्यवस्था में वाणिज्य–व्यापार व औद्योगीकरण का उच्च स्तर, सामाजिक व आर्थिक प्रक्रियाओं में समाज के सदस्यों की विस्तृत भागीदारी, आदि अनेक परिवर्त्य हैं जो राजनीतिक संस्कृति के निर्माण एवं विकास में आधारतत्त्व की भूमिका निभाते हैं। इन सामाजिक–आर्थिक अवयवों की वजह से जनसाधारण में अपनी राजनीतिक व्यवस्था एवं राजनीतिक अभिजन के प्रति भावनात्मक अभिवृत्तियां उत्पन्न होती हैं जो राजनीतिक संस्कृति के प्रति उनके व्यक्तिगत या सामूहिक अभिविन्यास को तत्त्वबोध प्रदान करती हैं, जिससे अभिप्रेरित होकर व्यक्ति अभिविन्यास के संज्ञानात्मक, भावनात्मक एवं मूल्यांकनात्मक अवस्थाओं से गुजरता है और किसी भी मुद्दे पर अपनी स्पष्ट राय कायम करने में सफल हो पाता है।

राजनीतिक संस्कृति की प्रकृति एवं विशेषताएं
(Nature and Characteristics of Political Culture)

प्रकृति (Nature)

राजनीतिक संस्कृति किसी भी राजनीतिक व्यवस्था का सामूहिक इतिहास एवं व्यवस्था में मौजूद राजनीति के संयोजन की उपज होती है। यह व्यवस्थागत सामाजिक जीवन के यथार्थ की अभिव्यक्ति है एवं राजनीति के अस्तित्व का संधान है। यह मौजूदा राजनीति के प्रति व्यक्तिपरक एवं मनोवैज्ञानिक आयामों की सामूहिक अभिव्यक्ति है। यह राजनीतिक व्यवस्था के विभिन्न आयामों का सामूहिक इतिहास एवं वर्तमान है जिसे प्रत्येक व्यवस्था की सामाजिक बुनावट के विशिष्ट लक्षणों के रूप में चिन्हित किया जाता है। प्रक्रिया के रूप में यह राजनीतिक व्यवहार की विशेष अभिव्यक्ति है जिस पर व्यवस्था एवं व्यवस्था–संचालक के रूप में राजनीतिक सत्ता की लोकप्रियता प्रभाविता एवं स्थिरता टिकी होती है। यह राजनीतिक सत्ता की वैधता–प्राप्ति का आधारतत्त्व एवं आधार माध्यम है। राजनीतिक संस्कृति एक प्रयास है अपनी व्यवस्था को समझाने का एवं समाज और राजनीति के बीच तालमेल बैठाने का। यह राजनीतिक व्यवस्था में विद्यमान, सामाजिक, आर्थिक, सांस्कृतिक, धार्मिक पर्यावरण की राजनीतिक अभिव्यक्ति है।

प्रत्येक राजनीतिक व्यवस्था की राजनीतिक संस्कृति के मध्य भावनात्मक विभिन्नताएं पायी जाती हैं। सामान्यतया एक व्यवस्था की राजनीतिक संस्कृति दूसरे से कुछ मायने में अलग होती है। एक व्यवस्था की राजनीतिक संस्कृति दूसरी व्यवस्था की संस्कृति से जिन आधारों पर पृथक् पहचान रखती है उनमें, (1) सत्ता और शक्ति की संकल्पना (Concept of Power and Authority), (2) औचित्यपूर्णता की प्रक्रिया (Process of Legitimacy), (3) राजनीति एवं राजनीतिज्ञों की स्थिति (The Status of Politics and Politicians) तथा (4) सरकार के प्रदर्शन का मूल्यांकन (The Evaluation of Performance of the Government)। जैसे प्रसंग मुख्य भूमिकाएं निभाते हैं।

1. **सत्ता एवं शक्ति की संकल्पना**–सत्ता किसी भी राजनीतिक व्यवस्थारूपी शरीर की आत्मा होती है और शक्ति राजनीतिक व्यवस्था की मौजूद सत्ता द्वारा प्रयोग किया जाने वाला एक ऐसा बुनियादी संप्रत्यय है जो समस्त व्यवस्थाओं को एक सूत्र में पिरोता है। राजनीतिक सत्ता द्वारा शक्ति का प्रयोग प्रत्यक्ष एवं अप्रत्यक्ष दोनों ही रूपों में किया जाता है। व्यवस्था संचालन के नाम पर परिस्थितियों का हवाला देकर शक्ति प्रयोग एवं प्रदर्शन के लिए लगभग सभी व्यवस्थाओं में सत्ता द्वारा राजनीतिक दांव–पेंच अपनाये जाते हैं। प्रत्येक व्यवस्था में शक्ति विविध रूपों में विद्यमान होती है जो बल, प्रभुत्व या छलयोजन के रूप में, वैधानिक, परम्परागत या चमत्कारिक रूप में, प्रकट या अप्रकट रूप में, दमनात्मक या अदमनात्मक रूप में औपचारिक या अनौपचारिक रूप में वैध या अवैध रूप में एवं केन्द्रित या विकेन्द्रित रूप में आकार लेती है। शक्ति मूलतः दो प्रकार की होती है–संबधमूलक या स्थितिपरक। संबधमूलक के रूप में यह व्यक्ति द्वारा किसी अन्य व्यक्ति को प्रभावित करने की क्षमता होती है और स्थितिपरक रूप में प्रयोगकर्ता किसी विशेष स्थिति में इसका प्रयोग करता है। शक्ति के प्रयोग में एक अन्य कारक भी सहायक होता है, जिसे आशय (Intention) कहा जाता है। रॉबर्ट डाल ने अपनी अभिव्यक्ति में शक्ति द्वारा प्रभावित होने वाले व्यक्ति के प्ररिप्रेक्ष्य में 'आशय' को काफी महत्त्व दिया है। किसी भी प्रयोगकर्ता के पास राजनीतिक शक्ति स्थायी रूप से नहीं रहती है। पार्सन्स ने शक्ति की तुलना मुद्रा से की है और इसके तीन श्रोतों की चर्चा की है–शारीरिक शक्ति, भौतिक शक्ति एवं प्रतीकात्मक शक्ति। तात्त्विक रूप में व्यवस्था में शक्ति के अनेक श्रोत हैं, यथा–सत्ता, संगठन, प्रभाव, बल प्रतिष्ठा, परिस्थिति, धन–दौलत, प्रेम, घृणा, ईर्ष्या, प्रतिस्पर्द्धा, व्यक्तिगत आकर्षण, आदि जिसके प्रयोग एवं प्रभाव की अवस्थिति की वजह से विभिन्न व्यवस्थाओं की राजनीतिक संस्कृति में भिन्नताएं पायी जाती हैं। शक्ति प्रयोगकर्ता अन्य लोगों यानी कि जनसाधारण से वैधानिक आदेशों का अनुपालन कराने के लिए

किस प्रकार का दबाव बनाता है, यह प्रसंग व्यवस्थागत राजनीतिक संस्कृति के स्वरूप निर्माण एवं निर्धारण में सर्वाधिक अहमियत रखता है।

2. **औचित्यपूर्णता की प्रक्रिया**—मैक्स वेबर ने औचित्यपूर्णता को आदेशात्मक व्यवस्था का सबसे महत्त्वपूर्ण आधारतत्त्व कहा है। यहाँ वैधता से अभिप्राय यह है कि अनुपालनकर्ता आदेशकर्ता के प्रति विश्वास एवं आस्था रखता है साथ ही यह स्वीकारता है कि उसे मिलने वाला आदेश उचित तथा न्यायपूर्ण है और इस आधार पर ओदशकर्ता के आदेशों का पालन करना ही तर्कसंगत एवं उचित है। यह मूलाधार तत्त्व है, और सभी राजनीतिक व्यवस्थाएं इसी तत्त्वबोध के आधार पर अपनी लोकप्रियता को औचित्यपूर्णता में रूपान्तरित करती है तथा अपने सातत्य को कायम रखने में सफल होती है। सभी राजनीतिक व्यवस्थाओं का यह सदैव प्रयास होता है कि वह अपने सदस्यों में आदेशात्मक नियंत्रण के प्रति वैधता की भावना उत्पन्न कराये, उसे विकसित करे एवं इसके मजबूतीकरण की दिशा में सदैव क़दम बढ़ाये। औचित्यपूर्णता शक्ति को सत्ता में परिवर्तित करने का ख़ास साधन है, जिसका आधारतत्त्व व्यवस्था के सदस्यों में राजनीति के प्रति मौजूद मूल्यबोध के अस्तित्व पर निर्भर करता है। औचित्यपूर्णता के साथ प्रभाव का अन्योन्याश्रय संबंध है और इसका आधारभूत माध्यम सामाजिक स्वीकृति है। इसकी सबसे बड़ी ख़ासियत इसकी गतिशीलता है जिसकी उत्पत्ति सहभागिता से होती है। इस दृष्टि से राजनीतिक व्यवस्था द्वारा अपनायी जाने वाली औचित्यपूर्णता की प्रक्रिया ही राजनीतिक संस्कृति के निर्माण एवं निरूपण में प्रधानांग तत्त्व का कार्य करती है और यही विभिन्न व्यवस्थाओं में राजनीतिक संस्कृति के स्वरूप में पायी जाने वाली विभिन्नता का मुख्य कारक है। समाज में वैधता प्रदान करने का मुख्य आधार सुरक्षा तथा सामाजिक कल्याण की आवश्यकता है इस दृष्टि से राजनीतिक व्यवस्था का महत्त्वपूर्ण कार्य समाज को सुरक्षा प्रदान कराना और जनकल्याण की गतिविधियों का संचालन करना है। सरकार द्वारा निष्पादित किये जाने वाले इस जनसरोकारगत कार्य का व्यवस्था में वैधता—प्राप्ति की परिस्थितियों के निर्माण में महती योगदान होता है। सरकार द्वारा जनकल्याण हेतु किये गए कार्यों में पायी जाने वाली विभिन्नताएं एवं औचित्यपूर्णता प्राप्ति की प्रक्रिया में पाये जाने वाला अन्तर राजनीतिक संस्कृति के निर्माण एवं उनके मध्य पायी जाने वाली विभिन्नताओं के लिए जवाबदेह कारक है।

3. **राजनीति एवं राजनीतिज्ञों की स्थिति**—प्रत्येक राजनीतिक व्यवस्था में राजनीति का एक आत्मपरक (Subjective) क्षेत्र होता है, लेकिन प्रत्येक व्यवस्था में राजनीति और राजनीतिज्ञों की स्थिति में अन्तर होता है। विकासशील देशों में जहां राजव्यवस्था सामाजिक व्यक्ति की बुनियादी जरूरतों को पूरा नहीं कर पाती है या उत्तम जीवन के लिए आवश्यक साधनों की व्यवस्था नहीं कर पाती है, यानी कि जहां की अर्थव्यवस्था अत्यंत पिछड़ी है और सभी मायनों में राजनीतिक व्यवस्था पिछड़ेपन की शिकार है, वहां की सामाजिक विविधताएं संस्कृति के विखंडित स्वरूप के लिए जिम्मेदार होती हैं और सामाजिक संस्कृति का विखंडित रूप व्यवस्थागत राजनीति एवं राजनीतिक संस्कृति का विखंडित स्वरूप प्रदर्शित करता है। इस प्रकार किसी भी राजनीतिक व्यवस्था की राजनीति तथा राजनीतिज्ञों की स्थिति यानी कि राजनेताओं की लोकप्रियता, प्रभाव, समाज के प्रति उनका व्यापक या संकुचित दृष्टिकोण, उनके द्वारा किया जाने वाला जनकल्याणकारक कार्य व्यवस्था में राजनीतिक संस्कृति के स्वरूप निर्धारण एवं निरूपण में अहम् भूमिका अदा करता है। यदि राजनीतिक अभिजन समाज कल्याण कार्य से विमुख होकर अपने राजनीतिक दायित्व के निर्वहन में पिछड़ जाते हैं या स्वार्थ—सिद्धि से वशीभूत होकर सिर्फ अपने हितवर्धन के प्रयास में जुटे रहते हैं तब व्यवस्था की राजनीतिक संस्कृति उनके विरुद्ध हो जाती है। यह स्थिति व्यवस्था में जनआंदोलन, हड़ताल, विद्रोह एवं क्रान्ति की परिस्थितियां पैदा करता है जिसके परिणामस्वरूप राजनीतिक शासक अभिजन का परिसंचरण होता है। अर्थात्, व्यवस्था में राजनीति की स्थिति एवं व्यवस्थागत राजनीतिक संस्कृति के बीच अन्योन्याश्रय संबंध होता है और दोनों एक—दूसरे के निर्माणी, नियामक एवं निरूपक होते हैं।

4. **सरकार के प्रदर्शन का मूल्यांकन**—किसी भी राजनीतिक व्यवस्था में सरकार द्वारा किये गये जनसरोकारगत कार्यों के आधार पर ही व्यवस्था की राजनीति एवं राजनीतिक व्यवस्था के प्रति अवाम के दृष्टिकोण में या उसकी अभिवृत्तियों में संज्ञानात्मक, भावात्मक, मूल्यांकनात्मक अभिविन्यास होता रहता है। राजनीति सामाजिक जीवन की बुनियादी गतिविधि है जो सामाजिक मनुष्य की आवश्यकता पूर्ति का माध्यम भी है। प्रत्येक व्यवस्था में समाज के मूल्यवान् संसाधन सीमित होते हैं। सामाजिक संसाधनों, यथा—वस्तुएं, सेवाएं अवसरों एवं लाभों के वितरण के लिए परस्पर—विरोधी मांगें उठती रहती हैं जिसके समाधान का उपाय भी सरकार द्वारा ही ढूंढा जाता है। इसके लिए व्यवस्था नियम बनाती है, निर्णय लिये जाते हैं, सभी के अधिकार—कर्त्तव्य व दायित्व निर्धारित किये जाते हैं। सार्वजनिक जीवन को स्वस्थ और उन्नत बनाने के लिए सरकार, राजनीतिक दलों एवं हित समूहों द्वारा युक्तियां निकाली जाती हैं। ये युक्तियां, नियम, नीतियां और निर्णय मनुष्य के सामाजिक जीवन को गंभीर रूप से प्रभावित करते हैं और सरकार की कार्यशैली एवं प्रदर्शन (Performance) को आधार बनाकर जनता आनुभविक आधार पर जो मूल्यांकन करती है वह राजनीतिक संस्कृति के निर्माण, नियमन एवं निरूपण में अत्यधिक महत्त्वपूर्ण भूमिका निभाता है।

उपर्युक्त वर्णित राजनीतिक संस्कृति के निर्माण के आधारतत्त्व विभिन्न व्यवस्थाओं की राजनीतिक संस्कृति के निर्माण व निर्णायक तत्त्वों में मात्रात्मक अन्तर के लिए जवाबदेह कारक हैं और यही वे आधारभूत कारक भी हैं जो प्रत्येक व्यवस्था की राजनीतिक संस्कृति को विशिष्ट एवं पृथक् पहचान प्रदान करते हैं। इस प्रकार राजनीतिक संस्कृति व्यवस्थागत पर्यावरण से प्रासंगिक अनेक तत्त्वों एवं उपादानों (Materials) का सामूहिक एवं समन्वित रूप है, जिसका स्वरूप नयी विचारधाराओं, औद्योगीकरण, उदारीकरण, शहरीकरण, जनसंख्या विस्फोट, व्यवस्था का पिछड़ापन या समृद्ध परिस्थितियां, समस्याएं, नए नेताओं के उदय आदि कई आधारभूत कारणों से परिवर्तित होता रहता है।

राजनीतिक संस्कृति की प्रवृत्ति के मूलतत्त्व
(Basic Elements of the Nature Political Culture)

राजनीतिक संस्कृति की प्रकृति एवं प्रवृत्ति को तत्त्वतः समझाने के लिए यहां उन तत्त्वमूल्यों की विवेचना की जा रही है जिनके संयोजन से राजनीतिक संस्कृति आकार लेती है। चूँकि, ये संकल्पना व्यक्ति के आत्मपरक क्षेत्र का हिस्सा है इस दृष्टि से उसकी प्रकृति—निर्माण में मोटे तौर पर तीन मूलतत्त्वों की प्रधानता होती है, यथा : (1) आनुभविक विश्वास (Empirical Beliefs), (2) मूल्य अभिरुचियां (Value Preferences), (3) प्रभावी अनुक्रियाएं (Effective Responses)।

1. **आनुभविक विश्वास (Empirical Beliefs)**—राजनीतिक संस्कृति की प्रकृति से प्रासंगिक यह तत्त्व अपनी व्यवस्था के प्रति अवाम की रुचि—अरुचि, विश्वास—अविश्वास लगाव या उदासीनता का बोधक है। राजनीतिक संस्कृति की प्रकृति के प्रसंग में यह तत्त्व आधारभूत महत्त्व रखता है, क्योंकि संपूर्ण व्यवस्था का संचालन, नियमन, निरूपण एवं सातत्य इसी से प्रभावित तथा नियमित होता है। यह व्यक्ति के द्वारा प्रदर्शित राजनीतिक व्यवहार की प्रेरक शक्ति है, जिसका ज्ञान व्यक्ति को स्वयं अपने राजनीतिक अनुभवों से प्राप्त होता है। यह स्वयं अर्जित अनुभव से बनी आस्था व विश्वास है जिनकी पहचान राजनीतिक संस्कृति की प्रकृति में बुनियादी परिवर्तन लाने वाले कारक के रूप में की गयी है। आनुभविक विश्वास का अभिप्राय है व्यक्ति की व्यवस्थागत राजनीति एवं राजनीतिज्ञों के संबंध में जानकारी तथा राजनीति के प्रति उसके रुझान का संकेत। दूसरे शब्दों में यह कहा जा सकता है कि व्यक्ति अपनी राजनीतिक व्यवस्था, राजनीतिक प्रक्रियाओं, राजनीतिक संरचनाओं एवं राजनीतिक नेतृत्व पर कितना विश्वास करता है तथा कितनी संबद्धता या उदासीनता का अनुभव करता है इसका स्पष्ट संकेतक है—यह तत्त्व जो

राजनीतिक संस्कृति के निर्माण का बुनियादी व्यक्ति सापेक्ष कारक है। दृष्टान्तस्वरूप भारतीय राजनीतिक संस्कृति की केमिस्ट्री के निर्माण एवं निरूपण में सामाजिक विविधताओं के कई पक्ष प्रभावी भूमिका निभाते हैं, जिनसे वशीभूत होकर मतदाता बुनियादी मुद्दों को हाशिए पर ढकेल अपने आनुभविक विश्वास व आस्था से प्रेरित होकर व्यवस्था की राजनीतिक संस्कृति को नई शक्ल में ढलते रहते हैं। इसी सामाजिक केमिस्ट्री से अभिप्रेरित सोशल इंजीनियरिंग के तत्त्व यहां अभिजन परिसंचरण के संदर्भ में अपरिहार्य आधार माध्यम की भूमिका अदा करता है।

2. **मूल्य अभिरुचियां (Value Preferences)**—राजनीतिक संस्कृति की प्रकृति से संबद्ध यह तत्त्व राजनीति के प्रति अवाम की मूल्य अधिमान्यताओं का संकेतक है। यह सूचक है व्यक्तिगत मूल्यों के प्रति व्यक्तियों की अभिरुचियों एवं संदर्भित अभिविन्यासों का। मूल्य अधिमान्यताएं किसी भी राजनीतिक व्यवस्था के लिए वे सार्वजनिक लक्ष्य हैं जो आस्था एवं विश्वास जैसी अभिवृत्तियों से संबद्ध होती हैं। यह व्यवस्था में विद्यमान मूल्यों के प्रति सदस्यों के रुझान की जानकारी देता है। इसके माध्यम से विभिन्न राजनीतिक व्यवस्थाओं में अलग–अलग मूल्यों के प्रति सदस्यों के झुकाव को स्पष्ट रूप से देखा जा सकता है। कुछ व्यवस्थाओं में सदस्यों की अभिरुचि कानून व्यवस्था, सामाजिक सुरक्षा या राजनीतिक स्थायित्व में होती है, तो कुछ व्यवस्थाओं में लोग स्वतंत्रता, समानता, भ्रातृत्व, सामाजिक न्याय जैसे मूल्यों के प्रति ज्यादा प्रतिबद्ध दिखाई पड़ते हैं। कुछ व्यवस्थाओं में जनता बिना किसी विरोध के सर्वाधिकारी सत्ता के अस्तित्व को कायम रखती है और कुछ व्यवस्थाओं में किसी भी कीमत पर जनता लोकतंत्र को बहाल करने के लिए कटिबद्ध दिखाई देती है। मूल्य अभिरुचियां ही वे प्रेरकतत्त्व हैं, जो राजनीतिक संस्कृति के निर्माण एवं उसमें होने वाले बदलाव के लिए बुनियादी तत्त्व प्रदान करता है। मूल्य अधिमान्यताएं ही राजनीतिक पर्यावरण का निर्माण करती हैं एवं राजनीतिक मांगों के अनुरूप राजनीतिक संस्कृति को नया आकार देकर शासक अभिजन–संचरण की परिस्थितियां बनाता है। विकसित राजनीतिक व्यवस्थाओं में मूल्य अभिरुचियों का स्थायीकरण हो चुका है इसलिए वहां की राजनीतिक संस्कृति में विविधताएं नहीं के बराबर पायी जाती हैं और उपसंस्कृति का आविर्भाव नहीं के बराबर होता है। लेकिन, विकासशील देशों में मूल्यों के अस्थायीकरण की वजह से व्यवस्था में सांस्कृतिक विविधताओं के साथ–साथ उपसंस्कृतियों का आविर्भाव एवं अस्तित्व–निर्माण की स्थिति स्पष्टतः देखा जा सकता है, जिसे आल्मंड ने भूमिका संस्कृति की संज्ञा दी है।

3. **प्रभावी अनुक्रियाएं (Effective Responses)**—यह राजनीतिक व्यवस्था एवं प्रक्रियाओं, घटनाओं, समस्याओं, मुद्दों आदि के प्रति अवाम की मनोवृत्ति की अनुकूल या प्रतिकूल प्रतिक्रियाओं (Reactions) का बोधक है। प्रभावी अनुक्रियाएं राजनीतिक संस्कृति की प्रकृति का एक महत्त्वपूर्ण निर्माणी तत्त्व (Manufacturing Element) है। यह वह तत्त्व है जिसकी वजह से राजनीतिक व्यवस्था की राजनीति एवं राजनीतिक इकाइयों के संबंध में लोगों की सोच तथा उससे प्रासंगिक अभिक्रियाओं की स्पष्ट जानकारी होती है। यह राजनीतिक नेताओं, राजनीतिक दल, दबाव समूह, हित समूह, राजनीतिक अभिजन आदि के क्रियाकलापों पर व्यवस्था के सदस्यों की प्रभावी प्रतिक्रिया है और इन्हीं प्रतिक्रियाओं के योग से राजनीतिक संस्कृति का स्वरूप शासक अभिजन के समर्थन या विरोध में आकार लेता है। विभिन्न राजनीतिक व्यवस्थाओं में शासक अभिजन के विरोध में उठने वाले प्रतीकात्मक स्वर, जनविद्रोह, जनआन्दोलन, क्रान्ति, हड़ताल, प्रदर्शन, राजनीतिक उठा–पटक, सरकार का तख्तापलट या उथल–पुथल आदि राजनीतिक–सामाजिक परिस्थितियों को निर्माणात्मक बुनियादी तत्त्व (Formative Basic Factor) व्यक्तियों द्वारा प्रदर्शित इन्हीं अभिवृत्तियों के माध्यम से प्राप्त होता है। सामाजिक–राजनीतिक व्यवस्था में पूर्णरूप से यह व्यक्ति या समूह द्वारा प्रदर्शित आनुभविक प्रभावकारी प्रतिक्रिया है जो व्यवस्था की राजनीति एवं राजनीतिक पर्यावरण को ठोस स्वरूप प्रदान करता है।

उपर्युक्त विवेचित तीनों लक्षण सभी राजनीतिक व्यवस्थाओं की राजनीतिक संस्कृति में विद्यमान अपरिहार्य तत्त्व हैं जो उसकी प्रकृति का स्वरूप निर्धारित व निरूपित करते हैं। हालांकि सभी राजनीतिक संस्कृतियों के प्रकृति निर्माण में ये तत्त्व समान रूप से प्रभावकारी नहीं होते हैं। जिन व्यवस्थाओं में राजनीतिक जागरूकता का प्रतिशत ज्यादा होता है तथा राजनीति के प्रति संज्ञान लेने की प्रवृत्ति अधिक होती है, वहां ये लक्षण ज्यादा सार्थक और समर्थ रूप में प्रकट होते हैं, क्योंकि इनका सीधा संबंध राजनीतिक सहभागिता से है। लेकिन, जिन व्यवस्थाओं में राजनीति के प्रति उदासीनता का भाव देखा जाता है, वहां ये तत्त्व वास्तविक स्तर पर उतने कारगर (Effective) एवं कार्यसाधक (Efficient) रूप में क्रियागत नहीं दिखाई पड़ते हैं। इसीलिए अल्पविकसित या विकासशील देशों में राजनीतिक सहभागिता का प्रतिशत काफी न्यूनतम स्तर का होता है। वस्तुतः यह कहा जा सकता है कि राजनीतिक व्यवस्थाओं की राजनीतिक संस्कृति में पाये जाने वाले मात्रात्मक अंतर की मूल वजह इसकी प्रकृति से प्रासंगिक तत्त्वों पर व्यवस्थागत पर्यावरण का सीधा प्रभाव है। यही वह मूल कारक है, जिसके परिणामस्वरूप राजनीतिक संस्कृति की अवधारणा में समानता होते हुए भी प्रत्येक व्यवस्था में उसके स्वरूप व प्रदर्शन में असमानता का पुट शामिल होता है। क्योंकि, इसके निर्माण एवं निरूपण का दायित्व व्यवस्था के सदस्यों की मनोवृत्ति, अभिरुचि, राजनीति के प्रति उसका लगाव एवं शासक अभिजनों से उसकी अपेक्षाओं तथा राजनीतिक सत्ता द्वारा पूर्ति किये जाने के प्रतिशत पर निर्भर करता है। यानी कि व्यवस्था–संचालन में आगत प्रक्रिया (मांग एवं समर्थन), रूपान्तरण प्रक्रिया (Conversion Process) तथा निर्गत प्रक्रिया (Output Process) का अभिनय (Acting) व निष्पादन (Performance) ही तात्त्विक स्तर पर राजनीतिक संस्कृति की प्रकृति के लिए निर्माणकारी तत्त्व मुहैया कराती है। राजनीतिक संस्कृति की प्रकृति के दायरे में केवल व्यवस्थागत राजनीतिक संस्कृति के प्रति सदस्यों की मनोवृत्तियां, विचारधाराएं, राजनीतिक–सामाजिक मूल्य, सांस्कृतिक परम्पराएं, विश्वास, आस्था, राष्ट्रीय चरित्र आदि का ही समावेशन नहीं होता है, अपितु इसमें राजनीतिक अभिजनों की कार्यशैली तथा समाज के मांगों को समर्थन के अनुरूप रूपान्तरित करने की उनकी क्षमता भी समावेशित होती है। यह सही है कि राजनीतिक संस्कृति की प्रकृति के निर्माण में उपर्युक्त विवेचित तीनों तत्त्व प्रधानांग का स्थान रखते हैं लेकिन ये तीनों तत्त्व भी परस्पर कई तत्त्वों से संबद्ध होते हैं और पर्यावरण के अनेक तत्त्वों के साथ परस्पर–क्रियाएं करते रहते हैं। इन तत्त्वों के संबंध में विशेष रूप से यह कहा जा सकता है कि **प्रथम**–ये तीनों एक–दूसरे से पृथक् नहीं है अपितु परस्पर संबद्ध हैं और परस्पर क्रियाएं करते रहते हैं। **द्वितीय**–यह आवश्यक नहीं है कि ये एक–दूसरे के अनुकूल रहें। **तृतीय**–समस्त समाज में इनका विसरण (Diffusion) समान रूप से होता है। चतुर्थ–राजनीतिक व्यवस्था में विद्यमान समाज की संपूर्ण आबादी में इसकी उग्रता या तीव्रता की मात्रा में काफी अन्तर होता है। समाज के किसी हिस्से की आबादी ज्यादा जागरूक और मुखर होती है तो इस तत्त्व का प्रकटीकरण (Manifestation) भी उसी अनुपात में होता है, लेकिन, जिस हिस्से की आबादी में राजनीतिक मुद्दों या मूल्यों के प्रति उदासीनता देखी जाती है वहां ये तत्त्व कम प्रभावकारी रूप में क्रियाशील होते हैं।

विशेषताएं (Characteristics)

राजनीतिक संस्कृति की निर्माणशाला (Workshop) में इन तीनों प्रभावकारी तत्त्वों की महत्ता को देखते हुए इस विषय की प्रकृति एवं उसमें पाये जाने वाले मात्रात्मक अन्तरों की पहचान से संदर्भित कुछ ख़ास बिन्दुओं की चर्चा निम्नांकित है :

1. राजनीतिक संस्कृति एक प्रक्रिया है तथा गतिशीलता एवं परिवर्तनशीलता इसका मूल स्वभाव है।
2. यह पर्यावरण में विद्यमान सभी तत्त्वों की सामूहिक अभिव्यक्ति है जो सामाजिक परम्पराओं, मूल्यों के अतीत एवं वर्तमान के संयोजन से सामाजिक–राजनीतिक पर्यावरण की निर्माणशाला में तैयार होता है और व्यवस्थागत पर्यावरण में विकीर्ण (Diffuse) हो कर पूरे वातावरण को अपने अस्तित्व के गहरे प्रभाव में रखता है।

3. यह एक अदृश्य (Invisible) नैतिक अवधारणा है जिसका आधार सामाजिक मूल्य, विश्वास, आस्था, मनोवेग भावुकता आदि है।
4. प्रत्येक राजनीतिक व्यवस्था की राजनीतिक संस्कृति वहां की एक ऐसी ख़ास सामान्य अभिवृत्ति है जो समाज की मांग एवं समर्थन को राजनीतिक दलों एवं राजनीतिक नेताओं की ओर या यूँ कहें कि सत्ता एवं शक्ति की तरफ मोड़ती है और यदि समाज शासक वर्ग से असंतुष्ट है तो मांग एवं समर्थन को जनआन्दोलन या जनजागरण का स्वरूप प्रदान करके सत्ता–परिवर्तन का माध्यम बनता है यानि की अभिजन परिसंचरण का मार्ग प्रशस्त करता है।
5. सभी राजनीतिक व्यवस्थाएं हमेशा क्रियाशील रहती हैं और सभी व्यवस्थाओं में राजनीति का एक व्यवस्थित स्वानुभूतिमूलक क्षेत्र होता है जिसका व्यवस्थाकारी तत्त्व (Regulative Factor) वहां की राजनीतिक संस्कृति होती है।
6. राजनीतिक व्यवस्था और राजनीतिक प्रक्रिया जिस सामाजिक–राजनीतिक धागे से बंधी होती है वह धागा राजनीतिक संस्कृति ही है।
7. राजनीतिक संस्कृति व्यवस्था का अनुभवमूलक पक्ष है। यह एक सीखा हुआ मानव व्यवहार है, जिसे एक पीढ़ी से दूसरी पीढ़ी और समाज के एक हिस्से से दूसरे हिस्से को हस्तांतरित एवं संप्रेषित किया जाता है।
8. इसकी प्रकृति एवं प्रवृत्ति हमेशा आदर्शस्वरूपों से, सर्वांगपूर्ण हो यह जरूरी नहीं है। व्यवस्थागत राजनीति में विपक्ष तथा विरोध दोनों की संस्कृति को भी समान महत्त्व दिया गया है।
9. यह किसी भी राजनीतिक समाज की सामूहिक धरोहर है जो सामाजिक मनुष्य की व्यक्तिगत एवं सामूहिक आवश्यकता पूर्ति का सशक्त जरिया है क्योंकि यह जनसमर्थन की ताकत से व्यवस्था को अपनी ओर मोड़ने या शासकों को झुकने के लिए बाध्य करने की ऊर्जस्विता (Energy) रखती है।
10. इसकी प्रकृति अधिवैयक्तिक और अधिआंगिक (Super-individual and Super-organic) है तभी तो इसमें राजनीतिक–सामाजिक पर्यावरण को ऊर्जस्वित करने की यानी कि शक्ति संचार करने की क्षमता होती है।
11. राजनीतिक संस्कृति की प्रकृति में समयानुकूल परिवर्तन होने एवं वातावरण के साथ तुरंत समायोजित होने का सामर्थ्य होता है। अपनी गतिशीलता को कायम रखने हेतु यह नई परिस्थितियों के निर्माण का सामर्थ्य रखती है और नई परिस्थितियों के साथ कदमताल कर चलने की विसात (Ability) एवं हैसियत (Position) भी रखती है।
12. यह किसी भी राजनीतिक व्यवस्था की सार्वभौमिक परिस्थिति है जो राजनीतिक सत्ता और पर्यावरण के बीच सजीव कड़ी की भूमिका निभाती है।
13. प्रत्येक राजनीतिक समाज की अपनी विशेष राजनीतिक संस्कृति होती है इसलिए विभिन्न व्यवस्थाओं की राजनीतिक संस्कृति में मात्रात्मक अन्तर पाया जाता है।
14. यह एक अमूर्त नैतिक धारणा है जिसका स्वरूप राजनीतिक व्यवस्था की राजनीति एवं राजनीतिक समुदाय के प्रति व्यक्ति एवं समूह के मनोवैज्ञानिक आयामों (Dimensions) की सामूहिक अभिव्यक्ति से आकार लेता है।
15. यह एक चलन्त (Mobile) विषय है इसलिए नई अवधारणाओं, नये विचारों, यथा–औद्योगीकरण, वैश्वीकरण, ध्रुवीकरण, जनसंख्या दर में कमी या जनसंख्या विस्फोट, बेरोजगारी, बीमारी, भुखमरी, गरीबी, सामाजिक, राजनीतिक, आर्थिक, सांस्कृतिक समस्याओं, मुद्दों, राजनीतिक दलों का घोषणापत्र (Manifesto) कार्यक्रम, नेतृत्व कौशल, नये नेताओं के उदय जैसे कारकों से प्रभावित होकर या अभिप्रेरित होकर समयानुकूल बदलता रहती है।

16. यह समाज की सामान्य संस्कृति का एक अहम् हिस्सा है। यह राजनीतिक व्यवस्था में राजनीतिक समुदाय के प्रति जनसाधारण की मनोवृत्तियों, व्यवहारों, मूल्यों एवं दृष्टिकोणों का प्रतिमान है जिसे आनुभविक राजनीतिक वैज्ञानिकों द्वारा राजनीतिक संस्कृति की संज्ञा दी गयी है।
17. सभी राजनीतिक व्यवस्थाओं के कुछ विशेष मूल्यों को साथ लेकर चलती है जिसकी लक्ष्य–सिद्धि के लिए उसके कुछ ख़ास आदर्श एवं तयशुदा कार्यक्रम या उद्देश्य (Goal) होते हैं। सभी व्यवस्थाओं में सत्ता की वैधता का आधार वही मूल्य होता है, जिसका दूसरा नाम राजनीतिक संस्कृति है।
18. सभी राजनीतिक व्यवस्थाओं के लिए उसकी राजनीतिक संस्कृति का व्यापक महत्त्व होता है, जिसकी महत्ता को सत्ताधारियों की शक्ति और प्रभाव के रूप में तथा विपक्ष एवं विरोधियों की मुखरता और उन्हें इनके द्वारा संचालित कार्यक्रमों के अन्तर्गत सहज रूप से देखा जा सकता है।
19. राजनीतिक व्यवस्था के कायान्तरण (Transformation) का दारोमदार हमेशा राजनीतिक संस्कृति के कंधों पर होता है, क्योंकि व्यवस्था–संचालन की तीनों प्रक्रियाएं आगत, निर्गत एवं रूपान्तरण तथा इससे संबद्ध राजनीतिक इकाइयां, यथा–राजनीतिक अभिजन, राजनीतिक दल, दबाव समूह, हित समूह, नौकरशाही, कार्यपालिका, विधायिका, न्यायपालिका, राजनीतिक संचार आदि राजनीतिक संस्कृति के गंभीर प्रभाव क्षेत्र के अन्तर्गत आता है।
20. सत्तापक्ष द्वारा अभिव्यक्त शक्ति और प्रभाव के क्रियान्वयन में राजनीतिक संस्कृति से प्रासंगिक समस्त आयामों की भूमिका सर्वाधिक महत्त्वपूर्ण होती है। इस दृष्टि से राजनीतिक संस्कृति अवाम के विचारों, अभिवृत्तियों, विश्वासों, मूल्यों जैसी राजनीतिक मनोदशाओं एवं उनकी अभिव्यक्तियों का समन्वयात्मक प्रतिरूप है।
21. राजनीतिक संस्कृति किसी भी राजनीतिक व्यवस्था का आधार–स्तंभ होती है, क्योंकि यह राजनीतिक व्यवहार के निर्धारक एवं नियामक दोनों की भूमिका निभाती है।

राजनीतिक संस्कृति की प्रकृति एवं विशेषताओं से प्रासंगिक उपर्युक्त तथ्यों से यह स्पष्ट होता है कि व्यवस्था की राजनीति के प्रति यह समाज का आग्रह है जो व्यवस्था के सदस्यों की अभिवृत्तियों, विश्वासों, मूल्यों के योग से तैयार होता है और उनके राजनीतिक व्यवहार को नियमित व निर्देशित करता है। पीढ़ी–दर–पीढ़ी समाजीकरण के माध्यम से अवाम राजनीतिक संस्कृति को समयानुकूल संशोधित एवं परिवर्तित रूप में आत्मसात् करता है। राजनीतिक व्यवस्था की राजनीतिक संस्कृति जहां एक ओर व्यक्तियों के राजनीतिक व्यवहार को नियमित व निरूपित करती है वहीं संपूर्ण समाज के लिए मूल्यों एवं आदर्शों का प्रतिमान तैयार करती है जो व्यवस्था की विभिन्न इकाइयों के बीच संगति बनाये रखने में सहायक होती हैं। राजनीतिक संस्कृति संकल्पना के अध्ययन–विश्लेषण का केन्द्रीय तत्त्व राजनीतिक व्यवस्था की औपचारिक–अनौपचारिक संरचनाएं, सरकार, राजनीतिक दल, दबाव समूह आदि न होकर यह तथ्य होता है कि व्यवस्था के सदस्य इन राजनीतिक संरचनाओं एवं उनके व्यवहारों के संबंध में किस प्रकार की राय रखते हैं और उन पर कितना विश्वास करते हैं। राजनीति के प्रति व्यक्तियों की राय तथा विश्वास ही उनके राजनीतिक व्यवहार को सार्थक स्वरूप देता है। राजनीति के प्रति जनसाधारण का विश्वास ही उनके राजनीतिक व्यवहार प्रदर्शन का प्रेरकतत्त्व है। यह राजनीतिक विश्वास ही व्यक्ति के राजनीतिक जीवन में राजनीति के प्रति संज्ञानात्मक, भावात्मक एवं मूल्यांकनात्मक तत्त्वज्ञान उत्पन्न करता है और राजनीतिक जीवन की लक्ष्य–प्राप्ति हेतु प्रासंगिक मूल्यों का तत्त्वबोध कराके राजनीतिक व्यवहार प्रदर्शन के रूप में राजनीतिक संस्कृति का अस्तित्व–निर्माण करता है। ये व्यवस्था के सदस्यों द्वारा राजनीति को मानवीय चेहरा प्रदान करने का अर्थपूर्ण प्रयास है। किसी भी राजनीतिक व्यवस्था की राजनीतिक संस्कृति ही व्यावहारिक स्तर पर व्यवस्था की क्रियाशील राजनीति को मर्यादाओं में तथा राजनीतिक जीवन के व्यक्तिगत एवं सार्वजनिक पक्षों को औचित्यपूर्णता की सीमाओं के दायरे में रहकर कार्य करने के लिए बाध्य करता है।

राजनीतिक संस्कृति का आधार या निर्माणकारी तत्त्व
(The Foundations of Political Culture)

उपर्युक्त विवेचित प्रसंगों से यह स्पष्ट होता है कि विभिन्न राजनीतिक व्यवस्थाओं में पायी जाने वाली राजनीतिक संस्कृति के स्वरूप में जो भावनात्मक भिन्नताएं पायी जाती हैं, उसकी मूल वजह उसके निर्माणकारी तत्त्वों की अनेकता है, जिसके सामूहिक योग से इसकी प्रकृति बनती–बिगड़ती है। राजनीतिक संस्कृति के निर्माणकारी तत्त्वों में जो आधारतत्त्व सजीव (Vital) भूमिका निभाते हैं और इस अवधारणा की जीवन शक्ति (Vitality) प्रदान करते हैं उनकी विवेचना निम्नांकित है :

1. **ऐतिहासिक आधार (Historical Foundation)**—प्रत्येक व्यवस्था की राजनीतिक संस्कृति व्यवस्थागत अनेकानेक अन्तर्संबंधित परिवर्त्यों एवं तथ्यों की संयोजनात्मक उपज होती है। राजनीतिक संस्कृति की प्रकृति को विशेष स्वरूप एवं रंग–रोगन प्रदान करने वाला सर्वाधिक प्रमुख आधारतत्त्व संबद्ध देश के राजनीतिक जीवन का अतीत होता है। इस संकल्पना के प्रवर्तकों की दृष्टि में इस अवधारणा का प्रमुख आधार समाज के ऐतिहासिक विकास की परिस्थितियां हैं। इनकी दृष्टि में ब्रिटेन, अमेरिका, फ्रांस, जर्मनी तथा अफ्रीका, एशिया के अनेक राज्यों की राजनीतिक संस्कृति का स्वरूप, वहां के ऐतिहासिक विकास का परिणाम है। किसी भी देश की राजनीतिक संस्कृति के निर्माण एवं विकास में ऐतिहासिक घटनाएं महत्त्वपूर्ण भूमिका निभाती हैं। राजनीतिक व्यवस्था के इतिहास का अध्ययन करने से व्यवस्था के चलते रहने या टूटने की तथा राजनीतिक स्थिरता या उथल–पुथल की, परिस्थितियों के अध्ययन–विश्लेषण के लिए प्राधिकृत सामग्री मिल जाती है। इसकी तहों को उलटने–पलटने से राजनीतिक संस्कृति के ऐतिहासिक तथ्यों की सही जानकारी मिलती है जिसके आधार पर वर्तमान स्वरूप का विश्लेषण और भविष्य का आकलन यथोचित रूप में संभव हो जाता है। दृष्टान्तस्वरूप ऐतिहासिक विकास के परिप्रेक्ष्य में ब्रिटेन और फ्रांस भिन्न–भिन्न प्रकार की राजनीतिक संस्कृतियों के निर्माणकर्ता हैं। जहां ब्रिटेन में राजनीतिक सातत्य की महत्ता को रागझाते हुए हिंसात्मक आंतरिक संघर्षों अथवा विदेशी सत्ता के प्रभुत्व से विक्षुब्ध हुए बिना पुराने राजनीतिक मूल्यों को आधुनिक अभिवृत्तियों से हिलमिल जाने दिया गया। वहीं ऐतिहासिक विकास क्रम में फ्रांस, ब्रिटेन से सर्वथा पृथक् राजनीतिक स्थिति की प्रस्तुति करता है। फ्रांस में जब 1789 की क्रान्ति में हिंसात्मक तरीके से मौजूदा संरचनाओं को ध्वस्त कर दिया गया और बाद की घटनाओं में जब फ्रांसीसी जनता ने अत्यधिक संवेदनात्मक अभिवृत्तियों का प्रदर्शन किया तो अंग्रेज नेताओं ने 1789 की घटनाओं पर आश्चर्य व खेद व्यक्त किया, लेकिन एडमंड बर्क जैसे अग्रणी संसद सदस्य द्वारा इस प्रकार की हिंसात्मक उथल–पुथल के खिलाफ अपने देशवासियों में उत्पन्न भय और आतंक की भावनाओं को सरलतापूर्वक शान्तिप्रद बनाये रखने का प्रयास किया गया।

   जहां तक ब्रिटेन का प्रसंग है, वह हिंसात्मक व आन्तरिक कलह से सामान्यतः मुक्त रहा है। सन् 1924 में पहली बार ब्रिटेन में लेबर पार्टी की सरकार बनी, तब भी ब्रिटेन जैसे अनुदारवादी राजनीतिक सोच रखने वाले राजनीतिक अभिजनों की ओर से राजनीतिक व्यवस्था को कोई गंभीर चुनौती नहीं मिली। यह ब्रिटिशवासियों के राजनीतिक विश्वास का परिणाम है कि वहां उदारवादी लोकतांत्रिक मूल्यों की स्थापना को सामाजिक–राजनीतिक व्यवस्था की ओर से कोई गंभीर चुनौती कभी नहीं मिली। एलेन बाल ने ब्रिटेन और फ्रांस की राजनीतिक संस्कृति के दृष्टांतों के आधार पर इस प्रासंगिक तथ्य का विशद् विवेचन किया है कि जहां ब्रिटेन में राजनीतिक सातत्य को कायम रखने के लिए परम्परागत मूल्यों का आधुनिक प्रवृत्तियों में विलय हो गया, वहीं फ्रांस में राजनीतिक परिवर्तन का आधार क्रान्ति बना। इस ऐतिहासिक पृष्ठभूमि की वजह से उन्नीसवीं और बीसवीं शताब्दी के फ्रांस में जब अनेक बार राजनीतिक अस्थिरता एवं राजनीतिक संघर्षों का आविर्भाव हुआ और सरकारों के आने–जाने का क्रम जारी रहा, वहीं ब्रिटेन में किसी प्रकार की राजनीतिक क्रान्ति या राजनीतिक अस्थिरता अपना अस्तित्व नहीं बना पायी।

एशियाई और अफ्रीकी देशों की राजनीतिक संस्कृति पर यूरोपीय औपनिवेशक प्रभुत्व का गंभीर प्रभाव एक महत्त्वपूर्ण तत्त्व है जिसके परिप्रेक्ष्य में ही इन नवोदित व्यवस्थाओं की राजनीतिक संस्कृति के समस्त आयामों का आनुभविक अध्ययन–विश्लेषण संभव है। इस आधार पर एशिया एवं अफ्रीका के नवोदित राष्ट्रों की राजनीतिक संस्कृति के निर्माण एवं विकास में औपनिवेशिक शासन शैली के प्रभाव की पहचान एक अहम् आधारतत्त्व के रूप में की जा सकती है। जहां तक भारत का प्रश्न है यहां भी संसदीय लोकतंत्र, संविधानवाद तथा संवैधानिक प्रावधानों की प्रभावशीलता के महत्त्व को ब्रिटिश शासकों की शासन शैली की वजह से जाना गया है। वहीं अल्जीरिया और वियतनाम की जनता ने अपने फ्रांसीसी शासकों के खूनी संघर्ष से राजनीति का सबक सीखा है। भारत और अल्जीरिया की राजनीतिक संस्कृति में पायी जाने वाली भिन्नताओं का आधारतत्त्व दोनों देशों के उपनिवेशीय प्रभुत्व की संस्कृति की प्रकृति में पायी जाने वाली भिन्नताओं से प्रासंगिक है, क्योंकि, अल्जीरिया फ्रांस का उपनिवेश था और भारत ब्रिटेन का। इस प्रकार, सारांशतः यह कहा जा सकता है कि विभिन्न विकसित एवं विकासशील व्यवस्थाओं की राजनीतिक संस्कृतियों की प्रकृति में पायी जाने वाली विविधताओं का बुनियादी आधार संदर्भित व्यवस्था के ऐतिहासिक परिप्रेक्ष्य से प्रासंगिक तत्त्व है क्योंकि राजनीतिक संस्कृति निर्माण में ऐतिहासिक तथ्यों व घटनाओं की भूमिका अहम् होती है।

2. **भौगोलिक आधार (Geographical Foundation)**—राजनीतिक संस्कृति के निर्माणात्मक तत्त्वों में व्यवस्था के भूगोल का स्थान भी काफी महत्त्वपूर्ण है। प्रत्येक राजनीतिक व्यवस्था की भौगोलिक स्थिति का व्यवस्थागत राजनीतिक संस्कृति के निर्माण व निरूपण में विशिष्ट योगदान होता है। दृष्टान्तस्वरूप एक द्वीप होने की वजह से ब्रिटेन बाहरी आक्रमण से सुरक्षित रहा इसलिए वहां अन्य यूरोपीय देशों से अलग प्रकार की राजनीतिक संस्कृति का आविर्भाव एवं विकास हुआ। संयुक्त राज्य अमेरिका की राजनीतिक संस्कृति में संजातीय विभिन्नताओं के बावजूद प्राकृतिक संसाधनों की प्रचुरता तथा शत्रु पड़ोसियों से असुरक्षा की भावना ने समतावादी राजनीतिक मूल्यों के आविर्भाव एवं विकास में विशिष्ट योगदान दिया, साथ ही समतावादी राजनीतिक मूल्यों–विश्वासों को आत्मसात् करने में संस्कृति द्वारा महती भूमिका निभायी गयी। एकीकरण से पूर्व पश्चिमी जर्मनी द्वारा तत्कालीन राजनीतिक इकाइयों व मूल्यों को स्वीकार करने की मुख्य वजह वहां की भौगोलिक स्थिति थी, क्योंकि वहां की जनता यह अच्छी तरह जानती थी कि सोवियत संघ तथा अमेरिका द्वारा निर्देशित अन्तर्राष्ट्रीय गठबंधन के बीच में स्थित होने की वजह से देश में किसी भी प्रकार की राजनीतिक अस्थिरता अन्तर्राष्ट्रीय तनाव को बढ़ावा दे सकती थी।
जहां तक भारत का सवाल है, यहां की असीम भौगोलिक सीमाओं ने विदेशी शासकों के आगमन का मार्ग सरल बनाया, जिसके परिणामस्वरूप देश पर लम्बे समय तक विदेशी प्रभुत्व कायम रहा। नतीजतन सामाजिक, सांस्कृतिक, आर्थिक विविधताओं के बावजूद स्वतंत्र समतावादी राजनीतिक मूल्यों का विकास संभव हो पाया। समसामयिक परिप्रेक्ष्य में राजनीतिक भूगोल संबंधित कारकों की सक्रियता देश में बढ़ते हुए आतंकवाद एवं नक्सलवाद के विस्तार में अहम् भूमिका निभा रहा है। इस प्रकार, किसी राजनीतिक व्यवस्था एवं राजनीतिक संस्कृति की प्रकृति के निर्माण एवं नियमन में भौगोलिक तत्त्वों की भूमिका इसलिए भी बहुत महत्त्वपूर्ण होती है, क्योंकि भौगोलिक कारक जहां एक ओर अवाम में राष्ट्रीय एकरूपता का भाव विकसित करता है, वहीं दूसरी ओर राष्ट्रीय अभिज्ञान तत्त्व के आधार पर समस्त राष्ट्र के सदस्यों को परस्पर सूत्र में बांधने का महान् कार्य करता है।

3. **सामाजिक–आर्थिक संरचना (Socio-economic Structure)**—देश का सामाजिक–आर्थिक ढांचा व्यवस्थागत राजनीतिक संस्कृति का मौलिक निर्धारक होता है। प्रत्येक राजनीतिक व्यवस्था में राजनीतिक संस्कृति की प्रकृति के निर्माण एवं निरूपण में व्यवस्था की सामाजिक–आर्थिक संरचना की प्रभावी भूमिका को स्पष्ट रूप से देखा जा सकता है। चूँकि, राजनीतिक संस्कृति सामान्य संस्कृति का एक अहम् हिस्सा है, इसलिए सभी समाजों की सामान्य संस्कृति ही राजनीतिक संस्कृति की प्रकृति के निर्माण में आधारभूत तत्त्व का कार्य करती है। जहां सामाजिक संरचनाएं राजनीतिक संस्कृति को परम्परागत मूल्यों,

विश्वासों, सामाजिक मान्यताओं से संदर्भित मौलिक तत्त्व प्रदान करती हैं, वहीं आर्थिक संरचनाएं व्यवस्था की आर्थिक स्थिति की बोधक होती हैं, जिन पर जनसाधारण के जीवन स्तर की खुशहाली का दारोमदार होता है। संरचनात्मक तौर पर शहरी औद्योगीकृत समाज अत्यधिक जटिल होता है जो संचार व्यवस्था की तीव्रता पर अत्यधिक बल देता है। शहरी समाज में सामाजिक स्तरीकरण, प्रस्थिति, शिक्षा का ऊँचा स्तर, रहन–सहन का उच्च स्तर, आदि की वजह से राजनीतिक जागरूकता का प्रतिशत ग्रामीण समाजों की अपेक्षाकृत बहुत उन्नत होता है, इसलिए राजनीतिक सहभागिता का प्रतिशत भी अपेक्षाकृत बहुत उन्नत होता है। नीति–निर्माण, निर्णय–प्रक्रिया आदि में शहरी समाज की रुचि और सहभागिता में अभिवृद्धि तथा राजनीति के प्रति सकारात्मक रुझान राजनीतिक संस्कृति के विसरण को व्यापक स्वरूप प्रदान करता है। जबकि ग्रामीण समाजों में रहन–सहन का निम्न स्तर, उच्चशिक्षा की कमी तथा समीचीन संचार के साधनों के अभाव में चलते राजनीति के प्रति सकारात्मक प्रेरक तत्त्वों की काफी कमी पायी जाती है। मोटे तौर पर यह कहा जा सकता है कि ग्रामीण सामाजिक संरचनाएं राजनीतिक संस्कृति के रूढ़िवादी स्वरूप का प्रतिनिधित्व करती हैं, जबकि शहरी सामाजिक संरचनाएं राजनीतिक संस्कृति का प्रगतिशील स्वरूप प्रस्तुत करती हैं। उच्च कोटि की यातायात एवं परिवहन व्यवस्था, संचार व्यवस्था, आयात–निर्यात की व्यवस्था, उत्तम जीवन के लिए आवश्यक साधनों की व्यवस्था, बेहतर रोजगार का अवसर, उत्तम कोटि की स्वास्थ्य व्यवस्था, शिक्षा व्यवस्था, आर्थिक विकास एवं आधुनिक संवृद्धि की व्यवस्था वाणिज्य व्यापार औद्योगीकरण, प्रौद्योगिकी का ऊँचा स्तर, व्यापक सहभागिता, जनसंपर्क के साधनों (Media of Mass Communication) का विस्तृत और सर्वव्यापक जाल एवं राज्य और समाज की समस्याओं को सुलझाने में अधिक कार्यकुशल शासक अभिजन, किसी भी राजनीतिक व्यवस्था में राजनीतिक मूल्यों, विश्वासों के निर्माण एवं अभिविन्यास में आधार माध्यम की भूमिका अदा करते हैं और यही माध्यम राजनीतिक संस्कृति की निर्माण प्रेरक एवं निर्माणशाला दोनों है, क्योंकि यह निर्माण व्यवस्था के रूप में राजनीतिक संस्कृति को निर्माणकारी आधारतत्त्व भी मुहैया करता है और निर्माणशाला की भूमिका के रूप में यह परिवर्त्य व्यवस्था की राजनीतिक संस्कृति के उत्पादक (Originator), उत्थापक (Elevator) एवं उत्प्रेरक (Catalyser) का कार्य सपन्न करता है।

भारत के संदर्भ में यह देखा जा सकता है कि वस्तुतः, यहां की सामाजिक विविधताएं ही कई प्रकार की उपसंस्कृतियों के आविर्भाव एवं ठोस विकास के लिए जवाबदेह कारक हैं। दृष्टान्तस्वरूप, यहां सामाजिक संस्थाएं, मूल्य, परम्पराएं आदि सत्ता के परम्परागत स्रोतों को आज भी मजबूती प्रदान कर रही हैं, तभी तो जाति, धर्म भाषा, क्षेत्रीयता जैसे सामाजिक प्रसंग राजनीतिक संस्कृति की प्रकृति के निर्माण एवं पोषण में प्रभावी भूमिका अदा कर रहे हैं। धर्म, जाति, भाषा, क्षेत्रीयता आदि के पुरोधाओं की राजनीति में काफी चलती है और वे अपने हितवर्द्धन के लिए इन्हीं आधारों पर जनसाधारण की मनोभावनाओं को उभार कर अपनी इच्छानुकूल राजनीतिक संस्कृति के स्वरूप का निर्माण व पोषण करते रहते हैं। उदाहरणस्वरूप यदि देखा जाए तो दक्षिण भारत और उत्तर भारत की राजनीतिक संस्कृति में पायी जाने वाली भिन्नताओं की बुनियादी वजह वहां का क्षेत्रीय सामाजिक परिप्रेक्ष्य ही है। इसी भांति आर्थिक संरचनाएं भी राजनीतिक संस्कृति के निर्माण एवं विकास को प्रत्यक्ष रूप से प्रभावित करती हैं, तभी तो एक आर्थिक दृष्टि से संपन्न राष्ट्र और एक अर्द्धविकसित विपन्न राष्ट्र की राजनीतिक संस्कृति में काफी असमानताएं पायी जाती हैं। आर्थिक रूप से संपन्न राष्ट्र खुशहाल समाज का प्रतिनिधित्व करता है जबकि आर्थिक रूप से विपन्न राष्ट्रों की गरीबी, बेरोजगारी, भुखमरी, अशिक्षा और समस्याओं से जूझते समाज में राजनीतिक संस्कृति की स्वस्थ प्रकृति का आविर्भाव एवं विकास संभव नहीं है।

वर्तमान अन्तर्राष्ट्रीय राजनीतिक संस्कृति के परिप्रेक्ष्य में यह देखा जा रहा है कि औद्योगिक रूप से उन्नत पश्चिम के पूँजीवादी राष्ट्रों द्वारा आर्थिक विकास के सहायतार्थ अल्पविकसित देशों के लिए ऐसी आर्थिक रणनीति (Strategy) अपनाई जा रही है जिसमें अन्तर्राष्ट्रीय व्यापार के बहाने विकासशील देशों पर राजनीतिक आधिपत्य की जगह आर्थिक प्रभुत्व कायम रखने के उद्देश्य से उन देशों का सस्ता कच्चा

माल और सस्ता श्रम अपने फायदे के लिए इस्तेमाल करके अपनी उत्पादित वस्तुओं के लिए बड़े बाजार के रूप में उन देशों का प्रयोग किया जा रहा है। इसे विद्वज्जनों द्वारा नव–उपनिवेशवाद (Neo-colonialism) की संज्ञा दी गयी है। इस रूप में अल्पविकसित देशों (Under-developed Countries) का सामाजिक–आर्थिक विकास बाह्य शक्तियों द्वारा नियंत्रित हो रहा है जिसकी वजह से तीसरी दुनिया के देशों की अर्थव्यवस्था को भारी नुकसान उठाना पड़ रहा है। इसका अध्ययन नव–मार्क्सवादियों ने पराश्रितता सिद्धान्त (Dependencey Theory) के अन्तर्गत किया है। आर्थिक विकास के नाम पर बहुराष्ट्रीय निगमों (Multinational Corporations) के बहुतायत में आगमन द्वारा इन देशों की शिक्षण संस्थानों और जनसंपर्क–प्रणालियों को नियंत्रित करके उनके सामाजिक जीवन पर भी अपना सांस्कृतिक प्रभुत्व स्थापित करने का प्रयास जारी है और ये परिस्थितियां इन देशों की राजनीतिक संस्कृति के निर्माणकारी तत्त्वों को गंभीर रूप से प्रभावित कर रही हैं।

4. **संजातीय विभिन्नताएं (Ethnic Diversities)**—तीसरी दुनिया के देशों की राजनीतिक संस्कृति में अस्थिरता का एक महत्त्वपूर्ण कारक संजातीय विभिन्नताएं एवं संजातीय संघर्ष या तनाव है। इन देशों में भिन्न–भिन्न जातियों, धर्मों, भाषाओं और संस्कृतियों से जुड़े हुए लोग निवास करते हैं। यदि व्यवस्था में किसी एक समूह को ऐसा लगता है कि उसे अन्य समूहों की तुलना में समीचीन लाभ या स्थान नहीं मिल रहा है तो उसके सदस्यों के मन में उस समूह के प्रति वैमनस्य भाव उत्पन्न हो सकता है जो ज्यादा लाभान्वित स्थिति में हैं। इससे पर्यावरण में तनाव का वातावरण तैयार होता है। इन समूहों के बीच विभाजनकारी मानसिकता के आविर्भाव उत्पन्न होने की संभावना हमेशा बनी रहती है। इस प्रसंग में यह कहा जा सकता है कि व्यवस्था में विद्यमान् संजातीय विभिन्नताएं राजनीतिक संस्कृति को गंभीर रूप से प्रभावित करती हैं। सामान्यतः, यह देखा जाता है कि जहां संजातीय विभिन्नताओं की मात्रा कम होती है वहां राजनीतिक संस्कृति का स्वरूप अपेक्षाकृत स्वस्थ होता है, लेकिन जहां संजातीय विविधताएं ज्यादा होती हैं, वहां राजनीतिक संस्कृति का स्वरूप विखंडित होता है। संजातीय समूहों की आस्था का दायरा संकीर्ण होता है और इनकी निष्ठा राष्ट्रीय सरकार की अपेक्षा अपने संघों व समुदायों के प्रति अधिक होती है। इसलिए, यहां राष्ट्रीय राजनीतिक मूल्यों, आस्थाओं, प्रतिबद्धताओं, विश्वासों का विकास नहीं हो पाता है, जिससे देश में राजनीतिक अस्थिरता व अस्पष्ट जनादेश के संकट की संभावनाएं सदैव बनी रहती हैं। अफ्रीका में सहारा के निकटवर्ती देशों तथा दक्षिण एशिया के देशों में संजातीय तनाव–संघर्ष वहां की राजनीतिक संस्कृति की प्रकृति को गहन रूप से प्रभावित कर रहा है। केन्या की सरकार का उत्तरी प्रदेशों में सोमाली जनजातियों के विरुद्ध संघर्ष अभियान इसी संकीर्ण मानसिकता का परिणाम रहा है, क्योंकि सोमाली जनजाति के सदस्य सोमालिया राज्य में सम्मिलित होना चाहते हैं। इन देशों में संजातीय भावना का अस्तित्व विकसित होना कई आकस्मिक घटना नहीं है, अपितु परम्परागत प्रसंग है। आधुनिक समाजों में अनुबंधमूलक संबंधों (Contractual Relations) को ज्यादा विवेकसंगत माना जाता है और व्यक्तिवादी विचारधारा को प्रमुखता दी जाती है, जबकि परम्परागत समाज के लोगों में परिवार, बंधुत्व, जाति, भाषा, धर्म, क्षेत्रीयता की संस्कृति के प्रति लगाव सहज ही दिखाई पड़ता है। रोज़गार के अवसर की तलाश में गांव से शहरों की ओर प्रस्थान करने वाले लोग शहरी जीवन की चकाचौंध और भाग–दौड़ से घबरा कर भावात्मक सुरक्षा की तलाश में अपने नजदीकी लोगों को तलाशते हैं और इसी तलाश में उनके मन में जाति, धर्म, भाषा, व क्षेत्र की समानता से अपनेपन का एहसास जागृत होता है। यहीं से उनके अन्दर अपनेपन की पहचान बनती है जिससे जातीय भावना व अभिवृत्तियों को पनपने, फलने–फूलने का यथोचित अवसर मिलता है। राजनीतिक संस्कृति के लगाव में संजातीय पूर्वाग्रहों की समस्या केवल विकासशील देशों की ही चिन्हित समस्या नहीं है अपितु पिछले दो–तीन दशकों में भूतपूर्व सोवियत संघ, चेकोस्लोवाकिया, यूगोस्लाविया, कनाडा, बेल्जियम, स्पेन आदि देशों में भी समयानुरूप संजातीय तनाव–संधर्ष मुखर रूप से सामने आया है, जिसने वहां की राजनीतिक संस्कृति की प्रकृति में नये तत्त्वों का समावेशन किया जिसका नतीजा सोवियत संघ के विघटन के रूप में सामने आया।

5. **राजनीतिक अभिजनों का संकल्प एवं जनसमूह का सहयोग (Determination of Political Elites and Co-operation of Mass)**—किसी भी राजनीतिक व्यवस्था की राजनीतिक संस्कृति के निर्माण में वहां के राजनीतिक अभिजनों के संकल्प का महती योगदान होता है और राजनीतिक संकल्प को पूरा करने में जनसमूह का सकारात्मक सहयोग राजनीतिक संस्कृति की प्रकृति को असहयोग की राजनीति की अपेक्षाकृत ज्यादा समाकलित और स्थिर बनाता है। उदाहरणस्वरूप, हिटलर द्वारा जब अपने राज्य को एक मजबूत व शक्तिशाली राष्ट्र बनाने का निर्णय लिया गया तो देशवासियों के सहयोग से ही यह संभव हो पाया। द्वितीय विश्वयुद्ध के पश्चात् जापान में राजनीतिक संस्कृति के विकास का आधार लगभग यही परिस्थितियां थीं। इसी भांति गुलाम भारत में जब राष्ट्रपिता महात्मा गांधी द्वारा अंग्रेजों से देश को मुक्त कराने का संकल्प लिया गया तो समस्त भारतवासियों के दृढ़संकल्प एवं क्रियागत सहयोग की वजह से ब्रिटिश हुकूमत को देश छोड़ना पड़ा और भारत को आजादी मिली। इस प्रकार गांधी, नेहरू, पटेल आदि नेताओं के दृढ़ निश्चय एवं प्रेरणा से संजातीय विविधताओं के बावजूद देश में संयोजनात्मक (Associational) राजनीतिक मूल्यों, निष्ठाओं, विश्वासों का आविर्भाव एवं विकास हुआ जिसकी वजह से समस्त देशवासियों की राजनीतिक संस्कृति संदर्भित अभिवृत्तियां व अभिविन्यास एक प्रकार के राजनीतिक विश्वास सूत्र बंध गया तभी हमें आजादी मिली।
6. **विचारधाराएं (Ideologies)**—कुछ विद्वानों का ऐसा मानना है कि राजनीतिक संस्कृति और विचारधाराओं को विभाजित करने वाली रेखा अत्यधिक महीन है। लेकिन अधिकतर विद्वज्जन दोनों को निश्चित व स्पष्ट रूप से एक–दूसरे से अलग मानते हैं। विद्वज्जनों के बीच पायी जाने वाली मतवैभिन्नताओं के बावजूद इस तथ्य में पूरी सच्चाई है कि व्यवस्थागत प्रमुख राजनीतिक विचारधारओं को राजनीतिक संस्कृति की उत्पादक प्रभावक एवं नियामक शक्ति के रूप में चिन्हित किया गया है। उदाहरणस्वरूप, फासीवादी, नाजीवादी, साम्यवादी, समाजवादी, उदारवादी, अनुदारवादी, उग्रवादी आदि वैचारिकी द्वारा राजनीतिक व्यवस्थाओं की संस्कृति को प्रभावित एवं नियमित करने का अर्थपूर्ण कार्य किया गया है। साम्यवादी विचारधारा के अभ्युदय के परिणामस्वरूप बीसवीं शताब्दी में अन्तर्राष्ट्रीय राजनीति दो खेमे में बँट गयी। उदारवादी एवं समाजवादी विचारधारा का प्रतिनिधित्व करने वाले दोनों सर्वोच्च शक्तिधारक देशों के बीच लम्बे समय तक शीत युद्ध और शस्त्रों की होड़ जारी रही, जिसकी वजह से अन्तर्राष्ट्रीय राजनीति में गंभीर तनाव का वातावरण बना रहा। इसी भांति तीसरी दुनिया के गुटनिरपेक्ष देशों की भी अपनी–अपनी राजनीतिक विचारधारा है जो उनकी राजनीतिक संस्कृति को नियमित एवं निर्देशित करती है।

कुछ विशेष राजनीतिक मूल्यों के प्रति प्रतिबद्धताओं के निर्माण और परिवर्तन में विचारधारा की भूमिका अहम् होती है। यथार्थतः, विचारधारा का ज्ञानात्मक पहलू अवाम के मूलभूत विश्वासों को आन्तरिक मूल्यों से जोड़ता है और उनके मानसिक स्तर का तालमेल उन मूल्यों के साथ बैठाता है। इस तरह विचारधारा जनसाधारण के मूलभूत विश्वासों की धरोहर में अपने लिए जगह बनाता है। विचारधारा चिन्तन की पूर्वानुकूलता या दीर्घकालीन अभिविन्यास है जो दार्शनिक सिद्धान्तों या उद्देश्यों, व्यक्ति की पसंद एवं विश्वासों तथा सामान्य एवं विशेष मूल्यों के मिलन बिन्दु के बीच स्थित होता है। किसी भी राजनीतिक व्यवस्था की विचारधारा में लोगों के हित, मूल्य, पसंद, नापसंद सभी तत्त्वों का समुच्चय होता है, इसीलिए जब लोगों के हितों, मूल्यों या पसंदों में बदलाव आता है तब उसी के अनुरूप विचारधारा में भी बदलाव आता है। यह परिस्थिति राजनीतिक संस्कृति एवं विचारधारा के संबंधों के नम्य एवं अनम्य आयामों से प्रासंगिक है। मसलन, उदारवादी विचारधारा किसी एक राजनीतिक संस्कृति की स्थिति का समर्थन नहीं करता है लेकिन मूल मान्यताओं के संबंध में मतैक्यता की संभावना हमेशा बनी रहती है। स्वतंत्रता, समानता, सामाजिक न्याय, नागरिक स्वतंत्रता, विधि का शासन आदि सिद्धान्तों में यह पूर्ण आस्था रखता है और व्यवस्थागत राजनीतिक मूल्यों के स्वरूप–विस्तार में ये मूल सिद्धान्त बुनियादी तत्त्व की भूमिका निभाते हैं। इसी भांति समाजवादी विचारधारा व्यवस्था में एक समान राजनीतिक संस्कृति के अस्तित्व का

समर्थक होता है। यह समाज में वर्ग संघर्ष के अस्तित्व की अनिवार्यता को स्वीकारता है और पूंजीवादी व्यवस्था की समाप्ति, सर्वहारावर्ग का अधिनायकवाद और व्यवस्था की आर्थिक समानता को प्राथमिकता देता है। ये दोनों ही विचारधाराएं अपनी अपनी वैचारिकी के अनुरूप व्यवस्था में राजनीतिक संस्कृति के विकास एवं पोषण के लिए सदैव प्रयासरत रहती हैं। वस्तुतः, विचारधारा नम्य हो या अनम्य राजनीतिक संस्कृति के साथ इसका अध्ययन इस तथ्य की वजह से प्रासंगिक है कि एक बिन्दु पर आकर दोनों अन्तःसंबंधित हो जाते हैं क्योंकि इस आधार पर एक ही परिघटना के विषयपरक (Objective) एवं व्यक्तिपरक (Subjective) दोनों पहलुओं का अध्ययन किया जाता है।

7. **धार्मिक विश्वास (Religious Beliefs)**—राजनीतिक संस्कृति के निर्माण एवं नियमन में लोगों का धर्म के प्रति गहरे विश्वास का तत्त्व भी काफी प्रासंगिक है। धर्म के प्रति गहरी आस्था प्रत्येक व्यक्ति का संवेगात्मक (Passionate) पहलू है, इसलिए धार्मिक विश्वास के प्रति उसकी प्रतिबद्धता एवं संवेदी अभिवृत्तियों में सामान्य रूप से अभिविन्यास की संभावना नहीं के बराबर होती है। आये दिन धर्म के ठेकेदारों द्वारा फैलाया जा रहा धार्मिक कट्टरवाद, एवं कट्टरपंथियों की संकीर्ण मानसिकता व कार्यशैली की वजह से राजनीतिक व्यवस्था की संस्कृति में हमेशा उथल–पुथल एवं उबाल आने की संभावना बनी रहती है और व्यवस्था में तनाव–संघर्ष का नया वातावरण हमेशा तैयार होता रहता है। कई बार धार्मिक उन्माद दंगा–फसाद में परिवर्तित होने की वजह से सामाजिक जीवन के लिए गंभीर चुनौती का रूप अख़्तियार कर लेता है। वर्तमान परिप्रेक्ष्य में धार्मिक विश्वास के क्षेत्र में धार्मिक कट्टरता के साथ धार्मिक आतंकवाद का अस्तित्व भी विशेष रूप से शामिल हो चुका है, जिसे इस्लामिक आतंकवाद की संज्ञा दी गयी है। इस्लाम धर्म के प्रति पूर्ण निष्ठा एवं गहरा विश्वास उन्हें एक भावनात्मक सूत्र में बांधता है जो जुनून की हद तक पहुंचकर मानवता के विरुद्ध उन्हें कट्टरपंथी हिंसात्मक कार्रवाई के लिए प्रेरित करता है। विद्वानों का ऐसा मानना है कि इस्लामिक देशों में यह धार्मिक आतंकवाद एक सुगठित स्वतंत्र विचारधारा का रूप लेता जा रहा है जिसे आतंकवादी विश्वविद्यालय खोलकर एक विषय की तरह पढ़ाया जाने लगा है और नवीन आतंकवादी तकनीकों पर शोध कार्य भी आरंभ हो चुका है।

इसी भांति अन्य धर्मों के अनुयायी भी अपने धर्म के प्रति पूर्ण आस्था एवं विश्वास रखते हुए व्यवस्था की राजनीतिक संस्कृति के साथ तालमेल बैठाते हैं। यदि कभी किसी भी धर्म के धर्मस्थल पर समाज के अन्य वर्ग द्वारा आघात पहुंचाया जाता है तो तात्कालिक परिस्थितियों के अनुरूप लोगों की भावनाओं को चोट पहुंचती है और व्यवस्था में धार्मिक उन्माद पैदा होने का ख़तरा बढ़ जाता है। ऐसी विषम परिस्थितियों में व्यवस्थागत राजनीतिक संस्कृति में तत्कालीन वातावरण के तत्त्वान्तरण (Transmulation) के अनुरूप विशेष मोड़ आता है और तत्त्वमीमांसा के आधार पर अभिविन्यास भी तात्कालिक होता है। इस प्रकार, धर्म के प्रति विश्वास एवं आस्था से जुड़ा तत्त्व व्यवस्थागत राजनीतिक संस्कृति की प्रकृति का निर्माणी एवं नियामक दोनों है, क्योंकि धार्मिक प्रसंग प्रत्येक सामाजिक व्यक्ति का गहन भावनात्मक पक्ष (Deep Emotional Dimension) है जो व्यक्ति के राजनीतिक व्यवहार का पथप्रदर्शक है।

राजनीतिक संस्कृति में परिवर्तन लाने वाले कारक
(Factors Responsible for the Change in Political Culture)

डेनिस कवानाग (Dennis Kavanagh) ने राजनीतिक संस्कृति में परिवर्तन एवं कायान्तरण लाने वाले कुछ महत्त्वपूर्ण तत्त्वों को रेखांकित किया है जो संस्कृति परिवर्तन में महती योगदान देते हैं, जैसे–(1) जनसंपर्क के साधन (Media of Mass Communication), (2) विचारधारा (Ideology), 3. राजनीतिक लामबंदी (Political Mobilisation), (4) राजनीतिक दल (Political Party), (5) बाह्य प्रभाव (External Influence), एवं (6) प्राथमिक समूह (Primary Groups)।

1. **जनसंपर्क के साधन (Media of Mass Communication)**–विकासशील राजनीतिक व्यवस्थाओं के विकास एवं आधुनिकीकरण हेतु पश्चिमी देशों की नवीन राजनीतिक संस्कृति, यथा–नये विश्वास, नयी मान्यताओं, मूल्यों यानी कि लोकतांत्रिक मूल्यों की स्थापना की जरूरत की पूर्ति जनसंपर्क के आधुनिक साधनों द्वारा ही संभव हो पायी है। जनसंपर्क के आधुनिक माध्यमों द्वारा राजनीतिक नेता अपने नये विचारों से जनता को आसानी से अवगत कराते हैं। इसके माध्यम से राजनीतिक संस्कृति एवं उपसंस्कृति के बीच बेहतर तालमेल बैठाया जा सकता है और उपसंस्कृतियों के प्रसार को रोक कर व्यवस्था में राजनीतिक संस्कृति का स्वस्थ एवं एकीकृत (United) स्वरूप तैयार किया जा सकता है। लुसियन पाई के शब्दों में, "संचार–माध्यम एक प्रशिक्षण प्रक्रिया का मात्र निरंतर एवं सुसंगत हिस्सा ही नहीं, अपितु वह विच्छिन्न (Discontinuous) परिवर्तन का भी एक भाग है।"
2. **विचारधारा (Ideology)**–राजनीतिक संस्कृति में परिवर्तन लाने वाला दूसरा शक्तिशाली माध्यम विचारधारा है जो व्यवस्था में विद्यमान उपसंस्कृतियों की जगह ठोस राष्ट्रीय राजनीतिक संस्कृति के निर्माण के लिए ज़मीन तैयार करता है। व्यवस्था द्वारा अपनाया जाने वाला वैचारिक प्रतिमान (Ideological Pattern) स्वस्थ संस्कृति के निर्माण में प्रभावी भूमिका निभाता है।
3. **राजनीतिक लामबंदी (Political Mobilisation)**–राजनीतिक संस्कृति में परिवर्तन लाने वाले कारकों में राजनीतिक लामबंदी एक महत्त्वपूर्ण तत्त्व है। साम्यवादी चीन और क्यूबा में लोगों को राजनीतिक सहभागिता के लिए प्रेरित करके राजनीतिक लामबंदी की परिस्थितियां पैदा की गयीं जिसके सफल प्रयोग द्वारा ही परम्परागत राजनीतिक संरचनाओं एवं मूल्यों का उन्मूलन संभव हो पाया। साम्यवादी चीन की सांस्कृतिक क्रान्ति को भी इसी प्रसंग में देखा जा सकता है। किसी भी राजनीतिक व्यवस्था में उत्पन्न जनविद्रोह या जनआंदोलन राजनीतिक लामबंदी का तात्त्विक स्वरूप है जो व्यवस्था की राजनीतिक संस्कृति का प्रतिरूप होता है और व्यवस्था कायान्तरण का सबसे कारगर माध्यम बनता है। वस्तुतः, राजनीतिक लामबंदी राजनीतिक संस्कृति का तात्त्विक एकीकृत स्वरूप है जिसका अस्तित्व व्यवस्थागत पर्यावरण के प्रभाव में आकार लेता है।
4. **राजनीतिक दल (Political Party)**–राजनीतिक व्यवस्था में राजनीतिक लामबंदी को ठोस स्वरूप प्रदान करने का सबसे कारगर और सशक्त माध्यम है राजनीतिक दल। राजनीतिक व्यवस्था का स्वरूप चाहे उदारवादी हो या सर्वसत्तावादी राजनीतिक दल का अस्तित्व एकदलीय, द्विदलीय या बहुदलीय हो, व्यवस्था में राजनीतिक, सामाजिक या सांस्कृतिक परिवर्तन का सर्वाधिक महत्त्वपूर्ण माध्यम राजनीतिक दल ही होता है। राजनीतिक दल व्यवस्था का वह संगठन होता है जो संपूर्ण देश या समाज के व्यापक हित में अपने हितों को बढ़ावा देने के उद्देश्य से निश्चित सिद्धान्तों, नीतियों कार्यक्रमों की घोषणा, क्रियान्वयन एवं समर्थन करके राजनीतिक शक्ति प्राप्त करना चाहता है और दल के नेताओं की शक्ति–प्राप्ति, संचय एवं प्रदर्शन का आधारतत्त्व व्यवस्था की राजनीतिक संस्कृति है, जो सदस्यों के राजनीतिक व्यवहार का संगठित स्वरूप है।
5. **बाह्य प्रभाव (External Influences)**–सभी देशों की राजनीतिक संस्कृति दूसरे देशों की राजनीतिक संस्कृति से बहुत ज्यादा प्रभावित होती है। उदाहरणस्वरूप, गैर पश्चिमी देशों की राजनीतिक संस्कृति पर पश्चिमी देशों की राजनीतिक संस्कृति का व्यापक प्रभाव स्पष्ट देखा जा सकता है। उदारवादी विकसित व्यवस्थाओं के राजनीतिक मूल्यों, विश्वासों, प्रतिबद्धताओं को उदारवादी विकासशील व्यवस्थाओं द्वारा अपनाने का भरपूर प्रयास किया गया है और उन्हीं के अनुरूप राजनीतिक संरचनाओं व संवैधानिक मूल्यों को संस्थापित करके उनके द्वारा लोकतांत्रिक मान्यताओं को पूरी तरह आत्मसात् करने का प्रयास किया गया है। इतिहास साक्षी है कि विभिन्न देशों की राजनीतिक संस्कृति में परिवर्तन लाने वाले कारकों में बाह्य तत्त्वों की भूमिका काफी महत्त्वपूर्ण रही है।

6. **प्राथमिक समूह (Primary Group)**–सभी व्यवस्थाओं में राजनीतिक समाजीकरण की प्रक्रिया ही राजनीतिक संस्कृति की प्रकृति के निर्माण एवं विकास का प्राथमिक माध्यम है। राजनीतिक समाजीकरण के मुख्य अभिकरणों में परिवार, स्कूल, मित्रमंडली, विवाह, रक्त–संबंध, पड़ोसी, खेल का मैदान, शिक्षण संस्थाएं, राजनीतिक, आर्थिक, व्यावसायिक एवं धार्मिक संस्थाएं, आदि शामिल हैं जिनका व्यक्ति के व्यक्तिगत विकास में तथा उसी अनुरूप राजनीतिक संस्कृति के निर्माण एवं पोषण में महत्त्वपूर्ण योगदान होता है। व्यवस्था के प्राथमिक समूह समर्थन एवं विरोध दोनों संस्कृतियों के संवाहक होते हैं। ये प्राथमिक समूह राजनीतिक संस्कृति के निर्माण के साथ–साथ लोगों के राजनीतिक व्यवहार को नियमित एवं निर्देशित भी करते हैं और इन्हीं मानदंडों का समुच्चय स्तर किसी भी राजनीतिक व्यवस्था के विकास एवं आधुनिकीकरण का स्तर–निर्धारक होता है।

उपर्युक्त विवेचित तथ्यों से यह पता चलता है कि राजनीतिक संस्कृति के परिवर्त्यों की प्रकृति परिवर्तनीय (Changeable) है जो समय की मांग एवं व्यक्ति की आवश्यकतानुसार पुराने मूल्यों के साथ नये मूल्यों को समावेशित एवं समायोजित करती रहती है। आल्मंड द्वारा हमेशा राजनीतिक संस्कृति के विकसित व व्यापक परिप्रेक्ष्य की चर्चा की गयी है। 'जर्नल ऑफ पॉलिटिक्स' में प्रकाशित अपने शोध पत्र में इनके द्वारा विकसित राजनीतिक संस्कृति की पहचान के लिए धर्मनिरपेक्षता तथा बौद्धिकता जैसे तत्त्वों पर जोर दिया है। धर्मनिरपेक्ष और बौद्धिक राजनीतिक संस्कृति में आल्मंड द्वारा राजनीतिक दलों, दबाव समूहों तथा अन्य सभी प्रकार के समूहों को राजनीतिक विनिमय (Exchange) का माध्यम बताया गया है, साथ ही विनिमय तथा समझौता की प्रकृति को भी रेखांकित किया गया है। पार्सन्स के विचारों से प्रभावित होकर इन्होंने राजनीतिक नेताओं की भर्ती एवं पारितोषिक (पद) प्राप्ति के आधार के रूप में विशेषज्ञता, उपलब्धि तथा अन्य व्यापक मानकों को जरूरी बताया है तथा पारिवारिक संबंध एवं भिन्नता को इसका आधार नहीं बनाये जाने की वकालत की है। हालांकि बाद में 'The Civic Culture' में आल्मंड द्वारा इसमें सहभागिता एवं सामाजिक स्वीकृति दोनों कारकों को चिन्हित किया गया है।

वस्तुतः, आधुनिक राजनीतिक विश्लेषण में राजनीतिक संस्कृति का अपना विशेष महत्त्व है, क्योंकि यही वो अवधारणा है जो सत्ता और जवाबदेही में संतुलन बनाये रखता है। दरअसल किसी भी व्यवस्था की नागरिक संस्कृति उसके आत्मपरक एवं विषयपरक तत्त्वों का मूर्तरूप है जिसे प्रत्येक समाज अपने सदस्यों को कुछ परम्परागत मूल्यों एवं धार्मिक मान्यताओं के रूप में सिखाता है। मूलतः, राजनीतिक विश्लेषण में राजनीतिक संस्कृति के महत्त्व का प्रसंग इसी तथ्य से प्रासंगिक है जैसा कि एप्टर ने अपनी कृति 'Introduction to Political Analysis' में कहा है कि ''राजनीतिक संस्कृति में उच्च सामंजस्य की समानता राजनीतिक व्यवस्था में महान् स्थिरता से की जा सकती है।'' अतः, विभिन्न राजनीतिक संस्कृतियों की सामग्री और शैली का अधिक महत्त्व है। विभिन्न राजनीतिक संस्कृतियों की वैधता या स्थायित्व का विश्लेषण करने में विभिन्न प्रणालियों का तुलनात्मक विश्लेषण उपयोगी हो सकता है।

राजनीतिक संस्कृति के प्रकार (Kinds of Political Culture)

पूर्व विवेचित तथ्यों से जाहिर होता है कि राजनीतिक संस्कृति एक गतिशील–परिवर्तनशील अवधारणा है जिसे किसी मापक्रम (System of Measuring) द्वारा मापना एक कठिन कार्य है। सामाजिक, सांस्कृतिक, आर्थिक, मनोवैज्ञानिक, धार्मिक, आध्यात्मिक कारकों के संयोजन की वजह से इसका सही मापन संभव नहीं है, लेकिन इसके द्वारा राजनीतिक विषयों–मुद्दों पर जनसमूह का अभिमत, राजनीतिक मूल्यों पर उनकी रायशुमारी तथा व्यवस्थागत राजनीति एवं राजनीतिक नेताओं के प्रति अवाम की सोच, मनोवृत्ति आदि की जानकारी प्राप्त करना संभव है। राजनीतिक अपरिपक्वता (Immatured), अशिक्षा, गलतबयानी, गलत सूचना, असंतुलित दृष्टिकोण, राजनीतिक जागरूकता में कमी और प्रेस की अपारदर्शिता आदि ऐसे अनेक कारक हैं जो राजनीतिक संस्कृति की गहराई और ठोसपन (Solidity) के परिमापण में बाधक बताये जाते हैं।

मापन (Measurement)

मापन (Measurement) प्रक्रिया के मानदंड पर खरा नहीं उतर पाने की वजह से कई विद्वानों द्वारा मनोवैज्ञानिक आयामों का प्रतिनिधित्व करने वाली इस संकल्पना को राजनीतिक विश्लेषण की दृष्टि से बहुत लाभदायक नहीं माना गया है, लेकिन वहीं आल्मंड, बर्बा, पाई, जैसे राजनीतिक समाजशास्त्री इस अवधारणा को व्यवस्थागत राजनीति के आनुभविक अध्ययन–विश्लेषण हेतु सर्वाधिक महत्त्वपूर्ण उपकरण मानते हैं। आधुनिक परिप्रेक्ष्य में राजनीतिक समाजशास्त्र में शोध कार्य हेतु राजनीतिक मूल्यों, अभिवृत्तियों, व्यवहारों को मापने के लिए कई प्रकार के अनुमापों (Scales) का विकास हो चुका है जो विश्वसनीय, न्यायसंगत एवं विधिमान्य हैं। आल्मंड एवं वर्बा द्वारा अमेरिका, ब्रिटेन, इटली, मैक्सिको तथा पश्चिमी जर्मनी की नागरिक संस्कृतियों का गहन अध्ययन करके इनका तुलनात्मक विश्लेषण प्रस्तुत किया गया है।

आल्मंड का वर्गीकरण (Almonds Classification)

चूँकि राजनीतिक संस्कृति का निर्माण राजनीतिक व्यवस्थाओं में विद्यमान तत्त्वों के विभिन्न आयामों के प्रति व्यवस्था के सदस्यों की अभिवृत्तियों एवं अभिविन्यासों से होता है, इसलिए आल्मंड एवं बर्बा की दृष्टि में राजनीतिक संस्कृति से प्रासंगिक अभिवृत्ति एवं अभिविन्यास राजनीतिक व्यवस्था के चार आधारों से संदर्भित है : (1) समस्त राजनीतिक व्यवस्था, (2) आगत प्रक्रिया, (3) निर्गत प्रक्रिया, (4) स्वयं व्यक्ति।

आल्मंड द्वारा प्रस्तुत राजनीति के प्रति व्यक्ति के अभिविन्यास से संदर्भित तीन परिवर्त्यों–संज्ञानात्मक, भावात्मक एवं मूल्यांकनात्मक अवयवों की विस्तृत विवेचना पूर्व में की जा चुकी है। इनके द्वारा राजनीतिक संस्कृति से प्रासंगिक इन तीन अवयवों के आधार पर विभिन्न व्यवस्थाओं की राजनीतिक संस्कृति की प्रकृति में पाये जाने वाले मात्रात्मक अन्तरों को ध्यान में रखते हुए राजनीतिक संस्कृति का वर्गीकरण प्रस्तुत किया गया है। आल्मंड एवं वर्बा द्वारा प्रस्तुत वर्गीकरण का आधार–माध्यम मुख्यतः तीन कारक हैं, यथा : (1) राजनीतिक व्यवस्था के प्रति अभिमुखीकरण के आधार पर (Basis of Orientation), (2) राजनीतिक भूमिका के आधार पर (Basis of Political Role), (3) राजनीतिक कार्यों के आधार पर (Basis of Political Functions)।

इनका ऐसा मानना है कि समाज के सदस्य राजनीतिक प्रक्रिया में जितनी सक्रियता या निष्क्रियता से भागीदार बनते हैं वही स्थिति राजनीतिक संस्कृति के वर्गीकरण के लिए आधारतत्त्व मुहैया कराती है। आल्मंड की परिकल्पना (Hypothesis) का आरंभ इस तथ्य से होता है कि राजनीतिक व्यवस्था एवं राजनीतिक संस्कृति दोनों के बीच घनिष्ठ संबंध है, क्योंकि वे एक–दूसरे को प्रभावित करते हैं और एक का परिचालन (Operation) दूसरे की गतिविधियों पर निर्भर होता है। इन दोनों के आपसी संबंधों को स्पष्ट करने के लिए आल्मंड द्वारा दो संकल्पनाएं–भूमिका विश्लेषण एवं राजनीतिक कार्यों के प्रति अभिविन्यासों की प्रस्तुति की गयी है। आल्मंड की दृष्टि में राजनीतिक व्यवस्था अन्तःक्रियात्मक भूमिकाओं के समुच्चय का ढांचा है, जो इन गतिविधियों के प्रति लोगों की अभिवृत्तियों का परिचालन करती है और जिसके परिणामस्वरूप राजनीतिक कार्यों के प्रति अभिविन्यास जैसी स्थिति का आविर्भाव होता है। इस प्रसंग में एक राजनीतिककर्त्ता से संबद्ध चार तथ्यों के संबंध में लिए गये निर्णयों की जानकारी के आधार पर एकत्रित सूचनाओं का अध्ययन किया जाता है, इनमें–**प्रथम**, राजनीतिक व्यवस्था का समग्र स्वरूप जिसमें ऐतिहासिक विकासक्रम, स्थान, आकार–प्रकार, सत्ता, एवं संवैधानिक विशेषताएं शामिल हैं। **द्वितीय**–आगत प्रक्रिया यानी कि मांग एवं समर्थन अर्थात् वे शक्तियां हैं जो नीति–निर्माण व निर्णय प्रक्रिया को प्रभावित करती हैं, मसलन राजनीतिक दल, दबाव समूह, हित समूह, जनसंपर्क के साधन की भूमिका। **तृतीय**–निर्गत प्रक्रिया अर्थात् नीति निर्माण करने, नीतियों को क्रियान्वित करने तथा उनकी व्याख्या एवं उन्हें संरक्षण देने वाले विभागों के कार्य, और **चतुर्थ**–स्वयं व्यक्ति है अर्थात् इसमें राजनीतिक गतिविधियों के क्षेत्र में व्यक्ति की स्वयं द्वारा निभायी जा रही भूमिका का मूल्यांकन शामिल है।

आल्मंड की दृष्टि में राजनीतिक व्यवस्था एक कार्य पद्धति है जिसके सबंध में जानकारी प्राप्त करने में कोई कठिनाई नहीं होती है। इनके कहने का तात्पर्य यह है राजनीतिक गतिविधि आनुभविक रूप से एक प्रेक्ष्य व्यवहार

(Empirically Observable Behaviour) है। आल्मंड एवं वर्बा ने 'The Civic Culture' में यह कहा है कि 'राजनीतिक संस्कृति का निर्धारण सामान्य रूप से राजनीतिक व्यवस्था के आगत–निर्गत पक्षों और राजनीतिक कर्ता के रूप में व्यक्ति का स्वयं के प्रति विभिन्न प्रकार की संज्ञानात्मक, भावात्मक एवं मूल्यांकनात्मक अभिविन्यासों की आवृत्ति (Repetition) द्वारा होता है।

आल्मंड ने राजनीतिक संस्कृतियों के वर्गीकरण में बुनियादी रूप से अधीनस्थों और सहभागियों की भूमिका पर विशेष बल दिया है तथा अधीनस्थ सहभागियों के आधार पर राजनीतिक संस्कृति का एवं विभिन्न प्रकार की संस्कृतियों के आधार पर राजनीतिक व्यवस्थाओं का वर्गीकरण प्रस्तुत किया है। इनकी दृष्टि में राजनीतिक व्यवस्थाओं के प्रति जागरूक व संज्ञान लेने वाला व्यक्ति या तो अधीनस्थ हो सकता है या सहभागी हो सकता है। इनकी अभिव्यक्ति के अनुसार, अधीनस्थ की कोटि में वे व्यक्ति शामिल होते हैं जो अपनी व्यवस्था के प्रति अभिविन्यासित हैं और अपने जीवन में आगत–निर्गत प्रक्रियाओं के प्रभाव से संबद्ध पहलुओं यानी कि जनकल्याण से संबंधित हितों, लाभों नीति–निर्णय आदि से परिचित हैं, लेकिन उन्हें आगत संरचनाओं में भागीदार बनाने के लिए अभिमुख (Directed) नहीं किया जाता है और भागीदार वे व्यक्ति हैं जिन्हें आगत–प्रक्रियाओं एवं संरचनाओं के प्रति अभिविन्यासित किया जाता है, जिन्हें मांगों की अभिव्यक्ति में एवं निर्णय–प्रक्रिया में सहभागी बनाया जाता है या जिन्हें यह एहसास है कि वे इन कार्यों में लगे हुए हैं।

आल्मंड द्वारा राजनीतिक संस्कृति वर्गीकृत प्रस्तुति में दो चरों (Variables) की ओर स्पष्ट संकेत किया गया है, एक अमिश्रित यानी कि विशुद्ध और दूसरी मिश्रित राजनीतिक संस्कृति पुनः इनके द्वारा व्यवस्थित रूप से विशुद्ध राजनीतिक संस्कृति के तीन प्रकारों एवं मिश्रित राजनीतिक संस्कृति के चार प्रकारों का निरूपण किया गया है जिसे निम्नांकित तालिका द्वारा स्पष्ट किया जा रहा है :

राजनीतिक संस्कृति एवं राजनीतिक व्यवस्था का आकृतिमूलक (Morphological) चित्रण

आल्मंड का विश्लेषण (Almond's Classification)

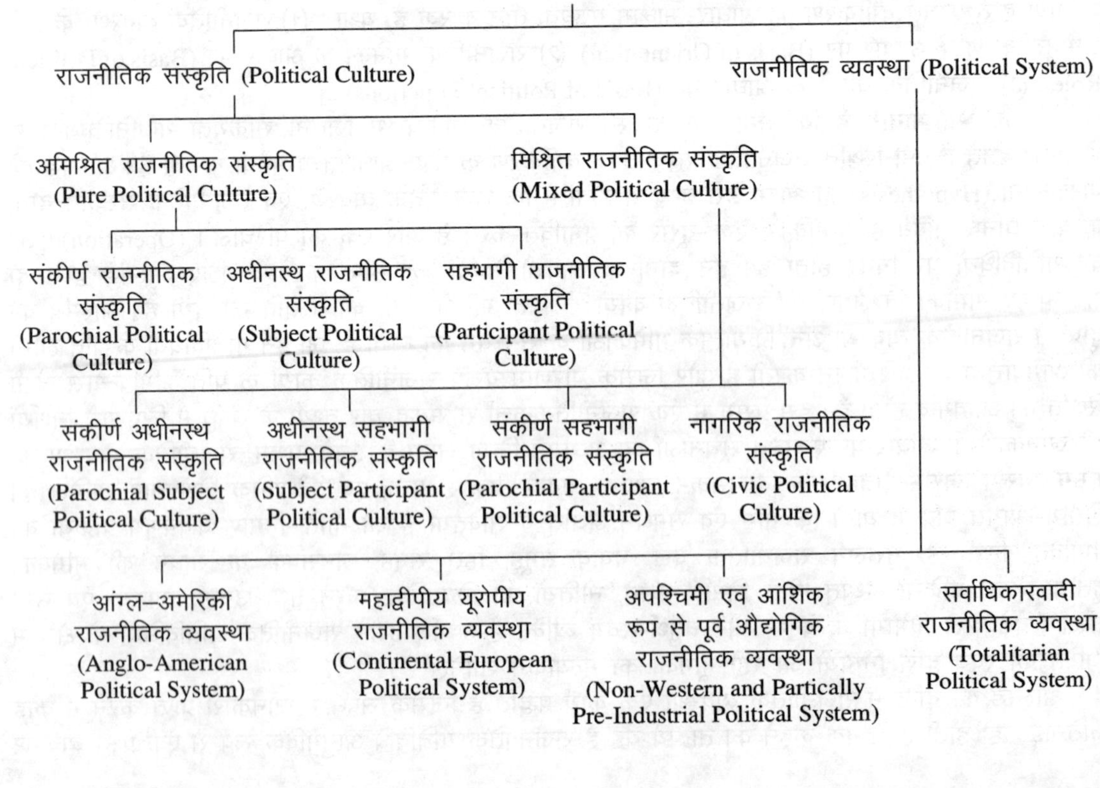

आल्मंड द्वारा प्रस्तुत उपर्युक्त राजनीतिक व्यवस्था वर्गीकरण पर विस्तृत चर्चा आल्मंड के राजनीतिक व्यवस्था विश्लेषण किया जा चुका है और राजनीतिक संस्कृति संदर्भित प्रस्तुत उपर्युक्त वर्गीकरण की विस्तृत विवेचना निम्नांकित है :

1. **संकीर्ण राजनीतिक संस्कृति (Parochial Political Culture)**—यह राजनीतिक संस्कृति का परम्परागत स्वरूप है। संकुचित राजनीतिक संस्कृति के संदर्भ में आल्मंड का स्पष्ट संकेत गैर पश्चिमी परम्परागत राजनीतिक समुदायों की ओर है, क्योंकि उसने कहा है कि ऐसी संस्कृति का प्रतिनिधित्व करने वाले लोग किसी भी समाज में पाये जा सकते हैं, लेकिन आधुनिक पाश्चात्य समाजों में इनकी संख्या बहुत कम है। संस्कृति का यह प्रकार अति परम्परागत एवं संकुचित दायरे वाले समुदायों में पाया जाता है। इस संस्कृति का पोषक समाज अपनी राजनीतिक व्यवस्था एवं राजनीति के प्रति कोई जानकारी नहीं रखता है और यदि रखता भी है तो वे जानकारियां काफी सीमित मात्रा में होती हैं। इस संस्कृति वाले समाजों में राजनीतिक भूमिकाओं का विशेषीकरण बहुत कम होता है, इसलिए राजनीतिककर्ता को राजनीतिक, आर्थिक, धार्मिक भूमिकाओं का निर्वाह एक साथ करना पड़ता है। इस समुदाय के लागों में राजनीतिक व्यवस्था तथा अपने राजनीतिक कार्यों का मूल्यांकन करने की क्षमता नहीं होती है। ऐसी संस्कृति को पोषित करने वाले समुदायों में व्यक्तियों की अभिवृत्तियों, भावनाओं, तथा कार्यों के मूल्यांकन को स्पष्ट रूप से स्थापित कर व्यवस्था के साथ उसके संबंधों को नियमित करने वाले मानकों एवं प्रतिमानों की संस्थापना करने की क्षमता नहीं होती है। इन समुदायों में राजनीतिक समाजीकरण का अभाव होता है। यानी कि राजनीतिक व्यवस्था के सदस्य होने के बावजूद राजनीति के प्रति वे उदासीन होते हैं। इनकी गिनती राजनीतिक दृष्टि से पिछड़े समाजों में की जाती है, जहां राजनीतिक कार्यों का निष्पादन शासक वर्ग द्वारा किया जाता है और जनसाधारण अपने आपको राजनीति से पूर्णतया अलग–थलग रखना चाहता है।
2. **अधीनस्थ राजनीतिक संस्कृति (Subject Political Culture)**—यह राजनीतिक संस्कृति का वह स्वरूप है, जहां के सदस्यों में अपनी राजनीतिक व्यवस्था के समस्त पहलुओं विशेष रूप से निर्गत पक्षों के संबंध में अभिविन्यास की पुनरावृत्ति काफी उच्च स्तर की होती है। इस संस्कृति में जीने वाले लोग अपनी राजनीतिक व्यवस्था एवं राजनीति से पूरी तरह अवगत होते हैं और व्यवस्था के नियमों का खुलकर समर्थन या विरोध करते हैं। संस्कृति का यह स्वरूप साधारणतया अधीनस्थ उपनिवेशों में देखा जाता है वहां की जनता या तो अपने शासकों की नीतियों का समर्थन करती है या फिर उपनिवेशवादी सत्ता के विरुद्ध तीव्र जनआंदोलन का संचालन करती है। इसका तात्पर्य यह हुआ कि या तो वे लोग अपने शासकों की नीतियों–निर्णयों को औचित्यपूर्णता की दृष्टि से स्वीकार करते हैं या फिर आत्मनिर्णय के अधिकार और राजनीतिक सजगता का परिचय देकर सत्ता के खिलाफ मुखर संघर्ष व मुखलिफ़त प्रदर्शन की प्रस्तुति करते हैं। आल्मंड की ऐसी मान्यता है कि इस राजनीतिक संस्कृति का प्रतिनिधित्व करने वाला समाज निर्गत प्रक्रिया एवं इसके प्रभावों में अधिक रुचि लेता है। विशेष रूप से जनसाधारण से संबंधित कल्याण एवं लाभ से प्रासंगिक निर्गतों में जनता की विशेष अभिरुचि देखी जाती है। संकीर्ण राजनीतिक संस्कृति से यह इस अर्थ में भिन्न होती है कि जहां संस्कृति के संकीर्ण स्वरूप में जनता राजनीति के प्रति उदासीनता व अलगाव का भाव रखती है, लेकिन इसमें राजनीतिक विषयों में अवाम की अभिरुचि सीमित रूप में पाई जाती है। यहां जनमानस का अभिमुखीकरण व्यवस्था से फ़ायदा लेने की दिशा में ज्यादा होता है, इसलिए यहां राजनीतिक सक्रियता सीमित होती है। यहां लोगों का राजनीति का अभिज्ञान तो होता है, लेकिन उसके अनुरूप राजनीतिक सहभागिता नहीं होती है। अवाम की रुचि इस बात में होती है कि व्यवस्था उन्हें क्या दे रही है, इसमें नहीं होती कि व्यवस्था को उन्हें क्या देना चाहिए या व्यवस्था से उन्हें क्या लेना चाहिए। इस प्रसंग में आल्मंड ने कहा है कि ऐसी राजनीतिक संस्कृति वाले समाजों की जनता राजनीतिक व्यवस्था के निर्गत तत्त्वों से अपने को जोड़ती है, लेकिन

व्यवस्था के आगत तत्त्वों से कोई सरोकार नहीं रखती है, इसलिए यहां भी राजनीतिक संस्कृति एवं सहभागिता का दायरा सीमित होता है।

3. **सहभागी राजनीतिक संस्कृति (Participant Political Culture)**—राजनीतिक संस्कृति का यह स्वरूप उन विकसित समाजों में अपना अस्तित्व बनाये रखता है जहां की जनता अपने को राजनीतिक व्यवस्था का सदस्य मानकर राजनीति के सभी क्षेत्रों में सक्रिय रूप से सहभागी होती है। अवाम को अपनी राजनीतिक व्यवस्था, प्रक्रिया, अधिकारों एवं कर्त्तव्यों का पूर्ण ज्ञान होता है इसलिए यहां कार्य के प्रति अभिमुखीकरण से संबद्ध तीनों आधारभूत परिवर्त्यों, यथा–संज्ञानात्मक, भावात्मक एवं मूल्यांकनात्मक अभिमुखीकरण एवं राजनीतिक संस्कृति की प्रकृति से प्रासंगिक तीनों तत्त्वों यथा आनुभविक विश्वास, मूल्य अभिरूचियां एवं प्रभावी अनुक्रियाएं निरन्तर क्रियारत रहती हैं। अवाम द्वारा राजनीतिक व्यवस्था की आगत–निर्गत एवं रूपान्तरण प्रक्रिया के प्रत्येक स्तर पर कार्यों का मूल्यांकन किया जाता है एवं सत्ता की आलोचना का क्रम जारी रहता है। राजनीतिक सहभागिता व सक्रियता के स्तर पर आलोचनाओं को विवेकसंगत रूप में स्वस्थ व्यवस्था का प्रतीक मानकर स्वीकार किया जाता है। ऐसी राजनीतिक संस्कृति वाले विकसित समाजों में राजनीतिक समाजीकरण का स्तर काफी उच्च कोटि का होता है, जिसकी वजह से नागरिकों में राजनीति के प्रति एक सुनिश्चित दृष्टिकोण अपनाने की प्रवृत्ति विकसित एवं अभिविन्यासित होती है। उच्च कोटि के जनसंपर्क के साधनों के विकास की वजह से जनता को राजनीतिक तथ्यों की सही जानकारियां मिलती रहती हैं जो उन्हें राजनीतिक विषयों का मूल्यबोध कराती रहती हैं। प्रत्येक व्यक्ति स्वयं को राजनीतिक व्यवस्था का एक अहम् हिस्सा मानता है और यही सोच उसकी अभिवृत्तियों को परिपक्वता प्रदान करता है। यह अभिवृत्ति उनकी राजनीतिक गतिविधियों की नियामक होती है और उन्हें राजनीतिक सहभागिता के लिए अभिप्रेरित करती रहती है। ये सारी परिस्थितियां जनता के अन्दर व्यवस्थागत राजनीति एवं राजनीतिज्ञों के प्रति अटूट आस्था, विश्वास, प्रतिबद्धता तथा लगाव पैदा करती हैं। ऐसी राजनीतिक संस्कृति वाले समाजों में जनता का सरोकार निर्गत से अधिक निवेश कार्यों यानी कि मांग एवं समर्थन के प्रति होता है। डेविस तथा लेविस (Davies and Lewis) के शब्दों में, ''इस प्रकार की राजनीतिक संस्कृति वाली व्यवस्थाओं में मूल्यांकन और आलोचना सभी स्तरों पर कायम रहती है तथा यह सामान्य रूप से स्वीकार किया जाता है कि राजनीतिक क्रियाओं को व्यक्तियों एवं समूहों की कड़ी सुरक्षा के अन्तर्गत रहना चाहिए।''

विशुद्ध राजनीतिक संस्कृति के उपर्युक्त तीनों प्रकारों के अतिरिक्त आल्मंड द्वारा मिश्रित राजनीतिक संस्कृति के चार प्रकारों का भी निरूपण किया गया है, जो निम्नलिखित हैं :

1. संकीर्ण अधीनस्थ राजनीतिक संस्कृति (Parochial Subject Political Culture)
2. अधीनस्थ सहभागी राजनीतिक संस्कृति (Subject Participant Political Culture)
3. संकीर्ण सहभागी राजनीतिक संस्कृति (Parochial Participant Political Culture)
4. नागरिक राजनीतिक संस्कृति (Civic Political Culture)

1. **संकीर्ण अधीनस्थ राजनीतिक संस्कृति (Parochial Subject Political Culture)**–राजनीतिक संस्कृति के इस रूप में संकीर्ण एवं अधीनस्थ दोनों रूपों का मिश्रण है। संस्कृति के इस स्वरूप में विशुद्ध संकीर्ण संस्कृति की अपेक्षा नागरिकों में अपनी राजनीतिक व्यवस्था के प्रति आस्था, विश्वास जैसे मूल्य विकसित होने लगते हैं, लेकिन राजनीतिक इकाइयों की जानकारी होने के बावजूद नागरिक व्यवस्था–संचालन को प्रभावित करने वाले माध्यमों से अनभिज्ञ होते हैं। इस संस्कृति वाली व्यवस्थाओं में निवेश प्रक्रिया की जानकारी तथा निवेश करने की प्रवृत्ति काफी कमजोर होती है। इस संस्कृति में राजनीतिक शक्ति–प्रयोगकर्ता के रूप में व्यक्ति की भूमिका काफी कमजोर होती है और राजनीतिक दल एवं दबाव समूहों की भूमिकाओं को भी स्पष्ट रूप से रेखांकित नहीं किया जा सकता है।

2. **अधीनस्थ सहभागी राजनीतिक संस्कृति (Subject Participant Political Culture)**—इस प्रकार की संस्कृति वाली राजनीतिक व्यवस्थाओं में औसत नागरिक व्यवस्था की राजनीति के प्रति जानकारी रखता हैं और राजनीतिक प्रक्रियाओं में सक्रिय भागीदारी की इच्छा भी रखतस है, लेकिन उसे सक्रिय होने का अवसर नहीं प्राप्त हो पाता है। यहां राजनीतिक दृष्टि से जागरूक व्यक्ति राजनीतिक विषयों के प्रति संवेदी होता है और उसमें सकारात्मक अभिविन्यास की अभिवृत्ति भी पायी जाती है। लेकिन परिस्थिति अनुकूल नहीं होने की वजह से यहां राजनीतिक सहभागिता का प्रतिशत काफी कम होता है। उन्नीसवीं शताब्दी के फ्रांस, इटली, जर्मनी आदि देशों की संस्कृति इस स्वरूप का बेहतर उदाहरण है।
3. **संकुचित सहभागी राजनीतिक संस्कृति (Parochial Participant Political Culture)**—संस्कृति के इस स्वरूप के अन्तर्गत सहभागिता का दायरा मुख्यतया स्थानीय व सामुदायिक होता है, इसलिए निवेश इकाइयों का स्वरूप भी स्थानीय होता है, जो सामुदायिक हितों के दबाव में क्रियागत होती है। लेकिन राष्ट्रीय स्तर पर निर्गत संरचनाएं काफी विकसित होती हैं। यहां नागरिकों को राष्ट्रीय चुनावों, सम्मेलनों, रैलियों आदि में जनसहभागिता के लिए सरकारी स्तर से प्रेरित किया जाता है। निवेश एवं निर्गत इकाइयों को स्थानीय व संकीर्ण हितों द्वारा प्रभावित होने की संभावनाएं बनी रहती हैं जो राष्ट्रीय स्तर पर जनसहभागिता में बाधक हो सकती है। संस्कृति के इस स्वरूप के उदाहरण के रूप में सैन्य संगठन व नौकरशाही की संस्कृति को तथा नागरिक समाज के स्तर पर जनजाति एवं कबीलों की संस्कृति को रखा जा सकता है।
4. **नागरिक राजनीतिक संस्कृति (Civic Political Culture)**—आल्मंड की अभिव्यक्ति के अनुसार, नागरिक संस्कृति में तीनों मिश्रित राजनीतिक संस्कृतियों के रूपों का संयोजन है, इसलिए इसमें तीनों संस्कृतियों की विशेषताएं एवं लक्षण विद्यमान होते हैं। इस संस्कृति के अन्तर्गत अधीनस्थ अभिमुखीकरण (Subject Orientation) एवं सहभागी अभिमुखीकरण (Participant Orientation) दोनों समान रूप से सक्रिय रहते हैं और दोनों सशक्त अस्तित्व रखते हुए सकारात्मक भूमिकाओं का निष्पादन करते हैं। इस राजनीतिक संस्कृति में जनता अपनी राजनीतिक व्यवस्था एवं व्यवस्थागत राजनीति के प्रति पूर्ण निष्ठा रखती है और जनअभिवृत्तियों में अभिमुखीकरण का आधार राजनीतिक आस्था एवं विश्वास होता है। व्यवस्था की निवेश–निर्गत प्रक्रियाओं के प्रति जनसहभागिता का स्तर काफी उच्च कोटि का होता है जिसकी वजह से राजनीतिक अभिजनों की प्रभाविता को मजबूत जनाधार प्राप्त होता है। नागरिक संस्कृति में जीने वाले नागरिकों के पास राजनीतिक परिपक्वता का भंडार होता है जिसका प्रयोग वे राजनीतिक विषयों, मुद्दों, समस्याओं के संबंध में अपने मतों की अभिव्यक्ति द्वारा, जनसहभागिता द्वारा तथा संयमित राजनीतिक व्यवहार प्रदर्शन द्वारा करते हैं। वहां का प्रत्येक नागरिक एक सक्रिय राजनीतिककर्ता की भूमिका निभाता है और राजनीतिक जीवन में गहरी रूचि व निष्ठा रखता है। गैर राजनीतिक समुदायों में भी राजनीतिक विषयों पर जनसहभागिता व जनअभिरुचियां काफी गहरी होती हैं, जो वहां के नागरिकों के राजनीतिक व्यवहार को नियमित व निरूपित करने में आधारतत्त्व का कार्य करती हैं। अधीनस्थ व सहभागी अभिमुखीकरण का शक्तिशाली पक्ष व्यवस्था को सकारात्मक व व्यावहारिक गतिशीलता एवं सक्रियता प्रदान करता है और व्यवस्था को जनोन्मुखी एवं समाजोन्मुखी बनाये रखता है। जहां अधीनस्थ अभिमुखीकरण राजनीतिक अभिजनों को स्वतंत्रतापूर्वक कार्य करने का आधार प्रदान करता है, वहीं सहभागी अभिमुखीकरण अभिजनों को जनप्राथमिकताओं के प्रति उत्तरदायी बने रहने के लिए बाध्य करता है। ब्रिटेन और अमेरिका जैसी विकसित राजनीतिक व्यवस्थाओं की राजनीतिक संस्कृति इस कोटि का प्रतिनिधित्व करती है।

उपर्युक्त विवेचित वर्गीकरण से इस बात का खुलासा होता है कि राजनीतिक संस्कृति का स्वरूप समजातीय नहीं होता है। स्थान और अवाम की प्रकृति–प्रवृत्ति तथा परिस्थितिगत आवश्यकता के अनुरूप राजनीतिक संस्कृति के रूप में बदलाव आता रहता है, इसलिए इसमें भिन्नताएं पाई जाती हैं। इसकी प्रकृति विविध जातीय होती है।

आल्मंड द्वारा प्रस्तुत मिश्रित राजनीतिक संस्कृति के स्वरूप का वर्गीकरण मोटे तौर पर संपूर्ण विश्व में विद्यमान राजनीतिक व्यवस्थाओं के स्वरूप एवं उनकी राजनीतिक संस्कृति की प्रकृति तथा संदर्भित अभिविन्यासों के आधार पर किया गया है। आल्मंड के मतानुसार, राजनीतिक व्यवस्था की इकाइयों, प्रक्रियाओं एवं राजनीतिक संस्कृति के बीच अन्योन्याश्रित संबंध होता है। इन्होंने सभी राजनीतिक व्यवस्थाओं को विविध प्रकार की राजनीतिक भूमिकाओं एवं अन्तःक्रियाओं का समूह कहा है और नागरिकों का अपनी राजनीतिक व्यवस्था एवं प्रक्रियाओं के प्रति दृष्टिकोण ही इन भूमिकाओं को निभाने का आधार माध्यम बनता है। इनकी दृष्टि में व्यवस्थागत राजनीतिक संस्कृति नागरिकों के राजनीतिक विश्वास, मूल्य, आस्था, प्रतिबद्धता उदासीनता या राजनीति के प्रति उनके ज्ञान का प्रतिबिम्ब होता है जो जनसाधारण की मूल्यांकन क्षमता द्वारा राजनीतिक व्यवहार के रूप में सामने आता है और यही मूल्यबोधक जनव्यवहार राजनीतिक व्यवस्था की सक्रियता, गतिशीलता, लोकप्रियता, स्थायित्व एवं सातत्य को विकासोन्मुख पहचान दिलाने का आधार माध्यम है। राजनीतिक संस्कृति की यह अध्ययन–प्रवृत्ति हमें राजनीतिक समाजीकरण के अध्ययन की ओर ले जाती है जिसमें राजनीतिक अनुभव एक पीढ़ी से दूसरी पीढ़ी को हस्तांतरित की जाती है। इस प्रकार राजनीतिक संस्कृति के अध्ययन द्वारा किसी भी राजनीतिक व्यवस्था के इतिहास का अध्ययन नये परिप्रेक्ष्य में करना संभव हो जाता है।

आल्मंड का यह मानना है कि राजनीतिक संरचनाएं एवं राजनीतिक संस्कृति कभी भी स्थायी या स्थैतिक नहीं होती हैं, तीव्र वैज्ञानिक व प्रौद्योगिक परिवर्तनों की वजह से इनमें बदलाव की प्रक्रियाएं समय के साथ–साथ चलती रहती हैं। इसके साथ ही राजनीतिक संस्कृति के लौकिकीकरण का प्रसंग भी संबद्ध है जिसकी दो विशेषताएं हैं : **पहला**–व्यवहारपरक व आनुभविक अभिविन्यास और **दूसरा**–सांस्कृतिक अभिविन्यासों का विस्तारित रूप से विशिष्टता की ओर कदम बढ़ाना। समय–आधारित परिवर्तन के साथ व्यवस्था के सदस्यों की सोच, मूल्यों एवं विश्वासों में भी बदलाव आता है। समसामयिक परिप्रेक्ष्य में इस बात की जरूरत है कि यह परिवर्तन व्यवहारात्मक व आनुभविक दिशा में हो और वह भी ऐसा कि संदर्भित परिवर्तन विस्तृत अवस्था (Diffuseness) से विशिष्ट दिशा (Specificity) की ओर अग्रसर हो। इसका आशय यह हुआ कि व्यवस्था के सदस्यों के मूल्यों, विश्वासों में अभिमुखीकरण संकीर्णता से व्यापकता की दिशा में होना चाहिए। सदस्यों को राजनीतिक सहभागिता व राजनीतिक भर्ती के संबंध में ज्यादा–से–ज्यादा जानकारी होनी चाहिए और राजनीतिक संबद्धता का यही ज्ञान लोगों में राजनीतिक वैधता के निहितार्थों की ज्ञानवर्द्धक समझ विकसित करता है। इन परिप्रेक्ष्यों के आधार पर राजनीतिक संस्कृति के लौकिकीकरण का अभिप्राय है व्यवस्था के सदस्यों में ज्यादा–से–ज्यादा राजनीतिक जागरूकता पैदा करना, ताकि वे अपनी राजनीतिक व्यवस्था–प्रक्रियाओं, राजनीतिक अभिजनों एवं राजनीतिक अभिनेता के रूप में स्वयं अपनी भूमिकाओं के संबंध में अत्यधिक जानकारियां प्राप्त कर सकें। आल्मंड के मतानुसार, "राजनीतिक संस्कृति के लौकिकीकरण की वजह से सामाजिक अन्तःक्रियाओं को दृढ़ आरोपित और विस्तृत परम्पराओं व परम्परागत मूल्यों के संहिताबद्ध, विशिष्ट रूप में, राजनीतिक और सार्वभौमिक नियमों द्वारा दबाया जा सकता है। राजनीतिक संस्कृति से प्रासंगिक यही संकेत लौकिकीकरण की प्रक्रिया में आदान–प्रदान, सौदेबाजी और समायोजित राजनीतिक कार्य, समाज की सामान्य विशेषताएं बन जाती हैं तभी हितबद्ध समूहों और राजनीतिक दल जैसी इकाइयों का विकास अर्थपूर्ण हो जाता है।"

आल्मंड एवं वर्बा का मानना है कि सभी राजनीतिक व्यवस्थाओं की राजनीतिक संस्कृति के अन्दर कई प्रकार की उपसंस्कृतियों का आविर्भाव होता है जो पर्यावरण की परिस्थितियों में फलती–फूलती विकसित होती है और पर्यावरण में होने वाले बदलाव से प्रभावित भी होती है। विभिन्न राजनीतिक व्यवस्थाओं में राजनीति के प्रति दृष्टिकोण व अभिमुखीकरण के स्तर में पायी जाने वाली विविधताओं की वजह से उपसंस्कृतियों का जन्म संभव होता है। सभी व्यवस्थाओं में राजनीतिक उपसंस्कृतियों के जन्म का बुनियादी तत्त्व सामाजिक वर्ग विन्यास, जाति, धर्म, भाषा, पेशा, क्षेत्रीतया, प्रस्थिति, सामाजिक स्तरीकरण आदि से संबद्ध होता है। राजनीतिक व्यवस्थाओं में विद्यमान ये राजनीतिक उपसंस्कृतियां राजनीतिक संस्कृति की प्रकृति–निर्माण में प्रभावी भूमिका अदा करती हैं। तभी तो इन उपसंस्कृतियों का अध्ययन किये बगैर व्यवस्थागत राजनीतिक संस्कृति का सांगोपांग अध्ययन करना संभव नहीं है। दृष्टान्तस्वरूप, विकासशील व्यवस्थाओं विशेषकर भारत में मौजूद व्यवस्थागत उपसंस्कृति के गहन अध्ययन के बिना राजनीतिक संस्कृति का गहन आनुभविक अध्ययन संभव नहीं है।

आल्मंड एवं वर्बा ने राजनीतिक संस्कृति के अन्तर्गत एक विशेष प्रकार की उपसंस्कृति की चर्चा की है जिसे 'भूमिका संस्कृति' (Role Culture) का नाम दिया है। राजनीतिक व्यवस्था की प्रक्रियागत जटिलताएं व व्यापकता के तहत राजनीतिक कार्यपालिका, नौकरशाही, सेना, राजनीतिक दल, दबाव समूह, हित समूह तथा जनसंपर्क के साधनों के संयोजन से राजनीतिक प्रक्रियाओं–भूमिकाओं का निष्पादन किया जाता है। इन इकाइयों के पदधारकों द्वारा संपादित विशिष्ट भूमिकाएं व्यवस्था में विविध प्रकार की उपसंस्कृतियों का प्रतिनिधित्व करती हैं। ये उपसंस्कृतियां ही किसी भी राजनीतिक व्यवस्था में राजनीतिक संस्कृति के विषमरूप (Hetrogeneous) के लिए जवाबदेह होती हैं। इन भूमिकाओं को निष्पादित करने वाले राजनीतिक अभिजनों की भर्ती में समाज की विविध उपसंस्कृतियों का महती योगदान होता है, जिनकी राजनीतिक भूमिकाओं में ही उनके राजनीतिक समाजीकरण, राजनीतिक मूल्यों, परम्पराओं, प्रतिबद्धताओं एवं संस्कृति से संबद्ध संज्ञानात्मक, भावात्मक तथा मूल्यांकनात्मक अभिविन्यासों के आधारतत्त्व की स्पष्ट तस्वीर देखी जा सकती है। राजनीतिक अभिजनों द्वारा राजनीतिक प्रक्रियाओं के निष्पादन में सक्रिय भूमिका निभाई जाती है जिसका प्रत्यक्ष प्रभाव राजनीतिक व्यवस्था के जीवन यानी कि समाज के सदस्यों के जीवन पर पड़ता है। इस प्रसंग में डेविड ईस्टन की भी अभिव्यक्ति है कि राजनीतिक व्यवस्था एवं प्रक्रियाओं का अध्ययन इसीलिए महत्त्वपूर्ण है क्योंकि अभिजनों द्वारा लिये गये निर्णयों के परिणाम का सीधा प्रभाव समाज पर पड़ता है। इन परिणामों को ही ईस्टन ने निर्गत प्रक्रिया कहा है। इस प्रक्रिया के निष्पादनक्रम में इनके द्वारा संपादित भूमिका शैली से किसी भी राजनीतिक व्यवस्था में जिस प्रकार की उपसंस्कृति का आविर्भाव होता है, आल्मंड एवं वर्बा की दृष्टि में वही भूमिका संस्कृति है। दृष्टान्तस्वरूप फ्रांस, जर्मनी, ब्रिटेन आदि समस्त विकसित व भारत जैसी विकासशील व्यवस्थाओं में शासक अभिजन सैनिक अभिजन, एवं नौकरशाही संरचना के अन्तर्गत एक विशेष प्रकार की सत्तावादी प्रवृत्ति स्पष्ट रूप से देखी जा सकती है, जो प्रस्थिति (Status) के आधार पर व्यवस्था में उन्हें आमजन से विशेष दर्जा प्रदान करता है। यह वर्ग व्यवस्थागत संसाधनों, सुख–सुविधाओं का भरपूर लाभ उठाता है और जनसाधारण इन सुविधाओं से सदैव वंचित रहता है। सामाजिक स्तरीकरण में उच्च स्थिति प्राप्त होने की वजह से सामान्यतया उनमें कुलीनतंत्रीय प्रवृत्ति का जन्म होता है जो व्यवस्था में मौजूद वातावरण के अनुरूप विकसित होता जाता है। इस वर्ग के सदस्यों का समाजीकरण भी आमजनों से पृथक् तरीके से विशेष वातावरण में होता है। इसलिए इस वर्ग में पायी जाने वाली उपसंस्कृति व्यवस्था में विद्यमान राजनीतिक संस्कृति को नया आयाम प्रदान करती है।

एस.ई. फाइनर का वर्गीकरण (S.E. Finer's Classification)

प्रो. एस.ई. फाइनर द्वारा विभिन्न राजनीतिक व्यवस्थाओं की राजनीतिक संस्कृति का अध्ययन–विश्लेषण राजनीति में अस्तित्व रखने वाली सैनिक सत्ता की भूमिका से प्रासंगिक समस्याओं के अध्ययन–क्रम में किया गया है और इसी आधार पर राजनीतिक संस्कृति का वर्गीकरण भी प्रस्तुत किया गया है। इनके द्वारा राजनीतिक संस्कृति को वर्गीकृत करते समय चार संवेगात्मक परिवर्त्यों (Emotional Variables) को प्रधानता दी गयी है, यथा : (1) परिपक्व राजनीतिक संस्कृति (Mature Political Culture), (2) विकसित राजनीतिक संस्कृति (Developed Political Culture), (3) निम्न राजनीतिक संस्कृति (Low Political Culture), (4) न्यूनतम स्तरीय राजनीतिक संस्कृति (Minimial Political Culture)।

1. **परिपक्व राजनीतिक संस्कृति (Mature Political Culture)**–ब्रिटेन, अमेरिका, आस्ट्रेलिया, नीदरलैंड आदि व्यवस्थाओं की राजनीतिक संस्कृति में राजनीतिक मतैक्यता पायी जाती है। यहां राजनीतिक संरचनाओं का स्तर काफी उच्च कोटि का होता है। इस राजनीतिक संस्कृति में राजनीतिक व्यवस्था का आधार विशाल जनसमर्थन एवं जनभागीदारी होता है। इस राजनीतिक संस्कृति में व्यवस्था–संचालन हेतु सैनिक हस्तक्षेप की जरूरत नहीं के बराबर पड़ती है। यहां राजनीतिक व्यवस्था के स्थायित्व का आधार जनमत होता है, यानी कि व्यवस्थागत राजनीतिक संस्कृति में स्वस्थ मतैक्यता या स्वस्थ मतवैभिन्नता

आधारित परिपक्व जनाधार व्यवस्था–संचालन का माध्यम बनता है और स्वस्थ राजनीतिक संस्कृति के स्वरूप की प्रस्तुति करता है।

2. **विकसित राजनीतिक संस्कृति (Developed Political Culture)**–इस कोटि में मिस्र, अल्जीरिया, क्यूबा आदि देशों की राजनीतिक संस्कृतियों को शामिल किया गया है। इस संस्कृति में भी राजनीतिक संगठन का स्तर ऊँचा और मजबूत होता है, लेकिन व्यवस्था में मौजूद कई मुद्दे, विषयों या समस्याओं के संबंध में समय–समय पर जनमत का विभाजित रूप सामने आता है, जो कभी–कभी आन्दोलन का रूप अख्तियार कर लेता है। इस संस्कृति में अधिकतर सत्ता के प्रति राजनीतिक ध्रुवीकरण की प्रक्रिया देखी जा सकती है। यहां लोकतंत्र में बहुमत की कड़वी हकीकतों को कई बार खतरनाक संकेत के रूप में सैनिक विद्रोह का भय बना रहता है। ऐसे में राजनीतिक आस्था व विश्वास की धरोहर की निराशाजनक स्थिति का सामना करना पड़ता है। राजनीतिक संस्कृति की ऐसी स्थिति की वजह से सैनिक शासन का दौर आरंभ हो जाता है जो लंबे समय तक चलता रहता है। ऐसी परिस्थिति में देश तथा समाज का संचालन नैतिकता व आदर्श के बल पर नहीं होता है, अपितु सैनिक शासकों की मर्जी से होता है। महज सत्ता संचालन के क्षेत्र की बात नहीं है, व्यवस्था का आमजन सैनिक शासन की कार्यशैली व सत्ताशैली के भय से राजनीतिक गतिविधियों से विमुख होता जाता है। अर्थात् राजनीतिक संस्कृति के इस स्वरूप में परिस्थिति विपरीत होने पर व्यवस्थागत संस्कृति में नागरिक आधार की सर्वोच्चता की जगह सैनिक सत्ता की सर्वोच्चता का दौर आरंभ हो जाता है। व्यवस्था में सामाजिक, राजनीतिक आर्थिक मुद्दों पर विभाजित जनमत सैनिक विद्रोह को निमंत्रण देता है, जिसमें सत्ता के प्रति ध्रुवीकरण की प्रक्रिया तीव्र होती है। सैनिक सत्ताशैली जनता की राजनीतिक गतिविधियों को सीधे तौर पर प्रभावित करता है और उनकी शासनशैली का भय उन्हें राजनीतिक प्रक्रियाओं के निष्पादन के प्रति उदासीन बनाता है।

3. **निम्न राजनीतिक संस्कृति (Low Political Culture)**–यह राजनीतिक संस्कृति का वह स्वरूप है जिसमें संगठन का संरचनात्मक स्तर बहुत निम्नकोटि का होता है। व्यवस्था का आमजन राजनीतिक–सामाजिक मुद्दों पर, असंगठित एवं विभाजित होता है। व्यवस्था में स्तरीय स्वस्थ जनमत के निर्माण के साधनों का काफी अभाव होता है, इसलिए कमजोर जनमत इस राजनीतिक संस्कृति की पहचान है। सत्ता की वैधता के तरीकों में विश्वास की कमी एवं सत्ताधारियों के प्रति विश्वास, आस्था व प्रतिबद्धता में कमी व्यवस्था की राजनीति की सेहत पर बुरा असर डालती है। विखंडित जनमत व्यवस्था के पर्यावरण में संघर्ष, तनाव, द्वन्द्व के अस्तित्व को सदैव बनाये रखता है। यहां राजनीतिक गतिरोध सामाजिक गतिरोध की परिस्थितियां उत्पन्न करता है, जिससे आम जनजीवन बुरी तरह प्रभावित होता है। राजनीतिक–सामाजिक संस्कृति के बीच तालमेल की समस्याएं अक्सर दिखाई देती हैं। व्यवस्था में कई उपसंस्कृतियां क्रियागत रहती हैं जो राजनीतिक संस्कृति के एकीकृत स्वरूप के निर्माण में गंभीर बाधाएं पैदा करती हैं। यहां राजनीति के प्रति आमजन की अभिवृत्तियों और अभिविन्यासों का सुनिश्चित प्रतिमान स्थापित नहीं हो पाता है। राजनीतिक संस्कृति के विखंडित स्वरूप की वजह से राजनीतिक व्यवस्था के वातावरण में शांति और सहमति की जगह हिंसा, संघर्ष, तनाव का वातावरण सदैव कायम रहता है। इससे व्यवस्था में राजनीतिक अस्थिरता की परिस्थितियां पैदा होती रहती हैं जो इन व्यवस्थाओं में सैनिक सत्ता स्थापित होने की परिस्थितियों को आमंत्रित करती हैं और सैनिक शासन का दौर शुरू हो जाता है। इसका तात्पर्य यह हुआ कि इस राजनीतिक संस्कृति में सैनिक शासन या निरंकुश सत्ता स्थापित होने की संभावनाएं सदैव बनी रहती हैं। राजनीतिक संस्कृति के इस स्वरूप में राजनीतिक विकास एवं राजनीतिक आधुनिकीकरण की गति अपेक्षाकृत बहुत धीमी होती है। ईरान, इराक, इण्डोनेशिया, वर्मा, पाकिस्तान, बांग्लादेश, आदि तीसरी दुनिया की कई व्यवस्थाएं राजनीतिक संस्कृति के इस स्वरूप का प्रतिनिधित्व करती हैं।

4. **न्यूनतम स्तरीय राजनीतिक संस्कृति (Minimal Political Culture)**–राजनीतिक संस्कृति के इस स्वरूप में राजनीतिक जागरूकता, सहभागिता, समाजीकरण, आगत–निर्गत, प्रक्रिया, रूपान्तरण प्रक्रिया राजनीतिक

व्यवस्था के प्रति निष्ठा, राजनीतिक प्रक्रियाओं के प्रति लगाव, राजनीति के प्रति रुझान आदि सभी न्यूनतम स्तरीय होता है। व्यवस्थागत राजनीतिक मूल्यों के प्रति लोगों की जानकारी नगण्य होती है। यह राजनीतिक संस्कृति परम्परागत सत्ता के स्वरूप का प्रतिनिधित्व करती है और लोकतांत्रिक मूल्यों की जगह परम्परागत शासन शैली के मूल्यों का पोषण करती है। अपनी राजनीतिक व्यवस्था व राजनीतिक मूल्यों की जानकारी के अभाव में यह राजनीतिक संस्कृति के विजातीय स्वरूप की पोषक होती है, जिसमें संज्ञानात्मक अभिविन्यास भी न्यूनतम स्तरीय होता है। यहां सत्ता–संचालन हेतु सेना की मदद आम बात है।

फाइनर द्वारा विवेचित राजनीतिक संस्कृति के उपर्युक्त संदर्भों से यह पर्याप्त रूप में स्पष्ट होता है कि सिर्फ परिपक्व राजनीतिक संस्कृति में सत्ता–संचालन हेतु सैनिक हस्तक्षेप की परिस्थितियां नहीं के बराबर पायी जाती हैं। लेकिन, क्रमशः तीनों राजनीतिक संस्कृतियों में शासन संचालन की दृष्टि से सैनिक हस्तक्षेप की परिस्थितियों की संभावनाएं बनी रहती हैं और इसी क्रम में सैनिक सत्ता स्थापित होने व कायम होने की परिस्थितियों में भी इज़ाफा होता जाता है।

आल्मंड एवं फाइनर द्वारा अभिव्यक्त राजनीतिक संस्कृति के प्रकारों में विवेचित विकासशील देशों की राजनीतिक संस्कृति के यथार्थ का अध्ययन करने से तथ्यात्मक रूप से यह स्पष्ट होता है कि नवोदित राजनीतिक व्यवस्थाओं में राजनीति की नजर तंग होती है जो कई सामाजिक सांस्कृतिक, धार्मिक, आर्थिक व राजनीतिक दायरों में कैद है। विविध दायरों में सिमटी राजनीति के विभाजित स्वरूप का अपना–अपना तर्क व आधार है। ये दायरे व्यवस्था में राजनीतिक संस्कृति का विखंडित स्वरूप प्रस्तुत कर रहे हैं। ये हदें ही वहां की राजनीतिक संस्कृति की कवायद और जुगत की सच्ची दास्तान हैं। लोकतंत्र के नाम पर जनता को रिझाने वाले प्रसंग, कार्यक्रम, घोषणाएं और नारे आज इन व्यवस्थाओं के राजनीतिक विकास में कितनी कारगर भूमिका निभा रहे हैं इसका दारोमदार इन व्यवस्थाओं की राजनीतिक संस्कृति की प्रकृति के निर्माण व निरूपण पर निर्भर करता है। सत्ताधारियों द्वारा दिया जाने वाला राजनीतिक विकास का नारा और विरोधी दलों द्वारा राजनीतिक सत्ताधारियों द्वारा प्रेषित विकास कार्यक्रमों को कागजी की संज्ञा देने से व्यवस्था के पर्यावरण में जो भ्रान्ति (Illusion) का वातावरण तैयार होता है वह जनता को दिग्भ्रमित (Directional Confusion) करता है। ये स्थितियां लोकतंत्र में बहुमत की कड़वी हक़ीकतों को गंभीर चुनौतियां देती हैं और राजनीतिक संस्कृति के लिए सतही व गहन दोनों स्तरों पर निराशाजनक स्थितियां बनाती हैं जो व्यवस्था में राजनीतिक विश्वास–आस्था की धरोहर की मजबूती के लिए ख़तरनाक संकेत है।

उपर्युक्त विवेचित प्रकारों के अतिरिक्त राजनीतिक संस्कृति के कुछ अन्य प्रकारों की भी विवेचना की गयी है जो निम्नांकित हैं :

सत्ता एवं शक्ति के स्वरूप के आधार पर राजनीतिक संस्कृति के दो प्रकार बताये गये हैं : (1) अभिजनात्मक संस्कृति (Elitist Culture), (2) जनसंस्कृति (Mass Culture)। लूसियन पाई का मानना है कि सभी राजनीतिक व्यवस्थाओं में शासक एवं शासितों की राजनीतिक संस्कृति में आधारभूत अन्तर पाया जाता है, क्योंकि शासन के प्रति निर्णय लेने वाले लोगों का दृष्टिकोण उस समुदाय से पूर्णतः भिन्न होता है जिनके लिए निर्णय लिया जाता है।

कुछ विद्वानों द्वारा राजनीतिक संस्कृति को मोटे तौर पर दो भागों में बांटा गया है :

(i) सहभागी राजनीतिक संस्कृति (Participant Political Culture)

(ii) असहभागी राजनीतिक संस्कृति (Non-participant Political Culture)।

इसके अलावा राजनीतिक संस्कृति के कुछ अन्य प्रकारों की भी प्रस्तुति की गयी है :

(क) परम्परागत राजनीतिक संस्कृति (Traditional Political Culture)

(ख) आधुनिक राजनीतिक संस्कृति (Modern Political Culture)

(ग) सक्रिय राजनीतिक संस्कृति (Active Political Culture)

(घ) निष्क्रिय राजनीतिक संस्कृति (Inactive Political Culture)

राजनीतिक व्यवस्था के अन्तर्गत राजनीतिक चेतना (Consciousness) के अनुरूप राजनीतिक संस्कृति के स्तर (Level) का लेखाचित्र (Graph)

स्तर (*Level*) राजनीतिक संस्कृति		स्तर (*Level*) राजनीतिक समाजीकरण एवं सहभागिता		स्तर (*Level*) निवेश (Input) प्रक्रिया (Process)
A *विशुद्ध (Pure)*				
1. संकीण	↔	न्यूनतम	↔	लघुत्तम
2. अधीनस्थ	↔	निम्नतर	↔	मध्यम
3. सहभागी	↔	उन्नत	↔	उत्तम
B *मिश्रित (Mixed)*				
1. संकीण अधीनस्थ	↔	अल्पतम	↔	निम्नतम
2. अधीनस्थ सहभागी	↔	न्यूनतर	↔	निम्नतर
3. संकीर्ण सहभागी	↔	परिसीमित	↔	सीमित
4. नागरिक	↔	उच्च	↔	उन्नत

आगत प्रक्रिया का संबंध व्यवस्था में सत्ता परिसंचरण एवं व्यवस्था कायान्तरण (Transformation) से जुड़ा होता है, जिसका साधन है–राजनीतिक दल, दबाव समूह, हित समूह तथा जनसंपर्क के समस्त साधन।

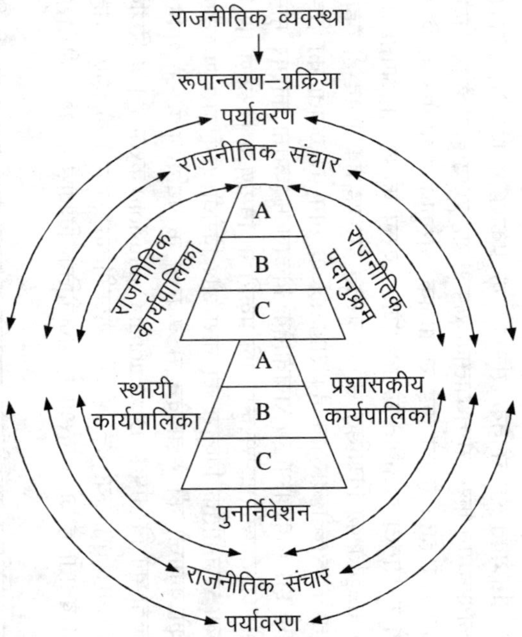

राजनीतिक संस्कृति हमेशा परिवर्तनशील (Changeable) भावदशा (Mood) में रहता है।

	स्तर (*Level*) निर्गत (Output) प्रक्रिया (Process)
↔	न्यूनतम (Minimal)
↔	मध्यम (Average)
↔	उत्कृष्ट (Optimum)
↔	लघुतम (Insufficient)
↔	निम्न (Law, Inferior)
↔	संकुचित (Narrow)
↔	श्रेष्ठ (Best)

निर्गत प्रक्रिया व्यवस्था की लोकप्रियता, मजबूती एवं सातत्य के कायम रहने का आधार है। यह राजनीतिक सहभागिता, विश्वास, निष्ठा, व्यक्ति–सापेक्ष एवं समाज–सापेक्ष हितों का नियामक एवं संरक्षक होता है। इसका माध्यम है–राजनीतिक सत्ता एवं प्रशासकीय सत्ता।

वर्गीकरण का मूल्यांकन (Evaluation of Classification)

वस्तुतः, मोटे तौर पर वर्गीकृत किये गये राजनीतिक संस्कृति के उपर्युक्त प्रस्तुत प्रकारों से किसी भी राजनीतिक व्यवस्था की राजनीतिक संस्कृति की प्रकृति के निर्माणकारी तत्त्व का सही आकलन व गहन अध्ययन करना कठिन कार्य है। हालांकि आल्मंड, वर्बा एवं फाइनर द्वारा प्रस्तुत वर्गीकरण को गंभीर अलोचनाओं के दौर से गुजरना पड़ा है। आलोचकों का यह आरोप है कि आल्मंड द्वारा प्रस्तुत वर्गीकरण राजनीतिक व्यवस्था के स्वरूप पर ज्यादा आश्रित है और उसे राजनीतिक व्यवस्था के संदर्भ में ही सही ढंग से समझा जा सकता है। जबकि समालोचकों की दृष्टि में सभी व्यवस्थागत राजनीतिक संस्कृतियों का अपना स्वतंत्र अस्तित्व होता है, अतः उसे पूर्णरूप से सिर्फ राजनीतिक व्यवस्था की सहचरी (An Association Element) मानना न्यायोचित नहीं है। हाँ, यह सही है कि राजनीतिक संस्कृति की प्रकृति को राजनीतिक व्यवस्था के लक्ष्यों के अनुरूप ढालने का प्रयास अवश्य किया जाता है, लेकिन यह जरूरी नहीं है कि राजनीतिक संस्कृति उसी दिशा में अग्रसर हो जिधर व्यवस्था उसे ले जाये। इतिहास गवाह है कि उपनिवेशवादी सत्ता के विरुद्ध पनपी राजनीतिक संस्कृति ही उन व्यवस्थाओं में स्वतंत्रता संघर्ष एवं आन्दोलन का प्रेरक आधार बनी, जिसने राजनीतिक व्यवस्था के कायान्तरण के लिए आधारतत्त्व मुहैया कराके औपनिवेशिक सत्ता के विरुद्ध लोकतंत्र की संस्थापना में आधार माध्यम की भूमिका निभायी।

विषय के मूल्यांकन के प्रसंग में ध्यातव्य तथ्य यह है कि राजनीतिक संस्कृति एक परिवर्तनशील परिवर्त्य है जो निरन्तर विकासोन्मुख है। राजनीतिक व्यवस्था में विद्यमान व दूसरी व्यवस्थाओं से आने वाली नयी विचारधाराओं, औद्योगीकरण की नई नीतियों, विज्ञान एवं तकनीकी विकास की नई विधाओं तथा नेतृत्व परिवर्तन से प्रासंगिक तत्त्वों के अनुरूप इसमें परिवर्तन होना अवश्यंभावी है। राजनीतिक संस्कृति राजनीतिक व्यवस्था को प्रभावित भी करती है और स्वयं प्रभावित भी होती है। इस प्रसंग में यह कहना उचित होगा कि आल्मंड एवं वर्बा ने राजनीतिक संस्कृति को राजनीतिक व्यवस्था के साथ संबद्ध करके विषय को एक ठोस स्वरूप प्रदान किया है। आल्मंड के इस प्रयास से राजनीतिक व्यवस्था एवं राजनीतिक संस्कृति के परस्पर घनिष्ठ संबंधों की प्रस्तुति होती है। आल्मंड का यह मानना कि अधिकांश आधुनिक व्यवस्थाओं में राजनीतिक संस्कृति का मिश्रित रूप ही पाया जाता है। यह उस तथ्य का द्योतक है कि प्रत्येक राजनीतिक समाज की राजनीतिक संस्कृति वहां के मूल्यों, विश्वासों आस्थाओं, प्रतिबद्धताओं का प्रतिमान है जो उस राजनीतिक व्यवस्था के सदस्यों के राजनीतिक व्यवहार के नियमन, निरूपण एवं पथ प्रदर्शन के लिए जवाबदेह कारक होता है।

राजनीतिक संस्कृति के नियामक (Regulative Factors of Political Culture)

प्रत्येक राजनीतिक समाज की संस्कृति पृथक् एवं विशेष होती हैं। अब प्रश्न यह उठता है कि वे कौन से तत्त्व हैं जिनकी वजह से किसी भी राजनीतिक व्यवस्था की राजनीतिक संस्कृति को विशेष अस्तित्व प्राप्त होता है ? यानी कि व्यवस्थागत राजनीतिक संस्कृति की प्रकृति–निर्माण से प्रासंगिक वे कौन से उत्तरदायी कारक हैं जिनकी वजह से राजनीतिक संस्कृति के स्वरूप को विविधता व विशिष्टता का दर्जा मिलता है ? आल्मंड की दृष्टि में राजनीतिक संस्कृतियों में पायी जाने वाली विशेषता के लिए अनेक कारक उत्तरदायी हैं जो किसी भी राजनीतिक व्यवस्था की राजनीतिक संस्कृति को नियमित करता है। इस प्रसंग में टालकॉट पारसन्स की मान्यता है कि लगभग प्रत्येक समाज में राजनीतिक संस्कृति के मुख्यतः तीन नियामक तत्त्व होते हैं, जिनके प्रभाव में किसी भी राजनीतिक व्यवस्था की संस्कृति आकार लेती है और उसी के प्रभाव सदस्यों की राजनीतिक सक्रियता घटती–बढ़ती रहती है। इनकी दृष्टि में राजनीतिक संस्कृति की प्रकृति के नियामक तत्त्व मुख्यतः तीन हैं :

1. व्यक्तिपरक हित (Subjective Interest)
2. सहभागिता (Participation)
3. राजनीतिक विश्वास (Political Beliefs)

1. **व्यक्तिपरक हित (Subjective Interest)**—प्रत्येक राजनीतिक व्यवस्था की राजनीतिक संस्कृति के विनियमन में सर्वाधिक महत्त्वपूर्ण तत्त्व व्यक्तिसापेक्ष हित है। जो राजनीतिक व्यवस्था व्यक्ति की आवश्यकताओं की अधिक से अधिक पूर्ति करता है, उस व्यवस्था की राजनीति के प्रति लोगों का रुख सकारात्मक होता है एवं राजनीतिक संस्कृति की प्रकृति का स्वरूप स्वस्थ होता है। यदि व्यवस्था में मौजूद राजनीति के प्रति लोगों का रुख नकारात्मक होता है तो वहां राजनीतिक संस्कृति की प्रकृति विजातीय होती है। प्रत्येक व्यवस्था में राजनीति अभिजन के प्रति सुनिश्चित व सुस्पष्ट विचार निर्माण में व्यक्तिपरक हित सर्वप्रमुख होता है, क्योंकि उसकी पूर्ति की मात्रा का प्रतिशत ही राजनीतिक संस्कृति की प्रकृति के विनियमन को आधारतत्त्व मुहैया कराता है।
2. **सहभागिता (Participation)**—राजनीतिक सहभागिता राजनीतिक संस्कृति का आधारभूत नियामक तत्त्व है। प्रत्येक राजनीतिक व्यवस्था में उसके सदस्यों द्वारा किसी व्यक्तिगत या सार्वजनिक उद्देश्य की प्राप्ति के लिए जो सक्रिय भूमिका निभायी जाती है वही सहभागिता है। अर्थात्, व्यक्ति या समूह की राजनीतिक गतिविधियों और मांगों एवं समर्थनों के आकार–प्रकार तथा स्वरूप का निर्णायक सहभागिता होता है। इसका सीधा संबंध लोगों की अभिवृत्तियों से होता है। राजनीतिक व्यवस्था में निवेशों की आधारभूमि तैयार करने में, विशेष रूप से राजनीतिक संस्कृति के निर्माण में इस नियामक तत्त्व की भूमिका काफी अहम् होती है। यह निवेशों की प्रकृति की उग्रता–तीव्रता की मात्रा का नियामक है। किसी भी राजनीतिक व्यवस्था में व्यक्ति के समाजीकरण का स्तर जितना उच्चकोटि का होगा, राजनीतिक सहभागिता–सक्रियता उसी स्तर के अनुपात में घटेगी या बढ़ेगी। यानी कि प्रत्येक राजनीतिक व्यवस्था की राजनीतिक संस्कृति के नियमन में सहभागिता का पक्ष निर्णायक भूमिका निभाता है और यही पक्ष राजनीतिक संस्कृति से प्रासंगिक मूल्यों, मान्यताओं, विश्वासों एवं निष्ठाओं के निर्माण हेतु बुनियादी तत्त्व उपलब्ध कराता है।
3. **राजनीतिक विश्वास (Political Beliefs)**—व्यवस्था के सदस्यों में अपनी राजनीतिक व्यवस्था के संबंध में कुछ विशेष धारणाओं, निष्ठाओं, मूल्यों तथा प्रतिबद्धताओं के दृष्टिकोण का विकास होता है। व्यक्ति या समूह के अन्तर्गत विकसित विशेष दृष्टिकोण ही राजनीतिक विश्वास है। राजनीतिक विश्वास का तात्पर्य व्यक्ति या समूह का राजनीतिक समाजीकरण के आधार पर राजनीतिक सक्रियता से है। राजनीतिक विश्वास का सीधा संबंध राजनीतिक समाजीकरण, राजनीतिक भर्ती से या यूँ कहें कि सीधे तौर पर राजनीतिक व्यक्ति से होता है और व्यवस्थागत राजनीति में लोगों की सक्रियता–सहभागिता का नियमन उसी तत्त्व के आधार पर होता है। अपनी राजनीतिक व्यवस्था की राजनीति राजनीतिक प्रक्रियाओं राजनीतिक अभिजनों की गतिविधियों के प्रति विश्वास या अविश्वास की स्थिति ही राजनीतिक व्यवस्था में जनसमर्थन, जनविद्रोह, जनआन्दोलन, हिंसा, क्रान्ति, जैसी स्थितियों को जन्म देती है। राजनीतिक विश्वास ही व्यवस्था की राजनीतिक संस्कृति को सजातीय या विजातीय स्वरूप प्रदान करता है। उपनिवेशवादी सत्ता के विरुद्ध सभी गुलाम देशों द्वारा संचालित स्वाधीनता संघर्ष के आविर्भाव, सफल संचालन एवं उसे निर्णायक मोड़ तक पहुंचाने का श्रेय उस समय व्यवस्था के सदस्यों में पनपे व पोषित हुए राजनीतिक विश्वास को जाता है। स्वाधीनता आन्दोलनों की सफलता के पीछे तत्कालीन ब्रिटिश हुकूमत की सत्ताशैली के खिलाफ विद्रोह का इतिहास राजनीतिक विश्वास का ही प्रदर्शन है। वस्तुतः, राजनीतिक व्यवस्था एवं शासक अभिजनों के प्रति विश्वास या अविश्वास ही व्यवस्था में समर्थन या विरोध की संस्कृति के जन्म का उत्तरदायी कारक है और यही व्यवस्था में विद्यमान राजनीतिक संस्कृति का बुनियादी नियामक भी होता है, जिस पर व्यवस्था की लोकप्रियता, स्थायित्व एवं सातत्य को कायम रखने की जवाबदेही होती है। यह तत्त्व राजनीतिक संस्कृति का व्यावहारिक नियामक है।

उपर्युक्त राजनीतिक संस्कृति के नियामकों से संदर्भित आयामों का अध्ययन करने से यह निष्कर्ष निकलता है कि राजनीतिक संस्कृति राजनीतिक घटनाओं तथा उन घटनाओं की प्रतिक्रियास्वरूप लोगों के राजनीतिक

व्यवहार में होने वाले बदलाव के मध्य कड़ी के निर्माण में प्रधानांग (Chief Organ) की भूमिका निभाता है। सिडनी वर्बा ने राजनीतिक संस्कृति का अध्ययन विश्लेषण व्यापक संदर्भ में करते हुए यह कहा है कि "राजनीतिक संस्कृति नियंत्रण की व्यवस्था बनाम राजनीतिक अन्तःक्रियाओं की व्यवस्था (A system of control vs the system of political interactions) का प्रतिनिधित्व करती है।" यह राजनीतिक व्यवस्था की संरचनाओं को भी नियमित करती है। बर्बा की दृष्टि में राजनीतिक संस्कृति एवं राजनीतिक विश्वास के बीच चोली दामन का साथ है। व्यवस्था की मौजूदा राजनीतिक संस्कृति सभी प्रकार की राजनीति प्रासंगिक अभिविन्यासों को दर्शाती है। राजनीतिक संस्कृति एवं राजनीतिक व्यवस्था के बीच परस्पर संबंधों की यथार्थता को तत्त्वतः जानने–समझने के लिए संदर्भित व्यवस्था के प्रति जनसाधारण के विश्वास से संबद्ध आधारभूत तत्त्वों की असलियत तथा राजनीतिक इकाइयों एवं राजनीतिक विश्वासों के बीच संबंधों की यथार्थता की जानकारी व उसका गहन अध्ययन विश्लेषण अपरिहार्य है। प्रत्येक राजनीतिक व्यवस्था की राजनीतिक संस्कृति उसके अनुभववादी विश्वासों की व्यवस्थित अभिव्यक्ति है तथा इसमें जनसामान्य द्वारा अभिव्यक्त होने वाले के प्रतीक व मूल्य शामिल होते हैं जो उस स्थिति को तात्त्विक रूप में परिभाषित करते हैं जिसमें राजनीतिक कार्रवाई संपन्न होती है।

वस्तुतः, राजनीतिक संस्कृति ही राजनीति को व्यक्तिसापेक्ष अभिविन्यास (Subjective Orientation) का तत्त्व प्रदान करता है। इसलिए, किसी भी राजनीतिक व्यवस्था के राजनीतिक व्यवहार की यथोचित आनुभविक जानकारी के लिए उस व्यवस्था की राजनीतिक संस्कृति के समस्त आयामों से प्रासंगिक परिवर्त्यों एवं नियामकों की सही जानकारी अति आवश्यक है।

राजनीतिक संस्कृति के आयाम (Dimensions of Political Culture)

आल्मंड एवं वर्बा द्वारा राजनीतिक संस्कृति के चार आयामों की प्रस्तुति की गयी है। एलेन बाल द्वारा राजनीतिक संस्कृति के दो आयामों की विवेचना की गयी है, यथा–**प्रथम** आयाम राजनीतिक व्यवस्था के प्रति जनसाधारण की धारणाओं से संबद्ध है, और **द्वितीय** आयाम जनसाधारण के इस संदर्भ से प्रासंगिक है कि नागरिक कहां तक यह महसूस करते हैं कि वे व्यवस्था की निर्णय–प्रक्रिया में सहभागी बनकर निर्णय–प्रक्रिया को प्रभावित कर सकते हैं।

आल्मंड एवं वर्बा की यह मान्यता है कि राजनीतिक संस्कृति जैसे व्यापक परिवर्तनशील विषय की गहराई को नापने के लिए एलेनबाल द्वारा अभिव्यक्त दो आयाम पर्याप्त नहीं हैं, इसलिए विषय की यथेष्टता के आकलन की दृष्टि से आल्मंड एवं वर्बा द्वारा राजनीतिक संस्कृति के चार आयामों की प्रस्तुति की गयी है, यथा :

1. राष्ट्रीय एकात्मकता (National Identity)
2. साथी नागरिकों के साथ तादात्म्य (Identification with One's Fellow Citizens)
3. शासकीय–निर्गतों के संबंध में विश्वास (Beliefs about Governmental Outputs) एवं
4. निर्णय–प्रक्रिया के संबंध में विश्वास (Beliefs about Decision-making Process)

1. **राष्ट्रीय एकात्मकता (Nation identity)**–राजनीतिक संस्कृति से संदर्भित यह आयाम व्यक्ति के राजनीतिक व्यवहार का नियामक है। यह आयाम इस दृष्टि से महत्त्वपूर्ण है कि यह नागरिकों को राष्ट्रीय अभिन्नता के तत्त्वों से परिचित कराता है। राजनीतिक संस्कृति का संबंध संपूर्ण राजनीतिक व्यवस्था से होता है। इस परिप्रेक्ष्य में यह राष्ट्रीय एकात्मकता, राष्ट्रीय संज्ञान, राष्ट्रीय एकीकरण व सामाजिक समानता के तत्त्वों का संवाहक है जो व्यवस्था के सदस्यों को परस्पर बांधे रखता है। इसका तात्पर्य यह हुआ कि इस आयाम के माध्यम से व्यक्ति अपने आप को अपनी राजनीतिक व्यवस्था का अभिन्न हिस्सा बनाता है तथा व्यवस्था की समस्त इकाइयों से स्वयं को जोड़ता है। इस प्रसंग में वर्बा का यह अभिमत है कि राष्ट्रीय अभिन्नता या अभिज्ञान का तात्पर्य सदस्यों के राजनीतिक विश्वास, निष्ठा व प्रतिष्ठाओं से है तथा इस असलियत से है कि वह किस सीमा तक स्वयं को क्षेत्रीय, जातीय, धार्मिक, भाषागत आदि

प्रसंगों से पृथक् रखकर राष्ट्र का सदस्य मानता है और राष्ट्र के प्रति समर्पित होने की भावना रखता है। दृष्टान्तस्वरूप यदि भारत के नागरिकों की बात की जाए तो एक भारतीय अपने को बिहारी, पंजाबी, बंगाली, हिन्दू, सिख, ईसाई व मुसलमान मानता है या सर्वप्रथम अपने को एक भारतीय मानता है।

राजनीतिक व्यवस्था में व्यक्ति व समूह के राजनीतिक व्यवहार को नियमित करने वाला राजनीतिक संस्कृति का यह आयाम राजनीतिक अभिजनों की गतिविधियों को वैधता प्रदान करता है। इसी आयाम को माध्यम बनाकर राजनीतिक अभिजन जनसाधारण का समर्थन प्राप्त करके अपनी सत्ता–शक्ति के प्रयोग को औचित्यता प्रदान करते हैं। राजनीतिक व्यवस्था के सदस्यों का अपने राष्ट्र के साथ तादात्म्य की भावना का विकास राजनीतिक व्यवस्था के मजबूतीकरण की दिशा में सर्वाधिक महत्त्वपूर्ण कदम है, जो राष्ट्र–निर्माण के लिए आधारभूत तत्त्व मुहैया करता है साथ ही राजनीतिक संस्कृति की प्रकृति–निर्माण के लिए निर्माणकारी तत्त्व उपलब्ध कराता है। यह आयाम राजनीतिक संस्कृति को सजीव बनाता है और जनसाधारण को राजनीतिक रूप से सक्रिय बनाता है। इस आयाम के विस्तार की सफलता में संचार के साधनों की भूमिका बहुत महत्त्वपूर्ण होती है। लेकिन जिन राजनीतिक समाजों में विकसित संचार व्यवस्था का अभाव पाया जाता है वहां बुद्धिजीवियों एवं राजनीतिक अभिजनों में समाज को बदलने, उन्नत बनाने एवं व्यवस्था के चहुँदिस विकास के लिए इच्छा–शक्ति, अभिप्रेरणाएं, आकांक्षाएं या समाजोन्मुखी प्रतिबद्धताओं की काफी कमी पायी जाती है और जनसाधारण में भी अपनी राजनीतिक व्यवस्था एवं राजनीति के प्रति कोई विशेष रुचि नहीं होती है। राष्ट्रीय अभिज्ञान की भावना में कमी की वजह से जनसामान्य राष्ट्र–निर्माण कार्य में कारगर भूमिका निभाने के प्रति उदासीन रहते हैं। अधिकांशतः विकासशील राज्यों से लोकतंत्रीय सरकार की स्थापना के आरंभिक दौर में राष्ट्रीय अभिज्ञान की कमजोर स्थिति का स्पष्ट प्रमाण मिलता है।

यह आयाम राष्ट्रीय एकता की भावना को समानता के आधार पर विस्तारित करता है और व्यवस्था के समस्त सदस्यों को एकसूत्र में बांधने की दिशा में सक्रिय व सजीव भूमिका निभाता है। इस प्रसंग में वर्बा का मत है कि राष्ट्रीय तादात्म्यता का यह अर्थ कदापि नहीं है कि किसी राष्ट्र के समस्त सदस्य एकसूत्र में बंधकर अपनी व्यवस्था के साथ तादात्म्य स्थापित करें और व्यवहार में यह स्थिति संभव भी नहीं है। क्योंकि, प्रत्येक राजनीतिक समाज में सदस्यों के विचारों–दृष्टिकोणों, मतों, आवश्यकताओं एवं स्थितियों में भिन्नताएं पायी जाती हैं और ये स्थितिगत भिन्नताएं स्वाभाविक भी हैं जो सदस्यों के राजनीतिक विश्वास के स्वरूप का निर्धारण करता है। वर्बा के विचार में राष्ट्रीय तादात्म्य का तात्पर्य यह है कि व्यवस्था के सदस्यों से यह अपेक्षा की जाती है कि वे क्षेत्रीयता, जातीयता, साम्प्रदायिकता एवं वर्गीय हितवर्द्धन जैसी संकीर्ण मानसिकता से ऊपर उठकर अपने राष्ट्र के हितवर्द्धन के लिए व्यापक संदर्भ में सोच विकसित करें और राजनीतिक रूप से इसके लिए सदैव सक्रिय रहें। राष्ट्र के लिए इस प्रकार की विकसित सोच, अभिवृत्तियां व अभिविन्यास ही राष्ट्रीय स्तर पर राजनीतिक संस्कृति के स्वरूप को समाकलित रूप प्रदान करता है। यह आयाम व्यक्तियों में राजनीति से प्रासंगिक तथ्यों का बोध कराता है। इस दृष्टि से राष्ट्रीय एकात्मकता का यह आयाम राजनीतिक संस्कृति के अस्तित्व–निर्माण एवं निरूपण के लिए आधारतत्त्व उपलब्ध कराता है।

2. **साथी नागरिकों के साथ तादात्म्य (Identification with One's Fellow Citizens)**–राजनीतिक, संस्कृति–संदर्भित पहले आयाम की व्यावहारिक सफलता इस यथार्थता पर निर्भर करती है कि उसके साथी नागरिक राजनीतिक व्यवस्था व राजनीति के प्रति उसके विचारों से सहमत हैं या नहीं। यानी कि सामाजिक एकरूपता सामाजिक स्तर पर वैचारिक एकरूपता, समाज में व्यक्तियों का परस्पर संबंध आदि राष्ट्रीय एकात्मीकरण (National Identification) के लिए आधारतत्त्व का कार्य करता है। यदि समाज, भाषा, जाति, धर्म, संप्रदाय, संस्कृति, क्षेत्रीयता आदि मुद्दों पर विभाजित हो, तो व्यवस्था में राजनीतिक संस्कृति का स्वरूप विखंडित होगा और खंडित संस्कृति की वजह से व्यक्ति का व्यक्तिगत एवं सामूहिक

राजनीतिक व्यवहार भी विखंडित रूप में सामने आयेगा। यह देश में खंडित एवं कमजोर जनादेश का परिदृश्य उपस्थित करेगा। लोकतांत्रिक शासन प्रणालियों में शासक एवं शासितों के बीच परस्पर विश्वास की लोकप्रियता व सफलता का बुनियादी आधार होता है और राजनीतिक संस्कृति का यह आयाम इस परमतत्त्व (Essential Element) से प्रासंगिक है कि जनसाधारण अपनी व्यवस्था में मौजूद राजनीतिक दलों के नेताओं पर कितना विश्वास करते हैं और उन नेताओं का समाज पर कितना प्रभाव है। किसी राजनीतिक समाज में परस्पर विश्वास एवं प्रबल राजनीतिक मुद्दों के प्रति मुखातिब होने की परमअग्रता (Absolute Priority) की मात्रा अधिक होती है तो कहीं शासितों का अपने शासकों के प्रति परस्पर विश्वास बिल्कुल समाप्त हो जाता है। ऐसी परिस्थितियां ही व्यवस्था में तीव्र संघर्ष, राजनीतिक गतिरोध एवं जनआन्दोलन के लिए आधारतत्त्व तैयार करने में अहम् योगदान देती हैं। इतिहास साक्षी है कि कई विकासशील राज्यों में जनसाधारण का अपने शासकों पर से विश्वास उठ गया जिसके परिणामस्वरूप लोकतांत्रिक व्यवस्थाएं परिस्थितिवश धराशायी हुई हैं। लोकतांत्रिक व्यवस्था में राजनीतिक अभिजन एवं जनसाधारण के बीच का परस्पर विश्वास ही राजनीतिक व्यवस्था के सातत्य, स्थायित्व एवं राजनीतिक संस्कृति के व्यवस्थित स्वरूप के निर्माण–निरूपण के लिए उत्तरदायी कारक है। आज अधिकांश विकासशील राष्ट्रों में शासक एवं शासितों के बीच परस्पर विश्वास की भारी कमी की वजह से ही वहां लोकतंत्र खतरे में है। इस परस्पर विश्वास के मजबूतीकरण का आधार माध्यम है साथी नागरिकों के साथ तादात्म्य स्थापित करना जो लोकतांत्रिक व्यवस्थाओं की लोकप्रियता और मजबूती के लिए समय की अपरिहार्य मांग है।

3. **शासकीय निर्गतों के संबंध में विश्वास (Beliefs about Governmental Outputs)**–राजनीतिक संस्कृति का यह आयाम राजनीतिक व्यवस्था, राजनीतिक अभिजन एवं जनसाधारण को परस्पर संबद्ध करता है और तीनों के राजनीतिक समीकरण (Assimilation) पर ही राजनीतिक प्रक्रियाओं के प्रति लोगों की सक्रियता या उदासीनता निर्भर करती है। यह किसी भी राजनीतिक व्यवस्था में सदस्यों के राजनीतिक व्यवहार से प्रासंगिक समस्त आयामों को नियमित करने वाला तात्त्विक माध्यम है। यह राजनीतिक व्यवस्थाओं के अन्तर्गत औचित्यपूर्ण अधिकारों का प्रयोग करते हुए राजनीतिक अभिजनों द्वारा लिया गया वह अधिकारपूर्ण निर्णय है जिसके परिणामों का समाज पर गंभीर प्रभाव पड़ता है। नीति–निर्धारकों द्वारा लिया जाने वाला परिणाम ही शासन–निर्गत यानि कि प्रदा (Output) है जो राजनीतिक व्यवस्था को जीवित रखने एवं शासक तथा शासितों के बीच परस्पर विश्वास को बनाये रखने का बुनियादी माध्यम है। निर्गत तत्त्व किसी व्यवस्था की वे उत्पादित वस्तुएं हैं जो निवेश तत्त्व को रूपान्तरण के परिणामस्वरूप प्राप्त होती हैं। यह जनसाधारण द्वारा राजनीतिक अभिजनों के समक्ष रखी गयी मांगों पर राजनीतिक व्यवस्था का निर्णय है, जिसका सीधा सरोकार सामाजिक जीवन से होता है। जिस व्यवस्था में राजनीतिक अभिजन जनता की ज्यादा–से–ज्यादा अपेक्षाएं पूरा करता है उस व्यवस्था में जनसक्रियता व जनसहयोग का प्रतिशत शासक वर्ग को उसी अनुपात में मिलता है। लेकिन, जो व्यवस्था शासन–निर्गतों के प्रति उदासीन होती है, वहां राजनीतिक संस्कृति एवं राजनीतिक व्यवहार दोनों कमजोर निर्गत–प्रक्रिया से प्रभावित होता है, जिसके परिणामस्वरूप उन व्यवस्थाओं में राजनीतिक अभिजनों द्वारा किये जाने वाले निर्गतों पर जनविश्वास की कमी होती है और व्यवस्था में जनसंघर्ष, जनगतिरोध, जनआन्दोलन या क्रान्ति का अस्तित्व आकार लेता है। यह शासक वर्ग के लिए गंभीर चुनौतियाँ पैदा करता है, साथ ही व्यवस्था कायान्तरण (System Transformation) की परिस्थितियां उत्पन्न कराता है।

सामान्यतः, शासकों के संबंध में नागरिकों के विचारों, दृष्टिकोणों का निर्माण व अभिविन्यास सरकार द्वारा किये गये शासन–निर्गतों पर आधारित होता है। समाज के सदस्यों को सरकार से अनेक प्रकार की व्यक्तिगत एवं सामूहिक अपेक्षाएं होती हैं, जिसकी पूर्ति का माध्यम है–सत्ता द्वारा निर्गत तत्त्व सरकार के निर्गत कार्यों से ही समाज का बड़ा भाग लाभान्वित होता है और समाज के मूल्यवान् संसाधनों के प्रयोग द्वारा अपने जीवन की बुनियादी आवश्यकताओं एवं उत्तम जीवन के लिए आवश्यक साधनों की पूर्ति

करता है। अर्थात्, निर्गत तत्त्वों के माध्यम से सामाजिक जीवन को उन्नत बनाने हेतु सरकार द्वारा जो आवश्यक वस्तुओं, सेवाओं, अवसरों व लाभों का वितरण जनता के लिए किया जाता है वह शासक वर्ग के लिए समाज की राजनीतिक आस्था, विश्वास, प्रतिबद्धता अभिवृत्तियों व अभिविन्यासों को अर्जित करने का सर्वाधिक व्यावहारिक और विवेकसंगत तरीका है। व्यवस्था में मौजूद राजनीतिक समाज का सरकार की निर्गत शैली के संबंध में अभिव्यक्त विश्वास व निष्ठा ही राजनीतिक संस्कृति के एकीकृत स्वरूप का निर्माणकारी परमतत्त्व है। राजनीतिक संस्कृति से प्रासंगिक उपर्युक्त दोनों आयामों की सफलता व व्यवहार्यता का प्रबल आधार सरकार की निर्गत शैली है। संपूर्ण समाज को संतुष्ट करना व सभी सदस्यों की इच्छाओं को पूरा करना किसी भी व्यवस्था के लिए मुश्किल कार्य है, लेकिन जो राजनीतिक सत्ता अधिकांश जनता की मांगों का रूपान्तरण निर्गत तत्त्वों में करने में सक्षम होती है, वहां की राजनीतिक संस्कृति में विभाजित करने वाल तत्त्वों का समावेश कम हो पाता है। यह स्वस्थ राजनीतिक संस्कृति के निर्माण एवं स्वस्थ जनमत के निर्माण की बुनियादी आवश्यकता है। राजनीतिक संस्कृति का यही स्वरूप राष्ट्रीय अभिज्ञान तथा साथी नागरिकों के तादात्म्य स्थापित करने के लिए आधारतत्त्व मुहैया कराता है।

4. **निर्णय निर्माण–प्रक्रिया के संबंध में विश्वास (Beliefs about Decision Making Process)**–प्रत्येक राजनीतिक व्यवस्था में नीतियों का निर्माण व निर्णय–प्रक्रिया का दायित्व शासक वर्ग के हाथों में सीमित होता है, लेकिन लोकतांत्रिक व्यवस्था में राजनीतिक निर्णय एवं निर्णयकर्ता के प्रसंग में दो तथ्य प्रासंगिक हैं, **प्रथम**–राजनीतिक निर्णयकर्ता जनता के बीच से जनता द्वारा निर्वाचित होकर वैध राजनीतिक सत्ता–शक्ति धारक व प्रयोगकर्त्ता की भूमिका निभाता है, **दूसरा**–निर्णयकर्ता अपने प्रत्येक निर्णय के लिए जनता के प्रति उत्तरदायी होता है। जनमत से संदर्भित यह प्रसंग भले ही महज औपचारिकता लगे, लेकिन इस तथ्य का व्यवहार्य (Practicable) व व्यवहृत (Practised) महत्त्व है। व्यवहार्यतः यही तथ्य निर्णयकर्ता के प्रति जनता के विश्वास–निर्माण तथा विश्वास के कायम रहने में आधार–आधेय (The Relationship of the Container and the Contained) की भूमिका निभाता है। जनता का विश्वास निर्णयकर्ता के प्रति बने रहने से वह स्वयं को निर्णय प्रक्रिया का भागीदार समझता है। वहीं निर्णयकर्ताओं के प्रति जनसाधारण की अभिवृत्ति, अभिविन्यास, राजनीतिक व्यवस्था में राजनीतिक सत्ता की वैधता व लोकप्रियता के लिए आधारभूमि तैयार करता है एवं शक्ति के औचित्यपूर्ण प्रयोग के लिए आधार–सामग्री प्रदान करता है। इस स्थिति में व्यवस्था व सत्ता को जनमत का पूरा समर्थन मिलता है, क्योंकि जनता स्वयं को शासन का अभिन्न अंग मानने लगती है। व्यवस्था की राजनीति से प्रासंगिक यह परमतत्त्व राजनीतिक निष्ठारूपी धरोहर के रूप में राजनीतिक संस्कृति को स्वस्थ दिशा–निर्देश देता है, यानी कि राहतकारी फैसले के रूप में सरकार द्वारा किया गया यह कार्य राजनीतिक संस्कृति के समस्त आयामों को वैध शक्ति प्रदान करता है तथा व्यवस्था, शासन शैली एवं राजनीतिक संस्कृति के बीच तालमेल बैठता है। इन तीनों के समीकरण से ही लोकतांत्रिक व्यवस्था सुचारू ढंग से कार्य करती है।

यह आयाम व्यवस्था की राजनीतिक संस्कृति को लोकतांत्रिक चेहरा प्रदान करता है और राजनीतिक सत्ता–शक्ति को औचित्यता का आधार प्रदान करता है। तभी तो जनता को दिग्भ्रमित करने के लिए राजतंत्र (Monarchy), स्वेच्छाचारी व्यवस्थाओं (Autocratic Systems) एवं सर्वाधिकारवादी व्यवस्थाओं (Totalitarian Systems) को औचित्यपूर्ण आधार प्रदान करने हेतु दिखाने के लिए महज औपचारिक रूप से विधायिका का चुनाव कराया जाता है। राजनीतिक संस्कृति का यह आयाम भी अन्य तीन आयामों की भांति परमाग्रता (Absolute Priority) का परमतत्त्व समेटे हुए व्यवस्थागत राजनीतिक संस्कृति को परमुखापेक्षिता (Dependence) के आधार पर लोकतांत्रिक व्यवस्था के अनुकूल बनाए रखता है।

राजनीतिक संस्कृति से संदर्भित उपर्युक्त विवेचित आयामों से इस तथ्य का स्पष्टीकरण होता है कि आल्मंड एवं वर्बा की आयाम–विवेचना का केन्द्रीय तत्त्व राजनीतिक विश्वास है। इन आयामों का मूल उद्देश्य राजनीतिक संस्कृति की अवधारणा को ज्यादा–से–ज्यादा स्पष्ट एवं सुनिश्चित बनाना है। आल्मंड एवं वर्बा ने जिन आयामों

की प्रस्तुति की है वह लोकतांत्रिक राष्ट्रीय राज्य व्यवस्था को स्पष्ट करता है एवं इस व्यवस्था का समर्थन भी करता है। इस प्रसंग में वर्बा का मत है कि राजनीतिक संस्कृति के सामान्य आयामों की विवेचना से एक ओर जहां राजनीतिक व्यवस्था के आधारभूत पहलुओं का समुचित स्पष्टीकरण हो पाता है वहीं दूसरी ओर व्यवस्थागत राजनीति के उन पक्षों के संबंध में भी जानकारियां प्राप्त होती हैं, जिनसे किसी भी राजनीतिक व्यवस्था के सदस्यों का विश्वास, मूल्य, अभिवृत्तियां आदि संबद्ध होती हैं। इसी आशय से वर्बा द्वारा राजनीतिक विश्वास की विवेचना राजनीतिक संस्कृति के केन्द्रीय तत्त्व के रूप में की गयी है और विषय से प्रासंगिक सिर्फ उन्हीं पहलुओं की प्रस्तुति को महत्ता दी है, जिन्हें राजनीतिक संस्कृति के आनुभविक विश्लेषणों में सम्मिलित करना विषय की स्पष्टता एवं सुनिश्चितता के लिए अपरिहार्य है।

निष्कर्षतः, यह कहा जा सकता है कि राजनीतिक संस्कृति से प्रासंगिक इन आयामों के परिप्रेक्ष्य में हर एक राजनीतिक व्यवस्था में शासक एवं शासितों की राजनीतिक संस्कृति में पर्याप्त अन्तर पाया जाता है। जिनके हाथों में सत्ता होती है अर्थात् जो निर्णयकर्ता होते हैं उनके विचार, दृष्टिकोण एवं उत्तरदायित्व सरकारी निर्णयों के संबंध में आमजनों से सर्वथा पृथक् होते हैं। इस तात्त्विक आधार की वजह से प्रत्येक राजनीतिक व्यवस्था की राजनीतिक संस्कृति में उपसंस्कृतियों का जन्म अवश्यंभावी है, जिसे दो कोटियों में बांटा गया है, यथा–अभिजनों की उपसंस्कृति (Elite Subculture) एवं जनसाधारण की उपसंस्कृति (Mass Subculture)। आल्मंड एवं वर्बा ने भी राजनीतिक व्यवस्था की राजनीतिक संस्कृति के अन्तर्गत उपराजनीतिक संस्कृति की चर्चा की है जिसे 'भूमिका संस्कृति' (Role Culture) का नाम दिया है। व्यवस्था में मौजूद जाति, धर्म, भाषा, पेशा, क्षेत्रीयता आदि इसके जन्म के बुनियादी माध्यम हैं और वे राजनीतिक व्यवहार के विनिमयन में तथ्यपरक एवं यथार्थपरक भूमिका निभाते हैं। अधिकांश राजनीतिक विद्वानों द्वारा राजनीतिक संस्कृति के इस विभाजन को स्वीकारा गया है। विशेष रूप से विकासशील राज्यों में अभिजनों की राजनीतिक उपसंस्कृति एवं जनसाधारण की राजनीतिक उपसंस्कृति के मध्य व्यावहारिक स्तर पर काफी बड़ा अन्तर पाया जाता है जबकि, विकसित देशों में यह अन्तर अपेक्षाकृत काफी कम मात्रा में दिखाई देता है। इस प्रसंग पर लुसियन पाई का मत है कि "दोनों प्रकार की उपसंस्कृतियों के अध्ययन के तरीके गें भिन्नता है। अभिजनों की राजनीतिक संस्कृति का समुचित अध्ययन करने हेतु उनकी विचारधाराओं की व्याख्या करनी होगी, कार्य–संचालन संहिताओं की विशिष्टताओं का आकलन करना होगा और उच्चस्तरीय राजनीतिक व्यवहार के मूल में निहित भावनाओं को परिभाषित करना होगा। वहीं जनराजनीतिक संस्कृति का अध्ययन करने तथा जनमत को मापने का आधार आधुनिक तरीकों और सर्वेक्षण शोध की उन्नत तकनीकों पर निर्भर करता है। राजनीतिक संस्कृति के प्रसंग में इन दोनों प्रकारों का काफी महत्त्व है, क्योंकि ये लगभग सभी समाजों में पाई जाती हैं। इन दोनों प्रकारों में जिस उपसंस्कृति का अस्तित्व अत्यधिक मजबूत होता है वह व्यवस्था की राजनीतिक संस्कृति की प्रकृति के निर्माणात्मक तत्त्व की भूमिका अदा करती है। जैसे–जैसे व्यवस्था के सदस्यों में राजनीतिक चेतनीयता आती है और चेतव्यबोध होता है, वैसे–वैसे जन उपसंस्कृति अभिजन उपसंस्कृति के लक्षणों से युक्त होने लगती है अर्थात् दोनों के बीच पायी जाने वाली अन्तर की खाई मिटने लगती है।"

राजनीतिक संस्कृति की प्रकृति के विविध आयामों से प्रासंगिक उपसंस्कृति–संदर्भित तथ्यों की उपर्युक्त विवेचना से यह स्पष्ट होता है कि राजनीतिक संस्कृति में कई उपसंस्कृतियों का अस्तित्व विद्यमान् हो सकता है और इनके बीच कई प्रकार की साम्यताएं व विषमताएं पाई जा सकती हैं। इस संदर्भ में कुछ तथ्य विशेष रूप से ध्यातव्य हैं, यथा :

1. राजनीतिक रूप से विकसित एवं विकासशील दोनों समाजों की राजनीतिक संस्कृति में विषमताएं कम या अधिक मात्रा में विद्यमान हो सकती हैं। दृष्टान्तस्वरूप, अमेरिका में गोरों एवं नीग्रो समाज की उपसंस्कृतियां अलग–अलग हैं।
2. सामान्यतया सभी राजनीतिक व्यवस्थाओं की राजनीतिक संस्कृति की प्रकृति में कई उपसंस्कृतियों का अस्तित्व शामिल होता है।

3. विविध उपसंस्कृतियों में सामंजस्य व्यवस्था के राजनीतिक विकास व आधुनिकीकरण में सहायक एवं प्रेरकतत्त्व की भूमिका अदा करता है। जबकि इनके बीच का विरोध व्यवस्था–विकास के मार्ग को अवरुद्ध करता है और पर्यावरण में अनेक प्रकार के गतिरोधों को जन्म देता है।
4. विभिन्न राजनीतिक व्यवस्थाओं की राजनीतिक संस्कृति में तत्त्व–भिन्नताओं की जगह केवल मात्रात्मक भिन्नताएं पाई जाती हैं।

राजनीतिक संस्कृति अवधारणा का राजनीतिक समाजशास्त्र में महत्त्व (Importance of Political Culture Concept for the Study of Political Sociology)

राजनीतिक समाजशास्त्र के विश्लेषण में राजनीतिक संस्कृति अवधारणा के महत्त्व की मूल वजह है इस दृष्टिकोण का आधुनिक संदर्भ जो राजनीतिक व्यवस्था एवं राजनीतिक प्रक्रिया के आनुभविक अध्ययन हेतु ऐसे आधारतत्त्व उपलब्ध कराता है, जिससे व्यवस्थागत राजनीति से प्रासंगिक वास्तविकताओं को जानना–समझना काफी आसान हो जाता है। अपनी प्रसिद्ध कृति 'Political Culture and Political Development' में लुसियन पाई ने लिखा है कि राजनीतिक संस्कृति अवधारणा यह जानकारी देती है कि किसी राजनीतिक समाज की परम्पराएं, मूल्य, उसकी सार्वजनिक इकाइयों की आत्मा, उसके नागरिकों की आकांक्षाएं, उनका सामूहिक विवेक, उसके नेताओं के काम करने का तरीका, काम करने का साधन, नीति–नियम आदि केवल ऐतिहासिक अनुभवों की बेतरतीब उपज नहीं होती है, अपितु ये सभी एक व्यवस्था के अर्थपूर्ण अंग हैं और यह संपूर्ण संबंधों का एक बोधगम्य तथा स्पष्ट प्रतिमान प्रस्तुत करता है। व्यवस्था के सदस्यों के लिए व्यवस्था में मौजूद राजनीतिक संस्कृति प्रभावकारी राजनीतिक व्यवहार प्रदर्शन की दिशा में पथप्रदर्शक का कार्य करता है और समाज की उन्नति के लिए उन मूल्यों तथा विवेकसंगत विचारों को व्यवस्थित रूप रचना प्रदान करता है, जो राजनीतिक व्यवस्था की इकाइयों और संगठनों की गतिविधियों में तालमेल बैठाता है। व्यवस्था में राजनीतिक संस्कृति प्रत्येक राजनीतिक व्यवस्था के सामूहिक इतिहास की उपज होती है।

वस्तुतः, राजनीति विज्ञान के व्यवहारवादी दृष्टिकोण के अध्ययन–क्षेत्र में राजनीतिक संस्कृति अवधारणा के आगमन से व्यक्ति एवं समूह के राजनीतिक व्यवहार की मनोवैज्ञानिक व्याख्याओं पर आधारित व्यक्ति–विश्लेषण के स्तर और राजनीतिक समाजशास्त्र की सामान्य अवधारणाओं पर आधारित समष्टि–विश्लेषण के स्तर के बीच की खाई को पाटने में काफी हद तक सफलता मिली है। राजनीतिक संस्कृति अवधारणा के आगमन से मनोवैज्ञानिक और समाजशास्त्रीय अध्ययन दृष्टिकोण में समन्वय स्थापित करके इनकी अध्ययन–प्रविधियों का प्रयोग राजनीति के आधुनिक विश्लेषण के लिए किया जाने लगा है। राजनीतिक संस्कृति एक ऐसी महत्त्वपूर्ण आधुनिक अवधारणा है जिसका राजनीतिक समाजशास्त्र के विभिन्न आयामों के आनुभविक अध्ययन हेतु प्रयोग करके राजनीतिक व्यवस्था, राजनीतिक प्रक्रिया एवं राजनीति की यथार्थता की गहराई की तह तक पहुंचा जा सकता है। यह अवधारणा राजनीतिक समाजशास्त्र के लिए इस वजह से भी बहुत उपयोगी है, क्योंकि यह व्यवस्था में मौजूद राजनीति के मनोवैज्ञानिक एवं जनसाधारण के आधारभूत मूल्यों से संबंधित ज्ञान के बीच सामंजस्य बैठाते हुए व्यवस्थित रूप में इसकी प्रस्तुति का प्रयास करता है। यह अवधारणा राजनीति से प्रासंगिक विविध आयामों के आनुभविक तुलनात्मक अध्ययन–विश्लेषण हेतु यथार्थपरक एवं तथ्यपरक राजनीतिक–सामाजिक आधारतत्त्व व आधार माध्यम उपलब्ध कराता है। राजनीतिक दलों के नेताओं तथा व्यवस्था के सदस्यों की मनोवृत्तियों एवं अभिविन्यासों से संबद्ध होने की वजह से राजनीतिक संस्कृति अवधारणा उनकी राजनीतिक शैली, तथा परिचालन संहिता (Operational Code), जो अभिजन वर्ग के विशिष्ट व्यवहार पर गहन प्रकाश डालता है, से अर्थपूर्ण ढंग से संबद्ध होता है। लोकतांत्रिक राजनीतिक व्यवस्था में जनमत एवं राष्ट्रीय चरित्र जैसी अवधारणाओं की अपेक्षा राजनीतिक संस्कृति अवधारणा का स्वरूप अधिक स्पष्ट, नियोजित एवं अनुभवपरक है।

राजनीतिक समाजशास्त्र के अध्ययन के लिए इस अवधारणा के व्यावहारिक महत्त्व को ध्यान में रखते हुए राजनीतिक व्यवस्था–प्रक्रिया एवं राजनीति से प्रासंगिक कुछ ख़ास बिंदुओं को रेखांकित किया जा सकता है; यथा : राजनीतिक व्यवस्था के संबंध में पाई जाने वाली अभिवृत्तियां एवं अभिविन्यास, राजनीतिक इकाइयों की भूमिकाओं से संबंधित अभिवृत्तियां एवं अभिविन्यास, सरकार की कार्यशैली से संबंधित अभिवृत्तियां एवं अभिविन्यास, सार्वजनिक नीतियों, मुद्दों, समस्याओं से संबंधित अभिवृत्तियां एवं अभिविन्यास, राजनीतिक घटनाक्रमों से संबंधित अभिवृत्तियां एवं अभिविन्यास व्यवस्थागत राजनीति से संबंधित अभिवृत्तियां एवं अभिविन्यास आदि।

संक्षेप में, यह कहा जा सकता है कि राजनीतिक संस्कृति अवधारणा एक गतिशील, परिवर्तनशील दृष्टिकोण के रूप में राजनीतिक व्यवस्था के समस्त पहलुओं के अध्ययन पर अपना ध्यान केन्द्रित करती है। यह राजनीतिक व्यवस्था में परिवर्तन एवं निरन्तरता का अध्ययन करती है जिसकी वजह से यह राजनीतिक विकास की विविध अवस्थाओं एवं स्तरों के अध्ययन में सहायक होती है। इस अवधारणा का राजनीतिक समाजशास्त्र के लिए सबसे महत्त्वपूर्ण योगदान यह है कि इसकी सहायता से राजनीतिक व्यवहार के विवेकी एवं अविवेकी पक्षों, अभिवृत्तियों, अभिविन्यासों तथा नियामकों का अध्ययन करना काफी हद तक सरल हो गया है।

राजनीतिक संस्कृति अवधारणा का मूल्यांकन (Evaluation of the Concept of Political Culture)

राजनीतिक संस्कृति अवधारणा से संदर्भित उपर्युक्त समस्त तथ्यों से यह तो स्पष्ट होता है कि राजनीतिक समाजशास्त्र के अध्ययन में इस अवधारणा का खास महत्त्व है। इस अवधारणा के आगमन के पश्चात् लोकतांत्रिक व्यवस्थाओं, प्रक्रियाओं तथा राजनीति एवं राजनीतिक व्यवहार का व्यवस्थित आनुभविक अध्ययन–विश्लेषण करना काफी हद तक यथार्थपरक एवं सरल हो गया है। इसके बावजूद इस अवधारणा को कई बिन्दुओं पर गंभीर आलोचनाओं का सामना करना पड़ा है। विषयगत आलोचनाओं से प्रासंगिक कुछ ख़ास बिन्दुओं की चर्चा निम्नांकित है :

प्रथम–आलोचकों का सबसे गंभीर आरोप यह है कि वे राजनीतिक संस्कृति को एक ऐसी पूर्ण अवधारणा स्वीकारने के लिए तैयार नहीं हैं जिसके माध्यम से राजनीतिक प्रक्रियाओं–गतिविधियों का वास्तविक अध्ययन–विश्लेषण किया जा सकता है।

द्वितीय–इस अवधारणा द्वारा पुराने विचारों को नया नाम देने का प्रयास किया गया है। इस अवधारणा के प्रतिपादकों द्वारा न तो सर्वमान्य सांस्कृतिक संकेतक का निर्धारण किया गया है और न ही इसकी अध्ययन–पद्धतियों पर मतैक्यता स्थापित हो पायी है। समालोचकों का यह भी कहना है कि राजनीतिक संस्कृति की विशेषताओं का प्रसंग तो अंतर्दृष्टि (Insight) एवं अंतर्बोध से प्रासंगिक है, अतः इस विषय पर शोधकार्य की न तो कोई जरूरत है और न ही इस शोधकार्य का विषय के अध्ययन के लिए कोई महत्त्व है।

तृतीय–राजनीतिक संस्कृति अवधारणा व्यक्ति व समूह के राजनीतिक व्यवहार के आधुनिक अध्ययन–विश्लेषण का सही माध्यम नहीं है। आलोचकों का कहना है कि स्वयं आल्मंड तथा पॉवेल ने भी यह स्वीकारा है कि "न तो अमेरिका की राजनीतिक संस्कृति के विश्लेषण से लीहारवे ओस्वाल्ड के व्यवहार की सही जानकारी हो सकती है और न ही घाना की राजनीतिक संस्कृति के विश्लेषण से नक्रूमा (Nkrumah) के राजनीतिक व्यवहार की सही व्याख्या की जा सकती है।" इनकी मान्यता है कि इस अवधारणा के माध्यम से व्यक्ति एवं समूहों के राजनीतिक व्यवहार के संबंध में परिस्थिति आधारित कुछ संभावनाएं व्यक्त की जा सकती हैं।

चतुर्थ–आलोचकों की दृष्टि में राजनीतिक संस्कृति निरन्तर परिवर्तनशील, गतिशील, जटिल एवं विकसित होती अवधारणा है और उसी अनुपात में उसकी संरचनाओं तथा संस्थाओं का भी निरन्तर विकास होता है, ऐसी स्थिति में इस परिवर्तनशील, गतिशील विषय के अध्ययन के लिए सिद्धान्त–निर्माण करना एक कठिन कार्य है।

पंचम–समालोचकों द्वारा राजनीतिक संस्कृति के विश्लेषण की पद्धति को वैज्ञानिक नहीं माना गया है, क्योंकि अवधारणा विश्लेषणक्रम में जिन शब्दों का प्रयोग किया गया है वे अस्पष्ट तथा अनेकार्थक हैं। जैसा कि डेविस एवं लिविस ने कहा है कि "राजनीतिक संस्कृति अवधारणा भूतकाल में प्रयोग किये जाने वाले शब्दों, यथा–राजनीति के प्रति अभिवृत्ति राजनीतिक मूल्य विचारधाराएं, राष्ट्रीय चरित्र, सांस्कृतिक आधारों एवं संस्कारों के लिए मात्र एक शीर्षक ढूंढने का प्रयास है।"

षष्ठम–प्रतिपादकों द्वारा राजनीतिक संस्कृति को राजनीतिक संरचनाओं का निर्दिष्ट निर्धारकतत्त्व (Specified Determinant Element) माना गया है तथा उसे राजनीतिक संस्कृति के मूल्यों के परिणाम के रूप में प्रस्तुत किया गया है जिसे आलोचक निश्चित रूप से एक मौलिक तार्किक कमजोरी मानते हैं।

सप्तम–वर्बा भी राजनीतिक संस्कृति अवधारणा से बहुत अधिक अपेक्षाएं रखने के पक्ष में नहीं दिखते हैं, क्योंकि इस प्रसंग में सावधान करते हुए उन्होंने कहा कि "राजनीतिक जीवन के एक विशिष्ट एवं महत्त्वपूर्ण पहलू पर ध्यान देना लाभदायक है, लेकिन यह राजनीतिक घटनाओं के विश्लेषण और व्याख्या का केवल समारंभ है। वस्तुतः, महत्त्वपूर्ण बात यह नहीं है कि हम राजनीतिक संस्कृति का अध्ययन करें अपितु यह है कि हम उसका अध्ययन किस प्रकार करते हैं और राजनीति संदर्भित ज्ञान में वृद्धि के लिए उसका प्रयोग किस प्रकार करते हैं ?" आगे वर्बा का कहना है कि "जब इसका प्रयोग किया जाता है तो यह अवधारणा राजनीतिक अंतःक्रियाओं और राजनीतिक संस्थाओं के प्रतिरूपों के संबंध में विश्वासों की व्यवस्था की ओर संकेत करती है और यह जानकारी देने का प्रयास करती है कि राजनीतिक व्यवस्था में घटित होने वाली घटनाओं के संबंध में लोगों का विश्वास किस प्रकार का है। इस अर्थ में यह अवधारणा राजनीतिक घटनाओं की प्रतिक्रिया में लोगों के व्यवहार प्रदर्शन के मध्य महत्त्वपूर्ण कड़ी का निर्माण करता है, तथा इस बात का भी संकेत देता है कि लोग राजनीति में जो देखते हैं उसके विरोध में क्या प्रतिक्रिया व्यक्त करते हैं और जो कुछ देखा है उसकी व्याख्या किस प्रकार करते हैं।"

उपयोगिता (Utility)

राजनीतिक संस्कृति पर लगाये गये गंभीर आरोपों के बावजूद तात्त्विक स्तर पर इस अवधारणा की अनेक विशेषताएं तथा उपयोगिताएं हैं। इस अवधारणा की वजह से राजनीतिक व्यवहार को गति प्रदान करने वाली वास्तविक शक्तियों की पहचान करना व उनका आनुभविक अध्ययन करना काफी हद तक संभव हो गया है। राजनीतिक संस्कृति का अध्ययन विषय को राजनीतिक समाजीकरण के अध्ययन की दिशा में अग्रसर करता है जहां राजनीतिक व्यवस्था–प्रक्रिया एवं राजनीति–संदर्भित उन अनुभवों की जानकारी होती है जिनके माध्यम से एक पीढ़ी–से–दूसरी पीढ़ी को राजनीतिक संस्कृति का हस्तांतरण किया जाता है। यह अवधारणा व्यवस्था में मौजूद पर्यावरण से संदर्भित उन परिस्थितियों का बोध कराती है, जिसके अन्तर्गत राजनीतिक संस्कृति में बदलाव आता है और यही परिवर्तित अवस्था राजनीतिक विकास के अध्ययन में आधारतत्त्व की भूमिका निभाती है। सिडनी वर्बा ने इस अवधारणा की उपयोगिता पर प्रकाश डालते हुए राजनीतिक संस्कृति तथा राजनीतिक विकास के मध्य घनिष्ठतासूचक संबंधों की बात की है। राजनीतिक व्यवस्था की सक्रियता, विशिष्टता और राजनीतिक संस्कृति के बीच अत्यधिक प्रगाढ़ संबंध होता है। इस अवधारणा के विकास की वजह से ही विभिन्न राजनीतिक व्यवस्थाओं की वास्तविक प्रकृति, प्रवृत्ति, निरन्तर चलने वाली विकास–प्रक्रिया एवं संभावित विकास की दिशाओं को समझना काफी हद तक आसान हो गया है। राजनीतिक व्यवहार की जटिलताओं तथा उसे प्रभावित व नियमित करने वाले तत्त्वों की पहचान करना तथा राजनीतिक संस्कृति से प्रासंगिक आयामों–नियामकों के आलोक में उन तत्त्वों का विश्लेषणपरक आनुभविक अध्ययन एवं शोध करना सरल हो गया है।

वस्तुतः, विविध आरोपों–प्रत्यारोपों के बावजूद राजनीतिक संस्कृति अवधारणा का विकास राजनीतिक समाजशास्त्र के अध्ययन–क्षेत्र की एक बड़ी महत्त्वपूर्ण उपलब्धि है। जहां राजनीति विज्ञान का व्यवहारवादी दृष्टिकोण व्यक्ति या समूह के राजनीतिक व्यवहार की मनोवैज्ञानिक व्याख्या प्रस्तुत करता है जिसे सूक्ष्म–विश्लेषण (Microanalysis) की संज्ञा दी गयी है। वहीं राजनीतिक समाजशास्त्र में सामान्य चल (Variable) तत्त्व आधारित

अध्ययन किया जाता है, जिसे वृहत् विश्लेषण (Macroanalysis) की संज्ञा दी जाती है। राजनीतिक संस्कृति के अध्ययन में समान रूप से सार्वजनिक घटनाक्रमों और व्यक्तिगत अनुभवों को समावेशित किया जाता है। इस प्रसंग में राजनीतिक संस्कृति के सिद्धान्त में समाजशास्त्र एवं मनोविज्ञान दोनों को एकीकृत करने का प्रयास किया गया है तथा मनोविज्ञान एवं समाजशास्त्र की नई शोध तकनीकों का राजनीति की गतिशीलता के विश्लेषण हेतु प्रयोग किया गया है और इसी आधार पर राजनीतिक समाजों के दृष्टिकोण को मापने की कवायद की गयी है। राजनीतिक संस्कृति अवधारणा समकालीन राजनीति के विश्लेषण तथा राजनीतिक समाजों के अन्तर्गत राजनीति के प्रति सदस्यों की उस मानसिक स्थिति मनोवृत्ति एवं प्रयासों का प्रस्तुतीकरण है, जिसके माध्यम से राजनीतिक व्यवस्था–प्रक्रिया, राजनीति एवं राजनीतिक व्यवहार का अध्ययन मनोवैज्ञानिक आयामों के आधार पर करना संभव होने लगा है। राजनीति संस्कृति का अध्ययन करते समय प्रचलित सामाजिक मूल्यों, मान्यताओं, प्रतीकों को राजनीति–प्रासंगिक अभिव्यक्ति मानकर उन पर अध्ययन केंद्रित किया जाता है। इस अवधारणा में मुख्यतः ऐसे मूल्य (Values), मान्यताएं (Beliefs), और मानक (Norms) शामिल हैं जो शासक वर्ग शासन–प्रणाली और शासन–प्रक्रिया को वैधता प्रदान करता है और उसके संदर्भ में व्यक्ति की मनःस्थिति का निर्धारण करता है। राजनीतिक संस्कृति अवधारणा का यह गंभीर प्रयास होता है कि संप्रभुता, औचित्यपूर्णता, राजनीतिक विचारधारा, विधि का शासन, जनमत जैसे प्रसंगों के व्यवहारपरक अध्ययन के लिए तात्त्विक आधार–सामग्री उपलब्ध करायी जाए।

राजनीतिक संस्कृति अवधारणा के महत्त्व पर प्रकाश डालते हुए लुसियन पाई का कहना है कि "राजनीतिक संस्कृति की अवधारणा एक ऐसी उपयोगी कड़ी की प्रस्तुति है जिसके माध्यम से सामाजिक–आर्थिक तत्त्वों तथा राजनीतिक कार्यों के निष्पादन के मध्य एक जीवन्त संबंध स्थापित किया जा सकता है। समाजीकरण की प्रक्रिया जो किसी भी व्यवस्था की पीढ़ीगत राजनीतिक संस्कृति को जीवित रखती है, या परिवर्तित करती है, के द्वारा उन राजनीतिक और गैर राजनीतिक तत्त्वों की पहचान की जाती है जो राजनीतिक व्यवहार को निर्धारित करने तथा सीमित करने में सक्षम हैं। राजनीतिक संस्कृति की सामाजिक–आर्थिक परिधि में इस प्रकार की खोज करने से उन सभी सवालों रो निपटा जा सकता है जो इतिहास के कालक्रम में आर्थिक विकास और स्थायी राजनीतिक परिवर्तन की संभावना के मध्य संबंधों को महत्त्वपूर्ण बनाता है।"

राजनीतिक समाजशास्त्र के अध्ययन की दृष्टि से राजनीतिक संस्कृति अवधारणा के प्रभाव एवं महत्त्व को देखते हुए आल्मंड, वर्बा, पाई, स्काट, रोज़ आदि राजनीतिक विद्वान् इसके व्यवस्थित अध्ययन हेतु एक सिद्धान्त–निर्माण करने के लिए प्रयासरत रहे हैं और इस हेतु प्रभावित शोधकार्यों की प्रस्तुति भी की गयी है। इस क्षेत्र में सवाधिक सफल योगदान लुसियन डब्लू. पाई तथा सिडनी वर्बा का है, जिसका प्रमाण उनके द्वारा संपादित 'Political Culture and Political Development' नामक कृति है। इस रचना की सबसे ख़ास बात यह है कि इसमें राजनीतिक संस्कृति के उन पहलुओं को अलग से स्पष्ट कर दिया गया है जो राजनीतिक परिवर्तनों की समस्याओं से सर्वाधिक प्रासंगिक है, और यह बताते हैं कि सांस्कृतिक पक्ष उन समस्याओं से किस प्रकार संबद्ध है। आल्मंड एवं वर्बा की 'The Civic Culture' तथा रजनी कोठारी की 'Politics in India' भी इस प्रसंग में काफी महत्त्वपूर्ण रचना है।

राजनीतिक संस्कृति अवधारणा की उपयोगिता के संबंध में विचार व्यक्त करते हुए डा. एस.पी. वर्मा ने भी इस उपागम के तीन महत्त्वपूर्ण बिंदुओं को रेखांकित किया है, यथा:

1. राजनीतिक संस्कृति संकल्पना के विकास की वजह से राजनीतिक समुदायों व समाजों का अध्ययन एक गत्यात्मक सामूहिक सत्ता के रूप में करने की ओर विद्वज्जनों का ध्यान आकृष्ट हुआ है और व्यक्ति की जगह संपूर्ण राजनीतिक व्यवस्था अध्ययन का केन्द्र बन गई।
2. राजनीतिक संस्कृति उपागम के आगमन से राजनीतिशास्त्र उन सामाजिक–आर्थिक कारकों के अध्ययन–विश्लेषण की ओर प्रेरित हुआ है, जो किसी भी व्यवस्था की राजनीतिक संस्कृति का स्वरूप निर्धारक होता है।

3. इस अवधारणा से विभिन्न राजनीतिक समाजों के राजनीतिक विकास की विभिन्न अवस्थाओं एवं दिशाओं को जानने में काफी सहायता मिली है।

संक्षेप में, यह कहा जा सकता है कि राजनीतिक संस्कृति अवधारणा विभिन्न राजनीतिक व्यवस्थाओं के तुलनात्मक विश्लेषण की दृष्टि से बहुत महत्त्वपूर्ण है। इस अवधारणा को कई अन्य अवधारणाओं का तत्त्वतः आनुभविक अध्ययन करने वाला आधारमाध्यम भी माना गया है। राजनीतिक व्यवहार की गत्यात्मकता की गहराई को समझाने में राजनीतिक संस्कृति संकल्पना काफी हद तक सफल रही है। इस अवधारणा के महत्त्व से प्रासंगिक कुछ ख़ास बिन्दु निम्नांकित हैं :

1. राजनीतिक संस्कृति अवधारणा द्वारा राजनीतिक विश्लेषण से प्रासंगिक सूक्ष्म एवं वृहत् दृष्टिकोण के बीच की दूरी को पाटने का कार्य किया गया है।
2. यह अवधारणा इस तथ्य का खुलासा करती है कि राजनीतिक व्यवस्था के सदस्य अपनी व्यवस्था के प्रति कितनी आस्था व विश्वास रखते हैं तथा सदस्यों के बीच सहमति एवं विरोध के कौन–कौन से मुख्य मुद्दे हैं।
3. इस अवधारणा द्वारा शासन व्यवस्था के स्वरूप, शासन शैली, विभिन्न संरचनाओं की भूमिकाएं, गतिविधियां तथा पर्यावरण–परिवर्तन से संबद्ध तत्त्वों की परम जानकारी प्राप्त होती है।
4. इस अवधारणा का अध्ययन–केन्द्र व्यक्ति के साथ संपूर्ण व्यवस्था है। इस रूप में इसके आगमन से राजनीति विज्ञान तथा राजनीतिक समाजशास्त्र का अध्ययन का क्षेत्र व्यापक एवं विस्तृत हुआ है।
5. इस अवधारणा के अध्ययन का केंद्रीय तत्त्व राजनीतिक समाजीकरण का प्रसंग है, जिसमें राजनीतिक समाजीकरण से प्रासंगिक आर्थिक–सामाजिक तत्त्व भी मुख्य कारक के रूप में शामिल होते हैं।
6. यह अवधारणा राजनीतिक व्यवस्थान्तर्गत राजनीतिक विकास की विभिन्न अवस्थाओं की गति एवं स्तर का द्योतक है। इसके माध्यम से उन कारकों को पहचाना जाता है जिसकी वजह से राजनीतिक व्यवस्थाएं विकास की भिन्न–भिन्न दिशाओं का वरण (Selection) करती हैं।
7. यह अवधारणा राजनीतिक विकास की दिशाओं के निर्धारण एवं निरूपण में कारगर भूमिका अदा करती है।
8. इस अवधारणा का इसलिए भी महत्त्व है, क्योंकि इसके माध्यम से विवेकसंगत एवं अविवेकी तत्त्वों के साथ अध्ययन करना संभव हो पाया है।

उपर्युक्त विवेचित बिन्दु इस तथ्य का स्पष्टीकरण हैं कि राजनीतिक संस्कृति अवधारणा राजनीतिक समाजशास्त्र की विषयवस्तु का प्रधानांग प्रसंग है।

भारत की राजनीतिक संस्कृति (Political Culture of India)

ऐतिहासिक पृष्ठभूमि (Historical Background)

आधुनिकीकरण व पश्चिमीकरण के नये दौर में करवट लेती भारतीय राजनीतिक संस्कृति की एक खास शख्सियत है जो उसे अन्य विकासशील व्यवस्थाओं की राजनीति से पृथक अस्तित्व प्रदान करता है। भारत जैसे धर्मनिरपेक्ष लोकतांत्रिक व्यवस्था के लिए राजनीतिक संस्कृति अवधारणा के अध्ययन–विश्लेषण का विशेष महत्त्व है, क्योंकि इस व्यवस्था की सफलता, लोकप्रियता, स्थायित्व एवं सातत्य का दारोमदार यहां की राजनीतिक संस्कृति के कंधे पर है। भारतीय राजनीतिक समाज के गत्यात्मक आयामों का बुनियादी तत्त्व विविधता में एकता है। भारत का प्राचीन इतिहास महान् सभ्यता का उदाहरण प्रस्तुत करता है। देश की प्राचीन भौगोलिक परिस्थितियां के अनुसार

यह देश अनेक छोटे–बड़े राज्यों में बँटा था और सभी के अपने–अपने शासक थे। चौथी शताब्दी ईसा पूर्व में मौर्य साम्राज्य की छत्रछाया में भारतीय उपमहाद्वीप में एकतंत्रीय (Autocratic) शासन की संस्थापना की गयी, लेकिन दक्षिण का द्रविड़ प्रदेश उस शासन व्यवस्था के दायरे से बाहर था। मौर्य साम्राज्य की सत्ता कुछ कमजोर होने के पश्चात् चौथी शताब्दी में गुप्त वंश ने उत्तरी एवं मध्य भारत को एकता के सूत्र में पिरोने का कार्य किया। सातवीं शताब्दी से भारत में पश्चिमी और उत्तर–पश्चिमी क्षेत्रों से अरब सौदागरों और आक्रमणकारियों का आना जाना शुरु हुआ। ईसा पूर्व दसवीं एवं पंद्रहवीं शताब्दी में भारत आगमन के पश्चात् आर्यों द्वारा यहां की मौजूदा कमजोर जाति प्रथा पर चार वर्ण की व्यवस्था थोपी गयी। मुस्लिम शासकों के आक्रमण से पूर्व हिन्दू साम्राज्य की छोटी अवधि में आर्यों द्वारा आरोपित व्यवस्था के आधार पर एक ऐसी सामाजिक व्यवस्था का विकास हुआ जिसमें स्थायित्व व लचीलापन था, साथ ही इस विकसित व्यवस्था में विभिन्न ऐतिहासिक युगों में अपना अस्तित्व कायम रखने और समसामयिक गतिरोधों में भी टिके रहने की अद्भुत क्षमता थी। इस सामाजिक व्यवस्था की साहित्यिक व सांस्कृतिक उपलब्धियां अभूतपूर्व रहीं। इस सांस्कृतिक विरासत की वजह से देशवासी किसी राजनीतिक केन्द्र की प्रधानता के बिना जीने में समक्ष हो गये।

मुगल शासन के दौर में भारत में प्रशासनिक स्तर पर कुछ सुधार तो लाया गया, लेकिन मुगल सत्ता के गंभीर प्रयासों के बावजूद समस्त भारत को एक राजनीतिक केन्द्र के दायरे में लाना संभव नहीं हो सका। मुगल शासकों के हाथों राजसत्ता छिन जाने के कारण हिन्दू समाज अंतर्मुखी (Intravert) हो चुका था। मुस्लिम धर्म–प्रचारक भारतीय समाज पर कोई बुनियादी प्रभाव नहीं डाल पाये।

तेरहवीं शताब्दी में यहां मुस्लिम शासन की शुरुआत हुई। मुस्लिम तथा अन्य कई जातियों के लोग यहां आकर बसे और उन सभी के संयोग से मिली–जुली संस्कृति के अस्तित्व ने आकार लिया। अठारहवीं शताब्दी के मध्य से ब्रिटिश शासन की शुरुआत हुई। उपनिवेशवादी आधिपत्य स्थापित करके ब्रिटिश सत्ता द्वारा अंग्रेजों की संस्कृति भी भारत पर थोपी गयी। अंग्रेजी हुकूमत के दौरान पुनः देशवासियों को अपने परम्परागत सांस्कृतिक मूल्यों एवं सभ्यता और अस्मिता की दावेदारी के आधार पर सामाजिक–राजनीतिक पुनर्जागरण के संचालन का अवसर मिला। समाज–सुधारक अग्रेसरों के तेवर देखने एवं सन् 1857 के विद्रोह प्रदर्शन के पश्चात् अंग्रेज शासकों को भारतीय समाज को पुनर्व्यवस्थित करने की इच्छा का परित्याग करना पड़ा और भारतीय समाज में परिवर्तन लाने की प्रक्रिया का प्रयास थम गया। लेकिन, अंग्रेजी हुकूमत को राजनीतिक स्तर पर कामयाबी मिली। उन्हें पूरे भारत को एक राजनीतिक केन्द्र और समरूप प्रशासन के अन्तर्गत लाने में सफलता मिली। पश्चिमी बौद्धिकता व अंग्रेजी शिक्षा के प्रभाव से भारत में एक शहरी मध्यम वर्ग का आविर्भाव हुआ जिसने धीरे–धीरे राजनीति का संचालन करना एवं राजनीतिक प्रक्रियाओं में भाग लेना सीखा। इस प्रकार, अंग्रेजों की शासन शैली, समाज सुधारकों का प्रयास, कांग्रेस के जन्म तथा महान् कांग्रेसी नेताओं द्वारा कुशल राजनीति–संचालन की छत्रछाया में भारतीय राजनीतिक संस्कृति में एक विशेष प्रकार तरह के चरित्र का उदय हुआ।

उन्नीसवीं शताब्दी के मध्य से यहां स्वाधीनता संघर्ष के रूप में राष्ट्रवादी आन्दोलनों (National Movements) की शुरुआत हुई, जिसके परिणामस्वरूप बीसवीं शताब्दी के मध्य (1947) में भारत को अंग्रेजी हुकूमत से मुक्ति तो मिली लेकिन, साम्प्रदायिक सवालों को सुलझाने में अक्षम रहने की वजह से देश को बंटवारे की त्रासदी से गुजरना पड़ा। अंग्रेजों द्वारा फूट डालो और शासन करो (Divide and Rule) की नीति अपनाई गयी इसका परिणाम भी भारत और पाकिस्तान के बंटवारे के रूप में सामने आया। आजाद भारत में लोकतंत्र को कार्य–रूप प्रदान करने के लिए संसदीय प्रणाली (Parliamentary System) अपनाई गई।

भारत के राजनीतिक जीवन में सामाजिक, आर्थिक, धार्मिक तथा सांस्कृतिक विविधताओं के बावजूद देश की राजनीतिक एकता, संप्रभुता, अखंडता बनी हुई है। देश की एकता की सबसे बड़ी मिसाल यहां का स्वाधीनता संघर्ष है जिसमें रहन–सहन, खान–पान, वेष–भूषा, आचार–विचार, धर्म, भाषा आदि की विविधताओं के बावजूद समस्त देशवासियों द्वारा बढ़–चढ़ कर आन्दोलन में हिस्सा लिया गया। समस्त भारतीयों की सहभागिता की वजह से ही उपनिवेशवादी आधिपत्य से देशवासियों को मुक्ति मिली। स्वतंत्र भारत में राजनीतिक व्यवस्था, राजनीतिक प्रक्रिया, राजनीतिक सत्ता, शासन शैली आदि के संबंध में अलग–अलग दृष्टिकोण रखने के बावजूद देश की

एकता और अखंडता पर कोई आंच नहीं आई है। समस्त देशवासियों की अपनी राजनीतिक व्यवस्था तथा व्यवस्थागत राजनीति के प्रति ये मानसिकता ही दरअसल भारत की राजनीतिक संस्कृति का आधारतत्त्व है।

कुछ राजनीतिक विद्वानों का यह मानना है कि भारत की अपनी राजनीतिक संस्कृति और शासन शैली का विकास नहीं हो पाया और एशिया–अफ्रीका के अन्य नवोदित राष्ट्रों की भांति भारत की राजनीतिक संस्कृति की स्थिति भी अस्पष्ट व अनिश्चित तथा विदेशी शासकों द्वारा थोपी गयी है। लेकिन, विद्वानों का यह विचार भ्रममूलक है क्योंकि इतिहास के विभिन्न कालखंडों में यहां की राजनीतिक संस्कृति का विकास हुआ है, जिसे प्रासंगिक परिप्रेक्ष्यों के तहत समझा जा सकता है।

ऐतिहासिक परिप्रेक्ष्य (Historical Perspective)

विश्व की अन्य व्यवस्थाओं की सभ्यता संस्कृति से पृथक् भारत की राजनीतिक एकता–अखंडता किसी व्यवस्था या राजनीतिक सत्ता की मुहताज नहीं रही है। संभवतः भारत विश्व का अकेला देश है जिसने बिना किसी राजनीतिक व्यवस्था का सहारा लिए अपनी सभ्यता–संस्कृति, परम्परा, परम्परागत मूल्यों को संजोये रखा है। देश की संस्कृति के परम्परागत मूल्यों को कायम रहने के पीछे मूलतः भारत की आध्यात्मिक संस्कृति रही है, जिसकी जड़ें अवाम के मनोवेग (Emotion), अभिवृत्ति व अभिविन्यासों में गड़ी हैं। यही वजह है कि अनेकानेक राजनीतिक–सामाजिक उथल–पुथल के बावजूद भारत के सांस्कृतिक मूल्यों की धरोहर कायम है और यहां की संस्कृति अबाध गति से निरन्तर विकास के पथ पर अग्रसर है। आध्यात्मिक मानसिकता वाले धर्म प्रधान देश के रूप में अपनी पहचान बनाने के बावजूद यहां धर्म एवं राज्य के बीच पश्चिमी देशों की भांति कभी सत्ता–संघर्ष नहीं छिड़ा। इतिहास गवाह है कि आरंभ से लेकर उन्नीसवीं शताब्दी के मध्य तक देश पर अनेक प्रकार की शासन शैली थोपी गयी और कई प्रकार के शासकों की सत्ता स्थापित होती रही, लेकिन देश ने अपनी प्राचीन सभ्यता की मौलिकता की अक्षुण्ण रखने का प्रयास किया, साथ ही यह समय के बदलाव के अनुरूप आधुनिकता के तत्त्वों को भी अपने में समावेशित करता गया। भारत की संस्कृति में परम्परागत व आधुनिक मूल्य दोनों समानान्तर (Parallel) रूप से साथ–साथ चल रहे हैं। यानी कि संस्कृति के परम्परागत मूल्यों और समय–आधारित परिवर्तन की अभिवृत्ति व अभिविन्यासों का संवाहक है भारत। मूलतः अध्यात्मिक और सहिष्णु (Tolerant) प्रकृति होने की वजह से भारतीय कभी राजनीतिक परिवर्तन के विरोधी नहीं रहे और उन्होंने कभी राजनीतिक बदलाव को सांस्कृतिक मूल्यों के अस्तित्व के लिए खतरनाक नहीं माना। यही मूल वजह है कि भारतीयों ने विदेशी प्रभुत्व द्वारा संस्थापित राजनीतिक, आर्थिक संस्थाओं और संदर्भित विकास प्रतिमानों को राष्ट्र के स्वाभिमान व अस्मिता के विरुद्ध नहीं माना और परिस्थिति के अनुरूप उसे अंगीकार किया तथा परिस्थिति अनुकूल होने पर ब्रिटिश आधिपत्य का गंभीर विरोध करके स्वाधीनता प्राप्त की। ब्रिटिश शासकों द्वारा भी भारत के धार्मिक–सांस्कृतिक मूल्यों, परम्पराओं विश्वासों के साथ कोई बहुत बड़ी छेड़–छाड़ नहीं की गयी है। हालांकि ब्रिटिश हुकूमत द्वारा भारत में नागरिकता को कमजोर करने का गंभीर प्रयास बड़े पैमाने पर किया गया ताकि उनका आधिपत्य राष्ट्र पर बना रहे, लेकिन इससे यहां की मौलिक परम्परागत संस्कृति की निरन्तरता यथावत् बनी रही और यही सातत्य भारतीय राजनीतिक संस्कृति का आधार–आधेय है।

भारत की राजनीतिक संस्कृति के प्रासंगिक तत्त्व (Relevant Elements of Indial Political Culture)

भारत की वर्तमान राजनीतिक संस्कृति के स्वरूप निर्धारण में उसकी ऐतिहासिक पृष्ठभूमि एवं ऐतिहासिक तत्त्वों और मूल्यों की भूमिका बहुत अहम् रही है। यह सत्य है कि भारत की समसामयिक राजनीतिक संस्कृति पर राजनीतिक संरचनाओं पर सत्ता–व्यवहार एवं शासन–शैली पर ब्रिटिश राजनीतिक संस्कृति का गहरा प्रभाव है और साथ ही यह भी सच है कि भारत में राजनीतिक संस्कृति का सुनिश्चित और सुस्पष्ट प्रतिमान अभी तक

विकसित नहीं हो पाया है। लेकिन यह भी सही है कि अन्य एशियाई–अफ्रीकी देशों की अपेक्षाकृत भारत की राजनीतिक संस्कृति निरंतर विकास पथ पर अग्रसर है। भारत की राजनीतिक संस्कृति की प्रकृति के निर्माणकारी प्रासंगिक तत्त्व या विशेषताएं निम्नांकित हैं :

1. **सांस्कृतिक विविधताएं (Cultural Diversity)**—भारत की राजनीतिक संस्कृति की सबसे बड़ी विशेषता सर्वाधिक प्रमुख निर्माणकारी तत्त्व यहां मौजूद सांस्कृतिक विविधता है। यह विविधता ही व्यवस्था में एक साथ कई उपसंस्कृतियों के अस्तित्व के आविर्भाव एवं विकास के लिए जवाबदेह कारक है। इन उपसंस्कृति के उद्भव की मूल वजह है सामाजिक व्यवस्था, जाति, धर्म, संस्कृति, क्षेत्रीयता आदि में पाया जाने वाला अन्तर। भारतीय राजनीतिक संस्कृति की प्रकृति के दृष्टान्तस्वरूप भाषागत भेद के आधार पर दक्षिण एवं उत्तर भारत की राजनीतिक संस्कृति की प्रकृति निर्माण में पाये जाने वाले पर्याप्त अन्तर को देखा जा सकता है। भारतीय राजनीतिक संस्कृति में अनेक उपसंस्कृतियों का जन्म एवं उनके मजबूत अस्तित्व की उपस्थिति ही वर्तमान परिप्रेक्ष्य में केन्द्र एवं राज्यों में गठबंधन राजनीति (Coalition Politics) एवं गठबंधन सरकार (Coalition Government) के निर्माण के लिए आधार–तत्त्व एवं आधार–माध्यम की भूमिका निभाता है। भारतीय राजनीतिक संस्कृति को गठबंधन की राजनीति का निर्माणात्मक तत्त्व (Formative Element) एवं निर्माणी परिस्थितियां (Manufacturing Situation) प्रदान करने का श्रेय यहां की उपसंस्कृतियों को ही जाता है। राजनीति के प्रति वैचारिक भिन्नताओं के बावजूद यहां के नागरिक देश की आन्तरिक एवं बाह्य संप्रभुता, एकता, अखंडता के सवाल पर एकमत हैं, इसलिए संसदीय लोकतंत्र के प्रति निष्ठा एवं विश्वास में कोई कमी नहीं है। वस्तुतः, यह कहा जा सकता है कि विविधता में एकता भारतीय राजनीतिक संस्कृति की खास पहचान है।

   संविधानगत प्रावधानों के तहत एक संपूर्ण प्रभुत्व–संपन्न, समाजवादी, पंथनिरपेक्ष, लोकतंत्रात्मक गणराज्य की अखंडता में देश की जनता की भावनाएं, आकांक्षाएं सूक्ष्म रूप से समाविष्ट हैं। यहां लोकतंत्रीय शासन की शैली जनतंत्रीय है, जिसमें विचार–विमर्श और अनुनय से सरकार चलाई जाती हैं। यहां सत्ता के विकल्प के रूप में कई राजनीतिक दल अपनी मजबूत पहचान बना चुके हैं। व्यवस्था में विभिन्न व्यक्तियों एवं समूहों द्वारा राजनीतिक–सामाजिक कार्यों के लिए दिशाएं प्रस्तावित की जाती हैं और मतांतर के बावजूद समूहों की सक्रियता से निष्कर्ष पर पहुंचा जाता है, साथ ही यह ध्यान रखा जाता है कि निष्कर्ष अधिकांश समूहों को स्वीकार्य हो। स्वतंत्रता, समानता, बंधुता भारतीय राजनीति की आत्मा है। संवैधानिक प्रावधानों के तहत सभी व्यक्तियों के लिए एक समान व्यवहार की प्रत्याभूति (Guarantee) दी गयी है, धर्म के आधार पर विभेद का प्रतिषेध (Prohibition) किया गया है और धर्म की स्वतंत्रता को मूल अधिकार के रूप में संरक्षण दिया गया है। अल्पसंख्यकों के अधिकारों को विशेष रूप से मौलिक अधिकारों की सूची में शामिल किया गया है। उद्देशिका (Preamble) में सामाजिक, आर्थिक, राजनीतिक तीन प्रकार के न्याय का उल्लेख है। सामाजिक न्याय का अधिकार जनहित से संबद्ध है। सामाजिक–आर्थिक न्याय के संयोजन से वितरणवादी न्याय का स्वरूप बनता है और निर्वाचन–प्रक्रिया एवं अन्य सभी राजनीतिक प्रक्रियाओं में सहभागिता राजनीतिक न्याय की प्रत्याभूति है, जिसके लिए संविधान द्वारा सभी नागरिकों को वयस्क मताधिकार का अधिकार दिया गया है। संविधान के अनुच्छेद 14 से 18 में जो समता के उपबंध उल्लिखित हैं वे राजनीतिक न्याय के आधार हैं। अनुच्छेद 19 से 22 में उल्लिखित स्वातंत्र्य–अधिकार, यानी कि अभिव्यक्ति स्वातंत्र्य, शान्तिपूर्ण सम्मेलन आयोजित करने की स्वतंत्रता, संघ निर्माण की स्वतंत्रता, भारत के सभी राज्यों में अबाध संचरण की स्वतंत्रता या किसी भी कारोबार या पेशा को अपनाने की स्वतंत्रता, न्यायपालिका का स्वतंत्र एवं समन्वित (Integrated) स्वरूप, न्यायिक सक्रियतावाद (Judicial Activism), राज्य के नीति निदेशक तत्त्व आदि ऐसे विशेष संवैधानिक प्रावधान हैं, जो वैचारिक मतभेदों के बावजूद देश की राजनीतिक एकता–अखंडता एवं सातत्य के समस्त आयामों से प्रासंगिक तत्त्वों को निरन्तर मजबूती प्रदान करने की दिशा में अग्रसर हैं। इसलिए विविधताओं के बावजूद भारत की राजनीतिक संस्कृति में एकता व अखंडता के तत्त्व ठोस रूप में मौजूद हैं।

2. **मध्यस्थता की राजनीति (Politics of Mediation)**—भारतीय राजनीतिक संस्कृति में केन्द्र और राज्य से लेकर गाँव के स्तर तक सामाजिक–राजनीतिक विवादों, मतभेदों, मुद्दों, समस्याओं के समाधान के लिए राजनीतिक स्तर पर मध्यस्थता करने की प्रवृत्ति पायी जाती है। उदाहरणस्वरूप, गाँव की राजनीति में समस्या–समाधान हेतु मुखिया, सरपंच, विधायक या अन्य मुख्य नेताओं, विशिष्ट व्यक्तियों तथा उच्च राजनीतिक अधिकारियों द्वारा मध्यस्थता के माध्यम से सामाजिक–राजनीतिक गतिरोधों को दूर करने का प्रयास किया जाता है। मध्यस्थता करने की यही प्रवृत्ति जिला स्तर, राज्यों एवं केन्द्र की राजनीति में भी स्पष्ट रूप से दिखाई पड़ती है। प्रत्येक स्तर पर राजनीतिक विवादों का मध्यस्थता के द्वारा हल निकालने का प्रयास किया जाता है। इस राजनीतिक संस्कृति के निर्माण में राजनीतिक अभिजनों की भूमिका बहुत महत्त्वपूर्ण होती है। राजनीतिक पार्टियों के अन्तर्गत स्थानीय, प्रान्तीय या राष्ट्रीय स्तर पर उत्पन्न गतिरोधों को दूर करने में पार्टियों के आलाकमान (High Command) की मध्यस्थता की भूमिका काफी महत्त्वपूर्ण होती है। राजनीतिक संस्कृति में मध्यस्थता की प्रकृति समावेशित होने की वजह से ही कांग्रेस पार्टी की राजनीतिक संस्कृति में मनोनीत मुख्यमंत्री थोपने की परम्परा की शुरुआत हुई और उस राजनीतिक परम्परा को आगे बढ़ाते हुए अन्य पार्टियों में भी इस परिपाटी का प्रचलन आरंभ हो गया।
3. **करिश्मावादी राजनीति (Charismatic Politics)**—करिश्माई नेतृत्व का आविर्भाव भारतीय राजनीतिक संस्कृति की एक ख़ास पहचान रही है। यह राजनीतिक नेतृत्व एवं राजनीति का वह तत्त्व है जो किसी भी राजनीतिक दल के नेता के अनोखे सामाजिक, धार्मिक, राजनीतिक व्यक्तित्व से संबद्ध होता है। ऐसे नेतृत्व के अनुयायी अपने नेता के गुणों को काफी बढ़ा–चढ़ाकर आंकते हैं और स्वयं को तथा समाज के सदस्यों को यह समझाने का प्रयास करते हैं कि उनकी समस्याओं का समाधान किसी नीति–निर्णय, परम्पराओं, मूल्यों या रीति–रिवाजों से नहीं हो सकता है, अपितु व्यवस्था की समस्याओं का समाधान करिश्माई नेतृत्व के व्यक्तित्व में निहित आकर्षण या माया में छिपा है जो व्यवस्था के सभी नियमों से ऊपर है और समस्त समस्याओं के समाधान में सक्षम है। करिश्माई राजनीति से प्रासंगिक तत्त्वों की वजह से भारत की राजनीतिक संस्कृति में परिवारवाद की संस्कृति को बढ़ावा मिला और आज सभी राजनीतिक पार्टियां इस संस्कृति को आगे बढ़ाने एवं उसे मजबूत आधार प्रदान करने में बढ़–चढ़ कर हिस्सा ले रही हैं। करिश्माई तत्त्वों को भारतीय राजनीतिक संस्कृति का अहम् हिस्सा माना जा सकता है। किसी भी राजनीतिक घटनाक्रम के संदर्भ में देशवासी यथार्थता से ज्यादा करिश्मा को महत्त्व देते हैं। समसामयिक राजनीतिक परिप्रेक्ष्य में सभी राष्ट्रीय पार्टियों का राज्यों के चुनाव में धराशायी होना और क्षेत्रीय दलों का ठोस अस्तित्व के रूप में उभर कर सत्ता पर काबिज होना भी इसी करिश्माई राजनीतिक संस्कृति का एक अहम् पक्ष है।

   वस्तुतः, राजनीतिक करिश्मा को राजनीतिक संस्कृति में अत्यधिक महत्त्व देने के पीछे मूलतः भारतीयों की आध्यात्मिक प्रवृत्ति रही है जो राजनीति में व्यक्ति पूजा को बढ़ावा देता है। व्यक्ति पूजा की अभिवृत्ति–अभिविन्यास की वजह के हमेशा देशवासी किसी नये राजनीतिक करिश्मे की उम्मीद में किसी विशेष राजनीतिक व्यक्तित्व के प्रति जातिगत, धर्मगत, भाषागत या क्षेत्रीयता के आधार पर अपनी राजनीतिक निष्ठा एवं विश्वास को पूरी तरह समर्पित करके एक नई सुबह के इन्तजार में आस लगाये बैठे रहते हैं।
4. **व्यक्ति पूजा (Personality Cult)**—करिश्माई राजनीतिक व्यक्तित्व की पूजा भारतीय राजनीतिक संस्कृति का एक ख़ास तत्त्व है, जिसका सीधा प्रभाव कमोबेश सभी राजनीतिक दलों पर पड़ता दिखाई देता है। व्यक्ति पूजा राजनीतिक दल के कार्यक्रमों व घोषणाओं के संबंध में जनता से सीधा संवाद स्थापित करने का सबसे कारगर व लोकप्रिय माध्यम है। यहां किसी भी राजनीतिक विचारधारा, कार्यक्रम आदि को मान्यता प्रदान करने या उसे अंगीकार करने का तात्त्विक आधार वह विशिष्ट राजनीतिक व्यक्तित्व होता है, जिसके व्यक्तित्व–आकर्षण से खिंचा हर ख़ासो–आम बिना किसी राजनीतिक उद्देश्य

के उस नेता के खेमे में शामिल हो जाता है, जिसकी करिश्माई माया का उसके मन मस्तिष्क पर गंभीर प्रभाव होता है। ऐसा विशिष्ट राजनीतिक व्यक्तित्व जनता के राजनीतिक व्यवहार को नियमित–निरूपित करने में भी अहम् भूमिका निभाता है और अपने करिश्माई व्यक्तित्व के प्रभाव में अपने अनुकूल राजनीतिक संस्कृति के प्रतिमानों की स्थापना में सफल होता है। ऐसे नेता के द्वारा प्रेषित राजनीतिक मूल्यों को जनता पूरे उत्साह से स्वीकार करती है तथा मतान्ध राजनीतिक अनुयायी बनकर उनके कार्यक्रमों में हिस्सा लेती है। ऐसे राजनीतिक व्यक्तित्व के प्रति अंध–भक्ति उसे यह मानने को विवश करती है कि सिर्फ उसी राजनीतिक व्यक्ति की छत्रछाया में सामाजिक जनजीवन सुरक्षित रह सकता है और जनहित कार्यक्रमों का सफल संचालन हो सकता है। किसी विशेष राजनीतिक व्यक्तित्व के प्रति यह हठधर्मी मानसिकता ही भारतीय राजनीतिक संस्कृति में व्यक्ति पूजा की अभिवृत्ति को फलने–फूलने का मौका दे रही है।

5. **परम्परा और आधुनिकता का संयोग (Combination of Tradition and Modernity)**—भारतीय राजनीतिक संस्कृति में परम्परागत सभ्यता–संस्कृति, मूल्य के साथ आधुनिकता के समस्त आयामों का पुट शामिल है। भारत का पारम्परिक समाज लोकतांत्रिक राजनीति के हाथों तेजी से बदल रहा है। आज यदि भारतीय राजनीतिक संस्कृति में आने वाले बदलाव की केन्द्रीय प्रवृत्ति आधुनिकीकरण है जो इसकी चालक–शक्ति सामाजिक तत्त्वों का राजनीतिकरण है। भारतीय समाज को जानने–समझने की चाबी यहां की राजनीति में निहित है। भारत का राजनीतिक समाज परम्पराबद्ध, बहुल व खंडित संरचनाओं वाला सभ्यतामूलक समाज है जो अपनी परम्परागत संरचनाओं के राजनीतिकरण के जरिये आधुनिकीकरण के मार्ग पर अग्रसर है। यहां की राजनीतिक संस्कृति परम्परागत विरासत को कायम रखते हुए नये बदलाव के विविध आयामों को अपने अन्दर आत्मसात् कर रही है।

6. **जातियों का राजनीतिकरण (Politicization of Cast)**—राजनीतिक व्यवस्थान्तर्गत जाति और लोकतांत्रिक राजनीति की अन्योन्यक्रिया को ही आमतौर पर राजनीति में जातिवाद का नाम दिया जाता है, लेकिन दरअसल यह जातियों का राजनीतिकरण है। राजनीतिक संरचनाएं शून्य में क्रियागत नहीं होती हैं, उन्हें क्रियाशील एवं लोकप्रिय अस्तित्व प्राप्त करने के लिए सामाजिक व्यवस्था में ही अपना आधार तलाशना पड़ता है। इस कार्य हेतु वे मौजूदा सांगठनिक स्वरूपों का इस्तेमाल करती हैं और इन रूपों को मिलाकर नयी संरचना का आह्वान करके सामाजिक आधार ग्रहण करती हैं। भारतीय समाज में विद्यमान जाति प्रथा और आधुनिक संसदीय राजनीति के परस्पर क्रिया के प्रभाव से व्यवस्था में सामाजिक परिवर्तन की प्रक्रिया की शुरुआत हुई। धीरे–धीरे सामाजिक स्तर पर जातीय समस्याओं की जागरूकता बढ़ती गयी और जातियों के राजनीतिकरण से प्रासंगिक राजनीतिक विकास को ठोस आधार मिलता गया। व्यवस्थान्तर्गत जाति एवं राजनीति के मध्य परस्पर मेल–मिलाप की वजह से बिना किसी भारी राजनीतिक उथल–पुथल या सामाजिक उठा–पटक के भारतीय समाज का धर्मनिरपेक्षीकरण हुआ। व्यवस्था में जाति और आधुनिक संस्थाओं के मध्य चलने वाली तात्त्विक अन्योन्यक्रियाएं निश्चित रूप से चयनात्मक थीं, जिसमें राजनीतिकरण की प्राथमिकताओं का क्रम निर्धारित किया गया, अर्थात् राजनीतिकरण के क्रम में जातियों के कुछ पक्षों पर अन्य पक्षों की अपेक्षा ज्यादा अतिक्रमण किया गया। आधुनिक संस्थाओं द्वारा सबसे पहले जाति प्रथा की सत्तामूलक संरचना को आधुनिकीकरण की मुख्य धारा में लाया गया। दूसरी प्राथमिकता आर्थिक हितों से संदर्भित लाभों के वितरण से संबद्ध था। इन दोनों प्राथमिकताओं के मध्य अन्योन्याश्रय संबंध है। आर्थिक लाभों का वितरण एवं जाति प्रथा की सत्ता–संरचना दोनों आन्तरिक स्तर पर सूत्रबद्ध हैं। जातियों के राजनीतिकरण क्रम की तीसरी प्राथमिकता जाति के सदस्यों में जातिगत चेतना जगाना, उन्हें अपनी ताकत संख्या का बोध कराना और अपने अस्तित्व का बोध कराना था। समयानुरूप जाति–प्रथा के समस्त परम्परागत अवयव (Component) सामाजिक–राजनीतिक बदलाव की नयी प्रक्रिया के अंग बन गये। इसका सर्वाधिक सकारात्मक पक्ष यह रहा है कि लोकतंत्र की राजनीतिक प्रक्रियाओं में आमजनता राजनीतिक रूप से सक्रिय हुई जिसकी वजह से भारतीय राजनीतिक

व्यवस्था तथा राजनीतिक संस्कृति को विशिष्ट लोकतांत्रिक मानवीय चेहरा मिला। देश के मौजूदा राजनीतिक पर्यावरण में जातियों के राजनीतिक आयाम और उनके चेतनाबोध के विविध पहलू, तथा उनके बीच वोट की राजनीति के आला दर्जे का राजनीतिक सामाजिक दर्जे का गठजोड़ यहां व्यवस्था का नये सिरे से संस्कृतिकरण, धर्मनिरपेक्षीकरण तथा पश्चिमीकरण कर रहा है।

यह कहा जा सकता है कि भारत की पारम्परिक सामाजिक व्यवस्था जातिगत संरचनाओं एवं उसकी अस्मिताओं के इर्द–गिर्द संगठित है। जाति समूहों द्वारा राजनीति को अपनी गतिविधियों का केन्द्र बनाकर अस्मिता का दावा पेश करने, सामाजिक संरचना में अपनी संख्या बल के आधार पर राज्यव्यवस्था में अपनी स्थिति सुधारने तथा राजनीतिक सत्ता पर काबिज होने की कवायद की वजह से भारत की राजनीतिक संस्कृति के राजनीतिक तत्त्वों में जातिसमूहों के ताकतवर अस्तित्व का समावेश हुआ तथा जातियों का पूर्णरूपेण राजनीतिकरण हो गया। इससे भारतीय राजनीतिक संस्कृति को निरन्तर नयी शक्ल मिल रही है। मंडल कमीशन के प्रावधानों के क्रियान्वयन के पश्चात् पिछड़ा एवं अत्यंत पिछड़े वर्ग को दिये जाने वाले आरक्षण की सुविधा से यहां की राजनीतिक संस्कृति को नया सामाजिक आयाम मिला है।

भारत में जातियों के राजनीतिकरण के कुछ विशेष धर्मनिरपेक्ष पहलू भी हैं, यथा–अनुसूचित जातियों (दलित) और आदिवासियों के सवाल तथा धार्मिक अल्पसंख्यकों ख़ासतौर पर मुसलमानों की अस्मिता से जुड़े सवाल। जहां तक दलितों के राजनीतिकरण का प्रश्न है आज़ादी के बाद संविधान प्रदत्त प्रावधानों के तहत उस समय उनके लिए संसद् व राज्य की विधायिकाओं एवं स्थानीय निकायों में आरक्षित निर्वाचन क्षेत्रों की व्यवस्था की गयी राजनीतिक गठजोड़ों में उन्हें तरज़ीह दी जाने की निरन्तरता को कायम रखा गया तथा ऊँची जाति के राजनेताओं के लिए उनका समर्थन लेने की आवश्यकता की वजह से इनका सामाजिक–राजनीतिक कद काफी बढ़ा। इनकी सामाजिक–आर्थिक हैसियत के मुकाबले कहीं ज्यादा थी। इसी प्रकार की सरकारी नौकरियों में नियुक्तियों एवं पदोन्नति में तथा स्कूलों एवं कॉलेजों की पढ़ाई में संविधान के तहत मिलने वाले आरक्षण की सुविधा से सामाजिक स्तर पर उनके पिछड़ेपन की काफी हद तक भरपाई हुई और राजनीतिक स्तर पर मिलने वाले लाभ की वजह से वे समाज के हाशिए से निकलकर व्यवस्था की मुख्य धारा से जुड़ गये। इसी भांति संवैधानिक हैसियत के अनुरूप सभी प्रदेशों में बसने वाले आदिवासी अपने जीवन स्तर को ऊँचा उठाने हेतु सामाजिक–राजनीतिक एवं सरकारी स्तर पर संविधान–प्रदत्त लाभों का फ़ायदा उठाकर व्यवस्था की मुख्य धारा में शामिल होने के लिए प्रयासरत हैं। स्कूली एवं उच्च शिक्षा के सभी क्षेत्राों में संविधान–प्रदत्त आरक्षण का लाभ उठाकर एवं सभी प्रकार की सरकारी नौकरियों में नियुक्ति एवं पदोन्नति में दिये जाने वाले आरक्षण का लाभ उठाकर अपनी संवैधानिक हैसियत के आलोक में आदिवासी समुदाय राजनीति एवं राजनीतिक प्रक्रियाओं में अपनी दावेदारियां बढ़ाता जा रहा है। ज्यादातर राजनीतिक पार्टियों ने अपने संगठनों में जनजातीय समूहों के लिए अलग से प्रकोष्ठ बना रखा है। इससे यह स्पष्ट होता है कि राजनीति के क्षेत्र में इनकी पूछ, मान्यता एवं विशिष्टता ही इनके जातीय राजनीतिकरण को धर्मनिरपेक्ष सामान्यीकरण की ओर ले जाने में मददगार साबित हुआ है और वे समाज के आधुनिक केन्द्रों के काफी नजदीक आये हैं।

मुसलमानों की अस्मिता से जुड़े सवालों के प्रसंग में यह कहा जा सकता है कि लोकतांत्रिक प्रक्रिया के परिणामस्वरूप केन्द्रीय एवं क्षेत्रीय राजनीति में अल्पसंख्यक के नाम पर इनकी राजनीतिक एवं सामाजिक हैसियत का कद तथा राजनीतिक महत्त्व सभी पार्टियों के लिए काफी बढ़ा है। व्यवस्थागत राजनीति में इनकी सक्रियता व महत्ता का अपना ख़ास महत्त्व है, तभी तो सभी राजनीतिक पार्टियां उन्हें अपने खेमे की ओर आकर्षित करने के लिए धर्मनिरपेक्ष दृष्टिकोण के नाम पर तरह–तरह की घोषणाएं करती रहती हैं और इनके मतों को प्राप्त करने के लिए बढ़–चढ़ कर दावेदारियों की पेशकश आये दिन लगभग सभी पार्टियों द्वारा की जाती है। यह एक राजनीतिक सामाजिक तथ्य है कि भारतीय राजनीतिक संस्कृति में मुसलमानों की राजनीतिक हैसियत एवं उनकी राजनीतिक पहचान की अहमियत आज देश में खुली बहस का मुद्दा है। अल्पसंख्यक के रूप में सरकार द्वारा इन्हें सभी क्षेत्रों में सुविधाएं, संरक्षण और विशेष महत्त्व प्रदान किया जाता है जो देश की राजनीतिक संस्कृति–निर्माण में काफी महत्त्वपूर्ण भूमिका निभाता है।

आजादी के उपरान्त भारत की राजनीतिक संस्कृति के विकास को दो चरणों के अन्तर्गत बांट कर देखा जा सकता है–विकास का प्रथम चरण सन् 1947 से 1970 तक का है, जब दिल्ली में एक राजनीतिक केन्द्र की संस्थापना राजनीतिक पार्टियों द्वारा की गयी। कांग्रेस पार्टी की वर्चस्व वाली दलीय व्यवस्था के तहत राजनीतिक अभिजनों के सामूहिक नेतृत्व के प्रयास से इस राजनीतिक केन्द्र में बैठकर उपकेन्द्रों के साथ गठजोड़ बनाया गया और समस्त उपकेन्द्रों को राजनीति की जमीन पर सक्रिय छोटे–छोटे केन्द्रों के साथ जोड़ा गया। सरकार के प्रयासों, राजनीतिक इकाइयों, नियोजनों और सरकारी मशीनरी के जरिये व्यवस्था में हाशिए पर पड़े सामाजिक समूहों को राजनीतिक सहभागिता के दायरे में लाकर नव स्वतंत्र व्यवस्था में लोकतंत्र को बुनियादी रूप से सामाजिक–आर्थिक विकास के आधार पर मजबूत करने का अथक प्रयास आरंभ किया गया। लोकतंत्र मजबूतीकरण के इस दौर में राज्य सरकारों द्वारा समाज–परिवर्तन में मुख्य अभिकर्ता की भूमिका निभायी गयी, लेकिन उनकी कार्यशैली विकेन्द्रित थी जो भारतीय समाज की प्रकृति के अनुकूल था।

राजनीतिक संस्कृति विकास का दूसरा चरण सन् 1971 से अब तक का है। इस चरण की सबसे बड़ी ख़ासियत यह रही है कि एक पार्टी के वर्चस्व वाली दलीय प्रणाली की परम्परा टूट गयी, क्योंकि सत्ताधारी पार्टी के राजनीतिक अभिजन जनसमुदायों की बढ़ती हुई मांगों को पूरा करने में नाकाम होने लगे। राजनीतिक समाज में अंतर्विरोधों का बाजार गर्म हुआ। नतीजतन अन्य कई पार्टियां एवं पार्टी के नेताओं का अस्तित्व उभरा, जिनके द्वारा राजनीतिक समाज पर अपने व्यक्तित्व का गंभीर प्रभाव छोड़ा गया और राजनीति को नई दिशा दी गयी। मांग की अपेक्षाकृति पूर्ति में बड़े पैमाने पर कमी की वजह से लोगों में व्यवस्था के प्रति असंतोष व विरोध बढ़ने लगा। राजनीतिक सहभागिता में बड़े स्तर पर इज़ाफा होने के परिणामस्वरूप व्यक्तिपरक नेतृत्व आधारित लोक–लुभावनवादी जनराजनीति का अस्तित्व आकार लेने लगा। लोकतंत्र की मजबूती के नाम पर उसे सीमित करने के भी गंभीर प्रयास किये गये और सरकारी स्तर पर राजनीति की बजाय अर्थव्यवस्था के विकास को प्राथमिकता दी जाने लगी। लोकतांत्रिक जनराजनीति में उभार (Emergence) के परिमाणस्वरूप राजनीतिक सहभागिता का बड़े पैमाने पर विस्तार हुआ। राजनीतिक विकास के इस दौर में समाज के हाशिए पर पड़े उपेक्षित तबके एवं पिछड़ी जातियों में राजनीतिक नेतृत्व का उद्भव उवं विकास हुआ और इस तबके द्वारा राजनीति की मुख्यधारा में शिरकत करने की दावेदारियां निरन्तर बढ़ती गईं। कई राज्यों में राजनीतिक सत्ता का केन्द्र उनके इर्द–गिर्द घूमने लगा और ये सशक्त रूप से सत्ता पर काबिज भी हुए। राजनीतिक संस्कृति के विकास के इस समानांतर नये रूप में नौकरशाही, तकनीकीशाही तथा प्रौद्योगिकी प्रतिमान राज्य सरकारों पर हावी होते चले गये। राज्य की राजनीति में क्षेत्रीय तत्त्वों का बोलबाला होने की वजह से अपना राजनीतिक जीवनक्रम सुरक्षित मानकर राजनीतिक दलों के नेता लोकोपकार से जुड़ी जिम्मेदारियों से मुंह मोड़ते चले गये और इनके द्वारा भूमंडलीय अभिजनों के तौर–तरीकों को अपनाया जाने लगा। राजनीतिक समाज में यह विचार जड़ जमाने लगा कि बड़े पैमाने पर राजनीतिक प्रक्रियाओं में जनभागीदारी तथा जाति और वर्ग जैसी सामाजिक संरचनाओं का राजनीतिकरण ही वास्तविक स्तर पर सामाजिक परिवर्तन का यथोचित माध्यम बन सकता है। योजना आयोग द्वारा नियोजित योजनाओं के निर्माण एवं कार्यान्वयन के बजाय सामाजिक बदलाव की धुरी जनसाधारण की जातिगत राजनीतिक भागीदारी पर ठहर गयी। आज भारत की राजनीतिक संस्कृति का यथार्थ वस्तुतः यह है कि व्यवस्थागत राजनीतिक प्रक्रियाओं में धनिकवर्ग की सहभागिता घटती जा रही है और गरीब एवं समाज के हाशिए पर बसर करने वाले दबे–कुचले लोग उत्तरोत्तर अधिकाधिक संख्या में सक्रिय राजनीति की तरफ मुखातिब हो रहे हैं। क्योंकि, उन्हें अपने जीवन की बुनियादी जरूरतों की पूर्ति एवं उत्तम जीवनयापन के साधनों की प्राप्ति की उम्मीद उन्हें सिर्फ राजनीति से ही है। समाज के पददलित वर्ग (Down Trodden Class) के जीवन में परिवर्तन लाने का जरिया राजनीति है जिसने देश की राजनीतिक संस्कृति को नया आयाम प्रदान किया है। सही मायने में किसी भी व्यवस्था की वास्तविक राजनीतिक प्रक्रिया वही है, जिसके माध्यम से व्यवस्था में अर्थपूर्ण बदलाव लाया जा सके।

राजनीति व्यवस्था में विचारों का सृजन करती हैं, अव्यावहारिक स्वप्नशील विचारों को जमीन पर उतारती है और राजनीति के जरिये ही व्यवस्था में व्यवस्थित जनआन्दोलन व जनसंघर्ष आयोजित व संचालित किया जाता है। राजनीति सामाजिक प्रक्रिया में हस्तक्षेप करती है तथा समाज को बदलती भी है। इसीलिए देश की

राजनीतिक संस्कृति पर व्यवस्था के अल्पकालीन लक्ष्यों और सत्ता संबंधी लाभों के साथ–साथ नैतिक और मूल्यगत आयामों का वर्चस्व होता है। राजनीतिक प्रक्रिया का तात्पर्य सिर्फ निर्णय लेने की क्षमता से नहीं है अपितु इस ताकत का सरोकार जनसमुदायों के हितों को बुलन्द करने की क्षमता से भी हैं। जब ये सरोकार गौण हो जाते हैं तो जनता की भूमिकाएं, समुदायों की भूमिकाएं एवं जनसंगठनों की भूमिकाएं राजनीतिक प्रक्रियाओं के निष्पादन में घटने लगती हैं। इससे व्यवस्था में विचारधारात्मक मतवैभिन्नता का दबदबा बना रहता है जो आमजनों को राजनीतिक सहभागिता के प्रति उदासीन बनाता है। भारत की राजनीतिक संस्कृति में मतदान–प्रक्रिया के घटते प्रतिशत की तात्त्विक वजह शायद यही तत्त्व है। स्पष्ट जनादेश व स्वस्थ जनमत लोकतंत्र में शासकों को वैधता दिलाने का बुनियादी आधार है जिसकी सीधा सरोकार देश की राजनीतिक संस्कृति से होता है।

सारांशतः, यह कहा जा सकता है कि भारतीय राजनीतिक व्यवस्था में विद्यमान् एक खंडित और अराजनीतिक किस्म के सामाजिक ढांचे में राजनीतिकरण के जरिये बड़े पैमाने पर बदलाव लाया जा रहा है। भारतीय राजनीतिक परम्परा के लंबे इतिहास की सबसे बड़ी विफलता एक राजनीतिक प्राधिकार का निर्माण न कर पाने और राजनीतिक रूप से इसके संचालित न होने की रही है। राजनीतिक अभिजनों की सृजनशील भूमिका और राजनीति संचालन के जरिये समाज में परिवर्तन लाने की प्रक्रिया द्वारा इस विफलता पर कुछ हद तक विजय प्राप्त किया जा सका है। यहां राजनीतिक व्यवस्था की वैधता निश्चित रूप से सामाजिक व्यवस्था के राजनीतिकरण व आधुनिकीकरण पर निर्भर करता है। भारत की समसामयिक राजनीतिक संस्कृति के संबंध में दो बातें रेखांकित की जा सकती हैं, **पहली**–एक प्राचीन, परम्परागत और बेहद बाहुल समाज में एक खुली राज्यव्यवस्था के तहत आधुनिकीकरण की प्रक्रिया चलायी जा रही है जिसकी चालक–शक्ति समाज का राजनीतिकरण है। **दूसरी**–इस राज्यव्यवस्था में विकास के लक्ष्यों को तब तक वेधा नहीं जा सकता है जब तक कि राजनीतिक व्यवस्था विकास कार्यों के माध्यम से सामाजिक जीवन की समुन्नति हेतु नाना प्रकार के तत्त्वों को गोलबंद करके एकजुट करने की क्षमता का प्रदर्शन नहीं करती है। राजनीतिक अभिजनों द्वारा इस सामर्थ्य का प्रदर्शन कोई आसान काम नहीं है। इस महान् कार्य में समाज के ठेकेदार, परम्परागत मूल्यों के पैरोकार तो बाधक बनते ही हैं, नौकरशाही एवं आधुनिकतावादी अभिजनों की कार्यशैली और पूर्वाग्रहों से भी विकास कार्य में कई मुश्किलें पैदा होती हैं। इस प्रसंग में समस्या का एक आयाम और भी ख़ास रूप से महत्त्व रखता है। इस संदर्भ में व्यवस्था की कुछ विशेष परम्पराओं, मूल्यों और परिहागत मान्यताओं को राजनीतिक व्यवहार के नियमों में समावेशित कराने के संबंध में नेतृत्व की प्रवृत्ति और सामर्थ्य भी कम महत्त्वपूर्ण नहीं हैं। दृष्टान्तस्वरूप, महात्मा गांधी की कार्यशैली सामने है। उनके द्वारा जिस प्रकार प्रेरणादायक निजी आदर्शों का मानदंड स्थापित करके देश की परम्परागत संस्कृति, मूल्यों, मान्यताओं, प्रतीकों तथा अस्मिता के आधार पर समसामयिक राजनीति से प्रासंगिक नैतिक मान्यताओं को संस्थापित व प्रसारित किया गया और जनव्यवहार में इन मूल्यों को समाविष्ट कराया गया वही देश की आजादी का आधार बना।

इसी तर्ज पर स्वतंत्र भारत की राजनीतिक प्रणाली को आकार प्रदान करने में नेहरू की निजी भूमिका काफी महत्त्वपूर्ण रही। उनके द्वारा उस दौर की राजनीतिक प्रणाली को उन बुनियादी सामाजिक, राजनीतिक, आर्थिक मूल्यों–मान्यताओं से अनुप्राणित (Inspired) किया गया जो आज भी हमारी राजनीतिक व्यवस्था का आधार तत्त्व व आधार–माध्यम हैं। उनकी दूरगामी सोच ने व्यवस्था को इस योग्य बनाया कि आज वह विशाल राजनीतिक भागीदारी, आर्थिक–सामाजिक गोलबंदी की विस्तारित होती संरचना, खुली राजनीतिक प्रतियोगिता और खुली आलोचनाओं के दबाव को सहते हुए अपनी अखंडता व सातत्य को कायम रखे हुए है। हालांकि देश के कई राज्यों में राजनीतिक अस्थिरता का दौर फलित हो रहा है, लेकिन इस प्रसंग में यह तथ्य ध्यातव्य है कि राजनीतिक अस्थिरता मोटे तौर पर दो किस्म की होती है, **पहली** व्यवस्था में होने वाले किसी प्रकार के परिवर्तन के ख़िलाफ प्रतिक्रिया के रूप में और दूसरी व्यवस्था द्वारा समाज की आकांक्षाओं के पूरा न किये जाने की दशा में। आजाद भारत की राजनीतिक संस्कृति का अब तक का इतिहास यह दर्शाता है कि भारतीय राजनीतिक परिवर्तन के ख़िलाफ प्रतिक्रिया वाली अस्थिरता से ज्यादा प्रभावित नहीं हुई है। यहां राजनीतिक अस्थिरता का मूल प्रसंग व्यक्तिगत या सामूहिक आकांक्षाओं के पूरा न होने की दशा से संबद्ध है और यही सत्ता परिसंचरण का तात्त्विक आधार भी बनता रहा है।

भारतीय राजनीतिक संस्कृति समाज के विभिन्न हलकों में हो रहे बदलाव के प्रति संवेदनशील है इसीलिए विविधता के बावजूद भी यहां लोकतांत्रिक सत्ता कायम है। यदि राजनीतिक सत्ता समाज के सभी क्षेत्रों में हो रहे परिवर्तनों के साथ हमदर्दी रखते हुए उनके लिए रास्ता बनाने का काम नहीं करती है तो वह जल्दी अपनी वैधता खोने लगती है। भारतीय मतदाता के मनोजगत में झांक कर ही वास्तविक स्तर पर यह पता लगाया जा सकता है कि देश की संस्कृति और सामाजिक संरचना का कौन–कौन सा पक्ष व्यक्ति की राजनीतिकरण प्रक्रिया के अनुकूल है और कौन सा प्रतिकूल। व्यवस्था में मौजूद पर्यावरण के अन्तर्गत भारतीय समाज और परिवार का ढांचा जन्म से लेकर वयस्क होने तक व्यक्ति के जिस व्यक्तित्व की रचना करता है उसके राजनीतिक संस्कार एवं राजनीतिक शख्सियत की रचना भी उन्हीं हाथों में निहित होती है। यानी कि भारतीय सामाजिक परिवेश में जन्मा एवं पनपा राजनीतिक व्यक्ति ही दरअसल यहां की राजनीतिक संस्कृति का निर्माता एवं संवाहक है। व्यवस्था के नौकरशाहीकरण की भूमिका भी इसमें काफी अहम् होती है। भारत की राजनीतिक संस्कृति कई विरोधाभासों का सामना कर रही है जो धर्मनिरपेक्ष और गैर धर्मनिरपेक्ष जैसे संवेदनशील तत्त्वों के विवादग्रस्त साये में अपनी विकास–यात्रा तय कर रही है। यहां की राजनीतिक संस्कृति के विशेष बिन्दुओं में–राजनीतिक अस्पष्टता के प्रति सहिष्णुता, राजनीति के प्रति समाज की विखंडित सोच, जातियों का राजनीतिकरण, राजनीति में फैलते गठजोड़ की प्रवृत्ति, विचारधारा का कमजोर अस्तित्व, राजनीतिक विश्वास और अविश्वास के बीच घूमती जनता नई राजनीतिक शख्सियतों का उद्‌भव, परम्पराओं का आधुनिकीकरण व उनकी पुनर्व्याख्या, नये राजनीतिक केन्द्रों की रचना आदि प्रमुख हैं। वर्तमान परिप्रेक्ष्य में यहां की राजनीतिक संस्कृति द्वारा धर्मनिरपेक्ष राजनीतिक व्यवस्था के प्रतीक चिन्हों का इस्तेमाल करके परम्पराबद्ध व्यवस्था को नये सिरे से पुनर्व्यवस्थित करने का प्रयास जारी है। यही देश के राजनीतिक विकास का आधारतत्त्व है तथा आधुनिकीकरण की पहचान है जिसकी संचालक शक्ति है हमारी सामाजिक व्यवस्था का राजनीतिकरण।

वस्तुतः, धर्मनिरपेक्षता, समीकरणों की राजनीति, गठबंधन की राजनीति की चुनौतियां एवं सरोकार ही भारत की राजनीतिक संस्कृति के मौजूदा परिदृश्य की वास्तविकता के अनुभवजन्य गहन छानबीन का प्रसंग है और दरअसल यही राजनीतिक परिदृश्य राजनीतिक संस्कृति के स्वास्थ्य निर्माण का आधारतत्त्व है। व्यवस्था में दलितों, पिछड़ों तथा अल्पसंख्यकों की समान भागीदारी सुनिश्चित कराने हेतु सभी क्षेत्रों में विशेष सुविधाएं प्रदान की जा रही हैं। लेकिन, सिर्फ वोट बैंक बनाने के लिए उन्हें अलग–अलग वर्गों में बांटना न तो उनके लिए हितकर है और न ही राष्ट्र के लिए। आज हिन्दू–मुसलमान, अगड़ा–पिछड़ा इन तमाम मुद्दों की जड़ में सत्ता की राजनीति है। भारतीय राजनीति की सारी जटिलताओं का प्रतिबिंब है यहां की राजनीतिक संस्कृति।

मूलतः, अनेकता में एकता की शक्ति संस्कृति की पहचान है। देश की संस्कृति की मानसिकता नकारात्मक या अलगाव की न होकर समन्वय की है। विविधता में एकता और सबको साथ लेकर चलने की कसौटी पर खरा उतरा है भारत। भारतीय जनसंस्कृति का रूप सामासिक (Composite) है, जिसका विकास धीरे–धीरे हुआ है। यहां की संस्कृति में समन्वय तथा नए मूल्यों को आत्मसात् करने की अद्‌भुत क्षमता रही है। अनेक कठिनाइयों और चुनौतियों के बावजूद देश की सामाजिक संस्कृति में एकता के तत्त्वों की विशिष्ट पहचान निरन्तर मजबूत होती रही है। लोकतांत्रिक संविधान के दायरे में धर्मनिरपेक्षता, कानून का शासन तथा मानवाधिकारों का सम्मान करते हुए सामाजिक–राजनीतिक सशक्तीकरण एवं आर्थिक विकास की प्रयोगमूलक सफलता ने देश को अन्तर्राष्ट्रीय राजनीतिक परिदृश्य में विशेष सम्मान पाने का हकदार बनाया है। विकास–प्रक्रिया में सामाजिक स्तर पर सबको शामिल करने, सबको साथ लेकर चलने और सामाजिक–राजनीतिक स्तर पर क्षेत्रीय संतुलन बनाये रखने की चुनौतियों पर पिछले साठ वर्षों का आजाद भारत जनतांत्रिक इतिहास की कसौटी पर खरा उतरा है। इसमें देश की सामाजिक–राजनीतिक संस्कृति का महान् योगदान है बावजूद इसके कि देश की संस्कृति का सामाजिक–राजनीतिक पटल बड़े बदलाव के दौर से गुजर रहा है और परम्परागत जकड़न तथा आधुनिक आर्थिक सुधारों की सुकृतियों–विकृतियों के बीच फंसी है यहां की जनता।

बावजूद इसके आजादी के बीते साठ वर्षों में देश में जो लोकतांत्रिक माहौल बना है उससे जनजीवन की संस्कृति में काफी सकारात्मक बदलाव आया है। हमने कई क्षेत्रों में सही मायने में आजादी पायी है। लेकिन, साथ

ही आजाद व्यवस्था में कुछ विकृतियां भी पनपी हैं। राजनीतिक सहभागिता में दलितों, पिछड़े वर्गों और महिलाओं की दावेदारी बढ़ी है। इस सामाजिक–राजनीतिक परिवर्तन का गहरा रंग व्यवस्थागत पर्यावरण के सांस्कृतिक पटल पर स्पष्ट दिखाई दे रहा है। देश की सामाजिक संस्कृति की कई वर्जनाएं, कई पुरानी बेड़ियां टूट रही हैं, लेकिन बहुआयामी विकास के तमाम दावों के बावजूद आज भी सामाजिक संस्कृति में जाति हमारी पहचान का मूल आधार है। यदि इसे राजनीतिक संस्कृति के परिप्रेक्ष्य में देखें तो जातीय जड़ता की बेड़ी टूटने के बजाय राजनीतिक संस्कृति को पोषित–पल्लवित करने, वोट बैंक बढ़ाने की जुगत में लगी हैं। इस तरह जातियां मतप्रबंधन के मामले में और अधिक मजबूत अस्तित्व निर्माण के मार्ग पर अग्रसर है। क्रियात्मक राजनीतिक संस्कृति के स्तर पर भी बड़े पैमाने पर बदलाव आया है। संसदीय संस्कृति चारों ओर से टूटती दिखाई दे रही है। गरिमाबोधक राजनीतिक इकाइयां विधानसभा या संसद् देश की जनता का दर्पण है। लेकिन सदन की गरिमा से संबंधित सारी संसदीय परम्पराएं–मर्यादाएं टूट रही हैं। राजनीतिक संस्कृति एवं राजनीतिक मूल्यों में आये इस बदलाव का चेहरा बहुत मानवीय नहीं दिखता है। बदलाव की इस बयार में राजनीतिक कार्य संस्कृति भी तेजी से बदलती दिखाई दे रही है। जो आदर्श नैतिकता पहले भारतीय राजनीति की दिशा तय करती थी। वर्तमान राजनीति के पुरोधाओं द्वारा आज वह भी हाशिए पर धकेल दी गयी है। सामाजिक जीवन भी सांस्कृतिक मूल्यों–मान्यताओं के मुख्य बहाव की धारा से धीरे–धीरे कटता जा रहा है जिसकी वजह से देश में राजनीतिक मूल्यों के प्रति जनसाधारण की आस्था घटी है। संकीर्ण राजनीतिक स्वार्थों के फेरे में देश की राजनीतिक संस्कृति अपने मौलिक स्वरूप से भटक गयी है। राजनीतिक संस्कृति में मौजूदा हालात से उत्पन्न गतिरोध को तोड़ने की कवायद में आम भारतीय को सकारात्मक भूमिका निभाने की बेहद जरूरत है और देशहित में यह समय की मांग भी है।

देश का यथोचित विकास देश में रहने वाले सभी वर्गों के यथातथ्य विकास का समुच्चय है, न कि यह कोई अलग अवधारणा है। अतः व्यवस्था में हर वर्ग के विकास और समृद्धि के प्रश्न पर कोई मतान्तर नहीं हो सकता है। दलितों, पिछड़ों, अल्पसंख्यकों का समुचित विकास राजनीतिक व्यवस्था के राष्ट्रीय विकास की अनिवार्यता है, किन्तु इसके लिए सकारात्मक नीति निर्माण तथा कार्यान्वयन और सार्थक ईमानदार प्रयासों की जरूरत है। रागात्मक एकता, सामाजिक समरसता तथा सामाजिक सद्भाव इसकी पूर्व शर्त है, लेकिन समाज को विभिन्न वर्गों में बांटकर न तो समाज के किसी वर्ग का पूर्ण विकास किया जा सकता है और न ही उस प्रवृत्ति द्वारा पूर्णरूप से सामाजिक समरसता एवं धर्मनिरपेक्षता लायी जा सकती है। संविधान द्वारा बिना किसी भेदभाव के सामाजिक–राजनीतिक गतिविधियों में सभी वर्गों की भागीदारी सुनिश्चित करने के लिए विशेष सुविधाएं प्रदान की गयी हैं लेकिन वस्तु स्थिति यह है कि सभी राजनीतिक दलों के नेतृत्व द्वारा उन मंतव्यों को राजनीतिक हथकंडे के रूप में इस्तेमाल करके भारत की राजनीतिक संस्कृति को विखंडित स्वरूप प्रदान करने का प्रयास किया जाता रहा है। यहां जातियां जनमत–निर्माण का बुनियादी आधार है। राजनीतिक भूगोल की दृष्टि से शह–मात के खेल में नेताओं को वोट उनके कामों के आधार पर नहीं, जातियों की आंकड़ेबाजी पर मिलती है। विभिन्न जातियों के नेता अपनी–अपनी जाति के मतदाताओं को भावुक (Emotional) करके उनके मतों पर अपना पूरा हक जताते हैं। राजनीति से प्रासंगिक ये भावप्रधान सामाजिक तत्त्व समाज की लय को तोड़ने का काम करता है, लेकिन यदि सक्रिय राजनीति में इनके तात्त्विक अस्तित्व की मजबूती को नकारा जाये तो व्यवस्था की राजनीति लड़खड़ाने लगेगी।

भारतीय राजनीतिक संस्कृति की काया और माया में हो रहे इस बदलाव से व्यवस्था में राजनीतिक आस्था के नये केन्द्रों, नये आयामों का आविर्भाव ठोस शक्ल में सामने आ रहा है। राजनीति में जातियों के समीकरण का ये नया अंकगणित एवं नये सिरे से वोट बैंक के रूप में उनकी गोलबंदी की स्थिति जाति और धर्म के व्याख्याकारों एवं पैरोकारों से यह मांग कर रहा है कि व्यवस्था की सक्रिय राजनीति का आनुभविक विश्लेषण नये राजनीतिक गठजोड़ों के आलोक में किया जाए। भारत में आज जातियां वोट बैंक का प्रतिरूप हैं, इसलिए जातीय मतप्रबंधन का दायरा लगातार बढ़ता जा रहा है। भारतीय राजनीतिक संस्कृति के उत्तरोत्तर विकास में जाति की भूमिका का योगदान कदाचित सर्वाधिक महत्त्वपूर्ण स्थान रखता है। विशेष रूप से मंडल कमीशन की सिफारिशें लागू होने के बाद भारतीय राजनीतिक परिप्रेक्ष्य में जाति गठजोड़ नये रूप में ढल रही है और जिससे सक्रिय राजनीति में

नई मान्यताएं स्थापित हो रही हैं। गठबंधन के वर्तमान राजनीतिक परिदृश्य में सभी जातियां नई जगह तलाशने की जुगत में भिड़ी दिखाई पड़ रही है। जातिगत आरक्षण का मुद्दा समाज और राजनीति के नये समीकरण की तस्वीर प्रस्तुत करके एक नई सामाजिक बुनावट का स्पष्ट राजनीतिक का संकेत दे रहा है। अब देखना यह है कि यह बदलाव आने वाले समय में देश की राजनीतिक संस्कृति को कैसी शक्ल में ढालता है। व्यवस्था की क्रियात्मक राजनीति में आने वाली जातीय संस्कृति की ये नई खेप देश की राजनीतिक संस्कृति को कौन सा नया आयाम प्रदान करेगी, ये सामाजिक–राजनीतिक स्तर पर गहन छानबीन का विषय है।

स्मरणीय संकेत (Points to Remember)

- राजनीतिक संस्कृति एक समाजशास्त्रीय शब्द है, जिसमें अनेक अवधारणाएं शामिल हैं।
- राजनीतिक संस्कृति एक वृहत् अवधारणा है जिसके अन्तर्गत संपूर्ण राजनीतिक व्यवस्था और उसके निर्माणात्मक तत्त्वों के व्यवहार एवं गत्यात्मकता का एक साथ अध्ययन करना संभव हो पाया है।
- राजनीतिक संस्कृति से प्रासंगिक सामाजिक आर्थिक तत्त्वों का सांगोपांग अध्ययन करके उस संप्रत्यय के माध्यम से राजनीतिक व्यवस्था एवं उसकी संरचनाओं के वस्तुपरक अध्ययन की ओर कदम बढ़ाना संभव हो पाया है।
- राजनीतिक व्यवस्था के अन्तर्गत घटित होने वाली राजनीतिक घटनाओं और उन घटनाओं की प्रतिक्रिया स्वरूप व्यक्तियों के व्यवहारों के मध्य राजनीतिक संस्कृति कड़ी निर्माण का कार्य करती है।
- लोकतंत्र, वैधता, संप्रभुता, राष्ट्रीयता, कानून का शासन, राजनीतिक विचारधार जैसे परम्परागत राजनीतिक प्रसंगों का व्यवहारवादी विश्लेषण राजनीतिक संस्कृति संकल्पना के माध्यम से करना काफी आसान हो गया है।
- माइक्रो–विश्लेषण द्वारा राजनीतिक व्यवहार की मनोवैज्ञानिक व्याख्या एवं मैक्रो–विश्लेषण द्वारा राजनीतिक व्यवहार की समाजशास्त्रीय व्याख्या के बीच की खाई को पाटने का कार्य राजनीतिक संस्कृति अवधारणा द्वारा किया जाता है। यह दोनों के बीच सेतु निर्माण का कार्य करती है।
- राजनीतिक संस्कृति सामान्य संस्कृति का अहम् हिस्सा है।
- राजनीतिक व्यवस्था में विद्यमान् राजनीतिक समाज के सदस्यों की मनोवृत्तियां, मनोदशाएं, परम्पराएं, मूल्य एवं व्यवहार को राजनीतिक संस्कृति की संज्ञा दी जाती है।
- राजनीतिक संस्कृति की प्रकृति अनेक सामाजिक–राजनीतिक आर्थिक तत्त्वों एवं उपादानों का सामूहिक व समन्वित रूप है। यह गतिशील व परिवर्तनशील अवधारणा है, जिसमें परिस्थितिगत बदलाव अवश्यंभावी है।
- आल्मंड ने राजनीतिक संस्कृति को कार्य के प्रति अभिमुखीकरण के रूप में देखा है और इसके परिवर्त्यों पर प्रकाश डालते हुए उसके तीन अवयवों का उल्लेख किया है, यथा–**प्रथम**–संज्ञानात्मक अभिविन्यास, **द्वितीय**–भावात्मक अभिविन्यास, और **तृतीय** मूल्यांकनात्मक अभिविन्यास।
- विभिन्न व्यवस्थाओं की राजनीतिक संस्कृति जिन आधारों पर पृथक् पहचान रखती है उनमें, **प्रथम**–सत्ता और शक्ति की संकल्पना, **द्वितीय**–औचित्यपूर्णता की प्रक्रिया, **तृतीय**–राजनीति एवं राजनीतिज्ञों की स्थिति, **चतुर्थ**–सरकार के प्रदर्शन का मूल्यांकन।
- राजनीतिक संस्कृति के प्रकृति–निर्माण में मूलरूप से तीन तत्त्वों की प्रधानता होती है, **प्रथम**–आनुभविक विश्वास, **द्वितीय**–मूल्य अभिरुचियां, **तृतीय**–प्रभावी अनुक्रियाएं।
- इन तत्त्वों के संबंध में यह कहा जाता है कि तीनों एक–दूसरे से पृथक नहीं, अपितु परस्पर संबद्ध हैं और परस्पर अन्योन्यक्रियाएं करते हैं। ये दूसरे के अनुकूल हों यह आवश्यक नहीं है। संपूर्ण समाज में इनका विसरण समान रूप से होता है।

- राजनीतिक संस्कृति के निर्माणकारी तत्त्वों में–ऐतिहासिक आधार, भौगोलिक आधार, सामाजिक–आर्थिक संरचना, संजातीय विभिन्नताएं, राजनीतिक अभिजनों का संकल्प एवं जनसमूह का सहयोग, विचारधाराएं, धार्मिक विश्वास शामिल है।
- राजनीतिक संस्कृति में परिवर्तन लाने वाले कारक हैं–जनसंपर्क के साधन, विचारधारा, राजनीतिक लामबंदी, राजनीतिक दल, बाह्य प्रभाव तथा प्राथमिक समूह।
- राजनीतिक संस्कृति के आल्मंड ने मूलतः दो प्रकारों में बांटा है–शुद्ध राजनीतिक संस्कृति एवं विशुद्ध राजनीतिक संस्कृति। शुद्ध राजनीतिक संस्कृति के तीन प्रकारों का उल्लेख किया है–संकीर्ण–अधीनस्थ एवं सहभागी तथा विशुद्ध राजनीतिक संस्कृति के प्रकारों में संकीर्ण अधीनस्थ, अधीनस्थ सहभागी, संकीर्ण सहभागी, एवं नागरिक संस्कृति।
- राजनीतिक संस्कृति के अन्दर कई प्रकार की उपसंस्कृतियों का जन्म होता है जो पर्यावरणगत परिस्थितियों में ही फलती–फूलती एवं विकसित होती हैं।
- एस.ई. फाइनर ने राजनीतिक संस्कृति के चार प्रकारों की विवेचना की है–परिपक्व विकसित, निम्न एवं न्यूनतम राजनीतिक संस्कृति शामिल है।
- राजनीतिक संस्कृति के अन्य प्रकारों में सत्ता एवं शक्ति के स्वरूप के आधार पर अभिजनात्मक एवं जनसंस्कृति।
- राजनीतिक संस्कृति के अन्य प्रकारों में सहभागी एवं असहभागी राजनीतिक संस्कृति, परम्परागत एवं आधुनिक राजनीतिक संस्कृति, सक्रिय एवं निष्क्रिय राजनीतिक संस्कृति।
- राजनीतिक संस्कृति की प्रकृति के नियामक तत्त्व हैं–व्यक्तिपरक हित, सहभागिता, राजनीतिक विश्वास।
- राजनीतिक संस्कृति के आयामों में राष्ट्रीय अभिन्नता, साथी नागरिकों के साथ तादात्म्य, शासन निर्गतों के संबंध में विश्वास एवं निर्णय प्रक्रिया के संबंध में विश्वास शामिल है।
- राजनीतिक संस्कृति की अवधारणा का राजनीतिक समाजशास्त्र के अध्ययन में महत्त्व की मूल वजह इसका आनुभविक संदर्भ है जो विषय को अध्ययन के लिए आधारतत्त्व उपलब्ध कराता है।
- इस अवधारणा को कई बिन्दुओं पर गंभीर आलोचनाओं का सामना करना पड़ा है।
- इस अवधारणा की सबसे बड़ी उपयोगिता इस प्रसंग में है कि इसके द्वारा राजनीतिक व्यवहार को गति प्रदान करने में सफलता मिली है। साथ ही, व्यवहारों के समूहीकरण से प्रासंगिक तत्त्वों की पहचान करके उनका आनुभविक विश्लेषण करना काफी हद तक सरल एवं संभव हो गया है।
- भारत की राजनीतिक संस्कृति का मूलतत्त्व अनेकता में एकता है।
- भारत की राजनीतिक संस्कृति–निर्माण से प्रासंगिक तत्त्वों में सांस्कृतिक विविधताएं, मध्यस्थता की राजनीति, करिश्मावादी राजनीति, व्यक्ति पूजा, परम्परा और आधुनिकता का संयोग तथा जातियों का राजनीतिकरण शामिल है।

प्रश्न (Questions)

1. राजनीति के अध्ययन में राजनीतिक संस्कृति उपागम के महत्त्व की विवेचना करें।
   Discuss the importance of political culture approach in the study of politics.
2. राजनीतिक संस्कृति की अवधारणा की आलोचनात्मक व्याख्या कीजिए।
   Critically explain the concept of political culture.

3. राजनीतिक संस्कृति के मुख्य लक्षणों की विवेचना करें। उसके निर्माणकारी तत्त्व क्या है ?
Discuss the main characteristics of political culture. What are the foundation leading to its making?

4. राजनीतिक संस्कृति से आप क्या समझते हैं ? उसका वर्गीकरण करें।
What do you mean by political culture? Classify it.

5. राजनीतिक संस्कृति का वर्गीकरण प्रस्तुत करें तथा इसके प्रमुख आधारों का उल्लेख करें।
Classify political culture and describe its main bases.

6. राजनीतिक संस्कृति क्या है ? राजनीतिक समाजशास्त्र में उसके महत्त्व की विवेचना करें।
What is political culture? Discuss its importance in political sociology.

7. राजनीतिक संस्कृति के अवयवों एवं प्रकारों की व्याख्या करें।
Explain the components and kinds of political culture.

8. भारत में राजनीतिक संस्कृति को प्रभावित करने वाले कारकों की व्याख्या कीजिये।
Explain the factors influencing political culture in India.

9. जाति से आप क्या समझते हैं ? बिहार की राजनीतिक संस्कृति को यह कैसे प्रभावित करती है ? विवेचना कीजिए।
What do you mean by cast? How does it influence political culture of Bihar? Discuss.

10. किसी देश की राजनीतिक प्रक्रिया उसकी राजनीतिक संस्कृति का अभिव्यक्तिकरण मात्र है, स्पष्ट कीजिए।
Political process in a country is merely the manifestation of its political culture, elucidate.

11. भारत की राजनीतिक संस्कृति की बदलती हुई प्रकृति पर एक निबन्ध लिखें।
Write an essay on the changing nature of Indian political culture.

अध्याय 13

राजनीतिक समाजीकरण
(Political Socialization)

"राजनीतिक समाजीकरण वह प्रक्रिया है जिसके द्वारा राजनीतिक संस्कृति को बनाये रखा जाता है तथा उसमें परिवर्तन लाया जाता है"*–आल्मंड एवं वर्बा*।

परिचय (Introduction)

राजनीतिक समाजीकरण वह प्रक्रिया है जिसके माध्यम से राजनीतिक संस्कृति का अनुरक्षण किया जाता है तथा उसमें परिवर्तन किया जाता है। इस प्रक्रिया–निष्पादन द्वारा व्यक्तियों को राजनीतिक संस्कृति में शामिल किया जाता है तथा राजनीतिक विषयों, मुद्दों, समस्याओं या व्यवस्थागत राजनीतिक पर्यावरण के प्रति उनके अभिविन्यास का निर्माण किया जाता है। दूसरे शब्दों में यह कहा जा सकता है कि यह व्यवस्थागत राजनीति के प्रति एक चेतना–प्रवाह है, यानी कि यह शिक्षण की उस प्रक्रिया की ओर निर्देश करता है जिसके माध्यम से राजनीतिक व्यवस्था के सुसंचालन हेतु स्वीकार्य मानकों (Norms) एवं व्यवहारों (Behaviours) को एक पीढ़ी से दूसरी पीढ़ी को संप्रेषित किया जाता है कि इसके विषयान्तर्गत विशेष रूप से समाजशास्त्रीय एवं मनोवैज्ञानिक आयामों की गत्यात्मकता निहित है। अब यदि इस प्रसंग के यथार्थपरक अध्ययन की बात की जाय तो अहम् सवाल यह है कि राजनीतिक समाजीकरण का गहन अध्ययन करने के पूर्व समाजीकरण शब्द के आपको परिचित करना अपरिहार्य है।

स्टेसी के शब्दों में "समाजीकरण विकास की एक प्रक्रिया है जिसके द्वारा एक व्यक्ति विश्वासों, मूल्यों, ज्ञान, निपुणता की उन मनोवृत्तियों एवं स्ववृत्तियों को प्राप्त करता है जो उसे समाज के एक प्रभावशाली सदस्य के रूप में कार्य करने के योग्य बनाती है।" यहां ध्यान देने योग्य तथ्य यह है कि समाजीकरण सिर्फ परम्परागत आदर्शों, मूल्यों एवं अभिवृत्तियों को ग्रहण करने की प्रक्रिया नहीं है, बल्कि तात्त्विक स्तर पर आधुनिक समाज की सभी पीढ़ियों द्वारा रूढ़िगत आदर्शों, मूल्यों एवं व्यवहार प्रतिमानों की जगह नये आदर्शों मूल्यों, व्यवहार प्रतिमानों को

विकसित करना भी इसी सीख का अहम् हिस्सा है। मनुष्य एक सामाजिक प्राणी है इसलिए उसके जीवन में राज्य एवं समाज दोनों का समान महत्त्व है। समाजीकरण सीखने की एक प्रक्रिया है जिसके माध्यम से व्यक्ति एवं समूह समाज की सामाजिक–सांस्कृतिक विशेषताओं, परम्पराओं एवं मूल्यों को ग्रहण कर अपने व्यक्तित्व का विकास करता है और सामाजिक व्यवस्था का क्रियाशील सदस्य बनता है। समाजीकरण द्वारा बच्चा सामाजिक प्रतिमानों यानी कि समाज के नियमों, प्रथाओं, शिष्टाचारों, रीति–रिवाजों, प्रचलनों तथा मानदण्डों को सीखकर उसके अनुरूप आचरण करता है जिसकी वजह से समाज में नियंत्रण की स्थितियां बनी रहती हैं और सामाजिक व्यवस्था का संतुलन कायम रहता है। यानी कि तात्त्विक स्तर पर यह प्रक्रिया संस्कृति हस्तांतरण और व्यक्तित्व के विकास से संबद्ध सामाजिक गतिशीलता प्रासंगिक तथ्य का परिचायक है। सामाजिक गतिशीलता सामाजिक परिवर्तन का हिस्सा है और समाजीकरण इसका आधारतत्त्व है। यह सीखने की वह प्रक्रिया है जो सीखने वाले को सामाजिक भूमिकाओं के निर्वहन के योग्य बनती है। इस प्रक्रिया के माध्यम से व्यक्ति या समूह अपनी संस्कृति के विश्वासों, मूल्यों, प्रथाओं अभिवृत्तियों को ग्रहण करता है। इस प्रक्रिया के माध्यम से व्यक्ति सामाजिक व्यवहारों को स्वीकार करता है और उससे अनुकूलीकरण करना सीखता है। वस्तुतः एक व्यक्ति के सामाजिक प्राणी के रूप में परिवर्तित होने की प्रक्रिया का नाम ही समाजीकरण है। इस प्रसंग में गिलिन एवं गिलिन (Gillin and Gillin) का कहना है कि ''समाजीकरण से हमारा तात्पर्य उस प्रक्रिया से है जिसके द्वारा व्यक्ति अपने समूह में एक क्रियाशील सदस्य बनाता है, समूह की कार्यविधियों से समन्वय स्थापित करता है, उसकी परम्पराओं का ध्यान रखता है और सामाजिक परिस्थितियों से अपने को अनुकूलित करके अपने साथियों के प्रति सहनशक्ति की भावना विकसित करता है।''

राजनीतिक समाजीकरण : अर्थ एवं परिभाषाएं
(Political Socialisation : Meaning and Definitions)

समाजीकरण संदर्भित उपर्युक्त विवेचनाओं के माध्यग से तात्त्विक स्तर पर यह स्पष्ट होता है कि समाजीकरण सीखने की वह प्रक्रिया है जो सीखने वाले को सामाजिक भूमिकाओं के निर्वहन योग्य बनाती है। इसके द्वारा व्यक्ति समूह का क्रियाशील सदस्य बनता है, समूह की कार्य प्रणालियों के बीच समन्वय स्थापित करता है, समूह की परम्पराओं का ध्यान रखता है और सामाजिक परिस्थितियों के अनुकूल अपने साथियों के प्रति सहनशक्ति की क्षमता विकसित करता है। यानी कि इस प्रक्रिया द्वारा व्यक्ति सामाजिक–सांस्कृतिक क्षेत्र में प्रवेश करके समाज के मूल्यों–मानकों को स्वीकार करने एवं आत्मसात करने की प्रेरणा प्राप्त करता है। राजनीतिक समाजीकरण 'समाजीकरण' की प्रक्रिया का एक प्रधान हिस्सा है। इस प्रक्रिया द्वारा व्यक्ति दूसरों की राजनीतिक भूमिकाओं से परिचित होता है। इस प्रक्रिया के माध्यम से व्यक्ति का राजनीति प्रासंगिक मामलों के संबंध में संज्ञानात्मक दृष्टिकोण परिपक्व होता है और उसके व्यक्तित्व में राजनीतिक विषयों पर निर्णय लेने, चयन करने एवं मूल्यांकन करने की क्षमता विकसित होती है। इस प्रक्रिया द्वारा व्यक्ति को इस तथ्य की जानकारी होती है कि किस प्रकार व्यवस्था में राजनीतिक विश्वासों एवं व्यवहारों का विकास होता है और कैसे ये विश्वास–व्यवहार पीढ़ी–दर–पीढ़ी हस्तांतरित होते रहते हैं ? यही वह प्रक्रिया है जिसके माध्यम से राजनीतिक संस्कृति व्यक्तिगत स्तर पर ढलती है और सामुदायिक व सामाजिक स्तर पर एक पीढ़ी से दूसरी पीढ़ी को हस्तांतरित होती रहती है। यानी कि राजनीतिक समाजीकरण का मुख्य लक्षण 'अन्तर पीढ़ीय निरन्तरता' (Inter-generational Continuity) है। यह एक स्वाभाविक प्रक्रिया है जो विचारों और विश्वासों में थोड़े बहुत फेर–बदल के साथ निरन्तर चलती रहती है। जब सीखने की प्रक्रिया का संदर्भ मूल रूप से राजनीतिक होता है, तब उसे राजनीतिक समाजीकरण की संज्ञा दी जाती है। हीमैन ने राजनीति को समाजीकरण का परिणाम कहा है।

राजनीतिक व्यवस्था सामाजिक व्यवस्था से अभिन्न रूप से जुड़ी है, क्योंकि राजनीति का अस्तित्व समाज में है। जिस समाज में राजनीतिक चेतना का जितना ज्यादा विस्तार होता है, राजनीतिक जीवन जितना सक्रिय होता

है, उस समाज में राजनीतिक समाजीकरण की प्रक्रिया उतनी ही तेज होती है। इस प्रसंग में जहां तक नवोदित राजनीतिक व्यवस्थाओं का सवाल है, इन देशों के संदर्भ में इस प्रक्रिया का विशेष महत्त्व है। एशिया और अफ्रीका की नवोदित व्यवस्थाएं आज तीव्र राजनीतिक समाजीकरण प्रक्रिया के दौर से गुजर रही हैं। राजनीतिक समाजीकरण का अध्ययन–विश्लेषण तथा मुख्य लक्ष्य के रूप में विषयगत शोध की प्रवृत्ति की परम्परा नव–विकसित है जिसका विधिवत् आरंभ 1950 ई. के बाद का माना जाता है। राजनीतिक समाजीकरण वस्तुतः समाजीकरण की प्रक्रिया का एक विशिष्ट हिस्सा है। समाजीकरण की भांति राजनीतिक समाजीकरण भी सीखने की एक प्रक्रिया है जिसके माध्यम से राजनीतिक व्यवस्था–प्रक्रिया एवं व्यवस्थागत राजनीति के प्रति व्यक्तियों की अभिवृत्तियों, मनोदशाओं का निर्माण व अभिविन्यास होता रहता है। इन अभिवृत्तियों–अभिविन्यासों में राजनीतिक विश्वास भावनाएं, परम्पराएं, मूल्य आदि सम्मिलित होते हैं। राजनीतिक समाजीकरण राजनीति विषयों, मुद्दों, समस्याओं, राजनीतिक व्यवस्था प्रक्रिया एवं राजनीतिक व्यवहार के संबंध ज्ञान प्राप्त करने की प्रक्रिया है, जो एक सामाजिक राजनीतिक मनुष्य के जीवन में सतत् रूप से चलती रहती हैं। इस रूप में यह प्रक्रिया राजनीतिक संस्कृति के पूरक की भूमिका निभाती है, क्योंकि यह राजनीतिक संस्कृति से प्रासंगिक मूल्यों, विश्वासों, प्रतिबद्धताओं, परम्पराओं, आदर्शों आदि को एक पीढ़ी से दूसरी पीढ़ी तक पहुंचाकर राजनीतिक व्यवस्था के आधारभूत स्वरूप स्थायित्व, सातत्य व अनुकूलनशीलता को सुरक्षित रखने का महत्त्वपूर्ण कार्य करता है।

विभिन्न देशों की राजनीतिक संरचनाओं के स्वरूप में समानता दिखाई पड़ने के बावजूद कार्य–पद्धति की दृष्टि से उनमें सदैव भिन्नता पायी जाती है। कार्य–प्रणालियों में विद्यमान असमानताओं का व्यावहारिक संदर्भ राजनीतिक व्यवस्थाओं की भूमिकाओं तथा भूमिका संरचना के संबंध में व्यक्तियों की अभिवृत्तियों, मनोदशाओं तथा उसमें परिस्थिति के अनुसार संदर्भित अभिविन्यासों से संबद्ध होता है। समाज में प्रत्येक व्यक्ति का व्यवस्था में मौजूद राजनीति के संबंध में व्यक्तिगत विश्वास मूल्य या निष्ठाएं होती हैं। इस प्रसंग में अहम् सवाल यह है कि व्यक्ति इन तत्त्वों के संबंध में किस प्रकार जानकारी प्राप्त करता है, राजनीति प्रासंगिक मूल्यों, विश्वासों को कैसे सीखता है और सीखने की प्रक्रिया के आधार पर अपनी राजनीतिक भूमिकाओं का निष्पादन किस प्रकार करता है। यह प्रक्रिया राजनीतिक व्यवहार के निर्माण–नियमन एवं प्रदर्शन हेतु व्यक्ति को आधारतत्त्व मुहैया कराता है। इस प्रक्रिया द्वारा नागरिकों की अभिवृत्तियों को निरन्तर नयी ताकत व नया समर्थन प्राप्त होता रहता हैं और निरन्तर नये रूप में उनके राजनीतिक ज्ञान का संवर्धन व पुष्टिकरण होता रहता है। इस प्रक्रिया के माध्यम से राजनीतिक व्यवस्था के सदस्यों को व्यवस्थागत राजनीति के संबंध में शिक्षा दी जाती है और राजनीतिक मामलों पर उनके स्पष्ट दृष्टिकोण–निर्माण का प्रयास किया जाता है।

राजनीतिक समाजीकरण की प्रक्रिया सामाजिक–राजनीतिक व्यवस्था एवं व्यक्ति दोनों के लिए समान रूप से महत्त्वपूर्ण है, क्योंकि एक ओर जहां यह राजनीतिक संस्कृति का पोषण करता है वहीं दूसरी ओर राजनीतिक जीवन को स्थिरता एवं निरन्तरता प्रदान करता है। इसीलिए इस प्रक्रिया को राजनीतिक व्यवस्था के पोषक की संज्ञा दी गयी है। विभिन्न राजनीतिक व्यवस्थाओं में राजनीतिक समाजीकरण प्रक्रिया के स्तर में भिन्नता पायी जाती है जो मूलरूप से दो संदर्भों से प्रासंगिक होता है : **प्रथम**–राजनीतिक–आर्थिक विचारधारा (Political-economc Ideology) और **द्वितीय**–समाजवादी–लोकतांत्रिक प्रवृत्तियां (Socialist Democratic Tendencies) इन दो मूल संदर्भों के आलोक में सभी व्यवस्थाओं से प्रासंगिक राजनीतिक समाजीकरण प्रक्रिया का प्रसंग दो स्तरों से संबद्ध होता है : **प्रथम**–व्यक्ति के स्तर पर और **द्वितीय**–व्यवस्था के स्तर पर।

1. **व्यक्ति के स्तर पर**–इस स्तर पर राजनीतिक समाजीकरण प्रक्रिया का संदर्भ राजनीतिक दृष्टि से व्यक्ति या समूह के समाजीकृत होने के माध्यमों की जानकरी से संबद्ध होता है। अलग–अलग राजनीतिक व्यवस्थाओं में राजनीतिक दृष्टि से समाजीकृत होने की प्रक्रिया के स्तरों में भिन्नता पाई जाती है इसीलिए वहाँ राजनीतिक समाजीकरण के स्तर में भिन्नता पायी जाती है।

2. **व्यवस्था के स्तर पर**–इस स्तर पर राजनीतिक समाजशास्त्रियों की विशेष रुचि राजनीतिक व्यवस्था द्वारा इस प्रक्रिया के सुचारू रूप से संचालन हेतु अपनाये जाने वाले माध्यमों या प्रयोगों से संदर्भित होता है,

क्योंकि राजनीतिक समाजीकरण प्रक्रिया के प्रत्यक्ष या परोक्ष संचालन में सामाजिक–राजनीतिक संस्थाओं व साधनों के उपयोग की भूमिका अत्यन्त महत्त्वपूर्ण होती है।

राजनीतिक समाजीकरण संकल्पना का सीधा सरोकार राजनीतिक विकास संकल्पना से है। राजनीतिक समाजशास्त्र के विषयतत्त्व से प्रासंगिक राजनीतिक विकास संकल्पना में दो आयामों की अभिव्यक्ति मुख्य है–समाजवैज्ञानिक और मनोवैज्ञानिक। इन दोनों दिशाओं में आगामी अध्ययन–विश्लेषण के परिणामस्वरूप दो नई संकल्पनाओं का अविर्भाव हुआ, जिन्हें राजनीतिक विकास संकल्पना की व्युत्पत्तियों (Etymology) के संदर्भ में समझा जा सकता है। राजनीतिक विकास संकल्पना के मनोवैज्ञानिक आयाम का प्रसंग राजनीतिक समाजीकरण है और समाजवैज्ञानिक आयाम के प्रसंग को राजनीतिक परसंस्कृतिग्रहण (Political Acculturation) की संज्ञा दी जा सकती है। राजनीतिक समाजीकरण शब्द के प्रयोग के संबंध में डेविड ईस्टन की अभिव्यक्ति है कि 'एक राजनीतिक व्यवस्था के संबंध में इस शब्द का वही आशय या महत्त्व है जो समाज के प्रसंग में समाजीकरण का। ईस्टन के शब्दों में हर व्यक्ति जैसे ही बड़ा होता है वैसे ही समाज के अन्य सदस्य उसे पुरस्कारों तथा दण्डों की व्यवस्था द्वारा उस समाज के उन लक्ष्यों तथा मूल्यों से, (जो संस्थात्मक रूप धारण कर चुके हैं) अवगत कराते हैं और व्यक्ति को उन मूल्यों एवं लक्ष्यों को अंगीकार करने के लिए अभिप्रेरित करते हैं। सामाजिक शोध–क्षेत्र में इसे समाजीकरण प्रक्रिया के नाम से जाना जाता है। इस क्रिया–प्रक्रिया को अंगीकार करके व्यक्ति विभिन्न प्रकार की सामाजिक भूमिकाओं का निर्वहन करना सीख लेता है। इन लक्ष्यों तथा मूल्यों का कुछ अंश ऐसा होता है जिसे समाज राजनीतिक जीवन के लिए वांछनीय मानता है। समाज के सदस्यगण जिन विधियों से इन राजनीतिक प्रतिरूपों को सीखते हैं, ग्रहण करते हैं उन्हें ही मैं राजनीतिक प्रक्रिया कहता हूँ। इस प्रक्रिया के माध्यम से व्यक्ति अपनी राजनीतिक भूमिकाओं का संचालन व निर्वहन करना सीखता है। इन्हीं भूमिकाओं में उचित राजनीतिक अभिवृत्तियों को आत्मसात करना भी सम्मिलित होता है।

डेविड ईस्टन की अभिव्यक्ति का सार यह है कि किसी भी राजनीतिक व्यवस्था में विद्यमान समाज के सदस्यों में अपनी राजनीतिक व्यवस्था–प्रक्रियाओं, राजनीतिक समस्याओं, मुद्दों, सवालों व समाधानों से संदर्भित प्रचलित अभिवृत्तियों, मनोदशाओं विश्वासों, आस्थाओं, भावनाओं, संवेदनाओं से प्रासंगिक संवेदनात्मक तत्त्व ही राजनीतिक मूल्यों के निर्माण का आधार–माध्यम होता है और यही मूल्य राजनीतिक संस्कृति के निर्माण व निरूपण में आधारतत्त्व के रूप में सम्मिलित होता है। व्यवस्थागत राजनीतिक संस्कृति ही राजनीतिक जीवन को स्थिरता व निरन्तरता प्रदान करता है, क्योंकि किसी भी सामाजिक व्यवस्था से संबद्ध राजनीतिक संस्कृति ही यथार्थतः व्यवस्थागत शासनशैली, कार्यशैली तथा राजनीति के प्रति अवाम द्वारा प्रकट की गई अभिवृत्तियों, मनोदशाओं, आस्थाओं व संवेगों का प्रतिरूप होती है। वस्तुतः, राजनीतिक समाजीकरण प्रक्रिया का मूल संदर्भ व्यवस्था की राजनीतिक, संस्कृति को लम्बे समय तक स्थायी बनाये रखना है। इस दृष्टि से राजनीतिक समाजीकरण राजनीतिक संस्कृति के पोषण व परिवर्तन का अपरिहार्य माध्यम है।

ईस्टन की यह मान्यता है कि राज्य एवं सरकार के स्वरूपों की संरचनाओं में आधारगत वैधानिक समानताओं के बावजूद उनके राजनीतिक व्यवहार व कार्यप्रणालियों में पाई जाने वाली भिन्नताओं का मूल संदर्भ दरअसल सिद्धान्त और व्यवहार में पाई जाने वाली भिन्नता के मूल प्रसंगों से संदर्भित होता है। सिद्धान्त और व्यवहार के बीच अन्तर का यथार्थ इसीलिए पाया जाता है, क्योंकि संदर्भित राजनीतिक व्यवस्था की संरचनाओं के संबंध में वहां निवास कर रहे नागरिकों की मनोवृत्तियों एवं मनोदशाओं में व्यवस्था में मौजूद राजनीतिक संस्कृति तथा राजनीतिक भूमिकाओं में व्यवस्थागत सामाजिक–राजनीतिक वातावरण के आधार पर सदैव परिवर्तन होता रहता है। किसी भी राजनीतिक व्यवस्था में निवास कर रहे प्रत्येक सदस्य का वहां की राजनीति के प्रति कुछ उत्तरदायित्व विश्वास, निष्ठा, मूल्य आदि होता है, जिन्हें वह व्यवस्था से सीखता है। लोकतांत्रिक व्यवस्था में व्यक्ति इन राजनीतिक भूमिकाओं का प्रशिक्षण एक जागरूक मतदाता के रूप में, राजनीतिक दल, दबावसमूह, हितसमूह के सदस्य के रूप में, विधायक या सांसद के चुनाव में राजनीतिक दल के प्रत्याशी के रूप में या चुनाव प्रचारक के रूप में प्राप्त करता है। व्यवस्था से इन राजनीतिक भूमिकाओं को सीखने व प्रदर्शित करने का ही

दूसरा नाम राजनीतिक व्यवहार हैं। राजनीति की प्रकृति की निरन्तरता व परिवर्तनीयता से व्यवस्था के सदस्यों की अभिवृत्तियों एवं मनोदशाओं को हमेशा नई स्फूर्ति मिलती रहती है। राजनीति में होने वाला परिवर्तन ही राजनीतिक व्यवहार के निर्माण एवं निरूपण को आधारतत्त्व प्रदान करता है। राजनीति से संदर्भित समस्याएं, सवाल और उन सवालों का समाधान व पुष्टिकरण की व्यवहार्यता ही राजनीतिक समाजीकरण की विषय–वस्तु है। राजनीतिक व्यवस्था में जिस प्रक्रिया के माध्यम से नागरिकों की अभिवृत्तियों व मनोदशाओं का निर्माण होता है उसे ही राजनीतिक समाजीकरण की संज्ञा दी जाती है।

राजनीतिक समाजीकरण अपनी विषय–वस्तु के अनुरूप एक नवीन सार्थक प्रयास है जिसके अध्ययन–विश्लेषण, व्याख्या, विस्तार एवं विकास में समाज मनोवैज्ञानिकों एवं आधुनिक समाजशास्त्रियों का महती योगदान है। राजनीतिक समाजीकरण का अध्ययन एक संकल्पना एवं प्रक्रिया दोनों ही रूपों में किया जाता है। संकल्पना के रूप में यह राजनीतिक विश्लेषण की एक इकाई है और प्रक्रिया के रूप में यह राजनीतिक संस्कृति के निर्माण का आधार–माध्यम है। सामान्यतः राजनीतिक समाजशास्त्रियों द्वारा राजनीतिक समाजीकरण संकल्पना को एक प्रक्रिया के रूप में ही परिभाषित करने का गंभीर प्रयास किया गया है। व्यवस्थागत राजनीति के संबंध में लोगों की अभिवृत्तियों, मनोदशाओं, दृष्टिकोणों एवं निष्ठाओं के बनने–बिगड़ने की प्रक्रिया को ही राजनीतिक समाजीकरण का नाम दिया जाता है। राजनीतिक समाजीकरण को परिभाषित करने का सप्रयास करने वाले राजनीतिक विद्वानों में डेविड ईस्टन, आल्मंड, पॉवेल, रॉबर्ट लेबाइन हर्बट हीमैन, पीटर एच. मर्कल, एलेनबाल, डेनिश क्वानाग, रॉबर्ट सीगल, ऑस्टिन रैनी, सिडनी वर्बा, ज्यूफरी रॉबट्र्स, जे.सी. प्लेनो और आई.ई. रिग्स आदि के नाम विशेष रूप से उल्लेखनीय हैं।

परिभाषाएं : प्रक्रिया के रूप में (Definitions : As a form of Process)

प्रक्रिया के रूप में राजनीतिक समाजीकरण को परिभाषित करते हुए आल्मंड एवं पॉवेल ने कहा है कि "राजनीतिक समाजीकरण वह प्रक्रिया है जिसके माध्यम से व्यवस्था की राजनीतिक संस्कृति को स्थिर रखा जाता है या परिवर्तित किया जाता है तथा व्यक्तियों को राजनीति में दीक्षित करते हुए राजनीतिक विषयों के संबंध में उनके विचारों का निर्माण व अभिमुखीकरण किया जाता है तथा इस कार्य निष्पादन द्वारा व्यक्तियों को राजनीतिक संस्कृति में सम्मिलित किया जाता है।"

डेविड ईस्टन की अभिव्यक्ति के अनुसार, "राजनीतिक समाजीकरण वे विकासकारी प्रक्रियाएं हैं जिनके माध्यम से व्यक्ति राजनीतिक अभिमुखीकरण और व्यवहार का प्रतिमान अर्जित करता है।"

पीटर एच. मर्कल ने राजनीतिक समाजीकरण की प्रक्रिया को एक प्रकार की समाजीकरण प्रक्रिया का स्वाभाविक अध्ययन माना है। इनकी अभिव्यक्ति के अनुसार, "किसी भी राजनीतिक व्यवस्था के सदस्यों द्वारा राजनीतिक दृष्टिकोण एवं व्यवहार की प्रकृति को विकसित करने से संबद्ध वैज्ञानिक अध्ययन को राजनीतिक समाजीकरण की संज्ञा दी जाती है।" यानी कि इनके विचार में राजनीतिक समाजीकरण प्रक्रिया राजनीतिक व्यवस्था द्वारा ही व्यवहार प्रतिमान और राजनीतिक अभिवृत्तियां प्राप्त करता है।

रॉबर्ट लेबाइन की अभिव्यक्ति के अनुसार, "राजनीतिक समाजीकरण व्यक्ति व समूहों की राजनीतिक व्यवस्था में सहभागिता के लिए मूल्यों, आदतों व प्रेरणा–प्राप्ति का स्रोत एवं साधन है।"

डेनिश क्वानाग के मतानुसार, "राजनीतिक समाजीकरण शब्द का प्रयोग उस प्रक्रिया के वर्णन के लिए किया जाता है जिसके द्वारा व्यक्ति राजनीति के प्रति अभिमुखीकरण सीखता है और उन्हें विकसित करता है।"

रॉबर्ट सीगल के विचार से राजनीतिक समाजीकरण का अर्थ, "व्यक्तियों द्वारा क्रियाशील राजनीतिक प्रणाली के स्वीकार योग्य मानदण्डों, अभिवृत्तियों और व्यवहारों को क्रमिक रूप में सीखना है। सीगल का अभिप्राय है कि सीखने की इस प्रक्रिया द्वारा राजनीतिक व्यवस्था के प्रचलित आदर्शों, मूल्यों, मान्यताओं व व्यवहारों का पीढ़ी–दर–पीढ़ी हस्तांतरण होता रहता है।"

आल्मंड एवं वर्बा के कथनानुसार, "राजनीतिक समाजीकरण वह प्रक्रिया है जिसके द्वारा राजनीतिक संस्कृति को बनाये रखा जाता है या उसमें प्रासंगिक बदलाव लाया जाता है।"

फ्रेड आई ग्रीन्सटाइन के शब्दों में, ''राजनीतिक समाजीकरण का अर्थ है जीवन की प्रत्येक अवस्था में व्यक्ति औपचारिक या अनौपचारिक रूप से जानबूझ कर या अनियोजित ढंग से राजनीति के संबंध में जो कुछ भी सीखता है। इसमें प्रत्यक्ष राजनीतिक शिक्षा ही नहीं, बल्कि वह गैर राजनीतिक शिक्षा भी सम्मिलित है जो व्यक्ति के राजनीतिक व्यवहार को प्रभावित करती है, जैसे–राजनीतिक दृष्टि से प्रासंगिक सामाजिक अभिवृत्तियों को सीखना तथा राजनीतिक दृष्टि से प्रासंगिक चारित्रिक लक्षणों को अंगीकार करना।''

हरबर्ट हीमैन का कहना है कि ''राजनीतिक समाजीकरण राजनीतिक संस्कृति में प्रविष्ट होने की प्रक्रिया है, इसकी अन्तिम उपज हैं : कुछ अभिवृत्तियाँ, अनुभूतियाँ, मूल्यात्मक प्रतिमान, राजनीतिक व्यवस्था के प्रति सदस्यों की विभिन्न भूमिकाएँ तथा उन भूमिकाओं को निभाने वालों के प्रति भावनाएँ। इसमें उन मूल्यों की जानकारी भी शामिल है जो व्यवस्था में प्रविष्ट होने वाली माँगों और दावों के निवेशों एवं उनके अधिकारपूर्ण निर्गतों को प्रभावित करती है तथा इन निवेशों एवं निर्गतों के प्रति जो भावनाएँ हैं वे भी इसके दायरे में सम्मिलित हैं।''

ग्रीन स्टेन ने राजनीतिक समाजीकरण को दो संदर्भों में परिभाषित किया है; सीमित अर्थ में, ''राजनीतिक समाजीकरण अनुदेश–अभिकरणों के माध्यम द्वारा (जिन्हें औपचारिक रूप से यह उत्तरदायित्व सौंपा गया है) राजनीतिक सूचना, मूल्य एवं व्यवहार का विमर्शपूर्वक अन्तर्निवेशन है। व्यापकतर अर्थ में इसके दायरे में जीवन की प्रत्येक अवस्था में औपचारिक एवं अनौपचारिक तथा नियोजित एवं अनियोजित सभी प्रकार की राजनीतिक सीख सम्मिलित है और इसमें केवल सुस्पष्ट राजनीतिक सीख ही नहीं अपितु राजनीतिक दृष्टि से प्रासंगिक सामाजिक मनोवृत्तियों एवं व्यक्तित्व–निर्माण के गुणों को प्राप्त करना भी समावेशित है।''

लेंगटन द्वारा प्रकट विचारों के अनुरूप व्यापकतर अर्थ में, ''राजनीतिक समाजीकरण वह तरीका है जिसके द्वारा समाज अपनी राजनीतिक सस्कृति को एक पीढ़ी से दूसरी पीढ़ी में हस्तांतरित करता है।'' इन्होंने राजनीतिक समाजीकरण को एक ऐसी प्रक्रिया के रूप में स्वीकार करने पर बल दिया है जो समाज के विभिन्न अभिकरणों के मध्य मौजूद होती है तथा जिसके द्वारा व्यक्ति राजनीतिक दृष्टि से संबद्ध मनोवृत्तियों, स्ववृत्तियों (Disposition) तथा व्यवहार प्रतिमानों को सीखता है। लेंगटन द्वारा प्रतिपादित यह विचार जहां एक ओर परम्परागत राजनीतिक आदर्शों एवं सस्थाओं को बनाये रखने में सहायता देता है, वहीं दूसरी ओर यह राजनीतिक व सामाजिक परिवर्तन के लिए महत्त्वपूर्ण माध्यम की भूमिका निभाता है।

ज्यूफरी के रॉबर्ट्स के मतानुसार, ''राजनीतिक समाजीकरण एक विधि है जिसके माध्यम से एक ओर व्यक्ति राजनीतिक तथ्यों के प्रति अभिवृत्तियां सीखता है, वहीं दूसरी ओर इस विधि द्वारा समाज में राजनीतिक विश्वासों और स्तरों को एक पीढ़ी से आने वाली पीढ़ी को हस्तांतरित करता है।'' जे.सी. प्लेनो और आई.ई. रिग्स के विचारानुसार, ''राजनीतिक समाजीकरण एक शिक्षाप्रद प्रक्रिया है जिसके माध्यम से व्यक्ति सरकार एवं राजनीतिक जीवन के प्रति कुछ दृष्टिकोण ग्रहण करता है। समाज के पक्ष से यह राजनीतिक समाजीकरण का एक साधन है जिसके माध्यम से राजनीतिक संस्कृति स्थिर रखी जाती है और परिवर्तित की जाती है।'' इसी प्रकार डेनिस ने भी इसे विकास की प्रक्रिया बताया है ''जिसके द्वारा राजनीतिक अभिविन्यासों को उपार्जित किया जाता है'' तथा डासन एवं प्रिविट ने भी ''इसे ऐसी प्रक्रिया कहा है जिसके द्वारा नागरिक राजनीतिक दृष्टि से परिपक्व होता है।''

उपर्युक्त परिभाषाएं यह स्पष्ट करती हैं कि राजनीतिक समाजीकरण का अभिप्राय सीखने की ऐसी प्रक्रिया से है जो व्यवस्था के सदस्यों को राजनीति की ओर उन्मुख करती हैं, उन्हें राजनीतिक मूल्यों, परम्पराओं, आदर्शों का बोध कराती है जिसकी प्रेरणा से उनकी अभिवृत्ति में अपनी व्यवस्था एवं व्यवस्थागत राजनीति के प्रति विश्वास, निष्ठा एवं भावनाओं का निर्माण होता है, जिसके परिणामस्वरूप उनकी राजनीतिक गतिविधियों, भूमिकाओं का स्पष्टीकरण एवं प्रस्तुतीकरण होता है, अर्थात् राजनीतिक समाजीकरण की प्रक्रिया ही राजनीति में व्यक्ति की निष्क्रियता व दृष्टिकोण निर्माण का निर्धारक एवं निरूपक होती है।''

परिभाषाएं : संकल्पना के रूप में (Definitions : As a form of Concept)

एक संकल्पना के रूप में राजनीतिक समाजीकरण के विकास को सुनिश्चित तथा सुस्पष्ट स्वरूप प्रदान करने में समाज मनोवैज्ञानिकों की भूमिका काफी अहम रही है। राजनीतिक समाजीकरण एक नई संकल्पना है, जिसके

अन्तर्गत विषय–वस्तु को राजनीतिकरण की प्रक्रिया के रूप में नहीं देखा जाता है, अपितु राजनीति संबंधी मूल्यों, मान्यताओं, निष्ठाओं, विश्वासों का अध्ययन–विश्लेषण एक संकल्पना के रूप में किया जाता है। राजनीतिक समाजीकरण के संकल्पनात्मक पहलू की महत्ता पर प्रकाश डालते हुए एलेनबाल ने कहा है कि ''राजनीतिक व्यवस्था के संबंध में कुछ धारणाओं का होना और उन धारणाओं का विकास तथा व्यवस्था से संबंधित विश्वास ही राजनीतिक समाजीकरण है।''

हरबर्ट हीमैन के मतानुसार, ''राजनीतिक संस्कृति एक समाजशास्त्रीय धारणा है, जबकि राजनीतिक समाजीकरण एक मनोवैज्ञानिक धारणा है।''

ऑस्टिन रैने के मतानुसार, ''राजनीतिक समाजीकरण का सामान्य अभिप्राय साधारण जनता का समाजीकरण करना है। इसका अर्थ ऐसी विधियों से है जिसके द्वारा जन साधारण अपनी राजनीतिक व्यवस्था के प्रति अपना दृष्टिकोण अभिव्यक्त करता है।''

उपर्युक्त परिभाषाओं के मंतव्यानुसार एक संकल्पना के रूप में राजनीतिक समाजीकरण व्यवस्था के सदस्यों का व्यवस्थागत राजनीति से प्रासंगिक मूल्यों, विश्वासों, निष्ठाओं, प्रतिबद्धताओं, परम्पराओं, आदर्शों, विचारों से संदर्भित अभिवृत्तियों व अभिविन्यासों का समुच्चय है। यह राजनीतिक व्यवस्था के सीमान्तर्गत निवास करने वाले सदस्यों की राजनीतिक गतिविधियों, भूमिकाओं एवं व्यवहारों का निर्माण, नियंत्रण एवं निरूपण करता है। राजनीतिक समाजीकरण लोगों के मन में अपनी राजनीतिक व्यवस्था के प्रति आस्था, प्रतिबद्धता, विश्वास तथा व्यवस्थागत विशिष्ट मूल्यों के आविर्भाव एवं विकास में अहम भूमिका निभाता है। किसी भी राजनीतिक व्यवस्था में नागरिकों की राजनीतिक गतिविधियों की सक्रियता एवं निष्क्रियता का आधारतत्त्व वहां के राजनीतिक समाजीकरण की प्रक्रिया पर निर्भर करता है।

परिभाषाएं : परिणाम के रूप में (Definitions : As a form of Consequence)

वस्तुतः, राजनीतिक समाजीकरण राजनीति एवं राजनीतिक व्यवहार के क्षेत्र में समाजीकरण प्रक्रिया की परिसीमा है। यह सीखने की वह प्रक्रिया है जिसके माध्यम से व्यक्ति को राजनीतिक व्यवस्था एवं राजनीति के संबंध में ज्ञान प्राप्त होता है। ग्रीन स्टेन ने विषय के व्यापक संदर्भ को देखते हुए सीमित एवं व्यापक दोनों अर्थों में इसे एक परिणाम के रूप में परिभाषित किया है। सीमित अर्थ में राजनीतिक समाजीकरण अनुदेश अभिकरणों के माध्यम से राजनीतिक सूचनाओं, मूल्यों एवं व्यवहारों का विमर्शपूर्वक अन्तर्निवेशन (Inculcation) है। जबकि व्यापकतर अर्थ में इसे परिभाषित करते हुए इन्होंने राजनीतिक समाजीकरण के अध्ययन–क्षेत्र में जीवन की प्रत्येक अवस्था से संबद्ध औपचारिक एवं अनौपचारिक तथा नियोजित एवं अनियोजित सभी प्रकार की राजनीतिक सीख को सम्मिलित किया है तथा इसमें केवल सुस्पष्ट राजनीतिक सीख ही नहीं, अपितु राजनीतिक दृष्टि से सम्बद्ध सामाजिक मनोवृत्तियों एवं व्यक्तित्व–प्रासंगिक गुणों को प्राप्त करने की विधाओं को भी समावेशित किया है। राजनीतिक समाजीकरण से प्रासंगिक ग्रीन स्टेन के विचारों का सीमित एवं व्यापक दोनों ही अभिप्राय विषय की महत्ता को रेखांकित करता है और इसे सीखने की एक प्रक्रिया के रूप में विश्लेषित करता है।

परिणाम के रूप में राजनीतिक समाजीकरण को परिभाषित करने वाले दूसरे महत्त्वपूर्ण विद्वान् लेंगटन हैं जिन्होंने विषय को व्यापकतर संदर्भ में परिभाषित करते हुए ''राजनीतिक समाजीकरण को वह तरीका बताया है जिसके द्वारा समाज की राजनीतिक संस्कृति एक पीढ़ी से दूसरी पीढ़ी में हस्तांतरित की जाती है। लेंगटन की यह मान्यता है कि यह प्रक्रिया जहां एक ओर व्यवस्था के परम्परागत राजनीतिक मूल्यों आदर्शों, विश्वासों, संस्था के प्रति निष्ठाओं एवं संस्थाओं को कायम रखने में अहम् सहयोगी की भूमिका निभाता है वहीं दूसरी ओर राजनीतिक व सामाजिक परिवर्तन के साधन के रूप में कार्य करती है। लेंगटन ने राजनीतिक समाजीकरण को एक ऐसी प्रक्रिया के रूप में स्वीकारने की प्रबल अभिव्यक्ति की है जो समाज के विविध अभिकरणों के मध्य स्थित होती है तथा जिसके माध्यम से व्यक्ति राजनीति प्रासंगिक अभिवृत्तियों मनोवृत्तियों एवं व्यवहार प्रतिमानों को सीखता है।

राजनीतिक समाजीकरण से संदर्भित उपर्युक्त सभी परिभाषाओं के आलोक में तात्त्विक स्तर पर यह स्पष्ट होता है कि राजनीतिक समाजीकरण वह प्रक्रिया है जिसके द्वारा नागरिकों में अपनी राजनीतिक व्यवस्था एवं व्यवस्थागत राजनीति के प्रति अभिवृत्तियों, विश्वासों, निष्ठाओं, मूल्यों, आदर्शों का निर्माण व विकास होता है तथा समय की मांग एवं व्यवस्थागत वातावरण के अनुरूप राजनीति प्रासंगिक अभिवृत्तियां एवं मनोदशाएं अभिविन्यासित होती रहती हैं, और राजनीतिक मूल्य एक पीढ़ी से दूसरी पीढ़ी में सरल ढंग से हस्तांतरित होते रहते हैं।

राजनीतिक समाजीकरण की प्रकृति (Nature of Political Socialisation)

राजनीतिक समाजीकरण व्यक्ति का राजनीतिकरण, राजनीतिक सहभागिता और राजनीतिक भर्ती से कहीं अधिक व्यापक एवं विस्तृत संकल्पना है। राजनीतिकरण संकल्पना का अभिप्राय व्यवस्थागत राजनीति के प्रति व्यक्ति के रुझान से संबद्ध है। इस प्रक्रिया द्वारा व्यक्ति राजनीतिक मामलों में भागीदारी के लिए दीक्षित नहीं होता है। यह सिर्फ व्यक्ति के राजनीतिक रुझान का संकेतक है। यानी कि सिर्फ व्यवस्थागत राजनीति के प्रति सदस्यों के आकर्षण या विकर्षण का द्योतक है। इसी भांति राजनीतिक सहभागिता एक राजनीतिक क्रिया है जिसके माध्यम से व्यक्ति क्रियात्मक राजनीति में प्रवेश लेकर अपनी राजनीतिक भूमिकाओं, दायित्वों और कर्तव्यों का निर्वहन करता है या यूं कहें कि अपनी राजनीतिक गतिविधियों का संचालन करता है। राजनीतिक भर्ती के माध्यम से व्यक्ति राजनीति का हिस्सा बनकर राजनीतिक भूमिकाओं का निष्पादन करता है। वस्तुतः, राजनीतिक समाजीकरण इन तीनों प्रमुख राजनीतिक क्रियाओं का प्रेरक आधार तत्त्व है और इसके अभाव में इन तीनों क्रियाओं का अस्तित्व संभव नहीं है। यहां यह कहना ज्यादा युक्तिसंगत है कि राजनीतिक सहभागिता से राजनीतिक समाजीकरण की प्रक्रिया को पोषण और प्रेरणा मिलती है। जिस प्रकार राजनीतिक समाजीकरण राजनीतिक सहभागिता का प्रेरक और नियामक है, उसी प्रकार राजनीतिक सहभागिता भी राजनीतिक समाजीकरण की प्रक्रिया में उद्देश्यता का तत्त्व समावेशित करता है।

वस्तुतः, राजनीतिक समाजीकरण की प्रकृति में व्यक्ति की राजनीतिक अभिवृत्तियां, विश्वास, मान्यताएं व मूल्यों का निर्माण तथा परिस्थिति–आधारित उसका राजनीतिक अभिमुखीकरण समावेशित है। यह एक राजनीतिक प्रक्रिया है जिसके द्वारा व्यवस्था के सदस्यों में राजनीति के प्रति विश्वास, आस्था, मान्यताएं, मूल्य व दृष्टिकोण न सिर्फ निर्मित होते हैं; बल्कि अभिविन्यासित भी होते रहते हैं और पीढ़ी दर पीढ़ी हस्तांतरित भी होते रहते हैं। इस रूप में राजनीतिक समाजीकरण राष्ट्र के प्रति विश्वास, आस्था, प्रतिबद्धता जैसे विशिष्ट मूल्यों के आविर्भाव एवं पोषण में सहायक होता है। यह प्रक्रिया राजनीतिक व्यवस्था को मजबूती, स्थायित्व एवं सातत्य प्रदान करने में आधारतत्त्व की भूमिका निभाती है। अपनी प्रकृति के अनुसार राजनीतिक समाजीकरण प्रक्रिया के रूप यह में वह साधन है जिसके द्वारा व्यक्ति समाज में निवास करते हुए राजनीतिक जीवन के प्रति अपना दृष्टिकोण बनाता है। राजनीतिक मानकों (Norms) को निर्धारित करता है, राजनीति के प्रति रुझान का भाव विकसित करता है, राष्ट्र के प्रति निष्ठा या लगाव का भाव विकसित करता है और इन्हीं आदर्शों मान्यताओं, विश्वासों तथा मूल्यों को एक पीढ़ी से दूसरी पीढ़ी तक संप्रेषित करता रहता है।

राजनीतिक समाजीकरण की प्रकृति से प्रासंगिक उपर्युक्त तथ्यों के स्पष्टीकरण के आलोक इसकी प्रकृति से आलोकित तत्त्वसार निम्नांकित हैं :

- समाजीकरण की भांति राजनीतिक समाजीकरण भी एक प्रक्रिया है।
- राजनीतिक समाजीकरण राजनीतिक विषयों के संबंध में ज्ञान प्राप्त करने एवं राजनीतिक मामलों को सीखने की प्रक्रिया होने के बावजूद मात्र सीखने की प्रक्रिया से पृथक् पहचान रखती है।
- राजनीतिक समाजीकरण व्यवस्थागत राजनीति के प्रति सदस्यों की सोच, अभिवृत्तियों, मनोदशाओं, मूल्यों, विश्वासों, निष्ठाओं के निर्माण, संरक्षण व अभिविन्यास का माध्यम है।
- राजनीतिक समाजीकरण की प्रक्रिया व्यक्तियों को राजनीतिक विषयों में दक्ष बनाती है जिसकी वजह से उनकी राजनीतिक सहभागिता को सकारात्मक ठोस आकार मिलता है।

- राजनीतिक समाजीकरण राजनीतिक सहभागिता एवं राजनीतिक भर्ती का प्रेरक व नियामक तत्त्व है।
- राजनीतिक समाजीकरण राजनीतिक व्यवहार के निर्माण व निरूपण का आधार–माध्यम है क्योंकि यह नागरिकों को राजनीतिक विषयों का बोध कराता है जिसकी वजह से नागरिक अपनी राजनीतिक गतिविधियों का संचालन एवं राजनीतिक व्यवहार का कुशल प्रदर्शन करने में सक्षम होता है।
- राजनीतिक समाजीकरण प्रक्रिया द्वारा व्यवस्थागत राजनीतिक मूल्य व राजनीतिक संस्कृति एक पीढ़ी से दूसरी पीढ़ी को हस्तांतरित होती रहती हैं।
- राजनीतिक समाजीकरण प्रक्रिया की प्रकृति में निरन्तरता पाई जाती है जो अनवरत क्रियाशील रहती है।
- राजनीतिक समाजीकरण एक मनोवैज्ञानिक प्रक्रिया है क्योंकि इसका सीधा सरोकार व्यक्तियों के विचारों, दृष्टिकोणों, अभिवृत्तियों एवं अभिविन्यासों से होता है।

उपर्युक्त विवेचित बिन्दुओं के आलोक में निष्कर्षतः यह कहा जा सकता है कि राजनीतिक समाजीकरण प्रक्रिया की प्रकृति में परिवर्तनशीलता, निरन्तरता जैसे गुण प्रधान तत्व के रूप में समावेशित होते हैं। यह व्यवस्था के सदस्यों में राजनीति के प्रति रुझान पैदा करके उन्हें राजनीतिक मामलों में दक्ष बनाता है, उन्हें राजनीतिक सहभागिता व भर्ती के लिए प्रेरित करता है तथा सदस्यों के राजनीतिक व्यवहार का नियमन करते हुए उसे सकारात्मक आकार प्रदान करता है। राजनीतिक समाजीकरण वह प्रक्रिया है जिसके माध्यम से व्यवस्था की राजनीतिक संस्कृति का अनुरक्षण और उसमें परिवर्तन संभव हो पाता है। इस कार्य–निष्पादन के माध्यम से सदस्यों को राजनीतिक संस्कृति में सम्मिलित किया जाता है और यही स्थितियां राजनीतिक मामलों के प्रति सदस्यों की अभिवृत्तियों को अभिविन्यासित करती रहती हैं। इस प्रक्रिया का आवश्यक निहितार्थ उस शिक्षण प्रक्रिया की ओर निर्देशित करता है जिसके द्वारा सुव्यवस्थित व सुसंचालित राजनीतिक व्यवस्था के लिए स्वीकार्य परम्पराओं, मूल्यों से प्रासंगिक मानकों एवं व्यवहारों को पीढ़ी दर पीढ़ी संप्रेषित किया जाता है। एक संकल्पना के रूप में इसका उद्देश्य सदस्यों को इस तरीके से प्रशिक्षित करना है ताकि वे राजनीतिक विषयों में निपुण होकर राजनीतिक समुदाय के सुयोग्य सदस्य बन सकें। यानी कि विषयगत तत्त्वसार का निहितार्थ विशेष रूप से इसके मनोवैज्ञानिक आयामों से संबद्ध है, अर्थात् इसकी प्रकृति का उद्देश्य राजनीतिक व्यवस्था के स्वीकार्य मानकों, अभिवृत्तियों और व्यवहारों को क्रमिक ढंग से व्यवस्था के सदस्यों को सिखाना है।

राजनीतिक समाजीकरण संकल्पना के अध्ययन–विश्लेषण में मूलरूप से राजनीतिक मूल्यों के पीढ़ी दर पीढ़ी संप्रेषण पर विशेष बल दिया जाता है। प्रत्येक सामाजिक–राजनीतिक व्यवस्था की स्थिरता का तथ्य व्यवस्था के सदस्यों के राजनीतिक समाजीकरण के स्तर एवं माध्यमों की समृद्धि पर निर्भर करता है। बुनियादी रूप में इस विषयांतर्गत वे सारी प्रक्रियाएं समावेशित होती हैं जिनके माध्यम से व्यक्ति व्यवहारात्मक क्षमताओं के साथ राजनीति से संबंधित सभी मामलों की जानकारी लेता है और जानकारीगत सामर्थ्य के आधार पर उचित निर्णय क्षमता से युक्त होता है। सामान्य रूप से राजनीतिक समाजीकरण अवधारणा को एक ऐसे गतिशील विचार के रूप में देखा जा सकता है जिसके माध्यम से राजनीतिक स्थायित्व की लक्ष्य–प्राप्ति की अपेक्षा की जा सकती है। क्योंकि तात्त्विक स्तर पर यह सत्य है कि कोई भी राजनीतिक व्यवस्था तब तक राजनीतिक दृष्टि से लोकप्रियता व स्थायित्व जैसे गुणों से युक्त नही हो सकती तथा सुचारू ढंग से कार्य नहीं कर सकती जब तक कि वहां के सदस्यों में राजनीतिक मूल्यों–मानकों को अंगीकार करने की प्रक्रिया निरन्तर क्रियाशील न हो। एक जीव (Organism) की भांति ही राजनीतिक व्यवहार को भी अनुरक्षण और उत्तरजीविता (Survival) के अतिरिक्त अन्य किसी चीज की आवश्यकता नहीं होती है और उत्तरजीविता का आशय स्थायित्व से संबद्ध है। यही वजह है कि समाज के सदस्यों को अच्छे कार्यकारी नागरिक के रूप में बनाए रखने हेतु राजनीतिक समाजीकरण प्रक्रिया का मूल संदर्भ व्यक्तियों के मन में व्यवस्थागत राजनीतिक मूल्यों मानकों व्यवहारों को विकसित करना हैं ताकि अपनी व्यवस्था के प्रति उनके अन्दर विश्वास की भावना पैदा हो और वे अपने राजनीतिक उत्तरदायित्वों का निर्वहन सही ढंग से कर सकें।

प्रक्रिया के रूप में राजनीतिक समाजीकरण वो महत्वपूर्ण कड़ी है जो सामाजिक–राजनीतिक व्यवस्था एवं सामाजिक–राजनीतिक पर्यावरण को आपस में जोड़ती है। राजनीतिक समाजीकरण प्रक्रिया के दायरे में व्यक्ति का सम्पूर्ण जीवन–चक्र शामिल है जिसकी बुनियाद व्यक्ति के जीवन की प्रारंभिक अवस्था में रखी जाती है। नए अनुभवों के आधार पर बाद की अवस्था में इसकी अधिसंरचना (Superstructure) में बदलाव आ सकता है। आल्मंड एवं वर्बा का यह मानना है कि युवा अवस्था का राजनीतिक समाजीकरण बहुदिशिक प्रभावों को प्रवाहित करता है। इसके परिणामस्वरूप प्रौढ़ावस्था में व्यक्ति अपने सीखे हुए ज्ञान को अपने बच्चों को सिखाने की कोशिश करता है। अपनी अनुभवगत जानकारियों के आधार पर व्यक्ति अपने अन्दर ऐसी क्षमताओं का विकास कर लेता है जिससे वह राजनीतिक जीवन की गतिविधियों में सक्रिय भागीदारी निभा सके और व्यवस्था में राजनीतिक परिवर्तन ला सके या परिवर्तन की परिस्थितियों को स्वीकार कर सके। इस अर्थ में राजनीतिक समाजीकरण प्रक्रिया पर सिर्फ राजनीतिक स्थायित्व को बनाये रखने की जिम्मेदारी नहीं है अपितु राजनीतिक परिवर्तन लाने में महती योगदान देने की भी जवाबदेही है, साथ ही यह प्रक्रिया उन दबावों–तनावों को भी शान्त करती है जो व्यवस्था में परिवर्तन के लिए जवाबदेह कारक है या जिनके माध्यम से परिवर्तन होना संभव हो सकता है।

राजनीतिक समाजीकरण प्रक्रिया के दो मुख्य परिवर्त्य हैं : **प्रथम**–सजातीय (Homogenous) यानी कि सातत्य (Continuity), जिसका आशय अपनी राजनीतिक व्यवस्था के प्रति परम्परागत विश्वास के वातावरण में व्यक्तियों का परस्पर एक–दूसरे के साथ सहयोगत्मक रवैये से संबद्ध है। **द्वितीय**–विजातीय (Heterogenous) यानी कि असंगति (Discontinuity), इसका आशय व्यवस्था में व्यक्तियों का एक–दूसरे के प्रति परस्पर विश्वास का अभाव है। इसमें व्यक्ति अपने साथी नागरिकों के प्रति परस्पर अविश्वास, घृणा, सन्देह का भाव अपने मन में पालता है जिसकी वजह से वह अपनी राजनीतिक व्यवस्था एवं व्यवस्थागत राजनीति के प्रति भी उदासीन हो जाता है।

इस प्रसंग में यह कहा जा सकता है कि जहां सजातीय राजनीतिक समाजीकरण प्रक्रिया से राजनीतिक व्यवस्थाओं एवं प्रक्रियाओं को जनविश्वास, जनसहयोग जनसहभागिता व जनसमर्थन मिलता रहता है जिससे व्यवस्था के राजनीतिक जीवन को ठोस शक्ल मिलती है, क्योंकि वहां व्यवस्थागत राजनीति के प्रति जनसाधारण का रवैया सहयोगात्मक व विश्वासपूर्ण होता है। इस परिस्थिति में जन अभिवृत्तियां एवं अभिविन्यास व्यवस्था को स्थिरता प्रदान करती हैं साथ ही सामाजिक परिवर्तन की मांग एवं दिशा को ठोस आकार प्रदान करती हैं। वहीं विजातीय राजनीतिक समाजीकरण प्रक्रिया व्यवस्था एवं राजनीति दोनों को कमजोर बनाती है जो व्यवस्था की स्थिरता एवं राजनीति के प्रति एकीकृत जनमत स्वरूप–निर्माण के मार्ग में बाधक होती हैं। ये परिस्थितियाँ जनसाधारण को राजनीति एवं राजनीतिक व्यवस्था दोनों के प्रति उदासीन बनाती है।

वस्तुतः, राजनीतिक समाजीकरण प्रक्रिया ही राजनीतिक स्थायित्व की बुनियाद है। राजनीतिक समाजीकरण संकल्पना समयानुकूल परिवर्तन का समर्थन करती है, क्योंकि परिवर्तन प्रकृति का नियम है इसलिए राजनीतिक समाजीकरण प्रक्रिया से यह अपेक्षा की जाती है कि व्यवस्था में परिवर्तन शान्तिपूर्ण ढंग से हो। जाहिर है कि इस संकल्पना में इस तथ्य पर बल दिया जाता है कि भविष्य में समय की मांग के अनुकूल यदि जन अभिवृत्तियां अभिविन्यासों या मूल्यों में परिवर्तन आता है, तो उसी अनुपात में राजनीतिक संस्कृति में परिवर्तन अवश्य होना चाहिए ताकि राजनीतिक व्यवस्था को किसी आकस्मिक परिवर्तन बड़ी क्रान्ति, गंभीर आन्दोलन या विनाश जैसी खतरनाक परिस्थितियों से बचाया जा सके। यानी कि व्यवस्थागत राजनीतिक मूल्यों को नये आकार प्रदान करने की प्रक्रिया और व्यवस्था कायान्तरण अथवा परिवर्तन की प्रक्रिया एक–दूसरे के अनुरूप होनी चाहिए। जन अभिवृत्तियों एवं अभिविन्यासों को सहयोगात्मक आकार देने तथा किसी प्रकार के क्रान्तिकारी परिवर्तन को रोकने व राजनीतिक व्यवस्था को विनाश से बचाने की जवाबदेही जहां राजनीतिक समाजीकरण प्रक्रिया के कंधों पर होती है वहीं सतारूढ़ शासकवर्ग से भी यह अपेक्षा की जाती है कि वे व्यवस्था में विनाशकारी परिस्थितियों के आविर्भाव एवं दबाव के बिन्दुओं को रोके तथा उनका परम कर्तव्य बनता है कि वे व्यवस्था में सहयोगात्मक राजनीतिक समाजीकरण प्रक्रिया के सफल संचालन के लिए सकारात्मक वातावरण मुहैया करायें।

राजनीतिक समाजीकरण प्रक्रिया की व्यवस्था की समसामयिक परिस्थितियों, समय एवं पर्यावरण के साथ गहरा रिश्ता होता है, इसीलिए राजनीतिक व्यवस्था की प्रकृति और उसमें आने वाले परिवर्तन की मात्रा का राजनीतिक समाजीकरण प्रक्रिया के साथ गहरा संबंध होता है। जिस राजनीतिक व्यवस्था की प्रकृति में जितने ज्यादा स्थायित्व के तत्त्व मौजूद होते हैं, वहां राजनीतिक समाजीकरण के अभिकरण उतने ही विशिष्ट होते हैं। यानी कि खुले समाजों में राजनीतिक समाजीकरण की प्रक्रिया का अभिकरण स्वस्थ और उन्नत होता है जबकि बंद समाजों में इस प्रक्रिया के अभिकरण भी व्यवस्थागत वातावरण के अनुरूप संकीर्ण प्रकृति का होता है। राजनीतिक अभिवृत्तियों–अभिविन्यासों और व्यवहार प्रतिमानों के अर्जन के प्रसंग में राजनीतिक समाजीकरण की बुनियादी प्रक्रिया पर लोकतांत्रिक समाजों एवं अलोकतांत्रिक अर्थात् सर्वाधिकारवादी समाजों की स्थितियों का काफी गंभीर प्रभाव पड़ता है, क्योंकि परिस्थितिवश दोनों समाजों की स्थितियों में काफी अन्तर पाया जाता है। सर्वाधिकारवादी समाजों में मूल्यों को जनता पर जबरन आरोपित करने का प्रयास किया जाता है, जबकि लोकतांत्रिक समाजों में राजनीतिक समानता, स्वतंत्रता के आधार पर विचार अभिव्यक्ति की आजादी होती है, इसलिए समाज के सदस्य व्यवस्था की नीतियों एवं राजनीति से सहमति या असहमति व्यक्त करने के लिए पूरी तरह स्वतंत्र होते हैं। दोनों राजनीतिक समाजों के मध्य पाया जाने वाला यह बुनियादी फर्क दोनों समाजों की राजनीतिक समाजीकरण प्रक्रिया की स्थिति, स्तर और प्रकृति की मात्रा में भिन्नता के लिए मूल रूप से जवाबदेह होता है। दोनों समाजों के राजनीतिक मूल्य, परम्पराएं, विश्वास, दृष्टिकोण, निष्ठाओं, अभिवृत्तियों व अभिविन्यासों की प्रकृति एवं मात्रा में काफी अन्तर पाया जाता है और यही तात्त्विक अन्तर सर्वाधिकारवादी राजनीतिक समाज में राजनीतिक समाजीकरण प्रक्रिया को अपने सूत्रों के चयन, अभिकरणों की खुली प्रकृति, राजनीति संबधी ज्ञान, मूल्यों, अभिवृत्तियों, अभिविन्यासों को पनपने विकसित होने तथा विचारधाराओं का विरोध करने के मार्ग में गंभीर मुश्किलें पैदा करता है। यानी कि इन समाजों में राजनीतिक समाजीकरण की प्रक्रिया बंद राजनीतिक दृष्टिकोण के अनुरूप ही पनपती–पोषित होती है।

सारांशतः, यह कहा जा सकता है कि राजनीतिक समाजीकरण प्रक्रिया की प्रकृति का वास्तविक संबंध राजनीतिक व्यवस्था की उत्तरजीविता और अनुरक्षण से है। इस प्रसंग में राजनीतिक समाजीकरण प्रक्रिया आवश्यक रूप से एक अनुदार संकल्पना है जो चाहे उदारवादी लोकतांत्रिक खुले समाजों की बात हो या सर्वाधिकारवादी लोकतांत्रिक बंद समाजों की राजनीतिक परिस्थितियों की यथास्थिति के अनुरूप अनवरत चलती रहती है और व्यवस्था को जनसमर्थन प्रदान करने की दिशा में कार्यरत रहती है। दूसरे शब्दों में यह कहा जा सकता है कि व्यवस्थागत राजनीतिक समाजीकरण का मूल संदर्भ या प्रभाव मौजूदा राजनीतिक पक्षों एवं सत्तारूढ़ राजनीतिक अभिजनों की यथास्थिति को समर्थन प्रदान करने की दिशा में कार्यरत रहना है। इस संदर्भ में ग्रीन स्टेन की अभिव्यक्ति है कि ''स्थायी और अस्थायी दोनों प्रकार के समाजों में राजनीतिक समाजीकरण द्वारा विद्यमान् राजनीतिक प्रतिमानों को बनाये रखे जाने का प्रयास किया जाता है''

राजनीतिक समाजीकरण का संप्रत्यीकरण
(Conceptualisation of Political Socialisation)

जैसे कि ऊपर विवेचित प्रसंगों में इस तथ्य का स्पष्ट खुलासा हो चुका है कि राजनीतिक समाजीकरण अनवरत चलने वाली एक प्रक्रिया है जिसका सीधा सरोकार राजनीतिक व्यवस्था की उत्तरजीविता, अनुरक्षण एवं सातत्य से है। एच.एच. हाईमन जिन्होंने ''राजनीतिक समाजीकरण पदबन्ध दिया है उन्होंने इसमें पीढ़ियों तक राजनीतिक मूल्यों के जारी रहने पर विशेष जोर दिया है। विषयगत इसी व्याख्या से सूत्र ग्रहण करते हुए लासवेल ने कहा है कि 'राजनीतिक समाजीकरण बिना किसी शंका के महत्त्व की कसौटी पर इस अर्थ में खरा उतरता है कि यह प्रत्येक व्यवस्था के अतीत वर्तमान और भावी राजनीतिक निकाय का महत्त्वपूर्ण लक्ष्य बना रहा है। प्रत्येक समुदाय सफलता की विभिन्न मात्राओं के आलोक में अपनी संस्कृति की परिपक्व प्रथाओं का संप्रेक्षण अपरिपक्व परम्पराओं को करता है। हर स्थिति में उपसंस्कृति एक समानान्तर प्रक्रिया में व्यस्त होती है, क्योंकि वह परिपक्वों और

अपरिपक्वों द्वारा भाग लेने के बीच भेद करती है।" वस्तुतः, संकल्पनात्मक रूप में राजनीतिक समाजीकरण वह प्रक्रिया है जिसके द्वारा राजनीतिक संस्कृति का अनुरक्षण एवं उसमें परिवर्तन किया जाता है, समाज के सदस्यों को राजनीतिक संस्कृति में सम्मिलित किया जाता है तथा राजनीतिक विषयों के प्रति उनके अभिविन्यास का निर्माण किया जाता है।

राजनीतिक समाजीकरण से प्रासंगिक शोधकार्य को संगठित व्यवस्थित एवं परिभाषित करने के लिए अनेक संप्रत्यात्मक आधारों की प्रस्तुति की गयी है लेकिन फिर भी अभी तक इस विषय के व्यवस्थित अध्ययन हेतु कोई सर्वमान्य प्रतिमान का विकास नहीं हो पाया है। वस्तुतः अभी तक के प्रस्तुत संप्रत्यात्मक प्रतिमानों में मात्र विषयगत अध्ययन के वर्गीकरण की योजनाएं हैं, जिनके माध्यम से राजनीतिक समाजीकरण के अध्ययन–विश्लेषण व अनुसंधान को नई राह मिली है। राजनीतिक समाजीकरण जैसे परिवर्तनशील गत्यात्मक विषय को आधुनिक राजनीति विज्ञान के दो मौलिक संप्रत्ययात्मक आधारों के संदर्भ में देखा जा सकता है :

प्रथम–सामान्य व्यवस्था सिद्धान्त के प्रवर्तकों व समर्थकों में डेविड ईस्टन, हेस आदि ने राजनीतिक समाजीकरण अवधारणा को राजनीतिक व्यवस्था के लिए समर्थन जुटाने तथा उसे कायम रखने का आधार–माध्यम माना है। अर्थात् इनकी दृष्टि में राजनीतिक समाजीकरण व्यवस्था के अनुरक्षण एवं समर्थन का साधन है। इसलिए राजनीतिक समाजीकरण के अध्ययन का मूल आशय प्रत्येक स्तर पर राजनीतिक व्यवस्था से प्रासंगिक समर्थनकारी एवं विघटनकारी तत्त्वों और व्यवस्था पर पड़ने वाले उसके प्रभावों का अध्ययन–विश्लेषण व अनुसंधान करना है।

द्वितीय–सरंचनात्मक–प्रकार्यात्मक उपागम के प्रवर्तक–समर्थक विद्वानों में पारसन्स आल्मंड, पॉवेल वर्बा, मिचेल, माइकेल आदि ने भी सामान्य व्यवस्था सिद्धान्त के प्रतिपादकों की भांति राजनीतिक समाजीकरण के अध्ययन को व्यवस्थावादी विचारकों की दृष्टि से देखने का प्रयास किया है, लेकिन विषयगत अध्ययन के महत्त्व की दृष्टि से इनका दृष्टिकोण व्यवस्थावादी विचारकों की तुलना में व्यापक संदर्भ रखता है। इनके द्वारा राजनीतिक समाजीकरण प्रक्रिया के महत्त्व को व्यापक अर्थ दिया गया है। इस उपागम के समर्थक राजनीतिक समाजीकरण प्रक्रिया को राजनीतिक व्यवस्था के अस्तित्व–अनुरक्षण के लिए महत्त्वपूर्ण मानने के साथ–साथ इस बात पर भी विशेष जोर देते हैं कि यह प्रक्रिया व्यवस्था के सिर्फ आगत तत्त्वों अर्थात् (मांग–समर्थन) को ही प्रभावित नहीं करता है, बल्कि आगत तत्त्वों को निर्णयात्मक निर्गतों में परिवर्तित करने में भी सर्वाधिक महत्त्वपूर्ण भूमिका निभाता है।

राजनीतिक समाजीकरण प्रक्रिया के संबंध में तीन प्रमुख सिद्धान्तों का वर्णन निम्नांकित है :

1. **वृहत्तर–स्तरीय सिद्धान्त (Macro-level Theory)**–इस सिद्धान्त के समर्थक डेविड ईस्टन तथा जेंक डेविस जैसे नामचीन राजनीति–वैज्ञानिक हैं, जिन्होंने अपने अध्ययन में राजनीतिक समाजीकरण प्रक्रिया को वृहत्तररूप में स्वीकारा है और सम्पूर्ण राजनीतिक व्यवस्था की उपयोगिता के मूल्यांकन हेतु इसके महत्त्व पर गंभीर प्रकाश डाला है। इन्होंने इसे राजनीतिकरण प्रक्रिया की संज्ञा दी है और इनके अध्ययन का केन्द्र समाज को बताया है।
2. **सूक्ष्म–स्तरीय सिद्धान्त (Micro-level Theory)**–इस सिद्धान्त के समर्थकों के अध्ययन का केन्द्र समाज की जगह व्यक्ति होता है। इसमें व्यक्ति के राजनीतिक अभिविन्यास के यथार्थ को जानने का प्रयास किया जाता है। इस प्रक्रिया की सक्रियता में परिवार की भूमिका सबसे अहम् होती है। माता–पिता एवं परिवार के अन्य सदस्य बच्चे के राजनीतिक समाजीकरण में प्रमुख भूमिका निभाते हैं। नामचीन मनोवैज्ञानिक फ्रॉयड द्वारा सर्वप्रथम इसका प्रयोग अपने अध्ययन–विश्लेषण में किया गया है।
3. **संज्ञानात्मक विकास सिद्धान्त (Cognitive Development Theory)**–यह सिद्धान्त व्यक्ति की संज्ञानात्मक अर्थात् अनुभव–संबंधी क्षमता के अध्ययन का प्रतिनिधित्व करता है। इस सिद्धान्त द्वारा यह समझने में सहायता मिलती है कि एक बच्चा जैसे–जैसे बड़ा होता जाता है वैसे–वैसे व्यवस्थागत राजनीतिक

दृष्टिकोण, मूल्यों एवं परम्पराओं को सीखने की क्षमता उसमें बढ़ती जाती है और आनुभविक सीख के आधार पर उसके राजनीतिक व्यवहार का प्रदर्शन परिपक्व होता जाता है अर्थात्, यह सिद्धान्त यह स्पष्ट करता है कि राजनीतिक समाजीकरण प्रक्रिया में संज्ञानात्मक क्षमता का मूल आधार व्यक्ति का आयु स्तर है।

राजनीतिक समाजीकरण के अध्ययन के संदर्भ में विषय के भूमिकागत महत्त्व का मूल्यांकन करने के क्रम में राजनीतिक विद्वानों द्वारा वृहत् या व्यवस्था–अभिमुखी उपागम (System-oriented Approach) तथा व्यक्ति–अभिमुखी उपागम (People-oriented Approach) में अन्तर की बात की गयी है। इनकी दृष्टि में व्यवस्था–अभिमुखी उपागम का संदर्भ राजनीतिक व्यवस्थाओं के स्थायित्व, परिवर्तन, सातत्य, समाकलन अनुरक्षण आदि में राजनीतिक समाजीकरण की भूमिका से संबंधित है तथा व्यक्ति–अभिमुखी उपागम उस प्रक्रिया से प्रासंगिक हैं, जिनके माध्यम से व्यवस्था के लिए राजनीतिक अभिविन्यासों को आर्जित किया जाता है। यानी कि अर्थतः यह कहा जा सकता है कि राजनीतिक समाजीकरण संकल्पना का विकास दो शोध अभिविन्यासों के आधार पर हुआ है जिसे क्रमशः व्यक्ति–अभिमुखी एवं व्यवस्था–अभिमुखी की संज्ञा दी गयी है। व्यक्ति–अभिमुखी उपागम के तहत व्यवस्था के सदस्यों की अभिवृत्तियां, मनोदशाएं, विश्वास निष्ठा, मूल्य, परम्पराएं, आदर्श, नैतिकता, व्यवहार एवं मानकों का अध्ययन–विश्लेषण किया जाता है। इस उपागम के प्रतिपादकों में आर.ई. डासन तथा केनेथ प्रिविट का नाम विशेषतः उल्लेखनीय है। इस उपागम के विश्लेषण की मूल इकाई व्यक्ति और उसका व्यवहार है जो राजनीतिक समाजीकरण के अध्ययन का आधारतत्त्व है। इसमें राजनीतिक व्यवस्था का अध्ययन–विश्लेषण प्रासंगिक अंग के रूप में किया जाता है। व्यवस्था अभिमुखी उपागम के अध्ययन–विश्लेषण की केन्द्र बिन्दु राजनीतिक व्यवस्था है और इसी प्रसंग में राजनीतिक समाजीकरण का अध्ययन किया जाता है।

आधुनिक स्तर पर राजनीतिक समाजीकरण के सिद्धान्त–निर्माण के प्रसंग में लेंगटन द्वारा दोनों उपागमों को एक साथ मिलाने पर विशेष जोर दिया गया है। ग्रीन स्टेन (Green Stein) द्वारा उपर्युक्त प्रयासों के बीच तालमेल बैठाकर लासवेल के संचार प्रारूप की तर्ज पर पांच प्रश्नों को आधार–माध्यम के रूप में स्वीकार करके राजनीतिक समाजीकरण की समस्त प्रक्रिया को आनुभविक स्तर पर स्पष्ट करने का प्रयास किया गया है। इनके द्वारा प्रस्तुत प्रश्न हैं : (1) कौन सीखता है?, (2) क्या सीखता है?, (3) किससे सीखता है?, (4) किन परिस्थितियों में सीखता है?, 5. इस सीख का क्या प्रभाव पडता है?, राजनीतिक समाजीकरण के संदर्भ में पहले प्रश्न के उत्तर का प्रसंग व्यक्ति से सम्बद्ध है क्योंकि सीखने वाला व्यक्ति है, जिसकी सामाजिक–मानसिक स्थितियों में पाये जाने वाले अन्तर की वजह से उसके सामाजिक–मनोवैज्ञानिक गुणों में अन्तर पाया जाता है, जिसका प्रभाव संदर्भित व्यक्ति के सीखने की प्रक्रिया पर पड़ता है। दूसरा सवाल राजनीतिक समाजीकरण प्रक्रिया की अन्तर्भाव व अन्तर्वस्तु से संबद्ध है जिसके दायरे में राजनीति से प्रासंगिक वैयक्तिक विकास का प्रसंग यथा–आदर्श, परम्पराएं, मूल्य, नैतिकता विश्वास से संबद्ध अभिवृत्तियां एवं अभिविन्यासों को शामिल किया गया है तथा सदस्यों की राजनीतिक सीख से संबंधित उनकी गतिविधियां, भूमिकाएं व प्रशिक्षण को भी इसमें सम्मिलित किया गया है। तीसरा सवाल राजनीतिक समाजीकरण प्रक्रिया को संचालित करने वाले अभिकरणों से प्रासंगिक है जिसके दायरे में परिवार, रक्त संबंध, पड़ोस, मित्रमंडली, खेल का मैदान, दबाव समूह, हित समूह राजनीतिक दल जनसंपर्क से साधनों को सम्मिलित किया गया है। चौथा सवाल सीखने वाले की परिस्थितियों से संबद्ध है। राजनीतिक समाजीकरण प्रक्रिया के प्रसंग में व्यवस्थागत परिस्थितियाँ एवं सीखने वाले की आयु व उसकी संगति को काफी महत्त्वपूर्ण माना गया है। पाँचवें सवाल का संदर्भ सीखने की प्रक्रिया के प्रभाव से संबंधित है। राजनीतिक समाजीकरण प्रक्रिया का प्रभाव व्यवस्था में स्थायित्व लाने वाला या व्यवस्था में परिवर्तन लाने वाला दोनों ही प्रकार का हो सकता है। इसीलिए इस प्रक्रिया में परिस्थितियाँ एवं सीखने वाले की आयु व संगति को सर्वाधिक महत्त्वपूर्ण आधारतत्त्व माना गया है।

राजनीतिक समाजीकरण प्रक्रिया के व्यवस्थित अध्ययन–विश्लेषण हेतु कोई सर्वमान्य प्रतिमान उपलब्ध नहीं होने की वजह से विभिन्न राजनीतिक व्यवस्थाओं के अन्तर्गत विद्यमान विभिन्न समाजों–समूहों में इसकी स्थिति, स्तर तथा प्रशिक्षित करने वाले अभिकरणों की स्थिति व स्तर में काफी भिन्नताएं पायी जाती हैं। इसके

अध्ययन–विश्लेषण व शोध का दायरा अधिकांशतः अमेरिका तथा पश्चिमी यूरोप के देशों तक सिमटा रहा। इस वजह से इस प्रक्रिया के अध्ययन हेतु व्यापक दृष्टिकोण का विकास व विस्तार नहीं हो पाया। राजनीतिक विद्वानों द्वारा किये गये शोधों के आधार पर अमेरिका, ब्रिटेन, आस्ट्रेलिया, न्यूजीलैण्ड आदि देशों की राजनीतिक व्यवस्था एवं व्यवस्थागत राजनीति तथा राजनीतिक प्रक्रियाओं के प्रसंग में नागरिकों की भूमिकाएं, गतिविधियाँ व सहभागिता के आलोक में यह कहा जा सकता है कि तीन–चार वर्ष की आयु से ही बच्चों में प्रजातीय व संजातीय प्राथमिकताए विकसित होने लगती हैं और किशोरावस्था में पहुंचने पर नागरिकों की राजनीतिक सूझबूझ का मुख्य रूप से विकास होता है। इस आयु में सदस्यों के अन्दर अपनी राजनीतिक व्यवस्था, प्रक्रियाओं व राजनीतिक अभिजनों का स्वरूप संरचना, कार्यशैली, विधि व्यवस्था, दबाव समूह, राजनीतिक दल, राजनीतिक नेतृत्व वैयक्तिक तथा सामुदायिक आवश्यकताओं, वैयक्तिक स्वतंत्रता व जनकल्याण से संबधित सरकार की गतिविधियों के संबध में संज्ञान लेने की जागरूकता बढ़ने लगती है और वे परिस्थितिगत तथ्यों के आधार पर राजनीतिक निर्णय लेने में परिपक्व होने लगते हैं। वयस्क नागरिक की आयु में पहुंचने पर सदस्यों की व्यवस्थागत राजनीतिक प्रक्रियाओं में राजनीतिक सहभागिता शुरू हो जाती है और उनकी राजनीतिक सक्रियता के आधार पर व्यवस्थागत राजनीति व राजनीतिक पर्यावरण को सदस्यों द्वारा ठोस आकार प्रदान किया जाने लगता है। इस प्रकार राजनीतिक सीख के रूप में यह आनुभविक प्रक्रिया अनवरत चलती रहती है।

राजनीतिक समाजशास्त्र द्वारा राजनीतिक समाजीकरण के चार प्रतिमानों की कल्पना की गयी है जो इस प्रकार है :

प्रथम–संचयन प्रतिमान (Accumulation Model)–इसके अन्तर्गत यह माना गया है कि शैशवावस्था में एक बच्चे को जितनी अधिक राजनीतिक सूचना प्रदान की जायेगी राजनीति–संबधी उसका ज्ञान उतना ही विस्तारित होगा।

द्वितीय–अन्तःवैयक्तिक स्थानान्तरण प्रतिमान (Inter-personal Transfer Model)–इसके अन्तर्गत एक बच्चा परिवार एवं अन्य सम्बधों की वजह से प्राधिकारी शख्सियत के प्रति विभिन्न प्रकार के संबंधों को विकसित करता है।

तृतीय–अभिज्ञान प्रतिमान (Identification Model)–इस स्तर पर बच्चा व्यवस्था में दूसरे प्रमुख विशिष्ट व्यक्तियों के सम्पर्क में आता है और उनके ज्ञान का लाभ उठाकर राजनीति के प्रति अपने दृष्टिकोणों को विकसित करता है।

चतुर्थ–ज्ञानात्मक विकास प्रतिमान (Cognitive Development Model)–इस स्तर पर बच्चे का विचार एवं दृष्टिकोण राजनीतिक सामाजिक गतिविधियाँ व प्रक्रियाएं सभी संकल्पनात्मक समझ पर आधारित होती है जो उसके अन्दर एक व्यक्ति के संबंध में समझदारी के आधार पर अन्य व्यक्तियों को समझने में तथा सम्पूर्ण व्यवस्था के स्तर पर उसकी भूमिका को समझाने में सहायक होता है।

राजनीतिक समाजीकरण : अवस्थाएं एवं प्रक्रियाएं

(Political Socialisation : Stages and Process)

उपर्युक्त विवेचित प्रसंग इस तथ्य का स्पष्टीकरण करता है कि राजनीतिक समाजीकरण एक मनोवैज्ञानिक प्रक्रिया है जो सभी राजनीतिक व्यवस्थाओं में अवस्थित समाजों में निवास करने वाले सदस्यों को राजनीतिक सीख प्रदान करने हेतु अनवरत रूप से चलती रहती है। व्यवस्थान्तर्गत विद्यमान समाज के सदस्यों में व्यवस्थागत राजनीतिक समुदायों राजनीतिक अभिजनों, राजनीतिक दलों व राजनीति के प्रति विश्वास, आस्था प्रतिबद्धता, मूल्य, आदर्श, नैतिकता से प्रासंगिक अभिवृत्तियां व अभिविन्यास कुछ दिनों या कुछ महीनों की बात नहीं होती है अपितु यह निरन्तर चलती रहने वाली प्रक्रिया है जो बाल्यावस्था से आंरभ होकर जीवनभर चलती रहती है। राजनीतिक विद्वानों का ऐसा मानना है कि राजनीतिक समाजीकरण प्रक्रिया की कई अवस्थाएं हैं और उन अवस्थाओं में प्रक्रिया से प्रासंगिक अनेक सवाल संबद्ध हैं जिनमें से कुछ की चर्चा ऊपर की जा चुकी है। डेविड ईस्टन तथा

डेनिस ने राजनीतिक समाजीकरण से प्रासंगिक उन चार अवस्थाओं को रेखांकित किया है जिनके माध्यम से बच्चे राजनीतिक संस्कृति में प्रवेश करते हैं: **प्रथम**–विशेष व्यक्तियों के माध्यम से सत्ता को मान्यता देना, **द्वितीय**–सार्वजनिक एवं व्यक्तिगत सत्ता में अन्तर करना, **तृतीय**–राजनीतिक संस्थाओं के व्यवहार के संबंधों का ज्ञान प्राप्त करना, **चतुर्थ**–राजनीतिक संस्थाओं और व्यक्ति विशेष के बीच अन्तर का संज्ञान लेना।

वर्तमान समय में समाजशास्त्रीय तथा मनोवैज्ञानिक अनुसंधानों से यह स्पष्ट हो चुका है कि सभी राजनीतिक व्यवस्थाओं में एक वयस्क नागरिक के राजनीतिक व्यवहार का निर्माण एवं निरूपण बाल्यावस्था में चलने वाली सीखने की प्रक्रिया का परिणाम होता है। अमरीका में राजनीतिक समाजीकरण पर किये जाने वाले शोधों के आधार पर यह प्रमाणित हो चुका है कि राजनीतिक विषयों, मुद्दों व तथ्यों के प्रति रुझान की प्रक्रिया तीन–चार वर्ष की आयु के साथ ही आरंम्भ हो जाती है। आयु के आरंभिक चरण में ही सरकार और राजनीति के प्रति समर्थन या विरोध की सूझबूझ पैदा होने लगती है, जिसमें 13–14 वर्ष की अवस्था तक स्पष्ट विसरण हो जाता है। इस आयु में उनके अन्दर अपनी व्यवस्था, सरकार, राजनीतिक समुदाय, राज्य के प्रतीक आदि की अच्छी पहचान हो जाती है जो जीवन–पर्यन्त उसके साथ बनी रहती है।

इस प्रसंग में माइकेल रश द्वारा उन स्थितियों व व्यवस्थागत पर्यावरण की भी चर्चा की गयी है जो बाल्यावस्था में समाजीकरण की प्रक्रिया को प्रभावित करता है। इनका मानना है कि व्यक्ति के जीवन के आरंभिक चरण से ही समाजीकरण की प्रक्रिया शुरू हो जाती है जो जीवनपर्यन्त चलती रहती है। लेकिन, साथ ही इनका यह भी मानना है कि बचपन की समाजीकरण प्रक्रिया का व्यक्ति के व्यक्तित्व पर काफी प्रभाव होता है, परन्तु इस अवस्था में निर्मित व विकसित अभिवृत्तियों, मूल्यों, मान्यताओं एवं विश्वासों में बढ़ती हुई उम्र और बदलते समय के साथ काफी बदलाव आता है। ग्रीन स्टेन ने भी यह कहा है कि ''बाल्यावस्था में प्राप्त समाजीकरण को वयस्क नागरिक के दायित्वों के निर्वाह के लिए पूर्णतया पर्याप्त नहीं माना जा सकता है। इसलिए शैशवावस्था के समाजीकरण के साथ व्यक्तियों को राजनीतिक दायित्वों के निवर्हन के लिए वयस्क समाजीकरण की भी जरूरते होती हैं।'' शैशवावस्था का समाजीकरण और वयस्क समाजीकरण के बीच अन्तर की बात कई विद्वानों द्वारा स्वीकारी गयी है। रश एवं अल्टॉफ ने भी इसका समर्थन किया है। आल्मंड एवं बर्वा ने इसे 'प्रभावों के बहुआयामी प्रवाह' की संज्ञा दी है। विद्वानों की दृष्टि में बचपन के समाजीकरण का दायरा सीमित नहीं होता है लेकिन वयस्क समाजीकरण का संदर्भ विशेष एवं सीमित होता है।

एरिक्सन (Erikson) का भी यह मानना है कि ''बाल्यावस्था से लेकर जीवनपर्यन्त राजनीतिक समाजीकरण की प्रक्रिया जारी रहती है जो आरंभिक अवस्था से ही शुरू हो जाती है। इन्होंने राजनीतिक समाजीकरण प्रक्रिया के आधार पर व्यक्ति के जीवन को आठ अवस्थाओं में बांटा है और इसे मनुष्य की आठ अवस्थाओं की संज्ञा दी है। पीटर मर्कल ने एरिकसन द्वारा प्रस्तुत जीवन की आठ अवस्थाओं को चार भागों में बांटा है, यथा–पहली अवस्था–बाल्यावस्था तथा सामाजिक आस्था (Chilhood and Social Trust), दूसरी अवस्था–स्वायत्तता का बोध (Self Identity), तीसरी अवस्था–स्वबोध संकट की स्थिति (Identity Crises) और चौथी अवस्था–आत्मीयता, प्रजनन एवं आत्मकेन्द्रितता (Intimacy Generetivity and Ego-integrity) है।

1. **बाल्यावस्था एवं सामाजिक आस्था (Childhood and Social Trust)**–यह व्यक्ति की सामाजिक आस्था का पहला व्यक्तिकरण है जो उसकी पारिवारिक वातावरण की अनुकूलता पर निर्भर करता है। यह मनुष्य के जीवन की प्रथम अवस्था का शुरूआती दौर है जिसमें प्रत्येक बचपन को आत्मबोध की पहली पहचान मिलती है, तत्पश्चात् वह सामाजिक पर्यावरण से अपनी पहचान कराता है। यही सामाजिक आस्था एक वयस्क नागरिक में सामाजिक सहयोग व सद्भाव का भाव उत्पन्न कराता है। आल्मंड एवं वर्बा ने भी अपनी प्रसिद्ध कृति 'Civic Culture' में सामाजिक आस्था को मापने की बात की है।
2. **स्वायत्तता का बोध (Self Identity)**–एरिक्सन के मतानुसार व्यक्ति के राजनीतिक बोध की दूसरी अवस्था स्वायत्तता बोध की है। इनके विचार में स्वायत्तताबोध ही आगे चलकर राज्य, सरकार एवं समाज के प्रति व्यक्ति का दृष्टिकोण निर्धारित व निरूपित करता है। व्यक्ति के अन्दर अधिकार–कर्तव्य के

महत्त्व का बोध भी इसी अवस्था में होता है। यह अवस्था बच्चे के अन्दर उस संज्ञान का प्रतिनिधित्व करता है जिसके माध्यम से व्यक्ति में पहली बार राजनीतिक विषयों, उद्देश्यों एवं प्रतीकों के प्रति रुझान पैदा होता है। व्यक्ति के अन्दर राजनीतिक बोध की अवस्था उसके स्वायत्तताबोध को और भी मजबूत बनाता है, क्योंकि यह व्यक्ति की मनोवृत्ति में राजनीतिक पहल की अभिप्रेरणा, जिज्ञासा, रुझान तथा अपराध बोध (Guilt Consciousness) के ज्ञान की अवस्था है। इसी अवस्था में बच्चा अपने सहपाठियों से संबंध बनाता है, अपनी कोशिशें तथा हीन भावनाओं के ख़िलाफ संघर्ष करता है तथा कोशिश की भावना उसे समाज के तकनीकी लोकाचारों (Ethos) को सीखने की प्रेरणा देती हैं। राजनीतिक समाजीकरण की ये अवस्था राजनीतिक सहभागिता के लिए आधार माध्यम की भूमिका निभाता है।

3. **स्वबोध के संकट की अवस्था (Identity Crises)**—एरिक्सन की दृष्टि में यह पांचवीं अवस्था बचपन में स्थापित सामाजिक आस्था को पुनर्स्थापित करने से प्रांसगिक है। यह किशोरावस्था है जिसमें स्वबोध की पुनः स्थापना होती है। स्वबोध का एहसास जितना गहरा होगा किशोरावस्था में व्यक्ति उतने ही गंभीर रूप से अपने आपको विभिन्न राजनीतिक–सामाजिक समूहों से जोड़ता है। राजनीतिक–सामाजिक आन्दोलनों से खुद को संबद्ध करता है तथा व्यवस्थागत राजनीति, राजनीतिक प्रक्रियाओं एवं करिश्मावादी नेतृत्व के प्रति आकर्षित होता है।
4. **आत्मीयता–बोध (Ego Integrity)**—एरिक्सन की दृष्टि से आत्मीयता, प्रजनन एवं आत्मकेन्द्रितता की अवस्था एक वयस्क नागरिक की राजनीतिक परिपक्वता की अवस्था है। छठी अवस्था व्यक्ति की आत्मीयता क्षमता में वृद्धि करता है। सातवीं अवस्था का संबंध सर्जनात्मकता, उर्वरता एवं प्रजननशीलता से है। एक व्यक्ति के जीवन में इस अवस्था का सामाजिक–राजनीतिक महत्त्व बहुत अधिक है। अन्तिम अवस्था आत्मकेन्द्रितता की है जो राजनीतिक दृष्टि से काफी महत्त्वपूर्ण है। इसी अवस्था में व्यक्ति स्वयं को अपनी राजनीतिक व्यवस्था के साथ पूर्णरूप से जोड़ता है और राजनीतिक सूझबूझ में परिपक्वता हारिल करता है। इनका मानना है कि यदि इस अवस्था में व्यक्ति में राजनीतिक परिपक्वता नहीं आ पाती है तभी उसमें राजनीति एवं राजनीतिक कार्गों के प्रति अतिवादिता, उदासीनता, निराशा व भ्रष्टाचार जैसी भावनाएं पैदा होती हैं और धीरे–धीरे स्थायी घर बनाने लगती हैं।

एरिक्सन द्वारा प्रस्तुत इस विश्लेषण की सफलता एवं महत्त्व का स्पष्ट आकलन राजनीतिक विकास प्रक्रिया को समझने में किये गये इसके प्रयोग के प्रसंग में किया जा सकता है। राजनीतिक समाजीकरण से प्रासंगिक मूल संदर्भों में अवस्थाओं एवं प्रक्रियाओं के संबंध में विभिन्न विद्वानों द्वारा कई सवाल व मुद्दे उठाये गये हैं, मसलन–इस प्रसंग में कूक (Cook) और सोसिली (Socioli) द्वारा मुख्यरूप से दो सवाल उठाये गये हैं; **प्रथम**—व्यक्ति के जीवन में राजनीतिक समाजीकरण की प्रक्रिया कब शुरू होती है? और **द्वितीय**—राजनीतिक समाजीकरण प्रक्रिया के लिए सर्वाधिक महत्त्वपूर्ण अवस्था कौन सी है ? इसी भांति ग्रीन स्टेन ने भी इस प्रक्रिया के आनुभविक विश्लेषण हेतु पाँच सवालों को रेखांकित किया है जिसकी चर्चा ऊपर की जा चुकी है। यहां इस तथ्य का उल्लेख करना अतिआवश्यक है कि तुलनात्मक राजनीति का अध्ययन कुछ पश्चिमी राष्ट्रों तक सीमित होने की वजह से इस प्रक्रिया के संबंध में कोई व्यापक धारणा, प्रतिमान या सर्वमान्य दृष्टिकोण विकसित नहीं हो पाता है। विभिन्न राजनीतिक व्यवस्थाओं में विद्यमान समाज व समुदायों की स्थिति में संरचनात्मक–प्रकार्यात्मक भिन्नताएं पायी जाती हैं, इसलिए अलग–अलग देशों में राजनीतिक समाजीकरण प्रक्रिया की स्थिति, वातावरण एवं प्रभाव में भिन्नताएं स्पष्टतः दिखाई पड़ती हैं। विकसित और विकासशील देशों की राजनीतिक व्यवस्थाओं में अवस्थित समाजों की सामाजिक–सांस्कृतिक–आर्थिक स्थितियों में पाई जाने वाली भिन्नताओं का गहरा प्रभाव वहां के राजनीतिक समाजीकरण की प्रक्रिया पर पड़ता है। विकसित और विकासशील देशों की राजनीतिक, सामाजिक, सांस्कृतिक व आर्थिक यथार्थताएं ही वहां के पर्यावरण को प्रभावित और नियंत्रित करती हैं, इसलिए उनके राजनीतिक समाजीकरण प्रक्रिया व उसके प्रभाव में अन्तर पाया जाना स्वाभाविक है।

राजनीतिक समाजीकरण के विशिष्ट लक्षण (Special Features of Political Socialisation)

उपर्युक्त विवेचित राजनीतिक समाजीकरण प्रक्रिया की अवस्था एवं प्रभाव से प्रासंगिक सवालों, मुद्दों की गहन विवेचना करने के पश्चात् यह स्पष्ट होता है कि यह विशिष्ट आनुभविक प्रक्रिया राजनीतिक समाजिक व्यवस्था से संबद्ध कुछ ख़ास लक्षणों का प्रतिनिधित्व करती है:

1. यह सार्वभौमिक प्रक्रिया है इसलिए विकसित एवं विकासशील दोनों ही समाजों में इस प्रक्रिया द्वारा नई पीढ़ी को अपनी राजनीतिक व्यवस्था के प्रति समाज द्वारा स्वीकृति मान्यताओं, मूल्यों, विश्वासों, आदर्शों, अवस्थाओं, प्रतिबद्धताओं से परिचित कराया जाता है और उन्हें अपनी राजनीतिक संरचना के अनुरूप ढालने का प्रयास अनवरत जारी रहता है।
2. तत्त्वतः इसमें सच्चाई है कि राजनीतिक समाजीकरण की बुनियाद एक व्यक्ति के जीवन में उसके व्यक्तित्व विकास के आरंभिक चरण में रखी जाती है, लेकिन यह भी सत्य है कि यह प्रक्रिया जीवनपर्यन्त अबाधित रूप से चलती रहती है।
3. तात्त्विक स्तर पर इस प्रक्रिया से प्रासंगिक अनेक तत्त्व हैं जो व्यावहारिक स्तर पर प्रकट एवं अप्रकट दोनों रूपों में सदैव क्रियाशील रहते हैं और सदस्यों को राजनीतिक प्रशिक्षण प्रदान करते रहते हैं।
4. राजनीतिक समाजीकरण प्रक्रिया का महत्त्वपूर्ण आयाम किसी भी राजनीतिक व्यवस्था में जनमत–निर्माण से संबद्ध है।

इस प्रक्रिया का मूल उद्देश्य समाज में राजनीतिक मूल्यों, आदर्शों, विश्वासों व संस्कृतियों के संदर्भ में जनसहमति आधारित ठोस जनमत का निर्माण करना व उसे कायम रखना है। इस दृष्टि से राजनीतिक समाजीकरण प्रक्रिया किसी भी राजनीतिक व्यवस्था में कुछ मुख्य प्रकार्यों को निष्पादित करती है यथा :

(i) किसी समाज में व्यक्तियों या समूहों से किस अंश तक राजनीतिक जीवन में भागीदारी की उम्मीद की जाती है इसका गहरा प्रभाव राजनीतिक समाजीकरण प्रक्रिया पर पड़ता है।

(ii) यह प्रक्रिया प्रत्येक समाज में राजनीतिक आदर्शों, मूल्यों, विश्वासों तथा परम्पराओं के प्रति जनसहमति का निर्माण करती है जिसकी वजह से सामाजिक सम्बद्धता की स्थिति बनती है जो सामाजिक सौहार्द और सामाजिक सद्भाव की उत्पत्ति का आधारतत्त्व है।

(iii) राजनीतिक समाजीकरण प्रक्रिया द्वारा राजनीतिक संस्कृति का हस्तांतरण पीढ़ी–दर–पीढ़ी होता रहता है।

(iv) राजनीतिक समाजीकरण प्रक्रिया राजनीतिक–सामाजिक व्यवस्था में स्थिरता, सातत्य व संतुलन बनाये रखने में तथा आवश्यकतानुसार परिवर्तन लाने में आधार माध्यम की भूमिका निभाती है।

(v) संवैधानिक दायरे में सामान्य ढंग से अवाम के राजनीतिक व्यवहार से प्रासंगिक अभिवृत्तियों–अभिविन्यासों में परिवर्तनतत्त्व की अभिप्रेरणा का आधार–आधेय भी राजनीतिक समाजीकरण की प्रक्रिया ही है।

(vi) राजनीतिक समाजीकरण प्रक्रिया राष्ट्र के प्रति निष्ठा तथा विशिष्ट मूल्यों को पनपाने व पोषित करने में सहायक होती है। जहां यह राजनीतिक व्यवस्था के लिए समर्थन जुटाती है, वहीं व्यवस्था में परिवर्तन हेतु भी जनसमर्थन जुटाती है एवं परिस्थितियां बनाती है।

राजनीतिक समाजीकरण का स्वरूप (Forms of Political Socialisation)

ऊपर विवेचित प्रसंगों में इस तथ्य का खुलासा किया जा चुका है कि विभिन्न राजनीतिक व्यवस्थाओं में राजनीतिक समाजीकरण प्रक्रिया की स्थिति एवं इसके प्रभाव का अनुपात समान नहीं होता है, क्योंकि विभिन्न

व्यवस्थाओं में राजनीतिक समुदायों की सरंचना स्थिति एवं कार्यशैली में भिन्नता पायी जाती है, इसलिए व्यवस्थागत राजनीति के स्वरूप, वातावरण एवं प्रकृति में भी काफी अन्तर पाया जाता है। विभिन्न देशों की राजनीतिक समाजीकरण प्रक्रिया में पायी जाने वाली भिन्नताओं के आधार पर आल्मंड एवं कोलमैन ने राजनीतिक समाजीकरण के प्रकारों यानी कि स्वरूपों की बात की है। इनके द्वारा राजनीतिक समाजीकरण के दो स्वरूपों का उल्लेख किया गया है। प्रकट राजनीतिक समाजीकरण एवं अप्रकट राजनीतिक समाजीकरण (Manifest Political Socialisation and Latent Political Socialisation)।

आल्मंड एवं पॉवेल के शब्दों में, "प्रत्यक्ष या प्रकट प्रकार राजनीतिक समाजीकरण का वह स्वरूप है, जब राजनीतिक उद्देश्य के प्रति सूचनाओं, मूल्यों एवं भावनाओं का संचारण प्रकट रूप में किया जाता है, अर्थात् इसके तहत व्यक्ति में राजनीतिक मूल्यों, विश्वासों और आस्थाओं को विकसित एवं ग्रहण करने की प्रक्रिया प्रकट रूप से क्रियाशील रहती है। जब राजनीतिक व्यवस्था के संबंध में सूचनाएं, अभिवृत्तियाँ, मनोदशाएं, परम्पराएं, मूल्यों, विश्वासों एवं इनके अभिमुखीकरण को स्पष्ट रूप से संप्रेषित किया जाता है तो राजनीतिक समाजीकरण का स्वरूप या प्रकार प्रकट होता है। प्रकट राजनीतिक समाजीकरण का रूप सचेतन होता है। इसमें सता से संबंधित अभिवृत्तियाँ, मनोदशाएं, मूल्य परम्पराएं, विश्वास आदि सीधी तौर पर समाजीय राजनीति के संदर्भ में सीखी या सिखायी जाती हैं। समाज में दूसरे व्यक्तियों के राजनीतिक व्यवहार, मनोदशाएं, अभिवृत्तियों का अनुकरण प्रकट राजनीतिक समाजीकरण के दायरे में आता है। जब व्यवस्थागत राजनीति एवं राजनीतिक संबंधों के प्रति अभिवृत्तियों व अभिविन्यासों का निर्माण किया जाता है, तब राजनीतिक समाजीकरण का स्वरूप प्रकट होता है। इस स्वरूप के अन्तर्गत राजनीतिक सत्ताधारकों द्वारा खुले तौर पर सदस्यों में राजनीति एवं राजनीतिक व्यवस्था के प्रति अपने हित–संवर्धन के लिए राजनीतिक मूल्यों व विश्वासों को संप्रेषित किया जाता है। सत्तारूढ़ राजनीतिक अभिजनों की लोकप्रियता सत्ताधारी दल का व्यापक प्रभाव, जनसमर्थन की प्राप्ति, राजनीतिक विषयों पर सहमति एवं सरकार की स्थिरता की दृष्टि से राजनीतिक समाजीकरण के इस स्वरूप का बहुत महत्त्व है। राजनीतिक समाजीकरण की इस प्रक्रिया में छल–कपट, जोड़–तोड़ (Manipulation) द्वारा नागरिकों में राजनीतिक व्यवस्था, राजनीतिक सत्ता व सत्तागत नीतियों के प्रति उन मूल्यों, मान्यताओं, दृष्टिकोणों, निष्ठाओं तथा अभिवृत्तियों को अविर्भावित एवं रोपित किया जाता है जो उनकी राजनीतिक स्थिति को मजबूत बनाता है तथा राजनीतिक अस्तित्व को स्थायित्व व प्रभावशाली आयाम प्रदान करता है। राजनीतिक सत्ता द्वारा राजनीतिक व्यवस्था एवं प्रक्रियाओं को अपनी इच्छानुरूप ढालने या विकसित करने हेतु विशिष्ट राजनीतिक मूल्यों का आरोपण (Imposition) कराया जाता है। इस स्वरूप के तहत राजनीतिक समाजीकरण प्रक्रिया में अपने इच्छित राजनीतिक मूल्यों की घुसपैठ कराकर राजनीतिक अभिजन व्यवस्था में अपने फायदे के लिए राजनीतिक संस्कृति के निर्माण का प्रयास करते हैं। सामाजिक–राजनीतिक व्यवस्था के पुनर्निर्माण हेतु भी राजनीतिक सत्ता द्वारा राजनीतिक समाजीकरण के इस स्वरूप का सहारा लिया जाता है। सामान्यतया राजनीतिक मूल्यों व आदर्शों के प्रति जनअभिवृत्तियों व अभिविन्यासों के निर्माण के लिए शासनतंत्र द्वारा खुले तौर पर यह प्रयत्न किया जाता है तथा इसी आलोक में निर्देश एवं नियंत्रण की प्रक्रियाएँ क्रियाशील रहती है। इस स्वरूप द्वारा निर्मित राजनीतिक मनोवृत्ति में स्थायित्व के गुण का अभाव होता है।

सारांशतः, राजनीतिक समाजीकरण के प्रकट स्वरूप को राजनीतिक सिद्धान्तबोधन या मतारोपण (Indoctrination) की संज्ञा दी जा सकती है। इसमें इच्छित राजनीतिक मूल्यों को संस्थापित एवं प्रभावित करने का जानबूझ कर सरकार द्वारा खुले तौर पर प्रयास किया जाता है। राजनीतिक समाजीकरण के इस स्वरूप को सर्वाधिकारवादी साम्यवादी व्यवस्थाओं के साथ–साथ उदारवादी राजनीतिक व्यवस्थाओं में भी अपनाया जाता है। राजनीतिक समाजीकरण के इस स्वरूप को अवाम तक संप्रेषित करने के लिए कई माध्यमों का सहारा लिया जाता है, जिसमें जनसंपर्क के विभिन्न साधनों, राजनीतिक दलों, दबाव समूहों, हित समूहों, स्कूलों, कालेजों व घोषित राजनीतिक कार्यक्रमों आदि की भूमिका सर्वाधिक महत्त्वपूर्ण व कारगर साबित होती है। राजनीतिक समाजीकरण द्वारा स्वस्थ राजनीतिक मूल्यों, मान्यताओं व विचारों को इस प्रकार प्रभावशाली व छलयोजित ढंग से जनसाधारण में आरोपित (Impose) करता है जिससे व्यक्तियों को निरन्तर उन मूल्यों, आदर्शों, परम्पराओं तथा विचारों को अंगीकार करने

की प्रेरणा मिलती रहती है। अपनी प्रकृति की वजह से राजनीतिक समाजीकरण का प्रकट रूप अप्रकट की अपेक्षाकृत कम स्थायी और यदा–कदा व्यवस्था के लिए नुकसानदेह भी साबित होता है।

वस्तुतः, प्रकट या प्रत्यक्ष राजनीतिक समाजीकरण वह है जब इसके तहत राजनीतिक मामलों व सरोकारों के प्रति मूल्यों, मनोदशाओं, अभिवृत्तियों का प्रत्यक्ष व स्पष्ट संचारण होता है। इस स्वरूप के अन्तर्गत संचारित मनोभाव स्पष्टतः राजनीतिक स्वरूप से प्रासंगिक होते हैं तथा उनके स्पष्ट राजनीतिक अभिमुखीकरण भी होते हैं। इसके माध्यम से जनसाधारण राजनीतिक विषयों, राजनीतिक प्रक्रियाओं एवं राजनीतिक दलों की भूमिकाओं, राजनीतिक अभिजनों की गतिविधियों एवं राजनीतिक व्यवस्था तथा व्यवस्थागत राजनीति के संघर्षों से सीधे तौर पर अवगत होता है। प्रकट रूप में राजनीतिक समाजीकरण की प्रक्रिया राजनीतिकरण प्रक्रिया के साथ–साथ चलती रहती है।

अप्रकट या अप्रत्यक्ष राजनीतिक समाजीकरण का रूप अचेतन होता है। जब राजनीतिक व्यवस्था–प्रक्रिया, राजनीतिक अभिजन व्यवस्थागत राजनीति एवं सत्ता–संबंधों के प्रति जनअभिवृत्तियाँ, मनोदशाएँ, आस्थाएँ, अभिविन्यास आदि समाजीय राजनीति की जगह किसी अन्य व्यवस्थागत माध्यमों द्वारा ग्रहण किया जाता है तो राजनीतिक समाजीकरण का स्वरूप अप्रकट होता है। राजनीतिक समाजीकरण के अप्रकट रूप का अर्थ है राजनीतिक व्यवहार से संदर्भित उन गैर–राजनीतिक पक्षों की सीख प्राप्त करना जो राजनीतिक व्यवहार के निर्माण–नियमन व निरूपण की दृष्टि से अति महत्त्वपूर्ण होते हैं। राजनीतिक विषयों, मुद्दों, समस्याओं, सरकार की गतिविधियों राजनीतिक व्यवस्था एवं प्रक्रियाओं, मूल्यों, परम्पराओं आदि के संबंध में व्यक्तियों को जब अप्रत्यक्ष ढंग से जानकारी मिलती है तो उसे अप्रकट समाजीकरण कहा जाता है। इस प्रक्रिया के तहत सीखने वाला व्यक्ति अन्य व्यक्तियों के व्यक्तित्व से व्यवहार या समाजीकरण के अन्य अभिकरणों के माध्यम से प्रभावित होकर राजनीतिक मामलों, मूल्यों या राजनीति के प्रति अभिवृत्तियों, भावनाओं, विश्वासों, निष्ठाओं व दृष्टिकोणों आदि को विकसित करता है और इसी ज्ञान के आधार पर उसकी अभिवृत्तियां अभिविन्यासित होती रहती हैं। राजनीतिक व्यवस्था में मौजूद सामाजिक संरचनाएं, यथा–परिवार, संघ, समुदाय, स्कूल, कॉलेज मित्रमंडली, आदि द्वारा राजनीतिक समाजीकरण का यह स्वरूप आकार लेता है और एक पीढ़ी से दूसरी पीढ़ी को हस्तांतरित होता रहता है। राजनीतिक समाजीकरण की इस प्रक्रिया में राजनीतिक विषयों, प्रतिमानों राजनीतिक सत्ता की गतिविधियों सत्ता संबंधों के प्रति अभिवृत्तियों, मनोदशाओं, विचारों का निर्माण व अभिमुखीकरण इन इकाइयों के माध्यम से स्वाभाविक रूप से होता रहता है। राजनीतिक समाजीकरण के इस स्वरूप–निर्माण में राजनीतिक सत्ताधारियों या शासनतंत्र का कोई सीधा योगदान नहीं होता है। इस रूप में राजनीतिक समाजीकरण प्रक्रिया बाल्यावस्था से ही समाजीकरण की प्रक्रिया के साथ–साथ चलती रहती है। यह स्वतः संचालित होती रहने वाली प्रक्रिया है जो सामान्यतः सरकार के प्रभाव क्षेत्र से बाहर सामाजिक संरचनाओं के प्रभाव में स्वतःसफूर्त संचालित होते रहने वाला विषय है।

अप्रकट राजनीतिक समाजीकरण काफी धीमी रफ्तार से निरन्तर चलते रहने वाली प्रक्रिया है जो राजनीति के प्रति स्थायी विचारों, मनोदशाओं एवं अभिवृत्तियों की जननी होती है। व्यवस्था में राजनीतिक स्थिरता लाने की दृष्टि से उसका काफी महत्त्व है। इसमें राजनीति के प्रति दृष्टिकोण, भावनाएं मान्यताएँ, मूल्य, विश्वास आदि बनाये नहीं जाते हैं बल्कि वृहत् समाजीकरण की प्रक्रिया के साथ स्वतः ही बनते जाते हैं। अर्थात्, अन्य नागरिकों के संपर्क में आने एवं उनसे राजनीतिक विषयों पर विचार–विमर्श करते रहने की वजह से व्यक्ति के अन्दर राजनीति–संबंधी विचारों का निर्माण व उसमें परिस्थितिगत संशोधन–परिवर्तन स्वाभाविक रूप से होता रहता है। राजनीतिक जोड़–तोड़ यानी कि छलयोजन–युक्त नहीं होने की वजह से इस प्रक्रिया द्वारा प्राप्त अभिवृत्तियों में राजनीति के प्रति ठोस दृष्टिकोण विकसित होता है, जिसमें वैचारिक स्थायित्व होता है और अपनी प्रकृति एवं स्वरूप के कारण यह राजनीतिक संस्कृति का अभिन्न अंग बना रहता है। राजनीतिक समाजीकरण की इस प्रक्रिया में अपनी राजनीतिक व्यवस्था के प्रति विश्वास, आस्था व प्रतिबद्धता जैसे विशिष्ट राजनीतिक मूल्य राजनीतिक सत्ता द्वारा थोपे नहीं जाते हैं अपितु स्वाभाविक रूप से व्यक्तियों की अभिवृत्तियों में स्थायी घर बनाते हैं।

अप्रकट राजनीतिक समाजीकरण प्रक्रिया के संचालन के कई माध्यम सामाजिक स्तर पर सक्रिय रहते हैं, उदहरणस्वरूप, जब कोई किशोर अपने परिवार के सदस्यों, सगे–संबंधियों, पास–पड़ोस, मित्रमंडली, खेल का मैदान, सहपाठियों एवं शिक्षकों आदि से अपनी राजनीतिक व्यवस्था–प्रक्रियाओं, सरकार, राजनीतिक दल आदि के संबंध में बातचीत या विचार–विमर्श करके धारणाएं बनाता है और राजनीति संबंधी अपनी भावनाएं अभिव्यक्त करता है तो इसे अप्रत्यक्ष राजनीतिक समाजीकरण प्रक्रिया की श्रेणी में रखा जाता है। इस प्रसंग में आल्मंड एवं पॉवेल का कहना है कि "अप्रकट राजनीतिक समाजीकरण वह प्रक्रिया है जिसमें गैर–राजनीतिक अभिवृत्तियों का संचारण होता है, जो राजनीतिक व्यवस्था के अन्तर्गत, सामान्य विषयों और भूमिकाओं के प्रति अभिवृत्तियों तथा भावनाओं को प्रभावित करता है।" अप्रकट राजनीतिक समाजीकरण में सामान्य संस्कृति के कई विशेष आधारतत्त्व शामिल होते हैं जो परोक्ष रूप से व्यक्ति की राजनीतिक सोच और राजनीतिक गतिविधियों पर गंभीर प्रभाव डालते हैं। राजनीतिक समाजीकरण प्रक्रिया का अप्रकट रूप जनसाधारण के राजनीतिक व्यवहार के निर्माण, नियमन एवं निरूपण पर गहरा प्रभाव डालता है। अप्रकट राजनीतिक समाजीकरण का सर्वाधिक महत्त्वपूर्ण माध्यम व्यक्तियों के बीच परस्पर विचारों का आदान–प्रदान है, जिसमें एक व्यक्ति दूसरे व्यक्ति के विचार या व्यक्तित्व के प्रभाव में आकर राजनीति प्रासंगिक अपनी सोच या विचारों का निर्माण व निरूपण करता है। समाजीकरण प्रक्रिया के इस रूप को अन्तरवैयक्तिक अन्तरण (Inter-personal Transfer) कहा जा सकता है। इस प्रक्रिया द्वारा राजनीतिक सत्ता के प्रति कुछ ठोस अभिवृत्तियों, मनोदशाओं, भावनाओं का विकास किया जाता है। इस प्रक्रिया का एक अन्य रूप प्रशिक्षक (Trainer) का भी है जिसके माध्यम से प्रशिक्षु व्यक्ति में राजनीतिक भूमिकाओं के निष्पादन के लिए आवश्यक दक्षता एवं मूल्यों का विकास किया जाता है। राजनीतिक समाजीकरण के अप्रकट स्वरूप द्वारा राजनीतिक व्यवस्थान्तर्गत सामान्य सामाजिक मूल्यों का प्रचार–प्रसार भी किया जाता है ताकि जनव्यवहार के निर्माण एवं निरूपण को सकारात्मक आयाम प्राप्त हो सकें और स्वस्थ जनमत के निर्माण के लिए राही वातावरण उपलब्ध हो सके। अप्रकट राजनीतिक समाजीकरण प्रक्रियाओं की सक्रियता के दौरान सीखने वाले व्यक्ति को स्पष्ट रूप से राजनीतिक मनोवृत्तियों व अभिविन्यासों का हस्तांतरण नहीं किया जाता है, अपितु समाज एवं राजनीति के मध्य निरन्तर चलने वाली अन्योन्यक्रियाओं (Interactions) के माध्यम से व्यक्ति के व्यक्तित्व में राजनीतिक विषयों के प्रति संज्ञान लेने का इतना सामर्थ्य विकसित हो जाता है कि जिससे अपने व्यक्तित्व के चेतनीय तत्त्वों को माध्यम बनाकर तथा राजनीतिक विषयों की तत्त्वमीमांसा करके वह सही निष्कर्ष पर पहुंच सकता है। वस्तुतः, यह कहा जा सकता है कि अप्रकट राजनीतिक समाजीकरण द्वारा व्यक्ति की अनेक गैर राजनीतिक गतिविधियाँ उसकी भावी राजनीतिक गतिविधियों के लिए आधारतत्त्व उपलब्ध कराती हैं और पूर्व प्रशिक्षण के आलोक में राजनीतिक भूमिकाओं के निष्पादन में आधार–माध्यम का कार्य करती हैं।

राजनीतिक समाजीकरण प्रक्रिया के दोनों स्वरूपों की क्रियाशीलता में राजनीतिक दलों के नेतृत्व की भूमिका काफी अहम् होती है। अपनी पार्टी के हित–संवर्धन की दृष्टि से संबद्ध नेतृत्व की अभिरुचि व्यवस्थागत राजनीतिक संस्कृति को बनाये रखने या उसमें परिवर्तन लाने की भी होती है। अपने दल के प्रति समाज की मनोवृत्ति में बदलाव के लिए नेतृत्व द्वारा गंभीर प्रयास किया जाता है और प्रकट एवं अप्रकट दोनों ही स्वरूपों का बड़े पैमाने पर प्रयोग किया जाता है। यदि सत्ताधारी या विपक्षी राजनीतिक दल का नेतृत्व यह महसूस करे कि विद्यमान् राजनीतिक संस्कृति राष्ट्र की अखंडता एवं राष्ट्रीय हित–संवर्धन के लिए खतरनाक है या हानिकारक है, तो उसमें परिवर्तन लाने हेतु नेतृत्व द्वारा जी–तोड़ प्रयास किया जाता है और इस प्रयासक्रम में व्यक्ति को दी जाने वाली समाजीकरण प्रक्रिया में भी उनके द्वारा हस्तक्षेप किया जाता है। कई बार राजनीतिक नेताओं द्वारा अपने दलगत स्वार्थों की पूर्ति के लिए राजनीतिक समाजीकरण के माध्यम से व्यवस्थागत राजनीति संस्कृति के पुनर्निर्माण का गंभीर प्रयास किया जाता है।

इतिहास साक्षी है कि विश्व की अनेकानेक राजनीतिक व्यवस्थाओं में ऐसे दृष्टान्तों के साक्ष्य मौजूद हैं, जब राजनीतिक दलों के नेतृत्व द्वारा अपने परिवार या वंश का शासन स्थापित करने के लिए संदर्भित व्यवस्था की राजनीतिक संस्कृति में भारी बदलाव लाने का गंभीर प्रसास किया गया है और इस प्रयास का आधार–माध्यम राजनीतिक समाजीकरण के दोनों स्वरूप ही रहे हैं। इस प्रसंग में एक राजनीतिक समीक्षक की अभिव्यक्ति है कि

राजनीतिक व्यवस्था के अधिकारी राजनीतिक समाजीकरण प्रक्रिया का प्रयोग केवल व्यवस्था में मौजूद मनोवृत्तियों एवं मनोदशाओं को बनाये रखने के लिए नहीं करते हैं, अपितु ज्यादातर उनकी मंशा प्रचलित राजनीतिक संस्कृति को अपने फ़ायदे के अनुरूप परिवर्तित करने की दिखाई देती है। कुछ नेता व्यवस्था में प्रस्तुत प्रचलित संस्कृतियों में इस तरीके से पुनर्निर्माण करने की कोशिश करते हैं, जिससे कि उनके व्यक्तित्व के प्रमुख पक्षों को उजागर किया जा सके। यदि कुछ नेताओं को यह अनुभव होता है कि व्यवस्थागत राजनीतिक संस्कृति उनके नीति–विषयक प्रयोजनों के विपरीत है या उसमें उद्धारक व्यक्तित्व के पनपने की अधिक गुंजाइश नहीं है, तो वे राजनीतिक समाजीकरण प्रक्रिया को अपने हित के अनुरूप प्रभावित करने की कोशिश करके व्यवस्था की मांग के अनुरूप नये रूप में अपने राजनीतिक व्यक्तित्व की प्रस्तुति करके इस प्रक्रिया के संचालन को प्रभावित करते हैं।

ग्रीन स्टेन ने राजनीतिक समाजीकरण को दो संदर्भों में देखा है : **प्रथम**–व्यक्तित्व के विकास हेतु राजनीतिक महत्त्व से प्रासंगिक पक्ष और **द्वितीय**–विशिष्ट राजनीतिक शिक्षा। पहले संदर्भ के अन्तर्गत मौलिक मनोवृत्तियां, मनोदशाएं, आस्थाएं आदि शामिल हैं, जो राजनीतिक व्यवहार को प्रभावित करने वाले वैयक्तिक तत्त्व हैं। दूसरे संदर्भ के अन्तर्गत जिन बातों को समावेशित किया गया है उनमें–

1. नागरिकों की भूमिकाओं से संबद्ध तत्त्व, मसलन–राजनीतिक विचारधारा से लगाव, राजनीतिक प्रक्रियाओं में सहभागिता की प्रेरणा आदि।
2. राजनीतिक व्यवस्था के सदस्य के रूप में भूमिका–निष्पादन संबंधी शिक्षा, मसलन–राष्ट्रभक्ति, सत्ता के प्रति अभिमुखीकरण, राजनीतिक संस्थाओं की वैधता आदि।
3. विशेषीकृत भूमिकाओं की भर्ती तथा उनके कार्य निष्पादन के संबंध में जानकारी, मसलन–नौकरशाही, दलीय संगठन के पदाधिकारी, सांसद, विधायक आदि की भर्ती एवं उनके कार्य निष्पादन की जानकारी। इस प्रकार की विशिष्ट राजनीतिक शिक्षा से व्यक्तित्व विकास का राजनीतिक पक्ष काफी हद तक प्रभावित होता है।

राजनीतिक समाजीकरण के स्परूप से प्रासंगिक उपर्युक्त विवेचन से यह स्पष्ट होता है कि यह एक आनुभविक प्रक्रिया है जिसके माध्यम से व्यक्तियों के राजनीतिक व्यवहार में दक्षता लायी जाती है और राजनीतिक सीख प्रदान करके उन्हें राजनीतिक दृष्टि से परिपक्व बनाया जाता है। इस प्रक्रिया का उद्देश्य सदस्यों में राजनीतिक समुदाय के प्रति आस्था पैदा करना है, उन्हें राजनीतिक व्यवस्था का सक्रिय सदस्य बनाना है और व्यवस्थागत राजनीतिक संस्कृति को बनाये रखना है या आवश्यकतानुसार उसमें परिवर्तन तथा विकास करते रहना है।

राजनीतिक समाजीकरण के अभिकरण (Agencies of Political Socialisation)

उपर्युक्त विवेचित प्रसंगों के आधार पर यह स्पष्ट हो चुका है कि राजनीतिक समाजीकरण प्रक्रिया के अध्ययन संदर्भ का मूल लक्ष्य उस राजनीतिक सीख के अध्ययन से प्रासंगिक है जो व्यवस्था में व्यक्तियों के राजनीतिक व्यवहार के निर्माण–नियमन एवं निरूपण के लिए आधारतत्त्व मुहैया कराता है। इस आनुभविक संज्ञानात्मक प्रक्रिया का सीधा सरोकार सामाजिक परिप्रेक्ष्य से संबद्ध होता है, क्योंकि समाजीकरण प्रक्रिया के विभिन्न प्रमुख अभिकरण राजनीतिक विषयों के प्रति जनसाधारण की अभिवृत्तियों (Attitudes) में झुकाव (Inclination) एवं अभिविन्यास (Orientation) की दिशा में अभिकर्ताओं (Agents) की भूमिकाओं का निर्वहन करते हैं। अतः अब यहां उन सामाजिक–राजनीतिक–सांस्कृतिक स्तम्भों (Pillars) की भूमिकाओं का अवलोकन किया जा रहा है जो राजनीतिक समाजीकरण प्रक्रिया के संचालन के दौरान राजनीतिक मानकों के अंगीकरण में महत्त्वपूर्ण भूमिका निभाते हैं। इस प्रसंग में उन कारकों की भूमिका भी शामिल है जिसका सीखने वाले व्यक्ति के मन मस्तिष्क पर

प्रत्यक्ष या परोक्ष रूप से सामान्य या गहरा प्रभाव पड़ता है तथा एक राजनीतिक कर्ता के रूप में उसके व्यक्तित्व के समस्त आयामों को संवारने–निखारने में महत्त्वपूर्ण योगदान देता है।

व्यवस्था के सदस्यों को राजनीतिक मूल्यों, मानकों व व्यवहारों को अंगीकृत कराने में, नागरिक शिक्षा का पाठ पढ़ाने में तथा नागरिकता का प्रशिक्षण देने में सतारूढ़ एवं विपक्षी दलों द्वारा दिया जाने वाला राजनीतिक प्रशिक्षण, अभिजनों का व्यवहार, गतिविधियां, कार्यशैली एवं सामाजिक राजनीतिक संस्थाओं की भूमिका काफी अहम् होती है। यथार्थतः इस आनुभविक प्रक्रिया में व्यवस्थागत सामाजिक–राजनीतिक इकाइयां जैसे–परिवार, पड़ोस, नातेदारी समूह, क्रीड़ा–समूह, शिक्षण संस्थाएं, राजनीतिक संस्थाएं, आर्थिक संस्थाएं, धार्मिक संस्थाएं, सांस्कृतिक संस्थाएं, व्यवसाय समूह, जनसंपर्क के साधन आदि जनसम्बन्धों के निर्धारण व निरूपण में महती योगदान देते हैं। व्यक्ति सापेक्ष राजनीतिक अभिवृत्तियों–अभिविन्यासों एवं मूल्यों के आदान–प्रदान की प्रक्रिया में सदैव व्यक्ति प्रभावित होता है, इसीलिए समाजीकरण की प्रक्रिया जीवनभर चलती ही रहती है। इस प्रसंग में ऐलेनेबाल की अभिव्यक्ति है कि राजनीतिक समाजीकरण ऐसी प्रक्रिया नहीं है जो बाल्यावस्था के प्रभावग्रस्त योग्य आयु तक सीमित हो, अपितु यह तो समस्त वयस्क जीवन के दौरान भी चलती है। इस प्रक्रिया के अन्तर्गत दो पक्षों की अपरिहार्यता होती है–पहला, समाजीकृत होने वाला व्यक्ति और दूसरा, समाजीकरण करने वाले अभिकरण।

इस विषय पर ऐप्टर की भी मान्यता है कि यह राजनीतिक शिक्षणकला के संबंधों और सहभागिता के उपयुक्त मूल्यों की बोधगम्यता के चारों ओर प्रेरणाओं के संगठन का परिणाम है। यह बच्चों को राजनीतिक संस्कृति में लाकर उन्हें ऐरो उत्तरदायी वयस्कों के रूप में परिवर्तित करने का कार्य करता है जिससे वे उस संबद्ध संस्कृति से संबंधित निर्णयों और अधिकारों का उपयोग करने में सक्षम हो जाते हैं। ये दोनों प्रक्रियाएं एक खुले समाज में साथ–साथ चलती हैं, लेकिन यह सक्रिय राजनीति द्वारा ही संभव होता है। सहभागिता स्वयं में एक समाजकारी प्रभाव है। इस प्रक्रिया- संचालन के मुख्य अभिकरणों की चर्चा निम्नांकित है :

1. **परिवार (Family)**–परिवार एक सार्वभौमिक संस्था है इसलिए विश्व के सभी समाजों में समाजीकरण की यह आधारभूत संस्था है। एक व्यक्ति का राजनीतिक समाजीकरण करने वाले समस्त अभिकरणों में उसके परिवार का स्थान सर्वाधिक महत्त्वपूर्ण एवं सर्वोपरि है। परिवार प्रत्येक व्यक्ति के जीवन की प्राथमिक पाठशाला है जहां उसे अपने माता–पिता एवं परिवार के अन्य सदस्यों द्वारा नैतिक, सामाजिक, सांस्कृतिक एवं राजनीतिक शिक्षा मिलती है। हीमैन ने राजनीतिक समाजीकरण के अभिकरणों में परिवार को अग्रणी माना है। ए.आर. बॉल का मानना है कि "परिवार का स्थान एक बच्चे के लिए दुनिया में खुलने वाली पहली खिड़की के समान है। यहां एक बच्चे का प्राधिकार के साथ प्रथम सम्पर्क होता है और यही उसकी बुनियादी व अंतर्भूत (Included) आवश्यकताओं की पूर्ति का मुख्य माध्यम होता है।" प्रसिद्ध समाजशास्त्री जेल्डिच ने छप्पन समाजों का मानवशास्त्रीय अध्ययन करके समाजीकरण में माता–पिता की भूमिका का पता लगाया और आनुभविक अध्ययन के आधार पर यह व्यक्त किया कि सभी समाजों में बच्चे को समाजीकृत करने में पिता द्वारा साधक नेतृत्व (Instrumental Leadership) और माता द्वारा भावात्मक नेतृत्व (Expressive Leadership) प्रदान किया जाता है। प्रत्येक बच्चा अपने माता–पिता के साथ अपना तादात्म्य संस्थापित करना चाहता है और अपनी राजनीतिक व्यवस्था–प्रक्रियाओं, राजनीतिक सत्ता व राजनीति के प्रति माता–पिता की अभिवृत्तियों–अभिविन्यासों को अपनाना चाहता है। यानी कि एक बच्चे के मानस–पटल पर राजनीति एवं राजनीतिज्ञों के प्रति विचारों के निर्माण में इनकी भूमिका सर्वाधिक महत्त्वपूर्ण होती है। इस प्रसंग पर "The Family's Role in Political Socialization" में जेम्स सी. डेविस (James C. Davies) ने कहा है, 'परिवार मानसिक रूप से नग्नशिशु को पूरी तरह से आभूषित करके व्यक्तित्व के रूप में रूपान्तरित करने हेतु मुख्य साधन प्रदान करता है। व्यक्ति का अधिकांश राजनीतिक व्यक्तित्व यानी कि एक सामान्य वयस्क नागरिक और प्रमुख राजनीतिक कार्यकर्ता के रूप में कार्य करने की क्षमता का निर्धारण घर पर ही होता है और एक सामान्य वयस्क नागरिक एवं एक राजनीतिक कर्ता–धर्ता के रूप में उभरने से कई वर्ष पूर्व ही व्यक्ति के व्यक्तित्व का ऐसा निर्धारण हो जाता है।"

राजनीतिक समाजीकरण के कारक के रूप में परिवार की भूमिका अप्रकट होती है, इसके बावजूद राजनीतिक समाजीकरण प्रक्रिया में इसकी भूमिका सर्वाधिक महत्त्वपूर्ण एवं सर्वोपरि होती है। इस पूरी प्रक्रिया में परिवार की सर्वोपरि भूमिका के मुख्य तीन कारक हैं : **प्रथम**—बच्चों के पालन—पोषण में परिवार का दायित्व सर्वोपरि होता है। **द्वितीय**—बच्चों की अभिवृत्ति में माता—पिता के आचरण का अनुकरण करने की प्रवृत्ति स्वाभाविक रूप से पायी जाती है। **तृतीय**—परिवाररूपी संस्था में माता—पिता का प्रभुत्व भी बच्चों की राजनीतिक समाजीकरण प्रक्रिया को काफी हद तक प्रभावित करता है, यानी कि एक बच्चे के अप्रकट या प्रकट समाजीकरण में परिवार बुनियादी कारक की भूमिका निभाता है।

आल्मंड एवं पॉवेल के मतानुसार, "बाल्यावस्था में प्रकट या अप्रकट समाजीकरण के प्रभाव का जीवनपर्यन्त सशक्त और स्थायी असर रहता है। जिस प्रकार के पारिवारिक वातावरण में बच्चे का विकास होता है, उसी के अनुरूप उसकी अभिवृत्तियां, मनोदशाएं एवं दृष्टिकोण बनते तथा विकसित होते हैं। यही अभिवृत्तियां, मनोदशाएं एवं दृष्टिकोण भावी जीवन में राजनीतिक विषयों, राजनीतिक व्यवस्था, राजनीतिक प्रक्रियाओं एवं सरकार के प्रति उसका रुझान या सहभागिता के मूल आधार बनते हैं।" "आल्मंड एवं वर्बा का यह मानना है कि "निर्णय—निर्माण प्रक्रिया में सहभागिता का शुरूआती अनुभव बच्चे के अन्दर राजनीतिक कौशल में वृद्धि करता है, उसे अन्तःक्रियाओं के संचालन के लिए सामर्थ्य प्रदान करता है तथा वयस्क होने पर राजनीतिक व्यवस्था में उसकी सक्रिय सहभागिता की संभावना को बढ़ावा देता है।"

विभिन्न विद्वज्जनों की अभिव्यक्तियों का सार यह है कि एक व्यक्ति के राजनीतिक जीवन एवं राजनीतिक आचरण के निर्धारण नियमन तथा निरूपण में परिवार की भूमिका निर्णायक की होती है। रॉबर्ट लेन का यह सुझाव है कि "एक व्यक्ति के जीवन में परिवार के माध्यम से तीन राजनीतिक विश्वासों की बुनियाद रखी जा सकती है; **प्रथम**—प्रत्यक्ष या अप्रत्यक्ष रूप में मतारोपण (Indoctrination), **द्वितीय**—एक विशेष सामाजिक संदर्भ में बच्चे का पालन—पोषण और **तृतीय**—बच्चे के व्यक्तित्व का निर्माण करके।" लेकिन वहीं कुछ ऐसे भी विद्वज्जन हैं, जिनकी दृष्टि में परिवार को राजनीतिक समाजीकरण प्रक्रिया का सर्वोपरि अभिकरण मानना उचित नहीं है। इनका तर्क है कि एक व्यक्ति के जीवन में परिवार द्वारा प्राप्त समाजीकरण प्रक्रिया का प्रभाव जीवनपर्यन्त नहीं रहता है। एक वयस्क नागरिक का जब बाहर की दुनिया से सम्पर्क बढने लगता है, तो व्यक्ति के अन्दर नई राजनीतिक अभिवृत्तियां, मनोदशाएं व मूल्यों के प्रति रुझान पैदा होता है और उसी के अनुकूल अभिवृत्तियों व अभिविन्यासों का विकास होता रहता है।

इस दृष्टिकोण के बावजूद वस्तुतः यह सत्य है कि राजनीतिक समाजीकरण प्रक्रिया में परिवार की भूमिका के महत्त्व को अधिकांश विद्वानों द्वारा स्वीकार किया गया है एवं समर्थन भी किया गया है और इसे सर्वोपरि बुनियादी अभिकरण के रूप में चिन्हित किया गया है।

2. **पड़ोस (Neighbourhood)**—व्यक्ति के राजनीतिक समाजीकरण में पड़ोस की भूमिका काफी महत्त्वपूर्ण होती है। बचपन से लेकर किशोरावस्था, यहां तक कि एक वयस्क नागरिक होने पर भी इस प्रक्रिया में पड़ोस के योगदान को स्पष्ट रूप में देखा और अनुभव किया जा सकता है। एक बच्चा जाने—अनजाने अपने पड़ोस से कई बातें सीख लेता है जो आगे चलकर उसके राजनीतिक व्यक्तित्व निर्माण में अहम् आधारक बनता है। पड़ोस के सदस्यों द्वारा की गयी प्रशंसा या निंदा व्यक्ति के राजनीतिक व्यवहार के निर्माण एवं प्रदर्शन में प्रेरक तत्त्व की भूमिका अदा करता है।

3. **नातेदारी समूह (Kin Group)**—नातेदारी समूह के दायरे में रक्त एवं विवाह से संबंधित सभी रिश्तेदारियां शामिल हैं जिनके सम्पर्क में व्यक्ति को हमेशा कुछ—न—कुछ सीखने का मौका मिलता रहता है। एक नागरिक के जीवन में इस सीख का काफी महत्त्व है। यह उसके राजनीतिक व्यक्तित्व के निर्माण एवं राजनीतिक आचरण के नियमन में आधार—आधेय की भूमिका अदा करता है, क्योंकि वह नातेदारी समूह

के सदस्यों के आचरण को अपने अन्दर आत्मसात् करने का निरन्तर प्रयास करता रहता है और उनके द्वारा प्रदर्शित व्यवहारों का अनुकरण भी करता रहता है।

4. **क्रीड़ा समूह (Play Group)**–रिजमैन के विचार में "वर्तमान समय में खेल समूह व्यक्ति का समाजीकरण करने वाला एक महत्वपूर्ण माध्यम है।" राजनीतिक समाजीकरण प्रक्रिया के संदर्भ में एक बच्चे के लिए मित्र समूह (Peer Group) यानी कि खेल समूह (Play Group) समाजीकरण की प्राथमिक इकाई के रूप में अपनी पहचान बनाता है। अपने परिवार के बाद एक बच्चे के जीवन में क्रीड़ा समूह का काफी महत्त्व होता है, क्योंकि अपने साथियों के संपर्क में ही बच्चा अपनी उम्र के शुरूआती दौर में बहुत कुछ सीखता है। अपने हमजोलियों के साथ बच्चा खेल के नियमों का पालन करना सीखता है। अनुशासन सीखने के क्रम में वह अपने साथियों पर नियंत्रण भी रखता है और स्वयं नियंत्रित भी होता है। खेल में हार–जीत होने पर संयम का पालन करते हुए परिस्थितियों से अनुकूलन करना भी सीखता है। खेल समूह के साथ समय बिताने के दौरान बच्चों में पारस्परिक सहयोग, समन्वय, संघर्ष, प्रतिस्पर्धा जैसी अभिवृत्तियों, मनोदशाओं का निर्माण व अभिविन्यास होता रहता है। क्रीड़ा समूह के अन्तर्गत खेल के नियमों को तोड़ना, विरोध करना, रक्षक की भूमिका निभाना, पुरस्कार या दण्ड का भागीदार बनना आदि परिस्थितियां उनके व्यक्तित्व एवं व्यवहार के नियमन–निरूपण में प्रासंगिक भूमिका निभाती है जो आगे चलकर उनके विवेकसंगत या अविवेकी राजनीतिक व्यवहार के प्रदर्शन का आधार–माध्यम बनती हैं। रिजमैन के मतानुसार, "आजकल व्यक्ति अपने द्वारा लिए जाने वाले निर्णयों व दिशा–निर्देशों के लिए अपने हम उम्र साथियों पर ज्यादा निर्भर करता है, मित्रों के सलाह मशविरे को ज्यादा महत्व देता है। रिजमैन का यह भी कहना है कि आज के आधुनिक समाज का व्यक्ति परम्परागत आदिम समाजों व ग्रामीण समाजों की अपेक्षा दूसरों के द्वारा ज्यादा निर्देशित होता है जबकि परम्परागत समाजों के लोग अधिकतर स्व–निर्देशित (Inner-directed) होते थे। मित्रमंडली के संपर्क में बच्चा समाजीकरण के उन नये मूल्यों को ग्रहण करता है जो परिवार के सदस्यों से उसे प्राप्त नहीं होता है, साथ ही खेल के नियमों का पालन करके वह आनुभविक स्तर पर अनुशासन का जो पाठ सीखता है, वही सीख भावी जीवन में उसके राजनीतिक जीवन एवं राजनीतिक भूमिकाओं के संचालन–निष्पादन में आधारतत्त्व का कार्य करती है।

5. **शिक्षण संस्थाएं (Educational Institutions)**–एक व्यक्ति के जीवन में शिक्षा का अत्यधिक महत्त्व है क्योंकि शिक्षा ही देश की परम्परागत एवं आधुनिक दोनों राजनीतिक संस्कृतियों से वर्तमान पीढ़ी का परिचय कराती है। ऐलन वाल के शब्दों में, "शिक्षण सस्थानों का राजनीतिक समाजीकरण की प्रक्रिया पर महत्त्वपूर्ण प्रभाव पड़ता है। हो सकता है कि स्कूलों और विश्वविद्यालयों द्वारा दी गयी शिक्षा से प्रत्यक्ष रूप से राजनीतिक मत अंकुरित न हों, लेकिन उसका महत्त्व अवश्य होता है। अमेरिका एवं पश्चिमी यूरोप के देशों में स्कूल को राजनीतिक समाजीकरण प्रक्रिया का महत्त्वपूर्ण अभिकरण माना गया है। इन देशों में किये गये आनुभविक शोध कार्यों से यह निष्कर्ष निकलता है कि शिक्षित तथा अशिक्षित व्यक्तियों की अभिवृत्तियों, मनोदशाओं, दृष्टिकोणों एवं राजनीतिक व्यवहार प्रदर्शन में काफी अन्तर पाया जाता है। शिक्षित सदस्यों में लोकतंत्रीय आदर्शों–मूल्यों के प्रति ज्यादा आस्था प्रतिबद्धता व समर्थन की प्रवृत्ति स्पष्ट रूप से देखी जा सकती है।" वस्तुतः, शिक्षण संस्थाओं का उद्देश्य ही राजनीतिक व्यवस्था एवं लोकतात्रिक मूल्यों के प्रति जनसाधारण को जागरूक बनाना है और पीढ़ी–दर–पीढ़ी उन परम्पराओं, मूल्यों, विश्वासों एवं निष्ठाओं को हस्तांतरित करते रहना है। शिक्षण संस्थाओं के रूप में केवल स्कूल ही नहीं महाविद्यालय, विश्वविद्यालय तथा सभी प्रकार के सरकारी एवं गैर–सरकारी शिक्षण संस्थान राजनीतिक समाजीकरण का पाठ पढ़ाने में मील के पत्थर की भूमिका अदा करते हैं। शिक्षण संस्थाओं द्वारा प्रकट एवं अप्रकट दोनों रूपों में राजनीतिक समाजीकरण प्रक्रिया संचालित की जाती है। विद्यार्थी के रूप में एक व्यक्ति के अन्दर जहां शिक्षण संस्थाओं द्वारा सामाजिक पर्यावरण, सामाजिक मूल्यों, परम्पराओं, आदर्शों, व्यवहारों जैसे बोधनीय सामाजिक विषयतत्त्वों का चेतना–प्रवाह संचालित करके उनकी चिन्तन की धारा को मानवीय मूल्यों के प्रति इतना समृद्ध बनाया जाता है कि उनकी सोच

सामाजिक सौहार्द–सद्भाव से ओत–प्रोत होकर सामाजिक व्यवधानों पर ठहरे बिना नैसर्गिक मूल्यों को कायम रखने की दिशा में प्रवाहित होती रहे, वहीं दूसरी ओर प्रकट एवं अप्रकट रूप में सभी शिक्षण संस्थान विद्यार्थियों में राजनीतिक व्यवस्था–प्रक्रियाओं, सरकार, सरकार की गतिविधियों यानी कि राजनीतिक विषयों से संबंधित सभी प्रकार की राजनीतिक चेतना का समृद्ध प्रवाह संचारण करके उन्हें व्यवस्थागत राजनीतिक वातावरण के यथार्थ से अवगत कराने का भी महान् कार्य करता है, जो आदर्श नागरिक के रूप में एक वयस्क व्यक्ति के राजनीतिक व्यक्तित्व निर्माण एवं राजनीतिक आचरण के निर्धारण–निरूपण में महती भूमिका निभाता है। विद्यार्थियों की पाठ्यसामग्री में राज्य, सरकार, राजनीतिक दल राष्ट्रीयता का महत्त्व, स्वतंत्रता आन्दोलन का इतिहास, संविधान का प्रारूप, मौलिक अधिकारों, कर्त्तव्यों जैसे राजनीति प्रासंगिक नीतिगत विषयों को शामिल करके छात्र–छात्राओं का प्रकट राजनीतिक समाजीकरण किया जाता है और राजनीतिक व्यवस्था के मौलिक स्वरूप, प्रकार्यों एवं क्रियाशील राजनीति के तात्त्विक संदर्भों से विद्यार्थियों की गहरी जान–पहचान करायी जाती है।

राजनीतिक समाजीकरण प्रक्रिया में शिक्षण संस्थाओं की महती भूमिका की वजह से सभी राजनीतिक व्यवस्थाओं के शासक अभिजनों द्वारा सभी स्तरों की शिक्षण संस्थाओं के माध्यम से अपने नागरिकों की राजनीतिक अभिवृत्तियों, मनोदशाओं, राजनीतिक विश्वास, निष्ठा एवं इससे संदर्भित अभिविन्यासों के उत्तरोत्तर समुन्नयन का प्रयास जारी रहता है तथा अपने नागरिकों द्वारा प्रदर्शित राजनीतिक व्यवहार को ठोस आकार प्रदान करने की सदैव अभिप्रेरणा दी जाती है। सरकार द्वारा इसी उद्देश्य से पाठ्यक्रमों में राजनीति प्रासंगिक बुनियादी व ज्वलन्त विषयों को शामिल करके विद्यार्थियों को राजनीतिक सीख दी जाती है क्योंकि राजनीतिक मूल्यों के विकास के लिए शिक्षण संस्थाओं को सर्वश्रेष्ठ माध्यम के रूप में मान्यता दी गयी है। वयस्क विद्यार्थियों की अभिवृत्तियों पर अध्ययनगत पाठ्यक्रमों वाद–विवादों, चर्चाओं, विचार गोष्ठियों, अध्ययन–गोष्ठियों एवं अन्य पाठ्यक्रमेत्तर क्रियाकलापों का गहरा प्रभाव पड़ता है। उच्च शिक्षा केन्द्रों की भूमिका राजनीतिक संदर्भ में काफी महत्त्वपूर्ण मानी गयी है क्योंकि राजनीतिक समाजीकरण का यह स्तर सदस्यों की आयु की दृष्टि से काफी महत्त्वपूर्ण है, इसलिए अभिकरण के रूप में यह राजनीतिक अभिबोध (Political Enlightenment) का प्रभावी माध्यम है।

सारांशतः, यह कहा जा सकता है कि सभी प्रकार के शिक्षण संस्थान राजनीतिक ज्ञानोदय तथा राजनीतिक समाजीकरण के प्रभावी कारक हैं। यहां नागरिकों की राजनीतिक क्षमता तथा राजनीतिक मामलों में सहभागिता, जागरूकता आदि की भावना का आविर्भाव तथा विकास होता है। इस प्रकार राजनीतिक समाजीकरण के कारक के रूप में शिक्षा व शिक्षण संस्थाओं के कारकत्व के समस्त आयाम नागरिकों को राजनीति–प्रासंगिक तत्त्वमीमांसीय ज्ञान प्रदान करके उन्हें राजनीतिक विषयतत्त्वों का तत्त्वविद् बनाता है और उनके राजनीतिक व्यवहार के निर्माण व निरूपण के लिए तथ्यनिष्ठ आधारतत्त्व मुहैया कराता है।

6. **ऐच्छिक तथा गौण समूह (Voluntary and Secondary Groups)**–राजनीतिक मानकों के अंगीकरण की प्रक्रिया में सभी प्रकार के ऐच्छिक, सामाजिक, राजनीतिक, आर्थिक एवं सांस्कृतिक इकाइयों की भूमिका काफी महत्त्वपूर्ण होती है। इस प्रकार के ऐच्छिक समूहों के अन्तर्गत व्यवस्था में विद्यमान राजनीतिक दल, श्रमिक संघ, धार्मिक संघ, जातीय संघ, सांस्कृतिक संघ, व्यावसायिक संघ तथा विभिन्न प्रकार के संजातीय समूह शामिल होते हैं। राजनीतिक समाजीकरण प्रक्रिया में ऐच्छिक एवं गौण समूहों की भूमिका, संदर्भित राजनीतिक व्यवस्था में विद्यमान् समाज के स्वरूप एवं संरचना की प्रकृति पर निर्भर करता है। समाज के स्वरूप संरचना में पायी जाने वाली भिन्नता के अनुसार ही इन ऐच्छिक समूहों के विस्तार एवं महत्त्व का आकलन किया जा सकता है।

   राजनीतिक समाजीकरण के अभिकरण की भूमिका के रूप में इन ऐच्छिक समूहों को तीन श्रेणियों में विभाजित किया जा सकता है : **प्रथम श्रेणी** में वे समूह शामिल हैं जिनका संरचनात्मक–प्रकार्यात्मक

उद्देश्य व प्रकृति शुद्ध रूप से राजनीतिक होता है। इस कोटि में राजनीतिक व्यवस्था में मौजूद सभी राजनीतिक दलों को रखा जाता है। एस. न्यूमैन ने राजनीतिक दल को आधुनिक राजनीति का आधार–स्तम्भ कहा है। राजनीतिक दल स्पष्टतः एक राजनीतिक संगठन है, जिसका एक मात्र उद्देश्य अपनी विचारधारा, मूल्यों, नीतियों तथा कार्यक्रमों का प्रचार–प्रसार करके सत्ता–प्राप्ति के लिए निरन्तर प्रयासरत रहना है। विभिन्न राजनीतिक व्यवस्थाओं की प्रकृति एवं शासनशैली के अनुरूप वहां राजनीतिक समाजीकरण प्रक्रिया हेतु राजनीतिक दलों की भूमिकाओं में पाये जाने वाले अन्तर को स्पष्ट रूप से देखा जा सकता है। सर्वाधिकारवादी राजनीतिक व्यवस्थाओं में राजनीतिक समाजीकरण प्रक्रिया के अभिकरण के रूप में राजनीतिक दलों का मुख्य कार्य अपने पार्टीगत मूल्यों, परम्पराओं, मान्यताओं तथा विचारधारा का प्रचार–प्रचार करना एवं अपनी सत्तागत नीतियों के अनुरूप सदस्यों की अभिवृत्तियों, मनोदशाओं, भावनाओं, विश्वासों व निष्ठाओं का निर्माण कराना है तथा अपनी राजनीतिक मान्यताओं, मूल्यों के अनुरूप जनअभिवृत्तियों में अभिविन्यास कराते रहना है, यानी कि साम्यवादी व्यवस्थाओं में राजनीतिक समाजीकरण के अभिकरण के रूप में साम्यवादी दल का मुख्य कार्य नागरिकों को अपने दल की विचारधारा का संज्ञान लेने के लिए प्रशिक्षित करना है और अपनी विचारधारा से असहमति व्यक्त करने वाली विरोध की प्रवृत्ति को अपनी सत्ता–शक्ति के माध्यम से दबाना है। सर्वाधिकारवादी व्यवस्था की विशेषता यह है कि इसमें साम्यवादी दल नागरिकों की राजनीतिक, सामाजिक तथा आर्थिक सभी गतिविधियों पर नियंत्रण रखता है, क्योंकि इसमें एकदलीय व्यवस्था के तहत साम्यवादी दल की अधिकृत विचारधारा (Official Ideology) को सबसे ऊपर रखा जाता है और राजनीतिक पदों का वितरण सत्तारूढ़ अभिजनों के माध्यम से होता है।

उदारवादी व्यवस्थाओं को राजनीतिक–सागाजिक–आर्थिक जटिल परिस्थितियों एवं महत्त्वपूर्ण समस्याओं की समाधान नीतियों के स्पष्टीकरण तथा सदस्यों को इन विषयों के प्रति जागरूक बनाने में राजनीतिक दलों का पर्याप्त योगदान होता है। इस व्यवस्थान्तर्गत लोकतंत्रीय प्रक्रियाओं के संचालन व निष्पादन में अधिक सार्थक भूमिका निभाने के क्रम में अपनी का्यशैली, नीतियों, घोषणाओं, कार्यक्रमों और विचारधाराओं का प्रचार–प्रसार करके विशाल जनसमर्थन जुटाने हेतु सभी राजनीतिक दल निरन्तर प्रयासरत रहते हैं। राजनीतिक दलों द्वारा अपने पक्ष में जनमत–निर्माण के प्रयास में नागरिकों का बडे पैमाने पर प्रकट एवं अप्रकट राजनीतिक समाजीकरण की प्रक्रिया का संचालन किया जाता है। उदारवादी लोकतंत्र मे सभी दलों के द्वारा जनता का ध्यान व्यवस्थागत सार्वजनिक समस्याओं, प्रश्नों एवं मुद्दों की ओर आकर्षित कराके जनसाधारण को निरन्तर राजनीतिक प्रशिक्षण देने का महत्त्वपूर्ण कार्य जारी रहता है। वे आम सभा, अधिवेशन, विरोध प्रदर्शन, रैलियां, हड़ताल, भाषण, पत्र–पत्रिकाओं, रेडियो, टेलीविजन आदि के माध्यम से सदैव राजनीतिक जनप्रशिक्षण व जनजागरण का महान कार्य करते रहते हैं जो उदारवादी लोकतंत्र में नागरिकों के राजनीतिक समाजीकरण के प्रमुख साधन हैं। सामाजिक–सांस्कृतिक उत्थान के लिए इनके द्वारा किये गये कार्यों से भी जनता का राजनीतिक समाजीकरण होता रहता है; मसलन–सामाजिक कुरीतियों की आलोचना करके एवं देश में राजनीतिक–सांस्कृतिक केन्द्रों की स्थापना करके जनहित की दृष्टि से सांस्कृतिक विकास में इनके महत्त्वपूर्ण योगदान किया जाता है जिससे व्यवस्था की राजनीतिक संस्कृति को ठोस आकार मिलता है। यथार्थतः व्यवस्थागत राजनीतिक संस्कृति ही राजनीतिक समाजीकरण की प्रक्रिया का आधार–आधेय है।

नवोदित राष्ट्रों में राजनीतिक संस्कृति के निर्माण, विकास, परिवर्तन एवं राजनीतिक समाजीकरण प्रक्रिया के संचालन में राजनीतिक दलों की भूमिका अहम् होती है। अपनी विचारधारा के प्रचार–प्रसार क्रम में अपना हितवर्द्धन करने के उद्देश्य से दलों के नेता व्यवस्थागत राजनीति, राजनीतिक मूल्यों से जनसाधारण का परिचय कराते हैं। जनता एवं सरकार के बीच प्रत्यक्ष संबंध स्थापित कराना, राजनीतिक सूचनाओं का प्रसार करना समाज के विविध समूहो में एकता पैदा कराना जनसरोकारगत समस्याओं को प्रमुखता से उठाना, जनकल्याण व जनउत्थान हेतु स्थानीय एवं राष्ट्रीय स्तर पर ठोस नीतियों व

कार्यक्रमों की रूपरेखा तय करना तथा इन कार्यक्रमों पर अमल करने हेतु जनजागरण अभियान चलाना तथा ऐसे अनेकानेक राष्ट्रीय कार्यक्रमों का प्रचार करके राजनीतिक दल सभी व्यवस्थाओं में राजनीतिक समाजीकरण के अभिकरण की महत्त्वपूर्ण भूमिका निभाते हैं। मैकाइवर के शब्दों में, ''राजनीतिक दल वह अभिकरण है जिसके माध्यम से सार्वजनिक राय को सार्वजनिक नीति में परिवर्तित किया जाता है।'' लास्की का यह मानना है कि ''राजनीतिक दलों की वजह से जनता का भावावेश क्रान्ति का रूप धारण नहीं कर पाता है।' राजनीतिक चेतना के प्रसार एवं प्रशिक्षण में दलों की महत्त्वपूर्ण भूमिका को देखते हुए ही इन्हें राजनीतिक समाजीकरण के सर्वाधिक प्रासंगिक राजनीतिक अभिकरण की संज्ञा दी गयी है।

दूसरी श्रेणी के अन्तर्गत वे ऐच्छिक समूह आते हैं जो मूलतः गैर राजनीतिक उद्देश्यों के लिए संगठित होते हैं, लेकिन इनकी गतिविधियां एवं कार्यक्रम लोगों की राजनीतिक अभिवृत्तियों–अभिविन्यासों पर परोक्ष रूप से गहरा प्रभाव डालती हैं। इस स्तर के समूहों में विभिन्न प्रकार के कर्मचारी संगठन, औद्योगिक संगठन एवं मजदूर संगठन आदि शामिल हैं। इन संगठनों के निर्माण का बुनियादी उद्देश्य अपने सदस्यों का आर्थिक–भौतिक हितवर्द्धन करना एवं इन हितों को संरक्षण देना है। अपने हितों की रक्षा करने के उद्देश्य से ये समूह सरकार की नीतियों व निर्णयों के विरुद्ध हड़ताल करते हैं, रैलियां निकालते हैं, सभाएं करते हैं बन्द का आहवान करते हैं और अपने इन कार्यक्रमों में सरकार के क्रिया–कलापों की आलोचना करते हैं। ये समूह अपने आन्दोलन को आगे बढ़ाने के लिए प्रस्ताव पारित करते हैं फिर इन्हीं उद्देश्यों के साथ अपने भावी क्रार्यक्रमों की रूपरेखा तय करते हैं। ऐसे गौण समूह जब अपने उद्देश्य की पूर्ति के लिए राजनीतिक प्रक्रिया को प्रभावित करने की कोशिश करते हैं तो उन्हें हित समूह की संज्ञा दी जाती है। जब कोई हित समूह अत्यधिक सक्रिय हो जाता है और अपने हितवर्द्धन के लिए सरकार पर ज्यादा से ज्यादा दबाव बनाने लगता है तो उन्हें दबाव समूह का नाम दिया जाता है और अत्यधिक सक्रिय व प्रभावशाली दबाव समूह को वर्तमान परिप्रेक्ष्य में 'लॉबी' का नाम दिया गया है। इस संगठन का उद्देश्य सरकार की निर्णय–प्रक्रिया को प्रभावित करना है। इन समूहों की गतिविधियां राजनीतिक प्रक्रिया के अभिन्न अंग हैं, इस दृष्टि से राजनीतिक समाजीकरण प्रक्रिया में इनकी अहम् भूमिका होती है। ये अपनी गतिविधियों के माध्यम से शासन की नीतियों व निर्णयों को प्रभावित करने का निरन्तर प्रयत्न करते रहते हैं, लेकिन अपने सदस्यों को शासन के पदों पर स्थापित करने का प्रयास नहीं करते हैं और न ही स्वयं शासन की बागडोर संभालने के लिए तत्पर दिखाई देते हैं। इन समूहों का उद्देश्य विशेषोन्मुखी (Particularistic) है, यानी कि ये सिर्फ विशेष हितों से सरोकार रखते हैं और विशेष विचार एवं भावना से प्रेरित लक्ष्य के प्रति सदैव समर्पित होते हैं। विकसित राजनीतिक व्यवस्थाओं में अपनी व्यवस्थित स्थिति एवं कार्यशैली को उन्नत परम्पराओं की वजह से राजनीतिक समाजीकरण में ये समूह महत्त्वपूर्ण भूमिका निभाते हैं। विकासशील देशों में ये समूह अभी अपनी आरंभिक अवस्था में हैं जिन पर सरकार का दबाव सदैव बना रहता है। यहां निहित स्वार्थों का प्रतिनिधित्व करने वाले कई समूह सक्रिय हैं, लेकिन उनमें से बहुत कम समूह ऐसे हैं, जिनका ध्येय जनअभिलाषाओं को पूरा करना है।

उदारवादी लोकतांत्रिक व्यवस्थाओं के अन्तर्गत ऐसे ऐच्छिक समूहों की गतिविधियां क्रियाशील राजनीति का महत्वपूर्ण हिस्सा हैं, क्योंकि वहां की यह मान्यता है कि सामान्य चुनाव प्रणाली (General Electoral System) द्वारा क्षेत्रीय प्रतिनिधित्व (Territorial Representation) की व्यवस्था की जाती है, लेकिन विभिन्न ऐच्छिक समूहों यानी कि दबाव समूहों, हित समूहों, की गतिविधियां अपने तरीके से राजनीतिक समाजीकरण प्रक्रिया का सशक्त माध्यम बनकर व्यवस्था में कृत्यात्मक प्रतिनिधित्व (Functional Representation) को बढ़ावा देने का महती कार्य सम्पन्न करती हैं। मतदान व्यवहार के निर्माण–नियमन एवं निरूपण आदि में सरकार द्वारा नीतियों के निधार्रण के संबंध में विभिन्न समूहों द्वारा प्राप्त जानकारियां काफी तात्त्विक और अर्थपूर्ण होती हैं। साम्यवादी समाजवादी व्यवस्थाओं में सिर्फ सर्वहारा (Proletariate) अर्थात् कामगार वर्ग (Working Class) के हित को मान्यता दी जाती है जिसका अभिव्यक्तिकरण करना वहां साम्यवादी दल का एकाधिकार है। वहां स्वाधीन हितों को पनपने का अवसर नहीं मिलता है।

साम्यवादी व्यवस्था में हित समूह साम्यवादी दल के सहायक एवं सहयोगी की भूमिका में होते हैं और नागरिकों के राजनीतिक समाजीकरण प्रक्रिया का संचालन भी ये समूह अपने इसी स्वरूप के तहत साम्यवादी दल के शक्तिवर्द्धन के लिए करते हैं।

तीसरी श्रेणी में धार्मिक–सांस्कृतिक एवं जातीय समूह शामिल हैं। इन समूहों का निर्माण शुद्ध सामाजिक परिप्रेक्ष्य तथा उद्देश्यों को ध्यान में रखकर किया जाता है। इनका अस्तित्व एवं उद्देश्य प्रत्यक्ष रूप से राजनीतिक समाजीकरण प्रक्रिया के संचालक की नहीं होती है लेकिन अपने कार्यक्रमों और निर्णयों की वजह से ये राजनीतिक समाजीकरण प्रक्रिया का अहम् हिस्सा बन जाते हैं। धर्म के साथ व्यक्ति की मनोवृत्ति का गहरा संबंध होता है, जैसा कि जौहरी का मानना है कि धार्मिक संस्थाओं का व्यक्ति के राजनीतिक समाजीकरण में बहुत महत्त्व है। यह बात सही है कि धार्मिक समूहों का व्यक्ति की राजनीतिक अभिवृत्तियों पर सीधा प्रभाव नहीं पड़ता है, लेकिन ये कई सामाजिक संस्थाओं एवं संदर्भों को प्रत्यक्ष रूप से प्रभावित करते हैं। इसलिए राजनीतिक समाजीकरण प्रक्रिया में इनकी भूमिका काफी प्रासंगिक है, विशेष रूप से विकासशील लोकतांत्रिक व्यवस्थाओं में जहां सत्ता के परम्परागत स्रोत के रूप में इनकी भूमिका उल्लेखनीय होती है। इसी प्रकार, आधुनिक व्यवस्था की अनेक सांस्कृतिक संस्थाएं जैसे विविध प्रकार का जातीय संगठन, सांस्कृतिक संगठन, नाटकमण्डली, संगीत अकादमी, कला एवं साहित्य से संबंधित विभिन्न समूह–संघ, कवि सम्मेलन एवं क्लब आदि राजनीतिक सामाजीकरण की दृष्टि से महत्त्वपूर्ण माध्यम की भूमिका निभाते हैं।

6. **प्रतीक (Symbol)**–राजनीतिक समाजीकरण के अन्य महत्त्वपूर्ण कारक के रूप में प्रतीकों का स्थान काफी ख़ास है। व्यक्ति की राजनीतिक अभिवृत्तियों व अभिविन्यासों को विकसित करने में राजनीतिक–सामाजिक प्रतीकों की भूमिका बहुत प्रासंगिक है। उदाहरणस्वरूप भारतीय राजनीति से प्रासंगिक प्रतीकों की कोटि में गणतंत्र दिवस, स्वतंत्रता दिवस, मई दिवस, बाल दिवस महिला दिवस, मानवाधिकार दिवस, गांधी जयन्ती एवं अन्य महापुरुषों की जयन्तियां, आम चुनाव, राष्ट्रगान–राष्ट्रगीत, राष्ट्रप्रतीक आदि शामिल हैं जो देशवासियों के राजनीतिक समाजीकरण में अहम् भूमिका निभाते हैं। जहां ये प्रतीक अपनी राजनीतिक व्यवस्था के लिए नागरिकों में निष्ठा, विश्वास, प्रतिबद्धता जैसी भावनाओं के आविर्भाव एवं विकास में तथ्यनिष्ठ भूमिका निभाते दिखाई देते हैं, वहीं सरकार एवं विपक्षी पार्टियां भी कुछ प्रतीकों के जरिये समाज के लोगों का राजनीतिक समाजीकरण करके वोट बैंक बनाने और बढ़ाने की जुगत में लगे रहती हैं, जबकि सरकार को इस बात का एहसास होना चाहिए कि उसके द्वारा अपनायी गयी प्रतीकों की राजनीति हमेशा नहीं चलती है, यह सिर्फ अल्पकालिक फ़ायदा पहुंचाती है, क्योंकि जनसाधारण को हमेशा सरकार के क्रियाकलापों का बेहतर नतीजा चाहिए।

   राजनीतिक उद्देश्यों की प्राप्ति के लिए प्रतीक के रूप में ऐतिहासिक घटनाओं से संबद्ध कुछ ख़ास दिनों को भी राष्ट्रीय त्यौहार के रूप में मनाया जाता है, जैसे मैक्सिको में क्रान्ति दिवस का सालाना त्यौहार प्रतीकात्मक संतोष का साधन है, वैसे ही भारत में 15 अगस्त (स्वतंत्रता दिवस) एवं 26 जनवरी (गणतंत्र दिवस) का राजनीतिक संस्कृति के निर्माण में प्रतीकात्मक महत्त्व है। आल्मंड एवं वर्बा ने मैक्सिको की क्रान्ति के प्रसंग में लिखा है कि "क्रान्ति दिवस मैक्सिको की राजनीतिक संस्कृति के विकास का एक महत्त्वपूर्ण स्रोत है क्योंकि यह वहां की राजनीतिक व्यवस्था में राष्ट्रीय स्व–बोध (National Indentity) तथा राष्ट्रीय हित सम्पादन की प्रतिबद्धता को प्रदर्शित करता है जो समाज के प्रत्येक स्तर में व्याप्त है।"

7. **जनसंपर्क के साधन (Media of Mass Communication)**–जनसंपर्क के साधनों का विस्तारित और सर्वव्यापक जाल व्यक्ति के व्यक्तित्व के संज्ञानात्मक पक्ष को गहन रूप से उन्नत और प्रभावित करता है, इसलिए राजनीतिक समाजीकरण प्रक्रिया के संचालन एवं विकास में ये काफी अहम् भूमिका निभाते हैं। जनसंचार नेटवर्किंग की सभी विधियां एवं समस्त माध्यम व्यवस्थागत राजनीति के स्वरूप को ठोस व सार्थक आकार प्रदान करता है। जनसंपर्क के माध्यमों में रेडियो, टेलीविजन, चलचित्र, समाचार

पत्र–पत्रिकाएं आदि के सम्पर्क में रहकर, समाचारपत्रों की खबरों पर विमर्श करके लोग राजनीति से संबंधित मूल्यों, मानकों, व्यवहारों का निर्माण करते हैं। समाचारपत्र, रेडियो, टेलीविजन आदि द्वारा व्यवस्था के सदस्यों में राजनीतिक चेतना जगाने में अर्थपूर्ण भूमिका निभायी जाती है। जनसंपर्क के विविध साधनों द्वारा व्यवस्था में राजनीतिक विचारों को सूत्रबद्ध करने का महान कार्य किया जाता है। राजनीतिक समाजीकरण प्रक्रिया के प्रकट एवं अप्रकट दोनों ही रूपों के संचालन में इन माध्यमों का विशेष महत्त्व है। ये माध्यम लोगों के अन्दर सिर्फ राजनीतिक अभिवृत्तियों एवं अभिविन्यासों का निर्माण व विकास ही नहीं करते हैं, अपितु अभिवृत्तियों व अभिविन्यासों को गंभीर रूप से प्रभावित भी करते हैं या निरन्तर प्रभावित करने के लिए गंभीरता से प्रयासरत रहते हैं।

किसी भी राजनीतिक व्यवस्था के सदस्यों के लिए वहां मौजूद जनसम्पर्क के साधन राजनीति के माध्यम में जानकारी प्राप्त करने का नियमित साधन है। औद्योगिक पश्चिमी समाजों में प्रत्येक व्यक्ति व्यक्तिगत एवं सामूहिक रूप से संचार के साधनों के प्रभाव क्षेत्र के अन्तर्गत अपनी राजनीतिक भूमिकाओं का निष्पादन करता है। लेकिन यहां ध्यान दने योग्य तथ्य यह है कि राजनीतिक समाजीकरण प्रक्रिया के अभिकरण के रूप में जनसंपर्क के साधनों की भूमिका के महत्त्व की दृष्टि से विकसित, अविकसित एवं संक्रमणकालीन समाजों की स्थिति में अन्तर पाया जाता है और विकास की अवस्था के अनुरूप इस माध्यम का महत्त्व घटता–बढ़ता रहता है। व्यक्ति जनसम्पर्क के साधनों के माध्यम से जो कुछ भी सीखता है, वस्तुतः वे व्यक्ति में पहले से मौजूद अभिवृत्तियों का क्रियात्मक रूप होते हैं। दूसरे शब्दों में, यह कहा जा सकता कि संचार के साधन अधिकांशतः व्यक्ति की अभिवृत्ति में मौजूद विश्वास व निष्ठा आदि को मजबूत बनाने का काम करते हैं। सभी राजनीतिक दल जनमत को अपने पक्ष में मोड़ने के लिए व्यवस्था के ज्वलन्त प्रश्नों, समस्याओं तथा उससे संबंधित सरकारी नीतियों और निर्णयों के सक्रियण (Activation) की खुलकर विवेचना व आलोचना करते हैं और अपनी इन गतिविधियों के लिए वे जनसम्पर्क के साधनों का भरपूर प्रयोग करके मतदाताओं की राजनीतिक प्रवृत्तियों, मनोदशाओं एवं विश्वासों को अपने प्रभाव क्षेत्र की ओर मोड़ने का भरपूर प्रयास करते हैं।

इसके अतिरिक्त सार्वजनिक प्रदर्शन, हड़ताल आमसभा, बन्द की घोषणा, घेराव व दंगा–फसाद जैसी राजनीतिक गतिविधियां भी राजनीतिक समाजीकरण प्रक्रिया पर गहरा प्रभाव डालती हैं। व्यवस्था में घटित होने वाला मुख्य सामाजिक हादसा भी राजनीतिक समाजीकरण की प्रक्रिया में विशेष महत्त्व रखता है और इन घटनाओं और हादसों से संबद्ध समस्त जानकारियों को जन–जन तक पहुंचाने का श्रेय जनसम्पर्क के माध्यमों का है। संचार माध्यमों के द्वारा जो ख़बरें जनसाधारण तक पहुंचती हैं, उससे राजनीतिक–सामाजिक विषयों के प्रति आमजन का रुझान बढ़ता है और उनके व्यक्तित्व में व्यवस्थागत मुद्दों–समस्याओं के प्रति संज्ञान लेने की क्षमता का स्तर काफी विकसित होता है, यानी कि जनसंपर्क के विविध माध्यम व्यक्तियों के संज्ञानात्मक, भावात्मक एव मूल्यांकनात्मक अभिमुखीकरण के सामर्थ्य को विकसित करके व्यवस्थागत राजनीतिक घटनाओं एवं राजनीतिक प्रक्रियाओं के प्रति उनके रुझान के स्तर की समुन्नति में सजीव माध्यम की भूमिका निभाते हैं। सर्वाधिकारवादी व्यवस्थाओं में जनसंपर्क के साधनों को उदारवादी व्यवस्थाओं की भांति अभिव्यक्ति की आजादी नहीं होती है इसलिए इन व्यवस्थाओं में ये माध्यम अपने विविध आयामों द्वारा सरकार के पक्ष में जनसामान्य का राजनीतिक समाजीकरण करने की भूमिका निभाते हैं।

8. **सरकार (Government)**–प्रत्येक व्यवस्था में राजनीतिक समाजीकरण के अभिकरण के रूप में सरकार की भूमिका अति महत्त्वपूर्ण है। सरकार के तीनों अंग कार्यपालिका, विधायिका एवं न्यायपालिका जनता का सदैव प्रत्यक्ष या परोक्ष रूप से राजनीतिक समाजीकरण करते रहते हैं। कार्यपालिका नीतियों व निर्णयों के निर्धारण एवं क्रियान्वयन द्वारा विधायिका अपने सदस्यों द्वारा उठाये गये जनहित प्रासंगिक सवालो द्वारा एवं उस पर सरकारी स्पष्टीकरण द्वारा, विभिन्न मुद्दों पर वाद–विवाद एवं खुली बहस द्वारा तथा न्यायपालिका अपनी न्यायिक सक्रियतावाद (Judicial Activism) द्वारा विभिन्न मुकदमों पर दिये गये

जनसरोकारगत निर्णयों द्वारा जनहित याचिकाओं पर अदालती सक्रियता द्वारा जनता के राजनीतिक समाजीकरण में महती योगदान दिया जाता है। कई बार सत्ताधारी दलों द्वारा अपने वोट बैंक को मजबूत करने की दृष्टि से सरकारी प्रयासों के माध्यम से नागरिकों का प्रकट राजनीतिक समाजीकरण किया जाता है। संसद् एवं विधानसभाओं में मत्रियों के भाषण, सरकारी योजनाओं से संबंधित लोकलुभावन घोषणाओं या विकास–संदर्भित भावी रूपरेखा की प्रस्तुति द्वारा भी सरकारी स्तर पर राजनीतिक समाजीकरण की प्रक्रिया चलती रहती है। सरकार द्वारा चलाये जा रहे विकास कार्यक्रमों की सफलता या असफलता के प्रति जनसमर्थन या जनविरोध भी व्यवस्था में सदस्यों के राजनीतिक समाजीकरण का महत्त्वपूर्ण आधार है, इसीलिए चुनावी वर्ष में सरकार द्वारा जनहित के नाम पर कई लोकलुभावन घोषणाएं की जाती हैं, मसलन–करों में छूट या नई विकास योजनाओं के क्रियान्वयन की घोषणा आदि।

इसी भांति न्यायपालिका भी प्रकट रूप से राजंनीतिक समाजीकरण का कार्य नहीं करती है, लेकिन महत्त्वपूर्ण मुकदमों या विवादों पर दिया गया अदालती निर्णय निश्चित रूप से जनमत को प्रभावित करता है। दृष्टान्तस्वरूप गोलकनाथ तथा केशवानन्द भारती के मुकदमों में सर्वोच्च न्यायालय द्वारा दिये फैसले का प्रभाव भारतीय राजनीति पर स्पष्ट रूप से पड़ा और इसकी प्रतिक्रिया सम्पूर्ण देश में दिखाई पड़ी। इसी भांति चाहे 1975 में श्रीमती इन्दिरा गांधी के चुनाव संबंधी मुकदमे पर इलाहाबाद उच्च न्यायालय का निर्णय हो, संविधान की नौवीं सूची के विषयों पर न्यायिक पुनर्निरीक्षण के संबंध में सर्वोच्च न्यायालय द्वारा दिया गया निर्णय हो या आरक्षण के कोटे में वृद्धि संबंधी अदालती निर्णय हो; व्यवस्था के नागरिकों पर इसके पड़ने वाले प्रभावों का स्पष्ट आकलन किया जा सकता है, क्योंकि श्रीमती गांधी के मुकदमे पर अदालती आदेश के परिणामस्वरूप आपातकाल की घोषणा की गयी जिसके नतीजे से उत्पन्न जनविरोध की स्थिति 1977 में केन्द्रीय सत्ता परिवर्तन का सशक्त माध्यम बना।

जहां तक साम्यवादी व्यवस्थाओं का प्रसंग है, वहां का सरकारीतंत्र प्रकट राजनीतिक समाजीकरण का सबसे सशक्त और प्रासंगिक माध्यम है। हालाँकि राजनीतिक विद्वान राजनीतिक समाजीकरण के अभिकरण के रूप में सरकार की सशक्त भूमिका को लोकतांत्रिक व्यवस्था के विकास के लिए सही नहीं मानते हैं। वे इसे राजनीतिक समाजीकरण के अन्य अभिकरणों की कमजोरी एवं सरकार की सर्वाधिकारवादी प्रवृत्ति के द्योतक के रूप में देखते हैं, लेकिन तात्त्विक स्तर पर सभी सरकारों द्वारा राजनीतिक समाजीकरण की ये क्रियाएं वृहत् स्तर पर संपादित की जाती हैं।

9. **धार्मिक संगठन (Religious Organisation)**–विकसित एवं विकासशील दोनों व्यवस्थाओं का इतिहास साक्षी है कि वहां की धार्मिक संस्थाएं व्यवस्थागत राजनीतिक समाजीकरण प्रक्रिया के अभिकरण के रूप में विशिष्ट भूमिकाएं निभाती रही हैं। ब्रिटिश राजनीति पर लम्बे समय तक धर्म के प्रभाव के रूप में पोप की सर्वोच्चता का तथ्यनिष्ठ सिद्धान्त इतिहास के पन्नों में दर्ज है। मैकियावेली वे पहले राजनीतिक विद्वान् हैं, जिन्होंने तत्कालीन राजनीति में धर्म–शक्ति के हस्तक्षेप को गंभीर चुनौती दी। राजनीति को धर्म से पृथक् पहचान कराने वाले वे पहले राजनीतिक चिन्तक हैं।

जहां तक भारत का सवाल है, यहां के धार्मिक संगठन, संस्थाएं कट्टर धर्मगुरूओं व धर्म के स्वयंभू ठेकेदारों द्वारा समय–समय पर धार्मिक उन्माद व कट्टरता का प्रदर्शन करके जनसाधारण की राजनीतिक अभिवृत्तियों तथा अभिविन्यासों को गंभीर रूप से प्रभावित किया जाता रहा है। स्वहित को ध्यान में रखकर अपनी धार्मिक शक्ति की वर्चस्वता कायम करने हेतु इनके द्वारा धार्मिक कट्टरता के नाम पर नकारात्मक राजनीतिक समाजीकरण प्रक्रिया के संचालन का भी इतिहास रहा है, क्योंकि इन्होंने अपने संकीर्ण आचरण से सभी धर्मों की संस्कृतियों को हानि पहुंचायी है। भारत विविधताओं से भरा एक ऐसा देश है जिसमें विभिन्न धर्मों और जातियों के लोग आपसी विश्वास, आस्था और सामाजिक सौहार्द की मान्यताओं व मूल्यों के साथ आपस में मिलजुल कर रहते आये हैं। लेकिन, दुर्भाग्यवश देश में कुछ ऐसे धर्म के ठेकेदार भी हैं जो व्यवस्था पर अपना वर्चस्व और एकाधिकार कायम रखने के लिए संविधान और कानून की भी अनदेखी करने से नहीं चूकते हैं। कुछ हिन्दू चरमपंथी संगठन आजादी के बाद से

ही इस देश को हिन्दू राष्ट्र बनाने के लिए प्रयासरत हैं और इसी मानसिकता के अनुरूप नागरिकों का राजनीतिक प्रशिक्षण करने हेतु सदैव गंभीर रूप से सक्रिय रहते हैं, क्योंकि इनकी दृष्टि में देश की बहुसंख्यक जनता हिन्दू मतावलंबी है। अपने उद्देश्य पूर्ति के लिए ये चरमपंथ की अन्तिम सीमाओं को लांघने के लिए भी हमेशा तैयार रहते हैं। प्रतिक्रियास्वरूप आजाद भारत में अल्पसंख्यकों में विशेषकर मुसलमानों में असुरक्षा और असहिष्णुता से ओत–प्रोत राजनीतिक समाजीकरण का पाठ इस्लाम धर्म के ठेकेदारों द्वारा अल्पसंख्यकों को पढ़ाया जाता रहा है, जिसके परिणामस्वरूप धर्म की रक्षा के नाम पर इस वर्ग के कुछ सदस्यों द्वारा चरमपंथ को अपना हथियार बनाकार विध्वंसात्मक गतिविधियों का संचालन निरन्तर जारी है। जबकि धर्म की राजनीति के नाम पर चरमपंथी और अतिवादी दोनों देशहित के लिए अत्यन्त घातक मानसिकता है। देशहित, समाजहित या व्यक्तिहित में न तो हिन्दू चरमपंथ अच्छा है और न ही मुस्लिम चरमपंथ। इस आलोक में यह कहा जा सकता कि विशेष रूप से विकासशील व्यवस्थाओं में आज भी धार्मिक संस्थाएं, संगठन या नेतृत्व अपने संगठन–हित एवं संगठन–नीतियों के विस्तार एवं वर्चस्व की स्थापना हेतु जनता को राजनीतिक समाजीकरण का पाठ पढ़ाते रहते हैं।

इसके अतिरिक्त भारतीय राजनीति के संदर्भ में जनता के राजनीतिक समाजीकरण में जातियों की भूमिका बहुत अहम् है। यहां चुनाव–क्षेत्रों का निर्माण, विभिन्न राजनीतिक दलों द्वारा उम्मीदवारों का चयन एवं मतदाताओं की सक्रियता तथा मतदान व्यवहार पूरी तरह जाति आधारित होता है। प्रत्याशी चुनाव प्रचार के दौरान एवं विधायक या सांसद के रूप में निर्वाचित होने के पश्चात् भी अपनी राजनीतिक सक्रियता, प्रतिबद्धता एवं व्यवहार में जाति–भक्ति का परिचय देते रहते हैं। अनुसूचित जातियों तथा अनुसूचित जनजातियों के लिए निर्वाचन क्षेत्रों को संविधान के आधार पर आरक्षित करना व सभी सरकारी नौकरियों एवं शिक्षण संस्थाओं में जातिगत आरक्षण प्रदान करने के मूल में भी सदस्यों को जाति आधारित राजनीतिक समाजीकरण का पाठ पढ़ाना है; यानी कि सत्ता–प्राप्ति के लिए एवं सत्ता में बने रहने के लिए व्यवस्था में जनता का जातिगत आधारित मतप्रबंधन करना है। लोकतांत्रिक राजनीति और जाति की इस अन्योन्यक्रिया को सामान्यतया 'राजनीति में जातिवाद' का नाम दिया जाता है लेकिन दरअसल यह जातियों का राजनीतिकरण है। जातियों के राजनीतिकरण का सफल पक्ष यह है कि इसी वजह से यहां के संसदीय लोकतंत्र में आमजन की सक्रियता, सहभागिता एवं क्रियाशील राजनीति में बड़े पैमाने पर बढ़ी है वहीं राजव्यवस्था को लोकतांत्रिक चेहरा भी मिला है।

10. **राजनीति (Politics)**–अन्ततः यह कहा जा सकता है कि राजनीति स्वयं राजनीतिक समाजीकरण का सबसे प्रभावशाली कारक है। व्यवस्था में राजनीति की सक्रियता के अनुरूप नागरिकों को राजनीतिक–सामाजिक–आर्थिक प्रसंगों, मुद्दों तथा समस्याओं का संज्ञान प्राप्त होता रहता है तथा राजनीति की गहन गतिविधियों की वजह से नागरिकों का अपनी राजनीतिक व्यवस्था, राजनीतिक प्रक्रिया तथा राजनीतिक सत्ता की कार्यशैली से गहरी जान–पहचान होती है। आम चुनाव के समय राजनीतिक समाजीकरण के समस्त अभिकरण अति सक्रिय हो जाते हैं और इनकी सक्रियता के विविध आयामों को आधारतत्त्व राजनीति के माध्यम से ही प्राप्त होता है। दलों द्वारा उम्मीदवारों का चयन, नामों की घोषणा, नामांकन प्रक्रिया एवं चुनाव प्रचार की विविध शैलियों द्वारा नागरिकों को राजनीतिक प्रक्रियाओं का प्रकट एवं अप्रकट अनुभव होता है, जिसके आधार पर राजनीतिक कर्ताओं एवं मतदाताओं का राजनीतिक व्यवहार प्रत्याशियों के समर्थन या विरोध में आकार लेता है। इस प्रकार, राजनीति की बहुआयामी गतिविधियां नागरिकों को राजनीतिक समाजीकरण का पाठ पढ़ाती है तथा राजनीति के प्रति रुझान पैदा करके महत्त्वपूर्ण राजनीतिक अनुभव भी प्रदान करती है। मर्कल एवं पीटर (Merkl and Peter) ने अपनी रचना 'Modern Comparative Politics' में इस प्रसंग पर सही लिखा है कि "बालकों तथा वयस्कों के राजनीतिक समाजीकरण का सबसे प्रत्यक्ष और प्रभावकारी कर्ता स्वयं राजनीति का विविध दृश्य है। जिस प्रकार सामूहिक खेल तथा स्पोर्ट बच्चों का समाजीकरण करते हैं वैसे ही राजनीति का खेल विशेष रूप से उसकी प्रतिस्पर्धा किशोरों तथा वयस्कों को समाजीकृत करती है।"

उपर्युक्त विवेचित राजनीतिक समाजीकरण के विविध अभिकरणों की विवेचना के पश्चात् यह निष्कर्ष निकलता है कि राजनीतिक समाजीकरण प्रक्रिया अनवरत रूप से व्यक्ति के जीवनपर्यन्त चलती रहती है जिसमें विषय–प्रासंगिक समस्त अभिकरणों की भूमिका अपने–अपने क्षेत्र एवं प्रभाव के अनुरूप व्यक्ति के राजनीतिक व्यक्तित्व–निर्माण में महती योगदान देता रहता है। इस प्रक्रिया का समस्त अभिकरण व्यक्ति के सामाजिक–राजनीतिक जीवन पर गंभीर प्रभाव डालता है तथा उसे अपन–अपने ढंग से अपनी राजनीतिक व्यवस्था एवं राजनीतिक प्रक्रियाओं से परिचित कराता है। राजनीति का पाठ पढ़ाने वाले सभी कारक व्यक्ति की आयु स्तर के अनुरूप समान रूप से महत्त्वपूर्ण भूमिका निभाते हैं। ये एक–दूसरे के विरोधी नहीं अपितु ये विविध स्तरों पर एक–दूसरे के पूरक के रूप में कार्य करके ही किसी व्यवस्था में जागरूक आदर्श राजनीतिक नागरिक के निर्माण में सहायक हो सकते हैं।

राजनीतिक समाजीकरण अभिकरण प्रासंगिक उपर्युक्त विवेचना के संदर्भ में सारांशतः यही कहा जा सकता है कि एक प्रक्रिया के रूप में राजनीतिक समाजीकरण जैसे आनुभविक विषय का अध्ययन करना निश्चित रूप से राजनीतिक समाजशास्त्र के नवीन क्षेत्र का परिचायक है। एक लोकतांत्रिक व्यवस्था की सफलता–असफलता के प्रतिशत के निर्धारण में इस प्रक्रिया के महती योगदान की वजह से इसके अध्ययन की जितनी महत्ता किसी राजनीतिक व्यवस्था एवं प्रक्रियाओं के यथोचित अध्ययन के लिए है उतनी ही महत्ता व्यवस्था के सदस्यों को राजनीतिक रूप से जागरूक बनाने के लिए भी है। इस दृष्टि से इस प्रक्रिया के संवाहक अभिकरणों का गहन अध्ययन–विश्लेषण विषयगत अध्ययन की प्रासंगिकता की मांग है।

राजनीतिक समाजीकरण के निर्धारक तत्त्व
(Determinant Elements of Political Socialisation)

जैसा कि ऊपर विवेचित प्रसंगों से यह रपष्ट हो चुका है कि राजनीतिक समाजीकरण सीखने की एक प्रक्रिया है जो व्यवस्था के सदस्यों को राजनीति संबंधी जानकारी, निपुणता, आस्था, विश्वास, मनोवृत्ति, परम्पराओं, मूल्यों आदि को सिखाने का कार्य करती है। राजनीतिक प्रसंगों की जानकारी देकर यह प्रक्रिया व्यक्ति के राजनीतिक व्यवहार के निर्माण–नियमन एवं निरूपण हेतु आधारतत्त्व मुहैया कराती है और व्यवहार प्रदर्शन के लिए आधार–माध्यम की भूमिका निभाती है। इस दृष्टि से राजनीतिक समाजीकरण के मुख्य निर्धारक तत्त्वों को निम्नांकित संदर्भों में वर्णित किया गया है :

प्रथम–राजनीतिक व्यवस्था की प्रकृति (Nature of Political System)–किसी भी राजनीतिक व्यवस्था में राजनीतिक समाजीकरण प्रक्रिया के निर्धारण व संचालन के लिए आधारतत्त्व उपलब्ध कराने वाला सर्वाधिक महत्त्वपूर्ण कारक राजनीतिक व्यवस्था का स्वरूप एवं उसकी प्रकृति है। यह केवल राजनीतिक समाजीकरण प्रक्रिया का महत्त्वपूर्ण निर्धारक ही नही हैं बल्कि प्रत्यक्ष राजनीतिक समाजीकरण प्रक्रिया से संबंधित राजनीतिक जोड़–तोड़ या राजनीतिक सिद्धान्तबोधन जैसी क्रियाओं का भी नियामक, निर्धारक एवं निरूपक होता है। राजनीतिक व्यवस्था का स्वरूप चाहे लोकतंत्रीय, राजतंत्रीय या सर्वाधिकारवादी हो व्यवस्थान्तर्गत चलने वाली राजनीतिक समाजीकरण प्रक्रिया की गति एवं स्तर के निर्धारण में राजनीतिक व्यवस्था के स्वरूप एवं प्रकृति की मुख्य भूमिका होती है। यही वजह है कि उदारवादी लोकतंत्रीय व्यवस्था की खुली प्रकृति के अनुरूप जहां राजनीतिक समाजीकरण के अभिकरण नागरिकों को उदार रूप से राजनीति का पाठ पढ़ाता है, उनकी संज्ञानात्मक क्षमता विकसित करता है और शासनतंत्र की समस्त गतिविधियों से एवं राजनीति की सक्रियता के सभी आयामों से नागरिकों को परिचित कराता है, वहीं नागरिक भी खुले रूप में राजनीतिक समाजीकरण प्रक्रिया द्वारा राजनीतिक दक्षता प्राप्त करके व्यवस्था के राजनीतिक मुद्दों पर अपनी बेवाक राय जाहिर करता है और आवश्यकतानुरूप व मानसिकतानुरूप सरकारी क्रियाकलापों की खुली आलोचना भी करता है। जबकि राजतंत्र एवं सर्वाधिकारवादी व्यवस्थाओं में राजनीतिक कार्यशैली की बन्द प्रकृति के अनुरूप वहां के अभिकरणों द्वारा नागरिकों

का राजनीतिक समाजीकरण होता है। इन व्यवस्थाओं की निरंकुश प्रकृति एवं संकीर्ण मानसिकता की वजह से राजनीतिक समाजीकरण के अभिकरण सीमित एवं प्रतिबंधित दायरे में रहकर नागरिकों को राजनीति की सीख प्रदान करते हैं। वस्तुतः किसी भी राजनीतिक व्यवस्था के अन्तर्गत चलने वाली राजनीतिक समाजीकरण की प्रक्रिया का स्वरूप मूलतः व्यवस्था की प्रकृति एवं स्वरूप पर निर्भर करता है।

द्वितीय–राजनीतिक व्यवस्था की राजनीतिक संस्कृति (Political Culture of Political System)–प्रत्येक राजनीतिक व्यवस्थाओं की राजनीतिक संस्कृति वहां की राजनीतिक समाजीकरण प्रक्रिया के निर्धारक कारकों में विशेष स्थान रखती है। जिन व्यवस्थाओं की राजनीतिक संस्कृति का स्वरूप संकुचित होता है वहां राजनीतिक समाजीकरण प्रक्रिया का स्तर भी न्यूनतम होता है। जिन व्यवस्थाओं में राजनीतिक संस्कृति का स्वरूप सहभागी (Participant) होता है, वहां राजनीतिक समाजीकरण प्रक्रिया का स्तर काफी उन्नत होता है, इसलिए वहां नागरिक निवेश एवं निर्गत प्रक्रियाओं में समान रूप से अभिरुचि लेते हैं। जिन व्यवस्थाओं की राजनीतिक संस्कृति का स्वरूप एकीकृत होता है वहां राजनीतिक समाजीकरण प्रक्रिया का संचालन भी संस्कृति की प्रकृति के अनुरूप होता है और जिन व्यवस्थाओं की राजनीतिक संस्कृति का स्वरूप विखंडित होता है वहां की राजनीतिक समाजीकरण प्रक्रिया भी संस्कृति की प्रकृति के अनुरूप प्रभावित व विखंडित होती है। आल्मंड एवं पॉवेल का अभिमत है कि "किसी भी व्यवस्था के अन्तर्गत उठने वाली मांगों एवं समर्थन में जनता की सक्रियता की मात्रा यानी कि राजनीतिक सहभागिता के प्रतिशत का नियामक वहां की जनता के राजनीतिक समाजीकरण की प्रक्रिया है।" इनका मानना है कि राजनीतिक समाजीकरण स्वयं में निवेश नहीं है अपितु यह निवेशों की प्रकृति की उग्रता एवं मात्रा का नियामक है। नागरिकों की राजनीतिक सक्रियता और सहभागिता के प्रतिशत के घटने–बढ़ने का दारोमदार राजनीतिक समाजीकरण पर है और इसके स्वरूप का निर्णायक व्यवस्थान्तर्गत मौजूद राजनीतिक संस्कृति होती है जिसका संबंध नागरिकों की अभिवृत्तियों से होता है, यानी कि राजनीतिक समाजीकरण की आधारभूमि तैयार करने में राजनीतिक संस्कृति एक महत्त्वपूर्ण निर्धारक तत्त्व की भूमिका निभाता है।

तृतीय–राजनीतिक समाज का अभिमुखीकरण (Orientation of Political Society)–यहां अभिमुखीकरण का अभिप्राय समाजीकरण की दिशा–दशा से है। यदि किसी भी व्यवस्था में विद्यमान राजनीतिक समाज के सदस्यों के समाजीकरण एवं राजनीतिक समाजीकरण की दिशा–दशा में साम्यता नहीं हो तो समाज के सदस्यों की अभिमुखीकरण की दिशा भी सही नहीं होती है। इसका अर्थ यह हुआ कि राजनीतिक समाज के सदस्यों का समाजीकरण व अभिमुखीकरण ही उनके राजनीतिक समाजीकरण एवं अभिमुखीकरण के लिए बुनियादी निर्धारक की भूमिका निभाता है। यह तत्त्व व्यवस्था में सदस्यों के राजनीतिक समाजीकरण की गति और स्तर के स्वास्थ्य का निर्धारक एवं नियामक होता है।

चतुर्थ–राजनीतिक समाज के मानक (Norms of Political Society)–किसी राजनीतिक समाज के मानक यानी कि आदर्श, परम्पराएं, नैतिकता, विश्वास एवं आस्था जैसी भावनाएं व्यवस्थागत राजनीतिक समाजीकरण के निर्धारण–नियमन एवं निरूपण में मुख्य भूमिका निभाते हैं, क्योंकि इनका सीधा संवाद व्यक्ति की अभिवृत्तियों एवं अभिविन्यासों से होता है। अर्थात्, इसका अभिप्राय यह हुआ कि जो राजनीतिक समाज मानकों, आदर्शों को साथ लेकर चलते हैं वहां राजनीतिक समाजीकरण का स्वरूप स्वस्थ और सकारात्मक होता है और जो समाज मानकों के आधार पर संचालित नहीं होते, वहां चलने वाली राजनीतिक समाजीकरण की प्रक्रिया का स्वरूप नकारात्मक भी हो सकता है जो स्वस्थ लोकतांत्रिक शासन व्यवस्था की दृष्टि से उचित नहीं है। इस प्रकार राजनीतिक समाज के मानक राजनीतिक समाजीकरण के निर्धारक तत्त्व के रूप में सदैव क्रियाशील रहते हैं।

पाँचवाँ–जनसम्पर्क के साधन (Media of Mass Communication)–जनसंचार नेटवर्किंग की सभी विधियां राजनीतिक समाजीकरण के व्यापक विस्तार में विशिष्ट भूमिका निभाती हैं। प्रत्येक राजनीतिक व्यवस्था में उपलब्ध जनसम्पर्क के साधनों का स्तर एवं इसकी क्रियाशीलता व्यवस्थागत राजनीतिक समाजीकरण के निर्माण–नियमन एवं निरूपण में आधार–माध्यम की भूमिका निभाती है। जनसम्पर्क के साधनों में रेडियो, टेलीविजन, कम्प्यूटर, इण्टरनेट, समाचारपत्र–पत्रिकाएं आदि के माध्यम से नागरिकों के बीच राजनीतिक विचारों का आदान–प्रदान होता

रहता है इससे लोगों में राजनीति के प्रति संज्ञानात्मक, भावात्मक एवं मूल्यांकनात्मक क्षमता का स्तर उन्नत होता है और राजनीतिक समाजीकरण की प्रक्रिया का स्तर भी काफी उच्च स्तर का होता है। व्यक्ति के व्यक्तित्व में संज्ञानात्मक मानचित्र पर जनसंचार के विविध माध्यमों का विशिष्ट प्रभाव होता है। समाचारपत्रों में छपी रिपोर्टों का अध्ययन करके, टेलीविजन पर समाचार या फिल्मों को देखकर या रेडियो पर प्रसारित होने वाली वार्ताओं को सुनकर आमजन अपने अन्दर राजनीति से संबंधित मानकों व मूल्यों आदि के संबंध में अपनी पसंद या नापसंद को विकसित कर लेता है। इस प्रकार मुक्त जनसंचार के समस्त माध्यम लोगों के मन में विविध प्रकार के मूल्यों के आविर्भाव, विकास एवं समुन्नति में सहायक होते हैं। जनसम्पर्क के साधनों की नियंत्रित व्यवस्था व्यक्ति के मानस–पटल पर उपजे विचारों को सूत्रबद्ध करने में भी प्रभावी भूमिका निभाती है, यानी कि राजनीतिक समाजीकरण के सफल संचालन में जनसम्पर्क के साधनों की भूमिका काफी प्रासंगिक होती है, इसीलिए जिन व्यवस्थाओं में जनसंपर्क का साधन पूरी तरह विकसित नहीं होता है वहां राजनीतिक समाजीकरण का स्तर न्यूनतम होता है। वस्तुतः, व्यवस्थागत जनसम्पर्क के समस्त साधन राजनीतिक समाजीकरण प्रक्रिया के निर्धारक तत्त्वों में ख़ास स्थान रखते हैं।

उपर्युक्त विवेचित निर्धारक तत्त्वों के अलावा भी राजनीतिक समाजीकरण प्रक्रिया के कई निर्धारक तत्त्व हैं जो व्यवस्थागत परिस्थितियों के अनुरूप व्यवस्था में आकार लेते रहते हैं और राजनीतिक समाजीकरण प्रक्रिया के निर्धारक तत्त्व की भूमिका निभाते रहते हैं।

राजनीतिक समाजीकरण के रास्ते में आने वाली बाधाएं (Obstructions in the Way of Political Socialisation)

किसी भी राजनीतिक व्यवस्था के अन्तर्गत संचालित होने वाली राजनीतिक समाजीकरण प्रक्रिया के विकास के मार्ग में कई बाधाएं आती रहती हैं, जिन्हें सामाजिक एवं असामाजिक कारकों के तहत देखा जा सकता है :

सामाजिक कारक (Social Factor)

सामाजिक कारकों की कोटि में मानसिक एवं सांस्कृतिक तत्त्वों को स्थान दिया गया है। मानसिक कारकों को समाज के उद्भव का आधारतत्त्व माना गया है और सांस्कृतिक कारकों को समाज की उपज के रूप में देखा जाता है। एम.जे. हरकोविट्स (M.J. Herkovits) ने अपनी कृति "Man and His Works" में संस्कृति को पर्यावरण का मानव–निर्मित भाग (Culture is Man Made Part of Environment) कहा है। ई.ए. हॉबल (E.A. Hoebel) ने "Man in the Primitive World" में कहा है कि 'संस्कृति सीखे हुए व्यवहार प्रतिमानों का कुल योग है जो किसी समाज के सदस्यों की विशेषता है न कि प्राणीशास्त्रीय विरासत का परिणाम। जबकि समाज का उद्भव विश्वास (Belief), ज्ञान (Knowledge), भावनाओं (Sentiments), मान्यताओं (Sanctions), मानकों (Norms), आवश्यकताओं, लक्ष्यों एवं उद्देश्यों (Needs Goals and Aims), भूमिकाओं (Roles), सुविधाओं (Privileges) एवं प्रस्थितिओं (Status) मानसिक कारकों की वजह से होता है। एक सामाजिक मनुष्य समाज के दायरे में अपने व्यक्तित्व का विकास करता है और समाजीकरण प्रक्रिया के तहत सामाजिक संस्कृति को आत्मसात् करता है। समाजीकरण प्रक्रिया का उद्देश्य व्यक्ति की क्षमताओं का विकास करना और उसकी आकांक्षाओं की पूर्ति (To Fulfil Aspirations) करना है।

मानव समाज का आधार जैवीय (Biological) है जो विकसित मानव मस्तिष्क का परिणाम है। विकसित मस्तिष्क की वजह से मनुष्य अनेकानेक आविष्कारों एवं बहुमूल्यात्मक संस्कृति का निर्माण करने में सक्षम हुआ है। टालकॉट पारसन्स (Talcott Parsons) ने Encyclopaedia of Social Science में कहा है कि "समाज को उन मानवीय संबंधों की जटिलता के रूप में परिभाषित किया जा सकता है जो साधन–साध्य संबंधों (Means–Ends

Relations) के रूप में क्रिया (Action) करने से उत्पन्न हुए हों, चाहे वे यथार्थ हों या प्रतीकात्मक।'' समाज–संदर्भित पारसन्स की यह उक्ति यह स्पष्ट करती है कि समाज मानवीय कारकों की उपज है, जबकि संस्कृति समाज की उपज है। यह मानव–निर्मित है, जो सीखी जाती है, हस्तांतरित होती है और अपनी विशिष्ट पहचान के साथ मानवीय आवश्यकताओं की पूर्ति करती है।

सामाजिक कारकों की छत्रछाया में एक व्यक्ति को अपने जीवनकाल में बाल्यावस्था, किशोरावस्था, युवावस्था प्रौढ़ावस्था तथा वृद्धावस्था जैसे मुख्य सोपानों से गुजरना पडता है। बाल्यावस्था में एक बालक का अपने माता–पिता, भाई–बहन एवं पूरे परिवार के साथ तादात्म्य स्थापित होता है जो समाजीकरण की आरंभिक अवस्था है। किशोरावस्था में बच्चा परिवार के अतिरिक्त बाह्य दुनिया के सम्पर्क में आता है और परिवार के साथ बाह्य सम्पर्क में आने वाले समस्त विचारों व व्यवहारों को अपने अन्दर समावेशित एवं समायोजित करता है। यही अवस्था उसके अन्दर सांस्कृतिक मूल्यों एवं व्यक्तिगत अनुभवों द्वारा आत्म–नियंत्रण की क्षमता पैदा करता है। युवावस्था में व्यक्ति परिवार तथा बाह्य जगत् यानी कि अपने पेशे से संबंधित अनेकानेक दायित्वों को निभाता है, जिसमें उसे भूमिका संघर्ष (Role Conflict) की स्थिति का भी सामना करना पड़ता है। प्रौढ़ावस्था में व्यक्ति पर सामाजिक दायित्वों के भार में काफी वृद्धि होती है। जिसमें पारिवारिक एवं बाह्य जगत् दोनों से जुड़े दायित्व समावेशित होते हैं। वृद्धावस्था में व्यक्ति के अन्दर शारीरिक, मानसिक, सामाजिक एवं पेशागत दृष्टि से काफी बदलाव आता है और दायित्वों के निर्वहन की स्थिति में भी काफी परिवर्तन आता है।

उपर्युक्त वर्णित प्रसंगों के आलोक में यह कहा जा सकता है कि सामाजिक कारकों से संदर्भित इन सभी अवस्थाओं में व्यक्ति के राजनीतिक समाजीकरण में नकारात्मक एवं सकारात्मक दोनों तत्त्वों का समावेश हो सकता है। कहने का आशय यह है कि समाजीकरण का अभिप्राय है समस्त, सामाजिक व्यवहारों, मूल्यों, आदर्शों, परम्पराओं एवं प्रतिमानों को सीखना, लेकिन परिस्थितिवश मनुष्य कई बार समाज द्वारा अस्वीकृत व्यवहारों को भी सीखता है; मसलन–चोरी करना, अपराध करना, गाली देना, आज्ञा का उल्लंघन करना, कानून की अवहेलना करना आदि। ये सभी समाज–विरोधी गतिविधियां हैं, इसलिए इन्हें नकारात्मक राजनीतिक समाजीकरण की संज्ञा दी जाती है। नकारात्मक राजनीतिक समाजीकरण प्रक्रिया ही राजनीति में अपराध, हिंसा, भ्रष्टाचार एवं हत्या जैसे विपथगामी व्यवहार के लिए उत्तरदायी कारक है जो व्यवस्था को अवनति की ओर ले जाती है, जबकि सकारात्मक राजनीतिक समाजीकरण प्रक्रिया राजनीतिक व्यवस्था एवं प्रक्रिया की समुन्नति का प्रेरक आधारतत्त्व एवं आधार–माध्यम दोनों हैं। इसी क्रम में समाजीकरण प्रक्रिया के तीन अन्य स्वरूप भी हैं जो सामाजिक कारक के अन्तर्गत राजनीतिक समाजीकरण के लिए भी काफी प्रासंगिक हैं; यथा–

1. **विसमाजीकरण (De-socialization)**–इसमें व्यक्ति समाजीकरण प्रक्रिया द्वारा सीखे हुए व्यवहारों को भुला देता है। उदाहरणस्वरूप यदि कोई व्यक्ति नकारात्मक समाजीकरण की वजह से गलत रास्ते पर चल रहा है लेकिन सही समाजीकरण प्रक्रिया द्वारा उसके व्यवहार की गलतियों से उसे अवगत कराने के पश्चात् यदि वह अपने विपथगामी व्यवहार को छोड़कर या भूलकर सामाजिक मूल्यों, मान्यताओं व प्रतिमानों को अपना लेता है, तो उसे विसमाजीकरण की संज्ञा दी जाती है जिसका ज्ञान चेतन एवं अचेतन दोनों ही रूपों में व्यक्ति को दिया जा सकता है।

2. **पुनर्समाजीकरण (Re-socialization)**–यह प्रक्रिया विसमाजीकरण के बाद का स्तर है, जिसमें व्यक्ति पहले से सीखे व्यवहार को भुलाकर नये व्यवहार को आत्मसात् करता है। इसके अन्तर्गत व्यक्ति अपने सम्पूर्ण जीवनकाल में अपने विचारों, मूल्यों, विश्वासों व्यवहारों, अभिवृत्तियों में नई भूमिकाएं ग्रहण करने के साथ उसमें परिवर्तन भी लाता है, यानी कि, परिस्थिति के अनुरूप उसकी अभिवृत्तियां अभिविन्यासित होती रहती हैं। इसे सतत् समाजीकरण (Continuing Socialisation) कहा जाता है। जब बदलाव तीव्र तथा मौलिक हो तो उसे पुनर्समाजीकरण का नाम दिया जाता है। राजनीति–प्रासंगिक संज्ञानात्मक, भावात्मक एवं मूल्यांकनात्मक अभिविन्यास की दृष्टि से प्रत्येक व्यवस्था के लिए राजनीतिक समाजीकरण के इस स्तर का बहुत महत्त्व है। इस प्रक्रिया के अन्तर्गत मत आरोपण (Brainwashing), धर्म परिवर्तन

(Conversion), अपराधियों का पुनर्वास (Rehabilitation) आदि क्रियाओं को शामिल किया जाता है। कम्युनिस्ट चीन एवं भूतपूर्व सोवियत संघ में जिस प्रकार राजनीतिक मतारोपण द्वारा साम्यवादी विचारधारा से लोगों को परिचित कराया गया, उसे राजनीतिक पुनर्समाजीकरण प्रक्रिया की संज्ञा दी जा सकती है।

3. **पूर्वाभ्यासी समाजीकरण (Anticipatory Socialisation)**–इस स्वरूप का उद्देश्य भावी जीवन में निभायी जाने वाली भूमिकाओं या भविष्य में आने वाली स्थितियों का सामना करने के लिए व्यक्ति को पहले से तैयारी कराना है। यह समाजीकरण का चेतनीय प्रयास है जो नागरिकों को राजनीति–प्रासंगिक भावी राजनीति के निर्माण एवं भावी भूमिकाओं के निष्पादन के लिए पहले से तैयार कराता है। व्यवस्था में सत्ता कायान्तरण की दृष्टि से समाजीकरण का यह स्वरूप नागरिकों के लिए काफी अर्थपूर्ण है।

ऊपर वर्णित प्रसंगों से यह तात्पर्य निकलता है कि सामाजिक कारकों के रूप में नकारात्मक राजनीतिक समाजीकरण से प्रेरित नागरिक गलत रास्ता अपनाकर सकारात्मक समाजीकरण के मार्ग में बाधक बनता है। नकारात्मक समाजीकरण राजनीतिक संस्कृति का स्वरूप भी विकृत एवं खंडित करती है जिसकी वजह से व्यवस्था राजनीतिक अस्थिरता का शिकार होती है। संस्कृति के खंडित स्वरूप का परिणाम खंडित जनादेश है। यह गठबंधन की राजनीति को आधारभूमि मुहैया कराता है जो लोकतांत्रिक राजनीतिक व्यवस्था के स्वास्थ्य के लिए उपयुक्त नहीं है।

असामाजिक कारक (Non-social Factor)

असामाजिक कारकों की कोटि में व्यक्ति का वह व्यवहार शामिल है जिसे सामाजिक नियंत्रण की जरूरत नहीं होती है और वह स्वतः ही नियंत्रित होता रहता है। इस प्रसंग में यह कहा जा सकता है कि नागरिकों के व्यक्तित्व–निर्माण में तीन तत्त्व प्रमुख हैं–प्राणीशास्त्रीय, सामाजिक एवं सांस्कृतिक पर्यावरण। इनमें प्राणीशास्त्रीय कारक स्थिर होता है, क्योंकि यह वंशानुक्रम में पीढ़ी- दर–पीढ़ी हस्तांतरित होते रहते हैं और व्यवस्थागत पर्यावरण से कम ही प्रभावित होते हैं। वहीं सामाजिक–सांस्कृतिक कारक गतिशील होते हैं, इसलिए प्रत्येक समाज में इनके स्वरूप एवं प्रकृति में भिन्नता पायी जाती है। ये व्यवस्थागत पर्यावरण से बहुत ज्यादा प्रभावित होते हैं, इसलिए इनमें सतत अभिमुखीकरण की प्रवृत्ति दिखाई पड़ती है।

जहां तक राजनीतिक समाजीकरण के मार्ग में आने वाली बाधाओं का प्रसंग है इससे प्रासंगिक कुछ प्रमुख तत्त्व इस प्रक्रिया में बाधक बनते हैं, जिन्हें निम्नांकित कारकों के संदर्भ में देखा जा सकता है :

1. **वंशानुक्रमण (Heredity)**–व्यक्तित्व निर्माण के प्राणीशास्त्रीय आधारों में वंशानुक्रमण (Heredity) द्वारा कई बार बच्चे शारीरिक एवं बौद्धिक तत्त्वों के रूप में कुछ ऐसे वाहकाणुओं (Genes) तथा गुणसूत्रों (Chromosomes) को माता–पिता से प्राप्त करते हैं जो असाध्य रोगों या कई अन्य रूपों में उनके व्यक्तित्व–निर्माण में बाधक होते हैं। ऐसे बच्चों का राजनीतिक समाजीकरण सही ढंग से नहीं हो पाता है, जिसकी वजह से राजनीतिक व्यवस्था उनकी आदर्श नागरिकता की भूमिका से वंचित रह जाती है। राजनीतिक समाजीकरण का साध्य व्यक्ति है जिसकी शरीर रचना (Physical Structure), स्नायुमण्डल (Nervous System), अन्तःस्त्रावी ग्रन्थियों (Endocrine Glands) तथा बुद्धि एवं प्रतिभा (Intelligence and Talent) आदि वंशानुक्रमण तत्त्वों के प्रभाव में होते हैं और इसमें किसी भी प्रकार की कमी या विकृति राजनीतिक समाजीकरण प्रक्रिया को बाधित करती हैं।
2. **सामाजिक–सांस्कृतिक व प्राकृतिक पर्यावरण (Social–Cultural and Natural Environment)**–सामाजिक–सांस्कृतिक व प्राकृतिक पर्यावरण में ही व्यक्ति का व्यक्तित्व फलता–फूलता एवं विकसित होता है। व्यक्ति और समाज परस्पर संबंधित हैं। ऐसे में यदि सामाजिक वातावरण बुराइयों से घिरा हो, संस्कृति का स्वरूप विकृत हो और प्राकृतिक पर्यावरण दूषित हो तो व्यक्ति के अन्दर कई प्रकार की

शारीरिक–मानसिक कमजोरियां घर कर लेती हैं, जिनकी वजह से वह राजनीतिक व्यवहार प्रतिमानों को सीखने या अपनाने में पिछड़ जाता है इसका सीधा नुकसान राजनीतिक व्यवस्था को उठाना पड़ता है। कहने का आशय यह है कि जिस लोकतांत्रिक व्यवस्था की सामाजिक संस्कृति एवं प्राकृतिक पर्यावरण स्वस्थ होता है, वहां नागरिकों के राजनीतिक समाजीकरण की प्रक्रिया सुचारू ढंग से चलती रहती है। यह राजनीतिक व्यवस्था को मजबूती देता है एवं राजनीतिक प्रक्रिया को अबाध गति प्रदान करता है।

राजनीतिक समाजीकरण का महत्त्व (Importance of Political Socialisation)

राजनीतिक समाजीकरण व्यवस्था में निरन्तर चलते रहने वाली एक प्रक्रिया है जो राजनीतिक व्यवस्था की स्थिरता में योगदान के लिए राजनीतिक मूल्यों, विश्वासों, मानकों से जनता को परिचित कराती है। लचीले एवं परस्पर निर्भर माध्यमों के सहयोग से यह प्रक्रिया राजनीतिक व्यवस्था में स्थिरता लाने में व्यावहारिक भूमिका निभाती है। इस दृष्टि से सभी राजनीतिक व्यवस्थाओं के लिए इस आनुभविक प्रक्रिया का ख़ास महत्त्व है। राजनीतिक विद्वानों ने राजनीतिक समाजीकरण प्रक्रिया को सीखने की एक प्रक्रिया कहा है जो राजनीतिक मूल्यों, विश्वासों, मनोवृत्तियों को सिखाने में सहायक होती है तथा सीखने वाले व्यक्ति के राजनीतिक व्यवहार को उसके राजनीतिक ज्ञान के आधार पर एक विशेष दिशा की तरफ मोड़ने में, यानी कि मनोवृत्ति को परिवर्तित करने में अहम् भूमिका निभाती है। प्रत्येक राजनीतिक समाज के विकास का आधार–माध्यम राजनीतिक समाजीकरण प्रक्रिया है, इसलिए सभी व्यवस्थाओं के लिए इस प्रक्रिया का बुनियादी महत्त्व है। सभी राजनीतिक व्यवस्थाओं की राजनीतिक संस्कृति ही वहां की राजनीतिक क्रिया को अर्थ और सुचारुता प्रदान करती है और राजनीतिक व्यवहार को निरूपित करने वाली धारणाओं एवं नियमों का प्रतिमान स्थापित करती है। राजनीतिक संस्कृति का प्राणाधार तत्त्व राजनीतिक समाजीकरण की प्रक्रिया है। इसी प्रक्रिया द्वारा व्यवस्थागत राजनीतिक संस्कृति को जीवन्त बनाये रखा जाता है और समयानुकूल अर्थपूर्ण बनाते हुए पीढ़ी–दर–पीढ़ी हस्तांतरित किया जाता है।

राजनीतिक समाजीकरण प्रक्रिया लोकतांत्रिक व्यवस्थाओं के राजनीतिक विकास और आधुनिकीकरण के लिए प्रेरकतत्त्व प्रदान करती है। राजनीतिक अभिजनों के परिसंचरण के लिए आधारभूमि तैयार कराने का महत्त्वपूर्ण कार्य राजनीतिक समाजीकरण द्वारा ही संभव हो पाता है। एक सामाजिक व्यक्ति का राजनीतिकरण इसी प्रक्रिया के माध्यम से होता है। एक राजनीतिक कर्ता के रूप में व्यक्ति की अभिवृत्तियों में राजनीति–प्रासंगिक विषयों, मुद्दों, सवालों, मूल्यों, राजनीतिक व्यवस्था–प्रक्रिया एवं राजनीतिक अभिजनों के संबंध में संज्ञानात्मक, भावात्मक एवं मूल्यांकनात्मक अभिमुखीकरण कराने का पूर्ण दारोमदार राजनीतिक समाजीकरण प्रक्रिया पर है। व्यवस्थागत राजनीतिक मूल्यों, विश्वासों आदर्शों, परम्पराओं, मानकों एवं व्यवहारों से नई पीढ़ी को परिचित कराने का दायित्व भी इसी प्रक्रिया का है। राजनीतिक समाजीकरण प्रक्रिया के महत्त्व के बहुदिशाई एवं बहुआयामी (Multidirectional and Multidimensional) पक्ष को देखते हुए इस प्रक्रिया के महत्त्व से प्रासंगिक कुछ विशेष बिन्दुओं पर चर्चा निम्नांकित है :

1. राजनीतिक समाजीकरण द्वारा ही सभी राजनीतिक व्यवस्थाओं को स्थिरता, मजबूती एवं सामर्थ्य से युक्त बनाया जाता है। राजनीतिक व्यवस्था की स्थिरता और सामर्थ्य को बनाये रखने के लिए कुछ राजनीतिक मूल्यों, मान्यताओं, विश्वासों, प्रतिबद्धताओं की जरूरत होती है, जो व्यवस्था को इस प्रक्रिया द्वारा प्राप्त होते हैं। राजनीतिक मूल्यों मानकों एवं व्यवहारों के प्रति जनसाधारण की अभिवृत्तियों को अभिप्रेरित (Motivate) एवं संघटित (Mobilize) करके यह प्रक्रिया राजनीतिक व्यवस्था के स्थायित्व, सातत्य तथा सामर्थ्य को कायम रखने के साथ–साथ व्यवस्थागत राजनीति को एक मजबूत मानवीय चेहरा भी प्रदान करती है।
2. राजनीतिक व्यवस्था में अस्तित्व रखने वाली विभिन्न राजनीतिक विचारधाराओं के बीच सामंजस्य स्थापित करते हुए उस वैचारिकी तथा प्रासंगिक मूल्यों से जनसाधारण को अवगत कराने में भी राजनीतिक समाजीकरण प्रक्रिया का महती योगदान होता है।

3. विभिन्न राजनीतिक समाजों में राजनीतिक संस्कृति के प्रतिमानों के निर्माण, नियमन एवं निरूपण में राजनीतिक समाजीकरण की भूमिका बहुत अहम् है। व्यवस्थागत राजनीतिक संस्कृति से प्रासंगिक समस्त आयामों के फलने–फूलने, विकसित होने एवं पीढ़ी–दर–पीढ़ी हस्तांतरित होने का आधार–माध्यम राजनीतिक समाजीकरण प्रक्रिया ही है। राजनीतिक संस्कृति के तीनों नियामक (Regulator)–यथा: व्यक्तिपरक हित (Subjective Interest), सहभागिता (Participation) एवं राजनीतिक विश्वास (Political Beliefs) तथा चारों आयामों यथा: राष्ट्रीय अभिज्ञान (Nationl Identity) साथी नागरिकों के साथ अभिज्ञान, शासन निर्गतों के संबंध में विश्वास एवं निर्णयकारिता के संबंध में आस्था की जीवन्तता एवं क्रियात्मकता को कायम रखने हेतु आधारतत्त्व मुहैया कराना तथा इसे सजीव बनाये रखने के लिए आधार माध्यम के रूप में कार्य करने का दायित्व भी राजनीतिक समाजीकरण के ऊपर है।
4. राजनीतिक सहभागिता एक राजनीतिक क्रिया है, जिसकी सक्रियता के समस्त आयाम राजनीतिक समाजीकरण से संबद्ध हैं। राजनीतिक समाजीकरण प्रक्रिया राजनीतिक सहभागिता का प्रेरक एवं नियामक दोनों है और राजनीतिक सहभागिता राजनीतिक समाजीकरण की उद्देश्यता को आधारतत्त्व प्रदान करती है। राजनीतिक समाजीकरण प्रक्रिया राजनीतिक सहभागिता क्रिया सहायक एवं पूरक दोनों है। राजनीतिक सहभागिता के प्रतिशत में वृद्धि के लिए जनसाधारण को राजनीतिक विषयों का ज्ञान होना एवं राजनीति के प्रति रुझान होना अति आवश्यक है जो राजनीतिक समाजीकरण द्वारा ही संभव है।
5. राजनीतिक व्यवस्था का चक्र संचालित होते रहने के लिए निवेश एवं निर्गत प्रक्रियाओं की भूमिका सबसे अहम् होती है। राजनीतिक समाजीकरण प्रक्रिया व्यवस्था में निवेशों (Inputs) के लिए आधारभूमि तैयार करती है। निवेश तत्त्वों से संबंधित मांगों एवं समर्थनों में जनसामान्य की सक्रियता की मात्रा का नियामक भी राजनीतिक समाजीकरण ही है। राजनीतिक समाजीकरण प्रक्रिया स्वयं में निवेश नहीं है लेकिन निवेशों की प्रकृति, उग्रता, तीव्रता के प्रतिशत का नियामक है, यानी कि, राजनीतिक व्यवस्था में राजनीतिक समाजीकरण प्रक्रिया का उन्नत स्तर ही राजनीतिक भूमिकाओं में नागरिकों की सहभागिता व सक्रियता के घटने–बढने का आधार है।
6. राजनीतिक भर्ती के प्रसंग में भी राजनीतिक समाजीकरण के महत्त्व को रेखांकित किया गया है। राजनीतिक भर्ती का अभिप्राय है–राजनीतिक समाजीकरण के आधार पर राजनीतिक सक्रियता राजनीतिक भर्ती का सीधा सरोकार राजनीतिक व्यक्ति से होता है और इसकी सक्रियता का विनियमन (Regulation) राजनीतिक समाजीकरण प्रक्रिया द्वारा होता है। राजनीतिक व्यवस्था से संबधित कुछ धारणाएं, दृष्टिकोण, विश्वास आदि राजनीतिक भर्ती के प्रेरकतत्त्व हैं, जिसके अभिविन्यास की जवाबदेही राजनीतिक समाजीकरण की है।
7. राजनीतिक व्यवस्था के बहुदिशाई एवं बहुआयामी राजनीतिक विकास एवं आधुनिकीकरण के प्रसंग में भी राजनीतिक समाजीकरण प्रक्रिया का महत्त्व काफी प्रासंगिक है। राजनीतिक विकास अवधारणा एवं राजनीतिक आधुनिकीकरण अवधारणा एक प्रक्रिया है जिसे सही दिशा एवं यथोचित गति प्रदान करने का दायित्व व्यवस्थागत राजनीतिक समाजीकरण प्रक्रिया पर होता है। व्यवस्थागत राजनीतिक विकास के स्तर का आकलन करते समय राष्ट्रनिर्माण की प्रक्रियाओं में सदस्यों के व्यवहार की भूमिका को राजनीति की प्रकृति–प्रवृत्ति के आधार पर आकलित किया जाता है और इन प्रसंगों को स्फूर्ति राजनीतिक समाजीकरण प्रक्रिया द्वारा प्राप्त होती है। राजनीतिक विकास एवं आधुनिकीकरण के परिवर्त्यों (Variables) का राजनीतिक समाजीकरण के परिवर्त्यों से सीधा संवाद बना रहता है। राजनीतिक आधुनिकीकरण का लक्ष्य है राजनीति में जनसाधारण की बढ़ी हुई सहभागिता, व्यवस्था से बढ़ता हुआ लगाव, केन्द्र का समाज में ज्यादा–से–ज्यादा प्रवेशन (Entrance) और इन सभी क्रियाओं–प्रक्रियाओं का आधार–माध्यम राजनीतिक समाजीकरण प्रक्रिया है।

8. राजनीतिक अभिजन परिसंचरण (Circulation) प्रक्रिया के संचालन में भी राजनीतिक समाजीकरण प्रक्रिया की भूमिका का ख़ास महत्त्व है। सामाजिक संतुलन को बनाये रखने के लिए व्यवस्था में अभिजनों के परिसंचरण को अनिवार्य बताया गया है, जिसके क्रियात्मक परिवर्त्यों से जनसाधारण को परिचित कराने की जवाबदेही राजनीतिक समाजीकरण की है। यही प्रक्रिया लोगों की अभिवृत्तियों एवं अभिविन्यासों को राजनीतिक पर्यावरण से प्रासंगिक मांग व समर्थन की दिशा में मोड़ती है और उन्हें वातावरण का संज्ञान लेने की प्रेरणा देती हैं, जिसकी बदौलत राजनीतिक अभिजनों का परिसंचरण संभव हो पाता है।
9. राजनीतिक समाजीकरण प्रक्रिया व्यवस्था के सदस्यों की अभिवृत्ति में परिवर्तन का सूचक है। यह व्यवस्था में राजनीतिक परिवर्तन का द्योतक है। यह वह प्रक्रिया है जिसके अन्तर्गत राजनीति प्रासंगिक उन मानकों एवं मूल्यों की लामबन्दी होती है जो बदलते हुए परिवेश के लिए यथोचित और उपयोगी साबित हो सकें। राजनीतिक समाजीकरण प्रक्रिया राजनीतिक व्यवस्था के अनुरक्षण एवं अनुकूलन दोनों का माध्यम है। राजनीतिक व्यवस्था को वैधता प्रदान करने एवं वैधता को कायम रखने में राजनीतिक समाजीकरण की भूमिका सर्वाधिक प्रासंगिक है। व्यवस्था के सदस्यों को प्रचलित राजनीतिक मूल्यों, मानकों, व्यवहारों, विश्वासों व लक्ष्यों का ज्ञान प्रदान करके यह प्रक्रिया राजनीतिक व्यवस्था की औचित्यपूर्णता को बनाये रखने में महती भूमिका निभाती है।

ऊपर विवेचित प्रसंगों से यह स्पष्ट होता है कि राजनीतिक समाजीकरण प्रक्रिया के कंधों पर ही व्यवस्थागत राजनीति में सार्थक बदलाव लाने की जवाबदेही है। राजनीतिक समाजीकरण प्रक्रिया के महत्त्व को रेखांकित करते हुए कैनेथ लैगंटन (Kanneth P. Langton) ने इसे व्यवस्था के अनुरक्षण एवं परिवर्तन दोनों का उपकरण बताया है। इनके शब्दों में, "राजनीतिक समाजीकरण पारम्परिक मानकों एवं संस्थाओं के परिरक्षण की प्रक्रिया है। जब समाजीकरण के गौण अभिकरण व्यक्ति के सामने ऐसे नये मूल्यों को प्रस्तुत करता है जो उसकी शैशवावस्था में स्थापित मूल्यों से अलग हों, तो समाजीकरण राजनीतिक–सामाजिक परिवर्तन का उपकरण बन जाता है।" व्यक्ति के राजनीतिक व्यवहार में होने वाले बदलाव में राजनीतिक समाजीकरण के महत्त्वपूर्ण योगदान पर प्रकाश डालते हुए रॉबर्टा सिजेल (Roberta Sigel) ने कहा है कि "राजनीतिक समाजीकरण का लक्ष्य व्यक्तियों को इस ढंग से प्रशिक्षित करना है कि वे समाज के उपयोगी एवं कृत्यकारी सदस्य बन सकें।" डेविड ईस्टन तथा आर.डी. हेस (R.D. Hess) ने राजनीतिक समाजीकरण प्रक्रिया के महत्त्व को रेखांकित करते हुए उसकी दो भूमिकाओं की ओर ध्यान दिलाया है। इनके विचार में यह प्रक्रिया हमें इस बात की जानकारी देती है कि राजनीतिक व्यवस्थाएँ परिवर्तन की प्रक्रियाओं से गुजरते हुए भी अपने अस्तित्व को किस प्रकार अनेक पीढ़ियों तक अक्षुण्ण रख पाती है। कोई भी व्यवस्था अपने अस्तित्व को लम्बे समय तक कायम नहीं रख सकती है, यदि वह अपनी नई पीढ़ी को अपने राजनीतिक मूल्यों और मानकों का ज्ञान प्रदान न कर दे। राजनीतिक समाजीकरण प्रक्रिया पर राजनीतिक विरासत को पीढ़ी–दर–पीढ़ी संप्रेषित करने की जवाबदेही होती है। आल्मंड एवं पॉवेल के विचार में किसी भी व्यवस्था के राजनीतिक स्थायित्व एवं राजनीतिक विकास की प्रक्रिया को जानने समझने के लिए राजनीतिक समाजीकरण एक महत्त्वपूर्ण उपकरण है।

राजनीतिक समाजीकरण के महत्त्व को रेखांकित करते हुए ऐप्टर ने यह मान्यता व्यक्त की है कि राजनीतिक शिक्षण सम्बन्धों और सहभागिता के उपयुक्त मूल्यों की बोधगम्यता के चारों ओर प्रेरणाओं के संगठन का परिणाम है। यह बच्चों को राजनीतिक संस्कृति में शामिल करके उन्हें ऐसे उत्तरदायी वयस्क के रूप में परिवर्तित करने का कार्य करता है जो उस संस्कृति से संबद्ध निर्णयों और अधिकारों का उपयोग करने में सक्षम बनाता है। ये दोनों खुले समाज में साथ–साथ चलते हैं लेकिन इसके लिए सक्रिय राजनीति की जरूरत होती है। सहभागिता स्वयं में एक समाजकारी प्रभाव है। राजनीतिक समाजीकरण प्रक्रिया के माध्यम से जनसाधारण राजनीतिक व्यवस्था के साथ प्रत्यक्ष सम्पर्क में एवं उसके प्रभाव के दायरे में आता है। औपचारिक एवं अनौपचारिक दोनों रूपों में निश्चित रूप से यह प्रक्रिया राजनीतिक व्यवस्थाओं में राजनीतिक जागरूकता का स्तर उन्नत करने में तथा स्वस्थ जनमत के निर्माण में एक शक्तिशाली आनुभविक माध्यम है, जो अपनी व्यवस्था के प्रति व्यक्तियों की

अभिवृत्तियों एवं अभिविन्यासों को आकार प्रदान करता है। इस प्रकार, राजनीतिक समाजीकरण प्रक्रिया का मूल संदर्भ है राजनीति की पुरानी परम्पराओं, मूल्यों आदर्शों को ऐतिहासिक विरासत के रूप मे संभालना और राजनीति के नये आदर्शों एवं मूल्यों को आत्मसात् करते हुए राजनीतिक विकास के मार्ग पर बढ़ते जाना।

ऊपर विवेचित बिन्दुओं के आलोक में सारांशतः यह कहा जा सकता है कि वर्तमान परिप्रेक्ष्य में विभिन्न राजनीतिक व्यवस्थाओं में विद्यमान राजनीतिक समाजों की राजनीतिक सोच के अन्दर आ रहे बदलावों के मद्देनजर राजनीतिक समाजीकरण प्रक्रिया की प्रासंगिकता और भी ज्यादा महत्त्वपूर्ण होती जा रही है। उपनिवेशवाद के पतन के परिणामस्वरूप नवोदित राष्ट्रों के उदय, उनके बीच अन्तर्राष्ट्रीय शक्तियों के विकेन्द्रीकरण तथा संचार के साधनों के व्यापक विस्तार की वजह से विकसित एवं विकासशील देशों के मध्य सम्पर्क का दायरा भी काफी बढा है। सम्पर्क विस्तार के परिणामस्वरूप राजनीतिक संस्कृति के मूल्यों एवं मानकों का भी आदान–प्रदान बड़े पैमाने पर हो रहा है। इससे व्यवस्थाओं के राजनीतिक विकास एवं आधुनिकीकरण की प्रक्रिया को काफी बल मिल रहा है और इस समस्त प्रकरण में राजनीतिक समाजीकरण प्रक्रिया की भूमिका राजनीतिक व्यवस्था एवं प्रक्रियाओं के संचालक तथा राजनीतिक व्यवहार के निर्माण नियमन एवं निरूपण के प्रसंग में और भी ज्यादा महत्त्वपूर्ण होती जा रही है।

राजनीतिक समाजीकरण का आलोचनात्मक मूल्यांकन (Critical Evaluation of Political Socialisation)

आल्मंड एवं पावेल की दृष्टि में राजनीतिक स्थायित्व एवं विकास को समझने के लिए राजनीतिक समाजीकरण के अध्ययन को अत्यधिक संभावनाशील उपागमों में से एक उपागम कहा जाता है जिसने हालिया राजनीति वैज्ञानिकों, राजनीतिक समाज वैज्ञानिकों और राजनीतिक विश्लेषकों, विशेषतः अमेरिकी को प्रेरित किया है। इनकी इच्छा ऐसे कारकों के स्पष्टीकरण की है, जिन्होने विशेष रूप से राजनीतिक व्यवस्थाओं के कायान्तरण में अहम् भूमिका निभायी है। वस्तुत., विद्वानों द्वारा इस प्रक्रिया के अनुसंधान एवं अध्ययन विश्लेषण की मूल वजह ऐसे उपकरणों का विकास करना था जिससे मौजूदा राजनीतिक व्यवस्थाओं को ऐसे रूप मे परिवर्तित होने से बचाया जा सके जो स्वतंत्र और खुले समाजों वाले विश्व के विपरीत हों।

व्यवस्था अनुरक्षण के मूल उद्देश्य को साथ लेकर चलने की वजह से इस संकल्पना पर आलोचकों ने अनुदारवादी मानसिकता (Conservative Attitude) का आरोप लगाया है, क्योंकि उनकी दृष्टि में राजनीतिक समाजीकरण की सम्पूर्ण संकल्पना के शोध एवं विश्लेषण का उद्देश्य व्यवस्थागत राजनीतिक विकास की यथास्थिति (Status Quo) को कायम रखने के लिए प्रयासरत रहना है जो इस अवधारणा की रूढ़िवादिता का द्योतक है। आलोचकों का यह भी कहना है कि इस संकल्पना की वजह से राजनीतिक व्यवस्था से राजनीतिक समाजीकरण के अभिकरणों का संबंध पेचीदा हो गया है। वे इस प्रक्रिया को राजनीतिक संस्कृति के आविर्भाव एवं विकास के मार्ग में बाधक मानते हैं। इनके मतानुसार, विद्वानों द्वारा राजनीतिक समाजीकरण संकल्पना के अध्ययन दायरे में अनेक प्रकार की अभिवृत्तियों, विचारधाराओं, दृष्टिकोणों, परस्पर–विरोधी मूल्यों, मानकों व अभिविन्यासों को सम्मिलित किया गया है, जिनकी वजह से इसका स्वरूप एक जटिल प्रक्रिया के रूप में सामने आता है जो व्यवहार में कई विसंगतियों को जन्म देकर समरूप राजनीतिक संस्कृति के विस्तार में बाधा उत्पन्न करता है।

आलोचकों की दृष्टि में राजनीतिक समाजीकरण संकल्पना का व्यवस्था अनुरक्षण प्रक्रिया पर विशेष बल देना मार्क्स दर्शन द्वारा प्रतिपादित दृष्टिकोण, उद्देश्य मूल्य एवं मानकों के विरुद्ध है, क्योंकि मार्क्स दर्शन में व्यवस्था परिवर्तन की मांग की अनिवार्यता को शाश्वत नियम के रूप में प्रस्तुत किया गया है। इस आधार पर मार्क्सवादी विचारक इस संकल्पना को बुर्जुआवादी मानसकिता के परिणाम के रूप में देखते हैं।

आलोचकों की नजर में एक उपकरण के रूप में राजनीतिक समाजीकरण संकल्पना तीसरी दुनिया के देशों से संदर्भित सामाजिक राजनीतिक परिवर्तन के अध्ययन–विश्लेषण की दृष्टि से अपर्याप्त है, क्योंकि इसके शोधकर्ताओं द्वारा विकासशील देशों की सामाजिक राजनीतिक परिस्थितियों से प्रासंगिक कोई विशेष आनुभविक शोध कार्य सम्पन्न नहीं किया गया है।

उपर्युक्त विवेचित विषयगत आलोचनात्मक प्रसंगों से यह निष्कर्ष निकलता है कि आलोचकों की दृष्टि में राजनीतिक समाजीकरण संकल्पना न तो मार्क्सवादी–लेनिनवादी अनुयायियों के उद्देश्यों को पूरा करती है और न ही यह संकल्पना तीसरी दुनिया के देशों के राजनीतिक विकास से प्रासंगिक मूल्यों एवं लक्ष्यों के सही मापन की दृष्टि से पर्याप्त है। यह संकल्पना उन विद्वानों की उम्मीदों पर भी खरी नहीं उतरती है जो वैज्ञानिक समाजवाद के विकल्प की खोज में जुटे हुए हैं। यहां तक कि अमेरिकी विद्वानों की नयी पीढ़ी द्वारा भी इसके प्रतिमान चरों (Pattern Variables) एवं उसकी आनुभविक विशिष्टताओं (Empirical Specification) में भी गलतियां ढूँढ़ी गयी हैं। इनकी अभिव्यक्ति है कि सिर्फ तीसरी दुनिया के विकासशील देशों की ही बात नहीं है बल्कि उनके अपने देश में भी इसे किस प्रकार लागू किया जाए जिससे यह संकल्पना वहां की मुद्रास्फीति, बेरोजगारी और युद्ध जैसी विषम समस्याओं का समाधान ढूँढ़ने में मददगार हो सके, क्योंकि ये गंभीर समस्याएं वहां की राजनीतिक व्यवस्था की उत्तरजीविता के लिए गंभीर खतरे का संकेत दे रही हैं।

उपर्युक्त आरोपों–प्रत्यारोपों से प्रासंगिक आलोचनात्मक मूल्यांकन के बावजूद इस संकल्पना के महत्त्व को नजरअंदाज नही किया जा सकता है। प्रक्रियात्मक स्तर पर यह संकल्पना किसी भी राजनीतिक व्यवस्था के स्थायित्व एवं सातत्य की बुनियाद है जो अनुरक्षण एवं अनुकूलन पद्धति, मूल्यों, मानकों को अपने में समावेशित करते हुए जहां एक ओर राजनीतिक व्यवस्था की वातावरणगत मांग के अनुकूल जनसाधारण की अभिवृत्तियों को अभिविन्यासित करके व्यवस्था अनुरक्षण का महान कार्य करती है, वहीं दूसरी ओर जनसाधारण द्वारा प्रस्तुत की गयी मांग एवं जनसमर्थन के अनुरूप राजनीतिक व्यवस्था एवं राजनीतिक अभिजनों की अभिवृत्तियों को अभिविन्यासित करके जनहित में नीतियां निर्धारित करने व निर्णय लेने के लिए राजनीतिक अभिजनों को प्रेरित एवं बाध्य करता है। संक्षेप में, यह कहा जा सकता है कि राजनीतिक समाजीकरण प्रक्रिया के बहुपक्षीय महत्त्व को देखते हुए विभिन्न विकसित एवं विकासशील राजनीतिक व्यवस्थाओं एवं राजनीतिक प्रक्रियाओं के अध्ययन–विश्लेषण एवं अनुसंधान हेतु इस संकल्पना की प्रासंगिकता को साक्ष्यांकित किया जा सकता है। विश्व स्तर पर विभिन्न विकसित एवं विकासशील राजनीतिक व्यवस्थाओं एवं उनकी राजनीतिक प्रक्रियाओं के स्तरोन्नयन में राजनीतिक समाजीकरण प्रक्रिया का महती योगदान है।

भारत में राजनीतिक समाजीकरण (Political Socialisation in India)

वर्तमान परिप्रेक्ष्य में भारत के राजनीतिक समाज की तादात्म्य प्रवृत्ति तीव्र गति से आधुनिकीकरण की ओर अग्रसर है जिसकी चालक शक्ति राजनीतिकरण की प्रक्रिया है। डेविड ईस्टन ने राजनीतिक समाजीकरण को राजनीतिकरण का नाम दिया है। वर्षों पुरानी हमारी पारम्परिक राजनीतिक समाज की राजनीतिक संस्कृति संसदीय लोकतांत्रिक राजनीति के हाथों तेजी से बदल रही है। सार्वजनिक जीवन के समस्त क्षेत्रों में भारतीय राजनीतिक समाजीकरण प्रक्रिया द्वारा राजनीतिक जीवन के जिन पहलुओं की आये दिन प्रस्तुति हो रही है, वह व्यवस्था आधुनिकीकरण के साथ सकारात्मक तादात्म्य रखते दिखाई देते हैं। वस्तुतः, भारतीय राजनीतिक समाज को समझने की कुंजी यहां की राजनीति की प्रकृति में निहित है। एक परम्पराबद्ध–बहुल और खंडित संरचनाओं वाला सभ्यतामूलक समाज अपनी संरचनाओं के राजनीतिकरण के जरिये राजनीतिक विकास की सीढियां चढते हुए आधुनिकीकरण के रास्ते पर तेजी से क़दम बढा रहा है। परिवर्तन के इस दौर में व्यवस्थागत राजनीतिक समाजीकरण के अभिकरणों द्वारा राजनीतिक–सामाजिक परिवतन में मुख्य एजेण्ट की भूमिका निभाई गयी है।

राजनीतिक समाजीकरण प्रक्रिया की नयी प्रवृत्ति की बदौलत राजनीतिक अभिजनों के सामूहिक नेतृत्व का गठजोड़ केन्द्र में सत्तारूढ़ है। राजनीति की जमीन पर सक्रिय कई छोटे–बड़े दलों का अस्तित्व गठबंधन सरकार के रूप में शासन व्यवस्था में अपनी उपस्थिति दर्ज करा रहा है। यहां एक पार्टी की वर्चस्व वाली दलीय प्रणाली

के दिन अब लद गये हैं। एक पार्टी वाली सरकार लोगों की बढती मांगों को पूरा करने में जब नाकाम होने लगी, तो समाज में सत्ताधारी राजनीतिक दल एवं शासक राजनीतिक नेतृत्व के प्रति असंतोष बढ़ने लगा। सरकारी प्रयास द्वारा राजनीतिक इकाइयों और नियोजन के उपकरणों के जरिये हाशिए पर पड़े जातीय समूहों को राजनीतिक सहभागिता में खींचा गया। राजनीतिक सहभागिता जिसकी उन्नत मात्रा का निर्धारक तत्त्व राजनीतिक समाजीकरण की प्रक्रिया है के जरिये समाज में जातिपरक, धर्मपरक, क्षेत्रीयपरक एवं व्यक्तिपरक नेतृत्व पर आधारित लोकलुभावनवादी जनराजनीति व जनराजनीतिक संस्कृति की नई गंगा बहने लगीं। यह राजनीतिक समाजीकरण प्रक्रिया की उदारता का परिणाम है कि व्यवस्था में लोकतंत्र के विस्तार के नाम पर उसे जाति, धर्म, साम्प्रदायिकता, क्षेत्रीयता जैसे संकीर्ण दायरों में सीमित करने की सोची–समझी राजनीतिक परम्परा शुरू हो गयी। इसी परम्परा के अनुरूप व्यवस्था के सदस्यों की अभिवृत्तियों में राजनीतिक मूल्यों, आदर्शों, नैतिकता, विश्वासों, आस्थाओं, निष्ठाओं तथा प्रतिबद्धताओं की मानसिकता बनने लगी और यही राजनीतिक मूल्य लोगों की राजनीति प्रासंगिक अभिवृत्तियों के अभिविन्यास का पुख्ता आधार भी साबित हुई। राजनीतिक समाजीकरण प्रक्रिया की इस नई प्रवृत्ति की बदौलत व्यवस्था में उपजी नई जन संस्कृति का आधारतत्त्व विभिन्न राजनीतिक पार्टियों एवं राजनीतिक शख्सियतों द्वारा समय–समय पर जनमनोवृत्तियों में आरोपित किया जाने लगा। राजनीतिक आधुनिकीकरण के दौर में सत्ता के परम्परागत स्रोंतों को जातियों के राजनीतिकरण एवं धर्म के राजनीतिकरण के नाम पर नई मजबूती का आरक्षणरूपी आधार मिला।

राजनीतिक समाजीकरण के इस बीज का व्यवस्था की नई पौधों पर गहरा प्रभाव दृष्टिगोचर हो रहा है, जिससे पूरे देश में विखंडित राजनीतिक संस्कृति को पनपने एवं फलने–फूलने का अवसर बड़े पैमाने पर मिला है। राजनीतिक समाजीकरण की नई प्रवृत्ति के परिणामस्वरूप व्यवस्थागत राजनीति में वोट प्रबंधन एवं वोट के ठेकेदारों को ज्यादा महत्त्व दिया जा रहा है। यदि लोकतंत्रीय व्यवस्था को राजनीतिक गतिविधियों के विस्तार की दृष्टि से देखें तो देश में लोकतांत्रिक राजनीति का काफी विकास एवं विस्तार हुआ है। समाज के निचले तबकों में राजनीतिक सहभागिता का प्रतिशत काफी बढ़ा है। निचली जातियाँ और उपेक्षित तबके हाशिए से निकल कर राजनीति की मुख्य धारा में अपनी दावेदारियाँ प्रस्तुत करने लगे हैं। अति पिछड़े वर्गों में राजनीतिक जागरूकता का व्यापक विस्तार हुआ है। जनसंचार और शिक्षा के साधनों में काफी प्रगति हुई है। राजनीतिक प्रक्रियाओं में बढ़ती जनभागीदारी तथा जाति और वर्ग जैसी सामाजिक संस्थाओं का राजनीतिकरण वास्तव में भारतीय राजनीतिक समाज के बदलते मिजाज में व्यवस्थागत सामाजिक परिवर्तन के यथार्थ का द्योतक है। राजनीतिक समाजीकरण के माध्यम से राजनीतिक प्रक्रियाओं में शामिल होकर समाज का उपेक्षित वर्ग सचेत हो रहा है। यह व्यवस्था के आधुनिकीकरण की यथेष्ट पहचान है।

आज व्यवस्थागत राजनीति का यथार्थ यह है कि यहां राजनीतिक प्रक्रियाओं में धनी वर्ग के लोगों की भागीदारी घटती जा रही है और गरीब एवं उपेक्षित वर्ग उत्तरोत्तर ज्यादा–से–ज्यादा संख्या में राजनीतिक प्रक्रियाओं से जुड़ रहे हैं। इसकी तात्त्विक वजह यह है कि इस वर्ग को अपने जीवन में बहुपक्षीय उत्थान के लिए राजनीति से बहुत उम्मीदें हैं।

भारतीय राजनीतिक व्यवस्था अपेक्षाकृत ज्यादा खुली है, लेकिन यहां विकसित प्रणालियों की तरह आर्थिक, प्रौद्योगिकीय एवं संगठनात्मक संसाधनों का अभाव है। सबसे बुनियादी मुश्किल यह है कि यहां व्यवस्था के स्वरूप को सहभागितामूलक बनाने के लिए राजनीति को कई ऐसे लक्ष्य बेधने पड़ते हैं जिन्हें हासिल करने के लिए विखंडित संस्कृति को बढ़ावा देना मतप्रबन्धकों की मजबूरी बनती जा रही है। आज व्यवस्था में राजनीतिक समाजीकरण का मूल उद्देश्य जातीय, धार्मिक या क्षेत्रीय मुद्दों पर आधारित मतप्रबंधन करना या जनलामबन्दी करना दिखाई दे रहा है। भारतीय जातिप्रथा और आधुनिक संसदीय लोकतांत्रिक राजनीति की अन्योन्यक्रिया ने देश में व्यापक स्तर पर राजनीतिक समाज की मनोवृत्ति में परिवर्तन की प्रक्रिया को जन्म दिया, जिसे आमतौर पर राजनीति में जातिवाद या जातियों के राजनीतिकरण की संज्ञा दी गयी। यानी कि राजनीतिक समाजीकरण प्रक्रिया की प्रेरणा से लोकतंत्रीय राजनीतिक प्रक्रिया को ठोस सामाजिक आधार मिला। वस्तुतः, यह कहा जा सकता है कि राजनीतिक प्रक्रिया में जाति और राजनीति के परस्पर मेल की वजह से व्यवस्था में बिना किसी भारी

राजनीतिक उथल–पुथल के समाज का सेकुलरीकरण हो गया। क्रियात्मक राजनीति में इस आधारतत्त्व की भूमिका का सकारात्मक पक्ष यह रहा कि आमजन राजनीतिक गतिविधियों में व्यापक स्तर पर सक्रिय हुआ, जिसके परिणामस्वरूप विश्वस्तर पर भारतीय राजव्यवस्था को एक विशिष्ट लोकतांत्रिक चेहरा मिला है।

संक्षेप में यह कहा जा सकता है कि राजनीतिक समाजीकरण की बदलती प्रवृत्ति की वजह से तात्त्विक स्तर पर भारत का एक खंडित और राजनीतिक किस्म का सामाजिक ढाँचा राजनीतिकरण के जरिये तेजी से बदल रहा है जो संसदीय लोकतंत्र में शासकों को वैधता दिलाने में महत्त्वपूर्ण भूमिका निभा रहा है। राजनीतिक समाजीकरण के इस विकसित स्वरूप के कारण व्यवस्था में राजनीतिक जनसंस्कृति का जो मॉडल सामने आया है, उसके तहत राजसत्ता मुट्ठी भर लोगों तक सीमित न रहकर अपने विस्तारित दायरे में समाज के नये–नये तबकों को साथ खींचती जा रही है। यह नई राजनीतिक परिस्थिति इस तथ्य का खुलासा कर रही है कि भारत में राजनीतिक समाजीकरण की प्रक्रिया उतरोत्तर विकास एवं समुन्नति की ओर अग्रसर है। इस प्रकार, भारतीय राजनीतिक व्यवस्था के उतरोत्तर विकास में राजनीतिकरण की प्रक्रिया पारंपरिक भारतीय समाज के आधुनिकीकरण का प्रधान कारक है।

स्मरणीय संकेत (Points to Remember)

- राजनीतिक समाजीकरण अपनी विषय–वस्तु के अनुरूप एक नवीन सार्थक प्रयास है जिसके अभ्यास वर्णन एवं विकास में सामाजिक मनोवैज्ञानिकों एवं आधुनिक समाजशास्त्रियों व राजनीति शास्त्रियों का महत्त्वपूर्ण योगदान है।
- राजनीतिक समाजीकरण को परिभाषित करने वाले विद्वानों में डेविड ईस्टन, रॉबर्ट लेबाइन, आल्मंड, हरबर्ट हाईमन, ग्रीन स्टेन, लेगंटन, मर्कल आदि का नाम उल्लेखनीय है।
- ग्रीन स्टेन द्वारा राजनीतिक समाजीकरण को दो संदर्भों में परिभाषित किया गया है।
- राजनीतिक समाजीकरण की परिभाषाएं ये स्पष्ट करती हैं कि यह विषय सीखने की एक ऐसी प्रक्रिया का संकेतक है, जिससे व्यक्ति राजनीति की तरफ उन्मुख होता है, व्यक्ति में राजनीतिक मूल्यों, भावनाओं, व विश्वासों का निर्माण होता है, जिसके परिणामस्वरूप उसकी राजनीतिक भूमिका, राजनीति में उसकी सक्रियता तथा राजनीतिक के प्रति उसका दृष्टिकोण निरूपित होता है।
- ईस्टन की दृष्टि में राजनीतिक समाजीकरण का कार्य मूलतः व्यवस्थागत राजनीतिक संस्कृति को लम्बे समय तक स्थायी बनाये रखना है। इस दृष्टि से राजनीतिक समाजीकरण राजनीतिक संस्कृति के पोषण और परिवर्तन का अपरिहार्य माध्यम है।
- यह सभी प्रकार के समाजों में अनवरत चलते रहने वाली प्रक्रिया है जिसका सीधा सरोकार व्यक्ति के राजनीतिक दृष्टिकोण, राजनीतिक आस्था, राजनीतिक विश्वास एवं राजनीतिक आचरण से है।
- राजनीतिक समाजीकरण विकास की एक प्रक्रिया है जिसके द्वारा व्यक्ति ज्ञान, दक्षता, विश्वास, मूल्य, निष्ठा, जैसी मनोवृत्तियों एवं स्ववृत्तियों को प्राप्त करता है जो उसे व्यवस्था के एक प्रभावशाली सदस्य के रूप में कार्य के लिए तैयार करता है।
- राजनीतिक समाजीकरण सीख की एक प्रक्रिया है जो व्यक्ति को राजनीतिक ज्ञान, मूल्यों, विश्वासों, मानकों, अभिवृत्तियों तथा अभिविन्यासों को सीखने में माध्यम की भूमिका निभाता है और सीखने वाले के व्यवहार को किसी विशेष दिशा में परिवर्तित करता है। इसलिए अधिकांश विद्वान इसे परिवर्तन की प्रक्रिया के रूप में देखते हैं।
- यद्यपि राजनीतिक समाजीकरण सीख की एक प्रक्रिया है, लेकिन सीखने का संदर्भ व्यक्ति के राजनीतिक जीवन से है जिसका प्रसंग नागरिकता के प्रशिक्षण से है। यह एक ऐसी प्रक्रिया है जिसके द्वारा एक व्यक्ति व्यवस्था में सामाजिक–राजनीतिक मूल्यों व विश्वासों में अन्तरीकरण करना सीखता है।

- राजनीतिक समाजीकरण शब्द का प्रयोग विविध रूपों में किया गया है, इसलिए इसकी कोई सर्वमान्य परिभाषा नहीं बन पायी है।
- राजनीतिक समाजशास्त्रियों की दृष्टि में राजनीतिक समाजीकरण एक संकल्पना और प्रक्रिया दोनों है। संकल्पना के रूप में यह राजनीतिक विश्लेषण की इकाई है और प्रक्रिया के रूप में यह राजनीतिक संस्कृति के निर्माण का माध्यम है।
- एक प्रक्रिया के रूप में व्यवस्थागत राजनीति के संबंध में जनसाधारण की अभिवृत्तियों विचारों, विश्वासों, मूल्यों एवं अभिविन्यासों के बनने–बिगड़ने की प्रक्रिया को राजनीतिक समाजीकरण की संज्ञा दी जाती है।
- यह राजनीति के संबंध में व्यवस्था के सदस्यों द्वारा अपनायी गयी एवं अभिव्यक्त की गयी प्रवृत्ति है, जिससे अवाम में अपनी राजनीतिक व्यवस्था के प्रति विचारों, दृष्टिकोणों मूल्यों व विश्वासों का निर्माण होता है तथा इसी आलोक में उनकी राजनीतिक भूमिकाओं का नियमन भी होता है।
- इस प्रक्रिया का संबंध व्यक्ति की राजनीतिक आस्था एवं विश्वास से है। यह वह प्रक्रिया है जो राजनीतिगत विचारों, मूल्यों, मान्यताओं तथा निष्ठाओं का सिर्फ निर्माण ही नहीं करती है, वरन् एक पीढ़ी से दूसरी पीढ़ी को हस्तांतरित भी करती है।
- यह प्रक्रिया जनसामान्य में राष्ट्रीयता की भावना व निष्ठा को पनपाने में मूल माध्यम की भूमिका निभाती है तथा व्यवस्था में विद्यमान राजनीति के लिए जनसमर्थन या जनअसमर्थन का वातावरण तैयार करती है।
- आल्मंड एवं पॉवेल की दृष्टि में राजनीतिक समाजीकरण का अर्थ है–राजनीतिक संस्कृति में प्रवेश करने की प्रक्रिया, क्योंकि यह राजनीतिक व्यवस्था के प्रति लोगों की अभिवृत्तियों में रुझान पैदा करता है।
- यह व्यक्ति के राजनीतिकरण के प्रसंग में राजनीतिक सहभागिता एवं राजनीतिक भर्ती दोनों से अधिक व्यापक संकल्पना है। वस्तुतः, राजनीतिक समाजीकरण इन दोनों संकल्पनाओं का प्रेरक एवं नियागक आधार है, क्योंकि इसके अभाव में इन तीनों की कल्पना संभव नहीं है।
- डेविड ईस्टन एवं हेस ने राजनीतिक समाजीकरण को व्यवस्था के लिए समर्थन प्राप्त करने एवं इसे कायम रखने का माध्यम बताया है। इस दृष्टि से राजनीतिक समाजीकरण का अध्ययन राजनीतिक व्यवस्था में प्रत्येक स्तर पर समर्थन–संबंधी रुचियों, अरुचियों, प्रभावों व अप्रभावों से सरोकार रखता है।
- संरचनात्मक–प्रकार्यात्मक उपागम के समर्थक आल्मंड, पॉवेल वर्बा, पारसन्स मिशेल्स आदि भी ईस्टन एवं हेस के इस विचार से सहमति रखते हैं लेकिन ईस्टन एवं हेस द्वारा व्यक्त संकल्पनात्मक महत्त्व से इनकी थोड़ी मतवैभिन्नता है। ये सभी राजनीतिक व्यवस्था के अस्तित्व को बनाये रखने में राजनीतिक समाजीकरण प्रक्रिया की महत्त्वपूर्ण भूमिका को स्वीकारने के साथ–साथ इस तथ्य पर भी बल देते हैं कि संकल्पना एवं प्रक्रिया के रूप में यह अवधारणा राजनीतिक व्यवस्था में सिर्फ निवेश क्रिया (Input Process) यानी कि मांग, समर्थन व साधनों को ही प्रभावित नहीं करती है, अपितु निवेश तत्त्वों को निर्गत तत्त्वों में परिवर्तित करने में भी अर्थपूर्ण भूमिका निभाती है।
- यह राजनीतिक व्यवस्था की राजनीतिक संस्कृति को आधारतत्त्व मुहैया कराता है, व्यवस्था के विकास एवं आधुनिकीकरण का आधार माध्यम बनता है और व्यवस्था में राजनीतिक सहभागिता के प्रतिशत के निर्धारक का कार्य करता है।
- राजनीतिक समाजीकरण के संदर्भ में व्यवस्थागत उपागम एवं व्यक्तिगत उपागम में अन्तर की बात कही गयी है। व्यवस्था उपागम के प्रसंग में राजनीतिक व्यवस्था में स्थायित्व निरन्तरता, अनुरक्षण, निवेश–निर्गत प्रक्रिया आदि के निर्धारण–नियमन में राजनीतिक समाजीकरण महत्त्वपूर्ण भूमिका निभाता है। व्यक्तिगत उपागम वह प्रक्रिया है जिसके द्वारा राजनीतिक अभिमुखीकरण (Orientation) को उपार्जित किया जाता है। आनुभविक आधार पर लेगंटन ने दोनों उपागमों को मिलाने पर बल दिया है।

- ग्रीन स्टेन द्वारा ऐसे समस्त प्रयासों को मिलाकर पाँच प्रश्नों के आधार पर सम्पूर्ण राजनीतिक समाजीकरण प्रक्रिया को समझाने का प्रयास किया गया है।
- आल्मंड एवं कोलमैन ने राजनीतिक समाजीकरण के दो प्रकारों की चर्चा की है : प्रकट (Manifest) और अप्रकट (Latent)।
- जब राजनीतिक व्यवस्था के संबंध में अभिमुखीकरण एवं मूल्यों का स्पष्ट तथा जानबूझ कर संचारण या संप्रेषण किया जाता है एवं लोगों का राजनीतिक सिद्धान्तबोधन किया जाता है तो वह प्रकट राजनीतिक समाजीकरण है, जिसका संचालन राजनीतिक सत्ताधारी या व्यवस्था द्वारा किया जाता है।
- जब राजनीति के प्रति अभिवृत्तियों एवं अभिविन्यासों का स्वतः निर्माण होता है तो वह अप्रकट राजनीतिक समाजीकरण है। इस स्वरूप के संचालन का दायित्व परिवार स्कूल, खेल का मैदान, मित्रमंडली जैसी इकाइयों पर होते हैं।
- प्रकट रूप में राजनीतिक समाजीकरण की प्रक्रिया राजनीतिकरण के साथ–साथ संचालित होती है।
- अप्रकट रूप में राजनीतिक समाजीकरण की प्रक्रिया समाजीकरण के साथ–साथ चलती है।
- प्रकट राजनीतिक समाजीकरण प्रक्रिया के माध्यम से जनसाधारण को छल–कपट जोड़–तोड़ आदि द्वारा गोलबंद करके उनमें राजनीतिक व्यवस्था एवं राजनीतिक प्रक्रिया के प्रति विशेष दृष्टिकोण बनाने का प्रयास किया जाता है। इसका मकसद राजनीतिक व्यवस्था का इच्छित दिशा में विकास कराना या राजनीतिक सत्ता के सामाजिक प्रभाव का दायरा विस्तारित करने के लिए, किसी विशेष प्रकार के राजनीतिक मूल्यों के प्रति अवाम की अभिवृत्ति को अभिविन्यासित करना है।
- परम्परागत व्यवस्था में राजनीतिक समाजीकरण की प्रक्रिया का स्वरूप विकीर्ण होता है लेकिन जब व्यवस्था आधुनिकीकरण की ओर उन्मुख होती है, तब इस प्रक्रिया का स्वरूप विवेकसंगत, सामान्य एवं उद्देश्यपरक हो जाता है।
- राजनीतिक समाजीकरण प्रक्रिया राजनीतिक संस्कृति को कायम रखने का माध्यम है जिसके द्वारा राजनीतिक संस्कृति व्यक्तिगत स्तर पर बनती है और सामुदायिक या सामाजिक स्तर पर एक पीढ़ी से दूसरी पीढ़ी को हस्तांतरित होती है। यह प्रक्रिया एक राष्ट्र की संस्कृति को ढालने और हस्तांतरित करने का आधार–माध्यम है।
- राजनीतिक समाजीकरण प्रक्रिया राजनीतिक जीवन को सार्थकता, स्थिरता व निरन्तरता प्रदान करती है। यह वह साधन है जिसके द्वारा व्यवस्था के सदस्य उन आदतों, मूल्यों, मनोवृत्तियों एवं विचारों को ग्रहण करते हैं जो राजनीतिक व्यवस्था में सहभागिता के लिए प्रासंगिक होते हैं।
- राजनीतिक समाजीकरण प्रक्रिया के ऊपर व्यवस्था के पोषण का दायित्व होता है। व्यवस्था के अनुकूलन, अनुरक्षण एवं सातत्य को कायम रखने में भी इस प्रक्रिया की भूमिका सबसे अहम् होती है।
- ईस्टन एवं डेनिस ने राजनीतिक समाजीकरण को विकास की वह प्रक्रिया कहा है जिसके द्वारा एक व्यक्ति राजनीतिक अभिमुखीकरण को उपार्जित करता है।
- डासन तथा प्रिविट ने इसे ऐसी प्रक्रिया कहा है जिसके द्वारा नागरिक राजनीतिक दृष्टि से परिपक्व होता है।

राजनीतिक समाजीकरण के लक्षण (Characteristics of Political Socialisation)

- राजनीतिक समाजीकरण एक सार्वभौमिक प्रक्रिया है। राजनीतिक व्यवस्था विकसित हो या विकासशील, सभी अपनी नई पीढ़ी को व्यवस्था स्वीकृत संरचनाओं एवं व्यवस्थागत राजनीति के अनुरूप तैयार करना चाहता है।

- राजनीतिक समाजीकरण की नींव व्यक्ति के व्यक्तित्व विकास के आरंभिक चरणों में रख दी जाती है जो जीवनपर्यन्त चलती रहती है और समयानुकूल परिवर्तित होती रहती है।
- इस प्रक्रिया में राजनीतिक संस्कृति के अनेक तत्त्व शामिल होते हैं जिनमें कुछ प्रकट और अप्रकट होते हैं।
- इस प्रक्रिया का उद्देश्य व्यवस्था में आदर्श, मूल्य, विश्वास जैसी अभिवृत्तियों को आकार प्रदान करना एवं समयानुकूल मांग के अनुरूप अभिमुखीकरण द्वारा स्वस्थ जनमत का निर्माण कराना एवं व्यवस्थागत आदर्शों व मूल्यों के प्रति आम सहमति की स्थिति उत्पन्न कराकर सामाजिक सम्बद्धता एवं सहिष्णुता की भावना को मजबूती प्रदान करना है।
- यह प्रक्रिया व्यवस्था में सिर्फ स्थिरता, निरन्तरता को बनाये रखने का ही माध्यम नहीं है, अपितु यह व्यवस्थागत पर्यावरण में परिस्थिति के अनुरूप आवश्यक परिवर्तन लाने का भी सशक्त माध्यम है।
- राजनीतिक समाजीकरण के अभिकरण : परिवार, पड़ोस क्रीड़ा समूह, शिक्षण संस्थाएँ, ऐच्छिक तथा गौण समूह, प्रतीक जनसंपर्क के साधन, सरकार, धार्मिक संगठन आदि।
- राजनीतिक समाजीकरण के निर्धारक तत्त्व : राजनीतिक व्यवस्था की प्रकृति, राजनीतिक व्यवस्था की राजनीतिक संस्कृति, राजनीतिक समाज का अभिमुखीकरण, राजनीतिक समाज के मानक जनसंचार के साधन।
- राजनीतिक समाजीकरण के मार्ग में आने वाली बाधाएं : सामाजिक कारक, असामाजिक कारक।
- राजनीतिक समाजीकरण का विशेष महत्त्व है क्योंकि यह प्रक्रिया लोकतांत्रिक व्यवस्थाओं को राजनीतिक विकास एवं आधुनिकीकरण के लिए आधारतत्त्व मुहैया कराता है।
- ये एक कोशिश है सामाजिक मुद्दों, समस्याओं या परिवर्तनों को लक्ष्यार्थ के रूप में प्रस्तुत करने का, जिसमें आनुभविक स्तर पर समाज के हर पहलू को छूने का प्रयास निरन्तर जारी रहता है।

प्रश्न (Questions)

1. राजनीतिक समाजीकरण की परिभाषा दें और इसके विभिन्न अभिकरणों की विवेचना कीजिए।
   Define political socialisation and discuss its various agencies.
2. 'परिवार राजनीतिक समाजीकरण की पहली पाठशाला है' इस कथन की समीक्षा करें।
   'Family is the first school of political socialisation' examine this statement.
3. राजनीतिक समाजीकरण से आप क्या समझते हैं? इसके महत्त्व की व्याख्या कीजिए।
   What do you mean by political socialisation? Explain its importance.
4. राजनीतिक समाजीकरण की परिभाषा दीजिए तथा इसके विभिन्न चरणों का वर्णन कीजिए।
   Define political socialisation and describe its various stages.
5. राजनीतिक समाजीकरण क्या है ? इसके कौन–कौन से रूप एवं शैलियां हैं ?
   What is political socialisation? What are its forms and styles?

अध्याय 14

राजनीतिक सहभागिता, उदासीनता एवं लामबंदी
(Political Participation, Apathy and Mobilisation)

राजनीतिक सहभागिता (Political Participation)

परिचय (Introduction)

राजनीतिक सहभागिता व्यवस्था के सदस्यों के वे कार्य या गतिविधियां हैं, जिनके माध्यम से राजनीतिक व्यवस्था की नीति–निर्माण प्रक्रिया एवं निर्णय–प्रक्रिया को निर्धारित, संचालित व निरूपित करने के लिए राजनीतिक सत्ता को वैधता जैसे आधारतत्त्व की प्राप्ति होती है। यह एक राजनीतिक प्रक्रिया है जो जनसाधारण को राजनीति में सक्रिय बनाती है तथा राजनीतिक अभिजनों के निर्वाचन के दायित्व एवं चयन के प्रसंग में प्रस्तुत विकल्पों के बीच किसी एक प्रत्याशी के नाम पर मतदान करने के निर्णय की शक्ति जनसामान्य के हाथों में सौंपती है। राजनीतिक विषयों पर जनसक्रियता से प्रासंगिक यह एक ऐसा शक्तिधारक उपकरण है जो लोकतांत्रिक हुकूमत को निरन्तर जनउत्तरदायी बने रहने के लिए प्रेरित एवं बाध्य करता है। लोकतांत्रिक व्यवस्था में जनसामान्य के हाथों में राजनीतिक सहभागिता एक ऐसा उपकरण है जिसके प्रयोग द्वारा जनसमुदायों में अपने हितों को बुलन्द करने की क्षमता मजबूत होती है। जहां व्यवस्थागत राजनीतिक प्रक्रियाओं में जनसहभागिता का प्रतिशत स्तर न्यूनतम होता है, वहां राजनीति में जनता, जनसमुदायों, जनसंगठनों की भूमिका गौण होती है। ऐसे में वहां व्यवस्थागत राजनीतिक समस्याओं, मुद्दों, सवालों पर विचारात्मक मतैक्यता का अभाव होता है। ऐसी स्थिति में राजनीतिक व्यवस्था एवं प्रक्रियाओं पर समाज के विशिष्ट वर्ग का दबदबा सदैव बना रहता है, जिनका इरादा जनसाधारण की राजनीतिक गतिविधियों को निष्प्रभावी बनाना होता है। लोकतांत्रिक राजनीतिक व्यवस्थाओं की वैधता–प्राप्ति का सर्वाधिक महत्त्वपूर्ण माध्यम राजनीतिक सहभागिता है। प्रत्येक राजनीतिक व्यवस्था का यह अनिवार्य संघटक (Component) है। वस्तुतः, लोकतंत्र में शासन व्यवस्था के संचालन का मौलिक आधार तत्त्व जनसहभागिता है और यही वह तत्त्व है, जो निर्वाचित राजनीतिक सत्ता को समाजोन्मुखी, विकासोन्मुखी एवं जनउत्तरदायी बनाये रखता है।

राजनीतिक सहभागिता : अर्थ एवं परिभाषाएं (Political Participation : Meaning and Definition)

सामान्य रूप से राजनीतिक सहभागिता से अभिप्राय है–जनसाधारण की राजनीतिक प्रक्रियाओं में प्रत्यक्ष या परोक्ष भागीदारी है अर्थात् राजनीतिक व्यवस्था के सदस्यों द्वारा व्यवस्था–संचालनक्रम में विभिन्न स्तरों की राजनीतिक प्रकियाओं में जनभागीदारी को राजनीतिक सहभागिता की संज्ञा दी जाती है। राजनीतिक व्यवस्था की लोकतांत्रिक प्रक्रियाओं में जनता की लोकप्रिय भागीदारी अपने आप में एक अस्पष्ट व्यापक पद का द्योतक है। राजनीति स्वयं एक सर्वव्यापी गतिविधि है, इस परिप्रेक्ष्य में राजनीतिक सहभागिता के व्यापक अर्थ संदर्भ का सहज अनुमान लगाया जा सकता है। लोकतंत्र की बुनियादी संस्थाओं की उत्तरजीविता (Survival) का आधारतत्त्व एवं आधार साधन दोनों राजनीतिक सहभागिता हैं। दरअसल, यह वह प्राणाधार (Vital) संघटक है, जो सभी लोकतांत्रिक व्यवस्थाओं एवं वहां के शासकवर्ग को वैधता प्रदान करता है। राजनीतिक व्यवस्था की औचित्यता, निरन्तरता, स्थायित्व एवं लोकप्रियता जैसे तत्त्वों के प्रसंग में राजनीतिक सहभागिता की अर्थपूर्ण प्रासंगिकता को देखते हुए अनेक विद्वज्जनों द्वारा इस महत्त्वपूर्ण विषय पर अपनी बहुमूल्य राय की अभिव्यक्ति की गयी है।

पारम्परिक दृष्टि से राजनीतिक सहभागिता का अर्थ है–नागरिकता–प्रासंगिक कार्यों में भाग लेना। यूनानी दार्शनिकों के अतिरिक्त जॉन स्टुअर्ट मिल एवं रूसो ने इसे नागरिक जीवन की एक अनिवार्य शर्त के रूप में मान्यता दी है। इनके विचार में राजनीतिक सहभागिता का अर्थ शासन कार्यों में भाग लेकर स्वयं को शासित करने में योगदान देना है। उन्होंने राजनीतिक दृष्टि से इस क्रिया को नागरिकों का नैतिक कर्त्तव्य कहा है। समयकालीन अनुभववादी राजनीतिशास्त्रियों एवं राजनीतिक समाजशास्त्रियों द्वारा राजनीतिक सहभागिता जैसे वृहत् प्रसंग का वस्तुपरक विश्लेषण प्रस्तुत किया गया है। समकालीन विद्वज्जनों द्वारा राजनीतिक सहभागिता को मूलतः राजनीतिक अभिजनों की निर्वाचन–प्रक्रिया में जनभागीदारी के साथ–साथ व्यवस्था में वैयक्तिक एवं सामूहिक हित समुच्चय (Interest Aggregation) के साधन के रूप में विश्लेषित किया गया है।

जहां तक राजनीतिक सहभागिता प्रसंग पर मताभिव्यक्ति का प्रसंग है, इस परिप्रेक्ष्य मे यह कहा जा सकता है कि मोटे तौर में आधुनिक विशारद् विषग–संबंधी इस आदर्श मान्यता पर मतैक्यता नहीं रखते हैं कि राजनीतिक सहभागिता वस्तुतः शासन में हाथ बंटाने की राजनीतिक क्रिया है। इस वियार से सहमत विद्वानों का यह कहना है कि लोकतंत्र का अभिप्राय ऐसे शासन से होता है, जहां जनता को प्रतियोगी शासक–समूहों के बीच यानी कि प्रतियोगी राजनीतिक दलों के बीच अपने मनपसंद शासकों के चयन का अवसर मिलता है। इस दृष्टि से राजनीतिक सहभागिता व्यवस्थागत राजनीतिक प्रक्रिया का अभिन्न अंग है, अर्थात् ये राजनीतिक सहभागिता को मूल रूप से मतदान क्रिया के साथ संलग्न करके विषय को विश्लेषित करने का प्रयास करते हैं। यह दृष्टिकोण राजनीतिक सहभागिता के विस्तृत अध्ययन–क्षेत्र का परिचायक है, क्योंकि इस मान्यता के अनुरूप जनतांत्रिक राजनीतिक व्यवस्थाओं के साथ–साथ उन सर्वाधिकारवादी, अधिनायकवादी व्यवस्थाओं को भी अध्ययन–परिधि में शामिल किया जा सकता है, जहां जनता को राजनीतिक सहभागिता का अवसर व्यवस्था द्वारा प्रदान करने का प्रावधान होता है। लेकिन विद्वानों का दूसरा वर्ग इस दृष्टिकोण को राजनीतिक सहभागिता जैसे व्यापक प्रसंग के सीमित अर्थ का बोधक मानता है, क्योंकि इसके विचार में राजनीतिक सहभागिता का यह दृष्टिकोण मात्र मतदान क्रिया एवं इससे संबद्ध कार्यों का बोध कराता है।

राजनीतिक सहभागिता के व्यापक संदर्भ के दायरे में सिर्फ मतदान क्रिया एवं इससे संबद्ध तत्त्वों के अध्ययन को शामिल नहीं किया गया है, अपितु विषय के अध्ययन–क्षेत्र में शासक वर्ग के क्रियाकलापों, नीतियों व निर्णयों के निर्माण एवं क्रियान्वयन व इन समस्त प्रक्रियाओं में सहभागी लोगों की गतिविधियों को भी शामिल किया गया है। सीमित व व्यापक अर्थ संदर्भ के बीच मतान्तर को देखते हुए यह कहा जा सकता है कि मोटे तौर पर राजनीतिक सहभागिता का अध्ययन–प्रसंग दो मान्यताओं को साथ लेकर चल रहा है। अर्थबोध से प्रासंगिक मतवैभिन्नताओं को देखते हुए नाई एवं वर्बा ने इस विषय से प्रासंगिक परिभाषाओं को तीन कोटियों में बांटने की बात की है यथा–अतिविस्तृत (Widest), सुविस्तृत (Wider), संकीर्ण (Narrow)।

अतिविस्तृत (Widest) राजनीतिक सहभागिता के अत्यन्त विस्तृत अर्थबोध के अन्तर्गत व्यवस्था के नागरिकों द्वारा अपने शासक वर्ग के चयन तथा उनके द्वारा निर्धारित नीतियों, नियमों एवं क्रियाकलापों को प्रभावित करने संबंधी राजनीतिक गतिविधियों के साथ–साथ वैसी समस्त राजनीतिक गतिविधियों को भी शामिल किया गया है, जिनका उद्‌देश्य वैधानिक एवं गैर–वैधानिक तरीकों से सरकार की गतिविधियों एवं क्रियाकलापों को प्रभावित करना है। राजनीतिक सहभागिता से प्रासंगिक इस दृष्टिकोण के अध्ययन–प्रसंग के विस्तृत दायरे में राजनीतिक दलों, दबाव समूहों, हित समूहों की भूमिका संगठित समूहों द्वारा चलाया जाने वाला जनआन्दोलन, विद्रोह, क्रान्ति, दंगा–फसाद, राजनीतिक हिंसा, हत्या आदि को सम्मिलित किया गया है। आल्मंड एवं वर्बा की प्रसिद्ध रचना 'Civic Culture' में राजनीतिक सहभागिता के इसी दृष्टिकोण की विवेचना प्रस्तुत की गयी है।

सुविस्तृत (Wider) दृष्टिकोण से प्रासंगिक परिभाषाओं के विषयान्तर्गत मतदान क्रिया में भाग लेने, राष्ट्रीय महत्त्व के राजनीतिक प्रतीकों यानी कि राष्ट्रीय त्यौहारों व प्रतीकात्मक दिवसों में भाग लेने के साथ–साथ सरकार के क्रियाकलापों को प्रभावित करने से संबद्ध समस्त नागरिक गतिविधियों को शामिल किया गया है। इस कोटि की परिभाषाओं में दंगा–फसाद, हिंसा एवं राजद्रोह जैसे राजनीतिक उपद्रवों को गैर वैधानिक करार देते हुए इन्हें राजनीतिक सहभागिता के अध्ययन–प्रसंग में जगह नहीं दी गयी है। राजनीतिक विद्वानों में मायरन वीनर, टाउनसेण्ड, नेटल आदि द्वारा दी गयी परिभाषाओं को इस श्रेणी में रखा गया है।

संकीर्ण (Narrow) अर्थबोधक परिभाषाएं राजनीतिक सहभागिता के अध्ययन–प्रसंग में सिर्फ मतदान क्रिया को शामिल करने की वकालत करती है। नाई एवं वर्बा द्वारा सुविस्तृत एवं संकीर्ण मंतव्य वाली परिभाषाओं के बीच समन्वय स्थापित करके राजनीतिक सहभागिता की जो परिभाषा प्रस्तुत की गयी है उसमें व्यवस्था के सदस्यों की राजनीतिक भूमिकाओं के साथ राजनीतिक सत्ता को वैधानिक तरीके से प्रभावित करने वाली समस्त गतिविधियों को समावेशित किया गया है। इनके शब्दों में, ''राजनीतिक सहभागिता से हमारा अभिप्राय नागरिकों की वैसी विधिसम्मत गतिविधियों से है, जिनका उद्देश्य कमोबेश मात्रा में प्रत्यक्ष रूप से सरकारी अधिकारियों के चयन एवं उनके कार्यों को प्रभावित करना है। वस्तुतः, हमारी रुचि इस तथ्य के अध्ययन में विशेष रूप से है कि यह नागरिक समाज के लिए किये गये मूल्यों के आधिकारिक विभाजन को सामान्य रूप में किस प्रकार प्रभावित करता हैं।'' (By participation we refer to those legal activities by private citizen which are more or less directly aimed at influencing selection of governmental, personal and the action they take… . Actually, we are interested more abstractly in attempts to influence to the authoritative allocation of values for a society.—*Nie* and *Sydney Verba*)

नाई एवं वर्बा द्वारा प्रस्तुत यह परिभाषा वस्तुतः राजनीतिक सहभागिता के विस्तृत अर्थ का बोधक है, जिसमें विषय–प्रासंगिक तीनों संदर्भों के मध्य ताल–मेल बैठाने का प्रयास किया गया हैं।

मैक्लोसकी ने राजनीतिक सहभागिता को राजनीतिक व्यवस्था की वैधता–प्राप्ति के लिए अनिवार्य शर्त कहा है। इनकी अभिव्यक्ति के अनुसार, ''राजनीतिक सहभागिता लोकतांत्रिक व्यवस्था में सहमति देने और वापस लेने का प्रधान माध्यम है, जिसके द्वारा शासकों को शासितों के प्रति उत्तरदायी बनाया जाता हैं।'' (Political participation is the principal means by which consent is granted or withdrawn in a democracy and rulers are made accountable to the ruled.—*Meclosky*), मैक्लोसकी ने आगे कहा है कि ''राजनीतिक सहभागिता जैसे प्रसंग को व्यक्तियों की उन स्वैच्छिक क्रियाओं, जिसके द्वारा समाज के सदस्य शासकों के चुनाव में एवं प्रत्यक्ष या अप्रत्यक्ष रूप से जननीतियों के निर्माण में भाग लेते हैं, के संदर्भ में परिभाषित किया जा सकता है।'' इनके द्वारा व्यापक अर्थ संदर्भ में इस परिभाषा के दायरे में क्लब में सदस्यों द्वारा राजनीतिक विचारों के आदान–प्रदान जैसी आकस्मिक क्रियाओं–प्रतिक्रियाओं से लेकर राजनीतिक दलों के सदस्यों की सक्रिय राजनीतिक क्रियाओं एवं प्रतिक्रियाओं को सम्मिलित करने की वकालत की गयी हैं।

इस व्यापक अर्थबोधक परिभाषा को स्वीकारने के मार्ग में सबसे बड़ी अड़चन विभिन्न व्यवस्थाओं की लोकतांत्रिक प्रक्रियाओं में जनभागीदारी के प्रतिशत में पाया जाने वाला अन्तर है, जिसकी तात्त्विक मात्रा कहीं कम और कहीं अधिक पायी जाती है। पश्चिमी राजनीतिक व्यवस्थाओं में राजनीतिक सहभागिता की परम्परागत

संकल्पना के तहत इस संप्रत्यय का व्यवहार सीमित अर्थ में किया जाता रहा है, जिसके विषयान्तर्गत चुनाव के समय प्रचार अभियान से संबंधित क्रियाएं, मसलन–चुनाव प्रचार में सक्रिय भागीदारी मतदान करना, राजनीतिक वाद–विवाद, विचारगोष्ठी, आमसभा व राजनीतिक प्रदर्शनों, रैलियों में भागीदारी, दूसरे मतदाताओं को किसी ख़ास प्रत्याशी के पक्ष में मतदान करने के लिए अभिप्रेरित करना, किसी राजनीतिक दल या दल के प्रत्याशी को चुनाव कार्य हेतु चंदा देना या किसी राजनीतिक दल की सदस्यता ग्रहण करना आदि को शामिल किया जाता है।

वर्तमान परिप्रेक्ष्य में विकसित एवं विकासशील दोनों व्यवस्थाओं के संदर्भ में राजनीतिक सहभागिता संकल्पना का प्रयोग व्यापक अर्थ में किया जाने लगा है। कई विद्वज्जनों द्वारा वृहत् अर्थ–संदर्भ में इस प्रसंग को परिभाषित करने का प्रयास जारी है। इस संकल्पना की वृहद् अर्थबोधक वैश्लेषिक (Analytical) परिभाषाओं में परम्परागत राजनीतिक क्रियाओं के साथ–साथ राजनीतिक नीतियों व निर्णयों के खिलाफ विरोध–प्रदर्शन करना, पक्ष में समर्थन का प्रदर्शन करना, राजनीतिक रैलियों, सभाओं, प्रदर्शनों, हड़ताल, जनआन्दोलन तथा राजनीतिक दल एवं राजनीतिक नेतृत्व के क्रियाकलापों के समर्थन या विरोध में संचालित होने वाली राजनीतिक गतिविधियों को राजनीतिक सहभागिता के अध्ययनान्तर्गत समावेशित किया गया है। इस प्रसंग में मैथ्यूज एवं प्रोथों की अभिव्यक्ति काफी प्रासंगिक है। इन्होंने ''जनता द्वारा प्रत्यक्ष राजनीतिक विचारों को व्यक्त करने से संबंधित सभी प्रकार के व्यवहारों को राजनीतिक सहभागिता की संज्ञा दी हैं।'' (All behaviours through which people directly express their political opinions.—*D.R. Mathews* and *J.W. Protho*).

आल्मंड एवं पॉवेल ने राजनीतिक सहभागिता प्रसंग को परिभाषित करते हुए कहा है कि ''व्यवस्था की निर्माण–प्रक्रियाओं में समाज के सदस्यों की संलग्नता ही सहभागिता है।'' (The involvement of the members of society in the decision-making processes of the system is participation.—Almond and Powell)। इस प्रसंग में हंटिंगटन एवं नेलसन का कहना है, ''सरकार की निर्णय–निर्माण प्रक्रिया को प्रभावित करने वाले सभी व्यक्तिगत नागरिकों के क्रियाकलापों को राजनीतिक सहभागिता की संज्ञा दी जा सकती है।''

उपर्युक्त परिभाषाएं इस तथ्य की संकेतक हैं कि राजनीतिक सहभागिता वस्तुतः किसी भी व्यवस्था के सदस्यों की वैसी राजनीतिक गतिविधियां या भूमिकाएं हैं, जो राजनीतिक व्यवस्था के नीति–निर्माण एवं निर्णयकारी प्रक्रिया को सीधे तौर पर प्रभावित करती हैं। मोटे तौर पर राजनीतिक सहभागिता का तात्त्विक अर्थ है–व्यवस्थागत राजनीतिक समाज के सदस्यों का व्यवस्था–संचालन के कार्यों में प्रत्यक्ष या परोक्ष भागीदारी। राजनीतिक सहभागिता का स्वरूप एवं प्रतिशत की मात्रा राजनीतिक व्यवस्थाओं की सामाजिक, आर्थिक, सांस्कृतिक व राजनीतिक परिस्थितियों के अनुरूप घटती–बढ़ती रहती है। राजनीतिक व्यवस्था के लोकतांत्रिक ढाँचे का स्वरूप भी राजनीतिक सहभागिता के स्वरूप, प्रकृति एवं मात्रा का निर्धारक होता है। दृष्टान्तस्वरूप उदारवादी व्यवस्थाओं एवं साम्यवादी व्यवस्थाओं में राजनीतिक सहभागिता के स्वरूप, प्रकृति में गुणात्मक व मात्रात्मक अन्तर स्पष्ट रूप से देखा जा सकता है। यह एक ऐसी राजनीतिक क्रिया है जो जनसाधारण को राजनीतिकर्ता के रूप में सक्रिय बनाती है और यही राजनीतिक व्यवस्था एवं प्रक्रिया के प्रति संज्ञानात्मक, भावात्मक एवं मूल्यांकनात्मक भूमिकाओं के निर्वहन का यथोचित माध्यम है।

आधुनिक राजनीतिक गतिविधियों के तथ्यपरक एवं यथार्थपरक अध्ययन के परिप्रेक्ष्य में राजनीतिक सहभागिता एक वृहद् प्रसंग है जो इसके व्यापक अध्ययन–क्षेत्र का द्योतक है। आज राजनीतिक सहभागिता के अध्ययन–प्रसंग में समस्त राजनीतिक गतिविधियों को सम्मिलित किया जाने लगा है जिसके दायरे में मतदान क्रिया से संबंधित समस्त गतिविधियों में भागीदारी के साथ–साथ सभी प्रकार के राजनीतिक वाद–विवाद, प्रदर्शन एवं सभी राजनीतिक विषयों, मुद्दों तथा समस्याओं पर विचार अभिव्यक्ति की क्रियाएँ–प्रतिक्रियाएँ शामिल की जाती हैं। लेकिन, लोकतंत्र के आलोचकों के मतानुसार, विश्व स्तर पर ऐसी कोई राजनीतिक व्यवस्था नहीं है, जहां व्यवस्था के सदस्यों का बहुमत राजनीतिक नीति–निर्माण एवं निर्णय–प्रक्रिया में भागीदारी करता है। अमेरिका, इंग्लैण्ड जैसी विकसित व्यवस्थाओं में भी नीति–निर्माण व निर्णय–प्रक्रिया में राजनीतिक सहभागिता का दायरा सीमित होता है। ये राजनीतिक क्रियाएं अल्पमत द्वारा ही संचालित होती हैं।

इस प्रकार, सारांशतः राजनीतिक सहभागिता नागरिकों द्वारा निष्पादित किया जाने वाला वह राजनीतिक कार्य है, जिसके द्वारा नागरिक अपने प्रतिनिधियों यानी कि शासकों का चयन करते हैं एवं अपनी सक्रिय राजनीतिक गतिविधियों से शासकों की निर्णयकारिता को प्रभावित करते हैं। प्रत्येक व्यवस्था की राजनीतिक सहभागिता प्रक्रिया पर्यावरण के कई तत्त्वों व परिवर्त्यों से प्रभावित होती रहती है और परिस्थिति के अनुरूप इस प्रक्रिया के आकार–प्रकार, स्वरूप, प्रकृति एवं मात्रा आदि में परिवर्तन होता रहता है।

राजनीतिक सहभागिता की प्रकृति : राजनीतिक प्रभावोत्पादकता एवं राजनीतिक उदासीनता (Nature of Political Participation : Political Efficacy and Political Apathy)

राजनीतिक सहभागिता संकल्पना का मूल संदर्भ व्यवस्था के सदस्यों की राजनीतिक गतिविधियों से संबद्ध है। इस प्रक्रिया का प्रधान केन्द्र व्यक्ति होता है। आल्मंड एवं पॉवेल तथा ऐप्टर राजनीतिक सहभागिता के व्यापक अर्थबोध के समर्थक हैं। ऐप्टर द्वारा इस संकल्पना की अध्ययन परिधि में जनलामबन्दी (Mass Mobilisation) को सम्मिलित करके इस संप्रत्यय के विषय संदर्भ को और ज्यादा विस्तृत बना दिया गया है। जनलामबन्दी का प्रसंग राजनीतिक सहभागिता के अध्ययनान्तर्गत नागरिकों का राजनीति के प्रति रुझान या राजनीतिक उदासीनता (Apathy) का द्योतक है। जनलामबन्दी राजनीतिक सहभागिता हेतु जनता को अभिप्रेरित करने वाली प्रवृत्ति का संकेतक है, इसलिए अनेक विद्वान इस राजनीतिक गतिविधि को राजनीतिक सहभागिता के अन्तर्गत रखने के आलोचक रहे हैं। आलोचकों के विचार में यह राजनीतिक क्रिया लोगों को राजनीतिक सहभागिता के लिए तैयार करती है। इस अर्थ में जनलामबन्दी राजनीतिक सहभागिता से पूर्व की क्रिया है, इसलिए दोनो क्रियाएं एक साथ नहीं चल सकती हैं।

राजनीतिक सहभागिता की प्रकृति के निर्धारण में जिन दो तत्त्वों की प्रमुखता सभी व्यवस्थाओं में विद्यमान होती है, उनमें : प्रथम–राजनीतिक प्रभावोत्पादकता (Political Efficacy) और द्वितीय–राजनीतिक उदासीनता (Political Apathy) है। राजनीतिक व्यवस्था के अन्तर्गत राजनीतिक सहभागिता के उच्च, मध्यम या निम्न स्तर के लिए प्रभावी कारक नागरिकों की राजनीतिक प्रभावोत्पादकता है। व्यवस्था में राजनीतिक सहभागिता का उच्च प्रतिशत ही वहां की जनता की राजनीतिक प्रभावोत्पादकता का परिचायक होता है और यही तत्त्व नीति–निर्माण एवं निर्णय–प्रक्रिया पर जनप्रभाव का भी संकेतक है। इसी प्रकार व्यवस्थागत नागरिकों की राजनीति के प्रति उदासीनता राजनीतिक सहभागिता के न्यूनतम प्रतिशत का परिचायक है। ये दोनों मूल तत्त्व ही राजनीतिक सहभागिता की प्रकृति के वास्तविक स्वरूप के निर्धारक होते हैं। लोकतांत्रिक राजनीतिक सहभागिता (Democratic Political Participation) एवं सर्वसत्तावादी राजनीतिक सहभागिता (Totalitarian Political Participation) की प्रकृति में पाये जाने वाले अन्तर की मूल वजह भी यही तत्त्व है। राजनीतिक सहभागिता के प्रतिशत में वृद्धि होने की अपेक्षा प्रभावोत्पादकता सहभागिता की मात्रा में वृद्धि होने पर जनता सरकार पर ज्यादा दबाव बनाने में सक्षम होती है, क्योंकि सहभागिता अपनी प्रभावशाली प्रकृति के अनुरूप ही सरकारी नीतियों में परिवर्तन लाने का सामर्थ्य रखती है और सरकार की नीति–निर्माण एवं निर्णय–प्रक्रिया को भी प्रभावित करती है। सर्वसत्तावादी व्यवस्थाओं की कार्य शैली में राजनीतिक सत्ताधारियों द्वारा व्यवस्था के सदस्यों को अपनी विशेष राजनीतिक विचारधारा के प्रति रुझान उत्पन्न कराने के लिए दल के राजनीतिक कार्यक्रमों, सभाओं, वाद–विवादों, विचारगोष्ठियों में भाग लेने के लिए व राजनीतिक दल–संबंधी राजनीतिक साहित्य व पत्र–पत्रिकाओं का अध्ययन करने के लिए उत्प्रेरित किया जाता है और अपनें दल–संबंधी सभी राजनीतिक गतिविधियों में भागीदारी के लिए अभिप्रेरित किया जाता है। इस दृष्टिकोण से यदि दोनों व्यवस्थाओं की शासन शैली के मद्देनजर राजनीतिक सहभागिता की प्रकृति का व्यवहारपरक आधार पर तुलनात्मक अध्ययन किया जाता तो जो स्पष्ट तस्वीर उभर कर सामने आती है, उसमें सर्वसत्तावादी व्यवस्थाओं में नागरिक अधिक मात्रा में राजनीतिक निर्णयों के निर्धारण में भागीदारी करते हैं, लेकिन इसके बावजूद लोकतांत्रिक सहभागिता एवं सर्वसत्तावादी सहभागिता की प्रकृति में तात्त्विक स्तर पर वही अन्तर है, जो मूलतः दोनों व्यवस्थाओं की प्रकृति एवं सत्ता शैली में पाया जाता है।

सर्वसत्तावादी व्यवस्थाओं में शासक वर्ग की नीतियों का व्यापक प्रसार करने के उद्देश्य से सभी शीर्षस्थ एवं मध्यम स्तरीय नेतृत्व निरन्तर क्रियाशील रहता है। इस उद्देश्य की पूर्ति के लिए जनसाधारण से ज्यादा–से–ज्यादा राजनीतिक सहभागिता की अपेक्षा की जाती है और इस राजनीतिक उद्देश्य की सफलता के लिए शिक्षा का विस्तारण बड़े पैमाने पर किया जाता है, ताकि जनसाधारण दल की प्रचलित नीतियों, विचारधाराओं को सही ढंग से अपने राजनीतिक जीवन में आत्मसात कर सकें। इसके विपरीत लोकतांत्रिक व्यवस्थाओं की शासन शैली भी जनसाधारण को व्यवस्थागत राजनीतिक मुद्दों, समस्याओं, सवालों, नीतियों–निर्णयों के संबंध में जागरूक बनाने के लिए एवं राजनीतिक विषयों पर राजनीतिक सहभागिता के लिए अभिप्रेरित करता है, लेकिन इन व्यवस्थाओं में शासक वर्ग एवं विपक्षी दलों द्वारा लोकतांत्रिक आदेशों के प्रति जनमत का रुझान पैदा करने के लिए तथा सामाजिक–आर्थिक विकास के मुद्दों पर जनजागरूकता बढ़ाने के लिए लामबन्दी की तकनीक अपनाई जाती है और जनसंचार के विभिन्न साधनों द्वारा राजनीतिक विषयों पर जनभागीदारी के लिए लोगों को सचेत किया जाता है। दूसरे शब्दों में, यह कहा जा सकता है कि अभिव्यक्ति की आजादी को आधार बनाकर शासक वर्ग, प्रति शासक वर्ग एवं मीडिया के साधन जनसाधारण को प्रभावशाली राजनीतिक सहभागिता के लिए अभिप्रेरित करते हैं। सर्वसत्तावादी व्यवस्थाओं में जनसहभागिता की प्रकृति समर्थनवादी होती है, जो सिर्फ शासक वर्ग की नीतियों व कार्यक्रमों के पक्ष में होती है जबकि लोकतांत्रिक व्यवस्थाओं में जनसहभागिता की प्रकृति में समर्थन एवं विरोध दोनों तत्त्व समान महत्व रखते हैं, इसलिए व्यवस्थागत राजनीति एवं शासक वर्ग की नीतियों व निर्णयों के प्रसंग में प्रतिक्रियाओं का बजार सदैव उफान पर होता है। राजनीतिक मुद्दों व फैसलों पर जनता पक्ष–विपक्ष में खुलकर राय जाहिर कर सकती है। अभिव्यक्ति की आजादी का अधिकार संविधान प्रदत्त होता है और यह लोकतंत्र में राजनीतिक सहभागिता का सर्वाधिक महत्त्वपूर्ण प्रेरक कारक है। राजनीतिक निर्णयों पर तत्त्वमीमांसा का यह संवैधानिक माध्यम है, जिसके व्यवहार के संबंध में नागरिकों से यह अपेक्षा की जाती है कि वे मर्यादा के दायरे में इस स्वतंत्रता का उपयोग करें। राजनीतिक सहभागिता के विस्तृत दायरे में आज व्यवस्था के सदस्यों द्वारा अदालती फैसलों पर भी सार्वजनिक बहस छेड़ी जा रही है और इस पर उचित और अनुचित का तर्क प्ररतुत किया जा रहा है। वस्तुतः, लोकतांत्रिक राजनीतिक सहभागिता में जनता का मत सर्वोच्च माना जाता है। हालांकि इसके विमर्श–स्तर पर उचित–अनुचित का सवाल उठाया जा सकता है और सही तत्त्वों को उचित ठहराया जा सकता है।

जनतंत्रीय प्रभावशाली राजनीतिक सहभागिता की यथार्थता के प्रसंग पर प्रकाश डालते हुए लिप्सेट ने कहा है कि शासक वर्ग समाज तथा संगठन की संरचना में परिवर्तन लाने हेतु जितना प्रयासरत होगा उसी अनुपात में वह ज्यादा–से–ज्यादा जनसहभागिता का इच्छुक होगा, क्योंकि उसे अपने कार्यक्रमों की सफलता के लिए अधिकाधिक जनसमर्थन की दरकार होती है। जनतांत्रिक व्यवस्थाओं में राजनीतिक सहभागिता का उच्च प्रतिशत राजनीतिक सत्ताधारियों के साथ–साथ विरोधी दल के अस्तित्व को भी प्रभावशाली बनाता है और इनकी भूमिकाओं को जनसरोकारगत आयाम प्रदान करके उनकी राजनीतिक गतिविधियों को ठोस रूप से जनोन्मुखी आकार देता है। यदि जनतांत्रिक व्यवस्थाओं में राजनीतिक सहभागिता की प्रवृत्ति कमजोर है और प्रतिशत की मात्रा न्यूनतम है, तो इसे लोकतांत्रिक राजनीति के स्वास्थ्य के लिए अनुपयुक्त माना जाता है क्योंकि वहाँ राजनीति व राजनीतिक सत्ता के प्रति समर्थन या विरोध से प्रासंगिक जन भावनाएं दबी रह जाती हैं, जिसका सीधा असर व्यवस्था के राजनीतिक विकास व आधुनिकीकरण पर पड़ता है।

राजनीतिक सहभागिता की प्रकृति का दूसरा निर्धारक तत्त्व राजनीतिक उदासीनता है, जो प्रत्येक लोकतांत्रिक व्यवस्थाओं की राजनीतिक सहभागिता के प्रतिशत में कमी का परिचायक है। सामान्यतया, व्यवस्था के सदस्यों की राजनीतिक कार्यों के प्रति विमुखता ही राजनीतिक उदासीनता की पहचान है जो सीधे तौर पर राजनीतिक सहभागिता की मात्रा में कमी लाती है। लेकिन, पश्चिमी लोकतांत्रिक व्यवस्थाओं में राजनीतिक सहभागिता प्रसंग पर अध्ययन–विश्लेषण करने वाले कुछ विद्वान् इस बात से सहमत नहीं हैं कि सिर्फ राजनीतिक कार्यों यानी कि मतदान, चुनाव कार्य आदि में भागीदारी कराकर ही जनता अपनी राजनीति प्रासंगिक अभिवृत्तियों, भावनाओं एवं विचारों को प्रकट करती है। इनकी मान्यता है कि धनाढ्यता में वृद्धि की वजह से जनसामान्य में वैचारिक विरोध

की स्थितियों में काफी कमी आती है, लेकिन इसका अर्थ यह नहीं है कि जनमत व्यवस्थागत राजनीति के प्रति उदासीन हो जाता है। वस्तुतः ऐसी सम्पन्न व्यवस्थाओं में जनता का शासक वर्ग के प्रति विश्वास इतना गहरा हो जाता है कि उन्हें राजनीतिक सहभागिता की जरूरत ही महसूस नहीं होती है। राजनीतिक सहभागिता की प्रकृति की उग्रता या सक्रियता की मात्रा में कमी से प्रासंगिक राजनीतिक उदासीनता पर विचार व्यक्त करते हुए ऐलेन्स (Allanc) ने कहा है कि "राजनीतिक उदासीनता कि स्थिति की अधिक सम्भावना तब बनती है, जब कोई अपनी शक्ति के लिए किये जाने वाले प्रयासों को सर्वाधिक छानबीन तथा सर्वजनिक आलोचकों की दृष्टि में स्पष्ट या धुंधला बनाने का प्रयास करता है। इसी प्रसंग पर टी.जे. बेलॉज (T.J. Bellows) का वक्तव्य है कि "राजनीतिक उदासीनता या विमुखता एक प्रकार की राजनीतिक निष्क्रियता है जो व्यवस्था को समर्थन देती है लेकिन व्यक्ति को राजनीतिकरण से विमुख रखने के योग्य बनाती है। प्रतिरक्षा रूप में यह व्यक्तिगत गोपनीयता और स्वतंत्रता बनाये रखने का प्रयास करती है। वस्तुतः, किसी भी राजनीतिक व्यवस्था में राजनीतिक सहभागिता क्रिया के प्रति उदासीनता या विमुखता के लिए व्यवस्थागत नृजातीय (Anthropology) व मनोवैज्ञानिक कारकों के साथ–साथ राजनीतिक, सामाजिक, आर्थिक, सांस्कृतिक तत्त्वों से संबंधित कई कारक जवाबदेह होते हैं।

राजनीतिक सहभागिता की प्रकृति में अकस्मात् आई तेजी के संबंध में हरबर्ट टिंग्सटेन (Herbert Tingsten) की मताभिव्यक्ति है कि "किसी व्यवस्था में राजनीतिक सहभागिता की मात्रा में अचानक वृद्धि हो जाना इस तथ्य का द्योतक है कि या तो व्यवस्थान्तर्गत समाज में तनाव की स्थिति उत्पन हो गयी है या सरकारी तन्त्र में दुष्कृति आ गयी है या मतदाताओं में ऐसे सदस्यों की संख्या अधिक हो गयी है जो राजनीतिक सहभागिता के नाम पर लोकतंत्र की जड़ों को काटना चाहते हैं। मिलब्रेथ (Milbrath) ने भी राजनीतिक सहभागिता की प्रकृति पर प्रकाश डालते हुए राजनीतिक सहभागियों को कई कोटियों में बाँटा है और यह कहा है कि "राजनीतिक सहभागिता की प्रकृति की सक्रियता, मात्रा में वृद्धि होने का एक ख़ास कारण है राजनीतिक उद्देश्यों की प्राप्ति में निरन्तर प्रयासरत रहने वाले राजनीतिकर्ताओं के प्रभाव में वृद्धि, जो अपना पूरा समय राजनीति को समर्पित करते हैं। इस हेतु वे लोगों को राजनीतिक दलों का सक्रिय सदस्य बनाकर अपने दल का हितसंवर्धन करते हैं, चुनाव प्रचार सभाओं, आदि में विशेष रूचि लेते हैं। यद्यपि यह कार्य अपने आप में बुरा नहीं है, लेकिन इसकी वजह से राजनीतिक मुद्दों में स्पष्टता का अभाव उत्पन हो जाता है।" ये समस्त प्रसंग इस तथ्य के संकेतक हैं कि यदि व्यवस्था में राजनीतिक उदासीनता की स्थिति उत्पन्न हो जाय तो इसका सीधा प्रभाव राजनीतिक सहभागिता की प्रकृति एवं सहभागियों के प्रतिशत पर पड़ता है।

आल्मंड एवं पॉवेल ने हित स्पष्टीकरण एवं हित समूहन के परिप्रेक्ष्य में राजनीतिक सहभागिता की विवेचना प्रस्तुत करते हुए इस कार्य हेतु राजनीतिक दलों एवं हित समूहों द्वारा निष्पादित महत्त्वपूर्ण भूमिकाओं का विश्लेषण किया है। इन्होंने विषय से प्रसंगाधीन अभिप्राय में राजनीतिक सहभागिता क्रिया में व्यवस्थागत दलों एवं समूहों की भूमिकाओं को शामिल करने का तर्क दिया है, क्योंकि ये दलों व समूहों को राजनीतिक सहभागिता क्रिया–संचालन का मूल माध्यम मानते हैं।

राजनीतिक सहभागिता की प्रकृति का तात्पर्य नागरिकों की राजनीतिक गतिविधि की प्रवृत्ति से संबद्ध है। इस अर्थ में मतदान करना, दूसरे व्यक्ति को वोट देने के लिए प्रेरित करना, किसी विशेष प्रत्याशी को वोट दिलवाना या चुनाव प्रचार में हिस्सा लेना आदि सभी समान राजनीतिक क्रियाएं न होते हुए भी राजनीतिक सहभागिता के रूप में चिन्हित की जाती है। उदाहरणस्वरूप, वोट देना स्वयं की राजनीतिक क्रिया है, लेकिन अन्य व्यक्तियों को वोट देने के लिए अभिप्रेरित या प्रोत्साहित करना प्रेरक राजनीतिक गतिविधि है। इस दृष्टिकोण से राजनीतिक सहभागिता की प्रकृति के दायरे में वे सभी राजनीतिक गतिविधियां आती हैं जो राजनीतिक व्यवस्था के शासक वर्ग की सत्ताशैली व क्रियाकलापों को प्रभावित करती हैं। लेस्टर मिलब्रेथ (Lester Milbrath) ने अपनी प्रसिद्ध कृति 'Political Participation' में राजनीतिक सहभागिता को समुच्चयी क्रिया (Cumulative Action) की संज्ञा दी है। उनका कहना है कि जब कोई व्यक्ति एक राजनीतिक क्रिया निष्पादित करता है, तो साथ में वह दूसरी राजनीतिक क्रियाएं भी सम्पन्न करता जाता है। दृष्टान्तस्वरूप वोट देने वाला राजनीतिकर्ता मतदान क्रिया के साथ–साथ चुनाव प्रचारक की भूमिका भी निभाता है, दूसरे को मतदान के लिए प्रेरित भी करता है, धन–जन का

सहयोग भी देता है तथा उस दौरान चुनाव से प्रासंगिक कई प्रकार की राजनीतिक गतिविधियों में एक साथ संलग्न होता है और इन सभी राजनीतिक गतिविधियों का केन्द्र व्यक्ति होता है। इस प्रसंग में मिलब्रेथ की स्पष्टोक्ति है कि राजनीतिक सहभागिता क्रिया के निष्पादन में सभी कार्य व्यक्ति का होता है, समूहों या दलों का नहीं। यह नागरिकों द्वारा सामूहिकता में निष्पादित की जाने वाली राजनीतिक गतिविधि नहीं है। एक राजनीतिकर्ता के रूप में यह व्यक्ति द्वारा निष्पादित व्यक्तिगत राजनीतिक क्रिया है, राजनीतिक गतिविधि है, या राजनीतिक व्यवहार है, जो समूह में ढलकर राजनीतिक व्यवस्था की निर्णयकारिता को हमेशा प्रभावित करने का कार्य करता है। इस प्रसंग में राजनीतिक सहभागिता के स्तर एवं प्रतिशत से ज्यादा महत्त्वपूर्ण बात यह है कि राजनीतिक गतिविधि का कर्ता कौन है ? यदि कर्ता व्यक्ति है, तो उसकी राजनीतिक गतिविधियाँ राजनीतिक सहभागिता है और यदि कर्ता कोई संगठन, संस्था, समूह या राजनीतिक दल है, तो वह गतिविधि राजनीतिक सहभागिता नहीं है, अपितु ऐसी राजनीतिक गतिविधियाँ राजनीतिक सहभागिता को अभिप्रेरित या प्रोत्साहित करने वाली राजनीतिक क्रियाएं हैं। इस प्रकार मिलब्रेथ (Milbrath) के मतानुसार, "राजनीतिक सहभागिता सीधे रूप में व्यक्ति की व्यक्तिगत राजनीतिक गतिविधि से सरोकार रखने वाली राजनीतिक क्रिया है।"

राजनीतिक सहभागिता के सिद्धान्त (Theories of Political Participation)

राजनीतिक सहभागिता व्यक्ति द्वारा सम्पन्न की जाने वाली एक राजनीतिक गतिविधि या निरूपित राजनीतिक व्यवहार है, जिसकी प्रकृति, प्रवृत्ति, स्तर एवं मात्रा व्यवस्थागत परिस्थितियों व वातावरण की प्रकृति के अनुरूप परिवर्तित होते रहते हैं। परिवर्तनशील प्रकृति की वजह से राजनीतिक सहभागिता जैसे व्यापक विषय के अध्ययन हेतु सिद्धान्त–निर्माण के रास्ते में विशारदों को अनेक कठिनाइयों, बाधाओं का सामना करना पड़ा है। राजनीतिक सहभागिता–संबंधित आँकड़ों का संग्रहण, सामान्यीकरण, तथ्यों का विश्लेषण एवं विश्लेषण के आधार पर सिद्धान्त–निर्माण करना एक कठिन प्रयास है, क्योंकि राजनीतिक सहभागिता के सभी परिपर्त्य समय एवं वातावरण परिस्थिति के अनुरूप परिवर्तित होते रहते हैं। यही वजह है कि विभिन्न राजनीतिक व्यवस्थाओं में सहभागिता की प्रकृति एवं प्रतिशत की मात्रा में स्तरीय अन्तर पाया जाता है, जो कहीं उन्नत, कहीं मध्यम, तो कही न्यूनतम स्तर में सामने आता है। सहभागिता से प्रासंगिक एक ही कारक के समय और परिस्थिति में अन्तर होने पर प्रभाव में अन्तर आ जाता है। सहभागिता के प्रतिशत में वृद्धि करने वाले कारकों में सामाजिक, आर्थिक, सांस्कृतिक एवं धार्मिक शिक्षा का स्तर आदि का स्थान महत्त्वपूर्ण हैं।

रोपर का ऐसा मानना है कि राजनीतिक व्यवस्थाओं का आर्थिक पिछड़ापन निश्चित रूप से वहां की राजनीतिक सहभागिता के निम्न स्तर का द्योतक होता है। शिक्षा का सहभागिता के विस्तार से सीधा सरोकार होता है, यानी कि सहभागिता प्रतिशत की मात्रा एवं स्तर में उन्नति का आधार माध्यम है उच्च शिक्षा का प्रसार। लिप्सेट और लर्नर ने भी व्यवस्था में सामाजिक, आर्थिक आधुनिकीकरण का राजनीतिक सहभागिता के साथ गहरा संबंध बताते हुए यह कहा है कि "व्यवस्था का सामाजिक–आर्थिक विकास स्तर सहभागिता स्तर के साथ संबद्ध होता है इसलिए जिन व्यवस्थाओं में सहभागिता का प्रतिशत निम्न स्तर का होता है, वहां न सिर्फ राजनीतिक विकास एवं आधुनिकीकरण का स्तर निम्न होता है अपितु राजनीतिक स्थायित्व में भी कमी पायी जाती है।"

राजनीतिक सहभागिता के संबंध में दो सिद्धान्त प्रचलित हैं–**पहला सिद्धान्त** परंपरागत है, जो उच्च स्तर की सहभागिता के लिए प्रत्यक्ष लोकतंत्र में विश्वास करता है, साथ ही प्रत्यक्ष प्रजातंत्र के अभाव में अप्रत्यक्ष लोकतांत्रिक व्यवस्था के प्रति भी पूरी आस्था व्यक्त करता है। इस व्यवस्था का स्वरूप लोककल्याणकारी होता है, जिसमें आधुनिकीकरण का प्रतिशत काफी उच्च स्तर का होता है। **दूसरा सिद्धान्त** आधुनिक है, जो मताधिकार के विस्तार से प्रासंगिक है। यह सिद्धान्त मताधिकार विस्तार को सामाजिक बदलाव के साथ परस्पर संबद्ध करता है, यानी कि, जिस राजनीतिक व्यवस्था में मताधिकार का जितना ज्यादा–ज्यादा विस्तार होगा, उस व्यवस्था में सामाजिक परिवर्तन का स्वरूप उतना ही तेजी से सामने आयेगा, व्यवस्था का आधुनिकीकरण भी उसी अनुपात में उन्नत होगा, और व्यवस्था में राजनीतिक स्थायित्व की परिस्थितियाँ भी बनेंगी। विकासशील देशों की

राजनीतिक सहभागिता के अध्ययन हेतु आल्मंड द्वारा इस सिद्धान्त की विवेचना की गयी है। मिलब्रेथ ने भी राजनीतिक सहभागिता के अध्ययन–प्रसंग में सहभागीजनों के बीच मात्रात्मक अन्तरों की चर्चा की है और राजनीतिक सहभागिता क्रिया में सहभागियों की अभिवृति के अनुरूप उन्हें कोटियों में बाँटा है। रॉबर्ट डॉल ने राजनीतिक सहभागिता की व्याख्या प्रस्तुत करते हुए उसे राजनीतिक प्रभावशीलता के साथ संबद्ध किया हैं। डॉल ने राजनीतिक प्रभावशीलता से प्रासंगिक राजनीतिक सहभागिता के तीन कारकों को रेखांकित किया है :

प्रथम–यदि जनसाधारण राजनीतिक क्रियाओं में भागीदारी के परिणामस्वरूप प्राप्त होने वाले फ़ायदे को अन्य क्रियाओं से प्राप्त होने वाले फ़ायदे की अपेक्षा ज्यादा बहुमूल्य मानें, तो वे राजनीतिक प्रक्रियाओं में सक्रिय भागीदारी निभाते हैं।

द्वितीय–यदि जनसाधारण में यह विश्वास उत्पन्न हो जाये कि राजनीतिक क्रियाओं में भागीदारी से ही वे राजनीतिक निर्णय–प्रक्रिया एवं नीति–निर्माण को प्रभावित करके मनवांछित परिणाम प्राप्त कर सकते हैं, तो राजनीतिक क्रियाओं में उनकी उत्साहपूर्ण सहभागिता होती है।

तृतीय–यदि जनसाधारण को यह विश्वास हो जाय कि राजनीतिक क्रियाओं में सहभागी बनकर ही वे अपने वांछित उद्देश्यों, हितों या लक्ष्यों को प्राप्त कर सकते हैं, तो निश्चित रूप से वे राजनीतिक सहभागिता का हिस्सा बनते हैं।

राजनीतिक सहभागिता के प्रमुख पहलू (Main Aspects of Political Participation)

राजनीतिक सहभागिता से प्रासंगिक पहलू (Aspect) के अन्तर्गत विविध प्रकार की राजनीतिक क्रियाएं शामिल हैं। मैकलोसकी ने अपनी प्रसिद्ध रचना (Politicial Participation) में जिन क्रियाओं को राजनीतिक सहभागिता के क्षेत्र में सम्मिलित किया है उनमें प्रमुख हैं–मतदान करना, जानकारी प्राप्त करना, वाद–विवाद व धर्मान्तरण सभाओं में उपस्थिति होना, चंदा देना, प्रतिनिधियों के साथ सम्पर्क रखना आदि विशिष्ट राजनीतिक क्रियाओं के साथ–साथ, किसी राजनीतिक दल की औपचारिक सदस्यता ग्रहण करना, चुनाव में हिस्सा लेना, राजनीतिक भाषण देना या लिखना, आम चुनाव एवं दलीय पदों के चुनाव में हिस्सा लेना, जैसी सक्रिय सामाजिक गतिविधियो को प्रधान राजनीतिक क्रिया के अन्तर्गत नामजद किया है। वुडवर्ड एवं रोपर ने 'Political Action of American Citizens' में राजनीतिक सहभागिता के प्रसंग में जिन पांच मुख्य क्रियाओं को रेखांकित किया है वे हैं : 1. चुनाव में मत देना, 2. प्रभावक समूहों के सदस्य के रूप में इन्हें समर्थन प्रदान करना एवं सदस्यता ग्रहण करना, 3. विधायकों से प्रत्यक्ष सम्पर्क करना, 4. राजनीतिक दलों की गतिविधियों में हिस्सा लेकर विधायकों पर अधिकार जमाना, 5. मौखिक रूप से अन्य नागरिकों के बीच राजनीतिक विचारों का अभ्यासिक प्रचार करना यानि कि विचारों का अदान–प्रदान करना ।

राजनीतिक सहभागिता की क्रिया से प्रासंगिक ऊपर विवेचित विविध पहलुओं के आधार पर राजनीतिक सहभागिता की कतिपय मुख्य क्रियाओं की चर्चा निम्नांकित है :

1. **मतदान (Voting)**–जनतांत्रिक राजनीतिक व्यवस्था के लिए मतदान को राजनीतिक सहभागिता की दृष्टि से सर्वाधिक महत्वपूर्ण राजनीतिक क्रिया के रूप में चिन्हित किया गया है। जनतांत्रिक राजनीतिक व्यवस्था एवं अल्पतंत्र में सबसे महत्त्वपूर्ण अन्तर यह है कि जहाँ अल्पतंत्र में मतदान के रूप में राजनीतिक सहभागिता का कोई मूल्य नहीं है वहीं जनतांत्रिक व्यवस्था की लोकप्रियता व उपयोगिता का मूल्यांकन मतदान में सहभागिता के उच्च प्रतिशत के आधार पर किया जाता है। राजनीतिक विद्वान वी.ओ. की का ऐसा मानना है कि मतदान के रूप मे राजनीतिक सहभागिता के प्रतिशत में कमी होने का अर्थ है सामाजिक–आर्थिक दृष्टि से कमजोर वर्ग को सरकार में सही प्रतिनिधित्व नहीं मिलना। इन वर्गों में संगठन का अभाव एवं मतदान क्रिया के प्रति उदासीनता का अर्थ है राजनीतिज्ञों द्वारा उनके हितों की देख–रेख में कमी, क्योंकि राजनीतिक व्यवस्था में विशेष स्थिति प्राप्त सम्पन्न लोग सहभागिता के प्रति

ज्यादा सचेत होते हैं तथा संगठित वर्ग की इच्छाओं की पूर्ति के प्रति सरकार भी अधिक जागरूक होती है।

मतदान किसी भी जनतांत्रिक राजनीतिक व्यवस्था में जनसाधारण का एक ऐसा महत्त्वपूर्ण साधन है जिसका प्रयोग करके मतदाता राजनीतिक अभिजन वर्ग को अपनी स्वीकृति व सहमति प्रदान करता है तथा अपने प्रतिनिधियों का चयन करके उनके द्वारा शासन तंत्र में नीति–निर्धारण व निर्णय–प्रक्रिया में सहभागी होने का अधिकारी बनता है। मतदान प्रक्रिया राजनीतिक सहभागिता का वह रूप है, जिसका प्रयोग जनसाधारण द्वारा सामान्य नियतकालिक चुनाव (Periodical Election) के समय किया जाता है। सभी जनतांत्रिक व्यवस्थाओं में जनसाधारण को एक मतदाता के रूप में सार्वजनिक रूप से मतदान का अधिकार प्रदान करना इस तथ्य का द्योतक है कि लोकतंत्र मे अपनी मर्जी से चुने गये प्रतिनिधियों के माध्यम से जनता शासन–संचालन संबंधी सभी कार्यों में सहभागी बनती है। इस प्रसंग में ध्यान देने योग्य तथ्य यह है कि विभिन्न जनतांत्रिक व्यवस्थाओं में चुनाव प्रक्रिया की प्रकृति व प्रविधि के अनुरूप मतदान का महत्त्व घटता–बढ़ता रहता है।

2. **चुनाव में राजनीतिक दल के प्रत्याशी या दल को चन्दा देना (Donation during Election to Political Parties and Candidates)**–चुनाव अभियान में अपनी पसंद के राजनीतिक दल को या किसी दल के प्रत्याशी को चंदा देकर आर्थिक सहायता करना भी राजनीतिक सहभागिता की मुख्य क्रिया के अन्तर्गत आता है। लेकिन, राजनीतिक सहभागिता के रूप में इस क्रिया का प्रयोग व्यवस्था के सम्पन्न वर्गों द्वारा किया जाता है। हालाँकि जनतांत्रिक व्यवस्था की स्वस्थ प्रकृति के लिए राजनीतिक सहभागिता के इस रूप को लोकतंत्र के हित में नहीं माना गया है, क्योंकि इससे व्यवस्था में सत्ता पर धनिक वर्ग का प्रभुत्व बढ़ता है जो लोकतंत्र में जनसाधारण की स्थिति की मजबूती के लिए सही नहीं है। राजनीतिक सहभागिता के इस रूप के परिणामस्वरूप राजनीतिक व्यवस्था के धनी लोग पैसे की ताकत पर कमजोर लोगों का मत खरीदने में सफल हो जाते हैं और शासनतंत्र जनसाधारण की लोकप्रिय व्यवस्था न होकर, विशिष्ट वर्ग की व्यवस्था हो जाती है, जिसमें मतदाताओं द्वारा निष्पादित मतदान क्रिया धनिक वर्ग के हाथों द्वारा प्रयोग किया जाने वाला एक राजनीतिक उपकरण साबित होता है।

3. **चुनाव लड़ना (Contesting Election)**–एक प्रत्याशी के रूप में चुनाव कार्य में हिस्सा लेना राजनीतिक सहभागिता का महत्त्वपूर्ण रूप है। नागरिकों द्वारा इस राजनीतिक क्रिया का निष्पादन निर्दलीय प्रत्याशी या किसी राजनीतिक दल के प्रत्याशी के रूप में सहभागी बनकर किया जाता है। सक्रिय राजनीतिक सहभागिता की गतिविधि पेशेवर राजनीतिज्ञों की गतिविधि है जिसमें सहभागी व्यक्ति क्रियाशील राजनीति को अपना पेशा बना लेते हैं। किसी भी राजनीतिक व्यवस्था में ऐसे राजनीतिक सहभागियों की संख्या पाँच प्रतिशत से ज्यादा नहीं होती है। राजनीतिक सहभागिता की इस क्रिया का निष्पादन सिर्फ चुनाव के दौरान किया जाता है।

4. **चुनाव कार्य में सक्रिय भागीदारी (Active Participation in Election Energy)**–चुनाव कार्य से संबद्ध समस्त अभियानों में नागरिकों की सक्रिय सहभागिता एक ऐसी राजनीतिक गतिविधि या क्रिया है जिसके परिणामस्वरूप शासन–संचालन हेतु प्रतिनिधियों का चयन संभव होता है। इस क्रिया से प्रासंगिक गतिविधियाँ नागरिकों को चुनावी राजनीति में सक्रिय बनाती हैं। इस राजनीतिक क्रिया के दायरे में राजनीतिक दल का सक्रिय सदस्य बनकर चुनाव प्रचार में हिस्सा लेना, किसी राजनीतिक दल के प्रत्याशी के रूप में, निर्दलीय प्रत्याशी के रूप में चुनाव लड़ने के लिए नामांकन करना, प्रदर्शनों, रैलियों एवं भाषणों में शामिल होना या स्वयं प्रदर्शन रैली या आम सभा का आयोजन करना, चुनावी भाषण तैयार करना, लिखना, स्वयं उम्मीदवार के रूप में भाषण देना, या किसी अन्य उम्मीदवार के लिए भाषण देना, चंदा देना, राजनीतिक वार्तालाप द्वारा उम्मीदवार के पक्ष में जनमत तैयार करना, अपने

वाहन पर किसी राजनीतिक दल के चिन्ह का स्टीकर चिपकाना, किसी पार्टी का झंड़ा लगाना, रैलियों या प्रदर्शनों के लिए भीड़ जुटाना, वोट देना आदि शामिल हैं।

5. **राजनीतिक दल या अर्द्धराजनीतिक संगठनों की सदस्यता ग्रहण करना (Obtaining Membership of Political Parties or Semi Political Organisation)**—व्यवस्था में विद्यमान राजनीतिक दलों में से किसी भी दल की सदस्यता ग्रहण करना या किसी अन्य राजनीतिक संगठनों का सदस्य बनना भी एक महत्वपूर्ण राजनीतिक सहभागिता है। यह एक ऐसी राजनीतिक क्रिया है जो नागरिकों को जमीनी स्तर पर व्यवस्था की क्रियाशील राजनीति में सदैव सक्रिय बनाये रखता है। राजनीतिक दल के सदस्य अपनी दलीय विचारधारा के प्रभाव में होते हैं। दल द्वारा आयोजित कार्यक्रमों में उत्साहपूर्वक हिस्सा लेते हैं, दल की नीतियों के प्रचार–प्रसार के लिए सदैव तत्पर रहते हैं, तथा दल की सदस्यता में वृद्धि के लिए अनेक प्रकार के कार्यक्रमों में आयोजक की भूमिका निभाते हैं। यानी कि अपने राजनीतिक दल या संगठन के उन्नयन हेतु एवं जनमत को अपने दल के पक्ष में जोड़ने हेतु सदैव प्रयासरत रहते हैं। इस राजनीतिक क्रिया का कार्य क्षेत्र भी अन्य क्रियाओं की भांति काफी विस्तारित है क्योंकि राजनीतिक दलों पर लोकतंत्र की गतिशीलता को बनाये रखने की जवाबदेही होती है।

6. **उद्दंड घटनाएँ (Nuisance Phenomenon)**—उदारवादी लोकतंत्र अपने नागरिकों को अभिव्यक्ति की आजादी का अधिकार प्रदान करता है। इस आजादी के प्रयोगक्रम में नागरिकों द्वारा प्रदर्शन, हड़ताल, घेराव, बन्द, धरना, गंभीर जनआन्दोलन, हिंसा, क्रान्ति जैसी असामान्य राजनीतिक गतिविधियों में भागीदारी की जाती है। ये समस्त गतिविधियाँ सक्रिय राजनीतिक क्रियाएं हैं जो विशेष परिस्थिति में जनसाधारण द्वारा व्यवहार में लायी जाती हैं। जब किसी राजनीतिक व्यवस्था के सदस्य संवैधानिक प्रावधानों के तहत वैधानिक तरीकों के दायरे में शासक वर्ग से अपनी जायज मांगों को मनवाने में असफल हो जाते हैं, तो व्यवस्था में राजनीतिक आन्दोलन की परिस्थितियाँ आकार लेती हैं, जो उद्दण्ड घटनाओं के रूप में सिर उठा कर व्यवस्था–संचालन के मार्ग में अवरोधक की भूमिका निभाती हैं। यदि कभी लम्बी अवधि तक सत्तारूढ़ होने की वजह से शासक वर्ग सुविधाभोगी या सत्ताभोगी के रूप में अपनी पहचान बनाते हैं तथा जनकल्याण के उत्तरदायित्व से विमुख हो जाते हैं, जिसके परिणामस्वरूप शासन जनसाधारण को जीवन की बुनियादी सुविधाएँ एवं उत्तम जीवन जीने के लिए आवश्यक सुविधाएँ प्रदान करने में वे असमर्थ हो जाते हैं या फिर शासनतंत्र द्वारा जो सुविधाएँ मुहैया करायी जाती हैं वे जनसाधारण की नजर में महत्त्वहीन होती हैं तब शासकवर्ग के प्रति सामाजिक सोच में परिवर्तन होता है और व्यवस्थागत वातावरण की वजह से जनसाधारण उद्वेलित होकर उद्दण्ड राजनीतिक घटनाओं का सहभागी बनता है, जिसका तार्किक परिणाम सत्ता–परिवर्तन के रूप में सामने आता है। इस राजनीतिक सहभागिता का व्यवस्था के सामर्थ्य से एवं रूपान्तरण प्रक्रिया की क्षमता से सीधा सरोकर होता है। जिस राजनीतिक व्यवस्था में जनता पक्ष से मिलने वाले आगत तत्त्वों (माँग व समर्थन) को रूपान्तरण प्रक्रिया द्वारा निर्गत तत्त्वों में परिवर्तित करने की क्षमता जितनी अधिक होती है, उन व्यवस्थाओं में उद्दण्ड राजनीतिक घटनाओं से प्रासंगिक राजनीतिक गतिविधियों का अस्तित्व उसी अनुपात में नगण्य होता है।

राजनीतिक सहभागिता के विविध रूप (Various Forms of Political Participation)

राजनीतिक सहभागिता के स्वरूप के संबंध में राजनीतिक विद्वानों द्वारा इसके विविध रूपों एवं क्रियाओं का उल्लेख किया गया है। मैक्लोसकी द्वारा इस क्रिया की व्याख्या राजनीतिक व्यवस्था की वैधता प्राप्ति के लिए अनिवार्य शर्त के रूप में की गयी है। इन्होंने राजनीति के संबंध में संज्ञान लेना, मतदान करना, राजनीतिक बहस–मुबाहिसा में भाग लेना, आम सभाओं में उपस्थित होना आदि गतिविधियों को राजनीतिक सहभागिता का नाम दिया है।

रस एवं अल्ताफ द्वारा राजनीतिक सहभागिता के जिन रूपों को चिन्हित किया गया है, वे हैं : (1) राजनीतिक या प्रशासकीय पदों को ग्रहण करना, (2) राजनीतिक एवं प्रशासकीय पदों को प्राप्त करने हेतु प्रयासरत रहना, (3) राजनीतिक संगठन का सक्रिय सदस्य बनना, (4) राजनीतिक संगठन का निष्क्रिय सदस्य बनना, (5) किसी अर्द्धराजनीतिक संगठन का सक्रिय या निष्क्रिय सदस्य बनना, (6) सार्वजनिक सभाओं प्रदर्शनों, रैलियों, जैसी राजनीतिक क्रियाओं का सहभागी बनना, (7) औपचारिक राजनीतिक वाद–विवादों में सहभागी बनना, (8) व्यवस्थागत राजनीति में रुचि लेना, (9) मतदान करना, एवं (10) राजनीतिक गतिविधियों के प्रति उदासीनता या विमुखता की मनोवृत्ति रखना।

हंटिंगटन एवं नेलसन द्वारा राजनीतिक सहभागिता के दो स्वरूपों की चर्चा की गयी है : **प्रथम**–व्यावसायिक सहभागिता तथा **द्वितीय**–गैर व्यावसायिक सहभागिता। व्यावसायिक सहभागिता के अन्तर्गत इनके द्वारा उन लोगों को सम्मिलित किया गया है जो राजनीति को अपना पेशा या व्यवसाय मानते हैं। इस कोटि के सहभागियों में राजनीतिक एवं प्रशासकीय पदधारक, राजनीतिक दलों के पदाधिकारी, राजनीतिक पदों के उम्मीदवार, सभासद, (Lobbyist) एवं ऐसे समस्त नागरिक जो सामान्य रूप से राजनीतिक सहभागिता क्रिया में निरन्तर संलग्न रहते हैं। गैर राजनीतिक सहभागियों की कोटि में ऐसे लोगों को सम्मिलित किया गया है, जो राजनीतिक क्रियाओं में परोक्ष या गौण भागीदारी करते हैं साथ ही राजनीति को प्रभावित करने वाली सामाजिक भूमिकाओं में सहभागी बनते हैं।

लेस्टर मिलब्रेथ द्वारा राजनीतिक क्रियाओं के निष्पादित स्वरूप के आधार पर इसे तीन कोटियों में बाँटा गया है : (1) दर्शक गतिविधियाँ, (2) सांक्रान्तिक गतिविधियाँ, (3) लड़ाकू गतिविधियाँ।

1. **दर्शक गतिविधियाँ (Spectatorial Activities)**–इस कोटि के सहभागी व्यक्तियों की राजनीतिक क्रियाओं में ज्यादातर औपचारिकता का पुट शामिल होता है। इस कोटि के सहभागियों में व्यवस्थागत राजनीति के प्रति विमुखता तो नहीं होती है, लेकिन बहुत ज्यादा रुझान भी नहीं होता है। इस क्रिया के दायरे में आने वाले सहभागी सक्रिय राजनीतिकर्ता की भूमिका निभाने की जगह ज्यादातर दर्शक की भूमिका में होते हैं। इस गतिविधि के अन्तर्गत मतदान करना, दूसरों को मतदान करने के लिए प्रेरित करना, प्रभावित करना, राजनीतिक वाद–विवाद में हिस्सा लेना, राजनीतिक प्रतीकों से प्रभावित होना, किसी राजनीतिक दल का चिन्ह धारण करना, अपनी सवारी पर किसी राजनीतिक दल का स्टीकर चिपकाना, किसी पार्टी का झंडा उठाना, आदि शामिल हैं। इस कोटि के अन्तर्गत आने वाली राजनीतिक गतिविधियाँ यह स्पष्ट करती हैं कि व्यवस्था का बहुमत इसी राजनीतिक सहभागिता तक अपने को सीमित रखता है। इस वर्ग के सहभागियों को न तो राजनीति के प्रति विशेष आसक्ति होती है और न ही विरक्ति। इसीलिए इन्हें दर्शक सहभागी की संज्ञा दी जाती है और इनके द्वारा की जाने वाली राजनीतिक सहभागिता दर्शक गतिविधियाँ कहलाती हैं।
2. **सांक्रान्तिक गतिविधियाँ (Transitional Activities)**–इस कोटि में उन सहभागियों को शामिल किया गया है, जिनका राजनीति में रुझान दर्शक सहभागियों की अपेक्षा थोड़ा अधिक होती है। इन्हें सांक्रान्तिक गतिविधियों की संज्ञा दी गयी है। इस कोटि में जिन गतिविधियों को सम्मिलित किया गया है, उसमें राजनीतिक दल के प्रदर्शनों, रैलियों, सभाओं में भाग लेना, किसी राजनीतिक दल या दल के प्रत्याशी को वित्तीय सहायता देना, किसी राजनीतिक दल की बैठक में समर्थक के रूप में शामिल होना, किसी राजनेता या विधायक से व्यक्तिगत संबंध बनाना, राजनीतिक दल की नीतियों व घोषणाओं में आस्था रखना, दल के पदाधिकारियों, नेताओं, कार्यकर्ताओं से नियमित संपर्क स्थापित करना, आदि शामिल हैं। राजनीतिक सहभागिता की इस गतिविधि में शामिल व्यक्ति व्यवस्थागत राजनीति से सीधा संवाद स्थापित करता है, राजनीति में रुचि लेता है और राजनीतिक विषयों एवं मुद्दों के प्रति गंभीर दृष्टि रखता है।
3. **लड़ाकू गतिविधियाँ (Gladiatorial Activities)**–यह राजनीतिक सहभागिता की प्रत्यक्ष गतिविधि है, जिसमें व्यक्ति राजनीति को पेशा के रूप में अपनाता है। इस गतिविधि में शामिल व्यक्ति अपना जीवन पूर्णरूप से क्रियाशील राजनीति से जोड़ लेता है। ऐसे राजनीतिक सहभागियों की व्यवस्थागत राजनीति

में गहरी रुचि होती है और वे अपना पूरा समय राजनीतिक कार्यों के संचालन के लिए समर्पित करते हैं। अमेरिका और इंग्लैण्ड जैसे उन्नत देशों में भी इस कोटि के राजनीतिक सहभागियों की संख्या पूर्ण आबादी की पांच प्रतिशत से ज्यादा नहीं होती है। लड़ाकू गतिविधियों के अन्तर्गत राजनीतिक सहभागियों की पेशेवर भूमिका में जिन राजनीतिक क्रियाओं की गिनती की जाती है, उनमें राजनीतिक दल के नेता का पद संभालना, राजनीतिक दल का सक्रिय सदस्य बनना, दल के कार्यक्रमों में सक्रिय कारक (Activator) की भूमिका निभाना, राजनीतिक दल के उम्मीदवार के रूप में चुनाव लड़ना, पार्टी के कार्यक्रमों का संचालन करना, पार्टी के लिए चंदा इकट्ठा करना, पार्टी के लिए आमसभा, रैली, प्रदर्शन आदि में आयोजक की भूमिका निभाना, हड़ताल व बन्द जैसी राजनीतिक गतिविधियों को महत्त्व देना, अग्रेसर के रूप में नेतृत्व करना या संचालन करना, पार्टी की बैठकों में भाग लेना, पार्टी में महत्त्वपूर्ण पदों को धारण करना, पार्टी को सत्ता तक पहुँचाने के लिए चुनाव अभियान की योजनाएं बनाना, उन योजनाओं को जमीन पर उतारना तथा चुनाव–संबंधी समस्त गतिविधियों में सक्रिय भूमिका निभाना, विधायक या सांसद के रूप में निर्वाचित होना तथा मंत्री का पद संभालना आदि।

लड़ाकू गतिविधियों के दायरे में आने वाली सभी राजनीतिक सहभागिता क्रियाएं इस तथ्य की द्योतक हैं कि इसमें सहभागी व्यक्ति के लिए राजनीति एक पेशा बन जाती है, जिसमें सहभागी हमेशा एक राजनीतिज्ञ के रूप में व्यवस्थागत राजनीति के अखाड़े में लड़ने–भिड़ने के लिए तैयार रहता है।

मिलब्रेथ की अभिव्यक्ति से यह स्पष्ट होता है कि मूलतः राजनीतिक सहभागिता के दो प्रकार हैं–सक्रिय सहभागिता एवं निष्क्रिय सहभागिता। विश्व स्तर पर कई व्यवस्थाओं के गहन विश्लेषणात्मक अध्ययनक्रम में राजनीतिक व्यवस्थाओं में पायी जाने वाली राजनीतिक सहभागिता की प्रकृति–प्रवृत्ति एवं सहभागी लोगों की गतिविधियों की व्यवहार्यता के आधार पर यह कहा जा सकता है कि सभी व्यवस्थाओं में जनसाधारण समान रूप से राजनीतिक गतिविधियों में सहभागी नहीं बनते हैं। प्रत्येक व्यवस्था में सक्रिय यानी कि प्रत्यक्ष रूप से राजनीतिक गतिविधियों में सहभागी लोगों की संख्या नगण्य होती है, अर्थात् किसी भी व्यवस्था की आबादी की अल्पसंख्या ही सक्रिय रूप से राजनीतिक सहभागी होती है और बहुसंख्या परोक्ष रूप से राजनीतिक गतिविधियों में सहभागी होती है।

कुछ विद्वानों द्वारा राजनीतिक सहभागिता को दो भागों में बाँटा गया है : **प्रथम**–अभिव्यंजक (Expressive) यानी कि सार्थक या अर्थपूर्ण और **द्वितीय**–यंत्रीय (Instrumental) यानी की सहायक। अभिव्यंजक सहभागिता का अभिप्राय किसी खास उद्देश्य या निश्चित लक्ष्य की प्राप्ति से जुड़ी गतिविधियों से है यह किसी तात्कालिक उद्देश्य की संतुष्टि या राजनीतिक भावना की अभिव्यक्ति से जुड़ी होती है, वहीं यंत्रीय सहभागिता का आशय किसी निश्चित उद्देश्य या लक्ष्य की प्राप्ति से संबद्ध नहीं होता है; मसलन–स्वयं चुनाव लड़ना या किसी दल के प्रत्याशी को विजयी बनाने हेतु जी–तोड़ प्रयास करना, अभिव्यंजक सहभागिता है।

राजनीतिक सहभागिता स्वरूप–संबंधी उपर्युक्त विश्लेषण के मद्देनजर यह कहा जा सकता है कि लगभग सभी राजनीतिक व्यवस्थाओं में राजनीतिक रूप से निरन्तर सक्रिय नागरिकों की संख्या सीमित होती है। प्रत्येक राजनीतिक समाज का अल्प प्रतिशत ही राजनीतिक गतिविधियों की गहराई में उतरता है। बहुसंख्या में नागरिकों की सक्रिय राजनीतिक भागीदारी नियतकालिक चुनाव के समय ही दिखाई देती है। सहभागिता–संबंधी इन व्यावहारिक तथ्यों के आधार पर मोटे तौर पर राजनीतिक सहभागिता की क्रियाओं को जिन शीर्षकों के अन्तर्गत रखा जा सकता है, उनमें : **प्रथम**–प्रत्यक्ष या सक्रिय सहभागिता (Active Participation), **द्वितीय**–परोक्ष या निष्क्रिय सहभागिता (Passive Participation), प्रत्यक्ष सहभागिता के अन्तर्गत आने वाली क्रियाओं में–राजनीतिक दल या किसी राजनीतिक संगठन की सदस्यता, राजनीतिक दल की समस्त गतिविधियों में सक्रिय भागीदारी, राजनीतिक दल की सभी बैठकों–कार्यक्रमों में नियमित भागीदारी, राजनीतिक दल में संगठनात्मक पदों को धारण करना, संवैधानिक पदों को ग्रहण करना, संवैधानिक पदों के लिए उम्मीदवार बनाना, चुनाव लड़ना या दूसरे प्रत्याशी के चुनाव अभियान में सक्रिय भागीदारी करना, दल के प्रत्याशी के रूप में स्वयं के लिए या किसी दूसरे

प्रत्याशी के लिए वोट मांगना, दल के लिए चंदा देना या इकट्ठा करना, सरकार की किसी नीति या निर्णय का खुलकर समर्थन या विरोध करना, विरोध में प्रदर्शन धरना, रैली, हड़ताल, बन्द आदि आयोजित करना या इन राजनीतिक गतिविधियों में भाग लेना, दबाव समूह का सदस्य बनकर सरकार पर किसी निर्णय के लिए दबाव बनाना, राजनीतिक सभाओं में भाषण देना आदि शामिल है।

परोक्ष सहभागिता के दायरे में आने वाली राजनीतिक क्रियाओं में–किसी राजनीतिक दल के नेता से संबंध बनाना, किसी राजनीतिक दल के प्रभाव में होना एवं उसके प्रति सहानुभुति का भाव रखना, किसी राजनीतिक दल को या दल के प्रत्याशी को चंदा देना, राजनीतिक दल द्वारा आयोजित सभाओं, रैलियों, प्रदर्शनों में हिस्सा लेना, राजनीतिक समस्याओं, मुद्दों पर बहस करना, राजनीतिक वाद–विवाद का हिस्सा बनना, मतदान करना या दूसरों को किसी राजनीतिक दल के प्रत्याशी के पक्ष में मतदान करना या कराना या अभिप्रेरित करना, इत्यादि शामिल है।

राजनीतिक सहभागिता के विविध पहलुओं से संबंधित उपर्युक्त विश्लेषण के आधार पर यह स्पष्ट होता है कि मूलतः राजनीतिक सहभागिता का दो ही प्रकार हैं–सक्रिय एवं निष्क्रिय सहभागिता। आल्मंड एवं वर्बा ने अपनी प्रसिद्ध कृति 'The Civic Culture' के अन्तर्गत इन दोनों प्रकारों की राजनीतिक सहभागिता के बीच गतिविधियों के आधार पर अन्तर स्पष्ट किया है। इनकी दृष्टि में राजनीतिक दल की बैठकों में शामिल होना, कार्यक्रमों का संचालन करना, प्रचार करना तथा दल के लिए सभी प्रकार के कार्य करना सक्रिय सहभागिता है, जबकि व्यवस्थागत राजनीति के संबंध में संज्ञान लेना और मतदान के समय वोट देना निष्क्रिय सहभागिता कहलाती है।

माइरन वीनर ने राजनीतिक सहभागिता के दो प्रकारों की चर्चा की है : **प्रथम**–स्वायत्त सहभागिता (Autonomous Participation), **द्वितीय**–परियोजित सहभागिता (Mobilised Participation)।

प्रथम–स्वायत्त सहभागिता का अभिप्राय उस राजनीतिक गतिविधि से है, जिसके प्रति व्यक्ति का रुझान स्वेच्छा से होता है। राजनीतिक सहभागिता के स्वरूप के अन्तर्गत आने वाली राजनीतिक क्रियाओं में सहभागी बनने की अभिप्रेरणा तो व्यक्ति कई माध्यमों से प्राप्त करता है, लेकिन अन्ततः उस राजनीतिक क्रिया का निष्पादन व्यक्ति स्वयं अपनी इच्छा से स्वतंत्रतापूर्वक करता है। राजनीतिक सहभागिता के इस स्वरूप में जोड़–तोड़ या छल–कपट नहीं होता है। यह व्यक्ति की सचेतन राजनीतिक सहभागिता का स्वरूप है, जिसमें व्यक्ति अपनी राजनीतिक गतिविधियों का निर्धारण, संचालन एवं निरूपण अपनी संज्ञानात्मक, भावात्मक व मूल्यांकनात्मक क्षमतानुरूप काफी सोच–विचार कर करता है।

द्वितीय–परियोजन सहभागिता का अभिप्राय ज्यादातर शासनतंत्र द्वारा नियोजित व अभिप्रेरित होता है। यह सहभागिता का वह स्वरूप है जिसमें राजनीतिक गतिविधियों का संचालन अधिकतर सरकारी ओदशों के अधीन होता है। प्रत्येक राजनीतिक व्यवस्था में राजनीतिक अभिजन का लक्ष्य ज्यादा–से–ज्यादा जनसमर्थन प्राप्त करना होता है, जिसकी जमीनी सफलता के लिए योजनाओं नीतियों, निर्णयों का निर्धारण–कार्यान्वयन किया जाता है। जनलुभावन नये कार्यक्रमों की घोषणाएं एवं उनका कार्यान्वयन करके सरकार ज्यादा–से–ज्यादा नागरिकों का समर्थन अपने पक्ष में करती है। सभी लोकतंत्रीय सरकारें व्यवस्था में जनसहभागिता की अभिवृत्ति को अपनी तरफ मोड़ने का हरसंभव प्रयास करती है और इसके लिए अनेक प्रकार के उपायों का प्रयोग करती हैं। सहभागिता के इस स्वरूप में जोड़–तोड़, छलयोजना का पुट शामिल होता है। राजनीतिक सहभागिता के इस स्वरूप को परियोजन सहभागिता का नाम दिया गया है, जिसके प्रकट एवं अप्रकट दोनों ही रूपों में सरकार का उद्देश्य व लक्ष्य निहित होता है।

माइरन वीनर द्वारा अभिव्यक्त राजनीतिक सहभागिता संबंधी उपर्युक्त स्वरूप से यह स्पष्ट होता है कि सहभागिता के मूलतः दो ही प्रकार हैं, एक का आधार व्यक्ति की स्वतः की प्रेरणा है और दूसरे की अभिप्रेरणा सरकार द्वारा दी जाती है।

राजनीतिक सहभागिता की शैलियां (Styles of Political Participation)

प्रत्येक राजनीतिक व्यवस्था में राजनीतिक सहभागियों की कुछ खास शैली होती है। राजनीतिक व्यवस्थाओं की व्यवस्थागत परिस्थितिवश राजनीतिक व्यवहार की प्रकृति व प्रवृत्ति में भिन्नताएं पायी जाती हैं। राजनीतिक व्यवहार के प्रदर्शन के अनुरूप राजनीतिक सहभागिता की तीन शैलियों का उल्लेख किया गया है : **प्रथम**–भावात्मक शैली (Affective Style), **द्वितीय**–अभिव्यक्तात्मक शैली (Expressive Style), **तृतीय**–साधनात्मक शैली (Instrumental Style)।

उपर्युक्त तीनों शैलियाँ राजनीतिक व्यवहार के निरूपण से प्रासंगिक हैं जो राजनीतिक सहभागिता के स्वरूप व प्रकृति का निर्धारण करती हैं। भावात्मक शैली राजनीति के प्रति गहरे रुझान की द्योतक है। राजनीतिक व्यवहार प्रदर्शन की यह शैली इस बात को स्पष्ट करती है कि इसमें राजनीतिकर्ता व्यवस्थागत राजनीति के प्रति गंभीर रूप से लगाव रखता है, राजनीतिक दल का सक्रिय सदस्य होता है, दल की सभी राजनीतिक गतिविधियों एवं कार्यक्रमों में सक्रिय भागीदारी करता है, व्यवस्थागत राजनीतिक विषयों, समस्याओं, मुद्दों के प्रति भावनात्मक संज्ञान लेता है और राजनीति से भावनात्मक संबंध रखता है। अभिव्यक्तात्मक शैली की राजनीतिक सहभागिता में सहभागी व्यक्ति का राजनीति के प्रति रुझान भावात्मक शैली की अपेक्षा कम होता है। इस दायरे में शामिल सहभागी राजनीतिक गतिविधियों का संचालन किसी खास लक्ष्य की प्राप्ति के लिए नहीं करते हैं अपितु किसी तात्कालिक उद्देश्य की संतुष्टि के लिए करते है। राजनीति के प्रति अभिव्यक्ति में उनकी ऐसी आस्था नहीं होती है, जैसी भावात्मक शैली में होती है। साधनात्मक शैली की राजनीतिक सहभागिता के सहभागी तात्कालिक फायदे के लिए राजनीतिक गतिविधियों में संलग्न नहीं होते हैं। राजनीतिक दलों के घोषित कार्यक्रमों में राजनेताओं द्वारा अपने राजनीतिक फायदे के लिए तथा अपनी राजनीतिक लोकप्रियता, प्रभावशीलता का सिक्का चलाने के लिए ऐसी सहभागिता को प्रेरित किया जाता है। धरना–प्रदर्शन आदि कार्यक्रमों में ऐसे सहभागी व्यक्तियों की भागीदारी देखी जा सकती है जो राजनीतिक दलों के नेताओं द्वारा अभिप्रेरित करके करायी जाती है।

राजनीतिक सहभागिता की उपर्युक्त तीनों शैलियों को यदि राजनीतिक व्यवहार प्रदर्शन के प्रसंग में यथार्थतः समझाना है, तो सबसे सटीक उदाहरण के रूप में किसी राजनीतिक प्रदर्शन या रैली को ले सकते हैं। रैली या प्रदर्शन से प्रासंगिक राजनीतिक सहभागिता की शैली के स्पष्टीकरण के प्रसंग में यह कहा जा सकता है कि रैली या प्रदर्शन में नारा लगवाने वाले राजनीतिक सहभागी की शैली भावात्मक होती है, जबकि नारा लगाने वाले सहभागी की अभिव्यक्तात्मक और रैली या प्रदर्शन में पीछे साथ–साथ चलने वाले सहभागियों की साधनात्मक शैली होती है। विकासशील राजनीतिक व्यवस्थाओं में मनाये जाने वाले स्वाधीनता दिवस के राजनीतिक समारोह में सहभागियों या मजदूर व किसान आन्दोलन के सहभागियों की सहभागिता को भावात्मक शैली की कोटि में रखा जाता है। इसी प्रकार, दंगा, फसाद, क्रान्ति, धरना, विरोध–प्रदर्शन आदि राजनीतिक सहभागिता की शैली अभिव्यक्तात्मक है एवं मतदान करना, चुनाव प्रचार करना, राजनीतिक दल द्वारा आयोजित सभाओं, रैलियों, प्रदर्शनों आदि में एक राजनीतिकर्ता के रूप में शामिल होना, राजनीतिक सहभागिता की साधनात्मक शैली है।

राजनीतिक सहभागिता के परिवर्त्य (Variables of Political Participation)

राजनीतिक क्रिया के रूप में राजनीतिक सहभागिता एक जटिल अवधारणा है जो व्यवस्थागत कई कारकों एवं परिवर्त्यों के प्रभाव में होती है। सामाजिक–राजनीतिक पर्यावरण के अनुरूप सहभागी नागरिकों की राजनीतिक सहभागिता की प्रवृत्ति व प्रकृति में वांछित बदलाव आता रहता है। हटिंगटन एवं नेलसन द्वारा राजनीतिक सहभागिता के जिन आधारों को महत्त्वपूर्ण माना गया है, वे हैं–(1) राजनीतिक दल, (2) वर्ग, (3) साम्प्रदायिक समूह, एवं (4) पड़ोस। रॉबर्ट डॉल ने राजनीतिक सहभागिता के लिए जिन कारकों को उत्तरदायी माना है, वे हैं–(1) सहभागिता के प्रतिमानों का मूल्य, (2) राजनीतिक विकल्पों के महत्त्व का बोध, (3) राजनीतिक परिणामों में परिवर्तन, (4) सहभागिता नहीं होने पर असंतोषजनक परिणाम की आशंका, (5) राजनीतिक समस्याओं, मुद्दों,

सवालों के समाधान की क्षमता, एवं (6) राजनीतिक व्यवस्था से संदर्भित अवरोधों को दूर करने की इच्छा–शक्ति।

उपर्युक्त विद्वानों द्वारा व्यक्त विचारों के आलोक में राजनीतिक सहभागिता के आधारतत्त्वों को अध्ययन की दृष्टि से निम्नलिखित वर्गों में बांटा जा सकता है : (1) सामाजिक, (2) आर्थिक, (3) राजनीतिक, (4) मनोवैज्ञानिक, (5) व्यक्तिगत, एवं (6) उद्दीपक का प्रदर्शन।

इन कोटियों के आलोक में राजनीतिक सहभागिता के मुख्य आधारतत्त्वों की विवेचना निम्नांकित है :

प्रथम–सामाजिक कारक (Social Factors)–राजनीतिक सहभागिता का मुख्य आधार–माध्यम राजनीतिक समाजीकरण की प्रक्रिया है। राजनीतिक सहभागिता की प्रकृति–प्रवृत्ति व स्वरूप–निर्धारण एवं निरूपण में समाजिक कारकों की भूमिका प्रधान होती है। राजनीतिक सहभागिता के मुख्य सामाजिक कारकों में शिक्षा, आयु, लिंग, धर्म, जाति, प्रजाति, निवास स्थान, व्यवसाय, सामाजिक गतिशीलता, नगरीय एवं ग्रामीण परिप्रेक्ष्य, सामाजिक समूह, सामाजिक प्रभाव व आर्थिक स्थिति आदि शामिल हैं जिनका विवरण निम्नांकित है :

1. **शिक्षा (Education)**–राजनीतिक सहभागिता के सामाजिक आधारतत्त्वों में शिक्षा का स्थान अत्यन्त महत्त्वपूर्ण है। उच्च शिक्षा प्राप्त नागरिकों में व्यवस्थागत राजनीतिक मुद्दों, समस्याओं, सवालों के संबंध में ज्यादा स्पष्ट समझ होती है, इसलिए व्यवस्था की राजनीति के प्रति शिक्षित नागरिकों का विशेष रुझान होता है, जो राजनीतिक सहभागिता के लिए प्रेरक कारक की भूमिका निभाते हैं, यानी कि, जिस राजनीतिक व्यवस्था में शिक्षित लोगों की संख्या अधिक होती है, वहां राजनीतिक सहभागिता का स्तर ऊंचा होता है और सहभागियों का प्रतिशत भी अशिक्षित नागरिकों वाली व्यवस्था की अपेक्षा अधिक होता है।
2. **आयु (Age)**–आयु राजनीतिक सहभागिता के प्रतिशत में वृद्धि का एक प्रधान कारक है विषय–प्रासंगिक शोध–अध्ययनों से इस तथ्य का स्पष्टीकरण हो चुका है कि मध्यम आयु के नागरिक युवकों एवं प्रौढ़ लोगों की अपेक्षा राजनीतिक विषयों एवं राजनीतिक गतिविधियों में अधिक रुचि रखते हैं, इसलिए मध्यम आयु के लोग राजनीतिक सहभागिता के प्रति ज्यादा जागरूक और संवेदनशील होते हैं। अमेरिका, ब्रिटेन व फ्रांस में हुए शोध–अध्ययन से यही पता चलता है कि नवयुवक अपने जीवन को व्यवस्थित करने में संलग्न होने की वजह से राजनीतिक गतिविधियों में कम दिलचस्पी रखते हैं, उसी तरह बुजुर्ग बढ़ती उम्र में अपने गिरते स्वास्थ्य की वजह से राजनीतिक गतिविधियों में सक्रिय भूमिका निभाने में असमर्थ होते हैं।
3. **लिंग (Sex)**–राजनीतिक सहभागिता के आधारतत्त्वों में लिंग का स्थान भी काफी महत्त्वपूर्ण है। विषयगत शोध निष्कर्षों से यह प्रमाणित हुआ है कि पुरुषों की अपेक्षा स्त्रियों में राजनीतिक सहभागिता की प्रवृत्ति काफी कम होती है। अमेरिका, इटली, ब्रिटेन, जर्मनी, फ्रान्स, मैक्सिको, जापान, स्वीडन, नार्वे, आदि देशों में हुए शोध अध्ययनों द्वारा इस तथ्य को प्रमाणित किया गया है कि पुरुष अपेक्षाकृत राजनीतिक गतिविधियों में विशेष रुचि रखते हैं, इसलिए उनमें राजनीतिक सहभागिता का प्रतिशत ज्यादा होता है।
4. **धर्म, जाति एवं प्रजाति (Religion, Caste and Race)**–धर्म, जाति–प्रजाति आदि सामाजिक कारकों के संघटक के रूप में राजनीतिक सहभागिता के लिए प्रेरक आधारतत्व की भूमिका निभाते हैं। अमेरिका, फ्रांस व बेल्जियम में हुए शोध–निष्कर्ष इस तथ्य को प्रमाणित करते हैं कि नीग्रो गोरों की अपेक्षा, यहूदी कैथोलिक लोगों की अपेक्षा तथा कैथोलिक प्रोटेस्टेंट की अपेक्षा राजनीतिक गतिविधियों में ज्यादा रुचि लेते हैं, इसलिए उनमें राजनीतिक सहभागिता का प्रतिशत भी अधिक होता है। इसी भांति विकासशील देशों में भी धर्म, जाति–प्रजाति एवं राजनीतिक सहभागिता क्रिया पर व्यापक असर डालता है। मसलन, भारत में हिन्दुओं की अपेक्षा मुसलमानों में या उच्च जातियों की अपेक्षा पिछड़े वर्गों या पद्दलित वर्गों (Down-trodden Classes) में राजनीतिक सहभागिता के रूप में मतदान क्रिया में अपेक्षाकृत बड़ी

भागीदारी दिखाई पड़ती है। इसकी मूल वजह है मुसलमानों का अल्पसंख्यक होने की वजह से असुरक्षा की भावना से पीड़ित होना तथा पिछड़ों एवं पददलितों में हाशिए से निकलकर व्यवस्था की मुख्य धारा में शामिल होने की प्रबल इच्छा–शक्ति का उत्पन्न होना, क्योंकि इस वर्ग को यह पता है कि इनके जीवनयापन के समस्त आयामों की उन्नति एवं विकास का एकमात्र आधार–माध्यम राजनीति है जिसका तात्त्विक आधार–आधेय राजनीतिक सहभागिता है।

5. **निवास स्थान (Residence)**–किसी स्थान पर लम्बे समय तक निवास स्थान बनाये रखना, राजनीतिक सहभागिता के प्रतिशत में वृद्धि के प्रासंगिक कारक के रूप में सामने आता है, यानी कि जहां व्यक्ति जितनी लम्बी अवधि तक निवास करता है, वहाँ की राजनीतिक गतिविधियों में व्यक्ति की रुचि उतनी ही गहरी होती है, जो उसे राजनीतिक सहभागिता के लिए प्रेरित करती है।

6. **व्यवसाय (Occupation)**–सामाजिक कारक के रूप में विभिन्न वृत्तियाँ राजनीतिक सहभागिता पर अलग–अलग रूप में गहरा प्रभाव डालती हैं। उदाहरणस्वरूप, उच्च पदों पर कार्यरत पदाधिकारियों में निम्न पदों पर काम करने वाले कर्मचारियों की अपेक्षा राजनीतिक सहभागिता की प्रवृत्ति में कमी पाई जाती है। जहाँ तक इस प्रसंग में भारतीय नौकरशाहों की सहभागिता का सवाल है, यहां उच्च सरकारी पदाधिकारियों में राजनीतिक विषयों के प्रति रूचि कम दिखाई देती है, इसलिए उच्च नौकरशाहों में सहभागिता का प्रतिशत निम्न स्तर के कर्मचारियों की अपेक्षा कम होता है, वहीं राजनीतिक विषयों के प्रति शिक्षक वर्ग की रुचि अधिक होती है, इसलिए इनमें राजनीतिक सहभागिता का प्रतिशत अपेक्षाकृत ज्यादा होता है। इसी प्रकार, मजदूर वर्ग में भी राजनीतिक सहभागिता की प्रवृत्ति व्यावसायिक वर्ग की अपेक्षा काफी ज्यादा होती है।

7. **सामाजिक गतिशीलता (Social Mobility)**–गतिशीलता एक सामाजिक तथ्य है जिसका अध्ययन सामाजिक संस्तरण तथा सामाजिक परिवर्तन के संदर्भ में किया जाता है। सामाजिक परिवर्तन का अभिप्राय सामाजिक सम्बन्धों, सामाजिक संरचना एवं प्रकार्यों से तथा संगठनों में दृष्टिगोचर होने वाले परिवर्तनों से संबद्ध है, जबकि सामाजिक गतिशीलता का आशय किसी व्यक्ति या समूह की सामाजिक प्रस्थिति या पद में होने वाले परिवर्तन से है। वस्तुतः, सामाजिक गतिशीलता आधुनिक औद्योगिक नगरीय समाजों की विशेषता है। यह राजनीतिक सहभागिता को प्रभावित करने वाला एक महत्त्वपूर्ण कारक है जो उस समाज के सदस्यों की राजनीतिक गतिविधियों की सक्रियता को आधारतत्त्व देता है जो उसकी गतिशीलता के प्रभाव क्षेत्र में आते हैं।

8. **नगरीय एवं ग्रामीण (Urban and Rural)**–राजनीतिक सहभागिता की सक्रियता पर नगरीय एवं ग्रामीण परिवेशों का गहरा प्रभाव पड़ता है। अमेरिका, ब्रिटेन, नार्वे, इंग्लैण्ड, स्वीडन, डेनमार्क आदि में हुए शोध–अध्ययनों से इस तथ्य की पुष्टि होती है कि नगरीय क्षेत्रों में निवास कर रहे लोगों में ग्रामवासियों की अपेक्षा राजनीति के प्रति रुचि अधिक होती है, इसलिए उनकी राजनीतिक गतिविधियों में सक्रियता होती है और राजनीतिक सहभागिता के प्रतिशत में वृद्धि पायी जाती है। नगरीय जीवन में जनसंचार के साधनों की सहज उपलब्धता होने की वजह से राजनीतिक जागरूकता की अधिकता नागरिकों को राजनीतिक विषयों का संज्ञान लेने में अपेक्षाकृत ज्यादा व्यवहारकुशल बनाती है। वातावरणगत परिस्थिति के परिणामस्वरूप नागरिकों की राजनीतिक गतिविधियों में सक्रियता व राजनीतिक सहभागिता के प्रतिशत में अधिकता को स्पष्ट रूप से देखा जा सकता हैं। इसकी तुलना में ग्रामीण क्षेत्रों में राजनीतिक विषयों पर संज्ञान लेने की क्षमता तथा राजनीतिक गतिविधियों में सक्रियता की कमी पाई जाती है, क्योंकि ग्रामीण परिवेश में शिक्षा के प्रसार में कमी व जनसंचार के साधनों की अनुपलब्धता राजनीतिक सहभागिता के प्रति रुझान को गंभीर रूप से प्रभावित करती है।

9. **सामाजिक समूह (Social Groups)**–समाजिक समूह राजनीतिक सहभागिता का एक प्रमुख आधारतत्त्व है, क्योंकि समूह मनुष्य के जीवन की अत्यधिक महत्त्वपूर्ण वास्तविकता है। समाज में व्यक्ति जन्म से

लेकर मृत्युपर्यन्त न सिर्फ विभिन्न समूहों के बीच जीवन व्यतीत करता है, अपितु वह अपनी क्षमतानुरूप निरन्तर नये समूहों का निर्माण भी करता रहता है। इन्हीं समूहों के माध्यम से व्यक्ति के व्यक्तित्व का विकास एवं समाजीकरण होता रहता है और समाजीकरण की प्रक्रिया के दौरान व्यक्ति का राजनीतिक समाजीकरण भी चलता रहता है जो राजनीतिक सहभागिता का नियामक तत्त्व है। राजनीतिक समाजीकरण का स्तर ही व्यवस्था में राजनीतिक सक्रियता या सहभागिता की मात्रा को घटाने–बढ़ाने वाला कारक है। सामाजिक समूहों द्वारा समाजीकरण के स्तर के अनुरूप चलने वाले राजनीतिक सामाजीकरण और राजनीतिक भर्ती का सीधा सम्बन्ध राजनीतिक व्यक्ति से होता है। इस परिप्रेक्ष्य में यह कहा जा सकता है कि सामाजिक समूह वह आधारतत्त्व है, जिसके माध्यम से बुनियादी स्तर पर राजनीतिक गतिविधियों में व्यक्तियों की सक्रियता का नियमन व निरूपण होता है।

10. **आर्थिक स्थिति (Economic Condition)**–समाज में व्यक्ति की आर्थिक स्थिति भी राजनीतिक सहभागिता को प्रभावित करने वाला एक महत्त्वपूर्ण कारक है। आर्थिक दृष्टि से सम्पन्न व्यक्ति के पास उच्च शिक्षा के साथ–साथ जीवन की सभी सुख–सुविधाएँ उपलब्ध होती हैं। निरन्तर जनसंचार के साधनों के संपर्क में रहने की वजह से उसके अन्दर राजनीतिक विषयों, प्रश्नों के प्रति जागरूकता बढ़ती है, जिसकी वजह से उसमें संज्ञानात्मक, भावात्मक एवं मूल्यांकनात्मक अभिमुखीकरण की क्षमता मजबूत होती है, जो उसे व्यवस्थागत राजनीतिक मुद्दों के प्रति संवेदनशील बनाती है तथा सक्रिय राजनीतिक सहभागिता के लिए प्रेरित करती है। समाज में आर्थिक दृष्टि से कमजोर व्यक्ति सभी मामलों में पिछड़े होते हैं और अपना अधिकांश समय अपने जीवन एवं परिवार की बुनियादी जरूरतों को पूरा करने में लगाते हैं। कमजोर आर्थिक स्थिति उनकी शिक्षा में भी बड़ा बाधक होता है जो राजनीतिक विषयों के प्रति उनकी संज्ञानात्मक क्षमता को प्रभावित करती हैं। परिस्थितिवश राजनीतिक गतिविधियों में उनकी कोई विशेष रुचि नहीं होती है और उनमें राजनीतिक सहभागिता के प्रति रुझान भी काफी कम होता है। इन सभी वजहों से कमजोर वर्ग के लोगों के सामाजिक प्रभाव में भी काफी कमी होती है, जबकि आर्थिक दृष्टि से सम्पन्न लोगों का समाज में काफी प्रभाव होता है और यही सामाजिक प्रभाव उनके राजनीतिक प्रभाव में भी वृद्धि करता है। समाज का प्रभावशाली वर्ग अपनी राजनीतिक व्यवस्था के अन्तर्गत सक्रिय राजनीतिक सहभागिता द्वारा सरकार की नीतियों, नियमों, निर्णयों को प्रभावित करने का भी सामर्थ्य रखता है।

द्वितीय–आर्थिक कारक (Economic Factor)–राजनीतिक सहभागिता की प्रकृति व स्वरूप निर्धारण में व्यवस्थागत आर्थिक कारकों की भूमिका बहुत महत्त्वपूर्ण होती है। आमतौर पर सभी लोकतांत्रिक व्यवस्थाओं में जनसाधारण अपने आर्थिक हितों में वृद्धि एवं सुरक्षा के लिए सदैव सजग व तत्पर होते हैं और अपने आर्थिक हितों की रक्षा के लिए राजनीति में सक्रिय भागीदारी करते हैं। मार्क्सवाद का पूरा दर्शन राजनीतिक व्यवस्था एवं राजनीति में आर्थिक तत्त्वों के महत्त्व की विश्लेषणात्मक प्रस्तुति है। मार्क्स ने व्यवस्थागत राजनीति की सफलता का पूरा दारोमदार आर्थिक कारकों को सौपा है। मार्क्स का ऐतिहासिक भौतिकवाद इस मान्यता से आरम्भ होता है कि इतिहास के सभी युगों में समाज का आर्थिक संबंध ही समाज की प्रगति का रास्ता तैयार करता है और आर्थिक तत्त्व ही राजनीतिक, सामाजिक, कानूनी, नैतिक बौद्धिक संबंधों के स्वरूप निर्धारण में सबसे ज्यादा प्रभाव डालता हैं, यानी कि मार्क्स दर्शन के अनुरूप किसी भी राष्ट्र या समाज के विकास की प्रक्रिया में आर्थिक कारक अर्थात् वस्तुओं के उत्पादन, विनिमय और वितरण प्रणाली की भूमिका सबसे प्रधान होती है जो व्यवस्था की राजनीति में सत्ता एवं शक्ति के स्वरूप का निर्धारण करती है। इस प्रकार, राजनीतिक सहभागिता के प्रेरक आधारतत्त्वों में आर्थिक कारक विशेष महत्त्व रखता है।

तृतीय–राजनीतिक कारक (Political Factor)–सामाजिक एवं आर्थिक कारकों की तरह व्यवस्थागत राजनीतिक कारक भी राजनीतिक सहभागिता को गंभीर रूप से प्रभावित करता है। अर्थात् सभी राजनीतिक व्यवस्थाओं का

राजनीतिक पर्यावरण वहां के नागरिकों की राजनीतिक गतिविधियों की सक्रियता को घटाने–बढ़ाने वाला मौलिक कारक होता है, जिसका सीधा संबंध लोगों की राजनीतिक सहभागिता की प्रकृति एवं प्रवृत्ति से होता है। जिन व्यवस्थाओं में सामाजिक जीवन में राज्य का प्रवेश कम होता हैं वहां नागरिकों की राजनीतिक गतिविधियाँ सीमित होती हैं। प्राचीन काल में जब पुलिस राज्य की व्यवस्था थी उस समय राज्य या सरकार की पहुँच जनसाधारण तक नहीं थी, इसलिए आम लोगों में व्यवस्थागत राजनीति के प्रति विशेष रुझान भी नहीं होता था और राजनीतिक सहभागिता का स्तर न्यूनतम से भी कम था। आधुनिक राजनीतिक समाज की ख़ास विशेषता यह है कि इसमें सरकार का समाज मं ज्यादा–से–ज्यादा प्रवेश होता है इसलिए राजनीतिक व्यवस्था एवं सामाजिक व्यवस्था के बीच निरन्तर चलने वाली अन्योन्यक्रियाओं (Interactions) एवं अन्योन्याश्रितता (Interdependence) की वजह से जो राजनीतिक पर्यावरण व्यवस्था में आकार लेता है, और जिन ठोस राजनीतिक कारकों की प्रस्तुति करता है, वे कारक व्यवस्था के सदस्यों की राजनीतिक सहभागिता के लिए प्रेरक आधार तत्त्व की भूमिका निभाते हैं।

चतुर्थ–मनोवैज्ञानिक कारक (Psychological Factor)–राजनीतिक सहभागिता के प्रेरक आधार कारकों में मनोवैज्ञानिक तत्त्वों का ख़ास स्थान है। राजनीतिक गतिविधियों का मनोवैज्ञानिक परिप्रेक्ष्य में अध्ययन–विश्लेषण करने के क्रम में मनोवैज्ञानिक कारकों द्वारा राजनीति को व्यापक अर्थबोध प्रदान करने में तथा राजनीति के विश्लेषण हेतु समाजशास्त्रीय एवं राजनीतिक परिवर्त्यों की अन्योन्याश्रितता व अन्तःक्रियात्मकता पर बल देने में आधार–माध्यम की भूमिका निभायी जाती है। इसलिए, मनोवैज्ञानिक कारकों को राजनीतिक सहभागिता के बुनियादी प्रेरक तत्त्वों की कोटि में रखा जाता है। व्यवस्थागत राजनीति–प्रासंगिक, मुद्दों, सवालों आदि के संबंध में नागरिकों की संज्ञानात्मक, भावात्मक एवं मूल्यांकनात्मक सामर्थ्य की वृद्धि में मनोवैज्ञानिक तत्त्व विशेष भूमिका निभाते हैं, जो व्यवस्था में नागरिकों को राजनीतिक सहभागिता के लिए प्रेरित करते हैं। राजनीतिक सहभागिता के अध्ययन–विश्लेषण के अन्तर्गत राजनीतिक व्यवहारों, समस्याओं एवं घटनाओं के विश्लेषण में मनोवैज्ञानिक परिवर्त्यों की अहम् भूमिका होती है। वस्तुतः, राजनीतिक सहभागिता के विश्लेषण में बड़े पैमाने पर मनोविज्ञान के परिवर्त्यों एवं प्रविधियों के प्रयोग द्वारा नागरिकों के व्यक्तिगत और सामूहिक व्यवहारों व सहभागिता का अध्ययन करने में तथा राजनीतिक घटनाओं, समस्याओं, मुद्दों तथा पर्यावरण पर इसके पड़ने वाले प्रभावों का अनुभवपरक व विश्लेषणपरक गहन अध्ययन करने में काफी मदद मिली है।

मनोवैज्ञानिक कारकों की प्रासंगिकता के संबंध में रॉबर्ट लेन की अभिव्यक्ति है कि ''राजनीति नागरिकों को साहचर्य के नये अवसर प्रदान करती है। राजनीति मात्र बहाना हो सकती है, लेकिन वास्तविक कारक अकेलेपन का भय रहता है।'' लेन की यह मान्यता है कि व्यक्ति राजनीतिक सहभागिता में इसीलिए प्रवेश करता है क्योंकि वह जिस पर्यावरण के संपर्क में रहता है उसका अर्थ ढूंढने के लिए सदैव प्रयासरत रहता है। राजनीतिक सहभागिता का मुख्य मनोवैज्ञानिक चर (Variable) 'जिज्ञासा की मूलतः प्रवृत्ति' है। मूल रूप से व्यक्ति जिज्ञासु प्रकृति का होता है, इसलिए वह अपने आस–पास के वातावरण को जानना–समझना चाहता है तथा अपने अन्दर के मानसिक तनावों से मुक्ति के लिए राजनीतिक सहभागिता की ओर उन्मुख होता है। अपनी अभिव्यक्ति के प्रमाणीकरण हेतु लेन द्वारा दृष्टान्त प्रस्तुत करते हुए कहा गया है कि ''एन्टू बोनार लॉ ने अपनी पत्नी की मृत्यु से उत्पन्न पीड़ा को कम करने के लिए राजनीतिक गतिविधियों में सक्रिय भागीदारी की शुरूआत की, जिसके परिणामस्वरूप आगे चलकर वे ब्रिटेन के प्रधानमंत्री बने।''

राजनीतिक सहभागिता का दूसरा मनोवैज्ञानिक चर 'सत्ता के प्रति आसक्ति' है। प्रत्येक व्यक्ति स्वभावतः सत्ता–सुख भोगने के लिए लालायित रहता है और यही उसकी राजनीतिक सक्रियता की मूल वजह होती है। सत्ता–प्राप्ति की इच्छा–शक्ति से व्यक्ति को संघर्ष की प्रेरणा मिलती है और संघर्ष ही उसकी सत्ता–प्राप्ति का माध्यम भी बनता है। 'सुरक्षा प्राप्त करने की भावना' का राजनीतिक सहभागिता के मनोवैज्ञानिक चर में महत्वपूर्ण स्थान है। मजबूत एवं प्रभावशाली नेतृत्व के संरक्षण में समाज के सदस्य अपने आपको सुरक्षित महसूस करते हैं, इसलिए चुनाव के समय अपने पसंदीदा उम्मीदवार के पक्ष में चुनाव–प्रासंगिक राजनीतिक गतिविधियों में सक्रिय भागीदारी करते हैं और अपनी पसंद के उम्मीदवार को जिताने के लिए हर संभव प्रयास करते हैं ताकि सुरक्षा के मद्देनजर उन्हें राजनीतिक संरक्षण मिले।

पंचम–व्यक्तिगत कारक (Personal Factor)–किसी भी राजनीतिक व्यवस्था में राजनीतिक सहभागिता के प्रतिशत की दृष्टि से व्यक्तिगत कारक सहभागिता के सबसे महत्त्वपूर्ण परिवर्त्य हैं। यही वह कारक है, जिसकी वजह से व्यक्ति या तो व्यवस्थागत राजनीति व राजनीतिक गतिविधियों के प्रति उदासीनता का भाव रखता है या राजनीति के प्रति मध्यम स्तर का रुझान रखता है या फिर अपने आपको पूरी तरह राजनीति के लिए समर्पित कर देता है। व्यवस्थागत राजनीति के प्रति व्यक्ति की अभिवृत्तियाँ एवं अभिविन्यास ही उसकी राजनीतिक सहभागिता को मूल आधारतत्त्व हैं। व्यक्तिगत कारक ही राजनीतिक विषयों, मुद्दों के प्रति व्यक्ति की संज्ञानात्मक क्षमता को बढ़ाता है तथा उन्हें उन मुद्दों पर निर्णय लेने के योग्य बनाता है। राजनीतिक मूल्यों के प्रति निष्ठा, विश्वास, प्रतिबद्धता जैसे तत्त्व व्यक्तिगत कारकों की वजह से नागरिकों के व्यक्तित्व में प्रभावी होते हैं, जो उसे सही राजनीतिक सहभागिता के लिए अभिप्रेरित करते हैं। व्यक्ति का व्यक्तित्व ही उसके राजनीतिक व्यवहार में परिपक्वता लाता है और यही परिपक्वता उसकी राजनीतिक सहभागिता का मूल आधारक बनता है। इस प्रकार राजनीतिक सहभागिता के मुख्य परिवर्त्यों में व्यक्तिगत कारकों की भूमिका सबसे महत्त्वपूर्ण होती है।

षष्ठम–उद्दीपक का प्रभाव (Influence of Stimulus)–किसी भी राजनीतिक व्यवस्था के नागरिक जितना ज्यादा राजनीतिक उद्दीपक के प्रभाव में होते हैं, उसी अनुपात में उनका राजनीतिक समाजीकरण भी होता है। यथोचित राजनीतिक समाजीकरण से नागरिकों में राजनीति के प्रति संज्ञान लेने की क्षमता समृद्ध होती है और यही राजनीतिक व्यक्तित्व जनसाधारण से राजनीतिक गतिविधियों में सक्रिय भागीदारी कराता है। उद्दीपकों का अस्तित्व व्यवस्थागत राजनीतिक–सामाजिक पर्यावरण में विद्यमान होता है और पर्यावरण में इनके प्रवेश का माध्यम है–जनसंपर्क के विविध साधन; मसलन–समाचारपत्र, पत्रिकाएँ, साहित्य, बैठकें, रैलियाँ, प्रदर्शन, सभाएं सामूहिक विचार–विमर्श आदि, जिनके माध्यम से व्यक्ति राजनीति से संबंधित सभी प्रकार की जानकारियाँ प्राप्त करता हैं, और अपनी राजनीतिक सोच को समृद्ध करता है। राजनीतिक सीख बटोरने में इन उद्दीपकों के प्रभाव की भूमिका सर्वाधिक महत्त्वपूर्ण होती है जो नागरिकों को राजनीतिक सहभागिता के लिए प्रेरित करती है। यहां ध्यान देने योग्य तथ्य यह है कि इन उद्दीपकों का प्रभाव व्यवस्था के सदस्यों को राजनीतिक सीख प्रदान करने में किस हद तक सार्थक माध्यम की भूमिका निभाता है इस सवाल का जवाब राजनीतिक पर्यावरण में उद्दीपकों की वास्तविक मात्रा की मौजूदगी पर निर्भर करता है, साथ ही सीखने वाला व्यक्ति अपने राजनीतिक वातावरण से कितनी सीख प्राप्त करता है वह इस तथ्य पर भी निर्भर करता है कि सीखने वाले व्यक्ति का अवबोधन (Perception) राजनीति–प्रासंगिक उद्दीपकों के प्रभावों के लिए कितना खुला या बन्द है, क्योंकि, व्यक्ति राजनीति संबंधी कितनी जानकारियां प्राप्त करेगा और क्या नहीं करेगा इसके लिए राजनीतिक सहभागिता से प्रासंगिक व्यक्तिगत कारक ज्यादा जवाबदेह होता है। एक सहभागी राजनीतिकर्ता की दृष्टि से यदि राजनीतिक सहभागिता के प्रेरकतत्त्वों का विश्लेषण करें तो यह तथ्य सामने आता है कि सहभागिता के उच्च प्रतिशत के लिए सिर्फ यही बात मायने नहीं रखती है कि राजनीतिक पर्यावरण में उद्दीपकों की मौजूदगी की मात्रा यथोचित है कि नहीं, अपितु यहां यह कारक भी तात्त्विक स्तर पर ज्यादा मायने रखता है कि व्यक्ति मौजूद उद्दीपकों के प्रभाव से प्रभावित है या नहीं और वह किस हद तक व्यवस्थागत वर्तमान उद्दीपकों से राजनीतिक सीख ग्रहण करने की इच्छा–शक्ति व सामर्थ्य रखता है। यही वह मूल तत्त्व है जिसके द्वारा व्यक्ति की राजनीतिक उदासीनता या सक्रिय राजनीतिक सहभागिता की गहराई की अर्थतः (From the point of view of meaning) जानकारी प्राप्त की जा सकती है। राजनीतिक मतप्रबंधन व स्वस्थ एवं मजबूत जनमत–निर्माण में इस परिवर्त्य की भूमिका प्रधान होती है।

उपर्युक्त विवेचित राजनीतिक सहभागिता से प्रासंगिक विविध परिवर्त्यों के विश्लेषण से यह स्पष्ट होता है कि राजनीतिक सहभागिता या उदासीनता से संबद्ध तत्त्व ही दरअसल लोकतांत्रिक व्यवस्थाओं में मतदान व्यवहार एवं जनमत–निर्माण के आधारतत्त्व की भूमिका निभाते हैं। ये मतदान के प्रतिशत को प्रभावित करने वाले एवं मतदान करने के लिए प्रेरित करने वाले परिवर्त्य हैं जो व्यवस्था के सफल संचालन हेतु उसे वैधता दिलाने में आधार–माध्यम का कार्य करते हैं। मतदाताओं तक सूचना पहुंचाने के साथ–साथ ये परिवर्त्य मतदान करने के लिए उन पर सामूहिक दबाव भी बनाते हैं। इन परिवर्त्यों के आकलन से यह भी पता चलता है कि नागरिकों की

सक्रिय राजनीतिक सहभागिता में सिर्फ व्यक्तिगत कारक ही जवाबदेह नहीं होते हैं, अपितु राजनीतिक व्यवस्था में मौजूद पर्यावरण और राजनीति संबंधी विषयों पर व्यक्ति के अन्दर संज्ञान लेने की क्षमता भी समान रूप से उत्तरदायी कारक है, जो व्यक्ति को सक्रिय राजनीतिक सहभागिता के लिए अभिप्रेरित करता है। यानी कि, राजनीतिक सहभागिता किसी एक परिवर्त्य या तत्त्व के दायरे में बाँधकर अध्ययन करने वाला विषय नहीं है, अपितु यह एक व्यापक प्रसंग है, जिसमें कई परिवर्त्यों का समंजन है। राजनीतिक सहभागिता कई परिवर्त्यों के संयोग की उपज होती है और व्यवस्थागत पर्यावरण में मौजूद कई तत्त्वों व कारकों से उत्प्रेरित होती है।

निष्कर्ष (Conclusion)–निष्कर्षतः यह कहा जा सकता है कि राजनीतिक सहभागिता क्रिया व्यवस्थागत पर्यावरण में विद्यमान विविध तत्त्वों एवं कारकों से प्रभावित व अभिप्रेरित होती है जो स्थान एवं व्यक्ति की संज्ञानात्मक क्षमता के अनुरूप उस पर प्रभाव डालती है। सामाजिक–राजनीतिक प्राणी के रूप में एक राजनीतिकर्ता अपने सीखने की क्षमतानुरूप पर्यावरण से मौजूद उद्दीपकों से राजनीतिक ज्ञान प्राप्त करता है। उसी ज्ञान के आलोक में वह अपनी राजनीतिक गतिविधियों का संचालन करता है और राजनीतिक विषयों में सक्रिय सहभागी बनता है।

राजनीतिक उदासीनता (Political Apathy)

राजनीतिक सहभागिता और राजनीतिक उदासीनता दोनों किसी भी राजनीतिक व्यवस्था के राजनीतिक सहभागियों की विशेष अभिवृत्ति हैं जो उसके राजनीतिक रुझान या राजनीति के प्रति अरुचि जैसी अभिवृत्तियों एवं अभिविन्यासों के संकेतक हैं। इस दृष्टि से राजनीतिक सहभागिता प्रसंग के विश्लेषण के साथ–साथ राजनीतिक उदासीनता का विश्लेषण करना भी यहां विषय की मांग है। राजनीति के विभिन्न आयामों के विश्लेषणक्रम में कई जगह राजनीतिक उदासीनता प्रसंग की चर्चा राजनीतिक सहभागिता के प्रेरक तत्त्वों के संदर्भ में की गयी है। अब यहां राजनीतिक उदासीनता से प्रासंगिक कुछ समाजीय मनोवैज्ञानिक तत्त्वों व कारकों का उल्लेख किया जा रहा है, जो किसी जनतांत्रिक राजनीतिक व्यवस्था के सदस्यों में राजनीति के प्रति पायी जाने वाली उदासीनता या विमुखता के लिए उत्तरदायी होता है।

आज का व्यक्ति राजनीतिक के प्रति आकर्षण एवं विकर्षण (Attraction and Repulsion) के बीच बँटा हुआ है। एक तरफ व्यक्ति राजनीति को अपनी आवश्यकताओं की पूर्ति का माध्यम मानते हुए उसे जीवन की मौलिक क्रिया के रूप में स्वीकारता है और इसकी ओर सदैव आकर्षित होता है वहीं दूसरी ओर व्यक्ति राजनीति को एक जटिल मानवीय क्रिया के रूप में देखता है इसलिए इस प्रक्रिया की जटिलता से दूर भागता है, यानी कि राजनीति के प्रति विकर्षण का अनुभव करता है। राजनीति के प्रति आकर्षण के मूल कारक निम्नलिखित हैं :

प्रथम–व्यक्ति का समूह के साथ पहचान कराने वाले महत्त्वपूर्ण प्रतीक के रूप में राज्य का विकास।

द्वितीय–लोकतंत्रीय व अर्द्धलोकतंत्रीय संस्थाओं का विकास और सरकार की भूमिका यानी कि व्यवस्था के कार्यों में जनता की अधिक–से–अधिक भागीदारी।

तृतीय–सूचना प्रौद्योगिकी के अत्यधिक विकास की वजह से व्यक्तियों का बढ़ता आपसी संचार (Communication)।

चतुर्थ–सामाजिक अस्तित्वहीनता के दायरे में व्यक्ति द्वारा विश्वसनीय चाहत।

पंचम–राजनीतिक सत्ता–प्राप्ति की लालसा।

षष्ठम–राजनीतिक साधनों को प्राप्त करने की उत्कट इच्छा।

सप्तम–राजनीतिक प्रभाव अर्जित करने की इच्छा–शक्ति।

ये सभी वे परिस्थितियां या अभिवृत्तियां हैं जो राजनीतिक गतिविधियों में सक्रिय भागीदारी के लिए व्यक्ति को अभिप्रेरित करने में आधारतत्त्व की भूमिका निभाती है। वर्तमान परिप्रेक्ष्य में व्यक्ति राजनीतिक क्रियाओं से

पृथक् रहकर या राजनीतिक गतिविधियों के प्रति तटस्थ प्रवृत्ति रखकर न तो अपने व्यक्तित्व का सर्वांगीण विकास कर सकता है और न ही जीवन के हर क्षेत्र में सफल व संतुष्ट रह सकता है। मूलतः, इन्हीं वजहों से व्यक्ति आज राजनीति के प्रति आकर्षित होता है और राजनीतिक सहभागिता क्रिया को अपने जीवन का एक ख़ास हिस्सा बना लेता है।

जिस प्रकार ऊपर राजनीति के प्रति आकर्षित करने वाले कुछ विशेष तत्त्वों एवं परिस्थितियों की विवेचना की गयी है उसी प्रकार कुछ ऐसे तत्त्व या परिस्थितियाँ भी हैं जो व्यक्ति को राजनीतिक सहभागिता क्रिया से विमुख करते हैं। इन तत्त्वों में मुख्य हैं :

प्रथम–सरकार का विस्तारित स्वरूप और उसकी बढ़ती महत्ता जो व्यक्ति को अकर्मण्य होने का बोध कराती है।

द्वितीय–नौकरशाही में बढती अभिजातवर्गीय (Aristocratic) प्रवृत्ति जो एक ओर व्यक्ति को राजनीतिक गतिविधियों के प्रति हतोत्साहित करती है, वहीं हितों की सुरक्षा के प्रति चिन्तित भी करती है।

तृतीय–राजनीति की प्रकृति में बड़े पैमाने पर जोड़–तोड़ एवं जनछलयोजना (Mass Manipulation) की प्रवृत्ति।

चतुर्थ–राजनीति में व्याप्त जातिवाद, धर्मवाद, साम्प्रदायवाद, क्षेत्रवाद, भाई–भतीजावाद।

पंचम–राजनीति में मौजूद भ्रष्टाचार।

षष्ठम–राजनीति का अपराधीकरण एवं अपराध का राजनीतिकरण।

सप्तम–व्यक्ति की आलोचनात्मक शक्ति का ह्रास।

अष्टम–व्यक्ति की सामाजिक आर्थिक व बुनियादी आवश्यकताओं को पूरा करने में सरकार की इच्छाशक्ति में कमी।

नवम–समाज को सुरक्षा प्रदान करने में सरकार की असफलता।

दशम–रोजगार का यथेष्ट अवसर मुहैया कराने में सरकार की विफलता आदि ऐसे अनेकानेक कारक हैं जो राजनीतिक सहभागिता से अरुचि पैदा कराके व्यक्ति को राजनीतिक विमुखता की ओर कदम बढ़ाने के लिए बाध्य करते हैं।

राजनीतिक उदासीनता को किसी भी जनतांत्रिक राजनीतिक व्यवस्था की स्वस्थता के लिए हितकर नहीं माना गया है। यह व्यवस्था को उन्नति की जगह अवनति की ओर धकेलता है राजनीतिक व्यवस्थाओं का स्थायित्व एवं सातत्य वैधता पर आधारित होता है और वैधता का आधारतत्त्व जनसमर्थन है, जो राजनीतिक सहभागिता के माध्यम से ही संभव है। तभी तो राजनीतिक सहभागिता को लोकतांत्रिक व्यवस्था में जनसहमति देने और वापस लेने का मुख्य साधन माना गया है। इस दृष्टि से राजनीतिक विमुखता राजनीतिक सहभागिता की मात्रा के विकास में अवरोधक की भूमिका अदा करता है।

इस प्रसंग में अहम् सवाल यह है कि क्या किसी भी जनतांत्रिक व्यवस्था में राजनीतिक सहभागिता की मात्रा में कमी ही वहां के नागरिकों की राजनीतिक उदासीनता का द्योतक है ? इस प्रसंग पर कुछ विद्वानों की राय है कि सामान्यतः राजनीतिक व्यवस्थाओं में निवास करने वाले नागरिकों में राजनीति के प्रति इस अभिवृत्ति को ही उदासीनता की पहचान के रूप में स्वीकार किया गया है। लेकिन, पश्चिमी लोकतांत्रिक व्यवस्थाओं का अध्ययन करने वाले विद्वान इस राय से सहमति व्यक्त नहीं करते हैं। इनकी दृष्टि में सिर्फ मतदान या चुनाव संबंधी राजनीतिक कार्यों में भाग लेकर ही नागरिक अपनी राजनीति संबंधी मनोवृत्ति की अभिव्यक्ति नहीं कर सकते, अपितु कुछ पाश्चात्य विद्वानों का तो यहां तक मानना है कि जिस व्यवस्था में सदस्यों की आर्थिक स्थिति सुदृढ़ होती है, वहां जनता अपनी व्यवस्था पर पूर्णरूप से विश्वास करने लगती है, इसलिए जनता की ओर से वैचारिक विरोध का प्रतिशत काफी कम हो जाता है। इसी भांति सर्वाधिकारवादी राजनीतिक व्यवस्थाओं में राजनीतिक सहभागिता का उद्देश्य राजनीतिक कार्यों में जनता की भागीदारी नहीं है, अपितु जनता में सरकार की नीतियों पर विश्वास करके सरकार के लिए जनसमर्थन जुटाना है।

राजनीतिक सहभागिता से प्रासंगिक ये परिस्थितियां इस तथ्य को स्पष्ट करती हैं कि राजनीति सहभागिता की मात्रा में कमी का होना इस तथ्य का द्योतक है कि नागरिकों में राजनीतिक उदासीनता की प्रवृत्ति का प्रभाव बढ़ रहा है। राजनीतिक उदासीनता के लिए कई कारक जवाबदेह होते हैं, जिनमें नृजातीय तथा मनोवैज्ञानिक तत्त्वों के अतिरिक्त सामाजिक, आर्थिक, राजनीतिक तत्त्व भी अहम् भूमिका निभाते हैं।

राजनीतिक उदासीनता के समाजीय मनोवैज्ञानिक कारकों पर गहन दृष्टि डालने के क्रम में मौरिस रोजनबर्ग (Morris Rosenberg) ने अमेरिका के इथाका और न्यूयार्क के निवासियों का गुणात्मक साक्षात्कार करके राजनीतिक उदासीनता से प्रासंगिक कुछ मुख्य कारकों की खोज की है। रोजनबर्ग द्वारा लिए गये साक्षात्कार के निष्कर्षों के परिणामरूवरूप जिन कारकों का उल्लेख किया गया है, वे हैं :

1. राजनीतिक कार्यों के दुष्परिणामों का भय।
2. अन्तर्वैयक्तिक संबंधों पर खतरा उत्पन्न होने का डर।
3. व्यावसायिक सफलता पर खतरा।
4. अहं–अपस्फीति (Ego-deflation) का डर।
5. राजनीतिक कार्यों की व्यर्थता का अनुभव बोध।
6. वैयक्तिक अयोग्यता पर आधारित व्यर्थता का अहसास।
7. राजनीतिक शक्तिधारियों का सामना करने में असमर्थता का बोध।
8. राजनीतिक परिणामों पर कोई नियंत्रण नहीं होने का बोध।
9. राजनीतिक आदर्श और यथार्थता के बीच पाई जाने वाली खाई का बोध।
10. राजनीतिक गतिविधियों की ओर व्यक्ति को उन्मुख कराने वाले प्रभाव की कमी का अनुभव बोध।
11. राजनीतिज्ञों के मनोवैज्ञानिक स्तर का कमजोर होना।
12. राजनीतिक परिणामों से लाभ प्राप्ति की उम्मीद का अभाव होना।
13. राजनीति के प्रति रुझान लेने के लिए वैयक्तिक अभिरुचि का अभाव।

पाश्चात्य जनतांत्रिक राजनीतिक व्यवस्थाओं में वैयक्तिक स्वतंत्रता और व्यक्ति के राजनीतिक अधिकारों को बहुत महत्त्व दिया जाता है और राजनीतिक व्यवस्था की सफलता–असफलता के मूल्यांकन का आधार भी यही होता है, किन्तु विकासशील लोकतांत्रिक व्यवस्थाओं की परिस्थितियाँ और पर्यावरण दोनों पश्चिमी व्यवस्थाओं से भिन्न होती हैं, इसलिए यहां राजनीतिक सहभागिता के प्रतिशत में कमी को राजनीतिक उदासीनता या विमुखता के रूप में चिन्हित किया जाता है।

राजनीतिक उदासीनता के परिणाम (Effects of Political Apathy)

राजनीतिक व्यवस्था की मजबूती व सातत्य को बनाये रखने की दृष्टि से राजनीतिक उदासीनता की अभिवृत्ति को सही नही माना गया है। इसकी मात्रा में ज्यादा वृद्धि से व्यवस्था की वैधता भी खतरे में पड़ सकती है। शासन–व्यवस्था के संचालन पर भी इसका प्रतिकूल प्रभाव पड़ता है। लोकतांत्रिक व्यवस्थाओं पर राजनीतिक उदासीनता की वजह से पड़ने वाले प्रतिकूल प्रभावों से प्रासंगिक कुछ मुख्य बिन्दुओं पर चर्चा की गई है, जो निम्नांकित हैं :

1. राजनीतिक व्यवस्था की वैधता खतरे में पड़ जाती है, क्योंकि राजनीतिक व्यवस्था का अस्तित्व राजनीतिक सहभागिता पर ही निर्भर करता है।
2. जनसमर्थन व जनसहमति के अभाव में शासन–संचालन में कई प्रकार की जमीनी कठिनाइयाँ उत्पन्न हो सकती हैं, क्योंकि लोकतंत्रीय व्यवस्था के निर्माण का आधार ही जनसहभागिता है।

3. राजनीतिक उदासीनता राजनीतिक व्यवस्था के विकास एवं आधुनिकीकरण के मार्ग में बाधाएँ उत्पन्न करता है।
4. राजनीतिक उदासीनता समाज में राजनीतिक नेतृत्व के प्रभाव में कमी लाने वाला मुख्य कारक है।
5. राजनीतिक उदासीनता की वजह से राज्य एवं समाज के बीच अन्तर्क्रियात्मकता का अभाव हो जाता है, जिसके परिणामस्वरूप राज्य एवं समाज के बीच चौड़ी खाई बन जाती है।
6. राजनीतिक उदासीनता नागरिकों के जीवन के सर्वांगीण विकास में अवरोधक होते हैं।
7. राजनीतिक उदासीनता से व्यवस्था में राजनीतिक अस्थिरता की स्थिति उत्पन्न हो सकती है। किसी एक दल को चुनाव में स्पष्ट बहुमत नहीं मिलने की स्थिति में कमजोर सरकार का निर्माण होता है, जो नागरिक एवं व्यवस्था दोनों के विकास की दृष्टि से हानिकारक है।
8. राजनीतिक उदासीनता का सीधा प्रभाव राजनीतिक समाजीकरण प्रक्रिया पर पड़ता है जिसके परिणामस्वरूप समाज में राजनीतिक संस्कृति का विखंडित स्वरूप आकार लेता है, जो व्यवस्था में राजनीतिक अस्थिरता का द्योतक है।
9. राजनीतिक उदासीनता की वजह से राजनीतिक नेतृत्व एवं नौकरशाही में भ्रष्टाचार अपनी जड़ें जमाने लगता है और लालफीताशाही, भाई–भतीजावाद जैसी मानसिकता को बढ़ावा मिलता है।
10. किसी भी राजनीतिक व्यवस्था के सदस्यों में पायी जाने वाली राजनीतिक उदासीनता की स्थिति अन्ततोगत्वा गंभीर असंतोष, जनविद्रोह व क्रान्ति में परिवर्तित हो सकती है, जो व्यवस्था के स्थायित्व एवं सातत्य पर सवालिया निशान लगा सकती है। इस प्रसंग पर कॉर्नहाउजर (Kornhouser) की उक्ति है कि "जनसाधारण की उदासीनता सामाजिक अलगाव की वजह से उत्पन्न होती है और सामाजिक व्यवस्था के प्रति विरोध प्रदर्शित करने के रूप में यह संकटकाल में उग्रवादी आक्रमण का रूप धारण कर सकती है।"

वस्तुतः, इस संदर्भ में यही कहना यथोचित होगा कि किसी भी लोकतांत्रिक राजनीतिक व्यवस्था में राजनीतिक उदासीनता की मनोवृत्ति को एक सीमा तक ही पनपने या फैलने की छूट दी जाती है। यदि उदासीनता की अभिवृत्ति नागरिकों में हद से ज्यादा हो जाय तो यह व्यवस्था के स्थायित्व एवं विकास के लिए खतरनाक है। वर्तमान परिप्रेक्ष्य में राजनीति ही सामाजिक–राजनीतिक व्यवस्था के संचालन का माध्यम है और लोगों की बुनियादी एवं उत्तम जीवन की आवश्यकताओं की पूर्ति का सशक्त जरिया भी है। ऐसी स्थिति में नागरिकों के पक्ष से मिलने वाली राजनीतिक उदासीनता की अभिवृत्ति सामाजिक एवं राजनीतिक दोनों व्यवस्थाओं के लिए गंभीर चुनौतियाँ पैदा कर सकती हैं। इसलिए, प्रत्येक राजनीतिक व्यवस्था का यह दायित्व बनता है कि वह ऐसी परिस्थिति पैदा करे, ऐसा वातावरण लोगों को उपलब्ध कराये जिसमें नागरिक ज्यादा–से–ज्यादा राजनीतिक विषयों का संज्ञान लेने में सक्षम हो सकें और राजनीतिक क्रियाओं में ज्यादा–से–ज्यादा भागीदारी करे। स्वस्थ जनमत का निर्माण ही लोकतंत्र को मजबूती और लोकप्रियता प्रदान करता है। यह सिर्फ बड़े पैमाने पर राजनीतिक सहभागिता द्वारा ही संभव है और राजनीतिक उदासीनता इस रास्ते का सबसे बड़ा अवरोधक है।

राजनीतिक उदासीनता के मुख्य कारक (Main Factor Responsible for Political Apathy)

उपर्युक्त विवेचित प्रसंगों में राजनीतिक सहभागिता के प्रेरक तत्त्वों की भाँति राजनीतिक उदासीनता के लिए प्रभावी तत्त्वों के संबंध में चर्चा की गयी है। जिस प्रकार किसी भी राजनीतिक व्यवस्था के सदस्य कुछ विशेष तत्त्वों या कारकों के प्रभाव में राजनीतिक सहभागिता के लिए अभिप्रेरित होते हैं, उसी प्रकार व्यवस्था में मौजूद कई तत्त्व या कारक हैं, जो नागरिक में राजनीतिक क्रियाओं में रूचि की जगह उदासीनता का भाव उत्पन्न कराते हैं। इस प्रसंग में रॉबर्ट डॉल ने अपने अध्ययन में राजनीतिक उदासीनता के छः कारकों को प्रमुखता दी है :

1. जब नागरिकों की दृष्टि में राजनीतिक सहभागिता से प्राप्त होने वाला फ़ायदा या लाभ उसके लिए प्राप्त अन्य लाभों की अपेक्षाकृत कमजोर या कम होता है तब उनमें सहभागिता के प्रति उदासीनता उत्पन्न होती है। डॉल की यह मान्यता है कि जब सहभागी व्यक्ति की नजर में राजनीतिक सहभागिता से प्राप्त परिणाम का मूल्य यदि अन्य क्रियाओं से प्राप्त परिणामों की अपेक्षा कम हो तो व्यक्ति के अन्दर राजनीतिक गतिविधियों के संचालन के प्रति उदासीनता की प्रवृत्ति घर करने लगती है जो धीरे–धीरे बढ़ती जाती है। इनके विचार में परिणाम से प्राप्त लाभ दो तरह के हो सकते हैं–प्रत्यक्ष (Direct) एवं सहायक (Instrumental) कुछ विद्वानों का यह मानना है कि राजनीतिक क्रियाओं एवं अन्य क्रियाओं द्वारा प्राप्त होने वाले फ़ायदे का तुलनात्मक विश्लेषण मनोवैज्ञानिक एवं सामाजिक दो तत्त्वों पर आधारित होता है। समाज के सदस्य इन्हीं दोनों कारकों के आधार पर यह तय करते हैं कि उन्हें सामाजिक गतिविधियों के संचालन में ज्यादा लाभ है या राजनीतक गतिविधियों के संचालन में। डॉल के शब्दों में, ''राजनीतिक सहभागिता क्रिया की कीमत अनेक लोगों के लिए काफी ऊंची सिद्ध होती है। ऐसे लोग राजनीतिक गतिविधियों के दूरगामी अनिश्चित और अमूर्त लाभों को अर्जित करने के लिए गैर राजनीतिक गतिविधियों से प्राप्त तात्कालिक निश्चित एवं ठोस लाभों की प्राप्ति से वंचित नहीं होना चाहते हैं।
2. जब सहभागी को राजनीतिक विकल्पों में कोई ख़ास अन्तर नहीं दिखाई देता है तो उसकी अभिवृत्ति में राजनीतिक उदासीनता का भाव प्रबल हो जाता है। इस प्रसंग में रॉबर्ट डॉल का यह कहना है कि जब सहभागी व्यक्ति को यह प्रतीत होता है कि राजनीतिक सहभागिता के जो नये विकल्प उसके सामने प्रस्तुत किये गये हैं उसकी स्थिति पुराने विकल्पों से अलग नहीं है तो सहभागियों की राजनीतिक अभिवृत्ति में रुझान की जगह उदासीनता पनपने लगती है। दृष्टान्तस्वरूप, सामान्यतया अमेरिका, भारत आदि देशों में सभी राजनीतिक दलों के दृष्टिकोण कार्यक्रम, नीतियां एवं व्यवहार आदि के बीच कोई बुनियादी फर्क नहीं होता है, इसलिए चुनाव के समय राजनीतिक सहभागियों के सामने सत्ताधारी एवं विपक्षी दल के रूप में जो विकल्प सामने आता है, वह उनके लिए मतदान के समय किसी उत्साहवर्धक विकल्प की प्रस्तुति नहीं कर पाता है, जिसके परिणामस्वरूप मतदान के प्रतिशत में गिरावट की स्थिति उत्पन्न होती है।
3. जब सहभागी नागरिक को अपने राजनीतिक सामर्थ्य पर संदेह होता है तब राजनीतिक सहभागिता के प्रति उनके विश्वास में कमी आती है। जब सहभागी को ऐसा प्रतीत होता है कि वे राजनीतिक व्यवस्था में किसी भी प्रकार का परिवर्तन लाने में असमर्थ हैं, तो राजनीतिक सहभागिता के प्रति उनके अन्दर उदासीनता का भाव पैदा होता है।
4. जब सहभागी व्यक्ति को ऐसा प्रतीत हो कि राजनीतिक व्यवस्था की क्षमता, कार्यकुशलता और उसका निर्णय विवेकसंगत एवं प्रभावी है तथा बिना उसकी सहभागिता के भी व्यवस्था की क्षमता एवं प्रभावशीलता में कोई कमी नहीं आने वाली है तो वह राजनीतिक गतिविधियों के प्रति उदासीन हो जाता है। इस संदर्भ में रॉबर्ट डॉल का कहना है कि ''जिस प्रकार अपने राजनीतिक सामर्थ्य के प्रति विश्वास की कमी व्यक्ति की राजनीतिक सहभागिता को हतोत्साहित करती है, उसी प्रकार राजनीतिक व्यवस्था के अन्तर्गत सम्पूर्ण न्याय में, उसकी वैधता एवं स्थायित्व में तथा उसके निर्णयों की औचित्यता में अत्यधिक विश्वास भी राजनीतिक सहभागिता को महत्त्वहीन बना देता है।''
5. रॉबर्ट डॉल का यह मानना है कि राजनीतिक ज्ञान की कमी की वजह से लोगों के पास राजनीति संबंधी सूचनाओं की कमी होती है, जिससे उसका संज्ञानात्मक, भावात्मक, मूल्यांकनात्मक सामर्थ्य प्रभावित होता है और यह मानसिक स्थिति व्यक्ति को राजनीतिक उदासीनता की ओर अग्रसर करती है।
6. जब सहभागी व्यक्ति यह महसूस करता है कि उसकी राजनीतिक सहभागिता के मार्ग में कई बाधाएं हैं, तो वह राजनीति के प्रति उदासीन होने लगता है। यदि व्यवस्थागत पर्यावरण में राजनीतिक गतिविधियों

के अबाध गति से संचालन के मार्ग में अवरोधक तत्त्व प्रभावी होने लगते हैं तब नागरिकों की अभिरुचि राजनीतिक गतिविधियों के प्रति कम होने लगती हैं। ऐसी व्यवस्था में राजनीतिक सहभागियों की संख्या धीरे–धीरे सीमित होने लगती है।

रॉबर्ट डॉल द्वारा प्रस्तुत कारकों के अतिरिक्त और भी कई कारक एवं तत्त्व हैं, जिनकी वजह से व्यवस्था के सदस्यों की अभिवृत्ति में राजनीतिक उदासीनता का भाव प्रबल रूप से घर बनाने लगता है। राजनीतिक उदासीनता को बढावा देने में व्यवस्थागत कई प्रकार के सामाजिक, आर्थिक, सांस्कृतिक, भौगोलिक, मनोवैज्ञानिक व व्यक्तिगत कारक प्रभावी होते हैं। राजनीतिक उदासीनता के जवाबदेह कारकों की प्रकृति–प्रवृत्ति समय और सदस्यों की जरूरतों के अनुरूप परिवर्तित होती रहती है और नये रूप से ढलती रहती है, यानी कि नागरिकों में राजनीतिक उदासीनता के लिए मूलरूप से व्यवस्थागत पर्यावरण ही उत्तरदायी होता है।

राजनीतिक सहभागिता के आधार पर नागरिकों का वर्गीकरण (Classification of Citizens on the Basis of Political Participation)

ऊपर विवेचित प्रसंगों में राजनीतिक सहभागिता एवं राजनीतिक उदासीनता से संबद्ध कुछ ख़ास परिस्थितियों, तत्त्वों एवं कारकों की चर्चा की गयी है, जिनके प्रभाव में राजनीतिक व्यवस्था के सदस्य सक्रिय राजनीतिक सहभागी बनते हैं या फिर परिस्थितियों के प्रभाव में राजनीतिक गतिविधियों के प्रति उदासीन हो जाते हैं। वर्तमान परिप्रेक्ष्य में राजनीति की लोकलुभावन नीतियों एवं कार्यक्रमों की वजह से बड़े पैमाने पर लोकतांत्रिक देशों की जनता राजनीतिक गतिविधियों के प्रति आकर्षित हो रही है। आज व्यवस्थागत राजनीति के प्रति नागरिकों में न तो पूरी तरह प्रतिबद्धता हो पायी है और न ही पूरी तरह उदासीनता। प्रत्येक व्यवस्था में आबादी का बड़ा तबका मौजूदा राजनीति के प्रति आकर्षण एवं विकर्षण के बीच बंटा हुआ है जो उसे निजी फ़ायदे के लिए सहभागिता या उदासीनता की कोटि में शुमार करता है। सहभागिता एवं विमुखता के दायरे में जनसाधारण को शुमार करने के पीछे कई प्रकार के कारक व परिवर्त्य अहम् भूमिका निभाते हैं।

लगभग सभी व्यवस्थाओं में राजनीतिक सहभागिता एवं विमुखता के प्रतिशत के आधार पर जब किसी राजनीतिक व्यवस्था के सदस्यों का वर्गीकरण किया जाता है तो मोटे तौर पर सहभागी व्यक्तियों की तीन कोटियाँ निर्धारित की जाती हैं : **प्रथम**–पूर्णरूप से सक्रिय सहभागी, **द्वितीय**–सीमित रूप से सक्रिय सहभागी, **तृतीय**–राजनीति के प्रति उदासीन नागरिक। प्रथम कोटि के सहभागी राजनीति के प्रति पूर्णरूप से प्रतिबद्ध होते हैं और राजनीतिक विषयों में गहरी रुचि रखते हैं। इनमें से कुछ प्रतिशत उन नागरिकों का भी होता है जो राजनीति को अपना पेशा बना लेते हैं और अपना सारा समय राजनीति को देते हैं। दूसरी कोटि में वे सहभागी आते हैं जो प्रथम कोटि के सहभागियों की अपेक्षा राजनीतिक गतिविधियों में थोड़ी कम दिलचस्पी रखते हैं। इनकी राजनीतिक सक्रियता सीमित होती है। ये राजनीतिक प्रदर्शनों, रैलियों, सभाओं व बैठकों में कभी–कभी अपनी इच्छा से शामिल होते हैं या चुनाव के समय कुछ सीमित राजनीतिक गतिविधियों मे सहभागी की भूमिका निभाते हैं। इनकी राजनीतिक क्रियाओं में औपचारिकता का पुट भी शामिल होता है। इस कोटि के नागरिकों की राजनीतिक गतिविधियों में सामान्यतया वोट देना, राजनीतिक वार्तालाप का हिस्सा बनना, किसी उम्मीदवार को वित्तीय सहायता देना, किसी नेता से व्यक्तिगत संबंध बनाना आदि शामिल हैं। तीसरी कोटि में किसी राजनीतिक व्यवस्था के उन सदस्यों को शुमार किया गया है, जो व्यवस्थागत राजनीति, राजनीतिक विषयों, मुद्दों, समस्याओं, यानी कि किसी भी प्रकार की राजनीतिक क्रियाओं में सहभागी बनने के प्रति उदासीनता का भाव रखते हैं। राजनीतिक गतिविधियों के संचालन व निष्पादन में इनकी कोई अभिरुचि नहीं होती है। इस कोटि के नागरिकों में राजनीतिक ज्ञान की कमी होती है। राजनीतिक व्यवस्था के सामर्थ्य, कार्यकुशलता व उसकी नीतियों, निर्णयों में इनकी पूरी आस्था नहीं होती है। ये राजनीतिक नेतृत्व को संदेह की दृष्टि से देखते हैं। इन्हें व्यवस्थागत राजनीति द्वारा प्रस्तुत विकल्पों में कोई अन्तर दिखाई नहीं देता है। अपनी राजनीतिक व्यवस्था की यथास्थिति से निराश व हतोत्साहित होकर खतरों और दुष्परिणामों के भय से वे राजनीतिक गतिविधियों के प्रति विमुख हो जाते हैं।

नाई एवं वर्बा ने भी नागरिकों की सहभागिता व विमुखता के आधार पर लोगों को छः कोटियों में बांटा है, यथा–निष्क्रिय, मतदान विशेषज्ञ, संकुचित सहभागी, सामुदायिक सहभागी, अभियान संचालक एवं पूर्ण सक्रिय।

1. **निष्क्रिय (Inactive)**–जो राजनीति व राजनीतिक गतिविधियों से अपने आपको पूरी तरह अलग रखते हैं, व्यवस्थागत राजनीति के प्रति पूरी तरह विमुख होते हैं, वे निष्क्रिय नागरिक की कोटि में शामिल हैं।
2. **मतदान विशेषज्ञ (Voting specialists)**–इस कोटि में इन दोनों विद्वानों द्वारा उन सहभागियों को रखा गया है जो चुनाव के समय अत्यधिक सक्रिय हो जाते हैं। इन सहभागियों का रुझान मुख्य रूप से मतदान संबंधी कार्यों में होता है। चुनाव कार्यों के आरम्भ होते ही ये चुनाव कार्यों में सक्रिय भागीदारी करते हैं इसलिए चुनाव संबंधी कार्यों में ये दक्ष हो जाते हैं। इनकी राजनीतिक सक्रियता सिर्फ चुनाव कार्य तक ही सीमित होती है। मतदान कार्य की समाप्ति व चुनाव परिणाम के उपरान्त अन्य राजनीतिक गतिविधियों में इनकी भागीदारी नगण्य होती है। इस कोटि के सहभागियों को सक्रिय एवं निष्क्रिय नागरिकों के बीच का दर्जा दिया गया है।
3. **संकुचित सहभागी (Parochial Participants)**–इस कोटि में नाई एवं वर्बा द्वारा ऐसे राजनीतिक सहभागियों को शामिल किया गया है जो मतदान क्रिया के साथ अपने फ़ायदे के लिए निरन्तर सरकारी पदाधिकारियों के संपर्क में रहते हैं। ये ज्यादातर अपने निजी लाभ के लिए राजनीतिक गतिविधियों में सहभागी बनते हैं। व्यवस्था की सामान्य राजनीतिक क्रियाओं के प्रति ये उदासीनता का रवैया अपनाते हैं और सामान्य राजनीतिक गतिविधियों में इनकी सहभागिता नगण्य होती है, इसीलिए इन्हें संकुचित सहभागी कहा गया है। ये ज्यादातर अपने निजी हित के लिए ही राजनीतिक क्रियाओं में भागीदारी करते हैं।
4. **सामुदायिक सहभागी (Communalists)**–इस कोटि में वे सहभागी शामिल हैं, जो मतदान क्रिया में भाग लेने के साथ–साथ अपने सामुदायिक हितवर्धन के लिए सामुदायिक राजनीतिक गतिविधियों में भागीदारी करते हैं। इनकी राजनीतिक गतिविधियों के संचालन–निष्पादन का दायरा स्थानीकृत (Localized) होता है और चुनाव अभियान में भी इनकी भागीदारी सीमित होती है। इसमें राजनीतिक सहभागी की सहभागिता का आगत एवं निर्गत दोनों दृष्टिकोणों संकुचित होता है, क्योंकि हितों की संरचनाएं सामान्यतः स्थानीय होती हैं जो किसी जाति, सम्प्रदाय या क्षेत्र विशेष के हितवर्धन से प्रासंगिक होती हैं।
5. **अभियान संचालक (Compaigners)**–इस कोटि के राजनीतिक सहभागी चुनाव अभियान के संचालन में दक्ष होते हैं। चुनाव की घोषणा के उपरान्त ये सहभागी अपने आपको पूरी तरह चुनाव कार्य के प्रति समर्पित कर देते हैं। चुनाव अभियान में इनकी सक्रिय भूमिका होती है। इनकी राजनीतिक अभिवृत्ति एवं अभिविन्यास का रुझान सिर्फ चुनाव संबंधी कार्यों के लिए होती है अन्य राजनीतिक गतिविधियों में इनकी कोई अभिरुचि नहीं होती है। ये सिर्फ चुनाव अभियान तक अपनी राजनीतिक सहभागिता को सीमित रखते हैं।
6. **पूर्ण सक्रिय (Complete Activists)**–यह पूर्णरूप से सक्रिय राजनीतिक सहभागियों का वर्ग है। अमेरिका, ब्रिटेन जैसी विकसित उदारवादी लोकतांत्रिक व्यवस्था में भी ऐसे सक्रिय सहभागियों की संख्या पूरी आबादी का सिर्फ पाँच प्रतिशत होती है। इस कोटि के राजनीतिक सहभागी पेशेवर राजनीतिज्ञ की भूमिका निभाते हैं। अपना पूरा समय राजनीतिक कार्यों के संचालन व निष्पादन में लगाते हैं। राजनीतिक दल का सक्रिय सदस्य बनकर दल की गतिविधियों एवं कार्यक्रमों का संचालन करते हैं। दल के उम्मीदवार के रूप में चुनाव लड़ते हैं तथा चुनाव जीतने के बाद सांसद, विधायक या मंत्री के रूप में पूर्णरूप से सक्रिय राजनीतिकर्ता की भूमिका निभाते हैं।

राजनीतिक सहभागिता एवं विमुखता से प्रासंगिक उपर्युक्त वर्गीकरण की प्रस्तुति के बावजूद सभी राजनीतिक विद्वानों की यह मान्यता है कि प्रत्येक राजनीतिक व्यवस्था में व्यावहारिक स्तर पर सदस्यों की राजनीतिक

सहभागिता में समरूपता नहीं पाई जाती है। सहभागियों के बीच न सिर्फ सहभागिता के प्रतिशत में अन्तर होता है अपितु सहभागिता की प्रवृति–प्रकृति में भी अन्तर पाया जाता है। संक्षेप में, यह कहा जा सकता है कि व्यवस्था के सदस्यों के बीच सिर्फ राजनीतिक गतिविधियों में भागीदारी के अनुरूप व्यावहारिक स्तर पर कोई विभाजक रेखा खींचना बहुत कठिन कार्य है। व्यावहारिक स्तर पर परिस्थिति व समय के अनुरूप सहभागी एक कोटि से दूसरी कोटि में आते–जाते रहते हैं, इसलिए उनकी सहभागी प्रवृत्ति का अध्ययन–विश्लेषण किसी एक कोटि के दायरे में समेट कर किया जाना व्यवहार में संभव नहीं है। ऐसा अध्ययन तथ्यपरक एवं व्यवहारपरक नहीं हो सकता है।

राजनीतिक संचारण या लामबंदी (Political Mobilisation)

राजनीतिक लामबन्दी या संचारण शब्द संचार की उस व्यवस्था का बोधक है, जिसके माध्यम से व्यवस्था के नीति–निर्माता एवं निर्णयकर्ता अपनी राजनीतिक आवश्यकताओं व आकांक्षाओं की पूर्ति के लिए व सत्ता हासिल करने एवं सत्ता को कायम रखने की लक्ष्य–प्राप्ति के लिए मतप्रबंधकों की चेतना जागृत कराते हैं। इस अर्थ में लामबन्दी छलयोजित संचार (Manipulated Communication) का एक जीवन्त रूप है।

राजनीतिक लामबन्दी आज के परिप्रेक्ष्य में राजनीतिशास्त्र एवं राजनीतिक समाजशास्त्र की एक मुख्य अवधारणा है। राजनीतिक विकास एवं राजनीतिक आधुनिकीकरण जैसी अवधारणाओं के तथ्यपरक व व्यवहारपरक अध्ययन–विश्लेषण में राजनीतिक लामबन्दी का काफी महत्त्व है। राजनीतिक लामबन्दी का बुनियादी लक्ष्य सामाजिक परिवर्तन को उपार्जित करना है। सरल शब्दों में, "राजनीतिक लामबन्दी का अर्थ सामाजिक संसाधनों का प्रयोग राजनीतिक उद्देश्यों को उपार्जित करने के लिए करना है।" किसी भी राजनीतिक व्यवस्था के राजनीतिक जीवन की लोकप्रियता एवं स्थायित्व के लिए यह जनसमूह के समूहन की एक प्रक्रिया है। राजनीतिक लामबन्दी का तात्पर्य उन अभिवृत्तियों से है जो नागरिकों को राजनीतिक निर्णय लेने की प्रक्रिया में सरकारी प्रयासों के प्रति जनसहभागिता हेतु प्रेरित करता है। मोटे तौर पर यह कहा जा सकता है कि जब सरकार, राजनीतिक दल, दबाव समूह या किन्ही अन्य समूहों द्वारा उपलब्ध संसाधनों का प्रयोग राजनीतिक मुद्दों, समस्याओं नीतियों, निर्णयों के समर्थन या विरोध में जनाधार तैयार के लिए करने किया जाता है तो उसे ही राजनीतिक लामबन्दी की संज्ञा दी जाती है। इस रूप में राजनीतिक लामबन्दी जनसमर्थन या जनविरोध के रूप में सामाजिक अभिवृत्ति में आमूलचूल परिवर्तन द्वारा नये विचारों की स्थापना या राजनीतिक अभिवृत्ति के प्रति समाज की नई वचनबद्धता की प्रक्रिया है, जिसे आकार देने में शासक अभिजन एवं प्रति अभिजनों की भूमिका सर्वाधिक महत्त्वपूर्ण होती है। विभिन्न लोकतांत्रिक व्यवस्थाओं में समय एवं परिस्थिति की मांग व समर्थन के अनुरूप लामबन्दी की प्रक्रिया योजनाबद्ध ढंग से धीमी या तीव्र गति से संचालित होती रहती है।

जे.पी. नेटल (Nettle) ने अपनी रचना 'Political Mobilisation : A Sociological Analysis of Methods and Concepts' में लामबन्दी शब्द का प्रयोग विविध अर्थों में किया है। मसलन, उन्होंने इसका अर्थ एक ऐसी प्रक्रिया से लगाया है जो अभिप्रेरित होती है। लामबन्दी को सामाजिक व्यवस्था के प्रकार्य के रूप में भी देखने का प्रयास किया है एवं इसके प्रकट एवं अप्रकट रूपों को व्यवस्थात्मक विश्लेषण द्वारा समझाने का प्रयास किया है। इनके शब्दों में, "लामबन्दी अनिवार्य रूप से (1) अभिवृत्तिक कार्यवाही के प्रति वचनबद्धता है तथा (2) इस वचनबद्धता को कार्यवाही या प्रेक्षणमूलक व्यवहार में बदलने का एक साधन है। इनका मानना है कि यह एक सम्मिश्रण प्रकिया (Intermixed Process) है, जिसके कई चरण (Stages) हैं।

किसी भी राजनीतिक व्यवस्था के राजनीतिक जीवन की सक्रियता व स्थायित्व के लिए जनसमूह के राशीकरण करने की प्रक्रिया, राजनीतिक लामबन्दी को कई विद्वानों ने परिभाषित करने का कार्य किया है। डेविड ए. विल्सन ने इसे राष्ट्र–निर्माण प्रक्रिया के संदर्भ में परिभाषित करते हुए कहा है कि "लामबन्दी की प्रक्रिया मानवीय कर्मशक्ति (ऊर्जा) का पूरा उपयोग करता है और सहभागियों को नये मानसिक संदर्भों, विश्वासों, मूल्यों और संगठनों को समझने की दिशा प्रदान करता है तथा अन्ततः राष्ट्र का निर्माण करता है।"

जे.पी. नेटल ने राजनीतिक लामबन्दी को आज के युग की एक सार्वभौमिक राजनीतिक प्रक्रिया के रूप में देखा है। इनके शब्दों में, "राजनीतिक लामबन्दी वह प्रक्रिया है जिसके माध्यम से सामाज के सदस्यों के बीच यह चेतना जगायी जाती है कि वे किन–किन बातों में समान हैं और किस रूप में अन्य लोगों से भिन्न हैं। अपने अस्तित्त्व को बनाये रखने और विकसित करने के लिए आज सभी समाजों को किसी–न–किसी रूप में लामबन्दी को एक निश्चित स्तर तक उपार्जित करना पड़ता है। यह बात अलग है कि प्रत्येक समाज की संस्कृति व इतिहास में भिन्नता है, इसलिए उनके भिन्न सामाजिक लक्ष्यों के अनुरूप लामबन्दी का स्वरूप भी भिन्न–भिन्न हो सकता है।

बृज बी. खरे ने राजनीतिक लामबन्दी को परिभाषित करते हुए कहा है कि "लामबन्दी से अभिप्राय राष्ट्र के राजनीतिक जीवन में जनसमूहों को समाहित करना है।" लामबन्दी की यह परिभाषा राजनीतिक पर्यावरण से प्रासंगिक वस्तुस्थिति को समीचीन रूप से स्पष्ट करने में सक्षम दिखती है, क्योंकि जहाँ यह नवोदित राष्ट्रों की राजनीतिक जीवन–शक्ति को रेखांकित करने में सार्थक रूप से सक्रिय दिखती है, वहीं यह विकसित राष्ट्रों की राजनीतिक जीवन–शक्ति के अर्थ को स्पष्ट करने में भी सक्षम दिखती है क्योंकि विकसित राष्ट्र भी अपने राष्ट्रीय उद्देश्यों की प्राप्ति के लिए जनसमूहों का आह्वान करते हैं तथा उन्हें लक्ष्य–सिद्धि की दिशा में सहभागिता करने के लिए अभिप्रेरित करते हैं।

आल्मंड एवं पॉवेल ने भी राजनीतिक लामबन्दी अवधारणा की विवेचना करते हुए दो अर्थों में इसकी व्याख्या प्रस्तुत की है यथा–**प्रथम**–व्यवस्था विश्लेषण उपागम के संदर्भ में राजनीतिक व्यवस्था में लामबन्दी और **द्वितीय**–सैनिक लामबन्दी के संदर्भ में व्यवस्था विश्लेषण उपागम के संदर्भ में लामबन्दी का अभिप्राय राजनीतिक व्यवस्था के सामर्थ्य को सक्रियता प्रदान करना है। इस प्रसंग में इनकी मान्यता है कि राजव्यवस्था के सामान्य संचालन व सफल कार्यान्वयन हेतु लामबन्दी एक अपरिहार्य प्रक्रिया है। व्यवस्था संचालनक्रम में समाज एवं राज्य के मध्य निरन्तर चलने वाली अन्तर्क्रियात्मकता के परिणामस्वरूप पर्यावरण में उत्पन्न तनाव, संघर्ष एवं प्रतिस्पर्द्धा से प्रासंगिक संकटों का मुकाबला करने के लिए राजव्यवस्था को संजीवनी के रूप में जिस जनसमर्थन की सबसे ज्यादा जरूरत होती है वह शासक वर्ग को लामबन्दी प्रक्रिया के माध्यम से ही प्राप्त होता रहता है। इनके द्वारा अभिव्यक्त सैनिक लामबन्दी का अभिप्राय है व्यवस्था के समस्त साधनों और प्रयत्नों को किसी भी संकट या युद्ध से उत्पन्न संकट के समय एकत्रीकरण करके लक्ष्य–प्राप्ति की ओर उन्मुख करना।

राजनीतिक लामबन्दी से अभिप्राय रखने वाली उपर्युक्त विवेचित परिभाषाओं के आधार पर एक प्रक्रिया के रूप में लामबन्दी प्रसंग की विशेषताओं को निम्नांकित संदर्भों में वर्णित किया गया है :

प्रथम–लामबन्दी राजनीति की वस्तुस्थिति नहीं है, अपितु एक प्रक्रिया है जो वर्तमान लोकतांत्रिक राजनीतिक व्यवस्था की सामाजिक–राजनीतिक जीवनशक्ति का अभिन्न अंग है। व्यवस्था का स्वरूप चाहे उदारवादी लोकतांत्रिक हो या सर्वाधिकारवादी दोनों के लिए अपनी उत्तरजीविता (Survival), लोकप्रियता, स्थायित्व एवं सातत्य को कायम रखने के लिए राजनीतिक लामबन्दी प्रक्रिया को अपनाने की अपरिहार्यता है।

द्वितीय–यह एक सार्वभौमिक प्रक्रिया है जिसका आकलन किसी निश्चित समय सीमा या कुछ निर्धारित बिन्दुओं के दायरे में बाँधकर करना या किसी निर्धारित पैमाने के द्वारा इस प्रक्रिया का परिमापन करना एक कठिन कार्य है। किसी राजनीतिक व्यवस्था की जनलामबन्दी किस दिशा की ओर उन्मुख है या वहां जनलामबन्दी का आकार कितना विशाल है, अल्प है या मध्यम स्तर का है या लामबन्द जनों की अभिवृत्ति में कितनी उग्रता या शिथिलता है, या लामबन्दी में उग्र जनों का प्रतिशत कितना है, वह उग्रता विरोध में है या समर्थन में है, इन सभी स्थितियों की व्यवहारपरक व तथ्यपरक जानकारी का आकलन व्यवस्थागत सामाजिक, राजनीतिक एवं आर्थिक वातावरण के परिप्रेक्ष्य में ही किया जा सकता है।

तृतीय–यह निरन्तर चेतनीय लक्ष्योन्मुख, विकासोन्मुख एवं समाजोन्मुख अभिप्रेरत प्रक्रिया है जिसका लक्ष्य सदैव व्यवस्था को जनसमर्थन के रूप में मजबूती प्रदान करना, शासनकर्ता को जनउत्तरदायी बनाये रखना एवं व्यवस्था के सदस्यों को राजनीति तथा राजनीतिक मुद्दों, समस्याओं व समाधानों के प्रति जागरूक बनाये रखना है, यानी

कि अपने मूल संदर्भों में लामबन्दी प्रक्रिया द्वारा जनसाधारण में व्यवस्थागत राजनीति एवं राजनीति नेतृत्व के प्रति अभिवृत्तियों एवं अभिविन्यासों का निर्माण होता रहता है। यह उनकी संज्ञानात्मक भावात्मक, एवं मूल्यांकनात्मक क्षमता को बढ़ाता रहता है। ताकि जनसाधारण अपनी राजनीतिक गतिविधियों का संचालन एवं राजनीतिक सहभागिता का निष्पादन सही ढंग से समीचीन दिशा में कर सकें।

चतुर्थ–अपनी प्रकृति, प्रवृत्ति, उद्देश्य, लक्ष्य एवं व्यवस्थागत अभिकरणों की दृष्टि से प्रत्येक सामाजिक–राजनीतिक व्यवस्था में इसके आकार–प्रकार में भिन्नता पायी जा सकती है, क्योंकि यह प्रक्रिया व्यवस्थागत परिस्थितियों एवं पर्यावरण के प्रभाव व दबाव से उत्पन्न मांगों के अनुरूप निरन्तर नये रूपों में ढलती रहती है।

पंचम–विभिन्न राजनीतिक प्रक्रियाओं के क्षेत्रान्तर्गत लामबन्दी प्रक्रिया को केन्द्रीय या मूलभूत राजनीतिक प्रक्रिया के रूप में मान्यता दी गयी है। एक प्रक्रियाविद् होने की दृष्टि से आल्मंड एवं पॉवेल द्वारा लामबन्दी को मूलभूत राजनीतिक प्रक्रिया का दर्जा देते हुए तुलनात्मक राजनीतिक अध्ययन के परिप्रेक्ष्य में राजनीतिक समाज को दो भागों में बांटा गया है। इनकी अभिव्यक्ति के अनुसार, प्रथम कोटि में वह समाज है, जहां राजनीतिक लामबन्दी का लगभग अभाव रहा है और द्वितीय कोटि के अन्तर्गत वह समाज आता है जिसमें लामबन्दी प्रक्रिया का अस्तित्व एवं प्रयोग विकसित स्तर पर विद्यमान है। ऐसे राजनीतिक समाज को आल्मंड एवं पॉवेल ने लामबन्दी समाज की संज्ञा दी है।

षष्ठम–एक प्रक्रिया के रूप में लामबन्दी किसी भी राजनीतिक व्यवस्था के राजनीतिक जीवन में सामाजिक–राजनीतिक परिवर्तन का द्योतक है। अधिकांशतः इस प्रक्रिया का उद्देश्य व्यवस्था के सदस्यों की राजनीतिक अभिवृत्तियों में इस प्रकार का परिवर्तन लाना है यानी कि अभिवृत्तियों का अभिविन्यास इस प्रकार करना है कि वे एक यथोचित दिशा में अपनी राजनीतिक गतिविधियों का संचालन कर सके तथा सही ढंग से राजनीतिक सहभागिता क्रिया के सहभागी बन सके।

राजनीतिक लामबन्दी से अभिप्राय रखने वाली उपरोक्त विशषताओं का आकलन करने से यह साफ हो चुका है कि एक अपरिहार्य जीवन प्रक्रिया के रूप में राजनीतिक लामबन्दी प्रत्येक राजनीतिक व्यवस्था एवं राजनीतिक प्रक्रिया का प्राणाधार तत्त्व (Vital Element) है। लेकिन, यहाँ ध्यान देने योग्य प्रसंग गह है कि राजनीतिक लामबन्दी सामाजिक लामबन्दी से अलग संदर्भ रखने वाली प्रक्रिया है। सामाजिक लामबन्दी राजनीतिक लामबन्दी की अपेक्षा विस्तृत अर्थसंदर्भ वाली अवधारणा है, जिसका मौलिक तात्पर्य सामाजिक संरचना में होने वाले परिवर्तनों की प्रक्रिया से प्रासंगिक है। यह प्रक्रिया मूल अर्थों में सामाजिक संस्थात्मक परिवर्तन का द्योतक है, जबकि राजनीतिक लामबन्दी राजनीतिक समाज के सदस्यों की अभिवृत्तियों एवं अभिविन्यासों से संदर्भित परिवर्तन का संकेतक है।

जे.पी. नेटेल द्वारा राजनीतिक एवं सामाजिक लामबन्दी के बीच अन्तर स्पष्ट करते हुए तथ्यगत आधार पर संदर्भित अन्तर की प्रस्तुति की गयी है, यथा :

प्रथम–इनका मानना है कि यदि उपव्यवस्था की दृष्टि से देखा जाय तो राजनीतिक व्यवस्था सामाजिक व्यवस्था की एक उपव्यवस्था मात्र है जिसका मूल संदर्भ जीवन के शक्ति–संचालन से संबंधित है और राजनीतिक परियोजन यानी कि लामबन्दी शक्ति–संचालन का आधारतत्त्व एवं आधार–माध्यम है, जबकि सामाजिक लामबन्दी प्रक्रिया के संचालन में समाज की अन्य उपव्यवस्थाएं भी सक्रिय भूमिका निभाती हैं। दृष्टान्तस्वरूप, किसी भी समाज की आर्थिक, धार्मिक, सास्कृतिक, उपव्यवस्थाएं भी राजनीतिक जनसमूहों की अभिवृत्तियों को वांछित दिशा की ओर मोड़ने के लिए तथा समाज के मौजूदा पर्यावरण मे परिवर्तन लाने के लिए सामाजिक लामबन्दी हेतु निरन्तर प्रयासरत रहती हैं। इस संदर्भ में सामाजिक लामबन्दी प्रक्रिया सामाजिक परिवर्तन का द्योतक है।

द्वितीय–संविधानगत राजनीतिक संस्कृति एवं राजनीतिक मूल्यों व विश्वासों की उन्नति एवं लक्ष्य–सिद्धि के लिए भी सामाजिक लामबन्दी प्रक्रिया का प्रयोग बड़े पैमाने पर किया जा सकता है। इस प्रक्रिया का आशय शुद्ध राजनीतिक परिवर्तन की जगह बड़े पैमाने पर संविधानगत राजनीतिक संस्कृति के मूल्यों का व्यापक स्तर पर

प्रचार–प्रसार करके किसी विशेष राजनीतिक मूल्य की प्राप्ति हेतु सामाजिक लामबन्दी कराना है। नेटल के विचार में कभी–कभी सामाजिक पर्यावरण में ऐसी स्थिति भी आ सकती है जब किसी मुद्दे पर प्रति लामबन्दी (Counter Mobilisation) की स्थिति उत्पन्न हो जाय, यानी कि किसी खास विषय पर समर्थन एवं विरोध दोनों अभिवृत्तिओं के तीव्र रूप का सामना समाज को करना पड़े। ऐसे में व्यवस्था–संचालन हेतु शासक वर्ग को संतुलित भूमिका अदा करने की बेहद जरूरत होती है। उदाहरणार्थ, भारत के संविधान में उल्लेखित सामाजिक न्याय एवं समता का सिद्धान्त व्यवस्था की मुख्य धारा से अलग हाशिए पर पड़े पिछड़े वर्ग के लिए सुरक्षात्मक नीति का समर्थन करता है जिसका व्यवहार में प्रकट रूप में आरक्षण की नीति है। जहाँ सरकारी तंत्र की ओर से आरक्षण के समर्थन में सामाजिक लामबन्दी का प्रयास किया जा रहा है, वहीं साथ–साथ केन्द्र एवं कई राज्यों मे इस नीति के कार्यान्वयन के विरोध में प्रति लामबन्दी के रूप में जनआन्दोलन का अस्तित्व भी प्रमुखता से आकार ले रहा है।

उपर्युक्त विवेचित प्रसंग यह स्पष्ट करता है कि लामबन्दी संचार के विस्तार का एक जीवन्त रूप है। वस्तुतः, लामबन्दी संचार के उस रूप का बोधक है जिसके माध्यम से शासक वर्ग यानी कि नीति–निर्णय निर्माता, मध्यस्तरीय अभिजन तथा मत निर्माता जनता में वांछित आवश्यकताओं उम्मीदों एवं लक्ष्यों की प्राप्ति के लिए जनचेतना जागृत करते हैं। लामबन्दी को छलयोजित संचार का एक रूप कहा गया है, इसीलिए इसकी प्रकृति में विकृति (Distortion) एवं निर्देशन (Direction) दोनों तत्त्वों का योग होता है। विभिन्न विद्वानों द्वारा अभिव्यक्त विचारों के आधार पर इसके दो प्रमुख आयामों को मान्यता दी गयी है–सामाजिक एवं राजनीतिक। इन दोनों आयामों के मद्देनजर लामबन्दी के मुख्य दो रूपों की बात कही गयी है, प्रथम–राजनीतिक लामबन्दी, द्वितीय–सामाजिक लामबन्दी। व्यावहारिक स्तर पर दोनों लामबन्दी प्रक्रियाओं का मूल उद्देश्य जनचेतना जागृत करना है, ताकि सामाजिक, राजनीतिक आर्थिक लक्ष्यों की प्राप्ति के लिए जनसाधारण का समूहन किया जा सके। सभी राजनीतिक व्यवस्थाओं में जनचेतना जागृत करने का आधार–माध्यम जनसंपर्क के विविध साधन हैं, जिनके प्रयास से सामाजिक–राजनीतिक मुद्दों पर या बोधनीय प्रसंगों पर जनजागरण अभियान चलाकर व प्रचार या अन्य माध्यमों द्वारा लोगों के चेतना–प्रवाह को एकताबद्ध किया जाता है। सामाजिक–राजनीतिक दोनों लामबन्दियों का अन्तिम लक्ष्य जनसाधारण को लोकतांत्रिक मूल्यों की पहचान के लिए जागृत कराना है और दोनों ही लामबन्दी के सफल संचालन का श्रेय शासक वर्ग एवं प्रति अभिजन वर्ग को जाता है। लामबन्दी के दोनों स्वरूपों की विवेचना निम्नांकित है।

राजनीतिक लामबन्दी (Political Mobilisation)

राजनीतिक लामबन्दी शब्द से उस प्रक्रिया का बोध होता है, जिसमें शासक अभिजन, प्रति–अभिजन, राजनीतिक दल, दबाव–समूह या अन्य समूहों द्वारा राजनीतिक शक्ति के सामाजिक स्रोतो पर नियंत्रण स्थापित करने हेतु जनसमर्थन जुटाने एवं जनसमर्थन को एकताबद्ध करने का गंभीर प्रयास किया जाता है। वस्तुतः, राजनीतिक लामबन्दी वह प्रक्रिया है जिसके माध्यम से राजनीतिक दल, अन्य समूह एवं शासक वर्ग अपने राजनीतिक अस्तित्व की मजबूती के लिए राजनीति के उन सामाजिक उद्भव स्रोत (Social Origin of Politics) केन्द्रों पर नियंत्रण प्राप्त करते हैं, जिन पर पहले उनका नियंत्रण नहीं होता है। राजनीतिक शक्ति का वास्तविक उद्भव स्त्रोत सामाजिक संरचनाएं हैं। इस प्रसंग में यह प्रक्रिया उस तथ्य का बोधक है जिसके माध्यम से राजनीतिक दल अपनी शक्ति के सामाजिक स्रोतों को जागृत करके अपने शक्तिवर्द्धन के लिए उन्हें प्रतिष्ठापित (Invest) करता है। सामान्यतया, विकासशील देशों में राष्ट्रीय नेतृत्व या शासन–संचालन का दायित्व निभाने वाले शासक अभिजन राजनीतिक लामबन्दी का प्रयोग व्यवस्था में अपनी राजनीतिक शक्ति को बढ़ाने के लिए, अपनी लोकप्रियता का दायरा विस्तारित करने के लिए या सामाजिक–राजनीतिक परिवर्तन लाकर व्यवस्था की आर्थिक–सामाजिक प्रगति के स्तर की समुन्नति के लिए करते हैं। अधिकतर विकासशील व्यवस्थाओं में राजनीतिक संचार का प्रधान लक्ष्य राजनीतिक लामबन्दी प्रक्रिया को संचालित करना है, क्योंकि व्यवस्था एवं जनजीवन के स्तर में तेजी से

आर्थिक विकास के लिए यह प्रक्रिया वहां के पर्यावरण की मांग व समर्थन के अनुरूप है। रॉबर्ट स्कॉट ने इस प्रसंग में कहा है कि ''राजनीतिक लामबन्दी का अर्थ ही राजनीतिक प्रक्रिया में प्रभावशाली सहभागिता करने के लिए नागरिकों की राजनीतिक चेतना को जगाना एवं उन्हें संगठित करना है।'' मैक्स काल के शब्दों में, ''राजनीतिक लामबन्दी से उस प्रक्रिया का बोध होता है जिसमें राजनीतिक दल दबाव समूह तथा प्रत्यक्ष रूप से राजनीतिक क्रिया करने वाले विविध समूह आमजन को राजनीतिक गतिविधियों में शामिल कराने में सफल होते हैं।'' इस प्रकार, इन दोनों विद्वानों द्वारा अभिव्यक्त विचारों एवं विवेचित प्रसंगों के आधार पर यह निष्कर्ष निकलता है कि राजनीतिक लामबन्दी प्रक्रिया का मूल आशय है जनसाधारण के अन्दर राजनीति प्रासंगिक बोधनीय विषयों पर चेतना–प्रवाह जागृत करके उन्हें सक्रिय राजनीतिक सहभागिता के लिए अभिप्रेरित करना।

सामाजिक लामबंदी (Social Mobilisation)

सभी व्यवस्थाओं में सामाजिक लामबन्दी प्रक्रिया का मूल लक्ष्य राजनीतिक, सामाजिक, आर्थिक, सांस्कृतिक या अन्य किसी भी माध्यम से जनचेतना जागृत करके उन्हें सामाजिक परिवर्तन के लिए तैयार करना है। सामाजिक लामबन्दी शासक वर्ग एवं प्रति अभिजनों द्वारा संचालित उन प्रयासों का बोधक है जिनका उद्देश्य एवं लक्ष्य व्यवस्था में सामाजिक, राजनीतिक व आर्थिक विकास एवं आधुनिकीकरण हेतु जनसाधारण में चेतना–प्रवाह जागृत करना है, क्योंकि जमीनी स्तर पर सामाजिक समस्याओं की व्याख्या जितनी सरल है उनका समाधान उतना ही मुश्किल है। यदि इस प्रसंग से प्रासंगिक कारकत्व की बात करें, तो सामाजिक लामबन्दी के संबंध में अहम् सवाल यह है कि समाज का राजनीतिशास्त्रीय या अर्थशास्त्रीय अध्ययन करने के साथ–साथ उसका जातिगत, धर्मगत, लिंगगत पूर्वाग्रहों से बोझिल समाजशास्त्रीय अध्ययन कितना जरूरी है, यह तो किसी समाज में मौजूद पर्यावरण की स्थिति का आनुभविक अध्ययन करके ही भांपा जा सकता है। समय की माँग और जनसमर्थन का आकार ही किसी भी समाज में सामाजिक मुद्दों के पक्ष में जनमत को लामबन्द करने में सर्वाधिक कारगर भूमिका निभाता है। सामाजिक लामबन्दी प्रक्रिया द्वारा जनचेतना जागृत करने का कार्य परंपरागत मूल्यों, मानकों के विरुद्ध प्रचार के रूप में भी हो सकता है और मूल्यों व मानकों के पक्ष में भी हो सकता है। डायच ने सामाजिक लामबन्दी को परिभाषित करते हुए कहा है, ''सामाजिक लामबन्दी से उस प्रक्रिया का बोध होता है, जिसके द्वारा प्राचीन पारम्परिक सामाजिक, आर्थिक, मनोवैज्ञानिक मूल्यों की जगह समाजीकरण द्वारा नये मूल्यों, प्रतिबद्धताओं को स्वीकृति हेतु अभिप्रेरित किया जाता है।'' डायच के मतानुसार, जब पारम्परिक समाजों में आधुनिकीकरण प्रक्रिया का प्रभाव जोर पकड़ने लगता है और वहां का अभिजन वर्ग भी समाज की आर्थिक, सामाजिक, राजनीतिक, समुन्नति की इच्छा जाहिर करने लगता है तथा उनमें समाज को विकसित करने की प्रेरणा बलवती होने लगती है तो सामाजिक लामबन्दी ही परिवर्तन एवं विकास का आधार–माध्यम बनता है। प्रत्येक समाज पूरी तरह अपने मौजूदा पर्यावरण के प्रभाव में होता है। विकसित समाजों का प्रभाव पारम्परिक समाजों पर भी पड़ता है और परिवर्तन–प्रक्रिया की शुरूआत आर्थिक क्षेत्र से होती है, जो आर्थिक संपन्नता के लिए पारम्परिक समाजों का विकसित देशों के उत्पादन की नयी तकनीकों को अपनाने के लिए बाध्य करता है। समाज में आर्थिक परिवर्तन के लिए भी सामाजिक लामबन्दी को माध्यम बनाया जाता है। संक्षेप में, सामाजिक परिवर्तन प्रक्रिया के रूप में सामाजिक लामबन्दी परम्परागत मूल्यों, मान्यताओं, विश्वासों एवं उसके प्रति जनप्रतिबद्धता के खिलाफ सचेतन प्रचार–प्रसार एवं जनसाधारण के प्रशिक्षण से आरम्भ होने वाली प्रक्रिया है जिसके संचालनक्रम में अभिजन इस बात की भी चिन्ता नहीं करते हैं कि सामाजिक परिवर्तन लाने के लिए वे जिन नए मूल्यों, मानकों व विश्वासों के निर्माण क्रम में विरूपण (Distortion) का भी सहारा ले रहे हैं और परिणाम के रूप में सामाजिक लामबन्दी द्वारा समाज के विकास एवं आधुनिकीकरण हेतु नये मूल्यों, परम्पराओं, मानकों, विश्वासों, प्रतिबद्धताओं का निर्माण कर रहे हैं वह समाज को तोड़ रहा है। इस पूरी प्रक्रिया को सामाजिक परिवर्तन की संज्ञा दी जाती है जो सामाजिक लामबन्दी की वजह से आकार लेता है, और अन्ततः समाज के सभी आयामों से संदर्भित परिवर्तन व्यक्ति के राजनीतिक व्यवहारों में होने वाले परिवर्तन का आधारतत्त्व बन जाता है। यही सामाजिक लामबन्दी की प्रक्रिया सामाजिक परिवर्तन का भी आधार–माध्यम बनता है।

लामबन्दी के प्रकार (Kinds of Mobilisation)

उपर्युक्त प्रसंगों की स्पष्टोक्ति के अनुसार लामबन्दी प्रक्रिया का लक्ष्य एक चेतनशील संगठित जागृत समाज का निर्माण करना है, जिसका मूल संदर्भ सामान्य रूप में सामाजिक जीवन की बेहतरी के लिए आधुनिकीकरण की शर्त के रूप में व्यवस्था में वांछित सामाजिक, राजनीतिक, आर्थिक परिवर्तन लाना है। सामाजिक परिवर्तन के संदर्भ में लामबन्दी प्रक्रिया के महत्त्व को देखते हुए रुडोल्फ एवं रुडोल्फ ने अपनी प्रसिद्ध रचना 'The Modernity of Tradition' में लामबन्दी के तीन प्रकारों का उल्लेख किया है : (1) ऊर्ध्व लामबन्दी (Vertical Mobilisation), (2) क्षैतिज लामबन्दी (Horizontal Mobilisation), (3) विभेदक लामबन्दी (Differential Mobilisation)।

1. ऊर्ध्व लामबन्दी का प्रयोग सामान्यतः पारम्परिक सामुदायिक (जातीय) नेताओं द्वारा किया जाता है। ये नेता इस लामबन्दी का प्रयोग अपने जातीय समुदाय या अन्य समूहों के लोगों को जनसमूह के रूप में संगठित करने के लिए करते हैं, ताकि वे अपने समाज के लोगों की अभिवृत्तियों को विकास एवं आधुनिकीकरण की प्रक्रिया से उत्पन्न बदलाव के साथ सांमजित करने में सफल हो सकें। दूसरे शब्दो में, इस प्रक्रिया द्वारा परम्परागत मूल्यों की छत्र–छाया में पोषित मौजूदा नेतृत्व वर्ग समय की माँग के अनुरूप बदलते परिवेश के साथ कदमताल करते हुए स्वयं अपने आपको सामाजिक परिवर्तन के साथ समंजित करके अपने अस्तित्व को बचाये रखने हेतु प्रयासरत रहते हैं। इस प्रसंग में रुडोल्फ दम्पति के मतानुसार, "ऊर्ध्व लामबन्दी प्रक्रिया से उन स्थानीय समुदायों के पारम्परिक नेताओं द्वारा राजनीतिक समर्थन जुटाये जाने का बोध होता है जो पारस्परिक निर्भरता, ओहदा तथा पारम्परिक सत्ता की औचित्यता के आधार पर एकताबद्ध रहते हैं। भारतीय समाज में जातिगत सामुदायिक लामबन्दी इस स्वरूप का सर्वोत्तम उदाहरण प्रस्तुत करता है।
2. क्षैतिज लामबन्दी का प्रयोग स्थानीय समुदायों के नेताओं द्वारा पारम्परिक समाजों में प्रचलित शृंखलाबद्ध नेतृत्व एवं उसे आधार प्रदान करने वाली संरचनाओं में अपेक्षित परिवर्तन लाने के लिए किया जाता है। रुडोल्फ दम्पति के शब्दों में, "क्षैतिज लामबन्दी का प्रयोग वर्ग या समुदाय के नेताओं एवं उन विशिष्ट संगठनों द्वारा पारम्परिक समाजों की शृंखलाबद्ध एकता को चुनौती देने एवं समाज को नये मानदण्डों के आधार पर विभाजित करने के लिए किया जाता है।" भारतीय राजनीतिक–सामाजिक व्यवस्थान्तर्गत विभिन्न जातियों द्वारा जातीय संघों (Cast Association) की स्थापना तथा जातीय संघों की छत्र–छाया में संचालित प्रदर्शन, रैलियां, धरना या अन्य कार्यक्रमों के माध्यम से जाति के सदस्यों में राजनीतिक चेतना जगाने का कार्य को या यों कहें कि जातियों के राजनीतिकरण के कार्य को क्षैतिज लामबन्दी का सर्वाधिक महत्वपूर्ण उदाहरण माना जा सकता है। रुडोल्फ के विचार में, "क्षैतिज लामबन्दी के प्रयासों से व्यवस्था में परम्परागत एवं आधुनिकीकरण के तत्त्वों के बीच ताल–मेल बैठाना संभव हो पाता है और दोनों एक–दूसरे में समाहित हो जाते है।" विभेदक लामबन्दी का व्यावहारिक प्रयोग राजनीतिक दलों के माध्यम से शासक अभिजन या नीति–निर्माताओं द्वारा ऊर्ध्व एवं क्षैतिज लामबन्दी के प्रयोग से उत्पन्न विभेदों को पाटने के लिए किया जाता है। ऊर्ध्व एवं क्षैतिज लामबन्दी का व्यवहार सामुदायिक एवं वर्गीय नेताओं द्वारा अपने समूहों (जो जाति, वर्ग आदि से संबद्ध होते हैं) में राजनीतिक चेतना जगाकर विशाल जनसमर्थन जुटाने के लिए किया जाता है। लामबन्दी के इन दोनों रूपों के व्यवहार से समाज में स्थापित पारम्परिक मूल्यों, विश्वासों एवं संरचनाओं की जगह नए मूल्यों, परम्पराओं, विश्वासों एवं संरचनाओं की स्थापना होती है, साथ ही इसके प्रयोग से सामाजिक संतुलन एवं एकता दोनों प्रभावित होती है। इस प्रक्रिया के प्रयोग के परिणामस्वरूप समाज में उत्पन्न असहमति, राजनीतिक–सामाजिक असंतुलन तथा नये सामाजिक विभेदों की खाई को पाटने के लिए विभिन्न राजनीतिक दल तथा अन्य ऐसे संगठन जो सामाजिक एकता की स्थापना के लिए प्रयासरत हैं विभेदक लामबन्दी का प्रयोग करते हैं। इस प्रसंग पर रुडोल्फ दम्पति का कहना है कि "विभेदक लामबन्दी का प्रयोग राजनीतिक दलों तथा अन्य एकताकारी संगठनों द्वारा समानान्तर विचारधारा के माध्यम से उन समुदायों का प्रत्यक्ष या अप्रत्यक्ष समर्थन जुटाने के लिए किया जाता है जो जीवन्त हैं किन्तु आन्तरिक स्तर पर विभाजित हैं।"

लामबन्दी के उपर्युक्त विवेचित तीनों रूपों के प्रयोग द्वारा समाज की संस्थापित संरचनाओं, मूल्यों, परम्पराओं, विश्वासों के साथ नए संस्थापित मूल्यों, परम्पराओं, विश्वासों एवं संरचरनाओं को जोड़कर बदलते समय की मांग के अनुरूप व्यवस्था में वांछित परिवर्तन लाना संभव हो पाता है। इस प्रकार लामबन्दी प्रक्रिया के माध्यम से परम्परागत समाज में आधुनिकता का पुट शामिल करते हुए परम्परागत एवं आधुनिक दोनों मूल्यों का साथ–साथ पोषण होता रहता है।

क्रान्तिकारी लामबंदी (Revolutionary Mobilisation)

उपर्युक्त लामबन्दी के तीनों प्रकारों का लक्ष्य पारम्परिक संरचनाओं की पारंपरिक राजनीतिक संस्कृति में परिवर्तन लाकर समाज का आधुनिकीकरण करना है। विकासशील राजनीतिक व्यवस्थाओं में लामबन्दी के इन स्वरूपों का व्यवहार में निरन्तर प्रयोग होता रहता है, लेकिन विकसित व्यवस्थाओं में इनका प्रयोग कभी–कभी होता है।

राजनीतिक लामबन्दी का एक अन्य स्वरूप कान्तिकारी लामबन्दी भी है, जो लामबन्दी का अतिवादी रूप (Extreme form) है। लामबन्दी के इस रूप का उद्देश्य व्यवस्था में संस्थापित राजनीतिक, सामाजिक मूल्यों, परम्पराओं, विश्वासों, विचारधाराओं एवं संरचनाओं में तीव्र गति से आमूलचूल परिवर्तन लाकर नये मूल्यों, मानकों, संस्कृतियों एवं विचारधाराओं के अनुरूप नई सामाजिक–राजनीतिक संरचनाओं की स्थापना करना है। अपने क्रान्तिकारी उद्देश्य एवं शीघ्र लक्ष्य–प्राप्ति की मानसिकता के अनुरूप क्रान्तिकारी लामबन्दी के अस्तित्व को लोकतांत्रिक व्यवस्था के ढाँचे के दायरे में जगह नहीं मिलती है। आल्मंड के विचार में, ''क्रान्तिकारी लामबन्दी की एक मुख्य पहचान संचार–व्यवस्था पर पूर्ण आधिपत्य स्थापित करना है।'' लामबन्दी के इस स्वरूप को सर्वसत्तावादी राजनीतिक व्यवस्थाओं की मुख्य विशेषता के रूप में चिन्हित किया जा सकता है।

सर्वसत्तावादी व्यवस्थाओं में सत्ता परिवर्तन हेतु क्रान्तिकारी लामबन्दी के प्रयोग के इतिहास का विश्लेषणात्मक अध्ययन करने से यह तथ्य उभरकर सामने आता है कि इसके व्यवहार हेतु तीन प्रकार की तकनीकों को प्रयोग में लाया गया है; पहली तकनीक का प्रयोग कर जनसंचार के पारम्परिक माध्यमों द्वारा सामाजिक संरचनाओं को सहयोजित (Co-opted) कर उन्हें क्रान्तिकरी लक्ष्यों की सिद्धि के लिए अनुकूलित (Adopt) किया जाता है। दूसरी तकनीक प्रशिक्षण से संदर्भित है जो नेतृत्व वर्ग के प्रशिक्षण से जुड़ी है। सर्वसत्तावादी राजनीतिक व्यवस्थाओं के अभिजनवर्ग द्वारा पारम्परिक संरचनाओं एवं पारम्परिक सांस्कृतिक मूल्यों की जगह, नई परम्पराओं, मूल्यों, संरचनाओं को संस्थापित करने के उद्देश्य से भविष्य के लिए नेताओं को प्रशिक्षित कर, नेतृत्व का नया वर्ग तैयार किया जाता है जो नई विधि से व्यवस्था के सदस्यों का समाजीकरण करने का प्रयास करते हैं। तीसरी तकनीक का सदर्भ परम्परागत राजनीतिक संरचनाओं एवं राजनीतिक संस्कृति के मूल्यों का क्रान्ति द्वारा समूल विरूपण करने से और उसकी जगह नई नियंत्रित संरचनाओं एवं नई राजनीतिक संस्कृति के मूल्यों की स्थापना करने से संबद्ध है। उदाहरणस्वरूप, साम्यवादी देशों में, विशेष रूप से भूतपूर्व सोवियत संघ में परम्परागत संरचनाओं के विनाश (Destruction) के साथ–साथ साम्यवादी दल के नेतृत्व एवं पोलित ब्यूरो के मार्गदर्शन में नई संरचनाएँ, नई राजनीतिक संस्कृति के मूल्यों की स्थापना की गयी। हिटलर के अधीन जर्मनी में भी नई संरचनाओं, नये राजनीतिक मूल्यों की स्थापना में क्रान्तिकारी लामबन्दी प्रक्रिया का इस्तेमाल सशक्त माध्यम के रूप में किया गया था।

लामबंदी प्रक्रिया के गतिवर्द्धन के उत्तरदायी कारक (Factors Responsible for Acceleration of Mobilisation Process)

लामबन्दी प्रक्रिया के प्रमुख स्वरूप, राजनीतिक एवं सामाजिक लामबन्दी मूलतः सामाजिक–राजनीतिक परिवर्तन एवं व्यवस्था के आधुनिकीकरण से संबद्ध हैं। चूँकि, लामबन्दी के दोनों स्वरूपों के प्रयोग का नतीजा सामाजिक परिवर्तन एवं आधुनिकीकरण है इसलिए प्रक्रिया के त्वरण (Acceleration) में व्यवस्था के कई तत्त्व सहायक की

भूमिका अदा करते हैं और कई अवरोध भी पैदा करते हैं। सामान्य रूप से लामबन्दी प्रक्रिया के गतिवर्धन में जो तत्त्व प्रेरक या सहायक की भूमिका निभाते हैं, उनमें राजनीतिक दल, करिश्मा प्रधान नेता तथा सेना हैं।

पश्चिमी राजनीतिक व्यवस्थाओं के इतिहास के विश्लेषण से यह तथ्य सामने आता है कि वहां होने वाले सामाजिक–राजनीतिक परिवर्तनों एवं आधुनिकीकरण के संदर्भ में सामाजिक–राजनीतिक लामबन्दी प्रक्रिया में दो कारकों का विशेष योगदान रहा है ये कारक हैं–करिश्मा प्रधान नेतृत्व एवं राजनीतिक दल। विकासशील राजनीतिक व्यवस्थाओं में सामाजिक–राजनीतिक परिवर्तन एवं आधुनिकीकरण के लिए सामाजिक राजनीतिक लामबन्दी प्रक्रिया द्वारा किये गये गंभीर प्रयासों में भी करिश्मा प्रधान नेतृत्व एवं राजनीतिक दलों की भूमिका सबसे अहम् रही है। लेकिन, इन दोनों कारकों के अतिरिक्त एक अन्य महत्त्वपूर्ण कारक के रूप में सेना की भूमिका भी सर्वप्रमुख रही है। इस रूप में सेना को लामबन्दी प्रक्रिया के सहायक कारक का अस्तित्व मिला है। लेकिन, यहां ध्यान देने योग्य तथ्य यह है कि सामाजिक–राजनीजिक दोनों लामबन्दी प्रक्रियाओं में सेना की भूमिका व्यवस्थागत परिस्थितियों पर निर्भर करती है, इसलिए कहीं सेना को लामबन्दी के सहायक तत्त्व के रूप में देखा जाता है, तो कहीं बाधक तत्त्व के रूप में।

सभी जनतांत्रिक राजनीतिक व्यवस्थाओं में सामाजिक–राजनीतिक परिवर्तन एवं आधुनिकीकरण में तथा राष्ट्र एवं राज्य–निर्माण में वहां के राजनीतिक दलों के प्रयासों को रेखांकित किया जा सकता है। सभी व्यवस्थाओं में हित समूहन (Interst Aggregation) का सबसे सशक्त माध्यम होता है राजनीतिक दल। राजनीतिक व्यवस्था चाहे विकसित हो या विकासशील दोनों जगह राष्ट्र–निर्माण में राजनीतिक दलों की भूमिका काफी महत्त्वपूर्ण रही है। हित समूहन की भूमिका निभाने के क्रम में राजनीतिक दल विभिन्न सामाजिक समूहों के बीच तालमेल बैठाने का प्रयास करते हैं तथा राजनीतिक चेतना से दूर समाज के हाशिए पर पड़े राजनीतिक रूप से पिछड़े एवं राजनीतिक सहभागिता के प्रति उदासीन समूहों में उनके हितवर्धन के लिए चेतना जगाते हैं जो सामाजिक–राजनीतिक लामबन्दी प्रक्रिया के रूप में सामने आता है। ब्रिटेन जैसी विकसित व्यवस्था में भी 20वीं सदी के आरंभिक दशकों में मजदूर दल द्वारा मजदूरों एवं समाज के वंचित समूहों को प्रेरित कर विशाल जनसमर्थन जुटाने का कार्य किया गया जिसके परिणामस्वरूप उदार दल की जगह मजदूर दल सत्तारूढ़ हुए।

विकासशील व्यवस्थाओं में तो राजनीतिक दल ही राजनीतिक–सामाजिक लामबन्दी में मुख्य माध्यम की भूमिका निभाते हैं, जिसका व्यावहारिक प्रयोग परिस्थिति के अनुरूप नौकरशाही एवं सेना द्वारा भी किया जाता है। दृष्टान्तस्वरूप, पाकिस्तान व बांग्लादेश में शासकों द्वारा अधिनायकवादी सत्ता को लोकतांत्रिक चेहरा प्रदान करने हेतु पृथक् राजनीतिक दल का गठन कर चुनाव लड़ना, सैनिक शासन में भी राजनीतिक दलों के अस्तित्व एवं भूमिका के महत्त्व को रेखांकित करता है। वस्तुतः, राजनीतिक–सामाजिक लामबन्दी प्रक्रिया के सहायक आधार–माध्यम के रूप में राजनीतिक दलों को जनसाधारण के मानस पटल में सरलता से प्रवेश मिल जाता है, इसलिए व्यवस्थागत दलों के ऊपर लामबन्दी प्रक्रिया के दोनों स्वरूपों के संचालन का राजनीतिक दायित्व होता है। यही मूल कारण है जिसकी वजह से राजनीतिक दल दोनों लामबन्दी प्रक्रियाओं के मुख्य माध्यम की भूमिका निभाते हैं।

सामाजिक राजनीतिक लामबन्दी के गतिवर्धन में राजनीतिक दलों के करिश्मा–प्रधान नेतृत्व की भूमिका भी बहुत महत्त्वपूर्ण होती है। इनके राजनीतिक व्यक्तित्व के प्रभाव में लामबन्दी प्रक्रिया की गति काफी तेज हो जाती है। इनके व्यक्तित्व के प्रभाव की वजह से व्यवस्था में नये राजनीतिक मूल्यों, विश्वासों का सृजन होता है। वस्तुतः, करिश्मा प्रधान नेता को वांछित सामाजिक–राजनीतिक परिवर्तन के लिए स्वतंत्र माध्यम के रूप में देखा जाता है। अपने करिश्मा प्रधान व्यक्तित्व से उत्पन्न हुए राजनीतिक विश्वास के कारण ये समाज के सदस्यों को अपने निर्धारित लक्ष्यों के प्रति क्रियाशील करने में जल्दी सफल हो जाते हैं और यदि लक्ष्य–आधारित सामाजिक–राजनीतिक परिवर्तन कराना हो तब करिश्मा प्रधान नेतृत्व सामाजिक–राजनीतिक लामबन्दी का सबसे प्रधान सहायक माध्यम की भूमिका अदा करता है। उपनिवेशवाद के पतन के पश्चात् तीसरी दुनिया के जिन देशों में करिश्मा–प्रधान नेतृत्व का अस्तित्व व्यवहार में आया, वहां सामाजिक–राजनीतिक लामबन्दी प्रक्रिया के माध्यम से राजनीतिक विकास एवं आधुनिकीकरण का कार्य काफी तीव्र गति से संपन्न किया गया, लेकिन जहां करिश्मावादी राजनीतिक नेतृत्व का अभाव रहा वहां विकास एवं आधुनिकीकरण की प्रक्रिया काफी धीमी गति से संचालित हुई।

सहायक कारक के रूप में सेना लामबन्दी प्रक्रिया के समर्थक एवं अवरोधक दोनों की भूमिका निभाती है। जिन राजनीतिक व्यवस्थाओं में वहां के राजनीतिक दल करिश्माई राजनीतिक नेतृत्व का उदय कराने में असफल हो जाते हैं, उन देशों के सेनानायक अपनी अधिनायकवादी प्रवृत्ति के साथ प्रभावशाली नेतृत्व का स्थान लेने के लिए गंभीर रूप से प्रयासरत दिखाई देते हैं। सामान्यतया सेना का संगठन एवं साधन आधुनिकीकरण की तकनीकों पर आधारित होता है, इसलिए सेना की स्वाभाविक प्रवृत्ति आधुनिकीकरण की होती है। लेकिन, व्यवस्थागत राजनीतिक–सामाजिक लामबन्दी प्रक्रिया में इनकी भूमिका व्यवस्था में मौजूद पर्यावरण पर निर्भर होती है। जब विकासशील व्यवस्थाओं में राजनीतिक दल एवं नेतृत्व सामाजिक समूहों या जनसाधारण में चेतना जागृत करने में विफल हो जाते हैं और वांछित सामाजिक–राजनीतिक परिवर्तन नहीं ला पाते हैं, तब सेना इस राजनीतिक उत्तरदायित्व को अपने हाथ में लेने का अवसर नहीं गँवाती है और लामबन्दी प्रक्रिया का हिस्सा बनकर व्यवस्था के विकास एवं आधुनिकीकरण की दिशा में मार्गदर्शन की भूमिका निभाने लगती है। वहीं जिन व्यवस्थाओं में करिश्मा प्रधान नेतृत्व द्वारा राजनीतिक दलों को माध्यम बनाकर तीव्रगति से लामबन्दी प्रक्रिया संचालित करने की कोशिश की जाती है और इस प्रयासक्रम में समाज के परम्परागत समूहों के अस्तित्व पर संकट मंडराने लगता है, तब सेना इन पारम्परिक समूहों के समर्थन में उतर जाती है। इस भूमिका में सेना व्यवस्था में चलने वाले परिवर्तन एवं आधुनिकीकरण प्रक्रिया में सशक्त विरोधी शक्ति का रूप अख़्तियार करती है और लामबन्दी प्रक्रिया के अवरोधक की भूमिका निभाने लगती है।

संक्षेप में, यह कहा जा सकता है कि राजनीतिक लामबन्दी एवं सामाजिक लामबन्दी प्रक्रिया के संचालन व गतिवर्द्धन में राजनीतिक दल, करिश्मा–प्रधान राजनीतिक शख्सियत एवं सेना इस मुख्य सहायक कारक की भूमिका अदा करते हैं।

लामबंदी के बाधक कारक (Obstructive Factors of Mobilisation Process)

विकासशील राजनीतिक व्यवस्थाओं में राजनीतिक लामबन्दी एवं सामाजिक लामबन्दी प्रक्रिया के मार्ग में जो कारक मुख्य रूप से बाधक की भूमिका निभाते हैं, उनमें धर्म एवं धार्मिक संगठन, सामाजिक संगठन एवं वर्ग संरचना।

1. **धर्म एवं धार्मिक सगंठन (Religion and Religious Organisation)**–यह कारक राजनीतिक व्यवस्थाओं में परम्परागत मूल्यों, मान्यताओं, परम्पराओं का सबसे महत्त्वपूर्ण संवाहक होता है। लामबन्दी प्रक्रिया के दौरान जब परम्परागत मूल्यों, मानकों, विश्वासों को तोड़ने–मरोड़ने या उनके ख़िलाफ बगावत करने का आह्वान किया जाता है, तब अपनी समष्टिवादी प्रवृत्ति की वजह से धर्म एवं धार्मिक संस्थाएं राजनीतिक व सामाजिक लामबन्दी के विरुद्ध काफी मजबूती से खड़ी हो जाती हैं। सामाजिक परिवर्तन एवं आधुनिकीकरण प्रक्रिया की वजह से उत्पन्न व्यवस्थागत संघर्ष के दौरान धर्म एवं धार्मिक संस्थाएं या तो अपनी कट्टर नीतियों में संशोधन करते हैं या वे अपनी मौलिकता के साथ डटकर खड़े रहकर संघर्ष को तेज करने में एवं लामबन्दी प्रक्रिया की मुख़ालफत में अहम् भूमिका निभाते हैं। सभी व्यवस्थाओं में सदियों से चली आ रही है सामाजिक, राजनीतिक, आर्थिक परिवर्तन–प्रक्रिया का संचालन एवं व्यवस्था विकास हेतु आधुनिकीकरण को अपनाने की जबर्दस्त अभिवृत्ति के बावजूद तीव्र परिवर्तन के दौर में हिन्दू, ईसाई, बौद्ध जैसे विश्व के तीन महान् धर्मो का अस्तित्व बरकार रहना इस तथ्य का द्योतक है कि धर्म एवं धार्मिक संस्थाओं में सामाजिक परिवर्तन के अनुरूप अपनी प्रकृति–प्रवृत्ति को समंजित (Adjustment) करने की क्षमता होती है। अमेरिका, इंग्लैण्ड जैसी विकसित व्यवस्थाओं में भी सामाजिक परिवर्तन के दौरान राजनीतिक–आर्थिक संरचनाओं की प्रकृति–प्रवृति बदली लेकिन वहां की सामान्यजन व्यवस्था के सभी आयामों में होने वाले बदलाव का मूल्यांकन नैतिक व धार्मिक मानदण्डों के आधार पर ही करता रहा। जहां तक भारतीय समाज में धर्म के अस्तित्व का सवाल है, यहां हिन्दू धर्म अपनी उदारवादी प्रवृत्ति

एवं नीतियों में लचीलेपन की वजह से धर्मनिरपेक्षता के नाम पर होने वाले आक्रमण की चोट से अपने अपको बचाने में समर्थ साबित हुआ है।

2. **सामाजिक संगठन (Social Organisations)**–किसी भी राजनीतिक व्यवस्था के संचालन में सामाजिक संगठनों की भूमिका विशिष्ट होती है, लेकिन विकासशील देशों में विद्यमान कई सामाजिक संगठन सामाजिक–राजनीतिक लामबन्दी के मार्ग में बाधक तत्त्व की भूमिका अदा करते हैं। दृष्टान्तस्वरूप ग्रामीण सामाजिक व्यवस्था एवं जाति व्यवस्था लामबन्दी प्रक्रिया में जहां एक पक्ष के लिए सहायक कारक की भूमिका निभाती है, वहीं दूसरे पक्ष के लिए बाधक कारक के रूप में चुनौती बन कर सामने खड़ी हो जाती है।
3. **वर्ग सरंचना (Class Structure)**–लामबन्दी प्रक्रिया के बाधक कारकों में तीसरा स्थान वर्ग सरंचना का है। पश्चिमी व्यवस्थाओं में औद्योगिक क्रान्ति के परिणामस्वरूप वर्गों की संरचना में भी व्यापक परिवर्तन आया जिसकी वजह से वहाँ राजनीतिक लामबन्दी प्रक्रिया का सफल संचालन संभव हो सका और लोकतंत्रीय शासन स्थापित हुआ। लेकिन विकासशील देशों में आज भी वर्ग संरचना आर्थिक हितों से कहीं ज्यादा नृजातीय, भाषाई एवं सांस्कृतिक मूल्यों का प्रतिनिधित्व करती है और इन्हीं मूल्यों की संवाहक भी होती है। विकासशील देशों में वर्ग संरचना द्वारा परम्परागत मूल्यों एवं नृजातीय हितों का वहन किये जाने की वजह से सामाजिक परिवर्तन एवं आधुनिकीकरण के लिए किये जाने वाले लामबन्दी के प्रयासों को अभी तक बहुत सफलता नहीं मिल पायी है। इन्हीं कारणों से इन व्यवस्थाओं में सैनिक तानाशाही का अस्तित्व, सैनिक हस्तक्षेप एवं सेनानायकों की अधिनायकवादी प्रवृत्ति के कई उदाहरण हमारे सामने हैं। दूसरे शब्दों में, यह कहा जा सकता है कि व्यवस्था में उत्पन्न असंतोष को दबाने के नाम पर सैनिक शासकों द्वारा जनता की चुनी हुई सरकार को अपदस्थ कर आसानी से बलात् लामबन्दी (Force Mobilisation) द्वारा राजनीतिक सत्ता हासिल की जाती है।

संक्षेप में, यह कहा जा सकता है कि राजनीतिक समाजशास्त्र के विषयान्तर्गत राजनीतिक सहभागिता, राजनीतिक उदासीनता एवं राजनीतिक लामबन्दी तीनों परस्पर संबद्ध संकल्पनाएं हैं। जहाँ राजनीतिक सहभागिता से लामबन्दी प्रक्रिया को जीवन्त बनाया जाता है, वहीं राजनीतिक उदासीनता भी सहभागिता को गंभीर रूप से प्रभावित करती है। राजनीतिक सहभागिता से लामबन्दी प्रक्रिया में तेजी आती है और राजनीतिक उदासीनता को लोकतंत्र के लिए खतरनाक प्रवृत्ति माना गया है।

भारत में राजनीतिक लामबंदी (Political Mobilisation in India)

भारत में राजनीतिक लामबन्दी के इतिहास को दो भागों में बाँट कर देखा जा सकता है। प्रथम–स्वतंत्रता–प्राप्ति से पूर्व की राजनीतिक लामबन्दी, और द्वितीय–स्वतंत्रता–प्राप्ति के पश्चात् की राजनीतिक लामबन्दी। स्वतंत्रता–प्राप्ति के पूर्व भारत में राजनीतिक लामबन्दी का लक्ष्य देश को आजादी दिलाना था जिसके आरंभिक चरण के रूप में समाज सुधार आन्दोलनों को चिन्हित किया जा सकता है। राजाराम मोहन राय द्वारा स्थापित 'ब्रह्म समाज' दयानन्द सरस्वती द्वारा स्थापित 'आर्य समाज' रानाडे द्वारा स्थापित 'प्रार्थना समाज' विवेकानन्द द्वारा स्थापित 'रामकृष्ण मिशन' ऐनी बेसेण्ट द्वारा स्थापित 'थियोसोफिकल सोसाइटी' एवं मुसलमानों के सुधार आन्दोलन, बहावी आन्दोलन एवं अलीगढ़ आन्दोलन को समकालीन समाज–सुधार आन्दोलनों के आधार–स्तंभ की संज्ञा दी जा सकती है। भारतीय पुनर्जागरण एवं मौजूदा समाज में विद्यमान कुरीतियों को दूर करने में इन आन्दोलनों की भूमिका उल्लेखनीय रही है। सन् 1885 में अखिल भारतीय राष्ट्रीय कांग्रेस की स्थापना से देशवासियों को विचार अभिव्यक्ति का एक राजनीतिक मंच मिला और यही राजनीतिक मंच समकालीन भारत में राजनीतिक लामबन्दी का सशक्त माध्यम बना। इस मंच के माध्यम से गुलाम भारत की कई राजनीतिक शख्सियतों द्वारा देश को आजाद कराने में उल्लेखनीय भूमिका निभाई गयी, जिसके परिणामस्वरूप देश आजाद हुआ। अंग्रेजी हुकूमत के विरुद्ध

चलने वाले लम्बे स्वतंत्रता संघर्ष की वजह से भारतीय समाज के परम्परागत विभेदों को उभरने का मौका नहीं मिला। इस मामले में सिर्फ धार्मिक विभेद ही अपवाद रहे जिसका परिणाम देश के विभाजन के रूप में सामने आया।

स्वतंत्र भारत में लोकतंत्र के स्वरूप के रूप में उदारवादी अवधारणा एवं सरकार के स्वरूप के रूप में संसदीय प्रणाली अपनायी गयी, जिसके परिणामस्वरूप व्यवस्था में राजनीतिक लामबन्दी के सभी स्त्रोत क्रियाशील हो गये। राजनीतिक लामबन्दी के बन्द स्त्रोतों को खोलने में यहां राजनीतिक दलों की भूमिका सबसे अहम् रही है। स्वतंत्र भारत के संविधान में समता और सामाजिक न्याय को सर्वोपारि स्थान दिया गया। उदारवादी लोकतंत्रीय अवधारणा के तहत जाति, धर्म, लिंग या रंग आधारित बिना किसी भेदभाव के सभी लोगों को समान मौलिक अधिकार मिला। संविधानगत मौलिक अधिकारों के तहत सभी नागरिकों को राजनीतिक स्वतंत्रता एवं राजनीतिक समानता का बराबर अधिकार मिला। समान राजनीतिक अधिकारों के आलोक में अभिव्यक्ति की आजादी का प्रयोग भारतीय नागरिकों द्वारा बड़े पैमाने पर किया जाने लगा। स्वतंत्रता, समानता भ्रातृत्व, कानून के समक्ष समानता तथा सार्वभौमिक वयस्क मताधिकार पर आधारित भारतीय लोकतंत्र में 42वें संशोधन 1976 द्वारा धर्मनिरपेक्षता को प्रस्तावना में जोड़ा गया जिसका तात्पर्य राज्य द्वारा सभी धर्मों को समान संरक्षण प्रदान करना एवं सभी धर्मों के साथ समान व्यवहार करना है। संविधान का प्रस्तावना सभी भारतीयों को आर्थिक, राजनीतिक एवं समाजिक न्याय की गारण्टी देता है, जिसका अभिप्राय सर्वसाधारण के कल्याण के उद्देश्य से प्रासंगिक है। इस उद्देश्य की सिद्धि हेतु राज्य के नीति–निर्देशक तत्त्व, वयस्क मताधिकार, अस्पृश्यता का अन्त, शोषण के विरुद्ध अधिकार जैसे उपबन्धों का संविधान की प्रस्तावना में प्रावधान है। 42वें संशोधन द्वारा संविधान की प्रस्तावना में भारत को समाजवादी राज्य घोषित किया गया है। इन आदर्शात्मक सामाजिक–राजनीतिक मूल्यों के बावजूद देश के मौजूदा राजनीतिक परिदृश्य में राजनीतिक लामबन्दी प्रक्रिया का इस्तेमाल सभी राजनीतिक दलों द्वारा मत प्रबंधन एवं वोट बैंक के विस्तार के लिए बड़े पैमाने पर जारी है।

भारतीय राजनीतिक लामबन्दी प्रक्रिया की जमीनी जानकारी के लिए भारतीय समाज की प्रवृत्ति को समझना होगा, क्योंकि यहां की राजनीति की प्रकृति–प्रवृत्ति को समझने की कुंजी सामाजिक व्यवस्था में ही निहित है। एक प्राचीन, परम्पराबद्ध बहुल और खंडित संरचनाओं वाला सभ्यतामूलक समाज अपनी संरचनाओं के राजनीतिकरण के जरिये आधुनिकीकरण के मार्ग पर तेजी से कदम बढ़ा रहा है। आजादी के बाद भारत में राजनीतिक लामबन्दी के विकास का पहला चरण 1947 से 1970 तक का है जब एक पार्टी के वर्चस्व वाली दलीय व्यवस्था के तहत राजनीतिक अभिजनों का सामूहिक नेतृत्व दिल्ली में बैठकर उपकेद्रों के साथ जुड़ा और उपकेन्द्र जमीन पर सक्रिय छोटे–छोटे केन्द्रों से जुड़ें। संविधान के मार्गदर्शन में राजनीतिक इकाइयों और नियोजन के उपकरणों के जरिये व्यवस्था के हाशिए पर पड़े समूहों को राजनीतिक सहभागिता का हिस्सा बनाया गया और लोकतंत्र का आधार विस्तारित करते हुए आर्थिक विकास की दिशा में तेजी से कदम बढ़ाने का गंभीर प्रयास किया गया। सामाजिक परिवर्तन के इस दौर में राज्य सरकारों की इकाइयों द्वारा समाज परिवर्तन के मुख्य एजेण्ट की भूमिका निभायी गयी, लेकिन उनकी कार्य संस्कृति कमोवेश विकेन्द्रित रही, जो राज्यों में विद्यमान समाज की परम्पराओं, मान्यताओं, मूल्यों तथा समाज के सदस्यों की प्रकृति–प्रवृत्ति के अनुरूप थी। इस दौर की विशेषता यह रही कि इसमें समाज की मुख्य संरचनाओं द्वारा राजनीतिक–सामाजिक लामबन्दी के लिए मजबूत जमीन के निर्माण की तैयारी को तेजी से अंजाम दिया गया।

राजनीतिक–सामाजिक लामबन्दी प्रक्रिया का दूसरा चरण 1971 से अब तक का है, जिसमें भारतीय राजनीतिक परिदृश्य में कुछ मौलिक बदलाव आया। एक पार्टी के वर्चस्व वाली दलीय व्यवस्था का अस्तित्व ढह गया और जाति, धर्म, क्षेत्र जैसे ज्वलन्त विषयों का प्रतिनिधित्व करने वाले कई राजनीतिक दलों का उदय हुआ। मुख्य सताधारी दल कांग्रेस पार्टी के विशाल जनाधार का किला धीरे–धीरे ध्वस्त होने लगा। प्रत्येक राज्य में पार्टी के तटबंधों में दरार पड़ गयी और बदलते समय के साथ दूसरी पार्टियों द्वारा चलायी जा रही राजनीतिक–सामाजिक लामबन्दी प्रक्रिया के परिणामस्वरूप एक दलीय वर्चस्व वाली कांग्रेस पार्टी के सभी सामाजिक–राजनीतिक तटबंध धीरे–धीरे टूटते गये और सामाजिक अभियान्त्रिकी में बदलाव आने से उनके वोट बैंक का गणित फेल हो गया।

समाज में नये सामाजिक–राजनीतिक समीकरण बनने लगे और कांग्रेस पार्टी का जनाधार खिसक कर क्षेत्रीय दलों के घरों में अपना नया ठिकाना बनाने की जुगत में लग गया। बड़े पैमाने पर नये स्वरूप में राजनीतिक–सामाजिक लामबन्दी की मूल वजह थी राज व्यवस्था द्वारा लोगों की बढ़ती हुई मागों को पूरा करने में नाकामी। सरकार की नाकामयाबी से व्यवस्था में असंतोष बढ़ने लगा। राजनीतिक लामबन्दी प्रक्रिया की वजह से लोगो में राजनीतिक सहभागिता के प्रति जागरूकता बढ़ी और नई व्यवस्था में व्यक्तिपरक नेतृत्व पर आधारित लोकलुभावनवादी जनराजनीति की नई धारा बहने लगी। लोकतांत्रिक राजनीति की नयी फसल ने समाज के निचले तबकों में राजनीतिक सहभागिता की प्रवृत्ति का काफी विस्तार किया, जिसके परिणतिस्वरूप निचली जातियाँ और उपेक्षित तबके राजनीति की मुख्य धारा में शामिल होकर जोर–शोर से सत्ता में भागीदारी की अपनी दावेदारियाँ दर्ज कराने लगे।

इस दौरान जाति और लोकतांत्रिक राजनीति की अन्योन्यक्रिया की परिणति के रूप में जातियों के राजनीतिकरण का प्रसंग राजनीतिक लामबन्दी के मुख्य आधारतत्त्व एवं आधार–माध्यम की भूमिका अदा करने लगा, क्योंकि किसी भी व्यवस्था की राजनीतिक संरचनाएँ शून्य में सक्रिय नहीं रहती हैं; उन्हें सक्रिय रहने के लिए समाज में अपना आधार तलाशना पड़ता है। भारतीय राजनीति द्वारा इसी तलाश को सामाजिक आधार प्रदान करते हुए मौजूदा जातीय संगठनों का खुला इस्तेमाल वोट बैंक के रूप में बड़े पैमाने पर किया जाने लगा। लामबन्दी की इस प्रक्रिया में सबसे पहले जाति प्रथा की सत्तामूलक संरचना को आधुनिकीकरण की धारा में खींचा गया और फिर आर्थिक लाभों के वितरण के लोकलुभावन वायदे करके जातिगत स्तर पर उनसे संवेदनात्मक, भावात्मक रिश्तेदारी कायम की गयी। आर्थिक लाभों के वितरण एवं जाति प्रथा की सत्तामूलक संरचना के मध्य जमीनी स्तर पर एक आन्तरिक सूत्र था जिसकी मुख्य डोर जातिगत चेतना की बोधयिता से प्रासंगिक थी। जातिगत चेतना–प्रवाह की नई दौड़ में जाति व्यवस्था के सभी परम्परागत संघटक (Components) परिवर्तन की नई राजनीतिक लामबन्दी के अभिन्न अंग बनते चले गये। जाति और राजनीति के इस मेल–मिलाप की वजह से बिना किसी भारी उथल–पुथल के समाज का लौकिकीकरण हो गया। भारतीय समाज की जाति व्यवस्था तथा संसदीय लोकतांत्रिक राजनीति की अन्योन्यक्रिया के परिणामस्वरूप सामाजिक परिवर्तन एवं लामबन्दी प्रक्रिया को नया आयाम मिला। राजनीति और जाति व्यवस्था के बीच तालमेल से लोकतांत्रिक राजनीतिक प्रक्रियाओं में आम जनता सक्रिय हुई और राजनीतिक–सामाजिक लामबन्दी को नया चेहरा मिला।

नई राजनीतिक संस्कृति के संदर्भ में ही भारत की राजनीतिक लामबन्दी की प्रक्रिया को बेहतर रूप में समझा जा सकता है। स्वतंत्र भारत में अब तक के सम्पन्न हुए संसद् एवं विधान सभाओं की चुनावी प्रक्रिया एवं चुनाव अभियानों ने राजनीतिक लामबन्दी प्रक्रिया को नई बुलन्दी दी है। चुनाव अभियानों के मध्य जाति एवं धर्म जैसे परम्परागत विभेदों को तीव्र रूप में उभर कर सामने आने का बेहतर अवसर मिलता है। इसी प्रकरण से संदर्भित जाति विभेद प्रसंग सर्वाधिक मुखरित हुआ। सभी जातियों ने अपना महासंघ स्थापित किया और अपने हितवर्द्धन के अनुरूप अलग–अलग राजनीतिक दलों के साथ अपना गठजोड़ बनाया। जातियों का महासम्मेलन, अधिवेशन, प्रदर्शन, रैलियाँ, धरना एवं विभिन्न प्रकार के कार्यक्रम आये दिन वृहत् पैमाने पर आयोजित होते रहते हैं जिसका मूल प्रयोजन व्यवस्था में अपनी जातीय शक्ति का प्रदर्शन है जो यहां सत्ता तक पहुंचने का सशक्त माध्यम भी बना।

भारतीय राजनीति में लामबन्दी प्रक्रिया का मूल संदर्भ आज जाति व्यवस्था है। जातीय महासंघों का निर्माण हित संरक्षण के नाम पर किया जाता है, लेकिन राजनीतिक दल इस परम्परागत सामाजिक संरचना का उपयोग अपने शक्तिवर्द्धन के लिए करते हैं, क्योंकि दलों के पास इन परम्परागत संरचनाओं के अतिरिक्त जनसमूहों से सीधा संवाद स्थापित करने का अन्य कोई माध्यम भी उपलब्ध नहीं है। आज सभी राजनीतिक दलों के स्थानीय स्तर से राष्ट्रीय स्तर तक के ढाँचे में चलने वाली सत्ता प्रतियोगिता का साध्य जातियाँ ही हैं। इस प्रसंग में ध्यान देने योग्य तथ्य यह है कि जातिगत लामबन्दी की सफलता का एक अहम् पक्ष यह भी रहा कि सामाजिक व्यवस्था में मौजूद विभिन्न जातियों ने भी समयानुरूप सामूहिक स्तर पर अपनी राजनीतिक शक्ति के महत्त्व एवं बल की

पहचान की और अपने राजनीतिक बल यानी कि जनसंख्या के आधार पर सत्ता के लिए राजनीतिक सौदेबाजी में दक्षता हासिल की। जातिगत महत्त्व के आधार पर विभिन्न जातियां एवं उनके नेतागण राजनीतिक सुविधाएँ प्राप्त करने में एवं राजनीतिक प्रभाव का प्रयोग करने में बढ़–चढ़ कर हिस्सेदारी करने लगे। जाति स्तरों पर राजनीतिक लाभ लेने का कोई भी अवसर न गंवाने की जागरूकता ने जातियों को राजनीतिक लामबन्दी प्रक्रिया में सजीव भागीदारी के लिए अभिप्रेरित किया।

भारत के वर्तमान राजनीतिक परिदृश्य में जाति आधारित करीब 40 क्षेत्रीय पार्टियां उभरकर आ चुकी हैं और इनमें से अधिकांश की मानसिकता इस हित में है कि राष्ट्रीय दल यानी कि कांग्रेस और भाजपा एक–दूसरे के खिलाफ रहें, ताकि क्षेत्रीय दलों को सत्ता में समीचीन भागीदारी मिलती रहे। दोनों पार्टियों को एक–दूसरे से दूर करने वाला एक ही मुद्दा है, धार्मिक अल्पसंख्कों के संबंध में दोनों की अलग–अलग विचारधारा। राजनीतिक लामबन्दी प्रक्रिया के ख़ास आयाम के रूप में कांग्रेस का अल्पसंख्यकवाद भाजपा के राष्ट्रीय हिन्दुत्व के ख़िलाफ है। राजनीतिक लामबन्दी का यदि गहन विश्लेषण करें तो कभी–कभी इस मुद्दे पर दोनों के बीच अंतर्भेद महज सतही प्रतीत होता है, जिसे महत्त्व चुनाव में मुस्लिम और हिन्दू वोटों के बीच ध्रुवीकरण का आधार बनाया जाता है। सन् 1975–1977 में देश पर आपातकाल थोपने के बावजूद कांग्रेस यह दावा करती है कि उसके पास नेताओं की ऐसी खेप है जिनके लोकतांत्रिक मूल्यों की आस्था पर कोई सवाल नहीं खड़ा किया जा सकता है, वहीं छह साल तक केन्द्र में और इससे भी लम्बे समय तक कई राज्यों में सतारूढ़ रहने वाली भाजपा भी हिन्दू कार्ड की राजनीति के साथ–साथ उदारवादी सोच की आवश्यकता से ग्रसित दिखाई दे रही है। यदि इसे जातीय राजनीतिक लामबन्दी प्रक्रिया के सदंर्भ में देखें तो दोनों राष्ट्रीय दल जातिवादी राजनीति में यकीन नहीं रखने का बखान करते हैं लेकिन आन्तरिक स्तर पर चुनावी राजनीति के मामले में इनकी मानसिकता क्षेत्रीय दलों से पृथक् नहीं है। दोनों दलों के सामने नई राजनीतिक लामबन्दी प्रक्रिया द्वारा पेश कड़ी चुनौतियां हैं, क्योंकि यहां चुनाव क्षेत्रों के परिसीमन से लेकर उम्मीदवारों के चयन एवं जीत तक का सफर जातीय आधारों से होकर गुजरता है। राजनीतिक लामबन्दी प्रक्रिया की इस जड़ता को तोड़ने के लिए दोनों राष्ट्रीय पार्टियों को समाज विभाजन कारी राजनीति के कारकों के प्रभाव को समाप्त करने के लिए स्वहित से पृथक् देशहित के मुद्दों पर सहमत होना होगा। नई राजनीतिक लामबन्दी प्रक्रिया के परिणामस्वरूप आज देश की राजनीति दो हताश और बनावटी गठबंधनों के बीच मुश्किल से सांस ले पा रही है, जिसकी वजह से राजनीतिक विकास व आधुनिकीकरण का मुद्दा गंभीर रूप से प्रभावित है।

गठबंधन की राजनीति के दौर में सत्ता–संचालन में राजनीतिक व्यवस्था पर दबाव बनाने के कई मुद्दे हैं, कई जरिये हैं। महज खाद छिडकने वाली भूमिका में कोई क्षेत्रीय दल कितने दिन साथ निभा सकता है, कितने कदम साथ चल सकता है ? जाति व धर्म आधारित इस राजनीतिक लामबन्दी का भारतीय राजनीति एवं समाज पर क्या दूरगामी परिणाम होगा ? इस प्रश्न को लेकर राजनीतिक विद्वानों एवं राजनीतिक विश्लेषकों में गंभीर मतभेद है। राजनीतिक फायदे की दृष्टि से सत्ता–प्राप्ति के लिए दलों का अवसरवादी और स्वार्थपरक गठबंधन सत्ता–प्राप्ति का एक पड़ाव है, मंजिल नहीं। लामबन्दी प्रक्रिया के मद्देनजर भारतीय समाज का राजनीति शास्त्रीय व अर्थशास्त्रीय अध्ययन करने के साथ–साथ इसके जातिगत, लिंगगत व धर्मगत पूर्वाग्रहों से बोझिल समाजशास्त्र का बुनियादी अध्ययन कितना जरूरी है, यह तो विभिन्न राज्यों में मौजूद समाज के उद्वेलित पर्यावरण को देखकर ही भांपा जा सकता है। यह सही है कि समय की मांग ने सामाजिक मुद्दों के पक्ष में राजनीतिक लामबन्दी के आधार पर जनमत को गोलबन्द किया है, क्योंकि सामाजिक समस्याओं की व्याख्या जितनी सरल है उसका समाधान उतना ही कठिन है। समाज में हाशिए पर पड़े जनसमूहों के जीवन की बुनियादी जरूरतों की पूर्ति का एक ही माध्यम है राजनीति, जिसने उन्हें राजनीतिक सहभागिता के लिए प्रेरित किया है।

भारतीय राजनीति के आधुनिकीकरण की ख़ास बात यह है कि यहां आरंभ से ही परम्परा एवं आधुनिकता के अनूठे मिश्रण का इस्तेमाल किया जाता रहा है। धर्मनिरपेक्ष संविधान अपनाने के बावजूद भारत में राजनीतिक लामबन्दी प्रक्रिया को प्रभावित करने वाले तत्त्वों में प्रधानतः धर्म एवं जाति के आधार पर चुनाव में प्रत्याशियों की उम्मीदवारी तय की जाती है। एवं चुनाव अभियान के संचालन में जातिगत एवं धार्मिक दबाव समूहों द्वारा राजनीति

पर दबाव बनाया जाता है। धर्म के नाम पर पृथक् राज्य की मांग मंत्रिमंडल के निर्माण में जातीय एवं धार्मिक आधार पर प्रतिनिधित्व, भाषावाद एवं क्षेत्रवाद का मुद्दा इत्यादि व्यवस्थागत राजनीति में प्रधान तत्त्व के रूप में शामिल हैं। राजनीतिक लामबन्दी की दृष्टि से भारतीय राजनीतिक परिदृश्य अनेक प्रकार की हलचल एवं तनावों से भरा है और यहां कई तरह की परस्पर–विरोधी धाराएं प्रवाहित हो रही हैं। लेकिन इस प्रकार की राजनीतिक स्थिति का सामना सिर्फ भारतीय समाज ही नहीं कर रहा है, अपितु तीसरी दुनिया के लगभग सभी नवोदित विकासशील राष्ट्रों में ऐसा ही राजनीतिक परिदृश्य है। परम्परागत अराजनीतिक समाजों में जब लोकतंत्रीय राजनीतिक प्रक्रिया का व्यापक विस्तार होता है, तो राष्ट्र–निर्माण हेतु राजनीतिक सहभागिता के मुद्दे पर ऐसी सामाजिक–राजनीतिक हलचलों का अस्तित्व उभरना जनराजनीति की स्वाभाविक क्रिया–प्रतिक्रिया है, जो नई जनराजनीतिक संस्कृति को जन्म देती है। मौजूदा परिप्रेक्ष्य में दो सत्तालोलुप हताश गठबंधनों के बीच बंटे राजनीतिक परिदृश्य के अभ्यस्त आमजनों को शायद यह परिकल्पना दूर की कौड़ी लगे लेकिन यह राजनीतिक सत्य है कि खंडित जनादेश वाले जर्मनी, इटली एवं कुछ अन्य देशों में भी पृथक् विचारधारा वाली विरोधी पार्टियों के बीच इस प्रकार का गठंबधन संभव हुआ है। देश में चलने वाली राजनीतिक लामबन्दी प्रक्रिया के माध्यम से यह आह्वान करना होगा कि दोनों राष्ट्रीय दलों के बीच वैचारिक भेदभाव चाहे जितने गहरे हों, लेकिन चुनावी राजनीति में वोटों के बंटवारे और गठबंधन में गड़बड़ी करने वाले एवं राजनीतिक अवसर का लाभ उठाकर सौदेबाजी करने वाले छोटे दलों से बचें, देश के विकास एवं आधुनिकीकरण के हितवर्द्धन के नाम पर दोनों बड़े दलों को करीब आने की जरूरत है। ऐसी स्थिति संभव होने पर ही भारतीय राजनीति ब्लैकमेलर दलों के बोझ को उतार फेंकने में समर्थ होगी तथा किसी प्रकार की राजनीतिक सौदेबाजी की बाधा के बगैर देश आर्थिक व सामरिक मामलों में विकास पथ पर तेजी से कदम बढ़ा सकेगा।

भारत में राजनीतिक लामबन्दी की नई प्रवृत्ति के दृष्टान्तस्वरूप हाल ही में सम्पन्न उत्तर प्रदेश में विधानसभा चुनाव को ले सकते हैं, जिसमें चुनाव परिणाम के रूप में दोनों राष्ट्रीय दलों का राजनीतिक हश्र एवं चुनावी राजनीति के दौरान प्राप्त उनका राजनीतिक अनुभव, आंखें खोल देने वाला है जिसमें स्वतंत्रता प्राप्ति के लिए राजनीतिक आन्दोलन एवं राजनीतिक संघर्ष की संचालन कर्ता कांग्रेस पार्टी को मात्र 8.5 फीसदी वोट मिले। 202 सीटों पर तो उसे 5 फीसदी वोट भी नसीब नहीं हुआ। कांग्रेस की स्थिति कितनी खराब है, इस तथ्य का अंदाजा इसी बात से लगाया जा सकता है कि 63 सीटों पर इस राष्ट्रीय पार्टी को 2 फीसदी वोट भी नसीब नहीं हुआ। इस चुनाव में भाजपा की हालत भी कांग्रेस से कोई बहुत बेहतर नहीं रही। सन् 1998 के लोकसभा चुनाव में यहां भाजपा ने 36.5 फीसदी वोट हासिल किया था, जबकि इस विधानसभा चुनाव में यह मात्र 17 प्रतिशत पर सिमट गयी। कुछ क्षेत्रों में इसके सहयोगी दलों को एक फीसदी वोट भी नहीं मिल पाये। उत्तर प्रदेश में हालिया विधानसभा चुनाव के नतीजे सोशल इंजीनियरिंग पर आधारित राजनीतिक–सामाजिक लामबन्दी की प्रकृति में आये बदलाव की द्योतक है, जो भारतीय राजनीतिक समाज में उभरते नये जातीय राजनीतिक समीकरण की नई जन राजनीति (Mass Politics) व नई जनराजनीतिक संस्कृति (Mass Political Culture) का पुख्ता प्रमाण है।

स्मरणीय संकेत (Points to Remember)

- राजनीतिक सहभागिता का अभिप्राय है–राजनीतिक प्रक्रियाओं में जनसाधारण की प्रत्यक्ष या परोक्ष भागीदारी।
- विकसित एवं विकासशील दोनों व्यवस्थाओं में राजनीतिक सहभागिता संकल्पना का प्रयोग व्यापक अर्थ में किया गया है।
- राजनीतिक सहभागिता का प्रधान कारक व्यक्ति है।
- राजनीतिक सहभागिता की प्रकृति के निर्धारण में दो तत्त्वों की प्रमुखता होती है–राजनीतिक प्रभावोत्पादकता एवं राजनीतिक उदासीनता।

- राजनीतिक सहभागिता के रूप में चिन्हित क्रियाओं में मतदान करना, जानकारी प्राप्त करना, वाद–विवाद एवं धर्मान्तरण, जनप्रतिनिधियों से संपर्क रखना, राजनीतिक दल का सक्रिय एवं सामान्य सदस्य बनना, चुनाव अभियान में हिस्सा लेना, राजनीतिक भाषण देना, दल के उम्मीदवार के रूप में या निर्दलीय रूप में चुनाव लड़ना, आदि।
- लेस्टर मिलब्रेथ ने राजनीतिक सहभागिता के तीन रूपों का उल्लेख किया है–दर्शक गतिविधियाँ, सांक्रन्तिक गतिविधियाँ एवं लड़ाकू गतिविधियाँ।
- माइरन वीनर ने राजनीतिक सहभागिता के दो प्रकारों की चर्चा की है–स्वायत्त सहभागिता एवं परियोजित सहभागिता।
- राजनीतिक सहभागिता की शैलियां–भावात्मक, अभिव्यक्तात्मक, साधनात्मक।
- राजनीतिक सहभागिता के परिवर्त्य–सामाजिक, आर्थिक, राजनीतिक, मनोवैज्ञानिक, व्यक्तिगत, उद्दीपक।
- राजनीतिक सहभागिता के मुख्य आधार तत्त्वों में प्रथम–सामाजिक कारक–शिक्षा, आयु, लिंग, धर्म, निवास, व्यवसाय, सामाजिक गतिशीलता, नगरीय एवं ग्रामीण, सामाजिक समूह आर्थिक स्थिति। द्वितीय–आर्थिक कारक, तृतीय–राजनीतिक कारक, चतुर्थ–मनोवैज्ञानिक कारक, पंचम–व्यक्तिगत कारक, षष्ठम–उद्दीपक का प्रभाव।
- राजनीतिक सहभागिता की भांति राजनीतिक उदासीनता राजनीतिक सहभागियों की ख़ास अभिवृत्ति है।
- राजनीतिक उदासीनता की मात्रा में वृद्वि होने से राजनीतिक व्यवस्था की वैधता पर खतरा उत्पन्न होने का भय रहता है।
- राजनीतिक सहभागिता एवं उदासीनता के प्रतिशत के आधार पर सहभागियों की तीन कोटियाँ निर्धारित की गयी हैं–पूर्णरूप से सहभागी, सीमित रूप से सहभागी, एवं राजनीति के प्रति उदासीन।
- नाई एवं वर्बा ने भी सहभागिता एवं उदासीनता के आधार पर सहभागियों को छह कोटियों में बांटा है–निष्क्रिय, मतदान विशेषज्ञ, संकुचित सहभागी, सामुदायिक सहभागी अभियान संचालक, पूर्ण सक्रिय।

राजनीतिक लामबन्दी

- राजनीतिक लामबन्दी छलयोजित संचार का एक रूप है, जिसके माध्यम से सामाजिक संसाधनों का उपयोग राजनीतिक उद्देश्यों को उपार्जित करने के लिए किया जाता है।
- लामबन्दी राजनीति की वस्तुस्थिति नहीं है, अपितु एक प्रक्रिया है जो लोकतांत्रिक व्यवस्था की जीवनशक्ति का अभिन्न अंग है।
- लामबन्दी संचार के विस्तार का जीवन्त रूप है।
- लामबन्दी के दो मुख्य रूप हैं–राजनीतिक लामबन्दी एवं सामाजिक लामबन्दी।
- लामबन्दी के प्रकार–ऊर्ध्व लामबन्दी, क्षैतिज लामबन्दी, विभेदक लामबन्दी।
- लामबन्दी का एक अन्य रूप क्रान्तिकारी लामबन्दी भी है जिसे सर्वसत्तावादी व्यवस्थाओं की मुख्य विशेषता के रूप में चिन्हित किया जाता है।
- लामबन्दी के सहायक कारक–राजनीतिक दल, करिश्मा प्रधान नेता, सेना आदि।
- लामबन्दी के बाधक कारक–धर्म एवं धार्मिक संगठन, सामाजिक संगठन एवं वर्ग संरचना।
- भारत में राजनीतिक लामबन्दी प्रक्रिया के इतिहास को दो चरणों में बांट कर देखा जाता है, **प्रथम**–स्वतंत्रता प्राप्ति से पूर्व और **द्वितीय**–स्वतंत्रता प्राप्ति के पश्चात्।

प्रश्न (Questions)

1. राजनीतिक सहभागिता से आप क्या समझते हैं ? राजनीतिक सहभागिता के कारकों की विवेचना कीजिए।

   What do you understand by political participation? Discuss the bases of political participation.

2. राजनीतिक सहभागिता से आप क्या समझते है ? राजनीतिक सहभागिता के विभिन्न रूपों की विवेचना कीजिए।

   What do you mean by political participation? Discuss the different forms of political participation.

3. राजनीतिक सहभागिता के साधक एवं बाधक तत्त्वों की विवेचना करें।

   Discuss the conductive and obstructive factors of political participation.

4. राजनीतिक सहभागिता को परिभाषित करें तथा इसके गुण–दोषों की विवेचना करें।

   Define political participation and discuss its merits and demerits.

5. राजनीतिक उदासीनता से आप क्या समझते हैं ?

   What do you mean by political apathy?

6. राजनीतिक लामबन्दी से आप क्या समझते हैं ?

   What do you mean by political mobilisation?

अध्याय 15

राजनीतिक विकास
(Political Development)

परिचय (Introduction)

राजनीतिक विकास की संकल्पना मुख्य रूप से उदारवादी राजनीतिक परम्परा (Liberal Political Tradition) की देन है। राजनीतिक विकास एवं राजनीतिक आधुनिकीकरण दोनों समानांतर चलने वाली राजनीतिक प्रक्रियाएं हैं जिनकी प्रस्तुति अधिकांश पश्चिमी जगत् के विद्वज्जनों द्वारा समानार्थक रूप में की गयी है। यद्यपि दोनों प्रक्रियाओं की प्रकृति लगभग समान है, लेकिन उन्हें पूरी तरह एक मानना न्यायसंगत नहीं है। दोनों के बीच प्रकृति स्तर पर समानांतरता (Parallelism) के बावजूद इनके बीच कुछ मौलिक अन्तर है, इसलिए यहां पहले राजनीतिक विकास संप्रत्यय की चर्चा की जा रही है।

राजनीतिक व्यवस्थाओं के संदर्भ में राजनीतिक विकास वह प्रक्रिया है जिसके माध्यम से विकासशील देशों की राज्य व्यवस्था विकसित देशों की विशेषताएं उपार्जित कर लेता है। राजनीतिक विकास संकल्पना की बुनियाद आरंभ में अमेरिकी राजनीति वैज्ञानिकों द्वारा 1960 के दशक में रखी गयी। द्वितीय विश्वयुद्धोपरान्त एशिया, अफ्रीका और लैटिन अमेरिका में बहुतायत में नये लोकतांत्रिक राज्यों के उत्थान एवं उनकी राजनीतिक संस्थाओं–प्रक्रियाओं, राजनीतिक संस्कृति व लोकतांत्रिक मूल्यों के अध्ययन की आवश्यकताओं ने राजनीति विज्ञान के अध्ययन–क्षेत्र के विस्तार के कई नये आयाम खोल दिये। समाजशास्त्रियों एवं इतिहासकारों द्वारा उन नवोदित राज्यों का अध्ययन बड़े पैमाने पर जारी था, लेकिन उनकी अध्ययन–सामग्री में राज्य की अपेक्षा सामाजिक प्रसंगों का प्रतिनिधित्व था। पाश्चात्य राजनीति विज्ञान इस समय व्यवस्था सिद्धान्त के प्रतिपादकों के प्रभाव में था लेकिन साथ ही इनकी यह मान्यता थी कि गैर पश्चिमी देशों की राजनीतिक प्रक्रियाएं व सांस्कृतिक पृष्ठभूमि पश्चिमी

व्यवस्थाओं की प्रक्रियाओं एवं संस्कृति से भिन्न थी, फिर भी इन गैर पश्चिमी राजनीतिक प्रक्रियाओं एवं राजनीतिक संस्कृति के अध्ययन के लिए व्यवस्था सिद्धान्त के आदर्श को स्वीकार कर लिया गया था। विकसित पश्चिमी देशों की सामाजिक, आर्थिक सांस्कृतिक व राजनीतिक पृष्ठभूमि के अध्ययन हेतु अस्तित्व में आया व्यवस्था सिद्धान्त गैर पश्चिमी राजनीतिक प्रक्रियाओं के अध्ययन के लिए सफलता हासिल नहीं कर सका, क्योंकि गैर पश्चिमी व्यवस्था की छत्र–छाया में संचालित राजनीतिक प्रक्रियाओं की जड़ें विविध प्रकार की सांस्कृतिक पृष्ठभूमियों से अपने भरण–पोषण के तत्त्वों को प्राप्त कर रही थीं। इन व्यवस्थाओं में मौजूद सांस्कृतिक विविधताओं की यथार्थता समकालीन राजनीतिक विद्वज्जनों को निश्चित रूप से अभिप्रेरित कर रहा था कि इन नवोदित लोकतांत्रिक राजनीतिक समाजों की राजनीतिक प्रक्रियाओं का अध्ययन–अनुसंधान उनके ही सामाजिक, राजनीतिक, सांस्कृतिक, आर्थिक परिप्रेक्ष्य में किया जाय तभी वह अनुसंधान तत्त्वतः यथातथ्य होगा। समय की मांग के अनुरूप तुलनात्मक राजनीति के यथोचित अध्ययन हेतु नये उपागमों के विकास का दौर आरंभ हुआ।

राजनीतिक विकास सिद्धान्त की खोज के चरण
(Stages of the Discovery of Political Development Theory)

सन् 1960 के आसपास के वर्षों में कई प्रमुख राजनीतिक विद्वज्जनों ने विकासशील व्यवस्थाओं की राजनीतिक–सामाजिक प्रक्रियाओं, समस्याओं व व्यवहारों का गहन अध्ययन–अनुसंधान किया। इस अध्ययनक्रम में उनके द्वारा उन देशों की सामाजिक–राजनीतिक–आर्थिक शक्तियों, सामाजिक–राजनीतिक पर्यावरण तथा राजनीतिक व्यवस्था एवं प्रक्रियाओं के स्वरूप को निर्धारित–नियमित करने वाली राजनीतिक संस्कृतियों के विविध परिवर्त्यों का भी गहराई से अध्ययन किया गया। जेम्स एस. कोलमैन, लियोनार्ड बाइण्डर, डब्ल्यू हॉवर्ड रिगिन्स, हरबर्ट फीथ, माइरन वीनर, डेविड ऐप्टर, लुसियन पाई, जोसेफ ला पालोम्बारा, रॉबर्ट ई. वार्ड और डैकबर्ट ए. रस्टौव आदि विद्वानों ने इण्डोनेशिया, नाइजीरिया श्रीलंका, बर्मा, पाकिस्तान, भारत तथा घाना जैसे कई विकासशील देशों के राजनीतिक तथ्य को जानने–समझने के लिए उन व्यवस्थाओं के विविध आयामों का गहन अनुसंधानात्मक अध्ययन–विश्लेषण किया। इस अध्ययनक्रम में क्षेत्रीय अध्ययनों (Area Studies) पर अत्यधिक जोर दिया गया। इनकी दृष्टि में गैर पश्चिमी राजनीतिक व्यवस्थाओं की राजनीतिक प्रक्रियाओं के यथार्थ को समीचीन रूप में जानने के लिए वहां नव विकसित राष्ट्रवाद के मार्ग में राजनीतिक, सामाजिक, आर्थिक व सांस्कृतिक स्तरों पर सिर उठाने वाली उन बहुआयामी दुविधाओं को तात्त्विक रूप से जानना अपरिहार्य था जो वहां राजनीतिक विकास का मार्ग अवरुद्ध कर रहे थे। उन देशों में पनप रहे राष्ट्रवाद का स्वरूप, व्यवस्था–संचालन में सेना एवं नौकरशाही की भूमिका, सामुदायिक उन्माद, धार्मिक कट्टरता व धर्म के तथाकथित ठेकेदारों की भूमिकाएं, सत्ता के परम्परागत स्रोतों का अस्तित्व व भूमिकाएं, वैधानिक लोकतंत्र की अवनति के कारक, राष्ट्र–निर्माण की प्रक्रिया में राजनीतिक व्यवहारों, अभिवृत्तियों, अभिविन्यासों की भूमिका, राजनीतिक विश्वास की कमी, लोकतांत्रिक मूल्यों का पतन, आर्थिक पिछड़ापन (Backwardness) या अल्पविकास (Under-development), निम्न उत्पादकता–निर्धनता (Low Productivity–Poverty) बेरोजगारी, सार्वजनिक शिक्षा का अभाव, जीवन की बुनियादी आवश्यकताओं (Basic Needs) का अभाव आदि विषयों से प्रासंगिक अनेकानेक सवाल, मुद्दे व समस्याएं थीं जिनके परिप्रेक्ष्य में ही इन नवोदित व्यवस्थाओं में होने वाले राजनीतिक परिवर्तनों को तत्त्वतः समझा जा सकता था। राजनीतिक परिस्थितियों के यथार्थ की गहराई को जानने की अति आवश्यकता ही राजनीतिक विकास संकल्पना के जन्म का आधार–आधेय बना और विषयगत अध्ययन की प्रमुखता की वजह से राजनीतिक विकास अवधारणा आधुनिक राजनीति विज्ञान के अध्ययन का केन्द्र बिन्दु बन गया।

राजनीतिक विकास संकल्पना के निर्माण की प्रक्रिया का आरंभ लगभग 1960 से माना जाता है जब आल्मंड एवं कोलमैन की, प्रसिद्ध पुस्तक 'The Politics of the Developing Areas' का प्रकाशन हुआ। वस्तुतः, यह प्रसिद्ध पुस्तक राजनीतिक विकास से ज्यादा तुलनात्मक राजनीति के विश्लेषण से संदर्भित थी। वास्तविक रूप से

राजनीतिक विकास संकल्पना की खोज का कार्य 1963 में गेब्रियल आल्मंड की अध्यक्षता में स्थापित 'Committee on Comparative Politics' की स्थापना से आरंभ हुआ जिसका उदेश्य राजनीतिक विकास से संबद्ध क्षेत्रों में कार्यरत विद्वज्जनों को एकत्रित करना था। सन् 1963 से 1966 के बीच इस समिति के तत्त्वावधान में राजनीतिक विकास से संदर्भित छः रचनाओं का प्रकाशन हुआ। इन रचनाओं के संपादन में लूसियन पाई, सिडनी वर्बा, जेम्स एस. कोलमैन, जोसेफ ला पालोम्बारा, रॉबर्ट ई. वार्ड, डैकबर्ट, ए. रस्टॉव, माइरन वीनर जैसे विद्वज्जनों की मुख्य भूमिका रही। इन विद्वानों में से राजनीतिक विकास संकल्पना का सबसे गहन अध्ययन–विश्लेषण करने का श्रेय लुसियन पाई को दिया जाता है। अपनी आरंभिक रचनाओं में विषय–संदर्भित तथ्यों पर प्रकाश डालते हुए पाई की यह अभिव्यक्ति थी कि "राजनीतिक विकास का अर्थ है सांस्कृतिक प्रसार और जीवन के पुराने प्रतिमानों को नई मांगों के साथ अनुकूलित, सम्बन्धित एवं समायोजित करना।" इनकी दृष्टि में राजनीतिक विकास की दिशा का पहला क़दम राष्ट्रवाद आधारित राज्य व्यवस्था का विकास करना था जो तभी संभव था जब आदर्श लोकतांत्रिक संस्कृति का प्रसार धीरे–धीरे सभी देशों में हो जाये।" सन् 1965 में अपनी प्रसिद्ध रचना 'Political Culture and Political Development' में पाई ने राजनीतिक विकास के मूल तत्त्वों की व्याख्या प्रस्तुत की है। राजनीतिक विकास संकल्पना के संबंध में विचार अभिव्यक्त करने वाले आरंमिक विद्वानों की रचनाएं ज्यादातर उन विशेषताओं की तलाश से प्रासंगिक तत्त्वों पर केन्द्रित दिखाई देती हैं जिसके आधार पर तीसरी दुनिया के विकासशील समाजों को पश्चिमी विकसित लोकतांत्रिक समाजों से राजनीतिक, सामाजिक आर्थिक व सांस्कृतिक मामलों में पृथक् करके देखा जा सकता है। उनकी रचनाएं राजनीतिक विकास की प्रक्रिया को अभिप्रेरित व प्रभावित करने वाली उन शक्तियों एवं परिस्थितियों के अध्ययन पर विशेष रूप से ध्यान केन्द्रित करती दिखाई नहीं देती हैं जिनका सफलतापूर्वक सामना करके ही विकासशील समाज विकसित समाज के स्तर में शामिल होने के लिए कदम बढ़ाता है।

राजनीतिक विकास अवधारणा एक प्रक्रिया है जिसका उद्देश्य तीसरे विश्व की नवोदित विकासशील व्यवस्थाओं की राजनीतिक प्रक्रिया का वैश्लेषिक अध्ययन–मनन करना है ताकि तुलनात्मक राजनीतिक के अध्ययन को विश्वजनीन (Universal) आधार प्रदान किया जा सके। विकास प्रक्रिया को अभिप्रेरित एवं प्रभावित करने वाली शक्तियों (Forces) एवं अवस्थाओं (Stages) के संबंध में वार्ड एवं रस्टॉव ने अपनी रचना में यह व्यक्त किया कि "वे उन प्रक्रियाओं को समझने का प्रयास करेंगे जिनके आधार पर प्रगतिशील समाजों द्वारा अपने राजनीतिक, सामाजिक, आर्थिक लक्ष्यों को प्राप्त किया गया है, वो ये देखेंगे कि उनकी विकास प्रक्रिया एवं परिवर्तन से संबद्ध अवस्थाओं में कोई नियमितताएं दिखाई देती हैं या नहीं एवं पता लगाने का प्रयास करेंगे कि अपनी विकास प्रक्रियाक्रम में उन्हें भी कुछ ऐसी 'समस्याओं व संकटों' का सामना करना पड़ा है जिसका सामना विकासशील व्यवस्थाओं को करना पड़ रहा है।" वार्ड एवं रस्टॉव द्वारा दिये गये इस आश्वासन के बावजूद उनके द्वारा इस दिशा में कोई सकारात्मक प्रयत्न नहीं किया गया। इसके बाद प्रकाशित अपनी कृति में लुसियन पाई ने इंग्लैण्ड में किये गये अध्ययन के आधार पर राजनीतिक प्रक्रियाओं को प्रभावित करने वाली समस्याओं एवं संकटों के प्रसंग में छः प्रकार के संकटों की चर्चा की यथा–तादात्म्यता (Identity), वैधता (Legitimacy), अन्तःप्रवेश (Penetration), सहभागिता (Participation), एकीकरण (Integration), और वितरण (Distribution)। इस अभिव्यक्त संदर्भ का अभिप्राय यह हुआ कि प्रत्येक व्यवस्था के लिए पहली प्राथमिकता अपने स्वतंत्र अस्तित्व के अभिज्ञान (Recognization) की खोज है। तत्पश्चात् प्रत्येक राजनीतिक व्यवस्था को स्थापित करने के लिए वैधता की जरूरत होती है। वैधता के माध्यम से अपने प्रभाव का विस्तार करते हुए व्यवस्था समाज के अधिक से अधिक हिस्सों में प्रवेश करती है। इसके परिणामस्वरूप ऐसी अवस्था आती है जब व्यवस्था के सदस्य राजनीतिक प्रक्रियाओं में सक्रिय भागीदारी करने लगते हैं। इस स्थिति में राजनीतिक सता और जनसामान्य में व्यवस्था के प्रति एकीकरण की भावना विकसित होती है जिसके परिणामस्वरूप राज्य ऐसी स्थिति को प्राप्त कर लेता है जिसमें वह अपनी आर्थिक उपलब्धियों का जनसाधारण के बीच ज्यादा से ज्यादा न्यायोचित वितरण कर सके। पाई की मान्यता है कि विकास प्रक्रिया की ये सभी अवस्थाएं अपने आप में कठिन एवं महत्त्वपूर्ण हैं जिन्हें कठिनाइयों का सामना करते हुए एक के बाद एक पार करके ही कोई व्यवस्था अपने लक्ष्य को प्राप्त कर सकती

है। इनके मतानुसार, इंग्लैण्ड की राजव्यवस्था द्वारा इन सभी अवस्थाओं से संबद्ध संकटों को पार किया गया है इसीलिए आज उसे विकसित देश का सबसे अच्छा दृष्टान्त माना जा सकता है।

राजनीतिक विकास संकल्पना की खोज के क्रम में और्गेन्सकी ने भी राजनीतिक विकास प्रक्रिया की चार अवस्थाओं का उल्लेख किया है, यथा–**प्रथम**–राजनीतिक एकीकरण जिसका उद्देश्य अधिक से अधिक शक्तियों को राज्य के हाथों में केन्द्रीकृत करना है। **द्वितीय**–औद्योगीकरण, जिसके बिना प्रत्येक व्यवस्था के यथोचित विकास की कल्पना संभव नहीं है। **तृतीय**–लोककल्याण, यह राज्य द्वारा अर्जित राजनीतिक–आर्थिक सामर्थ्य का फल जनसाधारण को उपलब्ध कराने की अवस्था है, और **चतुर्थ**–भौतिक साधनों की प्रचुरता, यह उस अवस्था का प्रतीक है जिसमें सभी सदस्य जीवन के ऊंचे से ऊंचे स्तर व मूल्यों को प्राप्त करने की स्थिति में होते हैं। विकास प्रक्रियाक्रम के प्रसंग में और्गेन्सकी द्वारा उल्लिखित अवस्थाएं राजनीतिक व्यवस्थाओं के निर्माण से ज्यादा उसके आर्थिक विकास पर जोर देती दिखाई दे रही है।

एशिया, अफ्रीका और लेटिन अमेरिका के कुछ देशों में लोकतंत्रीय प्रशासन की जगह सत्ता के सर्वसत्तात्मक (Totalitarian) स्वरूप को अपनाया गया। इससे प्रेरित होकर डेविड ऐप्टर ने अपनी कृति 'Politics of Modernisation, 1965' में परंपरागत समाजों के लिए दो अलग–अलग प्रकार की प्रक्रियाओं की चर्चा की है जिसका आधार–माध्यम इस तत्त्व पर निर्भर करेगा कि आधुनिकीकरण की प्रक्रिया में प्रवेश करते समय; **प्रथम**–उनके प्रशासन का स्वरूप क्या था–श्रेणीबद्ध (Hierarchical) या सूचीस्तम्भीय (Pyramidal), **द्वितीय**–किस मूल्य वाली व्यवस्था उन्हें विरासत में मिली थी– नैमित्तिक (Instrumental) या निष्पत्तिकर (Consummatory)? इस आधार पर ऐप्टर द्वारा राजनीतिक विकास के दो प्रारूपों (Precursors) की परिकल्पना प्रस्तुत की गयी। **प्रथम**–लौकिक स्वेच्छातन्त्रवादी (Secular-Libertarian) प्रारूप, जिसका आधारतत्त्व समाधान की अवस्थाओं के माध्यम से लोकतंत्र की स्थापना करना था और **द्वितीय**–धर्म निर्भर समष्टिवादी (Sacred Collectivist) प्रारूप, जो जनलामबन्दी (Mass Mobilisation) के माध्यम से सर्वाधिकारवादी प्रवृत्ति की ओर बढ़ रहा था। इस प्रकार ऐप्टर ने विकासोन्मुख समाजों की विकास प्रक्रिया के माध्यम से आधुनिकतावादी तानाशाही, सैनिक अधिनायकवाद एवं राजनीतिक आधुनिकीकरण के अन्य प्रतिमानों के संस्थापित किये जाने की कल्पना प्रस्तुत की है।

सन् 1960 के दशक के मध्य तक अनेक विद्वान यह अनुभव करने लगे थे कि राजनीतिक विकास संकल्पना के अध्ययन की निर्भरता आल्मंड द्वारा प्रतिपादित 'संरचनात्मक–प्रकार्यात्मक विश्लेषण' एवं समाजशास्त्रीय अध्ययन पर विशेष रूप से है। इस कालावधि में टालकॉट पारसन्स द्वारा किये जा रहे समाजशास्त्रीय अध्ययन के प्रभाव में राजनीतिशास्त्रवेत्ताओं द्वारा राजनीतिक व्यवस्था को एक ऐसे आश्रित परिवर्त्य (Dependent Variable) के रूप में स्वीकारने की प्रवृत्ति विकसित हो गयी थी जिसका स्वरूप व्यवस्थागत सामाजिक, आर्थिक, सांस्कृतिक, मनोवैज्ञानिक कारकों द्वारा निर्धारित होता है और इसका मुख्य कार्य इन कारकों द्वारा संप्रेषित तत्त्वों को आगत (Input) रूप में व्यवस्था में प्रवेश कराना और उसे प्रशासनिक निर्गतों (Outputs) में परिवर्तित कराना है। यानी कि, व्यवस्थागत राजनीति को सामाजिक शक्तियों के हाथ का साधन मान लिया गया था जिसमें बाहर से सामग्री भरकर भेजी जाती है और मथकर (Churning) वापस समाज को लौटायी जाती है। इसमें राजनीतिक व्यवस्था के विकास हेतु सामाजिक–आर्थिक लक्ष्यों को प्रधानता दी गयी और राजनीतिक नेतृत्व के संकल्प–सामर्थ्य की उपेक्षा की गयी। लेकिन, जब भारत में नेहरू एवं इण्डोनेशिया में सुकर्णो द्वारा राजनीतिक शक्ति के नेतृत्व में सामाजिक न्याय के मार्ग पर व्यवस्था के विकास एवं आधुनिकीकरण का प्रयास तीव्र गति से आरंभ किया गया तो समकालीन राजनीतिशास्त्रियों ने यह अनुभव किया कि राजनीति का अध्ययन एक स्वायत्त परिवर्त्य (Independent Variable) के रूप में किया जा सकता है जो किसी भी व्यवस्था के राजनीतिक विकास की गति को तेज करने के मामले में एक निर्णायक की भूमिका निभा सकता है।

एक स्वतंत्र परिवर्त्य के रूप में राजनीति का अध्ययन करने की प्रवृत्ति का प्रचलन बढ़ने से राजनीतिक विकास सिद्धान्त के निर्माण–प्रसंग में एक नया सार्थक मोड़ आया। लेकिन, इसके बावजूद विकास प्रक्रियाक्रम में राजनीतिक परिवर्त्यों के साथ सामाजिक आर्थिक, सांस्कृतिक, प्रशासनिक परिवर्त्यों की प्रगाढ़ता, सम्बद्धता, पराश्रितता एवं अन्तःक्रियात्मकता के महत्त्व को रेखांकित किये बिना राजनीतिक विकास संकल्पना के अस्तित्व का

निर्माण संभव नहीं था, साथ ही स्पष्ट तौर पर यह बताना भी मुश्किल था कि विकास प्रक्रिया के संचालनक्रम में किस पक्ष से संबद्ध कारक का कितना योगदान है।

व्यवस्था सिद्धान्त की संयोजना के अन्दर ही संरचनात्मक–प्रकार्यात्मक विश्लेषण की शोध–प्रक्रिया की बुनियाद रखी गयी, लेकिन इन दोनों प्रतिमानों की सबसे बड़ी कमजोरी यह थी कि इसके माध्यम से व्यवस्थागत परिवर्तन से प्रासंगिक समस्याओं–अवस्थाओं का समीचीन अध्ययन–विश्लेषण करना संभव नहीं था। इसके प्रतिपादक आल्मंड द्वारा परिवर्तन की समस्याओं के अध्ययन में विशेष रुचि नहीं ली गयी। ऐप्टर ने व्यवस्था–परिवर्तन की गति, स्वरूप और स्रोतों के अध्ययन में विशेष रुचि दिखाई, जिसके लिए ऐप्टर द्वारा ''संरचनात्मक–प्रकार्यात्मक संयोजना'' के अतिरिक्त अन्य माध्यमों से भी प्रेरणा ली गयी। सन् 1960 के दशक के अन्तिम वर्षों में राजनीतिक विकास संकल्पना से प्रासंगिक शोधकार्य का केन्द्र सामाजिक–आर्थिक संरचनाओं के अध्ययन से हट कर राजनीतिक संरचनाओं व राजनीतिक नेतृत्व के संकल्प और सामर्थ्य संदर्भित विषय–तत्त्वों की दिशा में उन्मुख हुआ। इस अवधि में विद्वज्जनों द्वारा यह स्वीकार किया जाने लगा कि टालकॉट पारसन्स से लेकर फ्रेड रिग्ज ने व्यवस्था में परिवर्तन–विश्लेषण के लिए जिस संरचनात्मक–प्रकार्यात्मक पद्धति का प्रयोग किया था उससे विकास–प्रक्रिया का परीक्षण संभव नहीं था। व्यवस्था में सामाजिक, आर्थिक, सांस्कृतिक, वैज्ञानिक शक्तियों की प्रभावशाली भूमिका होते हुए भी अन्ततः राजनीतिक सत्ता का संकल्प और सामर्थ्य ही यह निर्धारित करता है कि विकास और आधुनिकीकरण की प्रक्रिया का स्वरूप क्या होगा, इसलिए व्यवस्था में उत्पन्न प्रश्नों, मांगों, एवं आवश्यकताओं को राजनीतिक विकास का स्वरूप प्रदान किया जाय। इस कालावधि में विषय–प्रासंगिक शोधकार्य करने वाले अध्ययनकर्ता राजनीतिक विकास को अपने आप में एक लक्ष्य नहीं बल्कि अनवरत चलने वाली एक प्रक्रिया स्वीकारने लगे थे। हैल्पर्न ने इस प्रक्रिया को ''एक स्थायी क्रान्ति से निपटने के लिए सतत सामर्थ्य की संज्ञा दी है।'' इस समय हैल्पर्न, आइजेन्सटाड, ऐलफ्रेड डायमेण्ट (Alfred Dimant), हंटिंगटन, नाई, होल्ट, टर्नर जैसे विद्वानों के एक समूह द्वारा राजनीतिक विकास संकल्पना के अध्ययन विश्लेषण के लिए एक नये दृष्टिकोण का विकास किया गया जिसे 'संकल्प–सामर्थ्य दृष्टिकोण', 'समस्या–समाधान सामर्थ्य,' 'संस्थापन' तथा 'नये लक्ष्यों को स्वीकार करने की क्षमता' जैसे नाम दिये गये। आल्मंड ने राजनीतिक विकास संबंधी अपनी अभिव्यक्ति का परिशोधन करते हुए राजनीतिक विकास विषय की व्याख्या राजनीतिक संरचनाओं में बढ़ते विभेदीकरण, विशिष्टीकरण और राजनीतिक संस्कृति में बढ़ती हुई लौकिकता के तत्त्वों के संदर्भ में दी है। साथ ही यह तर्क प्रस्तुत किया कि किसी भी राजनीतिक व्यवस्था की बढ़ती हुई प्रभावशालिता और कार्यकुशलता उसकी बढ़ती हुई निष्पादन क्षमता में ही निहित है। हैल्पर्न ने अपने राजनीतिक विकास अध्ययनक्रम में व्यवस्था में परिवर्तन की अनियन्त्रित शक्तियों द्वारा अभिप्रेरित परिवर्तन की मांगों और इन परिवर्तन संदर्भित मांगों से निपटने के लिए राजनीतिक सत्ता में अपेक्षित 'संकल्प और सामर्थ्य' का उल्लेख किया है। आइजेन्सटाड द्वारा राजनीतिक विकास को एक ऐसी संस्थागत संयोजना' कि संज्ञा दी गयी है जिसमें व्यवस्थागत परिवर्तन को आत्मसात् करने की सतत क्षमता होती है।

सन् 1960 के दशक तक अस्तित्व में आये 'संरचनात्मक–प्रकार्यात्मक उपागम', 'सामाजिक प्रक्रिया उपागम' और 'तुलनात्मक इतिहास उपागम' में से कोई भी ऐसा नहीं था जो राजनीतिक विकास संकल्पना के निर्माण की बात तो दूर थी उसके तथ्यतः अध्ययन के लिए एक उचित संयोजना का प्रारूप प्रस्तुत कर पाता। जैसे कि हंटिंगटन का कहना था कि ''संरचनात्मक प्रकार्यात्मक उपागम व्यवस्थागत होने वाले परिवर्तन के अध्ययन की दृष्टि से कमजोर था, सामाजिक प्रक्रिया उपागम राजनीति के अध्ययन के मामले में कमजोर था और तुलनात्मक इतिहास उपागम सिद्धान्त की दृष्टि से कमजोर था।'' सन् 1970 के आरंभिक वर्षों में व्यवस्थागत राजनीतिक परिवर्तन के अध्ययन के लिए विद्वज्जनों द्वारा कुछ अलग सिद्धान्तों का प्रतिपादन किया गया, जिसे तीन भागों में बांट कर देखा जा सकता है : (1) संघटकीय परिवर्तन सिद्धान्त (Componential Change Theory), (2) संकट परिवर्तन सिद्धान्त (Crisis Change Theory), (3) जटिल परिवर्तन सिद्धान्त (Complex Change Theory)। संघटकीय परिवर्तन सिद्धान्त के नामकरण का श्रेय हंटिगंटन को जाता है। इस प्रसंग में इनकी यह मान्यता है कि राजनीतिक सहभागिता एवं राजनीतिक संस्थापन (Establishment) के बीच पाये जाने वाले संबंधों को ही

राजनीतिक परिवर्तन का मुख्य आधार माध्यम मानना चाहिए। हंटिंगटन की अभिव्यक्ति है कि प्रत्येक राजनीतिक व्यवस्था में पाँच संघटक होते हैं–संस्कृति, संरचना, समूह, नेतृत्व और नीतियां। अतः किसी भी व्यवस्था के राजनीतिक परिवर्तन को सम्पूर्ण रूप में इन पाँचों घटकों में होने वाले परिवर्तनों के आलोक में ही समझा जा सकता है। परिवर्तन को समग्रता से जानने के लिए इन पांचों में होने वाले परिवर्तनों तथा उन परिवर्तनों की एक–दूसरे से संबद्धता, उनके बीच संबंधों की गहराई व एक–दूसरे पर पड़ने वाले प्रभाव का गहन अध्ययन अपरिहार्य है।

संकट परिवर्तन सिद्धान्त से दो विचारधाराएं संबद्ध हैं; प्रथम का प्रतिपादन आल्मंड द्वारा किया गया है और दूसरे का प्रतिपादन डैकबर्ट रस्टॉव ने किया है। आल्मंड ने 1960 में राजनीतिक व्यवस्थाओं के तुलनात्मक अध्ययन के लिए एक संयोजना प्रस्तुत की एवं 1966 मे पॉवेल के साथ मिलकर विकासोन्मुख राजनीतिक व्यवस्थाओं के अध्ययन के लिए तुलनात्मक उपागम की, प्रस्तुति की, और 1969 में संतुलन एवं विकास के अध्ययन द्वारा अपनी संकल्पनात्मक संयोजना को विस्तृत स्वरूप प्रदान किया। अपने अध्ययनक्रम में ऑल्मंड द्वारा राजनीतिक व्यवस्थान्तर्गत होने वाले राजनीतिक परिवर्तनों के लिए विभिन्न अवस्थाओं की कल्पना प्रस्तुत की गयी है। इन्होंने परिवर्तन से संदर्भित आरंभिक स्थिति को पूर्ववर्ती संतुलन (Antecedent Equilibrium) का रूप माना है जिस पर एक ओर अराजनीतिक और घरेलू तत्त्वों का और दूसरी ओर वैदेशिक तत्त्वों के प्रभावों की प्रतिक्रियाएं होती हैं। इसके प्रभाव से राजनीतिक मांगों के स्वरूप और राजनीतिक वितरण के स्रोत दोनों में परिवर्तन होता है, लेकिन यह परिवर्तन एक स्वतंत्र परिवर्त्य के रूप में तब परिवर्तित होता है जब इसका उपयोग राजनीतिक नेतृत्व के निर्माण, नये राजनीतिक गठबंधनों के निर्माण या नये राजनीतिक लाभों को उपार्जित करने के लिए किया जाता है। इस प्रसंग में आल्मंड का कहना है कि इस राजनीतिक परिवर्तन–प्रक्रिया के परिणामस्वरूप व्यवस्था में दूरगामी सांस्कृतिक–संरचनात्मक परिवर्तनों का दौर आरंभ होता है और इन सभी प्रक्रियाओं की परिणति एक नये संतुलन के रूप में होती है जिसे परिणामी या अनुवर्ती संतुलन (Consequent Equilibrium) की संज्ञा दी जा सकती है। रस्टॉव ने संकट परिवर्तन सिद्धान्त का एक नया रूप प्रस्तुत किया, लेकिन ऑल्मंड की भांति इन्होंने भी इस संदर्भ में राजनीतिक नेतृत्व द्वारा लिये जाने वाले निर्णयों को सर्वाधिक महत्त्वपूर्ण स्थान दिया है। इस सिद्धान्त के संदर्भ में रस्टॉव की अभिव्यक्ति है कि किसी भी व्यवस्था में परिवर्तन प्रक्रिया तब शुरु होती है जब वर्तमान स्थिति के विरोध में उत्पन्न असंतोष की वजह से व्यवस्था में राजनीतिक गतिविधियां आरंभ होती हैं। और इन राजनीतिक गतिविधियों के संचालन के लिए उत्तरदायी संगठन या आन्दोलन जब अपने कार्य में सफलता प्राप्त करता है तब वह व्यवस्था में नये लक्ष्यों का निर्धारण करने में सफल हो जाता है। रस्टॉव का यह मानना है कि व्यवस्था में जिस व्यक्ति या समूह के पास सत्ता होती है उससे सत्ता हथियाने के लिए नेताओं के सामने कई विकल्प खुले होते हैं।

सन् 1971 में रोनल्ड डी. बूनर और गैरी डी. ब्रूवर की रचना 'ऑर्गेनाइज्ड कमप्लेसिटिः ऐंमपिरिकल थिअरीज ऑफ पॉलिटिकल डेवलपमेण्ट' के प्रकाशित होने के साथ 'संघकीय परिवर्तन सिद्धान्त' और 'संकट परिवर्तन सिद्धान्त' की कोटि में 'जटिल परिवर्तन सिद्धान्त' का नाम जुड़ गया। इस सिद्धान्त के संदर्भ में बूनर एवं ब्रूवर ने यह अभिव्यक्ति प्रस्तुत की कि राजनीतिक परिवर्तन प्रक्रिया अपने आप में एक जटिल परिवर्तन प्रक्रिया है जिसके तथ्यतः अध्ययन के लिए इनके द्वारा 22 परिवर्त्यों एवं 20 प्राचलों (Parameters) का उल्लेख किया गया। इनका ऐसा मानना है कि इनकी सहायता से ग्रामीण एवं नगरीय क्षेत्रों तथा लोकतात्रिंक राजनीतिक, आर्थिक सभी प्रकार की उपव्यवस्थाओं का अध्ययन संभव है। बूनर एवं ब्रूवर द्वारा प्रस्तुत इस प्रारूप के आधार पर यह दावा किया गया कि राजनीतिक व्यवस्था से संदर्भित अध्ययन के लिए यह अत्यधिक सुनिश्चित सिद्धान्त है जिसमें व्यवस्था के अध्ययन के लिए कई महत्त्वपूर्ण जनसांख्यिकी (Demography) राजनीतिक एवं आर्थिक परिवर्त्यों को शामिल किया गया है, जिसके परिणामस्वरूप नीति–निर्माणकर्ताओं के सामने निर्णय के लिए कई विकल्प खुल गये और निर्णयकर्ता उन विकल्पों में से लक्ष्य–प्राप्ति के लिए वांछनीय विकल्प का चयन कर सकते हैं। बूनर एवं ब्रूवर द्वारा इस प्रारूप के प्रतिपादन के बाद राजनीति विज्ञान इस स्थिति में पहुंच गया था कि वह व्यवस्थागत परिवर्तित परिस्थितियों के बीच परस्पर संबंधों की जटिलता का विश्लेषण कर सकता था।

राजनीतिक विकास : अर्थ एवं परिभाषाएं
(Political Development : Meaning and Definitions)

राजनीतिक विकास संकल्पना का संबंध प्रत्येक व्यवस्था में चलने वाले सामाजिक–राजनीतिक परिवर्तनों की व्यापक प्रक्रिया से है। राजनीतिक विकास अवधारणा का अर्थ 'विकास' शब्द की परिभाषा से प्रासंगिक है जो स्वयं में एक अस्पष्ट शब्द है। विकास यानी कि परिवृद्धि, परिवर्धन या उन्नति की प्रक्रिया। विकास शब्द का अभिप्राय जहां एक ओर विस्तारित रूप से निर्धारित लक्ष्य–प्राप्ति की दिशा में क़दम बढ़ाना है वहीं दूसरी ओर यह विकास प्रक्रिया को सामाजिक परिवर्तन प्रक्रिया का समानार्थक बनाता है। इस संदर्भ में उदारवादी एवं मार्क्सवादी समाज वैज्ञानिकों के दृष्टिकोणों में अन्तर है। यह विकास शब्द जब राजनीति के साथ जुड़ता है तो पाश्चात्य विद्वज्जनों की दृष्टि में राजनीतिक विकास का अर्थ है 'उदारवादी लोकतांत्रिक मूल्यों की प्राप्ति,' वहीं मार्क्सवादियों की दृष्टि में राजनीतिक विकास का अर्थ है 'समाजवादी व्यवस्था के निर्माण से संबंधित लक्ष्यों की प्राप्ति।' हंटिंगटन की रचनाओं के प्रकाशन के बाद राजनीतिक विकास संप्रत्यय के स्वरूप एवं लक्ष्य की रूपरेखा स्पष्ट होने लगी तथा अधिकांश विद्वज्जन इस बात से सहमत दिखने लगे कि राजनीतिक आधुनिकीकरण सामाजिक–राजनीतिक परिवर्तनों का परिणाम है और राजनीतिक विकास राजनीतिक आधुनिकीकरण से उत्पन्न होने वाली समस्याओं का राजनीतिक व्यवस्था द्वारा समाधान खोजने की क्षमता का नाम है। लेकिन फिर भी अनेक ऐसे विद्वान हैं जो राजनीतिक विकास एवं आधुनिकीकरण को समानार्थक संप्रत्यय मानने की भूल करते हैं। डूड ने राजनीतिक विकास एवं राजनीतिक आधुनिकीकरण का अन्तर प्रस्तुत करते हुए दोनों संकल्पनाओं को राजनीतिक परिवर्तन से संबद्ध प्रक्रिया बताया है। इनके मतानुसार राजनीतिक विकास एवं आधुनिकीकरण दोनों व्यवस्था–संचालन क्रम में सामने आने वाले राजनीतिक परिवर्तन के दो रूप हैं। इन्होंने राजनीतिक परिवर्तन के चार स्वरूपों की चर्चा की है, यथा : **प्रथम**–किसी विशिष्ट लक्ष्य की प्राप्ति के लिए आवश्यक राजनीतिक परिवर्तन, मसलन–किसी भी देश में उदारवादी लोकतांत्रिक व्यवस्था की स्थापना या साम्यवादी व्यवस्था की स्थापना या किसी भी देश को धार्मिक राज्य घोषित करने से संबंधित राजनीतिक परिवर्तन। **द्वितीय**–इस कोटि में ऐसी सामान्य राजनीतिक प्रक्रियाएं शामिल हैं जो सामाजिक परिवर्तनों से घनिष्ठ रूप से संबद्ध होती हैं; मसलन–(1) सरकार में शक्तियों का केन्द्रीयकरण एवं शक्ति–विस्तार तथा राजनीतिक संरचनाओं एवं प्रकार्यों में विशिष्टीकरण (Specialization) विभेदीकरण (Differentiation), (2) व्यवस्थागत राजनीति के प्रति बढ़ती राजनीतिक सहभागिता की प्रवृत्ति, (3) राजनीतिक व्यवस्था के साथ बढ़ती सदस्यों की तादात्म्यता, इसका संबंध विशेष रूप से राजनीतिक लामबन्दी एवं राष्ट्र–निर्माण प्रक्रिया से है। **तृतीय**–राजनीतिक परिवर्तन प्रक्रिया के तीसरे स्वरूप का संदर्भ राजनीतिक व्यवस्था की बढ़ती क्षमता से हैं, मसलन–व्यवस्थागत परिवर्तन एवं विकास प्रक्रिया से उत्पन्न समस्याओं के समाधान की क्षमता, समाज के लिए नई नीतियों के निर्धारण की क्षमता, पुरानी सामाजिक संरचनाओं में सुधार करके नई संरचनाओं की स्थापना करने की क्षमता आदि। **चतुर्थ**–राजनीतिक परिवर्तन के स्वरूप का चौथा संदर्भ राजनीतिक कार्यों के संपादन एवं राजनीतिक संरचनाओं को संस्थापित करने के लिए ज्यादा से ज्यादा ज्ञान अर्जित करने की क्षमता में वृद्धि से संबद्ध है। डूड की यह मान्यता है कि राजनीतिक परिवर्तन से प्रासंगिक उपर्युक्त उल्लेखित चारों संदर्भों का संबंध राजनीतिक विकास प्रक्रिया के साथ संबद्ध होना चाहिए।

राजनीतिक विकास संकल्पना का अर्थ विश्लेषित करते समय इस तथ्य का ध्यान रखना अतिआवश्यक है कि राजनीतिक विकास एवं आधुनिकीकरण दोनों व्यापक समाजीय राजनीतिक परिवर्तन की प्रक्रियाएं हैं लेकिन संकल्पनागत विशेष अर्थ के रूप में राजनीतिक विकास राजनीतिक व्यवस्था के सामर्थ्य प्रदर्शन का दूसरा नाम है। राजनीतिक व्यवस्था अपनी क्षमतानुरूप परिवर्तन प्रक्रिया से उत्पन्न समस्याओं का समाधान तलाशने हेतु जो प्रयास करती है उस सामर्थ्य व प्रयास का परिणाम है राजनीतिक विकास की स्थिति। अधिकांश विद्वान राजनीतिक विकास संप्रत्यय का अध्ययन एक प्रक्रिया के रूप में करते हैं, इसलिए राजनीतिक विकास संकल्पना की अभी तक कोई सर्वमान्य मानक परिभाषा विकसित नहीं हो पायी है। राजनीतिक विकास के अर्थ को लेकर

भी विद्वानों के बीच अभी तक मतभेद कायम है। विषय संदर्भित अर्थ मतभेद का प्रसंग इसकी व्याख्या के दृष्टिकोण से संबद्ध है। लिप्सेट, कोलमैन, एमर्सन, कटराइट, स्पर्ट आदि राजनीतिक विकास की व्याख्या आर्थिक विकास की राजनीतिक पूर्व शर्त के रूप में करते हैं, वहीं रस्टॉव जैसे अर्थशास्त्री इसकी व्याख्या औद्योगिक समाजों की विशेष राजनीति के रूप में करते हैं। गुनार मिर्डल, लरनर जैसे विद्वानों ने राजनीतिक विकास को राजनीतिक आधुनिकीकरण का पर्याय बताया है, आल्मंड एवं कोलमैन ने इसे लोकतंत्र का पर्याय माना है, वहीं रिग्स ने राजनीतिक विकास की व्याख्या प्रशासकीय एवं कानूनी विकास के आधार पर की है।

राजनीतिक विकास अवधारणा के अग्रणी व्याख्याकार लुसियन पाई हैं। इन्होंने राजनीतिक विकास को सर्वप्रथम परिभाषित करते हुए कहा है कि ''राजनीतिक विकास संस्कृति के विसरण (Diffusion) तथा जीवन के पुराने प्रतिमानों को नई मांगों के अनुकूल बनाने, उन्हें एक साथ मिलाने या उनके साथ सामंजस्य स्थापित करने की प्रक्रिया है।'' पाई द्वारा यह परिभाषा अवधारण विकास के आरंभिक चरण में दी गयी थी। बाद में लुसियन पाई द्वारा राजनीतिक विकास संकल्पना पर वृहत् चिन्तन–मनन किया गया और कई स्रोतों से प्राप्त तथ्यों व उपलब्ध आंकडों के आधार पर और अधिक स्पष्ट और परिमार्जित रूप में इस विषय को परिभाषित किया गया। राजनीतिक विकास की नयी व्याख्या में पाई ने इस विषय को राजनीतिक व्यवस्था में समानता, कार्यक्षमता एवं संरचनात्मक विभेदीकरण के संदर्भ में परिभाषित किया है। इस नये अर्थ संदर्भ में पाई द्वारा राजनीतिक विकास की व्याख्या एक ऐसी प्रक्रिया के रूप में की गयी है जो व्यवस्था में होने वाले परिवर्तन के तीन स्तरों से संबद्ध है; यथा–सम्पूर्ण जनता का स्तर, व्यवस्था की कार्य निष्पादन क्षमता का स्तर एवं राजनीतिक संरचनाओं की संगठनात्मकता का स्तर।

एस.एन. आइजेन्स टाड के मतानुसार–''राजनीतिक विकास प्रक्रिया के अन्तर्गत एक राजनीतिक व्यवस्था की विविध परिवर्तनशील मांगों और संगठनों को आत्मसात् करने की क्षमता सन्निहित (Vested) होती है।'' एल्फ्रेड डायमेण्ट के मतानुसार, ''राजनीतिक विकास एक ऐसी प्रक्रिया है जिसके द्वारा किसी राजनीतिक व्यवस्था में नये प्रकार के लक्ष्यों को निरन्तर सफलतापूर्वक प्राप्त करने की क्षमता बनी रहती है।'' आल्मंड एवं पॉवेल के मतानुसार–''राजनीतिक विकास राजनीतिक संरचनाओं की अभिवृद्धि (Prosperity) विभिन्नीकरण, विशेषीकरण और राजनीतिक संस्कृति का बढ़ा हुआ लौकिकीकरण है।'' मैकेंजी के मतानुसार–''राजनीतिक विकास समाज के उच्चस्तरीय अनुकूलन को समंजित करने की क्षमता है।'' विलियम चैम्बर्स की अभिव्यक्ति है, ''राजनीतिक विकास राजनीतिक व्यवस्था की ओर उन्मुख वह अन्दोलन है जिसके अन्तर्गत संरचनाओं का विभेदन एवं कार्यों की विशिष्टता हो और जो उत्तरोत्तर केन्द्रीकृत होते हुए स्वयं को बनाये रखने की क्षमता कायम रखता हो।' एफ. डब्ल्यू. रिग्स के मतानुसार, ''राजनीतिक विकास का अभिप्राय है राज्य के कार्यों, शक्ति के परिकलन (Calculation) और उसके परिणामों की सहभागिता में अभिवृद्धि एवं इन सभी मामलों में उत्तरोत्तर अधिकाधिक भागीदारी।'' जे.टी. डोरजी के मतानुसार, ''राजनीतिक विकास उन शक्ति–संरचनाओं, प्रक्रियाओं और प्रक्रियाओं में प्रति परिवर्तनों की ओर संकेत करता है जो सामाजिक व्यवस्था की शक्ति रूपान्तरण के स्तरों में परिवर्तन के सहभागी होते हैं।'' जैग्वाराइब की अभिव्यक्ति है, ''राजनीतिक विकास एक प्रक्रिया के रूप में राजनीतिक आधुनिकीकरण तथा राजनीतिक संस्थाकरण का जोड़ है।''

राजनीतिक विकास संकल्पना से प्रासंगिक उपर्युक्त विवेचित परिभाषाओं के अवलोकनीय अध्ययन से यह स्पष्ट होता है कि विभिन्न विद्वज्जनों द्वारा अभिव्यक्त परिभाषाओं के मूल संदर्भ में कोई मौलिक अन्तर नहीं है। इन अभिव्यक्तियों के मध्य पायी जाने वाली विभिन्नताएं सतही हैं जो विकास के स्वरूप, प्रकृति एवं उसकी विशेषताओं की अलग–अलग ढंग से व्याख्या की वजह से हैं। विषयगत आधारतत्त्वों के परिप्रेक्ष्य में यह कहा जा सकता है कि सभी विद्वज्जन राजनीतिक विकास को एक प्रक्रिया मानते हैं। हालांकि इसके स्वरूप के संबंध में विद्वानों के बीच मतैक्यता का अभाव है, तभी तो कुछ इसे आर्थिक विकास की पूर्वापेक्षा स्वीकारते हैं, कुछ राजनीतिक आधुनिकीकरण के रूप में इसकी व्याख्या करते हैं, तो कुछ राजनीतिक विकास को आर्थिक विकास का सहायक माध्यम मानते हैं। इन परिभाषाओं के सारतत्त्व के रूप में यह कहा जा सकता है कि ''राजनीतिक विकास किसी भी राजनीतिक व्यवस्था के कार्य–सामर्थ्य का द्योतक है। यह व्यवस्थान्तर्गत राजनीतिक संरचनाओं

के विभिन्नीकरण विशेषीकरण एवं व्यवस्था में मौजूद राजनीतिक संस्कृति के लौकिकीकरण का ऐसा विस्तीर्ण (Expanded) स्वरूप है जिसमें सम्पूर्ण जनता समानता के आधार पर सामाजिक–राजनीतिक–आर्थिक सुविधाओं का उपयोग कर सके और संरचनात्मक विभिन्नताओं, विशिष्टीकरण एवं उपव्यवस्थाओं की स्वायत्तता के आधार पर राजनीतिक व्यवस्था अपनी क्षमता का प्रदर्शन कर सके।

राजनीतिक विकास की प्रकृति (Nature of Political Development)

राजनीतिक विकास की प्रकृति के संबंध में विद्वानों के बीच काफी मतवैभिन्नताएं हैं जिसका आधार मूल विषय की व्याख्या के लिए अपनाया गया अलग–अलग दृष्टिकोण है। विभिन्न विवेचकों द्वारा अपनी वैचारिक मान्यताओं के आलोक में राजनीतिक विकास संकल्पना की व्याख्या का गंभीर प्रयास किया गया है। राजनीतिक विकास की प्रकृति के स्पष्टीकरण के प्रसंग में विद्वज्जनों के बीच यह विवाद भी मौजूद है कि इस विषय की प्रकृति एक मार्गी (Unilinear) है या बहुमार्गी (Multilinear)। इस तर्ज पर राजनीतिक विकास की प्रकृति की व्याख्या के लिए दो दृष्टिकोणों का अस्तित्व मौजूद है; यथा–एकमार्गी दृष्टिकोण एवं बहुमार्गी दृष्टिकोण।

एकमार्गी दृष्टिकोण (Unilinear View)

एक मार्गी दृष्टिकोण के प्रवर्तक विद्वज्जनों की यह मान्यता है कि सभी राजनीतिक व्यवस्थाएं एक ही मार्ग पर चलकर राजनीतिक विकास की दिशा में क़दम बढ़ा रही हैं। अपनी इस मान्यता के प्रसंग में इनके द्वारा तीन तर्कों की प्रस्तुति की गयी है : **प्रथम**–सभी राज्यों में विकास प्रक्रिया का संचालन एक ही मार्ग द्वारा किया जाता है, **द्वितीय**–विश्व की सभी व्यवस्थाएं इस एक मार्ग पर चलकर ही विकास प्रक्रिया की अलग–अलग अवस्थाओं में होती हैं और **तृतीय**–राजनीतिक विकास हेतु प्रयत्नशील राजनीतिक व्यवस्थाओं के समक्ष विकसित राष्ट्रों का प्रतिमान होता है जिसे मॉडल बनाकर वे अपनी विकास प्रक्रिया को आगे बढ़ाती हैं। राजनीतिक व्यवस्था को मॉडल बनाने के संबंध में इस विचारधारा के समर्थकों की अभिव्यक्ति है कि विकासोन्मुख व्यवस्थाएं विकसित पाश्चात्य व्यवस्थाओं, सोवियत रूस या चीन में से किसी को भी अपने विकास हेतु प्रतिमान मान सकती है। उसको आधार मानकर अपनी विकास यात्रा पर क़दम बढ़ा सकती हैं या विकास हेतु अपना देशीय (Indigenous) मॉडल भी तैयार कर सकती है। दृष्टान्तस्वरूप, स्वतंत्रता–प्राप्ति के पश्चात् अपने राजनीतिक विकास के लिए भारत में न तो पूर्णतया पाश्चात्य मॉडल, अपनाया गया और न ही सोवियत साम्यवादी मॉडल अपितु यहां की राजव्यवस्था द्वारा इन दोनों के बीच का अपना देशी मॉडल तैयार करके उस पर ही अमल किया गया।

बहुमार्गी दृष्टिकोण (Multilinear View)

इस दृष्टिकोण के समर्थक राजनीतिक विकास की प्रकृति को बहुआयामी एवं बहुदिशायी मानते हैं। इस दृष्टिकोण के प्रवर्तकों का यह अभिमत है कि जब सामाजिक व्यवस्था के विकास की प्रकृति बहुदिशायी और बहुआयामी होती है तो राजनीतिक व्यवस्था के विकास की प्रकृति भी स्वाभाविक तौर पर बहुमार्गी होनी चाहिए। इनकी दृष्टि में व्यवस्थागत राजनीतिक विकास प्रक्रिया पर सामाजिक, आर्थिक, सांस्कृतिक, ऐतिहासिक, राजनीतिक सभी स्थितियों का सीधा प्रभाव पड़ता है इसलिए विकास प्रक्रिया का उद्देश्य, लक्ष्य व विशेषताएं भी बहुआयामी होती हैं, ऐसी स्थिति में एकमार्गी दृष्टिकोण द्वारा राजनीतिक विकास प्रक्रिया की प्रकृति की व्याख्या करना विषयगत औचित्यता की दृष्टि से न्यायसंगत नहीं होगा। राजनीतिक विकास की प्रकृति की बहुमार्गी आधार पर व्याख्या करने वाले विवेचकों द्वारा भी अपने तर्क के पुष्टिकरण हेतु तीन मान्यताओं की प्रस्तुति की गयी है; यथा : **प्रथम** सामान्य विकास प्रक्रिया की धारा में समावेशित होते हुए भी राजनीतिक विकास प्रक्रिया स्पष्ट रूप में विकास प्रक्रिया की विशिष्ट धारा का प्रतिनिधित्व करती है, और इस आधार पर समाज के बहुआयामी–बहुदिशायी

(Multidirectional–Multidimensional) विकास प्रक्रिया के आलोक में राजनीतिक विकास की प्रकृति भी बहुदिशायी हो जाती है। **द्वितीय**–दूसरी मान्यता के अनुरूप चूँकि राजनीतिक विकास समाज के सभी पक्षों, सभी परिस्थितियों के उद्देश्यों, लक्ष्यों से युक्त विकास प्रक्रिया के सम्पूर्ण संदर्भ को आगे बढ़ाने में प्रधान भूमिका निभाती है, इसलिए इसकी प्रकृति सिर्फ बहुमार्गी ही हो सकती है। इस प्रसंग में इनकी दूसरी मान्यता को पहली प्रस्तुत मान्यता के परिमाण के रूप में देखा जा सकता है। **तृतीय**–इस तर्क की प्रस्तुति के रूप में इनका कहना है कि विकासोन्मुख व्यवस्थाओं के समक्ष आदर्श हेतु प्रस्तुत किसी मॉडल में समानता की स्थिति नहीं पायी जाती है। पाश्चात्य जगत् की विकसित व्यवस्थाओं एवं आदर्शों, उद्देश्यों तथा लक्ष्यों में भी इतनी विविधताएं हैं कि आदर्श के रूप में उनके उद्देश्यों व लक्ष्यों को पूरी तरह अपनाना किसी भी राजनीतिक व्यवस्था के लिए व्यावहारिक स्तर पर संभव नहीं है।

ऊपर विवेचित दोनों दृष्टिकोणों की मान्यताओं में राजनीतिक विकास के विविध आयामों को लेकर प्राकृतिक स्तर पर जो विभिन्नताएं प्रस्तुत की गयी हैं उसके आलोक में व्यावहारिक स्तर पर विकासशील देशों में विकास संदर्भित सामाजिक, राजनीतिक, आर्थिक, सांस्कृतिक, ऐतिहासिक उद्देश्यों व लक्ष्यों में पायी जाने वाली विविधताओं एवं विभिन्न अवस्थाओं में मौजूद लक्ष्यों में विभिन्नताओं को देखते हुए राजनीतिक विकास का बहुमार्गी दृष्टिकोण ही अधिक यथातथ्य और न्यायोचित जान पड़ता है।

राजनीतिक विकास : व्याख्याएं एवं विशेषताएं (Political Development : Explanations and Characteristics)

लुसियन पाई की व्याख्या (Lucian Pye's Explanation)

राजनीतिक विकास संकल्पना की व्याख्या के परिप्रेक्ष्य में लुसियन डब्ल्यू. पाई का नाम उन अग्रणी विद्वानों में शुमार है जिनके द्वारा राजनीतिक विकास संकल्पना के समस्त आयामों का गहन अध्ययन–अन्वेषण किया गया है तथा विषय पर अपने विचारों के प्रतिपादन क्रम को निरन्तर जारी रखते हुए इस संप्रत्यय के समस्त अध्ययन–तत्त्वों पर अमिट छाप छोड़ी गयी है। वस्तुतः, पाई द्वारा इस विषय पर विचारों का प्रतिपादन क्रम 1963 से आरंभ हुआ, जब उनके द्वारा सांस्कृतिक विसरण (Cultural Diffusion) पर अध्ययन करने के प्रसंग में राजनीतिक विकास पर अध्ययन आरंभ किया गया। इस अध्ययनक्रम में जीवन के पुराने प्रतिमानों को नई मांगों के अनुरूप अनुकूलित करने एवं उसके सम्मिश्रण और समायोजन पर विचार किया गया। इस प्रसंग में पाई द्वारा विशेष रूप से यह मान्यता व्यक्त की गयी कि किसी भी राजनीतिक व्यवस्था के राजनीतिक विकास की दिशा का प्राथमिक क़दम वहां राष्ट्र–राज्य व्यवस्था का विकास करना है। पाई ने इसे विकास प्रक्रिया की बुनियादी संकल्पना के रूप मान्यता दी है जो विश्व में मौजूद सभी समाजों की संस्कृति के क्रमिक विसरण को स्वीकार कर उसका समर्थन करती है।

लुसियन पाई द्वारा अपनी प्रसिद्ध रचना 'Aspects of Political Development, 1966' में राजनीतिक विकास विषय पर विस्तृत प्रस्तुति की गयी है। उन्होंने अपनी इस रचना में राजनीतिक विकास के विभिन्न आयामों, उद्देश्यों, लक्ष्यों, अवस्थाओं पर अपना दृष्टिकोण व्यक्त करने के संदर्भ में विषय–प्रासंगिक अन्य विद्वानों द्वारा दी गयी परिभाषाओं के समस्त पहलुओं का गहन अध्ययन किया है और प्रत्येक परिभाषा के कुछ अंशों को स्वीकार और कुछ को अस्वीकार करते हुए विकास प्रक्रिया की बहुआयामी व्याख्या प्रस्तुत करने का यथोचित प्रयास किया है। राजनीतिक विकास संप्रत्यय के विविध आयामों की न्यायोचितता एवं कमजोरियों से संदर्भित पाई द्वारा व्याख्यात (Explained) विचारों को निम्नांकित संकेतित (Indicated) संदर्भों में स्पष्ट रूप से समझा जा सकता है।

1. **राजनीतिक विकास आर्थिक विकास की राजनीतिक पूर्वशर्त के रुप में (Political Development as the Political Pre-requisite of Economic Development)**–विषय–संदर्भित व्याख्या में पाई ने सबसे

पहले राजनीतिक विकास को आर्थिक विकास की एक राजनीतिक पूर्वशर्त के रूप में प्रस्तुत करने का प्रयास किया है। इस प्रसंग में व्यवस्थागत चलने वाली विकास प्रक्रिया, व्यवस्था की आर्थिक समुन्नति, समृद्धि और प्रगति में मुख्य आधार–माध्यम की भूमिका निभाती है। पॉल ए. बारान (Paul A, Baran), हॉवर्ड एस. एलिस (Howard S. Ellis), नार्मन एस. बुकानन (Norman S. Buchanan), एल्बर्ट ओ. हर्शमैन (Albert O. Hirschman), बेंजामिन हिगिन्स (Benjamin Higgins) एवं बारबारा वार्ड (Barbara Ward) जैसे अर्थशास्त्रवेत्ताओं द्वारा राजनीतिक विकास को आर्थिक विकास की पूर्वशर्त के रूप में स्वीकृति प्रदान की गयी है। इन विद्वज्जनों की यह मान्यता है कि व्यवस्था में विद्यमान् राजनीतिक, सामाजिक परिस्थितियाँ ही आर्थिक विकास की गति को तीव्र बनाती हैं या उसका मार्ग अवरुद्ध करती हैं। इस प्रसंग में पाई का अभिमत है कि राजनीतिक विकास की यह व्याख्या न्यायसंगत नहीं है, क्योंकि यह विषय को पृथक् पहचान प्रदान न करते हुए उसे आर्थिक विकास की सहायक क्रिया के रूप में प्रस्तुत करता है। पाई ने राजनीतिक विकास संदर्भित इस व्याख्या की चार कमजोरियों को इंगित किया है: (i) इस अर्थ में विषय के नकारात्मक स्वरूप की प्रस्तुति होती हैं, क्योंकि इसमें मुख्यतया उन तरीकों के संबंध में उल्लेख किया गया है जो आर्थिक विकास कार्य में बाधा पहुंचाने या विकास प्रक्रिया को सहज बनाने में अहम् भूमिका निभाते हैं। (ii) इन अभिव्यक्तियों द्वारा राजनीतिक विकास संकल्पना की सैद्धान्तिक मान्यताओं का स्पष्टीकरण नहीं होता है, क्योंकि यह सैद्धान्तिक विचारों के समुच्चय पर अपना अध्ययन केन्द्रित नहीं करता है। यह दृष्टिकोण सरकार के बौद्धिक और आर्थिक दृष्टि से तर्कसंगत नीतियों–निर्णयों को अपने अध्ययन का केन्द्रीय तत्त्व मानता है, जबकि व्यवस्थागत अन्य स्थितियों में विकास हेतु अर्थव्यवस्था के बुनियादी संगठन एवं समाज के समग्र परिप्रेक्ष्य में विकास के संबंध में राजनीतिक विकास प्रसंग पर अधिक गंभीर रूप से विचार करना होगा। साथ ही पाई का कहना है कि प्रत्येक व्यवस्था की आर्थिक समस्याओं के अनुरूप राजनीतिक विकास की समस्याएं भी अलग–अलग होती हैं। (iii) यहां ध्यान देने योग्य तथ्य यह है कि अधिकांशतः गरीब देशों में तीव्र आर्थिक विकास की संभावनाएं अपेक्षाकृत बहुत कम होती हैं। (iv) अधिकांश विकासशील देशों में अवाम भौतिक उन्नति की अपेक्षा अन्य बातों से अधिक संबद्ध होते हैं। वे राजनीतिक विकास के संबंध में जानने में अभिरुचि रखते हैं, लेकिन उसका देश की आर्थिक विकासदर पर क्या प्रभाव पड़ेगा इससे मतलब नहीं रखना चाहते हैं। इस समस्त व्याख्यात्मक प्रसंग पर पाई का कहना है कि "राजनीतिक विकास को सिर्फ आर्थिक विकास प्रक्रिया से संबद्ध करके देखने का अर्थ होगा किसी ऐसे गंभीर विषय की अवहेलना करना जिसका विकासशील व्यवस्थाओं में नाटकीय महत्त्व है।"

2. **औद्योगिक समाजों की प्रतीकात्मक राजनीति के रूप में राजनीतिक विकास (Political Development as the Politics Typical of Industrial Societies)**–संकल्पना संदर्भित यह दृष्टिकोण भी राजनीतिक विकास की व्याख्या औद्योगिक एवं आर्थिक रूप से विकसित समाजों की विशेषतासूचक राजनीति के रूप में करता है। डब्ल्यू. डब्ल्यू. रोस्टो (W.W. Rostow) जैसे कई समाज सिद्धान्तशास्त्रियों द्वारा राजनीतिक विकास प्रक्रिया को व्यवस्थागत औद्योगीकरण की गति से संबद्ध करने की कोशिश की गयी है। इस रूप में इस प्रस्तुति को प्रथम मान्यता का विस्तार रूप मानना चाहिए। राजनीतिक विकास संबंधी यह अभिव्यक्ति भी आर्थिक विकास से प्रासंगिक है, जिसमें समाजशास्त्रवेत्ताओं द्वारा राजनीतिक विकास की गति को औद्योगीकरण की प्रगति से जोड़ कर देखा गया है। लेकिन, पाई द्वारा इस अर्थ–प्रसंग को इस आधार पर अस्वीकार किया गया है कि प्रथम प्रस्तुति की भांति यह भी राजनीतिक विकास संकल्पना की अधूरी प्रस्तुति है, क्योंकि इसमें राजनीतिक विकास प्रक्रिया के कई आयामों, तत्त्वों, कारकों और चरणों की उपेक्षा की गयी है। पाई का कहना है कि यह दृष्टिकोण उन कारकों की अवहेलना करता है जो व्यवस्था में निहित स्वार्थों की प्रधानता के लिए खतरा बन सकते हैं। इस दृष्टिकोण की मान्यता है कि राजनीति व्यवस्थागत समस्याओं के समाधान का एक साधनमात्र है जो अपने आप में साध्य नहीं है। यह राजनीति को संकीर्ण अर्थ प्रदान करता है।

3. **राजनीतिक आधुनिकीकरण के रूप में राजनीतिक विकास (Political Development as Political Modernisation)**—अनेक समाजशास्त्रियों द्वारा राजनीतिक विकास प्रक्रिया की प्रस्तुति राजनीतिक आधुनिकीकरण के पर्यायत्व (Synonymity) के रूप में की गयी है। ये दोनों प्रसंगों को समानार्थी मानकर राजनीतिक विकास की व्याख्या करते हैं। जेम्स एस. कोलमैन (James S. Coleman), एस.एम. लिप्सेट (S.M. Lipset), कार्ल डायश (Karl Deutsch) जैसे समाजशास्त्रियों की दृष्टि में राजनीतिक विकास का अभिप्राय हैं आधुनिक रूप से विकसित पश्चिमी व्यवस्थाओं का अध्ययन और आधुनिकीकरण से प्रासंगिक उनके तौर–तरीकों का अध्ययन जिसके अनुसरण की कोशिश में विकासशील व्यवस्थाएं सतत प्रयत्नशील हैं। संप्रत्यय से संदर्भित इस व्याख्या का आशय यह है कि पश्चिमी जगत् की प्रगतिशील विकसित व्यवस्थाएं राजनीतिक विकास के गतिनिर्धारण का मानदण्ड हैं और विकासोन्मुख व्यवस्थाओं को उनके मार्ग का अनुसरण करना है। संप्रत्यय के इस अर्थ–संदर्भ के प्रसंग में पाई की अभिव्यक्ति है कि इस विचार के प्रस्तोता (Producer) 'पश्चिमी' एवं 'आधुनिक' शब्द में अन्तर कर पाने में असमर्थ रहे हैं, साथ ही पाई की दृष्टि में इस व्याख्या की एक बड़ी ख़ामी यह भी है कि इसमें उल्लिखित प्रसंगों के आधार पर सभी विकासशील राष्ट्रों को पश्चिमी आधुनिकीकरण का अनुसरण करने हेतु प्रयासरत बताया गया है, लेकिन तथ्यतः सभी विकासशील व्यवस्थाओं की कुछ अपनी ऐतिहासिक परम्पराएं, मान्यताएं, मूल्य, विश्वास, आस्थाएं होती हैं जिन्हें वे आधुनिकीकरण के अनुसरण की दौड़ में शामिल होकर भी छोड़ना नहीं चाहते हैं।

4. **राष्ट्रीय–राज्य के परिचालन के रूप में राजनीतिक विकास (Political Development as the Operation of Nation-state)**—इस दृष्टिकोण के तहत राजनीतिक विकास को राष्ट्रीय–राज्य के निर्माण तत्त्व के रूप में प्रस्तुत किया गया है। के.एच. सिलवर्ट (K.H. Silvert), एडवर्ड ए. शिल्स (Edward A. Shils) और विलियम मैक्कोर्ड (William Mccord) जैसे समाजविज्ञान सिद्धान्तवेत्ताओं द्वारा राजनीतिक विकास संप्रत्यय की व्याख्या आधुनिक राष्ट्र–राज्य के परिचालन से प्रत्याशित राष्ट्रवाद के मानकों के अनुरूप राजनीतिक प्रकार्यों के निष्पादन के आधार पर की गयी है, अर्थात्, यहां राजनीतिक विकास संप्रत्यय की प्रस्तुति राष्ट्र–राज्य के निर्माणकारी तत्त्वों के आधार–आधेय के रूप में की गयी है, जिस पर पाई ने असहमति जतायी है। इस व्याख्या पर पाई का अभिमत है कि राष्ट्र–राज्य का निर्माण एवं राष्ट्रवाद राजनीतिक विकास को सुनिश्चित करने का बुनियादी शर्त तो है, लेकिन यह अपने आप में पर्याप्त शर्त नहीं है।

   विकास से तात्पर्य है "राष्ट्रवाद की विसरित एवं असंगठित अभिवृत्तियों–मनोदशाओं को नागरिकता की भावना में परिवर्तित करना और उसी आलोक में राज्य की इकाइयों की संरचना में परिवर्तन लाना, जिसके तहत राष्ट्रवाद और नागरिकता की अंकाक्षाओं को नीति एवं कार्यक्रमों का रूप प्रदान किया जा सके।" इस अर्थ में राजनीतिक विकास राष्ट्र–निर्माण की प्रक्रिया है।

5. **प्रशासकीय एवं विधि विषयक विकास के रूप में राजनीतिक विकास (Political Development as Administrative and Legal Development)**—टालकॉट पारसन्स (Talcott Parsons), मैक्स वेबर (Max Weber), ए.एम. हैण्डरसन (A.M. Henderson) और जोसेफ ला पालाम्बरा (Joseph La Palombara) आदि कुछ समाजशास्त्रवेत्ताओं ने राजनीतिक विकास की व्याख्या प्रस्तुत करते हुए उसे व्यवस्था के प्रशासकीय एवं वैधानिक विषयों के साथ गहन स्तर पर संबद्ध करने का प्रयास किया है। इनकी दृष्टि में राजनीतिक विकास प्रक्रिया समाज की प्रशासकीय एवं कानूनी व्यवस्था का प्रतिनिधित्व करती है इसलिए विकास प्रक्रिया के संचालन हेतु प्रभावशाली नौकरशाही की स्थापना अति आवश्यक है। इस अर्थ–संदर्भ के आलोक में राजनीतिक विकास प्रक्रिया प्रशासनिक विकास के न्यायोचित विस्तार, विधि–विषय संदर्भों के मजबूतीकरण एवं मानवीय कार्यों के परिप्रेक्ष्य में तकनीकी और विशेष ज्ञान के उदात्तीकरण से गहरे रूप में संबद्ध है। लुसियन पाई को राजनीतिक विकास के इस व्याख्यात्मक स्वरूप

में भी कुछ कमजोरियां दिखाई देती हैं। इनके विचार में यदि प्रशासनिक स्तर पर तनाव हो या प्रशासन पर अधिक बोझ हो, यानी कि कार्यों की अधिकता का दबाव हो तो ऐसी स्थिति में राजनीतिक व्यवस्था में असंतुलन पैदा हो सकता है, जो राजनीतिक विकास के मार्ग में अवरोधक की भूमिका निभा सकता है। पाई की दृष्टि में यह प्रसंग राजनीतिक विकास के आवश्यक तत्त्वों में से एक है लेकिन सम्पूर्ण प्रक्रिया का प्रतिनिधित्व करने में सक्षम नहीं है, क्योंकि यह दृष्टिकोण व्यवस्था में नागरिकता प्रशिक्षण और जनसहभागिता से प्रासंगिक समस्याओं के अध्ययन की उपेक्षा करता है।

6. **जनलामबन्दी और जनसहभागिता के रूप में राजनीतिक विकास (Political Development as Mass Mobilization and Mass Participation)**–रूपर्ट एमर्सन (Rupert Emerson), क्लिफर्ड गीर्त्ज (Cifford Gertz), बर्ट एस़. होजलिट्ज (Bert S. Hoselitz), और आइसनस्टाइट (Eisenstadt) आदि कई समाजवैज्ञानिकों का यह मानना है कि राजनीतिक विकास प्रक्रिया व्यवस्था में जनलामबन्दी एवं जनसहभागिता का द्योतक है। इनके द्वारा इस तथ्य पर अधिक जोर दिया गया है कि व्यवस्था में विस्तारित जनसहभागिता व जनलामबन्दी की दृष्टि से जागरूक नागरिकों की भूमिका अति महत्त्वपूर्ण होती है। मताधिकार के विस्तार को जनसहभागिता के माध्यम से नीति–निर्माण एवं निर्णय–निर्माण प्रक्रिया के प्रसार के रूप में देखा गया है। पाई की दृष्टि में राजनीतिक विकास की यह व्याख्या व्यवस्था में सार्वजनिक स्तर पर छलयोजन को बढ़ावा दे सकती है, जो लोकतंत्र को संवेदनाहीन और जनसेवकों को भ्रष्टाचारी बनाकर किसी भी लोकतांत्रिक राजनीतिक समाज को उसकी वास्तविक शक्ति के प्रयोग से वंचित रख सकती है। पाई के मतानुसार, ''राजनीतिक विकास की व्याख्या का यह प्रसंग भी कई त्रुटियों को साथ लेकर चल रहा है।''

7. **लोकतंत्र के निर्माण के रूप में राजनीतिक विकास (Political Development as the Building of Democracy)**–जोसेफ ला पालाम्बरा एवं रॉनाल्ड पेनॉक (Ronnald Pennock) जैसे समाजवैज्ञानिक राजनीतिक विकास को लोकतंत्र के निर्माण की प्रक्रिया के रूप मे प्रस्तुत करते हैं, यानी कि व्यवस्था में लोकतांत्रिक मूल्यों की संस्थापना में राजनीतिक विकास प्रक्रिया की प्रासंगिकता को रेखांकित करते हैं। पाई राजनीतिक विकास की इस व्याख्या से भी सहमत नहीं हैं। इस प्रसंग में पाई का कहना है कि लोकतंत्र एक मूल्ययुक्त संकल्पना है, जबकि राजनीतिक विकास मूल्यमुक्त विचारधारा है। यदि इस अर्थ संदर्भ के आधार पर राजनीतिक विकास की व्याख्या को स्वीकार किया जाय तो इस संप्रत्यय के अध्ययन दायरे से उन राजनीतिक व्यवस्थाओं के प्रसंग को पृथक् रखना होगा जहां अभी लोकतांत्रिक मूल्यों की न तो संस्थापना हुई है और न ही लोकतंत्र अभी अस्तित्व में आया है। पाई के मतानुसार, ''यदि राजनीतिक विकास को लोकतंत्र के निर्माण की बुनियादी जरूरत के रूप में स्वीकार किया जाता है तो इसका अर्थ होगा पाश्चात्य लोकतांत्रिक व्यवस्थाओं के मूल्यों एवं तौर–तरीकों को जबरन विकासशील व्यवस्थाओं पर थोपने का प्रयास करना। इनकी दृष्टि में व्यावहारिक स्तर पर यह विचार विकासशील व्यवस्थाओं की स्थिति एवं अवस्था के अनुरूप सही नहीं होगा।''

8. **स्थायित्व एवं व्यवस्थाबद्ध परिवर्तन के रूप में राजनीतिक विकास (Political Development as Stability and Orderly Change)**–एफ. डब्ल्यू. रिग्स (F.W. Riggs) एवं कार्ल डायश जैसे समाज वैज्ञानिकों द्वारा राजनीतिक विकास प्रक्रिया की व्याख्या राजनीतिक व्यवस्था में स्थायित्व एवं सुव्यवस्थित विधिवत् परिवर्तन के परिप्रेक्ष्य में किया गया है। इसके प्रवर्तकों की मान्यता है कि जिस राजनीतिक व्यवस्था में स्थायित्व का तत्त्व मौजूद होता है और सुव्यवस्थित परिवर्तन की क्रमबद्ध प्रक्रिया व्यावहारिक स्तर पर सदैव क्रियाशील रहती है वहां राजनीतिक संतुलन कायम रहता है। इन्होंने इस स्थिति को राजनीतिक विकास की सही अवस्था माना है। पाई द्वारा संप्रत्यय के इस अर्थ संदर्भ से भी असहमति व्यक्त की गयी है। इस प्रसंग में पाई की अभिव्यक्ति है कि ''इस व्याख्या से इस प्रश्न के उत्तर की अपेक्षा रह जाती है कि किसी व्यवस्था में विकास कितना अपेक्षित है या अपरिहार्य है और किस प्रयोजन के आधार पर व्यवस्थागत क्रमबद्ध परिवर्तन को विशेष दिशा में निर्दिष्ट करना चाहिए।'' इस व्याख्या की

कमजोरियों पर टिप्पणी करते हुए पाई ने कहा है कि इसमें स्थायित्व की प्रकृति एवं स्वरूप की स्थिति, व्यवस्था में क्रमबद्ध परिवर्तन की मात्रा की वांछनीयता एवं दिशाबोधक उद्देश्य का स्पष्टीकरण नहीं किया गया है, इसलिए यह दृष्टिकोण व्यवस्था में संचालित राजनीतिक विकास संप्रत्यय के स्पष्टीकरण से ज्यादा सामान्य विकास प्रक्रिया की व्याख्या का प्रतिनिधित्व करता है।

9. **शक्ति–लामबन्दी के रूप में राजनीतिक विकास (Political Development as Mobilisation of Power)**–जी.ए. आल्मंड (G.A. Almond), जेन्स एस. कोलमैन एवं टालकॉट पारसन्स आदि विद्वज्जनों द्वारा राजनीतिक व्यवस्था में शक्ति की लामबन्दी, स्थिति एवं प्रयोग–क्षमता के आलोक में राजनीतिक विकास संकल्पना के मूल्यांकन की बात प्रस्तुत की गयी है। इन समाजवैज्ञानिकों के मतानुसार, राजनीतिक विकास संप्रत्यय का मूल्यांकन राजनीतिक व्यवस्था में शक्ति की लामबन्दी एवं उस निरपेक्ष सत्ता की प्रकृति, स्तर या अंश के आधार पर किया जा सकता है जिसका संचालन किसी व्यवस्था द्वारा अपनी क्षमता–योग्यतानुरूप किया जा रहा है। प्रत्येक व्यवस्था अपने अन्तर्निहित संसाधनों के अनुपात में एक–दूसरे से भिन्न स्थिति में होती है। इस अर्थ के आलोक में यदि इस व्याख्या को स्वीकार किया जाता है तो व्यवस्थागत राजनीतिक विकास का भापदण्ड वह अंश या स्तर होगा जिसके आधार पर वह व्यवस्था अपने संभवतः उपलब्ध संसाधनों को या तो पूर्णतः प्राप्त करेगा या उसकी मात्रा को अधिकाधिक बढ़ाने का प्रयास करेगा। पाई ने राजनीतिक विकास संप्रत्यय से प्रासंगिक इस दृष्टिकोण की मान्यता पर भी अपनी असहमति व्यक्त की है। इनकी दृष्टि में राजनीतिक विकास का यह व्याख्यात्मक स्वरूप केवल लोकतांत्रिक राजनीतिक व्यवस्थाओं में चल रहे राजनीतिक विकास के अध्ययन हेतु कारगर तो हो सकता है, लेकिन संप्रत्यय संबंधी इस व्याख्या के अध्ययन–तत्त्वों में उन व्यवस्थाओं से प्रासंगिक राजनीतिक विकास की स्थिति स्तर एवं शक्ति के लामबंदीकरण के स्वरूपों के अध्ययन की अवहेलना की गयी है जहां शक्ति की लामबन्दी के स्वरूप एवं इसके निर्माण के प्रसंगाधीन तत्वों को जानबूझकर सीमित दायरे में रखा जाता है। यानी कि व्यवस्था में उपलब्ध संसाधनों की स्थिति में असमानता व्यवस्था की क्षमता, स्थिति एवं स्तर में भिन्नता, शक्ति की लामबन्दी के स्वरूप में अन्तर, शक्ति–प्रयोग की प्रकृति में अन्तर, एवं शक्ति की लामबन्दी को ज्ञानपूर्वक व्यवस्था में सीमित रखने की स्थितियों मे भिन्नता की वजह से लुसियन पाई ने राजनीतिक विकास संकल्पना संबंधित इस दृष्टिकोण के प्रति भी अपनी असहमति जतायी है।

10. **सामाजिक परिवर्तन की बहुआयामी प्रक्रिया के एक पक्ष के रूप में राजनीतिक विकास (Political Development as One Aspect of Multidimensional Process of Social Change)**–मैक्स एफ. मिलिकान (Max F. Milikan), डोनल्ड एल.एम. ब्लैकमर (Donald L.M. Blackmer) और डैनियल लर्नर (Daniel Lerner) ने राजनीतिक विकास की व्याख्या के संदर्भ में इस तर्क की प्रस्तुति की है कि व्यवस्था में चल रही अन्य विकास प्रक्रियाओं के साथ राजनीतिक विकास प्रक्रिया संबद्ध है, इसलिए राजनीतिक विकास को अन्य विकास कार्यों से पूरी तरह पृथक् करने की कोशिश करने की जरूरत नहीं है, यह प्रयत्न अनुपयुक्त है। इनकी अभिव्यक्ति के अनुसार, कुछ सीमा तक समाज के अन्य क्षेत्रों की अपेक्षा राजनीतिक क्षेत्र स्वायत्तशासी हो सकते हैं, लेकिन विषय की व्यावहारिक जीवन्तता की दृष्टि से राजनीतिक विकास की व्याख्या सामाजिक परिवर्तन की बहुआयामी प्रक्रिया के संदर्भ में ही यथोचित रूप से जा सकती है, तभी समाज के सभी पक्षों का अध्ययन इसमें समावेशित होगा। राजनीतिक विकास की इस व्याख्या में सामाजिक, राजनीतिक, आर्थिक, सांस्कृतिक सभी विकास–क्रियाओं को परस्पर संबंधित माना गया है। पाई द्वारा राजनीतिक विकास की व्याख्या के इस दृष्टिकोण की प्रशंसा की गयी है, क्योंकि इसमें व्यवस्था में होने वाले विकास के समस्त आयामों की संबद्धता दर्शायी गयी है। विकास कार्य आधुनिकीकरण ही है जिसमें समाज के बाहरी तत्त्वों व स्थितियों का प्रभाव सामाजिक परिवर्तन की प्रक्रिया पर उसी प्रकार हावी रहता है जैसे कि समाज के विभिन्न पक्षों–राजनीतिक व्यवस्था, अर्थव्यवस्था और सामाजिक व्यवस्था में आया परिवर्तन एक–दूसरे को प्रभावित करता है।

11. **अन्तर्राष्ट्रीय मामलों में राष्ट्रीय प्रतिष्ठा की भावना के रूप में राजनीतिक विकास (Political Development as Sense of National Respect in International Affairs)**—राजनीतिक विकास की व्याख्या का यह संदर्भ स्वतंत्रता–प्राप्ति के पश्चात् अन्तर्राष्ट्रीय मामलों में राष्ट्रीय आत्मसम्मान और प्रतिष्ठा की भावना से संबद्ध है, जिसकी ओर जेम्स एस. कोलमैन एवं माइरन वीनर (Myronweiner) जैसे विद्वानों द्वारा संकेत किया गया है। इस व्याख्या के अनुरूप व्यवस्थागत राजनीतिक विकास अन्तर्राष्ट्रीय मामलों को प्रभावित करेगा और राष्ट्र–राज्यों को राजनीतिक जीवन की बुनियादी जरूरत के रूप में स्वीकार नहीं किया जायेगा। चूँकि राजनीतिक विकास के इस व्याख्यात्मक स्वरूप की आलोचनात्मक समीक्षा पाई द्वारा नहीं की गयी हैं, इसलिए यह कयास लगाया जाता है कि या तो वे इस दृष्टिकोण को पूर्णरूप से स्वीकार करते हैं या इसकी पूर्णतः अवहेलना करते हैं।

लुसियन डब्ल्यू. पाई द्वारा राजनीतिक विकास संकल्पना की व्याख्या (Explanation of Political Development Concept by Lucian W. Pye)

राजनीतिक विकास संप्रत्यय के संबंध में ऊपर विवेचित सभी व्याख्याओं की त्रुटियों का आलोचनात्मक परीक्षण करते हुए लुसियन पाई द्वारा राजनीतिक विकास संकल्पना की ऐसी व्याख्या प्रस्तुत की गयी है जिसमें उपर्युक्त परिभाषाओं एवं व्याख्याओं के विभिन्न आयामों से संदर्भित कुछ तत्त्वों को उद्धृत किया गया है जिसे पाई द्वारा 'विकास संलक्षण' (Development Syndrome) की संज्ञा दी गयी है। लुसियन पाई द्वारा राजनीतिक विकास से संबंधित सभी व्याख्याओं को एक पक्षीय एवं अधूरा मानकर अस्वीकार किया गया है और विषय–विश्लेषण हेतु अपनी व्याख्या प्रस्तुत की गयी है।

लूसियन पाई ने अपनी व्याख्या में व्यवस्थागत राजनीतिक विकास प्रक्रिया को राजनीतिक व्यवस्था में तीन स्तरों पर होने वाले परिवर्तनों से संबद्ध किया है, ये तीन पक्ष हैं : (1) सम्पूर्ण जनता के संदर्भ में, (2) प्रशासकीय एवं सामान्य व्यवस्थायी निष्पादन के संदर्भ में, (3) व्यवस्थागत राजनीतिक इकाइयों के संगठन के संदर्भ में।

1. **सम्पूर्ण जनता के संदर्भ में (In the Context of Total Population)**—पाई की दृष्टि में किसी भी राजनीतिक व्यवस्था के राजनीतिक विकास का निर्णायक तत्त्व वहां के अवाम की अभिवृत्ति या मनोदशा में आने वाला मौलिक परिवर्तन है। यदि किसी व्यवस्था के सदस्यों की अभिवृत्तियों, मनोदशाओं, आस्थाओं व विश्वासों में लोकतांत्रिक मूल्यों के प्रति व्यवहृत (Practised) परिवर्तन आ जाय तो उस राजनीतिक व्यवस्था को राजनीतिक दृष्टि से विकसित कहा जायेगा, यानी कि सम्पूर्ण जनता के संदर्भ में यदि व्यवस्था के सदस्य राजनीतिक कार्यों के प्रति उदासीन हैं, नौकरशाही पर निर्भर है और जन सहभागिता की उपेक्षा करते हैं तो राजनीतिक व्यवस्था राजनीतिक दृष्टि से अविकसित मानी जायेगी और यदि किसी व्यवस्था की जनता सक्रिय है, सहभागी है और समानता के सिद्धान्त के प्रति संवेदनशील है तो व्यवस्था राजनीतिक दृष्टि से विकसित मानी जायेगी। पाई द्वारा सम्पूर्ण जनता के संदर्भ में इस परिवर्तन के तीन स्तरों को रेखांकित किया गया है; (1) यदि जनता पराधीनता की मानसिकता से ऊपर उठकर अधिकारियों द्वारा प्राप्त आदेशों पर अमल करने एवं उसी आलोक में कार्य करने की जगह राजनीतिक निर्णय–प्रक्रिया को निरूपित करने वाले सहभागी की भूमिका निभाने लगे। (2) यदि जनता राजनीतिक प्रक्रियाओं के प्रति उदासीनता व निष्क्रियता को त्यागकर राजनीतिक क्रियाओं–गतिविधियों में अधिकाधिक रुचि लेने लग जाय। (3) यदि जनता में सामाजिक–राजनीतिक समानता के सिद्धान्त के प्रति गहरी आस्था हो जाये और सार्वजनिक नियमों को जनस्वीकृति मिलने लग जाय। पाई का मानना है कि यदि किसी राजनीतिक व्यवस्था के सदस्यों की अभिवृत्तियों–अभिविन्यासों में इन लक्षणों का समावेश हो जाय तो यह स्थिति जनता के स्तर पर राजनीतिक विकास का सूचक है। पाई द्वारा राजनीतिक विकास की इस स्थिति की अभिव्यक्ति एवं व्याख्या समानता शब्द के परिप्रेक्ष्य में की गयी है।
2. **प्रशासकीय एवं सामान्य व्यवस्थायी निष्पादन के संदर्भ में (In the Context of Administrative and Legislative Execution)**—लुसियन पाई द्वारा व्याख्यात (Interpreted) राजनीतिक विकास के इस

संदर्भ का अर्थ राजनीतिक व्यवस्था के उस सामर्थ्य या क्षमता योग्यता से है जिसके माध्यम से कोई भी व्यवस्था अपने सार्वजनिक मामलों को बेहतर ढंग से निष्पादित करती है। पाई द्वारा राजनीतिक व्यवस्था के सामर्थ्य से प्रासंगिक तीन मानदण्डों को रेखांकित किया गया है, जिसके आधार पर किसी व्यवस्था को राजनीतिक दृष्टि से विकसित माना जायेगा : (i) यदि व्यवस्था अपने राजनीतिक मामलों का समाधान न्यायोचित रूप में करने में सक्षम है। (ii) यदि व्यवस्था अपने राजनीतिक विवादों को नियंत्रित रखने में सक्षम है। (iii) यदि व्यवस्था जनता द्वारा उठायी गयी मांगों का विवेकसंगत रूप में निपटारा करने में सक्षम है। इस प्रसंग में पाई की ये मान्यता है कि यदि किसी राजनीतिक व्यवस्था में प्रशासकीय एवं सामान्य व्यवस्थायी निष्पादन की क्षमता के रूप में राजनीतिक मामलों का उचित निपटारा, मांगों का समुचित समाधान, निर्गत उत्पन्न कराने की क्षमता, सार्वजनिक नीतियों का निर्माण एवं उनके क्रियान्वयन की क्षमता हो तथा सरकारी स्तर पर कार्यों के उचित निष्पादन की क्षमता के साथ प्रशासकीय अधिकारियों का दृष्टिकोण विवेकसंगत एवं धर्मनिरपेक्ष हो तो उस राजनीतिक व्यवस्था को राजनीतिक दृष्टि से विकसित माना जायेगा। पाई द्वारा राजनीतिक विकास की यह व्याख्या राजनीतिक व्यवस्था की क्षमता से संदर्भित है।

3. **व्यवस्थागत राजनीतिक इकाइयों के संगठन के संदर्भ (In the Context of Political Until under Political System)**–राजनीतिक विकास की व्याख्या के इस संदर्भ को पाई द्वारा व्यवस्थागत राजनीतिक इकाइयों मे होने वाले संगठनात्मक–प्रकार्यात्मक परिवर्तन से संबद्ध किया गया है। पाई ने राजनीतिक व्यवस्थाओं में संगठनात्मक स्तर से प्रासंगिक राजनीतिक विकास के तीन स्तरों को रेखांकित किया है: (i) यदि राजनीतिक इकाइयों में संगठनात्मक स्तर पर संरचनात्मक विभिन्नीकरण में वृद्धि हो जाय। यहां विभिन्नीकरण का तात्पर्य है विसरण यानी कि व्यवस्थान्तर्गत अनेक संरचनाओं के अस्तित्व की मौजूदगी। (ii) यदि प्रकार्यात्मक स्तर पर विभिन्नीकृत संरचनाओं का विशिष्टीकरण हो जाय। यहां विशेषीकरण का अभिप्राय है संरचनाओं के बीच कार्यों का स्पष्ट विभाजन। (iii) यदि सहभागी संस्थाओं, संगठनों के बीच बेहतर समन्वय स्थापित हो जाये। यहां व्यवस्था के अन्तर्गत राजनीतिक इकाइयों के संगठन के संदर्भ में राजनीतिक विकास का आशय हैं संरचनात्मक विभिन्नीकरण एवं प्रकार्यात्मक विशेषीकरण जिसमें संरचनाओं एवं कार्यों के बीच तालमेल व एकीकरण की स्थितियां बनती हैं जो व्यवस्था की कार्यक्षमता एवं कौशल को बढ़ाता है।

लुसियन पाई के अनुसार राजनीतिक विकास की ये त्रिमुखी व्याख्या ही इस संकल्पना के विश्लेषण का आधार–माध्यम है। इन्होंने राजनीतिक विकास को ऊपर वर्णित संदर्भों में होने वाला विकासों का समुच्यय माना है।

राजनीतिक विकास की विशेषताएं (Characteristics of Political Development)

राजनीतिक विकास संकल्पना की परिभाषा एवं प्रकृति की भांति इसकी विशेषताओं यानी कि लक्षणों पर भी मतैक्यता का अभाव पाया जाता है। लुसियन पाई के अतिरिक्त कुछ अन्य नामचीन विद्वानों द्वारा भी इस संप्रत्यय की विशेषताओं का उल्लेख किया गया है, जिसमें आल्मंड एवं पॉवेल, डोड, बाइण्डर, जैग्वाराइब आदि के नाम प्रमुख हैं। इन विद्वज्जनों द्वारा व्यक्त विचारों को निम्न संदर्भों में देखा जा सकता है।

राजनीतिक विकास की विशेषताएं : लुसियन डब्ल्यू. पाई (Characteristics of Political Development : Lucian W. Pye)

इस अवधारणा के संबंध में दी गयी विभिन्न परिभाषाओं एवं दृष्टिकोणों का समीक्षात्मक अध्ययन करने के पश्चात् पाई ने राजनीतिक विकास संकल्पना का जो अभिप्राय प्रस्तुत किया है उसके आधार पर इनके द्वारा इस अवधारणा की तीन विशेषताओं को रेखांकित किया गया है। पाई की प्रसिद्ध रचना '(Political Culture and

Political Development, 1965' में जिस विचार की अभिव्यक्ति की गयी उसका सारतत्त्व यह है कि ''आधुनिक राजनीतिक व्यवस्थाएं राज्य और समाज की राजनीतिक समस्याओं को सुलझाने में अधिक कार्यकुशल (Efficient) साबित हो रही हैं। ये सरकार के परम्परागत कार्यों के निष्पादन के साथ–साथ अपने नागरिकों को उन्नत जीवन प्रदान करने में सक्रिय भूमिका निभाती हैं।'' परम्परागत व्यवस्थाओं में शक्ति पर सरकार का एकाधिकार होता था लेकिन आधुनिक व्यवस्थान्तर्गत जनसाधारण व्यवस्थागत राजनीति से सीधा सरोकार रखता है। वे अपनी मांगें राजनीतिक सत्ता तक पहुंचाते हैं और सरकार की नीतियों के प्रति खुलकर समर्थन या विरोध व्यक्त करते हैं, वहीं सरकार भी वैधता अर्जित करने के लिए ज्यादा से ज्यादा नागरिकों का समर्थन एवं सहयोग प्राप्त करने के लिए लोकलुभावन नीतियों–निर्णयों का निर्माण करती है, योजनाएं बनाती है, कार्यक्रमों की घोषणाएं करती है और ऐसे सभी फैसलों का क्रियान्वयन करती है। लुसियन पाई द्वारा राजनीतिक व्यवस्था एवं प्रक्रियाओं के परिप्रेक्ष्य में व्यवस्था में होने वाले राजनीतिक विकास को सम्पूर्ण जनसंख्या की अभिवृत्तियों–अभिविन्यासों, व्यवस्था की कार्य क्षमता एवं राजनीतिक संरचनाओं के विसरण तथा विशिष्टीकरण के रूप में परिभाषित किया गया है। पाई द्वारा प्रस्तुत इस त्रिस्तरीय व्याख्या को 'विकास संलक्षण' (Development Syndrome) की संज्ञा दी गयी है। इस त्रिस्तरीय व्याख्या के आधार पर पाई द्वारा राजनीतिक विकास की तीन विशेषताओं का उल्लेख किया गया है; ये विशेषताएं हैं : समता (Equality), क्षमता (Capacity) एवं विभेदीकरण (Differentiation) जिसकी विस्तारित चर्चा निम्नांकित है:

प्रथम–समता (Equality)–राजनीतिक विकास विषय की प्रासंगिकता को देखते हुए पाई द्वारा समता के परिप्रेक्ष्य में जो अभिव्यक्ति की गयी है उसके आधार पर प्रत्येक राजनीतिक व्यवस्था में इस विषय की यह अपेक्षा है कि व्यवस्थागत राजनीतिक गतिविधियों में उसके ज्यादा से ज्यादा सदस्य सक्रिय भूमिका निभायें। राजनीतिक प्रक्रियाओं में बड़े पैमाने पर जनभागीदारी हो, राजनीतिक मामलों पर जनसहभागिता की स्थितियां बनें और राजनीति के प्रति जनरुझान में निरन्तर वृद्धि हो। यहां समानता के प्रसंग को स्पष्ट करते हुए पाई ने कहा है कि राजनीतिक विकास के परिप्रेक्ष्य में समता का अर्थ है बिना किसी भेदभाव के राजनीतिक गतिविधियों में सभी सदस्यों को भाग लेने का समान अवसर मिलना। राजनीतिक विकास की विशेषता के रूप में पाई द्वारा प्रतिपादित 'समता' शब्द के अभिप्राय को निम्नांकित संदर्भों में देखा जा सकता है :

1. राजनीतिक प्रक्रियाओं में भागीदारी के लिए सभी नागरिकों को समान अवसर मिले।
2. सभी स्तरों पर, सभी मामलों में भेदभाव रहित जनसहभागिता की व्यवस्था हो।
3. पराधीन और आदेश प्राप्त करने वाले नागरिकों के बजाय राजनीतिक निर्णयों में भागीदार बनाने वाली जनसंस्कृति एवं जनअभिवृत्तियों का निर्माण हो।
4. सार्वजनिक नियमों का निर्माण हो और उस पर जनस्वीकृति की स्थितियां कायम हों।
5. कानून की सर्वव्यापकता एवं समानता हो, अर्थात् समाज में सभी लोगों पर शासन करने के लिए एक तरह का कानून हो।
6. सदस्यों की योग्यता और उपलब्धियों के आधार पर राजनीतिक भर्ती की व्यवस्था हो।

पाई ने इन विशेषताओं को राजनीतिक विकास का बुनियादी लक्षण माना है। इस व्याख्या से यह स्पष्ट होता है कि पाई राजनीतिक विकास संप्रत्यय की विशेषताओं को सैद्धांतिक एवं व्यावहारिक दोनों कसौटियों पर यथातथ्य रूप में परखना चाहते हैं। इनके समतारूपी लक्षण का संबंध व्यवस्था के समस्त जनसमुदाय से है।

द्वितीय–क्षमता (Capacity)–लुसियन पाई द्वारा व्याख्यात इस प्रसंग का अभिप्राय राजनीतिक व्यवस्थान्तर्गत राजनीतिक संरचनाओं की क्षमता एवं विशेषीकृत कार्य–निष्पादन क्रिया से संबद्ध है। पाई की दृष्टि में क्षमता का आशय राजनीतिक व्यवस्था द्वारा आगत तत्त्वों को निर्गत तत्त्वों में परिवर्तित करने के सामर्थ्य से जुड़ा है। इस प्रसंग का संबंध सरकारी निष्पादन तथा इन प्रभावित करने वाली परिस्थितियों से है। इसका आशय सार्वजनिक नीतियों–निर्णयों के निर्माण में कुशलता, कार्यान्वयन में प्रभावपूर्णता और प्रशासकीय कार्यकुशलता से है। राजनीतिक विकास संप्रत्यय की विशेषता का यह पक्ष प्रशासन में औचित्यता, विवेकसंगतता, सरकारी कार्यवाहियों

में दक्षता एवं विशेष रूप से उन समर्थनीय (Justifiable) औचित्यों से अधिक प्रेरित दिखाई देता है जो किसी भी व्यवस्था में साधन एवं साध्यों को क्रमबद्ध तरीके से एक–दूसरे को परस्पर संबद्ध करता है। पाई ने व्यवस्थागत राजनीतिक विकास की क्षमता संबंधी जिन दक्षताओं को रेखांकित किया है, वे हैं :

1. निर्गत तत्त्वों को उत्पन्न कराने का सामर्थ्य।
2. व्यवस्था में उत्पन्न मांगों के समुचित समाधान का सामर्थ्य।
3. सरकारी स्तर पर कार्यों के जनसरोकारगत निष्पादन का सामर्थ्य।
4. सार्वजनिक नीतियों के निर्माण एवं कार्यान्वयन में दक्षता–प्रभावपूर्णता का सामर्थ्य, तथा
5. प्रशासन का विवेकपूर्ण एवं धर्मनिरपेक्ष दृष्टिकोण।

पाई द्वारा विवेचित ये लक्षण–प्रसंग राजनीतिक व्यवस्थाओं की क्षमता का सूचक है, जिसका अर्थ है राजनीतिक विकास के परिणामस्वरूप सार्वजनिक मामलों के प्रबंधन, विवादों पर नियंत्रण एवं जनसाधारण की ओर से आने वाली नई मांगों तथा पर्यावरण से मिलने वाली नई चुनौतियों का सामना करने की दृष्टि से राजनीतिक व्यवस्था की क्षमता में वृद्धि। व्यवस्थागत राजनीतिक विकास प्रक्रिया के उद्देश्यों–लक्ष्यों की प्राप्ति में राजनीतिक व्यवस्था के इस पक्ष की भूमिका बहुत महत्त्वपूर्ण है। संक्षेप में, पाई के इस लक्षण का तात्पर्य व्यवस्था के सामर्थ्य से है।

तृतीय–विभेदीकरण (Differentiation)–पाई ने विभेदीकरण को राजनीतिक विकास की एक मुख्य विशेषता माना है। इनकी दृष्टि में विभेदीकरण का अर्थ है राजनीतिक संरचनाओं का विसरण एवं विशेषीकरण, यानी कि राजनीतिक व्यवस्था के विशिष्ट कृत्यों को निष्पादित करने के लिए विभिन्न संरचनाएं उभरकर अस्तित्व में आती हैं और उसमें भागीदार संस्थाओं और संगठनों में परस्पर संयोजन (Integration) में भी काफी वृद्धि होती है। इसमें प्रत्येक इकाई और अभिकरण अपने विशेष कार्यों का संपादन करते हैं। इस दायरे में जटिल संरचनाओं और प्रक्रियाओं का संयोजन भी शामिल है। इस अर्थ में विभेदीकरण का आशय राजनीतिक संरचनाओं का विखण्डीकरण या पृथक्करण से नहीं है, अपितु संयोजन के उद्देश्य पर आधारित विशिष्टीकरण से है। राजनीतिक विकास के इस प्रसंग से संबद्ध जिन विशेषताओं को पाई द्वारा रेखांकित किया गया है, वे हैं :

1. राजनीतिक व्यवस्थान्तर्गत अनेक संरचनाओं के अस्तित्व की मौजूदगी।
2. प्रत्येक संरचना के बीच कार्यों की पृथकता।
3. राजनीतिक संरचनाओं के मध्य स्पष्ट कार्य–विभाजन, तथा
4. संरचनाओं एवं प्रकार्यों के बीच समन्वित (Harmonized) एवं एकीकृत (Intergrated) कार्यशैली।

संरचनात्मक विभेदीकरण एवं विशिष्टीकरण से संदर्भित अपने राजनीतिक विकास के लक्षण की प्रस्तुति का पुष्टिकरण करते हुए पाई ने कहा है कि "विभेदीकरण राजनीतिक व्यवस्था की विभिन्न इकाइयों का विखण्डीकरण या पृथक्करण से नहीं है, बल्कि एकीकरण के आधार पर कार्य–क्षमता का विशिष्टीकरण है" (Differentiation is not fragmentation and the isolation of the different parts of the political system but is specialization based on the ultimate sense of integration–Lucian Pye) पाई द्वारा अभिव्यक्त इस विशेषता का मूल अभिप्राय राजनीतिक व्यवस्था की कार्य–क्षमता से है।

राजनीतिक विकास की विशेषताओं के संबध में पाई द्वारा प्रतिपादित उपर्युक्त विषय–संदर्भ समानता, क्षमता और विभेदीकरण को राजनीतिक विकास का विकास–संलक्षण (Development Syndrome of Political Development) कहा गया है जिसमें समानता का संबंध व्यवस्थागत राजनीतिक संस्कृति से प्रासंगिक उन अभिवृत्तियों–मनोदशाओं से है जिसके माध्यम से जनसाधारण का विश्वास, आस्था, प्रतिबद्धता अपनी व्यवस्था एवं शासकवर्ग के प्रति बढ़ती है और राजनीतिक व्यवस्था की वैधता कायम रहती है। क्षमता का संबंध जनसरोकारगत व जनस्वीकृत सर्वजनीन नीतियों–निर्णयों के निर्माण एवं कुशलतापूर्वक उनके कार्यान्वयन से है जिसकी वजह से जनसामान्य का विश्वास अपनी व्यवस्था और शासकवर्ग के प्रति बना रहता है और यही अवाम को राजनीतिक

मामलों में जनसहभागिता के लिए प्रेरित करता रहता है। विभिन्नीकरण का संबंध काया निष्पादन की शैली के विशेषीकरण से है जो किसी भी राजनीतिक व्यवस्था में राजनीतिक सत्ता एवं नौकरशाही को बुद्धिसंगत स्वरूप प्रदान करता है और जनलामबन्दी (Mass Mobilisation) की प्रवृत्ति को बढ़ाता है। यही तत्त्व व्यवस्थाओं को विकासशील से विकसित कोटि में पहुंचाने का आधार–आधेय है। इस प्रकार लुसियन पाई ने राजनीतिक विकास की गति को पहचान का स्वरूप प्रदान करने के क्रम में समानता को राजनीतिक संस्कृति से, क्षमता को आधिकारिक स्तर पर कार्य–निष्पादन से एवं विभेदीकरण को सामान्य राजनीतिक प्रक्रिया से संबद्ध करके राजनीतिक विकास अवधारणा को इन तीनों के बीच पाये जाने वाले संबंधों का प्रतीकात्मक (Symbolic) स्वरूप प्रदान किया है।

ऊपर वर्णित विशेषताओं के अतिरिक्त, इस प्रसंग में लुसियन पाई द्वारा अपनी रचना 'Aspects of Political Development' में दो और बातें भी कही गयी हैं। पहली–राजनीतिक विकास की विशेषता से प्रासंगिक ये तीनों तत्त्व सरल रूप में एक–दूसरे के साथ समाविष्ट हो भी सकते हैं, या नहीं भी हो सकते हैं इसलिए समानता की मांग क्षमता की अपेक्षा अधिक हो सकती है जो विभेदीकरण प्रक्रिया के लिए अधिक तनावपूर्ण हो भी सकती है या नहीं भी हो सकती है। इस अर्थ में अधिकतर समता की मांग के लिए उत्पन्न दबाव किसी भी व्यवस्था के लिए चुनौती बन सकता है या गुणात्मकता और विशेषीकरण पर अधिक जोर देकर विभेदीकरण द्वारा समता की मांग को कम किया जा सकता है। दूसरी–राजनीतिक विकास की प्रक्रिया स्पष्टतः एकरेखीय (Unilinear) नहीं है और न ही इस पर तीव्र या विशिष्ट अवस्थाएं लागू होती हैं। इस प्रक्रिया का नियमन ऐसी समस्याएं करती हैं जो अलग–अलग या एक साथ भी पैदा हो सकती हैं। तुलनात्मक राजनीति के विस्तारित परिप्रेक्ष्य में राजनीतिक विकास विषय का अध्ययन करने से यह स्पष्ट होता है कि जनता के संदर्भ में इस परिर्वनशील विषय का अध्ययन व्यवरथा में मौजूद राजनीतिक संस्कृति से संबद्ध है। क्षमता से प्रासंगिक समस्याओं का संबंध सरकार की प्रभावशाली संरचनाओं के कार्य–निष्पादन से है और विभेदीकरण का सवाल मुख्य रूप से अप्रामाणिक संरचनाओं के कार्य–निष्पादन से संबद्ध है जिसका सीधा सरोकार समाज की सामान्य राजनीतिक प्रक्रियाओं से है। इस प्रसंग में यह कहा जा सकता है कि लुसियन पाई द्वारा प्रतिपादित राजनीतिक विकास–विश्लेषण का संदर्भ मूलतः राजनीतिक विकास की समस्याओं, राजनीतिक संस्कृति का विसरण, संरचनाओं का प्रभावीकरण और सामान्य राजनीतिक प्रक्रियाओं के मध्य पाये जाने वाले संबंधों के बीच घूमता रहता है।

यद्यपि लुसियन पाई ने राजनीतिक विकास अवधारणा के विश्लेषण को नया आयाम दिया, तथापि तीसरी दुनिया की विकासशील व्यवस्थाओं में चल रहे राजनीतिक विकास प्रक्रिया के समीचीन अध्ययन हेतु यह विश्लेषण बहुत कारगर साबित नहीं हो सका इसलिए विभिन्न समालोचनाओं के साथ इसके परिष्कृत रूप की प्रस्तुति में कई अन्य विद्वानों द्वारा योगदान गया।

राजनीतिक विकास की विशेषताएं : जी.ए. आल्मंड–जी.बी. पॉवेल
(Characteristics of Political Development : G.A. Almond–G.B. Powell)

राजनीतिक विकास अवधारणा की विशेषताओं को उल्लिखित करने में पाई के अतिरिक्त आल्मंड–पॉवेल का नाम भी विशेष रूप से उल्लेखनीय है। लुसियन पाई द्वारा प्रतिपादित विशेषताओं एवं आल्मंड–पॉवेल द्वारा प्रस्तुत विशेषताओं में तत्त्वात्मक (Ultimate) स्तर पर कोई मौलिक अन्तर नहीं है। इनके द्वारा भी राजनीतिक विकास की तीन विशेषताओं को रेखांकित किया गया है : (1) भूमिका विभेदीकरण, (2) उपव्यवस्था की स्वायत्तता एवं (3) लौकिकीकरण।

1. **भूमिका विभेदीकरण (Role Differentiation)**–आल्मंड एवं पॉवेल ने इस संप्रत्यय की विशेषताओं में संरचनाओं के विभिन्नीकरण की अपेक्षा भूमिका विभिन्नीकरण को ज्यादा महत्त्व दिया है। यह पाई द्वारा प्रस्तुत विभेदीकरणरूपी विशेषता का परिष्कृत रूप है। पाई ने अपने प्रतिपादन में संरचनात्मक विभिन्नीकरण की बात कही है, जिसका आशय है समाज के अन्दर राजनीति की अनौपचारिक संरचनाओं का अलग–अलग रूप में विकास जिसके माध्यम से जनसाधारण की मांगों, विचारों, मान्यताओं, अधिमान्यताओं

को सुनिश्चित रूप व स्पष्ट आकार प्रदान करके राजनीतिक व्यवस्था के अन्दर पहुंचाया जा सके और सरकार को आधिकारिक निर्णय लेने हेतु आधार–सामग्री मुहैया करायी जा सके। इसी क्रम में एक क़दम आगे बढ़ कर आल्मंड–पॉवेल संरचनाओं की भूमिकाओं के विभेदीकरण की बात प्रस्तुत करते हैं। इस प्रसंग के स्पष्टीकरण के संबंध में इनकी अभिव्यक्ति है कि कई विकासशील और साम्यवादी व्यवस्थाओं में प्रशासनिक दक्षता और कुशल–निष्पादन क्षमता की दृष्टि से संरचनात्मक विभिन्नीकरण भूमिका विभेदीकरण के साथ मिलकर ही अपने निर्धारित विकास–लक्ष्य को प्राप्त कर सकता है। आल्मंड–पॉवेल ने इस संदर्भ को राजनीतिक विकास का मुख्य लक्षण माना है। इनकी दृष्टि में भूमिका विभेदीकरण की वजह से राजनीतिक संरचनाओं में अपने आप विशेषीकरण आ जाता है। इनका कहना है कि जब तक भूमिका विभेदीकरण अपने व्यावहारिक रूप में नहीं आती है, तब तक विशेषीकरण की स्थिति नहीं बनती है। इसलिए इनकी यह मान्यता है कि भूमिका विभेदीकरण, संरचनात्मक विभेदीकरण तथा विशेषीकरण तीनों राजनीतिक विकास के परस्पर संबद्ध आयाम हैं। इसी वजह से आल्मंड–पॉवेल ने इस आयाम को राजनीतिक विकास संप्रत्यय की सबसे प्रमुख विशेषता के रूप में उल्लिखित किया है।

2. **उपव्यवस्था की स्वायत्तता (Autonomy of Subsystem)**–आल्मंड–पॉवेल द्वारा प्रस्तुत राजनीतिक विकास संकल्पना की दूसरी विशेषता 'उपव्यवस्थाओं की स्वायत्तता पाई द्वारा प्रतिपादित 'क्षमता' के प्रसंग से संबद्ध है। पाई ने राजनीतिक विकास के जिस आयाम को क्षमता की संज्ञा दी है, आल्मंड–पॉवेल ने उसे उपव्यवस्था की स्वायत्तता का नाम दिया है। अपने द्वारा प्रस्तुत विकास के इस आयाम के स्पष्टीकरण–प्रसंग में इनका कहना है कि भूमिका विभिन्नीकरण का तब तक यथोचित परिणाम नहीं मिल सकता है जब तक कि राजनीतिक व्यवस्था की उपव्यवस्थाओं को स्वायत्तता प्राप्त न हो जाए। इसका सीधा सरोकार क्षमता से है, क्योंकि वहां उपव्यवस्थाओं की स्वायत्तता व्यवस्था में शक्ति के विकेन्द्रीकरण का सूचक है। उपव्यवस्थाओं की स्वायत्तता राजनीतिक व्यवस्था की कार्यक्षमता में निपुणता लाने में आधारतत्त्व की भूमिका अदा करता है। उपव्यवस्थाओं को स्वायत्तता प्रदान करने वाली राजनीतिक व्यवस्थाएं ज्यादा सिद्धिपूर्वक (Effectively) व्यवस्था से मिलने वाली चुनौतियों, मांगों को नीतियों–निर्णयों में रूपान्तरित कर सकती है, क्योंकि मांगों व चुनौतियों पर विचार–विमर्श करने के लिए कई निर्णय–केन्द्र सक्रिय रहते हैं, इसलिए व्यवस्था में विभिन्नीकरण का ऊँचा स्तर स्थापित होता है और व्यवस्था अपने–चरम साध्य को प्राप्त करने की दिशा में तेजी से क़दम बढ़ा पाता है।

3. **लौकिकीकरण (Secularisation)**–आल्मंड–पॉवेल द्वारा प्रस्तुत राजनीतिक विकास की तीसरी विशेषता लौकिकीकरण है जिसका अभिप्राय व्यवस्थागत राजनीतिक संस्कृति से संबद्ध है। कुछ हद तक विकास संकल्पना का यह आयाम पाई द्वारा प्रस्तुत 'समानता' के संदर्भ से भी संबद्ध है, लेकिन दोनों के बीच एक खास अन्तर यह है कि जहां समानता एक व्यापक संदर्भ है जिसके कई पक्ष हैं, वहीं लौकिकीकरण का संदर्भ शायद इतना व्यापक नहीं है। किसी भी राजनीतिक व्यवस्था में लौकिकीकरण का सम्बन्ध वहां के सदस्यों की अभिवृत्तियों में होने वाले अभिविन्यासों से संबद्ध होता है। लौकिकीकरण का सीधा संबंध व्यवस्था की संस्कृति से होता हैं। इसीलिए आल्मंड एवं पॉवेल ने इसे संस्कृति के लौकिकीकरण (Secularisation of Culture) का नाम दिया है। इनकी दृष्टि में यह वह प्रक्रिया है जिसके तहत व्यवस्था के सदस्य अपनी राजनीतिक भूमिकाओं में उत्तरोत्तर अधिक विवेकसंगत, वैश्लेषिक और अनुभवमूलक दृष्टिकोण अपनाने लगते हैं। इस प्रक्रिया को व्यवहारपरक बनाने के लिए उपयुक्त सूचनाएं संकलित की जाती हैं, उनका मूल्यांकन किया जाता है ताकि अभीष्ट परिणाम प्राप्त हो सके। आल्मंड–पॉवेल द्वारा प्रस्तुत ''संस्कृति का लौकिकीकरण' वस्तुतः व्यवस्था में राजनीतिक संस्कृति और राजनीति विकास के संबंध को रेखांकित करता है। इनका यह मानना है कि राजनीतिक विकास की ये तीनों विशेषताएं– भूमिका विभेदीकरण, उपव्यवस्था की स्वायत्तता एवं लौकिकीकरण राजनीतिक व्यवस्था के कार्य–संचालन के अन्य पहलुओं–रूपान्तरण क्षमता, सामर्थ्य एवं व्यवस्था अनुरक्षण प्रतिमानों से संबद्ध

होती है।'' (Role differentiation, autonomy and secularization are related to other aspects of the functioning of particular classes of political systems their conversion characteristics, capabilities and system maintenance patterns.—*Almond and Powell*)

सारांशतः यह कहा जा सकता है कि लुसियन पाई एवं आल्मंड–पॉवेल द्वारा प्रस्तुत राजनीतिक विकास संकल्पना की विशेषताओं के समीक्षात्मक अध्ययन से हम इस निष्कर्ष पर पहुंचते हैं कि सभी व्यवस्थाओं में राजनीतिक विकास की गति की पहचान करने में संरचनात्मक विभिन्नीकरण (Structural Differentiation) एवं कार्यात्मक विशेषीकरण (Functional Specilization) की भूमिका अहम् है। ये राजनीतिक व्यवस्था की कार्यक्षमता की गति के संकेतक हैं।

राजनीतिक विकास की विशेषताएं : लियोनार्ड बाइण्डर (Characteristics of Political Development : Leopard Binder)

लियोनार्ड बाइण्डर (Leonard Binder) द्वारा भी परिष्कृत रूप में राजनीतिक विकास की चार विशेषताओं का उल्लेख किया गया है। अमेरिका की 'तुलनात्मक राजनीति समिति' (Committee on Comparative Politics) द्वारा बाइण्डर के इस प्रयास की प्रशंसा की गयी है। इस समिति के तत्त्वावधान में बाइण्डर की एक महत्त्वपूर्ण रचना 'Crisis and Sequences in Political Development, 1971' प्रकाशित हुई जिसमें इनके द्वारा राजनीतिक विकास की विशेषताओं का जो निहितार्थ बताये गए हैं, वो निम्नांकित हैं :

1. पहचान की स्थिति में परिवर्तन, धार्मिक से जातीय एवं संकुचित से सामाजिक तक।
2. वैधता की स्थिति में परिवर्तन, अनुभवाश्रित से अनुभवातीत तक।
3. राजनीतिक सहभागिता की स्थिति में परिवर्तन, अभिजन से जनसाधारण और परिवार से समूह तक।
4. प्रशासनिक एवं वैध सन्निवेशन (Insertion) की मात्रा में परिवर्तन, समाजिक संरचना से देश के दूरस्थ क्षेत्रों तक।

बाइण्डर द्वारा उल्लिखित विशेषताओं का निहितार्थ अपने दायरे में राजनीतिक विकास संकल्पना का व्यापक एवं विस्तारित अर्थ–संदर्भ प्रस्तुत कर रहा है। इनके प्रयास से राजनीतिक विकास अवधारणा को गत्यात्मक आयाम मिला है।

राजनीतिक विकास की विशेषताएं : फ्रेड डब्ल्यू. रिग्स (Characteristics of Political Development : Fred W. Riggs)

फ्रेड डब्ल्यू. रिग्स (Fred W. Riggs) ने राजनीतिक विकास संकल्पना की विशेषताओं को रेखांकित करते हुए राजनीतिक विकास एवं पर्यावरण की शक्तियों का आपस में मेलजोल बताया है। इनके विचार में राजनीतिक संदर्भ में 'विकास' शब्द पर्यावरण को प्रभावित करने वाले सामूहिक निर्णय लेने और उन्हें अमल में लाने की 'क्षमता' को बताने तक सीमित किया जाना चाहिए। वस्तुतः, परिस्थिति विज्ञान (Ecology) आयाम जो पर्यावरण शब्द को राजनीतिक निर्णय–निर्माण की प्रक्रिया में शामिल करता है, यह अपेक्षा करता है कि 'सांस्कृतिक पर्यावरण और मानवीय पर्यावरण दोनों को भौतिक पर्यावरण से जोड़ने की जरूरत है जिससे कि राजनीतिक, प्रशासनिक कार्य हेतु परिस्थिति विज्ञान के माध्यम से पर्याप्त आकृति तैयार की जा सके। इनकी मान्यता है कि संदर्भ शब्द का भी अपना खास महत्त्व है जो अन्तर्राष्ट्रीय समाज के अंग के रूप में राज्य का अध्ययन करने की प्रेरणा देता है। रिग्स ने राजनीतिक विकास की विशेषताओं पर गंभीर दृष्टि डालते हुए अपनी प्रसिद्ध पुस्तक 'The Theory of Political Development, 1967' एवं 'Further Considerations of Development in Administrative Change, 1976' में विषय को परिभाषित करते हुए कहा है कि ''विकास के संबंध में मेरा दृष्टिकोण यह है कि इसमें मौजूदा पर्यावरण के प्रतिबन्धों और संसाधनों दोनों को अधिक गहराई से समझने की जरूरत है। इसके साथ ही राजनीतिक

विकास का एक अति महत्त्वपूर्ण तत्त्व यह भी है कि कोई–कोई समाज कुछ ऐसी बातों को पसंद करता है जो उसके पर्यावरण में बदलाव लाया जा सके, जिससे वहां मौजूद प्रतिबंधों प्रतिबन्धों के तत्त्वों को घटाया जा सके और संसाधनों से प्रासंगिक तत्त्वों को बढ़ाया जा सके। इस प्रकार व्यवस्थाएं अपनी निर्णय–क्षमता का विस्तार करके अपने आत्म–निर्णय सामर्थ्य के विस्तार को व्यापक आयाम प्रदान कर सकेंगी।''

राजनीतिक विकास की विशेषताएं : हेलियो जैग्वाराइब (Characteristics of Political Development : Helio Jaguraibe)

अमेरिकी विद्वान हेलियो जैग्वाराइब (Helio Jaguaribe) ने अपनी कई रचनाओं में राजनीतिक विकास का एक व्यापक और अत्यधिक विश्वसनीय सिद्धान्त प्रतिपादित करने का प्रयास किया है। ये राजनीतिक विकास विषय को व्यवस्थागत राजनीतिक आधुनिकीकरण एवं राजनीतिक संस्थापन का योग मानते हैं। इनकी दृष्टि में राजनीतिक विकास का आशय है :

प्रथम–राजनीतिक व्यवस्था के सामर्थ्य (Capacity) का विकास–इस दृष्टिकोण के आधार पर सामाजिक व्यवस्था की एक उपव्यवस्था के रूप में राजनीतिक व्यवस्था को अत्यधिक क्षमतावान और प्रभावशाली बनाया जा सकता है।

द्वितीय–सम्बद्ध समाज के सर्वहित के लिए वहां सर्वभाव (Whole Disposition) एवं सर्वभूत (all elements) विकास हेतु राजनीतिक व्यवस्था के योगदान में वृद्धि–इसका अभिप्राय है राजनीतिक संसाधनों के माध्यम से समस्त समाज का चहुँदिस विकास करना।

तृतीय–राजनीतिक व्यवस्था की अनुक्रियाशीलता (Responsiveness) का विकास तथा उसके प्रतिनिधित्व, वैधता एवं सेवा–क्षमता का विकास–इसका तात्पर्य है राजनीतिक संसाधनों के माध्यम से राजनीतिक–सामाजिक एकीकरण में वृद्धि करना।

जैग्वाराइब ने राजनीतिक विकास की व्याख्या व्यापक संदर्भ में की है जिसे इन्होंने क्रमशः (1) परिवर्त्य के रूप में (As a form of variable), (2) राजनीतिक दिशा के रूप में (As a form of Political Direction), (3) एक प्रक्रिया के रूप में (As a form of Process) एवं (4) विभिन्न पहलुओं के रूप में (As a form of Different Aspects) की कोटि में बांटकर स्पष्ट किया है। इनकी दृष्टि में परिवर्त्य के रूप में राजनीतिक विकास किसी भी व्यवस्था के संरचनात्मक स्तर में परिवर्तन लाने वाली क्रिया या कारक है। यह राजनीतिक विकास का संरचनात्मक स्तर है। क्रियात्मक स्तर पर राजनीतिक दिशा के रूप में राजनीतिक विकास व्यवस्था संदर्भित संरचनात्मक परिवर्तन की दिशा एवं गति का संकेतक है। यह परिवर्तन व्यवस्था में आंतरिक स्तर पर भी हो सकता है या विभिन्न व्यवस्थाओं के बीच भी हो सकता है। यह परिवर्तन विश्लेषणात्मक (Analytical) या संश्लेषणात्मक (Synthetical) दोनों हो सकता है जो खंडीकरण (Segmentation) एवं एकीकरण (Integration) दोनों प्रक्रियाओं का द्योतक (Indicator) हो सकता है। इनकी दृष्टि में एक प्रक्रिया के रूप में राजनीतिक विकास, राजनीतिक आधुनिकीकरण एवं राजनीतिक संस्थाकरण का प्रतिनिधित्व करती है। विभिन्न पहलुओं के रूप में इस प्रक्रिया का संबंध व्यवस्था की क्षमता का विकास, व्यवस्था की अनुक्रियात्मकता (Responsiveness) का विकास, सामाजिक सहभागिता में अभिवृद्धि (Prosperity), वैधता में अभिवृद्धि, प्रतिनिध्यात्मकता में अभिवृद्धि, उद्देश्य (Determination) में अभिवृद्धि, सामाजिक समरूपता (Uniformity) में अभिवृद्धि, समाज के समग्र विकास (Total Development) में राजनीतिक व्यवस्था का योगदान आदि जैसी चहुंदिस विकास से संबंधित क्रियाओं से प्रासंगिक है।

जैग्वाराइब ने राजनीतिक विकास संकल्पना को राजनीतिक आधुनिकीकरण (Modernisation) एवं राजनीतिक संस्थाकरण (Institutionalisation) की समग्रता के परिप्रेक्ष्य में देखा है। इनकी दृष्टि में प्रक्रिया के रूप में राजनीतिक आधुनिकीकरण का अर्थ है राज्य के परिचालनात्मक परिवर्त्यों (Operational Variables) का (1) विवेकसंगत अभिविन्यास (Rational Orientation), (2) संरचनात्मक विभेदीकरण (Structural Differentiation), एवं (3) सामर्थ्य (Capacity) में वृद्धि।

राजनीतिक संस्थापन का आशय है राज्य के सहभागी परिवर्त्यों (Participational Variables)—(1) राजनीतिक लामबन्दी (Political Mobilization)—(2) राजनीतिक एकीकरण (Political Intergration) एवं (3) राजनीतिक प्रतिनिधित्व (Political Representation) में वृद्धि।

इनका कहना है कि राजनीतिक विकास का उद्देश्य अन्ततः क्या होगा यदि उसकी प्रकृति में समाज के सर्वतोन्मुखी विकास का साधन बनने की तत्परता का तत्त्व समावेशित नहीं होगा। इस व्यापक दृष्टिकोण के परिप्रेक्ष्य में स्पष्ट रूप से राजनीतिक विकास का अभिप्राय है राजनीतिक साधनों के प्रयोग द्वारा समाज के समस्त आयामों का सर्वतोन्मुखी विकास करना और इस लक्ष्य की प्राप्ति हेतु व्यवस्था की कार्य क्षमता में अत्यधिक वृद्धि करना। इसे आधुनिकीकरण का अन्तिम लक्ष्य स्वीकारा गया है। वस्तुतः, राजनीतिक विकास प्रक्रिया का केवल एक अंग है–राजनीतिक संस्थापन एवं राजनीतिक–सामाजिक एकता में वृद्धि और बाकी दूसरे तत्त्व उसके कार्य संचालन की दृष्टि से उसके लिए आवश्यक और अभिन्न हैं। ऊपर विवेचित तथ्यों के आधार पर यह स्पष्ट होता है कि जैग्वाराइब के मतानुसार, राजनीतिक विकास के अर्थ संदर्भ दायरे में तीन बातें प्रमुख हैं, यथा–राजनीतिक व्यवस्था की क्षमता का विकास, व्यवस्था में विद्यमान् समाज के सर्वतोन्मुखी विकास में राजनीतिक व्यवस्था की अहम् भूमिका एवं राजनीतिक व्यवस्था की अनुक्रियाशीलता में वृद्धि। यदि किसी राजनीतिक व्यवस्था में इनमें से किसी एक पक्ष का विकास होता है और दो पक्ष अविकसित रह जाते हैं तो इसे सम्पूर्ण राजनीतिक व्यवस्था का विकास नहीं माना जायेगा। राजनीतिक व्यवस्था की क्षमता–वृद्धि के दो अन्य पहलुओं की वजह से ही क्षमता–वृद्धि को राजनीतिक विकास का सर्वाधिक महत्त्वपूर्ण आधारतत्त्व माना गया है। इनका मानना है कि किसी भी व्यवस्था का आंशिक या कोई विशिष्ट विकास राजनीतिक समाजीकरण या सामाजिक राजनीतिकरण की वजह से हो सकता है, लेकिन सामाजिक एकीकरण में वृद्धि की स्थितियां सम्पूर्ण रूप से राजनीतिक विकास के परिणामस्वरूप ही संभव हो पाती हैं।

जैग्वाराइब ने अपनी रचनाओं में राजनीतिक विकास के आठ परिवर्त्यों का उल्लेख किया है, जिसे तीन भागों में बांटा है; यथा–प्रथम, परिचालनात्मक परिवर्त्य (Operational Variable), द्वितीय, सहभागिता परिवर्त्य (Participational Variable) एवं तृतीय, दिशात्मक परिवर्त्य (Directional Variable)।

परिचालनात्मक परिवर्त्यों की कोटि में (1) विवेकोन्मुख अभिविन्यास, (2) संरचनात्मक विभेदीकरण एवं (3) सामर्थ्य को शामिल किया है। सहभागिता परिवर्त्यों की कोटि में (1) राजनीतिक लामबन्दी, (2) राजनीतिक एकीकरण एवं (3) राजनीतिक प्रतिनिधित्व को शामिल किया है। दिशात्मक परिवर्त्य की कोटि में (1) राजनीतिक उच्च विधायन (Political Superordination) तथा (2) विकासोन्मुख अभिवृतियों (Attitudes) को शामिल किया है।

जैग्वाराइब की दृष्टि में परिचालनात्मक परिवर्त्यों की कोटि में शामिल विवेकोन्मुख अभिविन्यास का अर्थ है निर्णय–निर्माण एवं निर्णय–कार्यान्वयन दोनों क्रियाओं का विधिसम्मत संचालन होना। राजनीतिक विकास के संदर्भ में इस प्रवृति का तात्पर्य है राज्य के लौकिकीकरण एवं नियंत्रण–सामर्थ्य में वृद्धि होना। संरचनात्मक विभेदीकरण तीन आयामों से संबद्ध है–(1) अन्तःसमाजीय (Intersocietal), (2) समाजान्तरिक (Intrasocietal) और (3) वर्गीयान्तरिक (Intrasystemic)। इस परिप्रेक्ष्य में यदि एक समाज और उसकी राजनीतिक व्यवस्था को अन्य समाजों तथा उसकी राजनीतिक व्यवस्थाओं से पृथक् करके देखा जाय तो इसका अर्थ होगा समाज की स्वायत्तता का आग्रह। यदि समाज की उपव्यवस्थाओं के रूप में राजनीतिक व्यवस्था का अध्ययन उस समाज की सांस्कृतिक, आर्थिक एवं सहभागी अन्य सभी उपव्यवस्थाओं से पृथक् रूप में किया जाय तो इसका अर्थ है राजनीतिक व्यवस्था की स्वायत्तता का आग्रह, और यदि राजनीतिक व्यवस्था का अध्ययन उसकी अपनी उपव्यवस्थाओं के बीच किया जाता है तो इसका अर्थ होगा पर्याप्त मात्रा में संरचनात्मक विभेदीकरण एवं प्रकार्यात्मक स्वायत्तता का आग्रह। इसे सर्वमान्य स्तर पर स्वीकार किया गया है कि सामाजिक व्यवस्था की किसी भी उपव्यवस्था–राजनीतिक, आर्थिक, सामाजिक, सांस्कृतिक में होने वाले परिवर्तनों का सीधा प्रभाव दूसरी उपव्यवस्थाओं पर पड़ता है। समाज के सांस्कृतिक, आर्थिक, सामाजिक व राजनीतिक पक्षों को सुरक्षा प्रदान करने वाला तथा समाज के सभी लक्ष्यों की प्राप्ति का आधार–माध्यम होने की वजह से राजनीतिक व्यवस्था के स्वरूप

में आने वाले परिवर्तन के परिणामस्वरूप व्यवस्था में मौजूद अन्य उपव्यवस्थाओं में भी उसी अनुपात में परिवर्तन आने लगता है।

उपर्युक्त तथ्यों से यह स्पष्ट होता है कि हेलियो जैग्वाराइब ने अपनी प्रसिद्ध रचना 'Economic and Political Development, 1969' एवं 'Political Development : A General Theory and a Latin American Study, 1973' में राजनीतिक विकास अवधारणा के समस्त आयामों एवं विशेषताओं को विस्तृत एवं विश्वसनीय सिद्धान्त के रूप में प्रतिपादित किया है। इनके उल्लेखनीय योगदान से राजनीतिक विकास संकल्पना को एक नया गत्यात्मक स्वरूप मिला है। इनकी राजनीतिक विकास संकल्पना मुख्यतः तीसरी दुनिया से संबद्ध विकासशील राजनीतिक व्यवस्थाओं में चल रहे राजनीतिक विकास एवं आधुनिकीकरण प्रक्रिया का सादृश्यमूलक (Representational) स्वरूप प्रस्तुत करता है।

राजनीतिक विकास संकल्पना की विशेषताओं के संबंध में ऊपर विवेचित विद्वज्जनों की अभिव्यक्तियों के अतिरिक्त कुछ और प्रमुख नाम हैं जिन्होंने अपनी रचना में इस संकल्पना की विशेषताओं का उल्लेख किया है। इस कोटि मे एक प्रमुख नाम डोड का है जिन्होंने अपने अध्ययन में राजनीतिक विकास को विशिष्ट लक्षणों वाली एवं व्यापक संदर्भ वाली अवधारणा माना है।

सी.एच. डोड की विशेषताएं (Characteristics of C.H. Dodd)

डोड ने अपनी प्रसिद्ध पुस्तक 'Political Development, 1972' में कहा है कि ''राजनीतिक विकास का महत्त्वपूर्ण माध्यमिक तत्त्व बुर्जआ वर्ग है। डोड द्वारा राजनीतिक विकास की चार विशेषताओं का उल्लेख किया गया है, यथाः

प्रथम–राजनीतिक व्यवस्था में समानता की ऐसी भावना का विकास जिसमें राजनीति में भाग लेने तथा सरकारी पदों की प्रतियोगिता में भाग लेने के लिए सभी को समान अवसर मिले।

द्वितीय–राजनीतिक व्यवस्था में नीति–निर्णय निर्धारण एवं क्रियान्वयन की क्षमता का विकास।

तृतीय–राजनीतिक भूमिकाओं में विभेदीकरण एवं विशेषीकरण का विकास।

चतुर्थ–राजनीतिक प्रक्रियाओं में लौकिकीकरण का विकास इस रूप में हो जिससे व्यवस्था की राजनीति, धार्मिक उद्देश्यों और उसके प्रभावों से अलग रह सके।

राजनीतिक विकास की विशेषताओं से संबंधित विद्वज्जनों द्वारा प्रस्तुत उपर्युक्त विचारों से यह स्पष्ट होता है कि संकल्पना संबंधी इनकी धारणा में आधारभूत रूप से कोई बुनियादी अन्तर नहीं है। लुसियन पाई द्वारा अभिव्यक्त समानता, क्षमता एवं विभेदीकरण को विषयगत विशेषता का आधारतत्त्व मानकर सभी विद्वज्जनों द्वारा प्रतिपादित विचार इन्हीं तीनों तत्त्वों के इर्द–गिर्द घूमता दिखाई देता है। चूंकि राजनीतिक विकास संकल्पना का स्वरूप बहुआयामी एवं बहुदिशापरक (Multidimensional and Multidirectional) है, इसलिए यहां राजनीतिक विकास संकल्पना की विशेषताओं के साथ–साथ इस प्रसंग से संबद्ध राजनीतिक व्यवस्था में उत्पन्न या मौजूद राजनीतिक ह्रास या पतन (Political Decline) के पक्षों का उल्लेख करना विषय को यथातथ्य रूप से समझाने की दृष्टि से अति आवश्यक है। क्योंकि, एक संकल्पना के रूप में यह विषय सिर्फ राजनीतिक विकास एवं आधुनिकीकरण से प्रासंगिक तत्त्वों का सूचक नहीं है अपितु व्यवस्था में उत्पन्न या मौजूद राजनीतिक अवनति के तत्त्वों के विकास का भी संकेतक है। जैसा कि एस.पी. हंटिंगटन (S.P. Huntington) ने अपनी रचना 'Political Development and Political Deacy in World Politics, 1965' में कहा है कि ''किसी राजनीतिक व्यवस्था के संस्थानीकरण के स्तर की परिभाषा उसके संगठनों, कार्यविधियों, अनुकूलनीयता, जटिलता, स्वयत्तता एवं सुसंगति पर निर्भर करती है, इसी प्रकार किसी विशेष संगठन या कार्यविधि के संस्थानीकरण के स्तर को उसकी अनुकूलनीयता, जटिलता, स्वायत्तता या सुसंगति के माध्यम से मापा जा सकता है। यदि इन कसौटियों की पहचान की जा सकती है और उन्हें मापा जा सकता है तो राजनीतिक व्यवस्थाओं की तुलना उनके संस्थानीकरण के स्तर के अनुसार की जा सकती है साथ ही, एक राजनीतिक व्यवस्था के भीतर विशेष संगठनों और कार्यविधियों

के संस्थानीकरण में त्रुटियों और वृद्धियों को भी मापा जा सकता है।'' हंटिंगटन की इस अभिव्यक्ति का समर्थन करते हुए आल्मंड एवं पॉवेल ने कहा है कि ''इस बात की ओर भी संकेत किया जाना चाहिए कि निवेशों के प्रवाह की अन्तर्वस्तु (Contents) में महत्त्वपूर्ण परिवर्तन या इसके परिमाणन में कभी आने से व्यवस्था में नकारात्मक या अधोगामी तत्त्वों का विकास हो सकता है; जिसकी वजह से राजनीतिक व्यवस्था की क्षमताओं में कमी आ सकती है, या उस पर दबाव बढ़ सकता है, जिसके परिणामस्वरूप संरचनाएं और भूमिकाएं क्षीण हो सकती हैं और संस्कृति अधोगामी होकर अभिविन्यास के अधिक परम्परागत प्रतिमाण पर आ सकती है।''

सैमुअल पी. हंटिंगटन तथा आल्मंड एवं पॉवेल द्वारा अपनी रचनाओं में एक राजनीतिक व्यवस्था के अन्तर्गत राजनीतिक विकास से संदर्भित राजनीतिक पतन के जिन तत्त्वों की उत्पत्ति या मौजूदगी की बात उठायी गयी उसे व्यवस्थागत निवेश तत्त्वों की अन्तर्वस्तु के रूप में निम्नलिखित तालिका के माध्यम से स्पष्ट रूप मे समझा जा सकता है :

राजनीतिक विकास एवं राजनीतिक अवनति के तत्त्व
(Factors Responsible for Political Development and Political Decline)

राजनीतिक विकास की अन्तर्वस्तु (Contents of Political Development)	*राजनीतिक ह्रास की अन्तर्वस्तु (Contents of Political Decline)*
1. राष्ट्र–निर्माण या राष्ट्रीय एकीकरण	1. चुनाव में अनियमितताएं
2. राज्य–निर्माण या प्रादेशिक एकीकरण	2. चुनाव में हिंसा, हत्या एवं बूथ कैपचरिंग की वारदातों में वृद्धि
3. व्यापक मताधिकार, स्वतंत्र एवं निष्पक्ष चुनाव जिसमें अधिक से अधिक संख्या में मतदाताओं की भागीदारी	3. उग्रवाद–आतंकवाद जैसी आपराधिक प्रवृत्तियों में अत्यधिक वृद्धि
4. राजनीतिक प्रक्रियाओं में बड़े पैमाने पर राजनीतिक सहभागिता	4. नेताओं के स्वार्थ–हित के लिए राजनीतिक दलों में टूट, राजनीतिक दल–बदल एवं स्वार्थ–पूर्ति हेतु नये दलों का निर्माण
5. निर्णय–निर्माण करने वाली संस्थाओं में जनभागीदारी	5. राजनीतिक संस्कृति को विखण्डित करने वाले तत्त्वों में अधिकाधिक वृद्धि
6. स्वायत्तशासी समूहों का राजनीतिकरण एवं इनके द्वारा अधिक मात्रा में हित स्पष्टीकरण	6. शासकों को पूजने की प्रवृत्ति
7. लोकतांत्रिक मूल्यों में आस्था रखने वाले एवं लोकतांत्रिक स्वरूप वाले राजनीतिक दलों का अस्तित्व एवं उनके द्वारा अधिकाधिक हित समूहन	7. गलत सिद्धान्तों के आधार पर राजनीतिक दलों का गठन
8. जनसंपर्क के साधनों की स्वतंत्रता, लोकमत के निर्माण में इनकी प्रभावशाली भूमिका और इनके अभिकरणों में वृद्धि	8. राजनीतिक हत्याएं
9. राजनीतिक एवं प्रशासनिक स्तर पर सत्ता का विकेन्द्रीकरण	9. धर्म का राजनीतिकरण
10. उपव्यवस्थाओं की स्वायत्तता	10. जाति का राजनीतिकरण
11. शिक्षा का प्रसार एवं शिक्षा सुविधाओं का विस्तार	11. सेना का राजनीतिकरण
12. अपने निर्वाचन क्षेत्र के विकास के लिए जनप्रतिनिधियों की प्रतिबद्धता एवं विधायी संस्थाओं की प्रभावी भूमिका	12. नौकरशाही का राजनीतिकरण

(क्रमशः)

राजनीतिक विकास एवं राजनीतिक अवनति के तत्त्व (क्रमशः)
(Factors Responsible for Political Development and Political Decline)

राजनीतिक विकास की अन्तर्वस्तु (Contents of Political Development)	*राजनीतिक ह्रास की अन्तर्वस्तु (Contents of Political Decline)*
13. सार्वजनिक उद्यमों की प्रभावशाली भूमिका	13. व्यापक पैमाने पर भ्रष्टाचार
14. सरकारी कर्मचारियों की देख–रेख एवं उनकी शिकायतों के निवारण के लिए शक्तिशाली संगठनों का मजबूत अस्तित्व एवं इनकी भूमिका	14. राजनीति का अपराधीकरण एवं अपराध का राजनीतिकरण
15. निराशाजनक सामाजिक आन्दोलनों पर नियंत्रण रखना	15. शक्ति के परम्परागत स्रोतों के मजबूत अस्तित्व की मौजूदगी
16. राजनीतिक अभिजनवर्ग के सामाजिक आधार को व्यापक बनाना	16. बलात् राज्य परिवर्तन (Coup-d-eate)
17. सरकारी कामकाज में पारदर्शिता होना और सरकार का जनता के प्रति उत्तरदायी होना	17. नव–उपनिवेशवाद, सांस्कृतिक प्रभुत्व
18. स्वतंत्र और निष्पक्ष न्यायपालिका साथ ही कानून के समक्ष समानता और न्यायिक पारदर्शिता की मौजूदगी	18. व्यवस्था संचालन में सैनिक हस्तक्षेप
19. सशस्त्र सेनाओं का अराजनीतिक स्वरूप	19. आधिकारिक तंत्र की लालफीताशाही
20. संवैधानिक दायरे में जनसहमति के आधार पर राजनीतिक प्रक्रियाओं का संचालन एवं राजनीतिक भूमिकाओं का संपादन	20. सामाजिक आन्दोलनों के संचालन में अपराधी प्रवृत्ति वाले लोगों का बोलबाला
21. राजनीतिक संस्कृति का लौकिकीकरण	21. जनसंपर्क के साधनों पर नियंत्रण
22. करिश्मावादी राजनीतिक नेतृत्व का विकास	22. दोषपूर्ण शिक्षा प्रणाली
23. बुद्धिसंगत नौकरशाही का विकास	23. निर्धनता, बेरोजगारी एवं जनसंख्या विस्फोट
24. राजनीतिक समाजीकरण के अभिकरणों की स्वस्थता	24. साप्रदायिकता और साम्प्रदायिक हिंसा।
	25. युवा असंतोष और आन्दोलन
	26. जनकल्याणकारी परियोजनाओं के निर्माण एवं कार्यान्वयन में कमी।
	27. महिलाओं के विरुद्ध हिंसा में विस्तार
	28. बाल श्रमिकों की समस्या एवं बाल अपराध में वृद्धि
	29. निरक्षरता उन्मूलन के लिए प्रयासों में कमी
	30. गरीबी उन्मूलन की योजनाओं के नियोजन, निरूपण एवं कार्यान्वियन में कमी

उपर्युक्त तालिका में विवेचित राजनीतिक विकास एवं राजनीतिक ह्रास की अन्तर्वस्तु की अवलोकना के पश्चात् यह निष्कर्ष निकलता है कि जिस प्रकार राजनीतिक विकास की विषय–सूची में शामिल तत्त्वों का राजनीतिक व्यवस्था के सर्वतोन्मुखी विकास में महती योगदान होता है उसी प्रकार राजनीतिक पतन के लिए जवाबदेह तत्त्व किसी भी राजनीतिक व्यवस्था के विकास में अवरोधक की भूमिका निभाते हैं और व्यवस्था में विकास के सभी आयामों का मार्ग अवरुद्ध करते हैं। जहाँ राजनीतिक व्यवस्था को क्षमतावान् एवं कार्यकुशल बनाने में राजनीतिक विकास के तत्त्वों का उल्लेखनीय योगदान होता है, वहीं राजनीतिक पतन के तत्त्वों का उद्भव एवं विकास व्यवस्था को अक्षम बनाता है, और राजनीतिक–सामाजिक एकीकरण की प्रक्रिया को बाधित करता है। इसकी वजह से व्यवस्था प्रभावी ढंग से पर्यावरण से मिलने वाली चुनौतियों का न तो सामना कर पाती है और न ही प्रभावशाली निर्णय ले पाती है।

राजनीतिक विकास की अवस्थाएं (Stages of Political Development)

राजनीतिक विकास संकल्पना पर विचार व्यक्त करने वाले अधिकांश विद्वज्जनों द्वारा अपनी रचनाओं में प्रत्यक्ष या परोक्ष रूप से उन अवस्थाओं का उल्लेख किया गया है जिनसे किसी भी राजनीतिक व्यवस्था को राजनीतिक विकास की संतोषजनक स्थिति पर पहुँचने के लिए गुजरना पड़ता है। राजनीतिक विकास की अवस्थाओं के संबंध में हंटिंगटन, आइजेन्सटाड, ऑरगेन्सकी, आल्मंड एवं पॉवेल तथा जैग्वाराइब के विचारों का उल्लेख यहां जरूरी है।

सेमुअल पी. हंटिंगटन के विचार (Views of S.P. Huntington)

हंटिंगटन ने राजनीतिक विकास को निर्धारित करने वाले जिन आधारभूत चरणों का वर्णन किया है, वे हैं: प्रथम–प्रशासन का विवेकसंगत होना, द्वितीय–राजनीतिक प्रकार्यों में विभेदीकरण, तथा तृतीय–अभिवृद्ध सहभागिता। हंटिंगटन इन तीनों आयामों को राजनीतिक विकास की अनुक्रमिक अवस्थाएं मानता है।

1. **प्रशासन में विवेकसंगतता का स्तर (Level of Rationalisation in Administration)**–इस अवस्था में अनेक स्थानीय सत्ता–केन्द्रों के स्थान पर एक केन्द्रीय सत्ता की स्थापना होती है। इन्होंने राजनीतिक विकास की इस अवस्था को सत्ता के केन्द्रीयकरण की अवस्था की संज्ञा दी है, यानी कि विकास के इस स्तर पर सत्ता के स्रोतों की केन्द्रीय इकाई के रूप में एक विवेकसंगत केन्द्रीय सत्ता का अस्तित्व कायम होता है। सत्ता की सभी छोटी–बड़ी इकाइयां इस केन्द्रीय सत्ता के नियंत्रण में होती हैं और प्रशासन में विवेकसंगतता की प्रवृत्ति पायी जाती है।
2. **राजनीतिक प्रकार्यों में विभेदीकरण का स्तर (Level of Differentiation in Political Process)**–राजनीतिक प्रकार्यों में विभेदीकरण और इन कार्यों के संपादन हेतु विशिष्ट संरचनाओं का विकास, किसी भी राजनीतिक व्यवस्था में चल रही राजनीतिक विकास प्रक्रिया की दूसरी महत्त्वपूर्ण अवस्था है, यानी कि, यह अवस्था नये राजनीतिक प्रकार्यों के निष्पादन, राजनीतिक प्रकार्यों में विभेदीकरण एवं इन प्रकार्यों के निष्पादन हेतु विशेष संरचनाओं के विकास का स्तर है।
3. **अभिवृद्ध सहभागिता का स्तर (Level of Prosper Participation)**–हंटिंगटन की दृष्टि में सहभागिता का विस्तार राजनीतिक विकास की वह अवस्था है जिसमें राजनीतिक व्यवस्था की सीमा के दायरे में मौजूद समाज की सभी इकाइयां और सामाजिक समूह अभिवृद्ध सहभागिता द्वारा केन्द्रीय सत्ता में भागीदारी की प्रक्रिया में शामिल होते रहते हैं।

राजनीतिक विकास की अवस्था क्रम के संबंध में हंटिंगटन का यह कहना है कि राजनीतिक विकास प्रक्रिया के सही दिशा में संचालन के लिए इन तीनों अवस्थाओं का सही क्रम में संचालित होना अति आवश्यक है। इन्होंने

अपनी प्रसिद्ध रचना 'Political Development and Political Decay' में इस संदर्भ में लिखा है कि "यदि ये प्रक्रियाएं एक–दूसरे के बहुत समीप आ जायें या एक ही समय में संचालित होने लगें तो राजनीतिक विकास में सहायक होने की जगह उसमें व्यवधान पैदा करने लगेंगी। इसी वजह से इनका यह सुझाव है कि राजनीतिक लामबन्दी की उस अवस्था में जब जनसाधारण बहुत तेजी से परिधि (समाज) से निर्णय–निर्माण केन्द्रों में प्रवेश करते हैं तब संस्थाओं के निर्माण की गति में संतुलन बहुत जरूरी है।"

यहां इस तथ्य का उल्लेख करना अति आवश्यक है कि राजनीतिक विकास संकल्पना के प्रसंग में हंटिंगटन की व्याख्या मूलतः राजनीतिक विकास और राजनीतिक ह्रास से संदर्भित हैं। राजनीतिक पतन के व्याख्याक्रम में ही इनके द्वारा राजनीतिक विकास की इन तीन अवस्थाओं का उल्लेख किया गया है। इन्होंने अपनी प्रसिद्ध रचना 'Political Order in Changing Societies, 1968' के अन्तर्गत यह तर्क प्रस्तुत किया है कि वे राजनीतिक विकास एवं राजनीतिक आधुनिकीकरण में सीधा संबंध नहीं मानते हैं। इनके शब्दों में, "राजनीतिक विकास का मुख्य लक्षण राजनीतिक व्यवस्था (Political Order) से है और इस प्रक्रिया में मुख्य बाधा भी राजनीतिक व्यवस्था (Political Order) से ही पैदा होती है, जिसे इन्होंने राजनीतिक पतन (Political Decay) की संज्ञा दी है।" इस प्रसंग में हंटिंगटन द्वारा राजनीतिक विकास को सिर्फ विकासशील व्यवस्थाओं की समस्या न मानते हुए इसे सभी राजनीतिक व्यवस्थाओं की चिरस्थायी (Perpetual) समस्या माना गया है। इनके द्वारा यह चेतावनी भी व्यक्त की गयी है कि आज की विकासशील व्यवस्थाएं कभी–कभी आधुनिकीकरण की तेज दौड़ में शामिल होने के लिए व्यवस्था में कई प्रकार की अव्यवस्थाएं उत्पन्न कराती हैं जिसके परिणामस्वरूप राजनीतिक विकास प्रक्रिया का नतीजा राजनीतिक ह्रास के रूप में सामने आता है।

हंटिंगटन की दृष्टि में आधुनिकता (Modernity) का अभिप्राय स्थिरता (Stability) से है, लेकिन विकासशील व्यवस्थाओं में आधुनिकीकरण प्रक्रिया अस्थिरता के तत्त्वों को जन्म देती है, नतीजतन राजनीतिक पतन की स्थितियां उत्पन्न होती हैं। इनका मानना है कि आर्थिक रूप से पिछड़ेपन का शिकार निर्धन राजनीतिक व्यवस्थाओं में राजनीतिक अस्थिरता का माहौल इसलिए नहीं है कि वे निर्धन हैं, अपितु इसलिए है कि गरीबी उन्मूलन एवं धनवान बनने की होड़ में उनके लिए अपना राजनीतिक, आर्थिक, सामाजिक संतुलन कायम रख पाना संभव नहीं हो पा रहा है। हंटिंगटन के विचार में इन व्यवस्थाओं में राजनीति की मूल समस्या यह है कि वहां की व्यवस्था में जिस गति से सामाजिक–आर्थिक परिवर्तन होते हैं उसकी तुलना में राजनीतिक व्यवस्थाएं विकास में पीछे रह जाती है, इसीलिए पर्यावरण में संघर्ष और तनाव की स्थिति कायम होती है जो, व्यवस्था में अस्थिरता के लिए जवाबदेह कारकों के जन्म की मूल वजह बनती हैं। हंटिंगटन का मानना है कि यदि व्यवस्था में राजनीतिक सहभागिता का विस्तार और राजनीतिक संस्थाकरण (Political Institutionalisation) दोनों साथ–साथ चलें तो व्यवस्था में होने वाले राजनीतिक ह्रास को रोकना संभव हो सकेगा।

हंटिंगटन द्वारा व्यक्त इस प्रसंग का अभिप्राय यह है कि राजनीतिक व्यवस्था में राजनीतिक सहभागिता का स्तर जिस गति से बढ़ता है उसी अनुपात में व्यवस्था की राजनीतिक संरचनाओं की स्वायत्तता, (Atonomy), अनुकूलन क्षमता (Adaptability), जटिलता (Complexity) और सम्बद्धता (Coherence) भी बढ़नी चाहिए तभी व्यवस्था में राजनीतिक स्थिरता का माहौल बनेगा। इनका कहना है कि यदि राजनीति में प्रयोग होने वाले संसाधनों, शक्ति अर्जित करने वाली प्रक्रियाओं और सत्ताधारियों की अभिवृत्तियों (Attitudes) को आवश्यक सीमाओं के दायरे में नहीं रखा जायेगा तो कोई भी राजनीतिक व्यवस्था बढ़ती हुई सहभागिता का दबाव झेलने का सामर्थ्य नहीं रख पायेगी और अभिवृद्ध सहभागिता के बोझ से टूट जायेगी। इस अध्ययन–प्रसंग में हंटिंगटन ने विकासशील व्यवस्थाओं में राजनीतिक–प्रशासनिक स्तर पर बढ़ते भ्रष्टाचार (Corruption) पर भी गंभीर चिन्ता व्यक्त की है, साथ ही चेतावनी के रूप में इन व्यवस्थाओं में आधुनिकीकरण के नाम पर चलाये जा रहे राजनीतिक विकास के विविध आयामों पर भी गहरी चिन्ता प्रकट की है। इनकी चिन्ता यह है कि कहीं इन नवोदित व्यवस्थाओं का नया विशिष्टवर्ग अपनी आकांक्षाओं की पूर्ति के लिए राजनीतिक व्यवस्था पर ज्यादा बोझ डालकर उसे विखंडित न कर दे। वस्तुतः, नवोदित विकासशील व्यवस्थाओं से संदर्भित राजनीतिक विकास एवं राजनीतिक ह्रास से संबद्ध अपने प्रासंगिक विचारों को प्रस्तुत करके हंटिंगटन ने राजनीतिक विकास–संबंधी समकालीन संकल्पना की सार्थकता पर एक बड़ा सवाल खड़ा कर दिया है।

एस.एन. आइजेन्सटाड के विचार (View of S.N. Eisentadt)

आइजेन्सटाड ने अपनी पुस्तक 'Modernisation and Condition of Sustained Growth in World Politics, 1964' एवं 'Stages of Political Development, 1965' में राजनीतिक विकास को आधुनिकीकरण के रूप में देखा है और आधुनिकीकरण की दो भिन्न अवस्थाओं की चर्चा की है : प्रथम–मर्यादित आधुनिकीकरण, तथा द्वितीय–जन आधुनिकीकरण। इन्होंने मार्यादित आधुनिकीकरण को पश्चिमी व्यवस्थाओं में 18वीं शताब्दी में चलने वाले विकास आन्दोलनों की ऐतिहासिकता से सुसंगत किया है, जिसमें मुख्यतः मध्यम वर्गीय समाज को निर्णय–निर्माण प्रक्रियाओं एवं निर्णय–केन्द्रों में सहभागी बनाया है तथा इस अध्ययन दायरे में समकालीन व्यवस्था में मौजूद सांस्कृतिक लौकिकीकरण एवं वैज्ञानिक–प्रौद्योगिक विकास को शामिल किया है।

आइजेन्सटाड में अपनी दूसरी अवस्था जन आधुनिकीकरण को 20वीं सदी की पश्चिमी राजनीतिक व्यवस्थाओं के विकास स्तर से जोड़ा है। आधुनिकीकरण का यह स्तर जनसाधारण को निर्णय–केन्द्रों से जोड़ता है और निर्णय–निर्माण प्रक्रिया में सहभागी बनाता है, साथ ही व्यवस्था में विज्ञान एवं प्रौद्योगिकी के विस्तार को भी विकास के अध्ययन दायरे में शामिल करता है।

ग्रेब्रियल ए. आल्मंड के विचार (Views of G.A. Almond)

आल्मंड ने अपनी पुस्तक 'The Politics of Developing Areas, 1960' में एवं 'Comparative Politics : A Developmental Approach, 1966' में, राजनीतिक विकास के परिचालन हेतु जिन चार आधारभूत तत्त्वों का उल्लेख किया है, वे हैं– (1) राज्य–निर्माण, (2) राष्ट्र–निर्माण, (3) सहभागिता, तथा (4) वितरण, जिनका विकास आनुक्रमिक अवस्थाओं में ही होता है। राष्ट्र–निर्माण एवं राज्य–निर्माण की संकल्पनाएं राजनीतिक विकास संप्रत्यय के साथ निकटता से जुड़ी हुई है। ख़ास कर विकासशील व्यवस्थाओं के लिए इस प्रक्रिया का विशेष महत्त्व है।

राज्य–निर्माण का अभिप्राय है शक्ति के ऐसे केन्द्र का विकास जिसके माध्यम से सम्पूर्ण राज्य में शान्ति–सुव्यवस्था कायम की जा सके। वह केन्द्र सम्पूर्ण व्यवस्था में अपना आदेश लागू कराने में समक्ष हो और राज्य की सुरक्षात्मक एवं कल्याणकारी सेवाएं देश के कोने–कोने में पहुंचायी जा सके।

राष्ट्र–निर्माण का अर्थ है राष्ट्र के समस्त सदस्यों के लिए आस्था–निष्ठा का एक केन्द्र विकसित करना जिसकी छत्र–छाया में सभी सदस्य अपनी निष्ठा को संकीर्ण समूहों के दायरे में सीमित न करके पूरे राष्ट्र को अपनी निष्ठा का केन्द्र बनायें।

सहभागिता राजनीतिक विकास का वह आयाम है जिसमें जनसाधारण राजनीतिक प्रक्रियाओं में भागीदारी करते हैं तथा निर्णय–निर्माण–प्रक्रिया एवं व्यवस्था संचालन में सहभागी बनते हैं। जनसहभागिता के स्तर में वृद्धि राजनीतिक विकास की महत्त्वपूर्ण अवस्था है जो जनसाधारण और राजनीतिज्ञों के बीच संपर्क स्थापित होने की प्रक्रिया है और अभिवृद्ध संबंधों को मापने का आधार माध्यम भी है।

आल्मंड द्वारा प्रस्तुत राजनीतिक विकास का यह चौथा स्तर व्यवस्था की कार्य–क्षमता से प्रासंगिक है। वितरण–क्षमता का तात्पर्य है व्यवस्था में व्यक्तियों एवं समूहों के बीच उपलब्ध संसाधनों, यथा–वस्तुओं, सेवाओं, अवसरों, लाभों को वितरित करने की क्षमता।

आल्मंड की यह मान्यता है कि जिन व्यवस्थाओं में राजनीतिक विकास चरम स्तर पर पहुंच चुका है वे सभी इसी अनुक्रमानुसार गुजरते हुए एक से दूसरी अवस्था में पहुंचे हैं। इनकी दृष्टि में जब तक किसी देश में केन्द्रीय प्रशासन की स्थापना नहीं हो जाती है, इसके माध्यम से प्रशासन का प्रभाव पूरे समाज पर स्थापित नहीं हो जाता है, वह समाज के विविध समूहों को अपनी प्रशासनिक परिधि में शामिल नहीं कर लेता है और वहां राष्ट्र–निर्माण की प्रक्रिया ठीक से आरंभ नहीं हो जाती है, तब तक वहां सहभागिता की प्रक्रिया पूर्णरूप से प्रभावशाली नहीं हो पाती है और न ही राज्य पूर्णरूप से शक्तिशाली हो पाता है, ऐसी व्यवस्थाओं में राज्य को महत्त्वपूर्ण मामलों

में जनसहयोग नहीं मिल पाता है और ऐसे में राज्य द्वारा प्राकृतिक साधनों पर नियंत्रण स्थापित करने के बावजूद उससे प्राप्त होने वाले लाभों को जनसाधारण के बीच सही ढंग से वितरित नहीं किया जा सकता है।

ए.एफ.के. और्गेन्सकी के विचार (Views of A.F.K. Organski)

यद्यपि हंटिंगटन, आल्मंड आइजेन्सटाड की प्रसिद्ध कृतियों में राजनीतिक विकास प्रक्रिया के संवहन (Conduction) क्रम से सुसंगत अवस्थाओं का संकेत मिलता है, लेकिन इस संकल्पना का विशद् विवरण प्रस्तुत करने का श्रेय और्गेन्सकी को है। इसे प्रस्तुत करने वाले विद्वज्जनों की कोटि में संभवतः और्गेन्सकी पहला नाम है जिन्होंने राजनीतिक विकास की अवस्थाओं का विस्तार से उल्लेख किया है। और्गेन्सकी ने अपनी प्रसिद्ध रचना 'Stages of Political Development, 1965' में राजनीतिक विकास प्रक्रिया की विशद् विवेचना की है और इस राष्ट्रीय गन्तव्यों (Destination) को उपार्जित (Achieve) करने के लिए राजनीतिक व्यवस्था के मानवीय और भौतिक स्रोतों का उपयोग करने में सरकार की बढ़ती हुई कार्य–क्षमता के आधार पर समझाने का प्रयास किया है। इनकी दृष्टि में राजनीतिक विकास प्रक्रिया स्वायत्त होते हुए भी व्यवस्थागत चलने वाली अन्य विकास (आर्थिक, सामाजिक, सांस्कृतिक) प्रक्रियाओं से पूरी तरह पृथक् और स्वतंत्र प्रक्रिया नहीं है। इनका कहना है कि यह एक क्रमागत (Consecutive) परिणामवाचक क्रिया है जिसके प्रत्येक स्तर की अपनी विशेषताएं है। किसी भी व्यवस्था द्वारा जब विकास की एक अवस्था से संबद्ध समस्त आयामों पर पूर्णरूप से सफलता प्राप्त करके दूसरी अवस्था की ओर क़दम बढ़ाया जाता है तभी उसे आगे की अवस्था में भी सफलता मिलती है, यानी कि राजनीतिक विकास का बेहतर परिणाम प्राप्त करने के लिए अवस्थाओं का अनुक्रम–पालन करना अति आवश्यक है।

केन्नेथ और्गेन्सकी (Cenneth Organski) ने अपनी रचना में आर्थिक संवृद्धि को राजनीतिक विकास का अंग मानते हुए राजनीतिक विकास की चार अवस्थाओं का उल्लेख किया है : (1) आदिम एकीकरण, (2) औद्योगीकरण, (3) राष्ट्रीय कल्याण, एवं (4) प्रचुरता की राजनीति।

1. **आदिम एकीकरण (Primitive Unification)**–इस अवस्था का अर्थ है किसी विशेष प्रदेश में कुछ विशिष्ट लोगों या समूहों के लिए एक केन्द्रीय शासन की स्थापना। यह पश्चिमी जगत् के देशों का 18वीं शताब्दी के मध्य तक पहुंचने की अवस्था है। इस अवस्था में राज्य सत्ता के केन्द्रीयकरण को प्रधानता दी गयी है।
2. **औद्योगीकरण (Industrialization)**–इस अवस्था का अभिप्राय विकास की उस अवस्था से है जिसमें औद्योगीकरण की प्रक्रियाओं को सामाजिक–राजनीतिक परिवर्तनों से संबद्ध किया गया है। इसके परिणामस्वरूप समाज में नये वर्गों का अस्तित्व आकार लेता है जिनका राज्य के राजनीतिक मामलों के प्रति विशेष रुझान स्पष्ट दिखाई देता है। यह राजनीतिक विकास की वह अवस्था है जिसमें पश्चिमी यूरोपीय देश 18वीं शताब्दी के मध्य से 19वीं शताब्दी के अन्त तक पहुंच गये थे। 20वीं सदी के पूर्वार्द्ध में पूर्वी यूरोप में होने वाले विकास को ध्यान में रखते हुए औद्योगीकरण की अवस्था के संबंध में और्गेन्सकी ने यह अभिव्यक्ति की है कि यह बिल्कुल संभव है कि अलग–अलग देशों में अलग प्रारूपों के माध्यम से औद्योगीकरण की अवस्था लायी जाये। औद्योगीकरण के लिए उस समय तक तीन प्रतिमानों का स्वरूप आकार ले चुका था–बुर्जुआ मॉडल, स्टालिन मॉडल एवं समन्वयी (Syncretic) मॉडल। बुर्जुआ प्रारूप का विकास पश्चिमी जगत् के देशों द्वारा किया गया स्टालिन के साम्यवादी प्रारूप का विकास सोवियत संघ द्वारा किया गया और फासीवाद द्वारा विकसित समन्वयी प्रारूप को इटली द्वारा अपनाया गया। औद्योगीकरण के इन तीनों प्रारूपों के संबंध में और्गेन्सकी का कहना है कि बुर्जुआ प्रारूप की ख़ासियत है कि इसमें वैयक्तिक साधनों द्वारा पूँजी जमा की जाती है जिसकी कीमत अप्रत्यक्ष रूप से कामगार वर्ग को चुकानी पड़ती है। स्टालिन प्रारूप की ख़ासियत है कि इसमें पूँजी नौकरशाही के एक नये वर्ग के हाथों में इकट्ठी हो जाती है जिसकी कीमत भी अन्ततः मजदूर वर्ग को ही चुकानी पड़ती है और समन्वयी प्रारूप की ख़ासियत यह है कि इसमें दक्षिणपंथियों के माध्यम से राज्य का जमींदार

अभिजनवर्ग एवं बुर्जुआवर्ग के बीच एक समझौत हो जाता है नतीजतन एक सत्तावादी राज्य (Authoritarian State) की स्थापना होती है जो मजदूरवर्ग की कीमत पर पूँजी का संग्रहण अपने हाथों में करता है।

3. **राष्ट्रीय लोक कल्याण (National Welfare)**–वह अवस्था है, जिसका तात्पर्य निश्चित रूप से लोकतांत्रिक व्यवस्था से नहीं है। यहां और्गेन्सकी का मानना है कि इस राजनीतिक अवस्था का विकास भी राज्यों द्वारा विभिन्न प्रारूपों के माध्यम से प्राप्त किया जा सकता है। दृष्टान्तस्वरूप पश्चिमी यूरोपीय व्यवस्थाओं में इसकी प्राप्ति का माध्यम लोकतांत्रिक प्रारूप हो सकता है, मध्य यूरोपीय देशों में समन्वयी प्रारूप तथा सोवियत रूस एवं अन्य पूर्वी यूरोपीय देशों में साम्यवादी प्रारूप हो सकता हैं। इस स्तर पर राजनीति–आर्थिक लाभों का वितरण जनसाधारण के बीच किया जाता है जिसकी वजह से आमजन में अपने राष्ट्र के प्रति निष्ठा में वृद्धि होती है।

4. **प्रचुरता की राजनीति (Politics of Abundance)**–और्गेन्सकी द्वारा प्रस्तुत विकास की चौथी अवस्था प्रचुरता की अवस्था है जिसका अभिप्राय आर्थिक संवृद्धि के माध्यम से असीमित उत्पादन करना है और सभी व्यक्तियों को सभी वस्तुएं सामान्य रूप से उपलब्ध हों। इसकी व्यवस्था करना है। और्गेन्सकी की दृष्टि में राजनीतिक विकास के रूप में यह आर्थिक संवृद्धि की वह अवस्था है जिसे अभी तक केवल संयुक्त राज्य अमेरिका ही प्राप्त कर सका है। इनका मानना है कि प्रत्येक राष्ट्र को प्रचुरता की स्थिति तक पहुंचने के लिए आर्थिक संवृद्धि की निश्चित अवस्थाओं को प्राप्त करना आवश्यक है।

और्गेन्सकी द्वारा प्रस्तुत उपर्युक्त विवेचित राजनीतिक विकास की विभिन्न अवस्थाओं का गहन अध्ययन करने से यह स्पष्ट होता है कि इनके द्वारा प्रतिपादित संकल्पना मुख्यतः आर्थिक संवृद्धि की अवस्थाओं की व्याख्या पर आधारित है। ये औद्योगीकरण की स्थिति को राजनीतिक विकास का आधारतत्त्व मानते हैं। और्गेन्सकी द्वारा प्रतिपादित संकल्पना के संबंध में जैग्वाराइब ने कहा है कि इनके विकास सिद्धान्त को समझने के लिए दो उपागमों की जरूरत पड़ेगी जिसमें एक का संबंध समग्र समाज के राष्ट्रीय विकास से और उसके विविध स्तरों से होगा और दूसरे का संबंध राजनीतिक विकास की विशिष्ट प्रक्रियाओं एवं स्तरों से होगा एवं पहली प्रक्रिया से इसका संबंध क्या है इसके आधार पर होगा। और्गेन्सकी के सिद्धान्त की एक बड़ी त्रुटि यह है कि इनके द्वारा समग्र समाज के परिप्रेक्ष्य में राष्ट्रीय विकास के साथ राजनीतिक विकास प्रक्रिया एवं उसकी अवस्थाओं को समझाने का प्रयास किया गया है।

राजनीतिक विकास प्रक्रिया की अवस्थाओं से प्रासंगिक ऊपर विवेचित चारों विद्वानों की धारणाओं को जैग्वाराइब द्वारा अपूर्ण करार दिया गया है। इनके कथनानुसार, राजनीतिक विकास की अवस्थाओं की विवेचना हेतु सिर्फ प्रकार्यात्मक या सिर्फ यथार्थपरक अवस्थाओं का वर्णन इस संकल्पना की यथातथ्य व्याख्या की दृष्टि से अधूरी प्रस्तुति है। राजनीतिक विकास संकल्पना को तात्त्विक स्तर पर अनुक्रमण रूप में समझने के लिए इन दोनों आधारों को साथ लेकर चलना होगा। इनका अभिमत है कि हंटिंगटन, आइजेन्सटाड और आल्मंड द्वारा प्रकार्यात्मक स्तर पर राजनीतिक विकास की अवस्था की विवेचना की गयी है जबकि और्गेन्सकी द्वारा व्यवस्थागत यथार्थ को राजनीतिक विकास की अवस्था–निर्धारण का माध्यम बनाया गया है। जैग्वाराइब द्वारा राजनीतिक विकास की अवस्था की विवेचना हेतु दो दृष्टिकोणों का प्रयोग किया गया है–यथार्थवादी एवं प्रकार्यात्मक। जैग्वाराइब की दृष्टि में यथार्थवादी दृष्टिकोण के आधार पर राजनीतिक विकास की तीन अवस्थाएं हैं; यथा–समाजीकरण, यन्त्रीकरण तथा सामाजिक संगठन। इन्होंने प्रकार्यात्मक दृष्टिकोण से राजनीतिक विकास की चार अवस्थाओं की चर्चा की है, यथा–मॉडल–निर्माण, राज्य–निर्माण, राष्ट्र–निर्माण एवं सहमति–निर्माण (Consensus Building)।

राजनीतिक विकास की अवस्था के संबंध में उपर्युक्त धारणाओं का अवलोकन करने से यह स्पष्ट होता है कि किसी भी राजनीतिक व्यवस्था की परिस्थिति, पर्यावरण एवं जरूरत के अनुरूप व्यवस्थागत विकास की अवस्थाओं में भिन्नता पायी जाती है। यह एक ऐसी परिवर्तनशील प्रक्रिया है जिसकी अवस्थाओं में एकरूपता का

अभाव पाया जाता है। दृष्टान्तस्वरूप विकसित एवं विकासशील देशों में विकास प्रक्रिया की अवस्थाओं में भिन्नता पायी जाती है, वही विभिन्न विकासशील देशों में चल रही विकास प्रक्रियाओं की अवस्था में भी समरूपता का अभाव होता है। संक्षेप में, इस संदर्भ में यही कहा जा सकता है कि विकसित या विकासशील सभी व्यवस्थाओं में राजनीतिक विकास प्रक्रिया को निर्धारित लक्ष्य की प्राप्ति हेतु कुछ विशेष मानदण्डों से होकर गुजरना पड़ता है तभी राजनीतिक व्यवस्था अपने गन्तव्य की दिशा में तेज कदम बढ़ा सकती है।

राजनीतिक विकास के प्रतिमान (Models of Political Development)

राजनीतिक विकास विषय को राजनीतिक आधुनिकीकरण के परिप्रेक्ष्य में अध्ययन करने वाले विद्वज्जन राजनीतिक विकास को एक आश्रित परिवर्त्य (Dependent Variable) के रूप में देखते हैं, इसलिए एक प्रक्रिया के रूप में इसका अध्ययन करने के लिए औद्योगीकरण, शहरीकरण, संस्कृति का लौकिकीकरण (Secularisation) एवं विसरण (Diffusion) जनसंपर्क के साधनों का विकास, शिक्षा का विस्तार आदि प्रसंगों को विषयगत विश्लेषण का आधारतत्त्व मानते हैं। स्वतंत्र परिवर्त्यों की कोटि में आधुनिक नौकरशाही का विकास, राष्ट्र–भावना का विकास, राजनीतिक दलों का उद्भव एवं विकास, राजनीतिक सहभागिता का विस्तार, राजनीतिक व्यवस्था की क्षमता वृद्धि, आदि को शामिल किया गया है जो राजनीतिक विकास संप्रत्यय के विश्लेषण में आधार–आधेय की भूमिका निभाता है।

व्यापक स्तर पर राजनीतिक विकास प्रक्रिया की अवस्थाओं एवं विविध आयामों के विस्तारित अध्ययन–विश्लेषण के लिए तीन संकल्पनात्मक प्रतिमानों (Conceptual Models) की रूपरेखा प्रस्तुत की गयी है जिसके आधार पर राजनीतिक विकास प्रक्रिया के आनुभविक अध्ययन–विश्लेषण के लिए सामान्य सिद्धान्तों का प्रतिपादन संभव हो पाया है ये हैं : (1) सातत्य प्रतिमान (Continuum Model), (2) अवस्था प्रतिमान (Stage Model), (3) साम्यवादी प्रतिमान (Communist Model)।

1. **सातत्य प्रतिमान (Continuum Model)**–इस प्रतिमान के अन्तर्गत राजनीतिक विकास की प्रक्रियाओं को विशिष्ट परिवर्त्यों की शृंखला के रूप में अध्ययन करने का प्रयास किया गया है। इसमें प्रत्येक परिवर्त्य की पहचान संभव अवस्थाओं की सीभा–विस्तार के आधार पर की जाती है जिसमें कुछ विशेष कसौटियों की दृष्टि से अलग–अलग समयों पर उनके बीच राष्ट्रीय एकता हो सकती है। इस प्रतिमान का अभिप्राय यह है कि विश्व की सभी राजनीतिक व्यवस्थाओं के राजनीतिक विकास को वहां के 'सकल राष्ट्रीय उत्पाद' (Gross National Product) और प्रतिव्यक्ति आय (Per Capita Income) के परिभाषित शब्दों के आधार पर मापा जाना चाहिए। इसके साथ–साथ औद्योगीकरण का विकास, वयस्क आबादी का प्रतिशत, साक्षरता दर, राजनीतिक दलों और दबाव समूहों एवं हित समूहों की संख्या में वृद्धि, सरकारी कर्मचारियों की भर्ती, चुनाव में सहभागिता आदि को माध्यम बनाकर भी विकास की स्थितियों का मापन होना चाहिए। राजनीतिक विकास के इस सिद्धान्त का समर्थन उन समाज सिद्धान्तशास्त्रियों द्वारा भी किया गया है जो व्यवस्था में आधुनिकीकरण के राजनीतिक, सामाजिक, आर्थिक, मनोवैज्ञानिक सूचकांकों के मध्य एक प्रकार्यात्मक संबंध की बात स्वीकारते हैं और ऐसे वैचारिक प्रतिमान को आर्थिक रूप से कम खर्चीला और सुव्यवस्थित तकनीक मानते हैं जिसके माध्यम से उन घटनाओं का अध्ययन–विश्लेषण किया जा सकता है जिसमें अध्ययनकर्ता की अभिरुचि है।
2. **अवस्था प्रतिमान (Stage Model)**–यह प्रतिमान विकास प्रक्रिया की एक अवस्था से दूसरी अवस्था में संक्रमण (Transition) का द्योतक हैं। इस प्रतिमान के अन्तर्गत विकास की तीन अवस्थाओं का उल्लेख किया गया है, यथा–**पहली** परम्परागत अवस्था, जिसकी विशेषता ग्रामीण समाज और कृषि प्रधान अर्थव्यवस्था है और इसी अर्थव्यवस्था के अनुरूप राजनीतिक व्यवस्था का स्वरूप है। **दूसरी**, संक्रमणकालीन अवस्था है जिसकी खासियत वह अर्थव्यवस्था है जो औद्योगीकरण के आरंभिक चरण में है और जहां

व्यवस्थागत चलने वाली औद्योगीकरण की प्रक्रिया के अनुरूप वहां की राजनीतिक व्यवस्था में भी परिवर्तन आ रहा है। **तीसरी**, आधुनिक अवस्था है जिसकी पहचान व्यवस्था में शहरी समाज की अधिकता, पूर्णरूप से विकसित औद्योगिक अर्थव्यवस्था और उसी के अनुरूप विकसित राजनीतिक व्यवस्था है। इस प्रतिमान के आधार पर **पहली अवस्था** में कृषि की प्रधानता है इसलिए इस चरण में ग्रामीण समाज की प्रमुखता है। **दूसरी अवस्था** औद्योगीकरण का आरंभिक चरण है। चूँकि यह राजनीतिक व्यवस्था के राजनीतिक विकास के संक्रमण काल (Transitional Period) का सूचक है इसलिए इस चरण में कृषि व्यवस्था एवं औद्योगीकरण दोनों स्थितियां समानान्तर चलती हैं और ग्रामीण समाज एवं शिक्षित शहरी समाज तथा इनसे संदर्भित राजनीतिक संस्कृति का अस्तित्व व्यवस्था में मौजूद होता है और **तीसरी अवस्था** राजनीतिक विकास की परिपक्वता का द्योतक है।

इस प्रतिमान के अन्तर्गत विवेचित तीनों अवस्थाओं के संबंध में वुड (Wood) की अभिव्यक्ति है कि "सामान्य अर्थ में राजनीतिक व्यवस्था के विकास का अभिप्राय यह है कि पहली अवस्था स्थानीय शक्ति संकेन्द्रण (Concentration) पर परम्परागत केन्द्र और परिधीय क्षेत्रों तक सीमित अभिव्यक्ति की ओर संकेत करता है, दूसरे चरण में उन्हें संक्रमण काल की ओर ले जाया गया है, जिसमें व्यवस्थागत संरचनाएं उभर कर सामने आती हैं, ताकि ज्यादा से ज्यादा सदस्यों को राजनीतिक गतिविधियों में शामिल किया जाय और उन्हें राजनीतिक व्यवस्था से जोड़ा जाय, वहीं तीसरी अवस्था आधुनिक चरण में ले जाती है जिसका प्रेरकतत्त्व औद्योगिक अर्थव्यवस्था है जिसमें प्राप्त किये गये संस्थागत साधनों को समाज की उन्नति के लिए लगाया जाता है और समाज के सदस्यों की सहभागिता द्वारा राष्ट्र–निर्माण का प्रयास किया जाता है।"

3. **साम्यवादी प्रतिमान (Communist Model)**–लगातार कई वर्षों तक राजनीतिक विकास के अध्ययन के लिए पाश्चात्य प्रतिमानों का ही प्रयोग होता रहा क्योंकि पाश्चात्य जगत् के विद्वज्जनों की दृष्टि में साम्यवादी प्रतिमान का कोई महत्त्व नहीं था। संभवतः सोवियत रूस के राजनीतिक पर्यावरण और लौह आवरण जैसी नीतियों की वजह से पश्चिमी विद्वानों को वहां के राजनीतिक विकास की गति को गहराई से जानने–समझने का अवसर नहीं मिला। सर्वप्रथम स्टालिन द्वारा सोवियत रूस के विकास कार्यों की गति में तीव्रता लाने के लिए व्यवस्था के विकास प्रसंगों पर ध्यान केन्द्रित किया गया। स्टालिन ने अपनी प्रसिद्ध रचना 'The Development of Capital in Russia' में यह संकेत दिया कि मार्क्सवादी विचारधारा के अन्तर्गत भी देश का राजनीतिक–आर्थिक विकास संभव है। स्टालिन की अभिव्यक्ति के अनुसार, "हम लोग विकसित राज्यों से पचास–सौ साल पिछड़े हुए हैं, हमें इस दूरी को दस वर्ष में तय करना होगा, यदि हम इसे तय नहीं करेंगे तो वे हमें दबा देंगे।"

मिलोवान की प्रसिद्ध रचना 'The New Class, 1960' में इस बात का स्पष्टीकरण किया गया कि रूसी क्रान्ति में प्रयोगगत प्रविधियों द्वारा केवल एशियाई देशों में ही नहीं यूरोपीय देशों में भी औद्योगिक विकास लाया जा सकता है। इसके पूर्व पाश्चात्य विद्वान साम्यवादी व्यवस्था को पाश्चात्य व्यवस्था का विरोधी मानते थे। इस समय हंटिंगटन, अल्फ्रेड मेयर आदि विद्वानों का यह वक्तव्य आया कि संरचनाओं एवं भूमिकाओं में विभिन्नीकरण एवं लौकिकीकरण की बढ़ती हुई प्रवृत्ति की वजह से सोवियत व्यवस्था एवं पाश्चात्य व्यवस्थाओं के बीच तुलनात्मक अध्ययन का परिदृश्य बनता है। अल्फ्रेड जी. मेयर (Alfred G. Meyer) के शब्दों में, "सोवियत व्यवस्था की सर्वाधिकारवादी सत्ता आतंक पर आधारित पुलिस राज्य न होकर संपूर्ण मानव प्रयासों का राजनीतिकरण करता है और समस्त मानवीय संबंधों को संगठित एवं नियोजित करता है।" काउत्सकी ने अपनी रचना 'An Essay in the Politics of Development in Political Change in Underdeveloped Countries : Nationalism and Communism' में साम्यवाद को पिछड़े देशों में राजनीतिक विकास लाने के लिए राष्ट्रवाद के समान या उसके पूरक के रूप में देखा है। जॉन एच. काउत्सकी (John H. Kautsky) की इस अभिव्यक्ति से यह स्पष्ट होता है कि विकासशील व्यवस्थाओं में राजनीतिक विकास लाने की दृष्टि से साम्यवादी प्रतिमान का भी महत्त्व है। ह्यूज

सेटन वाटसन (Huge Seton Watson) के कथनानुसार, ''साम्यवादी प्रतिमान एक व्यापक घटना है, एक महत्वपूर्ण उदाहरण है, बुद्धिजीवियों के एक वर्ग के नेतृत्व में पश्चिम के विरुद्ध पिछड़े लोगों की एक क्रान्ति है।''

सोवियत संघ की तर्ज पर चीन, वियतनाम युगोस्लाविया तथा पूर्वी यूरोप के अन्य कई राज्यों में साम्यवादी प्रतिमान का स्वरूप ही राष्ट्रवाद के समान या उसके पूरक के रूप में अस्तित्व में आया। इन राज्यों में आयी साम्यवादी क्रान्ति ने राष्ट्रीय स्तर पर राजनीतिक विकास को अपना लक्ष्य बनाया और साम्यवादी अवधारणा की सक्रियता से वे अपनी व्यवस्थाओं मे तीव्र औद्योगिकीकरण तथा राजनीतिक संस्कृति में परिवर्तन लाने में एवं राजनीतिक सहभागिता का व्यापक विस्तार करने में सफल हुए। राजनीतिक विकास प्रक्रिया में साम्यवादी क्रान्ति के योगदान का समीक्षात्मक अध्ययन करने से यह स्पष्ट होता है कि आरंभिक चरण में सोवियत रूस को भी विकास एवं आधुनिकीकरण के परिप्रेक्ष्य में उन्हीं समस्याओं व संकटों का सामना करना पड़ा जिससे पाश्चात्य देशों की विकसित व्यवस्थाओं को गुजरना पड़ा था। पाश्चात्य विकसित व्यवस्थाओं के विकास में उद्योगपतियों (Industrialist) की जो भूमिका रही सोवियत रूस में वह कार्य साम्यवादी दल द्वारा पूरा किया गया। लेनिन के सामने उस समय सबसे बड़ी समस्या यही थी कि किस माध्यम से सोवियत रूस को कम से कम समय में पश्चिमी विकसित व्यवस्थाओं के समकक्ष बनाया जाय तथा किस प्रकार का सामाजिक–आर्थिक परिवर्तन लाकर राजनीतिक विकास के लक्ष्य को प्राप्त किया जाय। अपने विकास–लक्ष्य की प्राप्ति के लिए साम्यवादी शासकों द्वारा राजनीतिक सत्ता का केन्द्रीयकरण किया गया तथा व्यवस्थागत विभिन्न उपकरणों को विकास का माध्यम बनाया गया जिसकी वजह से राजनीतिक विकास का साम्यवादी प्रतिमान अस्तित्व में आया। लेकिन, यहां ध्यान देने योग्य तथ्य यह है कि चीन, वियतनाम, युगोस्लाविया तथा पूर्वी यूरोप के राज्यों में सोवियत रूस प्रतिमान से भिन्न साम्यवादी प्रतिमान अपनाया गया है। सामाजिक स्थितियों में भिन्नता होने की वजह से इन्हें विकास हेतु अलग–अलग रणनीति एवं तकनीक अपनानी पड़ी। इस प्रकार साम्यवादी विचारधारा के भी कई प्रतिमान अस्तित्व में आये।

ऑकमिनाव (Acnminow) ने साम्यवादी प्रतिमान के लक्ष्य के संबंध में कहा है, ''आधुनिक साम्यवाद का लक्ष्य सामाजिक संघर्ष को दूर करना नहीं है और न ही वर्गहीन समाज की स्थापना करना है, इसका उद्देश्य मूलतः संबद्ध राज के पिछड़ेपन को दूर करना है।'' इस प्रकार व्यवस्थागत राजनीतिक विकास के परिप्रेक्ष्य में पाश्चात्य प्रतिमानों से साम्यवादी प्रतिमान की कोई मौलिक भिन्नता नहीं है, यदि भिन्नता है तो प्रयोगगत विधियों तकनीकों की प्रवृत्ति का एवं उसके प्रयोगमूलक आधारों की। साम्यवादी राज्यों में राज्य की अवपीड़क शक्तियों (Coercive Powers) को व्यवस्था के आर्थिक–राजनीतिक विकास के लिए प्रयोग में लाया गया जिसकी वजह से इन व्यवस्थाओं में भी संरचनात्मक विभिन्नीकरण एवं प्रकार्यात्मक विशेषीकरण की स्थितियां आयीं। समानता एवं सहभागिता विस्तार के साथ–साथ व्यवस्था की क्षमता, कार्यकुशलता, नियंत्रण एवं सामर्थ्य में वृद्धि हुई और मूलतः आर्थिक विकास के लिए अस्तित्व में आया साम्यवादी प्रतिमान धीरे–धीरे राजनीतिक विकास का भी प्रभावशाली प्रतिमान बन गया। साम्यवादी प्रतिमान के रूप में अपनी पहचान बनाने के बाद कई विकासशील व्यवस्थाओं द्वारा राजनीतिक–आर्थिक विकास के लिए पाश्चात्य प्रतिमान के विकल्प के रूप में साम्यवादी प्रतिमान को अपनाया गया। यहां तक कि सोवियत संघ के विघटन के पश्चात् भी अध्ययन की दृष्टि से इस प्रतिमान का राजनीति विज्ञानियों के लिए विशेष महत्त्व है।

यहाँ यह तथ्य ध्यातव्य है कि तीनों प्रतिमानों की अपनी–अपनी विशेषताएं एवं कमजोरियाँ हैं। सातत्य प्रतिमान के अन्तर्गत राजनीतिक विकास प्रक्रिया को पृथक् परिवर्त्यों की श्रृंखला के रूप में देखा गया है, इसलिए इस प्रतिमान को सर्वजनीन सिद्धान्त के रूप में स्वीकार नहीं किया जा सकता है । अवस्था प्रतिमान में राजनीतिक विकास जैसी जटिल प्रक्रिया को अति सरल बना कर प्रस्तुत करने का प्रयास किया गया है तथा विभिन्न व्यवस्थाओं के अनुभवों को एक ऐसे प्रारूप में ढालने की कोशिश की गयी है जिसकी वजह से रीतिविज्ञान (Methodology) की कठोरता (Rigidity) के कारण दुनिया के सभी देशों पर इसे लागू नहीं किया जा सकता है,। इससे भिन्न है राजनीतिक विकास का मार्क्सवादी प्रतिमान जिसमें राजनीतिक विकास का अभिप्राय है बुर्जुआ अवस्था से समाजवादी व्यवस्था में प्रवेश, जिसमें संक्रमण काल में राज्य की जरूरत होगी वर्गहीन समाज के लक्ष्य

को प्राप्त करना और अन्ततः शासन राज्यहीन अवस्था में परिणत हो जायेगा। इसमें पहली अवस्था में विकास का अभिकरण बुर्जुआ वर्ग होगा और दूसरी अवस्था में मजदूर वर्ग। मार्क्सवादी दर्शन के लिए राजनीतिक विकास का अन्तिम उद्देश्य है साम्यवादी व्यवस्था की स्थापना। लेनिन, स्टालिन, टीटो, माओ, जैसे महान मार्क्सवादियों द्वारा इस प्रतिमान के विविध पक्षों पर दिये जाने वाले बल के आलोक में यह कहा जा सकता है कि इस प्रतिमान का मूल संदर्भ है यथास्थिति को हटा कर सर्वहारा वर्ग की तानाशाही के अधीन नई सामाजिक व्यवस्था की स्थापना करना।

सारांशतः, यह कहा जा सकता है कि 20वीं शताब्दी के सातवें दशक तक राजनीतिक विकास संप्रत्यय समकालीन नये समाज सिद्धांतशास्त्रियों के हाथों में एक दिखावटी अध्ययन उपकरण की तरह नजर आ रहा था। अलग–अलग विद्वज्जनों द्वारा इस अवधारणा की प्रस्तुति के लिए अलग–अलग विचारधाराओं का अनुसरण किया जा रहा था जो एक तरफ इस नये उपागम के विकास का सूचक था तो वही दूसरी ओर इसकी आलोचनाओं में कई वैकल्पिक उपागमों के भावी अस्तित्व की झलक दिखाई दे रही थी। इसे ही पाई द्वारा 'विभिन्न परिभाषाओं' की संज्ञा दी गयी है। जे.पी. नेटल (J.P. Nettle) द्वारा अपनी पुस्तक 'Strategies in the Study of Political Development, 1969' में राजनीतिक विकास संकल्पना पर विशेष चर्चा करते हुए विषय संदर्भित मत–मतांतर के पूरे, प्रसंग को 'परिभाषात्मक प्राथमिकताओं की समस्या' कहा गया है। वस्तुतः, जिस रूप में अभी तक इस संकल्पना का विकास हुआ है उसमें परिभाषा संबंधी कई समस्याएं हैं :

प्रथम–परिभाषात्मक प्राथमिकताओं का समुच्चय (A Set of Definitional Priorities)–यह राजनीतिक विकास को एक प्रक्रिया के रूप में परिभाषित करता है, साथ ही एक राज्य के रूप में व्यवस्था के विकसित या विकासशील होने संबंधी विचार प्रस्तुत करता है।

द्वितीय–मूल्यों का समुच्चय (A Set of Values)–यह सम्पूर्ण राजनीतिक विकास प्रसंग को आदेशात्मक से ज्यादा अपेक्षित स्वरूप प्रदान करता है।

तृतीय–इस परिप्रेक्ष्य के अन्तर्गत राजनीतिक विकारा विकसित और विकासशील समाजों के दो वर्गों के बीच अन्तःसंबंध की प्रस्तुति है।

चतुर्थ–इस संदर्भ के आधार पर राजनीतिक विकास की अन्तर्निहित कोटि व्यवस्था की मान्यता पर आधारित है।

राजनीतिक विकास से संबद्ध जे.पी. नेटल (J.P. Nettl) द्वारा इंगित इन चार अभिप्रायों का निहितार्थ निम्नांकित संदर्भों में समझा जा सकता है :

प्रथम–परिभाषात्मक प्राथमिकताएं (Definitional Priorities)–आरंभिक स्तर पर विकास संकल्पना का उद्भव अर्थशास्त्र विषय में हुआ। कालांतर में यह विषय व्यापक परिप्रेक्ष्य में दूसरे समाजविज्ञानों के साथ विस्तृत रूप से तब संबद्ध हुआ जब समाजविज्ञानवेत्ताओं द्वारा इस तथ्य की स्वीकारोक्ति की गई कि उपनिवेशवाद के पतन और स्वतंत्रता–संघर्ष आन्दोलनों के परिणामस्वरूप नवोदित लोकतांत्रिक व्यवस्थाओं की स्थापना के पश्चात् उनके विकास और आधुनिकीकरण की दृष्टि से समाजिक–राजनीतिक प्राथमिकताओं को व्यवस्था–विकास के अध्ययन में मान्यता दी जानी चाहिए और व्यवस्थागत लोकतांत्रिक मूल्यों के परिप्रेक्ष्य में आर्थिक विकास एवं आर्थिक समस्याओं के समाधान का उपाय ढूँढा जाना चाहिए। इस कालावधि में राजनीतिक विकास के संबंध में विविध परिभाषाएं व दृष्टिकोणों की उपस्थिति दर्ज हुई। सीमोर मार्टिन लिप्सेट (Seymour Martin Lipset) जैसे समाज सिद्धान्तशास्त्री ने अपनी प्रसिद्ध रचना 'Political Man: The Social Bases of Politics, 1960' के अन्तर्गत लिखा है कि "लोकतंत्र का अर्थ विशेष राजनीतिक संस्थाएं और प्रक्रियाएं मात्र नहीं हैं, बल्कि यह एक सामाजिक प्रणाली का भी द्योतक है जिसके अन्तर्गत मतैक्यता (Consensus) एवं मतभेद (Cleavage) में संतुलन की स्थिति स्थापित होनी चाहिए। लोकतंत्र केवल एक मुख्य साधन नहीं है जिसके माध्यम से व्यवस्था के विभिन्न समूह अपने–अपने लक्ष्यों को सिद्ध कर सकते हैं या उत्तम समाज की स्थापना कर सकते हैं, लोकतंत्र स्वयं उत्तम समाज का साकार एवं सक्रिय रूप है।" डब्ल्यू. डब्ल्यू. रोस्टो (W.W. Rostow) ने अपनी पुस्तक 'The Stages of Economic

Growth, 1960' में कहा है कि ''कुछ विद्वज्जनों की परिभाषाएं समुन्नत पश्चिमी व्यवस्थाओं द्वारा अर्जित की गयी प्रगति की ओर संकेत कर रही हैं और उसे ही राजनीतिक विकास संकल्पना की विषय–वस्तु के रूप में प्रस्तुत कर रही हैं, साथ ही सभी विकासशील व्यवस्थाओं को उनका अनुसरण करने का सुझाव भी दे रही थी। राजनीतिक विकास संप्रत्यय के संबंध में सामाजिक, राजनीतिक, आर्थिक पहलुओं को दी जाने वाली प्राथमिकताओं की वजह से विषय प्रासंगिक परिभाषात्मक प्राथमिकताओं में काफी भिन्नताएं मौजूद हैं। इस प्रसंग में नेटल का कहना है कि समाज विज्ञान के प्रत्येक क्षेत्र की भांति इसमें भी वर्गों की मानकीय और तार्किक अनुभवाश्रित व्याख्या के बीच बुनियादी अन्तर बना हुआ है।

द्वितीय–मूल्यों का समुच्चय (Set of Values)–इस प्रसंग में नेटल की अभिव्यक्ति है कि जब परम्परागत एवं आधुनिक समाज, बन्द एवं मुक्त समाज, विकासशील एवं विकसित समाज की सामाजिक व्यवस्थाएं जैसे पारिभाषिक शब्दों को मानकीय आयाम प्रदान किया जाता है तो राजनीतिक विकास विषय का अर्थ और भी अस्पष्ट हो जाता है। यह मानकीय आयाम संकल्पना को मूल्य–भारित (Value Related) बनाता है, जबकि तात्त्विक स्तर पर अनुभवाश्रित अन्वेषण का विषय होने की वजह से इस विषय को मूल्यमुक्त (Value free) होना चाहिए। संकल्पनागत विचारों में मूल्यों का समुच्चय होने के परिणामस्वरूप कुछ विकासशील व्यवस्थाओं द्वारा पश्चिमी विकसित व्यवस्थाओं के नमूने की प्रशंसा की गयी तो कुछ ने इसे विनाशकारी तथा विशेषरूप से स्थायित्व का विनाशक बताया है।

तृतीय–विकसित और विकासशील व्यवस्थाओं के मध्य संबंध (Relation between Developed and Developing Systems)–इस प्रसंग में नेटल की अभिव्यक्ति है कि राजनीतिक विकास सिद्धान्त के दायरे में निश्चित रूप से समस्त व्यवस्थाएं आनी चाहिए चाहे वे विकासित हों या विकासशील, क्योंकि दोनों के बीच परस्पर संबंध है। नेटल के शब्दों में, ''इसका आशय यह है कि विकास–संबंधी प्रयोजनों के लिए यूरोपीय, अमेरिकी, यहां तक कि सोवियत इतिहास का पुनर्लेखन किया जाय। आधुनिक जगत् अब सिर्फ एक लक्ष्य या प्रक्रिया प्रतिमान नहीं रहा अपितु उन प्रकार्यात्मक घटनाओं का ऐतिहासिक अमूर्तीकरण (Abstraction) हो गया है जो किसी न किसी प्रकार से निश्चित रूप से घटित होंगी और जो देश आधुनिकता की इच्छा रखते हैं उन्हें अवश्य उन घटनाओं का सामना करना पड़ता है।''

चतुर्थ–राजनीतिक व्यवस्थाओं में विकास का मानदण्ड (Standard of Development in Political Systems)–यद्यपि विकास विषय का उद्‌भव अर्थशास्त्र में हुआ है तथापि कालान्तर में यह विषय समाजवैज्ञानिकों के अध्ययन–विश्लेषण का ख़ास विषय बन गया। इस विषय का संबंध व्यवस्थागत विकास के समस्त आयामों से प्रासंगिक है, इसलिए इसके अध्ययन में सिर्फ आर्थिक–सामाजिक प्रसंगों पर अनुभवजन्य अध्ययन–विश्लेषण करने के बजाय इकाइयों की संरचनाओं एवं संगठनात्मक कसौटियों को मूल अध्ययन तत्त्वों में शामिल करना जरूरी है। उदाहरण के तौर पर राजनीतिक व्यवस्था में बल–प्रयोग या नियंत्रण की क्षमता को रखा जा सकता है। इस प्रसंग में नेटल का कहना है कि यदि विशेष समाजों और उसके साक्ष्यों के अनुसार विकास एक अत्यन्त विभेदकारी प्रक्रिया है तो वर्गीकरण (Classification) के आधार पर इसका तुलनात्मक अध्ययन निरर्थक बन जाता है।

राजनीतिक विकास विषय की परिशुद्ध परिभाषा के प्रस्तुतीकरण से संबंधित उपर्युक्त समस्याओं को रेखांकित करने के साथ–साथ नेटल द्वारा उन चार अपेक्षाओं का भी उल्लेख किया गया है जिन पर इस सिद्धान्त की व्याख्या करते समय विश्लेषकों द्वारा अवश्य ध्यान दिया जाना चाहिए, वे हैं–(1) अन्तःसंबंधित जगत्, यानी कि विश्व की सभी व्यवस्थाएं अन्तःसंबंधित हैं इसलिए राजनीतिक विकास से संबद्ध विषय उसके अध्ययन का अन्तःशास्त्रीय केन्द्र बिन्दु हैं। (2) स्थायित्व और अस्थायित्व यानी कि राजनीतिक विकास के अध्ययन में विषय का निहितार्थ केवल व्यवस्था में स्थायित्व, समुन्नति या संवृद्धि की ओर अग्रसर होना नहीं है बल्कि इसके अध्ययनान्तर्गत व्यवस्था में होने वाला पतन या अस्थायित्व से संबद्ध तत्त्वों का विकास भी शामिल है। (3) जनसंख्या–इसका अभिप्राय है कि राजनीतिक विकास के अध्ययन–विश्लेषण एवं शोध–प्रसंगों में राजनीतिक व्यवस्था में मौजूद जनसंख्या विस्फोट के सामाजिक–राजनीतिक परिणामों पर अध्ययनकर्ताओं को विशेष रूप से ध्यान देने की

जरूरत है। (4) जाति–इसका आशय है कि अध्ययनकर्ताओं को राजनीतिक विकास सिद्धान्त के अन्तर्गत जातीय अन्तरों एवं जातीय विरोधों को समावेशित करने का प्रयास करना चाहिए। इस प्रसंग के स्पष्टीकरण में नेटल का कहना है कि सामाजिक विरोधों की प्रस्तुति वर्गसंघर्ष के रूप में करके मार्क्सवादियों ने गलती की, वहीं समाज में मौजूद जातीय विभेदों की पूर्णतया अवहेलना करके मार्क्स–विरोधियों ने भी बड़ी गलती की है।

अन्ततः, नेटल का इस प्रसंग में कहना है कि राजनीतिक विकास एक व्यापक प्रसंग है जिसका बहुपक्षीय आयाम है, इसलिए राजनीतिक विकास के सिद्धान्तवेत्ताओं को संकल्पना–निर्माण की दिशा में प्रयास करने के पूर्व कुछ ख़ास तत्त्वों पर ध्यान केन्द्रित करना अति आवश्यक है। एक अध्ययनकर्ता के रूप में नेटेल किसी व्यवस्था के विकास के अध्ययन में ज्यादा महत्त्व देने की प्रवृत्ति के आलोचक हैं, साथ ही विकास के अध्ययन में किसी एक पक्ष के अध्ययन पर विशेष बल देने की अभिवृत्ति के भी आलोचक हैं। विषय की महत्ता को स्वीकार करते हुए नेट्ल ने कहा है कि "राजनीतिक विकास की अध्ययन प्रवृत्ति ने समाजविज्ञान के अध्ययन में गतिशील उपागमों को शामिल करने में उल्लेखनीय योगदान दिया है।"

राजनीतिक विकास के साधन (Means of Political Development)

विभिन्न राजनीतिक व्यवस्थाओं में राजनीतिक विकास प्रक्रिया के संचालन हेतु साधन के रूप में जिन अभिकरणों की पहचान की गयी है, वे हैं : (1) राजनीतिक दल, (2) दबाव समूह–हित समूह, (3) करिश्मावादी राजनीतिक नेतृत्व, (4) विवेकसंगत नौकरशाही का विकास, (5) राष्ट्र–निर्माण और राज्य–निर्माण की भावना का विकास, (6) राजनीतिक सहभागिता का विस्तार।

1. **राजनीतिक दल (Political Parties)**–राजनीतिक दल का अभिप्राय एक ऐसे संगठन से है जो राजनीतिक–सामाजिक व्यवस्था के व्यापक हित के संदर्भ में अपने सेवार्थियों के हितों को बढ़ावा देने के लिए कुछ निश्चित सिद्धान्तों, कार्यक्रमों, नीतियों, निर्णयों का समर्थन करता है और उन्हें कार्यान्वित करने के उद्देश्य से राजनीतिक शक्ति अर्जित करने के लिए सदैव प्रयासरत रहता है। उदारवादी लोकतंत्र के अन्तर्गत राजनीतिक दलों का मुख्य कार्य हित समूहन (Interest Aggregation) है। यह एक ऐसी प्रक्रिया है जिसके तहत समाज के विभिन्न समूहों की मांगें एकजुट कर दी जाती हैं जो मुद्दों का रूप धारण करके राजनीतिक विमर्श हेतु सत्ताधारियों के समक्ष प्रस्तुत की जाती हैं। इस रूप में राजनीतिक दल राजनीतिक विकास–प्रक्रिया को गति प्रदान करता है और विकास संबंधी मांगों–मुद्दों को प्रमुखता से उठाकर राजनीतिक सत्ता का ध्यान विकास संबंधी विषयों की ओर आकर्षित कराता है। उदारवादी एवं साम्यवादी दोनों व्यवस्थाओं की राजनीतिक विकास प्रक्रिया के संचालन में राजनीतिक दलों एवं राजनीतिक नेतृत्व की भूमिका को आवश्यक माना गया है। इसलिए राजनीतिक विकास के साधन के रूप में राजनीतिक दलों का स्थान सर्वाधिक महत्त्वपूर्ण है। इसका नेतृत्व कुछ निष्ठावान और सक्रिय लोगों के हाथों में होता है जिनपर विकास के मुद्दों को गति प्रदान करने की जवाबदेही होती है।
2. **दबाव समूह एवं हित समूह (Pressure Groups and Interest Groups)**–समाज के विभिन्न समूह अपनी अभिरुचि के अनुरूप विषय संदर्भित गतिविधियों में भागीदारी के लिए जो संगठन बनाते हैं तो सामान्य रूप में उसे साहचर्य (Association) की संज्ञा दी जाती है। लेकिन, जब कोई साहचर्य अपने निर्धारित उद्देश्य की प्राप्ति के लिए व्यवस्था में राजनीतिक प्रक्रियाओं को प्रभावित करने की कोशिश करने लगता है तो उसे हित समूह के रूप में पहचान मिलती है। दबाव समूह और हित समूहों की प्रकृति में कोई ऐसा बुनियादी फर्क तो नहीं है लेकिन राजनीतिक विश्लेषण की दृष्टि से उन हित समूहों को दबाव समूहों की कोटि में रखा जा सकता है जो सामान्यतः अपने सदस्यों के किन्हीं संकीर्ण हितों की रक्षा के लिए सरकार पर दबाव बनाता है और इसके लिए वह जनसंपर्क, विज्ञापन (Publicity) एवं प्रचार (Propaganda) का सहारा बड़े पैमाने पर लेता है। दबाव समूहों द्वारा सार्वजनिक नीतियों को प्रभावित

करने के लिए कई तरीकों का इस्तेमाल किया जाता है। ये नीति–निर्माताओं के पास आधार–सामग्री के रूप में विकास के विविध आयामों से संबंधित सुझाव भेजते हैं और विकास संबंधी मांगों–मुद्दों को धरना–प्रदर्शन, रैली, रेडियो, टेलीविजन, पत्र–पत्रिकाओं, समाचारपत्रों आदि के माध्यम से प्रमुखता से नीति–निर्धारकों के सामने उठाते हैं। इस रूप में दबाव समूह एवं हित समूह राजनीतिक विकास के गतिवर्द्धन में राजनीतिक दल की भांति सहायक माध्यम की भूमिका निभाते हैं। इसमें सदस्यों के बीच से ही नेतृत्व उभरता है जो अपने संगठन में नेता की भूमिका निभाता है।

3. **करिश्मावादी राजनीतिक सत्ता एवं नेतृत्व (Charismatic Political Authority and Leadership)**—जब अधीनस्थ अधिकारियों द्वारा सत्ताधारी के आदेशों को उसके प्रभावशाली व्यक्तित्व के आधार पर विवेकसंगत मानते हुए पालन किया जाता है तो उसे करिश्मावादी सत्ता के रूप में पहचान मिलती है। ऐसा सत्ताधारी व्यवस्था के राजनीतिक विकास में सर्वाधिक उपयोगी माध्यम की भूमिका निभाता है। अपने प्रभावशाली व्यक्तित्व की वजह से ऐसे सत्ताधारक को विकास संबंधी नीतियों–निर्णयों के निर्माण एवं कार्यान्वयन में कोई रुकावट नहीं आती है, बशर्ते कि सत्ताधारक की प्रकृति व्यवस्था में विकास लाने की हो। इसी भांति करिश्माई नेतृत्व भी व्यवस्थागत राजनीतिक विकास के कार्यक्रमों को गति प्रदान करने में अहम् भूमिका निभाता है। नेतृत्व का यह गुण किसी भी राजनीतिक, सामाजिक धार्मिक नेता के व्यक्तित्व के साथ जुड़ सकता है। अपने करिश्माई प्रभावशाली व्यक्तित्व की वजह से ऐसे नेतृत्व की छत्र–छाया में जनहित संबंधी मांगों को ठोस मुद्दों में परिवर्तित करके व्यवस्था को उस पर अमल करने के लिए दबाव बनाया जाता है जिससे राजनीतिक विकास के कार्यों में तेजी आती है।

4. **विवेकसंगत नौकरशाही का विकास (Development of Rational Bureaucracy)**—प्रशिक्षित विशेषज्ञ एवं विवेकसंगत प्रशासनिक अधिकारियों का समूह किसी भी राजनीतिक व्यवस्था के अन्तर्गत उस व्यवस्था के विकास से संबंधित लक्ष्यों की पूर्ति तथा इस कार्य को अंजाम देने हेतु अन्य अधीनस्थ कर्मचारियों की गतिविधियों के निर्देशन (Direction), पर्यवेक्षण (Supervision) और समन्वयन (Coordination) के लिए उत्तरदायी होता है। किसी राजनीतिक व्यवस्था के विकास एवं परिवर्तन में नौकरशाही की भूमिका अति महत्त्वपूर्ण होती है। दरअसल नौकरशाही व्यवस्थान्तर्गत सरकारी कर्मचारियों का वह संगठन है जिसका चयन न तो जनता के द्वारा होता है और न ही उनकी प्रवृत्ति जनउत्तरदायित्व की होती है। इसके बावजूद वे देश के निर्णय–निर्माण प्रक्रिया में एक जवाबदेह प्रशासक के रूप में महत्त्वपूर्ण भूमिका निभाते हैं। ये सत्ता के असली स्रोतों पर नियंत्रण रखते हैं, इस लिहाज से व्यवस्था में चलने वाले राजनीतिक विकास के कार्यक्रमों को गति प्रदान करने एवं उसे लक्ष्य तक पहुंचाने में उल्लेखनीय भागीदारी निभाते हैं। राजनीतिक विकास प्रक्रिया के संचालन में नौकरशाही का संरचनात्मक एवं कार्यात्मक दोनों पक्ष महत्त्वपूर्ण हैं। संरचनात्मक दृष्टि से यह विशेषीकृत योग्य अधिकारियों का संगठित समूह है जो नीति–निर्णय निर्धारण में आधार–माध्यम का कार्य करता है और कार्यात्मक दृष्टि से नीतियों–निर्णयों के कार्यान्वयन में उल्लेखनीय भूमिका निभाते हुए जनता और सत्ता के मध्य सेतु का कार्य करता है।

5. **राष्ट्र–निर्माण और राज्य–निर्माण की भावना का विकास (Development of the Feeling of Nation Building and State Building)**—राष्ट्र–निर्माण एवं राज्य–निर्माण की प्रक्रियाओं का राजनीतिक विकास संप्रत्यय के साथ गहरा संबंध है। राजनीतिक विकास के साधन के रूप में राष्ट्र–निर्माण का अभिप्राय है राष्ट्र के समस्त सदस्यों के लिए राजनीतिक निष्ठा का एक ही केन्द्र विकसित करना ताकि राजनीतिक व्यवस्था के सदस्य अपनी आस्था–निष्ठा को सीमित समूहों के दायरे में न बांधकर अपनी निष्ठा राष्ट्र को समर्पित करें। राष्ट्र–निर्माण की भावना राजनीतिक विकास का एक महत्त्वपूर्ण माध्यम है। वहीं राज्य–निर्माण का अर्थ है शक्ति के ऐसे केन्द्र का विकास करना जो समस्त राज्य में शान्ति सुव्यवस्था कायम रख सके, अपने नीतियों–निर्णयों, आदेशों को समान रूप से लागू करा सके और सुरक्षात्मक एवं जनहित सेवाओं

को व्यवस्था के कोने–कोने तक पहुंचा सके। इस प्रकार, राज्य–निर्माण भी राजनीतिक विकास का अति महत्त्वपूर्ण साधन है। भारत के राजनीतिशास्त्रवेत्ता रजनी कोठारी ने अपनी प्रसिद्ध रचना 'State and Nation Building: A Third World Perspective, 1976' में लिखा है कि "राष्ट्र–निर्माण एवं राज्य–निर्माण संप्रत्यय किसी भी राजनीतिक व्यवस्था के विकास के राजनीतिक पक्ष की प्रस्तुति करता है, जबकि आधुनिकीकरण का सरोकार विकास के आर्थिक, सामाजिक, प्रशासनिक, प्रौद्योगिक आदि पक्षों से होता है।" पश्चिमी जगत् के विद्वज्जनों की अभिव्यक्ति के अनुसार, विकासशील व्यवस्थाओं को आधुनिकीकरण के पक्षों पर ध्यान देना चाहिए राजनीतिक विकास अपने आप हो जायेगा। लेकिन इस प्रसंग में कोठारी का कहना है कि "यूरोपीय देशों में आधुनिकीकरण की प्रक्रिया शुरु होने के पहले ही राष्ट्रों का सुदृढ़ीकरण (Consolidation) हो चुका था अतः विकासशील व्यवस्थाओं में राजनीतिक विकास प्रक्रिया के लक्ष्य की प्राप्ति के लिए आधुनिकीकरण के बजाय राष्ट्र–निर्माण एवं राज्य–निर्माण से प्रासंगिक तत्त्वों को अपेक्षाकृत अधिक प्राथमिकता देना ही ज्यादा युक्तिसंगत है।"

6. **राजनीतिक सहभागिता का विस्तार (Expansion of Political Participation)**–आधुनिक लोकतांत्रिक व्यवस्थाएं जनसहभागिता के सिद्धान्त पर टिकी होती हैं। राजनीतिक सत्ता को जनसत्ता का स्वरूप प्रदान करने का एक मात्र माध्यम है जनता द्वारा अपने प्रतिनिधियों का निर्वाचन। राजनीतिक सहभागिता एक राजनीतिक क्रिया है जो राजनीतिक व्यवस्था की निर्णयकारिता को प्रभावित करता है। यह एक ऐसी राजनीतिक गतिविधि है जिसका कारण और परिणाम आपस में संबद्ध होता है। ये वे राजनीतिक कृत्य हैं जिनके द्वारा सभी सदस्य राजनीतिक व्यवस्था के विभिन्न स्तरों पर विभिन्न भूमिकाओं में भागीदारी करते हैं, यानी कि सरकार–निर्माण से लेकर नीति–निर्णय, निर्धारण, निरूपण और कार्यान्वयन की प्रक्रिया में इस राजनीतिक क्रिया की अहम भूमिका है। इसीलिए सभी शासन–प्रणालियों में राजनीतिक सहभागिता के विस्तार का विशेष महत्त्व है। सभी राजनीतिक व्यवस्थाओं का स्थायित्व, सातत्य एवं वैधता अर्जित करने का आधार राजनीतिक सहभागिता है, इसीलिए इस राजनीतिक क्रिया का व्यापक विस्तार सभी राजनीतिक व्यवस्थाओं के राजनीतिक विकास का व्यावहारिक माध्यम है।

संक्षेप में, यह कहा जा सकता है कि ऊपर वर्णित राजनीतिक विकास के साधनों द्वारा विकासशील देश अपनी राजनीतिक विकास प्रक्रिया का गतिवर्द्धन कर सकते हैं। अर्थात्, विकासशील व्यवस्थाओं को अपने राजनीतिक विकास को यथोचित दिशा में कदम बढ़ाने के लिए सहभागिता का विस्तार, तर्कसंगत अधिकारीतंत्रीय व्यवस्था, सामाजिक गतिशीलन (Mobilization) एवं राष्ट्रीय भावना को विकसित करने का लक्ष्य सामने रखना चाहिए जिसकी सिद्धि होने के साथ–साथ राजनीतिक विकास प्रक्रिया स्वयं ही अपने लक्ष्य–प्राप्ति की दिशा में तेजी से कदम बढ़ायेगा। राजनीतिक विकास के इन साधनों के साथ–साथ तीसरी दुनिया के देशों के राजनीतिक विकास में सेना की भूमिका भी महत्त्वपूर्ण होती है। विकासशील व्यवस्थाओं की राजनीति में सेना का हस्तक्षेप आम बात है। इन देशों में सेना के राजनीतिक महत्त्व का कई सामाजिक, आर्थिक, राजनीतिक कारण हैं जिसकी वजह से व्यवस्थागत राजनीतिक विकास के माध्यम के रूप में सेना की भूमिका अहम् है। राज्य निर्माण की कोशिश के अंग के रूप में सेना को मजबूत बनाना सभी विकासशील व्यवस्थाओं की प्राथमिकता होती है।

राजनीतिक विकास की समस्याएं (Problems of Political Development)

तात्त्विक स्तर पर राजनीतिक विकास की समस्याएं सिर्फ राजनीतिक व्यवस्था से ही संबद्ध नहीं होती हैं, वस्तुतः इन समस्याओं का संबंध राजनीतिक व्यवस्था के उस पर्यावरण से अधिक है जिसके संरक्षण में राजनीतिक विकास की प्रक्रियाएं संचालित होती हैं। प्रत्येक व्यवस्था में राजनीतिक विकास प्रक्रिया को बहुआयामी (Multi dimensional) समस्याओं का सामना करना पड़ता है। व्यवस्थागत विकास से संबंधित कुछ प्रधान समस्याओं की चर्चा निम्नांकित है :

1. **राष्ट्र–निर्माण एवं राज्य–निर्माण की समस्या (Problem of National Building and State Building)**–तीसरी दुनिया की विकासशील व्यवस्थाओं में विद्यमान सामाजिक–आर्थिक विषमताएं एवं सांस्कृतिक विविधताएं अर्थात् विविध संस्कृतियों, भाषाओं, धर्मों, जातियों की मौजूदगी से कई बार समाज में असामाजिक तत्त्वों का विकृत रूप सामने आता है जो राष्ट्र–निर्माण के रास्ते में अवरोधक की भूमिका निभाते हैं। इस प्रसंग में महत्त्वपूर्ण तथ्य यह है कि पराधीन देशों में आजादी–प्राप्ति हेतु चलाये जाने वाले स्वतंत्रता आन्दोलनों की वजह से उन देशों में राष्ट्र–निर्माण की भावना के विकास के लिए पुख्ता जमीन तैयार हो गयी, लेकिन स्वतंत्रता–प्राप्ति के पश्चात् व्यवस्था में मौजूद सामाजिक, सांस्कृतिक, धार्मिक, आर्थिक विविधताओं–विषमताओं एवं राजनीतिक दलों तथा उनके नेतृत्व द्वारा इन विविधताओं विषमताओं को तोड़–मरोड़ कर अपने हितवर्धन हेतु प्रस्तुत किये जाने की वजह से राजनीति में विघटनकारी तत्त्वों का अस्तित्व बड़े पैमाने पर सिर उठाने लगा। इसके परिणामस्वरूप इन विकासशील व्यवस्थाओं में आन्तरिक एवं बाह्य स्तर पर शान्ति–सुरक्षा एवं सुव्यवस्था बहाल करने की दृष्टि से राष्ट्र–निर्माण की स्थिति एक गंभीर समस्या के रूप सामने आयी है, जो सभी विकासशील व्यवस्थाओं के राजनीतिक पर्यावरण को उद्वेलित कर रही है। इसी भांति राज्य–निर्माण की समस्या भी विकासशील राजनीतिक व्यवस्थाओं के यथोचित विकास के मार्ग में कई बाधाएं उत्पन्न करती हैं। भौगोलिक दूरियां, सांस्कृतिक विविधताएं एवं विखंडित संस्कृति, परिवहन और संचार के साधनों की अपर्याप्तता, विघटनकारी शक्तियों का उदय एवं विकास, निर्धनता, बेरोजगारी, आर्थिक–सामाजिक विषमताएं आदि ऐसे महत्त्वपूर्ण कारक हैं जो विकासशील व्यवस्थाओं में राज्य–निर्माण के मार्ग में समस्याएं उत्पन्न करते हैं, जिनकी वजह से राजनीतिक विकास कार्य बाधित होता है। व्यवस्थागत राजनीतिक प्रक्रिया के संदर्भ में राष्ट्र–निर्माण एवं राज्य–निर्माण की समस्या का साथ में अध्ययन किया जाना ज्यादा बेहतर है क्योंकि ये ऐसी समस्याएं हैं जो राजनीतिक व्यवस्था के अस्तित्व के लिए गंभीर संकट पैदा करती हैं।

2. **राजनीतिक सहभागिता की समस्या (Problem of Political Participation)**–लोकतांत्रिक राजनीतिक व्यवस्थाओं को विकसित लोकतंत्र की कोटि में शामिल होने के लिए राजनीतिक सहभागिता का विस्तार एक आवश्यक शर्त है। लोकतांत्रिक व्यवस्थान्तर्गत राजनीतिक सहभागिता वह राजनीतिक गतिविधि है जिसके माध्यम से व्यवस्था के सदस्य न केवल अपने जनप्रतिनिधियों का चुनाव करते हैं अपितु वे सार्वजनिक नीतियों के निर्माण, निरूपण एवं कार्यान्वयन की प्रक्रिया में सक्रिय सहभागी बनते हैं। राजनीतिक सहभागिता का विस्तार तब सार्थक रूप प्राप्त करता है जब जनप्रतिनिधि जनसरोकारगत महत्त्वपूर्ण मुद्दों पर जनता से निर्देश प्राप्त करते हैं और अपने निर्णयों की प्रस्तुति जन इच्छा के रूप में करते हैं। महत्त्वपूर्ण राजनीतिक कृत्य के रूप में यह किसी भी व्यवस्था का वह साधन है जो राजनीतिक विकास के गतिवर्द्धन में आधार–आधेय की भूमिका अदा करता है। लेकिन, तीसरी दुनिया के विकासशील व्यवस्थाओं की यह विडंबना है कि वहां राजनीतिक सहभागिता का प्रभावपूर्ण प्रसार सही ढंग से नहीं हो पाया है, इसकी मूल वजह है व्यवस्था का पिछड़ापन, जनसंख्या विस्फोट, शिक्षा के प्रसार में कमी, निर्धनता, बेरोजगारी, बीमारी, प्रतिव्यक्ति आय का निम्न स्तर अर्थव्यवस्था में वाणिज्य व्यापार और औद्योगीकरण का निम्न स्तर जनसंपर्क के साधनों के विस्तार में कमी आदि जिससे इन व्यवस्थाओं में सहभागिता के स्वरूप को विस्तृत होने का अवसर नहीं मिला। इस प्रकार विकासशील देशों में राजनीतिक सहभागिता के विस्तार की समस्या राजनीतिक विकास के कार्यक्रमों के लिए कई गंभीर समस्याएं खड़ी करता है।

3. **वितरण की समस्या (Problem of Distribution)**–विकासशील राजनीतिक व्यवस्थाओं में समाज के मूल्यवान संसाधनों, वस्तुओं, सेवाओं, अवसरों, लाभों के सीमित होने की वजह से उसके वितरण के लिए परस्पर–विरोधी मांगें उठती रहती हैं और समाधान के उपाय ढूँढे जाते हैं। राजनीतिक विकास के प्रसंग में वितरण की समस्या का अभिप्राय यह है कि किस प्रकार धर्म, जाति, भाषा, क्षेत्र, गुट, रंग, लिंग आदि के आधार पर बिना कोई भेदभाव के व्यवस्था के सदस्यों में योग्यता एवं जरूरत के अनुरूप वस्तुओं,

लाभों, अवसरों व सेवाओं का वितरण करके प्रतिव्यक्ति आय बढ़ायी जाय जिससे विकास के कार्यक्रमों को नई ऊर्जा मिले।

आल्मंड एवं पॉवेल द्वारा राजनीतिक विकास के विश्लेषणक्रम में संरचनात्मक–प्रकार्यात्मक उपागम के अतिरिक्त उन पांच प्रमुख कारकों की ओर संकेत किया है जिस पर विश्लेषकों द्वारा ध्यान दिया जाना जरूरी है:

प्रथम–राजनीतिक व्यवस्था द्वारा सामना किये जाने वाली समस्याओं की प्रकृति (Nature of Problems which is Faced by Political System)–यह आयाम किसी व्यवस्था की स्थिरता–अस्थिस्ता एवं विकास की अवस्था तथा गति से संबद्ध है जो उस व्यवस्था में मौजूद समस्याओं की प्रकृति–प्रवृत्ति पर आधारित होती है जिसका सामना व्यवस्था को करना पड़ता है।

द्वितीय–व्यवस्था में उपलब्ध संसाधन (Available Resources in the System)–इसका तात्पर्य है कि सभी व्यवस्थाओं द्वारा अपने समाज की ओर से मिलने वाली मांगों को अधिकाधिक रूप में पूरा किया जाना ताकि व्यवस्था पर मांगों का भार नहीं बढ़े। इसके लिए सभी व्यवस्थाओं को ज्यादा से ज्यादा संसाधन अर्जित करने की जरूरत होती है ताकि व्यवस्था मांगों को नीतियों में परिवर्तित करती रहे और राजनीतिक विकास कार्यक्रम सुचारू रूप से चलता रहे।

तृतीय–विदेशी सामाजिक व्यवस्थाओं का प्रभाव (Effect of Foreign Social Systems)–इसका आशय यह है कि जब किसी देश की अर्थव्यवस्था में नई क्षमताओं, उत्पादन–वितरण की नई व्यवस्थाओं का विकास होता है तब राजनीतिक व्यवस्था पर जनहित संबंधी मांगों का भार काफी कम हो जाता है जिसका सीधा असर राजनीतिक विकास प्रक्रिया पर पड़ता है। इस प्रकार अन्य सामाजिक व्यवस्थाओं में क्षमताओं की मौजूदगी या उनका विकास विकासशील व्यवस्थाओं की क्षगता वृद्धि या विकास के लिए प्रेरणादायक आधार बनता है।

चतुर्थ–व्यवस्था का प्रकार्यात्मक प्रतिमान (Functional Model of the System)–इसका अर्थ है कि राजनीतिक विकास या पतन की स्थितियां व्यवस्था के प्रतिमान पर निर्भर करती हैं। इस संबंध में आल्मंड–पॉवेल का कहना है कि कोई व्यवस्था आगत मांगों का भार वहन कर सकती है या नहीं, चुनौतियों का सामना कर सकती है या नहीं, यह व्यवस्था के प्रकार्यात्मक प्रतिमान पर निर्भर होता है। यह भी हो सकता है वह परिवर्तन और अनुकूलन के लिए तैयार न हो और मांगों के दबाव से टूट जाय। अतः राजनीतिक विकासक्रम में व्यवस्थागत प्रकार्यात्मक प्रतिमान की तात्त्विक स्थिति पर ध्यान देना अति आवश्यक है।

पंचम–राजनीतिक अभिजनों की भूमिका (Role of Political Elite)–इसका अभिप्राय है कि सभी राजनीतिक व्यवस्थाओं को विकास प्रक्रिया के संचलन कार्य में राजनीतिक अभिजनों की भूमिका से संबंधित समस्याएं आती हैं। यह संभव है कि मांगों के दबाव की वजह से शक्तिशाली अभिजन पर्यावरणगत तथ्यों में परिवर्तन लाकर राजनीतिक व्यवस्था को पतन से बचा लें, या आगत तत्त्वों के उत्तार–चढ़ाव (Fluctuations) की गंभीरता एवं तीव्रता को देखते हुए उनमें सही निर्णय लेने की क्षमता हो या उनमें व्यवस्था में विकास की दृष्टि से क्रान्तिकारी परिवर्तन तथा संशोधन लाने का सामर्थ्य हो तो व्यवस्था का सातत्य कायम होगा। इस प्रकार व्यवस्थागत राजनीतिक विकास के प्रसंग में अभिजनों की भूमिका उल्लेखनीय होती है, क्योंकि वे नीति–निर्माता एवं निर्णयकर्ता होते हैं।

लुसियन डब्ल्यू. पाई द्वारा भी राजनीतिक की विकास की समस्या से संबद्ध कुछ विशेष स्थितियों का उल्लेख किया गया है :

1. **तादात्म्यता का संकट (Identity Crisis)**–जनसाधारण का तादात्म्य अपनी राजनीतिक व्यवस्था से स्थापित होना व्यवस्था के राजनीतिक विकास के लिए अति आवश्यक है। यह राजनीतिक व्यवस्था में राष्ट्र–निर्माण एवं राज्य–निर्माण की भावना विकसित कराने में आधारतत्त्व की भूमिका निभाता है। राजनीतिक विकास संकल्पना के साथ इस तत्त्व का गहरा संबंध है।

2. **वैधता का संकट (Legitimacy Crisis)**–यह अवस्था सत्ता की औचित्यपूर्ण प्रकृति और सरकार के यथोचित उत्तरदायित्व के बीच सहमति प्राप्त करने की समस्या का सूचक है। केन्द्रीय या स्थानीय प्राधिकरण (Authorization) का प्रतिमान कैसा होना चाहिए? नौकरशाही प्राधिकारण की क्या सीमाएं होनी चाहिए ? स्वतंत्रता–प्राप्ति के पश्चात् आजाद देश के सरकार को कितने औपनिवेशिक (Colonial) संरचनाओं को कायम रखना चाहिए ? ऐसे कई महत्त्वपूर्ण सवाल या समस्याएं हैं जिनका संबंध राजनीतिक व्यवस्था की वैधता के संकट से है। सामाजिक–आर्थिक रूप से पिछड़ी व्यवस्थाओं एवं उनके पिछड़े समाजों में जहां धार्मिक एवं जातिगत मूल्यों की जड़ें अत्यधिक गहरी होती हैं वहां भी व्यवस्था को 'वैधता के संकट' का सामना करना पड़ता है।
3. **अन्तर्वेषण का संकट (Penetration Crisis)**–यह प्रसंग परिधि (समाज) के अन्दर केन्द्र (सरकार) का ज्यादा से ज्यादा प्रवेश, समाज पर सरकार का प्रभाव एवं समाज के उत्थान हेतु बुनियादी नीतियों–निर्णयों के निर्माण तथा प्रभावशाली ढंग से उनके कार्यान्वयन के समस्या की ओर इंगित करता है। जनहित के लिए सरकार को क्या करना चाहिए? समाजहित की दृष्टि से सरकार को क्या नहीं करना चाहिए ? जीवन की बुनियादी आवश्यकताओं (Basic Needs) की पूर्ति, जैसे कि पोषण (Nutrition), भोजन (Food), स्वास्थ्य (Health), और आवास तथा उत्तम जीवन के लिए आवश्यक साधनों की व्यवस्था जैसे कि सार्वजनिक शिक्षा की व्यवस्था, रोजगार के अवसर, नागरिक स्वतंत्रताएं एवं राजनीतिक सहभागिता की स्थितियां उपलब्ध कराना आदि से संबंधित विवेकसंगत नीतियों–निर्णयों का निर्माण एवं न्यायोचित कार्यान्वयन आदि की दिशा में सरकार कितनी सक्षम है, और आमजन तक सरकार द्वारा निर्गत तत्त्वों का लाभ पहुंच रहा है या नहीं, अन्तर्वेषण संकट से संबद्ध ऐसी सभी समस्याएं राजनीतिक विकास कार्य के बराबर (Smooth) संचालन में रुकावट पैदा करती हैं। इस संदर्भ में सरकार के समक्ष सबसे बड़ी समस्या तब खड़ी होती है जब सरकार के प्रयास से समाज में मांग विस्फोट (Demand Explosion) की स्थिति उत्पन्न हो जाती है और सरकार के पास उसके समाधान का सामर्थ्य नहीं होता है।
4. **सहभागिता का संकट (Participation Crisis)**–समाज में ऐसे कई दबाव समूह एवं हित समूह होते हैं जो निर्णय–निर्माण प्रक्रिया में भागीदार बनाने का प्रयत्न करते हैं। इस प्रयास के तहत कई राजनीतिक दलों, दबाव समूहों–हित समूहों की अवसंरचनाओं का अविर्भाव होता है जिसकी उत्तेजक गतिविधियों के परिणामस्वरूप मांगों का स्वरूप विस्तारित होता है जिससे व्यवस्था में तनाव की स्थिति उत्पन्न होती है। सहभागिता का संकट ऐसी ही स्थिति का द्योतक है। इस प्रसंग का महत्त्वपूर्ण सवाल यह है कि क्या राजनीतिक दलों एवं दबाव समूहों को यह आजादी मिलनी चाहिए कि वो अपनी उत्तेजनाप्रद भूमिकाओं द्वारा निर्णय निर्माण–प्रक्रिया को प्रभावित करें अथवा सहभागिता के संकट की स्थिति से बचने के लिए उनकी गैर जवाबदेह गतिविधियों को प्रतिबन्धित करना चाहिए। इस प्रश्न के दायरे में यह मुद्दा भी शामिल है कि लोकतांत्रिक व्यवस्थाओं में सिर्फ राजनीतिक प्रयोजनों की पूर्ति एवं प्रदर्शनात्मक राजनीति के संचालन हेतु सहभागिता की सुविधाएं राजनीतिक दलों एवं विविध समूहों को प्रदान की जानी चाहिए अथवा नहीं।
5. **समाकलन का संकट (Integration Crisis)**–इस संकट का संबंध उस सीमा से है जिसके दायरे में राजनीतिक व्यवस्थान्तर्गत समस्त संगठन अन्तःक्रियात्मक संबंधों की स्थापना करता है एवं अन्योन्य क्रियाएं करता हैं। शासक अभिजन, प्रतिअभिजन, सरकारी अधिकारी, सरकार के अभिकरण, राजनीतिक दल, दबाव समूह, हित समूह एवं व्यवस्था के सदस्यगण की गतिविधियाँ, भूमिकाएं, मांग–समर्थन आदि समस्त पहलुओं के बीच यथोचित एकीकरण की स्थितियां ही व्यवस्था में राजनीतिक विकास का मार्ग सरल बनाती हैं।
6. **वितरण का संकट (Distribution Crisis)**–इसका अभिप्राय उन प्रश्नों को रेखांकित करने से संबद्ध है जिससे सरकार समाज में सेवाओं और मूल्यों के वितरण के लिए अपनी शक्तियों का प्रयोग करता है

ताकि व्यवस्था में वितरण के संकट की स्थिति पैदा न हो। किस प्रकार समाज में बिना किसी भेदभाव के सही मानदण्डों के आधार पर मूल्यों का वितरण किया जाय यह सबसे बड़ी समस्या है। कई विवादित मामलों में हस्तक्षेप करके सरकार इस समस्या का समाधान अपने तरीके से करने की कोशिश करती है और समाज के कमजोर वर्ग के लिए संभावनाओं, अवसरों एवं सेवाओं को उपलब्ध कराने का ठोस प्रयास करती है। राजनीतिक व्यवस्थान्तर्गत जनसाधारण के बीच राष्ट्रीय आय का न्यायोचित एवं समान वितरण तथा अवसरों का विवेकसंगत वितरण राजनीतिक विकास की एक अहम् समस्या है।

पाई ने इन संकटों की प्रकृति का उल्लेख करके यह बताने का प्रयास किया है कि ये वे महत्त्वपूर्ण प्रसंग हैं जो सभी राजनीतिक व्यवस्थाओं में राजनीतिक विकास का अनुक्रम निर्धारित करता है, इसलिए राजनीतिक विकास के अध्ययन हेतु उपयोगी सिद्धान्त के निर्माण में अध्ययनकर्ता को इन संकटों व समस्याओं पर ध्यान देना अति आवश्यक है और राजनीतिक विकास का विश्लेषण करने वाला सिद्धान्त ऐसा होना चाहिए जो राजनीतिक व्यवस्थाओं में मौजूद समस्याओं और संकटों के निवारण में सक्षम हो।

राजनीतिक विकास की संक्रियात्मक शर्तें (Operational Conditions of Political Development)

नवोदित राजनीतिक व्यवस्थाओं को किन–किन परिस्थितियों में राजनीतिक विकास में सहायता मिल सकती है यह एक अहम् सवाल है जिस पर राजनीतिक विकास से संबंधित रचनाओं में बहुत ध्यान नहीं दिया गया है। ये स्थितियां सामान्य एवं स्थूल दोनों हो सकती हैं। सामान्य रूप में इन स्थितियों का समस्त राजनीतिक विकास प्रक्रिया में उपयोग किया जा सकता हैं। जबकि स्थूल रूप में इसका संबंध विशेष स्थितियों से है। आल्मंड एवं आइजेन्सटाड वे प्रमुख नाम हैं जिन्होंने इन स्थितियों का उल्लेख अपनी रचनाओं में किया है और आवश्यकता के रूप में राजनीतिक विकास में सहायक होने वाले कुछ महत्त्वपूर्ण सुझावों की प्रस्तुति भी की है।

आल्मंड की दृष्टि में राजनीतिक विकास की पाँच आवश्यकताएं हैं; यथा : प्रथम–विकास अवस्थाओं की आनुक्रमिकता (Successiveness), द्वितीय–साधनों की उपलब्धता (Availability), तृतीय–अन्य सामाजिक व्यवस्थाओं का समनुरूप विकास (Congruent Development), चतुर्थ–राजनीतिक व्यवस्थाओं की पर्याप्त अन्तर्निहित क्षमता (Implied Capacity) और पंचम–चुनौतियों के प्रति अभिजनों में पर्याप्त अनुक्रियाशीलता (Responsiveness)। आल्मंड ने दृढ़ रूप से यह विश्वास व्यक्त किया है कि किसी भी व्यवस्था में राजनीतिक विकास की अवस्थाएं एक के बाद एक आनी चाहिए साथ ही यह भी कहा है कि समाज के पास विकास हेतु पर्याप्त साधन होना चाहिए। आल्मंड की अभिव्यक्ति है कि राजनीतिक विकास की सफलता के लिए यह आवश्यक है कि समाज की आर्थिक, सांस्कृतिक एवं अन्य सभी सहभागी उपव्यवस्थाओं का भी साथ–साथ विकास हो। साथ ही व्यवस्था में सभी प्रकार की चुनौतियों का सामना करने की क्षमता होनी चाहिए एवं अभिजन वर्ग में उन चुनौतियों का सकारात्मक–रचनात्मक उत्तर देने का सामर्थ्य होना चाहिए।

आइजेन्सटाड के कथनानुसार, "उन्होंने राजनीतिक विकास की जिन आधारभूत शर्तों को उल्लिखित किया है उसे यदि पूरी तरह अमल में लाया जाये तो राजनीतिक अभिजनों को व्यवस्था के विकास कार्य में काफी हद तक सफलता मिल सकती हैं इनके द्वारा उल्लिखित शर्तों की व्याख्या अग्रांकित हैं :

1. संचार के साधनों का पर्याप्त विस्तार होना चाहिए ताकि विकासात्मक प्रयासों में जनसाधारण को नियोजित (Employed) करना अभिजनों के लिए संभव हो सके।
2. शिक्षा का पर्याप्त प्रसार होना आवश्यक है, यानी कि आरंभिक स्तर पर प्राथमिक शिक्षा का विस्तार होना चाहिए जिससे जनसाधारण में राजनीतिक कार्यों के प्रति जागरूकता बढ़े, तत्पश्चात् माध्यमिक शिक्षा का प्रसार हो ताकि समाज के सदस्यगण स्तरीय शिक्षा प्राप्त करके राजनीतिक विकास में सहयोग दे सकें।

3. नये विकासात्मक कार्यों के लिए समाज के निम्न और सामान्य क्षेत्रों से पर्याप्त संख्या में जनसाधारण की लामबन्दी (Mobilisation) होनी जरूरी है ताकि राजनीतिक विकास के प्रति जनचेतना पैदा की जा सके।
4. अभिजन वर्ग की कृत्यात्मकता का सतत रूप से निर्वाह होना चाहिए ताकि उनके द्वारा समाज को एक नई दिशा प्रदान की जा सके।
5. अभिजनवर्ग के पास राजनीतिक विकास की एक ठोस योजना होनी चाहिए ताकि वे अपनी योजनाओं का स्पष्ट निरूपण एवं प्रभावशाली कार्यान्वियन कर सकें।"

सामाजिक गत्यात्मकता को नियोजित करने में आइजेन्स टाड दृढ़ विश्वास व्यक्त करते दिखाई देते हैं, क्योंकि इनकी दृष्टि में इस व्यवहार द्वारा राजनीतिक विकास की गति की उस तीव्रता को नियंत्रित किया जा सकता है जो अभिजनों द्वारा जनसाधारण पर शासन करने एवं उनका समाजीकरण करने की क्षमता सीमा से बाहर है। इन पाँच सक्रियात्मक शर्तों के साथ आइजेन्सटाड द्वारा उन तत्त्वों का भी उल्लेख किया गया है जो राजनीतिक विकास में बाधक की भूमिका निभाते हैं :

1. सत्ता का बार–बार हस्तान्तरण, इससे व्यवस्था में अस्थिरता का ख़तरा बना रहता है।
2. शासक अभिजनों की प्रवृत्ति में स्वार्थीपन, भ्रष्टाचार तथा उसके सिद्धान्त और व्यवहार में पाये जाने वाला अन्तर, और
3. मूल्यों, अवसरों और पुरस्कारों के वितरण में न्यायसंगतता की कमी।

आल्मंड एवं आइजेन्सटाड द्वारा उल्लिखित आवश्यक संक्रियात्मक शर्तों का संबंध राजनीतिक व्यवस्था एवं उसमें उपलब्ध संसाधनों की पर्याप्तता तथा व्यवस्था की क्षमता एवं शासक अभिजन के कौशल से है, जिसके माध्यम से व्यवस्था तथा अभिजनवर्ग पर्यावरण से मिलने वाली चुनौतियों का सामना करता है और सभी समस्याओं का समाधान करता है। इन आन्तरिक शर्तों के अतिरिक्त बाह्य परिस्थितियां भी राजनीतिक व्यवस्थाओं के विकास में साधक या बाधक हो सकती है। लेकिन साथ ही यह भी साबित हो चुका है कि विकासशील राजनीतिक व्यवस्थाओं के टूटने की वजह बाहरी बाधाओं की अपेक्षा पर्यावरण से मिलने वाली आन्तरिक चुनौतियां ज्यादा होती हैं। वस्तुतः, यह कहा जा सकता है कि राजनीतिक प्रक्रियाओं के संचालन में अभिजनों की भूमिका अत्यधिक महत्त्वपूर्ण होती हैं। मुख्यतः जिन समाजों में अभिजनों की प्रवृत्ति क्रियात्मक होती है वहां व्यवस्था प्रगति की दिशा में तेजी से कदम बढ़ाती है।

राजनीतिक विकास की संकेतक राजनीतिक व्यवस्थाएं (Political Systems Indicator of Political Development)

राजनीतिक विकास का संकेत करने वाली राजनीतिक व्यवस्थाओं के विविध चरणों का उल्लेख कई राजनीतिक विद्वानों की रचनाओं में मिलता है, उनमें से कुछ प्रमुख विचारकों के विचारों की चर्चा यहां की जा रही है :

एडवर्ड शिल्स का वर्गीकरण (Edward Shils's Classification)

शिल्स द्वारा इस संदर्भ में राजनीतिक व्यवस्था की पांच कोटियों का उल्लेख किया गया है जो निम्नलिखित हैं।

1. **राजनीतिक लोकतंत्र (Political Democracy)**–राजनीतिक व्यवस्था का यह स्वरूप राजनीतिक विकास की उस अवस्था का संकेतक है जिसमें प्रशासनिक स्तर पर स्थायित्व, सामंजस्य, समन्वयन, उत्तरदायित्वता, प्रभावशीलता आदि तत्त्व मौजूद होते हैं, साथ ही एक सशक्त व सक्रिय विपक्ष का अस्तित्व भी विद्यमान होता है, जो शासक अभिजन को जनउत्तरदायी बने रहने के लिए बाध्य करता है। राजनीतिक लोकतंत्र

में स्वस्थ जनमत के निर्माण के साधन एवं अभिव्यक्तिकरण के विविध माध्यम मौजूद होते हैं। राजनीतिक लोकतंत्र के आधारतत्त्व औचित्यपूर्णता, जनसहमति एवं जनसमर्थन हैं।

2. **संरक्षक लोकतंत्र (Tutelary Democracy)**–लोकतंत्र की यह अवस्था राजनीतिक विकास के उस चरण का द्योतक है जिसमें राजनीतिक लोकतंत्र की अपेक्षा कार्यपालिका ज्यादा शक्तिशाली होती है, लेकिन विपक्ष का महत्त्व अपेक्षाकृत कम होता है। राजनीतिक दल और सरकार के बीच एकात्मकता होती है और राजनीतिक सत्ता के प्राधिकृत (Authoritative) व्यक्तित्व की वजह से प्रशासनिक स्तर पर सदैव अनुशासन बना रहता है।
3. **आधुनिक अल्पतंत्र (Modernising Oligarchy)**–इस व्यवस्था में आधुनिकता एवं एकता का मिश्रण होता है लेकिन परम्परागत तत्त्वों को प्रधानता दी जाती है। यहां शासक अभिजन का स्वरूप पूर्णरूप से संगठित होता है और सत्ता का अस्तित्व उच्च स्तरीय रूप में केन्द्रीकृत होता है। अधिकारीतंत्र की प्रमुखता शासन में सदैव बनी रहती है और व्यवस्था में किसी भी राजनीतिक विचारधारा का अभाव होता है।
4. **सर्वाधिकारवादी अल्पतंत्र (Totalitarian Oligarchy)**–इस राजनीतिक व्यवस्था की एक निश्चित विचारधारा होती है। इस व्यवस्था में राजनीतिक सत्ता एक व्यक्ति या समूह के हाथों में होती है। एक राजनीतिक दल का उस व्यवस्था में अस्तित्व होता है जिसकी कार्यशैली तानाशाही प्रवृत्ति की होती है। व्यवस्था में समस्त राजनीतिक सक्रियताओं का केन्द्र वही दल होता है और वही दल व्यवस्थान्तर्गत सम्पूर्ण राजनीतिक गतिविधियों का विनियमन करता है। न्यायपालिका और जनसंपर्क के साधनों पर सरकार का कठोर नियंत्रण होता है तथा नागरिक जीवन का समस्त पहलू इसके अधिकार क्षेत्र के अन्तर्गत आता है। इस व्यवस्था में राजनीतिक विकास का आधार भी उनकी सुनिश्चित विचारधारा होती है। वर्तमान परिप्रेक्ष्य में साम्यवादी व्यवस्थाएं इसके उदाहरण हैं।
5. **परम्परागत अल्पतंत्र (Traditional Oligarchy)**–परम्परागत अल्पतंत्रीय व्यवस्था में वंशानुगत शासन का प्रावधान होता है। शासक की नियुक्ति वंशगत आधार पर होती है इसीलिए शासन का स्वरूप परम्परागत होता है। यहां शासक अपने संबंधियों एवं करीबी लोगों के परामर्श से शासन–व्यवस्था संचालित करता है। इस व्यवस्था के अन्तर्गत परम्परागत संस्थाओं, मान्यताओं, मूल्यों, आस्थाओं को प्राथमिकता दी जाती है, इसलिए व्यवस्था की शासन–प्रवृत्ति संकुचित होती है और राजनीतिक विकास भी इसी के अनुरूप होता है।

ऐप्टर का वर्गीकरण (Apter's Classification)

ऐप्टर ने राजनीतिक विकास की व्याख्या के मद्देनजर तीन प्रकार की राजनीतिक व्यवस्थाओं का कोटिकरण किया है जो निम्नलिखित है :

1. **संगठनात्मक व्यवस्था (Organisational System)**–इस व्यवस्थान्तर्गत सत्ता में व्यवस्थाबद्धता बनी रहती है। अपनी व्यवस्था के प्रति लोगों में पूर्ण आस्था व निष्ठा होती है और व्यवस्था में आवश्यक सक्रियता, गतिशीलता, सहभागिता की स्थितियां मौजूद होती हैं। यहां सैन्यीकरण का तत्त्व विद्यमान होता है और विशिष्ट विचारधारा का अस्तित्व कायम रहता है।
2. **समन्वय व्यवस्था (Reconciliation System)**–इस व्यवस्था की प्रवृत्ति सामंजस्यकारी होती है इसीलिए ऐप्टर ने इसे समन्वय की संज्ञा दी है। इसके अन्तर्गत सत्ता का स्वरूप सूचीस्तम्भीय (Pyramidal) होता है। व्यवस्था के प्रति निष्ठाओं में विभिन्नता पायी जाती है और व्यवस्थागत विचारधाराओं में अनेकता की प्रवृत्ति मौजूद होती है।

3. **आधुनिक निरंकुश व्यवस्था (Modernising Autocratic System)**—यह व्यवस्था सर्वाधिकारवादी शासन के अधिक करीब है। यहां मुक्त राजनीतिक प्रतियोगिता पर पाबन्दियां होती हैं लकिन कम्युनिस्ट जैसी प्रभावशाली विचारधारा का अभाव होता है। सत्ता का स्वरूप शृंखलाबद्ध (Hierarchical) होता है और राजनीति आज्ञाकारिता प्राप्त करने के लिए राजनीतिक सत्ताधारी बल प्रयोग पर ज्यादा जोर देते हैं। नागरिक स्वतंत्रताओं की गुंजाइश नहीं के बराबर होती है तथा जनसंपर्क के साधनों एवं न्यायपालिका पर सरकार का सीधा नियंत्रण होता है। व्यवस्था में आवश्यक गतिशीलता होती है, लेकिन साथ ही एकात्मकता एवं नव–परम्परावाद के तत्त्व मौजूद होते हैं।

शिल्स एवं ऐप्टर द्वारा राजनीतिक व्यवस्था के विविध रूपों की प्रस्तुति की गयी है जो इन राजनीतिक व्यवस्था की क्षमता, कार्यकुशलता, गतिशीलता, नियंत्रण–सामर्थ्य, गुणवत्ता, समन्वयन, संप्रेषण, लक्ष्य–निर्धारण आदि के माध्यम से राजनीतिक विकास के स्तर, अवस्था, गति एवं अनुपात के बोधक होते हैं।

भारत में राजनीतिक विकास : एक मूल्यांकन (Political Development In India : An Evaluation)

उदारतावादी लोकतांत्रिक राजनीतिक व्यवस्था के रूप में विश्वस्तर पर अपनी पहचान संस्थापित कर चुके भारत में राजनीतिक विकास के विविध आयामों को जानने से पूर्व भारतीय समाज की प्रकृति–प्रवृत्ति को समझना होगा जिसके विकास और आधुनिकता की कुंजी व्यवस्था में मौजूद राजनीति में निहित है। अनुभवाश्रित दृष्टिकोण से यह देखना होगा कि किस प्रकार पिछले साठ वर्षों में स्वतंत्र भारत का पारम्परिक समाज यहां की बहुलवादी लोकतांत्रिक संस्कृति के हाथों तेजी से बदल रहा है। भारत ने लोकतंत्र का जो प्रतिमान अपनाया है उसे विविध दबाव समूहों व हित समूहों की आपसी आपाधापी (A Mad Race for Self-gratification) एवं प्रतिस्पर्धाओं पर आधारित उदारतावादी लोकतंत्र की संज्ञा दी जाती है। इनके बीच चलने वाली आपसी प्रतिस्पर्धा के जरिये व्यक्ति समाज में अपनी आजादी, विकास और समुन्नति को सुनिश्चित करता है। वैसे तो ये समूह स्वायत्त और स्वयंसेवी भाव से लोकतांत्रिक दायरे में सक्रिय रहते हैं, लेकिन भारतीय राजनीति के संदर्भ में इनका चरित्र, संरचना एवं कार्यशैली बदल जाती है क्योंकि व्यवहार में एक सामाजिक व्यक्ति के ऊपर सामुदायिक हित ही हावी रहता है।

भारत जैसे देश का परम्परागत समाज जब एक संप्रभु राष्ट्र में परिणत होता है तो राष्ट्रत्व ग्रहण करने की प्रक्रिया में कई पारम्परिक तत्त्वों से उसका नाता टूट जाता है और लोकतांत्रिक समझ के अनुरूप व्यवस्था का सार्वमौम पहलू भी बदलने लगता है। व्यवस्थागत विकास हेतु दूरगामी परियोजनाओं का निर्धारण एवं कार्यान्वयन के परिणामस्वरूप सामाजिक, सांस्कृतिक, आर्थिक, राजनीतिक बदलाव के दौरान विकास के नाम पर परिवर्तन धीरे–धीरे एक संस्थापित विचारधारा के रूप में व्यवस्था के मार्गदर्शक की भूमिका निभाने लगता है। राजनीतिक विकास के माध्यम के रूप में जो वैचारिक एवं संस्थागत संरचनाएं एक मकसद के रूप में खड़ी की जाती हैं, व्यवस्था–निर्माताओं को उसके नतीजों का सामना भी करना पड़ता है। भारत के बहुलवादी समाज में व्यवस्था के विकास एवं परिवर्तन का जरिया राजनीति ही है। भारतीय संदर्भ में बहुलवाद का आशय है समाज में मौजूद अनगिनत जातियां, जातीयताओं के विविध रूप कई धर्मों, भाषाओं, समूहों और क्षेत्रीयताओं की आपसी होड़। लोकतंत्र की बहुलवादी संस्कृति में यह आवश्यक नहीं है कि राजनीतिक विकास के छोटे–छोटे मकसदों के नतीजे आपस में मिलकर किसी बड़े नतीजे की रचना करें, लेकिन व्यवस्था में राजनीतिक विकास के प्रवाहकत्व की वजह से पैदा हुए ये नये नतीजे, नये मूल्य एवं नयी अकांक्षाएं प्रभावी होने के बाद तेजी से फैलने और समुन्नति की दिशा में ऊपर बढ़ने लगते हैं।

व्यवस्थागत विकास–प्रक्रिया पर आन्तरिक एवं बाह्य दोनों कारकों का गंभीर प्रभाव पड़ता है, यही वजह है कि आधुनिकीकरण की दौड़ में संलग्न सभी विकासशील राष्ट्र स्थायित्व एवं वैधता की दुविधा का सामना करते नजर आ रहे हैं, जिसकी झलक भारत में भी यदा–कदा दिखाई देती रहती है। अन्तर सिर्फ इतना है कि किसी

राष्ट्र की विकास–प्रक्रियाएं उथल–पुथल का दौर ज्यादा झेलती है और कोई कम। यह उथल–पुथल सदस्यों की आकांक्षाओं की पूर्ति नहीं होने की वजह से आकार लेता है और समाज में राजनीति के मौजूदा अस्तित्व को फलने–फूलने, विस्तारित होने के लिए संजीवनी की भूमिका निभाता है। सभी व्यवस्थाओं में परिवर्तन, विकास एवं स्थायित्व की शर्तें हमेशा एक सी नहीं होती हैं। व्यवस्था में परिस्थितिगत शर्त का सरोकार इस तथ्य पर निर्भर करता है कि राज्यव्यवस्था को नियोजित विकास की प्राप्ति के लिए कौन सा लक्ष्य–वेधन (Perforation) करना है और बहुआयामी विकास प्रक्रियाओं के साथ उसके संबंध की प्रकृति–प्रवृत्ति क्या है ? भारतीय लोकतंत्र केन्द्रीकृत एवं अभिजनमूलक यानी कि बंद व्यवस्था की जगह बहुलवादी सहभागितामूलक, बहुसांस्कृतिकतामूलक खुली व्यवस्था है, जिसमें कामकाज की शैली बन्द व्यवस्थाओं से पृथक् पहचान रखती है। भारत जैसे प्राचीन सभ्यता और परम्परागत मूल्यों का वहन करने वाले देश को एक संप्रभु राष्ट्र के रूप में कुछ ऐसे विशेष ढाँचे को अपनाकर निर्धारित ढर्रे पर अपना राजनीतिक, आर्थिक, सामाजिक विकास करना था जिसमें देश की सदियों पुरानी सांस्कृतिक विविधताएं, मूल्य एवं परम्पराएं भी बची रहें और पाश्चात्य जगत् के सर्वश्रेष्ठ लोकतांत्रिक तत्त्वों, आधुनिक मूल्यों को नयी व्यवस्था पूरी तरह ग्रहण कर ले। इस महान् लक्ष्य को ध्यान में रखकर भारत में उदारतावादी लोकतंत्र का जो बीज राष्ट्र–निर्माण एवं राज्य–निर्माण की छत्रछाया में रोपा गया वह आजादी के पश्चात् बासठ वर्षों का सफर तय करके आधुनिक भारत के बहुआयामी–बहुदिशायी विकास की तस्वीर प्रस्तुत कर रहा है। विकासरूपी लक्ष्य के आलोक में पिछले छः दशकों से भी ज्यादा समय बीत चुका है। इस अवधि में यहां की सामाजिक व्यवस्था एवं संस्कृति का तेजी से राजनीतिकरण हुआ है। इस बहुआयामी राजनीतिक परिवर्तन पर व्यवस्था में कई विरोधाभासों को जन्म देने की जवाबदेही है।

आजाद भारत की राजनीति मूलतः एकीकरण की समस्याओं से सदैव जूझती रही है और विकास के रास्ते में मिलने वाली दिक्कतों का हल ढूँढना इसका मुख्य आग्रह रहा है। एक संगठित राजनीतिक व्यवस्था के विकास के लिए देश के पास जमीनी तत्त्व और सापेक्ष दिशाएं तो हैं; लेकिन यहां की राजनीतिक संस्कृति, राजनीतिक मूल्य, राजनीतिक विश्वास–आस्था में उन आधारतत्त्वों की कमी रही है जो व्यवस्था में राजनीतिक सहभागिता को समाकलित (Intergrated) रूप प्रस्तुत कर सके और निर्बाध विकास यात्रा तय कराने का आधार–आधेय बन सके। देश में विकास की गति, स्तर एवं लक्ष्य के भविष्य से प्रासंगिक सबसे बड़ा सवाल यह है कि समाज की पारम्परिक जड़ें आधुनिकता के सामने घुटने टेकने में कितना समय लेगी और परम्परा एवं आधुनिकता के बीच सेतु की भूमिका निभाने वाला राजनीतिक विकास कार्य देश को विकसित व्यवस्था के रूप में पहचान दिलाने में और कितना वक़्त लेगा।

भारतीय व्यवस्था के राजनीतिक विकास का सफर अपने आप में एक मिसाल है। एक संप्रभु राष्ट्र द्वारा निर्देशित राजनीतिक–आर्थिक विकास का नियोजित–प्रस्तावित कार्यक्रम एक खुले अनिर्देशित और विविध संस्कृति वाले समाज के दायरे में लागू किया गया। राजनीतिक विकास प्रतिमान के तहत राजनीतिक सत्ता द्वारा ऊपर के स्तर पर लागू की जाने वाली नीतियां–निर्णय, कार्यक्रमों, घोषणाओं में पर्यावरण के हालात के मुताबिक हेर–फेर होते–होते नीचे के स्तर में पहुंचने तक वे वैसी नहीं रह जाती हैं। सत्ता शीर्ष तक पहुंचने की आपाधापी, राजनीतिक होड़, सत्ता का रुतबा और उसके द्वारा समस्याओं के समाधान के लिए अपनाये जाने वाले तौर–तरीके, विचार–विमर्श, मान–मनोबल से प्रभावित होकर व्यवस्थागत विकास कार्यक्रम एक ख़ास तरीके और ढर्रे पर संचालित हो रहा हैं। यहां राजनीतिकरण की प्रक्रिया ही परम्परागत समाज के आधुनिकीकरण का मुख्य कारक है। यहां राजनीतिकरण प्रक्रिया का तात्पर्य सिर्फ राज्य या राजनीतिक सत्ता के हाथ में निर्णय–निर्माण एवं कार्यान्वयन की ताकत से नहीं है, अपितु इसके दायरे में जनसमुदायों द्वारा अपने हितों को बुलन्द करने की क्षमता, जनसाधारण की भूमिकाएं–गतिविधियां, जनसमुदायों–समूहों की भूमिकाएं–गतिविधियां आदि सभी शामिल हैं। विभिन्न जनसंगठनों, समूहों, दलों के प्रयासों से, एवं उनके राजनीतिक महत्त्वाकांक्षा की पूर्ति की लालसा की वजह से देश में विकास कार्य के प्रसंगाधीन विषयों पर विचारधारात्मक मतैक्यता या मतवैभिन्नता का दबदबा सदैव कायम रहा है, जिस वजह से विकास प्रक्रिया को प्रभावी बनाने में सत्ता का इरादा एवं जनइरादा के बीच कई बार टकराव की स्थिति पैदा होती है। ऐसी ही जन मांगें ठोस रूप धारण करके व्यवस्था को पर्यावरण से मिलने वाली चुनौतियों के लिए आधारतत्त्व मुहैया कराती है।

स्वतंत्र भारत में एक साथ विकास की तीन प्रक्रियाएं मजबूती से अमल में लायी गयीं, जिसकी पहली प्राथमिकता के रूप में सार्वभौम मताधिकार आधारित संसदीय शासन व्यवस्था का मॉडल अपना गया। इसकी कामयाबी का सेहरा नियतकालिक चुनाव प्रक्रिया, राजनीतिक सहभागिता का व्यापक विस्तार एवं राजनीतिक संस्कृति के अखंडित स्वरूप पर टिका है। दूसरी प्राथमिकता के रूप में आर्थिक विकास का लक्ष्य निर्धारित किया गया और इसे तीव्र गति से उपार्जित करने का ठोस ध्येय प्रस्तुत किया गया। इस लक्ष्य–प्राप्ति की जवाबदेही नौकरशाही को दी गयी जो नियोजन के जरिये राष्ट्र के आत्मनिर्भर आर्थिक विकास का आधार–आधेय बना। देश में संस्थागत ढाँचे की मौजूदगी, राजनीतिक–सामाजिक पर्यावरण, राजनीतिक संस्कृति का विखंडित स्वरूप जैसी यथार्थताएं इन दोनों प्राथमिकताओं के सफर का साधक–बाधक दोनों बनी, लेकिन कई विसंगतियों के बावजूद देश ने आर्थिक विकास के लिए निर्धारित लक्ष्य के कई मुकामों को हासिल किया। यदि भारत चाहता तो तात्कालिक सामाजिक परिस्थितियों के अनुरूप राजनीतिक नेतृत्व का अधिनायकवादी ढाँचा खड़ा करके अंग्रेजों द्वारा छोड़ी गयी दफ्तरशाही तथा एकदलीय पार्टी–तंत्र की मदद से आगे का सफर तय कर सकता था। लेकिन, यहां राष्ट्र–निर्माण, राज्य–निर्माण एवं राष्ट्रत्व ग्रहण करने की प्रक्रिया को तरजीह दी गयी, सामाजिक ढाँचे का राजनीतिकरण किया गया, राजनीतिक सहभागिता का व्यापक विस्तार किया गया, सामाजिक, आर्थिक, राजनीतिक, न्याय व समता प्रदान करने वाले वांछनीय लक्ष्यों को प्रधानता दी गयी, समाजवादी पंथनिरपेक्षता को संविधान की उद्देशिका में अन्तःस्थापित किया गया तथा धार्मिक उपासना की स्वतंत्रता, अवसर की समानता, राष्ट्र की अखंडता सुनिश्चित करने वाली बंधुता और एक लोक कल्याणकारी राज्य का दर्शन एवं उपभोग की राजनीति को सख्ती से व्यवहार में लाया गया ताकि व्यवस्था का दीर्घकालीन भौतिक विकास संभव हो सके। देश में राजनीतिक नेतृत्व के केन्द्रीकृत नियोजन की जगह सभी स्तरों पर राजनीति को प्राथमिकता दी गयी तथा यह कोशिश की गयी कि मध्यवर्ती और परिधिगत संरचनाओं की गोलबन्दी के मुश्किल कार्य को व्यवहार में अंजाम दिया जाय। इस उद्देश्य को पाने के लिए देश को समूहनकारी एवं सहभागी लक्ष्यों का एक साथ पीछा करना पड़ा। राज्य को आर्थिक मजबूती प्रदान करने के लिए धन संचय की जगह पर्यावरण में मौजूद जनसरोकारगत मांगों को तरजीह दी गयी और राज्य व्यवस्था में सामाजिक–राजनीतिक गोलबन्दी को बढ़ावा दिया गया।

यहां राजनीतिक–आर्थिक विकास के साथ–साथ सहस्त्राब्दियों पुराने एक परम्परागत सामाजिक ढाँचे की पुनर्रचना का लक्ष्य भी निर्धारित किया गया। एक नवोदित संप्रभु राष्ट्र द्वारा इस लक्ष्य वेधन की चेष्टा करना कोई आसान कार्य नहीं था। देश को बिखराव की स्थितियों से बचाये रखने में यहां की सुदीर्घ परम्परा, ऐतिहासिक संस्कृति, सांस्कृतिक मूल्यों की विरासत और लोगों की महान् एकजुटता ने उल्लेखनीय भूमिका निभायी। भारतीय संस्कृति की ये खूबियाँ यहां के सामाजिक, धार्मिक आन्दोलनों की देन हैं। यहां की लोकतांत्रिक प्रणाली में राजनीतिक स्थिरता का आधारतत्व उसकी सामाजिक व्यवस्था में ही निहित है। राजनीतिक सहभागिता और वयस्क मताधिकार को प्राथमिकता देना केवल राजनीतिक आस्था का निर्माण और लोकतांत्रिक मूल्यों के प्रतिष्ठापन का मामला नहीं हैं, यह तो एक परिणामवादी राजनीतिक विकास के व्यवहारिक नमूने के सफलीभूत होने का आधार–माध्यम है, जिसके जरिये राष्ट्रीय एकीकरण, समाज का राजनीतिकरण, सामाजिक गोलबन्दी एवं राजनीतिक–आर्थिक विकास का कार्यक्रम साथ–साथ चलाया जा सके। जनवैधता से युक्त अभिजनवर्ग द्वारा नीतिगत तौर तरीकों का इस्तेमाल करके त्रिस्तरीय विकास कार्य को अंजाम दिया गया। तीनो स्तरों पर एक के बाद एक विकास प्रक्रिया को आरंभ करने के बजाय उसे एक ही साथ आरंभ और संचालित करने की महान् कोशिश ही भारतीय विकास प्रतिमान की ऐतिहासिक विशेषता समझी जानी चाहिए।

व्यवस्था–विकास का कोई भी प्रतिमान अपने आप में पूरी तरह न्यायसंगत नहीं होता है और सिर्फ ऐतिहासिक परम्पराओं, सांस्कृतिक मूल्यों या विचारधारात्मक तत्त्वों की मौजूदगी से खुद को वैध साबित नहीं कर सकता है। राजनीतिक व्यवस्था की विकास–प्रक्रिया को यथार्थ के धरातल पर सकारात्मक नतीजे निकाल कर दिखाने पड़ते हैं। विकास प्रक्रिया की कामयाबी की सबसे बड़ी कसौटी है हक़ीकत की जमीन पर वक्त के दायरे में जनसाधारण की अधिकाधिक मांगों को पूरा करना। सरकार को विकास प्रक्रिया में निहित संक्रमण की समस्याओं से निबटते हुए गलत नीतियों और दोषपूर्ण नेतृत्व को खारिज करने की क्षमता प्रदर्शित करनी पड़ती है और स्वयं द्वारा किये

जाने वाले कार्यों के प्रदर्शन का मूल्यांकन करने की कुशलता विकसित करनी पड़ती हैं। एक लोकप्रिय सरकार को विकास प्रक्रिया के विभिन्न पहलुओं और उनके मध्य आपसी संबंधों की समझ बनानी पड़ती है और यदि इस परिप्रेक्ष्य में ठोस समझ बनाना संभव न हो तो भी उसे राजनीतिक सृजनशीलता अपनानी पड़ती है, लोकलुभावनवाद को राजनीति में महत्त्व देना पड़ता है।

भारतीय राज्य व्यवस्था की विकास–प्रक्रिया की कामयाबी में दो तत्त्वों की प्रधानता है : प्रथम–संरचना और द्वितीय–वह मूल्य जो संरचनाओं की कार्यशैली को आधारतत्त्व मुहैया कराता है। राजनीतिक संरचनाओं का मूल कार्य है कोरे आशावाद से बचना और देश की सामाजिक–आर्थिक समस्याओं की जमीनी हकीकतों से टकराते हुए शासक अभिजन पर जरूरी फैसले लेने एवं उन फैसलों के प्रभावशाली कार्यान्वयन के लिए दबाव बनाये रखना। इस प्रसंग का दूसरा प्रधान तत्त्व सामाजिक, सांस्कृतिक व आर्थिक मूल्य है, जो राजनीतिक विकास प्रक्रिया के आधार माध्यमों को जनहित में कार्य करने के लिए सदैव अभिप्रेरित करता रहता है। दरअसल यह मानवोचित मूल्य ही विकास प्रसंग को कार्यतत्त्व प्रदान करता है।

यह राजनीतिक विकास का संरचनात्मक और गुणात्मक पक्ष है जिसमें बौद्धिक–प्रशासनिक नेतृत्व को धैर्य एवं मजबूत इच्छा–शक्ति का परिचय देते हुए समानता, स्वतंत्रता, न्याय, बंधुता, बहुलता, सहिष्णुता, वैधानिकता, धर्मनिरपेक्षता आदि समाजोन्मुख कारकों को प्राथमिकता देनी पड़ती है और प्रबंधकीय तकनीकीशाही का प्रदर्शन करते हुए राजनीतिक सहभागिता के व्यापक प्रसार का माहौल बनाना पड़ता है। उदारतावादी लोकतंत्र को तात्विक अर्थों में सक्रिय बनाने के लिए व्यवस्थागत मूल्यों को प्रधानता के अनुरूप परिभाषित करना अति आवश्यक है क्योंकि इसके अभाव में विकास–प्रक्रिया यथातथ्य पक्षों से कट जाती है। इनमें कुछ ऐसे भी मूल्य हैं जो समाज एवं राजनीति की अन्योन्यक्रिया के परिणामस्वरूप व्यावहारिक स्तर पर प्राथमिकता की स्थिति प्राप्त करते हैं; मसलन–स्वतंत्रता और लोकतंत्र, समानता और सामाजिक न्याय, सुरक्षा और कानून के समक्ष समानता, राष्ट्रीय आत्मनिर्णय और आत्मनिर्भरता, निर्धनता और गरीबी उन्मूलन इत्यादि। भारतीय नेतृत्व द्वारा इन मूल्यों की प्राप्ति के लिए विकास का एक विशिष्ट मार्ग चुना गया और दृढ़ संकल्प–बल को आधार–आधेय बनाकर ऐतिहासिक विकास यात्रा आरंभ की गयी, साथ ही समाज से उठने वाली समस्त चुनौतियों का सामना इसी विकास मॉडल की छत्रछाया में किया जाने लगा।

भारतीय राज व्यवस्था में एकीकरण (Integration) का प्रतिमान क्षैतिज (Horizontal) है, वहीं दूसरी ओर इसकी ख़ासियत यह है कि यह मॉडल इस एकीकरण को भंग करने वाली नियोजित ऊर्ध्वगामी (Moving Vertically) राजनीति पर आधारित है। तत्त्वतः इसका आशय यह हुआ कि अभिजनों का मध्यवर्ती हिस्सा व्यवस्था में उत्पन्न विवादों को सुलझाता है और अधिकांश मामलों को नीचे के स्तर पर ही निपटा देता है, जिसकी वजह से केन्द्र संकीर्ण स्थानीय, चुनौतियों, समस्याओं व दबावों से अपने को पृथक् रखकर विकास कार्यों को सफल नेतृत्व प्रदान कर पाता है। स्वतंत्र भारत का यह एक ऐसा विकास प्रतिमान है जिसमें चार मौलिक उद्देश्यों की प्राप्ति हेतु कार्य करने का संकल्प निहित है; **प्रथम**–एक अत्यन्त पेचीदा विविधतामूलक, बहुसांस्कृतिकता वाले सामाजिक ढाँचे का राष्ट्रीय एकीकरण करना। **द्वितीय**–समाज में मौजूद उस आबादी के जीवन–स्तर की समुन्नति के लिए आर्थिक विकास का गंभीर प्रसास करना जिनकी आय का स्तर लम्बे समय से गिरता रहा है या स्थिर है। **तृतीय**–जो व्यवस्था सदियों से असमानता के सिद्धान्त पर कार्य कर रही है वहां सामाजिक समानता कायम करना तथा **चतुर्थ**–एक ऐसी परम्परागत संस्कृति में राजनीतिक लोकतंत्र को संस्थापित करना जो वर्ग विन्यास और सामाजिक स्तरीकरण पर आधारित है। देश को अतीत से परम्परागत मूल्यों के रूप में जो धरोहर मिली उसमें अराजनीतिक अनुदारतत्वों के साथ वे प्रासंगिकतत्त्व भी शामिल थे जो व्यवस्था के लोकतंत्रीकरण प्रक्रिया में अति सहायक सिद्ध हुए। लोकतांत्रिक सिद्धान्त से उपजे मूल्यों, उन मूल्यों द्वारा पोषित संरचनाओं और उन्हें हक़ीक़त की जमीन पर उतारने वाले राजनीतिक विकास के स्वरूपों की मिली–जुली प्रक्रियाओं से ही विविधतामूलक, अतिविभाजित, विखंडित और मूलतः बहुल समाज के ताने–बाने को जोड़े रखने का संपर्कसूत्र मिला। इस देश के अन्तर्गत संचालित विकास प्रक्रिया की एक प्रधान उपलब्धि है कि उसने अनगिनत विविधताओं और विखंडीकरण के बीच एकीकरण की शक्ति अर्जित की है।

उदारतावादी लोकतंत्र निर्माण के परिप्रेक्ष्य में राष्ट्र–निर्माण एवं राज्य–निर्माण संबंधी विकास कार्य पद्धति पर अमल के दौरान नई व्यवस्था में कई अन्तर्विरोधों का जन्म हुआ, क्योंकि विकास प्रक्रिया द्वारा सामाजिक संरचना में धीरे–धीरे या व्यापक स्तर पर सर्वथा नये परिवर्तन आयात होने लगे जिससे परिवर्तित परिस्थितियों का अस्तित्व आकार लेने लगा। व्यवस्था का यह संघर्ष सिर्फ राजनीतिक नहीं था, इसमें आर्थिक पुनर्रचना, जीवन की बुनियादी एवं उत्तम आवश्यकताओं की पूर्ति तथा संसाधनों, सेवाओं, लाभों अवसरों के न्यायोचित पुनर्वितरण की मांग भी बड़े पैमाने पर शामिल हुआ। व्यवस्थागत पर्यावरण से ऐसी चुनौतियों व दबावों की उम्मीद विकास के उसी प्रतिमान से की जा सकती है जो सामाजिक–सांस्कृतिक विविधता के राजनीतिकरण पर आधारित हो। भारतीय विकास प्रतिमान इस औचित्यता पर यथोचित रूप से खरा उतरता है। लेकिन दुर्भाग्यवश यहां का सत्तालोलुप स्वार्थपरक, स्वहितपरक राजनीतिक नेतृत्व विविधता में एकता और राष्ट्र–निर्माण की अखंडता को संस्थागत एवं कार्यक्रमगत अभिव्यक्ति प्रदान करने में सफल नहीं हुआ, नतीजतन संस्थाएं और कार्यक्रम जल्दी ही खोखले होते गये, इसलिए वे सामाजिक यथार्थ की पुनर्रचना करने में भी नाकाम हो गये।

शीर्ष नेतृत्व द्वारा समाज में गरीबी, बेरोजगारी, बीमारी, स्वास्थ्य, शिक्षा, कृषि आदि से संबद्ध जीवन की बुनियादी विषमताओं को दूर करने के लिए बुनियादी स्तर पर राजनीतिक विकास प्रक्रिया के संचालन हेतु जो माध्यम अपनाया गया उसका ध्यान 'सकल विकास दर' हासिल करने की तरफ ज्यादा दिखा। इस कार्यक्रम को जमीनी स्तर पर सफलीभूत होने के लिए विकास कार्य संदर्भित समीचीन बुनियादी ढाँचे का निर्माण जरूरी था जो राजनीतिक खींचतान के चलते पूरी तरह साकार नहीं हो सका। पिछले बासठ वर्षों में सरकारें आती–जाती रहीं और सभी दौर में शासक अभिजनों को यह उम्मीद रही कि व्यवस्थाबद्ध विकास प्रक्रिया का परिणाम फैलकर निचले स्तर के व्यक्ति तक पहुंचेगा और समाज का प्रत्येक नागरिक राष्ट्रीय उद्यम में भागीदारी करते हुए राष्ट्रीय आय से लाभन्वित हो सकेगा। लेकिन, राजव्यवस्था में व्यापक स्तर पर राजनीतिक–प्रशासनिक दाँव–पेच, भाई–भतीजावाद अफसरशाही, लालफीताशाही व भ्रष्टाचार जैसी गंभीर समस्याओं की वजह से इस विकास योजना को यथार्थ के धरातल पर उतारने के लिए क्रमबद्ध व्यावहारिक प्रयास की कमी सदैव दिखी।

यथार्थतः, राष्ट्र–निर्माण एवं राज्य–निर्माण की मुकम्मल योजना के कार्यान्वयन की समस्याओं यानी कि सामुदायिकता, कट्टरता, जातीयता, क्षेत्रीयता जैसी अलगाववादी विचारधाराओं के प्रसार पर रोक नहीं लगाया जा सका और देश के बहुआयामी विकास प्रतिमान में जनहितकारी तत्त्वों एवं सर्वहितकारी न्याय को तत्त्वतः अन्तर्निहित करने के बजाय राजनीतिक दलों तथा राजनीतिक शख़्सियतों द्वारा स्वहित पोषण तथा संवर्द्धन के लिए विखंडित राजनीतिक संस्कृति के प्रसार में उल्लेखनीय भूमिका निभायी गयी, जिसका नतीजा है देश में केन्द्र एवं राज्यों में गठजोड़ सरकार की रचना। भारतीय राज्यव्यवस्था के प्रसंग में राजनीतिक विकास कार्यक्रम तथा गठबंधन सरकारों का आना विकास–प्रक्रिया की सफलता–असफलता से संबद्ध कई आयामों पर सवाल खड़ा करता है। वर्तमान राजनीतिक परिप्रेक्ष्य में मिश्रित दलीय प्रणाली होने की वजह से सैद्धान्तिक व व्यावहारिक दोनों स्तरों पर चार प्रधान तथ्य सामने खड़े दिखाई दे रहे हैं : **प्रथम**–विखंडित राजनीतिक संस्कृति ने वर्तमान व्यवस्था में संकीर्ण राजनीतिक आस्थाओं को आश्रय दिया है इसलिए अभी लोकतंत्र का सारतत्त्व मुख्यतः गठबंधन सरकार का अस्तित्व हैं जो सामाजिक और राजनीतिक स्तर पर गठजोड़ रचना पर आधारित है। अब चाहे यह गठजोड़ एक पार्टी के अन्दर कार्यरत विभिन्न समूहों, समुदायों, हितों, अवसरों, लाभों, राजनीतिक मूल्यों, प्रकृतियों, विचारधाराओं या व्यक्ति पूजा (Personality Cult) का गठजोड़ हो या दो या दो से अधिक दलों का आपसी गठजोड़ हो। बहुलवादी–बहुसंस्कृतिवादी लोकतंत्र में राजनीति का संचालक तत्त्व सामाजिक–सांस्कृतिक गठजोड़ की रचना ही है जो अपनी समसामयिक अभिवृत्तियों व अभिविन्यासों के अनुरूप दलीय प्रणाली का स्वरूप निर्धारित करती रहती है और विकास प्रक्रिया को अपने प्रभाव में रखती है। **द्वितीय**–भारत की दलीय व्यवस्था विकसित देशों की शैली की भांति हित आधारित समूहों की राजनीतिक प्रतिबद्धताओं एवं दावों के रूप में विकसित नही हुई है अपितु इसके मूल में हित समूहों की आपसी होड़ निहित है। **तृतीय**–देश की दलीय व्यवस्था का विकास तीन चरणों से गुजरा है। प्रथम चरण में साठ के दशक के अंत तक एक ही पार्टी कांग्रेस का सत्ता पर वर्चस्व रहा। द्वितीय चरण में एक पार्टी के वर्चस्व की जगह बहुदलीय स्तर पर सत्ता–प्राप्ति की होड़ आरंभ हो गयी।

तृतीय चरण में खुली बहुदलीय प्रतियोगिता की वजह से राज्य की राजनीति सीधे तौर पर गठजोड़ की राजनीति से जुड़ गयी जिसके परिणामस्वरूप गठबंधन की सरकार के आने–जाने का क्रम आरंभ हो गया। गठबंधन सरकार में शीर्ष नेतृत्व की अपेक्षाकृत कमजोर शख़्सियत की वजह से राजनीतिक–आर्थिक विकास की गति भी बहुत मायने में प्रभावित हुई है।

समसामयिक परिप्रेक्ष्य में समाज और राजनीति विभिन्न जातियों धर्मों तथा राजनीति के बीच चलने वाली अन्योन्य क्रियाओं से गंभीर रूप में प्रभावित हुई है और लोकतांत्रिक मूल्यों को आत्मसात् करने वाली राज्यव्यवस्था एकीकरण के नये मूल्यों व विश्वासों की ओर कदम बढ़ा रही है। जहां तक राजनीतिक विकास का आर्थिक विकास से संबंध का सरोकार है दोनों के बीच कोई सीधा संबंध नहीं होता है। इसके बीच कई पक्षों पर स्पष्ट अन्तर्विरोध दिखता है, लेकिन विकासशील व्यवस्थाओं में गरीबी, बेरोजगारी, भुखमरी, साधनहीनता, आवास, आश्रय आदि से प्रासंगिक समस्याओं को राजनीतिक संकट का दर्जा प्रदान नहीं करने वाला राष्ट्र राजनीतिक अस्थायित्व एवं विखंडित राजनीतिक संस्कृति, मूल्यों, विश्वासों के संकट से सदैव जूझता रहता है। राजनीतिक विकास के आर्थिक पहलुओं में मूलतः जनसंख्यामूलक, पर्यावरणमूलक, प्रतिव्यक्ति आयमूलक, निम्न उत्पादकतामूलक का प्रसंग एवं राजनीतिक शख़्सियतों के व्यक्तित्व विकास का पक्ष शामिल है।

भारत में राजनीतिक विकास का आर्थिक आयाम दो स्तरों से गुजरा है। प्रथम चरण पब्लिक सेक्टर और आयात प्रतिस्थापन (Replacement) का दौर रहा। इस अवस्था में राज्य द्वारा जनसरोकारगत लक्ष्यों का निर्धारण करके जनसाधारण के आर्थिक विकास के मजबूत इरादे के साथ हर क्षेत्र में आत्मनिर्भरता का ठोस नारा दिया गया और परिणामस्वरूप बड़े पैमाने पर अर्थव्यवस्था में वाणिज्य–व्यापार, औद्योगीकरण तथा कृषि क्षेत्र में तीव्र विकास हेतु हरित क्रान्ति के कार्यक्रम चलाये गये। द्वितीय चरण में पहली अवस्था वाली गलतियों को सुधारने के बहाने शासक अभिजनों द्वारा विकसित व्यवस्थाओं का अनुसरण करने की होड़ में कई किस्म का राजनीतिक अर्थशास्त्र अपनाया गया और औद्योगीकरण, आधुनिकीकरण, संस्कृतिकरण, भूमंडलीकरण/वैश्वीकरण के नाम पर विकसित व्यवस्थाओं की पूँजीवादी ताकतों के सामने समपर्ण कर दिया गया। यह विकास प्रक्रिया में सीमित जनसहभागिता वाला प्रतिमान है।

कुछ संवेदनशील अर्थशास्त्रियों द्वारा आर्थिक विकास में राजनीतिक प्रक्रिया के गोगदान को चिन्हित किया गया तो कुछ राजनीतिशास्त्रवेत्ताओं द्वारा राजनीतिक विकास के आर्थिक पहलुओं को महत्त्व दिया गया। हालांकि दोनों के बीच संबंधों में कई अन्तर्विरोध हैं जो कभी विकास और न्याय संबंधी लक्ष्य के रूप में, कभी उत्पादन और संचय के उद्देश्य के रूप में तो कभी वितरण और क्षमता के मकसद के रूप में आपस में टकराते नजर आते हैं। इस प्रसंग में भारत की सबसे बड़ी समस्या यह है कि उसके पास राजनीतिक एवं आर्थिक विकास की प्रक्रियाओं को अलग–अलग चरणबद्ध ढंग से संचालित करने की सुविधा नहीं है, इसलिए उसे दो परस्पर विपरीत लगने वाले कार्यों को एक ही साथ अंजाम देना पड़ता है। इस दृष्टि से देश का विकास कार्यक्रम आजादी के आरंभिक चरण से ही चार सुपरिभाषित लक्ष्यों को लेकर चल रहा है : **प्रथम**–आयात और विदेशी सहायता पर निर्भरता से मुक्त विकास, यानी राज्यव्यवस्था का आत्मनिर्भर रूप में विकास; **द्वितीय**–साधन और पूँजी जमा करने के माध्यम से बचत और निवेश दर में बढ़ोतरी करना, यानी विकास का उच्च दर प्राप्त करना, **तृतीय**–क्षेत्रिय और सामाजिक असंतुलन में कभी लाना ताकि देश को संजातीय तनाव और संघर्षों (Ethnic Tension and Conflicts) से मुक्ति मिले, यानी कि संतुलित विकास का लक्ष्य प्राप्त करना, और **चतुर्थ**–जनसाधारण के लिए जीवन की न्यूनतम परिस्थितियां मुहैया कराना, तथा बुनियादी आवश्यकताओं–पोषण, स्वास्थ्य और आवास की पूर्ति करना, यानी कि समता और न्याय का लक्ष्य हासिल करना। इन चार महान् लक्ष्यों के साथ–साथ विकास की राजनीति के व्यापक राजनीतिक जनसरोकारों के दायरे में सामाजिक एकता को बढ़ावा देना, विखंडित सांस्कृतिक मूल्यों, विश्वासों, आस्थाओं से बचना, जनसंगठनों के बीच विभाजनकारी प्रवृत्तियों (Divisive Tendencies) के पैदा होने की गुंजाइश को रोकना या कम करना, संजातीय तनावों को कम करना, संजातीय पूर्वाग्रहों (Ethnic Prejudice) को कम करना, सुरक्षात्मक एवं लोक कल्याणकारी सेवाओं को पूरी कुशलता से जन–जन तक पहुंचाना, राष्ट्र–निर्माण एवं राज्य–निर्माण के तत्त्वों के मजबूतीकरण की दिशा में गंभीर प्रयास करना आदि शामिल हैं। बीते वर्षों में

भारतीय नियोजकों द्वारा राष्ट्रीय आय एवं बहुमूल्य संसाधनों का समतामूलक वितरण, लोक कल्याणकारी नीतियों का निर्माण–कार्यान्वयन तथा सामान्यजन जरूरतों को पूरा करने का गंभीर दबाव व्यवस्था पर महसूस किया गया है। यहां कृषि और औद्योगिक क्षेत्रों के मध्य उत्पादन क्षमता के लिहाज से काफी अन्तर है। अनावृष्टि और अतिवृष्टि की वजह से कृषि क्षेत्र की आमदनी में गिरावट को सहज रूप में देखा जा सकता है। कृषि और उद्योग के क्षेत्र में असंतुलन से मंहगाई के साथ मंदी बढ़ने का खतरा होता है जो राजनीतिक अनिश्चितता का माहौल बनाता है। इस असंतुलित विकास की स्थिति से बचने के लिए कार्यक्रमगत प्राथमिकताओं, विचारधारात्मक रवैये, प्रशासनिक कामकाज की शैली और राजनीतिक गठजोड़ की स्थिति में बदलाव लाने की जरूरतें होती हैं। असंतुलित विकास से होने वाली हानि से कभी–कभी नये सिरे से विकास की राजनीति में परिवर्तन और पुनर्रचना के लिए नया आवेग मिलता है जिससे नयी ऊर्जा का संचार होता है। लेकिन, यह तभी संभव है जब यहां की राजनीतिक संस्कृति मौलिक रूप से आशावादी हो और नयी चुनौतियों से निबटने के लिए कौशल सम्पन्न हो।

निष्कर्षतः, यह कहा जा सकता है कि विकास प्रक्रिया का विशुद्ध लाभ आमजन को मिले तथा जनसाधारण को समानता और योग्यता के आधार पर रोजगार का समान अवसर मिले इसके लिए आबादी के दबाव को कम करने की नीति, बेरोजगारी निवारण के लिए नीति, मूल्य नीति, शिक्षा नीति, कृषि नीति, औद्योगिक नीति, विज्ञान एवं प्रद्यौगिकी नीति आदि पर पुनर्विचार करके आत्मनिर्भर विकास का लक्ष्य सरकारी पत्रों व घोषणाओं से इतर यथार्थ की जमीन पर उतारना होगा। लोकलुभावन राजनीति और लोकलुभावन अर्थनीति की ठोसता एवं व्यवहारपरकता में जनसाधारण को यकीन दिलाना होगा, क्योंकि ये दोनों नीतियां मिलकर व्यवस्थागत राजनीति के लिए वैधता का बन्दोबस्त करती है। देश में गरीबी व बेरोजगारी जितनी बढ़ रही है उसी अनुपात में सत्ता एवं विपक्ष द्वारा विकास कार्यक्रम एवं लोकलुभावनवाद सहभागिता के नाम पर अवाम को अपने–अपने संगठनों की ओर मुड़ने के लिए सतत प्रलोभन दिया जा रहा है। राजनीतिक अर्थशास्त्र में मौजूद बचाव का रास्ता (Loophole) की वजह से विकास प्रक्रिया के नियोजन एवं कार्यान्वयन की आड़ में प्रत्येक क्षेत्र में दलालों का प्रभाव तेजी से बढ़ रहा है। नंगे भ्रष्टाचार की वजह से उत्पादन–प्रक्रिया एवं क्षमता दोनों प्रभावित हो रही हैं। असंगठित क्षेत्रों के साथ–साथ आपराधिक क्षेत्र का तीव्रगति से विस्तार, प्रशासन तंत्र की कमजोरी और न्यायिक नियंत्रण की बढ़ती जवाबदेही से विकास प्रक्रिया गंभीर रूप से प्रभावित हो रही है। ऐसी परिस्थिति में इस राज्यव्यवस्था का बहुआयामी विकास कार्यक्रम प्राथमिकताओं, संरचनाओं और नीतियों के पुनर्निर्माण की मांग कर रहा है साथ ही यह मानवीय मसलों के निपटारे के लिए मानवोचित मूल्यों को प्राथमिकता देने की अपरिहार्यता को महत्त्व देता है, क्योंकि भारत के उदारतावादी लोकतंत्र की जागरूक जनता राज्य के प्राधिकार के बदले अपनी बुनियादी जरूरतों को लिए बिना, कोई राजनीतिक समझौता करने के मूड में नहीं दिखती है। इस परिप्रेक्ष्य में भारतीय राज्यव्यवस्था के अन्तर्गत राजनीतिक विकास का प्रसंग सामाजिक विमर्श का ज्वलन्त मुद्दा है, जिस पर भारत की उदारतावादी, लोकतांत्रिक उद्यम के विकास एवं आधुनिकीकरण से जुड़ी संभावनाओं का संधान टिका है।

राजनीतिक विकास संकल्पना का आलोचनात्मक मूल्यांकन (Critical Evaluation of the Concept of Political Development)

राजनीतिक समाजशास्त्र की अन्य संकल्पनाओं की भांति राजनीतिक विकास संकल्पना की भी अपनी सीमाएं, उपयोगिताएं एवं त्रुटियां हैं। पाश्चात्य विद्वानों द्वारा इस संकल्पना की अभिव्यक्ति में राजनीतिक व्यवस्था के सामर्थ्य का विकास और शासक अभिजन के प्रभावशाली व्यक्तित्व के विकास पर अधिकाधिक बल दिया गया है। हंटिंगटन द्वारा राजनीतिक विकास एवं आधुनिकीकरण में अन्तर बताते हुए आधुनिकीकरण का अर्थ राज्य की बढ़ती हुई क्षमता से लगाया है और इसे विकास की अपेक्षा ज्यादा महत्त्वपूर्ण कहा गया है। पाश्चात्य राजनीतिशास्त्रवेत्ताओं द्वारा व्यक्त किये गये विचारों पर संजाति केन्द्रवाद (Ethno Centricism) की स्पष्टोक्ति का आरोप लगाया जाता है। इनके मतानुसार जो राजनीतिक प्रक्रियाएं मूल्य विकसित व्यवस्थाओं के लिए समीचीन

हैं वही विश्व की शेष व्यवस्थाओं के लिए भी सही हैं। जबकि, आलोचकों का कहना है कि विकासशील राजनीतिक व्यवस्थाएं राजनीति के मामले में, स्वतंत्रता, समानता, स्वाधीनता के मूल्यों के मामले में काफी कमजोर होती हैं, इसलिए विकसित एवं विकासशील व्यवस्थाओं में राजनीतिक विकास का मानदण्ड अलग–अलग होता है। इस संकल्पना की सीमाओं एवं त्रुटियों को निम्नांकित संदर्भों में देखा जा सकता है :

प्रथम–सुनिश्चित एवं सुस्पष्ट परिभाषा का अभाव (Lack of Precise and Distinct Definition)–इस संकल्पना की सबसे बड़ी कमजोरी यह है कि विद्वज्जनों द्वारा इस विषय की सुनिश्चित और सुस्पष्ट परिभाषा अभी तक नहीं दी जा सकी है। अनेक आलोचकों का यह कहना है कि राजनीतिक विकास के संबंध में विद्वज्जनों द्वारा की जाने वाली अभिव्यक्तियों से आधुनिक राजनीति विज्ञान का साहित्य भरा हुआ है लेकिन इस सच्चाई के बावजूद इस संकल्पना को अभी तक एक सुनिश्चित परिभाषा नहीं मिल पायी है और न ही यह स्पष्ट हो पाया है कि इस संप्रत्यय के अन्तर्गत कौन से तत्त्वों को शामिल किया जाय और किसे छोड़ा जाये।

द्वितीय–एकरूप प्रतिमान का अभाव (Lack of Uniform Model)–राजनीतिक विकास के अध्ययन के लिए एकरूप प्रतिमान की कमी पायी जाती है। अलग–अलग देशों में राजनीतिक विकास प्रक्रिया के संचालन के लिए अलग–अलग प्रतिमानों का अस्तित्व मौजूद है। प्रत्येक राजनीतिक व्यवस्था की जरूरतें अलग–अलग होती हैं जिनकी वजह से राजनीतिक विकास प्रक्रिया की प्रकृति, गति एवं अवस्था में भिन्नताएं पायी जाती हैं। यहां तक कि साम्यवादी राज्यों में भी राजनीतिक विकास के लिए जो मॉडल अपना गया है उनमें एकरूपता नहीं है, तभी तो सोवियत रूस, चीन, युगोस्लाविया, वियतनाम आदि राज्यों के राजनीतिक विकास के साम्यवादी मॉडल में अन्तर स्पष्ट रूप से देखा जा सकता है। इस संदर्भ में डेविड एम. बूड का कहना है कि ''राजनीतिक विकास संकल्पना की सबसे बड़ी कमजोरी यह है कि इसमें विकास प्रक्रिया का कोई एक रूप मॉडल विकसित नहीं हो पाया है।'' 'इस संप्रत्यय के लिए मॉडल की एकरूपता के अभाव को पाश्चात्य एवं साम्यवादी दोनों जगत् के विद्वानों द्वारा खुले रूप में स्वीकारा गया है।'' इस संबंध मे प्रो. एस.पी. वर्मा का भी कहना है कि ''राजनीतिक विकास के अनेक प्रतिमानों की उपस्थिति की वजह से राजनीतिक विकास संबंधित सिद्धान्त की खोज निरर्थक साबित हो रही है।'' आगे प्रो. वर्मा का कहना है कि' ''राजनीतिक विकास संकल्पना की खोज के क्रम में हम पुनः वहीं पहुंच गये हैं जहां 1960 में थे। इस विषय से संबंधित पूर्व या पश्चिम मे जो भी सिद्धान्त अस्तित्व में आये है वे सब आज अस्तव्यस्तता की स्थिति में है।'' प्रो. वर्मा के विचारानुसार, ''राजनीतिक विकास को आकार प्रदान करने में सामाजिक, राजनीतिक, आर्थिक, प्रशासनिक और सांस्कृतिक चरों की संगतता से इन्कार नहीं किया जा सकता है, लेकिन यह निर्धारण करना कठिन है कि इसमें किस चर का कितना महत्व है। इसके कई कारकों का आनुभविक परीक्षण संभव नहीं है तथा परीक्षण के लिए आवश्यक आंकड़ों की उपलब्धता की भी संभावना नहीं है।''

राजनीतिक विकास संकल्पना की और भी कई त्रुटियां हैं जो सिद्धान्त–निर्माण की अवस्थाओं, उसकी व्याख्या, विशेषताओं आदि से संदर्भित मत–मतांतरों के प्रसंग में स्पष्ट रूप से दिखाई पड़ती हैं। इन विरोधाभासों की वजह से राजनीतिक विकास संकल्पना किसी ऐसे प्रतिमान की प्रस्तुति में असमर्थ दिखाई देती है जिसे विश्व के सभी देशों पर समान रूप से लागू किया जा सकता है। अमेरिकी विद्वानों द्वारा राजनीतिक विकास के विश्लेषण के लिए जिन अभिव्यक्तियों की प्रस्तुति की गयी है वे एक–दूसरे की समालोचना के अतिरिक्त कुछ विशेष नहीं है। राजनीतिक विकास के मार्क्सवादी दृष्टिकोण की इस आधार पर आलोचना की जाती है कि विकास संबंधी यह प्रतिमान सामाजिक–राजनीतिक विकास के एक निर्धारित मार्ग की प्रस्तुति करता है। यही वजह है कि द्वितीय विश्वयुद्ध के पश्चात् साम्यवादी प्रतिमान का वजूद उभरने के बाद भी इसे पूरी सफलता नहीं मिल पायी और चीन, युगोस्लाविया, वियतनाम तथा अन्य पूर्वी यूरोप के राज्यों में सोवियत रूस के मॉडल से भिन्न मॉडल अपनाया गया।

पाश्चात्य विद्वानों एवं साम्यवादी विद्वानों द्वारा इस संकल्पना के संबंध में प्रस्तुत विचारों का गहन अध्ययन करने से यह स्पष्ट होता है कि राजनीतिक विकास संकल्पना के सिद्धान्तशास्त्री अपने विषय–संदर्भित अनुभवाश्रित अध्ययन–विश्लेषण में तीसरी दुनिया की विकासशील राजनीतिक व्यवस्थाओं की राजनीतिक वास्तविकताओं को समझने–समझाने में असमर्थ रहे हैं, क्योंकि उनके द्वारा ऐफ्रो–एशियाई क्षेत्रों की गरीब और पिछड़े लोगों की

समस्याओं, मुद्दों और राजनीतिक–आर्थिक विकास से संबद्ध कारकों को शिकागो और हारवर्ड विश्वविद्यालयों के समृद्ध चश्मे से देखने की कोशिश की गयी है। शायद यही वजह है कि राजनीतिक विकास विषय के अध्ययन–विश्लेषण हेतु जिन सिद्धान्तों का अभी तक विकास हुआ वे सभी आज धराशायी हो रहे हैं।

उपयोगिता (Utility)

राजनीतिक विकास संकल्पना की इन गंभीर आलोचनाओं के बावजूद इसकी उपयोगिता को पूर्णरूप से नकारा नहीं जा सकता है। इस अवधारणा द्वारा तुलनात्मक राजनीति के अनुभवजन्य एवं परिस्थितिजन्य अध्ययन–विश्लेषण में काफी सहायता मिली है और इसके आनुभविक राजनीतिक अन्वेषणों व अनुसंधानों के विस्तार को निश्चित रूप से नई ऊंचाई मिली है। विषयगत मत–मतांतर एवं गहन अध्ययन–अनुसंधान की वजह से कई नये समाजवैज्ञानिकों का ध्यान तीसरे विश्व की समस्याओं, तनावों तथा संघर्षों की ओर आकृष्ट हुआ है। राजनीतिक विकास संकल्पना से संदर्भित यह दृष्टिकोण विषयगत उपयोगिताओं को रेखांकित करता है। जैग्वाराइब के मतानुसार, यदि व्यापक दृष्टि से देखें तो राजनीतिक विकास का स्पष्ट अर्थ है राजनीतिक साधनों द्वारा समस्त समाज का विकास करना और व्यवस्था की क्षमता में वृद्धि करना। आल्मंड एवं पॉवेल ने इस संकल्पना में सतत् गतिशीलता और एकरूपता की कमी से संबद्ध समालोचनाओं पर टिप्पणी करते हुए संकल्पना की उपयोगिता एवं विशेषता पर प्रकाश डाला है, "राजनीति जगत् ने इस बात के लिए कभी इन्तजार नहीं किया कि प्रेक्षक अपनी चिन्तन क्रिया को समाप्त कर लें। आधुनिक सदी में राजनीतिक विकास सदैव बढ़ते हुए पथ पर अग्रसर हो रहा है जो हमारे तुलनात्मक परिप्रेक्ष्यों को अतिविस्तारित करता जा रहा है और हमारी पुस्तकों और लेखों को समाप्त करने के पूर्व ही उन्हें अप्रचलित बनाता जाता है। यह और भी अधिक स्पष्ट है कि राजनीति का अध्ययन निश्चित रूप से एक गतिशील व्यवस्था और प्रक्रिया का विश्लेषण है न कि एक स्थैतिक और संरचनात्मक विश्लेषण है।"

राजनीतिक विकास अवधारणा की उपयोगिता पर टिप्पणी करते हुए रिग्स ने कहा है कि "राजनीतिक विकास संकल्पना की सर्वाधिक महत्त्वपूर्ण उपयोगिता यह है कि इसके प्रयोग द्वारा व्यवहारवादी अध्ययन और क्षेत्रीय अध्ययनों के बीच तालमेल बैठाना संभव हो गया है।" गुनार मिर्डल की दृष्टि में, "राजनीतिक विकास को एक ऐसी जटिल प्रक्रिया माना गया है जो अन्तःनिर्भर परिस्थितियों में सम्पूर्ण व्यवस्था को ऊपर की ओर ले जाती है।" आल्मंड एवं पॉवेल द्वारा इस संकल्पना की उपयोगिता से संबद्ध कुछ प्रमुख बिन्दुओं की ओर संकेत किया गया है; वे है : (1) यह संकल्पना राजनीतिक व्यवस्थाओं की व्याख्या, तुलनात्मक अध्ययन–विश्लेषण और पूर्वानुमानों की अभिव्यक्ति करने में आधार माध्यम की भूमिका निभाता है। (2) इस संकल्पना की मदद से किसी राजनीतिक व्यवस्था के अतीत, वर्तमान एवं भविष्य से संबंधित अध्ययन एवं वर्गीकरण करने में सहायता मिलती है। (3) यह संकल्पना राजनीतिक व्यवस्थाओं के सामान्यीकरण में सहायक है। (4) यह राजनीतिक व्यवस्थाओं का अर्थपूर्ण मानकों के आधार पर तुलनात्मक अध्ययन में सहायक है।

सारांशतः, यह कहा जा सकता है कि राजनीतिक विकास संकल्पना का किसी संस्थापित प्रतिमान के साथ तादात्म्य स्थापित नहीं किया जा सकता है और न ही इस विषय से किसी ऐसे प्रतिमान की उम्मीद की जा सकती हैं जिसके ढाँचे पर समग्र विश्व की राजनीतिक व्यवस्थाओं के विकास का अध्ययन संभव हो सकता है। यह पूर्णतया एक अनुभवाश्रित और पर्यावरणजन्य–परिस्थितिजन्य संदर्भ है जो विभिन्न देशों की सामाजिक, आर्थिक, सांस्कृतिक, राजनीतिक परिवर्त्यों, कारकों की तात्त्विक स्थिति, व्यवस्था का सामर्थ्य, क्षमता की योग्यता, व्यवस्था में संसाधनों की सही स्थिति, संसाधनों के वितरण का आधार एवं प्रक्रिया, जनसंपर्क के साधनों की स्थिति, प्रति व्यक्ति आय की स्थिति, राजनीतिक सहभागिता, जागरूकता एवं राजनीतिक संस्कृति की स्थिति, सरकार के सामाजिक जीवन में प्रवेश की स्थिति, जनसाधारण के अन्दर अपने राष्ट्र के लिए निष्ठा, राजनीतिक नेतृत्व के प्रति आस्था और व्यवस्था में उत्पन्न मांगों, चुनौतियों, तनावों, संघर्षों, आन्दोलनों और इनके समाधान हेतु सरकारी प्रयासों की कार्यकुशलता आदि से प्रभावित होता है। इसीलिए, समस्त राजनीतिक व्यवस्थाओं की स्थिति, पर्यावरण, क्षमता और राजनीतिक प्रक्रियाओं की कार्यशैली के अनुरूप राजनीतिक विकास प्रक्रिया का नियोजन

एवं संचालन होता रहता है, तभी तो सभी देशों के राजनीतिक विकास प्रतिमान के स्वरूप में भिन्नताएं पायी जाती हैं। इस प्रतिमान में समरूपता का अभाव एवं परिभाषाओं में एकरूपता के अभाव की मूल वजह यही है। इस विषय पर कई विद्वज्जनों की मतैक्यता है कि इस संकल्पना के आगमन से आधुनिक राजनीति विज्ञान एवं राजनीतिक समाजशास्त्र के अध्ययन को नया आयाम, नई तकनीक, नये तत्त्व तथा नया अध्ययन परिप्रेक्ष्य मिला है। इस प्रसंग में नेटल का कहना है कि राजनीतिक विकास संकल्पना के आगमन से राजनीतिशास्त्री, समाजशास्त्री एवं अर्थशास्त्री तीनों एक–दूसरे के करीब आये हैं। इस संप्रत्यय की सबसे उल्लेखनीय उपयोगिता तुलनात्मक राजनीति के अध्ययन में है। विकासशील राज्यों में विद्यमान समस्याओं के बावजूद यह संप्रत्यय तुलनात्मक राजनीति के अध्ययन में महती योगदान देता है।

स्मरणीय संकेत (Points to Remember)

- राजनीतिक विकास राजनीतिक व्यवस्थाओं के अन्तर्गत संचालित होने वाली वह प्रक्रिया है जिसके माध्यम से विकासशील देश विकसित देश की विशेषताएं उपार्जित करता है।
- इस संकल्पना की बुनियाद सर्वप्रथम अमेरिकी राजनीतिशास्त्रवेत्ताओं द्वारा 1960 के दशक में रखी गयी।
- एक प्रक्रिया के रूप में राजनीतिक विकास एवं राजनीतिक व्यवस्था के सामर्थ्य–प्रदर्शन का दूसरा नाम है।
- पाश्चात्य विद्वानों की दृष्टि में राजनीतिक विकास का अर्थ है उदारवादी लोकतांत्रिक मूल्यों की प्राप्ति।
- मार्क्सवादियों की दृष्टि में राजनीतिक विकास का अर्थ है साम्यवादी व्यवस्था के निर्माण से संबंधित लक्ष्यों की प्राप्ति।
- अधिकांश राजनीतिक विद्वानों द्वारा राजनीतिक विकास संप्रत्यय का अध्ययन एक प्रक्रिया के रूप में किया गया है।
- राजनीतिक विकास की प्रकृति के संबंध में दो दृष्टिकोण प्रचलित हैं–एकमार्गी एवं बहुमार्गी।
- राजनीतिक विकास संकल्पना पर गहन अध्ययन–विश्लेषण करने एवं संकल्पना की व्याख्या प्रस्तुत करने में लुसियन डब्ल्यू. पाई का नाम अग्रणी है।
- पाई की व्याख्या में राजनीतिक विकास प्रक्रिया को व्यवस्था के तीन पक्षों से संबद्ध किया गया है–सम्पूर्ण जनता का संदर्भ, प्रशासकीय एवं सामान्य व्यवस्थायी–निष्पादन का संदर्भ, तथा व्यवस्थागत राजनीतिक इकाइयों के संगठन का संदर्भ।
- पाई द्वारा राजनीतिक विकास की तीन विशेषताओं का उल्लेख किया गया है–समता, क्षमता और विभेदीकरण।
- आल्मंड एवं पॉवेल द्वारा राजनीतिक विकास की तीन विशेषताओं को रेखांकित किया गया है–भूमिका विभेदीकरण, उपव्यवस्थाओं की स्वायत्तता एवं लौकिकीकरण।
- राजनीतिक विकास की विशेषताओं का उल्लेख करने वाले अन्य विद्वानों में लियोनार्ड बाइण्डर, रिग्स, जैग्वाराइब, डोड का नाम प्रमुख है।
- हंटिंगटन तथा आल्मंड एवं पॉवेल द्वारा राजनीतिक विकास संकल्पना के अन्तर्गत राजनीतिक ह्रास के तत्त्वों की उत्पत्ति एवं विकास की बात उठायी गयी है।
- राजनीतिक विकास की अवस्थाओं के संबंध में हंटिंगटन, आइजेन्सटाड, ऑरगेन्सकी, आल्मंड एवं पॉवेल तथा जैग्वाराइब के विचार प्रासंगिक है।
- राजनीतिक विकास के प्रतिमान–सातत्य प्रतिमान, अवस्था प्रतिमान और साम्यवादी प्रतिमान।

- राजनीतिक विकास प्रतिमान की परिभाषा–संबंधी समस्याएं–परिभाषात्मक प्राथमिकताएं, मूल्यों का समुच्चय, विकसित और विकासशील व्यवस्थाओं के मध्य संबंध, राजनीतिक व्यवस्था में विकास का मानदण्ड।
- राजनीतिक विकास के साधन–राजनीतिक दल, दबाव समूह, हित समूह, करिश्मावादी राजनीतिक सत्ता एवं नेतृत्व, विवेकसंगत नौकरशाही का विकास, राष्ट्र–निर्माण और राज्य–निर्माण की भावना का विकास, राजनीतिक सहभागिता का विस्तार।
- राजनीतिक विकास की समस्याएं–राष्ट्र–निर्माण एवं राज्य–निर्माण की समस्याएं, राजनीतिक सहभागिता की समस्या, वितरण की समस्या।
- लुसियन पाई ने इस संकल्पना से संबद्ध जिन समस्याओं का उल्लेख किया है उनमें तादात्म्य का संकट, वैधता का संकट, अन्तर्वेषण का संकट, सहभागिता का संकट, समाकलन का संकट, वितरण का संकट, आदि।
- राजनीतिक विकास संकल्पना की आलोचनाएं–सुनिश्चित एवं सुस्पष्ट परिभाषा का अभाव, एकरूप प्रतिमान का अभाव।
- राजनीतिक विकास संकल्पना की गंभीर आलोचनाओं के बावजूद आधुनिक राजनीति विज्ञान विशेष रूप से तुलनात्मक राजनीति एवं राजनीतिक समाजशास्त्र के अध्ययन–अनुसंधान के परिप्रेक्ष्य में इस संकल्पना की बहुत उपयोगिता है।

प्रश्न (Questions)

1. राजनीतिक विकास संकल्पना से आप क्या समझते हैं ? इस संबंध में लुसियन पाई द्वारा व्यक्त विचारों का उल्लेख करें।

   What do you mean by the concept of political development ? Discuss the views of Lucian Pye in the connection.
2. राजनीतिक विकास की परिभाषा दें। इससे संबंधित आल्मंड एवं पॉवेल के विचारों की समीक्षा करें।

   Define political development. Explain Almond's and Powell's views on political development.
3. राजनीतिक विकास अवधारणा मुख्य की विशेषताओं की विवेचना करें।

   Discuss the main features of political development concept.
4. राजनीतिक विकास पर एक निबंध लिखिए।

   Write an essay on political development.
5. राजनीतिक विकास को परिभाषित कीजिए तथा इस संबंध में जैग्वाराइब के विचारों का उल्लेख करें।

   Define political development in the context of the ideas of Helio Jaguarible.

अध्याय 16

राजनीतिक आधुनिकीकरण (Political Modernisation)

"राजनीतिक आधुनिकीकरण वह प्रक्रिया है जिसके द्वारा प्राचीन सामाजिक, आर्थिक और मनोवैज्ञानिक प्रतिबद्धताएं समाप्त हो जाती हैं और व्यक्ति समाजीकरण एवं व्यवहार के नये प्रतिमानों को अपनाने के लिए तैयार हो जाता है"—*कार्ल डायश।*

परिचय (Introduction)

एक संकल्पना के रूप में राजनीतिक आधुनिकीकरण उपागम एवं उसके प्रारूपों का समाजशास्त्रियों एवं मानवशास्त्रियों (Anthropologists) के द्वारा अन्य समाजवैज्ञानिकों की अपेक्षा अधिक गहन अध्ययन किया गया है। राजनीतिक आधुनिकीकरण एवं राजनीतिक विकास दोनों प्रक्रियाओं को सामान्यतः समान अर्थबोधन वाली शब्दावली माना गया है। जेम्स एस. कोलमैन ने आधुनिकीकरण और राजनीतिक विकास को समानार्थी (Synonym) मानते हुए आधुनिक समाज के जिन लक्षणों का उल्लेख किया है, वे हैं—शहरीकरण (Urbanisation) का उन्नत स्तर, प्रति व्यक्ति आय का उन्नत स्तर साक्षरता का उच्च विस्तार, भौगोलिक और सामाजिक गतिशीलता का ऊंचा स्तर, अर्थव्यवस्था में औद्योगीकरण एवं वाणिज्य—व्यापार का उच्च स्तर, जनसंपर्क के साधनों का व्यापक एवं विस्तृत जाल तथा व्यवस्था की सामाजिक व आर्थिक प्रक्रियाओं में समाज के सदस्यों की विस्तृत सहभागिता आदि। कोलमैन द्वारा अभिव्यक्त ये सभी लक्षण पश्चिमी जगत् की विकसित व्यवस्थाओं के विकास एवं आधुनिकीकरण का सूचक है। राजनीतिक आधुनिकीकरण का यह दृष्टिकोण राजनीतिक विकास की उदारवादी धारणा के साथ जुड़ा है। जाहिर है कि इस दृष्टिकोण के आधार पर राजनीतिक आधुनिकीकरण वस्तुतः

पश्चिमीकरण (Westernisation) का पर्याय है। इसलिए राजनीतिक आधुनिकीकरण के गहन अध्ययन के पूर्व आधुनिकीकरण एवं पश्चिमीकरण प्रसंग को समझना अति आवश्यक है।

आधुनिकीकरण क्या है ? (What is Modernisation?)

व्यवस्था–विकास के व्यापक परिप्रेक्ष्य में आधुनिकीकरण एक प्रक्रिया है जो सामाजिक संसाधनों की उपलब्धता एवं उपयोग पर आधारित है और इसका उद्देश्य एवं लक्ष्य आधुनिक समाज की स्थापना है। डा. एस.पी. वर्मा का यह मानना है कि ''विकास की भांति ही आधुनिकीकरण भी एक प्रक्रिया–सूचक शब्दावली है जिसे परिभाषित करना कठिन कार्य है।'' ये आधुनिकीकरण को एक बहुपक्षीय प्रक्रिया मानते हैं। लर्नर ने आधुनिकीकरण को 'विवेकपूर्ण परिवर्तन की प्रक्रिया कहा है।' क्लाड वेल्च के मतानुसार, ''आधुनिकीकरण एक प्रक्रिया है जो साधनों के विवेकपूर्ण प्रयोग पर आधारित होती है और आधुनिक समाज की स्थापना के उद्देश्य से युक्त होती है।'' ब्लैक की अभिव्यक्ति के अनुसार, ''आधुनिकीकरण से आशय व्यक्ति के ज्ञान एवं पर्यावरण पर उसके बढ़ते हुए नियंत्रण के कारण समाज की सभी संस्थापित इकाइयों में होने वाले परिवर्तनों से है।'' वेलाह के अनुसार, ''साध्यों एवं गन्तव्यों की बुद्धिसंगतता को आधुनिकीकरण की संज्ञा दी जाती है।'' हंटिंगटन के शब्दों में, ''आधुनिकीकरण एक बहुपक्षीय प्रक्रिया है जो मानव के विचारों और गतिविधियों के सभी क्षेत्रों में परिवर्तन का सूचक है।'' आई.आर. सिनाई (Sinai) ने अपनी रचना 'The Challenge of Modernisation, 1964' में आधुनिकीकरण का विश्लेषण करते हुए कहा है, ''पाश्चात्य समाज के संदर्भ में आधुनिकीकरण का अर्थ है परम्परागत समाज की समाप्ति और उसके स्थान पर एक ऐसे समाज का निर्माण जो विकसित तकनीक तथा वैज्ञानिक प्रवृत्ति पर आधारित हो तथा जहां सामाजिक संबंधों में एक धर्मनिरपेक्ष या लौकिक दृष्टिकोण हो, सार्वजनिक मामले एवं न्याय पर आधारित हों और सबसे महत्त्वपूर्ण तथ्य यह हो कि वहां राष्ट्र राज्य (Nation State) राजनीतिक व्यवस्था की मुख्य इकाई होनी चाहिए।''

उपर्युक्त परिभाषाएं यह स्पष्ट करती हैं कि आधुनिकीकरण समाज में अनवरत रूप से चलने वाली परिवर्तन सूचक प्रक्रिया है। समाजविज्ञानों के अध्ययन–क्षेत्र में आधुनिकीकरण विषय का प्रवेश कोई नयी बात नहीं है। 19वीं शताब्दी में पश्चिमी यूरोपीय देशों में तीव्र गति से होने वाले बहुपक्षीय परिवर्तनों के परिणामस्वरूप समाजवैज्ञानिकों के अध्ययन दायरे में आधुनिकीकरण एक प्रासंगिक विषय के रूप में शामिल हुआ। व्यवस्थागत आधुनिकीकरण की इस प्रक्रिया को पहले 'सामाजिक परिवर्तन' या 'विकास' की संज्ञा दी जाती थी। आधुनिकीकरण एक जटिल बहुस्तरीय, बहुआयामी संप्रत्यय है जिसे सामाजिक परिवर्तन के विविध पक्षों के आलोक में देखने का प्रयास किया गया है। यह संकेतक है इस तथ्य का कि विकासशील देशों को अपने विकास एवं आधुनिकीकरण के लिए पश्चिमी देशों के अनुरूप संरचनाएं एवं परिस्थितियां विकसित करनी होगी, अन्यथा उन्हें पिछड़ेपन से मुक्ति नहीं मिल पायेगी। चूँकि, आधुनिकीकरण की प्रक्रिया को सामाजिक जीवन के अन्य सभी पक्षों, यथा–आर्थिक, भौगोलिक, सांस्कृतिक, प्रशासनिक, प्रौद्योगिक आदि प्रक्रियाओं से पूर्णतया पृथक् करके नहीं देखा जा सकता है, इसलिए आधुनिक स्तर पर आधुनिकीकरण संप्रत्यय का अभिप्राय सामाजिक, आर्थिक, सांस्कृतिक, प्रशासनिक एवं राजनीतिक संस्थाओं के कायान्तरण से है। इस परिप्रेक्ष्य में आधुनिकीकरण का तात्पर्य है शहरीकरण, औद्योगीकरण, प्रौद्योगिकीकरण, लौकिकीकरण, लोकतंत्रीकरण, शिक्षा का व्यापक प्रसार, समाज के सदस्यों की विस्तृत सहभागिता। बौद्धिक स्तर पर आधुनिकीकरण का आशय है व्यवस्थागत पर्यावरण के संबंध में सदस्यों के संज्ञान (Cognizance) स्तर में अभिवृद्धि और समाज के सभी वर्गों में, सभी स्तरों पर इस अभिवृद्ध ज्ञान का प्रसार। सामाजिक परिप्रेक्ष्य में आधुनिकीकरण का अभिप्राय है, परिवार एवं अन्य सामाजिक समूहों के प्रति सदस्यों में निष्ठा, विश्वास का विकास होना तथा अन्य सदस्यों एवं समुदायों के प्रति निष्ठा–विश्वास हस्तांतरित होना, यानी कि समाज को आधुनिक बनने के लिए यह आवश्यक है कि व्यक्ति की आस्था या प्रतिबद्धता केवल अपने परिवार तक सीमित न रहे, अपितु समस्त सामाजिक संगठनों, समुदायों में इसका प्रसार हो। जनसांख्यिकी (Demography) स्तर पर आधुनिकीकरण का तात्पर्य है प्रति व्यक्ति आय में वृद्धि, रहन–सहन के स्तर में वृद्धि, साक्षरता दर में वृद्धि, भौगोलिक–सामाजिक गतिशीलता में वृद्धि, शहरीकरण के स्तर में उन्नति, रोजगार के अवसरों में वृद्धि, नागरिक

स्वतंत्रताओं के स्तर में वृद्धि, सामाजिक प्रक्रियाओं में सहभागिता करने की प्रवृत्ति में वृद्धि। आर्थिक परिप्रेक्ष्य में आधुनिकीकरण का तात्पर्य है अर्थव्यवस्था के परिप्रेक्ष्य में वाणिज्य–व्यापार एवं औद्योगीकरण के स्तर में समुन्नति, कृषि के स्तर में समुन्नति, बाजार अर्थव्यवस्था (Market Economy) के स्तर में उन्नति।

उपर्युक्त प्रसंग से यह स्पष्ट होता है कि आधुनिकीकरण एक बहुआयामी–बहुदिशायी व्यापक प्रक्रिया है जो समाज में होने वाले परिवर्तनों एवं विकास के समस्त पहलुओं को अपने अध्ययन के दायरे में समेटता है। तभी तो हंटिंगटन ने इसे बहुपक्षीय प्रक्रिया की संज्ञा दी है। व्यापकता के परिप्रेक्ष्य में इस प्रक्रिया को राष्ट्रीय अभिज्ञान (National Recognition) प्रेषण (Transmission) एकीकरण (Integration) साथी नागरिकों के साथ अभिज्ञान आदि प्रासंगिक पक्षों से भी जोड़ा जा सकता है। राबर्ट ई. वार्ड ने आधुनिकीकरण की तर्कसंगत व्याख्या प्रस्तुत करते हुए कहा है कि "आधुनिकीकरण व्यवस्था को आधुनिक समाज की ओर ले जाने वाला ऐसा प्रयास है जिसकी मुख्य विशेषता है उसके द्वारा वातावरण की भौतिक और सामाजिक परिस्थितियों को नियंत्रित और प्रभावित करने का अभूतपूर्व सामर्थ्य और व्यवस्था के मूल्यों की दृष्टि से इस क्षमता की वांछनीयता एवं परिणामों के संबंध में यह संकल्पना आशावादी भी है।"

आधुनिकीकरण संप्रत्यय से प्रासंगिक उपर्युक्त विवेचित तथ्यों से यह स्पष्ट होता है कि इस गतिशील–परिवर्तनशील विषय की कोई सुनिश्चित परिभाषा देना अत्यन्त कठिन प्रयास है। विवेच्य प्रसंगों के आलोक में तात्त्विक आधार पर विद्वज्जनों के बीच सहमति का सिर्फ एक आधार बनता दिखाई देता है वह है इस प्रसंग को समाज में चलने वाले बहुआयामी–बहुदिशायी परिवर्तनों से संबंधित करना। इस संदर्भ में यह विषय सामाजिक परिवर्तनों की प्रक्रिया की सम्पूर्णता का द्योतक है। लेकिन, इस प्रसंग में विद्वज्जनों की यह अभिव्यक्ति है कि सभी परिवर्तनों को आधुनिकीकरण की कोटि में नहीं रखा जा सकता है। जो परिवर्तन समाज को अवनति की ओर ले जाता है, वह आधुनिकीकरण नहीं है। सिर्फ समाज को प्रगति एवं समुन्नति की ओर उन्मुख करने वाला परिवर्तन ही आधुनिकीकरण है। मिश्रित प्रकृति एवं सुस्पष्टता (Precision), सुनिश्चितता के अभाव की वजह से होरोविट्स ने अपनी कृति 'Three Worlds of Development, 1966' में यह कहा है कि "आधुनिकीकरण में एक संप्रत्यय होने के गुणों का अभाव है।"

लक्षण (Characteristics)

आधुनिकीकरण के कतिपय मुख्य लक्षण निम्नलिखित हैं :

1. सामाजिक लामबन्दी में वृद्धि, परम्परागत तत्त्वों को छोड़ नये प्रतिमानों, मान्यताओं, मूल्यों की ओर कदम बढ़ाना, जैसे : (i) आधुनिक जीवन से प्रासंगिक प्रयोग की विभिन्न वस्तुओं, मशीनों भवनों आदि का प्रदर्शन (ii) जन संचार के स्तर में वृद्धि, (iii) शहरीकरण में वृद्धि (iv) सामाजिक गतिशीलता में वृद्धि (v) निवास में परिवर्तन (vi) व्यवसाय में परिवर्तन (vii) शिक्षा सुविधाओं का विस्तार एवं (viii) प्रति व्यक्ति आय में वृद्धि।
2. सामाजिक आयामों के विभेदीकरण एवं विशेषीकरण में वृद्धि।
3. संरचनात्मक विभेदीकरण (लौकिकीकरण, आर्थिक संवृद्धिकरण, वाणिज्यीकृत अर्थव्यवस्था तथा व्यावसायिक विविधता में वृद्धि, विवेकसंगत अधिकारीतंत्र एवं तर्कसंगत प्रशासन); यानी कि संरचनात्मक विभेदीकरण का तात्पर्य है समाज के भीतर आर्थिक–राजनीतिक, अनौपचारिक संरचनाओं का पृथक्–पृथक् रूप में विकास, ताकि जनसाधारण की मांगों को निश्चित आकार देकर आधिकारिक निर्णय के लिए सरकार के सामने प्रस्तुत किया जा सके।
4. संगठनात्मक तथा स्थैतिक इकाइयों में परिवर्तन (नये अर्जित गुणों, मूल्यों तथा लक्षणों को अधिक महत्त्व देना)।

5. सामाजिक–राजनीतिक परिवर्तन (सामाजिक–राजनीतिक क्षेत्रों में समानता, स्वतंत्रता, बंधुता एवं सामान्य न्याय की व्यवस्था)।
6. सार्वजनीन शिक्षा की व्यवस्था।
7. दबाव समूहों की अहम् भूमिका।
8. नागरिकों में राष्ट्रीयता की भावना का विकास।
9. विकासोन्मुख परिवर्तन के विषयों पर जनसहमति एवं स्वीकृति की जनप्रवृत्तियां।
10. अन्तर्राष्ट्रीय स्तर पर सहयोग की प्रवृत्ति।

एक परिवर्तनशील प्रक्रिया होने की वजह से आधुनिकीकरण के संकेतकों के संबंध में समाजवैज्ञानिकों के बीच मतैक्यता का अभाव पाया जाता है। चूँकि, यह एक व्यापक परिप्रेक्ष्य वाली प्रक्रिया है, इसलिए विभिन्न समाजवैज्ञानिकों द्वारा इसे अपनी–अपनी दृष्टि से देखने का प्रयास किया गया है। इन मतवैभिन्नताओं के परिप्रेक्ष्य में आधुनिकीकरण से प्रासंगिक कुछ प्रमुख संकेतकों के रूप में गतिशीलता, सहभागिता, हित समूहन, सामाजिक–राजनीतिक, आर्थिक अनुशासन, सामाजिक व्यवस्था के स्तर पर संरचनात्मक विभेदीकरण–विशेषीकरण, इकाइयों के मध्य एकीकरण, अर्जित अभिविन्यास, सामाजिक न्याय, लौकिकीकरण, सम्पन्नता, नागरिक स्वतंत्रता, बौद्धिकता, राष्ट्रीयता, वैयक्तिकता, वैज्ञानिक दक्षता, सार्वभौमिक अभिविन्यास तथा इस तरह के समस्त प्रसंगों को चिन्हित किया गया है।

आधुनिकीकरण और पश्चिमीकरण में अंतर
(Difference between Modernisation and Westernisation)

सामान्य रूप से आधुनिकीकरण एवं पश्चिमीकरण को समानार्थ रूप में देखा जाता है। वस्तुतः, दोनों प्रसंगों के बीच मौलिक अन्तर है। आधुनिकीकरण और पश्चिमीकरण दोनों प्रक्रियाएं पाश्चात्य जगत् की विकसित व्यवस्थाओं से संदर्भित परिवर्तन और विकास का प्रतिनिधित्व करती हैं। आज विकसित व्यवस्थाओं को आदर्श आधुनिक राजनीतिक प्रणाली का प्रतिरूप मानते हुए विकासशील देश पश्चिमी देशों के अनुरूप अपनी संरचनाएं विकसित करके अपने देश को पिछड़ेपन की सीमा से बाहर निकाल कर आधुनिकता की कोटि में शामिल करने की होड़ में जी–जान से लगे दिखाई दे रहे हैं। इसका तात्पर्य यह हुआ कि विकासशील देशों को अपना सामाजिक, आर्थिक, राजनीतिक, सांस्कृतिक विकास पश्चिमी व्यवस्थाओं द्वारा निर्धारित आधुनिकीकरण एवं पाश्चात्यीकरण के मानदण्डों के अनुरूप करना चाहिए, तभी वे अपनी अर्थव्यवस्था को अन्तर्राष्ट्रीय प्रतिस्पर्धाओं के अनुकूल बना पायेंगे और अपनी बाजार अर्थव्यवस्था को मजबूत बना पायेंगे, यानी कि व्यवस्थागत आर्थिक संवृद्धि के लिए आधुनिकीकरण के मार्ग पर चलना तीसरी दुनिया के देशों के लिए अपरिहार्यता है।

उपनिवेशवाद के पतन और नवोदित राष्ट्रों के लोकतांत्रीकरण के पश्चात् पिछड़ेपन से मुक्ति पाने के लिए नवोदित व्यवस्थाओं द्वारा उदारवादी एवं साम्यवादी प्रतिमानों के आधार पर व्यवस्था के आधुनिकीकरण का प्रयास निरन्तर जारी है। विकास के पाश्चात्य प्रतिमानों को मॉडल के रूप में मान्यता देकर विभिन्न विकासशील व्यवस्थाओं द्वारा व्यवस्था के विकास एवं संवृद्धि का लक्ष्य निर्धारित करके उस दिशा में तेजी से कदम बढ़ाया गया, लेकिन इसका यह तात्पर्य कदापि नहीं है कि आधुनिकीकरण एवं पश्चिमीकरण दोनों समानार्थी दृष्टिकोण है। राजनीतिक–आर्थिक दृष्टि से कोई विकसित देश आधुनिकीकरण का सर्वश्रेष्ठ मॉडल हो सकता है, लेकिन यह आवश्यक नहीं है कि उस देश के पाश्चात्यीकरण को भी विकासशील देश अन्तर्निहित करें। यहां आधुनिकीकरण एवं पश्चिमीकरण के बीच पाये जाने वाले कुछ आधारभूत भिन्नताओं का वर्णन किया जा रहा है:

1. आधुनिकीकरण मूल्यधारक अवधारणा है। व्यवस्था में सिर्फ उन्हीं परिवर्तनों या कायान्तरण को आधुनिकीकरण की संज्ञा दी जाती है जो सामाजिक, राजनीतिक, आर्थिक जीवन को विकासोन्मुख गति प्रदान करता है

तथा व्यवस्था की समुन्नति एवं समृद्धि में सहायक होता है। इसीलिए विद्वज्जनों का यह मानना है कि आधुनिकीकरण मूल्य युक्त संकल्पना है, जबकि पश्चिमीकरण मूल्य मुक्त (Value-free) अवधारणा है। व्यवस्थागत मूल्यों व परम्पराओं से उसका कोई सरोकार नहीं है। पाश्चात्यीकरणरूपी परिवर्तन का न तो कोई उद्देश्य होता है, न ही यह दिशाबोधक होता है, और न ही इसमें कोई क्रमबद्धता होती है।

2. आधुनिकीकरण एक बहुआयामी–बहुदिशायी परिवर्तन एवं विकास की प्रक्रिया है जो व्यवस्था के सामाजिक, राजनीतिक, आर्थिक, सांस्कृतिक, मनोवैज्ञानिक सभी पहलुओं से संबद्ध होती है, जबकि पश्चिमीकरण का संबंध व्यवस्था में भौतिक साधनों की प्रचुरता से है।
3. आधुनिकीकरण एक व्यापक संकल्पना है जिसका अनुकरण विश्व के सभी राष्ट्र करना चाहते हैं, क्योंकि यह व्यवस्था के विकास, उन्नति एवं समृद्धि का आधार–आधेय है, जबकि पश्चिमीकरण के प्रतिमान का अनुकरण कुछ ही देशों द्वारा किया जाता है।
4. आधुनिकीकरण को विवेकसंगत प्रक्रिया का दर्जा दिया गया है, क्योंकि किसी भी राजनीतिक–सामाजिक व्यवस्था की समुन्नति में इसका योगदान है जबकि पाश्चात्यीकरण प्रक्रिया का कोई तर्कसंगत आधार नहीं है।
5. व्यवस्थागत राजनीतिक आधुनिकीकरण एवं राजनीतिक विकास की दृष्टि से आधुनिकीकरण प्रक्रिया का उल्लेखनीय योगदान है, क्योंकि यह प्रक्रिया इन दोनों राजनीतिक प्रक्रियाओं को आधुनिकीकरण का आधारतत्त्व मुहैया कराती है, जबकि पश्चिमीकरण का राजनीतिक आधुनिकीकरण एवं राजनीतिक विकास की दृष्टि से कोई प्रासंगिक महत्त्व नहीं है।

उपर्युक्त विवेचित बिन्दुओं के आलोक में यह स्पष्ट हो जाता है कि आधुनिकीकरण और पश्चिमीकरण दोनों पर्यायवाचक (Synonymous) शब्द नहीं है। आधुनिकीकरण एक तर्कसंगत व्यापक अवधारणा है जिसमें पश्चिमीकरण का तत्त्व सन्निहित हो सकता है, लेकिन इस आधार पर दोनों को समानार्थक मानना न्यायोचित नहीं है। आधुनिकीकरण से संदर्भित परिवर्तन का आधार माध्यम हमेशा सामाजिक मूल्य, विश्वास, उद्देश्य एवं लक्ष्य होता है, यानी कि, इस प्रक्रिया का साध्य मानवोचित मूल्य है, जबकि पाश्चात्यीकरण प्रक्रिया में मूल्यों और साध्यों का कोई तथ्यगत आधार नहीं होता है। यहां तक कि इसकी उपयोगिता भी कई बार आधारहीन होती है। इस प्रकार, दोनों प्रक्रियाएं अलग–अलग अर्थसंदर्भ रखती हैं। आधुनिकीकरण मानवोचित मूल्यों की समग्रता से संबंधित अवधारणा है, तभी तो एम.एम. श्रीनिवास ने आधुनिकीकरण को 'सामाजिक प्रगति के अवतार' की संज्ञा दी है। संक्षेप में, यह कहा जा सकता है कि आधुनिकीकरण पश्चिमीकरण नहीं है, इसका सबसे बेहतर उदाहरण जनवादी चीन की व्यवस्था है जिसने पश्चिमीकरण की नकल किये बिना अपनी व्यवस्था में आधुनिकीकरण को अपनाया है।

राजनीतिक आधुनिकीकरण : अर्थ एवं परिभाषाएं
(Political Modernisation : Meaning and Definitions)

आधुनिकीकरण व्यवस्था में परिवर्तन का सूचक है जो व्यवस्था को प्रगतिशीलता की ओर उन्मुख रखता है और राजनीतिक आधुनिकीकरण सामान्य आधुनिकीकरण प्रक्रिया का एक महत्त्वपूर्ण पक्ष है जो मूलतः राजनीतिक संदर्भों से प्रासंगिक है। कुछ विद्वान राजनीतिक आधुनिकीकरण को राजनीतिक विकास की अपेक्षा व्यापक संकल्पना मानते हैं। अधिकांश विद्वानों की यह मान्यता है कि परिणाम के अधार पर दोनों प्रक्रियाओं का संदर्भ पृथक् है। जहां राजनीतिक आधुनिकीकरण व्यवस्था में सामाजिक–राजनीतिक परिवर्तन का परिणाम है, वहीं राजनीतिक विकास का मूल संदर्भ राजनीतिक आधुनिकीकरण से उत्पन्न होने वाली समस्याओं पर राजनीतिक व्यवस्था द्वारा समाधान खोजने की क्षमता से है। इस प्रकार राजनीतिक विकास व्यवस्था में राजनीतिक आधुनिकीकरण की प्रक्रिया का परिणाम है और राजनीतिक आधुनिकीकरण सामान्य आधुनिकीकरण प्रक्रिया से

अभिप्रेरित एवं निरूपित होता है। कई विद्वान् दोनों प्रक्रियाओं को समानार्थक मानते हैं और कुछ दोनों को कुछ मामलों में पृथक् मानते हुए इसे अधिक व्यापक प्रक्रिया की संज्ञा देते हैं। इस विषय से संदर्भित कुछ मुख्य परिभाषाएं इस प्रकार हैं:

जेम्स एस. कोलमैन ने राजनीतिक आधुनिकीकरण एवं विकास को समानार्थी स्वीकारते हुए यह कहा है कि ''राजनीतिक आधुनिकीकरण संक्रान्तिकालीन समाजों की राजनीतिक व्यवस्थाओं में होने वाले संरचनात्मक तथा सांस्कृतिक परिवर्तनों का समूह है।'' इस विषय को परिभाषित करते हुए कोलमैन ने कहा है, ''राजनीतिक आधुनिकीकरण ऐसे संस्थागत ढांचे का विकास है जो पर्याप्त रूप से नमनशील (Flexible) हो और इतना शक्तिशाली हो कि व्यवस्था में उठनेवाली सभी मांगों का मुकाबला कर सके।'' कार्ल डायश के मतानुसार, ''राजनीतिक आधुनिकीकरण वह प्रक्रिया है जिसके द्वारा व्यवस्था की प्राचीन प्रतिबद्धताएं समाप्त होती हैं और राजनीतिक व्यवहार के नये प्रतिमानों का अस्तित्व आकार लेता है।'' क्लॉड ई वेल्च जूनियर (Claude E. Welch Jr.) का इस संप्रत्यय के संबंध में सुझाव है कि ''यह एक ऐसी प्रक्रिया है जो संसाधनों के तर्कसंगत उपयोग पर आधारित है और इसका उद्देश्य एवं लक्ष्य आधुनिक समाज की स्थापना करना है।'' बेन्जामिन श्वार्टज (Benjamin Schwartz) की अभिव्यक्ति के अनुसार, ''राजनीतिक आधुनिकीकरण विभिन्न मानवोचित उपयोगों की दृष्टि से व्यक्ति के भौतिक और सामाजिक पर्यावरण के तर्कसंगत नियंत्रण के लिए मानव उर्जा का व्यवस्थाबद्ध, सतत् और शक्तिशाली उपयोग है।'' हंटिंगटन की दृष्टि में ''यह एक बहुपक्षीय प्रक्रिया है जिससे मानव के चिन्तन एवं क्रियाकलाप से संबंधित सभी क्षेत्रों में परिवर्तन होता है।'' इस तथ्य को ध्यान में रखते हुए अधिकांश विद्वज्जनों का यह मानना है कि व्यवस्था से संदर्भित राजनीतिक परिवर्तन का संबंध सामाजिक–आर्थिक कारकों के व्यापक परिप्रेक्ष्य से होता है और भौतिक पर्यावरण में होने वाले परिवर्तनों की अनुक्रियाशीलता का प्रभाव व्यवस्था की राजनीतिक संस्कृति पर पड़ता है, यानी कि राजनीतिक संस्कृति में रूपान्तरण के लिए वही जवाबदेह होता है। उल्लिखित परिभाषाएं इस तथ्य का स्पष्टीकरण करती हैं कि राजनीतिक आधुनिकीकरण एक व्यापक प्रक्रिया है जिसका अध्ययन–क्षेत्र विस्तृत है, क्योंकि उनके दायरे में राजनीतिक विषयों के साथ–साथ आर्थिक, सामाजिक, सांस्कृतिक, भौतिक, मनोवैज्ञानिक प्रसंगों का अध्ययन–विश्लेषण भी शामिल है। व्यवस्था में चलने वाली आधुनिकीकरण की प्रक्रिया इसका अधार माध्यम है और यही राजनीतिक आधुनिकीकरण के बहुआयामी अध्ययन के लिए विषयतत्त्व भी मुहैया कराता है। आधुनिकीकरण प्रक्रिया की वजह से ही राजनीतिक आधुनिकीकरण एक बहुपक्षीय प्रक्रिया के रूप में राजनीतिक संस्थाओं, राजनीतिक व्यवहार तथा राजनीतिक संस्कृति में होने वाले परिवर्तनों की ओर संकेत करता है। यानी कि, आर्थिक संवृद्धि (Economic Growth), भौतिक संसाधनों की प्रचुरता, राष्ट्रीय उत्पादन में वृद्धि, प्रति व्यक्ति आय में वृद्धि, आर्थिक योजनाओं के नियोजन एवं कार्यान्वयन में वृद्धि, अर्थव्यवस्था (Economy), वाणिज्य–व्यापार (Commercialisation) और औद्योगीकरण (Industrialisation) के स्तर में वृद्धि, पूंजी संचयन के स्तर में वृद्धि, शहरीकरण की प्रक्रिया में वृद्धि, विज्ञान एवं प्रौद्योगिकी के स्तर में उन्नति, यातायात एवं संचार व्यवस्था के स्तर में उन्नति, साक्षरता दर में वृद्धि, जनसंख्या दर में कमी, कृषि व्यवसाय में लगे लोगों के अनुपात में कमी सामाजिक–आर्थिक गतिविधियों में समाज के सदस्यों की व्यापक सहभागिता एवं ऐसे समस्त प्रसंग जो राजनीतिक व्यवस्था की समुन्नति एवं संवृद्धि का संकेतक है, राजनीतिक आधुनिकीकरण के अध्ययन–क्षेत्र में सन्निहित है।

उपर्युक्त विवेचित परिप्रेक्ष्य के आलोक में यह कहा जा सकता है कि सामान्य आधुनिकीकरण प्रक्रिया की भांति राजनीतिक आधुनिकीकरण भी एक बहुआयामी–बहुदिशायी प्रक्रिया है। इसलिए, राजनीतिक आधुनिकीकरण संकल्पना के कई आयाम मानव जीवन के विविध पक्षों से संबद्ध हैं, जो निम्नवत् हैं।

1. **मनोवैज्ञानिक आयाम (Psychological Dimension)**–मनोवैज्ञानिक स्तर व्यवस्था में सदस्यों के राजनीतिक व्यवहार में मूल्यों, मानकों, विश्वासों, प्रतिबद्धताओं में परिवर्तन की अपेक्षाओं से संबधित होता है।
2. **बौद्धिक आयाम (Intellectual Dimension)**–बौद्धिक स्तर पर लोगों में व्यवस्था से संबंधित पर्यावरण के संबंध में संज्ञान लेना, जनसंचार के माध्यमों की जानकारी रखना, शिक्षा का प्रसार एवं राजनीतिक संस्कृति का विसरण आदि अपेक्षित है।

3. **जनसांख्यिकीय आयाम (Demographical Dimension)**–इस स्तर पर परिवर्तन का निहितार्थ है रहन–सहन के स्तर में सुधार, साक्षरता दर में सुधार, प्रति व्यक्ति आय में सुधार, भौगोलिक–सामाजिक गतिशीलता में सुधार, लोगों में शहरीकरण के स्तर में सुधार, परम्परागत कृषि प्रधान राजनीतिक–सामाजिक संरचनाओं की जगह आधुनिक जीवन–शैली की ओर उन्मुख होना इत्यादि।
4. **सामाजिक आयाम (Social Dimension)**–इस आयाम का निहितार्थ है, व्यवस्था के सदस्यों में उस प्रवृत्ति की मौजूदगी जिसके आधार पर लोगों की अभिवृत्तियों में अपने परिवार या अन्य प्राथमिक समूहों के प्रति विद्यमान् आस्था–निष्ठा की भावना के केन्द्रबिन्दु को स्वैच्छिक रुप से संगठित आनुषंगिक संगठनों के प्रति निष्ठा में बदलना, यानी कि राजनीतिक–सामाजिक प्रक्रिया की उन्नत स्थिति।
5. **आर्थिक आयाम (Economic Dimension)**–इस आयाम के दायरे में अर्थव्यवस्था की मजबूती, बाजार अर्थव्यवस्था को बढ़ावा देना, कृषि का विकास, उन्नत कृषि से संबंधित संसाधनों का विकास, वाणिज्य की स्थिति में सुधार, औद्योगीकरण का विकास, राष्ट्रीय कल्याण एवं आर्थिक खुशहाली की अवस्था का लक्ष्य प्राप्त करने के लिए आर्थिक गतिविधियों में व्यापक विस्तार आदि शामिल हैं।

उपर्युक्त विवेचित आयामों से यह निहितार्थ निकलता है कि राजनीतिक आधुनिकीकरण संकल्पना की प्रस्तुति राजनीतिक विकास संप्रत्यय की अपेक्षा अधिक सरल ढंग से की जा सकती है। सरल अर्थों में इस संकल्पना का निहितार्थ है एक परम्परागत व्यवस्था की मौजूदगी जो आधुनिक जीवन की आवश्यकताओं एवं पर्यावरण में उठने वाली मांगों तथा चुनौतियों के अनुरूप परिवर्तित हो रही है। इस संकल्पना का तात्पर्य परम्परागत समाज एवं सामाजिक मूल्यों की समाप्ति से नहीं है, अपितु पुरानी परम्पराओं, मूल्यों एवं निष्ठाओं पर नये मूल्यों के पड़ने वाले प्रभाव एवं विस्तार से संबंधित है। इस प्रकार, राजनीतिक आधुनिकीकरण एक व्यापक संकल्पना है जो राजनीतिक व्यवस्था के आर्थिक, सामाजिक, सांस्कृतिक, भौतिक, वैज्ञानिक एवं मनोवैज्ञानिक पर्यावरण में क्रान्तिकारी परिवर्तन का द्योतक है। दूसरे शब्दों में राजनीतिक आधुनिकीकरण संप्रत्यय राजनीतिक व्यवस्थान्तर्गत उस राजनीतिक परिवर्तन की ओर स्पष्ट संकेत करता है जो विशेष रूप से विकसित व्यवस्थाओं में हुए राजनीतिक परिवर्तनों का प्रतिनिधित्व करती हैं। राजनीतिक आधुनिकीकरण एवं राजनीतिक विकास संकल्पना का मिलन बिन्दु वह स्थिति है जब व्यवस्था में राजनीतिक आधुनिकीकरण प्रक्रिया से उत्पन्न समस्याओं के समाधान करने की क्षमता या सामर्थ्य पर विचार किया जाता है। इस प्रसंग का अभिप्राय यह हुआ कि सभी व्यवस्थाओं में आधुनिकीकरण की प्रक्रिया द्वारा कुछ ऐसी समस्याएं या चुनौतियां आकार लेती हैं जिनका हल निकालकर ही राजनीतिक व्यवस्था विकास का प्रतिमान हासिल कर पाता है। अतः, राजनीतिक व्यवस्था में उत्पन्न समस्या एवं समाधान का प्रयास ही वह बिन्दु है जहां दोनों संप्रत्ययों का मिलन होता है क्योंकि दोनों का उद्देश्य एवं लक्ष्य व्यवस्था की समुन्नति एवं समृद्धि है।

राजनीतिक आधुनिकीकरण की विशेषताएं (Features of Political Modernisation)

राजनीतिक आधुनिकीकरण की विशेषताओं के संबंध में विद्धज्जनों के बीच मतैक्यता का अभाव है। कुछ प्रमुख विद्वानों द्वारा विवेचित विषय संदर्भित विशेषताओं की विवेचना निम्नांकित है :

आइजेन्सटाड की दृष्टि में राजनीतिक आधुनिकीकरण की निम्नलिखित विशेषताएं हैं :

1. राजनीतिक व्यवस्था की संरचनाओं एवं प्रकार्यों में उच्च स्तर का विभेदीकरण तथा केन्द्रीकृत–एकीकृत शासन प्रणाली का विकास।
2. केन्द्रीय प्रशासन तथा समस्त राजनीतिक संगठनों की गतिविधियों का विस्तार एवं समस्त सामाजिक क्षेत्रों में उसका प्रवेश।

3. समाज की अंतर्भूत शक्ति का समूहों तथा सामान्य नागरिकों में अधिकाधिक फैलाव। आइजेन्सटाड का कहना है कि एक निश्चित स्तर पर सामाजिक गतिशीलता तथा सामाजिक संरचनाओं का पृथक्करण ही आधुनिकीकरण का मुख्य आधार बन जाता है।

कार्ल डायश एवं हंटिंगटन जैसे विद्वान राजनीतिक लामबन्दी और राजनीतिक सहभागिता में वृद्धि को राजनीतिक आधुनिकीकरण की मुख्य विशेषता मानते हैं। राजनीतिक विकास से पृथक् इस संदर्भ को स्पष्ट करते हुए हंटिंगटन ने राजनीतिक आधुनिकीकरण की अतिशयता **(Abundance)** को राजनीतिक विकास के मार्ग का बाधक तथा राजनीतिक पतन **(Decay)** के तत्वों की उत्पति का सहायक कहा है, क्योंकि उनकी दृष्टि में अतिशय **(Excessive)** लामबन्दी तथा सहभागिता व्यवस्था में उम्मीदों की बढ़ती हुई ऐसी क्रान्ति की स्थितियां उत्पन्न कराता है, जिसका सामना करना राजनीतिक व्यवस्था के लिए संभव नहीं हो पाता है। नतीजतन व्यवस्था पतन की ओर अग्रसर होने लगती है। इस प्रकार, हंटिंगटन के मतानुसार, "राजनीतिक लामबन्दी तथा राजनीतिक सहभागिता राजनीतिक आधुनिकीकरण की मुख्य कसौटी है, लेकिन इसमें तीव्र गति से वृद्धि होने पर यही विशेषता राजनीतिक व्यवस्थाओं में ह्रास का कारण बनती है।"

हंटिंगटन की दृष्टि में राजनीतिक आधुनिकीकरण की दूसरी विशेषता आधुनिकीकरण प्रक्रिया से उत्पन्न परिणामों में स्थायित्व **(Stability)** एवं अपरिवर्तनीयता **(Irreversible)** की मौजूदगी है। अर्थात् हंटिंगटन के कहने का अभिप्राय यह है कि आधुनिकीकरण के कई पक्ष हैं जो अनुत्क्रमणीय हैं, यानी कि उनका वापस अपनी मूल स्थिति में लौटना असंभव है, मसलन–जिस क्षेत्र का एक बार शहरीकरण हो जाता है उनका पुनः ग्रामीणीकरण करना संभव नहीं है, या साक्षरता का प्रतिशत बढ़ने पर उसे पुनः घटाया नहीं जा सकता है, कारखानों में पूँजी निवेश के बाद वह निवेशित ही रह जाती है, प्रति व्यक्ति आय में वृद्धि हो जाने के बाद उसमें कमी नहीं होती है, सिर्फ प्राकृतिक आपदा **(Distress)** से हुए विनाश की वजह से ही इसमें कमी आ सकती है।

राजनीतिक आधुनिकीकरण की तीसरी विशेषता राजनीतिक संरचनाओं एवं भूमिकाओं में विभिन्नीकरण एवं विशेषीकरण की स्थिति को प्राप्त करना है। इसका अभिप्राय यह हुआ कि आधुनिकीकरण प्रक्रिया का जितना विस्तार होगा, उसी अनुपात में व्यवस्था के समक्ष चुनौतियां भी उत्पन्न होगी जिनके समाधान हेतु नये प्रकार्यों की आवश्यकता होगी और उन्हें संपादित करने के लिए नये संस्थानों की स्थापना की जरूरत होगी। यही वजह है कि किसी भी व्यवस्था में राजनीतिक दलों, हित समूहों, दबाव समूहों तथा अन्य सभी प्रकार के स्वैच्छिक संस्थाओं की संख्या में वृद्धि को आधुनिकीकरण की पहचान के रूप में चिन्हित किया जाता है। ये संस्थाएं अपनी राजनीतिक प्रक्रियाओं के माध्यम से राजनीतिक सहभागिता द्वारा नीति–निर्णय निर्माण प्रक्रिया को प्रभावित करने लगती हैं। लेकिन, यह स्थिति राजनीतिक संरचनाओं एवं सामाजिक संरचनाओं के लोकतंत्रीकरण **(Democratisation)** एवं मताधिकार के व्यापक विस्तार द्वारा समाज के सभी सदस्यों, समूहों, समुदायों को राजनीतिक सहभागिता का समान अवसर प्रदान करके ही प्राप्त की जा सकती है। इस परिप्रेक्ष्य में यह कहा जा सकता है कि जिस व्यवस्था में लोकतंत्रीकरण की स्थितियां जितनी मजबूत होती हैं वहां सामाजिक–राजनीतिक लामबन्दी का स्तर भी उतना ही उन्नत होता है। यह स्थिति सदस्यों को उनकी राजनीतिक भूमिकाओं के प्रति जागरूक बनाता है जिसकी वजह से सदस्यों के अन्दर राजनीतिक परिपक्वता आती है जो नागरिकों के बौद्धिक, सामाजिक, मनोवैज्ञानिक स्तर पर आधुनिकीकृत **(Modernised)** होने की पहचान है। आल्मंड एवं आइजेन्सटाड ने भी विशेषता प्रासंगिक इस तत्त्व का विशेष रूप से समर्थन किया है।

कार्ल डायश एवं आल्मंड–पॉवेल ने भी राजनीतिक आधुनिकीकरण की कुछ महत्त्वपूर्ण विशेषताओं का वर्णन किया है जो निम्नलिखित है :

1. **राज्य या केन्द्र में अधिकाधिक शक्ति का केन्द्रीकरण**–राजनीतिक आधुनिकीकरण की एक मुख्य विशेषता है मानव जीवन की गतिविधियों से संबद्ध समस्त शक्तियों का राजनीतिक व्यवस्था में केन्द्रस्थ होना। शक्तियों के केन्द्रीयकरण का अभिप्राय निरंकुशता या स्वेच्छाचारिता नहीं है। वस्तुतः, शक्तियों का विकेन्द्रीकरण राजनीतिक आधुनिकीकरण की अपरिहार्यता है। यहां शक्ति के केन्द्रीयकरण का आशय है

केन्द्र में राजनीतिक सत्ता–शक्ति की महत्त्वपूर्ण स्थिति। वास्तव में, राजनीतिक शक्ति का केन्द्रस्थ (Centrally Located) स्वरूप राजनीतिक व्यवस्था की महत्त्वपूर्ण स्थिति का प्रमाण है और इस प्रसंग में व्यवस्था का बढ़ता राजनीतिक महत्त्व व्यवस्था की उन्नत राजनीतिक आधुनिकीकरण की स्थिति का संकेतक है।

2. **राज्य एवं सरकार का सामाजिक जीवन में अधिकाधिक प्रवेश (Entrance)**–राजनीतिक आधुनिकीकरण की एक मुख्य पहचान या विशेषता है जनजीवन की समस्याओं को सुलझाने एवं जनहित कार्यों को बड़े पैमाने पर अंजाम देने के लिए सामाजिक जीवन के प्रत्येक स्तर, प्रत्येक क्षेत्र में राज्य एवं सरकार का ज्यादा–से–ज्यादा प्रवेश। जिस देश में सरकार का समाज में प्रवेश बहुत न्यूनतम स्तर का होता है, उसे आधुनिक व्यवस्था की कोटि में नहीं रखा जा सकता है।

3. **केन्द्र एवं परिधि की बढ़ती हुई अन्योन्यक्रिया**–राजनीतिक आधुनिकीकरण की एक अन्य विशेषता है सभी स्तरों पर केन्द्र (राज्य एवं सरकार) तथा परिधि (समाज) के बीच बढ़ती अन्योन्यक्रियाएं। इसका तात्पर्य है राजनीतिक शक्ति के सभी केन्द्रों की सक्रियता तथा केन्द्र एवं परिधि दोनों के बीच अनवरत रूप से चलने वाली अन्तर्क्रियाओं के परिणामस्वरूप परिधि एवं केन्द्र के बीच उच्चस्तर के संप्रेषणीय संबंधों की संस्थापना।

4. **सत्ता के परम्परागत स्रोतों का कमजोर होना**–राजनीतिक आधुनिकीकरण की एक अन्य विशेषता है व्यवस्था में सत्ता के परम्परागत स्रोतों की निर्बलता। यहां सत्ता के परम्परागत स्रोत से तात्पर्य है राजनीतिक व्यवस्था में राजनीतिक शक्ति के उद्भव के पारम्परिक केन्द्रों, मसलन–कबीलों के सरदार, राजा–महाराजा, जमींदार, धर्मगुरु आदि की स्थिति कमजोर होना। जिस व्यवस्था में राजनीतिक आधुनिकीकरण उच्च स्तर का होता है वहां शक्ति–अर्जन के इन पारम्परिक स्रोतों का प्रभाव समाप्त हो जाता है और सत्ता एवं शक्ति के नये लोकतांत्रिक केन्द्रों का उदग होता है। इस प्रसंग में हंटिंगटन का अभिमत है कि राजनीतिक आधुनिकीकरण का अर्थ है राजनीतिक समाज में पारम्परिक, धार्मिक, जातीय या पारिवारिक सत्ताओं की जगह लौकिकीकृत (Secularised) राष्ट्रीय राजनीतिक सत्ता–केन्द्र का उदय। कार्ल डायश के शब्दों में, "यदि प्राचीन सामाजिक, आर्थिक, मनोवैज्ञानिक प्रतिबद्धताओं के मुख्य केन्द्र निर्बल हो जायें या बिखर जायें तथा व्यवस्था के सदस्य समाजीकरण और व्यवहार के नये प्रतिमानों को अपनाने के लिए तत्परता दिखाए तो उसे राजनीतिक आधुनिकीकरण की दिशा में महत्त्वपूर्ण कदम मानना चाहिए।"

5. **राजनीतिक संस्थाओं का विभेदीकरण (Differentiation) एवं विशेषीकरण** (**Specialisation**)–सभी व्यवस्थाओं में राजनीतिक इकाइयों का विभिन्नीकरण एवं विशेषीकरण राजनीतिक आधुनिकीकरण की एक खास विशेषता है। लोककल्याणकारी राज्यों में सरकार के कार्यों में बेतहाशा वृद्धि और इन कार्यों के बेहतर संपादन के लिए विभिन्न संस्थाओं के अस्तित्व की मौजूदगी तथा उनकी विशेषीकृत भूमिकाओं की बेहद जरूरत ने इस आयाम को विशेषताओं में ख़ास दर्जा प्रदान किया है। आधुनिक राजनीतिक व्यवस्थाओं में उत्तरदायी सरकार की स्थापना एवं उनकी प्रभावपूर्ण भूमिका के निष्पादन के लिए बड़े पैमाने पर राजनीतिक संरचनाओं के विभेदीकरण एवं भूमिकाओं के विशेषीकरण की अनिवार्यता को राजनीतिक आधुनिकीकरण के विशेष कारक के रूप में पहचान मिली है।

6. **राजनीतिक व्यवस्था में जनसहभागिता का विस्तार**–राजनीतिक व्यवस्था की सभी प्रक्रियाओं में जनसहभागिता का विस्तारित स्वरूप राजनीतिक आधुनिकीकरण विशेषता का एक प्रमुख मानदण्ड है। विस्तृत जनसहभागिता का आशय है व्यवस्था की राजनीतिक गतिविधियों, भूमिकाओं के निष्पादन में सभी वर्गों, समुदायों, धर्मों के सदस्यों को न्यायसंगतता के आधार पर समान अवसर प्राप्त होना। जनसहभागिता का विस्तार व्यवस्था के सदस्यों में राजनीतिक विषयों के प्रति बढ़ती जागरूकता एवं व्यवस्थागत राजनीति के प्रति बढ़ते सम्मान का द्योतक है। विशेषता का यह आयाम सदस्यों में अपनी

व्यवस्था के प्रति निष्ठा एवं विश्वास में वृद्धि करता है और राजनीतिक सत्ता को जनउत्तरदायी बनने के लिए अभिप्रेरित करता है।

7. **सदस्यों का अपनी राजनीतिक व्यवस्था के साथ तादात्म्यता की स्थापना**—सदस्यों का अपनी राजनीतिक व्यवस्था के साथ अधिकाधिक पहचान का संबंध संस्थापित होना भी राजनीतिक आधुनिकीकरण की एक ख़ास विशेषता है। यह आयाम सदस्यों का अपनी राजनीतिक व्यवस्था से गहन तादात्म्यता का द्योतक है जो अपनी व्यवस्था के प्रति बढ़ती आस्था, निष्ठा व विश्वास की अभिव्यक्ति है। विकासशील व्यवस्थाओं में आधुनिकीकरण की इस विशेषता में कमी पायी जाती है और शायद यही उनके सामाजिक, राजनीतिक, आर्थिक पिछड़ेपन की पहचान है, क्योंकि यह तत्त्व सदस्यों में राष्ट्र के प्रति निष्ठा में कमी का संकेत देता है।
8. **व्यापक आधार वाली नौकरशाही**—राजनीतिक व्यवस्था के उन्नत राजनीतिक आधुनिकीकरण के स्तर के लिए व्यापक आधार वाली विवेकसंगत नौकरशाही की मौजूदगी अति आवश्यक है। लोककल्याणकारी राज्य के अपने जनहित उद्देश्यों एवं जनसरोकारगत लक्ष्यों को प्राप्त करने का सर्वाधिक महत्त्वपूर्ण आधार माध्यम है विस्तृत तथा व्यापक आधार वाली बुद्धिसंगत नौकरशाही। व्यापक आधार वाली विवेकसंगत नौकरशाही प्रशासन को जनउत्तरदायी बनाता है और सरकार को जनहित में निर्णय लेने के लिए बाध्य करता है। यह सार्वजनिक नीतियों—निर्णयों के निर्माण में आधार—आधेय की भूमिका निभाता है और व्यवस्थागत राजनीतिक विकास तथा राजनीतिक आधुनिकीकरण प्रक्रिया में मुख्य माध्यम के रूप में सक्रिय रहता है। जहां तक विकासशील व्यवस्थाओं की बात है, वहां प्रशासन के आकार में वृद्धि होने के साथ—साथ नौकरशाही के आकार में भी काफी विस्तार हुआ है, लेकिन अधिकारीतंत्र के अधिकांश पदाधिकारी समाज के ऊपर के तबके से आते हैं, इसमें समाज के निम्नवर्ग का प्रतिनिधित्व बहुत न्यूनतम होता है। इस प्रकार की नौकरशाही सम्पूर्ण समाज का प्रतिनिधित्व नहीं कर पाती है। दृष्टान्तस्वरूप भारत की उच्चत्तर सेवाओं—भारतीय प्रशासनिक सेवा, भारतीय पुलिस सेवा, भारतीय विदेश सेवा आदि में दो तिहाई पदाधिकारी विशिष्ट वर्ग यानी कि समाज के समृद्ध तबके से आते हैं, इस वजह से नौकरशाही में अभिजनवादी प्रवृत्ति पनपने लगी है।

राजनीतिक आधुनिकीकरण की उपर्युक्त विशेषताओं के आलोक में यह कहा जा सकता है कि यह एक व्यापक संकल्पना है जिसकी विशेषताएं भी काफी विस्तृत हैं। यदि इन विशेषताओं की संक्षिप्त प्रस्तुति करनी हो तो उन्हें तीन शीर्षकों के अन्तर्गत भी देखा जा सकता है : (1) विवेकसंगत सत्ता (Rationalised Authority), (2) संरचनात्मक विभेदीकरण एवं प्रकार्यात्मक विशेषीकरण (Structural Differentiation and Functional Specialisation), (3) अभिवृद्ध सहभागिता (Prospered Participation)।

राजनीतिक विकास की भांति राजनीतिक आधुनिकीकरण प्रक्रिया के संचालन की गति, अवस्था एवं परिचालन की परिस्थितियों पर राजनीतिक व्यवस्था की क्षमता, कार्यकुशलता, संसाधनों की उपलब्धता एवं पर्यावरण के समस्त आयामों का सीधा प्रभाव पड़ता है, इसलिए परिस्थितिगत सामर्थ्य के अनुरूप इसके संचालन के प्रसंग में विभिन्न व्यवस्थाओं में जो भिन्नताएं पायी जाती हैं, वही तत्त्व इस संकल्पना की विशेषताओं में भी समरूपता के अभाव के लिए जवाबदेह कारक है। लेकिन, फिर भी मोटे तौर पर यह कहा जा सकता है कि राजनीतिक आधुनिकीकरण प्रक्रिया की मुख्य पहचान है राजनीतिक व्यवस्था में शक्तियों का केन्द्रीयकरण, समाज में केन्द्र का ज्यादा—से—ज्यादा प्रवेश, बुद्धिसंगत राजनीतिक सत्ता का अस्तित्व, संरचनात्मक विभिन्नीकरण एवं प्रकार्यात्मक विशेषीकरण तथा विवेकसंगत एवं कर्मकुशल (Efficient) नौकरशाही जो जनहित एवं समाजहित का लक्ष्य लेकर प्रशासनिक कार्यों का निष्पादन करे।

आइजेन्सटाड ने राजनीतिक आधुनिकीकरण के चार लक्षणों की चर्चा की है : (1) सामाजिक गतिशीलता, (2) समाजिक विभेदीकरण, (3) आर्थिक परिवर्तन, एवं (4) राजनीतिक परिवर्तन।

इनकी दृष्टि में राजनीतिक आधुनिकीकरण के अन्तर्गत स्तरविन्यास (Stratification) का सर्वाधिक महत्त्वपूर्ण पक्ष समाज में विशिष्ट वर्ग और जनसाधारण (Mass) के मध्य मौजूद भ्रांति की स्थिति है। इनका मानना है कि एक निश्चित स्तर पर सामाजिक गतिशीलता तथा सामाजिक विभेदीकरण व्यवस्था में राजनीतिक आधुनिकीकरण का मुख्य माध्यम बन जाता है। वस्तुतः, कोई व्यवस्था आधुनिकीकृत हो रही है या नहीं, इसकी विशेष पहचान है व्यवस्थागत राजनीतिक प्रकार्यों में वृद्धि, नए राजनीतिक कार्यों का उद्भव एवं उन्हें संपादित करने के लिए नई संरचनाओं, यथा : राजनीतिक दलों, दबाव समूहों, हित समूहों तथा अन्य स्वैच्छिक समूहों की स्थापना, पुरानी संरचनाओं में संशोधन तथा इसकी सफलता के लिए नए राजनीतिक मूल्यों, मानकों, विश्वासों का प्रतिष्ठापन (Installation) आदि।

यहां ध्यान देने योग्य तथ्य यह भी है कि 20वीं सदी से पूर्व राजनीतिक आधुनिकीकरण प्रक्रिया का संवाहक व्यवस्था में होने वाला आर्थिक परिवर्तन रहा है जिसकी बेहतर शुरूआत इंग्लैंड की औद्योगिक क्रान्ति से हुई थी। उस समय राजनीतिक औद्योगीकरण का सीधा अर्थ था व्यवस्था की आर्थिक संवृद्धि, आर्थिक परिवर्तन, औद्योगीकरण, पूंजीपति वर्ग का उदय, उत्पादन के साधनों का विस्तार एवं वितरण के आधारों का विस्तार जिसके परिणामस्वरूप वहां मजदूर वर्ग का उदय हुआ। राजनीतिक आधुनिकीकरण से प्रासंगिक इस परिवर्तन की वजह से वहां मताधिकार का व्यापक विस्तार हुआ और व्यवस्था लोकतंत्रीकरण के मार्ग पर तीव्र गति से अग्रसर हुई। बीसवीं शताब्दी में राजनीतिक आधुनिकीकरण के संवहन कार्य राजनीति के कंधों पर है जिसकी सफलता का दारोमदार व्यवस्था में सामाजिक एवं राजनीतिक लामबन्दी की स्थिति पर है। विकासशील देशों के सामने राजनीतिक परिवर्तन के मार्ग पर कदम बढ़ाने के लिए सामाजिक–राजनीतिक लामबन्दी की मान्यताओं का निर्धारण करना अति आवश्यक है। इनके सामने आधुनिकीकरण के दो प्रतिमान हैं–यदि लोकतंत्रीकरण तथा आर्थिक एवं सामाजिक उदारवाद का लक्ष्य निर्धारित करना है तो उन्हें पश्चिमी प्रतिमान का अनुसरण करते हुए समाज के लोकतंत्रीकरण की प्रक्रिया को आधारतत्त्व मानकर राजनीतिक आधुनिकीकरण का लक्ष्य निर्धारित करना होगा और यदि सामाजिक–आर्थिक समानता को ज्यादा महत्त्व देना है, तो उन्हें राजनीतिक आधुनिकीकरण के लिए साम्यवादी प्रतिमान को लक्ष्य बनाना होगा।

राजनीतिक आधुनिकीकरण के संकेतक (Indicators of Political Modernisation)

राजनीतिक आधुनिकीकरण राजनीतिक–सामाजिक लामाबन्दी द्वारा अर्जित राजनीतिक परिवर्तन का परिणाम है। व्यवस्था में इस प्रक्रिया का प्रकटीकरण समाज के सदस्यों की अभिव्यक्तियों एवं उसके द्वारा निर्मित विभिन्न संघों, समुदायों में संरचनात्मक–प्रकार्यात्मक रूप से व्यापक परिवर्तन के रूप में दृष्टिगोचर होता है। इस सामाजिक–राजनीतिक परिवर्तन के अनुरूप शासक अभिजनों को भी राजनीतिक व्यवस्था में संरचनात्मक–प्रकार्यात्मक बदलाव लाना पड़ता है ताकि राजनीतिक व्यवस्था, सामाजिक व्यवस्था एवं राजनीतिक–सामाजिक पर्यावरण के बीच तारतम्यता (Harmony) बनी रहे और शासक एवं शासितों की गतिविधियों, भूमिकाओं, व्यवहारों में भी आरोही अनुक्रम (Ascending Sequence) निरन्तर कायम रहे। इन तात्त्विक प्रसंगों के आलोक में राजनीतिक आधुनिकीकरण से प्रासंगिक कुछ परिवर्तनों को आधुनिकीकरण के संकेतक के रूप में वर्णित किया गया है जो निम्नांकित हैं:

1. **नये भवनों का निर्माण एवं आधुनिक उत्तम जीवन से संदर्भित उपभोक्ता वस्तुओं (Consumer Goods) के उत्पादन में वृद्धि**–यह व्यवस्था में स्वस्थ जीवन हेतु आधुनिक चिकित्सा व्यवस्था की उपलब्धता, भौतिक सुख–समृद्धि की वस्तुओं के उत्पादन में वृद्धि एवं उपभोज्य वस्तुओं का न्यायोचित विवरण का सूचक है।
2. **तेज रफ्तार में शहरीकरण**–यह सूचक व्यवस्था में आधुनिकीकरण एवं सामाजिक गतिशीलता का परिचायक है साथ ही यह समाज में ग्रामीण परिवेश के पारम्परिक मूल्यों–दृष्टिकोणों की अवनति का भी सूचक है।

3. **शहरीकरण का विस्तार**–यह व्यवस्था में नये राजनीतिक–सामाजिक मूल्यों व मानकों का संस्थापक होता है जिसके परिणामस्वरूप सदस्यों के बहुआयामी व्यक्तित्व का विकास संभव हो पाता है।
4. **शहरीकरण तथा नये मूल्यों व मानदण्डों की संस्थापना**–उसके परिणामस्वरूप कृषि की जगह नये व्यवसायों तथा उद्योग–धंधों का विकास होता है।
5. **जनसंचार के माध्यमों का विस्तार**–यह सामाजिक–राजनीतिक लामाबन्दी में आधार माध्यम की भूमिका निभाता है, साथ–साथ जनसाधारण को राजनीति का प्रशिक्षण देकर उन्हें जागरूक बनाने की भी जवाबदेही निभाता है।
6. शिक्षा का प्रसार।
7. साक्षरता दर में अत्यधिक वृद्धि।
8. प्रति व्यक्ति आय में वृद्धि।
9. राजनीतिक जागरूकता एवं राजनीतिक लामबन्दी के स्तर में वृद्धि।
10. **लामबन्दी के परिणामस्वरूप नयी संरचनाओं की उत्पत्ति**–यह सार्वजनिक हित के संरक्षक की भूमिका निभाती है।
11. उपव्यवस्थाओं एवं स्थानीय संस्थाओं की स्वायत्तता पर बल देना।
12. जनहित के लिए निर्धारित लक्ष्यों की प्राप्ति के उद्देश्य से सरकार द्वारा लोक निगमों (Public Corporations) की स्थापना इनकी स्वायत्तता एवं अर्द्धसरकारी सभी संस्थाओं की स्वायत्तता को मान्यता प्रदान करना।
13. अभिजन वर्ग की सामाजिक प्रभावनीयता का विस्तार, ताकि ये वर्ग, जाति, भाषा एवं क्षेत्रीयता जैसे संकीर्ण दायरे से ऊपर उठकर बिना किसी भेदभाव के समाज के सभी वर्गों का प्रतिनिधित्व कर सकें और समाज के वंचित समुदायों की सुरक्षा हेतु कारगर कदम उठा सकें।
14. सेना को राजनीतिकरण से बचाना और उसे व्यवस्थागत राजनीति के प्रति तटस्थ बने रहने के लिए सुझाव देना या बाध्य करना।
15. स्वतंत्र एवं निष्पक्ष न्यायपालिका की स्थापना करना तथा कानून के समक्ष समानता के दृष्टिकोण का विस्तार करना।
16. राष्ट्र–निर्माण एवं राज्य–निर्माण के प्रयासों को सफलीभूत अंजाम देना और उस मार्ग में मिलने वाले समस्त अवरोधों को दूर करने हेतु प्रयासरत रहना।
17. व्यवस्था की समुन्नति हेतु निर्धारित मूलभूत लक्ष्यों की प्राप्ति के लिए सभी समूहों–संगठनों के बीच आम सहमति (Consensus) का वातावरण तैयार करना एवं इस अभिवृत्ति का व्यापक विस्तार करना।
18. शासक अभिजनों द्वारा नीति–निर्णय–निर्माण एवं शासन के निर्गतों (Outputs) के प्रति विरोध या असहमति के लिए संयमी व्यवहार का प्रदर्शन करना एवं हिंसोन्मत्त व्यवहार–प्रदर्शन की परिस्थितियों से बचना।

ऊपर विवेचित प्रसंग सकारात्मक संकेतक हैं जो राजनीतिक व्यवस्था के आधुनिकीकरण की समुन्नति के मानक हैं, वहीं राजनीतिक विकास में पतन के कारकों की भांति राजनीतिक आधुनिकीकरण प्रक्रिया के कुछ नकारात्मक संकेतक भी हैं जो आधुनिकीकरण प्रक्रिया को अस्तगमन की ओर ले जाते हैं। ये वही कारक हैं जो राजनीतिक विकास के ह्रास के लिए जवाबदेह होते हैं। इन्हीं कारकों को राजनीतिक आधुनिकीकरण के नकारात्मक सूचक के रूप में पहचान मिली है।

राजनीतिक दृष्टि से आधुनिकीकृत देशों की विशेषताएं (Characteristics of Politically Modernised Countries)

राजनीतिक रूप से आधुनिकीकृत हुई विकसित व्यवस्थाओं की कुछ ख़ास विशेषताओं को लियोनार्ड बाइण्डर द्वारा वर्णित किया गया है। ये हैं:

1. **तादात्म्यता में परिवर्तन (Change in Identity)**–इसका तात्पर्य है राजनीतिक आधुनिकीकृत समाजों के सदस्यों में राजनीतिक व्यवस्था, प्रक्रियाओं, मुद्दों, प्रसंगों, समस्याओं के प्रति अभिज्ञान लेने की प्रवृत्ति में परिवर्तन, यानी कि सामाजिक–सांस्कृतिक विविधताओं के बावजूद संकीर्ण सोच के दायरे से बाहर निकलकर जनता द्वारा राष्ट्र–निर्माण के प्रयासों में अभिजन वर्ग के सहायक की भूमिका अदा करना।
2. **वैधता में परिवर्तन (Change in Legitimacy)**–इसका तात्पर्य है शासकों की शासनशैली में परिवर्तन, शासक–शासितों के बीच संबंधों एवं व्यवहार प्रदर्शन में परिवर्तन, व्यवस्था के राजनीतिक मूल्यों, परम्पराओं के प्रति सोच में परिवर्तन, शासितों का शासकों के प्रति राजनीतिक विश्वास में परिवर्तन। जैसा कि परम्परागत समाजों में शासकों को ईश्वर का प्रतिनिधि माना जाता था, इसलिए शासन की औचित्यता का आधार दैवी कानून (Devine Law) था। आधुनिक राजनीतिक व्यवस्थाओं में शासन की वैधता का आधार सामाजिक स्वीकृति है, अर्थात् व्यवस्था एवं शासक अभिजनों को सदस्यों की स्वाभाविक सहमति उस स्थिति में प्राप्त होती है, जब जनसाधारण शासन के स्वरूप को अपने विश्वासों व मूल्य के अनुरूप मानने लगते हैं। यदि राजनीतिक सत्ता का अनुप्रयोग आवाम के विश्वास के अनुरूप होता है तो जनसाधारण में मौजूद संप्रभुता रूपी औचित्यपूर्ण शक्ति सत्ता में परिवर्तन का माध्यम भी बनती है। लिप्सेट ने भी यह स्पष्ट किया है कि आधुनिकीकृत व्यवस्थाओं में सत्ता एवं शासन के प्रति लोगों में बाध्यता की भावना (Sense of Obligation) शासकों की प्रभावशालिता एवं उनके शासनशैली की न्यायसंगतता पर आधारित होती है।
3. **राजनीतिक सहभागिता में परिवर्तन (Change in Political Participation)**–इसका तात्पर्य आधुनिकीकृत राजनीतिक व्यवस्थाओं की विशेष पहचान के रूप में वहां की राजनीतिक सहभागिता की प्रवृत्ति में व्यापक विस्तार की मौजूदगी से है। अर्थात्, जनसामान्य राजनीतिक गतिविधियों में खुलकर हिस्सा लेते हैं, राजनीतिक भूमिकाओं का निष्पादन करते हैं और नीति–निर्माण एवं निर्णय–प्रक्रिया में भी भागीदारी करते हैं। देश की समस्याओं, मुद्दों, विवादों के समाधान के लिए विशेष रूप से जागरूक रहते हैं और व्यवस्था की राजनीतिक प्रक्रियाओं में बड़े पैमाने पर जनभागीदारी करके व्यवस्थागत राजनीति के प्रति अपनी रुझान का प्रदर्शन करते रहते हैं। विकसित व्यवस्थाओं में राजनीतिक परिवर्तन का यह आयाम वहां उच्च स्तर की राजनीतिक–सामाजिक लामबन्दी एवं व्यवस्था में लोकतंत्रीकरण के व्यापक विस्तार का परिचय देता है।
4. **राजनीतिक वितरण–क्षमता में परिवर्तन (Change in Political Distribution Capability)**–इसका आशय विकसित व्यवस्थाओं में व्यक्तियों एवं समूहों में तरह–तरह की वस्तुओं, अवसरों, सेवाओं एवं हित लाभों (Interest Benefits) को वितरित करने की क्षमता से संबद्ध है। यानी कि, पारम्परिक समाजों में राजनीतिक लाभों के वितरण का आधार संकीर्ण होता था जो धर्म, जाति, परिवार जैसे दायरों में सिमटा हुआ था, लेकिन आधुनिकीकृत विकसित व्यवस्थाओं में राजनीतिक लाभों के वितरण का आधार जनकल्याण, समाज–कल्याण, सदस्यों की योग्यता, व्यक्तिगत उपलब्धियां, विश्वविद्यालय की डिग्रियां आदि होती है। उच्च प्रशासनिक पदों पर नियुक्तियां भी खुली प्रतियोगिता परीक्षाओं के माध्यम से होती है। वस्तुतः, यह परिवर्तन शासकों द्वारा राजनीतिक लाभों के वितरण की प्रवृत्ति में खुली मानसिकता का परिचायक है।

5. **समाज पर वैधानिक एवं प्रशासनिक नियंत्रण की प्रवृत्ति में परिवर्तन (Change in the Attitude of Legal and Administrative Control over Society)**—इस परिवर्तन का अभिप्राय राष्ट्र–निर्माण एवं राज्य–निर्माण के तत्त्वों एवं अभिवृत्तियों व अभिविन्यासों से संबद्ध है। पारम्परिक समाजों में राजनीतिक शक्ति का केन्द्रीकरण राजा, सम्राट या सामंती समूहों तक सीमित था। राजनीतिक रूप से आधुनिकीकृत समाज राष्ट्र–निर्माण एवं राज्य–निर्माण की मान्यताओं के आधार पर विकसित व्यवस्था है, जिसका अर्थ है परम्परागत एवं क्षेत्रीय संकीर्णताओं को त्यागकर राष्ट्रीय निष्ठा के एक केन्द्र का विकास करना और व्यापक राजनीतिक लक्ष्यों को ध्यान में रखते हुए राष्ट्र के प्रति सम्पूर्ण सदस्यों की निष्ठा का समर्पण कराना। इसके साथ–साथ यहां राज्य–निर्माण द्वारा शक्ति के ऐसे केन्द्र को विकसित किया जाता है जो वैधानिक दायरे में प्रशासनिक कुशलता व प्रभावशालिता तथा प्रशासनिक विशेषज्ञता का प्रदर्शन करते हुए सम्पूर्ण राज्य में शान्ति–व्यवस्था कायम रख सके, वैधानिक मानदण्डों के आलोक में नीतियों–निर्णयों का निर्माण कर सके, आदेशों को लागू करा सके तथा जनहित एवं समाजहित को ध्यान में रखते हुए सुरक्षात्मक एवं कल्याणकारी सेवाओं को जन–जन तक पहुँचाने में कामयाब हो सके। यानी कि, समाज को नियंत्रित करने की वैधानिक प्रशासनिक प्रवृत्ति में परिवर्तन लाकर शासन को समाजोन्मुख जनोन्मुख एवं जनसरोकारगत बनाना, विकसित राजनीतिक व्यवस्थाओं के राजनीतिक आधुनिकीकरण की ख़ास विशेषता है।

राजनीतिक आधुनिकीकरण को प्रभावित करने वाले परिवर्त्य (Influential Variables of Political Modernisation)

विकासशील राजनीतिक व्यवस्थाओं में राजनीतिक आधुनिकीकरण प्रक्रिया को प्रभावित करने वाले अनेकानेक परिवर्त्य हैं जो व्यवस्था की सामाजिक, आर्थिक, सांस्कृतिक, धार्मिक एवं ऐतिहासिक पृष्ठभूमि एवं पर्यावरण से संबद्ध हैं। इन पृष्ठभूमियों से संबद्ध परिवर्त्य विभिन्न व्यवस्थाओं के राजनीतिक आधुनिकीकरण की प्रक्रिया के स्तर, गति, दिशा एवं मात्राओं में पायी जाने वाली विभिन्नताओं के लिए उत्तरदायी होते हैं, साथ ही वहां प्रक्रिया–संचालन में अवरोधक की भूमिका भी निभाते हैं। यहां राजनीतिक आधुनिकीकरण को प्रभावित करने वाले कुछ परिवर्त्यों का उल्लेख किया जा रहा है, जो निम्नांकित हैं—

1. परम्परागत राजनीतिक संरचनाएं, परम्परागत राजनीतिक व सांस्कृतिक मूल्य एवं विश्वास राजनीतिक आधुनिकीकरण को गंभीर रूप से प्रभावित करते हैं। दृष्टान्तस्वरूप, नेपाल की पारम्परिक राजनीतिक संरचनाएं, संस्कृति, मूल्य, विश्वास एवं आस्थाओं की वजह से यह देश भारत की तुलना में राजनीतिक आधुनिकीकरण के मामले में काफी पीछे है। यानी कि, राजनीतिक संस्कृति, मूल्य, विश्वास, निष्ठा, आदि व्यवस्था में राजनीतिक आधुनिकीकरण प्रक्रिया के नियामक एवं संवाहक की भूमिका निभाते हैं।
2. राजनीतिक आधुनिकीकरण प्रक्रिया को प्रभावित करने में ऐतिहासिक कालावधि (Historical Period) का भी बहुत महत्त्व है। उदाहरणस्वरूप, भारतीय संविधान में किये जाने वाले 42वें संशोधन को लिया जा सकता है। जिसके द्वारा संविधान में मौलिक एवं क्रान्तिकारी परिवर्तन किया गया है, लेकिन यह परिवर्तन यदि 1976 के बजाय 1956 में किया गया होता तो शायद भारत के नागरिकों को यह परिवर्तन स्वीकार नहीं होता। इस प्रकार, राजनीतिक व्यवस्थाओं के आधुनिकीकरण की प्रक्रिया के प्रसंग में समय की भूमिका अतिमहत्त्वपूर्ण होती है।
3. राजनीतिक नेतृत्व की प्रकृति एवं उसमें होने वाले अभिविन्यासों की भूमिका राजनीतिक आधुनिकीकरण प्रक्रिया के दिशा निर्देशन की दृष्टि से में सर्वाधिक महत्त्वपूर्ण है। राजनीतिक नेतृत्व का व्यक्तित्त्व, अभिवृत्ति, कार्यशैली, जनउत्तरदायी प्रवृत्ति, जनसमस्याओं के समाधान का कौशल, राजनीतिक दक्षता आदि से प्रासंगिक परिवर्त्य राजनीतिक आधुनिकीकरण के नियोजन एवं निरूपण में महती भूमिका

निभाता है। भारतीय राजनीतिक विरासत के परिप्रेक्ष्य में भूतपूर्व प्रधानमंत्री पंडित नेहरू एवं श्रीमती इन्दिरा गांधी की राजनीतिक शख़्सियत तथा कार्यशैली के मद्देनजर इसे सही ढंग से समझा जा सकता है।

4. राजनीतिक व्यवस्था की प्रकृति से प्रासंगिक परिवर्त्य राजनीतिक आधुनिकीकरण प्रक्रिया के संचालन को प्रभावित करने में उल्लेखनीय भूमिका निभाते हैं। सभी राजनीतिक व्यवस्थाएं अपनी सामाजिक व्यवस्था एवं पर्यावरण के अन्तर्गत ही क्रियाशील रहती हैं, क्योंकि उन्हें सक्रिय रहने के लिए निवेश तत्त्वों की प्राप्ति समाज से ही होती है और रूपान्तरण प्रक्रिया द्वारा ये निर्गत तत्त्वों का क्रियान्वयन भी सामाजिक व्यवस्था के अन्तर्गत ही करती हैं। अतः, सामाजिक व्यवस्था में मौजूद पर्यावरण के अनुरूप ही राजनीतिक व्यवस्था की प्रकृति नियमित एवं निरूपित होती रहती है। यदि व्यवस्था की प्रकृति लोकतांत्रिक है, तभी उसका अपने समाज से निवेश–निर्गत तत्त्वों के आदान–प्रदान का सिलसिला अनवरत खुले रूप में जारी रहता है, लेकिन यदि व्यवस्था की प्रकृति–प्रवृत्ति स्वेच्छाचारी या सर्वाधिकारवादी है तो अपने समाज के साथ उसकी सम्पर्कता एवं संबंधों के आदान–प्रदान के स्वरूपों में काफी अन्तर आ जाता है। इससे दोनों के संबंधों की गतिशीलता प्रभावित होती है और राजनीतिक आधुनिकीकरण प्रक्रिया में तीव्रता की जगह शिथिलता आती है। वस्तुतः, राजनीतिक व्यवस्थाओं की प्रकृति आधुनिकीकरण प्रक्रिया के संचालन में निर्णायक भूमिका निभाती हैं।

उपर्युक्त प्रसंगों से यह स्पष्ट होता है कि विकासशील व्यवस्थाओं में आधुनिकीकरण की प्रक्रिया के नियोजन एवं संचालन में व्यवस्थागत संस्कृति की परम्परागतता, सांस्कृतिक मूल्य, नेतृत्व की प्रवृत्ति एवं समाज तथा राज्य के आपसी संबंधों की नमनशीलता से प्रासंगिक परिवर्त्यों की भूमिका काफी महत्त्वपूर्ण होती है।

विकासशील देशों में राजनीतिक आधुनिकीकरण की समस्याएं
(Problems of Political Modernisation in Developing Countries)

एक अमेरिकी संस्था द्वारा गैर पश्चिमी व्यवस्थाओं (विकासशील) में राजनीतिक आधुनिकीकरण प्रक्रिया से प्रासंगिक कुछ अवरोधक तत्त्वों का वर्णन किया गया हैं, यथा–परिवर्तन की प्रकृति एवं विस्तार के सबंध में अस्पष्टता, भूतकालीन पारम्परिक तत्त्वों द्वारा आधुनिकीकरण का विरोध, राजनीतिक प्रतिरोध, आधुनिकीकरण के लिए पर्याप्त पूँजी का अभाव तथा सामाजिक संघर्ष की स्थिति।

उपर्युक्त अवरोधक तत्त्वों की वजह से विकासशील देशों में राजनीतिक आधुनिकीकरण को कई समस्याओं का सामना करना पड़ा, जो निम्नांकित है :

1. समस्याओं में पहला स्थान व्यवस्थाओं में चलने वाली दो संस्कृतियों का संघर्ष है–एक पारम्परिक और दूसरी आधुनिक। परम्परागत संस्कृति इनकी अपनी है और आधुनिक संस्कृति पश्चिमी देशों से आयातित है। इन दोनों संस्कृतियों के बीच चलने वाले संघर्ष की वजह से कई बार राजनीतिक आधुनिकीकरण दिशाहीनता का शिकार हो जाता है।
2. विकाशील देशों में राजनीतिक आधुनिकीकरण की दूसरी महत्त्वपूर्ण समस्या व्यवस्था में सशक्त राजनीतिक बोध का अभाव है। इस स्थिति की मूल वजह है इन व्यवस्थाओं में उपनिवेशवादी सत्ता की स्थापना और उपनिवेशवाद के पतन के पश्चात् राजनीतिक नेतृत्व द्वारा देश की समुन्नति एवं समृद्धि के लिए सही मार्ग के चयन में दिशाहीनता का परिचय देना। इसकी वजह से इन व्यवस्थाओं में शक्तिशाली प्रभावयुक्त राजनीतिक चेतना की कमी पायी जाती है जो आधुनिकीकरण के मार्ग में गंभीर समस्याएं पैदा करता है। भारत इस स्थिति का अपवाद है क्योंकि यहां राष्ट्रीय स्वाधीनता आन्दोलन का उद्देश्य स्पष्ट रूप से राजनीति से प्रेरित था, इसलिए राजनीतिक नेतृत्व में राजनीतिक चेतना की कोई कमी नहीं थी, जिसके परिणामस्वरूप देश का स्तरोन्यन लोकतांत्रिक मानदण्डों के आधार पर हुआ।

3. विकासशील देशों में राजनीतिक आधुनिकीकरण की तीसरी महत्त्वपूर्ण समस्या विचारधारा के चयन से संबद्ध है। विचाराधारा को स्वीकार करने के पश्चात् सबसे बड़ी समस्या यथोचित रूप में सख्ती से उसके पालन की है, जो कई व्यवस्थागत समस्याओं से जूझती है। विचारधारा विचारों के उस समुच्चय को कहते हैं जिसमें जनसमूह आस्था और विश्वास व्यक्त करता है और उन विचारों पर आधारित देश के कानूनी और राजनीतिक ढाँचे को मान्यता प्रदान करता है। विकासशील देश में राजनीतिक विचारधारा का पूरे अनुशासन से पालन नहीं किया जाता है, क्योंकि सामाजिक, आर्थिक व सांस्कृतिक विविधताएं एवं विषमताएं पूरे अनुशासित रूप में राष्ट्रीय स्तर पर स्वीकृत राजनीतिक विचारधारा की कठोरता से पालन के मार्ग में अनेक बाधाएं उत्पन्न कराता है। इस वजह से इन व्यवस्थाओं में राजनीतिक आधुनिकीकरण प्रक्रिया निर्बाध रूप में संचालित नहीं हो पाती है।
4. विकासशील देशों में राजनीतिक आधुनिकीकरण के निर्विघ्न संचालन के मार्ग में चौथी बड़ी समस्या राष्ट्रीय एकीकरण की है, क्योंकि इनमें से अधिकांश राष्ट्र बहुसांस्कृतिक तथा बहुधार्मिक हैं। यानी कि, इन राष्ट्रों में मुख्य रूप से सामाजिक–राजनीतिक स्तर पर धर्म, जाति, भाषा के क्षेत्र में जातीय विभेदों का बोलबाला है। इन देशों में राजनीतिक अस्थिरता एवं आर्थिक पिछड़ापन का एक मुख्य कारण संजातीय संघर्ष (Ethnic Conflict) या संजातीय तनाव (Tension) है। यहां विभिन्न भाषाओं, धर्मों, जातियों एवं संस्कृतियों से जुड़े लोग बसते हैं और इनमें से किसी समूह को ऐसा लगे कि किसी अन्य समूह की तुलना में उन्हें उचित लाभ या सम्मान नहीं मिल रहा है तो ऐसी स्थिति में वंचित समूहों के मन में लाभान्वित समूहों के प्रति वैमनस्य की भावना घर कर जाती है जो समूहों के बीच विभाजनकारी प्रवृत्तियों (Divisive Tendencies) के जन्म को आधार तत्त्व प्रदान करती है। वहीं संजातीय समूहों के सदस्य आपस में जाति, धर्म या संस्कृति के आधार पर एकता की भावना से वशीभूत होकर आपस में जुड़ जाते हैं। यही संजातीय एकता की भावना व्यवस्था में संजातीय पूर्वाग्रहों को जन्म देती है। आपसी पूर्वाग्रह की वजह से संजातीय समूह एक दूसरे के विरूद्ध रहते हैं, इसलिए हमेशा वातावरण में संजातीय तनाव या संघर्ष की स्थिति बनी होती है जो राजनीतिक प्रक्रियाओं के निर्विघ्न संचालन में बाधा उत्पन्न करती हैं। ये सभी परिस्थितियां राजनीतिक आधुनिकीकरण के रास्ते में गंभीर रुकावटें पैदा करती हैं।
5. विकासशील राष्ट्रों के राजनीतिक आधुनिकीकरण की राह में पाँचवीं महत्त्वपूर्ण समस्या नवउपनिवेशवाद की है जिसके अन्तर्गत विश्व की बड़ी शक्तियों द्वारा विकासशील देशों के शोषण के लिए ऐसे गूढ़ उपायों का इस्तेमाल आरंभ किया गया है कि सभी विकासशील देश स्वाधीन होते हुए भी उनके सामने बेबस हैं। नवउपनिवेशवाद विकसित राष्ट्रों की ऐसी रणनीति (Strategy) है जिसमें उपनिवेशवादी राष्ट्र विदेशी क्षेत्रों में अपना राजनीतिक आधिपत्य कायम नहीं रखते हैं, लेकिन राजनीतिक विकास, एवं आधुनिकीकरण हेतु कभी सहायता के नाम पर तो कभी दबाव बनाकर इन देशों को वित्तीय (Financial), आर्थिक (Economic) एवं प्रौद्योगिक (Technological) रूप से आश्रित बना देते हैं। नवउपनिवेशवाद विदेशी प्रभुत्व (Foreign Dominance) की स्थापना एक नया तरीका है जिसके तहत विकास एवं आधुनिकीकरण के नाम पर तीसरी दुनिया के देशों के विरूद्ध नये रूप में शोषणचक्र चलाया जा रहा है जो इन राष्ट्रों में आधुनिकीकरण के लिए कई तरह की समस्याएं पैदा कर रहा है। नवउपनिवेशवाद की रणनीति के तहत विदेशी सहायता देना, बहुराष्ट्रीय निगमों द्वारा विकास के नाम पर पूंजी निवेश, सांस्कृतिक प्रभुत्व, सैनिक हस्तक्षेप आदि के माध्यम से विकसित राष्ट्र विकासशील राष्ट्रों की राजनीतिक आधुनिकीकरण प्रक्रिया को प्रभावित करते हैं।
6. विकासशील राष्ट्रों के राजनीतिक आधुनिकीकरण के रास्ते में एक अन्य महत्त्वपूर्ण गंभीर समस्या जवाबदेह एवं ईमानदार नौकरशाही की मौजूदगी का अभाव है। नौकरशाहों की अनुदारवादी शासन प्रवृत्ति सामान्य जनजीवन में असंतोष पैदा करता है, जो अधिक उग्र होने पर क्रान्ति का रूप भी ले सकता है। नोकरशाहों की व्यवस्थागत राजनीति के प्रति संलग्नता, प्रशासनिक सेवाओं में लालफीताशाही,

दफ्तरशाहों में शासन करने की अहंवृत्ति, राजनीतिक अभिजनों के प्रति प्रतिबद्धता, जनसाधारण की मांगों की उपेक्षा, भ्रष्टाचार में गहन लिप्तता आदि स्थितियां इन व्यवस्थाओं में राजनीतिक आधुनिकीकरण के लिए कई गंभीर समस्याएं उत्पन्न कराता है। वैसे भी, राजनीतिक व्यवस्था के बहुआयामी–बहुदिशायी राजनीतिक आधुनिकीकरण एवं विकास कार्य के नियोजन, कार्यान्वयन और संचालन आदि में अधिकारीतंत्र आधार–आधेय की भूमिका निभाता है। ऐसे में विकासशील व्यवस्थाओं में नौकरशाहों में यदि ईमानदारी, कार्यकुशलता, दक्षता एवं जनकल्याण की भावना में कमी, गरीबों के प्रति संवेदनहीनता, आधुनिकीकरण एवं विकास कार्यों के लक्ष्य की प्राप्ति के प्रति प्रतिबद्धता में कमी, संजातीय मुद्दों के प्रति तटस्थता या शासन में पारदर्शिता की भावना में कमी हो तो राजनीतिक आधुनिकीकरण प्रक्रिया अपने निर्धारित लक्ष्य को यथोचित रूप से प्राप्त नहीं कर पाती है और यह स्थिति देश के विकास के लिए सही नहीं है।

7. विकासशील राष्ट्रों में राजनीतिक आधुनिकीकरण प्रक्रिया को मिलने वाली चुनौतियों में अहम् स्थान राजनीति में सेना का हस्तक्षेप भी है। उपनिवेशवादी शासन (Colonial Rule) की समाप्ति के बाद अधिकांश नवोदित राष्ट्रों में पश्चिमी उदारवादी संविधानों को अपनाया गया, लेकिन संविधान के प्रकट रूप और इन देशों की व्यावहारिक राजनीति में अन्तर स्पष्ट दिखाई देता है। इसी परिप्रेक्ष्य में 1972 में कार्ल लोएंस्टाइन ने विकासशील व्यवस्थाओं की संवैधानिक स्थिति के निरूपण हेतु मानक संविधान (Normative Constitution) और सांकेतिक संविधान (Nominal Constitution) में अंतर प्रस्तुत किया। इनकी दृष्टि में मानक संविधान वह है जिसे उन्नत राष्ट्रों ने विधिवत् स्वीकार किया है और यह न सिर्फ वैधानिक दृष्टि से औचित्यपूर्ण है, बल्कि व्यावहारिक दृष्टि से भी पूरी तरह सार्थक है। वहीं दूसरी ओर सांकेतिक संविधान सिर्फ संवैधानिक उद्देश्य का घोषणा मात्र होता है जिसे परिस्थितिगत विसंगतियों–विषमताओं की वजह से यथार्थ की जमीन पर सार्थक करना संभव नहीं हो पाता है। इतिहास गवाह है कि विकासशील देशों में जब–जब संवैधानिकतंत्र विफल होता है वहां किसी न किसी रूप में अधिनायकतंत्र स्थापित हो जाता है, चाहे वह बांग्लादेश या पाकिस्तान में लम्बे समय तक रहने वाला सैनिक अधिनायकतंत्र (Military Dictatorship) हो या ईरान में चलने वाला धर्मतंत्रीय अधिनायकतंत्र (Theocratic Dictatorship) हो, दोनों ही स्थितियों में राजनीतिक आधुनिकीकरण की प्रक्रिया गंभीर रूप से प्रभावित होती है।

विकासशील राजनीतिक व्यवस्थाओं में व्यवस्थागत राजनीति की यह विडंबना रही है कि यहां समाज के निचले स्तरों पर सशक्त नेतृत्व का उदय बहुत कम होता है, इसलिए समाज में मौजूद विभिन्न समूहों का विशिष्ट वर्ग अपनी राजनीतिक महत्त्वाकांक्षा की पूर्ति के लिए निम्न वर्गों के समर्थन का भरपूर इस्तेमाल करते हैं। इस संदर्भ में वे अपनी भाषा, धर्म, जाति, क्षेत्र, संस्कृति आदि की विभिन्नता का पूरा लाभ उठाते हैं। वे महत्त्वपूर्ण राजनीतिक पदों या अन्य संसाधनों, सुख–सुविधाओं, अवसरों, लाभों को प्राप्त करने के लिए बड़े स्तर पर आपस में सौदेबाजी करते हैं। बहुमूल्य सामाजिक–संवैधानिक संसाधनों, राजनीतिक प्रभावों आदि का प्रयोग निहित स्वार्थ–सिद्धि के लिए करते हैं। सामान्यतः इन देशों में पूंजीपतियों, उद्योगपतियों और जमींदारों का गठबंधन समस्त राजनीतिक–आर्थिक शक्तियों को अपने नियंत्रण में रखता है और यदि जनसाधारण जागरूक होकर अपने हक की लड़ाई लड़कर, प्रभुत्वशाली वर्ग के रास्ते में रुकावट डालता है तो इसका नतीजा बलात् राज्य परिवर्तन (Coup d'etal) के रूप में सामने आता है। इन राज्यों में राजनीतिक अस्थिरता, उग्रवाद, आतंकवाद या विविध समूहों के बीच चलते रहने वाले संघर्ष पर नियंत्रण पाने के नाम पर या राज्य में कानून व्यवस्था बहाल रखने के नाम पर राजनीतिक एवं प्रशासनिक स्तर पर सेना का हस्तक्षेप या 'बलात् राज्य परिवर्तन' द्वारा सैनिक अधिनायकतंत्र की स्थापना एक सामान्य प्रक्रिया दिखाई देती है। प्रशासन एवं राजनीति में सेना का महत्त्व इन व्यवस्थाओं में राजनीतिक आधुनिकीकरण प्रक्रिया के यथोचित रूप में संचालन के मार्ग में बड़ी रुकावट उत्पन्न कराता है जिससे उनकी विकास प्रक्रिया गंभीर रूप से प्रभावित होती है। राजनीतिक सहभागिता लोकतंत्र की आवश्यक शर्त है लेकिन सेना के राजनीतिक महत्त्व की वजह से इन देशों में राजनीतिक सहभागिता का पूर्णरूपेण लोकतांत्रिक स्वरूप आकार नहीं ले पाता है।

निस्संदेह, विकासशील व्यवस्थाएं आर्थिक दृष्टि से काफी पिछड़ी हुई हैं। यहां गरीबी, भूख, बीमारी, कुपोषण, अशिक्षा, बेरोजगारी, जनसंख्या विस्फोट, इत्यादि से संबद्ध समस्याएं बहुत विकट होती हैं, जो राजनीतिक आधुनिकीकरण प्रक्रिया के निर्बाध संचालन में गंभीर समस्याएं उत्पन्न करती हैं। विकासशील राष्ट्र औद्योगिक दृष्टि से भी काफी पिछड़े होते हैं, इसलिए वे अपनी सामाजिक–आर्थिक समस्याओं के समाधान में उलझे होते हैं, जिसकी वजह से वहां राजनीतिक आधुनिकीकरण प्रक्रिया पर एकाग्रता की स्थिति नहीं बन पाती है।

राजनीतिक आधुनिकीकरण के अभिकरण (Agencies of Political Modernisation)

राजनीतिक आधुनिकीकरण निरन्तर चलने वाली एक ऐसी प्रक्रिया है जिसका परिणाम व्यवस्था की समुन्नति एवं समृद्धि है। यह एक उलझनदार परिवर्तनशील, गतिशील प्रक्रिया है जिसके संचालन में व्यवस्था के कई अभिकरण आधार–माध्यम की भूमिका निभाते हैं। यह एक बहुआयामी प्रक्रिया है। राजनीतिक–सामाजिक लामबन्दी एवं आर्थिक विकास दोनों इसके निर्माणक तत्त्व हैं। इस प्रक्रिया के संचालन के मुख्य माध्यम के रूप में कुछ महत्त्वपूर्ण अभिकरणों की भूमिकाओं का विश्लेषण निम्नांकित है :

1. **सरकार की भूमिका (Role of the Government)**–प्रत्येक राजनीतिक व्यवस्था में राजनीतिक आधुनिकीकरण की समस्त गतिविधियां सरकार के तत्त्वावधान में ही नियोजित एवं कार्यान्वित होती हैं। इस प्रक्रिया के मद्देनजर इस क्रिया में नियोजन की पहल से लेकर उसे अंजाम तक पहुँचाने में सर्वाधिक महत्त्वपूर्ण भूमिका सरकार की होती है। व्यवस्था का स्वरूप चाहे उदारवादी हो या साम्यवादी, व्यवस्था विकसित हो या विकासशील सभी परिस्थितियों में सरकार निर्णायक की भूमिका में होती है। सरकार किसी भी व्यवस्था की उत्तरदायी अग्रेसर है जो सामान्य रूप से या विशेष परिस्थितियों में बाह्यकारी शक्तियों का प्रयोग करके व्यवस्था की नीतियों में आधारभूत परिवर्तन लाने की क्षमता रखता है तथा आधुनिकीकरण के प्रसंग में विशेष नीतियों–निर्णयों का निर्माण करके अपने कार्यकौशल के बल पर व्यवस्था को समुन्नति के मार्ग पर तेजी से आगे बढ़ा सकता है। विकसित देशों की अपेक्षा विकासशील देशों में राजनीतिक आधुनिकीकरण प्रक्रिया को गति प्रदान करने में सरकार की भूमिका ज्यादा महत्त्वपूर्ण होती है। अपनी शासन शैली को जनकल्याणकारी स्वरूप प्रदान करने के लिए एवं व्यवस्था के बहुआयामी विकास के लिए सरकार द्वारा राजनीतिक आधुनिकीकरण क्रिया को प्रश्रय दिया जाता है, नेतृत्व प्रदान किया जाता है तथा लक्ष्य–प्राप्ति के परिणाम तक पहुंचाया जाता है।
2. **अभिजनों की भूमिका (Role of Elites)**–राजनीतिक व्यवस्था की संरचनात्मक–प्रकार्यात्मक प्रक्रियाओं के निर्धारण में राजनीतिक अभिजनों की भूमिका अग्रणी होती है। विकसित एवं विकासशील, उदारवादी एवं साम्यवादी दोनों ही व्यवस्थाओं में राजनीतिक अभिजन व्यवस्था को आधुनिकीकृत बनाने में अग्रेसर की भूमिका निभाते हैं। राजनीतिक अभिजन वर्ग का संबंध व्यवस्था के उस समूह से है जो व्यवस्था–संचालन एवं निर्णयकारिता में प्रत्यक्ष या अप्रत्यक्ष रूप से उल्लेखनीय भूमिका अदा करते हैं। इस दृष्टि से प्रत्येक व्यवस्था को आधुनिकीकृत बनाने में अभिजनों की भूमिका विशिष्ट और प्रासंगिक है। इस प्रसंग में ध्यान देने योग्य तथ्य यह है कि व्यवस्था में अभिजनों की भूमिका नकारात्मक एवं सकारात्मक दोनों हो सकती है। अभिजनों की नकारात्मक भूमिका राजनीतिक आधुनिकीकरण प्रक्रिया को पतन की ओर ले जाती है और व्यवस्था अवनति की ओर अग्रसर होती है, वहीं सकारात्मक भूमिका राजनीतिक आधुनिकीकरण प्रक्रिया को तेज गति प्रदान करता है और व्यवस्था के लिए समुन्नति का मार्ग प्रशस्त कराता है।
3. **बुद्धिजीवियों की भूमिका (Role of Intellectuals)**–शिल्स ने 20वीं शताब्दी के एशिया एवं अफ्रीका के नवोदित राष्ट्रों के संदर्भ में बुद्धिजीवियों की भूमिका के विश्लेषण पर विशेष बल दिया है। विकसित तथा

विकासशील दोनों व्यवस्थाओं को सकारात्मक दिशा प्रदान करने में इस वर्ग की भूमिका अहम रही है। शिल्स का ऐसा मानना है कि पश्चिमी देशों को उन्नतावस्था में पहुंचाने में एवं राष्ट्र–निर्माण में बुद्धिजीवियों का योगदान महत्त्वपूर्ण है। एशिया एवं अफ्रीका के देशों में राष्ट्रीय चेतना जगाने तथा राष्ट्रवाद के विकास के लिए बुद्धिजीवी ही मुख्य रूप से जवाबदेह हैं। पूर्वी देशों की राजनीति में बुद्धिजीवियों के राजनीतिक दृष्टिकोण पर सामाजिक स्रोतों का काफी प्रभाव पड़ा है। इनके राजनीतिक दृष्टिकोण में मौजूद तीव्र राष्ट्रवाद की भावना समाजवाद में विश्वास तथा व्यवस्था में तीव्र राजनीतिक एवं राजनीतिक आधुनिकीकरण में गहरी अभिरुचि जैसे विशेष लक्षणों को स्पष्ट रूप में देखा जा सकता है। एशिया–अफ्रीका के नवोदित राष्ट्रों में राजनीतिकरण को गति प्रदान करने एवं आधुनिकीकरण को नेतृत्व प्रदान करने का श्रेय बुद्धिजीवियों को है।

4. **विचारधाराओं की भूमिका (Role of Ideology)**–राजनीतिक व्यवस्था में राजनीतिक आधुनिकीकरण प्रक्रिया को लक्ष्य तक पहुंचाने एवं गति प्रदान करने में विचारधारा की भूमिका भी काफी अहम् है। राजनीतिक व्यवस्था में परिवर्तन की प्रक्रिया को दिशा प्रदान करने में, राजनीतिक जागरूकता लाने में, व्यवस्था के सदस्यों को राजनीतिक मूल्यों से परिचित कराने में, विषय की महत्ता से संबंधित प्राथमिकताओं के निर्धारण में या महत्त्वपूर्ण राजनीतिक–सामाजिक मुद्दों पर ठोस जनमत का निर्माण कराने जैसे प्रसंगों के मद्देनजर राजनीतिक विचारधारा की प्रेरक भूमिका से आज सभी देशों के लोग परिचित हैं। लोकतांत्रिक एवं सर्वाधिकारवादी दोनों व्यवस्थाओं में राजनीतिक दलों की विचारधारा की भूमिका का महत्त्व सर्वविदित है। सर्वाधिकारवादी व्यवस्थाओं में साम्यवादी दल ही राजनीतिक आधुनिकीकरण का प्रेरक एवं आधारक होता है। उदारवादी व्यवस्था में भी विचारधारा राजनीतिक आधुनिकीकरण का शक्तिशाली माध्यम होता है। यहां विचारधारा के आधार पर राजनीतिक आधुनिकीकरण को दिशा प्रदान करने एवं जनसाधारण की अभिवृत्तियों में परिस्थिति के अनुरूप अभिविन्यास कराते रहने में, यहां तक कि व्यवस्था का कायान्तरण कराने में काफी आसानी होती है। उदारवादी व्यवस्थान्तर्गत सत्ता परिवर्तन में विचारधारा की भूमिका काफी अहम् होती है। इस प्रकार, राजनीतिक आधुनिकीकरण प्रक्रिया के संदर्भ में विचारधारा की भूमिका काफी प्रासंगिक है।

5. **अन्य अभिकरण (Other Agencies)**–उपर्युक्त अभिकरणों के अतिरिक्त भी कुछ अन्य महत्त्वपूर्ण उपकरण भी हैं, जो राजनीतिक आधुनिकीकरण प्रक्रिया के संचालन में अहम् भूमिका अदा करते हैं। इनमें राजनीतिक दल, दबाव समूह, समूह, शिक्षण संस्थान, जनसंपर्क के साधन प्रमुख उपकरण के रूप में राजनीतिक व्यवस्थाओं में राजनीतिक आधुनिकीकरण के आदि माध्यम की भूमिका निभाते हैं। राजनीतिक दल राजनीतिक आधुनिकीकरण का महत्त्वपूर्ण माध्यम है। सर्वाधिकारवादी व्यवस्थाओं में राजनीतिक दल का महत्त्व और भी ज्यादा होता है। भूतपूर्व सोवियत रूस एवं चीन जैसे साम्यवादी राष्ट्रों में साम्यवादी दल द्वारा व्यवस्था के विकास में उल्लेखनीय भूमिका निभायी गयी है। साम्यवादी व्यवस्थाओं में राजनीतिक दल ही शासन का सर्वेसर्वा और समस्त सत्ता का केन्द्र होता है, इसलिए व्यवस्था–निर्माण एवं संचालन की समस्त जवाबदेही दल की होती है। उदारवादी लोकतांत्रिक व्यवस्थाओं में भी राजनीतिक दलों, दबाव समूहों, हित समूहों की भूमिका व्यवस्था के आधुनिकीकरण एवं विकास में सर्वाधिक प्रासंगिक होती है।

संक्षेप में, यह कहा जा सकता है कि किसी भी राजनीतिक व्यवस्था की उन्नति एवं समृद्धि के लिए राजनीतिक आधुनिकीकरण प्रक्रिया को आधार माध्यम की संज्ञा दी जा सकती है। राजनीतिक व्यवस्थाओं में मौजूद कई अभिकरण इस महती प्रक्रिया के संचालन में आधार–आधेय की भूमिका अदा करते हैं। यह एक पेचीदी प्रक्रिया है जिसके निबाध संचालन में एवं उसे अंजाम तक पहुंचाने में व्यवस्थागत अनेकानेक तत्त्वों एवं अभिकरणों का उल्लेखनीय योगदान रहता है।

राजनीतिक आधुनिकीकरण के प्रतिमान (Patterns of Political Modernisation)

राजनीतिक आधुनिकीकरण के प्रतिमान का तात्पर्य इस विषय के अध्ययन के लिए मान्यता प्राप्त मॉडलों से संबद्ध है। राजनीतिक आधुनिकीकरण के प्रतिमान से संबद्ध दो बातें प्रासंगिक हैं : (1) राजनीतिक आधुनिकीकरण का कोई सर्वमान्य प्रतिमान नहीं है, और (2) राजनीतिक आधुनिकीकरण का कोई अनुक्रमिक (Consecutive) प्रतिमान नहीं है।

प्रथम–राजनीतिक आधुनिकीकरण एक पेचीदी प्रक्रिया है जिसके अध्ययन के लिए एक सुनिश्चित प्रतिमान का बन पाना अभी तक संभव नहीं हो पाया है। राजनीतिक आधुनिकीकरण की विशेषताओं के प्रसंग का यहां उल्लेख करते हुए इस तथ्य पर ध्यान देना आवश्यक है कि यह एक व्यापक प्रक्रिया है। लोककल्याणकारी राज्य के उदय एवं जनकल्याण का उद्देश्य तथा लक्ष्यों की वजह से इस अवधारणा का स्वरूप और भी ज्यादा विस्तृत एवं जनकल्याणकारी हो गया है। व्यवस्था में इस प्रक्रिया को प्रभावित करने वाले तत्त्वों व परिवर्त्यों को सूचीबद्ध करना भी एक कठिन प्रयास है, क्योंकि ये तत्त्व सिर्फ राजनीतिक व्यवस्था तक सीमित नहीं होते हैं, अपितु सामाजिक, आर्थिक, धार्मिक, सांस्कृतिक पक्षों से भी इसका गहरा संबंध होता है। राजनीतिक आधुनिकीकरण के मुख्य लक्षणों में सत्ता की विवेकसंगतता, राजनीतिक संरचनाओं का विभेदीकरण एवं राजनीतिक सहभागिता में से कोई भी पहले या बाद में ज्यादा दमदार ढंग से व्यवस्था में अपनी मजबूत स्थिति दर्ज करा सकता है। व्यवस्था की परिस्थिति और पर्यावरण की मांग के अनुरूप इनका महत्त्व घटता–बढ़ता रहता है। जब राजनीतिक आधुनिकीकरण के परिवर्त्यों व विशेषताओं के महत्त्व में उतार–चढ़ाव (Fluctuation) आना एक स्वाभाविक प्रक्रिया है। इस स्थिति में इसके अध्ययन के लिए एक सुनिश्चित एवं सुस्पष्ट प्रतिमान का निर्धारण करना अत्यन्त कठिन कार्य है। इसीलिए राजनीतिक आधुनिकीकरण के तर्कसंगत अध्ययन के लिए अभी तक कोई सर्वव्यापी प्रतिमान का अस्तित्व आकार नहीं ले पाया है।

द्वितीय–राजनीतिक आधुनिकीकरण के सर्वव्यापी प्रतिमान के अभाव की भांति ही इस विषय के अध्ययन–विश्लेषण हेतु कोई आनुक्रमिक प्रतिमान का विकास भी अभी तक नहीं हो पाया है। इसकी मूल वजह किसी भी व्यवस्था में मौजूद उन परिवर्त्यों की अनेकता है जो राजनीतिक आधुनिकीकरण प्रक्रिया को नियोजित, प्रभावित एवं नियमित करती हैं। अनेकानेक परिवर्त्यों की मौजूदगी की वजह से पश्चिमी विकसित व्यवस्थाओं में भी राजनीतिक आधुनिकीकरण का कोई आधुनिक प्रतिमान विकसित नहीं हो पाया है। विकासशील राष्ट्रों में व्यवस्थागत विविधताओं की वजह से जो अस्थिरता का माहौल रहता है उसमें राजनीतिक आधुनिकीकरण के आनुक्रमिक प्रतिमान की कल्पना ही बेमानी है।

शिल्स का वर्गीकरण (Shils's Classification)

राजनीतिक आधुनिकीकरण प्रक्रिया की जटिलता एवं गतिशीलता की वजह से इसके लिए कोई सुनिश्चित, सुस्पष्ट तथा सर्वव्यापी प्रतिमान का विकास तो संभव नहीं हो पाया है। लेकिन, सामाजिक व्यवस्थाओं के वर्गीकरण की कसौटी के आधार पर राजनीतिक व्यवस्थाओं में चलने वाले राजनीतिक आधुनिकीकरण का प्रारूपात्मक उदाहरण प्रस्तुत करने का प्रयास एडवर्ड ए. शिल्स (Edward A. Shils) द्वारा किया गया है। इस दिशा में शिल्स द्वारा राजनीतिक व्यवस्थाओं को दो भागों में बांटा गया है–लोकतंत्र (Democracy) एवं वर्गतंत्र (Oligarchy) तथा आगे इनके द्वारा लोकतंत्र के अन्तर्गत राजनीतिक (Political) एवं संरक्षक (Tutelary) और वर्गतंत्र के अन्तर्गत आधुनिकतावादी (Modernistic), सर्वाधिकारवादी (Totalitarian) एवं परम्परागत (Traditional) कोटियों का उल्लेख किया है। शिल्स ने अपनी कृति 'Political Development in New States, 1962' में राजनीतिक व्यवस्थाओं का वर्गीकरण प्रस्तुत करते हुए यह कहा है कि राजनीतिक व्यवस्थाओं के स्तरोन्नयन की दृष्टि से इन व्यवस्थाओं को राजनीतिक आधुनिकीकरण की कसौटी पर परखा जा सकता है। शिल्स द्वारा उल्लिखित इन प्रतिमानों के विशिष्ट लक्षणों की चर्चा निम्नांकित है :

राजनीतिक लोकतंत्र (Political Democracy)

यह राजनीतिक व्यवस्था में राजनीतिक आधुनिकीकरण के श्रेष्ठतम रूप का प्रतिनिधित्व करता है। अमेरिका एवं ब्रिटेन की राजनीतिक व्यवस्था इस प्रतिमान का सर्वोत्तम उदाहरण है। शिल्स ने इसे 'प्रतिनिधिक संस्थाओं और स्वतंत्रताओं के माध्यम से संचालित होने वाला 'नागरिक शासन' कहा है। इस प्रतिमान की मुख्य विशेषताएं निम्नलिखित हैं :

1. राजनीतिक व्यवस्था के केन्द्रबिन्दु के रूप में यहां एक विधिसम्मत् व्यवस्थापिका होती है जिसका गठन लोकतांत्रिक मूल्यों के आधार पर वयस्क मताधिकार के माध्यम से होता है। यह जनप्रतिनिधिक सदन (Peoples Representative House) होता है। सार्वभौमिक मताधिकार के प्रयोग द्वारा नियतकालिक निर्वाचन प्रक्रिया के माध्यम से विधिपरक विधायी निकाय (संसद्) के ऊपर समस्त विधायन प्रक्रिया की जवाबदेही होती है। यह विधि विषयक निकाय मंत्रियों की कार्यशैली एवं राजनीतिक–प्रशासनिक व्यवहार की समालोचना करके, सरकारी कार्यों की समीक्षा करके, बजट के प्रस्तावों में कटौती करके एवं अन्य कई विधिक माध्यमों से सरकार की गतिविधियों पर नियंत्रण रखता है।
2. इन व्यवस्थाओं में राजनीतिक दलों का अस्तित्व महत्त्वपूर्ण होता है। ये राजनीतिक व्यवस्था के अभिन्न अंग होते हैं। चुनाव में विजयी होकर बहुमत प्राप्त करने वाले दल सरकार का गठन करते हैं, नीतियों–निर्णयों का निर्माण एवं कार्यान्वयन करके जनप्रतिबद्धताओं को पूरा करते हैं और समाज के प्रति अपने उत्तरदायित्व का निर्वहन करते हैं साथ ही सत्ता–संचालन में दमदार विपक्ष की भूमिका भी निभाते हैं।
3. देश के मूलभूत कानूनों के दायरे में निर्धारित शर्तों के अनुसार औचित्यपूर्ण सत्ता अपनी वैधता का उपयोग सुनिश्चित अवधि के लिए करती है।
4. सत्ता के दुरूपयोग को रोकने एवं उस पर प्रभावी नियंत्रण रखने के लिए देश में असहमति तथा विरोध की अभिव्यक्ति की पूरी आजादी की व्यवस्था जनसाधारण को मुहैया करायी जाती है।
5. स्वतंत्र और निष्पक्ष न्यायपालिका का अस्तित्व मौजूद होता है।
6. इस व्यवस्था में नागरिक आत्मसंयमी होते हैं। सरकार को जनउत्तरदायी बनाने के लिए एवं इसकी कार्यशैली में परिवर्तन लाने या सत्ता रूपान्तरण के लिए जनता केवल संवैधानिक उपायों का इस्तेमाल करती हैं।
7. जनसाधारण की अभिवृत्तियों व अभिविन्यासों में सरकार के प्रति विश्वास की भावना पायी जाने की अपेक्षा की जाती है।
8. नागरिकों के द्वारा निर्वाचित शासक अभिजनों के निर्णयों को अमली जामा पहनाने तथा नीति–निर्माण एवं निर्णय–प्रक्रिया जैसी राजनीतिक प्रक्रियाओं के नियोजन एवं कार्यान्वयन में मदद के लिए सुसंगठित और प्रशिक्षित अधिकारीतंत्र की व्यवस्था की स्थापना की जाती है।
9. देश में कानून व्यवस्था बनाये रखने के लिए एवं सुरक्षा बहाल रखने के लिए पर्याप्त पुलिस बल और सशस्त्र सेनाओं की व्यवस्था की जाती है।
10. जनसाधारण में लोकतांत्रिक मूल्यों, मानकों, विश्वासों एवं निष्ठाओं के प्रति प्रतिबद्धता पायी जाती है।

संरक्षक लोकतंत्र (Tutelary Democracy)

शिल्स द्वारा वर्णित राजनीतिक आधुनिकीकरण आधारित लोकतांत्रिक राजनीतिक व्यवस्थाओं का यह दूसरा सर्वोत्कृष्ट रूप है। यह प्रतिमान उस राजनीतिक व्यवस्था की ओर संकेत करता है जो राजनीतिक लोकतंत्र स्थापित व्यवस्थाओं के अनुकरण का प्रयास करता है तथा लोकतांत्रिक मूल्यों एवं मानकों को अपनाने एवं उसका

अनुकरण करने के लिए अपनी प्रतिबद्धता जाहिर करता है। डेविस एवं लेविस (Davies and Lewis) का इस प्रसंग में कहना है कि "यह प्रतिमान प्रतिबद्ध लोकतांत्रिकों की ऐसी स्थितियों के प्रति सुपुर्द एक व्यवहारमूलक अनुक्रिया का परिणाम है जो प्रभावी रूप से लोकतांत्रिक संस्थाओं का परिचालन करने के लिए सक्षम नहीं है।" शिल्स के अनुसार इस लोकतंत्र के विशेष लक्षण निम्नलिखित हैं :

1. शक्तियाँ कार्यपालिका में केन्द्रीभूत होती हैं और विधायिका की अपेक्षा कार्यपालिका की स्थिति मजबूत होती है। किसी महत्त्वपूर्ण राजनीतिक शख्सियत या शक्तिशाली समूहों से संबद्ध लोगों द्वारा प्राधिकार (Authority) को केन्द्र के दायरे में बनाये रखा जाता है जो अपने प्राधिकरण (Authorization) का प्रयोग करके दल एवं सरकार दोनों को नियंत्रित करते है।
2. विधायिका की भूमिका अपेक्षाकृत सीमित होती है जो वस्तुतः कार्यपालिका के पर्यवेक्षण, नियंत्रण एवं निर्देशन में कार्य करती है।
3. विपक्ष द्वारा विरोध जताने के माध्यमों की व्यवस्था होने के बावजूद राजनीतिक संचार के समस्त साधनों पर कार्यपालिका का नियंत्रण कायम होता है।
4. एक कार्यकुशल और जिम्मेवार आधिकारीतंत्र की व्यवस्था की जाती है जो सरकार द्वारा प्रायोजित–नियोजित नीतियों के संबंध में सरकार को निष्पक्ष परामर्श देने या औपचारिक आलोचना करने में सक्षम होता है।
5. कानून के समक्ष (समानता) यानी कि विधि का शासन (Rule of Law) को संस्थापित किया जाता है और नागरिक स्वतंत्रता की रक्षा के लिए वैधानिक एवं व्यावहारिक स्तर पर हर संभव उपाय किया जाता है।

राजनीतिक लोकतंत्र और संरक्षक लोकतंत्र में अन्तर की दृष्टि से प्रासंगिक आधारभूत तथ्य यह है कि तात्विक स्तर पर संरक्षक लोकतंत्र में राजनीतिक संरचनाएं व्यावहारिक स्तर पर राजनीतिक लोकतंत्र की भांति सक्रिय नहीं होती है। इन व्यवस्थाओं में राजनीतिक लोकतंत्र के सिद्धान्तों, व्यवहारों, प्रक्रियाओं के प्रति निष्ठा तो पायी जाती है, लेकिन इसकी संस्थापना के लिए आवश्यक परिस्थितियों के अभाव में राजनीतिक लोकतंत्र का प्रतिष्ठापन संभव नहीं हो पाता है। व्यवहार में लोकतांत्रिक परिस्थितियों के प्रतिष्ठापन के अभाव में राजनीतिक सत्ता यानी कि शासक अभिजन लोकतंत्र के संरक्षक या अभिभावक बन जाते हैं। अभिभावक लोकतंत्र में भी देश के राजनीतिक नेतृत्व में लोकतांत्रिक मूल्यों के प्रति दृढ़ आस्था होती है, लेकिन सफलता के लिए पर्याप्त परिस्थितियों के गैरमौजूदगी में राजनीतिक लोकतंत्र के संरचनात्मक स्वरूप के मौजूद होने के बावजूद व्यवहार में सम्पूर्ण शक्तियां लोकतंत्र के संरक्षक नेताओं के हाथों में केन्द्रित होती है।

आधुनिकतावादी वर्गतंत्र (Modernistic Oligarchy)

राजनीतिक व्यवस्था के इस प्रतिमान के अनुरूप यह आधुनिकीकरण की उस स्थिति की ओर संकेत करता है जो राजनीतिक लोकतंत्र की अपेक्षाकृत कम लोकतांत्रिक है, लेकिन परम्परागत वर्गतंत्र से कहीं अधिक है। इन राजनीतिक व्यवस्थाओं में सत्ता की बागडोर या तो ऐसे असैनिक शासकों के हाथों में हो सकती है जो देश की सशस्त्र सेनाओं पर अपना पूर्ण नियंत्रण स्थापित करके इस स्थिति में होते हैं कि व्यवस्था में किसी प्रकार के अंतःपरिवर्तन को रोक सकें या फिर देश की बागडोर ऐसे उच्च सैनिक अधिकारियों के हाथों में होती है जिनके प्राधिकार के दायरे में सारी शक्तियां केन्द्रित होती हैं। लेकिन, साथ ही ऐसे सत्ताधारियों की यह इच्छा भी होती है कि असैनिक लोगों का सहयोग उन्हें मिलता रहे ताकि उनके सत्तावादी शासन (Authoritarian Rule) को औचित्यता (Legitimacy) का नाम प्राप्त हो सके। इन व्यवस्थाओं में राजनीतिक आधुनिकीकरण से ज्यादा महत्त्व आर्थिक–सामाजिक आधुनिकीकरण को दिया जाता है। शिल्स के अनुसार इस वर्गतंत्र के विशेष लक्षण निम्नलिखित है :

1. संसद् का अधिकार एवं कार्य सिर्फ शासक अभिजनों द्वारा निर्मित नीतियों–निर्णयों का अनुसमर्थन (Ratify) करना है। यहां संसद् को हर प्रकार के विधायी प्राधिकरण (Authorization) से वंचित रखा जाता है।
2. विपक्ष का कोई अस्तित्व नहीं होता है। स्वतंत्र और निष्पक्ष निर्वाचन की व्यवस्था नहीं होती है। राजनीतिक दलों पर प्रतिबन्ध होता है और जनसंचार के माध्यमों पर सरकारी नियंत्रण होता है।
3. नौकरशाही को व्यापक शक्तियां प्राप्त होती हैं और उनके ऊपर राजनीतिक सत्ता के अतिरिक्त किन्हीं अन्य माध्यमों का कोई नियंत्रण नहीं होता है, साथ ही शासक अभिजन इनसे पूरे समर्थन की अपेक्षा भी करते हैं।
4. विधि के शासन से परिचय कराने वाली स्वतंत्र और निष्पक्ष न्यायपालिका का अभाव होता है।

सर्वाधिकारवादी वर्गतंत्र (Totalitarian Oligarchy)

राजनीतिक व्यवस्था के इस प्रतिमान का तात्पर्य दक्षिणपंथी सर्वशक्तिमान् शासन व्यवस्था से है, मसलन–इटली का फासीवाद, जर्मनी का नाजीवाद या भूतपूर्व सोवियत रूस और चीन जैसे सर्वसत्तावादी एकदलवादी सर्वसत्तात्मक राज्य से है। इन दोनों शासन व्यवस्थाओं में समान रूप से एक ही विशेषता मौजूद है, वह है दोनों राज्यों की एक विशेष विचारधारा के प्रति प्रतिबद्धता। इस व्यवस्था के विशेष लक्षण निम्नलिखित हैं :

1. वर्ग, जाति या किसी अन्य विशेषता के आधार पर व्यवस्था के किसी एक समूह के हाथों में सत्ता का पूर्णरूप से केंन्द्रीयकरण।
2. एक अत्यधिक अनुशासनबद्ध एवं सुसंगठित अभिजन वर्ग का मजबूत अस्तित्व मौजूद होता है जो एक निश्चित विचारधारा के आधार पर एक–दूसरे से संबद्ध रहते हैं।
3. इस व्यवस्था में स्वतंत्र और निष्पक्ष न्यायपालिका, विधि का शासन और विधिसम्मत् आधार पर संगठित विपक्ष की मौजूदगी का राजनीतिक परिदृश्य अस्तित्व नहीं रखता है।
4. द्विसदनात्मक व्यवस्थापिका, सार्वभौम वयस्क मताधिकार एवं लोकतांत्रिक शासन के अन्य उपकरणों का प्रयोग सिर्फ दिखावटी प्रचार–प्रसार के उद्देश्य से किया जाता है।
5. शासकीय विचारधारा का समर्थन करने एवं उसे न्यायोचित करार देने के लिए व्यवस्था में ऐसे बुद्धिजीवी वर्ग के निर्माण का प्रयास किया जाता है जो व्यवस्था में सतही तौर पर सर्वसम्मति (Consensus) का वातावरण उत्पन्न कराने में सहायक की भूमिका अदा कर सके।

परम्परागत वर्गतंत्र (Traditional Oligarchy)

इस व्यवस्था के संबंध में शिल्स का अभिमत है कि ''यह व्यवस्था परम्परागत धार्मिक विश्वासों से संबद्ध, शक्तिशाली वंशानुगत संविधानों पर आधारित होती है। यहां शासक का चयन केवल रक्त संबंधों के आधार होता है अथवा संचरण–प्रक्रिया (Circulation Process) रक्त संबंध या संबंध के आधार पर क्षम्य भागीदारी (Excusable Participation) वाले व्यक्तियों के चयन के संयोग से संबद्ध होता है। शासक का सलाहकार और आसन्न विश्वासपात्र उसके महल का अनुचर होता है; जिनका चयन संबंधों या व्यक्तिगत पसंद के आधार पर किया जाता है।'' इस व्यवस्था के विशेष लक्षण निम्नलिखित हैं :

1. शासक राजनीतिक सत्ता का इस्तेमाल एवं शासन संचालन का कार्य अपनी पसंद के चुने हुऐ सलाहकारों के परामर्श पर करता है, इसलिए मात्र दिखावटी उद्देश्य की पूर्ति के लिए भी विधायी निकायों का न तो कोई महत्त्व होता है और न नहीं व्यवस्था में ऐसी वैधानिक संस्थाओं को कोई स्थान दिया जाता।

2. इसमें राज्य की गतिविधियों एवं क्रियाकलापों का दायरा अत्यन्त सीमित होता है, इसलिए दक्ष नौकरशाही की आवश्यकता भी महसूस नहीं की जाती है।
3. यहां शासक द्वारा अपनी सत्ता को कायम रखने के लिए एक छोटी कर्मकुशल सशस्त्र सेना एवं पुलिस की व्यवस्था की जाती है।
4. यहां सामन्तवादी व्यवस्था के अस्तित्व की मौजूदगी की वजह से उसी वंश या उन्हीं संबंधों के आधार पर स्थानीय या प्रादेशिक स्तरों पर छोट–छोटे शासकों का नियंत्रण होता है।
5. यहां जनमत–निर्माण की आवश्यकता नहीं होती है, सत्ता में विपक्ष का कोई अस्तित्व नहीं होता है, लेकिन शासक द्वारा समाज की परम्परागत संस्कृति की रक्षा के लिए अपनी शासन व्यवस्था की औचित्यता का दावा प्रस्तुत किया जाता है।

शिल्स द्वारा प्रस्तुत उपर्युक्त विवेचित वर्गीकरण के आलोक में यह कहा जा सकता है कि राजनीतिक व्यवस्था के इस वर्गीकृत स्वरूप से राजनीतिक आधुनिकीकरण का कोई स्पष्ट प्रतिमान उभर कर सामने नहीं आता है। शिल्स द्वारा प्रस्तुत राजनीतिक व्यवस्थाओं के श्रेणी विभाजन के आधारतत्त्वों से सिर्फ एक ही कसौटी उभरकर स्पष्ट हो रही है, वह है विभिन्न व्यवस्थाओं में राजनीतिक दृष्टि से राजनीतिक अभिजन वर्ग की प्रासंगिक भूमिका होती है। चाहे वह वर्गीकरण लोकतंत्र से प्रासंगिक हो या वर्गतंत्र से। शिल्स द्वारा राजनीतिक अभिजनों (शासकों) की भूमिका, स्थिति एवं प्रासंगिकता को बखूबी रेखांकित किया गया है।

शिल्स द्वारा उल्लिखित वर्गीकरण में कुछ आन्तरिक संशोधन के साथ काट्स्की (Kautsky) तथा ऐप्टर (Apter) द्वारा भी राजनीतिक आधुनिकीकरण को माध्यम बनाकर राजनीतिक व्यवस्थाओं के वर्गीकरण की योजना को अंजाम दिया गया है।

काट्स्की का वर्गीकरण (Kaustsky's Classification)–काट्स्की का यह सुझाव है कि राजनीतिक आधुनिकीकरण के प्रतिमान के रूप में राजनीतिक व्यवस्थाओं को पांच कोटियों में वर्गीकृत किया जाना चाहिए, (1) परम्परागत कुलीनतंत्रीय सत्तावाद (Traditional Aristocratic Authoritarianism), (2) राष्ट्रवादी बुद्धिजीवियों द्वारा प्रभुत्व की संक्रमण अवस्था (Dominance of Transitional Stage by Nationalist Intellectuals), (3) बुद्धिजीवियों का सर्वाधिकारवाद (Intellectual's Totalitarianism), (4) कुलीनतंत्र का सर्वाधिकारवाद (Totalitarianism of Aristocracy), (5) लोकतंत्र (Democracy)।

व्यवस्थाओं का वर्गीकृत स्वरूप प्रस्तुत करने के बावजूद काट्स्की (Jhon H. Kaustsky) का यह मानना है कि इस दायरे में सभी विद्यमान् राजनीतिक व्यवस्थाओं का पर्याप्त वर्णन नहीं हो पाया है। आगे चल कर जॉन एच० काट्स्की ने अपनी प्रसिद्ध रचना 'Political Change in the Under-developed Countries : Nationalism and Communism, 1962' में यह कहा है कि 'इसके असंख्य प्रकार और उपप्रकार होते हैं, इसके कई मिश्रित और संक्रमणशील रूप है और इन पांचों में कोई भी स्वरूप विशुद्ध रूप से उपलब्ध नहीं है।' यानी कि इनकी ये मान्यता है कि सभी राजनीतिक व्यवस्थाएं मिश्रित स्वरूप का प्रतिनिधित्व कर रही है।

डेविड ऐप्टर का वर्गीकरण (Apter's Classification)–डेविड ई. ऐप्टर (David E. Apter) ने अपनी कृति 'The Politics of Modernization, 1965' में राजनीतिक आधुनिकीकरण के व्यापक ढांचे में राजनीतिक विकास की अवस्थाओं और वैकल्पिक मार्गों का एक जटिल सिद्धान्त पेश किया है। इनके द्वारा परिवर्तन संबंधी आधारभूत बिन्दुओं के रूप में परम्परागत समाज की विशेषताओं पर गंभीर रूप से ध्यान दिया गया है। इनके द्वारा प्राधिकार प्रारूपों के आधार पर तीन (सोपानिक, पिरामिडीय एवं खण्डीय) तथा मूल्य प्रारूपों के आधार पर दो (साधनात्मक एवं निष्पत्तिकर) आयामी वर्गीकरण की प्रस्तुति की गयी है। परम्परागत स्वरूपों के आधार पर पश्चिमी सामाजिक–राजनीतिक व्यवस्थाओं के परस्पर विरोधी स्वरूप और विविध विकासात्मक प्रतिमानों की प्रस्तुति की गयी है : **प्रथम**–लौकिक (धर्मनिरपेक्ष) स्वेच्छाचारी प्रतिमान जो सामाजिक–राजनीतिक लामबन्दी के माध्यम से लोकतंत्र की अवस्थाओं को प्राप्त करता है और **द्वितीय**–पवित्र सामूहिकतावादी प्रतिमान जो सामाजिक–राजनीतिक

लामबन्दी पद्धतियों के माध्यम से सर्वाधिकारवाद के रूप में सर्वसत्तात्मक अवस्था को प्राप्त करता है। रिग्स (Riggs) ने 'Theory of Political Development, 1967' में यह स्पष्ट किया है कि ''ऐप्टर की इस वर्गीकृत योजना में आधुनिक अल्पतंत्रों, सैनिक अल्पतंत्रों और राजनीतिक आधुनिकीकरण के अन्य जटिल प्रतिमानों के विश्लेषण की भी गुंजाइश है।''

राजनीतिक आधुनिकीकरण एवं राजनीतिक विकास में अन्तर (Difference between Political Modernisation and Political Development)

जैग्वाराइब ने राजनीतिक आधुनिकीकरण और राजनीतिक विकास संकल्पना में अन्तर प्रस्तुत करते हुए राजनीतिक विकास को अपेक्षाकृत अधिक व्यापक संप्रत्यय कहा है। आइजेन्सटाड द्वारा राजनीतिक आधुनिकीकरण संकल्पना का ऐतिहासिक और प्रकार्यात्मक दोनों ही रूपों में अध्ययन किया गया है। इनकी दृष्टि में प्रकार्यात्मक आधार पर राजनीतिक आधुनिकीकरण के तीन लक्षण हैं: (1) अत्यधिक विभिन्नीकृत राजनीतिक संरचनाओं का विकास, (2) केन्द्रीय सरकार की गतिविधियों का व्यापक विस्तार, तथा (3) परम्परागत अभिजनों का शक्तिहीन होना।

ऐतिहासिक आधार पर इनके द्वारा दो लक्षणों को प्रमुखता दी गयी है : **प्रथम चरण** में मध्यम वर्ग को निर्णय केन्द्रों में शामिल किया गया है, इनके लिए उन्नत जीवन स्तर की स्थितियां पैदा की गयी हैं, साथ ही लौकिकीकरण की प्रक्रिया एवं प्रौद्योगिक विकास की व्यवस्था को भी पूर्णरूप से निर्णय केन्द्रों में शामिल किया गया है।

सर्वप्रथम हंटिंगटन ने राजनीतिक विकास को आधुनिकीकरण से पृथक् प्रक्रिया मानते हुए यह बताया है कि दोनों परस्पर संबंधित होकर भी एक दूसरे से पृथक् प्रक्रियाएं हैं। लुसियन पाई द्वारा राजनीतिक विकास के जिन तीन लक्षणों का प्रतिपादन किया गया उनके आधार पर भी राजनीतिक विकास राजनीतिक आधुनिकीकरण की अपेक्षा व्यापक संकल्पना है।

राजनीतिक आधुनिकीकरण एवं राजनीतिक विकास अवधारणा में मोटे तौर पर कुछ समानताओं के बावजूद बहुत कुछ भिन्नताएं भी हैं जिन्हें निम्नांकित बिन्दुओं के आलोक में बेहतर ढंग से समझा जा सकता है :

1. राजनीतिक विकास की अपेक्षा राजनीतिक आधुनिकीकरण एक सीमित संप्रत्यय है।
2. हंटिंगटन के मतानुसार, ''राजनीतिक विकास राजनीतिक संरचनाओं एवं प्रक्रियाओं का संस्थाकरण है। लेकिन, इस प्रसंग के आलोक में राजनीतिक आधुनिकीकरण का संबंध संरचनात्मक परिवर्तनों से है जिसका संस्थापन हो यह जरूरी नहीं है।''
3. राजनीतिक विकास प्रक्रिया स्वायत्त अस्तित्व रखती है, जबकि राजनीतिक आधुनिकीकरण प्रक्रिया आधुनिकीकरण से पूर्णतया पृथक् एवं स्वायत्त प्रक्रिया नहीं है, अपितु आधुनिकीकरण का ही एक महत्त्वपूर्ण पक्ष है।
4. राजनीतिक आधुनिकीकरण के मुख्य आयामों में सत्ता की विवेकसंगतता, राजनीतिक संरचनाओं का विभिन्नीकरण और राजनीतिक सहभागिता शामिल है जबकि राजनीतिक विकास के मुख्य आयामों में समानता, क्षमता एवं संरचनात्मक विभिन्नीकरण तथा प्रकार्यात्मक विशेषीकरण शामिल है।
5. राजनीतिक विकास प्रक्रिया की कुछ सुनिश्चित अवस्थाएं होती हैं। राजनीतिक आधुनिकीकरण प्रक्रिया का क्रमिक प्रतिमान हो सकता है, लेकिन राजनीतिक विकास संप्रत्यय की भांति सुनिश्चित अवस्थाओं का होना संभव नहीं है।
6. राजनीतिक आधुनिकीकरण प्रक्रिया में सामाजिक गतिशीलता तथा आर्थिक विकास की अपरिहार्यता पर जोर दिया जाता है, लेकिन राजनीतिक विकास प्रक्रिया में आर्थिक विकास का शामिल होना जरूरी नहीं होता है।

7. राजनीतिक विकास प्रक्रिया अनिवार्य रूप से व्यवस्थागत विकास से संबद्ध हो यह जरूरी नहीं है, कभी–कभी यह राजनीतिक ह्रास के रूप में सामने आती है, जबकि राजनीतिक आधुनिकीकरण प्रक्रिया मूलतः आधुनिकीकृत अवस्था से संबद्ध होती है।
8. राजनीतिक आधुनिकीकरण प्रक्रिया गतिशीलता–परिवर्तशीलता का बोधक होता है, जबकि राजनीतिक विकास कभी कभी व्यवस्थागत राजनीतिक स्थैतिक अवस्था का बोधक भी हो सकता है।

उपर्युक्त तथ्यों के आलोक में कई समीक्षकों का यह मानना है कि विषयगत विशेषताओं और मूलभूत तत्त्वों की दृष्टि से दोनों अवधारणाओं के बीच कोई आधारभूत अन्तर मौजूद नहीं है। जबकि कुछ का यह मानना है कि दोनों गत्यात्मक अवधारणाएं हैं, फिर भी दोनों में काफी अन्तर है। वस्तुतः, राजनीतिक विकास एवं राजनीतिक आधुनिकीकरण दोनों प्रक्रियात्मक अवधारणाएं हैं जिनमें अभी विकास की पर्याप्त संभावनाएं हैं। इसलिए दोनों संकल्पनाओं के मध्य कोई स्पष्ट विभाजक रेखा खींचना एक कठिन प्रयास है। संक्षेप में, यह कहा जा सकता है कि दोनों के बीच कुछ समानताएं तथा कुछ असमानताएं हैं, तथापि दोनों अवधारणाएं राजनीतिक व्यवस्था की समृद्धि एवं समुन्नति से संबद्ध हैं और दोनों ही व्यवस्थागत राजनीतिक परिवर्तन की बोधक है।

भारत में राजनीतिक आधुनिकीकरण (Political Modernisation in India)

भारत में राजनीतिक आधुनिकीकरण प्रक्रिया की स्थिति गंभीर मर्मान्वेषण का विषय है, क्योंकि यदि राजनीतिक आधुनिकीकरण व्यवस्था–विश्लेषण का गत्यात्मक पक्ष है तो इसकी चालक शक्ति सामाजिक संरचनाओं के राजनीतिकरण में निहित है। पाश्चात्य विद्वज्जनों की यह धारणा है कि ज्यों–ज्यों व्यवस्था में आधुनिकीकरण और शहरीकरण की प्रवृत्ति में इजाफा होता जाता है त्यों–त्यों जनसंपर्क के साधनों और शिक्षा के साधनों में भी उन्नति होती जाती है। भारतीय राजनीतिक व्यवस्था के आधुनिकीकरण एवं विकास का सफर सभी विकासशील व्यवस्थाओं से सर्वथा पृथक् और अपने आप में अनूठा है। आजादी के बाद यहां सत्ता पर काबिज़ होने के लिए राजनीतिक आपाधापी की तेज रफ्तार, सत्ताधीशों का बदलता रुतबा, राजनीतिक–सामाजिक संरचनाओं में विभिन्नीकरण–विशेषीकरण व जनसमस्याओं को हल करने के लिए अपनाये जाने वाले तौर–तरीके, धीरे–धीरे सामाजिक जीवन में सरकार का ज्यादा से ज्यादा प्रवेश, राजनीतिक दलों द्वारा अपना–अपना वोट बैंक मजबूत करने के लिए अपनाये जाने वाले तरह–तरह के कार्यक्रमों, लोकलुभावनवादी घोषणाएं एवं मान–मनौवल तथा राजनीतिक जोड़–तोड़ के लिए हमेशा नये तौर–तरीकों के प्रयोग से प्रभावित होने की वजह से यहां व्यवस्था–आधुनिकीकरण आधुनिकीकृत का कार्यक्रम एक ख़ास ढंग से अनुकूलित होने लगा। जनवैधता से लैस लोकतांत्रिक व्यवस्था की जरूरत के अनुरूप सामाजिक परिवर्तन यहाँ समय की मांग थी। प्रोफेसर रजनी कोठारी ने अपनी प्रसिद्ध रचना 'पॉलिटिक्स इन इंडिया' में यह अभिव्यक्ति की है कि "समाज–परिवर्तन तब तक अपने वास्तविक अर्थ को प्राप्त नहीं करेगा, जब तक कि बड़े पैमाने पर राजनीतिक प्रक्रियाओं में जनभागीदारी की स्थितियाँ नहीं बनेंगी और जाति एवं वर्ग जैसी सामाजिक इकाइयों का राजनीतिकरण नहीं होगा।" इनका मानना है कि राजनीतिक प्रक्रियाओं में शामिल होकर ही जनसामान्य राजनीतिक रूप से जागरूक होते हैं और समयानुरूप उनमें बदलाव की चेतना आती है।

राजनीतिक प्रक्रियाओं के जरिये ही व्यवस्था में विचारों का सृजन होता है, परिवर्तन की परिस्थितियां बनती हैं, जनसमुदायों में अपने हितों को बुलन्द करने की क्षमता मजबूत होती है तथा उसी अनुरूप व्यवस्था में जनता की भूमिकाएं, समुदायों की भूमिकाएं और जनसंगठनों की भूमिकाएं महत्त्वपूर्ण होती जाती हैं। भारत के राजनीतिक आधुनिकीकरण प्रक्रिया के संबंध में दो बातें महत्त्वपूर्ण हैं: **प्रथम**–एक बेहद परम्परागत और अत्यधिक बहुल समाज में एक खुली राज्यव्यवस्था के अन्तर्गत यहां आधुनिकीकरण की प्रक्रिया चलायी जा रही है। **द्वितीय**–इस राज्यव्यवस्था में निर्धारित विकास के लक्ष्यों को तब तक प्राप्त नहीं किया जा सकता है, जब तक कि देश आधुनिकीकरण के जरिये व्यवस्था में मौजूद विविध प्रकार के तत्त्वों व परिवर्त्यों की लामबन्दी करने में सफल न हो जाये और इन्हें गोलबन्द करके एकजुट करने की क्षमता का प्रदर्शन न कर ले। भारत जैसे सामाजिक, आर्थिक,

सांस्कृतिक एवं धार्मिक विविधता वाले राष्ट्र में यह महान् कार्य करना कोई आसान काम नहीं है। इस कार्य में एक ओर तो परम्परा के पैरोकार बाधक बनते हैं, वहीं दूसरी ओर अभिजन वर्ग की कार्य शैली और पूर्वाग्रह की मनोवृत्ति भी कई प्रकार की मुश्किलें पैदा करती हैं। राजनीतिक अभिजनों की सैद्धान्तिक ज़िद और गैर लचीले व्यवहार की वजह से नौकरशाही वर्ग में गैर संवेदनशील रवैया पनपता है। इससे राजनीतिक आधुनिकीकरण की प्रक्रिया बहुत हद तक प्रभावित होती है। भारतीय व्यवस्था में विविध प्रकार के सामाजिक हितों की नुमाइंदगी करने वाले लौकिक एवं गैर–लौकिक राजनीतिक दल, दबाव समूहों, हित समूहों की मौजूदगी, चुनाव कराने वाले संगठन यानी कि निर्वाचन आयोग व संचार के साधनों की भूमिका बुद्धिजीवियों की बढ़ती कतारें, राजनीतिक चेतना का बढ़ता ग्राफ तथा राजनीतिक–सामाजिक गतिविधियों में बड़े पैमाने पर जनभागीदारी के बावजूद अवाम में व्यवस्था एवं शासन शैली के प्रति गंभीर असंतोष बढ़ रहा है, क्योंकि सक्रिय लेकिन बहुतायत में भ्रष्ट एवं जनविमुख नौकरशाही तथा भ्रष्ट नेताओं की कार्यशैली राजनीति के सभी आयामों को बड़े पैमाने पर प्रभावित कर रही हैं, साथ ही यह सामाजिक–राजनीतिक पर्यावरण को भी गंभीर रूप से उद्वेलित कर रहा है। इन समस्त परिस्थितियों के बीच राज्यव्यवस्था के नियंत्रण–निर्देशन में संस्थागत संवैधानिक ढांचे के अन्तर्गत समाज एवं राजनीति को आपस में जोड़ने का भरपूर प्रयास करते हुए आधुनिकीकरण की प्रक्रिया का संचालन शासक अभिजनों की छत्रछाया में सतत रूप से जारी है। व्यवस्था के समस्त परिवर्त्य, सभी तत्त्व किसी न किसी रूप में परस्पर अन्योन्य क्रियाएं करते हैं, जिसकी वजह से व्यवस्था में हमेशा नयी–नयी मांगें जन्म लेती हैं और इन मांगों की पूर्ति के दबाव में व्यवस्था की क्षमता–अखण्डता और शासक अभिजनों की कार्यक्षमता एवं कर्मकुशलता बार–बार कसौटी पर कसी जाती हैं, क्योंकि, व्यवस्था के समस्त आयामों से संदर्भित विविधताएं एवं राजनीतिक दलों के बहुदलीय स्वरूप की मौजूदगी और वोटबैंक के मजबूतीकरण की राजनीति की वजह से यहां सामाजिक–राजनीतिक मसलों पर विचारधारात्मक मतवैभिन्नताओं का दबदबा सदैव बना रहता है।

लम्बे औपनिवेशिक शासन और उसके ख़िलाफ चलने वाले स्वतंत्रता संघर्ष की लम्बी कालावधि में संचालित हुए भारतीय राजनीति के आधुनिकीकरण की ख़ास बात यह है कि आरंभ से ही यहां राजनीतिक परिप्रेक्ष्य में परम्परा एवं आधुनिकता के बेमिसाल संयोग का इस्तेमाल किया जाता रहा है, जिसका नतीजा यह हुआ कि आजादी के बाद सहज ढंग से आधुनिकता परम्परागत अस्मिता के साथ मिलकर नयी परम्परा के रूप में एक तरह की निरन्तरता का सृजन करती गयी। आधुनिकीकरण के इस मॉडल की ख़ास बात यह है कि इसमें शीर्ष और आधार के बीच परिवर्तन के मध्यवर्ती अभिकर्ताओं की भूमिका अति महत्त्वपूर्ण रही। इस दृष्टि से इस मॉडल को 'मध्यवर्ती समूहन प्रतिमान' की संज्ञा दी जा सकती है। भारत की परम्परागत अस्मिता में इतनी नम्यता थी कि आधुनिकता के प्रभाव से वह अपना पुनः संस्कार कर सकती थी, लेकिन इसका यह कदापि अर्थ नहीं लगाना चाहिए कि देश की आधुनिकीकरण प्रक्रिया का स्रोत सिर्फ परम्पराओं में निहित है। भारतीय व्यवस्था में राजनीतिक परिवर्तन का मुख्य स्रोत था यहां मौजूद राजनीतिक विचारधाराओं का अस्तित्व, आधुनिक संरचनाएं एवं व्यवस्थागत संसाधन जिसके संवाहक की भूमिका करिश्माई राजनीतिक शख़्सियत के रूप में आधुनिकतावादी राजनीतिक अभिजनों द्वारा निभायी गयी। इस परिवर्तन के पीछे समकालीन करिश्माई राजनीतिक शख़्सियत में गांधी, पटेल, नेहरू जैसे विलक्षण सामर्थ्य वाले कद्दावर नेताओं की भूमिका अति महत्त्वपूर्ण रही जिनके कर्मकुशल व्यक्तित्व की अमिट छाप आम भारतीय के मन मस्तिष्क पर पूरी तरह अंकित हो चुका था। इसके साथ ही कांग्रेस की अद्भुत सांगठनिक उपस्थिति, निश्चित धर्मनिरपेक्ष विचारधारा तथा नेहरू के बाद शास्त्री, श्रीमती गांधी जैसी शासकों की प्रशासनिक क्षमता, कार्य कौशल, दूरदर्शिता एवं आमजनजीवन की बेहतरी के लिए ठोस निर्णय लेने की कर्मकुशलता ने आधुनिकीकरण के मार्ग पर देश को तीव्र गति से आगे बढ़ाया गया।

लम्बी अवधि तक एक दल का शासन सत्ताधारी दल में सांगठनिक अनुशासन की मौजूदगी एवं बेहतरीन नेताओं की विलक्षण निर्णय–क्षमता एवं दूरदर्शिता की वजह से अनेकानेक विसंगतियों की उपस्थिति के बावजूद व्यवस्था के आधुनिकीकरण का कार्य वृहत्तर स्तर पर निरन्तर जारी रहा। आधुनिकता के संपर्क में आने पर देशवासियों पर इसका सबसे सकारात्मक प्रभाव यह पड़ा कि अपनी पारम्परिक अस्मिता के प्रति वे नये सिरे से सचेत होते गये और आधुनिकीकरण प्रक्रिया के प्रभाव में अपने पारम्परिक मूल्यों की पुनर्व्याख्या करके इनके द्वारा

अपनी पारम्परिक अस्मिता में राजनीतिक–सामाजिक स्तर पर नवजीवन का संचार किया। इस प्रभावी परिवर्तन के आलोक में नवस्वतंत्र भारत में औपचारिक–अनौपचारिक, राजनीतिक, सामाजिक, आर्थिक संरचनाओं विचारों का नये सिरे से सुदृढ़ीकरण हुआ। आधुनिकीकरण के कारण होने वाले अस्मिता–बोध ने आम भारतीय को राष्ट्र–निर्माण एवं राज्य–निर्माण प्रक्रिया में मानसिक रूप से सक्रिय भागीदार बनाया।

माइरन वीनर ने अपनी रचना 'दि पॉलिटिक्स ऑफ स्केयरसिटी : पब्लिक प्रेशर एण्ड पॉलिटिकल रिस्पांस इन इंडिया, 1967' में यह कहा है कि 'भारतीय राजनीति में टकराव की संस्कृति का अभाव रहा है। पारम्परिक स्तर पर हिन्दू सभ्यता की विरासत, औपनिवेशिक अतीत की हलचल और औपनिवेशिक सत्ता के ख़िलाफ राष्ट्रीय आन्दोलन के लम्बे दौर एवं विविधतामूलक आयामों के मिले–जुले असर के गंभीर प्रभाव में भारत की आधुनिकीकरण प्रक्रिया को सैद्धान्तिक–व्यावहारिक नजरिये से अनेकानेक चुनौतियों, समस्याओं व दबावों का सामना करना पड़ा। भारतीय समाज की संरचनात्मक जटिलताओं की तहों में उतरकर आधुनिकीकरण के परिवर्तन–सूत्रों को तलाशना आसान कार्य नहीं था। ऐतिहासिक तथ्यों के आलोक में यह स्पष्ट होता है कि सामाजिक संरचना के कुछ हिस्से गतिशील थे जो परिवर्तन प्रासंगिक तत्त्वों को आसानी से आत्मसात कर पा रहे थे, लेकिन कुछ इकाइयां गतिरोध की शिकार थीं जिन्हें परिवर्तन के साथ कदमताल कराने में अनेकानेक समस्याओं का सामना करना पड़ रहा था। उपनिवेशवादी सत्ता द्वारा प्रदत्त एकतावादी शक्ति की वजह से व्यापक स्तर पर भारतीय अवाम की अभिवृत्तियों में परिवर्तन से प्रासंगिक प्रेरक तत्त्वों का समावेश हुआ, साथ ही विदेशी शासन का तीव्र प्रतिरोध करने की दृढ़ भावना भी पैदा हुई जो आजादी के बाद देश में राष्ट्र–निर्माण का मजबूत आधार–माध्यम बना।

एक परम्परागत समाज जब एक संप्रभु राष्ट्र में तब्दील होता है तो राष्ट्रत्व को अपनाने की प्रक्रिया में उसका संबंध गुजरे जमाने की कई ऐतिहासिक बातों से टूट जाता है और नई समझ की कई सार्वभौम पक्षों का अस्तित्व आकार लेने लगता है। पश्चिमी जगत् के विकासमूलक कंधों पर सफर तय करके आयी औद्योगीकरण, प्रौद्योगिकीय एवं संस्थानीकरण की रणनीति और आधुनिकीकृत विचारधारा ने आधुनिकीकरण की दिशा को नया गत्यात्मक आयाम दिया, साथ ही भारत के राजनीतिक परिदृश्य को सकारात्मक परिवर्तन का ठोस संदेश भी दिया। इस नये संदेश की वजह से जहां एक तरफ उदारवादी एवं समाजवादी विचारधाराओं को अपनाकर देश में पश्चिमीकरण का खुले मन से स्वागत किया गया, वहीं दूसरी ओर देश के कुछ हिस्सों में पश्चिमीकरण के प्रति तीखे विरोध का रवैया भी अपनाया गया। इन दो परस्पर विरोधी विचारों की अभिव्यक्ति के बावजूद आधुनिक अन्तर्राष्ट्रीय जगत् में अपनी मजबूत उपस्थिति दर्ज कराने के लिए देश में जरूरी राजनीतिक परिवर्तनों को अंगीकार किया गया। इस परिवर्तन में नये अभिजनों द्वारा सक्रिय एजेंट की भूमिका निभाई गयी। नये अभिजनों द्वारा परिवर्तन के आधार–आधेय की भूमिका निभाते हुए अतीत से वर्तमान तक परिवर्तन की निरन्तरता को बनाये रखने का प्रयास किया गया, साथ ही देश का भविष्य गढ़ने में भी दूरदर्शिता का परिचय भी दिया गया। देश में ऐसे अभिजन वर्ग की पैदाइश हुई जिनका चरित्र राष्ट्रीय था। इन नेताओं की पहल से राजनीति के प्रति सोच स्थानीयताओं से ऊपर उठकर केन्द्र तक पहुंच गयी। इन अभिजनों द्वारा राष्ट्रीय राजनीति की चर्चा में विशेष रुचि लेना, राष्ट्रीय चेतना जगाने की बातें करना तथा एक मजबूत लोकतांत्रिक राष्ट्र के रूप में देश का भविष्य गढ़ने की पुरजोर चर्चा करना आदि परिस्थितियां देश में स्वस्थ लोकतंत्र के निर्माण का स्पष्ट संकेत दे रही थीं।

इस अभिजन वर्ग द्वारा ग्रामीण समाज में अपना जनाधार मजबूत करने, आम लोगों में राष्ट्रीय चेतना जगाने एवं राजनीतिक, सामाजिक व आर्थिक विकास के विषयों पर जनसाधारण को गोलबन्द करने के लिए विविध प्रकार की रणनीतियां बनायी गयीं और व्यवहार में उन्हें जमीन पर उतारा भी गया। जनवैधता से लैस होने के लिए इन अभिजनों द्वारा नयी विचारधारात्मक लक्ष्यों की प्रस्तुति की गयी नतीजतन देश में बड़े पैमाने पर नये विचारों, नई संरचनाओं, नई अभिवृत्तियों व अभिविन्यासों का प्रसार हुआ। इस परिस्थिति के अनुरूप कई मामलों में अन्तर्विरोध एवं विरोधाभासी स्थितियां भी पैदा हुईं। एक ओर कानून और शान्ति व्यवस्था बहाल करने वाली एवं अनुशासित रूप से विकास–प्रक्रिया का संचालन करने वाली राजनीतिक व्यवस्था थी, वहीं दूसरी ओर नागरिक स्वतंत्रता एवं अभिव्यक्ति की आजादी प्रदान करने वाला तथा राजनीतिक विषयों पर सहमति–असहमति जताने का राजनीतिक अधिकार प्रदान करने वाला, तथा अवाम को संरक्षण देने वाला प्रतिनिधिमूलक लोकतंत्र था। जहां एक ओर

जनसाधारण से राजनीतिक व्यवहार में एकरूपता (Uniformity) प्रदर्शित करने का आग्रह करने वाला केन्द्रीकृत राज्य का, वहीं दूसरी ओर स्थानीय इकाइयों को ज्यादा से ज्यादा स्वायत्तता प्रदान करने का आग्रह लिए स्वतंत्र भारत का बेजोड़ संविधान था जो राज्य में केन्द्रीभूत शक्तियों का स्थानीय निकायों में विकेन्द्रीकरण करने की पुरजोर वकालत कर रहा था। एक ओर ब्रिटेन की तर्ज पर अपनाया गया संसदीय सरकार का मॉडल था जिसके अस्तित्व–निर्माण एवं सफलता का आधारतत्त्व राजनीतिक दल का अनुशासित चरित्र एवं द्विदलीय व्यवस्था थी, वहीं दूसरी ओर वास्तविक राजनीतिक परिदृश्य में मौजूद कई पार्टियों का अस्तित्व उनके मध्य सत्ता–प्राप्ति की होड़, सामाजिक, सांस्कृतिक, धार्मिक स्तर पर विद्यमान् विविधताएं, सभी पार्टियों द्वारा कमजोर वर्गों, दलितों एवं अल्पसंख्यकों के हितों की नुमाइंदगी करने की बेताबी आदि विरोधाभासी सच्चाइयों के बीच सबसे बड़ा सवाल यह था कि क्या भारत इन विविधताओं–विसंगतियों के साथ संसदीय लोकतंत्र की पेचीदगियों पर महारत हासिल कर पायेगा। इस महती प्रश्न पर यहां के राजनीतिज्ञों के बीच भी काफी मतभेद था। भारतीय अभिजनों द्वारा केन्द्र एवं परिधि दोनों को शक्तिशाली बनाने पर बराबर ध्यान दिया गया।

इन अन्तर्विरोधों के बीच अभिजनों द्वारा भारत के राजनीतिक आधुनिकीकरण के लिए जिस तरीके का चयन किया गया, उसमें ऐतिहासिक परम्परा से प्राप्त शक्तियों के साथ–साथ विकसित देशों से कदमताल करने के लिए उन आधुनिकता प्रासंगिक उद्देश्यों, लक्ष्यों व मूल्यों को रोपित किया गया तथा नीति–निर्धारकों के दायित्वों के अधिकृत बंटवारे की स्पष्टोक्ति की गयी। यह स्थिति संस्कृति, भाषा और धर्म की समृद्ध विविधताओं से भरे–पूरे देश को आधुनिकीकरण के मार्ग पर तेजी से कदम बढ़ाने के लिए अपरिहार्य था। देश के मध्यवर्ती अभिजनों द्वारा मिलकर एकीकरण का एक ख़ास मॉडल विकसित किया गया जो न तो पश्चिमी लोकतंत्र में प्रचलित विभिन्न हितों के समूहन जैसा था और न ही परम्परागत राजनीतिक व्यवस्था में मौजूद हितों–निष्ठाओं और मूल्यों का विभाजित स्वरूप वाला मॉडल था। आधुनिकतावादी अभिजन समूह मजबूत केन्द्र वाले एक राष्ट्र–राज्य के निर्माण के समर्थक थे। देश के विभाजन से उत्पन्न हिंसात्मक परिस्थितियां एवं विषादजनक पर्यावरण की वजह से एक ढीले–ढाले संघ एवं कमजोर केन्द्र सरकार की उम्मीद बेमानी थी। लेकिन, साथ ही एक केन्द्रीकृत राष्ट्र–राज्य के निर्माण की प्राथमिकता उस विकेन्द्रीकृत राज्यव्यवस्था की लम्बी परम्परा और नये उदित हुए स्थानीय अभिजनों की संघर्षपूर्ण भूमिकाओं के ख़िलाफ जाती थी जिसे कमोबेश राष्ट्रीय आन्दोलन द्वारा स्थापित किया जा चुका था। संविधान सभा की बैठकों में शक्तियों के केन्द्रीकरण और विकेन्द्रीकरण के समर्थन और विरोध में जमकर आवाजें बुलन्द की गयीं। इन विरोधाभासों से बचकर निकलने के लिए संविधान निर्माताओं द्वारा बीच का रास्ता अपनाया गया और एक अस्पष्ट संघवाद का अस्तित्व–निर्माण किया गया जो केन्द्र को अधिकतम अधिकारों से लैस करके मजबूत केन्द्र–निर्माण संदेश देता है। यह भारतीय व्यवस्था द्वारा प्रस्तुत अभिनव मॉडल था, इसके साथ–साथ भारत की परम्परागत बानगी और गांधी दर्शन की प्रेरणाओं पर आधारित पंचायती राज्य के मॉडल को सिद्धान्त एवं व्यवहार में अपनाकर लोकतांत्रिक व्यवस्था के एक अभिनव प्रयोग से आधुनिक विकासशील जगत् का परिचय कराया गया जिसका श्रेय गांधी–नेहरू जैसी विलक्षण हस्तियों को जाता है।

अभिजन वर्ग द्वारा केन्द्र एवं परिधि दोनों पर गंभीर दृष्टि रखी गयी। व्यवस्थागत राजनीति में एक ओर राष्ट्रीय अभिजनों का समूह था जो केन्द्र से परिधि की ओर अपनी पैठ बढ़ाना चाहते थे, वहीं दूसरी ओर स्थानीय अभिजनों का समूह भी था जो जमीन से जुड़े अपने राजनीतिक प्रभाव का इस्तेमाल करके शीर्ष की तरफ कदम बढ़ाना चाहते थे। व्यवस्था में इन दोनों अभिजन समूहों के बीच एक मध्यवर्ती अभिजन वर्ग भी उदित हुआ, जिसकी गति का बहाव ऊपर–नीचे दोनों तरफ था। ये मध्यवर्ती अभिजन के रूप में चिन्हित किये गये जो परम्परा और आधुनिकता के बीच आवागमन की क्षमता रखते हुए शीर्ष नेतृत्व, स्थानीय नेतृत्व एवं जनता के बीच सम्पर्क–सूत्र की भूमिका निभा रहे थे।

राजनीतिक आधुनिकीकरण के लिए इन तीनों अभिजनों के प्रयास से निर्मित नये किस्म के एकीकरण प्रतिमान के संरक्षण में सत्ता की छितरायी हुई संरचनाएं मध्यवर्ती नेटवर्कों के रूप में समाकलित होकर भारतीय राजनीतिक व्यवस्था का अभिन्न अंग बनती गयी। लेकिन, एकीकरण के इस प्रतिमान की छत्रछाया में देश की समस्त समस्याओं का हल संभव नहीं हुआ। कुछ बुनियादी सवालों के जवाब अभी शेष थे जिनके समाधान की बेचैनी शीर्ष

नेतृत्व के व्यवहार में झलक रही थी। केन्द्र (सरकार) और परिधि (समाज) के बीच उत्तरदायित्व और सृजनशीलता का संबंध कायम करने में मध्यवर्ती अभिजनों की भूमिका सर्वाधिक प्रासंगिक रही। देश चाहे कितना भी बड़ा हो, कितनी ही विविधताएं पर्यावरण में सांसें क्यों न ले रही हों, शासन व्यवस्था चाहे कितनी ही जटिल क्यों न हो और व्यवस्थागत राजनीति का स्वभाव चाहे कितना ही पेचीदा क्यों न हो, राजनीतिक आधुनिकीकरण प्रक्रिया की सफलता की दृष्टि से कमजोर राष्ट्रीय अस्मिता के लिए वहां कोई जगह नहीं होती है। यथार्थतः औपनिवेशिक सत्ता के ख़िलाफ़ तीखे संघर्ष में जिस राष्ट्रीय अस्मिता की नींव डाल कर समाज में उसकी जड़ को गहराई तक रोपा गया था, उसके मजबूतीकरण की प्रक्रिया सतत् रूप से आज भी जारी है। अन्य व्यवस्थाओं की अपेक्षा भारत के पारम्परिक समाजों में उच्च स्तर पर भूमिकाओं का विभिन्नीकरण मौजूद था, जिसमें बड़े पैमाने पर नमनशीलता एवं नये परिवर्तनों के साथ अपने को समायोजित करने का सामर्थ्य भी था। राजनीतिक आधुनिकीकरण के संदर्भ में भारतीय समाज की विशेषता के रूप में जाति, धर्म, भाषा, क्षेत्र आदि प्रसंग नये सांगठनिक रूप को धारण करके राजनीति में अपनी प्रासंगिक उपस्थिति दर्ज कराने लगे और व्यवस्थागत राजनीति की दिशा–दशा बोधक की भूमिका निभाने लगे। सांगठनिक रूप में इन सामाजिक प्रसंगों के अपने–अपने महासंघ के अस्तित्व का सुदृढ़ीकरण हुआ अपने–अपने संगठनों के संरक्षण में ये समस्त प्रसंग अपने हित संवर्धन के परिप्रेक्ष्य व्यवस्था की राजनीति को अपनी उम्मीदों का चेहरा प्रदान करने की कोशिश करने लगे। नतीजतन, इन पारम्परिक विभेदों का नया रूप, नये आयामों के साथ व्यवस्था में कुछ इस तरह उभरा कि समाज में सत्ता–शक्ति के स्रोतों के उद्‌भव, निर्माण एवं पतन की कुंजी इन संगठनों के पुरोधाओं के हाथों में केन्द्रित होती गयी। इस सांगठनिक गतिशीलता का सबसे ख़ास पक्ष यह रहा कि इनकी छत्रछाया में हाशिए पर पड़े सामाजिक समूह भी इस नई परिस्थिति में नये–नये अवसरों, लाभों, संसाधनों तथा हैसियतों को येन–केन–प्रकारेण प्राप्त करने के लिए राजनीतिक सोदेबाजी में धीरे–धीरे पारंगत होते गये। समाज में मौजूद विचारधारात्मक विभिन्नताओं ने भी इस प्रक्रिया को गति प्रदान करने में महती योगदान दिया। शिक्षण संस्थानों एवं सरकारी नौकरियों में संविधान द्वारा आरक्षण की व्यवस्था, दलितों, अल्पसंख्यकों एवं पिछड़े वर्गों को समाज की मुख्य धारा में शामिल करने की दृष्टि से सरकार द्वारा नयी–नयी गुंजाइशों का नियोजन, निरूपण, घोषणाएं एवं कार्यान्वयन विधानसभाओं और संसद् में जातीय आधार पर निर्वाचन क्षेत्रों का आरक्षण, मंत्रिमंडल में जातीय आधार पर पदों का आबंटन, जातीय आधार पर निर्वाचन क्षेत्रों का निर्माण, सभी राजनीतिक दलों द्वारा जातीय आधार पर उम्मीदवारों का चयन, टिकटों का बंटवारा, क्षेत्रों का चयन तथा अपने राजनीतिक फायदे के लिए सभी मामलों में विभिन्न जातीय समूहों को संतुलित प्रतिनिधित्व प्रदान करना, आदि यहां के राजनीतिक–सामाजिक यथार्थ का वह महत्त्वपूर्ण पहलू है जिसकी रणनीति के तहत व्यवस्था में राजनीतिक–सामाजिक लामबन्दी तथा दबाव समूहों, हित समूहों की हित एवं मुद्दा आधारित गोलबन्दी सहज ढंग से संचालित होने लगी। सामाजिक संदर्भ में इस रणनीति का सबसे बड़ा फ़ायदा यह हुआ कि व्यवस्थागत सभी समूहों व समुदायों को देर–सबेर राष्ट्रीय धारा में संतुलित प्रतिनिधित्व मिलने लगा। जाति प्रथा में अतिबाहुलता के परिणामस्वरूप समाज में तीखे ध्रुवीकरण की संभावना कभी जमीनी हकीकत का रूप अख़्तियार नहीं कर पायी।

इस परिप्रेक्ष्य में भारतीय अभिजनों की कर्मक्षमता भी रेखांकित करने योग्य है, जिन्होंने अपनी विचारधारात्मक कौशल और क्षमतावान् कार्यशैली के बल पर हिन्दू सभ्यता के विशाल दायरे में निरन्तर नये तत्त्वों, नई अभिवृत्तियों को समावेशित करके व्यवस्था–संचालन एवं सताशैली की नम्यता को हमेशा नये आयामों, नई सोचों से नवाजा है। भारत द्वारा अपनी आधुनिकता की खोज में अतीत से संबंध विच्छिन्नता की जगह अविच्छिन्नता को अधिक महत्त्व दिया गया है जिसका श्रेय गांधी एवं नेहरू जैसे महान् राजनीतिक शख्सियतों को जाता है जिनकी सर्वग्रहणशील अभिवृत्तियों व अभिविन्यासों की वजह से सामाजिक संवेदनात्मकता को राजनीतिक परिवर्तन का आधारतत्त्व मानकर राजनीतिक गोलबंदी को बखूबी अंजाम दिया गया। दरअसल देश विभाजन से उत्पन्न गंभीर परिस्थितियों के मद्देनजर आजादी के तुरंत बाद नवस्वतंत्र राष्ट्र के शैशवकाल में विघटनकारी शक्तियों द्वारा फैलाये जा सकने वाले सामाजिक असंतोष और विध्वंसक टूट से देश को बचाने के लिए यथोचित योजनाओं, नीतियों–निर्णयों के नियोजन–निरूपण का श्रेय तत्कालीन राजनीतिक अभिजनों को जाता है। कानूनी

स्तर पर सामन्ती अधिकारों का उन्मूलन, श्रम कानूनों का निर्माण एवं संरक्षण, महिलाओं एवं बच्चों की सुरक्षा के लिए दूरगामी असर वाले कानूनों का निर्माण, संपत्ति के अधिकार में संवैधानिक संशोधन, हिन्दू सिविल कोड के माध्यम से सामाजिक विषमताओं को समाप्त करने का प्रयास, दलितों, पिछड़ों और अल्पसंख्यकों को विशेष संवैधानिक सुविधाएं प्रदान करना, अलगाववादी आन्दोलनों पर विधिसम्मत् सीमाओं का निर्धारण, भाषाई तनावों को समाप्त करने के लिए नये सिरे से राज्यों का पुनर्गठन, राष्ट्र विरोधी आन्दोलनों को दबाने–कुचलने के लिए सख्त कानूनों का निर्माण जैसे कई ठोस कदम उठाये गये जिसके परिणामस्वरूप देश की समुन्नति समृद्धि एवं आधुनिकीकरण के लिए भविष्य की ओर बढ़ते कदमों को अपेक्षाकृत कम सामाजिक–राजनीतिक दबाव झेलना पड़ा।

भारतीय राज्यव्यवस्था में संचालित राजनीतिक आधुनिकीकरण प्रक्रिया के परिप्रेक्ष्य में यहां प्रासंगिक राजनीतिक परिवर्तन के चार मुख्य कारकों को रेखांकित करना अति आवश्यक है :

1. इसमें कोई शक नहीं है कि भारतीय राजनीतिक व्यवस्था के निर्माण में सामाजिक–राजनीतिक संरचनाओं में हुए दूरगामी परिवर्तनों की भूमिका काफी अहम् रही जिसमें परम्परा की शक्ति, मूल्य और इसकी नमनीय प्रकृति ने आधार–माध्यम के रूप में योगदान दिया है, लेकिन, इसका यह कदापि अर्थ नहीं था कि परिवर्तन के समस्त स्रोत सिर्फ परम्पराओं में ही निहित थे। उपनिवेशवादी संस्कृति के आगमन के पश्चात् पहले से स्थापित सामाजिक संबंधों में परिवर्तन–परिपाटी की शुरूआत हो चुकी थी, सिर्फ इस नये बदलाव की मात्रा एवं गति की तीव्रता का श्रेय पश्चिमीकरण को जाता है।
2. राजनीतिक आधुनिकीकरण की बहुआयामी–बहुदिशायी प्रकृति का श्रेय स्थानीय नेताओं के बजाय उस नये अभिजन वर्ग के उदय को जाता है जो अधिकतम व्यापक प्रभाव वाले केन्द्र की नुमाइंदगी का प्रबल पक्षधर था। शक्तियों के केन्द्रीकरण की प्रक्रिया के संवाहक के रूप में उभरा यह अभिजन वर्ग परिवर्तन–कारकों की गत्यात्मकता का मूल माध्यम था। देश में निचले और मध्यवर्ती स्तर पर इनके द्वारा अपनी तरह की अभिवृत्ति–अभिविन्यास वाले लोगों का समूह तैयार किया गया जिनकी सहायता से पूरे देश मे संचार–नेटवर्क के माध्यम से व्यवस्था की समुन्नति, समृद्धि एवं आधुनिकीकरण के लक्ष्य की प्राप्ति हेतु इस नई विचारधारा का व्यापक फैलाव किया गया और नये दिशाबोधक–आधुनिकताबोधक लक्ष्यों का निर्धारण कर यहां के पारम्परिक समाज को उस विकास मार्ग पर ठोस कदम बढ़ाने की टिकाऊ प्रेरणा दी गयी। नवस्वतंत्र व्यवस्था को दृढ़निश्चयी एवं मजबूती प्रदान करने के लिए शुरूआती दौर में जो आगत–निर्गत प्रतिमान (**Input-output Model**) कार्य कर रहा था, उसमें अधिकांश आगत तत्त्वों को आधुनिकतावादी अभिजनों की ओर से प्रेषित किया जा रहा था जो नई संस्थाओं, विचारों व मूल्यों को संसाधनों की शक्ल में समाज में अपने लिए दमदार जगह बनाता जा रहा था, वहीं निर्गत तत्त्वों के रूप में अवाम एवं स्थानीय अभिजनों की ओर से संस्थागत निष्ठाओं–मूल्यों की प्राप्ति के लिए की जाने वाली सामाजिक गोलबन्दी राजनीतिक समर्थन के रूप में सामने आ रही थी। कुछ ख़ास समूहों–समुदायों के मूल्यों की विरासत एवं संरचनाओं में निरन्तरता की मौजूदगी ही दरअसल राजनीतिक अभिजनों द्वारा आधुनिकीकरण के क्षेत्र में की जाने वाली पहल का आधार–आधेय बना। देश में पहले से शिक्षित ब्राह्मणों तथा अन्य ऊँची जातियों द्वारा पश्चिमी शिक्षा का खुले मन से स्वागत किया गया। इस तरह परम्परागत वैदिक ज्ञान के रखवाले आधुनिकीकरण की विधा के भी रक्षक बन गये। परम्परा एवं आधुनिकता में संक्रमण होने के परिणामस्वरूप देश के विभिन्न हिस्सों से पारगमन करके आये आधुनिकतावादी शहरी एवं अंग्रेजी माध्यम से शिक्षित अभिजनों द्वारा पूरे राष्ट्र का प्रतिनिधित्व करने के साथ–साथ आधुनिकीकरण प्रक्रिया के गतिवर्धन में प्रधान रूप से एकताकारी शक्ति की भूमिका अदा की गयी। आगे चलकर स्थानीय एवं मध्यवर्ती स्तर पर भी राजनीतिक आधुनिकीकरण प्रक्रिया के नियोजन–संचालन हेतु नये ऐजेंटों का उदय हुआ जिनके समर्थ प्रयास द्वारा इस प्रक्रिया को व्यापक पैमाने पर आगे बढ़ाया गया।

3. पारम्परिक अस्मिता के गौरव को आधुनिकतामूलक तत्त्वों के साथ समावेशित कराने संबंधी महान् कार्य को अंजाम देने में करिश्मावादी नेताओं की असाधारण क्षमता और सकारात्मक भूमिका सर्वाधिक प्रासंगिक रहीं। भारतीय जनमानस पर इन करिश्माई व्यक्तित्व वाली राजनीतिक शख़्सियतों के गहन प्रभाव की वजह से परम्परा एवं आधुनिकता के समागम को व्यावहारिक स्तर पर एक स्पष्ट मुकाम प्रदान करने में बहुत हद तक सफलता मिली। बीस के दशक से 1948 तक गांधी द्वारा, तीस के दशक से 1950 तक पटेल द्वारा और स्वतंत्रता संघर्ष के दौरान एवं स्वतंत्र भारत में 1947 से 1964 तक नेहरू के करिश्मावादी व्यक्तित्व द्वारा इस भूमिका को बड़े पैमाने पर अंजाम दिया गया। इनके नेतृत्व में सृजनशीलता, प्रतिबद्धता और आत्मविश्वास से लबरेज़ कल्पनाशीलता के गुण की मौजूदगी ने भारतीय जनजीवन की सोच को सकारात्मक दिशा की ओर मोड़ने में प्रेरणाप्रद भूमिका निभायी। राष्ट्रीय और प्रान्तीय स्तर के अधिकांश नेताओं द्वारा इस महान् विरासत की निरन्तरता को बनाये रखने में उल्लेखनीय योगदान दिया गया। स्थानीय से राष्ट्रीय स्तर तक गांधी–नेहरू की मानसिकता, व्यक्तित्व और विचारधारा से प्रभावित नेताओं की एक बड़ी फौज तैयार हो गयी, जिनकी ओजस्वी भूमिकाएं और दृढ़ निश्चयी चेतनीय कार्यशैली से राजनीतिक आधुनिकीकरण की गति को नया आवेग मिला। नतीजतन पारम्परिक तत्त्वों, मूल्यों का राजनीतिक तत्त्वों के साथ समन्वयकारी संबंध स्थापित हो गया और समाज की परम्परागत संस्कृति, मूल्य व विश्वास आदि का राजनीति से सीधा सरोकार स्थापित हो गया। परिवर्तनकारक इस तत्त्व के प्रसंग में यह कहना अतिश्योक्ति नहीं होगा कि आजाद भारत के राजनीतिक आधुनिकीकरण की ऐतिहासिक प्रक्रिया को गत्यात्मक आयाम प्रदान करने में देश की महान् राजनीतिक शख़्सियतों का योगदान अमूल्य है।

4. आधारभूत परिवर्तनकारी तत्त्वों के रूप में भारतीय राज्यव्यवस्था की आधुनिकीकरण की प्रक्रिया के नियोजन, निरूपण, कार्यान्वयन एवं सफल संचालन में भारतीय राष्ट्रीय कांग्रेस की सांगठनिक प्रेरणामय भूमिका को रेखांकित करना यहां विषय–विश्लेषण की प्रासंगिक मांग है। इस प्रसंग के परिप्रेक्ष्य में देश में मौजूद आधुनिकतावादी दौर के आगमन एवं संचालन की बड़ी विशेषता है एक मजबूत और अनुशासित संगठन के रूप में कांग्रेस पार्टी का समर्थवान् अस्तित्व एवं शासन संचालक के रूप में इस पार्टी की जनसरोकारगत रचनात्मक भूमिका। इस राजनीतिक पार्टी में करिश्मा के धनी नेताओं की लम्बी कतार रही है। इस पार्टी का सक्षम सांगठनिक स्वरूप, प्राधिकार तथा वैधता की स्थिति को लगभग अस्सी सालों तक व्यवस्था से जोरदार झटका देने वाली कोई बड़ी चुनौती नहीं मिली। सांगठनिक स्तर पर यदि पार्टी की कार्यशैली का तत्त्वमीमांसीय अध्ययन किया जाये, तो यह जाहिर होता है कि नेहरू, शास्त्री, श्रीमती इंदिरा गांधी, श्री राजीव गांधी या इनके जैसे कई कद्दावर नेता जिस करिश्माई सत्ताशैली का प्रदर्शन कर पाये, वह कांग्रेस जैसे ताकतवर टिकाऊ और अनुशासित रूप से संगठित पार्टी के अभाव में कतई संभव नहीं था। इस प्रसंग में ध्यान देने योग्य तथ्य यह है कि निश्चित रूप से एक अनुशासन प्रिय राजनीतिक पार्टी के रूप में कांग्रेस गैर मताग्रही किस्म का सर्वग्रहणशील संगठन है, लेकिन साथ ही इस पार्टी की अपनी एक निश्चित विचारधारा भी है जिसके अस्तित्व में परम्परा और आधुनिकता के वजूद का अभिन्न संयोग है। दोनों तत्त्वों की अन्योन्याश्रितता एवं अन्योन्यक्रियाओं की वजह से पार्टी के कद्दावर नेताओं के करिश्मे को व्यवस्था में फैलने की पूरी गुंजाइश होती थी और यह गुंजाइश ही उन्हें आम भारतीय के सामने सामर्थ्यवान् तथा कर्मकुशल समाज शिल्पकार के रूप में प्रस्तुत करता था। देश को आधुनिकीकरण के रास्ते पर तेज गति से अग्रसर कराने में एवं देश की समुन्नति–समृद्धि में कांग्रेस के अग्रगण्य ऐतिहासिक योगदान को किसी भी कीमत पर नजरअंदाज नहीं किया जा सकता है।

भारत में राजनीतिक आधुनिकीकरण प्रक्रिया के परिप्रेक्ष्य में मोटे तौर पर यह कहा जा सकता है कि इस प्रक्रिया से संबंधित बहुतायत मूल्यों का स्रोत ब्रिटिश शासनकाल रहा है। दृष्टान्तस्वरूप समतावादी वैधानिक व्यवस्था, प्रशासनिक व्यवस्था, अधिकारीतंत्र की संरचना, लोकसभा की धारणा, न्यायपालिका एवं विधि का शासन,

नागरिकों के अधिकार, निर्वाचन व्यवस्था, दलीय व्यवस्था, सेना, पुलिस, शिक्षा व्यवस्था आदि जिन्हें राजनीतिक आधुनिकीकरण के नींव की संज्ञा दी जाती है अंग्रेजी सत्ता की विरासत की देन है। आजादी के पूर्व गांधीदर्शन एवं पश्चिमी विचारधारा के बीच मौजूद विरोधाभासों को स्वतंत्रता संघर्ष के परिप्रेक्ष्य में स्पष्ट रूप से देखा जा सकता है, लेकिन स्वतंत्र भारत को आधुनिकीकरण के पथ पर आगे बढ़ाने में दोनों विचारधाराओं का महत्त्वपूर्ण योग है। भारतीय लोकतंत्र में प्रशासनिक, विधायी एवं वैधानिक स्तर पर विवेकसंगतता लाने में पश्चिमीकरण का उल्लेखनीय योगदान रहा है, वहीं सामुदायिक विकास कार्यक्रम को आगे बढ़ाने में एवं पंचायती राज के माध्यम से ग्रामीण स्तर पर राजनीतिक चेतना लाने में गांधी विचारधारा की भूमिका सर्वाधिक प्रासंगिक रही है।

योगेन्द्र सिंह ने 'एसेज ऑन मॉडर्नाइजेशन इन इंडिया, 1978' में कहा है कि भारत की राजनीतिक आधुनिकीकरण प्रक्रिया को समझने के लिए संबंधमूलक व्यवस्थित उपागम (Relativistic-Systematic Approach) अधिक उपयुक्त है। इनका मानना है कि देश में राजनीतिक संस्थाओं–आदर्शों का विकास सिर्फ नियत विकास प्रक्रिया का ही परिणाम नहीं है, बल्कि औपनिवेशिक व्यवस्था के ऐतिहासिक उत्तराधिकार का भी परिणाम है; इसीलिए इसके विकास का मूल स्वरूप ऐतिहासिक है। भारतीय आधुनिकीकरण प्रक्रिया में संरचनात्मक एवं सांस्कृतिक पहलुओं का अपना–अपना महत्त्व है। संरचनात्मक पक्ष में राजनीतिक–प्रशासनिक संरचना, सामाजिक संरचना, सामाजिक स्तरीकरण, जाति, वर्ग राजनीतिक दल, अभिजनवर्ग, नौकरशाही आदि शामिल हैं, जबकि सांस्कृतिक पक्ष में देश की सांस्कृतिक परम्परा, मूल्य, आस्था, विश्वास आदि को सम्मिलित किया गया है।

संक्षेप में, यह कहा जा सकता है कि भारतीय राजनीतिक आधुनिकीकरण प्रक्रिया का व्यवस्थित एवं आनुभविक अध्ययन यहां की सामाजिक व्यवस्था, परम्पराओं एवं सांस्कृतिक मूल्यों के परिप्रेक्ष्य में ही संभव है। वैसे भी यह एक व्यापक प्रक्रिया है जिसकी व्यापकता एवं प्रभावों को निश्चित रूप से किसी प्रतिमान के दायरे में नहीं बांधा जा सकता है। भारतीय राजनीतिक आधुनिकीकरण के परिप्रेक्ष्य में यह मर्मान्वेषण का प्रसंग है, जिस पर अभी गहन अनुसंधान की जरूरत है।

राजनीतिक आधुनिकीकरण का आलोचनात्मक मूल्यांकन
(Critical Evaluation of Political Modernisation)

राजनीतिक विकास संप्रत्यय के विस्तार के रूप में राजनीतिक आधुनिकीकरण संप्रत्यय द्वारा राजनीति के अध्ययन के लिए बेहतर उपकरणों की व्यवस्था की गयी है जिसके माध्यम से आधुनिक राजनीतिक व्यवस्थाओं का वर्गीकरण के आधार पर आनुभविक अध्ययन करना काफी आसान हो गया है। राजनीतिक आधुनिकीकरण का अध्ययन तात्त्विक स्तर पर राजनीतिक समाज का वैज्ञानिक विश्लेषण करने का प्रयास है। यह संकल्पना राजनीति विज्ञान और समाज विज्ञान के परस्पर करीबी संबंधों का द्योतक है। इस प्रसंग में एस.पी. वर्मा ने कहा है कि ''राजनीतिक व्यवस्थाओं को कार्यरत रखने के लिए यह आवश्यक है कि समस्त सामाजिक व्यवस्था को संचालित किया जाये, इसके बिना विभिन्न स्तरों पर लोगों की अपेक्षित सहभागिता संभव नहीं होगी।'' इस अर्थ में ''राजनीतिक आधुनिकीकरण यद्यपि एक समाजवैज्ञानिक एवं आर्थिक संप्रत्यय है, तथापि राजनीतिक व्यवस्था से संदर्भित बहुआयामी विकास के तत्त्वतः अध्ययन के लिए एक अत्यन्त उपयोगी उपकरण होने की वजह से राजनीति के यथार्थपरक वैज्ञानिक अध्ययन के लिए राजनीति वैज्ञानिकों द्वारा व्यापक स्तर पर इसका प्रयोग आरंभ किया गया। राजनीति वैज्ञानिकों द्वारा इस संप्रत्यय के अध्ययन के लिए नये क्षितिजों का विकास किया गया। इस संप्रत्यय के प्रयोग द्वारा राजनीतिक व्यवस्थाओं में चलने वाले आधुनिकीकरण प्रक्रिया के विविध आयामों, दिशाओं, स्तरों एवं अवस्थाओं का यथातथ्य अध्ययन करना काफी सरल हो गया है। लेकिन, इसके बावजूद राजनीतिक विकास संकल्पना की भांति राजनीतिक आधुनिकीकरण संकल्पना को भी गंभीर आलोचनाओं का शिकार होना पड़ा है।''

आलोचकों का सबसे बड़ा आरोप यह है कि यह संकल्पना राजनीति विज्ञान को एक स्वतंत्र विज्ञान बनाये रखने की बजाय एक आश्रित विज्ञान का स्वरूप प्रदान करने के लिए प्रयासरत दिखाई देती है। इनकी दृष्टि में टॉलकॉट पारसन्स, राबर्ट के. मॉर्टन, मेरीयोन लेवी जैसे नामचीन समाज वैज्ञानिकों द्वारा व्यक्त विचारों की प्रधानता के अधीन मानसिकता के आलोक में डेविड ईस्टन, एडवर्ड ए. शिल्स, डेविड ऐप्टर जैसे राजनीति वैज्ञानिक एक ऐसी अध्ययन–प्रवृत्ति का विकास करते हुए दिखाई देते हैं जो राजनीतिक व्यवस्था एवं शासन–प्रक्रिया को एक आश्रित परिवर्त्य के रूप में प्रस्तुत करता है, जिसकी सीमा रेखा का निर्धारण व्यवस्था में मौजूद सामाजिक, आर्थिक, सांस्कृतिक, मनोवैज्ञानिक कारकों द्वारा किया जाता है। राजनीतिक व्यवस्था का मुख्य कार्य है व्यवस्था में विद्यमान् इन शक्तियों द्वारा उत्पन्न किये गये आगत तत्त्वों के साथ अन्योन्यक्रियाएं करना एवं इन तत्त्वों को सरकारी निर्गतों के रूप में रूपान्तरित करना। आलोचकों द्वारा गंभीर आरोप लगाते हुए इस संबंध में यह अभिव्यक्ति की गयी है, कि यह अध्ययन–प्रवृत्ति राजनीति को सामाजिक शक्तियों पर आश्रित बनाता है, इसलिए इस संप्रत्यय को एक ऐसा अध्ययन–उपकरण कहना अधिक उपयुक्त होगा जिसे बाह्य सामग्री से सम्पूरित किया जाता है और जो इसका मंथन करके इसे समाज को लौटा देती है। इस प्रक्रिया की अवस्था एवं गति का आकलन राजनीतिक व्यवस्था के विकास स्तर के गुण–दोष पर निर्भर करता है।

राजनीतिक समीक्षकों द्वारा राजनीतिक आधुनिकीकरण संकल्पना की आलोचना करते हुए जिन बिन्दुओं पर विशेष बल दिया गया है, उन्हें निम्नांकित संदर्भों में देखा जा सकता है :

1. राजनीतिक आधुनिकीकरण प्रक्रिया का प्रतिष्ठापन एक स्वतंत्र और पृथक् प्रक्रिया के रूप में नहीं हो पाया है। सभी स्तरों पर इसे विविध सामाजिक आयामों पर निर्भरता के रूप में पेश किया गया है।
2. इस संप्रत्यय की विशेषताओं के संबंध में राजनीतिक विद्वज्जनों के बीच मतैक्यता का अभाव पाया जाता है, इस वजह से इसकी विशेषताओं के तुलनात्मक अध्ययन के लिए कोई निश्चित एवं सुस्पष्ट मानदण्ड का निर्धारण संभव नहीं हो पाया है।
3. आलोचकों की दृष्टि में इस संप्रत्यय के कई महत्त्वपूर्ण भाग व्यवस्था के सामाजिक आर्थिक विकास से संबद्ध हैं जो राजनीति विज्ञान को समाज विज्ञान एवं अर्थशास्त्र के एक खास अंग के रूप में विकसित होने की प्रेरणा देता है।
4. राजनीतिक आधुनिकीकरण के प्रतिमानों में समरूपता का अभाव पाया जाता है।
5. आलोचकों की मतानुसार, यह संकल्पना राजनीति विज्ञान को समाजशास्त्र या अर्थशास्त्र जैसे किसी अन्य विषय के समुद्र में डुबोने का प्रयास करती दिखाई पड़ती है।

उपयोगिता (Utility)

उपर्युक्त विवेचित कतिपय आलोचनात्मक बिन्दुओं के आधार पर यह निष्कर्ष कदापि नहीं निकाला जा सकता कि यह संप्रत्यय पूर्णतः निरर्थक एवं त्रुटिपूर्ण है। राजनीतिक आधुनिकीकरण संप्रत्यय की उपयोगिता और महत्त्व से प्रासंगिक कुछ खास तथ्यों को निम्नांकित बिन्दुओं के आलोक में देखा जा सकता है :

1. राजनीतिक आधुनिकीकरण अवधारणा एक व्यापक संकल्पना है जिसके द्वारा राजनीतिक व्यवस्थाओं की क्षमता, आधुनिकीकरण की गति एवं स्तर का मापन बहुत हद तक संभव हो पाया है।
2. यह संकल्पना व्यवस्था में विकास की ओर उन्मुख परिवर्तन–प्रक्रिया से संबंधित राजनीतिक परिवर्तनों की जानकारी प्राप्त करने तथा उसका परिमापन करने में सहायक माध्यम की भूमिका अदा करता है।
3. राजनीतिक आधुनिकीकरण संकल्पना राजनीतिक व्यवस्थागत समस्याओं की जड़ में सक्रिय कारकों, तथ्यों, शक्तियों को उजागर करने तथा उसके निदान हेतु प्रयत्नों के परिप्रेक्ष्य में सहायक माध्यम की भूमिका निभाता है।

4. इस संकल्पना के प्रवर्तकों की दृष्टि में यह अवधारणा राजनीतिक व्यवस्था के तथ्यपरक–यथार्थपरक, बहुआयामी–बहुदिशायी आनुभविक अध्ययन विश्लेषण की दृष्टि से ज्यादा समीचीन और कारगर है क्योंकि इसका अध्ययन प्रसंग व्यापक स्तर पर राजनीतिक सामाजिक विकास के लगभग सभी पहलुओं से संबंधित होता है।
5. इस संप्रत्यय की मदद से राजनीतिक व्यवस्था की वास्तविक गत्यात्मकता का अध्ययन संभव हो पाया है।
6. विकासशील व्यवस्थाओं की राजनीतिक प्रक्रिया को जानने–समझने एवं प्रासंगिक शोध–प्रसंगों के लिए एकत्रित आधार सामग्री के सामान्यीकरण तथा उन्हें परिणाम तक पहुंचाने में राजनीतिक आधुनिकीकरण संकल्पना उल्लेखनीय भूमिका निभाती है।
7. राजनीतिक आधुनिकीकरण संकल्पना के आगमन से राजनीति विज्ञान के अध्ययन क्षेत्र का व्यापक विस्तार हुआ है और इस विषय का समाजशास्त्र, अर्थशास्त्र, मानवशास्त्र, मनोविज्ञान आदि से सीधा सरोकार स्थापित हो गया है।

सारांशतः, यह कहा जा सकता है कि राजनीतिक आधुनिकीकरण संकल्पना के आधार पर किया जाने वाला राजनीतिक विश्लेषण ज्यादा यथोचित और अनुभवजन्य व परिस्थितिजन्य साबित होता है, क्योंकि इसके द्वारा राजनीतिक व्यवस्था की कार्यक्षमता एवं कर्मकुशलता का यथातथ्य रूप में अधिक न्यायोचित विश्लेषण संभव हो पाता है। इस संकल्पना की मदद से विभिन्न राजनीतिक व्यवस्थाओं का वर्गीकृत अध्ययन करना काफी हद तक सरल हो गया है।

स्मरणीय संकेत (Points to Remember)

- आधुनिकीकरण एक बहुआयामी एवं बहुदिशायी व्यापक प्रक्रिया है जो समाज से संदर्भित परिवर्तन एवं विकास के समस्त पक्षों को अपने अध्ययन दायरे में समेटता है।
- एक परिवर्तनशील प्रक्रिया होने की वजह से आधुनिकीकरण के संकेतकों के संबंध में समाजवैज्ञानिकों में मतैक्यता का अभाव पाया जाता है।
- आधुनिकीकरण मूल्ययुक्त संकल्पना है, जबकि पश्चिमीकरण मूल्यमुक्त अवधारणा है।
- राजनीतिक आधुनिकीकरण सामान्य आधुनिकीकरण प्रक्रिया का महत्त्वपूर्ण पहलू है जो मूलतः राजनीतिक संदर्भों से प्रासंगिक है।
- राजनीतिक आधुनिकीकरण राजनीतिक व्यवस्था के अन्तर्गत होने वाले बहुआयामी–बहुदिशायी परिवर्तन का सूचक है।
- राजनीतिक आधुनिकीकरण की विशेषताओं का उल्लेख करने में आइजेन्सटाड, कार्ल डायश, हंटिंगटन, आल्मंड एवं पॉवेल आदि की अभिव्यक्ति काफी महत्त्वपूर्ण है।
- इस संकल्पना की विशेषताओं के संबंध में विद्वज्जनों के बीच काफी मतवैभिन्नता है।
- लियोनार्ड बाइण्डर द्वारा विकसित व्यवस्थाओं की कुछ खास विशेषताओं का वर्णन किया गया है तादात्म्यता में परिवर्तन, वैधता में परिवर्तन, वितरण–क्षमता में परिवर्तन, समाज पर वैधानिक प्रशासनिक नियंत्रण की प्रवृत्ति में परिवर्तन।
- विकाशील देशों में राजनीतिक आधुनिकीकरण की कई समस्याएं हैं।
- राजनीतिक आधुनिकीकरण के अभिकरण–सरकार की भूमिका, अभिजनों की भूमिका बुद्धिजीवियों की भूमिका, विचारधाराओं की भूमिका, अन्य अभिकरण।

- राजनीतिक आधुनिकीकरण के प्रतिमान–शिल्स: राजनीतिक लोकतंत्र, संरक्षक लोकतंत्र, आधुनिकीकरण वर्गतंत्र, सर्वाधिकारवादी वर्गतंत्र, परम्परागत वर्गतंत्र। कॉट्स्की का वर्गीकरण, डेविड ऐप्टर का वर्गीकरण।
- राजनीतिक आधुनिकीकरण राजनीतिक विकास की अपेक्षा एक सीमित अवधारणा है।
- अन्य विकासशील व्यवस्थाओं की तुलना में भारतीय राज्यव्यवस्था के अन्तर्गत राजनीतिक आधुनिकीकरण प्रक्रिया का सफर सर्वथा पृथक् और अपने आप में अनूठा है।
- राजनीतिक आधुनिकीकरण संकल्पना को गंभीर आलोचनाओं के दौर से गुजरना पड़ा है।
- आलोचकों की दृष्टि में यह संकल्पना राजनीति विज्ञान को अन्य समाज विज्ञानों पर आश्रित विषय के रूप में प्रस्तुत करता है।
- गंभीर आलोचनाओं के बावजूद समर्थकों की दृष्टि में यह एक व्यापक संप्रत्यय है जिसके माध्यम से राजनीतिक व्यवस्था की क्षमता, कार्यकौशल एवं परिवर्तन–प्रक्रिया की गति, स्तर, प्रकृति व प्रवृत्ति आदि का यथातथ्य अनुभवाश्रित अध्ययन किया जा सकता है।

प्रश्न (Questions)

1. राजनीतिक आधुनिकीकरण संप्रत्यय से आप क्या समझते हैं ? विवेचना कीजिए।
   What do you understand by political modernisation concept? Discuss.
2. राजनीतिक आधुनिकीकरण की परिभाषा दीजिए। आधुनिकीकरण एवं पश्चिमीकरण में अन्तर बताएं।
   Define political modernisation. Distinguish between modernisation and westernisation.
3. राजनीतिक आधुनिकीकरण के प्रमुख लक्षणों की विवेचना कीजिए।
   Discuss the main features of political modernisation.
4. राजनीतिक आधुनिकीकरण के प्रमुख प्रतिमानों की विवेचना कीजिए।
   Discuss the main models of political modernisation.
5. भारत में राजनीतिक आधुनिकीकरण प्रक्रिया के विभिन्न पहलुओं की विवेचना करें।
   Discuss the various aspects of political modernisation process in India.

अध्याय **17**

राजनीतिक भर्ती
(Political Recruitment)

परिचय (Introduction)

प्रत्येक राजनीतिक व्यवस्था की लोकप्रियता, सफलता, स्थायित्व, सातत्य एवं स्तरोन्नयन का पूरा दारोमदार वहां राजनीतिक भर्ती की स्थिति और प्रतिशत में वृद्धि पर निर्भर करता है। राजनीतिक भर्ती को राजनीतिक व्यवस्था के आधार–आधेय की संज्ञा दी जाती है। राजनीतिक व्यवस्थान्तर्गत इस मुख्य विषय का तार जिन प्रमुख प्रसंगों के साथ अन्योन्याश्रित रूप से जुड़ा है, वे हैं–राजनीतिक समाजीकरण, राजनीतिक संस्कृति, राजनीतिक अभिजन, राजनीतिक आधुनिकीकरण, राजनीतिक सहभागिता एवं राजनीतिक भूमिकाएं आदि। व्यवस्था–संचालन के परिपेक्ष्य में राजनीतिक भर्ती नागरिकों के राजनीतिक व्यवहार प्रदर्शन में सूत्रधार एवं सूत्रसंचालक की भूमिका अदा करता है। किसी भी राजनीतिक व्यवस्था के अन्तर्गत भर्ती का तात्पर्य विभिन्न पदों पर राजनीतिक भूमिकाओं के निष्पादन के लिए की जाने वाली बहालियों से है। राजनीतिक भर्ती एक प्रक्रिया है जो राजनीतिक व्यवस्था के पर्यावरण को सीधे तौर पर प्रभावित करता है। इसके दायरे में औचित्यपूर्ण राजनीतिक सत्ता, शक्ति, प्रभाव का इस्तेमाल करने वाले राजनीतिक पदधारक, जैसे–राष्ट्रपति, प्रधानमंत्री, मंत्री, राज्यपाल, मुख्यमंत्री, सांसद, विधायक, मेयर आदि एवं प्रशासनिक पदों पर होने वाली भर्तियां शामिल हैं इसके साथ–साथ राजनीतिक भर्ती का अभिप्राय उस प्रकार्य से भी है जिसके माध्यम से व्यवस्था में राजनीतिक भूमिकाओं का निष्पादन करने वाले लोगों को राजनीति की मुख्य धारा में शामिल किया जाता है। इस अर्थ में राजनीतिक समाजीकरण का स्वाभाविक परिणाम व्यवस्थागत राजनीतिक प्रक्रियाओं में लोगों के शामिल होने एवं राजनीतिक भूमिकाओं के निर्वहन कार्य के लिए लोगों की भर्ती से है। इस संदर्भ में भर्ती का अभिप्राय किसी भी राजनीतिक व्यवस्था में लोगों का औपचारिक रूप से राजनीति में पारंगत होना है।

अर्थ एवं परिभाषाएं (Meaning and Definitions)

आल्मंड द्वारा प्रतिपादित 'संरचनात्मक प्रकार्यात्मक विश्लेषण' की व्याख्या के दौरान राजनीतिक भर्ती संप्रत्यय की चर्चा की गयी है। आल्मंड की यह अभिव्यक्ति है कि निवेश तत्त्वों के लिए आधारभूमि तैयार करने में राजनीतिक संस्कृति, राजनीतिक समाजीकरण के साथ–साथ राजनीतिक भर्ती की भी विशेष भूमिका होती है। इनका ऐसा अभिमत है कि व्यवस्था में मांगों का स्वरूप क्या होगा और समर्थन के सवाल पर जनसक्रियता की मात्रा कितनी होगी, इसका नियामक वहां की जनता का राजनीतिक समाजीकरण और राजनीतिक भर्ती की स्थिति होती है। इस संदर्भ में राजनीतिक भर्ती का सीधा सरोकार व्यक्ति के राजनीतिक समाजीकरण के आधार पर राजनीतिक सक्रियता से है। राजनीतिक भर्ती का राजनीतिक व्यक्ति से प्रत्यक्ष संबंध होता है, क्योंकि राजनीतिक भूमिकाओं में व्यक्ति की सक्रियता के नियमन का यही आधार माध्यम है।

आल्मंड ने अपनी प्रसिद्ध रचना **'Comparative Politics : A Developmental Approach'** में राजनीतिक भर्ती के संबंध में अभिमत व्यक्त करते हुए कहा है, "राजनीतिक भर्ती का तात्पर्य उस प्रकार्य से है जिसके द्वारा राजनीतिक व्यवस्था में राजनीतिक भूमिकाओं को भरा जाता है।" ऑल्मंड के कहने का आशय यह है कि इस प्रक्रिया द्वारा राजनीतिक भूमिका निभाने वाले संरचनात्मक निकायों में प्रकार्यात्मकता लायी जाती है। दूसरे शब्दों में यह कहा जा सकता है कि "राजनीतिक भर्ती वह राजनीतिक प्रक्रिया है जिसके द्वारा राजनीतिक भूमिका निभाने वालों का राजनीतिक व्यवस्था में विधिवत् प्रवेश होता है।" कोई भी राजनीतिक समाज केवल प्रशासकों द्वारा संचालित नहीं होता है, अपितु व्यवस्था के सामाजिक जीवन के विविध क्षेत्रों का नियमन भी आवश्यक है, जिसका मुख्य आधार–आधेय लोगों के पारस्परिक संबंध, विश्वास, आस्था, निष्ठा, सहयोग, समन्वय, व्यक्तिगत कौशल आदि हैं। इस परिप्रेक्ष्य में राजनीतिक भर्ती का आशय है सामाजिक व्यवस्था का नियमन करने वाली गतिविधियों के संचालन हेतु लोगों का चयन करना।

जोसेफ लापालोम्बरा (Joseph Lapalombara) के शब्दों में, "राजनीतिक दृष्टिकोण से महत्त्वपूर्ण भूमिकाओं के निवर्हन हेतु विशिष्ट व्यक्तियों को इसमें शामिल करने के सभी निर्धारित उपायों को राजनीतिक भर्ती कहा जाता है।" रश एवं अल्ताफ की दृष्टि में, "राजनीतिक भर्ती एक प्रक्रिया है जिसके द्वारा व्यक्ति किसी पद की भूमिका को प्राप्त करने या इस हेतु पंजीकरण कराने का प्रयास करता है।" प्रत्येक राजनीतिक व्यवस्था कुछ मूल्यों, मान्यताओं, निष्ठाओं व विश्वासों को वहन करती है, साथ–साथ परिवर्तित परिस्थितियों के अनुरूप नये मूल्यों को भी अपने में समावेशित करती रहती है। व्यवस्थागत राजनीतिक भर्ती के प्रसंग में परम्परागत मूल्यों और अभिनव मूल्यों के बीच सामंजस्य बैठाते हुए राजनीतिक भूमिकाओं का निर्वहन किया जाता है। इस पूरे संदर्भ में राजनीतिक समाजीकरण प्रक्रिया की भूमिका सर्वाधिक महत्त्वपूर्ण होती है। दरअसल, राजनीतिक समाजीकरण प्रक्रिया राजनीतिक भर्ती के लिए आधारभूमि उपलब्ध कराती है। सभी राजनीतिक व्यवस्थाओं में विविध प्रकार की भूमिकाएं और संपादन के लिए विभिन्न प्रकार के पद मौजूद होते हैं। इस परिप्रेक्ष्य का सबसे अहम् सवाल यह है कि राजनीतिक व्यवस्था प्रकार्यात्मकता की उत्कृष्ट स्थिति को कैसे प्राप्त करे, वहां राजनीतिक भूमिकाओं का स्वरूप क्या हो, उनका संचालन कैसे हो, इसके संचालन का सूत्र किसके पास हो तथा इन भूमिकाओं के निष्पादन के लिए लोगों के चयन यानी कि भर्ती का आधार क्या हो ? इस प्रसंग का महती पक्ष यह है कि सभी राजनीतिक व्यवस्थाओं की सफलता की कुंजी वहां राजनीतिक भूमिकाओं के कुशल निष्पादन में निहित होती है।

आल्मंड द्वारा प्रतिपादित प्रतिमान में राजनीति भर्ती को निवेश प्रकार्य के दायरे में शामिल किया गया है। इसका अभिप्राय यह हुआ कि राजनीतिक व्यवस्था द्वारा समाज को नियमित करने एवं पर्यावरण में होने वाले बदलाव के अनुरूप अनुकूलित करने के कार्य में राजनीतिक भर्ती प्रक्रिया का उल्लेखनीय योगदान होता है। जिस प्रकार, राजनीतिक संस्कृति से प्रासंगिक मूल्यों, मानकों, विश्वासों व प्रतीकों को पीढ़ी–दर–पीढ़ी हस्तांतरित करके राजनीतिक समाजीकरण प्रक्रिया सभी राजनीतिक व्यवस्थाओं की संरचनात्मक व प्रकार्यात्मक रूपरेखा को स्थायित्व एवं सातत्य प्रदान करता है, उसी प्रकार राजनीतिक व्यवस्था के स्थायित्व एवं सातत्य को मौजूदा पर्यावरण के साथ अनुकूलित या विश्रृंखलित (Adapated or Disintegrated) करने में राजनीतिक भर्ती की भूमिका

सर्वाधिक महत्त्वपूर्ण होती है। इस प्रसंग में आल्मंड की यह अभिव्यक्ति है कि राजनीतिक भूमिकाओं के सृजन एवं भूमिकाओं के निष्पादन हेतु व्यक्तियों की राजनीतिक भर्ती ही व्यवस्था में राजनीतिक संसाधनों के वितरण एवं इस वजह से प्रभावित व्यवस्था के पोषण, अनुकूलन तथा विशृंखलन के लिए जवाबदेह होता है।'' राजनीतिक भर्ती के विभिन्न आयामों को समझने के लिए राजनीतिक भूमिका का विश्लेषण यहां अति आवश्यक है।

राजनीतिक भूमिका की संकल्पना (Concept of Political Role)

राजनीतिक भूमिका संकल्पना समाज मनोविज्ञान (Social Psychology) की भूमिका अवधारणा पर आधारित है। समाज मनोविज्ञान के अन्तर्गत भूमिका (Role) का संदर्भ उन नियमों या मानकों से संबद्ध है जो सामाजिक जीवन के समस्त क्षेत्रों में कार्यों, व्यवहारों एवं संबंधों के निर्धारण, नियमन, प्रकटीकरण तथा निषेधन से प्रासंगिक हैं। आधुनिक राजनीति विज्ञान जिन राजनीतिक भूमिकाओं का अध्ययन करता है वह व्यवस्था में अभिजन वर्ग एवं नागरिकों की भूमिकाओं से संबद्ध है। इसका अभिप्राय यह हुआ कि किसी भी राजनीतिक व्यवस्थान्तर्गत राजनीतिक भूमिकाएं उन व्यवस्थागत नियमों, मानकों एवं क्रियाओं की बोधक होती हैं जिसका सीधा सरोकार नागरिकों के अधिकारों व कर्तव्यों से होता है। वहीं अभिजन वर्ग की राजनीतिक भूमिका का संबंध व्यवस्था में राजनीतिक शक्ति के उद्भव, शक्ति की प्राप्ति, प्रदर्शन, अनुरक्षण (Maintenance) एवं अनुप्रयोग (Application) से संबंधित नियमों, मानकों एवं कार्यों से है। सामान्य अर्थ में राजनीतिक भूमिकाओं का संबंध समाज के व्यवस्थापन के नाम पर लिये गये निर्णयों तथा इन निर्णयों के कार्यान्वयन से है और राजनीतिक भर्ती का संबंध उन लोगों के चयन से है जो इन भूमिकाओं का निष्पादन करते हैं। इन्हीं मान्यताओं व मानकों के आधार पर राजनीतिक भूमिकाओं एवं इन्हें धारण करने वाले भूमिकाधारियों (Role Occupants) के व्यवहारों का अध्ययन आल्मंड एवं ईस्टन जैसे कई व्यवहारवादियों द्वारा किया गया है। इन विद्वानों की नजर में राजनीतिक भर्ती के अध्ययन का परिप्रेक्ष्य इन भूमिकाओं को धारण करने वाले व्यक्तियों के अध्ययन से संदर्भित है। राजनीतिक भर्ती के अध्ययन प्रसंग में व्यवस्था में पायी जाने वाली विविध प्रकार की भूमिकाओं के स्वरूप, भूमिका निर्वहन के लिए मौजूद सामाजिक व राजनीतिक पर्यावरण, राजनीतिक समाजीकरण की प्रक्रिया तथा भूमिकाओं से संबंधित उम्मीदों, आकर्षण एवं सामाजिक–राजनीतिक व्यवस्था पर इसके पड़ने वाले प्रभावों के अध्ययन को शामिल किया जाता है।

आल्मंड द्वारा राजनीतिक संस्कृति संकल्पना का अनुसरण करते हुए राजनीतिक भूमिकाओं के प्रकार एवं उनके मध्य पाये जाने वाले अन्तर्संबंधों की चर्चा की गयी है। इन्होंने राजनीतिक भूमिकाओं को दो वर्गों में बाँटा है–नागरिक भूमिकाएं (Citizen Roles) और अभिजन भूमिकाएं (Elite Roles)। पुनः नागरिक भूमिकाओं को दो वर्गों में बांटा है–सहभागी भूमिकाएं (Participants Roles), और प्रजाभावी भूमिकाएं (Subject Roles)। तत्पश्चात् इन्होंने सहभागी एवं पराधीन भूमिकाओं का भी वर्गीकृत स्वरूप प्रस्तुत करते हुए सहभागी भूमिकाओं की तीन कोटियों का उल्लेख किया है, (1) हित स्पष्टीकरण भूमिकाएं (Interest Articulation Roles), (2) हित समूहन भूमिकाएं (Interest Aggregation Roles), (3) नीति निर्धारक भूमिकाएं (Policy-making Roles)।

इसी प्रकार प्रजा भावी भूमिकाओं की भी चार कोटियों का उल्लेख किया है, (1) संसाधन जुटाने की भूमिकाएं (Resource Provider Roles), (2) संसाधनों से लाभ पाने की भूमिकाएं (Resource Recipient Roles), (3) व्यवहार विनियमन को स्वीकारने की भूमिकाएं (Recipient of Behaviour Regulation Roles), (4) प्रतीकों को ग्रहण करने की भूमिकाएं (Recipient of Symbols Roles)।

आल्मंड द्वारा उल्लिखित नागरिक एवं अभिजन भूमिकाओं का अभिप्राय स्पष्ट है। नागरिक भूमिकाओं की दोनों कोटियां सहभागी एवं प्रजा भावी के बीच अन्तर स्पष्ट करते हुए उन्होंने कहा है कि सहभागी भूमिकाएं वे हैं जिनके तहत नागरिक नीति–निर्माण प्रक्रिया को एक सीमा तक प्रभावित करने का प्रयत्न करते हैं, वहीं प्रजा भावी भूमिकाएं वे हैं जिनके अन्तर्गत नागरिक नीतियों के कार्यान्वयन में संलग्न रहते हैं। ऑल्मंड ने सहभागी भूमिकाओं के तीन प्रकारों, यथा हित उत्प्रेरण, हित संयोजन एवं नीति–निर्माण की भूमिका की चर्चा की है इसमें

हित उत्प्रेरण की भूमिका इच्छित सार्वजनिक नीतियों के निर्माण की सार्वजनिक मांग से संबद्ध है। इस कोटि से संबद्ध भूमिकाओं का निष्पादन करने वाले लोगों की दो श्रेणियां होती हैं : (i) सीमित रूप में हित स्पष्टीकरण के लिए उत्प्रेरक लोगों का समूह, और (ii) हित स्पष्टीकरण के लिए समूह के सक्रिय सदस्यों का समूह।

आल्मंड का मानना है कि हित संयोजन या समूहन की भूमिकाएं भी राजनीतिक व्यवस्था में दो प्रकार की सहभागी गतिविधियों के जन्म की आधारक हैं : (i) मतदान क्रिया में सहभागिता, और (ii) राजनीतिक दलों की प्रतियोगिता में सहभागिता। सहभागिता के ये दोनों आयाम हित समूहन से संबद्ध हैं।

आल्मंड की दृष्टि में हित संयोजन का अर्थ है महत्त्वपूर्ण वैकल्पिक नीतियों के निर्माण के लिए आवश्यक समर्थन जुटाना।

जहां तक सहभागी भूमिकाओं के रूप में नीति–निर्माण प्रक्रिया में सहभागी की भूमिका का सवाल है तो विश्व की बहुत कम राजनीतिक व्यवस्थाओं में सामान्य जनों को इस भूमिका के निष्पादन का प्रत्यक्ष अवसर मिलता है। सामान्यतः, इस राजनीतिक भूमिका का संपादन चुने हुए जनप्रतिनिधि ही करते हैं। स्विट्जरलैण्ड में संवैधानिक संशोधन एवं कानून निर्माण में जनमत संग्रह (Referendum) तथा आरंभण (Initiative) जैसे राजनीतिक अधिकार नागरिकों को प्रदान किये गये हैं।

सहभागी भूमिका संबंधी भर्ती (Recruitment Relating to Participant Role)

उपर्युक्त राजनीतिक भूमिकाओं के आलोक में राजनीतिक भर्ती संबंधित विचारों पर जब गंभीर दृष्टि डाली जाती है तो यह स्पष्ट होता है कि सहभागी भूमिकाओं से प्रासंगिक राजनीतिक भर्ती व्यवस्था में कई करकों से प्रभावित होती है। सर्वप्रथम, राजनीतिक व्यवस्था की सरकारी निर्णय एवं निर्माण संरचनाएं सहभागी भूमिकाओं से प्रासंगिक भर्ती की रूपरेखा का निर्धारण करती हैं। दृष्टान्तस्वरूप, सर्वाधिकावादी राजनीतिक व्यवस्थाओं में एकदलीय शासन की मौजूदगी, अभिव्यक्ति की आजादी पर पाबंदी और दलीय प्रतियोगिता की गैर मौजूदगी व्यवस्था में राजनीतिक भर्ती के स्वरूप को सीमित करता है। वहां हित समूहों की नियंत्रित कार्यशैली स्वायत्तता में कमी एवं सीमित भूमिकाएं भी राजनीतिक भर्ती को प्रभावित करने वाला मुख्य कारक है। जबकि, उदारवादी लोकतांत्रिक व्यवस्थाओं में खुली राजनीतिक प्रतियोगिताएं, कई राजनीतिक दलों, दबाव समूहों तथा हित समूहों की मौजूदगी, मताधिकार का विस्तार, अभिव्यक्ति की आजादी, सरकारी नीतियों के समर्थन या विरोध में आवाज बुलन्द करने की आजादी, निष्पक्ष न्यायपालिका, विधि का शासन, सामाजिक न्याय जैसी राजनीतिक–सामाजिक परिस्थितियां सहभागी भूमिका संबंधी भर्ती को विस्तृत स्वरूप प्रदान करता है। इन व्यवस्थाओं में राजनीतिक दलों दबाव समूहों, हित समूहों के प्रति लोगों का आकर्षण वैयक्तिक, भौतिक, सामाजिक एवं भावनात्मक प्रसंगों से जुड़े कई कारकों से प्रभावित होता है और आकर्षण–विकर्षण के सभी पक्ष राजनीतिक दलों, दबाव समूहों, हित समूहों में होने वाली भर्ती को प्रभावित करता है। इन इकाइयों द्वारा की जाने वाली भर्ती का प्रभाव सभी लोगों पर समान नहीं पड़ता है। राजनीतिक दलों एवं विविध समूहों द्वारा की जाने वाली भर्ती प्रक्रिया सदस्यों के राजनीतिक दृष्टिकोण की समर्थता एवं समाजीकरण प्रक्रिया के स्तर पर निर्भर करता है। जिन राजनीतिक दलों का कार्यक्रम जनोन्मुख और कार्यशैली समाजोन्मुख होती है उस दल में ज्यादा–से–ज्यादा सदस्यों की भर्ती होती है।

प्रजा भावी भूमिका संबंधी भर्ती (Recruitment Relating to Subject Role)

सहभागी भूमिकाओं में ज्यादा–से–ज्यादा सदस्यों की भर्ती लोकतांत्रिक राजनीतिक व्यवस्थाओं की ख़ास विशेषता हैं लेकिन प्रजा भावी भूमिकाएं सभी व्यवस्थाओं की मुख्य राजनीतिक भूमिका है। सामान्य अर्थ में इस भूमिका का अभिप्राय है राजनीतिक अभिजनों, राजनेताओं एवं नौकरशाही द्वारा निर्धारित नीतियों–निर्णयों, आदेशों का नागरिकों द्वारा आज्ञानुसार पालन करना। सभी राजनीतिक व्यवस्थाओं में प्रजा भावी भूमिकाओं का निर्वहन करते हुए नागरिकों द्वारा निभायी जाने वाली आज्ञाकारिता के कई रूप मौजूद होते हैं लेकिन, आज्ञाकारिता का मुख्य लक्ष्य होता है राजनीतिक व्यवस्था में शासक अभिजनों, प्रति अभिजनों एवं नौकरशाहों द्वारा निर्गत आदेशों, नीतियों

व निर्णयों का सदस्यों द्वारा अनुपालन (Observance) करना एवं व्यापक समर्थन (Support) करना, ताकि राजनीतिक भर्ती का यह स्वरूप व्यवस्था की वैधता, स्थायित्व एवं सातत्य को बनाये रखने में आधार माध्यम की भूमिका निभाये। इस कोटि की भूमिकाओं में करदाता की भूमिका, सरकारी अवसरों–लाभों का उपभोग करने की भूमिका, राजनीतिक प्रतीकों, मसलन–राष्ट्रीय उत्सवों, राष्ट्रीय चिन्ह, राष्ट्रीय गीत, राष्ट्रीय ध्वज आदि की महत्ता को स्वीकार करने की भूमिका, राजनीतिक व्यवहारों के विनियमन हेतु निर्मित कानूनों एवं नीतियों को स्वीकार करने की भूमिका आदि प्रमुख हैं, जो आज्ञापालक के रूप में भर्ती होकर नागरिकों द्वारा लोकतांत्रिक एवं सर्वाधिकारवादी दोनों व्यवस्थाओं में निभायी जाती है। राजनीतिक भर्ती का यह स्वरूप भी राजनीतिक भूमिका निर्वहन की दृष्टि से काफी महत्त्वपूर्ण है।

अभिजन की भूमिका संबंधी भर्ती (Recruitment Relating to Elite Role)

आल्मंड एवं इनके समर्थकों का मानना है कि किसी भी राजनीतिक व्यवस्था में अभिजनों द्वारा निष्पादित भूमिकाओं की उपलब्धता (Availability) मौजूदा समाज को तभी मिलती है जब वहां के नागरिकों द्वारा उच्चस्तरीय, सामान्य एवं निम्नस्तरीय भूमिकाओं का निष्पादन सफलतापूर्वक किया जाता है। आल्मंड की दृष्टि में सहभागी भूमिकाओं से संबंधित भर्ती ही अभिजनों की भूमिका से संबद्ध भर्ती की आधारशिला है। आगे आल्मंड ने लिखा है कि ''अधिकांश राजनीतिक व्यवस्थाओं में अभिजन भूमिकाओं की सफलता सामान्य रूप से राजनीतिक क्षेत्र में और कभी–कभी सामाजिक क्षेत्रों में निष्पादित की जाने वाली निम्नस्तरीय भूमिकाओं के निष्पादन पर निर्भर करती है।'' इनके कथनानुसार अभिजन भूमिकाओं की कार्यसिद्धि व्यवस्था में दो स्तरों से गुजरती हैं : (1) निम्नस्तरीय भूमिकाओं के निष्पादन से मसलन–स्थानीय सरकारों, राज्यस्तरीय कार्यपालिका विधानपालिका की सदस्यता प्राप्त करना, तथा, (2) स्थानीय–प्रान्तीय स्तर पर भूमिकाओं के सफल निष्पादन के पश्चात् उच्चस्तरीय अभिजन भूमिकाओं के संपादन के लिए भर्ती होना।

राजनीतिक भर्ती की प्रकृति (Nature of Political Recruitment)

ऊपर विवेचित प्रसंगों के आलोक में यह स्पष्ट होता है कि सभी राजनीतिक व्यवस्थाओं में राजनीतिक भूमिकाओं के संपादन एवं निर्वहन के लिए सदस्यों का चयन ही राजनीति भर्ती है। यह एक प्रक्रिया है जिसके माध्यम से नागरिकों में व्यवस्थागत राजनीति, राजनीतिक व्यवस्था–प्रक्रियाओं एवं राजनीतिक अभिजनों के प्रति राजनीतिक चेतना का संचार होता है। लोगों में राजनीतिक विषयों, मुद्दों, समस्याओं, नीतियों, निर्णयों के प्रति संज्ञानात्मक भावात्मक एवं मूल्यांकनात्मक क्षमता में वृद्धि होती है तथा सदस्यों का राजनीतिक दृष्टिकोण संवृद्धि के मार्ग पर तीव्रगति से अग्रसर होता है। प्रत्येक राजनीतिक व्यवस्था में राजनीतिक भर्ती का दायरा काफी विस्तारित होता है जिसमें राजनीतिक अभिजन वर्ग, अधिकारीतंत्र एवं जनसाधारण द्वारा निभायी जाने वाली राजनीतिक भूमिकाएं शामिल होती हैं। संकुचित अर्थ में राजनीतिक भर्ती का अभिप्राय सिर्फ उन लोगों की भर्ती से संबंधित है जो राजनीतिक निर्णयकारिता की भूमिकाओं का निर्वहन करते हैं। राजनीतिक भर्ती की यह प्रकृति विषय के सीमित अर्थबोधन का द्योतक है। इस दृष्टिकोण के आधार पर राजनीतिक भर्ती का अभिप्राय सिर्फ उन्हीं लोगों की भर्ती से है जो राजनीतिक भूमिकाओं को निभाने का औचित्यपूर्ण अधिकार रखते हैं। आल्मंड ने राजनीतिक भर्ती को व्यापक संदर्भ में देखा है। इनकी दृष्टि में राजनीतिक भर्ती एक व्यापक संकल्पना है जिसमें अभिजन वर्ग एवं जनसाधारण दोनों के द्वारा निभायी जाने वाली भूमिकाओं व उत्तरदायित्वों का पक्ष सम्मिलित है। इनके मतानुसार राजनीतिक जीवन में नागरिकों द्वारा विविध प्रकार की भूमिकाएं अदा की जाती हैं। इन्हीं भूमिका आधारित संबंधों की बुनियाद पर राजनीतिक संरचनाओं का गठन होता है और प्रक्रियाओं को अंजाम दिया जाता है, इसलिए, सभी राजनीतिक भूमिकाओं एवं उन्हें धारण करने की प्रक्रिया को राजनीतिक भर्ती प्रक्रिया के अध्ययन सीमान्तर्गत शामिल होने चाहिए। संक्षेप में, यह कहा जा सकता है कि भर्ती अवधारणा के प्रकृति के संबंध में संकुचित एवं व्यापक दोनों दृष्टिकोणों का अस्तित्व मौजूद है।

इस प्रकार, राजनीतिक भर्ती दोहरी प्रक्रिया का द्योतक है। इसमें जहां एक ओर व्यक्ति स्वयं विभिन्न पदों को प्राप्त करने एवं विविध भूमिकाओं को ग्रहण करने के लिए प्रयास करता है, वहीं अन्य विशिष्ट व्यक्तियों या पदधारकों द्वारा विभिन्न पदों पर योग्यतानुरूप उसका मनोनयन भी किया जा सकता है, या किसी भूमिका के निर्वहन के लिए व्यक्ति का चयन भी किया जा सकता है। भर्ती की यह प्रक्रिया औपचारिक (Formal) या अनौपचारिक (Informal) दोनों हो सकती है। यदि किसी भूमिका के निर्वहन के लिए व्यक्ति का चयन राजनीतिक व्यवस्था में मौजूद निर्वाचन पद्धति के संस्थागत साधनों द्वारा खुली प्रतियोगिता के रूप में की जाती है तो उसे औपचारिक भर्ती की कोटि में रखा जाता है। लेकिन, जब व्यक्ति का चयन संस्थागत निर्वाचन साधनों के सहयोग के बिना बंद आधार पर मनोनयन द्वारा किया जाता है तो भर्ती के इस बंद स्वरूप को अनौपचारिक भर्ती की कोटि में रखा जाता है।

राजनीतिक भर्ती की प्रक्रिया प्रत्येक राजनीतिक व्यवस्था के वातावरण को गंभीर रूप से प्रभावित करता है। इसलिए, अधिकांश उदारवादी जनतांत्रिक व्यवस्थाओं, उदाहरण के तौर पर ब्रिटेन एवं भारत में राजनीतिक भर्ती और प्रशासकीय भर्ती को एक दूसरे से पृथक् रखा गया है। प्रशासकीय भर्ती के लिए राजनीतिक तटस्थता (Political Neturality) का दृष्टिकोण अपनाया गया है। यानी कि, प्रशासकीय भर्ती की प्रक्रिया को राजनीतिक दबाव व प्रभाव से मुक्त रखने का प्रयास किया गया है। यहां प्रशासकीय अधिकारी कर्मचारी पर सक्रिय राजनीतिक गतिविधियों में प्रत्यक्ष भागीदारी को निषिद्ध किया गया है। अर्थात् वे अपनी सेवा की कालावधि में किसी राजनीतिक दल के उम्मीदवार के रूप में प्रत्यक्ष रूप से चुनाव में भागीदारी नहीं कर सकते हैं। प्रत्यक्ष रूप से किसी राजनीतिक दल के प्रति वे अपनी निष्ठा व्यक्त नहीं कर सकते हैं। तभी तो राजनीतिक सत्ता का हस्तांतरण एक दल से दूसरे दल तथा एक राजनीतिक नेतृत्व से दूसरे राजनीतिक नेतृत्व के हाथों में होता रहता है लेकिन सरकारी कर्मचारी–पदाधिकारी अपनी भर्ती के पश्चात् अवकाश ग्रहण करने की मियाद तक अपने पद पर बने रहते हैं। प्रशासकीय भर्ती में चयन, प्रशिक्षण, स्थानान्तरण, पोस्टिंग, पदोन्नति, सेवा निवृत्ति आदि की शर्तें राजनीतिक भर्ती से सर्वथा पृथक् होती है। इस प्रकार, इंग्लैण्ड एवं भारत जैसी संसदीय शासन व्यवस्था वाले राष्ट्रों में जहां राजनीतिक भर्ती के प्रभाव से प्रशासकीय भर्ती को मुक्त रखने का प्रयास किया गया है, वहीं अमेरिकी अध्यक्षात्मक शासन व्यवस्था में लूट प्रथा (Spoil System) को राजनीतिक भर्ती को आधार बनाया गया है। तभी तो, वहाँ राष्ट्रपति के पद पर सत्ता–परिवर्तन होते ही विभिन्न पदों पर फेरबदल की प्रक्रिया आरंभ हो जाती है। अमेरिकी अध्यक्षात्मक व्यवस्था में राष्ट्रपति के प्रति व्यक्तिगत निष्ठा तथा राष्ट्रपति का अपने पदाधिकारियों में विश्वास ही राजनीतिक भर्ती का मुख्य आधार–माध्यम है।

राजनीतिक भर्ती की विधियां या प्रकार

(Methods or Kinds of Political Recruitment)

सभी व्यवस्थाओं में राजनीतिक भर्ती प्रक्रिया के अन्तर्गत दो पहलू सन्निहित होते हैं–भर्ती करने वाला और भर्ती होने वाला। भर्ती करने वाला अधिकारी या इकाई पद से प्रासंगिक योग्यताओं एवं निर्धारित शर्तों के आलोक में आवश्यक विषयों को ध्यान में रखते हुए विभिन्न पदों पर योग्य व्यक्तियों की भर्ती का निर्णय लेता है, वहीं भर्ती होने वाला व्यक्ति पद पर नियुक्त होने के लिए अपनी योग्यता, कार्यकौशल की क्षमता एवं अपनी राजनीतिक निष्ठा चयनकर्ता के प्रति व्यक्त करता है। राजनीतिक भर्ती का सामाजिक पर्यावरण से सीधा सरोकार होता है, क्योंकि विभिन्न पदों को धारण कर राजनीतिक भूमिकाओं को निभाने वाले लोग सामाजिक पृष्ठभूमि से ही आते हैं इसलिए, उनके कार्य निष्पादन का सीधा प्रभाव सामाजिक पर्यावरण एवं सामाजिक जीवन पर पड़ता है और अन्ततः ये राजनीतिक भर्ती राजनीतिक व्यवस्था की कार्यक्षमता तथा कर्मकुशलता को प्रभावित करती है।

राजनीतिक भर्ती से प्रासंगिक कोई सर्वमान्य विधि या प्रकार का प्रतिमान अभी तक आकार नहीं ले पाया है, इसलिए अलग–अलग राजनीतिक व्यवस्थाओं में राजनीतिक भर्ती की भिन्न–भिन्न विधियां मौजूद हैं। राजनीतिक भर्ती से संबद्ध कतिपय प्रमुख विधियों या प्रकारों की चर्चा निम्नांकित है:

1. **लाटरी विधि (Lottery Method)**–राजनीतिक भर्ती की यह प्राचीनतम विधियों में एक महत्त्वपूर्ण विधि है जिसका प्रयोग प्राचीन यूनानी राज्यों में किया जाता था। उस समय राजनीतिक भूमिकाओं के निष्पादन के लिए भर्ती का कोई मानदण्ड नहीं था, इसलिए व्यवस्था संचालकों द्वारा प्रस्तावित नामों में से लाटरी सिस्टम के आधार पर राजनीतिक भूमिकाओं को निभाने के लिए कुछ उम्मीदवारों के नामों को छाँट लिया जाता था। भर्ती की यह विधि उस समय भी कुछ ही व्यवस्थाओं में अपनायी जाती थी क्योंकि यह व्यवस्था में कई प्रकार के मतभेदों को जन्म देता था।
2. **आवर्तन विधि (Rotation Method)**–राजनीतिक भर्ती की यह एक ख़ास विधि है, जिसके द्वारा आवर्तन विधि से व्यक्ति राजनीतिक पदों को धारण करते हैं एवं राजनीतिक भूमिकाओं को निभाते हैं। इस विधि की सबसे बड़ी विशेषता यह है कि इसमें पदधारक को लम्बी अवधि तक अपने पद पर बने रहने का अवसर नहीं मिलता है और क्रमावर्तन के आधार पर नये व्यक्तियों की भर्ती होती रहती है। यह भर्ती की चक्रानुक्रम (Recurrence) विधि है जिसके उदाहरणस्वरूप स्विट्ज़रलैण्ड में संघीय परिषद् के अध्यक्ष व उपाध्यक्ष के पद पर होने वाली भर्ती को देखा जा सकता है। इस भर्ती प्रक्रिया की एक ख़ास विशेषता यह है कि इसमें पदधारक अपने पद एवं अधिकारों का दुरुपयोग नहीं कर पाते हैं। संयुक्त राज्य अमेरिका में विद्यमान लूट प्रणाली को भी एक प्रकार से भर्ती की आवर्तन विधि के प्रसंग में देखा जा सकता है। लोकतांत्रिक व्यवस्था में प्रत्यक्ष निर्वाचन की वजह से इस विधि का कोई विशेष महत्त्व नहीं है।
3. **मनोनयन विधि (Nomination Method)**–मनोनयन राजनीतिक भर्ती की एक ख़ास विधि है। हालांकि, लोकतांत्रिक व्यवस्थाओं में प्रत्यक्ष राजनीतिक भर्ती की व्यवस्था होने की वजह से भर्ती की अप्रत्यक्ष विधि के रूप में मनोनयन भर्ती को बहुत प्रधानता नहीं दी जाती है, लेकिन बावजूद इसके कई महत्त्वपूर्ण राजनीतिक पदों को मनोनयन द्वारा भरा जाता है। उदाहरण के तौर पर भारत में सभी राज्यों के राज्यपालों के पद, राज्यसभा और लोकसभा के कुछ पदों को तथा राज्यों के विधानपरिषद् के कुछ पदों को मनोनयन द्वारा भरा जाता है। इसी प्रकार अमेरिकी मंत्रिमंडल के सदस्य वहां के राष्ट्रपति द्वारा मनोनीत किये जाते हैं। आलोचकों की दृष्टि में राजनीतिक भर्ती की यह प्रक्रिया लोकतंत्र की अवधारणा के विरुद्ध है।
4. **सहयोजन विधि (Co-optation Method)**–सहयोजन प्रविधि राजनीतिक व्यवस्थाओं में राजनीतिक की जाने वाली भर्ती का मजबूत आधार है, जिसका अर्थ है मौजूद सदस्यों द्वारा नये सदस्यों की बहाली। इस प्रविधि के अन्तर्गत किसी संगठन या इकाई के चुने हुए सदस्य कुछ विशेष व्यक्तियों को सहयोजन विधि से भूमिका निभाने के लिए चयन करते हैं। भारत में स्थानीय इकाइयों के विविध पदों पर भर्ती के लिए मनोनयन की अपेक्षा सहयोजन विधि अपनाई जाती है। इस विधि द्वारा समान्यतः विशेष दक्षता, एवं कार्यकुशलता वाले व्यक्तियों की बहाली की जाती है ताकि संगठन को ऐसी विशिष्ट योग्यता वाले व्यक्तियों की सेवा का लाभ मिल सके जो प्रत्यक्ष निर्वाचन के माध्यम से निर्वाचित नहीं हो पाते हैं। अमेरिकी राष्ट्रपति द्वारा की जाने वाली नियुक्तियों में भी सहयोजन विधि की व्यवस्था है।
5. **नियुक्ति विधि (Appointment Method)**–लोकतांत्रिक एवं सर्वाधिकारवादी व्यवस्थाओं में कई राजनीतिक पद नियुक्ति विधि के माध्यम से भरे जाते हैं। भारत में राष्ट्रपति द्वारा प्रधानमंत्री की नियुक्ति, राज्यों में राज्यपाल द्वारा मुख्यमंत्री की नियुक्ति, राष्ट्रपति द्वारा योजना आयोग के अध्यक्ष, निर्वाचन आयोग के अध्यक्ष, सर्वोच्च न्यायालय के मुख्य न्यायाधीश एवं अन्य न्यायाधीशों की नियुक्ति, विदेश में राजदूतों की नियुक्ति आदि का प्रावधान भर्ती की इस प्रविधि के दायरे में आता है। इसी भांति अमेरिका के राष्ट्रपति द्वारा अपने मंत्रिमंडल के सदस्यों की नियुक्ति, विदेश में राजदूतों की नियुक्ति, सर्वोच्च न्यायालय के जजों की नियुक्ति, इंग्लैण्ड के सम्राट द्वारा प्रधानमंत्री के पद पर नियुक्ति आदि इस भर्ती प्रक्रिया के अन्तर्गत आता है। हालांकि भारत में राष्ट्रपति एवं राज्यपाल द्वारा प्रधानमंत्री या मुख्यमंत्री की नियुक्ति या इंग्लैण्ड में सम्राट या मुकुट द्वारा प्रधानमंत्री की नियुक्ति की प्रक्रिया महज एक औपचारिक अधिकार–मात्र है।

सदन में बहुमत दल के नेता को इन पदों के लिए नियुक्त करना सम्राट, राष्ट्रपति या राज्यपाल के पद की अनिवार्यता है।

6. **निर्वाचन विधि (Election Method)**—लोकतांत्रिक व्यवस्थाओं में राजनीतिक भर्ती का सबसे प्रबल और लोकप्रिय माध्यम निर्वाचन प्रविधि है। इस विधि के अन्तर्गत व्यवस्था द्वारा निर्धारित विभिन्न पदों पर एक निश्चित कालावधि के लिए जनता द्वारा प्रत्यक्ष निर्वाचन विधि के आधार पर राजनीतिक भर्ती प्रक्रिया को अंजाम दिया जाता है। भर्ती की इस विधि का आधार विधिसम्मत् वयस्क मताधिकार का अधिकार होता है, जिसमें वैधानिक मानकों के आधार पर एवं संविधान द्वारा निर्धारित उम्र सीमा तथा योग्यता के लिए प्रस्तावित शर्तों के आधार पर कोई भी नागरिक चुनाव में अपनी उम्मीदवारी सुनिश्चित करा सकता है और किसी भी राजनीतिक दल या निर्दलीय उम्मीदवार के रूप में चुनाव मैदान में उतर सकता है। सिर्फ सरकारी कर्मचारियों, पदाधिकारियों को ऐसी खुली भर्ती प्रतियोगिता में शामिल होने की वैधानिक रूप से मनाही है। वहीं मतदाताओं के लिए भी संविधान द्वारा विधिसम्मत् आधार पर कुछ वैधानिक योग्यताएं निर्धारित की गयी हैं; मसलन—वयस्क नागरिक होने की उम्र सीमा, मताधिकार प्रयोग के दौरान गैर सामाजिक विध्वंसक गतिविधियों पर कानूनी प्रतिबंध एवं एक मतदाता होने के लिए संविधान द्वारा निर्धारित नागरिकता की आवश्यक शर्तों की उपस्थिति आदि।

   निर्वाचन विधि सामान्यतया दो प्रकार की होती है—प्रत्यक्ष निर्वाचन विधि एवं अप्रत्यक्ष निर्वाचन विधि। जब जनसाधारण प्रत्यक्ष रूप से अपने प्रतिनिधियों का चुनाव करती है, तो उसे प्रत्यक्ष निर्वाचन विधि की संज्ञा दी जाती है। भारत, इंग्लैण्ड अमेरिका, स्विट्ज़रलैण्ड, कनाडा आदि राज्यों में व्यवस्थापिका के प्रथम सदन के लिए राजनीतिक भर्ती की यह विधि अपनायी जाती है। अमेरिका में द्वितीय सदन सीनेट के सदस्यों के चयन के लिए भी निर्वाचन की यही विधा अपनायी जाती है।

   अप्रत्यक्ष निर्वाचन विधि में मतदाताओं द्वारा एक ऐसे निर्वाचक मंडल का चुनाव किया जाता है जो राजनीतिक प्रतिनिधियों का चयन करता है। अमेरिका के राष्ट्रपति का चुनाव ऐसे ही निर्वाचक मंडल द्वारा अप्रत्यक्ष रूप से सम्पन्न होता है। भारत के राष्ट्रपति का चुनाव भी अप्रत्यक्ष रूप से निर्वाचक मंडल द्वारा किया जाता है। दूसरे शब्दों में, यह कहा जा सकता है कि सामान्य मतदाता निर्वाचक मंडल के सदस्यों का चुनाव करते हैं और निर्वाचक मंडल के सदस्य राष्ट्रपति का चुनाव करते हैं। प्रत्यक्ष निर्वाचन पद्धति को लोकतांत्रिक मान्यताओं के अनुरूप ज्यादा बेहतर माना जाता है। भारत में संविधान द्वारा प्रत्यक्ष एवं अप्रत्यक्ष निर्वाचन विधि में उत्तम समन्वय स्थापित करने की व्यवस्था की गयी है। जहां लोकसभा के गठन के लिए प्रत्यक्ष निर्वाचन प्रणाली अपनायी गयी है वहीं राज्य सभा और राष्ट्रपति के चुनाव हेतु अप्रत्यक्ष निर्वाचन विधि अपनायी गयी है।

7. **वंशानुगत विधि (Hereditary Method)**—यदि राजनीतिक पदों पर भर्ती का आधार वंशानुगत हो तो इसे वंशानुगत विधि के रूप में चिन्हित किया जाता है। प्रायः वंशानुक्रम के आधार पर राजनीतिक सत्ता प्राप्त करना राजतंत्र की ख़ासियत है। लोकतंत्र में राजनीतिक भर्ती का माध्यम प्रत्यक्ष या परोक्ष निर्वाचन या मनोनयन होता है। इंग्लैण्ड में राजा का पद वंशानुगत आधार पर भरा जाता है। जापान के सम्राट पद पर भर्ती का आधार भी वंशानुगत है। समालोचकों की दृष्टि में वंशानुगत आधार पर की गयी राजनीतिक भर्ती लोकतंत्र की परम्पराओं व मूल्यों के प्रतिकूल है। वस्तुतः, आधुनिक लोकतांत्रिक व्यवस्थाओं में वंशानुगत आधार पर भर्ती का प्रचलन लगभग समाप्त हो गया है, सिर्फ उन्हीं व्यवस्थाओं के राज्याध्यक्षों का पद इस विधि से भरा जाता है, जहां अभी तक राजतंत्र का अस्तित्व आंशिक रूप में ही सही लेकिन कायम है।

8. **बल प्रयोग विधि (Force Method)**—बल प्रयोग द्वारा की जाने वाली राजनीतिक भर्ती को बलात् राज्य परिवर्तन (Coupd' etat) की संज्ञा दी जाती है। इस कार्रवाई द्वारा किसी राजनीतिक व्यवस्था के शासक या निर्वाचित सरकार को संवैधानिक तंत्र के विफल होने का हवाला देकर अकस्मात् पद से हटा दिया

जाता है और किसी न किसी रूप में शक्ति के प्रयोग द्वारा अधिनायकतंत्र संस्थापित कर दिया जाता है। इस राजनीतिक भर्ती के लिए प्रायः सैन्यबल का प्रयोग किया जाता है। इस विधि के अन्तर्गत सत्तालोलुप व्यक्ति या समूह प्रचलित शासन व्यवस्था को धराशायी करके सत्ता पर कब्जा कर लेता है और उसका उपयोग अपनी स्वार्थ–पूर्ति के लिए करता है। राजनीतिक व्यवस्था में सैनिक विद्रोह की स्थिति उत्पन्न होने पर सेना के सर्वोच्च पदाधिकारी असैनिक शासकों को बल प्रयोग द्वारा सत्ताच्युत करके स्वयं एवं अपने अधीनस्थ अधिकारियों को मुख्य राजनीतिक पदों पर प्रतिष्ठापित कर देते हैं। ऐसी भर्ती द्वारा अस्तित्व में आई सत्ता के संचालन का सूत्र सैनिक अधिकारियों के हाथों में होता है। पाकिस्तान एवं बांग्लादेश में लम्बे समय तक कायम रहा सैनिक शासन इस राजनीतिक भर्ती का बेहतर उदाहरण है।

9. **जाति, जनजाति एवं अल्पसंख्यक आधार पर भर्ती (Recruitment on the Basis of Caste, Tribe and Minority)**–भारतीय राजनीतिक व्यवस्था में व्यवस्थापिका एवं कार्यपालिका के कुछ राजनीतिक पदों को जाति, जनजाति या अल्पसंख्यकों के लिए संवैधानिक आधार पर आरक्षित किया गया है और इन आरक्षित पदों पर निर्वाचन, नियुक्ति या मनोनयन आरक्षण के आधार पर सम्पन्न होता है। सरकारी सेवाओं में भी इन्हीं वैधानिक मानदण्डों के आधार पर पदों को आरक्षित किया जाता है और निर्धारित मानकों को माध्यम बनाकर इन पदों पर भर्ती की जाती है। राजनीतिक भर्ती की इस प्रक्रिया का उद्देश्य समाज के कमजोर पिछड़े वर्गों एवं अल्पसंख्यकों को व्यवस्थागत राजनीति की मुख्य धारा में शामिल करना है। समालोचकों की नजर में भर्ती की यह प्रक्रिया नागरिकों की योग्यता एवं प्रतिभा के आधार पर निर्वाचन सिद्धान्त के प्रतिकूल है।

राजनीतिक भर्ती का सिद्धान्त (Theories of Political Recruitment)

राजनीतिक भर्ती के प्रसंग में दो सिद्धान्त प्रचलित हैं : सामान्य सिद्धान्त और विशिष्ट सिद्धान्त। यह राजनीतिक व्यवस्था की प्रकृति पर निर्भर करता है कि वहां राजनीतिक भर्ती के लिए दोनों में से कौन सा सिद्धान्त अपनाया जाय। राजनीतिक व्यवस्था में की जाने वाली राजनीतिक भर्ती प्रक्रिया का कार्यान्वयन इन्हीं सिद्धान्तों के आलोक में किया जाता है जिसे निम्नांकित रूप में स्पष्टतः समझा जा सकता है :

1. **सामान्य सिद्धान्त (General Theory)**–इस सिद्धान्त के तहत राजनीतिक भर्ती का आधार राजनीतिक योग्यता, राजनीतिक कार्यक्षमता एवं राजनीतिक उपलब्धियाँ होती हैं। लोकतांत्रिक व्यवस्थाओं में सामान्यतया राजनीतिक भर्ती के लिए इसी सिद्धान्त का प्रयोग किया जाता है। इस सिद्धान्त के तहत अपने राजनीतिक व्यक्तित्व एवं उपलब्धियों के आधार पर उम्मीदवार चुनाव में मतदाताओं का समर्थन प्राप्त करके निर्वाचन प्रक्रिया द्वारा राजनीतिक वैधानिक पदों पर बहाल किये जाते हैं। राजनीतिक भर्ती का यह सिद्धान्त नागरिकों को राजनीति में दीक्षित करने का महान् कार्य करता है। लोकतांत्रिक इकाइयों के लिए वैधिक आधार पर नियतकालिक चुनाव की व्यवस्था की जाती है जो राजनीतिक भर्ती के इसी सिद्धान्त के आलोक में विधिपूर्वक सम्पन्न कराया जाता है। अधिकांश लोकतांत्रिक व्यवस्थाओं में बहुल मत प्रणाली (Plurality Voting System) की व्यवस्था होती है, जिसके आधार पर चुनाव में जो उम्मीदवार सबसे आगे होता है जीत उसकी (First Past the Post) होती हैं, यानी कि, भर्ती की इस विधि के लिए मतदाताओं के बहुमत प्रदर्शन की जरूरत नहीं होती है। अर्थात् इस प्रक्रिया के अन्तर्गत निर्वाचित उम्मीदवार को पूर्ण बहुमत (Absolute Majority) प्राप्त करना जरूरी नहीं होता है।

2. **विशिष्ट सिद्धान्त (Special Theory)**–सहभागितामूलक लोकतांत्रिक भर्ती प्रक्रिया से अलग राजनीतिक भर्ती का विशिष्ट सिद्धान्त राजनीतिक भूमिकाओं के निर्वहन के लिए शासक के परिवार के लोगों, नृजातीय समूहों के सदस्यों या किसी विशेष समुदाय के सदस्यों की राजनीतिक भर्ती का प्रारूप प्रस्तुत करता है। भर्ती का यह सिद्धान्त आदिम व्यवस्थाओं एवं राजतंत्रीय व्यवस्थाओं में प्रचलित होता है जिसमें

भर्ती के लिए कुछ निश्चित नियमों का पालन किया जाता है। सहभागिता मूलक लोकतांत्रिक प्रक्रिया के महत्त्व वाली आधुनिक व्यवस्थाओं में भर्ती के इस सिद्धान्त का राजनीतिक दृष्टि से कोई महत्त्व नहीं है।

सर्वाधिकारवादी व्यवस्थाओं में राजनीतिक भर्ती के लिए प्रयोग में लाया जाने वाला सिद्धान्त ऊपर विवेचित सिद्धान्तों से पृथक् रूप लिये होता है। सैद्धान्तिक स्तर पर तो वहां भर्ती का सामान्य सिद्धान्त राजनीतिक बहाली के लिए प्रयोग में लाया जाता है, लेकिन व्यवहार में राजनीतिक व्यवस्था की प्रकृति और समाजवादी दल की सर्वसत्तावादी शासनशैली भर्ती के इस सिद्धान्त के कार्यान्वयन में अवरोधक की भूमिका अदा करती हैं। यहां औपचारिक रूप से राजनीतिक भर्ती का खुला रूप सामने दिखता है, लेकिन व्यवहार में पर्दे के पीछे छलयोजन, जोड़–तोड़ और राजनीतिक सौदेबाजी की स्थितियां राजनीतिक भर्ती में निर्णायक की भूमिका निभाती हैं। विकासशील व्यवस्थाओं में भी राजनीतिक भर्ती के लिए कई प्रकार की विधियां प्रयोग में लायी जाती हैं।

राजनीतिक भर्ती का माध्यम (Means of Political Recruitment)

आल्मंड द्वारा विभिन्न राजनीतिक व्यवस्थाओं में भर्ती की मौजूदा प्रक्रियाओं का तुलनात्मक अध्ययन प्रस्तुत करते हुए राजनीतिक भर्ती के चार प्रधान माध्यमों का उल्लेख किया गया हैं; यथा : प्रथम–राजनीतिक दल, द्वितीय–प्रान्तीय एवं स्थानीय सरकारें, तृतीय–नागरिक प्रशासन और चतुर्थ–सेना।

प्रथम–राजनीतिक दल (Political Party)–उदारवादी एवं सर्वाधिकारवादी दोनों राजनीतिक व्यवस्थाओं में राजनीतिक दल व्यवस्थान्तर्गत होने वाली राजनीतिक भर्ती का मुख्य माध्यम है। इस प्रसंग में जनसाधारण को राजनीति के लिए दीक्षित करना, उनमें राजनीति के प्रति संज्ञान लेने की क्षमता विकसित करना, राजनीतिक भूमिकाओं के निर्वहन के लिए जागरूक बनाना, राष्ट्रीय हित के प्रति चेतनशील बनाना, राजनीतिक चेतना का प्रचार प्रसार करना, सार्वभौम मताधिकार के महत्त्व को समझाते हुए राजनीतिक सहभागिता के लिए जनसाधारण को अभिप्रेरित करना, राजनीतिक दल के सदस्य के रूप में सक्रिय राजनीतिज्ञ बनने के लिए नागरिकों को प्रशिक्षित करना, मतदान क्रिया के महत्त्व से जनता को अवगत कराना, चुनावों का संचालन करना, उम्मीदवारों की घोषणा करके चुनाव–प्रबंधन एवं मतप्रबंधन के सभी आयामों का कुशलतापूर्वक संचालन करके प्रत्यक्ष राजनीतिक भर्ती की प्रक्रिया को परिणाम तक पहुंचाना एवं बहुमत हासिल करने के लिए चुनाव में जी–तोड़ प्रयास करके चुनाव परिणाम के पश्चात् सरकार का निर्माण करना या विपक्ष की भूमिका निभाना आदि राजनीतिक दलों का कार्य है। संसदीय व्यवस्थाओं में तो चुनाव–संचालन से लेकर राजनीतिक भर्ती के पश्चात् सरकार के निर्माण एवं पतन तक में राजनीतिक दलों की भूमिका ही सर्वोपरि होती है। अध्यक्षात्मक शासन व्यवस्था में भी राजनीतिक दल राजनीतिक भर्ती प्रक्रिया का मुख्य माध्यम है। अमेरिका जैसे अध्यक्षात्मक प्रणाली वाले देश में जनता को राजनीतिक शिक्षा प्रदान करने का सर्वप्रमुख साधन राजनीतिक दल ही है। यहां तक कि राजनीतिक दल अपनी आलोचनात्मक भूमिका द्वारा राजनीतिक सत्ता की कमजोरियों को जनता के सामने उजागर करते हैं, जिसके परिणामस्वरूप व्यवस्था में शासन के विरुद्ध लोकमत तैयार होता है जो नये राजनीतिक नेतृत्व के जन्म का आधार बनता है और आगामी चुनाव में राजनीतिक पदों पर नये लोगों की भर्ती एवं सत्ता परिसंचरण का मार्ग प्रशस्त करता है। राजनीतिक भर्ती के परिपेक्ष्य में राजनीतिक दलों का एक महत्त्वपूर्ण कार्य हित समूहन भी है।

जहां तक सर्वाधिकारवादी व्यवस्था का सवाल है, यहां एक ही राजनीतिक दल विधिसम्मत रूप से सक्रिय व प्रभावी होता है, जो समस्त राजनीतिक–सामाजिक भूमिकाओं का केन्द्र होता है। समस्त राजनीतिक सक्रियताएं इसी राजनीतिक दल के माध्यम से गुजरती हैं और राजनीतिक प्रतियोगिताओं, भर्ती, नियुक्ति, मनोनयन आदि का समस्त अधिकार इसी दल में केन्द्रीभूत होता है। सरकार, न्यायपालिका एवं जनसंपर्क के साधनों पर इसी दल का एकाधिकार होता है, जिसमें विरोध की कोई गुंजाइश नहीं होती है। इस प्रकार, सर्वाधिकारवादी व्यवस्थाओं में राजनीतिक भर्ती के समस्त आयामों पर एक ही दल यानी कि साम्यवादी दल का नियंत्रण होता है जो चुनाव संचालन से लेकर सरकार–निर्माण तक और जनता को राजनीतिक रूप से प्रशिक्षित करने से लेकर जनअभिव्यक्ति

की आजादी को नियंत्रित करने तक की समस्त भूमिकाओं एवं गतिविधियों पर अपना एकाधिकार रखता है। संक्षेप में, यह कहा जा सकता है कि राजनीतिक भर्ती के रूप में जनसाधारण से राजनीतिक भूमिकाओं का निर्वहन कराने, प्रशासनिक कार्यों पर जनस्वीकृति प्राप्त करने, राजनीतिक सत्ता का वैधीकरण कराने, सत्ता के पक्ष में लोकमत का निर्माण कराने एवं राजनीतिक विषयों पर व्यापक जनसमर्थन प्राप्त करने के साथ–साथ प्रत्यक्ष राजनीतिक भर्ती के लिए दल का उम्मीदवार घोषित कराने, चुनाव संचालन कराने एवं परिणाम प्राप्ति के बाद सरकार–निर्माण तथा शासन–संचालन करने तक की समस्त शक्तियां वहां साम्यवादी दल में केन्द्रित होती हैं। इसके बेहतर उदाहरण के रूप में भूतपूर्व सोवियत संघ, चीन तथा पूर्वी यूरोप के कुछ कम्युनिस्ट राज्य हैं जहां जर्मनी के हिटलर और इटली के मुसोलिनी के नेतृत्व पर एकाधिकार के सिद्धान्त की जगह सामूहिक नेतृत्व का उदाहरण प्रस्तुत किया गया है। राजनीतिक भर्ती के प्रसंग में राजनीतिक दल का ख़ास कार्य हित समूहन (Interest Aggregation) है जिसे उदारवादी व्यवस्थाओं की भांति सर्वाधिकारवादी व्यवस्थाओं के राजनीतिक दल द्वारा भी बखूबी संपन्न किया जाता है।

द्वितीय–प्रान्तीय सरकारें एवं स्थानीय इकाइयां (State Government and Local Units)–सभी राजनीतिक व्यवस्थाओं में प्रान्तीय सरकारें एवं स्थानीय इकाइयां राजनीतिक भर्ती का मुख्य साधन हैं। वस्तुतः, ये केन्द्रीय एवं स्थानीय नेतृत्व के बीच सेतु का निर्माण करते हैं। प्रान्तीय एवं स्थानीय सत्ता केन्द्रीय सत्ता और अवाम के बीच राजनीतिक तालमेल बैठाने में, राष्ट्रीय नीतियों के प्रति जनसाधारण में जागरूता पैदा करने में, आर्थिक सामाजिक विकास के लिए योजनाएं तैयार करने में, अपने प्रान्त की जनता के उन्नत जीवन के लिए केन्द्र को अपनी ओर मुख़ातिब करने में, प्रान्तीय एवं स्थानीय स्तर पर लोगों की सेवा के लिए एवं विकास की योजनाओं को अमली जामा पहनाने के लिए इकाइयों का निर्माण करने में, प्रान्तीय एवं स्थानीय स्तर पर बहुआयामी–बहुदिशायी समुन्नति के लिए प्रयास करने में, आवाम को राजनीतिक मुद्दों, समस्याओं, तनावों के प्रति सचेत बनाने में, जनता को राजनीतिक रूप से दीक्षित करने में तथा केन्द्र से राज्य एवं स्थानीय स्तर तक राजनीतिक सत्ता एवं जनता के बीच सीधा संबंध निर्माण करने में अहम् भूमिका निभाती हैं। अपनी महत्त्वपूर्ण राजनीतिक गतिविधियों एवं प्रभावी राजनीतिक भूमिकाओं की वजह से ये वैधानिक इकाइयां राजनीतिक भर्ती में प्रमुख आधार माध्यम की भूमिका अदा करती हैं। सोवियत रूस, पश्चिमी जर्मनी, स्वीडन, फ्रांस आदि राष्ट्रों में स्थानीय इकाइयां राजनीतिक भर्ती के प्रसंग में राजनीतिक दलों के बराबर की भूमिकाएं निभाती हैं, क्योंकि इन राजनीतिक व्यवस्थाओं में स्थानीय सरकारों में भर्ती होने एवं इनसे राजनीतिक प्रशिक्षण लेने को राजनीति में ज्यादा महत्त्व दिया जाता है। यहां के राजनीतिक दल द्वारा अपने शीर्षस्थ राजनीतिक नेतृत्व के चयन में स्थानीय राजनीतिक भर्ती एवं प्रशिक्षण के प्रसंग को ज्यादा महत्त्व दिया जाता है। भारत में आजादी के पूर्व और आजादी के उपरान्त भी कई वर्षों तक प्रान्तीय सरकारें एवं स्थानीय इकाइयां राजनीतिक प्रशिक्षण एवं भर्ती का मुख्य माध्यम रहीं, लेकिन व्यवस्था में जातीय मत प्रबंधन का बढ़ता महत्त्व एवं जातिगत वोट बैंक के विस्तार की सोशल इंजीनियरिंग तकनीक का विकास होने की वजह से राजनीतिक प्रशिक्षण एवं भर्ती के प्रसंग में राजनीतिक दलों का कद काफी बढ़ा है। इसलिए, भर्ती प्रसंग में राजनीतिक दलों की बढ़ती राजनीतिक भूमिकाओं की वजह से सत्ता की प्रान्तीय–स्थानीय इकाइयों का महत्त्व दलों की अपेक्षाकृत कम हुआ है।

तृतीय–नागरिक प्रशासन (Civil Administration)–नागरिक प्रशासन यानी कि व्यवहार्यतः नौकरशाही व्यवस्थागत राजनीतिक भर्ती प्रक्रिया में महत्त्वपूर्ण माध्यम की भूमिका अदा करती है। स्थानीय से प्रान्तीय एवं राष्ट्रीय स्तर तक सामाजिक, आर्थिक एवं राजनीतिक विकास की योजनाओं की रूपरेखा तैयार करने, राजनीतिक घोषणाओं को प्राविधिक प्रारूपों का अमली जामा पहनाने एवं योजनाओं, घोषणाओं तथा जनता की मांगों को नीतियों व निर्णयों की शक्ल में रूपांतरित होने पर उन नीतियों के कार्यान्वयन में आधार–माध्यम की भूमिका निभाने में नागरिक प्रशासन यानी कि नौकरशाही का ख़ास महत्त्व है। नागरिक प्रशासन सरकार और जनता के बीच कड़ी की भूमिका अदा करता है। जहां ये जनसमस्याओं को सरकार तक पहुंचाने का मूल माध्यम है, वहीं योजनाएं, बजट एवं नीति निर्माण में मुख्य सहायक की भूमिका अदा करने से लेकर समाज में इनके क्रियान्वयन तक में मुख्य आधार–आधेय

का कार्य संपन्न करते हैं। अपनी इन भूमिकाओं को निभाने के क्रम में नौकरशाहों द्वारा जनता को मिलने वाले राजनीतिक प्रशिक्षण, राजनीतिक भूमिकाओं के निर्वहन एवं राजनीतिक भर्ती में विशेष रोल (Role) अदा किया जाता है। राजनीतिक क्षेत्रों में एवं शासक अभिजनों द्वारा इनकी प्रशासनिक कुशलता, तकनीकी दक्षता एवं कार्य संपादन के सामर्थ्य को काफी आदर की दृष्टि से देखा जाता है। यद्यपि लगभग सभी व्यवस्थाओं में इन्हें सक्रिय राजनीति के प्रति तटस्थ रहने का निर्देश दिया जाता है तथापि व्यवस्था एवं आम जीवन की समुन्नति हेतु राजनीतिज्ञों के साथ हर क्षेत्र में क़दमताल करने की वजह से राजनीतिक सत्ता के गलियारों से वे अपने को पूरी तरह पृथक् नहीं रख पाते हैं। यही कारण है कि जनसाधारण को मिलने वाले व्यावहारिक राजनीति के प्रशिक्षण एवं व्यवस्थागत राजनीतिक भर्ती के प्रसंग में इनकी भूमिका काफी अहम् होती है।

संक्षेप में, यह कहा जा सकता है कि नागरिक प्रशासन अपने बहुआयामी योजनाबद्ध कार्यक्रमों के साथ सामान्य प्रशासकों एवं पुलिस प्रशासकों की मदद से व्यवस्था की समस्याओं को सुलझाने एवं जड़ से उसे समाप्त करने की दिशा में सदैव शासक अभिजनों का दाहिना हाथ बना रहता है और इसी प्रक्रियाक्रम में वह राजनीतिक भर्ती के लिए आधारभूमि का निर्माण करता रहता है। नौकरशाही समस्याओं के समाधान द्वारा जनसरोकार गत वातावरण तैयार करती है एवं नागरिकों को राजनीतिक प्रशिक्षण देकर राजनीतिक दायित्वों के निर्वहन के योग्य बनाती है।

चतुर्थ–सेना (Military)–वैसे तो राजनीति के प्रति तटस्थ दृष्टिकोण बनाये रखने की वैधानिक हिदायत मोटे तौर पर प्रत्येक देश की सेना को दी जाती है, लेकिन बावजूद इसके विकासशील देशों में संवैधानिक शासनतंत्र के बार–बार अस्थिर होने की वजह से इन देशों में व्यवस्थित शासन–संचालन एवं सक्रिय राजनीति में सेना का महत्त्व हमेशा बना रहता है। इन व्यवस्थाओं में सेना के राजनीतिक महत्त्व के कई कारण हैं, मसलन–सेना का सामाजिक लोगों की अपेक्षा अधिक साधन संपन्न होना, तकनीकी कार्यकौशल से पूरी तरह समर्थ होना एवं तीव्र सामाजिक संघर्षों पर नियंत्रण रखने की दृष्टि से सेना का सामर्थ्यवान् होना आदि। विकासशील व्यवस्थाओं में सैन्यशक्ति केवल असहमति के मुद्दों का दमन करके शान्ति एवं सुरक्षा बहाल नहीं करती है, अपितु सामाजिक जीवन पर अपनी सत्ता–शक्ति का रौब जमाने के लिए इनकी अधिकारी व्यवस्था में नई राजनीतिक भूमिकाएं ढूँढ़ लेते हैं। जिन देशों में चुनी हुई सरकारों को पदच्युत करके सेना राजनीतिक सत्ता संभाल लेती हैं, वहां सत्ता को लम्बे समय तक अपने साथ बांधे रहती है साथ ही अपनी सत्ता को वैधता का स्वरूप प्रदान करने की जुगत में भिड़ी रहती है। विकासशील देशों में असामान्य परिस्थितियों में शान्ति बहाल करने की दृष्टि से समस्त प्रकियाओं के संचालन व संपादन के दौरान तटस्थ अस्तित्व के बावजूद सेना समस्या समाधान एवं समाज को सुरक्षा प्रदान करने के नाम पर राजनीतिक प्रशिक्षण एवं राजनीतिक भर्ती में प्रासंगिक भूमिका निभाती रहती है।

भर्ती माध्यमों की प्रभावकारिता की शर्तें
(Conditions for the Effectiveness of Recruitment Means)

किसी भी राजनीतिक व्यवस्था की राजनीतिक भर्ती विशेष रूप से राजनीतिक अभिजनों की भर्ती सामाजिक–राजनीतिक संरचना के मूल्यों, परम्पराओं तथा निष्ठाओं का प्रतिबिम्ब होती है। लेकिन, राजनीतिक व्यवस्था में भर्ती की स्थिति एवं स्तर कितना बेहतर से बेहतर होगा यह व्यवस्थागत भर्ती के माध्यमों की प्रवृत्ति एवं स्थिति पर निर्भर करता है। वस्तुतः, भर्ती के ये माध्यम अपने आप में भर्ती के अध्ययन के महत्त्वपूर्ण विषय हैं, क्योंकि पहले भर्ती का माध्यम बनने वाले संगठन में भर्ती करने वाले लोगों को बहाल किया जाता है जो व्यवस्था में राजनीतिक अभिजनों की भर्ती में माध्यम की भूमिका निभाते हैं। व्यवस्था में अभिजन की भूमिका निभाने वाले व्यक्ति कैसे होंगे बहुत हद तक इसका एक महत्त्वपूर्ण पक्ष भर्ती करने वाले माध्यमों में पद धारण करने वाले लोगों की प्रकृति व प्रवृत्ति पर निर्भर करता है। भर्ती के दो स्वरूप सभी व्यवस्थाओं में मौजूद होते हैं–खुली (Open) तथा बन्द (Closed)। कुछ भर्ती महत्त्वपूर्ण सामाजिक, आर्थिक–सांस्कृतिक समूहों, समुदायों, धार्मिक संगठनों में बन्द भर्ती की प्रक्रिया प्रचलित

है। खुली भर्ती का तात्त्विक आधार है भर्ती होने वाले व्यक्ति के व्यक्तित्व का सामाजिक, राजनीतिक, आर्थिक, सांस्कृतिक, धार्मिक आधार पर समाज में विशेष पहचान कायम होना तथा उसकी राजनीतिक योग्यता कर्मकुशलता की उपलब्धियां भी इस संदर्भ में काफी प्रासंगिक है।

इस प्रसंग पर शुम्पीटर की उक्ति काफी प्रासंगिक है। इनके शब्दों में, "लोकतंत्र की पहचान इस बात में है कि राजनीतिक अभिजन समाज के विभिन्न समूहों एवं वर्गों का प्रतिनिधित्व करते हैं या नहीं और व्यवस्था लोकतांत्रिक मूल्यों के प्रति प्रतिबद्ध है या नहीं। अपनी रचना 'Comparative Study of Political Elite' में रॉबर्ट डी. पुतनम (Robert D. Putnam) द्वारा राजनीतिक अभिजन की स्थिति का तुलनात्मक अध्ययन करते हुए जिस निष्कर्ष पर पहुंचा गया है उनमें प्रमुख हैं :

1. लगभग सभी देशों के राजनीतिक अभिजन उच्च सामाजिक स्थिति प्राप्त समूहों से उच्च पदधारक वर्ग से एवं सुविधा सम्पन्न पारिवारिक परिवेश से आते हैं।
2. प्रशासकीय अभिजनों के संबंध में भी यही यथार्थ पाया जाता है। इनकी सामाजिक–आर्थिक पृष्ठभूमि काफी सुखी सम्पन्न परिवार की होती है।
3. राजनीतिक अभिजन (Political Elite) एवं प्रशासकीय अभिजन (Administrative Elite) की तुलना में आर्थिक अभिजन (Economic Elite) की सामाजिक–आर्थिक पृष्ठभूमि ज्यादा मजबूत होती है।
4. सभी देशों में सभी प्रकार के अभिजन उच्च शिक्षा प्राप्त व्यक्ति होते हैं।

उपर्युक्त प्रसंगों का तात्पर्य यह हुआ कि शासन–प्रणालियों में विभिन्नता एवं सामाजिक व्यवस्था में भिन्नता के बावजूद अभिजन वर्ग की सुविधा सम्पन्न उच्च सामाजिक–आर्थिक पृष्ठभूमि एवं उच्च शिक्षा की स्थिति में कोई फर्क नहीं पाया जाता है। उदारवादी व्यवस्थाएं तो पूँजीपति वर्ग के प्रतिनिधित्व को खुले रूप में स्वीकार कर ही चुकी हैं विशेष तथ्य तो यह है कि सोवियत रूस एवं अन्य साम्यवादी देशों में कहने को तो राजनेताओं की पृष्ठभूमि मध्य या निम्न मध्यवर्गीय रही है, लेकिन यथार्थतः वहां भी सत्ता पर सुविधा सम्पन्न एवं उच्च शिक्षित परिवार से संबंधित लोगों का प्रभुत्व ही ज्यादातर कायम रहा है। लापालम्बरा (Lapalombara) ने 'Politics Within Nations' में राजनीतिक अवसर की संरचना (Structure of Political Opportunity) का उल्लेख करते हुए कहा है कि "इन अवसरों में परिवर्तन करके अभिजन वर्ग में ज्यादा से ज्यादा सामाजिक समूहों के प्रतिनिधियों के लिए जगह बनायी जा सकती है।" इनके द्वारा जिन अवसरों को रेखांकित किया गया है वे निम्नांकित हैः

1. **शैक्षणिक अवसर (Educational Opportunity)**–उच्चस्तरीय प्रभावशाली एवं व्यापक शिक्षा व्यवस्था राजनीतिक चेतना के विकास का सबसे महत्त्वपूर्ण माध्यम है। इसके अभाव में वयस्क मताधिकार प्राप्त होने के बावजूद नागरिक राजनीतिक सहभागिता के प्रति उदासीन रहते हैं। शिक्षा के अभाव में राजनीति के प्रति चेतना–प्रवाह कुछ सुविधा सम्पन्न शिक्षित परिवारों तक ही सीमित रह जाती है। यह परिस्थिति राजनीतिक भर्ती के संकुचित स्वरूप का द्योतक है क्योंकि यह समाज के कुछ समूहों एवं परिवारों तक परिसीमित रह जाता है, जो राजनीतिक भर्ती के संकीर्ण आधार की प्रस्तुति करता है।
2. **सूचनाओं का उत्पादन प्रसार एवं स्वीकरण (Production, Diffusion and Acceptance of Information)**–राजनीतिक भर्ती के विस्तार के लिए नागरिकों द्वारा बड़े पैमाने पर राजनीतिक सहभागिता का हिस्सा बनना अति आवश्यक है, लेकिन इसकी सफलता के लिए सार्वभौम मताधिकार के अधिकार के साथ–साथ बड़े पैमाने पर राजनीतिक सूचनाओं का उत्पादन, प्रसार एवं स्वीकार्यता भी अनिवार्य है। इसके लिए जनसंपर्क के साधनों (Media of Mass Communication) का समाज में विस्तारित एवं सर्वव्यापक जाल की मौजूदगी जरूरी है। इस कार्य में रेडियो, टेलीविजन, समाचारपत्र, राजनीतिक साहित्य, पत्र–पत्रिकाएं आदि जनसंपर्क के प्रमुख माध्यम के रूप में राजनीतिक सूचनाओं के उत्पादन आदान–प्रदान एवं प्रसार में महती भूमिका निभाते हैं, जो राजनीतिक भर्ती के माध्यमों की प्रभावशालिता की आवश्यक शर्त है।

3. **राजनीतिक पदों एवं भूमिकाओं का सृजन (Creation of New Political Posts and Roles)**—अमेरिकी वैज्ञानिक का यह मानना है कि जो राजनीतिक व्यवस्था राजनीतिक दृष्टि से महत्त्वाकांक्षी व्यक्तियों को नियंत्रित करने एवं उनकी राजनीतिक क्षमता का उपयोग करने में सफल हो जाती है, वही व्यवस्था स्थायित्व को प्राप्त करती है और अपने अस्तित्व के सातत्य को कायम रख पाती है। इसी भांति जिस व्यवस्था के राजनीतिक शासक अभिजन विभिन्न सामाजिक समूहों से संबद्ध महत्त्वाकांक्षी लोगों को सक्रिय राजनीति में भाग लेने का जितना अधिक अवसर प्रदान करता है, तथा उनकी राजनीतिक योग्यता, कर्मकुशलता का जितना ज्यादा इस्तेमाल करता है वह व्यवस्था उतनी ही तेजी से वैधता प्राप्ति की ओर बढ़ती है। वहां की जनता भी शासकों के प्रति आभार महसूस करती है क्योंकि वे महत्त्वाकांक्षी लोग विभिन्न सामाजिक समूहों का प्रतिनिधित्व करते हैं। जनसाधारण सामाजिक समूहों के इन नेताओं से करीबी संबंध अनुभव करते हैं। अतः इस प्रसंग में राजनीतिक विद्वानों का यह मानना है कि राजनीतिक व्यवस्था को वैधता अर्जित करने तथा स्थायित्व को प्राप्त करने के लिए व्यवस्था के विभिन्न सामाजिक समूहों के ऐसे उच्चाकांक्षी लोगों को संतुष्ट करने एवं इनकी सेवाएं लेने के लिए हमेशा नये राजनीतिक पदों तथा भूमिकाओं का सृजन करते रहना चाहिए। अमेरिका में अधिकांश राजनीतिक पदों पर भर्ती चुनाव प्रक्रिया द्वारा होती है। भारत में भी पंचायती राज का सिद्धान्त व्यवहार में अस्तित्व आने के पश्चात् ग्रामीण क्षेत्रों के उच्चाकांक्षी लोगों को राजनीतिक पदों को प्राप्त करने का अवसर मिल गया है। यहां पंचायती राज के वजूद के फलस्वरूप ग्रामीण जनता के लिए राजनीति में प्रवेश मार्ग काफी सरल हो गया है।

   एकात्मक की अपेक्षा संघात्मक राज्यों में नये पदों के सृजन की संभावना ज्यादा होती है क्योंकि यहां शासन का स्वरूप त्रिस्तरीय होता है यानी कि स्थानीय, प्रान्तीय एवं राष्ट्रीय स्तर पर बँटा होता है, साथ ही सरकार द्वारा अनेक समितियों व आयोगों का गठन करके उसमें राजनीतिक दृष्टि से महत्त्वाकांक्षी लोगों की भर्ती करके उनकी सत्ता–अभीप्सा को शान्त करने का प्रयास किया जाता है। राजनीतिक पदों एवं भूमिकाओं के सृजन के संबंध में महत्त्वपूर्ण सवाल यह है कि इन पदों पर भर्ती की विधि खुली होनी चाहिए या बन्द। वैसे राजनीतिक भर्ती की खुली विधि का ख़ास महत्त्व होता है क्योंकि इससे सभी को राजनीति में प्रवेश का समान अवसर मिलता है। राजनीतिक भर्ती की बन्द प्रक्रिया समाज के सभी वर्गों, समूहों व जातियों को समान प्रतिनिधित्व देने में सफल नहीं हो पाती है।

4. **राजनीति की प्रकृति (Nature of Politics)**—व्यवस्थागत राजनीति की प्रकृति राजनीतिक अवसर की संरचना को सीधे तौर पर प्रभावित करती है। यदि व्यवस्था में राजनीतिक भर्ती की प्रक्रिया तकनीकी विशेषज्ञता, कर्मकुशलता पर आधारित होती है तो राजनीतिक भर्ती का स्वरूप, नौकरशाही की रूपरेखा के प्रभाव से ग्रस्त हो जाता है। ऐसी स्थिति में महत्त्वाकांक्षी व्यक्ति राजनीति की मुख्यधारा में शामिल होने की उम्मीद छोड़ने लगता है। जब राजनीतिक अभिजनों में भर्ती की प्रक्रिया का नौकरशाहीकरण हो जाता है तो शासक अभिजनों में योग्य नेतृत्व का अभाव हो जाता है और राजनीतिक संरचनाओं की क्षमता पर इसका सीधा प्रभाव पड़ता है। लापालम्बारा के कथनानुसार, ''पश्चिमी देशों के राजनतिक दलों में योग्य एवं उच्चाकांक्षी नेतृत्व का अभाव इसका बेहतर उदाहरण है।''

राजनीतिक भर्ती को प्रभावित करने वाले कारक (Influential Factors of Political Recruitment)

राजनीतिक भर्ती राजनीतिक व्यवस्था की एक महत्त्वपूर्ण प्रक्रिया है जो व्यवस्था एवं उसके मौजूदा पर्यावरण के कई कारकों, तत्त्वों व परिवर्त्यों से प्रभावित होती रहती है। यहां भर्ती प्रक्रिया को प्रभावित करने वाले कुछ महत्त्वपूर्ण कारकों का उल्लेख किया जा रहा है जो निम्नांकित है:

1. **जाति, समूह धर्म एवं वर्ग (Caste, Groups, Religion and Class)**–प्रत्येक व्यवस्था की राजनीतिक भर्ती को प्रभावित करने वाले कारकों में जाति, सामाजिक समूहों, धार्मिक संगठनों एवं वर्गों की भूमिका सर्वाधिक प्रमुख होती है। विकसित देशों की अपेक्षा विकासशील देशों में ये कारक भर्ती प्रक्रिया को ज्यादा गंभीरता से प्रभावित करते हैं। इन व्यवस्थाओं में भिन्न–भिन्न जातियों, धर्मों, वर्गों, संस्कृतियों एवं भाषाओं से जुड़े हुए लोग निवास करते हैं, जिनके बीच संजातीय संघर्ष या तनाव की स्थितियां कभी भी उत्पन्न हो जाती हैं। इन समूहों के बीच पैदा हुई विभाजनकारी प्रवृत्तियां राजनीतिक भर्ती को सीधे रूप में प्रभावित करती हैं। इन संजातीय समूहों के सदस्य एक ही जाति, धर्म, संस्कृति व भाषा से जुड़े होने की वजह से आपस में एकता का अनुभव करते हैं और यही एकता व्यवस्था में संजातीय पूर्वाग्रहों के जन्म का आधार उपस्थित करके भर्ती प्रक्रिया को सीधी तौर पर प्रभावित करता है। भारत की राजनीतिक भर्ती प्रक्रिया में इन कारकों का पक्ष काफी प्रबल होता है। चुनाव क्षेत्र के निर्माण से लेकर उम्मीदवारों के चयन तक, टिकट बंटवारे से लेकर मंत्रिमंडल के गठन तक में इन कारकों पर विशेष ध्यान दिया जाता है। वर्तमान राजनीतिक परिप्रेक्ष्य में जाति व्यवस्था वोट बैंक के निर्माण–विस्तार एवं चुनावी मतप्रबंधन का एक प्रधान माध्यम है जो राजनीतिक भर्ती की दिशा–दशा को मोड़ने में आधार–आधेय की भूमिका अदा करता है।

2. **राजनीतिक दल एवं दबाव समूह (Political Parties and Pressure Groups)**–विकसित एवं विकासशील दोनों ही राजनीतिक व्यवस्थाओं में राजनीतिक दल एवं दबाव समूह राजनीतिक भर्ती के सर्वाधिक महत्त्वपूर्ण अभिकरण हैं। ऑल्मंड एवं पॉवेल के शब्दों में, "राजनीतिक अभिजनों की भर्ती में वास्तविक या औपचारिक सहभागिता राजनीतिक दलों की परिभाषीय विशेषता है।" उदारवादी एवं सर्वाधिकारवादी दोनों ही व्यवस्थाओं में राजनीतिक अभिजनों की भर्ती का माध्यम राजनीतिक दल होता है। उदारवादी लोकतंत्र की एक प्रमुख विशेषता यह है कि इसमें एक से अधिक राजनीतिक दलों का अस्तित्व होता है, इससे भर्ती की प्रक्रिया ज्यादा खुली और विस्तारित होती है। यहां मतदाता अपनी चयन शक्ति का खुलकर प्रयोग कर सकते हैं। मतदाता के सामने चुनाव में एक से अधिक विकल्प होता है और चयन की स्वतंत्रता (Freedom of Choice) का इस्तेमाल करके वे अपनी पसंद के दल या उम्मीदवार की भर्ती राजनीतिक पदों पर कर सकते है। सर्वाधिकारवादी व्यवस्था का मुख्य लक्षण है कि इसमें दल की अधिकृत की विचारधारा को सबसे ऊपर रखा जाता है और राजनीतिक पदों का वितरण सत्तारूढ़ दल के माध्यम से होता है। चुनाव में मतदाता के सामने कोई विकल्प नहीं होता है इसलिए उन्हें उम्मीदवारों के चयन में आजादी नहीं होती है, लेकिन राजनीतिक भर्ती का मुख्य माध्यम राजनीतिक दल ही होता है। यानी कि दोनों व्यवस्थाओं में राजनीतिक पदों पर भर्ती का एवं राजनीतिक गतिविधियों के संचालन का मुख्य आधार माध्यम राजनीतिक दल ही होता है, इसलिए दल राजनीतिक भर्ती एवं राजनीतिक भूमिकाओं को गंभीर रूप से प्रभावित करता है।

राजनीतिक दलों की भांति दबाव समूह भी व्यवस्थागत राजनीतिक भर्ती एवं भूमिकाओं को प्रभावित करते हैं। विकसित लोकतंत्र में इनकी राजनीतिक भूमिका को यथोचित स्थान दिया जाता है। दबाव समूह व्यक्तियों का ऐसा संगठित समूह है जो अपने उद्देश्य को प्राप्त करने के लिए राजनीतिक सत्ता के निर्णयों को प्रभावित करता है। इनकी गतिविधियां राजनीतिक प्रक्रियाओं का अभिन्न हिस्सा हैं इसलिए, सीधे तौर पर शासक अभिजन के पदों पर अपने सदस्यों को प्रतिष्ठापित करने का प्रयास न करके भी ये समूह व्यवस्थागत राजनीति की दिशा को मोड़ने एवं राजनीतिक भर्ती को प्रभावित करने में अहम् भूमिका निभाते हैं। दबाव समूहों के नेता चुनाव के समय किसी भी दल के पक्ष में अपने समूह के सदस्यों के साथ खड़े होकर मतप्रबंधन की गणित को नया आयाम प्रदान कर सकते हैं, जिसकी वजह से राजनीतिक भर्ती के रूप में राजनीतिक समीकरण का नया चेहरा व्यवस्था के सामने आता है।

3. **राजनीतिक संरक्षण (Political Patronage)**–राजनीतिक संरक्षण भी राजनीतिक भर्ती को प्रभावित करने वाला प्रमुख कारक है। व्यवस्था की सक्रिय राजनीति में जिन व्यक्तियों को अपने दल के आला कमान

(High Command), प्रधानमंत्री, मुख्यमंत्री, मंत्री या किसी सांसद, विधायक का संरक्षण प्राप्त होता है उन्हें राजनीतिक भूमिकाओं के निर्वहन के लिए आसानी से कोई राजनीतिक पद प्राप्त हो जाता है। चुनाव के समय उम्मीदवार के रूप में मनपसंद चुनाव क्षेत्र के चयन से लेकर से टिकट मिलने की बात हो, या किसी राजनीतिक पद पर नियुक्ति या मनोनयन की बात हो, राजनीतिक दल में पदधारण करने की बात हो या राजनीतिक पदों पर प्रत्यक्ष भर्ती की बात हो, हर मामले में ऐसे व्यक्ति राजनीतिक संरक्षण का लाभ उठाते हैं। अमेरिका जैसे विकसित लोकतंत्र में भी अधिकांशतः परोक्ष रूप से की जाने वाली राजनीतिक भर्ती का आधार राजनीतिक संरक्षण है और प्रत्यक्ष भर्ती में भी टिकट बंटवारा एवं उम्मीदवारी तय होने के मामले में यह कारक काफी हद तक भर्ती प्रक्रिया को अपने प्रभाव में रखता है। भारत के राजनीतिक परिदृश्य में इस कारक की प्रभाविता स्थानीय, प्रान्तीय एवं केन्द्रीय स्तर पर काफी खुले रूप में व्यापक पैमाने पर दिखाई देती है। यहां तो राज्यों के चुनाव में जिस दल का बहुमत होता है, वहां राज्य के मुख्य मंत्री के रूप में उसी नेता का नाम प्रस्तावित होता है जिस पर पार्टी आलाकमान की विशेष कृपादृष्टि होती है। कांग्रेस शासित राज्यों में इस राजनीतिक परम्परा का विशेष रूप से दर्शन होता है।

4. **राजनीतिक प्रभाव (Political Influence)**–राजनीतिक प्रभाव भी राजनीतिक भर्ती को प्रभावित करने का एक मुख्य कारक है। समाज पर ख़ास प्रभाव रखने वाले कद्दावर नेताओं को व्यवस्था की सक्रिय राजनीति में उनके राजनीतिक प्रभाव की वजह से महत्त्वपूर्ण राजनीतिक भूमिकाओं के निर्वहन की जवाबदेही दी जाती है। उदाहरणस्वरूप, यहां विभिन्न राज्यों में पार्टी के अध्यक्ष पद पर उन्हीं राजनीतिज्ञों को बहाल किया जाता है जिनके राजनीतिक प्रभाव का कद काफी ऊंचा होता है। यह मान्यता है कि ऐसा नेतृत्व अपने प्रभाव एवं कार्यशैली के बल पर अपनी पार्टी को सतारूढ़ कराने में कामयाब हो सकता है। इसी भांति चुनाव के समय या टिकट बँटवारे के समय भी राजनीतिक व्यक्ति के प्रभाव को ध्यान में रखते हुए किसी क्षेत्र विशेष से उनकी उम्मीदवारी तय की जाती हैं ताकि उम्मीदवार की जीत सुनिश्चित की जा सके और पार्टी के लिए बहुमत प्राप्त करने का मार्ग आसान हो सके।

5. **उच्च राजनीतिक समाजीकरण (High Political Socialisation)**–राजनीतिक भर्ती को प्रभावित करने वाले कारकों में उच्चत्तर राजनीतिक समाजीकरण का योगदान उल्लेखनीय होता है। सामान्यतया राजनीतिक समाजीकरण एवं राजनीतिक भर्ती दोनों एक सी प्रक्रियाएं मानी जाती हैं, क्योंकि दोनों का संबंध मनुष्य की राजनीतिक गतिविधियों से है। लेकिन, दोनों के बीच मूल अन्तर यह है कि राजनीतिक भर्ती एक विधिपरक औपचारिक एवं सुनिश्चित राजनीतिक प्रकिया है, जबकि समाजीकरण में इन तीनों लक्षणों का अभाव होता है। राजनीतिक समाजीकरण का सीधा सरोकार राजनीतिक संस्कृति से होता है और इस रूप में यह प्रक्रिया राजनीतिक भर्ती को प्रभावित करने वाले कारकों में प्रमुख स्थान रखती है। राजनीति के संबंध में नागरिकों के विचारों, दृष्टिकोणों, आस्थाओं, विश्वासों, अभिवृत्तियों व अभिविन्यासों के बनने–बिगड़ने की प्रक्रिया ही राजनीतिक समाजीकरण की प्रक्रिया है। यह राजनीति में प्रवेश लेने की क्रिया है जो व्यवस्थागत राजनीतिक भर्ती की आधारभूमि है। राजनीतिक समाजीकरण का अप्रकट एवं प्रकट दोनों रूप राजनीतिक भर्ती को प्रभावित करने में सक्रिय भूमिका निभाता हैं। किसी भी व्यवस्था की एकीकृत राजनीतिक संस्कृति राजनीतिक समाजीकरण को ठोस जमीन मुहैया कराता है। उच्चत्तर राजनीतिक समाजीकरण श्रेष्ठ राजनीतिक भर्ती की बुनियादी जरूरत है। विकासशील व्यवस्थाओं में मौजूद राजनीतिक संस्कृति का विखंडित रूप राजनीतिक समाजीकरण प्रक्रिया की कमजोरी का परिचायक है, जो वहां प्रत्यक्ष राजनीतिक भर्ती के परिप्रेक्ष्य में विखंडित जनादेश के रूप में सामने आता है और राजनीतिक अस्थिरता का माहौल बनाये रखता है।

6. **उच्चत्तम राजनीतिक सहभागिता (High Political Participation)**–राजनीतिक भर्ती प्रकिया में उच्चतम राजनीतिक सहभागिता का योगदान बहुमूल्य है। दोनों क्रियाएं एक दूसरे की पूरक हैं। राजनीतिक सहभागिता का अन्तिम परिणाम राजनीतिक भर्ती है। राजनीतिक सहभागिता का तथ्य मतदान व्यवहार

से संबद्ध है और खुली राजनीतिक भर्ती का एकमात्र माध्यम मतदान क्रिया है। इस रूप में राजनीतिक सहभागिता राजनीतिक भर्ती का साधन है। इसका सीधा सरोकर राजनीतिक भूमिकाओं के निर्वहन एवं राजनीतिक जागरूकता से है। जहां अवाम राजनीतिक सहभागिता के प्रति उदासीनता या तटस्थता का भाव रखते हैं वहां खुली राजनीतिक भर्ती में मतदान का प्रतिशत काफी कम होता है। राजनीतिक सहभागिता का सबसे महत्त्वपूर्ण परिवर्त्य व्यक्ति है जो राजनीतिक भूमिकाओं का निर्वहन भी करता है और राजनीतिक भर्ती का साध्य भी है। राजनीतिक सहभागिता की उच्चस्तरीय भावात्मक, अभिव्यक्तात्मक एवं साधनात्मक शैलियां व्यवस्था में बेहतर राजनीतिक भर्ती के लिए प्रेरकतत्त्व तथा आधारकतत्त्व की भूमिका निभाती हैं। भर्ती करने वाले तत्त्वों के साथ–साथ भर्ती होने वाले नेतृत्व की उच्चकोटि की राजनीतिक सहभागिता भी उच्चतर राजनीतिक भूमिकाओं का प्रदर्शन करती हैं और यही उच्चतम प्रदर्शन उनकी राजनीतिक भर्ती का मूलाधार तत्त्व है। उदाहरण के तौर पर भारत के उत्कृष्ट राजनीतिक शख्सियतों में पंडित नेहरू, डॉ. राजेन्द्र प्रसाद, सरदार बल्लभ भाई पटेल, मौलाना अबुल कलाम आजाद, श्रीमती गांधी, डॉ. श्री कृष्ण सिंह आदि नेताओं ने अपनी उच्चकोटि की राजनीतिक सहभागिता की वजह से देश के विभिन्न महत्त्वपूर्ण राजनीतिक पदों को सुशोभित किया और भारतीय राजनीति के इतिहास में महत्त्वपूर्ण हस्ताक्षर के रूप में अपनी विशेष जगह बनायी।

7. **राजनीतिक आधुनिकीकरण की सही स्थिति (Real Position of Political Modernisation)**–राजनीतिक आधुनिकीकरण और राजनीतिक भर्ती के बीच आधारभूत संबंध है। राजनीतिक आधुनिकीकरण राजनीति में जनसाधारण की बढ़ी हुई सहभागिता का संकेतक है और सरकार तथा समाज के बीच बढ़ी हुई अन्तःक्रियात्मकता का द्योतक है। ये दोनों पक्ष राजनीतिक भर्ती प्रक्रिया के लिए खास महत्त्व रखता है। टॉलकॉट पारसन्स के दृष्टिकोण से प्रभावित अधिकांश राजनीतिक समाजशास्त्रियों ने परम्परा एवं आधुनिकीकरण के तत्त्वों की मौजूदगी के अनुरूप राजनीतिक व्यवस्थाओं का विभाजन करके तुलनात्मक अध्ययन करने का प्रयास किया है। इनके द्वारा तुलनात्मक अध्ययनक्रम में दोनों समाजों के दो आदर्श प्रकारों (Ideal types) की प्रस्तुति की गयी है। इस दृष्टिकोण के आधार पर पारम्परिक एवं आधुनिक समाजों में राजनीतिक भर्ती की प्रक्रिया के भी दो प्रारूप हैं–(1) आरोपण भर्ती प्रक्रिया (Ascription Recruitment Process) और (2) उपलब्धिपरक भर्ती प्रक्रिया (Achievement-oriented Recruitment Process)। आरोपण भर्ती प्रकिया के अन्तर्गत राजनीतिक भर्ती का आधार उम्मीदवार की सामाजिक प्रस्थिति (Social Stratification) तथा खानदान (Family) का रुतबा होता है। इसके उदाहरणस्वरूप हम सउदी अरब में राजनीतिक भर्ती की व्यवस्था को देख सकते हैं जहां शासकीय परिवारों से संबंधित व्यक्ति ही कुछ विशेष पदों की शोभा बढ़ा सकते हैं। उपलब्धिपरक भर्ती प्रक्रिया आधुनिकीकृत व्यवस्था की पहचान है। जिस राजनीतिक व्यवस्था में आधुनिकीकरण के तत्त्वों की मात्रा जितनी ज्यादा होती है वहां राजनीतिक भर्ती का स्वरूप उतना ही श्रेष्ठ होता है। राजनीतिक रूप से आधुनिकीकृत समाज में खुली राजनीतिक भर्ती के माध्यम से विशेषज्ञ, कर्मकुशल, क्षमतावान, सामर्थ्यवान योग्य व्यक्ति राजनीतिक पदों पर बहाल होते हैं। राजनीतिक योग्यता कर्मकुशलता में पारंगत नेताओं की राजनीतिक भर्ती होने से उनके द्वारा व्यवस्थागत समस्याओं के समाधान एवं व्यवस्था की समुन्नति तथा विकास हेतु बेहतर नीतियों व निर्णयों के निर्माण तथा कार्यान्वयन में महत्त्वपूर्ण भूमिका निभायी जाती है। इस प्रकार, राजनीतिक आधुनिकीकरण की उच्चतर स्थिति व्यवस्था में राजनीतिक भर्ती को प्रभावित करने वाला एक महत्त्वपूर्ण कारक है।

8. **राजनीतिक योग्यता एवं कार्यकुशलता (Political Ability and Efficiency)**–राजनीतिक नेताओं की योग्यता, कर्मकुशलता, सामर्थ्य आदि राजनीतिक भर्ती को प्रभावित करने में प्रेरक कारक की भूमिका निभाते हैं। जिस राजनीतिक व्यक्तित्व में राजनीतिक दक्षता, कर्मकुशलता का तत्त्व जितना ज्यादा विद्यमान् होता है, सामाजिक समस्याओं के समाधान हेतु वे उसी अनुपात में बेहतर कार्य निष्पादित कर

पाते हैं। इन गुणों की मौजूदगी से समाज में राजनीतिक नेताओं की पहचान बनती है और समाज में उनकी लोकप्रियता का दायरा बढ़ता है। राजनीतिक दक्षता से राजनीतिक व्यक्ति को जनसाधारण के दिलो–दिमाग में ख़ास जगह बनाने में कामयाबी मिलती है, जिसके परिणामस्वरूप राजनीतिक पदों पर उसकी खुली भर्ती का मार्ग काफी सरल हो जाता है। दक्ष राजनीतिज्ञ के रूप में जिन नेताओं की व्यवस्था में पहचान बन जाती है जनता की नजर में उस नेतृत्व के हाथों में देश और समाज का भविष्य ज्यादा सुरक्षित होता है। अवाम की इस अभिवृत्ति की वजह से ऐसे योग्य, क्षमतावान् राजनीतिज्ञों को चुनाव जीतने में कोई परेशानी नहीं होती है। इस प्रकार, नेताओं का राजनीति कौशल भी राजनीतिक भर्ती को प्रभावित करने वाले कारको में महती स्थान रखता है।

उपर्युक्त कारकों के अतिरिक्त राजनीतिक व्यवस्था में और भी कई कारक एवं तत्त्व हैं जो राजनीतिक भर्ती को प्रभावित करने में अहम् भूमिका निभाते हैं। राजनीतिक व्यवस्था में होने वाले सामाजिक, आर्थिक और राजनीतिक परिवर्तनों का भी राजनीतिक भर्ती पर गंभीर प्रभाव पड़ता है।

विकासशील देशों में राजनीतिक भर्ती
(Political Recruitment in Developing Countries)

विकासशील व्यवस्थाओं में विद्यमान् राजनीतिक अस्थिरता की स्थिति इस तथ्य का द्योतक है कि वहां अभी भी राजनीतिक भर्ती का कोई निश्चित प्रतिमान आकार नहीं ले पाया है। यहां राजनीतिक भर्ती के संबंध में विद्वज्जनों द्वारा गहन एवं व्यापक अध्ययन करने का प्रमाण नहीं मिलता है। राजनीतिक भर्ती के प्रसंग में यहां ध्यान देने योग्य तथ्य यह है कि इन व्यवस्थाओं में सता के परम्परागत स्रोत आज भी मजबूती से अपनी जगह पर खड़े हैं जो राजनीतिक भर्ती प्रक्रिया को पूर्णरूप से अपने प्रभाव क्षेत्र में रखते हैं। यहां के विविधतामूलक बहुआयामी समाज में विभिन्न जातियों, धर्मों, भाषाओं, संस्कृतियों के लोग निवास करते हैं जिनके खान–पान, रहन–सहन, बोली, परम्पराओं, मूल्यों, निष्ठाओं में काफी भिन्नताएं पायी जाती हैं। यहां विभिन्न जातियों, धर्मों तथा वर्गों का अपना–अपना संगठन होता है जिसका शीर्ष नेतृत्व व्यवस्था में राजनीतिक भर्ती का दिशाबोधक होता है। इन व्यवस्थाओं में धर्मगुरुओं–जातिगुरुओं की व्यवस्था की सक्रिय राजनीति पर गहरी पकड़ होती है। यहां पर्यावरण में मौजूद संजातीय तनाव या संघर्ष की स्थितियां राजनीतिक भर्ती को गंभीर रूप से प्रभावित करती हैं। संचार व्यवस्था का पिछड़ापन, जाति प्रथा का कठोर ढाँचा, राजनीतिक संस्कृति का विखंडित रूप आदि राजनीतिक समाजीकरण की प्रक्रिया को बाधित करता है, जिनकी वजह से खुली राजनीतिक भर्ती में मतदान का प्रतिशत काफी धीमा होता है। सामान्यतया, मतदाता चुनाव के समय जाति, धर्म, वर्ग, क्षेत्र, भाषा आदि मुद्दों पर बँटे दिखाई देते हैं जो इन समूहों के राजनीतिक महागुरुओं की देन होते हैं। राजनीति के पैरोकार अपनी सता–प्राप्ति की तीव्र लालसा और स्वहितवर्धन को ध्यान में रखते हुए एकीकृत के बजाय विखंडित राजनीतिक समाज के निर्माण की दिशा में सदैव प्रयासरत दिखाई देते हैं, ताकि उनकी राजनीतिक महत्त्वाकांक्षा की पूर्ति का मार्ग सरल हो जाय। व्यवस्था में मौजूद यह सामाजिक–राजनीतिक यथार्थ राजनीतिक पदों पर खुली एवं बन्द दोनों भर्ती प्रकियाओं को बाधित करता है।

जहां तक विकासशील देशों की राजनीतिक भर्ती का प्रसंग है यहां की राजनीतिक संस्थाओं में इतनी विविधताएं पायी जाती हैं कि इनके परिप्रेक्ष्य में राजनीतिक भर्ती के विश्लेषण के लिए वे ढाँचे उपयुक्त नहीं होंगे, जिनका प्रयोग उदारवादी या समाजवादी विकसित राजनीतिक व्यवस्थाओं में भर्ती के विश्लेषण के लिए किया जाता है। तीसरी दुनिया के देशों में मौजूद राजनीतिक भर्ती प्रक्रिया के तत्त्वतः बहुआयामी विश्लेषण के लिए वहां राज्य, राजनीतिक सता और नागरिक समाज (Civil Society) के परस्पर संबंधों के विश्लेषण के आलोक में ही राजनीतिक भर्ती का तात्त्विक अध्ययन–विश्लेषण किया जा सकता है। इन देशों का राजनीतिक ढाँचा बुनियादी तौर पर इस मान्यता पर आधारित है कि राज्य औचित्यपूर्ण शक्तिधारक संगठन है जो सामाजिक जीवन पर अपना

नियंत्रण स्थापित करता है। वहीं नागरिक समाज उन संस्थाओं, समुदायों तथा समूहों का समुच्चय है जो समाज में जन्म लेता है और राज्य की शक्तियों को वैध सीमा के दायरे में बांधने के लिए सदैव तत्पर रहता है। राज्य और समाज का आपसी रिश्ता यहां राजनीतिक पदों पर भर्ती के आधार–आधेय की भूमिका अदा करता है।

विकसित देशों की भांति विकासशील देशों में भी राजनीतिक भर्ती का मुख्य माध्यम राजनीतिक दल हैं। यहां राष्ट्रीय दल एवं क्षेत्रीय दल (Regional Parties) दोनों राजनीतिक भर्ती का आधार–माध्यम बनते हैं। विकासशील व्यवस्थाओं में विकसित देशों की भांति हित समूह पूरी उन्नत अवस्था में नहीं होते हैं। अभी वे अपने जन्म की आरंभिक अवस्था में हैं बावजूद इसके वे भी राजनीतिक भर्ती के लिए मजबूत जमीन तैयार करने हेतु प्रयासरत रहते हैं। इन देशों में विद्यमान् सामाजिक, सांस्कृतिक व आर्थिक स्थितियां राजनीतिक अस्थिरता के लिए मुख्य रूप से जवाबदेह है। राजनीतिक अस्थिरता और सामाजिक भेदभाव की वजह से इन देशों में अनुशासनबद्ध राजनीतिक दल का स्वरूप विकसित नहीं हो पाया है। इसीलिए राजनीतिक भर्ती के स्वरूप में भी सुनिश्चिता या सुस्पष्टता नहीं आ पायी है। कुछ विकासशील व्यवस्थाओं में जनता द्वारा चुनी हुई सरकार को संवैधानिकतंत्र विफल होने के नाम पर हटाकर सैनिक अधिनायकतंत्र या किसी और प्रकार के अधिनायकतंत्र को स्थापित कर दिया जाता है। अधिकांश विकासशील व्यवस्थाओं में शासन–संचालन के नाम पर राजनीति में सेना का हस्तक्षेप आम बात है। जिन देशों में सैन्यबल का प्रयोग करके 'बलात् राज्य परिवर्तन' कराया जाता है वहां राजनीतिक भर्ती का मार्ग अवरुद्ध करके विभिन्न राजनीतिक पदों पर सैन्य अधिकारी पदस्थापित कर दिये जाते हैं। पाकिस्तान में लम्बे समय तक कायम रहा सैनिक अधिनायकतंत्र और राजनीतिक पदों पर सैन्य पदाधिकारियों का प्रतिष्ठापन इस प्रसंग का सबसे बेहतर उदाहरण है।

विकासशील व्यवस्थाओं की राजनीतिक भर्ती की रूपरेखा तय करने में वहां की विखंडित राजनीतिक संस्कृति, कमजोर राजनीतिक समाजीकरण प्रक्रिया, निम्नस्तरीय राजनीतिक आधुनिकीकरण, प्रक्रिया, राजनीतिक सहभागिता का गिरता प्रतिशत, राजनीतिक जागरूकता की कमी और राजनीतिक उदासीनता का बढ़ता दायरा बुनियादी माध्यम की भूमिका निभाता है। जहां तक भारत का सवाल है यहां भी राजनीतिक भर्ती की कमोवेश यही स्थिति है। यहां के बहुआयामी समाज की विविधतापूर्ण संस्कृति, राजनैतिक समाजीकरण एवं राजनीतिक सहभागिता की स्थितियां राजनीतिक भर्ती के लिए मजबूत जगीन तैगार करने में सफल नहीं हो पा रही हैं। यहां राजनीति में दिनोंदिन प्रान्तवाद, जातिवाद, क्षेत्रवाद, भाषावाद, धर्मवाद, सम्प्रदायवाद, वर्गवाद का बढ़ता दायरा राजनीतिक के संकीर्ण स्वरूप को प्रदर्शित कर रहा है। क्षेत्रवाद, भाषावाद और प्रान्तवाद के नाम पर यहां कुछ राज्यों के नागरिक अपने देश की सभ्यता–संस्कृति एवं मूल्यों का हनन कर रहे हैं। क्षेत्रीय एवं भाषाई वैमनस्यता देश की राजनीतिक संस्कृति, राजनीतिक सहभागिता, राजनीतिक भर्ती सभी की संवृद्धि पर गंभीर सवाल खड़े कर रहा है। भारतीय राजनीति पर क्षेत्रवाद के बढ़ते वर्चस्व की वजह से पिछले एक–दो दशक से प्रान्तीय एवं राष्ट्रीय स्तर पर गठबंधन सरकारों का अस्तित्व का आकार ठहर गया है। राजनीतिक भर्तीक्रम में चुनाव से लेकर सरकार–निर्माण तक क्षेत्रवाद का मुद्दा एवं क्षेत्रीय दलों की उपस्थिति हावी रहती है जिसकी स्पष्ट तस्वीर विभिन्न राज्यों में मौजूद राज्य सरकारों एवं गठबंधित केन्द्रीय सरकार के रूप में देखी जा सकती है। भारत में जातिप्रथा का कठोर ढाँचा एवं हिन्दू समाज की कठोर वर्णव्यवस्था भी कभी–कभी राजनीतिक आधुनिकीकरण एवं राजनीतिक भर्ती के लिए गंभीर समस्याएं खड़ी करता है। यहां राजनीतिक विचारधारा एवं राजनीति के प्रति घटते विश्वास के परिणामस्वरूप प्रत्येक चुनाव के पश्चात् राजनीतिक सता का नया चेहरा जनता के सामने आता है। जनता भी चुनाव के समय विभिन्न राजनीतिक दलों के उम्मीदवारों के रूप में उपलब्ध विभिन्न विकल्पों में अपने 'चयन की स्वंतत्रता' का प्रयोग करके राजनीतिक पदों पर अपनी मर्जी का प्रतिनिधि चुनती है जिसमें जाति, धर्म एवं क्षेत्रीयता का प्रसंग केन्द्रीय स्थान रखता है।

सारांशतः यह कहा जा सकता है कि विकासशील देशों में क्रमिक रूप से परिवर्तित होती परिस्थितियां राजनीतिक भर्ती प्रकिया पर भी अपना प्रभाव डालती रहती हैं। अनुशासनबद्ध राजनीतिक दलों का अभाव, साफ सुथरी राजनीतिक भर्ती के लिए यथोचित वातावरण की कमी, न्यायसंगत एवं निष्पक्ष चुनाव–प्रकिया का अभाव, राजनीतिक व्यवस्था में उग्रवादियों–आतंकवादियों, अपराधियों, दहशतगर्दों, भ्रष्टाचारियों, सौदेबाजों व बिचौलियों

का बोलबाला, एवं नौकरशाहों का तानाशाही रवैया बहुत हद तक राजनीतिक भर्ती प्रक्रिया के निर्बाध संचालन तथा इसे सही अंजाम तक पहुंचाने में कई प्रकार की बाधाएं उपस्थित करता है।

राजनीतिक भर्ती एवं राजनीतिक अभिजन (Political Recruitment and Political Elite)

राजनीतिक अभिजनों की राजनीतिक भर्ती का तात्पर्य उन राजनीतिक पदों पर बहाली से है जो औचित्यपूर्ण राजनीतिक शक्ति के उपयोगकर्ता होते हैं। राजनीतिक अभिजनों की भर्ती का मुख्य स्रोत सार्वभौम मताधिकार का प्रयोग है, जिसके द्वारा मतदाता प्रत्यक्ष निर्वाचन प्रक्रिया में सहभागी बनकर जनप्रतिनिधियों का चुनाव करते हैं। इसके साथ ही सभी व्यवस्थाओं में कुछ राजनीतिक पद अप्रत्यक्ष या बन्द भर्ती के माध्यम से भरे जाते हैं। इसके अतिरिक्त कई व्यवस्थाओं में बल–प्रयोग द्वारा भी राजनीतिक भर्ती किये जाने का उदाहरण मिलता है। राजनीतिक पदों को बल–प्रयोग द्वारा या बल–प्रयोग की धमकी देकर छीन लेना या हथिया लेना, सैनिक विद्रोह, बाह्य सैनिक हस्तक्षेप, क्रान्ति, गृहयुद्ध, आर्थिक संकट या हिंसा–हत्या आदि का सहारा लेकर राजनीतिक सत्ता का तख्ता पलटना आदि माध्यमों द्वारा भी राजनीतिक पदों पर बहाल हुआ जाता है। इन सभी परिस्थितियों का स्पष्ट नतीजा तुरंत सत्ता परिवर्तन के रूप में सामने आता है। राजनीतिक अभिजनों की भर्ती की एक अन्य बन्द विधि को संरक्षण का नाम दिया गया है। कुछ समय पूर्व तक यह भर्ती प्रक्रिया अमेरिका एवं इंग्लैण्ड में प्रचलित थी और कुछ व्यवस्थाओं में आज भी स्वीकार्य है। भर्ती की इस प्रक्रिया में व्यक्ति अपनी इच्छा से कोई पद खरीद सकता है या किसी विशेष राजनीतिक कार्य के लिए किसी व्यक्ति को प्रोत्साहित करके या बहला–फुसला कर पद धारण करने के लिए तैयार कराया जा सकता है।

राजनीतिक अभिजनों की बन्द भर्ती की दो अन्य प्रक्रियाएं भी महत्त्वपूर्ण हैं, ये हैं–जन्मजात नेताओं का उद्भव तथा सहयोजन। 'जन्मजात नेताओं के उद्भव' द्वारा भर्ती की प्रकिया 'संरक्षण' प्रक्रिया से सर्वथा भिन्न हैं। इसका प्रयोग पहले कुलीनवर्गीय शासन की औचित्यता को सिद्ध करने के लिए किया गया था। लेकिन, ब्रिटिश राजनीतिक व्यवस्था में भर्ती की इस प्रक्रिया का महत्त्व आज भी है। इस प्रक्रिया का अभिप्राय है राजनीतिक व्यवस्था में एक विशेष प्रकार के नेतृत्व के उद्भव को बढ़ावा देना। इस प्रकिया द्वारा उत्पन्न नेताओं को जन्मजात इसीलिए कहा जाता है क्योंकि वे उस नेतृत्व का प्रतिनिधित्व करते हैं जिसके उद्भव की संभावना उस राजनीतिक व्यवस्था में है।

व्यवस्था में बन्द राजनीतिक भर्ती की एक विशेष प्रक्रिया 'सहयोजन' है, जिसका अभिप्राय है मौजूद सदस्यों द्वारा नये सदस्यों का चयन। यह सीमित विधि है जिसके तहत विद्यमान् नेता मिलकर कुछ विशेष पदों के लिए भर्ती करते हैं। यह प्रक्रिया मुख्यतः स्थानीय इकाइयों के लिए प्रचलित है, लेकिन उच्च स्तरों पर भी इस भर्ती प्रकिया का न्यूनतम प्रयोग होता है। दृष्टान्तस्वरूप अमेरिका का राष्ट्रपति स्वेच्छा से किसी भी व्यक्ति को मंत्रिमंडल, राजनीति, शिक्षा, उद्योग, व्यवसाय एवं नौकरशाही आदि किसी भी क्षेत्र के लिए चयन कर सकता है। भारत, इंग्लैण्ड जैसी संसदीय व्यवस्थाओं में भी कुछ राजनीतिक पदों पर ऐसी भर्ती का वैधानिक प्रावधान है।

राजनीतिक अभिजन वर्ग की भर्ती का मुख्य साधन निर्वाचन है। वैसे राजनीतिक अभिजनों की भर्ती का एक अन्य प्रमुख साधन अप्रत्यक्ष निर्वाचन है जिसका मुख्य माध्यम नियुक्ति एवं मनोनयन है।

रॉबर्ट पुतनम द्वारा राजनीतिक अभिजनों की भर्ती के लिए उपलब्ध व्यवस्था हेतु तीन मानकों का उल्लेख किया गया है :

1. **तकनीकी सुविज्ञता (Technical Expertise)**–राजनीतिक अभिजनों की भूमिकाओं में जनउम्मीदें एवं आकांक्षाएं सन्निहित होती हैं जिन्हें जमीन पर उतारने एवं परिणाम तक पहुंचाने के लिए तकनीकी कौशल, राजनीतिक दक्षता, व्यवहार कुशलता, सामर्थ्य और सबसे बढ़कर तकनीकी सुविज्ञता की जरूरत होती है। पुतनम का यह मानना है कि राजनीतिक अभिजनों के अन्दर राजनीतिक सूझबूझ, राजनीतिक

कौशल, दूरदर्शिता के साथ यदि प्रशासकीय तकनीकी ज्ञान हो तो वे अपनी भूमिका का ज्यादा बेहतर निर्वहन कर सकते हैं। इन्होंने कहा है कि हालांकि राजनीतिक अभिजन के साथ कदम मिलाकर चलने वाले प्रशासकीय अभिजन (Administrative Elite) तकनीकी कौशल के मामले में विशेषज्ञ होते हैं, बावजूद इसके राजनीतिक अभिजनों के लिए तकनीकी निपुणता की जरूरत है।

2. **संगठन एवं विकास में दृढ़ विश्वास (Persuasion in Organisation and Development)**–पुतनम के मतानुसार, राजनीतिक अभिजनों में जो दूसरा महत्त्वपूर्ण गुण होना जरूरी है, वह है संगठन का निर्माण करना एवं इसके अस्तित्व को कायम रखना। संगठन के उद्देश्यों व लक्ष्यों के प्रति जनसाधारण में विश्वास पैदा कराने का कार्यकौशल एवं विकास की क्षमता का पाया जाना सभी राजनीतिक व्यवस्थाओं के शीर्षस्थ अभिजनों का विशेष गुण होता है। राजनीतिक रणनीति निर्माण–कौशल में निपुणता के मामले में जो अभिजन क्षमतावान् होते हैं वे खुद तो सफल राजनीतिज्ञ होते ही हैं साथ ही अपने संगठन के मजबूतीकरण एवं विकास में भी उल्लेखनीय भूमिका निभाते हैं। शासकीय अभिजनों, प्रतिअभिजनों एवं राजनीतिक दलों तथा हित समूहों के शीर्षस्थ नेतृत्व का संबंध नीतियों एवं निर्णयों के निर्माण तथा कार्यावन्यन से होता है। इसमें शासकीय अभिजन तो सीधे रूप से नीति–निणय प्रक्रिया के निर्माण एवं कार्यान्वयन के कर्ता धर्ता होते हैं, इसलिए शासक अभिजनों में नीतियों की रूपरेखा तैयार करने, नीतियों के लिए जनसमर्थन जुटाने, समझौता करने, परिस्थिति के अनुरूप मोल–तोल करने की क्षमताएं होना अति आवश्यक गुण है। पुतनम का कहना है कि राजनीतिक क्षमताओं की इन्हीं शैलियों के आधार पर सभी राजनीतिक व्यवस्थाओं में राजनीतिक अभिजनों की भर्ती होनी चाहिए।

3. **राजभक्ति एवं राजनीतिक विश्वस्तता (Loyality and Political Reliability)**–यहां राजभक्ति एवं राजनीतिक विश्वसनीयता का अभिप्राय दोतरफा है। एक ओर जहां यह आधार राजनीतिक अभिजनों के रूप में भर्ती होने वाले राजनीतिक व्यक्तियों के अन्दर अपने देश के प्रति राजभक्ति, निष्ठा और विश्वास आदि को अनिवार्य रूप से मौजूद होने का संकेत देता है, वहीं दूसरी ओर इन मनोवृत्तियों का संबंध जनसाधारण एवं राजनीतिक पदों पर भर्ती होने लिए उम्मीदवार व्यक्ति के आपसी संबंधों से भी है। यदि मतदाता चुनाव में राजनीतिक दल या निर्दलीय उम्मीदवार के प्रति ईमानदार निष्ठा एवं स्वामी भक्ति का भाव नहीं रखेगा तो दोनों के संबंधों में राजनीतिक विश्वसनीयता नहीं पनप पायेगी और यह मनोवृत्ति राजनीति भर्ती का मार्ग अवरुद्व करेगा। भर्ती के इस मानदण्ड को लगभग सभी व्यवस्थाओं में समान महत्त्व दिया जाता है। सिर्फ इसके प्रकटीकरण का रूप अलग–अलग राजनीतिक व्यवस्थाओं की शासन शैली के अनुरूप भिन्न–भिन्न होता है। मसलन, यदि शासकों के प्रति राजनीतिक निष्ठा या स्वामीभक्ति के प्रसंग को लें तो जहां सर्वसत्तावादी (Totalitarian) व्यवस्थाओं में निष्ठा एवं विश्वस्तता राजनीतिक दल के प्रति होती है वहीं स्वेच्छाचारी व्यवस्थाओं (Autocratic Systems) में जनता की राजनीतिक निष्ठा, विश्वसनीयता एवं स्वामीभक्ति का केन्द्र तानाशाह शासकों के प्रति होता है, जिसमें आदर की अपेक्षा भय तत्त्वों की प्रबलता पायी जाती है। राजतंत्र में यह निष्ठा राजा या राजमुकुट के प्रति होती है, तथा लोकतंत्र में यह राजनीतिक निष्ठा–विश्वसनीयता संविधान एवं राजनीतिक अभिजनों के प्रति होती है। लोकतंत्र में विभिन्न राजनीतिक पदों पर प्रत्याशियों की जीत उनके प्रति अवाम की निष्ठा और राजनीतिक विश्वस्तता का ही परिणाम है। स्थानीय व प्रान्तीय से लेकर राष्ट्रीय स्तर तक खुली भर्ती के माध्यम से भरे जाने वाले राजनीतिक पदों पर भर्ती का यह जनस्वीकृत एवं जनविश्वास आधारित मानक है, जो राजनीतिक भर्ती के लिए निर्धारित बुनियादी मानदण्ड के साथ–साथ समाज में राजनीतिक नेतृत्व की लोकप्रियता एवं राजनीति–कौशल को मापने का सही पैमाना भी है।

उपर्युक्त विवेचित उपलब्धिपरक मानदण्ड के साथ–साथ कुछ मात्रा में आरोपण प्रकिया का प्रयोग भी राजनीतिक भर्ती के लिए कहीं–कहीं किया जाता है। लगभग सभी राजनीतिक व्यवस्थाओं में भर्ती प्रकिया का मिश्रित रूप यानी कि खुली और बन्द भर्ती का स्वरूप मौजूद होता है, इसलिए, राजनीतिक भर्ती प्रकिया के आधार

पर किसी भी व्यवस्था के आधुनिकीकरण की मात्रा का परीक्षण नहीं किया जा सकता है। सभी व्यवस्थाओं की राजनीतिक भर्ती में आरोपण प्रकिया का प्रभाव न सिर्फ चुनाव में प्रत्याशियों के चयन और टिकट के बँटवारे में दिखाई देता है अपितु मंत्रिमंडल के गठन, आयोगों, समितियों, सार्वजनिक उद्यमों के पदाधिकारियों के चयन आदि प्रसंग में भी दिखाई पड़ता है। साम्यवादी व्यवस्थाओं में भी राजनीतिक पदों पर भर्ती–प्रक्रिया में राजनीतिक हस्तियों के समर्थकों एवं प्रभावक गुटों का स्पष्ट प्रभाव दिखाई पड़ता है। संक्षेप में, यह कहा जा सकता है कि कमोबेश सभी व्यवस्थाएं भर्ती के संदर्भ में आरोपण विधि का प्रयोग करती हैं।

मूल्यांकन (Evaluation)

राजनीतिक सहभागिता, समाजीकरण व आधुनिकीकरण आदि की तरह राजनीतिक भर्ती भी एक प्रक्रिया है, लेकिन अन्य प्रकियाओं की अपेक्षा इसमें सुनिश्चितता का गुण विद्यमान् होता है। ख़ासतौर से लोकतांत्रिक तथा सर्वाधिकारवादी व्यवस्थाओं में राजनीतिक पदों एवं उन पदों पर भर्ती की प्रक्रिया की रूपरेखा संवैधानिक एवं विधिसम्मत् आधार पर पहले से स्पष्ट एवं निश्चित होती हैं। सभी स्तरों पर राजनीतिक पदों की संख्या, उस पर भर्ती के लिए अपनायी जाने वाली विधियां, यानी कि खुली या बन्द भर्ती के आधार पर प्रत्यक्ष निर्वाचन, मनोनयन, नियुक्तियां आदि के संबंध में वैधानिक प्रावधानों की रूपरेखा तय होती है। यहां तक कि सभी राजनीतिक दलों एवं हित समूहों में राजनीतिक पदों की संख्या, उनका पदानुक्रम (Hierarchy) आदि घोषित होता है और पार्टी के अपने निर्धारित मानकों के आधार पर उन पदों पर उम्मीदवारों का चयन होता है। यहां तक कि सार्वजनिक उद्यमों, समितियों तथा आयोगों में भी राजनीतिक पदों की संख्या तय होती है और उस पर भी भर्ती का मानदण्ड पूर्वनिर्धारित होता है। यदि कोई नया पद सृजित किया जाता है तो पद के साथ सरकार को उस पर भर्ती की प्रकिया का स्पष्टीकरण भी करना पड़ता है।

मोटे तौर पर यह कहा जा सकता है कि राजनीतिक भर्ती प्रकिया का एक पक्ष यानी कि राजनीतिक पदों की संख्या, उनका पदानुक्रम तथा उस पर होने वाली भर्ती प्रकिया वैधिक आधार पर पूर्व निर्धारित होती है जो राजनीतिक अभिजन एवं प्रशासकीय अभिजन यानी कि अधिकारीतंत्र पर समान रूप से लागू होता है। यदि सरकार राजनीतिक या प्रशासकीय स्तर पर कोई नया पद सृजित करती है तो उसका प्रकटीकरण एवं खुली या बन्द भर्ती की विधि का स्पष्टीकरण भी साथ–साथ करती है। मसलन–यदि भारत सरकार लोकसभा, किसी राज्य की विधानसभा, विधानपरिषद् या मंत्रिमंडल में सीटों की संख्या को घटाना–बढ़ाना चाहती है तो उसका वैधानिक स्पष्टीकरण निश्चित रूप से किया जाता है। दृष्टान्तस्वरूप मंत्रिमंडल की संख्या के संबंध में कटौती से प्रासंगिक तथ्यों को संविधान संशोधन 91, 2003 के आलोक में देखा जा सकता है, जिसमें यह स्पष्ट किया गया है कि सदन के सदस्यों की कुल संख्या को 15 प्रतिशत से ज्यादा केन्द्र या राज्य मंत्रिपरिषद् के सदस्यों की संख्या नहीं हो सकती है जिसमें प्रधानमंत्री और मुख्यमंत्री का पद भी शामिल है।

राजनीतिक भर्ती का दूसरा पक्ष यानी कि प्रत्यक्ष भर्ती प्रविधि का बुनियादी आधार संदर्भित निर्वाचन क्षेत्र की जनता का व्यवस्थागत राजनीति के प्रति दृष्टिकोण तथा राजनीतिज्ञों के प्रति अभिवृत्ति में होने वाले अभिविन्यास की स्थितियां हैं, जो जनता की बुनियादी जरूरतों, उतम जीवन की जरूरतों, समाज के सर्वांगीण विकास की जरूरतों और पूर्ति के माध्यम के रूप में शासनशैली की प्रवृत्ति और जनसाधारण की जरूरतों को पूरा करने की सरकार की मानसिकता के अनुरूप नयी राजनीतिक शक्ल में ढलती रहती है जिसका परिणाम सत्ता रूपान्तरण के रूप में सामने आता है। यहां ध्यान देने योग्य तथ्य यह है कि इस संविधान आधारित लोकतांत्रिक रूपान्तरण प्रकिया से सिर्फ भर्ती होने वाले राजनीतिज्ञों के चेहरे बदलते हैं, राजनीतिक दल में चुनाव जीतकर आने वाले सदस्यों की संख्या घटती–बढ़ती है, सत्ता और विपक्ष के रूप में दलों के बीच राजनीतिक ओहदे की अदला–बदली होती है, लेकिन राजनीतिक पदों की संख्या, पदानुक्रम एवं भर्ती की विधि में कोई बदलाव नहीं आता है केवल ओहदेदार बदलते हैं। हां यदि देश में सैन्य विद्रोह हो जाए, चुनी हुई सरकार को अपदस्थ कर सैनिक अधिनायकतंत्र स्थापित किया जाय या क्रान्ति एवं बड़े आन्दोलन के परिणामस्वरूप राजनीतिक व्यवस्था और सता

की प्रकृति व प्रवृत्ति का कायान्तरण (Transformation) हो जाए तभी राजनीतिक भर्ती की प्रकिया में बदलाव का प्रमाण मिलता है।

सारांशतः, यह कहना अतिशयोक्ति नहीं होगी कि राजनीतिक भर्ती संकल्पना अभी अनिश्चितता और अस्पष्टता के दौर से गुजर रही हैं, क्योंकि राजनीतिक विद्वज्जनों द्वारा इस संप्रत्यय पर किया जाने वाला अध्ययन–विश्लेषण अभी काफी सतही है, जिसमें गहन अध्ययन करने की बेहद जरूरत है। लोकतांत्रिक व्यवस्थाओं के स्थायित्व, सातत्य एवं लोकप्रियता की दृष्टि से यथोचित रूप से राजनीतिक भर्ती के संचालन का प्रसंग व्यवस्थाओं की सफलता नमनशीलता, व्यवहारकुशलता एवं सामर्थ्यवान् होने की अनिवार्य शर्त है। विषय की प्रासंगिकता को देखते हुए यह कहा जा सकता है कि वर्तमान राजनीतिक परिप्रेक्ष्य के अन्तर्गत यह संकल्पना गहन अध्ययन–विश्लेषण की मांग कर रहा है जिसमें विकास की अभी अपार संभावनाएं हैं। व्यवस्थागत परिस्थितियों और उनसे प्रभावित जनसमूह की मनोवृत्ति, निष्ठा, विश्वास में निरन्तर बदलाव के तत्त्वों की मौजूदगी विषय के बहुआयामी व बहुदिशायी अध्ययन की अनिवार्यता का द्योतक है, क्योंकि प्रत्यक्ष राजनीतिक भर्ती करने वाले जनसाधारण की मनोदशा और उसमें बदलाव लाने वाले परिवर्त्यों एवं कारकों की भूमिका की यथार्थता ही दरअसल व्यवस्थागत राजनीतिक भर्ती की रूपरेखा का निर्माणकर्ता होता है। यूं तो व्यवस्था में राजनीतिक भर्ती को आकार देने में तत्त्वतः कई कारक परिवर्त्य या माध्यम निरन्तर सक्रिय रहते हैं, लेकिन, बुनियादी स्तर पर सभी व्यवस्थाओं में आधिकारिक रूप से राजनीतिक दल ही राजनीतिक भर्ती प्रकिया को फ़र्श से अर्श तक पहुंचाने में आधार आधेय की भूमिका निभाता है।

स्मरणीय संकेत (Points to Remember)

- राजनीतिक भर्ती का अभिप्राय उस प्रकार्य से है जिसके द्वारा राजनीतिक व्यवस्था में राजनीतिक भूमिकाओं के निष्पादन के लिए पदों को भरा जाता है।
- राजनीतिक भर्ती को परिभाषित करने वाले विद्वानों में आल्मंड, जोसेफ, लापालम्बरा तथा रश एवं अल्ताफ के नाम प्रमुख हैं।
- राजनीतिक भर्ती प्रसंग को तत्त्वतः समझने के लिए राजनीतिक भूमिका संकल्पना को जानना अति आवश्यक है, जो मूलतः समाज मनोविज्ञान की भूमिका संकल्पना पर आधारित है।
- आल्मंड ने राजनीतिक भूमिकाओं को मूलतः दो वर्गों में बाँटा है–नागरिक एवं अभिजन।
- नागरिक भूमिका को भी दो भागों में बाँटा है–सहभागी एवं प्रजाभावी।
- सहभागी भूमिका को तीन कोटियों में बाँटा है–हित स्पष्टीकरण, भूमिका, हित समूहन भूमिका तथा नीति निर्धारण भूमिका।
- प्रजाभावी भूमिका को चार कोटियों में बाँटा है–संसाधन जुटाने की भूमिका, संसाधनों से लाभ पाने की भूमिका, व्यवहार विनियमन को स्वीकारने की भूमिका, प्रतीकों को ग्रहण करने की भूमिका।
- आल्मंड द्वारा राजनीतिक भूमिकाओं के आलोक में राजनीतिक भर्ती के तीन संदर्भों का उल्लेख किया गया है–सहभागी भूमिका संबंधी भर्ती, प्रजाभावी भूमिका संबंधी भर्ती, अभिजन की भूमिका संबंधी भर्ती।
- राजनीतिक भर्ती की प्रवृत्ति के संबंध में दो दृष्टिकोण अपनाये जाते हैं–संकुचित एवं व्यापक।
- राजनीतिक भर्ती प्रकिया के अन्तर्गत दो पक्ष सन्निवेशित होते हैं–भर्ती करने वाला तथा भर्ती होने वाला।
- राजनीतिक भर्ती से संबंधित प्रविधि का अभी तक कोई सर्वमान्य प्रतिमान विकसित नहीं हो पाया है।
- राजनीतिक भर्ती से प्रासंगिक प्रमुख विधियों में लाटरी विधि, आवर्तन विधि, मनोनयन विधि, सहयोजन विधि, नियुक्ति विधि, निर्वाचन विधि, वंशानुगत विधि, बल प्रयोग विधि, जाति–जनजाति एवं अल्पसंख्यक आधार पर भर्ती।

- राजनीतिक भर्ती के सिद्धान्त–सामान्य सिद्धान्त एवं विशिष्ट सिद्धान्त।
- राजनीतिक भर्ती का माध्यम–राजनीतिक दल, प्रान्तीय सरकारें एवं स्थानीय इकाइयां, नागरिक प्रशासन, सेना।
- लापालाम्बरा ने भर्ती–माध्यमों की प्रभावकारिता की शर्तों की दृष्टि से 'राजनीतिक अवसर की संरचना' का उल्लेख करते हुए जिन चार अवसरों को रेखांकित किया है उनमें–शैक्षणिक अवसर, सूचनाओं का उत्पादन, प्रसार एवं स्वीकरण, राजनीतिक पदों एवं भूमिकाओं का सृजन तथा राजनीति की प्रकृति को शामिल किया है।
- राजनीतिक भर्ती को प्रभावित करने वाले कारकों में मुख्य हैं–जाति, समूह, धर्म एवं वर्ग, राजनीतिक दल एवं दबाव समूह, राजनीतिक संरक्षण, राजनीतिक प्रभाव, उच्च राजनीतिक समाजीकरण, उच्चतर राजनीतिक सहभागिता, राजनीतिक योग्यता की सही स्थिति, राजनीतिक आधुनिकीकरण एवं कर्मकुशलता।
- विकासशील देशों में राजनीतिक भर्ती प्रक्रिया कई तत्त्वों, कारकों, परिवर्त्यों एवं पर्यावरण आदि से प्रभावित होती है, लेकिन यहां भी भर्ती का मुख्य माध्यम राजनीतिक दल ही है।
- राजनीतिक अभिजनों की भर्ती के लिए सभी देशों में खुली (प्रत्यक्ष) एवं बन्द (अप्रत्यक्ष) दोनों प्रक्रियाएं अपनाई जाती हैं।
- राजनीतिक अभिजनों के लिए भर्ती की बन्द प्रक्रियाओं में–संरक्षण, जन्मजात नेताओं का उद्भव, सहयोजन, नियुक्ति, एवं मनोनयन प्रमुख है।
- राजनीतिक अभिजनों की खुली भर्ती का मुख्य साधन निर्वाचन है।
- रॉबर्ट पुतनम ने राजनीतिक अभिजन की भर्ती के लिए उपलब्ध व्यवस्था हेतु तीन मानकों की चर्चा की है–तकनीकी सुविज्ञता, संगठन एवं विकास में दृढ़ विश्वास, राजभक्ति एवं राजनीतिक विश्वस्तता।

प्रश्न (Questions)

1. राजनीतिक भर्ती से आप क्या समझते हैं ? भर्ती की विभिन्न प्रणालियों की विवेचना कीजिए।
   What do you mean by political recruitment concept? Discuss the various methods of recruitment.
2. राजनीतिक भर्ती के अर्थ एवं स्वरूप की विवेचना कीजिए।
   Discuss the meaning and nature of political recruitment.
3. राजनीतिक भर्ती के महत्त्व एवं अभिकरणों की व्याख्या कीजिए।
   Explain the importance and agencies of political recruitment.
4. राजनीतिक भर्ती की विभिन्न विधियों का वर्णन करें।
   Describe the different methods of political recruitment.
5. भारत में राजनीतिक भर्ती प्रक्रिया पर एक निबंध लिखें।
   Write an essay on political recruitment process in India.

अध्याय 18

राजनीतिक संचार (Political Communication)

परिचय (Introduction)

राजनीतिक संचार या संप्रेषण आधुनिक राजनीति विज्ञान के अनुसंधान एवं विश्लेषण क्षेत्र में अपेक्षाकृत नवीनतम तथा तीव्र रूप से गतिशील होने वाली संकल्पना है। एक संप्रत्यय के रूप में यह विषय सूचना संप्रेषण एवं नियंत्रण विज्ञान (Cybernetics) जो नियंत्रण तथा सूचना संप्रेषण व्यवस्था (Control and Communication System) से संबद्ध विज्ञान है और बहुत हद तक आधारभूत अभिवृत्तियों पर निर्भर है। राजनीतिक संचार संप्रत्यय राजनीतिक व्यवस्था एवं प्रक्रियाओं का प्राणाधार तत्त्व (Vital Element) है। संचार सिद्धान्त का विकास द्वितीय विश्वयुद्धोपरान्त प्रविधि विज्ञान में आये क्रांतिकारी परिवर्तन की वजह से हुआ। इस सिद्धान्त के प्रतिपादन का श्रेय प्रसिद्ध गणितज्ञ नोबर्ट वीनर (Nobert Wienner) को है, जिसे बाद में विस्तारित करने में रॉस एशवी (Ross Ashby) का योगदान उल्लेखनीय है। राजनीतिक संचार को एक अवधारणा का रूप देकर राजनीतिक प्रक्रिया के अध्ययन हेतु इसके महत्त्व को प्रतिष्ठापित करने का श्रेय आधुनिक राजनीति वैज्ञानिकों को है। राजनीतिक व्यवस्था के समस्त संरचनात्मक–प्रकार्यात्मक आयामों को गत्यात्मक एवं जीवन्त बनाने में राजनीतिक संचार आधार–माध्यम की भूमिका निभाता है। राजनीतिक व्यवस्था की गतिशीलता, परिवर्तनशीलता, स्थायित्व, सातत्य, लोकप्रियता, विकास, आधुनिकीकरण आदि समस्त गतिविधियों के संचालन में राजनीतिक संचार सर्वाधिक महत्त्वपूर्ण भूमिका निभाता है। वस्तुतः, आधुनिक जनकल्याणकारी राष्ट्रीय राज्य के परिप्रेक्ष्य में संचार संप्रत्यय का महत्त्व और भी ज्यादा है, क्योंकि व्यवस्था में संचार माध्यमों का जितना व्यापक विस्तार होगा सरकार की गतिविधियों का उसी अनुपात में विस्तार होगा। राज्य और समाज के बीच की दूरी घटेगी जिसके परिणामस्वरूप सामाजिक जीवन में सरकार के ज्यादा से ज्यादा प्रवेश की संभावनाएं प्रबल होंगी।

अर्थ एवं परिभाषाएं (Meaning and Definitions)

सामान्य अर्थ में 'संचार' शब्द का अभिप्राय सूचना या संप्रेषण से है। संप्रेषण शब्द मानव व्यवहार से प्रासंगिक कई आधुनिक उपागमों व प्रतिमानों की बुनियादी अवधारणाओं का द्योतक है, जिसमें कई राष्ट्र–राज्यों की अन्योन्य क्रियाएं भी समावेशित हैं। प्रसिद्ध गणितज्ञ वारेन वीवर (Warren Weaver) ने अपनी कृति 'The Mathematical Theory of Communication, 1959' में जिस तरह से इसका प्रयोग किया है उसके आधार पर इसके अन्तर्गत वे सभी क्रियाएं शामिल की गयी हैं जिनके द्वारा एक मन दूसरे को प्रभावित कर सकता है। इसी विषय के एक अन्य विद्वान द्वारा संदेशों के सिद्धांत के विकासक्रम में इसके लिए 'साइबरनेटिक्स' शब्द का प्रयोग किया गया है जो मूलतः ग्रीक शब्द 'कुबरनेटिस' से लिया गया है। इसका अंग्रेजी अर्थ परिचालक या कर्णधार (Steersman) है जो अंग्रेजी शासक 'वाइसराय' (Governor) शब्द की व्युत्पत्ति का आधार है। अपने व्यापक संदर्भ में संप्रेषण शब्द के अन्तर्गत मानव व्यवहार के समस्त आयामों का समावेशन है। व्यापकतर संदर्भ में इस शब्द के दायरे में उन समस्त तरीकों के इस्तेमाल को समावेशित किया जा सकता है जिससे भौतिक पर्यावरण (Physical Environment) के केन्द्रीय तंत्रिका तंत्र (Central Nervous System) में उत्तेजना पैदा हो सकती है। इसके साथ–साथ इस अर्थ संदर्भ के दायरे में उन तरीकों से प्रासंगिक संदर्भों को भी शामिल किया जा सकता है जिसमें मनुष्य भौतिक पर्यावरण को प्रभावित करता है। इसका अभिप्राय यह हुआ कि व्यापकतर अर्थ में इस शब्द के विस्तृत दायरे में मानवमात्र और पर्यावरण मिलकर व्यवस्था का निर्माण करते हैं और दोनों एक दूसरे को प्रभावित भी करते हैं। संप्रेषण शब्द के दायरे में अब 'साइबरनेटिक्स संकल्पना' को भी शामिल किया जाता है जिसका विकास नोबर्ट वीनर जैसे गणितशास्त्री ने संप्रेषण के नियंत्रण को प्रकट (Manifest) करने तथा उस पर नियंत्रण करने के लिए किया है। वस्तुतः, वीनर द्वारा संप्रेषण एवं नियंत्रण को समान महत्त्व दिया गया है। इनका मानना है कि जब हम संप्रेषण करते हैं तो साथ में नियंत्रण भी करते हैं। विषय प्रासंगिक 'साइबरनेटिक्स संप्रत्यय' का संबंध एक ऐसी विशेष व्यवस्था से है जिसका संचालन संप्रेषणीय सूचनाओं के अनुसार होता है।

आधुनिक राजनीति विज्ञान के परिप्रेक्ष्य में 'राजनीतिक संचार संप्रत्यय' को 'राजनीतिक साइबरनेटिक्स' (Political Cybernetics) की संज्ञा दी जाती है। इस संकल्पना के आधारक नोबर्ट वीनर हैं और रॉस एशवी को इसका प्रवर्तक कहा जाता है। वीनर ने साइबरनेटिक्स को सभी संभव मशीनों का अध्ययन कहा है तथा मशीन शब्द का आशय स्पष्ट करते हुए इसके अन्तर्गत मनुष्यों, पशुओं तथा समस्त निर्जीव व्यवस्थाओं का सन्निवेशन किया है। 'Stephen L. Wasby ने 'Political Science : The Discipline and its Demension : An Introduction, 1970' में कहा है कि 'यह सूचना आत्मनियामक मशीनें (Information Self-regulating Machines) परिकलित्रों एवं तंत्रिका तंत्र (Computers and Nervous System) की शरीरक्रिया विज्ञान का सिद्धान्त है। यह महत्त्वपूर्ण संकल्पना एक ऐसी मशीन से संबद्ध हैं जो उद्दीपनों (Stimuli) की पहचान करती है, सीखती है, और पुनः निवेशित होने पर निष्पादन को अपने आप ही समायोजित करती है तथा यथासंभव अवस्थाओं की निर्धारित संख्या के दायरे में घूमती है।

किसी भी राजनीतिक व्यवस्था की योग्यता कौशल, सामर्थ्य, क्षमता एवं कर्मकुशलता का सरोकार उसकी सूचनाओं से निपटने की क्षमता से है। संचार ही राजनीतिक व्यवस्था को गतिशील बनाता है आर राजनीतिक व्यवस्था के समस्त आयामों को सक्रिय बनाकर व्यवस्था–संचालन में आधारकारक की भूमिका निभाता है। आधुनिक राजनीतिविज्ञान एवं राजनीतिक समाजशास्त्र के परिप्रेक्ष्य में वस्तुतः संचार संप्रत्यय समस्त सामाजिक–राजनीतिक व्यवस्था की आधार रेखा है जो व्यवस्था–संचालन की दृष्टि से आधार सामग्री मुहैया कराने में बुनियादी माध्यम की भूमिका निभाता है। राजनीतिक परिप्रेक्ष्य में संचार शब्द के दायरे में सम्पूर्ण सामाजिक–राजनीतिक व्यवहार समावेशित है, क्योंकि मानवीय संबंधों की जीवन शक्ति व्यक्तियों द्वारा अनेक माध्यमों से ग्रहण करने वाले संवादों–सूचनाओं की प्रसार–क्षमता में निहित है और संप्रेषण की ओजस्विता ही सामाजिक–राजनीतिक संबंधों एवं व्यवहारों के आदान प्रदान का प्राणाधार तत्त्व (Vital Element) है, जिसका चालकसूत्र राजनीतिक संचार है। संवाद प्रेषण का स्वरूप निर्देशात्मक या अनिर्देशात्मक दोनों हो सकता है। इस

परिप्रेक्ष्य में एक प्रकिया के रूप में संचार अवधारणा का अभिप्राय है किसी भी राजनीतिक व्यवस्था में विद्यमान सम्पूर्ण सामाजिक एवं राजनीतिक जीवन का अध्ययन।

राबर्ट सी. नौर्थ (Robert C. North) ने 'The Analytical Process of Communication Theory, 1967' में कहा है कि "संचार मानव व्यवहार के समकालीन दृष्टिकोणों से संबंधित बुनियादी अवधारणाओं का बोधक है जिसके अन्तर्गत राष्ट्र–राज्यों की परस्पर आन्योन्य क्रियाएं निहित होती हैं।" संचार अवधारणा के दो संदर्भ हैं–संकुचित एवं व्यापक। राजनीतिक संचार के लिए 'Political Cybernetics' शब्द का प्रयोग करते हुए नोबर्ट वीनर ने 'The Human Uses of Human Beings, 1956' में कहा कि बुनियादी स्तर पर साइबरनेटिक्स विभिन्न लेकिन सादृशतापूर्ण समष्टियों (Resembling Totality) में संभावनाओं के अध्ययन की दृष्टि से सिद्धांत एवं तकनीक का एक निकाय (Body or System) है, जिसके अन्तर्गत कई प्रकार की मशीनें, जीव, मनुष्य, समाज, राष्ट्र एवं राज्य तथा जिस प्रकार से इन समष्टियों के नियंत्रण के लिए संदेशों–संवादों के आदान–प्रदान का कार्य किया जाता है वे सभी शामिल हैं। डब्ल्यू रॉस एशवी जिन्हें इस संकल्पना के प्रवर्तक की उपाधि दी जाती है, ने साइबरनेटिक्स शब्द के अन्तर्गत समस्त संभावित यंत्रों का सन्निवेश किया है। कार्ल डायश (Karl Deutsch) ने साइबरनेटिक्स शब्द का विश्लेषण करते हुए इसे एक ऐसे यंत्र की अवधारणा कहा है जो कार्य से संबंधित उद्दीपनों (Stimulations) को ग्रहण करता है और पुनर्निवेशन (Feedback) के बाद उनका समंजन करता है। इस दृष्टि से विषय के संदर्भ में डायश का अभिप्राय है कि "व्यवस्था में संतुलन, स्थायित्व एवं सातत्य को बनाये रखने के लिए निदेशात्मक या पुनर्निवेशित सूचनाओं में समंजन स्थापित करने वाले राजनीतिक सामर्थ्य की संकल्पना को राजनीतिक संचार अवधारणा कहा जा सकता है।"

ऑरेन आर. यंग (Oran R. Young) ने 'Systems of Political Science, 1969' में कहा कि "इस संप्रत्यय के अनुसार राजनीति और सरकार तात्त्विक स्तर पर किन्हीं निर्दिष्ट उद्देश्यों को प्राप्त करने के लिए मानव प्रयासों का संचालन और समन्वय करने की प्रकियाएं हैं।" राजनीतिक संचार एक आधारगत ढाँचा है जिसके माध्यम से बुनियाद तंत्र की मशीनरी यानी कि कार्यप्रणाली से निर्गत तत्त्वों के रूप में विविध प्रकार की नीतियां व निर्णय समाज के सामने आते हैं। इस दृष्टि से राजनीतिक संचार उपागम को निर्णय–निर्माण उपागम से अलग लेकिन इसको सदृश समझा जाना चाहिए।

स्टीफन एल. वासबी (Stephen L. Wasby) ने अपनी रचना 'Political Scince : The Discipline and its Dimensions : An Introduction, 1970' में यह अभिव्यक्ति की है कि "संप्रेषण शब्द का प्रयोग जब राजनीतिक साइबरनेटिक्स के प्रसंग में किया जाता है तो इस परिप्रेक्ष्य के प्रमुख संदर्भों में – (1) सूचना सिद्धान्त और साइबरनेटिक्स से प्राप्त एक प्रतिमान, (2) संप्रेषण नेटवर्क का सिद्धांत, (3) दूसरे सैद्धान्तिक क्षेत्रों से आंशिक रूप में प्राप्त होने वाली समस्याओं का समुच्चय, जैसे–जनतांत्रिक सिद्धांत, संगठन सिद्धान्त, निर्णय सिद्धान्त आदि शामिल हैं।" इन सिद्धान्तों का संबंध ज़नअभिवृत्ति, अभिविन्यास जनमत निर्माण, मतदान व्यवहार, राजनीतिक व्यवस्था का पोषण, स्थायित्व, सर्वसम्मति, बल प्रयोग, राजनीतिक समाजीकरण, राजनीतिक विकास, प्रत्यक्ष ज्ञान और विचारधारा आदि से होता है। इनकी ऐसी धारणा है कि जब राजनीतिक साइबरनेटिक्स के संबंध में संप्रेषण शब्द का इस्तेमाल किया जाता है तो इसका लक्ष्यार्थ ही अलग होता है। ऑरेन आर. यंग का यह मानना है कि राजनीतिक संचार संकल्पना या उपागम राजनीतिक निर्णयों के परिणामों की अपेक्षा निर्णय–निर्माण प्रकिया के अध्ययन पर विशेष बल देता है। यह संकल्पना परिणामों की अपेक्षा साइबरनेटिक्स और प्रकियाओं की पृष्ठभूमि की परम्परा एवं व्यवहार को अपने अध्ययन–विश्लेषण का विषय बनाता है। राजनीतिक साइबरनेटिक्स से संबंधित यंग की व्याख्या व्यवस्थागत तीन अभिविन्यासों की ओर स्पष्ट संकेत करती है, जिसका सरोकार इस संप्रत्यय से है: (1) इसमे सभी स्तरों पर इस तथ्य पर जोर दिया जाता है कि तत्त्वों व परिवर्त्यों की गत्यात्मकता की समस्या तथा विभिन्न सूचनाओं का संप्रेषण व्यवस्था में नीतियों एवं निर्णयों के निर्माण एवं कार्यान्वयन के परिणामस्वरूप होता है, (2) इसलिए व्यवस्थान्तर्गत सूचना–प्रवाह की स्थिति संकल्पनात्मक विश्लेषण की बुनियादी इकाई है। राजनीतिक व्यवस्था में तात्त्विक स्तर पर प्रवाह संबंध सूचनाओं के माध्यम से व्यवस्थागत पर्यावरण में नई गति पैदा करता है, (3) व्यवस्था में ऐसी अनेक संरचनाएं हैं जो सूचना–प्रवाह को आकार प्रदान करने का कार्य संपन्न करती हैं जिसका नतीजा नीति–निर्माण प्रकिया की दृष्टि से महत्त्वपूर्ण होता है।

यहां ध्यान देने योग्य तथ्य यह है कि राजनीतिक व्यवस्था एवं प्रकियाओं के विश्लेषणपरक अध्ययन हेतु आधुनिक राजनीति के विद्वज्जनों द्वारा जिस राजनीतिक संप्रेषण या संचार शब्द का प्रयोग किया गया है वह शाब्दिक अर्थ में उस संप्रेषण से सर्वथा भिन्न अभिप्राय बोधक पदबन्ध है जो जनसंपर्क के विविध माध्यमों से संबद्ध है, यानी कि संप्रेषण (Communication) एवं राजनीतिक संप्रेषण (Political Communication) दोनों अलग–अलग आशय को व्यक्त करने वाला शब्दबोध है। इस शब्दसंग्रह के शब्दार्थ का जनसंपर्क के साधनों अर्थात् टेलीविजन, रेडियो, समाचारपत्र आदि से कोई सरोकार नहीं है। लेकिन, तात्त्विक स्तर पर राजनीतिक व्यवस्था के अनुभवाश्रित अध्ययन–विश्लेषण के प्रसंग में राजनीतिक संप्रेषण का जब व्यापक स्तर पर अध्ययन किया जाता है, तो इसके अध्ययनक्रम में जनसंपर्क के माध्यमों की भूमिका काफी महत्त्वपूर्ण होती है, क्योंकि राजनीतिक संप्रेषण के अध्ययन का विशेष प्रयोजन राजनीतिक व्यवस्था की गतिशीलता तथा व्यवस्था के एक हिस्से से दूसरे हिस्से तक मांगों, समर्थनों, नीतियों एवं निर्णयों जैसी गतिविधियों के संचालन एवं गतिवर्धन का तत्त्वतः विश्लेषण करना हैं, जिसमें जनसंपर्क के साधन (Media of Mass Communication) संवाहक अर्थात् आधार–आधेय की भूमिका निभाती है। इस प्रसंग पर जीन ब्लोण्डेल (Jean Blondel) ने अपनी रचना 'An Introduction to Comparative Government, 1969' में कहा कि "राजनीतिक व्यवस्था का कोई भी परिचालनात्मक कार्य तब तक संभव नहीं है जब तक कि व्यवस्था के सभी हिस्से एक दूसरे से संप्रेषण नहीं करेंगे। संप्रेषण व्यवस्था के अलग–अलग हिस्से को आपस में जोड़कर वर्तमान को अतीत और भविष्य संबद्ध करता है ताकि व्यवस्था में उत्पन्न मागों के समर्थनों के उपरान्त नीतियों निर्णयों का निर्माण किया जा सके।"

ऊपर विवेचित परिभाषाओं तथा अभिव्यक्तियों के आधार पर यह स्पष्ट होता है कि व्यापक संदर्भ में राजनीतिक संप्रेषण एक गतिशील अवधारणा है जो राजनीतिक व्यवस्था की पूर्णसक्रियता से प्रासंगिक है। किसी भी राजनीतिक व्यवस्था में निर्णय लेने एवं नीति–निर्माण के पूर्व तथा नीति निर्माण एवं निर्णय लेने के पश्चात् व्यवस्था की समस्त इकाइयों, अवयवों, परिवर्त्यों तथा व्यवस्था और सामाजिक जीवन के बीच संवाद–प्रेषण संबंधी प्रक्रिया का समस्त आयाम राजनीतिक संप्रेषण संप्रत्यय की अध्ययन सामग्री का अभिन्न अंग है। संरचनाओं और व्यवहारों के बीच अन्योन्याश्रितता से उत्पन्न प्रभावों एवं परिस्थितियों का तत्त्वतः अध्ययन करना इसका मुख्य विषय–संदर्भ है। ब्लोण्डेल के कथनानुसार, "व्यवस्था एवं प्रक्रियाओं के संबंध में संप्रेषण के परिप्रेक्ष्य में किये गये अध्ययन की वजह से तीन महत्त्वपूर्ण सवालों का अस्तित्व आकार लेता है: (1) क्या राजनीतिक संप्रेषण संप्रत्यय यथार्थतः राजनीतिक व्यवस्था की गत्यात्मकता के अध्ययन से प्रासंगिक है ? (2) विभिन्न समाजों में राजनीतिक संप्रेषण व्यवस्था का इन प्रक्रियाओं और संरचनाओं से संबंध क्या है एवं इसका स्वरूप तथा इसकी विशेषताएं क्या हैं और इन प्रक्रियाओं तथा संरचनाओं का परस्पर संबंध कैसा है ? (3) इन संरचनाओं एवं प्रक्रियाओं का किसी राजनीतिक व्यवस्था के संप्रेषण स्तरों पर क्या प्रभाव पड़ता है ?"

राजनीतिक संचार के अर्थ एवं परिभाषाओं से संबंधित ऊपर जो विवेचना प्रस्तुत की गयी है उससे यह निष्कर्ष निकलता है कि राजनीतिक संप्रेषण व्यवस्था की गतिशीलता एवं सक्रियता का ऐसा आधार–माध्यम है जो समाज और व्यवस्था के बीच परिचालनात्मक संबंधों की संस्थापना करता है। व्यापक अर्थ संदर्भ में संचार अवधारणा के अन्तर्गत व्यवस्था का समस्त समाजिक–राजनीतिक जीवन समावेशित है और सीमित अर्थ संदर्भ में राजनीतिक संचार वह माध्यम है जिसके द्वारा राजनीतिक व्यवस्था राजनीति संदर्भित समस्त पक्षों से संबद्ध आवश्यक सूचनाओं का आदान–प्रदान करती है, आवश्यक निर्णय लेती है, नीतियों का निर्माण करती है तथा उनका कार्यान्वयन भी करती है। वस्तुतः, राजनीतिक संचार ही राजनीतिक व्यवस्था में उत्पन्न मांगों और निर्धारित निर्णयों को व्यवस्था के एक भाग से दूसरे भाग में प्रेषित करता है।

राजनीतिक संचार की प्रकृति (Nature of Political Communication)

राजनीतिक संप्रेषण की प्रकृति के संबंध में विद्वानों के बीच बहुत मतवैभिन्नता है। जहां नोर्बर्ट वीनर ने सैद्धान्तिक आधार पर संचार संप्रत्यय की व्याख्या प्रस्तुत करने का प्रयास किया है, वहीं कार्ल डायश ने राजनीतिक संचार प्रतिमान की व्याख्या व्यवस्था में नीति–निर्णय–निर्माण एवं पुनर्निर्माण प्रक्रिया के आधार पर की है। इस प्रसंग पर

विद्वज्जनों की अभिव्यक्तियों में काफी मतांतर है। वस्तुतः, राजनीतिक संचार संप्रत्यय का संबंध बुनियादी तौर पर राजनीतिक व्यवस्था की सक्रियता से है, इसलिए इसकी प्रकृति की व्याख्या भी राजनीतिक व्यवस्था की गत्यात्मकता के परिप्रेक्ष्य में होनी चाहिए। इसका सीधा सरोकार व्यवस्था की राजनीतिक अभियान्त्रिकी (Political Engineering) से है, जो राजनीतिक व्यवस्था के समस्त परिचालनात्मक आयामों को अपनी अध्ययन–सामग्री में सम्मिलित करता है। सभी राजनीतिक व्यवस्थाएं अपने आन्तरिक एवं बाह्य पर्यावरण से सूचनाएं एकत्रित करने के अतिरिक्त भी कई कार्यों का निष्पादन करती है। दृष्टान्तस्वरूप, तत्त्वों से प्रासंगिक तथ्यों का सूक्ष्मवीक्षण, सूचनाओं का चयन, एकत्रित सामग्री का सामान्यीकरण आदि। यह प्रवाहों और संक्रियाओं (Operations) से संबंधित संकल्पना है, जिसका संबंध व्यवस्था के सूत्रों (Channels), भारों (Loads) एवं भारक्षमताओं (Load Capacities) से है। इसे राजनीतिक परिणामों से संबंधित संकल्पना भी कहा जा सकता है। राजनीतिक निर्णय के रूप में निर्गत तत्त्व व्यवस्था में आगत तत्त्वों का परिणाम होता है। यह परिणाम व्यवस्था में कई सवालों को जन्म देता हैं, जैसे–नीतियों के अनुपालन का प्रसंग, उसकी प्रभावपूर्णता एवं प्राधिकार का प्रसंग, जो वहां के पुनर्निवेशन प्रक्रिया से संबंधित होता है।

कार्ल डायश ने 'The Nerves of Government, 1968' में कहा कि "पुनर्निवेश का तात्पर्य संप्रेषण के उस नेटवर्क से हैं जो सूचना आगत की अनुक्रिया (Response) के परिप्रेक्ष्य में कार्यों को जन्म देता है, और उस नई सूचना में अपने कार्यों के समस्त परिणामों को शामिल करता है, जिससे व्यवस्था अपने अनुवर्ती व्यवहार (Subsequent Behaviour) में संशोधन लाती है।" रिचर्ड सी. स्नाइडर (Richard C. Snyder) की अभिव्यक्ति के अनुसार, "यह संप्रत्यय व्यवस्था में कार्यों की स्थिति के संबंध में संकेत देता है जो पुनः व्यवस्था को ही लौटाया जाता है। संदेशों के आदान–प्रदान के सतत् प्रवाह से निर्णय–निर्माताओं को अपने कृत्यों की सफलता–असफलता की सही जानकारी मिलती है, साथ ही व्यवस्था की सापेक्ष पर्याप्तता की भी सही तस्वीर प्राप्त होती है। संप्रेषण आधारित पुनर्निवेश–प्रक्रिया सकारात्मक एवं नकारात्मक दोनों हो सकती है।"

राजनीतिक संचार संकल्पना की प्रकृति का इस तथ्य पर विशेष बल है कि संप्रेषण ही व्यवस्था के जीवन और पोषण का माध्यम है, क्योंकि व्यवस्था के सभी कार्य संप्रेषण के माध्यम से सम्पन्न किये जाते हैं। ऑल्मंड ने 'The Politics of Developing Areas, 1960' में संप्रेषण की तुलना रक्त संचार की क्रिया से की है। इनके मतानुसार, "रक्त यानि कि संचार वह तटस्थ माध्यम है जो हृदय की नाड़ियों के माध्यम से मांगों, दावों, विरोधों को लाता एवं ले जाता है तथा हृदय से धमनियों के द्वारा इन भागों और दावों की अनुक्रियाओं के अनुरूप नियमों, विनियमों (Regulations) और न्याय–निर्णयों के रूप में निर्गतों को प्रवाहित करता है।"

उपर्युक्त विवेचित प्रसंगों के आधार पर राजनीतिक संचार अवधारणा की प्रकृति जिन महत्त्वपूर्ण तथ्यों को रेखांकित करती है वे हैं–(1) व्यवस्थागत राजनीति से संबंधित मौजूद विचारधाराओं का पक्ष, (2) राजनीतिक व्यवस्था का संरचनात्मक–व्यवहारात्मक पक्ष, (3) राजनीतिक व्यवस्था की संक्रियात्मकता के विविध आयाम, (4) व्यवस्था संचालन के परिप्रेक्ष्य में आगत तत्त्वों (मांग–समर्थन) का स्वरूप, रूपान्तरण प्रकिया का यथार्थ एवं निर्गत तत्त्वों यानी कि नीतियों एवं निर्णयों का निर्माण तथा कार्यान्वयन का पक्ष, (5) पुनर्निवेशन प्रक्रिया का समस्त आयाम, (6) व्यवस्था के सूत्रों, भारों एवं भार क्षमताओं का पक्ष, (7) निर्णय परिणामों का अनुपालन, प्रभाविता एवं प्राधिकार का पक्ष, (8) राजनीतिक व्यवस्था और समाजिक व्यवस्था के बीच अन्योन्य क्रियात्मकता का पक्ष।

वस्तुतः, राजनीतिक संचार संकल्पना की प्रकृति का यथार्थ यह है कि ये सिर्फ व्यवस्था के निर्णय–निर्माण प्रक्रिया से संबद्ध नहीं है अपितु यह नीति निर्माण एवं निर्णय प्रक्रिया में नियामक की भूमिका भी अदा करता है। यह एक गतिशील अवधारणा है जिसका उद्देश्य व्यवस्था के कौशल में वृद्धि लाना है।

राजनीतिक संचार सिद्धान्त (Political Communication Theory)

राजनीतिक संचार सिद्धान्त आधुनिक राजनीतिविज्ञान की महत्त्वपूर्ण अवधारणा है जो द्वितीय विश्वयुद्ध के पश्चात् व्यवहारवाद एवं उत्तर व्यवहारवादी अध्ययन–प्रवृत्ति की देन है। उपागम के रूप में यह एक प्रभावशाली राजनीतिक

उपकरण है जो राजनीतिक गतिविधियों, अभिव्यक्त विचारों, सूचनाओं के आदान–प्रदान, निर्णयों के परिणाम, पुनर्निवेशन प्रक्रिया व्यवस्था में आगतों–निर्गतों की आवाजाही एवं मानवीय संचार तथा संवाद–प्रेषण के आयामों का अनुभवाश्रित अध्ययन विश्लेषण करता है। विभिन्न राजनीतिक व्यवस्थाओं के तुलनात्मक अध्ययन में यह उपागम एक परिवर्त्य की भूमिका निभाता है। इसके माध्यम से विकसित एवं विकासशील व्यवस्थाओं का तुलनात्मक अध्ययन करना काफी सरल हो गया है। जैसा कि आल्मंड का भी कहना है कि "आधुनिक व्यवस्थाओं में उत्कृष्ट संचार साधनों की उपलब्धता की वजह से परम्परागत और अविकसित समाजों की अपेक्षा आधुनिक व्यवस्था काफी भिन्न है।" इस उपागम को व्यापक अस्तित्व प्रदान करते हुए राजनीतिक व्यवस्थाओं के तुलनात्मक अध्ययन–संदर्भ में इसके चार उपपरिवर्त्यों की भी चर्चा की गयी है जिस आधार पर विकसित एवं विकासशील व्यवस्थाओं के मध्य अन्तर किया जा सकता है; ये उपपरिवर्त्य है–राजनीतिक सूचनाओं की एकरूपता, सूचनाओं की गतिशीलता, सूचनाओं का आकार (Volume) तथा सूचनाओं की दिशा।

संचार सिद्धान्त के प्रमुख प्रतिपादकों में कार्ल डायश का नाम उल्लेखनीय है। इनके अतिरिक्त ऑरेन आर. यंग, लुसियन पाई, रॉस एशवी, जीन ब्लोण्डेल, स्नाइडर, आल्मड, जे. बर्टन, रॉबर्ट सी. नार्थ, वारेन वीवर आदि के नाम प्रमुख हैं, जिन्होंने संचार सिद्धान्त की व्याख्या के विस्तार में अपनी महत्त्वपूर्ण अभिव्यक्तियों द्वारा उल्लेखनीय योगदान दिया है। डायश के संचार सिद्धान्त की आधारभूमि सूचना संचार एवं नियंत्रण विज्ञान (Cybernetics) है जिसके प्रतिपादन का श्रेय नोबर्ट वीनर जैसे गणितज्ञ को जाता है। इस संकल्पना के विस्तार में रॉस एशवी का प्रमुख योगदान है। वीनर ने साइबरनेटिक्स को सभी संभव मशीनों का अध्ययन कहा है और मशीन शब्द की व्याख्या करते हुए मनुष्यों, पशुओं, समाज, राष्ट्र–राज्य तथा जिस प्रकार इन समष्टियों के नियंत्रण के लिए संदेशों का आदान–प्रदान किया जाता है उन सभी पक्षों को इसमें शामिल किया है। साइबरनेटिक्स एक महत्त्वपूर्ण संकल्पना है जो डायश द्वारा प्रतिपादित राजनीतिक संचार सिद्धांन्त की आधारशिला है। जहां तक राजनीतिक संचार सिद्धान्त की बात है इसके अध्ययन के अन्तर्गत राजनीति और सरकार द्वारा व्यवस्थागत उद्देश्यों को प्राप्त करने के लिए मानव प्रयासों का संचालन और समन्वय करने की प्रक्रियाएं शामिल हैं। इस सिद्धान्त के अध्ययन के दायरे में व्यवस्था में उत्पन्न मांगों के अध्ययन से संबंधित सिद्धान्त तथा प्रविधियों के उन समस्त समूहों का अध्ययन शामिल है जिनके द्वारा व्यवस्थागत संचार की मशीनें पर्यावरण को नियंत्रित एवं प्रभावित करती हैं, तथा इसकी अध्ययन–परिधि में राजनीतिक निर्णयों की पृष्ठभूमि एवं निर्णयों के कार्यान्वयन के पश्चात् परिणामों की तात्विकता के रूप में पुनर्निवेशन प्रक्रिया का समस्त प्रसंग सन्निहित हैं।

राजनीतिक संचार सिद्धान्त एक विशेष राजनीतिक तकनीक है जिसके माध्यम से विभिन्न राजनीतिक व्यवस्थाओं की नियंत्रण प्रणाली की विधाओं का अध्ययन किया जाता है। यह सिद्धान्त सूचनाओं के संप्रेषण, अनुवर्ती व्यवहार की तथ्यता और सूचनाओं के फलस्वरूप क्रियाओं–प्रतिक्रियाओं की अनक्रियात्मकता को अपनी मौलिक अध्ययन सामग्री मानता है। रॉबर्ट सी. नार्थ ने इस सिद्धान्त को व्यवस्थागत पर्यावरण के तापमान का नियंत्रक कहा है। इनकी दृष्टि में संचार के माध्यमों का बड़े पैमाने पर इस्तेमाल करके तथा पुनर्निवेशन प्रक्रिया की विशेषताओं का लाभ उठाकर व्यवस्था–संचालन को उत्तम बनाया जा सकता है।

राजनीतिक संचार सिद्धांत एक ऐसे राजनीतिक ढांचे की प्रस्तुति करता है जिसके माध्यम से राजनीतिक मेकेनिज्म निर्णय के रूप में समाज के सामने आता है। निर्णय–निर्माण सिद्धान्त की इससे काफी सदृशता है। हालांकि, संचार सिद्धान्त के अन्तर्गत निर्णय के परिणामों की अपेक्षा निर्णय–निर्माण की पृष्ठभूमि पर ज्यादा बल दिया जाता है। संचार सिद्धान्त का यह परिप्रेक्ष्य साइबरनेटिक्स की उस अध्ययन विधा पर आधारित है जिसमें संचार नियंत्रण के लक्ष्य या परिणाम की अपेक्षा इसके परिचालनात्मक एवं समन्वयात्मक पक्ष पर ज्यादा जोर दिया गया है। इस सिद्धान्त की व्यवहार्यता राजनीतिक व्यवस्था एवं प्रक्रियाओं की कर्मकुशलता एवं कार्यक्षमता में वृद्धि की दृष्टि से काफी महत्त्वपूर्ण है। राजनीतिक संचार सिद्धान्त को 'राजनीतिक साइबरनेटिक्स' के नाम से पहचान मिली है। इस सिद्धान्त के संदर्भ में चार बातें प्रासंगिक हैं–(1) इस राजनीतिक सिद्धांत के निर्माण के लिए संचार–साधनों तथा उनके माध्यमों से प्राप्त सूचनाओं पर ध्यान केन्द्रित किया जाता है। (2) इस सिद्धान्त के अन्तर्गत सूचना–प्रवाह को विश्लेषण का आधार तत्त्व बनाया जाता है। (3) राजनीतिक व्यवस्था के अन्तर्गत

सूचनाओं को संप्रेषित करने का दायित्व संरचनाओं का होता है जिनका अध्ययन अति आवश्यक है। (4) निर्णय निर्माण तथा निर्णय कार्यान्वयन के पश्चात् इसके परिणामस्वरूप उत्पन्न पर्यावरण के तापमान को नियंत्रित करने के सूत्रों (Channels), व्यवस्था पर पड़ने वाले भारों (Loads) एवं भार क्षमता (Load Capacity) का परिस्थितिजन्य अनुभवजन्य अध्ययन–विश्लेषण अपरिहार्य है।

राजनीतिक संचार सिद्धान्त सिर्फ कार्यसाधक प्रतिमान के निर्माण पर जोर देता है जिसके प्रयोग द्वारा राजनीतिक–सामाजिक अभियान्त्रिकी (Engineering) का तथ्यपरक, अनुभवपरक अध्ययन करना संभव हो सकेगा। संचार सिद्धान्त की प्रवृत्ति गत्यात्मक तत्त्वों को अंगीकार करती है, इसलिए यह सिद्धान्त परिवर्तनीय आयामों के अध्ययन पर अपना ध्यान केन्द्रित करता है। यह सिद्धान्त राजनीतिक व्यवस्था को विविध प्रकार की सूचनाओं के आदान–प्रदान, यानी कि सूचना–प्रवाहों पर आधारित नियम–निर्माण करने वाली व्यवस्था मानता है। कार्ल डायश द्वारा व्यवस्थान्तर्गत मौजूद संचार प्रक्रिया के संदर्भों को आधार तत्त्व के रूप में पेश करते हुए राजनीतिक व्यवस्थाओं के संचालन, विनियमन व निरूपण का विश्लेषणपरक अध्ययन प्रस्तुत किया गया है। डायश द्वारा संचार से संबंधित जिन दो संकल्पनाओं को आधार माध्यम के रूप में प्रयोग किया गया है, वे हैं: (1) सूचना की संकल्पना (Concept of Infomation), 2. पुनर्निवेशन की संकल्पना (Concept of Feedback)।

इन संकल्पनाओं के आधार पर डायश ने राजनीतिक व्यवस्थाओं की निर्णयकारिता, निर्णयों का कार्यान्वयन, नीतियों का प्रस्तुतीकरण तथा प्रस्तुतीकरण एवं कार्यावन्यन के पश्चात् परिणामों से संबंधित जनसंवाद–प्रेषण का पक्ष, पुनर्निवेशन प्रक्रिया तथा शासन–संचालन के समस्त आयामों के गहन विश्लेषण का यथोचित प्रयास किया है और सत्ताशैली से संबद्ध समस्त पहलुओं के अनुभवजन्य विश्लेषण हेतु संचार सिद्धान्त का प्रतिपादन किया है। डायश का मानना है कि राजनीतिक व्यवस्थाओं की समस्त राजनीतिक सक्रियता संचार प्रासंगिक इन्हीं दो संकल्पनाओं की क्रियात्मकता द्वारा निर्धारित होती है।

यहां इन दोनों संकल्पनाओं का विवेचन संचार सिद्धान्त के स्पष्टीकरण की दिशा हेतु काफी प्रासंगिक है।

सूचना की संकल्पना (Concept of Information)

यह संचार सिद्धान्त की आधारशिला है। प्रत्येक राजनीतिक व्यवस्थाओं के संचालनक्रम में सूचना ही सम्पर्क–सूत्र की भूमिका निभाता है। राजनीतिक व्यवस्था की सक्रियता, कर्तव्यपरायणता, प्रभावनीयता, कार्यसाधकता, प्रभावशीलता का निर्माण, नियमन एवं निरूपण की सफलता का पूरा दारोमदार व्यवस्थागत सूचनातंत्र की फलसाधना पर निर्भर है। डायश द्वारा सूचना संकल्पना में दो प्रमुख तत्त्वों का समावेश किया गया है, पहला–सूचना का प्रवेश, स्वीकृति, छानबीन एवं काट–छांट और दूसरा–सूचना–प्रवाह का स्तर।

1. डायश का यह अभिमत है कि राजनीतिक व्यवस्था में कार्य संचालक संरचनाओं का बहुत महत्त्व है क्योंकि व्यवस्था–संचालन में इनकी भूमिका अति महत्त्वपूर्ण है। ये संरचनात्मक इकाइयां ही व्यवस्था में सभी ओर से आने वाली सूचनाओं की प्राप्तकर्ता हैं। सूचनाओं को प्रवेश देना, स्वीकृति देना और छानबीन तथा काट–छांट के बाद व्यवस्था में सूचनाओं को सही जगह देना आदि इनका ही कार्य है। इस प्रसंग में डायश का यह कहना है कि प्रत्येक व्यवस्था में कार्य–संचालक संरचनाओं के साथ–साथ सूचना–स्वागतकर्ता यानी कि अभिग्राहक (Receptor) एवं सूचना अभिग्रहण व्यवस्थाएं (Reception Systems) निरन्तर क्रियाशील रहती है। राजनीतिक व्यवस्था के अन्तर्गत सूचनाएं इन संरचनाओं द्वारा अभिग्रहण के पश्चात् ही प्रवेश पाती हैं। सूचनाओं की स्वागती संरचनाएं आन्तरिक और बाह्य पर्यावरण से सूचनाएं प्राप्त करके उनकी छानबीन करता है और अनावश्यक सूचनाओं की छंटनी करके आवश्यक सूचनाओं को शासन–संचालन हेतु व्यवस्था को प्रेषित करता है। डायश का मानना है कि सभी व्यवस्थाओं में सूचना नियामक संरचनाएं होती हैं जो सूचनाओं की जाँच करती हैं या यदि जरूरत हो तो व्यवस्था ऐसे नियामकों का विकास भी करती है जिनके द्वारा सूचनाओं की जाँच आसानी से की जा सके। निर्णय–निर्माण इकाइयों में भी ऐसी कई संरचनाएं कार्यरत होती हैं जो व्यवस्थागत प्रतीकों–मूल्यों

के निर्धारण का प्रतिनिधित्व करती हैं और मूल्यधारक सूचनाओं को प्रक्रिया और परिणाम से संबद्ध अतीत के अनुभवों से जोड़कर वतर्मान और भविष्य को सुरक्षा एवं संवृद्धि प्रदान करने हेतु नीति निर्धारकों को बेहतर नीति निर्णयों के निर्माण की अभिप्रेरणा देती हैं। मूल्यधारक सूचनाओं को बेहतर संभावनाओ की दृष्टि से अधिमान्यता प्रदान की जाती है और व्यवस्था इन्हीं आधार तत्त्वों को धारण कर निर्णय निर्माण के मार्ग पर कदम बढ़ाता जाता है। निर्णय निर्माण संरचनाओं के अतिरिक्त इस स्तर पर उन संरचनाओ का अस्तित्व भी प्रधानता रखता है जिसके माध्यम से निर्णयों का क्रियान्वयन होता है। इसके साथ ही निर्णयों का क्रियान्वयन के उपरान्त उस पर समाज के सदस्यों की प्रतिक्रियाएं तथा संवाद–प्रेषण से संबद्ध सूचनाएं व्यवस्था में प्रेषित की जाती हैं, जिनके प्रवेशन के पश्चात् पुनः अभिग्राहकों द्वारा इन सूचनाओं का अन्वेषण किया जाता है। इस प्रकार, व्यवस्थागत निर्णय–निर्माण–प्रक्रिया से संदर्भित समस्त आयाम सूचना प्रवाह प्रतिमान के रूप में निरन्तर कार्यरत रहता है।

2. डायश द्वारा सूचना प्रवाह के स्तर को व्यवस्था–संचालन में अत्यधिक महत्त्व दिया गया है। इनके द्वारा प्रतिपादित संचार सिद्धान्त वस्तुतः सूचना प्रवाह संकल्पना के आस–पास घूमता दिखाई देता है। डायश ने सूचना प्रवाह को प्रतिमान का स्वरूप दिया है। इसे प्रवाहों और संक्रियाओं से संबंधित संप्रत्यय की संज्ञा दी है जिसका संबंध शासनतंत्र के सूत्रों (Clannels), भारों (Loads) एवं भार क्षमताओं (Load Capacities) से है। यहां सूत्र का अभिप्राय सूचना–संचालन की संरचनाओं से है भार का आशय सूचना की मात्रा से है जो संरचनाओं के माध्यम से व्यवस्था में प्रविष्ट होती है या प्रेषित की जाती है, भार क्षमता का तात्पर्य व्यवस्था की अभिग्राहकता (Having the Quality of Receiving) से है। इस आयाम की सार्थकता इस तथ्य पर निर्भर है कि व्यवस्था में सूचनाओं की आवाजाही के लिए किस प्रकार के सूत्र मौजूद हैं और वे सूचनाओं के अदान–प्रदान का भार उठाने में सक्षम है या नहीं। यदि, व्यवस्था में विद्यमान् सूचना अभिकरण आगत सूचनाओं से निपटने में सक्षम है तो इसका यह अर्थ है कि सूचना–सूत्रों की अनुक्रियाशीलता बेहतर ढंग से सक्रिय है और यदि तंत्र आगत सूचनाओं के साथ निपटने में सक्षम नहीं हैं तो सूचनाओं का प्रवाह बाधित होता है जो व्यवस्था–संचालन एवं निर्णय–निर्माण के मार्ग में रुकावटें पैदा करता है। डायश द्वारा प्रतिपादित संचार सिद्धान्त का आधार है सूचना संकल्पना पर आधारित व्यवस्था की निर्णय–क्षमता का विश्लेषण एवं स्पष्टीकरण। वे अन्ततः इस निष्कर्ष पर पहुंचते हैं कि व्यवस्था–संचालन एवं निर्णय–निर्माण के आयामों की सक्रियता का आधार माध्यम व्यवस्था में सूचनातंत्र की मजबूत स्थिति है।

पुनर्निवेशन संकल्पना (Concept of Feedback)

संचार सिद्धान्त के प्रतिपादन में डायश द्वारा प्रस्तुत इस संकल्पना का आधार नोबर्ट वीनर द्वारा प्रतिपादित संचार संप्रत्यय हैं। लेकिन, वीनर द्वारा नकारात्मक–सकारात्मक पुनर्निवेशन (Negative and Positive Feedback) की विवेचना की गयी है, जबकि डायश द्वारा प्रस्तुत संकल्पना में नकारात्मक पुनर्निवेशन पर अधिक जोर दिया गया है। नकारात्मक पुनर्निवेशन से उनका अभिप्राय उन प्रक्रियाओं से है जिनके माध्यम से निर्धारित निर्णयों तथा उनके कार्यान्वयन से उत्पन्न परिणामों की सूचनाओं को व्यवस्था में इस प्रकार से प्रवेश कराया जाता है कि वह व्यवस्थागत व्यवहार को स्वतः ही उस दिशा में मोड़ देता है जो उसे अपने लक्ष्य–प्राप्ति के अधिक निकट ले जा सके। डायश की यह मान्यता है कि सभी व्यवस्थाएं आन्तरिक दृष्टि से निरन्तर असंतुलन की स्थिति में होती हैं और यही स्थिति राजनीतिक व्यवस्था की गतिशीलता का आधार है। इनके मतानुसार असंतुलन की इस स्थिति के आविर्भावित होते ही व्यवस्था असंतुलन को कम करने की दिशा में मुड़ने लगती है, जिसके परिणामस्वरूप व्यवस्था समुन्नति के मार्ग पर कदम बढ़ाती है। इनकी दृष्टि में राजनीतिक व्यवस्थाएं अपने निर्धारित लक्ष्यों के मार्ग पर समुचित ढंग से तभी मजबूत कदम बढ़ा सकती हैं जब वहां नकारात्मक पुनर्निवेशन प्रक्रिया की मौजूदगी होती है। यह व्यवस्थाओं में सक्रियता, ओजस्विता एवं गतिशीलता को कायम रखने का आधार माध्यम है।

इस प्रकार जहां तक सूचनाओं के पुनः निवेश तथा पुनर्निवेशन प्रक्रिया (Feedback Process) का प्रश्न है, डायश ने पुनर्निवेश का तात्पर्य संप्रेषण के उस नेटवर्क से लगाया है जो आगत सूचनाओं की अनुक्रिया के कार्यों को जन्म देती है और उस नई सूचना में अपने कार्यों से संबद्ध उन सभी परिणामों को शामिल करता है, जिसके माध्यम से वह अपने अनुवर्ती व्यवहार को संशोधित करता है। इस प्रकार, संदेशों के सतत्–प्रवाह के आलोक में निर्णय–निर्माता अपने कार्यों को अंजाम देते हैं।

कार्ल डायश का संचार प्रतिमान (Communication Model of Karl Deutsch)

जिस प्रकार प्रसिद्ध गणितज्ञ नोबर्ट वीनर एवं डब्ल्यू रॉस एशवी जैसे प्राकृतिक वैज्ञानिकों द्वारा साइबरनेटिक्स विज्ञान का विकास किया गया तथा रॉबर्ट सी. नार्थ एवं केनिथ बोडिंग जैसे विद्वज्जनों द्वारा उसकी व्याख्या की गयी, उसी प्रकार राजनीतिक साइबरनेटिक्स (Political Cybernetics) के प्रस्तुतकर्ता में कार्ल डायश का नाम उल्लेखनीय है। डायश ने इस संकलपना को राजनीतिक व्यवस्था की नियंत्रण प्रणाली से संबद्ध किया है, इसलिए संप्रत्यय का परिप्रेक्ष्य इतना व्यापक हो जाता है कि उसमें व्यवस्था–संचालन से संबंधित समस्त सामग्री समावेशित है। इस प्रसंग में डायश का यह उद्देश्य है कि साइबरनेटिक्स विज्ञान की संकलपना और तकनीकों का प्रयोग राजनीतिक व्यवस्थाओं की उत्तरजीविता (Survival) के अध्ययन के लिए ही नहीं उनकी समुन्नति समृद्धि की व्याख्या के लिए भी करनी चाहिए और साथ ही इसके माध्यम से उन परिवर्तनों के परिणामों के संबंध में भी पूर्वानुमान लगाया जा सकता है जो व्यवस्था की संरचना को प्रभावित करती हैं। डायश ने साइबरनेटिक्स सिद्धांत के मानकों को आधार बनाकर अपने संचार सिद्धांत का प्रतिपादन किया है। बीसवीं शताब्दी में व्यवहारवाद एवं उत्तरव्यवहारवाद के आगमन के परिणामस्वरूप अध्ययन- निश्लेषण के लिए अपनायी जाने वाली अन्तरानुशासिक प्रवृत्ति की वजह से समकालीन राजनीतिशास्त्रियों में प्राकृतिक विज्ञान तथा समाजविज्ञान में प्रचलित तकनीकों, संकल्पनाओं, प्रतिमानों एवं दृष्टिकोणों का राजनीतिक विश्लेषण के लिए बड़े पैमाने पर इस्तेमाल करने की होड़ लग गयी। इस अवधि में राजनीतिक व्यवस्था प्रक्रिया एवं राजनीति के विश्लेषण के लिए कई उपागमों, प्रतिमानों तथा सिद्धान्तों का प्रतिपादन हुआ। राजनीतिक विश्लेषण के लिए प्रतिपादित व्यवस्था उपागम, संरचनात्मक–प्रकार्यात्मक उपागम, राजनीतिक विकास उपागम, राजनीतिक आधुनिकीकरण उपागम की कड़ी में एक अन्य महत्त्वपूर्ण आयाम जोड़ते हुए कार्ल डायश ने राजनीतिक विश्लेषण हेतु राजनीतिक संप्रेषण सिद्धान्त का प्रतिपादन किया हैं। डायश द्वारा प्रस्तुत यह संप्रत्यय शासन–संचालन एवं राजनीति के उन्नत स्तर के लिए कुछ निश्चित उद्देश्यों की प्राप्ति का लक्ष्य निर्देशित करता है और इसके संचालन तथा समायोजन की प्रक्रियाओं के प्रवाह का अध्ययन इसी संदर्भ में करता है।

डायश द्वारा प्रस्तुत सिद्धान्त में राजनीतिक व्यवस्था के संचालन पक्ष पर विशेष बल दिया गया है। इनकी मान्यता है कि सूचना प्रवाह व्यवस्था रूपी संचार वाहन के परिचालन (Steering) को इच्छित लक्ष्य की प्राप्ति की दिशा में मोड़ता है। सूचना प्रवाह परिचालन को गति प्रदान करने में अहम् भूमिका निभाता है। इसी तर्ज पर डायश द्वारा सूचना प्रवाह (Information Flow) को व्यवस्था–संचालन प्रक्रिया के साथ सीधे रूप में संबद्ध किया गया है।

डायश द्वारा प्रस्तुत संचार संकल्पना का आधार माध्यम व्यवस्था की गतिशीलता, सक्रियता एवं परिवर्तनीयता है। इनका मानना है कि परिवर्तित शक्तियों के समुच्चय का माध्यम राजनीतिक संचार है। सभी राजनीतिक व्यवस्थाओं में सक्रियता या परिवर्तनीयता की गति के संचालन का आधार–आधेय व्यवस्थागत संचार साधन होता है, जो सूचनाओं के प्रवाह के अनुरूप शासन–संचालन की गति को तेज तथा धीमा करता है। डायश द्वारा प्रस्तुत संकल्पना राजनीतिक व्यवस्थाओं में होने वाले परिवर्तनों की अपेक्षा संचार के साधनों के माध्यम से सूचनाओं के प्रवेश एवं प्रवाह को ज्यादा महत्त्व देता है। इनका मानना है कि परिवर्तन का सारा दारोमदार आगत सूचनाओं की स्थिति, प्राप्तकर्ता द्वारा उस पर अमल करने की प्रवृत्ति एवं सूचनाओं के प्रति रुझान तथा निर्णयकर्ता द्वारा उन्हें प्राथमिकता दिये जाने की कार्यशैली पर निर्भर करता है और यही तत्त्व इस तथ्य से प्रासंगिक होता है कि

सूचनाओं के पुनःनिवेश तथा प्रवाह द्वारा प्राप्तकर्ता व्यवस्था में कितना बड़ा परिर्वतन लाने में सक्षम हो सकता है। कई राज्यों का इतिहास गवाह है कि कभी–कभी संचार अभियान्त्रिकी (Communication Engineering) में होने वाला थोड़ा बदलाव राजनीतिक शक्ति के प्रयोग तथा सूचना–प्राप्तकर्ता की स्थिति में भारी बदलाव का कारक बनता है। डायश ने व्यवस्था के संदर्भ में सूचना के प्रवेश व प्रवाह की इस स्थिति को बन्दूक का उदाहरण देकर स्पष्ट किया है। उदाहरण के पक्ष में इनका तर्क है कि जिस प्रकार बन्दूक का कुन्दा दबाने में कोई ताकत नहीं लगती है, लेकिन बन्दूक का निशाना लक्ष्यार्थ की दिशा में अति तीव्र गति से पूरी शक्ति के साथ लक्ष्य भेद करता है। इनका कहना है कि संचार संप्रत्यय के संदर्भ में सूचना–प्रवाह की भी यही स्थिति है। छोटे तथ्यों के संप्रेषण का प्रवाह यदि यथोचित रूप में तीव्र तथा स्टीक हो तो व्यवस्था में प्रभावकारी परिर्वतन की संभवनाएं बनती हैं। इस प्रकार, डायश की अभिव्यक्ति के अनुरूप सूचना प्रवाह व्यवस्था का वह परिचालन यंत्र है जिससे वह जब चाहे लक्ष्य–प्राप्ति की दिशा में तेज कदम बढ़ा सकता है, नई शक्ति का संचार कर सकता है और इस कार्य हेतु राजनीतिक संप्रेषण इसका मुख्य स्फूर्तिकारक अभिकरण है।

डेविस एवं लिविस के शब्दो में, ''डायश का संचार सिद्धान्त डेविड ईस्टन द्वारा प्रतिपादित कुछ प्रमुख मान्यताओं की व्याख्या करता है साथ ही राजनीतिक व्यवस्था की राजनीतिक जीवन प्रक्रिया (Process of Political Life) का भी विश्लेषण करता हैं।''

जिस रूप में कार्ल डायश ने राजनीतिक संचार उपागम एवं सिद्धान्त की प्रस्तुति की है उससे इस संकल्पना के तीन प्रमुख लक्षण दृष्टिगोचर होते हैं :

प्रथम–यह संप्रत्यय राजनीतिक परिघटनाओं की व्याख्या करने के क्रम में राजनीतिक सत्ता को महत्त्वपूर्ण परिवर्त्य के रूप में स्वीकारना नहीं चाहता है, अपितु राजनीतिक सत्ता के बजाय राजनीति के सारतत्त्व के रूप में मानव–प्रयासों के विश्वसनीय समन्वय को चिन्हित करता है जिसके सामर्थ्य द्वारा समाज के लक्ष्यों की प्राप्ति की संभावनाएं व आशाएं प्रबल हो जाती हैं।

द्वितीय–इस संकल्पना में आनुभविक प्रवृत्ति को बहुत अधिक महत्त्व दिया गया है। इसका प्रयास है कि मानचित्रण (Mapping) तथा मापन (Measuring) द्वारा सभी अवधारणाओं का परिचालनीकरण (Operation) संभव है। परिमाणात्मक आंकड़ों (Quantitative Datas) को दूसरे प्रकार के विश्लेषणों के प्रतिस्थापन (Analysis of Replacement) के रूप में नहीं अपितु इस अर्थ में प्रतिपूरक के रूप में देखा जाना चाहिए, जो राजनीतिक विश्लेषकों के निर्णयों की जांच करने, उन्हें मजबूत करने या उन्हें युक्तियुक्त (Rational) करने की दिशा में बहुत कारगर कदम उठाने या निर्णयों को युक्तिसंगत दिशा में मोड़ने में सफल बना सकता है।

तृतीय–इस संकल्पना द्वारा किया जाने वाला विश्लेषण किसी विशेष स्तर तक सीमित नहीं है। यह संप्रत्यय व्यक्तियों, समूहों, समुदायों या किसी भी प्रकार के संगठनों तथा विभिन्न इकाइयों के बीच परस्पर संबंधों के विश्लेषण के लिए समान रूप से सार्थक है। विश्लेषण की इस परिधि में राज्य भी शामिल है।

वस्तुतः, डायश द्वारा प्रस्तुत राजनीतिक संचार संकल्पना का सीधा सरोकार राजनीतिक अभियान्त्रिकी से है। इस दृष्टि से यह एक महत्त्वपूर्ण अवधारणा है, अतः यथोचित रूप में इसकी प्रकृति को जानने समझने के लिए डायश द्वारा प्रस्तुत मॉडल की विशेषताओं से प्रासंगिक कुछ ख़ास बिन्दुओं को रेखांकित करना यहां अति आवश्यक है, जो निम्नांकित हैं :

1. **राजनीति की नयी परिभाषा (New Definition of Politics)**–डायश की दृष्टि में राजनीति का वास्तविक 'अर्थ' और 'संदर्भ' सामाजिक लक्ष्यों की प्राप्ति से जुड़ा है। इस अवधारणा के सारतत्त्व के रूप में इनके द्वारा राजनीतिक गतिविधियों के संचालन में शक्ति के महत्त्व को कम करके राजनीति को नये परिप्रेक्ष्य में परिभाषित किया गया है। डायश ने राजनीति को सामाजिक उद्देश्यों व लक्ष्यों की प्राप्ति का साधन माना है। इनके कथनानुसार, ''राजनीतिक निर्णय पूरे समाज को ध्यान में रखकर लिया जाता है और वैसे ही निर्णय लिये जाते हैं जिनका कार्यान्वयन किया जा सके। इनकी दृष्टि में निर्णय–संदर्भ का महत्त्वपूर्ण

पक्ष राजनीति का वह क्षेत्र होता है जहां वह निर्णय लागू किया जाता है। इस प्रकार, डायश द्वारा प्रस्तुत संचार सिद्धांत के परिप्रेक्ष्य में राजनीति का सारतत्त्व शक्ति संकल्पना की जगह समाज के उद्देश्यों, लक्ष्यों की प्राप्ति हेतु मानव प्रयासों का परस्पर निर्भरता योग्य विश्वसनीय समन्वय है, जो व्यवस्था–संचालन को गति एवं समुन्नति प्रदान करता है। यह कहना अधिक युक्तिसंगत है कि डायश ने राजनीतिक संचार संकल्पना के माध्यम से राजनीति को नये संदर्भ में विश्लेषित किया है।

2. **राज्य एवं सरकार की नयी अवधारणा (New Conception of State and Government)**–डायश ने इस संकल्पना के माध्यम से यह स्पष्ट किया है कि राज्य का मुख्य कार्य राजनीतिक संचार के विशेष चैनलों एवं सूचनाओं की दिशा को नियंत्रित करना है। इनकी दृष्टि में राज्य का प्रधान कार्य सूचनाओं के संचालन की देखरेख करना है न कि व्यक्तियों या समाज पर अपनी सत्ता का इस्तेमाल करना या अपनी शक्ति का वर्चस्व स्थापित करना है। सूचनाओं पर नियंत्रण के लिए संवाद–प्रेषण अति आवश्यक है और नियंत्रण प्रक्रियाओं की व्यवस्था को इस परिप्रेक्ष्य में देखना व समझना ही राजनीतिक संप्रेषण अभियान्त्रिकी का ढाँचागत अध्ययन–विश्लेषण है। इसी भांति सरकार की कार्यशैली का महत्त्वपूर्ण संदर्भ शासन–संचालन की देख रेख (Supervision) करना है एवं पथप्रदर्शन (Guidance) करना है न कि समाज पर अपनी सत्ता का उपयोग करने में व्यस्त रहना है। डेविस–लिविस के मतानुसार, "राजनीतिक व्यवस्थान्तर्गत सरकार शासनरूपी जहाज का संचालन करने वाला तत्त्व है, यह राजनीतिक संप्रेषण की धाराओं को प्रशासित करने का एक रूप है।"

3. **एक मशीन के रूप में समाज का अध्ययन (Study of Society as a Machinery)**–डायश की दृष्टि में राजनीतिक शक्ति का मौलिक स्रोत सामाजिक व्यवस्था है जिसकी बुनियाद सामाजिक संचार की सुविधाओं की उपलब्धता पर निर्भर है। डायश का ऐसा मानना है कि सामाजिक व्यवस्था और उसके ख़ास अंग के रूप में राजनीतिक व्यवस्था इसीलिए जीवित रहती है और विकास करती है क्योंकि उसमें वह यन्त्रावली (Machinery) निहित है, जो उसके साथ कदमताल करने वाली अन्य समस्त गतिविधियों तथा क्रियाओं को या तो अनुमति प्रदान करती है या उन्हें प्रोत्साहित करती है। मसलन–सूचनाओं के प्रवेशन की अनुज्ञा, सूचनाओं की प्राप्ति, सूचनाओं का चयन–संचयन प्राप्त सूचनाओं का इस्तेमाल करने से संबद्ध मानकों–व्यवहारों का चयन–संचयन और विकास आदि से प्रासंगिक संदर्भ इन गतिविधियों व प्रक्रियाओं के प्रसंगाधीन मुख्य तत्त्वों के रूप में अपनी पहचान व स्थिति दर्ज कराता है। इस प्रसंग में डेविस एवं लिविस का कहना है कि डायश द्वारा एक मशीनरी के रूप में समाज के विश्लेषण से यह निष्कर्ष निकलता है कि राजनीतिक शक्ति का बुनियादी स्रोत सामाजिक प्रेषण (Social Consignment) के लिए मौजूद सुविधाएं हैं जो अतीत से वतर्मान तक और समसहयोगियों के बीच विद्यमान् परस्पर संबधों पर निर्भर करता है। साथ ही इससे यह भी स्पष्ट होता है कि राजनीतिक व्यवस्था में सूचनाएं बाध्यताओं की स्थिति से पूर्वगामी (Preceding) होती हैं। इस प्रकार डायश द्वारा प्रस्तुत संचार सिद्धान्त समाज का विश्लेषण एक कार्यप्रणाली के रूप में करता है।

4. **लघु संचार पद्धति (Small Communication System)**–डायश की राजनीतिक संचार संकल्पना के व्याख्याक्रम में यह स्पष्ट किया गया है कि सभी राजनीतिक व्यवस्थाओं में लघु संचार व्यवस्थाओं का अस्तित्व होता है। राजनीतिक दल तथा हित समूह सभी राजनीतिक व्यवस्था की अवसंरचनाएं होती हैं जो अन्तर्संबंधित और खुली होती हैं, लेकिन अपनी गतिविधियों का संचालन वे ऐसी मानवीय एवं संस्थागत मशीनरी द्वारा कर सकती हैं जो उन्हें अपनी संरचनाओं और व्यवहार को अनुकूलित एवं संशोधित करने की स्वीकृति या मंजूरी प्रदान करता है। इस संप्रत्यय के माध्यम से डायश ने यह स्पष्ट किया है कि राजनीतिक व्यवस्था का अपनी उपव्यवस्थाओं से टकराव की स्थिति के उदभव को 'इच्छाओं के आपसी टकराव' के रूप में नहीं देखा जाना चाहिए अपितु उन्हें टकराव के परिणाम के रूप में देखना चाहिए जो व्यवस्था–संचालन की प्रक्रियाओं या सूचकों के असफल होने की वजह से अस्तित्व में आते

हैं। इन्होंने राजनीतिक दल तथा दबाव समूहों की पहचान लघु संचार व्यवस्था के रूप में की है। साथ ही, इनकी यह अभिव्यक्ति हैं कि यद्यपि ये लघु संचार व्यवस्थाएं राजनीतिक व्यवस्था का अभिन्न हिस्सा होती है लेकिन, व्यवस्था के साथ परस्पर संबद्ध होने के बावजूद ये अपनी संरचनाएं एवं व्यवहार को परिमार्जित (Refined), समंजित (Adjust) एवं परिवर्तित (Change) करने के लिए स्वतंत्र होती है।

5. **संतुलन की जगह समस्थिति (Similar Status in Place of Equilibrium)**–डायश ने राजनीतिक संचार प्रतिमान के रूप में एक ऐसी संकल्पना का प्रतिपादन किया है जिसकी प्रकृति स्थैतिक की जगह गतिशील (Mobile), परिवर्तनशील (Changeable) है। डायश व्यवस्था के परिप्रेक्ष्य में संतुलन की स्थिति का समर्थक नहीं है, क्योंकि संतुलन राजनीतिक व्यवस्था के स्थैतिक प्रतिमान का द्योतक है। ये संतुलन की पूरी अवधारणा को व्यवस्था के गतिबोधक अध्ययन के लिए समीचीन नहीं मानते हैं। संतुलन संप्रत्यय व्यवस्था के गतिमूलक एवं दिशाबोधक अध्ययन–विश्लेषण के लिए पर्याप्त नहीं हैं। राजनीति एक गतिमान प्रसंग है जिसकी गतिशीलता (Dynamism) की स्थिति को डायश द्वारा समस्थिति की संज्ञा दी गयी है। सभी राजनीतिक व्यवस्थाएं अपने कार्यों को इस उद्देश्य से अंजाम देती हैं ताकि वे अपने निर्धारित लक्ष्यों को प्राप्त कर सकें। इस कार्यप्रणाली के संचालनक्रम में व्यवस्थागत पर्यावरण की बुनियादी स्थिति में भी परिवर्तन होता है। अपने निर्दिष्ट उद्देश्यों के मार्ग पर कदम बढ़ाते हुए व्यवस्था अपनी स्थिति में परिवर्तन की क्षमता से युक्त होती है। डेविस एवं लिविस के मतानुसार, "व्यवस्था को सूचनाएं अपने अतीत, वर्तमान तथा आन्तरिक एवं बाह्य पर्यावरण से प्राप्त होती है जिसका प्रभाव राजनीतिक व्यवस्था की परिचालन पद्धति पर पड़ता है, क्योंकि सूचनाओं में निरन्तरता होती है, इसलिए व्यवस्था की आन्तरिक स्थिति में सदैव परिर्वतन की संभावनाएं बनी रहती हैं।"

6. **पुनर्निवेशन की संकल्पना (Concept of Feedback)**–डायश द्वारा प्रतिपादित राजनीतिक संचार संकल्पना का पुनर्निवेशन आयाम वस्तुतः तंत्रिका राजनीति (Neuro-politics) की धारणा (Concept) पर आधारित व्यवस्था–संचालन की एक महत्त्वपूर्ण प्रक्रिया है। इस राजनीतिक प्रक्रिया का आशय व्यवस्था में मौजूद राजनीतिक संचार के उस नेटवर्क से है जो आगत सूचनाओं की अनुक्रियाओं (Responses–Reactions) में कार्यों का आविर्भाव करता है और कार्य निष्पादन के परिणाम को पुनः सूचनाओं में शामिल करता है तथा इसी प्रसंग के आलोक में अपने आगामी व्यवहार को संशोधित व परिमार्जित करता रहता है। व्यवस्था में नकारात्मक पुनर्निवेशन (Negative) एवं सकारात्मक (Positive) दोनों हो सकता है। सकारात्मक पुनर्निवेशन प्रक्रिया की स्थिति तब आती है जब व्यवस्था की सूचना–क्षमता (Capacity of Information) केवल उन कार्यों को संपन्न करती है जो बुनियादी कार्यों में संवृद्धि लाते हैं। इसका परिणाम विनियमन प्रक्रिया (Regulating Process) के रूप में सामने नहीं आता है बल्कि अनुक्रियाओं का परिणाम कई बार टेढ़े–मेढ़े (Irregular) रास्ते से ऊपर जाता है। इसीलिए, सकारात्मक पुनर्निवेशन को कई बार व्यवस्था में निर्णय–निर्माण प्रक्रिया का अवरोधक माना जाता है जिसकी वजह से व्यवस्था में क्रान्तिकारी परिर्वतन की संभावनाएं बनती हैं।

डायश ने नकारात्मक पुनःनिवेश को ज्यादा उपयुक्त माना है। नकारात्मक पुनःनिवेश उन प्रक्रियाओं को निर्दिष्ट करता है जिसके माध्यम से राजनीतिक निर्णय लिए जाने के परिणामों एवं कार्यों को व्यावहारिक रूप प्रदान करने हेतु सूचना को व्यवस्था में इस प्रकार पुनर्निवेशित कराया जाता है जिसके परिणामस्वरूप व्यवस्था अपने लक्ष्यों को प्राप्त करने के लिए अपने भावी व्यवहार को परिमार्जित, परिवर्तित एवं समंजित करती रहती है। यहां सूचना प्रवाह के संबंध में पुनर्निवेशन प्रकिया का अभिप्राय सूत्रों (Channels), भारों (Loads) एवं भार क्षमता (Load Capacity) से है। यहां भार क्षमता का तात्पर्य व्यवस्था में उपलब्ध सूत्रों के प्रकार, स्थिति, संख्या और कार्य से संबद्ध है, जबकि भार का आशय किसी भी समय में सूचना के प्रवेश की मात्रा से है। डेविस एवं लिविस के विचार में भार सूचनाओं के उस परिणाम की ओर संकेत करता है जो किसी व्यवस्था के विशेष समय के साथ संबद्ध हो सकता है, या उस देरी की मात्रा की ओर इंगित करता है जिसे कोई व्यवस्था निर्णयों के परिणामों के

संबंध में सूचना प्राप्त करने तथा सूचना के आधार पर कार्य को अंजाम देने के बीच अनुभव द्वारा प्राप्त करता है तथा लाभ उस तकनीक का सूचक है जिसके आधार पर कोई व्यवस्था आगत सूचनाओं के प्रति अनुक्रिया करती है और अग्रता (Priority) उस सीमा का बोधक है जहां तक किसी व्यवस्था में निर्णयों और कार्यों के अनुमानित भावी परिणामों के संबंध में पूर्वानुमानों के प्रति अभिक्रिया करने का सामर्थ्य होता है।

राजनीति, राजनीतिक व्यवस्था एवं उसकी प्रक्रियाओं के परिस्थितिजन्य एवं अनुभवजन्य अध्ययन विश्लेषण हेतु डायश द्वारा प्रतिवादित राजनीतिक संचार संकल्पना बिल्कुल नयी अवधारणा है।

कार्ल डायश ने 'Communication Models and Decision System' में यह कहा है कि अन्य सभी निर्णय–निर्माण एवं कार्यान्वयन तकनीकों की तरह राजनीति अपने आप में साध्य नहीं है। समकालीन परिपेक्ष्य में राजनीति सामाजिक शिक्षण का आवश्यक साधन बन गयी है। इसके संबंध में यह संभावना व्यक्त की जा रही है कि यह विनाश और तबाही की जगह जीवन और संवृद्धि के साधन के रूप में कार्य सम्पन्न करेगी बशर्ते उसका मार्गदर्शन संज्ञेय (Cognizable), अन्तर्दृष्टि (Insight) के माध्यम से किया जाये। इनका मानना है कि राजनीति के समस्त आयामों के अध्ययन और राजनीतिक विश्लेषण के लिए इस्तेमाल की गयी सभी तकनीकों तथा प्रतिमानों का मूल प्रयोजन है व्यक्ति को राजनीति के प्रति संज्ञान लेने तथा उसे राजनीतिक भूमिकाओं के निष्पादन के योग्य बनाना।

उपर्युक्त प्रसंगों से यह स्पष्ट होता है कि तंत्रिका राजनीति के विश्लेषण एवं राजनीतिक संप्रेषण प्रतिमान के प्रवर्तक के रूप में कार्ल डायश का योगदान उल्लेखनीय है। आर.सी. नॉर्थ (R.C. North) की इस संबंध में उक्ति है कि ''सूचना ग्रहण करना और उसका प्रयोग करने की प्रक्रिया वास्तव में बाह्य पर्यावरण की आकस्मिकताओं (Fortuitous) के साथ समंजन करने तथा मौजूदा पर्यावरण के अनुरूप प्रभावी रूप में अनुक्रिया करते रहने की प्रक्रिया है।''

राजनीतिक संचार संकल्पना का संबंध व्यवस्था की राजनीतिक अभियान्त्रिकी से है अतः इससे प्रासंगिक कई महत्त्वपूर्ण संकल्पनाएं हैं जिनकी यहां चर्चा करना अति आवश्यक है। क्योंकि, राजनीतिक संचार संप्रत्यय के वास्तविक अर्थ एवं प्रकृति को तात्त्विक स्तर पर जानने व समझने के लिए इससे प्रासंगिक अवधारणाओं का ज्ञान अपरिधार्य है।

राजनीतिक संचार संप्रत्यय से संबंधित कुछ मुख्य अवधारणाएं
(Some Main Concepts Regarding Political Communication Concept)

कार्ल डायश द्वारा प्रस्तुत राजनीतिक संप्रेषण संकल्पना के प्रतिपादन में कुछ अवधारणाओं द्वारा आधार माध्यम की भूमिका निभाई गयी है, जिनका उल्लेख निम्नांकित है :

1. **परिचालनात्मक संरचनाओं से संबंधित अवधारणा (Concept Regarding to Operational Structures)**–यह संकल्पना इस विश्वास पर आधारित है कि प्रत्येक राजनीतिक व्यवस्था के अन्तर्गत आगत सूचनाओं को ग्रहण करने के लिए 'सूचना ग्राही केन्द्र' का अस्तित्व विद्यमान होता है जो सदैव सक्रिय होता है। ये केन्द्र व्यवस्था के आन्तरिक एवं बाह्य पर्यावरण से सूचनाएं ग्रहण करने के अलावा भी कई प्रकार के कार्यों का निष्पादन करते हैं, मसलन–सूचनाओं का सूक्ष्म परीक्षण (Scrutiny), पर्यवेक्षण (Supervision), सूचनाओं का चयन (Selection), आंकड़ा एकत्रीकरण (Data Collection), प्राप्त आंकड़ों से संबद्ध कार्यवाही का संचालन, संग्रहित तथ्यों का विश्लेषण आदि। सूचनाओं के प्रचालन (Operation) के पश्चात् निर्णय–निर्माण तंत्र (Machinery) के अन्तर्गत कुछ सूचनाओं को सूचना–संरचनाओं जैसे कि 'स्मृति मूल्य केन्द्र' और 'वास्तविक निर्णय केन्द्र' द्वारा व्यवहार में लाया जाता है। स्मृति मूल्यों का संबंध अधिकतर प्रक्रियाओं और परिणामों से संबद्ध अतीत प्रासंगिक अनुभवों के माध्यम से मिलने वाली जानकारियों के साथ जुड़ा होता है यानी कि मूल्य आगत सूचनाओं से संबंधित मानवीय प्रसंगों का

प्रतिनिधित्व करता है। ऑरेन यंग का ऐसा मानना है कि सभी राजनीतिक व्यवस्थाओं की संरचनाएं लिये गये निर्णयों को कार्यान्वित करने से संबंधित कार्यों का निष्पादन करती हैं और नई इकाई के रूप में कार्यप्रणाली (System) में पुनः निष्पादन प्रकिया के संचालन हेतु सूचनारूपी जानकारी भेजने का कार्य करती है।

2. **प्रवाहों तथा संक्रियाओं से संबद्ध संकल्पनाएं (Concepts Relating to Flows and Operations)**–इस संकल्पना का संबंध सूचना वाहिकाओं (Information channels), भारों (Loads) एवं भार क्षमता (Carrying Capacity) से है। यहां प्रवाह एवं संक्रिया का प्रसंग सूचनाओं के भारवाही केन्द्रों (Load Carrier Centres) एवं भारवाहक क्षमताओं (Load Carrying Capacities) से है। यहां भार का संबंध समस्त आगत सूचनाओं की संख्या, स्थिति एवं आकार से है और भार क्षमता व्यवस्था में उपलब्ध माध्यमों के प्रकार, कार्य निष्पादन की प्रकृति, कार्यकौशल, कार्यक्षमता एवं निष्पादन केन्द्रों की संख्या से प्रासंगिक है। भार क्षमता का प्रसंग व्यवस्था की पृष्ठभूमि (Background), उत्तरदायित्व (Responsiveness), तादात्म्यता (Identity), सामर्थ्यता (Capability), कोलाहल (Noise), खण्डनात्मकता या विनाशकारी (Destructiveness), निष्ठा (Loyalty) जैसे कारकों या इसके प्रसंगाधीन तत्त्वों से घनिष्ठ रूप से संबद्ध होता है। जहां पृष्ठभूमि का प्रसंग व्यवस्था के राजनीतिक संप्रेषण कौशल से जुड़े अतीत के अनुभवों, मूल्यों व प्रतीकों से संबद्ध होता है, वहीं तादात्म्यता का संबंध सूचनाओं के कोलाहल तथा ध्वंसात्मक प्रासंगिक परिवर्त्यों से होता है जिसके प्रभाव में वे स्पष्ट या अस्पष्ट रूप में सामने आती हैं, तथा उत्तरदायित्व कार्यप्रणाली (Machinery) की उपलब्ध स्थिति का द्योतक हैं जिसके द्वारा प्रवेशित सूचनाओं की जिम्मेदारी संभाली जाती है। निष्ठा उस सूक्ष्मता, सुस्पष्टता, यथार्थता का संकेतक–निर्देशक है जिसके माध्यम से प्रत्यक्ष जानकारी द्वारा चयन एवं निर्वाह की विभिन्न प्रकियाओं में सूचनाएं प्रेषित की जाती हैं। यंग का ऐसा मानना है कि ये समस्त परिचालनात्मक तत्त्व एवं प्रकियाएं मिलकर समग्ररूप में राजनीतिक व्यवस्था की संयुक्त परिचालन क्षमता (Combinative Operational Capacity) का निर्माण करती हैं और संयोजक क्षमता (Combine Capacity) उस सामर्थ्य का प्रतीक है जिसके द्वारा आगत सूचनाओं के विस्तृत परास (Range) का निष्पादन किया जा सकता है, साथ ही उन कार्यों का भी निर्वाह किया जा सकता है जिससे राजनीतिक व्यवस्था की लक्ष्य–प्राप्ति हेतु सकारात्मक परिणाम निकाला जा सके।

3. **परिणामों से संबद्ध संकल्पनाएं (Concept Relating to Consequence)** व्यवस्था–संचालन प्रकियाक्रम में आगत तत्त्वों (मांग एवं समर्थन) का परिणाम होता है निर्णय के रूप में निर्गत तत्त्वों की प्रस्तुति। निर्गत तत्त्व यानी कि परिणाम का प्रसंग व्यवस्थागत कई सवालों व विचारों की वास्तविकता से प्रासंगिक होता है तथा कई यथार्थताओं को जन्म देता है; दृष्टान्तस्वरूप आज्ञाकारिता (Compliance), प्रभावकारिता (Effectiveness) सत्ताधारी का प्रभाव (Influence) एवं प्रभुत्व (Dominance) की स्थिति यानी कि प्राधिकार (The Power to Command) आदि प्रसंगों को उस आलोक में देखा जा सकता है। ये समस्त प्रसंग पुनःनिवेश और पुनर्निवेशन प्रक्रिया की स्थिति से संबद्ध हैं। इस संबंध में कार्ल डायश की अभिव्यक्ति है कि "पुनर्निवेशन से तात्पर्य राजनीतिक संप्रेषण के उस जाल से है जो आगत सूचनाओं की प्रतिक्रिया में कार्यों के उद्‌भव की स्थितियां पैदा करता है तथा उस नई सूचना में अपने कार्यों के समस्त परिणामों को सम्मिलित करता है, ताकि वे अपने अनुवर्ती (Following) व्यवहार का संशोधित रूप प्रदर्शित कर सकें। स्नाइडर का यह मानना है कि पुनर्निवेशन क्रिया की स्थिति एवं कार्यों से संबंधित संदेशों (Massages) की ओर निर्देश करता है जो व्यवस्था को वापस दिया जाता है। इस प्रकार, संदेशों के निरन्तर प्रवाह से निर्णय निर्माताओं को अपने कार्य निष्पादन के सफल या असफल स्वरूप की तात्त्विक जानकारी मिलती है जो व्यवस्था में मौजूद पर्याप्तता की सापेक्षता या निरपेक्षता की स्थिति की द्योतक होती हैं। इस संकल्पना से प्रासंगिक सकारात्मक एवं नकारात्मक पुनर्निवेशन की बात की गयी है, जिसकी चर्चा ऊपर कार्ल डायश की संचार संकल्पना के संदर्भ में की जा चुकी है। डायश ने नकारात्मक पुनर्निवेश को व्यवस्था की लक्ष्य–प्राप्ति के लिए ज्यादा यथोचित माना है।

उपर्युक्त विवेचित अवधारणाओं की अतिरिक्त कुछ अन्य विशिष्ट संकल्पनाएं भी हैं जो नकारात्मक पुनर्निवेशन प्रकिया की परिचालनात्मक प्रसंग के स्पष्टीकरण (Explanation) से संबद्ध हैं; यथा–भार (Load), लाभ (Gain), पिछड़ना (Lag), अग्रता (Lead), मार्गदर्शन (Guidance) आदि। भार व्यवस्था में मौजूद पुनःनिवेश सुविधाओं की सापेक्ष गतिविधियों के विस्तृत–व्यापक परिप्रेक्ष्य के संकेतक की भूमिका के साथ–साथ प्रवाह–सूत्रों की क्षमताओं से संबंधित सापेक्ष पुनर्निवेशन प्रकिया से प्रासंगिक सूचनाओं के परिणामों की ओर भी स्पष्ट निर्देश देता है। पिछड़ना या देर लगना परिणामों एवं कार्यों के परिणामों के संबंध में सूचनाओं पर प्रतिवेदन तथा कार्यान्वयन से संबंधित विलम्ब के मापन से प्रासंगिक हैं। लाभ का संदर्भ सूचना–प्राप्ति संबंधित व्यवस्था की अनुक्रियाशीलता के विस्तार का स्पष्टीकरण करता है और अग्रता या मार्गदर्शन आगामी परिणामों के पूर्वानुमानों (Forecast) की प्रतिक्रियास्वरूप कार्य–निष्पादन की क्षमता है। यंग का मानना है कि "अग्रता वह स्थिति है जब किसी गतिशील वस्तु पर चोट करने के लिए उसे आगे बढ़ाया जाता है।"

आल्मंड की दृष्टि में राजनीतिक संचार संकल्पना का इस तथ्य पर ज्यादा जोर है कि राजनीतिक व्यवस्थान्तर्गत समस्त कार्यों का संचालन व निष्पादन संचार के माध्यम से सम्पन्न किया जाता है। इसके विचार में संचार की कार्यप्रणाली ही किसी भी व्यवस्था को जीवन एवं पोषण प्रदान करने वाला कारक है। इसीलिए इन्होंने संचार मशीनरी की तुलना रक्त संचार क्रिया के साथ की है। इनके मतानुसार व्यवस्था में रक्त यानी कि संचार ही वह माध्यम है जो प्रवेशनीय (Enterable) आगत तत्त्वों (मांगों, समर्थनों, विरोधों) का प्रवेशन कराता है और रूपान्तरण प्रक्रिया के माध्यम से प्रविष्ट (Entered) तत्त्वों (मांगों) को निर्णयों के रूप में निर्गत कराता है। इस संकल्पना के माध्यम से व्यवस्था में होने वाले परिवर्तन से संबंधित तत्त्वों–कारकों का वांछित अध्ययन करना संभव हो पाता है। परिवर्तन के तत्त्वों में सकारात्मक एवं नकारात्मक दोनों तत्त्व समावेशित होते हैं। यह संकल्पना उन प्रशासकीय तकनीकों से संबद्ध है जिसके द्वारा पुनर्निवेशन प्रक्रिया के माध्यम से व्यवस्था के उपकरणों (Equipment) का अनुरक्षण (Maintenance) किया जाता है यानी कि इन युक्तियों के माध्यम से आगतों को निर्गत में परिवर्तित करके व्यवस्था में मौजूद पर्यावरण के बढ़ते तापमान को नियंत्रित व संतुलित किया जाता है।

उपर्युक्त विवेचित प्रसंगों से यह निष्कर्ष निकलता है कि राजनीतिक संचार संकल्पना का अध्ययन–विश्लेषण राजनीतिक व्यवस्था के प्रकार्यात्मक पक्षों से संदर्भित है। राजनीतिक व्यवस्था के सभी कार्यों के निष्पादन का आधार माध्यम राजनीतिक संचारतंत्र होता है। तुलनात्मक राजनीति के अध्ययन में इस संकल्पना का योगदान उल्लेखनीय है।

संचार व्यवस्थाओं के प्रतिमान (Models of Communication Systems)

राजनीतिक संचार और मानव व्यवहार दोनों अभिन्न रूप से परस्पर संबंधित हैं, क्योंकि संचार की समस्त कार्यप्रणाली मानवीय संबंधों को जीवन्त बनाने वाला वह प्राणाधार तत्त्व (Vital Element) है जो व्यवस्था–संचालन को गति प्रदान करता है और उसकी कार्यक्षमता को नया आयाम देता है। लुसियन पाई ने राजनीतिक व्यवस्थाओं के संरचनात्मक–प्रकार्यात्मक लक्षणों के आधार पर संचार व्यवस्था को तीन कोटियों में बाँटा है : (1) परम्परागत संचार व्यवस्था, (2) संक्रमणकालीन संचार व्यवस्था, और (3) आधुनिक संचार व्यवस्था।

1. **परम्परागत संचार व्यवस्था (Traditional Communication System)**–लुसियन पाई की दृष्टि में यह संचार व्यवस्था का वह रूप है जिसमें संचार के परम्परागत माध्यमों और व्यक्तिगत संपर्क पर अत्यधिक जोर दिया जाता है। इस व्यवस्था के विशिष्ट लक्षण हैं :

   (i) संचार प्रकिया व्यवस्था में सक्रिय सामाजिक प्रक्रियाओं से पृथक् अस्तित्व नहीं रखती है, अपितु वह अन्य सामाजिक प्रक्रियाओं का एक अहम् हिस्सा होती है और उनसे अपृथकरणीय (Inseparable) रूप से संबद्ध होती है।

(ii) इस व्यवस्थान्तर्गत संचार के व्यावसायिक संवाहकों की मौजूदगी का अभाव होता है। राजनीतिक प्रकियाओं में सहभागी के रूप में व्यक्ति अपनी सामाजिक व राजनीतिक स्थिति या संगठन के साथ अपने संबंधों की वजह से भागीदार बनता है।

(iii) इस व्यवस्था के अन्तर्गत सूचनाओं का प्रवाह सामाजिक क्रमानुसार निर्धारित होता है या विभिन्न समुदायों के बीच मौजूद सामाजिक संबंधों के विशेष प्रतिमानों के आधार पर निर्धारित होता है। यानी कि सूचनाओं का प्रवेशन, चयन, प्रकृति, अनुक्रिया तथा प्रतिक्रियाओं का कार्य संवाहकों और श्रोताओं के बीच पाये जाने वाले संबंधों के आधार पर निर्धारित होता है।

(iv) इस व्यवस्था में प्राप्त सूचनाओं की अपर्याप्तता की मात्रा ही इसकी ख़ास विशेषता है, जिसके परिणामस्वरूप राजनीतिक घटनाओं की वास्तविक तस्वीर आकार नहीं ले पाती है। व्यवस्था के सदस्य उपलब्ध सीमित सूचनाओं के परिप्रेक्ष्य को समझने के लिए जनमत नेताओं (Opinion Leaders) से संपर्क करते हैं।

(v) परम्परागत संचार व्यवस्थान्तर्गत जनमत नेता प्रमुख सूचनाओं को समझने–समझाने तथा उसका सूक्ष्म विश्लेषण करने में सक्षम नहीं होते हैं, क्योंकि उन्हें सूचनाओं के संबंध में न तो विशेष जानकारी होती है और न ही उन्हें विशिष्ट सूचनाओं को संभालने के लिए कोई प्रशिक्षण दिया जाता है।

परम्परागत संचार व्यवस्था की विशेषताओं की विवेचना करते हुए पाई द्वारा यह अभिव्यक्ति की गयी है कि इसमें संचार व्यवस्था स्वायत्त पृथक् अस्तित्व नहीं रखती है। यहां प्रवेश करने वाली सूचनाओं की संख्या सीमित और अधूरी होती है, जिसकी वजह से घटनाओं या समस्याओं से संबंधित जानकारियां भी आधी–अधूरी होती हैं। इस परिप्रेक्ष्य में किसी भी घटना की सही तस्वीर सामने नहीं आ पाती है। पाई की दृष्टि में यही स्थिति इस संचार व्यवस्था की मुख्य समस्या है जिसकी वजह से परम्परागत संचार व्यवस्था सच्चाई से दूर चतुर एवं कल्पनाशील व्यक्तियों की भूमिकाओं के इर्द–गिर्द घूमती रहती है।

2. **संक्रमणकालीन संचार व्यवस्था (Transitional Communication System)**–पाई की दृष्टि में संचार व्यवस्था का यह प्रतिमान–परम्परागत एवं आधुनिक संचार व्यवस्था के बीच की अवस्था है जिसके अन्तर्गत दोनों प्रतिमानों का लक्षण मौजूद होता है। इस प्रतिमान की मुख्य विशेषताओं को निम्नलिखित बिन्दुओं के आलोक मे स्पष्ट किया जा सकता है :

(i) इस संचार प्रतिमान की सबसे प्रमुख विशेषता यह है कि इसके अन्तर्गत संचार संरचना दो हिस्सों में विभक्त होती है : (क) यह उस भाग का प्रतिनिधित्व करता है जो संचार की आधुनिक तकनीक पर आधारित एवं नगर केन्द्रित होता है, तथा अत्यधिक पाश्चात्य मानसिकता वाले लोगों की पहुँच के दायरे में होता है, तथा (ख) यह संचार व्यवस्था के जटिल भाग का प्रतिनिधित्व करता है जिसकी निकटता परम्परागत संचार व्यवस्था से अधिक होती है । प्रतिमान का यह स्वरूप प्रत्यक्ष संबंधों पर आधारित होता है जो सामाजिक–सामुदायिक मानकों का अनुकरण करता है।

(ii) संक्रमणकालीन संचार व्यवस्था के दोनों हिस्से एक दूसरे से अलग अस्तित्व रखते हुए स्वायत्त व्यवस्थाओं के रूप में अपने कार्यों का निष्पादन करते हैं।

(iii) इस प्रतिमान के अन्तर्गत कार्य–संचालन में संयोजन (Linkage) का अभाव पाया जाता है। जनता एवं व्यवस्था के बीच सूचनाओं के आदान–प्रदान का कोई व्यवस्थित आधार उपलब्ध नहीं होता है और सूचनाओं–संदेशों को आमजन तक पहुंचाने वाले व्यक्तियों के चयन की भी कोई निश्चित पद्धति नहीं होती है।

(iv) संक्रमणकालीन संचार व्यवस्था में ग्रामीण एवं शहरी परिवेश का अन्तर स्पष्ट रूप में मौजूद होता है।

(v) इस संचार प्रतिमान के अन्तर्गत ग्रामीण एवं शहरी केन्द्रों के मध्य संपर्क–सूत्र सक्रिय रहता है जिसके माध्यम से इनके बीच सूचनाओं–संदेशों का संचारक्रम कायम रहता है लेकिन ग्रामीण केन्द्रों के बीच आपसी संचार व्यवस्था का अभाव पाया जाता है।

(vi) इस संचार प्रतिमान के अन्तर्गत पुनर्निवेशन प्रक्रिया क्रियाशील होती है। व्यवस्था के प्रभावशाली व्यक्तियों द्वारा इसमें विशेषीकृत भूमिकाओं का निष्पादन किया जाता है, क्योंकि यही वर्ग व्यवस्था में पुनर्निवेशन प्रक्रिया एवं जनसमूह तक सूचनाओं–संदेशों के आदान–प्रदान का आधार माध्यम होता है।

(vii) इस संचार प्रतिमान के अन्तर्गत जनसंचार माध्यमों की स्थिति अर्धविकसित एवं असंगठित होती है, जिसकी वजह से इन व्यवस्थाओं को सूचनाओं–संदेशों के संप्रेषण एवं प्रसारण के लिए विदेशी जनसंपर्क के साधनों पर निर्भर होना पड़ता है।

3. **आधुनिक संचार व्यवस्था (Modern Communication System)**–आधुनिक संचार व्यवस्था ऊपर विवेचित दोनों प्रतिमानों की अपेक्षा आधुनिकतावादी संचार माध्यमों से लैस होता है। यह व्यवस्था आधुनिक संचार साधनों के व्यापक नेटवर्क के अन्तर्गत कार्यों का निष्पादन करती है। इस व्यवस्थान्तर्गत संचार माध्यमों के लिए परिष्कृत तकनीकी प्रविधियों का इस्तेमाल किया जाता है। पाई द्वारा अभिव्यक्त आधुनिक संचार व्यवस्था के मुख्य लक्षणों को निम्नांकित बिन्दुओं के अन्तर्गत देखा जा सकता है :

(i) इस संचार व्यवस्था में सुव्यवस्थित एवं विशेषित जनसंपर्क के साधनों की मौजूदगी होती है।

(ii) इस प्रतिमान के अन्तर्गत जनसंचार के साधनों का स्वरूप उद्योगीकृत एवं व्यावसायिक होता है।

(iii) आधुनिक संचार व्यवस्था में परम्परागत व्यवस्था से विपरीत संचार प्रकियाओं का स्वरूप पृथक् एवं स्वतंत्र होता है।

(iv) परम्परागत संचार व्यवस्था से विपरीत जनमत नेता विशिष्ट सूचनाओं–संदेशों को जानने–समझने व उसका विश्लेषण करने में पूरी तरह सक्षम होते हैं तथा उन्हें इस कार्य का व्यावहारिक ज्ञान भी होता है।

(v) इस संचार व्यवस्था में जनमत नेताओं की भूमिका अति महत्त्वपूर्ण होती है।

(vi) आधुनिक संचार व्यवस्था में जनसंपर्क के साधनों की कार्य शैली इस दृष्टिकोण के आधार पर कार्य करती है ताकि राजनीतिक घटनाओं–समस्याओं का प्रस्तुतीकरण निष्पक्ष एवं वस्तुनिष्ठ रूप में किया जा सकता है और राजनीतिक प्रसंगों की व्याख्या निष्पक्ष रूप में गैर राजनीतिक व सामाजिक दृष्टिकोण के आधार पर भी की जा सकती है।

(vii) आधुनिक संचार व्यवस्था में विकसित एवं परिष्कृत संचार मशीनरी का प्रयोग किया जाता है जिसके सफल संचालन एवं रख रखाव के लिए तकनीकी विशेषज्ञों एवं योग्य व्यक्तियों की जरूरत होती है।

(viii) इस व्यवस्थान्तर्गत विशेषीकृत संचार साधनों के इस्तेमाल की वजह से संचार व्यवस्था काफी उन्नत स्थिति में होती है और संचार कार्य की गति भी काफी तेज होती है।

(ix) इस प्रतिमान के अन्तर्गत संचार व्यवस्था का दायरा काफी विस्तारित एवं व्यापक होता है, यही वजह है कि इन व्यवस्थाओं में दूरदराज के क्षेत्रों में भी सूचनाएं व संदेश जनता को प्रेषित किया जा सकता है।

(x) आधुनिक संचार व्यवस्था के अतिविशिष्ट, संगठित, उन्नत, पेचीदा, उद्योगीकृत एवं व्यावसायिक स्वरूप की वजह से जनसंपर्क के साधनों द्वारा प्रेषित सूचनाएं–संवादों का जननेताओं द्वारा आसानी से विश्लेषण किया जा सकता है। इस प्रसंग में लुसियन पाई का कहना है कि आधुनिक संचार व्यवस्था के अन्तर्गत भी प्रभावशाली व्यक्तियों द्वारा विशिष्ट भूमिकाओं का निर्वहन किया जाता है

तथा यही नेतागण अपने–अपने क्षेत्रों में आमजन को सूचना–प्रेषित करने में संचार माध्यम की भूमिका निभाते हैं।

(xi) इलिऊ काट्ज (Elihu Katz) तथा पॉल लेजर्सफिल्ड (Pall Lazarsfeld) के कथनानुसार, ''आधुनिक संचार व्यवस्था में यांत्रिक एवं विकसित संचार साधनों के प्रसार, यातायात के साधनों की सुविधा तथा प्रभावी सांगठनिक अस्तित्व की मौजूदगी के बावजूद सूचनाओं–संदेशों के प्रत्यक्ष प्रेषण की आवश्यकता में काफी उन्नति हुई है। काट्ज तथा लेजर्सफिल्ड द्वारा संचार की इस व्यवस्था को द्विसोपानीय प्रवाह (Two-step Flow) की संज्ञा दी गई है।''

(xii) आधुनिक संचार व्यवस्था में राजनीतिक संचार का आधारक सिर्फ जनसंपर्क का साधन नहीं होता है अपितु इसके अन्तर्गत व्यावसायिक संवाही तथा प्रत्यक्ष सूचनाएं संप्रेषित करने के क्षेत्र में महत्त्वपूर्ण स्थान रखने वाले लोगों के बीच अन्तःक्रियात्मक संबंध कायम रहता है। ये परस्पर अन्योयक्रियाएं ही पुनर्निवेशन प्रक्रिया के रूप में चिन्हित की जाती हैं।

(xiii) आधुनिक संचार व्यवस्था अति आधुनिक संगठित, परिष्कृत, तकनीकी राजनीतिक एवं व्यावसायिक औपचारिक संचार माध्यमों, प्रविधियों, संचार प्रक्रियाओं तथा अनौपचारिक, गैर राजनीतिक, सामाजिक एवं अव्यावसायिक प्रत्यक्ष संप्रेषण व्यवस्था व प्रक्रियाओं का संयोजित रूप प्रस्तुत करता है।

उपर्युक्त तीनों संचार प्रतिमानों के बीच अन्तर का स्पष्ट विश्लेषण करते हुए पाई ने कहा है कि तीनों के मध्य विद्यमान् अन्तर के कई बिन्दुओं के साथ–साथ तीनों प्रतिमानों के बीच सूचनाओं के परिमाण (Quantity), सुस्पष्टता (Precision), गति (Movement) आदि से संबंधित कुछ बुनियादी फर्क भी पाया जाता है। जहां परम्परागत संचार व्यवस्था का सामर्थ्य सीमित सूचनाओं व संदेशों के प्रेषण–प्रसारण तक मार्यादित (Limited) होता है तथा संक्रमणकालीन प्रतिमान के अन्तर्गत सूचनाओं की संख्या, गति एवं संयोजन (Connection) के बीच तालमेल बनाये रखने एवं नियंत्रित करने के लिए आवश्यक कार्यप्रणाली (System) का अभाव होता है वहीं आधुनिक संचार व्यवस्था का प्रतिमान विस्तृत एवं व्यापक स्वरूप का प्रतिनिधित्व करता है तथा संगठित, सुस्पष्ट एवं समुन्नत संचार तकनीकों की मौजूदगी की वजह से सूचनाओं–संदेशों–संवादों का व्यापक स्तर पर प्रेषण–प्रसारण की क्षमता से युक्त होता है।

राजनीतिक संचार संरचनाओं की प्रभावशालिता
(Effectiveness of Political Communication Structures)

राजनीतिक संचार संरचनाओं की प्रभावशालिता का नियमन (Regulate) करने में तीन प्रमुख कारकों की भूमिका अहम् होती है जिसे निम्नलिखित संदर्भों में रेखांकित किया गया है :

1. संचार संरचनाओं की प्रकृति (Nature of Political Communication Structures)
2. राजनीतिक संचार इकाइयों में आने–जाने वाली सूचनाओं की मात्रा (Quantity of Transitory Informations in Political Communication Units)
3. राजनीतिक संचार संरचनाओं पर नियंत्रण या अभाव की स्थिति (Situation of Control or Lack on Political Communication Structures)

किसी भी राजनीतिक व्यवस्था में सिर्फ संचार संरचनाओं की मौजूदगी ही उनकी भूमिका को रेखांकित करने का आधार नहीं हो सकता है। औपचारिक स्तर पर सभी व्यवस्थाओं में संचार संरचनाओं का अस्तित्व विधमान् होता है, लेकिन इस वजह से संरचनाएं राजनीतिक संचार के कार्यों का निष्पादन करें ये जरूरी नहीं है। राजनीतिक संचार द्वारा उन्नत कार्य–संपादन हेतु व्यवस्था में अनुकूल वातावरण का होना अति आवश्यक है। व्यवस्था का लोकतांत्रिक माहौल ही मूलतः राजनीतिक संचार संरचनाओं के कार्य विस्तार एवं सुनिश्चितता का

आधार माध्यम होता है। दृष्टान्तस्वरूप, सर्वसत्तावादी राज्यों (Totalitarian States) में जहां एक दलवादी सर्वसत्तात्मक सत्ता का अस्तित्व पाया जाता है, वहां अभिव्यक्ति की आजादी एवं न्यायपालिका की निष्पक्षता–स्वतंत्रता पर सरकार का नियंत्रण होने की वजह से राजनीतिक संचार संरचनाओं की उपस्थिति और उपलब्धता के बावजूद वे उन भूमिकाओं को निष्पादित नहीं कर पाती हैं जो उदारवादी व्यवस्थाओं में विद्यमान् राजनीतिक संचार संरचनाओं द्वारा निष्पादित किया जाता है। सर्वाधिकारवादी राज्यों में जनसंपर्क के साधनों पर सरकार का पूर्ण नियंत्रण होता है इसलिए वे भी सूचना–संदेश के प्रेषण में खुलकर ऐसी भूमिकाओं का निर्वहन नहीं कर पाते हैं जिनका प्रदर्शन एवं कार्यान्वयन उदारवादी व्यवस्था में जनसंपर्क के माध्यमों द्वारा किया जाता है।

राजनीतिक संचार इकाइयों में आने–जाने वाली सूचनाओं की मात्रा का भी संचार संरचनाओं की प्रभावकारिता में महत्त्वपूर्ण स्थान है। सूचनाओं के प्रवेश एवं प्रसारण की मात्रा यानी कि संख्या का उन्नत स्तर संचार संरचना की संवृद्धि (Growth) का द्योतक है, जबकि सूचनाओं–संदेशों की आवाजाही में कमी राजनीतिक संचार संरचनाओं की प्रभावकारिता में संकुचित दृष्टिकोण का परिचायक है।

राजनीतिक संचार संरचनाओं पर नियंत्रण की तकनीक और उसके अभाव की स्थिति भी संचार संरचनाओं की प्रभावकारिता को नियमित करता है। यदि संचार संरचनाओं की कार्यशैली पर यथोचित नियंत्रण व्यवस्था संरचनाओं की संवृद्धि एवं समुन्नति का आधारक बनता है, तो, वहीं संरचनाओं पर समीचीन नियंत्रण की कमी संरचनाओं की उन्नति में बाधक होता है, क्योंकि यह राजनीतिक संचाार व्यवस्था के असंगठित, अर्द्धविकसित स्वरूप का द्योतक है।

उपर्युक्त नियामक तत्त्वों के अतिरिक्त संचार संरचनाओं की प्रभावकारिता को व्यवस्थाबद्ध करने में अन्य कई कारकों एवं तत्त्वों की भूमिका भी काफी अहम् होती है।

राजनीतिक संचार : सूचनाओं का मापन एवं परिमाणन (Political Communication : Measurement and Quantification of Information)

राजनीतिक संचार संकल्पना सूचनाओं व संदेशों की आवाजाही लेन–देन के मापन एवं परिमाणन कार्य की सिफारिश करता है। इसके प्रतिपादकों एवं समर्थकों की दृष्टि में एक अनुसंधानकर्ता या विश्लेषणकर्ता के लिए सूचनाओं के संबंध में मापन–परिमाणन प्रक्रिया का प्रयोग करने से विभिन्न राजनीतिक व्यवस्थाओं की संचार मशीनरी के विस्तृत नेटवर्क में निर्णय लेने वाली यन्त्रावली (Machinery) की पहचान करना काफी सरल हो जायेगा तथा इस प्रक्रिया का प्रयोग करके सूचनाओं के सही इस्तेमाल का कार्य काफी आसान हो जायेगा। व्यवस्था–संचालन के परिप्रेक्ष्य में सूचनाओं का मापन–परिमाणन व्यवस्था के विकास एवं आधुनिकीकरण की समुन्नति की दृष्टि से भी काफी प्रासंगिक है। संचार सिद्धान्त यह संकेत करता है कि इस क्रिया द्वारा किसी राज्य या उसके अन्तर्गत विद्यमान समूहों का दूसरे राज्य या उसके समूहों के प्रति किये जाने वाले व्यवहारों का मापन परिमाणन किया जा सकता है। व्यवस्था में सूचना प्राप्ति के माध्यमों को व्यवस्थान्तर्गत चार स्थानों में से कहीं भी फिट करके सूचनाओं व संदेशों के उचित रूप में ग्रहण किया जा सकता है। ये हैं : **प्रथम**–निवेश द्वार (Input Door), जहां से व्यवस्था पर्यावरण द्वारा सूचनाएं ग्रहण करती है। **द्वितीय**–निर्णयकर्ता समूह द्वारा जहां अभिजनवर्ग के विचारों–प्रेरणाओं एवं उद्दीपकों (Stimulus) से संबंधित दृष्टिकोण का मापन किया जा सकता है। **तृतीय**–निर्णायक समूह के बीच, जहां अभिजनवर्ग के अन्दर अपनी राजनीतिक व्यवस्था के अतीत, वर्तमान एवं भविष्यतकालीन अभिवृत्तियों–अभिविन्यासों का मापन किया जा सकता है तथा बाहय तत्त्वों से उसकी तुलना की जा सकती है। **चतुर्थ**–निर्गत द्वार (Output Door) या निर्गम द्वार (Exit) के बाहरी (Outward) हिस्से में जहां से निर्णयकर्ताओं के व्यवहारों व दृष्टिकोणों का मापन किया जा सकता है।

व्यवस्था–संचालन के परिप्रेक्ष्य में निर्णयकर्ताओं द्वारा प्रदर्शित राजनीतिक व्यवहार एवं सूचनाओं–संदेशों के मापन–परिमाणन का आशय राजनीतिक व्यवस्था की गतिशीलता, परिवर्तनशीलता, संवृद्धि, समुन्नति का स्तर

आदि से प्रासंगिक है। इस संकल्पना का आधार व्यवस्था की परिवर्तनीय प्रकृति है। इसलिए इस आलोक में सूचनाओं एवं व्यवहारों में परिवर्तन आना लाजमी है। यह परिवर्तन पुनर्निवेश प्रक्रिया का आधार–आधेय है। अतः सूचनाओं एवं व्यवहारों में आये बदलाव के परिमाण (Quantity) का मापन अति आवश्यक है। सूचनाओं एवं व्यवहारों की परिवर्तित स्थिति का मापन ही व्यवस्था की संवृद्धि एवं समुन्नति की पहचान है और सूचनाओं का मापन–परिमाणन ही पुनर्निवेशन क्रिया को अर्थपूर्ण आयाम प्रदान करता है। यदि अनुसंधानकर्ता द्वारा व्यवस्था का विश्लेषण स्थायी प्रतिमान के रूप में किया जाता है तो इस मानसिकता के आलोक में ग्रहण की जाने वाली सूचनाएं व्यवस्था के विकास के लिए हानिकार भी साबित हो सकती हैं। इस परिप्रेक्ष्य का अभिप्राय यह है कि सूचनाएं एवं व्यवहार तथा व्यवस्था में मौजूद सूचनीय तत्त्व (Informable Element) संचार माध्यमों के स्थायित्वकारी एवं परिवर्तनकारी आयामों के परस्पर संबंधों का विश्लेषण करते हैं। प्रत्येक व्यवस्था में घटित होने वाली घटनाओं तथा व्यवहारों के प्रदर्शन और सूचनाओं के प्रेषण–प्रसारण, वितरण एवं सूचना–प्रेषक के बीच परस्पर घनिष्ठ संबंध होता है। राजनीतिक संचार प्रकिया के नेटवर्क विस्तार के संबंध में दो प्रसंग अति महत्त्वपूर्ण हैं; **प्रथम**–संचार संरचनाओं में सूचना ग्रहण करने वाली इकाइयों की संतुलित अवस्था में होने के साथ–साथ इनकी प्रकृति इतनी गतिशील–परिवर्तनशील प्रवृत्ति की होनी चाहिए कि संचारण (Movement) के संकेत मात्र से ही व्यापक परिर्वतन की प्रकिया आरंभ हो जाये। **द्वितीय**–सूचना ग्रहण करने वाली इकाइयां सूचनाओं के लिए एक प्रकार के मानक (Standard) का इस्तेमाल करती हों। मानकीकृत आधार पर चयन की गयी सूचनाओं तथा विभिन्न माध्यमों द्वारा मानक आधारित आगत सूचनाओं की श्रेष्ठता का मापन करके सूचनाओं को विभिन्न कोटियों में बाँटा जा सकता है। सूचना मापन के संबंध में कार्ल डायश की अभिव्यक्ति है कि "सूचनाएं मापी जा सकती है, इनकी गिनती की जा सकती है तथा सूचनाओं को सही या गलत रूप में प्रेषित करने वाली संचार संरचनाओं के कार्य निष्पादन का परिमाणन आधार पर मूल्यांकन किया जा सकता है।"

सूचना संचारण–प्रेषण में नकारात्मक तत्त्वों की मात्रा कम हो, विनाशकारी सूचनाओं के प्रवेश की संख्या कम से कम हो तो संचार व्यवस्था को कार्यकुशल और प्रभावी माना जाता है। प्रेषित सूचनाओं की गति और उनकी परिशुद्धता का मापन भी संभव है। यहां तक कि ग्रहण की जाने वाली सूचनाओं की गति और उनकी मात्रा का परिमाणन और मापन भी किया जा सकता है और चूँकि सूचनाएं मापी जा सकती हैं इसलिए परिणामों का मापन भी किया जा सकता है। राजनीतिक संचार संप्रत्यय के अन्तर्गत सूचनाओं के मापन–परिमाणन द्वारा राजनीतिक घटनाओं, समस्याओं, परिवर्तनों के विविध आयामों की गत्यात्मकता का अध्ययन–विश्लेषण करना काफी हद तक आसान हो गया है। सूचना मापन–प्रक्रिया की कार्यप्रणाली से परिणाम निकाले जा सकते हैं और ये समस्त प्रक्रियाएं पुनर्निवेश क्रिया के संचालन में आधारतत्त्व की भूमिका निभाती हैं।

राजनीतिक संचार अवधारणा का महत्त्व एवं उपयोगिता (Importance and Utility of Political Communication Concept)

राजनीतिक व्यवस्था एवं व्यवस्था में मौजूद राजनीति तथा राजनीति प्रकियाओं के विश्लेषण में राजनीतिक संचार संप्रत्यय की भूमिका अति महत्त्वपूर्ण है। कई विद्वज्जनों का यह मानना है कि राजनीतिक संचार संकल्पना के माध्यम से राजनीतिक व्यवस्था के समस्त आयामों का तत्त्वतः अध्ययन–विश्लेषण किया जा सकता है, क्योंकि दोनों के बीच अन्योन्याश्रयी संबंध है। इस संप्रत्यय द्वारा व्यवस्था की कार्यक्षमता, कार्यकौशल, निवेश–निर्गत प्रकिया, पुनर्निवेशन प्रक्रिया, अभिजनों की भूमिका, सरकार की कार्यशैली, व्यवस्था की संवृद्धि एवं आधुनिकीकरण के स्तर आदि का व्यावहारिक स्तर पर मापन–परिमाणन संभव हो गया है। यह संकल्पना सामाजिक–राजनीतिक व्यवस्था के बीच की अन्तःक्रियात्मकता, अन्योन्याश्रितता, परस्पर निर्भरता आदि के स्पष्टीकरण में उल्लेखनीय योगदान देता है। सामाजिक–राजनीतिक घटनाओं–समस्याओं के तात्त्विक अध्ययन की दृष्टि से यह संकल्पना काफी महत्त्वपूर्ण है। राजनीतिक व्यवस्था तथा उसकी उपव्यवस्थाओं, जनसमुदायों, समूहों, एवं आमजनों के बीच संपर्क–सामंजस्य कायम रखने में राजनीतिक संचार संप्रत्यय का योगदान उल्लेखनीय है।

राजनीतिक संचार सिद्धान्त का मुख्य उपकरण मानवीय संचार यानी कि विचारों की अभिव्यक्ति या संवादों का आदान–प्रदान है। इसके प्रतिपादकों की मान्यता है कि मनुष्य की राजनीतिक गतिविधियां ही राजनीतिक संप्रेषण का मौलिक माध्यम है। यह राजनीतिक भूमिकाओं के निर्धारण का नियामक है। इस दृष्टि से राजनीतिक संचार सिद्धान्त व्यवस्थागत राजनीतिक जीवन के समस्त आयामों का कोटिकरण, वर्णन, विश्लेषण करने में ख़ास भूमिकाएं निभाता है साथ ही राजनीतिक व्यवहार के निर्माण, नियमन, निरूपण में भी संचार व्यवस्था का योगदान अति महत्त्वपूर्ण है। राजनीतिक व्यवस्था एवं राजनीतिक प्रकियाओं के विश्लेषण में राजनीतिक संचार सिद्धान्त एक मशीनरी के रूप में कार्य करता है। यह राजनीतिक विश्लेषण को सुनिश्चितता, स्पष्टता, तात्विकता, व्यापकता, सूक्ष्मता जैसी विशेषताओं से नवाज़ता है, जिससे इस संप्रत्यय की प्रस्तुति एक प्रभावशाली उपकरण के रूप में होती है। राजनीतिक संचार सिद्धान्त के महत्त्व पर प्रकाश डालते हुए कार्ल डायश ने इसे राजनीतिक विश्लेषण के लिए अत्यन्त उपयोगी एवं प्रभावशाली सिद्धान्त कहा है जिसके द्वारा राजनीतिक व्यवस्था की सम्पूर्णता का समाकलित (Integrated) रूप में अध्ययन करके राजनीतिक विकास एवं आधुनिकीकरण के विभिन्न चरणों का तत्त्वतः अध्ययन किया जा सकता है। डायश की नजर में यह संकल्पना राजनीतिक व्यवस्था एवं राजनीतिक अभिजनों की कार्यक्षमता, कौशल एवं सामर्थ्य का मापन करके इनके चरणबद्ध अध्ययन–विश्लेषण की योग्यता रखता है।

राजनीतिक संचार संकल्पना के संबंध में सर्वाधिक एवं महत्त्वपूर्ण तथ्यों का वर्णन करते हुए सिद्धान्त के रूप में इस संकल्पना को व्यवस्था में परिर्वतन की स्थिति का द्योतक बताया है। डायश द्वारा प्रस्तुत संचार सिद्धान्त में भी साम्यावस्था (Equilibrium) की जगह परिर्वतन प्रकिया (Process of Variation) का समर्थन किया गया है जिसमें राजनीतिक स्थायित्व के पक्ष को महत्ता प्रदान की गयी है और स्थिरता को व्यवस्था की उन्नति एवं विकास का अवरोधक माना गया है। डायश द्वारा पुनर्निवेश प्रक्रिया में सकारात्मक की जगह नकारात्मक पुनःनिवेश को ज्यादा यथोचित माना गया है, जो उन प्रकियाओं की ओर निर्देश करता है जिसके माध्यम से लिये गये निर्णयों के परिणामों और कार्यों को व्यावहारिक रूप देने के लिए पुनः सूचनाओं को व्यवस्था में इस प्रकार प्रवेश कराया जाता है ताकि उसके व्यवहार को उन दिशाओं में परिवर्तित किया जा सके जिससे लक्ष्यों की प्राप्ति का मार्ग सरल हो जाये। डायश ने इस संकल्पना के महत्त्व को रेखांकित करते हुए यह स्पष्ट किया है कि कोई भी व्यवस्था अपने निर्धारित लक्ष्यों को पूरा करने की दिशा में तब तक सफल नहीं हो सकती है जब तक कि उसके पास अपने लक्ष्य प्राप्ति की दिशा में निष्पादित कार्यों के परिणामों तथा लक्ष्य–प्राप्ति हेतु किये गये कार्यों की गति, मात्रा आदि से संबंधित सूचनाओं की प्राप्ति का समीचीन साधन उपलब्ध न हो।

संकल्पनात्मक महत्त्व की दृष्टि से राजनीतिक संचार एक आधारगत ढांचा है जिसके माध्यम से शासनतंत्र की मशीनरी अर्थात् कार्यप्रणाली से निर्गत तत्त्वों के रूप में नीति–निर्णय समाज के सामने आती है। इस दृष्टि से संचार सिद्धान्त निर्णय–निर्माण प्रकिया को समाजोन्मुख स्वरूप प्रदान करने में महती भूमिका निभाता है। इस संकल्पना का लक्ष्यार्थ प्रशासन को समाज–सापेक्ष एवं विकासोन्मुख बनाना है।

राजनीतिक संचार संप्रत्यय विभिन्न राजनीतिक व्यवस्थाओं के तुलनात्मक विश्लेषण की दृष्टि से भी काफी उपयोगी हैं। दृष्टान्तस्वरूप उदारवादी लोकतांत्रिक व्यवस्थाओं में सूचनाएं खुले रूप में सभी माध्यमों से प्रवाहित होती रहती हैं तथा सभी स्तरों पर प्रेषित की जाती हैं जो व्यवस्था में खुली राजनीतिक संस्कृति के उद्‌भव एवं विकास के लिए आधारभूमि मुहैया कराता है। सर्वाधिकारवादी व्यवस्थाओं में संचार के समस्त साधनों पर एक दलीय राजनीतिक सत्ता का नियंत्रण होता है। इसलिए बन्द राजनीतिक संस्कृति का स्वरूप विकसित होता है। इन परिप्रेक्ष्यों में सभी व्यवस्थाओं का तत्त्वतः तुलनात्मक अध्ययन करने में इस संकल्पना की भूमिका अतिविशिष्ट है। सभी प्रकार की राजनीतिक व्यवस्थाओं के तुलनात्मक अध्ययन हेतु इस सिद्धान्त का काफी महत्त्व है।

उपर्युक्त तथ्यों के आधार पर मोटे तौर पर यह कहा जा सकता है कि राजनीतिक संचार संकल्पना सम्पूर्ण सामाजिक–राजनीतिक व्यवस्था का गहन अध्ययन–विश्लेषण व अनुसंधान करने की दृष्टि से काफी कारगर सिद्धान्त साबित हुआ है। जहां तक राजनीतिक समाजशास्त्र के अध्ययन में इसकी उपयोगिता एवं महत्त्व का

सवाल है तो इस प्रसंग में यह कहना अतिशयोक्ति नहीं होगी कि इसने राजनीतिक समाजशास्त्र के अध्ययन के दायरे में समावेशित समस्त प्रसंगों के तथ्यपरक एवं यथार्थपरक अध्ययन का मार्ग काफी हद तक आसान कर दिया है। यह संप्रत्यय राजनीतिक–सामाजिक व्यवस्था एवं उपव्यवस्थाओं के साथ इनकी सम्बद्धता का वास्तविक द्योतक है, इसीलिए यह राजनीतिक विश्लेषण के समस्त आयामों को जीवित बनाते हुए व्यक्तिहित एवं समाजहित में उनके अनुसंधान का मार्ग प्रशस्त करता है। पर्यावरण में उत्पन्न एवं मौजूद तनावों, द्वन्द्वों, विवादों, प्रतिस्पर्द्धाओं, राजनीतिक सौदेबाजी, मांग–समर्थन, नीति निर्धारण, निर्णय–निर्माण, नीतियों का मूल्यांकन, पुनर्निवेशन तथा सामाजिक–राजनीतिक व्यवस्था के बीच सवादों–सूचनाओं की आवाजाही, राजनीतिक–विकास, समाजीकरण, सहभागिता, परिवर्तन, आधुनिकीकरण आदि के तथ्यपरक–अनुभवपरक विश्लेषण के लिए यह सिद्धान्त काफी उपयोगी है।

सारांशतः, यह कहा जा सकता है कि आधुनिक राजनीतिक व्यवस्था की राजनीतिक भूमिकाओं के परिस्थितिजन्य एवं अनुभवजन्य विश्लेषण–अनुसंधान हेतु इस उपागम या सिद्धान्त की उपयोगिता एवं महत्त्व काफी प्रासंगिक है। किसी भी व्यवस्था में राजनीतिक संचार की अपर्याप्त मौजूदगी व्यवस्थागत राजनीतिक विकास की गति एवं मात्रा को सीधे रूप से प्रभावित करता है। राजनीतिक प्रकियाओं के समाज–सापेक्ष अध्ययन में इस सिद्धान्त का योगदान अतुलनीय है।

राजनीतिक व्यवस्था में सक्रिय विभिन्न राजनीतिक प्रक्रियाओं के परिप्रेक्ष्य में राजनीतिक संचार संप्रत्यय की उपयोगिता के विविध पक्षों को तत्त्वतः स्तर पर समझा जा सकता है जिसकी विवेचना निम्नांकित है:

1. **राजनीतिक संचार और राजनीतिक समाजीकरण (Political Communication and Political Socialisation)**–राजनीतिक संचार और राजनीतिक समाजीकरण दोनों अन्योन्याश्रित क्रियाएं हैं। वस्तुतः, सभी प्रकार की मानवीय अंतःक्रियाएं (Human Interactions) अपने आप में राजनीतिक संचार की क्रियाएं हैं। प्रत्येक समाज में राजनीतिक समाजीकरण के उन्नत स्तर की अनिवार्य शर्त राजनीतिक संचार व्यवस्था का उत्तम स्तर एवं जनसंपर्क के साधनों की बेहतर उपस्थिति है। राजनीतिक समाजीकरण का अभिप्राय सदस्यों को राजनीति में दीक्षित कराते हुए उनकी अभिवृत्ति में व्यवस्थागत राजनीति, राजनीतिक शख्सियतों, राजनीतिक समस्याओं–मुद्दों के प्रति ठोस विचारों का निर्माण करना है और इस कार्य को अंजाम देने में राजनीतिक सूचनाओं–संदेशों व संवादों की भूमिका अतिविशिष्ट है जिसके संचालन में आधार–आधेय की भूमिका का निर्वहन राजनीतिक संचार व्यवस्था एवं जनसंपर्क के साधनों द्वारा किया जाता है। राजनीतिक समाजीकरण प्रक्रिया द्वारा राजनीतिक मूल्यों, विश्वासों, भावनाओं व मनोवृत्तियों का निर्माण कराया जाता है और इस हेतु संवाद–प्रेषण, विचारों के आदान–प्रदान व सूचनाओं के आवाजाही की प्रक्रिया का आधारक एवं संचालक राजनीतिक संचार व्यवस्था होती है। राजनीतिक समाजीकरण के समस्त अभिकरण वस्तुतः संचार संरचनाओं के ही अभिकरण हैं। जनसंपर्क के साधनों के रूप में रेडियो, टेलीविजन, समाचारपत्र–पत्रिकाएं आदि राजनीतिक विचारों के निर्माण, जानकारी एवं अभिव्यक्ति के सर्वाधिक महत्त्वपूर्ण आधार हैं जो लोकतांत्रिक व्यवस्थाओं में जनमत–निर्माण की बुनियादी इकाई है। संचार मशीनरी के समस्त पक्ष व्यवस्था में उन्नत राजनीतिक समाजीकरण की स्थिति लाने में आधारतत्त्व एवं आधार–माध्यम का कार्य करते हैं। विशेष रूप से विकासशील व्यवस्थाओं में राजनीतिक संचार संरचना के कंधों पर व्यवस्था के चहुँदिस विकास एवं समुन्नति की विशेष जवाबदेही होती है। इन व्यवस्थाओं की राजनीतिक संस्कृति को विखंडित स्वरूप से उबारने तथा राजनीतिक अस्थिरता के दौर से मुक्त कराने में राजनीतिक समाजीकरण मौलिक आधारक की भूमिका निभाता है और राजनीतिक संचार बेहतर राजनीतिक समाजीकरण की स्थिति के निर्माण का बुनियादी आधारक है।

   सारांशतः, यह कहा जा सकता है कि किसी भी व्यवस्था में विद्यमान संचार व्यवस्था के विविध आयाम, संचार के विभिन्न माध्यम व्यक्ति, समुदाय एवं समाज के राजनीतिकरण में उल्लेखनीय योगदान देता है। राजनीतिक संचार व्यवस्था के अभाव में राजनीतिक समाजीकरण की बेहतर स्थिति की कल्पना निरर्थक है।

2. **राजनीतिक संचार और राजनीतिक विकास (Political Communication and Political Development)**–राजनीतिक समाजीकरण की भांति राजनीतिक विकास भी राजनीतिक संचार प्रक्रिया से अभिन्न रूप से संबंधित है। राजनीतिक विकास किसी भी व्यवस्था में जनसहभागिता एवं जनलामबन्दी की संवृद्धि का द्योतक है, जिसका आधार–संचालक राजनीतिक संचार व्यवस्था है। राजनीतिक विकास का संबंध व्यवस्था की कार्यक्षमता, योग्यता, सामर्थ्य, संरचनात्मक विभेदीकरण, भूमिका विभेदीकरण आदि से सम्बद्ध होता है जिसके निर्माण एवं प्रस्तुतीकरण में समस्त संचार व्यवस्था एवं जनसंपर्क के साधनों की भूमिका सर्वप्रमुख होती है। संचार माध्यमों की असंगठित या अर्द्धविकसित स्थिति तथा जनसंपर्क के साधनों की अपर्याप्तता व्यवस्था के विकास का मार्ग अवरुद्ध करता है। व्यक्तियों–समूहों, समुदायों की राजनीतिक गतिविधियों, भूमिकाओं, उत्तरदायित्वों को निर्माणात्मक (Constructive) दिशा में ले जाने तथा उनका नियमन करने का कार्य भी संचार माध्यमों द्वारा सम्पन्न किया जाता है। सभी राजनीतिक व्यवस्थाओं की क्षमताओं व योग्यताओं के ऐतिहासिक विकास में संचार साधनों की भूमिका सर्वाधिक प्रमुख है। राजनीतिक व्यवस्थाओं का स्वरूप चाहे लोकतंत्रात्मक हो या सर्वसत्तावादी व्यवस्था–विकास तथा जनजागरूकता के परिप्रेक्ष्य में संचार माध्यमों की भूमिका समान रूप से महत्त्वपूर्ण होती है। दोनों के बीच अन्तर सिर्फ इतना है कि लोकतंत्रीय व्यवस्था में विकास के मुद्दों पर अभिव्यक्ति की आजादी होती है लेकिन सर्वाधिकारवादी व्यवस्था में सरकारी विचारधारा के पोषण–प्रसारण में संचार माध्यमों की भूमिका अहम् होती है। विकासशील व्यवस्थाओं में राजनीतिक भूगिकाओं और राजनीतिक उत्तरदायित्व के निर्धारण–निरूपण एवं स्पष्टीकरण में समस्त संचार व्यवस्था की कार्य प्रणाली का योगदान सबसे अहम् होता है।

संक्षेप में, यह कहा जा सकता है कि सभी व्यवस्थाओं के बहुआयामी–बहुदिशायी विकास में राजनीतिक संचार व्यवस्था निर्माणी इकाई (Manufacturing Unit) तथा दिशाबोधक यंत्र की भूमिका अदा करता है।

3. **राजनीतिक संचार और राजनीतिक सहभागिता (Political Communication and Political Participation)**–राजनीतिक संचार और राजनीतिक सहभागिता के बीच परस्पर घनिष्ठ संबंध है। जिस प्रकार राजनीतिक समाजीकरण राजनीतिक सहभागिता का प्रेरक और नियामक है उसी प्रकार राजनीतिक संचार भी राजनीतिक सहभागिता के प्रेरक एवं नियामक की भूमिका निभाता है। राजनीतिक सहभागिता एक राजनीतिक क्रिया है जिसे परिणाम तक पहुंचाने में राजनीतिक संचार मूल आधारक व संवाहक की भूमिका अदा करता है। राजनीतिक सहभागिता, राजनीतिक भर्ती, राजनीतिक संस्कृति, राजनीतिक समाजीकरण, आदि प्रसंग राजनीतिक लामबन्दी की ठोस शक्ल की वजह से व्यवस्था में सकारात्मक रूप में अपनी उपस्थिति दर्ज कराते हैं। बिना राजनीतिक लामबन्दी के स्पष्ट जनादेश, एकीकृत राजनीतिक संस्कृति, सही राजनीतिक भर्ती, उच्चतर राजनीतिक सहभागिता की कल्पना बेमानी है और राजनीतिक लामबन्दी का मूल संचालक एवं संवाहक राजनीतिक संचार व्यवस्था ही होता है। राजनीतिक सहभगिता की प्रकृति, आयाम एवं शैलियों के निर्माण एवं निरूपण में राजनीतिक संचार की भूमिका प्रधान होती है। यहां तक कि राजनीतिक सहभागिता के परिवर्त्यों को स्पष्ट स्वरूप प्रदान करने में संचार के विविध आयाम उल्लेखनीय योगदान देते हैं। व्यवस्थान्तर्गत आयोजित राजनीतिक रैलियों, प्रदर्शनों धरना, हड़ताल, बन्द, आम सभाओं, भाषणों, विचार गोष्ठियों के माध्यम से राजनीतिक गतिविधियों तथा राजनीतिक सहभागिता को दिशाबोधक आयम प्रदान किया जाता है और इन समस्त कार्यों के संचालन में संचार अभिकरण प्रधानांग की भूमिका निभाते हैं।

4. **राजनीतिक संचार और राजनीतिक आधुनिकीकरण (Political Communication and Political Modernisation)**–राजनीतिक आधुनिकीकरण किसी भी व्यवस्था में निरन्तर चलने वाली पेचीदा प्रक्रिया है जिसके संचालन में राजनीतिक संचार का योगदान काफी प्रासंगिक है। राजनीतिक आधुनिकीकरण का अभिप्राय राज्य में केन्द्रीय स्तर पर शक्तियों के केन्द्रीकरण तथा सता के परम्परागत स्रोतों का

शक्तिहीन होना है। यह व्यवस्था में संरचनात्मक विभिन्नीकरण–विशेषीकरण, राजनीतिक भूमिकाओं का विशेषीकरण तथा समृद्ध सहभागिता का संकेतक है और राजनीतिक संचार इन राजनीतिक प्रक्रियाओं की उन्नति एवं विकास की आधारशिला है। राजनीतिक आधुनिकीकरण की दृष्टि से राजनीतिक संचार के प्रभाव को दो स्तरों से संबद्ध किया जा सकता है–व्यक्ति के स्तर पर और राजनीतिक–सामाजिक व्यवस्था के स्तर पर संस्था के रूप में। राजनीतिक आधुनिकीकरण के परिप्रेक्ष्य में राजनीतिक संचार व्यवस्था सिर्फ समाज के सदस्यों पर प्रभाव नहीं डालता है बल्कि एक क्रियाशील संस्था के रूप में राजनीतिक–सामाजिक व्यवस्था एवं समस्त उपव्यवस्थाओं को अपने प्रभाव में रखता है। किसी भी व्यवस्था का चहुँदिस विकास ही आधुनिकीकरण प्रक्रिया की समुन्नति का द्योतक है, जिसके संचालन एवं नियंत्रण में राजनीतिक संचार की समस्त संरचनाएं आधार–आधेय की भूमिका अदा करती हैं।

5. **राष्ट्र–निर्माण, राज्य–निर्माण और राजनीतिक संचार (Nation-Building–State Building and Political Communication)**–राष्ट्र–निर्माण और राज्य–निर्माण की अवधारणा राजनीतिक विकास तथा आधुनिकीकरण के साथ सम्बद्ध है। विकासशील देशों के लिए इन राजनीतिक प्रकियाओं का विशेष महत्त्व है। राष्ट्र–निर्माण का अभिप्राय है पूरे देश के लिए निष्ठा का एक केन्द्र विकसित करना और राज्य–निर्माण का आशय है व्यवस्था में शक्ति का एक ऐसा केन्द्र विकसित करना जो सम्पूर्ण राज्यवासियों को सुरक्षा प्रदान कर सके, निर्णयों तथा आदेशों को लागू करा सके तथा जनहित सेवाओं को राज्य के समस्त क्षेत्रों में पहुँचा सके। इन दोनों राजनीतिक प्रक्रियाओं के संचालन में राजनीतिक संचार नेटवर्क का योगदान अत्यधिक महत्त्वपूर्ण है। राष्ट्र–निर्माण एक बहुआयामी राजनीतिक प्रकिया है जो निरन्तर चलती रहती है। यह एक व्यापक प्रकिया है जिसमें संचार संरचनाएं प्रभावशाली भूमिकाओं का निष्पादन करती हैं। भारतीय विद्वान पी.सी. जोशी का कहना है कि "राष्ट्र–निर्माण हेतु व्यवस्था में एक संगठित एवं प्रभावशाली संचार व्यवस्था की बेहद जरूरत होती है।" समकालीन विश्व में न सिर्फ राष्ट्र–निर्माण या राज्य–निर्माण बल्कि अन्तर्राष्ट्रीय राजनीति के संचालन, नियमन, निरूपण तथा अन्तर्राष्ट्रीय संबंधों के निर्धारण एवं संचालन में भी राजनीतिक संचार की भूमिका उतनी ही अहम् होती है।

उपर्युक्त प्रसंगों के आलोक में यह कहा जा सकता है कि राजनीतिक व्यवस्था एवं राजनीतिक प्रकियाओं के सभी आयामों की गत्यात्मकता को उन्नत स्तर तक पहुँचाने में राजनीतिक संचार व्यवस्था की समस्त संरचनाएं प्रभावशाली भूमिकाओं का निष्पादन करती हैं। व्यवस्था का विकास, आधुनिकीकरण, सहभागिता में अभिवृद्धि तथा राजनीतिक संस्कृति को समाकलित रूप में प्रस्तुत करने का सारा दारोमदार राजनीतिक संचार व्यवस्था पर होता है। इसके संगठित स्वरूप के अभाव में राजनीतिक व्यवस्था की विकास गति बाधित हो जायेगी। राजनीतिक संचार राजनीतिक प्रकार्यों एवं गतिविधियों को किस हद तक प्रभावित करता है इसे राजनीतिक संस्कृति तथा राजनीतिक संरचनाओं में इसकी वजह से आने वाले परिवर्तनों के परिप्रेक्ष्य में देखा जा सकता है। आल्मंड के मतानुसार, "राजनीतिक संचार में होने वाला परिवर्तन राजनीतिक व्यवस्था में होने वाले सभी व्यापक परिवर्तनों का कारण एवं परिणाम है।" इस दृष्टि से राजनीतिक समाजीकरण की प्रकिया बुनियादी रूप से राजनीतिक संचार की ही प्रकिया है, इसलिए राजनीतिक संचार प्रकिया में होने वाला परिवर्तन राजनीतिक समाजीकरण प्रक्रिया में परिवर्तन लाता है। आधुनिक राजनीतिक व्यवस्थाओं विशेष रूप से विकासशील देशो में तीव्र गति से सामाजिक–राजनीतिक–आर्थिक विकास लाने के लिए तथा वहां के पर्यावरण को संतुलित बनाये रखने के लिए उन्नत राजनीतिक संचार व्यवस्था की मौजूदगी अति आवश्यक है। व्यवस्थागत लक्ष्यों की प्राप्ति में राजनीतिक संचार सक्रिय माध्यम की भूमिका निभाता है।

संक्षेप में, यह कहा जा सकता है कि किसी भी राजनीतिक व्यवस्था के बहुआयामी एवं बहुदिशायी समुन्नति तथा संवृद्धि हेतु उन्नत राजनीतिक संचार व्यवस्था की मौजूदगी अति आवश्यक है।

राजनीतिक संचार के अभिकरण (Agencies of Political Communication)

आल्मंड द्वारा राजनीतिक संचार के पाँच अभिकरणों की विवेचना की गयी है जो निम्नांकित हैं :

प्रथम–अनौपचारिक रूप से आमने–सामने का संपर्क (Informal Form Face to Face Contacts)–इसे प्राथमिक संचार स्रोत की संज्ञा दी जाती है, जिसकी प्राथमिक इकाई परिवार है। यद्यपि राजनीतिक संचार के संचालन में इस स्रोत की भूमिका को स्पष्ट रूप में रेखांकित नहीं किया जा सकता है, तथापि सदस्यों की राजनीतिक अभिवृत्ति, मनोदशा, विचार, दृष्टिकोण आदि के निर्माण–निरूपण तथा अभिविन्यास में इस स्तर का योगदान सर्वप्रमुख है। नागरिकों के राजनीतिक व्यक्तित्व के निर्माण तथा राजनीतिक पर्यावरण के निर्माण में इस स्रोत की भूमिका अहम् होती है। राजनीतिक संचार का यह अभिकरण राजनीतिक सहभागिता में अभिवृद्धि का प्रेरक आधार है। राजनीतिक संचार के इस बुनियादी अभिकरण का महत्त्व विकसित एवं विकासशील देशों में समान है। विकसित एवं विकासशील दोनों व्यवस्थाओं में जनसंपर्क के साधन व्यवस्था के अन्तर्गत राजनीतिक मतों के निर्माण में राजनीतिक घटनाओं की व्याख्या में एवं राजनीतिक अभिवृत्तियों–अभिविन्यासों के निर्माण में आधारक एवं संचालक की भूमिका निभाते हैं। जनसंचार के अभिकरणों की कार्यक्षमता तथा कार्यकुशलता की वजह से राजनीतिक सूचनाओं की बेहतर व्याख्या की जाती है और इस व्याख्या का संदर्भ आमने–सामने के संपर्क में संवाद–प्रेषण हेतु विषयतत्त्व मुहैया कराता है।

द्वितीय–गैर राजनीतिक–सामाजिक संरचनाएं (Non-Political Social Structure)–गैर राजनीतिक–सामाजिक संरचनाएं राजनीतिक संचार के अभिकरण के रूप में विशिष्ट भूमिकाओं का निष्पादन करती हैं। ये गैर राजनीतिक–सामाजिक संरचनाएं परम्परागत या आधुनिक दोनों हो सकती हैं। पारम्परिक गैर राजनीतिक सामाजिक संरचनाओं में कबीला समाज, कबीला का प्रधान, संयुक्त परिवार, धार्मिक प्रधान आदि को शामिल किया जाता है। पारम्परिक समाजों में राजनीतिक संचार के अभिकरण के रूप में ये स्रोत अहम् कर्तव्यों का निर्वहन करते हैं। विकासशील राजनीतिक समाजों में जातिगुरू, धर्मगुरू, क्षेत्रीयगुरू, भाषागुरू आदि संचार के मुख्य स्रोत होते हैं। मुस्लिम देशों में मौलवियों द्वारा यह कार्य बख़ूबी निभाया जाता है। बौद्ध धर्म को मानने वाले देशों में भी धर्मप्रधानों द्वारा इस कार्य को पूरा किया जाता है। आधुनिक विकसित समाजों के सदस्यों एवं राजनीतिक अभिजनों के व्यवहारों पर भी इन संरचनाओं द्वारा संपादित कार्यों का गहरा प्रभाव पड़ता है। ब्रिटेन, जर्मनी, फ्रांस, इटली, जापान आदि आर्थिक दृष्टि से सम्पन्न व्यवस्थाओं पर भी धार्मिक नेताओं के प्रभाव को स्पष्टतः देखा जा सकता है।

आधुनिक गैर राजनीतिक–सामजिक संरचनाएं भी राजनीतिक संचार के ख़ास अभिकरण की भूमिका निभाती हैं, इसमें दबाव समूह, हित समूह आदि का विशेष महत्त्व होता है। विभिन्न सामाजिक समूह राजनीतिक संचार का महत्त्वपूर्ण अभिकरण होता है।

तृतीय–निवेश प्रक्रिया से संबंधित राजनीतिक संरचनाएं (Political Structures Relating to Input Process)–राजनीतिक संचार अभिकरण के रूप में इस कोटि की संरचनाओं में राजनीतिक दल, दबाव समूह, हित समूह आदि को शामिल किया गया है। ये सभी संरचनाएं राजनीतिक प्रक्रियाओं के संचालन में प्रधानांग का कर्तव्य निभाती हैं। ये राजनीतिक प्रक्रियाओं का अभिन्न हिस्सा होती हैं। इनका सदस्य बनकर नागरिक इनके बैनर तले अपनी राजनीतिक मांगों को व्यापक समर्थन का आधार प्रदान करके शासक अभिजनों के समक्ष निर्णय निर्माण के लिए प्रस्तुत करता है ताकि रूपान्तरण प्रक्रिया द्वारा उन मांगों को नीतियों में परिर्वतित करके निर्गत तत्त्वों का स्वरूप प्रदान किया जा सके तथा जनहित एवं समाजहित की दृष्टि से यथोचित निर्णय लिया जा सके। राजनीतिक दल एवं विविध हित समूह जनसाधारण को राजनीतिक अभिजनों की गतिविधियों एवं व्यवहारों से अवगत कराते हैं तथा नागरिकों के अन्दर व्यवस्था में मौजूद राजनीति, राजनीतिक दल, राजनीतिक नेतृत्व के प्रति सकरात्मक अभिवृत्तियों का निर्माण कराते हैं एवं समीचीन दिशा में अभिविन्यास हेतु प्रेरित करते हैं। ये संरचनाएं वृहत् परिप्रेक्ष्य में राजनीति एवं समाज, नागरिकों एवं अधिकारियों तथा नागरिकों एवं राजनीतिक अभिजनों के बीच सेतु–निर्माण का कार्य करती हैं।

चतुर्थ–निर्गत प्रक्रिया से संबंधित राजनीतिक संरचनाएं (Political Structures Relating to Output Process)–निर्गत प्रक्रियाओं से संबंधित संरचनाओं का तात्पर्य यहां सरकार, सरकारी संरचनाएं तथा सरकारी मशीनरी से है जो जनसाधारण की मांगों की नीतियों–घोषणाओं–निर्णयों में रूपान्तरित करके निर्गत प्रक्रियाओं का निष्पादन करती हैं। इन संरचनाओं की कोटि में कार्यपालिका, विधायिका, न्यायपालिका, नौकरशाही आदि को रखा गया है। लेकिन, संचार अभिकरण के रूप में इस क्षेत्र में नौकरशाही की भूमिका अत्यधिक विशिष्ट है। नौकरशाही सरकार का वह माध्यम है जिसकी मदद से राजनीतिक कार्यपालिका–विधायिका द्वारा सरकार की समस्त राजनीतिक गतिविधियों का संचालन, नियमन एवं निरूपण किया जाता है। इसके सहयोग से राजनीतिक अभिजन वर्ग अपनी योजनाओं–कार्यक्रमों, आदेशों–निर्देशों को व्यवहार में जमीन पर उतारते हैं और व्यवस्थागत विकास प्रक्रिया को नई गति, नया आयाम प्रदान करते हैं। इनके द्वारा आधार–माध्यम की भूमिका निभाये जाने से सरकार की सभी संरचनाएं एक सूत्र में बांध कर लक्ष्य–प्राप्ति की दिशा में कार्यरत रहती हैं। जनसाधारण की मांगों व जरूरतों से सरकार को अवगत कराना, मांगों के आधार पर लिये गये निर्णयों को लागू कराना तथा निर्णय लागू होने के परिणामस्वरूप उत्पन्न प्रतिक्रियाओं को पुनः सरकार तक पहुँचाना इनकी विशेष जवाबदेही है। पुनर्निवेशन प्रक्रिया के संचालन का दारोमदार नौकरशाही के कधों पर होता है और राजनीतिक–सामाजिक पर्यावरण को संतुलित बनाये रखने में इनकी भूमिका काफी प्रासंगिक होती है। इस प्रकार, सरकारी इकाइयों का राजनीतिक सूचनाओं–संवादो के प्रेषण–प्रसारण में उल्लेखनीय योगदान होता है, तभी तो ये राजनीतिक संचार के विशिष्ट अभिकरण के रूप में सूचना–प्रेषण का कार्य संपन्न करती हैं।

पंचम–जनसंपर्क के साधन (Media of Mass Communication)–जनसंपर्क के साधनों के रूप में रेडियो, टेलिविजन, समाचार पत्र–पत्रिकाएं राजनीतिक साहित्य आदि संचार व्यवस्था के मुख्य अभिकरण हैं। इनकी प्रभावशाली कार्यशैली पर ही व्यवस्था में विवेकसंगत सत्ता, तर्कसंगत नौकरशाही, जागरूक मतदाता और राजनीति के प्रति सर्जनात्मक दृष्टिकोण का निर्माण संभव हो पाता है। इसकी वजह से विवेकसंगत सत्ता समाज के उत्थान की दिशा में मजबूत कदम बढ़ाती है राजनीतिक नेतृत्व अपने अन्दर समाज के प्रति जवाबदेही की मानसिकता विकसित कर पाता है आैर नेतृत्व के प्रति मतदाताओं की आस्था, निष्ठा, विश्वास में वृद्धि होती है साथ ही मतदाता अपने आप को राजनीतिक व्यवस्था का अभिन्न अंग मानने लगता है। जनसंपर्क के साधनों का मुख्य लक्ष्य व्यवस्था में सूचनाओं का प्रेषण एवं प्रसारण है जिससे राजनीति के पक्ष या विरोध में वातावरण तैयार होता है। जहां सत्ता के पक्ष में उत्पन्न राजनीतिक वातावरण शासक अभिजन के निर्णयों पर सहमति व्यक्त करके उनके राजनीतिक इरादों को मजबूती देता है वहीं सत्ता की नीतियों–निर्णयों के प्रति जनविरोध की परिस्थितियां सत्ता के परिसंचरण (Circulation) की परिस्थितियां बनाती हैं और यदि विरोध की संस्कृति अति तीव्र रूप धारण कर ले तो व्यवस्था के कायान्तरण (Transformation) की परिस्थितियां भी प्रबल मांग के रूप में सामने आती है। जनसंपर्क के साधनों की प्रभावशालिता विकसित एवं विकासशील दोनों व्यवस्थाओं में समान रूप से देखी जा सकती है, लेकिन विकासशील देशों के चहुँ ओर विकास व समुन्नति की दृष्टि से इनका प्रभाव एंव महत्व और भी बढ़ जाता है। जनसाधारण में सूचनाओं की ग्रहणशीलता (Susceptibility) का स्तर बढ़ाने में जनसंपर्क के समस्त माध्यमों की भूमिका उल्लेखनीय होती है।

स्वायत्त एवं आरोपित संचार (Autonomous and Ascribed Communication)

आल्मंड का यह मानना है कि संचार प्रक्रिया स्वाभाविक या स्वायत्त (Autonomous) एवं आरोपित (Ascribed) दोनों हो सकती है। इनके मतानुसार, ''स्वाभाविक या स्वायत्त संचार संरचना वह है जो राजनीतिक नेताओं तथा समाज में विद्यमान् विशेष हित समूहों के आधिपत्य से स्वतंत्र होती है। इससे पृथक जब सरकार या सामाजिक समूहों के नेतागण जनसाधारण को अपने लक्ष्य–प्राप्ति के प्रति प्रतिबद्ध बनाने के उद्देश्य से संचार प्रकिया का संचालन एवं नियंत्रण करते हैं तो यह संचार का आरोपित (Ascribed) रूप कहलाता है जो राजनीतिक लामबन्दी

(Mobilisation) के रूप मे सामने आता है। स्वायत्त संचार प्रकिया को खुली संचार व्यवस्था की संज्ञा भी दी जाती है। आरोपित संचार का आरोपण सामान्यतः सरकार के माध्यम से किया जाता है। वैसे इस प्रसंग में विभिन्न वर्गों, समूहों, दलों की भूमिका भी अति महत्त्वपूर्ण होती है। आरोपित संचार के दो स्वरूपों की रेखांकित किया गया है: (1) विकृत संचार (Distorted Communication), (2) निर्देशित संचार (Directed Communication)। विकृत संचार में छलयोजना (Manipulation) का प्रयोग अप्रत्यक्ष रूप से किया जाता है। इस संचार व्यवस्था के अन्तर्गत राजनीतिक अभिजनों तथा नौकरशाहों द्वारा लक्ष्य–पूर्ति हेतु संचार की भाषा परिवर्तित कर दी जाती है। इसके तहत निर्णय–निर्माता निर्धारित लक्ष्यों को पूरा करने के लिए कभी–कभी प्रचार (Propaganda) तथा छलकपट का भी सहारा लेते हैं। इसके अन्तर्गत लोगों के दृष्टिकोण एवं व्यवहार को नियंत्रित करने के लिए सरकारी नीतियों, कार्यक्रमों घोषणाओं का प्रकटीकरण (Manifestation) सत्ताहित में किया जाता है।

निर्देशित संचार के संबंध में क्लाउस मुएलर (Claus Mueller) ने 'The Politics of Communication, 1973' में कहा है कि "निर्देशित संचार द्वारा सरकार की भाषा को विशेष रूप प्रदान करने का कार्य सरकारी नीतियों व निर्णयों के माध्यमों से किया जाता है। इसका संबंध राजनीतिक भाषा को छलयोजित करने संबंधी सरकार की सचेतन नीतियों से है। जैसा कि फासिस्ट जर्मनी, सोवियत रूस तथा अमेरिकी प्रशासन द्वारा किया जाता रहा है।" विकृत संचार व्यवस्था के संबंध में क्लाउस मुएलर का कहना है कि "विकृत संचार से उन सभी नियंत्रित तथा पूर्वाग्रहगस्त संचार प्रक्रियाओं का बोध होता है जो प्रकृतितः सार्वजनिक हित संबंधी समस्याओं, मुद्दों तथा विचारों पर होने वाले विस्तृत वाद–विवादों को वांछित मानता है। जैसे कि, यदि संचार माध्यमों द्वारा भाषण को छलयोजित कर दिया जाता है तो राजनीति के प्रति लोगों के विश्वासों–आस्थाओं को राजनीतिक अभिजनों या निर्णय कर्ताओं की इच्छानुरूप परिवर्तित किया जा सकता है।"

संचार अभिकरणों से संबंधित उपर्युक्त प्रसंगों के आधार पर यह स्पष्ट होता है कि राजनीतिक संचार व्यवस्था सरकारी नीतियों के प्रकटीकरण, प्रेषण व प्रसारण के साथ–साथ जनसाधारण के राजनीतिक विचारों, मतों एवं व्यवहारों के निर्माण, निर्देशन, निरूपण में प्रधानांग की भूमिका निभाता है। राजनीतिक व्यवस्था के स्वरूप, प्रकृति एवं स्थिति के अनुरूप संचार माध्यमों पर सरकार के नियंत्रण की मात्रा घटती–बढ़ती रहती है। भारत में संचार के साधन सरकारी नियंत्रण से लगभग स्वतंत्र हैं। साम्यवादी व्यवस्थाओं में जनसंपर्क के माध्यमों पर साम्यवादी दल का प्रभुत्व होता है और इनका मुख्य लक्ष्य जनता के समक्ष शासन की सफलता एवं कार्यकुशलता को बढ़ा–चढ़ाकर प्रस्तुत करना है। यहां जनसंचार के अभिकरणों को सरकारी स्तर पर राजनीतिक लामबन्दी के मुख्य माध्यम के रूप में स्वीकार किया गया है। उदारवादी व्यवस्थाओं में संचार व्यवस्था बहुत हद तक सरकारी नियंत्रण से मुक्त होती है।

आलोचनात्मक मूल्यांकन (Critical Evaluation)

आधुनिक राजनीति विज्ञान की अन्य सभी अवधारणाओं की भांति राजनीतिक संचार संप्रत्यय को भी गंभीर समालोचनाओं के दौर से गुजरना पड़ा है। उपरोक्त विषय प्रासंगिक तथ्यों के आधार पर राजनीतिक संचार उपागम की आलोचना जिन आधारों पर की जाती है, वे निम्नांकित है :

1. विद्वज्जनों की दृष्टि में प्रतिपादकों द्वारा संचार संकल्पना की प्रस्तुति मशीनी रूप में की गयी है जो मानव व्यवहारों के अध्ययन के लिए आवश्यक रूप से इंजीनियरी अभिविन्यास की व्याख्या प्रस्तुत करता है। इनकी अभिव्यक्ति के अनुसार प्राकृतिक विज्ञान के निश्चित नियमों का इस्तेमाल मानव व्यवहार जैसे अनिश्चित विषय के अध्ययन के लिए नहीं किया जा सकता है। चूँकि आदमी मशीन नहीं है, इसलिए समाज को मशीनी व्यवस्था मानकर समाज का आनुभविक अध्ययन करना न्यायसंगत नहीं है।
2. यह संकल्पना विशेष रूप से एक यांत्रिक सिद्धान्त प्रतीत होता है क्योंकि इसके अन्तर्गत मानव व्यवहार को अभियांत्रिकी (Engineering) का रूप प्रदान किया गया है। आलोचकों की दृष्टि में कार्ल डायश ने अपने संचार प्रतिमान को इतना अधिक जटिल बना दिया है कि वह कार्यकारी प्रतिमान से ज्यादा

काल्पनिक विषय प्रतीत होता है। हालांकि प्रतिमान का भीतरी तत्त्व उतना पेचीदा नहीं है फिर भी डायश द्वारा राजनीतिक वास्तविकताओं की अर्थपूर्ण व्याख्या का निरूपण करने के परिप्रेक्ष्य में संरचनाओं के विस्तार को व्यापक आयाम प्रदान करने की कोशिश की गयी है जिसके परिणामस्वरूप इसके अध्ययन में कई समस्याएं खड़ी हो सकती हैं।

3. आलोचकों का कहना है कि प्राकृतिक विज्ञानों के प्रतिमानों को सामाजिक विज्ञान पर लागू करने से उन्हें सामाजिक विज्ञान के लिए भी उपजाऊ (Productive) व लाभदायक बना लेना सरल नहीं अपितु अत्यंत कठिन कार्य है। बुनियादी स्तर पर इस संकल्पना में अनेक कठिनाइयों का दर्शन होता है। इस सिद्धान्त के प्रतिपादकों द्वारा औपचारिकता और तर्कवाद की विशेषताओं पर ज्यादा जोर दिया गया है जबकि वास्तविक स्तर पर राजनीतिक जीवन से प्रासंगिक निर्णय–निर्माण प्रक्रियाएं अधिकांशतर अनुवर्ती होती हैं न कि विवेकसंगतता के तत्त्वों को विशेष रूप से अभिव्यक्त करने वाली होती है जैसा कि डायश द्वारा निर्णय–निर्माण प्रक्रिया के संबंध में अपेक्षा की गयी है।

4. इस सिद्धान्त का मुख्य आग्रह निर्णय–निर्माण प्रकिया पर बल देना है लेकिन, इस प्रतिमान में निर्णयों के परिणामों पर बहुत कम ध्यान दिया गया है। यहां ध्यान देने योग्य तथ्य यह है कि 'साइबरनेटिस्क मॉडल' एक सामान्य और अमूर्त मॉडल है जिसकी मुख्य संकल्पना को उन व्यवस्थाओं के अनुरूप अलग–अलग अर्थ दिया जा सकता है जहां इनका अनुप्रयोग किया जाता है चाहे वह कम्प्यूटर हो या मानव मस्तिष्क हो या समाज हो। वस्तुतः, साइबरनेटिक्स व्यवस्था को राजनीतिक व्यवस्था में निर्धारित किसी भी लक्ष्य की ओर संचालित किया जा सकता है क्योंकि सभी व्यवस्थाएं एक गतिशील–परिवर्तनशील पर्यावरण में अवस्थित होती हैं जिसके कुशल संचालन हेतु संचार संरचनाओं की बेहद जरूरत होती है। कार्ल डायश द्वारा इसे निर्णय क्षेत्र की संज्ञा दी गयी है। आलोचकों की अभिव्यक्ति के अनुसार व्यावहारिक स्तर पर इसमें दिक्कत तब आती है जब बुनियादी पारिभाषिक शब्द यथा–सूत्र, भार, भारक्षमता, लाभ, अग्रता, स्वयत्तता, बोध आदि को प्रत्येक परिस्थिति में कारणात्मक रूप में परिवर्तित करना संभव नहीं हो पाता है। यही स्थिति इस अवधारणा को अपर्याप्त स्वरूप प्रदान करता है। इन्हीं कठिन प्रसंगों पर गंभीर दृष्टि डालते हुए मीहान जैसे आलोचक की अभिव्यक्ति है कि "यह तथ्यबोध काफी प्रासंगिक है कि डायश द्वारा साइबरनेटिक्स एवं सूचना सिद्धान्त में सम्मिलित की गयी औपचारिक संरचना प्रभावी रूप में उपयोग की दृष्टि से कोसों दूर है।"

5. राजनीतिक संचार सिद्धान्त भी अन्य व्यवहारपरक सिद्धान्तों की भांति व्यवस्था में मौजूद स्थिति के अनुरक्षण पर विशेष बल देता है। हालांकि यह तथ्य है कि कार्ल डायश द्वारा राजनीतिक व्यवस्थाओं की स्थिरता–अस्थिरता का विश्लेषण करने के लिए नोबर्ट वीनर द्वारा प्रतिपादित जिस साइबरनेटिक्स प्रतिमान को आधार बनाकर राजनीतिक साइबरनेटिक्स संकल्पना का प्रस्तुतीकरण किया गया है और व्यवस्था की गतिशीलता के विश्लेषण के लिए राजनीतिक संचार व्यवस्था को जिस रूप से पेश किया गया है, दरअसल वह इतना उन्नत और समृद्ध है नहीं और न ही उसमें इतनी क्षमता है कि वह व्यवस्था की परिवर्तनीयता का आनुभविक विश्लेषण कर सके। यही मूल वजह है कि इस सिद्धान्त को गंभीर आलोचनाओं के दौर से गुजरना पड़ा।

उपरोक्त संकल्पनागत तमाम कमजोरियों के बावजूद इस संकल्पना का भविष्य काफी विकासोन्मुख, प्रभावशाली एवं ओजस्वी है। ऑरेन यंग का कहना है कि "यह संकल्पना परिकल्पनाओं (Hypothesis) को मूर्त रूप देने और परिमाणवाचक विश्लेषण प्रस्तुत करने की दिशा में अत्यन्त समर्थवान् है।" इसकी उपयोगिता पर प्रकाश डालते हुए नोबर्ट वीनर ने कहा है कि इस संप्रत्यय द्वारा समाज को केवल उसके संदेशों और संचार सुविधाओं के अध्ययन के माध्यम से ही समझा जा सकता है।" कार्ल डायश, रॉस एशवी एवं वीनर द्वारा प्रतिपादित संचार सिद्धान्त राजनीतिक घटनाओं व समस्याओं के अनुभवजन्य अध्ययन में काफी हद तक कारगर साबित हुआ है। इनके द्वारा राजनीतिक व्यवस्था की तुलना मशीन से करके व्यवस्था की कार्यप्रणाली को काफी हद तक स्पष्ट करने का प्रयास किया गया है।

संक्षेप में, यह कहा जा सकता है कि यह संकल्पना राजनीतिक विश्लेषण का ऐसा व्यहारपरक प्रतिमान प्रस्तुत करता है जिसमें व्यवस्था के अन्तर्गत सभी मार्गों से प्रवेश करने वाली सूचनाओं की पहचान की जा सकती है उसका मापन–परिमापन किया जा सकता है और संभावित परिणामों का स्पष्ट संकेत दिया जा सकता है। कुल मिला कर इस संकल्पना की उपयोगिता के संबंध में यह कहा जा सकता है कि यह सिद्धान्त राजनीतिक व्यवस्था के समस्त आयामों, संरचनात्मक कार्यकुशलता, निर्णय निर्माताओं की योग्यता, कार्यक्षमता तथा जनअभिवृत्तियों से जुड़े सम्पूर्ण प्रसंगों का परिस्थितिजन्य तथा अनुभवजन्य विश्लेषण करने में तथा जनसाधारण के व्यवहार में होने वाले अभिविन्यासों का तत्त्वतः अध्ययन करने में काफी हद तक कारगर साबित हुआ है।

स्मरणीय संकेत (Points to Remember)

- आधुनिक राजनीति विज्ञान के क्षेत्र में राजनीतिक संचार सिद्धान्त नवीनतम एवं गतिशील विचारों का प्रतिनिधित्व करने वाली संकल्पना है।
- राजनीतिक संचार को एक संप्रत्यय का रूप प्रदान करके राजनीतिक प्रक्रियाओं के अध्ययन हेतु इसके महत्त्व को प्रतिष्ठापित करने में राजनीति वैज्ञानिकों का योगदान उल्लेखनीय है।
- साइबरनेटिक्स सिद्धान्त के प्रतिपादन का श्रेय गणितज्ञ नोबर्ट वीनर को है जिसे बाद में रॉस एशवी ने विस्तारित किया है।
- राजनीतिक संचार सिद्धान्त को 'राजनीतिक साइबरनेटिक्स' की संज्ञा दी गयी है।
- ऑरेन यंग का मानना है कि राजनीतिक संचार संप्रत्यय राजनीतिक निर्णयों के परिणामों की अपेक्षा निर्णय निर्माण–प्रक्रिया के अध्ययन पर विशेष बल देता है।
- कार्ल डायश द्वारा राजनीतिक संचार संकल्पना की व्याख्या निर्णय–निर्माण एवं पुनर्निवेशन प्रक्रिया के आधार पर की गयी है।
- राजनीतिक संचार संकल्पना की प्रकृति इस तथ्य पर विशेष रूप से जोर देती है कि संचार ही व्यवस्था के जीवन और पोषण का माध्यम है।
- संचार सिद्धान्त के मुख्य प्रतिपादकों में कार्ल डायश के अतिरिक्त ऑरेन यंग, लुसियन पाई, रॉस एशवी, जीन ब्लोण्डेल, स्नाइडर आल्मंड बर्टन, नार्थ, वीवर आदि के नाम शामिल हैं।
- डायश द्वारा सिद्धान्त–निर्माण के समय संचार से संबद्ध जिन दो संकल्पनाओं को आधार के रूप में प्रयोग किया गया है, वे हैं : सूचना संकल्पना और पुनर्निवेशन संकल्पना।
- डायश की सूचना संकल्पना में दो तत्त्वों का समावेश है–सूचना के प्रवेश का स्तर और सूचना प्रवाह का स्तर।
- डायश द्वारा राजनीतिक साइबरनेटिक्स संकल्पना को व्यवस्था की नियंत्रण प्रणाली से संबद्ध करके उसे व्यापक परिप्रेक्ष्य प्रदान किया गया है।
- डायश द्वारा प्रस्तुत संचार प्रतिमान की विशेषताओं में राजनीति की नयी परिभाषा राज्य एवं सरकार की नयी आवधारणा, एक मशीन के रूप में समाज का अध्ययन, लघु संचार पद्धति, संतुलन के बजाय समस्थिति तथा पुनर्निवेशन की संकल्पना शामिल है।
- राजनीतिक संचार संप्रत्यय से संबंधित अन्य अवधारणाओं में परिचालनात्मक संरचनाओं से संबंधित अवधारणाओं, प्रवाहों तथा संक्रियाओं से संबद्ध संकल्पनाएं, परिणामों से संबद्ध संकल्पनाएं मुख्य हैं।
- संचार व्यवस्थाओं के प्रतिमान–परम्परागत संचार व्यवस्था, संक्रमणकालीन संचार व्यवस्था तथा आधुनिक संचार व्यवस्था।

- संचार इकाइयों में प्रवेश करने वाली सूचनाओं की मात्रा का संचार संरचनाओं की प्रभावकारिता में महत्त्वपूर्ण स्थान है।
- राजनीतिक संचार संकल्पना सूचनाओं एवं संदेशों की आवाजाही और लेन–देन के मापन एवं परिमाणन का समर्थक है।
- संचार संकल्पना के महत्त्व एवं उपयोगिता का सबसे प्रमुख आयाम यह है कि यह व्यवस्था में परिवर्तन की स्थिति का द्योतक है।
- विभिन्न व्यवस्थाओं के तुलनात्मक विश्लेषण की दृष्टि से यह संप्रत्यय बहुत उपयोगी है।
- राजनीतिक संचार संप्रत्यय की उपयोगिता एवं महत्त्व को राजनीतिकरण, समाजीकरण, राजनीतिक विकास, राजनीतिक सहभागिता, राजनीतिक आधुनिकीकरण तथा राष्ट्र–निर्माण एवं राज्य–निर्माण के अध्ययन के परिप्रेक्ष्य में आंका जा सकता है।
- राजनीतिक संचार के अभिकरणों में अनौपचारिक रूप से आमने–सामने का संपर्क, गैर राजनीतिक–सामाजिक संरचनाएं, निवेश प्रक्रिया से संबंधित राजनीतिक संरचनाएं, जनसंपर्क के साधन, स्वायत्त एवं आरोपित संचार शामिल है।
- समाज का अध्ययन मशीन के रूप में करने की वजह से इस संप्रत्यय को गंभीर आलोचनाओं के दौर से गुजारना पड़ा।
- संकल्पना के संबंध में कई प्रकार की आलोचना–समालोचना के बावजूद कुछ विद्वज्जनों का मानना है कि इस सिद्धान्त का भविष्य काफी उज्ज्वल है।
- विभिन्न व्यवस्थाओं में कई प्रकार की आलोचना–समालोचना के बावजूद कुछ विद्वज्जनों का मानना है कि इस सिद्धान्त का भविष्य काफी उज्ज्वल है।
- विभिन्न व्यवस्थाओं का तुलनात्मक विश्लेषण करने की दृष्टि से यह संप्रत्यय बहुत उपयोगी है।

प्रश्न (Questions)

1. राजनीतिक संचार से आप समझते हैं ? क्या यह राजनीति विज्ञान के अध्ययन का नया सिद्धान्त है ?
   What is political communication theory ? Is it a new concept to the study of political science?
2. राजनीतिक संचार की परिभाषा दीजिए तथा लोकतंत्रीय व्यवस्था की राजनीतिक प्रक्रिया के अध्ययन में इसके महत्त्व की विवेचना कीजिए।
   Define political communication and discuss its importance in the study of political process of a democratic system.
3. राजनीतिक संचार सिद्धान्त की आलोचनात्मक व्याख्या कीजिए।
   Examine critically political communication theory.
4. संचार सिद्धान्त के उद्देश्यों, लक्ष्यों तथा अन्तर्विरोधों की विवेचना कीजिए।
   Explain purposes, objects and paradoxes of communication theory.
5. कार्ल डायश के संचार सिद्धान्त की अलोचनात्मक समीक्षा कीजिए।
   Critically examine the communication theory of Karl Deutsch.

अध्याय

19

भारत में चुनावी राजनीति के बदलते आयाम और मतदान व्यवहार (Changing Dimensions of Electoral Politics in India and Voting Behaviour)

परिचय (Introduction)

मैकेंजी के शब्दों में ''चुनाव किसी संगठन के नियमों द्वारा स्वीकृत कार्यविधि का वह स्वरूप या प्रकार है जिसके माध्यम से सभी या कुछ सदस्य मिलकर संगठन में व्यक्ति या व्यक्तियों को सत्ता के पदधारण हेतु चयन करते हैं।'' इस दृष्टि से किसी भी राजनीतिक व्यवस्था में चुनाव सत्ता के निर्धारित पदों को प्राप्त करने की खुली या बन्द प्रतियोगिता है और जिस विधि से जनसाधारण अपने प्रतिनिधियों को चुनने के लिए अपनी सार्वभौम शक्ति का प्रयोग–प्रदर्शन करता है उस माध्यम को मतदान व्यवहार की संज्ञा दी जाती है। चुनावी राजनीति और मतदान प्रक्रिया दोनों अन्योन्याश्रयी राजनीतिक प्रक्रिया है जो लोकतंत्र में राजनीतिक सत्ता के औचित्यपूर्ण स्वरूप का निर्माण करती है और सत्तारूढ़ राजनीतिक अभिजन को औचित्यपूर्ण शक्ति के प्रयोग का अधिकारी बनाती है।

चुनाव : अर्थ, उद्देश्य एवं महत्त्व (Election : Meaning, Objective and Importance)

किसी भी लोकतांत्रिक एवं आधुनिक सर्वाधिकारवादी व्यवस्था में आम चुनाव (General Election) वहां के नागरिकों की राजनीतिक प्रक्रिया में सक्रिय सहभागिता का द्योतक है। चुनावी प्रक्रिया को लोकतांत्रिक व्यवस्था के अस्तित्व–निर्माण एवं शासन–संचालन की आधारशिला कहा जाता है। जनतांत्रिक व्यवस्थाओं में चुनाव एक ऐसी सशक्त प्रक्रिया एवं साधन है जिसमें भागीदारी करके जनसाधारण अपनी इच्छानुरूप पसंदीदा प्रतिनिधियों का चयन करते हैं और राजनीतिक सत्ता की जनउत्तरदायी प्रकृति–प्रवृत्ति तथा जनसंप्रभुता की अवधारणा की वजह से एक सीमा तक अपने प्रतिनिधियों पर नियंत्रण भी रखते हैं। सभी जनतांत्रिक उदारवादी व्यवस्थाओं एवं साम्यवादी व्यवस्थाओं में राजनीतिक सत्ता से संबद्ध किसी भी वैधानिक पद को प्राप्त करने का माध्यम चुनाव ही

है। राजनीतिक व्यवस्थाओं की प्रकृति के अनुरूप चुनाव प्रक्रिया की तथ्यगत वास्तविकताओं में अन्तर आ जाता है। मसलन–उदारवादी व्यवस्थाओं में द्विदलीय या बहुदलीय पद्धति मौजूद होने की वजह से मतदाताओं के सामने राजनीतिक दल के उम्मीदवारों के रूप में विकल्प सामने होता है और वे दो या दो से अधिक प्रत्याशियों के बीच से अपनी पसंद का प्रतिनिधि चुन सकते हैं, जबकि साम्यवादी व्यवस्थाएं एकदलीय पद्धति का प्रतिनिधित्व करती हैं, इसलिए वहां चुनाव में जनता के सामने दलीय प्रत्याशी के रूप में कोई विकल्प मौजूद नहीं होता है। इस वजह से जनता दलीय वैचारिकी आधारित भिन्नता के आधार पर अपने पसंदीदा प्रतिनिधियों को नहीं चुन सकती है। उदारवादी लोकतांत्रिक व्यवस्थाओं की भांति सर्वाधिकारवादी साम्यवादी राजनीतिक व्यवस्थाएं भी चुनाव प्रक्रिया का संचालन करती हैं, भले ही व्यवहार में वे केवल औपचारिकता मात्र हों। उदारवादी लोकतांत्रिक व्यवस्थाओं में चुनाव प्रक्रिया ही वह माध्यम है जिसकी वजह से राज्य की सार्वभौम सत्ता जनता के हाथों में निहित होती है। लोकतंत्र के संबंध में प्रतिपादित **अरस्तू, सीले, लार्ड ब्राइस, डायसी, लेविस, हॉल, स्ट्रॉस, अब्राहम लिंकन, हर्नशॉ, मैक्सी, लास्की एवं डॉ. आशीर्वादम** आदि की परिभाषाएं चुनावी प्रकिया की वजह से ही व्यावहारिक स्तर पर वास्तविक स्वरूप प्राप्त करती हैं।

राजनीतिक व्यवस्था से प्रासंगिक चुनाव का संबंध सिर्फ प्रतिनिधियों के चयन तक सीमित नहीं है, अपितु चुनाव सक्रिय राजनीतिक सहभागिता में भागीदारी का एवं इस राजनीतिक प्रक्रिया के मद्देनजर कई राजनीतिक गतिविधियों के संचालन का महत्त्वपूर्ण माध्यम है। राजनीतिक जागरूकता पैदा कराने में तथा सक्रिय राजनीति की मुख्य धारा में आमजनों को शामिल करने में इस राजनीतिक क्रिया का महती योगदान होता है। चुनाव के माध्यम से जनसाधारण अपने राज्य, सरकार एवं सरकारी नीतियों व निर्णयों से सीधे रूप से जुड़ते हैं और उन्हें सरकार के राजनीतिक दायित्व का भी बोध होता है। यही वजह है कि सर्वाधिकारवादी सत्ता का भी यह प्रयास होता है कि चुनाव प्रक्रिया में व्यवस्था के अधिकाधिक सदस्यगण भागीदारी करें। चुनाव किसी भी राजनीतिक व्यवस्था में शासक, अभिजन एवं शासित वर्ग के मध्य सूचना–सम्पर्कों के आदान–प्रदान का सीधा माध्यम है। यह राजनीतिक व्यवस्था एवं राजनीतिक सत्ता को औचित्यपूर्णता प्रदान करने का एकमात्र वैध माध्यम है। इस रूप में चुनाव राजनीतिक अभिजनों के शासनाधिकार के वैधीकरण का आधार साधन है।

शिल्स ने हमारा ध्यान इस तथ्य की ओर खींचने का प्रयास किया है कि चुनाव के माध्यम से व्यक्ति अपने महत्त्व तथा अपनी मनोवृत्ति को सम्पूर्ण राष्ट्र के प्रतीकों के साथ जोड़ने में सफल होता है। चुनाव की वजह से शासक अभिजनों का ध्यान मतदाताओं की मांगों, आवश्यकताओं और सरकारी स्तर से उसकी पूर्ति किये जाने वाले प्रतिशत की मात्रा की ओर आकृष्ट होता है। इस संबंध में **डाउसे एवं ह्यूज** का कहना है कि चुनाव को शासित वर्ग द्वारा शासकों के कार्यों को प्रभावित करने के अनेक प्रकारों में से एक प्रकार के रूप में देखा जा सकता है। इस अर्थ में चुनाव का मूल मकसद शासकों को यह अनुभव कराते रहना है कि उन्हें राजनीतिक पदों पर आसीन कराने का अधिकार जनता के हाथों में है तथा नियतकालिक चुनाव प्रक्रिया के आधार पर उन्हें पराजित अभिजनों (Defeated Elite) की कोटि में शुमार कराना भी शासितों का अधिकार है। लोकतांत्रिक व्यवस्थाओं में चुनाव परिणाम का आधार–माध्यम राजनीतिक विश्वास है जिसके बल पर राजनीतिक दलों के प्रत्याशी, एवं निर्दलीय प्रत्याशी जनसमर्थन प्राप्त कर संवैधानिक पदों पर एक निर्धारित कालावधि के लिए चुने जाते हैं और वही राजनीतिक विश्वास खो देने पर वे पराजय का भी सामना करते हैं।

चुनाव का उद्देश्य (Objective of Election)

सभी व्यवस्थाओं में कुछ तयशुदा उद्देश्यों के तहत चुनाव प्रक्रिया संचालित की जाती है, जिनमें प्रमुख हैं : (1) राजनीतिक पदों को धारण करने के लिए प्रतिनिधियों का चयन करना, (2) राजनीतिक दलों एवं जनसाधारण के मध्य सीधा संबंध स्थापित करना, (3) राजनीतिक व्यवस्था एवं सत्ता को वैधता प्रदान करना, (4) सरकार को प्राप्त होने वाले जनसमर्थन–जनविश्वास का नवीनीकरण करना एवं व्यवस्था को नवजीवन प्रदान करना, (5) मौजूदा शासक अभिजनों की नीतियों–निर्णयों, कार्यक्रमों तथा उद्देश्यों को जनता द्वारा अनुमोदित एवं नवीकृत कराना,

(6) व्यवस्था के सदस्यों को राजनीतिक प्रशिक्षण देना, (7) व्यवस्था की सक्रिय राजनीति के साथ जनता का प्रत्यक्ष संबंध स्थापित कराना, (8) जनसमस्याओं, सामाजिक मुद्दों एवं प्रासंगिक सवालों को विशिष्टता के आधार पर हाइलाइट (Highlight) करना इत्यादि।

चुनाव का महत्त्व (Importance of Election)

चुनाव के महत्त्व के संदर्भ में यह कहा जा सकता है कि यह शासक अभिजनों के चयन एवं उसकी कार्यशैली पर नियंत्रण रखने का सर्वाधिक महत्त्वपूर्ण साधन है। राजनीतिक विद्वज्जनों द्वारा किये गये सर्वेक्षण–शोध कार्यों एवं आनुभविक अध्ययन–विश्लेषण द्वारा यह ज्ञात होता है कि राजनीतिक नेतृत्व के व्यवहार–प्रदर्शन एवं गतिविधियों को नियमित करने तथा जनप्रतिनिधियों को व्यक्ति सापेक्ष एवं समाज सापेक्ष बनाये रखने में चुनाव की भूमिका सर्वाधिक प्रासंगिक हैं। चुनाव जनप्रतिनिधियों तथा शासक अभिजनों को जनउत्तरदायी एवं समाजोन्मुख बनाये रखने में उल्लेखनीय योगदान देता है, क्योंकि यही वह विधा है जिसकी वजह से वस्तुतः राजनीतिज्ञों को यह सदैव ज्ञात रहता है कि तात्त्विक स्तर पर अन्ततः संप्रभुता जनता में निवास करती है। चुनाव को लोकतांत्रिक एवं सर्वाधिकारवादी दोनों व्यवस्थाओं में सर्वाधिक महत्त्वपूर्ण राजनीतिक प्रक्रिया की कोटि में रखा जाता है।

चुनाव के महत्त्व से प्रासंगिक संदर्भों व तथ्यों को निम्नांकित आधार पर रेखांकित किया जा सकता है :

1. **चुनाव द्वारा सरकार की वैधता का नवीनीकरण हो जाता है**–द्विदलीय, बहुदलीय या एकदलीय व्यवस्थाओं में राजनीतिक दल या दलों द्वारा अपने चुनावी घोषणा पत्र (Election Manifesto) में तरह–तरह की लोक घोषणाएं व जनलुभावन वायदों का खुलासा किया जाता है और चुनाव परिणाम के उपरान्त सत्तारूढ़ होने पर उन घोषणाओं–वादों को कार्यान्वित करके जनता का विश्वास अर्जित किया जाता है। इसलिए, सभी राजनीतिक दल समस्त चुनावी प्रक्रिया को बहुत गंभीरता से लेते हैं। चुनाव का मूल उद्देश्य राजनीतिक सत्ता यानी कि सरकार का वैधीकरण करना है। चुनाव द्वारा सरकार को औचित्यपूर्णता प्राप्त होती और वह औचित्यपूर्ण शक्तियों के प्रयोग का वैधिक अधिकारी बन जाता है। इस प्रकार, चुनाव का सबसे महत्त्वपूर्ण कार्य व्यवस्था एवं सत्ता का वैधीकरण करना तथा नियतकालिक चुनावों के माध्यम से एक निर्धारित कालावधि के लिए सरकार की वैधता का नवीनीकरण करते रहना है।
2. **चुनाव द्वारा जनता अपने शासकों का चयन करती है**–चुनाव प्रक्रिया ही जनप्रतिनिधियों के प्रत्यक्ष चयन का एक मात्र उपकरण है। प्रत्यक्ष निर्वाचन प्रक्रिया द्वारा संसद् एवं विधानसभाओं का गठन होता है। इसके माध्यम से सरकार का अस्तित्व आकार लेता है। व्यवस्था का कोई भी पक्ष सरकार के नियंत्रण से बाहर नहीं होता है और सरकार के चयन का यानी किसी एक दल के प्रति अपना राजनीतिक विश्वास प्रकट करने और उसे औचित्यपूर्ण शक्तियों के प्रयोग का स्वामी बनाने का अधिकार सिर्फ जनता का होता है। इस महान् राजनीतिक कर्त्तव्य एवं दायित्व का निर्वहन जनता चुनाव के माध्यम से पूरा करती हैं। अतः जनसाधारण के इस महान् राजनीतिक अधिकार व दायित्व के निर्वहन एवं सरकार के अस्तित्व–निर्माण की दृष्टि से समस्त चुनावी प्रक्रियाओं का लोकतांत्रिक राजनीतिक व्यवस्था के लिए सर्वाधिक महत्त्व है।
3. **चुनाव द्वारा जनता राजनीतिक अभिजनों विशेष रूप से शासक अभिजनों पर नियंत्रण रखती है**–वस्तुतः, लोकतंत्रीय शासन व्यवस्था में चुनाव ही वह प्रक्रिया हैं जो शासक अभिजनों यानी कि सरकार और सांसदों तथा विधायकों को निर्वाचन के उपरान्त भी पूरे कार्यकाल (Tenure) में जनता के प्रति उत्तरदायी बनाये रखती है। जहां सरकार पूरी व्यवस्था के सदस्यों को बिना किसी भेदभाव के जीवन की बुनियादी जरूरतें एवं उत्तम जीवन के साधनों को ज्यादा–से–ज्यादा उपलब्ध कराने के लिए जवाबदेह होती है, वहीं सांसदों एवं विधायकों पर विशेष रूप से अपने निर्वाचन क्षेत्र की जनता के सर्वांगीण विकास तथा क्षेत्र के बहुआयामी विकास कराने की जिम्मेदारी होती है। सभी दलों के प्रत्याशी चुनाव के दौरान बड़ी–बड़ी घोषणाएं व वायदे करते हैं। चुनावी घोषणा पत्र और दल की स्थिति में विश्वास व्यक्त करते

हुए उम्मीदवारों के व्यक्तित्व के प्रभाव में मतदाता अपने बहुमूल्य मत द्वारा प्रतिनिधियों का चयन करते हैं। इन्हीं प्रतिनिधियों में से कुछ सरकार में शामिल होकर शासन–संचालन का दायित्व निभाते हैं। यदि सरकार या जनप्रतिनिधि जनआकांक्षाओं पर खरे नहीं उतरते हैं और समाज की जरूरतों को पूरा करने में पिछड़ जाते हैं तो जनता संसद या विधानसभा के अगले चुनाव में उन्हें पराजित कर दूसरे उम्मीदवार को विजयी बनाती है। इसके साथ ही सरकार के पूरे कार्यकाल में जनता धरना, रैली, प्रदर्शन, हड़ताल, बन्द, आन्दोलन आदि कई प्रकार की राजनीतिक गतिविधियों द्वारा सरकार को नियंत्रित करती है। यदि सरकार के प्रति व्यवस्था में जनअसंतोष ज्यादा गहरा हो जाता है या कभी–कभी गंभीर जनआन्दोलन से दंगा–फसाद, क्रान्ति आदि की स्थिति उत्पन्न हो जाती है तब सत्ता परिसंचरण का माहौल बनता है। इन समस्त परिस्थितियों से बचने के लिए सरकार ज्यादा–से–ज्यादा व्यक्ति सापेक्ष एवं समाज सापेक्ष दृष्टिकोण रखते हुए जनउम्मीदों पर खरा उतरने के प्रयास में लगी रहती है ताकि उसे जनविरोध या जनविद्रोह की स्थिति का सामना न करना पड़े और साथ ही आने वाले चुनाव में सत्ता गंवाने की नौवत न आ जाये।

4. **चुनाव सत्ता को जनतांत्रिक स्वरूप प्रदान करने में आधार-माध्यम की भूमिका निभाता है–अब्राहम लिंकन** की अभिव्यक्ति के अनुसार, "लोकतंत्र जनता का, जनता के द्वारा, और जनता के लिए शासन है" और चुनाव प्रक्रिया द्वारा प्रतिनिधियों का प्रत्यक्ष निर्वाचन लिंकन की इस अभिव्यक्ति को पूरी तरह साकार करता है। इस दृष्टि से चुनाव को राजनीतिक सत्ता के लोकतंत्रीकरण के सर्वाधिक महत्त्वपूर्ण माध्यम के रूप में देखा जाता है। **लासवेल और काप्लान** ने सत्ता को औपचारिक शक्ति की संज्ञा दी है और यूनेस्को रिपोर्ट में सत्ता को वह शक्ति बताया गया है जो जनस्वीकृत, ज्ञात, सम्मानित और औचित्यपूर्ण हो। राजनीतिक सत्ता की पहचान से संबंधित समस्त आयामों को जनतांत्रिक स्वरूप प्रदान करने की विधि लोकतंत्र में चुनाव प्रक्रिया द्वारा पूरी की जाती है, यानी कि लोकतंत्र में चुनाव द्वारा ही राजनीतिक सत्ता उस औचित्यपूर्णता की स्थिति को प्राप्त करता है जिससे वह जनप्रतिनिधि के रूप में प्रतिनिधिक सत्ता का स्वरूप प्राप्त कर पाने में सफल होता है और जनविश्वास व जनसमर्थन हासिल करके औचित्यपूर्ण शक्तियों का प्रयोग कर जनता पर शासन करने की स्थिति प्राप्त करता है।

5. **चुनाव द्वारा सत्ता परिसंचरण प्रक्रिया स्वाभाविक गति से चलती रहती है**–राजनीतिक अभिजन वर्ग में परिवर्तन या परिसंचरण प्रक्रिया का मूल वैधानिक माध्यम नियतकालिक चुनाव ही है। चुनाव प्रक्रिया द्वारा राजनीतिक दलों के नेताओं के बीच सत्ता की अदला–बदली वैधानिक आधार पर होती रहती है। चुनाव इस तथ्य का द्योतक है कि यदि सरकार जनता की उम्मीदों पर खरी नहीं उतरती है तो उसे विधिसम्मत् आधार पर जनता द्वारा निर्वाचन प्रक्रिया के माध्यम से सत्ताच्युत करके नई सरकार को शासन–संचालन की वैधता प्रदान की जा सकती है, यानी कि चुनाव शासक अभिजनों को यह याद रखने के लिए बाध्य करता है कि उनकी औचित्यपूर्ण स्थिति स्थायी नहीं है, अपितु परिवर्तनशील है। **पैरेटो, मोस्का** आदि विद्वानों का मानना है कि परिसंचरण प्रक्रिया द्वारा समाज के विभिन्न वर्गों के बीच सत्ता का हस्तांतरण होता रहता है, इस वजह से लोकतंत्र में सत्ता को निरंकुश या शिथिल होने का अवसर नहीं मिल पाता है। राजनीतिक सत्ता को समाज के प्रति जवाबदेही का कार्य पूरी ईमानदारी और निष्ठा से पूरा करना पड़ता है नहीं तो व्यवस्था में मौजूद दूसरे राजनीतिक दल के लिए सत्तारूढ़ होने का मार्ग आसान हो जाता है। सत्तारूढ़ शासक अभिजनों के परिसंचरण की स्थिति पर प्रकाश डालते हुए **पैरेटो** ने यह विचार व्यक्त किया है कि अभिजन वर्ग में परिवर्तन की प्रक्रिया को अपनाना व्यवस्था में किसी भी प्रकार की क्रान्ति के आविर्भाव से बचाव के लिए अति आवश्यक है। इनके शब्दों में, क्रान्ति की स्थिति तब पैदा होती है जब राजनीतिक अभिजनों की स्थिति में परिवर्तन की प्रक्रिया बहुत धीमी हो जाती है। इस प्रकार चुनाव सत्ता परिसंचरण का वैधिक माध्यम है जिसकी वजह से सत्तारूढ़ अभिजनों की गतिविधियां एवं सोच ज्यादा–से–ज्यादा समाजोन्मुख व जनउत्तरदायी बनी रहती हैं।

6. **चुनाव व्यवस्था में हिंसक क्रान्ति की स्थिति नहीं आने देता है**–चुनाव की वजह से प्रत्यक्ष निर्वाचन प्रक्रिया में भागीदारी करके जनता बड़े पैमाने पर बिना किसी भेदभाव या दबाव के वयस्क मताधिकार के

प्रयोग द्वारा सबसे प्रमुख राजनीतिक प्रक्रिया का हिस्सा बनती है। निर्वाचन प्रक्रिया का सर्वाधिक महत्त्व इसलिए है कि यह जनसाधारण को सदैव स्मरण कराती है कि वह लोकतंत्र में सरकार के गठन की आधारशिला है, और लोकतंत्र में जनता ही सर्वप्रभुत्वशाली है। चुनाव का प्रधान उद्देश्य व्यवस्थापिका के सदस्यों को जनता द्वारा निर्वाचित कराना है। इस प्रक्रिया में सहभागी बनकर जनता राजनीतिक रूप से शिक्षित होती है, उसके राजनीतिक चेतना के स्तर में संवृद्धि होती है, शासकों के क्रियाकलापों के प्रति संज्ञान लेने की रुचि में इज़ाफा होता है और व्यवस्थागत राजनीति के प्रति उसका रुझान बढ़ता है। चुनाव प्रक्रिया में सभी राजनीतिक दल अपनी भावी नीतियों–कार्यक्रमों व योजनाओं को जनता के समक्ष रखते हैं और जनता जिस दल की भावी नीतियों व कार्यक्रमों से प्रभावित होती है उसे ही विजयी बनाती है। इस अर्थ में चुनाव जनता और सरकार के बीच एक सार्थक आधार–माध्यम है और व्यवस्था में नयी सरकार के गठन का एक मात्र साधन भी है। यानी कि लोकतंत्र में मताधिकार का अधिकार एक कर्तव्यबोधक राजनीतिक अधिकार है, जिसके बुद्धिमत्तापूर्ण प्रयोग पर राष्ट्र का कल्याण एवं विकास आश्रित होता है। नियतकालिक चुनावों की वजह से लोकतांत्रिक व्यवस्थाओं में राजनीतिक सत्ता के विरुद्ध कभी गंभीर जनआन्दोलन या हिंसक क्रान्ति की स्थिति उत्पन्न नहीं होती है, अपितु सरकार यदि जनविरोधी हो और सामाजिक हितवर्द्धन के बजाय स्वहितवर्द्धन में लग जाये तो बिना किसी भारी उथल–पुथल के चुनाव में व्यापक मताधिकार का प्रयोग करके जनता द्वारा उसे सत्ताच्युत किया जाता है और समाजहित में नयी सत्ता का गठन किया जाता है।

7. **चुनाव जनता के राजनीतिकरण का साधन है**—यहां राजनीतिकरण का अभिप्राय व्यवस्थागत राजनीतिक विकास से भी है। चुनाव प्रक्रिया के संचालन संदर्भ में सरकार द्वारा किये गये कार्यों का मापन भी किया जाता है। सभी व्यवस्थाओं में चुनाव के समय राजनीतिकरण की प्रक्रिया अतितीव्र हो जाती है। जनसाधारण का राजनीतिक दल एवं सरकार के प्रति निष्ठा की अभिव्यक्ति का आधार भी चुनाव है। इस दृष्टि से, चुनाव लोकनिष्ठा का प्रतीक है और लोकतंत्र के मजबूत अस्तित्व–निर्माण में चुनाव की भूमिका अतिमहत्त्वपूर्ण होती है। चुनाव के समय जागरूक मतदाता अतिसक्रिय हो जाते हैं। राजनीतिक दलों द्वारा जनचेतना जागृत करने के लिए जनसंपर्क के साधनों का बड़े पैमाने पर इस्तेमाल किया जाता है। चुनावी प्रचार के दौरान आम जनता उन समस्त प्रासंगिक मुद्दों की जानकारी प्राप्त कर लेती है जिससे वह बेख़बर रहती है। चुनाव प्रचार के दौरान विपक्षी दलों द्वारा सभी जनसरोकारगत मुद्दों, समस्याओं को उछाला जाता है जिससे आमजनों के राजनीतिक ज्ञान में काफी बढ़ोत्तरी होती है। **एडवर्ड शिल्स** ने राजनीतिक लोकतंत्र को ही 'राजनीतिक विकास' की संज्ञा दी है। इनके शब्दों में, ''विकसित राजनीतिक व्यवस्था वह है जिसमें एक से अधिक राजनीतिक दल हैं और वे राजनीतिक सत्ता की प्राप्ति के लिए खुलकर प्रतियोगिता कर सकते हैं।'' **एडवर्ड शिल्स** द्वारा कथित यह प्रतियोगिता सिर्फ स्वतंत्र और निष्पक्ष चुनाव प्रक्रिया के माध्यम से पूरी की जा सकती है। इस प्रकार, चुनाव जनराजनीतिकरण का बुनियादी साधन है।

चुनाव एवं दलीय व्यवस्था (Election and Party System)

चुनाव किसी भी लोकतांत्रिक व्यवस्था की दलीय पद्धति की प्रकृति के निर्धारण का महत्त्वपूर्ण कारक है। **डुवर्जर एवं मैकेन्जी** की दृष्टि में चुनाव प्रक्रिया का प्रभाव दलों की संरचना, उनकी विचारधारा, उनके बीच परस्पर संबंध के स्वरूप तथा किसी व्यवस्था के अन्तर्गत प्रतियोगी दलों की संख्या पर स्पष्ट रूप से देखा जा सकता है। **डुवर्जर** का यह मानना है कि द्विदलीय व्यवस्थाओं में एकमत की व्यवस्था तथा सरल बहुमत का प्रयोग होता है वहीं बहुदलीय व्यवस्था में आनुपातिक प्रतिनिधित्व को बढ़ावा मिलता है। **ब्लोण्डेल** का भी यह मानना है कि सरल बहुमत वाले देशों में द्विदलीय व्यवस्था होती है, जबकि आनुपातिक प्रतिनिधित्व वाली व्यवस्थाओं में बहुदलीय व्यवस्था का विकास होता है।

सरल बहुमत एवं आनुपातिक प्रतिनिधित्व का संबंध चुनाव में मतों की संख्या को प्रतिनिधियों की संख्या से जोड़ने से है। मतों की संख्या को प्रतिनिधियों की संख्या से जोड़ने के आधार पर चुनाव व्यवस्था को मुख्यतः दो कोटियों में बाँटा गया है–आनुपातिक व्यवस्था तथा बहुलवादी व्यवस्था।

आनुपातिक व्यवस्था के अन्तर्गत जनप्रतिनिधियों के चयन में मतों की कुल संख्या को महत्त्व दिया जाता है। बहुलवादी व्यवस्था के अन्तर्गत देश को निर्धारित मानदण्डों के आधार पर निर्वाचन क्षेत्रों में बाँट दिया जाता है तथा प्रत्येक निर्वाचन क्षेत्र से बहुमत के आधार पर एक प्रतिनिधि निर्वाचित घोषित किया जाता है। **एलेन बाल** द्वारा चार प्रकार की चुनाव व्यवस्थाओं की प्रस्तुति का प्रयास किया गया है, जो निम्नलिखित हैं :

1. **एक सदस्यीय निर्वाचन क्षेत्र**–इसमें प्रत्येक मतदाता को केवल एक ही मत देने का अधिकार होता है। ब्रिटेन, संयुक्त राज्य अमेरिका, कनाडा, भारत आदि की चुनाव व्यवस्था इस कोटि का प्रमुख दृष्टान्त है।
2. **एक सदस्यीय निर्वाचन क्षेत्र तथा द्वि-मतदान व्यवस्था**–इसका प्रमुख उदाहरण फ्रांस की चुनाव व्यवस्था है।
3. **एक सदस्यीय निर्वाचन क्षेत्र तथा अधिमानात्मक मत व्यवस्था**–चुनाव प्रक्रिया की इस कोटि का उदाहरण ऑस्ट्रेलिया की चुनाव व्यवस्था है।
4. **आनुपातिक प्रतिनिधित्व व्यवस्था**–इसमें निर्वाचन क्षेत्र बहुसदस्यीय होता है और राजनीतिक दलों को उनके पक्ष में पड़े मतों की संख्या के अनुपात में स्थान दिया जाता है। इस चुनाव व्यवस्था के मुख्य दो स्वरूप हैं : (i) सूची व्यवस्था, तथा (ii) एकल संक्रमणीय व्यवस्था। सूची व्यवस्था की कोटि में स्वीडन, डेनमार्क, इटली, बेल्जियम एवं इजरायल की चुनाव व्यवस्था शामिल है, जबकि एकल संक्रमणीय व्यवस्था की कोटि के उदाहरणार्थ आयरलैण्ड और तस्मानिया की चुनाव व्यवस्था को रखा जाता है।

मतदान व्यवहार का अर्थ (Meaning of Voting Behaviour)

चुनाव एवं निर्वाचन प्रक्रिया से सीधा सरोकार रखने वाला सर्वाधिक महत्त्वपूर्ण राजनीतिक आयाम मतदान व्यवहार है। राजनीतिक सहभागिता के परिप्रेक्ष्य में मतदान व्यवहार प्रत्यक्ष राजनीतिक क्रिया है जो व्यवस्था के अनेकानेक तत्त्वों, परिवर्त्यों व कारकों द्वारा प्रभावित होता है। यह एक अतिसंवेदनशील, भावप्रधान राजनीतिक क्रिया है जिसका निष्पादन राजनीतिक समाज के सदस्यों द्वारा चुनाव के मद्देनजर लोकप्रिय सरकार के गठन के लिए किया जाता है।

डोनाल्ड ई. स्टोक्स के शब्दों में, "मतदान व्यक्तिगत प्राथमिकताओं को सामूहिक निर्णयों में समाहरण (Collection) करने का एक साधन है।" मतदान व्यवहार से तात्पर्य मतदाताओं द्वारा मतदान करने तथा मतदान व्यवहार को प्रभावित करने वाले कारकों के अध्ययन से है। **शुम्पीटर** का कहना है कि 'लोकतंत्र उस राजनीतिक व्यवस्था का बोधक है जिसमें नागरिकों को नियतकालिक चुनावों के माध्यम से विभिन्न प्रतियोगी समूहों एवं दलों के बीच से अपने शासकों को चुनने का अधिकार प्राप्त होता है।' जिस विधि से जनता अपने इस सार्वभौम अधिकार का प्रयोग करती है उस माध्यम को मतदान कहा जाता है और मतदान प्रक्रिया को मतदान व्यवहार का नाम दिया जाता है। आधुनिक राजनीतिशास्त्रवेत्ता एवं राजनीतिक समाजशास्त्रवेत्ता इस प्रसंग को गहन अध्ययन–विश्लेषण व अनुसंधान का विषय मानते हैं क्योंकि नागरिक मतदान क्रिया द्वारा किसी ख़ास समूह या दल विशेष के उम्मीदवार को अपने प्रतिनिधि के रूप में चुनते हैं। इनके द्वारा मतदान व्यवहार के विश्लेषणक्रम में संबद्ध परिवर्त्यों को अध्ययन की दृष्टि से अधीनस्थ परिवर्त्य (Dependent Variable) की कोटि में रखा गया है। सभी व्यवस्थाओं में मतदान व्यवहार वहां के सामाजिक, आर्थिक, सांस्कृतिक राजनीतिक पर्यावरण, मुद्दों तथा विभिन्न समूहों, संस्थाओं, संगठनों की संरचनाओं, प्रकृति एवं कार्यशैली द्वारा प्रभावित, निर्धारित एवं नियमित होता है। इन कारकों को स्वाधीन परिवर्त्य (Independent Variable) की कोटि में रखा गया है। मतदान व्यवहार उन समाजीय–मनोवैज्ञानिक कारकों से भी प्रभावित होता है जो मनोवैज्ञानिकों के मनोविश्लेषण के विषय हैं। मनोवैज्ञानिक इसे मध्यवर्ती परिवर्त्य (Intervening Variable) की कोटि में रखते हैं।

उपर्युक्त विवेचित तीन प्रकार के परिवर्त्यों के आलोक में विश्लेषणकर्ता मतदान व्यवहार पर शोध एवं अध्ययन–विश्लेषण करते हैं। अधीनस्थ परिवर्त्यों की कोटि में मतदान के दौरान नागरिकों द्वारा विभिन्न राजनीतिक दलों के प्रत्याशियों के पक्ष में अभिव्यक्त की गयी अभिरुचियों, वरीयताओं (Preferences) भूमिकाओं तथा गतिविधियों को शामिल किया गया है। मतदान व्यवहार के अध्ययन–विश्लेषण की दृष्टि से स्वाधीन परिवर्त्यों की कोटि में सामाजिक संरचनात्मक तत्त्वों, मसलन–धर्म, वर्ग, क्षेत्रीयता, नृजातीयता, शिक्षा, उम्र, लिंगविभेद सामाजिक वर्ग पूरक समूह, आदि को सम्मिलित किया गया है। मध्यवर्ती परिवर्त्यों की कोटि में दलीय प्रत्याशियों के प्रति अभिविन्यास, व्यवस्थागत मुद्दों के प्रति अभिविन्यास, राजनीतिक विचारधारा के प्रति अभिविन्यास तथा दलीय तादात्म्यता इत्यादि को सम्मिलित किया गया है।

मतदान व्यवहार पर अधीनस्थ परिवर्त्यों का प्रभाव
(Effect of Dependent Variables on Voting Behaviour)

बॉन एवं रैनी (Bone and Ranney) ने अमेरिकी राजनीतिक व्यवस्था के संदर्भ में अधीनस्थ परिवर्त्यों का विश्लेषण करने के क्रम में मुख्य राजनीतिक दलों के प्रत्याशियों के प्रति अमेरिकी नागरिकों के रुझान एवं वरीयताओं की मात्रा की गति के अनुरूप उसे मजबूत, कमजोर तथा स्वतंत्र संवर्गों में विभाजित करते हुए गतिविधियों के आधार पर नागरिकों को भी छः कोटियों में बांटा है : (1) राजनीतिक दल या अन्य संगठनों का कार्य करने वाले नागरिक, (2) संगठन को चंदा या किसी भी प्रकार की वित्तीय सहायता प्रदान करने वाले नागरिक, (3) संगठन के लिए जनमत निर्माण करने वाले नागरिक, (4) मतदाता के रूप में नागरिक, (5) मतदान नहीं करने वाले नागरिक तथा (6) राजनीति के प्रति रुझान नहीं रखने वाले नागरिक।

बॉन तथा रैनी ने मतदान व्यवहार से संबद्ध अधीनस्थ परिवर्त्यों के परिप्रेक्ष्य में दलों के प्रत्याशियों के प्रति अमेरिकी नागरिकों के रुझान एवं वरीयताओं की मात्रा की गति एवं मतदाताओं की विभाजित कोटियों की जो प्रस्तुति की है उसे निम्नांकित रेखाचित्र के तहत समझा जा सकता है, जिसका प्रस्तुतीकरण स्वयं बॉन एवं रैनी ने किया है :

बॉन तथा रैने द्वारा प्रस्तुत मतदाताओं की कोटियां
(Categories of Voters Presented by Bone and Ranney)

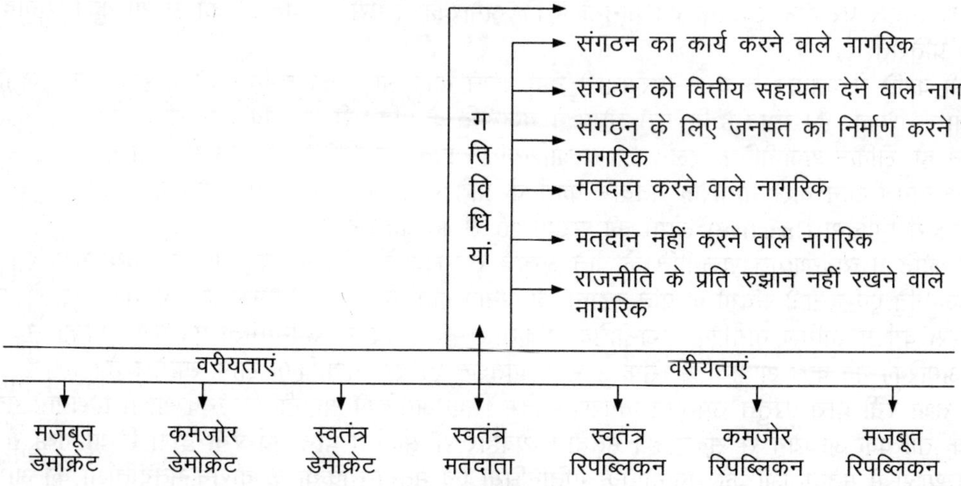

रेखाचित्र 1

रेखाचित्र 1 में मतदान व्यवहार के दो प्रमुख अधीनस्थ परिवर्त्यों–गतिविधियों एवं वरीयताओं को क्षैतिज (Horizontal) तथा ऊर्ध्वस्थ (Vertical) रेखाओं के माध्यम से व्यक्त किया गया है। क्षैतिज रेखाचित्र में दो प्रमुख अमेरिकी राजनीतिक दलों के प्रति अमेरिकी नागरिकों के रुझान एवं वरीयताओं की तीव्र मात्रा के अनुरूप उन्हें मजबूत, कमजोर तथा स्वतंत्र संवर्गों में बाँटा गया है। ऊर्ध्वस्थ रेखा के आलोक में चुनावी राजनीति के प्रति उनकी अभिवृत्तियों एवं मतदाता के रूप में नागरिकों की भूमिकाओं को छः कोटियों के तहत दर्शाया गया है जिसकी चर्चा ऊपर की जा चुकी है।

रॉबर्ट लेन (Robert Lane) का यह कहना है कि "संगठन के लिए कार्य करने वाले लोगों के बीच से ही राजनीतिक दलों एवं दबाव समूहों के नेताओं का जन्म होता है तथा सम्पूर्ण जनसंख्या के लगभग एक प्रतिशत लोग ही इन सक्रिय राजनीतिक गतिविधियों में शामिल होते हैं।" इनका मानना है कि इन्हीं सक्रिय राजनीतिक कर्ताओं के बीच से दलों या समूहों का शीर्षस्थ नेतृत्व यानी कि बीज कोश अभिजन (Core Elite) का आविर्भाव होता है।

उपरोक्त रेखाचित्र के आधार पर दूसरी कोटि के अन्तर्गत आने वाले नागरिक कभी–कभी अपनी अभिरुचि के अनुरूप पसंदीदा दल या समूह के लिए प्रदर्शन करने, चुनाव प्रचार में भाग लेने या किसी प्रकार की वित्तीय सहायता व चंदा आदि देने का कार्य करते हैं। अमेरिका में कुल आबादी के पाँच से छः प्रतिशत नागरिक ऐसी राजनीतिक भूमिकाओं में संलग्न होते हैं।

तीसरी कोटि उन नागरिकों व नेताओं को अपने दायरे में शामिल करता है जो जनमत–निर्माण कार्य में सक्रिय भूमिका निभाते हैं। इस कोटि में ऐसे सचेत नेताओं–नागरिकों को शामिल किया गया है जो राजनीतिक गतिविधियों, मुद्दों व समस्याओं के प्रति लोगों का ध्यान आकर्षित कराते हैं, चुनाव प्रचार को आकर्षणीय (Attractable) बनाते हैं, मतदाताओं के समक्ष व्यवस्थागत मुद्दों को आकर्षक रूप में प्रस्तुत करके दलीय या गुटों के प्रत्याशी को चुनाव जिताने के लिए स्वस्थ जनमत–निर्माण के कार्य को अंजाम देते हैं। साथ–ही, उन लोगों को भी शामिल करने की बात की गयी है जो राजनीतिक भूमिकाओं, मुद्दों के संबंध में निरन्तर अपनी बेबाक राय जाहिर करते रहते हैं। ऐसा करके ये नागरिक अन्य लोगों को चेतन या अचेतन रूप में राजनीतिक क्रियाओं एवं मुद्दों के प्रति जागरूक बनाने में अहम् भूमिका निभाते हैं। ऐसी भूमिकाओं का निष्पादन करने वाले क्रियाशील (Activist) नागरिक कहे जाते हैं जिनकी संख्या अमेरिका में कुल आबादी का 25 प्रतिशत है।

चौथी कोटि के अन्तर्गत सामान्य मतदाताओं को शुमार किया गया है जो राजनीतिक प्रभाव, उम्मीदवारों के व्यक्तित्व व चुनावी मुद्दों के प्रति आकर्षण या अपने सचेतन व्यक्तित्व व आदत की वजह से मतदान करते हैं। शोध के आधार पर बॉन एवं रैनी का मानना है कि अमेरिका में ऐसे मतदाताओं की संख्या कुल आबादी का 25 से 30 प्रतिशत है।

पाँचवीं कोटि में मतदान कार्य में हिस्सेदारी नहीं करने वाले लोगों को शामिल किया गया जो राजनीतिक उदासीनता के शिकार हैं। संभव है कि ऐसे लोगों में राजनीति के प्रति पूरी तरह विकर्षण या अलगाव (Isolation) का भाव न हो, लेकिन राजनीतिक दलों तथा प्रत्याशियों के प्रति राजनीतिक विश्वास में कमी की वजह से इस कोटि के अन्तर्गत आने वाले नागरिक मतदान कार्य के प्रति उदासीनता से ग्रसित होते हैं। अमेरिका की कुल आबादी में ऐसे निष्क्रिय (Inactive) लोगों की संख्या 30 से 40 प्रतिशत है।

छठी कोटि में व्यवस्थागत राजनीति के प्रति अरुचि रखने वाले नागरिकों को शामिल किया गया है। इनमें सक्रिय राजनीति एवं चुनावी संदर्भों के प्रति रुझान का अभाव होता है, वे राजनीतिक क्रियाओं तथा मुद्दों से बेख़बर होते हैं। इस वर्ग में शामिल नागरिक राजनीतिक प्रक्रियाओं के पेचीदेपन, उपयोगिता एवं आवश्यकता से अंजान होते हैं। अमेरिका की कुल आबादी में सिर्फ 3 से 7 प्रतिशत ही ऐसे नावाकिफ लोग शामिल हैं।

बॉन तथा रैनी द्वारा प्रस्तुत उपर्युक्त विवरण–संदर्भ सिर्फ अमेरिकी राजनीतिक व्यवस्था में विद्यमान मतदान व्यवहार के तात्त्विक अध्ययन से संबद्ध है। मतदान व्यवहार से संबंधित **बॉन एवं रैनी द्वारा किया गया** ये शोध अन्य व्यवस्थाओं में मतदाताओं की राजनीतिक गतिविधियों एवं मतदान क्रिया के दौरान मतदाताओं की अभिवृत्ति में पायी जाने वाली वरीयताओं के अध्ययन के लिए भी उपयोगी है। लगभग सभी राजनीतिक व्यवस्थाओं के

सदस्यों को इनके द्वारा प्रस्तुत छः कोटियों के अन्तर्गत बाँटकर उनकी राजनीतिक गतिविधि, मनोवृत्ति, मनोदशा आदि का अध्ययन–विश्लेषण किया जा सकता है। लेकिन शोध के क्रम में कुल आबादी के परिप्रेक्ष्य में विवेचित प्रतिशत की मात्रा में अन्तर का पाया जाना निश्चित है, क्योंकि विभिन्न कोटियों में सहभागी नागरिकों के प्रतिशत की मात्रा, वरीयताओं को निर्धारित करने वाले मूल्यों तथा राजनीति के प्रति अभिवृत्ति में होने वाले अभिविन्यासों की मात्रा एवं गति, संदर्भित व्यवस्था में मौजूद सामाजिक, राजनीतिक, आर्थिक व सांस्कृतिक पर्यावरण के अनुरूप परिवर्तित होता रहता है। अतः अधीनस्थ परिवर्त्यों के परिप्रेक्ष्य में जहां तक निर्वाचन–प्रक्रिया एवं मतदान क्रिया से संबंधित व्यवस्था के सदस्यों की राजनीतिक भूमिकाओं का सवाल है, यह विभिन्न देशों की मौजूदा व्यवस्थागत परिस्थितियों के प्रभाव में घटता–बढ़ता रहता है। उदाहरणार्थ, विकसित व्यवस्थाओं की अपेक्षाकृत विकासशील व्यवस्थाओं में विवेचित इन छः कोटियों के अन्तर्गत आने वाले नागरिकों की संख्या में बड़े अन्तर का पाया जाना लाजिमी है। विकासशील देशों में पहली, दूसरी और छठी कोटि के दायरे में शामिल लोगों की संख्या अपेक्षाकृत अधिक होती है, इसलिए विकासशील देशों की अपेक्षा विकसित व्यवस्थाओं में विचारधारात्मक ध्रुवीकरण (Ideological Polarisation) की प्रवृत्ति ज्यादा पायी जाती है।

बॉन एवं **रैनी** द्वारा विवेचित उपरोक्त चित्रण केवल अमेरिकी व्यवस्था की अनुमानित स्थिति का द्योतक है। वस्तुतः, अमेरिका की द्विदलीय व्यवस्था और दोनों दलों के बीच तीव्र सैद्धान्तिक मतभेद मौजूद नहीं होने की वजह से मतदाता मजबूत, कमजोर या स्वतंत्र वरीयताओं के संवर्ग (Cadre) के अन्तर्गत अपनी पहचान का प्रदर्शन कर सकते हैं, लेकिन वरीयताओं की इस कोटि को ब्रिटेन जैसी द्विदलीय व्यवस्था में मतदाताओं के मतदान व्यवहार के अध्ययन के लिए पूरी तरह उपयोगी नहीं माना जा सकता है और फ्रांस, इटली, जर्मनी, स्वीडन जैसी यूरोपीय व्यवस्थाओं के मतदाताओं के मतदान व्यवहार के अध्ययन के लिए तो यह प्रस्तुति पूरी तरह अनुपयोगी है। बहुदलीय व्यवस्था होने की वजह से इन व्यवस्थाओं के मतदाता किसी भी राजनीतिक दल के प्रति पूरा समर्थन या गंभीर विरोध प्रकट करते हैं। भारत, जापान आदि देशों के मतदाताओं के मतदान व्यवहार के अध्ययन की दृष्टि से भी यह प्रस्तुति अनुपयोगी है, क्योंकि यहां भी ध्रुवीकृत, बहुदलीय व्यवस्था (Polarized, Pluralist System) मौजूद है। इन व्यवस्थाओं में इसलिए भी संभव नहीं है क्योंकि यहां बहुदलीय व्यवस्था की वजह से कई राजनीतिक दलों का अस्तित्व मौजूद होता है। इनमें से अधिकांश दल सैद्धान्तिक आधार पर मतभेद की दुहाई देकर एक–दूसरे के खिलाफ ध्रुवीकृत होकर मजबूत विरोध का प्रदर्शन करते हैं तथा मतदाताओं को दिग्भ्रमित करते हैं। **सारटोरी** ने इसे ध्रुवीकृत बहुलवाद (Polarized Pluralism) की संज्ञा दी है। निष्कर्षतः बॉन एवं रैनी द्वारा प्रस्तुत शोध–संदर्भ व्यावहारिक स्तर पर सभी व्यवस्थाओं में संचालित मतदान क्रिया के तात्त्विक अध्ययन–विश्लेषण के लिए उपयोगी नहीं है।

मतदान व्यवहार पर स्वाधीन परिवर्त्यों का प्रभाव (Effect of Independent Variables on Voting Behaviour)

मतदान व्यवहार के अध्ययन.परिप्रेक्ष्य में समाजीय, आर्थिक व सांस्कृतिक कारक को स्वतंत्र परिवर्त्यों की कोटि में रखा गया है। इन्हें मोटे तौर पर मतदान क्रिया के बहुआयामी अध्ययन के संदर्भ में सामाजिक वर्ग, विभिन्न सामाजिक समूहों तथा सामाजिक संचार पद्धति के तहत देखा गया है। यहां वर्ग का अभिप्राय व्यवस्था में मौजूद सामाजिक स्तरीकरण व्यवस्था (Social Stratification System) से है, जिसके अन्तर्गत विभिन्न सामाजिक–आर्थिक समूह शामिल हैं। विभिन्न सामाजिक समूहों का तात्पर्य व्यवस्था में मौजूद धार्मिक एवं नृजातीय समूहों तथा लिंग भेद एवं आयु के आधार पर बंटे हुए विभिन्न समूहों से है। यहां अध्ययन की सुविधा के लिए वर्ग को समूह के साथ सम्मिलित करके इन कारकों का विवेचन कोटिबद्ध समूहों (Categoric Groups) पूरक समूहों (Secondary Groups) एवं प्राथमिक समूहों (Primary Groups) के अन्तर्गत किया जा रहा है।

1. **कोटिबद्ध समूह**–इसके अन्तर्गत आयु, शिक्षा व लिंग आदि तत्त्वों के आधार पर निर्मित समूहों को शामिल किया जाता है। मसलन–लिंग–आधारित समूह इस तथ्य का स्पष्टीकरण करते हैं कि पुरुषों एवं स्त्रियों के

मतदान व्यवहार में अन्तर पाया जाता है। यह अन्तर मुख्यतः जिन पक्षों से प्रासंगिक है उनमें (i) स्त्रियां मर्दों की अपेक्षा ज्यादा रूढ़िवादी एवं परम्परावादी होती हैं। (ii) औरतों की राजनीतिक सक्रियता पर शिक्षा का भी प्रभाव होता है, इसीलिए अशिक्षित औरतों की अपेक्षाकृत शिक्षित औरतें राजनीतिक रूप से ज्यादा सक्रिय होती हैं, फिर भी पुरुषों की तुलना में स्त्रियों की राजनीतिक सक्रियता काफी कम होती है। इसे भारतीय स्त्री मतदाता द्वारा प्रदर्शित मतदान व्यवहार के कमजोर प्रतिशत की मात्रा के आलोक में बेहतर ढंग से समझा जा सकता है। इस समूह की कोटि का दूसरा महत्वपूर्ण तत्त्व आयु–आधारित समूह है। विभिन्न देशों के मतदान व्यवहार पर किये गये सर्वेक्षणों से इस बात का खुलासा होता है कि मतदान क्रिया पर आयु की विभिन्नता का व्यापक प्रभाव पड़ता है। राजनीतिक विद्वज्जनों द्वारा मतदाता के रूप में आयु की विभिन्नता से प्रासंगिक कुछ समूहों की पहचान की गयी है, जिनमें 21 वर्ष से 24 वर्ष तक आरंभिक आयु समूह तथा 25 से 30, 30 से 40, 40 से 50 और 50 से ऊपर के आयु समूह को इंगित किया गया है।

उपर्युक्त इंगित आयु समूहों के परिप्रेक्ष्य में शोध के आधार पर यह कहा जाता है कि आयु बढ़ने से मनुष्यों की प्रवृत्ति में सहिष्णुता (Tolerance) की मात्रा बढ़ती है, साथ ही राजनीतिक क्रियाओं के निष्पादन में उनकी रुचि भी बढ़ती जाती है। राजनीतिक भूमिकाओं के निष्पादन के उत्तरोत्तर वृद्धि का क्रम 60 वर्ष की आयु तक यथावत् चलता रहता है, लेकिन 60 वर्ष के बाद आने वाली शारीरिक, मानसिक कमजोरी उसकी राजनीतिक गतिविधियों में सक्रिय सहभागिता को प्रभावित करती है। इसके साथ–साथ एक राजनीतिक व्यक्ति में प्रभावशालिता एवं क्रियाशीलता की मात्रा पर भी आयु की विभिन्नता का गंभीर प्रभाव पड़ता है। सामान्य तौर पर यह पाया जाता है कि आरंभिक आयु का मतदाता राजनीतिक भूमिकाओं के प्रति उदासीनता का भाव रखता है, लेकिन 30 वर्ष की आयु के उपरान्त उसकी राजनीतिक परिपवक्ता में वृद्धि होती है जो उसकी राजनीतिक सक्रियता को बढ़ाता है अर्थात् करदाता के रूप में पारिवारिक दायित्वों का पूरी ईमानदारी और निष्ठा से निर्वहन करने वाला परिपक्व व्यक्ति ही एक जागरूक व सक्रिय मतदाता की भूमिका निभा सकता है।

कोटिबद्ध समूहों के दायरे में तीसरा महत्त्वपूर्ण तत्त्व शिक्षा पर आधारित है। शिक्षा समूहों के अन्तर्गत मोटे तौर पर नागरिकों को मैट्रिक से नीचे, मैट्रिक तक, स्नातक तक एवं स्नातकोत्तर तक प्राप्त शिक्षा के आधार पर समूहों में बाँटा गया है। यद्यपि मतदान व्यवहार के संबंध में शिक्षा के तत्त्वों से प्रासंगिक प्रभाव की मात्रा का सटीक आकलन करना काफी कठिन प्रयास है, तथापि शोधकार्य एवं सर्वेक्षणों के आधार पर उपलब्ध आंकड़ों से यह तथ्य उभरता है कि मतदाताओं के शिक्षा स्तर में वृद्धि होने से उनकी अभिवृत्ति का रुझान परम्परागत या रुढ़िवादी दलों के समर्थन की ओर अग्रसर होता है। उदाहरणार्थ– भारतीय राजनीतिक परिप्रेक्ष्य में भी शिक्षित नागरिकों का ज्यादा रुझान जनसंघ जो आज की भारतीय जनता पार्टी है की ओर दिखाई पड़ती है। हालांकि, विद्वज्जनों का यह मानना है कि मतदान व्यवहार पर शिक्षा के प्रभाव का आकलन सामाजिक वर्ग, सामाजिक प्रस्थिति, धर्म, व्यवसाय आदि से प्रासंगिक तत्त्वों के आलोक में किया जाना चाहिए। तथ्यतः, शिक्षित नागरिकों का व्यक्तित्व राजनीतिक रूप से अधिक जागरूक होता है। समाचारपत्र, पत्रिका, रेडियो, टेलीविजन आदि के जरिये प्राप्त सभी प्रकार की खबरों की वजह से शिक्षित मतदाताओं में राजनीतिक चेतना का व्यापक प्रसार होता है। शिक्षा उनकी राजनीतिक क्रियाशीलता व राजनीतिक ज्ञान को ऊर्जित करता है, राजनीतिक परिपवक्ता में वृद्धि करती है, और राजनीतिक समस्याओं तथा मुद्दों पर बेहतर निर्णय लेने के योग्य बनाती है। इन विशेषताओं के चलते एक शिक्षित मतदाता निश्चित रूप से मतदान व्यवहार का निष्पादन बुद्धिसंगत आधार पर करता है और योग्य उम्मीदवारों के चयन की दृष्टि से बेहतर मतदाता साबित होता है।

मोटे तौर पर यह कहा जा सकता है कि शिक्षा के स्तर में वृद्धि होने से जहां नागरिक अपनी पारिवारिक मान्यताओं एवं वरीयताओं को अपनाने के संबंध में उत्तम स्थिति को प्राप्त करते हैं तथा सामाजिक स्तरीकरण के परिप्रेक्ष्य में श्रेष्ठ व प्रतिष्ठित स्थान प्राप्त करते हैं, वहीं अपने अर्जित व्यक्तित्व व राजनीतिक ज्ञान के बल पर दलों की सकारात्मक नीतियों व कार्यक्रमों के प्रति आकर्षित होते हैं और व्यवस्था के सामाजिक–राजनीतिक मूल्यों के आलोक में राजनीतिक दल तथा दलों के प्रत्याशियों का समर्थन या विरोध करके व्यवस्था में स्वस्थ राजनीतिक वातावरण एवं स्वस्थ जनमत का निर्माण करते हैं।

2. **पूरक समूह**–सामान्यतः, पूरक समूहों की कोटि के अन्तर्गत व्यवसाय और आय (Occupation and Income) आधारित समूह, सामाजिक वर्ग, धार्मिक समूह, नृजातीय समूह आदि को शामिल किया जाता है। मतदाताओं के मतदान व्यवहार को प्रभावित करने में इन पूरक समूहों की भूमिका काफी महत्त्वपूर्ण होती है। व्यवस्था के सदस्य अपने हितवर्द्धन एवं विविध आवश्यकताओं की पूर्ति के लिए इन समूहों की सदस्यता ग्रहण करते हैं। इन समूहों का लक्ष्य चेतन या अचेतन रूप से सदस्यों के हितों के आधार पर मतदाताओं को संगठित कर उनकी राजनीतिक सोच और मतदान व्यवहार को प्रभावित करना है। इसका मूल उद्देश्य सरकार की नीतियों–निर्णयों व गतिविधियों को अपने हितवर्द्धन की दिशा में मोड़ना है तथा अपने हितों की ओर सरकार का ध्यान आकृष्ट कराना है ताकि व्यवस्था में उनकी स्थिति मजबूत हो सके। ये पूरक समूह अपने सदस्यों को राजनीतिक दलों, दबाव समूहों, की नीतियों–कार्यक्रमों की ओर अभिप्रेरित करते हैं। मतदान व्यवहार के संदर्भ में व्यवसाय एवं आय से संबंधित अध्ययन के आधार पर यह स्पष्ट होता है कि विभिन्न व्यवसायों से संबद्ध नागरिकों में मतदान क्रिया से संबंधित दृष्टिकोण पहले से तय होता है, यानी कि विभिन्न प्रकार के व्यवसाय से संबद्ध लोग किसी विशेष दल के प्रति अपना समर्थन व्यक्त करने की परम्परा स्थापित कर लेते हैं। उदाहरण के तौर पर, भारत में अधिकांश व्यापारी वर्गों द्वारा भारतीय जनता पार्टी को समर्थन देने की परम्परा स्थापित हो गयी है। अध्ययनकर्ताओं का यह भी मानना है कि ऊंची आय वाले व्यवसायों में नीची आय वालों के अपेक्षाकृत राजनीतिक सक्रियता की मात्रा अधिक पायी जाती हैं इसलिए मतदान व्यवहार का स्वरूप भी इनकी गतिविधियों के अनुरूप प्रभावित होता है।

पूरक समूहों की कोटि में शामिल सामाजिक वर्ग भी मतदान व्यवहार को गंभीर रूप से प्रभावित करते हैं। मतदान व्यवहार पर सामाजिक वर्गों के व्यापक प्रभाव पर प्रकाश डालते हुए **लिप्सेट** कहते हैं कि "राजनीतिक दलों का संघर्ष अन्य तत्त्वों की अपेक्षा व्यवस्था में विभिन्न वर्गों के संघर्ष का द्योतक है। राजनीतिक समर्थन का सर्वाधिक महत्त्वपूर्ण तथ्य यह है कि आर्थिक रूप से विकसित सभी व्यवस्थाओं में अपेक्षाकृत कम आय वाले वर्गों के सदस्य वामपंथी विचारधारा वाले दल का समर्थन करते हैं, जबकि उच्च आय–प्राप्त समूहों ने सदैव दक्षिणपंथी विचारधारा वाले दलों का समर्थन किया है। **लिप्सेट** द्वारा निर्वाचन प्रक्रिया को वर्ग संघर्ष के लोकतांत्रिक व्यक्तिकरण की संज्ञा दी गयी है। इस प्रसंग में इनकी अभिव्यक्ति है कि वर्तमान परिप्रेक्ष्य में लोकतांत्रिक राजनीतिक व्यवस्थाओं में मौजूद समूहों के संघर्ष का प्रकटीकरण राजनीतिक दलों के माध्यम से होता है। वस्तुतः, लिप्सेट द्वारा व्यक्त मान्यता में काफी हद तक सच्चाई है कि शारीरिक श्रम बेचने वाला वर्ग वामपंथी दल का समर्थक होता है और मानसिक श्रम करने वाला तथा अधिक आय अर्जित करने वाले समूहों का रुझान दक्षिणपंथी दलों की ओर होता है। तभी तो ब्रिटेन और अमेरिका जैसे विकसित देशों में भी मतदान व्यवहार पर सामाजिक वर्ग का गंभीर प्रभाव पड़ता है। ब्रिटेन के संबंध में तो **पुलजर (Pulzer)** ने लिखा भी है कि "ब्रिटेन में राजनीतिक दलों की राजनीति का मूल आधार वर्ग है, तथा अन्य आधार मात्र अलंकरण विस्तार से संबंधित होते हैं।" सन् 1952 में अमेरिकी राष्ट्रपति के चुनाव में डाले गये मतों के आधार पर **हींज यूलाऊ** भी लगभग इसी निष्कर्ष पर पहुंचे थे।

वर्ग के आधार पर मतदान व्यवहार में पायी जाने वाली भिन्नता के संबंध में **लिप्सेट** का कहना है कि लोगों को अपनी सही सामाजिक स्थिति के संबंध में भ्रम इसकी मूल वजह है। लिप्सेट ने मतदान व्यवहार में विभिन्नता के संदर्भ में वर्गों की विभिन्नता के तीन मूल कारकों की पहचान की है : (i) आय की असुरक्षा, (ii) असंतोषपूर्ण कार्य की स्थिति, तथा (iii) सामाजिक प्रतिष्ठा से संबंधित हीन या उच्च भावना।

इनका मानना है कि यूरोपीय देशों में भी निम्न यानी कि श्रमिक वर्ग से संबद्ध सदस्यों में अपनी आय के प्रति असुरक्षा की भावना बहुत जबर्दस्त होती है। असंतोषपूर्ण कार्य की स्थिति के संबंध में **लिप्सेट** का कहना है कि श्रमिक वर्ग या अधीनस्थ कर्मचारियों के कार्य में एकरसता और अधिकारियों एवं प्रबंधकों के रवैये में पायी जाने वाली स्वेच्छाचारिता की वजह से इस वर्ग में कार्य की स्थिति से असंतोष उत्पन्न होता है। ऐसे में, इन लोगों में सामाजिक परिवर्तनों से अभिप्रेरित आन्दोलनों का समर्थन करने की प्रवृत्ति ज्यादा दिखाई देती है, इसलिए ये वामपंथी दल के समर्थन में खड़े दिखाई देते हैं। तीसरे कारक के रूप में सामाजिक प्रतिष्ठा के प्रति हीन या उच्च भावना के संबंध में लिप्सेट की अभिव्यक्ति है कि सामान्य रूप से श्रमिकों को समाज में हीन दृष्टि से देखा जाता है। यह सर्वविदित तथ्य है कि सामाजिक उपेक्षा और आय के प्रतिशत में कमी की वजह से निम्न वर्ग में

मध्यम तथा उच्च वर्ग के लोगों के प्रति गंभीर आक्रोश का भाव पाया जाता है। सामाजिक प्रतिष्ठा में कमी और निम्न आय की वजह से इस वर्ग के सदस्यों का स्पष्ट झुकाव वामपंथ की तरफ होता है।

पूरक समूहों की कोटि में शामिल धार्मिक एवं नृजातीय समूहों का मतदान व्यवहार पर व्यापक प्रभाव पड़ता है। नृजातीय समूहों की कोटि में, प्रजातीय समूहों (Racial Groups), क्षेत्रीय समूहों (Regional Groups), राष्ट्रीयता पर आधारित समूहों (National Groups) तथा प्रवासियों के समूहों (Immigrant Groups) को शामिल किया जा सकता है। अमेरिका, कनाडा, ऑस्ट्रेलिया तथा भारत आदि संघीय देशों में मतदान व्यवहार पर नृजातीय समूहों का व्यापक असर दिखाई पड़ता है। ब्रिटेन तथा अन्य यूरोपीय देशों में भी इन समूहों का अस्तित्व विद्यमान है। सभी व्यवस्थाओं में इन समूहों द्वारा अपने सदस्यों के हितों के प्रति तादात्म्यता की भावना पायी जाती है तथा ये अपने सदस्यों के सामाजिक आर्थिक हितवर्द्धन व संरक्षण के लिए सदैव तत्पर रहते हैं; इसलिए इन नृजातीय समूहों के बीच काफी तीखी प्रतियोगिता की स्थिति मौजूद होती है। इन समूहों के जिन सदस्यों में अपने समूह के प्रति तादात्म्यता की भावना जितनी प्रबल होती है, वे अपने समूह द्वारा समर्थित राजनीतिक दल के उतने ही कट्टर समर्थक होते हैं।

विभिन्न शोधों एवं सर्वेक्षणों से इस तथ्य का खुलासा होता है कि सामान्यतः नृजातीय समूहों में मतदान व्यवहार के संबंध में परम्परागत रूप से विशिष्ट दल के प्रति रुझान की मनोवृत्ति देखी जाती है। नृजातीय समूहों में मतदान व्यवहार के प्रति प्रदर्शित अभिवृत्ति या किसी दल विशेष के लिए अभिरुचि या कट्टर समर्थन में सामाजिक प्रतिष्ठा एवं स्तरीकरण प्रस्थिति से संबद्ध कारक महत्त्वपूर्ण भूमिका अदा करता है। उदाहरण के तौर पर भारत के दक्षिण के प्रान्तों में द्रविड़ तथा उत्तर भारत में हिन्दू, मुसलमान, सिख, ईसाई, जैन व बौद्ध धर्म के धर्मिष्ठों के मध्य निरन्तर चलने वाली प्रतिद्वन्द्विता से सभी परिचित हैं। इसी भांति अमेरिका में श्वेत और आंग्लसेक्सन प्रोटेस्टेण्ट समूह रिपब्लिकन पार्टी का समर्थन करते हैं, जबकि निम्न सामाजिक स्तर वाले कैथोलिक यहूदी नीग्रो तथा अन्य निम्न स्तरीय समूह डेमोक्रेटिक पार्टी का समर्थन करते हैं। कनाडा में इंग्लिश एवं फ्रेंच राष्ट्रीयताओं के बीच संघर्ष की स्थिति पायी जाती है तथा दक्षिणी अफ्रीका में इंग्लिश तथा डच समुदाय के बीच पाया जाने वाला विरोध भी काफी महत्त्वपूर्ण है।

किसी भी व्यवस्था में मौजूद नृजातीय एवं धार्मिक समूहों में पायी जाने वाली दलीय वरीयताओं की मुख्य वजह अल्पसंख्यक नृजातीय एवं धार्मिक समूहों के विरुद्ध बहुसंख्यक नृजातीय एवं धार्मिक समूहों की मानसिकता, भेदभाव करने की नीति तथा अल्पसंख्यक समूहों में विद्यमान असुरक्षा की भावना है। ऐसे में यदि अल्पसंख्यक समूहों की सामाजिक प्रतिष्ठा कम हो तथा इनकी आय भी निम्न स्तर की हो तो बहुसंख्यक समूहों के प्रति ये अपने अन्दर तीव्र विरोध की भावना पालते हैं। इस प्रसंग के उदाहरणार्थ अमेरिका के मतदान व्यवहार में नीग्रो, यहूदियों तथा कैथोलिकों की वरीयताओं को देखा जा सकता है। सामान्य रूप से यह देखा जाता है कि बहुसंख्यक समुदाय के धर्म के प्रति अल्पसंख्यक धर्मावलंबियों में विरोध, भय व असुरक्षा की मनोवृत्ति पायी जाती है और यह मनोदशा ही उन्हें अपनी मानसिकता के अनुरूप वरीयताओं के प्रदर्शन के लिए अभिप्रेरित व बाध्य करती है। भारत में भी अल्पसंख्यक धर्मावलंबी एवं बहुसंख्यकों के मध्य विरोध, असंतोष, असुरक्षा एवं भय की स्थिति को सर्वत्र देखा जा सकता है।

3. **प्राथमिक समूह**—मतदान व्यवहार को प्रभावित करने वाले वर्गों की कोटि में तीसरा स्थान प्राथमिक समूहों का है। सामान्य रूप से सभी नागरिकों के मतदान व्यवहार पर सबसे ज्यादा सीधा प्रभाव प्राथमिक समूह ही डालते हैं। ये समूह व्यवस्था में परिवार, दोस्त एवं सहयोगियों से व्यक्ति के संबंधों के बोधक हैं। नृजातीय एवं धार्मिक समूहों के सदस्यों की अभिवृत्ति–निर्माण में भी प्राथमिक समूहों की भूमिका सबसे अहम् होती है। सामान्य रूप से प्राथमिक समूहों का नागरिकों के व्यक्तित्व पर प्रभाव कोटिबद्ध समूहों तथा पूरक समूहों से प्रेरित होता है, और उसी दिशा में होता है। लेकिन, जब तीनों समूहों द्वारा प्रदर्शित व निर्देशित प्रभावों में विरोध की स्थिति उत्पन्न हो जाय तो एक नागरिक सबसे ज्यादा अपने प्राथमिक समूहों के प्रभाव में मतदान क्रिया को अंजाम देता है। मतदान व्यवहार पर प्राथमिक समूहों के पड़ने वाले प्रभावों का अध्ययन यहां पति–पत्नी, माता–पिता संतान तथा दोस्त एवं सहभागियों से संबंधों का आधार प्रस्तुत किया जा रहा है।

पति-पत्नी समूह–पति–पत्नी के बीच राजनीतिक विचारों की समानता समाजीय–मनोवैज्ञानिक सत्य माना गया है, अतः मतदान क्रिया के निष्पादन में दोनों के बीच व्यवहार प्रदर्शन की समानता का पाया जाना आम बात है। **मेकोवो, मैथ्यूज तथा मार्टन** अपने शोधकार्य द्वारा इस निष्कर्ष पर पहुंचे हैं कि पति–पत्नी के संबंध में दोनों एक–दूसरे पर व्यापक प्रभाव डालते हैं। **एंगस, कैम्पवैल** तथा अन्य शोधकर्ताओं के अध्ययन से यह स्पष्ट होता है कि 95 प्रतिशत पति–पत्नी के मतदान व्यवहार में समानता पायी जाती है। विशेष रूप से जब पत्नी राजनीति के प्रति उदासीन हो और पति राजनीति में सक्रिय हो तो मतदान के संबंध में पति द्वारा निर्धारित वरीयताओं का अनुसरण पत्नी स्वाभाविक रूप से करती है।

माता-पिता एवं संतान–आरंभिक आयु के मतदाताओं पर दलीय वरीयताओं के निर्धारण के संबंध में माता–पिता की राजनीतिक सोच व रुझान का गहरा प्रभाव पड़ता है। यहां ध्यान देने योग्य बात यह है कि यदि माता–पिता में संबंध सुखद हो और विचारों में साम्यता हो तो संतान पर उनकी सोच का प्रभाव ज्यादा गहरा होता है। लेकिन, यदि दोनों के बीच वैचारिक मतभेद हों और संबंध अच्छे न हों तो संतान का विचार भी मतभेद से ग्रसित होता है, और यदि माता–पिता राजनीतिक प्रक्रियाओं के प्रति उदासीन होते हैं तो संतान भी मतदान व्यवहार से संबंधित दलीय वरीयताओं का निर्धारण स्पष्ट रूप से नहीं कर पाती हैं।

दोस्त एवं सहयोगी–प्राथमिक समूहों की कोटि में शामिल दोस्त एवं सहयोगियों के विचारों का भी एक मतदाता के मतदान व्यवहार पर गहरा प्रभाव पड़ता है। दोस्त एवं सहयोगियों की समीपता व घनिष्ठता में एक मनोवैज्ञानिक वातावरण बनता है, जिसमें एक नागरिक राजनीति के संबंध में अपनी पसंद–नापसंद पर खुलकर चर्चा करता है। इस प्रसंग में वह अपने अन्दर राजनीति से संबंधित कई नये तत्त्वों को समावेशित भी करता है और कई गूढ़ तत्त्वों से अपने दोस्तों सहयोगियों को भी परिचित कराता है। इस प्रक्रिया के दौरान या तो एक मतदाता अपने दोस्तों एवं सहयोगियों को अपनी राजनीतिक सोच, विश्वास तथा दलीय वरीयताओं को मनवाने में सफल होता है या अपने दोस्तों–सहयोगियों की राजनीतिक सोच एवं वरीयताओं से प्रभावित होकर उनका अनुसरण करता है और अपने मतदान व्यवहार को उनकी सोच के प्रभाव में अंजाम देता है। मतदान व्यवहार को प्रभावित करने के संबंध में दोस्त और सहयोगियों के व्यवहार से गढ़ने वाले प्रभावों से संबंधित तथ्य का खुलासा अमेरिकी शोधकर्ताओं में पहले **बरनार्ड बेरेलसन** (Bernard Berelson) तथा उसके सहयोगियों ने किया। अमेरिका में कैम्ब्रिज (Cambridge) तथा एलमिरा (Elmira) नामक जगहों पर दोस्त तथा सहयोगियों के प्रभाव पर किये गये शोधों व सर्वेक्षणों से यह तथ्य स्पष्ट होता है कि मतदान व्यवहार पर उनके सान्निध्य का व्यापक प्रभाव पड़ता है।

उपर्युक्त विवेचित संदर्भ का सबसे अहम् सवाल यह है कि इनमें से कौन सा समूह मतदान व्यवहार को सबसे ज्यादा प्रभावित करता है इस प्रसग में **मेकोवो, मैथ्यूज तथा मार्टन** द्वारा किये गये शोधकार्य से यह स्पष्ट होता है कि युवा मतदाताओं के मतदान व्यवहार पर सबसे ज्यादा प्रभाव अपनी पत्नी का होता है, इसके पश्चात् दोस्तों–सहयोगियों का।

मतदान व्यवहार पर मध्यवर्ती परिवर्त्यों का प्रभाव (Effect of Intervening Variables on Voting Behaviour)

समाजीय–मनौवैज्ञानिक, कारकों को मतदान व्यवहार के अध्ययन–प्रसंग में मध्यवर्ती परिवर्त्यों की कोटि में शामिल किया जाता है। मतदान व्यवहार को प्रभावित करने वाले दो प्रमुख परिवर्त्यों–अधीनस्थ एवं स्वतंत्र के विश्लेषण से इस तथ्य का स्पष्टीकरण होता है कि जहां अधीनस्थ परिवर्त्य मतदाताओं की गतिविधियां एवं दल तथा प्रत्याशियों के पक्ष में उनकी राजनीतिक वरीयताओं के द्योतक हैं, वहीं स्वाधीन परिवर्त्यों का संबंध राजनीतिक व्यवहार पर सामाजिक, आर्थिक, सांस्कृतिक व धार्मिक तत्त्वों–कारकों के प्रभाव से प्रासंगिक है। लेकिन, नागरिकों द्वारा प्रदर्शित मतदान व्यवहार अनेकानेक पेचीदगियों से ग्रस्त होता है, जिसके जटिल पक्षों का तात्त्विक विश्लेषण सिर्फ अधीनस्थ एवं स्वाधीन परिवर्त्यों के आलोक में यथोचित रूप से करना संभव नहीं है। स्वाधीन परिवर्त्यों के

आलोक में अध्ययन करके मतदाताओं द्वारा निरूपित मतदान व्यवहार में रुझान की प्रवृत्ति एवं प्रवाह (Trends and Tendencies) की जानकारी होती है, लेकिन इस विश्लेषण के माध्यम से मतदान व्यवहार से संबंधित विचलित व्यवहार (Restless, Fickle, Nervous, Demoralized, Deviated Behaviour) की यथातथ्य जानकारी नहीं हो पाती है। इन विचलित, अस्थिर व ढुलमुल व्यवहारों का निरूपण अचानक नहीं होता है, बल्कि इसके निर्माण के पीछे कुछ तर्कसंगत कारकों का अस्तित्व होता है। दृष्टान्तस्वरूप ब्रिटेन का श्रमिक वर्ग जब अनुदार दल को मतदान करता है और सम्पन्न वर्ग वामपंथी दल को मत प्रदान करता है तो ऐसे सवाल युक्तिसंगत हैं कि नागरिकों द्वारा निरूपित मतदान व्यवहार अपने संबद्ध वर्ग से प्रभावित होता है या नहीं और यदि होता है तो कितना?

इस प्रसंग में अमेरिका के अध्ययनकर्ताओं का यह मानना है कि विकसित व्यवस्था होने की वजह से सामान्य लोगों का जीवन स्तर काफी उन्नत हो चुका है, इसलिए श्रमिक वर्ग के विचारों में काफी प्रगतिशीलता आ चुकी है और वैचारिक विरोध का लगभग अन्त हो चुका है। **मार्क्स** ने इसे वर्ग संबंधी मिथ्या चेतना कहा है तो समाजशास्त्रियों ने इसे सामाजिक स्थिति का भ्रम या स्थिति से अपतादात्म्यता का नाम दिया है। यहां विवेचित प्रसंग का मूल उद्देश्य उन कारकों की तलाश है जिसकी वजह से एक मतदाता मतदान करते समय अपने सामाजिक पर्यावरण से प्रभावित नहीं हो पाता है।

ऑस्टिन रैनी ने इससे संबंधित तीन कारकों की चर्चा की है : (1) दलीय तादात्म्यता (Party Identification), (2) प्रत्याशी के प्रति अभिविन्यास (Orientation for Candidate), (3) मुद्दों के प्रति अभिमुखीकरण (Orientation for Issues)। इन कारकों के साथ कुछ अन्य तत्त्वों को भी समावेशित किया जा सकता है, मसलन–चुनाव के औचित्य से संबद्ध धारणा, चुनाव परिणामों के प्रभाव का पूर्वानुमान, राजनीतिक प्रभावशीलता की चेतना, नागरिक कर्त्तव्य का विवेक, जनलामबन्दी का प्रभाव इत्यादि। मध्यवर्ती परिवर्त्य व्यवस्था में समाजीय–मनोवैज्ञानिक कारकों–तत्त्वों के प्रभाव में होता है, जिसका मतदान व्यवहार के संदर्भ में स्वाधीन परिवर्त्यों की भांति विश्लेषण करना कठिन कार्य है, क्योंकि विश्लेषण–प्रसंग में यह अन्तस्थ (Intervening) तत्त्वों का द्योतक है।

ऑस्टिन रैनी द्वारा उल्लिखित कारकों को विस्तार से निम्नलिखित संदर्भों के तहत देखा जा सकता है :

1. **दलीय तादात्म्यता**–दलीय तादात्म्यता में स्वाधीन एवं मध्यवर्ती परिवर्त्यों का संयोग है। ये तत्त्व व्यवस्था में मौजूद सामाजिक वर्ग, धर्म आदि से प्रासंगिक तत्त्वों से प्रभावित होने के बावजूद अपना स्वतंत्र अस्तित्व बनाये रखते हैं। यहां दलीय तादात्म्यता का अभिप्राय नागरिकों का किसी दल के साथ मनौवैज्ञानिक संबंध से है। **कैम्पबेल** ने इसका अर्थ किसी राजनीतिक दल के साथ नागरिक की सामान्य आसक्ति (Attachment) बताया है। राजनीतिक दलों के नेता एवं चुनाव में दलों के प्रत्याशी नागरिकों के बीच दलीय तादात्म्यता का ज्यादा–से–ज्यादा विस्तार करने में लगे रहते हैं, क्योंकि इससे व्यवस्था में उनका जनाधार बढ़ता है और जनसमर्थन का दायरा विस्तारित होता है। इसीलिए, अमेरिका, ब्रिटेन आदि विकसित देशों में दलों के साथ तादात्म्यता रखने वाले नागरिकों की संख्या विकासशील देशों की अपेक्षा काफी व्यापक होती है, ऐसा अमेरिका में किये गये शोध के आंकड़ों से पता चलता है। भारतीय परिप्रेक्ष्य में इसका ताजा उदाहरण भाजपा द्वारा चलाया जाने वाला सदस्यता अभियान है। जिसकी बदौलत भाजपा द्वारा सदस्यों की संख्या नौ करोड़ के ऊपर पहुंचने का एवं चीन की साम्यवादी दल को पीछे छोड़ कर विश्व की सबसे बड़ी सदस्यों वाली पार्टी होने का दावा किया जा रहा है।

दलीय तादात्म्यता से प्रासंगिक कुछ वास्तविकताओं को रेखांकित किया गया है : (i) दलीय तादात्म्यता संस्थापित होने के बाद संबंध में निरन्तरता स्थापित हो जाती है इसलिए यह संबंध समाज में वर्ग, धर्म आदि स्वाधीन परिवर्त्यों के प्रभाव से प्रभावित नहीं होता है। (ii) दलीय तादात्म्यता एक मनोवैज्ञानिक प्रसंग है, जिसे एक नागरिक अनुभव करता है और समय के साथ यह संबंध मजबूती की दिशा में अग्रसर होता रहता है। (iii) दल के समर्थक के रूप में कोई भी नागरिक अपने समर्थित दल की नीतियों–कार्यक्रमों व मुद्दों से संबंधित सभी आयामों को पूरी तरह पसंद नहीं करता है, लेकिन फिर भी वह अपनी अभिरुचि के दल के साथ अपनी तादात्म्यता बनाये रखता है, क्योंकि वह नीतियों–कार्यक्रमों से ज्यादा नेता के व्यक्तित्व से प्रभावित होता है। इसे नागरिकों का आत्मपरक मूल्यांकन (Subjective Orientation) कहा जाता है। इस प्रसंग में ब्रिटिश समाजशास्त्री **कोटग्रोव** (Cotgrove) का कहना है कि, "यह सत्य है कि मतदाता किसी राजनीतिक दल का समर्थन उसकी

नीतियों की अपेक्षा उसके व्यक्तिकरण या बिम्ब की वजह से करते हैं, दलों को उनकी नीतियों, मुद्दों के साथ समंजित करने में सहायक बनते हैं तथा विशेष मुद्दों पर असहमति रखने के बावजूद अपने दल को निरन्तर समर्थन देते रहते हैं।''

2. **प्रत्याशी के प्रति अभिविन्यास**–सामाजीय मनोवैज्ञानिक परिप्रेक्ष्य में मतदान व्यवहार को प्रभावित करने वाला दूसरा महत्त्वपूर्ण कारक प्रत्याशियों के प्रति अभिविन्यास है। यह कारक नागरिकों को प्रत्याशियों की विशेषताओं से प्रासंगिक तत्त्वों के प्रति आकर्षित होने से संदर्भित है। इसमें अपने नेता के संबंध में मतदाताओं की प्रवृति, मान्यताएं, मूल्य, विश्वास व प्रतिबद्धता आदि का प्रसंग समावेशित है। नेता या प्रत्याशियों के प्रति मतदाताओं का अभिविन्यास दलीय कार्यक्रमों, नीतियों, मुद्दों से अलग उनके व्यक्तिगत गुणों के प्रभाव में होता है और इसी मानसिकता से प्रेरित होकर एक मतदाता अपने मतदान व्यवहार को अंजाम देता है। एक मतदाता का किसी प्रत्याशी या नेता के प्रति अभिविन्यास दो तत्त्वों पर आधारित होता है, **प्रथम**–प्रत्याशी के कारणात्मक गुणों (Instrumental Qualities) की वजह से, **द्वितीय**–प्रत्याशी के प्रतीकात्मक गुणों (Symbolic Qualities) की वजह से। अमेरिका में आइजनहावर, निक्सन, कैनेडी आदि का राष्ट्रपति के रूप में मतदाताओं द्वारा निर्वाचित किये जाने के मूल में उनके व्यक्तित्व से संदर्भित कारणात्मक एवं प्रतीकात्मक दोनों गुणों का योगदान है। भारत में प्रधानमंत्री के रूप में पंडित नेहरू, श्रीमति गांधी, नरेंद्र मोदी आदि के सत्तासीन होने के मूल में यह कारक ही प्रभावी रहा है।

लेकिन, इस संबंध में ध्यान देने योग्य कुछ तथ्य इस प्रकार हैं : (i) मतदाता के मतदान व्यवहार पर प्रत्याशियों के प्रति अभिविन्यास का प्रभाव अप्रत्यक्ष की अपेक्षाकृत प्रत्यक्ष निर्वाचन पर अधिक होता है। यही वजह है कि चुनाव प्रचार के दौरान सभी राजनीतिक दल अपने प्रत्याशियों के वैयक्तिक गुणों का प्रचार काफी बढ़ा–चढ़ा कर करते हैं। अप्रत्यक्ष निर्वाचन प्रक्रिया में मतदाताओं की तादात्म्यता का प्रभाव उम्मीदवारों की अपेक्षा दलों के प्रति ज्यादा होती है। (ii) रैनी की ऐसी मान्यता है कि अध्यक्षात्मक शासन में प्रत्याशियों के प्रति अभिविन्यास का महत्त्व संसदीय शासन की अपेक्षा ज्यादा होता है। इनकी दृष्टि में चर्चिल, हेरॉल्ड विल्सन आदि को इस नियम का अपवाद माना जा सकता है। (iii) प्रत्याशी के प्रति अभिविन्यास का प्रभाव सामान्य रूप में निम्न पदों की अपेक्षा उच्च पदों पर ज्यादा दिखाई देता है, यानी कि, प्रधानमंत्री या राष्ट्रपति जैसे प्रभावशाली पदों पर प्रत्याशियों के व्यक्तित्व का आकर्षण मतदाताओं को ज्यादा प्रभावित एवं अभिप्रेरित करता है। (iv) स्थानीय सरकारों के चयन की अपेक्षा राष्ट्रीय सरकार के चुनाव के समय प्रत्याशियों के प्रति अभिविन्यास से संबंधित राजनीतिक व्यक्तित्व से आकर्षण का प्रसंग ज्यादा प्रभावी होता है और स्थानीय सरकार के चुनाव में यह परिवर्त्य अपेक्षाकृत कम महत्त्वपूर्ण होता है। (v) विकसित देशों की अपेक्षा विकासशील देशों के मतदाताओं पर प्रत्याशियों के प्रति अभिविन्यास का प्रभाव ज्यादा दिखाई देता है।

हालांकि **आल्मंड, लुसियन पाई, सिडनी वर्बा** सरीखे विद्वानों ने अपने शोध सर्वेक्षणों तथा निष्कर्षों के आधार पर यह स्थापित कर दिया है कि विकासशील व्यवस्थाओं में भी एक सुसंगत–स्पष्ट राजनीतिक संस्कृति संस्थापित हो चुकी है और इन व्यवस्थाओं के मतदाताओं के व्यवहार–प्रदर्शन एवं राजनीतिक भूमिकाओं में सुस्पष्टता, निश्चितताएं अवैयक्तिकता का पुट समावेशित हो चुका है। मतदाता मतदान क्रिया को निष्पादित करते समय राजनीतिक दलों से संबद्ध समस्त परिवर्त्यों पर गहन दृष्टि रखता हैं और व्यवस्थागत मान्यताओं मूल्यों के आलोक में मतदान व्यवहार को अंजाम देते हैं। लेकिन, इन तमाम स्थितियों के बावजूद एशिया, अफ्रीका की विकासशील व्यवस्थाओं में विखंडित राजनीतिक संस्कृति और कई उपसंस्कृतियों की मौजूदगी की वजह से मतदान व्यवहार पर व्यक्तिपूजा, जातिवाद, धर्मवाद, वर्गवाद, प्रान्तवाद आदि तत्त्वों का गहन प्रभाव दिखाई देता है। इन प्रभावकारी तत्त्वों के प्रभाव में मतदाताओं के लिए प्रत्याशियों के व्यक्तित्व का आकर्षण अभी भी चुनाव का मुख्य केन्द्र होता है। यहां मतदाताओं पर प्रत्याशियों में मौजूद कारणात्मक गुणों की अपेक्षा प्रतीकात्मक गुणों का ज्यादा प्रभाव होता है। वस्तुतः, विकासशील व्यवस्थाओं के मतदाता मतदान करते समय समाजीय–आर्थिक व मनोवैज्ञानिक तत्त्वों के प्रभाव में होते हैं, इसलिए इन व्यवस्थाओं में प्रत्याशियों के प्रति अभिविन्यास कारक अत्यधिक महत्त्वपूर्ण है, क्योंकि इसका सीधा सरोकार नागरिकों के मतदान व्यवहार से होता है।

3. **मुद्दों के प्रति अभिविन्यास**—नागरिकों के मतदान व्यवहार पर राजनीतिक दलों द्वारा उठाये गये मुद्दों, समस्याओं और उनके समाधान के लिए प्रस्तुत किये गये सुझावों, उपायों, नीतियों व कार्यक्रमों का भी गंभीर प्रभाव पड़ता है। इससे मतदाताओं की मुद्दों के प्रति अभिविन्यास की संज्ञा दी गयी है। लेकिन सामान्य तौर पर यह माना जाता है कि मतदान व्यवहार पर इसका प्रभाव बहुत गहन नहीं पड़ता है। **कैम्पबेल** तथा उनके सहयोगी अध्ययनकर्ताओं का यह मानना है कि मतदाताओं के मतदान व्यवहार पर किसी राजनीतिक–सामाजिक मुद्दे का गंभीर प्रभाव तभी पड़ता है जब उसमें कुछ विशेषताएं निहित होती है; जैसे—

(i) यदि राजनीतिक दलों, द्वारा उन मुद्दों की प्रस्तुति इतनी गंभीरता से की जाय कि वह मतदाताओं के मनमस्तिष्क को गहन रूप से प्रभावित कर सकें, यानी कि वो मुद्दा मतदाता के संज्ञानात्मक पक्ष को ऊर्जित कर सके।

(ii) राजनीतिक दलों द्वारा मुद्दों की प्रस्तुति में इतना तीखापन होना चाहिए कि मतदाता मतदान करते समय उन मुद्दों के गंभीर प्रभाव में हो।

(iii) राजनीतिक दलों द्वारा मुद्दों की प्रस्तुति इस रूप में होनी चाहिए कि वह नागरिकों की मान्यताओं, मूल्यों व दृष्टिकोणों को सीधे इस रूप में प्रभावित करे और मतदाताओं का आकर्षण अन्य दलों की नीतियों की अपेक्षा प्रस्तुतकर्ता दल की नीतियों के प्रति हो जाय। **कैम्पबेल** की ऐसी मान्यता है कि इन तीनों शर्तों पर खरा उतरकर ही कोई राजनीतिक मुद्दा नागरिकों के मतदान व्यवहार को प्रभावित करने का माद्दा रख सकता है।

मतदान संबंधी सर्वेक्षणों से यह ज्ञात होता है कि राजनीतिक मुद्दों के संबंध में ऊपर विवेचित विशेषताएं उन्हीं मतदाताओं को प्रभावित करती हैं जिनकी दलीय तादात्म्यता काफी मजबूत होती है। इससे इस तथ्य का खुलासा होता है कि राजनीतिक दलों की वैचारिकी (Ideology) जितनी स्पष्ट होगी, मतदाता उसी अनुपात में दल से तादात्म्यता को अनुभव करेगा और आनुभविक आधार पर दलीय राजनीतिक मुद्दों से प्रभावित होकर उसके अनुरूप मतदान व्यवहार का निरूपण करेगा। इस संदर्भ में ब्रिटेन और अमेरिका के मतदाताओं द्वारा निरूपित मतदान व्यवहार का अध्ययन करने से यह तथ्य उभरता है कि ब्रिटिश मतदाताओं में अमेरिकी मतदाताओं की अपेक्षा राजनीतिक मुद्दों के प्रति अभिविन्यास की चेतनीयता अधिक पायी जाती है तथा अन्य यूरोपीय देशों में ब्रिटेन के नागरिकों की अपेक्षा मुद्दों के प्रति सजगता की मात्रा अधिक होती है, क्योंकि अमेरिका की अपेक्षा ब्रिटेन में और ब्रिटेन की तुलना में अन्य यूरोपीय देशों के राजनीतिक दलों में वैचारिक विभिन्नताएं काफी प्रखर होती हैं। हालांकि वर्तमान समय में अमेरिकी दलों के मध्य भी वैचारिक भिन्नता में वृद्धि हुई है, साथ ही वहां के मतदाताओं में वैचारिक भिन्नता के आधार पर दलों के प्रति आकर्षण काफी बढ़ा है, लेकिन फिर भी स्थिति ब्रिटेन या अन्य यूरोपीय देशों की भांति नहीं है। भारत एवं विकासशील देशों के मतदाता विकसित देशों की अपेक्षा राजनीतिक मुद्दों के प्रति ज्यादा आकर्षित होते हैं और उनके मतदान व्यवहार पर मुद्दों के प्रति अभिविन्यास का गहरा असर दिखाई देता है, लेकिन जातियों का राजनीतिकरण, गरीबी, आर्थिक पिछड़ापन, जनसंपर्क के साधनों की अपर्याप्तता तथा अनेक उपसंस्कृतियों के अस्तित्व की मौजूदगी की वजह से मुद्दों के प्रति अभिविन्यास का रूप स्पष्ट नहीं हो पाता है। निष्कर्षतः, यह कहा जा सकता है कि मतदान व्यवहार से संबंधित उपरोक्त तीनों मध्यवर्ती परिवर्त्यों का प्रभाव मतदाताओं के व्यवहार पर पड़ता है, लेकिन इसकी मात्रा की तीव्रता व्यवस्थागत परिस्थिति और पर्यावरण के अनुरूप घटती–बढ़ती रहती है।

मतदान व्यवहार को प्रभावित करने वाले अन्य कारक (Other Factors Effected the Voting Behaviour)

इसके अतिरिक्त कुछ अन्य तत्त्व भी हैं जो मतदान को प्रभावित करते हैं। ये तत्त्व निम्नलिखित हैं :

1. **राजनीतिक प्रभावशालिता की भावना एवं मतदान व्यवहार**—राजनीतिक प्रभावशालिता सम्पूर्ण राजनीतिक क्रियाओं का मर्मतत्त्व है। समाजीय मनोवैज्ञानिक कारक के रूप में इस केन्द्रीय तत्त्व का मतदान व्यवहार के प्रसंग में स्वतंत्र महत्त्व है। इस कारक के निर्माण में कई तत्त्वों का योग समावेशित होता है। इस कारक का

संबंध प्रत्याशियों की प्रभावशालिता से होता है। मतदान व्यवहार को प्रभावित करने में इस समाजीय–मनोवैज्ञानिक कारक की भूमिका काफी अहम् होती है। अमेरिका में 1956 के राष्ट्रपति चुनाव में किये गये शोध के आधार पर **कैम्पबेल** ने इस तथ्य का खुलासा किया है।

2. **नागरिक कर्त्तव्य की भावना एवं मतदान व्यवहार**—मतदाताओं के मतदान व्यवहार को प्रभावित करने वाले तत्त्वों में नागरिक कर्त्तव्य की भावना एक महत्त्वपूर्ण समाजीय–मनौवैज्ञानिक कारक है। जिन नागरिकों में कर्तव्यपरायणता की भावना जितनी ज्यादा होती है, वह मतदाता के रूप में अपने राजनीतिक व्यवहार के निर्वहन के प्रति उतना ही जवाबदेह होता है और एक जवाबदेह नागरिक होने की वजह से वह एक जागरूक मतदाता की भूमिका अदा करता है। नागरिक कर्त्तव्य की भावना मतदाताओं की राजनीतिक सक्रियता में वृद्धि करता है और चुनाव के समय राजनीतिक सहभागिता के प्रतिशत में वृद्धि करता है। **कैम्पबेल** एवं उनके सहयोगी शोधकर्ताओं द्वारा 1956 के अमेरिकी राष्ट्रपति के चुनाव पर किये गये शोध से इस तथ्य का खुलासा हुआ कि जिन नागरिकों में राजनीतिक कर्त्तव्य की भावना तीव्र थी, उनके द्वारा बड़ी संख्या में मतदान क्रिया में भागीदारी की गयी।

3. **विचारधारा का प्रभाव एवं मतदान व्यवहार**—एक समाजीय–मनोवैज्ञानिक तत्त्व के रूप में मतदान व्यवहार पर विचारधारा का प्रभाव काफी महत्त्वपूर्ण कारक है। एक स्वतंत्र समाजीय–मनोवैज्ञानिक परिवर्त्य के रूप में राजनीति पर विचारधारा का प्रभाव काफी गहरा होता है। विचारधारा का प्रभाव विकसित एवं विकासशील देशों के नागरिकों पर समान रूप से पाया जाता है, इसलिए दोनों व्यवस्थाओं के मतदाताओं के मतदान व्यवहार पर विचारधारा का स्पष्ट प्रभाव दृष्टिगोचर होता है। मतदाताओं की दलीय तादात्म्यता पर भी विचारधारा का काफी प्रभाव होता है। किसी भी राजनीतिक व्यवस्था की सैद्धान्तिक एवं व्यावहारिक राजनीति की रूपरेखा के निर्धारण के प्रसंग में विचारधारा का बहुत महत्त्व है।

4. **चुनाव प्रचार (Electionering) एवं मतदान व्यवहार**—मतदान व्यवहार से संबद्ध उपर्युक्त कारकों, तत्त्वों व परिवर्त्यों के अतिरिक्त कुछ अन्य महत्त्वपूर्ण तत्त्व भी हैं जो मतदान व्यवहार के प्रसंग में वरीयता-निर्धारण में प्रमुख भूमिका निभाते हैं। इस प्रसंग में चुनाव प्रचार का स्थान काफी महत्त्वपूर्ण है। यह सत्य है कि राजनीतिक गतिविधियों पर विरोधी दबावों में वृद्धि होने से राजनीतिक सहभगिता के प्रति मतदाताओं की रुचि में कमी होती है, लेकिन चुनाव प्रचार वह कारक है जो राजनीतिक दृष्टि से मतदाताओं में सक्रियता बढ़ाता है। मतदाताओं द्वारा वरीयता निर्धारण में चुनाव प्रचार की भूमिका काफी अहम् होती है। चुनाव प्रचार मतदाताओं की राजनीतिक गतिविधियों एवं मतदान व्यवहार को जिन संदर्भों में प्रभावित करता है, उनमें प्रमुख हैं :

(i) राजनीतिक दलों द्वारा संचालित चुनाव प्रचार अभियान से वोटरों में चुनाव के प्रति आकर्षण पैदा होता है। व्यापक स्तर पर चलाये जाने वाले चुनाव प्रचार अभियान नागरिकों में राजनीतिक दलों एवं प्रत्याशियों के प्रति, उनकी कार्यशैली के प्रति जिज्ञासा का भाव उत्पन्न करता है। यह नागरिकों को राजनीतिक स्तर पर सक्रिय और जिज्ञासु बनाता है। यह कारक मतदान करने के लिए अभिप्रेरित करने का और मतदान प्रतिशत में बढ़ोत्तरी का द्योतक है।

(ii) राजनीतिक दल एवं प्रत्याशियों द्वारा चलाये जाने वाले चुनाव प्रचार का उद्देश्य अपने समर्थक मतदाताओं में राजनीतिक चेतना जगाना, समर्थकों का मनोबल बढ़ाना, तथा उनके राजनीतिक इरादों को मजबूत करना होता है। व्यवस्थित और सघन चुनाव प्रचार जहां एक ओर वोटरों की राजनीतिक उदासीनता को दूर करता है, वहीं चुनाव की प्रचार शैली मतदाताओं को लुभाती है और दूसरे दलों में जाने से रोकती है।

(iii) चुनाव प्रचार नागरिकों के अन्दर राजनीति के प्रति दृष्टिकोण को विकसित करके उन्हें मतदान कार्य के लिए राजनीतिक स्तर पर अभिप्रेरित करता है। चुनाव प्रचार के माध्यम से ऐसे व्यक्तियों को भी राजनीति में क्रियाशील बनाया जा सकता है जो आमतौर, पर राजनीतिक विषयों—मुद्दों के प्रति उदासीन हुआ करते हैं। वस्तुतः, बेहतर चुनाव प्रचार मतदाताओं में राजनीतिक ज्ञान में बढ़ोत्तरी करता, साथ–ही, राजनीतिक चेतना का भी प्रसार करता है।

(iv) चुनाव प्रचार के समय पूरी व्यवस्था का पर्यावरण राजनीतिमय हो जाता है। इस वजह से आम मतदाताओं में दलों के प्रत्याशियों के प्रति रुझान की स्पष्ट तस्वीर दिखाई देने लगती है। ऐसे में नागरिकों की

क्रियाशील राजनीति के प्रति संज्ञानात्मक, भावात्मक एवं मूल्यांकनात्मक अभिविन्यास की क्षमता में बेतहाशा वृद्धि होती है।

निष्कर्षतः, चुनाव प्रचार एक ऐसा समाजीय मनोवैज्ञानिक तत्त्व या कारक है जो मतदाताओं को राजनीति का प्रशिक्षण देने में सर्वप्रमुख भूमिका निभाता है। चुनाव प्रचार के समस्त आयाम, चुनाव संबंधी समस्त राजनीतिक गतिविधियां व्यवस्था में हमेशा नये सिरे से चुनावी जनमत का निर्माण करती हैं, जिसका परिणाम चुनाव समाप्ति के उपरान्त किसी दल के स्पष्ट जनादेश के रूप में सामने आता है। ये समस्त चुनावी राजनीतिक प्रक्रियाएं प्रत्यक्ष रूप से मतदान व्यवहार को प्रभावित करती हैं।

5. **मतदान व्यवहार पर जनसंपर्क के साधनों का प्रभाव**—जनसंपर्क के समस्त साधनों को स्वस्थ जनमत–निर्माण का सबसे प्रमुख माध्यम माना गया है। सामान्यतः, लोकतंत्र में जनमत ही मतदान व्यवहार द्वारा जनादेश में परिवर्तित होता है। इसी वजह से सभी राजनीतिक दल अपने पक्ष में जनमत के निर्माण एवं जनमत को मोड़ने के लिए जी–तोड़ प्रयास करते रहते हैं। इसका अर्थ यह हुआ कि जनमत ही सरकार–निर्माण का मर्मतत्त्व है। इस प्राणाधार तत्त्व के निर्माण में सबसे अहम् भूमिका जनसंपर्क के साधनों की होती है। इस तर्ज पर मतदान व्यवहार के निर्माण–निरूपण एवं प्रत्याशियों के वरीयता निर्धारण एवं चयन में जनसंपर्क के सभी साधन आधारतत्त्व एवं आधार–माध्यम की भूमिका अदा करते हैं। जनसंपर्क के प्रमुख साधनों में समाचारपत्र, पत्रिकाएं, रेडियो, टेलीविजन, राजनीतिक साहित्य आदि मतदाताओं को वरीयताओं के चयन तथा राजनीतिक दलों एवं प्रत्याशियों द्वारा संचालित नीतियों एवं कार्यक्रमों के आधार पर पसंदगी–नापसंदगी के लिए आधारतत्त्व मुहैया कराते हैं। चुनाव प्रचार के दौरान जनसंपर्क के माध्यमों द्वारा किसी भी दल या प्रत्याशी की अच्छाइयों व कमजोरियों को नागरिकों के समक्ष उजागर किया जाता है। इससे किसी भी दल या प्रत्याशी के प्रति स्पष्ट दृष्टिकोण के निर्माण में मतदाताओं को काफी मदद मिलती है। जनसंपर्क के माध्यम द्वारा सरकारी नीतियों तथा कार्यक्रमों का भी जोर–शोर से प्रचार–प्रसार किया जाता है तथा सरकार की त्रुटियों पर विशेष रूप से प्रकाश डाला जाता है । इससे मतदाताओं को सरकार के समर्थन या विरोध में गोलबन्द होने का अवसर मिलता है। जनसंपर्क के माध्यमों की सक्रियता की वजह से मतदाता किसी दल या प्रत्याशी के पक्ष में लामबंद होते हैं, सरकार को सत्ताच्युत या पुनः सत्तारूढ़ करते हैं तथा किसी भी सामाजिक–राजनीतिक मुद्दे पर व्यापक जनसमर्थन का प्रदर्शन करके सरकार को अपनी मांगों पर झुकने के लिए बाध्य कर सकते हैं। जनसंपर्क के साधनों को शहरी एवं देहाती दोनों क्षेत्रों के मतदाताओं में बड़े पैमाने पर राजनीतिक जागृति पैदा कराने का श्रेय दिया जाता है। भारत में शहरी मतदाताओं में राजनीतिक जागरूकता लाने में रेडियो से अधिक टेलीविजन तथा अखबार की भूमिका अहम् होती है जबकि देहाती क्षेत्रों में राजनीतिक जागृति का आविर्भाव कराने में रेडियो की भूमिका ज्यादा महत्त्वपूर्ण होती है।

सारांशतः, यह कहा जा सकता है कि रैनी द्वारा प्रस्तुत मतदान व्यवहार को प्रभावित करने वाले तत्त्वों में दलीय तादात्म्यता, प्रत्याशी के प्रति अभिविन्यास, मुद्दों के प्रति अभिविन्यास तथा राजनीतिक प्रभावशालिता की भावना, नागरिक कर्तव्य की भावना, विचारधारा का प्रभाव एवं चुनाव प्रचार की प्रक्रिया के समस्त आयामों के निर्माण, संचालन, नियमन व निरूपण आदि में जनसंपर्क के साधनों की कार्यशैली एवं भूमिका आधार माध्यम की होती है। मतदान व्यवहार के निर्माण से संबद्ध समस्त आयामों के लिए आधारतत्त्व के रूप में राजनीति के सभी विषयों से संबंधित सामग्री को मतदाताओं के सामने परोसने का काम जनसंपर्क के साधनों का है और यही आधार सामग्री मतदान व्यवहार के निर्माण व निरूपण में सबसे महत्त्वपूर्ण भूमिका निभाता है। यही वजह है कि सभी पार्टियों में सांगठनिक स्तर पर एक मीडिया सेल होता है। पार्टी अध्यक्ष द्वारा पार्टी के प्रबुद्ध सदस्यों को मीडिया सेल का प्रभारी बनाया जाता है। सभी पार्टियां यदा–कदा प्रेस कॉन्फ्रेन्स करती रहती हैं। दल अपने सभी कार्यक्रमों में मीडिया कर्मियों को महत्त्व देता है तथा सभी पर्टियाँ मीडिया को अपने पक्ष में करने का ज्यादा–से–ज्यादा प्रयास करती हैं। भारत की राजनीति में ऐसे महत्त्वपूर्ण दृष्टान्त मौजूद हैं कि जब भी मीडिया किसी राजनीतिक शख़्सियत के विरुद्ध हुई है तो, मतदाताओं की मानसिकता भी सत्तारूढ़ दल के विरुद्ध हो जाती है और सत्तारूढ़ पार्टी को अपनी सत्ता गँवानी पड़ती है। प्रिंट मीडिया एवं इलेक्ट्रोनिक मीडिया द्वारा तत्कालीन

प्रधानमंत्री राजीव गांधी के विरुद्ध बोफोर्स के मुद्दे पर बनाये गये माहौल की वजह से 1989 के चुनाव में कांग्रेस सरकार की पराजय तथा प्रधानमंत्री के रूप में वी.पी. सिंह की ताजपोशी हुई। 2014 के चुनाव में मनमोहन सिंह की जगह केन्द्र में नरेंद्र मोदी का सत्तारूढ़ होना भी इस प्रसंग का महत्त्वपूर्ण उदाहरण है।

निष्कर्ष (Conclusion)

मतदान व्यवहार को प्रभावित करने वाले कारकों के संबंध में उपरोक्त संदर्भों के आलोक में यह कहा जा सकता है कि किसी राजनीतिक व्यवस्था के नागरिकों के मतदान व्यवहार के निष्पादन में अधीनस्थ, स्वाधीन एवं मध्यवर्ती परिवर्त्यों की भूमिका काफी महत्त्वपूर्ण होती है। इसके साथ ही मतदान व्यवहार जैसे संवेदनशील विषय पर सामाजिक स्थिति तथा समाजीय–मनोवैज्ञानिक तत्त्वों का भी गंभीर प्रभाव पड़ता है। उपर्युक्त विश्लेषणों से यह खुलासा होता है कि मतदान व्यवहार एक ऐसी संवेगात्मक, संवेदी (Emotional Sensitive) परिवर्तनशील विशिष्ट राजनीतिक क्रिया का बोध कराता है, जिसका प्रयोग करते समय मतदाता सामाजिक, राजनीतिक, आर्थिक, सांस्कृतिक तथा व्यक्तिगत मूल्यों, मान्यताओं, निष्ठाओं और विश्वासों को आधार बनाता है। मतदान व्यवहार एक ऐसी क्रिया है जो अनायास ही किसी भी घटना या प्रसंग के प्रभाव से प्रभावित होकर अपनी प्रकृति और प्रस्तुति में बदलाव कर लेती है। विद्वज्जनों का ऐसा मानना है कि एक परिवर्तनशील संवेगी राजनीतिक व्यवहार होने की वजह से मतदान व्यवहार का यथोचित बौद्धिक विश्लेषण करना कठिन है।

संक्षेप में, यह कहा जा सकता है कि मतदान व्यवहार एक परिवर्तनशील लेकिन अर्थपूर्ण महती राजनीतिक क्रिया है जिसके निष्पादन के परिणामस्वरूप लोकतंत्र में नयी सरकार का गठन तथा सत्ता परिसंचरण होता है। व्यवस्था में मौजूद राजनीतिक संस्कृति तथा राजनीतिक समाजीकरण की प्रक्रिया इसकी प्रकृति एवं स्वरूप के निर्माण की आधारशिला है। चुनाव के दौरान इसका प्रस्तुतीकरण राजनीतिक सहभागिता के रूप में होता है जिसके परिणामस्वरूप जनप्रतिनिधियों का चयन होता है, नई विधायिका अस्तित्व में आती है और नयी सरकार के गठन का वैधानिक दायित्व पूरा होता है।

भारत में आम चुनाव और मतदान व्यवहार (General Elections and Voting Behaviour in India)

भारत में चुनाव व्यवस्था (Provisions of Election in India)

स्वतंत्रता प्राप्ति के पश्चात् लोकतंत्रात्मक गणराज्य के रूप में भारत का संविधान अपने सभी नागरिकों को (जो मतदाता की निर्धारित योग्यताओं को पूरा करते हैं) बिना किसी जाति, भाषा, क्षेत्र, धर्म व लिंग का भेदभाव किये वयस्क मताधिकार के आधार पर मतदान करने एवं निर्वाचन में सक्रिय भागीदारी का अधिकार प्रदान करता है। भारत विश्व का सबसे विशाल लोकतंत्र है जहां संसदीय शासन के तहत प्रतिनिधि सदन यानी कि केन्द्र में लोकसभा और राज्यों में विधानसभा के सदस्यों के निर्वाचन हेतु मताधिकार का प्रयोग प्रत्येक भारतीय नागरिक का बहुमूल्य अधिकार है। चुनाव आयोग पिछले 65 वर्षों में **लोकसभा के 16 और 360 से अधिक** राज्य विधानसभाओं का चुनाव द्वारा निर्धारित अवधि के तहत सफलतापूर्वक सम्पन्न कराया गया है। भारतीय संविधान के मूल प्रावधान में सभी नागरिकों (स्त्री–पुरुषों) के लिए मताधिकार की आयु 21 वर्ष निर्धारित थी, लेकिन **1989 में 61वें संविधान संशोधन द्वारा अनुच्छेद 326** में संशोधन करके नागरिकों के मताधिकार की आयु 21 वर्ष से घटाकर 18 वर्ष कर दी गयी।

निर्वाचन के तरीके (Methods of Election)

सामान्य तौर पर यहां निर्वाचन के लिए दो तरीके अपनाए जाते हैं : (1) प्रत्यक्ष निर्वाचन (Direct Election), (2) अप्रत्यक्ष निर्वाचन (Indirect Election)

1. **प्रत्यक्ष निर्वाचन**–संसद, के प्रथम सदन लोकसभा तथा राज्य विधानमंडल का प्रथम सदन विधानसभा के सदस्य प्रत्यक्ष रूप से जनता द्वारा निर्वाचित होते हैं। प्रत्यक्ष निर्वाचन में नागरिक एक मतदाता के रूप में प्रत्यक्ष रूप से स्वयं मतदान केन्द्रों पर जाकर अपने मताधिकार का प्रयोग करके लोकसभा एवं विधानसभा के लिए अपने प्रतिनिधियों का चयन करती है।
2. **अप्रत्यक्ष निर्वाचन**–जब मतदाता अपने मताधिकार का प्रयोग करके एक ऐसे निर्वाचक मंडल का चुनाव करता है जिसके सदस्य जनप्रतिनिधि के रूप में वैधानिक पदधारकों का चयन करते हैं तो चुनाव की यह विधि अप्रत्यक्ष निर्वाचन कही जाती है। संसद का द्वितीय सदन राज्यसभा और राज्यों के विधानमंडल का द्वितीय सदन विधान परिषद् के सदस्यों के चयन के लिए संविधान में अप्रत्यक्ष निर्वाचन का प्रावधान है।

निर्वाचन प्रक्रिया से संबद्ध संसद का अधिकार (Powers of Parliament Related to Election Process)

संविधान का **अनुच्छेद 327** संसद को निर्वाचन प्रक्रिया से संबद्ध समस्त आयामों के लिए विधि–निर्माण की शक्ति प्रदान करता है। संसद केवल संसद के निर्वाचन के लिए ही नहीं, अपितु विधानमंडलों के निर्वाचन के लिए भी विधान बनाने का अधिकार रखती है। इस वैधानिक कार्य में राज्य विधान मंडलों की भूमिका गौण है। राज्य विधानमंडल केवल राज्य विधानमंडल के निर्वाचन से संबंधित विधान बना सकता है, लेकिन उसकी शक्ति सीमा वहीं तक है, जहां तक संसद द्वारा उसकी शक्ति सीमा निर्धारित की गयी है। निर्वाचन से संबंधित राज्यों का अधिनियम संवैधानिक उपबन्धों और संसद–अधिनियमों के अधीन होता है।

निर्वाचन क्षेत्रों के लिए प्रावधान (Provisions for Constituencies)

लोकसभा और राज्य की विधानसभाओं के निर्वाचन के लिए एक सदस्यीय निर्वाचन क्षेत्र (Single Member Constituency) का निर्माण किया गया है, जिसमें प्रत्येक मतदाता को केवल एक मत देने का अधिकार है। प्रत्येक निर्वाचन क्षेत्र से एक उम्मीदवार निर्वाचित घोषित किया जाता है। मतदाता का मत अंतरणीय (Transferable) नहीं है। यहां निर्वाचन प्रणाली (Electoral System) के लिए बहुलमत प्रणाली (Plurality System) अपनायी गयी है। इस प्रणाली के अन्तर्गत जब एक सदस्यीय निर्वाचन क्षेत्र में तीन या तीन से अधिक उम्मीदवार चुनाव में खड़े होते हैं तो मतदाता उनमें से किसी एक उम्मीदवार को अपना वोट देता है और तब बहुलमत प्रणाली के तहत जिस प्रत्याशी को अन्य उम्मीदवारों की तुलना में सबसे ज्यादा वोट प्राप्त होते हैं, उसे ही विजेता घोषित कर दिया जाता है। इस पद्धति का मुख्य विधान है, जो सबसे आगे जीत उसकी (First Past the Post)। इसमें निर्वाचित प्रत्याशी के लिए पोल (Poll) हुए कुल मान्य मतों (Valid Votes) का पूर्ण बहुमत (Absolute Majority) प्राप्त करना जरूरी नहीं होता है। ब्रिटिश कॉमन सभा और अमेरिकी प्रतिनिधि सभा की तर्ज पर भारत में लोकसभा और राज्य की विधानसभाओं में प्रतिनिधियों के चयन के लिए यही पद्धति अपनाई गयी है।

भारत का निर्वाचन आयोग (The Election Commission of India)

देश में स्वतंत्र एवं निष्पक्ष चुनाव सम्पन्न कराने के लिए **संविधान के अनुच्छेद 324** के तहत 25 जनवरी 1950 को एक चुनाव आयोग का गठन किया गया है, जो स्वतंत्र निकाय के रूप में निर्वाचन से संबंधित नीतियों व निर्णयों का निर्धारण करता है तथा निर्वाचन की समस्त प्रक्रियाओं एवं गतिविधियों का संचालन व नियमन करता है। निर्वाचन आयोग राजनीतिक दलों के चुनावी आचरण के सभी गत्यात्मक आयामों पर गहरी नजर रखता है, साथ ही उनकी समस्त गतिविधियों पर निरीक्षण एवं नियंत्रण भी रखता है। इन समस्त प्रक्रियाओं के संचालन एवं पर्यवेक्षण में चुनाव आयोग का मुख्य आयुक्त एक निरीक्षक तथा नियंत्रक की भूमिका निभाता है।

भारतीय संविधान में आरंभ से ही आयोग में एक से अधिक आयुक्तों की नियुक्ति का प्रावधान था; लेकिन 1989 तक चुनाव आयोग में सिर्फ एक मुख्य निर्वाचन आयुक्त की नियुक्ति होती थी। 16 अक्टूबर 1989 में

आयोग के लिए दो अतिरिक्त आयुक्त की नियुक्ति हुई। पुनः 1990 में राष्ट्रीय मोर्चा की सरकार द्वारा आयोग को एक सदस्यीय बना दिया गया। 1 अक्टूबर 1993 को चुनाव आयोग के लिए पुनः दो आयुक्तों को नियुक्त करने का उपबंध किया गया, तब से अभी तक निर्वाचन आयोग में एक मुख्य निर्वाचन आयुक्त तथा दो अन्य निर्वाचन आयुक्तों की नियुक्ति होती रही है। संवैधानिक संस्था भारत निर्वाचन के 20वें मुख्य निर्वाचन आयुक्त (Chief Election Commissioner) के रूप में डॉ. नसीम जैदी ने 19 अप्रैल 2015 को पदभार ग्रहण किया और श्री अचल कुमार ज्योति ने निर्वाचन आयुक्त के रूप में 13 मई 2015 को पदभार ग्रहण किया है।

चुनाव से संबंधित निर्वाचन आयोग के मुख्यतः तीन कार्य हैं : (1) संसद् का निर्वाचन, (2) राज्य विधानमंडलों का निर्वाचन (इसमें संघ राज्यक्षेत्र भी शामिल हैं), और (3) राष्ट्रपति एवं उपराष्ट्रपति पद के लिए निर्वाचन।

निर्वाचन प्रक्रिया को परिणाम तक पहुंचाने के लिए आयोग के ऊपर जिन कार्यों का दायित्व होता है, उनमें (i) निर्वाचक नामावली (Electoral Roll) तैयार कराना, (ii) निर्वाचनों का संचालन करना, (iii) मतगणना की व्यवस्था कराना और परिणामों की घोषणा करना, (iv) राष्ट्रपति को प्रादेशिक आयुक्त की नियुक्ति के लिए परामर्श देना, (v) राष्ट्रपति को इस संबंध में परामर्श देना कि क्या कोई संसद् सदस्य **(अनुच्छेद 103)** या राज्य विधानमंडल का सदस्य **(अनुच्छेद 192)** के तहत अनर्हता (Disqualification) की स्थिति से ग्रस्त हो गया है, शामिल है।

निर्वाचन प्रक्रिया की निष्पक्षता और आयोग की स्वाधीनता के बीच परस्पर गहरा संबंध है। निर्वाचन प्रक्रिया के मद्देनजर आयोग की भूमिका बहुत महत्त्वपूर्ण है। संविधान में मुख्य निर्वाचन आयुक्त तथा अन्य निर्वाचन आयुक्त की सेवा शर्तों के संबंध में उपबंध है कि (1) निर्वाचन आयुक्त की नियुक्ति छः वर्ष की अवधि या 65 वर्ष की आयु सीमा के अन्तर्गत होती है। दोनों में से किसी एक के पूरा होने पर वे अवकाश ग्रहण करते हैं। (2) कार्यावधि के बीच में मुख्य निर्वाचन आयुक्त को पदमुक्त करने की वही विधि है जिस विधि से उच्चतम न्यायालय के न्यायाधीश को हटाया जाता है। (3) पदग्रहण करने के पश्चात् किसी निर्वाचन आयुक्त या प्रादेशिक आयुक्त को मुख्य निर्वाचन आयुक्त के परामर्श के बिना नहीं हटाया जा सकता है। (4) संघ एवं राज्य सरकारें आयोग को अपने दायित्वों के निर्वहन के लिए आवश्यक कर्मचारी उपलब्ध कराने के लिए बाध्य हैं।

संवैधानिक प्रावधानों के तहत निर्वाचन शब्द को अत्यन्त व्यापक अर्थ प्रदान किया गया है जिसके दायरे में निर्वाचन से संबंधित समस्त प्रक्रियाएं आती हैं और चुनाव के आरंभ से लेकर उम्मीदवार के निर्वाचित घोषित होने तक सभी प्रक्रम इसके अधिकार क्षेत्र में शामिल हैं। संविधान का **अनुच्छेद 329** एक विशेष उपबंध है जो निर्वाचन विवाद से संबद्ध है। इस उपबंध में निर्वाचन क्षेत्रों के परिसीमन से संबंधित विधियों को पूर्ण संरक्षण दिया गया है। इस संरक्षण की वजह से जब परिसीमन आयोग, प्रादेशिक निर्वाचन क्षेत्रों की सीमाएं निर्धारित करता है और परिसीमन के संबंध में उसके आदेश प्रकाशित हो जाते हैं तो वे अन्तिम हो जाते हैं और उस पर किसी न्यायालय में सवाल नहीं उठाया जा सकता है। **अनुच्छेद 329** में भी यह प्रावधान है कि संसद् या राज्य विधानमंडल के किसी सदन के लिए निर्वाचन संबंधी ऐसी निर्वाचन अर्जी को ही प्रश्नगत किया जा सकता है जो ऐसे प्राधिकारी के द्वारा प्रस्तुत की गयी हो जिसका समुचित विधि में प्रावधान किया गया है।

सन् 1966 से निर्वाचन अर्जी के संबंध में सुनवाई करने की अधिकारिता केवल उच्च न्यायालय की है। अर्जी की अपील उच्चतम न्यायालय में होती है। 1976 में अंतःस्थापित किया गया संविधान का **अनुच्छेद 323(ख)** में यह प्रावधान है कि संसद् के दोनों सदनों और राज्य विधानमंडल के दोनों सदनों के निर्वाचन के संबंध में अधिकरणों की नियुक्ति के लिए विधि अधिनियमित की जा सकती है। **खंड (घ)** में यह भी प्रावधान है कि ऐसी विधि उच्चतम न्यायालय के सिवाय अन्य न्यायालयों की अधिकारिता का बहिष्करण (Exclusion) कर सकेगी। लेकिन, अभी तक ऐसी कोई विधि अधिनियमित नहीं की गयी है।

उन्तालीसवां संविधान संशोधन अधिनियम, 1975 द्वारा अनुच्छेद 329 (क) को अंतःस्थापित करके, प्रधानमंत्री और लोकसभा के अध्यक्ष के संसदीय निर्वाचन के संबंध में विवादों का निपटारा करने के लिए प्रावधान किया गया है। इस संशोधन का उद्देश्य तत्कालीन प्रधानमंत्री श्रीमती इंदिरा गांधी के विरुद्ध फाइल की गयी निर्वाचन अर्जी को निष्फल करना था। इस संशोधन की वजह से सांसद के रूप में श्रीमती गांधी का निर्वाचन अवैध घोषित नहीं किया जा सका।

चुनाव कानून में संशोधन (Amendment in Election Laws)

संसद द्वारा **22 मार्च, 2003 को चुनाव कानून (संशोधन) अधिनियम 2003 और चुनाव आचार संहिता (संशोधन) कानून 2003,** पारित किया गया, जो 22 सितम्बर, 2003 से प्रभाव में आया। इस संशोधित कानून के जरिए अर्द्धसैनिक बलों के कर्मचारियों और उसके संबंधियों को प्रॉक्सी मतदान की सुविधा मिली। इन सेवाओं में कार्यरत कर्मचारियों में जो भी अपने मताधिकार का प्रयोग करना चाहते हैं वे एक प्रतिपत्र तैयार करके अपने निर्वाचन क्षेत्र के मतदान अधिकारी को भेज सकते हैं।

चुनाव तथा इस कार्य से संबंधित अन्य कानूनों के लिए **(संशोधन) विधेयक 2003 (96वां संशोधन) संसद द्वारा 11 सितम्बर 2003** को पारित किया गया। इस संशोधन के माध्यम से मुख्य चुनाव के कानून में **दो नई धाराएं 29(बी.) और 29(सी.)** को शामिल किया गया, जिसमें यह प्रावधान किया गया है कि किसी भी व्यक्ति या संस्था द्वारा किसी राजनीतिक दल को 20,000 रुपये से अधिक चंदा दिये जाने की सूचना निर्वाचन आयोग को देनी होगी तभी उस नागरिक को **आयकर कानून 1961** के तहत आयकर से रियायत मिलेगी।

मुख्य कानून का **भाग-ए (धारा-78ए और 78बी)** में मतदाता सूची की एक प्रति और कुछ दूसरे जरूरी सामान पंजीकृत राजनीतिक दल के उम्मीदवारों को उपलब्ध कराई जायेगी। इस कानून की **धारा 77(1) में संशोधन** किया गया है जिसमें उम्मीदवार द्वारा चुनाव में खर्च की गयी राशि का लेखा–जोखा रखने तथा राजनीतिक दलों के कुछ विशेष नेताओं द्वारा चुनाव प्रचार के दौरान विमान यात्रा या अन्य साधनों द्वारा की गयी यात्रा में किये गये खर्च पर छूट दिये जाने का प्रावधान है, बशर्ते कि वह उसे अपने चुनाव खर्च में शामिल करे।

संसद द्वारा **28 अगस्त 2003 को जनप्रतिनिधि (संशोधन) कानून 2003** पारित किया गया, जिसमें राज्यों की विधान परिषदों के चुनाव के लिए खुली मतदान व्यवस्था लागू कराने का प्रावधान है। इस प्रणाली के अनुसार मतदाता अपना मतपत्र, पार्टी के अधिकृत एजेण्ट को दिखा सकता है। इस कानून में यह भी प्रावधान किया गया है कि विधान परिषद् की सीट के लिए चुनाव लड़ने वाला उम्मीदवार भी जरूरत पड़ने पर अपने मताधिकार का प्रयोग कर सकता है।

संसद में **1 जनवरी 2004 को निर्वाचन क्षेत्र सीमांकन विधेयक (संशोधन 2003)** पारित किया गया जिसमें मुख्य कानून की **धारा 4 में** संशोधन करते हुए यह प्रावधान किया गया कि निर्वाचन क्षेत्रों का सीमांकन 2001 की जनगणना के आंकड़ों के आधार पर किया जायेगा।

चुनाव सुधार (Election Reforms)

चुनाव सुधार एक प्रक्रिया है जो निर्वाचन–व्यवस्था में मतदाताओं की जरूरतों के अनुरूप बदलाव लाता है ताकि जनसाधारण स्वतंत्र और निर्भीक होकर बिना किसी भेदभाव के मतदान कार्य में सहभागिता करे।

दिल्ली उच्च न्यायालय में दायर 1998 की याचिका संख्या 4912 (*कुशर भरत* बनाम *भारत सरकार और अन्य*) के सिलसिले में न्यायालय द्वारा यह आदेश दिया गया है कि उम्मीदवारों की सरकारी देनदारी, जैसे कि सरकारी मकान, बिजली, पानी, टेलीफोन, वाहन (जिसमें हेलीकॉप्टर तथा विमान द्वारा की गयी यात्रा भी शामिल है) और अन्य बकाया की सूचना निर्वाचन प्राधिकारियों द्वारा कम–से–कम दो स्थानीय अखबारों में मतदाताओं के सूचनार्थ प्रकाशित की जायेंगी। निर्वाचन आयोग के संशोधित आदेश दिनांक 27 मार्च, 2003 के द्वारा मतदाताओं के सूचना के अधिकार को ध्यान में रखते हुए उम्मीदवारों की पृष्ठभूमि संबंधी हलफनामा को पैरा (1) iii में संशोधित किया गया है। आयोग ने जिला निर्वाचन अधिकारियों को भी यह निर्देश जारी किया कि उम्मीदवार द्वारा हलफनामे में भरी गयी सूचना को समाचारपत्रों में प्रकाशित किया जाये, ताकि मतदाताओं को अपने उम्मीदवार के संबंध में पूरी जानकारी प्राप्त हो सके और वे अपने मताचरण का निष्पादन पूरी जवाबदेही से कर सकें।

चुनाव सुधार के रूप में भारतीय सर्वोच्च न्यायालय ने 1978 में पहली बार संविधान की धारा 324 की नए सिरे से व्याख्या करके चुनाव आयोग को स्वतंत्र और निष्पक्ष चुनाव संचालन व पर्यवेक्षण हेतु अनियंत्रित शक्तियों (Unbridled Powers) से युक्त किया।

चुनाव सुधार पर कुछ सीमाचिन्ह निर्णय (Some Landmark Verdicts on Electoral Reforms)

04 जून 2013 को "A Full Bench of the Central Information Commission (CIC) headed by CIC Satyananda Mishra" द्वारा लिया गया ऐतिहासिक निर्णय एक सीमाचिन्ह है जिसके आलोक में छह राजनीतिक दलों यथा–कांग्रेस (INC) भाजपा (BJP), कम्युनिस्ट पार्टी (मार्क्सवादी) (CPI(M), भारतीय कम्युनिस्ट पार्टी (CPI), बसपा (BSP और राकांपा (NCP) को **''सूचना के अधिकार 2005''** (Right to Information Act 2005) (RTI) के दायरे में बांध दिया। सूचना का अधिकार अधिनियम के दायरे में राजनीतिक दलों को बांधने का तात्पर्य है कि राजनीतिक दलों को अपने कामकाज में पारदर्शिता लानी होगी और पार्टी फंड में मिलने वाली राशि, राशि के खर्च का ब्यौरा यहां तक कि उम्मीदवारों के चयन के संबंध में भी जानकारी देनी होगी।

10 जून 2013 को सर्वोच्च न्यायालय न्यायाधीश ए.के. पटनायक एवं स.जे. मुखोपाध्याय की खंडपीठ द्वारा ऐतिहासिक निर्णय लेते हुए ये फैसला सुनाया गया कि यदि किसी आपराधिक मामले में चार्जसीटेड होने के बाद सांसद या विधायक का दोष सिद्ध होता है और तीन महीने तक अपील नहीं की जाती है तो उनकी सदस्यता समाप्त हो जाएगी साथ–ही वो कभी चुनाव नहीं लड़ पाएंगे। चुनाव–सुधार की दिशा में सर्वोच्च न्यायालय का यह निर्णय एक लैंडमार्क है। इस निर्णय के आलोक राशिद मसूद पहले कांग्रेसी सांसद हैं जिन्हें 01 अक्टूबर 2013 को संसद की सदस्यता तब गंवानी पड़ी जब धोखेबाजी और भ्रष्टाचार के आरोप में उन्हें न्यायालय द्वारा चार वर्ष की सज़ा सुनाई गई।

TABLE: 1 न्यायालय द्वारा दोष सिद्ध नेताओं की सूची
(List of Disqualified Elected Representatives after Conviction by a Court of Law)

Represetatives	*Party*	*Representation*	*Case*	*Date of Conviction*	*Status*
Rasheed Masood	CONG	Rajya Sabha M P From Utter Pradesh	Convicted for 4 Years in MBBS Seats Scam	September 2013	Disqualified
Lalu Prasad Yadav	RJD	Lok Sabha M P From Saran, Bihar	Convicted for 5 Years in Fodder Scam	September 2013	Disqualified
Jagdish Sharma	JDU	Lok Sabha M P From Jehanabad, Bihar	Convicted for 5 Years in Fodder Scam	September 2013	Disqualified
Babanrao Gholap	Shiv Sena	MLA from Deolali, Maharashtra	Convicted for 3 Years in Disproportionate Assets Case	March 2014	Disqualified
T.M. Selvaganapathy	DMK	Rajya Sabha M P From Tamil Nadu	Convicted for 2 Years in Cremation Shed Scam	April 2014	Resigned
Suresh Halvankar	BJP	MLA from Ichalkaranji, Maharashtra	C onvicted for 3 Years in Power Theft Case	May 2014	Disqualified
J. Jayalalithaa	AIADMK	CM, Tamil Nadu, MLA, Srirangam Tamil Nadu	Convicted for 4 Years in Disproopornate Assets Case	September 2014	Acquited by Karnataka High Court on May 11, 2015
Asha Rani	BJP	MLA, from Bijawar, Madhya Pradesh	Convicted for Abetting Suicide of Maid	November 2013	Disqualified

27 सितंबर 2013 को मुख्य न्यायाधीश पी सदाशिवम के नेतृत्व में सर्वोच्च न्यायालय की एक खंडपीठ द्वारा एक ऐतिहासिक निर्णय लेते हुए चुनाव आयोग को यह निर्देश दिया गया कि मतपत्र एवं ईवीएम के सबसे नीचे मतदाताओं के लिए विकल्प के रूप में **''नोटा'' (NOTA) "None of the Above"** का बटन दिया जाए ताकि ऐसे मतदाता जो अपने पसंदीदा उम्मीदवार के चुनाव में खड़े नहीं होने की वजह से मतदान कार्य में भागीदारी के प्रति उदासीन होते हैं वो नोटा का बटन दबाकर अपने राजनीतिक सहभागिता के कर्त्तव्य का निर्वहन कर सकें, साथ ही राजनीतिक दलों को यह संदेश दे सकें कि उनके द्वारा खड़े किए उम्मीदवार को वे अस्वीकार करते हैं। अपराधियों को संसद व विधानसभाओं तक नहीं पहुंचने देने की दिशा में सर्वोच्च न्यायालय का यह एक युगांतकारी निर्णय है। 7 जुलाई 2015 को द्वि–स्तरीय पंचायती राज व्यवस्था के तहत बिहार विधान परिषद को 24 सीटों पर हुए चुनाव में भी निर्वाचन आयोग द्वारा ईवीएम (EVM) में नोटा (NOTA) का विकल्प (Option) दिया गया। इस विधान परिषद् चुनाव में 259 जनप्रतिनिधियों में नोटा (इनमें से कोई नहीं) के अधिकार का इस्तेमाल किया–जिसमें सर्वाधिक 64 मतदाता पटना के थे। हालांकि, नोटा का अधिकार की संवैधानिक स्थिति की व्याख्या के लिए देश अभी भी संसद की ओर मुखातिब है। वैसे भी जब तक **"Right to Reject"** का अधिकार नहीं मिलता है **नोटा "None of the Above"** का अधिकार बहुत कारगर नहीं हो सकता है।

भारत में आम चुनाव (General Elections in India)

भारत में अभी तक लोकसभा के 16 चुनाव सम्पन्न हो चुके हैं और एक बार भी समय सीमा चुके बगैर 360 से अधिक बार राज्य विधानसभाओं का नियतकालिक चुनाव भी संपन्न हुआ है। कभी–कभी परिस्थितिवश कुछ राज्यों एवं केन्द्र में मध्यावधि चुनाव भी कराने पड़े हैं। देश में स्वतंत्र और निष्पक्ष चुनाव सम्पन्न कराने में चुनाव आयोग की भूमिका उल्लेखनीय रही है।

TABLE: 2 सोलहवीं लोकसभा में सीटों के प्रकार एवं संख्या

अनारक्षित	आम उम्मीदवारों के लिए	423
आरक्षित	अनुसूचित जाति के उम्मीदवारों के लिए	79
आरक्षित	अनुसूचित जाति के उम्मीदवारों के लिए	41
मनोनीत	आँग्ल–भारतीय	2
कुल सीटें		**545**

लोकसभा का पहला आम चुनाव 1951–1952 : चुनावी राजनीति का प्रथम प्रयोग (General Election of 1st Lok Sabha 1951–1952: First Application of Electoral Politics)

भारत का पहला आम चुनाव भारतीय लोकतंत्र के इतिहास का सर्वाधिक महत्त्वपूर्ण अध्याय है। देश का प्रथम आम चुनाव कई मायने में आज भी अर्थपूर्ण और प्रासंगिक है। लोकतांत्रिक मूल्यों व मान्यताओं पर आधारित यह आम चुनाव उस समय के मतदाताओं के लिए एक महान लोक आस्था का पर्व था। देश में चारों ओर उत्साह का माहौल था और मतदाताओं में पहली बार अपने मताधिकार के प्रयोग करने की प्रबल इच्छा पल रही थी। वहीं दूसरी ओर, भारत–पाक विभाजन की वजह से उत्पन्न अवसाद, तनाव व द्वन्द्व की वजह से देश के कुछ हिस्सों का वातावरण गंभीर एवं उत्तेजनाप्रद बना हुआ था, ऐसे में आम चुनाव कराना निश्चित रूप से नवजात लोकतंत्र का एक साहसिक कद़म था। नवस्वतंत्र देश में पहली बार बड़े पैमाने पर मतदाताओं द्वारा वयस्क मताधिकार का प्रयोग किया गया। इसके पूर्व भारत में मतदान का अधिकार कुछ विशिष्ट वर्ग के लोगों तक सीमित था और आमजन मताधिकार के अधिकार से वंचित थे।

पहले आम चुनाव में लोकतांत्रिक प्रक्रियाओं के मद्देनजर संवैधानिक प्रावधानों के तहत प्रत्येक वयस्क नागरिक को जो मतदाता होने के लिए संविधान द्वारा निर्धारित योग्यताओं को पूरा करता था, वह चाहे किसी भी लिंग जाति, धर्म, वर्ग या प्रजाति का हो, उसे समान रूप से मताधिकार के प्रयोग का अधिकार प्रदान किया गया। नव स्वतंत्र भारत की अधिकांश जनता अशिक्षित, रूढ़िवादी, परम्परावादी प्रवृत्ति की होने के साथ मताधिकार के प्रयोग से भी अनभिज्ञ थी। इस तथ्य को देखते हुए प्रथम दो आम चुनावों में प्रत्याशियों के नाम एवं चुनाव चिन्ह के साथ बहुमत पेटी पत्र (Multiple Ballot Box) की विधि अपनायी गयी। यह मताधिकार के प्रयोग की सबसे सरल विधि है। लेकिन, इस विधि में कुछ दोष भी था, इस वजह से इनके प्रयोग में कई समस्याएं थीं। धीमी और खर्चीली विधि होने के साथ इसमें छलयोजन की प्रक्रियाओं के प्रयोग की संभावनाएं अधिक रहती थीं, इसीलिए दूसरे आम चुनाव के बाद पिछड़े निर्वाचन क्षेत्रों को छोड़कर बाकी जगहों पर इस विधि को समाप्त कर गुप्त मतदान क्रिया अपनायी गयी।

पहला आम चुनाव सम्पन्न कराने के लिए अप्रैल 1950 में संविधान सभा (भारत की अन्तरिम संसद) द्वारा चुनाव संबंधी कानून पारित किये जाने के पश्चात् चुनाव कराने की तैयारियां आरम्भ हो गयीं। श्री सुकुमार सेन भारत के प्रथम चुनाव आयुक्त नियुक्त हुए। यह एक विराट राजनीतिक कार्य था, जिसे सौ दिनों से भी अधिक अवधि में पूरा किया गया। यह लगभग चार महीना चला जो 25 अक्टूबर, 1951 से शुरु होकर 21 फरवरी, 1952 को समाप्त हुआ, लेकिन अधिकांश स्थानों पर मतदान कार्य जनवरी 1952 में सम्पन्न हुआ। चुनाव के लिए मतदाता सूची तैयार की गयी और मतदाता सूची में 173,213,635 मतदाताओं का नाम पंजीकृत किया गया। मतदान के लिए कुल 90000 मतदान केन्द्र बनाये गये और लगभग 224,000 मतदान पेटियों का इस्तेमाल किया गया। लोकसभा के लिए 489 स्थानों तथा राज्य विधानसभाओं के लिए 3283 स्थानों के लिए चुनाव हुए। लोकसभा की 489 सीटों के लिए 1864 उम्मीदवार चुनाव मैदान में उतरे, जबकि राज्यविधान सभाओं के 3283 सीटों के लिए 15000 उम्मीदवार चुनाव में खड़े हुए। चुनाव आयोग द्वारा प्रथम चुनाव में सिर्फ 14 राजनीतिक दलों को राष्ट्रीय दल के रूप में एवं 49 दलों का राज्यस्तरीय रूप में मान्यता दी गयी लेकिन चुनाव मैदान में छोटे–बड़े राष्ट्रीय–क्षेत्रीय दल मिलाकर 75 राजनीतिक दलों द्वारा अपने उम्मीदवार खड़े किये गये। इस चुनाव के कुल 80,709,202 मतदाताओं द्वारा अपने मताधिकार का प्रयोग किया गया, अर्थात् सिर्फ 45.6 प्रतिशत मतदाताओं ने चुनाव में भागीदारी करके अपने मताधिकार का इस्तेमाल किया। इस चुनाव कार्य में सरकार द्वारा नियुक्त 5 लाख 60 हजार लोगों द्वारा चुनाव संचालन की जवाबदेही पूरी की गयी। प्रथम चुनाव पर सरकार द्वारा लगभग 1045 करोड़ रुपये खर्च किये गये। चुनाव में मतदान का कुल प्रतिशत 61.16 रहा और अवैध मतों की संख्या 16,35,000 रही।

इस चुनाव में चुनाव आयोग द्वारा प्रत्येक प्रत्याशी को एक चुनाव चिन्ह आवंटित किया गया तथा प्रत्येक निर्वाचन क्षेत्र में जितने उम्मीदवार थे उतनी ही मतपेटियों का इस्तेमाल किया गया, अर्थात् प्रत्येक उम्मीदवार के लिए पृथक् मतपेटी का प्रयोग हुआ। छलयोजन की प्रक्रियाओं के प्रयोग से बचाव के लिए मतदाताओं की सूची तथा उनके द्वारा सूची पर हस्ताक्षर या अंगूठे का निशान लगाने के बाद ही उन्हें मतदान कार्य के लिए मतपत्र प्रदान करना तथा मतदान के पश्चात् मतदाताओं की अंगुली पर न मिटने वाली स्याही का प्रयोग करना जैसे महत्वपूर्ण तरीको का इस्तेमाल किया गया। इस चुनाव में कांग्रेस को लोकसभा तथा राज्य विधानसभाओं (सिर्फ मद्रास, ट्रावनकोर, कोचीन तथा पेप्सू को छोड़कर) में भारी सफलता प्राप्त हुई। यद्यपि चुनाव में कांग्रेस को डाले गये मतों का कुल 45 प्रतिशत ही प्राप्त हुआ तथापि इस चुनाव के नतीजे के रूप में केन्द्र तथा अधिकांश राज्यों में कांग्रेस को भारी बहुमत से जीत हासिल हुई। लोकसभा की 489 स्थानों में से 364 स्थानों पर कांग्रेस को विजय मिली। दूसरे स्थान पर भारतीय साम्यवादी दल रहा। इस चुनाव की सबसे बड़ी उपलब्धि यह रही कि इसमें ग्रामीण मतदाताओं की भागीदारी का प्रतिशत शहरी मतदाताओं की अपेक्षा ज्यादा रहा। यह सकारात्मक शुरूआत नवजात लोकतंत्र के लिए अत्यन्त शुभ संदेश था। इसका आशय यह था कि भारत की अशिक्षित, गरीब और सभी मायने में पिछड़े ग्रामीण परिवेश में निवास करने वाली जनता भी राजनीतिकरण के मार्ग पर अपना मजबूत उत्साहवर्द्धक कदम बढ़ाने की ओर अग्रसर दिखी।

TABLE: 3 प्रथम आम चुनाव, 1951–1952 की परिणाम तालिका
(Result of 1st Lok Sabha General Election: 1951–1952)

दल	जीते हुए स्थानों की संख्या	प्राप्त मतों का प्रतिशत
कांग्रेस	364	45.6
भारतीय कम्युनिस्ट पार्टी	16	3.3
सोशलिस्ट पार्टी	12	10.6
किसान मजदूर पार्टी	09	5.8
जनसंघ	03	3.1
अन्य दल	44	16.4
निर्दलीय	41	15.8
कुल घोषित परिणाम	**489**	**100.0**

लोकसभा का दूसरा आम चुनाव 1957 : लोकतांत्रिक प्रक्रिया का मजबूतीकरण (General Election of 2nd Lok Sabha 1957: Firmness of Democratic Process)

कमोबेश द्वितीय आम चुनाव में भी देश का राजनीतिक माहौल पूर्ववत् ही था। व्यवस्था की राजनीति पर कांग्रेस का वर्चस्व कायम रहा। कुछ नई पार्टियों का आविर्भाव हुआ, लेकिन वे चुनावी राजनीति में कोई ख़ास पहचान नहीं बना पायीं। बिहार में झारखंड पार्टी का गठन भी देश की क्रियाशील राजनीति के सिरे की एक कड़ी थी। द्वितीय आम चुनाव की ख़ासियत यह रही कि जहां प्रथम आम चुनाव सम्पन्न कराने में आयोग को लगभग चार महीने लगे, वहीं द्वितीय आम चुनाव में आयोग द्वारा कुछ दूर दराज के इलाकों के निर्वाचन क्षेत्रों को छोड़कर तीन सप्ताह से भी कम अवधि में चुनाव कार्य सम्पन्न करा लिया गया। चुनाव का कार्यक्रम 24, फरवरी से शुरू होकर 14 मार्च, 1957 तक चला। इस चुनाव में निर्वाचक सूची में पंजीकृत मतदाताओं की कुल संख्या 193,652,069 थी, जिसमें कुल 91,329,866 मतदाताओं ने चुनाव में अपने मताधिकार का प्रयोग किया। यानी कि चुनाव में मतदान का प्रतिशत 63.79 था। इस चुनाव में लोकसभा की 494 तथा राज्य विधानसभा की 3,102 सीटों के लिए मतदान हुआ, जिसके लिए लगभग 14,000 उम्मीदवार चुनाव मैदान में अपना भाग्य आजमा रहे थे।

चुनाव आयोग द्वारा राष्ट्रीय दल के रूप में सिर्फ चार पार्टियां—कांग्रेस, भारतीय कम्युनिस्ट पार्टी, प्रजा सोशलिस्ट पार्टी तथा जनसंघ को मान्यता प्रदान की गयी तथा राज्य स्तर पर सिर्फ 19 राजनीतिक दलों को मान्यता दी गयी। लेकिन, चुनाव में 45 राजनीतिक दलों द्वारा हिस्सा लिया गया। इस चुनाव में कांग्रेस को लोकसभा के लगभग 73 प्रतिशत यानी कि 494 में से 371 स्थान प्राप्त हुए और राज्य विधानसभाओं में 66.1 प्रतिशत स्थानों पर सफलता मिली। चुनाव के नतीज़े आने के बाद केन्द्र एवं राज्य स्तर पर कांग्रेस को राजनीतिक रूप पर किसी विशेष परिवर्तन का सामना नहीं करना पड़ा। लेकिन, राजनीतिक हलकों में इस अप्रत्याशित परिणाम को गंभीरता से लिया गया। यद्यपि इसमें कांग्रेस की लोकसभा की सीटों में इज़ाफ़ा हुआ लेकिन राज्य विधानसभाओं में इस राष्ट्रीय पार्टी ने लगभग 300 से अधिक स्थान खोये। केरल और उड़ीसा को छोड़कर बाकी सभी राज्यों में कांग्रेस को स्पष्ट बहुमत मिला। बम्बई, बिहार, पश्चिमी बंगाल में कांग्रेस के पक्ष में प्रथम चुनाव की अपेक्षाकृत अधिक मत पड़े, फिर भी सीटें कम प्राप्त हुईं। असम, मद्रास, राजस्थान, पंजाब, पश्चिम बंगाल में कांग्रेस को पहले की अपेक्षा अधिक मत प्राप्त हुआ। इस चुनाव का परिणाम इसलिए भी महत्त्वपूर्ण माना गया, क्योंकि इसमें प्रादेशिक दल उभरकर देश की राजनीति में नयी दस्तक देने लगे। उड़ीसा में गणतंत्र परिषद्, मद्रास में द्रविड़ मुनेत्र कड़गम (D.M.K.), बम्बई में महागुजरात जनता परिषद् और संयुक्त महाराष्ट्र समिति तथा बिहार में झारखंड जैसी प्रादेशिक शक्तियों का क्षेत्रीय राजनीति में उदय हुआ। केरल, पश्चिमी बंगाल तथा बम्बई में कम्युनिस्ट पार्टी की स्थिति में विशेष सुधार हुआ जिसके परिणामस्वरूप लोकसभा तथा विधानसभाओं में पार्टी को अधिक स्थान प्राप्त हुए।

राज्य विधानसभाओं के चुनाव परिणाम की दृष्टि से यह चुनाव काफी परिवर्तनकारी साबित हुआ। केरल विधानसभा में कम्युनिस्ट पार्टी द्वारा 60 स्थानों पर जीत हासिल की गयी, जबकि कांग्रेस को सिर्फ 43 स्थानों

से संतोष करना पड़ा। चुनाव में कम्युनिस्ट पार्टी द्वारा समर्थन प्राप्त 5 निर्दलीय विधायकों की जीत हुई, जिनके समर्थन से इस दल द्वारा नाम्बूदरीपाद के नेतृत्व में पहली कम्युनिस्ट सरकार का गठन किया गया। इस रूप में देश का द्वितीय आम चुनाव क्षेत्रीय राजनीति में क्रान्तिकारी परिवर्तन लाने वाले नये मोड़ का द्योतक है। हिन्दू महासभा, जनसंघ तथा सोशलिस्ट पार्टी को पहले की तरह इस चुनाव में भी कोई विशेष सफलता नहीं मिली। कुछ क्षेत्रीय दलों जिनमें विशेष रूप से मद्रास की द्रविड़ मुनेत्र कड़गम, बिहार की झारखंड पार्टी, उड़ीसा की गणतंत्र परिषद् और महाराष्ट्र की संयुक्त महाराष्ट्र समिति तथा गुजरात में महागुजरात परिषद् को थोड़ी सफलता हासिल हुई। चुनाव में पिछड़े क्षेत्र के मतदाताओं द्वारा बड़ी संख्या में मतदान कार्य में हिस्सा लेकर अपने मजबूत राजनीतिक इरादे का खुलकर परिचय दिया गया। इस चुनाव पर विशेष रूप से चुनाव आयोग द्वारा यह टिप्पणी व्यक्त की गयी कि अनेक पिछड़े क्षेत्रों में मतदाताओं द्वारा राजनीतिक परिपक्वता के जिस स्तर का परिचय दिया गया; उससे राजनीति के अनेक विद्यार्थी, शोधार्थी और निष्पक्ष पर्यवेक्षक स्तम्भित रह गये।

TABLE: 4 द्वितीय लोकसभा चुनाव 1957 की परिणाम तालिका
(Result of 2nd Lok Sabha General Election: 1957)

दल	*जीते हुए स्थानों की संख्या*	*प्राप्त मतों का प्रतिशत*
कांग्रेस	371	47.78
भारतीय कम्युनिस्ट पार्टी	27	8.92
प्रजा सोशलिस्ट पार्टी	19	10.41
जनसंघ	04	5.93
अन्य दल	34	7.57
निर्दलीय	39	19.39
कुल घोषित स्थान	**494**	**100.0**

लोकसभा का तीसरा आम चुनाव 1962 : राजनीतिक अवरोध का आरंभ
(General Election of 3rd Lok Sabha 1962: Beginning of Political Obstruction)

तीसरे आम चुनाव में प्रक्रिया में कुछ बदलाव लाया गया। प्रथम और द्वितीय आम चुनावों में बहुसदस्यीय निर्वाचन क्षेत्रों की व्यवस्था थी। दूसरे आम चुनाव में 91 लोकसभा निर्वाचन क्षेत्र और 585 विधानसभा निर्वाचन क्षेत्र द्वि–सदस्यीय थे। इस दोषपूर्ण पद्धति की वजह से चुनाव आयोग को बड़ी संख्या में अवैध मतों की प्राप्ति हुई। इस गंभीर समस्या से मुक्ति पाने के लिए जनवरी 1961 में 'द्वि–सदस्यीय निर्वाचन क्षेत्र उन्मूलन विधेयक' पारित हुआ, नतीजतन तृतीय आम चुनाव में सभी निर्वाचन क्षेत्र एक–सदस्यीय हो गये। द्वितीय आम चुनाव के पश्चात् हुए उपचुनावों तथा 1960 में हुए केरल विधानसभा के चुनाव में अलग–अलग पेटियों की जगह मतपत्र में चिन्ह अंकित करने की पद्धति अपनायी गयी। 1962 के आम चुनाव में कुछ निर्वाचन क्षेत्रों को छोड़कर सभी निर्वाचन क्षेत्रों के लिए यह पद्धति अपनायी गयी और तब से आज तक सभी चुनावों में सफलतापूर्वक यही पद्धति अपनाई जा रही है। इस चुनाव का एक महत्त्वपूर्ण पक्ष यह रहा कि इसमें राष्ट्रीय और राज्यस्तरीय दलों के बीच चुनाव चिन्ह प्रदान करने के लिए आयोग द्वारा किया जाने वाला अन्तर समाप्त कर दिया गया। आयोग द्वारा निर्धारित मानदण्ड के अनुरूप 3 प्रतिशत से अधिक मत पाने वाले दलों को उनके राज्य में आरक्षित चुनाव चिन्ह (Reserve Symbol) प्रदान किया गया।

तीसरा आम चुनाव केवल दस दिनों की छोटी अवधि में सम्पन्न कराया गया जो 16 फरवरी से आरंभ होकर 25 फरवरी, 1962 को समाप्त हो गया। इस चुनाव के लिए मतदाता सूची में कुल 217,693,197 मतदाताओं को पंजीकृत किया गया। इसमें लोकसभा के 497 और राज्य विधानसभाओं के 3,108 स्थानों के लिए चुनाव कराये गये, जिसमें कुल 119,904,315 मतदाताओं ने अपने मताधिकार का प्रयोग किया। 55.42 फीसद मतदाताओं द्वारा मतदान कार्य में हिस्सा लिया गया। अगस्त 1959 में गठित स्वतंत्र पार्टी द्वारा पहली बार चुनाव में भागीदारी की

गयी। इस चुनाव का खास तथ्य यह रहा कि इसमें कांग्रेस पार्टी को द्वितीय आम चुनाव की अपेक्षा लोकसभा एवं राज्य की विधान सभाओं में सीटों की हानि हुई और 3 प्रतिशत मत भी कम मिला। काँग्रेस को सीटों की सबसे बड़ी हानि राजस्थान और मध्य प्रदेश की विधानसभाओं में उठानी पड़ी। पहली बार चुनावी पटल पर पूर्ण रूप से दक्षिणपंथी विचारधारा का प्रतिनिधित्व करने वाला राजनीतिक दल स्वतंत्र पार्टी के रूप में अपनी पहचान बनाने हेतु गंभीर रूप से प्रयासरत दिखाई दिया, जिसमें पूँजीपतियों, जमींदारों तथा पुराने रजवाड़ों का समुच्चय था। चुनावी नतीज़ों की दृष्टि से यह चुनाव कांग्रेस पार्टी की घटती हुई शक्ति का द्योतक था। राज्यों की राजनीति के परिप्रेक्ष्य में यह चुनाव सामाजिक–राजनीतिक परिवर्तन की नई स्थिति का सूचक रहा, क्योंकि प्रान्तीय स्तर पर कुछ साम्प्रदायिक और क्षेत्रीय दलों का उत्थित (Risen Up) स्वरूप सामने आया, मसलन–मद्रास में द्रविड़ मुनेत्र कड़गम (द्रमुक) पंजाब में अकाली दल, केरल में मुस्लिम लीग।

TABLE: 5 तृतीय आम चुनाव 1962 की परिणाम तालिका
(Result of 3rd Lok Sabha General Election: 1967)

दल	जीते हुए स्थानों की संख्या	प्राप्त मतों का प्रतिशत
कांग्रेस	361	44.72
भारतीय कम्युनिस्ट पार्टी	29	9.9
स्वतंत्र पार्टी	18	7.89
जनसंघ	14	6.44
प्रजा सोशलिस्ट पार्टी	12	6.84
द्रविड़ मुनेत्र कड़गम	07	2.02
भारतीय सोशलिस्ट पार्टी	06	2.49
अन्य दल	30	7.37
निर्दलीय	30	12.27
कुल घोषित स्थान	**497**	**100.00**

लोकसभा का चौथा आम चुनाव 1967 : जन उग्रता की अभिव्यक्ति
(General Election of 4th Lok Sabha 1967 : Expression of Mass Acrimony)

चौथे आम चुनाव को भारत के राजनीतिक परिदृश्य में परिवर्तन का प्रस्थान बिन्दु माना जाता है क्योंकि, यह देश की लोकतांत्रिक राजनीति में नये मोड़ का स्पष्ट संकेत दे रहा था। इसे भारतीय चुनावी राजनीति के इतिहास के मतदान व्यवहार में आये राजनीतिक परिवर्तन की नई प्रवृत्ति (Tendency) तथा नई राजनीतिक मान्यताओं, मूल्यों के प्रति झुकाव (Trend) के द्योतक के रूप में चिन्हित किया गया है। इस प्रवणता को नई राजनीतिक परम्परा एवं नई राजनीतिक संस्कृति के आरंभिक सीमाचिन्ह (Landmark) के रूप में मान्यता मिली। इस चुनावी नतीज़े के परिणामस्वरूप दो दशकों तक केन्द्र एवं राज्यों में स्पष्ट बहुमत पाकर शासन करने वाली कांग्रेस पार्टी की एकदलीय प्रभुत्व की साख में काफी कमी आयी। यद्यपि केन्द्र में कांग्रेस पार्टी की ही सत्ता रही, लेकिन पार्टी को लोकसभा में सीटों की काफी क्षति हुई और मिलने वाले मतों का प्रतिशत भी काफी कम हुआ। इसने कांग्रेस के निर्विरोध और एक दलीय प्रभुत्व की स्थिति को काफी सीमित किया । पहली बार 17 में से 8 राज्यों में गैर कांग्रेसी सरकारों का गठन हुआ और परिणामस्वरूप केन्द्र–राज्य संबंधों के एक नये युग का सूत्रपात हुआ। आंध्र प्रदेश, हरियाणा, मध्य प्रदेश, गुजरात, महाराष्ट्र, मैसूर, जम्मू और कश्मीर और नागालैण्ड में कांग्रेस को स्पष्ट बहुमत मिला, लेकिन तीसरे आम चुनाव की अपेक्षा पार्टी को कम स्थान प्राप्त हुए और मतों के प्रतिशत में भी कमी आयी। उड़ीसा, मद्रास और केरल की विधानसभाओं में पार्टी को क्रमशः 31, 50 और 09 स्थानों पर संतोष करना पड़ा जिसकी वजह से इन राज्यों में राष्ट्रीय पार्टी कांग्रेस की प्रतिष्ठा काफी धूमिल हुई। उत्तर प्रदेश,

राजस्थान, पंजाब की विधानसभाओं में कांग्रेस दूसरी बड़ी पार्टी के रूप में उभरी 'लेकिन पूर्ण बहुमत प्राप्त करने में सफल नहीं हो सकी। कांग्रेस अध्यक्ष कामराज अतुल्य घोष, एस.के. पाटिल सरीखे कई दिग्गज कांग्रेसियों को भी चुनाव में पराजय का मुँह देखना पड़ा। राम मनोहर लोहिया तथा अन्य विपक्षी नेताओं द्वारा मतदाताओं के निर्णय का सम्मान करते हुए उन नौ राज्यों में जहां कॉंग्रेस को स्पष्ट जनादेश नहीं मिला संविद सरकारों का गठन किया गया। भारत के राज्यों में संविद सरकारों की स्थापना का यह प्रथम प्रयोग था। यह चुनाव परिणाम मतदाताओं का राजनीतिक दलों के प्रति परम्परागत अभिवृत्ति में बड़े पैमाने पर अभिविन्यास का द्योतक था जो राज्यों में सत्ता परिसंचरण के रूप में सामने आया।

चौथे आम चुनाव से उत्पन्न राजनीतिक परिदृश्य में आये बदलाव के संबंध में नारमन डी. पामर की अभिव्यक्ति है कि "चौथा आम चुनाव अवसाद, निराशा, अनिश्चितता और लगभग लगातार चलने वाले आन्दोलनों के वातावरण में सम्पन्न हुआ।" भारतीय जनता की ओर से मतपेटियों में मताधिकार के रूप में मतदान व्यवहार रूसी क्रान्ति की अभिव्यक्ति का प्रदर्शन किया गया। इसे राजनीतिक हलकों में पहले वास्तविक चुनाव (First Real Election) की संज्ञा दी गयी। यह चुनाव दो मायने में संदेशी (Messenger) साबित हुआ; **प्रथम**–भारतीय जनता नई राजनीतिक संस्कृति के निर्माण और नये राजनीतिक मूल्यों व परम्पराओं की संस्थापना के लिए आतुर दिखी जो व्यवस्था की राजनीति में नये परिवर्तन का स्पष्ट सूचक था, और **द्वितीय**–स्वतंत्रता आन्दोलन में प्रमुख संघर्षकर्ता और मुख्य मार्गदर्शक की भूमिका निभाने वाली राष्ट्रीय पार्टी कांग्रेस का जनाधार धीरे–धीरे घटता जा रहा था और देश में पार्टी की साख गिरती जा रही थी। यह चुनाव इस तथ्य का भी संकेतक था कि लोकतांत्रिक प्रक्रिया में सर्वोपरि जनता है, न कि कोई राजनीतिक पार्टी या राजनीतिक शख़्सियत।

चौथे आम चुनाव की समस्त प्रक्रिया 15 फरवरी से 21 फरवरी 1967 तक यानी कि केवल एक सप्ताह की अवधि में सम्पन्न हो गयी। इसमें लोकसभा की 520 सीटों के लिए तथा 17 राज्य विधानसभाओं के 3560 सीटों के लिए चुनाव कराया गया। मतदाता सूची में पंजीकृत 250,080,202 मतदाताओं में से कुल 152,724,611 मतदाताओं ने अपने मताधिकार का प्रयोग किया, अर्थात् 61.33 प्रतिशत मतदान हुआ। इस चुनाव में विभिन्न दलों की स्थिति की तालिका निम्नांकित है।

TABLE: 6 चतुर्थ आम चुनाव 1967 की परिणाम तालिका
(Result of 4th Lok Sabha General Election: 1967)

दल	*जीते हुए स्थानों की संख्या*	*प्राप्त मतों का प्रतिशत*
कांग्रेस	283	40.73
स्वतंत्र पार्टी	44	8.68
जनसंघ	35	9.41
सी.पी.आई.	23	5.19
सी.पी.आई. (एम)	19	4.21
डी.एम.के.	25	3.90
एस.एस.पी.	23	4.92
पी.एस.पी.	13	3.06
अन्य दल	20	6.15
निर्दलीय	35	13.75
कुल घोषित स्थान	**520**	**100.00**

निष्कर्षतः इस चुनाव में भारतीय मतदाताओं द्वारा राजनीतिक परिपवक्ता का परिचय देते हुए इस तथ्य का स्पष्टीकरण किया गया कि अशिक्षा और आर्थिक पिछड़ेपन के बावजूद वे अपनी राजनीतिक वरीयताओं के चयन के लिए स्वतंत्र हैं और अपनी राजनीतिक सोच के आधार पर पसंदीदा पार्टी और उम्मीदवार के लिए मताधिकार का प्रयोग करने में सक्षम है। इस चुनाव के पश्चात् नौ राज्यों में गठित हुई संविद सरकारें परस्पर मतभेदों की वजह से अपना कार्यकाल पूरा करने के पहले ही धराशायी हो गयी। मार्च से दिसम्बर 1967 के बीच यानी कि

नौ महीने की अवधि में राज्य विधानसभाओं के 314 सदस्यों द्वारा दल बदल किया गया। इसमें सबसे अधिक संख्या (125) कांग्रेस पार्टी के सदस्यों की थी। इस चुनाव के परिणामस्वरूप भारतीय राजनीतिक परिदृश्य में अस्थिरता के युग का सूत्रपात हुआ। 1967 से 1971 के मध्यावधि चुनाव के बीच की अवधि में विभिन्न राज्यों में 11 बार राष्ट्रपति शासन लागू किया गया और अन्ततः देशवासियों को मध्यावधि चुनाव का बोझ सहन करना पड़ा।

कांग्रेस का विभाजन और लोकसभा का पांचवां मध्यावधि चुनाव 1971
(Division of Congress and Mid-Term General Election of 5th Lok Sabha 1971)

1967 से कांग्रेस पार्टी के सदस्यों में गहराते आपसी मतभेद के परिणामस्वरूप 1969 में कांग्रेस को विभाजन का सामना करना पड़ा। कांग्रेस स्पष्ट रूप से दो भागों में बंट गयी–सत्ता कांग्रेस और संगठन कांग्रेस। विभाजन के पश्चात् श्रीमती गांधी की सरकार अल्पमत में आ गयी। लोकसभा की 519 सीटों में से श्रीमती गांधी द्वारा नेतृत्व किये जा रहे कांग्रेस के पास मात्र 220 सीटें रह गयीं, ऐसे में श्रीमती गांधी को केन्द्र में सरकार चलाने व कामचलाऊ बहुमत प्राप्त करने के लिए भारतीय साम्यवादी दल, द्रविड़ मुनेत्र कड़गम, प्रजा सोशलिस्ट पार्टी तथा अन्य छोटे दलों एवं निर्दलीय सदस्यों की सहायता ली गयी। लेकिन, विविध राजनीतिक दलों के सहयोग से सरकार चलाने में उत्पन्न राजनीतिक असुविधाओं की वजह से श्रीमती गांधी द्वारा राष्ट्रपति को लोकसभा भंग करने की सिफारिश की गयी। इस सिफारिश के परिणामस्वरूप 27 दिसम्बर, 1970 को राष्ट्रपति द्वारा लोकसभा को भंग कर मध्यावधि चुनाव कराने की घोषणा की गयी। राष्ट्रपति द्वारा जारी घोषणा के उपरान्त 1971 में पहली बार भारत को मध्यावधि चुनाव का सामना करना पड़ा। इस मध्यावधि चुनाव के लिए संगठन कांग्रेस, जनसंघ, संयुक्त समाजवादी दल और स्वतंत्र पार्टी द्वारा एक चार दल वाले मोर्चे का गठन किया गया। इस मार्चे का राजनीतिक उद्देश्य केन्द्र में सरकार बनाना या मजबूत विरोधी दल का अस्तित्व प्राप्त करना था, लेकिन चुनाव परिणाम इस मोर्चे की उम्मीदों के विपरीत आया। सत्ता कांग्रेस द्वारा श्रीमती गांधी के नेतृत्व में भारतीय साम्यवादी दल और तमिलनाडु में द्रविड़ मुनेत्र कड़गम को साथ लेकर चुनाव लड़ा गया, जिसमें जननिर्णय के रूप में श्रीमती गांधी की कांग्रेस को अभूतपूर्व सफलता हासिल हुई। इस चुनाव में पंजीकृत 274,094,493 मतदाताओं में से 151,536,802 मतदाताओं ने अपने मताधिकार का प्रयोग किया, अर्थात् 55.29 प्रतिशत मतदाताओं द्वारा मताधिकार का इस्तेमाल किया गया। इस मध्यावधि चुनाव नतीजों की तस्वीर निम्न तालिका में दिखाई गयी है :

TABLE: 7 पांचवीं लोकसभा चुनाव 1971 की परिणाम तालिका
(Result of 5th Lok Sabha General Election: 1971)

दल	*जीते हुए स्थानों की संख्या*	*प्राप्त मतों का प्रतिशत*
सत्ता कांग्रेस	350	43.64
संगठन कांग्रेस	16	10.56
स्वतंत्र पार्टी	08	3.08
जनसंघ	22	7.48
सी.पी.आई.	23	4.89
सी.पी.आई. (एम)	25	4.97
द्रविड़ मुनेत्र कड़गम	23	3.80
भारतीय क्रान्ति दल	01	01
संयुक्त समाजवादी दल	03	2.43
प्रजा समाजवादी दल	02	0.98
अन्य दल	30	9.84
निर्दलीय	13	8.33
कुल घोषित स्थान	**516**	**100.00**

इस चुनाव परिणाम को इंदिरा लहर की संज्ञा दी गयी तथा इस चुनावी नतीज़े के परिणामस्वरूप राजनीतिक नेतृत्व की जगह व्यक्ति पूजा की प्रवृत्ति का आविर्भाव हुआ।

छठा आम चुनाव 1977: लोकतंत्र की जीत

(General Election of 6th Lok Sabha 1977: Victory of Democracy)

छठे चुनाव को कई मायने में असाधारण चुनाव की संज्ञा दी गयी। पांचवीं लोकसभा की कालावधि मार्च 1976 में ही पूरी हो रही थी, अतः नियतकालिक आम चुनाव 1976 में ही होना था, लेकिन श्रीमती गांधी सरकार द्वारा 25 जून, 1975 को आपातकाल की घोषणा किये जाने के बाद पाँचवीं लोकसभा की अवधि एक–एक वर्ष के लिए दो बार बढ़ाई गयी और लोकसभा का कार्यकाल बढ़ाकर 18 मार्च 1978 तक कर दिया गया, लेकिन श्रीमती गांधी द्वारा चौदह महीने पूर्व राष्ट्रपति से सिफारिश करके 18 जनवरी, 1977 को पाँचवीं लोकसभा भंग कर दी गयी और राष्ट्र के नाम संदेश प्रसारित करके देशवासियों को लोकसभा भंग करने की जानकारी दी गयी। इस घोषणा के साथ ही आपातकाल के दौरान प्रतिबंधित किये गये प्रेस के सेंसरशिप तथा अभिव्यक्ति के समस्त माध्यमों पर से लगाया गया प्रतिबंध हटा लिया गया। साथ–ही, 'आन्तरिक सुरक्षा अधिनियम' के तहत गिरफ्तार किये गये विपक्षी पार्टियों के नेताओं. आपातकाल के विरुद्ध गंभीर आन्दोलन चलाने वाले युवा नेताओं, विद्याथीवर्ग का प्रतिनिधित्व करने वाले विद्यार्थी नेताओं की रिहाई का आदेश जारी कर दिया गया। इन घोषणाओं और गतिविधियों का उद्देश्य चुनाव कार्य को लोकतांत्रिक वातावरण में सम्पन्न कराना था।

आपात स्थिति में लगाये गये प्रतिबन्धों के कटु अनुभवों के आधार पर आगामी चुनाव में कांग्रेस के विरुद्ध मजबूती से खड़े होने एवं कांग्रेस पार्टी को चुनाव में शक्तिशाली टक्कर देने के उद्देश्य से गैर कम्युनिस्ट विपक्षी दलों यथा–संगठन कांग्रेस, सोशलिस्ट पार्टी, जनसंघ तथा भारतीय लोकदल द्वारा संयुक्त प्रयास से जनता पार्टी का गठन किया गया। गठबंधन में शामिल सभी दलों द्वारा सामूहिक निर्णय के आधार पर लोकदल के चुनाव चिन्ह 'हलधर' पर चुनाव लड़ने का निर्णय लिया गया। इन दलों को आपस में जोड़ने तथा नजदीक लाने में जय प्रकाश नारायण की भूमिका काफी अहम् रही। हेमवती नन्दन बहुगुणा, जगजीवनराम, नन्दनी सत्यपथी जैसे दिग्गज कांग्रेसियों के पार्टी छोड़ने से कांग्रेस को जहां करारा झटका लगा वहीं जागरूक मतदाताओं द्वारा यह कयास लगाया जाने लगा कि पार्टी का जनाधार खिसक रहा है। बहुगुणा, जगजीवन राम तथा नन्दनी सत्यपथी सरीखे कद्दावर कांग्रेसियों द्वारा पार्टी छोड़ने के बाद आपस में हाथ मिलाकर 'कांग्रेस फॉर डेमोक्रेसी' (Congress for Democracy) नामक पार्टी के बैनर तले चुनाव लड़ने का निर्णय लिया गया।

छठी लोकसभा के चुनाव से संबंधित तथ्यों पर एक नजर :

- यह चुनाव 16 से 20 मार्च, 1977 के बीच की अवधि में सम्पन्न कराया गया।
- इसमें लोकसभा की कुल 542 सीटों में से 539 सीटों के लिए चुनाव कराया गया।
- मतदाता सूची में पंजीकृत सदस्यों की कुल संख्या 320,050,694 थी, जिसमें से 193,746,527 मतदाताओं द्वारा अपने मताधिकार का प्रयोग किया गया।
- चुनाव में खड़े उम्मीदवारों की कुल संख्या 2439 थी, जिसमें 1151 दलीय उम्मीदवार थे और शेष निर्दलीय थे।
- छठी लोकसभा के लिए 60.54 प्रतिशत मतदान हुआ।

चुनावी नतीजों के परिणामस्वरूप छठी लोकसभा की तस्वीर को निम्न तालिका के तहत देखा जा सकता है :

TABLE: 8 छठे आम चुनाव 1977 की परिणाम तालिका
(Result of 6th Lok Sabha General Election: 1977)

दल	जीते हुए स्थानों की संख्या	प्राप्त मतों का प्रतिशत
जनता पार्टी	270	43.12
भारतीय राष्ट्रीय कांग्रेस	153	34.54
कांग्रेस फॉर डैमोक्रेसी	28	
सी.पी.आई. (एम)	22	4.30
सी.पी.आई.	07	2.87
अखिल भारतीय डी.एम.के.	19	4.7
डी.एम.के.	01	–
अकाली दल	08	–
अन्य दल	23	10.5
निर्दलीय	08	–
कुल घोषित स्थान	**539**	**100-00**

उपरोक्त तालिका से यह पता चलता है कि यह चुनाव परिणाम देश की राजनीति के वर्तन बिन्दु (Turning Point) का द्योतक है। छठे आम चुनाव के नतीजों से कांग्रेस को बहुत बड़ा झटका लगा। उत्तरी भारत में कांग्रेस को बुरी तरह हार का सामना करना पड़ा। जहां बिहार, हरियाणा, उत्तर प्रदेश, पंजाब हिमाचल प्रदेश में कांग्रेस का खाता भी नहीं खुला, वहीं राजस्थान और मध्य प्रदेश में भी कांग्रेस को एक–एक सीट से सन्तोष करना पड़ा। कांग्रेस की सबसे बुरी हालत अपने सबसे मजबूत गढ़ उत्तर भारत में हुई, जहां नौ राज्यों में लोकसभा की कुल 294 सीटों में से पार्टी को सिर्फ नौ सीटों पर संतोष करना पड़ा।

छठे आम चुनाव के परिणामस्वरूप देश में पहली बार केन्द्र में गैर कांग्रेसी सरकार बनी और कांग्रेस को सबसे बड़ी दूसरी पार्टी होने की वजह से सदन में विपक्ष की भूमिका निभानी पड़ी। देश के इस नये राजनीतिक उथल–पुथल में दल बदल की प्रवृत्ति को बहुत प्रोत्साहन मिला। इसे आपातकाल के विरुद्ध मतदान के रूप में देखा गया। चुनाव प्रचार के दौरान देश की जनता के सामने नयी गठित जनता पार्टी के नेताओं द्वारा 'लोकतंत्र बनाम तानाशाही' का मुद्दा रखा गया, जबकि कांग्रेस पार्टी का चुनावी मुद्दा 'स्थायित्व बनाम अराजकता' था। वैसे इस चुनाव का केन्द्रीय मुद्दा आपातकाल की परिस्थितियां थीं। पूरी व्यवस्था के राजनीतिक–सामाजिक वातावरण में तनाव, द्वन्द्व एवं उत्तेजनाप्रद माहौल था और इसी परिस्थिति में समस्त चुनावी प्रक्रिया का संचालन हुआ। भारतीय मतदाताओं द्वारा राजनीतिक जागरूकता, परिपक्वता और लोकतंत्र के प्रति पूरी आस्था निष्ठा का परिचय दिया गया और श्रीमती गांधी के करिश्माप्रधान राजनीतिक अस्तित्व को नकारते हुए आपातकाल पर अपनी उत्तेजनापूर्ण प्रतिक्रिया को मतदान व्यवहार के माध्यम से अभिव्यक्त किया गया।

सातवीं लोकसभा का मध्यावधि चुनाव 1980 : मिली-जुली सरकार की पराजय (Mid-Term General Election of 7th Lok Sabha 1980: Defeat of Coalition Government)

मार्च 1977 के आम चुनाव में भारतीय जनता द्वारा जनता पार्टी के प्रति राजनीतिक विश्वास व्यक्त करके केन्द्र में नयी सरकार के गठन का दायित्व सौंपा गया और उसके नेता के रूप में श्री मोरारजी देसाई प्रधानमंत्री बने, लेकिन जुलाई 1979 में आन्तरिक गुटबाजी की वजह से उस सरकार का पतन हो गया। सत्तारूढ़ जनता पार्टी के सदस्यों के बीच कई मुद्दों पर तीव्र वैचारिक मतभेद मौजूद थे, जिसमें सैद्धान्तिक मतभेद एवं व्यक्तित्व का टकराव सबसे अहम् मुद्दा बना। मंत्रिमंडल के सदस्य गोपनीयता के बजाय एक दूसरे पर खुलकर आरोप–प्रत्यारोप मढ़ने लगे, जिसके परिणामस्वरूप जनता पार्टी टूट गयी और प्रधानमंत्री श्री देसाई को त्यागपत्र देना पड़ा। जनता पार्टी से टूटकर अलग हुए धड़े के नेता चौधरी चरण सिंह को सरकार बनाने का मौका मिला, लेकिन वे लोकसभा में बहुमत प्रदर्शन नहीं

कर पाये और उनकी सरकार धराशायी हुई, नतीजतन 1980 में मध्यावधि चुनाव कराने के अतिरिक्त कोई राजनीतिक विकल्प नहीं बचा। 20 अगस्त, 1979 को चरण सिंह सरकार द्वारा राष्ट्रपति से लोकसभा भंग करने की सिफारिश की गयी और राष्ट्रपति ने 22 अगस्त, 1979 को छठी लोकसभा को नियतकालिक चुनाव की अवधि से पूर्व भंग कर दी।

सातवीं लोकसभा का चुनाव 3 एवं 6 जनवरी 1980 को सम्पन्न हुआ। इसमें लोक सभा की 542 सीटों में से सिर्फ 524 स्थानों के लिए चुनाव कराया गया। श्रीनगर निर्वाचन क्षेत्र से नेशनल कांग्रेस का उम्मीदवार निर्विरोध चुना गया। मतदाता सूची में पंजीकृत 354,024,081 मतदाताओं में से 201,269,129 मतदाताओं ने अपने मताधिकार का प्रयोग किया। चुनाव में भाग लेने वाले मतदाताओं के मतदान का प्रतिशत 56.80 था और अवैध मतों का प्रतिशत 2.43 था। सातवीं लोकसभा चुनाव परिणाम के उपरान्त सदन में विभिन्न दलों की स्थिति का आकलन निम्न तालिका के तहत किया जा सकता है :

TABLE: 9 सातवां लोकसभा चुनाव 1980 की परिणाम तालिका
(Result of 7th Lok Sabha General Election: 1980)

दल	*चुनाव में खड़े उम्मीदवारों की संख्या*	*जीते हुए स्थानों की संख्या*	*प्राप्त मतों का प्रतिशत*
कांग्रेस (आई)	438	351	42.66
जनता पार्टी	431	31	18.94
जनता 'एस' (लोकदल)	291	41	9.43
कांग्रेस अर्स	212	13	5.31
सी.पी.आई.	48	11	2.61
सी.पी.आई. (एम)	62	35	6.05
डी.एम.के.	16	16	2.15
ए.डी.एम.के.	24	02	2.38
अकाली दल	07	01	0.71
अन्य दल	200	16	3.25
निर्दलीय	2.828	08	6.55
कुल घोषित स्थान		**524**	**100.00**

सातवीं लोकसभा के चुनावी नतीजों ने यह स्पष्ट संकेत दिया कि केन्द्र में मिली–जुली सरकार का प्रयोग आम भारतीय की नज़र में पूरी तरह असफल रहा। आम चुनाव के उपरान्त पुनः केन्द्रीय सत्ता पर कांग्रेस (आई) का प्रभुत्व स्थापित हो गया और बाद में जिन राज्यों में विधानसभा के चुनाव कराये गये वहां कांग्रेस (आई) को भारी जीत हासिल हुई।

निष्कर्षतः यह कहा जा सकता है कि जुलाई 1979 में बड़ी टूट के बाद भी जनता पार्टी आपसी कलह और गंभीर मतभेद के दौर से उबर नहीं पायी, इसलिए एक संगठित राजनीतिक इकाई का स्वरूप प्राप्त करने में असमर्थ रही। पार्टीजनों की अनुशासनहीनता और आपसी खींचतान के चलते जनता की नजर में पार्टी की साख काफी कमजोर हुई, विशेष रूप से लोकसभा के भंग होने के बाद चार महीने तक जहां श्रीमती गांधी सघन चुनाव प्रचार में व्यस्त थीं, उस कीमती समय में जनता पार्टी के नेता आपसी विवाद में उलझे रहे। इन सभी तात्त्विक कारणों से चुनाव में सत्तारूढ़ दल को भारी पराजय का सामना करना पड़ा और इंदिरा कांग्रेस को चुनाव में बड़ी सफलता हासिल हुई।

आठवीं लोकसभा का आम चुनाव 1984 : राजीव गांधी की अभूतपूर्व सफलता (General Election of 8th Lok Sabha 1984: Unprecedented Success of Rajeev Gandhi)

आठवां आम चुनाव देश की असाधारण राजनीतिक व सामाजिक परिस्थितियों में सम्पन्न हुआ। चुनाव की घोषणा के पूर्व देश में उत्पन्न राजनीतिक परिदृश्य से प्रासंगिक चार प्रमुख घटनाओं को यहां रेखांकित करना अति

आवश्यक है : **प्रथम**–पिछले लगभग तीन वर्षों से पंजाब में विद्यमान गंभीर राजनीतिक–सामाजिक तनाव व आतंक का वातावरण, **द्वितीय**–जून 1984 के प्रथम सप्ताह में सैनिक कार्रवाई के लिए स्वर्ण मंदिर में सेना का प्रवेश और कट्टर सिख समुदाय द्वारा इस कार्रवाई पर भारी विरोध की अभिव्यक्ति, **तृतीय**–केन्द्र सरकार द्वारा आंध्र प्रदेश की एन.टी. रामाराव की सरकार को अपदस्थ किया जाना और जनदबाव के परिणामस्वरूप मुख्यमंत्री पद पर पुनः उनकी वापसी, तथा **चतुर्थ**–31 अक्टूबर 1984 को प्रधानमंत्री श्रीमती गांधी की नृशंस हत्या। मतदाताओं की नजर में दूसरी घटना कांग्रेस नेतृत्व को सामर्थ्य और कार्य कुशलता की अभूतपूर्व प्रस्तुति थी और चौथी घटना इंदिरा कांग्रेस के नये नेतृत्व के प्रति उत्पन्न अपार सहानुभूति का आधारतत्त्व बना था। 31 अक्टूबर को श्री गांधी को प्रधानमंत्री बनाया गया और 12 नवम्बर को वे इंदिरा कांग्रेस के अध्यक्ष बने। नवम्बर के दूसरे सप्ताह में केन्द्र की सरकार ने निर्णय लिया कि दिसम्बर में लोकसभा का चुनाव कराया जाये।

तत्कालीन मुख्य चुनाव आयुक्त श्री रामकृष्ण त्रिवेदी द्वारा 20 नवम्बर, 1984 को आठवीं लोकसभा के चुनाव की विज्ञप्ति जारी की गयी। इस विज्ञप्ति के अनुसार 24 दिसम्बर को 20 राज्यों और 9 केन्द्र शासित प्रदेशों में चुनाव की घोषणा की गयी तथा कुछ राज्यों में 27–28 दिसम्बर को चुनाव की तिथि घोषित की गयी। पंजाब और असम में अन्य राज्यों के साथ चुनाव नहीं कराया गया जिसकी वजह से पंजाब में कानून–व्यवस्था की समस्या और असम में मतदाता सूची का नवीनीकरण न होना बताया गया। इस चुनाव में इंदिरा कांग्रेस का मुख्य चुनावी नारा था "भारत की एकता, अखण्डता और राजनीतिक स्थायित्व।"

आठवीं लोकसभा के चुनाव में 7 राष्ट्रीय दलों और 27 क्षेत्रीय दलों द्वारा भागीदारी की गयी। लोकसभा की 512 सीटों पर चुनाव कराने की घोषणा जारी की गयी, लेकिन इसमें से चार क्षेत्रों में उम्मीदवारों की मृत्यु एवं अन्य कारणों से चुनाव स्थगित किया गया। इस प्रकार 24, 27 एवं 28 दिसम्बर 1984 को 508 निर्वाचन क्षेत्रों में चुनाव कराया गया। इस चुनाव में उम्मीदवारों की संख्या लगभग 5,481 थी, जिसमें लगभग 70 प्रतिशत उम्मीदवार निर्दलीय थे, जिनकी वजह से चुनाव में कई प्रकार की कठिनाइयां आयीं। इस चुनाव में कुल 2 करोड़ 32.29 लाख मतदाताओं द्वारा अपने मताधिकार का प्रयोग किया गया और मतदान का प्रतिशत 63.06 था, जो अपने आप में एक रिकार्ड था। इस चुनाव के परिणाम को निम्नांकित तालिका के परिप्रेक्ष्य में देखा जा सकता है :

TABLE: 10 आठवां लोकसभा चुनाव 1984 की परिणाम तालिका
(Result of 8th Lok Sabha General Election: 1984)

दल	*चुनाव में खड़े उम्मीदवारों की संख्या*	*जीते हुए स्थानों की संख्या*	*प्राप्त मतों का प्रतिशत*
इंदिरा कांग्रेस	481	401	51.90 (डी.सी.एम. कम्प्यूटर) 49.3 (इंडिया टुडे)
जनता पार्टी	207	10	7.03
भारतीय जनता पार्टी	226	02	7.71
दलित मजदूर किसान पार्टी (लोकदल)	168	03	5.91
कांग्रेस (स)	32	04	1.54
कांग्रेस (ज)	–	01	–
तेलुगूदेशम्	32	28	4.14
मार्क्सवादी दल	59	22	5.80
सी.पी.आई.	62	06	2.71
द्र.मु.क.	–	01	2.34
नेशनल कांफ्रेंस (फारुख)	–	03	1.72
अन्ना द्र.मु.क.	–	12	–
फारवर्ड ब्लॉक	–	02	–
मुस्लिम लीग	–	02	–
आर.एस.पी.	–	03	–
अन्य दल निर्दलीय	लगभग 40000 (70%)		–
कुल घोषित स्थान	**5,481**	**508**	**100.00**

आठवीं लोकसभा के चुनाव में कांग्रेस को लोकसभा का 80 प्रतिशत स्थान मिले, यानी कि 508 में से 401 सीटों की प्राप्ति हुई। यह सफलता अपने आप में अद्वितीय थी, जिसे इंदिरा कांग्रेस चुनावी इतिहास के स्वर्णिम पड़ाव के रूप में देखा जाता है। टाइम्स ऑफ इण्डिया के सम्पादक गिरिलाल जैन ने इस चुनावी नतीजे को प्रधानमंत्री के रूप में राजीव गांधी के लिए कराये गये 'जनमत संग्रह' की संज्ञा दी। इस चुनाव में विपक्षी दलों की करारी हार और इंदिरा कांग्रेस की अभूतपूर्व विजय से प्रासंगिक कुछ महत्त्वपूर्ण कारक थे, जिनमें–स्वर्ण मंदिर की सैन्य कार्रवाई, इंदिरा गांधी की हत्या के परिणामस्वरूप उपजी सहानुभूति लहर, युवा प्रधानमंत्री के रूप में राजीव गांधी की स्वच्छ छवि का आकर्षण, विपक्ष की ढुलमुल राजनीति एवं आपसी खींचतान, देश की एकता–अखण्डता के प्रति मतदाताओं की प्रतिबद्धता–आदि प्रमुख थे।

इसके अतिरिक्त भी कुछ महत्त्वपूर्ण कारक हैं जिनकी भूमिका इंदिरा कांग्रेस को चुनाव में मिली अपार सफलता की दृष्टि से उल्लेखनीय है। दृष्टान्तस्वरूप, जनसंघ और भारतीय जनता पार्टी का परम्परागत वोटर होने के बावजूद उच्च हिन्दू जातियों का इंदिरा कांग्रेस को दिया जाने वाला भारी समर्थन, पार्टी का व्यापक चुनाव प्रचार, पार्टी के पास संसाधनों की प्रचुरता, राजनीतिक स्थायित्व का मुद्दा, आर्थिक विकास की दर में वृद्धि की वजह से जनसाधारण में सामान्य रूप से आर्थिक संतुष्टि, महंगाई पर आंशिक नियंत्रण, बिजली की स्थिति में अपेक्षाकृत सुधार आदि ऐसे महत्त्वपूर्ण कारक थे जिन्होंने इंदिरा कांग्रेस को चुनाव में भारी सफलता दिलायी। इस चुनाव का सबसे महती पक्ष यह रहा कि इसमें जातियों के पुरोधाओं की भूमिका गौण हो गयी। जाति और धर्म की राजनीति से प्रासंगिक सभी तत्त्व और मुद्दे श्रीमती गांधी की शहादत, प्रधानमंत्री के रूप में श्री राजीव गांधी के व्यक्तित्व का आकर्षण, स्थायी सरकार निर्माण का मुद्दा, राजनीतिक स्थिरता लाने की प्रबल इच्छा एवं देश की एकता अखंडता की रक्षा आदि के सवाल पर बेमानी हो गये। इस दृष्टि से इस चुनाव को भारतीय राजनीतिक संस्कृति के आधुनिकीकरण की ओर बढ़ते मजबूत क़दम के रूप में देखा जा सकता है।

नौवीं लोकसभा का आम चुनाव 1989 : नये राजनीतिक परिवर्तन का संकेतक (General Elections of 9th Lok Sabha 1989 : Indicator of New Political Change)

निर्वाचन आयोग द्वारा 17 अक्टूबर, 1989 को नौवीं लोकसभा के चुनाव की तिथि की घोषणा की गयी। चुनाव के लिए घोषित तिथि 22, 24 एवं 26 नवम्बर 1989 थी। असम में लोकसभा की सीटों पर मतदान मतदाता सूची तैयार नहीं होने की वजह से साथ में नहीं कराया गया। लोकसभा के चुनाव के साथ ही उत्तर प्रदेश, आंध्र प्रदेश, कर्नाटक, गोवा तथा सिक्किम की विधानसभाओं का चुनाव कराने की भी घोषणा की गयी।

प्रधानमंत्री राजीव गांधी के प्रधानमंत्रित्व काल में संविधान का 64वां एवं 65वां संशोधन विधेयक सदन में प्रस्तुत किया गया, जिसे लोकसभा द्वारा स्पष्ट बहुमत की वजह से पारित कर दिया गया, लेकिन राज्यसभा ने इस संशोधन विधेयक को अस्वीकार किया। इस विधेयक पर जनमत प्राप्त करने की इच्छा से निर्धारित समय से पूर्व कांग्रेस सरकार द्वारा नवम्बर 1989 में नौवीं लोकसभा के लिए चुनाव कराया गया। इस लोकसभा के चुनाव में लगभग 50 करोड़ मतदाताओं द्वारा अपने मताधिकार का प्रयोग किया गया। संविधान के अनुच्छेद 326 में किया गया 61वां संशोधन अधिनियम 1989 के अन्तर्गत पहली बार 18 वर्ष की आयु के मतदाताओं द्वारा बड़े पैमाने पर अपने मताधिकार का प्रयोग किया गया। कुल मतदान में लगभग 3.56 करोड़ मतदाता 18 से 21 वर्ष की आयु के थे। लोकसभा की 529 सीटों में से लगभग 400 सीटों पर कांग्रेस (आई) का सीधा मुकाबला विपक्षी दलों से हुआ। कांग्रेस (आई) द्वारा लोकसभा की 529 सीटों में से 509 सीटों पर चुनाव लड़ा गया। 20 सीटें कांग्रेस आई ने जम्मू–कश्मीर में नेशनल कांफ्रेन्स, तमिलनाडु में अन्नाद्रमुक एवं दार्जिलिंग में गोरखा परिषद् के लिए छोड़ी। इस चुनाव में लोकसभा की 529 सीटों के लिए लगभग 7000 प्रत्याशी चुनाव मैदान में थे। राजनीतिक महत्त्वाकांक्षा की वजह से कांग्रेस (आई) से अलग हुए वी.पी. सिंह तथा देवी लाल के प्रयासों से एक राष्ट्रीय मोर्चा का गठन हुआ, जिसमें जनता दल द्वारा भाजपा, भाकपा से जगह–जगह पर किये गये सीटों के चुनावी तालमेल की वजह से उनके प्रत्याशियों का सीधा मुकाबला कांगेस (आई) से हुआ।

नौवीं लोकसभा के चुनावी नतीजों से सभी अचंभित थे। वैसे तो इस चुनाव में कोई लहर नहीं थी, लेकिन महंगाई, असुरक्षा, साम्प्रदायिक दंगे और भ्रष्टाचार जैसे महत्त्वपूर्ण तथ्यों की वजह से मतदाताओं में कांग्रेस के प्रति गंभीर आक्रोश था। चुनाव में यद्यपि जाति तत्त्व गौण रहा तथापि भारत के राजपूत मतदाताओं ने खुलकर वी.पी. सिंह के पक्ष में मतदान किया। चुनाव में मुख्य रूप से हिन्दू सम्प्रदायवाद का तत्त्व उभरकर सामने आया जिसके परिणामस्वरूप 1984 के चुनाव में दो सीटें पाने वाली भाजपा को इसमें राम जन्मभूमि और राम मंदिर के नाम पर 88 सीटें मिलीं। उधर भागलपुर दंगा और बाबरी मस्जिद के मुद्दे पर मुस्लिम मतदाता कांग्रेस से विमुख होकर राष्ट्रीय मोर्चे की छतरी के नीचे सिमटने लगे थे। हिन्दू और मुस्लिम मतदाताओं में पनपी इस नयी राजनीतिक प्रवृत्ति का ख़ामियाजा कांग्रेस को उठाना पड़ा, क्योंकि दोनों समुदायों के अधिकांश वोट उत्तर भारत में कांग्रेस विरोधी खेमे की झोली में गिरे। चुनावी नतीजों ने दर्शाया कि भारत का आम आदमी राजनीतिक मुद्दों के प्रति बेख़बर नहीं है और मतदाता के रूप में उसका राजनीतिक दृष्टिकोण काफी परिपक्व है।

इस चुनाव से जो महत्त्वपूर्ण तथ्य उभरकर सामने आया कि बहुत हद तक जनता ने शासक राजनीतिक अभिजन वर्ग में बदलाव के लिए मतदान किया। हिन्दी भाषी राज्यों में कांग्रेस का सफाया, हो गया और केन्द्र में किसी भी दल को सरकार गठन के लिए स्पष्ट बहुमत नहीं मिला। उत्तर भारत में 1984 के चुनाव में जहां कांग्रेस को 218 सीटें मिली थीं, वहीं इस चुनाव में पार्टी को मात्र 31 सीटों पर सन्तोष करना पड़ा। यह चुनाव इस मायने में भी मिसाल था कि प्रत्येक राज्य के मतदाताओं द्वारा पड़ोसी राज्य के मतदाताओं के विचारों से सहमति न रखते हुए अपने स्वतंत्र राजनीतिक इरादे की प्रस्तुति मतदान व्यवहार के रूप में प्रदर्शित की गयी थी।

नौवीं लोक सभा के चुनाव में किसी भी दल को स्पष्ट बहुमत नहीं मिला। कांग्रेस आई को सबसे बड़े दल के रूप में सदन में 193 सीटें मिलीं। इसके विपरीत राष्ट्रीय मोर्चे को 143, भाजपा को 86 और वाम मोर्चे को 52 सीटें प्राप्त हुईं। राष्ट्रीय मोर्चे की सरकार में वी.पी. सिंह प्रधानमंत्री बने और भाजपा तथा वाम मोर्चे ने सरकार को बाहर से समर्थन दिया।भौगोलिक ध्रुवीकरण के रूप में मतदाताओं के मतदान व्यवहार के परिणामस्वरूप प्राप्त जनादेश की वजह से राष्ट्रीय स्तर की दो बड़ी पार्टियां कांग्रेस (आई) और जनता दल उत्तर और दक्षिण भारत में क्षेत्रीय दलों की हैसियत में आ गये। जहां उत्तर प्रदेश, बिहार, मध्य प्रदेश और राजस्थान में कांग्रेस को मात्र 27 सीटें मिली और जनता दल को 107 सीटें मिलीं, वहीं दक्षिण के राज्यों में कर्नाटक, केरल, तमिलनाडु और आंध्र प्रदेश में कांग्रेस को 103 सीटें मिलीं, जबकि जनता दल को सिर्फ 1 सीट पर संतोष करना पड़ा। नौंवी लोकसभा चुनाव की परिणाम तालिका निम्नांकित है :

TABLE: 11 नौवां लोकसभा चुनाव, 1989 की परिणाम तालिका
(Statewise-Partywise Result of 9th Lok Sabha General Election 1989)

Sl. No	*States*	*No of Seats*	*Cong (I)*	*Janta Dal*	*BJP*	*CPI (M)*	*CPI*	*AIAD MK*	*Other parties*	*Indepen-dents*	*Total*	*Vacancies*
1	Andhra Pradesh	42	39	—	—	—	—	—	03(a)	—	42	—
2	Arunachal Pradesh	02	02	—	—	—	—	—	—	—	02	—
3	Assam	14	—	—	—	—	—	—	—	—	—	14
4	Bihar	54	04	30	09	01	04	—	05(b)	—	53	01
5	Goa	02	—	—	—	—	—	—	01©	—	01	01
6	Gujarat	26	03	11	12	—	—	—	—	—	26	—
7	Haryana	10	04	05	—	—	—	—	—	—	09	01
8	Himachal Pradesh	04	01	—	03	—	—	—	—	—	04	—
9	Jammu & Kashmir	06	02	—	—	—	—	—	03(d)	01	06	—
10	Karnataka	28	27	01	—	—	—	—	—	—	28	—

(Contd.)

Sl. No	States	No of Seats	Cong (I)	Janta Dal	BJP	CPI (M)	CPI	AIAD MK	Other parties	Indepen-dents	Total	Vacancies
11	Kerala	20	14	—	—	02	—	—	04(e)	—	20	—
12	Madhya Pradesh	40	08	03	27	—	—	—	—	01	39	01
13	Maharashtra	48	28	05	10	—	01	—	01(f)	03	48	—
14	Manipur	02	02	—	—	—	—	—	—	—	02	—
15	Meghalaya	02	02	—	—	—	—	—	—	—	02	—
16	Mizoram	01	01	—	—	—	—	—	—	—	01	—
17	Nagaland	01	01	—	—	—	—	—	—	—	01	—
18	Odisha	21	03	16	—	01	01	—	—	—	21	—
19	Punjab	13	92	01	—	—	—	—	07(g)	03	13	—
20	Rajasthan	25	—	11	13	01	—	—	—	—	25	—
21	Sikkim	01	—	—	—	—	—	—	01(h)	—	01	—
22	Tamil Nadu	39	26	—	—	—	—	11	—	—	38	01
23	Tripura	02	02	—	—	—	—	—	—	—	02	—
24	Uttar Pradesh	85	15	53	08	01	02	—	03(i)	02	84	01
25	West Bengal	42	04	—	—	26	03	—	08(j)	—	41	01
	UNION TERRITORIES											
26	Andaman & Nicobar	01	—	—	—	—	—	—	—	—	01	—
27	Chandigarh	01	01	—	01	—	—	—	—	—	01	—
28	Dadar & Nagar Haveli	01	01	—	—	—	—	—	—	01	01	—
29	Daman & Diu	01	01	—	—	—	—	—	—	01	01	—
30	Delhi	07	02	01	04	—	—	—	—	—	07	—
31	Lakshadweep	01	01	—	—	—	—	—	—	—	01	—
32	Puduchery	01	01	—	—	—	—	—	—	—	01	—
	TOTAL	**543**	**195**	**137**	**86**	**32**	**12**	**11**	**36**	**12**	**522**	**21**

Does not include two members of the Anglo-Indian Community whom the President nominates under Article 331 of the Constitution.

(a) Telugu Desam–2; All India Majlis-E Ittehad-ul-Muslimeen–1
(b) Jharkhand Mukti Morcha–3; Indian People's Front–1; Marxist Co-ordination–1.
(c) Maharashtrawadi Gomantak Party–1.
(d) National Conference–3.
(e) Muslim League–2; Indian Congress Socialist (Sarat Chandra Sinha)–1; Kerala Congress (M)–1.
(f) Shiv Sena–1.
(g) Shiromani Akali Dal (Simaranjit Singh Mann)–6; Bahujan Samaj Party–1.
(h) Sikkim Sangram Parishad–1.
(i) Bahujan Samaj Party–2; Akhil Bharatiya Hindu Maha Sabha–1.
(j) Revolutionary Socialist Party–4; Forward Bloc–3; Gorkha National Liberation Front–1.

नौवीं लोकसभा में 522 सीटों के लिए मतदान हुआ। पश्चिम बंगाल, तमिलनाडु, मध्य प्रदेश और गोआ की एक–एक सीट यानी कि कुल चार सीटों पर चुनाव स्थगित किया गया। इस लोकसभा की जो तस्वीर उभरी उसमें दलीय गणित के हिसाब से कांग्रेस (आई) को 195, जनता दल को 137, भाजपा को 86, मार्क्सवादी कम्युनिस्ट

पार्टी को 32, भारतीय कम्युनिस्ट पार्टी को 12, अन्नाद्रमुक को 11, अकाली दल (मान) को 6, आर.एस.पी. को 4, तेलुगूदेशम को 2, झारखण्ड मुक्ति मोर्चा को 3, बहुजन समाज पार्टी को 2, और नेशनल कांफ्रेन्स को 3 तथा आई.पी.एफ., कांग्रेस (स), मुस्लिम लीग, केरल कांग्रेस (एम) तथा यू.पी.सी.आई. को एक–एक सीट मिली। इसके अतिरिक्त 11 सीटें अन्य पार्टियों के खाते में गयीं और दस निर्दलीय भी निर्वाचित हुए।

वस्तुतः, नौवीं लोकसभा के चुनावी नतीजों ने फिर से उत्तर तथा दक्षिण भारत में पल रही अलग–अलग राजनीतिक संस्कृतियों के अस्तित्व का पुष्टिकरण किया। हिन्दी भाषी मतदाताओं ने जहां भाजपा के साम्प्रदायिक आह्वान के साथ क़दम मिलाकर वी.पी. सिंह, देवीलाल, वाजपेयी और आडवाणी सरीखे नेताओं द्वारा लगाये गये गंभीर भ्रष्टाचार के आरोपों (बोफोर्स) की वजह से श्री राजीव गांधी की पार्टी को नकार दिया और राष्ट्रीय मोर्चे को अपना समर्थन दिया, वहीं दक्षिण भारत के मतदाताओं ने बोफोर्स और राम जन्मभूमि, बाबरी मस्जिद के विवाद से अलग–अलग रहकर कांग्रेस के पक्ष में मतदान किया। उनके द्वारा प्रधानमंत्री की उम्मीदवारी की टक्कर में वी.पी. सिंह की अपेक्षा राजीव गांधी को ज्यादा पसंद किया गया। उत्तर भारत में जहां वी.पी. सिंह की एकतरफा जीत हुई, वहीं दक्षिण भारत की सीटें उनकी राजनीतिक पहुंच से काफी दूर रहीं। वहां उनके सहयोगी क्षेत्रीय नेता रामाराव, करुणानिधि, हेगड़े आदि भी अपने बूते पर मोर्चे को सफलता नहीं दिला सके, इससे यह राजनीतिक तस्वीर उभरी कि राष्ट्रीय मोर्चे का नेतृत्व सिर्फ उत्तर भारत में केन्द्रित था।

दसवीं लोकसभा का मध्यावधि आम चुनाव 1999 : कांग्रेस की वापसी
(Mid-Term General Election of 10th Lok Sabha 1991: Comeback of Congress)

चुनाव आयोग द्वारा दसवीं लोकसभा का मध्यावधि चुनाव दो चरणों में **मई एवं जून, 1991** को सम्पन्न कराया गया। भाजपा द्वारा वी.पी. सिंह सरकार से समर्थन वापस लेने की वजह से सरकार अल्पमत में आ गयी। वी.पी. सिंह मंत्रिमंडल की सदन में पराजय के बाद चन्द्रशेखर प्रधानमंत्री पद पर आसीन हुए। लेकिन, यह सरकार भी लम्बे समय तक राजनीतिक दांव–पेंच की वजह से चल नहीं पायी, इसलिए नौवीं लोकसभा समय से पूर्व भंग कर दी गयी। दसवीं लोकसभा के गठन तक चन्द्रशेखर देश के कार्यवाहक प्रधानमंत्री बने रहे जिनकी देखेरेख में दसवीं लोकसभा का चुनाव कराया गया। चुनाव आयोग द्वारा घोषित तिथियों के अनुरूप 20 मई, 1991 को पहले चरण में 211 सीटों के लिए मतदान कराया गया। इसी बीच 21 मई, 1991 को राजीव गांधी की हत्या के पश्चात् दूसरे चरण का चुनाव निर्धारित तिथि पर न होकर 12 एवं 15 जून, 1991 को सम्पन्न कराया गया।

दसवीं लोकसभा के लिए पहले 524 सीटों पर मतदान कराने का कार्यक्रम तय किया गया था। इसमें पंजाब की 13 और जम्मू–कश्मीर की 6 सीट शामिल नहीं थीं। 13 सीटों का चुनाव रद्द किया गया, जिसमें 8 उम्मीदवारों की मृत्यु की वजह से और 5 चुनावी गड़बड़ियों की वजह से।

इस आम चुनाव के परिणाम से लोकसभा की जो तस्वीर बनी, वह पार्टियों के बहुमत प्राप्त करने की दृष्टि से तथा मतों का प्रतिशत प्राप्त करने की दृष्टि से काफी उलझी हुई दिखाई देती है। सन् 1989 के चुनाव की अपेक्षा 1991 के चुनाव में कांग्रेस (ई) को तीन प्रतिशत मत कम मिला लेकिन उसकी जीती गई सीटों की संख्या 193 से बढ़कर 225 हो गयी, यानी कि पार्टी को 32 सीटों का फ़ायदा हुआ। पार्टी को चुनाव में 36.5 प्रतिशत मत प्राप्त हुए। कॉंग्रेस पार्टी द्वारा इस चुनाव में अनुसूचित जाति एवं जनजातियों के लिए आरक्षित सीटों में से 50 प्रतिशत जीत ली गईं, जिसमें कई सीटें उसने जनता दल से छीनीं। 111 आरक्षित निर्वाचन क्षेत्रों के चुनाव परिणामों का विश्लेषण करने से यह स्पष्ट होता है कि इस चुनाव में कांग्रेस (ई) ने इनमें से 106 सीटों पर अपने उम्मीदवार खड़े किये जिसमें 56 पर जीत हासिल हुई, जबकि 1989 के चुनाव में 107 सीटों पर खड़े उम्मीदवारों में से सिर्फ 44 ही जीत पाये थे। लेकिन सीटें अधिक जीतने के बावजूद पिछले चुनाव की अपेक्षा इस बार पार्टी का मत प्रतिशत घट गया। पार्टी को मिलने वाले मतों का प्रतिशत 1989 में 40.57 प्रतिशत था, इस चुनाव में घटकर 37 प्रतिशत हो गया।

जनता पार्टी को 1989 में 141 सीटें मिलीं, लेकिन 1991 के चुनाव में उसे 56 सीटें ही मिल पायीं और प्राप्त मतों का प्रतिशत 11.9 प्रतिशत रहा। साथ ही इस पार्टी को 1989 में जीती गयी अपनी 16 सुरक्षित सीटें भी गंवानी पड़ीं और सुरक्षित स्थानों पर खड़े 71 उम्मीदवारों की जमानत भी जब्त हो गयी। सन् 1989 के चुनाव में जनता पार्टी को आरक्षित निर्वाचन क्षेत्रों में 18.83 प्रतिशत मत मिले थे जो इस बार कम होकर सिर्फ 12.21 प्रतिशत रह गया।

दसवीं लोकसभा में भारतीय जनता पार्टी की सीटों में काफी बढ़ोत्तरी हुई, जो 86 से बढ़कर 117 पर पहुंच गयी। इस चुनाव में भाजपा को 20.31 प्रतिशत मत प्राप्त हुए, जबकि 1989 में इस पार्टी को केवल 11.5 प्रतिशत मत मिले थे। आरक्षित 102 निर्वाचन क्षेत्रों में खड़े भाजपा उम्मीदवारों को कुल प्राप्त मतों का 21.37 प्रतिशत प्राप्त हुआ। इस चुनाव में प्राप्त सीटों एवं मतों के प्रतिशत को निम्न तालिका के अन्तर्गत देखा जा सकता है :

TABLE: 12 दसवां लोकसभा चुनाव 1991 की परिणाम तालिका
(Statewise- Partywise Result of 10th Lok Sabha General Election 1991)

Sl No	*States*	*No of Seats*	*Cong (I)*	*BJP*	*Janta Dal*	*CPI (M)*	*CPI*	*Other parties*	*Independents*	*Total*	*Vacancies*
1	Andhra Pradesh	42	24	01	—	01	01	14(a)	—	41	01
2	Arunachal Pradesh	02	02	—	—	—	—	—	—	02	—
3	Assam	14	08	02	—	01	01	02(b)	—	14	—
4	Bihar	54	—	05	28	01	07	06(c)	—	47	07
5	Goa	02	02	—	—	—	—	—	—	02	—
6	Gujarat	26	04	20	—	—	—	01(d)	—	25	01
7	Haryana	10	09	—	—	—	—	01(e)	—	10	—
8	Himachal Pradesh	04	02	02	—	—	—	—	—	04	—
9	Karnataka	28	21	04	—	—	—	01(f)	—	26	02
10	Kerala	20	13	—	—	03	—	04 (g)			
11	Madhya Pradesh	40	27	11	—	—	—	01(h)	—	39	01
12	Maharashtra	48	37	05	—	01	—	04(i)	—	47	01
13	Manipur	02	01	—	—	—	—	01(j)	—	02	—
14	Meghalaya	02	02	—	—	—	—	—	—	02	—
15	Mizoram	01	—	—	—	—	—	—	—	01	—
16	Nagaland	01	—	—	—	—	—	01(k)	—	01	—
17	Odisha	21	13	—	06	01	—	—	—	20	01
18	Rajasthan	25	13	12	—	—	—	—	—	25	—
19	Sikkim	01	—	—	—	—	—	01(l)	—	01	—
20	Tamil Nadu	39	28	—	—	—	—	11(m)	—	39	—
21	Tripura	02	02	—	—	—	—	—	—	02	—
22	Uttar Pradesh	85	04	50	22	—	01	04(n)	—	81	04
23	West Bengal	42	05	—	—	27	03	07(o)	—	42	—

(Contd.)

Sl No	States	No of Seats	Cong (I)	BJP	Janta Dal	CPI (M)	CPI	Other parties	Independents	Total	Vacancies
	UNION TERRITORIES										
24	Andaman & Nicobar	01	01	—	—	—	—	—	—	01	—
25	Chandigarh	01	01	—	—	—	—	—	—	01	—
26	Dadar & Nagar Haveli	01	01	—	—	—	—	—	—	01	—
27	Daman & Diu	01	—	01	—	—	—	—	—	01	—
28	Delhi	07	02	04	—	—	—	—		06	01
29	Lakshadweep	01	01	—	—	—	—	—	—	01	—
30	Puduchery	01	01	—	—	—	—	—	—	01	—
	Total	**524**	**224**	**117**	**56**	**35**	**13**	**59**	**01**	**505**	**19**

*Excluding Speaker

(a) Telugu Desam–13; All India Majlis-E Ittehad-ul-Muslimeen–1.
(b) Autonomous State Demand Committe–1; and Asom Gana Parishad–1.
(c) Jharkhand Mukti Morcha–6.
(d) Janata Dal (Gujarat)–1.
(e) Haryana Vikas Party–1.
(f) Janata Party–1.
(g) Indian Congress (Socialist-Sarat Chandra Sinha)–1; Muslim League–2; and Kerala Congress (M)–1.
(h) Bahujan Samaj Party–1.
(i) Shiv Sena–4.
(j) Manipur People's Party–1.
(k) Nagaland People's Council–1.
(l) Sikkim Sangram Parishad–1.
(m) All India Anna Dravida Munnetra Kadagam–11.
(n) Janata Party–4.
(o) All India Forward Block–3; and Revolutionary Socialist Party–4.

सारांशतः, पछले दो–तीन चुनावों में जो उत्तर और दक्षिण भारत के मतदाताओं की राजनीतिक प्रवृत्ति में भिन्नता देखी जा रही थी इस बार वैसी स्थिति नहीं थी। प्रत्येक राज्य में मतदान व्यवहार का अलग रुझान और मतदाताओं में अलग राजनीतिक अभिवृत्ति का दर्शन हुआ। चुनाव परिणाम इस तथ्य का स्पष्ट संकेतक बना कि प्रत्येक राज्य में दो बड़ी पार्टियां चुनाव में मजबूत प्रतिद्वन्द्वी बनकर उभरीं, जैसे कि मध्य प्रदेश में भाजपा और कांग्रेस (ई), उत्तर प्रदेश में भाजपा और जनता दल, बिहार में कांग्रेस (ई) और जनता दल, राजस्थान में कांग्रेस और भाजपा, चुनाव में मुख्य रूप से प्रतियोगिता करते नजर आये। राजीव गांधी की हत्या से उत्पन्न सहानुभूति का फ़ायदा दूसरे और तीसरे चरण के मतदान में स्पष्ट तौर पर कांग्रेस (ई) को मिला। चुनाव के परिणामस्वरूप भारतीय जनता पार्टी एक बड़ी राष्ट्रीय पार्टी के रूप में उभरी। चुनाव में 117 सीटें जीतकर और 20.31 प्रतिशत मत प्राप्त करके भाजपा सदन में कांग्रेस के बाद दूसरी बड़ी पार्टी हो गयी। उन राज्यों में जहां भाजपा का कोई जनाधार नहीं था और इसकी एक सीट भी नहीं थी वहां भी इसके खाते में पड़े वोटो के प्रतिशत में काफी इज़ाफ़ा हुआ। गुजरात और उत्तर प्रदेश में पार्टी का जनाधार काफी मजबूत हुआ। सन् 1989 के चनुाव में जहां गुजरात में भाजपा को 30.5 प्रतिशत मत मिले थे, वहीं 1991 के चुनाव में उसे 51.4 प्रतिशत मत प्राप्त हुए। उत्तर प्रदेश में भी पार्टी को मिले मतों का प्रतिशत 7.6 प्रतिशत से बढ़कर 33 प्रतिशत हो गया। इस चुनाव का नतीजा जनता दल के लिए सबसे ज्यादा नुकसानदेह रहा। इसका अस्तित्व सिर्फ बिहार, उत्तर प्रदेश और उड़ीसा में सिमटकर रह गया। पिछले चुनाव की तुलना में जनता पार्टी के वोटों में 5 प्रतिशत की गिरावट दर्ज की गयी, जो चुनावी राजनीति की दृष्टि से काफी बड़ी गिरावट है।

चुनाव विश्लेषकों ने दसवीं लोकसभा की त्रिशंकु संसद् (Hung Parliament) का नाम दिया। त्रिशंकु संसद् का आशय ऐसी संसद् से है जिसके द्वारा किसी प्रतिनिधिक सरकार का निर्माण न किया जा सके। लेकिन, दसवीं लोकसभा में बिना किसी राजनीतिक जोड़–तोड़ के प्रतिनिधिक सरकार का निर्माण हुआ और सरकार ने अपना कार्यकाल भी पूरा किया, तो फिर इसे त्रिशंकु संसद् कहने का कोई राजनीतिक या वैधानिक औचित्य नहीं है। इसे स्पष्ट जनादेश प्राप्त लोकसभा की संज्ञा दी जा सकती है। हां, यह सही है कि राजीव गांधी की हत्या और चुनावी नतीजों की वजह से देश के राजनीतिक मानचित्र में आये बुनियादी तौर पर परिवर्तित माहौल में श्री पी.वी. नरसिम्हा राव प्रधानमंत्री बने। कोई करिश्माई व्यक्तित्व वाले प्रधान मंत्री नहीं थे, इसलिए सदन में संगठित विपक्ष का सामना करने में उन्हें कुछ राजनीतिक मुश्किलों से जूझना पड़ा और उन परेशानियों से निकलने के लिए जुगत भी भिड़ानी पड़ी।

ग्यारहवीं लोकसभा का आम चुनाव 1996 : त्रिशंकु संसद् के युग का आरंभ (General Election of 11th Lok Sabha 1996: Beginning of Hung Parliament Era)

चुनाव आयोग द्वारा घोषित तिथि के अनुरूप 22 एवं 27 अप्रैल तथा 2 एवं 7 मई, 1996 को पूरे देश में लोकसभा की 543 सीटों के लिए चुनाव कराया गया। इसके साथ ही केरल, तमिलनाडु, असम, हरियाणा, पश्चिम बंगाल तथा पांडिचेरी की विधानसभाओं के लिए भी चुनाव कराये गये। इस चुनाव में लोकसभा की 543 सीटों के लिए 13,952 उम्मीदवार चुनाव मैदान में अपना भाग्य आजमा रहे थे। चुनाव व्यय के संबंध में सर्वोच्च न्यायालय द्वारा दिये गये एक महत्त्वपूर्ण फैसले की वजह से पिछले चुनावों की तुलना में यह चुनाव काफी फीका रहा, क्योंकि चुनाव प्रचार से संबंधित खर्चे पर सर्वोच्च न्यायालय द्वारा दिये गये फैसले की बंदिश थी। इस निर्णय के बाद यह तथ्य सामने आया कि लोकसभा के चुनाव का प्रत्याशी अपनी पूरी चुनावी प्रक्रिया के संचालन में साढ़े चार लाख रुपये से ज्यादा खर्च करने का अधिकारी नहीं है। चुनाव व्यय की इस सीमा के दायरे में प्रत्याशी को राजनीतिक दल द्वारा दिया जाने वाला खर्च भी शामिल है। इसके साथ ही सभी प्रत्याशियों को चुनाव आयोग से यह निर्देश मिला कि वे चुनावी व्यय से सबंधित आमद–खर्च का ब्यौरा रखें।

निर्वाचन आयोग द्वारा इस चुनाव को निष्पक्ष और बेदाग कराने के लिए निगरानी हेतु 1500 से अधिक पर्यवेक्षक नियुक्त किये गये, जो विभिन्न निर्वाचन क्षेत्रों में जाकर प्रत्याशियों के चुनावी खर्चे तथा अन्य गतिविधियों की जाँच–पड़ताल करते थे। चुनाव आयोग द्वारा सभी राजनीतिक दलों और सभी प्रत्याशियों को यह निर्देश दिया कि वे चुनाव आचार संहिता का पालन पूरी निष्ठा से करें। इन आचार संहिताओं में दीवारों पर पोस्टर लगाने की मनाही, चुनाव प्रचार के लिए निर्धारित संख्या से ज्यादा गाड़ी रखने की मनाही, मतदाताओं को घूस देने की मनाही आदि शामिल थे।

चुनावी राजनीति की दृष्टि से यह चुनाव तीन मोर्चे के बीच की राजनीतिक प्रतियोगिता थी, जिसका एक पक्ष कांग्रेस, दूसरा राष्ट्रीय मोर्चा एवं वाम मोर्चा, तथा तीसरा पक्ष भाजपा और उसके सहयोगी दल थे। लेकिन, इन राजनीतिक इकाइयों के घटक दल आपस में राजनीतिक प्रतिबद्धता का पालन नहीं कर सके। इनके बीच विद्यमान आपसी मतवैभिन्नता का प्रभाव सीटों के तालमेल पर भी दिखाई दिया। चुनाव के मद्देनजर सीटों के तालमेल के बावजूद मोर्चे में शामिल दलों द्वारा कई निर्वाचन क्षेत्रों में सहयोगी दलों के विरुद्ध प्रत्याशी खड़ा किया गया। इस चुनाव का परिणाम कई मायने में महत्त्वपूर्ण रहा और राजनीतिक परिवर्तन की दिशा का सूचक साबित हुआ। स्वाधीनता संघर्ष में अग्रेसर की भूमिका निभाने वाली और चार दशकों तक देश पर शासन करने वाली सत्तारूढ़ पार्टी कांग्रेस (ई) को लोकसभा में सिर्फ 140 सीटें मिलीं और 161 सीटें जीतकर भाजपा लोक सभा में सबसे बड़े दल के रूप में उभरी। 100 से कुछ ज्यादा सीटें जीतने वाली राष्ट्रीय मोर्चा एवं वाम मोर्चा गठबंधन तीसरे स्थान पर रहा। चुनाव में क्षेत्रीय दलों को अद्भुत सफलता मिली, जिसकी वजह से केन्द्र की राजनीति में इनका महत्त्व काफी बढ़ गया। लोकसभा में इन क्षेत्रीय दलों की दलगत सूची क्रमशः इस प्रकार रही, आन्ध्र प्रदेश में तेलुगूदेशम् के 16, तमिलनाडु में द्रमुक को 17, तमिल मनीला कांग्रेस के 20, असम गणपरिषद्

के 5, पंजाब में अकाली दल के 8, हरियाणा में हरियाणा विकास पार्टी के 3, उत्तर प्रदेश में समाजवादी पार्टी के 17, तथा बसपा के 11 सांसद पार्टी टिकट पर जीत कर आये। कुल मिलाकर इनकी संख्या 97 थी। ये सरकार बनाने में तो सक्षम नहीं थे लेकिन किसी दल के साथ मिलकर राजनीतिक अस्थिरता पैदा करने या सरकार गिराने के लिए पर्याप्त थे। चुनाव में राष्ट्रीय दलों का वोट काटकर ही इनके प्रत्याशी चुनाव में विजयी हुए थे, या यूँ कहा जाय कि राष्ट्रीय दलों में मौजूद गुटबाजी ही इनकी जीत का आधार बनी। इस चुनाव के बाद गठित होने वाली सरकार पर राष्ट्रीय मोर्चा एवं वाम मोर्चा ने निषेधाधिकार का प्रयोग करते हुए यह निर्णय सुनाया कि वे भाजपा को सरकार बनाने नहीं देंगे और यदि कांग्रेस द्वारा सरकार बनायी गयी, तो वे उस सरकार का समर्थन नहीं करेंगे।

लोकसभा में सबसे बड़ी पार्टी होने की वजह से भाजपा नेता अटल बिहारी वाजपेयी को राष्ट्रपति की ओर से सरकार बनाने का नियंत्रण मिला। 16 मई, 1996 को श्री वाजपेयी ने देश के तेरहवें प्रधान मंत्री के रूप में शपथ ली, लेकिन बहुमत न जुटा पाने के कारण 28 मई, 1996 को अपना इस्तीफा राष्ट्रपति को सौंप दिया। जून 1996 को संयुक्त मोर्चे के नेता एच.डी. देवेगौड़ा को प्रधानमंत्री की शपथ दिलाई गयी। भाजपा को सत्ता से बाहर रखने की राजनीति के तहत राष्ट्रीय मोर्चे द्वारा वाम मोर्चा एवं अन्य क्षेत्रीय दलों का समर्थन जुटा लिया गया। अचानक 15 जून को कांग्रेस ने राष्ट्रीय मोर्चे को बिना शर्त समर्थन देने की बात स्वीकारी। लेकिन 11 अप्रैल, 1997 में अत्यन्त नाटकीय ढंग से कांग्रेस द्वारा समर्थन वापस लिये जाने की वजह से संयुक्त मोर्चे की सरकार अपदस्थ हो गयी। 19 अप्रैल को वामपंथी दलों द्वारा संयुक्त मोर्चे के घटक दलों को सर्वानुमति से प्रधानमंत्री पद का उम्मीदवार चुनने की बात की गयी और सर्वसम्मत नेता के रूप में इन्द्र कुमार गुजराल का नाम आया। राष्ट्रपति द्वारा श्री गुजराल को प्रधानमंत्री के रूप में मनोनीत किया गया, जिनके द्वारा 21 अप्रैल, 1997 को शपथ ग्रहण की गयी। लेकिन यह सरकार भी अपना कार्यकाल पूरा नहीं कर सकी, इसलिए समय से पूर्व फिर एक बार लोकसभा भंग कर दी गयी।

ग्यारहवीं लोकसभा सभी दृष्टि से एक त्रिशंकु संसद् थी, इसलिए प्रधानमंत्री के आने–जाने का क्रम जारी रहा। भारत के चुनावी इतिहास में यह कांग्रेस का सबसे खराब प्रदर्शन था, जिसकी वजह से राजनीतिक अस्थिरता का महौल बना। भाजपा की शक्ति पिछले चुनावों की अपेक्षाकृत काफी बढ़ी, लेकिन फिर भी अपने सहयोगियों के साथ मिलकर भी भाजपा सरकार बनाने की मंजिल से 70 कदम पीछे थी। यह चुनाव राष्ट्रीय राजनीति में क्षेत्रीय शक्तियों के मजबूत प्रवेश का द्योतक है। इसमें क्षेत्रीय दलों तथा छोटे समूहों की सामूहिक शक्ति में भारी वृद्धि हुई और इनकी बढ़ी हुई संख्या का गणितीय समीकरण राष्ट्रीय सरकार को बनाने या गिराने में अहम् भूमिका निभाने योग्य हो गया। चुनावी नतीजों की वजह से देश को राजनीतिक अस्थिरता, प्रशासनिक अकुशलता गठबंधन की सरकार का कमजोर प्रधानमंत्री तथा अल्पमतीय सरकार का सामना करना पड़ा। ग्यारहवीं लोकसभा के चुनाव परिणाम को निम्नांकित तालिका के तहत देखा जा सकता है :

TABLE: 13 ग्यारहवां लोकसभा चुनाव 1996 की परिणाम तालिका
(Statewise and Partywise Result of 11th Lok Sabha General Election 1996)

Sl No.	*States*	*Seats*	*BJP*	*Cong. (I)*	*Janta Dal*	*CPI (M)*	*CPI*	*Other Parties*	*Independents*	*Total*	*Vacancies*
1	Andhra Pradesh	42	—	22	—	01	01	17(a)	—	41	01
2	Arunachal Pradesh	02	—	—	—	—	—	—	02	02	—
3	Assam	14	01	05	—	01	—	06(b)	01	14	—
4	Bihar	54	18	02	21	—	03	08(c)	01	53	01
5	Goa	02	—	—	—	—	—	02(d)	—	02	—
6	Gujarat	26	16	10	—	—	—	—	—	26	—
7	Haryana	10	04	02	—	—	—	03(e)	01	10	—

(Contd.)

Sl No.	States	Seats	BJP	Cong. (I)	Janta Dal	CPI (M)	CPI	Other Parties	Independents	Total	Vacancies
8	Himachal Pradesh	04	—	04	—	—	—	—	—	04	—
9	Jammu & Kashmir	06	01	04	01	—	—	—	—	06	—
10	Karnataka	28	06	05	15	—	—	01(f)	—	27	01
11	Kerala	20	—	07	01	05	02	04(g)	01	20	—
12	Madhya Pradesh	40	27	08	—	—	—	04(h)	01	40	—
13	Maharashtra	48	18	15	—	—	—	15(I)	—	48	—
14	Manipur	02	—	02	—	—	—	—	—	02	—
15	Meghalaya	02	—	01	—	—	—	—	01	02	—
16	Mizoram	01	—	01	—	—	—	—	—	01	—
17	Nagaland	01	—	01	—	—	—	—	—	01	—
18	Odisha	21	—	16	04	—	—	01(j)	—	21	—
19	Punjab	13	—	02	—	—	—	11(k)	—	13	—
20	Rajasthan	25	12	12	—	—	—	01(l)	—	25	
21	Sikkim	01	—	—	—	—	—	01(m)	—	01	—
22	Tamil Nadu	39	—	—	—	—	02	37(n)	—	39	—
23	Tripura	02	—	—	—	02	—	—	—	02	—
24	Uttar Pradesh	85	52	05	02	—	—	25(o)	01	85	—
25	West Bengal	42	—	09	—	23	03	07(p)	—	42	—
UNION TERRITORIES											
26	Andaman & Nicobar	01	—	01	—	—	—	—	—	01	—
27	Chandigarh	01	01	—	—	—				01	
28	Dadar & Nagar Haveli	01	–	01	—	—	—	—	—	01	—
29	Daman & Diu	01	—	01	—	—	—	—	—	01	
30	Delhi	07	05	02	—	—	—	—	—	07	—
31	Lakshadweep	01	—	01	—	—	—	—	—	01	—
32	Puduchery	01	—	01	—	—	—	—	—	01	—
	Total	**543**	**160**	**136**	**43**	**32**	**11**	**143**	**09**	**534**	**03**

*Election for 6 seats in Jammu & Kashmir were completed on May 30, 1996, after the Constitution of Eleventh Lok Sabha.

(a) Telugu Desam–16; All India Majlis-E Ittehad-ul-Muslimeen–1.

(b) Autonomous State Demand Committe–1; and Asom Gana Parishad–5.

(c) Samajwadi Party–1; Samata Party–6; Jharkhand Mukti Morcha–1.

(d) Haryana Vikas Party–3

(e) Karnataka Congress Party–1.

(f) Muslim League–2; Revolutionary Socialist Party–1; Kerala Congress (M)–1

(g) All India Congress (T)–1; Bahujan Samaj Party–2; Madhya Pradesh Vikas Congress–1.

(h) Shiv Sena–15.

(i) SMP–1.

(j) Bahujan Samaj Party–3; Shiromani Akali Dal–8.

(k) All India Congress (T)–1.

(l) Sikkim Democratic Front–1.

(m) Dravida Munnetra Kadagam–17; Tamil Manila Congress–20.

(n) All India Forward Bloc–3; Revolutionary Socialist Party–4.

TABLE: 14 लोकसभा चुनाव 1996 एक नज़र में

चुनाव हुआ	543
कुल मतदान केंद्र	7,67,462
उम्मीदवारों की संख्या	13,952
कुल मतदाता संख्या	59,25,72,288
डाले गये मतों की संख्या	34,33,08,035
वैध मतों की संख्या	33,48,73,286
अवैध मतों की संख्या	83,91,495
गुमशुदा मत	43,254
मतदान प्रतिशत	57.94

बारहवीं लोकसभा का मध्यावधि आम चुनाव 1998 : खंडित जनादेश (Mid-Term General Election of 12th Lok Sabha, 1998: Segmented Mandate)

ग्यारहवीं लोकसभा के चुनावी नतीजों से बनी यूनाइटेड फ्रंट की सरकार जब अल्पमत में आ गयी, तो देश को राजनीतिक अस्थिरता की स्थिति से उबारने के लिए राष्ट्रपति द्वारा ग्यारहवीं लोकसभा को भंग कर दिया गया और 15 मार्च तक नई लोकसभा के गठन का आदेश जारी किया गया । निर्वाचन आयोग द्वारा बारहवीं लोकसभा के चुनावी कार्यक्रम की घोषणा 1 जनवरी, 1998 को जारी की गयी। 12वीं लोकसभा का चुनाव चार चरणों में सम्पन्न हुआ। चुनावी कार्यक्रम के अनुसार चुनाव आयोग द्वारा लोकसभा के चुनाव की तिथि 16, 22 एवं 28 फरवरी तथा 7 मार्च को निर्धारित की गयी। 12वीं लोकसभा चुनाव की तिथि की घोषणा के साथ पाँच राज्यों–गुजरात, हिमाचल प्रदेश, मेघालय, त्रिपुरा और नागालैण्ड की विधानसभाओं के चुनाव की भी घोषणा जारी की गयी।

इस आम चुनाव में मतदाता सूची में पंजीकृत वोटरों की संख्या 605,307,962 थी, जिसमें कुल 366,625,167 मतदाताओं द्वारा अपने मताधिकार का प्रयोग किया गया। इस चुनाव में मतदान केन्द्रों की संख्या लगभग 8,50,000 थी। चुनाव परिणाम से त्रिशंकु लोकसभा का अस्तित्व उभरकर सामने आया। चुनाव आयोग द्वारा कराये गये सर्वेक्षणों के आधार पर जो आधिकारिक आंकड़ों के अनुरूप इस चुनावी परिदृश्य में 7 राष्ट्रीय दलों के साथ 654 राजनीतिक दलों का अस्तित्व मौजूद था। इनमें 35 दल राज्य स्तरीय हैं और शेष 612 पंजीकृत या गैर मान्यता प्राप्त दल की स्थिति में थे।

बारहवीं लोकसभा चुनाव से पूर्व राजनीतिक प्रतियोगिता के लिए चुनाव मैदान में तीन गठबंधनों का अस्तित्व सामने आया, **प्रथम**–कांग्रेस और उसके सहयोगी दल, **द्वितीय**–भारतीय जनता पार्टी और उसके सहयोगी दल, **तृतीय**–संयुक्त मोर्चा के घटक दल। भाजपा का चुनाव से पूर्व जिन दलों के साथ राष्ट्रीय जनतांत्रिक गठबंधन बना उसमें, शिवसेना, अकाली दल, हरियाणा विकास पार्टी, जनता पार्टी, लोकदल, अन्नाद्रमुक, एम.डी.एम.के., पी.एम.के. तमिलनाडु राजीव कांग्रेस, तेलुगूदेशम् (लक्ष्मी पार्वती), तृणमूल कांग्रेस, बीजू जनता दल, समता पार्टी जैसे क्षेत्रीय एवं स्थानीय दल शामिल थे। पार्टी द्वारा समस्त चुनावी प्रक्रिया का संचालन इस गठबंधन के सहयोगियों के साथ मिलाकर किया गया। कांग्रेस (ई) के चुनावी गठबंधन के प्रमुख घटकों में राष्ट्रीय जनता दल, केरल कांग्रेस (मणि), इण्डियन यूनियन मुस्लिम लीग तथा रिपब्लिकन पार्टी ऑफ इण्डिया शामिल थे। कांग्रेस इस गठजोड़ के साथ चुनाव मैदान में उतरी। चुनावी राजनीति की तीसरी इकाई के संयुक्त मोर्चे के मुख्य घटकों में जनता दल, तमिल मनीला कांग्रेस, डी.एम.के., तेलुगूदेशम् (नायडू), साम्यवादी दल, साम्यवादी मार्क्सवादी दल, समाजवादी पार्टी, ऑल इण्डिया फारवर्ड ब्लाक तथा रिवोल्यूशनरी सोशलिस्ट पार्टी आदि मुख्य थे।

चुनावी नतीजों के आधार पर 12वीं लोकसभा एक त्रिशंकु संसद् का प्रतीक बनी। चुनाव परिणाम आने के बाद सदन में सबसे अधिक सीटें प्राप्त करने वाले राष्ट्रीय जनतांत्रिक गठबंधन के नेता के रूप में श्री वाजपेयी

10 मार्च, 1998 को राष्ट्रपति से मिले और सरकार बनाने का दावा पेश करते हुए 252 सांसदों के समर्थन का संकेतक पत्र पेश किया। 12 मार्च, 1998 को वाजपेयी द्वारा समर्थन पत्रों के साथ 240 सांसदों की सूची राष्ट्रपति को पेश की गयी। इस गठबंधन के पास चुनाव पूर्व किये गये गठजोड़ के हिसाब से सदन में बहुमत लायक सीटें नहीं थीं। पेश की गयी 240 सांसदों की सूची सदन की कुल संख्या 539 के आधे से कम थी। इसी बीच नायडू ने राष्ट्रपति को सूचित किया कि तेलुगूदेशम के 12 सांसद कांग्रेस और भाजपा के बीच निष्पक्ष रहेंगे। 14 मार्च, 1998 को अन्नाद्रमुक की महासचिव जयललिता की ओर से राष्ट्रपति को एक पत्र भेजकर यह कहा गया कि अन्नाद्रमुक के 18 सांसद भाजपा की नई सरकार को बिना शर्त पूर्ण समर्थन देंगे। इस प्रकार, भाजपा सरकार का समर्थन करने वाले सांसदों की संख्या सदन में 264 पर पहुंची जो सदन की सदस्य संख्या 539 के आधे से कम थी। लेकिन, तेलुगूदेशम् द्वारा निष्पक्ष रहने के फैसले की वजह से भाजपा द्वारा पेश 264 की संख्या सदन के 539 की संख्या के आधे निशान को पार कर रही थी, अतः 19 मार्च, 1998 को वाजपेयी को बारहवीं लोकसभा में प्रधानमंत्री के पद की शपथ दिलाई गयी।

बारहवीं लोकसभा के चुनाव परिणाम से जो मुख्य तथ्य उभरकर सामने आये वे इस प्रकार हैं :

1. बारहवीं लोकसभा का चुनावी नतीजा देश के राजनीतिक पर्यावरण में अस्थिरता का द्योतक था, क्योंकि सदन में किसी दल को स्पष्ट बहुमत नहीं मिला था।
2. खण्डित जनादेश की वजह से सरकार–निर्माण के लिए कई प्रकार के जोड़–तोड़ की राजनीति अपनायी गयी, जिसकी चर्चा ऊपर की जा चुकी है।
3. चुनाव परिणाम से लेकर वाजपेयी के शपथ ग्रहण करने तक देश में अनिश्चितता का माहौल रहा, क्योंकि सबसे बड़ी पार्टी के रूप में भाजपा का अस्तित्व उभरने के बावजूद अपने चुनावी सहयोगियों के साथ मिलकर भी वह सदन में बहुमत साबित करने में अक्षम थी। इसलिए, बाकी दोनों गठबन्धनों द्वारा भी सरकार निर्माण की दृष्टि से गंभीर राजनीतिक गतिविधियां चलायी जा रही थीं।
4. बारहवीं लोकसभा में सत्ताधारी और विपक्षी दलों के सांसदों की संख्या लगभग बराबर थी। तेलुगूदेशम् के 12 सांसदों की तटस्थ भूमिका की वजह से ही अल्पमत सरकार के मुखिया वाजपेयी का शपथ ग्रहण संभव हो पाया।
5. बारहवीं लोकसभा में भाजपा की सदस्य संख्या जो पिछले चुनाव में 162 थी इसमें बढ़कर 179 हो गयी, यानी कि पार्टी को इस चुनाव में हिन्दू कार्ड इस्तेमाल करने की वजह से 17 सीटों का फ़ायदा हुआ। इस चुनाव में भाजपा द्वारा अकेले लगभग कांग्रेस के बराबर मत प्रतिशत हासिल किया गया। भाजपा के सहयोगियों को मिले मतों को जोड़ने से लगभग 37 प्रतिशत मतदाताओं का मत भाजपा की झोली में जाता दिखाई देता है। 1996 के चुनाव की तुलना में 12 प्रतिशत ज्यादा मतदाताओं का झुकाव भाजपा की ओर देखा गया।
6. इस चुनाव में कांग्रेस दूसरे स्थान पर और संयुक्त मोर्चा तीसरे स्थान पर रहा। संयुक्त मोर्चे की स्थिति इस चुनाव में अत्यन्त खराब रही। सिर्फ दो राज्यों में चुनाव परिणाम संयुक्त मोर्चे के लिए राहत देने वाला रहा। यह राज्य पश्चिम बंगाल और उत्तर प्रदेश था, जिससे मोर्चा के 53 सांसद जीतकर आये थे। मोर्चा की सबसे महत्त्वपूर्ण क्षेत्रीय सहयोगी नायडू की तेलुगूदेशम् आन्ध्र प्रदेश में कांग्रेस के शानदार प्रदर्शन की वजह से दुखी होकर सदन में भाजपा गठजोड़ की ओर उन्मुख हो गयी। नायडू द्वारा वाजपेयी की सरकार बनाने में महती भूमिका निभायी गयी।
7. मुलायम सिंह यादव की समाजवादी पार्टी ने न केवल उत्तर प्रदेश में अपने सांसदों की संख्या 17 से बढ़ाकर 21 की, बल्कि वोट का प्रतिशत भी 20.72 से बढ़ाकर 28.79 पर पहुंचाया।
8. बारहवीं लोकसभा में जनता दल की संख्या सिमटकर छः पर आ गयी; तमिल मनीला काँग्रेस को भारी क्षति उठानी पड़ी, 1996 के चुनाव में प्राप्त 20 सीटों की जगह पार्टी को सिर्फ 3 सीटों पर ही संतोष करना पड़ा। द्रमुक को भी इस चुनाव में भारी झटका लगा। पिछली बार जीती 17 सीटों में से इसे

11 सीटें गंवानी पड़ीं। इसके सिर्फ छः सांसद ही जीत पाये। असम गण परिषद् को पिछले चुनाव में जीती हुई पांचों सीटें गंवानी पड़ीं। तेलुगूदेशम् के पास 1996 में 17 सीटें थीं जो इस चुनाव में घटकर 12 रह गईं। अपने क्षेत्रीय सहयोगियों को मिलने वाली इस बड़ी क्षति की वजह से इस चुनाव के फलस्वरूप संयुक्त मोर्चा के सांसदों की संख्या बारहवीं लोकसभा में 176 से घटकर 98 रह गयी।

9. 1996 के चुनाव में 11 सीटों पर जीत हासिल करने वाली बसपा को इस लोकसभा में सिर्फ पांच सीटों पर जीत हासिल हुई।
10. समता पार्टी को 1996 के चुनाव में 8 सीटें प्राप्त हुई थीं जबकि इस चुनाव में पार्टी की शक्ति थोड़ी बढ़ी और इसके 12 सांसद जीत कर आये, लेकिन वोट का प्रतिशत पहले चुनाव की अपेक्षा कम हुआ।

TABLE: 15 बारहवीं लोकसभा चुनाव 1998 की दलवार परिणाम तालिका
(Partywise Result of 12th Lok Sabha General Election 1998)

Name of Parties	*Abbreviation*	*Alliance*	*% of votes*	*Seats*
Bharatiya Janta Party	BJP	NDA	25.59%	182
Indian National Congress	INC	Congress	25.82%	141
Communist Party of India (Marxist)	CPI(M)	United Front	5.4%	32
Samajwadi Party	SP		4.93%	20
All India Anna Dravida Munnetra Kazhagam	AIADMK	NDA	1.83%	18
Rashtriya Janta Dal	RJD	Jan Morcha	2.78%	17
Telugu Desam Party	TDP		2.77%	12
Samata Party	SAP	NDA	1.76%	12
Communist Party of India	CPI	United Front	1.75%	9
Biju Janta Dal	BJD	NDA	1%	9
Shiromani Akali Dal	SAD	NDA	0.81%	8
All India Trinamool Congress	AITC	NDA	2.42%	7
Janta Dal	JD	United Front	3.24%	6
Independents	—		2.37%	6
Shiv Sena	SS	NDA	1.77%	6
Dravida Munnetra Kazhagam	DMK	United Front	1.44%	6
Bahujan Samaj Party	BSP	Jan Morcha	4.67%	5
Revolutionary Socialist Party	RSP	United Front	0.55%	5
Haryana Lok Dal (Rashtriya)	HLD(R)		0.53%	4
Pattali Makkal Katchi	PMK	NDA	0.42%	4
Republican Party of India	RPI		0.37%	4
Tamil Manila Congress	TMC(M)	United Front	1.4%	3
Lok Shakti	LS	NDA	0.69%	3
Marumalarchi Dravida Munnetra Kazhagam	MDMK	NDA	0.44%	3
Jammu & Kashmir National Conference	NC		0.21%	3
All India Forward Bloc	AIFB	United Front	0.33%	2
Muslim League Kerala State Committee	MUL	Congress	0.22%	2
Arunachal Congress	AC		0.05%	2
Nominated Anglo-Indians	—		%	2
All India Rashtriya Janta Party	AIRJP	Jan Morcha	0.56%	1
Samajwadi Janta Party (Rashtriya)	SJP(R)	Jan Morcha	0.32%	1
Haryana Vikas Party	HVP	NDA	0.24%	1

(Contd.)

Name of Parties	*Abbreviation*	*Alliance*	*% of votes*	*Seats*
All India Majlis-E-Ittehadul Muslimen	AIMIM		0.13%	1
All India Indira Congress (Secular)	AIIC(S)	United Front	0.12%	1
Janata Party	JP	NDA	0.12%	1
Kerala Congress (Mani)	KC	Congress	0.1%	1
United Minorities Front, Assam	UMFA		0.1%	1
Peasants and Workers Party of India	PWPI		0.07%	1
Autonomous State Demand Committee	ASDC		0.05%	1
Manipur State Congress Party	MSCP		0.05%	1
Sikkim Democratic Front	SDF		0.03%	1
Jharkhand Mukti Morcha	JMM	Jan Morcha	0.36%	0
Asom Gana Parishad	AGP	United Front	0.29%	0
Hill Peoples' Democratic Party	HPDP		0.2%	0
NTR Telugu Desam Party (Lakshmi Parvathi)	NTRTDP(LP)	NDA	0.1%	0
Kerala Congress	KC	United Front	0.09%	0
United Democratic Party	UDP		0.06%	0
United Goans Democratic Party	UGDP		0.04%	0
Manipur Peoples Party	MPP		0.03%	0
Maharashtrawadi Gomantak Party	MGP		0.02%	0
Mizo National Front	MNF	NDA	0.02%	0
Total			100%	545

TABLE: 16 Alliancewise Summary of 12th Lok Sabha 1998

Alliance	*Percent of Votes*	*Seats*
National Democrate Alliance (NDA)	46.61%	254
Congress & Allies	26.42%	144
United Front	11.74%	64
Jan Morcha	4.40%	24
Others	10.82%	59
Total	**100 %**	**545**

तेरहवीं लोकसभा का मध्यावधि आम चुनाव 1999
(Mid-Term General Election of 13th Lok Sabha 1999)

चुनाव आयोग द्वारा जारी विज्ञप्ति के आधार पर तेरहवीं लोकसभा के लिए पांच चरणों में मतदान कराया गया। मतदान की तिथि 5, 11, 18 एवं 25 सितम्बर तथा 3 अक्टूबर 1999 मुक़र्रर की गयी। लोकसभा के चुनाव के साथ पांच राज्यों की विधानसभाओं के चुनाव कराने की भी घोषणा जारी की गयी। व्यवस्था में मौजूद सामाजिक–आर्थिक समस्याओं से बेख़बर यह चुनाव मुद्दा विहीन ही था। राजनीतिक दलों के सकारात्मक मुद्दों के अभाव में सम्पूर्ण चुनावी प्रचार प्रक्रिया की धुरी अटल बिहारी वाजपेयी और सोनिया गांधी के राजनीतिक व्यक्तित्व के इर्द–गिर्द घूमती रही। देश के दोनों बड़े राष्ट्रीय दलों द्वारा अपने–अपने नेता का ऊंचा कद बताने और एक दूसरे को नीचा दिखाने में ही सम्पूर्ण चुनावी प्रचार की प्रक्रिया को समेट दिया गया, यानी कि जनहित एवं समाजहित से संबंधित मुद्दों की जगह वाजपेयी और सोनिया का व्यक्तित्व ही चुनावी मुद्दा बनकर रह गया। राष्ट्रीय जनतांत्रिक गठबंधन के सूत्रधारक और मुख्य आधारतत्त्व की भूमिका निभाने वाली भाजपा का मुख्य चुनावी मुद्दा सोनिया गांधी

का भारत का मूल नागरिक न होना और कारगिल की लड़ाई में मिली सफलता का श्रेय लेना था, तो कांग्रेस का मुख्य चुनावी मुद्दा भाजपा को एक साम्प्रदायिक पार्टी के रूप में पेश करना तथा अल्पसंख्यकों का विरोधी बताना था, और राजनीतिक स्थायित्व प्रदान करने का दावा प्रस्तुत करना था।

तेरहवीं लोकसभा चुनाव से संबंधित कुछ महत्त्वपूर्ण तथ्य निम्नांकित हैं :

1. इस चुनाव में मतदाताओं की संख्या 60,58,84,103 था।
2. पूरे देश में लगभग 8 लाख मतदान केन्द्रों का निर्माण किया गया था।
3. पूरे मतदान कार्य को सम्पन्न कराने में लगभग 45 लाख लोगों की सेवाएं ली गयीं।
4. चुनाव प्रक्रिया के संचालन और उसे अंजाम तक पहुंचाने में अनुमानित सरकारी खर्च लगभग 9 करोड़ रुपये हुए।
5. तेरहवीं लोकसभा चुनाव में भाजपा एवं उसके सहयोगी गठबंधन को 41.3 प्रतिशत मत प्राप्त हुए और कांग्रेस एवं उसके सहयोगियों को 34.7 प्रतिशत मत प्राप्त हुए।
6. इस चुनाव में उम्मीदवारों की कुल संख्या 4,648 थी, जिसमें महिला उम्मीदवारों की संख्या मात्र 277 थी।
7. इस चुनाव में 7 राष्ट्रीय राजनीतिक दल के साथ 40 से अधिक राज्य स्तरीय एवं अन्य पंजीकृत दलों द्वारा उम्मीदवार खड़े किये गये और चुनावी प्रक्रिया में भागीदारी की गयी।
8. इस चुनाव में 58.30 प्रतिशत मतदान हुआ।

चुनावी नतीजों के परिणामस्वरूप अस्तित्व प्राप्त करने वाली 13वीं लोकसभा की राजनीतिक तस्वीर निम्नांकित है :

1. भारतीय जनता पार्टी द्वारा 339 सीटों पर अपने उम्मीदवार खड़े किए गए, जिसमें 182 सीटों पर विजय मिली और 23.7 प्रतिशत मत प्राप्त हुआ।
2. इस चुनाव में काँग्रेस को लोकसभा में अब तक का सबसे कम स्थान प्राप्त हुआ। पार्टी को मात्र 114 सीटों पर विजय मिली जबकि काँग्रेस को प्राप्त होने वाले मतों का प्रतिशत 28.42 था।
3. इस चुनाव में क्षेत्रीय दलों द्वारा कुल मिलाकर 162 से भी अधिक स्थानों पर विजय हासिल की गयी।
4. इस चुनाव में राष्ट्रीय जनतांत्रिक गठबंधन को अपने घटकों को मिलाकर सदन में कुल 273 स्थान प्राप्त हुए। इस गठबंधन द्वारा सरकार बनाने का दावा पेश करने के समय अपने घटकों के साथ एक निर्दलीय (मेनका गांधी) सहित 274 सांसदों के साथ तेलुगूदेशम् के 29 सांसदों का समर्थन भी प्राप्त था। यानी कि 543 सदस्यों वाली लोकसभा में राष्ट्रीय जनतांत्रिक गठबंधन के पास कुल 304 सांसदों का समर्थन था।
5. 13वीं लोकसभा में राष्ट्रीय जनतांत्रिक गठबंधन के नेता के रूप में सर्वसम्मति से श्री वाजपेयी के चुने जाने के बाद राष्ट्रपति के.आर. नारायण द्वारा वाजपेयी को प्रधानमंत्री पद की शपथ दिलायी गयी।

तेरहवीं लोक सभा के चुनाव परिणामों के निष्कर्ष को निम्नांकित बिन्दुओं के रूप में रेखांकित किया जा सकता है :

1. प्रधानमंत्री के रूप में वाजपेयी को स्वीकार करने वाला जनादेश मिला।
2. सदन में भाजपा सबसे बड़े दल के रूप में उभरी।
3. राष्ट्रीय जनतांत्रिक गठबंधन को सरकार बनाने के लिए सदन में स्पष्ट बहुमत मिला।
4. कांग्रेस को सीटों की भारी क्षति हुई।
5. वामपंथी दलों को मिलने वाले जनसमर्थन में भारी कमी आई।
6. राज्य सरकारों की उपलब्धियों का लाभ लोकसभा के चुनाव में राजनीतिक दलों को प्राप्त हुआ।
7. क्षेत्रीय दलों की शक्ति में अत्यधिक वृद्धि हुई।

TABLE: 17 तेरहवीं लोकसभा 1999 के मध्यावधि चुनाव की राज्यवार परिणाम तालिका (Statewise Result of Mid-Term General Election of 13th Lok Sabha 1999)

States/UT No of Seats	*Name of Party*	*Seats won*	*Vote %*	*Alliance*
Andhra Pradesh (42)	**Telugu Desam**	**29**	**39.85**	**BJP affiliated parties**
	Bharatiya Janta Party	7	9.90	National Democratic Alliance
	Indian National Congress	5	42.79	Indian National Congress
	Independent	0	1.41	None
	All India Majlis-e-Ittehadul Muslimeen	1	6.05	None
Arunachal Pradesh (2)	**Indian National Congress**	**2**	**56.92**	**Indian National Congress**
	Arunachal Congress	0	16.62	National Democratic Alliance
	Bharatiya Janta Party	0	16.30	National Democratic Alliance
	Nationalist Congress Party	0	7.77	None
	Others	0	2.39	None
Assam (14)	**Indian National Congress**	**10**	**38.42**	**Indian National Congress**
	Bharatiya Janta Party	2	29.84	National Democratic Alliance
	Asom Gana Parishad	0	11.92	National Democratic Alliance
	Independent	1	9.36	None
	Others	1	10.46	None
Bihar (54)	**Bharatiya Janta Party**	**23**	**23.01**	**National Democratic Alliance**
	Janta Dal (United)	18	20.77	National Democratic Alliance
	Rashtriya Janta Dal	7	28.29	None
	Indian National Congress	4	8.81	None
	Others	2	19.12	None
Goa (2)	**Bharatiya Janta Party**	**2**	**51.49**	**National Democratic Alliance**
	Indian National Congress	0	39.01	None
	Nationalist Congress Party	0	3.79	None
Gujarat (26)	**Bharatiya Janta Party**	**20**	**52.48**	**National Democratic Alliance**
	Indian National Congress	6	45.44	None
	Independent	0	0.67	None
	Nationalist Congress Party	0	0.52	None
Haryana (10)	**Bharatiya Janta Party**	**5**	**29.21**	**National Democratic Alliance**
	Indian National Lok Dal	5	28.72	National Democratic Alliance
	Indian National Congress	0	34.93	None
	Haryana Vikas Party	0	2.71	None
	Others	0	4.43	None
Himachal Pradesh (4)	**Bharatiya Janta Party**	**3**	**46.27**	**National Democratic Alliance**
	Haryana Vikas Party	1	12.37	None
	Indian National Congress	0	39.52	None
	Independent	0	0.48	None
	Others	0	1.36	None
Jammu & Kashmir (6)	**Jammu & Kashmir National Conference**	**4**	**28.94**	**National Democratic Alliance**
	Bharatiya Janata Party	2	31.56	National Democratic Alliance
	Indian National Congress	0	17.83	None
	Independent	0	9.63	None
	Others	0	12.04	None

(Contd.)

States/UT No of Seats	*Name of Party*	*Seats won*	*Vote %*	*Alliance*
Karnataka (28)	**Indian National Congress**	**18**	**45.41**	**Indian National Congress**
	Bharatiya Janta Party	7	27.19	National Democratic Alliance
	Janta Dal (United)	3	13.28	National Democratic Alliance
	Janta Dal (Secular)	0	10.85	None
	Others	0	3.27	None
Kerala (20)	**Indian National Congress**	**8**	**39.25**	**Indian National Congress**
	Communist Party of India (Marxist)	8	27.90	None
	Communist Party of India	0	7.57	None
	Bharatiya Janta Party	0	6.56	None
	Others	4	18.62	None
Madhya Pradesh (40)	**Bharatiya Janta Party**	**29**	**46.58**	**National Democratic Alliance**
	Indian National Congress	11	43.91	None
	Bahujan Samaj Party	0	5.23	None
	Samajwadi Party	0	1.37	None
	Others	0	2.91	None
Maharashtra (48)	**Shiv Sena**	**15**	**16.86**	**National Democratic Alliance**
	Bharatiya Janta Party	13	21.18	National Democratic Alliance
	Indian National Congress	10	29.71	None
	Nationalist Congress Party	6	21.58	None
	Others	4	10.67	None
Manipur (2)	**Manipur State Congress Party**	**1**	**24.89**	**National Democratic Alliance**
	Nationalist Congress Party	**1**	**13.49**	
	Manipur Peoples Party	0	16.25	
Meghalaya (2)	Indian National Congress	1		
	Nationalist Congress Party (NCP)	1	2.7	
Mizoram (1)	Independent (IND)	1		
Nagaland (1)	Indian National Congress	1		
Odisha (21)	**Biju Janta Dal**	**10**	**33.00**	**National Democratic Alliance**
	Bharatiya Janta Party	9	24.63	National Democratic Alliance
	Indian National Congress	2	36.94	None
Punjab (13)	**Shiromani Akali Dal**	**10**	25.58	National Democratic Alliance
	Bharatiya Janta Party	4	n/a	National Democratic Alliance
	Indian National Congress	2	23.13	None
Rajsthan (25)	Bharatiya Janta Party	16		
	Indian National Congress	9		
Sikkim (1)	Sikkim Democratic Front (SDF)	1		
Tamil Nadu (39)	Marumalarchi Dravida Munnetra Kazhagam	4	n/a	National Democratic Alliance
	Communist Party of India (Marxist)	1	n/a	None
	MGR Anna Dravida Munnetra Kazhagam	1	n/a	National Democratic Alliance
	Dravida Munnetra Kazhagam	**12**	**23.13**	**National Democratic Alliance**
	All India Anna Dravida Munnetra Kazhagam	10	25.58	INC affiliated parties
	Pattali Makkal Katchi	5	8.21	National Democratic Alliance
	Bharatiya Janta Party	4	n/a	National Democratic Alliance
	Marumalarchi Dravida Munnetra Kazhagam	4	n/a	National Democratic Alliance
	Indian National Congress	2	n/a	Indian National Congress
	Communist Party of India (Marxist)	1	n/a	None
	MGR Anna Dravida Munnetra Kazhagam	1	n/a	National Democratic Alliance
Tripura (2)	**Communist Party of India (Marxist)**	2	5.40	None

(*Contd.*)

States/UT No of Seats	Name of Party	Seats won	Vote %	Alliance
Uttar Pradesh (85)	**Bharatiya Janta Party**	**29**	**27.64**	**National Democratic Alliance**
	Bahujan Samaj Party	14	22.08	None
	Samajwadi Party	26	24.06	None
	Indian National Congress	10	14.72	Indian National Congress
	Akhil Bharatiya Lok Tantrik Congress	2	1.51	None
	Rashtriya Lok Dal	2	2.49	None
	Independent	1	3.62	None
	Samajwadi Janata Party (Rashtriya)	1	0.46	None
	Communist Party of India (Marxist)	**21**	**35.57**	None
	All India Trinamool Congress	8	26.04	National Democratic Alliance
West Bengal (42)	Communist Party of India	3	3.47	None
	Indian National Congress	3	13.29	Indian National Congress
	Revolutionary Socialist Party (India)	3	4.25	None
	All India Forward Bloc	2	3.45	None
Union Territories	Bharatiya Janta Party	2	11.13	**National Democratic Alliance**
Andaman & Nicobar Islands (1)	Bharatiya Janta Party	1	n/a	National Democratic Alliance
Chandigarh (1)	Indian National Congress	1	n/a	National Democratic Alliance
Dadar & Nagar Haveli (1)	Independent (IND)	1	n/a	
Daman & Diu (1)	Indian National Congress	1	n/a	
Delhi (7)	Bharatiya Janta Party	7	n/a	
Lakshadweep (1)	Indian National Congress	1	n/a	
Pondicherry (1)	Indian National Congress	1	n/a	
Nominated (2)				
	Total Result	**543**		**Female MP: 49 (9.02%) Male MP: 494 (90.98%)**

चौदहवीं लोकसभा का आम चुनाव 2004

चौदहवीं लोकसभा के लिए आम चुनाव नियतकालिक चुनाव के तहत अक्टूबर 2004 में होना तय था, लेकिन लोकसभा समय से पूर्व भंग किये जाने की स्थिति में निर्वाचन आयोग द्वारा लोकसभा की सभी सीटों के लिए तथा चार राज्य विधानसभाओं–कर्नाटक, उड़ीसा, आन्ध्र प्रदेश एवं सिक्किम के लिए और विभिन्न राज्यों में 15 सीटों के लिए उपचुनाव अप्रैल एवं मई 2004 में कराने का निर्णय लिया गया।

आयोग द्वारा 29 फरवरी, 2004 को चार चरणों में 20 और 26 अप्रैल तथा 5 और 10 मई 2004 को चुनाव कराने के कार्यक्रम की घोषणा की गयी। चुनाव प्रक्रिया लम्बी अवधि तक चलाने एवं चार चरणों में चुनाव सम्पन्न कराने के पीछे मुख्य तथ्य यह था कि जिन राज्यों में चुनाव कराया जाना था, वहां निर्धारित तिथि पर अर्द्धसैनिक बलों की तैनाती सही ढंग से हो जाय ताकि चुनावी कार्य शान्तिपूर्वक ढंग से सम्पन्न हो सके। चुनाव कार्य में शान्ति व्यवस्था बनाये रखने के लिए सभी राज्यों को काफी संख्या में अर्द्धसैनिक बलों की जरूरत थी और सैनिक बलों को एक स्थान से दूसरे स्थान पर जाने में समय लगता था। चार चरणों में चुनाव कार्य सम्पन्न कराने की वजह से चुनावी हिंसा में काफी कमी आयी।

इस चुनाव में इलेक्ट्रॉनिक वोटिंग मशीन का प्रयोग सभी निर्वाचन क्षेत्रों में पहली बार किया गया। संसद् द्वारा 1989 में ही जनप्रतिनिधित्व कानून, 1951 में इलेक्ट्रॉनिक वोटिंग मशीनों का इस्तेमाल करने संबंधी संशोधन विधेयक पारित किया गया था। नवम्बर 1998 में हुए 16 विधानसभा चुनावों में इलेक्ट्रॉनिक वोटिंग मशीन का प्रयोग किया गया था। 2004 के आम चुनाव में पहली बार पूरे देश में मतदान कार्य हेतु इलेक्ट्रॉनिक वोटिंग मशीन का प्रयोग किया गया। चुनाव से पहले इलेक्ट्रॉनिक वोटिंग मशीन का इस्तेमाल करने का प्रशिक्षण

कार्यक्रम चलाया गया और राजनीतिक दलों, उम्मीदवारों, मतदाताओं, मतदान कर्मियों तथा मीडिया कर्मियों को इस मशीन के परिचालन से संबंधित विभिन्न विधाओं की जानकारी दी गयी। इसके प्रशिक्षण हेतु व्यापक स्तर पर प्रचार अभियान चलाया गया।

आम चुनाव 2004 के मुख्य तथ्य

1. सन् 2004 के आम चुनाव में लोकसभा की कुल 543 सीटों के लिए मतदान कराया गया।
2. इस चुनाव में 67,14,87,930 मतदाताओं द्वारा अपने मताधिकार का प्रयोग किया गया।
3. इस आम चुनाव में सहयोग करने वाले कर्मचारियों की संख्या लगभग 4 लाख थी जिसमें अर्द्धसैनिक बल और पुलिस बलों के कर्मचारी शामिल नहीं है।
4. चुनाव में इस्तेमाल की गयी वोटिंग मशीनों की संख्या 1,075 लाख थी।
5. चुनाव कार्य हेतु व्यय की गयी राशि लगभग 1,100 करोड़ रुपये थी।
6. इस चुनाव में छः राष्ट्रीय पार्टियां, 45 राज्य स्तर की पार्टियां तथा 702 पंजीकृत पार्टियां चुनाव मैदान में थीं।
7. इस चुनाव में क्षेत्रीय एवं छोटी पार्टियों को राजनीति में महत्त्व प्राप्त हुआ। इनके द्वारा चुनाव से पूर्व एवं चुनाव के बाद गठबंधन में शामिल होकर सरकार निर्माण में महत्त्वपूर्ण भूमिका निभायी गयी।
8. लोकसभा की कुल 543 सीटों के लिए 5,435 उम्मीदवार चुनाव मैदान में थे और चार राज्य की विधानसभाओं की कुल 697 सीटों के लिए 4,504 उम्मीदवार चुनाव मैदान में उतरे। महिला उम्मीदवारों की संख्या क्रमशः 354 और 324 थी।
9. आयोग द्वारा चुनाव आचार संहिता को पूरी सख्ती से लागू किया गया। हालांकि पिछले चुनाव की अपेक्षा उम्मीदवारों के चुनाव खर्च की सीमा बढ़ायी गयी, लेकिन आयोग द्वारा चुनाव खर्च पर निगरानी रखने की वजह से चुनाव प्रचार पर होने वाला खर्च लगभग आयोग के नियंत्रण में रहा।
10. उम्मीदवारों के लिए अपना नामांकन करते समय हलफनामा प्रस्तुत करना अनिवार्य कर दिया गया, जिसमें उम्मीदवार को अपनी चल–अचल सम्पत्ति, शैक्षणिक योग्यता, सरकारी बकाया की अदायगी, का ब्यौरा देना जरूरी था, साथ ही उस पर यदि कोई आपराधिक मुकदमा चल रहा हो तो उसका उल्लेख करना अनिवार्य कर दिया गया।
11. नामांकन के समय उम्मीदवारों द्वारा प्रस्तुत किये गये हलफनामे को निर्वाचन अधिकारी के कार्यालय के नोटिस बोर्ड पर लगाये जाने का प्रावधान किया गया, साथ ही इसे चुनाव आयोग की बेबसाइट पर भी डाले जाने का प्रावधान किया गया, ताकि मतदाता यदि चाहें तो अपने उम्मीदवार के संबंध में सही जानकारी प्राप्त कर सकें।
12. इलेक्ट्रॉनिक वोटिंग मशीन का प्रयोग होने की वजह से 14वीं लोकसभा के चुनाव में मतदान केन्द्रों की संख्या 0.77 से घटाकर 0.7 लाख हो गयी, क्योंकि प्रत्येक मतदान केन्द्र पर मतदाताओं की संख्या सीमा 200 से बढ़ाकर 1500 कर दी गयी थी।
13. चौदहवीं लोकसभा के चुनाव के लिए 7,00,121 मतदान केन्द्र बनाये गये और कुल मिलाकर 57.86 प्रतिशत मतदान रिकार्ड किया गया।
14. चुनाव मैदान में उतरने वाली 221 राजनीतिक पार्टियों में से 183 पार्टियां इस चुनाव में अपना खाता भी नहीं खोल पाईं।
15. चौदहवीं लोकसभा के चुनाव की मतगणना 13 मई 2004 को कराई गयी। इलेक्ट्रॉनिक वोटिंग के प्रयोग की वजह से मतगणना का काम काफी तेजी से किया गया। निर्वाचन आयोग द्वारा निर्वाचन अधिकारियों से चुनाव परिणाम सीधे प्राप्त करने के लिए (GENESXS) सॉफ्टवेयर का प्रयोग किया गया।
16. चुनाव परिणाम आने के बाद चौदहवीं लोकसभा की जो तस्वीर उभरी उसमें राष्ट्रीय दलों में कांग्रेस को 145, भाजपा को 138, मार्क्सवादी साम्यवादी दल को 43, साम्यवादी दल को 10, बहुजन समाज पार्टी को 18, तथा राष्ट्रवादी कॉंग्रेस पार्टी को 10 स्थान मिले। क्षेत्रीय दलों में राष्ट्रीय जनता दल को 24, समाजवादी पार्टी को 35, द्रमुक को 16, शिवसेना को 12, बीजू जनता दल को 11, और अकाली दल

को 8 सीटें मिलीं। पांच निर्दलीय सांसद भी जीतकर लोकसभा में पहुंचे। चौदहवीं लोकसभा में क्षेत्रीय दलों द्वारा लगभग 174 सीटें जीती गई। समाजवादी पार्टी, राजद, द्रमुक और बसपा की स्थिति में पहले की अपेक्षा सुधार हुआ। तमिलनाडु में अन्नाद्रमुक अपना खाता भी नहीं खोल पायी।

17. चुनावी परिणाम के आधार पर संयुक्त प्रगतिशील गठबंधन (यूपीए) को लोकसभा में बहुमत मिला। यूपीए गठबंधन की नेता सोनिया गांधी द्वारा प्रधानमंत्री का पद ग्रहण करने से इन्कार किये जाने के बाद मनमोहन सिंह को प्रधान मंत्री पद की शपथ दिलाई गयी।

चौदहवें लोकसभा चुनाव की खास विशेषताओं में कांग्रेस का एक बड़े दल के रूप उभरना, क्षेत्रीय दलों की शक्ति में वृद्धि, तथा वामपंथी दलों की शक्ति में वृद्धि शामिल है।

TABLE: 18 चौदहवां लोकसभा चुनाव 2004 की राज्यवार गठबंधनवार परिणाम तालिका
(Statewise-Alliancewise Result of 14th Lok Sabha General Election 2004)

States/UT No of Seats	*Name of Parties*	*Seats Won*	*% of Votes*	*Alliance*
Andhra Pradesh (42)	**Indian National Congress**	**29**	**41.56**	**United Progressive Alliance**
	Telugu Desam Party	5	33.12	National Democratic Alliance
	Telangana Rashtra Samithi	5	6.83	United Progressive Alliance
	Communist Party of India	1	1.34	Left Front
	Communist Party of India (Marxist)	1	1.04	Left Front
	Bharatiya Janta Party	0	8.41	National Democratic Alliance
	Others	1	7.7	None
Arunachal Pradesh (2)	**Bharatiya Janta Party**	**2**	**53.85**	**National Democratic Alliance**
	Arunachal Congress	0	19.88	INC affiliated parties
	Independent	0	12.14	United Progressive Alliance
	Indian National Congress	0	9.96	United Progressive Alliance
	Others	0	4.16	None
Assam (14)	**Indian National Congress**	**9**	**35.07**	**United Progressive Alliance**
	Bharatiya Janta Party	2	22.94	National Democratic Alliance
	Asom Gana Parishad	2	19.95	None
	Independent	1	13.41	None
	Others	0	8.63	None
Bihar (40)	**Rashtriya Janta Dal**	**22**	**30.67**	**United Progressive Alliance**
	Janta Dal (United)	6	22.36	National Democratic Alliance
	Bharatiya Janta Party	5	14.57	National Democratic Alliance
	Lok Janshakti Party	4	8.19	United Progressive Alliance
	Indian National Congress	3	4.49	United Progressive Alliance
	Others	0	17.92	None
Chhattisgarh (11)	**Bharatiya Janta Party**	**10**	**47.78**	**National Democratic Alliance**
	Indian National Congress	1	40.16	United Progressive Alliance
	Bahujan Samaj Party	0	4.54	None
	Independent	0	3.86	None
	Others	0	3.66	None
Goa (2)	**Bharatiya Janta Party**	**1**	**46.83**	**National Democratic Alliance**
	Indian National Congress	1	29.76	United Progressive Alliance
	National Congress Party	0	16.04	United Progressive Alliance
	Communist Party of India	0	2.17	Left Front
	Others	0	5.20	None
Gujarat (26)	**Bharatiya Janta Party**	**14**	**47.37**	**National Democratic Alliance**
	Indian National Congress	12	43.86	United Progressive Alliance
	Independent	0	3.45	None
	Bahujan Samaj Party	0	1.48	None
	Others	0	3.84	None

(Contd.)

States/UT No of Seats	*Name of Parties*	*Seats Won*	*% of Votes*	*Alliance*
Haryana (10)	**Indian National Congress**	**9**	**42.13**	**United Progressive Alliance**
	Bharatiya Janta Party	1	17.21	National Democratic Alliance
	Indian National Lok Dal	0	22.43	None
	Haryana Vikas Party	0	6.25	None
	Others	0	11.98	None
Himachal Pradesh (4)	**Indian National Congress**	**3**	**51.81**	**United Progressive Alliance**
	Bharatiya Janta Party	1	44.25	National Democratic Alliance
	Bahujan Samaj Party	0	1.74	None
	Independent	0	1.66	None
Jammu & Kashmir (6)	**Indian National Congress**	**2**	**27.83**	**United Progressive Alliance**
	Jammu & Kashmir National Conference	2	22.02	None
	Jammu & Kashmir National Panthers Party	1	11.94	None
	Bharatiya Janta Party	0	23.04	National Democratic Alliance
	Others	1	15.17	None
Jharkhand (14)	**Indian National Congress**	**6**	**21.44**	**United Progressive Alliance**
	Jharkhand Mukti Morcha	4	16.28	United Progressive Alliance
	Rashtriya Janta Dal	2	n/a	United Progressive Alliance
	Bharatiya Janta Party	1	33.01	National Democratic Alliance
	Communist Party of India	1	n/a	Left Front
	Independent	0	6.89	None
Karnataka (28)	**Bharatiya Janta Party**	**18**	**34.77**	**National Democratic Alliance**
	Indian National Congress	8	36.82	United Progressive Alliance
	Janta Dal (Secular)	2	20.45	None
	Independent	0	2.34	None
	Others	0	5.62	None
Kerala (20)	**Communist Party of India (Marxist)**	**12**	**31.52**	**Left Front**
	Communist Party of India	3	7.89	Left Front
	Indian Union Muslim League	1	4.86	United Progressive Alliance
	Indian National Congress	0	32.13	United Progressive Alliance
	Bharatiya Janta Party	0	10.38	National Democratic Alliance
	Others	4	13.22	None
Madhya Pradesh (29)	**Bharatiya Janta Party**	**25**	**48.13**	**National Democratic Alliance**
	Indian National Congress	4	34.07	United Progressive Alliance
	Bahujan Samaj Party	0	4.75	None
	Independent	0	4.02	None
	Others	0	9.03	None
Maharashtra (48)	**Indian National Congress**	**13**	**23.77**	**United Progressive Alliance**
	Bharatiya Janta Party	13	22.61	National Democratic Alliance
	Shiv Sena	12	20.11	National Democratic Alliance
	Nationalist Congress Party	9	18.31	United Progressive Alliance
	Others	1	15.20	United Progressive Alliance
Manipur (2)	**Independent**	**1**	**22.46**	**None**
	Indian National Congress	1	14.88	United Progressive Alliance
	Bharatiya Janta Party	0	20.65	National Democratic Alliance
	Nationalist Congress Party	0	10.37	United Progressive Alliance
	Others	0	31.64	None
Meghalaya (2)	**Indian National Congress**	**1**	**45.55**	**United Progressive Alliance**
	All India Trinamool Congress	1	28.27	National Democratic Alliance
	Independent (politician)	0	17.55	None
	Bharatiya Janta Party	0	8.63	National Democratic Alliance

(*Contd.*)

States/UT No of Seats	Name of Parties	Seats Won	% of Votes	Alliance
Mizoram (1)	**Mizo National Front**	**1**	**52.46**	**None**
	Independent	0	45.67	None
	Ephraim Union	0	1.87	None
Nagaland (1)	**Nagaland People's Front**	**1**	**73.12**	**None**
	Indian National Congress	0	25.78	United Progressive Alliance
	Independent	0	0.56	None
	Janta Dal (Secular)	0	0.54	None
Odisha (21)	**Biju Janta Dal**	**11**	**30.02**	**National Democratic Alliance**
	Bharatiya Janta Party	7	19.30	National Democratic Alliance
	Indian National Congress	2	40.43	United Progressive Alliance
	Independent	0	4.50	None
	Others	1	5.75	United Progressive Alliance
Punjab (13)	**Shiromani Akali Dal**	**8**	**34.28**	**National Democratic Alliance**
	Bharatiya Janta Party	3	10.48	National Democratic Alliance
	Indian National Congress	2	34.17	United Progressive Alliance
	Bahujan Samaj Party	0	7.67	None
	Others	0	13.40	None
Rajasthan (25)	**Bharatiya Janta Party**	**21**	**49.01**	**National Democratic Alliance**
	Indian National Congress	4	41.42	United Progressive Alliance
	Bahujan Samaj Party	0	3.16	None
	Independent	0	2.72	None
	Others	0	3.69	None
Sikkim (1)	**Sikkim Democratic Front**	**1**	**69.84**	**None**
	Indian National Congress	0	27.43	United Progressive Alliance
	Sikkim Sangram Parishad	0	1.46	None
	Sikkim Himali Rajya Parishad	0	1.26	None
Tamil Nadu (39)	**Dravida Munnetra Kazhagam**	**16**	**24.60**	**United Progressive Alliance**
	Indian National Congress	10	14.40	United Progressive Alliance
	Pattali Makkal Katchi	5	6.71	United Progressive Alliance
	Marumalarchi Dravida Munnetra Kazhagam	4	5.85	United Progressive Alliance
	Communist Party of India	2	2.97	Left Front
	Communist Party of India (Marxist)	2	2.87	Left Front
	All India Anna Dravida Munnetra Kazhagam	0	29.77	National Democratic Alliance
	Others	0	12.83	National Democratic Alliance (BJP)
Tripura (2)	**Communist Party of India (Marxist)**	**2**	**68.80**	**Left Front**
	Indian National Congress	0	14.28	United Progressive Alliance
	Bharatiya Janta Party	0	7.82	National Democratic Alliance
	All India Trinamool Congress	0	5.09	National Democratic Alliance
Uttar Pradesh (80)	**Samajwadi Party**	**35**	**26.74**	**None**
	Bahujan Samaj Party	19	24.67	None
	Bharatiya Janta Party	10	22.17	National Democratic Alliance
	Indian National Congress	9	12.04	United Progressive Alliance
	Others	7	14.38	National Democratic Alliance (1)
Uttarakhand (5)	**Bharatiya Janta Party**	**3**	**40.98**	**National Democratic Alliance**
	Indian National Congress	1	38.31	United Progressive Alliance
	Samajwadi Party	1	7.93	None
	Bahujan Samajwadi Party	0	6.77	None
	Others	0	6.01	None

(Contd.)

States/UT No of Seats	*Name of Parties*	*Seats Won*	*% of Votes*	*Alliance*
West Bengal (42)	**Communist Party of India (Marxist)**	**26**	**38.57**	**Left Front**
	Indian National Congress	6	14.56	United Progressive Alliance
	Communist Party of India	3	4.01	Left Front
	All India Forward Bloc	3	3.66	Left Front
	Revolutionary Socialist Party	3	4.48	Left Front
	All India Trinamool Congress	1	21.04	National Democratic Alliance
	Bharatiya Janta Party	0	8.06	National Democratic Alliance
	Others	0	5.62	None
UNION TERRITORIES				
Andaman & Nicobar Islands	**Indian National Congress**	**1**	**55.77**	**United Progressive Alliance**
	Bharatiya Janta Party	0	35.95	National Democratic Alliance
	Communist Party of India (Marxist)	0	2.71	Left Front
	Independent	0	1.72	None
	Others	0	3.85	None
Chandigarh (1)	**Indian National Congress**	**1**	**52.06**	**United Progressive Alliance**
	Bharatiya Janta Party	0	35.22	National Democratic Alliance
	Indian National Lok Dal	0	6.61	None
	Independent	0	3.42	None
	Others	0	2.69	None
The NCT of Delhi (7)	**Indian National Congress**	**6**	**54.81**	**United Progressive Alliance**
	Bharatiya Janta Party	1	40.67	National Democratic Alliance
	Bahujan Samaj Party	0	2.48	None
	Independent	0	1.27	None
Dadra & Nagar Haveli (1)	**Bharatiya Navshakti Party (BNP)**	**1**	**NA**	**United Progressive Alliance**
Daman & Diu (1)	**Indian National Congress**	**1**	**NA**	**United Progressive Alliance**
Lakshadweep (1)	**Janta Dal (United)**	**1**	**49.02**	**National Democratic Alliance**
	Indian National Congress	0	48.79	United Progressive Alliance
	Janta Party	0	1.47	None
	Samajwadi Party	0	0.72	None
Puduchery (1)	**Pattali Makkal Katchi (PMK)**	**1**	**NA**	**National Democratic Alliance**

TABLE: 19 Morphology of UPA-led Government in 14th Lok Sabha 2004

Parties/Alliance	*Number of Seats*
UPA	218
Left Front	59
Samajwadi Party	36
Bahujan Samaj Party	19
Kerala Congress	1
Indian Federal Democratic Party	1
Jammu & Kashmir People's Democratic Party	1
Total	**335 Votes (61.79 %)**

पंद्रहवीं लोकसभा का आम चुनाव : 2009
(General Election of 15th Lok Sabha: 2009)

चुनाव आयोग द्वारा 15वीं लोकसभा का चुनाव का बिगुल बजाते हुए 2 मार्च, 2009 को मुख्य चुनाव आयुक्त एन. गोपालस्वामी द्वारा अन्य दो चुनाव आयुक्तों नवीन चावला और एस.वाई. कुरैशी की उपस्थिति में पंद्रहवीं लोकसभा के चुनाव कार्यक्रमों की घोषणा की गयी। घोषित कार्यक्रमों के आधार पर 16 अप्रैल से 13 मई तक पांच चरणों में चुनाव संपन्न कराये गए और मतगणना 16 मई को हुई। आंध्र प्रदेश, उड़ीसा तथा सिक्किम की विधानसभाओं के लिए भी साथ में मतदान कराया गया। लोकतंत्र के इस महापर्व का उद्घोष होते ही पूरे देश में आदर्श चुनाव आचार संहिता लागू हो गई। घोषित कार्यक्रम के अनुसार सबसे ज्यादा सीटों वाले उत्तर प्रदेश में और संवेदनशील जम्मू–कश्मीर में पांच चरणों में चुनाव संपन्न हुए, वहीं बिहार में चार चरणों में, महाराष्ट्र और पश्चिम बंगाल में तीन, आंध्र प्रदेश, असम, कर्नाटक, मध्य प्रदेश, उड़ीसा, झारखंड, मणिपुर और पंजाब में दो चरणों में चुनाव कराये गए। जबकि शेष 15 राज्यों और सात केंद्र शासित प्रदेशों में एक ही चरण में चुनाव कराया गया। चौदहवीं लोकसभा का कार्यकाल एक जून को समाप्त होना था इसलिए नई लोकसभा का गठन 2 जून के पहले होना जरूरी था। लोकसभा की 543 सीटों के लिए कुल 8070 उम्मीदवार चुनाव मैदान में थे। पूरे देश में चुनाव के लिए 828,804 मतदान केंद्र बनाए गए और 1,368,430 वोटिंग मशीनें (ईवीएम) का प्रयोग किया गया। परिसीमन के आलोक में 2008 में मतदाता सूची का अद्यतन किया गया और अदतन सूची के अनुरूप इस चुनाव में 714 मिलियन वोटरों ने अपने मताधिकार का प्रयोग किया।

पिछले लोकसभा चुनाव की तुलना में इस बार चार करोड़ तीस लाख नये मतदाताओं द्वारा अपने मताधिकार का प्रयोग किया गया। चुनाव प्रक्रिया में जनभागीदारी बढ़ाने के लिए ऐसी जगहों में भी मतदान केंद्र बनाया गया जहां एक, दो या तीन मतदाता रहते हैं। इस चुनाव में पहली बार आयोग द्वारा फोटो पहचान पत्र के साथ फोटो मतदाता सूची का प्रयोग किया गया। मुख्य आयुक्त एन. गोपालस्वामी ने 82 फीसदी मतदाताओं की फोटो मतदाता सूची बनाकर तैयार होने की बात की। चुनाव आयोग द्वारा पहले चरण के मतदान की तिथि 16 अप्रैल घोषित की गयी। पहले चरण के चुनाव के लिए अधिसूचना जारी करने की तिथि 23 मार्च, नामांकन की अंतिम तिथि 30 मार्च, नामांकन पत्रों की जांच 31 मार्च और नाम वापस लेने की अंतिम तिथि 2 अप्रैल थी।

पहले चरण में 16 अप्रैल को 17 राज्यों और केंद्र शासित प्रदेशों की 124 सीटों के लिए मतदान हुआ, जिसमें उत्तर प्रदेश की 16, बिहार की 13, महाराष्ट्र की 13, केरल की 20, आंध्र प्रदेश की 22, उड़ीसा की 10, असम की 3, मेघालय की 2, चंडीगढ़ की 11, झारखंड की 6, अरुणाचल की 2, नागालैंड की 1, मणिपुर की 1, मिज़ोरम की 1, अंडमान की 1, लक्षद्वीप की 1 तथा जम्मू की 1 सीट शामिल थी। इस चरण में मतदाताओं की कुल संख्या 4,31,01,943 थी। चुनाव में कुल 1715 उम्मीदवार मैदान में अपनी किस्मत आजमा रहे थे। जिसमें महिला उम्मीदवारों की संख्या 122 थी। आपराधिक उम्मीदवारों की संख्या 222, करोड़पति उम्मीदवारों की संख्या 193 थी। चुनाव में 1,85,553 मतदान केंद्र बनाये गए, 3,00,166 ईवीएम का प्रयोग किया गया और 10 लाख मतदानकर्मियों को चुनाव कार्य में लगाया गया। इस चरण में 58.62% मतदान हुआ। नक्सली हमले में 20 लोगों की जानें गईं। आंध्र प्रदेश और उड़ीसा की विधानसभा के लिए साथ में मतदान कराया गया।

द्वितीय चरण में 13 राज्यों एवं केंद्र शासित प्रदेशों की 141 सीटों के लिए 23 अप्रैल को मतदान संपन्न हुआ। इस चरण के मतदान के लिए अधिसूचना 28 मार्च को जारी की गई, नामांकन की अंतिम तिथि 4 अप्रैल, नामांकन पत्रों की जांच 6 अप्रैल तथा नामांकन वापसी की तिथि 8 अप्रैल थी। इस चरण में 13 राज्यों की 141 सीटों के लिए मतदान कराया गया। इस चरण में उत्तर प्रदेश की 17, मध्य प्रदेश की 13, महाराष्ट्र की 25, कर्नाटक की 17, बिहार की 13, झारखंड की 8, उड़ीसा की 11, आंध्र प्रदेश की 20, असम की 11, मणिपुर की 1, त्रिपुरा की 2, गोआ की 2 और जम्मू कश्मीर की 1 सीट के लिए मतदान कराया गया। मणिपुर की सीट पर मतदान 22 को ही करा लिया गया था। आंध्र प्रदेश की 150 एवं उड़ीसा की 77 विधान सभा सीटों के लिए भी साथ में मतदान हुआ। इस चुनाव में बिहार में माओवादियों द्वारा की गई हिंसा में 5 लोगों की मौत हुई। इस

चरण में मतदाताओं की कुल संख्या 19,48,31,984 थी। चुनाव में खड़े उम्मीदवारों की संख्या 2041 थी जिसमें महिला उम्मीदवारों की संख्या 121 थी। चुनाव में दागी उम्मीदवार 288 थे और करोड़पतियों की संख्या 288 थी। इस चरण में चुनाव संपन्न कराने के लिए 2,23,320 मतदान केंद्र बनाए गए, 3,50,879 ईवीएम का प्रयोग किया गया और 9 लाख मतदान कर्मियों को चुनाव कार्य में लगाया गया। इस चरण में 55 प्रतिशत मतदान रेकार्ड किया गया।

तृतीय चरण का मतदान 30 अप्रैल को संपन्न हुआ। इस चरण के लिए अधिसूचना 2 अप्रैल को जारी हुई, नामांकन की अंतिम तिथि 9 अप्रैल, नामांकन पत्रों की जांच 11 अप्रैल और नाम वापसी की तिथि 13 अप्रैल थी। इस चरण में (9 राज्यों और 2 केंद्र शासित प्रदेशों) 11 राज्यों की 107 सीटों के लिए मतदान कराया गया, जिसमें गुजरात की 26, महाराष्ट्र की 10, पश्चिम बंगाल की 14, मध्य प्रदेश की 16, कर्नाटक की 11, उत्तर प्रदेश की 15, बिहार की 11, जम्मू और कश्मीर की 1, सिक्किम की 1, दादर नगर हवेली की 1 तथा दमन दीव की एक सीट शामिल है। इस चरण में आपराधिक चरित्र वाले उम्मीदवारों की संख्या 258 है जो 17.3 फीसदी है, जिसमें संज्ञेय अपराधों के आरोपी 117 हैं। 49 चुनाव क्षेत्रों को रेड अलर्ट घोषित किया गया। करोड़पति उम्मीदवारों की संख्या 225 यानी कि 15 फीसदी है, जिसमें कांग्रेस और समाजवादी पार्टी के उम्मीदवारों की औसत संपत्ति 4 करोड़ बीजेपी और बीएसपी के उम्मीदवारों की औसत संपत्ति 2 करोड़ है। गुजरात के सुरेन्द्र नगर से एक निर्दलीय प्रत्याशी खीमजी पटादिया की संपत्ति 500 करोड़ से ऊपर है, वहीं मुंबई नार्थ–वेस्ट के सपा प्रत्याशी अबू आजमी 124 करोड़ के आसामी है, लेकिन इन दोनों ने नामांकन के दौरान पैन विवरण नहीं दिया। इस चरण में 59.6% उम्मीदवारों ने पैन विवरण नहीं दिया। 40% उम्मीदवार ग्रेजुएट, पोस्ट ग्रेजुएट या पीएच.डी. हैं, और 15 हजार मतदान केन्द्र नक्सल प्रभावित इलाके में है।

चौथे चरण में 8 राज्यों की 85 सीटों के लिए 7 मई को मतदान संपन्न हुआ। इस चरण के लिए अधिसूचना 11 अप्रैल को जारी की गई। नामांकन की तिथि 18 अप्रैल, नामांकन पत्रों की जांच 20 अप्रैल और नाम वापसी की तिथि 22 अप्रैल थी। इस चरण में जिन राज्यों में मतदान कराया गया उसमें राजस्थान की 25, उत्तर प्रदेश की 18, पश्चिम बंगाल की 7, बिहार की 3, दिल्ली की 7, हरियाणा की 10, पंजाब की 4 और जम्मू–कश्मीर की 1 सीट शामिल है। पश्चिम बंगाल में सर्वाधिक 75 फीसदी मतदान रिकार्ड किया गया। गुजरात के जूनागढ़ में एक मतदाता के लिए बनाये गये मतदान केन्द्र पर इसी चरण में मतदान संपन्न हुआ। पश्चिम बंगाल, पंजाब और राजस्थान में चुनावी हिंसा की कुल 25 घटनाएं हुईं जिसमें चार लोगों की गोली से और एक की बम से मौत हुई। चौथे राउण्ड के दागी उम्मीदवारों में सबसे ज्यादा 50 दागी सिर्फ उत्तर प्रदेश से हैं और 20 फीसदी के साथ सबसे ज्यादा करोड़पति उम्मीदवार भी इसी राउण्ड में मैदान में थे, साथ ही इस राउण्ड में विरासत की राजनीति का प्रमाण प्रस्तुत करते हुए सबसे ज्यादा वंशजों को चुनाव मैदान में उतारा गया है।

पांचवें चरण में 9 राज्यों की 86 सीटों के लिए 13 मई को मतदान कराया गया। इस चरण के लिए अधिसूचना 17 अप्रैल को जारी की गयी। नामांकन की अंतिम तिथि 24 अप्रैल तथा नामांकन वापसी की तिथि 27 अप्रैल थी। इस चरण में जिन राज्यों में मतदान कराया गया उनमें तमिलनाडु की 39, उत्तर प्रदेश की 14, पश्चिम बंगाल की 11, पंजाब की 9, उत्तराखंड की 5, चंडीगढ़ की 1, हिमाचल की 1, पांडिचेरी की 1 और जम्मू कश्मीर की दो सीटें शामिल हैं। इस दौर में सर्वाधिक 75 प्रतिशत मतदान पांडिचेरी में रिकार्ड किया गया। मतदान प्रक्रिया पर कड़ी नजर रखने के लिए चुनाव आयोग द्वारा 284 पर्यवेक्षक भी तैनात किए गए। इस चरण में दागियों को उतारने में भाजपा सबसे आगे रही जिसने आपराधिक रिकार्ड वाले 11 लोगों को टिकट दिया, सपा और बसपा ने 9–9, अन्नामुद्रक ने 6 तथा कांग्रेस ने 5 दागियों को टिकट दिया। करोड़पति प्रत्याशियों को उतारने में कांग्रेस सबसे आगे रही। कांग्रेस ने 35 ऐसे उम्मीदवारों को मैदान में उतारा वहीं बसपा ने 28, भाजपा ने 21, एम.डी.एम.के. ने 12, द्रमुक ने 12, सपा ने 8 और अन्नामुद्रक ने 7 करोड़पतियों को चुनाव मैदान में उतारा।

TABLE: 20 Phasewise Details of 15th Lok Sabha General Election 2009: At a Glance

Phase/ Date	*No of States/UT Going to Poll*	*No of Seats*	*No of Contestants*	*No of Electorates*	*No of Polling Stations*	*No of Polling Staff*	*No of EVM Used*	*Voting %*
Phase-01 16th April	**17**	**124** Female- Dagi Karodpati	**1715** (122) (222) (193)	**14,31,01,943**	**1,85,553**	**10 Lakh**	**3,00,166**	**58.62%**
Phase-02 22 & 23 April	**13**	**141** Female Dagi Karodpati	**2041** 121 288 288	**19,48,31,984**	**2,23,320**	**9 Lakh**	**3,50,879**	**55%**
Phase-03 30th April	**11**	**107** Female Dagi Karodpati	**1567** 101 258 225	**12,48,31,984**	**1,65,112**	**7.5 Lakh**	**2,27,294**	**55%**
Phase-04 7th May	**08**	**85** Female Dagi Karodpati	**1315** 119 164 259	**9,46,45,317**	**1,29,103**	**6.5 Lakh**	**1,75,902**	**57%**
Phase-05 13th May	**08**	**86** Female Dagi Karodpati	**1432** 93 105 193	**10,78,63,666**	**1,21,000**	**5 Lakh**	**1,86,854,902**	**62%**

पन्द्रहवीं लोकसभा चुनाव से जुड़े कुछ तथ्यों पर एक नजर

- 28 राज्यों और 7 केन्द्र शासित प्रदेशों में चुनाव पांच चरणों में कराया गया, साथ में तीन राज्यों की विधानसभाओं में भी चुनाव संपन्न हुआ। इसके अलावा सात राज्यों में उपचुनाव भी कराये गये, और सभी सीटों की मतगणना 16 मई को करायी गयी।
- इस चुनाव में करीब 4 करोड़ 30 लाख नये मतदाताओं को मतदान का अधिकार मिला।
- इस चुनाव में मतदाताओं की संख्या 710,074,177 है, और पोल (Poll) होने वाले वोटों की कुल संख्या 414,913,023 है। जबकि 2004 के चुनाव में मतदाताओं की संख्या 6.7 करोड़ 10 लाख थी।
- इस चुनाव में 8 लाख 28 हजार 804 मतदान केन्द्र बनाये गये और सभी में मतदान के लिए इलेक्ट्रोनिक वोटिंग मशीन का प्रयोग किया गया।
- 40 लाख से ज्यादा कर्मचारियों को चुनाव कार्य में लगाया गया।
- 21 लाख से ज्यादा सुरक्षाकर्मियों की देखरेख में चुनाव कराया गया।
- 543 सीटों में से 499 सीटों पर नये परिसीमन के आधार पर चुनाव कराया गया, वहीं आंध्र प्रदेश, असम, झारखंड, मणिपुर और नागालैंड में परिसीमन का काम पूरा नहीं हो पाया था।
- पहली बार सभी राज्यों में 70 से 75 फीसदी मतदाताओं का पहचान पत्र बनाया गया जिसके आधार पर वोटरों ने अपने मताधिकार का प्रयोग किया।
- 543 में से 522 लोकसभा सीटों पर तस्वीर वाली वोटर लिस्ट के आधार पर मतदान कराया गया। चुनाव आयुक्त के अनुसार 82 फीसदी मतदाताओं के लिए फोटो मतदाता सूची प्रयोग में लायी गयी।
- चुनाव में 1,368,430 वोटिंग मशीनों (EVEs) का प्रयोग हुआ।

- चुनाव में 10 हजार करोड़ से ज्यादा खर्च हुआ, जबकि अमेरिकी राष्ट्रपति के चुनाव का खर्च 8 हजार करोड़ था। अमेरिकी राष्ट्रपति का चुनाव एक वर्ष चला, जबकि लोकसभा का चुनाव मात्र एक महीना चला, यानी कि चुनाव में 167 करोड़ रुपये रोज खर्च हुए।
- पहली बार दो मुख्य चुनाव आयुक्तों ने मिलकर चुनाव कार्य को अंजाम दिया। एन. गोपालस्वामी पहले चरण का चुनाव कराने के बाद 20 अप्रैल को सेवानिवृत हो गये, बाकी चार चरणों का चुनाव नवीन चावला की अध्यक्षता में संपन्न हुआ।
- 2004 के चुनाव में 5435 प्रत्याशी मैदान में थे, जबकि पांच चरणों में होने वाले इस चुनाव में कुल 8070 उम्मीदवार चुनाव लड़ रहे थे, जिसमें महिला उम्मीदवारों की संख्या 556 थी। इस चुनाव में 2004 की अपेक्षा दागी उम्मीदवारों की संख्या घटी, लेकिन करोड़पति उम्मीदवारों की संख्या में इज़ाफ़ा हुआ। ''नेशनल इलेक्शन वॉच'' के सर्वे के अनुसार 2009 में हर ग्यारहवां उम्मीदवार करोड़पति था, तो इस चुनावी सर्वे के अनुसार हर 8वां उम्मीदवार करोड़पति था। 2004 के चुनाव में 24 फीसदी प्रत्याशी आपराधिक चरित्र के थे, जबकि इस बार यह आंकड़ा घटकर 15.1 फीसदी हो गया, जबकि करोड़पतियों की तादाद 2004 के चुनाव में 9 फीसदी थी, जो इस बार बढ़कर 16.3 फीसदी हो गई। आंकड़ों की दृष्टि से इस चुनाव में कुल 1205 करोड़पति चुनाव में अपनी किस्मत आजमा रहे थे, वहीं 1114 दागी उम्मीदवार भी चुनाव मैदान में थे।
- गठबंधन की राजनीति के तहत ये चुनाव मुख्यरूप से दो गठबंधनों की अगुवाई में लड़े गये थे–एक संप्रग और दूसरा राजग। लेकिन इसी के साथ लैफ्ट की अगुवाई में तीसरा मोर्चा और लालू यादव, रामविलास पासवान और मुलायम सिंह यादव के नेतृत्व में चौथे मोर्चे के अस्तित्व निर्माण का प्रयास किया गया।
- चुनाव में राहुल गांधी एक दृढ़–निश्चयी नेता के रूप में कांग्रेस के नायक बनकर उभरे। इनकी राजनीतिक भूमिका ने पार्टी के लिए संजीवनी का काम किया। अपने धुंआधार चुनावी प्रचार के दौरान राहुल ने 35 दिनों में 106 लोकसभा क्षेत्रों का दौरा किया, 122 रैलियां कीं, और 87 हजार किलोमीटर का दौरा किया। इनकी नीति कामयाब रही और जिन क्षेत्रों का चुनावी दौरा इनके द्वारा किया गया उसमें 60 सीटों पर कांग्रेस प्रत्याशी बाकी उम्मीदवारों पर काफी भारी पड़े।
- मुख्य चुनाव आयुक्त द्वारा चुनाव में उम्मीदवारों द्वारा धनशक्ति के दुरुपयोग को नियंत्रित करने का गंभीर प्रयास किया गया। इस हेतु सभी उम्मीदवारों को यह निर्देश दिया गया कि चुनाव के उपरांत वे अपने चुनावी हिसाब–किताब का ब्यौरा अनिवार्य रूप से आयोग को सौंपें।
- इस बार के चुनाव को नेता की आपसी तू–तू, मैं–मैं के लिए भी याद रखा जायेगा। आचार–संहिता की सख्ती के बावजूद कई राजनेताओं द्वारा जिस प्रकार अमर्यादित–असंयमित बयानबाजी की गयी इससे भारतीय लोकतंत्र की गरिमा धूमिल हुई। यहां तक कि पीड़ित पक्ष द्वारा चुनाव आयोग तथा उच्च न्यायालय से इस मामले में समुचित दंडात्मक कार्रवाई करने की भी गुहार लगायी गयी।
- चुनाव में आदर्श आचार–संहिता के उल्लंघन के जितने अधिक मामले सामने आये उससे प्रतीत हुआ कि सभी पार्टियों के नेता आदर्श आचार–संहिता की धज्जियां उड़ाने में एक–दूसरे से पीछे नहीं रहना चाहते थे।
- कुछ राज्यों को छोड़कर इस चुनाव में देश भर में पिछले कई दशकों में होने वाले चुनाव में सबसे कम वोट डालने का रिकार्ड बना, जिसमें जम्मू कश्मीर और बिहार का नाम मुख्यरूप से शामिल था। बिहार में 2004 के लोकसभा चुनाव में मतदान का प्रतिशत 58.02 था, वहीं इस चुनाव के पहले चरण में 43.25 प्रतिशत, दूसरे चरण में 44 प्रतिशत, तीसरे चरण में 50 प्रतिशत और चौथे चरण में 37 प्रतिशत रहा। यहां की 40 सीटों पर 5,44,63,334 वोटरों में से सिर्फ 2,42,88,975 वोटरों ने अपने मताधिकार का प्रयोग किया। इस प्रकार राज्य का औसत वोटिंग 44.60 प्रतिशत ही रहा।
- चुनाव आयोग द्वारा मतदाताओं को अधिकाधिक तादाद में वोट डालने के लिए प्रेरित किया गया और मतदाता सूची में नामांकन के सही तरीकों की जानकारियां बंगलूर की 'स्मार्ट वोट डॉट कॉम', मुंबई की 'मुंबई वोट्स डॉट कॉम' जैसी साइट्स द्वारा मुहैया करायी गयी।

- मतदाता पहचान पत्र और मतदाता सूची संबंधी गड़बड़ियों को दूर करने में आयोग द्वारा विशेष तत्परता नहीं दिखाई गयी इसलिए एक बड़ी संख्या में वोटर मतदाता पहचान पत्र होते हुए भी इसलिए वोट नहीं दे पाये क्योंकि मतदाता सूची से उनका नाम गायब था। इस मामले में ग्रामीण मतदाताओं की अपेक्षा शहरी मतदाता ज्यादा प्रभावित हुए। परिसीमन के बाद बूथों की संख्या में जिस अनुपात में वृद्धि हुई उस अनुपात में मतदाता सूची तैयार करने और पहचान पत्र बनाने के मामले में चुनाव आयोग द्वारा मुस्तैदी नहीं दिखाई गयी 71.4 करोड़ मतदाता वाले देश में यदि एक प्रतिशत वोटर भी मतदाता सूची में गड़बड़ी की वजह से वोट देने से वंचित रह जाते हैं तो यह संख्या 7 करोड़ से भी अधिक हो जाती है।
- कई राज्यों में नक्सलियों के खौफ के साये में मतदान संपन्न हुआ। इनके द्वारा चुनाव बहिष्कार करने का आह्वान भी मतदान के कम प्रतिशत के लिए जवाबदेह था। जहां छत्तीसगढ़, झारखंड, बिहार, उड़ीसा और महाराष्ट्र में नक्सलियों ने उत्पात मचाकर चुनावी प्रक्रिया को बाधित एवं रक्तरंजित किया, वहीं असम, अरुणाचल एवं मणिपुर में भी उग्रवादियों द्वारा मतदान प्रक्रिया में खलल डालने की हर संभव कोशिश की गयी। पहले और तीसरे चरण के चुनाव में हुए उग्रवादी हमलों के साथ चौथे चरण में बूथ कैप्चरिंग की घटना में पांच लोग मारे गये।
- दुनिया के सबसे विशाल लोकतंत्र में दुनिया की सबसे बड़ी युवा आबादी भी रहती है। पहला चुनाव था जब देश में करीब 17 करोड़ मतदाता 30 वर्ष से कम उम्र के थे। समसामयिक परिदृश्य में 18 से 29 वर्ष के मतदाताओं की तादाद 20 फीसदी को पार कर गयी है। इस चुनाव में हर पांच में से 1 वोटर युवा है, जिसकी उम्र 29 वर्ष से कम है। इसमें बड़ी तादाद 18 वर्ष से 29 वर्ष के ऐसे मतदाताओं (युवक–युवतियों) की थी जिन्हें पहली बार अपने मताधिकार का अधिकार मिला। यदि उम्र की सीमा का थोड़ा विस्तार किया जाये तो 18 से 39 वर्ष के मतदाताओं की संख्या 50 फीसदी को पार कर जाती। ये युवा मतदाता विश्व को यह संदेश दे रहे थे कि भारत जवान हो रहा है।
- यदि आंकड़ों की बात करें तो इस चुनाव में 4 करोड़ 30 लाख युवा वोटरों को पहली बार मताधिकार का अधिकार मिला। 1996 में 54 फीसदी युवा वोटरों ने मतदान किया था, 1998 में यह आंकड़ा बढ़कर 60 फीसदी हुआ। लेकिन 1999 में घटकर 57 फीसदी और 2004 में युवाओं की भागीदारी घटकर 55 फीसदी रह गयी।
- पहली लोकसभा में जहां सांसदों की औसत आयु 46.5 वर्ष थी, वहीं चौदहवीं लोकसभा में बढ़कर 52.2 वर्ष हो गयी। चौदहवीं लोकसभा में बूढ़े सांसदों की संख्या पर यदि नजर डालें तो 542 में से 218 सांसद 60 वर्ष से अधिक आयु के थे। इनमें 70 वर्ष या उससे अधिक आयु वाले सांसदों की संख्या 68 थी।
- चौदहवीं लोकसभा चुनाव में 355 महिला उम्मीदवार चुनाव मैदान में थीं, जिसमें 45 जीतीं। पंद्रहवीं लोकसभा चुनाव में 566 महिला प्रत्याशी चुनाव में अपना भाग आजमा रही थीं, जिसमें 59 की जीत हुई।
- इस चुनाव में गुजरात के जूनागढ़ जिले में अकेले मतदाता भरत बापू के लिए अलग से बूथ बनाया गया। यह स्थान गिर के जंगल में स्थित है।
- छत्तीसगढ़ में भी एक मतदान केन्द्र ऐसा बनाया गया जहां कुल दो मतदाता थे। अरुणाचल प्रदेश में भी तीन ऐसे मतदान केन्द्र बनाये गये जहां मात्र तीन–तीन मतदाताओं को अपने मताधिकार का प्रयोग करना था। चुनाव आयोग का यह प्रयास जनभागीदारी को बढ़ाने की दृष्टि से सराहनीय था।
- इस चुनाव में वोटों की गिनती के लिए 1080 केन्द्र बनाये गये। 60 हजार कर्मचारियों और अधिकारियों को इन कार्य में लगाया गया। इस चुनाव में पहली बार मतगणना की हाईटेक व्यवस्था की गयी और इसके लिए नया सॉफ्टवेयर विकसित किया गया। फुलप्रूफ मतगणना की व्यवस्था सुनिश्चित कराने के लिए मतगणना केन्द्रों पर माइक्रोआब्जर्वर की प्रतिनियुक्ति का फार्मूला अपनाया गया। केन्द्र सरकार के अधिकारी व प्रतिनिधि के रूप में इन आब्जर्वरों का कार्य मतगणना प्रक्रिया और परिणाम की शुद्धता सुनिश्चित करनी थी। मतगणना की पूरी गतिविधि पर नजर रखते हुए मतदानकर्मियों द्वारा तैयार परिणाम की जांच इन्हीं माइक्रोआब्जर्वर द्वारा की गयी और इनके द्वारा दी गयी हरी झंडी के बाद ही रिटर्निंग ऑफिसर द्वारा विजयी प्रत्याशियों की घोषणा की गयी।

- माइक्रोआब्जर्वर द्वारा हर राउण्ड में रेण्डम तरीके से दो इलेक्ट्रॉनिक मशीनों की जांच करके इसमें पड़े वोटों के संबंध में पर्यवेक्षक को रिपोर्ट की गई तथा मतगणना की शुद्धता के लिए प्रत्येक राउण्ड की गणना के बाद दो ईवीएम (कंट्रोल यूनिट) को उठाकर माइक्रोआब्जर्वर द्वारा उसकी समानान्तर जांच करने की व्यवस्था की गयी।
- मतगणना की हाईटेक व्यवस्था के तहत एक संसदीय क्षेत्र का विधानसभावार हर राउण्ड की गिनती के बाद उसके परिणाम को वेबसाइट पर डाल दिया गया, ताकि देशवासी चुनाव आयोग के साइट पर जाकर मतगणना का रुझान परिणाम की जानकारी प्राप्त कर सकें। इस सिस्टम को अपनाने के लिए आयोग द्वारा लगातार वीडियो कांफ्रेंसिंग कर संबद्ध अधिकारियों को प्रशिक्षण दिया गया।
- इस चुनाव में कुकुरमुत्ते की तरह प्रधानमंत्री पद के कई दावेदार उभरे, मायावती, जयललिता, शरद पवार, लालू यादव, देवेगौड़ा आदि कई नाम थे जिनके द्वारा जोड़–तोड़ की राजनीति के सहारे प्रधानमंत्री पद तक पहुंचने की महत्त्वाकांक्षा व्यक्त की गयी।
- विकास और अच्छा अभिशासन (Good Governance) इस चुनाव का मुख्य मुद्दा बना।
- परिसीमन के बाद उत्तर प्रदेश के उन्नाव लोकसभा में देश भर में सबसे ज्यादा वोटर थे, जिनकी संख्या 18,97,474 थी, यानी कि लगभग 19 लाख। वहीं लक्षद्वीप में सबसे कम वोटर हैं, जिनकी संख्या 45 हजार थी।
- 2004 के चुनाव में बाहरी दिल्ली में वोटरों की संख्या सबसे ज्यादा 33,6,399 थी, वहीं लक्षद्वीप में सबसे कम 39,033 मतदाता थे।
- चुनाव प्रचार के दौरान तीसरा मोर्चा मंच पर खड़ा तो रहा लेकिन मोर्चे में शामिल नेताओं का मन कभी नहीं मिला। इसलिए मोर्चे में कभी एकजुटता दिखाई नहीं पड़ी। चुनाव के बीच में टीआरएस मोर्चे का साथ छोड़ राजग में शामिल हो गया। वहीं चुनावी नतीजे के बाद जेडीएस ने इस मोर्चे से अलग होकर यह बयान दिया कि यदि कांग्रेस चाहे तो पार्टी इसका समर्थन करेगी। 15वीं लोकसभा में इस पार्टी के तीन सांसद थे। लेकिन बाद में जेडीएस, सपा, बसपा, राजद, जेवीएम तथा एडीएफ ने राष्ट्रपति से मिलकर यूपीए सरकार को बिना शर्त समर्थन देने का पत्र सौंपा।
- 2009 के चुनावी नतीजे काफी चौंकाने वाले थे। 1991 के बाद कांग्रेस की यह सबसे बड़ी जीत है, साथ ही आडवाणी, शरद पवार एवं मायावती के प्रधानमंत्री बनने का सपना भी टूट गया। ऐसा माना जा रहा था कि यह युवा भारत का जनादेश है। चुनाव में यूथ वोटरों ने राहुल गांधी की नीतियों व दृष्टि (Vision) के प्रति विश्वास व्यक्त किया है।
- 2009 के चुनाव में जनादेश संप्रग के पक्ष में गया, इसलिए इसे मनमोहन सरकार की नीतियों पर देशवासियों का सकारात्मक समर्थन माना जा रहा था। 22 मई 2009 को श्री सिंह ने संप्रग सरकार में दूसरी बार प्रधानमत्री पद की शपथ ली। चुनावी गणित की दृष्टि संसद में इनकी संख्या 262 थी जो बहुमत से मात्र 10 सीट पीछे थी। इनके द्वारा सरकार निर्माण की दावेदारी पेश की गयी। बाद में जेडीएस, सपा, बसपा, राजद, जेवीएम तथा एडीएफ के बाहर से समर्थन देने का पत्र राष्ट्रपति को सौंपने के बाद संसद में इनकी संख्या 322 हो गयी। वहीं एनडीए को 157 सीटें, तीसरे मोर्चे का 67 चौथे मोर्चे को मात्र 27 और अन्य को 30 सीटें प्राप्त हुई।
- चुनावी नतीजा इस तथ्य का प्रमाण था कि बीजेपी के ''**मजबूत प्रधानमंत्री निर्णायक सरकार**'' के नारों को जनता ने अस्वीकार किया और उसकी जगह कांग्रेस का नारा **''आम आदमी के बढ़ते कदम, हर कदम पर भारत बुलंद''** पर अपनी सहमति जतायी। बीजेपी के नकारात्मक चुनाव प्रचार का फायदा कांग्रेस को मिला। प्रधानमंत्री के पद को चुनावी राजनीति में प्रचार का मुद्दा बनाना तथा मनमोहन सिंह के व्यक्तित्व पर निशाना साधते हुए उन्हें कमजोर प्रधानमंत्री बताना भी राजग को भारी पड़ा।
- 18 साल बाद उत्तर प्रदेश में लड़खड़ाती कांग्रेस को मैराथन दौड़ का शानदार खिलाड़ी बनाना राहुल गांधी की बड़ी राजनीतिक कामयाबी रही। यहां पार्टी के पक्ष में 21 सीटें आयीं, जो राहुल गांधी की दूरदर्शिता और उत्तर प्रदेश में कांग्रेस के पुनरुत्थान (Revival) का प्रतीक था। पार्टी के रणनीतिकारों

का यह मानना है कि भले ही बिहार में पार्टी को सफलता नहीं मिली लेकिन बिहार में पार्टी को वोट 10.26 प्रतिशत मिला जो पिछले चुनाव से 4.20 प्रतिशत ज्यादा था।

- मध्य प्रदेश की छिन्दवाड़ा ऐसी लोकसभा सीट है जिस पर कांग्रेस आज तक कभी चुनाव नहीं हारी।
- चुनावी नतीजों ने सबसे ज्यादा जयललिता, लालू और पासवान का राजनीतिक खेल बिगाड़ा जो यह संकेत दे रहे थे कि गठबंधन, अवसरवादिता, क्षेत्रीयता, जातीयता और जोड़–तोड़ की राजनीति का दिन अब समाप्त होने वाला है। इस चुनाव में क्षेत्रीय दलों को काफी क्षति उठानी पड़ी।
- चुनावी परिणाम से राष्ट्रीय दलों को मान्यता मिली और 20 वर्षों से केन्द्र की राजनीति में धमक दिखाने वाले क्षेत्रीय दलों को जनता ने देशहित में खारिज कर दिया। जातीय आधार पर गठित दलों से मोहभंग करके जनता ने पारम्परिक राष्ट्रीय दल कांग्रेस में अपनी आस्था जताई। लगभग सभी राज्यों में क्षेत्रीय दलों को अपने ही गढ़ में गंभीर चुनौती मिली।
- विकास और अभिशासन के मुद्दे के साथ इस चुनाव में अधिकांश दागी उम्मीदवारों, हिस्ट्रीशीटरों को जनता ने राजनीति की मुख्यधारा से बाहर निकालने का मन बनाया। जुर्म का मुंहतोड़ जवाब देने के लिए इस बार का जनादेश बाहुबलियों के विरुद्ध दिया गया विशेषकर बिहार में लगभग सभी बाहुबलियों और उनकी पत्नियों को भी जनता ने नकार दिया। दागी, दबंगों की हूकूमत को ठुकराकर जनता ने यह संदेश दिया कि अब पार्टियाँ साफ–सुथरी छवि के नेताओं को चुनाव में प्रत्याशी बनायें।
- इस चुनाव में तीसरे मोर्चे में ढेर सारे किंग और किंग–मेकर सामने आ रहे थे। तीसरे मोर्चे की अगुवाई करने वाले वामपंथियों को भारी पराजय का सामना करना पड़ा। पश्चिम बंगाल और केरल में उनकी करारी हार हुई और वामपंथियों का लालकिला ढह गया। पश्चिम बंगाल में लेफ्ट को जबरदस्त झटका देकर ममता बनर्जी ने कांग्रेस के साथ मिलकर अपनी धमाकेदार जीत दर्ज की।
- केन्द्र की सियासत में ताकतवर किरदार अदा करने का सपना लेकर लालू, रामविलास एवं मुलायम द्वारा चौथे मोर्चे का गठन किया गया जो दलित, यादव और मुस्लिम का गठजोड़ था। इन्हें उम्मीद थी कि बड़ी संख्या में सीटें जीतकर ये केन्द्र की सत्ता–निर्माण में मुख्य भूमिका निभायेंगे। लेकिन चुनावी नतीजे ने चौथे मोर्चे की हवा निकाल दी। लोजपा अध्यक्ष रामविलास तो अपनी सीट भी नहीं बचा पाये। इनकी पार्टी का सूपड़ा साफ हो गया। लालू की पार्टी राजद मात्र चार सीटों पर सिमट गयी और मुलायम द्वारा मुस्लिम वोट बैंक में लोध वोट जोड़ने की जुगत में कल्याण सिंह को पार्टी में शामिल करना पार्टी के लिए काफी महंगा पड़ा। जितना लोध वोट वे पार्टी के लिए जोड़ पाये उससे ज्यादा मुस्लिम वोट कांग्रेस के खेमे में चले गये, जिसका फ़ायदा वहां कांग्रेस को मिला। मायावती की पार्टी बसपा पार्टी 21 सीट जीती और मुलायम को मात्र 23 सीटों पर संतोष करना पड़ा। बाद में सपा के अखिलेश यादव द्वारा खाली की गयी फिरोजाबाद संसदीय सीट पर उपचुनाव में सपा उम्मीदवार मुलायम की बहू डिम्पल यादव को पराजित कर राजबब्बर ने ये सीट कांग्रेस की झोली में डाल दी और सपा के पास मात्र 22 सीटें रह गयीं।
- पंद्रहवीं लोकसभा में युवा सांसदों की भरमार थी। इसमें 226 सांसदों की उम्र 50 से कम है, 82 सांसद 40 वर्ष से कम आयु के थे जिसमें 77 युवा सांसद सिर्फ कांग्रेस पार्टी से जीतकर आये थे।
- पंडित नेहरू के बाद मनमोहन सिंह देश के दूसरे प्रधानमंत्री बने जिन्होंने पाँच साल अपना कार्यकाल पूरा करके दोबारा प्रधानमंत्री का पद संभाला।
- 18 साल के बाद कोई पार्टी लोकसभा चुनाव में 200 का आँकड़ा पार कर पायी है। इस चुनाव में साढ़े चार करोड़ से ज्यादा युवा मतदाताओं ने राहुल की कार्यशैली के प्रति विश्वास व्यक्त करके मनमोहन सरकार की आर्थिक सुधार नीतियों पर अपनी मुहर लगायी।
- इस बार सदन में 2004 की तुलना में ज्यादा सांसद करोड़पति थे। यदि हलफनामे को आधार बनाया जाये तो पंद्रहवीं लोकसभा में विजयी सांसदों की संख्या 300 थी। कांग्रेस के 206 सांसदों में से 66 प्रतिशत यानी कि 137 सांसद करोड़पति थे। भाजपा के 50 प्रतिशत करोड़पति थे। यानी कि पार्टी के कुल 116 सांसदों में 58 करोड़पति जीतकर आये थे। सपा और बसपा भी इस लिहाज से किसी से कम नहीं रही। सपा के 22 सांसदों में 14 करोड़पति थे, जबकि बसपा के 21 में से 13 करोड़पति थे।

- लोकसभा चुनाव के साथ तीन राज्यों उड़ीसा, आंध्र प्रदेश और सिक्किम की विधानसभाओं के भी चुनाव कराये गये। उड़ीसा के नवीन पटनायक, आन्ध्र प्रदेश के वाई.एस. राजशेखर रेड्डी तथा सिक्किम के पवन कुमार चामलिंग की पार्टी ने फिर से जीत हासिल की।
- यहां तक कि 543 सदस्यों वाली लोकसभा में 300 करोड़पतियों के जीतने के साथ मनमोहन सिंह की नई सरकार की इलीट कैबिनेट में भी पहले राउंड में शपथ लेने वाले 19 मंत्रियों में से 16 करोड़पति थे। इसमें ज्यादातर हाई प्रोफाइल भी थे जिसमें कानूनविद, प्रोफेसर, भाषाविद् तथा इकोनोमिस्ट भी शामिल हैं। मनमोहन सिंह की नई टीम ने तृणमूल कांग्रेस की ममता बनर्जी सबसे गरीब और कांग्रेस के मुरली देवड़ा सबसे धनी मंत्री थे। देवड़ा की संपत्ति 35 करोड़ थी जबकि ममता की संपत्ति 4.73 लाख थी।
- जहां तक दागियों के चुनाव जीतकर आने का मामला था तो पंद्रहवीं लोकसभा के चुनावी नतीजे यह बताते हैं कि 153 ऐसे सांसद चुनाव जीतकर संसद् में पहुंचे हैं जिन पर आपराधिक मामले विभिन्न अदालतों में लंबित थे। 'नेशनल इलेक्शन वाच' के समन्वयक अनिल बेरवाल ने परिणाम के बाद कांग्रेस की टिकट पर जीत कर आये 43 दागियों की सूची मनमोहन सिंह, सोनिया गांधी और राहुल गांधी को सौंपते हुए उन्हें सरकार में नहीं शामिल करने की अपील की। 153 में से 74 सांसदों पर संगीन किस्म के आरोप थे। दागी विजयी सांसदों में सर्वाधिक 43 भाजपा के थे जिनमें 17 संगीन अपराधों में फंसे थे, जबकि कांग्रेस के 41 विजयी सांसदों पर आपराधिक मामले दर्ज थे।

पंद्रहवीं लोकसभा के राज्यवार परिणामों को निम्न तालिका के तहत देखा जा सकता है :

TABLE: 21 पंद्रहवीं लोकसभा चुनाव 2009 की राज्यवार परिणाम तालिका
(Statewise Result of 15th Lok Sabha Election 2009)

States/No of Seats	*Party*	*Seats Won*	*% of Votes Partywise*	*Alliance*	*Statewise % of Votes*
Andhra Pradesh (42)	**Indian National Congress**	**33**	**38.95 %**	**UPA**	**72.40 %**
	Telugu Desham Party	6	24.93 %	Third Front	
	Telangana Rashtra Samiti	2	6.14 %	NDA	
	All India Majlis-E-Ittehadul Muslimeen	1	1.93 %		
Arunachal Pradesh (02)	**Indian National Congress**	**2**	**51.11 %**	**UPA**	**65.00 %**
Assam (14)	**Indian National Congress**	**7**	**33.91 %**	**UPA**	**69.68 %**
	Bharatiya Janta Party	4	17.21 %	NDA	
	Assam United Democratic Front	**1**	**17.10 %**	None	
	Bodoland Peoples Front	1	12.61 %	NDA	
Bihar (40)	**Janta Dal (United)**	**20**	**20.04 %**	**NDA**	**44.27 %**
	Bharatiya Janta Party	12	13.93 %	NDA	
	Rashtriya Janta Dal	**4**	**19.30 %**	**Fourth Front**	
	Indian National Congress	2	10.26 %	UPA	
	Independent	2		None	
Chhattisgarh (11)	**Bharatiya Janta Party**	**10**	**45.03 %**	**NDA**	**58.19 %**
	Indian National Congress	1	22.60 %	UPA	
Goa (02)	**Bharatiya Janta Party**	**1**	**44.78 %**	**NDA**	**55.42 %**
	Indian National Congress	1	22.60 %	UPA	
Gujarat (26)	**Bharatiya Janta Party**	**15**	**46.52 %**	**NDA**	**47.92 %**
	Indian National Congress	11	43.38 %	UPA	
Haryana (10)	**Indian National Congress**	**9**	**47.77 %**	**UPA**	**67.67 %**
	Haryana Janhit Congress	1		Third Front	
Himachal Pradesh (04)	**Bharatiya Janta Party**	**3**	**49.58 %**	**NDA**	**58.35 %**
	Indian National Congress	1	45.61 %	UPA	

(*Contd.*)

States/No of Seats	*Party*	*Seats Won*	*% of Votes Partywise*	*Alliance*	*Statewise % of Votes*
Jammu & Kashmir (06)	**Jammu & Kashmir National Conference**	**3**	**19.11 %**	**UPA**	**39.66 %**
	Indian National Congress	2	24.67 %	UPA	
	Independent	1		None	
Jharkhand (14)	**Bharatiya Janta Party**	**8**	**27.53 %**	**NDA**	**49.77 %**
	Jharkhand Mukti Morcha	2	11.70 %	UPA	
	Indian National Congress	1	15.02 %	UPA	
	Jharkhand Vikas Morcha (Prajatantrik)	1		None	
	Independent	1		None	
Karnataka (28)	**Bharatiya Janta Party**	**19**	**41.63 %**	**NDA**	**59.44 %**
	Indian National Congress	6	37.65 %	UPA	
	Janta Dal (Secular)	3	13.57 %	Third Front	
Kerala (20)	**Indian National Congress**	**13**	**40.13 %**	**UPA**	**73.33 %**
	Left Democratic Front	4		Third Front	
	Indian Union Muslim League	2		UPA, UDF	
	Kerala Congress (Mani)	1	2.53 %	UPA, UDF	
Madhya Pradesh (29)	**Bharatiya Janta Party**	**16**	**43.45 %**	**NDA**	**51.30 %**
	Indian National Congress	12	40.14 %	UPA	
	Bahujan Samaj Party	1	5.85 %	Third Front	
Maharashtra (48)	**Indian National Congress**	**17**	**19.61 %**	**UPA**	**49.17 %**
	Shiv Sena	11	17.00 %	NDA	
	Bharatiya Janta Party	9	18.17 %	NDA	
	Nationalist Congress Party	8	19.28 %	UPA	
	Bahujan Vikas Aaghadi	1		None	
	Swabhimani Paksha	1		None	
	Independent	1		None	
Manipur (02)	**Indian National Congress**	**2**	**42.96%**	**UPA**	**79.80 %**
Meghalaya (02)	**Indian National Congress**	**1**	**44.84 %**	**UPA**	**64.40 %**
	National Congress Party	1	18.78 %	UPA	
Mizoram (01)	Indian National Congress	**1**	**65.58 %**	**UPA**	**50.93 %**
Nagaland (01)	**Nagaland People's Front**	**1**	**69.96 %**	**None**	**90.21 %**
Odisha (21)	**Biju Janta Dal**	**14**	**37.23 %**	**Third Front**	**63.35 %**
	Indian National Congress	6	32.75 %	UPA	
	Communist Party of India	1	2.57 %	Third Front	
Punjab (13)	**Indian National Congress**	**08**	**45.23 %**	**UPA**	**69.58 %**
	Shiromani Akali Dal	4	33.85 %	NDA	
	Bharatiya Janta Party	1	10.06 %	NDA	
Rajasthan (25)	**Indian National Congress**	**20**	**47.19 %**	**UPA**	**48.50 %**
	Bharatiya Janta Party	4	36.57 %	NDA	
	Independent	1		None	
Sikkim (01)	**Sikkim Democratic Front**	**1**	**63.30 %**	**None**	**82.00 %**
Tamil Nadu (39)	**Dravida Munnetra Kazhagam**	**18**	**25.09 %**	**UPA**	**72.46 %**
	All India Anna Dravida Munnetra Kazhagrm	9	22.88 %	Third Front	
	Indian National Congress	8	15.03 %	UPA	
	Communist Party of India	**1**	**2.85 %**	**Third Front**	
	Communist Party of India (Marxist)	1	2.20 %	Third Front	
	Marumalarchi Dravida Munnetra Kazhagam	1	3.66 %	Third Front	
	Viduthalai Chiruthaigal Katchi	1	2.42 %	UPA	
Tripura (02)	**Communist Party of India (Marxist)**	**2**	**61.69 %**	**Third Front**	**83.91 %**
Uttar Pradesh (80)	**Samajwadi Party**	**23**	**23.26 %**	**Fourth Front**	**46.45 %**
	Indian National Congress	21	18.25 %	UPA	
	Bahujan Samaj Party	20	27.42 %	Third Front	
	Bharatiya Janta Party	10	17.50 %	NDA	
	Lok Dal Rashtriya	5		UPA	
	Independent	1		None	

(Contd.)

States/No of Seats	Party	Seats Won	% of Votes Partywise	Alliance	Statewise % of Votes
Uttarakhand (05)	**Indian National Congress**	**5**	**43.13 %**	**UPA**	**53.67 %**
West Bengal (42)	**All India Trinamool Congress**	**19**	**31.17 %**	**UPA**	**78.93 %**
	Left Front	15		Third Front	
	Indian National Congress	6	13.45 %	UPA	
	Bharatiya Janta Party	1	6.14 %	NDA	
	Socialist Unity Centre of India (Communist)	1		None	
UNION TERRITORIES					
Andaman & Nicobar Islands (1)	**Bharatiya Janta Party**	**1**	**44.21 %**	**NDA**	**64.15 %**
Chandigarh (1)	**Indian National Congress**	**1**	**46.87 %**	**UPA**	**65.51 %**
Dadra & Nagar Haveli (1)	**Bharatiya Janta Party**	**1**	**46.43 %**	**NDA**	**73.22 %**
Daman & Diu (1)	**Bharatiya Janta Party**	**1**	**65.49 %**	**NDA**	**71.85 %**
Delhi (7)	**Indian National Congress**	**7**	**57.11 %**	**UPA**	**51.79 %**
Lakshadweep (1)	**Indian National Congress**	**1**	**51.88 %**	**UPA**	**86.10 %**
Puduchery (1)	**Indian National Congress**	**1**	**49.41 %**	**UPA**	**79.70 %**

TABLE: 22 Morphology of UPA Coalition Government in the 15th Lok Sabha, 2009

Party Alliance	Seats Won	Seat %
United Progressive Allience	262	48.25%
Outside Support		
Samajwadi Party	23	4.20 %
Bahujan Samajwadi Party	21	3.86 %
Rashtriya Janta Dal	04	0.7 %
Janta Dal (Secular)	03	0.55 %
Independents & Other Parties	03	0.55 %
Total	**322**	**59.4 %**

सोलहवीं लोकसभा का आम चुनाव 2014 : भाजपा की अभूतपूर्व सफलता
General Election of 16th Lok Sabha 2014: Unprecedented Success of BJP

भारत में सोलहवीं लोकसभा के लिए आम चुनाव 7 अप्रैल से 12 मई 2014 तक 9 चरणों में संपन्न हुआ और पूरे देश में मतगणना 16 मई को संपन्न हुई। यह चुनाव अब तक के चुनावी इतिहास का सबसे लंबा कार्यक्रम वाला चुनाव था जिसमें निर्वाचन आयोग के अनुसार 81.45 करोड़ मतदाताओं ने अपने मताधिकार का प्रयोग किया।

पंद्रहवीं लोकसभा की कार्य–अवधि 31 मई 2014 को समाप्त हो रही थी इसलिए 16वीं लोकसभा के चुनाव के लिए 5 मार्च 2014 को मुख्य निर्वाचन आयुक्त वी.एस. संपथ ने संवाददाता सम्मेलन द्वारा चुनाव कार्यक्रम की तारीखों और तैयारियों का ऐलान किया। घोषित कार्यक्रम के अनुरूप कुल नौ चरणों में चुनाव कराने की घोषणा की गई। घोषित कार्यक्रम के अनुरुप 7 अप्रैल को पहले, 9 अप्रैल को दूसरे, 10 अप्रैल को तीसरे, 12 अप्रैल को चौथे, 17 अप्रैल को पाँचवें, 24 अप्रैल को छठे, 30 अप्रैल को सातवें, 7 मई को आठवें, 12 मई को नौवें चरण का मतदान संपन्न हुआ।

प्रथम चरण 7 अप्रैल को आयोजित था इस चरण में असम की पांच और त्रिपुरा की एक सीट पर मतदान हुआ और दोनों राज्यों में मतदान प्रतिशत क्रमशः 72.5 और 84 फीसदी रहा।

द्वितीय चरण 9 और 11 अप्रैल को संपन्न हुआ। इस चरण में नागालैंड में 82.5%, अरुणाचल प्रदेश में 71%, मेघालय में 66% तथा मणिपुर में 70% लोगों ने अपने मताधिकार का प्रयोग किया। छात्र संगठनों के बंद के कारण मिजोरम में चुनाव 11 अप्रैल को कराया गया। यहाँ पर 60% लोगों ने अपने मताधिकार का प्रयोग किया।

तृतीय चरण में 10 अप्रैल को 91 सीटों पर मतदान संपन्न हुआ। इस चरण में सबसे ज्यादा केरल में 81%, दिल्ली में 64%, मध्य प्रदेश में 55.98%, महाराष्ट्र में 54.13%, उत्तर प्रदेश में 65%, हरियाणा में 73%, झारखंड में 58%, जम्मू में 66.29% और सबसे कम 53% बिहार में मतदान हुआ।

चौथे चरण का मतदान 12 अप्रैल को संपन्न हुआ। इस चरण में सबसे ज्यादा मतदान त्रिपुरा में 81.8% गोवा में 75%, असम में 75% तथा सिक्किम में 76% मतदान रिकार्ड किया गया।

पांचवां चरण 17 अप्रैल को पूरा हुआ। इस चरण में सबसे ज्यादा 121 सीटों पर मतदान हुआ जिसमें सबसे ज्यादा मतदान पश्चिम बंगाल में 80%, उत्तर प्रदेश में 62%, ओडिशा में 70% से ज्यादा, जम्मू और कश्मीर में 69%, मध्य प्रदेश में 54%, और झारखंड में 62%, महाराष्ट्र में 61.7%, मणिपुर में 74%, कर्नाटक में 65%, राजस्थान में 63.25%, छत्तीसगढ़ में 63.44%, और बिहार में 56% मतदान रिकार्ड किया गया।

छठे चरण का मतदान 24 अप्रैल को पूरा हुआ। इस चरण में 117 सीटों पर मतदान कराया गया। इस चरण में सबसे अधिक मतदान पश्चिम बंगाल की 6 सीटों पर 82% और पुदुच्चेरी की एक सीट पर 82.13% हुआ। उत्तर प्रदेश की 12 सीटों पर 58.58%, राजस्थान की 5 सीटों पर 59.2%, जम्मू और कश्मीर की 1 सीट पर 28%, तमिलनाडु की सभी 39 सीटों पर 72.8%, बिहार की 7 सीटों पर 60%, महाराष्ट्र की 19 सीटों पर 55.33%, असम की 6 सीटों पर 77.5%, मध्य प्रदेश की 10 सीटों पर 64.4%, झारखंड की 4 सीटों पर 63.4%, और छत्तीसगढ़ की 7 सीटों पर 63.44% मतदान हुआ। छठवें चरण की समाप्ति के साथ ही मध्य प्रदेश, छत्तीसगढ़, राजस्थान, महाराष्ट्र, झारखंड की सभी सीटों के लिए मतदान पूरा हो गया और इसके साथ ही लोकसभा की 543 में से 349 सीटों पर मतदान पूरा हो गया।

सातवां चरण 30 अप्रैल को कुल 89 सीटों पर संपन्न हुआ। चुनाव आयोग द्वारा जारी आँकड़ों के अनुसार गुजरात की सभी 26 सीटों के लिए हुए मतदान में कुल 62 फीसदी वोट पड़े। नव गठित राज्य तेलंगाना की सभी 17 सीटों के लिए 70%, पंजाब की 13 सीटों के लिए 73%, उत्तर प्रदेश की 14 सीटों के लिए 57.1%, बिहार की 7 सीटों के लिए 57.74%, पश्चिम बंगाल की 9 सीटों पर कुल 81.35%, जम्मू और कश्मीर की श्रीनगर सीट पर 25.62%, दादरा और नगर हवेली सीट पर 85%, एवं दमन और दीव सीट पर 76 प्रतिशत मतदान रिकार्ड किया गया।

आठवें चरण में 7 मई को लोकसभा की कुल 64 सीटों पर मतदान कराया गया। चुनाव आयोग द्वारा जारी आँकड़ों के अनुसार पश्चिम बंगाल में 80.51%, आंध्र प्रदेश के सीमांत क्षेत्र की 25 सीटों पर 76%, उत्तर प्रदेश की 15 सीटों पर 55.52%, बिहार की 7 सीटों पर 58%, जम्मू और कश्मीर की 2 सीटों पर 50%, उत्तराखंड की सभी 5 सीटों पर 62% और हिमाचल प्रदेश की सभी 4 सीटों पर 65 फीसदी मतदान दर्ज़ किया गया। आठवें चरण के साथ ही 16वीं लोकसभा की 543 सीटों में से 502 सीओं के लिए यानी कि 92 फीसदी सीटों के लिए मतदान मार्य संपन्न हो गया।

नौवां और अंतिम चरण 12 मई को पूरा हुआ। इस चरण में लोकसभा की 543 सीटों में बाकि कुल 41 सीटों के लिए मतदान संपन्न हुआ। चुनाव आयोग के अनुसार उत्तर प्रदेश की कुल 18 सीटों पर हुए मतदान में औसतन 54.21 फीसदी और पश्चिम बंगाल की 17 सीटों पर 79.96 फीसदी मतदान दर्ज़ हुआ। बिहार में लोकसभा चुनाव के छठे और अंतिम चरण के तहत छह संसदीय सीटों के लिए संपन्न मतदान के दौरान 56.67 फीसदी मतदाताओं ने अपने मताधिकार का उपयोग किया, जो 2009 के लोकसभा चुनाव की तुलना में करीब 12 प्रतिशत अधिक रहा। इसके साथ ही मतदान के सभी चरण समाप्त हो गए। इस बार चुनाव के सभी नौ चरणों में कुल मिलाकर 66.38 फीसदी मतदान रिकार्ड हुआ, जो लोकसभा चुनावों में अब तक का सर्वाधिक मतदान प्रतिशत था। पिछला सर्वाधिक मतदान 1984 में संपन्न आठवीं लोकसभा चुनाव में दर्ज़ किया गया था जब 64.01 प्रतिशत मतदाताओं ने अपने मताधिकार का इस्तेमाल किया था। 2009 के आम चुनाव में कुल 58.19 फीसदी वोट पड़े थे।

सोलहवें चुनाव से जुड़े कुछ महत्वपूर्ण तथ्य

सोलहवीं लोकसभा चुनाव में भाजपा का मुख्य सहयोगी महाराष्ट्र में शिवसेना, पंजाब में शिरोमणि अकाली दल, तीन तमिल पार्टियों देसिया मुरपोक्कु द्रवड़ि कड़गम (डीएमडीके), मक्कल काची पात्तली (पीएमके) और द्रविड मुनेत्र कड़गम मरुमलार्ची (एमडीएमके) तमिलनाडु में और आंध्र प्रदेश में तेलुगू देशम पार्टी (तेदेपा) थी। शिवसेना, एक चरम हिंदू राष्ट्रवादी पार्टी है और शिरोमणि अकाली दल एक परंपरागत सिख पार्टी, जो पंजाब में कांग्रेस पार्टी की विरोधी और भाजपा की सहयोगी थी। तेलुगू देशम 2009 के पिछले चुनाव में वामपंथी तीसरे मोर्चे के सहयोगी के रूप में चुनाव मैदान में उतरी थी और 2014 में राजग गठबंधन का हिस्सा बनकर चुनाव में उतरी। सोलहवीं लोकसभा चुनाव के मुख्य बिंदुओं पर एक नज़र :

- यह देश में अब तक हुए चुनावों में सबसे लम्बा चुनाव था जो 7 अप्रैल से 12 मई तक नौ चरणों में पूरा हुआ।
- पंद्रहवीं लोकसभा का कार्यकाल 31 मई को पूरा होने वाला था जबकि 16वीं लोकसभा का चुनाव परिणाम 15 दिन पूर्व 16 मई को घोषित होने के साथ ही सोलहवीं लोकसभा के गठन का चुनावी चक्कर पूरा हो गया।
- **चुनाव में उम्मीदवारों की कुल संख्या**—8251, सीट—543, मतगणना केंद्र—989, मतदान में प्रयोग हुआ 17 लाख से ज्यादा ईवीएम, 83.05 करोड़ मतदाताओं में 55.13 करोड़ मतदाताओं ने वोट दिया, 9,19,452 मतदान केंद्रों पर चुनाव हुआ।
- चुनाव में योग्य वोटरों की संख्या 814.5 मिलियन थी जो 2009 के चुनाव से 100 मिलियन ज्यादा थी। चुनावों में वोटरों की कुल संख्या में लगभग 23.1 मिलियन या 2.7% वोटरों की उम्र 18 से 19 वर्ष की थी।
- पूरे देश में चुनाव संपन्न कराने हेतु 930,000 मतदान केंद्र बनाए गए और 1.4 मिलियन वोटिंग मशीनों का प्रयोग किया गया।
- बड़े पैमाने पर नौ चरणों के चुनावी चक्कर को पूरा कराने हेतु 1.1 मिलियन सिविल सरवेंट्स और 5.5 मिलियन सविलियन कर्मचारी की सेवा ली गई।
- चुनाव में पहली बार मतदाताओं के लिए ईवीएम में **"NONE OF THE ABOVE"** का ऑफसन देकर प्रस्तुत उम्मीदवार को नापसंद करने का अधिकार दिया गया, यानि कि मतदाताओं को यदि कोई उम्मीदवार पसंद नहीं तो वो "इनमें से कोई नहीं" का बटन दबा कर अपने मताधिकार का प्रयोग कर सकते हैं।
- चुनाव में राजग गठबंधन सहति भाजपा की शानदार जीत हुई और नरेंद्र मोदी सबसे लोकप्रिय नेता के रूप में उभरे।
- चुनाव में पड़े कुल मत प्रतिशत का 31.0% फीसदी वोट और कुल सीट 543 में से 282 (51.9%) सीटें भाजपा की झोली में गई।
- 1989 के लोकसभा चुनाव के बाद किसी एक पार्टी को लोकसभा में पहली बार स्पष्ट बहुमत मिला।
- 543 सीटों वाली लोकसभा में बहुमत के लिए 272 सीटें चाहिए थी पर भाजपा ने अकेले 282 सीटें जीत कर बहुमत हासिल कर लिया।
- 65 वर्षों के चुनावी इतिहास में कांग्रेस का सबसे बुरा प्रदर्शन रहा 543 सीटों वाली संसद में पार्टी मात्र 44 (19.3%) सीटों पर सिमट गई और यूपीए गठबंधन को मात्र 60 (8.1%) सीटों पर संतोष करना पड़ा।
- सोलहवीं लोकसभा चुनाव में राजग गठबंधन और भाजपा को 2009 के चुनाव की अपेक्षा 166 सीटों का फायदा हुआ और वोटों एवं सीटों का 14.37% झुकाव (Swing) इस गठबंधन और भाजपा की ओर हुआ, जबकि यूपीए गठबंधन और कांग्रेस को 15वीं लोकसभा की अपेक्षा ऐंटी स्विंग (Anti-Swing) का सामना करना जिससे पार्टी को 162 सीटों का नुकसान हुआ।
- सोलहवीं लोकसभा का चुनाव सिस्टम को मजबूत करने के मुद्दे पर लड़ा गया था। मतदाताओं ने हर धर्म और जाति से ऊपर उठकर वोट किया।
- सोलहवीं लोकसभा 315 सांसद पहली बार चुनकर आये हैं।
- पहली बार लोकसभा में 62 महिला सांसद चुनकर आई हैं।
- **2014 का महासमर : एक नज़र में**—कुल उम्मीदवार—8163, महिला उम्मीदवार—631 (8%) 889 (11%) पर गंभीर आपराधिक मुकदमे, 2209 (27%) करोड़पति प्रत्याशी, इनमें 1398 (17%) पर आपराधिक मामले,

40009 (49%) स्नातक या ज्यादा शिक्षित, 2325 प्रत्याशियों ने नहीं दिया पैन नंबर, 3736 प्रत्याशियों ने भरा आयकर रिटर्न,

- **दिग्गजों की सीटों पर मतदान का प्रतिशत**—नरेंद्र मोदी—वडोदरा—70%, सोनिया गांधी—राय बरेली—52%, आडवाणी गांधी नगर—62%, मुरली मनोहर जोशी—कानपुर—53%, राजनाथ सिंह—लखनऊ—55%, फारुख अब्दुल्ला—श्रीनगर—26% मतदान रिकार्ड किया गया।
- **चुनाव प्रचार के मामले में मोदी के सामने सारे हुए बौने**—नरेंद्र मोदी चुनावी मौसम में सबसे ज्यादा कैंपेनिंग करने वाले लीडर बनकर अपने विरोधियों को बहुत पीछे छोड़ दिया। बीजेपी के पीएम उम्मीदवार नरेंद्र मोदी अपने धुआंधार प्रचार से पूर्व प्रचार के सभी रिकॉर्ड तोड़कर अपने विरोधियों को बौना साबित कर दिया। बीजेपी सूत्रों के अनुसार मोदी देशभर में 3 लाख किलोमीटर से ज्यादा की दूरी तय कर एक रिकॉर्ड बनाया और प्रचार के नये और परम्परागत तौर—तरीकों के मिले—जुले रूप के साथ 5827 कार्यक्रमों में भागीदारी की। मोदी की प्रचार यात्रा 15 सितम्बर 2013 को हरियाणा के रेवाड़ी से शुरू हुई, जो पूर्व सैनिकों की रैली थी और तब से वे 25 राज्यों में 437 जनसभाओं को संबोधित किया और 1350 थ्रीडी रैलियों में भाग लिया। मोदी के सार्वजनिक कार्यक्रमों की कुल संख्या 5827 बताई गई, जिसमें उनके 4000 'चाय पे चर्चा' वाली मीटिंग भी शामिल है। अनेक शहरों की जनता से मोदी ने वीडियो लिंक के माध्यम से चर्चा की। इसके अलावा मोदी के दो बड़े रोड शो भी गिने जा सकते हैं जो उन्होंने बड़ोदरा और वाराणसी में किया। वे इन दोनों सीटों से उम्मीदवार थे। उनकी चुनावी यात्रा 10 मई 2014 को ईस्टर्न यूपी के बलिया में आयोजित रैली के साथ समाप्त हुई। मोदी ने सबसे ज्यादा रैलियां यूपी में कीं। चुनाव कार्यक्रमों की घोषणा के पूर्व अपनी पार्टी के लिए माहौल बनाने हेतु 21 राज्यों में 38 रैलियों को संबोधित किया। 26 मार्च को ऊधमपुर में जनसभा के साथ भारत विजय रैलियों की शुरुआत की, और 25 राज्यों में इस सीरीज के तहत कुल 196 रैलियों कीं और करीब 3 लाख किलोमीटर से अधिक दूरी तय की। बीजेपी ने मोदी के इस प्रचार अभियान को 'ऐतिहासिक और अभूतपूर्व' बताते हुए इसे इतिहास के सबसे बड़े जनजागरण में से एक कहा है। मोदी ने अपनी थ्रीडी रैलियों के जरिये आधुनिक तकनीक का भी बखूबी इस्तेमाल किया और सोशल मीडिया को भी अपने चुनाव प्रचार का मुख्य माध्यम बनाकर युवा मतदाताओं को अपनी ओर आकर्षित करने में अभूतपूर्व सफलता अर्जित की।

सोलहवीं लोकसभा चुनाव के सभी चरणों को निम्नांकित तालिका के तहत देखा जा सकता है :

TABLE: 23 सभी चरण: एक नज़र में

चरण	मतदान तिथि	कुल प्रत्याशी	विश्लेषित प्रत्याशी	निर्वाचन क्षेत्र संख्या	दागी छवि वाले प्रत्याशी	दागी छवि प्रत्याशी (%) में	करोड़पति प्रत्याशी	करोड़पति प्रत्याशी (%) में	औसत संपत्ति (करोड़ रुपये)
1	7 अप्रैल	64	64	6	6	9	16	25	5.75
2	9 अप्रैल	37	37	7	1	3	23	62	9.12
3	10 अप्रैल	1419	1395	51	263	19	397	28	3.04
4	12 अप्रैल	74	74	7	9	12	20	27	2.12
5	17 अप्रैल	1761	1739	121	279	16	464	27	8.14
6	24 अप्रैल	2077	2071	117	322	16	504	24	2.76
7	30 अप्रैल	1295	1292	89	222	17	341	26	3.77
8	7 मई	897	890	64	177	20	272	31	5.90
9	12 मई	606	601	41	119	20	171	28	8.50
	कुल	**8230**	**8163**	**543**	**1398**	**17**	**2208**	**27**	**3.16**

स्रोतः नेशनल इलेक्शन वॉच (न्यू) और एसोसिएशन फॉर डेमोक्रेटिक रिफार्म्स (एडीआर)

Use of NOTA in 16th Lok Sabha Polls 2014

पूरे देश में लगभग 60 लाख वोटरों ने 2014 के लोकसभा चुनाव में अपने मताधिकार का इस्तेमाल करते हुए नोटा बटन का प्रयोग किया। इस ऑप्सन में डाले गए मतों की संख्या 59,78,208 थी जो चुनाव में डाले गए कुल मतों का 1.1 फीसदी था जिसमें सर्वाधिक फीसदी नोटा वोट पुडुचेरी में डाला गया था। A total of 3% of voters in Puducherry, or 22,268 votes, opted for the NOTA. This was followed by Meghallya with 2.8% (30,145), Gujarat 1.8% (4,54,880) Chhattisgarh 1.8% (2,24,889), Dadra and Nagar Haveli 1.8% (2,962). The other states included: Odisha 1.6% (3,28,060), Bihar 1.8% (5,81,011), Mizoram 1.5% (6,495), Jharkhand 1.5% (1,90,241), Daman and Diu 1.5% (1,316), Madhya Pradesh 1.3% (3,91,837), Sikkim 1.4 % (4,259), Tamil Nadu 1.4% (5,74,712),. Tripura 1.2% (23,783), Kerala 1.2% (2,10,561), Goa 1.2% (10,103), Rajasthan 1.2% (3,27,902), Uttarakhand 1.1% (48,043), West Bengal 1.1% (5,68,276), Arunachal Pradesh 1.1% (6,216, Assam 1.0% (1,47,057), Maharashtra 0.9% (4,32,181), Himachal Pradesh 0.9% (29,156) and Delhi 0.5% (39,690), among other states.

ऊपर वर्णित विभिन्न राज्यों में रिकॉर्ड किए गए नोटा बटन में डाले जाने वाले मतों का प्रतिशत यह दर्शाता है देश का मतदाता अब काफी जागरूक हो चुका है, इसलिए यह समय की मांग है कि राजनीतिक दल चुनाव में टिकट देते समय उम्मीदवारों की पृष्ठभूमि को नज़रंदाज़ नहीं करें वर्ना उनके उम्मीदवारों को वोटरों की नापसंदगी झेलनी होगी। निम्नांकित तालिका के तहत 16वीं लोकसभा में पड़े मतों के प्रतिशत का राज्यवार आकलन किया जा सकता है :

TABLE: 24 सोलहवीं लोकसभा चुनाव में पड़े मतों के प्रतिशत की राज्यवार प्रस्तुति

राज्य	*2014*	*2009*	*अंतर*
उत्तर प्रदेश	58.63	46.45	+12.18
पश्चिम बंगाल	81.71	78.93	+2.84
पंजाब	72.00	69.77	+2.23
हरियाणा	71.86	67.49	+4.37
राजस्थान	62.09	48.04	+13.69
मध्य प्रदेश	61.57	51.16	+10.41
गुजरात	63.31	48.81	+14.5
महाराष्ट्र	61.04	52.01	+9.29
गोवा	76.83	55.24	+21.59
कर्नाटक	68.00	58.81	+9.19
केरल	74.00	71.36	+2.64
तमिलनाडु	73.58	73.03	+0.55
छत्तीसगढ़	69.00	55.26	+13.72
ओडिशा	74.37	65.33	+9.04
झारखंड	63.09	50.98	+12.92
असम	80.13	70.07	=10.06
अरुणाचल प्रदेश	76.09	68.16	+8.74
मिजोरम	61.07	57.8	+9.9
त्रिपुरा	84.09	84.45	+0.45

(Contd.)

राज्य	2014	2009	अंतर
मेघालय	69.03	64,38	+4.55
दिल्ली	65.09	51.85	+13.24
चंडीगढ़	72.00	65.51	+6.49
हिमाचल प्रदेश	65.00	58.43	+6.57
उत्तराखंड	62.15	53.00	+9.15
आंध्र प्रदेश	74.01	72.40	+ 1.61
जम्मू कश्मीर	50.10	38.73	+11.78

महिलाओं की हिस्सेदारी बढ़ी		
राज्य	2014	2009
गोवा	78.09	53.08
राजस्थान	61.02	44.08
झारखंड	63.06	47.07
छत्तीसगढ़	68.00	52.02
दिल्ली	63.08	49.06

बढ़ी भागीदारी

66.38% वोटरों ने किया अपने मताधिकार का प्रयोग

88.57% वोटिंग करके नागालैंड सर्वाधिक मतदान करने वाला राज्य बना

सोलहवीं लोकसभा में गठबंधनवार जीतने वाले दलों की तालिका :

TABLE: 25 सोलहवीं लोकसभा 2014 में गठबंधनवार राजनीतिक दलों का विवरण (Alliancewise Summary of Political Parties 16th Lok Sabha)

1. National Democratic Alliance (NDA Seat 336 Turnout 39%)

Name of Parties	Seats Contested	Seats Won
Bharatiya Janta Party	427	282
Shiv Sena	20	18
Telugu Desam Party	30	16
Desiya Morpokku Dravida Kazhagam	14	0
Shiromani Akali Dal	10	04
Pattali Makkal Katchi	08	01
Marumalarchi Dravida Munnetra Kazhagam	07	0
Lok Janshakti Party	07	06
Rashtriya Lok Samata Party	03	03
Apna Dal	02	02
Haryana Janhit Congress	02	0
Jammu & Kashmir People's Democratic Party	04	02
Swabhimani Paksha	02	01
Indhiya Jaranayaka Katchi	01	0
Kongunadu Makkal Desia Katchi	01	0
All India N R Congress	01	01
Republican Party of India (Athawale)	01	0
Rashtriya Samaj Pakash	01	0
Revolutionary Socialist Party (Bolshevik)	01	0
Kerala Congress (Nationalist)	01	0
National People's Party (India)	01	01
Naga People's Front	01	01
Mizo National Front	01	0
Total	**543**	**336**

2. United Progressive Alliance (UPA–60–21%)

Name of Parties	*Seats Contested*	*Seats Won*
Indian National Congress	464	44
Rashtriya Janta Dal	28	04
Nationalist Congress Party	23	06
Rashtriya Lok Dal	08	0
Jharkhand Mukti Morcha	04	02
Jammu & Kashmir National Conference	03	0
Mahan Dal	03	0
Indian Union Muslim League	02	02
Socialist Janta (Democratic)	01	0
Kerala Congress (M)	01	01
Revoluetionary Socialist Party	01	01
Bodoland People's Front	01	0
Communist Party of India	01	0
Total	**540**	**60**

TABLE: 26 सोलहवीं लोकसभा चुनाव 2014 की राज्यवार परिणाम तालिका (Statewise Result of 16th Lok Sabha General Elections–2014)

State/UT No of Seats	*Name of Party*	*Party*	*Seats Won*	*% of Votes*	*Alliance*
Andaman & Nicobar Islands (01)	Bharatiya Janta Party	BJP	01	47.08 %	NDA
	Indian National Congress	INC	01	43.07 %	UPA
Arunachal Pradesh (02)	Bharatiya Janta Party	BJP	01	47.08 %	NDA
	Indian National Congress	INC	01	43.07 %	UPA
Andhra Pradesh (25)	Telugu Desam Party	TDP	15	29.10 %	NDA
	Yuvajana Sramika Rythu Congress Party (YSRCP)	YSRCP	08	28.90 %	
	Indian National Congress	INC	0	11.05 %	UPA
	Bharatiya Janta Party	BJP	02	8.50 %	NDA
Assam (14)	Bharatiya Janta Party	BJP	07	36.50 %	NDA
	Indian National Congress	INC	03	29.60 %	UPA
	All India United Democratic Front	AIUDF	03	14.80 %	
	Asom Gana Prishad	AGP	0	3.80 %	
Bihar (40)	Bharatiya Janta Party	BJP	22	29.40 %	NDA
	Lok Janshakti Party	LJP	06	6.40 %	NDA
	Rashtriya Janta Dal	RJD	04	20.10 %	UPA
	Janta Dal United	JDU	02	15.80 %	None
	Rashtriya Lok Samta Party	RLSP	03		NDA
	Indian National Congress	INC	02	8.80 %	UPA
	Nationalist Congress Party	NCP	01	1.20 %	—
	Independent		0	—	—
Chandigarh (01)	Bharatiya Janta Party	BJP	01	42.20 %	NDA
	Indian National Congress	INC	0	26.80 %	UPA
	Aam Aadmi Party	AAP	0	24.00 %	—
Chhattisgarh (11)	Bharatiya Janta Party	BJP	10	48.70 %	NDA
	Indian National Congress	INC	01	38.40 %	UPA
Dadar & Nagar Haveli (01)	Bharatiya Janta Party	BJP	01	48.90 %	NDA
	Indian National Congress	INC	0	45.10 %	UPA

(Contd.)

State/UT No of Seats	Name of Party	Party	Seats Won	% of Votes	Alliance
Daman & Diu (01)	Bharatiya Janta Party	BJP	01	53.89 %	NDA
	Indian National Congress	INC	0	43.30 %	UPA
NCT of Delhi (07)	Bharatiya Janta Party	BJP	07	46.40 %	NDA
	Indian National Congress	INC	0	15.10 %	UPA
	Aam Aadmi Party	AAP	0	32.90 %	None
Goa (02)	Bharatiya Janta Party	BJP	02	53.40 %	NDA
	Indian National Congress	INC	0	36.60 %	UPA
Gujarat (26)	Bharatiya Janta Party	BJP	26	59.10 %	NDA
	Indian National Congress	INC	0	32.90 %	UPA
Haryana (10)	Bharatiya Janta Party	BJP	07	34.70 %	NDA
	Indian National Lok Dal	INLD	02	24.40 %	—
	Indian National Congress	INC	01	22.90 %	UPA
Himachal Pradesh (04)	Bharatiya Janta Party	BJP	04	51,31 %	NDA
	Indian National Congress	INC	0	40.70 %	UPA
Jammu & Kashmir (06)	Bharatiya Janta Party	BJP	03	34.49 %	NDA
	Indian National Congress	INC	0	22.90 %	UPA
	Jammu & Kashmir People's Democratic Party	JKPDP	03	20.50 %	
	Jammu & Kashmir National Conference	JKNC	0	11.10 %	
	Independent	—	0	—	—
Jharkhand (14)	Bharatiya Janta Party	BJP	12	40.10 %	NDA
	Indian National Congress	INC	0	13.30 %	UPA
	Jharkhand Vikas Morcha	JVM	0	9.30 %	
	Jharjhand Mukti Morcha	JMM	02	9.30 %	UPA
	Independent	—	0	—	—
Karnataka (28)	Bharatiya Janta Party	BJP	17	43.00 %	NDA
	Indian National Congress	INC	09	40.80 %	UPA
	Janta Dal (Secular)	JDS	02	11.00 %	
Kerala (20)	Indian National Congress	INC	08	31.10 %	UPA
	Communist Party of India (Marxist)	CPI (M)	05	21.60 %	
	Bharatiya Janta Party	BJP	0	10.30 %	NDA
	Communist Party of India	CPI	01	7.60 %	
	Indian Union Muslim League	IUML	02	4.50 %	
	Kerala Congress (Mani)	KCM	01	2.40 %	
	Revolutionary Socialist Party	RSP	01	—	
	Independents (Backed by Left Democratic Front)	—	02	—	
Lakshadweep (01)	Nationalist Congress Party	NCP	01	50.10 %	
	Indian National Congress	INC	0	46.60 %	UPA
Madhya Pradesh (29)	Bharatiya Janta Party	BJP	27	54.00 %	NDA
	Indian National Congress	INC	02	34.90 %	UPA
	Bahujan Samaj Party	BSP	0	3.8 %	
Maharashtra (48)	Bharatiya Janta Party	BJP	23	27.30 %	NDA
	Shiv Sena	SS	18	20.60 %	NDA
	Indian National Congress	INC	02	18.10 %	UPA
	Nationalist Congress Party	NCP	04	16.00 %	UPA
	Swabhimani Paksha	SP	01	2.30 %	NDA
	Bahujan Vikas Aaghadi	BVA	0	—	
	Independent	—	0	—	—

(Contd.)

State/UT No of Seats	Name of Party	Party	Seats Won	% of Votes	Alliance
Manipur (02)	Indian National Congress	INC	02	41.70 %	UPA
	Naga People's Front	NPF	0	19.90 %	
	Bharatiya Janta Party	BJP			
	Communist Party of India	CPI	0	14.00 %	
Meghalaya (02)	Indian National Congress	INC	01	37.90 %	UPA
	National People's Party	NPP	01	22.20 %	NDA
	Bharatiya Janta Party	BJP	0	8.90 %	NDA
	Nationalist Congress Party	NCP	0	—	UPA
Mizoram (01)	Indian National Congress	INC	01	48.60 %	UPA
Nagaland (01)	Naga People's Front	NPF	01	68.70 %	
	Indian National Congress	INC	0	30.10 %	UPA
Odisha (21)	Biju Janta Dal	BJD	20	44.10 %	
	Bharatiya Janta Party	BJP	01	21.50 %	NDA
	Indian National Congress	INC	0	26.00 %	UPA
	Communist Party of India	CPI	0	0.3 %	
Puducherry (1)	All India N R Congress	AINRC	1	34.60 %	
	Indian National Congress	INC	0	26.3 %	UPA
	All India Anna Dravida Munnetra Kazhagam	AIADMK	0	17.93 %	
Punjab (13)	Indian National Congress	INC	3	33.10 %	UPA
	Aam Aadmi Party	AAP	4	30.40 %	
	Shiromani Akali Dal	SAD	4	20.30 %	NDA
	Bharatiya Janta Party	BJP	0	8.70 %	
Rajasthan (25)	Bharatiya Janta Party	BJP	25	54.90 %	NDA
	Indian National Congress	INC	0	30.40 %	UPA
Sikkim (1)	Sikkim Democratic Front	SDF	1	53.00 %	
	Sikkim Krantikari Morcha	SKM	0	39.50 %	
	Bharatiya Janta Party	BJP	0	2.40 %	NDA
	Indian National Congress	INC	0	2.30 %	UPA
Tamil Nadu (39)	All India Anna Dravida Munnetra Kazhagam	AIADMK	37	44.30 %	
	Dravida Munnetra Kazhagam	DMK	9	23.60 %	
	Bharatiya Janta Party	BJP	1	5.50 %	NDA
	Pattali Makkal Katchi	PMK	1	4.40 %	
Telangana (17)	Telangana Rashtra Samithi	TRS	11	33.90 %	
	Indian National Congress	INC	2	20.5 %	UPA
	Bharatiya Janta Party	BJP	1	8.50 %	NDA
	Telugu Desam Party	TDP	1	3.10 %	
	Yuvajana Sramika Rythu Congress Party	YSRCP	1	2.90 %	
	All India Majlis-E-Ittehadul Muslimeen	AIMEM	1	1.40 %	
Tripura (2)	Communist Party of India (Marxist)	CPI (M)	2	64.00 %	
	Indian National Congress	INC	0	15.20 %	UPA
	Bharatiya Janta Party	BJP	0	5.70 %	NDA

(Contd.)

State/UT No of Seats	Name of Party	Party	Seats Won	% of Votes	Alliance
Uttar Pradesh (80)	Bharatiya Janta Party	BJP	71	42.30 %	NDA
	Samajwadi Party	SP	5	22.20 %	
	Bahujan Samaj Party	BSP	0	19.60 %	
	Indian National Congress	INC	2	7.50 %	UPA
	Apna Dal	AD	2	1.00 %	
Uttarakhand (5)	Bharatiya Janta Party	BJP	5	55.30 %	NDA
	Indian National Congress	INC	0	34.00 %	UPA
West Bengal (42)	All India Trinamool Congress	AITC	34	39.80 %	
	Communist Party of India (Marxist)	CPI (M)	2	23.00 %	
	Bharatiya Janta Party	BJP	2	17.00 %	NDA
	Indian National Congress	INC	4	9.70 %	UPA
Total			**543**		

TABLE: 27 सोलहवीं लोकसभा में विभिन्न पार्टियों के पक्ष में डाले गए मतों एवं सीटों के प्रतिशत की तालिका (Vote Share and Seat Share of Political Parties in 16th Lok Sabha Election—At a Glance)

Parties	Vote Share	Seat Share
Bharatiya Janta Party	31.0 %	51.9 %
Indian National Congress	19.3 %	8.1 %
Bahujan Samaj Party	4.1 %	0 %
All India Trinamool Congress	3.8 %	6.2 %
Samajwadi Party	3.4 %	0.9 %
All India Anna Dravida Munnetra Kazhagam	3.3 %	6.8 %
Communist Party of India (Marxist)	3.3 %	1.7 %
Biju Janta Dal	1.7 %	3.6 %
Shiv Sena	1.9 %	3.3 %
Telugu Desam Party	1.9 %	2.9 %
Telangana Rashtra Samithi	1.8 %	1.9 %
Others	24.5 %	12.7 %

TABLE: 28 सोलहवीं लोकसभा के सदस्यों का पार्टीवार आपराधिक रिकॉर्ड (Partywise Criminal Records of MPs in 16th Lok Sabha)

Name of Political Party	Total no of Members of Lok Sabha	No of MPs with Criminal Cases	% of MPs with Criminal Cases	No of MPs with Serious Criminal Cases	% of MPs with Serious Criminal Cases
BJP	282	97	35 %	61	22 %
INC	44	8	18 %	3	7 %
AIADMK	37	6	16 %	3	8 %
Shiv Sena	18	15	83 %	8	44 %
AITC	34	7	21 %	4	12 %
Others	128	52	41 %	33	26 %
Total	**543**	**185**	**34 %**	**112**	**21**

सोलहवीं लोकसभा में पार्टीवार विभिन्न दलों की स्थिति का आंकलन निम्नांकित तालिका के तहत किया जा सकता है :

TABLE: 29 सोलहवीं लोकसभा 2014 में राजनीतिक दलों की संख्यावार शक्ति
(Number-wise Strength of Political Parties in 16th Lok Sabha 2014)

Total Members in Lok Sabha: 543 (Including House Speaker)

Vacant Constituencies: 0
Nominated Member: 0

Sl.No	Party Name/Abbreviation	Members	Leader's Name
1	Bharatiya Janata Party (BJP)	282	Shri Narendra Damodar Das Modi
2	Indian National Congress (INC)	44	Shri Mallikarjun Kharge
3	All India Anna Dravida Munnetra Kazhagam (AIADMK)	37	Dr. Ponnusamy Venugopal
4	All India Trinamool Congress (AITC)	34	Shri Sudip Bandyopadhyay
5	Biju Janata Dal (BJD)	20	Shri Bhartruhari Mahtab
6	Shiv Sena (SS)	18	Shri Anant G. Geete
7	Telugu Desam Party (TDP)	16	Shri Narasimham Thota
8	Telangana Rashtra Samithi (TRS)	11	Shri A.P. Jithender Reddy
9	Communist Party of India (Marxist)(CPI(M))	9	Shri P. Karunakaran
10	Yuvajana Sramika Rythu Congress Party (YSR Congress Party)	9	Shri Mekapati Rajamohan Reddy
11	Lok Jan Shakti Party (LJSP)	6	Shri Ram Vilas Paswan
12	Nationalist Congress Party (NCP)	6	Shri Tariq Anwar
13	Samajwadi Party (SP)	5	Shri Mulayam Singh Yadav
14	Aam Aadmi Party (AAP)	4	Dr. Dharam Vira Gandhi
15	Rashtriya Janata Dal (RJD)	4	Shri Taslimuddin
16	Shiromani Akali Dal (SAD)	4	Shri Ranjit Singh Brahmpura
17	All India United Democratic Front (AIUDF)	3	Shri Badruddin Ajmal
18	Independents (Ind.)	3	
19	Jammu & Kashmir Peoples Democratic Party (J & K PDP)	3	Ms. Mehbooba Mufti
20	Rashtriya Lok Samta Party (RLSP)	3	Dr. Arun Kumar
21	Apna Dal (Apna Dal)	2	Smt. Anupriya Patel
22	Indian National Lok Dal (INLD)	2	Shri Dushyant Chautala
23	Indian Union Muslim League (IUML)	2	Shri E. Ahamed
24	Janata Dal (Secular) (JD(S))	2	Shri H.D. Devegowda
25	Janata Dal (United) (JD(U))	2	Shri Kaushalendra Kumar
26	Jharkhand Mukti Morcha (JMM)	2	Shri Shibu Soren
27	All India Majlis-E-Ittehadul Muslimeen (AIMIM)	1	Shri Asaduddin Owaisi
28	All India N.R. Congress (AINRC)	1	Shri R. Radhakrishnan
29	Communist Party of India (CPI)	1	Shri C.N. Jayadevan
30	Kerala Congress (M) (KC(M))	1	Shri Jose K. Mani
31	Nagaland Peoples Front (NPF)	1	Shri Neiphiu Rio
32	National People's Party (NPP)	1	Shri Purno Agitok Sangma
33	Pattali Makkal Katchi (PMK)	1	Dr. Anbumani Ramadoss
34	Revolutionary Socialist Party (RSP)	1	Shri N.K. Premachandran
35	Sikkim Democratic Front (SDF)	1	Shri Prem Das Rai
36	Swabhimani Paksha (SWP)	1	Shri Raju alias Devappa Anna Shetti
	Total	**543**	

भारत में संपन्न हुए पहली से लेकर सोलहवीं लोकसभा चुनाव में सहभागी मतदाताओं की संख्या, मतदान कार्य हेतु बनाए गए मतदान केंद्रों की संख्या, चुनाव में खड़े उम्मीदवारों की संख्या, मतदान का प्रतिशत तथा

चुनाव–दर–चुनाव चुनावी खर्च में होती जा रही बढ़ोतरी का आकलन निम्नांकित तालिका के तहत किया जा सकता है :

TABLE: 30 लोकसभा चुनावों का वर्षवार अवरोही विवरण (सोलहवीं लोकसभा 2014 से प्रथम लोकसभा 1951–52 तक)
Yearwise Descending Details of Lok Sabha Elections [16th Lok Sabha (2014) to 1st Lok Sabha (1951–52)]

चुनावी वर्ष	*मतदाता की संख्या (करोड़ में)*	*मतदान केंद्र की संख्या*	*उम्मीदवारों की संख्या*	*मतदान का प्रतिशत*	*चुनाव खर्च (करोड़ रुपयों में)*
2014	814.5	930,000	8,251	66.38 %	3500.000
2009	70.40	828,804	8070	58.43 %	1000.000
2004	67.15	700,121	5435	57.86 %	1100.000
1999	60.58	745,000	4648	58.03 %	900,.00
1998	60.5	850,000	4750	62.00 %	626.40
1996	59.2	767,462	13952	57.94 %	597.34
1991	51.4	594,791	8699	55.57 %	359.10
1989	50.2	589,449	6160	60.11 %	154.22
1984	38.9	505,751	5481	62.43 %	85.51
1980	36.2	434,442	4620	56.92 %	37.07
1977	32.1	358,208	2439	60.49 %	29.81
1971	27.4	342,944	2784	55.29 %	14.43
1967	25.1	287,555	2369	61.33 %	10.95
1962	21.6	238,244	1985	55.42 %	7.81
1957	19.4	220,478	1591	63.79 %	5.90
1951–52	17.3	196,084	1864	61.16 %	10.45

Lok Sabha Election 2014: The Election Commission of India estimating that the election of 16th Lok Sabha did cost the exchequer ₹3500 crore (US $577 million), excluding the expenses incurred for security and by the individual political parties parties were expected to spend ₹30,500 crore (US $5 billion) in the election, according to the Centre for Media Studies. This was three times the amount spent in the previous election in 2009, and was then the world's second highest after the US $7 billion spent on the 2012 US presidential election.

भारत में मतदान व्यवहार : एक अध्ययन (A Study of Voting Behaviour in India)

प्रत्येक राजनीतिक व्यवस्था के नागरिकों के राजनीतिक व्यवहार का प्रमुख पक्ष है मतदान व्यवहार। समस्त चुनावी प्रक्रिया के संचालन में मतदाताओं द्वारा निभायी जाने वाली भूमिका ही दरअसल मतदान व्यवहार है। मतदान व्यवहार के सभी आयामों पर पहले ही विस्तार से चर्चा की जा चुकी है, इसलिए यहां सिर्फ भारतीय मतदाता के मतदान व्यवहार से संबंधित तत्त्वों एवं तथ्यों की विवेचना की जायेगी।

मतदान व्यवहार को प्रभावित करने वाले कारक (Factors Affecting Voting Behaviour)

भारत एक विकासशील देश है, जहां मतदान व्यवहार व्यवस्था में मौजूद कई प्रकार के सामाजिक, राजनीतिक, आर्थिक, सांस्कृतिक कारकों, तत्त्वों, परिवर्त्यों एवं परिस्थितियों से प्रभावित होता है। दरअसल, मतदान व्यवहार मनोवैज्ञानिक तत्त्वों से प्रेरित एक संवेदनशील राजनीतिक क्रिया है, जो अनेक प्रकार के आन्तरिक एवं बाध्य तत्त्वों से प्रभावित होती है। मतदान क्रिया में सहभागी बनने वाले लोगों का व्यवहार जनसंख्यात्मक विशेषताओं तथा सामाजिक–आर्थिक स्थिति, सामाजिक स्तरीकरण, प्रस्थिति, शिक्षा, आयु, लिंग, धर्म, जाति आदि कई तत्त्वों से प्रभावित होता है। भारतीय मतदाता को प्रभावित करने वाले यहां कुछ मुख्य सामाजिक, आर्थिक व राजनीतिक तत्त्वों का उल्लेख किया जा रहा है :

सामाजिक-आर्थिक कारक (Socio-economic Factors)

1. **जातिवाद**–मतदान व्यवहार को प्रभावित करने वाले तत्त्वों में जाति की भूमिका अति महत्त्वपूर्ण है। मतदान व्यवहार को प्रभावित करने वाला यह तत्त्व भारत के सभी राज्यों में मतदाताओं के व्यवहार को ऊर्जित करने में मुख्य भूमिका निभा रहा है, किन्तु बिहार, उत्तर प्रदेश, राजस्थान, हरियाणा, पंजाब और केरल में मतदान व्यवहार पर इस तत्त्व का प्रभाव अधिक है। इस संबंध में ध्यान देने योग्य तथ्य यह है कि विगत चुनावों में जब कभी कोई विशेष परिस्थिति या सामाजिक–राजनीतिक मुद्दा चुनाव में प्रबल होता है तो मतदाताओं द्वारा जाति तत्त्वों की जगह उन मुद्दों को महत्त्व दिया जाता है। इसके दृष्टान्त के रूप में 1971, 1977, 1984, 1989 के लोकसभा चुनाव परिणामों को देखा जा सकता है तथा कई बार विधानसभा के चुनाव में भी यह तथ्य स्पष्ट रूप से दिखाई दिया है।
2. **सामाजिक-आर्थिक परिस्थितियां**–भारत के साथ अन्य सभी व्यवस्थाओं में भी जहां मतदान होता है वहां के मतदाता मतदान व्यवहार का निरूपण करते समय निर्वाचन क्षेत्र में मौजूद सामाजिक–आर्थिक परिस्थितियों से पूरी तरह प्रभावित रहते हैं। भारत में होने वाले चुनाव के समय विभिन्न निर्वाचन क्षेत्रों में पल रहे सामाजिक–आर्थिक परिवेश का वहां के मतदाताओं पर गहरा प्रभाव स्पष्ट रूप में देखा जा सकता है।
3. **वर्ग**–भारत में मतदान व्यवहार को प्रभावित करने वाला एक मुख्य कारक वर्ग भी है। यद्यपि चुनाव के समय विभिन्न राजनीतिक दलों के नेताओं द्वारा समाज के सभी वर्गों का समर्थन प्राप्त करने का प्रयास किया जाता है, लेकिन कुछ राजनीतिक दल समाज के एक विशेष वर्ग के मतदाताओं पर अपने अस्तित्त्व–निर्धारण के लिए निर्भर होते हैं। उदाहरणार्थ, दोनों साम्यवादी दल बहुत हद तक श्रमिक वर्ग के ढाँचागत मतों पर आश्रित होकर समस्त चुनावी प्रक्रिया का संचालन करते हैं। वर्गीय आधार पर भारतीय समाज में सदस्यों की राजनीतिक सक्रियता में भी कमीबेशी को स्पष्ट रूप से देखा जा सकता है। कुछ राजनीतिक दलों, विशेष रूप से क्षेत्रीय दलों का तो गठन ही जातीय एवं वर्गीय आधार पर होता है। वर्ग के आधार पर मतदाताओं के मतदान व्यवहार में भी भिन्नता पाई जाती है। उच्च वर्ग के मतदाताओं की अपेक्षा मध्यवर्ग एवं निम्न वर्ग के मतदाता मतदान कार्य में अधिक सक्रिय होते हैं।
4. **धर्म**–भारतीय मतदाताओं के मतदान व्यवहार को प्रभावित करने में धर्म की भूमिका भी अति महत्त्वपूर्ण है। भारतीय राजनीति में हिन्दू महासभा, अकाली दल व मुस्लिम लीग आदि पार्टियों का गठन धर्म के आधार पर हुआ है। साम्प्रदायिक दलों द्वारा चुनाव के दौरान धर्म के आधार पर मतदान व्यवहार को प्रभावित करने का गंभीर प्रयास किया जाता है जिसके उदाहरणस्वरूप कई लोकसभा और राज्यों की विधानसभाओं के चुनावों को देखा जा सकता है। पंजाब में अकाली दल को मिलने वाली सफलता में धर्म की भूमिका प्रबल रही है। इसी तर्ज पर 1989 के लोकसभा चुनाव में अयोध्या राम मंदिर निर्माण का प्रसंग तथा इस संबंध में राम शिला पूजन के आयोजन द्वारा हिन्दू मतदाताओं को प्रभावित करने का गहन प्रयास किया गया, जिसके परिणामस्वरूप भारतीय जनता पार्टी को लोकसभा में 1989 के चुनाव की तुलना में 84 सीटें प्राप्त हुईं, वहीं भागलपुर (बिहार) में चुनाव से पूर्व साम्प्रदायिक दंगा होने की वजह से मुस्लिम मतदाताओं का मतदान व्यवहार कांग्रेस के विरोध में हो गया। सामुदायिक विषय से प्रासंगिक गोधरा कांड की वजह से गुजरात के मतदाताओं का मतदान व्यवहार काफी प्रभावित हुआ।
5. **क्षेत्रीयता**–पिछले कुछ दशकों से भारतीय राजनीति में क्षेत्रीयता यानी कि प्रान्तीयता के तत्त्वों का दबदबा काफी प्रमुखता से उभर रहा है जो कमोबेश सभी राज्यों की राजनीति को अपनी इच्छित शक्ल में ढाल रहा है। विगत कई चुनावों से उत्तर भारत और दक्षिण भारत के मतदाताओं के मतदान व्यवहार में पाई जाने वाली अलग–अलग प्रवृत्तियों को इस तत्त्व के प्रसंग में देखा जा सकता है। दक्षिण भारत के अलावा भी पंजाब, असम व महाराष्ट्र आदि राज्यों में क्षेत्रीयता आधारित दलों का आविर्भाव और उनके

नेतृत्व में अन्य राज्यों के नागरिकों के प्रति पल रही उपेक्षा की भावना को अपने राजनीतिक कार्यक्रमों व भाषणों के माध्यम से यदा–कदा प्रदर्शित करते रहना दरअसल मतदान व्यवहार को प्रभावित करने वाले इसी तत्त्व की राजनीति का हिस्सा है। महाराष्ट्र में पहले शिव सेना प्रमुख बाल ठाकरे द्वारा और अभी विगत कुछ महीनों से बाल ठाकरे की तर्ज पर उनके भतीजे महाराष्ट्र नवनिर्माण सेना के अध्यक्ष राज ठाकरे द्वारा मराठियों में अपनी राजनीतिक साख मजबूत करने के लिए अपने आयोजित भाषणों, रैलियों एवं कार्यक्रमों में या प्रेस कांफ्रेन्स में लगातार उत्तर भारतीयों के खिलाफ जो अनर्गल बयानबाजी की जा रही है, वह राजनीति में क्षेत्रीयता के तत्त्व की प्रधानता का द्योतक है।

6. **भाषा**–भारतीय मतदाताओं के मतदान व्यवहार को प्रभावित करने वाले तत्त्वों में भाषा की भूमिका भी काफी महत्त्वपूर्ण है। पिछले कई चुनावों से उत्तर भारत और दक्षिण भारत की राजनीतिक संस्कृति में पायी जाने वाली भिन्नता का पूरा दारोमदार भाषा पर है, और भाषा ही वह आधारतत्त्व है जिसकी वजह से दोनों क्षेत्रों के चुनावी नतीजों में एवं व्यवस्थागत राजनीति के प्रति मतदाताओं की अभिवृत्ति एवं अभिविन्यास में पायी जाने वाली वैचारिक भिन्नता स्पष्ट रूप से हमेशा दिखाई पड़ती है। सन् 1977 के लोकसभा चुनाव में उत्तर भारत में जनता पार्टी को स्पष्ट बहुमत मिला, लेकिन दक्षिण भारत में नहीं, इसी तरह 1989 के चुनाव में जनता दल और भारतीय जनता पार्टी को उत्तर भारत में अप्रत्याशित सफलता मिली, लेकिन दक्षिण भारत में कांग्रेस का वर्चस्व कायम रहा, क्योंकि दक्षिण भारतीय ऐसा समझते थे कि दोनों लोकसभा की सरकारें हिन्दी भाषा–भाषियों की हितैषी है और सत्ता में आने के बाद जबरन उन पर हिन्दी भाषा थोपी जायेगी। इसी तर्ज पर बिहार, उत्तर प्रदेश आदि राज्यों में मुस्लिम मतदाताओं को अपनी ओर मोड़ने के लिए उर्दू को द्वितीय सरकारी भाषा का दर्जा दिया गया है।
7. **गुटबन्दी (Factionalism)**–गुटबन्दी भारतीय मतदाताओं के मतदान व्यवहार को प्रभावित करने वाला एक महत्त्वपूर्ण तत्त्व है। कुछ विद्वानों ने गुटबन्दी को मतदान व्यवहार को प्रभावित करने वाला सबसे महत्त्वपूर्ण तत्त्व माना है। इनके अनुसार, गुटबन्दी ग्राम से लेकर राष्ट्रीय स्तर तक राजनीतिक जीवन का एक महत्त्वपूर्ण हिस्सा है। ग्रामीण समाज से लेकर शहरी समाज तक में यह स्पष्ट रूप से देखा जा सकता है कि मतदाता किसी न किसी गुट से काफी निकटता से जुड़े होते हैं और गुटबन्दी के तहत प्रतिद्वन्द्वी गुट के सदस्य एक दूसरे के विरोध में चुनाव प्रचार करते हैं, समस्त चुनावी गतिविधियों में शामिल होते हैं तथा एक दूसरे के विरोध में मतदान भी करते हैं। वी.एम. सिरसीकर और माइरन वीनर की दृष्टि में गुटबन्दी मतदान व्यवहार को प्रभावित करने वाला मुख्य कारक है।
8. **धन**–मतदान को प्रभावित करने में धन की भूमिका भी काफी महत्त्वपूर्ण है। भारत जैसे देश में जहां आज भी 40 प्रतिशत लोग गरीबी रेखा से नीचे की जिन्दगी बसर कर रहे हैं वहां मतदान व्यवहार को प्रभावित करने वाले तत्त्वों में धन की भूमिका काफी महत्त्वपूर्ण होती है। गरीब तथा निम्नवर्ग के मतदाताओं को उम्मीदवारों द्वारा चुनाव में धन का प्रलोभन देकर अपने पक्ष में मतदाताओं को मोड़ने का प्रयास किया जाता है।
9. **परिवार एवं नातेदारी**–मतदान व्यवहार को प्रभावित करने में परिवार एवं रिश्तेदारों की भूमिका काफी महत्त्वपूर्ण होती है। अधिकांशतः यह देखा जाता है कि माता–पिता, भाई–बहन आदि जिस राजनीतिक दल की नीतियों या नेताओं से प्रभावित होते हैं और उनके पक्ष में मतदान करते हैं तो बच्चा भी उनके राजनीतिक दृष्टिकोण का अनुकरण करता है तथा उनके ही मार्गदर्शन में अपने मतदान व्यवहार का स्वरूप निर्धारण करता है। आज शिक्षित मतदाताओं की राजनीतिक चेतना में वृद्धि हो रही है और मतदाता व्यक्तिगत राजनीतिक निर्णय लेने में सक्षम हो गये हैं, तथापि प्राथमिक स्तर पर एवं जीवनपर्यन्त व्यक्ति के मतदान व्यवहार पर उसके परिवार और रिश्तेदारों का गहरा प्रभाव होता है।

ऊपर विवेचित सामाजिक–आर्थिक कारकों के अतिरिक्त कुछ महत्त्वपूर्ण राजनीतिक कारक भी मतदान व्यवहार का निर्धारण–निरूपण करने में महत्त्वपूर्ण भूमिका निभाते हैं :

राजनीतिक कारक (Political Factors)

भारतीय मतदाताओं के मतदान व्यवहार को सामाजिक–आर्थिक कारकों के अतिरिक्त कई राजनीतिक कारक भी गंभीर रूप से प्रभावित करते हैं जो निम्नांकित है :

1. **राजनीतिक दल एवं दलीय नीतियां**–राजनीतिक दल लोकतांत्रिक प्रक्रियाओं के संचालन में आधार–आधेय की भूमिका अदा करते हैं। लोकतांत्रिक व्यवस्थाओं में चुनावी प्रक्रिया से संबंधित समस्त गतिविधियों के निर्धारण–निरूपण, संचालन में तथा चुनाव परिणाम के उपरान्त सरकार के निर्माण में राजनीतिक दलों की भूमिका आधार–माध्यम की होती है। दलों की नीतियां, कार्यक्रम, घोषणाएं, उनका संगठनात्मक ढाँचा, कार्यशैली, उपलब्धियां, चुनाव प्रचार का तरीका आदि मतदाताओं के मतदान व्यवहार को मोड़ने और दिशा देने में सर्वाधिक महत्त्वपूर्ण भूमिका निभाती हैं। राजनीतिक दलों की विफलताएं एवं उनके कार्यकौशल व राजनीतिक सामर्थ्य में कमी ही मतदाताओं को उनकी विरोधी पार्टी या उम्मीदवार के पक्ष में मतदान करने के लिए प्रेरित करता है। चूँकि भारत एक गरीब देश है इसलिए यहां मौजूद सभी राजनीतिक दलों द्वारा अपनी नीतियों, कार्यक्रमों व घोषणाओं में गरीबों और निम्न वर्गों को आकर्षित करने के लिए विशेष प्रावधानों की प्रस्तुति की जाती है। इसी प्रकार, सभी राजनीतिक दल अल्पसंख्यों को अपनी नीतियों में विशेष सुविधाएं प्रदान करने की घोषणा करने का प्रयास करते हैं। दलीय नीतियों से संबंधित विविध आयाम मतदाताओं के व्यवहार को प्रभावित करने में अहम् भूमिका निभाते हैं।
2. **दलीय संगठन**–किसी भी राजनीतिक दल का मजबूत सांगठनिक ढाँचा मतदाताओं को अपनी ओर आकर्षित करने में अहम् भूमिका निभाता है। सुसंगठित ढाँचे वाले राजनीतिक दल ही कार्यकर्ताओं में अपनी पैठ बना पाते हैं और उन्हें अपने संगठन का सदस्य बनाने में सफल हो पाते हैं। यही वजह है कि भारत में सभी राष्ट्रीय एवं ठोस शक्ल वाले क्षेत्रीय दल एक निर्धारित समय पर अपना सदस्यता अभियान चलाते हैं, जिसके तहत संगठन के पदाधिकारियों, विधायकों, सांसदों, मंत्रियों तथा सक्रिय कार्यकर्ताओं की मदद से सदस्यता अभियान कार्यक्रम को अंजाम तक पहुंचाया जाता है और संगठन में इसी माध्यम से हजारों लाखों नये सदस्य भर्ती किये जाते हैं। इस प्रक्रिया द्वारा एक ओर जहां पार्टी का जनाधार बढ़ता है, वहीं दूसरी ओर पार्टी की मुख्य आय का साधन भी सदस्यता शुल्क ही है। दलीय संगठन सुदृढ़ होने पर ही राजनीतिक दल अपने राजनीतिक कार्यक्रमों, मसलन धरना, प्रदर्शन, रैली, आम सभा, हड़ताल और बन्द आदि का संचालन पूर्ण व्यवस्थित ढंग से करते हैं और मतदाताओं के मतदान व्यवहार को अपने पक्ष में करने के लिए निरन्तर प्रयासरत रहते हैं।
3. **दलीय प्रतिबद्धता**–मतदान व्यवहार को प्रभावित करने वाला एक अन्य महत्त्वपूर्ण राजनीतिक कारक दलीय प्रतिबद्धता भी है। लगभग सभी दलों में कुछ निष्ठावान सक्रिय राजनीतिक कार्यकर्ता होते हैं जो स्वयं तो अपने दल के उम्मीदवार के पक्ष में मतदान करते ही हैं साथ में अपने समूह तथा आसपास के समाज के लोगों, अपनी मित्रमंडली के सदस्यों तथा अपने ऑफिस में काम करने वाले लोगों को भी अपने पसंदीदा उम्मीदवार के पक्ष में मतदान करने के लिए अभिप्रेरित करते हैं। इस प्रकार दलीय प्रतिबद्धता मतदान व्यवहार को प्रभावित करने वाला एक मुख्य कारक है।
4. **राजनीतिक मुद्दा**–व्यवस्था में मौजूद सामाजिक–राजनीतिक मुद्दे, सामाजिक समस्याएं तथा कोई महत्त्वपूर्ण राजनीतिक प्रश्न भी मतदान व्यवहार को सामूहिक स्तर पर प्रभावित करने का माद्दा रखते हैं। जो राजनीतिक दल व्यवस्थागत ज्वलन्त मुद्दों, समस्याओं या प्रश्नों को प्रमुखता के आधार पर अपने चुनावी घोषणा पत्र में शामिल करते हैं तथा पूरी ईमानदारी से उन मुद्दों को अपने चुनावी अभियान का आधारतत्त्व बनाते हैं, वे पार्टियां इस राजनीतिक कारक के माध्यम से सामूहिक स्तर पर मतदाताओं की काफी बड़ी संख्या को प्रभावित करने में कामयाब होती हैं। इस कारक के दृष्टान्त के रूप में कई लोकसभा (1977, 1980, 1984, 1989) चुनावों को तथा राज्य विधानसभा के कई चुनावी परिणामों को देखा जा

सकता है। 2007 में हुए उत्तर प्रदेश विधानसभा चुनाव में बसपा को स्पष्ट बहुमत मिलना तथा 2005 में बिहार में राजद की सरकार को धराशायी करके एन.डी.ए. का सत्तासीन होना, इसी कारक के माध्यम से मतदान व्यवहार पर मुद्दों के गंभीर प्रभाव का कामयाब दृष्टान्त है।

5. **करिश्माप्रधान नेतृत्त्व**—किसी भी लोकतांत्रिक व्यवस्था में मतदान व्यवहार को प्रभावित करने वाला यह महत्त्वपूर्ण कारक है। पूरे स्वाधीनता संघर्ष प्रकरण का तथा आजाद भारत के विगत साठ वर्षों के इतिहास का तथ्यावलोकन करने से यह स्पष्ट जानकारी होती है कि करिश्मावादी व्यक्तित्त्व वाले नेताओं द्वारा मतदाताओं के मतदान व्यवहार को अपनी पार्टी के साथ बांध कर रखने में कितनी कारगर भूमिका निभायी गयी है। इस राजनीतिक कारक के प्रभाव का इस्तेमाल राष्ट्रीय एवं क्षेत्रीय दोनों दलों के नेताओं द्वारा किया जाता है। भारत के राजनीतिक परिदृश्य में राष्ट्रीय स्तर के करिश्मावादी नेताओं में पंडित नेहरू, महात्मा गांधी आदि का नाम शुमार है और क्षेत्रीय स्तर के करिश्मावादी नेताओं में दक्षिण के एन.टी. रामाराव, जयललिता, महाराष्ट्र के बाल ठाकरे आदि प्रमुख हैं।

6. **चुनाव में खड़े प्रत्याशियों की योग्यता**—राजनीतिक परिप्रेक्ष्य में इस कारक का महत्त्व भी काफी प्रासंगिक है। अब भारतीय मतदाताओं के राजनीतिक चेतना के स्तर में काफी वृद्धि हुई है। आमतौर पर यह सभी निर्वाचन क्षेत्रों के मतदाताओं के मतदान व्यवहार को प्राथमिक स्तर पर आकर्षित करने वाला तत्त्व है। चुनाव में खड़े पार्टी प्रत्याशी या निर्दलीय प्रत्याशी की योग्यता, कार्य क्षमता, उसका सामाजिक–राजनीतिक सामर्थ्य, उसके व्यक्तित्व की प्रभावशालिता, वाक्पटुता, भावगम्यता, कर्मठता व ईमानदारी आदि मतदाताओं को स्वतः आकर्षित करती है। जिस निर्वाचन क्षेत्र के उम्मीदवार में ये गुण मौजूद होते हैं, वहां स्वतः मतदाताओं का मतदान व्यवहार ऐसे योग्य उम्मीदवार के पक्ष में बड़ी संख्या में गोलबन्द होने लगता है। इस प्रकार मतदान व्यवहार को प्रभावित करने वाले तत्त्वों में उम्मीदवार के व्यक्तित्त्व से संदर्भित समस्त आयामों की भूमिका काफी प्रासंगिक है।

7. **सरकार की उपलब्धियां और असफलताएं**—भारतीय मतदाताओं के मतदान व्यवहार पर सरकारी क्रियाकलापों का प्रत्यक्ष प्रभाव पड़ता है। सभी निर्वाचन क्षेत्रों के आम मतदाता सत्तारूढ़ दल के पक्ष में मतदान करते समय सरकार की पूरी कालावधि का लेखा–जोखा सामने रखकर तथ्यों के आधार पर उसकी सफलता–असफलता का आकलन करके ही सरकार के पक्ष में मतदान करने का निर्णय लेते हैं। विगत कई लोकसभा और विधानसभाओं के चुनावों में सत्तारूढ़ दल के विरुद्ध मिलने वाले जनादेश की मूल वजह यही है। सरकार की नीतियों, कार्यक्रमों व कार्यशैली के विरुद्ध मतदाताओं में उत्पन्न 'असंतोष तथा आक्रोश मतदाताओं के मतदान व्यवहार को सरकार के विरुद्ध कर देता है। इस परिस्थिति में मतदाता सत्तारूढ़ दल को सत्ताच्युत करके दूसरे दल के पक्ष में जनादेश देता है, यानी कि मतदान व्यवहार को प्रभावित करने वाले राजनीतिक कारकों में सरकार की उपलब्धियां–अनुपलब्धियां काफी महती भूमिका निभाती हैं। यह व्यवस्था में सामूहिक स्तर पर मतदान व्यवहार का दिशा परिवर्तन करने वाला कारक है, जिसका आधार तत्त्व सरकार या सत्तारूढ़ दल के प्रति जनविश्वास में कमी है। राजनीतिक विश्वास ही वह डोर है जो मतदाता और राजनीतिक दल, मतदाता और सरकार, तथा मतदाता और किसी भी उम्मीदवार को परस्पर संबद्ध करता है। यह विश्वास जितना बढ़ता जाता है, मतदाता उसी अनुपात में प्रत्याशी के पक्ष में गोलबंद होते हैं, जिसका परिणाम चुनाव में विजय के रूप में सामने आता है। सन् 1977, 1980, 1989, 2004 में लोकसभा का परिणाम तथा कई राज्यों का चुनाव परिणाम इसका बेहतर उदाहरण है।

8. **स्थानीय सत्ता संरचना**—स्थानीय सत्ता संरचना की कार्यशैली एवं मतदाताओं के प्रति स्थानीय प्रतिनिधियों का दृष्टिकोण भी मतदान व्यवहार को प्रभावित करने में महती भूमिका निभाता है। स्थानीय स्वायत्त संस्थाओं के संचालन में जिन राजनीतिक दलों का प्रभुत्व होता है, यानी कि जिस राजनीतिक दल के समर्थित उम्मीदवार ज्यादा जीत कर आते हैं, वे अपने दलों की नीतियों व कार्यक्रमों के संबंध में स्थानीय मतदाताओं को ज्यादा बेहतर ढंग से प्रभावित कर पाते हैं। स्थानीय नेताओं द्वारा स्थानीय मुद्दों

को ज्यादा दमदार ढंग से उठाया जाता है जो उस निर्वाचन क्षेत्र में निवास करने वाले सदस्यों के मतदान व्यवहार को एक ठोस दिशा में मोड़ने का कार्य करता है।

9. **सामाजिक-राजनीतिक आन्दोलन**–श्रीमती गांधी के आपातकाल की ज्यादतियों के विरुद्ध चलाये गये राजनीतिक आन्दोलन की वजह से 1977 के आम चुनाव के परिणाम के रूप में केन्द्र एवं राज्यों में कांग्रेस की सरकारें धराशायी हुईं। सामाजिक–राजनीतिक आन्दोलन बड़ी संख्या में मतदान व्यवहार को सरकार के विरुद्ध और किसी भी पार्टी के पक्ष में करने का माद्दा रखता है। सामाजिक–राजनीतिक आन्दोलनों की वजह से ही देश को ब्रिटिश हुकूमत से मुक्ति मिली।

ऊपर विवेचित कारकों के अतिरिक्त भी कई कारक हैं जो मतदान व्यवहार को प्रभावित करने में सार्थक भूमिका निभाते हैं, जैसे–राजनीतिक दलों द्वारा चलाया जाने वाला चुनाव प्रचार, व्यवस्था में संचार माध्यमों की भूमिका, कोई अप्रत्याशित सामाजिक व राजनीतिक घटना, युद्ध में सरकार द्वारा तय की गयी युद्ध योजना की वजह से प्राप्त विजय, आदि भी मतदान व्यवहार को प्रभावित करने में अहम् भूमिका निभाते हैं। सन् 1971 के भारत–पाक युद्ध में भारत की अभूतपूर्व विजय के परिणामस्वरूप लोकसभा और विधानसभाओं के चुनाव में कांग्रेस को भारी सफलता मिली थी। इसी तरह आपातकाल में हुई ज्यादतियों की वजह से श्रीमती गांधी को सत्ता गंवानी पड़ी थी। श्रीमती गांधी की हत्या के बाद 1984 के चुनाव में कांग्रेस को मिली अभूतपूर्व सफलता तथा 1989 के चुनाव में साम्प्रदायिक तत्त्वों का बोलवाला होने की वजह से कांग्रेस के सत्ताच्युत होने के पीछे भी व्यवस्था में घटित होने वाली अप्रत्याशित घटनाएं ही थीं, जिसने मतदाताओं के मतदान व्यवहार को पूरी तरह सरकार के पक्ष या विरोध में गोलबन्द किया।

भारतीय मतदाताओं के मतदान व्यवहार
(Voting Behaviour of Indian Voters)

भारतीय मतदाताओं के मतदान व्यवहार को प्रभावित करने वाले कारकों की विवेचना के पश्चात् प्रथम आम चुनाव से लेकर सोलहवें लोकसभा के चुनाव तक मतदाताओं द्वारा जिस प्रकार से राजनीतिक दलों के पक्ष या विरोध में मतदान व्यवहार का प्रदर्शन किया गया उसकी तुलनात्मक जानकारी प्राप्त करना अति आवश्यक है, क्योंकि 1951–52 के आम चुनाव से लेकर 2014 के आम चुनाव तक मतदाताओं द्वारा अलग–अलग रूप में मतदान व्यवहार का प्रदर्शन किया जाता रहा है।

1951–1952 का लोकसभा चुनाव और मतदान व्यवहार

प्रथम आम चुनाव भारतीय मतदाताओं के लिए रोमांच का विषय था, क्योंकि एक मतदाता के रूप में आम भारतीय द्वारा वयस्क मताधिकार के प्रथम प्रयोग का अवसर था। इस चुनाव में कांग्रेस के प्रति मतदाताओं की गहरी आस्था–निष्ठा थी। स्वाधीनता संघर्ष के जननायकों के प्रति अपरिमेय राजनीतिक विश्वास था, जिसके फलादेश स्वरूप प्रथम चुनाव में भारतीय मतदाताओं का मतदान व्यवहार पूरी तरह कांग्रेस के पक्ष में लामबन्द हुआ और विपक्ष की स्थिति मात्र औपचारिक थी।

1957 एवं 1962 के लोकसभा चुनाव और मतदान व्यवहार

द्वितीय लोकसभा के चुनाव में भी भारतीय मतदाताओं के मतदान व्यवहार में कोई अन्तर नहीं दिखाई पड़ा। मतदाताओं का विश्वास पंडित नेहरू के करिश्माप्रधान व्यक्तित्व में यथावत् बना रहा, इसलिए चुनावी नतीजे कांग्रेस के पक्ष में गये और सत्ता पर कांग्रेस पार्टी का वर्चस्व कायम रहा। पंडित नेहरू के आकर्षक व्यक्तित्व और पार्टी की समाज–सापेक्ष नीतियों के प्रभाव में मतदाताओं की पहली पसंद कांग्रेस पार्टी रही। इन दोनों चुनावों में सशक्त–संगठित विपक्ष के अभाव का लाभ भी कांग्रेस को मिला।

1967 का लोकसभा चुनाव और मतदान व्यवहार

पंडित नेहरू के निधन के बाद हुए इस चुनाव में पहली बार मतदाताओं के व्यवहार में परिवर्तन का पुट दिखाई पड़ा। नेहरू विहीन कांग्रेस मतदाताओं को पूरी तरह अपने खेमे में बांधकर नहीं रख पायी। इस चुनाव तक कांग्रेस में आन्तरिक गुटबाजी का आविर्भाव हो चुका था, जिसका खामियाजा पार्टी को मिलना शुरू हो गया। कॉंग्रेस पार्टी के प्रति जनविश्वास में आई कमी के बावजूद केन्द्र में स्थायी सरकार की इच्छा रखने की वजह से लोकसभा के चुनाव में मतदाताओं द्वारा कांग्रेसी उम्मीदवारों को जिताया गया। नतीजतन, केन्द्र में कांग्रेस सत्तारूढ़ हुई, लेकिन पहली बार नौ राज्यों में गैर कांग्रेसी सरकारों का गठन हुआ। राज्य स्तर पर भारतीय मतदाताओं द्वारा प्रदर्शित मतदान व्यवहार का यह परिवर्तनीय मोड़ (Turning Point) था, साथ ही समकालीन कांग्रेसी नेतृत्व के लिए यह गंभीर चिन्तन का प्रसंग था।

1971 का मध्यावधि लोकसभा चुनाव एवं मतदान व्यवहार

1971 के मध्यावधि चुनाव में भारतीय मतदाताओं के मतदान व्यवहार को प्रभावित करने वाले कई प्रासंगिक तत्त्व मौजूद थे, यथा : भारत–पाक युद्ध में इंदिरा सरकार की अभूतपूर्व सफलता, अन्दरूनी कलह की वजह से कॉंगेस पार्टी में विभाजन और सरकार का अल्पमत में आना, कांग्रेस सिण्डीकेट के सदस्यों द्वारा श्रीमती गांधी के नेतृत्व को चुनौती देना तथा श्रीमती गांधी द्वारा देश के सामाजिक–आर्थिक विकास के लिए कई प्रगतिशील योजनाओं की घोषणा करना आदि। चुनाव में मतदाताओं के समक्ष सभी राजनीतिक तथ्य थे, जिनको ध्यान में रखते हुए मतदान व्यवहार का प्रदर्शन किया गया। जहां भारत–पाक युद्ध में श्रीमती गांधी के राजनीतिक सामर्थ्य के ठोस आधार को देखते हुए मतदाताओं द्वारा केन्द्र में भारी बहुमत से कांग्रेस को सत्तारूढ़ किया गया, वहीं 1967 के चुनाव के परिणामस्वरूप नौ राज्यों में स्थापित होने वाली गैर कांग्रेसी सरकारों में अनुशासनहीनता और कमजोर शासन–प्रदर्शन की वजह से 1972 के विधानसभा चुनाव में इन सरकारों को जनविरोध का ख़ामियाजा भुगतना पड़ा। इस चुनाव के मतदान व्यवहार से यह स्पष्ट संकेत मिला कि भारतीय मतदाता केन्द्र में स्थायी और सामर्थ्यवान् सरकार चाहते हैं साथ ही राज्यों के चुनाव में प्रदर्शित मतदान व्यवहार ने यह संकेत दिया कि वे अकुशल सरकार की मौजूदगी को बर्दाश्त नहीं कर सकते हैं।

1977 का लोकसभा चुनाव और मतदान व्यवहार

1977 के आम चुनाव में भारतीय मतदाताओं का मतदान व्यवहार एक नये रूप में सामने आया। इस लोकसभा के चुनावी नतीजों से कई तथ्य उभरकर मतदान व्यवहार के नये स्वरूप का स्पष्टीकरण कर रहा था, जैसे–जनता लोकतंत्र में सरकार की तानाशाही प्रवृत्ति को बर्दाश्त नहीं कर सकती है तथा मतदाताओं की दृष्टि में नागरिक स्वतंत्रताओं का मूल्य सबसे ज्यादा है। इस चुनाव में मतदाताओं का मतदान व्यवहार तानाशाही बनाम लोकतंत्र के मुद्दे पर श्रीमती गांधी की शासनशैली के विरुद्ध गोलबन्द हुआ था, नतीजतन मतदाताओं का मतदान व्यवहार कांग्रेस के विरोधी जनादेश के रूप में मतपेटियों से बाहर आया जिसके परिणामस्वरूप कांग्रेस सत्ताच्युत हुई और जनता दल सत्तारूढ़ हुआ।

1980 का लोकसभा चुनाव और मतदान व्यवहार

सातवीं लोकसभा के चुनाव में मतदाताओं का मतदान व्यवहार पुनः कांग्रेस के पक्ष में मुड़ गया। मतदान व्यवहार के रुख में आये बदलाव का स्पष्ट संकेत यह था कि जनता कमजोर, सामर्थ्यहीन और अनुशासनहीन सरकार को दोबारा सत्तारूढ़ नहीं कर सकती है। छठी लोकसभा के परिणामस्वरूप गठित होने वाली जनता पार्टी की

सरकार अपनी अन्दरूनी कमजोरियों तथा आंतरिक कलह की शिकार होकर समय से पहले ही धराशायी हो गयी, नतीजतन देश की जनता को मध्यावधि चुनाव झेलना पड़ा। इसी वजह से व्यापक स्तर पर मतदाताओं का मतदान व्यवहार 1980 के चुनाव में जनता पार्टी के विरुद्ध होकर पुनः कांग्रेस की ओर मुड़ गया।

1984 का लोकसभा चुनाव और मतदान व्यवहार

आठवीं लोकसभा के चुनाव में इंदिरा गांधी की हत्या से उपजी सहानुभूति लहर की वजह से मतदाताओं का मतदान व्यवहार पूरी तरह श्रीमती गांधी की शहादत के प्रभाव में था। इसलिए, मतदाताओं द्वारा मतदान क्रिया के निष्पादन के आधारतत्त्व के रूप में कांग्रेस के प्रधानमंत्री श्री राजीव गांधी के लिए जो भावनायुक्त सहानुभूतिप्रवण अभिवृत्ति मौजूद थी, वही मतदान व्यवहार के रूप में मतपेटियों से बाहर आयी, जिसकी वजह से रिकार्ड सीटों के साथ सदन में कांग्रेस सत्तारूढ़ हुई। इस चुनाव में कांग्रेस द्वारा लगभग 80 प्रतिशत स्थान (508 में से 401) और 41.3 प्रतिशत मत प्राप्त किए गए, जो लोकसभा चुनाव में कांग्रेस को प्राप्त होने वाली सफलता का रिकार्ड है, यानी कि इस चुनाव में मतदाताओं के मतदान व्यवहार का परिणाम सदन में कांग्रेस की भारी विजय और विपक्ष की निराशाजनक स्थिति का गवाह बनकर सामने आया।

1989 का लोकसभा चुनाव और मतदान व्यवहार

नौवीं लोकसभा के चुनाव में भारतीय मतदाताओं के मतदान व्यवहार का एक नया रूप सामने आया। इस चुनाव में बोफोर्स काण्ड तथा भ्रष्टाचार के अन्य मामलों की वजह से प्रधानमंत्री श्री राजीव गांधी की छवि धूमिल हो गयी, साथ ही इस चुनाव में भागलपुर साम्प्रदायिक दंगा और राम शिला पूजन एवं अयोध्या में राम मंदिर के मुद्दे के रूप में साम्प्रदायिक तत्त्वों का बोलबाला रहा, इस वजह से कांग्रेस के परम्परागत वोट बैंक में दरार पड़ गयी। उत्तर भारत के मतदाताओं का मतदान व्यवहार भ्रष्टाचार, प्रशासनिक अकुशलता, महंगाई, आर्थिक नीतियों की असफलता, दंगे की वजह से अल्पसंख्यकों में भय और असुरक्षा का माहौल एवं हिन्दुत्व की लहर आदि प्रसंगों की वजह से कांग्रेस से विमुख होकर भारतीय जनता पार्टी और उसके सहयोगियों की झोली में जा गिरा। लेकिन, इस चुनाव में प्रदर्शित मतदान व्यवहार में उत्तर और दक्षिण के बीच भौगोलिक ध्रुवीकरण की स्थिति देखी गयी, क्योंकि, उत्तर भारत का राजनीतिक जनादेश दक्षिण भारत से पूरी तरह अलग था। उत्तर भारत के मतदाताओं ने जहां भ्रष्टाचार, साम्प्रदायिकता और हिन्दू लहर के प्रभाव में मतदान किया, वहीं दक्षिण भारत के मतदाताओं की नजर में बोफोर्स काण्ड सिर्फ विपक्षी दलों का एक राजनीतिक हथकंडा था, इसलिए वहां का मतदान व्यवहार पूरी तरह श्री राजीव गांधी के पक्ष में दिखा, नतीजतन दक्षिण की लोकसभा सीटों पर कांग्रेस का वर्चस्व कायम रहा।

1991 का मध्यावधि लोकसभा चुनाव और मतदान व्यवहार

दसवीं लोकसभा तथा साथ में हुए राज्यों की विधानसभाओं के चुनावों में मतदाताओं का मतदान व्यवहार जिन गंभीर तत्त्वों के प्रभाव में था उसमें चुनाव के बीच में श्री राजीव गांधी की हत्या, मण्डल रिपोर्ट, मंदिर विवाद, महंगाई, बेरोजगारी आदि शामिल हैं। इस चुनाव में मतदाताओं का मतदान व्यवहार अलग–अलग राज्यों में अलग स्वरूप में प्रकट हुआ, जैसे हिन्दू कार्ड की वजह से उत्तर प्रदेश में भाजपा को अप्रत्याशित सफलता मिली तो बिहार के मतदाताओं का मतदान व्यवहार पूरी तरह जातीय तत्त्वों के प्रभाव में रहा। इसीलिए, बिहार में जनता दल ने मण्डल का लाभ उठाया तो उत्तर प्रदेश में भाजपा ने राम के नाम पर अपनी पार्टी की स्थिति को लोकसभा में मजबूत किया। इस चुनाव में प्रदर्शित मतदान व्यवहार की यह विशेषता रही कि नौवीं लोकसभा के चुनाव की तरह जनता पार्टी का पूरे हिन्दी भाषी प्रदेश में वर्चस्व नहीं रहा। प्रत्येक राज्य में मतदान व्यवहार का रुझान स्थानीय मुद्दों के प्रभाव में रही, इस वजह से उत्तर प्रदेश, मध्यप्रदेश और बिहार का चुनाव परिणाम एक दूसरे से काफी भिन्न दिखाई दिये। यह एक मध्यावधि चुनाव था जिसका बोझ देश की जनता को सत्तारूढ़

जनता पार्टी की अक्षमता, सामर्थ्यहीनता और सरकार में सहयोगी दलों के बीच आपसी तालमेल की कमी तथा अन्दरूनी कलह एवं गुटबाजी की वजह से झेलना पड़ा। इसीलिए, इस चुनाव में मतदान व्यवहार के परिवर्तित रुख का नुकसान जनता दल एवं भाजपा दोनों को उठाना पड़ा और श्री राजीव गांधी की हत्या का आंशिक लाभ कांग्रेस को मिला।

1996 का लोकसभा चुनाव और मतदान व्यवहार

ग्यारहवीं लोकसभा चुनाव पहला ऐसा चुनाव था जिसमें जनता के सामने कोई मुद्दा या लहर नहीं थी। इस चुनाव में राष्ट्रीय दलों की जगह राष्ट्रीय मोर्चे का अस्तित्व जनता के समक्ष मतदान व्यवहार के निरूपण के लिए प्रस्तुत किया गया। मोर्चे के सभी घटकों के बीच चुनावी मैदान में आपसी तालमेल की काफी कमी दिखाई दी, जिसकी वजह से सीटों के आपसी बँटवारे के बावजूद इन्होंने एक दूसरे के विरुद्ध प्रत्याशी खड़ा किया। इस राजनीतिक भ्रम की स्थिति ने मतदाताओं के मतदान व्यवहार का रुख राष्ट्रीय दलों की ओर से मोड़ कर क्षेत्रीय दलों की ओर कर दिया। इस चुनाव का मतदान व्यवहार पूरी तरह क्षेत्रीय तत्त्वों के प्रभाव में रहा, इसलिए मतदान क्रिया में क्षेत्रीय राजनीति की प्रवृत्ति का वर्चस्व दिखाई पड़ा। मतदाताओं की इस राजनीतिक प्रवृत्ति के परिणामस्वरूप चुनावी नतीजे विखंडित जनादेश के रूप में सामने आये और पहली बार लोकसभा की 150 सीटें क्षेत्रीय दलों, अन्य गुटों तथा निर्दलीय उम्मीदवारों द्वारा जीती गयी। इस प्रकार, इस चुनाव के मतदान व्यवहार के परिणामस्वरूप भारतीय राजनीति में केन्द्रीय स्तर पर क्षेत्रीय तत्त्वों की प्रमुखता के दौर का सूत्रपात हुआ।

1998 का मध्यावधि लोकसभा चुनाव और मतदान व्यवहार

बारहवीं लोकसभा के चुनाव में देश की सबसे पुरानी पार्टी कांग्रेस को पहली बार बिना किसी करिश्मावादी नेता के चुनावी समर में उतरना पड़ा। जहां कॉंग्रेस पूरे चुनाव प्रचार में किसी उम्मीदवार को प्रधानमंत्री के प्रत्याशी के रूप में प्रस्तुत नहीं कर पायी, वहीं भाजपा द्वारा प्रधानमंत्री के रूप में वाजपेयी का नाम प्रस्तुत करते हुए उनकी योग्यता, कार्यकुशलता और लम्बे राजनीतिक अनुभव का हवाला देकर धुआँधार चुनाव प्रचार किया गया। संयुक्त मोर्चा द्वारा अपने नेता प्रधानमंत्री इन्द्रकुमार गुजराल को प्रधानमंत्री के लिए कमजोर उम्मीदवार मानते हुए चुनाव प्रचार में कोई उत्साह नहीं दिखाया गया। प्रधानमंत्री के रूप में श्री गुजराल के कमजोर व्यक्तित्व की वजह से सरकार के मंत्री और गठबन्धन के सहयोगी भी अपने गठबंधन के पक्ष में की जाने वाली चुनाव प्रचार प्रक्रिया पर पूरी तरह खरे नहीं उतरे। इस राजनीतिक परिदृश्य में बहुसंख्यक मतदाताओं ने श्री वाजपेयी को आगामी प्रधान मंत्री मानकर भाजपा के पक्ष में मतदान व्यवहार का प्रदर्शन किया। संयुक्त मोर्चा की कमजोर स्थिति का ख़ामियाजा पार्टी को राज्यों की विधानसभा के चुनावों में भी भुगतना पड़ा, तभी तो राज्यों के चुनावी परिणाम के मद्देनजर मतदान व्यवहार पूरी तरह राज्यों के सत्तारूढ़ दलों के विरोध में गया। मतदान व्यवहार की इस प्रवृत्ति के परिणामस्वरूप कर्नाटक, तमिलनाडु, महाराष्ट्र, गुजरात, राजस्थान, मध्यप्रदेश, हरियाणा, हिमाचल प्रदेश, उड़ीसा एवं असम आदि सभी राज्यों में मतदाताओं का जनादेश सरकार के विरुद्ध गया। मतदान व्यवहार की यह प्रवृति देश में स्वस्थ्य लोकतंत्र के विकास और मतदाताओं में राजनीतिक जागरूकता के स्तर में वृद्धि का द्योतक है।

1999 का मध्यावधि लोकसभा चुनाव और मतदान व्यवहार

तेरहवीं लोकसभा के चुनावी नतीजे के अनुरूप मतदान व्यवहार को प्रभावित करने वाले मुख्य तत्त्वों में–विपक्ष द्वारा वाजपेयी सरकार को धराशायी किये जाने की नाराजगी, बिहार में राष्ट्रपति शासन लगाने के संबंध में कांग्रेस का ढुलमुल रवैया, लालू सरकार को भ्रष्ट और दलित विरोधी करार देने के बावजूद राजद की सत्ता को बनाये रखना, हरियाणा में बंसीलाल की भ्रष्ट सरकार को समर्थन देकर कुछ समय के लिए जीवनदान देना

जैसी कांग्रेस की राजनीतिक गलतियां तथा प्रधानमंत्री के रूप में वाजपेयी का दमदार व्यक्तित्व, कारगिल मुद्दे पर वाजपेयी का मजबूत दृष्टिकोण, भाजपा का क्षेत्रीय दलों के साथ सहयोगात्मक दृष्टिकोण और गठबंधन में क्षेत्रीय दलों के साथ समन्वयात्मक व्यवहार आदि शामिल हैं, जिससे चुनाव में मतदाताओं का मतदान व्यवहार पूरी तरह प्रभावित था। इन मुद्दों में सबसे ज्यादा प्रभावशाली मुद्दा विपक्ष द्वारा असमय वाजपेयी सरकार को गिराया जाना और प्रधानमंत्री के रूप में श्री वाजपेयी की मजबूत उम्मीदवारी थी जिसके आलोक में केन्द्रीय सरकार निर्माण के तत्त्वों को ध्यान में रखते हुए मतदाताओं ने अपने मतदान व्यवहार का प्रयोग किया। इस चुनाव के मतदान व्यवहार में शहरी–ग्रामीण मतदाताओं के व्यवहार में समरूपता देखी गयी तथा यह मतदान व्यवहार शासक अभिजनों और प्रति अभिजनों के लिए एक चेतावनी भरा संदेश था जिसमें मतदाताओं ने स्थायी और मजबूत सरकार के निर्माण की इच्छा जतायी थी।

2004 का लोकसभा चुनाव और मतदान व्यवहार

चौदहवीं लोकसभा की चुनाव प्रक्रिया में कई नये प्रयोग किये गये और 2003 में पारित चुनाव संशोधन कानून के आलोक में कई नये आदेश–निर्देश भी जारी किये गये। इस चुनाव के नतीजों के आधार पर मतदान व्यवहार का आकलन करने से जिन राजनीतिक तथ्यों की प्रस्तुति होती है उनमें कांग्रेस का बड़ी पार्टी के रूप में उभरना, क्षेत्रीय दलों की शक्ति में अत्यधिक वृद्धि, सोनिया गांधी के विदेशी मूल के मुद्दे की अस्वीकृति, गरीबी, महंगाई, बेरोजगारी व विकास आदि मुद्दों की प्राथमिकता और भाजपा का 'भारत उदय' एवं 'फील गुड' जैसे चुनावी नारों को जनता द्वारा अस्वीकार किया जाना आदि मुख्य हैं। 'फील गुड' और 'शाइनिंग इंडिया' जैसे चुनावी नारों और जनता को दिग्भ्रमित करने वाले चुनावी हथकंडों तथा धुआंधार चुनाव प्रचार के सहारे बहुमत प्राप्त नहीं किया जा सकता। भाजपा को यह स्पष्ट संदेश मतदाताओं द्वारा निरूपित मतदान व्यवहार से प्राप्त हुआ। 1999 के चुनाव में विजयी भाजपा के 80 प्रतिशत प्रत्याशी 2004 के चुनाव में पराजित हुए। इसे भाजपा सरकार एवं उसके उम्मीदवारों के विरुद्ध 'ऐनटिइन्कम्बेन्सी' कारक के रूप में देखा गया। इस प्रकार, इस चुनाव में मतदान व्यवहार का प्रस्तुतीकरण स्थानीय व क्षेत्रीय मुद्दों, केन्द्रीय एवं राज्य सरकार की उपलब्धियों–अनुपलब्धियों, केन्द्र सरकार के कथनी और करनी में फर्क तथा दिखावे की राजनीति से दूर यथार्थता की जमीन पर समाजहित व जनहित के आलोक में राजनीतिक सच्चाइयों को परख कर किया गया जो अपने आप में स्वस्थ लोकतांत्रिक प्रक्रिया की महत्त्वपूर्ण बानगी है।

2009 का लोकसभा चुनाव और मतदान व्यवहार

गठबंधन की राजनीति के बैनर तले यह चुनाव दो प्रमुख गठबंधन–संप्रग और राजग की अगुवाई में लड़ा गया। लेफ्ट के नेतृत्व में तीसरा मोर्चा और लालू, मुलायम तथा रामविलास के नेतृत्व में चौथे मोर्चे के अस्तित्व की बात पूरे चुनाव प्रचार के दौरान जोर–शोर से जनता के सामने परोसा गया लेकिन चुनावी परिणाम संप्रग के पक्ष में गया। यदि इस चुनाव परिणाम को मतदान व्यवहार की अभिवृत्ति एवं अभिविन्यास की दृष्टि से देखा जाए तो यह तस्वीर उभरती है कि भारतीय मतदाताओं द्वारा पुनः एक बार राजनीतिक परिपक्वता (Maturity) का परिचय देते हुए सारे पूर्व आकलित राजनीतिक समीकरणों को नकारते हुए क्षेत्रीय दलों की अपेक्षा राष्ट्रीय मुद्दों और राष्ट्रीय दल कांग्रेस में अपनी आस्था जतायी गयी। मतदान व्यवहार के आईनें में इस जनादेश को अवसरवादी राजनीति को ख़ारिज करने, एवं प्रधानमंत्री मनमोहन द्वारा चलायी जा रही आर्थिक सुधारों से संबद्ध नीतियों तथा उनके नेतृत्व वाली सरकार के प्रति व्यक्त (Expressed) सकारात्मक राजनीतिक विश्वास प्रदर्शन के रूप में देखा जायेगा। इस चुनाव के मतदान व्यवहार का सबसे अहम् पक्ष यह है कि इसका हर पांच में से एक मतदाता युवा है जिसकी आयु 29 वर्ष से कम है। यह देश का पहला चुनाव है जब करीब 30 वर्ष से कम आयु के करीब 17 करोड़ मतदाताओं द्वारा मतदान व्यवहार का प्रदर्शन किया गया।

2014 का लोकसभा चुनाव और मतदान व्यवहार

13 सितम्बर 2013 को भाजपा ने नरेंद्र मोदी को भाजपा चुनाव–अभियान समिति का अध्यक्ष और प्रधानमंत्री पद का उम्मीदवार घोषित किया, और कांग्रेस पार्टी ने 17 जनवरी 2014 को ऐलान किया कि कांग्रेस उपाध्यक्ष राहुल गांधी, पार्टी के चुनाव अभियान के नेता होंगे। हालांकि, उन्हें स्पष्ट रूप से प्रधानमंत्री पद के लिए उम्मीदवार नामित नहीं किया गया, 16वीं लोकसभा के नौ चरणों के चुनाव की समाप्ति के पश्चात् 16 मई 2014 को आए जनादेश ने नरेंद्र मोदी को देश में सबसे लोकप्रिय और दबंग नेता के रूप में स्थापित किया। चुनाव के नतीजों को न सिर्फ भारत के राजनीतिक इतिहास में याद किया जाएगा अपितु इस जनादेश को मजबूत लोकतंत्र के निर्माण के लिए भी याद किया जाएगा। पिछले 15 चुनावों की तुलना में इस चुनाव में रिकॉर्ड मतदान हुआ जो विकसित राजनीतिक संस्कृति व बढ़ी हुई राजनीतिक सहभागिता का सूचक है। यह अबतक का सबसे बड़ा लोकसभा चुनाव था जिसमें 83.05 करोड़ कुल मतदाताओं में से 55.13 करोड़ ने मतदान में हिस्सेदारी की, जबकि केवल 41.73 करोड़ मतदाताओं ने 2009 में मतदान किया था। आयोग का अनुमान है कि इस चुनाव में 3426 करोड़ खर्च किए गए जबकि चुनाव आयोग के अनुसार 2009 के चुनाव में मात्र 1483 करोड़ खर्च हुआ था। चुनाव में बढ़ा हुआ मत प्रतिशत इस बात का प्रमाण है कि आने वाले चुनावों में यदि ऐसे राजनीतिक जनजागरूकता–अभियान को सभी प्रशासनिक–निकायों द्वारा एक संकल्प–योजना की तरह हाथ में लिया जाए तो 2009 के चुनाव में 44.23 फीसदी होने वाले मतदान की तुलना में इस चुनाव में 66.38 फीसदी मतदान, यानी कि 22.15 फीसदी की जो बढ़त रिकॉर्ड की गई है वो बढ़कर 66.38 फीसदी से 80 फीसदी तक भी जा सकती थी। ये प्रयास भारत को विश्व के सबसे बड़े लोकतंत्र के साथ–साथ विश्व स्तर पर सबसे बड़े सहभागितामूलक लोकतंत्र का भी बेहतरीन उदाहरण बना सकते हैं।

भारत में मतदान व्यवहार के कुछ मुख्य बिन्दु
(Some Important Points of Voting Behaviour in India)

1. विभिन्न लोकसभा एवं विधानसभा चुनावों में भारतीय जनता ने जिस प्रकार के मतदान व्यवहार का प्रदर्शन किया है तथा जिस राजनीतिक अभिवृत्ति एवं अभिविन्यास का परिचय दिया है उसके आधार पर यह कहा जा सकता है कि भारतीय मतदाताओं में राजनीतिक चेतनीयता और परिपवक्ता दोनों हैं।
2. भारतीय मतदाताओं द्वारा लोकतंत्र एवं लोकतांत्रिक प्रक्रियाओं में सदैव गहरी आस्था व निष्ठा दिखाई गयी है और अपने देश की एकता–अखण्डता को अक्षुण्ण बनाये रखने के लिए सदैव अपरिमेय विश्वास दिखाया गया है।
3. भारतीय मतदाता किसी भी राजनीतिक दल की तानाशाही प्रवृत्ति के विरुद्ध है, इसलिए श्रीमती गांधी की सरकार और स्वयं श्रीमती गांधी को चुनाव में पराजित करके मतदाताओं ने अपनी इस प्रवृत्ति का स्पष्टीकरण किया।
4. बहुसंख्यक भारतीय मतदाता धर्मनिरपेक्षता के समर्थक हैं, इसीलिए भाजपा द्वारा हिन्दू कार्ड खेलने के बावजूद भी हिन्दू मतदाताओं द्वारा पार्टी को अभी तक किसी चुनाव में स्पष्ट जनादेश प्रदान नहीं किया गया है, यहां तक कि 2004 के चुनाव में पार्टी को केन्द्र की सत्ता भी गंवानी पड़ी।
5. भारतीय मतदाताओं के मतदान व्यवहार में समरूपता का अभाव पाया जाता है, इसीलिए, जाति, धर्म, भाषा, क्षेत्रीयता जैसे तत्त्वों के प्रभाव में उनके मतों का विभाजन होता रहता है।
6. भारतीय मतदाता लोकसभा एवं विधानसभा दोनों चुनावों में अलग–अलग मानदण्डों के आधार पर मतदान करते हैं।
7. भारतीय मतदाताओं द्वारा आमतौर पर 'ऐनटिइन्कम्बेंसी' कारकों के प्रभाव में सत्तारूढ़ सरकार के विरोध में मतदान करने की प्रवृत्ति देखी जाती है।

8. भारतीय मतदाता राजनीतिक नेतृत्व के प्रति काफी संवेदनशील भी होते हैं, जिसका परिचय उनके द्वारा 1984 और 2014 की लोकसभा चुनाव में दिया गया।
9. भारतीय मतदाता राजनीतिक गतिहीनता में परिवर्तन के समर्थक हैं जिसका परिचय उनके द्वारा 1967 के चुनाव से लगातार कमोबेश सभी चुनावों में दिया जाता रहा है।

स्मरणीय संकेत (Points to Remember)

- चुनावी राजनीति लोकतांत्रिक व्यवस्था के वैधीकरण एवं लोकतांत्रिक प्रक्रिया के संचालन का आधार माध्यम है।
- चुनाव का महत्त्व उदारवादी एवं साम्यवादी दोनों व्यवस्थाओं में है।
- चुनाव का संबंध सिर्फ प्रतिनिधियों के चयन तक सीमित नहीं है, अपितु यह नागरिकों की सक्रिय राजनीतिक सहभागिता का द्योतक है, क्योंकि राजनीतिक जागरूकता लाने के साथ यह व्यवस्था के सदस्यों को राजनीतिक प्रक्रिया की मुख्य धारा में शामिल करता है।
- चुनाव का मूल उद्देश्य है राजनीतिक पदों को धारण करने वाले जनप्रतिनिधियों का चयन करना।
- महत्त्व की दृष्टि से चुनाव राजनीतिक वैधानिक सत्ता को जनतांत्रिक स्वरूप प्रदान करने में आधार माध्यम की भूमिका अदा करता है।
- समस्त चुनावी राजनीति को आधारतत्त्व प्रदान करके उसे परिणाम तक पहुंचाने वाली अतिसंवेदनशील और भाव प्रधान राजनीतिक क्रिया को मतदान व्यवहार की संज्ञा दी जाती हैं, जिसके निर्वहन का राजनीतिक दायित्व व्यवस्था के नागरिकों का होता है।
- मतदान व्यवहार पर अधीनस्थ, स्वाधीन एवं मध्यवर्ती परिवर्त्यों का गंभीर प्रभाव पड़ता है।
- ऑस्टिन रैनी ने मतदान व्यवहार पर प्रभाव से संबंधित तीन कारकों की चर्चा की है–दलीय तादात्म्यता, प्रत्याशी के प्रति अभिविन्यास तथा मुद्दों के प्रति अभिविन्यास।
- मतदान व्यवहार को प्रभावित करने वाले अन्य कारक–राजनीतिक प्रभावशालिता, नागरिक कर्त्तव्य की भावना, विचारधारा का प्रभाव, चुनाव प्रचार, जनसंपर्क के साधनों का प्रभाव।
- भारत में चुनाव और मतदान व्यवहार–भारत में अभी तक लोकसभा के चौदह आम चुनाव हो चुके हैं। साथ ही चुनाव आयोग द्वारा राज्य विधानसभाओं के चुनाव भी समय–समय पर सम्पन्न कराये जाते रहे हैं।
- संविधान का अनुच्छेद 327 संसद् को निर्वाचन प्रक्रिया से संबंधित समस्त आयामों के लिए विधि निर्माण का अधिकार प्रदान करता है। इस दायरे में राज्य विधानमंडलों के निर्वाचन का अधिकार भी शामिल है।
- देश में चुनाव सम्पन्न कराने हेतु संविधान के अनुच्छेद 324 के अन्तर्गत एक चुनाव आयोग का गठन किया गया है जो स्वतंत्र निकाय के रूप में निर्वाचन से संबंधित समस्त कार्यों का निष्पादन करता है।
- संसद् द्वारा 22 मार्च, 2003 चुनाव कानून संशोधन अधिनियम तथा चुनाव आचार संहिता संशोधन अधिनियम पारित किया गया, जो 22 सितम्बर, 2003 से प्रभाव में आया।
- प्रथम आम चुनाव, 1951–1952 में भारतीय मतदाताओं ने पहली बार वयस्क मताधिकार का प्रयोग किया। इसमें कांग्रेस को भारी बहुमत मिला और विपक्ष की स्थिति सिर्फ औपचारिकता मात्र थी।
- द्वितीय आम चुनाव, 1957 में मतदान कार्य में राजनीतिक दृष्टि से पिछड़े मतदाताओं की बड़ी संख्या में भागीदारी हुई और चुनाव में कांग्रेस की भारी जीत हुई।
- तृतीय आम चुनाव, 1962 में चुनावी व्यवस्था और प्रक्रिया में कुछ महत्त्वपूर्ण संशोधन किया गया। इस चुनाव में कांग्रेस की सदस्य संख्या लोकसभा में घटकर 371 से 361 हो गयी।

- चतुर्थ आम चुनाव, 1967 भारत की चुनावी राजनीति से संदर्भित मतदान व्यवहार की प्रवृत्ति में होने वाले बदलाव का सूचक है। इस चुनाव के परिणामस्वरूप जहां सदन में कांग्रेस की सदस्य संख्या घटकर 283 रह गयी, वहीं पहली बार 17 में से 8 राज्यों में गैर कांग्रेसी सरकार का गठन हुआ।
- पाँचवें आम चुनाव में पुनः कांग्रेस द्वारा भारी बहुमत (350) के साथ लोकसभा में अपनी दमदार उपस्थिति दर्ज करायी गयी।
- आपातकाल लागू होने की वजह से श्रीमती गांधी की सरकार द्वारा लोकसभा की अवधि बढ़ायी गयी और मार्च, 1976 में होने वाला चुनाव मार्च, 1977 में हुआ। इस चुनाव के परिणाम आने के बाद जनता पार्टी केन्द्र में सत्तारूढ़ हुई और 153 सीटें लेकर कांग्रेस को विपक्ष में बैठना पड़ा। चुनाव में पार्टी अध्यक्ष श्रीमती गांधी को भी पराजय का सामना करना पड़ा।
- सातवीं लोकसभा के लिए मध्यावधि चुनाव 1980 में हुआ। इस चुनावी नतीजे की वजह से जनता दल के गठबंधन सरकार की पराजय हुई और सदन में कांग्रेस को भारी बहुमत (351) मिला।
- श्रीमती गांधी की हत्या की वजह से लोकसभा का आठवां चुनाव 1984 में हुआ और कांग्रेस को सदन में 401 स्थानों पर जीत हासिल हुई।
- नौवीं लोकसभा का चुनाव 1989 में हुआ, जिसमें किसी भी दल को स्पष्ट बहुमत नहीं मिला। राष्ट्रीय मोर्चे की सरकार बनी और सबसे बड़े दल के रूप में उभरने के बावजूद काँग्रेस को विपक्ष में बैठना पड़ा।
- दसवीं लोकसभा का मध्यावधि चुनाव 1991 में हुआ, जिसके परिणामस्वरूप केन्द्र की सत्ता में कांग्रेस की पुनः वापसी हुई।
- ग्यारहवीं लोकसभा का चुनाव 1996 में हुआ और चुनावी नतीजों के परिणामस्वरूप त्रिशंकु संसद् का अस्तित्व सामने आया।
- बारहवीं लोकसभा का मध्यावधि चुनाव फरवरी 1998 में हुआ, जिसके परिणामस्वरूप देश को खण्डित जनादेश का सामना करना पड़ा।
- तेरहवीं लोकसभा 1999 का चुनाव भी मध्यावधि चुनाव था, जिसके परिणामस्वरूप राष्ट्रीय जनतांत्रिक गठबंधन सत्तारूढ़ हुआ और वाजपेयी प्रधानमंत्री बने।
- चौदहवीं लोकसभा का चुनाव अप्रैल–मई 2004 में सम्पन्न हुआ। चुनावी परिणाम के आधार पर केन्द्र में संयुक्त प्रगतिशील गठबंधन (यूपीए) की सरकार बनी। इस चुनाव में पहली बार सभी निर्वाचन क्षेत्रों पर मतदान के लिए इलेक्ट्रॉनिक वोटिंग मशीन (EVM) का प्रयोग किया गया।
- चौदहवीं लोकसभा में 543 सदस्य थे, जिनमें सामान्य सदस्य 423, अनुसूचित जाति के 79, और अनुसूचित जनजाति के 41 सदस्य हैं।
- पंद्रहवीं लोकसभा का चुनाव अप्रैल–मई 2009 में पांच चरणों में सम्पन्न हुआ और जनादेश संप्रग गठबंधन के पक्ष में गया।
- सोलहवीं लोकसभा का चुनाव नौ चरणों में 7 अप्रैल से आरंभ होकर 12 मई को समाप्त हुआ जिसमें राजग गठबंधन और भाजपा को ऐतिहासिक सफलता मिली।
- भारत में मतदान व्यवहार को प्रभावित करने वाले कारकों में सामाजिक, आर्थिक व राजनीतिक प्रमुख हैं।
- भारतीय मतदाताओं के मतदान व्यवहार की प्रवृत्ति पहली से लेकर सोलहवीं लोकसभा चुनावों तक में कई प्रकार के रुझानों का स्पष्टीकरण करता है, जो मतदाताओं की राजनीतिक अभिवृत्ति में कई प्रकार के अभिविन्यासों का द्योतक है।

प्रश्न (Questions)

1. भारत में मतदान व्यवहार को प्रभावित करने वाले तत्त्वों की विवेचना कीजिए।
Discuss the factors influencing the voting behaviour in India.
2. भारत में चुनावी राजनीति और मतदान व्यवहार के आयामों की विवेचना कीजिए।
Discuss the dimensions of voting behaviour and electoral politics in India.
3. भारत में चुनावी राजनीति के बदलते आयामों पर एक निबंध लिखें।
Write an essay on the changing dimensions of electoral politics in India.

अध्याय 20

भारत में राजनीतिक प्रक्रियाएं : राजनीति और समाज के मध्य संबंध (Political Processes in India: Relationship between Politics and Society)

भारत में राजनीति और समाज का संबंध : एक परिचय (Relation of Politics and Society in India: An Introduction)

कैटलीन के शब्दों में, "राजनीति संगठित समाज का अध्ययन है इसलिए राजनीति के अध्ययन को समाज से पृथक् नहीं किया जा सकता है।" अन्य राजनीतिक व्यवस्थाओं की भांति भारत में भी राजनीति और समाज दोनों परस्पर संबद्ध हैं। यह अध्याय भारत में राजनीति और समाज के मध्य मौजूद अन्तःक्रियात्मकता की प्रस्तुति करता है। भारतीय राजनीति का समाजशास्त्रीय अध्ययन करने वाले विद्वानों में **आल्मंड कोलमैन रुडोल्फ** एण्ड **रुडोल्फ, रॉबर्ट एल. हार्डग्रेव, टिंकर एण्ड पार्क, रजनी कोठारी, योगेन्द्र सिंह, वी.आर. मेहता, घनश्याम शाह** आदि प्रमुख हैं। भारतीय राजनीति के आधारों की विवेचना करते हुए **मॉरिस जोन्स** ने कहा है कि "नये राज्यों में राजनीति और समाज के बीच जो संबंध है वह पश्चिम के विद्यार्थियों के लिए एकदम नया और बहुत रोचक है, यदि ऐसी राजनीति (भारतीय राजनीति) का अध्ययन सामाजिक शक्तियों की ओर ध्यान दिए बिना किया जाएगा, तो वह एकदम अधूरा और गुमराह करने वाला होगा।"

भारतीय राजनीति की पृष्ठभूमि (Background of Indian Politics)

एक प्राचीन परम्पराबद्ध, संरचनाओं वाले बहुल और सभ्यतामूलक भारतीय समाज को तत्त्वतः समझने के लिए उसमें विद्यमान राजनीति के विविध आयामों की सही जानकारी अति आवश्यक है। आजादी के बाद से भारत का पारम्परिक समाज निरन्तर लोकतांत्रिक राजनीति के हाथों बदल रहा है। इस प्रक्रिया में राज्य की इकाइयों द्वारा समाज के परिवर्तन में मुख्य अभिकर्ता की भूमिका निभाई गयी है। लोकतांत्रिक राजनीति ने भारतीय समाज

में राजनीतिक सहभागिता का बड़े पैमाने पर विस्तार किया जिसके परिणामस्वरूप समाजिक ढांचे के अन्तर्गत निवास करने वाली निचली जातियां और उपेक्षित तबके राजनीति की मुख्य धारा से जुड़कर अपने वाज़िब हक़ की दावेदारी करने लगे।

लम्बे समय तक ब्रिटिश हुकूमत के अधीन पराधीनता में पलने–बढ़ने व विकसित होने वाले समाज में विद्यमान राजनीति सहयोग और विरोध दोनों तत्त्वों को अपने साथ लेकर चल रही है। समाज के अल्पसंख्यक विशिष्ट वर्ग, सेना एवं नौकरशाही के सहयोग से अंग्रेज शासकों ने भारतीयों पर लम्बे समय तक शासन किया। लेकिन, समाज का मध्यम वर्ग ब्रिटिश हुकूमत का जबर्दस्त विरोधी था। स्वाधीनता संघर्ष में मध्यम वर्ग ने महत्वपूर्ण भूमिका निभायी। प्रो. रजनी कोठारी की प्रसिद्ध पुस्तक 'पॉलिटिक्स इन इंडिया' में भारतीय राजनीति को समझने के लिए पश्चिमी दृष्टिकोण का खंडन किया गया है और पूरी तरह नए एवं संपूर्ण दृष्टिकोण की प्रस्तुति हुई है जिसका निर्माण भारतीय समाज की शर्तों पर किया गया है। किसी भी राजनीतिक व्यवस्था की कामयाबी की सबसे बड़ी कसौटी यह है कि वह बदलते वक्त के अनुरूप अपने समाज की मांगों को पूरा कर सके। आजाद भारत की लोकतांत्रिक राजनीतिक व्यवस्था की कामयाबी दो शर्तों पर टिकी थी : **पहली**, राजनीतिक इकाइयों की संरचना और **दूसरी**, वह मूल्य जो इकाइयों के कार्य निष्पादन का आधार तत्त्व होता हैं। राजनीतिक इकाइयों को सामाजिक–आर्थिक हक़ीकतों का सामना एवं समाधान करते हुए समाज के विकास तथा समुन्नति के लिए आवश्यक फैसला लेना था और उन फैसलों के ठोस कार्यान्वयन के लिए समाज पर दबाव भी बनाए रखना था। दूसरी समस्या परम्परागत मूल्यों मान्यताओं, आस्थाओं से प्रासंगिक थी। एक जटिल और पारंपरिक समाज में नवोदित लोकतांत्रिक राज्यव्यवस्था की सफलता के लिए सामाजिक समस्याओं का पुनर्मूल्यांकन करते रहना अति आवश्यक था।

भारतीय नेतृत्व द्वारा राजनीति एवं समाज से संदर्भित इन मूल्यों को साकार कर नवस्वतंत्र व्यवस्था के विकास के लिए एक विशिष्ट मार्ग पर क़दम बढ़ाया गया और कुछ विशेष उद्देश्यों को अपना संकल्प बनाया गया। इस संकल्प में चार मौलिक उद्देश्य निहित थे : **पहला**, एक बेहद जटिल विविधतामूलक खंडित संरचनाओं वाले सामाजिक ढाँचे का राष्ट्रीय एकीकरण करना। **दूसरा**, उस आबादी का जीवन स्तर बढ़ाने के लिए आर्थिक विकास कार्यक्रमों एवं योजनाओं का क्रियान्वयन करना, जिनकी आय का स्तर लगभग एक सदी से या तो स्थिर था या गिरता जा रहा था। **तीसरा**, सदियों से असमानता के सिद्धान्त पर जीने वाले समाज में समानता कायम करना। **चौथा**, एक ऐसी परम्परागत संस्कृति में राजनीतिक लोकतंत्र का कार्यान्वयन करना जो विभिन्न संवर्गों सामाजिक स्तरीकरण, प्रस्थिति और सामाजिक दर्जाबंदी पर आधारित था और सत्ता एक छोटे अभिजन वर्ग के हाथों में सीमित थी। आजाद भारत की राजनीति को अपने समाज के अतीत से जो धरोहर मिली थी वह विस्तृत, अनुदार, अराजनीतिक तथा दर्जाबन्दी ढांचे पर आधारित समाज की थी, लेकिन इस परम्पराबद्ध अतीत की विरासत में उन महत्त्वपूर्ण तत्त्वों की उपस्थिति भी शामिल थी जिनके विद्यमानता (Presence) की वजह से सर्जनात्मक संभावनाओं का उपयोग करते हुए समकालीन राजनीतिक नेतृत्व द्वारा राजनीतिक लोकतंत्र संस्थापित किया गया और लोकतंत्रीकरण की प्रक्रिया को मजबूती प्रदान की गई।

भारतीय नेतृत्त्व द्वारा दृढ़चेता (Strong-willed) अभिवृत्ति का प्रदर्शन करते हुए व्यवस्था–निर्माण एवं संचालन के प्रसंग में राजनीतिक लोकतंत्रीकरण की प्रक्रिया को विकास संबंधी सम्पूर्ण कार्ययोजना का केन्द्रीय तत्त्व बनाया गया, साथ ही राज्य–निर्माण, राष्ट्र–निर्माण, आर्थिक संवृद्धि (Growth) और समतावादी सामाजिक व्यवस्था का निर्माण जैसी महत्त्वपूर्ण प्रक्रियाओं को लोकतंत्रीकरण की प्रक्रिया पर आश्रित कर दिया गया। राजनीतिक लोकतंत्र की संस्थापना और लोकतांत्रिक प्रक्रियाओं के कार्यान्वयन से परम्पराबद्ध और दकियानूसी सामाजिक ढांचे को बदलने की कोशिश शुरू की गई। इस बदलाव को सार्थक आयाम प्रदान करने के लिए सामाजिक सत्ता के स्वरूप में परिवर्तन लाया गया। सत्ता का आधार उत्तराधिकार में मिले दर्जे की जगह संख्या रूपी शक्ति यानी कि जनशक्ति को बनाया गया। पारम्परिक रूप से सामाजिक सत्ता को अपनी पैतृक संपत्ति (Heritage) समझने वाली मुट्ठीभर जातियों एवं लोगों के ख़िलाफ़ समाज के उन जातियों में चेतना जगायी गयी जो अब तक प्रजा की श्रेणी में आते थे। नवोदित लोकतंत्र में मौजूद बहुसंख्यक समाज, सांस्कृतिक विविधताओं तथा

आर्थिक पिछड़ेपन की विद्यमानता के बीच लोकतांत्रिक प्रक्रिया को सकारात्मक गति प्रदान करने के लिए जाति, समुदाय और धर्म जैसे सामाजिक प्रसंगों से इतर कार्ययोजना के केन्द्रीय तत्त्व में धर्मनिरपेक्षता को प्रधानता दी गई, ताकि भारत का बहुल समाज राजनीतिक लोकतंत्र को कायम करने में किसी प्रकार से बाधक न बन सके। उदारवादी लोकतांत्रिक सिद्धान्तों से उपजे मूल्यों, मान्यताओं, विश्वासों तथा इन्हें पोषित करने वाली इकाइयों और उन्हें यथार्थ की जमीन पर उतारने वाली व्यावहारिक राजनीतिक कार्ययोजनाओं ने मिलजुल कर सार्थक प्रयासों द्वारा कई रूपों में विभाजित तथा मूलतः बहुल और खंडित समाज के समस्त आयामों को जोड़ने का सूत्र प्रदान किया। भारतीय लोकतांत्रिक राजनीति की यह बहुत बड़ी उपलब्धि थी क्योंकि ऐसे राजनीतिक लोकतंत्र की संस्थापना द्वारा अनेकानेक सामाजिक विविधताओं के बीच एकता की शक्ति अर्जित की गई। इस प्रकार खंडित संरचनाओं वाले पारम्परिक भारतीय समाज को राजनीतिकरण के जरिए आधुनिक बनाना, राष्ट्रीय एकीकरण का लक्ष्य हासिल करना तथा समाज में मौजूद विविधता को एकीकृत करना सिर्फ मजबूत इरादों वाली लोकतंत्रीकरण की प्रक्रिया के माध्यम से संभव हो पाया।

आजाद भारत की राजनीति पर मुख्य रूप से निम्नलिखित चार कारकों का सीधा प्रभाव पड़ा है : यथा– 1. प्राचीन हिन्दू समाज का प्रभाव, 2. भारत में आए विदेशी मुसलमान शासकों का प्रभाव, 3. ब्रिटिश शासकों का प्रभाव और 4. स्वतंत्रता संघर्ष के दौरान एशिया में उदित हुए राष्ट्रवाद और नवजागरण का प्रभाव।

मोटे तौर पर ईसा पूर्व दसवीं से पंद्रहवीं सदी के बीच हिन्दू समाज व्यवस्था का अस्तित्व निर्माण हुआ। यह वही समय था जब दक्षिण–मध्य एशिया से धीरे–धीरे आये आर्यों के कबीले भारतीय उपमहाद्वीप के उत्तरी और पश्चिमी हिस्सों में भारी संख्या में आकर बसने, लगे थे। हिन्दू साम्राज्य की विद्यमानता की अवधि तो छोटी रही लेकिन उसकी ऐतिहासिक विरासत के रूप में उपस्थित बहुमूल्य साहित्यिक–सांस्कृतिक कृतियों एवं हिन्दू महाकाव्यों का भारतीय जनमानस पर गहरा प्रभाव पड़ा। इस महान् अतीत की पुनर्व्याख्या के जरिये आधुनिक भारत का पुनर्जागरण किया गया। हिन्दू समाज की विरासत के राजनीतिक महत्त्व की सबसे बड़ी उपलब्धि एक असाधारण सामाजिक व्यवस्था की रचना थी, जिसके तहत परम्परागत मूल्यों व मान्यताओं को विकसित करने में कामयाबी मिली। जातियों का ढीला–ढाला अस्तित्व आदिम जमाने में आर्यों के आगमन के पूर्व भी मौजूद था। आर्यों द्वारा इस पर चार वर्णों की दर्जाबन्दी व्यवस्था आरोपित की गई। मौलिक रूप से विवाह और नातेदारी पर आधारित इस सामाजिक संरचना की एक राजनीतिक भूमिका भी थी जो सामाजिक विवादों के निबटारे से संबद्ध थी। धीरे–धीरे व्यवस्था में निहित स्वार्थों की उपस्थिति पूरे दम–खम से होने लगी और समयानुसार इसकी जड़ें मजबूत होती गयीं। आर्यों द्वारा सामाजिक ढांचे में जातियों को ब्राह्मण, क्षत्रिय, वैश्य एवं शूद्र चार वर्णों में बांटा गया। ब्राह्मण को ज्ञान, क्षत्रिय को प्रतिरक्षा, वैश्य को संपत्ति और शूद्र को समाज में श्रम की जवाबदेही दी गई। इस प्रकार, वर्ण व्यवस्था, जाति प्रथा, अराजनीतिक समाज, धर्म तथा नैतिकता से ओत–प्रोत राजनीतिक मूल्य आदि तत्त्व भारतीय राजनीति को हिन्दू समाज की देन है। लेकिन, ये समस्त प्रावधान हिन्दू समाज व्यवस्था की सैद्धान्तिक आधारभूमि हैं जिससे व्यवहार का स्वरूप काफी अलग है।

1206 ई. में दिल्ली सल्तनत की स्थापना के उपरान्त 1526 ई. से 1707 ई. तक भारत पर मुगल शासकों का दबदबा कायम रहा। 1709 ई. में औरंगजेब की मृत्यु होने के पश्चात् प्रतीकात्मक रूप से मुगल सत्ता 1857 ई. तक कायम रही। अंग्रेजी हुकूमत के हाथों 1862 ई. में औपचारिक रूप से मुगल साम्राज्य की समाप्ति हुई। मुगल शासकों द्वारा नागरिक प्रशासन के क्षेत्र में कई प्रकार का उल्लेखनीय कार्य किया गया। लेकिन, साथ ही इनके शासकों द्वारा धर्म परिवर्तन को बढ़ावा दिया गया। मौलवियों को विशेषरूप से उत्तर भारत की आबादी को धर्म परिवर्तन के लिए प्रोत्साहित किया गया, इस वजह से दोनों पक्षों के बीच कई बार कट्टरता और घृणा का प्रबल रूप सामने आया। लेकिन बाद में धीरे–धीरे दोनों समाज एक दूसरे से प्रभावित होने लगे। मुस्लिम सत्ता के प्रभाव में आई गिरावट के बाद में हिन्दुओं में प्रचलित जाति और व्यवसाय के कुछ स्वरूपों को मुसलमानों द्वारा अपनाया गया, तो हिन्दुओं ने भी उनके कई सामाजिक रीति–रिवाज एवं प्रशासनिक तौर–तरीकों को अपनाया। दोनों ने एक दूसरे की संस्कृति से बहुत कुछ सीखा, इसके बावजूद दोनों धर्मों के आधार पर समाज की दो व्यवस्थाएं कायम रहीं। मुस्लिम शासकों की राजनीतिक शैली की एक ख़ासियत अधिनायकवादी केन्द्र

की स्थापना की प्रवृति के साथ–साथ कानून व्यवस्था को लागू करना और राजस्व उगाही के लिए एक कुशल प्रशासन की स्थापना करना भी था। लेकिन, भारतीय समाज के परिप्रेक्ष्य में मुस्लिम शासन की पूरी कालावधि को अशांत अवधि की कोटि में रखा जाता है, क्योंकि मुसलमान शासकों द्वारा हिन्दू समाज व्यवस्था में संस्थापित संतुलन को अस्थिर कर दिया गया था। समकालीन समाज और धर्म का आपसी संतुलन गड़बड़ा गया। नतीजे के तौर पर हिन्दू समाज अपनी स्वाभाविक गति और जीवंतता से दूर हो गया। लेकिन, यह प्रभाव अस्थायी था क्योंकि अंग्रेजी हुकूमत के आते ही मुसलमान शासन के दुष्प्रभावों से हिन्दू समाज धीरे–धीरे मुक्त होने लगा।

भारतीय समाज पर ब्रिटिश हुकूमत का बेहद परिवर्तनकारी प्रभाव पड़ा। दोनों के मध्य सांस्कृतिक विजातीयता होने की वजह से पड़ने वाले प्रभाव में गहराई तो नहीं थी, लेकिन प्रभाव की व्यापकता मजबूती और टिकाऊपन का दायरा अत्यन्त विस्तृत था। अंग्रेजी सत्ता द्वारा पहली बार भारत उपमहाद्वीप को पूर्णरूप से एक साम्राज्य की सत्ता के दायरे में लाया गया। मुसलमान शासन के दौर में हमेशा अशांति और असुरक्षा के भय से ग्रसित भारतीय समाज को ब्रिटिश हुकूमत की कालावधि में कानून व्यवस्था के साये में जीने का अवसर मिला। अंग्रेजी सत्ता द्वारा प्रशासन और न्याय संबंधी धारणाएं स्थापित की गईं। ब्रिटिश शासकों द्वारा एकल प्राधिकार के साथ–साथ एकीकृत और अपेक्षाकृत समरूप प्रशासन की स्थापना भी की गई। उनके द्वारा भारत में खुली प्रतियोगिता के आधार पर आधुनिक नौकरशाही के प्रशासनिक ढांचे का निर्माण किया गया। धीरे–धीरे भारत में अंग्रेजों द्वारा न्यायिक व्यवस्था का ढांचा भी खड़ा किया गया जिसका आधार–माध्यम एंग्लोसेक्सन न्यायिक सिद्धांत और प्रक्रिया था। इसके उपरांत, जनहित आधार पर सामाजिक–आर्थिक प्रशासन की स्थापना की गई जिसकी वजह से कई प्रकार की सामाजिक विषमताओं के विरुद्ध निर्णय लेने में सहायता मिली। ब्रिटिश सत्ता द्वारा भारत के हाई स्कूलों और कॉलेजों में अंग्रेजी भाषा की पढ़ाई की शुरुआत करके देश में मध्यवर्ग की रचना में अहम् भूमिका निभायी गई। कुल मिलाकर यह कहा जा सकता है कि ब्रिटिश शासन अपनी प्रभावशालिता के संदर्भ में काफी परिवर्तनकारी साबित हुआ, लेकिन इसके बदले उन्हें भारतीय समाज की ओर से गंभीर प्रतिक्रिया और विरोध–विद्रोह का सामना करना पड़ा। स्वाधीनता संघर्ष के रूप में लम्बे विरोध और विद्रोह के परिणामस्वरूप भारतीयों को अंग्रेजी हुकूमत से आजादी मिली।

स्वाधीनता से पूर्व भारतीय राष्ट्रवाद के उद्भव और विकास में सामाजिक एवं धार्मिक नवजागरण का अमूल्य सहयोग है। उन्नीसवीं शताब्दी तक भारत में सामाजिक–धार्मिक दृष्टि से चारों ओर अन्धकार ही छाया था। एक ओर जहां समाज अज्ञानता, अन्धविश्वास, कुप्रथाओं एवं रूढ़ियों से ग्रसित था, जिसकी वजह से बाल विवाह एवं सती प्रथा का प्रचलन जोरों पर था और विधवा विवाह निषिद्ध था। जाति प्रथा और छुआछूत जैसी गंभीर बीमारियों की वजह से सामाजिक वातावरण खंडित और विषम रूप धारण कर चुका था, वहीं दूसरी ओर धर्म के नाम पर कर्मकाण्ड और मूर्ति पूजा का आडम्बर चारों ओर फैल रहा था। साथ ही, पूर्व में ईसाई धर्म प्रचारक हिन्दुओं की सभ्यता–संस्कृति और धर्महीनता का जोर–शोर से प्रचार कर रहे थे। ऐसी परिस्थिति में भारत के सुशिक्षित समाज के पुरोधाओं और धर्म सुधारकों का ध्यान भारतीय समाज की इस विषम परिस्थिति की ओर गया। इन सुधारकों द्वारा भारतीय संस्कृति और धर्म की श्रेष्ठता की स्थापना को ध्यान में रखते हुए पुनर्जागरण हेतु कुछ प्रमुख सामाजिक व धार्मिक आन्दोलनों की शुरुआत की गई और इसे नेतृत्व प्रदान किया गया, इनमें प्रमुख हैं : 1. **ब्रह्म समाज**–उन्नीसवीं शताब्दी में 1828 ई. में इसकी स्थापना राजा राम मोहन राय ने की। 2. **आर्य समाज**–उन्नीसवीं शताब्दी का यह दूसरा सामाजिक–धार्मिक आन्दोलन था जिसकी स्थापना 1875 ई. में स्वामी दयानन्द सरस्वती ने की थी। 3. **रामकृष्ण मिशन**–यह स्वामी रामकृष्ण परमहंस की स्मृति में 1896 ई. में स्थापित हुआ। 4. **थियोसोफिकल सोसाइटी**–यह आन्दोलन भारतीय राष्ट्रीयता को बढ़ाने में काफी सहायक रहा जिसकी स्थापना 1875 ई. में न्यूयार्क में एक रूसी महिला मैडम क्लेवत्सकी तथा एक अमेरिकी सैनिक अफसर कर्नल आल्कॉट ने की थी। 5. **मुसलमानों का सुधार आन्दोलन**–उन्नीसवीं शताब्दी में विशेष रूप से दो आन्दोलनों 'बहावी आन्दोलन' और 'अलीगढ़ आन्दोलन' द्वारा मुसलमानों ने इस्लाम धर्म के सुधार के लिए गंभीर प्रयास किया।

इन सभी सामाजिक आन्दोलनों के प्रयास से हिन्दू धर्म में व्याप्त जड़ताओं एवं कुरीतियों को दूर करके समाज को स्वस्थ स्वरूप प्रदान करने का प्रयास किया गया। भारतीयों में अपनी परम्परागत सभ्यता–संस्कृति

के प्रति विश्वास जगाया गया और राष्ट्रवाद की भावना जगाकर राजनीतिक जागृति पैदा की गई, जिससे आम भारतीय का आत्मविश्वास मजबूत हुआ और उनमें देश प्रेम की भावना प्रबल हुई।

उपरोक्त विवेचन में भारतीय पारंपरिक समाज की राजनीतिक पृष्ठभूमि का खुलासा संक्षेप में किया गया है, अब भारतीय राजनीति और समाज के संबंधों पर विशेष रूप से प्रकाश डाला जा रहा है।

भारतीय राजनीति का समाजशास्त्रीय अध्ययन
(Sociological Study of Indian Politics)

राजनीतिक समाजशास्त्रवेत्ताओं द्वारा भारत की राजनीति के संदर्भ में जो अध्ययन विश्लेषण या अनुसंधान किया गया है उसमें जहां एक ओर यह दिखाने का प्रयास किया गया है कि सामाजिक अभिवृत्तियां राजनीतिक प्रवृत्तियों को व्यापक रूप से प्रभावित करती हैं, वहीं दूसरी ओर यह भी बताने का प्रयास किया गया है कि राजनीतिक व्यवस्था सामाजिक प्रवृत्तियों को अपनी इच्छानुरूप मोड़ने में सक्षम होती हैं। दृष्टान्तस्वरूप **नारमन डी. पामर** एवं **फिलिप्स** द्वारा आरंभिक अध्ययनों में यह दर्शाया गया है कि सामाजिक अभिवृत्ति एवं व्यवहार राजनीतिक प्रवृत्तियों को गंभीर रूप से प्रभावित करती है। वहीं बाद के अध्ययन–विश्लेषणों में रुडोल्फ एण्ड रुडोल्फ तथा रजनी कोठारी आदि द्वारा यह स्पष्ट किया गया है कि राजनीतिक अभिवृत्तियां एवं राजनीतिक व्यवहारों का सामाजिक अभिवृत्तियों एवं सामाजिक व्यवहारों पर ज्यादा प्रभाव पड़ता है।

आमतौर पर सभी विद्वज्जनों द्वारा यह स्वीकार किया गया है कि किसी भी राजनीतिक व्यवस्था की राजनीति शून्य में क्रियाशील नहीं होती है, उसे राजनीतिक व्यवस्था के अन्तर्गत मौजूद समाज में ही सक्रिय होना पड़ता है, इसलिए व्यवस्थागत राजनीति के तत्त्वतः अध्ययन के लिए वहां की सामाजिक–सांस्कृतिक एवं आर्थिक पृष्ठभूमि का अध्ययन करना अति आवश्यक है। यह तथ्य भारतीय राजनीति के तात्त्विक अध्ययन के लिए भी प्रासंगिक है। इस दृष्टि से भारतीय राजनीति के तथ्यपरक अनुभवजन्य जानकारी के लिए भारतीय समाज और राजनीति के सामाजिक आधारों की जानकारी अपरिहार्य है।

अन्य व्यवस्थाओं की राजनीति की भांति भारतीय राजनीति को भी आधार सामग्री प्रदान करने, राजनीति का स्वरूप निर्धारण करने एवं राजनीति को गतिशील बनाने में मुख्य भूमिका यहां के गैर राजनीतिक (सामाजिक एवं परिस्थितीय) तत्त्वों की होती है। ये तत्त्व देश की राजनीति को पूरी तरह अपने प्रभाव के दायरे में रखते है, अतः यहां उन तत्त्वों की विशेष रूप से चर्चा की जा रही है।

भारतीय राजनीति का सामाजिक आधार
(Social Bases of Indian Politics)

भारतीय राजनीति के सामाजिक आधारों में जाति, क्षेत्रीयता, साम्प्रदायिकता धर्म, भाषा, कुटुम्ब आदि कारक मुख्य हैं।

जाति और राजनीति (Caste and Politics)

भारतीय राजनीतिक परिदृश्य में जाति और राजनीति के अन्योन्यश्रयी संबंधों का अध्ययन करने वाले विद्वज्जनों में **रजनी कोठारी, आन्द्रे बेतेई, एल.आई. रुडोल्फ, एम.जी. बेली, एच.ए. गोल्ड, टी.के. ओमन, कैथलीन गफ, एडमण्ड लीच, आइजेक हेरॉल्ड, एम.एस. राव, एम.एन. श्रीनिवास, ए.सी. मेयर, योगेश अटल आदि प्रमुख हैं। प्रो. रजनी कोठारी ने 'कास्ट इन इण्डियन पॉलिटिक्स'** में जातियों के राजनीतिकरण पर विस्तृत चर्चा प्रस्तुत की है। आमतौर पर जाति और राजनीति के बीच अन्तर्क्रियात्मकता को राजनीति में जातिवाद' कहा जाता है जो दरअसल जातियों का राजनीतिकरण है। जाति के सामाजिक आयामों की पृष्ठभूमि में ही जाति के

राजनीतिक आयामों का आधारतत्त्व निहित होता है। राजनीति और जाति की आपसी क्रिया के परिणामस्वरूप राजनीति जाति से प्रभावित नहीं होती है, बल्कि जातियों का राजनीतिकरण हो जाता है। व्यवस्था में विद्यमान स्पर्धात्मक राजनीति की गतिविधियों ने आधुनिक परिप्रेक्ष्य में जाति को उसके अराजनीतिक संदर्भ से बाहर निकाल कर सत्ता–निर्माण एवं व्यवस्था–संचालन में एक नई हैसियत प्रदान की है।

भारत की चुनावी राजनीति ने जाति व्यवस्था की अस्मिताओं में नवजीवन का संचार किया है। जातियों की राजनीति में इस नई हैसियत की वजह से परम्परागत जाति प्रथा का क्षय हो गया है और राजनीतिक सत्ता–निर्माण के एकमात्र मजबूत आधार के रूप में जाति की वैधता स्थापित हो जाने की वजह से भारत के चुनावी समीकरण में जातीय गणित का महत्त्व काफी बढ़ गया है। व्यवस्था में मौजूद राजनीति की परिवर्तित परिस्थितियों के आलोक में चुनाव के समय विभिन्न जातियों में संख्या बल के आधार पर उम्मीदवारों का चयन, जातियों के बीच आन्तरिक दलबन्दी और जातियों के राजनीतिक–आर्थिक संबंधों के गणित में भी बदलाव अपेक्षित है। लेकिन, जब सत्ता के दावेदारों में कुछ जाति विशेष के लोगों का नाम शुमार होता है, तब ऐसी स्थिति में जातीय गणित का बहुत महत्त्व नहीं रह जाता है। गोल्ड का कहना है कि आज सत्ता–प्राप्ति की लालसा की व्यावहारिक होड़ में राजनीति को प्रभावित करने वाले अन्य तत्त्वों की भांति जाति भी एक प्रमुख तत्त्व मात्र रह गया है। इस संबंध में हेरॉल्ड ए. गोल्ड की उक्ति है कि जाति राजनीति के निर्धारक तत्त्व की भूमिका से गिरकर सिर्फ उसे प्रभावित करने वाला एक परिवर्त्य बनकर रह गई है।

भारत के संदर्भ में यह कहना अधिक उपयुक्त होगा कि यहां संस्थाओं का आधुनिकीकरण और बड़े पैमाने पर राजनीतिक एकीकरण इसीलिए संभव हो सका, क्योंकि यहाँ की क्रियाशील राजनीति में जातीय अस्मिताओं को खुले रूप में स्वीकार किया गया, उन्हें राजनीतिक स्तर पर गोलबन्द किया गया और संख्या बल तथा सामाजिक हैसियत के अनुरूप उन्हें राजनीतिक लेन–देन में साझीदार बनाया गया। जातियों द्वारा अपने संगठन के नए लक्ष्यों की प्राप्ति के लिए खुले सेक्युलर रूपों को अपनाया जाने लगा। जातीय सभाएं, जातीय सम्मेलन, जातीय संस्थान, जातीय संघ, आदि इन्हीं रूपों के उदाहरण हैं। इन्हीं रूपों के माध्यम से जातियां राजनीति में अपनी ताकत, हैसियत बढ़ाने के लिए तथा राजनीतिक उद्देश्य की प्राप्ति के लिए सभाएं, सम्मेलन व प्रदर्शन आदि करती रहती हैं और इन्हीं कार्यक्रमों के बल पर जातियां विभिन्न दलों के साथ सौदेबाजी भी करती हैं। लोकतांत्रिक प्रक्रिया के मजबूत होने के क्रम में धीरे–धीरे जाति संघ राजनीतिक समूहों में परिवर्तित होते गये और संख्या बल के आधार पर राजनीति में अपनी ताकत और हैसियत की दावेदारियां भी करने लगे।

राजनीतिक प्रक्रियाओं में जाति की भूमिका (Role of Caste in Political Process)

जहां तक भारतीय राजनीति और जाति का सवाल है, यहां दोनों परस्पर संबद्ध हैं और दोनों ही अपने आप को संगठित करने के लिए एक दूसरे की मदद लेते हैं। यहां की राजनीति में जातियों की भूमिका को निम्नांकित संदर्भों में बेहतर समझा सकता है :

1. जातियां संगठित होकर देश में सामूहिक स्तर पर जनमत का निर्माण करती हैं, इसीलिए चुनाव में जिन जातियों के नेताओं के बीच राजनीतिक दल के प्लेटफॉर्म पर जाति आधारित चुनावी तालमेल होता है वहां मतदान व्यवहार के प्रदर्शन के समय सामूहिक स्तर पर संबद्ध जाति के पूरे जत्थे का वोट उस पार्टी को हस्तांतरित हो जाता है।
2. जातियां संगठित होकर राजनीतिक–प्रशासनिक निर्णय को भी प्रभावित करती हैं। इस रूप में ये शक्तिशाली सक्रिय दबाव समूह की भूमिका निभाती हैं। अनुसूचित जाति, जनजाति एवं पिछड़ा वर्ग को दिये जाने वाले संवैधानिक आरक्षण को इसके उदाहरण के रूप में देखा जा सकता है।
3. भारत में समस्त चुनावी प्रक्रिया के संचालन का आधारतत्त्व जातियां हैं। निर्वाचन क्षेत्रों के निर्माण से लेकर विभिन्न दलों द्वारा प्रत्याशियों का चयन, उनके चुनाव जीतने की गारंटी, सदन में बहुमत प्राप्त

करने के लिए राजनीतिक जोड़–तोड़, चुनावी समीकरण तथा सरकार के गठन तक समस्त प्रक्रियाएं जातीय तत्त्वों को मूल आधार बनाकर संचालित की जाती है। संवैधानिक प्रावधानों के आधार पर अनुसूचित जातियों एवं जनजातियों के लिए लोकसभा एवं विधानसभाओं में सीटें आरक्षित की गई हैं। निर्वाचन क्षेत्रों का सीमांकन करते समय प्रत्याशियों की जीत को ध्यान में रखते हुए जाति तत्त्वों को प्रधानता दी जाती है। चुनाव में दूसरी पार्टियों के साथ सीटों का तालमेल तथा प्रत्याशियों के टिकट बंटवारे में मुख्य आधारतत्त्व जाति होता है।

4. चुनाव अभियान में मतदान व्यवहार के निर्माण और निरूपण का आधार भी जातियां ही हैं। जिस चुनाव क्षेत्र में जिस जाति के मतदाताओं की बहुलता होती है, वहां राजनीतिक दलों की उम्मीदवारी भी उसी तथ्य को माध्यम बनाकर तय की जाती है और प्रत्याशियों की जीत भी उसी संख्या के अनुपात में निश्चित हो जाती है। निर्वाचन क्षेत्र में जिस जाति की आबादी सबसे ज्यादा होती है और दल का उम्मीदवार उसी जाति से होता है तो उसकी जीत बहुत आसान हो जाती है, क्योंकि मतदाता मतदान करते समय जाति के अतिरिक्त अन्य गुणों को गौण मानते हैं और चुनाव प्रत्याशी के प्रसंग पर जाति के अतिरिक्त किसी अन्य विकल्प पर कोई रुचि नहीं दिखाते हैं। इस प्रकार राजनीतिक भर्ती में जातियों की भूमिका अत्यन्त महत्त्वपूर्ण है।
5. भारत में राजनीतिक दलों के अस्तित्व–निर्माण का आधार भी जातियां ही हैं। जातियों को विभिन्न राजनीतिक दलों के कैडर (Cadre) वोट के रूप में चिह्नित किया जाता है। बिहार, हरियाणा, उत्तर प्रदेश, राजस्थान, आन्ध्र प्रदेश, केरल आदि के चुनावों एवं 16वीं लोकसभा के चुनाव में राजनीतिक दलों द्वारा संचालित चुनावी प्रक्रिया के परिप्रेक्ष्य में जातियों की भूमिका को ज्यादा बेहतर ढंग से समझा जा सकता है। बिहार में राजद, उत्तर प्रदेश में बसपा, सपा तथा दक्षिण में द्रमुक, अन्नाद्रमुक पार्टियां इस प्रसंग के बेहतर उदाहरण हैं।
6. भारत के कई राज्यों में जातीय प्रभावक समूहों द्वारा राजनीति को प्रभावित करने का कार्य किया गया है। दृष्टान्तस्वरूप तमिलनाडु में नाडार, गुजरात में क्षत्रिय महासभा, बिहार में कोइरी–कुर्मी महासभा, यादव महासभा एवं कायस्थ महासभा, आदि जातीय समूहों द्वारा धरना, प्रदर्शन, सम्मेलन व सभा आदि का आयोजन करके व्यवस्था की राजनीति को कई तरीकों से प्रभावित किया जाता रहा है।
7. मंत्रिमंडल के निर्माण के समय भी जाति तत्त्व आधार माध्यम की भूमिका निभाते हैं। मंत्रिमंडल का गठन करते समय प्रधानमंत्री या मुख्यमंत्री को इस तथ्य पर नजर रखनी पड़ती है कि नीति–निर्माण, निर्णय–प्रक्रिया का निर्धारण तथा सभी प्रकार के प्रशासनिक दायित्वों का निर्वहन करने वाली इस वैधानिक इकाई में समाज की सभी प्रमुख जातियों को प्रतिनिधित्व मिले।
8. राज्य या केन्द्रीय स्तर पर नीति–निर्माण में जातियों की भूमिका अति महत्त्वपूर्ण होती है। सरकार द्वारा अनेक मामलों में कई अवसरों पर अपने राजनीतिक फायदे के लिए किसी जाति विशेष को ध्यान में रखकर निर्णय लिया जाता है। इस रूप में जाति सक्रिय व सशक्त दबाव समूह की भूमिका निभाती है। दृष्टान्तस्वरूप अनुसूचित जातियों एवं जनजातियों द्वारा डाले गये दबाव की वजह से संवैधानिक प्रावधानों के तहत दिए गए आरक्षण की अवधि बढ़ानी पड़ी तथा पिछड़ी जातियों द्वारा दिए गए दबाव के फलस्वरूप इन जातियों के लिए आरक्षण प्रावधानों का विस्तार करना पड़ा। केन्द्र सरकार द्वारा मंडल आयोग की सिफारिशों को लागू करवाने के पीछे पिछड़ी जातियों के नेतृत्व का दबाव ही है। आरक्षण से संबंधित छात्रों के नामांकन, सरकारी नौकरियों में भर्ती, पदोन्नति तथा अन्य सभी प्रकार के लाभों से जुड़े तत्त्वों को प्रबलता से उठाने और सरकार एवं प्रशासनिक अधिकारियों को उस पर निर्णय लेने के लिए बाध्य करने में जातीय संघों की भूमिका उल्लेखनीय होती है। भारतीय राजनीति में जाति तत्व इतना प्रभावी रहा है कि सेना एवं पुलिस में भी यह तत्त्व प्रधान अस्तित्व रखता है, तभी तो भारतीय सेना में सिख रेजीमेण्ट, जाट रेजीमेण्ट आदि के रूप में सेना की विभिन्न टुकड़ियों को विशेष पहचान व सम्मान दिया गया है।

जाति और राजनीति के मध्य अन्योन्यक्रियाओं के सैद्धान्तिक आधार
(Theoretical Bases of Interactions between Caste and Politics)

भारत में जाति और राजनीति के मध्य निरन्तर चलने वाली अन्योन्यक्रियाओं से संबंधित कुछ सैद्धान्तिक आधारों की चर्चा की गयी हैं जो निम्नांकित हैं :

प्रथम–व्यवहारवादी एवं अनुभववादी विद्वानों द्वारा अभिव्यक्त किए गए विचारों से यह स्पष्ट होता है कि राजनीति की सक्रियता का आधार–माध्यम समाज है। राजनीति सामाजिक संबंधों की अभिव्यक्ति है, यानी कि सामाजिक संबंध, सामाजिक तत्त्व एवं सामाजिक परिस्थितियां ही राजनीतिक संबंधों और राजनीति के स्वरूप का निर्धारण करती हैं। भारतीय सामाजिक व्यवस्था की संरचना की नींव जाति संरचना पर टिकी है और सामाजिक संगठन ही राजनीतिक संगठन का स्वरूप निर्धारक होता है। इस दृष्टि से व्यवस्थागत राजनीति को सशक्त बनाने में जाति आधारतत्त्व की भूमिका निभाता है।

द्वितीय–भारतीय राजनीति की प्रकृति व प्रवृत्ति में आये परिवर्त्तन के फलस्वरूप जाति तत्त्व भी नए रूप में नई शक्ति के साथ अपने संख्या बल के आधार पर दावेदारी कर रहा है। चार दशकों तक जब देश की सत्ता पर एक ही दल कांग्रेस का प्रभुत्व था तो राजनीति में जातियों की सक्रियता की प्रकृति अलग थी। गठबंधन का दौर आरंभ होने तथा क्षेत्रीयता के तत्त्वों की प्रधानता सक्रिय होने के बाद सक्रिय राजनीति में जातियों की प्रकृति–प्रवृत्ति में काफी बदलाव आया है। चुनावी तालमेल और राजनीतिक सौदेबाजी में वे लड़ाकू रुख अख़्तियार कर रही हैं। लोकतांत्रिक राजनीतिक प्रक्रियाओं के मद्देनजर जातीय संरचनाओं के इस्तेमाल पर सरकार एवं सभी दलों द्वारा सबसे अधिक ध्यान दिया जाता है ताकि वे अपने उम्मीदवार के लिए ज्यादा से ज्यादा समर्थन जुटा कर अपनी स्थिति मजबूत कर सकें। इस विषय में प्रासंगिक दृष्टान्तों से इतिहास भरा पड़ा है। भारतीय सामाजिक संरचना में जाति सर्वाधिक महत्त्वपूर्ण संगठन है, तो यह स्वाभाविक है कि सैद्धान्तिक एवं व्यावहारिक दोनों आधारों पर व्यवस्थागत राजनीति अपने अस्तित्व को जातीय संगठनों के माध्यम से ही संगठित और मजबूत करने का प्रयास करेगी।

तृतीय–भारत में जातिगत आधार पर राजनीतिक दलों के निर्माण का प्रचलन भी बढ़ता जा रहा है। जातीय संगठन राजनीतिक नेताओं को सत्ता तक पहुंचाने में मुख्य भूमिका निभाते हैं, इसलिए भारतीय राजनीति सदैव जातियों की राजनीति के इर्द–गिर्द घूमती दिखाई देती है।

चतुर्थ–सभी जातियां संगठित होकर प्रत्यक्ष या अप्रत्यक्ष रूप से राजनीतिक प्रक्रियाओं में सहभागी बनती हैं। विशेष रूप से चुनाव के समय जातीय संघों, समुदायों की प्रमुखता देखते बनती है। सभी जातियों पर पूर्णरूप से चुनावी रंग का असर दिखने लगता है और वे प्रत्यक्ष रूप से चुनावी प्रतियोगिता में सक्रिय भागीदारी करती दिखाई देती हैं। राजनीतिक प्रभाववर्द्धन के लिए आधारतत्त्व के रूप में इस्तेमाल किए जाने की वजह से जातियों की प्रभावशालिता में बढ़ोत्तरी होती जा रही है। वस्तुतः, समकालीन भारतीय राजनीतिक समाज में जातियां ही वास्तविक राजनीतिक शक्ति का रूप धारण कर चुकी हैं।

जाति के महत्व का राजनीतिक पहलू : रजनी कोठारी का दृष्टिकोण
(Political Aspects of Caste's Importance: Rajni Kothari's Approach)

प्रो. रजनी कोठारी ने अपनी प्रसिद्ध पुस्तक **Caste in Indian Politics** में भारत की राजनीति में जातियों की विशेष भूमिका का विशद् विश्लेषण प्रस्तुत किया है। इनका मानना है कि भारत की जनता जातिगत आधार पर संगठित है, अतः न चाहते हुए भी यहां की राजनीति को जाति संगठनों के प्रभाव और उनकी तात्त्विक यथार्थता का उपयोग करना ही पड़ेगा। इनके शब्दों में, ''राजनीति में जातिवाद का प्रसंग असल में जातियों की राजनीतिकरण का प्रसंग है।'' इसके पीछे तर्क है कि राजनीतिक संस्थाएं शून्य में सक्रिय नहीं रहती हैं, सक्रियता के लिए उन्हें समाज में अपना आधार तलाशना पड़ता है, इसलिए या तो वे समाज में मौजूद सांगठनिक स्वरूपों

का इस्तेमाल करती हैं या इसके लिए किसी नई संरचना का निर्माण करती हैं। हर हाल में राजनीतिक संस्थाओं को सामाजिक आधार ग्रहण करना पड़ता है। इस रूप में जाति ही राजनीति के लिए सामाजिक आधारभूमि है। इनका मानना है कि भारत की जाति व्यवस्था और आधुनिक संसदीय राजनीति की अन्योन्य क्रियाओं की वजह से ही यहां सामाजिक परिवर्तन का मार्ग सरल हो पाया। जाति और राजनीति के मेल–मिलाप से बिना किसी भारी उठा–पटक के समाज का लौकिकीकरण हो गया। प्रो. कोठारी ने कहा है कि यदि कोई प्रश्नकर्ता यह पूछता है कि क्या भारत में जाति प्रथा समाप्त हो रही है? तो यह प्रश्न इस विषय का स्पष्टीकरण करता है कि जाति और राजनीति दो परस्पर विरोधी इकाइयां हैं। इनका ये भी कहना है कि जो लोग राजनीति में जातिवाद के आलोचक हैं वे न तो राजनीति की प्रकृति को सही ढंग से समझ पाये हैं और न ही राजनीति में जाति के महत्त्व को। व्यवस्था में राजनीति और जाति दोनों एक दूसरे के पोषक हैं। जहां राजनीति के माध्यम से जातियों को बड़े पैमाने पर राजनीतिक सहभागिता का प्लेटफॉर्म मिलता है, वहीं राजनीतिक नेताओं एवं राजनीतिक दलों को जातीय आधार पर संगठित मतदाताओं का पूरा समर्थन मिल जाता है जो मजबूत वोट बैंक में तब्दील होकर उनके राजनीतिक उद्देश्यों को प्राप्त करने का सबसे महत्त्वपूर्ण माध्यम बनता है।

जाति और राजनीति की अन्योन्यक्रिया पर प्रकाश डालते हुए **प्रो. रजनी कोठारी** द्वारा इसके तीन आयामों की प्रस्तुति की गई है :

प्रथम–जाति व्यवस्था का लौकिक आयाम–जाति व्यवस्था के लौकिक रूप पर प्रो. कोठारी द्वारा विशद् विवेचना प्रस्तुत की गई है। इनके मतानुसार, जाति संदर्भित कुछ आम पक्षों पर सबका ध्यान आकृष्ट होता है, मसलन जातिरूपी इकाई के अन्दर मौजूद विवाह प्रथा, रीति–रिवाज, छुआछूत आदि प्रसंग जाति को एक पृथक् इकाई के रूप में पहचान दिलाता है, लेकिन जाति प्रासंगिक इस महत्त्वपूर्ण तथ्य की ओर बहुत कम लोगों का ध्यान आकृष्ट होता है कि सामाजिक व्यवस्थान्तर्गत मौजूद विभिन्न जातियां निरन्तर आपसी प्रतिस्पर्धा, एवं गुटबंदी में संलग्न होती हैं। सामाजिक ढांचे के अन्तर्गत प्रत्येक जाति समाज में राजनीतिक प्रतिष्ठा और सत्ता–प्राप्ति हेतु संघर्षरत रहती हैं। उदाहरणस्वरूप, उत्तर प्रदेश, बिहार, राजस्थान, हरियाणा, आन्ध्र प्रदेश व केरल आदि राज्यों में जाति आधारित सत्ता–संघर्ष तथा चुनावों में विभिन्न जातियों की महत्त्वपूर्ण भूमिका के साक्ष्यों से राजनीति का इतिहास भरा पड़ा है। बिहार में राजद या राजग की सरकार एवं उत्तर प्रेदश में सपा या बसपा की सरकार का निर्माण इस पक्ष का बेहतर उदाहरण है। प्रो. कोठारी की दृष्टि में जाति व्यवस्था के इस लौकिक स्वरूप के भी दो आयाम हैं : शासकीय पहलू एवं राजनीतिक पहलू।

प्रो. कोठारी की दृष्टि में जातियों का शासकीय पहलू गांव की पंचायत एवं सत्ता संरचना के विविध आयामों से संबद्ध है। जाति प्रथा के इस पक्ष की वजह से सामाजिक व्यवस्था में नेतृत्व को राजनीतिक गोलबन्दी के लिए संरचनात्मक–विचारधारात्मक सामाजिक आधार मिला है। इस वजह से विभिन्न जातियों में विद्यमान् सत्ता की आकांक्षा की दृष्टि से बनी सहमति को राजनीतिक मान्यता देनी पड़ी और उनके बीच मौजूद राजनीतिक स्पर्धा को परम्परागत शैली में संयोजित करके राजनीतिक उद्देश्यों की प्राप्ति के लिए नए सिरे से संगठित किया गया। लौकिक स्वरूप का दूसरा पक्ष राजनीतिक है जो जातियों की आन्तरिक गुटबन्दी, प्रतिद्वन्द्विता तथा आपसी गठजोड़ से संबद्ध है। इस पक्ष का मूल प्रसंग भी सत्ता की आकांक्षा और आर्थिक लाभ की मांग से सीधा सरोकार रखता है। इस परिप्रेक्ष्य में स्पर्धारत समूहों द्वारा अपने जनाधार को बढ़ाने हेतु तथा अपने समुदाय के लोगों में राजनीतिक चेतना जगाने हेतु जीतोड़ प्रयास किया जाने लगा है। इन संगठनों के प्रभाव का संदर्भ इस तथ्य पर निर्भर करता है कि स्थानीय नेतृत्व का समाज की केन्द्रीय सत्ता से कैसा संबंध है। आरंभिक दौर में इन संगठनों की शक्ति और प्रभाव का सरोकार स्थानीय नेताओं से था, लेकिन लोकतांत्रिक प्रक्रिया के मजबूतीकरण की वजह से इनका सीधा सरोकार सांसदों एवं विधायकों से हो गया है।

द्वितीय–जाति व्यवस्था का एकीकरण आयाम–जाति व्यवस्था का दूसरा महत्त्वपूर्ण पक्ष उसके एकीकरण स्वरूप का है। इसका तात्पर्य है कि जाति व्यक्ति को समाज से जोड़ने वाला महती कारक है। जाति व्यवस्था की वजह से जन्म से व्यक्ति सामाजिक ढांचे के अन्तर्गत एक निश्चित स्थान प्राप्त कर लेता है। इस रूप में जाति प्रथा एक व्यक्ति की सिर्फ सामाजिक स्थिति का निर्धारण नहीं करती है, अपितु उसके व्यवसाय और आर्थिक पक्षों

का भी निर्धारण करती है। चाहे कोई व्यक्ति अपनी योग्यता के आधार पर कितना भी बड़ा पद क्यों न प्राप्त कर ले, अपने समाज के लोगों के प्रति उसके लगाव में कोई कमी नहीं आती है। जाति के प्रति व्यक्ति की निष्ठा में निरन्तर वृद्धि होती रहती है। अपनी जाति के प्रति मौजूद निष्ठा ही विकसित होकर राज्य एवं राष्ट्र के प्रति निष्ठा में तब्दील हो जाती है। इस प्रकार, जातियां एक सामाजिक व्यक्ति को राजनीतिक व्यवस्था से जोड़ने वाली कड़ी का कार्य करती हैं। स्वस्थ लोकतांत्रिक प्रक्रिया के अन्तर्गत समाज में विभिन्न जातीय समूहों के बीच सत्ता की आकांक्षा और आर्थिक लाभों की प्राप्ति हेतु शक्ति स्पर्द्धा चलती रहती है। वर्तमान परिप्रेक्ष्य में विभिन्न जातियों के बीच आपस में मिलकर गठजोड़ बनाने की प्रकृति स्पष्ट रूप से देखी जा रही है जिसका राजनीतिक उद्देश्य सत्ता से लाभ प्राप्त करना है या चुनाव में किसी विशेष उम्मीदवार को समर्थन देकर विजयी बनाना है।

इस पक्ष का आधुनिक परिप्रेक्ष्य में महत्त्वपूर्ण पहलू यह है कि समाज और राजनीति एवं जाति और राजनीति की अन्योन्यक्रिया की वजह से एकीकरण के नए रूप की ओर कदम बढ़ा रही है। इस एकीकरण की ख़ासियत यह है कि इसमें आधुनिक राजनीतिक संस्थाओं के साथ पारम्परिक समाज भी जुड़ा हुआ है। नए एकीकरण की प्रक्रिया में पारम्परिक निष्ठाओं के आधार को समाप्त करने की कोशिश नहीं की गयी है, लेकिन उनमें बदलाव लाने का पूरा प्रयास किया गया है, जो उनकी राजनीतिक सहभागिता के विस्तार से संबद्ध है। इस प्रसंग में ध्यान देने योग्य तथ्य यह है कि राजनीति और समाज के बीच का यह जुड़ाव दरअसल जातीय संगठन और एकीकरण की विभिन्न प्रणालियों का जुड़ाव है। अपने पारम्परिक रूप में जातियां सामाजिक एकीकरण की वाहक हैं और इस भूमिका के अन्तर्गत वे स्थानीय और एकनिष्ठ अस्मिताओं पर जोर देते हुए जाति के अन्दर मौजूद विभिन्न समूहों और उन समूहों के अन्दर व्यक्तियों की भूमिकाओं का निर्धारण करती हैं। वहीं जातिगत राजनीति का एक दूसरा महत्त्वपूर्ण पक्ष भी है जो जातियों के अन्दर दलबन्दी एवं विभाजक तत्त्वों का प्रतिनिधित्व करता है। उनके अन्दर आत्मचेतना जागृत करके उन्हें उनकी अस्मिताओं का बोध कराता है और समय–समय पर उनमें संघर्ष के लिए नई गुंजाइशें पैदा कराता रहता है।

तृतीय–जाति व्यवस्था का चैतन्य आयाम–प्रो. कोठारी की दृष्टि में जाति व्यवस्था का तीसरा महत्त्वपूर्ण आयाम उनका चेतना बोध है। यह आयाम जातियों के सामाजिक स्तरीकरण तथा प्रतिष्ठा से संबद्ध है। पश्चिमी देशों में सामाजिक स्तरीकरण का आधार वर्ग रहा है, तो भारत में इसका आधार जाति एवं वर्ण है। सामाजिक ढाँचे के अन्तर्गत जाति प्रथा में विभिन्न जातियों का एक संस्तरण पाया जाता है। सभी जातियाँ यह जानती हैं कि कौन सी जाति उनसे ऊंची है या नीची है और सभी इस संस्तरण के सत्य को स्वीकार भी करती हैं। लेकिन, वर्तमान समय में सामाजिक संस्तरण की स्थिति में काफी बदलाव आया है। निम्न जातियां अपनी सामाजिक, राजनीतिक एवं आर्थिक स्थिति में सुधार लाकर जातीय संस्तरण में ऊँचा उठने के लिए प्रयासरत हैं। **डॉ. श्रीनिवास** ने इस प्रक्रिया के लिए 'संस्कृतीकरण' (Sanskritisation) शब्द का प्रयोग किया है। इसका आशय यह हुआ कि आरंभिक दौर में समाज में व्यक्ति की पहचान और स्थान का निर्धारक जाति हुआ करती थी, लेकिन अब व्यक्ति अपनी शैक्षणिक योग्यता, गुण, सम्पत्ति और राजनीतिक सामर्थ्य के आधार पर समाज में उच्च स्थिति प्राप्त करने लगा है, यानी कि सामाजिक स्तरीकरण का आधार अब जाति के बजाय व्यक्ति की योग्यताएं होती जा रही हैं। बड़े–बड़े नगरों में अपरिचितता का लाभ उठाकर निम्न जातियों के लोग भी अपने को उच्च जाति से संबद्ध बताने लगे हैं। वहीं कभी–कभी यह भी दिखाई पड़ता है कि बेरोजगारी से तंग आकर उच्च जाति के युवा आरक्षण का लाभ उठाने के लिए आरक्षित जातियों का जाली प्रमाणपत्र प्रस्तुत करके गलत तरीके से आरक्षित वर्ग के छात्र के रूप में अपना नामांकन कराते हैं या नौकरी पाने की कोशिश करते हैं।

सामाजिक परिवर्तन के दौर में जातियों को अपनी स्थिति में बदलाव लाने के लिए कुछ विशेष मार्गों को अपनाना पड़ता है ताकि जाति व्यवस्था में लोच और परिवर्तनशीलता बनी रहे। प्रो. कोठारी द्वारा इस परिप्रेक्ष्य में चार मार्गों का संकेत किया गया है :

1. **संस्कृतीकरण**–संस्कृतीकरण वह तरीका है जिसके माध्यम से छोटी जातियां अपनी सामाजिक प्रतिष्ठा बढ़ाने के लिए ब्राह्मणों के रीति–रिवाजों को अपनाने का प्रयास करती हैं इसे ब्राह्मणीकरण की संज्ञा भी दी जाती है।

2. **लौकिकीकरण**—इसे अब्राह्मणीकरण तरीका भी कहा जाता है। लौकिकीकरण के अन्तर्गत विभिन्न गैर ब्राह्मण जातियां ब्राह्मणों की नकल करने की प्रकृति छोड़कर आपसी तालमेल से सामाजिक—राजनीतिक अधिकार प्राप्त करने की चेष्टा करती हैं। ऐसी प्रकृति अब्राह्मण जातियों में आर्थिक उन्नति राजनीतिक एकता एवं बौद्धिक विकास के प्रभाव की वजह से आती हैं।
3. **महापुरुषों के साथ संबंध जोड़ना**—इस मार्ग को अपनाकर समाज की कतिपय जातियां अपनी श्रेष्ठता का सिक्का जमाने के लिए अपना संबंध राजनीतिक महापुरुषों या धर्म के पुरोधाओं के साथ जोड़ती हैं। दृष्टान्तस्वरूप, वैश्य जाति राष्ट्रपिता महात्मा गांधी के साथ, हरिजन डॉ. अम्बेडकर के साथ, कुर्मी सरदार बल्लभ भाई पटेल के साथ, यदुवंशी भगवान श्री कृष्ण के साथ अपना संबंध जोड़कर समाज में अपनी प्रतिष्ठा बढ़ाना चाहते हैं।
4. **आधुनिक राजनीति में सहभागिता**—यह रास्ता विभिन्न जातियों को राजनीतिक सहभागिता के लिए प्रेरित करने वाला तरीका है। इस मार्ग को अपना कर जातियां बड़े पैमाने पर राजनीतिक सहभागिता करके अपनी सामाजिक प्रतिष्ठा में वृद्धि करती हैं। उदाहरणस्वरूप, बिहार, उत्तर प्रदेश, आन्ध्र प्रदेश आदि राज्यों के अन्तर्गत निवास करने वाली जातियों द्वारा राजनीति में सक्रिय भागीदारी करके सत्ता के केन्द्रीय पद पर अपनी जाति के उम्मीदवार को सत्तारूढ़ कराया गया है।

भारत में जातियों का राजनीतिकरण (Politicization of Castes in India)

'राजनीति में जातिवाद' को प्रो. कोठारी द्वारा 'जातियों के राजनीतिकरण' की संज्ञा दी गयी है। इनकी अभिव्यक्ति के अनुसार, जाति और आधुनिक संस्थाओं के मध्य चलने वाली वास्तविक अन्योन्यक्रियाएं अनिवार्य रूप से चयनात्मक थीं। इसका अभिप्राय यह हुआ कि जातियों के राजनीतिकरण के प्रसंग में जाति संरचना के कुछ पक्षों का अन्य पक्षों की तुलना में अपेक्षाकृत विशेष अतिक्रमण हुआ। इस प्रक्रिया में सबसे पहले जाति प्रथा की सत्तात्मक संरचना को आधुनिकीकरण की मुख्य धारा में खींचा गया। सत्ता संरचना और आर्थिक लाभों का परस्पर गहरा संबंध होता है, इसलिए राजनीतिकरण प्रक्रिया का दूसरा महत्त्वपूर्ण पक्ष आर्थिक लाभों के वितरण से संबद्ध है। इस प्रक्रिया का तीसरा महत्त्वपूर्ण पहलू जातिगत चेतना—बोध से प्रासंगिक है। जाति प्रथा से संबंधित ये सभी अवयव परिवर्तन—प्रक्रियाक्रम में गंभीर रूप से प्रभावित हुआ। भारत में जातियों के राजनीतिकरण और आधुनिक संसदीय राजनीति की अन्योन्यक्रिया से समाज परिवर्तन की प्रक्रिया को नया आयाम मिला।

प्रो. कोठारी द्वारा जातियों के राजनीतिकरण प्रसंग पर विशेष चर्चा प्रस्तुत करते हुए इस प्रक्रिया की प्रस्तुति तीन चरणों में बाँटकर की गयी है :

1. **शक्ति प्रभाव की प्रतिद्वन्द्विता**—भारत के पारम्परिक समाज में शक्ति, प्रतिष्ठा एवं प्रभाव अर्जित करने के लिए स्पर्धा का दायरा पहले ऊंची जातियों तक सीमित था। बदलते समय के साथ जो जातियां ऊंची शिक्षा प्राप्त करके समाज में आगे बढ़ने का प्रयास करती रहीं, वे धीरे—धीरे प्रतिष्ठित जातियों के समकक्ष स्थान को प्राप्त करने में सफल होती गयीं। इन जातियों द्वारा अधिकार और पद प्राप्त करने की लालसा ने इन्हें राजनीतिक संगठनों का निर्माण करने के लिए अभिप्रेरित किया, नतीजतन ऊंची जातियों से इनकी स्पर्धा धीरे—धीरे बढ़ती गयी। उदाहरणार्थ—महाराष्ट्र और तमिलनाडु में ब्राह्मण अब्राह्मण, गुजरात में बनियां, ब्राह्मण, पाटीदार, राजस्थान में राजपूत—जाट, केरल में इजवा एवं नायर, आन्ध्र प्रदेश में काम्मा—रेड्डी के बीच चलने वाली स्पर्धा को स्पष्टतः देखा जा सकता है।
2. **जाति के अन्दर प्रतिद्वन्द्वी गुट**—यह जातियों के राजनीतिकरण की वह अवस्था है जिसमें विभिन्न जातियों के बीच पायी जाने वाली स्पर्धा के साथ—साथ जातियों के अन्दर भी प्रतिस्पर्धी गुटबन्दी के अस्तित्व की मौजूदगी उपस्थित हो जाती है। इन गुटों के नेता अपनी स्थिति मजबूत करने के लिए उन जातियों की भी मदद लेते हैं जो उनकी जातीय सीमा से बाहर हैं। चुनाव में निम्न जातियों का समर्थन लेकर

अपनी स्थिति मजबूत करने के लिए ऊंची जातियों के गुटों का नेतृत्व छोटी जातियों के गुटों के नेता को राजनीतिक पद और आर्थिक लाभ का प्रलोभन देकर उनकी जाति का मत प्राप्त करने की कोशिश करते हैं। लेकिन, जहां इस प्रकार पद या प्रलोभन देकर समर्थन प्राप्त करना संभव नहीं होता है, वहां समाज की विभिन्न जातियों–उपजातियों के बीच आपसी स्पर्धा उत्पन्न कराके उनका संगठन बनाने और उन संगठनों के मध्यस्थों द्वारा समझौता कराने की कोशिश की जाती है ताकि चुनाव में अपनी स्थिति मजबूत की जा सके। इस प्रक्रिया की वजह से इस चरण में ऊंची जातियों की अपेक्षा व्यवसायी वर्ग और कृषक जाति के नेताओं व कार्यकर्त्ताओं की संख्या में वृद्धि हुई है।

3. **जाति बंधन का दुर्बल होना और राजनीति का व्यापक आयाम**—यह राजनीतिकरण का तीसरा चरण है जिसमें एक तरफ राजनीतिक मूल्यों की महत्ता संस्थापित हुई, वहीं दूसरी ओर जातियों के बीच आपसी दृष्टिकोण में काफी फर्क आया। जाति–पांति के आधार पर भेदभाव छुआछूत आदि की भावना में काफी कमी आई, और जाति के प्रति कट्टरता भी पहले की अपेक्षा थोड़ी कम हुईं। इसकी मूल वजह सभी जातियों में शिक्षा का विकास, उच्च शिक्षा द्वारा उच्च पदों की प्राप्ति, सामाजिक स्तरीकरण के मानदण्डों में परिवर्तन, पढ़े–लिखे समाज पर शहरीकरण की मानसिकता का प्रभाव आदि हैं। यह स्थिति शहरीकरण की वजह से समाज में आये परिवर्तन का द्योतक है। आर्थिक उन्नति और भौतिक संसाधनों की प्राप्ति हेतु लोग शिक्षा, नौकरी, व्यवसाय एवं सभी प्रकार के काम–धन्धे के लिए शहर की ओर पलायन करने लगे। इस क्रम में गाँव की परम्परागत संस्कृति उनसे छूटती गयी। शहरों में बसने की वजह से आधुनिकता की संस्कृति का प्रभाव उन पर बढ़ने लगा। इस संक्रमण (Transition) की वजह से जाति की भावना ढीली होती गयी और सामाजिक व्यवहार की सीमा भी अपनी जाति तक सीमित नहीं रही। नई शिक्षा, नया सामाजिक परिवेश, नये सामाजिक व्यवहार में व्यापकता आने की वजह से राजनीति का दायरा भी व्यापक होता गया जिसमें जातिगत कट्टरता का पारम्परिक स्वरूप काफी ढीला हुआ। नये सामाजिक व्यवहार और नई प्रवृत्तियों में व्यापक विस्तार की वजह से राजनीतिक संस्थाओं का स्वरूप भी व्यापक होता गया। नागरिकों की राजनीतिक अभिवृत्तियों में नई निष्ठाओं, विश्वासों एवं प्रतिबद्धताओं का जन्म हुआ और पारम्परिक निष्ठाओं का स्वरूप काफी कमजोर हुआ। इन सभी परिप्रेक्ष्यों में जाति की भावना नई शक्ल में ढलने लगी। राजनीतिक परिप्रेक्ष्य में जाति अब सिर्फ राजनीतिक समर्थन या शक्ति प्राप्त करने एवं प्रदर्शन करने का आधार नहीं रही, बल्कि राजनीति में इसका आधिकारिक इस्तेमाल किया जा रहा है।

प्रो. रजनी कोठारी द्वारा अभिव्यक्त राजनीति और जाति की अन्योन्यक्रिया से संबंधित कुछ सारगर्भित बिन्दुओं पर यहां प्रकाश डाला जा रहा है :

- स्वतंत्र भारत की लोकतांत्रिक प्रक्रिया में सहभागी बनने की वजह से आरंभिक दौर में पहले तो जाति प्रथा पर अलगाव की प्रवृत्ति देखी गयी, लेकिन कुछ समय पश्चात् जाति का राजनीति के साथ सामंजस्य हुआ और जाति व्यवस्था द्वारा राजनीतिक संगठनों को सहायता दी जाने लगी।
- राजनीति के वर्तमान स्वरूप में राजनीतिक सहभागी बनने से नागरिकों की अभिवृत्ति में परिवर्तन आया और वे इस सच्चाई को समझ गये कि समाज के विकास के लिए सिर्फ जाति और सम्प्रदाय के साथ जुड़े रहना ही काफी नहीं है।
- बड़ी जातियों में एकता का अभाव पाया जाता है जिसकी वजह से जाति के अन्दर गुटबन्दी और गुटों के नेताओं का आविर्भाव होता है।
- सामाजिक ढाँचे में छोटी संख्याबल वाली जातियां अपने दम पर अकेले चुनाव जीतने का माद्दा नहीं रखती हैं, लेकिन वे किसी अन्य जाति को समर्थन देकर जिताने का सामर्थ्य रखती हैं। यदि कोई उम्मीदवार अपनी जीत के लिए समर्थन जुटाने का प्रयास करता है तो दूसरी जातियां उसके विरुद्ध हो जाती हैं, इसलिए चुनावी राजनीति में सफल होने के लिए कई जातियों को मिलाकर गुट बनाना पड़ता है।

- सक्रिय राजनीति में भागीदारी की वजह से जातीय भावना ढीली हुई है और अनेक नई निष्ठाओं का आविर्भाव हुआ है।
- देश के वर्तमान राजनीतिक परिदृश्य में जातिवाद एवं सम्प्रदायवाद का मुद्दा काफी प्रबल रूप में चुनावी राजनीति को प्रभावित कर रहा है। लोगों का ऐसा मानना है कि शिक्षा के प्रसार, शहरीकरण, औद्योगीकरण व आधुनिकीकरण की वजह से समाज में जातिवादी प्रवृत्ति थोड़ी ढीली हुई है, लेकिन चुनावी राजनीति की प्रक्रिया और परिणाम समाज के सदस्यों में जातिवाद की भावना को मजबूत करता है। इस प्रवृत्ति से सामाजिक समरसता में कमी आती है और नतीजतन लोकतंत्र का धर्मनिरपेक्ष ढाँचा खतरे में पड़ सकता है। इस प्रसंग पर प्रो. कोठारी का कहना है कि वस्तुतः, जाति और राजनीति की अन्योन्यक्रिया का परिणाम वह नहीं होता है जो लोग सोचते हैं। इनका मानना है कि राजनीति पर जातियों के हावी होने से ही जातियों का राजनीतिकरण हो जाता है। इस रूप में राजनीति में जाति की प्रधानता होने की वजह से जातियों को एक नया आयाम मिला है। जातियां अपने पारम्परिक रूप से निकल कर नये रूप में ढल रही हैं।
- आधुनिक नेता चाहे अपने आपको जितना लौकिक रूप में प्रस्तुत करें लेकिन यह सत्य है कि इनकी राजनीतिक गतिविधियों की वजह से ही समाज के उन वर्गों–समूहों के हाथ में राजनीतिक शक्ति पहुंची जो अब तक उस शक्ति के प्रयोग से वंचित थे।
- व्यवस्था में जाति आधारित कई संगठनों व संघों का अस्तित्व मौजूद है, जिनके बैनर तले महासम्मेलन, प्रदर्शन, रैली आदि कार्यक्रमों को अंजाम दिया जाता है। इनमें प्रमुख जातीय संगठनों में अखिल भारतीय क्षत्रिय महासंघ, अखिल भारतीय ब्रह्मर्षि महासंघ, अखिल भारतीय यादव महासंघ, अखिल भारतीय कुशवाहा महासंघ, अखिल भारतीय कायस्थ महासंघ, अखिल भारतीय वैश्य महासंघ, अखिल भारतीय दलित सेना आदि हैं। अखिल भारतीय कुर्मी महासम्मेलन का आयोजन 2004 में नीतीश कुमार द्वारा बिहार का मुख्यमंत्री बनने के पूर्व कराया गया था, जो जदयू के वोट बैंक निर्माण और मतप्रबंधन का महती माध्यम बना जिसके परिणाम के रूप में बिहार में 2005 के विधानसभा चुनाव में जदयू–भाजपा सत्तारूढ़ हुई।
- जातियों व सम्प्रदायों की राजनीति में व्यापक भागीदारी से सामूहिक स्तर पर राष्ट्रीय भावना का विकास होता है और अलगाववादी प्रवृत्ति की जगह राजनीतिक एकीकरण की प्रवृत्ति विकसित होती है।

भारत में जातियों के राजनीतिकरण का लौकिक पहलू
(Secular Aspects of Politicization of Castes in India)

जातियों के राजनीतिकरण के लौकिक पहलू का संबंध अनुसूचित जातियों, आदिवासियों और धार्मिक अल्पसंख्यकों विशेष रूप से मुसलमानों से जुड़ा है। राजनीतिकरण के सेकुलरीकरण के मुख्य पक्ष निम्नांकित हैं :

दलितों एवं आदिवासियों से जुड़े सवाल–दलित जिसे राष्ट्रपिता महात्मा गांधी द्वारा 'हरिजन' की उपाधि मिली, के राजनीतिकरण हेतु संवैधानिक प्रावधानों के तहत संसद्–विधानसभाओं तथा शैक्षिक स्तर पर नामांकन एवं सरकारी नौकरियों में दिये जाने वाले आरक्षण की वजह से साठ के दशक तक इस जाति द्वारा सामाजिक–राजनीतिक स्तर पर काफी तरक्की अर्जित की गयी। संविधान की धारा 330–332 के अन्तर्गत संसद् तथा राज्य की विधानसभाओं के निर्वाचन क्षेत्रों में आरक्षण तथा संविधान के अनुच्छेद 15(4) तथा 16(4) के तहत सरकारी नौकरियों और शिक्षण संस्थाओं में नामांकन हेतु दिये जाने वाले आरक्षण की सुविधा की वजह से संविधान द्वारा आरक्षित निर्वाचन क्षेत्रों के अतिरिक्त अन्य सीटों पर भी इन जातियों के राजनीतिक लेन–देन की ताकत में काफी वृद्धि हुई। इन जातियों के पुरोधाओं को राजनीतिक सौदेबाजी तथा राजनीतिक गठजोड़ों में तरजीह मिलना तथा ऊंची जाति के नेताओं द्वारा चुनाव में जीत के लिए इन जातियों का समर्थन प्राप्त करने

की होड़ साठ–सत्तर के दशक की सक्रिय राजनीति में, इनकी राजनीतिक हैसियत से ज्यादा इन्हें महत्त्व प्रदान करने जैसी बात थी। संवैधानिक तथा राजनीतिक स्तर पर मिलने वाला लाभ सामाजिक स्तर पर इन जातियों के पिछड़ेपन की कमी की भरपाई कर रहा था। अपनी राजनीतिक हैसियत में बढ़ोतरी और समुन्नत सामाजिक जीवन जीने की जिजीविषा लिए इन दोनों जातियों द्वारा अपने हितवर्द्धन हेतु पृथक् संगठनों, महासंघों तथा जाति आधारित राजनीतिक दलों के निर्माण का प्रचलन आरंभ हुआ। संविधान द्वारा प्रदत्त राजनीतिक हैसियत की वजह से इन जातीय समूहों की जातिगत दावेदारियों के बावजूद सामाजिक स्तर पर अतिपिछड़ा होने के नाम पर उन पर जातिवादी होने का आरोप भी नहीं लगाया जा रहा था। इन दोनों जातियों को खुश करने के लिए इनका हितैषी होने का प्रमाण प्रस्तुत करने की होड़ सभी दलों में मच गई। अपनी पार्टी को ज्यादा सेकुलर साबित करने के लिए धीरे–धीरे सभी राष्ट्रीय एवं क्षेत्रीय पार्टियों में संगठन के स्तर पर इनके लिए अलग प्रकोष्ठ का निर्माण किया गया। इस कार्य द्वारा सभी दलों में इन जातियों के राजनीतिक महत्त्व को जातिगत आधार पर आंका गया और उन्हें राजनीतिक तरजीह दी गयी। इन प्रयासों से जहां एक ओर व्यवस्था में इन जातियों की राजनीतिक मान्यता तथा राजनीति में इनकी विशिष्टता स्थापित हुई, वहीं दूसरी ओर संवैधानिक स्तर पर विशेष राजनीतिक–सामजिक सुविधाओं के प्राप्तकर्ता होने की वजह से बड़े पैमाने पर इनका राजनीतीकरण हो गया और ये समसामयिक समाज के आधुनिक केन्द्रों से सीधे रूप में जुड़ गए।

अल्पसंख्यकों, विशेष रूप से मुसलमानों से जुड़े सवाल–भारत में गैर हिन्दू धर्मावलम्बियों में मुसलमानों को छोड़कर अन्य धार्मिक अल्पसंख्यकों की संख्या बहुत कम है। केरल में कैथोलिक ईसाई की आबादी है और पंजाब में सिखों की आबादी है। स्वाधीनता संघर्ष के जमाने से ही अपनी राष्ट्रवादी विचारधारा की वजह से कांग्रेस पार्टी राजनीति में मुसलमानों की अलग पहचान बनाने की समर्थक नहीं रही। पार्टी मुसलमानों के अलग राजनीतिक संगठन के निर्माण की भी समर्थक नहीं थी। मुस्लिम लीग द्वारा प्रवर्तित द्विराष्ट्र सिद्धान्त के विरुद्ध संघर्ष करके सभी समुदायों के प्रतिनिधित्व का दावा करते हुए कांग्रेस के नेतृत्व में जो राष्ट्रीय आन्दोलन चलाया गया, वह समाज के विभिन्न समुदायों के बीच लौकिक माहौल बनाने में बहुत कामयाब नहीं रहा। देश का विभाजन और पाकिस्तान निर्माण के पश्चात् मुसलमानों को अलग राजनीतिक पहचान दिये जाने के दावे को स्वाभाविक तौर पर संदेह की दृष्टि से देखा गया। स्वतंत्रता प्राप्ति के पश्चात् राजनीतिक पदों के लिए खुली राजनीतिक प्रतियोगिता के माहौल में भारतीय मुसलमान ये तय नहीं कर पर रहे थे कि उन्हें अपनी पहचान स्थापित करने के लिए राजनीतिक रूप से संगठित होना है या नहीं।

बदलते समय के साथ जब परिस्थिति थोड़ी सामान्य हुई, तब मुसलमानों के दो संगठनों का आविर्भाव हुआ।

प्रथम–जमाइत–उल–उलेमा, यह गैर राजनीतिक संगठन था जो मुस्लिम समाज की शैक्षिक और धार्मिक गतिविधियों की देखरेख करता था।

द्वितीय–इनका दूसरा संगठन जमात–ए–इस्लामी था, जिसके द्वारा राजनीतिक दावेदारी की मांग उठाई गई और चुनाव में उम्मीदवार भी खड़ा किया गया।

लंबे अर्से तक राजनीतिक उपेक्षा की वजह से मुस्लिम नेताओं का स्वर तीखा होने लगा और यदा–कदा उनके नेताओं द्वारा गैर संवैधानिक भाषाओं का प्रयोग भी किया जाने लगा। जिन जगहों पर मुसलमानों को राजनीति की मुख्य धारा में शामिल किया गया वहां उनकी सोच में बदलाव आया। दृष्टान्तस्वरूप, एक राजनीतिक दल के रूप में केरल में मुस्लिम लीग का वजूद कायम रहा इसलिए देश के अन्य हिस्सों की अपेक्षा वहां इनका राजनीतिक नजरिया ज्यादा लौकिक दिखाई दिया। गठजोड़ की राजनीति में इनकी बढ़ती हुई राजनीतिक क्षमता और अहमियत भी इनके राजनीतीकरण का ख़ास पहलू है। तीसरे–चौथे आम चुनावों की सक्रिय राजनीति में मुस्लिम संगठनों की सक्रियता काफी बढ़ी, और उसके बाद से लगातार सभी आम चुनावों में इनकी सहभागिता का स्तर बढ़ता गया जिससे इनके लिए लोकतांत्रिक राजनीतिक प्रक्रियाओं में सेकुलर भागीदारी की गुंजाइशों का रास्ता आसान हुआ।

मुसलमानों को खुली राजनीतिक प्रतियोगिता में भागीदारी के लिए दलितों एवं आदिवासियों की तरह संवैधानिक रूप से आरक्षित सीटों की सुविधा तो नहीं दी गई है, लेकिन सभी राष्ट्रीय एवं क्षेत्रीय पार्टियां चुनाव के समय

मुस्लिम मतदाताओं को अपने राजनीतिक पाले में खींचने के लिए न्यूनतम संख्या में मुस्लिम उम्मीदवारों को चुनाव मैदान में उतारती गई इससे आम चुनाव के समय मुस्लिम समुदाय अन्य समुदायों के साथ गठजोड़ बनाते गए और मतदान क्रिया में राजनीतिक सहभागी बनते गये। हालांकि निर्वाचन क्षेत्रों का चुनावी अध्ययन–विश्लेषण ये बताता है कि चुनावी सहभागिता के मामले में उनकी राजनीतिक हिचक अभी भी बाकी है। मुसलिम मतदाताओं की ओर से अपने लिए राजनीतिक उपेक्षा की काफी शिकायतें मुख्य रूप से चुनाव के समय सामने आती रही है। सामाजिक व आर्थिक स्तर पर मुसलमान मतदाता दुविधा, अविश्वास और द्वन्द्व से ग्रसित हैं। लेकिन, मुस्लिम समुदाय चुनावी राजनीति में अपने संख्या बल की हैसियत से पूरी तरह वाक़िफ़ हैं, इसलिए चुनावी माहौल में राजनीतिक दलों द्वारा काफी मान–मनौव्वल के बाद सोच समझ कर ही ये मतदान कार्य में सहभागी बनते हैं। इस प्रकार, आजाद भारत में मुस्लिम समुदाय और राजनीति की अन्योन्यक्रिया की वजह से मुसलमानों का काफी हद तक राजनीतीकरण हो चुका है।

भारत में जातियों के राजनीतीकरण की विशेषताएं
(Characteristics of Caste's Politicization in India)

भारतीय राजनीति में जाति की महती भूमि से सम्बद्ध उभरती विशेषताओं को निम्नांकित संदर्भों में देखा जा सकता है :

1. प्रसिद्ध समाजशास्त्री डॉ. जी.एस. घुरिये (G.S. Ghurye) ने अपनी रचना' Caste, Class and Occupation में जाति की जिन विशेषताओं को रेखांकित किया है उनमें समाज के खण्डात्मक विभाजन (Segmental Division of Society) की चर्चा की है। धुरिये द्वारा व्यक्त खण्डात्मक विभाजन का तात्पर्य है एक जाति के सदस्यों की सामुदायिक भावना सम्पूर्ण समुदाय के प्रति न होकर केवल अपनी जाति तक सीमित होती है। व्यक्ति की निष्ठा श्रद्धा विशेष रूप से अपनी जाति के प्रति होती है, जबकि जाति की राजनीतीकरण की प्रक्रिया यह स्पष्ट करती है कि जाति व्यक्ति को जोड़ने वाली कड़ी है। जातियों के राजनीतीकरण की वजह से जातीय संघों–संगठनों की राजनीतिक महत्त्वाकांक्षा में काफी वृद्धि हुई है। इतिहास गवाह है कि जातिवाद को समाप्त करने वाले आन्दोलनों के परिणामस्वरूप नए रूप में जातियां ज्यादा मुखर हुई हैं; जैसे–लिंगायत, सिख आन्दोलन, कबीरपंथी खुद ही नई जातियां बन गईं।
2. जाति की राजनीतीकरण की दृष्टि से गांव या पंचायत की प्रधान जाति केवल राजनीतिक–आर्थिक दृष्टि से मजबूत नहीं होती है, अपितु संख्या बल के आधार पर भी स्थानीय इलाके में इस जाति का प्रभुत्व होता है। अपनी संख्या बल के आधार पर यह जाति अपने गांव तथा स्थानीय इकाइयों (पंचायतों) की राजनीति में सक्रिय भूमिका निभाती हैं। यदि किसी राज्य में किसी जाति विशेष की प्रधानता होती है तो वह जाति राजनीति के स्वरूप–निर्धारण में एक महत्त्वपूर्ण प्रभावक तत्त्व की भूमिका निभाता है। जातियों के राजनीतीकरण के प्रसंग में ऐसी प्रधान जाति की भूमिका का तात्विक विश्लेषण राजनीतिक गतिविधियों से जुड़े शोध के संबंध में करना जरूरी है।
3. शिक्षा का प्रसार, औद्योगीकरण, शहरीकरण एवं आधुनिकीकरण की वजह से जातियों का अस्तित्व समाप्त नहीं हुआ, बल्कि उनकी एकीकरण की प्रवृत्ति में इज़ाफ़ा हुआ है साथ ही उनकी राजनीतिक भूमिकाओं में भी काफी बढ़ोतरी हुई है।
4. चुनावी राजनीति के दरम्यान जातीय संघों–संगठनों द्वारा प्रस्ताव पारित करके किसी विशेष राजनीतिक दल को समर्थन देने की घोषणा की जाती है, ऐसा करके जाति संघ अपने हितवर्द्धन के लिए प्रयास करते हैं।
5. राष्ट्रीय राजनीति की अपेक्षा प्रान्तीय और स्थानीय स्तर पर जातियों की भूमिका ज्यादा मुखर और महत्त्वपूर्ण होती है।

6. जाति और राजनीति के बीच गतिशील–परिवर्तनशील संबंध होता है जिसका स्वरूप समय के साथ परिवर्तित होता रहता है और नये सिरे से गति प्राप्त करके नए रूप में ढलता रहता है।
7. ब्रिटिश हुकूमत के जमाने में ही जातीय समुदायों का रुझान राजनीति की तरफ दिखने लगा था। ब्रिटिश सरकार द्वारा भारत में एक मजबूत प्रशासनिक व्यवस्था के ढांचे की बुनियाद रखी गयी थी। प्रशासन का सबसे पहले ध्यान जनगणना कार्यालय की ओर गया जहां जातीय संघों व समुदायों द्वारा सामाजिक प्रतिष्ठा प्राप्त करने के उद्देश्य से अपने संघों का नामकरण कराने की प्रक्रिया की शुरुआत हुई। पंजीकरण के पश्चात् विभिन्न जातीय संघों द्वारा प्रस्ताव पारित करके अपनी जाति के लोगों के हित संरक्षण हेतु सरकार पर दबाव बनाया जाने लगा। सक्रियता की वजह से कुछ जातीय संघों द्वारा शिक्षण संस्थानों और सरकारी नौकरियों में आरक्षण की मांग उठायी गयी। उदाहरणस्वरूप तमिलनाडु में वेनियर (Venniyar) जाति के नेता पदायची (Padayachi) द्वारा अपनी जाति प्रासंगिक मांगों के न माने जाने की वजह से सी. राजगोपालाचारी के मंत्रिमंडल में शामिल होने से मना किया गया और बाद में अपनी जाति की मांग स्वीकार किये जाने की वजह से वे कामराज मंत्रिमंडल में शामिल हुए। इस रूप में जाति संघ व्यवस्था प्रभावी दबाव समूह की भूमिका निभाते हैं।
8. पिछले कुछ दशकों में जब से गठबंधन की राजनीति का युग आरंभ हुआ है प्रान्तीय एवं केन्द्रीय राजनीति के स्तर पर जातीय संघों और राजनीतिक दलों के बीच होने वाले चुनावी तालमेल की वजह से जहां जातिगत संघों–समुदायों व महासंघों की भूमिका सक्रिय राजनीति में काफी मुखर हुई है, वहीं राजनीतिक स्तर पर जातियों की भूमिका चुनाव दर चुनाव नए रूप में ढल रही है। वर्तमान परिप्रेक्ष्य में अवसरवादी राजनीति के बोलबाला की वजह से जातियों का चुनावी समीकरण हमेशा बनता बिगड़ता रहता है इससे जातियों के राजनीतीकरण की प्रक्रिया को नया रूप और नई गति मिली है।

भारतीय राजनीति में जाति की भूमिका (Role of Castes in Indian Politics)

भारतीय राजनीति में जाति की भूमिका के संबंध में जय प्रकाश नारायण का कहना था कि "जाति ही भारत का सबसे महत्त्वपूर्ण दल है।" जाति व्यवस्था भारतीय समाज की रीढ़ है। भारत में जाति के व्यापक परिप्रेक्ष्य पर रोशनी डालते हुए डॉ. मजूमदार लिखते हैं कि जाति व्यवस्था भारत में अनुपम है। सामान्य तौर पर भारत जातियों एवं समुदायों का पारम्परिक स्थल माना जाता है। ऐसा कहा जाता है कि यहां की हवा में भी जाति घुली हुई है, यहां तक कि मुसलमान और ईसाई भी इससे अछूते नहीं हैं। यहां के सामाजिक ढांचे में जातियों की अधिकता और उनके व्यापक आधार को देखते हुए हन ने लिखा है कि "भारत में जाति व्यवस्था के सम्यक् अध्ययन के लिए विशेषज्ञों की एक सेना की आवश्यकता हैं।" डॉ. सक्सेना का ऐसा मानना है कि "जाति हिन्दू सामाजिक संरचना का एक मुख्य आधार रहा है, जिससे हिन्दुओं का सामाजिक, सांस्कृतिक, आर्थिक एवं राजनीतिक जीवन प्रभावित होता रहा है। हिन्दुओं के सामाजिक जीवन के किसी भी पक्ष का अध्ययन जाति विश्लेषण के बिना अधूरा है।"

जाति व्यवस्था की महत्ता से प्रासंगिक ऊपर विवेचित सभी उक्तियों के आलोक में इस तथ्य का स्पष्टीकरण होता है कि जाति प्रथा के तात्त्विक अध्ययन के बिना भारतीय मतदाताओं के राजनीतिक व्यवहार तथा मतदान व्यवहार का तत्त्वतः अध्ययन करना संभव नहीं है। इन तथ्यों के मद्देनजर भारतीय राजनीति में जाति की भूमिका के विश्लेषणपरक अध्ययन की प्रस्तुति यहां की जा रही है जो अति आवश्यक है।

स्वतंत्र भारत की संसदीय राजनीति में लोकतांत्रिक प्रक्रियाओं को अमलीजामा पहनाने के लिए चुनाव आयोग की देखरेख में चुनावी राजनीति का श्रीगणेश 25 अक्टूबर, 1951 को हुआ। संवैधानिक प्रावधानों के अनुरूप पहली बार स्वतंत्र देश के मतदाताओं ने वयस्क मताधिकार का प्रयोग करके अपने प्रतिनिधियों का चुनाव किया, साथ ही स्वतंत्र नागरिक के रूप में राजनीतिक सहभागिता के दायित्व का निर्वहन भी किया। आम चुनाव की राजनीतिक प्रक्रिया आरंभ होते ही व्यवस्था में मौजूद जातीय संस्थाएं यकायक अत्यधिक सक्रिय और महत्त्वपूर्ण हो

गईं, क्योंकि जातिगत संस्थाओं की सभी इकाइयों में संख्या बल के अनुरूप मतों का समुच्चय था और संसदीय लोकतंत्र में राजनीतिक सत्ता उपार्जित (Achieve) करने के लिए भारी संख्या में इकाई के अन्तर्गत एकत्रित ये मत अत्यन्त मूल्यवान् थे। धीरे–धीरे जातियों में राजनीतिक चेतना जागृत होती गयी। मताचरण में आधारतत्त्व की भूमिका निभाने की वजह से जातियों का शनैः–शनैः राजनीतीकरण होता गया। जातियां राजनीतिक चेतना और अपनी आबादी के बलबूते पर सत्ता–निर्माण एवं सत्ता–प्राप्ति हेतु आधारतत्त्व और आधार माध्यम की भूमिका निभाने लगीं। भारतीय राजनीति में जाति की उल्लेखनीय भूमिका को निम्नांकित संदर्भों में देखा जा सकता है।

1. **निर्वाचन क्षेत्रों के निर्माण एवं सीमांकन में जाति की भूमिका**—भारत में नवनिर्मित संवैधानिक प्रावधानों के तहत केन्द्र एवं राज्य स्तर पर विधायिका के गठन के लिए जो उपबंध प्रस्तुत किए गए, उसमें निर्वाचन क्षेत्रों के निर्माण एवं सीमांकन में जाति व्यवस्था के महत्त्व को आरक्षण के माध्यम से रेखांकित किया गया। लोकसभा एवं विधानसभाओं के निर्वाचन क्षेत्रों के सीमांकन में उम्मीदवारों के चयन एवं जीत के मद्देनज़र जाति तत्त्व को प्राथमिक स्तर पर महत्त्व दिया गया। इस महत्त्व को ध्यान में रखते हुए **संविधान की धारा 330** में लोकसभा में अनुसूचित जातियों और अनुसूचित जनजातियों के लिए सीटों के आरक्षण का प्रावधान है। **धारा 331** में लोकसभा में आंग्ल भारतीय समुदाय को प्रतिनिधित्व देने की बात कही गयी है। संविधान की **धारा 332** राज्यों की विधानसभाओं में अनूसूचित जातियों और अनुसूचित जनजातियों के लिए सीटों के आरक्षण का स्पष्टीकरण करता है और **धारा 333** राज्यों की विधानसभाओं में आंग्ल भारतीय समुदाय को प्रतिनिधित्व देने से संबद्ध है। ये समस्त संवैधानिक उपबंध (Provision) नवस्वतंत्र भारत की लोकतांत्रिक राजनीतिक प्रक्रिया में जाति के महत्त्व को दर्शाता है। इन उपबंधों को संविधान में प्रमुखता से स्थान देने का तात्पर्य समाज के पिछड़े पददलित वर्ग (Downtrodden Class) को राजनीतिक प्रक्रिया की मुख्यधारा में शामिल करना था। **पैंतालीसवें संविधान संशोधन अधिनियम 1980** द्वारा संसद् एवं विधानसभाओं में इनको दिए जाने वाले आरक्षण की अवधि को 10 वर्ष बढ़ाया गया। **62वें संविधान संशोधन अधिनियम 1989** द्वारा पुनः इस दिए जाने वाले आरक्षण की अवधि को आगे 10 वर्ष के लिए बढ़ाया गगा। **79वें संविधान संशोधन अधिनियम 1999** द्वारा केन्द्र सरकार अनुसूचित जातियों तथा अनुसूचित जनजातियों को लोकसभा एवं राज्यों की विधान सभाओं में दी जाने वाली सीटों के आरक्षण की अवधि को 10 वर्ष और बढ़ाकर 2010 तक कर दिया गया है। हालांकि **संविधान के 334वें अनुच्छेद** में यह प्रावधान है कि अनुसूचित जातियों तथा अनुसूचित जनजातियों की सीटों के आरक्षण तथा लोकसभा एवं विधानसभाओं में आंग्ल–भारतीय समुदाय के प्रतिनिधित्व से संबंधित व्यवस्था संविधान लागू होने के 50 वर्षों के बाद समाप्त हो जाएगी। आजादी के बाद विगत पैंसठ वर्षों में अनुसूचित जातियों और जनजातियों द्वारा पर्याप्त प्रगति की गई है, लेकिन चुनावी राजनीति में जाति व्यवस्था की प्रधानता और जातीय मतों को अपने पक्ष में करने की होड़ की वजह से कोई भी राजनीतिक दल वोट की राजनीति और मत–प्रबंधन को ध्यान में रखते हुए आगे भी इस प्रावधान को समाप्त करने की हिम्मत नहीं दिखाएगा। निर्वाचन क्षेत्रों के गठन पर जाति का इतना ज्यादा दबाव है कि आज भी **लोकसभा की 543 सीटों में से सामान्य कोटे में सिर्फ 423 सीटें हैं; शेष में 79 अनुसूचित जाति के लिए और 41 अनुसूचित जनजाति के लिए आरक्षित हैं।** जातिगत आरक्षण का यही प्रतिशत राज्य की विधानसभाओं पर भी लागू है।
2. **राजनीतिक दलों द्वारा प्रत्याशियों के चयन एवं मतदान व्यवहार में जाति की भूमिका**—भारत के सभी राजनीतिक दल चुनाव में अपने उम्मीदवारों के चयन के समय जाति को मौलिक आधार तत्त्व मानते हैं। निर्वाचन क्षेत्र में जिस जाति के मतदाताओं की बहुलता होती है अपनी पार्टी की जीत सुनिश्चित कराने के लिए उसी जाति का उम्मीदवार खड़ा किया जाता है। यहां तक कि चुनावी तालमेल भी जाति आधारित ही होता है तथा दलों में आपसी सीटों का बंटवारा भी जाति आधारित होता है और इस परिप्रेक्ष्य में जातिगत मतदाताओं की संख्या बल के आधार गठबंधन के तहत उम्मीदवार खड़ा किया जाता है। इस

प्रसंग का सबसे खास पहलू यह है कि मतदाताओं को भी यह पता होता है कि किन–किन जातियों के बीच चुनावी तालमेल हुआ है और विजातीय उम्मीदवार होने पर भी मतदाता राजनीतिक गठजोड़ (Political Alliance) का ध्यान रखते हुए गठबंधन के तहत खड़े उम्मीदवार के पक्ष में मतदान करते हैं। जाति आधारित गठजोड़ के बल पर कांग्रेस चार दशक तक सत्ता में रही और जातीय मैत्री में दरार पड़ जाने के कारण एक–एक करके सभी राज्यों में कांग्रेस का जनाधार खिसकता गया। जातीय तत्त्वों की प्रमुखता की वजह से राजनीति में क्षेत्रीय नेताओं का कद ऊंचा हुआ और मतदाता में मौजूद प्रबल जातीयता की भावना की वजह से आज देश में केन्द्र एवं राज्य स्तर पर गठबंधन की राजनीति का युग आकर ठहर गया है। आज भारतीय मतदाताओं में साठ से सत्तर प्रतिशत मतदाताओं के मतदान व्यवहार का एकमात्र आधार जाति है।

3. **राजनीतिक निर्णय प्रक्रिया को प्रभावित करने में जाति की भूमिका**–राजनीतिक स्तर पर जातियां अपने संघों व संगठनों की छत्रछाया में संगठित होकर राजनीतिक–प्रशासनिक निर्णय–निर्माण एवं नीति–निर्धारण प्रक्रिया को गंभीर रूप से प्रभावित करने का माद्दा रखती हैं। दृष्टान्तस्वरूप, **संविधान के अनुच्छेद 334** में अनुसूचित जाति एवं जनजाति के लिए 40 वर्ष तक ही, लोकसभा एवं विधानसभाओं में सीटें आरक्षित करने का प्रावधान था, लेकिन इन जातियों द्वारा संगठित होकर सरकार पर दबाव बनाया गया, नतीजतन संवैधानिक संशोधनों द्वारा इस अवधि को 2010 तक बढ़ाया गया है। इसी प्रकार आये दिन जातीय संगठनों द्वारा धरना, प्रदर्शन हड़ताल रैली तथा जातीय सम्मेलन करके किसी न किसी मुद्दे पर एकजुट होकर सरकार पर निर्णय–निर्धारण का दबाव बनाया जाता है तथा निर्धारित एवं कार्यान्वित किए गए निर्णयों के पक्ष या विपक्ष में माहौल बनाकर सरकारी एवं प्रशासनिक नीतियों को प्रभावित करने में सक्रिय भूमिका निभाई जाती है।

4. **दबाव समूह के रूप में जातियों की भूमिका**–भारतीय सामाजिक–राजनीतिक ढांचे में मौजूद विविध जातीय संगठन राजनीतिक महत्त्व की दृष्टि से संगठित एवं प्रभावशाली दबाव समूह की भूमिका निभाते हैं। जातीय दलबंदियां, जातीय विभेद तथा समाज के विभिन्न तबकों के बीच गठबंधन, पुनर्गठबंधन द्वारा अपने फ़ायदे के लिए लगातार कोशिश करते रहना हमेशा से जाति प्रथा की प्रमुख मानसिकता रही है। दबाव समूह के रूप में जातियों की भूमिका को लोकतांत्रिक प्रक्रियाओं के परिप्रेक्ष्य में देखा जाय तो यह तथ्य स्पष्ट होता है कि लोकतांत्रिक राजनीति मूलतः आवश्यकताओं की राजनीति है जिसकी वजह से पारम्परिक समाज और उसका नेतृत्व राजनीति से सीधे रूप में जुड़ा है। इसके दो नतीजे सामने आए : **पहला**, जाति प्रथा की वजह से नेतृत्व को राजनीतिक गोलबन्दी के लिए संरचनात्मक व विचारधारात्मक आधार मिला। इसकी वजह से राजनीति को सामाजिक स्तर पर विभिन्न तबकों का संगठित प्रतिनिधि संगठन प्राप्त हुआ और राजनीतिक–सामाजिक पहचान का वह पैमाना मिला जिसके जरिए संगठित रूप में राजनीतिक समर्थन को जमीन पर उतारा जा सकता था। **दूसरे** नतीजे के रूप में स्थानीय जातियों के बीच सत्ता की आकांक्षा को लेकर बनी सहमति को मान्यता देनी पड़ी और उनके बीच पलने वाली राजनीतिक स्पर्धा को परम्परागत शैली में संयोजित करना पड़ा। इस तरह जातियां व्यवस्था में राजनीतिक, सामाजिक व आर्थिक उद्देश्यों के लिए संगठित होकर प्रभावशाली दबाव समूह की भूमिका निभाने लगीं।

5. **प्रशासनिक स्तर पर जातिगत सुविधाएं**–लोकसभा और विधानसभा की सीटों में आरक्षण के साथ प्रशासनिक स्तर पर केन्द्र एवं राज्य की सरकारी नौकरियों में नियुक्ति–पदोन्नति के लिए संविधानगत जाति आधारित आरक्षण का प्रावधान है। यहां तक कि सभी सरकारी स्कूलों, कॉलेजों, मेडिकल, इन्जीनियरिंग कॉलेजों में नामांकन के लिए संवैधानिक आरक्षण का प्रावधान है। चरण सिंह मंत्रिमंडल द्वारा अल्प अवधि में ही एक अध्यादेश जारी करके केन्द्रीय स्तर पर सरकारी सेवा में आरक्षण लागू करने की घोषणा की गयी थी। सर्वोच्च न्यायालय के निर्णयों की परवाह न करते हुए यह निर्णय लिया गया था, लेकिन सरकार गिर जाने की वजह से इसे लागू नहीं किया जा सका। राष्ट्रीय मोर्चा सरकार

द्वारा 1990 में मंडल कमीशन की रिपोर्ट लागू करके सरकारी नौकरियों में पिछड़ी जातियों के लिए 27 प्रतिशत आरक्षण का प्रावधान किया गया। लगभग सभी राज्यों में स्थानीय स्तर के प्रशासनिक अधिकारी जनहित एवं समाजहित के मामलों में निर्णय लेते समय एवं निर्णयों के क्रियान्वयन में स्थानीय स्तर पर मौजूद प्रमुख जातियों के नेताओं के प्रभाव से प्रभावित हुए बिना नहीं रह पाते हैं। यानी कि स्थानीय स्तर के जातीय संगठनों और उनके नेताओं की अवहेलना करके प्रशासन का संचालन वे सहज ढंग से नहीं कर सकते हैं।

6. **राज्य की राजनीति में जातियों की भूमिका**—राजनीतिक समाजशास्त्र एवं समाजशास्त्र के विद्वानों का ऐसा मानना है कि केन्द्रीय राजनीति की अपेक्षाकृत राज्य स्तर की राजनीति में विभिन्न जातियों एवं जातीय संगठनों तथा उनके नेताओं की सक्रियता अधिक देखी जाती है और राजनीति पर समाज का प्रभाव भी विशेष रूप में दृष्टिगोचर होता है। बिहार, उत्तर प्रदेश, राजस्थान, गुजरात, महाराष्ट्र, आन्ध्र प्रदेश, तमिलनाडु एवं केरल आदि राज्यों की राजनीति के गणितीय समीकरण को जातियों की भूमिकाओं के विश्लेषण के बगैर समझा ही नहीं जा सकता है। पृथक् राज्य के रूप में झारखण्ड के निर्माण की मांग एवं 2000 में राज्य के अस्तित्व—निर्माण का आधारतत्त्व जाति विशेष का मुद्दा ही था। बिहार की राजनीति में जहां अगडों—पिछड़ों की राजनीतिक स्पर्धा राजद सरकार के जमाने में चरम सीमा पर थी, वहीं महाराष्ट्र की राजनीति में मराठों, ब्राह्मणों एवं महरों के बीच की स्पर्द्धाएं मुखर रही हैं। गुजरात की राजनीति में क्षेत्रीय और पाटीदार, आन्ध्र प्रदेश की राजनीति में कम्मा और रेड्डी तथा केरल की राजनीति में मुख्यरूप से तीन जातियां—हिन्दू, क्रिश्चियन, और मुसलमान के बीच जातीय स्पर्द्धाएं सदैव मुखर रही है। तत्त्वतः यदि देखा जाये तो इन राज्यों में राजनीतिक दल का नाम एवं पहचान तो है लेकिन वस्तुतः ये सभी जातीय संघों और संगठनों का प्रतिनिधित्व करते हैं। वर्तमान राजनीतिक परिदृश्य में बिहार और उत्तर प्रदेश की राजनीति गंभीर रूप से जातीय भूमिकाओं तथा जातिवादी भावनाओं के चपेट में है। पहले दौर में नेताओं में बिहार में कर्पूरी ठाकुर, उत्तर प्रदेश में चौधरी चरण सिंह, हरियाणा में देवीलाल को और दूसरे दौर में बिहार में लालू यादव, उत्तर प्रदेश मे मुलायग सिंह यादव, कांशी राम, मायावती, आदि द्वारा जातीय बैसाखियों के सहारे जातीय वोट बैंक को काफी मजबूत किया गया है। वर्तमान दौर में बिहार की राजनीति लालू यादव, शरद यादव, नीतीश कुमार और रामविलास पासवान के इर्द—गिर्द घूम रही है। इस प्रकार, विभिन्न जातियों से संबद्ध राजनीतिक अभिजनों के उदय एवं नेतृत्व को मजबूत राजनीतिक शख्सियत के रूप में प्रतिष्ठापित करने में जाति की भूमिका काफी अहम् होती है।

7. **मंत्रिमंडल निर्माण में जातियों का प्रतिनिधित्व**—राजनीतिक निर्णयकारिता में जातीय संतुलन को बनाए रखने के लिए केन्द्र तथा राज्य मंत्रिमंडल में विभिन्न जातियों के प्रतिनिधित्व का ध्यान रखते हुए मंत्रिमंडल के सदस्यों का चयन किया जाता है तथा उन्हें पद और गोपनीयता की शपथ दिलायी जाती है। यह ध्यान रखा जाता है कि सभी प्रमुख जातियों को मंत्रिमंडल में बराबर का प्रतिनिधित्व मिले। इस प्रकार, स्थानीय शासन से लेकर राज्य एवं केन्द्र स्तर तक समाज के उच्च वर्ग, पिछड़ा वर्ग, हरिजन, आदिवासी, मुसलमान, सिख व ईसाई आदि सभी जातियों को मंत्रिपरिषद् में प्रतिनिधित्व देने का प्रयास किया जाता है। इसका सिर्फ एक ही राजनीतिक मक़सद होता है कि इस प्रकार सत्ताधारी दल विभिन्न जातियों के वोटों को अपनी ओर मोड़ने में कामयाबी हासिल करके अपने राजनीतिक उद्देश्य को उपार्जित करने का प्रयास करता है।

8. **राजनीतिक अभिजनों के उदय में जातियों की भूमिका**—समाज को सही नेतृत्व प्रदान करने तथा उसे समुन्नति के पथ पर ले जाने में नेतृत्व की भूमिका सर्वाधिक महत्त्वपूर्ण होती है। समाज में समस्याओं के निवारण तथा उसे दिशा बोध कराने के लिए नेतृत्व का जन्म होता है। देश के सामाजिक—राजनीतिक ढांचे में अभिजन वर्ग का आविर्भाव तथा उन्हें पोषित—पल्लवित करने की आधारभूमि समाज है। इसका आधारतत्त्व जाति है और आधार—माध्यम जातीय संघ या संगठन है। **आहूजा**, **लाल**, **सिरसीकर**,

सच्चिदानन्द आदि विद्वानों द्वारा भारतीय राजनीतिक अभिजनों का जो अध्ययन किया गया है, उसमें सभी इस निष्कर्ष पर पहुंचे हैं कि अभिजनों के उदय में समाज की उच्च जातियों के साथ–साथ मध्यम जातियों की भूमिका काफी महत्त्वपूर्ण रही है और वे अपेक्षाकृत असाधारण रूप से लाभान्वित भी हुई हैं। स्वतंत्रता संघर्ष के समय भारत की राजनीति मुख्यतः उच्चवर्गों में सिमटी हुई थी और उन्हें ही राजनीति में केन्द्रीय महत्त्व मिला हुआ था। आजादी के बाद परिस्थितियां बदलीं, दृष्टिकोण बदला, सभी जातियों में राजनीतिक चेतना का संचार हुआ तथा अपने मौलिक अधिकारों के प्रति सजगता बढ़ी नतीजतन समाज के मध्यम तथा निम्न वर्गों में राजनीतिक सत्ता प्राप्त करने की अकांक्षा काफी बलवती हुई। मौजूद सामाजिक–राजनीतिक परिवेश की वजह से मध्यम एवं निम्न जातियों के लोगों को राजनीतिक सत्ता प्राप्त करने की अपार संभावना राजनीतिक स्तर पर प्रदान की गयी। निम्न जातियों के नेताओं के आविर्भाव में संविधान प्रदत्त जातिगत आरक्षण का योगदान उल्लेखनीय रहा। मध्यम जाति के अभिजनों के उदय में जातिगत आधार के साथ शिक्षा का प्रसार एवं उनकी सामाजिक–आर्थिक स्थिति में सुधार भी मुख्य रूप से प्रभावकारी आधार तत्त्व बना। प्रथम आम चुनाव के समय से ही राजनीतिक स्पर्द्धा का उदय हुआ जिसके आधार माध्यम के रूप में जाति प्रथा जो पहले सिर्फ सांस्कारिक (Ritualistic) एवं पारम्परिक (Traditional) भूमिका का निर्वहन करती थीं, एकाएक शहर से लेकर गांवों तथा कस्बों तक में निवास करने वाले लोगों के राजनीतिक व्यवहार को मौलिक रूप से नियमित व निरूपित करने की भूमिका निभाने लगी और यहीं से जातियां राजनीतिक अभिजनों के उदय एवं विकास में सर्वाधिक महत्त्वपूर्ण भूमिका निभाने लगीं। आज के राजनीतिक परिवेश में नेहरू या गांधी की तरह नेताओं की पहचान उनके व्यक्तित्व से नहीं होती है, अपितु उनकी जाति से होती है।

उपर्युक्त प्रसंगों से यह जाहिर होता है कि भारतीय राजनीति के सामाजिक आधारों में जाति सर्वाधिक महत्त्वपूर्ण कारक है। राजनीति स्वाभाविक रूप से अपने आप में विभाजन और विग्रह की प्रणाली है और यह हमेशा इसी हेतु सामग्री की तलाश में भी रहती है। लेकिन, इसके साथ–साथ यह भी सत्य है कि राजनीति एकीकरण का औजार भी है जिसके लिए राजनीति के पास अपनी शैली और संगठन का अपना तरीका भी है। जब जाति और राजनीति के समुच्चय कारक और विभाजक कारक दोनों पक्ष अन्योन्यक्रियाएं करते हैं तो कई अवस्थाओं में एकीकरण और विभाजन का नया चेहरा सामने आता है। इस प्रक्रिया को समाज के लौकिकीकरण की संज्ञा दी जा सकती है और वस्तुतः यही प्रक्रिया भारतीय समाज में राजनीति द्वारा लाए गए बदलाव को जानने–समझने या देखने का मुख्य नजरिया भी है।

भारतीय राजनीति में क्षेत्रीयतावाद : एक विश्लेषणपरक अध्ययन (Regionalism in Indian Politics: An Analytical Study)

भारतीय राजनीति के परिप्रेक्ष्य में क्षेत्रीयतावाद का अभिप्राय है सम्पूर्ण राष्ट्र के बजाय किसी राज्य यानी कि क्षेत्र विशेष के प्रति आवाम से ज्यादा लगाव, भक्ति, निष्ठा या प्रतिबद्धता की भावना की मौजूदगी। क्षेत्रीयतावाद का आशय किसी भी देश के उस छोटे से हिस्से से है जो सामाजिक, आर्थिक, राजनीतिक व भौगोलिक आदि कारणों से अपने पृथक् अस्तित्व–निर्माण हेतु चेतनशील है। सामान्य अर्थ में क्षेत्रवाद किसी क्षेत्र विशेष की उस स्थिति का बोधक है जिसके माध्यम से उस क्षेत्र के लोग अपने संदर्भित क्षेत्र के विकास के लिए पृथक् पहचान स्थापित करके अपने मजबूत अस्तित्व के निर्माण हेतु राजनीतिक, आर्थिक एवं सामाजिक शक्तियों में इज़ाफ़ा करना चाहते हैं।

अन्य विकासशील व्यवस्थाओं की भांति एक विकासशील व्यवस्था होने की वजह से आजादी के बाद भारत की महत्त्वपूर्ण समस्याओं की फ़ेहरिस्त में राष्ट्रीय एकीकरण का स्थान सर्वप्रमुख है। राष्ट्रीय एकीकरण की प्रक्रिया का व्यवस्था की लोकतांत्रिक राजनीतिक प्रक्रियाओं के साथ गहरा संबंध है। राष्ट्रीय एकीकरण की समस्या का सीधा

संबंध राजनीतिक विकास एवं आधुनिकीकरण से है। व्यवस्था में मौजूद, जातिगत, भाषागत, धर्मगत या प्रांतगत निष्ठाएं संकीर्ण क्षेत्रीयतावाद के तत्त्वों को बढ़ावा देती हैं जो देश की एकता व अखण्डता के मार्ग में अवरोध पैदा करता है। राष्ट्रीयता एक वृहद् भावना है और क्षेत्रीयता एक संकुचित दृष्टिकोण है जिसका उद्देश्य कुछ विशेष स्वार्थों या हितों की पूर्ति करना है। क्षेत्रीयतावाद देश की राजनीति में विखंडनात्मक एवं विघटनात्मक प्रवृत्ति को बढ़ावा देता है। भारतीय राजनीतिक व्यवस्था एवं राजनीति के संदर्भ में क्षेत्रीयतावाद एक ऐसी प्रवृत्ति या धारणा है जो मुख्यतः भाषा, धर्म या प्रान्तीयता पर विशेष जोर देती दिखाई पड़ रही है। आजादी के बाद से देश के कई हिस्सों में क्षेत्रीयतावाद की प्रवृत्ति धर्म या भाषा को मूलाधार बनाकर प्रायः सुनियोजित एवं सुव्यवस्थित आन्दोलनों के रूप मे प्रकट होती रही है। पिछले कुछ दशकों से क्षेत्रीयतावाद भारत के राजनीतिक परिदृश्य का सबसे महती प्रसंग रहा है। आधुनिक युग में संचार व्यवस्था की नई तकनीकों, उपनिवेशवाद से उत्पन्न समस्याओं तथा राजनीतिक विकास एवं आधुनिकीकरण की प्रक्रियाओं के बढ़ते वर्चस्व की वजह से कुछ क्षेत्रों में जो राजनीतिक महत्त्वाकांक्षा बढ़ी है, उसके परिणामस्वरूप देश के कुछ हिस्सों में क्षेत्रवाद के तत्त्वों को काफी बढ़ावा मिला है।

भारतीय राजनीति में क्षेत्रीयतावाद का भौगोलिक पक्ष
(Geographical Aspects of Regionalism in Indian Politics)

भारत की राजनीति में क्षेत्रीयतावाद के तत्त्वों का आविर्भाव ब्रिटिश हुकूमत द्वारा प्रदत्त भौगोलिक विरासत की देन है। यहां की राजनीति में क्षेत्रीयतावाद की ऐतिहासिक विरासत का विश्लेषण करने के प्रसंग में इसके भौगोलिक पक्ष की महत्ता उजागर होती है। भौगोलिक दृष्टि से भारत एक विशाल देश है जिसकी ख़ास पहचान है–सामाजिक व सांस्कृतिक विविधता में एकता। देश की विविधता का पक्ष धर्म, संस्कृति, परम्परा, भाषा, वेशभूषा, खानपान एवं वैचारिक भिन्नताओं से संदर्भित है। भारत की इस सामाजिक व सांस्कृतिक विविधताओं का अंग्रेजी हुकूमत द्वारा भरपूर शोषण किया गया। परतंत्र भारत भौगोलिक स्तर पर दो भागों में बंटा हुआ था–ब्रिटिश भारत का प्रान्त एवं देशी रियासतें। ब्रिटिश भारतीय प्रांतों का विभाजन अंग्रेजों द्वारा न्यायसंगत आधार पर नहीं किया गया था, अपितु अपने हितवर्द्धन को ध्यान में रखकर किया गया था। देशी रियासतों के पास थोड़ी आन्तरिक आजादी थी, लेकिन ब्रिटिश प्रांत पूरी तरह अंग्रेजी सत्ता के अधीन था। ब्रिटिश उपनिवेशवाद के विरुद्ध देश में जगी राजनीतिक चेतना और राष्ट्रीय आन्दोलन को दबाने के लिए अंग्रेजी हुक्मरानों द्वारा इन प्रांतों का भरपूर इस्तेमाल किया गया। आजादी के बाद भारतीय हुकूमत के सामने सबसे बड़ी समस्या और चुनौती देश में राजनीतिक एकीकरण की थी। प्राथमिक स्तर पर इससे प्रासंगिक दो समस्याएं मुख्यरूप में राष्ट्रीय नेतृत्व के सामने चुनौती बनीं–**प्रथम**, भारतीय संघ में राज्यों का विलयन और **द्वितीय**, संघ के अन्तर्गत केन्द्र–राज्य संबंधों का निर्धारण। इन दोनों समस्याओं से निपटने के लिए भारतीय मानचित्र में भौगोलिक स्तर पर पुनर्सीमांकन करने की बाध्यता राष्ट्रीय नेतृत्व के लिए एक गंभीर राजनीतिक चुनौती थी। इस समस्या से निपटने के लिए सरकारी स्तर पर जो क़दम उठाया गया, वहीं से आजाद भारत की राजनीति में क्षेत्रीयता के तत्त्वों का बीजारोपण हुआ। आजादी के बाद बीतते समय के साथ भारत सरकार एवं कुछ राज्य सरकारों द्वारा समय–समय पर लिए गए निर्णयों के परिणामस्वरूप आर्थिक पिछड़ापन, जाति, भाषा एवं धर्म के नाम पर देश के विभिन्न हिस्सों में पृथक् राज्य की मांग समय–समय पर उठायी जाती रही है और इस आधार पर नए राज्यों के गठन के निर्णय से इन क्षेत्रीय आंदोलनों को प्रासंगिक आधारतत्त्व प्राप्त होता रहा है।

क्षेत्रीयतावाद पर प्रो. कोठारी का दृष्टिकोण
(Prof. Kothari's Views on Regionalism)

प्रो. रजनी कोठारी के शब्दों में, देश में आर्थिक स्रोत की कमी है और मांगों में निरन्तर वृद्धि हो रही है। मांग की अधिकता और उत्पादन में कमी की वजह से व्यक्ति, समुदाय, वर्ग और क्षेत्रों में सभी स्तरों पर गंभीर प्रतिस्पर्द्धाएं

मौजूद हैं और इसमें लगातार बढ़ोत्तरी हो रही है। श्री कोठारी ने अपनी पुस्तक 'Politics in India' में क्षेत्रीयतावाद का विश्लेषण प्रस्तुत करते हुए लिखा है : **प्रथम**–देश के सामने एक गंभीर खतरा राज्यों का संघ से पृथक् हो जाने का था। **द्वितीय**–कुछ लोगों द्वारा यह आशंका जतायी गयी कि प्रान्तीयता की भावना के तहत विभिन्न प्रदेशों द्वारा अधिक अधिकारों की मांग एवं स्वायत्तता की मांग की प्रवृत्ति बढ़ती गयी तो देश छोटे–छोटे स्वायत्त राज्यों में बँट जायेगा और तानाशाही का अस्तित्त्व कायम हो जायेगा। **तृतीय**–पृथकता की मांग की प्रवृत्ति उस क्षेत्र के निवासियों में ज्यादा बलवती है जहां आर्येत्तर जातियां बसी हुई हैं। ये भारतीय संस्कृति को पूरी तरह आत्मसात नहीं कर पाईं, इसीलिए इनमें असंतोष ज्यादा है, जैसे उत्तरपूर्व की आदिम जातियों का इलाका। **चतुर्थ**–कुछ क्षेत्रों में अभी भी गंभीर असंतोष मौजूद है, जैसे–बिहार, झारखण्ड, मध्य प्रदेश एवं छत्तीसगढ़ के आदिवासी इलाके, उत्तर–पूर्व में बसी मीजो जाति तथा गुजरात एवं उड़ीसा में बसे आदिवासियों का स्वायत्तता आन्दोलन। **पंचम**–विभिन्न राज्यों के अन्तर्गत विशिष्ट क्षेत्रों में उठने वाले अलगाववादी आन्दोलनों की भी समस्या है। दबे कुचले वर्गों–समूहों के अन्दर राजनीतिक चेतना आने एवं उनके अन्दर उत्पन्न राजनीतिक अधिकार प्राप्त करने की आकांक्षा की वजह से नयी समस्याएं जन्म ले रही हैं।

भारतीय राजनीति में क्षेत्रीयतावाद के मुख्य कारक (Causes of Regionalism in Indian Politics)

स्वतंत्रता–प्राप्ति के पश्चात् भारतीय राजनीति में क्षेत्रीयतावाद के आविर्भाव और विकास से प्रासंगिक कई कारक हैं जो निम्नांकित हैं :

1. **भौगोलिक**–भौगोलिक दृष्टि से भारत एक विशाल देश है जिसके कई राज्यों का क्षेत्रफल आज भी बहुत बड़ा है। विशाल क्षेत्रफल की वजह से इन राज्यों का यथोचित विकास नहीं हो पाया है। आर्थिक, राजनीतिक एवं सामाजिक पिछड़ेपन की वजह से इन राज्यों के सदस्यों में व्यवस्था के प्रति गंभीर असंतोष है।
2. **ऐतिहासिक**–भारत की ऐतिहासिक पृष्ठभूमि, सांस्कृतिक विरासत, सामाजिक मिथकों व परम्पराओं आदि ने भी क्षेत्रीयतावाद के तत्त्वों को मजबूती प्रदान करने में महती भूमिका निभायी है। राज्यों के पुनर्गठन की वजह से कई रियासतों की जनता यह महसूस करती है कि यदि उनका प्रान्त पृथक् और स्वायत्त होता तो वे विकास एवं उन्नति की दृष्टि से ज्यादा फ़ायदे में होते।
3. **सांस्कृतिक**–भारत की सांस्कृतिक विविधता का क्षेत्रीयतावाद की प्रवृत्ति को पोषित–पल्लवित करने में उल्लेखनीय योगदान है। अपनी परम्परागत संस्कृति को आधार बनाकर कई राज्यों द्वारा स्वायत्त अस्तित्त्व देने की मांग उठायी गयी है।
4. **आर्थिक**–क्षेत्रीयतावाद की भावना को मजबूत करने में देश की आर्थिक पिछड़ेपन की स्थिति की भूमिका अति महत्त्वपूर्ण है। राजनीतिक व प्राकृतिक संसाधनों में पायी जाने वाली विभिन्नता की वजह से कुछ राज्यों के आर्थिक विकास का प्रतिशत अन्य राज्यों की अपेक्षा बहुत ज्यादा है। बाकी राज्यों में विद्यमान आर्थिक पिछड़ेपन की वजह से उन क्षेत्रों की जनता में असंतोष की भावना मजबूत होती गयी जिसने क्षेत्रीयतावाद की प्रवृत्ति को हवा दी। उदाहरणार्थ–राजस्थान का मारवाड़ और मेवाड़ क्षेत्र, मध्य प्रदेश का मालवा क्षेत्र, आन्ध्र प्रदेश का तेलंगाना क्षेत्र, महाराष्ट्र का विदर्भ क्षेत्र, उत्तर प्रदेश का पूर्वांचल, बुन्देलखण्ड आदि क्षेत्रों में आर्थिक विकास की गति काफी धीमी रही है, जिस वजह से यहां क्षेत्रीयतावाद की भावना को फलने–फूलने का अवसर मिला है। उड़ीसा के भूतपूर्व मुख्यमंत्री जे.बी. पटनायक द्वारा आर्थिक विकास से सम्बद्ध सरकारी आंकड़ों की प्रस्तुति करते हुए यह स्पष्ट किया कि पूर्वी राज्यों की आर्थिक विकास दर अपेक्षाकृत काफी कम होने की वजह से वहां आर्थिक असंतुलन काफी बढ़ा है, नतीजतन आर्थिक विषमताएं बढ़ी हैं। सरकारी आंकड़ों के हवाले से उन्होंने बताया कि अखिल भारतीय वित्तीय सार्वजनिक संस्थाओं एवं निकायों द्वारा दी जाने वाली वित्तीय सहायता एवं वित्तीय निवेश में पूर्वी

राज्यों को यथोचित हिस्सा नहीं मिल पाता है। ये वित्तीय विषमताएं कहीं न कहीं क्षेत्रीयता के तत्त्वों को बढ़ावा देती हैं।

5. **भाषा**–भारत में पाई जाने वाली सांस्कृतिक विविधताओं में भाषा का महत्त्वपूर्ण स्थान है। देश के उत्तर और दक्षिण के प्रदेशों में भाषा की भिन्नता होने की वजह से संस्कृति के आधार पर दोनों क्षेत्र एक दूसरे से बिल्कुल अलग हैं। दक्षिणी प्रदेशों में भाषा का इस्तेमाल राजनीतिक हथियार के रूप में किया जाता है। भाषा के नाम पर कई बार हिंसात्मक आन्दोलन हो चुके हैं जिसके परिणामस्वरूप राष्ट्रीय एकता पर संकट का बादल मंडराने लगता है। भाषा के आधार पर पनपने क्षेत्रीयतावाद का बेहतर उदाहरण है दक्षिण भारत और उत्तर भारत की संस्कृति का अंतर।
6. **जाति**–प्रो. कोठारी के अनुसार, यद्यपि जाति व्यवस्था क्षेत्रीयतावाद के लिए अपने आप में कोई बहुत महत्त्वपूर्ण तत्त्व नहीं है, लेकिन जहां यह आर्थिक हितों (जैसे महाराष्ट्र में मराठा जाति), भाषायी समुदायों (तमिलनाडु में तमिल भाषी और गैर ब्राह्मण जातियां) और धर्म (पंजाब में सिख धर्म और जाट जाति) के साथ जुड़ी हों वहां क्षेत्रवाद की प्रवृत्ति को मजबूत बनाने में जाति तत्त्व काफी हद तक सहायक होता है। प्रो. कोठारी की इस उक्ति से यह स्पष्ट होता है कि क्षेत्रवाद की भावना को बढ़ाने में परिस्थिति के अनुरूप जाति भी अहम् भूमिका निभाती है। जिन क्षेत्रों में किसी जाति विशेष की आबादी अधिक होती है वहां क्षेत्रवाद की प्रवृत्ति पनपती है। हरियाणा, महाराष्ट्र आदि राज्यों में क्षेत्रीयता के तत्त्वों को मजबूती प्रदान करने में जाति की काफी अहम् भूमिका रही है। आर्थिक पिछड़ेपन के आधार पर अलग राज्य के रूप में झारखण्ड एवं छत्तीसगढ़ के अस्तित्व–निर्माण के मूल में जनजातीय तत्त्व प्रधान रहा है।
7. **राजनीति**–क्षेत्रीयतावाद की प्रवृत्ति को बढ़ाने में राज्यों की राजनीति की भूमिका भी काफी हद तक जवाबदेह है। क्षेत्रीय नेता पृथक् राज्य की मांग की आड़ में अपना राजनीतिक कद बढ़ाने, राजनीतिक महत्वाकांक्षा का विस्तार करने एवं राजनीति में खुद को जिंदा रखने का प्रयास करते हैं। कई राज्यों के क्षेत्रीय दल प्रादेशिकता के तत्त्वों को बढ़ाने में सदैव सहायक की भूमिका अदा करते रहे हैं, इसमें पंजाब का अकाली दल, महाराष्ट्र की शिवसेना एवं महाराष्ट्र नवनिर्माण सेना, झारखण्ड की झारखण्ड मुक्तिमोर्चा, दक्षिण की डी.एम.के. तथा अन्नाद्रमुक का नाम सर्वप्रमुख है।

भारतीय राजनीति में क्षेत्रीयतावाद के प्रमुख आयाम
(Main Dimensions of Regionalism in Indian Politics)

भारतीय राजनीति में क्षेत्रीयतावाद का सबसे महत्त्वपूर्ण आयाम पृथक् राज्यों की मांग से संबद्ध है और इसका सर्वाधिक महत्त्वपूर्ण पक्ष संघीय इकाइयों द्वारा पूर्ण राज्य का दर्जा प्राप्त करने की मांग से है। इस प्रसंग के तहत 1970 में हिमाचल प्रदेश, 1972 में त्रिपुरा एवं मणिपुर तथा 1987 में मिजोरम, अरुणाचल प्रदेश और गोआ को पूर्ण राज्य का दर्जा प्रदान किया गया। इसी कड़ी में दिसम्बर, 1991 में दिल्ली के लिए 70 सदस्यीय विधानसभा एवं सात सदस्यीय मंत्रिपरिषद् के निर्माण से संबंधित विधेयक संसद् द्वारा पारित करके दिल्ली में पृथक् राजनीतिक प्रशासनिक ढांचे का निर्माण किया गया लेकिन, इस राजनीतिक बदलाव के बावजूद केन्द्र शासित क्षेत्र के रूप में दिल्ली की स्थिति को कायम रखा गया। इसी तर्ज़ पर तेलंगाना का भी गठन हुआ।

भारत में पृथक् राज्यों के निर्माण की मांग से संबद्ध कुछ तथ्य इस प्रकार हैं :

- सन् 1956 में राज्यों के पुनर्गठन का कार्य पूरा किया गया। इनके पुनर्गठन की मांग का मुख्य आधार भाषायी आधार पर राज्यों को पुनर्व्यवस्थित करने से संबंधित था। भाषाई आधार पर राज्यों की मांग की वजह से देश में गंभीर असंतोष के वातावरण का आविर्भाव हुआ। इस असंतोष के परिणामस्वरूप जहां क्षेत्रीयता की प्रवृत्ति को बढ़ावा मिला, वहीं राष्ट्रीय नेतृत्व के लिए यह असंतोष गंभीर चिंता का विषय बना क्योंकि यह प्रवृत्ति राष्ट्रीय एकीकरण के मार्ग में बाधक थी।

- गुजराती और मराठी भाषा के आधार पर भी पृथक् राज्य की मांग की आवाजें जोर पकड़ रही थीं नतीजतन 1960 में बम्बई को विभाजित करके महाराष्ट्र एवं गुजरात राज्य का अस्तित्व–निर्माण हुआ।
- सन् 1966 में पंजाब का पुनर्गठन किया गया, परिणामतः पंजाब, हरियाणा एवं केन्द्र शासित प्रदेश चंडीगढ़ का अस्तित्व–निर्माण हुआ।
- सितम्बर 1968 में असम के पुनर्गठन की घोषणा हुई। दिसम्बर 1968 में असम पुनर्गठन (मेघालय) विधेयक पारित होकर कानून बना और इसी कानून के तहत असम राज्य के अन्तर्गत मेघालय को एक स्वायत्तशासी राज्य के रूप में स्थापित किया गया।
- संघीय प्रदेशों में मणिपुर और त्रिपुरा की जनता अधिक स्वायत्तता की मांग कर रही थी। उन क्षेत्रों के यथोचित आर्थिक विकास के मद्देनजर 1972 में एक अधिनियम पारित करके मणिपुर एवं त्रिपुरा को पूर्ण राज्य का दर्जा दिया गया।
- 25 मार्च, 1998 को राष्ट्रपति द्वारा अपने अभिभाषण में उत्तर प्रदेश में उत्तरांचल, बिहार में वनांचल और मध्यप्रदेश में छत्तीसगढ़ के रूप में नए राज्यों के निर्माण से संबंधित सरकार की प्रतिबद्धता की बात कही गई। इन राज्यों के गठन के लिए विधेयक का प्रारूप तैयार हुआ और संविधान के अनुच्छेद के तहत उसे संदर्भित राज्यों के निर्माण की स्वीकृति के लिए भेजा गया। दिसम्बर 1998 में तीनों राज्यों के पुनर्गठन का विधेयक लोकसभा में पेश हुआ। संसद् द्वारा पारित विधेयक के आधार पर 1 नवम्बर, 2000 को छत्तीसगढ़, 9 नवम्बर 2000 को उत्तरांचल और 15 नवम्बर 2000 को झारखण्ड राज्य अस्तित्व में आए। छत्तीसगढ़ में मध्यप्रदेश के 16 जिलों, उत्तरांचल राज्य में उत्तर प्रदेश के 13 जिलों और झारखण्ड में बिहार के 18 जिलों को सम्मिलित किया गया है।
- 30 जुलाई 2013 को कांग्रेस ने भारत के 29वें राज्य के रूप में तेलंगाना के गठन की घोषणा की। 18 फरवरी 2014 को सदन में तेलंगाना विधेयक पारित हुआ। 02 जून 2014 को आधिकारिक रूप से आंध्र प्रदेश से पृथक् कर हैदराबाद राजधानी के साथ भारत के 29वें राज्य के रूप में तेलंगाना अस्तित्व में आया और के. चंद्रशेखर राव द्वारा राज्य के पहले मुख्यमंत्री के रूप में शपथ ली। इस संदर्भ में प्रासंगिक तथ्य यह है कि दोनों ही राज्यों की भाषा द्रविड़ है।
- सन् 2000 में छत्तीसगढ़, उत्तरांचल एवं झारखण्ड तीन राज्यों तथा 2014 में तेलंगाना के गठन के बावजूद सात अन्य नए राज्यों के गठन की जोरदार मांग की जा रही है जिसमें उत्तर प्रदेश में पूर्वांचल, हरित प्रदेश एवं बुन्देलखण्ड, महाराष्ट्र में विदर्भ, गुजरात में सौराष्ट्र, असम में बोडोलैण्ड तथा पश्चिम बंगाल में गोरखालैंड प्रमुख है। इन राज्यों के निर्माण की मांग अचानक सामने नहीं आई है, अपितु काफी लम्बे समय से ये मांग सुर्खियों में है।
- राजनीति में क्षेत्रीयतावाद के पांव मजबूत होने की एक अन्य ख़ास वजह देश में विभिन्न राज्यों के बीच आपसी झगड़े का मुद्दा भी है। मध्य प्रदेश, गुजरात और राजस्थान के बीच नर्मदा नदी के जल बंटवारे को लेकर तीखा विवाद है, पंजाब और राजस्थान के बीच भाखड़ा नांगल बांध की वजह से उत्पन्न बिजली के बंटवारे का विवाद है, कर्नाटक और तमिलनाडु के बीच कावेरी के जल बंटवारे का विवाद है तो महाराष्ट्र तथा कर्नाटक के बीच, पंजाब तथा हरियाणा के बीच असम तथा नागालैण्ड के बीच का सीमा विवाद देश में मौजूद अन्तर्राज्यीय झगड़ों का प्रत्यक्ष प्रमाण है, जिसकी वजह से काई बार क्षेत्रीयता की संकुचित प्रवृत्ति उग्र रूप धारण करके राष्ट्रीय एकता तथा संघवाद के अस्तित्व के लिए चिन्ता का विषय बन जाती है।
- देश के गिने–चुने राज्यों द्वारा उठाई गई स्वायत्तता की मांग भी राजनीति में क्षेत्रीयतावाद के तत्त्वों को मजबूती प्रदान करता है। उदाहरणार्थ, पंजाब में मास्टर तारा सिंह के नेतृत्व में अकाली दल द्वारा सिक्खों के लिए स्वायत्त राज्य की मांग जोरदार ढंग से उठाई गई थी। दक्षिण में द्रमुक और अन्नाद्रमुक द्वारा भी राज्य की स्वायत्तता की मांग का समर्थन किया गया। पश्चिम बंगाल की मार्क्सवादी सरकार द्वारा कई बार राज्यों की स्वायत्तता की मांग उठाई गई है और वर्ष 1968–69 में तेलंगाना राज्य के निर्माण

हेतु वहां के लोगों द्वारा जै तेलंगाना आंदोलन के नाम से जोरदार आंदोलन की शुरुआत हुई जिसका नेतृत्व बाद में के. चंद्रशेखर राव द्वारा किया गया। इन राज्यों द्वारा स्वायत्तता की मांग के साथ यदा कदा पृथकतावादी मांग भी उठाई जाती रही है। जम्मू कश्मीर विधान सभा द्वारा 26 जून, 2000 को राज्य स्वायत्तता समिति की रिपोर्ट को ध्वनि मत से स्वीकार किया गया जिसमें राज्य की 1953 से पूर्व की स्थिति बहाल करने की बात शामिल है, लेकिन केन्द्रीय सरकार द्वारा स्वायत्तता की इस मांग को अस्वीकार किया गया।

- राजनीति में क्षेत्रीयतावाद के तत्त्वों को बढ़ावा देने में उतर–दक्षिण की भावना भी काफी कारगर भूमिका निभाती रही है। दक्षिण के चार राज्यों–तमिलनाडु, आन्ध्रप्रदेश, कर्नाटक और केरल में द्रविड़ भाषा बोली जाती है। द्रविड़ भाषियों की यह सोच है कि राजनीतिक, आर्थिक, सांस्कृतिक विकास की दृष्टि से उत्तर भारतीयों की अपेक्षाकृत दक्षिण भारतीयों को यथोचित लाभ नहीं मिला है। इस सोच की वजह से इनकी अभिवृत्ति में क्षेत्रीयतावाद की भावना काफी प्रबल है, यही कारण है कि आम चुनावों के परिणाम के रूप में उत्तर भारत तथा दक्षिण भारत के मतदान व्यवहार में काफी भिन्नता दिखाई देती है। दक्षिणवासियों को कई मामलों में केन्द्रीय सत्ता से काफी शिकायत है जो राजनीतिक, आर्थिक एवं सांस्कृतिक सभी पहलुओं से संदर्भित है। ये हिन्दी भाषा को उत्तर भारतीयों की ख़ास जागीर के रूप में चिह्नित करते हैं, इसलिए इनकी एक बड़ी शिकायत यह भी है कि केन्द्रीय सरकार द्वारा प्रशासन की भाषा के रूप में अंग्रेजी का इस्तेमाल किया जाय।
- क्षेत्रीयतावाद का मुद्दा कई बार केन्द्र–राज्य संघर्ष के रूप में मुखर होकर सामने आया है। उदाहरणार्थ, 18 सितम्बर 1968 को केन्द्रीय सरकार द्वारा केन्द्रीय कर्मचारियों की हड़ताल से निबटने के लिए केरल में वामपंथी सरकार के मुख्यमंत्री नम्बूद्रीपाद को जो आदेश दिया गया, उसे श्रमिक विरोधी बताकर मानने से इंकार कर दिया गया। इसी प्रकार, 1968 में पश्चिम बंगाल के दार्जिलिंग में नक्सली उपद्रवों पर गंभीर चिंता व्यक्त करते हुए केन्द्र सरकार द्वारा जब उपद्रव प्रभावित क्षेत्रों में हथियार रखने पर प्रतिबंध लगाया गया तो वामपंथी सरकार ने इसे राज्य के मामलों में केन्द्र का हस्तक्षेप करार दिया। ऐसे अनेक उदाहरण हैं जब राज्य द्वारा केन्द्र की इच्छा का विरोध करके क्षेत्रीयतावाद की मानसिकता का परिचय दिया गया है।
- अनेक बार क्षेत्रीयतावाद का परिचय देते हुए कई राज्यों में संघ से पृथक् होने की प्रवृत्ति भी दिखाई देती रही है। इस कोटि की मांगों में द्रविड़ मुनेत्र कड़गम की मांग, अकाली दल की मांग, खालिस्तान की मांग, असम में मिजो की मांग, असम में नागा आन्दोलन की मांग, स्वतंत्र गोरखालैण्ड की मांग, स्वतंत्र कश्मीर की मांग, पृथक् तेलंगाना राज्य की मांग आदि शामिल हैं। इसके अतिरिक्त भूमिपुत्र की धारणा (Son of the Soil) को भी आजकल राजनीति भी क्षेत्रीयतावाद के प्रमुख तत्त्वों में शुमार किया जा रहा है।
- क्षेत्रीयतावाद की बढ़ती प्रवृत्ति से भारतीय राजनीति में कई क्षेत्रीय राजनीतिक दलों का उदय हुआ है, जैसे–पंजाब में अकाली दल, तमिलनाडु में द्रमुक तथा अन्नाद्रमुक, आन्ध्रप्रदेश में तेलुगूदेशम् तथा तेलंगाना राष्ट्र समिति (TRS), जम्मू–कश्मीर में नेशनल कान्फ्रेंस, उत्तर प्रदेश में समाजवादी पार्टी, बिहार में राष्ट्रीय जनता दल, उड़ीसा में बीजू जनता दल, असम में असम गणपरिषद्, महाराष्ट्र में महाराष्ट्र नवनिर्माण सेना, आदि प्रमुख क्षेत्रीय पार्टियां हैं।

सारांशतः, यह कहा जा सकता है कि भारत जैसे विविधतापूर्ण, विशाल लोकतांत्रिक राजनीतिक व्यवस्था में क्षेत्रीयतावाद की मनोवृत्ति एक स्वाभाविक धारणा है जिसके तत्त्वों द्वारा समय–समय पर देश की राजनीति को उद्वेलित करने में अहम् भूमिका निभायी जाती रही है। क्षेत्रीयतावाद की प्रवृत्ति से भारत में राजनीति और समाज के संबंधों को हमेशा नया आयाम तथा नई दिशा मिलती रही है, फिर चाहे वो असम की बोडो समस्या हो, या महाराष्ट्र एवं असम में उठाई गई भूमिपुत्र की धारणा की समस्या हो। अकालियों की धार्मिक मांगें हों या तेलंगाना के निर्माण का मुद्दा हो।

भारतीय राजनीति में धर्म एवं साम्प्रदायिकता : एक विश्लेषणपरक अध्ययन (Religion and Communalism in Indian Politics: An Analytical Study)

धर्म एवं साम्प्रदायिकता को भारतीय राजनीति के महत्त्वपूर्ण निर्धारक तत्त्वों की कोटि में शुमार किया जाता है। यहां की राजनीति में धर्म को समाज में शक्ति एवं प्रभाव अर्जित करने वाले माध्यम के रूप में चिह्नित किया गया है। आम चुनाव के समय जनता के बिखरे मतों को समेटने में एवं उसे वोटों में तबदील करने की राजनीति की दृष्टि से मतप्रबंधन के कारक के रूप में धर्म की भूमिका अति प्रासंगिक है।

धर्म सभी मनुष्यों के जीवन का मर्मतत्त्व है जो मानव जीवन के समग्र पहलुओं को प्रभावित करता है। **मजूमदार**, **डी.एन.** तथा **टी.एन. मदान** ने अपनी पुस्तक **An Introduction to Social Anthropology** में यह कहा है कि धर्म किसी पारलौकिक अतिमानुष और अतीन्द्रिय (Transcendental) शक्ति के भय का एक मानवीय प्रत्युत्तर है। यह व्यवहार की अभिव्यक्ति अथवा परिस्थितियों में किए गए अनुकूलन का वह रूप है जो अलौकिक शक्ति की धारणा से प्रभावित होता है। **किंग्सले डेविस** का ये मानना है कि "मानव समाज में धर्म इतना सर्वव्यापी स्थायी एवं दृढ़ है कि उसे स्पष्ट रूप से समझे बिना समाज को समझना मुश्किल है।" धर्म और राजनीति परस्पर संबंधित होता है। यह लोगों के राजनीतिक व्यवहार को प्रभावित करता है। धर्म और राजनीति के बीच चलने वाली अन्योन्यक्रियाओं से सदैव भारतीय समाज एवं राजनीति के गत्यात्मक स्वरूप को नया आयाम मिलता है।

भारतीय राजनीति और धर्म (Religion and Indian Politics)

भारतीय राजनीति के परिप्रेक्ष्य में धर्म और राजनीति की अन्तःक्रियाओं को राजनीतिक दलों का निर्माण, चुनाव में प्रत्याशियों का चयन, मतप्रबन्धन की राजनीति आदि के प्रसंग में स्पष्टः देखा जा सकता है। मतदान व्यवहार का निर्माण एवं राजनीतिक व्यवहार को किसी विशेष दिशा में मोड़ने में धर्म की भूमिका काफी प्रमुख होती है। भारतीय राजनीति के प्रसंग में धर्म से प्रासंगिक विविध आयामों को निम्नांकित संदर्भों में देखा जा सकता है :

1. **धर्म एवं राजनीतिक दल**–भारत में धर्मनिरपेक्ष राजनीतिक संस्कृति की मौजूदगी के बावजूद स्वतंत्र भारत में धार्मिक आधार पर कई राजनीतिक दलों का गठन हुआ है, मसलन–शिरोमाणि अकाली दल, हिन्दू महासभा, बजरंग दल, विश्व हिन्दू परिषद्, रामराज्य परिषद्, शिव सेना, मुस्लिम लीग आदि। इन दलों के अस्तित्व–निर्माण में धार्मिक एवं सामुदायिक तत्त्वों की प्रधान भूमिका रही है। ये दल चुनाव में धार्मिक पक्षों को प्रधानता देते हैं और प्रत्याशियों के चयन से लेकर वोट मांगने और मतप्रबन्धन करने तक में धर्म को बुनियादी तत्त्व के रूप में मान्यता देते हैं। इन दलों द्वारा अपने साम्प्रदायिक हितवर्द्धन के नाम पर चुनावी राजनीति का संचालन किया जाता है। चुनावी मुद्दों के रूप में जहां हिन्दू धार्मिक दलों द्वारा राम मंदिर का निर्माण, गौ हत्या बन्द कराएं व गंगा सफाई योजना जैसे धार्मिक प्रसंगों को प्रमुखता से उभारा जाता है, वहीं मुस्लिम लीग द्वारा चुनावी मुद्दों में अल्पसंख्यकों की सुरक्षा तथा सभी मामलों में उनकी उपेक्षा की बातें मुख्य रूप से उठायी जाती हैं।

   धर्म आधारित लगभग सभी दलों की सक्रियता देश के किसी ख़ास हिस्से में केन्द्रित हैं, जैसे मुस्लिम लीग का कार्यक्षेत्र दक्षिण भारत के केरल प्रदेश में है जो मालाबार मापाला समुदाय के बल पर जीवित है। ऐसे ही सिक्खों के अकाली दल की सक्रियता पंजाब में और शिवसेना का कार्यक्षेत्र महाराष्ट्र में है। हिन्दू महासभा सैद्धान्तिक स्तर पर तो एक राष्ट्रीय पार्टी है, लेकिन व्यवहार में यह मुख्य रूप से मध्यप्रदेश तथा उसके आसपास के इलाकों में सक्रिय है। जनसंघ के साम्प्रदायिक आयाम पर टिप्पणी करते हुए **मॉरिस जोन्स** ने कहा है, "जब तक कट्टरता की अभिवृत्ति से पूर्ण आर.एस.एस., जिसमें हिन्दू सांस्कृतिक जोश और सैन्यवादी ट्रेनिंग दोनों का संयोग है, जनसंघ की आड़ में एकजुट होकर काम करता रहेगा, तब तक साम्प्रदायिकता इस राजनीतिक दल का महत्त्वपूर्ण पक्ष बना रहेगा।"

राजनीतिक दल एवं धर्म से प्रासंगिक महत्त्वपूर्ण तथ्य यह है कि यदि व्यापक परिप्रेक्ष्य में सामाजिक धार्मिक समुदायों के साथ दलों के संबंध को देखा जाय तो सभी पार्टियों में साम्प्रदायिकता के तत्त्वों की मौजूदगी कुछ न कुछ अंश में निश्चित रूप से होती है और देश की कोई भी पार्टी इससे अछूती नहीं है।

2. **धर्म और चुनावी राजनीति**—भारत में अधिकतर राजनीतिक दलों के नेताओं एवं पार्टी आलाकमान द्वारा सामुदायिक मुद्दों को आधार बनाकर जनमत को अपने पक्ष में करने का जीतोड़ प्रयास किया जाता है। मतदाताओं का वोट अपनी पार्टी के पक्ष में करने के लिए धार्मिक मठाधीशों यानी कि धर्माचार्यों, इमामों, पादरियों के साथ राजनीतिक तालमेल बैठाया जाता है और सांठ–गांठ करके उनके द्वारा संबद्ध समुदाय के मतदाताओं को किसी पार्टी के पक्ष में मतदान करने की अपील जारी करायी जाती है। दृष्टांतस्वरूप लोकसभा चुनावों में दिल्ली की जामा मस्जिद के शाही इमाम द्वारा मुस्लिम सम्प्रदाय के वोटरों के लिए जारी फ़तवा को इस प्रसंग का बेहतर उदाहरण माना जा सकता है। चुनावी सभाओं में एक राजनीतिक नेता के रूप में शाही इमाम का भाषण देना और मुसलमानों को किसी दल विशेष के प्रत्याशियों के पक्ष में मतदान करने के लिए अभिप्रेरित करना धर्म और राजनीति के गहरे संबंधों का द्योतक है। वहीं हिंदू कट्टरपंथी नेताओं द्वारा सार्वजनिक मंच से भड़काऊ भाषण देकर धर्म पर हिंदुओं को गोलबंद करने की अपील भी धर्म और राजनीति के रिश्ते की प्रगाढ़ता को उजागर करता है। वस्तुस्थिति यह है कि चुनावी राजनीति के प्रसंग में धर्म के आधार पर वोटरों को रिझाने तथा धार्मिक हथकंडों का प्रयोग करके मतदाताओं को अपने पक्ष में करने की प्रवृत्ति कमोबेश सभी राजनीतिक पार्टियों में देखी जाती है।
3. **धार्मिक दबाव समूह और राजनीति**—धर्म के आधार पर संगठित साम्प्रदायिक संगठन व्यवस्थागत राजनीति में शक्तिशाली दबाव समूह की भूमिका निभाते हैं। इन दबाव समूहों द्वारा सरकारी नीतियों व निर्णयों को प्रभावित करने का कार्य किया जाता है। ये सरकारी नीतियों की आलोचना करते हैं तथा अपने संगठन के बैनर तले धरना प्रदर्शन, रैली व सभाओं का आयोजन करके सरकारी नीतियों व निणयों के विरुद्ध जोरदार आवाज उठाते हैं और कभी–कभी सरकारी निर्णयों को अपनी ओर मोड़ने में सफल भी हो जाते हैं। उदाहरणार्थ, मुस्लिम संगठनों में जमीयत–उल–उलेमा–ए–हिन्द, इमारते शरिया, जमायते इस्लामी द्वारा एक शक्तिशाली दबाव समूह की भूमिका अदा करते हुए तीन विषयों के मामले में सरकारी नीतियों को प्रभावित किया गया है; ये विषय हैं—अलीगढ़ विश्वविद्यालय का अल्पसंख्यक स्वरूप स्थापित कराना, उर्दू को संवैधानिक संरक्षण दिलाना तथा मुस्लिम पर्सनल लॉ के संबंध में कोई तब्दीली न होने देना। वहीं विश्व हिन्दू परिषद् द्वारा दिए जाने वाले दबाव की वजह से अयोध्या मसले पर केन्द्र सरकार द्वारा लिए जाने वाले कई महत्त्वपूर्ण निर्णयों पर सकारात्मक प्रभाव पड़ा है।
4. **मंत्रिमंडल निर्माण में धर्म की प्रधानता**—केन्द्र एवं राज्य दोनों स्तरों पर सरकार निर्माण के समय इस बात का विशेष ध्यान रखा जाता है कि मंत्रिमंडल में सभी धार्मिक सम्प्रदायों के सदस्यों को उचित प्रतिनिधित्व मिले। मंत्रिमंडल में सभी अल्पसंख्यकों—मुसलमानों, सिक्खों व ईसाइयों को समुचित प्रतिनिधित्व देना इस तथ्य का सूचक है कि देश में राजनीतिक सत्ता के अस्तित्व–निर्माण में धर्म की भूमिका काफी अहम् है।
5. **क्षेत्रीय राजनीति में धर्म की प्रधानता**—केन्द्रीय राजनीति के साथ क्षेत्रीय राजनीति में भी धर्म की भूमिका काफी प्रासंगिक होती है। इस प्रसंग का बेहतर उदाहरण केरल तथा पंजाब की राजनीति है। सतही स्तर पर केरल की राजनीति में वामपंथी रंग दिखायी देता है लेकिन इस राजनीति का आन्तरिक पक्ष धार्मिक–साम्प्रदायिक तत्त्वों के गठजोड़ से बना है। केरल की राजनीति में दो प्रकार के दबाव समूह सक्रिय हैं—साम्प्रदायिक तथा व्यावसायिक और वहां का साम्यवादी दल प्रगतिशील विचारों का समर्थक होने के बावजूद व्यवस्थागत धार्मिक दबाव समूहों के साथ तालमेल करके ही चुनावी राजनीति का संचालन करता है।

वहीं धर्म और क्षेत्रीय राजनीति की अन्योन्यक्रिया को समझने के लिए सबसे महत्त्वपूर्ण उदाहरण पंजाब की राजनीति है जो सदैव अकाली दल की आन्तरिक राजनीति तथा शक्तिशाली शिरोमणि गुरुद्वारा प्रबन्ध समिति

के चुनावों के आसपास केन्द्रित दिखी है। शिरोमणि गुरुद्वारा प्रबन्ध समिति का चुनाव अकाली दल की राजनीति पर गंभीर प्रभाव डालता है और अकाली दल पंजाब की राजनीति पर। गुरू गोबिन्द सिंह द्वारा स्वर्ण मंदिर के सामने अकाल तख्त की स्थापना एक राजनीतिक शक्ति के रूप में की गई थी। इसलिए, पंजाब की राजनीति में अकाल तख्त एक समानान्तर सरकार की भूमिका अदा करता है, जिस पर पंजाब की सरकार द्वारा दिया आदेश लागू नहीं होता है।

धर्म और राजनीति की अन्योन्यक्रिया के परिणामस्वरूप कई बार देश को गंभीर मुश्किलों का भी सामना करना पड़ा है। इसकी वजह से राष्ट्रीय एकता के मार्ग में बाधाएं आती हैं। धर्म आधारित पृथक् राज्यों की मांग देश में धर्म और राजनीति की अंतःक्रियात्मकता के दुःखद पक्ष का द्योतक है। अकाली दल द्वारा उठायी गयी पंजाबी सूबे की मांग सतही तौर पर भाषा आधारित नजर आती है, लेकिन यथार्थतः यह धर्म आधारित पृथक् राज्य की मांग है। इस प्रकार, धर्म और राजनीति के गठजोड़ का अच्छा और बुरा दोनों परिणाम भारत में राजनीति और समाज के संबंधों को उद्वेलित करता रहता है।

भारतीय राजनीति में साम्प्रदायिकता (Communalism in Indian Politics)

साम्प्रदायिकता को मानवता के लिए अभिशाप माना गया है। भारत जैसी विशाल लोकतांत्रिक व्यवस्था में जहां अनेक धर्मों को मानने वाले तथा अनेकानेक जातियों के लोगों का निवास है वहां साम्प्रदायिकता एक गंभीर राजनीतिक सामाजिक समस्या है। साम्प्रदायिकता की मनोवृत्ति राष्ट्रीय एकीकरण में अवरोधक की भूमिका निभाती है। डी.आर. गोपाल के मतानुसार, "साम्प्रदायिक तनावों तथा उपद्रवों को एक विघटनकारी कारक के बजाय मौलिक एकीकरण के अभाव में सूचक के रूप में देखा जाना चाहिए।"

प्रभा दीक्षित ने अपनी चर्चित पुस्तक **साम्प्रदायिकता का ऐतिहासिक संदर्भ** में एक नए दृष्टिकोण को प्रस्तुत करते हुए भारतीय राजनीति में मौजूद साम्प्रदायिकता के आयामों का विश्लेषण ऐतिहासिक संदर्भ में किया है। विश्लेषिका का ऐसा मानना है कि सम्प्रदायवाद सोच–समझ कर निर्मित किया गया एक राजनीतिक सिद्धान्त है जिसका प्रचार–प्रसार पुराने जमाने में स्थापित विशिष्ट समुदाय का एक वर्ग राष्ट्रवादी और लोकतांत्रिक शक्तियों को कमजोर करने के लिए करता था। विविध धर्मों, संस्कृतियों, जातियों व भाषाओं वाले समाज में लोकतांत्रिक प्रक्रियाओं के संचालन के लिए, राजनीतिक क्षेत्रों में प्रभावशाली बनने के लिए तथा सत्ता–प्राप्ति हेतु राजनीतिक सौदेबाजी के लिए धर्म संस्कृति, भाषा और जातियों का राजनीतिकरण हर समुदाय के लिए अपरिहार्य हो गया है, लेकिन धर्म व सम्प्रदाय से जुड़े तत्त्वों की दृष्टि से यह अल्पसंख्यकों के लिए विशेष महत्त्व रखता है।

बहुसंख्यक तथा अल्पसंख्यक दोनों वर्गों में साम्प्रदायिकता का तत्त्व विद्यमान होता है, लेकिन दोनों की प्रवृत्ति में गुणात्मक भेद है। यदि साम्प्रदायिक आन्दोलनों का विश्लेषण किया जाय तो यह स्पष्ट होता है कि उद्देश्य और नेतृत्व दोनों दृष्टिकोणों से धर्म एवं संस्कृति आधारित साम्प्रदायिक आन्दोलन व्यवस्था में क्रान्ति या पुनर्निर्माण के बोधक नहीं होते हैं, अपितु वे सामाजिक–राजनीतिक प्रतिक्रिया के परिणाम होते हैं। भारतीय राजनीति के संदर्भ में साम्प्रदायिकता के तत्त्वों एवं कारकों या मनोवृत्तियों को हिन्दू मुसलमान दोनों सम्प्रदायों के राजनीतिक महत्त्वाकांक्षी अभिजनों द्वारा अपनी स्वार्थ–सिद्धि तथा निजी हितवर्द्धन के लिए बढ़ावा दिया जाता रहा है। हिन्दू, मुसलमान दोनों समुदायों में मौजूद सामाजिक ढांचे का विश्लेषणपरक अध्ययन करने से यह स्पष्ट होता है कि सत्ता, सम्पत्ति तथा सामाजिक प्रतिष्ठा पर एकाधिकार करने वाले अभिजनवर्ग का सांस्कृतिक रुझान एवं जीवन शैली आमजनों से बिल्कुल भिन्न थी, यहां तक कि अपने समुदाय की जनसंस्कृति से भी इनकी सांस्कृतिक समरूपता नगण्य ही थी। दोनों समुदायों के अभिजन जनसंस्कृति से पृथक् अपनी उच्च संस्कृति का पोषण कर रहे थे। अभिजनों एवं सामान्यजनों के बीच संस्कृतियों का जो आदान–प्रदान हुआ उसका स्वरूप उपयोगितामूलक था। दोनों समुदायों के अभिजन वर्गों द्वारा संरक्षित तथा संकीर्णता के दायरे में संचालित सांस्कृतिक सम्प्रदायवाद की वजह से राष्ट्र में एक राष्ट्रीय संस्कृति का आविर्भाव संभव नहीं हो सका।

एक धर्मनिरपेक्ष लोकतांत्रिक व्यवस्था के रूप में भारत की स्थापना के बाद बहुसंख्यक हिन्दुओं में नए राष्ट्रवाद के साथ तादात्म्यता स्वाभाविक रूप से संस्थापित हो गई, लेकिन मुस्लिम सम्प्रदाय के अधिकांश लोगों में भारतीय लोकतांत्रिक राष्ट्रवाद के प्रति निष्ठा स्थापित ही नहीं हो पाई। कुछ मुसलमानों द्वारा राष्ट्रीय आन्दोलन में सक्रियता दिखाई गई, लेकिन अधिकांश लोगों के मन में राजनीतिक अलगाव की प्रवृत्ति घर बनाने लगी। भारतीय राष्ट्रवाद के प्रति इस समुदाय में राजनीतिक विश्वास के अभाव की वजह से वे लोकतंत्रीय राष्ट्रवाद को अपनी शक्ति और सामाजिक–राजनीतिक प्रतिष्ठा के मद्देनजर संदेह की दृष्टि से देखने लगे। लोकतंत्र में संख्या बल के हाथों में सत्ता–निर्माण का अधिकार सौंप कर मुसलमानों की स्थिति स्थायी रूप से अधीनस्थ की कर दी गई। चुनावी राजनीति के प्रसंग में सम्प्रदायवाद राष्ट्रवाद की तुलना में अभिजन वर्ग के लिए काफी लाभकारी साबित हुआ। अल्पसंख्यक समुदायों में लोकतंत्र एवं राष्ट्रवाद के प्रति उत्पन्न शंकाओं का समाधान साम्प्रदायिक विचारधारा में ढूंढा जाने लगा। धार्मिक अल्पसंख्यक समुदाय के रूप में राजनीतिक मान्यता स्थापित होने के बाद इनके राजनीतिक अभिजनों द्वारा अपनी राजनीतिक महत्त्वाकांक्षा की पूर्ति के लिए पृथक् इस्लामी राज्य की मांग उठाई गई। मतप्रबंधन की दृष्टि से मुस्लिम मतों के बिखराव को रोकने के लिए सरकार द्वारा मुसलमानों को अल्पसंख्यक समुदाय के नाम कुछ विशेष सहूलियतें दी गईं। अल्पसंख्यकों के नाम पर मिलने वाली सुविधाओं की वजह से बहुसंख्यक हिन्दुओं में इनकी बढ़ती राजनीतिक हैसियत को देख दुश्चिन्ताएं बढ़ने लगीं जिसके प्रतिक्रियास्वरूप हिन्दू सम्प्रदायवाद का आविर्भाव हुआ।

भारतीय राजनीति में साम्प्रदायिकता के प्रमुख आयाम (Main Dimensions of Communalism in Indian Politics)

भारतीय राजनीति में आजादी के बाद साम्प्रदायिक तत्त्वों की मजबूती के पीछे कई महत्त्वपूर्ण कारक प्रधानांग की भूमिका अदा करते हैं, जो निम्नांकित हैं :

1. **मुस्लिम सम्प्रदाय में मौजूद पृथक्करण की प्रवृत्ति**—मुस्लिम समाज की प्रवृति में मौजूद पृथक्करण की भावना उन्हें राष्ट्रवाद की धारणा को अपनाने नहीं देती है, नतीजतन वे राजनीति की मुख्य धारा से अपने आपको जोड़ नहीं पाते हैं। भारतीय संविधान की ख़ास विशेषताएं; यथा–धर्मनिरपेक्षता, सामाजिक न्याय, आर्थिक न्याय व समाजवाद आदि वैचारिकी का इस समाज पर कोई विशेष प्रभाव नहीं पड़ा है, क्योंकि मुस्लिम नेताओं द्वारा अपने समाज की जनता के बीच सरकारी इरादों के प्रति आशंका जतायी जाती है और मुस्लिम समाज के हितों की सुरक्षा के लिए उनकी पृथकतावादी प्रवृत्ति को बढ़ाने का कार्य किया जाता है। इस प्रकार, मुस्लिम समाज में साम्प्रदायिकता के तत्त्वों को जिन्दा रखने में मुस्लिम संगठनों की भूमिका काफी महत्त्वपूर्ण रही है।
2. **शैक्षणिक एवं आर्थिक पिछड़ापन**—अंग्रेजी हुकूमत के समय भी अधिकांश मुसलमानों की आर्थिक स्थिति कमजोर थी इसलिए इस समाज में आमतौर पर शिक्षा का प्रसार नहीं हो पाया। कुछ धनाढ्य मुस्लिम परिवारों को छोड़ आम मुसलमान शैक्षणिक दृष्टि से पिछड़े थे इसलिए भी उनकी आर्थिक स्थिति मजबूत नहीं हो पायी। इससे उनके अन्दर असंतोष की भावना बढ़ी और साम्प्रदायिकता के तत्त्वों को मजबूती मिली जिसका प्रकटीकरण यदा–कदा हिंसा के रूप में होता रहा है।
3. **पाकिस्तानी संरक्षण एवं प्रचार**—भारत के मुसलमानों में साम्प्रदायिकता की भावना को जिन्दा रखने में पाकिस्तानी संगठनों की भूमिका काफी महत्त्वपूर्ण रही है। भारत में हिन्दू–मुसलमान के बीच तनाव की छोटी घटनाओं को भी पाकिस्तानी टेलीविजन, अखबारों एवं रेडियों में काफी बढ़ा–चढ़ा कर प्रचार किया जाता है। ऐसा करके पाकिस्तान अपने को भारतीय मुसलमानों का पैरोकार, हिमायती और हितरक्षक साबित करना चाहता है और भारत के धर्मनिरपेक्षतावादी स्वरूप को चोट पहुंचाना चाहता है।
4. **हिन्दू संगठनों की संकीर्ण मानसिकता**—भारत में हिन्दू समुदाय के कुछ कट्टर संगठन जैसे–हिन्दू महासभा, विश्व हिन्दू परिषद् आदि ऐसे संगठन हैं जो संकीर्ण धर्मान्धता के पोषक हैं जो समय–समय

पर अपनी अभिव्यक्तियों तथा कार्यशैली के माध्यम से हिन्दू समाज की भावनाओं को उत्तेजित करने में महती भूमिका निभाते रहते हैं। सत्ताधारी भाजपा के कुछ नेता भी आजकल सार्वजनिक मंच, रेडियो, टेलीविजन व समाचारपत्रों के माध्यम से भड़काऊ बयान देने से गुरेज़ नहीं करते हैं। इनकी सोच ये कहती है कि भारत हिन्दुओं का देश है इसलिए सिर्फ हिन्दू धर्मावलम्बियों को यहां रहने का अधिकार है। हिन्दू धर्माचार्यों की ये अभियुक्तियां मुस्लिम समुदाय में साम्प्रदायिकता के तत्त्वों को बढ़ावा देने में तथा साम्प्रदायिक भावना के मजबूतीकरण में अहम् भूमिका अदा करती हैं।

5. **सरकारी निर्णय एवं कार्यशैली**—देश में अब तक घटित हुए साम्प्रदायिक दंगों का इतिहास खंगालने से यह पता चलता है कि कई बार सरकारी निर्णय, सरकार की कार्यशैली तथा सामाजिक मुद्दों के प्रति सरकार का उदासीन रवैया भी साम्प्रदायिक दंगों के लिए आधारभूमि तैयार करने में आधारतत्त्व की भूमिका निभाता रहा है। चाहे राम जन्मभूमि एवं बाबरी मस्जिद का मामला हो या शाहबानो का मामला हो, इन विषयों पर सरकार की कार्यशैली के प्रतिक्रिया स्वरूप दोनों ही समुदायों में पनपी साम्प्रदायिकता की भावना को नया चेहरा तथा नयी मजबूती मिली है।

भारत में साम्प्रदायिक राजनीति के विकास पर गृह मंत्रालय की गोपनीय रिपोर्ट के सारतत्त्वों की चर्चा यहां प्रासंगिक है, जिसमें राजनीतिक दलों और दबाव समूहों को साम्प्रदायिक राजनीति के विकास का मुख्य अग्रेसर कहा गया है। इनको साम्प्रदायिक दंगों का वास्तविक कर्ता–धर्ता कहा गया है। साम्प्रदायिक दंगों की जाँच के लिए गठित आयोगों की रिपोर्टों का अध्ययन करने से यह स्पष्ट होता है कि ऐसे सभी मामलों में राजनीतिक दलों की संलग्नता निश्चित रूप से मौजूद होती है। विगत कुछ दशकों से साम्प्रदायिक हिंसा को बढ़ावा देने के पीछे विदेशी सत्ता का हाथ होने का आरोप भी जोर–शोर से उठाया जाता रहा है। विशेष रूप से इसके पीछे पाकिस्तान तथा अन्य मुस्लिम देशों में सक्रिय आतंकवादी संगठनों की भूमिका की बात की जाती है।

साम्प्रदायिक राजनीति के प्रसंग में यही कहा जा सकता है कि सामाजिक–राजनीतिक यथार्थ के अनुरूप सभी राजनीतिक दलों द्वारा मुस्लिम सम्प्रदाय को वोट बैंक समझा जाता है और इसी आलोक में साम्प्रदायिक राजनीति को सदैव जिन्दा रखा जाता है। इस प्रवृत्ति की वजह से दोनों सम्प्रदायों की धार्मिक भावनाएं आहत होती हैं। दोनों समुदायों के बीच भय, अविश्वास, संदेह की मजबूत भावना इनके बीच पलने वाली साम्प्रदायिक वैमनस्य का मुख्य आधार है। आपसी वैमनस्य की प्रवृत्ति के परिणामस्वरूप साम्प्रदायिक दंगों की संख्या में काफी इज़ाफ़ा हुआ है। सरकारी दृष्टि में दंगों की मूल वजह अल्पसंख्यक समुदाय में 'कट्टरपंथी नेतृत्व का उभार' और 'पारम्परिक मुस्लिम गुटों के अरब देशों से भारी मात्रा में धन प्राप्त होना' तथा 'मुस्लिम सम्प्रदाय पर अन्तर्राष्ट्रीय इस्लामी गुटों की एकता का प्रभाव' है।

गृह मंत्रालय का दस्तावेज यह कहता है कि 'अन्य किसी भी मुद्दे पर हिन्दू–मुस्लिम समुदाय का आपसी सद्भाव उतना नहीं बिगड़ा जितना कि राम जन्मभूमि–बाबरी मस्जिद विवाद की वजह से बिगड़ गया है। राम जन्मभूमि मुद्दे को भारतीय जनता पार्टी द्वारा अपना परम्परागत वोट बैंक बढ़ाने के लिए हिन्दू कार्ड के रूप में इस्तेमाल किया गया। नब्बे के दशक और उसके बाद हुए साम्प्रदायिक दंगों से जो नई बात उभर कर सामने आयी है वह यह है कि साम्प्रदायिक हादसों का केन्द्र पहले शहरी इलाके थे, लेकिन अब साम्प्रदायिकता ग्रामीण इलाकों में भी तेजी से फैल रही है। 1988 में हुए 611 साम्प्रदायिक इत्तफाकों में 55 प्रतिशत वारदातें ग्रामीण इलाकों में हुईं। 1971 में गंभीर दंगों की संख्या 80 थी जो 1982 में बढ़कर 427 हुई और 1988 इनकी संख्या बढ़कर 611 हो गयी। 1989–1990 की रिपोर्ट के आधार पर मध्यप्रदेश के 40 से ज्यादा कस्बे साम्प्रदायिक दंगों से ग्रसित थे जिसका स्वरूप बहुत भीषण था। गृह मंत्रालय के दस्तावेजों के अनुरूप 1997–98 में सामुदायिक हिंसा की 725 वारदातें हुई, 1988–1999 में 626 हिंसक वारदातें हुईं। गृह मंत्रालय द्वारा जारी रिपोर्ट के अनुसार 27 फरवरी, 2002 गोधरा, गुजरात में हुए सामूहिक हत्या काण्ड की वजह से 28 फरवरी तथा मार्च 1, 2002 को भयानक रूप से साम्प्रदायिक हिंसा गुजरात के अनेक शहरों में फैल गयी। गोधरा काण्ड में 58 लोग जिन्दा जला दिये गये थे। सरकारी आंकड़ों के अनुसार गुजरात की इस साम्प्रदायिक हिंसा में 692 लोगों के मारे जाने की सूचना है।

सारांशतः, यह कहा जा सकता है कि भारतीय राजनीति में साम्प्रदायिकता मूलतः ब्रिटिश हुकूमत द्वारा अपनायी गयी 'फूट डालो और शासन करो' की नीति का परिणाम है। यह एक विघटनकारी प्रवृत्ति है। यह दोनों सम्प्रदायों में आपसी द्वेष पैदा कराता है जो यदा–कदा भीषण रूप धारण करके साम्प्रदायिक हादसों के रूप में सामने आता है। इससे देश को जहां एक ओर आर्थिक हानि होती है, वहीं यह राजनीतिक अस्थिरता की परिस्थितियां भी उत्पन्न कराता है। साम्प्रदायिकता राष्ट्रीय एकता व अखण्डता का दुश्मन है और राष्ट्रीय सुरक्षा की दृष्टि से एक गंभीर राजनीतिक–सामाजिक समस्या है। भारतीय राजनीति को स्वस्थ रखने के लिए साम्प्रदायिकता की प्रवृत्ति का समूल उन्मूलन करना समय की मांग है।

भारतीय राजनीति एवं नातेदारी (Kinship and Indian Politics)

रक्त संबंध यानी कि नातेदारी भारतीय सामाजिक संरचना का मुख्य आधार माध्यम है। नातेदारी का अभिप्राय व्यक्तियों के मध्य संबंधों की उस व्यवस्था से है जो प्रजनन एवं वास्तविक वंशावली के आधार पर परस्पर संबंधित होते हैं। विवाह तथा रक्त संबंधों के आधार पर परस्पर संबंधित लोग नातेदारी व्यवस्था का निर्माण करते हैं। रक्त संबंधों के आधार पर संबंधित व्यक्तियों का समूह नातेदारी का आन्तरिक पहलू है, जबकि वैवाहिक संबंधों के आधार पर निर्मित व्यवस्था नातेदारी का बाध्य पक्ष है।

जहां तक नातेदारी और भारतीय राजनीति का संबंध है, यहां राजनीति में वंशवाद भाई–भतीजावाद की मानेवृत्ति से लगभग सभी राजनीतिक पार्टियां ग्रसित हैं। पार्टी अध्यक्ष पद से लेकर राजनीतिक सत्ता के गलियारे तक, प्रत्याशियों के चयन तथा चुनाव में उम्मीदवारी से लेकर मंत्रिमंडल के निर्माण तक हर क्षेत्र की राजनीतिक भर्ती में जाति, कुटुम्ब, परिजनों की प्रमुख उपस्थिति स्पष्टतः देखी जा सकती है। यद्यपि परिवारवाद को पोषित करने का आरोप हमेशा कांग्रेस पार्टी पर लगाया जाता है, लेकिन समसामयिक परिप्रेक्ष्य में वस्तुस्थिति यह है कि आज देश की कोई भी राष्ट्रीय या क्षेत्रीय पार्टी इस मानसिकता से अछूती नहीं है।

भारतीय राजनीति में परिवारवाद की भूमिका (Role of Familyism in Indian Politics)

राजनीतिक समाजीकरण प्रक्रिया पर किए गए शोधकार्यों का तात्विक निष्कर्ष यह है कि एक नागरिक के राजनीतिक समाजीकरण में परिवार का योगदान सर्वप्रमुख होता है। इस परिप्रेक्ष्य में भारतीय राजनीति का तथ्यान्वेषण करने से इस तथ्य का स्पष्टीकरण होता है कि समयानुरूप देश में मौजूद राजनीतिक परिवारों पर राजनीतिक समाजीकरण की इस प्रवृत्ति का गहरा प्रभाव पड़ा है। राजनीति और नातेदारी के बीच परस्पर संबंध का सबसे बड़ा लाभ यह है कि इस परम्परा की वजह से नेतृत्व परिवर्तन का मार्ग काफी सरल हो जाता है। शीर्ष नेतृत्व परिवर्तन के नाम पर पार्टीजनों के बीच कोई विशेष राजनीतिक दांवपेंच या खींचतान नहीं होती है और अधिकांश पार्टी जनों द्वारा परिवर्तित नेतृत्व को सहजता से स्वीकार भी कर लिया जाता है। उदाहरणार्थ, कांग्रेस पार्टी में पंडित नेहरू के निधन से खाली हुई गद्दी पर शास्त्री जी की छोटी अवधि के बाद श्रीमती इंदिरा गांधी और श्रीमती इंदिरा गांधी की हत्या के बाद श्री राजीव गांधी को पार्टी अध्यक्ष तथा प्रधानमंत्री के पद पर आसीन होने में कोई कठिनाई नहीं हुई। आज भी कांग्रेस पार्टी का अध्यक्ष पद नेहरू गांधी परिवार के दायरे में सिमटा हुआ है।

क्षेत्रीय राजनीति में भी परिवारवाद के यथोचित उदाहरण से कई प्रांतों की राजनीति सुशोभित हो रही है। उदाहरणार्थ बिहार की राजनीति में चारा घोटाला कांड के उजागर होने और लालू यादव की इसमें संलग्नता की ख़बरें आने के पश्चात् आनन–फानन में श्रीमती राबड़ी देवी को राजद के अध्यक्ष पद पर नामजद किया गया और राजद की मुखिया होने के नाते मुख्यमंत्री बिहार के रूप में श्रीमती राबड़ी देवी की ताजपोशी में कोई राजनीतिक कठिनाई नहीं आई। वैसे भी राजद का अध्यक्ष पद लालू यादव की निजी सम्पत्ति है। इसी भांति लोजपा का अध्यक्ष पद रामविलास पासवान या उसके परिवार की निजी सम्पत्ति है। ज्यादातर क्षेत्रीय स्तर की राजनीतिक पार्टियों में ऐसे उदाहरणों की भरमार है।

भारतीय राजनीति में परिवारवाद या वंशवाद की प्रवृत्ति की मौजूदगी से जहां नए नेता के चुनाव में आसानी होती है, वहीं राजनीति को इसका ख़ामियाज़ा भी उठाना पड़ता है। वंशानुगत आधारित नेतृत्व में तानाशाही प्रवृत्ति का आविर्भाव होता है जो लोकतंत्र के स्वास्थ्य के लिए सही नहीं है। वंशानुगत आधारित राजनीति के इस प्रसंग को कांग्रेस पार्टी के आलाकमान द्वारा विगत चार दशकों से अपनायी जा रही कार्यशैली के संदर्भ में सहज ढंग से देखा जा सकता है। इस पार्टी में आलाकमान की सुदृढ़ राजनीतिक हैसियत की वजह से न केवल राष्ट्रीय राजनीति में, अपितु प्रान्तों की राजनीति में भी हस्तक्षेप किया जाता रहा है। जिस प्रान्त में पार्टी को सरकार बनाने का अवसर मिले, वहां के लिए मुख्यमंत्री के नाम का चयन करना, यदि जरूरत पड़ी तो मुख्यमंत्री के नाम में बदलाव करना, विभिन्न प्रान्तों में पार्टी अध्यक्ष नियुक्त करना, आदि। पार्टी अध्यक्ष का विशेषाधिकार है और यही इस पार्टी की राजनीतिक संस्कृति बन चुकी है। इस वंशवाद, परिवारवाद की बढ़ती प्रवृत्ति की वजह से कांग्रेस के अन्दर विक्षुब्धों की संख्या निरन्तर बढ़ती जा रही है और शायद पार्टी की गिरती साख और खिसकते जनाधार की मूल वजह पार्टी की आन्तरिक राजनीतिक संस्कृति ही है।

राजनीति में वंशवाद, परिवारवाद आदि प्रसंग की चाहे जितनी आलोचना की जाए, लेकिन आज लगभग सम्पूर्ण विश्व की राजनीति में परिवारवाद की प्रवृत्ति जोर पकड़ रही है। भारत में तो राजनीति और नातेदारी का संबंध प्रमुखता से राजनीतिक दलों की राजनीतिक संस्कृति का आधारतत्त्व बनता जा रहा है और दलों की आन्तरिक राजनीतिक संस्कृति के पोषक का स्वरूप धारण करके देश की सामान्य राजनीतिक संस्कृति को नई दिशा प्रदान कर रहा है। कर्नाटक में एच.डी. देवेगौड़ा के बाद उनके पुत्र कुमार स्वामी, हरियाणा में देवीलाल के पुत्र चौधरी ओमप्रकाश चौटाला, उड़ीसा में बीजू पटनायक के पुत्र नवीन पटनायक जैसे कई उदाहरण भरे पड़े हैं, जहां राजनीतिक भर्ती में परिवार के लोगों को प्रमुखता दी जाती है।

भारतीय राजनीति में वंशवाद की गहरी मौजूदगी की बानगी के रूप में अक्टूबर, 2007 में कर्नाटक में घटित पुत्र–मोह व सत्ता–मोह से संबंधित एच.डी. देवेगौड़ा के राजनीतिक क्रियाकलापों को लिया जा सकता है। यों तो भारत की राजनीति से परम्परागत मूल्य, नैतिकता के सिद्धान्तों का लगातार क्षरण हो ही रहा है, मगर यहां कर्नाटक में पुत्र मोह और पुत्र को सत्तारूढ़ रखने की वजह से अवसरवाद और मूल्य विहीन राजनीतिक नाटक का जो परिदृश्य दिखाई दिया उसे कर्नाटक में 'लोकतंत्र के प्रहसन' (Irony) की संज्ञा दी जा सकती है। कर्नाटक में कुमार स्वामी को सत्ता में बनाए रखने के लिए श्री देवेगौड़ा की राजनीतिक बयानबाजी और क्रियाकलाप और पिता–पुत्र की राजनीतिक जुगलबंदी भारतीय राजनीति में पुत्र मोह की एक अनोखी मिसाल है।

इधर राहुल गांधी के रूप में पंडित नेहरू के परिवार की चौथी पीढ़ी राजनीति में सता संभालने के लिए तैयार की जा रहीं है। 'युवराज' के रूप में राहुल गांधी की ताजपोशी तो हो गयी है। राष्ट्रीय राजनीति में बड़ी भूमिका निभाने का संकेत भी वे दे चुके है। कांग्रेस में उनकी हैसियत और राजनीतिक साख पर पार्टीजनों के अन्दर कोई सवाल नहीं है। कांग्रेस पार्टी राहुल गांधी में अपना भविष्य देख रही है तो इसमें कोई अचरज नहीं होना चाहिए। कांग्रेस के चरित्र और स्वरूप में यह बदलाव हुए लगभग चार दशक बीत चुके हैं। व्यक्तिवाद, वंशवाद और परिवाद की वजह से कांग्रेस पार्टी की आलोचना करने वाले तमाम राजनीतिक दलों की मानसिकता में भी इस बीच काफी बदलाव आ चुका है। सभी दल इस बीमारी से गंभीर रूप सें ग्रसित हो चुके हैं। इसलिए लगभग सभी राजनीतिक दलों के लिए भारतीय राजनीति में अब परिवारवाद कोई मुद्दा नहीं रह गया है।

भारतीय राजनीति की नई परम्परा नए मूल्यों के अनुरूप अब किसी पार्टी के विधायक या सांसद के आकस्मिक निधन होने के बाद होने वाले चुनाव में संबद्ध नेता के किसी निकटस्थ रिश्तेदार को खड़ा करने की परम्परा सभी दलों में पूरी तरह स्थापित हो चुकी है। यहां तक कि वामपंथी दल, जो अब तक भारतीय राजनीति की कई बुराइयों से बचे हुए थे, उनके द्वारा भी इस परम्परा को आगे बढ़ाने की होड़ में कदमताल करने का प्रयास आरंभ कर दिया गया है जिसकी महत्त्वपूर्ण बानगी के रूप में भारतीय कम्युनिस्ट पार्टी के राष्ट्रीय सचिव प्रकाश करात की पत्नी वृंदा करात को पार्टी की पोलित ब्यूरो में शामिल करने के वाकिया को लिया जा सकता है। वामपंथियों के इतिहास में प्रमुख राजनीतिक पदों पर भर्ती हेतु परिवारवाद की दिशा में उठाया गया शायद यह पहला कदम है।

विशुद्ध रूप से व्यक्ति केन्द्रित दलों में परिवारवाद एक अपरिहार्य तत्त्व के रूप में अपनी जगह बना चुका है। देश में व्यापक स्तर पर ऐसी राजनीतिक संस्कृति का विकास व प्रचार–प्रसार सहभागितामूलक लोकतंत्र के सफलीभूत होने की दृष्टि से राजनीति का चिन्तनीय पक्ष है। बहरहाल यह सत्य है कि किसी नेता द्वारा अपने बेटे–बेटी या पत्नी या किसी अन्य संबंधी को अपने दल का उत्तराधिकारी बना देने से ही वह जनलोकप्रिय या जननायक नहीं बन सकता है। वस्तुतः यदि सहानुभूति के पहलू को हटा दिया जाय तो इनके चुनाव जीतने की कोई गारन्टी भी नहीं होती है। मगर सिर्फ किसी राजनेता की संतान या पत्नी होने के आधार पर किसी भी पार्टी में कोई ओहदा मिलना या चुनाव में टिकट मिलना लोकतांत्रिक मूल्यों के ख़िलाफ़ है। राजनीतिक दलों का एक परिवार पर इतनी निर्भरता भारतीय लोकतंत्र में वंशवाद की बढ़ती बेल का द्योतक है। देश की राजनीति में स्थापित होती यह परम्परा बताती है कि हमने शासन–व्यवस्था के रूप में भले ही लोकतंत्र अपना लिया हो, मगर लोकतांत्रिक मूल्यों व मान्यताओं को हम आज भी आत्मसात् नहीं कर पाये हैं। इस परम्परा के शुरुआत का श्रेय भले ही कांग्रेस को है, लेकिन इस मुद्दे पर आज कोई भी पार्टी बेदाग छवि वाली नहीं रही। शायद यही वजह है कि अधिकांश पार्टियां आज जनता से लगातार कटती जा रही हैं और चुनाव में मतदान का प्रतिशत लगातार गिरता जा रहा है।

साराशंतः, यहा कहा जा सकता है कि सत्ता हासिल करने के लिए किसी भी हद तक जाने, किसी से भी हाथ मिलाने की जो प्रवृत्ति राजनीतिक दलों में उभर रही है इससे भारतीय लोकतंत्र एक राजनीतिक स्वांग (Mockery) की शक्ल अख़्तियार करता जा रहा है और विडंबना यह है कि मतदाताओं के लिए इन्हीं में से किसी एक को अपना प्रतिनिधि चुनने की विवशता है।

भारतीय राजनीति में भाषा की भूमिका (Role of Language in Indian Politics)

भारतीय सामाजिक संरचनान्तर्गत विविधता में एकता का एक महत्त्वपूर्ण तत्त्व भाषा है, इसलिए भाषा और राजनीति की अन्योन्यक्रिया का राजनीतिक संस्कृति के निर्माण एवं निरूपण की दृष्टि से काफी महत्त्व है। भाषा को देश में सामाजिक संचार का महती माध्यम माना गया है। भारत बहुल संस्कृति वाला देश है, ऐसे में भाषा का राजनीतिक दृष्टि से महत्त्व और भी बढ़ जाता है। भाषा मानव अभिव्यक्ति का सबसे सशक्त माध्यम है। इसलिए सभी देशों की अपनी एक राष्ट्रभाषा होती है। जब किसी भी राजनीतिक व्यवस्था की राजनीति का विश्लेषण किया जाता है तो राजनीति पर भाषा के प्रभावों की विवेचना किए बिना विश्लेषण पूरा नहीं होता है। जहां तक भारत की राजनीति का सवाल है तो यथार्थतः यहां उत्तर भारत और दक्षिण भारत के बीच राजनीतिक संस्कृति के निर्माण–निरूपण का दृष्टि से मतदान व्यवहार में जो भिन्नता पायी जाती है, उसके मूल में दोनों क्षेत्रों के बीच भाषा की भिन्नता है।

भारतीय राजनीतिक परिप्रेक्ष्य में क्षेत्रीयतावाद के संदर्भ का एक मुख्य पहलू भाषावाद भी है। आजाद भारत के सामने एक अहम् सवाल था कि देश की राष्ट्रभाषा और उसकी लिपि क्या हो तथा देश के संवैधानिक राजनीतिक ढांचे में भाषायी अल्पसंख्यकों को किस प्रकार का संरक्षण प्रदान किया जाय जिससे कि वे अपने आपको सुरक्षित महसूस कर सकें। संविधान द्वारा हिन्दी को राष्ट्रभाषा घोषित करने की बात हुई तो दक्षिण भारतीय हिन्दी भाषा का जबर्दस्त विरोध करने लगे। दक्षिण भारतीयों का यह कहना था कि वे हिन्दी को भारत की राष्ट्रभाषा के रूप में स्वीकार नहीं करेंगे।

स्वतंत्र भारत में भाषा के आधार पर राज्यों के अस्तित्व–निर्माण एवं पुनर्गठन की प्रक्रिया आरंभ हुई। एक क्षेत्र विशेष के भारतीयों द्वारा भाषा का इस्तेमाल राजनीतिक हथियार के रूप में करने की प्रवृत्ति धीरे–धीरे बढ़ती गई। राष्ट्रभाषा के सवाल को लेकर दक्षिण भारत और उत्तर भारत के राज्यों में आन्दोलन हुए जो धीरे–धीरे हिंसात्मक रूप अख़्तियार करने लगे। राष्ट्रीय एकता–अखण्डता को अक्षुण्ण बनाए रखने के मार्ग में भाषागत आन्दोलन एक ताकतवर अवरोधक के रूप में खड़ा हो गया। वस्तुस्थिति यह थी कि दक्षिण भारत में हिन्दी का जबर्दस्त विरोध हुआ, बंगालवासियों ने उनसे थोड़ा कम विरोध किया और देश के अन्य हिस्सों में बसने वाले शिक्षित समुदायों द्वारा भी भाषागत आधार पर सीमित रूप में हिन्दी का विरोध किया गया।

यदि असम के राजनीतिक आन्दोलन की बात करें तो यह सत्य है कि सभी असम आन्दोलनों की प्रेरणा का स्रोत वहां मौजूद भाषा की राजनीति है। पिछले कुछ समय से महाराष्ट्र नवनिर्माण सेना के अध्यक्ष राज ठाकरे जिस तरह राष्ट्रीय भावनाओं को आहत करने वाली गतिविधियों का केन्द्र बने हुए हैं, उसका मूल आधारतत्त्व मराठी भाषा के आधार पर मराठियों में उत्तर भारतीय संस्कृति से पृथक्ता की प्रवृत्ति पैदा कराना है। अराजकता को आधार बनाकर राजनीति करने वाले राज ठाकरे द्वारा जो भाषागत राजनीति का गंदा खेल शुरू किया गया है। उस पर स्वर्गीय बाल ठाकरे का प्रभाव एवं उद्धव ठाकरे की भी संलिप्तता दिखाई देती है। मुंबई नगरपालिका के कामकाज में हिन्दी को भी जगह देने की साधारण सी मांग पर उनके द्वारा भाषागत आधार पर जो विष वमन किया गया, उसकी कोई जरूरत नहीं थी। क्या यह मांग उठाना एक भारतीय के लिए गंभीर अपराध है। यदि भाषा के सवाल पर भारत के किसी एक राज्य में कुछ असंगत घटनाएं हुईं; बाल ठाकरे तमिलनाडु का हवाला देते हुए बयानबाजी करते थे और ऐसे लोगों को जेल भेजने की बात करते थे।

महाराष्ट्र के सदन में 40 फीसदी सदस्य हिन्दी भाषी हैं फिर भी वहां इस भाषा में सीमित स्तर पर कामकाज की मांग करने का विरोध करना दरअसल भाषागत आधार पर बेकाबू होती क्षेत्रवाद की प्रवृत्ति का सूचक है जो निश्चित रूप से भारत की राजनीतिक एवं सामाजिक समरसता, सद्भाव की लय को तोड़ने में महती भूमिका अदा कर रहा है।

भारतीय संविधान द्वारा स्पष्टीकरण के बावजूद राष्ट्रभाषा के रूप में हिन्दी को स्वीकार करने के नाम पर मुखर विरोध का स्वर आज भी जिन्दा है और भाषागत राजनीतिक मंच आज भी अपनी जगह मजबूती से खड़ा है। **भारतीय संविधान की अनुसूची 8** में 14 भाषाएं शामिल थीं, जिसमें **21वें संशोधन, 1967** द्वारा सिंधी को जोड़ा गया, **71वें संशोधन, 1992** में नेपाली, कोंकणी और मणिपुरी को आठवीं अनुसूची में जोड़ा गया और **92वें संशोधन 2003** द्वारा बोडो, डोगरी, मैथिली और संथाली भाषा को आठवीं सूची में शामिल किया गया। अब तक कुल मिलाकर भारत में 22 भाषाओं को संवैधानिक स्वीकृति प्रदान की गई है। **संविधान के भाग 17 की धारा 343** के तहत यह स्पष्ट किया गया है कि संघ की राजभाषा हिन्दी और लिपि देवनागरी होगी विशेष निर्देश के रूप में अध्याय की **धारा 351** में हिन्दी भाषा के विकास के लिए आवश्यक निर्देश की बात की गई है। संविधान की यह धारा स्पष्ट करती है कि संघ का यह कर्तव्य होगा कि वह हिन्दी भाषा के प्रसार में वृद्धि करे, उसका विकास करे ताकि यह भाषा भारत की सामाजिक संस्कृति के सभी तत्त्वों तथा आयामों की अभिव्यक्ति का माध्यम बन सके और क्षेत्रीय भाषाओं की प्रकृति में हस्तक्षेप किए बिना आठवीं सूची में विनिर्दिष्ट भारत की अन्य भाषाओं में प्रयुक्त रूप शैली और पदों को आत्मसात् करते हुए उसकी समृद्धि सुनिश्चित करें।

भारत में भाषा एवं राजनीति की अन्योन्यक्रियाओं के ख़ास बिन्दु
(Main Points of Interactions between Language and Politics in India)

उपरोक्त संवैधानिक प्रावधानों के बावजूद भाषा और राजनीति की अन्योन्यक्रिया के परिणामस्वरूप यदाकदा क्षेत्रीयतावाद से संदर्भित भाषा–विवाद का मुद्दा भारतीय राजनीतिक परिदृश्य में उबाल लाने में महती भूमिका निभाता रहता है। इस प्रसंग में **मॉरिस जोन्स** का कथन काफी प्रासंगिक है। इनके अनुसार क्षेत्रीयता और भाषा के प्रश्न भारतीय राजनीति के इतने ज्वलंत प्रश्न हैं और भारत में हाल में घटित राजनीतिक घटनाओं के साथ इनका इतना गहरा संबंध रहा है कि इससे यों प्रतीत होता है जैसे राष्ट्रीय एकता की सम्पूर्ण समस्या यही है। भाषा और राजनीति की अन्तःक्रियात्मकता को कुछ खास बिन्दुओं के परिप्रेक्ष्य में देखा जा सकता है :

1. **हिन्दी भाषा के विरोध की राजनीति**–भारत के अहिन्दी भाषी क्षेत्रों में हिन्दी भाषा के विरोध में निरन्तर प्रदर्शन–आन्दोलन की राजनीति अपनायी जाती रही है। यदा–कदा ये आन्दोलनकारी उग्र रूप धारण करके हिंसात्मक वारदातों को अंजाम देते हैं। उदाहरणार्थ, दक्षिणी प्रान्तों में स्वंतत्रता प्राप्ति के बाद से हिन्दी भाषा के विरुद्ध उग्र विरोध प्रदर्शन करते रहने का लम्बा इतिहास रहा है। वर्तमान समय में

राज ठाकरे के नेतृत्व में मुंबई में महाराष्ट्र नवनिर्माण सेना के कार्यकताओं की भूमिकाओं से हिन्दी विरोध का उग्र रूप सदैव सामने आता रहता है, जिसकी वजह से महाराष्ट्र से बड़े पैमाने पर उत्तर भारतीयों का पलायन होता रहता है। देश में कई प्रान्तों की विधान सभाओं द्वारा हिन्दी के विरुद्ध क्षेत्रीय भाषा को राजकीय भाषा का दर्जा प्रदान करने के लिए अधिनियम पारित किया गया है।

2. **भाषागत आधार पर राज्यों का पुनर्गठन**–स्वतंत्रता प्राप्ति के पश्चात् 1956 में हुए राज्यों के पुनर्गठन में भाषा को विशेष तरजीह दी गई, इसके मूल में तेलुगू नेता पोट्टी श्री रामुलु द्वारा भाषा आधारित राज्यों की पुनर्गठन की मांग के लिए किये गये आन्दोलन में हुई मृत्यु की घटना को देखा जाता है। इस घटना ने पंडित नेहरू को भाषा आधारित राज्यों के निर्माण और पुनर्गठन पर गंभीरता से सोचने के लिए विवश कर दिया। पंजाब, बम्बई व असम आदि राज्यों का पुनर्गठन इसी आधार पर किया गया था। महाराष्ट्र, गुजरात, हरियाणा एवं चंडीगढ़ आदि के निर्माण का आधार भी मूलतः भाषा ही था।
3. **भाषायी दबाव समूहों का आविर्भाव**–भाषायी विरोध और समर्थन के आधार पर देश के विभिन्न हिस्सों में जन्मे भाषायी समूह धीरे–धीरे अपने समाज का समर्थन प्राप्त करके मजबूत व प्रभावशाली दबाव समूहों में तब्दील हो गए और केन्द्र तथा राज्य सरकार पर अपनी बात मनवाने के लिए दबाव बनाने लगे। इससे देश के अलग–अलग हिस्सों में भाषायी राजनीतिक मंच का अभ्युदय हुआ जो समय के साथ क्षेत्रीय राजनीति में मजबूती से अपने पांव जमाता गया और अपने–अपने क्षेत्र की राजनीति की दिशा–दशा तय करने में निर्णायक भूमिका निभाने लगा। कई प्रदेशों में तो ये दबाव समूह क्षेत्रीय राजनीतिक दल का चोला पहन कर समय–समय पर अपनी प्रान्तीय राजनीति में अपनी स्थिति को मजबूत बनाने के लिए प्रयासरत दिखाई देते हैं। इसके एक ख़ास नमूनों के रूप में महाराष्ट्र नवनिर्माण सेना और उसके नेता राजठाकरे को नित्य नये मुद्दों पर अपनी आवाज बुलंद करके अपनी राजनीतिक हैसियत के नवीनीकरण के लिए गंभीर रूप से प्रयास करते देखा जा सकता है।
4. **एक चुनावी मुद्दे के रूप में भाषा का राजनीतीकरण**–आज भारत के कई प्रान्तों में लोकसभा एवं विधानसभा के चुनावों में भाषा एक चुनावी मुद्दे की शक्ल में अपनी उपस्थिति दर्ज कराता है। चुनाव में भाषा के राजनीतिकरण का खेल ज्यादातर उर्दू भाषा को लेकर खेला जाता है। बिहार में जगन्नाथ मिश्र की सरकार में उर्दू भाषा को सरकारी कामकाज की दूसरी भाषा के रूप में मान्यता प्रदान की गयी है। मिश्रा सरकार द्वारा यह निर्णय संविधान की धारा 345 के आलोक मे लिया गया था। जहां तक उत्तर और दक्षिण भारत के बीच भाषायी भिन्नता का सवाल है तो 1989 के लोकसभा चुनाव में भ्रष्टाचार के आरोपों के बावजूद श्री राजीव गांधी को दक्षिण भारत में सिर्फ इसी आधार पर प्रचंड बहुमत मिला, क्योंकि दक्षिण भारतीय मतदाता वी.पी. सिंह को हिन्दी भाषी राज्यों के प्रधानमंत्री के उम्मीदवार के रूप में देख रहे थे और कहीं न कहीं उनके अन्दर यह आशंका पनप रही थी कि शायद वी.पी. सिंह की सरकार संवैधानिक प्रावधानों के तहत हिन्दी को देश की राष्ट्रभाषा का कानूनी अधिकार प्रदान कर देगी। इस प्रकार, लोकसभा और राज्यों की विधानसभाओं के चुनाव में भाषा एक महत्त्वपूर्ण राजनीतिक मुद्दा बन कर सामने आ रही है।

उपर्युक्त विवेचित प्रसंगों के आलोक में यह कहा जा सकता है कि भारतीय राजनीति के परिप्रेक्ष्य में भाषा और राजनीति की अन्योन्यक्रिया का संदर्भ जनमत के निर्माण तथा मतदान व्यवहार के निरूपण में उल्लेखनीय भूमिका निभाता है। भाषा के राजनीतीकरण की वजह से आज भारतीय राजनीतिक संस्कृति में दो उपसंस्कृतियां पल रही हैं। एक उत्तर भारत की और दूसरी दक्षिण भारत की। राजठाकरे के नेतृत्व में मनसे कार्यकर्ताओं का मराठी बनाम हिन्दी आन्दोलन यदि ऐसे ही जारी रहा तो किसी जमाने में शिवसेना प्रमुख बाल ठाकरे द्वारा स्थापित भाषागत राजनीतिक उपसंस्कृति को देश के मौजूदा राजनीतिक परिदृश्य में नया आयाम मिलेगा।

भारत की राजनीति में सामाजिक वर्ग की भूमिका
(Role of Social Class in Indian Politics)

प्रत्येक राजनीतिक व्यवस्था में सामाजिक वर्गों की उपस्थिति एक सार्वभौमिक प्रसंग है। विश्व में ऐसा कोई समाज नहीं है जिसमें वर्गों की मौजूदगी न हो। आधुनिक समाजों में सामाजिक स्तरीकरण का मुख्य आधार वर्ग ही है। **रॉबर्ट बीर स्टीड** का मानना है कि प्रत्येक समाज में। वर्ग–विभाजन या वर्ग–निर्धारण का कुछ मुख्य आधार होता है जो (1) सम्पत्ति, धन और आय, (2) परिवार एवं नातेदारी, (3) निवास की स्थिति, (4) निवास स्थान की अवधि, (5) व्यवसाय की प्रवृत्ति, (6) शिक्षा, और (7) धर्म पर आधारित होता है। जहां जाति मनुष्य के जन्म का द्योतक है वहीं वर्ग उसकी सामाजिक स्थिति का द्योतक है। कई समाजशास्त्रियों का मानना है कि भारतीय सामाजिक ढांचे में जातियों व वर्गों में परिवर्तित हो रही हैं। इनके मतानुसार, औद्योगीकरण और शहरीकरण की वजह से जाति संरचना में परिवर्तन आया है। जाति के आर्थिक आधारों में परिवर्तन की वजह से जन्म का महत्त्व घटा है और जाति के अन्दर ही वर्ग का आविर्भाव होने लगा है। विभिन्न जातियों के लोग अलग–अलग वर्गों में शामिल हो रहे हैं। कई सामाजिक संगठनों के निर्माण का आधार जाति नहीं, अपितु वर्ग है। एक ही व्यवसाय में कार्यरत विभिन्न जातियों के लोगों के अन्दर वर्ग चेतना जगी है और जाति की जगह वर्ग के बैनर या झण्डे के नीचे एक ही मंच पर विभिन्न जातियों के लोग समवेत स्वर में अपनी मांगों को पूरा करने की गुहार सरकार से लगा रहे हैं।

इस तथ्य के आलोक में यह कहा जा सकता है कि जाति जहां एक बन्द संगठन का प्रतीक है, वहीं वर्ग खुले संगठन का द्योतक है जिसके बैनर तले विभिन्न जातियां सामूहिक रूप से इकट्ठी होकर अपने हितवर्द्धन के लिए खुलकर विचार विमर्श करती हैं। इस आधार पर राजनीति और वर्ग की अन्योन्यक्रिया से व्यवस्था में प्रभावशाली दबाव समूहों का आविर्भाव संभव हो पाता है। विगत कुछ दशकों से राजनीतिक दलों और सामाजिक वर्गों के बीच परस्पर संबंधों का तत्त्वमीमांसीय अध्ययन करने का प्रयास जारी है। मतदान व्यवहार के तथ्यान्वेषण से यह तो स्पष्ट होता है कि वर्गीय हित, दलीय प्रतिबद्धता और मतदान व्यवहार के बीच घनिष्ठ संबंध हैं। विश्लेषणपरक शोधों से यह तथ्य उभरता है कि राजनीतिक दलों के अधिकांश नेता समाज के विभिन्न वर्गों के हितों का प्रतिनिधित्व करते हैं और अधिकांश मतदाता अपने वर्गीय हितों को ध्यान में रखते हुए मतदान व्यवहार का संचालन करते हैं। मतदान व्यवहार पर किये जाने वाले शोधकार्यों से यह पता चलता है कि मतदाता की सामाजिक आर्थिक स्थिति का मतदान कार्य पर सबसे ज्यादा प्रभाव पड़ता है।

भारतीय राजनीति के परिप्रेक्ष्य में वर्ग की भूमिका और महत्त्व पर प्रकाश डालते हुए **योगेन्द्र सिंह** ने कहा है कि "भारत में जाति तथा वर्ग परस्पर संबद्ध हैं, क्योंकि उच्च जातियों के लोग जिनका सामाजिक स्तर ऊंचा है वे आर्थिक दृष्टि से संपन्न होने की वजह से उच्च वर्ग से संबंधित हैं। प्रत्येक गांव में एक प्रबल जाति मौजूद होती है जिसका सामाजिक स्तर तो ऊंचा होता ही है, अधिकांश भूमि पर भी उसी जाति का स्वामित्व होता है, इसलिए वह आर्थिक दृष्टि से भी सम्पन्न होता है।" इनका मानना है कि भारतीय सामाजिक ढांचे में जाति व्यवस्था इतनी मजबूत रही है कि इसने वर्ग व्यवस्था को कभी उभरने ही नहीं दिया है।

इस प्रकार, भारत में वर्ग एवं राजनीति की अन्योन्यक्रिया के परिणामस्वरूप मतदान व्यवहार का निर्धारण होता है और चुनावी राजनीति के नए आयामों का निरूपण होता है। हालांकि यह सत्य है कि भारत की चुनावी राजनीति में जातियों की भूमिका ज्यादा प्रधान है, लेकिन औद्योगीकरण, शहरीकरण, उदारीकरण आदि के युग में सामाजिक वर्ग भी देश की राजनीति की दिशा–दशा तय करने में निर्णायक की भूमिका अदा कर रहा है।

निष्कर्ष (Conclusion)

भारत में राजनीतिक प्रक्रियाओं के परिपेक्ष्य में राजनीति और समाज की अन्योन्यक्रियाओं के विश्लेषणपरक अध्ययन से इस निष्कर्ष पर पहुंचा जा सकता है कि भारतीय राजनीति को नया आयाम व नई मजबूती प्रदान

करने में समाज के सभी पक्षों की भूमिका काफी प्रासंगिक है। जाति, धर्म, साम्प्रदायिकता, क्षेत्रीयता, भाषा और वर्ग को राजनीति और समाज की अन्योन्यक्रियाओं के प्रमुख तत्त्वों के रूप में चिह्नित किया गया है। वस्तुतः, भारतीय व्यवस्था, में राजनीतिक प्रक्रियाएं एवं राजनीतिक व्यवहार का मूल आधारतत्त्व हैं–सामाजिक पर्यावरण, सामाजिक गतिविधियां एवं सामाजिक व्यवहार। भारत के राजनीतिक विकास एवं आधुनिकीकरण में सामाजिक संरचनाओं का योगदान काफी महत्त्वपूर्ण है। स्वाधीनता संघर्ष से लेकर 67 वर्षों के आजाद भारत की राजनीति के स्वरूप–निर्धारण में यहां के सामाजिक कारकों–परिवर्त्यों की भूमिकाएं काफी प्रासंगिक रही हैं। सामाजिक परिवर्त्य ही राजनीतिक परिवर्त्यों के स्वरूप का निर्धारक होता है। यही वजह है कि भारत की राजनीति का समाजशास्त्रीय अध्ययन किये बगैर कोई भी राजनीतिशास्त्रवेत्ता भारतीय राजनीति का तत्त्वमीमांसित अध्ययनकर्ता नहीं हो सकता है। यहां की राजनीति की प्रकृति–प्रवृत्ति को समझने के लिए प्रासंगिक सामाजिक आयामों की गहन जानकारी रखना अति आवश्यक है। यह कहना अतिशयोक्ति नहीं होगी कि भारत का बहुल समाज ही भारतीय राजनीति की रीढ़ है। इसीलिए कहते हैं कि यहां की राजनीति को समझने की मास्टर कुंजी यहां के समाज में निहित है।

स्मरणीय संकेत (Points to Remember)

- भारतीय राजनीति को जानने–परखने की कुंजी देश की सामाजिक व्यवस्था–प्रक्रियाओं एवं सामाजिक व्यवहार के स्वरूप में निहित है।
- स्वतंत्र भारत की राजनीति पर मुख्य रूप से चार कारकों का सीधा प्रभाव पड़ा है–प्राचीन हिन्दू समाज का प्रभाव, भारत में आए विदेशी मुसलमान शासकों का प्रभाव, ब्रिटिश शासकों का प्रभाव और स्वतंत्रता संघर्ष के दौरान एशिया में उदित हुए राष्ट्रवाद और नवजागरण का प्रभाव।
- भारतीय राजनीति का समाजशास्त्रीय अध्ययन करने वाले विद्वज्जनों में–आल्मंड, कोलमैन, रुडोल्फ एण्ड रुडोल्फ, रॉबर्ट एल. हार्डग्रेव, टिंकर एण्ड पार्क, रजनी कोठारी, योगेन्द्र सिंह, वी.आर. मेहता, घनश्याम शाह आदि प्रमुख हैं।
- प्रो. कोठारी द्वारा जाति व्यवस्था में लोच और परिवर्तनशीलता को कायम रखने के लिए चार मार्गों का संकेत किया गया है–संस्कृतीकरण, लौकिकीकरण, महापुरुषों के साथ संबंध जोड़ना, आधुनिक राजनीति में सहभागिता। प्रो. कोठारी द्वारा जातियों के राजनीतीकरण पर विशेष दृष्टिकोण को प्रस्तुत करते हुए उसे तीन चरणों में बांटा गया है–शक्ति एवं प्रभाव की प्रतिद्वन्द्विता, जाति के अन्दर प्रतिद्वन्द्वी गुट, जाति बंधन का दुर्बल होना और राजनीति का व्यापक आयाम।
- भारतीय राजनीति में क्षेत्रीयतावाद के मुख्य कारक हैं–भौगोलिक, ऐतिहासिक, सांस्कृतिक, आर्थिक, भाषा, जाति एवं राजनीति।
- भारतीय राजनीति में धर्म एवं साम्प्रदायिकता के प्रमुख आयाम–धर्म एवं राजनीतिक दल, धर्म और चुनावी राजनीति, धार्मिक दबाव समूह और राजनीति, मंत्रिमंडल–निर्माण में धर्म की प्रधानता, क्षेत्रीय राजनीति में धर्म की प्रधानता।
- राजनीति और साम्प्रदायिकता का मुख्य आयाम है–मुस्लिम सम्प्रदाय में मौजूद पृथक्करण की प्रवृत्ति शैक्षणिक एवं आर्थिक पिछड़ापन, पाकिस्तानी संरक्षण एवं प्रचार, हिन्दू संगठनों की संकीर्ण मानसिकता, सरकारी निर्णय एवं कार्यशैली।
- नातेदारी भारतीय सामाजिक संरचना का मुख्य आधार है और इसका भारतीय राजनीति के साथ गहरा संबंध है। देश की राजनीति में वंशवाद एवं परिवारवाद की मौजूदगी नातेदारी और राजनीति के गहरे संबंध का द्योतक है।
- भाषा और राजनीति की अन्योन्यक्रिया का संदर्भ देश की राजनीतिक संस्कृति के निर्माण एवं निरूपण से सीधा सरोकार रखता है। भाषा और राजनीति की अन्योन्यक्रिया का खास बिन्दु है–भाषागत आधार

पर राज्यों का पुनर्गठन, भाषायी दबाव समूहों का आविर्भाव, एक चुनावी मुद्दे के रूप में भाषा का राजनीतीकरण।

- सामाजिक वर्ग और राजनीति–भारत में सामाजिक वर्ग और राजनीति की अन्योन्यक्रिया के परिणामस्वरूप मतदान व्यवहार का निर्धारण और निरूपण होता है जिससे चुनावी राजनीति को नया आयाम प्राप्त होता है।

प्रश्न (Questions)

1. भारतीय राजनीति के सामाजिक आधारों की विवेचना कीजिए।
   Discuss the social bases of Indian politics.
2. भारत में राजनीति और समाज पर एक निबंध लिखें।
   Write an essay on politics and society in India.
3. भारत की राजनीति में जाति की भूमिका की विवेचना कीजिए।
   Discuss the role of caste in the politics of India.
4. धर्म और साम्प्रदायिकता से आप क्या समझते हैं? भारत की राजनीति को ये कैसे प्रभावित करते हैं? भारत में धर्म और राजनीति के संबंधों की विवेचना कीजिए।
   What do you mean by religion and communalism? How do they influence politics in India? Describe the relation between religion and politics in India.
5. क्षेत्रीयतावाद से आप क्या समझते हैं? इसके बढ़ने के कारणों की विवेचना करें।
   What do you understand by regionalism? Discuss the reasons for the growth of regionalism.
6. भारतीय राजनीति में भाषा की भूमिका की विवेचना करें।
   Describe the role of language in Indian politics.

अध्याय 21

राजनीतिक दल और दलीय प्रणालियां : भारत की दलीय प्रणाली—एक परिचय (Political Parties and Party Systems: An Introduction to Indian Party Systems)

परिचय (Introduction)

"राजनीतिक दल उन व्यक्तियों का समूह है जो अपने नेताओं के लिए शासकीय नियंत्रण प्राप्त करने या बनाए रखने के उद्देश्य से स्थायी रूप से संगठित होते हैं और जिनका आगे यह उद्देश्य होता है कि नियंत्रण के माध्यम से दल के सदस्यों को आदर्श और भौतिक लाभ प्रदान किया जा सके।"

—कार्ल जे. फ्रेड्रिक

दलीय राजनीति को उदारवादी लोकतंत्रीय व्यवस्था के अपरिहार्य अंग के रूप में स्वीकार किया गया है। राजनीतिक दल लोकतंत्रीय शासन व्यवस्था की अपरिहार्य (Inevitable) इकाई है, जिसके अभाव में लोकतांत्रिक प्रक्रियाओं के संचालन की कल्पना बेमानी है। राजनीतिक दल पूर्णतया एक राजनीतिक संगठन है जिसका प्रभाव राजनीतिक व्यवस्था के सामाजिक, आर्थिक, धार्मिक, व्यापारिक व सांस्कृतिक आदि सभी क्षेत्रों तथा सभी इकाइयों पर पड़ता है। यह वह संगठन है जो विशिष्ट राजनीतिक विचारों और कार्यक्रमों को बढ़ावा देने के लिए अस्तित्व में आता है। इसके सदस्य समाज की समस्याओं से सरोकार रखते हैं और यथासंभव उन्हें प्रमुखता से उठाने, उन पर जनमत—निर्माण कराने, सत्ता का ध्यान उन समस्याओं की ओर आकृष्ट कराने तथा समस्या—समाधान की प्रक्रिया को किसी निष्कर्ष तक पहुंचाने में आधार—आधेय की भूमिका निभाते हैं। कमोवेश सभी राजनीतिक दलों की सोच समाज—सापेक्ष होती है और इनका लक्ष्य जनकल्याण एवं समाजकल्याण होता है। एक राजनीतिक दल के अन्तर्गत सभी सदस्यों का राजनीतिक उद्देश्य समान होता है। सार्वजनिक नीतियों व कार्यक्रमों के निर्माण तथा कार्यान्वयन में प्रभावशाली निर्णायक की भूमिका निभाने की दृष्टि से संविधान द्वारा निर्धारित राजनीतिक

पदों पर प्रत्यक्ष भर्ती के लिए इनके उम्मीदवार चुनाव लड़ते हैं या अपनी पसंद के उम्मीदवार को चुनाव में राजनीतिक–आर्थिक सहायता एवं समर्थन देते हैं। इनका मूल उद्देश्य होता है अपने दल की नीतियों–कार्यक्रमों का व्यवस्था में प्रचार–प्रसार करना, जनमत को जगाकर अपने पक्ष में करना तथा विधायिका में बहुमत प्राप्त करके सत्तारूढ़ होना।

अर्थ एवं परिभाषाएं (Meaning and Definitions)

राजनीतिक दल का अभिप्राय एक ऐसे संगठन से है जो समाज, प्रांत या देश के व्यापक हित के संदर्भ में अपने संगठन एवं सदस्यों के हितों को बढ़ावा देने के लिए निश्चित तथा सुस्पष्ट सिद्धांतों, नीतियों तथा कार्यक्रमों का समर्थन करता है, अपने घोषणा पत्र (Manifesto) में इन नीतियों व सिद्धान्तों का प्रख्यापन (Declaration) क़रता है और इन्हें कार्यान्वित करने के उद्देश्य से राजनीतिक शक्ति अर्जित करने हेतु सदैव प्रयासरत रहता है।

राजनीतिक दल या 'गुट' या 'धड़े' (Faction) में अंतर होता है। 'गुट' या 'धड़े' का दायरा छोटा होता है। इसलिए ये दलों की अपेक्षाकृत संकीर्ण हितों के लिए प्रतिस्पर्धा करते हैं। 'गुट' या 'धड़े' का कार्यक्षेत्र एवं दृष्टिकोण दोनों संकुचित होता है। राजनीतिक दल व्यवस्था में व्यापक हितों का प्रतिनिधित्व करते हैं, इसलिए इनका दृष्टिकोण और कार्यक्षेत्र दोनों व्यापक होते हैं। हालांकि यह आवश्यक नहीं है कि सभी राजनीतिक दलों का परिप्रेक्ष्य राष्ट्रव्यापी हो और उद्देश्य राष्ट्रीय हित की समुन्नति हो। कई दलों का अस्तित्व–निर्माण क्षेत्रीय हितों की सिद्धि के लिए किया जाता है तथा कई बार जाति, वर्ग, समूह एवं धर्म आदि के हितों को बढ़ावा देने के लिए राजनीतिक दलों का अस्तित्व आकार लेता है। वस्तुतः, राजनीतिक दल चाहे पूरे राष्ट्र के हितों का प्रतिनिधित्व करें या क्षेत्रीय, जातीय व वर्गीय हितों को समृद्ध करें लेकिन यथार्थतः सभी दल राष्ट्रीय हित को बढ़ावा देने का दावा जरूर करते हैं।

लोकतांत्रिक प्रक्रियाओं के संचालन हेतु व्यवस्था में राजनीतिक दलों को अपरिहार्य आधार–माध्यम के रूप में मान्यता प्रदान की गई है। लोकतंत्रीय व्यवस्था और राजनीतिक दल दोनों अन्योन्याश्रयी हैं। राजनीतिक दलों के अभाव में लोकतंत्रीय सरकार की कल्पना बेमानी है और लोकतांत्रिक व्यवस्था में ही राजनीतिक दलों का अस्तित्व संभव है। राजनीतिक दलों को लोकतंत्र के जीवन रक्त (Life Blood) की संज्ञा दी गई है। **मुनरो** का यह कहना है कि स्वतंत्र राजनीतिक दलों का शासन ही लोकतांत्रिक शासन का दूसरा नाम है। जहां अनेक राजनीतिक दलों का अस्तित्व नहीं रहा है वहां स्वत़ंत्र शासन की स्थापना संभव नहीं है। राजनीतिक दलों का मूल कार्य जनमत–निर्माण करना तथा उचित दिशा में जनमत का विकास कराना है। इस दृष्टि से सभी राजनीतिक दल मतदाताओं को राजनीतिक शिक्षा देते हैं, बिखरे मतों को संगठित करते हैं और अवाम में राजनीतिक चेतना जगाने का महान् कार्य करते हैं। मतदाताओं की अव्यवस्थित भीड़ को व्यवस्थित करना, समाज को नेतृत्व प्रदान करना तथा राजनीतिक व्यवस्था को संचालन शक्ति प्रदान करना राजनीतिक दलों का बुनियादी कार्य है। इस संदर्भ में **हरमन फाइनर** का कहना है कि "दलों के अभाव में मतदाता ऐसी असंभव नीतियों का अनुसरण करने लगेंगे जो उन्हें शक्तिहीन बनाएगी या विनाशकारी और इससे राजनीतिक मशीनरी ध्वस्त हो जाएगी।" (Without parties an electorate would either be impotent or destructive by embarking on impossible policies that would only wreck the political machinery—H. Finer).

राजनीतिक दल लोकमत के निर्माण के साथ–साथ अभिव्यक्ति का भी सर्वोत्कृष्ट माध्यम है। ये मतदाताओं के अमूर्त विचारों को मूर्त रूप प्रदान करता है। अपनी नीतियों और कार्यक्रमों के द्वारा व्यवस्था में मजबूत मत–प्रबंधन की भूमिका अदा करते हैं तथा नागरिकों में वैयक्तिक स्वतंत्रता की रक्षा हेतु जागरूकता पैदा करते हैं। इसीलिए **लास्की** ने कहा है कि "राजनीतिक दल देश में अधिनायकवाद से हमारी रक्षा करने का सर्वश्रेष्ठ कवच है।" (The parties are our best defence against the growth of dictatorism in the country—Laski)। **मैरियट** ने राजनीतिक दलों को सरकार की पूरक संस्था की संज्ञा दी है, क्योंकि इनकी दृष्टि में अधिकारियों

का चुनाव करना, नीतियों का निर्धारण करना, सरकार का अस्तित्व–निर्माण करना, शासन–संचालन करना तथा सरकार की आलोचना करना जैसे सभी कार्य दलों द्वारा सम्पन्न किए जाते हैं।

राजनीतिक दलों की इस महत्त्वपूर्ण स्थिति के मद्देनजर विभिन्न राजनीतिक विचारकों द्वारा दलों को अपने–अपने दृष्टिकोण के आधार पर परिभाषित करने का प्रयास किया गया है। इनमें से कुछ महत्त्वपूर्ण परिभाषाओं की चर्चा निम्नांकित है :

लार्ड ब्राइस के शब्दों में–"राजनीतिक दल अनिवार्य है। कोई भी स्वतंत्र देश इसके बिना नहीं रह सकता है। किसी ने भी यह नहीं दिखाया कि प्रतिनिधि सरकार उसके बिना कैसे चल सकती है।" (Parties are inevitable. No free country has been without them. No one could shown how representative government could be worked without them—Bryce).

मुनरो के शब्दों में–"लोकतांत्रिक शासन दलीय शासन का दूसरा नाम है। विश्व के इतिहास में कभी भी ऐसी स्वतंत्र सरकार नहीं रही जिसमें राजनीतिक दलों का अस्तित्व न हो।" (All popular government is party government. There has never been any time in the world's history a free government in which political party did not exist and function—Munro).

हूबर के शब्दों में–"लोकतांत्रिक मशीनरी के चालन में राजनीतिक दल चिकनाई (तेल) के समान है।" (Political parties are the lubricating oil in the wheels of democratic machinery—Huber).

मैकाइवर के शब्दों में–"राजनीतिक दल वह मानव समुदाय है जो किसी ऐसे सिद्धांत या नीति के समर्थन के लिए संगठित हुआ हो, जिसे वह संवैधानिक साधनों से शासन का आधार बनाना चाहता हो।" (An association organised in support of some principle or policy which by constitutional means it endeavours to make the determinant of government—MacIver).

एडमण्ड बर्क के शब्दों में–"राजनीतिक दल उन व्यक्तियों का एक सगूह है जो कुछ निश्चित सिद्धांतों के आधार पर जिनसे वे सहमत हैं, अपने संयुक्त प्रयासों से राष्ट्रीय हित को आगे बढ़ाने के लिए संगठित रहते हैं।" (A group of people who have agreed upon a principle by which national interest be served —Edmund Burke).

प्रो. लास्की के शब्दों में–"राजनीतिक दल से हमारा तात्पर्य नागरिकों के उस संगठित समूह से है जो एक संगठित इकाई के रूप में कार्य करते हैं।" (By a political party we mean a more or less organized group of citizens who act together as a political unit—Prof. Laski).

गैटेल के शब्दों में–"राजनीतिक दल उन नागरिकों का कम या अधिक संगठित समूह हैं जो एक राजनीतिक इकाई के रूप में कार्य करता है, जिसका उद्देश्य अपनी राजनीतिक शक्तियों के प्रयोग द्वारा शासन को नियंत्रित करना और अपनी सामान्य नीतियों को पूरा करना है।" (A political party consists of group of citizens more or less organised, who act as a political unit and who, by the use of their political power, aim to control the government and carry out their general policies—Gelttell).

लीकॉक के शब्दों में–"राजनीतिक दल संगठित नागरिकों के उस समुदाय को कहते हैं जो इकट्ठे मिलकर एक राजनीतिक इकाई के रूप में कार्य करते हैं। उनके विचार सार्वजनिक प्रश्नों पर एक समान होते हैं और एक सामान्य उद्देश्य की पूर्ति के लिए मतदान–शक्ति का इस्तेमाल करके सरकार पर नियंत्रण स्थापित करना चाहते हैं।" (By a political party we mean more or less organised group of citizens who act together as a political unit. They share or profess to share the same opinions, on public questions and by exercising their voting power towards a common end, seek to obtain control of the government—Leacock).

गिलक्राइस्ट के शब्दों में–''राजनीतिक दल संगठित नागरिकों के उस समुदाय को कहते हैं जो एक ही राजनीतिक सिद्धांत को मानते हैं तथा एक ही राजनीतिक इकाई के रूप में कार्य करके सरकार को नियंत्रित करने का प्रयास करते हैं।'' (A political party may be defined as an organized group of citizens who profess to share the same political views and who by acting as a political unit to control the government—Gilchrist).

शुल्ज के शब्दों में–''राजनीतिक दल व्यक्तियों द्वारा निर्मित समूहों का एक संगठित और स्थायी समुदाय है जो अपनी नीतियों पर समर्थन प्राप्त करने के लिए शासकीय पदों पर अपने सदस्यों को रखने का प्रयत्न करते हैं।'' (A political party may be defined as an organized and presumably durable association, either of individual or of distinguishable groups of individuals, of which endeavours to place its members in governmental offices for the purpose of bring about the adoption of favoured policies—Schulze).

उपयुर्क्त परिभाषाओं के समाहारस्वरूप कहा जा सकता है कि राजनीतिक दल व्यक्तियों का एक संगठित संगठन है जिसके सदस्य समान राजनीतिक विचारों, सिद्धांतों, नीतियों एवं उद्देश्यों पर सहमति रखते हैं और हर संभव प्रयास करके सत्ता पर काबिज़ होना चाहते हैं या विपक्षी दल के रूप में सरकार की आलोचना करके सत्ता हथियाने के लिए अपने अनुकूल वातावरण तैयार करने के लिए सदैव प्रयासरत रहते हैं।

राजनीतिक दलों की विशेषताएं (Features of Political Parties)

रैने एवं **केन्डेल** (Raine and Kandle) ने अपनी रचना **Democracy and American Party System** में राजनीतिक दल के कार्यात्मक पक्ष को रेखांकित करते हुए कहा है कि ''राजनीतिक दल संगठित स्वायत्त समूह है जो सरकार की नीतियों एवं कर्मचारियों पर अन्ततः नियंत्रण प्राप्त करने की आशा में चुनाव में उम्मीदवारों का नामांकन कराता है और वे चुनाव लड़ते हैं।'' राजनीतिक दल की उपर्युक्त परिभाषाओं के आलोक में निम्नलिखित विशेषताओं को चिह्नित किया गया है :

1. लम्बे समय के लिए मजबूत राजनीतिक संगठन का निर्माण होता है।
2. सभी दलों नीतियों–सिद्धांतों में टिकाऊपन का होना अति आवश्यक है।
3. दल की नीतियों व सिद्धांतों तथा कार्यक्रमों पर सभी सदस्यों में मतैक्य होता है।
4. सभी दल राष्ट्रीय हित साधन का लक्ष्य रखते हैं।
5. सभी अपने उद्देश्यों की प्राप्ति के लिए संवैधानिक साधनों का प्रयोग करते हैं।
6. सभी दल जनहित, समाजहित और राष्ट्रहित का हवाला देकर अपनी नीतियों का विस्तार करते रहते हैं।
7. राजनीतिक दलों की सभी गतिविधियां राजनीतिक व्यवस्था में अपने वोट बैंक बढ़ाने, ज्यादा से ज्यादा संख्या में अपने उम्मीदवारों को चुनाव में जिताने तथा येन–केन–प्रकारेण सत्ता हथियाने की होती है।
8. एक संगठन के रूप में राजनीतिक दल अपने सेवार्थियों के हितों को ध्यान में रखते हुए समाज के व्यापक हितों की समुन्नति का लक्ष्य लेकर चलता है।
9. अपने उद्देश्यों व लक्ष्यों की सिद्धि के लिए यह कुछ निश्चित राजनीतिक सिद्धांतों और नीतियों का समर्थन करता है और इसी को आधार बनाकर समाज में अपनी छवि प्रस्तुत करता है।
10. राजनीतिक दलों का निश्चित और स्पष्ट कार्यक्रम (Programme) नहीं होता है।
11. ये सामाजिक परिस्थितियों, समस्याओं, ज्वलन्त मुद्दों तथा आकस्मिक घटित होने वाली घटनाओं की गंभीरता के अनुरूप अपने कार्यक्रमों की रूपरेखा तय करते हैं और धरना, प्रदर्शन, घेराव, हड़ताल, बन्द, रैली, आमसभा आदि रूपों में अपने कार्यक्रमों को अंजाम देते हैं।
12. अपने सिद्धांतों, नीतियों व कार्यक्रमों को व्यवहार में लाने के लिए यानी कि इनके क्रियान्वयन के लिए सभी राजनीतिक दल ज्यादा से ज्यादा राजनीतिक शक्ति अर्जित करना चाहते हैं।

13. ज्यादा शक्ति उपार्जित करने की होड़ की वजह से सभी दल निरंतर प्रतिस्पर्धा की स्थिति में रहते हैं।
14. सभी दल आपसी मतभेदों को सुलझाने के लिए शांतिपूर्ण तरीका अपनाते हैं।
15. सभी दल बहुमत का आदर करते हैं इसलिए आम चुनाव में मिली विजय या पराजय को बहुमत का निर्णय मानकर सादर स्वीकार करते हैं।

सामान्यतया सार्वजनिक स्तर पर सामाजिक समस्याओं, मुद्दों व घटनाओं के संबंध में राजनीतिक दलों के दृष्टिकोण में भिन्नता पायी जाती है, लेकिन व्यवस्थागत पर्यावरण के अनुरूप जनमत को ध्यान में रखते हुए ये अपना दृष्टिकोण बदलने के लिए स्वतंत्र होते हैं। दलीय नेताओं की महत्त्वाकांक्षा, स्वार्थ, अतिविश्वास (Overconfidence) की वजह से किसी भी पार्टी में टूट, विभाजन या दल बदल की राजनीति (Politics of Defection) या विलय (Merger) की स्थिति का सामना यदा–कदा किसी भी राजनीतिक दल को करना पड़ता है। राजनेता चुनाव जीतने और सत्ता प्राप्त करने की संभावना बनती देखकर अपना दल बदलते रहते हैं। दृष्टान्तस्वरूप भारत की सक्रिय राजनीति में 1967 के आम चुनाव के बाद बड़े पैमाने पर राज्यों की राजनीति में दल–बदल का सिलसिला चलता रहा, जिसमें सबसे ज्यादा दल बदलने वाले नेताओं में कांग्रेस पार्टी के सदस्य थे। दलीय राजनीति में उत्पन्न राजनीतिक अस्थिरता की इस स्थिति से निजात पाने के लिए श्री राजीव गांधी की सरकार द्वारा 1985 में 'दल–बदल विरोधी कानून' (Anti-defection Law) अस्तित्व में लाया गया, जिसके द्वारा व्यक्तिगत राजनीतिक महत्वाकांक्षा की पूर्ति की दृष्टि से किए जाने वाले दल–बदल को प्रतिबंधित किया गया। लेकिन, ध्यान देने योग्य तथ्य यह है कि दल में टूट (Split) हो जाने पर यह कानून लागू नहीं होता है।

उदारवादी तथा सर्वाधिकारवादी व्यवस्थाओं में मौजूद राजनीतिक दलों की विशेषताओं में अन्तर पाया जाता है। उदारवादी व्यवस्थाएं द्विदलीय या बहुदलीय होती हैं, इसलिए व्यवस्था में विरोधी दलों का अस्तित्व मौजूद होता है। उदारवादी व्यवस्थाओं में भिन्न–भिन्न हितों के आधार पर अनेक राजनीतिक दल अस्तित्व प्राप्त करके अलग–अलग नीतियों और विचारधाराओं का समर्थन करते हुए राजनीतिक सत्ता–प्राप्ति के लिए परस्पर प्रतिस्पर्धा करते रहते हैं। लेकिन इनका लक्ष्य सदैव जनकल्याण होता है। सत्तारूढ़ दल को व्यवस्था में विद्यमान तनाव, द्वन्द्व, स्पर्धा आदि का सदैव सामना करना पड़ता है। सर्वाधिकारवादी राज्यों में शासन–सूत्र एक ही राजनीतिक दल के हाथों में केन्द्रित होने की वजह से दलीय संगठन काफी चुस्त–दुरुस्त और अनुशासनबद्ध होता है। यहां दल और शासन में कोई भेद नहीं होता इसलिए यहां राजनीतिक दल की विशेषताएं दल की विशेषताएं उदारवादी व्यवस्थाओं से भिन्न होती है।

राजनीतिक दलों के आवश्यक तत्त्व (Essential Elements of Political Parties)

राजनीतिक दलों के अस्तित्व के लिए कुछ ख़ास आधारभूत तत्त्वों की जरूरत होती है जो निम्नांकित हैं :

1. **संगठन (Organisation)**—संगठन राजनीतिक दल का बुनियादी तत्त्व है। किसी भी राजनीतिक दल को आकार लेने के लिए सबसे प्राथमिक तत्त्व के रूप में संगठन की जरूरत होती है। संगठन से तात्पर्य व्यक्तियों या समूहों द्वारा किए जाने वाले कार्यों के संयोजन की एक ऐसी प्रक्रिया से है जिसके द्वारा उपलब्ध साधनों के प्रयोग के लिए सुसंगठित, सुव्यवस्थित, रचनात्मक और समन्वयपूर्ण क्रिया क्षेत्र तैयार होता है। पूर्व नियोजित सिद्धांत के आलोक में समान राजनीतिक विचारधारा के आधार पर पारस्परिक सहयोग करते हुए जिस ढांचे के अन्तर्गत सभी सदस्यों द्वारा राजनीतिक कार्यों को अंजाम दिया जाता है वह राजनीतिक संगठन कहलाता है। राजनीतिक दल के रूप में संगठन मूलतः ऐसे व्यक्तियों का समूह है जो औपचारिक संबंधों द्वारा संस्था के उद्देश्यों को अर्जित करने के लिए साथ मिलकर काम करते हैं और प्रक्रिया के रूप में राजनीतिक दल के संगठन का आशय दल की विभिन्न क्रियाओं को परिभाषित करने, उन्हें समूह में बांटने तथा उनके बीच अधिकार संबंध स्थापित करने से संबंधित होता है।

2. **आधारभूत सिद्धांतों की एकता (Unity of Fundamental Principles)**–सभी राजनीतिक दलों का निर्माण कुछ मूलभूत सिद्धान्तों के आधार पर होता है। दल के कार्यक्रमों, गतिविधियों के सफल संचालन के लिए यह आवश्यक है कि दल की नीतियों तथा सिद्धांतों पर सभी सदस्यों में सहमति हो। पार्टीगत सिद्धांतों पर मतैक्यता ही दल के सदस्यों को एक सूत्र में बांधता है और उन्हें परस्पर सहयोगी बनकर कार्य करने के लिए प्लेटफॉर्म देता है। परस्पर सहयोग के अभाव में दल के अस्तित्व की कल्पना ही निरर्थक है। दलीय सिद्धान्तों के प्रति मतैक्यता ही दल के मजबूतीकरण को ठोस आधार प्रदान करता है। यदि दल के मौलिक सिद्धान्त के प्रति एकता–मतैक्यता का अभाव हो तो राजनीतिक दल का आधार हिल जायेगा और उसकी विद्यमानता (Existence) की समस्या उपस्थित हो जायेगी। दल के आधारभूत सिद्धान्तों में एकता की मौजूदगी सभी राजनीतिक दलों का अति आवश्यक तत्त्व है।
3. **संवैधानिक साधनों में विश्वास (Faith in Constitutional Means)**–राजनीतिक दलों का तीसरा महत्त्वपूर्ण तत्त्व उपलब्ध संवैधानिक साधनों के प्रति विश्वास तथा प्रतिबद्धता से प्रासंगिक है। अपने लक्ष्य–प्राप्ति की दिशा में क़दम बढ़ाने के साथ राजनीतिक दलों के लिए यह अति आवश्यक है कि वे अपनी समुन्नति के लिए संवैधानिक संसाधनों का प्रयोग करें। निर्वाचन प्रक्रिया तथा मतदान–प्रक्रिया से संबंधित सभी गतिविधियों का संचालन वे संवैधानिक प्रावधानों के दायरे में करें तथा ऐसी किसी भी गतिविधि में संलग्न न हों जिससे देश या प्रान्तीय स्तर पर कानून व्यवस्था का उल्लंघन हो और जनजीवन की सुरक्षा पर सवालिया निशान लग जाये। जातीय या धार्मिक उन्माद फैलाने वाली गतिविधियों के संचालन की इजाजत किसी भी दल को नहीं होती है। यही वजह है कि नक्सली हिंसा को अंजाम देने वाले या संरक्षण देने वाली पार्टियों को राजनीतिक दल का स्थान नहीं मिल पाता है, क्योंकि वे वोट की नहीं बंदूक की राजनीति का संचालन करते हैं। हालांकि नेपाल में माओवादियों द्वारा बंदूक की राजनीति छोड़कर वोट की राजनीति अपनायी गयी है जो सभी नक्सली संगठनों के लिए मिसाल है।
4. **राष्ट्रीय हित की वृद्धि (Promotion of National Interest)**–राजनीतिक दल एक ऐसा सांगठनिक राजनीतिक मंच है जो सरकार एवं जनता से एक साथ संवाद–सूत्र स्थापित करता है या संवाद स्थापित कराने का सशक्त माध्यम बनता है। इस दृष्टि से राजनीतिक दलों की नीतियों, कार्यक्रमों में नैतिकता का पुट समावेशित होना चाहिए और इनके द्वारा संचालित, गतिविधियों–कार्यक्रमों का उद्देश्य तथा लक्ष्य राष्ट्रहित की संवृद्धि होनी चाहिए। इसकी नीतियों का स्वरूप राष्ट्रव्यापी होना चाहिए–जाति, धर्म, वर्ग, साम्प्रदायिकता या क्षेत्रीयता जैसे तत्त्वों में बंटी नहीं होनी चाहिए। राजनीतिक दलों के लिए यह अति आवश्यक है कि उनका प्रधान लक्ष्य राष्ट्रीय हित–संवर्द्धन की दिशा में सदैव उन्मुख हो। बर्क ने राजनीतिक दल को राष्ट्रीय हित में वृद्धि के लिए संगठित राजनीतिक समुदाय की संज्ञा दी है।

मदन गोपाल गुप्ता ने राजनीतिक दल को संगठित सहयोग का नाम दिया है। जे.एम. कोलमैन ने इस प्रसंग में कहा है कि ''राजनीतिक दल एक ऐसा संगठन है जो अवैधानिक रूप से इस स्पष्ट उद्देश्य से संगठित होता है कि उन्हें एक वास्तविक अथवा संभावित संप्रभु राज्य की सरकार की नीति और उसके सेवीवर्ग पर वैधानिक नियंत्रण प्राप्त करना है या उसे बनाये रखना है, चाहे अकेले अथवा मिलकर अथवा वैसे ही अन्य समुदायों के साथ चुनाव प्रतियोगिता कराके।''

इन उक्तियों का अभिप्राय यह हुआ कि शासन पर नियंत्रण स्थापित करने की उत्कट इच्छा को भी राजनीतिक दलों के आवश्यक तत्त्वों की कोटि में शामिल किया जा सकता है। वस्तुतः, इनका मूल उद्देश्य सत्ता पर क़ाबिज़ होना होता है ताकि वे सत्ता के माध्यम से अपनी नीतियों, निर्णयों, सिद्धान्तों व विचारों का कार्यान्वयन बड़े पैमाने पर कर सकें और अवाम को अपनी नीतियों तथा दृष्टिकोणों से भली–भांति परिचित करा सकें। **प्रो. पी.एन. मसालदान** (P.N. Masaldan) द्वारा की गयी अभिव्यक्ति इस प्रसंग से काफी प्रासंगिक है।

इनके शब्दों में, ''राजनीतिक दल उस स्वैच्छिक समूह को कहते हैं जो कुछ सामान्य राजनीतिक एवं सामाजिक सिद्धान्तों के आधार पर तथा कुछ सामान्य लक्ष्यों और आदर्शों की पूर्ति के लिए शासन चलाने का प्रयत्न करते हैं, अपने सदस्यों को सत्तारूढ़ करने का प्रयास करते हैं और उसके लिए चुनाव तथा अन्य साधनों का भी प्रयोग करते हैं।''

राजनीतिक दलों के निर्माण का आधार (Bases of the Formation of Political Parties)

सभी व्यवस्थाओं में राजनीतिक दलों के जन्म के कुछ ख़ास आधार होते हैं, जो निम्नांकित हैं :

1. **मानव स्वभाव के आधार पर (On the basis of Human Nature)**–राजनीतिक दलों के आविर्भाव से सर्वाधिक महत्त्वपूर्ण भूमिका मनुष्य के स्वभाव की होती है। दरअसल व्यक्ति ही वह आधारक है जो अपनी आवश्यकताओं और अपनी प्रकृति के अनुरूप नए–नए दलों का अस्तित्व–निर्माण करता रहता है। कुछ व्यक्ति रूढ़िवादी प्रकृति के होते हैं जो परंपरावाद के पोषक होते हैं, वे अपने स्वभाव के अनुरूप अनुदार दल के आविर्भावक एवं पोषक होते हैं। जैसे इंग्लैण्ड की जनता अनुदार दल की समर्थक रही है। कुछ व्यक्ति समयानुकूल होने वाले परिवर्तनों के साथ कदम मिलाना चाहते हैं वे उदारवादी मानसिकता वाले दलों के समर्थक होते हैं। कुछ व्यक्ति मौजूदा व्यवस्था के प्रति विद्रोही तेवर रखते हैं, सरकार की गतिविधियों व क्रियाकलापों पर सदैव टीका–टिप्पणी करते रहते हैं, वे मार्क्सवादी–साम्यवादी विचारधारा के कट्टर समर्थक होते हैं और व्यवस्था में साम्यवादी विचारधारा वाले दलों की शक्ति विस्तार के लिए निरंतर प्रयासरत रहते हैं। किसी भी व्यवस्था में समान विचारधारा वाले लोग आपस में मिलकर राजनीतिक कार्यक्रमों का कार्यान्वयन करने के उद्देश्य से विचारात्मक आधार पर विभिन्न दलों का अस्तित्व निर्माण करते हैं। मनोवैज्ञानिक आधार पर मानव प्रकृति को राजनीतिक दल के आविर्भावक या समर्थक की दृष्टि से चार प्रकारों में बांटा जा सकता है : (i) जो प्राचीन संस्थाओं, परंपराओं एवं रीति–रिवाजों में विश्वास करते हैं, प्रतिक्रियावादी कहलाते हैं। (ii) जो मौजूदा स्थिति में कोई परिवर्तन नहीं चाहते हैं अनुदारवादी कहलाते हैं। (iii) जो लोग मौजूदा परिस्थितियों में सुधार लाने के इच्छुक व समर्थक होते हैं उदारवादी कहलाते हैं, और (iv) वैसे लोग जो वर्तमान व्यवस्था का उन्मूलन करना चाहते हैं, उग्रवादी कहलाते हैं। स्वाभाविक तौर पर व्यक्ति उपर्युक्त प्रकारों के अनुरूप राजनीतिक दलों का निर्माण भी करता है।
2. **धर्म के आधार पर (On the basis of Religion)**–धर्म के कट्टर समर्थकों द्वारा धर्म के आधार पर राजनीतिक दलों का गठन किया जाता है। इस आधार पर गठित दल का लक्ष्य अपने धार्मिक सम्प्रदाय के सदस्यों के हितों में वृद्धि करना होता है। ये सिर्फ अपने धर्मावलम्बियों के हितों की सुरक्षा करते हैं, जैसे भारत में हिन्दू महासभा तथा मुस्लिम लीग ने इस आधार पर अस्तित्व प्राप्त किया है। वस्तुतः, धार्मिक आधार पर गठित दलों को विशुद्ध राजनीतिक दल का दर्जा नहीं दिया जाता है क्योंकि इनका उद्देश्य एवं लक्ष्य सम्पूर्ण राष्ट्र या प्रांत या समाज का हित न होकर सिर्फ अपने धार्मिक संप्रदाय के लोगों का हितरक्षण तथा हितवर्द्धन होता है।
3. **आर्थिक आधार पर (On the basis of Economy)**–राजनीतिक दलों के निर्माण का आर्थिक आधार अपने आप में काफी प्रासंगिक और महत्त्वपूर्ण है। आर्थिक स्तरों में पायी जाने वाली भिन्नता की दृष्टि से भी लोग अलग–अलग समूहों में संगठित होकर राजनीतिक दलों का निर्माण करते हैं। इस आधार पर गठित दलों का उद्देश्य आर्थिक आधार पर अपने वर्ग के लोगों के हितों की सुरक्षा करना और आर्थिक रूप से कमजोर लोगों की स्थिति में सुधार लाने के लिए सरकार का ध्यान उनकी मांगों की ओर आकृष्ट कराते रहना है। इस कोटि के दलों के सारे कार्यक्रम, समस्त गतिविधियां कमजोर तबके की आर्थिक संवृद्धि के लिए संचालित की जाती हैं। इसी भांति पूंजीपति वर्ग को सुरक्षा और संवृद्धि प्रदान

करने वाले दल सिर्फ पूंजीपति समाज के हितवर्द्धन की बात सोचते हैं और इसी समाज की समुन्नति के लिए सदैव प्रयत्नशील रहते हैं।

4. **विचारधारा के आधार पर (On the basis of Ideology)**–विचारधारा राजनीतिक दलों के निर्माण का अति महत्त्वपूर्ण आधार है। वस्तुतः, विचारधाराओं में उन विचारों का समुच्चय होता है जिसके प्रति जनसमूह आसानी से अपनी आस्था व विश्वास प्रदर्शित करता है। विचारधारा आधारित नीतियों व सिद्धांतों से युक्त राजनीतिक दल के ढांचे के प्रति पूरी आस्था व्यक्त करते हुए सदस्य दल की सदस्यता ग्रहण करते हैं और दल की नीतियों एवं कार्यक्रमों में सहभागी बनते हैं। विचारधारा पर आधारित दलों के प्रति जनता का रुझान आसानी से हो जाता है और ऐसे दलों की सदस्य संख्या का विस्तार भी सहज ढंग से होता है। समाज के जो सदस्य दल की विचारधारा, नीतियों व सिद्धांतों से प्रभावित होते हैं वे पार्टी की सदस्यता ग्रहण करते जाते हैं। विचारधारा के आधार पर निर्मित दलों का समाज पर व्यापक प्रभाव पड़ता है। इस आधार पर निर्मित दलों के उदाहरणस्वरूप उदारवादी, अनुदारवादी, उग्रवादी, समाजवादी एवं मार्क्सवादी, जैसी विचारधाराओं के आधार पर निर्मित दलों को रखा जाता है। मार्क्स ने विचारधारा को 'प्रभुत्वशाली वर्ग के निहित स्वार्थों की रक्षा का साधन माना है।' राउसैक ने कहा है कि ''एक राजनीतिक आन्दोलन को जीवित रखने के लिए विचारधारा का होना अत्यन्त आवश्यक है। विचारधारा की अनुपस्थिति में आन्दोलन अंधकार और अनिश्चितता की भंवर में छलांग लगाता रहेगा।'' विचारधारा सामाजिक, आर्थिक, सांस्कृतिक और राजनीतिक किसी भी प्रसंग से प्रेरित हो सकती है, जो अपने प्रासंगिक विचारों के दायरे में जनसहमति का माहौल बनाकर समाज के सदस्यों को आपस में जोड़ती है।

5. **प्रादेशिकता के आधार पर (On the basis of Region)**–बहुल समाज और विविधतापूर्ण संस्कृति वाली व्यवस्थाओं में विशेषकर विकासशील व्यवस्थाओं में क्षेत्रीय समस्याएं मानव समाज पर विशेष रूप से प्रभावी होती हैं। क्षेत्रीय समस्याओं को केन्द्रीय स्तर पर प्रमुखता से उठाना और उनके निराकरण की जोरदार मांग करना मुख्यरूप से क्षेत्रीय नेतृत्व की जवाबदेही होती है। प्रांतीय समस्याओं के समाधान के लिए प्रान्तीय नेता अपनी राजनीतिक महत्वाकांक्षा की पूर्ति, सत्ता प्राप्ति की लालसा और निजी स्वार्थों को ध्यान में रखकर जाति, वर्ग आदि के आधार पर राजनीतिक दलों का निर्माण करते हैं। भारत में प्रांतीयता के आधार पर कई प्रांतों के अपने–अपने क्षेत्रीय दल हैं; मसलन–तमिलनाडु में डी.एम.के. और अन्ना डी.एम.के., पंजाब में अकाली दल, महाराष्ट्र में शिवसेना और महाराष्ट्र नवनिर्माण सेना, जम्मू कश्मीर में नेशनल कांफ्रेंस, आंध्र प्रदेश में तेलुगूदेशम तथा तेलंगाना राष्ट्र समिति, उत्तरप्रदेश में समाजवादी पार्टी, उड़ीसा में बीजू जनता दल, असम में असम गण परिषद्, बिहार में राष्ट्रीय जनता दल आदि प्रमुख क्षेत्रीय दल हैं। इन प्रांतीय दलों की गतिविधियों व कार्यक्रमों से यह स्पष्ट होता है कि इनका लक्ष्य राजनीतिक–आर्थिक क्षेत्र में सत्ता–अर्जन के लिए लालायित रहना है। इन दलों के आका स्वयं के राजनीतिक कद और महत्त्व को बढ़ा–चढ़ा कर पेश करने के पीछे ज्यादा प्रयासरत दिखते हैं, न कि अपने क्षेत्र के विकास और समुन्नति को विशेष ऊंचाई पर पहुंचाने में। विगत कुछ दशकों से भारतीय राजनीति में क्षेत्रीय दलों के निर्माण की प्रवृत्ति बढ़ती जा रही है और क्षेत्रीय राजनीति के साथ–साथ राष्ट्रीय राजनीति पर इन दलों का प्रभाव बढ़ता जा रहा है जिसका नतीजा है केन्द्र में गठबंधन सरकार के युग का आरंभ।

6. **निहित स्वार्थो के आधार पर (On the basis of Vested Interest)**–व्यक्तिगत स्तर पर निहित स्वार्थों की पूर्ति का लक्ष्य सामने रखकर भी राजनेताओं द्वारा नए दलों का गठन किया जाता है। राजनीतिक महत्वाकांक्षा तथा राजनीतिक कद की लड़ाई में प्रतिस्पर्धा की स्थिति तीव्र होने पर पुरानी पार्टी में विभाजन (Split) कराके भी नई पार्टी का गठन किया जाता है। इस आधार के उदाहरण के रूप में 1969 में श्रीमती इंदिरा गांधी के नेतृत्व में कांग्रेस के विभाजन को रखा जा सकता है। वैसे तो लगभग सभी राजनीतिक दल यहां विभाजन, विघटन, बिखराव, और अस्थायित्व की प्रवृत्ति के शिकार रहे हैं।

भारतीय राष्ट्रीय कांग्रेस अब तक तीन बार विभाजित हो चुकी है। 1969 में हुए विभाजन से सत्ता कांग्रेस और संगठन कांग्रेस बना, 1978 में देवराज अर्स के नेतृत्व में कांग्रेस (अर्स) और 1995 में कांग्रेस (इ) से अलग होकर कांग्रेस (तिवारी) का गठन किया गया। इसी तरह 1977 में बनी जनता पार्टी 1980 के मध्य तक चार भागों में विभाजित हो गई—जनता पार्टी, भारतीय जनता पार्टी, जनता पार्टी 'एस' (चरण सिंह) और जनता पार्टी 'एस' (राजनारायण)। 1990 में जनता दल विभाजित होकर जनता दल 'एस' बना, फिर अजीत सिंह गुट के अलग हो जाने से जनता दल और अधिक टुकड़ों में विभाजित हुआ। लालू यादव द्वारा जनता दल को विभाजित कर राष्ट्रीय जनता दल गठित किया गया। इसी प्रकार साम्यवादी दल के भी चार धड़े हैं जिसमें दो व्यवस्थित रूप से संगठित हैं। अन्नाद्रमुक और अकाली दल जैसे क्षेत्रीय दल भी समय—समय पर विभाजन का शिकार होते रहे हैं। इसी क्रम में भाजपा से निष्कासित होने पर उत्तर प्रदेश के पूर्व मुख्यमंत्री कल्याण सिंह द्वारा 1999 में राष्ट्रीय क्रांति दल बनाया गया। कांग्रेस से निकाले जाने पर शरद पवार तथा पी.ए. संगमा जैसे कांग्रेसियों ने नेशनलिस्ट कांग्रेस पार्टी बनायी। यहां तक कि क्षेत्रीय पार्टियां भी निहित स्वार्थ की पूर्ति की बीमारी से ग्रसित हैं तभी तो शिवसेना से अलग होकर राज ठाकरे द्वारा महाराष्ट्र में महाराष्ट्र नवनिर्माण सेना का गठन किया गया। वस्तुतः, भारत में कमोबेश सभी राष्ट्रीय एवं क्षेत्रीय पार्टियों के नेता सत्ता—प्राप्ति की लालसा तथा निहित स्वार्थों की पूर्ति के लिए समय—समय पर अपने दल से अलग होकर अपनी राजनीतिक ताकत को आजमाने के लिए नई पार्टी का गठन करते रहे हैं।

7. **वैयक्तिक नेतृत्व के आधार पर (On the basis of Individual Leadership)**—वैयक्तिक नेतृत्व के आधार पर भी राजनीतिक दलों के बनने—बिगड़ने का क्रम समयानुरूप जारी रहता है। आमतौर पर राजनीतिक ताकत की आजमाइश, राजनीतिक महत्वाकांक्षा की पूर्ति तथा निहित स्वार्थों के वशीभूत होकर राजनेताओं द्वारा अपने राजनीतिक कद बढ़ाने की स्पर्धा में जो अपनी पार्टी का विभाजन कराके नए दल का गठन किया जाता है, उसके मूल में वैयक्तिक नेतृत्व की प्रभावशीलता का तत्त्व समावेशित होता है। विशेष रूप से भारतीय राजनीति की एवं आमतौर पर विश्व की सभी लोकतांत्रिक उदारवादी व्यवस्थाओं की तथा साम्यवादी सर्वाधिकारवादी व्यवस्थाओं की भी यह ख़ासियत रही है कि राजनीतिक नेतृत्व के मामले में सामान्यतया एक ही व्यक्ति की सर्वोच्चता पूरी पार्टी में मुख्यरूप से स्थापित रहती है। दृष्टांतस्वरूप, भारतीय राजनीति के परिप्रेक्ष्य में यदि कांग्रेस पार्टी को लें तो पहले पंडित नेहरू के वैयक्तिक नेतृत्व की सर्वोच्चता पार्टी पर छायी हुई थी, उसके बाद श्रीमती इंदिरा गांधी, फिर श्री राजीव गांधी और वर्तमान में श्रीमती सोनिया गांधी के व्यक्तित्व एवं कार्यशैली की सर्वोच्चता का प्रभाव पूरी पार्टी पर छाया हुआ है। इसी भांति भारतीय जनता पार्टी में 1998, 1999 तथा 2004 के लोकसभा चुनावों में श्री अटल बिहारी वाजपेयी की एवं 2014 के चुनाव में एवं भाजपा की सरकार बनने के बाद प्रधानमंत्री श्री नरेंद्र मोदी के राजनीतिक व्यक्तित्व एवं नेतृत्व शैली का प्रभाव पूरी पार्टी पर स्पष्ट रूप से देखा जा सकता है। इसी भांति अमेरिका और ब्रिटेन की राजनीति में भी वैयक्तिक नेतृत्व का महत्व सर्वोपरि है।

राजनीतिक दलों के कार्य (Functions of Political Parties)

जनतांत्रिक व्यवस्थाओं में लोकतांत्रिक प्रक्रियाओं के संचालन के लिए राजनीतिक दलों की अपरिहार्यता को सभी विद्वज्जनों द्वारा स्वीकारा है। राजनीतिक दल को लोकतंत्रीय व्यवस्था के प्राणाधार तत्त्व की संज्ञा दी गई है। व्यवस्था संचालन में राजनीतिक दलों की महत्त्वपूर्ण भूमिका को देखते हुए कई विद्वानों द्वारा इसे सरकार का चौथा अंग तक कहा गया है। राजनीतिक दल की इस महत्त्वपूर्ण स्थिति के मद्देनजर इसके मुख्य कार्यों को रेखांकित किया गया है जो निम्नांकित हैं :

1. **लोकतांत्रिक व्यवस्था में सरकार का गठन करना (To Form Government in Democratic System)**–राजनीतिक दल का सर्वाधिक महत्त्वपूर्ण कार्य लोकतांत्रिक शासन में सरकार का निर्माण करना है। राजनीतिक दलों के अभाव में सरकार के गठन का कार्य संभव नहीं हो पाएगा।
2. **राजनीतिक दल लोकतंत्र के लिए ऑक्सीजन है (Oxygen for Democracy)**–दल की इस भूमिका के संबंध में मैकाइवर की अभिव्यक्ति है कि ''राजनीतिक दलों के अभाव में न तो सिद्धांतों की संगठित अभिव्यक्ति हो सकती है और न ही नीतियों का उचित विकास और न तो नियत कालिक संसदीय चुनाव की वैधानिक प्रक्रिया सम्पन्न करायी जा सकती है, न ही उन मान्य संस्थाओं का सहारा लिया जा सकता है जिसके माध्यम से राजनीतिक दल अपनी शक्ति को कायम रखने या प्राप्त करने का प्रयत्न करते हैं। आज के युग में राजनीतिक दल के अभाव में लोकतंत्रीय व्यवस्था की कल्पना बेमानी है। जिस प्रकार ऑक्सीजन के बिना जीवन की कल्पना नहीं की जा सकती है, उसी प्रकार राजनीतिक दल के बिना लोकतंत्रीय सरकार की कल्पना नहीं की जा सकती है। राजनीतिक दल की भूमिका पर प्रकाश डालते हुए **मेरियम** ने कहा है कि ''दलीय व्यवस्था को हम सरकार की एक पूरक संस्था मान सकते हैं, जो मतदाताओं को सरकारी अधिकारियों के चुनाव, सार्वजनिक नीति के निर्धारण तथा उससे भी बढ़कर सरकार के संचालन अथवा उसकी आलोचना करने के कार्य में सहायता प्रदान करती है।
3. **जनमत का निर्माण करना (To Form Public Opinion)**–जनमत–निर्माण करना राजनीतिक दलों का मुख्य कार्य है। राजनीतिक दलों के इस कार्य के संबंध में **मैकाइवर** ने कहा है कि ''राजनीतिक दल वह अभिकरण है जिसके माध्यम से सार्वजनिक राय को सार्वजनिक नीति में परिवर्तित किया जाता है।'' राजनीतिक दल किसी भी लोकतांत्रिक व्यवस्था में जनमत–निर्माण का सबसे सक्रिय और मजबूत माध्यम है। जनमत लोकतंत्र का आधार स्तंभ होता है। जिस प्रकार राजनीतिक दल लोकतंत्र के लिए ऑक्सीजन का काम करता है, उसी प्रकार जनमत राजनीतिक दल के प्रभाव के विस्तार का आधारतत्त्व है। राजनीतिक दल को सत्तारूढ़ कराने में जनमत आधार भूमि और आधार माध्यम दोनों की भूमिका निभाता है। वस्तुतः, सभी दलों के नेता अपने दल की नीतियों–कार्यक्रमों से जनता को अवगत कराके जनता का मत अपनी ओर मोड़ने का प्रयास करते हैं ताकि चुनाव में भारी सफलता प्राप्त करके उन्हें सरकार बनाने का मौका मिले। **गेटेल** ने कहा है कि ''राजनीतिक दल अपने स्वार्थ सिद्धि के लिए जनमत को आकृष्ट करने के उद्देश्य से विस्तृत विचार संघर्ष करते हैं।''
4. **जनता को संगठित करना (To Organize People)**–लोकतांत्रिक व्यवस्था और प्रक्रियाओं के सरल संचालन हेतु राजनीतिक दल जनता को अपनी नीतियों व निर्णयों तथा कार्यशैली के माध्यम से एक सूत्र में बांधने का कार्य करता है। वस्तुतः, यह जनमत-निर्माण की आधारभूमि है। जनता के बिखरे हुए मतों को संगठित करके ही व्यवस्था में लोकप्रिय सरकार का निर्माण हो सकता है तथा सत्तारूढ़ दल की ख़ामियों से जनता को परिचित कराके सत्ता परिसंचरण प्रक्रिया को अंजाम दिया जा सकता है। राजनीतिक दल जनता को संगठित करने का महान् कार्य करके उनमें उत्तरदायित्व की भावना जगाते हैं और उन्हें एहसास कराते हैं कि लोकतंत्रीय सरकार जनसंप्रभुता पर आधारित होती है। लोकतंत्र में वास्तविक सत्ता जनता में निवास करती है, अतः सरकार निर्माण की दृष्टि से जनता को राजनीतिक रूप से संगठित होना सत्ता के निर्माण और सत्ता–परिवर्तन दोनों दृष्टि से काफी महत्त्वपूर्ण है।
5. **राजनीतिक चेतना का प्रसार करना (To Expand Political Consciousness)**–राजनीतिक दल अपनी नीतियों–सिद्धांतों तथा घोषित कार्यक्रमों द्वारा, आम सभाओं में भाषण देकर, रेडियो, टेलीविजन, समाचार पत्रों–पत्रिकाओं द्वारा तथा ज्वलंत सामाजिक–राजनीतिक मुद्दों पर धरना, बन्द, हड़ताल, प्रदर्शन, रैली, आंदोलन आदि के माध्यम से जनता में राजनीतिक चेतना जगाने और चेतना का प्रचार–प्रसार करने का महान् कार्य करते हैं। जहां सत्तारूढ़ दल अपनी पूरी पदावधि में सरकार की अच्छाइयों को उजागर करके जनता में राजनीतिक चेतना का प्रसार करते हैं, वहीं विपक्षी दल सरकार की नीतियों तथा कार्यक्रमों, घोषणाओं तथा कार्यशैली की खुलकर आलोचना करने के दौरान राजनीतिक चेतना जगाने

का कार्य करते हैं। इसका सबसे बड़ा लाभ होता है कि जनता के सामने सभी दलों की स्पष्ट तस्वीर होती है और चुनाव में मतदान व्यवहार का प्रदर्शन करते समय वे सोच–समझकर निर्णय लेते हैं तथा किसी एक पार्टी या नेता का पक्ष में अपना बहुमूल्य मत प्रदान करते हैं।

6. **चुनाव में भागीदारी करना (To Participate in Election)**–चुनाव में सक्रिय भागीदारी करना सभी राजनीतिक दलों का सर्वाधिक महत्त्वपूर्ण कार्य होता है। राजनीतिक दल और चुनाव के बीच अन्योन्याश्रय संबंध है। राजनीतिक दलों के अस्तित्व–निर्माण तथा मजबूतीकरण की प्रक्रिया का सार्थक पक्ष है चुनाव में भागीदारी। वस्तुतः, समस्त चुनावी प्रक्रियाओं के संचालन का दारोमदार राजनीतिक दलों पर होता है। चुनाव की अधिसूचना जारी होने के बाद सभी राजनीतिक दल सबसे पहले विभिन्न निर्वाचन क्षेत्रों के लिए उम्मीदवारों का चयन करते हैं फिर उनके नामों की सूची जारी करते हैं। चुनाव आयोग द्वारा घोषित नामांकन की तिथि पर उम्मीदवारों द्वारा नामांकन प्रक्रिया पूरी किए जाने के पश्चात् सभी दलों के नेता अपने दल के उम्मीदवारों के पक्ष में सघन चुनाव प्रचार अभियान चलाते हैं। इस अभियान में राजनीतिक दल रैली, आम सभा, नुक्कड़ सभा, रोड शो आदि कार्यक्रमों द्वारा मतदाताओं की सोच अपने दलीय उम्मीदवार के पक्ष में मोड़ने की जीतोड़ कोशिश करते हैं। विशेष रूप से संसदीय लोकतांत्रिक व्यवस्था में राजनीतिक अंक–शास्त्र ही सत्ता–प्राप्ति का आधार माध्यम होता है, इसलिए दलों द्वारा अपने उम्मीदवार तथा अपने गठबंधन के दलों के उम्मीदवारों को जिताने का भरपूर प्रयास किया जाता है।

7. **सरकार का निर्माण करना (To Form the Democratic Government)**–चुनाव कार्य में सक्रिय भागीदारी के बाद राजनीतिक दल का दूसरा महत्त्वपूर्ण राजनीतिक कार्य सरकार का निर्माण करना है। अंकगणित के आधार पर चुनाव में बहुमत प्राप्त करने के बाद बहुमत पाने वाले दल का मुख्य कार्य सरकार बनाना है। बहुमत दल का नेता केन्द्रीय सरकार में प्रधानमंत्री और राज्य सरकार में मुख्यमंत्री के पद पर नियुक्त होता है और केन्द्र में प्रधानमंत्री की सलाह पर राष्ट्रपति अन्य मंत्रियों को नियुक्त करके मंत्रिमंडल को आकार देते हैं और राज्य में राज्यपाल मुख्यमंत्री की सलाह पर मंत्रिमंडल के अन्य सदस्यों को नियुक्त करके सरकार-निर्माण का कार्य पूरा करते हैं। सरकार गठन के बाद सत्ताधारी दल चुनावी घोषणापत्र में किए गए वायदों को पूरा करने की कोशिश करते हैं।

8. **सरकार की आलोचना करना (To Criticize the Government)**–राजनीतिक दलों के इस कार्य से संबंधित जितनी अहम् भूमिका सत्ताधारी दल की होती है, उससे ज्यादा महत्त्वपूर्ण भूमिका विपक्षी दलों की होती है। विपक्षी पार्टी के रूप में राजनीतिक दल की एक ख़ास विशेषता सरकार की कार्यशैली, सत्ताशैली तथा सरकारी नीतियों व निर्णयों की जमकर आलोचना करना है। चुनावी राजनीति में जो दल नम्बरों के खेल में पिछड़ जाते हैं वे सदन में विपक्षी पार्टी की महत्त्वपूर्ण भूमिका का निर्वहन करते हैं। प्रतिपक्ष की भूमिका के रूप में राजनीतिक दलों का सबसे महत्त्वपूर्ण राजनीतिक कर्त्तव्य सरकार की कमजोरियों को उजागर करना है। विरोधी दल सरकारी नीतियों, कार्यक्रमों एवं कार्यशैली की खुली आलोचना करके सरकार के विरुद्ध जनमत तैयार करते हैं। विपक्षी पार्टियों द्वारा की जाने वाली आलोचना का सबसे महती पक्ष यह है कि इस कार्य द्वारा प्रतिपक्ष सरकार की शक्तियों को मर्यादित करने का महान् कार्य करता है। प्रतिपक्षी दल यह देखते हैं कि सरकार सार्वजनिक धन का दुरुपयोग न करे, भ्रष्टाचार की गतिविधियों में लिप्त न हो, अवाम के हितों की उपेक्षा न करे और शासन संचालन में तानाशाही रवैया न अपनाए। यदि शासक अभिजन इसमें से किसी भी प्रकार की गतिविधि में संलग्न होता है तो विरोधी दल सशक्त विपक्ष की भूमिका निभाते हुए सरकार की ख़ामियों को जनता के सामने लाते हैं। इस क्रम में रैली, धरना, प्रदर्शन, हड़ताल एवं बंद आदि का आयोजन करते हैं और यदि मुद्दा ज्यादा गंभीर हो तो सत्ता के विरुद्ध जेल भरो अभियान का भी सहारा लेते हैं। दलों की विपक्ष की भूमिका की वजह से इन्हें लोकतंत्र के प्रहरी की संज्ञा दी गई है। दलों के इस महती कार्य की वजह से शासकों को कभी निरंकुश होने का मौका नहीं मिलता है। राजनीतिक दलों द्वारा सरकार के समस्त

कार्यों की समीक्षात्मक–आलोचनात्मक प्रस्तुति ही लोकतांत्रिक सरकार को समाजोन्मुख, विकासोन्मुख और जनउत्तरदायी बने रहने के लिए बाध्य करता है।

9. **कार्यपालिका–व्यवस्थापिका में सामंजस्य स्थापित करना (To Coordinate between Executive and Legislature)**–कार्यपालिका और व्यवस्थापिका को जोड़ने वाली कड़ी राजनीतिक दल ही है। चुनाव में भागीदारी, एवं सरकार–निर्माण तथा मजबूत विपक्ष की भूमिका निभाने के साथ–साथ राजनीतिक दल का एक अन्य महती कार्य सत्ता की दो महत्त्वपूर्ण इकाई कार्यपालिका एवं व्यवस्थापिका के मध्य समन्वय स्थापित करना भी है। संसदीय लोकतंत्र में तो कार्यपालिका व्यवस्थापिका के बीच जो परस्पर गहरा तालमेल होता है, उस अन्योन्याश्रयी संबंध का आधार माध्यम राजनीतिक दल होता है। व्यवस्थापिका में बहुमत प्राप्त करने वाला दल सरकार का निर्माण करता है और दूसरी पार्टियां विपक्ष में बैठकर सरकार पर नियंत्रण स्थापित करने की भूमिका अदा करती हैं। अध्यक्षात्मक व्यवस्था में भी कार्यपालिका–व्यवस्थापिका को जोड़ने वाला सूत्र राजनीतिक दल ही होता है। सारांशतः, लोकतंत्रीय व्यवस्था में शासन चाहे अध्यक्षात्मक हो या संसदीय राजनीतिक दल सत्ता की दो महत्त्वपूर्ण इकाइयों के बीच सामंजस्य स्थापित करने का कार्य करता है, अंतर सिर्फ इतना है कि संसदीय कार्यपालिका एवं व्यवस्थापिका में परस्पर घनिष्ठ संबंध होता है, जबकि अध्यक्षात्मक कार्यपालिका एवं व्यवस्थापिका शक्ति–पृथक्करण सिद्धांत के आधार पर अपनी भूमिकाओं का निष्पादन करती हैं।

10. **सरकार और जनता के बीच कड़ी का कार्य करना (To Link between Government and Public)**–राजनीतिक दल जनता और सरकार के बीच कड़ी का कार्य करते हैं। एक ओर जहां दल जनता की अपेक्षाओं व आवश्यकताओं की जानकारी सरकार तक पहुंचाते हैं, वहीं दूसरी ओर सरकार से मिलने वाली सुविधाओं, अवसरों, वस्तुओं व लाभों की सही जानकारी अवाम तक पहुंचाते हैं। जनसामान्य की मांगों को सरकार तक पहुंचाने के लिए दलों द्वारा कई प्रकार के कार्यक्रमों का सहारा लिया जाता है। आमतौर पर जनता की मांगों से सरकार को अवगत कराने के लिए दलों द्वारा धरना, प्रदर्शन, रैली, पर्चा–पोस्टर, आमसभा, नुक्कड़ सभा, हड़ताल एवं बंद आदि कार्यक्रमों का आयोजन किया जाता है। सरकार भी अपने मंत्रियों, सांसदों, विधायकों, नौकरशाहों के माध्यम से जनहित व समाजहित में हासिल की गई उपलब्धियों के जन–जन तक पहुंचाने का काम करती है। इस कार्य के लिए सरकार द्वारा मीडिया के विविध साधनों का इस्तेमाल किया जाता है तथा विभागीय स्तर पर सभी जिलों में कार्यक्रम आयोजित करके जनता को सरकार द्वारा किए जाने वाले कार्यों की जानकारी दी जाती है। यानी कि जहां विपक्षी दल सरकारी नीतियों व कार्यक्रमों के आलोचना क्रम में सरकार की कमजोरियों से अवाम का सीधा संपर्क स्थापित कराने का प्रयास करते हैं, वहीं सत्ताधारी दल विविध माध्यमों से सरकार की अच्छाइयों को गिनवाने की कोशिश करके सरकार का जनता से सीधा सम्पर्क स्थापित कराने के लिए सदैव प्रयत्नशील दिखाई देते हैं।

11. **अवाम को राजनीतिक प्रशिक्षण देना (To Impart Political Training to the People)**–लोकतंत्रीय व्यवस्था में अवाम को राजनीतिक प्रशिक्षण देने का दायित्व राजनीतिक दलों का है। **गैटेल** ने कहा है कि "लोकतंत्र नागरिकों के राजनीतिक प्रशिक्षण के लिए विद्यालय का काम करता है।" **सी.डी. बर्न्स** का कहना है कि "प्रत्येक शासन पद्धति शिक्षा प्रदान करने की एक पद्धति है, लेकिन सबसे बेहतर शिक्षा आत्म शिक्षा है, इसलिए सर्वोत्तम शासन स्वशासन है, जिसे लोकतंत्र कहते हैं।" इन उक्तियों का सीधा सरोकार राजनीतिक दल से है, क्योंकि लोकतंत्र में जनता को प्रशिक्षित करने की जो बात कही गई है उसका आधार माध्यम राजनीतिक दल ही है। दल जनता का ध्यान सामाजिक–राजनीतिक समस्याओं की ओर आकृष्ट कराते हैं, मुद्दों का निर्माण करते हैं तथा किसी भी मुद्दे पर जनता को गोलबंद करते हैं। इस प्रशिक्षण कार्य हेतु दलों द्वारा रैली, सभा, सम्मेलन, धरना, प्रदर्शन, बंद, पर्चा–पोस्टर, आन्दोलन, समाचारपत्र–पत्रिकाएं, रेडियो, टेलीविजन आदि का सहारा लिया जाता है। विपक्षी पार्टी द्वारा सरकारी नीतियों की आलोचना में भी जनता को राजनीतिक रूप से प्रशिक्षित करने का कार्य

किया जाता है। चुनावी कार्यक्रमों के संचालन तथा चुनावी सभाओं के माध्यम से राजनीतिक दल जनता को सबसे बेहतर ढंग से प्रशिक्षित करने की जवाबदेही निभाते हैं। इससे संबद्ध कार्यक्रमों के माध्यम से जनता को उनके मौलिक अधिकार, कर्त्तव्य, राजनीतिक दायित्व, वयस्क मताधिकार, आदि के संबंध में जानकारी दी जाती है, साथ—ही—साथ अशिक्षित मतदाताओं को मतदान क्रिया में भागीदारी के लिए भी प्रशिक्षण दिया जाता है एवं वोट डालने की विधि समझायी जाती है। राजनीतिक दलों द्वारा किए जाने वाले सघन चुनाव प्रचार से भी नागरिकों को बड़े पैमाने पर राजनीतिक शिक्षा मिलती है, उनमें राजनीतिक चेतना जागृत होती है और उन्हें सामाजिक जीवन की बुनियादी एवं ज्वलंत समस्याओं की भी यथोचित जानकारी प्राप्त होती है। राजनीतिक दलों द्वारा मतदाताओं को मतदान करने के लिए अभिप्रेरित करके भी जनसामान्य को उनके राजनीतिक अधिकारों के प्रति सजग बनाया जाता है तथा राजनीतिक दायित्व निर्वहन के लिए सचेत किया जाता है।

12. **राष्ट्रीय एकता का निर्माण करना (To Create National Unity)**—राजनीतिक दलों का एक महत्त्वपूर्ण कार्य राष्ट्रीय एकता का निर्माण करना है। राजनीतिक दलों के निर्माण का आधार हमेशा संकीर्णता के बजाय व्यापक होता है। उनके अन्दर राष्ट्रीय एकता की भावना सर्वोपरि होती है। दलों की नीतियां, कार्यक्रम, घोषणाएं, आदि सब राष्ट्रीय एकता की समुन्नति को ध्यान में रखकर तय की जाती है। दलों का निर्माण भले ही जाति, धर्म, वर्ग, सम्प्रदाय, क्षेत्रीयता आदि तत्त्वों पर आधारित होता है, लेकिन दलीय संवृद्धि की दिशा में उठने वाला उनका क़दम राष्ट्रीय एकता के निर्माण को मजबूती प्रदान करे ऐसी अपेक्षा सभी दलों से की जाती है। यदि कोई राजनीतिक दल ऐसी गतिविधियों में लिप्त रहता है जिससे उसके निहित स्वार्थों की पूर्ति होती है, लेकिन राष्ट्रीय एकता बाधित होती है, तो ऐसे दलों की मान्यता रद्द भी हो सकती है।

13. **सामाजिक—सांस्कृतिक कार्य (Social and Cultural Work)**—राजनीतिक दल देश की संस्कृति के संवाहक की भूमिका भी निभाते हैं। मसलन—सभी दल सामाजिक कुरीतियों, रुढ़िवादिता, जीवन विरोधी परम्परागत मान्यताओं, आदि की आलोचना करते हैं तथा इसके ख़िलाफ तीव्र विरोध एवं प्रदर्शन भी करते हैं। प्रत्येक दल का अपना सांस्कृतिक प्रकोष्ठ होता है जिसमें कला और साहित्य के मर्मज्ञ सदस्यों को रखा जाता है। उन पर देश की संस्कृति, कला एवं साहित्य को समृद्ध बनाने एवं विकसित करने की जवाबदेही होती है। राजनीतिक सांस्कृतिक केन्द्रों की संस्थापना करके दलों द्वारा राजनीतिक संस्कृति की परम्पराओं—मूल्यों को पीढ़ी—दर—पीढ़ी हस्तांतरित करने का महान् कार्य किया जाता है। दलों द्वारा परिस्थिति की मांग के अनुरूप सामाजिक—सांस्कृतिक उत्थान का भी कार्य किया जाता है। उदाहरणस्वरूप गरीबी उन्मूलन, गरीबों की सहायता, छुआछूत उन्मूलन, जमींदारी उन्मूलन, कुटीर उद्योग धन्धों के विकास, भूमि—वितरण, हरिजनोद्धार, आदि कार्यों में दलों द्वारा सकारात्मक भूमिका निभायी गई है।

14. **दलीय कार्य (Party Work)**—सभी राजनीतिक दलों द्वारा अपनी पार्टी के हित—संवर्द्धन के लिए कुछ दलीय कार्यों को अंजाम दिया जाता है। दृष्टांतस्वरूप, जनता के सामने अपनी नीतियों व सिद्धांतों का स्पष्टीकरण करना, अपनी दलीय नीतियों को लेखबद्ध करना, उनका विज्ञापन (Publicize) करना, नीतियों व घोषणाओं को कार्यक्रमों की शक्ल में जनता के सामने पेश करना, चुनावी घोषणा पत्र तैयार करना, सदस्यता अभियान चलाना, ज्यादा से ज्यादा नये सदस्यों को दल में शामिल करना, चुनाव आयोग द्वारा मतदाता सूची के नवीनीकरण कार्य को अंजाम दिए जाने के समय सूची में ज्यादा—से—ज्यादा मतदाताओं का नाम शामिल कराना, निर्वाचन क्षेत्रों के लिए उम्मीदवारों का चयन करना, चुनाव अभियान से संबंधित सभी कार्यक्रमों का व्यवस्थाबद्ध संचालन एवं विज्ञापन करना, निर्वाचन क्षेत्र में चुनाव प्रचार की सामग्री भेजना, बड़े नेताओं के भाषण तथा रोड शो का कार्यक्रम तय करना, उम्मीदवारों को आर्थिक सहायता देना, दलीय सम्मेलन, कार्यकर्ता सम्मेलन, कार्यकारिणी की बैठक आदि का आयोजन करना, दलीय अध्यक्ष एवं अन्य पदाधिकारियों के निर्वाचन या नियुक्ति प्रक्रिया को अंजाम देना, प्रेस कांफ्रेंस आयोजित

करके अपने दल की भावी नीतियों, कार्यक्रमों की जानकारी जनता को देना, प्रेस विज्ञप्ति जारी करना आदि ऐसे अनेकानेक दलीय कार्य हैं जिन्हें सभी राजनीतिक दलों द्वारा पूरा किया जाता है। समाज में घटित होने वाली घटनाओं पर आसन्न प्रतिक्रिया व्यक्त करके तात्कालिक स्तर पर दलों द्वारा दलीय कार्यक्रमों का आयोजन एवं राहत कार्यों का क्रियान्वयन करके समसामयिक समस्याओं के प्रति गंभीर संवेदना प्रदर्शित कर समाज की सहानुभूति को अपने पक्ष में करने का भरपूर प्रयास किया जाता है।

15. **नागरिक अधिकारों की रक्षा (To Protect Civil Rights)**—राजनीतिक दल का एक अन्य महती कार्य नागरिकों के अधिकारों की रक्षा करना है। इस भूमिका को निभाने के क्रम में दल के नेता नागरिकों को उनके अधिकारों तथा कर्त्तव्यों के प्रति सचेत कराते हैं और व्यवस्था का कोई पक्ष यदि नागरिकों के अधिकारों का अपहरण करता है, तो राजनीतिक दल पीड़ित व्यक्ति की सहायता के लिए सबसे प्रबल मददगार के रूप में खड़े हो जाते हैं और सताए हुए व्यक्ति की रक्षा के लिए सरकार से गुहार लगाते हैं, साथ–ही–साथ यदि जरूरत हो सरकार के खिलाफ गंभीर आन्दोलन चलाने की चेतावनी भी देते हैं।
16. **सुधारात्मक कार्य (Reformatory Works)**—समाज में बेहतर बदलाव लाने के लिए सुधारात्मक कार्यों को अंजाम देने की जवाबदेही राजनीतिक दलों का एक महत्वपूर्ण कार्य है, जिसके तहत सभी दल समाज के अन्दर फैली हुई कुरीतियों को दूर करने का भरपूर प्रयास करते हैं। इस प्रसंग में दल द्वारा सम्पन्न सामाजिक–सांस्कृतिक विकास से प्रासंगिक भूमिकाओं का योगदान उल्लेखनीय होता है। ऐसा करके राजनीतिक दल राष्ट्रीय, प्रांतीय एवं सामाजिक स्तर पर स्वस्थ जीवन के निर्माण का प्रयास करते हैं। स्वतंत्रता से पूर्व भारत में छूआछूत निवारण, हरिजन–उद्धार तथा मद्यपान–निषेध आदि कार्यक्रमों को कांग्रेस पार्टी द्वारा अपने ऐजेंडे में शामिल किया गया और इन सामाजिक कुरीतियों को दूर करने में कांग्रेस द्वारा सकारात्मक भूमिका निभायी गई।

उपयुर्क्त वर्णित तथ्यों के आलोक में यह कहा जा सकता है कि लोकतांत्रिक व्यवस्थाओं में राजनीतिक दल बहुमुखी व बहुआयामी भूमिकाओं का संपादन करते हैं। राजनीतिक दलों का राजनीतिक कार्य तो महत्त्वपूर्ण है ही इनका सामाजिक, सांस्कृतिक, आर्थिक एवं सुधारात्मक कार्य भी काफी प्रासंगिक है। तभी तो **मुनरो** ने प्रतिनिधि शासन को दलीय शासन की संज्ञा दी है। **न्यूमैन** ने "राजनीतिक दलों को राजनीति का आधार स्तम्भ कहा है।" राजनीतिक दलों द्वारा सम्पन्न किए जाने वाले महत्त्वपूर्ण कार्यों के मद्देनजर डा. मदन गोपाल गुप्ता ने राजनीतिक दल को "गृह युद्ध पर प्रतिबन्ध लगाने वाली सेना कहा है।" इस प्रसंग में लास्की का कहना है कि "राजनीतिक दलों की वजह से जनआक्रोश क्रांति में परिणत नहीं हो पाता है।" फाइनर का यह मानना है कि "दल सिंहासन के पीछे की शक्ति है।" इन तथ्यों के आलोक में सारांशतः यही कहा जा सकता है कि लोकतांत्रिक व्यवस्था की तंत्रिका–कोशिका (Neuron) में राजनीतिक दल द्वारा ही रक्त संचार किया जाता है। यह व्यवस्था–संचालन का सबसे सकारात्मक आधार माध्यम है। इसीलिए सत्ता–निर्माण, शासन–संचालन तथा शासन को जनउत्तरदायी बनाए रखने की दृष्टि से राजनीतिक दलों के सभी कार्य अतिप्रासंगिक है।

राजनीतिक दल के गुण (Merits of Political Party)

यहां राजनीतिक दल के गुणों की चर्चा की जा रही है, जो निम्नांकित है :

1. **सरकार पर नियंत्रण करना (Control over Government)**—राजनीतिक दल का एक खास गुण है सरकार की तानाशाही व निरंकुश प्रवृत्ति पर नियंत्रण रखना। प्रतिपक्ष द्वारा किए जाने वाली आलोचनाओं की वजह से सरकार कभी भी स्वेच्छाचारी नहीं हो पाती है। दलों में मौजूद इस गुण की वजह से इन

व्यवस्थाओं में सरकार के विरुद्ध आकार लेने वाला जनआंदोलन क्रांति में परिणत नहीं हो पाता है और व्यवस्था को कभी गंभीर राजनीतिक अस्थिरता का सामना नहीं करना पड़ता है।

2. **शासन के विभिन्न अंगों में सामंजस्य बनाना (Coordination among the Different Organs of the Government)**–सरकार के विभिन्न अंगों के बीच तालमेल या सामंजस्य स्थापित करने का महान् कार्य राजनीतिक दलों का होता है। ये राजनीतिक दल के ख़ास गुण हैं। संसदीय सरकार के निर्माण में राजनीतिक दल आधार–माध्यम की भूमिका निभाता है। संसदीय शासन में कार्यपालिका और व्यवस्थापिका के बीच सामंजस्य स्थापित करने का कार्य राजनीतिक दल का होता है। न्यायपालिका के गठन का दारोमदार वास्तविक एवं संवैधानिक कार्यपालिका पर होता है, क्योंकि न्यायपालिका के न्यायाधीशों की नियुक्ति वास्तविक कार्यपालिका के परामर्श पर संवैधानिक कार्यपालिका के हाथों संपन्न होता है। इस कार्य में राजनीतिक दल व्यवस्थापिका, कार्यपालिका और न्यायपालिका के बीच सामंजस्य बैठाने की भूमिका अदा करता है। अमेरिका की अध्यक्षात्मक शासन व्यवस्था में शक्ति पृथक्करण के सिद्धांत की मौजूदगी के बावजूद नियंत्रण और संतुलन सिद्धांत (Check and Balance Theory) के प्रयोग द्वारा राजनीतिक दल शासन के अंगों के बीच तालमेल स्थापित करने का कार्य करता है।

3. **उत्तम कानूनों का निर्माण (To Form Good Laws)**–लोकतांत्रिक व्यवस्था में जनहित आधारित कानूनों के निर्माण तथा कार्यान्वयन राजनीतिक दलों का विशेष गुण है। जहां सत्ताधारी दल के सदस्य सरकार में शामिल होकर कानूनों का प्रारूप तैयार करके सदन में वाद–विवाद के लिए विधेयक की प्रस्तुति करते हैं, वहीं विपक्षी दल कानून बनने के पूर्व प्रस्तुत विधेयक के समस्त आयामों पर गहन विचार–विमर्श, वाद–विवाद करते हैं। इस क्रम में विपक्षी पार्टी के सदस्य विधेयक की सभी धाराओं की बारीकी से जांच–पड़ताल करते हैं और विधेयक में मौजूद कमियों की कटु आलोचना करते हैं। इनके द्वारा किए जाने वाले उच्चस्तरीय वाद–विवाद की वजह से कानून बनने के पूर्व विधेयक की समस्त कमजोरियों को दूर करके उत्तम कानूनों को निर्माण करना संभव हो पाता है।

4. **निर्वाचनों का संचालन करना (To Conduct the Elections)**–निर्वाचन से संबंधित समस्त प्रक्रियाओं का संचालन राजनीतिक दलों का खास गुण है। राजनीतिक दलों के अभाव में निर्वाचन–प्रक्रिया के संचालन की कल्पना बेमानी है। इसीलिए तो राजनीतिक दलों को लोकतंत्र का जीवन रक्त कहा गया है। **मुनरो** ने राजनीतिक दल को लोकतंत्र का दूसरा नाम कहा है। निर्वाचन प्रक्रिया के प्रसंग में विभिन्न निर्वाचन क्षेत्रों के लिए उम्मीदवारों का चयन करना, नामों की घोषणा करना, चुनाव के लिए उम्मीदवारों की सूची जारी करना, चुनाव प्रचार की रूपरेखा तय करना, चुनाव अभियान का संचालन करना, अपनी पार्टी के उम्मीदवार के पक्ष में वोट डालने के लिए जनता से अपील करना, मतदाताओं को मतदान कार्य के महत्त्व से अवगत कराना, मतदाताओं को राजनीतिक सहभागिता के लिए अभिप्रेरित करना, मतदाताओं को राजनीतिक–सामाजिक समस्याओं–मुद्दों से परिचित कराना और राजनीतिक विषयों का संज्ञान लेने के योग्य बनाना तथा चुनाव में ज्यादा से ज्यादा सीटें जीतकर सरकार बनाने के लिए गंभीर स्तर पर प्रयासरत रहना, आदि महत्त्वपूर्ण राजनीतिक प्रक्रियाएं हैं जो राजनीतिक दल की निर्वाचन संबंधी विशेषताओं से प्रासंगिक हैं।

5. **संवैधानिक तरीकों का इस्तेमाल (Use of Constitutional Methods)**–सभी राजनीतिक दलों का अपना संविधान होता है। उनकी अपनी वैचारिकी, अपनी नीतियां तथा अपनी कार्यशैली होती है, लेकिन सभी अपनी संवृद्धि तथा सदस्य संख्या में विस्तार के लिए हमेशा संवैधानिक उपायों का इस्तेमाल करते हैं। यदि कोई दल देश में कानून व्यवस्था को भंग करने वाली गतिविधियों में लिप्त होता है, तो साक्ष्यों के आधार पर दल की मान्यता रद्द की जा सकती है। देश के सभी हिस्सों में शांति, सुव्यवस्था बनाए रखना, सामाजिक सौहार्द, सद्भाव में बढ़ोतरी करना तथा सामाजिक न्याय के पक्षों को ध्यान में रखते हुए सामाजिक संतुलन को कायम रखना सभी राजनीतिक दलों का ख़ास गुण है। जाति, धर्म, वर्ग

आदि के हितवर्द्धन की दृष्टि से निर्मित राजनीतिक दल यदि समाज के किसी वर्ग या सम्प्रदाय के विरुद्ध अनर्गल बयानबाजी करते हैं तो न्यायपालिका द्वारा ऐसे दल की गतिविधियों को तथा इन दलों के नेतृत्व की आपत्तिजनक बयानबाजी को प्रतिबंधित किया जाता है ताकि वे संवैधानिक मान्यताओं के दायरे में समाज की लय को बनाए रखने में अहम भूमिका निभा सकें।

6. **अनुशासनबद्धता (Disciplined)**–अनुशासन के धागे में सूत्रबद्ध होकर समस्त गतिविधियों, क्रियाकलापों को अंजाम देना सभी राजनीतिक दलों का ख़ास गुण होता है। दल की नीतियां–निर्णय तथा मान्यताएं सभी सदस्यों पर समान रूप से लागू होती हैं। किसी भी राजनीतिक दल के संविधान की प्राथमिकता होती है अपने दल के सदस्यों को अनुशासनबद्ध रखना, इसीलिए दल विरोधी गतिविधियों को अंजाम देने वाले या दल की नीतियों व निर्णयों का पालन नहीं करने वाले सदस्यों के विरुद्ध दलीय अनुशासनात्मक कार्रवाई की जाती है और इसी कड़ी को व्यवहार में अंजाम देते हुए सदस्यों को पार्टी से निष्कासित भी किया जाता है या कुछ वर्ष के लिए पार्टी विरोधी गतिविधियों को अंजाम देने के एवज में उन्हें पार्टी से निलम्बित (Suspend) भी किया जाता है। इस प्रकार सभी दल अपने सदस्यों को अनुशासनबद्ध–नियमबद्ध रूप में संगठित रखता है।
7. **जनजागरूकता का साधन (Means of Mass Consciousness)**–जनजागरूकता अभियान चलाना तथा जनसामान्य को राजनीति संबंधी शिक्षा प्रदान करना राजनीतिक दलों की कार्यशैली का प्रधान गुण है। हालांकि राजनीतिक दलों द्वारा यह कार्य अपने दलीय हितवर्द्धन की दृष्टि से किया जाता है, लेकिन इसका प्रत्यक्ष या परोक्ष फ़ायदा अवाम को होता है। इस प्रक्रिया द्वारा राजनीतिक दलों की राजनीति एवं राजनीतिक शख़्सियतों के संबंध में जनसाधारण का ज्ञानवर्द्धन होता है, जिससे जनता का राजनीतिक चरित्र का संवर्द्धन होता है, राजनीति के प्रति उसके संज्ञान लेने की क्षमता बढ़ती है और राजनीतिक सहभागिता के प्रति उनकी रुझान में वृद्धि होती है। राजनीतिक दलों द्वारा इस कार्य के लिए समाचारपत्रों, पत्रिकाओं, आम सभाओं, भाषणों, रैलियों, धरना, प्रदर्शन, रेडियो व टेलीविजन आदि का सहारा लिया जाता है। सभी राजनीतिक दलों द्वारा व्यवस्था की प्रमुख समस्याओं को रेखांकित करके उसे देश की जनता के सामने परोसा जाता है। जनसमस्याओं के निराकरण के संबंध में राजनीतिक दलों द्वारा अपनाए जाने वाले दृष्टिकोण को ध्यान में रखते हुए अवाम किसी दल के विशेष संबंध में अपने मत का निर्माण कर देश के महत्त्वपूर्ण निर्णयों में सहभागी बन सकता है।

राजनीतिक दल के अवगुण (Demerits of Political Party)

ऊपर विवेचित गुणों के साथ राजनीतिक दल के कुछ अवगुणों को भी रेखांकित किया गया है जो निम्नांकित हैं :

1. **वैयक्तिक स्वतंत्रता का ह्रास (Loss of Individual Liberty)**–राजनीतिक दलों की कार्यशैली में मौजूद अनुशासनबद्धता की वजह से दल के सदस्यों की विचार अभिव्यक्ति की स्वतंत्रता बाधित होती है। न चाहते हुए भी सदस्यों को दल की गलत नीतियों–निर्णयों तथा कार्यशैली का समर्थन करना पड़ता है। दलीय अनुशासन के नाम पर सदस्य दलीय नीतियों की या आलाकमान की कार्यशैली की आलोचना नहीं कर सकते हैं। यदि कोई सदस्य आलोचना करने का साहस दिखाता है, तो उसे निलम्बित किया जाता है या उसे पार्टी संगठन से बाहर जाने का रास्ता भी दिखाया जाता है। इससे सदस्यों की वैयक्तिक स्वतंत्रता का क्षय होता है। इस प्रसंग में लीकॉक का कहना है कि "राजनीतिक दल उस वैयक्तिक विचार अभिव्यक्ति की स्वतंत्रता का अन्त करता है, जिसे लोकतंत्रीय शासन व्यवस्था का आधारभूत सिद्धांत माना जाता है। इस प्रकार दलीय अनुशासन के नाम पर सदस्यों की वैयक्तिक विचार अभिव्यक्ति की आजादी का हनन किया जाता है।"

2. **भ्रष्टाचार को बढ़ावा (To Increase Corruption)**—राजनीतिक दलों पर व्यवस्था में भ्रष्टाचार को बढ़ावा देने का आरोप हमेशा लगाया जाता है। दलों द्वारा अपने निहित स्वार्थों की पूर्ति के लिए सदैव भ्रष्टाचार को पोषित—पल्लवित किया जाता है। राजनीतिक दलों को अपने समस्त घोषित कार्यक्रमों—गतिविधियों को व्यावहारिक जमीन पर उतारने के लिए अपनी नीतियों को अमलीजामा पहनाने के लिए एवं बेशुमार राशि की जरूरत होती है। विशेष रूप से निर्वाचन संबंधी समस्त गतिविधियों को अंजाम देने के लिए तथा चुनाव प्रचार अभियान के संचालन के लिए राशि इकट्ठा करने हेतु सभी राजनीतिक दल गलत तरीके से धन संग्रहण में लगे रहते हैं। इससे भ्रष्टाचार की परंपरा की संवृद्धि को पुख्ता आधार मिलता है। आम चुनाव में चुनाव आयोग द्वारा निर्धारित राशि से अधिक धन व्यय करना, धन का इस्तेमाल करके आर्थिक रूप से कमजोर मतदाताओं का मत अपने पक्ष में करना, दलीय उम्मीदवारों को चुनाव लड़ने हेतु बड़ी राशि परोक्ष रूप से प्रदान करना जैसे कार्यों के लिए राजनीतिक दलों को बेशुमार धन की जरूरत होती है।
3. **सामाजिक—राजनीतिक वातावरण को दूषित करना (To Pollute Socio-political Environment)**—राजनीतिक दलों पर सामाजिक—राजनीतिक वातावरण को दूषित करने का आरोप भी हमेशा लगाया जाता है। ज्यादा से ज्यादा जनसमर्थन प्राप्त करने के लिए तथा अपने वोट बैंक का दायरा बढ़ाने के लिए सभी राजनीतिक दलों द्वारा हर प्रकार के राजनीतिक हथकंडों का इस्तेमाल किया जाता है। विशेषरूप से चुनावी वर्ष में ज्यादा—से—ज्यादा सीटें जीतने और सत्ता—प्राप्ति के लक्ष्य को हासिल करने के लिए राजनीतिक दलों द्वारा समाज को जातियों, धर्मों, वर्गों में बांटने से भी गुरेज़ नहीं किया जाता है। अपने वोट बैंक के विस्तार के लिए राजनीतिक दलों द्वारा झूठी खबरों की अफवाह फैलायी जाती है तथा येन—केन—प्रकारेण सत्ता हासिल करने के लिए ज्यादा से ज्यादा जनमत को अपनी तरफ मोड़ने का प्रयास किया जाता है। इस आपाधापी (A Mad Race) में कई बार व्यवस्था का सामाजिक, राजनीतिक व सांस्कृतिक वातावरण भी दूषित होता है और सामाजिक सौहार्द खतरे में पड़ जाता है।
4. **जनता में मतभेदों को बढ़ावा देना (To Promote Differences among People)**—इस संदर्भ में ब्राइस का कहना है कि "राजनीतिक दल सिर्फ सदन का ही विभाजन नहीं करते हैं अपितु देश को भी द्वेषपूर्ण पक्षों में बांट देते हैं।" राजनीतिक दलों पर यह गंभीर आरोप लगाया जाता है कि वे अपने फ़ायदे के लिए तथा राजनीति निहित स्वार्थों की पूर्ति के लिए समाज में मतभेदों को कम करने के बजाय बढ़ावा देते हैं, जिसके परिणामस्वरूप सामाजिक जीवन में मतभेद, भेदभाव, विद्वेष, ईर्ष्या प्रतिस्पर्धा यहां तक कि हिंसा और विध्वंसक प्रवृत्तियों में भी वृद्धि होती है। दलों द्वारा वोट बैंक के विस्तार के लिए अपनायी गयी नीतियों और कार्यक्रमों की वजह से सामाजिक समरसता बिगड़ती है और जनता में पनपे मतभेदों की वजह से समाज कई खेमों में बंट जाता है।
5. **नैतिकता का पतन (Decline of Morality)**—व्यवस्था में नैतिकता के पतन की परिस्थितियां उत्पन्न कराने में राजनीतिक दलों की भूमिका काफी अहम् होती है। राजनीतिक दल साम, दाम, दण्ड, भेद किसी भी तरीके का इस्तेमाल करके सत्तारूढ़ होना चाहते हैं, चुनाव में बहुमत हासिल करना चाहते हैं तथा अपने वोट बैंक का दायरा विस्तारित करना चाहते हैं। इस प्रक्रिया में दलों द्वारा जिन राजनीतिक हथकंडों का प्रयोग किया जाता है उससे राजनीति में नैतिकता के तत्त्वों का ह्रास होता है। सत्ता—प्राप्ति के लिए दलों द्वारा झूठी घोषणाएं की जाती हैं, झूठे वायदे किये जाते हैं, जनता को मौजूदा परिस्थिति में बहुआयामी सुधार का सब्ज़बाग़ दिखाया जाता है, यानी कि जनता को बड़ी—बड़ी आशाएं दिखाकर गुमराह करके उनका मत प्राप्त किया जाता है और चुनाव जीतने के बाद जनहित के कार्यों को अनदेखा करके दलहित तथा स्वहित वर्द्धन की दिशा में क़दम बढ़ाया जाता है।
6. **राष्ट्रीय हितों की उपेक्षा (Negligence of National Interest)**—राजनीतिक दल के इस अवगुण पर प्रकाश डालते हुए मैरियट ने कहा है कि "दलभक्ति की अधिकता की वजह से देशभक्ति की आवश्यकताओं

पर पर्दा पड़ जाता है। ज्यादा–से–ज्यादा मत प्राप्त करने के लक्ष्य पर ध्यान देने की वजह से दलों के नेता तथा उनके मत–प्रबन्धक देश की उच्च स्तरीय आवश्यकताओं की उपेक्षा करने लगते हैं या टालमटोल करने लगते हैं।'' राजनीतिक दलों की कार्यशैली में ऐसी स्थिति इसीलिए आती है क्योंकि इनकी गतिविधियों–कार्यक्रमों के निर्धारण तथा कार्यान्वयन में दलीय आलाकमान की इच्छा सर्वोपरि होती है और दल के बाकी सदस्य उनके द्वारा दिखाई गये राह पर क़दम बढ़ाने के लिए विवश होते हैं। रॉबर्ट मिशेल्स द्वारा प्रतिपादित 'अल्पतंत्र के लौह नियम' (Iron Law of Oligarchy) के संदर्भ में इस परिप्रेक्ष्य को ज्यादा बेहतर ढंग से समझा जा सकता है। इनका मानना है कि सभी व्यवस्थाओं में एक विशिष्ट वर्ग समूची शासन व्यवस्था पर अपना नियंत्रण बनाये रखता है। यह स्थिति इसलिए उत्पन्न होती है क्योंकि लोकतांत्रिक व्यवस्था में समस्त शक्तियां राजनीतिक दलों में केन्द्रित हो गयी हैं। दलों की नीति–निर्णय निर्धारण तथा कार्यान्वयन में साधारण सदस्यों का कोई योगदान नहीं होता है। शक्ति का समस्त सूत्र दलों के आलाकमान या शीर्ष नेताओं के हाथों में केन्द्रित होता है। मिशेल्स की यह मान्यता है कि हर देश में पेशेवर राजनीतिज्ञों का एक वर्ग मौजूद है जो अपने आपको जनसेवक कहता है, लेकिन वस्तुतः वह जनस्वामी के रूप में अपनी राजनीतिक शक्ति का प्रयोग करता है। इन दलीय शीर्ष नेताओं का उद्देश्य एवं लक्ष्य अपने दल का हितवर्द्धन करना है, इस फेरे में वे कभी–कभी राष्ट्रीय हितों की उपेक्षा भी करते हैं।

7. **स्वार्थी एवं अवसरवादी तत्त्वों को बढ़ावा देना (To Promote Selfish and Opportunist Elements)**–सभी राजनीतिक दलों द्वारा चुनाव में ज्यादा से ज्यादा सीटों पर जीत हासिल करने के लिए दल के प्रति निष्ठावान् कार्यकर्ताओं की अनदेखी करके स्वार्थी, अवसरवादी, भ्रष्ट लोगों को उम्मीदवार बनाया जाता है। सभी पार्टियों का लक्ष्य चुनावी गणित में ज्यादा सीटों पर जीत दर्ज कराना होता है, इसलिए सभी दलों की उम्मीदवारी में भ्रष्ट एवं अपराधी तत्त्वों का बोलबाला रहता है। इससे जहां एक ओर व्यवस्था में मौजूद राजनीति के स्तर में गिरावट आती है, वहीं दूसरी ओर सामाजिक–राजनीतिक पर्यावरण में तनाव, द्वन्द्व तथा भय की स्थिति पैदा होती है जिससे मतदाता स्वतंत्र तथा निर्भीक होकर मतदान व्यवहार का प्रदर्शन नहीं कर पाते हैं।

8. **समय और धन का अपव्यय (Wastage of Time and Money)**–आलोचकों का यह मानना है कि व्यवस्थापिका में विरोधी दल की भूमिका के रूप में 'विरोध के लिए विरोध' की प्रवृत्ति अपनाने के परिणामस्वरूप सदन में समय और धन का अत्यधिक अपव्यय होता है। राजनीतिक दल द्वारा सदन में विरोधी पार्टी के रूप में निभायी जाने वाली भूमिकाओं के संदर्भ में इस अवगुण को लगभग सभी लोकतांत्रिक व्यवस्थाओं में उपस्थित दृष्टान्तों के परिप्रेक्ष्य में देखा जा सकता है। दलीय फार्मूले पर आधारित संसदीय पद्धति की वजह से बड़ी मात्रा में धन तथा समय की बर्बादी होती है। यदि इस धन को जनहित तथा राष्ट्रहित के मद में खर्च किया जाय तो देश समुन्नति के मार्ग पर तेजी से क़दम बढ़ सकता है और सामाजिक जीवन में संवृद्धि का मार्ग प्रशस्त हो सकता है।

9. **लोकतंत्र के विकास में बाधक (Obstruction for the Development of Democracy)**–इस संबंध में लीकॉक की उक्ति प्रासंगिक है। इन्होंने कहा है कि ''राजनीतिक दल व्यक्तिगत विचार अभिव्यक्ति तथा कार्य संबंधी स्वतंत्रता को समाप्त कर देता है।'' इस रूप में राजनीतिक दल का क्रियाकलाप लोकतंत्र के विकास में बाधक की भूमिका निभाता है। लोकतंत्रीय शासन व्यवस्था वैयक्तिक स्वतंत्रता का समर्थक और रक्षक होता है, लेकिन राजनीतिक दलों में मौजूद अनुशासनबद्धता की स्थिति तथा वैयक्तिक स्वतंत्रता एवं विचार अभिव्यक्ति की आजादी का मार्ग अवरुद्ध करके दलों द्वारा लोकतंत्र में दलीय तानाशाही को स्थापित करने का जो प्रयास किया जाता है, वह उदारवादी लोकतंत्र के आधारतत्त्व राजनीतिक स्वतंत्रता–समानता के सिद्धान्त के विपरीत है। राजनीतिक दलों द्वारा अपना वोट बैंक समृद्ध करने के लिए जनसाधारण को भ्रमात्मक (Illusive) राजनीतिक शिक्षा प्रदान की जाती है। झूठ का सहारा लिया जाता है जिससे लोकतंत्र का राजनीतिक चरित्र का क्षय होता है। ये

परिस्थितियां लोकतंत्र को मजबूती प्रदान करने के बजाय कमजोर करती है। इस प्रसंग पर गिलक्राइस्ट ने कहा है कि ''राजनीतिक दल अपने विचारों की सत्यता और दूसरे दलों के विचारों की असत्यता के प्रति जनता का ध्यान आकृष्ट कराने के लिए सदैव प्रयासरत रहते हैं। इस कार्य को अंजाम देने के क्रम में राजनीतिक दल प्रायः वास्तविकता का दमन करने और अवास्तविकता को उजागर करने का दोषी बनते हैं।'' इस प्रसंग में रूसो की उक्ति की चर्चा भी यहां प्रासंगिक है। उन्होंने कहा था कि ''सामान्य इच्छा या सच्चा लोकमत ऐसे देश में व्यक्त नहीं हो सकता है, जहां राजनीतिक दल का अस्तित्व मौजूद है।''

10. **सत्तारूढ़ दल की तानाशाही (Dictatorship of Ruling Party)**–संसदीय लोकतांत्रिक व्यवस्था में व्यवस्थापिका के प्रथम सदन में जिस दल को चुनाव में स्पष्ट बहुमत प्राप्त होता है वही सरकार का निर्माण करता है। इस रूप में शासन पर सत्तारूढ़ दल की तानाशाही स्थापित हो जाती है। सत्तारूढ़ दल विरोधी दल की परवाह न करते हुए अपनी इच्छानुरूप कानूनों का निर्माण एवं कार्यान्वयन करते हैं। लोकतंत्रीय शासन व्यवस्था के स्वास्थ्यवर्द्धन की दृष्टि से सत्ताधारी दल की तानाशाही प्रवृत्ति को सही नहीं माना जाता है। सत्तारूढ़ दल की तानाशाही में विपक्षी दल के अस्तित्व की मौजूदगी को आवश्यक माना गया है। सर्वाधिकारवादी व्यवस्थाओं में एकदलीय व्यवस्था अपनाये जाने की वजह से वहां सत्ताधारी राजनीतिक दल की तानाशाही स्थापित हो जाती है।
11. **पूंजीपतिवर्ग का नियंत्रण (Control of Capitalist Class)**–उदारवादी एवं सर्वाधिकारवादी दोनों व्यवस्थाओं में राजनीतिक दलों पर पूंजीपतिवर्ग का वर्चस्व कायम रहता है। सभी दल पूंजीपतियों के हाथों की कठपुतली बने रहते हैं। पूंजीपतियों द्वारा चुनाव अभियान के संचालन तथा राजनीतिक दल के कार्यक्रमों–घोषणाओं को अमलीजामा पहनाने के लिए भारी–भरकम राशि चुनावी चंदे के रूप में पार्टी फंड में दी जाती है। इसके एवज में पूंजीपति घरानों द्वारा चंदे की राशि के बदले मन मुताबिक कानूनों का निर्माण कराया जाता है तथा सुविधाएं प्राप्त की जाती हैं। वर्तमान परिप्रेक्ष्य में चुनावी चंदे के रूप में मोटी राशि पार्टी फंड में दान देकर चुनाव में पार्टी का टिकट खरीदने की परंपरा भी जोर पकड़ती जा रही है। इस तरीके की वजह से दल के निष्ठावान् कार्यकर्ताओं को पार्टी टिकट से वंचित करके राभी दल पूंजीपतियों को पार्टी का उम्मीदवार बनाने की परिपाटी जोर पकड़ती जा रही है।
12. **राजनीतिक दलों में सत्ता का केन्द्रीकरण (Centralization of Authority in Political Parties)**–विल्फ्रेडो पैरेटो तथा रॉबर्ट मिशेल्स के मतानुसार सभी राजनीतिक दलों का ढांचा दरअसल वर्गतंत्रीय होता है जिसमें नीति निर्माण तथा निर्णय लेने का अधिकार पार्टी के कुछ गिने–चुने शीर्षस्थ नेतृत्व के हाथों में केन्द्रित होता है। राजनीति दलों के संचालन का वास्तविक निर्णय केन्द्र पार्टी में एक छोटे वर्ग के हाथों में सिमटा होता है जिससे लोकतंत्र वर्गतंत्र में परिणत हो जाता है। सत्ता के केन्द्रीकरण की वजह से निर्णय लेने का अधिकार पार्टी हाईकमान तथा उनकी **सिंडिकेट** में शामिल नेताओं के हाथों में सिमटा होता है। पार्टी की धन–सम्पदा पर भी इनका ही अधिकार होता है और सामान्य सदस्यों का पार्टी की गतिविधियों–कार्यक्रमों के संचालन में कोई योगदान नहीं होता है, वे सिर्फ शीर्षस्थ नेताओं द्वारा जारी आदेशों व निर्णयों का पालन करते हैं।

दोषों को दूर करने के उपाय (Remedies to Remove Defects)

सारांशतः यही कहा जा सकता है कि लोकतंत्रीय व्यवस्था का संचालन राजनीतिक दलों के बिना संभव नहीं है, इसलिए राजनीतिक दल में मौजूद ऊपर विवेचित दोषों के निराकरण के लिए कुछ उपाय सुझाए गए हैं जो निम्नांकित हैं :

1. राजनीतिक दलों की नीतियां–कार्यक्रम सदैव दलीय स्वार्थों से ऊपर उठकर जनोन्मुख, समाजोन्मुख और विकासोन्मुख होना चाहिए।
2. राजनीतिक दल के नेताओं का चरित्र उज्ज्वल और आचरण समाज–सापेक्ष होना चाहिए जिसमें नैतिकता का पुट शामिल होना चाहिए।
3. सभी राजनीतिक दलों में व्यक्ति पूजा (Personality Cult) की जगह पार्टी के सिद्धांतों को तरजीह दी जानी चाहिए और पार्टीगत नीतियों व सिद्धांतों को सर्वोपरि माना जाना चाहिए।
4. राजनीतिक दलों के निर्माण तथा विस्तार का आधार जाति, वर्ग, धर्म, भाषा एवं क्षेत्रीयता जैसे संकुचित विषयों की जगह राजनीतिक और आर्थिक विचारधाराएं होनी चाहिए, जिसके आधारभूत सिद्धांतों में समाज के सभी वर्गों का कल्याण करने तथा सबको साथ लेकर चलने की भावना निहित होनी चाहिए।
5. सभी दलों में निहित स्वार्थों की पूर्ति के बजाय सहयोग, सद्भावना, सहिष्णुता जैसे विषयों के प्रयोजन (Motive) को अपनी प्रकृति–प्रवृत्ति में शामिल करना चाहिए।
6. राजनीतिक दलों को जनशिक्षा प्रदान करने का महान् कार्य पूरी ईमानदारी से करना चाहिए ताकि जनता यथोचित राजनीतिक ज्ञान प्राप्त करके व्यवस्थागत राजनीति और राजनीतिक नेतृत्व के संबंध में स्पष्ट दृष्टिकोण का निर्माण करने में सक्षम हो सके और किसी भी दल की नीतियों–निर्णयों, क्रियाकलापों के आधार पर दल की अच्छाई और बुराई के संबंध में कोई स्पष्ट राय कायम कर सके।
7. नौकरशाही को व्यवस्था की दलीय राजनीति के दांव–पेंच से सर्वथा पृथक् रखना चाहिए तथा इनकी नियुक्ति पदोन्नति या पदावनति का आधार दलीय राजनीति नहीं होना चाहिए।
8. दलीय व्यवस्था के सफल संचालन के लिए मीडिया के समस्त साधनों को स्वतंत्र, निर्भीक और निष्पक्ष होने की बेहद जरूरत होती है।
9. राजनीतिक दलों के नेता और कार्यकर्ताओं को दलीय हितवर्द्धन की जगह राष्ट्रीय हित को संवृद्ध करने की दिशा में सदैव कार्य करना चाहिए।
10. व्यवस्था में मौजूद सभी राजनीतिक दलों के लिए नैतिक नियमों–परंपराओं तथा आचार–संहिता (Code of Conduct) का पालन करना अति आवश्यक है।
11. दलों द्वारा निष्पादित किए जाने वाले अनैतिक या समाज विरोधी, विनाशोन्मुख कार्यों पर अंकुश लगाने के लिए शासन की ओर से कड़े कानूनों का प्रावधान होना चाहिए तथा उन कानूनों के आलोक में भड़काऊ गतिविधियों को अंजाम देने वाले राजनेताओं को दोषी करार देकर उनके लिए कठोर दण्ड देने का प्रावधान भी होना चाहिए।
12. राजनीतिक दलों में सांगठनिक स्तर पर सभी सदस्यों–कार्यकर्ताओं को विचार अभिव्यक्ति की आजादी होनी चाहिए। इन्हें पार्टी की गलत नीतियों व निर्णयों पर अनुशासन के दायरे में मुक्त कंठ से बोलने की आजादी होनी चाहिए तथा पार्टीगत नीतियों व निर्णयों, कार्यक्रमों के निर्माण एवं कार्यान्वयन में सभी कार्यकर्ताओं का योगदान होना चाहिए। इससे दलीय राजनीति में वर्गतंत्रीय भावना की जगह सकारात्मक सोच विकसित होगी और सभी दल जनसरोकारगत उद्देश्यों तथा लक्ष्यों पर ज्यादा गहन विचार विमर्श करने में सक्षम हो सकेंगे।

उपर्युक्त विवेचित बिंदुओं में दलों की प्रकृति–प्रवृत्ति तथा कार्यशैली में पाए जाने वाले दोषों को सुधारने के लिए कुछ महत्त्वपूर्ण तथ्यों को रेखांकित किया गया है। यदि राजनीतिक दलों द्वारा इन सुधारात्मक उपायों पर अमल किया जाए तो अपनी बुराइयों का बहुत हद तक त्याग करके वे लोकतंत्र के विकास का यथोचित माध्यम बन सकते हैं।

उदारवादी एवं सर्वाधिकारवादी व्यवस्थाएं और राजनीतिक दल (Liberal and Totalitarian Systems and Political Parties)

उदारवादी व्यवस्थाएं (Liberal Systems)

लोकतंत्रीय शासन का आधारतत्त्व जनहित (Public Interest) की सिद्धि है, इसलिए उदारवादी व्यवस्थाओं में लोकतंत्र की स्थापना के साथ अनेक राजनीतिक दलों को न केवल अपनी वैचारिकी, नीतियां–कार्यक्रम या वैकल्पिक सिद्धांत की प्रस्तुति का अवसर मिलता है, अपितु विरोधी दल के रूप में अपनी पहचान स्थापित करके प्रतिपक्षी पार्टी सार्वजनिक रूप से सत्तारूढ़ दल की नीतियों व निर्णयों की खुली आलोचना करने एवं उसके प्रत्येक क़दम पर अंकुश लगाने का राजनीतिक अधिकार भी मिलता है।

उदारवादी व्यवस्थाओं में आमतौर पर कई राजनीतिक दलों का अस्तित्व आकार लेता है जो व्यवस्थागत सार्वजनिक समस्याओं–मुद्दों के संबंध में अलग–अलग दृष्टिकोण का प्रतिनिधित्व करते हैं। जनमत के रुझान को ध्यान में रखकर राजनीतिक अनुभव के आधार पर किसी भी दल द्वारा अपना दृष्टिकोण बदला भी जा सकता है। यहां किसी भी दल के अन्दर या दूसरे दलों के साथ मतभेद का पाया जाना स्वाभाविक राजनीतिक क्रिया है। दल में आन्तरिक मतभेद होने पर कई बार राजनेता दल के प्रति अपने व्यक्तिगत विश्वास या दृष्टिकोण में बदलाव की स्थिति महसूस करते हैं। दल के प्रति परिवर्तित मान्यताओं के आधार पर या सत्ता प्राप्ति की संभावनाओं को देखते हुए राजनीतिज्ञ दल–बदल की राजनीति (Politics of Defection) का सहारा लेते हैं। विकासशील उदारवादी व्यवस्थाओं में ये राजनीतिक परिस्थिति ज्यादा नजर आती है। उदाहरणस्वरूप भारत में 1967 के आम चुनाव के बाद राज्य की विधान सभाओं के चुनाव में बड़े पैमाने पर दल–बदल की राजनीति का प्रसंग इतिहास में दर्ज है, जिसे 1985 में दल–बदल विरोधी कानून (Anti-defection Act) द्वारा प्रतिबंधित किया गया।

जहां तक उदारवादी व्यवस्थाओं में राजनीतिक दलों की महती भूमिका का प्रसंग है तो निश्चित रूप से यहां शासन के दो रूपों–अध्यक्षात्मक तथा संसदीय प्रणाली (Presidential and Parliamentary Form of Government) में से संसदीय शासन प्रणाली में राजनीतिक दलों की भूमिका अधिक दमदार और प्रभावशाली होती है। संसदीय प्रणाली के अन्तर्गत व्यवस्थापिका के प्रथम सदन में जिस दल या गठबंधन (Coalition) को आम चुनाव में स्पष्ट बहुमत प्राप्त होता है उसी दल के विधायक या सांसद औपचारिक रूप से अपने दलीय नेता का चुनाव करते हैं जिन्हें मुख्यमंत्री या प्रधानमंत्री की शपथ दिलायी जाती है। इनकी सलाह पर संवैधानिक प्रधान यानी कि ब्रिटिश सम्राट या भारतीय राष्ट्रपति द्वारा मंत्रिमंडल के अन्य सदस्यों की नियुक्ति की जाती है। अधिकांश विकासशील उदारवादी संसदीय व्यवस्थाओं में, जहां मिश्रित दलीय पद्धति मौजूद है, वहां किसी एक दल को चुनाव में बहुमत प्राप्त न होने की स्थिति में गठबंधन दलों के सम्मिलित प्रयास से मिलीजुली सरकार यानी कि गठबंधन सरकार (Coalition Government) का गठन किया जाता है। एक सामान्य कार्यावली (General Agenda) के आधार पर यह सरकार अपनी क्रियाकलापों को अंजाम देती है विगत कुछ चुनावों के परिणामस्वरूप भारत में केन्द्र तथा कई राज्यों में गठित होने वाली सरकारों के परिप्रेक्ष्य में इस सरकार के स्वरूप को बेहतर ढंग से समझा जा सकता है। कई बार कुछ राजनीतिक दलों द्वारा गठबंधन में शामिल हुए बिना भी सरकार को बिना शर्त या सशर्त समर्थन दिया जाता है।

संसदीय प्रणाली चाहे द्विदलीय व्यवस्था या मिश्रित दलीय व्यवस्था पर आधारित हो वहां मंत्रिमंडल का अस्तित्व–निर्माण, सरकारी कामकाज का संचालन, विधेयकों की प्रस्तुति तथा उन्हें कानून का स्वरूप प्रदान करना, विधेयक, बजट जैसे महत्त्वपूर्ण राजनीतिक विषयों पर मतदान करना यहां तक कि सरकार का पतन भी दलीय आधार पर ही होता है। सदन में सरकार को नियंत्रित करने के लिए प्रश्न पूछना, पूरक प्रश्न पूछना, काम रोको प्रस्ताव लाना, निन्दा प्रस्ताव लाना स्थगन प्रस्ताव लाना तथा सरकार विरुद्ध अविश्वास प्रस्ताव लाना जैसे सभी विधिसम्मत माध्यमों के प्रयोग का आधार भी दलीय होता है। इन विषयों पर मतदान

के समय सत्तारूढ़ एवं विपक्षी दल सचेतक (Whip) की सेवाओं का प्रयोग करते हैं। संसदीय शासन में सदन के अन्दर सचेतक दल का वह मान्यता प्राप्त पदाधिकारी है जो अपने दल के विधायकों व सांसदों को सदन में उपस्थित रहने तथा उक्त प्रस्ताव के पक्ष या विपक्ष में मतदान करने का आदेश जारी करता है। सचेतक अपने आदेशों का उल्लंघन करने वाले सदस्यों के विरुद्ध अनुशासनिक कार्रवाई (Disciplinary Action) भी कर सकता है।

सदन की कार्यवाही में जहां सत्तारूढ़ दल प्रत्येक क़दम पर अपनी सरकार का बचाव करता है, वहीं विपक्षी दल सरकार की कार्यशैली की बेबाक आलोचना करते हैं तथा प्रश्नकाल के दौरान सरकार को हर मुद्दे पर घेरने का प्रयास करते हैं। सदन के अतिरिक्त बाहरी मंच पर यानी कि सार्वजनिक सभाओं, रैलियों, प्रदर्शनों के माध्यम से सभी राजनीतिक दलों द्वारा जनता के समक्ष अपना पक्ष रखकर जनमत को अपनी ओर मोड़ने का प्रयास सतत जारी रहता है। संक्षेप में, यह कहा जा सकता है कि संसदीय शासन के निर्माण एवं संचालन में राजनीतिक दल आधार–आधेय की भूमिका निभाते हैं।

उदारवादी व्यवस्था में जहां अध्यक्षात्मक शासन प्रणाली होती है, वहां मुख्य कार्यपालक यानी कि राष्ट्रपति और व्यवस्थापिका के सदस्यों का चुनाव तो दलीय आधार पर होता है लेकिन व्यवस्थापिका में जिस दल को चुनाव में बहुमत प्राप्त होता है, यह जरूरी नहीं है कि मुख्य कार्यपालक भी उसी दल से संबद्ध हो। इस शासन प्रणाली में राष्ट्रपति अपनी मंत्रिपरिषद के सदस्यों के चयन में दलीय बाध्यताओं की मान्यताओं से स्वतंत्र होता है। कार्यपालिका का कार्यकाल निश्चित होता है, जिसे समय से पूर्व सिर्फ महाभियोग (Impeachment) द्वारा अपदस्थ (Remove) किया जा सकता है। कार्यपालिका और विधायिका शक्ति पृथक्करण के सिद्धान्त का अनुसरण करते हुए अपनी भूमिकाओं का निर्वहन करती हैं। व्यवस्थापिका के दोनों सदनों को संबोधित करने, कानून बनाने तथा उसमें संशोधन का प्रस्ताव प्रस्तुत करने का अधिकार कार्यपालिका के पास नहीं होता है। बजट या किसी भी विधेयक के संबंध में मुख्य कार्यपालिका द्वारा प्रस्तावित प्रस्ताव को मानना या न मानना विधायिका की इच्छा पर निर्भर करता है। सदन की कार्यवाही में कोई प्रश्नकाल नहीं होता है और सरकार की आलोचना के लिए संसदीय शासन की तरह संगठित विपक्ष का भी अभाव होता है। विधायिका में होने वाले मतदान का आधार दलीय हो यह आवश्यक नहीं होता है और कार्यपालिका अपने अस्तित्व के लिए विधायिका पर आश्रित नहीं होती है, यानी कि सरकार को अपदस्थ करने का आधार दलीय राजनीति नहीं होती है, इसलिए विधायिका को कार्यपालिका के विरुद्ध अविश्वास प्रस्ताव लाने का अधिकार नहीं होता है। इस शासन प्रणाली में विधायिका के सदस्य कार्यपालिका के सदस्य नहीं होते हैं।

संसदीय शासन प्रणाली में राजनीतिक दलों की महत्त्वपूर्ण स्थिति यदि अध्यक्षात्मक प्रणाली की तुलना के परिप्रेक्ष्य में की जाय तो यह स्पष्ट होता है कि अध्यक्षात्मक प्रणाली के तहत शासन संचालन में राजनीतिक दल ऐसी भूमिकाओं का निर्वहन नहीं करते हैं, जैसी संसदीय प्रणाली में करते हैं। लेकिन, इसे यदि उदारवादी लोकतांत्रिक व्यवस्था की सार्थकता, संवृद्धि राजनीतिक सहभागिता और लोकमत–निर्माण की दृष्टि से देखा जाए, तो यहां भी राजनीतिक दलों की भूमिका कई अर्थों में काफी महत्त्वपूर्ण होती है। सार्वजनिक नीतियों–निर्णयों से प्रासंगिक बुनियादी विषयों पर जनमत तैयार करने में, राजनीतिक जागरूकता लाने में, राजनीतिक सहभागिता का प्रतिशत बढ़ाने में तथा ऐसी कई महती राजनीतिक प्रक्रियाओं के निष्पादन में राजनीतिक दल अत्यधिक महत्त्वपूर्ण भूमिका अदा करते हैं।

उदारवादी व्यवस्था में राजनीतिक दलों की भूमिका को ब्रिटेन और अमेरिका के परिप्रेक्ष्य में ज्यादा बेहतर ढंग से समझा जा सकता है। ये दोनों विश्व की दो प्रमुख उदारवादी लोकतांत्रिक प्रणालियां हैं। ब्रिटेन संसदीय शासन का प्रतिनिधित्व करता है और अमेरिका अध्यक्षात्मक शासन का। दोनों देशों में द्विदलीय प्रणाली मौजूद है। ब्रिटेन की संसदीय प्रणाली के संचालन के लिए राजनीतिक दलों की महत्त्वपूर्ण भूमिका को स्वीकारा गया है जबकि अमेरिका की अध्यक्षात्मक प्रणाली में राजनीतिक दलों जैसी अनिवार्यता एवं प्रासंगिकता स्थापित नहीं हो पाई है।

उदारवादी व्यवस्थाओं में राजनीतिक दलों के कार्य (Functions of Political Parties in Liberal Systems)

उदारवादी लोकतंत्र में सत्तारूढ़ एवं विपक्षी दलों के रूप में राजनीतिक दल को जिन भूमिकाओं का निर्वहन करना पड़ता है, वे निम्नलिखित हैं :

प्रथम—यहां दलों का मुख्य कार्य हित समूहन (Interest Aggregation) करना है। इस कार्य के संपादन में अमेरिकी दलों की तुलना में ब्रिटिश दल ज्यादा सार्थक भूमिकाओं का निर्वहन करते हैं। हित समूहन प्रक्रिया के अन्तर्गत दल समाज के अलग—अलग समूहों की मांगों को एकजुट करते हैं ताकि सत्ताधारियों का ध्यान उन मांगों की ओर आकृष्ट कराया जा सके। राजनीतिक दलों की पहल से इस स्तर पर मांगें मुद्दों का रूप धारण कर लेती है जिसे विचार—विमर्श तथा निर्णय लेने के लिए सत्ताधारियों के समक्ष प्रस्तुत किया जाता है। ब्रिटेन के दोनों राजनीतिक दल समाज में मौजूद समूहों के बीच तालमेल बैठाने तथा सार्वजनिक नीतियों—निर्णयों के लिए जनसाधारण का समर्थन जुटाने में महती भूमिका निभाते हैं। इस भूमिका के परिप्रेक्ष्य में देखा जाये तो अमेरिका के दोनों राष्ट्रीय दल प्रत्येक चार वर्ष पर केवल राष्ट्रपति के चुनाव के समय पूरी गंभीरता से हित समूहन के कार्य को अंजाम देते हैं। दोनों दल चुनावी रणभूमि में राष्ट्रपति के पद के लिए अपना—अपना उम्मीदवार उतारते हैं। दोनों के पास अपने स्थायी समर्थकों का बड़ा समूह होता है। चुनाव के समय अपने समर्थकों के साथ दोनों दल चलायमान वोटरों (Floating Voters) को अपनी तरफ मोड़ने का भरपूर प्रयास करते हैं। इस प्रसंग का महत्त्वपूर्ण पक्ष यह है कि दोनों दलों द्वारा चुनाव प्रचार के दौरान ज्यादा विवादास्पद मुद्दे नहीं उठाए जाते हैं इसलिए दलों के बीच मतभेद ज्यादा तीखा नहीं हो पाता है।

द्वितीय—राजनीतिक दलों का दूसरा महत्त्वपूर्ण कार्य राजनीतिक भर्ती करना है। अमेरिका तथा ब्रिटेन दोनों देशों के राष्ट्रीय दल इस कार्य को बख़ूबी निभाते हैं। लेकिन दोनों देशों की राजनीतिक परिस्थितियों में अंतर पाया जाता है। अमेरिकी दल राष्ट्रपति, प्रतिनिधि सभा तथा सीनेट के चुनाव में उम्मीदवारों का चयन तो करते हैं, पर राजनीति में दबाव समूह के बढ़ते हुए प्रभाव की वजह से कई बार उम्मीदवारों के चयन में किसी विशेष दबाव के प्रभाव में होते हैं। जबकि, ब्रिटेन की राजनीति में संसद या मंत्रिमंडल में जगह पाने के लिए सदस्यों को राजनीतिक दल में सांगठनिक स्तर पर नीचे से शुरूआत करके धीरे—धीरे ऊपर की ओर बढ़ना होता है तभी वे संसद या मंत्रिमंडल में अपने लिए जगह बना सकते हैं। अमेरिका में समाज के प्रतिष्ठित व्यक्ति राजनीतिक दलों में ऊंचा ओहदा प्राप्त कर लेते हैं, जबकि ब्रिटेन की राजनीतिक भर्ती में दलों द्वारा ऐसी कोशिश नहीं की जाती है।

तृतीय—राजनीतिक दलों का तीसरा महत्त्वपूर्ण कार्य मतदाताओं को संगठित और लामबंद (Mobilize) करना है। ब्रिटेन और अमेरिका दोनों देशों के राष्ट्रीय दल इस कार्य में पिछड़ रहे हैं। 1970 के बाद जहां ब्रिटेन में छोटे—छोटे दलों को प्राप्त होने वाले वोटों की संख्या में इज़ाफ़ा हुआ है वहीं अमेरिका में दबाव समूहों के बढ़ते प्रभाव की वजह से इस कार्य में राजनीतिक दलों की भूमिका गौण हो रही है। दोनों देशों में दलों के उम्मीदवार टेलीविजन के माध्यम से अपने मतदाताओं से सीधा संपर्क स्थापित करके अपने लिए वोट की अपील करते हैं, इसलिए इस कृत्य के निष्पादन में राजनीतिक दलों की पारम्परिक भूमिका लगभग समाप्त होती जा रही है।

चतुर्थ—राजनीतिक दलों का चौथा महत्त्वपूर्ण कार्य सरकार का निर्माण करना, शासन का संचालन करना एवं नीतियों व निर्णयों का निर्माण तथा कार्यान्वयन कराना है। संसदीय शासन प्रणाली होने की वजह से ब्रिटेन के राजनीतिक दल इस कार्य को काफी प्रभावशाली और सार्थक ढंग से पूरा करते हैं। ब्रिटिश संसद के प्रथम सदन कॉमन्स सभा में जिस दल को बहुमत प्राप्त होता है, वही सरकार बनाते हैं और शासन व्यवस्था संचालित करते हैं। सत्तारूढ़ दल द्वारा अपनी नीतियों व निर्णयों एवं कार्यक्रमों का कार्यान्वयन किया जाता है। कॉमन्स सभा में जिस दल को बहुमत नहीं मिलता है, वो विपक्ष की भूमिका निभाते हुए सरकारी काम—काज पर निगरानी रखते हैं तथा अपनी रचनात्मक आलोचनाओं द्वारा सरकार को जनसरोकारगत कार्यों को अंजाम देने की एवं जनउत्तरदायी बने रहने की प्रभावपूर्ण प्रेरणा देते रहते हैं। यदि सरकार अपनी नीतियों और कार्यशैली की वजह

से सदन में अपना विश्वास खो देती है, तो विपक्षी दल सदन में अविश्वास प्रस्ताव लाकर सरकार को अपदस्थ करने की भूमिका भी निभाते हैं। अमेरिका की अध्यक्षात्मक प्रणाली में राजनीतिक दलों को ऐसी भूमिकाओं के निर्वहन का अवसर नहीं मिलता है। राष्ट्रपति दलीय आधार पर चुनाव तो जीतते हैं, लेकिन मंत्रिमंडल बनाने और सरकार चलाने के मामले में दल उनसे कहीं पीछे छूट जाता है। सरकार बनाने, चलाने और गिराने में दल की कोई भूमिका नहीं होती है। अमेरिकी राष्ट्रपति मंत्रिमंडल सहित अपने अस्तित्व को बचाये रखने के लिए कांग्रेस पर आश्रित नहीं होता है, इसलिए सदन के अन्दर सदस्यों के लिए दलीय अनुशासन के उस स्वरूप की जरूरत नहीं होती है जिसे ब्रिटिश सांसदों के लिए अत्यावश्यक माना गया है। मोटे तौर पर यह कहा जा सकता है कि ब्रिटिश दल चुनाव जीतने के साथ–साथ सरकार बनाने और चलाने या गिराने से सीधा सरोकार रखते हैं, जबकि अमेरिकी दल चुनाव जीतने से सरोकार रखते हैं, सरकार चलाने या गिराने से नहीं।

पंचम—लोकतांत्रिक व्यवस्था में राजनीतिक दलों का पाँचवाँ महत्त्वपूर्ण कार्य विपक्ष की भूमिका अदा करना है। संसदीय शासन प्रणाली के अन्तर्गत लोकतांत्रिक प्रक्रियाओं के संचालनक्रम में दल विपक्ष की सार्थक भूमिका निभाते हैं। संसदीय प्रणाली के सफल संचालन तथा लोकप्रिय मजबूत एवं उत्तरदायी सरकार के अस्तित्व के लिए सुसंगठित मजबूत विपक्ष की मौजूदगी को अति आवश्यक माना गया है। अपनी इस भूमिका द्वारा राजनीतिक दल सरकार को समाजोन्मुख और जनउत्तरदायी बने रहने की प्रेरणा देते हैं या बाध्य करते हैं। विपक्ष द्वारा सरकारी कार्यों की जो रचनात्मक आलोचना की जाती है, उससे सरकार में उत्तरदायित्व की भावना विकसित होती है तथा जनमत निर्माण में सहायता मिलती है। इसीलिए, विपक्ष की रचनात्मक आलोचना सरकार के लिए काफी मूल्यवान् होती है। ब्रिटेन में यदि किसी वजह से सरकार गिर जाये तो विपक्ष वैकल्पिक सरकार देने के लिए हमेशा तैयार रहता है, इसीलिए वहां विपक्ष को 'छाया मंत्रिमंडल' (Shadow Cabinet) कहा जाता है। लेकिन, राजनीतिक दलों द्वारा इस भूमिका का निर्वहन केवल संसदीय प्रणाली में किया जाता है, अध्यक्षात्मक प्रणाली में नहीं।

सर्वाधिकारवादी व्यवस्थाएं (Totalitarian Systems)

उदारवादी लोकतांत्रिक व्यवस्थाओं से पृथक् साम्यवादी या समाजवादी प्रणाली द्वारा लोकतंत्र के जिस नए प्रतिरूप की प्रस्तुति हुई, उसे समाजवादी लोकतंत्र (Socialist Democracy) की संज्ञा दी गई। हालांकि, सोवियत साम्यवादी व्यवस्था अब इतिहास के अध्यायों में सिमट चुकी है, फिर भी उदारवादी तथा सर्वाधिकारवादी व्यवस्थाओं के तुलनात्मक राजनीतिक विश्लेषणक्रम में सोवियत समाजवादी गणराज्य की शासन व्यवस्था का महत्त्व आज भी प्रासंगिक है। क्योंकि इस व्यवस्था का अनुकरण करके समकालीन विश्व के कई देशों में साम्यवादी प्रणाली स्थापित हुई। विशेष रूप से पूर्वी यूरोप के कई देशों–पूर्वी जर्मनी, युगोस्लाविया, चेकोस्लोवाकिया, बल्गेरिया, हंगरी, पोलैण्ड, आदि में यह प्रणाली स्थापित हुई और सोवियत संघ के समापन के दौर में ही इनका भी पतन हो गया। लेकिन, जनवादी चीन गणराज्य, उत्तरी कोरिया, वियतनाम, क्यूबा और लाओस में अभी भी अपने तरीके से समाजवादी व्यवस्था का वर्चस्व कायम है।

सर्वाधिकारवादी व्यवस्थाओं में राजनीतिक दलों के कार्य (Functions of Political Party in Totalitarian Systems)

सर्वाधिकारवादी व्यवस्थाएं एक दलीय प्रणाली की पोषक एवं समर्थक होती हैं। इस प्रणाली के अन्तर्गत केवल एक ही राजनीतिक दल का अस्तित्व होता है। वही शासन की समस्त नीतियों एवं कार्यक्रमों का निर्धारण व निरूपण करता है। भूतपूर्व सोवियत संघ और वर्तमान जनवादी चीन में केवल कम्युनिस्ट पार्टी को शासन का संचालन करने की अनुमति प्राप्त है। सर्वाधिकारवादी व्यवस्था की ख़ास विशेषता है अपने नागरिकों की सामाजिक, राजनीतिक, आर्थिक तथा सांस्कृतिक सभी गतिविधियों पर नियंत्रण रखना। इस व्यवस्था में शासन की अधिकृत विचारधारा

(Official Ideology) को सबसे ऊपर स्थान दिया जाता है और राजनीतिक पदों के वितरण की जवाबदेही भी सत्तारूढ़ दल की होती है। भूतपूर्व सोवियत व्यवस्था के अन्तर्गत साम्यवादी दल की भूमिका अत्यन्त महत्त्वपूर्ण थी। उसे सोवियत संघ का साम्यवादी दल कहा जाता था। सोवियत व्यवस्था में राज्य व्यवस्था पर दलीय संगठन का वर्चस्व था और राज्य का निर्णय दलीय निर्णय द्वारा निर्देशित होता था।

उदारवादी व्यवस्थाओं के नागरिक अपने–अपने हितों के अनुरूप अलग–अलग वर्गों में बंटकर अपनी आवश्यकताओं को पूरा करने के लिए अलग–अलग राजनीतिक दलों की नीतियों व कार्यक्रमों एवं विचारधाराओं का समर्थन करते हैं। ये परिस्थितियां राजनीतिक दलों को सत्ता–प्राप्ति हेतु परस्पर प्रतिस्पर्द्धा करने की प्रेरणा देती है। इसके विपरीत, साम्यवादी व्यवस्था में एक ही वर्ग सर्वहारा वर्ग यानी कि मजदूर–किसान वर्ग तथा इस वर्ग के सहयागियों के हितों को मान्यता दी जाती है, जिसकी रक्षा की जवाबदेही का एकाधिकार साम्यवादी दल के पास होता है, जहां उदारवादी व्यवस्थाओं में राजनीतिक दल को राज्य संगठन से बाहर रखा जाता है, इसलिए देश के संविधान में दलों के अस्तित्व–निर्माण, सांगठनिक ढांचे तथा क्रियाकलापों की विवेचना नहीं की जाती है, यानी कि दलों को गैर संवैधानिक विषय माना जाता है, वहीं समाजवादी व्यवस्थाओं में राजनीतिक दल और राज्य संगठन परस्पर संबद्ध होते हैं, इसीलिए देश के संविधान में राजनीतिक दल को विशेष स्थान दिया जाता है। भूतपूर्व सोवियत संघ के संविधान 1977 के अनुच्छेद 6 में यह वर्णित था कि 'सोवियत समाज की सबसे प्रमुख तथा मार्गदर्शक शक्ति, इसकी राजनीतिक प्रणाली, समस्त राज्य संगठनों और सार्वजनिक संगठनों का मुख्य केन्द्र सोवियत संघ का साम्यवादी दल है, ''यानी कि सत्ता–संचालन की दृष्टि से सर्वाधिकारवादी व्यवस्थाओं में राजनीतिक दल की स्थिति और भूमिका उदारवादी व्यवस्था की अपेक्षा ज्यादा मजबूत और महत्त्वपूर्ण होती है।''

सर्वाधिकारवादी व्यवस्था में सरकार तथा दल के बीच कोई फर्क नहीं होता है। भूमिकाओं की दृष्टि से जब साम्यवादी राजनीतिक दल द्वारा संपादित कार्यों का आकलन किया जाता है, तो यह स्पष्ट होता है कि हित समूहन कार्य की दृष्टि से समाजवादी व्यवस्था का साम्यवादी दल भी उदारवादी व्यवस्था के राजनीतिक दलों की भांति जनता के हितों को देश के सामान्यहित के साथ संबद्ध करके नीतियों, मुद्दों या कार्यक्रमों का रूप देते हैं। हालांकि, सोवियत साम्यवादी दल को उदारवादी व्यवस्था में मौजूद दलों की भांति चुनावी राजनीति में अन्य किसी दल से प्रतियोगिता का सामना नहीं करना पड़ता है, बावजूद इसके, अपनी घोषित नीतियों, सिद्धांतों व कार्यक्रमों पर निरंतर जनसमर्थन प्राप्त करते रहने के लिए साम्यवादी दल जनता के सामने सरकारी नीतियों व निर्णयों के औचित्य की व्याख्या करके उसकी उपयोगिता साबित करते रहते हैं। सोवियत साम्यवादी दल को आम चुनाव के साथ–साथ सर्वोच्च सोवियत यानी कि संसद की कार्यवाही के दौरान भी किसी प्रतिपक्षी दल का सामना नहीं करना पड़ता है। दल की नीतियों व निर्णयों को आकार देने के लिए सत्ताधारी दल को विरोधी दल के प्रश्नकाल या प्रश्नावली को नहीं झेलना पड़ता है। सरकारी नीतियों व निर्णयों से संबंधित सभी विषयों एवं समस्याओं पर विस्तृत विचार–विमर्श तथा वाद–विवाद आदि दलीय बैठक में दल के नेताओं के बीच लिया जाता है।

वस्तुतः, भूतपूर्व सोवियत संघ में साम्यवादी दल सरकार के साथ संबद्ध समानांतर अधिकारीतंत्र था जो सरकार के पूरक की भूमिका अदा करता था। वहां समाज के सभी स्तरों पर वहां के साम्यवादी दल द्वारा विस्तृत समन्वयन स्थापित किया जाता था और दल द्वारा ऐसे व्यापक नियंत्रण की व्यवस्था की जाती थी। वहां साम्यवादी दल के अनेकानेक उच्चाधिकारियों द्वारा सरकारी अधिकारीतंत्र में शामिल होकर सत्ता संभाली जाती थी और दल की नीतियों व निर्णयों के कार्यान्वयन में उनकी प्रभावशाली भूमिका होती थी। वहां अधिकांश सरकारी पदों पर की जाने वाली नियुक्तियों पर भी दल के शीर्षस्थ नेताओं का नियंत्रण था। नीतियों के निर्माण की प्रक्रिया का सूत्रपात करना तथा उसे अंतिम स्वरूप प्रदान करना दोनों साम्यवादी दलों के हाथों में केन्द्रित था। संवैधानिक प्रावधानों के आधार पर साम्यवादी दल को सम्पूर्ण सोवियत राजनीतिक व्यवस्था का केन्द्र बनाया गया था। वहां दलीय नीतियों को वैधता प्राप्त करने के लिए चुनाव की सफलता पर आश्रित नहीं होना पड़ता था।

सर्वाधिकारवादी व्यवस्था में दल का संबंध व्यवस्था के राजनीतिक, आर्थिक, सांस्कृतिक एवं सामाजिक जीवन के समस्त पहलुओं से होता है और समाज के सभी पक्षों पर उसका व्यापक नियंत्रण होता है। भूतपूर्व सोवियत एकदलीय सर्वाधिकारवादी व्यवस्था में निरंतर सत्तारूढ़ साम्यवादी दल को लोकतांत्रिक प्रक्रिया द्वारा सत्ताच्युत करने का कोई प्रावधान नहीं था। शासन के रूप में संसदीय व्यवस्था होने के बावजूद विपक्षी पार्टी के अभाव में संसदीय कार्यपालिका को अपदस्थ करने के लिए विधायिका को प्रदान किए गए समस्त संवैधानिक उपकरण सिर्फ कागजी थे जिनका व्यवहार में कार्यान्वयन संभव नहीं था। दल की नीतियों, सिद्धांतों, निर्णयों एवं कार्यक्रमों की आलोचना का अधिकार किसी व्यक्ति को नहीं था। जनता के पास चुनाव में साम्यवादी दल के उम्मीदवारों को मतदान करने के सिवाय दल के निर्णयों या सरकार की कार्यशैली की समालोचना का अधिकार नहीं था। मतदाताओं को केवल साम्यवादी दल की ओर से नामजद उम्मीदवार को अपना वोट देना पड़ता था। आम चुनाव में पार्टी उम्मीदवार से प्रतियोगिता करने के लिए किसी दूसरे दल का उम्मीदवार खड़ा नहीं किया जा सकता था। सन् 1985–1991 में 'पेरेस्त्रोइका' (पुनर्गठन) के दौर में दलीय उम्मीदवारों के मुकाबले चुनाव में निर्दलीय उम्मीदवारों को खड़ा करने का प्रयोग किया गया लेकिन यह प्रयोग सोवियत चुनाव व्यवस्था का हिस्सा नहीं बन पाया, क्योंकि इस दौर में सोवियत संघ का विघटन हो गया।

सर्वाधिकारवादी व्यवस्था में साम्यवादी दल द्वारा लिए जाने वाले निर्णयों में जनसहभागिता का प्रतिशत नगण्य होता है। इसलिए दल का निर्णय जनता के दृष्टिकोण और जनभावनाओं का प्रतिनिधित्व करने के बजाय शीर्षस्थ दलीय नेतृत्व की भावनाओं व विचारों का प्रतिनिधित्व करता है। पूर्व सोवियत संघ की शासन व्यवस्था में साम्यवादी दल के एकाधिकार, प्रभुत्व को देखते हुए समालोचकों द्वारा वहां के शासन को 'एकदलीय सर्वाधिकारवाद' (One Party Totalitarianism) का नाम दिया गया।

सोवियत व्यवस्था की भांति जनवादी चीन में भी शासन और समाज के समस्त अंगों पर साम्यवादी दल की प्रधानता स्थापित की गई है। सन् 1965 से 1969 की कालावधि में चीन को आन्तरिक स्तर पर भारी राजनीतिक उथल–पुथल का सामना करना पड़ा जिसे सांस्कृतिक क्रांति का नाम दिया गया। इस क्रांति का नेतृत्व चीन के तत्कालीन सर्वप्रमुख नेता माओ–त्से–तुंग ने किया था। इस सांस्कृतिक क्रांति की उपलब्धियों का दृढ़ीकरण (Consolidation) करने के उद्देश्य से 1975 में चीन में नया संविधान लागू किया गया जिसे साम्यवादी दल की स्थिति को पहले से कहीं ज्यादा मजबूती प्रदान की गई। इस संविधान द्वारा सेना पर राज्य का नियंत्रण हटाकर उसे साम्यवादी दल की केन्द्रीय समिति के अध्यक्ष के नियंत्रण में रखने का प्रावधान किया गया। चीन की सर्वोच्च विधायी संस्था 'राष्ट्रीय जन कांग्रेस' (National Peoples Congress) को साम्यवादी दल के नेतृत्व में कार्य करने का निर्देश दिया गया। नए संविधान के अंतर्गत कम्युनिस्ट पार्टी को मिली मजबूत स्थिति की वजह से पार्टी अध्यक्ष माओ–त्से–तुंग की स्थिति बहुत शक्तिशाली हो गई।

सन् 1976 में माओ–त्से–तुंग की मृत्यु के पश्चात् चीन में सत्ता–संघर्ष का नया चेहरा सामने आया। इस नई राजनीतिक करवट की वजह से देंग जियाओ पिंग गुट को विजय प्राप्त हुई। इनके द्वारा 1978 में चीन के लिए नए संविधान की नींव रखी गई। चीन का मौजूदा संविधान 1982 में लागू हुआ जिसमें लोकतंत्रीय केन्द्रवाद (Democratic Centralism) के सिद्धान्त में प्रबल आस्था व्यक्त की गई है। चीन के नए संविधान में राज्य तथा साम्यवादी दल के संगठन के स्तर पर लोकतंत्रीय केन्द्रवाद के सिद्धांत को अपनाया गया है। चीन के नए संविधान के अन्तर्गत भूतपूर्व सोवियत संघ की तर्ज पर व्यवस्था–संचालन में साम्यवादी दल की प्रधानता (Primacy of the Communist Party) स्थापित की गई है। संवैधानिक औपचारिक स्तर पर शासन के अंगों को भले ही शक्तिशाली रूप में प्रस्तुत करने का प्रयास किया गया है, लेकिन यहां भी वास्तविक शक्ति का प्रयोगकर्ता साम्यवादी दल के शीर्षस्थ अधिकारी ही हैं। वस्तुतः, शासन के उच्चाधिकारियों के रूप में साम्यवादी दल के नेता ही नियुक्त किए जाते हैं। व्यवस्था की समस्त नीतियां कार्यक्रम, आदि का निर्धारण दलीय स्तर पर किया जाता है। प्रशासनिक स्तर पर सिर्फ उन निर्णयों का औपचारिक अनुमोदन करके उनका कार्यान्वयन किया जाता है। नए संवधिान के अन्तर्गत वहां कम्युनिस्ट पार्टी को सिर्फ 'सर्वहारा की अग्रपंक्ति' (Vanguard of the Proletariat) के रूप में मान्यता ही प्रदान नहीं की गई है, अपितु शासन संचालन में दल को सोवियत संघ

की भांति ही प्रधानता दी गई है। यहां तक कि संविधान में चीन के जनवादी न्यायालयों को भी साम्यवादी दल के मार्गदर्शक सिद्धांतों का अनुसरण करने का निर्देश दिया गया है।

यदि एकदलीय सर्वाधिकारवादी व्यवस्था के संदर्भ में चीन के साम्यवादी दल की प्रवृत्तियों का आकलन किया जाए, तो यह कहा जा सकता है कि चीन की कम्युनिस्ट पार्टी विश्व की सबसे पुरानी सत्तारूढ़ साम्यवादी पार्टी है। वैसे तो चीन में साम्यवादी दल के अतिरिक्त आठ छोटे दलों को कार्य करने की इजाज़त दी गई है और इनके सहयोग से संयुक्त मोर्चा (United Front) सरकार बनाने की परंपरा चली आ रही है। इन छोटे–छोटे दलों में मध्यवर्गीय बुद्धिजीवियों के समूह का प्रतिनिधित्व होता है, जो साम्यवादी दल के नेतृत्व में कार्य करते हैं। वास्तविक स्तर पर साम्यवादी दल ही जनवादी चीन की समस्त राजनीतिक प्रक्रियाओं का केन्द्र बिन्दु है। चीन की राजनीति पर साम्यवादी दल के एकाधिकार (Monopoly) तथा विपक्ष के अभाव की वजह से चीन की शासन व्यवस्था को सोवियत व्यवस्था की भांति एकदलीय सर्वाधिकारवादी व्यवस्था मानना ज्यादा न्यायसंगत है। साठ के दशक में आयी सांस्कृतिक क्रांति की वजह से वहां साम्यवादी दल की स्थिति थोड़ी कमजोर हुई थी लेकिन 1975 के संविधान द्वारा साम्यवादी दल को राज्य एवं समाज की अग्रपंक्ति (Vanguard) का दर्जा प्रदान करके पार्टी की मजबूत स्थिति की घोषणा की गई। 1982 के संविधान में साम्यवादी दल की चर्चा की जगह पार्टी के नेतृत्व को मान्यता प्रदान की गयी है।

सारांशतः, यह कहा जा सकता है कि विघटनपूर्व सोवियत व्यवस्था की भांति चीन में भी शासन के अंग कम्युनिस्ट पार्टी के नियंत्रण से स्वतंत्र नहीं हैं। व्यावहारिक स्तर पर ये कम्युनिस्ट पार्टी द्वारा निर्धारित नीतियों व निर्णयों के अभिपुष्टिकरण (Rectification) और कार्यान्वयन के माध्यम की भूमिका निभाते हैं। दल के अधिकारी शासन में उच्च पदों पर नियुक्त होकर शासन संचालन में महती भूमिका निभाते हैं। पार्टी संगठन का ढांचा श्रेणीतंत्रीय है। पार्टी का सबसे महत्त्वपूर्ण अधिकारी महासचिव होता है और सामान्यतः कम्युनिस्ट पार्टी का महासचिव ही चीन का राष्ट्रपति भी होता है। पार्टी के सर्वोच्च नेतृत्व में ज्यादातर करिश्मावादी सत्ता का वर्चस्व रहा है। चीन में सांगठनिक स्तर पर पार्टी का स्वरूप सर्वव्यापी है, जिसका प्रवेश सामाजिक जीवन के समस्त क्षेत्रों में हो चुका है।

निष्कर्ष (Conclusion)

अन्ततः, यह कहा जा सकता है कि उदारवादी और सर्वाधिकारवादी दोनों ही व्यवस्थाओं में राजनीतिक दलों का अपना–अपना महत्त्व है और अपनी–अपनी महती भूमिकाएं हैं। दोनों ही व्यवस्थाओं का शासन–संचालन राजनीतिक दल की मौजूदगी के बिना संभव नहीं है। दोनों व्यवस्थाओं में राजनीतिक दल के आविर्भाव, भूमिका एवं महत्त्व के संबंध में ध्यान देने योग्य तथ्य यह है कि उदारवादी व्यवस्था में राजनीतिक दलों के आविर्भाव का आधारीय (Fundamental) तत्त्व सामाजिक एवं राजनीतिक परिस्थितियां होती हैं। किसी भी विचारधारा या कार्यक्रम के समर्थक मिलकर राजनीतिक दल का निर्माण कर लेते हैं। यहां दल निर्माण की संख्या पर कोई प्रतिबंध नहीं होता है और संविधान में राजनीतिक दलों के अस्तित्व–निर्माण के संबंध में कोई प्रावधान नहीं होता है। मतदाता चुनाव के समय अनेक प्रतियोगी प्रतिस्पर्द्धी उम्मीदवारों में से अपनी पसंद का उम्मीदवार या दल को वोट देकर लोकप्रिय सरकार का निर्माण करता है। यहां लोकमत को अपनी तरफ मोड़कर चुनाव में स्पष्ट जनादेश प्राप्त करके ही राजनीतिक दल सत्तारूढ़ होते हैं और जनादेश का सरकार के पक्ष में न होना ही सरकार को सत्ताच्युत करने का आधारभूत तत्त्व है। यहां राजनीतिक और प्रशासनिक कार्यों को पृथक् रखा जाता है। दलों के पदाधिकारी राजनीतिक कार्यपालिका या विधायिका के सदस्य बनकर सरकार में राजनीतिक पदों को संभालते हैं लेकिन अधिकारीतंत्र (Bureaucracy) के सदस्यों के लिए यह कानूनी बाध्यता होती है कि वे सक्रिय राजनीति के प्रति तटस्थ रहें और अपनी सरकारी सेवा की कालावधि में चुनावी राजनीति में किसी दल के या निर्दलीय उम्मीदवार के रूप में भागीदारी न करें।

उदारवादी व्यवस्था के ठीक विपरीत, सर्वाधिकारवादी शासन में एकदलीय व्यवस्था को संवैधानिक मान्यता प्रदान की जाती है। इस प्रावधान के तहत साम्यवादी दल को संवैधानिक स्तर पर संपूर्ण राजनीतिक व्यवस्था का केन्द्र बनाकर दल की वर्चस्वता की वैधानिक स्वीकारोक्ति की जाती है। यहां सत्तारूढ़ साम्यवादी दल की नीतियों के अनुसमर्थन में जनमत की कोई भूमिका नहीं होती है। साम्यवादी दल की सरकार को किसी विपक्ष का सामना नहीं करना पड़ता है। आमचुनाव में मतदाताओं के सामने किसी प्रतिस्पर्द्धी दल का विकल्प नहीं होता है। दल की भूमिका और तानाशाही प्रवृत्ति की वजह से जनता के राजनीतिक अधिकारों को सीमित किया जाता है। तथ्यतः, राजनीतिक व प्रशासनिक कार्यों में कोई अन्तर नहीं होना तथा दलीय संगठन के उच्चाधिकारियों का प्रशासनिक संगठन में भी उच्च पदों को संभालना, साम्यवादी दल द्वारा शासन पर एकाधिकार स्थापित करने की प्रवृत्ति का द्योतक है।

दलीय प्रणाली के विविध रूप (Types of Party Systems)

आज विश्व स्तर पर दलीय प्रणाली को सभी प्रकार की शासन व्यवस्थाओं के लिए उपयुक्त माना गया है। आधुनिक राज्यों की पेचीदा समस्याओं व परिस्थितियों, ज्वलंत मुद्दों, सवालों तथा जनहितकारी नीतियों व निर्णयों के निर्माण, स्पष्टीकरण तथा कार्यान्वयन में दलों की भूमिका के उल्लेखनीय योगदान से सभी व्यवस्थाएं परिचित हो चुकी हैं। सही शब्दों में कहा जाए तो राजनीतिक दल व्यवस्था–निर्माण एवं संचालन में आधारीय संवाहक की भूमिका निभाते हैं। दल व्यवस्थागत समस्याओं व मुद्दों को उभारकर व्यवस्था के सदस्यों को विषय के महत्त्व से परिचित कराते हैं और समस्याओं की बारीकियों को रेखांकित करके उसके समाधान के लिए सरकार का ध्यान आकृष्ट कराते हैं। राजनीतिक दलों के चुनावी घोषणा पत्र (Election Manifesto) का भी जनता की नजर में काफी महत्त्व है। घोषणा पत्र में प्रस्तावित घोषणाओं, नीतियों व कार्यक्रमों के आलोक में जनता राजनीतिक दलों के संबंध में अपनी राय बनाती है और मतदान के रूप में दल की नीतियों पर अपनी मुहर लगाकर किसी दल को सरकार के निर्माण का अधिकार प्रदान करती है। उदारवादी व्यवस्था में मतदाताओं के पास दल या उम्मीदवार के 'चयन की स्वतंत्रता' (Freedom of Choice) होती है और चुनावी मैदान में मौजूद दलों के उम्मीदवारों में से वे अपनी पसंद के दल या उम्मीदवार को अपना वोट देते हैं। सर्वाधिकारवादी व्यवस्थाओं में राजनीतिक दल की स्थिति और भूमिका उदारवादी शासन की अपेक्षा पृथक् होती है।

उदारवादी और सर्वाधिकारवादी व्यवस्थाओं की प्रकृति–प्रवृत्ति में पाई जाने वाली भिन्नता की वजह से दलीय प्रणाली के स्वरूप में भी विविधता पाई जाती है। जिसे एकदलीय, द्विदलीय तथा बहुदलीय प्रणाली की कोटि में वर्गीकृत किया जाता है। दलीय स्वरूप का वर्गीकरण व्यवस्था में मौजूद दलों की संख्या पर आधारित होता है और इसी के अनुरूप दलीय प्रणाली का नाम, उनकी विशेषताएं तथा कार्यशैली भी एक दूसरे से भिन्न होती है।

एकदलीय प्रणाली (One-party System)

जिस राजनीतिक व्यवस्था में शासन का संचालन–सूत्र एक ही राजनीतिक दल के हाथों में हो उसे एकदलीय प्रणाली की संज्ञा दी जाती है। सर्वाधिकारवादी व्यवस्था एकदलीय प्रणाली की पोषक होती है, या यों कहा जा सकता है कि एकदलीय प्रणाली सर्वाधिकारवादी व्यवस्थाओं में पाई जाती है।

सर्वाधिकारवादी व्यवस्था एवं एकदलीय प्रणाली के बीच अभिन्न संबंध होता हैं। यहां सवैधानिक प्रावधानों के तहत एक ही दल के अस्तित्व को स्वीकार किया जाता है। वही शासन संचालन के लिए सारी नीतियां निर्धारित करता है, निर्णय लेता है तथा इनका क्रियान्वयन भी करता है। विरोधी दल के आविर्भाव की कोई गुंजाइश नहीं होती है। सोवियत संघ और वतर्मान जनवादी चीन दलीय प्रणाली के इस स्वरूप का यथोचित उदाहरण है। चीन में कुछ छोटे दलों को कार्य करने की अनुमति तो है लेकिन, शासन पर उनका प्रभाव नगण्य होता है क्योंकि उन्हें अपने सभी कार्यों के लिए कम्युनिस्ट पार्टी पर आश्रित बनाया गया है।

इस प्रकार, एकदलीय प्रणाली में एक से ज्यादा राजनीतिक दल के आविर्भाव की अनुमति तो होती है लेकिन व्यवस्था के स्वरूप व परंपराओं की वजह से एक ही राजनीतिक दल लागातार सतारूढ़ रहता है। एकदलीय शासन व्यवस्था के कई रूपों का प्रतिमान विश्व में प्रचलित कई राजनीतिक व्यवस्थाओं में मौजूद है या एक निश्चित कालखण्ड में अपनी दमदार उपस्थिति दर्ज कराकर आज इतिहास के पन्नों में सिमट चुका है।

एकदलीय शासन व्यवस्था के प्रतिमानों के दृष्टांतस्वरूप पहली कोटि में जिन देशों को शुमार किया गया है उनमें सोवियत संघ, जनवादी चीन, पूर्वी यूरोप के देशों में पूर्वी जर्मनी, हंगरी, पोलैण्ड, यूगोस्लाविया, चैकोस्लोवाकिया, बल्गेरिया, रूमानिया, अल्बानिया व क्यूबा आदि देशों की साम्यवादी सरकारें रही हैं, जिनका प्रधान लक्ष्य साम्यवादी समाज का निर्माण करना रहा है। दूसरी कोटि में फासिस्ट इटली, नाजी जर्मनी, स्पेन, पुर्तगाल आदि को रखा जाता है। इन देशों की शासन व्यवस्थाएं वस्तुतः अधिनायकवादी शासन का प्रतीक रही है। इन देशों में दल एवं शासन के बीच कोई अंतर नहीं रहा है। तीसरी कोटि में वर्मा एवं मिस्र आदि देशों की शासन व्यवस्था शामिल है जो समाजवाद तथा राष्ट्रीयता की भावना से भरपूर है। चौथी कोटि में लैटिन अमेरिका तथा कुछ समय पहले की पाकिस्तान सरकार को रखा जा सकता है। यहां की सरकार किसी नेता को केंद्र में रखकर, सैनिक शक्ति के माध्यम से चलायी जाती है।

एकदलीय शासन प्रणाली की मुख्य विशेषताओं में सामाजिक, राजनीतिक, सांस्कृतिक तथा आर्थिक जीवन के समस्त पहलुओं पर दल का नियंत्रण एक निश्चित विचारधारा पर आधारित शासन, शासक दल की तानाशाही प्रवृत्ति, साम्यवादी दल का शासन पर एकाधिकार, अनुशासनबद्धता, आर्थिक संवृद्धि में सहायक, राष्ट्रीय एकता के विकास में सहायक, व्यवस्था में विरोध की राजनीति का अभाव आदि शामिल हैं। एकदलीय व्यस्था के अवगुणों में–वैयक्तिक स्वतंत्रता का विरोधी, अभिव्यक्ति की आजादी का अभाव, दल की तानाशाही, दल और शासन के बीच अन्तर का अभाव, विपक्ष का अभाव, प्रगतिशील विचारों का विरोधी अधिनायकवादी प्रवृत्ति का द्योतक आदि प्रसंगों को रेखांकित किया गया है।

सारांशतः यह कहा जा सकता है कि एकदलीय व्यवस्था लोकतंत्र के विस्तार, मजबूतीकरण और सफलीभूत होने की दृष्टि से अनुपयुक्त है क्योंकि यह राजनीतिक दल और शासन व्यवस्था की अधिनायकवादी प्रवृत्ति का द्योतक है।

द्विदलीय प्रणाली (Two-party System)

एलेन बाल ने द्विदलीय प्रणाली के दो रूपों की चर्चा की है :

प्रथम–अस्पष्ट द्विदलीय पद्धतियां, जैसे–संयुक्त राज्य अमेरिका तथा आयरलैण्ड।

द्वितीय–सुस्पष्ट द्विदलीय पद्धतियां, जैसे–ब्रिटेन, ऑस्ट्रेलिया तथा पूर्वी व पश्चिमी जर्मनी।

द्विदलीय प्रणाली के संबंध में लावेल ने कहा है कि "एक मान्यता प्राप्त विरोधी दल की स्थायी उपस्थिति से निरंकुशता के मार्ग में बाधा पड़ती है।"

द्विदलीय व्यवस्था के अन्तर्गत शासन–संचालन हेतु राजनीतिक व्यवस्था में दो दलों की प्रधानता होती है। ऐसी व्यवस्था में तीसरे व चौथे दलों का भी आविर्भाव होता है, लेकिन शासन की दृष्टि से व्यवस्था में प्रधान अस्तित्व दो ही दलों का होता है। दो प्रधान दलों के अतिरिक्त अन्य दलों का प्रभाव बिलकुल नगण्य होता है तथा चुनाव में उन्हें मिलने वाले मतों का प्रतिशत भी बहुत क्षीण होता है। इसलिए उनके बहुत कम उम्मीदवार चुनाव जीत पाते हैं। अतः, मोटे तौर पर सत्ता दो दलों के बीच हस्तांतरित होती रहती है। दोनों में से जब एक दल सरकार बनाता है तो दूसरा व्यवस्थित विपक्ष की भूमिका निभाता है। संसदीय शासन व्यवस्था की दृष्टि से द्विदलीय प्रणाली को सर्वश्रेष्ठ माना जाता है। इससे संसदीय कार्यप्रणाली की स्थिरता को बल मिलता है। सदन में सतारूढ़ दल को अनुशासित तथा व्यवस्थित विपक्ष का सामना करना पड़ता है। इससे जहां एक और

संसदीय कार्यवाही के संचालन में राजनीतिक दल सतारूढ़ एवं विपक्ष की सकारात्मक भूमिका का निष्पादन करते हैं, वहीं दूसरी ओर यदि संसद के कार्यकाल के दौरान समय से पूर्व सतारूढ़ दल की सरकार सदन में अपना विश्वास खो दे और सरकार का सदन में बहुमत न रह जाये तो सत्तारूढ़ दल की जगह विरोधी दल नई सरकार के निर्माण के लिए हमेशा तैयार रहता है। साथ ही मजबूत विपक्ष अपनी रचनात्मक आलोचनाओं के माध्यम से सतारूढ़ दल की सरकार को सदैव जनसरोकारगत कार्यों को अंजाम देने और जनउत्तरदायी बने रहने के लिए राजनीतिक रूप से बाध्य करता है।

इस दृष्टि से ब्रिटिश शासन प्रणाली इसका सर्वोत्तम उदाहरण है। वहां कई दशकों से लेबर पार्टी और कंजर्वेटिव पार्टी के बीच सत्ता परिसंचरण होता आ रहा है। अध्यक्षात्मक शासन प्रणाली में भी दो दलों की प्रधानता है–'डेमोक्रेटिक' और 'रिपब्लिकन पार्टी'। अमेरिकी व्यवस्था भी द्विदलीय प्रणाली का पोषक है। लेकिन अध्यक्षात्मक शासन व्यवस्था होने की वजह से अमेरिकी राजनीतिक दलों 'डेमोक्रेटिक और रिपब्लिकन पार्टी' के बीच सैद्धांतिक मतभेद उतने प्रखर नहीं होते हैं। यानी, कि विचारधारात्मक विरोध वैसा तीखा नहीं होता है जैसा ब्रिटिश संसदीय शासन व्यवस्था में पाया जाता है। साथ ही, शासन–प्रणाली में मौलिक अन्तर होने की वजह से अमेरिकी व्यवस्था में मौजूद दोनों दलों की भूमिका भी ब्रिटेन के दोनों दलों की तुलना में बहुत हद तक अलग होती हैं। वस्तुतः अप्रत्यक्ष लोकतंत्र के संचालन की दृष्टि से द्विदलीय प्रणाली को सर्वश्रेष्ठ माना गया है।

साराशंतः, यह कहा जा सकता है कि किसी भी राजनीतिक व्यवस्था में मौजूद दो प्रधान दल अलग–अलग व्यवस्थागत हितों की सिद्धि के लिए अलग विचारधाराओं का प्रतिनिधित्व करते हुए अपने अस्तित्व के आविर्भाव एवं मजबूतीकरण की ओर अग्रसर होते हैं। जब किसी व्यवस्था में द्विदलीय प्रणाली स्थिर हो जाती है तो वह व्यवस्था में मौजूद समाज में प्रचलित मूल्यों, मान्यताओं परम्पराओं, आकांक्षाओं, उद्देश्यों व लक्षणों के साथ परस्पर निकटता का संबंध स्थापित कर लेती है। ऐसी स्थिति में सार्वजनिक नीतियों के निर्माण एवं कार्यान्वयन में काफी सुविधा होती है। सार्वजनिक नीतियों व निर्णयों के संबंध में दोनों दलों के बीच बहुत गहरा मतभेद नहीं होता है और आम चुनाव में मतदाता दल के नेताओं की कार्यक्षमता, समर्थता, नीति–निर्माण की कुशलता तथा उनकी जनसरोकारगत प्रवृत्ति के आधार पर मतदान व्यवहार का प्रदर्शन करते हैं।

बहुदलीय प्रणाली (Multi-party System)

लास्की ने बहुदलीय प्रणाली को लोकतंत्र के व्यावहारिक क्षेत्र में सरकार के स्थायित्व के लिए घातक बताया है। इस प्रणाली के संबंध में ब्राइस की अभिव्यक्ति है कि जहां दलों की संख्या बहुत बड़ी हो वहां उन्हें दल का नाम देना झूठ है, वस्तुतः वे मात्र राजनीतिक समूह हैं। बहुदलीय प्रणाली वाले देशों में दो से अधिक राजनीतिक दल व्यवस्था में गंभीर रूप से सक्रिय रहते हैं। बहुदलीय प्रणाली वाले देशों में आमचुनाव का परिणाम आने पर किसी दल को स्पष्ट बहुमत मिलने की गुंजाइश बहुत कम होती है। ऐसे में कई दल साथ मिलकर मिलीजुली सरकार यानी कि गठबंधन सरकार (Coalition Government) का निर्माण करते हैं। सामान्यतः, विभिन्न राजनीतिक दलों के बीच चुनाव के पूर्व या चुनाव के पश्चात् सरकार निर्माण की दृष्टि से किया जाने वाला राजनीतिक गठबंधन राजनीतिक अवसरवादिता (Political Opportunism) पर आधारित होता है, इसलिए उससे स्थिर सरकार और लोकप्रिय शासन की उम्मीद करना बेमानी है। व्यवस्था की उन्नति एवं विकास की दृष्टि से इस प्रणाली को युक्ति संगत नहीं माना जाता है।

अफ्रीका व एशिया के अधिकांश नवोदित स्वंतत्र राष्ट्रों में बहुदलीय पद्धति का अस्तित्व मौजूद है। फ्रांस और जापान इस प्रणाली के बेहतर उदाहरण हैं। कुछ बहुदलीय प्रणाली वाले देशों में शासन को स्थिरता प्रदान करने हेतु बहुदलीय प्रणाली भी राजनीतिक स्थिरता प्रदान करने तथा लोकहित की संवृद्धि को ध्यान में रखते हुए संयुक्त मोर्चा (United Front) बनाकर सतारूढ़ दल एवं विपक्षी दल की भूमिका का निर्वहन करते हैं। दृष्टांतस्वरूप स्वीडन एवं नार्वे में एक ओर देश के कई सोशल डेमोक्रेटिक दल हैं, तो दूसरी ओर कई दक्षिणपंथी दल हैं। वहां या तो सत्ता सोशल डेमाक्रेटिक दलों के पास होती है या दक्षिणपंथी दलों के पास।

भारत में बहुदलीय पद्धति होने के बावजूद आजादी के बाद से 1977 तक केन्द्र में एक ही दल कांग्रेस सतारूढ़ रही। सन् 1977 में कई दलों द्वारा मिलकर जनता पार्टी का गठन किया गया और 1977 के लोकसभा चुनाव में कांग्रेस को सत्ताच्युत करके केन्द्र में पहली बार मिलेजुले दलों की सरकार का निर्माण किया। वर्तमान परिप्रेक्ष्य में भारत के राजनीतिक दल मूलरूप से दो संयुक्त मोर्चे की छत्रछाया में चुनावी राजनीति का संचालन करके सरकार–निर्माण की राजनीतिक भूमिका का निर्वहन कर रहे हैं तथा विपक्षी मोर्चे के रूप में विरोधी दल की भूमिका में सरकारी नीतियों व निर्णयों की आलोचना का दायित्व निभा रहे हैं। बारहवें लोकसभा चुनाव में तीन राजनीतिक गठबंधन चुनावी प्रतियोगिता के लिए सामने आए : **प्रथम**–कांग्रेस और उसके सहयोगी दल, **द्वितीय**–भारतीय जनता पार्टी और उसके सहयोगी दल, तथा **तृतीय**–संयुक्त मोर्चा के घटक दल। तेरहवीं, चौदहवीं, पंद्रहवीं और सोलहवीं लोकसभा की चुनावी गतिविधियां मुख्यतः दो मोर्चों के इर्द–गिर्द सिमटी नजर आईं, एक भाजपा के नेतृत्व वाला' राष्ट्रीय जनतांत्रिक गठबंधन (एन.डी.ए.) और दूसरा कांग्रेस के नेतृत्व वाला संयुक्त प्रगतिशील गठबंधन (यू.पी.ए.)। वर्ष 2014 में संपन्न 16वीं लोकसभा के लिए चुनाव में बीजेपी के नेतृत्व में राष्ट्रीय जनतांत्रिक गठबंधन (एन.डी.ए.) मोर्चा की जीत हुई और श्री नरेंद्र मोदी प्रधानमंत्री बने।

राजनीतिक वस्तुस्थिति के मद्देनजर बहुदलीय शासन प्रणाली कुछ गुण तथा अवगुणों को साथ लेकर चलती है। इस प्रणाली के गुणों में मतदाताओं के सामने चुनाव में दो से अधिक दलों का विकल्प, मतदाताओं के उम्मीदवार चयन की स्वतंत्रता में विस्तार, मंत्रिमंडल में तानाशाही प्रवृत्ति का अभाव, व्यवस्थापिका में सभी विचारधाराओं का तथा समाज के सभी वर्गों का प्रतिनिधित्व, सरकार की निरंकुशता पर रोक आदि को शामिल किया जाता है। बहुदलीय प्रणाली के प्रधान अवगुणों में संसदीय सरकार की स्थिरता के लिए अनुपयुक्त, सरकार की कार्यक्षमता एवं कार्यकौशल में कमी, उत्तरदायित्व का अभाव, राजनीतिक कार्यपालिका की कमजोर स्थिति ज्यादा महत्वपूर्ण है। मोटे तौर पर, बहुदलीय पद्धति को संसदीय कार्यपालिका की स्थिरता तथा उसके कार्य कौशल में संवृद्धि की दृष्टि से बाधक माना जाता है।

दलीय प्रणाली के विविध रूपों को निम्नलिखित रेखाचित्र 1 द्वारा स्पष्टतः समझा जा सकता है :

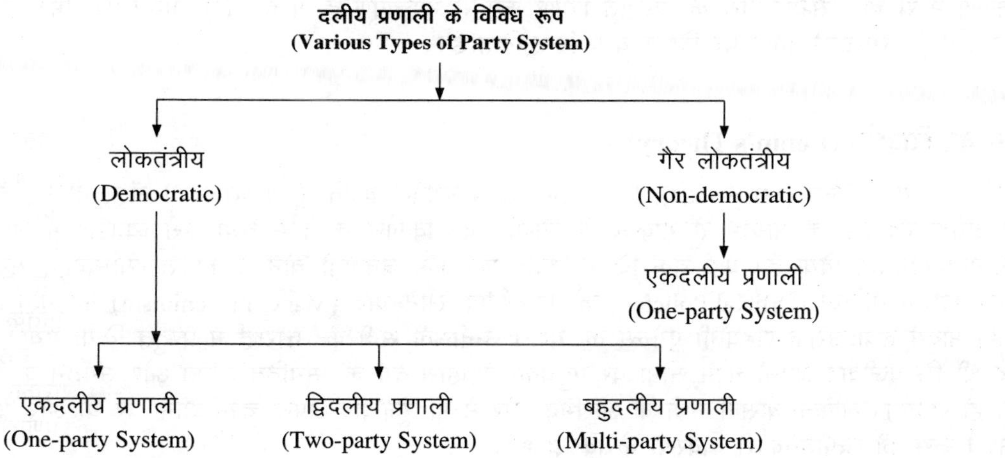

रेखाचित्र 1

निष्कर्षतः, एकदलीय, द्विदलीय और बहुदलीय प्रणाली के तथ्यों की उपर्युक्त विवेचना से यह निष्कर्ष निकाला जा सकता है कि संसदीय सरकार की सफलता और स्थिरता के लिए द्विदलीय व्यवस्था ज्यादा उपयुक्त है। इसमें सरकार निर्माण का मार्ग अपेक्षाकृत सरल होता है, जनहितकारी नीतियों व निर्णयों के निर्माण एवं कार्यावन्यन के लिए समीचीन परिस्थितियां मौजूद होती हैं तथा राजनीतिक गतिरोध की प्रवृत्ति भी रचनात्मक होती है। लास्की ने कहा है कि "संसदीय शासन एक व्यवस्थित द्विदलीय पद्धति की मौजूदगी में सबसे ज्यादा सफल हो सकता है।" फाइनर के शब्दों में, "जिस व्यवस्था में द्विदलीय पद्धति होगी, वहां की जनता कर्तव्यपरायण और सुखी होगी।" मैकाइवर का मानना है कि "द्विदलीय पद्धति में जहां अधिकारों का केंद्रीकरण होता है, वहीं उत्तरदायित्व का भी केन्द्रीकरण होता है और उसे लागू करने का तरीका भी सरल होता है।" इसके विपरीत, एकदलीय पद्धति सर्वाधिकारवादी सत्ता के निर्माण का मार्ग प्रशस्त करके सरकार की निरंकुश प्रवृत्ति को बढ़ावा देता है, जबकि बहुदलीय पद्धति निर्बल और अस्थायी सरकार का द्योतक है।

दलीय प्रणाली के सिद्धांत (Theories of Party System)

किसी राजनीतिक व्यवस्था में राजनीतिक दल का आविर्भाव क्यों होता है, इनके अस्तित्व निर्माण तथा मजबूतीकरण के लिए कौन–सी परिस्थितियां जवाबदेह होती हैं, दल सामाजिक शक्तियों को किस प्रकार संगठित और गतिशील करते हैं, किस प्रकार सामाजिक व्यक्ति को राजनीतिक विषयों के प्रति लामबंद करके अपने उद्देश्यों व लक्ष्यों की पूर्ति करते हैं, सामाजिक जीवन की समुन्नति, संवृद्धि और सामाजिक समस्याओं के समाधान के लिए दलों द्वारा जो मार्ग अपनाया जाता है क्या वह औचित्यता पर आधारित है, विभिन्न दलीय प्रणालियां किस आधार पर विकसित होती हैं और किस प्रकार की कार्यशैली अपनाती हैं? जैसे अनेकानेक सवालों व समस्याओं की व्याख्या के लिए दलीय प्रणाली से संबद्ध कई सिद्धांतों की चर्चा की गई है। राजनीतिक दल से प्रासंगिक प्रस्तुत विविध दृष्टिकोणों में से चार सिद्धांतकारों की प्रस्तुति विशेष रूप से महत्त्वपूर्ण हैं, ये हैं : (1) लेनिन, (2) मिशेल्स (3) डूवर्जर और (4) सारटोरी, जिन पर विशेष चर्चा निम्नांकित है।

लेनिन का सिद्धांत (Lenin's Theory)

ब्लादिमीर इलियच लेनिन (1870–1924), जिन्हें रूस के बोल्शेविक क्रांति के कर्णधार की संज्ञा दी गई है, ने अपनी अनेक रचनाओं के माध्यम से मार्क्सवादी सिद्धांत का विकास करने में तथा उसे व्यवहार में लाने में उल्लेखनीय योगदान दिया है। यहां तक कि सोवियत संघ और जनवादी चीन में कार्यरत साम्यवादी सरकार की आधिकारिक नीतियों (Official Policies) को मार्क्सवाद–लेनिनवाद (Marxism-Leninism) का नाम दिया गया है। मार्क्स तथा उसके सहयोगी एंगेल्स का दर्शन उन्नीसवीं सदी के उत्तरार्द्ध में प्रस्तुत किया गया। इन्हें उम्मीद थी कि पूंजीवाद अपनी चरम सीमा पर पहुंचकर सर्वहारा वर्ग की संगठित शक्ति और संगठन के हाथों परास्त हो जाएगा। लेकिन, बीसवीं सदी के आरंभिक दौर में भी पूंजीवाद अपनी चरम सीमा पर था और लेनिन का संघर्ष रूस की उत्पीड़नकारी व्यवस्था के विरुद्ध था।

लेनिन को मार्क्स दर्शन में रूसी बोल्शेविकवाद का आधार तत्व मिला। लेनिन द्वारा रूस में समाजवादी क्रांति लाने और उसे व्यवहार की जमीन पर उतारने के लिए मार्क्स और एंगेल्स द्वारा प्रतिपादित प्रामाणिक विचारों को मार्गदर्शन के रूप में स्वीकार करके समाजवादी क्रांति को व्यावहारिक रूप देने का प्रयास किया गया। लेनिन द्वारा मार्क्सवादी चिन्तन को व्यावहारिक रूप प्रदान करने के लिए उसमें तीन नए विचारों को समावेशित किया गया, यथा : (1) विचारधारा की भूमिका, (2) साम्राज्यवाद विरोधी संघर्ष, और (3) साम्यवादी दल की भूमिका। लेनिन ने अपनी मुख्य सैद्धांतिक रचना 'What is to be done, 1902' में सर्वहारा वर्ग के लिए भी विचारधारा की

जरूरत पर बल दिया है। लेनिन का यह तर्क है कि किसी भी वर्ग को अपने उद्देश्य एवं लक्ष्य–प्राप्ति की ओर अभिप्रेरित करने तथा इस हेतु सही नीतियों एवं कार्यक्रमों के निर्माण हेतु विचारधारा का होना जरूरी है। इसलिए जितना जरूरी पूंजीपति वर्ग के लिए पूंजीवादी विचारधारा है, उतनी ही जरूरी सर्वहारा वर्ग के लिए साम्यवादी विचारधारा है। लेनिन की दृष्टि में पूंजीवादी विचारधारा से मुकाबला करने के लिए साम्यवादी विचारधारा का विकास और उसका प्रचार–प्रसार अति आवश्यक है।

लेनिन ने अपनी विख्यात रचना 'Imperialism: The Highest Stage of Capitalism, 1916' के अंतर्गत साम्राज्यवादी–विरोधी संघर्ष को आगे बढ़ाते हुए साम्राज्यवाद को पूंजीवाद की विशेष अभिव्यक्ति माना है और यह तर्क दिया है कि साम्राज्यवाद विरोधी संघर्ष (Anti Imperialist Struggle) समाजवादी विचारधारा और कार्यक्रम का हिस्सा है। 'हवाट इज टू बी डन' के अन्तर्गत लेनिन ने यह तर्क प्रस्तुत किया है कि कामगार वर्ग में चेतना केवल बाहर से लाई जा सकती है। मार्क्स दर्शन का यह मानना था कि पूंजीवादी की उन्नत अवस्था में सर्वहारा वर्ग के अंदर वर्ग चेतना का संचार बड़े पैमाने पर होगा और वे अपने व्यवस्थित, व्यापक संगठन के माध्यम से पूंजीपति वर्ग को धराशायी कर देंगे। लेकिन लेनिन का यह मानना था कि संपूर्ण सर्वहारा वर्ग को संगठित और सचेत होने में काफी समय लगेगा। और इस मार्ग में बहुत बाधाएं भी आएंगी। इसलिए, लेनिन के विचार से क्रान्ति लाने वाली शक्तियों को सक्रिय करने के लिए सर्वहारा वर्ग के अतिचेतनशील, समर्थवान् और सूझबूझ वाले सदस्यों को आगे आकर क्रांति का नेतृत्व करना चाहिए। लेनिन द्वारा रूस में ऐसे संगठन की नींव रखी गई, जिसे साम्यवादी दल की संज्ञा दी गई।

लेनिन की दृष्टि में इस साम्यवादी दल का मुख्य कार्य सर्वहारा वर्ग को नेतृत्व प्रदान करना, क्रांति की बागडोर संभालकर क्रांति की अग्नि को उत्तेजित करना और क्रांति के पश्चात् समाजवादी तरीके से शासन व्यवस्था का संचालन करना है। लेनिन ने साम्यवादी दल के लिए 'क्रांति की अग्रपंक्ति' (Vanguard of Revolution) की भूमिका का निर्धारण किया है।

राजनीतिक दलों के आविर्भाव के संबंध में लेनिन का दृष्टिकोण था कि पूंजीवादी व्यवस्था में सामाजिक जीवन धनवान और निर्धन वर्ग के बीच बंटा होता है, जिसका आधारीग तत्त्व है–सामाजिक व आर्थिक प्रतिस्पर्द्धाएं। तात्त्विक स्तर पर इन प्रतिस्पर्द्धाओं की वजह से व्यवस्था में प्रतिस्पर्द्धी राजनीतिक दलों का अस्तित्व निर्माण होता है। वर्गीय हित के आधार पर अस्तित्व में आए दल अपने–अपने वर्ग के हितों और नीतियों को बढ़ावा देने में लगे रहते हैं। साम्यवादी दल के अस्तित्व के निर्माण का आधार भी सामाजिक–आर्थिक स्पर्धा है और साम्यवादी दल यहां सर्वहारा का प्रतिनिधित्व करता है। **लेनिन** के मतानुसार, पूंजीवादी समाजों में परस्पर प्रतिस्पर्द्धा करने वाले दलों के आविर्भाव की मूल वजह परस्पर विरोधी वर्गों का परस्पर विरोधी हित होता है जिनका प्रतिनिधित्व उन दलों द्वारा किया जाता है। लेनिन की दृष्टि में समाजवादी, समाज में ऐसी स्पर्द्धा की कोई संभावना नहीं होती है इसलिए प्रतिस्पर्द्धा दलों के आविर्भाव की कोई गुंजाइश नहीं होती है।

लेनिन द्वारा 1905 में दलीय संगठन के सिद्धांत की व्याख्या करते हुए लोकतंत्रीय केन्द्रवाद (Democratic Centralism) शब्द का प्रयोग किया गया। इसका अभिप्राय था कि दल के नेतृत्व का निर्णय चुनाव द्वारा किया जाएगा, जो कामगारवर्ग के प्रति उतरदायी होगा। यदि वह उत्तरदायित्व–निर्वहन की कसौटी पर खरा नहीं उतरा तो उसे पद से हटाया भी जा सकेगा। बाद में इस दृष्टिकोण के साथ जो परिस्थितियां जोड़ी गईं उनमें, **प्रथम**–दल के ऊंचे–नीचे सभी निर्देशक अंगों (Directing Organs) का गठन चुनाव (Election) द्वारा किया जाएगा। **द्वितीय**–दल के सभी अंग अपने–अपने संगठन के पास अपनी गतिविधियों का नियमित विवरण भेजा करेंगे। **तृतीय**–दल में कठोर अनुशासन रहेगा और अल्पमत को बहुमत का निर्णय स्वीकारना पड़ेगा। **चतुर्थ**–उच्चतर अंगों द्वारा लिए गए सभी निर्णय निम्नतर अंगों तथा दल के सभी सदस्यों के लिए मानना बाध्यकर (Binding) होगा। इस प्रकार, लोकतंत्रीय केन्द्रवाद की व्याख्या के माध्यम से लेनिन द्वारा यह स्पष्ट कर दिया गया कि साम्यवादी दल की नीतियों की पूरी निष्ठा से लागू किया जाएगा और नीतियों के कार्यान्वयन में कोई त्रुटि नहीं होनी चाहिए। दल की नीतियों पर सभी सदस्य खुलकर चर्चा कर सकेंगे। लेकिन दलीय नीतियों व निर्णयों का पालन पूरी आस्था से करना सभी सदस्यों के लिए बाध्यता होगी।

लेनिन ने विचार अभिव्यक्ति के क्रम में मजदूर संघ चेतना (Trade Union Consciousness) तथा सामाजिक–लोकतंत्रीय चेतना (Social–Democratic Consciousness) में अंतर स्पष्ट करते हुए यह कहा है कि कामगार वर्ग को 'मजदूर संघ चेतना' तो सहज–स्वाभाविक तरीके से प्राप्त हो जाएगी लेकिन उनके अन्दर 'सामाजिक–लोकतांत्रिक चेतना' विकसित करने का कार्य राजनीतिक दल का है। इस दृष्टि से साम्यवादी दल की भूमिका अति महत्वपूर्ण हो जाती है। लेनिन ने यह हिदायत दी है कि पूंजीपति वर्ग द्वारा मजदूर वर्ग के कुछ नेताओं या कामगार वर्ग के सदस्यों को घूस (Bribe) और रियायतें देकर खरीदा जा सकता है इसलिए एक क्रांतिकारी दल गठन अति आवश्यक है जो क्रांतिकारी सर्वहारा के वास्तविक कार्य को अंजाम दे सके।

लेनिन की अभिव्यक्ति के अनुसार, साम्यवादी दल व्यवस्था में समाज के सदस्यों को दल का सदस्य बनाकर उनमें अपनी विचारधारा का प्रचार–प्रसार करके उन्हें समाजवाद को अपनाने के लिए प्रेरित करेगा, ताकि वे पूंजीवादी व्यवस्था का सफाया कर सके। इनका मानना है कि क्रांति के पश्चात् जब साम्यवादी दल द्वारा सत्ता की बागडोर संभाली जाएगी, तभी सर्वहारा वर्ग का अधिनायकतंत्र (Dictatorship of Proletariat) स्थापित हो पाएगा। सत्ता संभालने के बाद साम्यवादी दल उत्पादन के प्रमुख साधनों पर सामाजिक स्वामित्व स्थापित करेगा और अपनी समस्त शक्तियों के साथ राज्य के सभी संसाधनों का इस्तेमाल पूंजीवाद के अवशेषों को मिटाने के लिए करेगा। सर्वहारा अधिनायकतंत्र के अंतर्गत किसी प्रतिस्पर्द्धी दल के अस्तित्व–निर्माण की इजाजत नहीं होती है। यहां साम्यवादी दल का एक महती कार्य है पुराने पूंजीपति वर्ग, प्रतिक्रांतिकारी शक्तियों (Counter Revolutionary Forces) को कुचलकर समाज से वर्गभेद को समाप्त करने की कोशिश करना। सर्वहारा वर्ग के अधिनायकतंत्र के अंतर्गत सिर्फ समाजवाद की संस्थापना की जाएगी, जिसका उद्देश्य साम्यवाद की ओर कदम बढ़ाना होगा। साम्यवाद के अन्तर्गत समाज वर्गविहीन हो जाएगा और राज्य रूपी संस्था भी समाप्त हो जाएगी।

आलोचना (Criticism)–लेनिन द्वारा प्रतिपादित दलीय सिद्धांत वर्ग संघर्ष के ढांचे पर आधारित हैं। यह सिद्धांत व्यवस्था में पूंजीपति वर्ग और कामगारवर्ग के परस्पर विरोधी हितों की संवृद्धि की दृष्टि से दोनों वर्गों के लिए राजनीतिक दलों उद्भव के आधारों, उनकी भूमिका और संदर्भित महत्त्व के आयामों पर प्रकाश डालता है, लेकिन इसमें उदारवादी लोकतंत्र में गैर साम्यवादी दलों के मध्य प्रतिस्पर्द्धा के आयामों–मुद्दों पर कोई राय व्यक्त नहीं की गई है। यह सिद्धांत कामगार वर्ग के लिए भी एक ही राजनीतिक दल साम्यवादी दल के अस्तित्व का पुष्टिकरण करता है जिससे शासन में साम्यवादी दल के एकाधिकार की परिस्थिति का सृजन होता है।

यह सिद्धांत सामान्य कामगार की समझदारी, विवेक, सूझबूझ, भावनाओं, आदि को विशेष महत्त्व प्रदान नहीं करता है बल्कि संपूर्ण कामगार वर्ग के प्रतिनिधि के रूप में इस वर्ग की ओर से शक्ति प्रयोग का आधिकार दल के शीर्ष नेतृत्व को सौंपता है, जिसे लेनिन ने 'व्यावसायिक क्रांतिकारियों की अग्रपंक्ति' (Vanguard of Professional Revolutionists) का नाम दिया है। इसके अंतर्गत साधारण कामगार को दल की नीतियों व निर्णयों के संबंध में विचार व्यक्त करने या भावनाओं को प्रदर्शित करने का अवसर नहीं दिया गया है। दल संबंधी निर्णय लेने या किसी भी प्रकार की कार्रवाई करने का अधिकार दल के अधिकारियों को दिया गया है। इसके परिणामस्वरूप दल के अन्दर लोकतंत्र की परिस्थितियां समाप्त हो जाती हैं। वस्तुतः, यह सिद्धांत सर्वहारा के अधिनायकतंत्र के नाम पर साम्यवादी दल के अधिनायकतंत्र की संस्थापना करता है।

सैद्धांतिक रूप से लेनिन ने लोकतंत्रीय केन्द्रवाद के तहत कामगारों को अपना नेता चुनने का अधिकार दिया है, लेकिन तात्त्विक स्तर पर कामगारों के नेतृत्व चयन की स्वतंत्रता मात्र औपचारिक है। उम्मीदवारों के नामों का चयन दलीय अधिकारियों के हाथों में निहित होता है और कामगार सिर्फ उन नामों पर चुनाव के माध्यम से औपचारिक अनुमोदन करते हैं। कामगारों के लिए अपने नेता के आदेशों व निर्देशों का पालन करना अनिवार्य माना गया है। यदि वास्तव में लोकतंत्रीय केन्द्रवाद के सिद्धांत का इस्तेमाल दलीय संगठन के विभिन्न अंगों के चुनाव के लिए प्रयोग में लाया जाए, तो भी दल के अन्दर चयन–प्रक्रिया में लोकतंत्र के लिए कोई गुंजाइश नहीं दिखती है, क्योंकि सिद्धांत के अनुरूप शासन का निचला अंग अपने ऊपर के अंग का चुनाव करेगा, लेकिन फिर उन्हीं के निर्णय से बंधा रहेगा। इसका नतीजा यह निकलेगा कि निचले स्तर के सदस्य अपने प्रतिनिधि के रूप

में सही नेतृत्व का चयन तो करेंगे, लेकिन अपने विचारों, सुझावों या सूझबूझ से अपने प्रतिनिधि को अवगत नहीं करा पाएंगे, क्योंकि ऊपर से मिलने वाले निर्णय को मानना उनकी राजनीतिक बाध्यता होगी।

इन समालोचनाओं के सारांश के रूप में यही कहा जा सकता है कि मार्क्स दर्शन के अंतर्गत सर्वहारा वर्ग के अंदर समानता व स्वतंत्रता की जो संभवानाएं छोड़ी गई थीं, लेनिन ने अपने इस सिद्धांत द्वारा उसे भी हाशिए पर ढकेल दिया है। लोकतंत्र का आधारतत्त्व यह है कि व्यवस्था के सदस्यों को सार्वजनिक नीतियों व निर्णयों के निर्माण में भागीदारी का अवसर मिले, लेकिन लेनिन द्वारा प्रस्तुत तथा कथित लोकतंत्रीय केन्द्रवाद यथार्थ की जमीन पर ऐसे अवसरों की समाप्ति का द्योतक है। इसमें साम्यवादी दल का सरोकार सिर्फ सर्वहारा वर्ग की शक्तियों को संगठित, अनुशासनबद्ध और गतिमान करने से है तथा उन्हें अपनी भावनाओं, विचारों एवं सुझावों की अभिव्यक्ति की आजादी से वंचित करना है।

मिशेल्स का सिद्धांत (Michel's Theory)

रॉबर्ट मिशेल्स को राजनीतिक समाजविज्ञान के अग्रदूत की संज्ञा दी गयी है। इन्होंने अपनी प्रसिद्ध रचना 'Political Parties, 1911' में जर्मन और इतालवी समाजवादी दलों (Socialist Parties) का विशद् विश्लेषण प्रस्तुत किया है। इस विश्लेषण में जर्मन सोशल डेमोक्रेटिक पार्टी की अंदरूनी राजनीति को केन्द्र में रखा गया है। अपनी कृति 'पॉलिटिकल पार्टीज' के अन्तर्गत मिशेल्स ने यह अभिव्यक्ति की है कि किसी भी व्यवस्था में आविर्भावित (Emersed) राजनीतिक दल की प्रवृत्ति अपनी व्यवस्था की समकालीन ऐतिहासिक अवस्था से निर्धारित एवं नियमित होती है। जहां लेनिन के सिद्धांत–विश्लेषण का आधार समाज की सामाजिक व आर्थिक प्रतिस्पर्द्धा है और उनका सिद्धान्त पूंजीपति वर्ग तथा सर्वहारा वर्ग के बीच मौजूद संघर्षों के इर्द–गिर्द घूमता है, वहीं मिशेल्स का अध्ययन–विश्लेषण लोकतंत्र में प्रचलित राजनीतिक दलों पर अपना ध्यान केन्द्रित करता है।

मिशेल्स द्वारा राजनीतिक दल की आंतरिक कार्यशैली पर प्रकाश डालने के लिए 'गुटतंत्र के लौह नियम' (Iron Law of Oligarchy) की प्रस्तुति की गई है। इस प्रतिपादन के अंतर्गत मिशेल्स की मुख्य मान्यता यह है कि सभी संगठित समूह चाहे वह राज्य हो, राजनीतिक दल हो, मजदूर संघ हो या कोई और संघ, व्यावहारिक जमीन पर गुटतंत्र का रूप धारण कर लेता है। इसका तात्पर्य यह है कि उस संगठन की समस्त शक्तियों का केंद्रीकरण कुछ गिने–चुने नेताओं के हाथो मे सिमट जाता है। चाहे किसी संगठन का औपचारिक संविधान का स्वरूप जैसा भी हो गिने–गिनाए शीर्षस्थ शख्सियत ही संगठन की शक्तियों के वास्तविक प्रयोगकर्ता होते हैं। राजनीतिक दल से प्रासंगिक गुटतंत्रीय विचार की अभिव्यक्तिक्रम में, मिशेल्स ने यह स्पष्ट किया है कि संगठन के रूप में निर्णय लेने की समस्त शक्ति अन्ततः दल के अन्दर शक्तिशाली गुट के हाथों में केन्द्रित हो जाती है। 'जर्मन सोशल डेमोक्रेटिक पार्टी' के संबंध में विश्लेषण प्रस्तुत करते हुए मिशेल्स ने यह स्पष्ट किया है कि इस राजनीतिक दल का संविधान लोकतांत्रिक है और दल का उद्देश्य लक्ष्य भी क्रांतिकारी (Revolutionary) है, इसके बावजूद दल का वास्तविक स्वरूप अधिकारीतंत्रीय हो गया है, और नेताओं की प्रवृत्ति रूढ़िवादी हो गई है। इनका मानना है कि जब भी संगठन शब्द का प्रयोग किया जाता है तो इसका आशय 'गुटतंत्र' (Oligarchy) से होता है। इनकी अभिव्यक्ति है कि लोकतंत्र में राजनीतिक दल अपने गुटतंत्रीय चरित्र को नेपथ्य में रखकर अपनी छद्म (Dissimulation) छवि प्रस्तुत करते हैं लेकिन तात्त्विक स्तर पर सभी दल लोकतंत्रीय पाखण्ड की आड़ में गुटतंत्रीय चरित्र का पोषण करते हैं।

मिशेल्स ने किसी भी शासन व्यवस्था के संचालन के लिए संगठन की अनिवार्यता को स्वीकारा है। इनकी दृष्टि में जब कोई समूह या समुदाय अपने राजनीतिक व आर्थिक लक्ष्य सिद्धि का दावा करता है, तब इस सामूहिक इच्छा (Collective Will) की अभिव्यक्ति के लिए संगठन के अस्तित्व का निर्माण अति आवश्यक हो जाता है। संगठन के माध्यम से समाज का कमजोर पक्ष ताकतवर पक्ष के विरुद्ध संघर्ष–अभियान चला सकता है। यानी कि समाज में किसी भी प्रकार की कार्रवाई को अंजाम देने के लिए संगठन की जरूरत होती है। संगठन वैचारिक साम्यता का द्योतक है जिसके माध्यम से एकता के बल पर सामाजिक, राजनीतिक व आर्थिक

लक्ष्यों को सिद्ध किया जा सकता है। संगठन के अस्तित्व को कायम रखने तथा इसकी छत्रछाया में प्रभावशाली कार्रवाई को अंजाम देने के लिए नेतृत्व के चयन की आवश्यकता होती है। नेतृत्व में संगठन को चलाने के लिए तकनीकी विशेषज्ञता और निपुणता की जरूरत होती है, क्योंकि साधारण सदस्यों में तकनीकी विशेषज्ञता व निपुणता का अभाव पाया जाता है। नतीजतन दलों की गतिविधियों को समझने तथा उनका पर्यवेक्षण (Supervision) करने के लिए सभी संगठनों में एक अधिकारीतंत्र के अस्तित्व का उदय होता है जिसमें श्रेणीतंत्रीय व्यवस्था (Hierarchy System) के अंतर्गत संगठन की शक्ति शिखर पर बैठे गिने–चुने नेताओं के हाथों में सिमटी होती है। ऊंचे स्तरों पर बैठे नेता अपने प्रभाव का संचयन करके तथा चुनावी जुगत भिड़ाकर पार्टी के कार्यकारी पदों पर लगातार बने रहते हैं।

संगठन के विधायी या कार्यकारी पदों की चुनावी प्रतियोगिता में दलों को अपनी मजबूत स्थिति बनाए रखने के लिए यह आवश्यक है कि उनके नेतृत्व में स्थायित्व का गुण शामिल हो। इससे नेतृत्व को दलीय संगठन के अन्दर अपनी स्थिति मजबूत करने का अवसर मिलता है, साथ ही जनता को भी ऐसे ही नेतृत्व की जरूरत होती है। ऐसे ही नेतृत्व के संगठन की समस्त सूचनाओं, आंतरिक संवाद प्रणाली (Internal Communication System) तथा पार्टी कोष (Party Fund) पर नियंत्रण होता है। पार्टी में प्रचार के साधनों पर भी इनका नियंत्रण होता है। पार्टीगत इन सभी आयामों पर अपनी पकड़ बनाए रखने की वजह से इनके महत्त्व में कभी कमी नहीं आती है और अपनी कुर्सी पर इनका दावा सदैव बना रहता है। इस प्रकार, लोकतंत्रीय व्यवस्था में राजनीतिक दल का नेतृत्व आरंभिक दौर में तो जनउत्तरदायी और जनसरोकरगत भावनाओं से अभिप्रेरित होता है, लेकिन दलीय सांगठनिक स्वरूप की दृष्टि से दलीय नेताओं में धीरे–धीरे स्वार्थी प्रवृत्ति का आविर्भाव होता है, जो उन्हें जनसमूह की इच्छा की अनदेखी करने तथा उसे तोड़–मरोड़ कर अपनी इच्छा के अनुरूप ढालने के लिए प्रेरित करता है। इस परिस्थिति एवं मनोवृत्ति के वशीभूत होकर जनप्रतिनिधि जनता के सेवक होने के बजाय, यथार्थतः संगठन के स्वामी बन जाते हैं। यानी कि सांगठनिक स्वरूप की वजह से निर्वाचित नेता निर्वाचकों पर अपना प्रभुत्व स्थापित कर लेते हैं। इस प्रकार, आदेश देने वाली जनता पर आदेश लेने वाले नेताओं का और शक्ति प्रदान करने वाली जनता पर शक्ति अर्जित करने वाले नेतृत्त्व वर्ग का नियंत्रण स्थापित हो जाता है।

मिशेल्स का यह मानना है कि वास्तविक स्तर पर जनता का शासन एक काल्पनिक विषय है जो राजनीतिक स्तर पर लोकतंत्रीय ढोंग है। यह उम्मीद करना व्यर्थ है कि व्यवस्था के लोकतंत्रीकरण (Democratisation) के साथ जनसाधारण शक्तिशाली होते जाएंगे। संगठित होने के बावजूद जनसमूह में समस्याओं को सुलझाने की वह क्षमता या तकनीकी विशेषज्ञता नहीं होती है जो संगठन के नेताओं के पास होती हैं। नेतृत्व में मौजूद ये विशेष शक्तियां ही उसे जनसाधारण से दूर करता है तथा संगठन में अधिकारीतंत्र के अस्तित्व को मजबूती प्रदान करता है। मिशेल्स ने कहा है कि संवैधानिक प्रावधानों के तहत समाजवादी दल के नेता का चुनाव साधारण सदस्यों द्वारा होता है और वे उन्हीं के प्रति उत्तरदायी भी होते हैं। इनसे यह उम्मीद की जाती है कि वे दल द्वारा निर्धारित एवं अधिकृत कार्यक्रमों का कार्यान्वयन यथोचित रूप में करेंगे, लेकिन दल के नेता इस उत्तरदायित्त्व से विमुख होकर अपनी मनमानी करने लगते हैं। इन परिस्थितियों में प्रत्येक राजनीतिक दल के अंतर्गत गुटतंत्र का आविर्भाव एक अनिवार्य तत्त्व है, इसीलिए मिशेल्स ने इसे 'लौह नियम' (Iron law) की संज्ञा दी है। यहां मिशेल्स ने तर्क दिया है कि कामगार वर्ग को भी पूंजीपति वर्ग का सामना करने के लिए, पूंजीपतियों के विरुद्ध संघर्ष के लिए तथा पूँजीपति वर्ग को धराशायी करने के लिए संगठन की जरूरत होती है जिसकी छत्रछाया में संगठित होकर कामगार राजनीतिक प्रतिरोध (Political Resistance) की क्षमता उपार्जित करते हैं, साथ–ही सामाजिक प्रतिष्ठा भी अर्जित करते हैं। जब अपने लक्ष्यों को प्राप्त करने के लिए कामगार संगठित होते हैं तो वहां भी संगठन के अन्दर अधिकारीतंत्र का अस्तित्व उभरता है। संगठन का नियंत्रण इस अधिकारीतंत्र के हाथों में आ जाता है, एवं संगठन पर दलीय अधिकारियों का नियंत्रण स्थापित हो जाता है और साधारण सदस्यों के हितों की अनदेखी की जाने लगती है। इस तरह, कामगारों के संगठन पर भी शीर्ष नेतृत्व का एकाधिकार स्थापित हो जाता है।

सारांशतः, यह कहा जा सकता है कि जर्मन समाज वैज्ञानिक रॉबर्ट मिशेल्स ने अपने दलीय सिद्धांत में गुटतंत्रीय प्रवृत्ति (Oligarchical Attitude) को राजनीतिक दल के आधारतत्त्व के रूप में प्रस्तुत किया है।

समालोचना (Criticism)–समालोचकों के मतानुसार, दलीय गुटतंत्र के संबंध में मिशेल्स के विश्लेषण में जितनी सजीवता है, उतनी स्पष्टता नहीं है। राजनीतिक नेतृत्व तथा तकनीकी विशेषज्ञों के बीच और दल के अंदरूनी तथा बाह्य दबावों के बीच का अन्तर स्पष्ट नहीं किया गया है। जटिल संगठन के अन्तर्गत नेतृत्व प्राप्ति के लिए अनेक समूहों के बीच जो प्रतिस्पर्द्धाएं चलती रहती हैं और संगठन अपने अन्दर चलने वाले प्रतिस्पर्धी नेतृत्व की बहुलता को किस हद तक बढ़ावा दे पाता है, इस तथ्य के स्पष्टीकरण में भी मिशेल्स खरा नहीं उतर पाए हैं। लोकतंत्र की संभावनाओं पर मिशेल्स द्वारा जो निराशावादी दृष्टिकोण व्यक्त किया गया है, वह भी युक्तिसंगत नहीं है। यह आवश्यक नहीं है कि दलों का गुटीय नेतृत्व हमेशा जनसाधारण की रुचि–अरुचि की अवहेलना करेगा तथा दलों की कार्यशैली में आन्तरिक लोकतंत्र कायम नहीं हो पाएगा। राजनीतिक दल अपने अनुशासन के दायरे में बंधे रहकर भी मतदाताओं की पसंद का ख्याल रख सकते हैं और मतदाताओं को चयन की स्वतंत्रता प्रदान कर सकते हैं।

निष्कर्ष (Conclusion)

ऊपर विवेचित समालोचनाओं के बावजूद यह सत्य है कि मिशेल्स ने 'गुटतंत्र के लौह नियम' का प्रतिपादन करके राजनीतिक दलों, दबाव समूहों तथा अन्य संघों के संगठनों से संदर्भित जिस अनुभवमूलक दृष्टिकोण को प्रस्तुत किया उससे लोकतंत्रीय सिद्धांत की व्याख्या को नया अनुभवजन्य तथा परिस्थितिजन्य आधार मिला है। इस प्रकार, अनेक खामियों के बावजूद दलीय विश्लेषण की दृष्टि से यह सिद्धांत काफी प्रासंगिक और अर्थपूर्ण है।

डूवर्जर का सिद्धांत (Duverger's Theory)

फ्रांसीसी राजनीति वैज्ञानिक मोरिस डूवर्जर ने अपनी प्रसिद्ध रचना 'Political Parties, 1955' में यह कहा है कि राजनीतिक दलों के उद्भव को समझना अत्यंत सरल है। आरंभ में संसद् के भीतर चलने वाले कुछ मुद्दों के संबंध में सहमति के आधार पर कुछ समूहों का अस्तित्व उभरता है, इसके बाद निर्वाचन समितियां बनती हैं और अन्ततः इनके बीच तत्त्वतः संबंध स्थापित होता है, जिसके परिणामस्वरूप राजनीतिक दल का अस्तित्व–निर्माण होता है। इन संसदीय समूहों का उद्भव किसी राजनीतिक सिद्धांत (Political Doctrine) के इर्द–गिर्द होता है। इसके अतिरिक्त व्यावसायिक हितों की समानता या भौगोलिक निकटता भी ऐसे समूहों के उद्भव का आधार माध्यम बनता है। कभी–कभी व्यवस्था के सदस्यों में मौजूद व्यक्तिगत स्वार्थ, परस्पर लाभ की प्राप्ति या लेन–देन से संबंधित विचार भी कुछ लोगों को एक–दूसरे के नजदीक ला देता है। मताधिकार के विस्तार के साथ–साथ दलीय नेतृत्व में नए मतदाताओं को अपने दल की ओर आकर्षित करने तथा अपने दल में भर्ती करने की इच्छा बलवती होती जाती है। सही मायने में दलीय राजनीति (Party Politics) के विस्तार का यही आधारतत्त्व है। दृष्टांतस्वरूप, बीसवीं सदी के पूर्वार्द्ध में यूरोप में समाजवादी दलों के विस्तार का प्रधान कारण वहां के अधिकांश देशों द्वारा सार्वभौम मताधिकार (Universal Franchise) को लागू करना था।

डूवर्जर की यह स्वीकारोक्ति है कि कुछ राजनीतिक दलों का आविर्भाव संसद् के बाहर भी संभव है। संसद् के बाहर उत्पन्न हुए राजनीतिक दलों के क्रियाकलापों में दार्शनिक समाज, कामगार क्लब, पत्रकार संघ–जैसी बाह्य संस्थाएं हस्तक्षेप करने लगती हैं। ऐसी संस्थाएं संसद् के अन्दर या बाहर दोनों जगह राजनीतिक दलों के उद्भव का आधार–माध्यम बन सकती है। ब्रिटिश लेबर पार्टी के आविर्भाव का कारक इस तथ्य का बेहतर उदाहरण है। इस पार्टी के जन्म में फेबियन सोसायटी (Fabian Society) द्वारा विशेष रूप से आधारीय तत्त्व की भूमिका निभायी गई है। डूवर्जर की अभिव्यक्ति के अनुसार कहीं–कहीं धार्मिक संप्रदाय, भूतपूर्व सैनिकों का संगठन या गुप्त समाज भी राजनीतिक दलों के जन्म का आधारक हो सकता है। उदाहरणस्वरूप, रूस के साम्यवादी दल को बोल्शेविक क्रान्ति से पूर्व एक गैर वैधानिक संगठन, घोषित किया गया था, लेकिन बाद के वर्षों में वही

कम्युनिस्ट पार्टी सोवियत संघ की सर्वोच्च वैधानिक इकाई के रूप में सत्तारूढ़ हुई और सोवियत संघ के विघटन की कालावधि तक सोवियत व्यवस्था पर इस राजनीतिक दल का वर्चस्व कायम रहा।

डूवर्जर का यह मानना है कि जिन दलों का आविर्भाव संसद् से बाहर की परिस्थितियों में होता है उनमें केन्द्रीकरण की प्रवृत्ति काफी तेज और प्रबल होती है और दलीय अनुशासन भी ज्यादा सख्त होता है, क्योंकि अपने सदस्यों को नियंत्रित करने के लिए उनके पास पहले से ही व्यापक संगठन मौजूद होता है। लेकिन, ऐसे दल अपने विशाल सांगठनिक क्षमता के बावजूद अपनी लक्ष्य–सिद्धि की दृष्टि से संसद् में जन्म लेने वाले दलों की अपेक्षाकृत कम प्रभावकारी होते हैं। जबकि संसद् के अन्दर जिन दलों का उद्‌भव होता है वे लक्ष्य–पूर्ति की दृष्टि से ज्यादा सामर्थ्यवान् और फलकारी होते हैं क्योंकि सत्ता के समस्त स्रोतों से उनका सीधा सरोकार होता जो उनकी लक्ष्य–प्राप्ति में साधक की भूमिका निभाता है।

राजनीतिक दलों का वर्गीकरण (Classification of Political Parties)

राजनीतिक दलों की संगठनात्मक संरचना के विश्लेषणक्रम में डूवर्जर ने राजनीतिक दल को चार प्रकारों में वर्गीकृत किया है : 1. गुटबैठक, 2. शाखा दल, 3. कोशिका दल, 4. नागरिक सेना।

1. **गुट बैठक (Caucus) या समिति**–इस कोटि में आने वाले दल की सबसे बड़ी विशेषता इसकी सीमित सदस्य संख्या है। इसमें इने–गिने (Very Few) सदस्य होते हैं। विशाल जनसमूह को अपना सदस्य बनाने में इनकी कोई रुचि नहीं होती है। सदस्य बनाने के समय ये उनकी गुणवत्ता (Quality) पर विशेष ध्यान देते हैं, उनकी संख्या इनके लिए कोई मायने नहीं रखती। इनका मुख्य कार्य चुनावी गतिविधियों पर अपना ध्यान केन्द्रित करना है। चुनाव नहीं होने पर ये निष्क्रिय रहते हैं यानी कि सुप्त अवस्था (Deep Sleep Stage) में होते हैं। इसके सदस्यों में स्थानीय गणमान्य व्यक्ति (Local Distinguished People) शामिल होते हैं या फिर स्थानीय संगठनों के प्रतिनिधि (Delegates) शामिल होते हैं जो दल बनाने के उद्देश्य को ध्यान में रखकर एक जगह इकट्ठे होते हैं और एक साथ मिलजुल कर कार्य करते हैं। डूवर्जर की अभिव्यक्ति के अनुसार, फ्रांस तृतीय और चतुर्थ गणराज्य के समय की रैडिकल पार्टी और 1918 की पूर्व की ब्रिटिश लेबर पार्टी गुट बैठक की कोटि के दल का बेहतर उदाहरण है। यहां इनके द्वारा यह स्वीकार किया गया है कि मताधिकार के विस्तार साथ–साथ ऐसे दलों के पतन का दौर शुरू हो गया है।
2. **शाखा–दल (Branch Party)**–दल की इस कोटि का आविर्भाव पश्चिमी यूरोप में मताधिकार के विस्तार का नतीजा है। इसकी संख्या में गुट बैठक की तरह सिर्फ गिने–चुने सदस्य ही शामिल नहीं होते हैं बल्कि यह जनसमूह (Mass) पर आधारित दल है जो अपनी सदस्य संख्या के ज्यादा से ज्यादा विस्तार में विश्वास व्यक्त करते हैं। मोटे तौर पर यह एक केंद्रीय ढांचे के अन्तर्गत कार्य करता है, लेकिन इसकी बुनियादी इकाइयां (Basic Units) भौगोलिक आधार पर निर्वाचन क्षेत्रों की व्यवस्था के अनुरूप बंटी होती हैं। इसकी सक्रियता सिर्फ चुनाव तक सीमित नहीं होती है, अपितु इसकी गतिविधियां निरन्तर जारी रहती हैं। जर्मन सोशल डेमोक्रेटिक पार्टी दलीय संगठनात्मक ढांचे के इस स्वरूप का समीचीन उदाहरण प्रस्तुत करता है। यूरोप में कामगार वर्ग को मताधिकार का अधिकार मिलने के पश्चात् वहां के समाजवादी दलों द्वारा इस ढाँचे का आविष्कार किया गया और कैथोलिक तथा कंजर्वेटिव पार्टियों द्वारा भी इसका अनुकरण किया गया। लेकिन, कहीं इसकी कामयाबी का ग्राफ कम रहा, तो कहीं ज्यादा। वस्तुतः, जर्मन सोशल डेमोक्रेटिक पार्टी में शक्ति का केन्द्र एक संसदीय समूह के हाथों में केन्द्रित होता है। जर्मन संसद् के अवर सदन (Lower House) के सदस्य इस समूह के सदस्य होते हैं। दल के अन्दर शक्ति आवंटन की दृष्टि से 'जर्मन सोशल डेमोक्रेटिक' पार्टी का संगठनात्मक ढांचा ब्रिटिश लेबर पार्टी से काफी हद तक मिलता है।

3. **कोशिका दल (Cell Party)**–दलीय संरचना का यह स्वरूप मूलरूप से क्रान्तिकारी समाजवादी दलों की उपज है। इनका संगठनात्मक ढाँचा भौगोलिक क्षेत्रों के बजाय कार्यस्थल (Workplace) से संबद्ध होता है। शाखा दलों की तुलना में कोशिका दल का आकार छोटा होता है, लेकिन शाखा दल की भांति ये भी सदैव राजनीतिक गतिविधियों को अंजाम देने के लिए तैयार रहते हैं। वस्तुतः, कोशिका का आविर्भाव गुप्त रूप से भूमिकाओं के निर्वहन के लिए हुआ था, इसलिए इनकी रुचि चुनाव जीतने से ज्यादा गुप्त गतिविधियों को अंजाम देने में रही है। इनकी सभी इकाइयां ऊपर से नीचे की ओर केन्द्रीय ढाँचे के साथ जुड़ी रहती हैं लेकिन समान धरातल पर इनकी अलग–अलग इकाइयों में परस्पर संपर्क को सीमित रखा जाता है। इस प्रकार, के प्रबन्धन का उद्देश्य दल को दुश्मन की घुसपैठ से सुरक्षित रखने के लिए किया जाता है। यूरोप की कम्युनिस्ट पार्टी का ढाँचा इसका बेहतर उदाहरण है लेकिन फ्रांस की कम्युनिस्ट पार्टी में इस ढाँचे को ज्यादा तरजीह नहीं दी गयी, क्योंकि उनकी अभिरुचि चुनाव जीतने में ज्यादा रही है। इसका वर्तमान ढाँचा शाखा दल की संरचना के काफी करीब है।
4. **नागरिक सेना (Militia)**–इसका ढाँचा सेना के पदसोपान संगठन से काफी मिलता–जुलता है, यानी कि श्रेणीबद्ध व्यवस्था के तहत इसमें क्रम परम्परा के रूप में सत्ता ऊपर से नीचे के स्तर पर क्रमिक रूप में उतरती है। कोशिका दल की भांति नागरिक सेना का संरचनात्मक ढांचा भी क्रान्तिकारी दलों के लिए ज्यादा यथोचित रहा है। उतरी आयरलैण्ड के कुछ परसैनिक संगठनों (Paramilitary Organisations) को इस कोटि में रखा जा सकता है। हिटलर का 'स्टॉर्म ट्रूपर्स (Storm Troopers)' और मुसोलिनी का 'फासिस्ट मिलीसिया' (Fascist Militia) इस कोटि के बेहतर उदाहरण हैं। **डूवर्जर** द्वारा यहां स्पष्ट किया गया है कि किसी राजनीतिक दल को सिर्फ नागरिक सेना को आधार–माध्यम बनाकर खड़ा नहीं किया जा सकता है।

वस्तुतः **डूवर्जर** की यह स्वीकारोक्ति है कि यदि दलीय संरचना के आधार पर प्रस्तुत कोटियों की दृष्टि से देखें तो यह स्पष्ट होता है कि दलीय संगठन के रूप में इनमें से कोई भी ढाँचा परिपूर्ण नहीं है, इसलिए वास्तविक स्तर पर सभी देशों में मौजूद राजनीतिक दलों के अस्तित्व में इनका मिलाजुला रूप ही मौजूद है।

समालोचना (Criticism)–समकालीन राजनीतिक दलों के बहुआयामी अस्तित्व, भूमिकाएं एवं महत्त्व को देखते हुए यह कहा जा सकता है कि डूवर्जर द्वारा प्रतिपादित वर्गीकरण अब काफी पुराना हो चुका है। डूवर्जर ने इसकी प्रस्तुति 1955 में की थी, तब से आज तक राजनीतिक दल में संगठनात्मक एवं कार्यात्मक स्तर पर काफी बदलाव आया है। अमेरिकी दलीय प्रणाली के विश्लेषण के लिए यह वर्गीकरण कभी उपयुक्त नहीं था। कम्युनिस्ट पार्टियों में भी कोशिश दल रूपी ढाँचे को ज्यादा लोकप्रियता नहीं मिली। इस प्रसंग में जीन ब्लोण डेल का कहना है कि डूवर्जर द्वारा अपने वर्गीकरण में जिन दलों को गुटबैठक (Caucus) और जनसमूह दल (Mass Party) का नाम दिया है उन्हें क्रमशः अप्रत्यक्ष शासन (Indirect Rule) और प्रत्यक्ष शासन (Direct Rule) में विश्वास व्यक्त करने वाले दलों की कोटि में रखना चाहिए। ब्लोण्डेल का यह तर्क है कि किसी भी व्यवस्था में अस्तित्व रखने वाले राजनीतिक दल की प्रकृति को उसकी सदस्य संख्या के आधार पर आंकना सही नहीं है, बल्कि आंकने का आधार दल के नेतृत्व और उसके अनुयायियों (Followers) के मध्य मौजूद परस्पर संबंध होना चाहिए, यानी कि दल के सदस्यगण अपने नेताओं के प्रति कितनी आस्था या निष्ठा रखते हैं–यही दल के आकलन का वास्तविक आधारतत्त्व होना चाहिए।

सारटोरी का सिद्धान्त (Sartori's Theory)

इतालवी राजनीति वैज्ञानिक ज्योवानी सारटोरी ने अपनी प्रसिद्ध रचना 'Parties and Party Systems: A Frame Work for Analysis, 1976' में बहुदलीय प्रणालियों (Multi Party Systems) के समीचीन विश्लेषण के लिए एक

ढांचे की प्रस्तुति की है। इस विश्लेषण में सारटोरी द्वारा दो प्रकार की बहुदलीय प्रणालियों में अन्तर करने का सुझाव प्रस्तुत किया गया है : 1. संयत बहुलवादी प्रणालियां (Moderate Pluralist System), और 2. ध्रुवीकृत बहुलवादी प्रणालियां (Polarized Pluralist Systems)।

सारटोरी का मानना है कि ध्रुवीकृत बहुलवादी प्रणाली देश में राजनीतिक गतिहीनता (Political Immobility) को जन्म देती है जो कभी भी लोकतंत्र के अस्तित्व के लिए घातक साबित होता है।

सारटोरी द्वारा प्रतिपादित विश्लेषण से पहले एंथनी डाउन्स द्वारा चुनावी प्रतियोगिता (Electoral Competition) के समस्तरीय सिद्धान्त (Spatial Theory) का प्रतिपादन किया गया था। इनकी अभिव्यक्ति है कि, ''राजनीतिक दल अधिकतम वोट बटोरने का साधन है।'' साधारणतया मतदाता विचारधारात्मक स्तर (Ideological Level) पर अलग–अलग विचारधारओं में बंटे होते है। उदाहरणस्वरूप, मतदाता वामपंथी तथा दक्षिणपंथी विचारों से प्रभावित होकर अलग–अलग खेमों में बंटे होते हैं और राजनीतिक दलों द्वारा उन्हें अपनी ओर आकर्षित करने का गंभीर प्रयास जारी रहता है। डाउंस द्वारा प्रस्तुत विश्लेषणात्मक ढांचे को 'तर्कसंगत चयन ढाँचा' (Rational Choice Framework) कहा गया है।

सारटोरी ने अपने विश्लेषण में बहुदलीय राजनीति से प्रासंगिक इस ढांचे को संशोधित करते हुए ध्रुवीकृत बहुलवाद (Polarized Pluralism) के लक्षणों को रेखांकित किया है। सारटोरी का मानना है कि ध्रुवीकृत बहुलवाद को चार विशेष लक्षणों के आधार पर अन्य बहुदलीय प्रणाली से पृथक् पहचान दी जा सकती है।

प्रथम–सामान्यतया इसमें पांच से ज्यादा विचारणीय दलों (Relevant Parties) का अस्तित्व मौजूद होता है। यहां विचारणीय दल का आशय चुनाव जीतने का सामर्थ्य रखने वाले राजनीतिक दलों से नहीं है, अपितु उन दलों से है जो प्रचलित व्यवस्थाओं में अपना ख़ास राजनीतिक महत्त्व रखते हैं। इसका अर्थ यह हुआ कि मिलेजुले दलों की सरकार बनाए जाने की परिस्थिति में उस दल को गठबंधन में शामिल करना आवश्यक हो या व्यवस्था में मौजूद विभिन्न दलों के बीच होने वाली परस्पर राजनीतिक प्रतियोगिता में उस दल की उपेक्षा करना संभव न हो।

द्वितीय–ध्रुवीकृत बहुलवादी प्रणाली में विचारणीय दलों के बीच विचारधारात्मक राजनीतिक मतभेद इतना गहरा होता है कि नीतिगत मुद्दों पर न तो अभिजनवर्ग (Elites) में मतैक्यता होती है और न ही जनसाधारण (Mass) नीतिगत मुद्दों पर परस्पर सहमति का दृष्टिकोण रखते हैं।

तृतीय–ध्रुवीकृत बहुलवादी प्रणाली बहुध्रुवीय (Multipolar) होती है जिसमें एक से अधिक ध्रुव मौजूद होते हैं। इन ध्रुवों में एक केन्द्रीय ध्रुव (Central Pole) का अस्तित्व भी विद्यमान हो सकता है। यहां ध्रुव का तात्पर्य ऐसे गुणों, विचारों, परम्पराओं, मान्यताओं, नीतियों व कार्यक्रमों के समुच्चय से है जो व्यवस्था में मौजूद अपनी तरह के अन्य समुच्चयों के विपरीत और विरुद्ध होते हैं। इसी तरह, व्यवस्था में एक केन्द्रीय विचारधारा के अतिरिक्त अन्य परस्पर विरोधी विचारधाराओं की मौजूदगी भी संभव है।

चतुर्थ–इसमें उग्र बहुलवाद (Extreme Pluralism) विद्यमानता की वजह से अपकेन्द्रीय प्रवृत्ति (Centrifugal Drive) का अस्तित्व पाया जाता है, यानी कि इसमें विभिन्न दलों के मध्य चलने वाली प्रतिस्पर्द्धाएं व्यवस्था में उग्र मतभेद के जन्म की परिस्थितियां पैदा करती हैं। अलग–अलग विचार रखने वाले समूह केन्द्रीय विचारधारा से दूरी बनाने की कोशिश में लगे रहते हैं।

उपर्युक्त विवेचित तथ्यों से यह स्पष्ट होता है कि ध्रुवीकृत बहुलवादी प्रणाली के अंतर्गत पांच से अधिक 'विचारणीय दलों के बीच चलने वाली राजनीतिक प्रतिस्पर्द्धा दलों को विचारधारात्मक (Ideological), धार्मिक (Religious), भाषाई (Linguistic), संजातीय (Ethnic) या ऐसे ही किसी पृथक् संवर्ग (Category) में बांट देती है। ध्रुवीकृत बहुदलीय प्रणाली में व्यवस्था की समस्त राजनीति एक ही केन्द्रीय दल के इर्द–गिर्द घूमती रहती है इसलिए रचनात्मक भूमिका निभाने वाले उत्तरदायी विपक्ष के आविर्भाव की संभावना बहुत कम होती है। विरोधी दलों का लक्ष्य केवल सरकार पर आलोचनात्मक प्रहार करना है। उन्हें सत्ता प्राप्ति की कोई उम्मीद नहीं होती है इसलिए विपक्ष की राजनीतिक हैसियत से वे जो आश्वासन देते हैं, उसे पूरा करने की

जवाबदेही से वे वंचित रहते हैं। इस वजह से विरोधी दलों में उत्तरदायित्व की भावना का विकास नहीं हो पाता है। यह परिस्थिति व्यवस्था की राजनीति में गतिहीनता की स्थिति उत्पन्न करती है। इस प्रकार की राजनीतिक प्रणाली काफी कमजोर होती है जो आन्तरिक और बाह्य रूप से किसी भी प्रकार का आघात झेलने में समर्थ नहीं होने के कारण टूट कर बिखर जाती है। इसके दृष्टांतस्वरूप बाइमर जर्मनी, फ्रांस का चतुर्थ गणराज्य और चिली की राजनीतिक दशा को देखा जा सकता है। कुछ राजनीतिक व्यवस्थाओं में ध्रुवीकरण से उत्पन्न राजनीतिक गतिहीनता के साथ समझौता करके उसे अपना लिया जाता है। इटली और फिनलैंड की राजनीतिक व्यवस्था के नहीं टूटने की मुख्य वजह व्यवस्था में उत्पन्न परिस्थिति के साथ किया जाने वाला समझौता ही था।

सारटोरी द्वारा विवेचित संयत बहुदलीय प्रणालियों में भी पांच से अधिक दलों की विद्यमानता हो सकती है। लेकिन दलीय पहचान (Party Identification) के लिए उन्हें ध्रुवीकृत बहुलवादी प्रणालियों (Polarised Pluralist Systems) की भांति बहुत सारे परस्पर विरोधी संवर्गों में नहीं बांटा जाता है, अपितु किसी एक स्तर पर चलने वाली प्रतिस्पर्द्धाएं तीन या चार दलों तक ही सीमित रहती हैं।

समालोचना (Criticism)–दलीय प्रणाली के उपर्युक्त तीन रूपों में बहुदलीय प्रणाली पर विश्लेषण ापरक अध्ययन करने वाले विचारकों की संख्या काफी कम है। सारटोरी द्वारा बहुदलीय प्रणाली पर प्रस्तुत किया गया विश्लेषणात्मक विचार विषय प्रासंगिक प्रस्तुतीकरण का महत्त्वपूर्ण आयाम है। सारटोरी के इस उल्लेखनीय योगदान के बावजूद उनके विषयगत विश्लेषण में कुछ कमजोरियां हैं जिस पर प्रकाश डाला गया है। सारटोरी द्वारा इस विश्लेषण के माध्यम से यह बताने का प्रयास किया गया है कि ध्रुवीकृत बहुलवादी प्रणाली में केंद्रीय दल के अतिरिक्त सभी विरोधी दल परस्पर प्रतिस्पर्धा में लगे रहते हैं, लेकिन उनकी राजनीतिक गतिविधियों से केन्द्रीय दल को कोई विशेष राजनीतिक खतरे का सामना नहीं करना पड़ता है। सारटोरी की ये अभिव्यक्ति विषय को राजनीतिक वास्तविकता से दूर ले जाने का काम करता है।

समीक्षकों की अभिव्यक्ति के अनुसार जब विरोधी दल परस्पर राजनीतिक प्रतिस्पर्द्धा में उलझकर मतदाताओं को अपनी ओर आकर्षित करते हैं तो इस प्रक्रिया में कुछ केन्द्रीय दल के समर्थक मतदाताओं की भी उनकी ओर खिंच जाने की संभावना बनती है। इनका मानना है कि विरोधी दलों के बीच चलने वाली प्रतिस्पर्द्धा से व्यवस्था का प्रधान राजनीतिक दल भी प्रभावित होता है।

बहुदलीय प्रणाली के अध्ययन हेतु सारटोरी ने राजनीतिक दलों के विश्लेषणपरक अध्ययन के लिए जो ढांचा पेश किया है वह व्यवस्थागत राजनीति का विश्लेषण वामपंथी और दक्षिणपंथी प्रवृत्तियों के संदर्भ में करता है, लेकिन व्यावहारिक स्तर पर इनके बीच विभाजक रेखा खींचना कठिन कार्य है, ऐसे में यदि कोई विश्लेषक व्यवस्था में विभिन्न दलों को प्राप्त होने वाले समर्थन या विरोध का परिणाम निर्धारित करना चाहे तो ऐसे यथार्थपरक विश्लेषणात्मक अध्ययन के लिए यह ढांचा अनुपयोगी है।

भारत में दलीय व्यवस्था : विशेषताएं और समस्याएं (Party Systems in India: Features and Problems)

आजादी के पश्चात् सन् 1967, 1977 और 1989 के आमचुनावों के समय जो राजनीतिक परिदृश्य उपस्थित हुआ और जो चुनाव परिणाम सामने आये उनके आधार पर यह अनुमान लगाया जाने लगा कि भारत की दलीय व्यवस्था एक नई दिशा की ओर क़दम बढ़ाने जा रही है, लेकिन हर बार थोड़े बहुत बदलावों के बाद देश की दलीय व्यवस्था अपने मौलिक स्वरूप पर आकर ठहर जाती है।

भारत में स्वतंत्रता आन्दोलन के समय एक प्रभावकारी राजनीतिक संगठन के रूप में भारतीय राष्ट्रीय कांग्रेस का अस्तित्व–निर्माण हुआ। स्वतंत्रता–प्राप्ति के पश्चात् एक मजबूत अनुशासनबद्ध तथा व्यवस्थित राष्ट्रीय राजनीतिक व्यवस्था में अनेक दलों की मौजूदगी के बावजूद 1977 तक केन्द्रीय राजनीति में कांग्रेस पार्टी का एकछत्र प्रभुत्त्व कायम रहा। सन् 1967 के चौथे आमचुनाव में लगभग देश के आधे राज्यों की विधानसभाओं के चुनाव में कांग्रेस पार्टी स्पष्ट बहुमत प्राप्त करने में सफल नहीं हो पायी, जिसके परिणामस्वरूप उन राज्यों में पहली बार विरोधी दलों की मिलीजुली सरकार (Coalition Government) के रूप में गैर कांग्रेसी सरकारों का गठन हुआ। भारत के राज्यों की राजनीति में उभरती नई राजनीतिक प्रवृत्ति के संदर्भ में अनेक राजनीतिक विश्लेषकों द्वारा यह संभावना व्यक्त की गयी कि अब देश की राजनीति में एक दल की प्रधानता का युग समाप्त हो रहा है। इस प्रसंग में प्रसिद्ध राजनीतिक विश्लेषक रजनी कोठारी ने कहा कि ''भारतीय राजनीति एकदल की प्रधानता वाली स्थिति से निकल कर उस स्थिति में प्रवेश कर गयी है जिसमें विभिन्न दलों के बीच प्रभुत्व प्राप्त करने के लिए प्रतियोगिता आरंभ हो गयी है।''

सन् 1971 में पाँचवीं लोकसभा के चुनाव तथा 1972 में हुए विधानसभा के चुनावों में पुनः दलीय राजनीति अपने पुराने स्वरूप में सत्तारूढ़ हुई। यानी कि चुनाव परिणाम के रूप में दलीय व्यवस्था में एक दल की प्रधानता वाली बहुदलीय पद्धति का स्वरूप सामने आया। 1975 में प्रधानमंत्री श्रीमती गांधी द्वारा घोषित आपातकाल के विरुद्ध और राजनीतिक जागरूकता तथा लोकतंत्र के प्रति प्रतिबद्धता का परिचय देते हुए भारतीय मतदाताओं ने 1977 के छठी लोकसभा के चुनाव में सत्तारूढ़ कांग्रेस के विरोध में मतदान करके एकदलीय प्रभुत्ववाली कांग्रेसी सरकार को धराशायी कर दिया। इस चुनावी परिणाम द्वारा केन्द्रीय राजनीति में पहली बार गैर कांग्रेसी सरकार का गठन हुआ। केन्द्र में सत्तारूढ़ हुई जनता पार्टी के अस्तित्व–निर्माण में जिन पाँच राजनीतिक इकाइयों का योग था उनमें–संगठन कांग्रेस, भारतीय लोकदल, जनसंघ, समाजवादी दल तथा चन्द्रशेखर के नेतृत्व में विद्रोही कांग्रेसियों का समूह प्रमुख था। मई 1977 के प्रथम सप्ताह में जगजीवन राम की नेतृत्व वाली लोकतंत्रीय कांग्रेस (Congress for Democracy) का जनता पार्टी में जब विधिवत् विलय हो गया तो समीक्षकों द्वारा यह अनुमान लगाया जाने लगा कि देश की राजनीति में ध्रुवीकरण (Polarisation) की नई प्रवृत्ति शुरू हो गई है और संभवतः भारत की दलीय व्यवस्था में द्विदलीय पद्धति का अस्तित्व आकार लेगा। लेकिन, केंद्र में जनता पार्टी की सरकार बनने के कुछ महीने बाद से ही स्पष्ट संकेत मिलना शुरू हो गया कि देश की दलीय व्यवस्था 'राजनीतिक ध्रुवीकरण' की दिशा में कदम बढ़ाने के बजाय राजनीतिक दलों में विघटन और बिखराव की दिशा में क़दम बढ़ा रही है। जुलाई 1979 में मोरारजी देसाई की सरकार का पतन होने के बाद जब नये प्रधानमंत्री के रूप में चौधरी चरणसिंह सरकार लोकसभा में अपना बहुमत प्रमाणित नहीं कर पायी तो 22 अगस्त ,1979 को लोकसभा भंग कर दी गयी।

जनवरी, 1980 में हुए सातवीं लोकसभा के चुनाव में इंदिरा कांग्रेस को सदन में लगभग दो तिहाई बहुमत प्राप्त हुआ। इस चुनावी परिणाम द्वारा केन्द्र में मिलीजुली दलों की सरकार के अस्तित्व–निर्माण की स्थिति को जनता द्वारा नकार दिया गया और भारत की दलीय व्यवस्था अपनी मूल प्रवृत्ति एक दल की प्रधानता वाली बहुदलीय पद्धति की संस्थापना में पुनः सफल हुई। श्रीमती गांधी की आकस्मिक मृत्यु की वजह से दिसम्बर 1984 में हुए आठवीं लोकसभा के चुनाव में एक दल की प्रधानता का प्रभुत्व जनादेश के माध्यम से भारी बहुमत प्राप्त करके पुनः स्थापित हुआ और दलीय व्यवस्था की नई प्रवृत्ति की संस्थापना में मील का पत्थर साबित हुआ। आठवीं लोकसभा के लिए कांग्रेस द्वारा 517 स्थानों पर लड़े गये चुनाव में इंदिरा कांग्रेस द्वारा 415 स्थानों पर जीत हासिल की गयी।

नवम्बर 1989 में हुए नवम् लोकसभा के चुनाव में गैर कांग्रेसी सरकार के रूप में श्री वी.पी. सिंह के नेतृत्व में राष्ट्रीय मोर्चा की सरकार बनी जिसका मुख्य घटक जनता दल था। इस चुनाव में सत्तारूढ़ कांग्रेस को मात्र 197 सीटें प्राप्त हुईं। सन् 1991 में हुए दसवीं लोकसभा के चुनाव में इंदिरा कांग्रेस को 232 सीटें प्राप्त हुईं और बहुमत प्राप्त न होते हुए भी पार्टी सदन की सबसे बड़ी पार्टी थी। श्री पी.वी. नरसिम्हाराव के नेतृत्व में कांग्रेसी सरकार का गठन हुआ। इस चुनाव के पश्चात् ही देश में मौजूद राजनीतिक शक्तियों का तेजी से ध्रुवीकरण

होने लगा, लेकिन दलों के बीच बढ़ती गुटबन्दी और नेताओं के मध्य बढ़ते मतभेद तथा राजनीतिक गतिरोध की वजह से बहुदलीय पद्धति का अस्तित्व कायम रहा। 1996 में हुए ग्यारहवीं लोकसभा के चुनावी नतीजों से केन्द्र में एकदलीय प्रभुत्व का अन्त हुआ और इस लोकसभा की अवधि में देश को तीन प्रधानमंत्री मिले–श्री अटल बिहारी वाजपेयी, श्री एच.डी. देवेगोड़ा और अन्त में श्री इन्द्रकुमार गुजराल, जिन्होंने 21 अप्रैल 1997 को शपथ ग्रहण की। 13–14 दलों की मिलीजुली सरकार का गठन हुआ जिसे कांग्रेस तथा मार्क्सवादी साम्यवादी दल द्वारा बाहर से समर्थन दिया गया। फरवरी, 1998 में हुए बारहवीं लोकसभा के चुनाव की सबसे बड़ी ख़ासियत यह रही कि दलीय संगठन की दृष्टि से देश की मुख्य राजनीतिक शक्तियों का तीन राजनीतिक गठबंधनों में ध्रुवीकरण हो गया–कांग्रेस और सहयोगी दल, भाजपा और सहयोगी दल तथा यूनाइटेड फ्रंट। सितम्बर–अक्टूबर 1999 में सम्पन्न हुए तेरहवीं लोकसभा के चुनावी नतीजों के परिणामस्वरूप राष्ट्रीय जनतांत्रिक गठबंधन का मुख्य घटक होने की वजह से भाजपा नेता श्री अटल बिहारी वाजपेयी के नेतृत्व में केन्द्र में गैर कांग्रेसी सरकार का गठन हुआ। अप्रैल–मई 2004 में सम्पन्न चौदहवीं लोकसभा के चुनाव में दलीय व्यवस्था मोटे तौर पर दो नेता अटल बिहारी वाजपेयी और सोनिया गांधी, दो दल भाजपा और कांग्रेस तथा दो गठबंधन राष्ट्रीय जनतांत्रिक गठबंधन (राजग) और संयुक्त प्रगतिशील गठबंधन (संप्रग) के बीच आमने–सामने की राजनीतिक प्रतियोगिता और तीखी राजनीतिक प्रतिस्पर्धा के बीच बंटी हुई देखी गई और चुनाव–परिणाम के बाद कांग्रेसी नेता श्री मनमोहन सिंह के नेतृत्व संप्रग गठबंधन की सरकार बनी। अप्रैल–मई 2009 में संपन्न पंद्रहवीं लोकसभा के चुनाव परिणाम ने दोबारा सत्ता संप्रग गठबंधन के हाथों में गई। सन् 2014 में संपन्न सोलहवीं लोकसभा चुनाव में भी इन्हीं दोनों गठबंधनों का अस्तित्व प्रभावी रहा लेकिन चुनाव परिणामस्वरूप सत्ता राजग गठबंधन के हाथों में गई और 543 सीटों वाली संसद में राजग गठबंधन को 338 सीटें मिली, और 282 सीटें प्राप्त करने वाली बीजेपी के लोकप्रिय नेता श्री नरेंद्र मोदी के नेतृत्व में नई सरकार का गठन हुआ। संप्रग 48 सीटें जीतकर दूसरे स्थान पर रहा और पूर्व सत्ताधारी कांग्रेस मात्र 44 सीटों पर सिमट गई। वैसे क्षेत्रीय दल जो दोनों में किसी गठबंधन में शामिल नहीं है सदन में ऐसे दल के सदस्यों की संख्या 143 है। राजनीतिक गठजोड़ अब यहां वक्त की जरूरत है और शायद आगे भी लोकसभा चुनाव में गठबंधन की राजनीति का ही बोलबाला रहेगा।

सारांशतः, यह कहा जा सकता है कि आजादी के बाद से अब तक देश में सम्पन्न हुए लोकसभा के 16 चुनावों तथा 360 बार से अधिक संपन्न हुए राज्यों की विधानसभाओं के चुनावों में मौजूद दलीय व्यवस्था की स्थिति के मद्देनजर यह स्पष्ट होता है कि भारत में ज्यादा चुनाव एकदल की प्रधानता वाली बहुदलीय पद्धति की छत्रछाया में सम्पन्न हुआ है। विगत पांच चुनावों से केन्द्र में एकदलीय प्रभुत्व वाली शासन व्यवस्था की समाप्ति का दौर आरंभ हो गया है। 12वीं, 13वीं, 14वीं 15वीं और 16वीं लोकसभा चुनावों की सबसे बड़ी ख़ासियत यह रही है कि इसने देश की चुनावी राजनीति में एकदलीय प्रधानता की जगह गठबंधन की राजनीति की प्रधानता का अस्तित्व रोपित किया है। साथ ही, इसने द्विदलीय प्रणाली को उभरने की संभावना पर विराम लगाते हुए दो गठबंधनों के अस्तित्व को मजबूती प्रदान करने तथा उनके बीच सीधी राजनीतिक प्रतिस्पर्द्धा कराने की परिस्थितियां उत्पन्न कराई हैं। इस प्रकार, बहुदलीय पद्धति की कोटि में शुमार देशों में शामिल भारत की दलीय व्यवस्था गठबंधन की राजनीति (Coalition of Politics) की नई प्रवृत्ति के सूत्रपात का द्योतक है।

उपर्युक्त विवेचित तथ्यों के मद्देनजर भारत की दलीय व्यवस्था की कुछ ख़ास विशेषताएं हैं, जो निम्नांकित हैं :

1. **बहुदलीय पद्धति (Multi-party System)**–विकासशील भारत की संसदीय राजनीतिक व्यवस्था ब्रिटेन और अमेरिका की तर्ज पर द्विदलीय होने की जगह बहुदलीय है। सन् 2004 के लोकसभा चुनाव में 7 राष्ट्रीय दलों समेत 655 राजनीतिक पार्टियाँ चुनाव मैदान में थीं। इनमें मात्र 46 पार्टियां राज्य स्तर की थीं और शेष पंजीकृत गैर मान्यता प्राप्त दल थे। सन् 2009 के लोकसभा चुनाव में 7 राष्ट्रीय दल, 34 राज्य स्तरीय दल और 322 पंजीकृत असंगठित राजनीतिक दलों ने हिस्सा लिया। सन् 2014 में संपन्न हुए लोकसभा चुनाव में कुल 1766 राजनीतिक दलों ने हिस्सा लिया जिसमें 6 राष्ट्रीय दल, 51 राज्यस्तरीय दल और 1709 पंजीकृत अनभिज्ञता (Registred Unrecognized) दलों द्वारा भागीदारी की गई। भारत में मौजूद बहुदलीय पद्धति ने राजनीतिक–प्रशासनिक अस्थायित्व, राजनीतिक स्वार्थ,

अवसरवादिता तथा अवसरवादी राजनीतिक गठजोड़ के उद्भव, विकास, प्रसार एवं समुन्नति को मजबूत सामाजिक, आर्थिक, सांस्कृतिक व राजनीतिक आधार दिया है।

2. **एक दलीय प्रभुत्व वाली बहुदलीय व्यवस्था (Multi-party System with One Dominant Party)**–चौथे आम चुनाव से पूर्व मोरिस जोन्स ने भारत की दलीय पद्धति को एक दल की प्रधानता वाले बहुदलीय पद्धति का नाम दिया था। सामान्यतया बहुदलीय पद्धति वाले लोकतंत्रीय शासन में राजनीतिक शक्तियां बिखरी होती हैं और कोई भी राजनीतिक दल अपने बलबूते पर सरकार निर्माण करने की स्थिति में नहीं होता है। लेकिन, भारतीय राजनीति में पांचवीं लोकसभा के चुनाव तक कांग्रेस पार्टी की प्रधानता बनी रही। छठी लोकसभा में जनता पार्टी केन्द्र में सतारूढ़ हुई, लेकिन फिर सातवीं–आठवीं लोकसभा में कांग्रेस पार्टी सतारूढ़ हुई। नौवीं लोकसभा में राष्ट्रीय मोर्चा की सरकार बनी। लेकिन दसवीं लोकसभा के चुनावी नतीजों से पुनः कांग्रेस के हाथों में सत्ता आयी। ग्यारहवीं लोकसभा के चुनावी नतीजों ने त्रिशंकु संसद् को जन्म दिया और संयुक्त मोर्चे की अल्पमतीय सरकार बनी जिसे सदन में 140 सीटें हासिल करने वाली कांग्रेस तथा वामपंथियों ने बाहर से समर्थन दिया। बारहवीं, तेरहवीं. चौदहवीं. और पंद्रहवीं लोकसभा के चुनावी परिदृश्य से भारत के दलीय संगठन का जो मानचित्र उभरा, है उससे यह स्पष्ट संकेत मिलता है कि देश की केंद्रीय राजनीति में क्षेत्रीय दलों के बढ़ते हस्तक्षेप तथा राज्य की राजनीति में स्थापित उनके राजनीतिक प्रभुत्व की वजह से एकदल की प्रधानता वाली बहुदलीय पद्धति के दिन अब लद चुके हैं। हालांकि, 16वीं लोकसभा के चुनाव परिणाम में बीजेपी अकेले 282 सीटें जीत कर सदन में बहुमत प्राप्त कर चुकी है फिर भी वर्तमान भारत का दलीय संगठन बहुदलीय पद्धति की नई उभरती प्रवृति का जीवंत स्वरूप प्रस्तुत कर रहा है, जिसमें एकदलीय प्रधानता या प्रभुत्व की जगह दो मजबूत गठबंधन के खेमे में चुनावी राजनीति स्पष्ट रूप से बंटी हुई दिखाई दे रही है। जिस तरह ब्रिटेन और अमेरिका द्विदलीय पद्धति के पोषक और समर्थक रहे हैं, उसी तर्ज पर भारत बहुदलीय पद्धति का पोषक होते हुए एकदलीय प्रधानता की जगह दो मजबूत राजनीतिक चुनावी गठबंधन के बैनर तले चुनावी गतिविधियों को अंजाम देकर मजबूत गठबंधन सरकार के निर्माण का दृष्टान्त प्रस्तुत कर रहा है।

3. **दलीय राजनीति और व्यक्ति पूजा (Personality Cult and Party Politics)**–करिश्मावादी नेतृत्व की जरूरत सभी दलों को होती है, क्योंकि उनका प्रभावशाली व्यक्तित्व और ओजस्वी भाषणशैली जनमत को लामबंद करने और व्यवस्था में बिखरे मतों को पार्टी की ओर मोड़ने का सबसे सशक्त माध्यम है। भारत की दलीय राजनीति हमेशा से वैयक्तिक नेतृत्व पर आधारित रही है और यहां व्यक्तिपूजा को प्राथमिकता दी जाती रही है। व्यक्ति पूजा का आशय किसी भी देश में मौजूद राजनीति की उस स्थिति से है जब वहां सामूहिक नेतृत्व की भावना को भुलाकर व्यक्ति विशेष के राजनीतिक व्यक्तित्व की श्रेष्ठता को स्वीकार कर लिया जाता है और इस महान अस्तित्व की इच्छा के आगे पार्टी में अन्य नेताओं का कोई महत्व नहीं रह जाता है। भारत में क्षेत्रीय या राष्ट्रीय दोनों दलों में संगठनात्मक स्तर पर शीर्ष पर विराजमान नेतृत्व की सर्वोच्चता पार्टी के सभी सदस्यों पर स्वाभाविक रूप से स्थापित हो जाती है। ऐसे में जनता भी इस महान राजनीतिक शख्सियत को ध्यान में रखकर अपने मतदान व्यवहार का प्रदर्शन करती है। आजादी के पूर्व और आजादी मिलने पर प्रथम तीन आम चुनावों में पं. नेहरू के रूप में एक प्रभावशाली करिश्मावादी राजनीतिक शख्सियत कांग्रेस पार्टी के पास थी। नेहरू के पश्चात् श्रीमती गांधी तथा श्री राजीव गांधी, फिर सोनिया गांधी और अब राहुल गांधी के रूप में कांग्रेस पार्टी के पास करिश्मावादी नेतृत्व मौजूद है। इसी तरह भाजपा के पास पहले अटल बिहारी वाजपेयी और लालकृष्ण आडवाणी और अब नरेंद्र मोदी के रूप में व्यक्तित्व आधारित नेतृत्व की परम्परा स्थापित हो गई है। यहां तक कि विकसित व्यवस्था के प्रतिमान के रूप में स्थापित ब्रिटेन और अमेरिका की चुनावी राजनीति महान् व्यक्तित्व पर आधारित रही है। व्यावहारिक स्तर पर ऐसा देखा गया है कि जब जब शासक दल या विपक्षी दल में प्रभावशाली व्यक्तित्व के नेतृत्व का अभाव हुआ है, तब–तब

दल की आन्तरिक शक्ति, कार्यक्षमता, दलीय अनुशासन में कमी के साथ–साथ जनाधार में भी काफी कमी आयी है। आज अवाम दलीय नीतियों व कार्यक्रमों की अपेक्षा ज्यादा रुचि सर्वोच्च नेतृत्व के व्यक्तित्व में रखती है और नेतृत्व के करिशमायी व्यक्तित्व के वशीभूत होकर चुनाव में मतदान व्यवहार का प्रदर्शन करती है।

4. **राजनीतिक दलों में विभाजन, विच्छेदन और अस्थिरता की प्रवृत्ति (Attitude of Instability, Disintegration and Division in Political Parties)**—भारतीय राजनीतिक व्यवस्था में मौजूद सभी राजनीतिक दल हमेशा विभाजन, विच्छेदन, बिखराव, अस्थिरता और दल–बदल की प्रवृत्ति की ओर अभिमुख रहे हैं। देश की सबसे पुरानी और बड़ी पार्टी कांग्रेस भी तीन बार विभाजन का शिकार हो चुकी है। 1977 में गठित जनता पार्टी 1980 के मध्य तक चार पार्टियों में विभाजित हो गयी : जनता पार्टी (जे.पी.), जनता एस. (चरण सिंह) जनता एस. (राजनारायण) और भारतीय जनता पार्टी । सन् 1990 में जनता दल के विभाजन से जनता (एस.) बना, फिर अजीत सिंह गुट के अलग होने से पार्टी का और अधिक विभाजन हुआ। जनता दल को विभाजित कर लालू यादव ने राष्ट्रीय जनता दल बनाया। सितम्बर 2003 में उत्तर प्रदेश में बहुजन समाज पार्टी का विभाजन हुआ और पार्टी से अलग हुए गुट को विधानसभा अध्यक्ष द्वारा 'लोकतांत्रिक बहुजन पार्टी' के रूप में मान्यता प्रदान की गयी। अकाली दल, अन्नाद्रमुक, शिवसेना जैसी क्षेत्रीय पार्टियां भी समयानुरूप विभाजन व विघटन का शिकार हुई हैं। राजनीतिक दलों में मौजूद विभाजन, विच्छेदन और अस्थायित्व की प्रवृत्ति देश में राजनीतिक अस्थायित्व की संभावना को बढ़ावा देता है, साथ–ही देश की दलीय व्यवस्था अनिश्चितता के दौर से गुजरती है जो राजनीतिक पर्यावरण एवं राजनीतिक संस्कृति के निर्माण एवं निरूपण में बाधक की भूमिका अदा करता है।

5. **शक्तिशाली विपक्ष का आविर्भाव (Emergence of Powerful Opposition)**—जब तक भारत की दलीय व्यवस्था में एकदल की प्रधानता स्थापित रही, तब तक सक्रिय राजनीति में विशेष रूप से संसद् में विपक्ष की उपस्थिति कमजोर, विभाजित, अस्थिर और महत्त्वहीन रही। विरोधी दलों की इस स्थिति पर मोरिस जोन्स ने कहा कि "विरोधी दलों में टूट–फूट या तीव्र मतभेद की वजह उनमें आपस में सामाजिक सहयोग की कमी है और दलों के अग्रगामी नेता बिना शक्ति के भी छोटी–मोटी टुकड़ियों के नेता बने रहना चाहते हैं लेकिन एक बड़े समूह में नहीं मिलना चाहते हैं। नौवीं लोकसभा के चुनावी नतीजों से संसदीय राजनीति में मजबूत विपक्ष का आविर्भाव हुआ। सदन में 195 सीटें जीत कर कांग्रेस द्वारा पहली बार शक्तिशाली विपक्ष की भूमिका निभायी गयी। दसवीं लोकसभा में 117 और ग्यारहवीं लोकसभा में 136 सीटों पर जीत हासिल करके भाजपा द्वारा मजबूत विपक्ष के रूप में शक्तिशाली भूमिका निभायी गयी। बारहवीं लोकसभा में 141 और तेरहवीं में 113 स्थानों पर विजय प्राप्त करके कांग्रेस द्वारा रचनात्मक विपक्ष की भूमिका निभाई गयी। चौदहवीं लोकसभा में 138 सीटों पर और पंद्रहवीं लोकसभा में 116 सीटों पर जीत हासिल करके भाजपा के मजबूत विपक्ष की परम्परा को आगे बढ़ाते हुए रचनात्मक प्रतिपक्ष की भूमिकाओं का निर्वहन किया। वहीं सोलहवीं लोकसभा के चुनाव परिणाम ने संप्रग को कुल 48 और कांग्रेस को मात्र 44 सीटों पर समेट दिया। संख्या की दृष्टि से वर्तमान संसद में कांग्रेस द्वारा कुल सदस्य संख्या का दस प्रतिशत स्थान प्राप्त नहीं कर पाने की वजह से सदन में उसे किसी अन्य दल को विपक्षी दल का अस्तित्व प्राप्त नहीं हो सका और न ही किसी को नेता विरोधी दल का दर्जा मिला है। 16वीं लोकसभा चुनाव परिणाम ने देश को फिर से एक बार कमजोर विपक्ष दिया है जो एक मजबूत लोकतंत्र के लिए शुभ संकेत नहीं है।

6. **अवसरवादिता की उभरती प्रवृत्ति (Emerging Trend of Opportunism)**—बहुदलीय पद्धति की मौजूदगी की वजह से भारतीय राजनीति में अवसरवादिता की प्रवृति को फलने–फूलने के लिए सदैव ही उपजाऊ जमीन मिलती रही है। जब से भारत में गठबंधन सरकारों का दौर आरंभ हुआ है, तब से अवसरवादिता का उग्र रूप सामने आ रहा है। चुनावी राजनीति के आलोक में राजनीतिक अवसरवादिता का प्रखर रूप सामने आता रहा है। चुनाव के समय चुनावी गठबंधन करने वाले राजनीतिक दल जहां अपनी

एकता की कसमें खाते हैं, वहीं दूसरी ओर चुनावी अवसरवादिता को महत्व देते हुए अपने गठबंधन दल के उम्मीदवारों के विरुद्ध अपना उम्मीदवार चुनाव मैदान में उतार कर गठबंधन दल के प्रत्याशी के विरोध में चुनाव प्रचार भी करते हैं और इसे फ्रेंडली फाइट की संज्ञा देते हैं। इस रूप में राजनीतिक अवसरवादिता का परिचय देकर वे गठबंधन धर्म का उल्लंघन भी करते हैं। इसी तरह अपने निजी राजनीतिक लाभ–अर्जन के लिए या अपनी पार्टी के हितवर्द्धन हेतु राजनीतिक दल येन-केन-प्रकारेण सत्ता हासिल करने के लिए अवसरवादिता का परिचय देते हुए गठबंधन की राजनीति को अंजाम देते हैं।

7. **साम्प्रदायिक एवं क्षेत्रीय दलों की उपस्थिति (Presence of Communal and Regional Parties)**–भारतीय राजनीति में अनेक क्षेत्रीय एवं साम्प्रदायिक दलों का अस्तित्व मौजूद है। 2005 में चुनाव आयोग द्वारा 46 दलों को राज्यस्तरीय दल के रूप में चिन्हित किया गया। क्षेत्रीय दलों के उद्‌भव का आधार नेताओं के अहं की तुष्टि एवं जनआन्दोलन है। महाराष्ट्र में शिवसेना और महाराष्ट्र नवनिर्माण सेना, कश्मीर में नेशनल कांफ्रेन्स, आंध्र प्रदेश मे तेलुगूदेशम, तमिलनाडु में द्रविड मुनेत्र कड़गम् (अन्नाद्रमुक), पंजाब में अकाली दल जैसी क्षेत्रीय और राज्य स्तरीय दलों की संख्या निरंतर राजनीति में बढ़ती ही जा रही है। इसी भांति हिंदू महासभा बजरंग दल, मुस्लिम लीग जैसे साम्प्रदायिक दल भी राजनीति में सक्रिय भूमिका निभा रहे हैं। ग्यारहवीं लोकसभा के चुनावी परिणाम की वजह से केंद्रीय राजनीति में क्षेत्रीय दलों का वर्चस्व स्थापित हुआ और संयुक्त मोर्चे की सरकार के निर्माण में इनके द्वारा आधार स्तम्भ की भूमिका निभायी गयी। आज इन क्षेत्रीय पार्टियों को राष्ट्रीय हितों का पोषण करने वाली पार्टियों की संज्ञा दी जाने लगी है। चुनाव दर चुनाव क्षेत्रीय पार्टियां अपनी शक्ति में पर्याप्त वृद्धि करने की दिशा में गंभीर रूप से प्रयासरत हैं। विगत पांच लोकसभा चुनावी नतीजों द्वारा जब से गठबंधन सरकार के युग का सूत्रपात हुआ है, तबसे दलीय राजनीति में क्षेत्रीय दलों की भूमिका ज्यादा महत्वपूर्ण हो रही है।

उपर्युक्त प्रमुख विशेषताओं के साथ–साथ यहां दलीय व्यवस्था की कुछ अन्य विशेषताएं भी महत्वपूर्ण हैं, इनमें दलों की आंतरिक गुटबाजी तथा दल–बदल की राजनीति का खास स्थान है। ये दोनों आयाम भारतीय राजनीति की विशेषता एवं कमजोरी दोनों प्रवृत्तियों का प्रतिनिधित्व करते हैं। आज देश के लगभग सभी राष्ट्रीय दल और अधिकांश क्षेत्रीय दल तीव्र आन्तरिक गुटबाजी का शिकार हैं और शायद इन दलों की गिरती साख और टूटते जनाधार की मूल वजह यही प्रवृत्ति है। देश की सबसे पुरानी पार्टी कांग्रेस पार्टी एवं वर्तमान सत्ताधारी पार्टी भाजपा, भी आज आंतरिक गुटबंदी से परेशान है।

जहां तक दल–बदल का सवाल है, भारत के राजनीतिक दल इस गुण से विशेष रूप से पीड़ित रहे हैं। लेकिन 1985 में 52वें संविधान संशोधन के रूप में राजीव गांधी की सरकार द्वारा पारित दल–बदल अधिनियम की वजह से राजनीतिक दल काफी राहत महसूस कर रहे हैं। इस अधिनियम के लिए 52वें संविधान संशोधन में यह प्रावधान किया गया कि किसी दल के जब एक तिहाई सदस्य एक साथ दल बदल करेंगे तभी वे अधिनियम के आलोक में की जाने वाली कार्रवाई से बच पायेंगे। 2003 में 91वें संविधान संशोधन द्वारा दल–बदल का दायरा बढ़ाकर एक तिहाई सदस्य की जगह दो तिहाई सदस्य संख्या निर्धारित कर दी गयी। इस संशोधन द्वारा दल–बदल के लिए दो–तिहाई सदस्यों की संख्या अनिवार्य की गयी है। यदि संख्या में एक सदस्य की भी कमी हुई तो दल–बदल अधिनियम के घेरे में आ जायेंगे और अपनी सदस्यता गंवा देंगे।

भारत की समसामयिक राजनीतिक गत्यात्मकता—एक नज़र में
India's Current Political Dynamism—At a Glance

देश की समसामयिक राजनीति राष्ट्रीय स्तर पर विशेष तौर पर बिहार में अवसरवादिता की राजनीति पराकाष्ठा पर है। दृष्टांतस्वरूप, एक लम्बी कवायद के बाद 15 मई 2015 को समाजवादी पार्टी के नेता मुलायम सिंह के

दिल्ली आवास पर छह दलों–जनता दल (यूनाइटेड), समाजवादी पार्टी, राष्ट्रीय जनता दल, जनता दल–सेक्युलर, इंडियन नेशनल लोकदल और समाजवादी जनता पार्टी के नेताओं की बैठक हुई और इस बैठक में इन सभी छह दलों के नेताओं की सहमति से इन दलों के महाविलय की घोषणा की गई और छह पार्टी एक परिवार हो गए। मुलायम सिंह यादव के नेतृत्व में जनता दल के बिखरे कुनबे को फिर एक बैनर तले एकत्र करने की घोषणा की गई। वहीं बिहार विधानसभा चुनाव तक जनता परिवार के विलय पर ग्रहण भी लगता दिख रहा है। 10 मई को दिल्ली में समाजवादी पार्टी के राष्ट्रीय महासचिव रामगोपाल यादव ने मीडिया को दिए बयान में साफ कहा कि बिहार विधानसभा चुनाव से पहले जनता परिवार का विलय नहीं होगा। वैसे भी जनता परिवार के दलों के विलय की राह में कई बाधाएँ हैं। इनमें सबसे प्रमुख आगामी बिहार विधानसभा चुनाव में सीटों के बंटवारे को लेकर है। इस मुद्दे को लेकर जदयू और राजद के बीच किसी मान्य फार्मूले पर सहमति नहीं बन पा रही है। इसके अलावा और भी कई मुद्दे हैं जिस पर सहमति बननी अभी तक बाकी है। महाविलय की घोषणा तो हो गई है, लेकिन ऐसा कयास लगाया जा रहा है कि एकजुटता और चुनाव चिन्ह खोने से आशंकित विलय में शामिल दल अभी अपनी पहचान बनाए रखना चाहते हैं। इसमें बिहार के दो प्रमुख दल जदयू और राजद भी शामिल हैं जो आगामी बिहार विधानसभा चुनाव तक अपने चुनाव चिन्ह के साथ चुनावी अखाड़े में उतरना चाहते हैं, क्योंकि उनका मानना है कि ऐसे में नए चुनाव चिन्ह को मतदाताओं के दिलो–दिमाग पर स्थापित करने की जद्दोजहद से भी वे बच सकते हैं। इस नए राजनीतिक महापरिवार में शामिल नेताओं का तर्क है कि समय की मांग के अनुरूप बिहार समेत पूरे देश में विभाजनकारी राजनीति को समाप्त करने के लिए ये विलय ज़रूरी है। हालांकि, इतिहास गवाह है कभी जनता दल के नाम से राष्ट्रीय क्षितिज पर उभरने के बाद क्षेत्रीय आकाओं की महत्वाकांक्षाओं की वजह से इस कुनबे में बार बार विभाजन होता रहा है। भारत के समसामयिक राजनीतिक परिदृश्य के मद्देनज़र महाविलय में शामिल पार्टियों के मिलन और विभाजन का इतिहास काफी मायने रखता है।

भारत की राजनीतिक गत्यात्मक–एक नजर में

India's Political Dynamism—At a Glance

जनता पार्टी–1975–76 में आपातकाल के विरोध में जनसंघ आज की भाजपा सहित देश के प्रमुख विरोधी दल एकजुट हुए और जनता पार्टी का गठन हुआ लेकिन मतभेद की वजह से 1980 में पार्टी टूट गई। अक्टूबर 1988 को जनमोर्चा, जनता पार्टी, लोकदल और कांग्रेस (एस) के विलय से जनता पार्टी की स्थापना हुई। 2014 में भाजपा के विलय अभियान को रोकने के लिए वे राजनेता जो अपने–अपने कारणों से जनता दल से अलग हुए थे वे पूरी शिद्दत से एकजुट होने की कवायद में जुट गए। अंजाम स्वरूप 15 अप्रैल 2015 को सभी 6 दलों ने मिलकर एक नई पार्टी में विलय की घोषणा कर दी। महाविलय परिवार में समाजवादी पार्टी, राष्ट्रीय जनता दल, जनता दल (यूनाइटेड), इंडियन नेशनल लोकदल, जनता दल (सेक्यूलर) और समाजवादी जनता पार्टी शामिल है। पार्टी के नाम, चुनाव चिन्ह और झंडे पर फैसला होना अभी बाकी है।

नेशनल फ्रंट (राष्ट्रीय मोर्चा)–डीएमके, टीडीपी सहित कई क्षेत्रीय दल जनतादल से मिल गए और नेशनल फ्रंट की स्थापना हुई जिसे 1989 के आम चुनाव में भाजपा और कम्यूनिष्ट पार्टी दोनों का साथ मिला और इस मोर्चे ने 1989 के आम चुनाव में कांग्रेस को शिकस्त दी। तेदेपा के एंटी रामाराव इस मोर्चा के संयोजक बने। भाजपा और वाम मोर्चा के बाहरी समर्थन से भी वी.पी. सिंह राष्ट्रीय मोर्चा सरकार में देश के 10वें प्रधानमंत्री बने और देवीलाल उपप्रधानमंत्री बने। नवंबर 1990 में भाजपा नेता लालकृष्ण आडवाणी द्वारा राम जन्मभूमि–बाबरी मस्जिद मुद्दे पर रथ यात्रा शुरू किए जाने पर बिहार के मुख्यमंत्री लालू यादव द्वारा आडवाणी को बिहार में गिरफ्तार किए जाने के बाद भाजपा ने वी.पी. सिंह सरकार से समर्थन वापस लिया और सरकार गिर गई। ससंद में विश्वास मत हासिल न करने के बाद वी.पी. सिंह ने पद से इस्तीफा दिया।

समाजवादी जनता पार्टी—उसके तत्काल बाद चंद्रशेखर के नेतृत्व में जनता दल में विभाजन हो गया। चंद्रशेखर 64 सांसदों के साथ जनता दल से अलग हो गए और उन्होंने समाजवादी जनता पार्टी बनाई, उन्हें बाहर से कांग्रेस का समर्थन मिला और वे देश के 11वें प्रधानमंत्री बने। हालांकि कुछ महीने बाद ही कांग्रेस के समर्थन वापस लेने की वजह से उनकी सरकार गिर गई। इस वक्त सजपा प्रमुख कमल मोरारका हैं। वर्ष 1992 में मुलायम सिंह यादव ने अलग होकर समाजवादी पार्टी बनाई। 01 जून, 1996 में जनता दल नेता एच.डी. देवेगौड़ा ने संयुक्त मोर्चा गठबंधन सरकार का गठन किया जो 18 महीने चली। 1999 में देवेगौड़ा ने अपनी अलग पार्टी जनता दल (सेक्यूलर) बनाई।

राष्ट्रीय जनता दल—चारा घोटाले में लालू प्रसाद का नाम आने के बाद नेतृत्व को लेकर मचे घमासान के बाद लालू यादव द्वारा पार्टी छोड़कर 5 जुलाई 1997 को राजद का गठन किया। फिलहाल बिहार में इनके सामने अपनी राजनीतिक जमीन सुरक्षित रखने की चुनौती है क्योंकि 2014 के लोकसभा चुनाव में पार्टी द्वारा सिर्फ चार सीटें जीती गईं और वर्ष 2015 में बिहार में विधानसभा चुनाव है।

जनता दल (यू)—शरद यादव के नेतृत्व वाले जनता दल और जार्ज फर्नांडीज एवं नीतीश कुमार की अगुआई वाली समता पार्टी के विलय से 30 अक्टूबर 2003 को जनता दल (यू) अस्तित्व में आई जिसके मुखिया शरद यादव बने। 2013 में भाजपा द्वारा नरेंद्र मोदी को 16वीं लोकसभा के चुनाव संचालन समिति और प्रधानमंत्री का उम्मीदवार घोषित करने के मसले पर जदयू द्वारा राजग गठबंधन से नाता तोड़ा गया नतीजतन लोकसभा चुनाव 2014 में पार्टी को सिर्फ दो सीटों पर संतोष करना पड़ा। 2015 का बिहार विधानसभा चुनाव नीतीश के लिए कठिन चुनौती है।

जनता दल (एस)—सन् 1996 में संयुक्त मोर्चा सरकार में प्रधानमंत्री रहे एच.डी. देवेगौड़ा ने 1999 में जनता दल से अलग होकर इस पार्टी का गठन किया।

इंडियन नेशनल लोकदल—(इनेलो) यह हरियाणा के मुखर और शक्तिशाली नेता ओमप्रकाश चौटाला और उनके पुत्र अभय चौटाला की पार्टी है। शिक्षक भर्ती घोटाले में ओमप्रकाश चौटाला और उनके पुत्र को सज़ा होने के चलते पार्टी नेतृत्व के संकट से गुजर रही है। 2014 में संपन्न हुए हरियाणा विधानसभा चुनाव में पार्टी को सत्ता में वापसी की उम्मीद थी लेकिन उनके हाथ मायूसी लगी।

राष्ट्रीय स्तर पर छह पार्टियों के महाविलय से एक बार पुनः ये दल राष्ट्रीय राजनीति की धुरी में आ गए। राजनीतिक विश्लेषकों का मानना है कि एकीकरण की इस कवायद से जनता परिवार फिर से बिहार विधानसभा चुनाव में राजनीति की धुरी बन जाएगा। कुछ—कुछ वैसे ही, जैसे 11 अक्टूबर 1988 को वी.पी. सिंह ने लोकदल, जनता पार्टी, और जनमोर्चा को मिलाकर जनता दल बनाया था। जनता परिवार के पुराने प्रयोग और ताजा कोशिशों में फर्क यह है कि तब इस मोर्चे की लड़ाई कांग्रेस के खिलाफ थी, इस बार लड़ाई भाजपा के खिलाफ होगी। इन छह दलों को इस कवायद की ज़रूरत इसलिए हुई क्योंकि दिसंबर 2013 से हर चुनाव में प्रदर्शन अच्छा रहा। पहले मध्य प्रदेश और छत्तीसगढ़ में सत्ता कायम रखी फिर लोकसभा चुनाव जीता और बाद में महाराष्ट्र, हरियाणा, झारखंड और जम्मू कश्मीर में सरकार बनाई। ऐसे में यूपी और बिहार में भाजपा के बढ़ते प्रभुत्व को कम करने के लिए इस महाविलय की ज़रूरत पड़ी। इस प्रयास में एक अच्छी बात यह है कि जनता परिवार के नेताओं ने अपनी पुरानी गलतियों से काफी कुछ सीखा है। अब वे जाति और विकास दोनों को अपनी पूंजी बनाना चाहते हैं इसलिए एक बड़ा राजनीतिक मैदान बनाने हेतु वे अपने अंदरूनी मतभेदों को भुलाने के लिए तैयार हैं। जनता दल परिवार में छह दलों के विलय से संसद में भी संख्याबल के अनुरूप समीकरण बदलेगा, विशेषरूप से राज्यसभा में इस परिवार के 30 सांसद होंगे और लोकसभा में 15 सदस्य हो जाएंगे। जनता परिवार के इन दलों का असर 5 राज्यों में है। बिहार एवं यूपी में ये सत्ता में हैं और इनका कुल संख्यावल 424 विधायकों का है। विलय के साथ ही देश की राजनीति में इस परिवार ने तीसरी बड़ी संख्या का अस्तित्व प्राप्त करा लिया है। वर्तमान में देश में भाजपा के 1029 विधायक और कांग्रेस के 941 विधायक हैं।

एकदलीय प्रभुत्व की समाप्ति के पश्चात् भारतीय राजनीति के विकल्प–सत्ता–प्राप्ति हेतु 1989 में भारतीय राजनीतिक परिदृश्य में पहले गठबंधन के रूप में नेशनल फ्रंट बना जिसका पतन 1991 में हो गया, जिसका विवरण ऊपर दिया जा चुका है।

दूसरी बार 1996 में सरकार बनाने के जादुई आंकड़े से भाजपा और कांग्रेस के दूर रहने पर तीसरे मोर्चे का पुनर्जन्म संयुक्त मोर्चा के रूप में हुआ। यह कामरेड हरकिशन सिंह सुरजीत के दिमाग की उपज थी। इस मोर्चे में सात दल यथा–जनतादल, तेदेपा, असमगण परिषद्, द्रमुक, तमिल मनीला कांग्रेस, सपा तथा भाकपा शामिल थे जिसने मिलकर सरकार बनाया। चंद्रबाबू नायडू इसके संयोजक बने। जून 1996 में एच.डी. देवेगौड़ा प्रधानमंत्री बने। अप्रैल 1997 में कांग्रेस के प्रधानमंत्री बनने की इच्छा पर देवेगौड़ा को इस्तीफा देना पड़ा। अप्रैल 1997 में इंद्र कुमार गुजराल देश के नए प्रधानमंत्री बने। मार्च 1998 में कांग्रेस ने समर्थन वापस लिया और अंजाम स्वरूप 1998 में मोर्चे का पतन हो गया।

तीसरी बार वर्ष 2008 में हुए राष्ट्रपति चुनाव से तुरंत पहले जयललिता ने **संयुक्त राष्ट्रीय प्रगतिशील गठबंधन** नामक तीसरे मोर्चे की घोषणा की। इस मोर्चे का मूल उद्देश्य अब्दुल कलाम को दूसरी बार राष्ट्रपति बनाना था। कलाम के चुनाव में भाग न लेने पर अन्नाद्रमुक द्वारा भाजपा उम्मीदवार भैरोसिंह शेखावत को मत दिए जाने से तीसरे विकल्प का समापन हो गया।

चौथी बार 2009 के लोकसभा चुनाव में फिर से तीसरे मोर्चे के चौथी बार बनने की कवायद चली। सत्ता का स्वाद चख चुके पूर्व प्रधानमंत्री एच.डी. देवेगौड़ा ने कई दलों को मिलाकर गैर कांग्रेस, गैर भाजपा विकल्प की घोषणा की, लेकिन क्षत्रपों की महत्वाकांक्षाएं। इसके अस्तित्व–निर्माण के मार्ग की बाधा बनी और इस प्रयास को अमलीजामा नहीं पहनाया जा सका।

भारत में राजनीतिक दलों की समस्याएं (Problems of Political Parties in India)

भारत में राजनीतिक दल कई तरह की समस्याओं का सामना कर रहे हैं, जिसमें सर्वाधिक प्रमुख समस्या संगठनात्मक, अनुशासनात्मक तथा वित्तीय है। इसके अतिरिक्त भी राजनीतिक दल कुछ अन्य समस्याओं से जूझ रहे हैं, जिन पर विस्तृत विवरण निम्नांकित है :

1. **संगठनात्मक (Organisational)**–संगठनात्मक ढांचे की मजबूती ही व्यवस्था में राजनीतिक दलों के सफली होने का बुनियादी माध्यम है। राजनीतिक दलों के उद्भव एवं विकास की आधार भूमि सामाजिक व्यवस्था है। देश में सामाजिक व्यवस्था की बनावट–बुनावट, मान्यताएं–परम्पराएं एवं मूल्य आदि व्यवस्था में अनेक प्रकार की समस्याओं व आवश्यकताओं को जन्म देती है। धर्म, जाति, भाषा, संस्कृति आदि से प्रासंगिक विविधताओं का प्रतिनिधित्व करने वाले परंपरागत भारतीय समाज की सामान्य संस्कृति इन विविधताओं की वजह से कई टुकड़ों में बंटी हुई है, जिसके प्रभाव स्वरूप यहां की राजनीति भी विखंडित रूप में सामने आती है। इस विविधतापूर्ण सामाजिक व्यवस्था में पलने वाली राजनीति कई समस्याओं से ग्रसित है। इन परिस्थितियों का सीधा असर राजनीतिक दलों के संगठनात्मक ढांचे पर पड़ता है। देश में अधिकांश राजनीतिक दल विभाजन, विघटन, अस्थायित्व और गुटबन्दी जैसी समस्याओं के शिकार हैं, जिसकी वजह से दल का संगठनात्मक ढांचा अनेक समस्याओं से ग्रस्त है।
2. **नेतृत्व का संकट (Crisis of Leadership)**–देश के सभी राजनीतिक दल आज नेतृत्व का संकट झेल रहे हैं। आज दलों के पास ऐसे करिश्मावादी राजनीतिक नेतृत्व का अभाव है, जिन्हें व्यक्तित्व के प्रभाव में जनता किसी दल के पक्ष में लामबंद हो सके और नेता के व्यक्तित्व में पूरी आस्था व्यक्त कर सके।
3. **राजनीतिक अवसरवादिता (Political Opportunism)**–सभी राजनीतिक दल अपने नेताओं की प्रवृत्ति में मौजूद पदलोलुपता, अवसरवादिता, स्वार्थ, सत्ता व प्रभुता का मोह व सत्ता–प्राप्ति की लालसा आदि समस्याओं का सामना कर रहे हैं, जो दलों के संगठनात्मक ढांचे को कमजोर करता है।

4. **जातिवाद और साम्प्रदायिकता (Casteism and Communalism)**–राजनीतिक दलों को जातिवाद तथा साम्प्रदायिकता जैसी समस्याएं विरासत में मिलती हैं। सभी पार्टियों को उम्मीदवारों के चयन से लेकर चुनाव जीतने तथा सरकार निर्माण तक में इन तत्वों को प्राथमिकता देनी पड़ती है। राजनीतिक दलों द्वारा इन तत्त्वों का इस्तेमाल जब वोट बैंक बढ़ाने और मत–प्रबंधन के लिए किया जाता है तो इससे सामाजिक सौहार्द में कमी आती है और समाज में कानून व्यवस्था की समस्या उत्पन्न होती है।
5. **भ्रष्टाचार (Corruption)**–भारत के सभी राजनीतिक दल आज घोर भ्रष्टाचार की समस्या से ग्रसित हैं। चुनावी प्रक्रियाओं के बेहद खर्चीले होने की वजह से राजनीतिक दलों तथा उसके नेतृत्व में काले धन का संग्रहण करने की प्रवृत्ति की ओर विशेष झुकाव देखा जा रहा है, इससे जहां एक ओर दल में ईमानदार तथा उन्नत चरित्र वाले नेताओं का अभाव हो गया है, वहीं दूसरी ओर ऐसे नेताओं की प्रतिबद्धता दलीय नीतियों व कार्यक्रमों एवं जनसेवा से ज्यादा काले धन के अर्जन के प्रति होती जा रही है। पार्टी संचालन के लिए भी दलों को बड़ी राशि की जरूरत होती है। इसके मद्देनजर पूंजीपतियों से पार्टी फंड में चंदे के रूप में भारी रकम ली जाती है तथा चुनाव में उन्हें पार्टी का उम्मीदवार बना कर भी बड़ी राशि इकट्ठी की जाती है। इस समस्या की वजह से चुनाव में दल के प्रतिबद्ध कार्यकर्ताओं की अनदेखी होती है।
6. **दलबदल (Defection)**–भारतीय राजनीति दलबदल की राजनीति और दल बदलने वाले नेताओं की राजनीतिक गतिविधियों की वजह से गंभीर समस्याओं का सामना कर रही है। हालांकि संसद् और विधानसभाओं की सदस्यता को 52वें संविधान संशोधन द्वारा दलबदल अधिनियम, 1985 के दायरे में रखा गया है, नहीं तो 1967 से लेकर 1985 तक बड़े पैमाने पर होने वाले दलबदल की वजह से कई राज्यों की सरकारों का पतन हुआ। दल–बदल की बीमारी संसदीय शासन व्यवस्था में राजनीतिक अस्थायित्व का द्योतक हैं इसीलिए 91वें संविधान संशोधन, 2003 द्वारा दलबदल के लिए दो तिहाई सदस्य संख्या निर्धारित की गयी है।
7. **राजनीति का अपराधीकरण (Criminalisation of Politics)**–राजनीति के अपराधीकरण की प्रक्रिया वास्तव में अपराध के राजनीतिकरण से आरंभ होती है। आज भारत के सभी राजनीतिक दलों में अपराधियों की घुसपैठ हो चुकी है। अपनी पार्टी के लिए चुनाव में ज्यादा से ज्यादा सीटें जीतने की चाहत में सभी दलों द्वारा अपराधियों को उम्मीदवार बनाने का प्रचलन तेजी से बढ़ता जा रहा है। चुनाव–दर–चुनाव संसद और विधानसभाओं में चुनाव जीत कर आने वाले आपराधिक छवि वाले सदस्यों की संख्या में इज़ाफा होता जा रहा। सभी दलों की ओर से बड़े–बड़े अपराधी चुनाव जीतकर संसद् और विधान सभाओं की शोभा बढ़ा रहे हैं। अपराधियों के राजनीतिकरण एवं अपराधों के राजनीतिकरण की बढ़ती प्रवृति स्वस्थ लोकतंत्र के विकास में बाधक है, साथ–ही इससे राजनीति में नैतिकता के तत्त्वों का पतन होता है जो व्यवस्थागत राजनीति के लिए भी स्वास्थ्यकर नहीं है।

उपर्युक्त समस्याओं के अतिरिक्त जो एक अन्य प्रमुख समस्या भारत के राष्ट्रीय दलों के मार्ग में बाधाएं उपस्थित कर रही है वह है राष्ट्रीय राजनीति में क्षेत्रीय दलों का बढ़ता वर्चस्व। क्षेत्रीय दलों की बढ़ती शक्ति की वजह से केन्द्र में गठबंधन सरकारों का युग आकर ठहर गया है जिसे 12वीं, 13वीं, 14वीं, 15वीं और 16वीं लोकसभा के चुनावी गठबंधन के परिणामों के रूप में देखा जा सकता है। राजनीतिक स्तर पर कांग्रेस के कमजोर होने से तथा पार्टी का जनाधार खिसकने से राष्ट्रीय राजनीति पर क्षेत्रीय एवं राज्य स्तरीय दलों का वर्चस्व निरन्तर बढ़ता जा रहा है। अलग–अलग राज्यों की सामाजिक, आर्थिक, सांस्कृतिक व राजनीतिक तत्त्वों के प्रभाव से अस्तित्व में आये क्षेत्रीय दल अपने प्रभाव वाले राज्यों की राजनीति की मुख्य धुरी बन चुके हैं। इस राजनीतिक परिदृश्य में लोकसभा के लिए सम्पन्न होने वाला चुनाव भी क्षेत्रीय दलों के प्रभाव से अपने को बचा नहीं पाता है। निष्कर्षतः यह कहा जा सकता है कि भारत के राजनीतिक दल कई प्रकार की सामाजिक, राजनीतिक, सांस्कृतिक एवं आर्थिक समस्याओं का समाना करते हुए अपनी भूमिकाओं का निर्वहन कर रहे हैं।

भारतीय राजनीतिक दलों का वर्गीकरण (Classification of Indian Political Parties)

भारत के राजनीतिक दलों को चार भागों में बाँटा जा सकता है : प्रथम–राष्ट्रीय और धर्मनिरपेक्ष दल, द्वितीय–क्षेत्रीय या राज्य स्तरीय दल, तृतीय–स्थानीय, किंतु जातीय साम्प्रदायिक दल और चतुर्थ–तदर्थ दल।

1. **राष्ट्रीय और धर्मनिरपेक्ष दल (National and Secular Parties)**–भारत में निर्वाचन आयोग द्वारा राजनीतिक दलों को मान्यता प्रदान करने संबंधी नियमों में बदलाव लाने के लिए 1968 के चुनाव चिन्ह (आरक्षण और आवंटन) आदेश में संशोधन करते हुए 1 दिसम्बर, 2000 को एक अधिसूचना जारी की गई। संशोधित नियम के तहत राष्ट्रीय स्तर का दर्जा प्राप्त करने के लिए संबद्ध राजनीतिक दल को लोकसभा या विधानसभा के चुनावों में किन्हीं चार या उससे अधिक राज्यों में कुल डाले गये मतों का 6 प्रतिशत मत प्राप्त करने के साथ किसी राज्य या राज्यों से लोकसभा की कम–से–कम चार सीटें जीतनी होंगी या लोकसभा में उसे कम–से–कम दो प्रतिशत सीटें (वर्तमान लोकसभा की 543 सीटों में कम से कम 11 सीटें) जीतनी होंगी जो कम से कम तीन राज्यों से जीती गयी हैं। देश की राजनीति में ऐसे दलों की दो कोटियाँ हैं–विचारधारा पर आधारित और बिना विचारधारा पर आधारित।

   यहां राजनीतिक दलों के संबंध में विचारधारा का तात्पर्य किसी विशेष सामाजिक–आर्थिक–वैचारिकी (Ideology) में विश्वास व्यक्त करना और उस विचारधारा के प्रति पूरी आस्था व प्रतिबद्धता का प्रदर्शन करते हुए उसी को आधारतत्त्व मानकर दल की समस्त राजनीतिक गतिविधियों–कार्यक्रमों का संचालन करना है। वैचारिक दृष्टि से कांग्रेस को तटस्थ दल की कोटि में रखा जाता है। कांग्रेस एक ऐसा राजनीतिक दल है, जिसमें व्यवस्था की अनेक विचारधाराओं और हितों से संबद्ध व्यक्ति शामिल हो सकते हैं। विचारधारा के आधार पर सैद्धान्तिक एवं व्यावहारिक राजनीतिक गतिविधियों तथा कार्यक्रमों का संचालन करने वाले राष्ट्रीय दलों को दो कोटियों में बांटा गया है–वामपंथी और दक्षिणपंथी। वामपंथी विचारधारा पर आधारित दल व्यवस्था के सामाजिक व आर्थिक ढांचे में आमूलचूल परिर्वतन लाना चाहते हैं। यानी कि यथास्थिति की जगह वे परिवर्तनीय दृष्टिकोण के समर्थक होते हैं। दक्षिणपंथी विचारधारा के पोषक दल यथास्थिति को बनाये रखने के पक्षधर होते हैं। यहां स्वतंत्र दल, जनसंघ और भारतीय जनता पार्टी को दक्षिणपंथी दल की कोटि में रखा जाता है। वामपंथी दलों की भी दो कोटियाँ हैं–उदार और उग्र। उदार वामपंथी दल की कोटि में सभी समाजवादी दलों को शामिल किया जाता है तथा उग्र वामपंथी दलों की कोटि में सभी प्रकार के साम्यवादी दलों को शामिल किया जाता है। यहां सभी अखिल भारतीय दलों का दृष्टिकोण धर्मनिरपेक्ष है और दल की सदस्यता सभी धर्मों, जातियों व वर्गों के लिए खुली होती है।

2. **क्षेत्रीय या राज्यस्तरीय दल (Regional and State Parties)**–भारत में क्षेत्रीय दल ही आमतौर पर राज्यस्तरीय दल है। इन क्षेत्रीय या राज्यस्तरीय दलों की मुख्य मांग राज्य की स्वायत्तता है। इन दलों का आधार और अपील दोनों संकुचित होते हैं। जो मुख्यतया जातीयता, धर्म, वर्ग, उपसंस्कृति आदि से संबद्ध तत्त्वों का प्रतिनिधित्व करते हैं। इन दलों के आविर्भाव का आधार केंद्र के ख़िलाफ विरोध की मानसिकता है। वस्तुतः, राज्य की सत्ता हासिल करने के उद्देश्य से इन दलों का गठन किया जाता है। इन दलों का प्रभाव राज्य की सीमा में होता है। राज्यस्तरीय दल का दर्जा पाने के लिए सम्बद्ध दल को लोकसभा या विधानसभा के चुनाव में डाले गये कुल वैध मतों का कम से कम 6 प्रतिशत मत प्राप्त करने के साथ राज्य की विधानसभा में कम से कम दो सीटें जीतना अनिवार्य है, या विधानसभा की कुल सदस्य संख्या का कम से कम तीन प्रतिशत सीटें या तीन सीटें (इनमें से जो अधिक है) जीतना जरूरी है। इस दल की कोटि में डी.एम.के., अन्ना डी.एम.के. तेलुगूदेशम, असम गण परिषद्, शिवसेना, तमिल मनीला कांग्रेस, तृणमूल कांग्रेस, हरियाणा विकास पार्टी, समाजवादी पार्टी, आदि शामिल हैं जो अपने संबद्ध राज्य में प्रभावशाली अस्तित्व रखते हैं।

3. **स्थानीय–जातीय साम्प्रदायिक दल (Local Racial Communal Party)**–इस कोटि में ऐसे दलों को शामिल किया जाता है जो किसी जाति विशेष या संप्रदाय तक सीमित होते हैं। महाराष्ट्र में शिवसेना, पंजाब में अकाली दल, केरल में मुस्लिम लीग तथा झारंखड में मुक्ति मोर्चा इस कोटि में शामिल दलों का बेहतर उदाहरण है।
4. **तदर्थ दल (Special Purpose Party)**–इस कोटि में उन दलों को शामिल किया जाता है जो किसी विशेष उद्देश्य से बनते–बिगड़ते रहते हैं। इन्हें छोटे–छोटे गुटों का नाम दिया जाता है। ऐसे दलों के उदाहरण में केरल कांग्रेस, बंगला कांग्रेस, हरियाणा कांग्रेस, कांग्रेस (तिवारी) आदि को रखा जा सकता है। इन गुटों का निर्माण विभिन्न दलों से निकले या निकाले गये असंतुष्ट नेताओं द्वारा किया जाता है।

राष्ट्रीय दल और क्षेत्रीय दल (National Parties and Regional Parties)

सभी राजनीतिक दलों का सर्वाधिक महत्त्वपूर्ण कार्य हित समूहन (Interest Aggregation) है। व्यवस्था में मौजूद दबाव समूह एवं हित समूह द्वारा यह कार्य किया जाता है। लेकिन हित समूहों द्वारा विशेष रूप से अपने सदस्यों के हितवर्द्धन पर ध्यान केन्द्रित किया जाता है, जबकि राजनीतिक दल संकीर्ण दायरे से ऊपर उठकर समाज के विभिन्न हित समूहों के परस्पर विरोधी हितों के बीच समन्वय व सामंजस्य स्थापित करने के उद्देश्य से विचारधारात्मक गतिविधियों व कार्यक्रमों का निर्धारण एवं निरूपण करते हैं। वस्तुतः, राजनीतिक दल संपूर्ण राष्ट्र के हित से सरोकार रखने का प्रयास करते हैं। विश्व की सभी लोकतंत्रीय व्यवस्थाओं में राष्ट्रीय दलों का उद्देश्य राष्ट्रीय हित की समुन्नति है। दृष्टांतस्वरूप, ब्रिटेन की कंजर्वेटिव पार्टी (Conservative Party) तथा लेबर पार्टी (Labour Party) दोनों अलग–अलग विचारधाराओं का प्रतिनिधित्व करती हैं। एक अभिजात वर्ग (Aristocrat Class) से संबद्ध है तो दूसरी कामगार वर्ग (Working Class) से, लेकिन, दोनों दलों द्वारा समाज के सभी वर्गों के हितों में सामंजस्य स्थापित करने का प्रयास करते हुए वर्गीय हित पोषण से ऊपर उठकर राष्ट्रीय दल के रूप में अपनी पहचान बनाने में सफलता अर्जित की गई। इसी तरह अमेरिका की रिपब्लिकन पार्टी मूलरूप से उत्तर की पूंजीवादी अर्थव्यवस्था की पोषक थी और डेमोक्रेटिक पार्टी दक्षिण की बागान अर्थव्यवस्था (Plantation Economy) की हितरक्षक थी। लेकिन, धीरे–धीरे दोनों दलों द्वारा राष्ट्रीय हितों को प्राथमिकता दी गयी और दोनों दलों ने राष्ट्रीय दल के रूप में अपनी पहचान बनाई है।

26 सितंबर 2014 को भारत में चुनाव आयोग द्वारा जारी सूची में जिन 6 दलों को राष्ट्रीय दल के रूप में मान्यता प्रदान की गयी है, वे हैं : भारतीय राष्ट्रीय कांग्रेस, भारतीय जनता पार्टी, भारतीय कम्युनिस्ट पार्टी, भारतीय कम्युनिस्ट पार्टी (मार्क्सवादी), राष्ट्रीय कांग्रेस पार्टी तथा बहुजन समाज पार्टी। यहां राष्ट्रीय दलों के साथ–साथ बहुत सारे क्षेत्रीय दलों का भी आविर्भाव हो चुका है। संस्कृति, जाति, भाषा, धर्म, प्रांतीयता, आर्थिक विकास का स्तर आदि आधारों में भिन्नता मौजूद होने की वजह से विभिन्न क्षेत्रों व प्रान्तों के लोग अपनी पहचान स्थापित करने के प्रति जो सजगता एवं सक्रियता दिखाते हैं, वही अभिवृत्तियां क्षेत्रीय दलों के आविर्भाव एवं विकास में आधारतत्त्व व आधारमाध्यम की भूमिका निभाती है। क्षेत्रीय या राज्यस्तरीय दलों के उद्भव विकास एवं समुन्नति में प्रांतीय नेता का प्रभावशाली व्यक्तित्व सबसे ज्यादा मायने रखता है, क्योंकि इन पार्टियों को जीवित रखने, शक्तिशाली बनाने तथा इनका वोट बैंक बढ़ाने में इनके शीर्षस्थ नेतृत्त्व का योगदान उल्लेखनीय होता है।

भारतीय राजनीतिक परिदृश्य में मुख्य रूप से तीन प्रकार के राज्यस्तरीय दल हैं। प्रथम कोटि में वे राज्यस्तरीय दल शामिल हैं, जो वस्तुतः जाति, धर्म, क्षेत्रीयता या सामुदायिक हितों का प्रतिनिधित्व करते हैं तथा इनकी गतिविधियां इन्हीं विषयों के इर्द–गिर्द केंद्रित होती हैं। इस कोटि के उदाहरण में प्रमुखतः द्रविड़ मुनेत्र कड़गम, अन्नाद्रमुक, नेशनल कांफ्रेंस (जम्मू–कश्मीर), अकाली दल (पंजाब), शिवसेना (महाराष्ट्र) आदि को रखा जाता है। दूसरी कोटि में वे राज्यस्तरीय दल शामिल हैं जो किसी विशेष समस्या की वजह से अस्तित्व प्राप्त करते हैं।

इसके सदस्य राष्ट्रीय दलों से क्षुब्ध होकर अपने लिए दल का निर्माण करते हैं। इनके अधिकतर सदस्य राष्ट्रीय दल से संबद्ध होते हैं। इनका शीर्ष नेतृत्व अपने दल को राष्ट्रीय स्वरूप व स्तर देने की कोशिश करते हैं। ऐसे दलों के उदाहरण में भारतीय क्रांति दल, केरल कांग्रेस, बंगला कांग्रेस, उत्कल कांग्रेस, तेलंगाना प्रजा समिति आदि को शामिल किया जाता है। तीसरी कोटि के अन्तर्गत वे दल आते हैं जो अपनी विचारधारा तथा उद्देश्यों व लक्षणों के आधार पर तो राष्ट्रीय दल हैं, लेकिन उनका समर्थन सिर्फ कुछ मामलों में कुछ लक्ष्यों और कुछ क्षेत्रों तक ही सीमित होता है। इस दल की कोटि में फारवर्ड ब्लॉक, मुस्लिम लीग, क्रान्तिकारी सोशलिस्ट पार्टी, सोशलिस्ट यूनिटी सेन्टर आदि शामिल हैं। ये सभी राज्यस्तरीय दल अपने क्षेत्र में महत्त्वपूर्ण हैं और अपने–अपने राज्य की राजनीति में विशेष राजनीतिक भूमिकाओं का निर्वहन करते हैं।

भारत के सभी राष्ट्रीय दलों द्वारा अपने व्यापक कार्यक्रमों तथा विचारधारा के आधार पर अपनी राष्ट्रीय पहचान बनायी गयी है। कुछ राष्ट्रीय दल कुछ विशेष राज्यों में ज्यादा प्रभावशाली और सक्रिय हैं। मसलन भारतीय कम्युनिस्ट पार्टी (मार्क्सवादी) को पश्चिम बंगाल, केरल तथा त्रिपुरा में ज्यादा समर्थन प्राप्त है। किसी–किसी राज्य में क्षेत्रीय दल अपने अस्तित्व की रक्षा के लिए अपने को सत्तारूढ़ राष्ट्रीय दल में विलीन कर लेते हैं। क्षेत्रीय दलों में मतभेद तथा दल–बदल की प्रवृत्ति ज्यादा प्रखर होती है, इसलिए इनके द्वारा गठित सरकारें स्वाभाविक रूप से अस्थिर होती हैं। इनके नेतृत्व में अवसरवादिता की प्रवृत्ति ज्यादा प्रबल होती है। कुछ राज्यों में क्षेत्रीयता की भावना इतनी प्रबल है कि वहां की जनता चुनाव में राष्ट्रीय दलों को हराकर राज्यस्तरीय क्षेत्रीय दलों को सत्तारूढ़ करती हैं, उदाहरणस्वरूप आन्ध्र प्रदेश, तमिलनाडु, उत्तर प्रदेश, महाराष्ट्र, बिहार एवं दिल्ली में विगत कई चुनाव परिणामों से ऐसी सरकारों का अस्तित्व निर्मित होता रहा है।

निष्कर्ष (Conclusion)

राजनीतिक दल के रूप में सभी क्षेत्रीय दल हित समूहन के कार्य को अंजाम देते हैं तथा समाज के विभिन्न हितों के बीच सामंजस्य स्थापित करने की भूमिका अदा करते हैं। हालांकि क्षेत्रीय दलों द्वारा सम्पन्न हित समूहन का कार्य राष्ट्रीय दलों की भांति व्यापक एवं विस्तृत आधार वाला नहीं होता है। ये अपने क्षेत्र से संबद्ध परस्पर विरोधी हितों के मध्य समन्वय स्थापित करने की कोशिश करते हैं, साथ ही अपने क्षेत्रीय हितों को राष्ट्रीय हितों के साथ समन्वित करने का प्रयास भी करते हैं। क्षेत्रीय दल केवल संबद्ध राज्य में ही सत्तारूढ़ होने की कोशिश नहीं करते हैं, अपितु ये अपनी पार्टी के टिकट पर अपने क्षेत्र से सांसदों को भी चुनकर संसद् में भेजते हैं। यदि राष्ट्रीय राजनीति में गठबंधन सरकार बनाने की राजनीतिक स्थिति उत्पन्न हो तो ऐसी परिस्थिति में ये दल गठबंधन सरकार में शामिल होकर सत्ता–संचालन में सक्रिय भूमिका अदा करते हैं या गठबंधन में शामिल होकर विपक्ष की भूमिका निभाते हैं। जब से भारत में केन्द्रीय स्तर पर गठबंधन सरकार का गठन होने लगा है तब से राष्ट्रीय राजनीति में क्षेत्रीय दलों की राजनीतिक सक्रियता और प्रभावशीलता पहले की अपेक्षा काफी महत्त्वपूर्ण हो गयी है और क्षेत्रीय दल भी राजनीतिक अवसरवादिता का लाभ उठाकर अपनी राजनीतिक हैसियत बढ़ाने हेतु मोलभाव करने में ज्यादा पारंगत होते दिखाई दे रहे हैं।

भारत में गठबंधन की राजनीति के प्रतिमान (Patterns of Coalition Politics in India)

किसी भी देश की संसदीय प्रणाली के लिए द्विदलीय व्यवस्था को सर्वश्रेष्ठ माना गया है। लेकिन, जिस संसदीय लोकतंत्र में बहुदलीय प्रणाली प्रचलित है और वहां का समाज जाति, धर्म, भाषा, संस्कृति वर्ग, आर्थिक असमानताएं' सामाजिक व सांस्कृतिक आर्थिक विविधताएं विखंडित संस्कृति का पोषण करती हैं। परिणामस्वरूप वहां की राजनीतिक संस्कृति भी सामाजिक संस्कृति के अनुरूप खंडीकरण (Segmentation) स्वरूप में ढलने

लगती है। व्यवस्था की खण्डित राजनीतिक संस्कृति चुनाव में किसी भी एकदल के लिए बहुमत प्राप्त करने के मार्ग में बाधक बनती है। ऐसी परिस्थिति में संसद में किसी एक दल के लिए बहुमत जुटाना मुश्किल हो जाता है और बहुमत हासिल करने तथा सरकार बनाने के लिए चुनाव के पूर्व या चुनाव पश्चात् गठबंधन का निर्माण करना राजनीतिक परिस्थितियों के मद्देनजर अनिवार्य हो जाता है।

संसदीय राजनीति के अन्तर्गत गठबंधन (Coalition) वह राजनीतिक प्रक्रिया है, जिसमें दो या दो से ज्यादा राजनीतिक दल एक सामान्य कार्यक्रम (Common Programme) के आधार पर साथ मिलकर राजनीतिक समीकरण बनाते हैं और संसद् में बहुमत साबित करते हैं। दलों द्वारा राजनीतिक गठजोड़ के आधार पर गठबंधन सरकार का निर्माण किया जाता है या गठबंधन के अन्तर्गत साथ मिलकर संसद में मजबूत विपक्ष की भूमिका का निर्वहन किया जाता है। गठबंधन में शामिल होने वाले दलों की विचारधारा में यदि समरूपता हो, तो राष्ट्रीय समस्याओं के समाधान के लिए सभी दलों की कोशिशें अपेक्षाकृत ज्यादा मजबूत होती हैं और गठबंधन ज्यादा स्थायी होता है। इसके विपरीत, सत्ता प्राप्ति की लालसा से जो अवसरवादी गठबंधन बनाया जाता है, वह स्वाभाविक रूप से कमजोर तथा अस्थायी होता है। विभिन्न दलों के बीच चुनाव से पूर्व किया गया गठबंधन जितना स्थायी होता है, चुनाव के पश्चात् सिर्फ सरकार बनाने या गिराने की दृष्टि से बनाया गया गठबंधन स्थायित्व की दृष्टि से उतना सफलीभूत नहीं होता है।

गठबंधन की राजनीति में स्थायित्व की दृष्टि से बहुदलीय प्रणालियों को दो कोटियों में बांटा जा सकता है : **प्रथम**–स्थायी बहुदलीय प्रणाली और **द्वितीय**–अस्थायी बहुदलीय प्रणाली।

स्थायी बहुदलीय प्रणाली (Stable Multi-party System)

इस दलीय व्यवस्था के अन्तर्गत संसद् में किसी एक राष्ट्रीय दल के लिए बहुमत जुटाना मुश्किल हो जाता है, अतः, राजनीतिक परिदृश्य को देखते हुए सरकार–निर्माण के लिए तथा सदन में बहुमत साबित करने के लिए गठबंधन का निर्माण जरूरी हो जाता है। लेकिन, ध्यान देने योग्य तथ्य यह है कि यहां गठबंधन में शामिल दलों के बीच विचारधारात्मक मतवैभिन्नता बहुत प्रखर नहीं होती है। लापालोम्बरा और मायरन वीनर द्वारा संपादित रचना 'Political Parties and Political Development, 1966' के अंतर्गत ऐसी शासन प्रणालियों को **'संयत बहुदलीय प्रणालियां' (Moderate Multi-party System)** की संज्ञा दी गयी है। ऐसी व्यवस्थाओं में मौजूद राजनीतिक परिस्थितियों की वजह से गठबंधन–निर्माण में कोई विशेष परेशानी नहीं होती है और गठबंधन स्थायी भी होता है। इस दलीय व्यवस्था का बेहतर उदाहरण स्वीडन की शासन प्रणाली है, जहां की सोशल डेमोक्रेटिक पार्टी कभी अकेले भी सरकार बना लेती है और कभी–कभी सरकार बनाने के लिए लिबरल पार्टियों के साथ मिलकर गठबंधन का निर्माण करती है। स्वीडन के राजनीतिक दलों को गठबंधन निर्माण में कभी कठिनाई का सामना नहीं करना पड़ा है। स्वीडन के अतिरिक्त नीदरलैंड व फिनलैंड आदि देशों में भी गठबंधन सरकारें चलती रही हैं।

अस्थायी बहुदलीय प्रणालियां (Unstable Multi-party Systems)

इस शासन प्रणाली का सर्वश्रेष्ठ उदाहरण इटली है। शासन प्रणाली के इस रूप को सारटोरी ने **उग्र बहुदलीय प्रणाली** (Extreme Multi-party System) की संज्ञा दी है। सन् 1992 के चुनाव परिणाम के फलस्वरूप इटली की संसद् में चौदह से ज्यादा पार्टियों का प्रतिनिधित्व कायम हो गया था और पार्टियों के मध्य पाये जाने वाले वैचारिक मतभेद की वजह कमजोर गठबंधन तथा अस्थिर सरकार का निर्माण होता रहा। सामान्यतः यहां एक सरकार की आयु औसतन छः महीने ही रही। फ्रांस में चतुर्थ गणतंत्र (Fourth Republic) की अवधि में कमोवेश यही राजनीतिक स्थिति रही और सरकारों का आना जाना लगा रहा।

जहां तक भारत में राजनीतिक गठबंधन तथा गठबंधन सरकारों के अस्तित्व निर्माण एवं स्थायित्व का सवाल है, राज्य स्तर पर तो गठबंधन सरकारों का युग काफी पहले 1967 से ही आरंभ हो चुका है, लेकिन विगत पांच लोकसभा चुनावों से केन्द्रीय स्तर पर भी गठबंधन सरकारों के निर्माण का सिलसिला जारी है। पिछले पांच आमचुनावों से भारत की दलीय राजनीति गठबंधन की राजनीति में परिणत हो चुकी है। ध्यातव्य है कि भारतीय राजनीतिक परिदृश्य में केन्द्रीय एवं राज्य स्तर पर गठबंधन—निर्माण का आधार वैचारिक समरूपता से ज्यादा सत्ता की लालसा और राजनीतिक अवसरवादिता ही रही है। यहां गठबंधन में भागीदार दल अपने प्रतिस्पर्द्धी गठबंधन को सत्ता से दूर रखने तथा अपनी सत्ता को कायम रखने के उद्देश्य से एकजुट रहने का दिखावा ज्यादा करते हैं। यहां गठबंधन—निर्माण में दल—बदल, राजनीतिक स्वार्थ, अवसरवादिता संकीर्ण मानसिकता, सत्ता—लिप्सा, भ्रष्टाचार आदि तत्त्वों की भूमिका काफी महत्त्वपूर्ण होती है। कुछ वर्ष पूर्व तक गठबंधन के सहयोगियों को संतुष्ट करने के लिए विशालकाय मंत्रिमंडल (Jumbo Cabinet) का निर्माण का प्रचलन आरंभ हो गया था, लेकिन 91वें संविधान संशोधन 2003 द्वारा सदन की संख्या के अनुरूप मंत्रिमंडल की संख्या की सीमा का निर्धारण कर दिया गया है। मंत्रियों की संख्या सदन की सदस्य संख्या का सिर्फ 15 प्रतिशत होगा ऐसा प्रावधान इस संशोधन में उल्लिखित है, साथ—ही छोटे राज्यों में मंत्रियों की न्यूनतम संख्या 12 निर्धारित की गयी।

भारत की बहुदलीय प्रणाली की राजनीतिक प्रयोगशाला में केंद्र स्तर पर गठबंधन सरकार का निर्माण स्थायित्व, स्थिति एवं कार्यशैली की यथार्थता राजनीतिक शोध का विषय है। मौजूदा दौर में देश में सत्ता का परिसंचरण दो राजनीतिक गठबंधनों के मध्य हो रहा है—संप्रग (UPA) एवं राजग (NDA)। चौदहवीं और पंद्रहवीं लोकसभा में जनादेश संप्रग गठबंधन के पक्ष में था तो 2014 में संपन्न सोलहवीं लोकसभा के जनादेश के अनुरूप भाजपा को दो तिहाई बहुमत प्राप्त हुआ लेकिन चुनाव पूर्व हुए गठबंधन के मद्देनज़र राजग गठबंधन सत्ता पर काबिज है जिसके नेता देश के प्रधानमंत्री नरेंद्र मोदी हैं। गठबंधन की राजनीति का सबसे बड़ा अवगुण यह है कि जहां यह क्षेत्रीय दलों की चाहत को राष्ट्रीय आकांक्षा की राह का रोड़ा बनाने में मददगार होता है, वहीं यह अयोग्य, अक्षम, भ्रष्टाचारी और अवसरवादी नेताओं का राजनीतिक कद बढ़ाने में सहायक भी बनता है। अभी देश की राजनीति प्रयोगमूलक दौर से गुजर रही है। वस्तुतः, गठबंधन राजनीति की खूबियां ही उसकी ख़ामियां हैं, इसलिए गठबंधन से जुड़कर विभिन्न राजनीतिक दलों और सत्ता प्राप्ति की उत्कट लालसा रखने वाले नेताओं की मुराद तो पूरी हो जाती है, लेकिन राष्ट्रीय हित की मानदंडों पर यह राजनीति खरी नहीं उतर पाती है, क्योंकि, इसका दूसरा नाम है—ब्लैकमेल की राजनीति। वास्तव में, गठबंधन की राजनीति का अर्थ है—अनैतिकता और अवसरवाद को बढ़ावा देना, बावजूद इसके आज सवा सौ करोड़ से अधिक भारतवासियों का भविष्य गठबंधन सरकार के हाथों में निहित है।

भारत में चुनाव आयोग द्वारा श्रेणीबद्ध (Categorised) किए गए राष्ट्रीय दल और राज्यस्तरीय दलों की सूची एवं 16वीं लोकसभा में दलों का संख्या और उनके आलाकमान के नाम की सूची प्रस्तुत है :

TABLE 1: सोलहवीं लोकसभा में राजनीतिक दलों की स्थिति (National Parties)

Sl No	*Party Name*	*Abbreviation*	*Year of Foundation*	*Current Leader*	*Current Lok Sabha Seats*
1	Bharatiya Janta Party	BJP	1980	Amit Shah	282/543
2	Indian National Congress	INC	1885	Sonia Gandhi	44/543
3	Communist Party of India (Marxist)	CPI (M)	1964	Prakash Karat	9/543
4	Communist Party of India	CPI	1925	Suravaram Sudhakar Reddy	1/543
5	Bahujan Samaj Party	BSP	1984	Mayawati	0/543
6	Nationalist Congress Party	NCP	1999	Sharad Pawar	6/543

(Contd.)

State Lavel Parties

States/Ut	Party Name	Abbreviation	Foundation Year	Current Leader
1. Andhra Pradesh	Telugu Desam Party	TDP	1982	N. Chandrababu Naidu
	YSR Congress Party	YSRCP	2009	Y.S. Jaganmohan Reddy
2. Arunachal Pradesh	All India Trinamool Congress	AITC	1998	Mamata Banerjee
	People's Party of Arunachal	PPA	1987	Tomo Riba
3. Assam	All India United Democratic Front	AIUDF	2004	Badruddin Ajmal
	Asom Gana Parishad	AGP	1985	Prafulla Kumar Mahanta
	Rashtriya Jankranti Party	RAJPA	2013	Ramsewakanand Upadhyay
4. Bihar	Janta Dal (United)	JD(U)	1999	Sharad Yadav
	Lok Janshakti Party	LJP	2000	Ram Vilas Paswan
	Rashtriya Janta Dal	RJD	1997	Lalu Prasad Yadav
	Rashtriya Lok Samta Party	RLSP	2013	Upendra Kushwaha
5. Goa	Maharashtrawadi Gomantak Party	MGP	1963	Shashikala Kakodkar
6. Haryana	Haryana Janhit Congress (BL)	HJC(BL)	2007	Kuldeep Bishnoi
	Indian National Lok Dal	INLD	1999	Om Prakash Chautala
7. Jammu & Kashmir	Jammu & Kashmir National Conference	JKNC	1932	Omar Abdullah
	Jammu & Kashmir National Panthers Party	JKNPP	1982	Bhim Singh
	Jammu and Kashmir People's Democratic Party	JKPDP	1998	Mufti Mohammed Sayeed
8. Jharkhand	All Jharkhand Students Union	AJSU	1986	Sudesh Mahto
	Jharkhand Mukti Morcha	JMM	1972	Shibu Soren
	Jharkhand Vikas Morcha (Prajatantrik)	JVM(P)	2006	Babu Lal Marandi
	Rashtriya Janta Dal	RJD	1997	Lalu Prasad Yadav
	Janta Dal (Secular)	JD(S)	1999	H.D. Deve Gowda
9. Karnataka	Communist Party of India	CPI	1925	Suravaram Sudhakar Reddy
10. Kerala	Indian Union Muslim League	IUML	1948	E. Ahamed
	Janta Dal (Secular)	JD(S)	1999	H.D. Deve Gowda
	Kerala Congress (M)	KC(M)	1979	C.F. Thomas
	Revolutionary Socialist Party	RSP	1940	T. J. Chandrachoodan
11. Maharashtra	Maharashtra Navnirman Sena	MNS	2006	Raj Thackeray
	Nationalist Congress Party	NCP	1999	Sharad Pawar
	Shiv Sena	SS	1966	Uddhav Thackeray
	All India Trinamool Congress	AITC	1998	Mamata Banerjee
12. Manipur	Manipur State Congress Party	MSCP	1997	Wahengbam Nipamacha
	Naga People's Front	NPF	2002	Neiphiu Rio
	People's Democratic Alliance	PDA	2009	Dheeraj Singh
	Hill State People's Democratic Party	HSPDP	1968	H.S. Lyngdoh
13. Meghalaya	National People's Party	NPP	2013	P.A. Sangma
	United Democratic Party	UDP	1972	Donkupar Roy
	Mizo National Front	MNF	1959	Pu Zoramthanga

(Contd.)

States/Ut	Party Name	Abbreviation	Foundation Year	Current Leader
14. Mizoram	Mizoram People's Conference	MPC	1972	Pu Lalhmingthanga
	Zoram Nationalist Party	ZNP	1997	Lalduhoma
	Naga People's Front	NPF	2002	Neiphiu Rio
15. Nagaland	Aam Aadmi Party	AAP	2012	Arvind Kejriwal
N.C.T. of Delhi	Biju Janata Dal	BJD	1997	Naveen Patnaik
Odisha	All India Anna Dravida Munnetra Kazhagam	AIADMK	1972	Jayalalithaa
Puducherry	All India N.R. Congress	AINRC	2011	N. Rangasamy
	Dravida Munnetra Kazhagam	DMK	1949	M. Karunanidhi
	Pattali Makkal Katchi	PMK	1989	G. K. Mani
	Aam Aadmi Party	AAP	2012	Arvind Kejriwal
Punjab	Shiromani Akali Dal	SAD	1920	Parkash Singh Badal
	Sikkim Democratic Front	SDF	1993	Pawan Kumar Chamling
Sikkim	Sikkim Krantikari Morcha	SKM	2013	Bharati Sharma
	All India Anna Dravida Munnetra Kazhagam	AIADMK	1972	J. Jayalalithaa
Tamil Nadu	Communist Party of India	CPI	1925	Suravaram Sudhakar Reddy
	Dravida Munnetra Kazhagam	DMK	1949	M. Karunanidhi
	Desiya Murpokku Dravida Kazhagam	DMDK	2005	Vijayakanth
Telangana	All India Majlis-e-Ittehadul Muslimeen	AIMIM	1927	Asaduddin Owaisi
	Telangana Rashtra Samithi	TRS	2001	Kalvakuntla Chandrashekar Rao
	Telugu Desam Party	TDP	1982	N. Chandrababu Naidu
	YSR Congress Party	YSRCP	2009	Y.S. Jaganmohan Reddy
	All India Trinamool Congress	AITC	1998	Mamata Banerjee
Tripura				
Uttar Pradesh	Rashtriya Lok Dal	RLD	1996	Ajit Singh
	Rashtriya Jankranti Party	RAJPA	2013	Ramsewakanand Upadhyay
	Bahujan Samaj Party	BSP	1984	Mayawati
	Samajwadi Party	SP	1992	Mulayam Singh Yadav
West Bengal	All India Forward Bloc	AIFB	1939	Debabrata Biswas
	All India Trinamool Congress	AITC	1998	Mamata Banerjee
	Communist Party of India	CPI	1925	Suravaram Sudhakar Reddy
	Revolutionary Socialist Party	RSP	1940	T. J. Chandrachoodan

Source: Election Commission of India

Current Status of Political Parties in Indian Political Scenario

Total Number Registered Parties	1766
National Parties	6
State Parties	51
Unrecognized Parties	1709

Source: Election Commission of India

स्मरणीय संकेत (Points to Remember)

- राजनीतिक दल का आशय ऐसे व्यक्तियों के समूहों से है जो व्यवस्था की समस्याओं के स्वरूप और उनके समाधान के संबंध में एकमत हो और जिन्होंने सामान्य उद्देश्यों की प्राप्ति के लिए नीतिगत आधार पर साथ मिलकर काम करने का निश्चय किया है।
- उदारवादी और सर्वाधिकारवादी व्यवस्थाओं में राजनीतिक दलों की प्रकृति व प्रवृत्ति, विशेषताओं तथा कार्यशैली में काफी अन्तर पाया जाता है।
- सभी राजनीतिक दलों को अपने अस्तित्व–निर्माण के लिए जिन ख़ास तत्त्वों की आवश्यकता होती है, वे हैं–संगठन, आधारभूत सिद्धान्तों में एकता, संवैधानिक साधनों में विश्वास और राष्ट्रीय हित की वृद्धि।
- **राजनीतिक दलों के निर्माण का आधार**–मानव स्वभाव के आधार पर, धर्म के आधार पर, आर्थिक आधार पर, विचारधारा के आधार पर, प्रादेशिकता के आधार पर, निहित स्वार्थों के आधार पर, वैयक्तिक नेतृत्व के आधार पर।
- **राजनीतिक दलों के कार्य**–जनमत का निर्माण करना, जनता को संगठित करना, राजनीतिक चेतना का प्रसार करना, चुनाव में भागीदारी करना, सरकार का निर्माण करना, शासन की आलोचना करना, कार्यपालिका–व्यवस्थापिका में सामंजस्य स्थापित करना, सरकार और जनता के बीच कड़ी का कार्य करना है।
- **राजनीतिक दल के गुण**–सरकार का जनमत पर आधारित होना, राजनीतिक चेतना का प्रसार करना, लोकतंत्र के प्राणाधार तत्त्व की भूमिका निभाना, उत्तम कानूनों का निर्माण करना, संवैधानिक तरीकों का इस्तेमाल करना, सुधारात्मक कार्यों को अंजाम देना, अनुशासनबद्धता एवं जागरूकता का साधन बनना।
- **राजनीतिक दलों के अवगुण**–वैयक्तिक स्वतंत्रता का ह्रास करना, भ्रष्टाचार को बढ़ावा देना, राजनीतिक वातावरण को दूषित करना, जनता में मतभेदों को बढ़ावा देना, नैतिकता का पतन कराना, राष्ट्रीय हितों की उपेक्षा करना, स्वार्थी एवं अवसरवादी तत्त्वों को बढ़ावा देना, समय और धन का अपव्यय करना, लोकतंत्र के विकास में बाधक बनना।
- उदारवादी व्यवस्थाओं में आमतौर पर कई राजनीतिक दलों का अस्तित्व आकार लेता है सर्वाधिकारवादी व्यवस्था में एक दलीय प्रणाली को संवैधानिक मान्यता प्रदान की जाती है और साम्यवादी दल को सम्पूर्ण शासन का आधार माध्यम बनाया जाता है।
- **दलीय प्रणाली के तीन रूप हैं**–एकदलीय प्रणाली, द्विदलीय प्रणाली तथा बहुदलीय प्रणाली।
- **दलीय प्रणाली के सिद्धान्त**–लेनिन का सिद्धान्त, मिशेल्स का सिद्धान्त, डूवर्जर का सिद्धान्त, सारटोरी का सिद्धान्त।
- **भारतीय दलीय व्यवस्था की विशेषताएं**–बहुदलीय पद्धति, एकदलीय प्रभुत्व वाली बहुदलीय व्यवस्था, दलीय राजनीति और व्यक्तिपूजा, राजनीतिक दलों में विभाजन, विच्छेदन और अस्थिरता की प्रवृत्ति, शक्तिशाली विपक्ष का अभाव अवसरवादिता की उभरती प्रवृत्ति, साम्प्रदायिक एवं क्षेत्रीय दलों की उपस्थिति।
- **भारत में राजनीतिक दलों की समस्याएं**–संगठनात्मक, नेतृत्व का संकट, राजनीतिक अवसरवादिता, जातिवाद और साम्प्रदायिकता, भ्रष्टाचार, दल–बदल, राजनीति का अपराधीकरण। भारतीय राजनीतिक दलों का वर्गीकरण–राष्ट्रीय और धर्मनिरपेक्ष दल, क्षेत्रीय या राज्य–स्तरीय दल, स्थानीय जातीय साम्प्रदायिक दल, तदर्थ दल।
- गठबंधन की राजनीति के तहत बहुदलीय प्रणाली को दो कोटियों में बांटा गया है–स्थायी बहुदलीय प्रणाली और अस्थायी बहुदलीय प्रणाली।

प्रश्न (Questions)

1. राजनीतिक दल की परिभाषा दें तथा इसके महत्त्व पर प्रकाश डालें।
   Define political party and discuss its importance.
2. उदारवादी व्यवस्था में राजनीतिक दलों के कार्यों की विवेचना करें।
   Discuss the functions of political parties in liberal political system.
3. सर्वाधिकारवादी व्यवस्था में राजनीतिक दल की भूमिका की विवेचना करें।
   Discuss the role of political party in totalitarian political system.
4. दल पद्धति से आप क्या समझते हैं? दल पद्धति के मुख्य प्रकारों की विवेचना कीजिए।
   What do you mean by party system? Discuss the different types of party systems.
5. भारतीय दल व्यवस्था की विशेषताओं एवं समस्याओं का उल्लेख करें।
   Discribe the features and problems of Indian party system.
6. भारत में बहुदलीय व्यवस्था और गठबंधन की राजनीति पर एक निबन्ध लिखें।
   Write an essay on the multi-party system and coalition government in India.

अध्याय 22

दबाव समूह एवं हित समूह
(Pressure Groups and Interest Groups)

परिचय (Introduction)

दबाव समूह ऐसे लोगों का औपचारिक संगठन है जिनके एक या अधिक सामान्य उद्देश्य या स्वार्थ होते हैं और जो किसी व्यवस्था में घटनाक्रम को विशेष रूप से सार्वजनिक नीति के निर्माण और शासन संचालन को इसलिए प्रभावित करने का प्रयत्न करत रहते हैं, ताकि वे अपने हितों की रक्षा एवं वृद्धि कर सकें। ये राजनीतिक दल और शासन के मध्य सम्पर्क–सूत्र की भूमिका निभाते हैं। बीसवीं व इक्कीसवीं सदी की परिवर्तित जागरूक परिस्थितियों के मद्देनजर मानव जीवन के सामाजिक, राजनीतिक, आर्थिक एवं सांस्कृतिक पक्षों से जुड़े हितों एवं गतिविधियों से प्रासंगिक विविधतापूर्ण आयामों को समुचित प्रतिनिधित्व प्रदान करना राजनीतिक दलों के लिए संभव नहीं है, इसलिए सामाजिक जीवन से संबद्ध विविध हितों को यथोचित प्रतिनिधित्व देने एवं उन हितों की समुन्नति करने के उद्देश्य से दबाव समूहों का उद्‌भव एवं विकास हुआ। राजनीतिक व्यवस्था में दबाव समूहों की मौजूदगी कोई नई बात नहीं है। सभी प्रकार की शासन व्यवस्थाओं में और प्रत्येक समाज में दबाव समूहों का अस्तित्व विद्यमान है। वर्तमान परिप्रेक्ष्य में सभी प्रकार की व्यवस्थाओं में दबाव समूह राजनीति की एक महत्त्वपूर्ण इकाई के रूप में क्रियाशील हैं और अपने संबद्ध समाज के हितवर्द्धन हेतु क्रियात्मक भूमिकाओं का निष्पादन कर रहे हैं। विभिन्न राजनीतिक व्यवस्थाओं में दबाव तथा हित समूहों को लोकतांत्रिक प्रक्रियाओं के संचालन के सक्रिय सहयोगी के रूप में स्वीकारा जाने लगा है। व्यवस्था संचालन में इन समूहों के बढ़ते महत्त्व और राजनीतिक क्रियाशीलता की वजह से सार्वजनिक नीतियों के प्रभावशाली क्रियान्वयन में इन्हें समाज और शासन के बीच संतुलन स्थापित करने वाली इकाई के रूप में देखा जाता है।

अर्थ एवं परिभाषाएं (Meaning of Definitions)

विभिन्न विद्वज्जनों द्वारा दबाव समूह को कई नामों से संबोधित किया गया है : यथा–हित समूह (Interest Groups), अनौपचारिक संगठन (Informal Groups), गैर सरकारी संगठन (Private Organisation), लॉबीज (Lobbies) आदि। सन् 1908 में आर्थर बेण्टले की रचना 'Process of Government' प्रकाशित होने के पश्चात् दबाव समूहों का अध्ययन क्रियाशील राजनीति के तथ्यपूर्ण अध्ययन की दृष्टि से काफी महत्त्वपूर्ण हो गया। वी.ओ.के. (जूनियर) की रचना 'Political Parties and Pressure Groups' के विषयगत आगे बढ़ाने एवं मजबूत आधार प्रदान करने में उल्लेखनीय योगदान रहा है। इस रचना के प्रकाशन के पश्चात् अनेक राजनीतिक विद्वानों का ध्यान दबाव समूहों के अध्ययन की ओर आकृष्ट हुआ। प्रो. एस.ई. फाइनर ने उसे 'अज्ञात् साम्राज्य' (Anonymous Empire) की संज्ञा दी है। आरंभिक दौर में ब्रिटेन, अमेरिका, फ्रांस व इटली आदि विकसित पश्चात्य लोकतंत्रीय व्यवस्थाओं में मौजूद दबाव समूहों का अध्ययन किया गया, लेकिन बाद में विकासशील व्यवस्थाओं में विद्यमान दबाव समूहों का अध्ययन भी राजनीतिक विद्वानों के शोध का विषय बना।

वस्तुतः, दबाव समूह समाज के विविध हितों का प्रतिनिधित्व करने वाला एक ऐसा संगठन है जो अपने सदस्य के हितवर्द्धन हेतु सार्वजनिक नीतियों को प्रभावित करने का भरपूर प्रयास करता है। राजनीतिक व्यवस्था में विद्यमान सभी संगठनों को दबाव समूह की कोटि में नहीं रखा जा सकता है। यहां तक कि दबाव समूह व हित समूह में भी अन्तर है। उदारवादी लोकतंत्र का लक्ष्य समाज में मौजूद परस्पर विरोधी हितों में सामंजस्य स्थापित करना है। इस लोकतांत्रिक व्यवस्था का आधारतत्त्व है–नागरिकों के विचार अभिव्यक्ति की आजादी (Freedom of Thought and Expression) तथा संगठन बनाने और सभा करने की स्वतंत्रता (Freedom of Forming Association and Holding Meeting)। राजनीतिक स्वतंत्रता–समानता इस व्यवस्था का मर्मतत्त्व है। इस राजनीतिक यथार्थ के परिप्रेक्ष्य में व्यवस्था के सदस्य अपने विशेष हितों की पहचान करके उनकी प्राप्ति के लिए विशेष समूहों के रूप में संगठित होते हैं। विभिन्न हितों का प्रतिनिधित्व करने वाले संगठित विभिन्न समूहों से लोग अपने हित और रुचि के अनुरूप जुड़कर संगठन की गतिविधियों में भागीदारी करते हैं। ऐसे मानव समूह को 'साहचर्य' (Association) का नाम दिया जाता है।

'साहचर्य' का सामाजिक जीवन में बहुत महत्व है। संगठन के इस स्वरूप का आकार अत्यंत व्यापक हो सकता है, जिसके दायरे में व्यावसायिक मंच से लेकर कला–संस्कृति तथा मनोरंजन मंच तक शामिल है। लेकिन, व्यवस्था में मौजूद 'साहचर्य' जब अपने ध्येय को प्राप्त करने के उद्देश्य से राजनीतिक प्रक्रियाओं को प्रभावित करने की कोशिश करने लगते हैं, तो वे हित समूह (Interest Groups) कहलाने लगते हैं। लोगों के वैसे संगठित समूह को हित समूह की संज्ञा दी जाती है, जिसका लक्ष्य सरकारी नीतियों व निर्णयों को प्रभावित करना है। ऐसे समूह अपने सदस्यों को सत्तागत पदों पर स्थापित नहीं कराते हैं, अपितु ये सिर्फ शासन के निर्गतों पर असर डालने में कारगर भूमिका निभाते हैं। सभी राजनीतिक व्यवस्थाओं में विद्यमान हित समूहों की गतिविधियों का राजनीतिक प्रक्रियाओं के साथ अन्योन्याश्रयी संबंध होता है, क्योंकि ये व्यवस्थागत राजनीति का अभियोज्य हिस्सा (Inseparable Part) होते हैं, जो सत्ता के पदों पर विराजमान् होने के बजाय शासन के निर्गतों को प्रभावित करने में ज्यादा रुचि रखते हैं।

हित समूहों के आकार–प्रकार या वैशिष्ट्य (Features) के संबंध में किसी सीमा का निर्धारण नहीं किया गया है, इसलिए उसके दायरे में सभी प्रकार के संगठनों को सम्मिलित किया जाता है। इसके अन्तर्गत राष्ट्रीय स्तर पर सक्रिय शक्तिशाली संगठनों से लेकर मुहल्ले–स्तर पर अस्तित्व रखने वाली वैसी समितियां भी आती हैं जिनका उद्देश्य अपने समूह के सदस्यों का हितरक्षण करना है। इन समूहों की प्रकृति स्वार्थमूलक होती है और इनका संबंध सामाजिक, आर्थिक, सांस्कृतिक, धार्मिक, साम्प्रदायिक, जातीय या व्यावसायिक किसी भी पक्ष से हो सकता है।

जहां तक हित समूहों की भूमिकाओं और कार्यशैली का प्रसंग है, इनका स्वरूप हमेशा विशिष्टता सूचक होता है। इनकी भूमिका एकनिष्ठता (Particularism) पर आधारित होती है जो विशेष रूप से अपने समूह के हितवर्द्धन

से सरोकार रखता है। ऐसा समूह एक ख़ास भावना या दृष्टिकोण से अभिप्रेरित होकर अपने लक्ष्य–सिद्धि के प्रति पूर्णरूप से समर्पित होते हैं। हित समूहों का उद्देश्य विशेषोन्मुख होता है। इस दृष्टि से अपने सदस्यों के विशिष्ट हितों की रक्षा के लिए ये सरकार की नीतियों व निर्णयों तथा दृष्टिकोण में परिवर्तन लाने का प्रयास करते हैं। हित समूहों को अपनी गतिविधियां संचालित करने के लिए राजनीतिक दलों की भांति शक्ति–अर्जन की जरूरत नहीं होती। इन्हें अपने कार्यक्रमों के कार्यान्वयन के लिए राजनीतिक दलों की भांति कार्यपालिका या विधायिका में स्थान प्राप्त करने की भी आवश्यकता नहीं है और इनके द्वारा ऐसी कोई कोशिश भी नहीं की जाती है। अपने हित संवर्द्धन की दृष्टि से हित समूह चुनाव के समय किसी दल विशेष के उम्मीदवार की सहायता में खड़े हो जाते हैं। लेकिन, यदि किसी हित समूह के सदस्य अपनी राजनीतिक महत्त्वाकांक्षा की वजह से चुनाव में उम्मीदवार बनकर प्रशासनिक पदों पर विराजमान् होना चाहते हैं, तो ऐसी स्थिति में उन्हें राजनीतिक दल में शामिल होना पड़ता है या वे निर्दलीय भी चुनाव लड़ सकते हैं। इसी प्रकार, यदि कोई हित समूह चुनाव में भागीदारी करके राजनीतिक सत्ता हासिल करना चाहता है, तो वह हित समूह की जगह राजनीतिक दल का रूप धारण कर लेता है। किसी भी व्यवस्था के सदस्य किसी भी राजनीतिक दल की वैचारिकी या दृष्टिकोण से प्रभावित होकर किसी एकदल की सदस्यता ग्रहण करते हैं, जबकि एक व्यक्ति अपने अलग–अलग हितों की रक्षा और संवृद्धि की दृष्टि से एक साथ कई हित समूहों का सदस्य हो सकता है।

जब कोई हित समूह अत्यधिक सक्रिय होकर अन्य हित समूहों की अपेक्षाकृत अपने हितों की सिद्धि के लिए सरकार पर विशेष दबाव बनाने की स्थिति प्राप्त कर लेता है तो उसे दबाव समूह (Pressure Group) की संज्ञा दी जाती है, यानी कि सत्ता को प्रभावित करने के मजबूत इरादे से जब हित समूह की राजनीतिक सक्रियता अत्यधिक बढ़ जाती है तो वे दबाव समूह कहलाने लगते हैं। दबाव समूह न तो राजनीतिक संगठन हैं और न ही चुनाव में अपना उम्मीदवार खड़ा करते हैं। ये हमेशा किसी विशेष पक्ष से संबद्ध होते हैं और अपने पक्ष के हित की समुन्नति के लिए चुनाव में किसी राजनीतिक दल के प्रत्याशी का समर्थन करते हैं। अत्यधिक प्रभावशाली दबाव समूह को अब 'लॉबी' कहा जाता है।

दबाव समूह और हित समूह की प्रकृति में कोई मौलिक अन्तर नहीं है। राजनीतिक विश्लेषक दबाव समूह को ऐसा हित समूह कह सकते हैं जो सामान्यतः अपने सदस्यों के संकीर्ण हितों की सिद्धि के लिए सरकार पर विशेष दबाव बनाने की कोशिश करते हैं। इस कार्य को अंजाम देने के लिए दबाव समूह जनसंपर्क, प्रचार (Propaganda), विज्ञापन (Publicity), धरना, प्रदर्शन हड़ताल आदि का सहारा लेते हैं। ऐसे समूह अपने हितों को बढ़ावा देने के लिए अन्य वर्गों के हितों को पीछे धकेलने से भी बाज नहीं आते हैं। हालांकि, व्यवस्था के समक्ष अपना पक्ष प्रस्तुत करते समय इनके द्वारा यह दुहाई दी जाती है कि उनका प्रस्ताव सार्वजनिक हितों की रक्षा से प्रासंगिक है। इसी प्रकार, जब शासक अभिजन नीतियों व निर्णयों के निर्माण तथा कार्यान्वयन के समय इन समूहों के दृष्टिकोण को साथ लेकर चलने का प्रयास करते हैं–और इस हेतु संगठन से सम्पर्क करते हैं, तो वे यह नहीं देखते हैं कि संबद्ध संगठन दबाव समूह है या हित समूह।

दबाव समूह के स्वरूप एवं कार्यशैली को रेखांकित करने के उद्देश्य से कुछ विद्वज्जनों द्वारा विषय को परिभाषित करने का प्रयास किया गया है, जो निम्नांकित है :

माइरन वीनर (Myron Weiner) के शब्दों में, "दबाव समूह से हमारा तात्पर्य शासकीय व्यवस्था के बाहर किसी ऐसे ऐच्छिक लेकिन संगठित समूह से है जो शासकीय अधिकारियों की नामजदगी और नियुक्ति तथा विधि निर्माण और सार्वजनिक नीतियों के कार्यान्वयन को प्रभावित करने के लिए प्रत्यनशील रहते हैं।"

पीटर ओडीगार्ड (Peter Odegard) के शब्दों में, "दबाव समूह ऐसे लोगों के औपचारिक संगठन को कहते हैं जिसके पास एक या एक से अधिक उद्देश्य या स्वार्थ होते और जो राजनीतिक घटनाक्रम को, विशेष तौर पर सार्वजनिक नीतियों के निर्माण और प्रशासनिक कार्यों को इसीलिए प्रभावित करने की कोशिश करते हैं ताकि वे अपने हितों की रक्षा एवं वृद्धि कर सकें।"

मदन गोपाल गुप्ता (Madan Gopal Gupta) के शब्दों में, "दबाव समूह वस्तुतः एक ऐसा माध्यम है जिसके द्वारा सामान्य हित वाले व्यक्ति संगठित होकर सार्वजनिक मामलों को प्रभावित करने का प्रत्यन करते हैं। इस

परिप्रेक्ष्य में ऐसा कोई भी सामाजिक समूह जो प्रशासकीय और विधायी दोनों ही प्रकार के निर्णयकर्ताओं को एवं सरकार पर प्रत्यक्ष नियंत्रण प्राप्त करने की कोशिश किये बगैर प्रभावित करना चाहता है, वह दबाव समूह कहलायेगा।''

हरमन जीगलर (Hermon Zeigler) ने अपनी रचना 'Interest Groups in American Society, 1964' में विषय को परिभाषित करते हुए कहा है कि ''यह वह संगठित समूह है जो अपने सदस्यों को औपचारिक ढंग से सरकारी पदों पर नियुक्त कराने की कोशिश किए बिना सरकारी निर्णयों के संदर्भ को प्रभावित करना चाहता है।''

दबाव समूह के संबंध में व्यक्त की गयी उपर्युक्त परिभाषाएं विषय की प्रकृति का यथार्थपरक चित्रण प्रस्तुत करने की दृष्टि से परिपूर्ण नहीं है। ये परिभाषाएं दबाव समूह को एक औपचारिक संगठन के रूप में परिभाषित करती हैं जिसमें इन्हें सरकार तथा शासन संचालन के संदर्भ में क्रियाशील स्वरूप प्रदान किया गया है। ये परिभाषाएं दबाव समूह के औपचारिक स्वरूप को स्पष्ट करती हैं, लेकिन, ये परिभाषाएं दबाव समूह और हित समूह के मध्य पाये जाने वाले सूक्ष्म (Minute) अन्तर को स्पष्ट कर पाने में सहायक नहीं हैं। आज सभी प्रकार की व्यवस्थाओं और शासन क्रियाओं में राजनीति के व्यापक अर्थबोध के प्रयोग को स्वीकारा गया है। इस नये अर्थ के परिप्रेक्ष्य में राजनीति का अध्ययन एक ऐसी प्रक्रिया के रूप में किया जाने लगा है जिसके माध्यम से आधिकारिक रूप से सामाजिक मूल्यों को संस्थापित किया जा सके। इस परिप्रेक्ष्य में वर्तमान सभी व्यवस्थाओं में दबाव समूह इस राजनीतिक प्रक्रिया का अपरिहार्य हिस्सा है। उपर्युक्त परिभाषाएं राजनीतिक प्रक्रिया और दबाव समूह के इस तात्त्विक रिश्ते के स्पष्टीकरण पर खरी नहीं उतरती हैं, क्योंकि ये दबाव समूह को राजनीति के गत्यात्मक आयामों से पृथक स्वरूप प्रदान करती हैं। दबाव समूह को क्रियात्मक राजनीति के संदर्भ में यथार्थपरक दृष्टि से परिभाषित करने का प्रयास रॉबर्ट सी. बोन ने किया है। रॉबर्ट सी. बोन (Robert C. Bone) के शब्दों में, ''दबाव समूह राजनीतिक क्रियाओं में शामिल व्यक्तियों का संयोजन (Combination) है जो शासन क्रिया पर औपचारिक नियंत्रण प्राप्त किये बिना समाज में मूल्यों के आधिकारिक निर्धारण के प्रसंग में अपने उद्देश्यों की प्राथमिकता (Priority) के आधार पर उन्हें मुद्दों का स्वरूप देता है। 'यह परिभाषा इस तथ्य का स्पष्टीकरण करती है कि व्यवस्था–संचालन में दबाव समूह की भूमिका सिर्फ सरकार या शासन क्रियाओं को प्रभावित करने तक सीमित नहीं हैं, अपितु आधुनिक व्यवस्थाओं में ये समूह नीति–निर्गतों (Outputs) की प्रक्रियाओं को प्रभावित करने से कही ज्यादा सरोकार नीति–निवेश की प्रक्रिया को आकार प्रदान करने से रखने लगे हैं। ऑल्मंड ने भी अपने संरचनात्मक, कृत्यात्मक विश्लेषण (Structural, Functional Analysis) में आगत प्रक्रिया (Input Process) के संचालन–संदर्भ में हित स्पष्टीकरण (Interest Articulation) की भूमिका के निर्वहन की जवाबदेही हित समूहों को सौंपी है। आल्मंड के विचारानुसार, आगत कृत्य के रूप में हित स्पष्टीकरण प्रक्रिया द्वारा लोगों की अभिवृत्तियों, मान्यताओं, विचारों, दृष्टिकोणों, अधिमान्यताओं को राजनीतिक व्यवस्था के प्रति निश्चित मांगों की शक्ल में परिणत किया जाता है और इस कार्य को निभाने वाली मुख्य संरचना हित समूह है। इस प्रकार, नीति निर्गतों को अपने अनुकूल बनाने के लिए दबाव समूहों द्वारा व्यवस्था में निवेश तत्त्वों को ठोस मुद्दों के रूप में परिणत करने का काम किया जाता है। इसीलिए, वर्तमान परिप्रेक्ष्य में दबाव समूह की कोटि में सिर्फ उन्हीं समूहों को शामिल किया जाता है जो समाज में मूल्यों के आधिकारिक वितरण प्रसंग में अपने उद्देश्यों को प्राथमिकता दिलाने हेतु सदैव सक्रिय रहते हैं।

दरअसल, दबाव समूह का अर्थ एवं परिभाषाएं राजनीतिक विद्वज्जनों के बीच गहरे विवाद का विषय है। विषय संबंधित अर्थ और परिभाषाओं के साथ–साथ उसके नामकरण पर भी काफी मतभेद है। इसके नामकरण संबंधी मतवैभिन्नताओं को मोटे तौर पर चार वर्गों में बांटा जा सकता है।

प्रथम–बहुलवादी दबाव समूह की जगह केवल 'समूह' शब्द का प्रयोग करना चाहते हैं। इनकी दृष्टि में सम्पूर्ण समाज समूहजन्य है और समाज में विद्यमान प्रत्येक समूह प्रत्यक्ष या परोक्ष रूप से अपनी–अपनी हित–सिद्धि का लक्ष्य रखते हैं। अपने हितों की पूर्त्ति के लिए उन्हें अनेक प्रकार के प्रभावों का प्रयोग करना पड़ता है। इनमें से अनेक समूहों का सरकार से किसी प्रकार का प्रत्यक्ष या अप्रत्यक्ष सरोकार नहीं होता है, लेकिन अनेक समूह ऐसे

भी हैं जो सिर्फ सरकार एवं शासन क्रियाओं से ही संबद्ध नहीं होते हैं, अपितु व्यवस्था की संरचनात्मक व प्रक्रियात्मक दोनों आयामों से सीधा सरोकार रखते हैं। अतः, ये दबाव समूह की जगह केवल 'समूह' शब्द के प्रयोग को बेहतर मानते हैं। अर्ल लेथम (Earl Latham) ने अपने एक लेख 'The Group Basis of Politics : Notes for a Theory' में दबाव समूह के इसी अर्थ का समर्थन किया है। लेकिन, विषय–संदर्भित बहुलवादियों के विचारों को विषय–विश्लेषण के परिप्रेक्ष्य में तर्कसंगत नहीं माना गया है, क्योंकि इससे 'दबावसमूह' और 'समूह' के बीच अन्तर स्पष्ट नहीं हो सकता है, जबकि आधुनिक राजनीतिक विचारक दबाव समूह और अन्य समूहों के बीच पाये जाने वाले पर्याप्त अन्तर को स्वीकारते हैं।

द्वितीय–आल्मंड, हिचनर (Hitchner), हर्बोल्ड (Harbold), रोमन (Roman), कोकोविज् (Kolkowez) द्वारा दबाव समूह के बजाय हित समूह शब्द का प्रयोग किया गया है। इनके विचार से समूह को दबाव समूह कहे जाने से अनावश्यक रूप से दबाव 'शब्द की प्रधानता प्रकट होती है, साथ ही इस नाम से यह भी आभास होता है कि सभी समूह हमेशा अपने हितों की सिद्धि के लिए असंवैधानिक अनुचित और अनावश्यक रूप से दबाव बनाते हैं। इस मानसिकता से प्रेरित होकर ये विद्वान् दबाव समूह की जगह हित समूह शब्द के प्रयोग को ज्यादा उपयुक्त मानते हैं।

तृतीय–तीसरी कोटि में माइरन वीनर, जीन ब्लोण्डेल, रॉबर्ट सी. बोन, फाइनर आदि विद्वानों के विचार शामिल हैं जो दबाव समूह और हित समूह में कोई अन्तर नहीं मानते हुए दोनों शब्दों का प्रयोग एक दूसरे की जगह करते हैं। अपनी मान्यता के समर्थन में इनका तर्क है कि प्रत्येक दबाव समूह के उद्भव का मौलिक कारक कोई न कोई हित होता है और सभी हित समूह अपने हितों की पूर्ति के लिए दबाव का प्रयोग करते हैं। इस प्रसंग में रॉबर्ट सी. बोन की अभिव्यक्ति है कि "हित समूह के विश्लेषक दबाव समूह एवं हित समूह के बीच इस आधार पर अन्तर करते हैं कि हित समूह अपने उद्देश्य की पूर्ति के लिए साधन के रूप में अनुनय (Persuasion) का प्रयोग करते हैं, जबकि दबाव समूह हित–सिद्धि के लिए दबाव के साधनों का इस्तेमाल करते हैं।" लेकिन, इनके विचार से सहमति नहीं रखने वाले विद्वानों का ये कहना है कि दबाव समूह और हित समूह के लिए 'दबाव' और 'अनुनय' जैसे साधनों को आधार बताकर इन्होंने स्वयं ही दोनों को एक नहीं मानने की बात स्वीकारी है।

चतुर्थ–कुछ विद्वानों द्वारा 'दबाव समूह' की जगह 'लॉबी या दीर्घा' (Lobby), संघ (Association), राजनीतिक समूह (Political Group) जैसे नामों का प्रयोग किया गया है। इस कोटि के विद्वानों द्वारा दबाव समूह की जगह राजनीतिक समूह शब्द के प्रयोग को ज्यादा उपयुक्त बताया गया है। एलेन आर. बाल (Alan R. Ball) ने अपनी रचना 'Modern Politics and Government, 1971' में दबाव समूह की जगह 'प्रभावक गुट' शब्द के प्रयोग की बात कही है। एलेन पाटर ने ब्रिटिश दबाव समूहों के अध्ययनक्रम में इनके लिए 'संगठित समूह' (Organised Group) शब्द का प्रयोग किया है, क्योंकि इनकी दृष्टि में दबाव समूह की अपेक्षा संगठित समूह में संगठन का महत्त्व ज्यादा दिखाई देता है।

नामकरण के संबंध में विद्वज्जनों द्वारा उठाये गये विवादों और प्रयोग किये गये अलग–अलग शब्दों के संबंध में निष्कर्ष के तौर पर यही कहा जा सकता है कि इसके नामकरण पर विद्वानों के बीच काफी मतांतर है। कई विद्वानों द्वारा 'दबाव' शब्द को आपत्तिजनक मानकर इसकी जगह दूसरे शब्द का प्रयोग किया गया है। अमेरिकी राजनीतिशास्त्रवेत्ता वी.ओ. की (V.O. Key) ने अपनी प्रसिद्ध रचना 'Politics and Pressure Groups' में कहा है कि "दबाव समूह शब्द से ऐसे दुश्चरित्र लॉबीबाज की छवि मानस–पटल पर उभरती है जो एक सदाचारी विधायक को जनहित में अपने विवेकानुसार आचरण नहीं करने देता है तथा उसे पथभ्रष्ट करने के हथकंडे इस्तेमाल करने की अभिप्रेरणा देता है।" हैरी एक्सटीन, पिनाक और स्मिथ का भी इस विषय के नाम के संबंध में ऐसी ही धारणा है। ऐसे अनेक विद्वान् हैं, जिनका यह मानना है कि दबाव समूह राजनीति के संबंध में इस संदेह को जन्म देता है कि नाम के आधार पर इन समूहों द्वारा अपनी हित सिद्धि हेतु छलयोजन, जोड़–तोड़ या लुका–छिपी की साजिशों के जरिये जनतांत्रिक सरकार के क्रियाकलापों को तोड़ने–मोड़ने की कोशिश की जाती है। हालांकि, कई विद्वानों का यह भी मानना है कि विषय के नामकरण से संबंधित भ्रान्तियां निराधार हैं। इनकी दृष्टि में इन समूहों

द्वारा लक्ष्य–सिद्धि हेतु सरकार एवं राजनीतिक प्रक्रियाओं पर संवैधानिक साधनों द्वारा भी दबाव बनाया जा सकता है।

डॉ. इकबाल नारायण द्वारा दी गयी परिभाषा विषयगत नामकरण विवाद को निष्कर्ष तक पहुंचाने में काफी हद तक सहायक है। इनके शब्दों में, ''वस्तुतः जब शासन की नीतियों व निर्णयों को प्रभावित करने से संबंधित राजनीतिक प्रक्रियाओं के संदर्भ में इन समूहों द्वारा किये जाने वाले प्रयासों का अध्ययन किया जाता है तो अध्ययनकर्ता का आशय दबाव शब्द से ही स्पष्ट होता है, क्योंकि इस शब्द के प्रयोग से समूहों द्वारा किये गये विभिन्न प्रकार के प्रयासों, उसके द्वारा की जाने वाली सारी कोशिशों एवं समस्त गतिविधियों का बोध होता है।''

सारांशत, यह कहा जा सकता है कि विषय संदर्भित नामकरण विवाद से ही इस तथ्य का खुलासा होता है कि दबाव समूह प्रसंग के लिए सर्वमान्य परिभाषा देना अत्यन्त कठिन प्रयास है।

दबाव समूह और हित समूह में अन्तर
(Distinction between Pressure Groups and Interest Groups)

जहाँ, आल्मंड, हिचनर, होर्बोल्ड, रोमन, कोकोविज आदि विद्वान् दबाव समूह की जगह हित समूह शब्द का प्रयोग करना ज्यादा श्रेयकर मानते हैं, वहीं जीनब्लोण्डेल, माइरन वीनर, फाइनर तथा रॉबर्ट सी. बोन जैसे विद्वान भी हैं जो दबाव समूह और हित समूह शब्द का प्रयोग एक दूसरे के स्थान पर करते हैं और दोनों में कोई अन्तर नहीं मानते हैं। विषय के संबंध में इस भ्रान्ति की स्थिति को स्पष्ट करने के उद्देश्य से यहां दबाव समूह और हित समूह के संदर्भ में विस्तार से चर्चा की जा रही है।

दबाव समूह और हित समूह की प्रकृति में कोई बुनियादी फर्क नहीं है। बल्कि, इन दोनों के बीच बहुत कुछ समरूपता पायी जाती है, इसीलिए दोनों को एक समझना स्वाभाविक है। दोनों समूहों का स्पष्ट विशिष्ट ध्येय होता है और दोनों सदैव अपने विशिष्ट लक्ष्य की प्राप्ति के लिए प्रयत्नशील रहते हैं। लेकिन, इन समानताओं के बावजूद दोनों समूहों के बीच कुछ सूक्ष्म अर्थ (Subtel Meaning) का अन्तर पाया जाता है।

पी.एन. मसालदान (P.N. Masaldan) ने अपनी कृति **'Rajneeti Shastra Ka Siddhant, 1973'** में दबाव समूहों तथा हित समूहों की अवधारणा में मौजूद अन्तर को स्पष्ट करते हुए लिखा है कि ''किसी समाज की राजनीति में दलों के अतिरिक्त अन्य संगठन व समूहों का भी कार्य भाग होता है। शासन प्रक्रिया पर, विशेष रूप से नीति–निर्धारण एवं विधि निर्माण पर समाज के विभिन्न समूह अपने विशिष्ट हितों की पूर्ति की दृष्टि से प्रभाव डालते हैं। समाज में रहने वाला कोई व्यक्ति समूहों के प्रभाव से बच नहीं सकता है, जब एक नागरिक एक इकाई के रूप में किसी उम्मीदवार के पक्ष में अपना मत प्रदान करता है, तो वह अपने समूह के विचारों, दृष्टिकोणों एवं इच्छाओं के प्रभाव में ही मतदान करता है।''

लगभग साठ वर्ष पूर्व आर्थर बेण्टले जैसे प्रसिद्ध राजनीतिशास्त्री द्वारा समूह के महत्त्व पर प्रकाश डाला गया था। आधुनिक काल में प्रसिद्ध व्यवहारवादी डेविड ट्रूमैन ने भी इस विषय की ओर ध्यान आकृष्ट कराने का प्रयास किया है। समाज में लोगों को सिर्फ सामान्य हित ही नहीं होता है, कुछ विशेष हित भी होता है। सामान्यतः, व्यक्तियों द्वारा अपने विशेष व्यावसायिक आर्थिक हितों को ज्यादा महत्त्व दिया जाता है। जिन लोगों का व्यावसायिक आर्थिक हित समान होता है, वे हित समूह के रूप में संगठित हो जाते हैं। जब ऐसे हित समूह अपने विशेष हितों की प्राप्ति के उद्देश्य से सक्रिय रूप में शासन पर दबाव बनाते हैं, तब उनका स्वरूप दबाव समूह में परिणत हो जाता है। लगभग सभी देशों में उद्योगपतियों, व्यापारियों, श्रमिकों तथा विभिन्न पेशों में कार्यरत व्यक्तियों का अपना संगठन होता है। ये संगठन अपने विशेष हितों के पैरोकार बनकर व्यवस्था में सक्रिय रहते हैं, ताकि शासन की नीतियों द्वारा उनके हितों को कोई नुकसान न पहुंचने पाये एवं उनका हितवर्द्धन हो सकें। मसालदान ने अपनी अभिव्यक्ति द्वारा यह स्पष्ट किया है कि एक सामाजिक व्यक्ति के रूप में उद्योगपति, व्यवसायी, कृषक, मजदूर, विद्यार्थी तथा विभिन्न पेशों में कार्यरत व्यक्तियों के हित पेशे (Profession) के आधार

पर अलग–अलग होते हैं और पेशेवर (Professional) व्यक्ति अपने विशिष्ट हितों के अनुरूप हित समूह के दायरे में संगठित होते हैं। समान हितों वाले व्यक्तियों का समूह जब संगठन का रूप धारण कर लेता हैं, तो उसे हित समूह की संज्ञा दी जाती है। इन समूहों का लक्ष्य अपने सदस्यों के सामाजिक, आर्थिक, सांस्कृतिक, धार्मिक, व्यावसायिक तथा पेशागत हितों की रक्षा करना है। एक व्यक्ति का समाज में कई प्रकार का हित हो सकता है, इसीलिए नागरिक एक साथ कई हित समूहों के सदस्य हो सकते हैं। यही हित समूह जब अपने उद्देश्य की पूर्ति के लिए सरकार पर दबाव बनाने की भूमिका निभाने लगते हैं तो वे दबाव समूह की कोटि में शामिल हो जाते हैं। दबाव समूहों और हित समूहों के बीच जिन असमानताओं को रेखांकित किया गया है उनमें तीन विशेष रूप से उल्लेखनीय हैं:

प्रथम–दोनों के बीच पहला अन्तर हित सुरक्षा की दृष्टि से कार्यशैली में प्रयोग किये जाने वाले साधनों से संबद्ध है। हित समूहों द्वारा जहां अपने हितवर्द्धन एवं हितरक्षण के लिए मुख्यतया प्रत्ययकारी विधि (Persuasive Method) का प्रयोग किया जाता है, जबकि दबाव समूह अपने विशिष्ट हितों के लिए विशेष रूप से दबाव विधि (Pressure Method) का इस्तेमाल करके अपनी मांगों को पूरा करने के लिए सरकार पर दबाव बनाते हैं, यानी कि दोनों समूहों द्वारा हित पूर्ति के लिए अपनाये जाने वाले साधनों में मुख्यरूप से अलग–अलग विधाओं का इस्तेमाल किया जाता है। जहां हित समूह का उपकरण अनुनय है, वहीं दबाव समूह का साधन दबाव है, अर्थात् पहला अन्तर हित–सिद्धि के लिए प्रयोग किये जाने वाले साधन से संबद्ध है।

द्वितीय–दोनों के बीच दूसरा अन्तर हित–सिद्धि हेतु प्रभावित करने के उद्देश्य से संबद्ध है। हित समूहों का ध्येय शासन व्यवस्था को प्रभावित करना नहीं होता है। हित समूहों का लक्ष्य ऐसे ही अन्य समूह या अन्य सामाजिक संरचनाओं व प्रक्रियाओं को प्रभावित करना होता है, जबकि दबाव समूहों का लक्ष्य विशेष रूप से राजनीतिक संरचना एवं प्रक्रियाओं को प्रभावित करके उसे अपने हितवर्द्धन तथा रक्षण के अनुकूल बनाना होता है। मूलतः, ये अपने सदस्यों के लिए हितरक्षणकर्ता की भूमिका निभाते हैं। अर्थात्, दूसरे अन्तर का संबंध दोनों के उद्देश्य से है।

तृतीय–दबाव समूह और हित समूह के बीच तीसरा महत्त्वपूर्ण अन्तर दोनों की प्रकृति से संबंधित है। हित समूहों की प्रकृति अराजनीतिक होती है। ये क्रियाशील राजनीति से प्रत्यक्ष सरोकार नहीं रखते हैं और न ही राजनीतिक प्रक्रियाओं से सीधे रूप से जुड़े होते हैं। इसके विपरीत, दबाव समूह की प्रकृति में राजनीति का पुट शामिल होता है, इसलिए इनकी गतिविधियों का रुझान सदैव व्यवस्थागत राजनीति की ओर होता है। वस्तुतः, इनकी प्रकृति न तो पूर्णतः अराजनीतिक है और न ही राजनीतिक दलों की भांति पूर्णतः राजनीतिक।

दोनों के बीच अन्तर के संबंध में निष्कर्षतः यह कहा जा सकता है कि हित समूहों की गतिविधियां प्रत्यक्ष रूप से राजनीतिक प्रक्रियाएं, गतिविधियों का सक्रिय हिस्सा नहीं होती हैं, जबकि दबाव समूह राजनीतिक प्रक्रियाओं का अपृथक्करणीय हिस्सा हैं और अपने द्वारा निष्पादित भूमिकाओं के माध्यम से वे सरकार की नीतियों को या तो मजबूती प्रदान करते हैं या खिलाफ में विरोध प्रदर्शन करके उसके स्वरूप में बदलाव लाने का गंभीर प्रयास करते हैं। दबाव समूह का स्वरूप चाहे राष्ट्रीय, प्रान्तीय या स्थानीय हो एक क्रियाशील संगठन के रूप में वे हमेशा सरकार से कुछ न कुछ पाने का लक्ष्य लेकर सक्रिय रहते हैं। हित समूह भी अपने सदस्यों के हितवर्द्धन के लिए सक्रिय रहते हैं, लेकिन उनकी अपेक्षाएं सरकार से नहीं, समाज या समाज में मौजूद सामाजिक, आर्थिक, सांस्कृतिक, धार्मिक समूहों व संगठनों से होती हैं और ये अपने हित साधन के लिए निरन्तर इन समूहों के संपर्क में रहते हैं।

हित समूह एक अराजनीतिक संगठन है जिसका कार्यक्षेत्र समाज है, जबकि दबाव समूह मूलतः तो राजनीतिक दल की भांति एक राजनीतिक संगठन नहीं है, लेकिन इसकी गतिविधियां मुख्यतया शासन और सरकार से संबंधित होती है।

किसी भी दबाव समूह का शक्तिशाली होना या नहीं होना उसके सामर्थ्य और कई प्रकार की परिस्थितियों पर निर्भर करता है, मसलन–समूह की सदस्य संख्या कितनी है, समूह में कितने प्रतिशत सदस्य सक्रिय हैं, समूह के नेतृत्व का स्तर कितना उत्कृष्ट है, समूह के पास कितनी निधि है और सबसे ज्यादा समूह को अपनी रुचि

के विषयों में कितनी गहन जानकारी है ? ऐसी अनेकानेक परिस्थितियां एवं कारक हैं जो दबाव समूहों की शक्ति क्षमता को निर्धारित करती हैं। आधुनिक जनतांत्रिक व्यवस्थाओं में दबाव समूहों तथा हित समूहों की भूमिकाओं को समीचीन मान्यता प्रदान की जाती है। यहां तक कि सरकारी विभागों तथा विधायी समितियों (Legislative Committees) द्वारा भी विशेष हितों से संबंधित कोई भी नीति–निर्णय–निर्धारण या कानून–निर्माण के समय संबद्ध दबाव समूहों से विषय प्रासंगिक जानकारी प्राप्त करके कानून बनाते समय उनकी मांग, दृष्टिकोण एवं सुझावों पर ध्यान दिया जाता हैं। स्वस्थ लोकतांत्रिक व्यवस्था के विकास के लिए तथा लोकप्रिय सरकार की सार्थकता के लिए यह अति आवश्यक है कि समाज में सभी प्रकार के हितों का प्रतिनिधित्व करने वाले दबाव समूह राजनीति में सक्रिय रहें और सरकार का ध्यान समाज के विशिष्ट हितों की ओर आकृष्ट कराते रहें। यदि किसी लोकतांत्रिक व्यवस्था के अन्तर्गत मौजूद समाज में विभिन्न हितों के बीच प्रतिनिधित्व में असंतुलन हो जाये तो लोकतंत्र अपनी मूल प्रवृत्ति से पृथक् हो जायेगा।

दबाव समूहों की भांति हित समूह भी अपने सदस्यों के हितरक्षण एवं समुन्नति के लिए सदैव सक्रिय रहते हैं। हित समूह सामाजिक संरचनाओं और प्रक्रियाओं को अपने हितों के निशाने पर रखते हैं। हित समूहों द्वारा अपने हित के विरुद्ध कोई नीति या निर्णय के विरोध में न्यायालय में चुनौती दी जाती है। भारत और अमेरिका के न्यायालयों में जनहित याचिका (Public Interest Petition) द्वारा अनेक बार सरकारी निर्णयों या कानूनों को चुनौती दी जा चुकी है। आस्ट्रेलिया में सिर्फ प्रभावित पक्ष ही किसी निर्णय को चुनौती देने का अधिकार रखता है। ब्रिटेन और न्यूजीलैण्ड में संसदीय 'संप्रभुता' (Parliamentary Sovereignty) के लिए सिद्धांत को स्वीकार किया गया है। वहां संसद् के संप्रभु अस्तित्व को मान्यता प्रदान करने की दृष्टि से किसी भी कानून के संवैधानिक आधार को चुनौती नहीं दी जा सकती। यूरोपीय संघ (European Union) के सदस्य देशों में कार्यरत कई हित समूह जब अपने देश में किसी निर्णय के विरुद्ध चुनौती देने में सक्षम नहीं होते हैं तो जरूरत पड़ने पर उसे यूरोपीय न्यायालय (European Court of Justice) में ले जा सकते हैं।

जहां तक दबाव समूहों की कार्यशैली का प्रसंग है, उनके द्वारा सार्वजनिक नीतियों व निर्णयों को प्रभावित करने के लिए कई विधाओं का इस्तेमाल किया जाता है तथा वे अपने हितरक्षण एवं हितवर्द्धन हेतु वैधानिक दायरे में रे कई प्रकार के हथकंडों का प्रयोग करते हैं जो निम्नलिखित हैं :

प्रथम–विभिन्न दबाव समूह (व्यावसायिक, कृषक, मजदूर, विद्यार्थी तथा विभिन्न प्रकार के पेशे से जुड़े लोगों का पेशागत समूह) अपने विषय संदर्भित हितों की उन्नति के संबंध में सरकार के ओहदेदार मंत्रियों, विधायी समितियों, प्रशासन के आला अधिकारियों तथा नीति निर्माताओं के पास आधार–सामग्री राय एवं सुझाव भेजते रहते हैं जिसमें उनकी मांगें शामिल होती हैं। ज्यादातर इनके द्वारा सरकार के समक्ष स्मरणपत्र (Memorandum) प्रस्तुत किया जाता है, जिसे मुख्य रूप से उनकी मांगों का सार–संग्रह (Compendium) कहा जा सकता है।

द्वितीय–इनके द्वारा समाचारपत्रों, पत्रिकाओं, रेडियो व टेलीविजन, आदि पर विज्ञापन देकर राजनीतिक दलों की भांति जनमत को अपनी ओर मुखातिब करने एवं अनुकूल बनाने का प्रयास किया जाता है।

तृतीय–दबाव समूहों द्वारा अपनी रुचि के विषयों पर वाद–विवाद, विचारगोष्ठी, व्याख्यानमालाएं, भाषणमालाएं, वार्ताएं, संवाददाता–सम्मेलन (Press-Conference), आदि का आयोजन करके अपनी गतिविधियों तथा हितवर्द्धन के प्रति जनसाधारण में रुचि एवं जागरूकता पैदा कराने की कोशिश की जाती है।

चतुर्थ–अपनी अति–विशिष्ट मांगों की ओर सरकार, अधिकारियों तथा जनता का ध्यान आकृष्ट कराने के लिए इनके द्वारा यदा–कदा धरना, प्रदर्शन, जुलूस, रैलियां, हड़ताल व बन्द आदि का आयोजन भी किया जाता है। ये समूह अपनी गतिविधियों के प्रचार के लिए दीवारों पर पोस्टर लगवाते हैं, बैनर लगवाते हैं तथा जनमत एवं सरकार के मत को अपने अनुकूल बनाने के लिए प्रचार के हर संभव साधनों का इस्तेमाल करते हैं।

पंचम–कुछ दबाव समूह अपने प्रतिनिधि कार्यकर्ताओं और अधिवक्ताओं के माध्यम से विधानमंडल के सभाकक्षों और दीर्घाओं (Lobbies) में उपस्थित होकर, वहीं से कानून के पक्ष या विपक्ष में बोलने या मतदान कराने के लिए

विधायकों को अभिप्रेरित करते हैं। सामान्यतः इस कार्य के लिए उनके द्वारा विनम्र निवेदन किया जाता है, लेकिन कभी–कभी प्रचार की इस प्रक्रिया में वे हल्ला–गुल्ला पर भी उतर जाते हैं। अपनी इस गतिविधि द्वारा समूह के प्रतिनिधि विधानमंडल के सदस्यों को प्रभावित करने की कोशिश करते हैं। दबाव समूह की इस गतिविधि को दीर्घा प्रचार या लॉबी प्रचार (Lobbying) कहा जाता है।

षष्ठम्–दबाव समूहों द्वारा चुनाव के समय उन उम्मीदवारों को वित्तीय सहायता भी दी जाती है जो उनके हितों के साथ सहानुभूति रखते हैं और चुनाव जीतकर उनकी लक्ष्य–सिद्धि में सहायक हो सकते हैं। अपनी इस गतिविधि द्वारा ये समूह सक्रिय राजनीतिज्ञों से सीधा संबंध स्थापित करते हैं, ताकि उनके माध्यम से वे सरकार पर अपनी हित–पूर्ति के लिए सीधा दबाव बना सकें।

सप्तम्–कभी–कभी दबाव समूह अपनी स्वार्थ–सिद्धि के लिए संबद्ध अधिकारियों के साथ नजदीकी संबंध बनाने की कोशिश करते हैं। इस कोशिश में इनके द्वारा अधिकारियों को रिश्वत (Bribe) देना, उनके लिए बड़ी दावतों का इंतजाम करना, उन्हें महंगे उपहार देना मदिरापान करना तथा अन्य अनैतिक गैर वाजिव तरीकों का प्रयोग किया जाता है। इन सारे कार्यों के पीछे इन समूहों का मूल उद्देश्य अधिकारियों की कृपादृष्टि प्राप्त करके अपने हित–सिद्धि को मार्ग के सरल बनाना है।

दबाव समूह और लॉबी (Pressure Groups and Lobby)

'लॉबी' भी एक तरह का दबाव समूह ही है। दबाव समूह की गतिविधियों के अन्तर्गत एक विशेष कार्य में संलग्न व्यक्तियों के समूह को लॉबी की संज्ञा दी जाती है। अत्यधिक प्रभावशाली दबाव समूहों को अब लॉबी का नाम दिया जाता है। लॉबी का उद्देश्य निश्चित होता है तथा उसका कार्यक्षेत्र सीमित होता है। लॉबी का मूल लक्ष्य विधायकों को प्रभावित करना होता है। ये सदैव इसी दिशा में प्रयासरत होते हैं। लॉबी का बुनियादी लक्ष्य व्यवस्थापन–प्रक्रिया से सरोकार रखना है। इस अर्थ में लॉबी निश्चित तथा सीमित रूप में व्यवस्थापन–प्रक्रिया को प्रभावित करने वाले समूह को कहा जाता है। इनका अभियान हमेशा किसी संभावित विधेयक या प्रस्तावित विधेयक से संबद्ध होता है।

रॉबर्ट सी. बोन ने लॉबी को परिभाषित करते हुए कहा है कि "व्यक्तियों का ऐसा समूह जो विधायिका के सदस्यों को अपने विशेष हितों के पक्ष में मत देने के लिए प्रभावित करने का अभियान चलाता है, उसे लॉबी कहा जाता है।" ये परिभाषा इस तथ्य से प्रासंगिक है कि दबाव समूह और लॉबी के बीच मूलतः कार्यक्षेत्र और कार्यलक्ष्य का अन्तर पाया जाता है। लॉबी का कार्यक्षेत्र केवल विधायिका के सदस्यों को प्रभावित करने तक सीमित होता है, लेकिन दबाव समूह का कार्यक्षेत्र संपूर्ण राजनीतिक व्यवस्था की संरचनाओं एवं प्रक्रियाओं को प्रभावित करने की क्रिया तक विस्तारित होता है। इसी भांति लॉबी का कार्यलक्ष्य विधायकों के मतदान–व्यवहार (Voting Behaviour) को प्रभावित करने तक सीमित होता है, जबकि दबाव समूह का कार्यलक्ष्यलॉबी की तुलना में काफी व्यापक होता है। इनका कार्यलक्ष्य व्यवस्था के आगतों (Inputs) तथा निर्गतों (Outputs) दोनों से संबंधित होता है। आगत तत्त्वों के प्रसंग में ये समूह हित स्पष्टीकरण के माध्यम की भूमिका निभाते हैं और निर्गत तत्त्वों के प्रसंग में इन समूहों का लक्ष्य नीतियों व निर्णयों को अपने हितों के अनुकूल बनाने के लिए नीति निर्धारकों को प्रेरित करना है। इस प्रकार, दबावसमूहों का कार्यलक्ष्य लॉबी की अपेक्षाकृत काफी व्यापक होता है।

निष्कर्षतः, यह कहा जा सकता है कि जब किसी शक्तिशाली दबाव समूह की कार्यकारी शाखा द्वारा सरकारी नीतियों व निर्णयों को प्रभावित करने के लिए सरकारी अधिकारियों व विधायकों एवं सरकार पर अपने हितों को मनवाने के लिए दबाव बनाया जाता है, तो उन भूमिकाओं को अंजाम देने वाले दबाव समूह को वर्तमान परिप्रेक्ष्य में 'लॉबी' कहा जाने लगा है।

राजनीतिक दल और दबाव समूह (Political Party and Pressure Groups)

राजनीतिक दल और दबाव समूह दोनों संविधानेत्तर विषय हैं जो संविधान द्वारा स्थापित राजनीतिक व्यवस्था, राजनीतिक सत्ता और राजनीतिक प्रक्रियाओं के कार्यक्षेत्र, कार्यलक्ष्य एवं कार्यसंस्कृति के संचालन में आधारीय तत्त्व की भूमिका निभाते हैं। राजनीतिक प्रक्रियाओं के संचालन में दोनों की भूमिका अहम् होती है, लेकिन बावजूद इसके दोनों के बीच कुछ आधारिक भिन्नताएं हैं, जो निम्नांकित हैं :

1. राजनीतिक दलों का व्यवस्थागत राजनीति से प्रत्यक्ष सरोकार होता है। उनके अस्तित्व का मूल लक्ष्य सत्ता–प्राप्ति है। इस दृष्टि से उनके द्वारा चुनाव में उम्मीदवार खड़ा किया जाता है, उनके पक्ष में सघन चुनाव अभियान चलाया जाता है और चुनाव में ज्यादा–से–ज्यादा सीटों पर जीत हासिल करके सत्तारूढ़ हुआ जाता है या सदन में विरोधी दल की भूमिका निभायी जाती है, जबकि दबाव समूहों का सक्रिय राजनीति से सीधा सरोकार नहीं होता है। न तो ये चुनाव में उम्मीदवार खड़ा करते हैं और न ही नीति निर्माण में प्रत्यक्ष भागीदारी करते हैं। दबाव समूहों द्वारा परोक्ष रूप से राजनीतिक भूमिकाओं का निर्वहन किया जाता है। दबाव समूह औपचारिक रूप से शासन के बाहर रह कर शासन की नीतियों को प्रभावित करने का कार्य करते हैं।
2. राजनीतिक दलों का उद्देश्य, लक्ष्य और कार्यक्रम सभी का स्वरूप व्यापक होता है जो राष्ट्रीय हित की संवृद्धि से संबद्ध होता है, जबकि एक दबाव समूह व्यवस्था के किसी वर्ग विशेष के हितों का प्रतिनिधित्व करता है और उनका उद्देश्य एवं लक्ष्य अपने समूह का हितवर्द्धन तथा हितरक्षण करना होता है।
3. राजनीतिक दल अपनी विचारधारा, दृष्टिकोण एवं कार्यक्रमों की दृष्टि से दबाव समूहों की तुलना में अधिक संगठित, सजातीय (Homogenous) और समशील विचारधारा के समर्थक एवं पोषक होते हैं। राजनीतिक दलों के कार्यक्रमों का व्यापक सामाजिक व राजनीतिक आधार होता है तथा उनका कार्य, उद्देश्य एवं लक्ष्य बहुआयामी तथा बहुदिशायी होता है। इस अर्थ के परिप्रेक्ष्य में भी दबाव समूह उनके समकक्ष नहीं होता है। दबाव समूह के सदस्यों की रुचि तथा हितों में समानता होती है जो उन्हें समरूपता और सजातीयता प्रदान करता है। लेकिन, विचारधारा और कार्यक्रमों की दृष्टि से राजनीतिक दलों की तुलना में इनका कार्यक्षेत्र उद्देश्य एवं लक्ष्य काफी सीमित होता है जिसका स्वरूप हर मामले में संकुचित होता है।
4. आकार तथा सदस्य संख्या की दृष्टि से राजनीतिक दल एक विशाल संगठन होता है जिसके सदस्यों की संख्या लाखों–करोड़ों में होती है, जबकि दबाव समूह का आकार तथा सदस्य संख्या दलों की तुलना में काफी सीमित होती है। सदस्यता के मामले में दोनों के बीच एक महत्त्वपूर्ण तथ्य यह है कि कोई भी नागरिक एक समय में एक ही दल की सदस्यता ग्रहण कर सकता है, लेकिन एक नागरिक अपने व्यक्तित्व के सभी आयामों की समुन्नति के लिए एक साथ कई दबाव समूहों का सदस्य हो सकता है।
5. राजनीतिक दलों के संगठन का स्वरूप निश्चित तौर पर औपचारिक (Formal) होता है, जबकि दबाव समूह औपचारिक एवं अनौपचारिक (Informal) दोनों रूपों में संगठित हो सकते हैं।
6. राजनीतिक दलों द्वारा अपनी लक्ष्य–सिद्धि के लिए संवैधानिक साधनों के इस्तेमाल की अपेक्षा की जाती है। यदि ये लक्ष्य–प्राप्ति के लिए गैर वैधानिक, गैर मुनासिब साधनों का प्रयोग करते हैं तो इनकी मान्यता रद्द भी की जा सकती है और उनके चुनाव में भागीदारी पर प्रतिबंध लगाया जा सकता है, जबकि दबाव समूहों द्वारा अपनी लक्ष्य–सिद्धि की दृष्टि से जरूरत के अनुरूप संवैधानिक या असंवैधानिक दोनों प्रकार के साधनों का इस्तेमाल किया जाता है।
7. सभी व्यवस्था में विद्यमान दबाव समूहों का सबसे घनिष्ठ संबंध वहां मौजूद राजनीतिक दलों से होता है। राजनीतिक दल तथा दबाव समूह के बीच जितना भी अन्तर हो, लेकिन वस्तुतः दोनों एक–दूसरे के पूरक होते हैं। दलों का वोट बैंक बढ़ाने तथा जनाधार को मजबूती प्रदान करने में जहां हित समूह एवं दबाव

समूह आधार माध्यम की भूमिका निभाते हैं, वहीं दबाव समूहों की लक्ष्य सिद्धि में दलीय नीतियां कार्यक्रम तथा दलीय नेतृत्व आधार–आधेय की भूमिका अदा करता है। व्यवहार में सक्रिय दबाव समूह अनिवार्य रूप से किसी एक राजनीतिक दल के साथ बंध कर अपने कार्यों को अंजाम देते हैं। जिस दल के साथ दबाव समूह का गठबंधन होता है, उसके प्रति इनकी पूरी प्रतिबद्धता होती है। अपने हितों के अनुरूप ऐसे समूहों द्वारा राजनीतिक दल की नीतियों कार्यक्रमों का पूरा समर्थन किया जाता है। हालांकि दल के साथ बंध जाने के पश्चात् दबाव समूह की स्थिति एक आश्रित संगठन जैसी ही जाती है।

8. दबाव समूह और राजनीतिक दल के बीच उद्‌भव आधारित संबंध भी होता है। परिस्थिति के अनुरूप दबाव समूह राजनीतिक दल के जन्म का आधारक होता है, तो कभी दबाव समूह के आविर्भाव में राजनीतिक दल द्वारा पहल की जाती है। दृष्टान्तस्वरूप, ब्रिटेन में श्रमिक दल के निर्माण में वहां के अनेक, श्रमिक संगठनों की संयुक्त भूमिका रही है। भारत में भी एक स्वतंत्र दल के निर्माण में उद्योगपतियों के एक दबाव समूह की भूमिका महत्त्वपूर्ण रही है। इसी तर्ज पर राजनीतिक दल भी समाज के विविध वर्गों का समर्थन प्राप्त करने के लिए दबाव समूहों का अस्तित्व–निर्माण करते हैं। भारत में भी मौजूदा प्रमुख श्रमिक संगठनों, यथा–इंटक, एटक, सीटू, भारतीय मजदूर संघ, आदि की स्थापना राजनीतिक दलों की पहल से ही संभव हुई है।

वस्तुतः, राजनीतिक दल और दबाव समूह के बीच संगठन, उदेश्य कार्यशैली, कार्यलक्ष्य, आकार–प्रकार में चाहे जितनी भी असमानता हो, व्यवहारिकता के धरातल पर दोनों परस्पर पूरक की भूमिका निभाते हैं। इस संबंध में प्रो. हरमन फाइनर का कथन महत्त्वपूर्ण है। इनके शब्दों में, "जहां संगठन और सिद्धान्त के स्तर पर राजनीतिक दल कमजोर होगा, वहां दबाव समूह का आविर्भाव होगा। जहां दबाव समूह शक्तिशाली होगा, वहां राजनीतिक दल कमजोर होगा और जहां राजनीतिक दल शक्तिशाली होगा, वहां दबाव समूह को दबा दिया जायेगा।"

दबाव समूहों की प्रकृति (Nature of Pressure Groups)

दबाव समूह के संदर्भ में दी गयी परिभाषाओं से यह स्पष्ट अर्थ निकलता है कि दबाव समूह की प्रकृति न तो राजनीतिक दलों की भांति पूर्णतः राजनीतिक होती है और न ही हित समूहों की भांति पूर्णतः अराजनीतिक। दबाव समूहों की प्रकृति पूर्णरूप से अराजनीतिक नहीं कही जा सकती है, क्योंकि अपने हितों की पूर्ति के लिए ये समूह किसी न किसी रूप में राजनीतिक गतिविधियों में भागीदारी करते रहते हैं। इनका ध्येय मूल रूप से अपने विशेष हितों की रक्षा करना और विशिष्ट हितों की प्राप्ति हेतु हमेशा प्रयासरत रहना है। इनके विशेष हितों की पूर्ति का माध्यम सरकार व शासन की प्रक्रियाएं होती हैं, इसलिए इन समूहों का राजनीति से सदैव सरोकार होता है। लेकिन, ये राजनीतिक दलों की भांति क्रियाशील राजनीति से सीधा सरोकार नहीं रखते हैं, अतः इनकी प्रकृति पूर्णतः राजनीतिक भी नहीं होती है।

कार्यशैली के आधार पर दबाव समूहों की प्रकृति को न तो पूर्ण रूप से राजनीतिक माना जा सकता है और न ही पूर्णतः अराजनीतिक, बल्कि वास्तविक स्तर पर इसकी प्रकृति दोनों के बीच की है। दबाव समूह की प्रकृति का विश्लेषण करते हुए हैरी एक्सटीन (Harry Eckstein) ने अपनी कृति 'Pressure Groups Politics, 1960' में यह लिखा है कि दबाव समूहों का रूप पूर्णतः राजनीतिकृत समूह से कम तथा पूर्णतः अराजनीतिकृत समूह से अधिक होता है। यह स्थिति वास्तव में राजनीतिक और अराजनीतिक के मध्य एक अन्तर्वर्ती स्तर के बीच की गतिविधियों का है। दबाव समूह के संबंध में एक्सटीन द्वारा की गयी अभिव्यक्ति से विषय की प्रकृति का संदर्भ पूरी तरह स्पष्ट होता है। इन समूहों की प्रकृति से संदर्भित इन ख़ास विशेषताओं की वजह से ही दबाव समूह तथा हित समूहों राजनीतिक दलों से पृथक् पहचान रखते हैं।

दबाव समूहों के लक्षण (Characteristics of Pressure Groups)

दबाव समूहों के अर्थ, परिभाषाएं, प्रकृति एवं दबाव समूह, हित समूह तथा राजनीतिक दल के बीच पाये जाने वाले अन्तरों से यह स्पष्ट होता है कि ये समूह एक विशेष प्रकार के संगठन है जो कुछ विशिष्ट लक्षणों से युक्त हैं। इन विशिष्ट लक्षणों के आधार पर ही दबाव समूहों को अन्य संगठनों, समुदायों से पृथक् किया जाता है। दबाव समूह के प्रमुख लक्षण निम्नांकित हैं :

1. **औपचारिक या अर्द्ध–औपचारिक संगठन (Formal or Semi-formal Organisation)**–दबाव समूहों के लिए राजनीतिक दलों की भांति औपचारिक रूप से संगठित होने की बाध्यता नहीं है। ये समूह औपचारिक एवं अर्द्ध–औपचारिक दोनों रूपों में संगठित हो सकते हैं औपचारिक रूप से संगठित दबाव समूह ज्यादा प्रभावशाली भूमिकाओं का निष्पादन करते हैं। औपचारिक रूप से संगठित दबाव समूह ही अपने सदस्यों के विशेष हितों की रक्षा तथा हितवर्द्धन हेतु सरकार व शासन–प्रक्रिया पर विशेष दबाव बनाने और निर्गत नीतियों को अपनी ओर मोड़ने में सफलीभूत होते हैं। दबाव समूहों द्वारा प्राप्त की जाने वाली हित–सिद्धि की दृष्टि से आधुनिक विद्वानों ने दबाव समूहों की कारगर भूमिका के लिए औपचारिक संगठन की अनिवार्यता की वकालत की है। इस विचार के समर्थकों की यह मान्यता है कि संगठन शब्द औपचारिकता का बोधक है, इसलिए दबाव समूहों के लिए औपचारिक संगठन बनाना अतिआवश्यक है। इन समूहों का मुख्य कार्यलक्ष्य अपने हितों की पूर्ति के लिए विशेष रूप से राजनीतिक प्रक्रियाओं को प्रभावित करने का है ओर कोई भी दबाव समूह अपने इस बुनियादी ध्येय की प्राप्ति तभी कर सकता है जब उसका संगठन औपचारिक तथा व्यवस्थित हो।
2. **परिसीमित उद्देश्य (Limited Purpose)**–दबाव समूहों द्वारा हमेशा किसी एक वर्ग का प्रतिनिधित्व किया जाता है, इसलिए इनका उद्देश्य या लक्ष्य पूर्व निर्धारित होता है। सभी दबाव समूह एक विशिष्ट लक्ष्य को साथ लेकर चलते हैं और उसकी सिद्धि के लिए ही अपनी समस्त गतिविधियों का संचालन करते हैं। सामान्यतया सभी दबाव समूहों की भूमिकाएं उनके मार्यादित लक्ष्य तक ही सीमित होती हैं।
3. **सुनिश्चित स्वहित (Specific Self Interest)**–दबाव समहों के अस्तित्व निर्माण का तात्त्विक आधार विशिष्ट स्वहित की प्राप्ति है। इसका यह कदापि अर्थ नहीं है कि दबाव समूहों के पास सामान्य उद्देश्य नहीं होता है। विभिन्न पेशे से संबद्ध दबाव समूह अपने सदस्यों के सामान्य हित की पूर्ति का लक्ष्य लेकर आगे क़दम बढ़ाते हैं, लेकिन हर परिस्थिति में दबाव समूहों का एक सुनिश्चित लक्ष्य होता है; वह है सदस्यों के निर्धारित स्वहित की पूर्ति करना। ये निश्चित स्वहित ही समूह के सदस्यों को एक सूत्र में बांधता है। इन समूहों के अन्तर्गत सजातीयता का आधार उसके सदस्यों के हितों में एकरूपता (Uniformity) का होना है। यदि समूह के सदस्यों का हित सुनिश्चित, सुस्पष्ट और समान न हो तो वे अपने हितों की रक्षा और संवृद्धि के लिए संगठित होकर सरकारी निर्णय को प्रभावित करने की भूमिका का यथोचित निर्वहन नहीं कर सकेंगे। दबाव समूहों की इस प्रकृति की वजह से उन्हें सुनिश्चित स्वहित साधक की संज्ञा दी जाती है।
4. **सर्वव्यापक अस्तित्व (Universal Existence)**–सभी प्रकार की राजनीतिक व्यवस्थाओं में दबाव समूह का अस्तित्व विद्यमान होता है। चाहे व्यवस्था का स्वरूप उदारवादी हो या सर्वाधिकारवादी, व्यवस्था विकसित हो या विकासशील सभी राजनीतिक परिस्थितियों में दबाव समूहों की विद्यमानता अपरिहार्य है। इसके अस्तित्व की सर्वव्यापकता को स्वीकारते हुए रॉबर्ट सी. बोन ने 'Action and Organisation : An Introduction to Contemporary Political Science' में कहा है कि "दबाव समूह सभी राजनीतिक व्यवस्थाओं में, यहां तक कि सर्वाधिकारवादी राज्यों में भी पाये जाते हैं; केवल यह तथ्य कि दबाव समूहों की विद्यमानता साम्यवादी राज्यों में भी होती है, इनकी सर्वव्यापकता का प्रमाण है।" हालांकि, इसकी सर्वव्यापकता के परिप्रेक्ष्य में ध्यान देने योग्य तथ्य यह है कि सर्वव्यापी अस्तित्व के बावजूद सर्वाधिकारवादी

व्यवस्थाओं में दबाव समूहों की गतिविधियां बहुत सीमित होती हैं। जहां उदारवादी व्यवस्थाओं में दबाव समूह खुले रूप में अपनी भूमिकाओं को अंजाम देते हैं; तथा उनका कार्यक्षेत्र भी व्यापक होता है, वहीं सर्वाधिकारवादी राज्यों में ये समूह गुप्त रूप से अपनी गतिविधियों को अंजाम देते हैं।

5. **ऐच्छिक सदस्यता (Voluntary Membership)**–दबाव समूह हमेशा किसी–न–किसी विशिष्ट हित की पूर्ति के लिए आकार लेते हैं, इसलिए उनकी सदस्यता भी वही लोग ग्रहण करते हैं जिनके हितों की पूर्ति करना इन समूहों द्वारा संभव होता है। इन दबाव समूहों की सदस्यता की प्रकृति ऐच्छिक होती है, यानी कि लोगों को इसकी सदस्यता ग्रहण करने के लिए बाध्य नहीं किया जा सकता है। किसी दबाव समूह का सदस्य बनना या सदस्यता का त्याग करना व्यक्ति की इच्छा पर निर्भर है। ऐच्छिक प्रकृति के साथ दबाव समूह की सदस्यता परस्पर व्यापी भी होती है, यानी कि एक व्यक्ति अपनी जरूरतों की पूर्ति और जीवन के सर्वांगीण विकास हेतु एक साथ कई दबाव समूहों का सदस्य हो सकता है। दृष्टान्तस्वरूप, एक व्यक्ति एक साथ जातीय समूह, धार्मिक समूह, उपभोक्ता समूह, श्रमिक समूह एवं व्यावसायिक समूह सभी की सदस्यता ग्रहण कर सकता है।

6. **राजनीति और प्रशासन में परोक्ष भूमिका (Indirect Role in Politics and Administration)**–सभी व्यवस्थाओं में मौजूद दबाव समूह राजनीति और प्रशासन–संचालन में अप्रत्यक्ष यानी कि गौण भूमिकाएं निभाते हैं। ये राजनीतिक दलों की भांति राजनीति और प्रशासन से सीधा संवाद नहीं करते हैं। इनके द्वारा न तो चुनाव में उम्मीदवार खड़ा किया जाता है और न ही इनका लक्ष्य सत्ता की प्राप्ति है। इन समूहों द्वारा सक्रिय राजनीति से बाहर रहकर परोक्ष रूप से सरकार की शासनशैली तथा सरकारी निर्गतों को प्रभावित करने को कोशिश की जाती है। अपनी भूमिकाओं की वजह से अक्सर ये समूह अपने संगठन को गैर–राजनीतिक बताते हैं। लेकिन, वस्तुतः, दबाव समूह राजनीति और प्रशासन से अलग नहीं हैं। ये राजनीति और प्रशासन की सीधी प्रवाहरेखा (Streamline) से अलग नेपथ्य में रहकर सरकार, सरकारी निर्णयों, प्रशासनिक क्रिया–कलापों तथा व्यवस्थागत राजनीति को गंभीर स्तर पर प्रभावित करने की चेष्टा करते हैं।

   दबाव समूह चुनाव में अपना उम्मीदवार खड़ा नहीं करते हैं, लेकिन उम्मीदवारों के चुनाव जिताने या हराने की परिस्थितियों का निर्माण करते हैं। अपने हितवर्द्धन के अनुरूप उपयुक्तता के मद्देनजर उम्मीदवारों को आर्थिक सहायता देकर या अन्य प्रकार का सहायेग देकर स्व–हितवर्द्धन हेतु राजनीतिक लाभ अर्जित करने की कोशिश करते हैं। अपने हितरक्षण के लिए किसी राजनीतिक दल के प्रति अपनी वफ़ादारी निभाते हुए उसके उम्मीदवारों की जीत के लिए वोट बैंक के निर्माण में अहम भूमिका निभाते हैं और कई प्रकार की परोक्ष विधाओं का प्रयोग करके प्रशासनिक नीतियों व निर्णयों को अपने अनुकूल रखने का प्रयास करते हैं। इस प्रसंग के आलोक में जौहरी का कहना है कि 'दबाव समूह राजनीति के साथ लुका–छिपी का खेल (Game of Hide and Seek) खेलते हैं, वे राजनीति में हैं भी और नहीं भी। इस प्रकार, तात्त्विक स्तर पर सभी दबाव समूह 'राजनीतिक क्रिया अभिमुखी' होते हैं, तभी तो कुछ समीक्षकों द्वारा इन्हें अनुत्तरदायी राजनीतिक दल (Irresponsible Political Party) की संज्ञा दी गयी है।

7. **अनिश्चित कार्यकाल (Indefinite Period)**–सामान्यतः, दबाव समूहों का कार्यकाल अनिश्चित होता है। किसी विशेष हित की सिद्धि के लिए ये अस्तित्व प्राप्त करते हैं और हित पूरा होने के साथ–ही इनका अस्तित्व लुप्त भी हो जाता है। इस संदर्भ में प्रासंगिक तथ्य यह है कि सभी राजनीतिक समाजों की प्रकृति में परिवर्तनीयता का गुण मौजूद होने की वजह से राजनीतिक पर्यावरण में होने वाले बदलाव का इन समाजों पर सीधा प्रभाव पड़ता है। सामाजिक–राजनीतिक परिवर्तन के आलोक में किसी विशेष लक्ष्य की प्राप्ति के लिए निर्मित दबाव समूह को कुछ समय पश्चात् अनुपयोगी समझकर भंग भी किया जा सकता है। हालांकि, सभी व्यवस्थाओं में कुछ दबाव समूहों के अस्तित्व में स्थायित्व का तत्त्व विद्यमान् होता है, जैसे–मजदूर संघ या पेशेवरों का संगठन आमतौर पर स्थायित्व के गुण से युक्त होता है।

8. **संवैधानिक तथा असंवैधानिक साधनों का प्रयोग (Use of constitutional and Non-constitutional Method)**–दबाव समूह अपने विशेष हितों की सिद्धि के लिए परिस्थितिनुरूप उचित–अनुचित का ध्यान न रखते हुए वैधानिक या अवैधानिक दोनों प्रकार के साधनों का इस्तेमाल करते हैं। इनका लक्ष्य निर्धारित अैर सीमित होता है तथा अपने लक्ष्य की पूर्ति के लिए ये हर संभव कोशिश करते हैं। अपनी हित–सिद्धि के रास्ते पर क़दम बढ़ाते समय ये अवैधानिक साधनों का इस्तेमाल करने से भी गुरेज़ नहीं करते हैं।

दबाव समूहों का वर्गीकरण (Classification of Pressure Groups)

दबाव समूहों के वर्गीकरण के कई आधार हैं, इसलिए इनको वर्गीकृत करना एक कठिन कार्य है। दबाव समूहों के वर्गीकरण के लिए जिन आधारों का प्रयोग किया जाता है उनमें प्रमुख हैं : (1) दबाव समूहों का लक्ष्य, (2) संगठन की प्रकृति, (3) अस्तित्व की अवधि, (4) कार्यक्षेत्र, एवं (5) निर्माण के प्रेरक तत्त्व।

प्रथम–लक्ष्य की दृष्टि से दबाव समूहों के दो कोटियों में बांटा जाता है–स्वार्थी और लोकार्थी। श्रमिक संघ, व्यापारी संघ आदि अपने विशेष हितों की सिद्धि के लिए अस्तित्व में आते हैं। इसलिए इन्हें स्वार्थी दबाव समूह की कोटि में रखा जाता है। वहीं दूसरी ओर गौ–सेवा संघ, नारी कल्याण संघ, बाल कल्याण संघ, भारत सेवक समाज आदि लोकार्थी दबाव समूह की कोटि के अन्तर्गत शामिल हैं। इस आधार पर वर्गीकृत दबाव समूहों का स्वरूप अस्पष्ट होता है। यह आधार न तो इनकी प्रकृति का स्पष्टीकरण करता है और न ही दबाव समूह तथा हित समूह में कोई अन्तर प्रस्तुत कर पाता है।

द्वितीय–संगठन की दृष्टि से दबाव समूहों के दो प्रकार हैं–औपचारिक तथा अनौपचारिक। औपचारिक दबाव समूहों की कोटि के अन्तर्गत ऐसे समूह आते हैं, जिनका संगठन निर्धारित नियम और निश्चित कार्यप्रणाली के तहत कार्य करता है। नियम और निश्चित कार्य प्रणाली से रहित समूहों को अनौपचारिक दबाव समूह की कोटि में रखा जाता है।

तृतीय–अस्तित्व की दृष्टि से दबाव समूहों को अल्पकालिक या दीर्घकालिक श्रेणी में बांटा जाता है। किसी विशेष हितपूर्ति की दृष्टि से अस्तित्व प्राप्त करने और कुछ समय उपरान्त अनुपयोगी मानकर समाप्त हो जाने वाले समूह अल्पकालिक कहे जाते हैं और जिन समूहों की उपयोगिता हितपूर्ति के बाद भी यथावत् लम्बे समय तक बनी रहती है, उन्हें दीर्घकालिक समूह की कोटि में रखा जाता है।

चतुर्थ–कार्यक्षेत्र की दृष्टि से दबाव समूहों को स्थानीय तथा देशव्यापी समूह की श्रेणी में बांटा गया है। जिनका कार्यक्षेत्र अत्यन्त सीमित होता है, उन्हें स्थानीय तथा जिनका कार्यक्षेत्र अखिलदेशीय होता है, उन्हें देशव्यापी समूह कहा जाता है।

पंचम्–निर्माण के प्रेरक तत्त्वों के आधार पर वर्गीकरण का संदर्भ समूहों के विशिष्ट हितों और उनकी सिद्धि की अनिवार्यता से प्रासंगिक होता है। किसी भी दबाव समूह या हित समूह के निर्माण का प्रेरकतत्त्व समूह के सदस्यों का विशिष्ट हित होता है, और समूह–निर्माण का यह आधारतत्त्व ही उसका प्रेरकतत्त्व भी है। वर्गीकरण के इस स्वरूप के अन्तर्गत ऊपर विवेचित चारों कोटियों का अस्तित्व शामिल है।

दबाव समूहों के वर्गीकरण हेतु ऊपर जिन आधारों की प्रस्तुति की गयी है, वे सभी अपने आपमें अपूर्ण हैं। सभी आधारों में सुनिश्चितता और स्पष्टता का अभाव है। इन आधारों पर वर्गीकृत किये गये दबाव समूहों का स्वरूप स्पष्ट नहीं हो पाता है। अतः, दबाव समूहों के वर्गीकरण के लिए प्रस्तुत किये गये उपर्युक्त आधार समीचीन नहीं हैं। ऐसी स्थिति में स्वाभाविक तौर पर यह सवाल उठता है कि दबाव समूहों के वर्गीकरण के लिए कौन–सा माध्यम अपनाया जाये ? इस अहम् सवाल के समाधान की दृष्टि से कुछ आधुनिक राजनीतिशास्त्रवेत्ताओं द्वारा प्रस्तुत दबाव समूह के वर्गीकरण की प्रस्तुति यहां की जा रही हैं।

ब्लोण्डेल का वर्गीकरण (Blondel's Classification)

ब्लोण्डेल ने दबाव समूहों के वर्गीकरण के दो प्रकारों की प्रस्तुति की है। इनके वर्गीकरण का आधार दबाव समूहों के निर्माण का प्रेरकतत्त्व है। इस आधार पर ब्लोण्डेल ने इन समूहों को दो भागों में बांटा है–साम्प्रदायिक तथा संसर्गात्मक। दबाव समूहों को इन दो संवर्गों में बांटते हुए ब्लोण्डेल ने कहा है कि "बहुत संभव है कि कोई भी हित समूह दोनों में से किसी एक कोटि में भी फिट न हो, फिर भी सामान्यतया सभी समूहों का प्रमुख संकेद्रण (Focus) दोनों में से किसी एक प्रवर्ग की तरफ पाया जाता है।" ब्लोण्डेल के मतानुसार, जिन समूहों की संस्थापना के मूल में सदस्यों का सामाजिक संबंध होता है, उन्हें साम्प्रदायिक या सामाजिक समूह की संज्ञा दी जा सकती है। इनकी दृष्टि में ऐसे समूह जिनकी स्थापना के पीछे किसी विशिष्ट लक्ष्य की प्राप्ति का प्रेरकतत्त्व होता है उन्हें संसर्गात्मक समूह की कोटि में रखा जाता है। ब्लोण्डेल द्वारा इन दोनों प्रकारों को भी पुनः दो कोटियों में बांटा गया है–साम्प्रदायिक समूह के दो संवर्गों में प्रथागत तथा संस्थात्मक और संसर्गात्मक समूह के दो प्रवर्गों को संरक्षणात्मक तथा उत्थानात्मक की संज्ञा दी है।

प्रथम–साम्प्रदायिक दबाव समूह (Communal Pressure Groups)–इन समूहों के निर्माण का आधार स्थिर और स्थायी सामाजिक संबंध है। ऐसे समूहों का संगठन औपचारिक होता है। हालांकि, ब्लोण्डेल का कहना है कि ऐसे समूहों का औपचारिक संगठन के रूप संगठित होना कोई जरूरी नहीं है। अपनी रचना 'An Introduction to Comparative Government, 1969' में ब्लोण्डेल ने कहा है कि "साम्प्रदायिक दबाव समूहों के अन्तर्गत अनेक व्यक्ति जिस वजह से संबंधित व संगठित हो जाते हैं वह है जन्म की घटना, जिसका प्रभाव जीवन भर कायम रहता है, यह उनमें समान विशेषताओं की मौजूदगी का कारक बनता है। इस कारण की वजह से ऐसा व्यक्ति स्वतः एक समूह में संगठित होने की प्रेरणा प्राप्त कर लेता है। इस श्रेणी के समूहों में परिवार, जाति, प्रजाति, वर्ग, धर्म, आदि के आधार पर संगठित दबाव समूह शामिल होते हैं। इस आधार पर अस्तित्व रखने वाले दबाव समूहों के विशिष्ट लक्षणों में प्रमुख है : (1) जन्म के आधार सदस्यता (Membership by Birth), (2) प्रतिमानित सम्बन्ध (Patterned Relationship), (3) स्थायी संबंध (Permanent Relationship), (4) अनैच्छिक संबंध (Involuntary Relationship)।

ब्लोण्डेल की अभिव्यक्तिनुसार, ऐसे समूहों की सदस्यता व्यक्ति जन्म से प्राप्त करता है, इसलिए इस समूह के सदस्यों के आपसी संबंधों का प्रतिमान भी सुनिश्चित व सुस्पष्ट होता है। दृष्टान्तस्वरूप, परिवाररूपी समूह में सभी सदस्यों के मुकाबले पिता का स्थान श्रेष्ठ होता है जो पारम्परिक मान्यताओं के आधार पर पूर्व निर्धारित होता है। साम्प्रदायिक दबाव समूह को ब्लोण्डेल द्वारा दो श्रेणी में बांटा गया है।

ब्लोण्डेल की दृष्टि में जिन समूहों के क्रिया–कलाप तथा उसके सदस्यों के बीच परस्पर व्यवहार में सामाजिक परम्पराओं, मान्यताओं रूढ़ियों, रीति–रिवाजों की प्रधानता होती है, उन्हें प्रथागत समूह की संज्ञा दी जाती है। रक्त संबंध, जातियों–प्रजातियों, धर्म आदि से संबद्ध परम्परागत साम्प्रदायिक दबाव समूह इस कोटि के अन्तर्गत शामिल होते हैं। ये दबाव समूह मानव समाज के विकास की आरंभिक स्थिति के संकेतक (Indicator) हैं। मानव सभ्यता के विकास के बढ़ते कदमों के साथ–साथ इन पारम्परिक समूहों की अपेक्षा व्यावसायिक समूहों का महत्त्व बढ़ता गया। पश्चिमी औद्योगिक व्यवस्थाओं में ऐसे समूहों का महत्त्व थोड़ा कम है, लेकिन भारत जैसे विकासशील देश तथा अन्य विकासशील देशों में ऐसे समूह बहुत मजबूत और सक्रिय अवस्था में अपनी दमदार भूमिकाओं का निर्वहन कर रहे हैं।

ब्लोण्डेल ने साम्प्रदायिक समूहों की दूसरी कोटि को संस्थात्मक समूह की संज्ञा दी है। इसमें विभिन्न जाति, प्रजाति या धर्म से संबद्ध लोग औपचारिक स्तर पर विशिष्ट लक्ष्य निर्धारित कर उसकी सिद्धि हेतु संगठन बनाकर व्यवस्थित ढंग से शासन–क्रियाओं को प्रभावित करने के लिए अपनी गतिविधियों का संचालन व निष्पादन करते हैं। ऐसे समूहों का कार्यलक्ष्य शासन से स्वहितों की पूर्ति कराना होता है। ब्लोण्डेल ने ऐसे दबाव समूहों को संस्थात्मक समूह कहा है। दृष्टान्तस्वरूप, भारत में पिछड़ी जातियों, जनजातियों के कई संगठन मजबूत अस्तित्व के साथ सक्रिय रूप से अपनी मौजूदगी दर्ज करा रहे हैं और शासन क्रियाओं को प्रभावित कर रहे हैं।

द्वितीय–संसर्गात्मक दबाव समूह (Associational Pressure Groups)–विशिष्ट और सुनिश्चित लक्ष्य वाले समूहों को ब्लोण्डेल ने संसर्गात्मक या संघात्मक समूह का नाम दिया है। इस कोटि के समूह हितों की दृष्टि से विशेषीकृत संगठन होते हैं, जिनकी विशेषता अपने विशिष्ट हितों की पूर्ति करना है। इनके अस्तित्व का निर्माण किसी विशेष उद्देश्य की प्राप्ति के लिए किया जाता है। इनका उद्देश्य पूर्व निर्धारित और उद्घोषित होता है और यही निश्चित ध्येय उनकी विशिष्टता का सूचक है। इस संदर्भ में ब्लोण्डेल ने कहा है कि "ऐसे समूहों के लिए उद्देश्य, गन्तव्य या उद्देश्यपुंज ही प्रधान आधारभूत तत्त्व है। इनका अस्तित्व इसीलिए मौजूद है क्योंकि ये अपने सदस्यों के लिए कुछ कर रहे हैं।" आगे उन्होंने कहा है कि "इन समूहों का एक निश्चित लक्ष्य होता है जो एक ऐसा साधन बन जाता है जिसके माध्यम से राजनीतिक व्यवस्था में समाज की मांगों का प्रवेश होता है। इन समूहों की कार्ययोजना और ध्येय हमेशा उन मांगों के साथ चलना है। इन समूहों के विशिष्ट लक्षणों में प्रमुख हैं : (1) उद्देश्य के आधार पर सदस्यता एवं संबद्धता (Aim-based Relationship), (2) ऐच्छिक संबंध (Voluntary Relationship), (3) विशिष्ट उद्‌देश्य (Specific Aims), (4) औपचारिक संगठन (Formal Organisation)।

उपर्युक्त संसर्गात्मक दबाव समूहों के रेखांकित किये गये लक्षणों से यह स्पष्ट होता है कि इनका स्वरूप साम्प्रदायिक दबाव समूहों से अलग प्रकृति का द्योतक है। इसमें सदस्यता का आधारीय तत्त्व विशिष्ट उद्देश्य है, जिसकी पूर्ति हेतु सभी सदस्य एकता की भावना से साथ मिलकर प्रयास करते हैं। ब्लोण्डेल ने इस दबाव समूह को भी दो संवर्गों में बांटा है–संरक्षणात्मक तथा उत्थानात्मक। संरक्षणात्मक दबाव समूह अपने सदस्यों के विशिष्ट उद्देश्यों की रक्षा के लिए संरक्षक की भूमिका निभाते हैं। ये अपने सदस्यों के सामान्य हितों की रक्षा करते हैं; इसलिए साधारणतः इनका लक्ष्य विशिष्ट होने के बावजूद सामान्य और विस्तृत होता है। दबाव समूह की इस कोटि में श्रमिक संघ, व्यावसायिक संघ, व्यापार संघ एवं विद्यार्थी संघ, आदि सम्मिलित हैं। उत्थानात्मक समूह का प्रसंग समाज की समुन्नति के लक्ष्य से प्रेरित होता है, इसलिए यह किसी विशेष दृष्टिकोण या विचार के प्रचार–प्रसार से प्रासंगिक होता है। उदाहरणस्वरूप कला, संस्कृति के विस्तार के प्रचार से संबद्ध संघ, वन्य प्राणी संरक्षण संघ, गौ संरक्षण संघ, नारी संरक्षण संघ, बाल संरक्षण संघ, आदि उत्थानक समूह की कोटि के अन्तर्गत आते हैं।

ब्लोण्डेल द्वारा प्रस्तुत उपर्युक्त वर्गीकरण के संबंध में समीक्षकों की राय है कि वर्गीकरण का स्वरूप बहुत सुनिश्चित और सुस्पष्ट नहीं है, इसलिए यथार्थ के बहुत करीब नहीं है। ब्लोण्डेल द्वारा दबाव समूह तथा हित समूह के बीच किसी प्रकार के अन्तर का स्पष्टीकरण नहीं किया गया है, साथ–ही इनके द्वारा प्रस्तुत वर्गीकरण में कई प्रकारों का मिश्रण है। इन कमियों के आधार पर समीक्षकों ने इस वर्गीकरण को दबाव समूहों की प्रकृति, उद्देश्य, आधार तथा भूमिकाओं को समझने की दृष्टि से पूरी तरह सक्षम नहीं माना है।

आल्मंड का वर्गीकरण (Almond's Classification)

आल्मंड ने दबाव समूहों को हित समूहों का नाम दिया है तथा इनकी चारित्रिक विशेषताओं को ही इनके वर्गीकरण का आधार बनाया है। आल्मंड ने हित समूहों का वर्गीकरण संरचनात्मक स्वरूप के आधार पर किया है। इस प्रसंग में आल्मंड ने कहा है कि "समूहों को उनके संरचनात्मक रूपों, जिनके माध्यम से वे अपने को प्रकट या अभिव्यक्त करते हैं, के आधार पर विवेचित किया जा सकता है और इसी आधार पर उनका वर्गीकरण करना भी यथोचित होता है।" आल्मंड ने समूहों के वर्गीकरण के लिए एक अन्य आधार हितसंचारण का भी प्रयोग किया है। इस प्रकार, संरचनात्मक और हितसंचारण दोनों को आधार बनाकर आल्मंड ने हित समूहों को चार कोटियों में बांटा है: (1) संस्थात्मक (Institutional), (2) संसर्गात्मक (Associational), (3) असंसर्गात्मक (Non-associational), तथा (4) प्रदर्शनात्मक या अनियमितता (Irregularity)।

1. **संस्थात्मक हित समूह (Institutional Interest Groups)**–आल्मंड ने संस्थात्मक हित समूहों की कोटि में विधायिका, कार्यपालिका, सेना, नौकरशाही राजनीतिक दल, आदि के विशेष हितों के इर्द–गिर्द बनने वाले समूहों को शामिल किया है। इनका संगठन सामान्यतः औपचारिक होता है। या तो ये स्वायत्त समूह

के रूप में सक्रिय रहते हैं या विविध संस्थाओं की छत्र–छाया में पोषित–पल्लवित होते हैं। इन्हें आन्तरिक समूह भी कहा जाता है जो शासन व्यवस्था के अन्तर्गत विशेष हितों की रक्षा एवं पूर्ति के लिए सदैव सक्रिय रहते हैं। शासन व्यवस्था के करीबी होने की बजह ऐसे समूह काफी प्रभावशाली होते हैं और अपने हितों के विरुद्ध कार्य न करने देने के लिए सरकार को किसी भी हद तक बाध्य कर सकते हैं। भारत में संसद्, नौकरशाही तथा राजनीतिक दल में ऐसे अनेक समूह हैं, जिन्हें उदाहरण के तौर पर रखा जा सकता है। इस कोटि के समूह स्वहितों की रक्षा और अभिव्यक्ति के साथ–साथ अन्य सामाजिक समुदायों के हितों की भी रक्षा और पोषण भी करते हैं।

2. **संसर्गात्मक हित समूह (Associational Interest Groups)**–औपचारिक रूप से संगठित ये समूह विशेष लोगों के हितों का प्रतिनिधित्व करने की दृष्टि से नियमों पर आधारित होते हैं। इनकी सबसे बड़ी विशेषता अपने सदस्यों के विशिष्ट हितों की पूर्ति करना है। इनकी सदस्यता के लिए निश्चित नियम तथा सदस्यता राशि निर्धारित होती है। संगठन के संचालन हेतु इनके पास नियम, नियमों को निर्धारित करने वाली इकाई तथा निर्णय लेने हेतु कार्यकारिणी का अस्तित्व होता है। अपने सदस्यों के हितवर्द्धन के लिए ये विधिसम्मत प्रक्रियाओं का प्रयोग करते हैं। मजदूर संघ, कृषक संघ, व्यावसायिक संघ, शिक्षक संघ, वकील संघ, विद्यार्थी संघ तथा सरकारी कर्मचारियों–पदाधिकारियों के संघ इस कोटि के अन्तर्गत शामिल हैं।
3. **असंसर्गात्मक हित समूह (Non-associational Interest Groups)**–इस कोटि के अन्तर्गत आने वाले समूह धर्म, जाति, प्रजाति, रक्त संबंध क्षेत्रीयता, साम्प्रदायिकता या हित संचार से संबद्ध ऐसे किसी भी पारम्परिक लक्षणों पर आधारित होते हैं। इन समूहों का स्वरूप साधारणतया अनौपचारिक तथा असंगठित होता है। इस समूह के माध्यम से समाज के विशिष्ट व्यक्तियों, जातियों के पुरोधाओं, धर्माचार्यों या धर्म के ठेकेदारों द्वारा जातीयता या धर्मांधता प्रदर्शन की आड़ में समय–समय पर असंगठित और अनौपचारिक रूप से लोगों की हित पूर्ति का यदा–कदा प्रयास किया जाता है। इन समूहों की एक ख़ास विशेषता यह होती है कि इनके द्वारा हित साधन का कार्य निरन्तर नहीं किया जाता है, अपितु व्यवस्थागत सामाजिक–राजनीतिक परिस्थितियों के अनुरूप समय–समय पर विशेष स्थिति के मद्देनजर ये अपनी भूमिकाओं को अंजाम देते हैं।
4. **प्रदर्शनकारी या अनियमित हित समूह (Demonstrator or Anomic Interest Groups)**–प्रदर्शनकारी या अनियमित समूहों का तात्पर्य उन समूहों से है जो मांगों को सत्ताधारियों तक पहुंचाने एवं मनवाने के लिए गैर संवैधानिक उपायों का प्रयोग करने से भी गुरेज नहीं करते हैं। इसके लिए वे प्रत्यक्ष विरोध का रास्ता अख्तियार करते हैं और प्रत्यक्ष रूप से विरोध प्रदर्शन की समस्त गतिविधियों को अंजाम देते हैं। ऐसे समूह भीड़ या प्रदर्शन की शक्ल में अनायास प्रकट होते हैं और मक़सद पूरा होते ही विलुप्त हो जाते हैं। किसी भी राजनीतिक व्यवस्था में ऐसे समूहों की उत्पत्ति एवं प्रवेश चमत्कारिक व्यवहार के माध्यम से होता है। ऐसा समूह प्रदर्शन, जुलूस दंगा–फसाद, धरना–हड़ताल, जनसभा, बैठक, रैली, अनशन, सत्याग्रह, विरोध दिवस मनाना, सार्वजनिक सम्पत्ति को हानि पहुंचाना, अग्निदाह करना, घेराव करना, आवागमन अवरुद्ध करना, आदि किसी भी रूप में अनायास ही आकार लेकर प्रभावशाली भूमिकाएं अदा करने लगता है। इनका स्वरूप और इनकी कार्यविधियां प्रायः नियोजित नहीं होती हैं। सामान्यतः इनका स्वरूप और गतिविधियां दोनों अस्त–व्यस्त और अनियोजित होती हैं। कभी–कभी परिस्थिति पूरी तरह नियंत्रण से बाहर हो जाने पर ऐसे समूहों द्वारा व्यवस्था में दंगा–फसाद, हिंसा–हत्या, साम्प्रदायिक–जातीय उन्माद, राजनीतिक हत्या, शोरगुल (Riot) या अन्य किसी भी रूप में आक्रामक रवैया अपना लिया जाता है। नियोजित तथा अनियोजित दोनों ही रूपों में इन समूहों का उद्देश्य शासनतंत्र को गंभीर स्तर पर प्रभावित करना राजनीतिक सत्ता को चुनौतियां देना तथा अपने सदस्यों का हितरक्षण एवं हितवर्द्धन करना होता है। इन समूहों की प्रकृति प्रायः उग्र होती है, इसलिए अनायास ही इनकी कार्यशैली में

अमर्यादित आचरण का प्रवेश हो जाता है और ये गैर वैधानिक उपायों के इस्तेमाल पर उतर जाते हैं। इन तरीकों को अपनाकर ये समूह न केवल शासन–व्यवस्था के ख़िलाफ अपना असंतोष व्यक्त करते हैं, अपितु सरकार के क्रियाकलाप, शासन के ढाँचे, नीति–निर्णय एवं कार्यशैली पर भी गंभीर आक्रोश व्यक्त करते हैं' तथा प्रभाव डालते हैं। उदारवादी लोकतांत्रिक व्यवस्था में, जहां नागरिकों को अभिव्यक्ति की आजादी का संवैधानिक अधिकार होता है, वहां ऐसे हित समूहों की गतिविधियों का शासन के क्रियाकलापों पर ख़ास असर पड़ता है।

आल्मंड द्वारा प्रस्तुत वर्गीकरण पर भी समीक्षकों द्वारा कई खामियां निकाली गयी हैं। आलोचकों की दृष्टि में इस वर्गीकरण की बड़ी कमी यह है कि इन्होंने दबाव समूह और हित समूह में किसी प्रकार का अन्तर प्रस्तुत नहीं किया है। इन पर यह भी आरोप है कि दंगा–फसाद, प्रदर्शन, धरना, रैली, आदि को समूहों की कोटि में रख कर इन्होंने वर्गीकरण का व्यापक एवं अस्पष्ट स्वरूप प्रस्तुत किया है। साथ ही आलोचकों का यह भी कहना है कि आल्मंड के वर्गीकरण से समूहों की तात्त्विक प्रकृति, कार्यशैली तथा सत्ता–संचालन में उनकी प्रभावशीलता का स्पष्टीकरण नहीं हो पाता है। समीक्षकों की दृष्टि में कुल मिलाकर आल्मंड का वर्गीकरण भी कसौटी पर पूरी तरह खरा नहीं उतरता है।

रॉबर्ट सी. बोन का वर्गीकरण (Robert C. Bone's Classification)

रॉबर्ट सी. बोन द्वारा दबाव समूहों के वर्गीकरण के लिए दो प्रमुख आधारों का प्रयोग किया गया है: **प्रथम**–आधार दबाव समूहों की सामान्य प्रकृति या स्वरूप से संबद्ध है और **द्वितीय**–आधार समूहों के उद्देश्यों से संबंधित है। इनके द्वारा इन दो प्रमुख आधारों के अतिरिक्त वर्गीकरण हेतु दो गौण आधारों का भी प्रयोग किया गया है: **प्रथम**–दबाव समूहों की परिचालन तकनीक (Operational Techniques) और **द्वितीय**–सदस्यों का उलझाव (Involvement of Members) यानी कि कार्यशैली और सहभागिता ब्लोण्डेल की भांति बोन की भी यह स्वीकारोक्ति है कि किसी भी दबाव समूह को सुनिश्चित तथा सुस्पष्ट रूप से किसी एक संवर्ग (Category) के दायरे में रखकर नहीं बांटा जा सकता है। उनके अन्दर मौजूद लक्ष्य–विशेष की प्रधानता उन्हें एक या दूसरे संवर्ग में रखने का निश्चित आधार प्रस्तुत करता है। बोन द्वारा मूलतः दबाव समूहों के दो प्रकारों की चर्चा की गयी है: **प्रथम**–परिस्थितिजन्य समूह (Situational Group), **द्वितीय**–अभिवृत्तिजन्य समूह (Attitudinal Group)।

प्रथम–परिस्थितिजन्य समूह (Situational Group)–बोन के मतानुसार, इस संवर्ग के अन्तर्गत वे दबाव समूह शामिल हैं जो अपने सदस्यों के लिए परिस्थिति के अनुरूप रक्षा–सुरक्षा तथा सुधार लाने संबंधी कार्यों का निष्पादन करने से संबद्ध होते हैं। ऐसे दबाव समूहों के अस्तित्व–निर्माण का औचित्य ही अपने सदस्यों की मौजूदा अवस्था में सामाजिक–आर्थिक दृष्टि से सुधार लाना एवं उनके हितों की सुरक्षा के लिए हर संभव उपाय करना है। इन दबाव समूहों का लक्ष्य अपने सदस्यों को वेतन, मजदूरी, काम के घन्टे, काम की परिस्थितियां आदि के संबंध में सहूलियतें दिलाना है। कई बार इन समूहों द्वारा अपने सदस्यों के मौजूदा स्थिति की रक्षा तथा उसमें सुधार लाने के ध्येय से आगे बढ़कर विभिन्न मुद्‌दों से संबद्ध राष्ट्रीय नीति पर भी विचार व्यक्त करके अपना नज़रिया स्पष्ट किया जाता है।

बोन ने परिस्थितिजन्य दबाव समूहों के कुछ प्रमुख विशिष्ट लक्षणों को रेखांकित किया है; जो निम्नलिखित हैं: (1) औपचारिक या गैर वैचारिक, (2) विशिष्ट प्रकृति, (3) लाभाकांक्षी या उपयोगितावादी, (4) दीर्घकालिक हित अभिमुखीकरण, (5) परिचालन प्रविधियों की विधिसम्मतता, तथा (6) सामान्य सदस्यों की निष्क्रियता।

इस समूह के प्रसंग में बोन का यह कहना है कि किसी विशेष विचारधारा से इनका कोई सरोकार नहीं होता है। इनकी प्रकृति विशिष्ट होती है तथा ये अपने सदस्यों के दीर्घकालीन हितों की संवृद्धि एवं सुरक्षा का लक्ष्य साथ लेकर चलते हैं। इनकी गतिविधियों के परिचालन का आधार विधिसम्मतता है, इसलिए सामान्य गति से ये अपनी भूमिकाएं निष्पादित करते रहते हैं। समूह की परिचालन प्रविधियों एवं भूमिका निष्पादन के निर्णयकर्ता नेतागण होते हैं और सामान्य सदस्यों की सक्रियता नेताओं की अपेक्षाकृत काफी कम होती है।

द्वितीय–अभिवृत्तिजन्य समूह (Attitudinal Groups)–बोन के मतानुसार, अभिवृत्तिजन्य समूहों के आविर्भाव की प्रेरणा सार्वजनिक कल्याण तथा आदर्श एवं नैतिकता के तत्त्वों में रुचि व इस प्रसंग में चिन्ता व्यक्त करने की वजह होती है। इस दबाव समूह के सदस्यगण मानवीय–आदर्शात्मक मूल्यों के प्रति सामान्य रूप से सहमति का भाव रखते हैं। इन समूहों का लक्ष्य सुधार के लिए शान्तिपूर्ण उपायों को प्रयोग में लाना होता है, लेकिन कभी–कभी इनके द्वारा क्रान्तिकारी माध्यमों से समाज में व्यापक बदलाव लाने की चेष्टा की जाती है, यानी कि उनकी प्रकृति और कार्यशैली समाज में मौलिक परिवर्तन लाने से भी संबद्ध होती है। उदाहरणस्वरूप इसके सदस्य पशुओं की सुरक्षा या परमाणु हथियारों के निर्माण एवं प्रयोग पर प्रतिबंध लगाने जैसे मुद्दों पर सहमति व्यक्त करते हैं।

परिस्थितिजन्य दबाव समूहों से यदि इनकी तुलना करें तो दोनों की प्रकृति और कार्यलक्ष्य में भिन्नताएं पायी जाती हैं। ये समूह संकटावस्था की उपज होते हैं, इसलिए ये कालबद्ध कार्यक्रम का लक्ष्य रखते हैं। अपनी गतिविधियों को अंजाम देने के समय इनकी दृष्टि में सर्वाधिक महत्त्वपूर्ण तत्त्व समय होता है। कम–से–कम समय में ये समूह अपने मजबूत अस्तित्व और बुलन्द इरादों से सरकार को रू–ब–रू कराते हुए अपने हितलक्ष्यों के अनुरूप सरकार को निर्णय लेने के लिए बाध्य करते हैं। बोन ने अभिवृत्तिजन्य समूहों के प्रधान लक्षणों के रूप में जिन तत्त्वों को रेखांकित किया है, उनमें प्रमुख रूप से वैचारिक, विसरित, आदर्श दृष्टिकोण, तात्कालिक हित अभिमुखीकरण, परिचालन प्रविधियों की द्रुतगामिता तथा सामान्य सदस्यों की गहन सक्रियता शामिल है। बोन के कथनानुसार, इस कोटि के दबाव समूहों का उद्देश्य अल्पकालिक होता है, इसलिए इनके द्वारा कालबद्ध योजना (Time-bound Plan) के तहत उन्हें पूरा करने के लिए द्रुतगामी प्रविधियों का इस्तेमाल किया जाता है। ऐसे समूहों का उद्देश्य कम–से–कम समय में अपने लक्ष्यों को पूरा करना है। इसलिए ये आकस्मिक रूप से अपनी भूमिकाओं द्वारा सरकार को अपने हितों एवं लक्ष्यों के अनुरूप निर्णय लेने के लिए मजबूर कर देते हैं।

इस प्रकार, रॉबर्ट सी. बोन द्वारा मोटे तौर पर दबाव समूहों को दो आधारों पर वर्गीकृत किया गया है। इनका मानना है कि दबाव समूहों के वर्गीकरण के लिए इससे अधिक आधारों की न तो जरूरत है, न ही उसकी उपयोगिता है, क्योंकि इन्होंने विषयगत वर्गीकरण की ज्यादा कोटियां प्रस्तुत करने से विषय प्रासंगिक वर्गीकरण के वैज्ञानिक आधार के समाप्त होने की आशंका जतायी है। बोन द्वारा प्रस्तुत वर्गीकरण सामान्य होते हुए भी दबाव समूहों की प्रकृति, उद्देश्य, कार्यलक्ष्य, कार्यविधा आदि का स्पष्टीकरण करने में काफी हद तक सहायक प्रतीत होता है। बोन ने भी दबाव समूह तथा हित समूह में अन्तर प्रस्तुत करने की कोशिश नहीं की है, बावजूद इसके इनका वर्गीकरण अत्यधिक स्पष्ट एवं व्यापक है। इनके द्वारा अपने वर्गीकरण में परिस्थितियों, अभिवृत्तियों, उद्देश्यों, प्रचालन–प्रविधियों तथा आवेष्टन (Involvement) का ठोस आधार प्रस्तुत करके विषय को वैज्ञानिक आधार प्रदान करने का प्रयास किया गया है। साथ ही बोन द्वारा यह भी स्वीकारा गया है कि दबाव समूहों के वर्गीकरण का कोई भी आधार परिपूर्ण नहीं है। इसलिए बोन का यह सुझाव है कि विभिन्न दबाव समूहों को कोटियों में वर्गीकृत करने के बजाय सातत्य (Continuity) के रूप में उनकी प्रस्तुति की जानी चाहिए।

दबाव समूहों की कार्य प्रणाली (Operational Techniques of Pressure Groups)

आधुनिक राजनीतिक व्यवथाओं में दबाव समूहों के अस्तित्व एवं कार्यप्रणाली की प्रधानता की वजह से राज्य के शासकीय अंगों–अभिकरणों तथा सत्ताधारियों का सीधा सरोकार अब अपने नागरिकों के बजाय उनके संबद्ध समूहों से हो गया है। इस प्रसंग में स्पेन्सर की उक्ति है कि पहले व्यक्ति बनाम् राज्य' का सिद्धान्त प्रचलित था, लेकिन आज व्यक्ति का राज्य से सीधा संबंध कम हो गया है और व्यक्ति अपने समूहों के माध्यम से सरकार से संपर्क स्थापित करते हैं। बार्कर ने भी कहा है कि "आधुनिक राज्यों की स्थिति' समूह बनाम् राज्य की होती जा रही है।" लोकतंत्र में समूह संगठन की स्थिति एवं शक्तियां इतनी प्रबल हो गयी है कि आज एक इकाई के रूप में व्यक्ति का अकेले कोई महत्त्व नहीं रह गया है। आधुनिक राजनीतिक व्यवस्था की बढ़ती हुई पेचीदगियों ने व्यक्ति को एक उपभोक्ता, उत्पादक, व्यापारी, श्रमिक, कर्मचारी के रूप में पहचान दी है और व्यक्ति के रूप में उसकी पहचान

घटती जा रही है। मानव जीवन की बेहिसाब आवश्यकताएं तथा उनकी पूर्ति की अदम्य लालसा से समाज में विविध समूहों का आविर्भाव हुआ है। समाज में अधिकाधिक समूहों की मौजूदगी और एक ही व्यक्ति का अपने विविध हितों की पूर्ति हेतु अलग–अलग समूहों की सदस्यता ग्रहण करने से व्यक्ति का जीवन समूहमय हो गया है। मानव जीवन के सर्वांगीण विकास की दृष्टि से समूहों की प्रधानता को देखते हुए इन दबाव समूहों द्वारा अपने उद्देश्य की पूर्ति के लिए अपनायी जाने वाली विविध–विविधाओं की विवेचना निम्नांकित है :

1. **लॉबिंग (Lobbying)**–लॉबिंग का सामान्य अर्थ है दबाव समूहों द्वारा अपनी लक्ष्य–सिद्धि के लिए "विधानमंडल के सदस्यों को प्रभावित करके उनके द्वारा अपने हितवर्द्धन के लिए कानूनों का निर्माण कराना।' इस उद्देश्य को अंजाम देने के लिए विधायकों से व्यक्तिगत संबंध बनाया जाता है। लॉबिंग के माध्यम से व्यवस्थापिका के अधिवेशन के समय किसी विशेष विधेयक को विधि में परिणत कराने या नहीं कराने में रुचि दिखाई जाती है। इसमें विधायकों से व्यक्तिगत संपर्क स्थापित करने के अतिरिक्त प्रतिनिधिमंडल, शिष्टमंडल, प्रदर्शन, तार, पत्र, टेलीफोन आदि साधनों का भी इस्तेमाल किया जाता है। विशेष रूप से पश्चिमी देशों के दबाव समूह इन साधनों का उपयोग करते हैं। अमेरिका की राजनीति में तो दबाव समूहों का महत्त्व इतना बढ़ गया है कि दबाव समूहों द्वारा अपनायी जाने वाली 'लॉबी' तकनीक को कभी–कभी विधानमंडल का तीसरा सदन कहा जाने लगा है। वहां इस कार्य को अंजाम देने के लिए बड़े–बड़े कार्यालय और हजारों अधिकारी कर्मचारी उपलब्ध होते हैं। लॉबिस्टों द्वारा तीन प्रकार की भूमिकाएं अदा की जाती हैं। नियोजनकर्ता के हितों की रक्षा करना, सूचनाएं प्रसारित करना तथा विधि निर्माण से उत्पन्न राजनीतिक प्रभावों का स्पष्टीकरण करना।
2. **प्रचार–प्रसार के साधनों का प्रयोग करना**–सभी दबाव समूह अपनी लक्ष्य सिद्धि के लिए जनमत को अपनी ओर मोड़ने का प्रयास करते हैं, और इस कार्य हेतु ये समाचारपत्र, प्रेस, रेडियो, टेलीविजन तथा मीडिया के अन्य सभी उपकरणों का उपयोग करते हैं।
3. **गोष्ठियां आयोजित करना**–सभी व्यवस्थाओं में दबाव समूहों द्वारा अपने उद्देश्यों व लक्ष्यों के स्पष्टीकरण एवं प्रचार–प्रसार हेतु तथा विचार–विमर्श एवं वाद–विवाद के लिए विचार गोष्ठियां, सेमिनार, वार्ताएं, भाषणमालाएं आयोजित की जाती हैं। इन गोष्ठियों में समूहों द्वारा विधायिका एवं राजनीतिक कार्यपालिका के सदस्यों तथा प्रमुख प्रशासकीय अधिकारियों को आमंत्रित करके अपने हितवर्द्धन को ध्यान में रखते हुए उन्हें प्रभावित किया जाता है।
4. **आँकड़े प्रकाशित करना**–दबाव समूहों द्वारा नीति–निर्माताओं के समक्ष अपने हित को प्रभावशाली ढंग से प्रस्तुत करने हेतु विषय प्रासंगिक आँकड़े प्रकाशित कराये जाते हैं ताकि निर्णयकर्ता उनके हितपूर्ति की महत्ता से पूरी तरह परिचित हो सके।
5. **सांसदों विधायकों की उम्मीदवारी में रुचि रखना**–चुनाव के समय दबाव समूहों द्वारा दलीय प्रत्याशियों की उम्मीदवारी में काफी रुचि दिखाई जाती है, क्योंकि चुनाव जीतने के बाद ये सांसद या विधायक उनके हितों की अभिवृद्धि में आधार माध्यम की भूमिका निभाते हैं। सांसदों–विधायकों को चुनाव हेतु आर्थिक सहायता देना तथा चुनाव जिताने में मदद करना, उनकी कार्यप्रणाली में शामिल है।
6. **हितरक्षण के लिए रिश्वत या अन्य उपायों का प्रयोग करना**–दबाव समूह अपने हितों की रक्षा के लिए रिश्वत, बेईमानी ऐसे कई अन्य तरीकों का इस्तेमाल करके अपने की हितों की रक्षा का हर संभव प्रयास करते हैं तथा अपनी स्वार्थ–सिद्धि को ध्यान में रखते हुए विरोधी हितों को दबाने या बदनाम करने से भी गुरेज़ नहीं करते हैं।
7. **न्यायालय की शरण में जाना**–अपनी समस्त कोशिशों के बावजूद अपने हितों की संवृद्धि के अनुकूल कानून पारित करवाने में असफल होने के बाद दबाव समूह अपने हितों की रक्षा के लिए न्यायालय की शरण में जाते हैं। अपनी इस कार्यविधि को अंजाम देने के लिए उनके द्वारा न्यायालय में याचिका दायर की जाती है और सरकारी निर्णय को अपने पक्ष में मोड़ने का प्रयास किया जाता है।

इस प्रकार, दबाव समूह अपनी गतिविधियों के परिचालन हेतु अनेक प्रविधियों का प्रयोग करते हैं। साधारणतया सरकारी निर्णय प्रक्रिया की संरचना तथा राजनीतिक व्यवस्था की मौजूदा परिस्थितियों के अनुरूप दबाव समूह द्वारा प्रयुक्त की जाने वाली प्रविधियों का नियमन होता हैं। यहां तक कि एक ही व्यवस्था में एक ही दबाव समूह अलग–अलग परिस्थितियों में हितरक्षण के लिए अलग–अलग विधाओं का प्रयोग करते हैं। लेकिन, मोटे तौर पर दबाव समूहों द्वारा अपनी गतिविधियों के परिचालन के लिए तीन विधाओं का प्रयोग किया जाता है; यथा: (1) अनुनय (Persuation), (2) सौदेबाजी (Bargaining), (3) सीधी कार्रवाई (Direct Action)। इन्हीं तीन मुख्य प्रविधियों का सामान्य रूप से इस्तेमाल करके दबाव समूह अपने हितों की रक्षा करते हैं तथा हितों में संवृद्धि हेतु यथासंभव प्रयासरत रहते हैं।

दबाव समूहों की राजनीति के निर्धारक तत्त्व
(Determinant Elements of the Politics of Pressure Groups)

दबाव समूहों का अस्तित्व सर्वव्यापी है जो सभी राजनीतिक व्यवस्थाओं में मौजूद है। बावजूद इसके, विभिन्न व्यवस्थाओं में विद्यमान दबाव समूहों की प्रकृति–प्रवृति, भूमिकाएं तथा प्रभावकारिता आदि में अन्तर पाया जाता है। दबाव समूहों की कार्यविधियों यानी कि भूमिकाओं के कई नियामक होते हैं जिन्हें दबाव समूह की राजनीति की संज्ञा दी जाती है। अपनी लक्ष्य–सिद्धि के लिए प्रत्येक व्यवस्था में अपनायी जाने वाली प्रविधियां व्यवस्थागत परिस्थिति के अनुरूप एक दूसरे से पृथक् होती हैं। दबाव समूह की राजनीति के निर्धारकों में किन–किन तत्त्वों को शामिल किया जाये, ये राजनीति वैज्ञानिकों के समक्ष एक अहम् सवाल है। एलेनबाल ने इस प्रसंग में तीन निर्धारकों का उल्लेख किया है: (1) राजनीतिक संस्थागत संरचना, (2) दलीय व्यवस्था का स्वरूप, और (3) राजनीतिक संस्कृति। एलेनबाल का यह मानना है कि व्यवस्था में दबाव समूहों की कार्यविधियों के कई निर्धारक होते हैं, लेकिन उनमें से ये तीन अत्यधिक महत्त्वपूर्ण हैं।

दबाव समूहों की राजनीति यानी कि भूमिका के निर्धारकों के संबंध में एक्सटीन द्वारा एलेनबाल से भी व्यापक संदर्भ का उल्लेख करते हुए इसे दबाव समूह के तीन आयामों के साथ संबद्ध किया गया है। एक्सटीन की दृष्टि में दबाव समूह की राजनीति के निर्धारकों को तीन आयामों के प्रसंग में तीन शीर्षकों के तहत स्पष्ट किया जा सकता है: **प्रथम**–दबाव समूह राजनीति के स्वरूप के निर्धारक, **द्वितीय**–दबाव समूह राजनीति के क्षेत्र और तीव्रता के निर्धारक और **तृतीय**–दबाव समूह राजनीति की प्रभावशालिता के निर्धारक एक्सटीन का ऐसा मानना है कि दबाव समूहों की गतिविधियों को समझाने के लिए दबाव समूहों की राजनीति के स्वरूप या ढाँचे को उसके क्षेत्र एवं तीव्रता को तथा उसकी प्रभावकारिता के निर्धारकों का विस्तारित अध्ययन करना जरूरी है। एक्सटीन द्वारा प्रस्तुत इन तीनों आयामों की विस्तृत विवेचना निम्नांकित है।

दबाव समूह की राजनीति के स्वरूप के निर्धारक
(Determinants of the Form of Pressure Group Politics)

एक्सटीन ने दबाव समूहों की कार्यविधियों के स्वरूप निर्धारकों को दो कोटियों में बांटा है। प्रथम कोटि में वे निर्धारक शामिल हैं, जो सरकारी निर्णयों के संबंध में दबाव समूहों की सक्रियता के आधारीय तत्त्व होते हैं जो सरकार को प्रभावित करने के लिए उसके प्रमुख साधनों या माध्यमों का निर्धारण करते हैं। दूसरी कोटि में वे निर्धारक शामिल हैं जो दबाव समूहों तथा शासन के अंगों के बीच संबंधों की प्रकृति का निर्धारण व निरूपण करते हैं। प्रथम कोटि के निर्धारकों की विवेचना क्रम में एक्सटीन ने विषय के स्पष्टीकरण हेतु इसके तीन मौलिक निर्धारक आयामों को रेखांकित किया है: **प्रथम**–सरकार की नीति–निर्णय प्रक्रिया की संरचना, **द्वितीय**–सरकार की नीतियां और गतिविधियां, **तृतीय**–दबाव समूहों के प्रति सरकार का रवैया।

1. दबाव समूहों के स्वरूप एवं भूमिका के निर्धारण में सरकार की नीति–निर्णय प्रक्रिया संरचना का खास महत्त्व है। अपनी गतिविधियों द्वारा दबाव समूह सरकार की नीति–निर्णय प्रक्रिया के स्वरूप को प्रभावित करने का यथासंभव प्रयास करते हैं। अपने हितों की पूर्ति के लिए दबाव समूहों द्वारा सरकारी नीतियों को निर्णय लेने के स्तर पर ही प्रभावित करने की कोशिश की जाती है। इस अर्थ में निर्णय प्रक्रिया संरचना एक महत्त्वपूर्ण निर्धारक की भूमिका अदा करती है। यहां ध्यातव्य है कि अध्यक्षात्मक एवं संसदीय शासन–व्यवस्थाओं में नीति–निर्णय प्रक्रिया संरचना में पाये जाने वाले अन्तर की वज़ह से दोनों व्यवस्थाओं के दब़ाव समूहों की प्रकृति तथा भूमिका की तात्त्विक स्थिति में काफी अन्तर पाया जाता है। यही वजह है कि अमेरिका तथा ब्रिटेन के दबाव समूहों की प्रकृति में भिन्नता मौजूद है।
2. सरकारी नीतियां–निर्णय तथा इनके कार्यान्वयन से संबंधित सरकार की गतिविधियां भी दबाव समूहों की प्रकृति तथा उसके कार्यक्षेत्र के सीमांकन में महत्त्वपूर्ण नियामक की भूमिका निभाती है। दबाव समूहों की समस्त सक्रियता सरकारी नीतियों के निर्माण एवं कार्यान्वयन की प्रक्रिया की व्यवहार्यता पर निर्भर करती है।
3. दबाव समूहों के प्रति सरकार का रवैया, उनकी प्रकृति एवं भूमिकाओं के निर्धारण में महत्त्वपूर्ण नियामक का कार्य करता है। जनतांत्रिक एवं सर्वाधिकारवादी व्यवस्थाओं में दबाव समूहों की प्रकृति एवं कार्यविधि में पाये जाने वाले अन्तर के स्पष्टीकरण में ये निर्धारक महती भूमिका निभाते हैं। दोनों शासन व्यवस्थाओं में शासन संचालन की शैली तथा शासन का लक्ष्य अलग–अलग होता है, इसलिए व्यवस्था में सरकार को प्रभावित करने के लिए अपनाये जाने वाले साधनों में भी काफी अन्तर होता है। मोटे तौर पर यह कहा जा सकता है कि सरकार की नीति–निर्माण व निर्णय प्रक्रिया संरचना, सरकारी नीतियों का कार्यान्वयन तथा दबाव समूहों के प्रति सरकार का रवैया ही दरअसल दबाव समूहों द्वारा प्रयोग किये जाने वाले उन साधनों व माध्यमों के निर्धारक की भूमिका निभाता है, जिनका उपयोग करके दबाव समूह अपनी दमदार भूमिकाओं का निर्वहन करके सरकार को प्रभावित करने का निरन्तर प्रयास करते हैं।

एक्स्टीन ने दूसरी कोटि के निर्धारकों को दबाव समूहों तथा सरकार के अंगों के बीच संबंधों की प्रकृति को निरूपित करने का दायित्व सौंपा है। इस प्रसंग में इनकी यह मान्यता है कि सरकार के विभिन्न अंगों तथा दबाव समूहों के बीच संबंधों की प्रकृति का निर्धारण दो प्रसंगों पर आधारित है। पहला प्रसंग सरकार तथा दबाव समूहों के बीच मन्त्रणा या परामर्श, लेने–देने की स्थिति से संबद्ध है तथा दूसरा प्रसंग सरकार एवं दबाव समूह के बीच समझौते के लिए बातचीत की स्थिति से संबद्ध है। पहले प्रसंग के रूप में दबाव समूह और सरकार के अंगों के बीच मंत्रणा या परामर्श का संबंध तभी आकार लेता है, जब व्यवस्था में मौजूद दबाव समूह के विशेष हितों से संबंधित सवाल पर सरकार संबद्ध दबाव समूह का विचार जानने के पश्चात् निर्णय लेना चाहती है। दूसरा प्रसंग समझौते के लिए बातचीत से संबद्ध है जिसका आशय यहां सौदेबाजी से है। यह वह अवस्था है जिसमें सरकार संबद्ध समूह की सहमति से निर्णय लेती है।

सारांशतः, यह कहा जा सकता है कि दबाव समूहों के स्वरूप नियामकों के आलोक में ही व्यवस्थागत दबाव समूहों की प्रकृति तथा भूमिकाओं को यथोचित रूप में समझा जा सकता है। दृष्टान्तस्वरूप, ब्रिटेन की एकात्मक शासन व्यवस्था में राजनीतिक सत्ता के रूप में वास्तविक कार्यपालिका विधायिका की अपेक्षाकृत ज्यादा शक्तिशाली अस्तित्व रखती है, इसलिए दबाव समूहों की कोशिशें 'हॉउस ऑफ कॉमन्स' के सदस्यों को प्रभावित करने से ज्यादा मंत्रियों तथा सिविल सेवकों को प्रभावित करने की होती है। जबकि, अमेरिका की अध्याक्षात्मक शासन व्यवस्था की द्विसदनात्मक व्यवस्थापिका में सीनेट और प्रतिनिधि सभा के सदस्य लगभग समान राजनीतिक महत्त्व रखते हैं और साथ में शक्ति पृथक्करण सिद्धान्त के अपनाये जाने की वजह से दबाव समूह प्रशासन तथा विधायिका के दोनों सदनों को अपनी गतिविधियों का लक्ष्य बनाते हैं।

संक्षेप में, यह कहा जा सकता है कि उपर्युक्त निर्धारक तत्त्व ही दबाव समूहों की प्रकृति एवं गतिविधियों के नियामक की भूमिका निभाते हैं।

दबाव समूह की तीव्रता एवं राजनीति के क्षेत्र के निर्धारक
(Determinants of the Intensity and Scope of Pressure Group Politics)

दबाव समूह की राजनीति की तीव्रता और क्षेत्र का तात्पर्य व्यवस्था में दबाव समूहों की संख्या, उनके प्रकार तथा कार्यशैली की तीव्रता एवं कार्यक्षेत्र के सीमांकन से प्रासंगिक है। जहां दबाव समूहों के क्षेत्र का अभिप्राय उनकी संख्या और प्रकार से है, वही दबाव समूह राजनीति की तीव्रता का आशय दबाव समूह के उस लगन या निश्चय से है जिसके माध्यम से वे अपने उद्देश्य एवं लक्ष्य–सिद्धि के लिए सदैव प्रयत्नशील रहते हैं। अपने कार्यलक्ष्य के प्रति संकल्पित मनोवृत्ति ही उनकी गतिविधियों के सफलीभूत होने का आधार माध्यम है। एक्सटीन ने दबाव समूह की राजनीति के क्षेत्र और उसकी तीव्रता के निर्धारक के रूप में जिन तत्त्वों का उल्लेख किया है, वे हैं: (1) दलीय पद्धति का स्वरूप, (2) राजनीतिक संचारण (Mobilisation) का अभाव, (3) सरकार की नीतियां, विशेष कार्यक्रम तथा गन्तव्य, (4) सरकारी की अभिवृत्ति यानि की रवैया (Attitude), (5) राजनीतिक संस्थागत संरचना, तथा (6) राजनीतिक व्यवस्था में दबाव समूहों की मांग को पूरा करने की क्षमता।

एक्सटीन का मानना है कि किसी भी राजनीतिक व्यवस्था में मौजूद दबाव समूह की गतिविधियों के क्षेत्र तथा कार्यप्रणाली की तीव्रता पर व्यवस्थागत दल पद्धति के स्वरूप, दलों की संरचना तथा विचारधारा का गहरा प्रभाव पड़ता है। दलीय संरचना कार्यप्रणाली, अनुशासन तथा विचारधारा संबंधी अन्तर की वजह से ब्रिटेन और अमेरिकी दबाव समूहों की गतिविधियां, स्थिति, कार्यक्षेत्र एवं कार्यलक्ष्य में तात्त्विक अन्तर पाया जाता है। ब्रिटेन की संसदीय व्यवस्था में दलीय अनुशासन की कठोरता की वजह से विधायकों की कार्यशैली पर स्थानीय राजनीति का दबाव एवं दबाव समूहों की सक्रियता का अभाव प्रायः दिखाई पड़ता है, वहीं अमेरिकी अध्यक्षात्मक व्यवस्था में कमजोर दलीय संरचना दलीय अनुशासन का अभाव तथा दलों के बीच विचारधारा संबंधी अन्तर स्पष्ट नहीं होने की वजह से विधायिका के सदस्य आसानी से दबाव समूहों की गतिविधियां का लक्ष्य बन जाते हैं।

बहुदलीय शासन व्यवस्था एकदलीय तथा द्विदलीय व्यवस्थाओं की अपेक्षाकृत विधायी स्तर पर दबाव समूहों की गतिविधियों के लिए विशेष तौर पर उर्वरा भूमि मुहैया कराती है। इस आधार पर एकदलीय व्यवस्थाओं में दबाव समूहों की गतिविधियों की तीव्रता तथा कार्यक्षेत्र दोनों अत्यधिक सीमित होते हैं। सामान्यतः यहां दबाव समूहों का क्षेत्र अत्यन्त संकुचित होता है और गतिविधियां प्रायः गुप्त होती है। इसी अनुपात में द्विदलीय तथा बहुदलीय व्यवस्था में दबाव समूहों की राजनीतिक सक्रियता उसकी तीव्रता तथा क्षेत्र दलीय पद्धति के स्वरूप के अनुरूप निर्धारित तथा विस्तारित होता रहता है।

एक्सटीन ने समूहों के क्षेत्र एवं तीव्रता के निर्धारण के लिए राजनीतिक व्यवस्था में मौजूद राजनीतिक संचारण की स्थिति को भी निर्धारक तत्त्व की कोटि में रखा है। व्यवस्थान्तर्गत राजनीतिक संचरण (Political Mobilisation) की कितनी छूट है या इस पर कितनी बंदिश है, इसका समूहों के कार्यक्षेत्र एवं तीव्रता पर गंभीर प्रभाव पड़ता है। किसी व्यवस्था में दबाव समूह की सक्रियता को सीमित दायरे में कार्य करना पड़ता है। आमतौर पर व्यवस्थाओं में नियोक्ता संघ की अपेक्षा मजदूर संघ की गतिविधियों को शक की दृष्टि से देखा जाता है। मजदूर संघों की अधिकांश सक्रियता अपने हित सिद्धि की और उन्मुख होती है। ये आमजन के बीच अपनी छवि बेहतर बनाने की कोशिश में हमेशा लगे रहते हैं। इस सक्रियता के पीछे इनका उद्देश्य अपनी बेहतरी के आधार पर सरकार से सौदेबाजी करना है। कुछ राजनीतिक व्यवस्थाओं के अन्तर्गत इन समूहों द्वारा अपनी मांग मनवाने के लिए हिंसात्मक उपायों को अपनाने से भी परहेज नहीं किया जाता है। इस प्रकार, राजनीतिक व्यवस्था में राजनीतिक संचारण की परिस्थितियां भी दबाव समूहों की सक्रियता के क्षेत्र एवं तीव्रता निर्धारण में महती भूमिका निभाती है।

दबाव समूहों की गतिविधियों की व्यापकता एवं तीव्रता के निर्धारण में सरकारी नीतियां, कार्यक्रम तथा दबाव समूहों के प्रति सरकार के रवैये का भी उल्लेखनीय योगदान होता है। राजनीतिक संस्थागत संरचनाएं तथा समूहों द्वारा उठायी गई मांगों को पूरा करने से संबद्ध उनकी क्षमता भी व्यवस्थागत दबाव समूहों की सक्रियता की तीव्रता और क्षेत्र के निर्धारण में महती भूमिका निभाता है। यदि सरकार का स्वरूप लोककल्याणकारी है और उसकी नीतियां जनसरोकारगत हैं, तो वहां दबाव समूहों की गतिविधियों को बड़े पैमाने फलने–फूलने का अवसर मिलता

है। यहां दबाव समूह दृढ़निश्चयी होकर अपने लक्ष्य सिद्धि के लिए सदैव प्रयासरत रहते हैं। दबाव समूहों के प्रति सरकारी रवैया का उनकी सक्रियता एवं तीव्रता के नियमन में बड़ा योगदान होता है, मसलन–सर्वाधिकारवादी व्यवस्थाओं में दबाव समूह की राजनीति पर सरकार की गहन पकड़ होती है, इसलिए समूहों की गतिविधियों का क्षेत्र एवं तीव्रता दोनों सीमित रूप में क्रियाशील होता है। उदारवादी लोकतांत्रिक व्यवस्थाओं में दबाव समूह की गतिविधियां, उनकी सक्रियताओं की तीव्रता तथा कार्यक्षेत्र सभी राजनीतिक व्यवस्था की कार्य प्रणाली का स्वाभाविक हिस्सा है। यहां समूहों की संख्या, आकार–प्रकार एवं गतिविधियों के संचालन पर सरकार का प्रतिबंध नहीं होता है। इस वजह से यहां दबाव समूहों की भरमार होती है और सत्ता संचालकों द्वारा इनकी सक्रियताओं के आलोक में तथा इनके हितों को ध्यान में रखकर नीतियों का निर्माण एवं क्रियान्वयन किया जाता है। इस प्रकार, राजनीतिक संस्थागत संरचनाएं, नीतियां, कार्यक्रम, सरकार का रवैया और समूह की मांगों को पूरा करने की क्षमता दबाव समूहों की गतिविधियों की तीव्रता व क्षेत्र का निर्धारण करती हैं।

प्रत्येक राजनीतिक व्यवस्था में मांगों को पूरा करने की क्षमता एक समान नहीं होती है। विकसित देशों की अपेक्षा विकासशील देशों में दबाव समूहों द्वारा उठायी गयी मांगों को पूरा करने की सरकार की क्षमता काफी कमजोर होती है; इसलिए ऐसी व्यवस्थाओं में दबाव समूह अपनी मांगों को पूरा कराने के लिए अक्सर हड़ताल, बन्द, धरना, प्रदर्शन तोड़–फोड़ या हिंसा का रास्ता भी अपना लेते हैं। ऐसी परिस्थिति में दबाव समूहों की कई गतिविधियों पर कानून व्यवस्था के नाम पर सरकार द्वारा प्रतिबंध लगाया जाता है। जैसा कि जून 1975 में लागू हुए आपातकाल के पश्चात् भारतीय दबाव समूहों की कई गतिविधियों पर सरकारी प्रतिबंध लगाया था, क्योंकि सरकार समूह द्वारा उठायी गयी मांगों को पूरा करने में सक्षम नहीं थी और मांगे पूरी नहीं होने की वजह से समूह तोड़–फोड़ जैसी हिंसात्मक कार्रवाई पर उतर गये थे। संक्षेप में, दबाव समूहों की मांगों को पूरा करने की क्षमता समूहों की सक्रियता की तीव्रता व क्षेत्र के निर्धारण में मील के पत्थर की भूमिका निभाता है।

दबाव समूह राजनीति की प्रभावशीलता के निर्धारक
(Determinants of the Effectiveness of Pressure Group Politics)

एक्सटीन ने दबाव समूह राजनीति की प्रभावशालिता के तीन निर्धारकों की चर्चा की है, ये हैं : (1) दबाव समूहों के स्वयं का लक्षण, (2) सरकार की गतिविधियों का लक्षण, तथा (3) सरकारी निर्णय लेने वाली संरचनाओं का लक्षण।

एक्सटीन के मतानुसार स्वयं दबाव समूहों के कुछ विशेष लक्षण उनकी प्रभावशाली भूमिका के नियामक होते हैं। दृष्टान्तस्वरूप, दबाव समूहों का आकार–प्रकार, उनकी सदस्य संख्या, सदस्यता का भौगोलिक वितरण, संगठन की मजबूती, कार्यकर्ताओं की दृढ़ता, कर्मठता, लगन तथा नेतृत्व की ओजस्विता, वाक्पटुता, कूटनीतिज्ञता आदि राजनीतिक व्यवस्था में दबाव समूहों की प्रभावशालिता के निर्धारक की भूमिका निभाते हैं। जिन दबाव समूहों के पास ये विशेषताएं मौजूद होती हैं, उनकी गतिविधियां प्रभावशाली होती हैं और सरकार तथा सरकारी नीतियों व निर्णयों पर उनका प्रभाव भी अधिक होता है और जिन दबाव समूहों के पास इन साधनों की उपलब्धता नगण्य होती है, उनकी गतिविधियां भी प्रभावहीन होती हैं।

सरकारी भूमिकाओं के लक्षण तथा सरकारी निर्णय लेने वाली संरचनाओं के लक्षणों का भी दबाव समूह की गतिविधियों की प्रभावशालिता पर गहरा प्रभाव पड़ता है। इस प्रसंग को उदारवादी एवं सर्वाधिकारवादी शासन व्यवस्थाओं में सरकार की गतिविधियों एवं नीति–निर्णय लेने वाली संरचनाओं के लक्षणों में पाये जाने वाले अन्तर के प्रसंग में श्रेष्ठ रूप से समझा जा सकता है। दोनों व्यवस्थाओं की सत्ताशैली के लक्षणों में पाया जाने वाला अन्तर वहां के दबाव समूहों की प्रभावकारिता के निर्धारण एवं नियमन में आधारतत्त्व की भूमिका अदा करता है।

उपर्युक्त विवेचित तथ्यों से स्पष्ट होता है कि सभी राजनीतिक व्यवस्थाओं में दबाव समूहों की राजनीतिक सक्रियता, तीव्रता, प्रभावकारिता तथा उसके कार्यक्षेत्र के निर्धारण में राजनीतिक व्यवस्था के स्वरूप, सरकार की

गतिविधियां, नीति–निर्माण की प्रक्रिया एवं कार्यान्वयन की व्यवहार्यता, नीति–निर्णय प्रक्रिया की संरचनाएं तथा व्यवस्थागत राजनीतिक संस्कृति ही इनके स्वरूप निर्धारण, नियमन एवं निरूपण में आधार–माध्यम की भूमिका निभाता है। पश्चिमी उदारवादी लोकतांत्रिक व्यवस्थाओं, सर्वाधिकारवादी व्यवस्थाओं तथा गैर पश्चिमी विकासशील व्यवस्थाओं में मौजूद दबाव समूहों के अस्तित्व, प्रकृति, कार्यशैली एवं भूमिकाओं में पायी जाने वाली भिन्नता की मूल वजह व्यवस्थागत राजनीतिक, सामाजिक, आर्थिक एवं सांस्कृतिक परिस्थितियां हैं।

दबाव समूहों की क्रियात्मकता का स्तर (Level of Activeness of Pressure Groups)

दबाव समूहों की क्रियाशीलता के स्तर के संबंध में एलेनबाल ने कहा है कि "उदारवादी लोकतंत्र में दबाव समूहों की कार्य प्रणाली मुख्यतः कार्यपालिका तथा संसदीय स्तरों पर निर्णयकारी प्रक्रियाओं को प्रभावित करने से संबंध रखती हैं। इनमें से किसी भी स्तर पर बल देने का प्रयास आंशिक रूप से जिन तीन भिन्नताओं पर निर्भर करेगा, वो है–राजनीतिक संस्थाएं, दलीय पद्धति तथा राजनीतिक संस्कृति।"

दबाव समूहों की क्रियाशीलता राजनीतिक व्यवस्था के प्रत्येक स्तर पर सक्रिय होती है, लेकिन, इनकी क्रियात्मकता का मुख्य केन्द्र निर्णय–निर्माण की इकाइयां होती हैं, जिनके द्वारा दबाव समूहों के हितरक्षण तथा हितों की संवृद्धि के लिए नीतियां निर्धारित की जाती हैं, निर्णय लिये जाते हैं, यानी कि राजनीतिक प्रक्रियाओं के संचालन–संपादन में जो सरकारी अभिकरण आधार माध्यम की भूमिका निभाते हैं, उनसे दबाव समूहों का सीधा सरोकार होता है। सामान्यतया सभी राजनीतिक व्यवस्थाओं के मौजूद दबाव समूहों की क्रियात्मकता का क्षेत्र एवं स्तर कार्यपालिका, विधायिका, न्यायपालिका, नौकरशाही, राजनीतिक दल एवं निर्वाचन प्रक्रियाओं से संबद्ध होता है, जिसकी विस्तृत विवेचना नीचे की जा रही है।

1. **कार्यपालिका के स्तर पर क्रियाशीलता (Activeness at the Executive Level)**–संसदीय एवं अध्यक्षात्मक दोनों ही व्यवस्थाओं में कार्यपालिका (नेतृत्व) में शक्तियों का संकेन्द्रण (Concentration) होता है। आधुनिक कार्यपालिका शासन की वह धुरी है जिस पर सम्पूर्ण प्रशासनिक चक्र (Whole Political Mechinery) घूमता है। कार्यपालिका की शक्तियों में अभिवृद्धि (Growth) तथा उत्तरदायित्व के बढ़ते दायरे की वजह से दबाव समूहों की गतिविधियों का मुख्य केन्द्र आजकल कार्यपालिका स्तर है। नीति–निर्माण करना, निर्णय लेना, नीतियों का क्रियान्वयन करना, बजट निर्माण करना, कर प्रस्ताव लाना तथा महत्त्वपूर्ण पदों पर नियुक्तियां करना, आदि कार्यपालिका की मुख्य भूमिकाओं में शामिल है, इसलिए दबाव समूहों की सक्रियता कार्यपालिका स्तर पर सबसे ज्यादा होती है। दबाव समूह कार्यपालिका से सीधा संपर्क स्थापित करने एवं कार्यपालिका को यथासंभव प्रभावित करने में अपनी पूरी ताकत झोंक देते हैं।
2. **विधायिका के स्तर पर क्रियाशीलता (Activeness at the Legislative Level)**–सभी राजनीतिक व्यवस्थाओं में समूहों की सक्रियता का दूसरा महत्त्वपूर्ण स्तर व्यवस्थापिका है। चूँकि नीतियों को कानून का स्वरूप प्रदान करने में विधायिका की भूमिका सर्वाधिक प्रमुख होती है और लोकतंत्र में सभी कानून व्यवस्थापिका द्वारा ही पारित किया जाता है, इसलिए दबाव समूह इस स्तर पर अत्यधिक सक्रिय रहकर कानूनों को अपने हितों के अनुरूप पारित कराने के लिए प्रयासरत रहते हैं। इस कार्य को अंजाम देने के लिए दबाव समूह विधायकों, सांसदों से सीधा संबंध स्थापित करते हैं। दबाव समूह दलीय प्रत्याशियों को चुनाव में आर्थिक सहायता देते हैं, चुनाव प्रचार में हिस्सा लेते हैं और उम्मीदवारों को चुनाव जीताने में हर संभव प्रयास करके विधायकों को अपना आश्रित बना लेते हैं और बाद में अपने हितों की रक्षा के लिए उनका राजनीतिक इस्तेमाल करते हैं। अमेरिकी दबाव समूहों का वहां के विधायकों (मुख्य रूप से प्रतिनिधि सभा के सदस्यों) से इसी आधार पर घनिष्ठ संबंध स्थापित हो जाता है।

एलेनबाल की मान्यता है कि संसदीय शासन वाले देशों में व्यवस्थापिका के स्तर पर दबाव समूहों की सक्रियता में तमाशा अधिक होता है, क्योंकि वर्तमान में व्यवस्थापिका कानून–निर्माण की औपचारिकता निभाती है। ऐसी स्थिति में दबाव समूहों की सक्रियता राजनीतिक दलों, प्रभावशाली नेताओं तथा कार्यपालिक अधिकारियों के स्तर पर विशेष रूप से केन्द्रित होती है। दृष्टान्तस्वरूप, भारत, ब्रिटेन जैसे देशों में जहां संसदीय शासन है और विधायकों पर दल का प्रभाव ज्यादा है, वहां दबाव समूह अपनी गतिविधियों का लक्ष्य राजनीतिक दलों को बनाते हैं। विशेष रूप से इनके द्वारा दल के प्रभावशाली नेतृत्व का ध्यान अपनी ओर आकृष्ट कराया जाता है, ताकि उनके माध्यम से निर्माणाधीन सरकारी नीतियों–निर्णयों को अपने हितों के अनुकूल संशोधित कराया जा सके। अमेरिकी अध्यक्षात्मक व्यवस्था में दलीय अनुशासन ब्रिटेन की भांति कठोर नहीं है, अतः वहां के दबाव समूह दलों के बजाय कांग्रेस के सदस्यों को व्यक्गित रूप से प्रभावित करने की कोशिश करके निर्माणाधीन कानूनों पर अपने हित में मतदान करने के लिए प्रेरित करते हैं। वस्तुतः, अमेरिकी व्यवस्था में समितियां अत्यधिक शक्तिशाली हैं, इसलिए वहां अधिकांश दबाव समूह समिति स्तर पर ही प्रस्तावित विधेयक में अपने हितों के अनुकूल संशोधनों को समावेशित कराने में गंभीर सक्रियता दर्शाते हैं।

3. **न्यायपालिका के स्तर पर क्रियाशीलता (Activeness at the Judicial Level)**–उदारवादी लोकतांत्रिक व्यवस्थाओं में न्यायपालिका को संवैधानिक प्रावधानों द्वारा व्यवस्था की सक्रिय राजनीति से अलग रखने तथा स्वतंत्र अस्तित्व प्रदान करने की कोशिश की जाती है। ऐसी व्यवस्थाओं के संबंध में सामान्यता यह अनुमान लगाया जाता है कि दबाव समूहों की सक्रियता न्यायपालिका के स्तर पर नगण्य होती है, लेकिन वस्तुतः यह सच नहीं है। जिन देशों में न्यायपालिका संवैधानिक प्रावधानों के तहत न्यायिक पुनरीक्षण के अधिकार से युक्त होकर कार्यपालिका तथा व्यवस्थापिका द्वारा निर्मित कानूनों का पुनरावलोकन (Review) करके उस पर सरकार के विरुद्ध निर्णय देने का अधिकार रखती है या पुनर्विवेचन करके कानूनी अर्थ को स्पष्ट करने का अधिकार रखती है, वहां के दबाव समूह न्यायपालिका स्तर पर भी काफी सक्रिय होते हैं। संघात्मक शासन में न्यायपालिका की सर्वोच्चता संविधान द्वारा स्थापित की जाती है और इस शक्ति के आलोक में न्यायपालिका को यह अधिकार होता है कि वह कार्यपालिका, व्यवस्थापिका तथा विविध स्तरों पर सरकार के कार्यों की वैधानिकता की जांच करे। न्यायपालिका को प्राप्त इस संवैधानिक शक्ति की वजह से राजनीतिक क्रियाकलापों में उसकी परोक्ष सहभागिता हो जाती है। इससे दबाव समूहों को न्यायपालिका स्तर पर सक्रियता का ठोस आधार मिलता है। दबाव समूहों द्वारा न्यायपालिका को प्रभावित करने का भरपूर प्रयास किया जाता है। इस प्रसंग में एलेनबाल ने कहा है कि "अमेरिका में दबाव समूह ऐसे न्यायाधीशों के चयन के लिए प्रयासरत दिखाई पड़ते हैं जो राजनीतिक रूप से सक्रिय होते हैं। इनके द्वारा टेस्ट केसेज का इस्तेमाल करके न्यायाधीशों के कुछ निर्णयों को प्रभावित करने के लिए जन अभियान चलाकर न्यायाधीशों पर दबाव बनाने की कोशिश की जाती है। "इतिहास गवाह है कि भारत में भी न्यायाधीशों को प्रभावित करने का प्रयास किया गया है। ऐसी मान्यता है कि 'बैंक राष्ट्रीयकरण तथा प्रीवीपर्सेज' के मामलों में सर्वोच्च न्यायालय में सुनवाई के दौरान उनसे संबद्ध दबाव समूह प्रत्यक्ष एवं अप्रत्यक्ष रूप से न्यायालय स्तर पर काफी सक्रिय थे। राज्य के स्वरूप में संघात्मक व्यवस्था होने की वजह से अमेरिका तथा भारत के न्यायालय विशेष रूप से सर्वोच्च न्यायालय राजनीतिक प्रक्रियाओं के व्यवस्थित तथा पारदर्शी संचालन में आधारस्तंभ की भूमिका निभाते हैं।

4. **प्रशासनिक स्तर पर क्रियाशीलता (Activeness at the Administrative Level)**–मजबूत संगठन तथा पर्याप्त संसाधनों के अभाव में कई दबाव समूह व्यवस्थापिका–कार्यपालिका को प्रभावित करने में सफल नहीं हो पाते हैं। इन दबाव समूहों द्वारा प्रशासनिक स्तर पर हितों की पूर्ति के लिए प्रयत्न किया जाता है। इस स्तर पर दबाव समूह अधिकारीतंत्र को प्रभावित करके कानूनों के कार्यान्वयन की दिशा को अपने अनुकूल बनाने की कोशिश करते हैं। कभी–कभी समयाभाव या तकनीकी ज्ञान में कमी की वजह से

व्यवस्थापिका द्वारा पारित कानूनों में यदि कुछ कमी रह जाती है, तो उसके क्रियान्वयन के समय नौकरशाहों द्वारा नियम–उपनियम बनाकर उन्हें व्यावहारिक बनाया जाता है। प्रदत्त व्यवस्थापन (Delegated Legislation) प्रक्रिया नौकरशाही को ऐसे नियम, उपनियम बनाने का अधिकार देता है। एलेनबाल का मानना है कि विधि निर्माण और क्रियान्वयन के संबंध में उच्च अधिकारी कभी–कभी मंत्रियों की अपेक्षाकृत श्रेष्ठ तकनीकी योग्यता रखते हैं, इसलिए मंत्रियों द्वारा उच्च पदाधिकारियों के परामर्श को काफी महत्त्व दिया जाता है। इस राजनीतिक–प्रशासनिक वास्तविकता की वजह से दबाव समूहों द्वारा प्रशासनिक स्तर पर अपने हित पूर्ति की दृष्टि से नौकरशाहों को प्रभावित करने का भरपूर प्रयास किया जाता है। विकासशील व्यवस्थाओं में इस स्तर पर दबाव समूहों की क्रियाशीलता विशेष रूप से दिखाई पड़ती है।

5. **राजनीतिक दलों के स्तर पर क्रियाशीलता (Activeness at the Level of Political Parties)**–राजनीतिक दलों और दबाव समूह का संबंध अति घनिष्ठ होता है। दोनों के बीच हित–सिद्धि के आधार पर पारस्परिक निर्भरता होती है इसीलिए दोनों अपने–अपने उद्देश्यों व लक्ष्यों की पूर्ति के लिए एक दूसरे को सहयोग करते हैं। एलेनबाल का भी मत है कि दबाव समूहों के हितों में राजनीतिक दल रूचि रखते हैं। वस्तुत,: दबाव समूह राजनीतिक दलों के माध्यम से सत्ता के विभिन्न स्तरों पर राजनीतिक प्रक्रियाओं से अपना संबंध सूत्र कायम कर पाते हैं। आम चुनाव के समय राजनीतिक दलों को दबाव समूहों के माध्यम से जो आर्थिक सहायता मिलती है तथा चुनाव प्रचार में जो सहयोग मिलता है वह उनके चुनाव जिताने में ठोस रूप से सहायक होता है और बाद में इस सहायता के बदले विधायक दबाव समूहों की हितपूर्ति के पैरोकार की भूमिका निभाते हैं। इस पारस्परिक घनिष्ठता की वजह से जनतांत्रिक व्यवस्थाओं में राजनीतिक दलों के स्तर पर दबाव समूह अत्यधिक सक्रिय रहते हैं।

6. **निर्वाचन के स्तर पर क्रियाशीलता (Activeness at the Level of Election)**–चुनाव के समय दबाव समूह संस्थात्मक एवं क्रियात्मक स्तर पर अपनी आर्थिक शक्ति का उपयोग करते हुए प्रत्यक्ष या अप्रत्यक्ष रूप से चुनावी राजनीतिक प्रक्रिया को प्रभावित करने का गंभीर प्रयास करते हैं। सर्वप्रथम ये समूह जाति–प्रजाति वर्ग, धर्म, धन एवं संख्यात्मक शक्ति के बल पर राजनीतिक दल, विशेष रूप से सत्तारूढ़ दल के उम्मीदवारों की सूची में अपने समर्थकों का नाम सम्मिलित कराने के लिए जी तोड़ कोशिश करते हैं। इसके अतिरिक्त, वे दलीय प्रत्याशियों के समर्थन या विरोध में चुनाव प्रचार करते हैं तथा समर्थक उम्मीदवारों को बड़ी राशि चुनावी चंदे के रूप देते हैं। अपने हित संरक्षण तथा हित संवर्द्धन को ध्यान में रखते हुए उन उम्मीदवारों के पक्ष में सघन चुनाव प्रचार करते हैं या चुनावी चंदा देते हैं, जिनसे उन्हें यह उम्मीद होती है कि चुनाव जीतने के बाद वे व्यवस्थापिका एवं कार्यपालिका (मंत्रिमंडल) का सदस्य बनकर उनके हितों के पोषण में महती भूमिका निभायेंगे। इस प्रकार, निर्वाचन के स्तर पर दबाव समूहों की सक्रियता उनके हित पोषण की दृष्टि से काफी महत्त्वपूर्ण और प्रासंगिक है।

7. **मतदाताओं के स्तर पर क्रियाशीलता (Activeness at the level of electorate)**–अपने हित पोषण को ध्यान में रखते हुए दबाव समूहों का यह प्रयास होता है कि वे चुनाव में अपने पसंदीदा राजनीतिक दल को सतारूढ़ कराये तथा अपनी रूचि के उम्मीदवार को चुनाव जीताने का यथासंभव प्रयास करें। इस उद्देश्य को ध्यान में रखते हुए दबाव समूह चुनाव के समय या आगामी चुनाव की दृष्टि से अपनी रूचि के उम्मीदवारों को जिताने के लिए मतदाताओं में अपनी गहरी पैठ बनाते हैं। ज्यादातर दबाव समूह किसी राजनीतिक दल के साथ अपनी संलग्नता के आधार पर व्यवस्था में अपनी पहचान बनाते हैं। मतदाताओं को अपने पंसदीदा उम्मीदवार के संबंध में जानकारी देते हैं तथा उनके लिए वोट बैंक तैयार करने में अहम् भूमिका निभाते हैं। दबाव समूहों द्वारा अपनी विचारगोष्ठियों, भाषणमालाओं, संवाददाता सम्मेलनों में अपनी रूचि के राजनीतिक दल के सकारात्मक पक्षों को प्रमुखता से सामने रखकर दल के प्रति मतदाताओं के दृष्टिकोण को स्पष्ट कराया जाता है तथा मतदाताओं के स्तर पर सक्रिय होकर चुनाव में अपने पसंद के उम्मीद को जिताने का हर संभव प्रयास किया जाता हैं। प्रत्यक्ष निर्वाचन पद्धति में

दबाव समूहों के लिए मतदाता के स्तर पर सक्रियता का काफी महत्त्व है, क्योंकि अपने हित पोषण की दृष्टि से उनके लिए पंसदीदा उम्मीदवारों के चयन का आधार माध्यम ये मतदाता ही हैं जो उनके पसंद के उम्मीदवारों को चुनाव में विजयी बनाकर संसद् एवं विधानसभाओं में भेजते हैं। इस प्रकार, दबाव समूह चुनावी प्रक्रिया में सीधी भागीदारी न करके भी निर्वाचन स्तर पर तथा मतदाताओं के स्तर पर से क्रियाशील होकर चुनावी राजनीति को गंभीर रूप से प्रभावित करते हैं। ऐसे सभी लोकतांत्रिक व्यवस्थाओं में दबाव समूह सरकारी नीतियों को प्रभावित करने के उद्देश्य से तथा हित पोषण एवं संरक्षण के लक्ष्य को ध्यान रखते हुए जनमत को अपनी और मुखातिब करने का गंभीर प्रयास करते रहते हैं।

दबाव समूहों का महत्त्व एवं उपयोगिता (Importance of Utility of Pressure Groups)

विषय के आरंभिक दौर में दबाव समूहों को अनैतिक संगठन मानते हुए उन्हें तुच्छ दृष्टि से देखा जाता था। इन समूहों को अलोकतांत्रिक, सार्वजनिक हितों की उपेक्षा करने वाला, भ्रष्ट आचरण का प्रदर्शन करने वाला तथा सकीर्णता का प्रतीक माना जाता था। इन समूहों के संबंध में कार्ल जे. फ्रेडरिक ने अनी रचना 'Constitutional Government and Democracy' में लिखा है कि ''क्या कूड़ा ढोने वाले और क्या राजनीति शास्त्र के गंभीर छात्र सभी इन दबाव समूहों को हेय दृष्टि से देखते थे। इन्हें ऐसी पाशविक शक्ति माना जाता था जो लोकतंत्र की आधारशिला को नष्ट करने पर तुली है।'' लेकिन राजनीतिक व्यवस्था एवं प्रक्रियाओं के बदलते स्वरूप एवं परिस्थितियों की वजह से विद्वानों की मानसिकता में भी परिवर्तन आया। राजनीति के यथार्थवादी अनुभववादी अध्ययनकर्ता राजनीतिक व्यवस्था एवं प्रक्रियाओं के सांगोपांग अध्ययन के लिए व्यवस्था की सरकारी, गैर सरकारी तथा अज्ञात संगठनों (दबाव समूहों) की गतिविधियों को न केवल महत्त्वपूर्ण व उपयोगी, बल्कि अनिवार्य भी माना है। सभी व्यवस्थाओं में दबाव समूहों की निरन्तर बढ़ती हुई महत्त्वपूर्ण स्थिति को देखते हुए प्रो. एस.ई. फाइनर ने उसे 'अज्ञात साम्राज्य' (Anonymous Empire) का नाम दिया है। डी.डी. मैकिन ने दबाव समूहों को 'अदृश्य सरकार' (Invisible Government) कहा है और रिचर्ड डी. लम्बर्ट ने इन्हें 'अनौपचारिक सरकार' (Unofficial Government) की संज्ञा दी है।

दबाव समूहों की उपयोगिता एवं महत्त्व को निम्नांकित संदर्भों में देखा जा सकता है:

1. दबाव समूहों को लोकतांत्रिक प्रक्रियाओं की अभिव्यक्ति का मजबूत साधन माना जाता है। इस दृष्टि से सरकारी नीतियों–निर्णयों का समर्थन या विरोध करके दबाव समूह व्यवस्था में लोकतंत्र को सफल बनाने के लिए जनमत तैयार करते हैं। विभिन्न व्यवस्थाओं में दबाव समूह अपने हितों की रक्षा तथा पोषण संवर्द्धन के लिए कई प्रकार की सूचनाएं इकट्ठा करते हैं, आँकड़े जमा करते हैं, नीतियों के संबंध में जनता को जानकारी देकर उन्हें राजनीतिक शिक्षा प्रदान करते हैं तथा अनेक प्रकार की विधाओं का प्रयोग करके अपने लक्ष्य–सिद्धि की ओर कदम बढ़ाते हैं और इन समस्त गतिविधियों को अंजाम देने की वजह से लोकतांत्रिक प्रक्रिया का अभिन्न हिस्सा बन जाते हैं।
2. शासन संचालन के लिए सूचनाएं एकत्रित करने वाले संगठन के रूप में दबाव समूहों की भूमिका का सभी व्यवस्थाओं में विशेष महत्त्व है। सरकार को अपनी कठिनाइयों से परिचित कराने के क्रम में इनके द्वारा निर्णयकर्ताओं के पास जो सूचनाएं इकट्ठा करके संप्रेषित की जाती हैं, वह नीति निर्माताओं के लिए काफी महत्त्वपूर्ण होती हैं।
3. शासन को प्रभावित करने वाले मजबूत संगठन के रूप में दबाव समूह की विशेष पहचान बनी है। सरकार को प्रभावित करने वाली मशीनरी के रूप में दबाव समूह की भूमिका अति महत्त्वपूर्ण हैं, क्योंकि अपनी गतिविधियों के माध्यम से दबाव समूह सरकार के निरंकुश बनाने की प्रवृत्ति पर भी रोक लगाते हैं।

4. दबाव समूह राजनीतिक व्यवस्था में समाज और शासन के बीच संतुलन स्थापित करने की भूमिका निभाते हैं। प्रत्येक समाज में कृषक, मजदूर, व्यापारी, स्त्री, पुरुष, जातीय समुदाय, धार्मिक समुदाय तथा विभिन्न वर्गों के लोग अपने हितों की प्राप्ति, रक्षा, पोषण तथा संवृद्धि के लिए अलग–अलग हित समूहों, दबाव समूहों के रूप में संगठित होकर अपने हितों के लिए आवाज उठाते रहते हैं। अपने सदस्यों की ज्यादा से ज्यादा हितों की संवृद्धि के लिए सभी समूह आपस में प्रतियोगिता करते रहते हैं, जिसकी वजह से समाज के सभी पक्षों पर सरकार की दृष्टि पड़ती है और परिणामस्वरूप समाज और शासन में संतुलन बना रहता है।
5. रोडे ने दबाव समूहों को गैर सरकारी संचार–सूत्र कहा है। इस उक्ति के पीछे इनका तर्क है कि निर्वाचित नेता दबाव समूहों के माध्यम से अपने मतदाताओं की इच्छाओं–आकांक्षाओं की जानकारी प्राप्त करते हैं। इस प्रकार, दबाव समूह, व्यक्ति और सरकार के बीच संचार माध्यम की भूमिका निभाते हैं।
6. दबाव समूह व्यवस्था में व्यक्तिहित, समाजहित और राष्ट्रीय हित के बीच सामंजस्य स्थापित करने का काम करते हैं।
7. दबाव समूहों द्वारा व्यवस्थाओं में क्षेत्रीय प्रतिनिधित्व के पूरक की भूमिका निभायी जाती है। दबाव समूहों की इस भूमिका के महत्त्व पर प्रकाश डालते हुए वी.ओ.के. ने कहा है कि "दलीय पद्धति में दबाव समूह व्यावसायिक प्रतिनिधित्व का कार्य तो सम्पन्न करते हैं, क्षेत्रीय प्रतिनिधित्व की कमी को भी पूरा कराते हैं।"
8. विधि–निर्माण प्रक्रिया में दबाव समूह व्यवस्थापिका के सदस्यों की सहायता करते हैं। कई तरह के आँकड़ों को इक्ट्ठा करके ये विधायकों को विधि निर्माण प्रक्रिया एवं विधायकों पर मतदान करने के संबंध में परामर्श देते हैं। उनके द्वारा दिया जाने वाला परामर्श बहुत महत्त्वपूर्ण होता है। इस उपयोगी भूमिका की वजह से दबाव समूहों को विधानमंडल के पीछे का विधानमंडल कहा जाता है।
9. लोकतांत्रिक व्यवस्थाओं में दबाव समूहों के महत्त्व एवं उपयोगिता की वजह से उन्हें लोकतांत्रिक व्यवस्था एवं प्रक्रियाओं का प्राणवायु कहा जाता है। अपनी उपयोगिता एवं महत्त्व के बल पर दबाव समूहों ने राजनीतिक व्यवस्था–संचालन के परिप्रेक्ष्य में अपरिहार्य इकाई की स्थिति प्राप्त कर ली है। दबाव समूहों का स्वरूप प्रकृति तथा कार्य–संचालन की शैली ही लोकतांत्रिक व्यवस्थाओं में दबाव समूहों के मजबूत अस्तित्व और दमदार भूमिकाओं के लिए आधारभूमि उपलब्ध कराती है और इनके द्वारा निष्पादित भूमिकाएं ही इनकी उपयोगिता तथा महत्त्व को व्यवस्था में प्रतिष्ठापित करने में आधारतत्व का कार्य सम्पन्न करती हैं।

विभिन्न राजनीतिक व्यवस्थाओं में दबाव समूहों का अस्तित्व
(Existence of Pressure Groups in Different Political Systems)

समकालीन विश्व में उदारवादी, समाजवादी, विकसित विकासशील सभी राजनीतिक व्यवस्थाओं में दबाव समूह का अस्तित्व मौजूद है। उदारवादी लोकतंत्र में दबाव समूहों की गतिविधियों को व्यवस्थागत राजनीति का महत्त्वपूर्ण अंग माना गया है। सामान्य निर्वाचन प्रणाली, क्षेत्रीय प्रतिनिधित्व (Territorial Representation) की व्यवस्था करता है और दबाव समूह की गतिविधियां व्यवस्था में कृत्यात्मक प्रतिनिधित्व (Functional Representation) को बढ़ावा देती हैं। समाजवादी (Socialist) या साम्यवादी (Communist) देशों में केवल कामगार वर्ग के हितों को मान्यता दी जाती है जिसकी अभिव्यक्ति का अधिकार वहां के साम्यवादी दल के पास होता है। इसलिए वहां स्वाधीन हित समूहों, दबाव समूहों को पनपने का अवसर नहीं मिलता है।

रॉबर्ट सी. बोन का कहना है कि "राजनीतिक व्यवस्थाओं का स्वरूप ही दबाव समूहों की गतिविधियों का निर्धारक एवं नियामक होता है। दबाव समूहों की प्रकृति–प्रवृत्ति तथा भूमिकाओं का निर्धारण एवं निरूपण

राजनीतिक व्यवस्था की प्रकृति के अनुरूप होता है। रॉबर्ट सी. बोन ने लक्षणों में समानता के आधार पर समकालीन विश्व की राजनीतिक व्यवस्थाओं को पाँच कोटियों में बाँटा हैं : (1) आंग्ल अमेरिकी राजनीतिक व्यवस्थाएं, (2) संघटित महाद्वीपीय यूरोपीय व्यवस्थाएं, (3) खण्डित महाद्वीपीय यूरोपीय व्यवस्थाएं, (4) विकासशील राजनीतिक व्यवस्थाएं, और (5) सर्वाधिकारवादी राजनीतिक व्यवस्थाएं। बोन द्वारा प्रस्तुत राजनीतिक व्यवस्था की इन पाँचों कोटियों के संदर्भ में वहां मौजूद दबाव समूहों की राजनीतिक गतिविधियों व विशेषताओं की विवेचना निम्नांकित है :

आंग्ल–अमेरिकी राजनीतिक व्यवस्थाओं में दबाव समूह
(Pressure Groups in Anglo-American Political Systems)

आंग्ल–अमेरिकी राजनीतिक व्यवस्थाओं की कुछ विशेष सामाजिक, राजनीतिक, आर्थिक, सांस्कृतिक विशेषताएं होती हैं। इन व्यवस्थाओं में बहुमूल्यों (Multivalued) वाली राजनीतिक संस्कृति होती है। यहां की अधिकांश जनता व्यक्तिगत स्वतंत्रता, जनसाधारण के कल्याण की सुरक्षा, अभिव्यक्ति की आजादी आदि मूल्यों में विश्वास व्यक्त करती हैं इसीलिए वे राजनीतिक उद्देश्यों तथा उनकी प्राप्ति के माध्यमों पर वहां आम सहमति पायी जाती हैं। इस कोटि के देशों में अमेरिका, ब्रिटेन, स्कैंडेनेवियन देश और स्विट्जरलैण्ड शामिल है। इन देशों में दबाव समूह एक विशिष्ट प्रतिमान के रूप में स्थापित होकर राजनीतिक गतिविधियों का संचालन कर रहे हैं।

इन व्यवस्थाओं मे दबाव समूहों की भूमिकाओं के स्पष्टीकरण के लिए दो प्रतिमानों (Models) की प्रस्तुति की गयी हैं : **प्रथम**–बहुलवाद (Pluralism) तथा **द्वितीय**–समवायवाद (Corporatism)। ब्रिटेन और अमेरिकी दबाव समूह की गतिविधियों तथा भूमिकाओं को बहुलवाद प्रतिमान की कोटि में रखा जाता है। इन व्यवस्थाओं में अस्तित्व रखने वाले दबाव समूह जनता और सरकार के बीच कड़ी की भूमिका निभाते हैं। ये जनता के स्तर से सत्ता की ओर सूचनाओं के मुक्त प्रवाह में सहायक बनते है। यहां निर्णय–प्रक्रिया से संबंधित सूचनाएं नीचे से ऊपर की और संप्रेषित की जाती हैं, अर्थात् जनसाधारण की भावनाओं, मांगों को इन समूहों के माध्यम से व्यक्त किया जाता है और सरकार द्वारा सार्वजनिक, जनकल्याणकारी नीतियों का निर्माण करते समय इन समूहों के माध्यम से व्यक्त की गयी मांगों के बीच सामंजस्य स्थापित करके जनहित कानूनों का निर्माण किया जाता है।

स्कैंडेनेवियन देशों (स्वीडन, नार्वे, डेनमार्क) और नीदरलैंड में दबाव समूहों की गतिविधियां और भूमिकाएं समवायवाद प्रतिमान की कोटि में आती हैं। समवायवाद प्रतिमान के अन्तर्गत आने वाले देशों में निर्णय–प्रक्रिया का प्रवाह ऊपर से नीचे की ओर होता है। इन व्यवस्थाओं में दबाव समूहों के नेता सम्पूर्ण समूह के विचारों का प्रतिनिधित्व करते हैं। यहां सार्वजनिक नीतियां बनाते समय सरकार व्यवस्था में मौजूद मुख्य दबाव समूहों के प्रतिनिधियों के साथ वार्ता (Negotiation) करके किसी निष्कर्ष पर पहुंचती है। सरकार के साथ इस बातचीत में दबाव समूहों के प्रतिनिधि 'सत्ता के दलालो' (Power Brokers) की भूमिका अदा करते हैं। इस प्रक्रिया में दबाव समूहों के प्रतिनिधि सरकार के साथ सौदेबाजी करके अपने हित संवर्द्धन का लक्ष्य पूरा करते हैं।

ब्रिटेन और अमेरिका के उदारवादी–बहुलवादी लोकतंत्र में दबाव समूह एवं हित समूह अपने सदस्यों को कार्यकुशल नेतृत्व प्रदान करने के साथ–साथ सार्वजनिक नीतियों को जनसरोकारगत स्वरूप प्रदान करने तथा नीतियों को अपने हितों के अनुरूप ढालने के लिए सदैव तत्पर रहते हैं। ब्रिटेन और अमेरिका में ऐसे हित समूहों की अनगिनत संख्या है जो अपने सदस्यों के स्वार्थ का विशेष ध्यान रखते हैं। लेकिन, दोनों देशों में कुछ दबाव समूह सिद्धान्त, आदर्श, नैतिकता, मानव कल्याण की सिद्धि के लिए निरन्तर संघर्षरत रहते हैं। उदाहरणस्वरूप दोनों देशों में हित समूह निरस्त्रीकरण, विश्वशान्ति, पर्यावरण की स्वच्छता मानवाधिकारों की सुरक्षा, गर्भपात कानूनों मे सुधार, बाल कानूनों में सुधार, स्त्री के अधिकारों की सुरक्षा, वरिष्ठ नागरिकों को सुरक्षा प्रदान करना जैसे महत्त्वपूर्ण विषयों से सीधा सरोकार रखते हैं। दोनों देशों के दबाव समूहों, हित समूहों के दृष्टिकोण, उद्देश्य और कार्यप्रणाली में कुछ भिन्नताएं होने के बावजूद पर्याप्त समानताएं है। ब्रिटेन में कम–से–कम ढाई हजार संगठन कार्यरत हैं जो वहां वाणिज्य ओर उद्योग (Commerce and Industry) के हितों की देखभाल करते हैं।

अमेरिकी राजनीतिक व्यवस्था में तो समाज के सभी पक्षों से संबद्ध हित समूहों का राजनीति में इतना अधिक प्रभुत्व है कि लोकतंत्र के पहरेदारों द्वारा उनकी शक्तियों और शासन–संचालन में उनके बढ़ते हस्तक्षेप पर रोक लगाने के लिए निरन्तर आवाजें उठाई जाती हैं।

ब्रिटिश ओर अमेरिकी शासन प्रणाली में भिन्नता की वजह से दोनों देशों के दबाव समूहों की गतिविधियों में भी अन्तर पाया जाता है। ब्रिटिश संसदीय प्रणाली में दलीय अनुशासन की दृढ़ता की वजह से सांसद अपने दल की नीतियों के प्रति प्रतिबद्ध होते हैं, इसलिए सदन में बोलने और मतदान करने में दलीय निर्देशों का पालन करते हैं। इस परिस्थिति में हित समूहों के पास सांसदों को अपनी बातों से प्रभावित करने का अवसर काम मिलता है। वे सांसदों के बजाय अपने हितों की पूर्ति के लिए ज्यादातर प्रशासनिक विभागों एवं प्रशासनिक पदाधिकारियों से संपर्क स्थापित करके अपनी समस्याओं का समाधान कराने का प्रयास करते हैं। अमेरिका की अध्यक्षात्मक शासन प्रणाली के अन्तर्गत दलीय अनुशासन में ब्रिटेन की भांति कठोरता का अभाव होने की वजह से वहां कांग्रेस की समितियां विधि निर्माण प्रक्रिया में प्रभावशाली भूमिका निभाती हैं, जो ब्रिटिश समितियों की तरह दलीय अनुशासन से बंधी भी नहीं होती हैं। अतः, अमेरिकी दबाव समूह अपने हित रक्षण एवं संवर्द्धन के लिए विधायकों से सीधा संपर्क स्थापित करते हैं और सदस्यों द्वारा जिन समूहों के हितों पर गौर किया जाता है उनको काफी हद तक राजनीतिक लाभ प्राप्त होता है। यही वजह है कि अमेरिका में दीर्घा प्रचार (Lobbying) का बहुत महत्त्व है। अमेरिकी हित समूहों द्वारा अपनायी जाने वाली लॉबी प्रचार से वहां राजनीति में भ्रष्टाचार को काफी बढ़ावा मिला है, क्योंकि प्रचार की इस विधा द्वारा वहां विधायकों का वोट खरीद–फ़रोख्त किया जाता है। अमेरिकी दबाव समूहों द्वारा किया जाने वाला लॉबी प्रचार इतना ज्यादा प्रभावशाली हो चुका है कि मौजूदा राजनीतिक परिस्थिति में लॉबी को वहां कांग्रेस का तीसरा सदन कहा जाने लगा है।

इस प्रकार, अमेरिकी राजनीतिक व्यवस्था की विशेष प्रकृति की वजह से दबाव समूह राजनीतिक रिक्तता को भरने का कार्य करते हैं। ब्रिटिश व्यवस्था में ऐसी राजनीतिक रिक्तता नहीं होने की वजह से दबाव समूह राजनीतिक प्रक्रियाओं में अमेरिकी दबाव समूह तरह अपने लिए जगह नहीं बना पाये हैं। फ्रांस तथा अन्य यूरोपीय राज्यों में कुछ दबाव समूह राजनीतिक दलों के साथ बंध कर कार्य करते हैं। अमेरिका में दबाव समूहों को अपनी राजनीतिक गतिविधियों को अंजाम देने का पर्याप्त अवसर मिलता है, लेकिन ब्रिटेन में दबाव समूहों की गतिविधियां बहुत हद तक संयमित होती हैं।

संघटित महाद्वीपीय राजनीतिक व्यवस्थाओं में दबाव समूह
(Pressure Groups in Integrated Continental European Political Systems)

फ्रांस एवं इटली को छोड़कर पश्चिमी यूरोप के राज्य–पश्चिमी जर्मनी, नीदरलैण्ड, बेल्जियम, लग्जेमवर्ग ऑस्ट्रिया, स्विट्जरलैण्ड तथा स्केन्डेनेवियन देश इस कोटि की राजनीतिक व्यवस्थाओं के अन्तर्गत आते हैं। रॉबर्ट सी. बोन ने इस कोटि के अन्तर्गत शामिल राजनीतिक व्यवस्थाओं की कुछ विशेषताओं का उल्लेख किया है: सामाजिक–आर्थिक विकास में एकरूपता, राजनीतिक व्यवस्था में प्रचलित संरचनात्मक–प्रकार्यात्मक पहलुओं पर आमसहमति, स्थायी सरकार तथा संयुक्त विपक्ष पर मैतक्यता, अराजनीतिक तथा विभिन्नीकृत नौकरशाही, राजनीतिक दल एवं दबाव समूह की उपस्थिति, जिसमें काफी मात्रा में आत्मनिर्भरता हो आदि।

संघटित महाद्वीपीय यूरोपीय राजनीतिक व्यवस्थाओं की इन विशेषताओं की वजह से इन व्यवस्थाओं में दबाव समूहों की प्रकृति तथा राजनीतिक गतिविधियां विशेष प्रकार की होती हैं। इन देशों में जर्मनी की राजनीतिक संस्कृति, आंग्ल–अमेरिकी राजनीतिक संस्कृति के अनुरूप ढलती जा रही है, इसलिए यहां दबाव समूहों का आकार बड़ा और प्रकृति परिस्थितिजन्य होती जा रही है। राजनीति को 'सौदेबाजी की प्रक्रिया' मानने की वजह से जर्मनी में दबाव समूहों की कार्यप्रणाली खेल के नियमों की तरह है। वहां दबाव समूह पार्टी फंड में धन देते हैं, यहां तक कि 35 से 40 प्रतिशत संसद् सदस्य दबाव समूह के प्रतिनिधि के रूप में निर्वाचित होकर आते हैं। वहां के दोनों प्रमुख राजनीतिक दल क्रिश्चयन डेमोक्रेटिक तथा सोशियल डेमोक्रेटिक के 35 प्रतिशत संसद् सदस्य

दबाव समूहों के प्रतिनिधि रहे हैं। जर्मनी में ब्रिटेन की तरह विभिन्न मंत्रालयों की सलाहकार समितियों में दबाव समूह के सदस्य भी शामिल किये जाते हैं, वहीं बहुत कुछ अमेरिका की भांति दबाव समूह विशेषज्ञता के आधार पर नीति निर्धारण भी में प्रभावशाली भूमिका निभाते हैं।

स्वीडन, बेल्जियम, नीदरलैण्ड, फिनलैण्ड लग्जेमवर्ग, आस्ट्रिया, स्विट्जरलैण्ड, आदि देशों की राजनीतिक संस्कृति में समरूपता पायी जाती है, इसलिए दबाव समूहों की प्रकृति एवं गतिविधियों में काफी हद तक समानता पायी जाती है। इन देशों में सामान्य रूप से दबाव समूह की गतिविधियों को स्वीकारा गया है। इन देशों में लगभग सभी सेवाओं में कार्यरत कर्मचारी किसी न किसी दबाव समूह के सदस्य होते हैं और लगभग सभी श्रमिक मजदूर संगठनों के सदस्य होते हैं। जर्मनी की भांति इन सभी देशों में भी राजनीतिक दल दबाव समूह के प्रतिनिधि को दलीय उम्मीदवार के रूप में स्वीकार करते हैं, तथा नीति–निर्माण के समय संबद्ध विषय से प्रभावित होने वाले दबाव समूहों के प्रतिनिधियों से विचार–विमर्श करते हैं। कई देशों में नीति–निर्माण के समय प्रस्तावित विषय पर दबाव समूहों से कानून बनाने के समय स्मरणपत्र (Memorandum) भी मांगा जाता है। इस प्रकार संघटित महाद्वीपीय यूरोपीय राजनीतिक व्यवस्थाओं में दबाव समूह अपनी प्रकृति, संगठन, भूमिकाएं तथा जनसरोकारगत शक्तियों की वजह से एक अतिरिक्त संवैधानिक संतुलन बनाने में सहायक बनते हैं जिससे शासन संचालन में सुचारुता बनी रहती है।

खण्डित महाद्वीपीय यूरोपीय राजनीतिक व्यवस्थाओं में दबाव समूह
(Pressure Groups in Segmented Continental European Political Systems)

इटली और फ्रांस की राजनीतिक व्यवस्थाओं को इस कोटि में रखा जाता है। यहां की राजनीतिक संस्कृति सामंजस्यकारी होने की जगह खण्डित है, क्योंकि समाज के विभिन्न वर्गों द्वारा सांस्कृतिक विकास के अलग–अलग प्रतिमानों को संस्थापित किया गया है। इन देशों में कई प्रकार की राजनीतिक उपसंस्कृतियां मौजूद हैं जिसकी वजह से समय–समय पर संघर्ष और हिंसा की स्थितियां उत्पन्न होती रहती हैं, जिससे वहां कई बार राजनीतिक अस्थिरता का माहौल बना है। यहां सामाजिक–राजनीतिक विकास में पाई जाने वाली असमानता की वजह से परस्पर विरोधी दावों और उपसंस्कृतियों के बीच स्थायी संघर्ष चलता रहता है। स्वयं इन उपसंस्कृतियों में भी गहरा व दीर्घकालिक सामाजिक व राजनीतिक मतभेद मौजूद है। ये सभी एक–दूसरे को अपना दुश्मन मानते हैं; इसलिए इनके बीच कोई समझौता या सौदेबाजी होना अत्यन्त कठिन प्रतीत होता है। नौकरशाही में राजनीतिक दलों तथा दबाव समूहों की घुसपैठ के कारण उसकी प्रकृति में शुद्धता और तटस्थता का अभाव पाया जाता है। सामान्यतया, वहां राजनीतिक दलों द्वारा दबाव समूहों का इस्तेमाल वैचारिक पिछलग्गू के रूप में किया जाता है।

राजनीतिक व्यवस्थाओं की इन विशेषताओं की वजह से यहां दबाव समूहों की प्रकृति में विशेष प्रकार की नाटकीयता होती है। उदाहरणस्वरूप, पाँचवें गणतंत्र से पहले फ्रांस में मौजूद राजनीतिक अस्थायित्व, सरकारों के आने जाने का क्रम तथा राजनीतिक दलों की कमजोरियों की वजह से दबाव समूहों को वहां खण्डनात्मक–नकारात्मक राजनीतिक गतिविधियों को अंजाम देने का काफी अवसर मिलता रहा। वहां के दबाव समूह नकारात्मक गतिविधियों को इसीलिए अंजाम देते रहे, क्योंकि राजनीतिक व्यवस्था उनकी मांगों को पूरा करने में सक्षम नहीं थी। उपसंस्कृतियों में पायी जाने वाली वैचारिक व क्षेत्रीय विभिन्नताओं की वजह से यहां दबाव समूहों की प्रकृति स्वयं के हितों तक सीमित और संकुचित होती है और वे सिर्फ अपने स्वार्थी हितों से ही सरोकार रखते हैं। यहां आमजन की नज़र में दबाव समूहों को हेय दृष्टि से देखा जाता है, उन पर शंका की जाती है। इनकी गतिविधियों में उग्रता और हिंसात्मकता का पुट शामिल होता है। उपसंस्कृतियों की प्रकृति में पायी जाने वाली भिन्नता की वजह से उनके बीच आपसी तनाव–द्वन्द्व की स्थिति होती है जो उनके प्रतिस्पर्द्धी दबाव समूहों को भी एक–दूसरे का प्रतिद्वन्द्वी बना देती है। फ्रांस में दबाव समूहों द्वारा अपनी मांगों को इतना अतिवादी (Extremist) ढंग से उठाया जाता रहा है कि उनके बीच किसी प्रकार की बातचीत या समझौते की परिस्थिति का बना पाना संभव नहीं हो पाता है। वहां अधिकतर दबाव समूह चमत्कारिक स्वरूप लिए होते हैं, लेकिन जहां तक सार्वजनिक

नीतियों के निर्माण का प्रश्न है इसमें केवल परिस्थिजन्य दबाव समूह ही प्रभावशाली भूमिका निभाते हैं। सामान्यतया अभिवृत्तिजन्य दबाव समूह खण्डनात्मक भूमिकाओं के निष्पादन से आगे नहीं बढ़ पाते हैं।

पांचवें गणतंत्र के पहले दबाव समूहों के स्परूप का मिश्रण पाया जाता था, लेकिन पाँचवें गणतंत्र द्वारा राजनीतिक शक्तियों का पुनर्निर्धारण करके उसे व्यवस्थापिका की जगह कार्यपालिका में केन्द्रित किया गया है इससे दबाव समूहों की प्रकृति तथा कार्यप्रणाली में काफी परिवर्तन आया है। अब दबाव समूहों की कार्यशैली में चमत्कारिता एवं नाटकीयता का लोप हो गया है। आज दबाव समूहों को अपनी मांगें मनवाने के लिए शक्तिशाली कार्यपालिका और पेशेवर नौकरशाही का सामना करना पड़ता है, इसलिए दबाव समूहों का स्वरूप परिस्थितिजन्य हो गया है जो विशेषज्ञ पेशेवर कार्यकर्ताओं द्वारा संचालित होने लगा है। लेकिन, वास्तविक तौर पर राजनीतिक संस्कृति में विभिन्नता, वैचारिक और क्षेत्रीय मतभेदों के आधार पर मांगों में पायी जाने वाली भिन्नता के कारण फ्रांस के दबाव समूह आज भी नकारात्मक कार्यशैली अपनाने के लिए विवश है।

अत्यधिक विखण्डित और अलगाववादी राजनीतिक संस्कृति की वजह से इटली के दबाव समूहों की प्रकृति व कार्यशैली भी फ्रांस की भांति विशेष प्रकार की है। जोसेफ ला पालाम्बारा ने अपनी रचना 'Interest Groups in Indian Politics' में इटली के दबाव समूहों की प्रकृति पर विशेष प्रकाश डाला है। इटली में दबाव समूहों की संख्या अनगिनत है। उन्हें फ्रांस के दबाव समूहों की भांति अभिवृत्तात्मक या परिस्थितिगत समूहों की कोटि में नहीं रखा जा सकता है। वस्तुतः, इटली के दबाव समूहों में दोनों लक्षणों का समावेश है। अपनी संपादित गतिविधियों की वजह से इटली के दबाव समूह भी फ्रांस के दबाव समूहों की भांति राजनीतिक दलों पर नियंत्रण रखते हैं।

इस प्रकार, खण्डित महाद्वीपीय यूरोपीय राजनीतिक व्यवस्थाओं में दबाव समूहों की मिश्रित प्रकृति की वजह से उनका सुनिश्चित व सुस्पष्ट कोटिकरण नहीं किया जा सकता है। इनके संगठन, प्रकृति तथा गतिविधियों में कुछ विशेषताएं विद्यमान होती हैं। यहां अस्तित्व रखने वाले दबाव समूह एक दूसरे के कट्टर प्रतिद्वन्द्वी होते हैं और केवल अपने दृष्टिकोण को सही मानने वाले होते हैं। यहां कुछ दबाव समूह राजनीतिक दलों को नियंत्रित भी करने लगते हैं, वहीं कुछ दबाव समूह वैचारिक स्तर पर राजनीतिक दलों का अनुचर बनकर अपने हितों की सिद्धि के लिए प्रयासरत रहते हैं। लेकिन, इसके बावजूद इन व्यवस्थाओं में दबाव समूहों की कार्यशैली संयोजक की जगह विनाशक की होती है, इसलिए न तो वे राजनीतिक प्रक्रियाओं का स्वाभाविक हिस्सा नहीं बन पाते हैं और न ही जनसाधारण की दृष्टि में इनकी साफ–सुथरी छवि बन पाती है।

विकासशील राजनीतिक व्यवस्थाओं में दबाव समूह
(Pressure Groups in Developing Political Systems)

विकासशील राजनीतिक व्यवस्थाओं की राजनीतिक संरचनाएं एवं प्रक्रियाएं आज भी प्रयोगमूलक दौर से गुजर रही है। उनमें से अधिकांश व्यवस्थाएं राजनीतिक अस्थिरता से ग्रसित हैं, क्योंकि यहां राजनीतिक खेल के नियमों में सुनिश्चिता–सुस्पष्टता का अभाव सर्वत्र देखा जा सकता है। इन्हें तीसरी दुनिया के देश कहा गया है। एशिया, अफ्रीका, और लैटिन अमेरिका के देश इस कोटि के अन्तर्गत आते हैं। इन व्यवस्थाओं का अतीत सामान्यतः यूरोपीय देशों के उपनिवेश का रहा है। निम्न उत्पादकता, निर्धनता, बेरोजगारी, निरक्षरता, जनसंख्या विस्फोट, प्रति व्यक्ति आय में कमी, भौगोलिक सामाजिक गतिशीलता में कमी, राजनीतिक सहभागिता में कमी, विखण्डित राजनीतिक संस्कृति, सत्ता के परम्परागत स्रोतों की दमदार मौजूदगी, राजनीतिक अस्थिरता के कारण राजनीति में सेना का हस्तक्षेप, संवैधानिक तंत्र की विफलता, बलात् राज्य परिवर्तन, आदि ऐसी परिस्थितियां हैं, जिसकी वजह से यहां राजनीतिक संस्कृति का समाकलित प्रतिमान विकसित नहीं हो पाया है।

राजनीतिक संस्कृति के विखण्डित स्वरूप की मूल वजह यहां अनेक उप संस्कृतियों की उपस्थिति है। उनके बीच निरन्तर चलने वाले संघर्ष से व्यवस्थागत राजनीतिक पर्यावरण में सदैव तनाव द्वन्द्व बना रहता है। यहां राजनीतिक गतिविधियों का केन्द्र राजनीतिक अभिजन वर्ग के दायरे में सीमित होता है। राजनीतिक संचार के साधनों के अभाव में आम जनता राजनीतिक प्रक्रियाओं का हिस्सा नहीं बन पाती हैं। स्पष्ट रूप से भूमिका

विभिन्नीकरण के अभाव में यहां शासन की विभिन्न इकाइयों के कार्यक्षेत्र का स्पष्टीकरण नहीं हो पाता है। अधिकांश विकासशील राष्ट्रों की जनसंख्या भाषा, संस्कृति, जाति, धर्म, वर्ग व क्षेत्रीयता, आदि के आधार पर विविध क्षेत्रों में बंटी होती है। यहां कभी–कभी सामाजिक संघर्ष इतना तीव्र हो जाता है कि उसके नियंत्रण के लिए सेना की मदद लेनी पड़ती है। इन राजनीतिक व्यवस्थाओं में समाज के परम्परागत स्वरूपों की मौजूदगी का सीधा असर राजनीतिक संस्कृति पर पड़ता है और राजनीतिक संस्कृति की प्रकृति के अनुरूप दबाव समूहों की प्रकृति एवं कार्यशैली विशेष रूप में ढलती है। यहां के दबाव समूह जातीय, धार्मिक, साम्प्रदायिक, प्रादेशिक, वर्गीय नृजातीय (Ethnic), आदि समूहों के हितरक्षण एवं संवर्द्धन का कार्य करते हैं। इन व्यवस्थाओं में कुछ संस्थात्मक दबाव समूहों भी गठित हुए। जैसे राजनीतिक स्वतंत्रता प्राप्त करने के पश्चात् अधिकांश विकासशील देशों में ट्रेड यूनियनों के रूप में संस्थात्मक दबाव समूहों का गठन हुआ।

विकासशील व्यवस्थाओं में प्रदर्शनात्मक दबाव समूहों का आविर्भाव अधिक होता है। व्यवस्थागत सामाजिक राजनीतिक पर्यावरण में मौजूद तनाव की वजह से ऐसे समूह अचानक नाटकीय ढंग से प्रकट होकर समस्याओं के समाधान में निर्णायक भूमिका निभाने लगते हैं। यहां सेना से संबंधित संस्थात्मक दबाव समूहों का बहुत महत्त्व है। सैनिक समाज विवेकसंगत तथा वैज्ञानिक दृष्टिकोण से युक्त होता है। सामान्यतया, सैनिक नेतृत्व भावनात्मक एकता तथा धार्मिक या वैचारिक अभिप्रेरणा से युक्त कार्य–लक्ष्य का निर्धारण कर अपने लक्ष्य–सिद्धि की दिशा में क़दम बढ़ाते हैं, इसलिए वे व्यवस्था पर दबाव डालने में कारगर भूमिका निभाते हैं। इन देशों का मुख्य सामाजिक वर्ग भी सेना जितना साधन सम्पन्न और शक्तिशाली नहीं है। यहां की सैन्य शक्ति सिर्फ समाज में विद्यमान असहमति का दमन करने में सहायक की भूमिका नहीं निभाती हैं, अपितु वह सामाजिक जीवन में अपने लिए नई भूमिकाएं भी तलाशने में सफलीभूत होती हैं। इस प्रकार, विकासशील व्यवस्थाओं में सेना एक ऐसे दबाव समूह के रूप में अपनी पहचान बना चुकी है जिसकी प्रकृति में अभिवृत्तिजन्य और परिस्थितिजन्य दोनों लक्षणों का मिश्रण है। हालांकि अब तो विकसित व्यवस्थाओं में भी एक महत्त्वपूर्ण दबाव समूह के रूप में सेना की सक्रियता बढ़ती जा रही है।

वस्तुतः, विकासशील व्यवस्थाओं के परम्परागत समाजों में दबाव समूह, हित समूह अभी अपने उद्भव काल की आरंभिक अवस्था में हैं। यहां की रूढ़िवादी समाजों में निर्धनता, निरक्षरता, बेरोजगारी, बीमारी, अपराध, हिंसा कुपोषण, जनसंख्या विस्फोट, साम्प्रदायिकता और साम्प्रदायिक हिंसा, महिलाओं के विरुद्ध हिंसा, बाल श्रम, बाल अपराध, बंधुआ मजदूरी की प्रथा, तस्करी, कालेधन का फैलाव, भ्रष्टाचार, नक्सलवाद, आतंकवाद जैसी अनेकानेक सामाजिक, आर्थिक, सांस्कृतिक व राजनीतिक समस्याएं मुंह खोले खड़ी हैं, जिन्हें सुलझाने में इन राज्यों की सरकार सामर्थ्यवान नहीं हैं और कार्यकौशल की कसौटी पर भी पूरी तरह खरी नहीं उतर पा रही हैं। यहां के पिछड़े समाजों में सदस्यों के हित स्पष्टीकरण की विशेष गुंजाइश अभी भी संभव नहीं दिखाई देती है। इनमें से अधिकांश समाज अभी परिवर्ती अवस्था (Transitional Stage) से गुजर रहे हैं, जहां सामाजिक जीवशैली में विद्यमान परम्परागत तौर–तरीकों की जगह शहरीकरण, औद्योगीकरण, औपचारिक शिक्षा, मुद्रा–विनिमय तथा जनसंपर्क के साधनों का त्वरित विस्तार हो रहा है। इस सामाजिक, आर्थिक, राजनीतिक बदलाव के साथ–साथ विभिन्न वर्गों के हितों तथा इन हितों के संगठन का प्रतिमान भी परिवर्तित हो रहा है। इनमें से कई हितों का प्रभावशाली संस्थात्मक संगठन अस्तित्व प्राप्त कर चुका है। उदाहरणस्वरूप, मजदूर संगठन, किसान संगठन आदि शक्तिशाली दबाव समूहों के रूप में अपना अस्तित्व निर्मित करके व्यवस्था में काफी जोर–शोर से अपनी मांगें उठाते रहते हैं। हालांकि, वहीं दूसरी ओर उद्योगपतियों या जमींदारों द्वारा इनकी गतिविधियों को समाज विरोधी करार दिया जाता है तथा इन्हें प्रतिबंधित करने के लिए सरकार पर दबाव बनाया जाता है। लैटिन अमेरिकी देशों में हित समूहों को अपनी गतिविधियों को अंजाम देने के लिए कानूनी मान्यता प्राप्त करनी पड़ती हैं।

निष्कर्षतः, यह कहा जा सकता है कि विकासशील व्यवस्थाओं में दबाव समूहों, हित समूहों के विकास में कई रूकावटें होती हैं। इनकी प्रकृति व कार्यशैली में बहुत हद तक अनिश्चितता, परस्पर विरोध तथा तीखे संघर्ष की परिस्थितियां बनती हैं, इसके बावजूद यहां प्रदर्शनात्मक दबाव समूहों की नाटकीयता भी राजनीतिक व्यवस्थाओं में काफी महत्त्वपूर्ण भूमिकाएं निभाती हैं।

सर्वाधिकारवादी व्यवस्थाओं में दबाव समूह (Pressure Groups in Totalitarian Political Systems)

समाजवादी या साम्यवादी देश, जिन्हें सर्वाधिकारवादी व्यवस्था की कोटि में रखा जाता है, वहां एक ही विचारधारा वाले राजनीतिक दल के हाथों में व्यवस्था–संचालन का पूर्ण अधिकार–दायित्व केन्द्रित होता है। संचार के साधनों एवं सरकारी अभिकरणों पर इसी दल का वर्चस्व होता है। शासन की सम्पूर्ण शक्ति अधिकारीतंत्र के हाथों में निहित होती है, जिस पर साम्यवादी दल का पूर्ण नियंत्रण होता है। इन व्यवस्थाओं में केवल एक ही हित 'सर्वहारा वर्ग के हित' को मान्यता प्रदान की गयी है और उसकी अभिव्यक्ति का अधिकार सिर्फ साम्यवादी दल के पास होता है। वहां सर्वहारा वर्ग यानी कि कामगार वर्ग के हित स्पष्टीकरण में मजदूर संघ, व्यावसायिक साहचर्य (Professional Associations) युवा समूह तथा जन संपर्क के साधन साम्यवादी दल के नेतृत्व के सहायक की भूमिका निभाते हैं। सर्वाधिकारवादी व्यवस्थाओं में ऐच्छिक संघों समूहों के आविर्भाव एवं विकास की अनुमति नहीं होती है। साम्यवादी शासन के आरंभिक दौर में हित समूहों की संस्कृति को बिलकुल बढ़ावा नहीं दिया गया। लेकिन, बाद में इन व्यवस्थाओं के सर्वाधिकारवादी नियंत्रण में थोड़ी ढील दी गयी और पोलैण्ड, हंगरी, यूगोस्लाविया यहां तक कि भूतपूर्व सोवियत संघ में भी कुछ हितों की अभिव्यक्ति के संबंध में थोड़ी रियायत दी गयी। अर्थात् इन मामलों से संबंधित तकनीकी विषयों पर वैचारिक मतभेद प्रकट करने की छूट की अनुमति प्रदान की गयी, लेकिन दल की नीतियों, शासनशैली तथा विचारधारा से संबंधित मुद्दों पर असहमति व्यक्त करने की अनुमति किसी को नहीं दी गयी है।

सन् 1970 के दशक में चेकोस्लोवाकिया, पूर्वी जर्मनी तथा हंगरी में कुछ सत्ता विरोधी स्वाधीन समूहों का अस्तित्व उभरा। सन् 1980 में पोलैण्ड में कामगार वर्ग के हितों की रक्षा के लिए श्रमिक संघों के स्वाधीन संगठन का आविर्भाव हुआ जिसे रोमन कैथोलिक चर्च का समर्थन प्राप्त था। नौ वर्षों के पश्चात् साम्यवादी दल को सत्ताच्युत करके इसी संगठन को सत्तारूढ़ होने का अवसर मिला। सन् 1980 के दशक में कई साम्यवादी व्यवस्थाओं में कई राष्ट्रवादी (Nationalist), धार्मिक (Religious) तथा संजातीय (Ethinic) समूह उभर कर अपनी उपस्थिति दर्ज करने लगे। साम्यवाद के पतन में इन समूहों द्वारा महत्वपूर्ण भूमिका निभाई गयी। पूर्वी यूरोप विशेष रूप से बल्गेरिया में पर्यावरणवादी समूहों (Environmental Groups) का साम्यवाद के पतन में उल्लेखनीय योगदान है। वहां के औद्योगिक प्रतिष्ठानों द्वारा प्राकृतिक संसाधनों का विनाश बेहद लापरवाह होकर दुःसाहसी ढंग से किया गया, जिसकी वजह से वहां का प्राकृतिक वातावरण प्रदूषणमय हो गया। विरोधियों द्वारा संचालित सरकार विरोधी आन्दोलन का यह मुख्य मुद्दा बना जिसकी वजह से साम्यवादी सरकार को अपनी सत्ता गंवानी पडी। इसी भांति सोवियत संघ, चैकोस्लोवाकिया तथा युगोस्लाविया के पतन में राष्ट्रवादी एवं संजातीय समूहों की भूमिका उल्लेखनीय रही है। इसी प्रकार 1966 में चीन की सांस्कृतिक क्रांति (Cultural Revolution) 1975 में चाउ–ऐन–लाई की मृत्यु के पश्चात् चीन में प्रधानमंत्री के पद के लिए छिड़ा सत्ता संघर्ष तथा 1976 में माओ–त्से–तुंग की मृत्यु के पश्चात् उत्पन्न सत्ता संघर्ष इस तथ्य का द्योतक है कि साम्यवादी व्यवस्थाओं में भी समय–समय पर दबाव समूहों की विद्यमानता तथा उनके द्वारा निभाई गयी भूमिकाएं व्यवस्था में होने वाले परिवर्तनों के लिए काफी हद तक जवाबदेह रही हैं।

सर्वाधिकारवादी व्यवस्थाओं में दबाव समूहों के अस्तित्व पर प्रकाश डालते हुए आन्द्रे अमालरिक (Andrei Amalrik) ने अपनी रचना 'विल दि सोवियत यूनियन सर्वाइव अन्टिल, 1984' में लिखा है कि "एक समय में जब सोवियत सरकार में जनसाधारण को नियंत्रित करने की क्षमता बहुत क्षीण हो गयी तो प्रदर्शनात्मक दबाव समूह बड़े पैमाने पर नाटकीय ढंग से प्रकट हो गये।" यह अभिव्यक्ति इस वास्तविकता का स्पष्टीकरण करता है कि सिर्फ उदारवादी व्यवस्थाओं के खुले समाजों में ही दबाव समूहों का आविर्भाव नहीं होता है, अपितु सर्वाधिकारवादी व्यवस्थाओं के बन्द समाजों में भी दबाव समूहों का अस्तित्व उभरता है और अपनी सक्रिय भूमिकाओं द्वारा सत्ता परिवर्तन में आधार माध्यम की भूमिका निभाता है। सारांशतः, यह कहा जा सकता है कि सभी व्यवस्थाओं में दबाव समूह राजनीतिक प्रक्रियाओं के संचालन का अभिन्न हिस्सा हैं। कहीं इनकी भूमिका रचनात्मक है, तो कहीं खण्डनात्मक–नकारात्मक है, लेकिन आधुनिक व्यवस्थाओं में एक आवश्यक इकाई के रूप में सभी देशों में इनकी

विद्यमानता स्पष्ट रूप में देखी जा सकती है। दबाव समूहों को व्यवस्था में मांगों की अभिव्यक्ति और राजनीतिक सहभागिता का महत्त्वपूर्ण माध्यम माना जाने लगा है, इसलिए जैसे–जैसे जनसाधारण में राजनीतिक जागरूकता बढ़ेगी, अभिव्यक्ति की आजादी की मांग बढ़ेगी और व्यवस्था में राजनीतिक विकास–आधुनिकीरण का ग्राफ बढ़ेगा वैसे–वैसे दबाव समूहों की प्रकृति, गतिविधियों तथा कार्यशैली में सुनिश्चितता–सुस्पष्टता आती जायेगी। राजनीतिक समाजों में सामूहिक अभिव्यक्ति के बढ़ते महत्त्व की वजह से सभी व्यवस्थाओं में दबाव समूहों का महत्त्व बढ़ता जा रहा है। किसी व्यवस्था की राजनीतिक संस्कृति ही वहां के दबाव समूहों के आविर्भाव, विकास, प्रकृति एवं गतिविधियों के निर्धारण में आधारीय निर्धारक की भूमिका अदा करती है।

भारतीय राजनीति में दबाव समूह (Pressure Groups in Indian Politics)

प्रो. मोरिस जोन्स ने अपनी कृति 'The Government and Politics of India, 1967' में कहा है कि ''यदि भारतीय शासन व्यवस्था का सांगोपांग अध्ययन करना है तो गैर सरकारी एवं अज्ञात संगठनों की गतिविधियों का अध्ययन करना अत्यन्त उपयोगी एवं अपरिहार्य है।'' एशिया की राजनीति के अध्ययनकर्ताओं का यह मानना है कि पश्चिमी जगत् की राजनीतिक प्रक्रियाओं में हित समूहों की जितनी स्पष्ट अभिव्यक्ति हुई हैं, वैसी स्थिति गैर पश्चिमी देशों में हित समूहों की नहीं है। जहां तक भारतीय दबाव समूहों के अस्तित्व का सवाल है, यहां अमेरिका की तर्ज पर दबाव समूहों का विकास नहीं हो पाया है। यहाँ कतिपय व्यावसायिक संगठन ही दबाव समूहों के रूप में सक्रिय हैं। अन्य समुदायों का प्रतिनिधित्व करने वाले दबाव समूह अपने मध्यवर्गीय नेतृत्व की वजह से राजनीतिक प्रक्रियाओं में नीति–निर्णय निर्धारण प्रसंग को प्रभावित करने में सक्रिय भूमिका नहीं निभा पा रहे हैं। भारतीय अर्थव्यवस्था में व्याप्त पिछड़ापन की वजह से दबाव समूहों की मांगे शासकीय सामर्थ्य तथा सरकार द्वारा पूर्ति करने की इच्छा–शक्ति के मध्य बड़ी खाई नजर आ रही है।

इतिहास साक्षी है कि स्वतंत्रता प्राप्ति से पूर्व भारतीय राजनीति में कई हित समूहों की सक्रियता रही है। दृष्टान्तस्वरूप, ब्रह्मसमाज, धर्मसभा, सत्यशोधक समाज, तरुणबंगाल ग्रुप तथा ब्रिटिश इण्डियन एसोसिएशन, आदि प्रमुख हित समूह के रूप में क्रियाशील थे। सन् 1885 में भारतीय राष्ट्रीय कांग्रेस की तथा सन् 1906 में मुस्लिम लीग की स्थापना हुई। इन दोनों का लक्ष्य समाज के मध्यमवर्गीय लोगों के हितों की रक्षा तथा हितसंवर्द्धन करना था। इन्हें भारतीय राजनीति के आरंभिक हित समूह की संज्ञा दी जा सकती है। बाद में भारतीय राष्ट्रीय कांग्रेस की गतिविधियां एवं कार्यक्रम राष्ट्रीय आन्दोलन के रूप में परिवर्तित हो गयी। हित समूह के रूप में आकार लेने वाली कांग्रेस द्वारा राष्ट्रीय स्वाधीनता आन्दोलन के संचालन का नेतृत्व करना और आजादी के उपरान्त प्रमुख राजनीतिक दल के रूप में राजनीतिक गतिविधियों को अंजाम देना तथा चार दशकों तक लगातार केन्द्र में सत्ताधारी दल की भूमिका निभाया जाना, भारतीय राजनीति में उदित होने वाले अन्य दबाव समूहों के संगठन प्रकृति–प्रवृति एवं गतिविधियों के निर्धारण के लिए प्रेरक आधार बना। ब्रिटिश हुकूमत से देश को आजाद कराने के लिए देश के राष्ट्रीय स्तर के नेताओं द्वारा कांग्रेस को एक जनआन्दोलन के रूप में संगठित करने का लक्ष्य रखा गया और इस दृष्टि से राष्ट्रीय नेतृत्व द्वारा श्रमिक संघ, कृषक संघ तथा छात्र समुदायों का अस्तित्व–निर्माण किया गया, यानी कि आजादी से पूर्व कांग्रेस एक ऐसे राजनीतिक संगठन के रूप में अपनी पहचान स्थापित कर चुका था जिसकी छत्रछाया में कई प्रकार के हित समूह संगठित होकर अपने हित संवर्द्धन के लिए प्रयासरत थे। इसी समय मुस्लिम समाज के हितों की रक्षा के लिए मुस्लिम लीग बना तो देश में इस हित समूह के प्रभाव को संतुलित करने के लिए हिन्दू महासभा की संस्थापना की गयी।

आजादी के बाद भारत में संविधान प्रदत्त सार्वजनिक मताधिकार, राजनीतिक स्वतंत्रता के अधिकार के रूप में विचार अभिव्यक्ति की स्वतंत्रता, समुदाय संघ के निर्माण की स्वतंत्रता, शान्तिपूर्ण सम्मेलन करने की स्वतंत्रता तथा सामाजिक, आर्थिक राजनीतिक क्षेत्रों में नियोजित कार्यक्रमों के विस्तार का अधिकार मिलने की वजह से भारतीय राजनीति में धीरे–धीरे संगठित दबाव समूहों एवं हित समूहों की संख्या में इज़ाफ़ा होता जा रहा है।

भारत में दबाव समूहों के प्रकार (Kinds of Pressure Groups in India)

आल्मंड तथा पॉवेल ने अपनी रचना 'Comparative Politics, 1966' में क्रियाशील दबाव समूहों के वर्गीकरण के लिए जो प्रतिमान प्रस्तुत किया है उसके आधार पर भारतीय राजनीति में सक्रिय दबाव समूहों को चार कोटियों में बांटा जा सकता है: (1) संस्थानात्मक दबाव समूह (Institutional Pressure Groups), (2) समुदायात्मक दबाव समूह (Associational Pressure Groups), (3) असमुदायात्मक दबाव समूह (Non-Associational Pressure Groups), (4) प्रदर्शनात्मक दबाव समूह (Anomic Pressure Groups)।

1. भारतीय संस्थात्मक दबाव समूहों के अन्तर्गत विभिन्न राजनीतिक दलों, विधानमण्डल, नौकरशाही सेना, आदि को रखा जाता है। ये सभी औपचारिक संगठन हैं जो व्यवस्था में स्वायत्त रूप से क्रियाशील है। ये अपने हितों का पोषण। तथा संवर्द्धन करने के साथ–साथ समाज के विभिन्न वर्गों–समुदायों के हितों का प्रतिनिधित्व भी करते हैं और समाज के हितों की अभिव्यक्ति, अभिवृद्धि, रक्षण तथा पोषण की जवाबदेही इनकी होती है। भारतीय राजनीति में संस्थानात्मक दबाव समूह के अत्यधिक शक्तिशाली–प्रभावशाली भूमिका संपादन का आधारीय तत्त्व उनके संगठन की मजबूती है। ये संस्थानात्मक समूह नीति–निर्माण और निर्णय–प्रक्रिया के सूत्रधार व आधार–माध्यम होते हैं। नीति–निर्णय प्रक्रिया के साथ अभिन्नता का रिश्ता होने की वजह से समाज का सार्वजनिक कल्याण इनका मुख्य लक्ष्य होता है। जनसरोकारगत हितों की अभिवृद्धि, रक्षण तथा पोषण का लक्ष्य सामने रखकर इस समूह के सदस्य अपनी भूमिकाओं को अंजाम देते हैं। इन दबाव समूहों की कोटि में राजनीतिक स्तर पर कांग्रेस कार्य समिति, कांग्रेस संसदीय बोर्ड, सभी दलों की केन्द्रीय चुनाव समिति, ग्यारहवीं लोकसभा चुनाव के परिणामस्वरूप सत्ता में आयी यूनाइटेड फ्रण्ट सरकार की सर्वोच्च नीति निर्णय निर्माता निकाय स्टियरिंग कमिटी (Steering Committee), राष्ट्रीय जनतांत्रिक गठबंधन सरकार की 'समन्वय समिति' (Co-ordination Committee) तथा वर्तमान संयुक्त प्रगतिशील मोर्चा सरकार की समन्वय समिति को रखा जाता है। इन राजनीतिक समितियों के अध्यक्ष नीति–निर्माण एवं निर्णय–प्रक्रिया में केन्द्रीय भूमिका निभाते हैं तथा पूरी पार्टी या समिति पर उन निर्णयों को मानने की बाध्यता भी होती है, तभी गठबंधन सरकार सफलतापूर्वक अपना कार्यकाल पूरा कर सकती है।

2. सामुदायिक दबाव समूहों को हितों की अभिव्यक्ति तथा पोषण की दृष्टि से विशेषीकृत संगठन माना जाता है। इनका मुख्य ध्येय अपने सदस्यों के विशेष हितों को पूरा करना है। भारतीय राजनीति के आधुनिक परिवेश में ऐसे सक्रिय समूहों की मौजूदगी काफी लाभप्रद व सार्थक है। इस कोटि में मुख्यतः व्यावसायिक संगठन, श्रमिक संगठन तथा कृषक संगठन शामिल होते हैं। स्वाधीनता से पूर्व भी श्रमिक संघों का अस्तित्व था और भारतीय राष्ट्रीय कांग्रेस के कई नेता श्रमिक संघों की गतिविधियों में सक्रिय थे। वर्तमान राजनीति परिप्रेक्ष्य में भी मजदूर संघों का कई राजनीतिक दलों से जुड़ाव है। उदाहरणस्वरूप, भाजपा के नेतृत्व में भारतीय मजदूर संघ, मार्क्सवादी साम्यवादी के नेतृत्त्व में यूनाइटेड ट्रेड यूनियन, कांग्रेस के नेतृत्व में इण्डियन नेशनल ट्रेड यूनियन कांग्रेस और साम्यवादी दल के नेतृत्व में ऑल इंडिया ट्रेड यूनियन कांग्रेस सक्रिय हैं। श्रमिकों से जुड़े इन सभी दबाव समूहों का लक्ष्य मजदूरों के सामाजिक, आर्थिक, राजनीतिक सांस्कृतिक हितों का रक्षण एवं संवर्द्धन करना है। वस्तुतः, ये सभी श्रमिक संगठन राजनीतिक दलों की सक्रिय शाखा के रूप में अपनी भूमिकाएं संपादित करते हैं, क्योंकि इनका नेतृत्व श्रमिक नेताओं के बजाय राजनीतिज्ञों के हाथों में केन्द्रित है। इसी प्रकार, व्यापारियों के हित समूह भी वर्तमान राजनीतिक परिदृश्य में दबाव समूह की हैसियत से अपनी भूमिकाएं निष्पादित करने लगे हैं। व्यापारिकों का दबाव समूह संगठित और अत्यधिक साधन–सम्पन्न होता है। इनके द्वारा संचालित गतिविधियों में प्रयुक्त की जाने वाली तकनीकों की तुलना पश्चिमी देशों में विद्यमान दबाव समूहों से की जा सकती है। ये दबाव समूह अपनी हित–सिद्धि के लिए समाचारपत्र, पत्रिकाएं प्रकाशित कराते हैं,

राजनितिक दलों को आर्थिक सहायता देते हैं, मंत्रियों तथा नौकरशाहों से व्यक्तिगत संपर्क स्थापित करते हैं, तथा सांसदों एवं विधायकों को अपने हितों से अवगत कराते रहते हैं। भारतीय व्यापारियों के कई प्रकार के संघ हैं; मसलन–उद्योग समूह, क्षेत्रीय समूह, अखिल भारतीय समुदाय तथा बड़े व्यावसायिक घराने। व्यावसायिक दबाव समूहों में आजकल, फेडरेशन ऑफ इण्डियन चैम्बर्स ऑफ कॉमर्स एण्ड इण्डस्ट्री (F.I.C.C.I.) को अत्यधिक आधुनिकीकृत प्रभावशाली दबाव समूह के रूप में पहचान मिली है। इसकी केन्द्रीय इकाई के अन्तर्गत लगभग एक लाख से भी ज्यादा छोटी–बड़ी व्यावसायिक इकाइयां हैं जो विभिन्न तरीकों से व्यापारी वर्ग की मांगें सरकार के सम्मुख रखती हैं। फेडरेशन की वार्षिक बैठक को प्रतिवर्ष प्रधानमंत्री संबोधित करते हैं। वित्तमंत्री, वाणिज्यमंत्री तथा अन्य मंत्रिगण फेडरेशन की वार्षिक बैठक में भागीदारी करते हैं। फेडरेशन द्वारा किया जाने वाला शोध कई मामलों में अत्यन्त महत्त्वपूर्ण होता है। 1958 के बाद से फेडरेशन द्वारा लॉबी कार्यों को अंजाम देने के लिए संसदीय संपर्क अधिकारियों (Liaison Officers) का प्रयोग किया जाने लगा है। इन अधिकारियों का कार्य संसद सदस्यों को फेडरेशन की दृष्टि (Vision) से अवगत कराना तथा विषय से संबंधित जरूरी आंकड़े उपलब्ध कराना है, ताकि उनके व्यावसायिक हितों की अभिवृद्धि संभव हो सके। इनके द्वारा आयोजित गोष्ठियों में संसद सदस्य, मंत्रिगण, नौकरशाह तथा विषेशज्ञ आदि भाग लेते हैं। समय की मांग के अनुरूप फेडरेशन प्रस्ताव पारित करके सरकार की नीतियों को प्रभावित करने का प्रयास करता है। यह सही है कि कुछ प्रमुख आर्थिक नीतियों, जैसे–बैंक राष्ट्रीयकरण, आर्थिक नियोजन, सार्वजनिक उद्यम नीति आदि महत्त्वपूर्ण आर्थिक प्रश्नों को छोड़कर फेडरेशन द्वारा सरकार की कई नीतियों को प्रभावित करने का प्रयास किया गया है। सरकार की कई सलाहकारी समितियों (Advisory Committees) में इनके प्रतिनिधि हिस्सा लेते हैं। आज फेडरेशन एक संगठित व प्रभावशाली दबाव समूह की भूमिका निभा रहा है।

भारत में कृषकों का हित समूह भी राजनीतिक स्तर पर काफी सक्रिय भूमिका अदा कर रहा है। साम्यवादी दल के नेतृत्व में 1936 से ही अखिल भारतीय किसान सभा एक प्रवल हित समूह के रूप में कार्यरत है। इसके अतिरिक्त, समाजवादी पार्टी का कृषक संगठन 'हिन्द किसान पंचायत' तथा वामपंथी दलों की 'संयुक्त किसान सभा' भी सक्रिय अस्तित्व रखते हैं। सन् 1977 के लोकसभा चुनाव के पश्चात् केन्द्र में जनता पार्टी की सरकार बनने से किसान लॉबी का प्रभाव राजनीति में काफी बढ़ा। 'किसान सम्मेलन' तथा 'किसान रैली' आयोजित करके चौधरी चरण सिंह ने किसानों को संगठित करने का भरपूर प्रयास किया। किसान लॉबी के बढ़ते कद की वजह से प्रधानमंत्री मोरारजी देसाई को चरण सिंह से समझौता करके पुनः उन्हें मंत्रिमंडल में उपप्रधानमंत्री का पद देना पड़ा। उत्तर प्रदेश के किसान नेता महेन्द्र सिंह टिकैत के नेतृत्व में एक प्रभावशाली कृषक संगठन के रूप में भारतीय किसान यूनियन का आविर्भाव हुआ। 25 अक्टूबर से 31 अक्टूबर 1988 तक भारतीय किसान यूनियन द्वारा अपनी मांगों को सरकार तक पहुंचाने के लिए इंडिया गेट, नई दिल्ली के सामने बोट क्लब पर डेढ़–दो लाख किसानों को इकट्ठा करके प्रदर्शन किया गया। इसी संगठन द्वारा उत्तर प्रदेश के किसानों को संगठित करके वहां के सरकार से टक्कर लिया गया। इसी प्रकार, महाराष्ट्र में शरत जोशी के शेतकारी संगठन द्वारा किसानों को संगठित करने का प्रयास किया गया। 14 जुलाई, 1989 को दिल्ली में किसानों की एक अखिल भारतीय संस्था 'भारतीय किसान संघ' के निर्माण की कोशिश की गयी, लेकिन किसान संघ के दो प्रमुख नेताओं महेन्द्र सिंह टिकैत और भारत जोशी के बीच सीधे टकराव की स्थिति उत्पन्न होने से यह संभव नहीं हो पाया। वस्तुतः, अपनी सांगठिक कमजोरी की वजह से भारत सरकार की कृषि नीतियों को प्रभावित करने में मौजूदा किसान संगठनों की भूमिका बहुत प्रभावशाली नहीं हो रही है। हालांकि, यह सत्य है कि पंजाब, उत्तर प्रदेश और हरियाणा सरकार की नीतियों पर किसान लॉबी का काफी प्रभाव है और शायद किसान लॉबी के प्रभाव की वजह से ही सरकार कृषि पर अभी तक आयकर नहीं लगा पायी है। भारतीय राजनीति पर पंचायतों की राजनीति के बढ़ते प्रभाव की वजह से यह संभावना व्यक्त

की जा रही है कि निकट भविष्य में यहां की किसान लॉबी देश की राजनीति में प्रभावशाली भूमिका निभायेगी।

ऊपर विवेचित तीनों प्रमुख समुदायात्मक दबाव समूहों के अतिरिक्त सभी सरकारी कर्मचारियों, पदाधिकारियों तथा विद्यार्थी वर्ग का भी अपना–अपना हित समूह है जो राजनीति में सक्रिय भूमिका निभा रहा है। विद्यार्थी संगठनों का संबंध किसी–न–किसी प्रकार से देश के मौजूदा राजनीतिक दलों से होता है और विभिन्न राजनीतिक दलों द्वारा इनके संगठनों का दुरुपयोग भी किया जाता है। इन संगठनों द्वारा विद्यार्थियों के हितों की अभिव्यक्ति की जाती है तथा इसमें अभिवृद्धि की जोरदार मांग उठाई जाती है। सरकारी कर्मचारियों–पदाधिकारियों के संगठन अपने सदस्यों के हित संरक्षण के लिए सरकार के समक्ष मांग रखते हैं तथा उसमें हस्तक्षेप या रोकथाम के लिए धरना प्रदर्शन, हड़ताल, आदि का सहारा लेते हैं। इन दबाव समूहों का मुख्य लक्ष्य वेतन में संशोधन कराना तथा मंहगाई भत्ता प्राप्त करना होता है।

देश में सक्रिय कई प्रकार के साम्प्रदायिक संगठन भी इस कोटि में शामिल हैं जो अपने–अपने संघों के माध्यम से अपने विशिष्ट हितों में संवृद्धि की मांग उठाते रहते हैं। समुदायिक संगठन की इस श्रेणी में विविध जातीय, धार्मिक एवं साम्प्रदायिक समूह आते हैं। इनमें हिन्दू सभा, कायस्थ सभा, भारतीय ईसाइयों का अखिल भारतीय परिषद् आदि मुख्य हैं।

3. असमुदायात्मक दबाव समूहों में सामान्यतः अधिकांश समूहों के पास संगठित संघ का अभाव है। इन्हें परम्परावादी दबाव समूह भी कहा जाता है जो अनौपचारिक रूप से अपने हितों की अभिवृद्धि के लिए प्रयासरत रहते हैं। इस कोटि के दबाव समूहों में साम्प्रदायिक–धार्मिक समुदाय, जातीय समुदाय, गांधीवादी, समुदाय, भाषागत समुदाय, सिण्डीकेट तथा युवातुर्क, आदि प्रमुख हैं।

साम्प्रदायिक आधार पर संगठित समुदायों में विश्व हिन्दू परिषद् (VHP) बजरंग दल, मुस्लिम मजलिस, बाबरी मस्जिद एक्शन कमिटि (BMAC) जमायत–ए–इस्लाम, जमायत–ए–इस्लाम–ए–हिन्द, आदि प्रमुख हैं। वैष्णव समाज, जैन समाज, नय्यर सेवा समाज तथा चर्च आदि इसी समूह की कोटि में शामिल हैं। ये समूह अपनी पृथकता को कायम रखने के लिए हमेशा प्रयत्नशील रहते हैं। भारत में अल्पसंख्यक वर्ग के अधिकांश संगठनों का यही स्वरूप है। इनकी पहुंच नीति निर्माताओं तक नहीं होती है। ये स्थानीय एवं राज्यस्तरीय प्रशासन तक अपनी बात पहुंचाने का प्रयास करते हैं। लेकिन, चुनाव के समय ये गुट अत्यधिक सक्रिय हो जाते हैं और बहुत हद तक प्रत्याशियों के हार–जीत का फैसला इनके समर्थन या विरोध पर निर्भर करता है।

आजादी के बाद भारतीय राजनीति में जातियों का महत्त्व बहुत अधिक बढ़ा है। जाति और लोकतांत्रिक राजनीति की अन्योन्यक्रिया को प्रोफेसर रजनी कोठारी ने जातियों के राजनीतिकरण की संज्ञा दी है। अपने आर्थिक–राजनीतिक हितों की सिद्धि हेतु जातियां संगठित होकर सक्रिय राजनीति में वोट बैंक का मुख्य आधार माध्यम बन गयी है। आज देश की चुनावी राजनीति में उम्मीदवारों के चयन से लेकर उनके जीतने तक के राजनीतिक सफर का आधार–आधेय जातियां ही हैं। जातीय हितों के आधार पर संगठित करके कई जातीय दबाव समूहों को मजबूत आकार प्रदान किया गया है और संघ के रूप में संगठित होकर जातियां राजनीतिक प्रतियोगिता में सक्रिय भागीदारी करने लगी हैं। प्रान्तीय स्तर पर प्रमुख जातीय संघों में तमिलनाडु का नाडार जाति संघ, आंध्र प्रदेश में कम्मा और रेड्डी जातीय समुदाय कर्नाटक, में लिंगायत व वोक्कालिंगा, गुजरात में क्षत्रीय महासभा, राजस्थान में जाट और राजपूत जातीय समुदाय शामिल हैं। दबाव समूह के रूप में जातियां राजनीतिक सौदेबाजी और वोटों के तोड़ फोड़ के खेल में माहिर होती जा रही हैं।

गांधीदर्शन पर आधारित अनेक गांधीवादी गुट भी सरकार की नीतियों को प्रभावित करने का प्रयास करते हैं। उदाहरणस्वरूप इसमें सर्वोदय, भूदान, सर्वसेवा संघ, खादी ग्रामोद्योग संघ, गांधी शान्ति प्रतिष्ठान आदि प्रमुख हैं। सांसदों विधायकों एवं मंत्रियों द्वारा इन समूहों को आदर की दृष्टि से देखा जाता है।

इस हित समूह का मुख्य ध्येय सार्वजनिक कल्याण से संबद्ध हितों का संवर्द्धन तथा पोषण करना है।

भाषागत दबाव समूह भी देश की राजनीति में काफी सक्रिय भूमिका निभा रहे है। भाषागत विविधता भारत की ख़ासियत है। यहां उत्तर और दक्षिण की भाषा एक दूसरे से भिन्न है। आजादी के बाद भाषा को राजनीतिक हथियार के रूप इस्तेमाल करने की प्रवृत्ति कई प्रान्तों में बढ़ी है। भाषायी दबाव गुटों की जोरदार मांग को ध्यान रखकर ही समय–समय पर नये राज्यों का निर्माण किया जाता रहा है। उदाहरणार्थ, 1953 में आन्ध्र प्रदेश तथा 1960 में बम्बई राज्य के विभाजन के उपरान्त गुजरात एवं महाराष्ट्र का निर्माण आदि भाषायी गुटों द्वारा दिये जाने वाले दबाव का ही परिणाम है। वर्तमान राजनीतिक परिदृश्य में महाराष्ट्र की शिवसेना से अलग होकर अपनी महाराष्ट्र नवनिर्माण सेना बनाने वाले राज ठाकरे की पार्टी एक भाषायी दबाव गुट की भूमिका निभाते हुए गैर मराठियों को महाराष्ट्र से बाहर निकालने को जोरदार मांग कर रही है।

भारतीय राजनीति में सिण्डीकेट शब्द का प्रयोग 1960–1970 के दशक में कांग्रेस पार्टी के कुछ प्रभावशाली नेताओं के लिए किया जाने लगा, जिनके द्वारा आपस में मिल जुल कर निर्णय–प्रक्रिया को प्रभावित करने की गतिविधियों को अंजाम दिया जाने लगा। लगभग 6–7 वर्षों तक देश की राजनीति पर दबाव गुट के रूप में इस सिण्डीकेट का प्रभाव रहा। इस गुट के सदस्यों की आपसी प्रतिबद्धता दलीय राजनीति को प्रभावित करने की थी। इस सिण्डीकेट द्वारा तात्कालिक राजनीति में कई तरीके से सक्रिय भूमिका निभाई गयी। उदाहरणार्थ सिण्डीकेट की मुख्य भूमिकाओं में शास्त्री जी को मंत्रिमंडल में शामिल कराना कामराज को कांग्रेस का अध्यक्ष बनवाना, 1964 में शास्त्री जी को और 1966 में श्रीमती इंदिरा गांधी को प्रधानमंत्री के पद पर आरूढ़ कराना तथा चतुर्थ आमचुनाव के समय इंदिरा गांधी से नाराजगी की वजह से मोरारजी को उपप्रधानमंत्री बनवाने में मदद कराना आदि शामिल है। लेकिन, चौथे आमचुनाव में सिण्डीकेट के कई बड़े नेताओं को पराजय का सामना करना पड़ा। धीरे–धीरे सक्रिय राजनीति में सिण्डीकेट का प्रभाव कम होता गया। उसके द्वारा मनोनीत उम्मीदवार श्री संजीव रेड्डी राष्ट्रपति पद पर निर्वाचित नहीं हो पाये। सिण्डीकेट पर प्रहार करने के उद्देश्य से श्रीमती गांधी ने मोरारजी से वित्त विभाग छीन लिया। इस बदले राजनीतिक घटनाक्रम में जब जुलाई 1969 में कांग्रेस पार्टी का विभाजन हुआ, तो सिण्डीकेट का राजनीतिक प्रभाव बिल्कुल समाप्त हो गया।

सन् 1969 के बाद भारतीय राजनीति में कांग्रेस पार्टी और सरकार से संबद्ध एक नया दबाव समूह सक्रिय रूप से राजनीतिक भागीदारी निभाने लगा उसे युवा तुर्क (Young Turks) की संज्ञा दी गयी। युवा तुर्क का आशय ऐसे सांसदों से है जो वामपंथी विचाराधारा और त्वरित आर्थिक परिवर्तन के मुद्दों में विश्वास व्यक्त करते हैं। कांग्रेस विभाजन के बाद इस वामपंथी गुट द्वारा कई राजनीतिक–आर्थिक विषयों को प्रभावित किया गया। ये गुटें सरकार की पूंजीवादी समर्थक नीतियों की कटु आलोचनाएं करती हैं और समाजवादी कार्यक्रमों के कार्यान्वयन पर अत्यधिक बल देती है। भारतीय संविधान के 24वें, 25वें, और 26वें संशोधनों पर इस राजनीतिक दबाव गुट की मांग का प्रभाव स्पष्ट रूप से दिखाई देता है। कांग्रेस विभाजन के पश्चात् इंदिरा सरकार द्वारा लिए गये कई क्रान्तिकारी निर्णयों, मसलन–बैंकों का राष्ट्रीयकरण, सामान्य बीमे का राष्ट्रीयकरण, नरेशों के शाही विशेषाधिकार एवं शाही थैली का उन्मूलन, शहरी सम्पत्ति का निर्धारण, जोत की सीमा का निर्धारण तथा गेहूँ के व्यापार का राष्ट्रीयकरण, आदि को वामपंथी गुट के राजनीतिक प्रभाव का परिणाम कहा जा सकता है।

उपर्युक्त राजनीतिक तथ्य इस बात का प्रमाण है कि भारतीय राजनीति के संचालन में असमुदायात्मक दबाव समूहों की भूमिका भी काफी प्रभावशाली रही है। उन्होंने अपनी गतिविधियों से सरकारी नीतियों निर्णयों तथा बड़े–बड़े सरकारी मसलों को न सिर्फ प्रभावित किया है बल्कि कभी–कभी अपने मजबूत स्टैण्ड की वजह से सरकारी नीतियों–निर्णयों में आमूलचूल परिवर्तन कराने में भी महत्त्व भूमिका निभाई है।

4. प्रदर्शनकारी दबाव समूहों का आविर्भाव विकासशील राजनीतिक व्यवस्थाओं की परिस्थितिजन्य विशेषताएं हैं। भारतीय राजनीति में भी इन दबाव गुटों का ख़ास महत्त्व है। प्रदर्शनकारी दबाव समूह की कोटि में उन गुटों को रखा जाता है जो अपनी मांगों को मनवाने के लिए अवैधानिक उपायों का इस्तेमाल करते हुए प्रदर्शन, बन्द, दंगा–फसाद, हिंसा–हत्या व राजनीतिक हत्याएं जैसी आक्रामक गतिविधियों को अंजाम देते हैं। प्रदर्शनकारी दबाव समूह विरोध प्रदर्शन के लिए प्रत्यक्ष कार्यवाही के रूप में जिन गतिविधियों को अंजाम देते हैं, उनमें प्रमुख हैं–जनसभाएं, प्रदर्शन, धरना, बन्द का आह्वान करना, सार्वजनिक सम्पत्ति को हानि पहुंचाना, आवागमन अवरुद्ध करना, सरकार को घेरना, अग्निदाह करना, सत्याग्रह एवं अनशन करना। इन दबाव समूहों द्वारा सामाजिक, राजनीतिक, आर्थिक, सांस्कृतिक मुद्दों–समस्याओं पर केवल असंतोष व्यक्त करने की भूमिका ही नहीं निभाई जाती है, बल्कि व्यवस्था–संचालन में निवेश–निर्गत तत्त्वों को भी प्रभावित करने का भरपूर प्रयास किया जाता है। कभी–कभी ये समूह अपनी आक्रमणशील लड़ाकू भूमिकाओं की वजह से किसी नीति विशेष में बदलाव लाने के लिए सरकार को मजबूर कर देते हैं।

   भारतीय राजनीति में प्रदर्शनकारी दबाव समूहों के आविर्भाव की मूल वजह सरकार का लोगों की अपेक्षाओं पर खरा नहीं उतरना है तथा उनकी न्यायसंगत मांगों की ओर ध्यान नहीं देना है। आजादी के बाद भारत सरकार द्वारा लिए गये कई महत्त्वपूर्ण राजनीतिक निर्णयों पर प्रदर्शनकारी दबाव समूह का प्रबल प्रभाव पड़ा है। मद्रास, बम्बई एवं पंजाब का विभाजन तथा पूर्वांचल में नये राज्यों का निर्माण में इन गुटों की भूमिका काफी अहम् रही है। सरकार की गोबध नीति के विरोध में साधुओं का अनशन तथा हिन्दी भाषा के समर्थकों द्वारा अंग्रेजी के विरोध में किया जाने वाला सत्याग्रह, इसी गुट की गतिविधियों का हिस्सा है। बंगाल में नक्सलवादी समूह का उदय हुआ और उसके द्वारा अपनायी गयी हिंसात्मक गतिविधियों द्वारा सरकार का ध्यान भूमि सुधार, भूमि का न्यायोचित वितरण तथा भू–श्रमिकों की दैनिक मजदूरी बढ़ाने की ओर आकर्षित कराया गया। वर्तमान राजनीतिक परिप्रेक्ष्य में देश के प्रमुख प्रदर्शनकारी दबाव समूहों में जम्मू एण्ड कश्मीर लिबरेशन फ्रंट, खालिस्तान कमांडो फोर्स, बब्बर खालसा, सिख स्टूडेन्ट्स फेडरेशन (पंजाब), उल्फा (असम) आदि प्रमुख हैं। इसके अतिरिक्त, अलग–अलग नामों से कई नक्सलवादी आतंकवादी समूह अपनी हिंसात्मक गतिविधियों को अंजाम देकर प्रशासन एवं समाज दोनों के लिए आये दिन मुश्किलें पैदा कर रहे हैं।

भारतीय दबाव समूहों की विशेषताएं
(Special Features of Indian Pressure Groups)

प्रो. माइरन वीनर की कृति 'Politics of Scarcity, 1962' भारतीय दबाव समूहों की राजनीति का विश्लेषणपरक अध्ययन प्रस्तुत करने वाली पहली रचना मानी गयी है। वीनर के पश्चात् स्टेनली कोचनीक की रचना 'Business and Politics in India' प्रकाशित हुई, जिसमें भारतीय राजनीति के परिप्रेक्ष्य में दबाव समूहों की भूमिका का सूक्ष्म अध्ययन, विश्लेषण प्रस्तुत किया गया है। वीनर तथा कोचनीक द्वारा प्रस्तुत तथ्यों एवं निष्कर्षों के आधार पर भारतीय दबाव समूहों व हित समूहों की निम्नांकित विशेषताएं प्रमुख हैं:

1. भारत की सक्रिय राजनीति में परम्परागत दबाव समूहों, जैसे कि जाति, धर्म, वर्ग, समुदाय, साम्प्रदायिक एवं क्षेत्रीय दबाव समूह राजनीतिक क्रियाओं के संचालन में आधारीय भूमिका निभाते हैं। वर्तमान परिप्रेक्ष्य में चुनावी राजनीति की दृष्टि से जातीय दबाव समूह वोट बैंक के निर्माण एवं मतप्रबंधन कार्य में तात्त्विक भूमिका निभाते हैं।
2. यहां के अधिकांश समुदायात्मक श्रमिक दबाव समूहों की सम्बद्धता राजनीति दलों से है। अधिकांश समूहों का नेतृत्व राजनीतिक दलों के नेताओं के हाथों में होता है, लेकिन व्यावसायिक घरानों से संबद्ध हित

समूहों की गतिविधियों एवं नेतृत्व राजनीतिक दलों के नियंत्रण से स्वतंत्र होती हैं। इनकी तुलना पश्चिमी देशों में मौजूद दबाव समूहों से की जा सकती है।

3. आजादी के उपरान्त जब तक केन्द्र एवं राज्यों में शक्तिशाली राजनीतिक नेतृत्व कायम रहा, यानी कि केन्द्र एवं राज्य सरकारों पर कांग्रेस पार्टी का एकाधिकार बना रहा तब तक सार्वजनिक नीतियों के निर्माण में दबाव समूहों की भूमिका सीमित रही, लेकिन जैसे–जैसे देश की राजनीति में केन्द्रीय एवं राज्य स्तर पर एकदलीय नेतृत्व का ह्रास होता गया और शासन पर कांग्रेस का एकाधिकार समाप्त होता गया वैस–वैसे सक्रिय राजनीति में दबाव समूहों का प्रभाव और हस्तक्षेप बढ़ता गया। वर्तमान राजनीतिक परिदृश्य में कई दबाव समूह अपने हितों से संबंद्ध नीतियों के निर्माण में सरकार को सकारात्मक सहयोग दे रहे हैं।

4. विगत दो दशकों में जबसे गठबंधन की राजनीति का प्रबल दौर आंरभ हुआ है और केन्द्र तथा राज्यों में गठबंधन सरकारें अस्तित्व प्राप्त कर रही हैं, तबसे केन्द्रीय सरकार की नीतियों व निर्णयों पर राज्य सरकारों के परिस्थितिजन्य दृष्टिकोण का स्पष्ट प्रभाव एवं दबाव देखा जा सकता है। आज विभिन्न राज्यों के बीच चाहे सीमा विवाद हो, नदी–पानी विवाद हो या नक्सलवादी गतिविधियों से संबंधित विवाद का मामला हो इसके समाधान की दिशा में केन्द्रीय सरकार द्वारा उठाये जाने वाले कदमों पर संबद्ध राज्यों का भारी दबाव रहता है। केन्द्र पर दबाव बनाने के लिए राज्यों द्वारा प्रदर्शन, रैलियां या बन्द का आयोजन करके केन्द्रीय सरकार का ध्यान अपनी ओर आकृष्ट कराया जाता है। कभी–कभी तो संबद्ध राज्यों में विरोध–प्रदर्शन की गतिविधियां हिंसात्मक रूप धारण कर लेती है, इससे केन्द्रीय सरकार की नीति, निर्णय, निर्धारण प्रक्रिया पर भारी दबाव बना रहता है। उदाहरणार्थ, कावेरी जल विवाद पर कर्नाटक और तमिलनाडु की राज्य सरकारों द्वारा निभाई जाने वाली भमिकाओं को इस कोटि में रखा जा सकता है।

5. जब राज्यों में गैर कांग्रेसी संविद सरकारों का युग आरंभ हुआ, तो उन्होंने अपनी मांगो को प्रमुखता से उठाने और केन्द्रीय सरकार की नीतियों का विरोध करने के लिए अपने–अपने राज्य में शक्तिशाली मौजूदा दबाव समूहों को अभिप्रेरित किया। इन राज्य सरकारों द्वारा कई मुद्दों पर केन्द्रीय सरकार की नीतियों के विरुद्ध गंभीर आन्दोलन भी चलाया गया है। इस तरह गैर कांग्रेसी राज्य सरकारों द्वारा केन्द्रीय शासन के विरुद्ध एक मजबूत दबाव समूह के रूप में विरोध की गतिविविधयों को अंजाम दिया गया।

6. विभिन्न राजनीतिक दलों में मौजूद, संस्थागत दबाव समूह दलीय नीतियों, निर्णयों को प्रभावित करने में अहम भूमिका निभाते हैं।

7. समुदायात्मक, असमुदायात्मक एवं प्रदर्शनकारी दबाव समूह अपनी मांग मनवाने तथा केन्द्रीय एवं राज्य सरकार की नीतियों को प्रभावित करने के लिए प्रदर्शन धरना, आन्दोलन, रैली, हड़ताल, बन्द, तोड़–फोड़, हिंसा आदि साधनों का प्रयोग करते हैं और सरकार पर परिस्थिति आधारित दबाव बनाकर अपना हितसंवर्द्धन एवं हितपोषण करने का गंभीर प्रयास करते हैं।

8. भारतीय राजनीतिक पटल पर असमुदायात्मक दबाव समूह सबसे ज्यादा, प्रभावशाली भूमिकाएं निष्पादित करता है, इसमें जातीय समूहों की भूमिका सर्वाधिक प्रमुख है। इसके साथ–ही समय–समय पर धार्मिक, सामुदायिक एवं भाषागत समुदाय भी देश की सक्रिय राजनीति को गंभीर स्तर पर प्रभावित करके अपनी दमदार उपस्थिति दर्ज कराते रहते हैं।

9. भारत में अस्तित्व रखने वाले परम्परावादी दबाव समूह अपने हितों की अभिव्यक्ति व अभिवृद्धि के लिए चुनावी राजनीति और राजनीतिक दलों को माध्यम बनाते हैं, जबकि आधुनिक दबाव समूह अपने हित

से संबंधित नये शोधों से मंत्रिमंडल तथा नौकरशाही को प्रभावित करके अपना हितवर्द्धन करना चाहते हैं।

निष्कर्ष (Conclusion)–देश की सक्रिय राजनीति में दबाव समूहों की राजनीतिक भूमिका पिछले कुछ वर्षों से राजनीति विश्लेषकों के बीच गंभीर वाद–विवाद का विषय रही है। समीक्षकों की दृष्टि में दबाव समूहों की भूमिकाएं भारतीय लोकतंत्र के सफल संचालन के मार्ग में गतिरोध पैदा कर रही हैं। इनका मानना है कि ये समूह अपने स्वार्थी हितों की पूर्ति के लिए अवैधानिक तरीकों का प्रयोग करते हैं, जिसकी वजह से सार्वजनिक जीवन में भ्रष्टाचार, घूसखोरी, बेईमानी काफी हद तक बढ़ी है। दबाव समूहों की कार्यशैली गुप्त होती है और वे गुप्त तरीके से ही नीति निर्माताओं एवं अधिकारियों से विचार–विमर्श करते हैं। कभी–कभी इनके द्वारा अधिकारियों को रिश्वत देकर भी अपनी स्वार्थ सिद्धि की जाती है। दबाव समूहों द्वारा अपनी निभायी जाने वाली भूमिकाओं की सफलता उनकी गतिविधियों के सफल संचालन, गतिविधियों के लिए अपनाई जाने वाली तकनीकों तथा उनके वितीय साधनों की सम्पन्नता पर निर्भर है।

आलोचकों का यह कहना है कि प्रदर्शनकारी तथा समुदायात्मक एवं असमुदायात्मक दबाव गुटों द्वारा समय–समय पर अपनाई जाने वाली हिंसात्मक गतिविधियों व जनआन्दोलनों से देश या राज्य में अराजकता की स्थितियां पैदा होती हैं। श्रमिक संगठनों तथा सरकारी कर्मचारियों के दबाव गुटों द्वारा भी सत्ता के विरोध में प्रदर्शन, हड़ताल, धरना, रैली का आयोजन समय–समय पर किया जाता रहा है।

वस्तुतः, दबाव समूहों को आज लोकतांत्रिक व्यवस्था एवं प्रक्रियाओं का अभिन्न हिस्सा के रूप में स्वीकार्यता मिल चुकी है। व्यवस्था–संचालन में सभी वर्गों को उचित प्रतिनिधित्व मिले और सभी समुदायों व समूहों का हितवर्द्धन संभव हो सके तथा समाज में सभी लोगों की जरूरतों की ओर सरकार का ध्यान आकर्षित कराया जा सके, इस दृष्टि से राजनीतिक व्यवस्था में दबाव समूहों की विद्यमानता अत्यावश्यक है। जरूरत इस बात की है कि दबाव समूहों का उद्देश्य, लक्ष्य एवं गतिविधियां स्वहित के बजाय सार्वजनिक हित से जुड़ी हों। वे सार्वजनिक जीवन की समुन्नति हेतु अपनी गतिविधियां संचालित करें तथा राष्ट्रहित का लक्ष्य लेकर आगे क़दम बढ़ाये। इसके लिए यह आवश्यक है कि दबाव समूहों–हित समूहों द्वारा नीति–निर्णय–निर्माण–प्रक्रिया से संबद्ध विभिन्न स्तरों पर शासन को परामर्श देने एवं प्रभावित करने की भूमिका निभाई जाय। संक्षेप में, यह कहा जा सकता है कि अन्य लोकतांत्रिक व्यवस्थाओं की भांति भारतीय राजव्यवस्था में भी दबावगुटों की मौजूदगी को आवश्यक इकाई के रूप में स्वीकारा जाने लगा है। ये लोकतांत्रिक प्रक्रियाओं के संचालन में राजनीतिक दल, सरकार एवं अवाम के बीच कड़ी का कार्य करते हैं।

स्मरणीय संकेत (Points to Remember)

- दबाव समूह एवं हित समूह ऐसे लोगों का औपचारिक संगठन है जो अपने हित संवृद्धि का लक्ष्य साथ लेकर अपनी गतिविधियों को अंजाम देते हैं और अपनी हित अभिव्यक्ति द्वारा राजनीतिक दल और शासन के मध्य संपर्क–सूत्र की भूमिका निभाते हैं।
- दबाव समूह, हित समूह समाज के विविध हितों का प्रतिनिधित्व करने वाला ऐसा संगठन है जो अपने सदस्यों के हितवर्द्धन हितपोषण हेतु सार्वजनिक नीतियों को प्रभावित करने का भरपूर प्रयास करते हैं।
- दबाव समूहों एवं हित समूहों की भूमिकाएं हमेशा विशिष्टतासूचक होती है। ये चुनाव में अपना उम्मीदवार खड़ा नहीं करते हैं, बल्कि चुनाव में किसी दलीय प्रत्याशी को अपना समर्थन प्रदान करके उसे चुनाव जिताने में मददगार बनते हैं, ताकि भविष्य में अपने हितवर्द्धन के लिए ये उस सांसद या विधायक का इस्तेमाल कर सकें।
- हित समूह और दबाव समूह में अन्तर है। हित समूह के दायरे में सभी प्रकार के संगठनों को शामिल किया जाता है, लेकिन जब कोई हित समूह अत्यधिक सक्रिय होकर अन्य समूहों की अपेक्षा अपने

हितों की अभिवृद्धि के लिए सरकार पर विशेष दबाव बनाता है, तो उसे दबाव समूह का नाम दिया जाता है।

- दबाव समूह और हित समूह की प्रकृति में कोई बुनियादी अन्तर नहीं है। दोनों समूहों का एक स्पष्ट विशिष्ट लक्ष्य होता है और दोनों उस लक्ष्य की प्राप्ति हेतु गंभीर रूप से प्रयत्नशील होते हैं।
- पी.एन. मसालदान ने दबाव समूह तथा हित समूह में मौजूद अन्तर को अपने तीन तर्कों द्वारा स्पष्ट किया है: (1) कार्यशैली में प्रयोग किये जाने वाले साधनों की दृष्टि से, (2) हित–सिद्धि हेतु प्रभावित किये जाने वाले उद्देश्य की दृष्टि से, और (3) दोनों की प्रकृति के बीच पाये जाने वाले अन्तर की दृष्टि से।
- दबाव समूहों द्वारा सार्वजनिक नीतियों–निर्णयों को प्रभावित करने के लिए कई प्रकार की तकनीकों का प्रयोग किया जाता है।
- दबाव समूहों द्वारा संचालित गतिविधियों के अन्तर्गत एक विशेष प्रकार की गतिविधियों में संलग्न व्यक्तियों के समूह को लॉबी की संज्ञा दी जाती है।
- राजनीतिक दलों का बुनियादी लक्ष्य सत्ता–प्राप्ति है इसलिए व्यवस्था की सक्रिय राजनीति से इनका प्रत्यक्ष सरोकार होता है; जबकि दबाव समूहों का व्यवस्था की सक्रिय राजनीति से सीधा संबंध नहीं होता है, क्योंकि इनका लक्ष्य सत्ता–प्राप्ति नहीं होता है।
- दबाव समूहों के कुछ विशिष्ट लक्षण हैं, जिनके आधार पर उन्हें अन्य संगठनों से पृथक् किया जाता है, वे हैं–औपचारिक या अर्द्ध औपचारिक संगठन, सीमित उद्देश्य, सुनिश्चित स्वहित, सर्वव्यापी अस्तित्व, ऐच्छिक सदस्यता, राजनीति और प्रशासन में परोक्ष भूमिका, अनिश्चित कार्यकाल, संवैधानिक तथा असंवैधानिक साधनों का प्रयोग।
- दबाव समूहों का वर्गीकरण जिन आधारों पर किया जाता है उनमें प्रमुख हैं–दबाव समूहों का लक्ष्य, संगठन की प्रकृति, अस्तित्व की अवधि, कार्यक्षेत्र तथा निर्माण के प्रेरकतत्त्व।
- दबाव समूहों का वर्गीकरण प्रस्तुत करने में जिन विद्वानों का उल्लेखनीय योगदान है उनमें ब्लोण्डेल, आल्मंड तथा रॉबर्ट सी. बोन के नाम प्रमुख है।
- अपनी कार्यप्रणाली को अंजाम देने के लिए इनके द्वारा जिन विधाओं का प्रयोग किया जाता है उनमें लॉबिंग, प्रचार–प्रसार के साधनों का प्रयोग करना, गोष्ठियां आयोजित करना, आँकड़े प्रकाशित करना, सांसदों–विधायकों की उम्मीदवारी में हस्तक्षेप करना, हितरक्षण के लिए रिश्वत या अन्य उपायों का प्रयोग करना तथा न्यायालय की शरण में जाना प्रमुख हैं।
- एलेनबाल ने दबाव समूह की राजनीति के तीन निर्धारकों का उल्लेख किया है–राजनीतिक संस्थागत संरचना, दलीय व्यवस्था का स्वरूप तथा राजनीतिक संस्कृति।
- एक्सटीन ने निर्धारण से संबंधित तीन आयामों का उल्लेख किया है–सरकार की नीति–निर्णय प्रक्रिया की संरचना, सरकार की नीतियां और गतिविधियां तथा दबाव समूहों के प्रति सरकार का रवैया।
- एक्सटीन ने दबाव समूहों की राजनीति के क्षेत्र और तीव्रता के निर्धारण के लिए जिन तत्त्वों का उल्लेख किया है, उनमें दलीय पद्धति का स्वरूप, राजनीतिक संचारण का अभाव, सरकार की नीतियां, विशेष कार्यक्रम तथा गन्तव्य, सरकार का रवैया, राजनीतिक संस्थागत संरचना, व्यवस्था में दबाव समूहों की मांगों को पूरा करने की क्षमता।
- एक्सटीन ने दबाव समूहों की राजनीति की प्रभावशीलता के तीन निर्धारकों का उल्लेख किया है दबाव समूहों के स्वयं का लक्षण सरकार की गतिविधियों का लक्षण तथा सरकारी निर्णय लेने वाली संरचनाओं का लक्षण।

- दबाव समूहों की क्रियात्मकता के स्तर–कार्यपालिका के स्तर पर, विधायिका के स्तर पर, न्यायपालिका के स्तर पर, प्रशासनिक स्तर पर, राजनीतिक दलों के स्तर पर, निर्वाचन के स्तर पर, मतदाताओं के स्तर पर।
- लोकतांत्रिक प्रक्रियाओं के मद्देनजर अपनी उपयोगिता एवं महत्त्व के बल पर दबाव समूहों द्वारा शासन व्यवस्था के संचालन में अपरिहार्य तत्त्व की स्थिति प्राप्त कर ली गयी है।
- आंग्ल–अमेरिकी व्यवस्था में दबाव समूह विशिष्ट प्रतिमान के रूप में स्थापित होकर राजनीतिक गतिविधियों का संचालन कर रहे हैं। संघटित महाद्वीपीय व्यवस्था में दबाव समूहों की प्रकृति तथा राजनीतिक गतिविधियां विशेष प्रकार की होती है। यहां दबाव समूहों का आकार बड़ा और प्रकृति परिस्थिति के अनुरूप होती है।
- खण्डित महाद्वीपीय यूरोपीय व्यवस्था में दबाव समूहों की मिश्रित प्रकृति होती है। इन व्यवस्थाओं में इन समूहों की कार्यशैली संयोजक के बजाय विनाशक की होती है, इसलिए ये राजनीतिक प्रक्रियाओं का स्वाभाविक हिस्सा नहीं बन पाते हैं।
- विकासशील व्यवस्थाओं में विखण्डित राजनीतिक संस्कृति की उपस्थिति तथा अनेक उपसंस्कृतियों की मौजूदगी एवं उनके बीच निरन्तर चलने वाले संघर्ष की वजह से दबाव समूहों तथा हित समूहों के स्वरूप के विकास में कई रुकावटें आती हैं।
- सर्वाधिकारवादी व्यवस्थाओं में स्वायत्त दबाव समूहों के आविर्भाव एवं विकास की अनुमति नहीं होती है।
- भारतीय दबाव समूहों को चार कोटियों में बांटा जाता है–संस्थानात्मक दबाव समूह, समुदायात्मक दबाव समूह, असमुदायात्मक दबाव समूह तथा प्रदर्शनकारी दबाव समूह।
- भारतीय राजव्यवस्था में दबाव समूहों की मौजूदगी को लोकतांत्रिक प्रक्रियाओं की आवश्यक इकाई के रूप में स्वीकार्यता मिल चुकी है।

प्रश्न (Questions)

1. दबाव समूह से आप क्या समझते हैं ? आधुनिक राजनीतिक व्यवस्था में दबाव समूहों के महत्त्व पर प्रकाश डालें।

   What do you mean by pressure groups? Discuss the importance of pressure groups in modern political system.
2. दबाव समूहों की परिभाषा दें तथा उनकी विशेषताओं का उल्लेख करें।

   Define pressure groups and discuss their main features.
3. दबाव समूहों द्वारा अपनाई जाने वाली मुख्य विधाओं की विवेचना करें।

   Discuss the main techniques adopted by the pressure groups.
4. भारत में दबाव समूहों की भूमिका की विवेचना कीजिए।

   Discuss the role of pressure groups in India.
5. भारत में प्रचलित दबाव समूहों के विभिन्न प्रकारों का वर्णन करें।

   Describe the main types of pressure groups found in India.

अध्याय 23

जनमत
(Public Opinion)

परिचय (Introduction)

जनमत या लोकमत जनता की राजनीतिक इच्छा का दूसरा नाम है। जनमत सभी लोकतांत्रिक सरकारों की उत्तरजीविता (Survival) का प्राणाधार (Necessary to the Continuance of Life) तत्त्व है, जो व्यवस्था को सक्रियता, ओजस्विता, लोकप्रियता, सातत्य एवं स्थायित्व प्रदान करता है। यह लोकतांत्रिक सरकारों को समाजोन्मुखी बनाता है। लोकतांत्रिक व्यवस्थाओं के लिए जनमत प्राणवायु है जो लोकतांत्रिक सरकारों की लोकप्रियता, निरन्तरता तथा स्थायित्व का मर्मतत्त्व है। जनमत को सरकार की चालक शक्ति कहा गया है। लोकतंत्र का मूलाधार तत्त्व जनसंप्रभुता है, जिसका तात्त्विक अर्थ है जनप्रतिनिधि सरकार के निर्माण की शक्ति जनता के हाथों में निहित होना है। जनसंप्रभुता और जनमत दोनों अन्योन्याश्रयी है जिनका इस्तेमाल करके जनसाधारण अपनी इच्छानुरूप जनप्रतिनिधियों का चयन करती है। चुनाव परिणाम के रूप में मतपेटियों से जो जनादेश बाहर आता है, उसका आधारतत्त्व जनमत और जनसंप्रभुता की शक्ति है। जनमत का सीधा सरोकार जनता से है, इसलिए इसकी अवहेलना करके कोई भी जनप्रतिनिधिक सरकार अपना अस्तित्व कायम नहीं रख सकती है। लोकतांत्रिक सरकारों के गठन का आधार माध्यम जनमत होता है। वस्तुतः, जनतांत्रिक सरकारों की बुनियाद है जनमत और यही इनके जीवित रहने के लिए ऑक्सीजन भी है।

अर्थ एवं परिभाषाएं (Meaning and Definitions)

डेविड ह्यूम ने अपनी रचना 'The First Principles of Government' में कहा है कि ''सभी सरकारें चाहें वे कितनी ही दूषित क्यों न हों, अपनी शक्ति के लिए जनमत पर निर्भर करती है।'' (All governments, however bad, depend for their authority on public opinion—David Hume)।

जनमत अंग्रेजी भाषा के 'पब्लिक ओपीनियन' (Public Opinion) शब्द का हिन्दी अनुवाद है। इस शब्द के निर्माण में दो शब्दों 'पब्लिक और ओपीनियन' का योग है, जिसका अर्थ क्रमशः 'जनता' और 'मत' है। शाब्दिक तौर पर जनमत का अर्थ है 'जनता का मत' या दृष्टिकोण। साधारण बोलचाल की भाषा में जनता के सामूहिक मत को जनमत की संज्ञा दी जाती है। लेकिन, जनता के सभी प्रकार के मतों को जनमत के दायरे में नहीं रखा जा सकता है। सभी समाज के सदस्यों के स्वभाव, विचार, दृष्टिकोण, शिक्षा, रहन–सहन के स्तर, आदि में समानता नहीं होती है, इसलिए एक ही मुद्दे पर सदस्यों के मतों में काफी भिन्नताएं पायी जाती हैं। एक ही प्रसंग या मुद्दे पर कुछ सदस्यों द्वारा मताभिव्यक्ति व्यक्तिगत दृष्टिकोण के आधार पर की जाती है, तो कुछ सदस्य धार्मिक, साम्प्रदायिक, आर्थिक व सामाजिक दृष्टिकोण को आधार बनाकर अपना मत अभिव्यक्त करते हैं। कुछ लोगों का मानना है कि बहुसंख्यक जनता का मत ही जनमत है। लेकिन, जनमत का यह अर्थ निकालना एक बड़ी भूल है। किसी भी समाज में बहुसंख्यक मत अन्यायपूर्ण या अल्पसंख्यक विरोधी भी हो सकता है, इसलिए बहुमत को जनमत की संज्ञा नहीं दी जा सकती है।

यहां रॉशेक (Roucek) का कथन काफी हद तक सही है, इनके शब्दों में, ''जनमत एक ऐसा शब्द है जिसकी परिभाषा देने के बजाय इसका अध्ययन होना चाहिए।'' कैरोल (Karol) का भी यह मानना है कि ''जनमत एक ऐसा शब्द है जो परिभाषा से परे है।'' (The word public opinion is beyond definition)।

जनमत को सामान्य तौर पर जनइच्छा (Will of the People) मानने से न तो विषय का अर्थ पूरी तरह स्पष्ट होता है और न ही इसकी प्रकृति के संबंध में कोई स्पष्ट जानकारी मिल पाती है। अनेकानेक राजनीतिशास्त्रवेत्ताओं द्वारा अपने-अपने ढंग से इसका अर्थ स्पष्ट करने का प्रयास किया गया है। कुछ विद्वज्जनों की दृष्टि में चुनाव से संबंधित गतिविधियों, प्रश्नों एवं चुनाव परिणामों के रूप में जनता के विचारों व मतों की प्रत्यक्ष अभिव्यक्ति ही जनमत है। कुछ विद्वानों का मानना है कि व्यवस्था के नागरिकों का अपने निर्वाचित प्रतिनिधियों के साथ संप्रेषणीयता से जो उत्पन्न होता है, वही जनमत है। रूसो जैसे नामचीन राजनीतिशास्त्री की दृष्टि में 'जनमत एक रहस्यमय शक्ति है। इन्होंने जनमत को सामान्य इच्छा अवधारणा (Concept of General Will) के साथ जोड़ कर इसे सभी प्रकार की अच्छी या बुरी इच्छाओं के समर्थन का आधारतत्त्व बताया है।

वाल्टर लिपमान (Walter Lippmann) ने अपनी प्रसिद्ध रचना 'Public Opinion, 1944' में अनुभवातीत तथ्य (Transcendental Phenomenon) के रूप में जनमत का अर्थ स्पष्ट करने का प्रयास किया है। इन्होंने प्रसंग को स्वयं की अनुभूति व जीवन के स्तर को जनता के व्यक्तिगत विचारों से संबद्ध करके देखने का प्रयास किया है जिसकी वजह से जनमत को व्यावहारिक अर्थ मिला है। जेम्स ब्राइस (James Bryce) ने अपनी प्रसिद्ध पुस्तक 'Modern Democracies, 1924' में जनमत का अर्थ स्पष्ट करते हुए कहा है कि ''समाज पर प्रभाव डालने वाले या समाज के हितों से संबंधित सवालों के संबंघ में लोगों की जो धारणाएं होती है सामान्यतया उनके योग के अर्थ में जनमत शब्द का प्रयोग किया जाता है।'' ब्राइस द्वारा अभिव्यक्त इस दृष्टिकोण के आधार पर जनमत के दायरे में लोगों की समस्त धारणाएं, कल्पनाएं, आकांक्षाएं, विचारों, विश्वासों का समावेश होता है। ब्राइस ने जनमत की उत्पत्ति के आधार पर इसके अर्थ के स्पष्टीकरण का गंभीर प्रयास किया है। इस संबंध में ब्राइस ने कहा है कि समाज के हितों से संबंधित विषयों पर सदस्यों के कुछ विचार या दृष्टिकोण होते हैं। प्राथमिक स्तर पर वे विचार असंगठित और अस्पष्ट होते हैं। विषय के संबंध में पूरी जानकारी नहीं होने की वजह इस स्तर पर जनता के विचारों में काफी अस्थिरता भी रहती है। ज्यों–ज्यों विषय के प्रति जागरूकता बढ़ती जाती है, जनता के विचारों में परिवर्तन होता जाता है। कुछ समय पश्चात् कुछ समस्याएं लोगों को अपनी ओर आकर्षित करती हैं। उससे संबंधित आरंभिक दौर के अस्थिर और अस्पष्ट विचारा आगे चलकर निश्चित और परिपक्व रूप धारण कर लेते हैं। जनता द्वारा अभिव्यक्त ऐसे विचारों का निश्चित रूप यदि बहुमत द्वारा निर्धारित किया गया हो, तो उसे जनमत कहते हैं। जनमत की सुनिश्चित और सुस्पष्ट परिभाषा देने में पूरी तरह समर्थ नहीं होने की वजह से ब्राइस ने सार्वजनिक हित साधना को माध्यम बनाकर जनमत के अर्थ–स्पष्टीकरण की कोशिश की है। लेविस ने भी बहुमत को जनमत कहा है।

जनमत के अर्थ के संबंध में लावेल का विचार लेविस के मत से अलग है। इनकी दृष्टि में लोकमत कहलाने के लिए उसका सिर्फ बहुमत होना ही काफी नहीं। लावेल (Lowell) ने अपनी रचना 'Public Opinion and Popular Government, 1961' में कहा है कि ''जनमत विवेक और निःस्वार्थ भावना पर आधारित वह विचार है जिसका लक्ष्य जाति या वर्ग विशेष का हित न होकर, सम्पूर्ण समाज का हित होता है।'' लेकिन, ब्राइस, लेविस एवं लावेल ने जनमत के अर्थ स्पष्टीकरण के लिए जो आधार प्रस्तुत किया है, उससे लोकमत का सही अर्थ स्पष्ट नहीं होता है।

जिन्सवर्ग (Ginsberg) ने अपनी पुस्तक 'The Psychology of Society, 1964' में स्थायित्व और सामाजिकता के साथ जनमत का संबंध जोड़ते हुए विषय को परिभाषित करने का प्रयास किया है। इनके शब्दों में, ''जनमत का अभिप्राय समाज में प्रचलित उन विचारों और निर्णयों के समूह से होता है, जो लगभग निश्चित रूप में प्रतिपादित होते हैं, जिनमें स्थिरता होती है और जिनको स्वीकार करने वाले लोग उनको इस अर्थ में सामाजिक मानते हैं कि वे समाज के रहने वाले अनेक लोगों के मस्तिष्कों द्वारा समान रूप से विचार किये जाने का परिणाम हैं।'' (Public opinion is thus meant the mass of ideas and judgements operative in a community which are more or less definitely formulated and have a certain stability and are felt by the people who entertain or hold them to be social in the sense that they are built of many minds acting in common—Ginsberg).

लार्ड ब्राइस के शब्दों में, ''जनमत का प्रयोग सामान्यतः सार्वजनिक हितों से संबंधित विषयों पर लोगों के एकत्रित विचारों को सूचित करने के लिए किया जाता है।'' (Public opinion is the aggregate of the views, men hold regarding matters that affect the interest of the community—Lord Bryee).

वाल्टर लिपमैन के शब्दों में, ''जनमत लोगों के मस्तिष्क की वे धारणाएं हैं जो वे अपने बारे में, दूसरों के बारे में तथा अपनी जरूरतों, उद्देश्यों एवं संबंधों के बारे में रखता है।'' (The ideas inside the heads of human beings, the idea of themselves, of others, of their needs, purposes and relationships are their public opinion—Walter Lippmann).

सोल्टाऊ के शब्दों में, ''इस शब्द का प्रयोग साधारणतया उन विचारों एवं इच्छाओं के संबंध में किया जाता है जो जनता अपने सामान्य जीवन के संबंध में रखती है।'' (The term is usually applied to what people think and what they desire for their common life—Soltau).

कैरोल के शब्दों में, ''व्यवहार में जनमत का प्रयोग सामान्य जनता की मिश्रित प्रतिक्रिया के रूप में किया जाता है।'' (In its common use it, (public opinion) refers to the composite reaction of the general public—Carroll).

विलोबी के शब्दों में, ''जितने ही अधिक लोगों द्वारा कोई मत ग्रहण किया जायेगा, उतना ही अधिक वह सार्वजनीन होगा'' (The more generally an opinion is held the more public it can be said to be—Willoughby).

डूब के शब्दों में, ''जनमत का अर्थ है एक ही सामाजिक समूह के रूप में जनता का किसी प्रश्न या समस्या के प्रति विचार।'' (Public opinion refers to people's attitude on an issue when they are members of the same social group—Doob).

किंबाल यंग (Kimball Young) के शब्दों में, ''जनमत उन मतों से बनता है जो किसी एक निश्चित समय में जनता का मत होता है।''

कोरी और अब्राहम (Corry and Abraham) ने 'Elements of Democratic Government, 1958' में जनमत के अर्थ को अधिक गहराई से स्पष्ट करते हुए विषय को नकारात्मक एवं सकारात्मक दोनों ही दृष्टिकोणों से समझाने की कोशिश की है। इनका मानना है कि जनमत किसी भी रूप में अनिवार्यतः पूर्ण बहुमत की राय नहीं होती है, क्योंकि किसी भी विषय पर अनेक और भिन्न–भिन्न प्रकार के जनमत हो सकते हैं और यह मालूम करना

वास्तव में बहुत मुश्किल है कि एक सच्चे बहुमत की राय क्या है। इन्होंने भी लावेल की तरह जनमत को बहुमत का समानार्थी नहीं माना है। कोरी और अब्राहम ने जनमत के अर्थ की व्याख्या करते हुए कहा है कि "यदि हम 'जन' को 'मत' से पृथक् करें तो 'जन' का अभिप्राय ऐसे समूह से है जो किसी भी विशेष समस्या या विवाद पर अपना ध्यान केन्द्रित करता है और 'मत' उस विवाद विशेष पर लोगों की अभिवृत्ति की अभिव्यक्ति है।" इस प्रकार, इनकी दृष्टि में जनमत किसी समस्या विशेष पर व्यक्तियों द्वारा व्यक्त किये गये मतों का योग है। इसमें सिर्फ उन्हीं मतों को शामिल किया गया है जो किसी विशेष विवाद या स्थिति के संबंध में व्यवस्था के सदस्यों द्वारा व्यक्त किया जाता है, इसमें सभी मतों को शामिल नहीं किया गया है।

लावेल की दृष्टि में, "जनमत के लिए सिर्फ बहुमत ही पर्याप्त नहीं होता है और न ही सर्वसम्मति आवश्यक होती है। कोई भी मत तभी जनमत हो सकता है जिससे अल्पमत चाहे सहमत न भी हो, फिर भी भय के कारण नहीं, अपितु दृढ़ विश्वास के कारण उसे स्वीकार करता हो।" (In order that an opinion may be public a majority is not enough and unanimity is not required, but the opinion must be such that while the minority may not share it, they feel bound by conviction, not by fear, to accept it and if democracy is complete the submission of the minority must be given ungrudgingly—Lowell).

उपर्युक्त व्यक्त परिभाषाओं के आधार पर सरल शब्दों में जनमत का अर्थ है राजनीतिक व्यवस्था में उत्पन्न किसी विशेष समस्या या मुद्दे पर समाज के सदस्यों के विचारों या दृष्टिकोणों का ऐसा समुच्चय जो अपेक्षाकृत स्थायित्व, निश्चितता तथा स्पष्टता लिए हुए हो। यहां डॉ. बेनी प्रसाद की अभिव्यक्ति काफी प्रासंगिक है। इनके शब्दों में, "जनमत तभी उचित जनमत कहा जाता है, जब वह सम्पूर्ण समाज के कल्याण के लिए अभिप्रेरित करता है।" (Opinion may be regarded as truly public, when it is motivated by a regard for the welfare of the whole society—Dr. Beni Prasad).

सारांशतः, यह कहा जा सकता है कि सही अर्थों में विवेक और जनकल्याण पर आधारित मत को जनमत की कोटि में रखा जाता है। जनमत में सम्पूर्ण समाज का हित एवं विश्वास निहित होता है। यह किसी व्यक्ति विशेष या वर्ग विशेष का ध्यान न रखकर समस्त समाज के हित की कामना रखता है। वास्तविक जनमत हमेशा नैतिकता तथा न्याय पर आधारित होता है। इसकी प्रकृति विवेकसंगत और स्वार्थ रहित होती है। सही जनमत के अन्तर्गत अल्पसंख्यक और बहुसंख्यक दोनों वर्गों का हित समावेशित होता है। जनमत पर जनसाधारण की सहमति होती है। इस प्रकार, थोड़े शब्दों में जनमत विवेकसंगत एवं स्वार्थरहित मत का नाम है जो सदैव सार्वजनिक हित की कामना करता है और जिसपर जनसामान्य की स्वीकृति वांछनीय है।

जनमत की प्रकृति एवं विशेषताएं (Nature and Characteristics of Public Opinion)

ऊपर विवेचित जनमत के अर्थ एवं परिभाषाओं में ही विषय की प्रकृति एवं विशेषताओं की स्पष्ट झलक दिखाई देती है। जनमत का तर्कपूर्ण, विवेकसंगत और सार्वजनिक हितरक्षण से जुड़ा स्वरूप ही इसकी प्रकृति व विशेषताओं का द्योतक है। जनमत के संबंध में व्यक्त की गयी विविध परिभाषाओं के आधार पर इसकी प्रकृति की कुछ ख़ास विशेषताएं हैं जो निम्नांकित हैं :

1. जनमत का संबंध सदैव सार्वजनिक हित से होता है। किसी जाति या वर्ग विशेष के हितवर्द्धन से जुड़े मत को जनमत की कोटि में नहीं रखा जा सकता है।
2. जनमत की एक मुख्य विशेषता स्थायित्व है। तर्क और विवेक पर आधारित होने की वजह से यह मानवीय आवगों, भावनाओं पर आधारित मतों से भिन्न प्रकृति का होता है।
3. जनमत का मुख्य लक्षण जनकल्याण की भावना पर आधारित होना है। समाज की बदलती परिस्थितियां, आवश्यकताएं, आदर्श आदि के अनुरूप जनकल्याण का मानदण्ड भी समयानुरूप परिवर्तित होता रहता

है, इसके बावजूद यह स्थायित्व के लक्षण से युक्त होता है। यानी कि लोकमत की प्रकृति में जड़ता की अपेक्षा गत्यात्मकता का गुण समावेशित होता है, लेकिन उसमे स्थायित्व का लक्षण मौजूद होता है।

4. जनमत जनसाधारण के मतों का प्रतिनिधि होता है, समाज के किसी विशेष वर्ग, जाति धर्म, या व्यक्ति के मतों का प्रतिनिधि नहीं होता है।
5. जनमत किसी भी समाज की आधारीय व्यवस्था, आदर्श, नैतिकता, परम्परा आदि से अभिप्रेरित होता है, इसलिए वास्तविक अर्थों में सार्वजनिक हित की व्याख्या समाज की बुनियादी व्यवस्था के संदर्भ में ही की जा सकती है। इतिहास गवाह है कि जब–जब शासकों द्वारा समाज की मौलिक व्यवस्था पर चोट की गयी है, तब–तब निरंकुश शासकों को सत्ताच्युत करने के लिए जनआन्दोलन या क्रान्ति की शक्ल में जनमत द्वारा सत्ता–परिवर्तन या व्यवस्था–परिवर्तन में अहम् भूमिका निभाई गयी है।
6. जनमत को अल्पसंख्यकों का भी विश्वास प्राप्त होता है। अल्पसंख्यक इसे भय से नहीं, दृढ़ विश्वास से स्वीकार करते हैं।

उपर्युक्त तथ्यों के आधार पर यह स्पष्ट होता है कि जनमत किसी भी व्यवस्था में जनसाधारण का ऐसा मत है जिसमें स्थायित्व होता है और जो विवेकसंगत तथा सार्वजनिक हितवर्द्धन–पोषण के लक्षण से युक्त होकर अपने समाज के आदर्शों एवं मूल्यों की रक्षा करता है।

महत्त्व (Importance)

जनमत लोकतांत्रिक व्यवस्था की प्राणवायु है। अब्राहम लिंकन की दृष्टि में, ''लोकतंत्र का अर्थ जनता का, जनता के लिए और जनता द्वारा बनाई गयी सरकार से है।'' (Democracy is a government of the people, for the people, and by the people—Abraham Lincoln)। लिंकन द्वारा की गयी यह अभिव्यक्ति लोकतांत्रिक व्यवस्था में जनमत के आधारीय महत्त्व को प्रतिष्ठापित करता है, यानी कि लोकतंत्र में सभी प्रकार की सरकारों का आधार जनमत ही है। सभी सरकारें अपनी शक्ति के लिए जनमत पर निर्भर रहती हैं। इस संबंध में गैसेट की अभिव्यक्ति भी काफी तथ्यपूर्ण है। इनका कहना है कि, ''जनमत के अतिरिक्त अन्य किसी बात को अपने शासन का मौलिक आधार मानकर धरती पर कभी कोई शासन नहीं कर सकता है।'' (Never has any one ruled on earth by basing his rule essentially on any other thing than public opinion—Gasset).

जनमत जनता और लोकतांत्रिक सरकार के मध्य संबंध स्थापित करने वाला एक सजीव–सशक्त माध्यम है। यह किसी भी व्यवस्था में यह जनता की इच्छाओं का दर्पण है। किसी भी व्यवस्था में सार्वजनिक हितों से जुड़े सवालों पर जनता का स्थिर दृष्टिकोण है जिसकी वजह से लोकतांत्रिक संप्रेषण प्रक्रिया को ओजस्विता (Vitality) मिलती है। सर हेनरी मेन ने ''जनता की आवाज को ईश्वर की आवाज'' बताया है। (Voice of the people may be the voice of God—Sir Henrymaine) जनमत लोकतंत्र का जानदार तत्त्व है, इसलिए जनमत और जनतंत्र के बीच अन्योन्याश्रयी संबंध होता है। किसी भी राजनीतिक व्यवस्था में लोकतंत्र की सफलता का अनिवार्य तत्त्व प्रबुद्ध (Enlightened) यानी कि ज्ञान सम्पन्न जनमत है। (An aleart and enlightened public opinion is the first essential element of democracy)। विद्वज्जनों का यह मानना है कि निरंकुश सरकारें भी जनमत को अपने पक्ष में करने का भरपूर प्रयास करती हैं, ताकि व्यवस्था पर नियंत्रण स्थापित करने के लिए उनके द्वारा अपनाये जाने वाले साधनों को जनस्वीकृति मिल सके और वे अपने उद्देश्य में सफल हो सकें।

जनमत के महत्त्व को निम्नांकित संदर्भों में स्पष्ट किया जा सकता है:

1. **जनमत लोकतंत्र का प्राणाधार तत्त्व है (Public Opinion is the Vital Element of Democracy)**–जनमत लोकतंत्र की आत्मा है। जिस प्रकार आत्मा के बिना शरीर बेजान है, उसी प्रकार जनमत के अभाव में

लोकतंत्र भी बेजान (Lifeless) है। जनमत की बुनियाद पर ही लोकतांत्रिक व्यवस्था का संपूर्ण ढाँचा खड़ा होता है। आधुनिक युग अप्रत्यक्ष लोकतंत्र का युग है जिसमें शासन–संचालन प्रत्यक्ष रूप से जनता द्वारा न होकर, उसके चुने हुए प्रतिनिधियों द्वारा किया जाता है, जिसके चयन में जनमत आधारतत्व की भूमिका अदा करता है। जनमत के अभाव में प्रतिनिधि सरकारों के गठन की कल्पना बेमानी है। इस संदर्भ में जनमत को प्रतिनिध्यात्मक लोकतंत्र की आधारशिला कहा जा सकता है। तभी तो गेटेल ने कहा है कि ''लोकतांत्रिक शासन की सफलता जनमत की मजबूती पर और इस बात पर निर्भर करती है कि जनमत सरकार के कार्यों और नीतियों को किस सीमा तक नियंत्रित करता है।'' (The success of democratic government depends upon the degree to which the public opinion is sound, well developed and effective in controlling the actions and policies of government— Gettell)।

2. **लोकतंत्र का प्रहरी (Watchdog of Democracy)**–प्रबुद्ध जनमत को लोकतंत्र का प्रहरी माना गया है (Enlightened public opinion is the watchdog of democracy)। जनमत शासन संचालन में दिशा–निर्देशक की भूमिका निभाता है। इस रूप में यह नीति–निर्णय, प्रक्रिया, नीतियों के कार्यान्वयन तथा सत्ताशैली पर नियंत्रण रखता है तथा प्रतिनिधिक सरकार को तानाशाह बनने से रोकता है। प्रतिनिध्यात्मक सरकार जनमत के विरुद्ध किसी भी नीति–निर्णय को अंजाम नहीं दे सकती है। जनमत की अवहेलना करने वाले सरकार को चुनाव में जनमत का गंभीर विरोध झेलना पड़ता है और सत्ता भी गंवानी पड़ती है, इसलिए संसदीय एवं अध्यक्षात्मक दोनों सरकारें जनमत को अपना पथ प्रदर्शक मानकर उसकी इच्छानुरूप अपनी गतिविधियों–भूमिकाओं को अंजाम देती हैं। इस रूप में जनमत कार्यपालिका तथा व्यवस्थापिका के लिए प्रकाश स्तंभ का कार्य करता है। वस्तुतः, वैधानिक संप्रभुता और अन्तिम (परम) राजनीतिक संप्रभुता के बीच यथोचित् संबंध स्थापित करना जनमत का सच्चा कार्य है। (The true function of public opinion is to effect a proper relation between the legal and ultimate political sovereignty)। इस प्रकार, लोकतांत्रिक सरकारों को नियंत्रित करने के परिप्रेक्ष्य में जनमत का विशेष महत्त्व है।

3. **वैध शक्ति एवं राजनीतिक सत्ता के बीच की कड़ी (Link between Legitimate Power and Political Authority)**–राजनीतिक सत्ता को वैधता प्रदान करने में जनमत आधारतत्व की भूमिका अदा करता है। औचित्यपूर्णता का राजनीतिक शक्ति एवं सत्ता से घनिष्ठ संबंध होता है। लोकतंत्र मे राजनीतिक सत्ता को वैध–शक्तियों के प्रयोग के लिए औचित्यपूर्णता की अनिवार्य आवश्यकता पड़ती है, जिसका साधन सहमति है और सहमति जनमत निर्माण का बुनियादी तत्व है। औचित्यपूर्णता शक्ति को सत्ता में परिवर्तित करने का साधन है जो जनमत के माध्यम से ही संभव होता है। यह राजनीतिक सत्ता को वैधानिक हैसियत प्रदान करने का आधार माध्यम है।

4. **वैधानिक संप्रभुता एवं राजनीतिक संप्रभुता के बीच की कड़ी (Link between Legal Sovereignty and Political Sovereignty)**–अप्रत्यक्ष लोकतंत्र में प्रत्यक्ष लोकतंत्र की भांति जनता शासन का संचालन स्वयं नहीं करती है, बल्कि उसके द्वारा चुने हुए जनप्रतिनिधि शासन–संचालन करते हैं। इस लोकतांत्रिक परिदृश्य की वजह से संप्रभुता दो रूपों में विद्यमान रहती है–एक वैधानिक और दूसरी राजनीतिक। वैधानिक संप्रभुता शासक अभिजनों में निहित होती है और राजनीतिक संप्रभुता जनता में निवास करती है। राजनीतिक संप्रभुता का अभिप्राय जनता से है जो एक निर्वाचक मंडल के रूप में वैधानिक संप्रभुता के अस्तित्व को आकार देता है। इस रूप में राजनीतिक संप्रभुता जनता की इच्छा यानी कि लोकमत है जो कार्यपालिका तथा संसद् के निर्णयों पर नियंत्रण रखता है। विधायिका के सदस्य जिन नीतियों का निर्माण करते हैं, निर्णय लेते है उसके निर्धारण का आधार माध्यम जनमत होता है। इस प्रकार, जनमत वैधानिक संप्रभुता और राजनीतिक संप्रभुता के बीच की सजीव कड़ी है।

5. **सामाजिक जीवन पर नियंत्रण (Control over Social Life)**–शुल्ज ने कहा है कि "जनमत एक प्रबल सामाजिक शक्ति है, जिसकी अवहेलना करने वाला राजनीतिक दल स्वयं ही अपने लिए संकट आमंत्रित करता है।" (Public opinion is generally recognised to be a social force which enters into calculation of active participants in the governmental process—E.B. Shculz)। शुल्ज के अभिमत से यह स्पष्ट होता है कि जनमत एक मजबूत सामाजिक शक्ति है, इसलिए प्रबल सामाजिक शक्ति के रूप में जनमत सामाजिक जीवन को भी नियंत्रित करने का कार्य करता है। सामाजिक रूढ़िवादिता, कुरीतियों, अन्यायों व सामाजिक–सांस्कृतिक पिछड़ापन को दूर करने में जनमत का उल्लेखनीय योगदान होता है। किसी भी राजनीतिक व्यवस्था में मौजूद समाज का वातावरण परिस्थितिजन्य मुद्दों के चलते जब अशान्त, भ्रष्ट, तनावपूर्ण या विद्वेषपूर्ण मानसिकता का शिकार हो जाता है, तो समाज को इन बुराइयों से मुक्त कराने का दायित्व भी जनमत पर ही है। जिस तरह उग्र जनमत का निर्माण होने पर सामाजिक पर्यावरण में उबाल आता है और सदस्यों द्वारा हिंसोन्मत्त गतिविधियों को अंजाम दिया जाने लगता है, उसी प्रकार समझदार, अनुभवगम्य और विवेकी जनमत के निर्माण के परिणामस्वरूप समाज में शान्तिपूर्ण स्थितियां बहाल की जा सकती हैं। इसी प्रकार, सामाजिक समस्याओं के निराकरण में भी जनमत का बहुमूल्य योगदान होता है। किसी भी समाज को संगठित रखने में, उसमें सुधार करने तथा उसे विकास के मार्ग पर अग्रसर कराने में जनमत की भूमिका अहम् होती है।

6. **नागरिक स्वतंत्रता एवं अधिकारों का संरक्षक (Protector of Civil Liberty and Rights)**–जनमत नागरिक स्वतंत्रता और अधिकारों का आधारीय संरक्षक है। लोकतांत्रिक व्यवस्थाओं विशेष रूप से उदारवाद में नागरिकों को संविधान द्वारा अनेक अधिकार प्रदान किये जाते हैं जिसके माध्यम से नागरिकों के लिए न्यायपूर्ण, सम्मानजनक वातावरण मुहैया कराया जाता है और प्रशासन द्वारा उचित व्यवहार की सुरक्षा प्रदान की जाती है। ये अधिकार समाज के सदस्यों की स्वतंत्रता और सामाजिक जीवन में राज्य के बढ़ते हुए हस्तक्षेप के बीच संतुलन स्थापित करता है। सभी व्यवस्थाओं में नागरिकों का मौलिक अधिकार मानवीय स्वतंत्रता का मापदण्ड एवं संरक्षक दोनों की भूमिका निभाता है और इन मानदण्डों का पालन सभी सरकारें जनमत के मनोवैज्ञानिक दबाव एवं महत्त्व की वजह से करती हैं। इनके द्वारा जहां एक ओर कार्यपालिका और व्यवस्थापिका को वैधिक निश्चित सीमाओं के दायरे में रहने के लिए बाध्य किया जाता है, वहीं दूसरी ओर नागरिकों को प्राप्त मौलिक अधिकार की सुविधा उन्हें स्वेच्छाचारी शासन–संचालन के विरुद्ध जनमत निर्माण का अवसर प्रदान करता है। इस परिस्थिति की यथार्थता के अनुरूप सभी सरकारें वैधिक दायरे में प्रशासी क्रियाकलापों का संपादन करके जनमत को अपने पक्ष में बनाये रखने की कोशिश में लगी रहती हैं। इस प्रकार, जनमत जहां एक ओर नागरिकों की स्वतंत्रता और अधिकारों का संरक्षक है, वहीं दूसरी ओर जनमत की वजह से प्रतिनिधि सरकारें पूरी कालावधि (Tenure) में समाज के प्रति उत्तरदायी बनी रहती है।

7. **राजनीतिक चेतना का प्रसार (Expansion of Political Consciousness)**–किसी भी लोकतांत्रिक व्यवस्था के सफलीभूत होने के लिए राजनीतिक जागरूकता को अनिवार्य तत्त्व माना गया है। यदि जनता में जागरूकता न हो तो वह अपने अधिकारों, कर्त्तव्यों तथा स्वतंत्रताओं की अनुभूति की मानसिकता से अनभिज्ञ (Unappraised) रहती है। राजनीतिक चेतना ही नागरिकों को अपने तथा समाज के प्रति अधिकारों–कर्त्तव्यों का बोध कराता है और यही चेतना लोकतंत्र का बुनियादी तत्त्व है जो नागरिकों को अपनी चुनी हुई सरकारों को तानाशाह बनने से रोकने की प्रेरणा देता है। इस राजनीतिक चेतना को जगाने, संगठित करने तथा इसका प्रचार–प्रसार करने में जनमत आधार–आधेय की भूमिका निभाता है। राजनीतिक जागरूकता का प्रसार और संगठित–सुस्पष्ट जनमत के निर्माण की प्रेरणा जनता को राजनीतिक गतिविधियों में अत्यधिक सक्रिय बनाता है और ये तीनों परिस्थितियां लोकतंत्र के मजबूतीकरण की दृष्टि से मौलिक माध्यम है।

8. **राजनीतिक परिवर्तन का बुनियादी माध्यम (Basic Medium of Political Change)**–लगभग सभी विद्वानों का ऐसा मानना है कि संपूर्ण विश्व में घटित होने वाले महान् राजनीतिक परिवर्तनों में आधारिक (Basic) भूमिका जनमत द्वारा ही निभाई गयी है। इतिहास गवाह है कि विश्व में निरंकुश तानाशाहों तथा बड़े–बड़े आततायी (Oppressor) राजाओं और साम्राज्यों का पतन सत्ता के विरोध में आकार लेने वाले मजबूत जनमत की वजह से ही संभव हो पाया है। उदाहरणार्थ, 1688 में इंग्लैण्ड की गौरवपूर्ण क्रान्ति, 1789 में फ्रांस की क्रान्ति, 1917 में रूस की क्रान्ति, तथा 1885 से 1947 तक चली भारतीय स्वाधीनता आन्दोलन की सफलता के मूल मे जनमत तत्त्व ही सर्वाधिक प्रभावशाली रहा है। नेपोलियन, हिटलर, मुसोलिनी जैसे स्वेच्छाचारी तानाशाहों को भी जनइच्छा यानी कि जनमत के आगे झुकना पड़ा है। इस प्रकार, प्रबुद्ध और टिकाऊ जनमत किसी भी देश के राजनीतिक परिवर्तन में तात्त्विक आधार की भूमिका निभाता है।

9. **आर्थिक परिवर्तन का आधारभूत साधन (Basic Resource of Economic Change)**–सभी व्यवस्थाओं की आर्थिक नीति जनमत की इच्छाओं–जरूरतों के अनुरूप निर्मित होती है तथा विकास की गति पकड़ती है। जनमत के समर्थन की वजह से इंग्लैण्ड–अमेरिका जैसे उदारवादी विकसित देशों में पूँजीवादी व्यवस्था पर आधारित आर्थिक नीति प्रचलित है और इन व्यवस्थाओं की समुन्नति एवं विकास में उल्लेखनीय भूमिका निभा रही है। जनमत समर्थन के आधार पर सोवियत रूस एवं चीन में साम्यवादी आर्थिक नीति अपनाई गयी और जनमत में साम्यवाद विरोधी तत्त्वों की प्रबलता की वजह से ही भूतपूर्व सोवियत संघ का पतन हुआ। भारतीय जनमत न तो पूरी तरह पूँजीवादी अर्थनीति की समर्थक है और न साम्यवादी आर्थिक नीतियों की समर्थक है। यहां का जनमत मिश्रित आर्थिक व्यवस्था में विश्वास व्यक्त करता है। इस प्रकार, देश की आर्थिक नीतियों के निर्धारण, नियमन एवं निरूपण में जनमत की पसंदगी या नापसंदगी की भूमिका काफी महत्त्वपूर्ण होती है। यदि सत्ता द्वारा निर्धारित निरूपित आर्थिक नीति पर जनसमर्थन न मिले, तो सरकार को गंभीर विरोध व जनआन्दोलन का सामना करना पड़ता है और अन्ततः शासकवर्ग को अपनी नीतियों में जन आकांक्षाओं के अनुरूप बदलाव लाना पड़ता है।

10. **जनमत का अन्तर्राष्ट्रीय महत्त्व (International Importance of Public Opinion)**–अन्तर्राष्ट्रीय राजनीति के संचालन तथा अन्तर्राष्ट्रीय संबधों के निर्धारण, नियमन एवं निरूपण में जनमत का स्थान काफी महत्त्वपूर्ण होता है। यह विश्वस्तरीय समस्याओं की ओर देशवासियों एवं शासक अभिजनों का ध्यान आकृष्ट कराता है, विदेश नीतियों के निर्धारण को प्रभावित करता हैं तथा अन्तर्राष्ट्रीय समस्याओं, विवादों एवं झगड़ों के समाधान में महती भूमिका निभाता है। प्रथम विश्वयुद्ध की विनाशलीला के परिणामस्वरूप विश्वशान्ति के निर्माण के पक्ष में आकार लेने वाले विश्व जनमत की वजह से प्रथम विश्वयुद्ध के बाद राष्ट्रसंघ (League of Nations) और द्वितीय विश्वयुद्ध के उपरान्त संयुक्त राष्ट्रसंघ (United Nations Organisation) की संस्थापना की गयी। शस्त्रीकरण (Armament) की होड़, नाभिकीय शस्त्रों (Nuclear Weapons) के निर्माण पर प्रतिबंध लगाने तथा प्रजातिभेद या रंगभेद की नीति (Apartheid Policy), उपनिवेशवाद (Colonialism) साम्राज्यवाद (Imperialism), सत्तावाद (Authoritarianism) आदि नीतियों का विश्व जनमत द्वारा विरोध प्रकट करने की वजह से बहुत हद तक इन नीतियों पर रोक लगाने तथा इनसे मुक्ति पाने में सफलता अर्जित की गयी है।

उपर्युक्त तथ्यों से यह स्पष्ट होता है कि जनमत का महत्त्व केवल स्थानीय, क्षेत्रीय या राष्ट्रीय राजनीति एवं सरकारों के लिए नहीं है, अपितु अन्तर्राष्ट्रीय राजनीति के स्वरूप निर्धारण में भी जनमत आधारिक भूमिका निभाता है। शासन का स्वरूप चाहे लोकतंत्रीय हो या राजतंत्रीय, कुलीनतंत्रीय, अथवा निरंकुशतंत्रीय हो, सत्ता को प्रभावशाली बनाने, जनस्वीकृति प्राप्त कराने तथा स्थायित्व एवं सातत्य को बनाये रखने के लिए सभी जनमत को अपने पक्ष में बनाये रखना अपरिहार्य है। लोकतांत्रिक शासन व्यवस्था में चूँकि राजनीतिक संप्रभुता जनता में निहित होती है और सरकारों को सत्तारूढ़ या सत्ताच्युत करना जनता के हाथों मे होता है, इसलिए जनमत का

विशेष महत्त्व हो जाता है। यहां तक कि, राजनीतिक व्यवस्था के बहुमुखी विकास एवं संवृद्धि का आधार–आधेय भी जनमत को ही माना जाता है। इसलिए अन्य शासन–व्यवस्थाओं की तुलना में जनतांत्रिक व्यवस्थाओं के लिए जनमत का विशेष महत्त्व है।

जनमत–निर्माण और अभिव्यक्ति के साधन (Agencies for the Formation and Expression of Public Opinion)

प्रत्येक व्यवस्था में मौजूद विशिष्ट समस्याओं, मुद्दों, सवालों पर व्यवस्थागत सदस्यों के मतों–दृष्टिकोणों में भिन्नताएं पाई जाती हैं, लेकिन विचार–विनिमय के परिणामस्वरूप व्यवस्था की आबादी के बड़े हिस्से द्वारा विषय से संबंधित जिस विचार, दृष्टिकोण या मत पर मतैक्यता जाहिर की जाती है, उसे ही जनमत की संज्ञा दी जाती है। सभी व्यवस्थाओं में जनमत–निर्माण और अभिव्यक्ति में कुछ अभिकरणों द्वारा आधार–साधन की भूमिका निभाई जाती है। इस प्रसंग पर विद्वानों के बीच भी कुछ मतवैभिन्नताएं हैं। लार्ड ब्राइस ने जनमत–निर्माण में मानव तत्त्व की भूमिका को विशेष महत्त्व दिया है। लेकिन, फाइनर की दृष्टि में समाचारपत्र, प्रेस, शिक्षण संस्थाएं, जनसभाएं, रेडियो, क्लब, सिनेमा, संसद, निर्वाचन तथा राजनीतिक दल आदि जनमत निर्माण के प्रमुख साधन हैं। रैम्जे म्योर (Ramsay Muir) ने भी जनमत–निर्माण के मुख्य साधन के रूप में प्रेस, धार्मिक मंच तथा जनसभा की भूमिका को रेखांकित किया है। जनमत–निर्माण एवं अभिव्यक्ति के प्रमुख साधनों पर विस्तृत विवेचना निम्नांकित है :

1. **व्यक्ति (Individual)**–लार्डब्राइस ने जनमत–निर्माण एवं अभिव्यक्ति में व्यक्ति यानी कि मनुष्य की भूमिका को सर्वाधिक महत्त्व दिया है। इनका मानना है कि सांसद, विधायक, राजनीतिक नेता, पत्रकार, सक्रिय समाजसेवी के रूप में व्यक्ति जनमत–निर्माण में सक्रिय योगदान देता है। साथ ही डॉक्टर, अभियन्ता, प्रोफेसर, शिक्षक, व्यवसायी, विद्यार्थी एवं आम जनता के रूप में व्यक्ति द्वारा जनमत–निर्माण एवं अभिव्यक्ति में आधारीय भूमिका निभाई जाती है। वस्तुतः, मनुष्य ही जनमत का तात्त्विक निर्माता और अभिव्यक्तिकर्ता होता है। व्यक्ति अपनी इच्छा एवं आवश्यकतानुरूप परिस्थितिजन्य जनमत का निर्माण करता रहता है तथा अपनी जरूरतों एवं व्यवस्थागत पर्यावरण की मांग के अनुरूप उसमें वांछित परिवर्तन भी करता रहता है। तत्त्वतः, मनुष्य ही वह केन्द्र है जिसके इर्द–गिर्द सम्पूर्ण व्यवस्था की राजनीति घूमती रहती है और वह अपने हित संवर्द्धन तथा पोषण की दृष्टि से जनमत के निर्माण एवं अभिव्यक्ति में बुनियादी भूमिका निभाता रहता है।
2. **समाचारपत्र एवं प्रेस (Newspaper and Press)**–विल्की की, अभिव्यक्ति के अनुसार, ''स्वतंत्र प्रेस लोकतंत्र की रीढ़ है।'' (Freedom of the press is the stuff of life for any vital Democracy—Willke) समाचार पत्र को जनमत की किताब कहा जा सकता है। समाचार पत्र एवं प्रेस जनमत निर्माण तथा अभिव्यक्ति के मुख्य माध्यम हैं। स्वतंत्र और उच्च कोटि के समाचार पत्र जनमत के मार्ग निर्देशक की भूमिका निभाते हैं। निष्पक्ष, स्वतंत्र और विवेकसंगत पत्रकारिता स्वस्थ जनमत के निर्माण के लिए वरदान है। व्यवस्था की समस्याओं, मुद्दों, तनावों, द्वन्द्वों, सवालों को रेखांकित करने में प्रेस की भूमिका सर्वाधिक प्रमुख होती है। स्वतंत्रता आन्दोलनों, सुधार आन्दोलनों, क्रान्तिकारी आन्दोलनों को आकार और गति प्रदान करने तथा लोगों में राजनीतिक चेतना जगाने में प्रेस अग्रेसर की भूमिका निभाता है। समाचारपत्र तथा प्रेस सामाजिक जीवन की महत्त्वपूर्ण समस्याओं को उभारकर विषय के समर्थन या विरोध में जनमत–निर्माण को स्पष्ट दिशा निर्देश देते हैं। लिपमैन ने समाचारपत्रों को लोकतंत्र का धर्मग्रन्थ कहा है। लोकतांत्रिक व्यवस्था के सफल संचालन हेतु प्रबुद्ध जनमत की मौजूदगी को अनिवार्य तत्त्व माना गया है और प्रबुद्ध जनमत के निर्माण के लिए व्यापक राजनीतिक चेतना की जरूरत होती है जिसके निर्माण का उत्तरदायित्व स्वतंत्र एवं निष्पक्ष प्रेस पर है। एक स्वतंत्र–निष्पक्ष प्रेस सरकार के कार्यों की आलोचना करके सिर्फ सरकार को नियंत्रित करने का कार्य ही नहीं करता है, अपितु लोगों को सही रास्ता दिखा

कर स्वस्थ जनमत के निर्माण में मुख्य भूमिका भी निभाता है। इसीलिए कहा जाता है कि (A good press acts as a light house for democracy and impartial, free and fair press is a boon for any country)।

3. **सार्वजनिक सभाएं (Public Meetings)**–सार्वजनिक सभाएं जनमत–निर्माण एवं अभिव्यक्ति का महत्त्वपूर्ण माध्यम हैं। समाचारपत्र सिर्फ शिक्षित जनता के जनमत–निर्माण व अभिव्यक्ति में आधारिक भूमिका निभाता है, जबकि सार्वजनिक सभाओं में भागीदारी से अशिक्षित जनता में भी राजनीतिक चेतना का विकास होता है और स्वस्थ जनमत का निर्माण संभव हो पाता है। आम सभाओं में बड़े–बड़े राजनीतिक नेताओं, समाजसेवियों, पार्टी के कार्यकर्ताओं का भाषण होता है, जिसमें जनता को देश–विदेश की राजनीति तथा राजनीतिक, सामाजिक, आर्थिक, सांस्कृतिक व धार्मिक समस्याओं को जानने का अवसर मिलता है एवं उसके संबंध में राय कायम करने हेतु ज्ञानवर्द्धन होता है। आम सभाओं में भागीदारी करके जनता का व्यवस्था की राजनीति से प्रत्यक्ष संबंध बनता है और राजनीतिक मुद्दों पर स्पष्ट राय बनाने की क़ाबिलियत में वृद्धि होती है। जहां सार्वजनिक सभाओं में भाषण करके नेतागण अपने मतों–दृष्टिकोणों का आसानी से प्रचार कर पाते हैं, वहीं इन सभाओं में सहभागी बनकर भाषण सुनने से जनता को राजनीतिक शिक्षा प्राप्त होती है, साथ–ही उनकी राजनीतिक चेतना का विकास भी होता है। सत्तापक्ष द्वारा आयोजित सभाओं–रैलियों में सरकारी कामकाज की प्रशंसा करके जनमत का समर्थन जुटाया जाता है और विरोधी पक्ष द्वारा आयोजित सभाओं–रैलियों में सरकार के विरोध में जनमत–निर्माण का प्रयास किया जाता है। दोनों ही परिस्थितियों में आम सभाएं जनमत–निर्माण व अभिव्यक्ति में मुख्य भूमिका अदा करती हैं।

4. **राजनीतिक दल (Political Parties)**–जनमत के निर्माण में राजनीतिक दलों की भूमिका काफी महत्त्वपूर्ण है। सभी व्यवस्थाओं में सरकारों के गठन का आधार माध्यम राजनीतिक दल ही होता है। राजनीतिक दलों का एकमात्र लक्ष्य सत्ता की प्राप्ति है और इस लक्ष्य–सिद्धि के लिए सभी दलों द्वारा जनमत को अपने पक्ष में मोड़ने का भरपूर प्रयास किया जाता है। अपने इस उद्देश्य की पूर्ति के लिए दल अपनी वैचारिकी (Ideology) नीतियों–कार्यक्रमों का ज्यादा–से–ज्यादा प्रचार–प्रसार करके जनता को प्रभावित करने तथा उन्हें एकसूत्र में बांधने का कार्य करते हैं। इस प्रक्रिया संचालन के दौरान दलों द्वारा जनता में राजनीतिक चेतना जगायी जाती है, और राजनीतिक उदासीनता की जगह उन्हें सक्रिय सहभागिता के लिए प्रेरित किया जाता है। अपनी पार्टी के प्रचार कार्यक्रमों, जनसभाओं, रैलियों, प्रदर्शनों, धरना आदि के माध्यम से व्यवस्था की मुख्य समस्याओं–मुद्दों को उठाकर तथा सरकारी नीतियों, कार्यक्रमों की आलोचना करके दलीय नेता जहां एक ओर सरकार के विरोध या पक्ष में माहौल बनाते हैं, वहीं इन कार्यक्रमों द्वारा जनता को राजनीतिक शिक्षा प्रदान करके व्यवस्थागत राजनीति के प्रति उनके रुझान में वृद्धि करने का प्रयास भी करते हैं। सभी दलों द्वारा अपने दृष्टिकोण, नीतियां एवं कार्यक्रमों के प्रचार के लिए पोस्टर, पैम्फलेट, हैन्डबिल, पत्र–पत्रिकाएं, पुस्तकें, लेख, पत्र, स्टीकर, समाचारपत्र, रेडियो, टेलीविजन तथा जनसंचार के समस्त साधनों का इस्तेमाल किया जाता है, ताकि वे जनता पर प्रभाव डालकर अपनी पार्टी के पक्ष में जनमत का निर्माण कर सकें। इस कार्य में सत्ताधारी एवं विरोधी दोनों दल अहम् भूमिका निभाते हैं, क्योंकि दोनों को जनमत की आवश्यकता होती है। जहां सत्ताधारी दल अपनी सत्ता को बनाये रखने के लिए जनमत–निर्माण और संरक्षण में जुटे रहते हैं, वहीं विरोधी दल सत्ताधारियों की कटु आलोचनाएं करके अपने पक्ष में जनमत का निर्माण करते हैं, क्योंकि किसी भी लोकतांत्रिक व्यवस्था में सत्ता परिसंचरण (Power Circulation) का आधारतत्त्व जनमत ही है। तभी तो लार्ड ब्राइस ने कहा है कि ''जनमत को संगठित करने तथा उसके निर्माण और अभिव्यक्ति में राजनीतिक दल अत्यधिक महत्त्वपूर्ण भूमिका निभाते हैं।'' (Political parties played very important role to eduale, formulate and organise public opinion)। गैटेल ने भी कहा है कि ''राजनीतिक दल जनमत को अपने

उद्देश्य की ओर निर्देशित करने तथा अपने हितों के पक्ष में करने के लिए व्यापक प्रचार अभियान का संचालन करते हैं।" (Political parties carry on extensive campaign of propaganda for the purpose of directing public opinion in favour of their interests—Gettell)। इस प्रकार, जनमत निर्माण एवं अभिव्यक्ति में राजनीतिक दलों की भूमिका काफी महत्त्वपूर्ण है।

5. **राजनीतिक साहित्य (Political Literature)**–जनमत के निर्माण एवं अभिव्यक्ति में राजनीतिक साहित्य की भूमिका बहुत अहम् होती है। विशेष रूप से शिक्षित समाज के सदस्यों में जनमत निर्माण का यह सर्वाधिक महत्त्वपूर्ण माध्यम है। राजनीतिक दलों के नेता, संपादक, पत्रकार, राजनीतिक विश्लेषक, समाज विश्लेषक, लेखक, प्रोफेसर तथा अन्य शिक्षित लोग प्रतिदिन राजनीतिक पत्रिकाओं, पुस्तकों, अखबारों में व्यवस्था के प्रासंगिक मुद्दों पर प्रमुखता से प्रकाश डालते हुए अपनी लेखनी के माध्यम से समाज के शिक्षित वर्ग के जनमत को परिपक्व करके परिस्थितिजन्य स्वरूप प्रदान करते हैं। व्यवस्थागत प्रासंगिक सामाजिक, राजनीतिक, आर्थिक, सांस्कृतिक, धार्मिक सवालों तथा मुद्दों को अपने लेखों में उजागर करके वे लोकतंत्र में स्वस्थ एवं सकारात्मक जनमत–निर्माण को नई दिशा नया मोड़ प्रदान करते हैं। इससे जहां एक ओर शिक्षित समाज को व्यवस्था की ज्वलन्त समस्याओं की जानकारी होती हैं, वहीं दूसरी ओर पाठकों को भी अपनी विचार अभिव्यक्ति के लिए राजनीतिक–सामाजिक मुद्दों पर लिखने की प्रेरणा मिलती है। राजनीतिक साहित्य के पाठकों का दृष्टिकोण लेखक के विचार के अनुरूप ढलने लगता है। उदाहरणार्थ, रूस की क्रान्ति में कार्ल मार्क्स के राजनीतिक साहित्य का और भारतीय जनता में राजनीतिक चेतना जगाने तथा देश को आजादी प्राप्त करने के मार्ग पर ठोस कदम बढ़ाने के लिए अभिप्रेरित करने में देश के राजनीतिक साहित्यकारों, संपादकों, पत्रकारों का उल्लेखनीय योगदान रहा है।

6. **रेडियो, टेलीविजन एवं सिनेमा (Radio, Television and Cinemas)**–रेडियो, टेलीविजन और सिनेमा भी जनता के मतों को प्रभावित करने में महत्त्वपूर्ण भूमिका निभाते हैं। विशेष रूप से अशिक्षित जनता के बीच जनमत–निर्माण में इन अभिकरणों की भूमिका ज्यादा अहम् होती है। जनसंपर्क के इन साधनों द्वारा अशिक्षित जनता भी देश–विदेश की घटनाओं–ख़बरों की जानकारी प्राप्त करके राजनीति के संबंध में स्पष्ट राय कायम करने में सक्षम हो पाती है। वैसे भी, 21वीं सदी में इलेक्ट्रॉनिक मीडिया (Electronic Media) का बोलबाला है, इसलिए देश–विदेश की ख़बरों को टेलीविजन के न्यूज–चैनलों पर देखकर सभी देशों की जनता में स्वस्थ जनमत–निर्माण की प्रक्रिया अबाध गति से चलती रहती है।

7. **शिक्षण संस्थाएं (Educational Institutions)**–शिक्षण संस्थाओं के दायरे में सभी स्कूल, कॉलेज, तथा विश्वविद्यालय शामिल हैं। शिक्षण संस्थाओं पर देश के भावी नागरिकों को आदर्श नागरिक बनाने की जवाबदेही होती है। इन्हीं संस्थाओं में नागरिकों के साथ–साथ शासक वर्ग भी तैयार होते हैं। इन संस्थाओं में सभी स्तरों पर शिक्षकों–प्राध्यापकों द्वारा पाठ्यक्रम के माध्यम से विविध विषयों पर पाठ्यचर्चा, वाद–विवाद, तथा अन्य विभिन्न प्रकार की प्रतियोगिताएं, सेमिनार, सिम्पोजियम आदि द्वारा विद्यार्थियों का ज्ञानवर्द्धन किया जाता है। विद्यार्थी वर्ग के विचार–निर्माण में उनके शिक्षकों–प्राध्यापकों की भूमिका काफी महत्त्वपूर्ण होती है। विद्यार्थियों पर अपने शिक्षकों के विचार एवं दृष्टिकोण का जबर्दस्त प्रभाव पड़ता है। इन शिक्षण संस्थानों में समय–समय पर विद्वज्जनों का व्याख्यान आयोजित कराया जाता है। ऐसे व्याख्यान स्वस्थ जनमत के निर्माण में बहुत सहायक होते हैं। किसी राष्ट्र में लोकतंत्र का भविष्य उज्ज्वल बनाने में शिक्षण संस्थाओं का दायित्व सर्वाधिक प्रमुख है। लोकतांत्रिक व्यवस्थाओं की सफलता का आधारतत्त्व प्रबुद्ध स्वस्थ जनमत है, जिसके निर्माण हेतु आदर्श नागरिक एवं योग्य शासकों को तैयार करने में शिक्षण संस्थान आधारिक (Basic) माध्यम के रूप में कार्य करते हैं।

8. **निर्वाचन (Election)**–चुनाव के समय देश में राजनीतिकरण (Politicisation) की प्रक्रिया काफी तीव्र हो जाती है। निर्वाचन के माध्यम से लोकतंत्र का निर्माण होता है। लोकतांत्रिक इकाइयों के प्रति आमजनों

की निष्ठा बनी रहे इसके लिए वयस्क मताधिकार के आधार पर नियतकालिक चुनाव (Periodical Election) कराये जाते हैं। देश में होने वाला प्रत्येक चुनाव लोक निष्ठा का प्रतीक है जो नागरिकों की राजनीतिक सहभागिता से पूरा होता है। अप्रत्यक्ष लोकतंत्र में जनता के लिए सत्ता की राजनीति में सीधी भागीदारी का यह एक मात्र साधन है। चुनाव मतदाताओं को सक्रिय बनाता है, इससे राजनीतिक चेतना का प्रसार होता है। राजनीतिक जागरूकता लाने और अपने पक्ष में जनमत का निर्माण करने के लिए राजनीतिक दल व दलीय प्रत्याशी जनसंपर्क के माध्यमों (Media of Mass Communication) और स्थानीय संगठनों (Local Organisations) का इस्तेमाल करते हैं। चुनावी राजनीति में सफलता अर्जित करने के लिए सभी दलों द्वारा मतदाताओं को राजनीतिक स्तर पर ऊर्जित (Energize) करने के लिए कई प्रकार के हथकंडे अपनाये जाते हैं। व्यवस्था में बहुमुखी विकास के लिए इकरार किया जाता है और राजनीतिक–सामाजिक–आर्थिक क्षेत्र से जुड़ी नीतियों की बातें समझाई जाती हैं। इनमें से अधिकांश जानकारियां ऐसी होती हैं, जिनके संबंध में एक साधारण मतदाता को पहले से कोई ज्ञान नहीं होता है। चुनाव अभियान के दौरान मतदाता को इन प्रशासनिक बातों को जानने–समझने का मौका मिलता है। इससे नागरिकों का ज्ञानवर्द्धन होता है, साथ–ही परिस्थितिजन्य पर्यावरण के आधार पर जनमत का सुनिश्चित और स्पष्ट स्वरूप उभरकर सामने आता है। चुनाव प्रचार के दौरान राजनीतिक दलों द्वारा संचालित सघन चुनाव अभियान, बड़े–बड़े नेताओं का भाषण, पोस्टर, पर्चा, बैनर, रैलियां, जनसभाएं तथा मतदाताओं से डोर–टू–डोर संपर्क स्थापित करने से चुनावी वातावरण में जो राजनीतिक सरगर्मी आती है, वह नई सरकार के निर्माण हेतु जनमत–निर्माण, अभिव्यक्ति एवं उसे नये स्वरूप में ढालने में आधार माध्यम की भूमिका निभाती है। इस प्रकार, निर्वाचन नागरिकों को राजनीतिक शिक्षा प्रदान करने, राजनीतिक चेतना का प्रसार करने एवं ज्ञान–सम्पन्न जनमत का निर्माण करने में आधारीय भूमिका अदा करता है।

9. **प्रचार एवं अफवाहें (Propaganda and Rumours)**–प्रचार एवं अफवाहें भी जनमत–निर्माण में महती भूमिका निभाती हैं। लोकतांत्रिक सरकारें अपनी नीतियां, कार्यक्रम योजनाएं, सिद्धान्त आदि को जन–जन तक पहुंचाने के लिए प्रचार का सहारा लेती है। इसी तर्ज पर विरोधी दल भी सरकार की नीतियों, कार्यक्रमों, योजनाओं को गलत ठहराने के लिए तथा जनता की नजर में सरकारी कामकाज को गलत साबित करने के लिए प्रचार का सहारा लेते है। जहां सरकार द्वारा अपनी योजनाओं–कार्यक्रमों के प्रचार के लिए विभागीय स्तर पर चरणबद्ध कार्यक्रम चलाया जाता है, जनसभाएं आयोजित की जाती हैं, संवाददाता सम्मेलनों, विचार–गोष्ठियों का आयोजन किया जाता है, वहीं विरोधी दल द्वारा हड़ताल, बन्द, रैली, धरना, प्रदर्शन, बैनर, पर्चा, पोस्टर, तथा सभाओं द्वारा प्रचार का बाजार गर्म करके सरकार की पोल खोलने का गंभीर प्रयास किया जाता है, ताकि चुनाव में सत्ताधारी दल को मिले जनमत यानी कि जनादेश (Mandate) को वे अपनी ओर मुख़ातिब कर सकें। वस्तुतः, जनमत–निर्माण में प्रचार की भूमिका बहुत अहम् है।

अफवाहें भी जनमत–निर्माण का महत्त्वपूर्ण माध्यम हैं। चुनाव में कई उम्मीदवारों के जीतने–हारने का दारोमदार अफवाहों पर टिका होता है। राजनीतिक फ़ायदे के लिए कई अवसरों पर सच्चाई का पता लगाने, विरोधियों को आतंकित करने या अपने निजी स्वार्थ की पूर्ति हेतु अफवाहें फैलाई जाती हैं। व्यवस्था के जनमत को गलत या सही दिशा में मोड़ने में इनकी भूमिका काफी प्रासंगिक होती है। अफवाहों में सत्य और असत्य दोनों तत्त्वों का अंश समावेशित होता है जो जनमत को उत्तेजित और भ्रमित करने में तात्त्विक भूमिका निभाता है। यही वजह है कि व्यवस्था में हड़ताल, बन्द, तोड़फोड़, दंगा–फसाद, हंगामा, विस्फोट आदि के समय सरकार द्वारा जनता को अफवाहों से बचने और संयम बरतने का सुझाव जारी किया जाता है। किसी भी व्यवस्था में गलत अफवाहों का प्रचार जनमत को दिशाहीन कर सकता है।

10. **संघ (Association)**–सभी लोकतांत्रिक व्यवस्थाओं में नागरिकों के विशेष हितों की सिद्धि, हितरक्षण एवं हितपोषण के लिए संघों का निर्माण किया जाता है। इन संघों समुदायों का राजनीतिक प्रक्रियाओं के संचालन में विशिष्ट महत्त्व है। संघ एक ऐसा माध्यम है जिसके द्वारा सामान्य हित वाले व्यक्ति एक बैनर के नीचे संगठित होकर सार्वजनिक मामलों को प्रभावित करने का प्रयत्न करते हैं। संघ के सदस्यों का उद्देश्य और स्वार्थ समान होता है, इसलिए सार्वजनिक नीतियों व निर्णयों के निर्माण तथा शासन संचालन को प्रभावित करने के पीछे इनका ध्येय अपने हितों की रक्षा एवं वृद्धि करना है। अपने संघों तथा समुदायों की नीतियों, कार्यक्रमों, उद्देश्यों, लक्ष्यों एवं दृष्टिकोणों का सदस्यों पर गंभीर प्रभाव होता है। ये संघ सरकार की सही या गलत नीतियों का समर्थन विरोध करके अपने सदस्यों की हित संवृद्धि व हितरक्षण के लिए सदैव तत्पर रहते हैं और निर्धारित लक्ष्यसिद्धि के लिए सरकार पर दबाव बनाते हैं। वास्तविक स्तर पर विभिन्न संघों से जुड़े सदस्यों का मत व दृष्टिकोण विशेषतः संबद्ध वर्ग के जनमत निर्माण व अभिव्यक्ति में समीचीन भूमिका निभाता है।

11. **धार्मिक–सांस्कृतिक संस्थाएं (Religious-cultural Associations)**–भारत धर्मप्रवृत्त (Religious Minded) लोगों का देश है इसलिये यहां धर्म का राजनीति पर गहरा प्रभाव है। धर्म–प्रवण प्रवृत्ति होनें की वजह से भारतीय भावोत्तेजक (Emotional) स्तर पर अपनी–अपनी धार्मिक संस्कृतियों तथा इनसे संबद्ध संस्थाओं व संगठनों से जुड़े रहते हैं। संविधानतः भारत एक धर्मनिरपेक्ष–पंथनिरपेक्ष राष्ट्र है, लेकिन इसके बावजूद धर्म जनमत को प्रभावित करने वाला प्रमुख माध्यम है। यहां हिन्दू, मुस्लिम, सिख, ईसाई एवं अन्य सभी धर्मों को मानने वाले लोग निवास करते हैं। सभी धर्मों के धर्मगुरुओं, धर्माचार्यों में धार्मिक कट्टरता के प्रचार–प्रसार की प्रवृत्ति दिखाई पड़ती है। भारत में तो राष्ट्रीय एवं क्षेत्रीय स्तर पर कई धर्म प्रधान राजनीतिक दलों का अस्तित्व भी आकार ले चुका है। धर्म–प्रेरित दंगा–फसाद, विस्फोट व हिंसक घटनाएं आये दिन अबाध शासन–संचालन के मार्ग में अवरोध पैदा कर रही हैं। चूँकि धर्म और संस्कृति का जुड़ाव व्यक्ति के अंतःकरण से होता है, इसलिए समाज मे घटित धार्मिक–सांस्कृतिक घटनाक्रम तथा धार्मिक नेताओं, धर्माचार्यों के वक्तव्य–भाषण आदि समयानुसार जनमत के निर्माण में महत्त्वपूर्ण भूमिका निभाते हैं। ब्रिटेन जैसे विकसित राष्ट्र में भी जनमत पर धर्म के गंभीर प्रभाव का आकलन ऐतिहासिक घटनाक्रमों के आधार पर किया जा सकता है। अफ्रीकी देशों और मध्य पूर्व (Middle-East) के जनमत पर भी धर्म एवं जाति का बहुत प्रभाव है।

12. **संसद् एवं विधानमंडल (Parliament and Legislature)**–लोकतंत्र में जनता द्वारा चुने हुए प्रतिनिधि संसद् व विधानमंडल के सदस्य बनकर व्यवस्था की समस्याओं–मुद्दों पर गहन वाद–विवाद, विचार–विमर्श करते हैं। बहुआयामी तथा बहुदिशायी विकास एवं समुन्नति से जुड़े विषयों को विशेष रूप से रेखांकित करते हुए प्रासंगिक विषयों को सदन में उठाते हैं। विषय की महत्ता के अनुरूप प्रश्न एवं पूरक प्रश्न पूछकर सरकार का ध्यान उन गंभीर समस्याओं–सवालों की ओर आकृष्ट करते हैं और अपने समाज–सापेक्ष दृष्टिकोण की वजह से जनमत को प्रभावित करते हैं। सत्तापक्ष जनहित में सरकार द्वारा उठाये गये कदमों, कार्यक्रमों, नीतियों को सदन में खुली बहस के माध्यम से जनता के सामने रखने की कोशिश करता है तथा विपक्ष सरकारी योजनाओं व कार्यक्रमों की सदन में खुली आलोचना करके जनता को यह बताने की चेष्टा करता है कि सरकारी योजनाएं डंपोरशंखी (Babber) हैं। संसद् एवं विधानमंडलों द्वारा सार्वजनिक कल्याण के लिए जो फ़ैसले लिए जाते हैं, जिन कानूनों का निर्माण किया जाता है, उन पर सत्तापक्ष एवं विपक्षी सदस्य सदन में गहन वाद–विवाद करते हैं, जिसका सीधा प्रभाव जनता पर पड़ता है, जो किसी भी लोकतांत्रिक व्यवस्था में जनमत–निर्माण का प्रमुख माध्यम है। चुनाव के समय जनता सरकारी कामकाजों का लेखा–जोखा करने के उपरान्त ही सरकार के पक्ष या विपक्ष में जनमत का निर्माण करके अभिव्यक्ति के रूप में मतदान व्यवहार प्रदर्शित करती है जो मतपेटियों से जनादेश के रूप में बाहर आता है। इस प्रकार, संसद्, एवं विधानमंडल विधिसम्मत अस्तित्व के साथ कार्यात्मक स्तर पर जनमत–निर्माण में प्रभावशाली भूमिका निभाता है।

13. **देश के महापुरुष (Great Men)**–जनमत–निर्माण में देश के महापुरुषों की भूमिका काफी प्रासंगिक होती है। इनके करिश्माई व्यक्तित्व के प्रभाव में जनता इनके विचारों के अनुरूप अपने मतों को स्वेच्छा से ढालने लगती है। स्वाधीनता आन्दोलन के समय अभिजनों द्वारा भारत में गांधी, नेहरू जैसे करिश्मावादी नेतृत्व में पूरी आस्था व्यक्त की गयी थी। भारतीय जनता ने स्वतंत्रता संघर्ष को भरपूर समर्थन देकर उसे जनआन्दोलन का स्वरूप दिया, जिसके परिणामस्वरूप ब्रिटिश हुकूमत को भारत छोड़ने पर विवश होना पड़ा। दक्षिण अफ्रीका के नेल्शन मंडेला का नाम भी ऐसे महापुरुषों की कोटि में शामिल है।
14. **राष्ट्रीय ध्वज (National Flag)**–किसी देश का राष्ट्रीय ध्वज उसकी अस्मिता का प्रतीक होता है, इसलिए यह व्यापक स्तर पर जनमत को संगठित करने का महान् कार्य करता है। चूँकि राष्ट्रीय ध्वज देश के नागरिकों को राष्ट्रीय स्तर पर एकता के सूत्र में बांधता है और राष्ट्रीय एकता की छत्रछाया में भावनात्मक स्तर पर नागरिकों में राजनीतिक चेतना ऊर्जित करता है, इसलिए यह जनमत को भी देशभक्ति के दृष्टिकोण से सक्रियता और ऊर्जस्विता प्रदान करके प्रबुद्ध जनमत के निर्माण व अभिव्यक्ति में बुनियादी तत्त्व–माध्यम के रूप में उल्लेखनीय योगदान देता है। इस प्रकार, जनमत को जागरूक बनाने तथा स्थायी जनमत के निर्माण में राष्ट्रीय ध्वज की भूमिका काफी अहम् है।
15. **प्राचीन स्मृतियां (Ancient Memories)**–किसी भी देश की विरासत (Legacy) से जुड़ी प्राचीन स्मृतियां वहां के जनमत को संगठित करने जागरूक बनाने तथा नये शक्ल में ढालने में अहम् भूमिका निभाती हैं। चूँकि, प्राचीन स्मृतियों का संबंध देश की सभ्यता–संस्कृति के पक्षों से जुड़ा होता है, इसलिए देश की अस्मिता से प्रासंगिक धरोहरों की रक्षा करना एवं उसके नाम पर जनमत का संगठित होना काफी स्वाभाविक प्रतिक्रिया है। इतिहास गवाह है कि कई देशों में विदेशी शासकों द्वारा जब–जब देश की प्राचीन सभ्यता–संस्कृति से जुड़े तथ्यों को ध्वस्त करने का प्रयास किया गया है, तब–तब शासकों को तात्कालिक जनमत का गंभीर विरोध झेलना पड़ा है।

अशिक्षित समाजों में संप्रेषण की समस्याएं एवं जनसंपर्क के साधनों की भूमिका : राज्य–व्यवस्था और राजनीतिक दलों के संदर्भ में (Problems of Communication in Illiterate Societies and Role of Mass Media in Reference to Parties and Polity)

विद्वज्जनों की ऐसी मान्यता है कि शिक्षित समाज ही स्वस्थ और टिकाऊ जनमत का निर्माणकर्ता होता है। उपनिवेशवाद (Colonialism) के पतन के पश्चात् विकासशील देशों के नाम से जब तीसरी दुनिया के देशों का अस्तित्व अन्तर्राष्ट्रीय राजनीति के मानचित्र पर संस्थापित हुआ, तभी से इन नवस्वतंत्र देशों की राजनीति, राजनीतिक व्यवस्था, राजनीतिक क्रियाकलाप, राजनीतिक संस्कृति, राजनीतिक सहभागिता, राजनीतिक विकास तथा प्रतिनिधि सरकार का अस्तित्व–निर्माण करने वाले बुनियादी तत्त्व 'जनमत' के तत्त्वतः परिस्थितिजन्य–अनुभवजन्य अध्ययन की परम्परा आरंभ हुई। उत्तर व्यवहारवाद के आगमन के पश्चात् इस अध्ययन–प्रवृत्ति में काफी तेजी आई और समाज वैज्ञानिकों के बीच विकासशील व्यवस्थाओं में मौजूदा समाज, उसकी सभ्यता संस्कृति, आर्थिक परिवेश तथा सामाजिक–राजनीतिक संस्कृति, गतिविधियों पर शोध करने की होड़ मच गयी।

विकासशील देशों की मुख्य पहचान यह है कि सामान्यतः इन देशों का अतीत यूरोपीय देशों के उपनिवेश का है। स्वाधीनता से पूर्व उपनिवेशवादी शक्तियों द्वारा अपनी संवृद्धि और समुन्नति के लिए इनके प्राकृतिक और मानवीय संसाधनों का भरपूर दोहन (Exploitation) किया गया। आजादी के समय इन्हें अत्यन्त ही पिछड़ी हुई अर्थव्यवस्था विरासत में मिली। बुनियादी तौर पर आजादी के पूर्व भी ये अल्पविकसित देश (Underdeveloped Countries) थे और विकास की प्रबल आकांक्षा से प्रेरित होकर ही इन्होंने स्वाधीनता संघर्ष का रास्ता अख्तियार

किया था। अल्पविकसित होने और विकास के मार्ग पर कदम बढ़ाने की वजह से इनका कोटिकरण विकासशील देश के रूप में किया गया। निम्न उत्पादकता (Low Productivity) और निर्धनता (Poverty) इन देशों का मुख्य लक्षण है। आर्थिक पिछड़ेपन की वजह से ये राज्य–व्यवस्थाएं अपने नागरिकों की बुनियादी आवश्यकताओं, यथा–पोषण (Nutrition), आवास (Shelter) तथा स्वास्थ्य (Health), की पूर्ति नहीं कर पाती है, साथ–ही उत्तम जीवन जीने के लिए आवश्यक साधनों, यथा–सार्वजनीन शिक्षा (Universal Education), रोजगार (Employment) नागरिक स्वतंत्रताएं (Civil Liberties) तथा राजनीतिक सहभगिता (Political Participation) की परिस्थितियां भी उपलब्ध नहीं करा पाती हैं। यहां का राजशासन राज्य एवं समाज की समस्याओं को सुलझाने में अधिक कार्यकुशल साबित नहीं हो पा रहा है। शहरीकरण के स्तर में कमी, साक्षरता (Literacy) की दर में भारी कमी, प्रति व्यक्ति आय में कमी, भौगोलिक–सामाजिक गतिशीलता में कमी, वाणिज्य व व्यापार औद्योगीकरण एवं अर्थव्यवस्था का निम्न स्तर तथा जनसंपर्क के साधनों की स्वतंत्रता और सर्वव्यापक स्थिति में कमी की वजह से इन समाजों में जनमत–निर्माण की प्रक्रिया और अभिव्यक्ति की स्थिति सीधे तौर पर प्रभावित होती है।

इनमें से अधिकांश देशों में परम्परागत समाज की विद्यमानता है। यह अशिक्षित या आंशिक रूप से शिक्षित समाज की वह अवस्था है जिसमें श्रम–प्रधान कृषि (Labour-intensive Agriculture) ही उत्पादन और आय का मुख्य स्रोत होता है, इसलिए वाणिज्य–व्यापार तथा औद्योगीकरण–प्रौद्योगिकी पर आधारित उत्पादकता बहुत निम्नस्तर की होती है। इन देशों की आर्थिक संवृद्धि एवं राजनीतिक विकास के मार्ग में संजातीय तनाव या संघर्ष (Ethnic Tensions-Conflicts) मुख्य अवरोधक की भूमिका निभाते हैं। इन देशों में विभिन्न भाषाओं, धर्मों, जातियों, संस्कृतियों से जुड़े लोग निवास करते हैं। यदि यहां विद्यमान् भाषाई, जातीय व सांस्कृतिक विविधता की वजह से किसी एक समूह को दूसरों की तुलना में कुछ विशेष लाभ मिलता है तो अन्य समूहों में द्वेष–प्रतिद्वन्द्विता का भाव उत्पन्न होता है। इस वैमनस्य भाव की मौजूदगी से समूहों के बीच विभाजनकारी प्रवृत्तियों (Divisive Tendencies) के पनपने, फलने–फूलने की पूरी गुंजाइश रहती है। इन व्यवस्थाओं में संजातीय तनाव और संजातीय मुद्दे राष्ट्र–निर्माण एवं जनमत–निर्माण के रास्ते में बाधक बनते हैं।

विकासशील देशों के अशिक्षित समाजों की राजनीति की सबसे बड़ी विफलता यह है कि यहां समाज के निचले स्तरों में नेतृत्व का उदय नहीं के बराबर होता है। यहां विभिन्न समूहों का विशिष्ट वर्ग अपनी राजनीतिक महत्त्वाकांक्षा, की पूर्ति के लिए निम्नवर्गों के जनसमर्थन का इस्तेमाल करते है और अपनी इच्छानुरूप इस वर्ग के जनमत को आकार देते है या आवश्यकतानुरूप नये शक्ल में ढ़ालते हैं। यहां के विशिष्टवर्ग यानी कि शिक्षित नेतृत्व द्वारा निम्नवर्गों के अशिक्षित समाजों का समर्थन प्राप्त करने के लिए जाति, धर्म, भाषा, संस्कृति, क्षेत्र, आदि की विविधता का पूरा लाभ उठाया जाता है। लोकतंत्र के सफल संचालन के लिए बड़े पैमाने पर राजनीतिक सहभागिता एक अनिवार्य शर्त है, लेकिन इन देशों की जनता को इस राजनीतिक गतिविधि में शामिल होने का पर्याप्त अवसर नहीं मिल पाता है। राजनीतिक सहभागिता की सार्थकता वहां होती है, जहां जनप्रतिनिधि महत्त्वपूर्ण मुद्दों–समस्याओं पर तथा जनहित कानूनों के निर्माण पर जनता से निर्देश प्राप्त करते हैं, यानी कि जनइच्छा को कानून में परिवर्तित करते हैं। लेकिन, विकासशील देशों के अशिक्षित समाजों में सामान्यतया राजनीतिक सहभागिता का प्रभावशाली क्रियान्वयन संभव नहीं हो पाया, क्योंकि वहां के अशिक्षित वर्ग में राजनीतिक चेतनीयता (Worthy of Understanding) एवं चेतना–प्रवाह (Stream of Consciousness) का घोर अभाव पाया जाता है।

सामान्य तौर पर इन देशों की एक प्रधान समस्या जनसंख्या विस्फोट (Population Explosion) है। ये शिक्षा की दृष्टि से अत्यन्त पिछड़े राष्ट्र हैं। संरचनात्मक एवं कार्यात्मक स्तर पर ज्ञान के अर्जन, वितरण एवं उपयोग की सशक्त इकाइयों एवं परम्पराओं का यहां काफी अभाव है। ग्रामीण परिवेश में शिक्षा के स्तर पर यहां कठिन से कठिन परिस्थितियां मौजूद है। शिक्षा के स्तर में सुधार के लिए संरचनात्मक एवं गुणात्मक दोनों स्तर पर व्यापक योजनाओं के निर्माण एवं यथोचित कार्यान्वयन की बेहद जरूरत है। यहां के अशिक्षित समाज की अधिकांश जनता निर्धनता, भूख और बीमारी से ग्रसित है। निरक्षरता और राजनीतिक चेतना के अभाव में ऐसे समाज के सदस्य अपने नेताओं को अपने सुरक्षाकर्ता और आश्रयदाता के रूप में देखते हैं न कि अपने राजनीतिक प्रतिनिधि के रूप में। वस्तुतः, इस समाज के सदस्य अपने नेताओं से सुरक्षा पाने की अपेक्षा रखते हैं और बदले

में उन्हें अपनी पूरी निष्ठा प्रदान करते है तथा उनके व्यक्तित्व में अपना पूरा राजनीतिक विश्वास व समर्थन व्यक्त करते हैं।

विकासशील देशों के इन समाजों में मौजूद भूख और गरीबी की मूल वजह शिक्षा की पिछड़ी स्थिति और उसमें भी ज्यादातर लोगों का निरक्षर होना है। यहां की भूख और गरीबी सिर्फ योजनाओं और सरकारी उपक्रमों के बल पर दूर नहीं की जा सकती है। राजनीतिक स्तर पर इस लक्ष्य की प्राप्ति तभी हो सकती है जब गरीबी दूर करने के सरकारी प्रयासों में गरीबों की भी सहभागिता हो, यानी कि नीति–निर्णय निर्माण प्रक्रिया में निर्धन वर्ग भीं जनमत का प्रदर्शन करके अपनी सहभागिता की उपस्थिति दर्ज करा सके। लेकिन, यदि तत्त्वतः विश्लेषण किया जाये तो इन देशों में राजनीति की चाल बेढंगी होती जा रही है। उदाहरण के तौर पर भारत को ही लें, तो यह दिखता है कि पिछले एक दशक में भारतीय राजनीति में कई तरह का बदलाव आया है, सिद्धान्त से लेकर विचारधारा तक कई स्तरो पर काफी मुखर परिवर्तन सामने आया है। नेहरू से लेकर मनमोहन सिंह तक भारतीय राजनीति की अन्तर्दशा व विकास की नीतियों–कार्यक्रमों में कई नये आयाम जुड़ गये हैं। यहां की दलगत राजनीति की दशा और दिशा भी पूरी तरह बदल गयी है। देश की सबसे पुरानी राष्ट्रीय पार्टीयां कांग्रेस अपना जनाधार धीरे–धीरे खो रही है। दोनों बड़ी राष्ट्रीय पार्टियां कांग्रेस और भाजपा अपने प्रभाव के फैलाव में क्षेत्रीय स्तर तक सिमट गयी हैं। यही मूल वजह है कि आज देश मे राष्ट्रीय स्तर पर अवसरवादी राजनीति को क्षेत्रीय राजनीति से पोषण तत्त्व लेना पड़ रहा है। केन्द्र में क्षेत्रीय पार्टियां मोल–तोल की राजनीति के सहारे सत्ता का लाभ उठा रही हैं। गठबंधन की राजनीति भारतीय लोकतंत्र के नये चेहरे को सामने ला रही है। पहले यहां राजनीति में उच्च वर्ग और मध्य वर्ग का बोलबाला था, लेकिन चुनावी राजनीति में छोटी जातियों के प्रवेश व सक्रिय भूमिका निभाने से उच्च वर्ग के सदस्यों का आधिपत्य राजनीति पर कम होता जा रहा है। ऐसी स्थिति में छोटी जातियों और निम्न वर्गों के जो नेता पहले बड़े दलों से जुड़े थे वे अपनी ही जाति आधारित दल के नायक बनकर उभरे हैं। इसलिए, राजनीति में विचारधारा की स्थिति गौण हुई है और वैयक्तिक राजनीति की हैसियत में काफी बढौतरी हुई है। केन्द्र एवं राज्य दोनों स्तरों पर परिवादवाद की मानसिकता की जडे काफी मजबूत होती जा रही हैं। सभी पार्टियां मूल्यों और सिद्धान्तों से भटकती जा रही हैं। कुछ खास राजनीतिक दल समुदाय विशेष के रहनुमा के रूप में खुद को प्रस्तुत करने में जुटे हैं। सभी दलों के नेताओं को आम आदमी से कोई सरोकार नहीं रह गया है। सिर्फ चुनाव का समय नजदीक आने पर सभी दलों के लिए जनमत का महत्त्व बढ़ जाता है और इसी उद्देश्य से जनता की अदालतें लगती हैं। एक विकासशील समाज के लोकतंत्र के लिए यह स्थिति काफी चिन्ताजनक, निराशाजनक और घातक है।

विकासशील देशों में अशिक्षित समाजों के नेता, बड़े–बड़े जमींदार, उद्योगपति, अपनी–अपनी जातियों के संरक्षक या कुशल राजनीतिज्ञ होते हैं। जब इनके द्वारा ऐसे समाजों में संरक्षक की भूमिका निभाई जाती है तो जनता की निष्ठा–विश्वास के साथ–साथ उनके मतों पर भी इनका नियंत्रण हो जाता है। बड़े–बड़े नेताओं तथा जातीय नेताओं द्वारा आयोजित जुलूस–जलसा, धरणा–प्रदर्शन, रैली–आमसभा आदि में भीड़ जुटाने या शक्ति–प्रदर्शन के नाम पर संख्याबल बढ़ाने के लिए शामिल होना इस समाज के सदस्यों की फितरत है। लोकतंत्र एक क्रमिक प्रक्रिया है। यह किसी भी देश से आयात–निर्यात करने की चीज नहीं होती है। अधिकांश विकासशील देशों का लोकतंत्र उपनिवेशवाद के विरुद्ध राष्ट्रीय आन्दोलन की उपज है। भारतीय लोकतंत्र भी राष्ट्रीय आन्दोलन की ही उपज है। भारतीय राष्ट्रीय आन्दोलन जिन वैचारिक आधारों पर खड़ा था उसमें प्रधान तत्त्व था, ब्रिटिश औपनिवेशिक शासन को समाप्त करके देश की जनता द्वारा निर्वाचित सरकार का अस्तित्व–निर्माण करना।

लेकिन, आजादी हासिल करने के बाद से लेकर आज तक भारत में देहाती समुदायों के नेता प्रायः जात–पात के आधार पर अशिक्षित समाजों का वोट बटोरने का काम करते रहे हैं, यानी कि राजनीतिक अभिजनवर्ग इस समाज के सदस्यों के जनमत–निर्माण एवं अभिव्यक्ति पर अपना एकछत्र अधिकार मानते हैं। इनके नेता स्वंय चाहें किसी भी दल या गठबंधन में शामिल हो जायें, कोई चुनाव चिन्ह अपना लें या किसी भी राजनीतिक दल के प्रचारक बन जायें अशिक्षित जनता के मतों पर अपना एकाधिकार मानते हैं। ऐसे नेता अपने वोट बैंक तथा समर्थकों के बल पर पूरी महारत से सत्ता के लिए सौदेबाजी करते हैं। मोलभाव करके लोकतंत्र में शहरी नेतागण

अपने राजनीतिक प्रभाव का इस्तेमाल करके अनधिकृत बस्तियों को अधिकृत बनाने में सहायक बनते हैं और इन बस्तियों में बिजली, पानी, राशन कार्ड, स्कूल, अस्पताल, बस, आदि बुनियादी सुविधाएं उपलब्ध कराके बस्ती वालों का वोट अपने पक्ष में पक्का करा लेते हैं, यानी कि शहरी नेता ग्रामीण परिवेश की अशिक्षित जनता का वोट बटोरने में सफल हो जाते हैं और उनके मतों का प्रयोग वोट बैंक के रूप में करते हैं। अशिक्षा, निर्धनता और नाना प्रकार के अभावों एवं समस्याओं से घिरे हुए ये लोग थोड़ी सी सुरक्षा और सहूलियत मिलने पर जीवन जीने के लिए इन छोटी–छोटी बुनियादी आवश्यकताओं को पाने के लालच में अपने तथाकथित रहनुमाओं को थोक में में सारे वोट देने का वादा कर लेते हैं।

जीवन की बुनियादी जरूरतों से वंचित निर्धनता और भूख से ग्रसित तथा कई प्रकार की जानलेवा बीमारियों का शिकार बने अशिक्षित समाजों के सदस्य राष्ट्रहित के बड़े–बड़े मुद्दों से कोई सरोकार रख सकें, उनमें किसी भी दृष्टि से ये क्षमता नहीं होती है, इसलिए वे राष्ट्रीय मुद्दों से कोई सरोकार नहीं रख पाते हैं। शिक्षा और ज्ञान के अभाव में ऐसे समाज के सदस्य सिर्फ लेन–देन की राजनीतिक सहभागिता निभाते हैं। इसलिए, यहां स्वस्थ और टिकाऊ जनमत के निर्माण की परिस्थितियां ही नहीं बन पाती हैं। संप्रेषण की समस्याएं, संजातीय तनाव एवं संघर्ष, जातिप्रथा का कठोर ढाँचा, संचार व्यवस्था का पिछड़ापन, भौगोलिक गतिशीलता में कमी, शासक और शासित में परस्पर संपर्क का अभाव, उत्पादन प्रणाली में नवीनता का अभाव, समाज के सदस्यों में ज्ञान का अभाव, आदि वे तात्त्विक परिस्थितियां हैं जो इन समाजों में जनमत–निर्माण व अभिव्यक्ति का मार्ग अवरुद्ध करता है।

समस्याएं (Problems)

अशिक्षित समाजों में स्वस्थ और ठोस जनमत (Healthy and Sound Public Opinion) के निर्माण में जन संचार एवं संप्रेषण के संबधित कई समस्याएं एवं बाधाएं हैं, जिसकी विवेचना निम्नांकित संदर्भो में की जा सकती है:

1. **अशिक्षा (Literacy)**–विकासशील या अल्पविकसित समाजों में निरक्षरता स्वस्थ व ठोस जनमत–निर्माण में सबसे बड़ी बाधा है। अशिक्षित समाजों के सदस्य जनसंपर्क के अधिकांश साधनों का उपयोग ही नहीं कर पाते हैं। मसलन–इनके लिए समाचारपत्र–पत्रिकाएं राजनीतिक साहित्य आदि बेमानी हैं, क्योंकि निरक्षर होने की वजह से वे इन पुस्तकों, पत्र–पत्रिकाओं का उपयोग करके ज्ञान का लाभ अर्जित नहीं कर सकते हैं। इसका दुःखद परिणाम यह होता है कि वे प्रकाशित मीडिया (Print Media) में छपी खबरों, लेखों, विचारों आदि से न तो अवगत होते हैं, न ही उसका लाभ उठा सकते हैं, और न ही अपने विचारों को लेखों के माध्यम से दूसरों तक पहुंचा सकते हैं। उन्हें यथोचित राजनीतिक प्रशिक्षण प्राप्त करने, उनमें राजनीतिक चेतना उत्पन्न कराने तथा विचार अभिव्यक्ति के लिए मानसिक स्तर पर कमजोर बनाने का मुख्य कारक निरक्षरता है। अशिक्षा की वजह से उन्हें एक स्वतंत्र नागरिक के रूप में अपने अधिकारों–कर्तव्यों का भी ज्ञान नहीं हो पाता है। अपने संकुचित दृष्टिकोण व मानसिकता के कारण व्यवस्था की राजनीति और राजनीतिक जीवन के प्रति उनका कोई रुझान नहीं होता है। वस्तुतः, अशिक्षा ऐसे सदस्यों को अपनी राजनीतिक व्यवस्था, राजनीतिक प्रक्रिया, राजनीतिक दल, सक्रिय राजनीति एवं शासकवर्ग से सीधा सरोकार रखने में बाधक की भूमिका निभाता है और देश में स्वस्थ एवं ठोस जनमत के निर्माण में सबसे बड़ी रुकावट बनता है।
2. **निर्धनता (Poverty)**–निर्धनता अशिक्षित समाजों में स्वस्थ व ठोस जनमत के निर्माण में सबसे बड़ी रुकावट है। निर्धनता इस समाज के सदस्यों में आदर्श नागरिक के गुणों का विकास नहीं होने देता है। एक भूखे व्यक्ति के लिए राष्ट्रहित और जनमत–निर्माण की बातें बेमानी है। बहुत हद तक निर्धनता ही इस समाज के सदस्यों को शिक्षा प्राप्त करने के अवसर से भी वंचित करता है। निर्धनता मनुष्य के लिए सबसे बड़ा अभिशाप है और बात यदि लोकतांत्रिक समाज के सदस्यों की हो वहां निर्धनता लोकतंत्र के लिए सबसे बड़ा अभिशाप बन जाता है, क्योंकि, यह आदर्श नागरिक और आदर्श जनमत के निर्माण में

सबसे बड़ी रुकावट बनती है। यहां तक कि ऐसे अभावग्रस्त मतदाता चुनाव के समय अपने मतों के लेनदेन का सौदा रोटी के चंद टुकड़ों के लिए करने को विवश होते है। लेनदेन की इस राजनीति में मतों के ठेकेदारों का इनके वोटों पर पूरा कब्जा हो जाता है। इस प्रकार, निर्धनता जनमत के निर्माण व अभिव्यक्ति में एक बड़ी बाधा है।

3. **सामाजिक–राजनीतिक जीवन के प्रति तटस्थता (Disinterest Towards Social—Political Life)**–अशिक्षा और निर्धनता इस समाज के सदस्यों को राजनीतिक–सामाजिक जीवन के आकर्षण–चकाचौंध (Glamour) से विमुख करता है, यानी कि राजनीति के प्रति तटस्थ बनाता है। राजनीतिक–सामाजिक जीवन के प्रति विमुखता की अभिवृत्ति (Indifference Attitude) उनके राजनीतिक दृष्टिकोण को संकुचित बनाती है और उन्हें एक स्वतंत्र देश के नागरिक के रूप में अपने अधिकारों–कर्तव्यों का ज्ञान–अर्जित करने तथा लाभ उठाने के योग्य नहीं बनने देती है। इस प्रकार, राजनीतिक–सामाजिक जीवन के प्रति विमुखता जहां उन्हें एक आदर्श नागरिक बनने से रोकता है, वहीं जनमत–निर्माण व अभिव्यक्ति में भी गंभीर अवरोधन पैदा करता है।
4. **राजनीतिक चेतना का अभाव (Absence of Political Consciousness)**–सामाजिक–राजनीतिक जीवन के प्रति उदासीनता ऐसे नागरिकों के अन्दर राजनीतिक चेतना जाग्रत नहीं होने देता है। राजनीतिक चेतना के अभाव में ये अपने नागरिक अधिकारों–कर्तव्यों के साथ–साथ राष्ट्रहित की संवृद्धि और इसके रास्ते में आने वाले अड़चनों के प्रति उदासीन और संवेदनहीन होते हैं। इसके परिणामस्वरूप व्यवस्था की सार्वजनिक समस्याओं का हल ढूंढ़ने में मददगार बनने के प्रति न तो इनकी अभिरुचि होती है और न ही समस्या–निदान के संबंध में वे यथोचित मत का निर्माण कर सकते हैं। इस प्रकार, राजनीतिक चेतना की गैर हाजिरी इन समाजों में जनमत–निर्माण और अभिव्यक्ति के रास्ते की एक बड़ी रुकावट है।
5. **राष्ट्रीयता की भावना का अभाव (Lack of the Feeling of Nationality)**–किसी लोकतांत्रिक व्यवस्था के जनमत निर्माण व अभिव्यक्ति प्रक्रिया में नागरिकों के अंतःकरण में मौजूद राष्ट्रीयता की भावना आधारतत्त्व की भूमिका अदा करता है। अशिक्षा, निर्धनता तथा जीवन के प्रति उदासीनता का भाव इस समाज के सदस्यों को राष्ट्रीयता का बोध नहीं होने देता है। राष्ट्रीयता के तत्त्वों की अनुभूति नहीं होने की वजह से तथा राष्ट्रहित के ज्ञान के अभाव में इस समाज के सदस्यों में ठोस जनमत निर्माण एवं स्वस्थ विचार की अभिव्यक्ति की संभावना नहीं के बराबर होती है।
6. **गलत सिद्धान्तों के आधार पर राजनीतिक दलों का गठन (Formation of Political Parties on Wrong Principles)**–विकासशील व्यवस्थाओं में राजनीतिक दलों का निर्माण जाति धर्म, वर्ग, क्षेत्रीयता, साम्प्रदायिकता जैसे संकीर्ण तत्त्वों पर आधारित होता है। इस तंग (Narrow) राजनीतिक मानसिकता के कारण समाज तथा सामाजिक जीवन के प्रति राजनीतिक दलों एवं नेताओं का नजरिया भी संकुचित होता है। इस नजरिया के कारण राजनीतिक दल और उनके नेतागण अशिक्षित समाज की समुन्नति व विकास के नाम पर मतों की राजनीति करते हैं और अपने वोट बैंक में बढ़ोत्तरी के लिए हर राजनीतिक गतिविधि को मत–प्रबंधन की दृष्टि से अंजाम देते हैं। इस संदर्भ में लिप्सेट का कथन काफी प्रासंगिक है। लिप्सेट की मान्यता है कि प्रत्येक समाज का चाहे जो भी आदर्श हो, लेकिन यह सत्य है कि कम पढ़े–लिखे समाजों या अशिक्षित समाजों में राजनीति के प्रति उदासीनता और सोचने–समझने की क्षमता कम होने की वजह से वहां 'स्टीरियो–टाइप्स (Stereotypes) मतों की प्रधानता होती है। ऐसे समाजों की जनता अपने सामाजिक वर्ग, जाति, धर्म या व्यक्तिगत परिवेश के प्रचलित दृष्टिकोण को सहज रूप से स्वीकार कर लेती है। यहां के अधिकांश सदस्य प्रशासन और राजनीति की जटिलताओं को समझने में सक्षम नहीं होते हैं, इसलिए समाज के विशिष्ट वर्ग, राजनीतिक दल तथा राजनीतिक नेताओं द्वारा प्रस्तुत विचारों को आसानी से स्वीकार कर लेते हैं। यदि जनसंचार के अभिकरण भी स्वतंत्र और निष्पक्ष न हों तो संचार उपकरण भी दलीय नीतियों–कार्यक्रमों का प्रचार–प्रसार करके लोगों के विचारों को वांछित

दिशा में मोड़ कर स्टीरियोटाइप की स्थिति पैदा कर देते हैं। इस प्रकार, गलत और संकुचित सिद्धान्तों पर आधारित राजनीतिक दल अपने राजनीतिक फ़ायदे के लिए संकीर्ण मानसिकता का प्रयोग करके इस समाज के सदस्यों को जाति, धर्म, वर्ग, आदि तत्त्वों के आधार पर बाँट कर अपने आपको सत्तारूढ़ करने का मार्ग सहज–सुलभ बनाते हैं और व्यवस्था में राजनीतिक सौदबाजी को निरन्तर बढ़ावा देते रहते हैं, जिससे ठोस जनमत का निर्माण संभव नहीं हो पाता है।

7. **सामाजिक भेदभाव (Social Discrimination)**–विकासशील व्यवस्थाओं में मौजूद सांस्कृतिक विविधता ही वहां के समाजों में चरम सामाजिक भेदभाव की विद्यमानता की परिस्थितियां पैदा करता है। जाति धर्म, वर्ग, वंश संप्रदाय पर आधारित समाज में मौजूद सामाजिक भेदभाव, ईर्ष्या–द्वेष, प्रतिद्वन्द्विता, साम्प्रदायिकता, छुआछूत, पक्षपात आदि से विभेदीकरण (Discrimination) के तत्त्वों को बढ़ावा मिलता है। विभेदनकारी ये तत्त्व सदस्यों में पृथक्करण की मानसिकता को मजबूती प्रदान करते हैं। ऐसे समाज के सदस्य सार्वजनिक या राष्ट्रीय हित के प्रसंगों का आकलन अपने संकुचित दृष्टिकोण और निजी जरूरतों की पूर्ति के उद्देश्य से करते हैं। अपनी आवश्यक आवश्यकताओं के कारण अपने ही समाज में बंटी हुई जिन्दगी जीते हैं और सामाजिक स्तर पर इनके विभेदन का फ़ायदा राजनीतिक दलों एवं उनके नेताओं को मिलता है। सामाजिक भेदभाव को हवा देकर नेतागण चुनाव में अपनी जीत का मार्ग आसान करते हैं; लेकिन राष्ट्रीय स्तर पर स्वस्थ और ठोस जनमत के निर्माण में भेदभाव या पक्षपात के आधार पर बंटा हुआ समाज तत्त्वतः चुनावी राजनीति की सफलता में गंभीर अड़चने उत्पन्न करता है जिसका परिणाम बंटे हुए जनादेश के रूप में सामने आता है।

8. **जातीयतावाद एवं साम्प्रदायिकतावाद (Casteism and Communalism)**–अशिक्षित समाजों में राजनीतिक दल अपनी राजनीतिक रोटी रोकने के लिए सदस्यों को जातीयता–साम्प्रदायिकता जैसे संवेदनशील तत्त्वों के आधार पर बांटने का कार्य करते हैं। निरक्षर और निर्धन समाज संकुचित मानसिकता का पोषक होता है, इसलिए जाति, धर्म, वर्ग, साम्प्रदायिकता आदि विषयों के प्रति इनकी विशेष आसक्ति होती है। विकासशील समाजों में स्वतंत्रता–प्राप्ति के पश्चात् जातियां एक राजनीतिक शक्ति के रूप में उदित होकर व्यवस्था की राजनीति के स्वरूप निर्धारण और दलों द्वारा किये जाने मत–प्रबंधन में आधारतत्त्व की भूमिका निभा रही हैं। राजनीति में जाति के हावी हो जाने की वजह से जातियों का राजनीतिकरण हो जाता है। राजनीतिक दल जातियों का वोट बैंक के रूप में इस्तेमाल करते हैं इससे समाज के लोगों में पृथक्करण की प्रवृत्ति को बढ़ावा मिलता है। साम्प्रदायिकता के अन्तर्गत समाज के सदस्यों की वैसी भावनाएं एवं क्रिया–कलापों का समावेश होता है जिसके तहत किसी धर्म या भाषा के आधार पर किसी समूह विशेष के हितों को प्रमुखता दी जाती है। इससे उस संबद्ध समूह में पृथक्ता की भावना उत्पन्न होती है। राजनीतिक दलों द्वारा अपना वोट बैंक मजबूत करने के लिए समाज में ऐसी भावनाओं को प्रोत्साहन दिया जाता है। तात्त्विक स्तर पर ये दोनों तत्त्व अशिक्षित समाजों में पृथक्करण की प्रवृत्ति का पोषण करते है जो ठोस जनमत के निर्माण में एक बड़ी रुकावट है।

9. **सामाजिक बुराइयां (Social Evils)**–परम्परागत पिछड़े समाजों में लोगों का सामाजिक जीवन कई बुराइयों में जकड़ा हुआ है जिनमें छुआछूत, भेदभाव, दहेजप्रथा, व्यक्तिपूजा, अपराध, मदिरापान, जुआ, वेश्यावृत्ति, अमीरी–गरीबी के बीच की खाई, अपराध, आदि प्रमुख हैं जो सामाजिक वातावरण को दूषित करती हैं। इन बुराइयों के चलते सामाजिक पर्यावरण में तनाव–द्वन्द्व की स्थिति बनी रहती है और इस तनावपूर्ण वातावरण में स्वस्थ जनमत के निर्माण एवं अभिव्यक्ति की संभावनाएं क्षीण हो जाती है। इस प्रकार, सामाजिक बुराइयां जनमत–निर्माण में विघ्न पैदा करता है।

10. **क्षेत्रीयतावाद (Regionalism)**–विकासशील समाजों में राष्ट्र निर्माण व राष्ट्रीय एकीकरण की समस्या सभी सरकारों के लिए गंभीर चुनौती बनी हुई है। इन समाजों में राष्ट्रीय एकीकरण की समस्या का सीधा सरोकार राजनीतिक प्रक्रियाओं की गहराई से है। राष्ट्रीय एकीकरण के भावात्मक तत्त्वों का विश्लेषण

करने से यह स्पष्ट होता है कि इन समाजों में जातीय, धार्मिक, भाषाई तथा क्षेत्रीयता पर आधारित परम्परागत निष्ठाएं एवं विश्वास से जुड़े तत्त्व सदस्यों के सामाजिक–राजनीतिक जीवन में प्रधानता रखते हैं जो इन समाजों में संकीर्ण क्षेत्रीयतावाद के तत्त्वों का पोषण–रक्षण करते हैं। क्षेत्रीयतावाद की मानसिकता से ग्रसित नेता सामाजिक, आर्थिक, भौगोलिक, सांस्कृतिक भाषाई आदि कारकों का हवाला देकर अपने पृथक् अस्तित्व–निर्माण के लिए जागरूकता का प्रदर्शन करते हैं। अपने प्रदेश को विशेष स्थिति व पहचान दिलाने की मांग की आड़ में राजनीतिज्ञ पृथक् राज्य का निर्माण करके अपनी राजनीतिक महत्वाकांक्षाओं की पूर्ति करना चाहते है। जैसा कि भारत के प्रादेशिक दलों, यथा–डी.एम.के., अकालीदल, झारखण्ड पार्टी, शिवसेना, आदि के द्वारा राजनीतिक कारणों से प्रादेशिकता की मांग समय–समय पर प्रबल रूप से उठायी जाती रही है। क्षेत्रीयतावाद जहां राष्ट्रीय एकीकरण में बाधक बनता है, वहीं यह स्वस्थ और ठोस जनमत के निर्माण में अड़चन पैदा करता है। सामान्यतः, शिक्षा की दृष्टि से पिछड़े हुए राज्यों जिसमें ज्यादातर लोग निरक्षर हैं, वहां राजनीतिक दल एवं नेतागण जात–पांत, भाषा, क्षेत्र आदि के आधार पर समाज के विभिन्न समुदायों–सदस्यों को बांट कर अपनी राजनीतिक महत्वाकांक्षा की पूर्ति करते हैं, लेकिन क्षेत्रीयतावाद की मानसिकता, राष्ट्रीय जनमत के निर्माण में बहुत बड़ी रुकावट बनता है।

11. **संजातीय तनाव एवं संघर्ष (Ethnic Tensions and Conflicts)**–अशिक्षित समाजों में संप्रेषण की समस्या एवं ठोस जनमत–निर्माण के अभाव की एक ख़ास वजह संजातीय तनाव–संघर्ष भी है। इन समाजों में विभिनन भाषाओं, जातियों, धर्मों, संस्कृतियों के लोग निवास करते हैं। इनके बीच वस्तुओं, सेवाओं, अवसरों, लाभों के वितरण से संबंधित परस्पर–विरोधी स्थितियां बनी रहती हैं। यदि समाज के किसी समूह को अन्य समूहों की तुलना में ज्यादा अवसर लाभ या सम्मान मिलता है, तो अन्य समूह उसके प्रति द्वेष का भाव रखने लगते हैं। यह भाव समूहों के बीच विभाजनकारी तत्त्वों को जन्म देता है जो राष्ट्रहित की दृष्टि से चिन्ता का विषय है। संजातीय समूह के सदस्य एक ही जाति या संस्कृति से जुड़े होने की वजह से आपसी एकता का अनुभव करते है और संजातीय एकता की यही भावना समाज में संजातीय पूर्वाग्रह (Ethnic Prejudice) को जन्म देता है। संजातीय मुद्दों को विकासशील समाजों में राष्ट्र निर्माण की विफलता का प्रधान लक्षण माना गया है। जिन राष्ट्रों में ऐसे संजातीय तनाव व संघर्ष का अस्तित्व मौजूद होता हैं, वहां के राजनीतिक अभिजन भिन्न–भिन्न जातियों–संस्कृतियों से जुड़े लोगों को राष्ट्र–राज्यों के रूप में संगठित कर पाने में सफल नहीं हो पाये हैं, क्योंकि लोकतांत्रिक राजनीति के आधुनिक मूल्यों को वहां की जनता आत्मसात् नहीं कर पायी है। इन समाजों में जो सामाजिक आन्दोलन संजातीय, धार्मिक या वर्गीय आधार पर चलाये जाते हैं, वे भी राष्ट्र निर्माण प्रक्रिया में बाधक की भूमिका अदा करते हैं। अफ्रीका में सहारा के निकटवर्ती देशों तथा दक्षिण एशिया के देशों में संजातीय तनाव–संघर्ष का अस्तित्व विस्तृत रूप से फैला हुआ दिखाई देता है।

विकासशील व्यवस्थाओं में लोकतांत्रिक प्रक्रियाओं की मजबूती के लिए राष्ट्रनिर्माण और राज्य निर्माण प्रक्रिया का विशेष महत्त्व है। वस्तुतः, विशाल आकार, विशाल जनसंख्या विविध संस्कृतियों, जातियों, धर्मों, भाषाओं से जुड़े लोग नागरिक के रूप में इन व्यवस्थाओं में विकास करते हैं। राष्ट्रीय आन्दोलन के समय इन देशों में राष्ट्र निर्माण की यथोचित भूमिका तैयार हुई थी, लेकिन आजादी के बाद राजनीतिक दलों व नेताओं की राजनीतिक महत्त्वाकांक्षा एवं सत्ता–प्राप्ति की तीव्र लालसा की वजह से वहां की राजनीति में विघटनकारी शक्तियां सिर उठाने लगीं, जिसके परिणामस्वरूप राष्ट्र–निर्माण की गभीर समस्या सामने आई। इसी क्रम में विघटनकारी शक्तियों की मजबूत उपस्थिति, परिवहन और संचार के साधनों की अपर्याप्तता, भौगोलिक दूरियां, सामाजिक जीवन में बुनियादी जरूरतों का अभाव, आर्थिक पिछड़ापन तथा सामाजिक–राजनीतिक गतिशीलता में बेहद कमी साथ ही अशिक्षा–निर्धनता की स्थितियां यहां राज्य–निर्माण के मार्ग में भी बड़े पैमाने पर बाधक बनी और ये दोनों समस्याएं मिलकर स्वस्थ और ठोस राष्ट्रीय जनमत के निर्माण में गंभीर समस्याएं उत्पन्न कर रही हैं।

12. **पक्षपाती प्रेस (Partial Press)**–विकासशील समाजों में अधिकांशतया प्रेस की भूमिका पक्षपातपूर्ण होती है। समाचारों के प्रसारण में भी प्रेस पक्षपाती रवैया अपनाते हैं। ज्यादातर प्रेस की भूमिका सरकार की तरफदारी करने की होती है, इसलिए किसी भी घटना का प्रकाशन यथोचित रूप में नहीं कर पाते हैं। यहां प्रेस द्वारा किसी भी घटना से जुड़े वास्तविक तथ्यों को छिपाया जाता है। सत्तापक्ष, नौकरशाही और पूंजीपतियों को संरक्षण देने के फेरे में इनके द्वारा प्रसारित ख़बरें ज्यादातर सत्यता से परे होती हैं। पक्षपातपूर्ण प्रेस के रवैये से कई बार जनता तक सही सूचनाएं नहीं पहुंच पाती हैं, इसलिए जनमत–निर्माण और अभिव्यक्ति का स्वरूप भी यहां समीचीन रूप में आकार नहीं ले पाता है। अशिक्षित समाजों के जनमत निर्माण में प्रेस की भूमिका सर्वाधिक महत्त्वपूर्ण होती है, इस दृष्टि से प्रेस का पक्षपाती रवैया इन समाजों में ठोस जनमत–निर्माण का बहुत बड़ा अवरोधक है। किसी भी व्यवस्था में स्वस्थ जनमत के निर्माण में प्रेस का स्वतंत्र, निष्पक्ष और निर्भीक होना अति आवश्यक है।

उपर्युक्त विवेचित प्रसंग इस तथ्य का स्पष्टीकरण करते हैं कि विकासशील देशों या तीसरी दुनिया के देशों के अशिक्षित समाजों की अशिक्षित या अल्पशिक्षित जनता 'संप्रेषण' मामले में परिस्थितिजन्य कई गंभीर समस्याओं का सामना कर रही है। इन समस्याओं के समाधान में वहां मौजूद राजनीतिक दलों की भूमिका भी बहुत सकारात्मक और सर्जनात्मक नहीं दिखाई दे रही है। अशिक्षा, गरीबी, बेरोजगारी, आर्थिक पिछड़ापन आदि परिस्थितियों से निपटने के लिए राजनीतिक अभिजनों में आर्थिक–राजनीतिक क्षमता व सामर्थ्य का अभाव इन राजनीतिक व्यवस्थाओं के यथोचित् विकास का मार्ग अवरुद्ध कर रहा है। राजनीतिक व्यवस्था और सरकार के सामर्थ्य में कमी के कारण आमजनों में व्यवस्था के प्रति असंतोष गहराता जा रहा है। इसका फ़ायदा राजनीतिक दलों एवं दलीय नेताओं द्वारा जातीयता, क्षेत्रीयता, साम्प्रदायिकता जैसे कारकों को बढ़ावा देकर अपनी सत्ता–प्राप्ति की लालसा–पूर्ति के लिए अर्जित किया जा रहा है।

विकासशील देशों की राजनीतिक प्रणालियों में भी विविधता पाई जाती है। उदाहरणार्थ, भारत में बहुदलीय लोकतंत्र है, तो क्यूबा में एकदलीय साम्यवादी शासन (One Party Communist Rule) है, नाइजीरिया में अधिकतर सैनिक अधिनायकतंत्र (Military Dictatorship) का इतिहास रहा है तो ईरान और सऊदी अरब में धर्मतंत्र (Theocracy) कायम है। जहां तक अफ्रीकी देशों की स्थिति की बात है, तो वहां की जनता जाति और धर्म के आधार पर बहुत ज्यादा हिस्सों मे बँटी है। अफ्रीका और मध्य पूर्व (Middle East) में नागरिक समाज की इकाइयां बहुत कमजोर हैं, इसलिए वे राज्य–शक्ति का मुकाबला करने में सक्षम नहीं हैं। आर्थिक विकास के निम्न स्तर की वजह से अफ्रीका की स्थिति ज्यादा ख़राब है। पिछले समय सोमालिया, अल्जीरिया, लाइबेरिया, अंगोला, मोज़ाम्बिक, बुरूंडी, ज़ाईर में हुए आन्तरिक संघर्ष के कारण जो विनाशकारी परिदृश्य उभरा, उससे यह स्पष्ट संकेत मिला कि वहां नागरिक समाज की इकाइयां और राज्य दोनों कमजोर स्थिति में है।

मध्य पूर्व के राज्यों की स्थिति तीसरी दुनिया के अन्य देशों से थोड़ी अलग है, जिसकी तीन मुख्य वजहें हैं: प्रथम–इन राज्यों के पास तेल का समृद्ध भंडार हैं, द्वितीय–यहां की सम्पूर्ण जनता इस्लाम में आस्था रखती है जो उन्हें सामान्य रूप से सांस्कृतिक एकता के सूत्र में बांधता, है, तृतीय–मध्य पूर्व का कुछ हिस्सा यूरोपीय उपनिवेश से मुक्त रहा है और ईरान तथा सऊदी अरब विदेशी राजनीतिक नियंत्रण से पूरी तरह बचा रहा है। लेकिन, इन विशेष परिस्थितियों के बावजूद मध्य पूर्व के राज्यों में राज्य और नागरिक समाज का आपसी रिश्ता बहुत हद तक अफ्रीकी देशों के समकक्ष है। एशिया के देशों की स्थिति बुनियादी रूप से अफ्रीका और मध्य पूर्ण से बहुत अलग नहीं है। वहीं लैटिन अमेरिका के कई देश तीसरी दुनिया के अधिकांश देशों की तुलना में अधिक औद्योगीकृत हैं। आर्थिक संवृद्धि और पर्याप्त औद्योगीकृत होने की वजह से इन देशों में जिस कामगार वर्ग का अस्तित्व–निर्माण हुआ है, वह राजनीतिक दृष्टि से भी काफी सक्रिय है। जहां तक कैरीबियन देशों (वेस्टइंडीज) का सवाल है यहां की लोकतांत्रिक राज्य–व्यवस्थाएं हालांकि लैटिन अमेरिकी देशों की तुलना में काफी कम औद्योगीकृत हैं, लेकिन लोकतंत्र की पुरानी परम्परा की वजह से वहां शक्तिशाली नागरिक समाज विकसित हो गया है। क्योंकि, उपनिवेशवादी शासन द्वारा वहां जिन राजनीतिक ढाँचों को संस्थापित किया गया, स्वाधीनता के पश्चात् भी उसका अस्तित्व कायम रहा।

विभिन्न देशों के संबंध में ऊपर विवेचित शासन–प्रणाली की विविधताओं के बावजूद सबों की गिनती तीसरी दुनिया के देशों की कोटि में होती है। पश्चिमी विद्वानों द्वारा विकासशील, देशों की मूल समस्या के रूप में इनके 'आर्थिक पिछड़ापन' को रेखांकित किया गया है। बुनियादी तौर पर इनके पिछड़ेपन का आधारतत्त्व उनकी विशाल जनसंख्या, अशिक्षा, निर्धनता, बेरोजगारी, रुढ़िवादी प्रवृत्ति, उद्यमशीलता में कमी है। उपनिवेशवाद से मुक्ति के उपरान्त इन देशों की जनता को यह उम्मीद थी कि नई लोकतांत्रिक व्यवस्था उन्हें सामाजिक, राजनीतिक, आर्थिक न्याय प्रदान करने में सहायक साबित होगी। लेकिन, इतिहास साक्षी है कि ऐसे अधिकांश देशों में आजादी के बाद जो विशिष्ट वर्ग (Elite Class) अस्तित्व में आया उनमें से अधिकांश अभिजनों ने अपनी राजनीतिक महत्वाकांक्षा और स्वार्थ की पूर्ति के लिए समाज के आमजनों को उन्नति के अवसरों से वंचित रखा। विशिष्ट वर्ग यहां के जनसाधारण का ध्यान जाति, धर्म, वर्ग, क्षेत्र, भाषा, संस्कृति जैसे अनुभूतिमूलक व संवेदनशील विषयों में उलझाकर अपनी राजनीतिक शख़्सियत को मजबूत करने तथा राजनीतिक शक्ति को कायम रखने की जुगाड़ में लगा रहा है। विकासशील देशों के निम्न–वर्गीय समाजों की ये मॉकरि (Mockery) रही है कि वहां के अशिक्षित समाजों में नेतृत्व का उदय बहुत कम होता है, इसलिए व्यवस्था में विभिन्न समूहों के विशिष्टवर्ग अपनी राजनीतिक फ़ायदे की दृष्टि से निम्न स्तर पर जीवन जीने वाले लोगों के समर्थन का भरपूर राजनीतिक इस्तेमाल करते रहते हैं। लेकिन, परिस्थितिजन्य अनुभवों की वजह से अब इन समाजों के सदस्यों में भी राजनीतिक सजगता थोड़ी बढ़ी है और इनके द्वारा भी मोल–तोल की राजनीति के संचालकों द्वारा विशिष्ट वर्ग के सदस्यों की गतिविधियों को संदेह की दृष्टि से देखा जाने लगा है। इन समाजों में राजनीतिक चेतना जागृत करने तथा इनकी समस्याओं को प्रमुखता से उजागर करके सरकार का ध्यान उनकी ओर आकृष्ट कराने एवं समाधान हेतु दबाव का वातावरण तैयार कराने में जनसंचार के माध्यमों की भूमिका सर्वाधिक महत्त्वपूर्ण है।

जनसंपर्क के साधनों की भूमिका (Role of Mass Media)

विकासशील देशों में निरक्षरता (Illiteracy) एक अभिशाप के रूप में व्यवस्थागत कई समस्याओं के जन्म में आधारीय भूमिका निभा रही है। यह कई सामाजिक समस्याओं की जन्मदाता है और लगभग सभी विकासशील व्यवस्थाओं की लोकतांत्रिक सरकारों के क्रियाकलापों को गंभीर रूप से प्रभावित कर रहा है। निरक्षरता अपने साथ–साथ कई सामाजिक समस्याओं को मजबूती देती हैं जिनमें निर्धनता, बेरोजगारी, जनसंख्या विस्फोट अपराध–अपराधी, साम्प्रदायिकता–साम्प्रदायिक हिंसा, जातीयता–जातीय हिंसा, नक्सलवाद, आतंकवाद, इत्यादि प्रमुख हैं। इन सभी समस्याओं का सीधा प्रभाव व्यवस्था की राजनीति और राजनीतिक पर्यावरण पर पड़ता है और यह प्रत्यक्ष रूप से जनमत–निर्माण प्रक्रिया पर चोट करता है। इन पिछड़े समाजों में लोकमत के निर्माण में जनसंपर्क के साधनों की भूमिका बहुत अहम् होती है।

विकासशील देशों में जहां बड़ी संख्या में लोग अशिक्षित हैं, वहां श्रवण–दृष्टि संचार (Audio-Visual Media) राजनीतिक चेतना जागृत करने, ज्ञान अर्जित करने तथा मनोरंजन का एकमात्र महत्त्वपूर्ण साधन है। रेडिया, दूरदर्शन और सिनेमा इस समाज के सदस्यों को सार्वजनिक मामलों में प्रशिक्षित करने में महती भूमिका निभाते हैं। सिनेमा इनके लिए विशेष रूप से मनोरंजन का माध्यम है, लेकिन रेडियो और दूरदर्शन मनोरंजन के साथ–साथ इनके लिए राजनीतिक सामाजिक शिक्षा, ज्ञान और सूचना प्रदान करने का भी सर्वाधिक महत्त्वपूर्ण स्त्रोत है। रेडियो और टेलीविजन जनसंचार का लोकप्रिय माध्यम है।

जनंसपर्क के साधनों में टेलीविजन और रेडियो की पहुंच लाखो–करोड़ों लोगों तक होती है, इसलिए चुनाव के समय अपने पक्ष में जनमत–निर्माण करने तथा चुनाव प्रचार के लिए राजनीतिक दल एंव दलीय व निर्दलीय उम्मीदवार इन संपर्क–साधनों का सहारा लेते हैं। इसके प्रयोग द्वारा वे घर–घर में मतदाताओं से संपर्क करने हेतु अपना संदेश भेजते है। अपनी नीतियों–कार्यक्रमों व विचारधारा के प्रचार–प्रसार के लिए पार्टियां एवं नेतागण जनसंपर्क के इन साधनों का भरपूर इस्तेमाल करते हैं। शिक्षित जनता के जनमत–निर्माण में जनसंपर्क के सभी साधनों विशेषतः प्रिन्ट मीडिया की अहम भूमिका होती है, लेकिन अशिक्षित समाजों की जनता को राजनीतिक

प्रशिक्षण प्रदान करने के लिए जनसंचार के साधनों में रेडियो और टेलीविजन का इस्तेमाल बड़े पैमाने पर किया जाता है।

रेडियो और टेलीविजन पर जहां निजी स्वामित्व होता है, वहां जनसंचार का ये दोनों माध्यम एक लाभ अर्जित करने वाला उद्योग बनकर रह जाता है और जहां इन पर सरकार का नियंत्रण होता है, तो वहां सरकारी कामकाज के प्रचार–प्रसार का माध्यम बन जाता है। इसकी ख़बरों में सरकारी कार्यों–योजनाओं को बढ़ाचढ़ा कर प्रस्तुत किया जाता है। जिन देशों मे जनसंचार साधनों पर सरकार का नियंत्रण होता है वहां प्रचार पर सरकारी नियंत्रण की वजह से स्वतंत्र जनमत का निर्माण संभव नहीं हो पाता है। यहां सरकार का एकमात्र लक्ष्य होता है सरकारी नीतियों–निर्णयों पर जनता का पूर्ण समर्थन हासिल करना। इस उद्देश्य से रेडियो–टेलीविजन के कार्यक्रमों में सरकारी प्रचार की सामग्री का प्रसारण अत्यधिक मात्रा में किया जाता है। यहां तक कि किसी विषय पर प्रसारित की जानेवाली वार्ता की पांडुलिपियों को भी प्रसारण से पूर्व अधिकारियों की गहन जाँच–पड़ताल प्रक्रिया से गुजरना पड़ता है और जब अधिकारी उनका अनुमोदन करते हैं, तभी सरकार के हित में उसका प्रसारण किया जाता है।

आज के चार दशक पूर्व मार्शल मैकलुहन (Marshall Mcluhan) ने लिखा था कि 'माध्यम ही संदेश है' (The Medium is the Massage)। माध्यम हमेशा संदेश को प्रभावित करता है, लेकिन कभी–कभी यह संदेश को विरक्त (Disaffected) भी करता है। जनसंपर्क के साधन आम आदमी तक सूचना या संदेश पहुंचाने मे प्रत्यक्ष वाहन (Conveyance) की भूमिका निभाते हैं। लेकिन, यह कार्य उस स्थिति में अत्यधिक जटिल हो जाता है, जब कोई सूचना वैसे समुदाय विशेष को पहुंचानी हो जिसमें संदेश की प्रवेश योग्यता (Accessibility) की क्षमता नहीं हो। लोकतंत्र में समाज के अशिक्षित समुदायों को इसी कोटि मे रखा जाता है। उनके अन्दर मीडिया के सभी माध्यमों से ज्ञान–अर्जन एवं ज्ञानवर्द्धन की क्षमता नहीं होती है, इसलिए इस समाज के लिए प्रिन्ट मीडिया यानी कि प्रेस, समाचार पत्र–पत्रिकाएं जैसे माध्यमों की कोई उपयोगिता नहीं है। यहां संदेश पहुंचाने एवं जानकारियां हासिल करने तथा राजनीति के प्रति रूझान विकसित कराने के लिए जनसंपर्क के अन्य माध्यमों का सहारा लिया जाता है। यहां संदेशवाहक के रूप में समुदाय का प्रतिनिधित्व करने वाले अभिमत नेताओं (Opinion Leaders) की मदद ली जाती है। ऐसे समूहों में संदेशवाहक के रूप में मुख्य रूप से पारम्परिक प्राथमिक विद्यालयों के शिक्षकों एवं नौकरानियों (Maid Servants) की भूमिका काफी अहम् होती है। पिछले कई दशकों से अशिक्षित समाजों में परिवार एवं स्वास्थ्य–कल्याण तथा जनसंख्या नियंत्रण से संबंधित जानकारियां एवं संवाद इन्हीं माध्यमों से प्रेषित किया जाता रहा है। ऐसी मान्यता है कि अशिक्षित जनसमुदायों को कैलेंडर (Calendar) एवं लेखाचित्रों (Graphs) यानी कि चित्रकला द्वारा किसी विषय पर समझाना ज्यादा सुविधाजनक और आसान तरीका है। यहां संवाद–संप्रेषित (Massages Communicate) करने के लिए दृश्य तस्वीरों (Visual Pictures) की तकनीक के इस्तेमाल को ज्यादा आसान और सहज माना गया है।

केरल के कोलीमान्डु (Koolimandu) में धूम्रपान निषेध अभियान की सफलता किसी बड़े पैमाने पर चलाये गये आन्दोलन का नतीजा नहीं है, अपितु स्वयं ग्रामीणों द्वारा जागरूकता लाने के लिए दीवार पोस्टर की तकनीक अपना कर गये प्रचार की वजह से यह सफलता हासिल की गयी है। इसी भांति मिजोरम के अइजवाल (Aizawal) में ग्रामीणों द्वारा ड्रग विरोधी अभियान चलाने के लिए ऐसे छोटे पर्दे का इस्तेमाल किया गया, जिसका निर्माण ग्रामीणों द्वारा स्थानीय सामग्रियों के योग से किया गया था।

इसके पहले भी भारत सरकार के दृश्य प्रचार (Visual Publicity) निदेशालय द्वारा विभिन्न सामाजिक मुद्दों पर फिल्म दिखाने का आयोजन करके अशिक्षित समाजों में सूचनाएं संप्रेषित की जाती रही हैं। इसमें प्रेमचंद की कहानी 'गोदान' पर बनी फिल्म की भूमिका ग्राम पंचायतों को समाज सुधार का संदेश देने में काफी कारगर साबित हुई। भूटान में इन्टरनेट और टेलीविजन सेवा शुरु होने के पूर्व सूचना संप्रेषित करने का माध्यम सिर्फ रेडियो और सिनेमा हॉल था।

जम्मू एवं कश्मीर में आतंकवाद के प्रचार के लिए दुल्हन के परिवार द्वारा दूल्हे के स्वागत में जो गाने गाये जाते हैं, उसमें दूल्हे की तुलना दस वर्षो तक आतंकवाद, की चोटी पर रहे कुख्यात आतंकवादी 'गाजी बाबा' से

की जाती है। जबकि पहले उनकी तुलना पंडित नेहरू एवं शेख अब्दुल्ला से की जाती थी। इसका अर्थ यह हुआ कि समय के बदलाव के साथ–साथ अशिक्षित समाजों में संप्रेषण की भाषा में, भी बदलाव आया है। इसी प्रकार, (एच.आई.वी., एड्स) जैसे ज्वलंत विषयों से प्रासंगिक संदेश उच्चपथों (Highways) पर ट्रक ड्राइवरों द्वारा बड़े नीऑन (Neon) सूचना पट के माध्यम से बड़ी आसानी से प्रेषित किया जाता है और उच्च पथों के दोनों किनारों पर बसे गाँवों की जनता तक यह जीवनोपयोगी संदेश बहुत सहज ढंग से पहुंच जाता है। भारत जैसे देश में जहां साक्षरता दर 64 प्रतिशत है–(73.26%) पुरुषों में और (53.67%) महिलाओं में, वहां अशिक्षित समाजों के बीच परिवार नियोजन का संदेश शब्दों की जगह 'लाल त्रिकोण' का निशाना बनाकर बड़ी आसानी से प्रेषित किया जाता है।

गांवों के दूर दराज इलाके में जहां समाचार पत्र शायद ही पढ़े जाते हैं, बिजली के अभाव में टेलीविजन सेट भी बेकार पड़ा रहता है वहां आज भी रेडियो, ट्रांजिस्टर सेट सूचना–संवाद को प्रेषित करने का सबसे लोकप्रिय माध्यम है। रेडियो में प्रसारित लोहा सिंह का नाटक जन–जन तक संदेश पहुंचाने तथा जनसंपर्क करने का काफी लोकप्रिय माध्यम रहा है। सन् 1952, 1956 तथा 1971 के चीन और पाकिस्तान युद्ध के दौरान विविध भारती पर रोज रात्रि में प्रसारित होने वाले कायक्रमों मे लोहा सिंह के नाटक में काम करने वाले किरदार 'खदेरन की मां' द्वारा बोले गये सुप्रसिद्ध संवाद (Dialogue) के माध्यम से राष्ट्रीय एकीकरण तथा देशभक्ति की भावना से जुड़ा संदेश जन–जन तक पहुंचाया गया, जिससे प्रेरित होकर आम भारतीय द्वारा स्वेच्छा से राष्ट्रीय सुरक्षा कोष में अपने सामर्थ्य के अनुरूप पैसा तथा आभूषण दान किया गया था। मिथिला की लोककला के रंगचित्रों के माध्यम मे रामराज्य का संदेश प्रेषित किया जाता है। इसी तरह भिखारी ठाकुर का लोकगीत 'विदेशिया' आज भी सामाजिक–पारिवारिक संबंधों का संदेश घर–घर तक पहुंचाने के लिए काफी प्रासंगिक प्रसारण माध्यम है। नुक्कड़ नाट्यकला और कठपुतली का नाच (Puppet Show) अशिक्षित समाजों में संदेश संप्रेषित करने के लिए जनसंपर्क के दो अत्यन्त सशक्त माध्यम हैं। इन दोनों कार्यक्रमों द्वारा जहां अशिक्षित समुदायों को आनन्द उठाने, खुश होने का मौका मिलता है, वहीं यह समुदाय इन कार्यक्रमों के माध्यम से विभिन्न प्रकार की सामाजिक–पारिवारिक समस्याओं तथा परिवार नियोजन से संबंधित सबक लेते हैं। यह महत्त्वपूर्ण पाठ इस समुदाय के सदस्यों के लिए काफी मूल्यवान् होता है। गांव की अशिक्षित महिलाएं नुक्कड़ लोक नाटकों तथा कठपुतली नाच के माध्यम से गर्भनिरोध की तकनीकों को ज्यादा बेहतर ढंग से स्वीकारती हैं।

मंदिर के पुजारी और मस्जिदों के मौलवी अशिक्षित ग्रामीण समुदायों के बीच महत्त्वपूर्ण संवादवाहक की भूमिका निभाते हैं। इनके द्वारा पवित्र रामायण, महाभारत 'गीता एवं कुरान के उपदेशों द्वारा जन समुदायों को ज्ञान बाँटा जाता है। स्वतंत्रता–संघर्ष से जुड़े आन्दोलनों के समय जब कोई टेलीविजन या इन्टरनेट सेवा नहीं थी, तब महात्मा गांधी जनसाधारण के बीच सूचना प्रेषित करने के सबसे शक्तिशाली 'संवाद' माध्यम की भूमिका निभाते थे। इन माध्यमों के अतिरिक्त स्थानीय जनसभाओं में भी श्रोता बनकर ऐसे ग्रामीण सदस्य राजनीति संबंधी ज्ञान अर्जित करते हैं।

ऊपर विवेचित प्रसंग इस बात का स्पष्टीकरण करते हैं कि आज इक्कीसवीं सदी में भी अशिक्षित समाजों में संप्रेषण की समस्याएं अति गंभीर है जिसका समाधान विकासशील देशों की लोकतांत्रिक सरकारों के लिए एक बड़ी चुनौती का विषय है। निरक्षरता अपने दामन के कई बड़ी समस्याओं को समेट कर साथ लिए चलती है और कई गंभीर समस्याओं के उद्भव का मूल कारक भी बनती है जो लोकतंत्र को सफलीभूत होने के मार्ग में विविध प्रकार की अड़चनें पैदा करती हैं। इस परिप्रेक्ष्य में निरक्षरता राजनीति और राज्य व्यवस्था दोनों के लिए संजीदा चुनौतियां पैदा करता है। राज्य व्यवस्था के बहुआयामी–बहुदिशायी उत्तरोत्तर विकास हेतु पूर्ण रूप से निरक्षरता का उन्मूलन करना प्रत्येक जनप्रतिनिधिक सरकार का प्राथमिक दायित्व है, क्योंकि, निरक्षरता व्यवस्था के निर्धारित लक्ष्यों की सिद्धि के मार्ग की सबसे बड़ी रूकावट है। किसी भी जनतांत्रिक व्यवस्था के यथेष्ट विकास एवं आधुनिकीकरण के लिए समाज के सदस्यों का शत–प्रतिशत शिक्षित होना अनिवार्य तत्त्व है। निरक्षरता की चिन्ताजनक स्थिति की वजह से राजनीतिक दल एवं राजनीतिज्ञ अशिक्षितों को थोड़ी–बहुत सुविधाएं प्रदान करके चुनाव के समय उनके मतों पर अपना नियंत्रण स्थापित करने में सफल हो जाते हैं। अशिक्षा ही निर्धनता,

बेरोजगारी, जनसंख्या विस्फोट तथा कई अन्य सख्त बीमारियों की जड़ है। इस परिस्थिति में जीवनयापन करने वाले मतदाता अपनी छोटी–छोटी जरूरतों के लिए भी दलों एवं दलीय नेताओं के राजनीतिक दाँव–पेंच में फंस कर अपने नागरिक अधिकारों–स्वतंत्रताओं का सौदा करने के लिए विवश होते हैं। किसी भी राज्यव्यवस्था की सफलता, लोकप्रियता, स्थिरता के लिए यह अति आवश्यक है कि राज्य अपने नागरिकों को जीवन की बुनियादी सुविधाएं मुहैया कराये एवं उत्तम जीवन के साधनों की व्यवस्था करे। इन समस्त प्रक्रियाओं को व्यावहारिक जमीन पर उतारने तथा अशिक्षित समाज के नागरिकों में राजनीतिक चेतना जगाने में जनसंपर्क के साधनों की भूमिका सबसे प्रधान है।

भारत एक विकासशील राष्ट्र से विकसित राष्ट्र बनने की दिशा में कदम बढ़ा रहा है, लेकिन इन बढ़ते कदमों की सबसे बड़ी नाकामयाबी हमारी गरीबी, अशिक्षा, बेरोजगारी तथा जनसंख्या में बेतहाशा वृद्धि है। भारत के सभी राज्यों की जमीन पर आतंकवाद एवं नक्सलवाद अपनी जड़ें मजबूत कर रहा है। आज हालत ये है कि तमाम आर्थिक गतिशीलता के बावजूद गरीबी–अमीरी के बीच की खाई बढ़ती जा रही है। जनसंख्या नियंत्रित होने के बजाय प्रतिवर्ष 2 करोड़ की गति से बढ़ रही है। समस्याओं के ढेर पर बैठे देश को एकमात्र प्रबुद्ध लोकतंत्र का सहारा है। अब जरूरत है समृद्धि की परिकल्पना को जमीनी हक़ीक़त में बदलने की, तभी हमें वास्तविक लोकतंत्र की अनुभूति होगी। 35 राज्य (28 राज्य एवं 7 केन्द्रशासित प्रदेश) 6400 जातियां, 1618 भाषाएं, 6 धर्म, 6 नृजातीय समूहों को एकीकरण के सूत्र में पिरोने वाले इस राष्ट्र को स्वस्थ और प्रबुद्ध जनमत के निर्माण एवं अभिव्यक्ति की बेहद जरूरत है और जनसंपर्क के समस्त साधनों का यह दायित्व बनता है कि वे समाज के सभी वर्ग में यथोचित् राजनीतिक चेतना उत्पन्न करायें, देश की समृद्धि के लिए सकारात्मक सोच विकसित कराने में मूल रूप से मददगार बनें, ताकि हमारा देश भुखमरी, बेरोजगारी, अशिक्षा, जनसंख्या विस्फोट जैसी संगीन बीमारियों से मुक्त होकर स्वस्थ जनमत के निर्माण की दिशा में ठोस कदम बढ़ाने योग्य अपने–आप को बना सके।

सामाजिक जीवन का राजनीतिकरण (Politicisation of Social Life)

ऐली चिनाय (Ely Chinoy) के शब्दों में, 'राजनीतिक संस्कृति वह सब कुछ है जिसे लोग समाज का सदस्य होने के कारण सीखते हैं, यह जीवन पद्धति है, चिन्तन प्रणाली है तथा कार्य और अनुभव की शैली है।

वर्तमान परिप्रेक्ष्य में अनुभववादी राजनीति विज्ञान एवं राजनीतिक समाजशास्त्र सामान्य रूप से राजनीति से उत्प्रेरित उन मानवीय व्यवहारों का अध्ययन–विश्लेषण करना चाहता है जो सामाजिक जीवन के परिवर्त्यों तथा समाज द्वारा उत्पन्न उन कतिपय मनोवैज्ञानिक कारकों द्वारा प्रेरित एवं निर्धारित होते हैं जिनके योग से राजनीतिक पर्यावरण का निर्माण होता है। इस प्रकार के मानवीय व्यवहार राजनीतिक व्यवस्था के अन्तर्गत मौजूद विभिन्न समूहों, वर्गों, सामाजिक तत्त्वों, कारकों तथा मानवीय संबंधों के माध्यम से व्यक्त होते हैं। सामाजिक जीवन में व्यक्त किये जाने वाले इन व्यवहारों का राज्य एवं राजनीतिक व्यवहारों से सीधा सरोकार होता है। राजनीतिक–सामाजिक जीवन की परस्पर निर्भरता को देखते हुए अनभववादी राजनीतिशास्त्री तथा राजनीतिक समाजशास्त्री सामाजिक व्यवस्था एवं राजनीतिक व्यवस्था के बीच चलने वाली अन्योन्य क्रियाओं यानी कि सामाजिक जीवन के राजनीतिकरण के सभी आयामों का तत्त्वतः अध्ययन करने के लिए बाध्य हुए। इस तात्त्विक अध्ययन की प्रक्रिया में उनके द्वारा राज्य शब्द का त्याग करके सामाजिक–राजनीतिक परिवर्त्यों (Variables) के पारस्परिक संबंधों एवं प्रभावों के संदर्भ में मानव के राजनीतिक व्यवहारों, संरचनाओं तथा भूमिकाओं का अध्ययन–विश्लेषण किया जाने लगा। विषय के परिस्थितिजन्य व अनुभवजन्य अध्ययन के लिए ये विचारक राजनीतिक व्यवस्था एवं व्यवहार का अध्ययन सामाजिक जीवन एवं पर्यावरण के आलोक में करने लगे।

टालकॉट पारसन्स ने सामाजिक व्यवस्था को परिभाषित करते हुए लिखा है कि "सामाजिक व्यवस्था विभिन्न कर्त्ताओं की अन्तर्क्रियाओं के प्रतिमान (Pattern of Interations) की पद्धति है।" इनका मानना है कि इन अन्तर्क्रियाओं के आपसी संबंधों से सामाजिक संरचनाओं की उत्पत्ति होती है जिसके द्वारा विभिन्न कर्ताओं की भूमिकाएं निर्धारित होती हैं। इनके विचार में सामाजिक प्रक्रियाओं को निश्चित रूपरेखा प्रदान करने वाली इकाइयों

या उपपद्धतियों में राजनीतिक पद्धति एक महत्त्वपूर्ण उपपद्धति है। सामाजिक जीवन के राजनीतिकरण जैसे अनुभवपरक विषय की तत्त्वतः जानकारी प्राप्त करने के लिए उसे समाज के प्रमुख तत्त्वों के संदर्भ में समझना होगा, जिस पर विस्तृत चर्चा निम्नांकित है।

समूह तथा राजनीतिक प्रक्रियाएं (Groups and Politica Processes)

समूह शब्द व्यक्ति के उस समष्टि (Collectiveness) का बोधक है, जिसमें लोग कुछ सामान्य या विशेष हितों या उद्देश्यों की वजह से परस्पर संबंधित होते हैं तथा सामान्य हितों एवं उद्देश्यों के कारण आपसी एकता का अनुभव करते हैं। समूह जब संगठन के रूप में अपने उद्देश्यों हितों को प्राप्त करने का प्रयास करता है तो संघ कहलाता है। संघ जब संगठित होकर अपने हितों–उद्देश्यों को पाने के लिए सरकार पर प्रभावशाली दबाव बनाने में सक्षम हो जाता है, तो हित समूह या दबाव समूह कहलाता है।

सामाजिक समूहों को प्राथमिक एवं द्वितीयक (Primary and Secondary) दो रूपों में विभाजित किया गया है। प्राथमिक समूह में परिवार, पड़ोस, क्रीड़ा–समूह, मित्र–मंडली, स्कूल, गपशप, साझेदारी, लघुसमुदाय आदि शामिल होते हैं। इस समूह का आकार छोटा होता है। इसके सदस्यों में शारीरिक समीपता होती है। यहां संबंध स्वतः निर्मित और वैयक्तिक होते हैं। सदस्यों के बीच आपसी संबंधों में स्थायित्व और निरन्तरता होती है। ऐसे समूह के सदस्यों में भावनात्मक लगाव होता, है। द्वितीयक समूह की कोटि में सेना, राजनीतिक दल, बड़े व्यापारिक संगठन, मजबूत संघ, विश्वविद्यालय, कॉलेज, राष्ट्र, आदि को शामिल किया जाता है।

इन प्राथमिक समूहों को राजनीतिक समाजीकरण का महत्त्वपूर्ण प्रारम्भिक स्रोत माना जाता है। सामाजिक जीवन के राजनीतिकरण का यह प्राथमिक स्तर है। व्यक्ति के राजनीतिक व्यवहार पर इन समूहों का व्यापक प्रभाव पड़ता है। वस्तुतः, परिवार किसी भी व्यक्ति के राजनीतिक दृष्टिकोण के निर्माण एवं विकास में आधार माध्यम की भूमिका निभाता है। युवावस्था में स्कूल–कॉलेज, मित्र–मंडली आदि सामाजिक जीवन के राजनीतिकरण में सशक्त माध्यम की भूमिका निभाते हैं। एक भावी वयस्क नागरिक के राजनीतिक दृष्टिकोण के निर्धारण में तथा उसके सामाजिक जीवन के राजनीतिकरण में प्राथमिक समूहों का सर्वाधिक योगदान होता है। जहां प्राथमिक समूह बच्चों में राजनीतिक जीवन की भूमिकाओं तथा राजनीति से संबंधित ज्ञान विकसित करने में मौलिक भूमिका अदा करते हैं, वहीं द्वितीयक समूह सामाजिक व्यक्ति की राजनीतिक भूमिकाओं का निर्धारण करके उसे राजनीतिक प्रक्रियाओं के निष्पादन में दक्ष एवं सहभागी बनाते हैं। राजनीतिक प्रक्रियाओं के निर्धारण, निष्पादन एवं नियमन पर इन समूहों का गहरा प्रभाव पड़ता है।

सामाजिक व्यवस्था, सामाजिक समूहों एवं सामाजिक परिवर्त्यों पर जिन राजनीतिक संरचनाओं एवं प्रक्रियाओं का गहरा प्रभाव पड़ता है, वे हैं–कार्यपालिका, विधायिका, न्यायपालिका जैसे औपचारिक सरकारी संगठन। लोकतांत्रिक समाजों में प्रतिनिधि सरकारों के गठन के लिए प्रत्यक्ष निर्वाचन की व्यवस्था की जाती है। जनतांत्रिक व्यवस्था में नागरिक अपने वयस्क मताधिकार द्वारा जनप्रतिनिधों का चुनाव करते हैं। चुनावी राजनीति के संचालनक्रम में जनमत–निर्माण के समस्त आयाम सामाजिक जीवन के राजनीतिकरण में आधार–आधेय की भूमिका निभाते है। इस प्रकार, सामाजिक प्राथमिक समूहों तथा इससे प्रासंगिक समाजशास्त्रीय परिवर्त्यों पर राजनीतिक संरचनाओं एवं राजनीतिक प्रक्रियाओं का व्यापक प्रभाव पड़ता है। यह सामाजिक जीवन के राजनीतिकरण का प्राथमिक स्तर है।

सामाजिक वर्ग और राजनीतिक प्रक्रियाएं (Social Class and Political Process)

सभी समाजों में वर्गों की मौजूदगी सार्वभौमिक विषय है। विश्व में कोई भी ऐसा समाज नहीं है जिसमें वर्ग की विद्यमानता न हो। मार्क्स की अभिव्यक्ति के अनुसार, ''मनुष्य एक सामाजिक प्राणी है, लेकिन अधिक स्पष्टतया आधारभूत रूप में वह एक वर्ग प्राणी है।'' वर्ग समाज में संस्तरण का मुख्य आधार है। जहां जाति का आधार जन्म होता है, वहीं वर्ग का आधार धन–सम्पदा, आय, व्यवसाय, जीवन–स्तर, शिक्षा, सामाजिक, सांस्कृतिक, आर्थिक

पक्ष आदि से संबद्ध होता है। वर्ग का निर्माण और निर्धारण व्यक्ति की सामाजिक प्रस्थिति के आधार पर किया जाता है। समान सामाजिक स्थिति वाले व्यक्तियों के समूह को एक वर्ग के अन्तर्गत रखा जाता है। वर्ग की सदस्यता व्यक्तियों द्वारा अर्जित की जाती है। सामाजिक वर्ग में खुलापन पाया जाता है, इसलिए इसमें सदस्यों का आना जाना लगा रहता है। सामाजिक वर्ग के सदस्यों के दृष्टिकोणों, हितों, मूल्यों में समानता के बावजूद यह आवश्यक नहीं है कि वे एकताबद्ध होकर अपने उद्देश्यों को पूरा करने की दिशा में क़दम बढ़ाये। मतदान व्यवहारों का आनुभविक अध्ययन–विश्लेषण करने से यह स्पष्ट होता है कि राजनीतिक दृष्टिकोण के निर्माण एवं मतदान व्यवहार के प्रदर्शन में सामाजिक वर्ग के राजनीतिकरण की भूमिका अति महत्त्वपूर्ण होती है। सामान्यता राजनीतिक व्यवहार के निर्माण, नियमन एवं निरूपण में वर्ग समानता का द्योतक होता है। भारतीय समाज के परिप्रेक्ष्य में वर्गों के राजनीतिकरण पर कुछ विशेष राजनीतिक दलों की स्पष्ट छाप दिखाई देती है। उदाहरणस्वरूप, भारतीय समाज में श्रमिक वर्ग का राजनीतिकरण साम्यवादी राजनीतिक दल की नीतियों, सिद्धान्तों विचारधाराओं तथा दृष्टिकोणों, आदि से अभिप्रेरित होता है और साम्यवादी दल के पक्ष में अपने वर्ग का जनमत–निर्माण करके मजदूर वर्ग साम्यवादी विचारधारा की मजबूती में ही अपने उज्ज्वल भविष्य की संभावनाएं तलाशता है।

मार्क्स ने वर्ग व्यवस्था को शोषण का माध्यम कहा है, जबकि टालकॉट पारसन्स, किन्सले डेविस तथा मूर ने वर्ग–विभाजन को आर्थिक शोषण से नहीं, अपितु कार्य करने की जरूरत एवं शैली से जोड़ कर देखा है। सामाजिक व्यवस्था की अन्य समाजशास्त्रीय परिवर्त्यों की तुलना में सामाजिक वर्ग राजनीतिक प्रक्रियाओं पर ज्यादा व्यापक प्रभाव डालता है। राजनीतिक परिवर्त्यों के साथ सामाजिक वर्ग का अतःसंबंध बहुत पुराना है। मार्क्स ने स्पष्ट रूप से वर्ग को सामाजिक क्रान्ति एवं राजनीतिक परिवर्तन लाने का माध्यम माना है। मार्क्स का मानना है कि लोग आपस में मिलकर इसीलिए वर्ग का निर्माण करते हैं, ताकि वे अपने अधिकारों के लिए दूसरे वर्ग के विरुद्ध आवाज बुलन्द कर सकें। इनके मतानुसार सर्वहारा वर्ग के लोगों द्वारा वर्गरूप में संगठित होने का अर्थ है राजनीतिक दल का निर्माण करना, जो अन्ततः वर्ग संघर्ष का आधार बनता है और प्रत्येक वर्ग संघर्ष राजनीतिक संघर्ष है, जिसका लक्ष्य समाज का परिवर्तन करना होता है। पीटर मर्कल ने भी जर्मन साम्राज्य के अन्तर्गत सामाजिक वर्ग द्वारा राजनीतिक प्रक्रियाओं पर डाले जाने वाले प्रभावों का अध्ययन राजनीतिक समाजीकरण के परिप्रेक्ष्य में किया है। सभी व्यवस्थाओं में राजनीतिक समाजीकरण का प्राथमिक स्रोत सामाजिक प्राथमिक समूह एवं सामाजिक वर्ग होता है। इसके साथ–साथ राजनीतिक संस्कृति के निर्माण का बुनियादी स्रोत भी सामाजिक जीवन है।

सामाजिक वर्ग के निर्माण, निर्धारण तथा प्रतिक्रियाओं पर राजनीतिक परिवर्त्यों का व्यापक प्रभाव पड़ता है। सामान्यतः सभी व्यवस्थाओं में मौजूद राजनीतिक दल समाज में विद्यमान विभिन्न वर्गों को अपनी ओर आकर्षित करने के लिए उनके हितों से प्रासंगिक नीतियों की घोषणाएं करते हैं तथा ज्यादा से ज्यादा वर्गों के सदस्यों को राजनीति के प्रति रुझान पैदा कराके उनके मतों के योग से अपना वोट बैंक मजबूत करते हैं। कार्यपालिका, विधायिका द्वारा नीति–निर्णय–निर्माण एवं कार्यान्वयन प्रक्रिया का भी वर्गों के राजनीतिकरण पर गहरा प्रभाव पड़ता है। आर्थिक सुधार की दृष्टि से सरकारी स्तर पर लिये गये निर्णयों से आर्थिक विषमता को कम करने का प्रयास किया जाता है। सरकार द्वारा उठाया गया यह कदम सामाजिक वर्ग में राजनीतिक चेतना पैदा करता है। वर्ग के सदस्य सरकार की नीतियों, कार्यक्रमों एवं घोषणाओं में रुचि दिखाने लगते हैं।

इस प्रकार, सरकार द्वारा चलाये जाने वाले सुधार प्रयासों तथा आर्थिक संवृद्धि की योजनाओं के कार्यान्वयन से आर्थिक–सामाजिक हितबोध के आधार पर सामाजिक वर्गों के बीच पलने वाली आर्थिक विषमता की खाई ज्यों–ज्यों कम होती जाती है, त्यों–त्यों वर्ग के सदस्यों के राजनीतिकरण यानी कि राजनीतिक चेतनीयता के प्रतिशत में वृद्धि होती जाती है। उच्च वर्ग के सदस्यों में राजनीतिक चेतना का प्रतिशत काफी ऊंचा होता है, क्योंकि उन्हें गरीबी, अशिक्षा जैसे कारकों का सामना कभी नहीं करना पड़ता है, वहीं निम्न वर्ग जो निर्धनता, अशिक्षा, भुखमरी, बेरोजगारी, गंभीर बीमारी आदि से पीड़ित हैं, उनमें राजनीतिक बोधनीयता उत्पन्न कराने के लिए और बोधितव्य राजनीतिक व्यवहार के प्रदर्शन के लिए यथोचित रूप में उनका राजनीतिक समाजीकरण होना लोकतंत्र के सफलता की अनिवार्य मांग है। सार्थक राजनीतिक समाजीकरण द्वारा वर्ग के सदस्यों में राष्ट्रीय

आत्मबोध (National Identify) की भावना विकसित कराके अतिवर्ग बोध के मनोभाव से उन्हें मुक्त कराना जरूरी है। ब्रिटेन में वर्गबोध की मानसिकता में कमी लाने के लिए कारगर कानूनी प्रयास किये गये हैं और उसका व्यापक सकारात्मक असर भी पड़ा है।

संक्षेप में, यह कहा जा सकता है कि राजनीतिक प्रक्रियाओं में सामाजिक वर्गों की सहभागिता से जहां सामाजिक जीवन के राजनीतिकरण को नया आयाम मिलता है, वहीं राजनीतिक प्रक्रियाओं मे सभी वर्गों की भागीदारी से लोकतंत्र को मजबूती मिलती है, साथ ही सभी वर्गों को राजनीति में उचित प्रतिनिधित्व मिलता है। जिन व्यवस्थाओं में राष्ट्रबोध का अभाव होता है, वहीं सांस्कृतिक–आर्थिक क्षेत्रीयतावाद और वर्गवाद को बढ़ावा मिलता है।

सामाजिक स्थिति और राजनीतिक प्रक्रियाएं (Social Status and Political Process)

सामाजिक वर्ग और सामाजिक स्थिति परस्पर संबद्ध है। वर्ग विभाजन का मूल आधार सामाजिक प्रतिष्ठा, धन–संपदा व आय की स्थिति है। जहां समाजिक वर्ग समष्टिवादी विभेदों (Collectivistic Differences) का द्योतक है, वहीं सामाजिक स्थिति व्यष्टि–वैशिष्ट्यों (Individual Differences) का संकेतक है। वेबर की यह मान्यता है कि वर्ग निर्धारण का आधार धन–प्राप्ति के स्रोत से है, जबकि स्थिति का निर्धारण उस धन की व्यय–क्षमता पर निर्भर है। वर्ग का विभाजन वस्तुओं के उत्पादन और उसकी प्राप्ति पर आधारित होता है, जबकि स्थिति वस्तुओं के उपभोग पर निर्भर करती है। इस अर्थ संदर्भ के परिप्रेक्ष्य में व्यवस्था की उत्पादन प्रक्रिया में समान योगदान देने वाले सदस्य एक वर्ग के अन्तर्गत आते हैं, इसके विपरीत सामाजिक स्थिति के निर्धारण के लिए उनके द्वारा समान रूप से उपभोग की गयी वस्तुओं के आधार पर उनकी सही स्थिति का मूल्यांकन किया जाता है। वर्ग संघर्ष एवं स्थिति संघर्ष (Status Conflict) दोनों में अन्तर है। समसामयिक विश्व में अधिकांश सामाजिक संघर्ष जिन्हें वर्ग संघर्ष के रूप में देखा जाता है। वस्तुतः वे स्थिति संघर्ष हैं। किसी भी लोकतांत्रिक व्यवस्था में चलने वाला स्थिति संघर्ष वहां के सदस्यों के राजनीतिक दृष्टिकोणों को किस प्रकार और किस हद तक प्रभावित करता है, इसकी तत्त्वतः जानकारी प्रतिदर्श सर्वेक्षण के (Sample Survey) के परिणामों तथा ऐतिहासिक अनुभवों से प्राप्त किया जा सकता है। उदाहरणस्वरूप अमेरिका में यहूदी तथा कैथोलिक सम्प्रदाय के सदस्यों की ऊंची आय के बावजूद वे वामपंथी माने जाने वाले डेमोक्रेटिक दल को मतदान करते है। यह इस तथ्य को स्पष्ट करता है कि बड़ी आय के बावजूद उनकी सामाजिक स्थिति ऊंची नहीं है।

सामाजिक स्थिति एक ऐसा सचेतन परिवर्त्य है जो एक वर्ग के लोगों के राजनीतिक सोच में परिवर्तन ला देता है। आर्थिक खुशहाली सामाजिक स्थिति के निर्माण का आधारतत्त्व है। इस खुशहाली को पैदा करने में राजनीतिक माध्यमों की भूमिका काफी अहम् होती है। लोकतांत्रिक सरकारें कानूनों, नीतियों, निर्णयों का निर्माण एवं क्रियान्वयन करके समाज में आर्थिक खुशहाली ला सकती हैं और सामाजिक स्थिति के उत्पादन में आधार माध्यम की भूमिका निभा सकती हैं। सरकार द्वारा इस दिशा में उठाये जाने वाले कदमों से जहां सामाजिक स्थिति में सुधार होगा, वहीं सामाजिक जीवन में आत्मविश्वास की नई जमीन तैयार होगी, जिस पर राजनीतिक विश्वास की पौध उगेगी और तभी यथोचित राजनीतिक समाजीकरण एवं राजनीतिक संस्कृति की फसल तैयार होगी। ये परिस्थितियां राजनीतिक सहभागिता को आधारतत्त्व प्रदान करेंगी जिससे लोकतांत्रिक प्रक्रियाओं तथा लोकतांत्रिक सरकार को मानवीय चेहरा मिलेगा।

इस प्रकार, सरकारी नीतियां–निर्णयों द्वारा सामाजिक स्थिति में परिवर्तन लाकर समाज के सदस्यों का राजनीतिकरण किया जाता है तथा एक जागरूक नागरिक के रूप में सदस्यों की राजनीतिक प्रभावशीलता एवं सहभागिता के प्रतिशत में यथेष्ट सुधार लाया जाता है।

संस्कृति एवं राजनीतिक प्रक्रियाएं (Culture and Political Processes)

लोकतांत्रिक व्यवस्थाओं में जनमत–निर्माण तथा मतदान व्यवहार के निरूपण का आधारतत्त्व राजनीतिक संस्कृति है। राजनीतिक संस्कृति का संबंध समाज और राजनीति की अन्तर्क्रियात्मकता एवं अन्योन्याश्रितता से होता है।

लोकतांत्रिक राजनीतिक प्रक्रियाओं के संचालन में आधार–आधेय भूमिका निभाने वाली राजनीतिक संस्कृति के निर्माण, नियमन एवं निरूपण में सामाजिक संस्कृति बुनियादी तत्त्व की भूमिका अदा करती है। मार्क्स द्वारा सामाजिक परिवर्तन के मूल कारक के रूप में आर्थिक तत्त्वों की पहचान की गयी है, लेकिन इस प्रसंग में संस्कृति को महत्त्वपूर्ण तत्त्व माना गया है। मार्क्स ने संस्कृति को आर्थिक कारकों की वजह से उत्पन्न सामाजिक ढाँचे में मौजूद अधिसंरचना (Superstructure) की संज्ञा दी है। इनकी मान्यता है कि संस्कृति मनुष्य के विचारों, दृष्टिकोणों व्यवहारों, क्रियाओं–प्रतिक्रियाओं को प्रभावित करके सामाजिक परिवर्तन में सहायक कारक की भूमिका निभाती है। जहां फ्रायड तथा एडलर जैसे प्रसिद्ध मनोविज्ञानशास्त्री मनुष्य की प्रवृत्ति में परिपवक्ता आने के लिए संस्कृति को अपरिहार्य तत्त्व के रूप में स्वीकारते हैं, वहीं ओस्वाल्ड स्पेन्गलर (Oswald Spengler) जैसे ऐतिहासिक दार्शनिकों ने व्यवस्था के सामाजिक परिवर्तन एवं विकास के कारकों में सांस्कृतिक पद्धति को मूल सामाजिक तत्त्व का दर्जा दिया है। आधुनिक व्यवहारवादी–अनुभववादी समाजवैज्ञानिकों ने भी व्यवस्था–संचालन एवं राजनीतिक व्यवहार के प्रदर्शन में संस्कृति के महत्त्व के स्वीकारते हुए सामाजिक राजनीतिक व्यवस्था पर इसके व्यापक प्रभावों का परिस्थितिजन्य व अनुभवजन्य विश्लेषण प्रस्तुत किया है।

सामाजिक संस्कृति और राजनीति के मध्य चलने वाली अन्योन्य क्रियाएं ही राजनीतिक संस्कृति के स्वरूप का निर्माण करती है जो जनमत–निर्माण तथा मतदान व्यवहार के प्रदर्शन का आधारीयतत्त्व है। संस्कृति के राजनीतिकरण से सिर्फ राजनीतिक संस्कृति का निर्माण एवं निरूपण ही नहीं होता है, अपितु राजनीतिक संरचनाओं एवं प्रक्रियाओं द्वारा स्वयं संस्कृति के स्वरूप का भी अभिमुखीकरण होता रहता है। राजनीतिक संस्कृति सामाजिक संस्कृति का ही हिस्सा है जो सामाजिक मनुष्य की मनोवृत्तियों, मूल्यों, व्यवहारों आदि के योग से निर्मित होता है। किसी भी राजनीतिक व्यवस्था के अन्तर्गत मौजूदा राजनीति के प्रति समाज के सदस्यों की अभिवृत्तियों, विश्वासों, भावनाओं मूल्यों के योग से बनी अभिवृत्तियों एवं अभिविन्यासों के प्रतिमान को राजनीतिक संस्कृति कहा जाता है। इसका अभिप्राय यह हुआ कि राजनीतिक संस्कृति समाज के मूल्यों, विश्वासों, मनोभावों का ऐसा समुच्चय है, जो राजनीतिक क्रियाओं को व्यावहारिक अर्थ एवं व्यवस्थित स्वरूप प्रदान करता है तथा राजनीतिक व्यवस्था के अन्तर्गत व्यवहार को संचालित करने वाली धारणाओं एवं नियमों का निवेशन कराता है।

इस प्रकार, संस्कृति उन विश्वासों, मूल्यों, नैतिकता, व्यवहारों एवं क्षमताओं की समष्टि है, जिसकी प्राप्ति एवं संचयन व्यक्ति समाजीकरण की प्रक्रिया के दौरान करता है। सामाजिक पर्यावरण की छत्रछाया में ही संस्कृति विकसित व परिवर्तित होती रहती है। समाज और सामाजिक पर्यावरण की अन्योन्य क्रिया के फलस्वरूप संस्कृति पल्लवित–पुष्पित होती है, लेकिन इस अन्योन्य क्रिया के कई आयाम होते है, जिसमें राजनीति सर्वाधिक महत्त्वपूर्ण पहलू है। सामाजिक संस्कृति और राजनीति के बीच द्विपक्षीय संबंध होता है। जहां संस्कृति राजनीतिक समाजीकरण का मूल माध्यम है, वहीं राजनीति उसके स्वरूप का निर्धारक भी होता है। पारम्परिक संस्कृति वाले देशों की संस्कृति में जब विकास और परिवर्तन प्रक्रिया का दौर आरंभ हो जाता है, तो आधुनिकीकरण की प्रवृत्ति तीव्र हो जाती है और व्यवस्थागत न जातीय, सामाजिक–धार्मिक समूहों के मध्य तीव्र सांस्कृतिक संघर्ष शुरू हो जाता है।

व्यवस्थान्तर्गत सांस्कृतिक परिवर्तन प्रक्रिया के प्रभावों से दो प्रकार के सामाजिक संघर्षों का आविर्भाव होता है–परम्परावादी एवं परिवर्तनवादी। संघर्ष का स्वरूप यदि सामान्य और क्रियात्मक हो तो विभिन्न विचारधाराओं का प्रतिनिधित्व करने वाले राजनीतिक दलों तथा हित समूहों का जन्म होता है। लेकिन, यदि सांस्कृतिक परिवर्तनों की वजह से व्यवस्था में विरोध का दबाव बढ़ता जाता है तो संस्कृति स्वयं कई राजनीतिक बीमारियों के जन्म का कारक बनती है। मसलन–क्रान्ति, गंभीर आन्दोलन, गृहयुद्ध या राष्ट्रीय युद्ध की परिस्थितियां उत्पन्न कराती है। इस प्रकार, किसी भी समाज की संस्कृति ही राजनीतिक, स्थायित्व, अस्थायित्व या परिवर्तनकारी तत्त्वों की आधारशिला है। अतः समाज के राजनीतिकरण के प्रसंग में संस्कृति और राजनीतिक प्रक्रियाओं के मध्य अन्तर्क्रियात्मकता एवं अन्योन्याश्रितता का पक्ष प्रधान महत्त्व रखता है।

धर्म और राजनीतिक प्रक्रियाएं (Religion and Political Processes)

सामाजिक जीवन का धर्म से अभिन्न संबंध है और धर्म का समाज की संस्कृति से अन्योन्याश्रयी रिश्ता है। धर्म सांस्कृतिक विश्वासों, मूल्यों, परम्पराओं, दृष्टिकोणों, व्यवहारों आदि के निर्धारण में महती भूमिका अदा करता है। जहां धर्म संस्कृति निर्माण एवं विकास का मुख्य आधारतत्त्व है, वहीं यह संस्कृति के परिवर्तन रूपी विकास के मार्ग में सबसे बड़ा बाधक भी है। धर्म यथास्थिति का पोषक होता है और जब आन्तरिक या बाहय प्रभावों या परिवर्तनकारी प्रवृत्तियों की वजह से समाज गंभीर परिवर्तन के दौर से गुजरने लगता है तो समाज को सबसे जबर्दस्त चुनौती धर्म की ओर से मिलती है। लेकिन, यदि समाज में परिवर्तन व विकास की प्रवृत्ति बहुत शक्तिशाली हो तो धर्म का स्वरूप या तो समयानुरूप संशोधित होता जाता है या फिर टूट जाता है। विकसित एवं विकासशील देशों से प्रासंगिक परिवर्तन–प्रक्रियाओं का अवलोकन करने से यह तथ्य उभरता है कि धर्म में जीवन्तता के तत्त्वों की मात्रा बहुत अधिक होती है, इसलिये टूटने के बदले समयानुकूल आप को संशोधित करके उसने अपने अस्तित्व को कायम रखने का प्रयास किया है।

व्यक्ति के राजनीतिक व्यवहार को प्रभावित एवं निरूपित करने में धर्म की भूमिका काफी अहम् होती है। भारत जैसे विकासशील देश में धर्म के राजनीतिकरण का मूल्यांकन जनसमुदायों के राजनीतिक व्यवहारों के निर्माण, नियमन एवं निरूपण के प्रसंग में सहज ढंग से किया जा सकता है। यहां धर्म और राजनीति के मध्य चलने वाली अन्योन्य क्रियाओं का राजनीति पर गंभीर प्रभाव पड़ता है और राजनीति की रूपरेखा के निर्धारण में धर्म प्रासंगिक तत्त्व प्रधान भूमिका निभाते हैं। यूरोपीय देशों के नागरिकों के राजनीतिक व्यवहार पर भी धर्म का गहन प्रभाव स्पष्ट देखा जा सकता है। इंग्लैण्ड जैसा नागरिक संस्कृति, (Civic Culture) की कोटि में शामिल देश के नागरिकों पर भी धर्म का काफी प्रभाव है, क्योंकि धर्म वहां समाज के मूलभूत मूल्यों में समावेशित है। वस्तुतः, समाज के राजनीतिकरण में धर्म का पक्ष काफी प्रबल होता है। लोकतांत्रिक राजनीतिक प्रक्रियाओं के संचालन तथा राजनीतिक व्यवहार के प्रदर्शन को अस्तित्व प्रदान करने में धर्म का राजनीतिकरण प्रधानतत्त्व की भूमिका अदा करता है।

जाति और राजनीतिक प्रक्रियाएं (Caste and Political Processes)

विकासशील समाजों में जातियां मतों के ध्रुवीकरण (Polarisation) की प्रबल आधार हैं इसलिए समाज के राजनीतिकरण के विविध आयामों में जाति और राजनीति की अन्योन्यक्रिया का ख़ास महत्त्व है। जातियों के राजनीतिकरण को भारतीय समाज के परिप्रेक्ष्य में ज्यादा बेहतर ढंग से समझा जा सकता है। भारतीय समाज को समझने की कुंजी यहां की राजनीति में है और राजनीति को समझने की चाबी जाति व्यवस्था में है। यहां का पारंपरिक समाज लोकतांत्रिक राजनीति के हाथों तेजी से बदल रहा है। वस्तुतः, एक प्राचीन और परम्पराबद्ध सभ्यतामूलक समाज अपनी मौलिक संरचनाओं के राजनीतिकरण के जरिये आधुनिक बनने की राह पर तेजी से क़दम बढ़ा रहा है। लोकतांत्रिक राजनीति में जातियों के राजनीतिकरण की वजह से देश में राजनीतिक सहभागिता का स्तर काफी विकसित हुआ है। समाज में अस्तित्व रखने वाली निचली जातियां और उपेक्षित तबके राजनीति की मुख्य धारा में शामिल होकर अपने हितवर्द्धन के लिए दावेदारियाँ और राजनीतिक सौदेबाजी करने में काफी माहिर हो चुके हैं।

किसी भी व्यवस्था में राजनीतिक क्रियाएं शून्य में सक्रिय नहीं होती हैं। राजनीति को अपनी सक्रियता के लिए सामाजिक जमीन में आधार तलाशना पड़ता है। यहां समाज के राजनीतिकरण क्रम में सबसे पहले जाति प्रथा की सत्तामूलक संरचना को राजनीतिक आधुनिकीकरण की धारा में खींचा गया। फिर राजनीतिक–आर्थिक लाभों के वितरण में जातियों को शामिल करके उन्हें राजनीतिक लाभ अर्जित करने का मोहरा बनाया गया है। जातियों के राजनीतिकरण का तीसरा अहम् पक्ष जातियों में उत्पन्न जातिगत चेतना से प्रासंगिक है। राजनीतिकरण के प्रसंग में जाति प्रथा के सभी पारंपरिक संघटक राजनीतिक–सामाजिक परिवर्तन की नई प्रक्रिया के अंग बन गये।

भारतीय समाज में जाति प्रथा और लोकतांत्रिक संसदीय राजनीति की अन्योन्य क्रिया से समाज परिवर्तन की नयी प्रक्रिया का आविर्भाव हुआ। इससे लोकतांत्रिक प्रक्रियाओं में आम जनता की सक्रिय सहभागिता बढ़ी। जाति और राजनीति के मेल–मिलाप की वजह से बिना किसी क्रान्ति या भारी उथल–पुथल के समाज का राजनीतिकरण हो गया और भारतीय राज्यव्यवस्था को एक लोकतांत्रिक राजनीतिक चेहरा मिला।

भारत की पारंपरिक समाज व्यवस्था जातीय संरचनाओं और अस्मिताओं के आसपास संगठित है, इसलिए जाति और राजनीति का संबंध राजनीतिक प्रक्रियाओं के संचालन में आधार–आधेय की भूमिका अदा करता है। राजनीतिक आधुनिकीकरण के इस दौर में राजनीति के दबाव के फलस्वरूप जातियां किस रूप ढल रही हैं और जातिगत समाज में राजनीति का चेहरा कैसा है यह सवाल भारतीय बुद्धिजीवियों के लिए गहन चिन्तन–मनन का विषय है। भारतीय राजनीति जातियों को गोलबन्दी के लिए अभिप्रेरित करके अपनी स्थिति मजबूत करने के लिए राजनीतिक दलों के प्रति उनकी मौजूदा उभरती हुई नि ठाओं की शिनाख़्त करती है, फिर मत–प्रबंधन की दृष्टि से अपने राजनीतिक हक़ में उन निष्ठाओं का इस्तेमाल करती है। दूसरी तरफ जातीय–समूह भी राजनीतिक खेल में माहिर हो रहे हैं, इसलिए वे राजनीति को अपनी गतिविधियों का केन्द्र बनाकर अस्मिता का दावा पेश करने और राजनीतिक व्यवस्था में अपनी स्थिति सुधारने का कोई भी मौका गंवाना नहीं चाहते हैं। यही वजह है कि जातियां अपने हितवर्द्धन व हितरक्षण के लिए राजनीतिक सौदेबाजी की कला में पारंगतता हासिल कर चुकी हैं। भारतीय राजनीति में जातिवाद ही दरअसल जातियों का राजनीतिकरण है।

सारांशतः, यह कहा जा सकता है कि जातियों के राजनीतिकरण की वजह से छोटी–छोटी जातियां भारतीय राजनीति के सर्वमान्य मूल्यों को अपनाने लगी है और राजनीतिक बोध के परिणामस्वरूप अपनी व्यापक संख्या बल के आधार पर चुनावी राजनीति में ऊँची हैसियत का दावा पेश करने लगी हैं। भारतीय व्यवस्था में आधुनिक संस्थाओं की पैठ और राजनीतिक एकीकरण की खुली प्रक्रिया व्यवहार में इसीलिए संभव हो पायी, क्योंकि यहां लोकतांत्रिक राजनीतिक प्रक्रियाओं के संचालन में जातीय अस्मिताओं की महत्ता को खुलकर स्वीकारा गया, उन्हें राजनीतिक रूप से गोलबंद करने की कोशिश की गयी और उन्हें ही माध्यम बनाकर वोट बैंक का निर्माण करने के लिए राजनीतिक लेनदेन की प्रक्रिया का विस्तार किया गया। जातीय संगठनों द्वारा नये लक्ष्यों की दिशा में कदम बढ़ाने के लिए खुले लौकिक रूपों को अपनाया गया। देश में सभी जातियों के जातीय संघ, जाति सम्मेलन, जाति सभाएं, जाति संस्थान, आदि इसी रूप का दृष्टान्त हैं। जातीय संगठन के ये विविधरूप अपने ख़ास हितों की पूर्ति के लिए कुछ विशिष्ट लक्ष्य से बंधे होते हैं और अपने इन्हीं लक्ष्यों के आलोक में विभिन्न राजनीतिक दलों से सौदेबाजी करते हैं। गुजरते वक़्त के साथ इन जातीय संगठनों की प्रवृत्ति में काफी लचीलापन आया है। ये अपने मूल सदस्यों के अलावा दूसरी जाति के सदस्यों को भी स्वीकारने लगे हैं। वर्तमान परिप्रेक्ष्य में इन संघों की पहुंच कई नये क्षेत्रों तक हो चुकी है। इन्होंने कई स्वयंसेवी संगठनों, हित समूहों, दबाव समूहों और राजनीतिक दलों के साथ अपनी लक्ष्य–सिद्ध के लिए मेल–जोल बढ़ाया है और समझौते को भी अंजाम दिया है। आज ये जाति संघ राजनीतिक समूह में तब्दील हो गये हैं। राजनीतिक महत्त्व की दृष्टि से संख्या बल इनकी बड़ी विशेषता बन गयी है और राजनीतिक लेन–देन में इनके द्वारा काफी ताक़त अर्जित कर ली गयी है। यह एक तथ्य है कि आजादी के बाद जाति की सामाजिक शक्ति को घटाने और धीरे–धीरे उसकी राजनीतिक सक्रियता का उन्मूलन करने की दृष्टि से कई गंभीर प्रयास किये गये, लेकिन सारी कोशिशें नाकामयाब रहीं और राजनीति में समाज के बढ़ते महत्त्व की वजह से जातियां ज्यादा शक्तिशाली होकर खुले रूप से राजनीतिक प्रक्रियाओं के संचालन–निष्पादन का आधार–माध्यम बनती गयी।

कुल मिलाकर यह कहा जा सकता है कि जाति–प्रथा की लौकिक प्रवृत्ति के दायरे में नियमित व निरूपित होने वाले एकीकरणात्मक तथा विचारधारात्मक आयामों की वजह से देश के राजनीतिक समाज को काफी परिष्कृत और विशिष्ट सामाजिक–सांस्कृतिक पृष्ठभूमि मिल गयी है, जिसके सहारे देश की लोकतांत्रिक राजनीति बिना किसी भीषण आन्दोलन, क्रान्ति, अशांति, निराशा या विग्रह में फँसे हुए आधुनिकता के प्रभावों को अपने में आत्मसात् करके सामाजिक–राजनीतिक परिस्थितियों तथा पर्यावरण के प्रति अनुक्रिया करने में सामर्थ्यवान् हो पायी है। लोकतांत्रिक राजनीति मूलतः आवश्यकताओं की पूर्ति की राजनीति है, तो जाहिर है कि समाज और

राजनीति, जाति और राजनीति की अन्योन्य क्रिया से एक साथ प्रभावित हुआ है और जातियों के राजनीतिकरण के फलस्वरूप हम एकीकरण के नये स्वरूप की दिशा में कदम बढ़ा रहा है। मोटे तौर पर यह कहा जा सकता है कि राजनीति द्वारा भारतीय समाज में जबरदस्त बदलाव लाया गया है, साथ ही यह भी सत्य है कि कोई भी राजनीतिक व्यवस्था तभी स्थायित्व और सातत्य प्राप्त करती है जब उसकी प्रक्रियाओं, मान्यताओं, मूल्यों, प्रतीकों को समाज आत्मसात करके अपनी परम्पराओं को समावेशित कर ले। इस संदर्भ में भारतीय राजनीति को कुछ हद तक सफलता मिली है। भारत में पश्चिम बंगाल को छोड़कर लगभग सभी राज्यों में जाति व्यवस्था का व्यापक प्रभाव सक्रिय राजनीति पर देखा जा सकता है। जो सामाजिक जीवन के राजनीतिकरण का आधारीय संदर्भ है।

सामाजिक स्तरीकरण और राजनीतिक प्रक्रियाएं (Social Stratification and Political Processes)

सामाजिक स्तरीकरण समाज को उच्च एवं निम्न वर्गों बांटने और स्तर निर्माण करने की एक व्यवस्था है। प्रत्येक समाज अपनी आबादी को आय, व्यवसाय, धन–संपदा, जाति, धर्म, शिक्षा पद, प्रजाति आदि के आधार पर उच्च एवं निम्न कोटियों में विभाजित करता है। इससे प्रासंगिक प्रत्येक विभाजन एक परत के समान है और ये सभी परतें जब उच्चता एवं निम्नता के क्रम में रखी जाती है तो उसे सामाजिक स्तरीकरण के नाम से जाना जाता है। प्रत्येक समाज अपनी आवश्यकता पूर्ति की दृष्टि से विभिन्न पदों की रचना करता है, जिसे धारण करने के लिए विभिन्न प्रकार की योग्यताओं–क्षमताओं की जरूरत पड़ती है। पद की महत्ता एवं दायित्व–निर्वहन के अनुरूप समाज अपने सदस्यों को कम या अधिक पुरस्कार प्रदान करता है। इस वजह से समाज में उच्चता–निम्नता का क्रम आकार लेता है, जो सामाजिक भेदभाव को जन्म देता है और समाज विभिन्न स्तरों में बँट जाता है। सामाजिक स्तरीकरण की प्रक्रिया का अस्तित्व विकसित–विकासशील तथा उदारवादी–साम्यवादी सभी व्यवस्थाओं में विद्यमान होता है। सामाजिक स्तरीकरण के प्राणीशास्त्रीय आधारों में जन्म, प्रजाति, लिंग, आयु, तथा शारीरिक–बौद्धिक कौशल आदि प्रमुख हैं और सामाजिक–सांस्कृतिक आधारों में आय, सम्पति, व्यवसाय, धर्म, राजनीतिक शक्ति, आदि का प्रमुख स्थान है।

सभी समाजों के लिए स्तरीकरण एक आवश्यक तत्त्व है, लेकिन समाजों की प्रकृति में भिन्नता होने की वजह से स्तरीकरण के दो स्वरूप पाये जाते हैं–बन्द स्तरीकरण (Closed Stratification) एवं खुला स्तरीकरण (Open Stratification)। यहां बन्द स्तरीकरण का अभिप्राय ऐसी व्यवस्था से है जिसमें एक बार उच्च प्रस्थिति एवं निम्न प्रस्थिति में समाज का विभाजन हो जाने के बाद पुनः उसमें कोई परिवर्तन होने की संभावना नहीं रहती है। दृष्टान्तस्वरूप, भारत का हिन्दू समाज अनेक जातियों में बँटा हुआ है और जन्म के आधार पर सभी जातियों की स्थिति एक–दूसरे से उच्च या निम्न स्तर की है। इसमें सामाजिक व्यक्ति की प्रस्थिति का विभाजन जन्म से होता है जिसमें आजीवन परिवर्तन की कोई गुंजाइश नहीं होती है। इसी प्रकार, मुसलमानों में भी जन्म और रक्त संबंध के आधार पर समाज कई जातियों में विभाजित है जिनकी सामाजिक प्रस्थिति एक दूसरे से अलग है। इस प्रकार, बन्द सामाजिक स्तरीकरण का आधार जन्म एवं रक्त संबंध है। ठीक इसके विपरीत, खुले स्तरीकरण का आधार व्यक्ति की योग्यता, कुशलता, क्षमता, शिक्षा, व्यवसाय, आदि हैं। विकसित व्यवस्थाओं में खुले स्तरीकरण का अस्तित्व मौजूद होता है। जहां व्यक्ति अपनी योग्यता–कुशलता के आधार पर किसी भी प्रस्थिति का सदस्य बन सकता है, यानी कि निर्धन वर्ग का व्यक्ति अधिक धन–अर्जन करके उच्च वर्ग में शामिल हो जाता है और धनी वर्ग का व्यक्ति दीवाला निकल जाने की वजह से निर्धन वर्ग में शामिल हो जाता है। इस प्रकार, बन्द स्तरीकरण जातिप्रथा से प्रासंगिक होता है और खुला स्तरीकरण वर्ग व्यवस्था से। सामाजिक स्तरीकरण का महत्त्व सभी समाजों में है, क्योंकि यह समाज की आवश्यकतापूर्ति में सहायक होता है। इससे समाज में शक्ति संतुलन का निर्माण होता है, अधिक कार्य करने की प्रेरणा मिलती है तथा इससे सामाजिक सहयोग एंव उत्तरदायित्व की भावना को बढ़ावा मिलता है। यह समाज में श्रम विभाजन, सामाजिक प्रगति, सामाजिक एकीकरण एवं सामाजिक प्रगति का पोषक होता है।

ऊपर विवेचित प्रसंगों से यह स्पष्ट होता है कि सामाजिक स्तरीकरण एक स्वाभाविक प्रक्रिया है, लेकिन यह व्यवस्था की राजनीतिक प्रक्रियाओं को भी प्रभावित करता है। सामाजिक स्तरीकरण का राजनीतिक शक्ति–अर्जन से सीधा सरोकार होता है क्योंकि सामाजिक–आर्थिक सत्ता का संयोग राजनीतिक सत्ता के अस्तित्व–निर्माण में उल्लेखनीय भूमिका निभाता है। राजनीतिक शक्ति अर्जित करने वाले सदस्य को आर्थिक सत्ता और सामाजिक प्रस्थिति स्वतः ही प्राप्त हो जाती है। राजनीतिक प्रक्रियाएं सामाजिक संस्तरण व्यवस्था में परिवर्तन लाने का माध्यम बनती हैं। जिस प्रकार राजनीतिक प्रक्रियाएं सामाजिक समूहों, वर्ग, स्थिति, संस्कृति, धर्म एवं जाति व्यवस्था को प्रभावित करती हैं, वही बात सामाजिक संस्तरण के साथ भी लागू होती है।

मार्क्स की यह अभिव्यक्ति थी कि सामाजिक संस्तरण पर आधारित वर्ग व्यवस्था और उससे उत्पन सामाजिक, आर्थिक, राजनीतिक असमानता का राजनीतिक माध्यम से उन्मूलन किया जा सकता है। मार्क्स का यह विश्वास था कि उत्पादन–प्रक्रिया और उत्पादन के साधनों पर स्वामित्व की वजह से सामाजिक संस्तरण की स्थिति बनती है और पूंजीपति वर्ग कामगार का शोषणकर्ता बन जाता है। भारतीय परिप्रेक्ष्य में बन्द सामाजिक संस्तरण की स्थिति में संवैधानिक प्रावधानों के तहत बदलाव लाने का प्रयास गंभीर स्तर पर किया गया है और जातीय प्रस्थिति की खाई को पाटने के लिए छूआछूत उन्मूलन तथा आरक्षण प्रदान करने की व्यवस्था की गयी है। यहां आर्थिक–सामाजिक न्याय की दृष्टि से लोककल्याणकारी तथा समाजवादी राज्य की स्थापना करने वाले सिद्धान्तों को प्राथमिकता दी गयी है। गरीबी, बेरोजगारी और असमानता को दूर करने के लिए गांधीवादी विचारधारा को आधार बनाया गया है। इस प्रकार, सरकारी प्रयासों द्वारा भारत में हरिजनों एवं पिछड़ी जातियों को सामाजिक प्रतिष्ठा दिलाने एवं आत्मविश्वास जगाने में काफी सफलता अर्जित की गयी है।

उपर्युक्त विवेचित तथ्यों के आलोक में यह कहा जा सकता है कि लोकतांत्रिक व्यवस्था एवं प्रक्रियाओं के संचालन में समाज के विविध आयामों के राजनीतिकरण की भूमिका अति महत्त्वपूर्ण है। आधुनिक अनुभववादी राजनीतिशास्त्रवेत्ताओं एवं राजनीतिक समाजशास्त्रवेत्ताओं की यह मान्यता है कि मनुष्य एक सामाजिक–राजनीतिक प्राणी है। एक राजनीतिक मतदाता का समाज से पृथक् कोई अस्तित्व नहीं है, इसलिए एक मतदाता के रूप में नागरिक की समस्त राजनीतिक गतिविधियों, अभिवृत्तियों, दृष्टिकोणों, विचारों, मूल्यों, मान्यताओं, व्यवहारों तथा भूमिकाओं का अनुभवजन्य अध्ययन–विश्लेषण एवं मूल्यांकन सिर्फ सामाजिक परिवेश के प्रसंग में ही किया जाना चाहिए तभी अध्ययन का परिणाम तथ्यपरक एवं व्यवहारपरक होगा। राजनीति को वैधता की प्राप्ति समाज से ही होती है। राजनीतिक समाजशास्त्र का प्रतिपाद्य विषय 'दृश्य शक्ति' (**Phenomenal Power**) है, जिसका स्रोत समाज है। राजनीतिक सत्ता के वैधीकरण का आधार माध्यम भी समाज ही है और राजनीतिक सत्ता को मान्यता एवं चुनौतियां दोनों समाज से ही मिलती हैं।

वस्तुतः, समाज और राजनीति दोनों अन्योन्याश्रयी हैं और एक–दूसरे के पूरक हैं। लोकतांत्रिक प्रक्रियाओं के संचालन की जवाबदेही राजनीतिक दलों के कंधे पर होती है, इसलिए सभी राजनीतिक दलों का समाज से सीधा सरोकार होता है। सभी राजनीतिक दल अपनी सदस्यता का विस्तार करके समाज के ज्यादा से ज्यादा हिस्सों में अपनी पैठ बनाने के लिए प्रयासरत रहते हैं। आधुनिक युग में राजनीति को समाजकल्याण एवं लोक कल्याण का सशक्त माध्यम माना जाने लगा है। सामाजिक मनुष्य के अन्दर व्यवस्थित जीवन जीने की तीव्र इच्छा का परिणाम है राजनीति के क्षेत्र का विस्तार, जिसने विषय को व्यापक अर्थबोध प्रदान किया है। आधुनिक लोकतांत्रिक व्यवस्थाओं में सामाजिक जीवन के बीच राजनीति की लोकप्रियता एवं स्वीकार्यता ऊंची पद प्रतिष्ठा अर्जित करने वाले एक व्यवसाय के रूप में स्थापित हो चुकी है, इसलिए समाज के सदस्यों का राजनीति की तरफ स्पष्ट रुझान सभी देशों दिखाई पड़ता है।

इस प्रकार, निष्कर्षतः यह कहा जा सकता है कि सभी लोकतांत्रिक व्यवस्थाओं में समाज के राजनीतिकरण का प्रसंग काफी प्रासंगिक एवं तथ्यपरक है और इस प्रसंग का अनुभवपरक अध्ययन परिस्थिति की मांग के अनुरूप भी है। राजनीतिक सहभागिता के स्तर में वृद्धि के लिए तथा राजनीतिक व्यवस्था को आधुनिकीकरण एवं विकास के मार्ग पर ठोस क़दम बढ़ाने के लिए समाज के सभी आयामों का राजनीतिकरण करना आधुनिक लोकतंत्र की सफलता व स्थायित्व की अनिवार्य शर्त है।

स्वस्थ लोकमत के निर्माण की पूर्व शर्तें (Prerequisites of Sound Public Opinion)

किसी लोकतांत्रिक व्यवस्था में जनमत–निर्माण तथा अभिव्यक्ति के समस्त साधनों की उपलब्धता होने के बावजूद स्वस्थ जनमत का निर्माण हो जाये यह जरूरी नहीं है। जनमत–निर्माण में व्यवस्थागत जनसमुदायों के विचारों–दृष्टिकोणों तथा सामाजिक, राजनीतिक, आर्थिक, सांस्कृतिक पर्यावरण की वास्तविक परिस्थितियों के मध्य चलने वाली अन्योन्यक्रियाओं की बुनियादी भूमिका होती है। स्वस्थ जनमत का निर्माण तभी संभव है, जब इसके निर्माण के मार्ग आने वाली बाधाओं को पूरी तरह समाप्त करना संभव हो सकेगा। लोकतंत्र में जनमत–निर्माण का आधारतत्त्व व्यक्ति है और व्यक्ति ही इसमें मुख्य संवाहक की भूमिका निभाता है। इस तथ्य के मद्देनजर किसी भी लोकतांत्रिक राजनीतिक समाज में स्वस्थ व ठोस जनमत–निर्माण तथा अभिव्यक्ति के लिए वहां के नागरिकों में कुछ निश्चित लक्षणों की मौजूदगी अपरिहार्य है। ये लक्षण हैं : **प्रथम**–जनता को यह बोध हो कि उसे व्यवस्था से क्या चाहिए। **द्वितीय**–जनता सरकार से जो पाना चाहती है, उस विषय में उसकी स्पष्ट अभिरूचि होनी चाहिए। **तृतीय**–जनता में अपनी इच्छा–अभिव्यक्ति की क्षमता होनी चाहिए।

इस प्रकार, स्वस्थ जनमत के निर्माण में समाज के सदस्यों के स्पष्ट दृष्टिकोण, एवं विचार–अभिव्यक्ति की स्पष्टता–क्षमता का सबसे बड़ा योगदान है। सुस्पष्ट बोध के अभाव में जनता के लिए स्वस्थ मत का निर्माण करना संभव नहीं है। अधिकांश विकासशील देशों में संरचनात्मक व्यवस्थाओं की विद्यमानता के बावजूद वैचारिक सुस्पष्टता और अभिव्यक्ति में क्षमताहीनता की वजह से स्वस्थ जनमत का निर्माण संभव नहीं हो पता है। किसी भी समाज के सदस्य को व्यवस्था से क्या चाहिए ? इस बोधनी के लिए जनता का शिक्षित होना अति आवश्यक है। साथ ही नागरिकों में अपनी मांग–पूर्ति के प्रति रुचि का होना भी परमावश्यक है। सार्वजनिक विषयों पर उदासीन जनसमुदाय अभिव्यक्ति के श्रेष्ठतम साधनों का सही उपयोग नहीं कर सकता है। स्वस्थ जनमत के निर्माण और अभिव्यक्ति में नागरिकों के लिए जिन तीन लक्षणों की ऊपर चर्चा की गयी है, उसके समुचित विकास के मार्ग में आनेवाली रुकावटों में मुख्य हैं–निरक्षरता, निर्धनता, पक्षपाती मीडिया, गैरजवाबदेह समाचारपत्र, दूषित शिक्षा प्रणाली, राजनीतिक दलों की गलत नीतियां, नागरिक उदासीनता आदि जिसके अभाव में नागरिकों की संलग्नता सकारात्मक के बजाय नकारात्मक गतिविधियों मे ज्यादा होती हैं, जो स्वस्थ जनमत के निर्माण में बाधाएं उत्पन्न करता है। लोकतांत्रिक व्यवस्थाओं में स्वस्थ जनमत निर्माण कार्य हेतु समाज के सदस्यों की सार्थक भूमिका निर्वहन के लिए जिन आवश्यक कारकों की मौजूदगी को जरूरी माना गया है, वे निम्नांकित हैं :

1. **विचार अभिव्यक्ति की स्वतंत्रता (Freedom of Thought and Expression)**–स्वतंत्र रूप से विचार–अभिव्यक्ति की परिस्थितियां स्वस्थ जनमत के निर्माण में परमतत्त्व की भूमिका अदा करती हैं। सर्वाधिकारवादी व्यवस्थाओं में सत्ता की निरंकुश प्रवृत्ति तथा विचार–अभिव्यक्ति की स्वतंत्रता का अभाव स्वस्थ जनमत–निर्माण में सबसे बड़ा बाधक है। विचार एवं अभिव्यक्ति की स्वतंत्रता से नागरिकों को विचार करने, भाषण देने, संध बनाने तथा सरकारी कामकाज एवं व्यवस्थागत मुद्दों–समस्याओं पर विचार–स्वातंत्र्य (Freedom of Thought) एवं अभिव्यक्ति की आजादी प्राप्त होती है। उदारवादी लोकतंत्र में विचार–अभिव्यक्ति की स्वतंत्रता का क्षेत्र अत्यन्त व्यापक होता है और इससे समाज में ऐसी परिस्थितियां उत्पन्न होती हैं जो स्वस्थ व ठोस जनमत के निर्माण में आधारीय भूमिका निभातीं हैं। इसकी मौजूदगी की वजह से समाज के सदस्यों को सामाजिक–राजनीतिक समस्याओं, मुद्दों पर खुली बहस, वाद–विवाद, विचारणा (Thought or Thinking), विचार–अभिव्यक्ति की छूट मिलती है, जिसकी वजह से स्वस्थ राजनीतिक पर्यावरण का निर्माण होता है। सदस्यों को मिली स्वतंत्र विचार अभिव्यक्ति की आजादी, सरकार की कार्यशैली, नीतियां–निर्णयों को नियंत्रित करने में भी अहम् भूमिका निभाती है। इसकी वजह से व्यवस्था में उत्पन्न मांगों के स्वरूप का स्पष्टीकरण होता है तथा नागरिकों को स्पष्ट रूप से पता होता है कि उन्हें व्यवस्था से क्या चाहिए और सरकार उनकी मांगों पूराकर पाने में कितना सामर्थ्यवान साबित हो रही है। यदि मौजूदा सरकार जनता की अपेक्षाओं पर खरी नहीं उतर पाती, तो स्वस्थ जनमत के निर्माण द्वारा सत्ता परिसंचरण भी स्वस्थ और वैधानिक तरीके से संभव हो पाता है।

इस प्रकार, स्वस्थ जनमत के निर्माण में विचार–अभिव्यक्ति की स्वतंत्रता आधार माध्यम की भूमिका अदा करती है। यह स्वतंत्रता नागरिकों को हड़ताल करने, सभा करने, प्रदर्शन–धरना करने, जुलूस निकालने, आदि का अधिकार प्रदान करती है और इन्हीं माध्यमों का प्रयोग करके जनता अपनी बात सरकार तक आसानी से पहुंचा सकती है। यह स्वस्थ जनमत के निर्माण में आधारीय सहायक बनता है।

2. **आदर्श एवं व्यावहारिक शिक्षा प्रणाली (Ideal and Practical Educational System)**–दोषपूर्ण शिक्षा प्रणाली जनमत निर्माण में बाधक होता है। स्कूलों, कॉलेजों और विश्वविद्यालयों में यदि सिर्फ किताबी ज्ञान दिया जाता है, तो विद्यार्थियों में आदर्श, नैतिकता जैसे तत्त्वों का विकास नहीं हो पाता है जो व्यक्ति को आदर्श नागरिक बनने में मूल रूप से सहायक होता है। ऐसी स्थिति में नागरिकों का व्यक्तित्व इतना विकसित नहीं हो पाता है कि वे व्यावहारिक धरातल पर उतरकर समस्याओं के समाधान हेतु सकारात्मक विचारों मतों को अभिव्यक्त कर सकें। स्वस्थ जनमत का निर्माण करने के लिए नागरिकों को समझदार, जानकार, सुशिक्षित और सार्वजनिक मामलों में रूचि लेने वाला होना चाहिए। व्यवस्था की राजनीति, राजनीतिज्ञ, राजनीतिक दल और राजनीतिक विषयों के प्रति जिज्ञासु एवं चेतनीय व्यक्ति ही राजनीतिक मामलों पर सभी माध्यमों से सूचनाएं प्राप्त करके अपना मत निश्चित करने तथा अपने साथियों एवं परिवार के सदस्यों को मतों को निर्णायक दिशा में मोड़ने में सक्षम होता है। व्यवस्थागत राजनीति के प्रति जिजीवीषु होने के लिए नागरिकों का यथोचित् रूप से शिक्षित होना अति आवश्यक है। समीचीन शिक्षा व्यवस्था के अभाव में शिक्षित व्यक्ति भी सार्वजनिक मामलों पर स्पष्ट दृष्टिकोण का निर्माण करने तथा अपनी मताभिव्यक्ति में कार्यकुशल नहीं हो पाता है। सही मत निर्माण के लिए सदस्यों में केवल राजनीतिक तथ्यों का बोध होना ही काफी नहीं हैं, उसके लिए सामाजिक–राजनीतिक पर्यावरण की व्यावहारिकता से परिचित होना भी अति आवश्यक है। क्योंकि, जनसंपर्क के समस्त साधनों, राजनीतिक दलों, राजनीतिज्ञों तथा सभी समूहों–संगठनों द्वारा एक ही सार्वजनिक प्रश्न पर परस्पर विरोधी बयान जारी किया जाता है, जो जनता को दिग्भ्रमित करने के लिए काफी है। इस परस्पर विरोधी राजनीतिक बयानबाजी के बीच अपनी क्षमता और कौशल से सही निष्कर्ष पर पहुंचना ही स्वस्थ लोकमत के निर्माण का आधारतत्त्व है। व्यवस्था में मौजूद आदर्श एवं व्यावहारिक शिक्षा प्रणाली ही नागरिकों में राजनीतिक परिपवक्ता, चेतनीयता, विवेकसंगतता, कार्यक्षमता, जैसे कार्यक्षम गुणों का विकास करती है और समाज के प्रति उत्तरदायी नागरिक के रूप में सार्वजनिक हित की दृष्टि से उनके मतनिर्माण में सहायक बनती है। यहां आदर्श एवं व्यावहारिक शिक्षा प्रणाली का मंतव्य जनता में राजनीतिक चेतना उत्पन्न कराने, उन्हें अपने अधिकारों–कर्त्तव्यों का बोध कराने तथा उनमें सार्वजनिक मामलों के प्रति सूझबूझ विकसित कराने से है, ताकि देश में स्वस्थ जनमत आकार ले सके और सामर्थ्यपूर्ण अभिव्यक्ति का माध्यम बन सके। वस्तुतः, आदर्श एवं व्यावहारिक शिक्षा प्रणाली की मौजूदगी नागरिकों के संकुचित दृष्टिकोण को व्यापक आधार प्रदान करके स्वस्थ जनमत के निर्माण का मार्ग प्रशस्त करता है।

3. **स्वतंत्र एवं निष्पक्ष प्रेस (Free and Impartial Press)**–स्वस्थ जनमत के निर्माण में स्वतंत्र एवं निष्पक्ष समाचारपत्र तथा मीडिया के अन्य सभी साधनों की भूमिका सर्वाधिक प्रमुख होती है। मीडिया के सभी साधन समाज मे विचारों–सूचनाओं के संप्रेषण के आधारीय संवाहक होते हैं। व्यवस्था की सभी इकाइयों, राजनीतिक दलों, दबाव समूहों, हित समूहों एवं सरकार का दृष्टिकोण, विचार, नीतियां, कार्यक्रम, जनता तक पहुंचाने एवं जनता के विचारों, मांगों को प्रशासन तक पहुंचाने का महत्त्वपूर्ण कार्य प्रेस द्वारा सम्पन्न होता है। विचारों के आदान–प्रदान की यह प्रक्रिया स्वस्थ जनमत–निर्माण का महत्त्वपूर्ण हिस्सा है। यदि प्रेस एवं मीडिया के अन्य साधन पक्षपातपूर्ण रवैया अपनाते हुए ख़बरों–सूचनाओं को तोड़–मरोड़ कर संप्रेषित करते हैं, अथवा सरकार या किसी राजनीतिक दल की तरफ़दारी में ख़बरों का आंशिक या सम्पूर्ण प्रसारण करते हैं, तो यह स्थिति व्यवस्था में स्वस्थ जनमत के निर्माण में बाधा उत्पन्न करता है। लोकतांत्रिक व्यवस्था में स्वस्थ और स्थायी जनमत के निर्माण हेतु समाचारपत्रों एवं जनसंपर्क के अन्य

सभी साधनों की निष्पक्षता और उनके द्वारा प्रसारित ख़बरों में सच्चाई, ईमानदारी व तात्त्विकता की बेहद जरूरत होती है। मीडिया द्वारा यदि तथ्यतः ख़बर जनता तक पहुंचायी जाती है तभी व्यवस्था में सही जनमत का निर्माण संभव है। एक अच्छी और स्थायी पत्रकारिता का आधार अन्ततः सिर्फ ख़बर की तात्कालिकता ही नहीं है, अपितु उसके मर्म में छिपा विचार भी होता है। अच्छा पत्रकार या तो किसी विचार को अपनी रपट के मार्फत से प्रतिष्ठित करता है या फिर किसी स्वीकृत विचार के स्तर पर उसका तर्कसंगत विरोध करता है, ताकि जनता संबंधित विषय पर मीडिया द्वारा प्राप्त सूचनाओं के आधार पर सही मत का निर्माण करने में सक्षम हो सके। यदि प्रेस द्वारा प्रकाशित या प्रसारित ख़बर में विश्वसनीयता, सटीकता हो और ख़बर तथ्य–आधारित हो, तो जनता के लिए किसी प्रश्न या मुद्दे से संबंधित मत–निर्माण में निश्चित फैसले पर पहुंचना काफी आसान हो जाता है। आजकल विकासशील एवं विकसित सभी व्यवस्थाओं की राजनीति में जिस तरह के घपले–घोटाले हो रहे हैं उसमें जवाबदेह प्रेस और जिम्मेदारी से ओत–प्रोत पत्रकारिता की भूमिका स्वस्थ जनमत के निर्माण के लिए आधारीय कारक है। टेलीविजन के न्यूज चैनलों को भी किसी ख़बर के प्रसारण के पूर्व प्रासंगिक तथ्यों की जाँच–पड़ताल करके ही सूचनाओं को जनता तक संप्रेषित करना चाहिए, तभी देश में स्वस्थ एवं ठोस जनमत का निर्माण संभव है। इस प्रकार, प्रेस एवं जनसंपर्क के अन्य साधनों का स्वतंत्र एवं निष्पक्ष होना स्वस्थ जनमत के निर्माण की पहली शर्त है, क्योंकि व्यवस्था की समस्त ख़बरों को जनता तक पहुंचाने का यह यथोचित माध्यम है।

4. **राष्ट्रवादी राजनीतिक दल (Nationalist Political Party)**–सभी लोकतांत्रिक व्यवस्थाओं में जनमत को अर्जित करने, व्यवस्थित करने तथा उसे सही दिशा प्रदान करने में राजनीतिक दलों की भूमिका काफी महत्त्वपूर्ण होती है। नागरिकों के दृष्टिकोण को विकसित करने उन्हें राजनीतिक शिक्षा प्रदान करने तथा जनता के ज्ञान को सकारात्मक या नकारात्मक दिशा में मोड़ने में राजनीतिक दलों की भूमिका प्रमुख होती है। नागरिकों के मन–मस्तिष्क में राजनीतिक विचारों का निर्माण करना एवं सार्वजनिक कल्याण के मुद्दों से जनता को परिचित कराना राजनीतिक दलों की प्रधान गतिविधि है जो एक ओर दलों के वोट बैंक के निर्माण का आधार माध्यम है, वहीं दूसरी ओर व्यवस्था में स्वस्थ जनमत के निर्माण व विकास का मुख्य माध्यम है। लेकिन, व्यवस्था में सकारात्मक जनमत के निर्माण व विकास के लिए राजनीतिक दलों का चरित्र राष्ट्रवादी हो, यह अति आवश्यक है। राष्ट्रवादी दृष्टिकोण रखने वाले दल ही लोककल्याण का लक्ष्य सामने रखकर अपनी गतिविधियों–कार्यक्रमों को अंजाम देते हैं और दलों द्वारा अपनाया जाने वाला यही दृष्टिकोण जनता को राजनीति के संबंध में समीचीन मत–निर्माण के लिए अभिप्रेरित करता है। संकुचित–सीमित दृष्टिकोण वाले दल पक्षपात की भावना से प्रेरित होकर जाति, धर्म, वर्ग, साम्प्रदायिकता, क्षेत्रीयता जैसे संवेदनशील विषयों में समाज के सदस्यो को बाँटकर अपने राजनीतिक फ़ायदे और राजनीतिक महत्वाकांक्षा की पूर्ति के लिए इनका इस्तेमाल करते हैं, इसलिए जनमत का निर्माण भी अपनी स्वार्थ–पूर्ति के अनुरूप करते हैं। ऐसे संकुचित दृष्टिकोण वाले दल स्वस्थ जनमत के निर्माण और विकास में बाधक बनते हैं, जनता को सार्वजनिक हित के विषयों के प्रति उदासीन बनाते हैं तथा राष्ट्रीय मुद्दों–समस्याओं पर समाकलित मत (Integrated Opinion) के निर्माण में रुकावट पैदा करते हैं। वस्तुतः, राष्ट्रहित की दृष्टि से स्वस्थ स्वरूप व ठोस जनमत के निर्माण के लिए व्यवस्था में मौजूद राजनीतिक दलों की प्रकृति–प्रवृत्ति व कार्यशैली का स्वरूप राष्ट्रवादी, समाज–सापेक्ष एवं जनोन्मुख होना अपरिहार्य है।

5. **राष्ट्रीय उद्देश्यों पर मतैक्यता (Consensus over National Destination)**–प्रत्येक राजनीतिक समाज में परस्पर विरोधी तत्त्वों का अस्तित्व मौजूद होता है। विकसित व्यवस्थाओं की अपेक्षा विकासशील व्यवस्था में विद्यमान सामाजिक, सांस्कृतिक, आर्थिक विविधताएं ऐसी परिस्थितियों की विद्यमानता को विशेष रूप से ठोस आकार प्रदान करती हैं। पर्यावरण में मौजूद परस्पर विरोधी तत्त्वों के बीच सदैव

संघर्ष, तनाव, द्वन्द्व, प्रतिस्पर्द्धा जैसी परिस्थितियां बनती–बिगड़ती रहतीं हैं, जिसकी वजह से व्यवस्था को निरन्तर नई चुनौतियां मिलती रहती हैं, नई समस्याओं का सामना करना पड़ता है और व्यवस्था को इन नई समस्याओं और चुनौतियों से निपटने के लिए नई क्षमता, ऊर्जा अर्जित करनी पड़ती है। अनुरक्षण प्रक्रिया (Maintenance Process) द्वारा प्रत्येक व्यवस्था अपने अस्तित्व के सातत्य को कायम रखने में सफल होती है। लेकिन, यदि राष्ट्रीय उद्देश्य या गन्तव्य के विषयों पर राजनीतिज्ञों एवं नागरिकों में मतैक्यता नहीं हो तो राष्ट्रीय एकीकरण और राष्ट्रहित की दृष्टि से गंभीर ख़तरे की स्थिति उत्पन्न हो सकती है। अतः, किसी भी राष्ट्र की विकास–संवृद्धि तथा समुन्नति के लिए यह अति आवश्यक है कि राष्ट्रीय गन्तव्यों पर संपूर्ण समाज के सदस्यों में मतैक्यता बनी रहे, यानी कि राष्ट्रीय संप्रभुता, अखण्डता, राज्य का स्वरूप, शासन का स्वरूप, संविधान तथा व्यवस्था–विकास से संबंधित आधारभूत नीतियां–कार्यक्रम एवं राष्ट्रीय सुराक्षा के मुद्दों पर देश के नागरिकों में सहमति हो तथा समस्या–समाधान के तरीकों पर मतैक्यता हो, तभी देश विकास के मार्ग पर ठोस क़दम बढ़ा सकता है। ऐसी अवस्था का आविर्भाव ही किसी भी देश के नागरिकों में स्वस्थ जनमत का निर्माण एवं विकास करने में आधारीय कारक बनेगा।

6. **निर्धनता और आर्थिक विषमता का अभाव (Absence of Poverty and Economic Disparities)**—किसी भी लोकतांत्रिक व्यवस्था में मौजूद निर्धनता और आर्थिक विषमता स्वस्थ जनमत के निर्माण में बहुत बड़ी बाधा उत्पन्न करता है। निर्धनता व्यक्ति में स्वतंत्र सोच और राजनीतिक चेतना उत्पन्न होने की समस्त संभावनाओं पर प्रश्न–चिन्ह लगा देता है। रोजी–रोटी की चिन्ता में जीवन व्यतीत करने वाले नागरिकों के लिए नागरिकता और जनमत जैसे महत्त्वपूर्ण प्रसंगों का अर्थ बेमानी है। दरअसल, इस वर्ग के लोगों को आजाद नागरिक होने की अनुभूति ही नहीं हो पाती है, इसलिए वे संविधान प्रदत्त राजनीतिक अधिकारों का मर्म ही नहीं समझ पाते है। राजनीतिक चेतना के अभाव में किसी भी महत्त्वपूर्ण विषय पर ये मत–निर्माण और अभिव्यक्ति की दृष्टि से सामर्थ्यहीन होते हैं। भूख, गरीबी, बेरोजगारी, बीमारी जैसी गंभीर समस्याओं से पीड़ित होने की वजह से यह वर्ग सार्वजनिक प्रश्नों के प्रति उदासीन होता है और सामाजिक–भौगोलिक गतिशीलता में बेहद कमी इन्हें राजनीतिक सहभागिता के प्रति भी उदासीन बनाता है। इस प्रकार, निर्धनता स्वस्थ जनगत के निर्माण में बड़ी रूकावट पैदा करता है। अतः, स्वस्थ जनमत–निर्माण की परिस्थितियां बनाने के लिए निर्धनता का उन्मूलन करना, प्रत्येक व्यवस्था के शासकवर्ग की राजनीतिक बाध्यता होनी चाहिए।

   निर्धनता की भांति आर्थिक विषमता भी स्वस्थ जनमत के निर्माण एवं विकास में बड़ी बाधक है। आर्थिक विषमता समाज के सदस्यों का वर्गीकरण करता है, समाज का दर्जाबंदी (Categorisation) करके उसे अमीर और गरीब दो वर्गों में बाँट देती है। गरीब वर्ग के सदस्यों की मूल्य, मान्यताएं, आकांक्षाएं, क्षमताएं, आवश्यकताएं आदि साधन–सम्पन्न वर्ग के सदस्यों से काफी अलग होती हैं। ऐसी सामाजिक व्यवस्था में अमीरों द्वारा गरीबों का शोषण किया जाता है, जिसकी वजह से गरीब मानसिक कुंठा का शिकार होते हैं। गरीबों का धर्म, ईमान, दृष्टिकोण, देश, राजनीति सब रोटी की जुगाड़ करने के दायरे में सिमट जाती है। सामाजिक दर्जाबंदी की इस स्थिति से समाज में अमीर वर्ग के लोगों के मतों की प्रधानता स्थापित होती है और निर्धन वर्ग में सामाजिक–राजनीतिक प्रश्नों, समस्याओं, मुद्दों पर सहमति नहीं बन पाती है। निर्धन वर्ग में सार्वजनिक मुद्दों पर सहमति जैसे विषय का घोर अभाव जनमत–निर्माण को बाधित करता है। साथ–ही, सार्वजनिक मुद्दों पर दोनों वर्गों के बीच चलने वाली आपसी खींचतान भी जनमत–निर्माण एवं विकास का मार्ग अवरुद्ध करता है। अतः, स्वस्थ जनमत के निर्माण एवं विकास के लिए समाज में निर्धनता एवं आर्थिक विषमता का उन्मूलन होना अति आवश्यक है।

उपर्युक्त विवेचित प्रसंग इस तथ्य का स्पष्टीकरण करते है कि स्वस्थ जनमत का निर्माण राजनीतिक व्यवस्था में मौजूद एक विशेष प्रकार की राजनीतिक संस्कृति में ही संभव है। ऐसी राजनीतिक संस्कृति जिसमें विचार–अभिव्यक्ति की स्वतंत्रता हो, आदर्श एवं व्यवहारिक शिक्षा प्रणाली हो, स्वतंत्र और निष्पक्ष मीडिया हो,

राष्ट्रवादी प्रकृति वाले राजनीतिक दलों की मौजूदगी हो, राष्ट्रीय उद्देश्यों पर मतैक्यता हो तथा निर्धनता एवं आर्थिक विषमता का अभाव जैसी स्थितियों की विद्यमानता हो तभी ऐसी परिस्थितियां जनता में राजनीतिक जगरूकता पैदा करके उसे स्पष्ट विचार अभिव्यक्ति के लिए अभिप्रेरित करती हैं जो स्वस्थ जनमत के निर्माण में सहायक बनता है।

भारत में जनमत–निर्माण की स्थिति एवं समस्याएं (Position and Problems of Public Opinion in India)

आजाद भारत में पंडित नेहरू के शासन से लेकर मनमोहन सिंह के शासन काल तक देश की राजनीति काफी उथल–पुथल के दौर से गुजरी है। भारतीय लोकतंत्र की गिनती विश्व के विशालतम लोकतंत्र में होती है। लोकतांत्रिक प्रक्रियाओं के संचालन में दिनोंदिन खुलापन आते जाने की वजह से भारत का लोकतंत्र चुनाव दर चुनाव निखरता जा रहा है। लेकिन, आमजनों का धीरे–धीरे राजनीति से मोहभंग होता जा रहा है, क्योंकि कोई भी राजनीतिक दल जनआकांक्षाओं पर पूरी तरह खरा नहीं उतर पाया। वैसे तो अनेकानेक विषयों में देश ने बहुत तरक्की की है, लेकिन अपनी बुनियादी समस्याओं के समाधान में देश आज भी पिछड़ रहा है। देश की प्रमुख समस्याओं में निर्धनता, बेरोजगारी, निरक्षरता, जनसंख्या विस्फोट साम्प्रदायिकता और साम्प्रदायिक दंगे–हिंसा, जातीयता और जातीय संघर्ष–हिंसा, बालश्रम और बालदुर्व्यवहार, अपराध और अपराधी, अपराध का राजनीतिकरण और राजनीति का अपराधीकरण, बाल अपराध, नक्सलवाद, आतंकवाद, बंधुआ मजदूरी, कालाधन, भ्रष्टाचार आदि शामिल हैं। इन समस्याओं को पूरी तरह उन्मूलित नहीं हो पाने की वजह से जनता की नज़र में धीरे–धीरे हर नई गठित होने वाली सरकार की साख गिरती गयी और राजनीतिक दलों एवं दलीय नेताओं के प्रति जन विश्वास में कमी आती गयी।

देश के समक्ष सबसे बड़ी चुनौती आर्थिक–सामाजिक स्थिति में दिनोंदिन बढ़ रही विषमता की खाई को पाटने की है। वर्तमान सामाजिक–राजनीतिक परिदृश्य को बदलने या सुधार करने का सारा दारोमदार राजनीतिक दलों एवं शासक अभिजनों पर है; लेकिन भ्रष्टाचार में सभी दलों के नेताओं की बढ़ती संलिप्तता, सभी दलों में आपराधिक छवि वाले नेताओं की बढ़ती संख्या, नौकरशाही का पक्षपातपूर्ण रवैया, मूल्यों और सिद्धान्तों से भटकती पार्टियां तथा सभी दलों के राजनेताओं में आम आदमी की बेहतरी के लिए कुछ ठोस कदम उठाने की इच्छा शक्ति में भारी कमी की वजह से व्यवस्थागत राजनीति व राजनीतिज्ञों के प्रति जनमत के दृष्टिकोण में काफी गिरावट आई है। अवसरवादी राजनीति के इस दौर में क्षेत्रीयता के तत्त्वों का बोलवाला हैं। यहां सभी दलों की दृष्टि में व्यवस्था–विकास तथा सार्वजनिक हित से जुड़े मुद्दों की अपेक्षा जाति, धर्म, वर्ग, संप्रदाय, साम्प्रदायिकता जैसे विषय ज्यादा प्रासंगिक हैं, क्योंकि ये उनके वोट बैंक–निर्माण का आधारतत्त्व है। जहां तक राजनीति और अपराध के बीच परस्पर संबंध का सवाल है, तो वस्तुस्थिति यह है कि केन्द्रीय एवं राज्य स्तर की सरकारें अपने हित और राजनीतिक लाभ के अनुरूप कुछ बाहुबलियों पर कानूनी शिकंजा कस रही है, लेकिन इस प्रयास से बस सिर्फ कुछ डालियां ही काट रही हैं, मूल समस्या के समाधान के लिए जब तक पूरी इच्छा–शक्ति से शासन द्वारा जड़ों पर हमला नहीं किया जायेगा, तब तक बाहुबली राजनीतिक परिदृश्य से नहीं हटेंगे। वर्तमान परिप्रेक्ष्य में प्रशासनिक स्तर का तात्विक सच ये है कि आज न तो नौकरशाही में इतनी हिम्मत है कि वो पूरी ईमानदारी और बेबाकी से जनहित संबंधी मुद्दों तथा सार्वजनिक कल्याण से जुड़े सच को राजनीतिक सत्ता के समक्ष रख सके और न ही राजनीतिज्ञों में इतना संयम और इच्छाशक्ति है कि वे व्यवस्था–विकास तथा जनसरोकारगत मशविरों को धैर्यपूर्वक सुन सकें। ईमानदार अधिकारीगण यह जानते हैं कि उनसे गैर मुनासिब काम कराया जा रहा है, लेकिन राजनीतिक अभिजनों के कद्दावर शख़्सियत की वजह से वे लिखित आदेश की मांग का साहस भी नहीं जुटा पाते हैं। देश में सही अर्थों में कानून का शासन लागू करने के लिए शासन को करोड़ों भारतीय के प्रति प्रतिबद्ध, वचनबद्ध और ईमानदार होना पड़ेगा और समाज–सापेक्ष प्रवृत्ति को प्रमुखता देकर जनकल्याण कार्य में

जुटना पड़ेगा। क्या कभी ऐसे भारत का निर्माण संभव हो पायेगा ? आज के परिप्रेक्ष्य में एक अरब, दस करोड़ से भी ज्यादा भारतवासियों के ज़ेहन में यही सबसे बड़ा सवाल है जिसपर गरीबी उन्मूलन, निरक्षरता उन्मूलन तथा व्यवस्था के चहुँदिस विकास का चरम लक्ष्य निर्भर है। फिलहाल देश की लोकतांत्रिक प्रक्रिया में नागरिकों की राजनीतिक सहभागिता का स्तर एवं स्वस्थ व ठोस जनमत निर्माण की प्रक्रियाओं को तत्त्वतः जिन विषय स्थितियों का सामना करना पड़ रहा है, उन पर विशेष चर्चा निम्नांकित है :

1. **निरक्षरता (Illiteracy)**—जनगणना 2001 के अनुसार, उस नागरिक को साक्षर माना गया है जिसकी आयु सात वर्ष या उससे अधिक है तथा जो किसी भी भाषा का ज्ञान रखकर उसे लिख पढ़ सकता है। जो व्यक्ति सिर्फ पढ़ सकता है लिख नहीं सकता है उसे साक्षर नहीं माना जा सकता है। वर्ष 1991 से पूर्व हुई जनगणनाओं में 5 वर्ष से कम आयु के बच्चों को निश्चित रूप से निरक्षर माना जाता था। वर्ष 2001 की जनगणना से यह पता चलता है कि देश की साक्षरता दर में वृद्धि हुई है, जो 64.84 प्रतिशत है। पुरुषों की साक्षरता दर 75.26 प्रतिशत तथा महिलाओं की साक्षरता दर 53.67 प्रतिशत है।

   हालांकि, भारत में निरक्षरता उन्मूलन के लिए सरकारी स्तर पर कई महत्त्वपूर्ण प्रयास किये गये हैं, जिनमें मई, 1988 में राष्ट्रीय साक्षरता मिशन की स्थापना एक महत्त्वपूर्ण क़दम है। केन्द्र सरकार द्वारा सरकारी स्तर पर शैक्षिक नीतियों—कार्यक्रमों का निर्माण एवं कार्यान्वयन पर गहरी दृष्टि रखी जा रही है।

   भारत में निरक्षरों की संख्या में महत्त्वपूर्ण गिरावट सामने आयी है। वर्ष 1991 में निरक्षरों की संख्या 32 करोड़, 88 लाख, 80 हजार थी जो 2001 में घटकर 30 करोड़ 40 लाख हो गयी। देश के कुल 600 जिलों में से 597 जिलों को साक्षरता मिशन के तहत राष्ट्रीय साक्षरता कार्यक्रम में शामिल किया गया है, बावजूद इसके निरक्षरों की अभी भी बड़ी संख्या है जो स्वस्थ जनमत के निर्माण में बाधक की भूमिका निभा रहा है।

2. **निर्धनता (Poverty)**—निर्धनता का आशय गरीबी की उस स्थिति से है, जिसमें समाज का एक हिस्सा जीवन की बुनियादी आवश्यकताओं को प्राप्त करने में असमर्थ रहता है। तीसरी दुनिया के देशों में निर्धनता एक गंभीर बीमारी है, यद्यपि यूरोप और अमेरिका के कुछ हिस्से में भी निर्धनता का आंशिक अस्तित्व मौजूद है। निर्धनता की परिभाषा अलग—अलग देशों में अलग—अलग ढंग से दी गयी है, लेकिन सभी का आधार न्यूनतम या बेहतर जीवन की कल्पना है। भारत के परिप्रेक्ष्य में निर्धनता का अभिप्राय अलग है। भारत में अनेक अर्थशास्त्रियों एवं शोध संस्थानों द्वारा निर्धनता के निर्धारण और मापन के लिए अलग—अलग प्रमाप (A Basis of Measurement) बनाया गया है। इन सभी अध्ययनों—शोधों का आधार प्रतिदिन के भोजन में ली जाने वाली कैलोरी के बराबर का खाद्य मूल्य है। योजना आयोग द्वारा गठित विशेषज्ञ दल (Taskforce on Minimum Needs and Effective Consumption Demand) की रिपोर्ट के आधार पर ग्रामीण क्षेत्रों में प्रति व्यक्ति 2400 कैलोरी प्रतिदिन तथा शहरी क्षेत्रों में प्रतिव्यक्ति 2100 कैलोरी प्रतिदिन के हिसाब से जो सदस्य प्राप्त नहीं कर पाते हैं, उन्हें गरीबी रेखा से नीचे माना जायेगा। देश में निर्धनता रेखा से नीचे जीवनयापन करने वाले लोगों की पहचान का विषय पिछले कुछ वर्षों से विवादास्पद मुद्दा बना हुआ है। योजना आयोग के राष्ट्रीय नमूना सर्वेक्षण संगठन (NSSO) द्वारा किये सर्वेक्षणों के आधार पर गरीबी रेखा से नीचे के लोगों की संख्या का आकलन किया जाता रहा है। लेकिन, प्रो. डी.टी. लकड़ावाला की अध्यक्षता में गठित विशेषज्ञ दल ने योजना आयोग द्वारा प्रस्तुत आँकड़ों को अविश्वसनीय (Unreliable) बताते हुए निर्धनों की पहचान के लिए वैकल्पिक फॉर्मूले का प्रयोग किया है, जिसके आधार पर प्रत्येक राज्य में मूल्य स्तर को आधारीय तत्त्व मानते हुए उसके तहत प्रत्येक राज्य के लिए अलग—अलग निर्धनता रेखा का निर्धारण किया गया है। लकड़ावाला फॉर्मूले में शहरी निर्धनता के आकलन के लिए औद्योगिक श्रमिकों के उपभोक्ता मूल्य सूचकांक को तथा ग्रामीण क्षेत्रों में कृषि श्रमिकों के उपभोक्ता मूल्य सूचकांक को आधार बनाया गया है।

निर्धनता और देश की जनसंख्या की आयु के ढाँचे में भी परस्पर गहरा संबंध है। निर्धनों की समस्याएं और निर्धनता की पीड़ा समाज में आर्थिक विषमता के आविर्भाव एंव मजबूती का मूल कारक है, जो सीधे रूप में देश की निर्वाचन व्यवस्था यानी कि मतदान व्यवहार पर चोट करता है। अपनी आर्थिक परेशानियों और पेट की भूख से विवश होकर इस वर्ग के लोग एक आजाद नागरिक के राजनीतिक अधिकारों का महत्त्व न समझते हुए चन्द नोटों के लिए अपने राजनीतिक ईमान का सौदा करते हैं, यानी कि अपना मत बेचते हैं। वहीं मतों के सौदागर इनके मतों का इच्छानुरूप इस्तेमाल करके अपनी राजनीतिक महत्त्वाकांक्षा की पूर्ति करते हैं, यानी कि संसद् एवं विधान सभा की सदस्यता प्राप्त करते है। इस प्रकार, भारत का निर्धन समाज व गरीबी रेखा से नीचे जीवनयापन करने वाले लोगों की मानसिकता, उनकी जरूरतें एवं परिस्थितियां देश में स्वस्थ एवं ठोस जनमत के निर्माण एवं विकास में बहुत बड़ी बाधा है।

3. **बेरोजगारी (Unemployment)**–डी. मैलो ने बेरोजगारी को परिभाषित करते हुए कहा है कि "बेरोजगारी वह परिस्थिति है जिसमें एक व्यक्ति अन्तर्निहित क्षमता और इच्छा के बावजूद वैतनिक व्यवसाय की स्थिति में नहीं होता है। भारत में बेरोजगारी युवा असंतोष और युवा आन्दोलन के जन्म के लिए आधार–सामग्री मुहैया कराता है। वह नागरिक जो काम करने के योग्य और इच्छुक दोनों है लेकिन उसे कोई काम नहीं मिल पाता है, ऐसी स्थिति को बेरोजगारी की संज्ञा दी जाती है यानी कि देश की अर्थव्यवस्था ऐसे व्यक्तियों की योग्यता और सेवाओं का लाभ नहीं उठा पाती है।"

   देश में काम के अवसरों में कमी की वजह से बेरोजगार व्यक्ति राष्ट्रीय उत्पाद के निर्माण एवं अर्थव्यवस्था को मजबूत बनाने में भागीदार नहीं बन पाते हैं। विकसित देशों में प्रायः चक्रीय बेरोजगारी पाई जाती है जो मांग में कमी के कारण उत्पन्न होती है। भारत में बेरोजगारी के स्वरूपों में प्रमुख है : 1. संरचनात्मक बेरोजगारी (Structural Unemployment), 2. अदृश्य बेरोजगारी (Disguised Unemployment), 3. खुली बेरोजगारी (Open Unemployment), 4. शिक्षित बेरोजगारी (Educated Unemployment), 5. घर्षणात्मक बेरोजगारी (Frictional Unemployment), 6. मौसमी बेरोजगारी (Seasonal Unemployment), 7. शहरी बेरोजगारी (Urban Unemployment), 8. ग्रामीण बेरोजगारी (Rural Unemployment), तथा 9. अल्परोजगार (Under Employment)।

   जहां समाज वैज्ञानिकों की मान्यता है कि बेरोजगारी परिवार और समाज को प्रभावित करती है, वहीं राजनीति वैज्ञानिकों की यह मान्यता है कि बेरोजगारी परिवार और समाज के साथ–साथ व्यवस्थागत राजनीति और राजनीतिक प्रक्रियाओं पर गंभीर प्रभाव डालता है। बेरोजगारी की वजह से उत्पन्न वैयक्तिक, पारिवारिक, सामाजिक विघटन राजनीतिक स्तर पर जनमत के खण्डीकरण का एक प्रधान कारक बनता है।

   वैयक्तिक विघटन बेरोजगार व्यक्ति का समाज से मोहभंग कराता है। अपने चारों ओर फैली उदासी से मुक्ति के लिए निकास मार्ग के अभाव में युवा समुदाय अपनी रचनात्मक शक्तियों को विनाशकारी गतिविधियों में परिणत कर देता है। उदाहरणार्थ, बेरोजगारी से पीड़ित होने की वजह से डकैती, अपहरण, चोरी, लूटपाट, हिंसा, हत्या, नक्सलवाद, आतंकवाद, साम्प्रदायिक हिंसा, जातीय हिंसा जैसी गैरकानूनी अपराधिक गतिविधियों में लिप्त होने वाले भारतीय युवाओं की संख्या में निरन्तर इजाफा हो रहा है। ये स्थिति शासन व्यवस्था के संचालन एवं ठोस व स्वस्थ जनमत के निर्माण एवं विकास के मार्ग में गंभीर रुकावटें पैदा कर रहा है।

4. **जातीयता (Casteism)**–भारतीय सामाजिक व्यवस्था का स्वरूप जातिगत संरचना पर आधारित है और सामाजिक संरचना ही राजनीतिक व्यवस्था का स्वरूप निर्धारक होता है। लोकतांत्रिक राजनीति और जाति की अन्योन्य क्रिया को राजनीति में जातिवाद का नाम दिया जाता है। यह वस्तुतः जातियों का राजनीतिकरण है। राजनीतिक प्रक्रियाओं के संचालनक्रम में जाति और राजनीति के बीच अन्योन्यक्रिया के फलस्वरूप जातियां नये रूपों में ढल रही हैं। लोकतांत्रिक प्रक्रियाओं के संचालन में जातीय

संरचनाओं–संगठनों का राजनीतिक दलों एवं दलीय नेताओं द्वारा इस प्रकार इस्तेमाल किया जाता है, जिससे संबद्ध पक्ष अपने वोट बैंक के निर्माण एवं मत–प्रबंधन के लिए जातियों का ज्यादा से ज्यादा राजनीतिक समर्थन जुटा सके तथा जातीय जनमत को अपनी और मोड़ कर चुनाव में जीत हासिल कर सके।

भारतीय राजनीतिक जीवन मे जनमत निर्माण व मतप्रबंधन की दृष्टि से जाति को सर्वाधिक महत्त्वपूर्ण सामाजिक संगठन माना गया है। देश की राजनीति इस सामाजिक संरचना को तात्त्विक आधार बनाकर अपनी मजबूती के लिए बिखरे मतों को संगठित करने का प्रयास करती है। भारत में सभी दलों की राजनीति जातियों के इर्द–गिर्द घूमती है। वस्तुतः, जातियां ही यहां प्रमुखतम राजनीतिक दल हैं। सही अर्थों में जातियां राजनीतिक शक्तियों का रूप धारण कर चुकी है। चुनावी राजनीति में सफलता प्राप्त करने के उद्देश्य से सभी दलों के नेता जातीय समुदायों को इसीलिए एक राजनीतिक मंच पर संगठित करने का प्रयास करते है, ताकि उनके मजबूत समर्थन से वे सत्तारूढ़ हो सकें। आज राजनीतिक दलों की पहचान का आधार जातियां हैं। चुनावी गठबंधन एवं गठबंधन सरकार के अस्तित्व–निर्माण में जातियां आधारतत्त्व की भूमिका निभाती हैं। जातियों का प्रतिनिधित्व करने वाले राजनीतिक दल हमेशा जाति विशेष के रहनुमा के रूप में अपने आपको प्रस्तुत करते हैं। देश और समाज के ऐसे आमजनों से इनका कोई सरोकार नहीं होता है जो इनके वोट बैंक का हिस्सा नहीं होते हैं। राजनीति में जाति के अस्तित्व की बढ़ती प्रधानता से अब कोई भी दल अछूता नहीं है। दलों की नीतियां–कार्यक्रम, गतिविधियां, घोषणाएं, चुनावी घोषणा पत्र आदि को जातीय वोट बैंक के मद्देनजर सैद्धान्तिक–व्यावहारिक रूप प्रदान किया जाता है। सभी राजनीतिक दलों में प्रभावशाली जातीय नेता के रूप में व्यक्ति की पूजा होती है विचारधारा की नहीं। राजनीतिक स्तर पर जातिगत मुद्दों को उठाना, जातीय हितों को बढ़ावा देना, सत्तारूढ़ दल द्वारा जाति के आधार पर नौकरशाहों का पदस्थापन, पदोन्नति, स्थानान्तरण करके प्रशासन में पक्षपाती रवैये को बढ़ावा देना, जातीय हितपूर्ति के उद्देश्य से विकास कार्यक्रमों को अंजाम देना आदि ऐसी राजनीतिक परिस्थितियां हैं जो एक ओर राजनीति में जातीय तरफ़दारी (Favouritism) को बढ़ावा देती हैं वहीं, दूसरी ओर जातीय मत–प्रबंधन के नाम पर स्वस्थ जनमत के निर्माण में रुकावटें पैदा करती हैं। क्योंकि, ये सत्ता–प्राप्ति के पारम्परिक स्रोत हैं, जो देश की राजनीतिक संस्कृति में खण्डीकरण के (Segmentation) के तत्त्वों को पल्लवित–पोषित होने का अवसर प्रदान करते हैं, जिसकी वजह से चुनावी नतीजे विखंडित जनादेश के रूप में सामने आते हैं। अतः, जातीयता की भावना समाज में ईर्ष्या, द्वेष, प्रतिस्पर्द्धा, द्वन्द्व, तनाव आदि के जन्म का कारण बनती है, जो स्वस्थ जनमत के निर्माण कार्य में जबर्दस्त बाधक है।

5. **क्षेत्रीयता (Regionalism)**–क्षेत्रीयतावाद की प्रवृत्ति राष्ट्रीय एकीकरण (National Integration) के मार्ग में एक बड़ी रुकावट है। भारतीय राजनीतिक समाज में क्षेत्रीयतावाद की बढ़ती प्रवृत्ति की वजह से प्रादेशिक राजनीति की ओर से राष्ट्रीय राजनीति को गंभीर चुनौतियां मिल रही हैं। देश की प्रान्तीय राजनीति में क्षेत्रीयतावाद के तत्त्वों को उभारने में सामाजिक, आर्थिक, सांस्कृतिक, राजनीतिक, भौगोलिक, ऐतिहासिक, भाषाई, जातीय, संजातीय आदि सभी कारक उल्लेखनीय भूमिका निभाते हैं। भारतीय राजनीति में क्षेत्रीयतावाद के तत्त्वों को प्रबलता प्रदान करने में राजनीतिक कारकों की भूमिका सबसे प्रधान है। प्रादेशिकता की मांग ज्यादातर राजनीति प्रेरित रही है, जो प्रान्तीय शीर्षस्थ नेताओं के राजनीतिक महत्वाकांक्षा की पूर्ति के लिए पूरे जोश व खरोश से उठायी जाती रही है। राजनीतिक आत्मश्लाघा (Political Egotism) तथा राजनीतिक स्वार्थ से अभिप्रेरित होकर प्रमुख क्षेत्रीय नेताओं द्वारा प्रादेशिकता की मांग प्रभावशाली ढंग से रखी जाती है। क्योंकि, क्षेत्रीय स्तर के राजनीतिक शख़्सियत अपने राजनीतिक दाँवपेंच का जौहर दिखाकर सत्ता–प्राप्ति की उच्चाकांक्षा की पूर्ति हेतु पृथक् राज्य का निर्माण करना चाहते हैं, इसीलिए प्रबल आन्दोलनों को अंजाम देते हैं। राजनीतिक अभीप्सा (Political

Ambition) की इच्छाशक्ति ही राजनीति में क्षेत्रीयतावाद के तत्त्वों को बढ़ावा देता। क्षेत्रीयतावाद के तत्त्व देश की राजनीतिक संस्कृति में विखंडीकरण के तत्त्वों को समवेशित करता है जो जनमत निर्माण व विकास के मार्ग में बड़ी अड़चन है।

6. **जनसंख्या विस्फोट (Population Explosion)**–पिछले कुछ दशकों में राजनीतिक अस्थिरता और साम्प्रदायिक उन्माद से उत्पन्न समस्याओं की प्रधानता में जनसंख्या विस्फोट की प्रबल समस्या को हाशिए पर ढकेल दिया गया है, लेकिन यह राजनीतिक तथ्य है कि देश की लगभग सभी बड़ी समस्याओं की जड़ में जनसंख्या विस्फोट की समस्या है। एक मार्च, 2001 को भारत की जनसंख्या 1 अरब 2 करोड़, 80 लाख थी जिसमें 532.1 करोड़ पुरुष और 496.4 करोड़ स्त्रियां थीं। बीसवीं सदी के शुरूआत में भारत की आबादी करीब 23 करोड़ 84 लाख थी जो इक्कीसवीं शताब्दी में बढ़कर। 1 अरब, 2 करोड़ तक पहुंच चुकी है। सन् 1994 से 2004 राज्यों और केन्द्र शासित प्रदेशों में जनसंख्या के घनत्व में काफी वृद्धि हुई है। प्रमुख राज्यों में अभी पश्चिम बंगाल देश का सबसे सघन आवादी वाला राज्य है, जहां 2001 की गणना में आबादी का घनत्व 903 था। घनत्व के हिसाब से विहार का स्थान दूसरा और केरल का तीसरा है।

7. **साम्प्रदायिकता, साम्प्रदायिक उन्माद और हिंसा (Communalism, Communal Insanity and Violence)**–भारत में साम्प्रदायिकता, साम्प्रदायिक उन्माद और हिंसा की बढ़ती प्रवृत्ति से आमजनों में विशेष रूप से धार्मिक अल्पसंख्यकों और नृजातीय समूहों (Ethnic Groups) में असुरक्षा की भावना घर कर गयी है। साम्प्रदायिकता को एक विचारधारा कहा जा सकता है जो इस तथ्य का स्पष्टीकरण करता है कि देश का समाज धार्मिक सम्प्रदायों में बंटा हुआ है। सभी धर्मों का परिप्रेक्ष्य–परिवेश और स्वार्थ एक दूसरे से अलग हैं, इसलिए कभी–कभी इनके बीच परस्पर संघर्ष या विरोध की स्थितियां पैदा होती हैं। जब एक समुदाय के सदस्य दूसरे समुदाय के सदस्यों और उनके धर्म के प्रति अनर्गल बयानबाजी करते हैं, धर्म के विरुद्ध प्रतिरोधी (Antagonist) गतिविधियों को अंजाम देते हैं, तो उन्हें साम्प्रदायिक कहा जा सकता है।

   समाज के उन लोगों को 'साम्प्रदायिक व्यक्ति की संज्ञा दी जाती है जो राजनीति को धर्म के आधार पर संचालित करते हैं। उन राजनीतिक दलों या नेताओं को साम्प्रदायिक की कोटि में रखा जाता है जो अपने वोट बैंक के निर्माण, मत–प्रबंधन, एवं अपने हित के अनुरूप जनमत के निर्माण व विकास में धर्म का इस्तेमाल आधारीय तत्त्व के रूप में करते हैं। वे धार्मिक नेता साम्प्रदायिक हैं जो अपने समुदायों को राजनीतिक मत–निर्माण की निर्माणात्मक इकाई (Formative Unit) मानते हैं। ये नेता धार्मिक समुदायों को व्यापारिक उद्यम की इकाइयां मानते हैं और जैसे ही उन्हें यह लगता है कि उनके नेतृत्व को चुनौती मिलने लगी है या उनकी विचारधारा पर संदेह व्यक्त किया जाने लगा है तो वे हिन्दुत्व, इस्लाम, सिख, ईसाई धर्म की दुहाई देने लगते हैं। अपने–अपने धर्मों के पुरोधाओं के रूप में धर्म के ये पैरोकार धार्मिक उन्माद को बढ़ावा देने तथा इस भावावेश को पल्लवित–पुष्पित करने में आधारभूत माध्यम की भूमिका निभाते हैं। इसी प्रकार, साम्प्रदायिक व्यक्ति और धार्मिक व्यक्ति में मौलिक अन्तर यह है कि एक धार्मिक व्यक्ति धर्म को आन्तरिक विषय मानकर अपने धर्म में भरपूर आस्था–विश्वास व्यक्त करता है, लेकिन एक साम्प्रदायिक व्यक्ति धर्म को राजनीति से जोड़ कर राजनीतिक खेल खेलता है तथा अपने राजनीतिक जुगाड़ के लिए धर्म का इस्तेमाल करता है। एक सत्ताधारी राजनीतिज्ञ या सत्ता पाने के लिए इच्छुक राजनेता चाहे किसी भी धर्म के हों उनके लिए धर्म और भगवान् मंदिर, मस्जिद, गिरजाघर तथा गुरूद्वारा राजनीतिक रोटी सेकने के उपकरण मात्र हैं, जिनका इस्तेमाल वे अपने राजनीतिक उच्चाकांक्षा और फ़ायदे के लिए करते हैं।

   देश में साम्प्रदायिकता के कई रूप मौजूद हैं, जैसे–राजनीतिक साम्प्रदायिकता, धार्मिक साम्प्रदायिकता, आर्थिक साम्प्रदायिकता आदि। इसमें राजनीतिक साम्प्रदायिकता टिकाऊ राजनीतिक स्वार्थपरायणता की

उपज होती है जो धार्मिक साम्प्रदायिकता के सहारे अपनी राजनीतिक खेल योजना को लक्ष्य तक पहुंचाना चाहती है। भारत में हिन्दुओं–मुसलमानों का पारस्परिक संबंध लम्बे समय से काफी तनावपूर्ण चल रहा है। सन् 1984 मे श्रीमती गांधी की हत्या के परिणामस्वरूप कुछ वर्षों तक हिन्दुओं और सिखों का संबंध भी संदेह के घेरे में आ गया। दक्षिण भारत के एक–दो राज्यों में हिन्दुओं–मुसलमानों तथा ईसाइयों के बीच तनावपूर्ण संबंध की ख़बरे यदा–कदा आती रहती हैं। पिछले कुछ वर्षों से गुजरात साम्प्रदायिक गतिविधियों का अखाड़ा बना हुआ है, जिसकी वजह से वहां निवास करने वाले हिन्दू, मुस्लिम, ईसाई तीनों समुदायों के नागरिक दहशतभरी जिन्दगी जीने को विवश हैं। हिन्दू–मुसलमान साम्प्रदायिकता या हिन्दू–सिख साम्प्रदायिकता वह मनोविकार है जो सामाजिक परिवेश में कई विद्वेषपूर्ण पेचीदा कारकों को जन्म देती है। सामाजिक सौहार्द–सद्भाव को नष्ट करके समाज के सदस्यों के बीच आपसी वैमनस्य का भाव उत्पन्न करती है। साम्प्रदायिकता की मानसिकता भारत में स्वस्थ जनमत के निर्माण और विकास मे बहुत बड़ी रुकावट है।

इसी प्रकार, साम्प्रदायिकता से प्रेरित साम्प्रदायिक उन्माद और साम्प्रदायिक हिंसा से उत्पन्न समस्याएं भी स्वतंत्र भरत के जनमत निर्माण में बहुत बड़ी रुकावट हैं। साम्प्रदायिकता से जुड़े तत्त्व समाज के सदस्यों के मतों को धर्म के आधार पर खण्डीकृत करता है। साम्प्रदायिक हिंसा देश में आकार लेने वाले अन्य आन्दोलनों से पृथक् स्वरूप और प्रभाव रखती है। आतंकवाद या नक्सलवाद में जनसमर्थन गुप्त होता है, जिसमें सत्ता के विरुद्ध विद्रोही तेवर की अभिव्यक्ति के लिए योजनाबद्ध तरीके से हिंसा का प्रयोग करते हुए समाजिक व्यक्ति को निशाना बनाया जाता है। इसमें विद्रोही संगठन हिंसा का इस्तेमाल राज्य व्यवस्था में परिवर्तन लाने की इच्छा के उद्देश्य से करता है। इसके विपरित, साम्प्रदायिक हिंसा में जनसमुदाय सामाजिक व्यवस्था के प्रति रोष प्रकट करने के लिए संगठित होता है। राज्य व्यवस्था का विरोध करने वाले गुटों में प्रशिक्षित सदस्य भागीदारी करते हैं, जबकि साम्प्रदायिक दंगों को अंजाम देने वाले लोग अप्रशिक्षित और उन्मादी होते है। नक्सलवाद तथा आतंकवाद के आक्रमण का लक्ष्य सरकार होता है, जबकि साम्प्रदायिक हिंसा में समाज के सदस्य ही एक दूसरे के शत्रु होते हैं। देश मे अब तक हुए कई साम्प्रदायिक दंगों की जाँच के लिए बनी कमीशनों की रिपोर्टो से यह स्पष्ट हो चुका है कि सभी जगहों में होने वो साम्प्रदायिक दंगे धर्म की अपेक्षा राजनीति से अधिक प्रेरित होते हैं। साम्प्रदायिक उन्माद को बढ़ावा देने में देश के कई राजनीतिक दल तथा उनके नेताओं की भूमिका संदेह के घेरे में है। अधिकांशतर इन दंगों का उद्देश्य चुनावी राजनीति से अभिप्रेरित होता है, जिसके मूल में राजनीतिक अभीप्सा की पूर्ति के लिए धर्म के आधार पर सामाजिक वैमनस्य को बढ़ावा देकर अपना वोट बैंक मजबूत करना है। साम्प्रदायिक दंगों का प्रभाव क्षेत्र सामाजिक जीवन होता है, इस अर्थ में साम्प्रदायिक उन्माद–हिंसा देश की एकता, खण्डता, संप्रभुता व सुरक्षा की दृष्टि से काफी खतरनाक साबित हो सकता है। साम्प्रदायिकतावाद का पागलपन देश में स्वस्थ जनमत के निर्माण व विकास के रास्ते की बहुत बड़ी रुकावट है। साम्प्रदायिकता से संबद्ध आवेशात्मक मनोवृत्तियों (Passional Attitudes) समाज के सदस्यों में स्वस्थ राजनीतिक मत का निर्माण नहीं होने देता है। क्योंकि, फिरक़ापरस्ती की मानसिकता समाज को साम्प्रदायिकता की आग में झोंकने का काम करती है।

8. **अपराध और अपराधी (Crime and Criminals)**–भारत में प्रबुद्ध जनमत के निर्माण में अपराध और अपराधी जैसी सामाजिक समस्याएं भी बहुत बाधा उत्पन्न करती हैं। हाल जिरोम (Hall Jerome) के मतानुसार, ''अपराध कानूनी तौर पर वर्जित और साभिप्राय कार्य है, इसका सामाजिक हितों पर हानिकारक प्रभाव पड़ता है, इसका अपराधिक उद्देश्य होता है, और इसके लिए कानूनी तौर पर दण्ड का निर्धारण किया गया है।'' इस प्रकार, अपराध की परिभाषा में पांच तत्त्वों की अनिवार्यता हैं : (1) यह कानून द्वारा वर्जित होता है, (2) यह साभिप्राय होता है, (3) यह समाज के लिए हानिकारक होता है, (4) इसका अपराधिक उद्देश्य होता है, और (5) इसके लिए कुछ दण्ड निर्धारित होता है।

भारतीय समाज में अपराध एक महत्त्वपूर्ण तथ्य है जो राजनीतिक समाज की गतिविधियों में शामिल होकर व्यवस्थागत राजनीति और राजनीतिक प्रक्रियाओं के संचालन की मुख्य धारा में शामिल हो गया है। भारतीय दंड संहिता के अन्तर्गत संज्ञेय (Cognizable) अपराध की कोटि में चोरी, डकैती, लूटमार, सेंध लगाकर चोरी, हत्या, हिंसा, दंगा, अपहरण, धोखाघड़ी, विश्वास भंग करना आदि सम्मिलित है। इसके अतिरिक्त स्थानीय और विशेष कानूनों के तहत होने वाले अपराधों में–मोटर विहीकिल एक्ट प्रोहिबिशन एक्ट, एक्साइज एक्ट, गैम्बिलिंग एक्ट, आर्म्स, एक्ट, सप्रेशन ऑफ इम्मौरल ट्रैफिक एक्ट, रेलवे एक्ट, औपियम एक्ट, एक्सम्लोसिव सब्सटैन्स एक्ट इत्यादि शामिल है जिसं संज्ञेय अपराध माना गया है। भारत की प्रति एक लाख जनसंख्या में संज्ञेय अपराध की दर लगभग 185 है। अपराध की दर महिलाओं की अपेक्षा पुरूषों में बहुत अधिक है। शहरी अपराधियों का अनुपात ग्रामीण अपराधियों की तुलना में बहुत कम है। यहां अपराध दर निम्नतम सामाजिक–आर्थिक समूहों–समुदायों में सबसे ज्यादा है। देश में संगठित अपराध का ग्राफ बहुत बढ़ा है। अपराधिक गतिविधियों के संचालन के लिए व्यवस्था में बड़े पैमाने पर असामाजिक संगठनों एंव तत्त्वों का विकास हुआ है। इन संगठनों की छत्रछाया में अवैध वस्तुओं और सेवाओं के नियंत्रण और वितरण को अधिक संगठित रूप में संचालित किया जा रहा है। मसलन–मादक दवाइयों (नाटकोटिक्स) की चोरबाजारी, देश और बाहर के देशों मे वेश्यावृत्ति के लिए लड़कियां भेजना, सोने की तस्करी करना आदि इसमें शामिल है। इसके अतिरिक्त माफिया गिरोहों के विभिन्न वैध व्यापारों की गतिविधियों में जैसे–कोयले की खानों, उद्योगों आदि के नियंत्रण के लिए भी संगठित स्तर पर अपराधिक प्रयास किया जाता है।

अपराध, अपराधियों की गतिविधियां तथा अपराधियों की मनोवृत्ति व व्यवहार सामाजिक–राजनीतिक व्यवस्था एवं प्रक्रियाओं के निर्बाध संचालन में कई बार गंभीर रूकावटे पैदा करता है। विशेष रूप से चुनावी राजनीति के संचालन क्रम में जनमत–निर्माण तथा मतदान व्यवहार के प्रदर्शन पर अपराध एवं अपराधिक गतिविधियों का गंभीर प्रभाव पड़ता है। आज राजनीति अपराधियों की शरणस्थली बनती जा रही है। अपराधियों के तार सीधे रूप से कमोबेश सभी राजनीतिक दलों से जुड़े हुए हैं। राजनीति और अपराध के मध्य परस्पर प्रगाढ़ होते संबंधों की वजह से जनता राजनीतिक गतिविधियों में भागीदारी के प्रति उदासीन होती जा रही हैं। इससे व्यवस्था में स्वस्थ जनमत के निर्माण एवं विकास की परिस्थितियां नहीं बन पा रही हैं और लोगों का रुझान राजनीति, राजनीतिक दल, राजनीतिक नेताओं के प्रति घटता जा रहा है। आपराधिक छवि के राजनीतिज्ञों के संसद् एवं विधान सभाओं में पहुंचने के सिलसिले में पिछले कई चुनावों से लगातार बढ़ोत्तरी होती जा रही है, जिसकी वजह से आमजनता का राजनीति से मोहभंग होता जा रहा। इस प्रकार, अपराध और अपराधी तत्त्व देश में प्रबुद्ध जनमत के निर्माण में बाधक की भूमिका निभा रहे हैं।

9. **भ्रष्टाचार (Corruption)**–भ्रष्टाचार का आशय है निजी लाभों के लिए सार्वजनिक पद का दुरुपयोग करके रिश्वत प्राप्त करना। भारतीय समाज में भ्रष्टाचार कई रूपों में विद्यमान है। इसमें प्रमुख है : (1) **रिश्वत लेना**–देने वाले के पक्ष में अवैध या बेईमानी से संबद्ध कार्य करने हेतु अभिप्रेरित करने के लिए नगद या कोई वस्तु या अन्य किसी प्रकार की सुविधा उपहार में दिया जाना। (2) **भाई–भतीजावाद (Nelpotism)**–इसमें सगे–संबंधियों को अनावश्यक पक्षपात द्वारा सभी प्रकार का संरक्षण प्रदान किया जाता है। (3) **दुर्विनियोग (Misappropriation)**–दूसरे के धन का अपने लिए प्रयोग करना। (4) **संरक्षण (Patronage)**–संरक्षक द्वारा गलत तरीके से समर्थन या प्रोत्साहन दिया जाना और कार्य हेतु अपने पद का दुरुपयोग करना, और 5. **पक्षपात (Favouritism)**–सामान्य या योग्य व्यक्तियों की अवहेलना करके अपने पसंद के व्यक्तियों को अनावश्यक वरीयता देना एवं तरफ़दारी करना।

समाजशास्त्रवेत्ताओं द्वारा प्रस्तुत सामाजिक विश्लेषण इस तथ्य का स्पष्टीकरण करता है कि सामाजिक बन्धन और नातेदारी भ्रष्टाचार के आविर्भव एवं फैलाव में बुनियादी भूमिका अदा करता है। राजनीति का

अर्थ अवसर का इस्तेमाल करना है। व्यवस्था में राजनीति जितनी चीजों उलट–पलट सकती हैं और दलों के सत्ताधारी नेता जितनी शक्तियों का उपभोग करते हैं या कर सकते हैं उतना दमख़म आज के दिन में किसी और चीज के पास नहीं है। भ्रष्टाचार राजनीति के दामन में पलने वाली कई बीमारियों की सूची में अपना प्रधान स्थान रखता है और अन्ततः राजनीति स्वयं भी एक बीमारी है। भ्रष्टाचार के मामले में भारत की राजनीति बड़े–बड़े घोटालों के कई अध्यायों को अपने फेहरिस्त में सूचीबद्ध करते हुए बहुआयामी विकास के मार्ग पर तीव्रगति से क़दम बढ़ा रही है। संक्रमणकाल के दौर से गुजरने वाली भारतीय राजनीति में भ्रष्टाचार और भाई–भतीजावाद एड्स (AIDS) जैसी गंभीर बीमारी का रूप धारण कर चुकी है।

भ्रष्टाचार भारतीय जनमत को दो स्तरों के माध्यम से चोट पहुंचाता है–प्रशासनिक एवं राजनीतिक स्तर पर। प्रशासनिक स्तर पर लोकसेवकों में मौजूद भ्रष्टाचार की प्रवृत्ति की वजह से सार्वजनिक कल्याण के मामलों को यथोचित रूप से विकास की गति पकड़ने में काफी मुश्किलों का सामना करना पड़ता है। केन्द्रीय सरकार से एवं राज्य सरकार की सेवा में पदस्थापित लोकसेवकों की फ़ितरत भ्रष्टाचार में लिप्त रहने की हो चुकी है। सार्वजनिक सेवाओं में भ्रष्टाचार काफी गहरी जड़े जमा चुका है। केन्द्र सरकार के कम से कम चार ऐसे मंत्रालय हैं जहां रिश्वत खोरी और दलाली की दर प्रतिवर्ष ऊंची होती जा रही है। ये विभाग हैः रक्षा, पैट्रोलियम, ऊर्जा (Power) और संचार मंत्रालय। रक्षा मंत्रालय प्रतिवर्ष रक्षा संबंधित वस्तुओं की ख़रीद–फ़रोख्त या मरम्मत पर अपने बजट के अनुरूप जो राशि व्यय करता है उस पर 15 से 40% की दलाली का आम चलन है। पैट्रोलियम मंत्रालय तेल और प्राकृतिक गैस के आयात पर जो प्रतिवर्ष करोड़ों रुपये खर्च करता है उस आयातित तेल के बैरल पर दलाली इनकी आय का अच्छा साधन हैं। इसी भांति ऊर्जा मंत्रालय एवं संचार मंत्रालय भी अपने अधिकारियों को कालाधन कमाने का अच्छा अवसर प्रदान करता है, क्योंकि इन मंत्रालयों में भी क्रय की जाने वाली वस्तुओं पर रिश्वतखोरी और दलाली आम बात है। धन अर्जन की दृष्टि से ये विभाग सोने की खान माने जाते है। इसके अतिरिक्त, पी.डब्ल्यू.डी., पुलिस, चुंगी (Excise) तथा राजस्व (Revenue) में भी बड़े पैमाने पर भ्रष्टाचार व्याप्त है। प्रशासन में भ्रष्टाचार केवल उच्च स्तर पर ही नहीं निम्न स्तर पर भी पूरी तरह फैला हुआ है। अधिकारियों को उपहार प्रदान करना प्रशासन में भ्रष्टाचार का एक प्रमुख स्वरूप है।

राजनीतिक स्तर पर भ्रष्टाचार और घोटाले आज आमचर्चा के विषय हैं। वर्तमान राजनीति की मनोवृत्ति ने भ्रष्टाचार, पक्षापात, भाई–भतीजावाद, परिवारवाद एवं घोटालों को अंजाम देने के लिए राजनीतिज्ञों को यथेष्ठ अवसर प्रदान किया है। स्वतंत्रता के पश्चात् राष्ट्रीय स्तर का उच्च राजनीतिक अभिजनवर्ग लगभग दो दशकों तक बेहद ईमानदार बना रहा। लेकिन तीसरे और चौथे आम चुनाव के पश्चात् नवोदित राजनीतिक अभिजनवर्ग की ईमानदारी पर जनता का विश्वास कम होने लगा। चुनाव दर चुनाव राजनीतिज्ञों की छवि जनता की नजर में गिरती गयी और जनता का देश की राजनीति, राजनीतिक दल एवं राजनेताओं के प्रति विश्वास कम होता गया। इसका सीधा असर मतदान व्यवहार पर पड़ा तभी तो हर आने वाले चुनाव में मतदान का प्रतिशत गिरता गया। आजाद भारत में सबसे पहले 1949 में विंध्य प्रदेश के तत्कालीन उद्योग मंत्री व कांग्रेसी नेता राव शिव बहादुर सिंह को 25 हजार रूपये रिश्वत लेने के आरोप में जेल जाना पड़ा था। वर्ष 1962 में कृष्णा मेनन पर 2,000 जीपों को खरीदने के मामलें में रिश्वत लेने का आरोप लगा था। इंदिरा गांधी के शासनकाल में भ्रष्टाचार के जो मामले ज्यादा सुर्खियों में रहे उनमें 20 करोड़ रुपये का क्युओं आयल कंपनी के साथ हुआ विवादास्पद सौदा, 60 लाख रुपये का नगर वाला मामला, एच.बी.डब्ल्यू. पनडुब्बी घोटाला, मारुति उद्योग घोटाला आदि प्रमुख है। सन् 1980 से 1990 के दशक में राजनीतिक स्तर पर भ्रष्टाचार काफी सुर्खियों में रहा। अनेकानेक केन्द्रीय मंत्रियों, राज्य स्तर के मंत्रियों तथा कई मुख्यमंत्रियों पर भी भ्रष्टाचार के गंभीर आरोप लगे। इस दशक

के बाद उत्तरोत्तर भारतीय राजनीति में भ्रष्टाचार का बोलबाला बढ़ता गया। केन्द्र एवं राज्य स्तर के कई राजनीतिज्ञों पर अवैध रूप से धन अर्जित करने, रिश्वतखोरी एवं दलाली में लिप्त रहने का आरोप लगता रहा है।

पिछले दो दशकों में देश की राजनीति में बड़े–बड़े घोटालों, भारी दलाली, आर्थिक अनियमितताएं और परोक्ष भुगतान के कई मामले उजागर हुए हैं। इन विवादास्पद मामलों में अधिकतर मंख्यमंत्री, मंत्री, महत्त्वपूर्ण राजनीतिक पदों को सुशोभित करने वाले नेतागण, नौकरशाहों तथा बड़े व्यापारियों की संलिप्तता रही हैं, लेकिन यथोचित साक्ष्य के अभाव में इन उच्च पदधारकों द्वारा किये जाने वाले घोटालों का पूरी तरह पर्दाफाश करना संभव नहीं हो पाया। अस्सी के दशक से अब तक प्रकाश में आए बहुचर्चित घोटालों में बोफोर्स घोटाला (1989); यह 64 करोड़ रुपये की दलाली के मामले से संबद्ध था, हवाला घोटाला (1991); इसमें 115 वरिष्ठ राजनेताओं और नौकरशाहों की संलिप्तता थी, बिटूमिनस घोटाला बिहार (1996); जो 100 करोड़ रुपये से संबद्ध था, झारखंड मुक्ति मोर्चा घोटाला (1993); इसमें मोर्चा के चार सांसदों और जनता पार्टी के तीन विधायकों पर 40 लाख रुपये (प्रत्येक सदस्य 40 लाख) लेने का आरोप था, चारा घोटाला बिहार (1999); इसमें बिहार के पूर्व मुख्यमंत्री पर 113 करोड़ रूपये की दलाली का आरोप था, सीमेंट घोटाला (1982); इसमें महाराष्ट्र के एक अन्य मुख्यमंत्री का नाम शामिल था, चीनी घोटाला (1994); इसमें एक केन्द्रीय मंत्री शामिल थे और देश की 650 करोड़ की क्षति उठानी पड़ी थी, असम का कोषागार धोखाधड़ी घोटाला (1995); जो 200 करोड़ रुपया से संबंध था, इंडियन बैंक घोटाला (1991–1995) इसमें बैंक को 2,358 करोड़ रुपये की क्षति हुई। इसके अतिरिक्त, तमिलनाडु की भूतपूर्व मुख्यमंत्री के विरुद्ध भी घोटालों के गंभीर आरोप लगे हैं। इनके विरुद्ध लगाये गये 38 आरोपों में से जिन दो पर मुकदमा चलाने की अनुमति राज्यपाल द्वारा प्रदान की गयी, उनमें एक आरोप 365 करोड़ रुपये के कोयला आयात सौदे से संबंधित था जो अगस्त 1963 में हुआ था और दूसरा राज्य सरकार से भूखण्ड खरीदने से संबंधित था।

इक्कीसवीं सदी के वर्तमान दशक में कई बड़े घोटाले प्रकाश में आये है। इन बहुचर्चित घोटालों में देश के केन्द्रीय एंव राज्य स्तर की कई नामी–गिरामी राजनीतिक हस्तियों की संलिप्तता भी उजागर हुई है। चाहे आय से अधिक सम्पत्ति का मामला हो या दलाली, रिश्वतखोरी का या फिर 22 जुलाई को विश्वासमत के दौरान सदन की कार्यवाही को बीच मे रोककर नोट लहराने का मामला हो, हर स्थिति में देश की राजनीति नोट से वोट और वोट से नोट तक सिमट चुकी है। भारत का लोकतंत्र अब जातितंत्र, गिरोहतत्र, नोरतंत्र में तब्दील हो चुका है। राजनीतिज्ञों द्वारा राजनीति में भ्रष्टाचार, भाई–भतीजावाद तथा परिवारवाद की जो कालीन बिछाई गयी है वह देश में स्वस्थ जनमत का निर्माण करने वाले वातावरण की जड़ों को खोखला कर रही है। आज कोई सरकारी नुमाइंदा जनता की नज़र में साफ–सुथरी छवि नहीं रखता है। राजनीति के नक्शे पर भ्रष्टाचार की तूती बोलने से देश के आम नागरिकों का राजनीति, राजनीतिक दल एवं राजनीतिज्ञों पर से विश्वास उठ गया हैं यह परिस्थिति देश में स्वस्थ जनमत के निर्माण एवं विकास के मार्ग में बहुत बड़ी बाधा है और चुनाव दर चुनाव मतदान के गिरते प्रतिशत के लिए भी बहुत हद तक जवाबदेह भी है।

10. **नक्सलवाद एवं आतंकवाद (Naxalism and Terrorism)**–नक्सलवाद, उग्रवाद, आतंकवाद, जैसे शब्द प्रायः एक दूसरे के स्थान पर प्रयोग किये जाते हैं। इन सभी शब्दों में हिंसा सर्वसामान्य (Common) तत्त्व है। मोटे तौर पर यह कहा जा सकता है कि ये शब्द एक हिंसक व्यवहार का प्रतिनिधित्व करते हैं जिनका प्रयोग राजनीतिक उद्देश्य से समाज के एक बड़े हिस्से में भय पैदा करने के इरादे से किया जाता है। इन दोनों हिंसोन्मत्त गतिविधियों का आशय स्पष्ट करने के लिए यह भी कहा जा सकता है कि "यह हिंसायुक्त व्यवहार प्रदर्शन का वह तरीका है जिसके माध्यम से एक संगठित समूह अपने प्रकट उद्देश्यों की प्राप्ति हेतु योजनाबद्ध ढंग से आधुनिक विस्फोटक (Explosive) पदार्थों–तकनीकों का इस्तेमाल

करते हुए सामूहिक हिंसा को अंजाम देता है। नक्सलवादी–आतंकवादी कार्रवाइयों का निशाना (Target) समाज का वह व्यक्ति या समूह होता हैं जो व्यक्तिगत कर्त्ता, सामाजिक कर्त्ता या सत्ता के प्रतिनिधि के नाते इन हिंसात्मक समूहों–संगठनों के उद्देश्य की पूर्ति में बाधक बनते हैं। एक नक्सलवादी या आतंकवादी की संज्ञा उस व्यक्ति को दी जाती हैं जो अपने संगठन की नीतियों, कार्यक्रमों, उद्देश्यों के प्रति पूर्णतः समर्पित होते है और उद्देश्य पूर्ति की दृष्टि से संगठन द्वारा निर्धारित दण्ड का प्रयोग उन व्यक्तियों समूहों पर करते हैं जो उनकी क्रान्तिकारी गतिविधियों में बाधा पहुंचाते हैं। ये अपनी ओर से दण्डित किये जाने वाले व्यक्तियों की सूची में बड़े–बड़े राजनेता, नौकरशाह से लेकर सामान्य जनता, उद्योगपति, व्यापारी किसी को भी शामिल कर सकते हैं। विध्वंसक कार्रवाइयों को अंजाम देना, हिंसा–हत्या, सामूहिक हत्या, क्रमिक बम धमाकों, बारूदी सुरंग विस्फोटो तथा बड़े–बड़े नरसंहारों द्वारा सामाज को आतंक के साये में जीवन जीने के विवश करना इनकी सामान्य गतिविधियों में शामिल है। दोनों की हिंसक गतिविधियों में एक बड़ा अन्तर यह है कि जहां नक्सलवादियों–उग्रवादियों का निशाना ग्रामीण समाज है, वहीं आतंकवादियों की दहशतगर्दी के निशाने पर शहरी आबादी है। आज भारत के सभी प्रमुख शहर सघन आतक के साये में सांस ले रहे हैं। आतंकियों के मंसूबे काफी ख़तरनाक होते हैं। ये अपने मंसूबों का खुलासा खुलेआम करके विस्फोट गतिविधियों को अंजाम देते है और फिर अपनी हिंसक कार्रवाइयों की स्वीकारोक्ति भी करते हैं। नक्सलीगुट एवं आतंकीगुट की विद्धवंसकारी गतिविधियों के परिणामस्वरूप सामाजिक सौहार्द–सद्भाव की लय टूटती है। इन हिंसक कार्रवाइयों का कभी न थमने वाला सिलसिला लगातार जारी हैं। जातीय उन्माद, धार्मिक उन्माद, हिंसा–प्रतिहिंसा, जातिगत द्वेष, जातिगत ख़ेमेबाजी, धार्मिक ख़ेमेबाजी आदि की वजह से राजनीति के जिस ख़ौफ़नाक चेहरे का सामना भारत के राजनीतिक समाज को करना पड़ रहा है उसकी वजह से संसदीय लोकतंत्र की जमीन पर खतरनाक हिंसक गुनाहों का अनगिनत दहशतनाक निशान आजाद भारत के इतिहास में अपनी उपस्थिति दर्ज करा चुका हैं।

आतंकवाद एवं नक्सलवाद दोनों का उद्देश्य राजनीतिक होता है जो मूलतः राज्य और समाज के विरूद्ध होता है। नक्सलवादियों एवं आतंकवादियों का मुख्य उदेश्य बदला लेना तथा दहशत फैलाना है। दोनों गुटों द्वारा आतंक फैलाने के लिए हिंसा का प्रयोग एक साधन के रूप में किया जाता है। आतंकवादी एवं नक्सलवादी गुटों द्वारा फैलाया जा रहा आतंक का साया सामाजिक–राजनीतिक जीवन पर लगातार बढ़ता जा रहा है। देश में उत्पन्न दहशतज़दा माहौल का स्वस्थ जनमत के निर्माण पर सीधा प्रभाव पड़ता है। देश के सुरक्षातंत्र पर उठते सवालो की वजह से नागरिकों में अपनी सुरक्षा को लेकर गंभीर चिन्तन–मनन की स्थिति पैदा हो गयी है। व्यवस्था में चारों ओर मय और आंतक का माहौल हैं। कई शहरों में लगातार होने वाले बम विस्फोटों ने सामान्य जनजीवन को उद्वेलित कर दिया है। इस प्रकार, जहां नक्सलवादी गतिविधियों की वजह से देश की अधिकतर ग्रामीण जनता खौफ के वातावरण में जीवन बसर करने के लिए विवश है, वहीं सिलसिलेवार बम धमाकों की वजह से कई बड़े शहरों में सरकार द्वारा रेड अलर्ट जारी किये जाने की प्रक्रिया के परिणामस्वरूप शहरी जीवन भी काफी हद तक भयभीत हो चुका है। ये दोनों हिंसक कार्रवाइयां सामाजिक–राजनीतिक जीवन को जिस हद तक दहशतज़दा बना चुकी हैं उसमें स्वस्थ व ठोस जनमत के निर्माण एवं विकास की कल्पना बेमानी है। आतंकवाद राष्ट्रीय एकता के मार्ग में सबसे बड़ा खतरा बनता जा रहा है। आतंकवादियों की एकता इतनी अटूट और व्यापक है कि देश की खुफिया एजेन्सियां सिर पटकती रह जाती हैं लेकिन उन्हें सिर्फ धमाकों की आवाज सुनाई देती है आतंकियों की योजना का पता ही नहीं चल पाता है। देश की विविधता और विशालता ही अब आतंकियों के मजबूत नेटवर्क के लिए मददगार बन रहा है। देश के एक कोने में तबाही फैलाने की साज़िश दूसरे कोने में रची जाती है।

आतंकी धमाकों ने जनमत को किस हद तक आतंकित किया है इसकी तात्त्विक जानकारी के लिए 2005 से अब तक की आतंकवादी घटनाओं का विवरण निम्नांकित है :

तारीख	*स्थान*	*विस्फोट*	*मारे गये*	*घायल*
28 जुलाई, 2005	जौनपुर	01	14	79
29 अक्टूबर, 2005	दिल्ली	03	61	200
7 मार्च, 2006	वाराणसी	03	20	100
14 अप्रैल, 2006	दिल्ली	02	—	13
14 जुलाई, 2006	मुंबई	07	150	300
8 सितम्बर, 2006	मालेगांव	03	16	50
15 फरवरी, 2007	पानीपत	02	68	125
18 मई, 2007	हैदराबाद	01	16	50
25 अगस्त, 2007	हैदराबाद	02	42	50
11 अक्टूबर, 2007	अजमेर	01	02	17
15 अक्टूबर, 2007	लुधियाना	01	07	32
19 नवम्बर, 2007	उ.प्र. का कोर्ट	06	13	40
1 जनवरी, 2008	रामपुर (गोलीबारी)		08	—
13 मई, 2008	जयपुर	09	68	150
25 जुलाई, 2008	बेंगलूरु	08	01	09
26 जुलाई 2008	अहमदाबाद	16	55	114
26 नवम्बर	मुंबई		183	239

अहमदाबाद हुए बम विस्फोटों के ठीक अगले ही दिन दहशतगर्दों के निशाने पर सूरत था जहां बम और विस्फोटकों से भी दो कारें बरामद की गईं। बात यहीं नहीं थमी, अगले दिन फिर सूरत में 11 जिन्दा बम मिले। बेंगलूरू से लेकर अहमदाबाद और सूरत की आतंकी घटना का मकसद आतंकवादियों द्वारा अपनी ताकत का एहसास कराना तथा सुरक्षातंत्र का मखौल ड़ाना था। कई राज्यों में रेड अलर्ट के बावजूद ऐसी हिंसक कार्रवाइयों को अंजाम देना एक तरह से सरकार और जनता को यह संदेश दना है की उनकी पहुंच कहां तक है। पूरे देश में आतंकवादियों का विशाल नेटवर्क काम कर रहा है। दिलचस्प बात तो यह है कि आतंकियों द्वारा स्वीकारोक्ति में इंडियन मुजाहिदीन का नाम सामने आ रहा है। खफिया सूत्रों का मानना है कि इसी बहाने सिमी एक नया अवतार ले रहा है क्योंकि इनका मानना है कि सिमी का एक धड़ा है। इंडियन मुजाहिदीन के जरिये विदेश प्रायोजित आतंकवाद को देशी रंग देने की साज़िश रची जा रही है। आतंकवादी ये बताने की कोशिश कर रहे हैं कि उन्हें विदेशों से पैसा या साधन की कोई मदद नहीं मिल रही है। इसके स्थानीय कार्यकर्ता आगे चलकर भारतीय तालिबान की तरह होंगे। पहले ऐसे आतंकी हमलों में आत्मघाती दस्तों का इस्तेमाल होता था, लेकिन अब बम प्लांट करने के तरीके में जान का खतरा नहीं होने की वजह से ज्यादा तादाद में बेरोजगार नौजवान पैसे के लिए इन संगठनों से जुड़ रहे हैं। खुफियातंत्र की सूचना के मुताबिक इन आतंकी संगठनों के नेटवर्क में 25 हजार एजेण्ट काम कर रहे हैं। इसमें 1000 तो सीमा पार से घुसपैठ करके आये प्रशिक्षित और कट्टर किस्म के वे आतंकवादी शामिल हैं जिन्होंने हवाला के जरिये पहुंची करोड़ों रुपयों की विदेशी मुद्रा का इस्तेमाल करके देश के विभिन्न शहरों कस्बों में बाकि 24 हजार एजेण्टों की भर्ती अपने नेटवर्क में की है। अब ये आतंकवादी

नेटवर्क मुंबई, हैदराबाद, जयपुर, बेंगलूरु, अहमदाबाद एवं मुंबई में बम विस्फोटों से तबाही मचाने के बाद देश के किसी भी शहर को निशाने पर ले सकते हैं। वर्तमान परिदृश्य में दिल्ली समेत देश के सभी बड़े शहरों को संवेदनशील माना जा रहा हैं। ऐसे वातावरण में यह सहज ही अनुमान लगाया जा सकता है कि आतंकवाद देश में राष्ट्रीय जनमत के निर्माण एवं विकास में कितना बड़ा बाधक है। आश्चर्यजनक रूप से केरल, उत्तर प्रदेश और मध्य प्रदेश आतंकवाद की कलमों को तैयार करने वाली सबसे बड़ी नर्सरी के रूप में उभरा है। कुछ नामालूम कस्बों–गांवों से ये अपना नेटवर्क संचालित करते हैं और तबाही को इंजाम देते हैं । 26 जनवरी 2008 को 10 बजे रात मे मुंबई पर आतंकी हमला हुआ, जिसने मुंबई के साथ पूरे देश को हिला दिया। इस आतंकी घटना से देश का जनमत बुरी तरह प्रभावित हुआ। आतंकियों के खिलाफ कार्रवाई तीन दिन तक चलती रही। मुंबई में आतंकियों के खिलाफ चलने वाले आपरेशन को निम्नांकित संदर्भ में देखकर घटना की गंभीरता का आकलन किया जा सकता है :

आतंक के 3 दिन	
अभियान चला	60 घंटे
मृतक संख्या	183
मृतक भारतीय नागरिक	141
शहीद हुए सुरक्षाकर्मी	20
कुल घायल	239
घायल भारतीय	216
घायल विदेशी	23
अभियान में कुल कमांडो	477
शहीद कमांडो	02
घायल कमांडो	08
शहीद पुलिसकर्मी	18
मारे गए आतंकवादी	09
गिरफ्तारी आतंकवादी	01
मारे गए विदेशी	22

निष्कर्ष (Conclusion)–ऊपर विवेचित प्रसंगों के आलोक में यह स्पष्ट होता है कि भारत में स्वस्थ जनमत के निर्माण तथा विकास में एवं जनमत को सूत्रबद्ध करने तथा प्रशिक्षित करने के मार्ग में अनेक तात्त्विक बाधाएं हैं। जब तक यहां की लोकतांत्रिक सरकार द्वारा सभी नागरिकों के जीवन की बुनियादी आवश्यकताओं, की पूर्ति, जैसे–पोषण (Nutrition), स्वास्थ्य (Health) और आवास (Shelter) और उत्तम जीवन के लिए आवश्यक साधनों की व्यवस्था, जैसे कि सार्वजनिक शिक्षा (Universal Education), रोजगार (Employment), नागरिक स्वतंत्रताएं (Civil Liberties) तथा राजनीतिक सहभागिता (Political Participation) आदि की यथेष्ट (Sufficient) व्यवस्था उपलब्ध नहीं करायी जायेगी, तब तक स्वस्थ और ठोस जनमत के निर्माण एवं विकास की संभावनाएं क्षीण रहेंगी। भारत में स्वस्थ जनमत का निर्माण तभी संभव है, जब अशिक्षा, गरीबी बेरोजगारी पूरी तरह समाप्त हो जाये। साथ ही जब तक दोषपूर्ण शिक्षा प्रणाली, पक्षपातपूर्ण समाचारपत्र, दोषणपूर्ण राजनीतिक दलों का अस्तित्व, जातीयता, क्षेत्रीयता, साम्प्रदायिकता, भ्रष्टाचार, अपराध, नक्सलवाद, आतंकवाद जैसे कारकों का पूरी तरह उन्मूलन नहीं होगा और नागरिकों की राजनीतिक चेतना पूरी तरह विकसित नहीं होगी, तब तक देश में स्वस्थ जनमत के निर्माण की कल्पना बेमानी है।

संक्षेप में, स्वतंत्र भारत में स्वस्थ जनमत–निर्माण प्रक्रिया की लय को बाधित करने एवं ठोस जनमत–निर्माण के परिस्थितियों की दिशा–दशा को बिगाड़ने में व्यवस्था की जमीन में पल्लवित–पुष्पित हो रहे अलगाववादी तत्त्वों की भूमिका सर्वाधिक प्रमुख है। यहां स्वस्थ जनमत–निर्माण की परिस्थिति उपलब्ध कराने के लिए सरकार के अन्दर भरपूर इच्छाशक्ति की दरकार है। इसके लिए शासक को गरीबी, बेरोजगारी, निरक्षरता, जनसंख्या विस्फोट, भ्रष्टाचार आदि के उन्मूलन के लिए कारगर कदम उठाना होगा और समयबद्ध महत्त्वाकांक्षी योजनाओं का क्रियान्वयन करके उसे लक्ष्य तक पहुँचना होगा।

स्मरणीय संकेत (Points to Remember)

- किसी भी देश के नागरिकों की राजनीतिक इच्छा को जनमत की संज्ञा दी जाती है।
- सामान्यतया जनमत को जनइच्छा मानने से विषय का अर्थ पूरी तरह स्पष्ट नहीं हो पाता है, इसलिए कई राजनीतिशास्त्रवेत्ताओं द्वारा जनमत को अपने–अपने ढंग से परिभाषित किया गया है।
- जनमत का संदर्भ हमेशा विवेकसंगत और सार्वजनिक हित से जुड़ा होता है जो विषय की प्रकृति और विशेषताओं का द्योतक है।
- लोकतांत्रिक व्यवस्था के सातत्य और जनतांत्रिक सरकार के स्थायित्व एवं लोकप्रियता की दृष्टि से सभी व्यवस्थाओं के लिए जनमत का सर्वाधिक महत्त्व है।
- सभी लोकतांत्रिक व्यवस्थाओं में जनमत–निर्माण एवं अभिव्यक्ति के लिए जिन महत्त्वपूर्ण साधनों को चिन्हित किया गया है, वे हैं–प्रेस, समाचारपत्र एवं जनसंपर्क के समस्त साधन, शिक्षण संस्थाएं, धार्मिक संस्थाएं, संसद्, विधानसभाएं, निर्वाचन, जनसभाएं तथा राजनीतिक दल, आदि।
- अशिक्षित समाजों में संप्रेषण की समस्याएं काफी प्रबल है, अतः जनमत के निर्माण में जनसंपर्क के साधनों की भूमिका काफी अहम् होती है।
- भारत में स्वस्थ जनमत के निर्माण की स्थिति और समस्याओं के लिए जवाबदेह कारकों में प्रमुख हैं: निरक्षरता, निर्धनता, बेरोजगारी, जातीयता, क्षेत्रीयता, जनसंख्या विस्फोट, साम्प्रदायिकता, अपराध और अपराधी, भ्रष्टाचार, नक्सलवाद एवं आतंकवाद।

प्रश्न (Questions)

1. जनमत की परिभाषा दीजिए। जनमत का निर्माण कैसे होता है ? इसकी महत्ता पर प्रकाश डालिए।
   Define public opinion. How is public opinion formed? Explain its importance.
2. स्वस्थ जनमत के निर्माण के साधनों की विवेचना कीजिए। स्वस्थ जनमत के निर्माण में कौन–सी बाधाएं हैं ? इन बाधाओं दूर करने का उपाय बताएं।
   Discuss the agencies for the formation of sound public opinion. What are the hindrances to the formation of sound public opinion? Suggest measures to remove there hindrances.
3. अशिक्षित समाजों में जनमत की स्थिति एवं जनसंपर्क के साधनों की भूमिका पर प्रकाश डालिए।
   Throw light on the position of public opinion and the role of mass media in illiterate Society.
4. भारत में जनमत की स्थिति एवं इससे संदर्भित समस्याओं की आलोचनात्मक समीक्षा करें।
   Critically examine the position and problems of public opinion in India.

अध्याय 24

नौकरशाही की अवधारणा
(The Concept of Bureaucracy)

परिचय (Introduction)

नौकरशाही कार्मिक प्रशासन के अध्ययन का एक महत्त्वपूर्ण हिस्सा है। अंग्रेजी भाषा के ब्यूरोक्रेसी (Bureaucracy) शब्द का हिन्दी अनुवाद है नौकरशाही। मूलतः 'Bureaucracy' शब्द फ्रांसीसी भाषा के ब्यूरो (Bereau) शब्द और ग्रीक भाषा के क्रेसी (Cracy) शब्द से मिलकर बना है। फ्रांस में आरंभिक दौर में इस शब्द का इस्तेमाल डेस्क (Desk) या मेज के लिए हुआ करता था। जो सरकारी कार्यों से संबद्ध था। इस प्रकार ब्यूरो का अर्थ डेस्क और क्रेसी का अर्थ है तंत्र या शासन। यानी कि ब्यूरोक्रेसी का शाब्दिक अर्थ हुआ 'डेस्कतंत्र'। इसका तात्पर्य यह हुआ कि ब्यूरोक्रेसी वह शासन है जो मेज पर काम करने वाले अधिकारियों द्वारा संचालित किया जाता है। कालान्तर मे फ्रांस में इस शब्द का प्रयोग सरकार को चलाने वाली इकाई के लिए किया जाने लगा। उन्नीसवीं शताब्दी में सरकार की स्वेच्छाचारिता, निरंकुश दृष्टिकोण, सरकारी अधिकारियों की तानाशाही प्रवृत्ति और संकुचित दृष्टिकोण के लिए नौकरशाही शब्द का प्रयोग होने लगा। आधुनिक परिप्रेक्ष्य में नौकरशाही संरचनात्मक तथा कार्यात्मक दोनों अर्थ संदर्भ को साथ समेटकर चल रही है। संरचनात्मक परिप्रेक्ष्य में नौकरशाही एक ऐसी प्रशासनिक इकाई है जिसमें पदसोपान, विशेषीकरण, कार्यकुशलता, कार्यक्षमता, योग्यता आदि विशेषताएं निहित होती हैं और कार्यात्मक दृष्टिकोण से नौकरशाही का अभिप्राय सामाजिक व्यवस्था एवं समाज की उपव्यवस्थाओं पर नौकरशाही की कार्यशैली की वजह से पड़ने वाले प्रभाव के अध्ययन से संदर्भित है।

नौकरशाही की परिभाषाएं (Definitions of Bureaucracy)

नौकरशाही को कई विद्वानों द्वारा अपने अपने ढंग से परिभाषित करने का प्रयास किया गया है जिसमें कुछ मुख्य परिभाषाओं का उल्लेख अग्रांकित हैं :

एनसाइक्लोपीडिया ब्रिटेनिका (Encyclopaedia Britannica)–के अनुसार, "जिस प्रकार तानाशाही का अभिप्राय तानाशाह से लोकतंत्र का अभिप्राय जनता से होता है, उसी प्रकार ब्यूरोक्रेसी' का अर्थ ब्यूरो का शासन है।"

राबर्ट सी. स्टोन के शब्दों में, "नौकरशाही का शाब्दिक अर्थ कार्यालय द्वारा शासन या अधिकारियों द्वारा शासन है।"

प्रो. लास्की के शब्दों में, "नौकरशाही का अभिप्राय उस व्यवस्था से है जिसका पूर्णरूपेण नियंत्रण उच्च अधिकारियों के हाथों में होता है, और वे इतने स्वेच्छाचारी हो जाते हैं कि उन्हें नागरिकों की निन्दा करते समय भी शंका एवं हिचकिचाहट नही होती है।"

प्रो. जैनिंग्स के शब्दों में, "तानाशाही एक व्यक्ति का शासन है और नौकरशाही नियमों का शासन है, पहले का उद्देश्य कार्य करना है, जबकि दूसरे का उद्देश्य कार्य को व्यवस्थित करना है।"

मैक्स बेबर के शब्दों में, "यह एक तरह का प्रशासकीय संगठन है जिसमें विशेष योग्यता, निष्पक्षता तथा मानवीयता का अभाव आदि लक्षण पाये जाते है।"

प्रो. एप्लबी के शब्दों में, "तकनीकी दृष्टि से नौकरशाही कुशल कर्मचारियों का एक व्यावसायिक वर्ग है जो पदसोपान पद्धति के आधार पर संगठित होता है और जो निष्पक्ष होकर राज्य का कार्य करता है।"

प्रो. जॉन बी. विग के शब्दों में, "नौकरशाही राज्य के सामान्य पदाधिकरियों, साधनों तथा विधियों का सामूहिक नाम है, जिसके द्वारा एक संगठन अपने कार्यो का प्रबन्धन करता है एवं लक्षणों को प्राप्त करता है।"

ग्लैडन के शब्दों में "नौकरशाही एक ऐसी विनियमित प्रशासकीय प्रणाली है जो अन्तः संबंधित पदों की श्रृंखला के रूप में संगठित होती है।"

पिफनर के शब्दों में, "व्यक्तियों तथा कार्यों के उस विशेष प्रकार के संगठन को जो सामूहिक प्रयत्नों द्वारा उद्देश्यों को सबसे अधिक प्रभावशाली ढंग से प्राप्त करता है, उसे ही नौकरशााही कहते हैं।"

प्रो. एल.डी. ह्वाइट के शब्दों में, "एक अच्छा लोकप्रशासन बहुत सारे तत्त्वों के संयोजन से आकार लेता है, जिसमें नेतृत्व, संगठन, वित्त, आदर्श, विधियां तथा प्रक्रियाएं सम्मिलित होती हैं, लेकिन इन सबसे बढ़कर मानव शक्ति है।"

मार्सटीन मार्क्स के शब्दों में, "नौकरशाही शब्द का प्रयोग मुख्यतः चार संदर्भों में किया जाता है : **प्रथम**–नौकरशाही एक विशेष प्रकार का संगठन है जो विशेष रूप से लोकप्रशासन का कार्य करने की एक संरचना है। **द्वितीय**–नौकरशाही संगठन की एक ऐसी बीमारी है जो अच्छे प्रबन्धन में अवरोधक की भूमिका निभाती है। **तृतीय**–नौकरशाही सरकार के अच्छे–बुरे कार्यों के लिए सामाजिक तथा आर्थिक व्यवस्था से जुड़ा हुआ एक विशाल संगठन है। **चतुर्थ**–नौकरशाही बुराई पैदा करने वाला एक अभिशाप है जो स्वतंत्रता के लिए हानिकारक हैं।"

माइकेल क्रोजियर के शब्दों में, "नौकरशाही एक अस्पष्ट शब्द है। समाज विज्ञानों में इस शब्द का प्रयोग मुख्य रूप से तीन अर्थों में हुआ है; **प्रथम**–प्रयोग के अनुसार ब्यूरोक्रेसी ब्यूरो द्वारा संचालित सरकार है। यह राज्य के उन विभागों द्वारा संचालित होती है जिसमे निर्वाचित नही नियुक्त कार्यकर्ता होते हैं, जो पदसोपान के आधार पर संगठित होते हैं। इस अर्थ में नौकरशाही कानून व्यवस्था के शासन का द्योतक है, लेकिन इसमें जनता का कोई योगदान नहीं होता है। **द्वितीय**–इसके दूसरे प्रयोग के आरंभकर्त्ता मैक्स बेबर है जिन्हें अन्य समाजशास्त्रियों एवं इतिहासकारों द्वारा लोकप्रिय बनाया गया। तदनुसार, नौकरशाही सामूहिक क्रियाओं का तार्किकीकरण (Rationalisation) है। इसके लिए उत्पादन की इकाइयों का केन्द्रीकरण तथा सभी संगठनों में निवैयक्तिक नियमों का विकास किया जाता है। इन नियामों द्वारा विभिन्न पदाधिकारियों के कार्यों तथा दायित्वों को परिभाषित किया जाता है। **तृतीय**–इसका तीसरा प्रयोग ऐसे संगठन का द्योतक है जिसमें कार्यो का धीमापन प्रक्रियाओं की जटिलता, नियमित कार्यविधि, लक्ष्यों के प्रति दुर्भावनापूर्ण प्रतिक्रियाएं, कष्टकारी प्रभाव, लालफीताशाही, विभागीयता का विचार आदि बातें एक साथ शामिल होती हैं।"

कोजर एवं रोजनवर्ग ने अपनी रचना 'Sociological Theory' में "नौकरशाही पर अपनी अभिव्यक्ति प्रकट करते हुए कहा है कि नौकरशाही एक प्रकार का संस्तरणात्मक संगठन (Hierarchical Organisation) है जिसका उद्देश्य बड़े पैमाने पर प्रशासकीय कार्यों के संचालन के लिए अनेक व्यक्तियों के कार्यों को तर्कसंगत रूप में समन्वित करना होता है। समाजशास्त्री नौकरशाही शब्द का प्रयोग एक विशेष प्रकार की संरचना का बोध कराने के लिए करते है जिसके अन्तर्गत तर्कसंगत रूप में समन्वित असमानों (Rationally Co-ordinated Unequals) का विशिष्ट संगठन होता है।" कोजर और रोजनवर्ग द्वारा दी गयी परिभाषा से तीन बातें स्पष्ट हाती हैं : **प्रथम**–प्रशासन कई लोगों द्वारा मिलकर किया जाने वाला कार्य है। **द्वितीय**–नौकरशाही के अन्तर्गत अधिकारियों की एक तर्कसंगत समन्वित व्यवस्था होती है जिसमें सभी अधिकारियों की स्थिति नियमों द्वारा निर्धारित होता है। **तृतीय**–समन्वय की यह व्यवस्था मिलकर ही एक संस्तरणात्मक संगठन का स्वरूप धारण करता है।

पेटर ब्लाऊ के मतानुसार, "कोई ऐसा संगठन जो बहुत बड़े आधार पर संगठित होकर प्रशासकीय कार्यों को क्रमबद्ध रूप से चलाने के लिए बहुत से व्यक्तियों के कार्यों द्वारा समन्वित होता है। उसे नौकरशाही का नाम दिया जाता है।' ब्लाऊ की यह परिभाषा तीन विशेषताओं की द्योतक है : **प्रथम**–नौकरशाही के अन्तर्गत बहुत बड़े आधार पर प्रशासकीय कार्यों का संपादन किया जाता है। **द्वितीय**–नौकरशाही संगठन में पदाधिकारियों के कार्यों के बीच एक प्रकार का समन्वय होता है। **तृतीय**–अधिकारियों के बीच कार्यों का समवन्य एक संगठन के रूप में दिखाई देता है। इनकी दृष्टि में नौकरशाही वह संगठन है जो प्रशासन को ज्यादा से ज्यादा कुशल एवं समर्थवान बनाता है।

टैलकोट पारसन्स संगठन और नौकरशाही को एक दूसरे का पर्यायवाची मानते हैं। मोस्का की दृष्टि में नौकरशाही संगठन में उच्चवर्गीय अधिकारियों का निरंकुश नियंत्रण होता है। रम्जेम्योर नौकरशाही को स्थायी अधिकारी और व्यावसायिक प्रशासक मानते है। लासवेल और काप्लान की दृष्टि में नौकरशाही उस प्रशासन का नाम है जिसमें उच्चवर्गीय लोग अधिकारी पदों पर आसीन होतें है। जे.एस. मिल ने नौकरशाही को व्यवस्था में सरकार के व्यावसायिक वर्ग के रूप में देखा है। मिशेल्स ने नौकरशाही के व्यापक परिप्रेक्ष्य को ध्यान मे राजनीतिक दल जैसी गैरसरकारी संस्थाओं में कार्यरत वेतनभोगी व्यवसायी पदाधिकारियों को भी इसमें शामिल किया है।

पिफनर और प्रेस्थस का कहना है कि "हम बड़ी संस्थाओं के युग में रह रहें हैं सरकारें, निगम, व्यापार, मजदूर संघ तथा राजनीतिक दल की विशेषता है उनका विशाल आकार तथा प्रर्वतन का विशाल क्षेत्र। अकेला आकार ही कदाचित नौकरशाही का बुनियादी कारण है। जहां भी बड़े पैमाने का उद्यम है वहां नौकरशाही अवश्य मिलेगी।"

संरचनात्मक स्तर पर नौकरशाही की विवेचना प्रस्तुत करते हुए कार्ल फ्रेडरिक ने कहा है कि "नौकरशाही उन लोगों के पदसोपान, कार्यों के विशेषीकरण तथा उच्चस्तरीय क्षमता से युक्त संगठन है जिन्हे इन पदों पर कार्य करने के लिए प्रशिक्षित किया जाता है।" कार्यात्मक स्तर पर नौकरशाही को परिभाषित करते हुए लास्की ने नौकरशाही को एक ऐसी प्रशासनिक व्यवस्था माना है जिसमें मशीनी रूप में कार्य करने के लिए उत्कण्ठा, नियमों के लिए लोचनशीलता का बलिदान, निर्णय लेने में विलम्ब, नवीन प्रयोगों में रुकावटें रूढ़िवादी दृष्टिकोण आदि बातें मुख्य रूप से प्रभावी रहती है।" एफ.एम. मार्क्स द्वारा नौकरशाही संगठन की विशेषताओं में पदसोपान, क्षेत्राधिकार, विशेषीकरण, व्यावसायिक प्रशिक्षण निश्चित वेतन तथा स्थायित्व को शामिल किया गया है।

नौकरशाही अवधारणा को विश्लेषित करने में कई विद्वज्जनों का उल्लेखनीय योगदान है जिसमें मैक्स वेबर और मार्क्स के नाम प्रमुख हैं।

नौकरशाही पर मैक्स वेबर के विचार (Max Weber's Views on Bureaucracy)

मैक्स वेबर की अभिव्यक्ति के अनुसार, "आज लोकप्रशासन की आवश्यकताओं के लिए अधिकारीतंत्र पूर्णतया अपरिहार्य है। प्रशासन के क्षेत्र में विकल्प केवल नौकरशाही और नौसिरिवयावाद के बीच ही है।" अत्यन्त सजगतापूर्वक नौकरशाही के संदर्भ में वेबर ने यह कहा है कि "विधिकसत्ता के विशुद्धतम प्रयोग का यह वह रूप है जिसमें नौकरशाही ढंग के प्रशासकीय कर्मचारी होते है। ऐसे संगठन के प्रमुख सत्ताधारी का, निर्वाचन या

नियुक्ति के लिए योग्यता निर्धारित होती है और उसकी भी सत्ता योग्यता की विधिक परिधि के दायरे में होती है। अतः सर्वोच्च सता के अधीन प्रशासकीय अधिकारियों में वे सभी अधिकारी शामिल होते हैं जो सुनिश्चित रीति से विभिन्न पदों के लिए निर्धारित पदसोपान मे संगठित होते है। वे व्यक्तिगत रूप से तो स्वतंत्र होते है लेकिन शासकीय कार्यों एवं दायित्वों के संबंध में अपने उच्चधिकारी के अधीन होते हैं।

नौकरशाही के व्यवस्थित अध्ययन करने का प्राथमिक श्रेय मैक्सवेबर को है। नौकरशाही और मैक्सवेबर की अवधारणा के बीच अन्योन्यश्रयी संबंध है। वेबर के मतानुसार, कानूनी तर्कसंगत सता का सबसे बेहतर उदाहरण अधिकारीतंत्र यानी कि नौकरशाही है। मार्क्स द्वारा प्रस्तुत विचारों को काटते हुए बेबर का यह मानना है कि राजनीति के क्षेत्र में मुख्य भूमिका नौकरशाही की होती है, वर्गों की नहीं। वेबर की दृष्टि में सामाजिक व्यवस्था का केन्द्रीय तत्त्व उत्पादन की प्रणालियों के बजाय प्रभुत्व की प्रणालियाँ होती हैं। वेबर का यह मानना है कि व्यवस्था में समाजवाद एवं पूंजीवाद जैसी परस्पर विरोधी प्रणालियों की जगह दो प्रकार के अधिकारीतंत्रीय संगठन व्यवस्था में मौजूद होते हैं। इनकी दृष्टि में पूंजीवाद एक तर्कसंगत संगठन प्रणाली है जिसकी मुख्य विशेषताएं अर्जनशीलता की प्रवृत्ति (Acquisitiveness) या लाभ की लालसा नहीं होती है, क्योंकि ये मनोवृत्ति प्राचीन समाजों में विद्यमान थी, इसके बजाय इस तर्कसंगत प्रणाली में उत्पादन (Production), खरीद–फरोख़्त (Marketing) के विवेकसंगत संगठन, विस्तृत लागत लेखांकन (Cost Accounting) और कार्यकुशलता के मूल्यंकन की विवेकसंगत प्रकिया को अपनाने पर विशेष बल दिया गया है।

मैक्स वेबर ने अपनी प्रसिद्व कृति 'सामाजिक–आर्थिक संगठन का सिद्वान्त, 1920' के अन्तर्गत नौकरशाही के आदर्श प्रकार की प्रस्तुति की है। औद्योगिक क्रान्ति के आरंभिक दिनों में प्रबंध प्रणाली में मौजूद व्यक्तिगत अधीनता, निर्दयता, व्यक्तिपरक निर्णय की प्रवृत्ति, भाई–भतीजावाद जैसी अभिवृत्तियो के विरोध में अधिकारीतंत्र के विधिवत् अध्ययन के लिए इस 'आदर्श प्रारूप' (Ideal Type) का प्रस्तुतीकरण किया गया। वेबर का यह मानना था कि औद्योगिक क्रान्ति को गति प्रदान करने एवं मानव और यन्त्र ऊर्जा का उपयोग करने तथा उसे उपलब्ध कराने के लिए नौकरशाही सर्वोत्कृष्ट आधार माध्यम है। आधुनिक अधिकारीतंत्र के विश्लेषण के लिए वेबर द्वारा प्रयुक्त आदर्श प्रारूप के अन्तर्गत संकल्पनात्मक सुस्पष्टता के उद्देश्य से अनुभवमूलक निरीक्षणों (Empirical Observations) के कई बार निकाले गये परिणामों का संयोजन करके प्रस्तुत विषय का विस्तृत विवरण तैयार किया जाता है। एक तरह से नौकरशाही के अध्ययन–विश्लेषण का यह काल्पनिक प्रतिमान (Hypothetical Model) है जिसके आधार पर यथार्थ में नौकरशाही की तुलना इन मानदण्डो के आधार पर करके शेाधकर्ता किसी निष्कर्ष पर पहुंचते हैं।

वेबर ने नौकरशाही को एक तर्कसंगत व्यवस्था (Rationalized System) के रूप में प्रस्तुत किया है। इनके शब्दों में, ''संस्थागत मानव व्यवहार में तर्कसंगतता की प्रवृत्ति को शामिल कराने का उपयुक्त माध्यम नौकरशाही है।'' वेबर ने यह स्वीकारा है कि उनके द्वारा प्रस्तुत 'आदर्श प्रारूप' प्रशासनतंत्रों के तत्त्वतः यथार्थपरक विश्लेषण के लिए यथोचित और उपयुक्त मानदण्ड का प्रस्तुतीकरण करता है। ध्यातव्य है कि प्राकृतिक विज्ञानों की प्रयोगशाला में मानव की जरूरतों के अनुरूप इस्तेमाल के लिए 'शुद्ध गंधक' या 'शुद्ध ऑक्सीजन' का निर्माण किया जाता है, लेकिन सामाजिक विज्ञानों में शोध कार्यों को निष्कर्ष तक पहुंचाने के लिए ऐसी प्रयोगशाला तथा ऐसे तत्त्वों का निर्माण संभव नही है, इसलिए विषय के यथार्थपरक विश्लेषण के उद्देश्य से 'शुद्ध तत्त्वों' के निर्माण के लिए 'आदर्श प्रारूप' का प्रयोग किया जाता है।

वेबर के दृष्टिकोण में यदि कानून के शासन (Rule of Law) के दायरे में अधिकारीतंत्र के आदर्श प्रारूप की मान्यताओं को विश्लेषित करना होगा तो उसके अनुरूप नौकरशाही कानूनी रूप से स्थापित उच्चाधिकारियों तथा उसके अधीनस्थ कर्मचारियों के संबंधों का निरूपण करता है। सभी उच्च पदाधिकारियों एवं अधीनस्थ कर्मचारियों के अधिकार कर्त्तव्य लिखित नियमों–विनियमों (Rules–Regulations) के अन्तर्गत निर्दिष्ट कर दिया जाता है। प्रशासन में विभिन्न पदों से जुड़े सत्तामूलक संबंधों का व्यवस्थित रूप स्थापित किया जाता है। विभिन्न पदों पर नियुक्ति तथा पदोन्नति की प्रक्रिया भी लिखित नियमों एवं अनुबंधमूलक कराराननामे (Contractual Agreements) पर आधारित होती है और इसी आलोक में विनियमित भी होती है। अधिकारीतंत्र के तहत पदसोपान के अनुरूप

विभिन्न पदों पर बहाली के लिए आवश्यक अर्हता (Qualification), प्रशिक्षण (Training) तथा अनुभव (Experience) को जरूरी प्रतिबंध के रूप में शामिल किया जाता है। अधिकारियों–कर्मचारियों को पद के साथ निर्धारित वेतनमान के अनुरूप वेतन दिया जाता है और तयशुदा नियमों–विनियमों के आलोक में अधिकारी प्रशासन के साधनों एवं अपने पद का उपयोग मनमाने ढंग से नहीं कर सकता है। यानी कि अधिकारियों को अपने पद–सता के दुरुपयोग की इजाज़त नहीं होती है।

वेबर के मतानुसार प्रशासनिक कार्य एक पूर्णकालिक व्यवसाय (Fulltime Occupation) है। इनका मानना है कि अधिकारीतंत्र का यह स्वरूप जैसे–जैसे व्यवहार में आता जाता है वैसे–वैसे आधिकारिक कार्यों–दायित्वों (Authoritative Functions–Responsibilities) और नितांत रूप से व्यक्तिगत मनोवृत्तियों, मनोदशाओं, भावनाओं, यथा–प्रेम, घृणा, क्रोध एवं तर्कशून्य अनुभूतियों, अनुभवों के बीच अलगाव की दीवार खड़ी हो जाती है। वेबर द्वारा आदर्श प्रारूप की प्रस्तुति करते हुए अधिकारीतंत्र की विस्तृत संकल्पना का प्रस्तुतीकरण किया है। इस प्रसंग में वेबर ने लिखा है कि यदि आरंभिक दौर में पूंजीवाद की मुख्य विशेषता के रूप में सम्पत्ति को मान्यता प्रदान की गयी थी तो उन्नत पूंजीवाद के दौर में सम्पति का स्थान संगठन शक्ति (Organisational Power) ने ले लिया है। समाजवाद के अन्तर्गत भी सामाजिक स्वामित्व और आर्थिक गतिविधियों के संचालन हेतु संगठन की विशेषता की प्रधानता कायम रही है। समाजवादी बाजार व्यवस्था भी अराजकता (Anarchy) की जगह सामाजिक नियोजन (Planning) द्वारा सामाजिक समानता के सिद्धान्त को बढ़ावा देना चाहता है। इन समस्त कार्यों के व्यवस्थाबद्ध ढंग से संचालन व नियोजन हेतु तर्कसंगत अधिकारीतंत्रीय संगठन एवं शक्ति का बड़े पैमाने पर विस्तार किया जाये। यह समय की मांग है नहीं तो व्यक्ति की स्वतंत्रता ख़तरे में पड़ जायेगी, ऐसा वेबर ने कहा है। इस प्रसंग की यथार्थता के स्पष्टीकरण हेतु वेबर द्वारा इस तर्क की प्रस्तुती की गयी है कि बहुतायत संख्या में मौजूद सामाजिक शक्तियों के बीच प्रतिद्वन्द्विता को बढ़ावा देने के लिए बाजार व्यवस्था और निजी सम्पत्ति पॉलिसी को कायम रखना आवश्यक है, तभी व्यक्तियों की स्वंतत्रता सुरक्षित रह सकती है।

उपर्युक्त विवेचित प्रसंगों के आलोक में यह स्पष्ट होता है। कि वेबर द्वारा अधिकारीतंत्र के विश्लेषण के लिए प्रस्तुत आदर्श प्रारूप में संगठन के प्रधानता दी गयी है और संकल्पनात्मक स्पष्टता (Conceptual Clarity) के रूप में अधिकारीतंत्र की संगठनात्मक शक्ति (Organisational Power) को रेखांकित किया गया है। वेबर द्वारा अधिकारीतंत्र के आदर्श प्रारूप की कुछ विशेषताओं की चर्चा की गयी है जो निम्नांकित हैं :

1. **पदसोपान संरचना (Hierarchical Structure)**–अधिकारीतंत्र पदसोपान संरचना के आधार पर संगठित होता है जसमे उच्चधिकारियों का अपने अधीनस्थों के साथ समन्वयी संबंध होता है। इसमें आदेश सूत्र ऊपर से नीचे की ओर प्रवाहित होता है और उत्तरदायित्व की प्रवृत्ति नीचे से ऊपर की ओर जाती है। सम्पूर्ण संगठन का ढाँचा एक पिरैमिड (Pyramid) की भांति होता है और समस्त प्रशासकीय कार्य उचित प्रकिया द्वारा सही रास्ते से (Through Proper Channel) सम्पन्न होता है।
2. **सुनिश्चित कार्यविधि (Definite Procedure)**–सांगठनिक स्तर पर अधिकारीतंत्र में प्रत्येक कार्य को अंजाम तक पहुंचाने के लिए एक सुस्पष्ट निश्चित कार्यविधि अपनायी जाती है। समस्त प्रशासकीय कार्यों को निर्धारित प्रक्रिया के अनुरूप तथा नियमों एवं विनियमों के आलोक सम्पन्न कराया जाता है।
3. **स्पष्ट कार्य–विभाजन (Clear Division of Work)**–सांगठनिक स्तर अधिकारीतंत्र में उच्चस्थ और अधीनस्थ पदाधिकारियों कर्मचारियों के बीच कार्यों का स्पष्ट विभाजन होता है। प्रत्येक अधिकारी को अपने पद के अनुरूप आवंटित कार्य के दायित्व को पूरा करने की पूरी जवाबदेही होती है और उसे प्रभावशाली ढंग से पूरा करने के लिए उन्हे जवाबदेह बनाया जाता है।
4. **निर्धारित योग्यताओं के आधार पर चयन (Selection on the Basis of Prescribed Qualifications)**–अधिकारीतंत्र की एक ख़ास विशेषता प्रत्येक पद पर नियुक्ति के लिए निर्धारित योग्यता से संबंधित है, यानी कि सरकारी पदाधिकारियों–कर्मचारियों की भर्ती एवं पदोन्नति का कार्य निर्धारित योग्यता के मानदण्डों के आलोक में पूरा किया जाता है।

5. **वेतन तथा पैंशन का अधिकार (Salary and Pension Rights)**–अधिकारीतंत्रीय संगठन मे कार्यरत कर्मचारियों–पदाधिकारियों का वेतन–भता, संवृद्धि (Increment) तथा अवकाश ग्रहण करने के उपरान्त पेन्शन आदि के अधिकार का निर्धारण पदसोपान संरचना में संबद्ध अधिकारी का पद, स्तर, दायित्व, सामाजिक प्रस्थिति आदि को ध्यान में रखकर तय किया जाता है।
6. **अवैयक्तिक संबंध (Impersonal Relation)**–अधिकारीतंत्र के प्रशासनिक ढांचे के अन्तर्गत कार्यरत व्यक्ति व्यक्तिगत संबंधों, भावनाओं, अनुभूतियों, आदि मनोवृत्तियों से मुक्त होता है। यहां निर्णय तर्कसंगत दृष्टिकोण के आधार पर लिया जाता है। यद्यपि परिस्थितिवश कभी–कभी निर्णय व्यक्तिगत संबंधों के प्रभाव में भी हो सकता है। लेकिन वेबर का इस प्रसंग में दृढ़ विश्वास है कि अधिकारीतंत्र हमेशा तर्कसंगत निर्णयों के लिए मार्ग प्रशस्त करता है।
7. **अधिकारिक रिकार्ड (Official Record)**–अधिकारीतंत्र में सांगठनिक स्तर पर सभी प्रकार के आधिकारिक रिकार्ड को यथाचित रूप में सुव्यवस्थित ढंग से रखा जाता है। संगठन में लिये जाने वाले समस्त निर्णयों एवं औपचारिक गतिविधियों का रिकार्ड तैयार करके भविष्य के लिए उन्हें सुरक्षित रखा जाता है। इस प्रकार अधिकारीतंत्रीय संगठन में समस्त कार्यविधियों, गतिविधियों को संग्रहीत करके रखा जाता है ताकि प्रशासनिक कार्यों को अंजाम देने के समय उदाहरण के रूप में उन निर्णयों का इस्तेमाल किया जा सके।

उपर्युक्त विवेचित तथ्यों के आलोक में यह कहा जा सकता है कि आधुनिक प्रशासनिक ढांचे में मौजूद अधिकारीतंत्र का सबसे समीचीन विश्लेषण जर्मन समाजवैज्ञानिक मैक्सवेबर द्वारा प्रस्तुत किया गया हैं। वेबर द्वारा विश्लेषित आधुनिक अधिकारीतंत्र कानूनी–तर्कसंगत सत्ता (Legal–Rational Authority) का दृष्टान्त प्रस्तुत करता है।

मैक्स वेबर के शब्दों में, ''विशुद्ध नौकरशाही के रूप का प्रशासकीय संगठन प्राविधिक दृष्टि से श्रेष्ठतम क्षमता अर्जित करने की योग्यता रखता है और इसी वजह से यह व्यक्तियों पर सुनिश्चित नियंत्रण रखने का सर्वाधिक विवेकयुक्त ज्ञान साधन है। अन्य सभी संगठनों के मुकाबले यह स्वरूप में निश्चितता, स्थायित्व एवं दृढ़ अनुशासन के पालन के लिए विख्यात है। संगठन के अध्यक्षों एवं उसके साथ कार्य करने वालों के संबंध में इसी वजह से सही–सही अनुमान लगाना संभव होता है। अन्त में गंभीर दक्षता तथा व्यापक कार्यक्षेत्र दोनों ही दृष्टि से यह श्रेष्ठ है तथा समस्त प्रशासकीय कार्यों को करने की योग्यता रखता है।''

मैक्स वेबर द्वारा प्रस्तुत अधिकारीतंत्र अवधारणा को दो स्वरूपों के अन्तर्गत विभाजित किया जा सकता है, (i) कानूनी सत्ता और (ii) एक संगठन।

(i) **कानूनी सत्ता (Legal Authority)**–वेबर द्वारा प्रस्तुत नौकरशाही का यह स्वरूप कानून द्वारा स्थापित अवैयक्तिक व्यवस्था (Legally Established Impersonal Order) है, जिसके तहत अधिकारी व्यक्ति पद की सत्ता का प्रयोग इस आधार पर करता है कि उन्हें अपने पद की सत्ता के दायरे में आदेश–निर्देश देने की औपचारिक वैधता प्राप्त है।

(ii) **एक संगठन (An Organisation)**–संगठन के रूप में वेबर की नौकरशाही अवधारणा ''एक संस्तरणबद्ध संगठन हैं जिसकी रचना तार्किक ढंग से बहुत से ऐसे व्यक्तियों के कार्यो के समीकरण के लिए की गयी है जो वृहत स्तर के प्रशासनिक दायित्वों एवं संगठनात्मक लक्ष्यों की प्राप्ति के लिए कार्यरत हैं।''

इस अर्थ में यह कहा जा सकता है कि मैक्स वेबर की नौकरशाही अवधारणा कानून द्वारा संस्थापित वह औपचारिक संस्तरणबद्ध संगठन है जिसकी स्थापना संगठनात्मक लक्ष्यों की प्राप्ति के लिए की जाती है और जिसके सदस्य प्रशासनिक दायित्वों की पूर्ति के लिए औपचारिक वैधता के दायरे में सदैव प्रयत्नशील रहते हैं। वेबर का यह मानना है कि जहां कानून का शासन मौजूद होता है उन व्यवस्थाओं में नौकरशाही संगठन निम्नलिखित सिद्धान्तों द्वारा निर्देशित होता है।

(a) शासकीय कार्यों के निष्पादन में निरन्तरता पायी जाती है।

(b) एक प्रशासनिक ढाँचे के अन्तर्गत शासकीय कार्यों का निष्पादन निर्धारित नियमों के आधार पर होता है। इस प्रशासकीय ढाँचे के अन्तर्गत तीन अन्तःसंबंधित विशेषताएं मौजूद होती हैं :

- कुछ विशेष प्रकार के कार्यों के निष्पादन के लिए प्रत्येक अधिकारी का दायित्व अवैयक्तिक कसौटी (Impersonal Criterion) के आधार पर सीमित कर दिया जाता है।
- निर्धारित कार्यों के निष्पादन हेतु संबद्ध अधिकारी को जरूरी सत्ता प्रदान की जाती है।
- सरकारी अधिकारियों द्वारा जनता को बाध्य करने के साधनों को कठोरतापूर्वक सीमित किया जाता हैं और निश्चित रूप से यह परिभाषित कर दिया जाता है कि अधिकारी किन–किन परिस्थितियों में इन साधनों का इस्तेमाल कर सकता है।

(c) प्रत्येक अधिकारी की सत्ता तथा इसके साथ आवंटित उत्तरदायित्व सत्ता–संस्तरण का एक हिस्सा होता है। उच्चाधिकारियों को अधीनस्थों द्वारा संपादित कार्यों का निरीक्षण करने का दायित्व सौंपा जाता है और निम्न पदों पर कार्यरत कर्मचारियों को अपील का अधिकार दिया जाता है।

(d) अधिकारीगण तथा अन्य प्रशासकीय कर्मचारी अपने कार्यों के निष्पादन हेतु प्रयोग में लाये जाने वाले साधनों के मालिक नही होते हैं। सरकारी मशीनरी या व्यावसायिक संगठनों द्वारा उन्हें यह साधन उपलब्ध कराया जाता है जिसका इस्तेमाल वे नियमानुसार ही करते हैं। सरकारी कामकाज और व्यक्तिगत मामले, सरकारी राजस्व और व्यक्तिगत आय दोनों एक दूसरे से पूर्णतः अलग हैं।

(e) विभिन्न पदों पर आसीन पदाधिकारी अपने पद का दुरुपयोग व्यक्तिगत सम्पत्ति के रूप में नहीं कर सकते हैं। अधिकारी अपने पद को खरीद–बेच या हस्तांतरित नहीं कर सकते हैं। सरकारी स्तर पर विभिन्न पदाधिकारियों को दायित्व निर्वहन के लिए कुछ विशेष सुविधाएं प्रदान की जाती हैं लेकिन इन सुविधाओं का इस्तेमाल वे निजी सम्पत्ति के रूप में नहीं कर सकतें हैं।

(f) प्रशासकीय कार्यों का निष्पादन लिखित प्रलेखों (Written Documents) द्वारा किया जाता है, जिसके कुछ निर्धारित मानदण्ड हैं :

- सरकारी कार्यों के संपादन में निरंतरता।
- निश्चित नियमों के दायरे में सत्ता का सीमा-निर्धारण।
- नियमों के कार्यान्वयन का निरीक्षण।
- पद तथा पदाधिकारी का भेद।
- सरकारी कार्य के प्रलेखबद्ध आधार (Documented Base) के बिना ऐसी वैधानिक सत्ता की व्यवस्था कायम नहीं हो सकती, जिसके अन्तर्गत सत्ता का कार्यावन्यन अधिनियम मानकों के अध्यारोपण (Erroneous) पर आधारित हो।

वेबर की नौकरशाही में अधिकारियों की स्थिति (Position of Officials in Weber's Bureaucracy)

वेबर की दृष्टि में अधिकारीतंत्र के अन्तर्गत अधिकारियों तथा कर्मचाारियों की स्थिति जिन आधारों पर आंकी जा सकती है, वे हैं :

1. अधिकारीगण कार्यालय के कार्यों का संपादन एक निर्धारित पेशे के तहत करते हैं। प्रतियोगी परीक्षाओं के माध्यम से उनकी भर्ती होती है। भर्ती के बाद उन्हें प्रशिक्षित किया जाता है और अपने प्रशासनिक दायित्वों के निवर्हन के प्रति वे ईमानदार होते हैं।

2. नौकरशाहों को समाज में आम जनों की अपेक्षा उच्च प्रतिष्ठा प्राप्त होती है। इनकी भर्ती स्थायी होती है जो सेवानिवृत्ति के साथ समाप्त होती है। प्रति मास इन्हें निर्धारित वेतन का भुगतान किया जाता है तथा इनकी सेवाशर्तों में पदोन्नति की भी व्यवस्था होती है।
3. पदाधिकारी अपनी सत्ता का प्रयोग अवैयक्तिक नियमों के आधार पर करते हैं और निष्ठापूर्वक शासकीय दायित्वों का निर्वहन करते हैं। इस प्रसंग में वेबर की यह उक्ति है कि अधिकारीतंत्र के अन्तर्गत कार्य करने का अर्थ है सुरक्षित जीवन के बदले पूरी ईमानदारी के साथ प्रबन्ध करने की विशिष्ट जवाबदेही को ग्रहण करना और इसके लिए किसी व्यक्ति का अपने कार्य के प्रति ईमानदार होना आवश्यक है।
4. अधिकारियों की भर्ती तथा पद पर आसीन होना उसकी तकनीकी योग्यता पर निर्भर करता है।
5. प्रशासकीय कार्य अधिकारियों के लिए पूर्णकालिक पेशा है।
6. अधिकारियों के कार्य को नियमित वेतन भुगतान, वेतन वृद्धि तथा पदोन्नति के रूप में पुरस्कृत किया जाता है।

विशेषताएं (Characteristics)

वेबर द्वारा अधिकारीतंत्र की कुछ ख़ास विशेषताओं को रेखांकित किया गया है, वे हैं : (1) नियमों–विनियमों का महत्त्व, (2) अधिकारियों का सुस्पष्ट एवं निश्चित कार्यक्षेत्र, (3) भर्ती की निश्चित पद्धति, (4) संस्तरणबद्ध संगठन, (5) प्रशिक्षण व्यवस्था, (6) फाइल व्यवस्था, तथा (7) पदों के एकाधिकार का अभाव।

अधिकारीतंत्र में अधिकारियों तथा कर्मचारियों के बीच दायित्वों का निर्धारण अवैयक्तिक नियमों के आधार पर होता है। ये नियम स्थायी होते हैं, जिनका पालन एक व्यवस्था के तहत किया जाता है। विभिन्न पदाधिकारियों के बीच नियम आधारित कार्यों का स्पष्ट विभाजन होता है। एक संस्तरणबद्ध संगठन के दायरे में बंधकर सभी कर्मचारी पदाधिकारी अपनी सेवाएं अर्पित करतें हैं। सभी कार्यों का संचालन–संपादन लिखित रिकार्ड द्वारा किया जाता है। अधिकारियों को प्रशिक्षित करने की व्यवस्था होती हैं और सबसे महत्त्वपूर्ण तथ्य यह है कि किसी भी पद पर किसी अधिकारी का एकाधिकार (Monopoly) नहीं होता है। इसी वजह से सेवाशर्तों में स्थानान्तरण पद्धति को शामिल किया जाता है, ताकि अधिकारियों में तानाशाही प्रवृत्ति का उद्‌भव न हो सके। यदि पदाधिकारी निधारित नियमों–विनियमों की अवहेलना या उल्लंघन करते है तो उनकी पदावनति भी की जा सकती है।

वेबर का यह मानना है कि प्रशासकीय कार्यों में गुणात्मक विकास की वजह से मजबूत अधिकारीतंत्र का विकास हुआ है। लोकतांत्रिक व्यवस्था का विकास, बड़े उद्योगों की संस्थापना मुद्रा आधारित अर्थव्यवस्था का विकास, आधुनिक पूँजीवादी व्यवस्था का विकास तथा आधुनिक राज्यों के कार्यो का विस्तार ही नौकरशाही के मजबूत अस्तित्व–निर्माण का आधार–माध्यम है।

वेबर द्वारा नौकरशाही अवधारणा के विश्लेषणक्रम में नैाकरशाही के सकारात्मक एवं नकारात्मक परिणामों की चर्चा की गयी है जिनका विवरण निम्नलिखित है :

नौकरशाही का सकारात्मक परिणाम (Positive Consequences of Bureaucracy)

वेबर के मतानुसार नौकरशाही के सकारात्मक परिणाम निम्नलिखित हैं :

1. **लोकतंत्र के लिए अनिवार्य संगठन है**—वेबर का यह मानना है कि लोकतंत्र के विस्तार के साथ–साथ प्रशासनिक स्तर पर नौकरशाही संगठन की आवश्यकता बढ़ती जायेगी। जूलियन फ्रायण्ड का इस प्रसंग पर कहना है कि “सामान्य रूप से यह स्वीकार कर लिया गया हैं कि लोकतंत्रीकरण और नौकरशाही दोनों साथ–साथ चलते है।”

2. **प्रशासन को प्राविधिक श्रेष्ठता प्रदान करता है**–नौकरशाही प्रशासन को तकनीकी विशेषता से परिपूर्ण श्रेष्ठता प्रदान करता है। अवैयक्तिक नियमो द्वारा निर्देशित होने की वजह से अधिकारीतंत्र की कार्यवाही से प्रशासन के प्रति जनविश्वास में वृद्धि होती है।
3. **प्रशासन को स्थायित्व प्रदान करता है**–नौकरशाही की वजह से प्रशासन को स्थायित्व और सातत्य प्राप्त होता है। राजनीतिक नेतृत्व में परिवर्तन होता रहता है लेकिन नौकरशाही वह प्रशासकीय मशीनरी है जो अपना कार्य करती रहती हैं।
4. **एक नयी तर्कसंगत अवैयक्तिक संस्कृति का आविर्भाव**–निधारित नियमों और प्रतियोगी परीक्षाओं के आधार पर संगठित नौकरशाही अवैयक्तिक नियमों–विनियमों के आलोक में अपने कार्य को आंजाम देकर लोकप्रशासन के अन्तर्गत एक नयी कार्यालय संस्कृति को विकसित कर रही है। नौकरशाह एक व्यवसाय के रूप में जीवन–यापन के लिए इस पेशे को अपनाते हैं।
5. **प्रशासन के साधनों का समूहीकरण करना**–नौकरशाही संगठन के आकार में वृद्धि होने के साथ–साथ इसे व्यवस्थित रूप में चलाने के लिए आवश्यक साधनों को स्वंतंत्र व्यक्तियों और समूहों के हाथ से लेकर शासन करने हेतु आल्पसंख्यक समुदाय के अधिकार क्षेत्र में दे दिया जाता है।
6. **नौकरशाही सामाजिक अन्तरों को पाटती है**–नौकरशाही में प्रतियोगी परीक्षा के माध्यम से भर्ती होती है, इसलिए इस भर्ती को सामाजिक प्रस्थिति या आर्थिक असमानता प्रभावित नहीं कर पाता है। किसी भी परिवार या वंश के लोग योग्यता के आधार पर किसी भी व्यक्ति पर अपनी सत्ता द्वारा नियंत्रण स्थापित कर सकता है।

वेबर ने नौकरशाही के सकारात्मक पक्ष की प्रस्तुति के माध्यम से यह बताया कि समाज में औद्योगीकरण के विकास के साथ राज्य की गतिविधियों का क्षेत्र विस्तारित होता जाता है, इसलिए नौकरशाही संगठन की जरूरत बढ़ती जाती है।

नौकरशाही का नकारात्मक परिणाम (Negative Consequences of Bureaucracy)

मैक्स वेबर द्वारा नौकरशाही के सकारात्मक पक्ष के साथ नकारात्मक पक्ष को भी रेखांकित किया गया है। इनके द्वारा नकरात्मक पक्ष के रूप में जिन कारकों का उल्लेख किया गया है वे हैं .

1. रचनात्मक कार्यों में बाधा उत्पन्न करता है, क्योंकि यह कठोर औपचारिक नियमों–विनियमों के दायरे में बंधा होता है।
2. वेबर का कहना है कि कार्यालय व्यवहार में अवैयक्तिक की प्रवृत्ति आत्मविहीन विशेषज्ञों को जन्म देती है।
3. नौकरशाही अतार्किक (Irrational) होती है, इसलिए अतार्किक प्रवृत्ति संगठन को परम्परागत मूल्यों से अलग कर देती है।
4. नौकरशाही संगठन के सदस्य जनता से दूर विशाल भवन में कायदे–कानूनों के दायरे में कार्य करते हैं, इसलिए वे आपातकालीन संकट के समाधान में असमर्थ होते हैं।

मैक्स वेबर द्वारा नौकरशाही पर नियंत्रण स्थापित करने की आवश्यकता जतायी गयी है साथ ही यह सुझाव दिया है कि नौकरशाही पर संसद् का नियंत्रण होना चाहिए।

इस प्रकार मैक्स वेबर ने नौकरशाही का विस्तृत विश्लेषण किया है, लेकिन इसके बावजूद वेबर द्वारा प्रस्तुत अधिकारीतंत्र अवधारणाओं को गंभीर आलोचना के दौर से गुजरना पड़ा।

मैक्स वेबर की अवधारणा की आलोचना (Criticism of the Concept of Max Weber)

आलोचकों का यह कहना है कि वेबर द्वारा प्रस्तुत विश्लेषण प्रतिरूप केवल उदारवादी राजनीतिक व्यवस्थाओं (Liberal Political Systems) की विकसित व्यवस्थाओं पर लागू होता है। समाजवादी व्यवस्थाओं (Socialist System) एवं विकासशील व्यवस्थाओं (Developing Systems) में मौजूद अधिकारीतंत्र इस विश्लेषण के दायरे में फिट नहीं बैठता है। इन तथ्यों को ध्यान में रखकर समाजशास्त्रियों तथा लोकप्रशासन के विद्वज्जनों द्वारा भारी प्रतिक्रियाएं व्यक्त की गयी हैं। अधिकारीतंत्र के ढाँचे के संबंध में वेबर द्वारा प्रस्तुत मानदण्डों के आलोक में प्रतिक्रिया स्वरूप कई गंभीर आलोचनाओं की प्रस्तुति की गयी है जिनमें से कुछ मुख्य आलोचनाएं निम्नांकित हैं:

राबर्ट के. मार्टन द्वारा अधिकारीतंत्र के दुष्कर्मों (Dysfunctions) को रेखांकित करने का प्रयास किया गया है। नौकरशाही के दुष्प्रभाव के प्रभाव पर प्रकाश डालते हुए मार्टन ने जिन तथ्यों की ओर ध्यान आकृष्ट कराया है वे निम्नलिखित हैं :

1. **प्रशिक्षित अयोग्यता (Trained Incapacity)**–यह उस स्थिति का द्योतक है जिससे किसी अधिकारी की योग्यता या क्षमता उसके निष्पादित कार्य से प्रासंगिक कमजोरी के रूप में सामने आता है।
2. **संरचनात्मक अतिसमविन्यास (Structural Over Conformity)**–मार्टन की दृष्टि में कठोर नियमों पर आधारित होने की वजह से सांगठनिक स्तर पर संरचना में अतिसमविन्यास की स्थिति उत्पन्न हो जाती है, इससे संगठन का सामर्थ्य घटता है और नयी परिस्थितियों के साथ समंजित होने की क्षमता में गिरावट आती है।
3. **व्यावसायिक मनोविकार (Occupational Psychosis)**–मार्टन ने डेवी द्वारा प्रस्तुत 'व्यावसाायिक' मनोविकार की अवधारणा का हवाला देते हुए यह कहा है कि संगठन में नियमों–विनियमों के पालन में कठोर रूख की वजह से संगठन में कार्यरत व्यक्ति अपने कार्य के प्रति मनोविकार का शिकार हो जाता है। बारनॉट द्वारा इस मानसिक स्थिति के लिए 'व्यवायसायिक विकृति' (Occupational Deformity) का शब्द का प्रयोग किया गया है।
4. **साध्य की अपेक्षा साधन की महत्ता**–मर्टन का कहना है कि अधिकारीतंत्र में नियमों–विनियमों का कठोरतापूर्वक पालन करते रहने से धीरे–धीरे साधन के रूप में प्रयुक्त होने वाला नियम साध्य यानी कि लक्ष्य का स्थान ले लेता है।
5. **नम्यता (Flexibility) की अनुपस्थिति**–अधिकारीतंत्र के अन्तर्गत अपने कार्यों को निपटाने तथा समस्याओं के समाधान के लिए अधिकारी अपने पूर्व प्रशिक्षण की विधा का इस्तेमाल करना चाहता है, नतीजतन परिवर्तित परिस्थितियों, तकनीकों आदि के साथ अपनी प्रशासनिक क्षमता का सामंजस्य स्थापित करने में पिछड़ जाता हैं, इससे जहां अधिकारी को दिया जाने वाला पूर्व प्रशिक्षण उसके वर्तमान कार्यकौशल में असमर्थता का द्योतक होता है वही सांगठनिक स्तर पर अधिकारीतंत्र में लचीलेपन का अभाव मौजूद हो जाता है।
6. **लालफीताशाही (Redtapism)**–नौकरशाही की एक बहुत गंभीर कमजोरी क्रियाविधि (Procedure) की है, वह औपचारिकता में उलझकर साध्य के बजाय साधनों को ज्यादा महत्त्व देने लगना है। प्राशासनिक संगठन–संरचना की प्रत्येक इकाई की कार्यविधि प्रस्तावित नियमों के दायरे में इतनी मजबूती से बंधी होती हैं कि अधिकारी चाहकर भी व्यवहार में किसी जरूरतमंद की मदद उन नियमों के दायरे को तोड़कर नहीं कर सकता है। अधिकारीतंत्र में पालन किये जाने वाले औपचारिकता की वजह से समय और धन की क्षति होती है साथ ही कार्य निष्पादन की गति धीमी हो जाने की वजह से अधिकारियों के कार्यकौशल पर भी प्रभाव पड़ता है। 'रेडटैप' शब्द का प्रयोग सबसे पहले प्रसिद्ध उपन्यासकार तथा निबंधकार चार्ल्स डिकेन्स द्वारा किया गया। इस शब्द के इस्तेमाल के शुरूआत के पीछे वह परम्परा थी जिसके तहत वकील और सरकारी ऑफिसर अपने फाइलों–कागजो को लाल फीते से बांधकर आगे

बढाते थे। बाद में 'टामस कार्लाइल' ने सरकारी कामकाज के तरीकों पर कटाक्ष करने के लिए बारम्बार इस शब्द का इस्तेमाल करके इसे लोकप्रिय बना दिया। इसका शाब्दिक तात्पर्य सरकारी कामकाज मे औपचारिकता या कायदे–कानूनो के लम्बे सिलसिले से संबद्ध है जिसकी वजह से अधिकारीतंत्र में कोई काम आगे नहीं बढ़ पाता है और बढ़ने की गति इतनी धीमी होती है कि काम का मूल उद्देश्य ही नष्ट हो जाता है।

लालफीताशाही अधिकारीतंत्र का वह तत्त्व है जो सरकारी सेवकों में कार्यकौशल बढ़ाने की जगह अकुशलता में वृद्धि करता है। जरूरत से ज्यादा औपचारिकता और नियमबद्धता प्रशासनिक व्यवहार का नीरस बना देता है।

इसके अतिरिक्त भी मार्टन ने अधिकरीतंत्र की कुछ अन्य कमजोरियों पर प्रकाश डाला है जिनमें नौकरशाही की रूढ़िवादी प्रवृत्ति, नौकरशाही में मौजूद विभागवाद एवं विरोधाभास की स्थिति। रॉबर्ट के मर्टन का कहना है कि वेबर के नौकरशाही सिद्धान्त का कोई गवेषणात्मक आधार नहीं है। इनकी अवधारणा आनुभविक है। वेबर ने अधिकारीतंत्र के जिस आदर्श प्रारूप की प्रस्तुति की है वह व्यवहार मे अपनाये जाने पर अधिकारियों के कार्यकौशल एवं कार्य सामर्थ्य में वृद्धि करेगा इसकी कोई गांरटी नहीं है। वस्तुतः प्रशासनिक संगठन की कार्यक्षमता में वृद्धि के लिए कुछ विशेष स्थितियां जबावदेह होती हैं, मसलन–कार्यरत अधिकारियों एवं कर्मचारियों के तकनीकी ज्ञान का समुन्नत स्तर, संगठन का स्पष्ट एवं सुनिश्चित उद्देश्य एवं लक्ष्य, निर्णयों के कार्यावन्यन के लिए यथोचित सामाजिक वातावरण आदि। डेवी के शब्दों में, 'व्यावसायिक मनःसन्ताप (Occupational Psychosis) नौकरशाही का दुष्परिणाम है। बेबलीन का कहना है कि प्रशिक्षित अयोग्यता (Trained Incapacity) की वजह से नौकरशाही मे मौजूद लोकविशिष्टता और नियमों से बंधकर अधिकारी योग्यता की दृष्टि से कुंठित हो जाते है।' हारलाम्बोस तथा हैल्ड (M. Haralombos and K.M. Heald) के शब्दों में, "मैक्स वेबर नौकरशाही के विश्लेषण के अन्त तक दुविधा की स्थिति से बाहर नहीं निकल पाये हैं, इससे उनके विचारों में अस्पष्टता और वैधवृत्ति (Ambivialence) का दोष पाया जाता है।"

वेबर की अधिकारीतंत्र अवधारणा पर टीका–टिप्पणी करते हुए बरट्रेण्ड रसेल का कहना है कि इनकी अधिकारीतंत्र की अवधारणा में हर जगह निषेधात्मक मनोविज्ञान का दर्शन होता है, जिसका झुकाव सदैव निषेधों की ओर होता है और इसे ही महत्त्व भी दिया जाता है जिससे कर्मचारी एवं पदाधिकारीगणों में निषेधात्मक अभिवृत्ति विकसित हो जाती है। रॉबर्ट मर्टन तथा अन्य कई समाजवैज्ञानिकों द्वारा वेबर की कानूनी–तर्कसंगत सत्ता के प्रतिमान को प्रश्नगत किया गया है क्योंकि यह प्रतिमान प्रशासनिक संगठन के कार्यात्मक पक्ष में दुष्कार्यात्मक परिणामों को जन्म देता है। साइमन और बर्नाड द्वारा की गयी आलोचना का संदर्भ वेबर द्वारा प्रस्तुत प्रतिमान में मानवीय तत्त्वों मानवीय व्यवहारेां की उपेक्षा से संदर्भित है। इनका मानना है कि इस अवधारणा को पूर्णतः अपनाया गया तो इससे संगठन की प्रशासनिक दक्षता में कभी आयेगी और औपचारिकताओं का दायरा विस्तारित होगा। इनकी दृष्टि में वेबर द्वारा प्रस्तुत अधिकारीतंत्र का आदर्श प्रारूप अधिकारियों की कार्यक्षमता, कार्यकौशल को बढ़ाने की जगह अधिकारीतंत्र की संरचना पर विशेष जोर देता है।

इन आलोचनाओं के बावजूद निष्कर्षतः यही कहना अधिक उपयुक्त होगा कि अधिकारीतंत्र का विश्लेषणपरक प्रतिमान प्रस्तुत करने की वजह से नौकरशाही के अध्ययन क्षेत्र में मैक्स वेबर का योगदान उल्लेखनीय हैं। उनके कटु आलोचक भी इस क्षेत्र में वेबर के योगदान का लोहा मानते हैं। कार्ल जे. फ्रेडरिक जैसे आलोचक ने भी वेबर के इस योगदान को अध्ययन की महत्त्वपूर्ण दिशाएं खोलने वाले प्रतिमान की संज्ञा दी है।

मार्क्स की नौकरशाही अवधारणा (Marxian Concept of Bureaucracy)

प्रसिद्ध समाजशास्त्री, अर्थशास्त्री एवं राजनीतिक वैज्ञानिक कार्ल मार्क्स की कृतियों में विकसित एवं विकासशील देशों में नौकरशाही के उदय, उसकी भूमिका, कमजोरियों समाजवादी क्रान्ति के दौरान उसकी विनाशकारी भूमिका तथा शोषण रहित समाज में उसकी अस्तित्व समाप्ति पर विस्तृत विवेचना प्रस्तुत की गयी है।

नौकरशाही का आविर्भाव

मार्क्स के कथनानुसार नौकरशाही के आविर्भाव की अवधि सोलहवीं शताब्दी के करीब पश्चिमी यूरोप में पूंजीवाद और राष्ट्र–राज्य के अस्तित्त्व उदय के साथ की है। इनके मतानुसार, इस कालावधि में जब सत्ता और पूंजी दोनों राजाओं, व्यापारियों, पूंजीपतियों के हाथों में केन्द्रित हो गयी तो धन–सम्पत्ति यानी कि पूंजी के प्रबन्धन और सत्ता के संचालन के लिए एक विशेष तंत्र की जरूरत महसूस की जाने लगी। जिसके परिणामस्वरूप अधिकारीतंत्र का उदय हुआ। इसको आधार–माध्यम बनाकर पूंजीपतियों द्वारा आपसी स्पर्द्धा में एक दूसरे पर सफलता हासिल की गयी और राजाओं द्वारा इसे ही माध्यम बनाकर अपने सामन्तों पर नियत्रंण स्थापित किया गया। इनका मानना हैं कि राष्ट्र–राज्यों के उदय के बाद शासन–संचालन के लिए अधिकारी वर्ग की अवश्यकता हुई और इसी वर्ग को अधिकारीतंत्र यानी कि नौकरशाही की संज्ञा दी गयी। अर्थात् पूंजीवाद तथा राष्ट्र–राज्य नौकरशाही के आविर्भाव के मुख्य कारकों में शामिल है।

नौकरशाही की प्रकृति

मार्क्स की दृष्टि में नौकरशाही का अभिप्राय उस अधिकारी वर्ग से है जो पूंजीपतियों, मालिकों या शासकों के प्रतिनिधि के रूप में मजदूरों और कर्मचारियों पर नियंत्रण रखते हैं। इस अर्थ में नौकरशाही का कार्य एवं दायित्व पूंजीवाद की छत्रछाया में पूंजीपतियों द्वारा चलाये जाने वाले शोषण कार्यों में माध्यम बनना तथा पूंजीवाद की शोषणीय परिस्थितियों मे कामगार वर्ग से जबरन काम लेना है। मार्क्स के मतानुसार, आधुनिक राज्य एक वर्ग संगठन है जिसका उद्देश्य पूंजीपति वर्ग को संरक्षण देना एवं सर्वहारा वर्ग का शोषण करना है, और नौकरशाही इस कार्य में मुख्य उपकरण या माध्यम की भूमिका अदा करता है। जब सर्वहारा क्रान्ति के पश्चात् पूंजीपति वर्ग समाप्त हो जायेगा और सर्वहारा वर्ग का अधिनायकत्व स्थापित होगा तो नौकरशाही का अस्तित्व भी समाप्त हो जायेगा ऐसी परिकल्पना मार्क्स द्वारा की गयी है।

कार्ल मार्क्स द्वारा नौकरशाही की कुछ ख़ास विशेषताओं को रेखांकित किया गया है जो निम्नांकित हैं :

1. **पदसोपान व्यवस्था**–मार्क्स के अनुसार, ''नौकरशाही की मुख्य विशेषता में पदसोपान परम्परा की मौजूदगी है जिसके तहत प्रत्येक अधीनस्थ अपने उच्च अधिकारी के अधीन होता है और इसी वजह से संगठन में कई बुराइयां जन्म लेती हैं। पदसोपान परम्परा की समीक्षा करते हुए मार्क्स कहते हैं कि इसमें उच्च अधिकारी प्रशासनिक समस्याओं की बारीकियों को समझने का दायित्वों अपने अधीनस्थ पर छोड़ देतें हैं, जबकि यह जवाबदेही वरिष्ठ अधिकारियों की होती है। इसकी वजह से वरिष्ठ तथा कनिष्ठ अधिकारियों के बीच सौहार्दपूर्ण संबंध नहीं रह पाता है।''
2. **श्रम विभाजन**–मार्क्स के मतानुसार, ''श्रम विभाजन की वजह से पूंजीवादी व्यवस्था के संगठनों की उत्पादन क्षमता में भारी वृद्धि होती है। लेकिन बुंनियादी स्तर पर श्रम का विभाजन केवल बौद्धिक और भौतिक स्तर पर होता है, यानी कि पूंजीपति तथा नौकरशाह मिलकर केवल बौद्धिक और भौतिक कार्यों का व्यापार करते हैं और श्रम विभाजन के नाम पर परिश्रम का सारा बोझ कामगार वर्ग के कंधे पर डाल दिया जाता है। उत्पादकता में वृद्धि का अधिकतम लाभ पूंजीपतियों के हिस्से में जाता है जिसमें नौकरशाही भी हिस्सेदार बनते हैं। इसीलिए व्यवस्था–संचालन के नाम पर नौकरशाहों को वेतन के रूप में मोटी रकम मिलती है, अर्थात् श्रम विभाजन का अधिकतम लाभ पूंजीपतियों और नौकरशाहों के हिस्से में जाता है।''
3. **अलगाव का सिद्धान्त**–नौकरशाही अवधारणा के प्रसंग में मार्क्स द्वारा प्रस्तुत अलगाव का सिद्धान्त मार्क्सवाद की महत्त्वपूर्ण देन हैं। मार्क्स की अलगाव अवधारणा को चार आयाम हैं :

   (i) **स्वंतत्रता का ह्रास**–पूंजीवादी व्यवस्था में शोषक और शोषित दोनों अलगाव की मनोवृत्ति से ग्रसित होतें हैं। कारखानों में काम के लिए बहाल होने पर उन्हें प्रबन्धकों (नौकरशाहों) के नियत्रंण में काम

करना पड़ता है, जहां अनुशासन के नाम पर उनका शोषण होता है। इससे जहां उनकी स्वतंत्रता कुंठित होती है वही अलगाव की प्रवृत्ति भी मजबूत होती है।

(ii) **सृजनशीलता का ह्रास**–मार्क्स की दृष्टि में अलगाव की प्रवृत्ति मजदूरों के अन्दर सृजनशीलता की भावना का ह्रास करती है। श्रम विभाजन की वजह से कोई भी कर्मचारी अपनी कार्य–क्षमता एवं कार्यकौशल का उत्पादन पूर्ण रूप से नहीं कर पाता है। इस रूप में सभी कर्मचारी एक उपकरण मात्र बनकर संगठन में अपने कार्यों को अंजाम देता रहता है।

(iii) **मानवता का ह्रास**–श्रम विभाजन की वजह से कामगारों को उत्पादन के उद्देश्य, लक्ष्य, तकनीकी आदि के संबध में फैसला लेने का कोई अधिकार नहीं होता है। सभी मजदूर उत्पादन में एक मशीन की भूमिका निभाते हैं। सरकारी दफ्तरों की भी यही स्थिति होती हैं प्रशासनिक ढाँचे के अन्तर्गत भी सभी कर्मचारी, पदाधिकारीगण मशीन की भांति कार्य करते हैं इसलिए इससे मानवता की भावना का ह्रास होता है।

(iv) **नैतिकता का ह्रास**–मार्क्स का ये कहना है कि स्वंतत्रता, सृजनशीलता, मानवता की भावना का क्षय होने से स्वतः ही नैतिकता में गिरावट की स्थिति उत्पन्न हो जाती है। जो उत्पादन प्रक्रिया तथा प्रशासनिक कार्यक्षमता दोनों को प्रभावित करती है।

मार्क्स का यह मानना है कि पूंजीवादी व्यवस्था की समाप्ति के पश्चात् नौकरशाही का भी अन्त हो जायेगा। इनकी दृष्टि में नौकरशाही का मूलकार्य कामगारों को नियंत्रित करना है और जब सर्वहारा वर्ग का अधिनायकत्व स्थापित हो जायेगा तो इसकी जरूरत ही नहीं रहेगी।

नौकरशाही संकल्पना पर मोस्का तथा मिशेल्स के विचार
(Views of Mosca and Michels on the Concept of Bureaucracy)

नौकरशाही संकल्पना की व्याख्या प्रस्तुत करने में समाजवैज्ञानिक मोस्का तथा मिशेल्स का भी योगदान है। इनके द्वारा नौकरशाही संकल्पना का विश्लेषण राजनीतिक अभिजन अवधारणा के परिप्रेक्ष्य में किया गया है। इनका ऐसा मानना है कि अधिकारीतंत्र अल्पसंख्यक वर्ग के शासन को मजबूती प्रदान करता हैं। अधिकारीतंत्र के अन्तर्गत नौकरशाही द्वारा प्रशासन–संचालन के नाम पर जिन शक्तियों का प्रयोग किया जाता है जिन नीतियों–निर्णयों का निर्धारण किया जाता है वे सभी अपने–अपने तरीको से शक्तिशाली अभिजन वर्ग के निर्माण मे उल्लेखनीय भूमिका निभाते हैं। मोस्का और मिशेल्स दोनों का यह मानना है कि नौकरशाही का सीधा सरोकार सत्ता के उपयोग से है। अधिकारीतंत्र वह माध्यम है जिसका इस्तेमाल करके समाज का प्रभुत्वशाली वर्ग समस्त व्यवस्था पर अपना नियंत्रण स्थापित करता है।

मोस्का द्वारा सभी व्यवस्थाओं में मौजूद सरकारों को दो वर्गों में बाँटा गया है–सामन्तीय और नौकरशाही। सामन्तीय शासन में प्रशासनिक, आर्थिक, न्यायिक तथा सैनिक शक्तियों के प्रयोग पर सामन्ती सत्ता का नियंत्रण होता है। नौकरशाही सरकार एक राजनीतिक संगठन के रूप में संगठित होता है जिसमें, सरकारी कर्मचारियों क एक बड़ा समूह कार्यरत होता है। इन कर्मचारियों द्वारा सरकारी कार्यों का निष्पादन किया जाता है, जिसके ए में इन्हें मासिक वेतन प्राप्त होता हैं। अधिकारीतंत्र के सहयोग से सरकार प्रशासनिक, आर्थिक, न्यायिक, सै आदि कार्यो का निपटारा करती है। मिशेल्स द्वारा प्रस्तुत की गयी व्याख्या में अधिकारीतंत्र की शक्ति राजनीतिक दलों के संगठन तथा कार्यकरण के साथ मिलाने का कार्य किया गया है। इनके मतानुसार में शासन–व्यवस्था में प्रबन्ध तथा परिचालन कार्य राजनीतिक दलों के माध्यम से पूरा किया जाता है। की भी राजनीतिक दल तथा नौकरशाही के बीच सीधा संबंध होता है। मोस्का और मिशेल्स द्वारा व्यक्त वि कड़ी आलोचनाएं हुईं।

नौकरशाही की विशेषताएं (Salient Features of Bureacracy)

सभी व्यवस्थाओं का अधिकारीतंत्र पर लालफीताशाही से घिरे रहने का आरोप लगाया जाता है, लेकिन इसके बावजूद सभी इस बात पर सहमत हैं कि नौकरशाही एक प्रशिक्षित, योग्य, कार्यकुशल, सामर्थ्यवान् तथा कर्तव्यपरायण सरकारी सेवकों का विशिष्ट संगठन है जो पदसोपान संरचना के आधार पर संगठित होकर आदेश की एकता का पालन करता है और इसमें प्रत्येक अधीनस्थ अपने वरिष्ठ के प्रति जवाबदेह होता है।

नौकरशाही की विशेषता से संदर्भित कुछ विद्वानों की अभिव्यक्तियों का उल्लेख निम्नांकित है :

कार्ल जे. फ्रेडरिक (Karl J. Friedrich) द्वारा नौकरशाही की छः विशेषताओं को उल्लिखित किया गया है: (1) कार्यों का विभाजन, (2) पद प्राप्त करने के लिए निर्धारित योग्यताएं, (3) पदसोपान व्यवस्था पर आधारित संगठन एवं अनुशासन, (4) कार्य प्रविधि की वस्तुनिष्ठता (Objectivity), (5) लालफीताशाही, (6) कुछ महत्त्वपूर्ण प्रशासनिक मामलों में स्वविवेकी शक्तियों का प्रयोग।

मैक्स वेबर द्वारा नौकरशाही की आठ विशेषताओं का उल्लेख किया गया है, जिनकी चर्चा पहले की जा चुकी हैं।

आर.एच. हाल (R.H. Hall) ने नौकरशाही की छः विशेषताओं का उल्लेख किया है : (1) सत्ता संगठन में पदसोपान व्यवस्था की स्पष्ट उपस्थिति, (2) कार्य पर आधारित विशेषीकृत श्रम विभाजन, (3) निर्धारित कार्यप्रणाली, (4) अधिकारियों के बीच परस्पर अवैयक्तिक (Impersonal) संबंध, (5) तकनीकी योग्यताओं के आधार पर नियुक्ति तथा पदोन्नति की व्यवस्था, (6) अधिकारियों के क्षेत्राधिकार तथा कर्तव्य की व्याख्या करने वालों विभागीय नियमों की मौजूदगी।

फैरल हैंडी (Farrel Heady) ने नौकरशाही की तीन विशेषताओं का उल्लेख किया है : (1) पदसोपान व्यवस्था, (2) विभेदीकरण तथा विशेषीकरण, (3) योग्यता।

विभिन्न विद्वानों द्वारा प्रस्तुत उपयुर्क्त वर्णित विशेषताओं को सारतत्त्व के रूप में निम्नांकित संदर्भों में देखा जा सकता है :

1. **पदसोपान आधारित संगठन**–प्रत्येक देश की नौकरशाही पदसोपान पद्धति (Hierarchy System) के आधार पर संगठित होती है। यह प्रशासन के ढाँचे का स्वरूप है जिसके आधार पर संगठन में कार्यरत कर्मचारियों के मध्य कार्य एवं सत्ता का विभाजन होता है। इस व्यवस्था में उच्च तथा निम्न अधिकारियों के बीच संबंधों की व्याख्या का आधार एक सोपानात्मक ढाँचा होता है। वस्तुतः, पदसोपान उच्च तथा अधीनस्थ अधिकारियों के मध्य सभी प्रकार के स्पष्ट विभेदों का प्रतिमान है। पदसोपान का विशिष्ट लक्षण यह है कि इसमें प्रशासनिक संगठन अनेक क्रमिक स्तरों से युक्त होता है। प्रत्येक अधीन अधिकारी अपने ऊपर के अधिकारी से आदेश निर्देश प्राप्त करता है और उसी के प्रति उत्तरदायी भी होता है। अधीनस्थों के नियंत्रण, निर्देशन तथा पर्यवेक्षण के प्रसंग में भी यह पद्धति काम करती है। संगठन के अन्तर्गत सभी अधिकारियों और अधीनस्थों का अधिकार कर्त्तव्य निर्धारित होता है और पूरा अधिकरीतंत्र एक पिरैमिड (Pyramid) के रूप में संगठित होता है। अधिकारीतंत्र के इस परम्परा की ख़ास विशेषता यह है कि इसमें प्रशासनिक संरचना एक सीढ़ी के समान होती है और समस्त कार्यवाही क्रमिक रूप से उचित मार्ग द्वारा (Through Proper Channel) सम्पन्न होता है।

ियमों–विनियमों तथा कानूनों को सर्वोच्च प्राथमिकता–अधिकारीतंत्र के अन्तर्गत संगठन के ढाँचे का ्णि, नीतियों–निर्णयों का निर्धारण, कार्यान्वयन, तथा समस्त कार्यवाहियों के संचालन में नियमों–विनियमों कानूनों को सर्वोच्च स्थान दिया जाता है। सभी कार्य नियम–कानून के दायरे में निष्पादित किये हैं। प्रशिक्षण के समय अधिकारीगण को ये निर्देश दिया जाता है कि वे कानून की अवज्ञा कभी न करें, ोंकि कानून सार्वजनिक इच्छा का प्रतीक है। इस प्रकार अधिकारीतंत्र सदैव नियम–कानून के दायरे बंधा होता है और प्रशासनिक दायित्वों का निर्वहन करते समय कानून को सर्वोच्च प्राथमिकता देता है।

3. **प्रत्येक पद के साथ निर्धारित सत्ता**–अधिकारीतंत्र में प्रत्येक अधिकारी की सत्ता निर्धारित और व्याख्यात होती है। उस सत्ता के परिभाषित दायरे में ही उसे अपने दायित्वों का निर्वहन करना पड़ता है। अधिकारीतंत्र में अधिकारियों के कार्य, अधिकार, दायित्व, उत्तरदायित्व सभी परिभाषित होते हैं और सभी मामलों में निर्धारित क्षेत्र का पालन कठोरता से करना पड़ता है। जिस विभाग से जो अधिकारी संबद्ध होता है उस विभाग के कार्य के लिए वही जवाबदेह होता है।
4. **प्रत्येक पद पर भर्ती के लिए आवश्यक योग्यता**–प्रत्येक पद पर बहाली के लिए आवश्यक योग्यताओं का निर्धारण कर लिया जाता है। पदों पर बहाली के तरीके भी पूर्व–निर्धारित होते हैं। तयशुदा मानदण्डों के आधार पर उम्मीदवारों की भर्ती करके उन्हें अधिकारीतंत्र परिवार का सदस्य बनाया जाता है। सभी व्यवस्थाओं में नौकरशाही में भर्ती के लिए निर्धारित योग्यताओं के मानक का पालन किया जाता है।
5. **निर्धारित कार्यक्षेत्र**–अधिकारीतंत्र में सभी अधिकारियों का कार्यक्षेत्र कानूनों एवं नियमों द्वारा निर्धारित होता है। अपने कार्यक्षेत्र के अन्तर्गत कार्य की सफलता–असफलता, भ्रष्टाचार आदि के लिए उस अधिकारी को ही जवाबदेह ठहराया जाता है।
6. **तकनीकी विशेषज्ञता**–आधुनिक अधिकारीतंत्र में कार्यरत अधिकारियों में अनुभव के आधार पर तकनीकी विशेषज्ञता स्थापित हो जाती है। अधिकारीतंत्र का हिस्सा बनकर ही अधिकारी किसी भी क्षेत्र के तकनीकी विशेषज्ञ बन पाते हैं। एक सरकारी अधिकारी या कर्मचारी अपनी पूरी सेवा किसी एक कार्य को समर्पित करता है तो स्वाभाविक रूप से वह उस कार्य का तकनीकी विशेषज्ञ हो जाता है।
7. **नौकरशाही सत्ता का आधार राज्य एवं शासन का आधार कानून होता है**–अधिकारीतंत्र के अन्तर्गत नौकरशाह जिस सत्ता का प्रयोग करते हैं वह उन्हें राज्य के द्वारा उसके प्रतिनिधि के रूप में प्राप्त होता हैं और सत्तारूढ़ होते ही जनता को नियंत्रित करने के नाम पर उन पर शासन करने का अधिकार राज्य के कानून द्वारा प्राप्त हो जाता है। इस रूप में नौकरशाह राज्यव्यवस्था और उसके कानून का प्रतिनिधि बन कर शासन–व्यवस्था का संचालन करता है। नागरिकों द्वारा यदि अधिकारी द्वारा जारी किसी आदेश–निर्देश का विरोध या उल्लंघन किया जाता है तो उसे सरकारी कानून का उल्लंघन माना जाता है। इस स्थिति में अधिकारियों को खुलकर काम करने का अवसर मिलता है क्योंकि वे कानूनरूप सुरक्षा कवच के घेरे में सुरक्षित होते हैं और कानून की सुरक्षा के नाम पर तथा कानून का हवाला देकर जनता के ऊपर मनमाने ढंग से शासन करते हैं।
8. **जीवनयापन और समुन्नति का साधन**–अधिकारीतंत्र के सदस्य सिर्फ लोकसेवा के उद्देश्य से अधिकारी वर्ग में शामिल नही होते हैं, अपितु इसमें समाज सेवा के साथ उनके जीवन–यापन का आधारतत्त्व में सम्मिलित होता है। अधिकारीतंत्र में शामिल होकर उन्हें सामाजिक प्रतिष्ठा मिलती हैं तथा जीवन में उन्नति करने का यथोचित अवसर प्राप्त होता है। इस प्रकार नौकरशाही अधिकारियों के आजीविका–अर्जन का समीचीन माध्यम है जो उन्हें समाज में पद–प्रतिष्ठा दिलाने के साथ–साथ उनके लिए सामाजिक प्रस्थिति अर्जित कराने का भी माध्यम बनता है।

नौकरशाही के प्रकार (Types of Bureaucracy)

नौकरशाही के प्रकारों पर कई विद्वानों द्वारा राय जाहिर की गयी है। प्रकारों की व्याख्या प्रस्तुत करने वाले विद्वानों में कुछ नाम प्रमुख हैं जिनके द्वारा विश्लेषित प्रकारों का विवरण निम्नांकित है। फेनसोड (Fainsod) ने नौकरशाही के पाँच प्रकारों की विवेचना की है:

1. शासकीय नौकरशाही (Ruling Bureaucracy)
2. शासक–प्रमुख नौकरशाही (Ruler–dominated Bureaucracy)

3. सैनिक–प्रमुख नौकरशाही (Military-dominated Bureaucrcy)
4. दलीय–राज्य नौकरशाही (Party-state Bureaucracy)
5. प्रतिनिधि नौकरशाही (Representative Bureaucracy)

मैक्स वेबर ने नौकरशाही के तीन प्रकारों का उल्लेख किया है जिनका विवरण निम्नलिखित है।

1. **बनावटी नौकरशाही (Mock Bureaucracy)**–नौकरशाही के इस प्रकार में सांगठिनक स्तर पर तो सारी व्यवस्थाएं मौजूद होती हैं लेकिन व्यवहारों में कर्मचारियों द्वारा नियमों–कानूनों की अवहेलना की जाती है और पद का दुरुपयोग किया जाता है।
2. **दण्ड–केन्द्रित नौकरशाही (Punishment Centred Bureaucracy)**–नौकरशाही के इस प्रकार के अन्तर्गत अधिकारीतंत्र द्वारा निर्धारित नियमों की अवहेलना करने वाले व्यक्तियों को दण्डित किया जाता है।
3. **प्रतिनिधि नौकरशाही (Representative Bureaucracy)**–नौकरशाही के इस प्रकार से जनहित से संबंधित कार्यों को अंजाम देने वाले अधिकारीतंत्र का बोध होता है। प्रशासन का उद्देश्य सार्वजनिक कल्याण करना है इस दृष्टि से प्रशासन–संचालन के मुख्य उपकरण की भूमिका निभाने का काम नौकरशाही का है। प्रतिनिधि नौकरशाही व्यवस्था के कल्याण के लिए प्रशासनिक दायित्व का निर्वहन करती है। इसीलिए वेबर की दृष्टि में नौकरशाही का यह स्वरूप युक्तिसंगत है।

एफ.एम. मार्क्स ने नौकरशाही के चार प्रकारों की विवेचना की हैं, जिनका विवरण निम्नलिखित है:

1. **अभिभावक नौकरशाही (Guardian Bureaucracy)**–मार्क्स के दृष्टि में नौकरशाही का यह प्रकार न्याय तथा लोककल्याण के संरक्षक की भूमिका निभाता है। यह नौकरशाही जनहित एवं समाजहित के लिए काम करती है। अभिभावक नौकरशाही के उदाहरण के रूप में मार्क्स ने चीन की नौकरशाही (सुंगकाल के उदय से सन् 960 तक) तथा प्रशा की नौकरशाही (सन् 1640 से 1650 तक) को रखा है।

   चीन की अभिभावक नौकरशाही की मुख्य विशेषताएं हैं–(i) प्रशासकों के चयन पर प्राचीन ग्रन्थों का प्रभाव, (ii) प्रशासनिक आचरण का स्रोत तथा आधार प्राचीन ग्रन्थ, (iii) परम्परावादी एवं रूढ़िवादी प्रकृति, (iv) जनहित की समस्याओं के प्रति उदासीन।

   प्रशा की नौकरशाही की मुख्य विशेषताएं हैं–(i) राज्यहित के प्रति समर्पित, (ii) एकीकृत तथा संतुलित प्रशासनिक व्यवस्था, (iii) शिक्षित एवं योग्य प्रशासक, (iv) सजग राजतंत्र के मूल्यों के अनुरूप, (v) जन भावावेशों के प्रति उत्तरदायी।

   प्रसिद्ध यूनानी दार्शनिक प्लेटो ने अपनी प्रसिद्ध कृति 'रिपब्लिक' में आदर्श राज्य की संकल्पना प्रस्तुत करने के क्रम में अभिभावक नौकरशाही के स्वरूप की परिकल्पना की थी। इस अधिकारीतंत्र की विशेषताओं को रेखांकित करते हुए मार्क्स ने कहा कि इसमे ऐसे विद्वान अधिकारीगण मौजूद होते हैं जो शास्त्रोक्त आचरण में दीक्षित होते हैं। इस नौकरशाही में नौकरशाह खुद को जनहित का अभिरक्षक मानते हैं। इसमें प्रशासन की प्रवृति लोकहितकारी होती है और प्रशासक कार्यकुशल होते है साथ ही कुछेक प्रशासकों में अनुत्तरदायी प्रवृत्ति भी मौजूद होती है।
2. **जातीय नौकरशाही (Caste Bureaucracy)**–जिस व्यवस्था में प्रशासकीय तथा राजनीतिक सत्ता समाज के एक विशेष वर्ग के हाथों में निहित होती है वहां जातीय नौकरशाही का आविर्भाव होता है। नौकरशाही के इस स्वरूप का आधार एक विशेष वर्ग होता है। इसका उद्भव अधिकांशतः अल्पतंत्रीय राजनीतिक व्यवस्थाओं में होता है। इसके आविर्भाव पर टिप्पणी करते हुए मार्क्स ने कहा है कि नौकरशाही का यह रूप उन लोगों के वर्गीय संबंधों से उत्पन्न होता है जो नियंत्रण करने वाले मुख्य स्थानों पर विराजमान रहते हैं। इस नौकरशाही के अन्तर्गत उन लोगों की नयी भर्ती की जाती है जो एक वर्ग विशेष से संबद्ध

होते हैं तथा उच्चत्तर पदों के लिए ऐसी योग्यताएं निर्धारित की जाती हैं जिससे एक वर्ग विशेष को लाभ मिलता है। इस संबंध में एप्लबी (Appleby) का कहना है कि वे लोग अपनी श्रेणी, वर्ग, उपाधि तथा नौकरी में मिलने वाले स्थान के प्रति निरन्तर अत्यधिक जागरूक बने रहते हैं और जन सेवा के प्रति बहुत कम जागरूकता रखते हैं। विलोबी ने इसे कुलीनतंत्र की संज्ञा दी है जिसका अस्तित्व कुछ समय पूर्व तक इंग्लैण्ड में मौजूद था। प्राचीन भारत की नौकरशाही को इस स्वरूप का उदाहरण माना जा सकता है। इस नौकरशाही की मुख्य विशेषताएं हैं–(i) शैक्षणिक योग्यता की अनिवार्यता, (ii) पद एवं जाति के बीच अन्तर्संबंध, (iii) पद एवं सेवा में परिवारवाद का बोलबाला (iv) दोषपूर्ण सामाजिक व्यवस्था का द्योतक।

मार्क्स द्वारा जातीय नौकरशाही के प्राचीन दृष्टान्तों में रोमन साम्राज्य तथा जापान के शासन का भी उल्लेख किया गया है।

3. **संरक्षक नौकरशाही (Patronage Bureaucracy)**–नौकरशाही के इस स्वरूप का अभिप्राय राजनीतिक संरक्षण प्राप्त अधिकारीतंत्र से है। इसमें जनसेवकों की भर्ती का आधार योग्यता, कार्यक्षमता न होकर नियोक्ता और उम्मीदवारों के बीच परस्पर राजनीतिक संबंध होता है। निर्वाचन में विजय प्राप्त करने के बाद राजनेता अपने राजनीतिक समर्थकों को ऊंचे पदों पर बहाल करके नौकरशाही के इस स्वरूप का हिस्सेदार बनाते हैं। इस अधिकारीतंत्र मे समर्थकों की भर्ती के पीछे मूलतः राजनीतिज्ञों द्वारा प्रशासन एवं राजनीति पर अपनी पकड़ बनाये रखने के उद्देश्य से इन नौकरशाहों के माध्यम से प्रशासन को नियंत्रित करना हैं। अधिकारीतंत्र के इस स्वरूप के अन्तर्गत प्रशासन राजनीतिक स्तर पर निष्पक्ष एवं तटस्थ नहीं रह पाता है। प्रशासनिक स्तर पर पक्षपात, भाई–भतीजावाद, भ्रष्टाचार आदि समस्याओं में बेतहाशा वृद्धि होती है। इस अधिकारीतंत्र में राजनेताओं द्वारा चुनाव में समर्थन के एवज में पुरस्कार के रूप मे अधिकारी का पद समर्थकों को प्राप्त होता है। नौकरशाही के इस स्वरूप का बेहतर उदाहरण संयुक्त राज्य अमेरिका में नवनिर्वाचित राष्ट्रपति द्वारा पुरस्कार प्रदान करने के रूप में सरकारी पदों पर अपने समर्थकों की बहाली है, जिसे अमेरिका मे लूट प्रथा (Sboil System) क संज्ञा दी गयी है। प्रतिबद्ध नौकरशाही (Committed Bureaucracy) भी इसी विचारधारा में विश्वास करता है। इस नौकरशाही की मुख्य विशेषताएं हैं–(i) भर्ती के समय उम्मीदवारों की शैक्षणिक एवं व्यावसायिक योग्यता को कोई खास महत्त्व नहीं दिया जाता है, (ii) अधिकारियों से यह अपेक्षा की जाती है कि वे सत्ताधारी दल की नीतियों–कार्यक्रमों तथा शासकों के प्रति प्रतिबद्धता का भाव रखें (iii) अधिकारियों का कार्यकाल अनिश्चित होता है वे अपने पद पर सत्ताधारी दल के इच्छापर्यन्त रहते है, (iv) सत्ताधारी दल द्वारा संरक्षण प्राप्त होने तक उनकी नौकरी बनी रहती है, (v) अधिकारियों का मुख्य कार्य शासक अभिजन को प्रसन्न रखना है, (vi) प्रशासन राजनीतिक स्तर पर तटस्थ एवं निष्पक्ष नहीं रह पाता है।

4. **गुणात्मक नौकरशाही (Merit Bureaucracy)**–नौकरशाही का यह सबसे तर्कसंगत स्वरूप है जिसमें लोकसेवकों की नियुक्ति का आधार योग्यता होती है। इसमें नियुक्ति का आधार जाति, वर्ग, राजनीतिक पक्षपात या भाई भतीजावाद की बजाय उम्मीदवारों की व्यक्तिगत योग्यता होती है। सरकारी पदों पर नियुक्ति के लिए लिखित परीक्षा तथा साक्षात्कार का आयोजन किया जाता है। इसमें अधिकारियों की प्रतिबद्धता राजनीतिक दल, राजनीतिक नेतृत्व या राजनीतिक विचारधारा के बजाय देश के संविधान, कानून, समाज और जनता के प्रति होती है। इस अधिकारीतंत्र की प्रवृत्ति लोकतांत्रिक होती है और अधिकारियों की जवाबदेही अपनी व्यवस्था के प्रति होती है। समकालीन सभी राजनीतिक व्यवस्थाओं में नौकरशाही का यही स्वरूप लोकप्रिय है। योग्यता नौकरशाही की मुख्य विशेषताएं हैं–(i) लिखित परीक्षा तथा साक्षात्कार के माध्यम से योग्यता के आधार पर पदाधिकारियों की भर्ती, (ii) निश्चित कार्यकाल, (iii) नियमों के आधार पर वेतन, पदोन्नति आदि की सुविधा, (iv) निष्पक्ष और समाजोन्मुख–जनोन्मुख प्रशासन का संचालन, (v) देश का संविधान कानून तथा अपने दायित्वों–कर्त्तव्यों के प्रति प्रतिबद्धता,

सजगता, (vi) नियम–विनियम तथा कानून के दायरे में रह कर कार्य को अंजाम देना, (vii) अधिकारियों के चयन का आधार उनकी योग्यता हैं इसलिए उन्हें किसी संरक्षक के उपकार या दबाव में रहने की जरूरत नहीं होती है।

नौकरशाही के दोष (Demerits of Bureacracy)

कई विद्वज्जनों द्वारा नौकरशाही की कटु आलोचनाएं की गयी हैं, जिनमें रेम्जेम्योर (Ramsay Muir) तथा लार्ड हेवार्ट (Lord Hewart) के नाम विशेष रूप से उल्लेखनीय हैं। रेम्जेम्योर ने अपनी रचना 'How Britain is Governed' में नौकरशाही की आलोचना करते हुए कहा है कि "हमारी शासन व्यवस्था में नौकरशाही की शक्तियां बहुत बढ़ गयी हैं। चाहे वह प्रशासन विधान से संबंधित हों या वित्त व्यवस्था से लोकतांत्रिक आवरण के नीचे लोक सेवा फलती फूलती एवं विकसित होती है और वह बढ़कर फ्रेंकिनस्टीन (Frankenstein) के दानव की भांति कभी–कभी अपने जन्मदाता को ही निगलती हुई प्रतीत होती है। हमारी प्रणाली का यह एक बहुत महत्त्वपूर्ण तथा शक्तिशाली तत्त्व बन गया है, यद्यपि विधिक दृष्टि से शायद ही इसे कोई औपचारिक सत्ता प्राप्त हों।

लार्ड हेवार्ट ने अपनी रचना 'New Despotism, 1929' में लोकसेवकों की कड़ी आलोचना करते हुए यह कहा कि वे ऐसी शक्तियों हथियाने का प्रयास कर रहे हैं जो वास्तव में व्यवथापिका तथा न्यायपालिका के अधिकार क्षेत्र में आता हैं। हेवार्ट द्वारा नौकरशाही को नवीन निरंकुशता की संज्ञा दी गयी है। रेम्जेम्योर ने नौकरशाही की तुलना उस अग्नि से की है जो एक सेवक के रूप में बहुत उपयोगी है, लेकिन जब वह मालिक की भूमिका निभाने लगता है तो घातक सिद्ध होता है।

प्रो. लास्की ने नौकरशाही की आलोचना करते हुए कहा है कि "नौकरशाही एक ऐसी सरकारी व्यवस्था है जिसमें पदाधिकारियों के हाथों में नियंत्रण की शक्ति इतनी अधिक होती है कि नागरिकों की स्वतंत्रता खतरे में पड़ जाती है।"

नौकरशाही की कार्यशैली पर कटाक्ष करते हुए वाल्टर बेजहॉट ने कहा है कि "वे कपड़ा तो काटते हैं लेकिन उन्हें शरीर का पता ही नहीं होता है।" बेजहॉट ने यह भी कहा कि "यह एक अनिवार्य दोष है कि नौकरशाही आधिकारिक परिणामों की अपेक्षा नियमित कार्यविधि की अधिक परवाह करती है।" इस प्रसंग में रेम्जम्योर का कहना है कि, "इस बात पर ज्यादा आपत्ति नहीं है कि नौकरशाही में काम नियमों और प्रक्रियाओं के अनुरूप हो रहा है बल्कि आपत्ति इस बात पर है कि अधिकारी नियमों और प्रक्रियाओं की धुन में इतने पागल और अन्धे हो जाते हैं कि उन्हें कार्यों की प्राथमिकता–अनिवार्यता और महत्त्व का ध्यान ही नहीं रहता है।" अधिकारीतंत्र की कार्यशैली के संबंध में बर्क का कहना है कि "वे कार्य को विषयवस्तु की अपेक्षा और सारतत्त्व को कार्य के स्वरूप की अपेक्षा अधिक महत्त्व नहीं देते हैं।"

नौकरशाही के दोषों को उजागर करते हुए अमेरिकी राष्ट्रपति हूवर का कहना है कि "अधिकारीतंत्र में प्राप्त स्वस्थिरता, स्वविस्तार और ज्यादा से ज्यादा शक्ति की मांग ये तीन ऐसी प्रवृत्तियाँ हैं जो उन्हें कभी संतुष्ट होने नहीं देती है।" सभी व्यवस्थाओं में मौजूद नौकरशाही के अन्दर शक्ति–अर्जित करने की बढ़ती भूख और नीति निर्माण–निर्णय प्रकिया पर हावी होने की प्रवृत्ति ही उनके अन्दर तानाशाही मनोवृत्ति को जन्म देता है तथा पोषित–पल्लवित करती हैं। नौकरशाही की यही प्रवृत्ति उन्हें गलत रास्तों पर ले जाती है और अपने मौलिक कार्य जनसेवा से वे धीरे–धीरे कहते जाते हैं। नौकरशाही की आलोचनाओ का अध्ययन निम्नांकित बिन्दुओं के परिप्रेक्ष्य में किया जा सकता है।

1. **लालफीताशाही (Redtapism)**–इस दोष का संबंध नौकरशाही की कार्यविधि से है। लालफीताशाही का तात्पर्य कार्य में विलम्ब से संदर्भित है। प्रशासनिक प्रविधियां एवं प्रकियाएं औपचारिकता में विश्वास करती हैं, इसीलिए प्रशासनिक कार्य को अंजाम देते समय अधिकारी नियमों–विनियमों और कानूनों की सीमा में बंधे होते हैं। औपचारिकतावश प्रशासनिक कार्य इतनी धीमी गति से आगे बढ़ता है कि कभी–कभी तो कार्य का मूल उद्देश्य ही नष्ट हो जाता है।

2. **आम जनता की मांगों की उपेक्षा (Unresponsiveness for Public Demands)**–अधिकारीतंत्र पर यह गंभीर आरोप लगता है कि अधिकारीगण, समाजहित, जनहित, जनउम्मीदों, आवश्यकताओं आदि के प्रति अनिच्छुक (Reluctant) तथा उपेक्षणीय (Negligible) व्यवहार प्रदर्शित करते हैं। इसके पीछे नौकरशाही की तानाशाही, लालफीताशाही जैसी प्रवृत्ति मुख्यरूप से जवाबदेह होती है। आये दिन प्रशासनिक सत्ता और राजनीतिक सत्ता के बीच शक्ति उपार्जन एंव प्रदर्शन को लेकर खींचतान चलती रहती हैं। मंत्रियों की यही शिकायत होती है कि नौकरशाह उनकी बात नही मानते हैं। कई बार सार्वजनिक हित की दृष्टि से किसी विभाग का मंत्री कोई घोषणा करता है तो संबद्ध विभाग के अधिकारी नियमों–विनियमों कानूनी प्रक्रियाओ और वित्तीय आंकड़ों का हवाला देकर घोषित योजना को ठंडे बस्ते में डाल देते हैं।
3. **साम्राज्य निर्माण (Empire Building)**–अधिकारीतंत्र में श्रम विभाजन के आधार पर सरकार के सभी विभागों के बीच कार्यों का बँटवारा होता है। विभागीय इकाइयों मे स्वतंत्र और पृथक् इकाई के रूप में कार्य करने की प्रवृत्ति बढ़ती जा रही है। एक तरह से विभागीय निरंकुशता की अभिवृत्ति जोर पकड़ने लगी है। विभाग के उच्च अधिकारी और क्लर्क स्तर के कर्मचारी दोनों विभाग की योजनाओं, नीतियों, फाइलों के साथ निजी जायदाद की तरह बर्ताव करते है और किसी भी काम के लिए नागरिकों को कई तरह से परेशान करते हैं। विभाग के पदाधिकारी कर्मचारी अपने चारों ओर निरंकुश साम्राज्य जैसे वातावरण का निर्माण कर लेते हैं। जिस कार्य को अंजाम तक पहुंचाने की नीयत होती है उसे वे मिनटों में पूरा कर लेते हैं और जिस कार्य को न करना चाहें उसके लिए वे जितनी मर्जी चाहे समय ले सकते हैं। आमजन जितना भी दौड़ें उन्हें कोई फर्क नहीं पड़ता है।
4. **शक्ति के लिए लालायित (Hungry for Power)**–राजनीतिक व्यवस्था का स्वरूप चाहे उदारवादी हो या साम्यवादी दोनों जगहों में नौकरशाह सदैव ज्यादा से ज्यादा शक्ति अर्जित करने के लिए तथा इसी बहाने नागरिकों पर नियंत्रण स्थापित करने के लिए लालायित रहते हैं। अपने–अपने विभागों में ज्यादा शक्तिशाली–प्रभावशाली बनने के फेर में अधिकारी जनहित तथा व्यवस्था के विकास से जुड़े कार्यों से कटते जाते हैं। सिविल सेवा प्रतियोगी परीक्षा के माध्यम से भर्ती होने वाले अधिकारियों में शक्ति–ग्रहण की होड़ ज्यादा मची रहती है। आये दिन ये निर्वाचित जनप्रतिनिधि के रूप में विभागों के प्रभारी मंत्रियों के आदेशों–निर्देशों को भी अनदेखा करते रहे हैं। नौकरशाही की इस प्रवृत्ति की वजह से आज शासन–संचालन में नौकरशाही बनाम जनप्रतिनिधि का मुद्दा काफी मुखरित रूप में सामने आ रहा है।
5. **रूढ़िवादी प्रवृत्ति के समर्थक (Supporters of Conservative Attitude)**–अधिकारीतंत्र रूढ़िवादी प्रवृत्ति का पोषक होता है इसीलिए वह यथास्थिति का समर्थक होता है और परिर्वतन का विरोधी होता है। कई वर्षों तक लगातार एक ही प्रकार का कार्य करते रहने से नौकरशाहों की मानसिकता एक निश्चित सांचे में ढल जाती है इसलिए वे किसी प्रकार के नवाचार (Innovation) को शासन शैली में शामिल करने के प्रति नकारात्मक दृष्टिकोण रखते हैं। बरट्रेण्ड रसेल का यह मानना है कि नौकरशाही में सभी जगहों पर निषेधात्मक मनोविज्ञान को विकसित करने की अभिवृत्ति पायी जाती है।
6. **निरंकुशता (Despotism)**–नौकरशाही के इस दुर्गुण के संबंध में लार्ड हेवर्ट ने अपनी रचना 'New Despotism' में लिखा है कि ब्रिटेन के नागरिक बढ़ती प्रशासनिक निरंकुशता के बोझ से दबकर अपनी स्वतंत्रता गवा देंगे। हेवर्ट ने सिविल सेवकों की बेतहाशा बढ़ी शक्ति को नवीन निरंकुशता की संज्ञा दी है। लार्ड हेवर्ट को यह विश्वास हो गया था कि सिविल सेवकों की बढती हुई प्राशसनिक निरंकुशता तथा नौकरशाही मनोवृत्ति के परिणामस्वरूप ब्रिटिशवासियों की व्यक्तिगत स्वतंत्रता खतरे में है। प्रदत्त व्यवस्थापन की परम्परा की वजह से विधायिका द्वारा सौंपे गये कार्यों के वैधानिक ढाँचे में अधिकारी उन सभी नियमों को शामिल करना चाहते हैं जिससे भविष्य मे उन्हें प्रशासनिक निर्णयों में मनमानी करने का अवसर प्राप्त हो सके। नौकरशाही की निरंकुश प्रवृत्ति पर टिप्पणी करते हुए आगे लार्ड हेवर्ट ने लिखा है कि प्रशासन काल में विशेषज्ञ स्थायी पदाधिकारी ही होते हैं जो परम्परागत–निषेधात्मक गुणों का

प्रदर्शन करते हैं और अपने आपको सिर्फ महान कार्यों के निष्पादन के उपयुक्त समझते हैं। इस प्रकार नौकरशाहों की प्रवृत्ति में मौजूद निरंकुशता इस तंत्र का बहुत बड़ा अवगुण है।

7. **श्रेष्ठता की भावना (Superiority Complex)**–प्रत्येक व्यवस्था में नौकरशाह अपने पद, सत्ता प्रस्थिति तथा प्राप्त विशेष अधिकारों की वजह से आमजनों की अपेक्षा उच्चतर स्थिति में होते हैं। नौकरशाह श्रेष्ठता की भावन से ग्रसित होते हैं। ये श्रेष्ठता की मनोग्रन्थि (Complex of Superiority) ही नौकरशाहों को अहंकारी बनाता है और इसीलिए समाज के सामान्य सदस्यों की अपेक्षा वे अपने को श्रेष्ठ मानते हैं। आमजनों के प्रति ये हीन भावना रखते हैं क्योंकि ये समाज के अभिजन वर्ग का प्रतिनिधि करते हैं। नौकरशाहों में मौजूद दम्भी प्रवृत्ति की वजह से व्यवस्था में शासकों एवं शासितों के बीच की खाई निरन्तर बढती जाती है। श्रेष्ठता की भावना का अभिमान भी अधिकारियों की निरंकुश मनोवृत्ति का द्योतक है। इनके सदस्यों में विद्यमान वर्गीय चेतना (Class Consciousness) ही इन्हें समान्य जन से अलग रहने के लिए अभिप्रेरित करता है।

8. **मानवीय संबंधों की उपेक्षा (Negligence of Human Relation)**–अधिकारीतंत्र नियमों, विनियमों, कानूनों के दायरे में बंधी एक औपचारिक मशीनी व्यवस्था है। इस प्रशासनिक मशीनरी में अनौपचारिक मानवीय संबंधों के लिए बिल्कुल जगह नहीं है। इस इकाई के सभी हिस्से यन्त्रवत् कार्य करते हैं। यहां मानवता, सद्भावना, सौहार्द, सहानुभूति जैसे भावनात्मक संदर्भों के लिए जगह नहीं है।

9. **शक्ति का दुरुपयोग (Misuse of Power)**–अधिकारीगण सामान्य नागरिकों के लिए तो कायदा–कानून, औपचारिकता आदि की बड़ी–बड़ी बातें करते हैं लेकिन व्यक्तिगत लाभ पाने के लिए सभी नियमों–कानूनों को ताक पर रखकर कोई भी गलत काम करने के लिए हमेशा तैयार रहते हैं। अपने पद और सत्ता की ताकत के बल पर हर सुख–सुविधा प्राप्त करने के फेर में लगे रहते हैं। परिवार के लिए सरकारी वाहन का इस्तेमाल करना, छोटे स्तर के सरकारी कर्मचारियों से घरेलू काम कराना, अपने ऐशो–आराम व भोग विलास के लिए सत्ता शक्ति का दुरुपयोग करके गलत ढंग से पैसा कमाना आदि इस वर्ग की ख़ास प्रवृत्ति है जिसका दर्शन आमजनों को आये दिन होता रहता है।

10. **आकार में वृद्धि और कार्यकौशल में कमी (In Increasing Strength and Decreasing Efficiency)**–अधिकारीतंत्र की यह एक ख़ास मनोवृत्ति है कि वह अपनों सदस्यों की संख्या को लगातार बढ़ाकर अपने आकार में वृद्धि करने के लिए सदैव प्रयासरत रहती है। विगत बीस वर्षों में नौकरशाही का आकार पहले की अपेक्षा डेढ़ गुणा बढ़ चुका है। इनकी शक्ति और प्रभाव में भले ही वृद्धि न हो, लेकिन आकार का विस्तार करते रहना इनकी फ़ितरत है। यदि एक ऑफिसर के अन्दर काम करने वाले कर्मचारियों की संख्या आठ या दस है तो ये चाहते हैं कि इनके अन्दर काम करने वाले मातहतों की संख्या में हमेशा इज़ाफ़ा होता रहे। लेकिन विद्वानों द्वारा शोध के आधार पर यह निष्कर्ष निकाला गया है कि मातहत कर्मचारियों की संख्या में वृद्धि होने से अधिकारियों की कार्यक्षमता और कार्यकौशल में गिरावट आती है। 'लन्दन इकॉनॉमिस्ट' द्वारा 16 नवम्बर 1955 के अंक में आकार के बढ़ने से काम की मात्रा कम होती है के सिद्धान्त का प्रकाशन करके इस तथ्य को रेखांकित किया गया कि आकार में वृद्धि और काम की मात्रा में कमी का परस्पर संबंध है। इस नियम को पार्किन्सन नियम (Parkinson's Law) के नाम से पुकारा गया। पार्किन्सन नियम में पहले इस तथ्य को स्पष्ट किया गया है कि कार्य में वृद्धि नहीं होने के बावजूद भी कर्मचारी वर्ग की संख्या में निरन्तर वृद्धि होती जाती हैं। संख्या में वृद्धि के मुख्य कारण निम्नलिखित हैं :

(i) अधिकारी वर्ग में प्रभाव क्षेत्र को विस्तृत करने की इच्छा।

(ii) अधिकारियों की संख्या बढ़ाकर कार्य के भार को हल्का करना संख्या में वृद्धि होने से ऑफिसरों को आराम का काफी अवसर मिल जाता है।

(iii) अधिकारीगण यह चाहते हैं कि अधीनस्थों को एक दूसरे की पदोन्नति का भय दिखाकर उन्हें अनुशासन में रखा जा सके। इसके पीछे नौकरशाहों की यह मानसिकता काम करती है कि जब अधीनस्थों में आपस में पदोन्नति के लिए प्रतिस्पर्द्धा आरंभ हो जायेगी तो उच्च अधिकारी का कोई प्रतियोगी नहीं बन पायेगा।

(iv) अधिकारीतंत्र अपने कार्य को अनावश्यक रूप से बढ़ा लेते है और फिर अपनी संख्या में वृद्धि कर लेते हैं।

पार्किन्सन नियम अपने प्रस्तुत आँकड़ों से यह स्पष्ट करता है कि प्रति वर्ष कर्मचारियों की संख्या में 5.75 प्रतिशत की औसत वृद्धि होती है। जैसे–जैसे कर्मचाारियों की संख्या बढ़ती जाती है उनकी कार्यकुशलता सामर्थ्यता सुचारूता घटती जाती हैं। वस्तुतः, संख्या में वृद्धि होने से प्रशासनिक समस्याएं भी बढ़ती हैं। नौकरशाही कर्मचारियों की समस्याओं के समाधान में लगे रहते हैं। इस कार्य को अंजाम देने के कम में प्रत्येक कर्मचारी का एक दूसरे के साथ सम्पर्क स्थापित होता है। यह पारस्परिक संपर्क प्रशासन में कई प्रकार की पेचीदगियों को जन्म देता है।

11. **जटिलता की वृद्धि (Growth of Complexity)**–अधिकारीतंत्र प्रशासनिक पेचीदगियों में जानबूझ कर वृद्धि करता है। इस पेचीदापन से ही समान्य जनता की नजर में प्रशासन का भय उत्पन्न होता है और नागरिक प्रशासकों का आदर करते हैं। नौकरशाह अपने चारों ओर जटिलता का ऐसा वातावरण बनाकर रखते हैं कि सामान्य जन को उनके महत्त्व का एहसास होता रहे और समाज में उनकी विशिष्टता कायम रहे।

12. **आत्मप्रशंसक (Self Praiser)**–नौकरशाहों में आत्म प्रशंसा की प्रवृत्ति पायी जाती हैं। वे व्यवस्था के सदस्यों को लगातार यह जताना चाहतें हैं कि प्रशासन की जो उपलब्धियां हैं वे उन्ही की वजह से हैं। प्रशासन के हर अच्छे काम का श्रेय वे खुद को देना चाहते हैं और जो काम बिगड़ जाता है उसकी जवाबदेही जनप्रतिनिधियों पर डाल देते हैं। आत्मप्रशंसा की मनोवृत्ति उन्हें अभिमानी बनाती है और अपने को जनता से श्रेष्ठ समझने के लिए आधारतत्त्व प्रदान करती है। लास्की ने नौकरशाही को स्वतंत्रता का हनन करने वाली एक व्याधि के रूप में देखा है। इनकी दृष्टि में नौकरशाही सरकार की एक प्रणाली है जिसका नियंत्रण इतने पूर्णरूप से अधिकारियों के हाथों में है कि उनकी शक्ति सामान्य नागरिकों की स्वतंत्रता को संकट में डाल देती है। ब्रिटिश नौकरशाही की प्रशासकीय निरंकुशता के परिणामस्वरूप वहां के नागरिकों की समाप्त होती स्वतंत्रता पर टिप्पणी करते हुए ब्रिटिश विद्वान लार्ड हेवर्ट ने कहा है कि ''एक मामूली सी जाँच इस बात को स्पष्ट करने के लिए पर्याप्त होगी कि प्रशासनिक कार्य पर विगत कुछ वर्षों से एक दृढ़ प्रभाव पड़ता रहा है तथा अब भी पड़ रहा है और निस्संदेह इसका असर यह हुआ है कि विभागीय सत्ता तथा क्रियाओं का विशाल एवं आधिकारिक क्षेत्र सामान्य विधि की पहुंच से बाहर हो गया है चाहे इस प्रभाव का पोषण का करने वाली प्रेरणाएं व भावनाएं कुछ भी क्यों न हों।''

प्रो. रॉब्सन (Robson) ने नौकरशाही के अवगुणों पर प्रकाश डालते हुए यह कहा है कि ''नौकरशाही जिन दोषों की वजह से दूषित रहती है वे है: अधिकारियों में आत्ममहत्त्व का अतिशयपूर्ण भाव होना, अपने कार्यालय को अनावश्यक महत्त्व देना, व्यक्तिगत स्तर पर नागरिकों की सुविधाओं–भावनाओं के प्रति उदासीनता का भाव रखना, विभागीय सत्ता के निर्णयों की लोचहीनता एवं बाध्यकारिता (चाहे वे व्यक्तिगत मामलों में कितने ही अन्यायपूर्ण क्यों न हों), विनियमों और औपचारिक प्रक्रियाओं के प्रति झुकाव होना, प्रशासन की विशेष इकाइयों की क्रियाओं को अधिक महत्त्व देना और सरकार को एक सम्पूर्ण रूप में न देख सकना, यह न पहचानना कि प्रशासक और प्रशासितों के बीच मौजूद संबंध लोकतांत्रिक प्रकिया का एक मूलभूत हिस्सा होता है।''

संक्षेप में, यह कहा जा सकता है कि नौकरशाही का सबसे बड़ा दोष यह है कि वह प्रशासन संचालित करने का साधन है, लेकिन साध्य की भूमिका ग्रहण कर लेता है।

नौकरशाही की बुराइयों को दूर करने के उपाय
(Suggestions to Remove Evils of Bureaucracy)

अनेक प्रकार की बुराइयों से घिरी होने के बावजूद भी नौकरशाही व्यवस्था का अनिवार्य अंग है। लोकतंत्रीय शासन व्यवस्था के संचालन में नौकरशाही की भूमिका आधार माध्यम की होती है। हर्बट मॉरीसन का कहना है कि ''नौकरशाही संसदीय लोकतंत्र का मूल्य है। नौकरशाही एक ऐसी प्रशासनिक इकाई है जिसे समाप्त नहीं किया जा सकता है, क्योंकि इसके बिना प्रशासनिक कार्यों को संचालित करना संभव नहीं है। इस रूप में नौकरशाही को एक आवश्यक बुराई कहा जा सकता है।'' इस संदर्भ में विलोबी का कहना है कि ''इस व्यवस्था में दोष इस वजह से पैदा नहीं हुआ कि वे स्थायी सेवा संगठन में कार्य करते हैं बल्कि दोष यह है कि इसमें अत्यधिक सत्ता का प्रवेश हो गया है।'' इस संदर्भ में रेम्जेम्योर का कहना है कि ''नौकरशाही अग्नि के समान है जो एक सेवक के रूप में तो बहुमूल्य साबित हो सकती है परन्तु स्वामी के रूप में घातक साबित हो सकती है।''

नौकरशाही को दोषों से मुक्त करने के लिए निम्नलिखित उपाय सुझाये गये हैं:

1. **यथासंभव शक्ति का विकेन्द्रीकरण**—नौकरशाही के कई दोषों को दूर करने का श्रेष्ठ उपाय है सत्ता का विकेन्द्रीकरण। सत्ता के यथासंभव विकेन्द्रीकरण से अधिकारीगण को संगठित होने तथा अपना विभागीय साम्राज्य स्थापित करने का अवसर नहीं मिलेगा। शक्तियों का केन्द्रीकरण ही नौकरशाही की सभी बुराइयों के आविर्भाव की मूल वजह हैं। शक्तियों को विकेन्द्रित करने से सभी अंग एक—दूसरे पर अंकुश लगा सकेंगे और कोई भी अंग तानाशाह बनकर अधिक शक्ति का स्वामी नहीं बन पायेगा।
2. **नौकरशाही पर यथासंभव नियंत्रण स्थापित किया जाना जरूरी है**—व्यवस्था और नागरिकों की बेहतरी के लिए अधिकारीतंत्र पर नियंत्रण स्थापित करना अति आवश्यक है। नौकरशाहों को जनउत्तरदायी बनाने के लिए उन पर हर संभव नियंत्रण स्थापित किया जाना चाहिए। अधिकारीतंत्र पर संसद का नियंत्रण, मंत्रिमडल का नियंत्रण, प्रेस का नियंत्रण, न्यायपालिका का नियंत्रण और जनता का नियंत्रण लगाया जाना चाहिए ताकि ये सच्चे लोक सेवक की भूमिका निभा सकें और इनके अन्दर निरंकुश बनने की प्रवृत्ति समाप्त हो जाये।
3. **योग्य मंत्रियों की नियुक्ति**—नौकरशाहों पर नियंत्रण रखने का सबसे जवाबदेह माध्यम जनप्रतिनिधि के रूप में विभागों के प्रभारी मंत्री होते हैं। इस हेतु यदि योग्य, कार्यकुशल, सामर्थ्यवान् पढ़े—लिखे विद्वान प्रतिनिधियों की नियुक्ति मंत्री के रूप में की जाये तो वे अपनी तकनीकी दक्षता के बल पर नौकरशाहों की निरंकुश प्रवृत्ति पर नियंत्रण रखने में काफी हद तक सफल हो सकेंगे। तकनीकी विशेषज्ञता के अभाव में ही नौकरशाहों की मनमानी पर मंत्रीगण नियंत्रण नहीं रख पाते हैं। विभागीय विषयों के संबंध में गहन जानकारी और लम्बे प्रशासनिक अनुभव की वजह से अर्जित दक्षता ही नौकरशाहों को मंत्रियों पर हावी रहने के लिए अभिप्रेरित करती है।
4. **प्रदत्त व्यवस्थापन की मात्रा में कमी**—प्रदत्त व्यवस्थापन (Delegated Legislation) द्वारा विधि निर्माण की प्रक्रिया भी नौकरशाही की प्रशासनिक निरंकुशता का मूल स्रोत है। इस प्रक्रिया की वजह से नौकरशाहों का विधि निर्माण से सीधा सरोकार स्थापित हो जाता है जो उसकी शक्ति में वृद्धि के लिए आधारतत्त्व मुहैया करता है। यदि नौकरशाहों की ज्यादा से ज्यादा शक्ति अर्जित करने की लालसा और निरंकुश होती प्रवृत्ति पर आरोध (Break) लगाना है तो इसके लिए यह अति आवयश्क है कि प्रदत्त व्यवस्थापन द्वारा विधि निर्माण की प्रक्रिया की मात्रा में कमी लायी जाये।
5. **न्यायाधिकरणों की स्थापना**—नौकरशाहों पर जनता के सीधे नियंत्रण के लिए ऐसे न्यायाधिकरणों की संस्थापना की जानी चाहिए जहां नागरिक सिविल सेवकों की कार्यशैली और तानाशाही प्रवृत्ति के विरुद्ध खुलकर अपनी शिकायतें दर्ज कर सकें। प्रशासन में मौजूद भ्रष्टाचार की जड़ों का उन्मूलन करने के लिए ऐसे प्रशासकीय न्यायाधिकरणों की संस्थापना करना समय की मांग है।

प्रो. रॉब्सन द्वारा नौकरशाही के दोषों में सुधार के लिए कुछ उपायों की प्रस्तुति की गयी है जो निम्नलिखित हैं :

1. लोकसेवक समाज के सभी वर्गों का प्रतिनिधित्व करें। रॉब्सन का यह मानना है कि सिविल सेवा द्वारा की जाने वाली भर्ती में यदि समाज के सिर्फ शक्तिशाली और प्रतिष्ठित वर्ग के लोगों की बहाली होगी तो इससे नौकरशाहों में वर्गीय एवं जातीय चेतना का विस्तार होगा और वर्गवाद की भावना को मजबूती मिलेगी। इसलिए, समाज के किसी एक वर्ग को भर्ती में प्राथमिकता देने की जगह अधिकारीतंत्र में समाज के धनी, गरीब, उच्च जाति, निम्न जाति, शहरी–ग्रामीण, सभी क्षेत्रों, सभी भाषाओं, सभी धर्मों के स्त्री–पुरुषों का प्रतिनिधित्व होना चाहिए। भर्ती के लिए ऐसी प्रविधि अपनायी जानी चाहिए ताकि सभी वर्गों, भाषाओं, क्षेत्रों, धर्मों के लोग सिविल सेवा में अपनी उपस्थिति दर्ज करा सकें।
2. सिविल सेवकों को एकीकृत किया जाना चाहिए। सिविल सेवा के माध्यम से अधिकारीतंत्र में शामिल होने वाले पदाधिकारी राज्य सरकारी सेवा के माध्यम से आने वाले लोक सेवकों को समाज में विशिष्ट स्थान कदापि प्राप्त नहीं होना चाहिए। सरकारी सेवक जनसेवक होते हैं, पूरे सेवाकाल में उनकी जवाबदेही जनता और समाज के प्रति है, इसलिए वे किसी भी मायने में समाज से पृथक, विशिष्ट या समाज के ऊपर नहीं हैं। सिविल सेवक समाज के अन्य सदस्यों के समकक्ष हैं और उनकी समस्याओं के समाधान तथा उनके व्यक्तित्व के सर्वांगीण विकास की योजनाओं के निर्माण एवं कार्यावन्यन के लिए वे सदैव समाज के प्रति उत्तरदायी हैं। यदि समाज और नौकरशाही दोनों इस सच्चाई को पूरी तरह आत्मसात् कर लेगें तो अधिकारीतंत्र सामाजिक रूप से कई दोषों से मुक्त हो जायेगा।
3. सिविल सेवकों और जनता के बीच निरन्तर संपर्क कायम होना चाहिए। जिस व्यवस्था में जनजागरूकता का प्रतिशत उन्नत होता है वहां जनता और नौकरशाहों के बीच सतत संबंध बना रहता है, जिसकी वजह से जनता और लोकसेवकों के बीच रिश्ते में जमी बर्फ धीरे–धीरे पिघलने लगती है। इससे नौकरशाहों के प्रति जनता का पूर्वाग्रह (Bias) काफी हद तक कम हो जाता है। दोनों के बीच सतत मेल–मिलाप से भेदभाव, श्रेष्ठता या निरंकुशता की भावना का क्षय होता है। लोकसेवक जनसमस्याओं को समझने में रुचि लेने लगते हैं और उसका निराकरण भी जनहित में करते हैं।
4. प्रशासन में जनता का योगदान होना चाहिए। इस प्रसंग में रॉब्सन का मत है कि प्रशासन का स्वरूप इस प्रकार का होना चाहिए जिसमें सरकारी सेवकों के साथ–साथ गैर सरकारी (आम जनता) इकाइयों का भी योगदान हो। विभिन्न प्रशासनिक स्तरों पर जनप्रतिनिधियों और सरकारी प्रतिनिधियों की संयुक्त समितियां होनी चाहिए जो प्रशासकीय कार्यों में सीधा सहयोग दे सके। नौकरशाही को एक स्वतंत्र इकाई के रूप में कार्य करने की इजाज़त नहीं दी जानी चाहिए, बल्कि प्रत्येक स्तर पर उसे यह महसूस होना चाहिए कि जनसहयोग के बिना वह कोई भी निर्णय लेने में या कुछ करने में समर्थ नहीं है। इस प्रसंग में रॉब्सन ने कहा है कि एकीकरण पत्र–व्यवहार या संदेशों का आदान–प्रदान तथा प्रशासन में सहभागी बनना–ये शब्द उन लोगों के सदैव ध्यान में होना चाहिए जो यह चाहते हैं कि लोकतंत्रीय सरकार की आवश्यकताओं एवं आकांक्षाओं के साथ लोक प्रशासन का संगठनात्मक संबध कायम हो। इससे सुधार की ऐसी प्रवृत्तियां जागृत होती हैं जिनका यदि अनुसरण किया जाय तो ये सिविल सेवा को सर्वाधिक मात्रा में योग्य, समर्थ तथा उत्तरदायी बना देगा।

नौकरशाही के दोषों और उसमें सुधार के सुझावों से संबंधित उपर्युक्त विवेचित प्रसंगों के आलोक में निष्कर्षतः यही कहा जा सकता है कि अनेक बुराइयों के बावजूद नौकरशाही प्रशासन का अनिवार्य तत्त्व है। प्रशासनिक इकाई के रूप में यह शासन–संचालन का आधार माध्यम तथा आधर–आधेय है। विषय संदर्भित सारांश के रूप में जॉन वीग के विचारों का यहां उल्लेख किया जा रहा है। इनका कहना है कि ''माना कि नौकरशाही में कुछ ऐसे लोग होते हैं जो हृदयहीन, स्वार्थी और तानाशाही प्रवृत्ति के होते हैं, लेकिन इनकी संख्या बहुत थोड़ी होती है। अन्य नौकरशाह तो ऐसे नौकर होते हैं जो स्वयं का

व्यवसाय करते हैं या निजी उद्योगों में नौकरी करते हैं। नौकरशाही का आकार अब इतना बड़ा हो गया है कि उसको कोसने का अर्थ समाज को तथा पूरे राष्ट्र को कोसना होगा।''

संक्षेप में यही कहा जा सकता हैं कि अनेक दोषों के बावजूद लोक प्रशासन में नौकरशाही के योगदान की उपेक्षा नहीं की जा सकती है। क्योंकि, यह समस्त प्रशासनिक ढाँचे की आधारशिला है तथा प्रशासनिक कार्यों को अंजाम देने वाला सर्वाधिक महत्त्वपूर्ण उपकरण है।

भारत में नौकरशाही की विशेषताएं, भूमिका, चुनौतियां एवं महत्त्व (Characteristics, Role, Challenges and Importance of Bureaucracy in India)

पृष्ठभूमि

शासन के स्थायी अधिकारियों का समूह और उनका प्रशासनिक ढाँचा जो सार्वजनिक नीतियों का कार्यान्वयन करता है, लेकिन राजनीतिक कार्यपालिका का अंग नहीं होता है, अपितु स्थायी कार्यपालिका का सदस्य होता है, उसे नौकरशाही का नाम दिया जाता है। इसके सदस्य विशेष योग्यता, प्रशिक्षण एवं अनुभव के आधार पर चुने जाते है या इन्हें योग्यता के आधार पर भर्ती करके समुचित प्रशिक्षण देकर प्रशासन के महत्त्वपूर्ण कर्तव्यों–दायित्वों को संभालने के लिए तैयार किया जाता है। ये अपने कार्य को निर्धारित नियमों–प्रक्रियाओं (Rules and Procedures) के तहत पूरा करते हैं जिसमें व्यक्तिगत भावनाओं (Sentiments), अधिमान्यताओं (Preferences) एवं निजी स्वार्थ (Self Interest) के लिए कोई गुंजाइश नहीं होती है।

नौकरशाही से संदर्भित उपर्युक्त तथ्यों के आलोक में यदि भारतीय नौकरशाही की बात की जाये तो सर्वप्रथम यहां नौकरशाही के ऐतिहासिक पक्ष पर दृष्टि डालना जरूरी है। भारत में उपनिवेशवादी ब्रिटिश शासन के दौरान प्रशासन में नौकरशाही का महत्त्व सबसे प्रधान था। उस समय की नौकरशाही ब्रिटिश हुकूमत के परिचालन का सर्वाधिक महत्त्वपूर्ण माध्यम था। ब्रिटिश शासन काल में भारतीय नौकरशाही के रूप में आई.सी.एस. (I.C.S.) ऑफिसरों का एक वर्ग तैयार किया गया जिसके समर्थन से ब्रिटिश सरकार भारत पर हुकूमत कर रही थी। स्वतंत्रता के पश्चात् लोकसेवकों की कोटियों का स्वरूप बदला। पद वर्गीकरण आधुनिक सेवीवर्ग प्रशासन का अतिआवश्यक पक्ष है। लेकिन, सभी देशों में पद वर्गीकरण का आधार समान नहीं होता है। इस हेतु मुख्यतः दो विधियां अपनायी जाती हैं, जो निम्नलिखित हैं :

(1) स्थिति वर्गीकरण (Rank Classification), तथा (2) दायित्व वर्गीकरण (Duties Classification)। भारत, पाकिस्तान, फ्रांस, ब्रिटेन, जर्मनी मलेशिया आदि देशों में स्थिति वर्गीकरण प्रणाली प्रचलित है, जबकि कनाडा, अमेरिका, फिलीपीन्स तथा ताइवान में दायित्व वर्गीकरण प्रणाली अपनायी गयी है।

भारतीय लोकसेवा में वर्गीकरण अंग्रेजी सत्ता के जमाने से आरंभ हुआ है। ईस्ट इंडिया कम्पनी के शासन काल में कर्मियों को दो भागों में बांटा गया था–एक भाग संविदाबद्ध (Covenanted) कर्मियों का था और दूसरा असंविदाबद्ध (Uncovenanted) कर्मियों का था। सन् 1886–1887 में एचिसन आयोग की सिफारिशों के अनुरूप कर्मियों को तीन वर्गों में बाँटा गया–(1) इम्पीरियल सेवा, (2) प्रान्तीय सेवा, और (3) अधीनस्थ सेवा।

लोकसेवकों का यह वर्गीकरण भी यथोचित नहीं था, क्योंकि प्रान्तीय सेवाओं से संबद्ध अनेक कर्मी ऐसे विभागों से जुड़े थे जिन पर प्रान्त के बजाय केन्द्र का नियंत्रण था। 'इस्लिंग्टन आयोग' (1912–1915) की सिफारिशों के आलोक में त्रिवर्गीय वर्गीकरण को दो वर्गीय बना दिया गया–उच्चवर्ग सेवा और निम्नवर्ग सेवा। सन् 1926 में 'इम्पीरियल' शब्द की जगह भारतीय शब्द का प्रयोग किया गया साथ ही इन सेवाओं को प्रथम श्रेणी और द्वितीय श्रेणी की सेवा का नाम दिया गया। 'भारतीय लोकसेवक' भारत मंत्री द्वारा नियुक्त किये जाते थे और 'केन्द्रीय' गवर्नर जनरल द्वारा नियुक्त किये जाते थे। सन् 1930 के बाद भारत सरकार की सेवाओं का वर्गीकरण 'अखिल भारतीय' तथा 'केन्द्रीय' दो वर्गों में किया गया। अखिल भारतीय सेवा के अन्तर्गत दो सेवाएं प्रमुख

थी–इंडियन सिविल सर्विस तथा इंडियन फॉरेन सर्विस। केन्द्रीय सेवा को प्रथम श्रेणी, द्वितीय श्रेणी, अधीनस्थ सेवाओं तथा निम्न सेवाओं में बाँटा गया। सभी प्रान्तों में भी वर्गीकरण के इस आधार का अनुकरण किया गया। स्वतंत्रता के पश्चात् लोकसेवाओं की कोटियों में परिवर्तन हुआ। वर्तमान भारत में केन्द्रीय सरकार में उच्च लोकसेवाओं की दो कोटियां हैं :–(1) अखिल भारतीय सेवाएं, (2) केन्द्रीय लोकसेवाएं।

समकालीन भारत में सेवाओं की विभिन्न कोटियां इस प्रकार हैं: (1) अखिल भारतीय सेवाएं, (2) केन्द्रीय सेवाएं–प्रथम श्रेणी, द्वितीय श्रेणी, तृतीय श्रेणी तथा चतुर्थ श्रेणी, (3) राज्य सेवाएं–प्रथम श्रेणी, द्वितीय श्रेणी, तृतीय श्रेणी तथा चतुर्थ श्रेणी, (4) केन्द्रीय सचिवालय सेवाएं–प्रथम श्रेणी, द्वितीय श्रेणी, तृतीय श्रेणी तथा चतुर्थ श्रेणी, (5) विशिष्ट सेवाएं।

अखिल भारतीय सेवाओं में वर्तमान भर्ती प्रणाली

सन् 1978 तक अखिल भारतीय सेवाओं में प्रतियोगी परीक्षा की दो विशेषताएं थीं: (1) जब सभी परीक्षार्थी एक संयुक्त परीक्षा में बैठते थे तो आई.ए.एस. और आई.एफ.एस. (विदेश सेवा) के परीक्षार्थी दो अतिरिक्त विषयों की परीक्षा देते थे। आई.पी.एस. सेवा के परीक्षार्थी को इन दोनों की अपेक्षा कम विषय की परीक्षा देनी होती थी। (2) सभी अभ्यर्थियों को प्रतियोगी परीक्षा में बैठने की छूट थी और कोई छंटनी का प्रावधान नहीं था।

छंटनी का प्रावधान न होने की वजह से जब प्रतियोगी परीक्षाओं में परीक्षार्थियों की संख्या में बेतहाशा वृद्धि होने लगी तो इस समस्या से निजात पाने के लिए लोक सेवा आयोग द्वारा 1975 में डॉ. डी.एस. कोठारी की अध्यक्षता में एक समिति गठित की गयी। कोठारी समिति द्वारा प्रस्तुत सिफारिशों को कुछ संशोधनों एवं परिवर्तनों के साथ दिसम्बर, 1978 में मान लिया गया और 1979 से भर्ती की नयी प्रणाली लागू हो गयी। इस नयी प्रणाली के अन्तर्गत प्रतियोगी परीक्षा अब दो चरणों में होती है–प्रारंभिक परीक्षा तथा मुख्य परीक्षा। प्रारंभिक परीक्षा केवल मुख्य परीक्षा में बैठने के लिए पात्रता निर्धारित करने हेतु आयोजित की जाती है। इसका मुख्य उद्देश्य मुख्य परीक्षा में परीक्षार्थियों की भीड़ को कम करना है।

वर्तमान भारतीय भर्ती प्रणाली परीक्षा का स्वरूप एकीकृत है जिसके तहत अखिल भारतीय तथा प्रथम श्रेणी केन्द्रीय सेवाओं के असंख्य पदों के लिए भर्ती की जाती है। इस परीक्षा के परीक्षार्थी एक ही परीक्षा में बैठकर अपनी श्रेष्ठ योग्यता के आधार पर इस कोटि के अन्तर्गत आने वाली किसी भी सेवा में प्रवेश पा सकते है। लिखित परीक्षा में सफल होने वाले प्रत्याशियों को संघ लोक सेवा आयोग द्वारा साक्षात्कार के लिए बुलाया जाता है। यह परीक्षा प्रत्याशी की मानसिक क्षमता की जांच के लिए लिया जाता है जिसका प्रयोजन न केवल परीक्षार्थी के बौद्धिक गुण की जांच अपितु उसकी सामाजिक सोच और समसामयिक घटनाओं के प्रति उसकी रुचि का भी मूल्यांकन करना होता है। अन्त में लिखित परीक्षा और साक्षात्कार का अंक जोड़कर प्रवीण सूची तैयार की जाती है ततपश्चात् विभिन्न सेवाओं से संबंधित प्रशिक्षण प्रकिया आरंभ होती है।

भारत सरकार द्वारा अखिल भारतीय सेवाओं, केन्द्रीय सेवाओं और उसके विभिन्न अभिकरणों में होने वाली नियुक्तियों में अनुसूचित जातियों तथा अनुसूचित जनजातियों एवं पिछड़े वर्गों के लिए आरक्षण का प्रावधान किया गया है। संविधान का अनुच्छेद 16(4) और 335 के आलोक में अनुसूचित जातियों एवं जनजातियों के लिए क्रमशः 15 प्रतिशत और 7½ प्रतिशत यानी साढ़े बाइस प्रतिशत आरक्षण की व्यवस्था की गयी है। 7 अगस्त 1990 को जारी एक सूचना के तहत बी.पी. मण्डल आयोग के प्रतिवेदन के आधार पर सामाजिक एवं शैक्षणिक दृष्टि से पिछड़े वर्गों के लिए सरकारी नौकरियों में 27 प्रतिशत आरक्षण देने का फैसला केन्द्र सरकार द्वारा लिया गया। साथ में सामान्य जातियों के आर्थिक दृष्टि से पिछड़े लोगों के लिए भी केन्द्र सरकार द्वारा 5 से 10 प्रतिशत आरक्षण देने का वायदा किया गया।

उच्चतम न्यायालय के फैसले के आलोक में केन्द्र सरकार की नौकरियों में अन्य पिछड़े वर्गों के लिए 27 प्रतिशत आरक्षण 8 दिसम्बर 1993 से लागू हो गया, लेकिन इन वर्गों के सम्पन्न तबकों को इस लाभ से वंचित

किया गया है। उच्चतम न्यायालय के निर्णय के आलोक में सामान्य जातियेां के आर्थिक दृष्टि से पिछड़े लोगों के लिए केन्द्र सरकार द्वारा आरक्षण प्रदान नहीं किया गया।

विशेषताएं

भारतीय नौकरशाही की कतिपय विशेषताएं हैं जो निम्नांकित है :

1. **राजनीति के प्रति तटस्थता**—भारतीय वैधानिक प्रावधानों के अनुरूप लोकसेवक सक्रिय राजनीति का हिस्सा नहीं बन सकते हैं। यानी कि राजनीतिक दलों की सदस्यता, राजनीतिक आन्दोलन, राजनीतिक दलबन्दी, निर्वाचन में उम्मीदवारी जैसी सक्रिय राजनीतिक गतिविधियों के संचालन या इनमें भागीदारी के लिए लोकसेवकों पर कानूनी प्रतिबन्ध लगाया जाता हैं। किसी भी दल की सरकार हो राजनीतिक स्तर पर उनसे तटस्थता की अपेक्षा की जाती है और नीतियों के कार्यान्वयन में भी पक्षपात से परे निष्पक्ष भूमिका के संचालन और निर्वहन की उम्मीद की जाती है।
2. **पद सोपान आधारित संगठन**—भारतीय प्रशासनिक ढाँचा पदसोपान के लक्षणों से युक्त है, जिसमें संगठन अनेक क्रमिक स्तरों से गुजरता है। इसमें प्रत्येक अधीन पदाधिकारी अपने ऊपर तथा सबसे ऊपर के अधिकारी से आदेश—निर्देश प्राप्त करता है और उसी के प्रति उतरदायी होता है। पदसोपान प्रणाली शासन के प्रत्येक विभाग में मौजूद हैं। दृष्टान्तस्वरूप, पुलिस प्रशासन में पदसोपान के क्रमानुसार पुलिस महानिदेशक, पुलिस महाधिपति, पुलिस उपमहाधिपति, पुलिस अधीक्षक, उपसहायक, पुलिस अधीक्षक, मण्डल निरीक्षक, निरीक्षक, सहायक निरीक्षक, हेड कान्स्टेबल, कान्स्टेबल (सिपाही) का पदक्रम है। इसी भांति कार्यालय में एक लिपिक (Clerk), प्रधान लिपिक के अधीन है, प्रधान लिपिक कार्यालय अधीक्षक के अधीन होता है और कार्यालय अधीक्षक अनुभाग अधिकारी (Section Officer) के अधीन होता है। इस पिरैमिडाकार संगठन में शीर्ष पर जो शीर्षस्थ पदाधिकारी होता है वह सर्वोच्च सत्ता का स्वामी होता है। पदसोपान संगठन में आदेश का सूत्र ऊपर से नीचे की ओर उतरता है और उतरदायित्व की प्रक्रिया नीचे से उपर की ओर चढ़ती है।
3. **भारत में मुख्य कार्यपालिका का मंत्रणा अभिकरण (Staff Agencies of the Chief Executive in India)**—भारत में शासन की समस्त बागडोर प्रधानमंत्री के हाथ में है। प्रधानमंत्री तथा मंत्रिपरिषद् की सहायता के लिए जो स्टाफ कार्यालय और अभिकरण मौजूद हैं वे इस प्रकार हैं:
   (i) प्रधानमंत्री कार्यालय (Prime Minister Office)
   (ii) मंत्रिमंडल सचिवालय (Cabinet Secretariat)
   (iii) मंत्रिमण्डलीय समितियां (Cabinet Committees)
   (iv) योजना आयोग (Planning Commission)
   (v) संघ लोक सेवा आयोग (Union Public Service Commision)
   (vi) राष्ट्रीय विकास परिषद् (National Development Council)
   (vii) केन्द्रीय जांच ब्यूरो (Central Bureau of Investigation)

   भारतीय प्रशासन में इन उच्चस्तरीय स्टाफ अभिकरणों की सहायता से मुख्य कार्यपालक यानी कि प्रधानमत्री सभी प्रशासनिक दायित्वों को पूरा करते हैं।
4. **विभागीय संगठन**—संवैधानिक प्रावधानों के आधार पर भारतीय संसदीय शासन प्रणाली में दो तरह की कार्यपालिकाएं हैं—एक संवैधानिक दूसरी वास्तविक। राष्ट्रपति संवैधानिक अध्यक्ष है। यद्यपि शासन के समस्त कार्य इन्हीं के नाम से संचालित किया जाता है, लेकिन वास्तविक स्तर पर शासन—संचालन के दायित्व निर्वहन के लिए राष्ट्रपति संसद् में बहुमत दल के नेता को प्रधानमंत्री नियुक्त करता है तथा

प्रधानमंत्री की सलाह पर अन्य मंत्रियों की नियुक्ति करता है। सिद्धान्ततः, मंत्रिपरिषद् सहित प्रधानमंत्री राष्ट्रपति को सहायता और परामर्श देने का कार्य करता है लेकिन वास्तविक स्तर पर सम्पूर्ण प्रशासनिक दायित्वों का निर्वहन राष्ट्रपति के नाम पर प्रधानमंत्री तथा मंत्रिपरिषद् के सदस्यों द्वारा किया जाता है। इस दायित्व को व्यवहार में लाने के लिए भारत सरकार के सम्पूर्ण प्रशासनिक ढांचे को मंत्रालयों तथा विभागों में बाँटा गया है ताकि सरकारी कार्यों का कुशलतापूर्वक निष्पादन हो सके। एक सरकारी विभाग या मंत्रालय प्रशासनिक संरचना का सबसे बड़ा उपसम्भाग होता है। भारत में प्रशासनिक रूप रचना के अनुरूप विभागीय संगठन में शीर्ष पर राजनीतिक अध्यक्ष यानी कि मंत्री होता है, यह राजनीतिक स्तर है। मध्य में सचिवालय स्तर है। राजनीतिक अध्यक्ष के एकदम नीचे विभाग का सचिवालय संगठन होता है। सचिवालय का कार्य नीतियों–निर्णयों के निर्धारण के संबंध में आवश्यक सामग्री उपलब्ध कराके अपने प्रशासनिक अनुभवों के आधार पर राजनीतिक अध्यक्ष की सहायता करना है, साथ ही नीतियों का क्रियावन्यन तथा नीति–निष्पादन का निरीक्षण करना भी इस स्तर का कार्य है। सचिवालय संगठन में विभाग के प्रमुख को सचिव कहा जाता है। विभागीय संगठन में निम्न स्तर पर निदेशालय होता है, इसे विभाग का कार्यकारी संगठन (Executive Organisation) कहा जाता है। यह विभाग के नीति–निर्धारण से संबंधित अंग है। नीतियों के निष्पादन का कार्य कई संगठनों के हाथो में होता है, इसे विभाग या मंत्रालय का कार्यकारी संगठन कहा जाता है। विभिन्न मंत्रालयों में विभागाध्यक्ष के अलग–अलग नाम हैं, जैसे–निदेशक (Director), महानिदेशक (Director General), महानिरीक्षक (Inspector General), आयुक्त (Commissioner) आदि।

5. **संघ एवं राज्यों के लिए साझा सेवा का प्रावधान**–सिविल सेवा के कार्यक्षेत्र में केन्द्र और राज्य दोनों सेवाएं शामिल हैं। इस सेवा के सदस्य केन्द्रीय तथा प्रान्तीय किसी भी सरकार को अपनी सेवाएं अर्पित कर सकते हैं। अखिल भारतीय सेवा होने की वजह से लोकसेवक संघ सरकार के नियंत्रण में होते हैं लेकिन उनकी सेवा राज्य संवर्गों में विभाजित है और प्रत्येक संवर्ग (Cadre) एक प्रान्तीय सरकार के सीधे नियंत्रण में होता है, यानी कि अखिल भारतीय सेवा के अधिकारीगण साझा रूप में केन्द्र एवं राज्य दोनों के सेवक होते हैं।

6. **पदावधि प्रणाली**–भारतीय अधिकारीतंत्र में आई.ए.एस. अधिकारियों के लिए पदावधि प्रणाली अपनायी गयी हैं। प्रत्येक राज्य संवर्ग से कुछ अधिकारियों को तीन, चार या पाँच वर्षों की पदावधि के लिए केन्द्रीय सेवा में भेजा जाता है। केन्द्रीय सरकार को राज्यों की वास्तविक परिस्थितियों की जानकारी के लिए ऐसे अधिकारी अत्यन्त महत्त्वपूर्ण और फ़ायदेमंद होते हैं। जहां एक ओर केन्द्रीय सरकार इनके प्रान्तीय अनुभवों का लाभ उठाती है वहीं राज्य सरकार इनसे केन्द्रीय सरकार की योजनाओं, नीतियों, कार्यक्रमों आदि के संबंध में जानकारी प्राप्त करती है।

इन सैद्धांतिक विशेषताओं के अतिरिक्त भारतीय नौकरशाही की कुछ व्यावहारिक विशेषताएं भी सामने आ रही हैं जिसे नौकरशाही के दोष की कोटि में भी रखा जा सकता हैं, इनमें सर्वाधिक प्रमुख हैं:

(i) भ्रष्टाचार, (ii) कानूनी प्रतिबंधों के बावजूद राजनीतिक गतिविधियों में संलग्नता, (iii) लालफीताशाही, (iv) शासक होने का दम्भ, (v) सामान्य प्रशासकों द्वारा तकनीकी विशेषज्ञों की उपेक्षा, (vi) त्रिस्तरीय सेवा संरचना, (vii) अभिजनवादी प्रवृत्ति, (viii) अनुत्तरदायी सेवा संरचना, तथा (ix) अपराधियों से गठजोड़, इत्यादि।

विगत कई दशकों से भारत में नौकरशाहों राजनीतिज्ञों और अपराधियों के बीच सांठ–गांठ (Nexus) स्थापित होने की ख़बरें प्रमुखता से उजागर हो रही हैं। वोहरा समिति की रिपोर्ट से यह स्पष्ट होता है कि जहां माफिया तत्त्व एवं नक्सली संगठन समानान्तर सरकार चलाते हैं उसमें कुछ नौकरशाहों की मिली–भगत भी होती है, इसीलिए अपराधी तत्त्वों तथा नक्सलियों की हिम्मत बढ़ती जा रही है। भारत सरकार केन्द्र–राज्य और सार्वजनिक उपक्रमों को मिलाकर 1.9 करोड़ सरकारी कर्मचारियों पर 70,000 करोड़ रुपया खर्च करता है, इसके बावजूद अधिकारीतंत्र में भ्रष्टाचार को काफी मात्रा में बढ़ावा मिला हैं। भूतपूर्व प्रधानमंत्री वाजपेयी के शब्दों में, "सामान्य जनता कई बार नौकरशाही को सेवाएं प्रदान करने वाले तंत्र की बजाय शोषण का एजेण्ट समझती है।"

भूमिका

भारतीय लोकतांत्रिक व्यवस्था को मजबूती प्रदान करने में यहां के अधिकारीतंत्र की भूमिका उल्लेखनीय है। भारतीय नौकरशाही का स्वरूप ब्रिटिश विरासत की देन है। ब्रिटिश हुकूमत का उद्देश्य भारतीय समाज पर अपना प्रभुत्व कायम रखना था। ब्रिटिश सरकार कर उगाही, शान्ति व्यवस्था तथा कानून व्यवस्था बनाये रखने के लिए अधिकारीतंत्र को साधन के रूप में इस्तेमाल करता था। स्वतंत्र भारत की जनता मे आजादी की वजह से नयी राजनीतिक चेतना जगी। आजाद भारत की गरीब जनता आतंक और भूख से पीड़ित होकर समानता की मांग के लिए आवाजें उठाने लगी। ब्रिटिश शासन के दौरान राष्ट्रीय आन्दोलन को कुचलने और निषेधात्मक भूमिका निभाने वाली नौकरशाही आजाद हिन्दुस्तान में सामाजिक परिवर्तन में मुख्य माध्यम की भूमिका निभाने लगी।

स्वतंत्र भारत में नौकरशाही की भूमिका को निम्नाकिंत संदर्भों में देखा जा सकता है:

(i) **नौकरशाही और सामाजिक परिर्वतन**–आजाद हिन्दुस्तान में ब्रिटिश हुकूमत के स्थान पर जनप्रतिनिधि सरकार अस्तित्व में आयी। इस सरकार का मुख्य लक्ष्य था औद्योगीकरण के रास्ते पर चलकर देश का आधुनिकीकरण करना, लोककल्याणकारी राज्य के कार्यक्रमों का क्रियान्वयन करना, संविधान की प्रस्तावना में उल्लिखित सामाजिक, राजनीतिक, आर्थिक न्याय के लक्ष्यों को प्राप्त करना नीति निर्देशक तत्त्वों को व्यावहारिक रूप प्रदान करना, सामाजिक न्याय के आलोक में समतावादी समाज की स्थापना करना, पंथनिरपेक्ष लोकतंत्र को व्यावहारिक रूप प्रदान करना आदि। केन्द्र एवं राज्य दोनों स्तरों पर समाजवादी समाज की स्थापना को प्राथमिकता दी गयी। ब्रिटिश विरासत के रूप में मिली नौकरशाही में रूढ़िवादी विचारों की जगह नये सामाजिक मूल्य, विचार, मान्यताएं प्रवेश करायी गयी। नौकरशाहों के केवल कानून के रक्षक की भूमिका का विस्तार करके उन्हें सामाजिक कल्याण और आर्थिक पुनर्निर्माण करने वाले अधिकारी की भूमिका निभाने का दायित्व सौंपा गया। शासन के लोकतंत्रीय ढाँचे की रचना में लोकसेवकों को जनप्रतिनिधियों के नियंत्रण में कार्य करने की परम्परा आरंभ हुई। ब्रिटिश हुकूमत के दिनों में जो नौकरशाही राजनीतिक नेताओं के विरुद्ध ब्रिटिश सत्ता का साथ दे रही थी उसी नौकरशाही द्वारा लोकतंत्रीय संरचना के अनुरूप अपने को ढाल कर लोकप्रिय नियंत्रण के दायरे में रहना स्वीकार कर लिया गया। इस प्रकार स्वतंत्र भारत में अधिकारीतंत्र सामाजिक–आर्थिक परिवर्तन लाने वाले उपकरण की भूमिका में अवतरित हुए। सन् 1952 में सामुदायिक विकास कार्यक्रम शुरू किया गया जिसके क्रियान्वयन की जवाबदेही अधिकारी वर्ग को सौंपी गयी। शुरु की गयी पंचवर्षीय योजनाओं का उद्देश्य एवं लक्ष्य उत्पादन, निवेश तथा रोजगार के अवसर में वृद्धि करना, देश की अर्थव्यवस्था को मजबूत तथा गतिशील बनाना, समतावादी समाज की स्थापना करना, नागरिकों को गुणवत्तायुक्त जीवन जीने के लिए व्यवस्था का बहुआयामी विकास करना, राष्ट्रीय आय और रोजगार के अवसर का संवर्द्धन करना, ग्रामीण क्षेत्रों के विकास के लिए बहुदिशायी योजनाएं बनाना तथा उन कार्यक्रमों को जमीन पर उतारना आदि ऐसे सभी कार्यों की जवाबदेही सरकारी अधिकारियों के कंधे पर डाली गयी। इस प्रकार आजाद भारत में नौकरशाही की मुख्य भूमिका सामाजिक–आर्थिक परिवर्तन लाने की रही है।

(ii) **नौकरशाही और राजनीतिक विकास**–भारतीय नौकरशाही देश की लोकतांत्रिक रूप रचना यानी कि संसद, मंत्रिपरिषद, राजनीतिक दल आदि की तुलना में अधिक पुरानी संस्था है, जो स्वतंत्र भारत के राजनीतिक विकास में महती भूमिका निभाती है। भारतीय नौकरशाही का स्वरूप ब्रिटिश सत्ता की देन है। आरंभिक दौर में नौकरशाही मूलतः सौदागरों, व्यापारियों तथा लेखकों को मिलाकर बनी थी। सन् 1853 तक इसका स्वरूप वाणिज्यिक था। इसी वर्ष निर्मित चार्टर ऐक्ट द्वारा ईस्ट इंडिया कम्पनी के भर्ती करने के अधिकार को समाप्त करके उसकी जगह भर्ती के लिए खुली परीक्षा की व्यवस्था की गयी। सन् 1854 के मैकाले प्रतिवेदन द्वारा भारतीय सिविल सेवा की सर्वोच्चता को वैधता प्रदान की गयी। सन् 1855 तक भारत में नौकरशाही का अस्तित्व पूर्णरूप से प्रकट हुआ। भारत शासन अधिनियम

(Government of India Act, 1919), जिसका क्रियान्वयन 1921 में हुआ, के बाद पहली बार राजव्यवस्था और नौकरशाही प्रान्तीय शासन के एक भाग में परस्पर प्रशासनिक संपर्क मे आयी। नीति निर्माण और कार्यान्वयन की जिस भूमिका को नौकरशाही पारस्परिक रूप से संपन्न कर रही है वह सबसे पहले प्रान्तीय स्तर के शासन में सीमित क्षेत्र में आरंभ हुआ जिसका बाद में विस्तार किया गया। इसके बाद भारत में नौकरशाही संस्कृति और राजनीतिक संस्कृति का अलग–अलग विकास हुआ। राजनीतिक विकास के संदर्भ में नौकरशाही की भूमिका का महत्त्वपूर्ण पक्ष यह है कि लोकतांत्रिक ढांचे में जनप्रतिनिधि के रूप में जब राजनीतिज्ञ मंत्री बनकर किसी विभाग में राजनीतिक अध्यक्ष की भूमिका निभाते हैं तो प्रशासनिक अनुभव की कमी की वजह से विभागीय कार्यों के निष्पादन में नौकरशाही पर उनकी निर्भरता काफी बढ़ जाती है। राजनीतिक विकास में मात्रात्मक एवं गुणात्मक दोनों स्तरों पर नौकरशाही द्वारा व्यवस्था के राजनीतिक विकास तथा राजनीतिक आधुनिकीकरण के क्षेत्र में उल्लेखनीय कार्य किया गया है। भारत में अनेक लोकसेवकों द्वारा सरकारी सेवा से मुक्त होने के बाद राजनीतिक दलों की सदस्यता ग्रहण कर निर्वाचन प्रकिया में सक्रिय भागीदारी की गयी है और चुनाव जीतकर संसद एवं विधान सभाओं की शोभा बढ़ायी गयी है। मंत्रिमंडल में शामिल होने के साथ–साथ कई राज्यों के राज्यपालों के रूप में नियुक्त होकर नौकरशाहों ने भारत की सक्रिय राजनीति की मुख्य धारा में शामिल होकर देश के राजनीतिक विकास में प्रत्यक्ष भागीदारी की है।

(iii) **नौकरशाही एक शक्तिशाली हित समूह के रूप में**–भारतीय अधिकारीतंत्र एक संगठित हित समूह के रूप में राजव्यवस्था में सक्रिय है। सिविल सेवकों का अपना एक संगठित समूह है जो हित समूह के रूप में ऑफिसरों के हितों की सुरक्षा करता है। यह एक अखिल भारतीय संघ है, जिसकी शाखाएं सभी प्रान्तों की राजनीति में मौजूद हैं। यदि राजनीतिक स्तर पर किसी ऑफिसर के विरुद्ध कोई कदम उठाया जाता है तो संघ उस अधिकारी के पक्ष में खड़ा हो जाता है और अन्ततोगत्वा मुख्यमंत्री को अपना फैसला बदलना पड़ता है। भारत के कई राज्यों में इस पक्ष का यथोचित दृष्टान्त मौजूद है। इस प्रकार शक्तिशाली हित समूह के रूप में अधिकारीतंत्र व्यवस्था की निर्णय प्रक्रिया को प्रभावित करता है। निर्णय प्रक्रिया में नौकरशाही के बढ़ते हुए प्रभाव को देखकर ही शास्त्री यूग में प्रधानमंत्री सचिवालय का गठन किया गया और उसका अध्यक्ष श्री लक्ष्मीकांत झा को बनाया गया। शास्त्री युग में ही वरिष्ठ आई. ए.एस. अधिकारियों के प्रभाव में वृद्धि हुई जो धीरे–धीरे बढ़ती ही गयी। श्रीमती गांधी के युग में भी इसमे इज़ाफ़ा हुआ । इस युग में श्री पी.एन. हक्सर की अध्यक्षता में प्रधानमंत्री सचिवालय का पुनर्गठन हुआ और इसके नियंत्रण में रिसर्च एण्ड एनालिसिस विंग (RAW) नामक गुप्तचर विभाग का गठन किया गया। श्रीमती गांधी के शासन काल में प्रधानमंत्री सचिवालय और उसके अधिकारियों में सचिव पी.एन. हक्सर, पी.सी. अलेक्जेण्डर तथा आर.के. धवन के प्रभाव की छाप समस्त विभागों के निर्णयों पर दिखने लगी, क्योंकि सभी विभागों एवं मत्रालयों के लिए यह आवश्यक हो गया था कि वे कोई महत्त्वपूर्ण निर्णय लेने के पूर्व प्रधानमंत्री सचिवालय से स्वीकृति प्राप्त करें। इस प्रकार, एक शक्तिशाली हित समूह के रूप में नौकरशाही सरकारी निर्णय को काफी हद तक अपने प्रभाव में रखती है।

(iv) **नौकरशाही और प्रधानमंत्री कार्यालय**–भारत में प्रधानमंत्री कार्यालय से संबंधित नौकरशाही की प्रभावशाली भूमिका अति महत्त्वपूर्ण है। प्रधानमंत्री सचिवालय में लक्ष्मीकांत झा, पी.एन. हक्सर, वी. शंकर जैसे अनुभवी प्रशासक सचिवों ने प्रधानमंत्री श्री शास्त्री, श्रीमती गांधी आदि द्वारा लिये जाने वाले महत्त्वपूर्ण राजनीतिक निर्णयों में अपने प्रशासनिक अनुभव और दक्षता का उल्लेखनीय योगदान दिया है। चाहे ताशकन्द समझौता हो या पाकिस्तान से युद्ध की बात हो सभी स्थितियों में राजनीतिक निर्णय लेने के समय इनके द्वारा कुशल सहायक की भूमिका निभायी गयी है। सरकार द्वारा गठित की गयी उच्च स्तर की सभी समितियों में नौकरशाही की उपस्थिति सरकारी निर्णयों में इनकी महती भूमिका का द्योतक है। श्री राजीव गांधी के प्रधानमंत्रित्व काल में प्रधान मंत्री सचिवालय अधिकारीगणों के मामले में जितना शक्ति सम्पन्न था उतना पहले कभी नहीं रहा। श्री गांधी का दफ्तर दर्जन से ज्यादा राजनीतिक

सलाहकारों और सचिव स्तर के आधा दर्जन आई.ए.एस. ऑफिसरों से भर गया था जो प्रधानमंत्री के अधीन बीस विभागों को नियंत्रित करते थे। ये तथ्य इस बात के साक्ष्य हैं कि प्रधानमंत्री सचिवालय में नौकरशाही के प्रभाव और कद का दायरा लगातार बढ़ा ही है। राजीव गांधी के प्रधानमंत्रित्व काल में मणिशंकर अय्यर, विजय शकंर त्रिपाठी, गोपी अरोड़ा प्रधानमंत्री कार्यालय के संचालनकर्ता थे।

(v) **नौकरशाही और मंत्रिपरिषद्**–अधिकारीतंत्र और मंत्रिपरिषद् के सदस्यों के बीच अन्योन्याश्रयी संबंध होता है। मंत्री विभागों के राजनीतिक अध्यक्ष होते हैं जो राजनीतिक कार्यपालिका के सदस्य होते हैं और नौकरशाह स्थायी कार्यपालिका के सदस्य होते हैं। देश के लोकतांत्रिक ढांचे के अन्तर्गत राजनीतिक कार्यपालिका के सदस्य यानी कि जनता द्वारा निर्वाचित प्रतिनिधि और प्रशिक्षित योग्य अनुभवी स्थायी प्रशासक दोनों मिलजुलकर काम करते हैं। स्थायी प्रशासनिक अधिकारी राजनीतिक दृष्टि से तटस्थ और निष्पक्ष होकर जनप्रतिनिधियों के कामकाज में सभी स्तरों पर सहायक की भूमिका निभाते हैं। मंत्रीगण प्रत्येक प्रशासनिक कार्यो के संपादन में लोकसेवकों के अनुभव कार्यदक्षता, तकनीकी विशेषज्ञता का लाभ उठाने के लिए अधिकारियों का परामर्श लेना बेहतर समझते है। इसकी मूल वजह यह है कि किसी भी नए विभाग का प्रभारी होने पर मंत्री को विभागीय फाइलों, नीतियों–निर्णयों की जानकारी बहुत कम होती है ऐसी स्थिति में विभागीय सचिव तथा अन्य विभागीय अधिकारी के अनुभव का लाभ उठाकर मंत्रिपरिषद् के सदस्य प्रशासन संबंधी अपनी राजनीतिक भूमिकाओं का निष्पादन करते हैं।

(vi) **नौकरशाही और राज्यों की राजनीति**–प्रान्तीय स्तर पर भी नौकरशाही काफी मजबूत स्थिति में है और प्रशासन के संचालन में पूरे मंत्रिपरिषद् के साथ राजनीतिक स्तर पर निष्पक्ष और तटस्थ होकर खड़ी है। किसी प्रान्त में किसी भी दल की सरकार बने नौकरशाही की भूमिका में कोई अन्तर नहीं आता है। वह सरकार के प्रत्येक कार्य के निष्पादन में अनुभवी और कार्यकुशल सहयोगी की भूमिका अदा करता है। गठबंधन सरकार का युग आरंभ होने से नौकरशाही की शक्तियों में काफी वृद्धि हुई है। गठबंधन सरकार के मंत्रीगण सदैव अपने राजनीतिक अस्तित्व और कुर्सी बचाने में जुटे रहते हैं इसलिए प्रशासनिक दायित्वों के निर्वहन के लिए उन्हें काफी हद तक अधिकारियों पर निर्भर होना पड़ता है। सताधारी राजनीतिक दल तथा सरकार के अन्दर पलने वाली गुटबंदी की वजह से नौकरशाही काफी शक्तिशाली हुई। कई विभागों से संबद्ध अधिकारियों द्वारा की जाने वाली मनमानियों की घटनाएं यदा कदा अखबार की सुर्खियां बनती रहती हैं।

चुनौतियां एवं महत्त्व

वस्तुतः, वर्तमान समय में भारतीय नौकरशाही कई चुनौतियों का सामना कर रही है। सभी राज्यों और केन्द्रीय स्तर पर सिविल सेवक निरन्तर होने वाले राजनीतिक हस्तक्षेप सामाजिक–राजनीतिक वातावरण में मौजूद द्वन्द्व, तनाव तथा कमजोर सामाजिक आधार की वजह से पहचान के संकट के दौर से गुजर रहे हैं। आज कमोवेश सभी प्रान्तों एवं केन्द्रीय स्तर पर सिविलसेवकों से यह उम्मीद की जाती है कि वे अपने राजनीतिक आकाओं की जीहुजूरी करें तथा एक अधीन अभिकर्ता के रूप में उनके आदेशों का पालन करें। यदि लोकसेवक उनके आदेशों के विरुद्ध जाने की कोशिश करते हैं तो सजा के तौर पर उनका स्थानान्तरण करा दिया जाता है। ये स्थानान्तरण अधिकारियों में अपराध बोध उत्पन्न कराता है। आये दिन तबादलों से त्रस्त नौकरशाही की प्रशासनिक क्षमता घटी है और मनोबल गंभीर रूप से प्रभावित हुआ है। लेकिन, यह भी सत्य है कि राजनीतिक तटस्थता की धारणा के स्थान पर राजनीतिक आकाओं के प्रति प्रतिबद्धता की प्रवृत्ति नौकरशाहों में बढ़ती जा रही है। आज अधिकारीतंत्र में निष्पक्षता के आधार पर काम करने वाले अधिकारियों की संख्या काफी कम होती जा रही है। ज्यादातर सिविल सेवकों ने अपने को किसी न किसी राजनीतिक दल के नेता, मंत्री, विधायक सांसद से जोड़ रखा है, यही वजह है कि नौकरशाहों, राजनीतिज्ञों तथा अपराधियों के बीच सांठ–गांठ की खबरें भी काफी प्रमुखता से उजागार हो रही हैं। अधिकारियों से जुड़ी भ्रष्टाचार या घोटालों की ख़बर भी आये दिन समाचार की सुर्खियां बनकर सामने आती रहती हैं। लेकिन, इसके बावजूद नौकरशाही का प्रशासनिक क्षेत्र में अपना खास महत्त्व है।

सामाजिक–राजनीतिक व्यवस्था में अधिकारीतंत्र की स्थिति काफी मजबूत है, जिसका आधार तत्त्व उनका पद, प्रतिष्ठा, प्रस्थिति, सरकारी रूतबा, तामझाम, कार्यशैली और सामाजिक स्तर पर विशेष पहचान की स्थिति है। केन्द्रीय एवं प्रान्तीय स्तर पर प्रत्येक आर्थिक–सांस्कृतिक संस्थाओं कार्यक्रमों के विकास और समुन्नति का दायित्व नौकरशाही के कंधे पर होता है। यहां तक कि सभी रचनात्मक संस्थाओं तथा कला और विज्ञान के कार्यक्रमों के विकास और उन्नयन का कार्यभार भी इनके ही हाथों में होता है। वस्तुतः, देश के बहुआयामी–बहुदिशायी विकास एवं आधुनिकीकरण में भारतीय नौकरशाही आधार–आधेय की भूमिका निभा रहा है। साठ वर्षों के आजाद भारत में समयानुरूप कई सामाजिक, राजनीतिक, आर्थिक, परिर्वतन हुए लेकिन इस बदलाव के दौर में भी प्रशासन–संचालन में नौकरशाही का महत्त्व बना रहा है।

आज उदारीकरण की नीति के अपनाये जाने की वजह से भारत में राज्यों की प्रशासनिक भूमिका काफी बदल रही हैं। राज्यों के यथोचित विकास के लिए निजीकरण की प्रवृत्ति को तेजी से बढ़ावा दिया जाने लगा है। आर्थिक बदलाव के नये दौर में प्रवेश करते हुए सरकार धीरे–धीरे अपने को आर्थिक और औद्योगिक प्रशासन से अलग कर रही है। नई आर्थिक नीतियों के क्रियान्वयन से लोकसेवकों का कार्यभार धीरे–धीरे कम होने की संभावना है। उदारीकरण के इस नये परिवेश में राज्य लोकसेवकों को प्रशासन में अपनी वांछनीयता बनाये रखने के लिए नयी परिस्थितियों से सामंजस्य बैठाने वाले दृष्टिकोणों को अपना होगा। बदलाव के इस दौर में भी नौकरशाही एक रचनात्मक सहयोग करने वाले अभिकरण की भूमिका निभाती है और समाज कल्याण की भावना से प्रेरित होकर कार्य करती है।

नौकरशाही के प्रशासनिक महत्त्व को आंकते हुए प्रो. हैन्स रोजनवर्ग ने कहा है कि ''नौकरशाही अच्छी है या बुरी शासन की आधुनिक संरचना का एक अनिवार्य अंग, व्यावसायिक प्रशासन की फैली हुई व्यवस्था और उसमें नियुक्त अधिकारियों का पदसोपान है, जिसके ऊपर समाज पूर्ण रूप से आश्रित है। चाहे हम उस प्रकार की सर्वसत्तात्मक तानाशाही के अधीन रहते हों अथवा एक सर्वथा उदार लोकतंत्र के अधीन हम अधिक सीमा तक किसी न किसी प्रकार की नौकरशाही द्वारा शासित होते हैं।'' मैक्स वेबर ने भी नौकरशाही को आधुनिक राज्य का अपरिहार्य तत्त्व कहा है। 'हर्बट मौरीसन' ने नौकरशाही को 'संसदीय लोकतंत्र के मूल्य की संज्ञा दी है। आधुनिक नौकरशाही प्रशासनिक ढाँचे का अभिन्न और अनिवार्य हिस्सा है, इसीलिए सभी प्रकार की व्यवस्थाओं में नौकरशाही का समान महत्त्व है। योग्यता, कार्यकौशल और तकनीकी विशेषज्ञता की वजह से लोकनीति के निर्माण एवं कार्यान्वयन में इनकी भूमिका प्रासंगिक होती है। प्रो. एस.के. लाल ने कहा है कि विधायनी और न्यायिक कार्यों की प्रकृति अस्थायी होती है लेकिन नौकरशाही सदैव अविरल रूप से कार्यरत रहती है, क्योंकि इसका कार्यकाल स्थायी होता है। यह लोकनीति के विशिष्ट क्षेत्रों में विशेष तकनीकी योग्यता प्राप्त होती है और सदैव जनता के सम्पर्क में होती है इसलिए उसके पास ऐसी सूचनाएं होती हैं जो लोकनीति के निर्माण और उसके कार्यावन्यन के लिए अत्यन्त आवश्यक हैं।

भारतीय नौकरशाही के महत्त्व के संदर्भ में सारांशतः यह कहा जा सकता है कि देश में संवैधानिक शासन के विकास में अधिकारीतंत्र का योगदान उल्लेखनीय है। देश की बदलती परिस्थितियों के मद्देनजर संवैधानिक संशोधन के लिए आंकड़े उपलब्ध कराना, आर्थिक विकास एवं आधुनिकीकरण के लिए योजनाएं तैयार करना, उन्हें जमीन पर उतारना, जनकल्याण की दृष्टि से कानूनों, निर्णयों के निर्माण में राजनीतिक अध्यक्ष के सहयोगी की भूमिका निभाना आदि नौकरशाही का प्रमुख प्रशासनिक दायित्व है।

भारतीय नौकरशाही का आलोचनात्मक पक्ष
(Critical Aspect of Indian Bureaucracy)

भारतीय नौकरशाही की प्रभावशाली भूमिका और प्रशासनिक संरचना में महत्त्वपूर्ण स्थिति होने के बावजूद इसे कई आलोचनाओं का सामना करना पड़ता है। देश में लोकतंत्रीय सरकार के कुशल संचालन के लिए व्यावसायिक रूप

से कर्मठ एवं राजनीतिक दृष्टि से तटस्थ और निष्पक्ष अधिकारीतंत्र के निर्माण का प्रयास किया गया है। इस दृष्टि से सरकारी अधिकारियों की भर्ती एवं सेवा संबंधी नियमों–कानूनों को नियमित करने व देखरेख करने की जवाबदेही लोकसेवा आयोग को सौंपी गयी है। संविधान के अनुच्छेद 311 में उनके अधिकारों का उल्लेख किया गया है। भारत में सरकारी अधिकारियों को अन्य लोकतांत्रिक देशों की अपेक्षाकृत बहुत अधिक कानूनी संरक्षण प्राप्त है, उसके बावजूद भी नौकरशाही संविधान निर्माताओं की अपेक्षाओं पर खरी नहीं उतरी है। इसकी सबसे अधिक धारदार आलोचना का पक्ष इनमें राजनीतिक स्तर पर निष्पक्षता के अभाव को लेकर है। भारतीय नौकरशाही के कमजोर पक्षों को निम्नांकित संदर्भों में देखा जा सकता है :

1. **राजनीतिक संबद्धता**–यद्यपि सरकारी अधिकारियों के लिए यह निर्देश है कि वे सक्रिय राजनीति से दूर रहें, राजनीतिक मामलों के प्रति निष्पक्ष तटस्थ रहें और किसी राजनीतिज्ञ से सीधा सरोकार न रखें, लेकिन अधिकारीतंत्र के अधिकांश सदस्य किसी न किसी राजनीतिक दल या दल के किसी विशेष नेता से अपना संबंध जोड़कर रखते हैं। यहां तक कि चुनाव में कई जिलों के अधिकारियो पर किसी दल विशेष के उम्मीदवार को चुनाव जितवाने का आरोप भी लगता रहा है। कई अधिकारियों द्वारा चुनाव जिताने के लिए कई प्रकार की मदद की जाती है। अपने मनपंसद राजनीतिक नेता के कहने पर नौकरशाह कानूनों–नियमों–विनियमों को ताक पर रखकर कोई भी काम करने को तैयार रहते हैं। वस्तुतः, भारतीय अफसरशाही राजनीतिक निष्पक्षता से संबंधित निर्धारित मानदण्डों पर खरी नहीं उतर पाई है।
2. **भ्रष्टाचार का बोलबाला**–भारत में प्रशासनिक स्तर पर भ्रष्टाचार गंभीर समस्या का रूप धारण करता रहा है। भ्रष्टाचार की वजह से नौकरशाहों में नैतिक मूल्यों का काफी ह्रास हुआ है। प्रशासन में भ्रष्टाचार कई रूपों में मौजूद है। यह आवश्यक नहीं है कि भ्रष्टाचार केवल घूसखोरी के रूप में प्रशासन में मौजूद हो। प्रशासनिक स्तर पर इसके विभिन्न रूप हैं, जैसे–राजनीतिक दलों के लिए धन इकट्ठा करना, औद्योगिक प्रतिष्ठानों के साथ संबंध बनाना, अतिथि गृहों में ठहराना, विवाह, जन्मदिन या शादी की सालगिरह पर उपहार लेना, स्थानान्तरण या पदोन्नति के लिए रिश्वत लेना, सार्वजनिक धन का अपव्यय करना, लाइसेन्स एवं परमिट के बदले रिश्वत लेना या राजनीतिक भुगतान करना, सरकारी ठेके की प्राप्ति के लिए रिश्वत लेना, सार्वजनिक धन और भण्डार का दुरुपयोग करना, झूठे दौरे, भत्ते एव गृह किराया का दावा करना, शासकीय पदों का दुरुपयोग करना, भर्ती, नियुक्ति, स्थानान्तरण, पदोन्नति के लिए गैर कानूनी रूप से धन लेना, ठेकेदारों तथा फर्मों को रिश्वत लेकर विशेष रियायत देना आदि। सन् 1985 मे प्रकाशित वित्त मंत्रालय की एक विस्तृत रिपोर्ट में भ्रष्टाचार के कतिपय महत्त्वपूर्ण स्रोतों का उल्लेख किया गया है। केन्द्रीय सतर्कता आयोग द्वारा भी भ्रष्टाचार के 27 प्रकारों को उल्लिखित किया गया है। इस प्रकार भ्रष्टाचार प्रशासनिक समाज का एक अनिवार्य अंग बन चुका है। इसके निवारण के लिए कई उपाय बताये गये हैं तथा लोकसेवकों के आचरण संबंधी कई नियमावलियां भी प्रचलित है। लोकसेवकों के संबंध में भ्रष्टाचार निरोधक अधिनियम, 1947 तथा के संथानम् समिति के प्रतिवेदन के आधार पर भारत सरकार द्वारा केन्द्रीय सतर्कता आयोग (Central Vigilance Commission) की संस्थापना एवं भ्रष्टाचार विरोधी मामलों की छानबीन के लिए केन्द्रीय अन्वेषण ब्यूरो (Central Bureau of Investigation) की स्थापना की गयी है इसके बावजूद अधिकारीतंत्र में भ्रष्टाचार का बोलबाला है जो सीधे रूप में प्रशासनिक क्षमता–कुशलता और संगठन की कार्यप्रणाली को प्रभावित कर रहा है।
3. **व्यावसायिक योग्यता का निम्न स्तर**–भारत की संसदीय लोकतांत्रिक व्यवस्था में निर्णय लेने एवं नीति–निर्धारण के संबंध में अन्तिम और महत्त्वपूर्ण अधिकार मंत्री या मंत्रिपरिषद् का होता है। लेकिन, नीति–निर्धारण में उच्चाधिकारियों की भूमिका भी काफी महत्त्वपूर्ण होती है। कुछ मंत्रियों को नीतियों के संबंध में तकनीकी ज्ञान या अनुभव होता है इसलिए वे मोटे तौर पर नीतियों की रूपरेखा तैयार करने में रुचि लेते है, लेकिन अधिकांश मंत्री नीति संबंधी कार्यों में ज्ञान के अभाव में कोई रुचि नही लेते हैं,

इसलिए नीति–निर्माण की पूरी जवाबदेही सरकारी ऑफिसरों की हो जाती है। अधिकारीगण अपने प्रशासनिक कौशल और अनुभव की वजह से नीति–निर्माण की बारीकियों से पूरी तरह अवगत होते हैं, साथ ही नौकरशाहों का यह कर्तव्य बनता है कि किसी भी नीति प्रस्ताव के अच्छे और बुरे दोनों पक्षों की समीक्षा करके सरकार के सामने निर्भय होकर अपना मत प्रकट करें। लेकिन आज अधिकारीवर्ग अपने खुशामदी चरित्र की वजह से इस दायित्व का निर्वहन सही ढंग से नही कर पा रहे हैं। यह स्थिति नौकरशाहों की योग्यता–दक्षता में गिरावट का सूचक है। अधिकारियों में व्यावसायिक स्तर पर हीनता घर करती जा रही है। भ्रष्टाचार का बोलबाला और नैतिक आचरण में पतन होने की वजह से नौकरशाही का मनोबल गिरता जा रहा है। इसलिए नौकरशाह प्रशासनिक समस्याओं–मामलों के सही हल के लिए दक्ष सूझ–बूझ का परिचय नहीं दे पाते हैं। निर्णय–प्रक्रिया में भी ढुलमुल रवैये की वजह से वे टालमटोल की नीति अपनाते हैं। प्रशासनिक कार्यों के निबटारें में नौकरशाहों द्वारा की जाने वाली लापरवाही उनकी व्यावसायिक योग्यता के निम्नस्तर का द्योतक है।

4. **कार्य निष्पादन का निम्न स्तर**–व्यवस्था के विकास हेतु परियोजनाओं तथा कार्यक्रमों को तैयार करना तथा उनका क्रियान्वयन करना अधिकारीतंत्र की मुख्य भूमिका है। लेकिन योग्यता–कार्यक्षमता में गिरावट की वजह से नौकरशाह अपने इस कार्य में भी पिछड़ रहे हैं। सामान्यतया, ग्रामीण विकास, कृषि तथा समाज सेवा से संबधित परियोजनाएं केन्द्रीय स्तर पर तैयार की जाती हैं, लेकिन वहां भी नौकरशाहों द्वारा इन्हें तैयार करते समय सामाजिक मान्यता एवं इसके माध्यम से समाज को मिलने वाले लाभों तथा व्यावहारिकता के पक्षों पर कोई विशेष ध्यान नहीं दिया जाता है। कई बार योजनाओं का प्रारूप बदल दिया जाता है या बिना सूचना के उन्हें बन्द कर दिया जाता है। राज्य स्तर की योजनाओं में वित्तीय सामाजिक तथा तकनीकी पक्षों के संबध में बहुत ध्यान नहीं दिया जाता है। आनन–फानन में योजनाएं तैयार कर ली जाती हैं। लेकिन, योजनाओं की सफलता उनके कार्यान्वयन और मॉनीटरिंग पर निर्भर करती है। सरकारी योजनाओं की घोषणा तो कर दी जाती है कागज पर तैयार होने के बाद उन पर अमल भी किया जाता है, लेकिन सतत् मॉनीटरिंग के अभाव में एवं ढुलमुल रवैये की वजह से नौकरशाह सरकार की सारी उपलब्धियों को मिट्टी में मिला देते हैं। राज्य एवं केन्द्रीय दोनों स्तर की परियोजनाओं में कार्यान्वयन के स्तर पर कुशलता एवं समन्वय की काफी कमी दिखाई पड़ती है। वस्तुतः, कार्य–निष्पादन तथा योजना–कार्यान्वयन के स्तर पर गुणवत्ता में आ रही गिरावट से व्यवस्था में विकास और समुन्नति का कार्यक्रम प्रभावित हो रहा है।

सारांशतः, यह कहा जा सकता है कि अनेक गंभीर आलोचनाओं के बावजूद यह सत्य है कि भारतीय नौकरशाही के कंधों पर देश के सामाजिक, आर्थिक, सांस्कृतिक एवं राजनीतिक विकास की पूरी जवाबदेही है। मतदान व्यवहार के बदलते स्वरूप की वजह से विभिन्न दलों के जनप्रतिनिधियों का चुनाव हारने–जीतने का सिलसिला चलता रहता है। लेकिन, नौकरशाही स्थायी कार्यपालिका है जिस पर प्रशासनिक दायित्व का पूरा दारोमदार है और भारतीय नौकरशाही अपने इस प्रशासनिक दायित्व का बखूबी निर्वहन कर रही है। आधुनिक पूंजीवादी व्यवस्था और नौकरशाही का परस्पर घनिष्ठ संबंध हैं, इसीलिए सभी व्यवस्थाओं में मूद्रा आधारित अर्थव्यवस्था के विकास से नौकरशाही के मजबूत अस्तित्व–निर्माण में विशेष सहायता मिली है। लोकतांत्रिक व्यवस्थाओं के विकास–आधुनिकीकरण और आधुनिक राज्यों के कार्यक्षेत्र में बेतहाशा वृद्धि तथा प्रशासनिक क्रियाकलापों में बढ़ती जटिलताएं नौकरशाही के मजबूतीकरण में आधार–माध्यम की भूमिका निभा रही हैं।

स्मरणीय संकेत (Points to Remember)

- नौकरशाही अंग्रेजी भाषा के 'ब्यूरोक्रेसी' शब्द का हिन्दी रूपान्तर है, जो कार्मिक प्रशासन के अध्ययन से संबद्ध है और प्रशासनिक ढांचे का एक महत्त्वपूर्ण हिस्सा है।

- नौकरशाही को परिभाषित करने में जिन विद्वज्जनों का उल्लेखनीय योगदान है, उनमें प्रो. एप्लबी, प्रो. जॉन वी. विग ग्लैडन, प्रो. एल.डी. व्हाइट, मार्क्सटीन मार्क्स, राबर्ट सी. स्टोन, प्रो. लास्की, प्रो. जैनिग्स मैक्स वेबर, माइकेल क्रोजियर, फिफनर, प्रेस्थस आदि के नाम शामिल हैं।
- नौकरशाही पर व्यवस्थित रूप से प्राथमिक अध्ययन करने का श्रेय मैक्स वेबर को है।
- वेबर ने नौकरशाही को एक तर्कसंगत व्यवस्था के रूप में विश्लेषित किया है। इनकी दृष्टि में प्रशासनिक कार्य एक 'पूर्णकालिक व्यवसाय' है।
- वेबर द्वारा अधिकरीतंत्र के लिए आदर्श प्रारूप की प्रस्तुति की गयी है जिसकी कुछ ख़ास विशेषताएं हैं, यथा–पदसोपान संरचना, सुनिश्चित कार्यविधि, स्पष्ट कार्यविभाजन, पद के लिए निर्धारित योग्यताएं, वेतन तथा पेन्सन का अधिकार, अवैयक्तिक संबंध, आधिकारिक रिकार्ड।
- आलोचकों की दृष्टि में वेबर द्वारा प्रस्तुत आदर्श प्रारूप केवल विकसित उदारवादी व्यवस्थाओं पर लागू होता है, समाजवादी एवं विकासशील व्यवस्थाओं के लिए यह सही नहीं है।
- राबर्ट के. मार्टन ने अधिकारीतंत्र के जिन दुष्कार्यों को रेखांकित किया है वे हैं–प्रशिक्षित अयोग्यता, संरचनात्मक अतिसमविन्यास, व्यावसायिक मनोविकार, साध्य की अपेक्षा साधन की महत्ता, नम्यता लालफीताशाही।
- मार्क्स की दृष्टि में नौकरशाही का तात्पर्य उस अधिकारी वर्ग से है जो पूंजीपति मालिकों तथा शासकों के प्रतितिनिधि के रूप में मजदूरों और कर्मचारियों पर नियंत्रण रखता है।
- मार्क्स द्वारा नौकरशाही की जिन विशेषताओं को रेखांकित किया गया है उनमें पदसोपान व्यवस्था, श्रम विभाजन, अलगाव का सिद्धान्त, स्वतंत्रता का ह्रास, सृजनशीलता का ह्रास, मानवता का ह्रास, नैतिकता का ह्रास है।
- नौकरशाही की विशेषताएं–पदसोपान आधारित संगठन, नियमों–विनियमों तथा कानूनों की सर्वोच्च प्राथमिकता, प्रत्येक पद के साथ निर्धारित सत्ता, प्रत्येक पद पर भर्ती के लिए आवश्यक योग्यता, निर्धारित कार्यक्षेत्र, तकनीकी विशेषज्ञता, नौकरशाही सत्ता का आधार, राज्य एवं शासन का आधार, जीवनयापन और समुन्नति का साधन।
- नौकरशाही के प्रकार–शासकीय नौकरशाही, शासक प्रमुख नौकरशाही, प्रतिनिधि नौकरशाही।
- मैक्स वेबर द्वारा प्रंस्तुत नौकरशाही के तीन प्रकार हैं–बनावटी नौकरशाही, दण्ड केन्द्रित नौकरशाही, प्रतिनिधि नौकरशाही।
- एफ.एम. मार्क्स द्वारा नौकरशाही के चार प्रकारों की प्रस्तुति की गयी है–अभिभावक नौकरशाही, जातीय नौकरशाही, संरक्षक नौकरशाही, गुणात्मक नौकरशाही।
- नौकरशाही के दोष–लालफीताशाही, आमजनता के मांगों की उपेक्षा, साम्राज्य निर्माण, शक्ति के लिए लालायित, रूढ़िवादी प्रवृत्ति के समर्थक, निरंकुशता, श्रेष्ठ की भावना, मानवीय संबंधों की उपेक्षा, शक्ति का दुरुपयोग, आकार में वृद्धि और कार्यकौशल में कमी, जटिलता में वृद्धि, आत्मप्रशंसक।
- नौकरशाही की बुराइयों को दूर करने के उपाय–यथासंभव शक्ति का विकेन्द्रीकरण, नौकरशाही पर यथासंभव नियंत्रण, योग्य मंत्रियो की नियुक्ति, प्रदत्त व्यवस्थापन की मात्रा में कमी, न्यायाधिकरणों की स्थापना।
- प्रो. रॉबसन द्वारा नौकरशाही के दोषों में सुधार के लिए प्रस्तुत किये गये उपाय हैं–लोकसेवक समाज के सभी वर्गों का प्रतिनिधित्व करें, सिविल सेवकों को एकीकृत किया जाना चाहिए, सिविल सेवकों और जनता के बीच निरन्तर संपर्क कायम रहना, प्रशासन में जनता का योगदान।

- भारतीय नौकरशाही की सैद्धांतिक विशेषताएं–राजनीति के प्रति तटस्थता, पदसोपान आधारित संगठन, भारत में मुख्य कार्यपालिका का मंत्रणा अभिकरण, विभागीय संगठन, संघ एवं राज्यों के लिए साझा सेवा का प्रावधान, पदावधि प्रणाली।
- भारतीय नौकरशाही की व्यावहारिक विशेषताएं–भ्रष्टाचार, राजनीतिक गतिविधियों में संलग्नता, लालफीताशाही, शासकों का दम्भ, तकनीकी विशेषज्ञों की उपेक्षा, त्रिस्तरीय सेवा संरचना, अभिजनवादी प्रवृत्ति, अनुत्तरदायी सेवा, अपराधियों से गठजोड़।
- भारतीय नौकरशाही की भूमिका–नौकरशाही और सामाजिक परिवर्तन, नौकरशाही और राजनीतिक विकास, नौकरशाही एक शक्तिशाली हित समूह के रूप में, नौकरशाही और प्रधानमंत्री कार्यालय, नौकरशाही और मंत्रिपरिषद्, नौकरशाही और राज्यों की राजनीति।
- भारतीय नौकरशाही का आलोचनात्मक पक्ष–राजनीतिक सम्बद्धता, भ्रष्टाचार का बोलबाला, व्यावसायिक योग्यता का निम्नस्तर, कार्य निष्पादन का निम्न स्तर।

प्रश्न (Questions)

1. नौकरशाही अवधारणा की विवेचना कीजिए। इसकी चुनौतियां, उपयोगिता और महत्त्व पर प्रकाश डालिए।
   Discuss the concept of bureaucracy and discuss its challenges, utility and importance.
2. नौकरशाही की परिभाषा दीजिए। इसके विभिन्न प्रकारों की विवेचना कीजिए।
   Define bureaucracy and discuss its various kinds.
3. मैक्स वेबर की नौकरशाही अवधारणा का आलोचनात्मक मूल्यांकन करें।
   Critcally examine the Max Weber's concept of bureaucracy.
4. नौकरशाही की भूमिका पर एक निबंध लिखें।
   Write an essay on the role of bureaucracy.
5. नौकरशाही शब्द से आप क्या समझते हैं ? आधुनिक लोकप्रशासन के लिए क्या यह अति आवश्यक है ? कारण सहित उत्तर दीजिए।
   What do you understand by the term bureaucracy ? Is it indispensable to modern public administration ? Give reasons for your answer.
6. भारतीय नौकरशाही की विशेषताओं, भूमिका, चुनौतियों एवं महत्त्व का आलोचनात्मक परीक्षण करें।
   Critically examine the characteristics, role, challenges and imprortance of Indian bureaucracy.

अध्याय 25

बुद्धिजीवियों की राजनीतिक भूमिका : सार्थकता
(Political Role of Intellectuals : Significance)

परिचय (Introduction)

उत्तरव्यवहारवाद के प्रणेता डेविड ईस्टन ने उत्तरव्यवहारवाद के दायित्वों की व्याख्या प्रस्तुत करते हुए बुद्धिजीवियों की राजनीतिक भूमिका पर प्रकाश डाला है और इसे 'बौद्धिक आधार स्तम्भों' का नाम दिया है। उत्तरव्यवहारवाद के आगमन के पूर्व व्यवहारवाद मात्र वैज्ञानिक शोधकर्ताओं, तकनीशियनों और प्रविधिज्ञों के साथ जुड़कर रह गया था, किन उत्तरव्यवहारवादी उपागम द्वारा जब आधुनिक राजनीति विज्ञान के विश्लेषकों ने विषयगत अध्ययन–विश्लेषण में मूल्यों के चिन्तन को भी महत्त्व दिया तब साथ ही इस मान्यता को भी स्वीकारा कि सभी व्यवस्थाओं में बौद्धिक वर्ग की एक निश्चित और महत्त्वपूर्ण भूमिका होती है। उत्तरव्यवहारवादियों के शब्दों में "बौद्धिक वर्ग की समाज में एक निश्चित और महत्त्वपूर्ण भूमिका है और उनके ज्ञान का उपयोग जीवन के लिए किया जाना चाहिए।" उत्तरव्यवहारवादियों का इस बात पर विशेष बल है कि "राजनीतिक शोध हमेशा जीवन की समस्याओं से प्रासंगिक होनी चाहिए, अध्ययन का लक्ष्य सामाजिक स्थिरता की अपेक्षा परिवर्तन होना चाहिए तथा अध्ययनकर्ता द्वारा विषयगत शोध में मूल्यों को प्रधान स्थिति दी जानी चाहिए।"

अर्थ एवं परिभाषाएं (Meaning and Definitions)

बीसवीं शताब्दी के अनुभववादी राजनीति वैज्ञानिकों द्वारा राजनीतिक व्यवस्था के विकास में बुद्धिजीवियों के महत्त्व को रेखांकित किया गया है। एडवर्ड शिल्स के मतानुसार, बुद्धिजीवी शब्द का प्रयोग उन सभी व्यक्तियों के लिए किया जाता है जो उच्च आधुनिक शिक्षा प्राप्त है तथा अपने विषय से संबंधित बौद्धिक रुचि एवं प्रवीणता (Expertness) रखते हैं। शिल्स का ऐसा मानना है कि बुद्धिजीवी होने के लिए सिर्फ विश्वविद्यालय की उपाधि (Degree) ही काफी नहीं है, अपितु इसके सफलीभूत होने के लिए उन्हें आधुनिक परिवेश और संस्कृति से परिचित होना भी अपरिहार्य है। शिल्स के विचारानुसार, "बुद्धिजीवी वे व्यक्ति हैं जो किसी कॉलेज (महाविद्यालय) या विश्वविद्यालय की बौद्धिक संस्कृति से प्रभावित होने की वजह से बौद्धिक अभिजन बने हैं, न कि आधुनिक व्यापार या प्रशासन के तरीकों में निपुणता प्राप्त करने के कारण बने हैं।"

बुद्धिजीवी शब्द को परिभाषित करना एक कठिन प्रयास है, क्योंकि एक तो इनका आविर्भाव एवं विकास विविध प्रकार के सामाजिक समूहों से होता है, इसलिए इन्हें किसी एक सामाजिक समूह के अन्तर्गत परिभाषा के दायरे में बांधना अत्यन्त कठिन है तथा दूसरा इस समूह के सदस्यों के सामाजिक प्रभावों का निर्धारण कर पाना भी एक कठिन कार्य है। वृहत् अर्थों में बुद्धिजीवी की संज्ञा उस व्यक्ति को दी जाती है जो सामाजिक मुद्दों, समस्याओं, सवालों से जुड़े आयामों पर अपनी राय जाहिर करता है तथा अपने अभिव्यक्त विचारों–दृष्टिकोणों, शोधकार्यों से समाज को नई दिशा प्रदान करता है। बुद्धिजीवियों से यह अपेक्षा की जाती है कि उनकी सोच समाज सापेक्ष हो तथा उनमें गलत विचारों, धारणाओं का खण्डन करने एवं सरकार के जनविरोधी–समाजविरोधी कार्यों, नीतियों–निर्णयों की आलोचना करने की क्षमता हो। सभी प्रकार के समाजों में बुद्धिजीवियों का अस्तित्व विद्यमान होता है। आधुनिक शिक्षित समाजों में ये साहित्यकारों, कवियों, दार्शनिकों, प्रोफेसरों, नाटककारों, उच्च अधिकारियों, वैज्ञानिकों, धार्मिक चिन्तकों के रूप में मौजूद होते हैं, जबकि अशिक्षित समाजों में इनकी उपस्थिति पुरोहितों, मौलवियों, कवियों, जादूगरों, भाटों, वंशावलीविदों आदि के रूप में मौजूद होती है।

एडवर्ड शिल्स ने बीसवीं शताब्दी के मध्य में उपनिवेशवाद के पतन के पश्चात् विश्व के मानचित्र में अपने स्वतंत्र अस्तित्व की उपस्थिति दर्ज कराने वाले एशिया तथा अफ्रीका के नवोदित देशों में तीव्र गति से होने वाले सामाजिक–राजनीतिक परिवर्तनों का गहन अध्ययन किया और वहां मौजूद विविध सामाजिक समूहों में प्रमुख स्थान रखने वाले अभिजनों की जिन तीन कोटियों को रेखांकित किया है, वे हैं : **प्रथम**–प्रजाजीवी यानी कि बुद्धिजीवी, **द्वितीय**–उद्योग के प्रबंधक, और **तृतीय**–सरकारी अधिकारी। इनकी दृष्टि में इन समाजों के नवनिर्माण एवं विकास में इस अभिजन वर्ग द्वारा सर्वाधिक महत्त्वपूर्ण भूमिका निभाई गयी है। विकासशील देशों में बुद्धिजीवी अभिजनवर्ग का विकास वहां हुए सामाजिक पविर्तन का एक महत्त्वपूर्ण पक्ष है। तीव्र सामाजिक–राजनीतिक परिवर्तन के दौर से गुजरने वाले इन देशों में समाज को सकारात्मक दिशा एवं नेतृत्व प्रदान करने के लिए ऐसे बुद्धिजीवी अभिजनों की परम आवश्यकता थी जो सामाजिक, राजनीतिक, आर्थिक, सांस्कृतिक संक्रमण काल (Transition Period) में आधुनिकता प्रवृत्त समाजों को सही राह दिखा सके तथा विकास व आधुनिकीकरण की प्रवृत्ति को सही दिशा प्रदान करके संदर्भित परिवर्तन की पेचीदगियों पर अपना नियंत्रण स्थापित कर सके। शिल्स का ऐसा मानना है कि ''इन नवोदित राष्ट्रों में अभिजन वर्ग अति तीव्र गति से एक नई व्यवस्था के निर्माण कार्य को अंजाम देने में लगे हैं जिनकी अकांक्षाएं 1789 के पश्चात् विकसित यूरोप के क्रान्तिकारियों से भी कहीं अधिक धारदार और व्यापक है।''

शिल्स ने बीसवीं सदी में एशिया और अफ्रीका के नवोदित राष्ट्रों मे उभरने वाले अभिजनवर्ग की भूमिकाओं की विस्तृत व्याख्या प्रस्तुत की है। लेकिन, शिल्स ने अभिजन वर्ग की विवेचित तीन कोटियों में सिर्फ बुद्धिजीवी अभिजनवर्ग के अध्ययन–विश्लेषण पर विशेष रूप से प्रकाश डाला है। शिल्स ने 'दि इन्टेलेक्चुअल्स एण्ड दि पावर्स : सम परस्पेक्टिव्स फॉर कमपैरेटिव अनैलिसिस' में कहा है कि ''सभी समाजों में कुछ लोग ऐसे होते हैं जो पवित्रता के प्रति असाधारण रूप से अतिसंवेदनशीलता रखते हैं, अपने ब्रह्माण्ड तथा उन नियमों जिनसे वे शासित होते हैं, के प्रति असाधारण दृष्टिकोण रखते हैं। सभी समाजों में एक ऐसा अल्संख्यक वर्ग होता है जो जनसाधारण से अधिक जानकार अन्वेषक होता है, उन प्रतीकों से निन्तर सम्पर्क बनाये रखने के लिए उत्सुक होता है जो दैनिक परिस्थितियों से कहीं अधिक विशिष्ट होते हैं तथा समय और स्थान के संदर्भ में दूरस्थ होते हैं। यह अल्पसंख्यक वर्ग उस उत्सुकता को कविता या रूपांतर भाव में, ऐतिहासिक लेखों या संस्थानिक निष्पादन के रूप में एवं पूजा के कार्यों के संबंध में मौखिक व लिखित प्रवचन द्वारा मूर्तरूप देना आवश्यक समझते हैं। तात्कालिक मूर्त अनुभव के परदे से इतर प्रवेश की आन्तरिक आवश्यकता सभी समाजों में बुद्धिजीवियों की विद्यमानता की ओर संकेत करती है। बुद्धिजीवी उपदेश देकर या लेख लिखकर सामान्य जनता को जो ज्ञान व प्रतिभा प्रदान करते हैं वह उन्हें कहीं और से प्राप्त नहीं हो सकती है। सिर्फ अपनी आन्तरिक योग्यता और सामाजिक भूमिका के कारण ही बुद्धिजीवी समाज को यह ज्ञान प्रदान करने में सफल हो पाते हैं।

शिल्स की यह मान्यता है कि पूर्वी देशों की राजनीति को उन्नतावस्था में ले जाने में वहां के तात्कालिक बुद्धिजीवी वर्ग की भूमिका काफी महत्त्वपूर्ण रही है। एशिया–अफ्रीका के अधिकांश राष्ट्रों में विदेशी हुकूमत के साथ स्वतंत्रता–प्राप्ति के लिए जो संघर्ष चल रहा था, जाहिर था कि उस संघर्ष का स्वरूप संवैधानिक नहीं था। संघर्ष

की उन परिस्थितियों में मौजूदा बुद्धिजीवियों का असंवैधानिक एवं क्रान्तिकारी राजनीति के प्रति आकर्षित होना लाजिमी था। इस प्रकार, सभी संघर्षशील राष्ट्रों की प्रकृति व स्वरूप–निर्धारण में मौजूदा बुद्धिजीवियों द्वारा सकारात्मक भूमिका निभायी गयी है। शिल्स का ऐसा मानना है कि इन नवोदित राष्ट्रों के बुनियादी निर्माण में बुद्धिजीवियों का योगदान उल्लेखनीय है। उन्होंने अपनी ओजस्वपूर्ण लेखनी द्वारा एशिया–अफ्रीका के देशों की जनता में राष्ट्रीय चेतना जगाने में तथा उनके अन्दर राष्ट्रवाद के विचार निर्माण एवं विकास में अतुल्य योगदान दिया है।

उपनिवेशवादी शासन के दौरान राजनीतिक क्रियाकलापों में विशेष रूप से बुद्धिजीवी ही भागीदारी करते थे तथा विदेशी हुकूमत के हाथों अपनी शक्ति गंवा चुके राजाओं का यह प्रयास होता था कि वे किसी भी तरह से अपनी यथास्थिति बनाये रखें और विदेशी शासकों की जी–हुजूरी करके कुछ विशेषाधिकार प्राप्त करने में सफल हो जायें। लगभग सभी संघर्षशील देशों में मौजूद राजपरिवार बुद्धिजीवियों द्वारा संचालित स्वतंत्रता आन्दोलनों से अपने आपको अलग रखने के प्रयास में लगा रहता था। इस प्रकार, उपनिवेशवादी सत्ता के दौरान सभी गुलाम देशों में विदेशी हुकूमत के विरुद्ध सिर उठाने वाले जनआन्दोलनों की रूपरेखा व उनकी तीव्रता के निर्धारण की बागडोर बुद्धिजीवियों के हाथों में थी।

उपनिवेशवाद उन्मूलन से प्रासंगिक संघर्षों–आन्दोलनों में बुद्धिजीवियों की सक्रिय भागीदारी की मूल वजह पर प्रकाश डालते हुए शिल्स ने यह अभिव्यक्ति की है कि पूर्वी देशों की राजनीति में बुद्धिजीवियों के प्रवेश एवं अत्यधिक सक्रियता की एक ख़ास वजह सैनिक शक्ति पर विदेशी सत्ता का वर्चस्व भी था। सैन्य बल में देशी लोगों की नियुक्ति नहीं के बराबर होती थी। सैन्य सेवा में उच्च पदों पर केवल विदेशियों की ही नियुक्ति होती थी, इसलिए इन राजनीतिक आन्दोलनों में सेना से किसी भी प्रकार की मदद मिलने की कोई संभावना नहीं थी। ऐसी परिस्थिति में विदेशी सत्ता की दमनात्मक कार्रवाइयों से त्रस्त इन देशों का असहाय समाज अपनी आजादी के लिए बुद्धिजीवी वर्ग की ओर आशाजनक दृष्टि से देख रहा था और उनसे आजादी के संघर्ष में नेतृत्व की बागडोर संभालने की अदम्य इच्छा व्यक्त कर रहा था। समय की मांग को देखते हुए बुद्धिजीवियों ने अपने अंतःकरण की पुकार सुनी और सक्रिय राजनीति में प्रवेश किया।

स्वतंत्रता–प्राप्ति के लिए संघर्ष कर रहे सभी विदेशी सत्ता के अधीन देशों की सामाजिक–राजनीतिक परिस्थितियों का गहन अवलोकन करने के पश्चात् शिल्स इस निष्कर्ष पर पहुंचे कि इन संघर्षरत देशों में सिर्फ बुद्धिजीवी ही एक ऐसा अभिजनवर्ग था जो पश्चिमी शिक्षा ग्रहण करने के बावजूद विदेशी शासन के ख़िलाफ राजनीति में क्रियाशील होकर स्वतंत्रता आन्दोलनों के संचालन में सक्रिय भूमिका निभा रहा था। एशिया–अफ्रीका के देशों में उस समय मुख्य रूप से बुद्धिजीवी सरकारी नौकरियों, अध्यापन–पत्रकारिता, कानून, चिकित्सा जैसे व्यवसायों से जुड़े थे।

बॉटोमोर की दृष्टि में बुद्धिजीवी सामान्य रूप से एक छोटा समूह है जो प्रत्यक्ष रूप से विचारों के सृजन, संप्रेषण तथा समालोचना की दिशा में योगदान करता है। इन्होंने भी यह स्वीकार किया है कि बुद्धिजीवी वर्ग की सीमाओं का बारीकी से निर्धारण करना अत्यन्त कठिन कार्य है, लेकिन इन सब में जो एक विशेषता अपरिहार्य रूप से पायी जाती है वह है समाज की संस्कृति के साथ इनका सीधा सरोकार। इन्होंने बुद्धिजीवी वर्ग में लेखकों, कलाकारों, दार्शनिकों, वैज्ञानिकों, सामाजिक सिद्धान्तकारों, राजनीतिक टीकाकारों, धार्मिक चिन्तकों आदि को शामिल किया है। बॉटोमोर ने बुद्धिजीवी और प्रबुद्ध वर्ग (**Intelligentia**) के बीच पाये जाने वाले सूक्ष्म भेद को स्पष्ट करने की कोशिश की है। हालांकि इनका भी मानना है कि दोनों में भेद करना काफी कठिन है। सर्वप्रथम प्रबुद्ध शब्द का इस्तेमाल उन्नीसवीं शताब्दी में रूस में उन लोगों के लिए किया गया था जो विश्वविद्यालय से शिक्षा प्राप्त कर व्यावसायिक कार्यों में निपुण हो गये थे। बाद में इस वर्ग में लेखकों तथा शारीरिक श्रम करने वाले लोगों को भी शामिल किया गया। लेकिन, बुद्धिजीवी तथा प्रबुद्ध वर्ग में अन्तर स्पष्ट करते हुए बोटोमोर ने यह कहा है कि "प्रबुद्धवर्ग एक वृहत् समूह है जिसकी तुलना नवीन मध्य वर्ग से की जा सकती है जबकि बुद्धिजीवी वर्ग एक लघु समूह है जिसमें विचारों, दृष्टिकोणों के सृजन, संप्रेषण, संचारण तथा समालोचना का गुण मौजूद होता है।" इनका मानना है कि बुद्धिजीवी वर्ग का समाज की पारम्परिक एवं प्रचलित संस्कृति से प्रत्यक्ष रूप से संबद्ध होता है, जबकि प्रबुद्ध वर्ग के सदस्यों में ये विशेषताएं अनिवार्य रूप से नहीं पायी जाती हैं।

शिल्स एवं बॉटोमोर दोनों की दृष्टि में एशिया तथा अफ्रीका के नवोदित राष्ट्रों की राजनीति के स्वरूप निर्धारण, नियमन एंव निरूपण में बुद्धिजीवियों की भूमिका सर्वाधिक प्रमुख रही है। वस्तुतः इन राष्ट्रों में राजनीतिक समाज का निर्माण करने, राजनीतिक संरचनाओं की रूपरेखा तय करने तथा राजनीति को नेतृत्व प्रदान करने का श्रेय इसी वर्ग को दिया जाता है। पूर्वी राष्ट्रों की राजनीति पर राजनीतिक संरचनाओं एवं राजनीतिक प्रक्रियाओं पर बुद्धिजीवियों के राजनीतिक दृष्टिकोण, विचार तथा उनकी सामाजिक प्रस्थिति का काफी गहरा प्रभाव पड़ा है। इस वर्ग के राजनीतिक दृष्टिकोण में मुख्य रूप से तीव्र राजनीतिकरण, तीव्र राष्ट्रवाद, विदेशी हुकूमत के विरुद्ध विरोध वाद, समाजवादी सिद्धान्तों में विश्वास, राजनीतिक उग्रता जैसे विशिष्ट लक्षणों की विद्यमानता को स्पष्ट रूप से देखा जा सकता है। यही वजह है कि पूर्वी राष्ट्रों के अधिकतर बुद्धिजीवी मुख्य रूप से वामपंथी विचारधारा के हिमायती रहे। इन देशों में राष्ट्र–निर्माण के प्रेरक माध्यमों की भूमिका निभाने के बावजूद बुद्धिजीवियों को इन राष्ट्रों में राष्ट्र–निर्माण करने वाले विचारों से जन–जन को परिचित कराने में बहुत अधिक सफलता नहीं मिली। यही वजह है कि आजतक सभी विकासशील देश राष्ट्र–निर्माण एवं राज्य–निर्माण की समस्या से जूझ रहे हैं।

टी.बी. बॉटोमोर की दृष्टि में विकासशील देशों में बुद्धिजीवियों तथा मध्यवर्ग की भूमिका वंशगत अभिजनों एवं उपनिवेशवादी प्रशासकों की अपेक्षा कहीं अधिक महत्त्वपूर्ण रही है, क्योंकि बुद्धिजीवी अभिजन वर्ग का निर्माण एवं विकास सामाजिक व्यवस्था के अन्तर्गत होता है, इसलिए वे देश के पर्यावरण से पूर्व परिचित होते हैं और सामाजिक–राजनीतिक समस्याओं के निराकरण में ज्यादा कारगर भूमिका निभाते हैं। भारत में बुद्धिजीवी अभिजनवर्ग के विकास का श्रेय अंग्रेजी हुकूमत तथा पश्चिमी शिक्षा को है। देश में आधुनिकीकरण की प्रवृत्ति की शुरुआत अंगेजी शासन काल में उपनिवेशवादी प्रशासकों की गतिविधियों के परिणामस्वरूप हुआ। भारतीय बुद्धिजीवी वर्ग के विकास में औपनिवेशिक सत्ता तथा आधुनिक शिक्षा का महत्त्वपूर्ण योगदान रहा है। यहां के बुद्धिजीवी वर्ग द्वारा जहां एक ओर उच्च सरकारी सेवाओं तथा सक्रिय राजनीति को नेतृत्व प्रदान करके महत्त्वपूर्ण पदों को सुशोभित किया गया है वहीं दूसरी ओर यह वर्ग शैक्षणिक एवं बौद्धिक जगत् से जुड़े रहकर कवि, साहित्यकार, कलाकार, पत्रकार, समाज सिद्धान्तकार, राजनीति टीकाकार आदि भूमिकाओं का निर्वहन करते हुए देश की सामाजिक–राजनीतिक समस्याओं के प्रति अपना दृष्टिकोण समाज–सापेक्ष व व्यक्ति–सापेक्ष रखते हुए महत्त्वपूर्ण मुद्दों पर बहस–मुबाहिसा, विचार गोष्ठियाँ आदि आयोजित करके राजनीतिक अभिजनों में जनसरोकारगत मनोवृत्तियों का निर्माण व निरूपण कराते रहने में महत्त्वपूर्ण भूमिकाएं अदा करता रहा है। विकासशील देशों में राजनीतिक जीवन के निर्धारण–नियमन व निरूपण में बुद्धिजीवियों की महत्त्वपूर्ण भूमिका को देखते हुए शिल्स ने कई जगह 'राजनीतिक अभिजन सिद्धान्त' को 'बुद्धिजीवी अभिजन सिद्धान्त' कह दिया है।

राजनीतिक व्यवस्था का स्वरूप उदारवादी हो या विकासशील सभी व्यवस्थाओं के निर्माण, विकास एवं समुन्नति में देश के बुद्धिजीवी वर्ग का उल्लेखनीय योगदान रहा है। पश्चिमी यूरोपीय देशों एवं अमेरिका के अधिकांश बुद्धिजीवी दक्षिणपंथी विचारधारा के समर्थक व पोषक रहे हैं। राजनीतिक समाजशास्त्र के अध्ययन की सूची में जब से अभिजनवर्ग सिद्धान्त (Elite Theory) पर चिन्तन–विश्लेषण का दौर आरंभ हुआ है तभी से लगभग सभी विद्वज्जनों द्वारा अभिजन वर्ग के अन्तर्गत शामिल बुद्धिजीवी वर्ग की भूमिकाओं को अपने–अपने तरीके से रेखांकित किया गया है। हेरॉल्ड डी. लासवेल तथा रेमण्ड एरन द्वारा अभिजनवर्ग तथा समाज के अन्य वर्गों के बीच संबंध स्थापित करने के प्रयासक्रम मे बुद्धिजीवी अभिजन वर्ग के सामाजिक प्रभाव की विवेचन प्रस्तुत की गयी है, जो राजनीतिक सत्ता का हिस्सा नहीं होते हुए भी इसके निर्माण के लिए आवश्यक वातावरण निर्मित करने में उल्लेखनीय योगदान देते रहे हैं। इनकी दृष्टि में अभिजनवर्ग के विविध प्रकारों में बुद्धिजीवी वर्ग की भूमिका भी काफी महत्त्वपूर्ण है। रेमण्ड ऐरन ने साम्यवादी देशों में अभिजनवर्ग के अस्तित्व की ओर ध्यान आकृष्ट करते हुए यह कहा है कि, वस्तुतः किसी भी समाज के नागरिकों में पूर्ण समानता की स्थिति नहीं पायी जाती है। बुद्धिजीवी, वैज्ञानिक तथा सत्ताधारी के रूप में कुछ ऐसे वर्गों का अस्तित्व जरूर मौजूद होता है जो अपनी अद्वितीय क्षमताओं की वजह से जनसमूहों से आगे निकल आते हैं। गैतानो मोस्का ने भी अपने अभिजन सिद्धान्त में नवीन मध्य वर्ग का उल्लेख किया है, जिसमें बुद्धिजीवियों, वैज्ञानिकों, इंजीनियरों, विद्वानों आदि की भूमिका पर प्रकाश डाला है। बुद्धिजीवियों की राजनीतिक भूमिका पर विशेष चर्चा अग्रांकित है।

राष्ट्र–निर्माण में बुद्धिजीवियों की भूमिका

बुद्धिजीवी वर्ग की राजनीतिक भूमिका व इसकी सार्थकता जैसे प्रासंगिक विषय पर व्यवस्थित अध्ययन का साक्ष्य बीसवीं शताब्दी के राजनीतिशास्त्रवेत्ताओं द्वारा प्रतिपादित सिद्धान्तों के परिप्रेक्ष्य में मिलता है। एशिया–अफ्रीका तथा लैटिन अमेरिका के अनेक राष्ट्रों में लोकतंत्र की मांग के लिए उठायी गयी आवाजों के निर्माण की पृष्ठभूमि तैयार करने, जन–जन में राजनीतिक चेतना जगाने, राष्ट्रवाद की भावना विकसित करने तथा लोकतांत्रिक सरकार की स्थापना के पश्चात् राजनीतिक आधुनिकीकरण तथा विकास में महत्त्वपूर्ण योगदान देने के प्रसंग में बुद्धिजीवियों की राजनीतिक भूमिका और उसकी सार्थकता पर विद्वज्जनों के महत्त्वपूर्ण विचारों की अभिव्यक्ति समय–समय पर होती रही है, जिसकी विवेचना ऊपर के प्रसंगों में की जा चुकी है। विकासशील राष्ट्रों मे राष्ट्र–निर्माण, राज्य–निर्माण, राजनीतिक विकास तथा राजनीतिक आधुनिकीकरण जैसे प्रसंगों के अस्तित्व–निर्माण एवं संवृद्धि में बुद्धिजीवी वर्ग का सकारात्मक योगदान आज राजनीतिक समाजशास्त्र के अध्ययन का महती विषय बन चुका है। यद्यपि ये सभी राजनीतिक प्रक्रियाएं परस्पर संबद्ध हैं लेकिन किसी भी विकासशील राष्ट्र की यथोचित समुन्नति की दृष्टि से इन सभी का अपना अलग–अलग महत्त्व है। फिर भी, इन चारों प्रक्रियाओं में राष्ट्र–निर्माण एवं राज्य–निर्माण की प्रक्रिया आज भी विकासशील देशों की केन्द्रीय समस्या है जो गंभीर रूप से खुली बहस–मुबाहिसा का प्रसंग है। विशेष रूप से एशिया, अफ्रीका तथा लैटिन अमेरिका के नवोदित राष्ट्रों में राष्ट्र व राज्य–निर्माण की समस्या समान रूप से संजीदा चुनौती की शक्ल में राजनीतिक अभिजनों के लिए गंभीर चिन्ता का विषय बना हुआ है। यह समस्या सिर्फ खण्डीकरण या अलगाववादी तत्त्वों को ही बढ़ावा नहीं देता है, अपितु सामाजिक समानता–समरसत्ता, सामाजिक न्याय, सद्भाव, सौहार्द स्वतंत्रता, सहभागिता जैसे समाज से संबद्ध महती विषयों के बहाव की गति को भी बाधित करता है।

आल्मंड तथा पॉवेल ने कहा है कि राष्ट्र–निर्माण वह प्रक्रिया है जिसमें लघु जनजातियों में गांवों या स्थानीयता के प्रति निष्ठा एवं समर्पण की भावना को वृहत् करके उसे केन्द्रीय स्तर पर पूरे देश के प्रति समर्पित कराया जाता है। वस्तुतः, राष्ट्र–निर्माण प्रक्रिया का उद्देश्य जनता की अभिवृत्ति में अपने राष्ट्र के प्रति निष्ठा एवं समर्पण की भावना का आविर्भाव एवं विकास करना है। इस प्रक्रिया द्वारा जहां आन्तरिक स्तर पर देश की सामाजिक–आर्थिक राजनीतिक व्यवस्था का मजबूतीकरण करके एक शक्तिशाली केन्द्र की संस्थापना का प्रयास किया जाता है, वहीं बाह्य स्तर पर अन्तर्राष्ट्रीय राजनीतिक परिदृश्य तथा अन्तर्राष्ट्रीय मानचित्र पर एक गौरवशाली राष्ट्र के रूप में देश को प्रतिष्ठित करने की कोशिश की जाती है। नवोदित राष्ट्रों में राष्ट्र–निर्माण प्रक्रिया के लिए मुख्य रूप से चार कारकों को चिन्हित किया गया है :

प्रथम–राष्ट्र के प्रति पूर्ण आस्था–निष्ठा एवं समर्पण की भावना का विकास करना।

द्वितीय–राष्ट्रीय पहचान की भावना को विकसित करना।

तृतीय–जनसाधारण में राजनीतिक चेतना का विकास करना।

चतुर्थ–आधुनिक अर्थव्यवस्था, तकनीकी ज्ञान एवं प्रौद्योगिकी (Technology) का विकास करना।

आन्तरिक एवं बाह्य स्तर पर राष्ट्र–निर्माण से संबद्ध उन चारों कारकों की संवृद्धि एवं समुन्नति में देश के बुद्धिजीवी उल्लेखनीय भूमिकाओं को अंजाम देते हैं। भौगोलिक विशालता और सांस्कृतिक विविधता के कई आयामों की मौजूदगी की वजह है तीसरी दुनिया के देशों में केन्द्र एवं राज्यों की स्थिति राजनीतिक, सामाजिक, आर्थिक स्तर पर बहुत सुदृढ़ नहीं बन पाती है। वहां की सरकारें देश की आबादी के बड़े हिस्से को जीवन की बुनियादी जरूरतें मुहैया कराने में सक्षम नहीं होती हैं। नतीजतन व्यवस्था के लोककल्याणकारी स्वरूप के बावजूद राज्य सामाजिक जीवन में पूरी तरह प्रवेश कर पाने में सफल नहीं हो पाता है। ऐसी स्थिति में राज्य समाज पर बहुत विश्वासोत्पादक (Convincing) प्रभाव डालने की स्थिति में नहीं होता है। जीवनयापन के लिए बुनियादी सुविधाओं के अभाव में यहां विघटनकारी व अलगाववादी तत्त्वों की जड़ें धीरे–धीरे मजबूत होती जा रही हैं। तात्त्विक स्तर पर यह समस्या राष्ट्र–निर्माण एवं राज्य निर्माण के रास्ते की सबसे बड़ी रुकावट है। इस संजीदा

समस्या से निजात पाने के लिए या इसके उन्मूलन के लिए राष्ट्र में निष्ठा के एक केन्द्र को विकसित करने की अनिवार्यता सभी विकासशील समाजों के लिए अपरिहार्य है। राष्ट्रीय निष्ठा जैसे आधारतत्त्व को विकसित करने के लिए जनता में राजनीतिक चेतना जगाने की जरूरत होती है। देश में जन चेतना पैदा कराने में बुद्धिजीवी अभिप्रेरक माध्यम की भूमिका निभाते हैं। बुद्धिजीवी वर्ग अपनी कहानियों, कविताओं, निबंधों, विचारगोष्ठियों, अध्ययनगोष्ठियों, बहस–मुबाहिसा आदि द्वारा सामाजिक–राजनीतिक मुद्दों को उठाकर जनजागृति लाने की कोशिश करते हैं। बुद्धिजीवी वर्ग पत्रकार, साहित्यकार, आलेखकार, कलाकार, राजनीतिक विश्लेषक, समाजविश्लेषक, अर्थविश्लेषक आदि की भूमिकाओं में समाज के सदस्यों में राजनीतिक चेतना जगाने तथा उन्हें राष्ट्रीय संप्रभुता–अखण्डता के मर्म को समझाने का भरपूर प्रयास करते हैं। कलाकारों द्वारा नुक्कड़ नाटकों एवं रंगमंच पर नाटकों का मंचन करके जनता को राजनीतिक संदेश संप्रेषित किया जाता है। अलख जगाने के क्रम में बुद्धिजीवियों द्वारा नागरिकों में इस राजनीतिक बोध का विकास कराया जाता है कि वे अपनी निष्ठा की भावना को संकीर्ण समूहों के दायरे में सीमित न रखकर उसे संपूर्ण राष्ट्र को समर्पित करें। बुद्धिजीवियों द्वारा उन्हें यह बताने की कोशिश की जाती है कि राज्य–निर्माण की दिशा में अपना मजबूत कदम बढ़ा कर वे शक्ति के ऐसे केन्द्र को विकसित करने में सहभागी बन सकते हैं जो सम्पूर्ण राज्य में शान्ति–व्यवस्था बहाल करने में तथा राज्य की सुरक्षात्मक कल्याणकारी सेवाओं को देश के कोने–कोने में पहुंचाने में कारगर भूमिका निभा सकती है।

राजनीतिक संस्कृति–निर्माण में बुद्धिजीवियों की भूमिका

राजनीतिक संस्कृति का अभिप्राय किसी समाज की संस्कृति के उस आयाम से है जो वहां की राजनीति को प्रभावित करती है। संस्कृति एक विस्तृत संकल्पना है जिसके दायरे में किसी भी समाज में निवास करने वाले विविध समुदायों, संप्रदायों, धर्मों, जातियों, प्रजातियों, संजातीय समूहों में प्रचलित परम्पराओं, मूल्यों व मान्यताओं के अलावा कला विधाएं (Artforms), प्रतीक चिन्ह, पर्व, उत्सव, पूजा–पाठ, रहन–सहन का तरीका आदि सभी को सम्मिलित किया जाता है। राजनीतिक संस्कृति वस्तुतः सामाजिक संस्कृति का न सिर्फ प्रधान हिस्सा है, बल्कि यह कहा जा सकता है कि सामाजिक संस्कृति ही राजनीतिक संस्कृति का निर्माणी (Manifacturing Unit) होता है। राजनीतिक संस्कृति में मुख्यतः उन मूल्यों, मान्यताओं एवं मानकों को शामिल किया जाता है जो शासक अभिजन, शासन–व्यवस्था और शासन–प्रक्रिया को वैधता प्रदान करने में आधारतत्त्व की भूमिका अदा करता हैं। विकासशील व्यवस्थाओं में विविध संस्कृतियों की विद्यमानता विघटनवादी शक्तियों का पोषण करती हैं। साथ ही भौगोलिक दूरियां, भौगोलिक गतिशीलता में काफी कमी तथा परिवहन एवं संचार के साधनों की अपर्याप्तता के कारण व्यवस्था में राजनीतिक संस्कृति का विखंडित स्वरूप आकार लेता है जो देश में राजनीतिक अस्थिरता का माहौल बनाता है। ऐसी अनिश्चित राजनीतिक–सामाजिक परिस्थितियों से देशवासियों को मुक्त कराके स्वरूप व सकारात्मक सोच का निर्माण व विस्तार कराने में बुद्धिजीवी वर्ग काफी सराहनीय भूमिका निभाते हैं। उनके द्वारा विविध समस्याओं पर आलेख, वाद–विवाद, सेमिनार, सिम्पोजियम, व्याख्यानमाला, नुक्कड़ नाटक, नाट्यकला, पत्रकारिता, कानून न्यायिक सक्रियता आदि के माध्यम से जनता में राजनीतिक चेतना जगाने का प्रयास किया जाता है। बुद्धिजीवियों द्वारा किये जाने वाले इन सभी कार्यों का उद्देश्य जनसाधारण में राजनीतिक सूझ–बूझ पैदा कराना, उनमें राजनीति के प्रति रुझान की मनोवृत्ति का विकास करना तथा एकीकृत राजनीतिक संस्कृति के निर्माण का प्रयास करते हुए स्वस्थ जनमत के निर्माण की परिस्थितियों का मजबूतीकरण करना है। इस प्रकार, सभी विकासशील व्यवस्थाओं में स्वस्थ राजनीतिक संस्कृति के निर्माण में बुद्धिजीवियों की भूमिका बहुत अहम होती है और स्वस्थ राजनीतिक संस्कृति ही लोकतांत्रिक सरकारों के निर्माण, स्थिरता और लोकप्रियता की नींव है। व्यवस्था–संचालन में बुनियादी तत्त्व की भूमिका निभाने वाली राजनीतिक संस्कृति को यथोचित स्वरूप प्रदान करने में बुद्धिजीवियों की अहम् भूमिका को स्वतंत्रता संघर्ष के परिप्रेक्ष्य में भी देखा जात सकता है। वास्तव में किसी भी सरकार को सत्ता में बने रहने के लिए या किसी भी राजनीतिक दल को सत्तारूढ़ होने के लिए वैधता प्राप्ति की अति आवश्यकता होती है और राजनीतिक सत्ता का वैधीकरण समाज के सदस्यों द्वारा होता है। इस

परिप्रेक्ष्य में बुद्धिजीवी वर्ग समाज के सदस्यों को उनके राजनीतिक अधिकारों–कर्त्तव्यों तथा दायित्वों का बोध कराकर एकीकृत, राजनीतिक संस्कृति के निर्माण का प्रयास करते हैं ताकि राजनीतिक सत्ता को वैधता प्राप्त करने में कोई परेशानी न हो।

राजनीति के स्वरूप–निर्माण एवं निरूपण में बुद्धिजीवियों की भूमिका

राजनीति एक सर्वव्यापी विषय है इसलिए इसकी कोई हद्‌बंदी नहीं है। परिभाषित शब्दावली में राजनीति उस प्रक्रिया का नाम है जिसके द्वारा मानव समाज अपनी समस्याएं सुलझाता है तथा प्रतिरोधी हितों के बीच सामंजस्य स्थापित कराता है। वहीं दूसरी ओर राजनीति को उन मानवीय संबंधों का अभिसूचक भी माना गया है जिसमें बल या शक्ति का प्रयोग किया जाता है या करने का भय दिखाया जाता है। वस्तुतः, राजनीति संघर्ष, शक्ति–प्रभाव, नेतृत्व, निर्णय लेना आदि प्रक्रियाओं को अपने स्वभाव में समावेशित करती है, इसलिए छल–कपट, दाँव–पेंच, जोड़–तोड़ आदि राजनीति के मूल स्वभाव में शामिल है। आज राजनीति का मूल अभिप्राय है राजनीतिज्ञों एवं राजनीतिक दलों द्वारा अवसर का इस्तेमाल करना, इसलिए राजनीति में अपराधीकरण, भ्रष्टाचार, भाई–भतीजावाद, परिवारवाद जैसे तत्त्व काफी प्रभावशाली भूमिका निभा रहे हैं और सभी राजनीतिक दल एवं राजनीतिक नेतृत्व इस अवसरवादिता का भरपूर लाभ उठा रहे हैं। राजनीति में अवसरवादिता तथा अन्य मौजूद गंभीर बीमारियों पर बुद्धिजीवी वर्ग में विशेष रूप से राजनीति टीकाकार, समाज विश्लेषक, पत्रकार, आलेखकार व नाटककार आदि खुले मंच से जो राजनीति की आलोचना–समालोचना करते रहते हैं। बुद्धिजीवियों की यह कार्यशैली राजनीतिज्ञों एवं राजनीतिक दलों की समाज विरोधी, जन विरोधी गतिविधियों पर अंकुश लगाने का काम करता है। इस परिप्रेक्ष्य में बुद्धिजीवी वर्ग द्वारा राजनीति की गलत गतिविधियों एवं उच्छृंखल प्रकृति–प्रवृत्ति को अपनी कटु आलोचनाओं तथा व्यंग्य–काव्यों, कार्टूनों, व्यंग्य लेखन, व्यंग्य–चित्रकारी आदि के माध्यम से बहुत हद तक नियंत्रित करने में सराहनीय भूमिका निभाई जाती हैं। राजनीतिक नेता एवं राजनीतिक दल बुद्धिजीवी वर्ग की आलोचनाओं, व्यंग्य बाणों, व्यंग्य आलेखों से बचने के लिए राजनीति के स्वभाव में पलने वाली बीमारियों को खुलेआम अपनाने से परहेज करते हैं, ताकि जनता में उनकी छवि साफ–सुथरी बनी रहे और अपने ईमानदार तथा छल–कपट रहित चरित्र के माध्यम से वे जनमत को अपनी ओर मुखातिब करने में सफल हो सकें। इस प्रकार, बुद्धिजीवियों द्वारा निष्पादित बौद्धिक–राजनीतिक भूमिकाओं की वजह से व्यवस्थागत राजनीति को जनसरोकारगत, जनकल्याणकारी मानवीय चेहरा प्राप्त होता है और राजनीतिक दलों तथा राजनीतिज्ञों के लिए समाज सापेक्ष व विकासोन्मुख दृष्टिकोण अपनाने की राजनीतिक बाध्यता बन जाती है।

राजनीतिक सहभागिता के अभिप्रेरक के रूप में बुद्धिजीवियों की भूमिका

लोकतांत्रिक प्रणाली के स्थायित्व, सातत्य एवं मजबूतीकरण का आधारतत्त्व है राजनीतिक सहभागिता। लोकतंत्र को मजबूती प्रदान करने के परिप्रेक्ष्य में राजनीतिक सहभागिता नागरिकों द्वारा निष्पादित वह राजनीतिक क्रिया है जिसके प्रयोग द्वारा जनतांत्रिक व्यवस्थाओं के नागरिक राजनीतिक नीतियों व निर्णयों (Public Policies and Decisions) के निर्माण, निरूपण तथा कार्यान्वयन प्रक्रिया में सहभागी बनते हैं। राजनीतिक सहभागिता राजनीतिक अभिजनों तथा जनसाधारण के बीच सीधा संपर्क–सूत्र स्थापित करने वाली प्रक्रिया है। इस अर्थ में राजनीतिक सहभागिता नागरिकों द्वारा निष्पादित की जाने वाली वह महत्त्वपूर्ण राजनीतिक भूमिका है जिसकी वजह से लोकतांत्रिक राजनीतिक प्रक्रियाओं को ओजस्विता मिलती है। इसका अभिप्राय जनसमर्थन से जुड़ा होता है जो राजनीतिक सत्ता के वैधीकरण (Legitimisation) का आधार–माध्यम है। विकासशील व्यवस्थाओं के सदस्यों की प्रवृत्ति में राजनीति के प्रति रुझान पैदा कराने, राजनीतिक जागरूकता का आविर्भाव कराने तथा राजनीतिक दृष्टिकोण का निर्माण कराने में व्यवस्था के बुद्धिजीवी उत्प्रेरक (Catalyser) एवं उत्थापक (An Elevator) की भूमिका निभाते हैं। बुद्धिजीवी वर्ग नागरिकों में राजनीतिक अधिकारों, कर्त्तव्यों व दायित्वों का संज्ञान लेने की

क्षमता विकसित कराने में आधारीय माध्यम का कार्य करते हैं। समय–समय पर आयोजित संगोष्ठियों, व्याख्यानमाला, अध्ययनगोष्ठी, वाद–विवाद, खुली बहस तथा जनचेतना जगाने वाले आलेखों का प्रकाशन करके या कला क्षेत्र से जुड़ी विभिन्न विधाओं का इस्तेाल करके बुद्धिजीवी वर्ग एक सामाजिक व्यक्ति को राजनीतिक स्तर पर जागरूक बनाकर उसे राजनीतिक सहभागिता के लिए अभिप्रेरित करते हैं, यानी कि बुद्धिजीवी वर्ग अपनी बौद्धिक क्षमता के बल पर लोकतांत्रिक व्यवस्थाओं में जनसंचारण (Mass Mobilisation) प्रक्रिया को नई गति प्रदान करते हैं और जनसामान्य को राजनीतिक सहभागिता के लिए उर्जित (Energize) करते रहते हैं।

मतदान व्यवहार के निर्माण–नियमन एवं निरूपण में बुद्धिजीवियों की भूमिका

मतदान व्यवहार चुनावी राजनीति और निर्वाचन प्रक्रिया का आधारीय तत्त्व है। लोकतांत्रिक सरकारों के अस्तित्व–निर्माण और पतन का पूरा दारोमदार मतदान व्यवहार पर है। सभी राजनीतिक विद्वज्जनों का यह मानना है कि किसी भी जनतांत्रिक व्यवस्था में मतदाताओं के मतदान व्यवहार का तथ्यपरक अध्ययन–विश्लेषण करना काफी कठिन प्रयास है क्योंकि यह एक व्यापक राजनीतिक क्रिया है जो कई आन्तरिक एवं बाह्य कारकों द्वारा प्रभावित तथा अभिविन्यासित होती रहती है। मतदान व्यवहार पर व्यवस्था में मौजूद आन्तरिक तत्त्व ज्यादा गंभीर प्रभाव डालते हैं, यानी कि, सामाजिक–आर्थिक–राजनीतिक पर्यावरण का इस राजनीतिक क्रिया पर विशेष प्रभाव पड़ता है। पर्यावरण में मौजूद परिस्थितियों को बुद्धिजीवी वर्ग कलमबद्ध करते हैं तथा अपने आलेखों, कहानियों, कविताओं, व्यंग्य लेखनों, एवं अन्य सभी बौद्धिक विधाओं का प्रयोग करके सभी प्रकार सामाजिक समस्याओं–मुद्दों को उजागर करते हैं उसे यथोचित रूप में जनता के सामने परोसते हैं एवं मतदाताओं को उनकी बुनियादी समस्याओं और चुनावी मुद्दों के प्रति जागरूक बनाते हैं। पूरे चुनाव प्रचार के दौरान सभी दलों द्वारा संचालित चुनाव अभियानों व गतिविधियों पर इनकी पैनी नजर होती है। राजनीतिक विश्लेषक, समाजविश्लेषक, व्यंग्यकार, पत्रकार, कहानीकार, नाटककार, न्यूज चैनलों के संपादक, राजनीतिक टीकाकार (Commentator) साहित्यकार आदि की भूमिका में बुद्धिजीवी वर्ग सामाजिक–राजनीतिक यथार्थ को तत्त्वतः जनता के सामने परोसते हैं और अपनी बौद्धिक योग्यता के बल पर मतदाताओं को राजनीति में मौजूद सही–गलत तत्त्वों का बोध कराते रहते हैं। किसी भी राजनीतिक दल या दलीय नेता के पक्ष में जनमत–निर्माण कराने या किसी भी राजनीतिक दल या उम्मीदवार के पक्ष में मतदान व्यवहार का निरूपण कराने के लिए प्रेरित करते रहने में बुद्धिजीवियों की राजनीतिक भूमिका अहम होती है। सत्ताधारी या विपक्षी किसी भी दल के विरोध में यदि बुद्धिजीवी अपनी कलम उठा लें तो उनके द्वारा प्रकाशित किये जाने वाले आलेखों में इतनी ताकत होती है कि सत्ताधारी दल को पुनः सत्तारूढ़ होने की संभावना बिल्कुल क्षीण हो जाती है। उदाहरणार्थ, राजीव गांधी के प्रधानमंत्रित्व काल में बोफोर्स मुद्दे को बुद्धिजीवी वर्ग द्वारा बड़े व्यापक स्तर पर उछाला गया और इस पूरे प्रकरण का जनमानस पर इतना गहरा प्रभाव पड़ा कि श्री गांधी के पुनः सत्तारूढ़ होने की संभावना पूरी तरह समाप्त हो गयी। तभी तो, 1989 के लोकसभा चुनाव में भ्रष्टाचार के मुद्दे पर जनमत का निर्माण श्री गांधी पक्ष में नहीं हो पाया, इसलिए श्री गांधी की जगह वी. पी. सिंह सत्तारूढ़ हुए। इस प्रकार, किसी भी राजनीतिक दल या नेता के पक्ष में जनमत–निर्माण, मतदान व्यवहार के नियमन एवं निरूपण में बुद्धिजीवियों की भूमिका बहुत प्रासंगिक होती है।

सामाजिक आन्दोलनों के स्वरूप एवं लक्ष्य–निर्धारण में बुद्धिजीवियों की भूमिका

सामाजिक आन्दोलनों का अस्तित्व उदारवादी लोकतंत्र की छत्र छाया में ही पनपता है। सर्वाधिकावादी व्यवस्थाओं में जनआन्दोलनों का दमन करने की प्रवृत्ति पायी जाती है। सामाजिक आन्दोलन कई मायने में सत्ताधारी शासकों के लिए चुनौतीपूर्ण साबित होते हैं। किसी भी राजनीतिक व्यवस्था के परिप्रेक्ष्य में सामाजिक आन्दोलन एक ऐसी प्रक्रिया का नाम है जिसमें समाज के बहुत सारे सदस्यों द्वारा सक्रिय सहभागिता किसी बड़े सामाजिक परिवर्तन के उद्देश्य से की जाती है। समाज के सदस्य एकजुट होकर किसी भी सामाजिक प्रवृत्ति, परम्परा कुरीतियां या

रूढ़िवादिता से प्रासंगिक विषयों को रोकने के लिए या उनमें बदलाव लाने के लिए अपनी सक्रिय गतिविधियों को सामाजिक आन्दोलन का स्वरूप प्रदान कर सकते हैं। सदस्यों द्वारा किसी भी निर्धारित सामाजिक लक्ष्य–सिद्धि के लिए परस्पर मिलकर अपनी मांग को जनआन्दोलन का रूप दिया जा सकता है। सामाजिक आन्दोलनों में बड़ी शक्ति होती है। जब इसकी प्रकृति अति तीव्र होती है तो आन्दोलन को गति प्रदान करने के लिए व्यवहार के नये प्रतिमान स्थापित किये जाते हैं और उसकी व्यवहार्यता के लिए कुछ नये तर्कसंगत आधार ढूंढे जाते हैं, जिसको आधार बनाकर आन्दोलनों को लोकप्रिय बनाया जाता है। सामाजिक आन्दोलनों की पृष्ठभूमि तैयार करने, सामाजिक उद्देश्यों व लक्ष्यों के प्रति लोगों को सजग बनाने तथा सामाजिक रूढ़ियों–बेड़ियों से समाज को मुक्ति दिलाने में बुद्धिजीवी वर्ग समाज के निर्माता और सजग प्रहरी की भूमिका अदा करते हैं। समाज सुधारक की भूमिका में बुद्धिजीवी जनसाधारण को सामाजिक समस्याओं एवं मुद्दों से परिचित कराते हैं तथा उन्हें चेतनीय बनाकर समस्याओं से मुक्ति हेतु आन्दोलन करने के लिए अभिप्रेरित करते हैं। तीसरी दुनिया के नवोदित राष्ट्रों का सामाजिक जीवन कई प्रकार की समस्याओं से ग्रस्त है। अशिक्षा, अल्पशिक्षा, गरीबी, बेरोजगारी, बीमारी, जनसंख्या विस्फोट तथा जीवन की बुनियादी जरूरतों के अभाव की वजह से यहां का सामाजिक जीवन आज भी समस्याग्रस्त है और बीसवीं सदी में भी नाना प्रकार की कुरीतियों–रूढ़ियों में जकड़ा हुआ है। उपनिवेशवादी सत्ता के दौर से लेकर आज तक बुद्धिजीवियों द्वारा इन देशों में रुढ़िवादी मान्यताओं–बुराइयों से समाज को मुक्त कराने में महती योगदान दिया गया है। उदाहरणार्थ, भारत में छुआछूत, सती प्रथा, बाल विवाह जैसी कुरीतियों से समाज को मुक्त कराने में बुद्धिजीवियों का सराहनीय योगदान रहा है। इसी प्रकार, दहेज–उन्मूलन, विधवा विवाह आदि परम्पराओं की संस्थापना में बुद्धिजीवियों द्वारा महत्त्वपूर्ण भूमिका निभायी गयी है। यह वर्ग अपने बौद्धिक ज्ञान व सामर्थ्य को आलेखों, कहानियों, कविताओं, व्यंग्य लेखों आदि के माध्यम से जन–जन तक पहुंचाने की कोशिश करता रहता है, तथा समय–समय पर आयोजित संगोष्ठियों, अध्ययन गोष्ठियों, व्याख्यानमालाओं द्वारा समाज के सदस्यों को प्रासंगिक विषयों से संबंधित संदेश देता रहता है। अपने इन्हीं प्रयासों द्वारा बुद्धिजीवी वर्ग सामाजिक व्यक्ति के मानसिक स्तर को विकसित करने की दिशा में सदैव प्रयासरत रहता है।

राजनीतिक आंदोलनों के स्वरूप–निर्धारण व गतिवर्द्धन में बुद्धिजीवियों की भूमिका

उपनिवेशवादी शासन के विरुद्ध जिन देशों में स्वाधीनता–आन्दोलन (Independence Movement) चलाया गया वहां स्वाधीनता–संघर्ष की रूपरेखा तय करने, उसे राजनीतिक आन्दोलन का स्वरूप प्रदान करने तथा व्यावहारिक स्तर पर उसे जमीन पर उतारने एवं लक्ष्य तक पहुंचाने में समसामयिक बुद्धिजीवियों का उल्लेखनीय योगदान रहा है। अधिकांशतः, राजनीतिक आन्दोलन सत्ताधारियों की सत्ताशैली, उनकी निरंकुश प्रवृत्ति तथा व्यवस्था में मौजूद विशिष्ट वर्गों (Elites) की जनविरोधी मानसिकता के विरुद्ध आकार लेता है। कुछ राजनीतिक आन्दोलन समाज के किसी समुदाय विशेष को न्याय दिलाने के लिए भी अस्तित्व में आते हैं। कुछ राजनीतिक आन्दोलन समाज के संवेदनशील विषयों से संबद्ध होते हैं। जैसे, पुलिस की निष्क्रियता–बर्बरता एवं समाजविरोधी, जनविरोधी गतिविधियों के ख़िलाफ समाज में किसी वर्ग पर हो रहे अन्याय के ख़िलाफ या स्त्रियों एवं बच्चो पर होने वाले अत्याचारों के ख़िलाफ या चलाये जाने वाले आन्दोलनों का स्वरूप बुनियादी तौर पर सामाजिक होता है, लेकिन राजनीतिक आकाओं द्वारा निर्धारित नीतियों–निर्णयों को प्रभावित करने का लक्ष्य लेकर आगे बढ़ने की वजह से इनका कोटिकरण राजनीतिक आन्दोलनों में हो जाता है। कुछ आन्दोलन समाज कल्याण के उद्देश्य से शुरू किये जाते हैं लेकिन कालांतर में वे सत्ता विरोधी राजनीतिक आन्दोलन का रूप धारण कर लेते हैं। उदाहरणार्थ, 1980 के दशक के उत्तरार्द्ध में पूर्वी यूरोप के देशों, विशेष रूप से बल्गेरिया में चलाये गये पर्यावरणवादी आन्दोलन ने जनता का ध्यान इस तथ्य की ओर आकृष्ट कराया कि वहां के औद्योगिक केन्द्र प्राकृतिक संसाधनों (Natural Resources) का अंधाधुन्ध विनाश करके संपूर्ण वातावरण को प्रदूषित कर रहे हैं। आरंभिक स्तर पर जनकल्याण के उद्देश्य से शुरू किया गया यह समाजिक आन्दोलन कालांतर में सरकार विरोधी राजनीतिक आन्दोलन में परिणत हो गया जिसके परिणामस्वरूप सत्ताधारी वर्ग को अपनी सत्ता गंवानी पड़ी।

चाहे ब्रिटिश हुकूमत के ख़िलाफ भारत का स्वाधीनता आन्दोलन हो या अमेरिकी अश्वेतों का श्वेत सत्ताधारी के साथ नागरिक अधिकारों की मांग का आन्दोलन हो सभी के स्वरूप निर्माण, नियमन एवं निरूपण में बुद्धिजीवियों की राजनीतिक भूमिका काफी महत्त्वपूर्ण और प्रासंगिक रही है। राजनीतिक आन्दोलनों की पृष्ठभूमि तैयार करना, नागरिकों को उनके अधिकारों, कर्त्तव्यों व दायित्वों के प्रति सजग बनाना, उन्हें अधिकारों की प्राप्ति हेतु बुलंद मांग उठाने के योग्य बनाना तथा आन्दोलन को व्यावहारिक जमीन पर उतारने व उसमें गतिवर्द्धन के लिए नागरिकों में नई ऊर्जा भरने का काम देश के बुद्धिजीवियों का होता है। इस रूप में बुद्धिजीवी पथप्रदर्शक का कार्य करते हैं। बुद्धिजीवी वर्ग सामाजिक, राजनीतिक व आर्थिक समस्याओं–मुद्दों की पहचान करते हैं, प्रमुखता से उन प्रसंगों को समाचारपत्रों, पत्रिकाओं, शोधपत्रों के माध्यम से उजागर करके उसके द्वारा जनता को सकारात्मक संदेश प्रेषित करते हैं, ताकि जनता विषय प्रासंगिक तात्त्विक जानकारी हासिल करके उस प्रसंग के संबंध में यथोचित दृष्टिकोण का निर्माण करने में सक्षम हो सके। इस प्रकार, राजनीतिक आन्दोलनों के स्वरूप निर्धारण एवं उसे त्वरित गति से लक्ष्य तक पहुंचाने का मार्ग प्रशस्त कराने में बुद्धिजीवी वर्ग आधार–आधेय की भूमिका निभाते हैं। इसीलिए, बुद्धिजीवियों को राजनीतिक व्यवस्था का बौद्धिक आधार स्तंभ माना गया है।

नागरिक स्वतंत्रताओं की व्याख्या और बुद्धिजीवियों की भूमिका

लोकतंत्र की उदारवादी अवधारणा नागरिकों को विचार और अभिव्यक्ति की स्वतंत्रता (Freedom of Thought and Expression), सभा करने एवं संघ बनाने की स्वतंत्रता (Freedom of Forming Association and Holding Meetings), वैयक्तिक स्वतंत्रता (Personal Freedom), धार्मिक स्वतंत्रता (Religious Freedom) आदि प्रदान करता है। इन स्वतंत्रताओं के बलबूते पर नागरिक अपने जीवन के सर्वांगीण विकास की दृष्टि से सामान्य हितों की पहचान करते हैं, अपने हितवर्द्धन को ध्यान में रखकर हित समूहों का निर्माण करते हैं तथा शासन के नीति–निर्णय निर्माण एवं कार्यान्वयन प्रक्रिया को प्रभावित करने में समर्थ हो पाते हैं। वस्तुतः, उदारवादी लोकतंत्र की सार्थकता तभी सिद्ध होती है जब शासन व्यवस्था विभिन्न हित समूहों के परस्पर विरोधी हितों में सामंजस्य स्थापित करने का माध्यम बनती है। नागरिक स्वतंत्रताओं की वजह से जनसाधारण को राजनीतिक दलों, नेताओं तथा सरकार की रचनात्मक आलोचना करने का अवसर मिलता है। नागरिक स्वतंत्रता से प्रासंगिक सभी आयामों के यथोचित प्रयोग के लिए नागरिकों का व्यक्तित्व पूर्णरूप से जागरूक होना अति आवश्यक है। यदि नागरिकों को अपने राजनीतिक अधिकारों तथा दायित्वों का बोध न हो तो नागरिक स्वतंत्रता के रूप में प्राप्त अधिकारों का भी वे सही प्रयोग नहीं कर पायेंगे। विकासशील व्यवस्थाओं में जहां उदारवादी लोकतंत्र की अवधारणा को अपनाया गया है और नागरिकों को विकसित व्यवस्थाओं की तर्ज पर सभी राजनीतिक अधिकार प्रदान किये गये हैं, वहां अशिक्षा, गरीबी और राजनीति के प्रति संज्ञान लेने की क्षमता के अभाव में अधिकांश सदस्य अपनी नागरिक स्वतंत्रताओं का उपयोग नहीं कर पाते हैं। ऐसी स्थिति में बुद्धिजीवी वर्ग अपने बौद्धिक सामर्थ्य का प्रयोग करके नागरिकों को राजनीति के प्रति जागरूक बनाते हैं, राजनीतिक मूल्यों व परम्पराओं के प्रति रुझान पैदा कराते हैं तथा उन्हें राजनीतिक विषयों के प्रति संज्ञान लेने के योग्य बनाते हैं। जब नागरिक का व्यक्तित्व जागरूक हो जाता है और उनकी संज्ञानात्मक क्षमता विकसित हो जाती है तो वे नागरिक स्वतंत्रताओं का खुल कर प्रयोग कर पाने योग्य हो जाते हैं।

सार्वजनीन वयस्क मताधिकार की व्यवस्था और बुद्धिजीवियों की भूमिका

लोकतंत्र में प्रतिनिध्यात्मक सरकार (Representative Government) का चुनाव सार्वजनीन वयस्क मताधिकार के आधार पर होता है। इसका अर्थ यह हुआ कि इसमें वोट देने के अधिकार की एक निश्चित न्यूनतम आयु सीमा निर्धारित होती है। उस आयु के सभी नागरिक चाहे वे स्त्री हों या पुरुष और चाहे वे किसी भी जाति, धर्म, क्षेत्र व भाषा आदि से जुड़े हों, बिना किसी भेदभाव के मतदान करने के अधिकारी होते हैं। सार्वजनीन वयस्क

मताधिकार लोकतंत्र की अनिवार्य शर्त है। आधुनिक लोकतंत्र में राजनीतिक समानता के सिद्धान्त के आलोक में सभी देशों में 'एक व्यक्ति एक वोट' की पद्धति अपनायी गयी है। किसी भी व्यवस्था द्वारा निर्धारित आयु सीमा प्राप्त करने पर उस राजनीतिक अधिकार का प्रयोग करके सभी नागरिक अपने देश में संस्थापित निर्वाचन पद्धति के प्रावधानों के तहत विधायकों, सांसदों एवं स्थानीय निकायों के प्रतिनिधियों का चुनाव करते हैं। इस राजनीतिक अधिकार के इस्तेमाल के प्रसंग में वयस्क होने का संदर्भ उम्र की उस अवस्था से है जिसमें नागरिकों में उचित राजनीतिक सूझबूझ व परिपक्वता आ जाती है और वह अपने ठोस राजनीतिक दृष्टिकोण का परिचय देते हुए सही राजनीतिक दल या सही उम्मीदवार के पक्ष में अपने मताधिकार का प्रयोग करता है। लेकिन, जहां तक विकासशील देशों के वयस्क नागरिकों की मनोवृत्ति में राजनीतिक परिपक्वता का सवाल है तो वहां जनसाधारण की सामाजिक–आर्थिक बदहाली उन्हें कभी राजनीतिक दृष्टि से प्रौढ़ (Mature) होने ही नहीं देती है। राजनीतिक प्रौढ़ता का सीधा सरोकार नागरिकों के सामाजिक, आर्थिक परिवेश से होता है। जीवन यापन से जुड़ी रोजमर्रा की समस्याएं उन्हें राजनीति की तरफ मुख़ातिब नहीं होने देती हैं। चुनाव के समय सभी पार्टियां कौमी संवेदनशीलता को हवा देकर अपना राजनीतिक फ़ायदा साधने में लगी रहती हैं। ऐसी स्थिति में राजनीतिक अज्ञानता की वजह से नागरिक अपने वयस्क मताधिकार का दुरुपयोग न करें इसलिए इस महत्त्वपूर्ण अधिकार से नागरिकों को परिचित कराने हेतु अलख जगाने की जवाबदेही बुद्धिजीवियों की होती है। बुद्धिजीवी वर्ग अपने ज्ञानवर्द्धक राजनीतिक आलेखों, व्यंग्य लेखों, कार्टूनों, नाटकों, विचारगोष्ठियों, टेलीविजन के कार्यक्रमों तथा बहस–मुबाहिसा के माध्यम से नागरिकों को विशेष रूप से चुनाव के समय वयस्क मताधिकार के महत्त्व से परिचित कराते हैं तथा राजनीति की तात्त्विकता के संबंध में मतदाताओं के ज्ञान अर्जन का माध्यम बनकर उन्हें बड़े पैमाने पर मतदान क्रिया में सहभागी बनने की प्रेरणा देते हैं। इस परिप्रेक्ष्य में बुद्धिजीवी "सहभागिता मूलक लोकतंत्र के सिद्धांत" (Theory of Participatary Democracy) को व्यावहारिकता प्रदान करने में यानी कि जनता को लोकतंत्र के मर्म तत्त्व से परिचित कराने में बौद्धिक माध्यम की भूमिका निभाते हैं।

सहभागितामूलक लोकतंत्र मूलतः लोकतांत्रिक प्रक्रियाओं में साधारण नागरिकों की सहभागिता पर जोर देता है। इस रूप में वयस्क मताधिकार और सहभागिता मूलक लोकतंत्र का सिद्धान्त दोनो अन्योन्याश्रयी है। वयस्क मताधिकार का अधिकार लोकतंत्र में नागरिकों की राजनीतिक सहभागिता का बुनियादी माध्यम है। वस्तुतः, इस राजनीतिक अधिकार के रूप में की जाने वाली राजनीतिक सहभागिता एक ऐसी महत्त्वपूर्ण राजनीतिक गतिविधि है जिसके अन्तर्गत नागरिक अपने प्रतिनिधियों का चयन करके उनके माध्यम से सार्वजनिक नीतियों व निर्णयों के निर्माण एवं कार्यान्वयन की प्रक्रिया में सक्रिय सहभागी बनते हैं। इस प्रकार, बुद्धिजीवी देश की जनता को वयस्क मताधिकार के महत्त्व से परिचित कराने के क्रम में सत्ता के लिए चलने वाले संघर्ष तथा तेजी से बदलने वाले राजनीतिक घटनाक्रमों के आलोक में नागरिकों को सहभागिता मूलक लोकतंत्र के सिद्धान्त एवं व्यवहार्यता से जुड़े महत्त्वों की भी जानकारियां प्रदान करते हैं। बुद्धिजीवियों की इस राजनीतिक भूमिका से किसी भी देश में प्रबुद्ध जनमत (Enlightened Public Opinion) के निर्माण एवं विकास का मार्ग काफी हद तक सरल हो जाता है।

निर्वाचन प्रक्रिया और बुद्धिजीवियों की भूमिका

प्रतिनिधिक लोकतंत्र (Representative Democracy) के अन्तर्गत निर्वाचन वह प्रक्रिया है जिसके द्वारा देश के वयस्क नागरिक निश्चित प्रावधानों के तहत अपने प्रतिनिधियों को अपनी ओर से सत्ता का प्रयोग करने के लिए चुनता है। निर्वाचन प्रक्रिया लोकतंत्र में राजनीतिक सत्ता के वैधीकरण का प्रामाणिक माध्यम है। निर्वाचन इस तथ्य का भी प्रमाण है कि सत्ताधारियों को शासन करने का अधिकार जनता की सहमति से मिला है और वे अपने सत्ता का प्रयोग शासितों की सहमति से ही करेंगे। उदारवादी लोकतंत्र में निर्वाचन–प्रक्रिया द्वारा सत्ता को औचित्पूर्णता प्रदान करने का विशेष महत्त्व है। हालांकि, सर्वाधिकारवादी व्यवस्थाओं में भी वैधता के इस आधार को मान्यता दी गयी है, इसलिए वहां भी निर्वाचन का आडंबर रचाया जाता है। वस्तुतः, निर्वाचन की मुख्य कसौटी यह है कि चुनाव मैदान में मतदाताओं के सामने एक से अधिक राजनीतिक दल व प्रत्याशियों का विकल्प मौजूद हो और

मतदाताओं की नजर में जो दल या उम्मीदवार सबसे अधिक उपयुक्त हो उसके समर्थन में वे मतदान व्यवहार का निरूपण करें। विकासशील देशों के उदारवादी लोकतंत्र में, जहां चुनावी मैदान में एक से अधिक विकल्पों की मौजूदगी होती है वहां राजनीतिक अपरिपक्वता की स्थिति की वजह से किसी एक दल या उम्मीदवार के पक्ष में जनसमर्थन को गोलबंद करने में यानी कि राजनीतिक लामबंदी को अमलीजामा पहनाने में बुद्धिजीवियों की भूमिका अति विशिष्ट होती है। लोकतांत्रिक व्यवस्था में निर्वाचन के लिए गुप्त मतदान प्रणाली (Secret Ballot System) का विशेष महत्त्व है। इसमें मतदाता किसी भी उम्मीदवार के पक्ष में निडर होकर अपने मताधिकार का प्रयोग करते हैं। इस परिप्रेक्ष्य में बुद्धिजीवी मतदाताओं को गुप्त मतदान प्रणाली का महत्त्व समझाते हुए उपयुक्त उम्मीदवार के पक्ष में निडर होकर मतदान करने के लिए अभिप्रेरित करते हैं। बुद्धिजीवियों के इस कार्य का सबसे बड़ा राजनीतिक लाभ यह होता है कि जहां एक ओर इसके द्वारा मतदाताओं का राजनीतिक ज्ञानवर्द्धन करके राजनीति में नकारात्मक तत्त्वों के प्रवेश पर अंकुश लगाया जा सकता है, वहीं दूसरी ओर मतदाताओं को राजनीति में सही एवं गलत लोगों की पहचान कराके उन्हें राजनीति में दक्ष बनाया जाता है।

विकासशील देशों की राजनीतिक स्थिति और बुद्धिजीवियों की भूमिका

विकासशील व्यवस्थाओं की भौगोलिक विशालता एवं सांस्कृतिक विविधताएं देश में राजनीति के यथोचित विकास एवं आधुनिकीकरण के मार्ग में कई प्रकार की रुकावटें पैदा करती हैं। इन व्यवस्थाओं में राजनीति के विश्लेषण के लिए राज्य एवं नागरिक समाज के परस्पर संबंधों के विश्लेषण को आधार बनाया जाता है। इन्हें अपनी स्वाधीनता के समय ही अत्यन्त पिछड़ी हुई अर्थव्यवस्था विरासत में मिली। स्वतंत्रता–प्राप्ति के समय मूलतः ये अल्प विकसित देश थे, जिनके द्वारा विकास की उत्कट इच्छा की वजह से स्वाधीनता आन्दोलन चलाया गया था। इन देशों के पिछड़ेपन (Backwardness) से वहां की राजनीति गंभीर रूप से प्रभावित थी। इनके पिछड़ेपन या अल्प विकास के लिए कौन से जवाबदेह कारक थे और अपने विकास एवं आधुनिकीकरण के लिए इन्हें कौन–सा मार्ग अपनाना चाहिए ऐसी दूरगामी योजनाओं के निर्माण एवं कार्यान्वयन में इन देशों के बुद्धिजीवियों का उल्लेखनीय योगदान रहा है। इन व्यवस्थाओं में निम्न–उत्पादकता (Low-productivity), निर्धनता (Poverty), बेरोजगारी (Unemployment) आदि समस्याओं से निपटने तथा आर्थिक संवृद्धि–विकास की दिशा में ठोस कदम बढ़ाने के लिए योजनाओं के निर्माण एवं कार्यान्वयन में बुद्धिजीवी अर्थशास्त्रियों का योगदान व्यवस्था के विकास एवं आधुनिकीकरण का सर्वाधिक महत्त्वपूर्ण तात्विक पक्ष है। इसी तर्ज पर सामाजिक जीवन के रूढ़ियों, दकियानूसी परम्पराओं, दकियानूस प्रवृत्ति से मुक्त कराने तथा सामाजिक जीवन में आधुनिकीकरण की अभिवृत्तियों को समावेशित कराने में बुद्धिजीवियों की भूमिका काफी प्रासंगिक रही है। बुद्धिजीवी वर्ग द्वारा समाज विश्लेषक, समाज सुधारक तथा समाज पथप्रदर्शक की भूमिका में इन देशों के सामाजिक जीवन की संवृद्धि, समुन्नति, विकास एवं आधुनिकीकरण में उल्लेखनीय योगदान दिया गया है। सामाजिक जीवन की समुन्नति, विकास एवं आधुनिकीकरण का सीधा सरोकार व्यवस्थागत राजनीति के विकास एवं आधुनिकीकरण से होता है। जब किसी लोकतांत्रिक देश का समाज जागरूक और आधुनिकीकृत होगा तभी वहां राजनीतिक विकास व आधुनिकीकरण की संभावनाएं आकार लेंगी।

जहां तक राजनीतिक स्थिति का प्रसंग है तीसरी दुनिया के सभी विकासशील देश कमोबेश विकास एवं आधुनिकीकरण के मामले में लगभग समान दौर से गुजर रहे हैं। अफ्रीकी देशों की जनता भी जाति और धर्म के नाम पर अत्यधिक हिस्सों में बंटी हुई है। मध्य पूर्व के देशों में धार्मिक समानता के बावजूद इन दोनों देशों में नागरिक समाज की संस्थाएं काफी कमजोर हैं, इसलिए वे राज्य–शक्ति का सामना करने में बहुत समर्थवान् नहीं है। एशियाई देशों की स्थिति विशेष रूप से अफ्रीका और मध्य पूर्व की स्थिति भी बुनियादी तौर पर बहुत अलग नहीं है। वस्तुतः, उपनिवेशवादी शासन के आरंभ होने के पूर्व भी यहां नागरिक समाज की संस्थाएं विकसित नहीं हो पायी थीं। सभी एशियाई देशों में विभिन्न सांस्कृतिक, जातीय, भाषाई और धार्मिक तत्त्वों की मौजूदगी की वजह से स्वतंत्रता प्राप्ति के पश्चात् यहां राजनीति का आविर्भाव खण्डित स्वरूप में हुआ जिसने देश के आर्थिक–राजनीतिक

विकास और आधुनिकीकरण प्रक्रिया की गति को गंभीर रूप से प्रभावित किया। ऐसी परिस्थिति में राजनीति की कमजोर स्थिति से जनसाधारण को अवगत कराने तथा राजनीति का विकास एवं आधुनिकीकरण के कार्यक्रमों से संदर्भित नीतियों व निर्णयों घोषणाओं तथा योजनाओं को सैद्धान्तिक एवं व्यावहारिक स्तर पर अमलीजामा पहनाने में बुद्धिजीवियों द्वारा महती योगदान दिया गया है।

सार्थकता

अर्थशास्त्री, समाजशास्त्री, राजनीतिशास्त्री, राजनीति विश्लेषक, समाजविश्लेषक, अर्थविश्लेषक, राजनीतिज्ञ, उच्च प्रशासनिक अधिकारी, पत्रकार, नाटककार, साहित्यकार, व्यंग्यकार, राजनीति टीकाकार, योजनाकार, अध्यापन, शोधकर्ता आदि की भूमिकाओं में बुद्धिजीवियों द्वारा राजनीतिक समाज को जागरूक बनाने में तथा राजनीतिक स्थिति के मजबूतीकरण हेतु नागरिकों में राजनीति के प्रति रुझान पैदा कराने एवं सामाजिक, राजनीतिक, आर्थिक समस्याओं के समाधान हेतु आवाज बुलंद करने के लिए अभिप्रेरित कराने में आधार–आधेय की भूमिका निभायी गयी है। सभी पार्टियों द्वारा वोट बैंक के तुष्टीकरण की नीति (Policy of Appeasement) की कटु आलोचना करके यह वर्ग लोकतांत्रिक व्यवस्था में मौजूद राजनीतिक समाज को सामाजिक–राजनीतिक तथ्यों व व्यवहारों से अवगत कराने में महती भूमिका निभाता रहा है। कभी–कभी इनकी ईमानदार कोशिशों की वजह से कई प्रकार के राजनीतिक घोटालों व राजनीतिक घटनाक्रमों का पर्दाफाश होता है। राजनीतिक तथ्यों का खुलासा करके यह वर्ग समाज को प्रत्यक्ष रूप में राजनीति से जोड़ने का बौद्धिक माध्यम बनता है। व्यवस्था में राजनीतिक अस्थिरता, भ्रष्टाचार आदि से जुड़े तत्त्वों को उजागर करके यह वर्ग एक सामान्य व्यक्ति को राजनीतिक दृष्टि से ज्ञान सम्पन्न बनाता है तथा एक जागरूक मतदाता के रूप में नागरिकों के व्यक्तित्व के विकास का बुनियादी माध्यम बनता है।

आलेखकारों द्वारा राजनीतिक आलेखों के माध्यम से लोकतांत्रिक अधिकारों की जानकारी देकर राजनीतिक सहभागिता (Democratic Rigths and Political Participation) के लिए नागरिकों का ज्ञानवर्द्धन किया जाता है तथा इसके प्रयोग के लिए अभिप्रेरित किया जाता है, इससे व्यवस्था में प्रबुद्ध नागरिकों की संख्या में काफी वृद्धि होती है। इनके प्रयासों से जनसाधारण को अपने नागरिक अधिकारों–कर्तव्यों–दायित्वों का ज्ञान प्राप्त होता है और वे राजनीतिक विषयों–मुद्दों का संज्ञान लेने में सक्षम हो पाते हैं। विकासशील देशों के सामाजिक–आर्थिक आयामों के निर्धारण, नियमन एवं निरूपण में विभिन्न पदों पर सुशोभित होकर बुद्धिजीवी काफी प्रासंगिक व सार्थक भूमिकाओं का निष्पादन करते हैं। जनसंचार के माध्यमों को जनसरोकारगत व समाजोन्मुख बनाये रखने में भी बुद्धिजीवी वर्ग काफी सकारात्मक योगदान देते हैं। इन व्यवस्थाओं में शासकों को शासितों यानी कि समाज के प्रति जवाबदेह बनाये रखने में भी बुद्धिजीवी वर्ग की प्रासंगिकता–सार्थकता अमूल्य है। ये अपने ज्ञान का प्रयोग सामाजिक परिवर्तन के साधन के रूप में करते हैं।

व्यवस्था में संवैधानिक विकास और क्रान्ति की स्थितियों के अस्तित्व–निर्माण में भी बुद्धिजीवी वर्ग की प्रासंगिकता एवं महत्ता के प्रसंगों से विश्व का इतिहास भरा पड़ा है। उदारवादी, समाजवादी एवं विकासशील देशों के संवैधानिक विकास में बुद्धिजीवियों ने उल्लेखनीय योगदान दिया है। यहां क्रांति का अभिप्राय ऐसे परिवर्तन से है जिसमें पुराने संस्थात्मक ढाँचे की जगह नया ढाँचा स्थापित किया जाता है। यह आवश्यक नहीं है कि क्रान्ति के रूप में राजनीतिक परिवर्तन के लिए हिंसा या रक्तपात का सहारा लिया जाय। उदाहरणार्थ, ब्रिटेन के संवैधानिक विकास के लिए कोई हिंसक क्रान्ति नहीं हुई और सीमित व निरंकुश राजतंत्र से व्यवस्था लोकतांत्रीय ढाँचे में परिणत हो गयी। इंग्लैण्ड की जनता की अभिवृत्ति को राजतंत्र से लोकतंत्र की ओर मोड़ने में और उनमें लोकतंत्र के मूल्यों को आत्मसात् कराने में वहां के बुद्धिजीवियों ने सराहनीय येागदान दिया। इसी प्रकार, फ्रांसीसी क्रान्ति की रूपरेखा के निर्माण में भी वहां के समसामयिक बुद्धिजीवी वर्ग द्वारा महत्त्वपूर्ण भूमिकाओं को अंजाम दिया गया। इसी तर्ज पर चीनी क्रान्ति और रूसी क्रान्ति में भी बुद्धिजीवियों की अहम भूमिका राजनीति के इतिहास में दर्ज है।

बुद्धिजीवी सामाजिक व राजनीतिक परिवर्तन में हमेशा अग्रेसर की भूमिका निभाते रहे हैं। भारतीय स्वतंत्रता आन्दोलन की रूपरेखा तैयार करने तथा इसे लक्ष्य तक पहुंचाने में बुद्धिजीवी वर्ग का अतुलनीय योगदान रहा है। ये अपनी बौद्धिक योग्यता के माध्यम से जनसाधारण को निरन्तर यह बताने का प्रयास करते रहते हैं कि उनके जीवन, समाज एवं संपूर्ण व्यवस्था के विकास की मास्टर चाबी राजनीति के हाथों में निहित है। राजनीति के माध्यम से ही विकास के सभी बन्द दरवाजे खोले जा सकते हैं, इसलिए अपने राजनीतिक ज्ञान को विकसित करके एवं राजनीति में सहभागी बनके ही वे अपने जीवन और समाज की संवृद्धि का हिस्सा बन सकते हैं। बुद्धिजीवियों के प्रयास से राजनीति, राजनीतिक विषयों तथा मुद्दों के प्रति नागरिकों की संज्ञानात्मक (Cognitive), भावात्मक (Affective) एवं मूल्यांकनात्मक (Evaluative) अभिमुखीकरण (Orientation) की क्षमता में वृद्धि होती है तथा राजनीति के प्रति जनसाधारण अनुभावात्मक विश्वास (Empirical Belief) बढ़ता है। बुद्धिजीवियों द्वारा किये जाने वाले प्रयासों की वजह से नागरिक राजनीतिक मूल्यों और परम्पराओं तथा यथार्थताओं से प्रासंगिक अभिरुचियों से अवगत होते हैं और व्यवस्थागत राजनीति के प्रति अनुकूल या प्रतिकूल प्रतिक्रियाएं (Reactions) व्यक्त करते हैं। व्यवस्थागत राजनीति के स्वरूप–निर्माण व नियमन में इन प्रभावी अनुक्रियाओं (Effective Responses) का काफी महत्त्व होता है।

उपर्युक्त प्रसंगों के आलोक में स्पष्टतः यह कहा जा सकता है कि सामाजिक व राजनीतिक परिवर्तन, जनआन्दोलन, जनजागृति, क्रान्ति व व्यवस्था–निर्माण, विकास एवं आधुनिकीकरण के परिप्रेक्ष्य में बुद्धिजीवियों की भूमिका अत्यन्त प्रासंगिक एवं सार्थक है। इनकी राजनीतिक भूमिकाओं की सार्थकता इनके द्वारा किसी भी व्यवस्था के विकास में दिये जाने वाले अतुलित योगदान की क्षमताओं में निहित है। अपनी बौद्धिक योग्यता और समाज–सापेक्ष सोच की बदौलत जहां एक ओर बुद्धिजीवी राजनीतिक दल, राजनीतिज्ञ जनप्रतिनिधि और शासक अभिजन को जनउत्तरदायी बने रहने के लिए बाध्य करते हैं वहीं नागरिकों में बड़े पैमाने पर राजनीतिक चेतना जगाने का निरन्तर प्रयास करते हुए प्रत्येक काल और परिस्थिति में अपने बौद्धिक उत्तरदायित्व का निर्वहन करते हैं।

संक्षेप में, यह कहा जा सकता है कि बुद्धिजीवी वर्ग की राजनीतिक व सामाजिक भूमिकाओं की सार्थकता को कमोबेश सभी देशों में चिन्हित किया गया है और सभी देशों में इस तथ्य को स्वीकारा गया है कि व्यवस्था के बहुआयामी बहुदिशायी (Multidimentional and Multidirectional) विकास व आधुनिकीकरण में बुद्धिजीवियों का योगदान अतुलनीय है।

प्रश्न (Question)

1. विकासशील व्यवस्थाओं के संदर्भ में बुद्धिजीवियों की राजनीतिक भूमिका एवं सार्थकता की विवेचन कीजिए।

   Discuss the political role and significance of intellectuals in the context of developing systems.

पारिभाषिक शब्दावली
(Technical Terminology)

अधिकारी तंत्र (Bureaucracy)

यह शासन व्यवस्था में स्थायी अधिकारियों का समूह है जो प्रशासनिक ढाँचे के अन्तर्गत राजनीतिक कार्यपालिका द्वारा निर्धारित सार्वजनिक नीतियों–निर्णयों (Public Policies and Decisions) का कार्यान्वयन करते है। यह अधिकारीगण स्थायी कार्यपालिका के सदस्य होते हैं। अधिकारियों का चयन निर्धारित विशेष योग्यता के आधार पर होता है, और यथोचित् प्रशिक्षण देकर निश्चित वेतनमान पर उन्हें प्रशासन के महत्त्वपूर्ण दायित्वों को संभालने के लिए तैयार किया जाता हे। निर्धारित कानूनों और प्रक्रियाओं के तहत ये अपने दायित्यों का निर्वहन करते हैं। इनके कार्यक्षेत्र में व्यक्तिगत मनोभावों (Feelings), भावुकता, निजी–स्वार्थ, वरीयताओं (Preferences) पसंदगी–नापसंदगी की कोई गुंजाइश नहीं होती है। अधिकारीतंत्र का अस्तित्व उदारवादी (Liberal) एवं साम्यवादी (Communist), विकसित एवं विकासशील (Developed and Developing) सभी राजनीतिक व्यवस्थाओं में मौजूद होता है। ये शासन संचालन में आधारस्तंभ की भूमिका निभाते हैं।

अनुकूलन (Adaptation)

यह वह प्रक्रिया है जिसके अन्तर्गत व्यक्ति या समूह, सामाजिक व्यवस्था एवं राजनीतिक व्यवस्था के पर्यावरण (Environment) में मौजूद विभिन्न तत्त्वों–परिवर्त्यों (Variables) के साथ जीवित रहने की क्षमता अर्जित कर लेता है। यह प्रक्रिया व्यवस्थान्तर्गत चलते रहने वाले परिवर्तनों का संकेतक है। इसमें होने वाले परिवर्तनों के दायरे में जैविक (Biological) के अलावा सामाजिक–सांस्कृतिक संरचनाओं में संदर्भित बदलाव से जुड़े पक्ष भी शामिल होते हैं। राजनीतिक व्यवस्था के स्थायित्व व सातत्य को कायम रखने के लिए अनुकूलन प्रक्रिया की अपरिहार्यता को सभी अनुभववादी राजनीतिशास्त्रवेत्ताओं द्वारा स्वीकारा गया है।

अन्योन्याश्रयी / सहसंबंध (Correlation)

विभिन्न परिवर्त्यों के बीच सहसंबंध वह स्थिति है जहां किसी एक परिवर्त्य में होने वाला परिवर्तन अपने संबद्ध परिवर्त्यों मे भी निश्चित रूप से बदलाव लाता है और इस परिवर्तित स्वरूप एवं मात्रा के आधार पर अध्ययनगत विषय का एक सामान्य निष्कर्ष निकाला जा सकता है। किसी भी घटना या विषय से जुड़े तत्त्वों–परिवर्त्यों के मध्य परस्पर संबंधों के सही अन्वेषण के लिए इस स्थिति का विशेष महत्त्व है।

अभिवृत्ति (Attitude)

समाज मनोविज्ञान के अन्तर्गत यह व्यक्ति का एक व्यवहार है, भाव है, रवैया है, जिसके तहत व्यक्ति किसी वस्तु, स्थिति, विषय, मुद्दा या राजनीति के प्रति सकारात्मक या नकारात्मक दृष्टिकोण के अनुरूप अपना रुख प्रकट करता है। नकारात्मक अभिवृत्ति लोगों के मन में भेदभाव के विचारों को जन्म देती है और सकारात्मक अभिवृत्ति सामाजिक सद्भाव (Goodwill), सौहार्द (Good Relations) का पोषक (Nourisher) हैं। मानव अभिवृत्ति राजनीतिक समाजशास्त्र के अध्ययन का प्रतिपाद्य (The Theme) विषय है।

अलगाव (Alienation)

यह वतर्मान व्यवस्था के प्रति व्यक्ति की उदासीनता, विरक्ति या विरोध की एक प्रवृत्ति है। कार्ल मार्क्स के मतानुसार, पूंजीवादी व्यवस्था में उत्पादन के साधन एवं प्रक्रिया पर पूंजीपतियों का नियंत्रण स्थापित होने की वजह से सामान्य व्यक्ति समाज से अलगाव का अनुभव करता है। उनके शब्दों में, कामगार वर्ग मुख्यतः जिन चार स्तरों पर अलगाव का अनुभव करता है वे हैं–उत्पादन के प्रति, प्रकृति के प्रति, अपने साथियों के प्रति, और अन्ततः अपने आप के प्रति।

समकालीन व्यवस्था में जब कोई समूह समाज के पूर्वाग्रह (Prejudice) या भेदभाव मूलक प्रवृत्ति (Discriminatory Attitude) का शिकार होकर अपने को राष्ट्रीय मुख्यधारा (National Mainstream) से अलग–थलग अनुभव करता है तो इस बोध (Realization) को अलगाव का नाम दिया जाता है।

समाज मनोविज्ञान के अन्तर्गत, अलगाव मनुष्य की वैसी मनोवृत्ति या स्थिति है जब वह अपने भविष्य को लेकर अनिश्चितता और बेबसी के दौर से गुजरता है। उसे यह पता नहीं होता कि जो साधन सामाजिक दृष्टि से स्वीकृत हैं वे उसकी लक्ष्य–सिद्धि में सहायक होंगे या नहीं। इस परिस्थिति में व्यवस्था में प्रचलित मूल्यों–मानकों से उसकी आस्था डिगने लगती है और उसे अपनी प्रतिदिन निष्पादित गतिविधियों से संतुष्टि नहीं मिल पाती।

अहंवाद (Egoism)

यह व्यक्ति की वह अभिवृत्ति (Attitude) या दृष्टिकोण है जिसके तहत वह अपने अस्तित्व, व्यक्तित्व या निजी हित को अन्य की तुलना में प्राथमिकता देता है और दूसरे लोगों के अस्तित्व को अपना महत्त्व बढ़ाने या स्वार्थ–सिद्ध करने का साधन मानता है।

आंदोलन (Agitation)

उस स्थिति का सूचक है जिसमें किसी गलत नीति–निर्णय, कार्यक्रम, कानून या अप्रिय घटना को लेकर जनता के बड़े हिस्से में रोष (Anger) की लहर दौड़ जाती है, नतीजतन बड़ी संख्या में जनसाधारण जुलूस, प्रदर्शन, रैली या भीड़ की शक्ल में प्रकट होकर अपने गुस्से का इजहार करने लगते हैं। लोकतांत्रिक व्यवस्थाओं में किसी भी महत्त्वपूर्ण राजनीतिक, सामाजिक, सांस्कृतिक, क्षेत्रीय आदि मुद्दों पर चरणबद्ध आन्दोलन भी चलाया जाता है।

आंदोलनकारी (Agitator)

ऐसा नागरिक जो किसी निर्धारित उद्देश्य को लेकर जनसाधारण को जनआंदोलन करने के लिए अभिप्रेरित करे तथा आन्दोलन का नेतृत्व व मार्गदर्शन करे।

आतंकवाद (Terrorism)

यह एक ऐसी विध्वंसकारी गतिविधि, प्रवृत्ति या मानसिकता है, जिसका पोषक और संवाहक व्यक्ति या समूह अपने राजनीतिक उद्देश्यों की सिद्धि के लिए सामूहिक हिंसा, हत्या और आतंक का सहारा लेता है। आतंकवाद दहशत फैलाकर अपनी शक्ति का विस्तार करने में विश्वास रखता है और अपनी आतंकी नीतियों, शाक्तियों का परिचय देकर आतंकी सरकार को अपनी मांगे मानने के लिए विवश करते हैं। सामान्यतः आतंकवाद शब्द का इस्तेमाल स्थापित व्यवस्था का विरोध करने वाली उन गतिविधियों के लिए किया जाता है जो अपनी विनाशक कार्रवाइयों को अंजाम देकर व्यवस्था में आतंक पैदा करने में सफल होते हैं।

आतंकवादी (Terrorist)

वस्तुतः, आतंकवादी वह व्यक्ति है जो व्यवस्था की यथास्थिति से असंतुष्ट है, व्यवस्था मे व्यापक स्तर पर सामाजिक–राजनीतिक बदलाव चाहता है, किन्तु अपनी लक्ष्य–सिद्धि के लिए संवैधानिक तरीकों की बजाय तोड़–फोड़, हिंसा, हत्या जैसी दहशनात्मक गतिविधियों को अंजाम देकर सत्ता–परिवर्तन कराना चाहता है। आतंकवादी पृथक्तावादी मानसिकता के पोषक होते हैं और इसी प्रवृत्ति के प्रसार में विध्वंसी कार्रवाइयों को अंजाम देते रहते हैं। इनका उद्देश्य सामाजिक जीवन में ख़ौफ पैदा करके सत्ता को बदनाम करना तथा शासक वर्ग को अपनी हिंसोन्मत कार्रवाइयों के सामने विवश होने के लिए बाध्य करना है।

आधिपत्य/प्राधान्य (Hegemony)

यह वह स्थिति है जब शासन वर्ग द्वारा अपने हितवर्द्धन से प्रासंगिक मूल्यों (Values), मान्यताओं–विश्वासों (Beliefs) को परम्परा, संस्कार, प्रचार एवं शिक्षा आदि के माध्यम से संपूर्ण समाज पर इस प्रकार संस्थापित किया जाता है कि उसे समाज–हित की दृष्टि से यथोचित् आदर्श मूल्य या मान्यताओं के रूप में समाज के सदस्यों की सहमति (Consent) प्राप्त हेा सके, ताकि ऐसा प्रतीत हो कि शासकों का शासन शासितवर्ग की सहमति पर आधारित है। एंटोनियों ग्राम्शी ने कहा है कि पूंजीवादी व्यवस्था के अन्तर्गत नागरिक समाज की इकाइयां यथा परिवार, शिक्षण संस्थान, धार्मिक संगठन आदि नागरिकों को समाज में प्रचलित शासन व्यवहार के नियमों से परिचित कराती हैं और यह बोध कराती हैं कि नागरिकों को शासक वर्ग के सदस्यों के प्रति स्वाभाविक सम्मान का भाव रखना चाहिए। ग्राम्शी की दृष्टि में ये इकाइयां बुर्जुवा वर्ग की शासनशैली को वैधता प्रदान करके उसमें निहित अन्याय के पक्षों को भी न्यायसंगत स्वरूप प्रदान करती हैं।

आधुनिकीकरण (Modernisation)

यह एक प्रक्रिया है जिसके तहत कोई समाज अपने परम्परागत मूल्यों और संस्थाओं से आगे जाकर आधुनिक युग के नये मूल्यों एवं संस्थाओं को अपनाता है। किसी भी व्यवस्था में आधुनिकीकरण की प्रक्रिया वहां होने वाले सामाजिक–राजनीतिक परिवर्तन का द्योतक है।

आबंटन (Allocation)

राजनीतिक व्यवस्था के अन्तर्गत यह अधिकारपूर्ण निर्णय की प्रक्रिया है जिसके माध्यम से समाज के उपलब्ध मूल्यवान् संसाधनों (Valuable Resources) का बंटवारा होता है, और यह तय होता है, कि किसको क्या मिलेगा?

आधुनिक राजनीति सिद्धान्तकार डेविड ईस्टन ने अपने राजनीतिक व्यवस्था विश्लेषण में 'मूल्यों के आधिकारिक आंबटन' (Authoritative Allocation of Values) के संदर्भ रूप में इसका प्रयोग किया है।

उग्रवादी (Extremist)

समाज का वह व्यक्ति जो अपने विचारों या गतिविधियों को चरमसीमा (Extreme) पर पहुंचाने में विश्वास रखता है, किसी प्रकार के समझौते के लिए तैयार नहीं होता है, बल्कि अपनी मांग या दृष्टिकोण दूसरे पर थोपता है, और दूसरों को अपनी बातें मानने के लिए बाध्य करता है, उसे उग्रवादी या उग्रपंथी की संज्ञा दी जाती है। साधारणतः, उग्रवादी संकीर्ण उद्देश्य की सिद्धि के लिए हिंसा का सहारा लेते हैं। असहिष्णुता (Intolerance) उग्रवादियों की मुख्य अभिवृत्ति (Attitude) है। उग्रवादी प्रवृत्ति के लोग धर्म, जाति, भाषा, संस्कृति क्षेत्र आदि को आधार बनाकर पृथक् राज्य या पृथक् देश निर्माण की मांग करते हैं और अपने निर्धारित लक्ष्य की सिद्धि के लिए दंगा–फसाद (Riot), तोड़–फोड़ (Sabotage) तथा विविध प्रकार की हिंसक (Violent) गतिविधियों को अंजाम देते रहते हैं। इनकी हिंसात्मक कार्रवाइयों से सामाजिक सद्भाव–सौहार्द बाधित होता है तथा आपसी वैमनस्य की जड़ें मजबूत होती हैं। जो उग्रवादी अंधाधुंध हिंसा, हत्या, लूटपाट, दंगा–फसाद, बम विस्फोट आदि गतिविधियों में पूर्ण रूप से सक्रिय होकर समाज के निर्दोष लोगों की जान के दुश्मन हो जाते हैं और सामूहिक हिंसा–हत्या को अंजाम देना अपना मूल पेशा बना लेते हैं, उन्हें आतंकवादी (Terrorist) की संज्ञा दी जाती है। उग्रवादियों को सामाजिक जीवन की शान्तिभंग करके उत्तेजना फैलाने वाले उपद्रवी तत्त्वों के रूप में देखा जाता है जो समाज की उन्नति के मार्ग में गंभीर रूप से ख़तरा पैदा करते हैं। यह जरुरी नही है कि सभी उग्रवादी आतंकवादी बनकर व्यवस्था में उत्पात मचायें लेकिन सभी आतंकवादी उग्रवादी आवश्य होते है।

उत्तरदायित्व (Accoutability)

यह उदारवादी लोकतंत्र की प्रमुख राजनीतिक प्रकिया है। इसमें जनसाधारण का प्रतिनिधित्व करने वाली प्रतिनिधिक सरकार (Representative Government) के सदस्य अपनी सरकारी कार्रवाइयों के लिए जनसाधारण के प्रति उत्तरदायी होते हैं। इन्हें यह प्रमाणित करना पड़ता है कि उन्होंने अपनी सत्ता–शक्ति का प्रयोग जनइच्छा और जनसहमति के आलोक में जनहित (Public Interest) को ध्यान में रखते हुए निर्धारित (Prescribed) नियमों एवं प्रक्रियाओं (Rules and Procedures) के अनुरूप पूरी नियम निष्ठा (Adherence to Rules) से किया है, और सरकारी प्रक्रियाओं के निष्पादन में उन्होंने अपनी सत्ता का दुरूपयोग (Misuse) नहीं किया है। इसी तर्ज पर जनप्रतिनिधि के रूप में विपक्षी सदस्य सरकार के क्रियाकलापों की आलोचना करके सरकारी निर्णयों की जानकारी जनता तक पहुंचाकर एवं जनता की सोच को सरकार तक पहुंचाकर अपने उत्तरदायित्व का निर्वाह करते हैं।

उपनिवेशवाद (Colonialism)

यह वह राजनीतिक प्रवृत्ति है जिसके तहत कोई समृद्ध राष्ट्र अपनी आर्थिक–राजनीतिक शक्ति के विस्तार के लिए कमजोर एवं अल्पविकसित राष्ट्रों पर अपना प्रभुत्व (Dominance) स्थापित कर लेता है और अपने प्राधिकार (Authority) के जोर पर कमजोर, अधीन देशों पर शासन करता है। उपनिवेशवादी शासन के दौरान विदेशी हुकूमत द्वारा अधीन राष्ट्रों के उच्च प्रशासनिक पदों और मूल्यवान संसाधनों पर नियंत्रण स्थापित करके अपनी समुन्नति के लिए उनके प्राकृतिक और मानवीय संसाधनों (Natural and Human Resources) का भरपूर दोहन किया जाता है। उपनिवेशवादी राष्ट्र द्वारा पराधीन राष्ट्रों के महत्त्वपूर्ण प्रशासनिक पदों का दायित्व संभालने के लिए अपने राष्ट्र के लोगों को वहां बसा लिया जाता है, ताकि उनकी मदद से वे अपने प्राधिकार के मजबूतीकरण की दिशा मे ठोस कदम उठा सकें । उपनिवेशवाद के दृष्टान्त के रूप में सोलहवीं सदी से बीसवीं सदी के पूर्वार्ध तक ब्रिटेन, फ्रांस, बेल्जियम, स्पेन, हालैन्ड, पुर्तगाल आदि यूरोपीय देशों की राजनीतिक प्रवृत्ति को देखा जा सकता है जिनके द्वारा एशिया, अफ्रीका और लैटिन अमेरिका के बहुत सारे देशों पर अपना प्रभुत्व स्थापित किया गया और लम्बे समय तक इन देशों पर शासन किया गया।

उपागम (Approach)

उपागम का अर्थ शोधकर्ता द्वारा अध्ययन–विश्लेषण के लिए चयनित उपयुक्त आधार–सामग्री से है। इसका मूल अभिप्राय है कि अध्ययन का केन्द्रीय विषय (Focus of Study) क्या है, विषय का अन्वेषण कैसे किया जाये (How to Research), और अन्वेषण किस विषय का करना है (What to Research) ?

करिश्माई नेतृत्व (Charismatic Leadership)

वह नेता जिसके व्यक्तित्व में ऐसा जादू हो कि उसके अनुयायी उसमें अटूट आस्था प्रकट करें और उन्हें यह विश्वास हो कि उनकी समस्याओं का समाधान किसी नियम–कानून, प्रक्रियाओं (Procedures), परम्पराओं या रीति–रिवाजों से नहीं हो सकता बल्कि उनकी समस्त समस्याओं के समाधान का माध्यम उनके नेता का प्रभावशाली ओजस्वी करिश्माई व्यक्तित्व है। करिश्माई नेतृत्व का अस्तित्व तभी तक कायम रहता है जब तक उसके अनुयायी उसके व्यक्तित्व के प्रभाव में आस्था–निष्ठा बनाये रखते हैं। अनुयायियों के विश्वास में कमी आने पर या नये नेता के व्यक्तित्व का जादू छा जाने पर पुराने नेता के नेतृत्व का करिश्मा समाप्त होने लगता है। यानी कि किसी भी राजनेता के व्यक्तित्व या नेतृत्व का करिश्मा तभी तक कायम रहता है जब तक कि जनता के बड़े हिस्से में उस नेता के नेतृत्व का जादू कायम रहता है और अनुयायी उसमें पूरा विश्वास व्यक्त करते रहते हैं।

गठबंधन की राजनीति (Coalition Politics)

यह राजनीति का वह स्वरूप है जिसमें सत्ता प्राप्त करने के उद्देश्य से दो या दो से अधिक दल अपनी राजनीतिक शक्ति को एकजुट करके सत्ता तक पहुंचने का मार्ग सरल बनाते हैं। संसदीय प्रणाली के अन्तर्गत जहां मिश्रित दलीय व्यवस्था है वहां इस राजनीतिक प्रकिया के प्रयोग द्वारा दो या दो से अधिक पार्टियां मिलकर संसद में अपने बहुमत का जुगाड़ करती हैं और उसी बहुमत के आधार पर सरकार बनाने का दावा पेश करके सदन में अपना बहुमत साबित भी करती हैं।

चुनावी घोषणापत्र (Election Manifesto)

यह किसी भी राजनीतिक दल का वह अधिकारिक विवरण (Official Statement) है जो चुनाव अभियान के आरंभ में लोकघोषणा के रूप में जारी किया जाता हैं। इस घोषणापत्र के माध्यम से विभिन्न दल अपनी प्रस्तावित नीतियों–कार्यक्रमों की रूपरेखा का प्रकटीकरण जनता के समक्ष करते हैं। चुनाव के समय यह जनमत–निर्माण का एक मुख्य आधार साबित होता है, और जिस दल को चुनाव में बहुमत प्राप्त होता हैं उसके संबंध में यह मान लिया जाता है कि निर्वाचकमंडल (Electorate) द्वारा दल की प्रस्तावित घोषणाओं पर जनस्वीकृति की मुहर लग गयी है।

जातिवाद (Casteism)

यह एक प्रवृत्ति है जिसके अन्तर्गत अपनी जाति के सदस्यों को संरक्षण देने और लाभ पहुंचाने की कोशिश की जाती है। भारत में चुनावी राजनीति के परिप्रेक्ष्य में जातिवाद का विशेष महत्त्व है। अपनी जाति के उम्मीदवारों को चुनाव में वोट देना, चुनाव जीतने के बाद जनप्रतिनिधियों द्वारा अपनी जाति के लोगों को नौकरियां देना, महत्त्वपूर्ण पदों पर स्थानान्तरण (Transfer) कराना, समाज के मूल्यवान संसाधनों के वितरण में अपनी जाति के लोगों को ज्यादा–से–ज्यादा लाभ पहुंचाना आदि इस प्रवृत्ति की ख़ासियत है। इससे लोकतंत्र में अवसर की समानता के सिद्धान्त का उल्लंघन होता है और आर्थिक समस्याओं के समाधान में भी रूकावटें आती हैं। इस प्रवृत्ति का खास अवगुण यह है कि इस मानसिकता के तहत समाज का शोषित वर्ग अपने आर्थिक हितों की अनदेखी करके जाति के आधार पर शोषक वर्ग का समर्थन करते रहते हैं।

झुंड (Aggregate)

यह लोगों का ऐसा जमघट है जो असंगठित होता है। इसमें लोग कुछ देर के लिए इकट्ठा होते हैं। लेकिन, उनके बीच कोई अन्तःक्रिया नहीं होती है और इस समूह का कोई उद्देश्य भी नहीं होता है, इसलिए इसका अस्तित्व भी क्षणिक होता है। यह जनसमूह और भीड़ (Crowd) दोनों से अलग है।

तीसरी दुनिया (Third World)

उपनिवेशवाद के पतन और नवोदित देशों के आविर्भाव के साथ–साथ इस राजनीतिक शब्दावली के प्रयोग का प्रचलन बड़े पैमाने पर आरंभ हो गया। इस शब्दावली का प्रयोग साधारणतया एशिया, अफ्रीका और लेटिन अमेरिका के उन नवोदित विकासशील देशों के लिए किया जाता है जो अतीत में उपनिवेशवाद के शिकार रहे हैं। द्वितीय विश्वयुद्धोपरान्त इन नये स्वतंत्र देशों द्वारा अपने पिछड़ेपन से मुक्ति पाने के लिए अपने विकास के मुद्दों पर ध्यान केन्द्रित किया गया और अन्तर्राष्ट्रीय परिदृश्य में विश्वशान्ति को बढ़ावा देने और दोनों शक्ति गुटों (Power Groups) की राजनीति से अलग रहने का निर्णय लिया गया। ये लगातार पूंजीवादी तथा साम्यवादी जगत के प्रभाव से अपने को मुक्त रखने का दावा करते रहे हैं। लेकिन 1991 में साम्यवादी शाक्ति गुट के रूप में सोवियत संघ के विघटन के पश्चात् तीसरी दुनिया के देशों द्वारा अन्तर्राष्ट्रीय राजनीति में मुख्य रूप से विकासशील देशों की निर्धनता, आर्थिक पिछड़ापन, जनसंख्या विस्फोट, आतंकवाद उन्मूलन जैसी तात्त्विक समस्याओं के समाधान से संबंधित विचार–विमर्श पर अपना ध्यान केन्द्रित किया जाता रहा है।

तीसरी दुनिया के देश सामान्यतः गरीबी, बेरोजगारी, जनसंख्या विस्फोट तथा औद्योगिक–आर्थिक विकास की दृष्टि से पिछड़ेपन का शिकार हैं। यहां की राजनीति में सत्ता के परम्परागत स्त्रोतों तथा करिश्मा प्रधान सत्ता का अस्तित्व मुख्य रूप से अभी भी कायम है। यहां की सामाजिक व्यवस्था में परम्परागत संरचनाओं की बहुलता पायी जाती है और नई सामाजिक संरचनाएं अभी तक विकसित नहीं हो पायी हैं। निर्धनता, निरक्षरता, बेरोजगारी, स्वास्थ्य का निम्न स्तर, जीवन की बुनियादी जरूरतों का व्यापक अभाव आदि इन देशों की विशेषताएं है। भारत का नाम भी तीसरी दुनिया के देशों में शुमार है लेकिन तथ्यतः भारत इस कोटि के अन्य देशों की तुलना में कई दृष्टियों से काफी उन्नत स्थिति में है।

तुष्टिकरण (Appeasement)

ऐसी नीति जिसमें आक्रमणकारियों, दहशतगर्दों तथा अत्याचारियों की मांगें स्वीकार की जाती हैं ताकि उन्हें प्रसन्न रखकर उनके अत्याचारों से समाज को बचाया जा सके। समसामयिक परिप्रेक्ष्य में तुष्टीकरण का अर्थ संदर्भ राजनीतिक दलों द्वारा वोट बैंक निर्माण करने के उद्देश्य से किसी विशेष समुदाय को तुष्ट करने से जोड़ा जाता है।

तोड़–फोड़ (Sabotage)

यह एक विध्वंसक गतिविधि (Destructive Activity) है, जिसके तहत किसी भी संगठन के सदस्य विरोधियों से हाथ मिलाकर या किसी स्वार्थ की पूर्ति के लिए उस संगठन को आन्तरिक स्तर पर क्षति पहुंचाने की कोशिश करते हैं। राजनीति के अतिरिक्त इस शब्द का प्रयोग उद्योग क्षेत्र में भी किया जाता है। सन् 1912 में फ्रांस में हुई व्यापक रेल हड़ताल के दौरान हड़ताली कर्मचारियों द्वारा रेल की पटरियों को जोड़ने वाले नालों (Shoes) को काट दिया गया था जिसे फ्रेंच में 'Sabots' कहा जाता है। वतर्मान परिप्रेक्ष्य में जब किसी कल–करखानों में काम करने वाले असंतुष्ट हड़ताली मजदूरों द्वारा दुर्भाग्यवश जानबूझकर संयंत्रों, उपकरणों या अन्य सामग्रियों को नुकसान पहुंचाया जाता है तो उसे 'Sabotage' की संज्ञा दी जाती है। वस्तुतः, यह शब्द यहीं से प्रतीकात्मक (Symbolical) अर्थ प्राप्त करके राजनीति के साथ–साथ अन्य क्षेत्रों में भी प्रयुक्त किया जाने लगा।

दंगा–फसाद (Riot)

यह भीड़ द्वारा प्रदर्शित ऐसा अनियंत्रित व्यवहार है जिसमें एक समूह के सदस्यों द्वारा दूसरे समूह के सदस्यों को शारीरिक क्षति पहुंचायी जाती है। उनकी सम्पत्ति को नष्ट करने के लिए उन्मादी गतिविधियों को अंजाम दिया जाता है। दंगा–फसाद ज्यादातर आतंकी एवं साम्प्रदायिक शाक्तियों द्वारा उत्पन्न की जाने वाली स्थितियां होती हैं जिसमें जाति, धर्म के नाम पर आम आदमी के जानमाल को क्षति पहुंचायी जाती है तथा सामाजिक जीवन में अशान्ति पैदा की जाती है। इसमें आक्रमणकारी उन्मादी रूप मे पूर्वाग्रह की मानसिकता से ग्रसित होकर निर्दोष और निहत्थे लोगों के जान–माल को सबसे जयादा नुकसान पहुंचाते हैं।

दल–बदल (Defection)

यह प्रकिया विधानमंडल या संसद् के सदस्यों द्वारा अपनायी गयी वह राजनीतिक गतिविधि है जिसके अन्तर्गत दल के टिकट पर चुने गये सदस्य स्वेच्छा से अपने दल को छोड़ सदन की सदस्यता से त्यागपत्र दिये बगैर किसी दूसरे दल में शामिल हो जातें हैं या निर्दलीय बन जाते हैं। लोकतांत्रिक व्यवस्था मे दल–बदल का एक मुख्य कारण दल के शीर्ष नेतृत्व से मतभेद हो सकता है। आधुनिक राजनीतिक परिवेश में दल–बदल के अधिकांश मामलों का आधार राजनीतिक स्वार्थ, धन या पद–प्राप्ति का लोभ होता है। संसदीय लोकतंत्र के स्थायित्व और सातत्य के लिए इस राजनीतिक प्रवृत्ति को घातक माना गया है।

चौथे आम चुनाव के बाद भारत में बड़े पैमाने पर दल–बदल की घटनाएं हुईं, नतीजतन देश के अनेक राज्यों–उतर प्रदेश, बिहार, पंजाब, हरियाणा, मध्य प्रदेश, राजस्थान तथा पश्चिम बंगाल की राजनीति में भारी उथल–पुथल हुई। दल–बदल की लगभग एक हजार घटनाओं को अंजाम दिया गया और सत्तरह महीने की अवधि में सत्तरह सरकारें बदली। वस्तुतः, लोकतंत्र में दल–बदल कोई असामान्य घटना नही है। ब्रिटेन, कनाडा, आस्ट्रेलिया, न्यूजीलैंड आदि देशों के लोकतांत्रिक संस्थागत राजनीतिक जीवन में भी इस प्रकार की घटनाओं के कई दृष्टान्त मौजूद हैं।

ध्रुवीकरण (Polarisation)

यह वह स्थिति है जब समाज में परस्पर मतभेद रखने वाले समूह विचारधारात्मक आधार (Ideological Basis) पर दो बड़े गुटों (Camps) या दलों (Parties) में बंट जाते हैं। इस स्थिति में मुख्य मुकाबला दो परस्पर विरोधी दलों या गुटों के बीच में होता है। लोकतांत्रिक व्यवस्था में मतप्रबंधन या वोट बैंक के निर्माण की दृष्टि से ध्रुवीकरण प्रक्रिया को विशेष महत्त्व दिया गया है, क्योंकि यह ठोस जनमत–निर्माण, प्रदर्शन तथा जनादेश की अभिव्यक्ति का आधारतत्त्व हैं।

नवउपनिवेशवाद (Neo-colonialism)

यह पाश्चात्य जगत के पूंजीवादी देशों की वह रणनीति (Strategy) है जिसके तहत विकसित देशों द्वारा विकासशील देशों पर आर्थिक सहायता के नाम पर दबाव बनाकर वितीय (Financial), आर्थिक (Economic) तथा प्रौद्योगिक (Technological) दृष्टि से अपना आश्रित (Dependent) बनाकर उनका आर्थिक शोषण किया जाता है। अन्तर्राष्ट्रीय व्यापार के बहाने विकसित देश विकासशील देशों से सस्ता कच्चा माल एवं सस्ता श्रम प्राप्त करते हैं और अपनी उत्पादित वस्तुओं की खपत के लिए बड़े बाजार के रूप में इन देशों का इस्तेमाल करते हैं। इस प्रकार, विकसित राष्ट्र विकासशील देशों पर अपना राजनीतिक प्रभुत्व (Dominance) तो स्थापित नहीं करतें हैं लेकिन इस रणनीति के माध्यम से अल्पविकसित देशों के प्रशासनिक खर्च का भार न उठाते हुए भी उन्नत राष्ट्र उपनिवेशवादी शासन जैसा लाभ उठाने में सफल हो जाते है। वस्तुतः, द्वितीय विश्वयुद्ध के पश्चात् जब उपनिवेशवादी सत्ता के पतन का दौर आरंभ हो गया तो बड़े–बड़े पूंजीवादी राष्ट्रों द्वारा नवोदित विकासशील देशों के आर्थिक शोषण के लिए नवउपनिवेशवाद की रणनीति अपनायी जाने लगी। इस रणनीति के तहत उपनिवेशवादी

राष्ट्रों द्वारा अपने संसाधन को मुख्य रूप से पूंजीवादी–प्रधान और प्रौद्योगिक–प्रधान उद्योगों में निवेश किया जाता है, जिससे उत्पादन में ज्यादा–से–ज्यादा लाभ कमाने की गुंजाइश होती है। वहीं विकासशील देश अपने संसाधनों को ऐसे श्रम–प्रधान उद्योगों में लगाने के लिए विवश होते हैं जिसमें लाभ अर्जित करने की गुंजाइश बहुत कम होती हैं। गरीबी, बेरोजगारी, आर्थिक पिछड़ेपन और तकनीकी पिछड़ेपन की वजह से नवउपनिवेशवाद के शिकार राष्ट्र शोषण की इस नई नीति का विरोध नहीं कर पाते हैं। उपनिवेशवादी राष्ट्र नवउपनिवेशवादी नीति को अमलीजामा पहनाने के लिए एक और तरीका अपनाते हैं। अपने ध्येय की पूर्ति के लिए उन्नत राष्ट्र अल्पविकसित राष्ट्रों में वहां मौजूद विशिष्ट वर्ग की मदद से कठपुतली सरकार (Puppet Government) स्थापित करके उसके माध्यम से अपने सारे इरादों को पूरा करते हैं। समसामयिक विश्व में औपचारिक उपनिवेशवाद का युग तो समाप्त हो चुका है सिर्फ नवउपनिवेशवाद के रूप में कमजोर राष्ट्रों का शोषण करने की परम्परा अभी कायम है।

नवमार्क्सवाद (Neo-Marxism)

नव–मार्क्सवाद उन सिद्धान्तों का समुच्चय है जिनकी समीक्षा मार्क्सवाद की बुनियादी मान्यताओं के आधार पर समकालीन विश्व की परिस्थितियों के अनुरूप की गयी है। इस सिद्धान्त के अन्तर्गत, राजनीतिक, सांस्कृतिक, मनोवैज्ञानिक स्तर पर प्रभुत्व और पराधीनता से प्रासंगिक दुरुह (Abstruse) तरीकों का विश्लेषण करते हुए मानव–उद्धार (Human Emancipation) के उपायों पर गहन विचार किया जाता है। अन्तर्राष्ट्रीय राजनीतिक परिदृश्य में नवमार्क्सवाद की मुख्य अभिव्यक्ति को पराश्रितता के सिद्धान्त (Dependency Theory) के रूप में देखा जा सकता है।

प्रतिभा प्रवास / प्रवास पलायन (Brain Drain)

यह वह स्थिति है जिसमें विकासशील देशों के प्रशिक्षित वैज्ञानिक, इंजीनियर, डॉक्टर, शिक्षक, आदि उच्च पद, प्रतिष्ठा की प्राप्ति उन्नति के अवसर, अधिक पारिश्रमिक, अनुसंधान की बेहतर सुविधाएं तथा जीवन यापन की बेहतर सुविधाओं को प्राप्त करने की चाहत में अपना देश छोड़कर विकसित देशों में बसने चले जाते है। विकासशील एवं अल्पविकसित देशों की यह विडंबना है कि जहां उन्हें अपनी व्यवस्था के बहुमुखी विकास के लिए इन प्रतिभाशाली लोगों की विशेष जरूरत होती है वहीं उन्हें उचित अवसर और परिश्रमिक नहीं दे पाने की वजह से वह इन्हें रोकने में भी असमर्थ होते हैं। इनकी उच्च शिक्षा और प्रशिक्षण पर देश का बहुमूल्य संसाधन (Valuable Resource) खर्च होता है, लेकिन इसका लाभ अपने देश को मिलने के बजाय विकसित देशों को मिलता है।

प्रजाति (Race)

यह व्यक्तियों का ऐसा समूह है जिसमें आनुवांशिक (Hereditary) आधार पर एक जैसी शारीरिक विशेषताएं पायी जाती हैं। शारीरिक विशेषताओं के रूप में विशेषतः इनमें ऊंचाई, त्वचा, आँखों का रंग, आंख, कान, होंठ, नाक की बनावट आादि में समानता पायी जाती है। त्वचा के रंग के मामले में कई प्रजातियों में समानता पायी जाती है, इसलिए प्रजातियों के बीच अन्तर के मामले में अन्य शारीरिक विशेषताओं को मुख्य रूप से आधार बनाया जाता है। विश्व में कुछ प्रमुख प्रजातियों के नाम इस प्रकार हैः कॉकेसॉयड (Caucasoid), मंगोलायड (Mangoloid), नीग्रॉयड (Negroid) तथा ऑस्ट्रेलॉयड (Australoid)।

पराधीन परिवर्त्य (Dependent Variable)

परस्पर संबद्ध परिवर्त्यों में यह वह तत्त्व है जिसकी स्थिति दूसरे तत्त्व की स्थिति पर निर्भर करती है, यानी कि एक दूसरे पर आश्रित होती है और एक में होने वाला परिवर्तन दूसरे में भी परिर्वतन लाता है। इसकी प्रकृति–प्रवृत्ति स्वाधीन परिवर्त्य (Independent Variable) से विपरीत होती हैं।

पराश्रिता सिद्धान्त (Dependency Theory)

यह नव मार्क्सवाद (Neo-marxism) से प्रासंगिक एक सिद्धान्त है जो समसामयिक विश्व के उन्नत (Advanced) विकसित देशों और विकासशील देशों के परस्पर संबंधों का विश्लेषण करता है। यह सिद्धान्त इस तथ्य का सूचक है कि अल्पविकसित देशों (Underdeveloped Countries) का सामाजिक–आर्थिक विकास आज भी बाह्य शक्तियों द्वारा नियंत्रित हो रहा है। इस सिद्धान्त के प्रवर्तकों में लैटिन अमेरिका और अफ्रीका के बुद्धिजीवियों का योगदान प्रमुख है और इनमें आन्द्रे जी. फ्रैंक तथा समीन अमीन का नाम विशेष रूप से उल्लेखनीय है। इन्होने स्पष्ट रूप से यह संकेत दिया कि वर्तमान अन्तर्राष्ट्रीय अर्थव्यवस्था तीसरी दुनिया के देशों को भारी नुकसान पहुंचा रही है। इनकी दृष्टि में अन्तर्राष्ट्रीय व्यापार जगत में विनिमय (Exchange) के स्तर पर शक्ति–सम्पन्न राष्ट्रों का प्रभुत्व कायम रहता है और तीसरी दुनिया के देशों के अल्पविकास की मूलवजह यही स्थिति है। पराश्रिता सिद्धान्तकारों का यह तर्क है कि आज के लोकतांत्रिक युग में औपचारिक उपनिवेशवाद (Formal Colonialism) का प्रचलन तो नहीं रहा है, लेकिन अन्तर्राष्ट्रीय आर्थिक संवृद्धि पर बाह्य शाक्तियों के नियंत्रण की वजह से आर्थिक उपनिवेशवाद या नवउपनिवेशवाद की स्थिति आज भी बनी हुई है। पराश्रिता सिद्धान्त का सीधा सरोकार विकासशील देशों में मौजूद आर्थिक समस्या के समाधान से है।

पूर्वाग्रह (Prejudice)

यह एक प्रवृत्ति (Attitude) है, जिसके तहत अनुभवजन्य साक्ष्यों (Empirical Evidences) के बिना ही कोई व्यक्ति किसी अन्य व्यक्ति या वस्तु के संबंध में नकारात्मक दृष्टिकोण बना लेता है और इसी मानसिकतता से ग्रसित होकर बिना कोई जांच–पड़ताल किये उस व्यक्ति या वस्तु के संबंध में किसी दोष या कमी की परिकल्पना करके संदर्भित व्यक्ति या वस्तु पर काल्पनिक त्रुटि का आरोपण कर देता है।

परिवर्त्य (Variable)

वह तत्त्व है जिसके मूल्य (Value) या परिमाण (Quantity) का सीधा सरोकार विषयगत परिणाम (Result) से होता है। अनुसंधान कार्य के अन्तर्गत परिवर्त्य को किसी भी तरह के व्यवहार पर सीधा असर डालने वाला कारकतत्त्व माना गया है। किसी परिवर्त्य में होने वाला परिवर्तन इससे संबद्व तत्त्वों एवं उसके परिणामों में भी परिवर्तन लाता है। सामाजिक अनुसंधान के अन्तर्गत किसी विषय–विशेष से संबंधित व्यक्ति या समूह के व्यवहार का तथ्यपरक व अनुभवाश्रित विश्लेषणात्मक अध्ययन करने के कम में सबद्व परिवर्त्यों के परस्पर संबंधों की जांच–परख की जाती है तथा तथ्यान्वेषित अध्ययन के लिए परिवर्त्यों को स्वाधीन (Independent) एवं पराधीन (Dependent) रूपों में कोटिकृत करके शोध विषय की गूढ़ जानकारी प्राप्त की जा सकती है।

बन्द (Bandh)

भारत में यह जनआन्दोलन का विकसित नया रूप है जिसके अन्तर्गत व्यवस्था में बन्द का कॉल देने वाला वर्ग न तो स्वयं कोई काम करता है और न ही दूसरों को करने देता है। श्रमिकवर्गों द्वारा अपनायी जाने वाली तालाबन्दी या हड़ताल जैसी कार्यविरोधक गतिविधियों का यह अभिनव स्वरूप है जो धीरे–धीरे राजनीतिक दलों, दबाव समूहों, हित समूहों, छात्रों, अध्यापकों, सरकारी कर्मचारियों, व्यापारी वर्गों में व्याप्त असंतुष्ट प्रवृत्ति या सता–विरोध के रूप में यदा–कदा सामने प्रकट होता रहता है। पश्चिम बंगाल की राजनीतिक संस्कृति में बन्द की राजनीति को नया मोड़ तब दिया गया जब वहां की संयुक्त मोर्चा सरकार स्वयं अधिकृत रूप से बन्द में सहभागी बनी।

बलात् राज्य परिवर्तन (Coup d'etat)

यह एक सैन्य कार्रवाई है जिसके माध्यम से किसी देश के शासक या सरकार को अकस्मात् गैर संवैधानिक तरीके से अपदस्थ करके सैन्यशासन स्थापित किया जाता है। इस कार्रवाई में सैन्यबल का प्रयोग किया जाता है। इस परिवर्तन द्वारा सैन्यनेतृत्व सम्पूर्ण देश पर अपना नियंत्रण स्थापित करने के ध्येय से सरकारी भवनों, रेडियो, टेलीविजन केन्द्रों, रेल मार्गों, बिजली घरों, जलसंयंत्रों आदि पर अपना प्रभुत्व स्थापित कर लेता है। बलात् राज्य परिवर्तन की प्रवृत्ति क्रान्ति से सर्वथा पृथक् होती है। इसमें निहित स्वार्थों (Vested Interest) की सिद्धि के लिए कोई प्रभुत्वशाली सत्तालोलुप व्यक्ति या समूह प्रचलित शासन व्यवस्था को धराशायी करके सत्ता पर कब्जा कर लेता है और सत्ता का इस्तेमाल अपने स्वार्थ के लिए करने लगता है। बलात् राज्य परिर्वतनों द्वारा संविधानवाद की जगह सैनिक शासन की स्थापना की जाती है।

बहुराष्ट्रीय निगम (Multinational Corporation)

यह एक ऐसा निजी व्यावसायिक संगठन (Private Form) होता है जिसका कार्यक्षेत्र एक से अधिक देशों में फैला होता है और इसका स्वामित्व तथा संचालन दो या दो से अधिक राष्ट्रों के उद्यमी समुदायों के हाथों में निहित होता है। साधारणतया इन निगमों की संस्थापना विकसित राष्ट्रों के उद्यमियों द्वारा की जाती है, क्योंकि यथेष्ट पूंजी की उपलब्धता उन्हीं के पास होती है। लेकिन, इनके कार्यक्षेत्र का फैलाव विकासशील देशों में होता है ताकि वे ज्यादा–से–ज्यादा लाभ अर्जित करने के लिए यह वहां के प्राकृतिक और मानवीय संसाधनों को सस्ती कीमत पर प्राप्त कर सकें और अपनी उत्पादित वस्तुओं को बेचने के लिए इन देशों के बाजार का इस्तेमाल कर सकें। यह निगम विकासशील देशों में मुख्यतः चार कारणों से अपना धन निवेश करते है: प्रथम–निरन्तर कच्चे माल की प्राप्ति के लिए, द्वितीय–सस्ते श्रम का लाभ उठाने के लिए, तृतीय–स्थानीय बाजार में अपना तैयार माल बेचने के लिए, और चतुर्थ–पर्यावरण–संबंधी कानूनों में दी जाने वाली ढील का फ़ायदा उठाने के लिए। विकासशील देशों में बहुराष्ट्रीय निगमों द्वारा देश के बुनियादी ढांचे के विकास में महत्त्वपूर्ण योगदान दिया जाता है तथा रोजगार के अवसरों में वृद्धि की जाती है, इसीलिए विकासशील देश इन निगमों को अपने यहां कार्य करने की अनुमति और सुविधाएं प्रदान करते हैं।

बाध्यकारिता/बल प्रयोग (Coercion)

यह प्रभाव का जीता–जागता स्वरूप है जिसमें प्रभावित करने वाले शख़्सियत द्वारा प्रभावित होने वाले व्यक्ति या समूह को निर्दिष्ट कार्य करने के लिए बाध्य या मजबूर (Compel) किया जाता है। बल प्रयोग का इस्तेमाल सामाजिक, आर्थिक, राजनीतिक किसी भी स्तर पर किया जा सकता है, यहां तक कि सैन्यशक्ति के प्रयोग का डर भी दिखाया जा सकता है। बल प्रयोग और सत्ता प्रयोग के बीच मूल अन्तर यह होता है कि जहां सत्ता द्वारा प्रयोग की गयी शक्ति के पीछे जनसहमति यानी कि वैधता का आधार होता है, वहीं बल प्रयोग के साथ वैधता का जुड़ाव नहीं होता है। लोकतांत्रिक सत्ता हमेशा वैधशक्तियों के प्रयोग की हक़दार होती है और वहां बल प्रयोग के लिए कोई गुंजाइश नहीं है।

बुर्जुआ/बुर्जुआ वर्ग (Bourgeoisie)

मार्क्स के दर्शन की शब्दावली में यह समाज के अन्तर्गत बड़े–बड़े पूंजीपतियों का वह वर्ग है जो समाज में उत्पादन के प्रमुख साधनों, कल–कारखानों, कच्चे माल के स्रोतों, भूमि आदि पर अपना स्वामित्व (Ownership) और नियंत्रण स्थापित कर लेता हैं, और निजी लाभ कमाने के उद्देश्य से विशाल कामगार वर्ग को मजदूरी (Wage Labour) का काम देकर उनका शोषण (Exploitation) करता रहता है। मार्क्सवाद के अनुसार, पूंजीवाद के अन्तर्गत बुर्जुआ केवल आर्थिक दृष्टि साधन–सम्पन्न प्रभुत्वशाली वर्ग (Dominant Class) नहीं होता है, अपितु सांस्कृतिक दृष्टि से भी समाज पर इनका वर्चस्व कायम रहता है। मार्क्स के दर्शन के अनुसार, बुर्जुआ वर्ग और सर्वहारा वर्ग (Proletariat) के बीच चलने वाला संघर्ष ही पूंजीवादी समाज की खास विशेषता है।

भूमंडलीकरण (Globalisation)

यह वह नीति या कार्रवाई है जिसके तहत आर्थिक गतिविधियों की कार्यक्षमता (Efficiency) और उससे संदर्भित लाभ की मात्रा में अधिकतम वृद्धि के लिए उस पर से सरकारी नियंत्रण या प्रतिबंध हटा लिया जाता है और उसे अधिकतम लाभ अर्जित करने के लिए विश्व के किसी भी हिस्से की आर्थिक संवृद्धि से प्रासंगिक आर्थिक गतिविधियों के साथ जुड़ने की छूट दी जाती है। उदाहरणार्थ, यदि किसी वस्तु के उत्पादन से संबद्ध कच्चा माल (Raw Material) विश्व के किसी एक हिस्से में सस्ता और अच्छा मिलता हो, पूंजी और मशीनरी किसी दूसरे हिस्से में सुलभ हो, श्रम (Labour) किसी तीसरे हिस्से में सस्ता मिलता हो और तैयार माल का बाजार (Market) विश्व के अलग–अलग हिस्सों में दूर–दूर तक फैला हो तो भूमंडलीकरण की नीति के अन्तर्गत इन सभी संसाधनों के उपयोग की सुविधा सुलभ हो जाती हैं। यानी कि भूमंडलीकरण के अन्तर्गत उत्पादन (Production), खरीद–फ़रोख्त, (Marketing) तथा सेवाओं के जाल (Network of Services) जैसे कार्यों को विश्व के किसी भी हिस्से में अंजाम दिया जा सकता हैं। इसका उद्देश्य है सबसे कम कार्य लागत में सबसे उत्तम गुणवत्ता की वस्तुएं उत्पादित करना ताकि कम लागत में अधिकतम लाभ अर्जित किया जा सके। भूमंडलीकरण उदारीकरण की नीति (Policy of Liberalization) का तार्किक परिणाम है जो देश में बहुराष्ट्रीय निगमों (Multinational Corporations) के विस्तार को आधार प्रदान करता है।

मतभेद (Cleavage)

यह वह स्थिति है जब समाज के सदस्य किसी मुद्दे या विषय को लेकर दो खेमों यानी कि गुटों में बंट जाते है। वह एक–दूसरे को अपना प्रबल विरोधी समझने लगते हैं, और अपनी बदहाली के लिए एक–दूसरे को जवाबदेह मानते है। सामाजिक जीवन मे मतभेद या दरार की स्थिति पैदा होने के लिए कई कारक उत्तरदायी होते हैं, जैसे कि धन–सम्पति, प्रस्थिति, आय आदि में पाया जाने वाला अन्र्तजातीय, धार्मिक, क्षेत्रीय, संजातीय, वर्ग, रंग, लिंग आदि से संबंधित भेदभाव (Discrimination) समाज में मतभेद को बढ़ावा देता है। सामाजिक जीवन में मौजूद किसी भी प्रकार का मतभेद समाजिक सद्भाव, सौहार्द की स्थिति पर चोट करता है, साथ ही यह सामाजिक–राजनीतिक चेतना तथा जनमत–निर्माण प्रकिया को भी हानि पहुंचाता है। इससे सामाजिक संतुलन बिगड़ने का खतरा उत्पन्न हो जाता है। सैद्धांतिक स्तर पर लोकतंत्र में राजनीतिक दल परस्पर विरोधी गुटों में सामंजस्य स्थापित कराने का प्रयास करके सामाजिक दरार या मतभेद को कम करने की कोशिश करता है। लेकिन, व्यावहारिक स्तर पर विकासशील व्यवस्थाओं में राजनीतिक दल अपने वोट बैंक में इज़ाफ़ा करने तथा राजनीतिक फ़ायदे के लिए कभी–कभी राजनीतिक दल जाति धर्म, क्षेत्रीयता, भाषा जैसे मुद्दों को उभारकर अपनी राजनीति की रोटी सेकने के लिए सामाजिक दरार या मतभेद को हवा भी देते हैं।

यथा स्थिति (Status Quo)

यह स्थिति को यथावत बनाये रखने की अभिवृत्ति है। इस प्रवृत्ति का समर्थन करने वाले लोगों का हित उस व्यवस्था की यथा स्थिति को बनाये रखने से जुड़ा होता है। इसलिए स्थिति में बदलाव आने पर उनके हितों को क्षति पहुंचाने की संभावना बनी रहती है। किसी भी व्यवस्था में यथा स्थिति को कायम रखने के लिए समर्थन करने वाले लोग उस स्थिति की अच्छाइयों को ढूंढ कर उसके लिए जनसमर्थन जुटाने की कोशिश करते हैं और यथा स्थिति को कायम रखने की वकालत भी करते रहते हैं।

रंगभेद (Apartheid)

वह नीति है जिसके अन्तर्गत दक्षिण अफ्रीका में अश्वेत जाति के लोगों को श्वेत जातियों द्वारा हीन मानकर उन्हें राजनीतिक अधिकारों, विकास के अवसरों तथा सभी प्रकार की सार्वजनिक सुख–सुविधाओं से वंचित रखा जाता था, ताकि वहां के मूल निवासियों पर यूरोप से आये श्वेत अल्पसंख्यकों का प्रभुत्व कायम रखा जा सके।

साम्राज्यवादी (Imperialism) नीतियों का यह सबसे घृणित रूप था जिसकी शुरुआत 1948 में हुई थी और अन्त 1994 में हुआ। इस परम्परा के अन्त के साथ वहां साम्राज्यवाद का भी अन्त हो गया।

राजनीतिकरण (Politicization)

यह वह प्रक्रिया है जिसके तहत किसी समुदाय के सदस्यों, सामाजिक संरचनाओं, मुद्दों, समस्याओं को राजनीति के साथ जोड़ा जाता है। किसी सामाजिक विषय के राजनीतिकरण के गलत या सही प्रभाव का दारोमदार व्यवस्था–संदर्भित राजनीति के स्वरूप पर निर्भर करता है। किसी समुदाय के सदस्यों के राजनीतिकरण का अर्थ है लोगों को राजनीतिक शाक्तियों, राजनीतिक समस्याओं, मुद्दों, राजनीतिक आदर्शों, नैतिकताओं तथा यथार्थ के प्रति सजग व संवेदनशील बनाना ताकि वे सार्वजनिक निर्णयों के निर्माण एवं कार्यान्वयन को प्रभावित करने में क्रियाशील भूमिका निभाने योग्य बन सके। राजनीतिकरण के इस आयाम का सामाजिक जीवन पर स्वस्थ प्रभाव पड़ता है। लेकिन संसदीय लोकतंत्र में वोटों के ध्रुवीकरण और मतप्रबंधन की दृष्टि से जाति, धर्म, वर्ग, संप्रदाय, भाषा, क्षेत्र आदि के राजनीतिकरण का अर्थ है समाज के सदस्यों में संकीर्ण प्रवृत्ति को बढ़ावा देना, समर्थकों का ध्यान राष्ट्रहित के मुद्दों से हटाकर अपने राजनीतिक फ़ायदे के लिए उनके समर्थन का इस्तेमाल करना और येन–केन प्रकारेण सतारूढ़ होना। किसी भी समस्या या मुद्दे के राजनीतिकरण के दो अर्थ हो सकते हैं : पहला–विषय के महत्त्व से जनता को परिचित कराना और संदर्भित प्रसंग की महत्ता स्थापित करके बहस–मुबाहिसा, चर्चा–परिचर्चा द्वारा उचित समाधान ढूंढने की कोशिश करना और दूसरा–इस बात की प्रबल संभावना बनती है कि विषय का कोई युक्तिपूर्ण–तर्कसंगत समाधान ढूंढने के बजाय अपने राजनीतिक स्वार्थ को ध्यान में रखकर विषय की महत्ता का प्रयोग राजनीतिक गुटबंदी–लामबंदी को अंजाम देने के लिए किया जाये।

राजनीतिक विश्लेषण (Political Analysis)

राजनीति एवं समाज की किसी समस्या का गहन अध्ययन करने के उद्देश्य से मूल अध्ययन प्रसंग से संबद्ध परिवर्त्यो की पहचान की जाती है, परिवर्त्यों के केन्द्रीय तत्त्वों के बीच परस्पर संबंधों की छानबीन की जाती है और समस्याओं को समझने–सुलझाने के लिए अनुभवमूलक पद्धति (Empirical Method) के प्रयोग द्वारा कोशिश करके जब किसी अनुभवजन्य निष्कर्ष पर पहुंचने का प्रयास किया जाता है तो विषय–प्रासंगिक अन्वेषण–अनुसंधान की इन समस्त प्रविधियों को राजनीतिक विश्लेषण की संज्ञा दी जाती हैं। वस्तुतः, राजनीतिक घटनाओं, राजनीतिक समस्याओं–मुद्दों का वर्गीकरण करने, उनकी परिभाषा देने एवं उनकी व्याख्या करने की बौद्धिक प्रक्रिया को राजनीतिक विश्लेषण का नाम दिया जाता है। राजनीतिक विश्लेषण शोध–प्रक्रिया की कोई निश्चित एवं सुस्पष्ट प्रविधि नहीं है अपितु इस बौद्धिक प्रक्रिया के निष्पादन में कई संकल्पनाओं (Concepts), प्रतिमानों (Models), उपागमों (Approaches) तथा सिद्धान्तों (Theories) का प्रयोग किया जाता है।

राजनीतिक व्यवहार (Political Behaviour)

यह आधुनिक राजनीति विज्ञान के अध्ययन का प्रतिपाद्य विषय है। इसके अन्तर्गत व्यक्ति को राजनीतिक व्यवस्था का अंग माना जाता है और एक मतदाता, विधायक, सांसद, मंत्री, नौकरशाह राजनीतिज्ञ, कूटनीतिज्ञ, न्यायाधीश आदि विभिन्न परिस्थितियों में वह किस प्रकार का व्यवहार प्रदर्शित करता है इस तथ्य को अन्वेषित करने का प्रयास किया जाता है। साथ ही यह भी पता लगाया जाता है कि वे इस प्रकार के व्यवहार का निरूपण क्यों कर रहे हैं। राजनीतिक व्यवहार के अध्ययन के लिए अन्तरानुशासनिक पद्धति (Interdisciplinary Method) का प्रयोग किया जाता है और समाजविज्ञान, मनोविज्ञान, मानवविज्ञान (Anthropology) आदि विषयों की मदद ली जाती है। राजनीतिक व्यवहार के विश्लेषणपरक अध्ययन की सार्थकता उन परिवर्त्यों की खोज करने में है जो राजनीतिक व्यवहार की दिशा–दशा का नियमन–निरूपण करते हैं और उन परिवर्त्यों की उपस्थिति–अनुपस्थिति के आधार पर राजनीतिक व्यवहार के संबंध में भविष्यवाणी करने की कोशिश करते हैं, साथ ही उन कारकों का तथ्यान्वेषण भी करते हैं जिनमें जरूरी फेर–बदल करके राजनीतिक व्यवहार को नियमित–नियंत्रित किया जा सकता है।

राजनीतिक ह्रास (Political Decay)

यह वह प्रक्रिया है जो किसी भी राजनीतिक व्यवस्था में अव्यवस्था (Disorder), अस्थिरता (Instability) एवं अशान्ति (Unrest) की स्थिति पैदा करती है। सैमुअल हंटिंगटन ने अपनी रचना 'Political Order in Changing Societies, 1968' में राजनीतिक ह्रास को राजनीतिक विकास का विपरीत रूप कहा है। आधुनिकीकरण की दौड़ में शामिल विकासशील राष्ट्रों में होने वाले तीव्र सामाजिक–आर्थिक परिवर्तनों को संभालने के लिए उपयुक्त राजनीतिक संरचनाओं का विकास नहीं होने की वजह से उत्पन्न स्थिति का परिणाम राजनीतिक ह्रास के रूप में सामने आ रहा है।

रूपावली (Paradigm)

यह वैज्ञानिक समुदायों द्वारा विश्व से संबंधित विचारों की अभिव्यक्ति का परिप्रेक्ष्य है और उनकी आस्थाओं, विश्वासों, प्रतिबद्वताओं का सैद्धान्तिक, अवधारणात्मक, रीति वैज्ञानिक एवं यांत्रिक समुच्चय है। वैज्ञानिक समुदायों द्वारा किये गये समस्याओं के चयन, आंकड़ों का मूल्यांकन एवं सिद्धान्त के निर्माण तथा समर्थन में रूपावली द्वारा मार्ग दर्शन की भूमिका निभाई जाती है।

लोकमत / जनमत (Public Opinion)

सार्वजनिक महत्त्व के विषयों पर यह जनता की आम राय है, जो सार्वजनिक समस्याओं–मुद्दों या व्यवस्थागत राजनीतिक विषयों पर व्यापक जनसमूह के प्रासंगिक दृष्टिकोण का द्योतक हैं। जनमत–निर्माण में जनसाधारण का व्यक्तिगत अनुभव, सोच, दृष्टिकोण आदि तो आधारतत्त्व का कार्य करते ही हैं साथ–साथ प्रभावशाली नेताओं का वक्तव्य, भाषण, दलीय घोषणाएं, कार्यक्रम, महत्त्वपूर्ण आलेख, विचारगोष्ठियां, जनसभाएं, जुलूस, रैलियां, प्रदर्शन, कार्यकर्ताओं की गतिविधियां जनसंपर्क के समस्त साधन आदि भी लोकमत के निर्माण एवं मजबूतीकरण में बेहद कारगार माध्यम की भूमिका अदा करते हैं।

वयस्क मताधिकार (Adult Franchise)

आधुनिक लोकतंत्र में यह नागरिकों का वह बुनियादी अधिकार है जिसके प्रयोग द्वारा प्रत्येक नागरिक अपने राजनीतिक प्रतिनिधि का चुनाव करता है। किसी भी नागरिक को मताधिकार (Right to Vote) के प्रयोग के लिए किसी भी देश में निर्धारित प्रावधानो के तहत न्यूनतम आयु (Minimum Age) की शर्त पूरी करनी पड़ती है। इस अधिकार के प्रयोगकर्त्ता में जाति, धर्म, लिंग, क्षेत्र, शिक्षा, सम्पत्ति या ऐसे अन्य किसी भी आधार पर कोई भेदभाव (Discrimination) नहीं किया जाता है। इसे सार्वजनिक वयस्क मताधिकार (Universal Adult Franchise) भी कहा जाता है।

विचरणशील या अस्थायी मतदाता (Floating Voter)

वैसा मतदाता जो किसी विशेष राजनीतिक दल के साथ बंधकर नहीं रहता, अपितु चुनाव के समय विभिन्न राजनीतिक दलों द्वारा प्रस्तावित चुनावी लोकघोषणा (Election Manifesto), नीतियों–कार्यक्रमों के संबंध में आनुभविक स्तर पर छान–बीन करके किसी भी दल या दलीय–निर्दलीय उम्मीदवार के पक्ष में मतदान करता हैं, उसे अस्थायी मतदाता कहते हैं। जहां राजनीतिक दलों की नीतियों–कार्यक्रमों के प्रति प्रतिबद्ध मतदाताओं (Committed Voters) का ठोस समर्थन दलों के पास होता है और ऐसे मतदाताओं के क्षेत्र में विशेष चुनावी प्रचार अभियान की जरूरत नहीं होती है, वहीं विचरणशील मतदाताओं को आकर्षित करने के लिए दलों को विशेष प्रचार अभियान की आवश्यकता होती है। चुनाव बड़े दलों के स्थायी मतदाताओं द्वारा दियें जाने वाले समर्थन की वजह से जब चुनाव में संतुलन की स्थिति उत्पन्न हो जाती है तब विचरणशील मतदाताओं का समर्थन किसी भी उम्मीदवार के पक्ष में चुनाव परिणाम को मोड़ने में निर्णायक भूमिका निभाता है।

विधि एवं विधान (Rule and Regulation)

यह शोध–प्रविधि से जुड़ी एक प्रक्रिया है जिसमें सिद्धान्त–पृच्छा के मार्गदर्शन, परीक्षण तथा वास्तविक जगत की समस्याओं के समाधान की खोज के लिए प्रयोग में लायी जाने वाली रीतियां, कार्य विधियां, कार्यकारी अवधारणाएं, विधान आदि को शामिल किया जाता हैं। यह पृच्छा पर विचार करने, विचारों का संयोजन करने एवं पृच्छा को आधार प्रदान करने का विशेष तरीका है।

विश्लेषण (Analysis)

यह शोध–प्रक्रिया के अध्ययन की एक विधा है। इस प्रक्रिया के अन्तर्गत समस्त 'शोधप्रसंगों को उसके मूलभूत अंगों के बीच तत्त्वतः बांटा जाता है तथा किसी प्रसंग या घटना से संदर्भित शोध विषय से जुड़े उन तत्त्वों का अन्वेषण किया जाता है जिनके संयोग से संदर्भित घटना या प्रसंग अस्तित्व में आता है। फिर उन तत्त्वों को व्यौरावार गुणात्मक या परिमाणात्मक परीक्षण से गुजरना पड़ता है। कई स्तरों पर इसके स्पष्टीकरण एवं व्याख्या की जरूरत हो सकती है। इस विधा के प्रयोग द्वारा किसी विषय के विश्लेषणात्मक व्याख्या (Analytical Explanation) में बहुत सहायता मिलती है।

वोट बैंक (Vote Bank)

इसका अभिप्राय किसी भी निर्वाचन क्षेत्र (Constituency) के अन्दर ऐसे जनसमुदाय से है जो समग्र रूप से किसी विशेष राजनीतिक दल, दलीय उम्मीदवार या निर्दलीय नेता के लिए बहुत बड़ी संख्या में मतदान करते हैं। ऐसे जनसमूह को वोट बैंक का नाम इसीलिए दिया जाता है क्योंकि इनके द्वारा किसी दल विशेष को या नेता को चुनाव के समय ठोस रूप में समर्थन प्रदान किया जाता है। किसी दल विशेष के वोट बैंक के आधार पर चुनावी परिणाम की तस्वीर का पूर्वानुमान पहले ही लगाया जा सकता है। वोट बैंक के महत्त्व को देखते हुए सभी पार्टियां मत–प्रबधंन के जुगाड़ में लगी रहती हैं। वोट बैंक के निर्माण हेतु राजनीतिक दल या नेता अपने राजनीतिक प्रभाव का प्रयोग करके क्षेत्र के समर्थक समुदायों को कुछ बुनियादी सुविधाएं, मसलन–पानी, बिजली, सड़क, परिवहन, राशन कार्ड, अस्पताल, स्कूल आदि मुहैया कराके उनका वोट पाने के हक़दार बन जाते हैं। इसके अतिरिक्त वोट बैंक के निर्माण में जाति, धर्म, संप्रदाय, भाषा, क्षेत्र जैसे संकीर्ण माध्यम भी आधारतत्त्व की भूमिका अदा करते हैं। लोकतांत्रिक प्रक्रिया के मद्देनजर वोट बैंक के निर्माण और मजबूतीकरण की प्रवृत्ति लोकतंत्र के स्वरूप को विकृत करता है क्योंकि यह संकीर्ण मानसिकता को पल्लवित–पुष्पित करता है और बड़े पैमाने पर भ्रष्टाचार को बढ़ावा देता है। वोट बैंक के मजबूतीकरण की प्रवृत्ति भारतीय राजनीति की एक ख़ास विशेषता है।

व्यवस्था (System)

व्यवस्था उन तत्त्वों के समुच्चय का बोधक है जो एक–दूसरे से परस्पर संबंधित हों, एक–दूसरे पर अन्योन्याश्रित (Interdependent) हो, और परस्पर–क्रियाएं (Interactions) करते हों।

व्यवहार (Behaviour)

यह व्यक्ति या समूह द्वारा प्रदर्शित वह अभिवृत्तियां या क्रियाएं हैं जो किसी उद्दीपन या प्रोत्साहन (Stimulus) की मौजूदगी का परिणाम होती हैं। एक प्रकिया के रूप में मानव व्यवहार का अध्ययन आधुनिक समाज विज्ञान का प्रतिपाद्य विषय है। व्यवहारवादियों या उत्तर व्यवहारवादियों द्वारा किये गये सभी शोधकार्यों के अध्ययन का केन्द्रीय तत्त्व मानव व्यवहार है। विद्वज्जनों द्वारा व्यवहार के संपूर्ण आयामों का गहन अध्ययन–विश्लेषण करके व्यक्ति या समूह के व्यवहार को उत्तेजक (Stimulative) स्वरूप प्रदान करने वाले कारकों की खोज की जाती है और समान्य निष्कर्ष पर पहुंचकर यथोचित् अध्ययन की दृष्टि से सामान्य नियमों का निर्माण किया जाता है।

व्यवहारवादी क्रान्ति (Behavioural Revolution)

यह आधुनिक राजनीति विज्ञान के अध्ययन की एक विधा (Genre) है जिसका आविर्भाव परम्परागत राजनीतिशास्त्र की उपलब्धियों के प्रति असंतोष के परिणामस्वरूप हुआ है। इस अध्ययन–शैली का चरमकाल 1940–1960 तक का माना जाता है। इस क्रान्ति के आगमन का मुख्य संदेश यह था कि राजनीति विज्ञान के अध्ययन का केन्द्रीय विषय कानूनी–औपचारिक संस्थाओं (Legal Formal Structures) की जगह मानव व्यवहार होना चाहिए। इसमें मानव व्यवहार के अध्ययन के दायरे में सभी प्रकार की भूमिकाओं को शामिल किया गया है और मतदाताओं, राजनीतिक कर्ताओं, विधायकों, सासंदों, मंत्रियों, नौकरशाहों, न्यायधीशों, विशिष्टवर्गों, हितसमूहों, दबावसमूहों राजनीतिकदलों के सदस्यों, एवं सामाजिक–राजनीतिक आन्दोलनों में सहभागी कार्यकर्त्ताओं, नेताओं आदि द्वारा निष्पादित भूमिकाओं एवं व्यवहारों को तथा इन्हें प्रभावित करने वाले तत्त्वों (Elements) एवं परिवर्त्यों (Variables) के अध्ययन–अन्वेषण को विषयगत अध्ययन का केन्द्रीय तत्त्व माना जाने लगा।

शोषण (Exploitation)

शोषण वह प्रक्रिया है जिसके आधार पर एक समूह या पक्ष दूसरे पक्ष की क्षमताओं का इस्तेमाल अपनी स्वार्थ–सिद्धि के लिए करता है। शक्ति का प्रयोग शोषण–प्रक्रिया का आधारतत्त्व हैं। इसमें शक्ति का प्रयोग करके प्रबल पक्ष दूसरे पक्ष की कमजोरी का फ़ायदा उठाने की भरपूर कोशिश करता है। इस प्रक्रिया द्वारा समाज का साधन–सम्पन्न विशिष्ट वर्ग कमजोर लोगों की विवशता का लाभ उठाकर कमजोर वर्ग को कष्ट पहुंचाता है, साथ ही अपनी स्थिति भी मजबूत करता है। इस प्रक्रिया का आधार सामाजिक विषमता (Social Inequality) है। इसके माध्यम से समाज का शोषक वर्ग समाज के अधिकांश मूल्यवान् संसाधनों, वस्तुओं, सेवाओं, लाभ के स्रोतों, अवसरों तथा धन–संपदा आदि पर अपना एकाधिकार (Monopoly) स्थापित करके समाज में कमजोर लोागों के जीवन निर्वाह के साधनों तथा मानव पूंजी (Human Capital) को अपने नियंत्रण में कर लेता है और फिर उसका मनचाहा इस्तेमाल करता है। सामाजिक अन्याय पर आधारित यह प्रक्रिया सामाजिक विषमता (Social Inequality) की द्योतक है।

संकल्पना (Concept)

यह एक मानसिक रचना या अमूर्त विचार है जो किसी घटनाक्रम के एक विशेष पक्ष की विशेषताओं की ओर इंगित करता है, जो उस परिघटना के विशेष क्षेत्र में सामान्य दिखाई देता है। संकल्पना वह अमूर्त विचार है जो किसी घटना की प्रकृति तथा उसके संघटक तत्त्वों (Component Elements) के परस्पर संबंधों तथा उससे संबद्ध सामान्य नियमों को व्यक्त करता है। संकल्पना यथार्थ से संबंधित होती है, क्योंकि इसका आविर्भाव यथार्थ से होता है, जो व्यक्ति–समूहों के व्यवहारों, जनआंदोलनों या व्यक्ति से संबद्ध उन परिघटनाओं के स्वरूप या प्रवर्ग का प्रदर्शन करता है। विभिन्न घटनाओं के कोटिकरण का संकेत देने के लिए भी संकल्पना का प्रयोग किया जाता है। वैज्ञानिक विश्लेषणक्रम में संकल्पना का प्रयोग यथार्थ की व्याख्या से प्रासंगिक किसी विशेष दृष्टिकोण के स्पष्टीकरण के लिए किया जाता है। सामाजिक जीवन से जुड़ी घटनाओं की व्याख्या के लिए संकल्पनाओं का प्रयोग किया जाता है। सामाजिक तथ्यों की विश्लेषणपरक–अनुभवजन्य व्याख्या एवं प्रासंगिक शोधकार्यों के परिणामस्वरूप संकल्पनाएं अस्तित्व प्राप्त करती हैं।

संजातीय समूह (Ethnic Group)

यह ऐसा सामाजिक समूह है जिसके सदस्य एक ही प्रजाति (Race), एक जैसी शारीरिक विशेषताओं (Physical Features), एक संस्कृति, भाषा, धर्म, वेशभूषा आदि के आधार पर एक विशेष समूह के रूप में अपनी पहचान बनाते हैं। इन समूहों के सदस्य जाति–संस्कृति से जुड़े होने की वजह से आपस में एकता का अनुभव करते हैं। कई बार धर्म भी संजातीय पहचान दिलाने का माध्यम बनता है, लेकिन यह संजातीयता का अनिवार्य

लक्षण नहीं है। संजातीय एकता का बोध संजातीय पूर्वाग्रह (Prejudice) को जन्म देता है जिसकी वजह से संजातीय समूहों में परस्पर द्वेष की भावना जगती है जो संजातीय तनाव या संघर्ष के जन्म का आधार–माध्यम बनता है।

संजातीयता (Ethnicity)

यह जाति, भाषा, संस्कृति, वेशभूषा, धर्म या शारीरिक विशेषताओं से युक्त वह लक्षण है जिसको आधार बनाकर समाज के विभिन्न समूहों की पृथक्–पृथक् पहचान बनती है।

संश्लेषण (Synthesis)

यह शोध–प्रविधि से जुड़ी प्रक्रिया हैं जिसके अन्तर्गत अध्ययन से प्रासंगिक विभिन्न पक्षों को एक पूर्ण इकाई के रूप में एकत्रित करने एवं सम्बद्ध विचारों और शक्तियों को सुसंगत रूप में प्रस्तुत करने का प्रयास किया जाता है। वस्तुतः, यह शोधकार्य में प्रस्तुतीकरण की विधा से संबंधित एक महत्त्वपूर्ण प्रक्रिया है।

सक्रिय कार्यकर्त्ता (Activist)

राजनीतिक समाज का ऐसा नागरिक जो किसी राजनीतिक संगठन, राजनीतिक दल, दबाव समूह, हित समूह या किसी आन्दोलन की गतिविधियों–कार्यक्रमों में बढ़–चढ़कर हिस्सा ले उसे सक्रिय कार्यकर्त्ता की संज्ञा दी जाती है। ऐसा व्यक्ति सिर्फ अपने संगठन के उद्देश्यों–लक्ष्यों की सैद्धान्तिकता में विश्वास नहीं करता है, अपितु अपनी ठोस कार्रवाइयों द्वारा उन उद्देश्यों–लक्ष्यों को उपार्जित (Achieve) करने में पूर्ण योगदान देता है। उद्देश्यों के अर्जन हेतु जनसमर्थन जुटाने के लिए वह संगठन की नीतियों का भरपूर प्रचार करता है और प्रभावित होने वाले लोगों को एकजुट करता है। समान विचार रखने वाले लोगों के बीच संगठन के उद्देश्यों की व्याख्या एवं गहन चर्चा करके समर्थकों के अन्दर दृढ़ आस्था–विश्वास का निर्माण करता है, तथा उनमें उत्साह का संचार करके उन्हें उद्देश्य–प्राप्ति की दिशा में गतिमान करता है। इन गतिविधियों को अंजाम देने के लिए सक्रिय कार्यकर्त्ता समय–समय पर रैली, धरना, प्रदर्शन, जुलूस–जलसा आदि का आयोजन करके जोशपूर्ण भाषण देता है, नारे लगवाता है, तथा सामाजिक–राजनीतिक परिस्थितियों की संवेदनशीलता को भांपते हुए हड़ताल, भूख हड़ताल, घेराव, रास्ता रोको, बन्द, तथा गिरफ्तारी देने जैसी गतिविधियों में सदैव अग्रेसर की भूमिका निभाता है।

सिद्धान्त (Theory)

यह व्यवस्थाबद्ध तरीके से सामान्यीकरण के समुच्चय (Aggregation) की ओर निर्दिष्ट करता है, जिसमें विचार–अभिव्यक्ति तथा चिन्तन–प्रक्रिया दोनों शामिल हैं। इसमें सामान्यीकरण का प्रवेश व्यवस्थित रूप में कराया जाता है। विशेषतः, इसमें सामान्यीकरण का सुसंगत समूहन होता है जो अन्वेषण क्षेत्र के व्यवहार से संबद्ध होता है। वस्तुतः, वैज्ञानिक पद्धति के अन्तर्गत सिद्धान्त निरीक्षण योग्य घटनाओं के परस्पर–संबंधों की तात्विकता और उसमें निहित नियमों के संबंध में ऐसी अभिव्यक्ति है जिसका सत्यापन (Verification) किया जा सकता है। दार्शनिक चिन्तन की दृष्टि से सिद्धान्त के अन्तर्गत उन विचारों, दृष्टिकोणों या तर्कों का एकीकरण होता है जिसको माध्यम बनाकर किसी धारणा या मान्यता की व्याख्या की जा सकती है।

सौदेबाजी (Bargaining)

यह सामाजिक–राजनीतिक स्तर पर तोलमोल करने की एक प्रक्रिया है जिसके अन्तर्गत किसी मामले से जुड़े पक्षों के बीच समाधान कराने की कोशिश की जाती है। गठबंधन की राजनीति के दौर में राजनीतिक सौदेबाजी शब्द का प्रचलन आम हो गया है। इस प्रक्रिया के तहत प्रत्येक पक्ष दूसरे की तुलना में ज्यादा लाभ अर्जित करने के लिए उत्सुक रहता है। वैसे इस प्रक्रिया का चलन प्रशासनिक स्तर पर भी बड़े पैमाने पर मौजूद है। यह भ्रष्टाचार का एक स्वरूप है।

ग्रंथसूची
(Bibliography)

Political Theory and Political Thought

Dante, Germino: *Beyond Ideology—The Revival of Political Theory*, Harper & Row, New York, 1967.

David McLellan: Marxism After Marx—An Introduction, Macmillan, London, 1979.

Dunning, W.A.: *A History of Political Theories—Ancient and Medieval*, Central Book Depot, Allahabad, 1970.

Emille Burns: *An Introduction to Marxism,* International Publishers, New York, 1977.

Francis, W. Coker: Recent Political Thought (Calcutta, The World Press, 1966).

George, H. Sabine and Thomas L. Thorson: *A History of Political Theory,* Dryden Press, Illinois, 1973.

Ghoshal, U.N.: *A History of Indian Political Ideas,* Oxford University Press, London, 1966.

Harold, J. Laski: *Political Thought in England Locke to Bentham,* Oxford University Press, London, 1955.

James, V. Downton Jr. and David K. Hart (Eds.):

(i) *Perspective on Political Philosophy: Thucydides through Machiavelli,* Vol. I, Holt Rinehart & Winston, New York, 1971.

(ii) *Perspective on Political Philosophy: Machiavelli through Marx,* Vol. II, Holt, Rineharf and Winston, New York, 1971.

(iii) *Perspectives on Political Philosophy: Marx through Marcuse,* Vol. III, Dryden Press, Illinois, 1973.

Jha, M.N.: *Modern Indian Political Thought: Ram Mohan Roy to Present Day,* Meenakshi Prakashan, Meerut, 1975.

Joad, C.E.M., *An Introduction to Modern Political: Theory*, Oxford University Press, Delhi, 1974.

John Plamenatz (New edition revised by M.E. Plamenatz, Robert Wokler): *Man and Society: Political and Social Theories from Machiavelli to Marx,* Vol. I and II, Vol. III: *Hegel, Marx and Engles and the Ideas of Progress,* Longman, London, 1994.

Leszek Kolakowski: *Main Current of Marxism—Its Origin, Growth and Dissolution:*

Vol. I: *The Founders*

Vol. II: *The Golden Age*

Vol. III: *The Breakdown*

Mackenzie, D. Brown: *The White Umbrella—Indian Political Thoughts from Manu to Gandhi,* University of California Press, Berkeley and Los Angeles, 1959.

Macpherson, C.B.: *The Political Theory of Possessive Individualism,* Oxford University Press, London, 1962.

Madhu Limaye: *Manu, Gandhi and Ambedkar and Other Essay,* Gyan Publishing House, Delhi, 1995.

Majumdar, B.B.: *History of Indian Social and Political Ideas from Ram Mohan Roy to Dayanand,* Bookland, Calcutta, 1967.

Mulford, Q. Sibley: *Political Ideas and Ideologies: A History of Political Thought*, Harper & Row, New York, 1970.

Oxford University Press, Oxford, 1982.

Parekh, B.: *Contemporary Political Thinkers*, Martin Robertson, Oxford, 1982.

Robert Brown (Ed.): *Classical Political Theories from Plato to Marx,* Macmillan, New York, 1990.

Sood, J.P.: *Main Current of Social and Political Thought in Modern India:*

Vol I: *The Liberal and Nationalist Traditions*

Vol II: *The Gandhian Tradition*

Vol III: *The Socialist Democratic and Communal Traditions,* K. Nath & Co., Meerut, 1975.

Varma, V.P.: (i) Ancient and Medieval Indian Political Thought, (ii) Modern Indian Political Thought, Lakshmi Narain Agarwal, Agra, 1989.

Wayper, C.L.: Political Thought (London : St. Paul's House, 1973).

William Ebenstein: *Great Political Thinkers—Plato to the Present,* Dryden Press, Illinois, 1969.

Comparative Politics

Almond, G.A. and J.S., Coleman (Eds.): *The Politics of Developing Areas,* Princeton Universitry Press, Princeton, 1960.

Almond, G.A. and S., Verba: *The Civic Culture,* Princeton University Press, Princeton, 1963.

Apter, D.E.: *The Politics of Modernization*, University of Chicago Press, Chicago, 1965.

Blondel, Jean: *An Introduction to Comparative Government,* Weldonfold, London, 1969.

Coleman, James, S. (Ed.): *Education and Political Development,* Princeton University Press, Princeton, 1965.

Curtis, M.: *Comparative Politics*, Princeton University Press, Princeton, 1971.

Dennis Kavanagh: *Thatcherism and British Politics—The End of Consensus,* Oxford University Press, Oxford, 1990.

Dube, S.C.: *Modernization and Development—The Search for Alternative Paradigms,* Vistaar Publications, New Delhi, 1988.

Easton, David: *A System Analysis of Political Life,* John Wiley Inc., New York, 1965.

Finer, S.E.: *Comparative Government,* Allen Lane Penguin Press, London, 1970.

Fried, Robert C.: *Comparative Political Institutions,* Macmillan, New York, 1966.

Gregory, S. Mahler: *Comparative Politics—An Institutional and Cross-national Approach,* Prentice-Hall, Englewood Cliff, 1992.

John Schwarzmanterl: *The State in Contemporary Society—An Introduction,* Harvester Wheatsheaf, New York, 1994.

Kothar, Rajni: *Rethinking Development in Search of Humane Alternatives,* Ajanta Publications, Delhi, 1988.

Kothari, Rajni (Ed.): *State and Nation Building—A Third World Perspective,* Allied Publishers, Bombay, 1976.

Michael Rush: *Politics and Society: An Introduction to Political Sociology,* Harvester Wheatsheaf, New York, 1992.

Ronald, H. Chilcote: *Theories of Comparative Politics—The Search for a Paradigm Reconsidered,* Westview Press, Oxford, 1994.

Political Sociology, Nature, Scope and Emergence

Almond, G.A. and J.S. Coleman, (Eds.): *The Politics of the Developing Areas*, Princeton University Press, New Jersey, 1960. See for Almond's introduction.

Almond, Gabriel A. and Bingham G. Powell (Jr.): *Comparative Politics: A Developmental Approach,* Amerind Publishing Company, Delhi, Indian Edition, 1972.

Aron, R. '*Social Structure and Ruling Class*' extracted in Coser (Ed.), *Political Sociology*, op. cit., pp. 48–100.

Bendix, R. (Ed.): *State and Society: A Reader in Comparative Political Sociology,* Little Brown, Boston, 1968.

Bendix, R. and S.M., Lipset: 'Political Sociology' in Faris, R.L. (Ed.): *Handbook of Modern Sociology,* op. cit.

Bentley, Arthur F.: *The Process of Government: A Study of Social Pressure,* The Principia Press, Bloomington, 1935.

Braungart, Richard G. (Ed.): *Society and Politics: Readings in Political Sociology,* Prentice-Hall, New Jersey, 1976.

Coser, Lewis A. (Ed.): *Political Sociology*, op. cit.

Crick, B.: *In Defense of Politics*, Penguin, London, 1964.

Dahl, R.A.: *Modern Political Analysis*, Prentice-Hall, New Jersey, 1963.

Dahl, Robert A. *Who Governs Democracy and Power in an American City*, Yale University Press, New Haven, 1961. For the concept of political power.

Dowse, Robert E. and John A., Hughes: *Political Sociology*, John Wiley and Sons, London, 1972.

Duverger, Maurice (Ed.): *The Study of Politics*, translated by Robert Wagoner, Nelson, London, 1972.

Effrat, A. (Ed.): *Perspectives in Political Sociology*, Bobbs-Merrill Company, New York, 1973.

Greer and Orleans: op. cit.

Greer, S. and P., Orleans: 'Political Sociology' in Faris, R.L. (Ed.), *Handbook of Modern Sociology*, Rand McNally, Chicago, 1964.

Lasswell, H.D.: *Politics: Who Gets What, When, How,* Meridian Books, New York, 1958.

Lipset, S.M. and R. Bendix: 'The Field of Political Sociology' in Coser, Lewis A. (Ed.), *Political Sociology,* Harper and Row, New York, 1966.

Lipset, S.M. and S. Rokkan: 'Cleavage Structures, Party Systems, and Voter Alignments: An Introduction in Lipset and Rokkan (Eds.), *Party Systems and Voter Alignments: Cross-national Perspectives,* Free Press, New York, 1967.

Lipset, S.M.: *Political Man: The Social Bases of Politics,* Doubleday and Company, New York, 1960.

Madison: Federalist Paper No. X in R. Bendix and S.M. Lipset, (Eds.): *Class, Status and Power*, Glencoe, Illinois, Free Press, 1953.

Riggs, Fred W.: 'The Theory of Political Development' in Charlesworth, J.C. (Ed.), *Contemporary Political Analysis,* Free Press, New York, 1967.

Sartori, G.: 'From Sociology of Politics to Political Sociology' in Lipset, S.M. (Ed.), *Politics and Social Sciences,* Wiley Esstrn, Delhi, 1972.

Weber, M.: 'Class, Status and Party' in Gerth, H.H. and Mills, C.W. (Trs. and Eds.), From Max Weber, Routledge and Kegan Paul, London, 1948.

Approaches in Political Analysis

Ackoff, R.L.: *The Design of Social Research,* University of Chicago Press, Chicago, 1953; and P.F. Lizarsfeld and M. Rosenberg (Eds.): *The Language of Social Research*, Free Press, Glencoe, Illinois, 1955. See for a full-length study of behavioural techniques.

Almond's Introduction to Almond and Coleman (Eds.): *The Politics of the Developing Areas,* op.cit., p. 16.

Apter, David E.: *Introduction to Political Analysis*, Winthrop Publishers, Massachusetts, 1977.

Durkheim, E.: *Suicide: A Study in Sociology*, translated by Spandling and Simpson, Free Press, Glencoe, Illinois, 1951.

Charlesworth (Ed.), op. cit. See elucidation of systems analysis. For authoritative works of systems analysis, see Easton, D. 'An Approach to the Analysis of Political Systems', *World Politics*, Vol. 9, 1956–1957; and *A Systems Analysis of Political Life,* John Wiley and Sons, New York, 1965; Almond, G.A. and J. Coleman, *The Politics of the Developing Areas*, Princeton University Press, New Jersy, 1970; Almond, G.A. and Bingham Powell, Jr., *Comparative Politics: A Developmental Approach*, Amerind Publishing Company, Delhi, Indian Edition, 1972, p. 19; and *Comparative Politics: System, Process and Policy,* Little Brown, Boston, Second Edition, 1078; Deutsch, Karl W., *The Nerves of Government,* Free Press, New York, 1963; and Kaplan, Morton A., *System and Process in International Politics,* John Wiley and Sons, New York, 1957.

Easton, D.: *The New Revolution in Political Science,* epilogue to the Indian edition of *The Political System: An Inquiry into the State of Political Science,* Scientific Book Agency, Calcutta, 1971. See the post-behavioural viewpoint.

Eston, D., 'Systems Analysis in Political Science Today', *Political Science Review*, January–March 1980, pp. 1–25.

Eulau, H.: *The Behavioural Persuasion in Politics,* Random House, New York, 1963.

Merton, R.: *The Social Theory and Social Structure*, Free Press, Glencoe, Illinois, 1957.

Parsons, T.: *The Structure of Social Action,* Free Press, Illinois, 1957.

Pye, Lucian W.: *Politics, Personality and Nation Building: Burma's Search for Identity,* Yale University Press, New Haven, 1962.

Susser, B.: 'The Behavioural Ideology: A Review and a Retrospect' *Journal of Political Studies,* January, 1979.

Wallas, G.: *Human Nature in Politics*, Constable and Company, London, 1908.

Political Power and Social Stratification: Class and Caste

Bendix, R. and S.M. Lipset, (Eds.): *Class, Status and Power: Factions in American Society*, Free Press, Glencoe, Illinois, 1953.

Dahrendorf, R.: *Class and Class Conflict in Industrial Society*, Routledge and Kegan Paul, London, 1976.

Gerth and Mills: *From Max Weber: Essays in Sociology*, Oxford University Press, 1958.

Ghurye, G.S.: *Class, Caste and Occupation,* Popular Book Depot, Bombay, 1961, pp. 42–111.

Goyal, O.P.: 'Caste and Politics–A Conceptual Framework', *Asian Survey,* Vol. 5, No. 10, 1965.

Key, V.O.: *Public Opinion and American Democracy,* Alfred A., Knopf, New York, 1961.

Kothari, R.: 'The Political Change of 1967', *Economic and Political Weekly,* Annual Issue, January, 1971.

Lasswell, H.D.: *Who Gets What, When, How,* collected in the Political Writings of Harold D., Lasswell, Free Press, Illinois, 1951.

Madison, 'Federalist Paper' in Bendix and Lipset (Eds.), *Class, Status and Power: Factions in American Society*, Free Press, Glencoe, 1953.

Mandelbaum, D.G.: *Society in India,* Popular Prakashan, Bombay, Indian edition, 1972.

Narain, I: *State Politics in India*, Meenakshi Prakashan, Meerut, 1967.

Party System and Election Studies, Allied Publisher, Delhi, 1967. See for the Study of Developing Societics.

Roy, R.: 'Caste and Political Recruitment in Bihar' in R. Kothari, (Ed.), *Caste in Indian Politics*, Orient Longman, Delhi, 1973.

Rudolph, Lloyd I. and Susanne H. Rudolph: *The Political Role of India's Caste Association' Pacific Affairs*, Vol. 32, No. 1, March, 1960; and *The Modernity of Tradition*, University of Chicago Press, Chicago, 1967.

The Elite Theory of Political Power

Aron, R.: 'Social Structure and the Ruling Class' in S.N. Eisenstadt, (Ed.), *Political Sociology: A Reader*, Basic Books, New York, 1971.

The propositions constituting Vilfredo Pareto's theory of the elites are found mainly in these sources (i) A monograph written in Italian in 1901 translated into English under the title 'The Rise and Fall of the Elites: An Application of Theoretical Society, New Jersey, The Bedminton Press, 1968; (ii) His major work is a 3000 page treatise written in Italian in 1916. Its English translation was first called' Mind and Society, 4 Vols., New York, Harcourt, Brace and Company, 1935; but a more appropriate title has been given in another reprint, The Mind and Society: A Treatise on General Sociology, New York, 1963. We shall hereinafter refer to the 1963 edition; (iii) Two other works not translated are Les Systems Socialistes, 2 Vols, Paris, Giard, 1902-03; and Manule Di Economic Political, 1906.

Meisel, J.H.: *The Myth of the Ruling Class: Gaetano Mosca and the Elite*, University of Michigan Press, Ann Arbor, 1956.

Mills, C.W.: *The Power Elites*, Oxford University Press, London, 1959.

Mosca, G.: *The Ruling Class,* McGraw-Hill, New York, English Edition, 1939. First published in Italian in 1896.

Parry, G.: *Political Elites*, George Allen and Unwin, London, 1969. See for a good summary of elitist views as well as criticisms.

The Group Theory of Politics

Bentley, Arthur F.: *The Process of Government: A Study of Social Pressures,* The Principia Press, Bloomington, 1908.

Latham, E. 'The Group Basis os Politics: Notes for a Theory, reprinted in Eulau et al. (eds.), *Political Behaviour: A Reader in Theory and Research,* Amerind Publishing Company, Delhi, Indian Edition, 1972.

Morris-Jones, W.H.: *The Government and Politics of India,* Hutchinson, London, 1964.

Philips, C.H.: *Politics and Society in India*, George Allen and Unwin, London, 1963.

Wooton, G.: *Interest Groups*, Prentice-Hall, New Jersey, 1969.

Political Parties and Political System

Bryce, J.: *The American Commonwealth,* 2 Vols., Macmillan, New York, 1916.

Duverger, M.: *Party Politics and Pressure Groups*, translated by Robert Wagoner, Nelson, London, 1972.

Duverger, M.: *Political Parties: Their Organization and Activity in the Modern State*, Methuen, London, 1954.

Giovanni Sartori: *Parties and Party Systems,* Vol. I, Cambridge University Press, London, 1976. The prefers 'minimal definition' of party.

Kochanek Stanley A.: *The Congress Party of India: The Dynamics of One-Party Democracy*, Princeton University Press, New Jersey, 1968. See for an analysis.

Mackenzie, R.T.: *British Political Parties*, Heinemann, London, 1963.

Michels, R.: *Political Parties: A Sociological Study of the Oligarchical Tendencies of Modern Democracy,* Free Press, Illinois, 1915.

Morris-Jones, W.H.: 'Dominance and Dissent', *Government and Opposition*, Vol. I, July–September 1958; 'The Indian Congress Party: A Dilemma of Dominance', *Modern Asian Studies*, Vol. I, April 1967; and R. Kothari, 'Form and Substance in Indian Politics, Union and State Relations', *The Economic Weekly*, Vol. XIII, 29 April and 6 May 1961; 'The Congress System in India', *Asian Survey*, Vol. IV, December 1964; 'India: The Congress System on Trial, *Asian Survey*, Vol. VII, February 1967.

Morris-Jones, W.H.: *The Government and Politics of India,* Hutchinson University Library, London, 1971.

Sadasivan, S.N.: *Party and Democracy in India*, Tata McGraw-Hill Publishing Company, Delhi, 1977.

Schumpeter, J.A.: *Capitalism, Socialism and Democracy*, Harper, New York, 1950.

Bureaucracy, Society and Politics

Ashraf, A.: *Government and Politics of Big Cities: An Indian Case Study*, Concept Publishers, Delhi, 1977.

Marx, F.M.: 'The Higher Civil Service as an Action Group in Western Political Development' in La Palombara (Ed.), *Bureaucracy and Political Development,* Princeton University Press, New Jersey, 1963.

Michels, R.: *Politcal Parties: A Sociological Study of the Oligarchial Tendencies of Modern Democracy*, Free Press, Illinois, 1956.

Weber, M.: 'Bureaucracy' in Gerth and Mills (Eds.), *From Max Weber, Essays in Sociology*, Oxford University Press, New York, 1958.

Weber, M.: *Theory of Social and Economic Organization*, Oxford University Press, New York, 1947.

Political Development, Modernization and Political Culture

Apter, D.: *The Politics of Modernization,* University of Chicago Press, Chicago, 1965.

Apter, D.: *The Politics of Modernization*, University of Chicago Press, Chicago, 1965.

Black, C.E.: *The Dynamics of Modernization*, New York, 1966.

Dowse, R. and John A., Hughes: *Political Sociology*, John Wiley and Sons, London, 1972.

Eisenstadt, S.N.: *Modernization, Protest and Change*, Prentice-Hall of India, New Delhi, 1969.

Huntington, S.: *Political Order in Changing Societies*, Yale University Press, New Haven, 1968.

Kothari, R. (Ed.): *State and Nation Building: A Third World Perspective*, Allied Publishers, Delhi, 1976.

Kothari, R.: *Democratic Polity and Social Change in India*, Allied Publishers, Bombay.

Moore, B.: *Social Origins of Dictatorship and Democracy: Lord and Peasant in the Making of the Modern World*, Allen Lane, London, 1967.

Pye, L.W.: *Aspects of Political Development,* Amerind Publishing Company, Delhi, Indian edition, 1972.

Shils, E.: *Political Development in the New State,* Mouton, The Hague, 1962.

Political Participation and Electoral Process

Almond and Verba, *The Civic Culture*, Princeton University Press, New Jersey, 1963.

Garceau, Oliver: 'Research in the Political Process' in Eulau et al., (Eds.), *Political Behaviour*, Free Press, Glencoe, pp. 44.45.

Huntington, Samuel P. and Joan M., Nelson: *No Easy Choice*, Harvard University Press, Cambridge, 1976.

Kothari, R.: 'The Political Change of 1967', *Economic and Political Weekly*, Annual Number, January 1971.

Mathews, D.R. and J.W. Protho: *Negroes and the New Southern Politics*, Harcourt, Brace and World, New York, 1966.

Merriam, Charles E.: *The Making of Citizens: A Comparative Study of the Methods of Civic Training*, University of Chicago Press, Chicago, 1931.

Nie, Norman H. and S. Verba: 'Political Participation' in Greenstein, F.I. and N.W. Polsby (Eds.), *Handbook of Political Science*, Vol. 4, Addison-Wesley Publishing Company, Massachusetts, 1975.

Prasad, R.C.: *The Mature Electorate*, Ashish Publishing House, Delhi, 1975.

Rush, M. and P. Althoff: *An Introduction to Political Sociology*, Nelson, London, 1971.

Sirsikar, V.M.: *Political Behaviour in India: A Case Study of the 1962 General Elections*, Manaktalas, Bombay, 1965.

Somjee, A.H.: *Voting Behaviour in an Indian Village*, Baroda, 1969.

Verba, S., N.H. Nie and Jae-On, Kim: *The Modes of Democratic Participation: A Cross-national Comparison*, Sage Publications, California, 1971, pp. 41–43 and 57–59, regarding 'particulturized contacting' as a mode of political participation separate from the almost wholly unrelated to other modes.

Verma, S.P., I. Narain, et al.: *Voting Behaviour in a Changing Society*, National, Delhi, 1973.

Weiner, M. and R. Kothari: *Indian Voting Behaviour: Studies of the 1962 General Elections*, Mukhopadhyay, Calcutta, 1965.

Weiner, M.: 'Political Participation: Crisis of the Political Process' in Binder, L., J.S., Coleman, J. La Palombara, L. Pye, S. Verba and M. Weiner (Eds.), *Crisis and Sequences in Political Development*, Princeton University Press, 1971.

Public Opinion and Political Stabilization

Almond, G.A. and J.S. Colemen: *The Politics of the Developing Areas,* Princeton University Press, New Jersey, 1960.

Almond: 'Public Opinion and National Security Policy', *Public Opinion Quarterly*, Vol. XX, 1956.

Centers, R.: *The Psychology and Social Classes,* Princeton University Press, New Jersey, 1949.

Easton, D. and J. Dennis: *Children in the Political System: Origins of Political Ligitimacy,* McGraw-Hill, New York, 1969, p. 7. For a detailed and fine discussion, see Renshon, S.A. (Ed.): *Handbook of Political Socialization: Theory and Research*, Free Press, New York, 1977.

Fallers, L.: 'Equality Modernity and Democracy in the New States' in: Geertz, C. (Ed.), *Old Societies and New States*, Amerind Publishing Company, Delhi, Indian Edition, 1971.

Hyman, H.H.: *Political Socialization: A Study in the Psychology of Political Behaviour,* Free Press, Glencoe, Illinois, 1959.

Lippman, Walter: *Public Opinion*, Macmillan, New York, 1954.

Lowell, A.L.: *Public Opinion and Popular Government,* Longmans Green, New York, 1931.

Mills, C.W.: *The Power Elites*, Oxford University Press, London, 1969.

Wallas, Graham: *Human Nature in Politics*, Constable and Company, London, 1908.

लेखक अनुक्रमणिका
(Author Index)

विषय अनुक्रमणिका
(Subject Index)